GLS SUV

一汽-大众
FAW-VOLKSWAGEN

CLEAN CABIN
/ IAQS 空气质量控制系统 / CZIS 主
/ 严格控制内饰挥发物、接触性过敏源

NISSAN SYLPHY 轩逸
轩逸
SYLPHY
NISSAN
NISSAN i-SAFETY
智能防碰撞安全系统
NISSAN
i-POWERTRAIN
智能动力总成

FASHION
ONE WAY

QOROS
观致汽车
Born to rock the world
观致5 SUV
生动 出众 13.99万起
即刻扫码 获取更多官方资讯
400-920-8088
www.qoros.com
详情请洽当地经销商

3008
东风标致

PEUGEOT

7英寸彩色触控屏多媒体系统

全景中控

东风标致3008将科技装备与人性化设计完美融合，让驾驶者随心驾驭、尽在掌握。7英寸彩色触控屏多媒体系统反应灵敏快捷，操作简洁便利。彩色HUD平视显示系统可以让用户在行驶中更加清晰、便捷地读取重要信息。加上副驾驶员座椅电动调节、3D实景智能导航、定速巡航、超速控制、全方位可视泊车辅助系统、智能雨刮等科技装备，更为车主营造了未来的梦幻环境与比拟战机座舱的驾驶境界。

Hobby分体式尾门

空间可调行李舱

东风标致3008配备的电动可开启式全景天窗不仅具有1.06平方米的超大尺寸，还兼具车内视野及采光，可开启设计更能让用户毫无阻碍地亲近自然；Hobby分体式尾门分上下两部分开启，在有限空间及个性需求时非常实用、方便；三段空间可调行李厢拥有前所未有可调节灵活使用空间，后备箱底板可在3个位置任意调动，创造最为优化的空间组合。

东风标致3008以“活，该快乐”的产品理念，向新时代年轻人宣扬着自然洒脱、自信自我的潮流生活方式，激发人们那颗追逐自由的心，成为SUV市场的绝佳选择。

衡量世界与境界的
全新福
福特 金牛座
FORD TAURUS
无 止 境 的 人 生 格 局

尺度 叫做胸怀
特金牛座 现已卓然上市
福特 金牛座
陳道明
广告
Ford
进无止境

北京现代
NEW THINKING.
NEW POSSIBILITIES.
领新
领动
ELANTRA 领动
北京现代汽车有限公司 客服电话 400-800-1100(手机可拨打) www.beijing-hyundai.com.cn

动
著名演员 胡歌
广告

刘湘
周嘉威
孙杨
图片及文字仅供参考，详情请咨询当地经销商。

新标准 ARRIZO
IPO 新
瑞虎5
瑞虎5
艾瑞泽M7
艾瑞泽M7
新标准 ARRIZO
新动力 iPOWER
新奇瑞 INNOVATION

TUNLAND 拓陆者
激越人生路
唯有拓陆者
拓陆者官方微信二维码
客服呼叫服务中心：4008 199 199
FOTON
福田汽车

SAUVANA萨瓦纳
势不可挡的
自由力量
萨瓦纳官方微信二维码
客服呼叫服务中心：4008 199 199
FOTON
福田汽车

JAC 江淮汽车
白金版
乐驾SUV
Enjoy The Power
第二代瑞风S5
瑞风S5 Ⅱ

JAC江淮汽车
颜值+SUV
瑞风S2
要美要实力，我爱颜值+
瑞风S2
GO!
瑞风S2

东风风神

从容进取　品质生活

| 东风 A9 | AX7 | AX3 | 新A60 | L60 | A30 |

极限低息，首付2万开走威驰

如果您打算留出更多资金另有用途，不愿意支付50%的首付金额，没关系，“极限低息计划”专为此类消费者量身定制：首付2万元起，有12、18、24或36个月多种灵活还款方案，可选多家金融机构，均可低息还款。只需要2万元，就可以将梦寐以求的人生第一辆车—威驰开回家，何乐而不为？

高性价比，第一辆车舍我其谁

威驰那令人心动的丰田家族式Keen Look前脸、梯形下格栅，立显凌厉威风。犀利眼前照灯与立体线条构筑的组合式尾灯遥相呼应，处处彰显时尚动感之姿。加长至4410mm的车身长度和加宽至1700mm的车身宽度，领先同级并带来宽敞舒适的驾乘体验。达506L的后备箱空间，更是在同级中优势明显，提升了舒适性的薄型座椅，还大大增加了后排膝部空间。

谁说人生第一辆车不能奢求性能？谁说便宜不可能有好车？威驰搭载的双VVT-i NR发动机延续了低转速、高扭矩等动力优势，并通过大量新技术的应用，令燃油能量最大化发挥。与之匹配的i-Super AT变速器，进一步实现了低油耗、低噪声、轻量化及高耐久性。并实现了同级别最低油耗。丰田独有的GOA车身及超越同级的安全品质，带来安心呵护。

也正是超越期待的超高性价比，铸就了威驰在消费者心中的“人生第一辆车首选”的形象，得到了物超所值的一致评价。值得信赖的丰田品质及专业、诚意的售后服务，免除了购车的后顾之忧。而购买威驰全部车型均可享受的购置税减半优惠政策，为此次春季金融计划锦上添彩，助你早日拥有逐梦座驾。

服务热线800-810-1210　　一汽丰田

Audi
突破科技 启迪未来
di Q3
广告
一汽-大众
详情垂询，请拨打客户服务热线：4008-171-666 (0431)81500666

长安马自达特色精品车型实力不容小觑

回顾2015年的中国汽车市场，寒冬、营销惨淡、降价求市、增速放缓……成为新常态下车市的直观描述。而长安马自达汽车却在渐趋下行的车市中一枝独秀，销量成绩十分傲人。截至2015年12月底，长安马自达整车销量超过15万辆，同比劲增45.6%。其中，12月份销量实现16905辆，助力长马提前超额完成年度目标的同时，更以持续28个月正增长的速度领涨合资车企。

长安马自达之所以取得如此耀眼业绩，其核心关键在于过硬的产品力。秉承“特色精品战略”这一战略，长安马自达在产品、研发、制造等方面坚守独具特色之道，坚持打造精品车型，力争旗下的每一款车型都是“小而美”的特色精品。

Mazda CX-5全新升级的新境界SUV

长安马自达首款创驰蓝天车身的CX-5，在2014年度第二批C-NCAP测试车型中，以总分57分的高分获得五星级安全评价。而此前，CX-5海外规格车型已先后在美国的US-NCAP（美国新车评价规程）、IIHS（美国高速公路保险协会）、欧洲的E-NCAP（欧洲新车评价规程）及日本的J-NCAP（日本新车评价规程）获得五星安全评级。至此，CX-5实现了全球碰撞测试“五星大满贯”的耀世表现，被证明拥有高级的碰撞安全水准。

上市两周年之际，长安马自达对CX-5的产品智能、安全、品质和舒适性四大领域进行全面升级，打造出一款懂车更懂你的“新境界SUV”。全新CX-5实现了由内到外、由静态到动态的全方位进化，产品综合实力再上一层楼。

外观上，全新CX-5既表现出了SUV车型强劲有力且富于功能性的风格，同时展现了马自达特有的生命力和跃动感。精心打造的驾驶舱，出色的配置，豪华的舒适度及智能系统的介入使全新CX-5集力量、刚性和质感融于一身，达到完美结合。配有转向灯带的后视镜造型美观，识别度更高，让驾车更安全。

技术方面，全新CX-5首次引入更加人性化的第二代MZD CONNECT马自达悦联系统，全新的HMI中央控制键贴合五指自然伸展设计，让驾驶者做到目不离路的同时尽可操纵导航、音乐、收音机等常用功能。全新CX-5还搭载了AWD智能四驱系统，能针对湿滑、冰雪等不同路况智能控制四轮动力的输出。

安全方面，全新的高刚性“创驰蓝天”车身，加之马自达最新主动安全技术i-ACTIVSENSE智能安全辅助系统，包括SCBS低速刹车辅助系统、BSM盲点监测系统、RCTA倒车预警三大主动安全系统的应用，成就了全新“CX-5”超绝的安全性能。

Mazda3 Axela昂克赛拉 运动操控见长的智美伙伴

昂克赛拉在进化的“魂动”设计理念下，充分借鉴豪华车和轿跑车的设计元素和内饰风格，不仅具有非洲猎豹犀利、性感的全新家族脸谱，还通过交叉型腰线、Shooting Brake（猎装）车尾设计，演绎出猎豹全力奔跑时的力量感和肌肉线条，极具“豹力”美学，堪称“绝色”！

昂克赛拉“创驰蓝天”技术赋予其极致的“人马一体”驾驭乐趣，拥有“一试动心”的完美操控。其搭载的1.5L和2.0L汽油发动机，通过一系列“创驰蓝天”革新技术，攻克了高压缩比发动机“爆震”这一世界性难题，在量产车上实现了超过F1赛车的13：1世界最高压缩比，并可适用最为普通的93号（京92号）汽油；通过最高效率的进排气和混合气燃烧，以及Dual S-VT双可变气门正时控制等先进电控技术，实现了中低转速扭力提高15%、综合燃油消耗降低15%的惊人成果。

昂克赛拉全系自动挡车型匹配具有“全速域锁定技术”，升降挡都只需0.15秒的SKYACTIV-Drive 6速手自一体变速器，在换挡平顺性、直接驱动感和燃油经济性上均有质的提升；辅以前麦弗逊式、后多连杆式全独立悬架，Mazda3 Axela昂克赛拉在实现极致“人马一体”驾驭乐趣的同时，节油性能冠绝同级，加上i-Stop智能启停、i-ELOOP智能能量回收系统的高效节能，其2.0L和1.5L车型的工信部综合工况最低油耗分别仅为百公里6.0L和5.8L！

随着长安马自达“特色精品战略”在品牌、产品、技术、渠道等综合体系上的全面开发，魂动双子特色精品实力不容小觑。可以预见，未来长安马自达还将趁势而上，再攀事业新高峰。

实力装备
出7致胜
有底气，才有赢的自信
7重越级配置，以实力助推梦想
为梦出发，就现在
7IN1
7位一体
安全配置
2.0T+8AT
动力组合
360度
环视影像
超大尺寸
全景天窗
10.2寸
触摸多媒体屏
一键
起动系统
全方位
6安全气囊
扫一扫
关注陆风官方微博
扫一扫
关注陆风官方微信
LAND WIND
陆风X7
400-8833-666 | www.landwind.com
梦想SUV
陆风X7 就现在
活出你不凡
陆风汽车
LANDWIND

全新阁瑞斯
大器商旅 通达天下
内载丰田原装进口发动机及自动变速器，风云动力完美掌控
豪华商务行驶舱，宽景双天窗，7/9/11座自由选择，尊享无尽可能
全新阁瑞斯
GOA车身
四轮独立悬挂
原装进口发动机
舒适静音
沈阳华晨金杯汽车有限公司保留本广告之依法解释权

长安汽车
CHANGAN
前进 与你更近
新一代新能源轿车
长安逸动纯电动

中国自主路 百万新纪录
长安汽车中国品牌乘用车
年产量突破100万辆
逸动EV

豪车新势力
DS打造源自巴黎的豪华体验

DS是源自巴黎的新世代豪华汽车品牌，是PSA集团旗下的高端品牌。作为创新、前卫、精致和科技的象征，DS表达了对汽车未来的全新思考方式，受到历史传承的启迪，继承了创意和高贵的基因。2012年6月DS品牌在中国市场正式发布，迄今为止已成功进入中国豪华车阵营。

DS 4S

DS 4S 红与黑动感内饰设计

食品级材质阻尼片，打造健康车内空间

在营造健康安全的用车环境方面，DS 处于行业领先地位。它是国内首家做到阻尼垫 100% 无沥青的豪车品牌，旗下车型均采用 PVC 和丁基橡胶制作阻尼垫，即使是新车也没有异味。同时，借助国际领先的 MASCI 制造材料信息系统，DS 对零部件进行严格筛选和监控，包括采用环保的水性涂料、皮革无铬鞣制等，全面控制车内挥发性有机化合物排放。

在产品层面，DS 旗下目前在售的共计有三款国产车型，其中旗舰车型新 DS 5，作为新世代前卫豪华跨界车，它的原创设计、动态舒适、精湛工艺、绿色环保及人性科技，从每个细节诠释了 DS 品牌现在和未来车型的所有亮点，进一步树立起了 DS 新世代豪华汽车的品牌形象。

野性优雅豪华 SUV DS 6，提供 1.6T 和 1.8T 两种动力选择。其中新增的 1.8T 发动机，动力输出强力升级。最大功率150KW（即203 马力），最大扭矩 280Nm，1400 转即可输出最大扭矩，直至 4000 转均保持稳定的巅峰扭矩输出，百公里油耗仅为 6.5L。

DS 5LS 是 DS 品牌打造的首款 5D 全感官 A 级豪华三厢轿车，最大特点就是为消费者提供全感官豪华体验，主要体现在原创设计、高效动力、精工细作、人性科技和绿色健康 5 大方面，为消费者提供了视、听、品、触、嗅的全感官驾乘体验。

除此之外，DS 还将于今年上半年推出一款全新的精致动感两厢车 DS 4S。相比市场上的同级车，DS 4S 更接近年轻人的审美和使用需求。它采用五门掀背的动感设计，造型极具视觉冲击力。内饰采用红黑设计，消费者还可以选择 Alcantara 翻毛皮运动座椅、全 NAPPA 真皮表链式座椅等多种风格的内饰。动力方面，DS 4S 搭载了三种 T 动力，消费者可根据需求选择 THP130、THP160 或 THP200 排量。其中，THP130 涡轮增压直喷发动机是首次出现在 DS 产品当中，配合 6 速手自一体变速器，能够发挥出 100kW 的最大功率和 230Nm 的最大扭矩，无论是动力性能还是油耗表现，都优于市场上主流的 1.6L 发动机。

宝骏560

—— 家用大 **SUV** ——

宽大更舒适

- 2750mm超长轴距
- 后排宽敞腿部空间随意坐
- 第二排座椅平放设计，近1.8m平躺大空间
- 460L-1015L超大行李舱空间随意装
- 后排座椅靠背可调更舒适

安全更可靠

- 全新标准5星安全设计+4安全气囊
- 全系标配ESC电子稳定系统
- 前后雷达+倒车影像，看得见才安全
- 202mm高离地间隙，更好通过性

实在更实惠

- 车身轻量化设计，7.5L经济油耗
- SGMW i-vvt 1.8L全铝发动机
- 多项主流丰富配置于一车

400-86-12345 / 400-889-5050

www.sgmw.com.cn

上汽通用五菱
SGMW

Dongfeng Motor Co., Ltd.

Dongfeng Trucks is one of China´s leading truck brand. It is originated from the Chinese culture and has further been developed through craftsmanship with trust, professionalism and global techniques.

Since the beginning of 2015, Dongfeng Trucks has become a Joint Venture under the strategic alliance agreement. between Dongfeng Motor Group and Volvo Group.

The purpose of the cooperation is to establish a strongest commercial vehicle alliance globally. Both parties will promote Dongfeng-brand commercial vehicles going global.

The company is now expanding globally and is gradually establishing its global sales & service networks. Dongfeng Trucks has its own R&D and production resources in China. The production capacity is approximately 200000 trucks a year.

Dongfeng Trucks develops and manufactures all main truck components such as: engines, gearboxes, axles, cabs and chassis. The product range covers heavy and medium duty trucks, for demanding operations in long haul, regional and local distribution and for tough construction, mining and off-road operations.

Dongfeng trucks are designed for professional operators with demanding operations in a modern society with clean and efficient transportation.

The head office is located in the city of Shiyan, in Hubei province in the center of China. The company has approximately 30000 employees, 15 plants and subsidiaries plus an advanced technique center.

The parent company Dongfeng Motor Group is ranked as number 109, by 2015 Fortune Magazine, with a turnover of USD 78.979 billion.

东风大力神

以动力强劲，可靠性好，耐久性高。

Dongfeng T-Lift is the winner of "Truck of the Year" in China with strong power output, good reliability, high durability and great convenience of refitting.

东风天锦

Dongfeng Kingrun is the winner of the "fuel-economy champion" in China International Truck Fuel Economy Contest.

地址：湖北十堰张湾区车城路2号
网址：www.dfcv.com.cn
采购联系方式：0719-8885555

冲压单元

装焊单元

总装配线

榆树湾煤矿首批陕汽LNG天然气重卡投放运营

领先市场的陕汽新能源重卡

陕汽军车参加60周年阅兵仪式

SITRAK 豪瀚 HOHAN 豪沃卡车 HOWO 斯太尔 STR

中国重型汽车集团有限公司

中国重汽集团董事长党委书记马纯济

中国重型汽车集团有限公司（以下简称“中国重汽”）的前身是济南汽车制造总厂，始建于1956年，是我国重型汽车工业的摇篮，曾在1960年生产制造了中国第一辆重型汽车——黄河牌JN150八吨载货汽车；1983年成功引进了奥地利斯太尔重型汽车项目，是国内第一家全面引进国外重型汽车整车制造技术的企业。2001年改革重组后的中国重汽正式成立，经过十多年的发展，已经成为国内外知名的重型汽车研发制造企业集团。2007年中国重汽在香港主板红筹上市，初步搭建起了国际化平台；2009年成功实现了与德国曼公司的战略合作，曼公司参股中国重汽（香港）有限公司25%+1股，中国重汽引进曼公司D08、D20、D26三种型号的发动机、中卡、重卡车桥及相应整车技术，为企业长远发展奠定了坚实的基础。目前，中国重汽已成为我国最大的重型汽车生产基地，为我国重型汽车工业发展和国家经济建设做出了突出贡献。

改革重组以来，中国重汽始终坚持自主创新，大力实施技术领先战略，以自主知识产权构筑企业核心竞争力，是中国汽车行业拥有专利较多的企业。中国重汽技术发展中心是全国第一批国家级企业技术中心，拥有“中国实验室国家认可委员会”认可的检测实验室，具有整车、发动机、零部件、材料工艺等全方位的研发和检测能力，拥有各种加工、试验、测试等高、精、尖设备，发动机、整车、部件振动、强度测试等设备均达到世界先进水平。2009年，经国家批准，国家重型汽车工程技术研究中心在中国重汽正式揭牌成立，承担着我国重型汽车行业技术研发、应用示范、成果推广和技术服务的职能。2015年8月16日，中国重汽科技大厦正式启用，科技大厦是中国重汽科技中心园区的核心建筑，是济南市东部第一高楼，整体造型呈泉水上涌的态势，象征着中国重汽事业的蓬勃发展，标志着中国重汽的发展掀开了新的篇章。

中国重汽主要组织开发研制、生产销售各种载重汽车、特种汽车、客车、专用车、发动机及机组、汽车零部件、专用底盘，整车制造企业主要有济南卡车股份有限公司、济南商用车公司、特种车公司、济宁商用车公司、轻卡部，发动机有济南动力有限公司和杭州发动机公司，车桥有济南桥箱公司，变速箱有济南变速箱部、大同齿轮公司，形成了拥有汕德卡（SITRAK）、HOWO、斯太尔、黄河、

中国重汽SITRAK品牌重卡

HOWO–T76x4牵引车

豪瀚6X2牵引车

2015年，中国重汽出口重卡达2.78万辆，连续十一年居行业首位

发动机总装线

国内唯一的重型车整车道路模拟试验台

中国重汽V7G领衔亮点俄罗斯CTT展会

重汽HOWO军车参加2015年9月3日大阅兵

国家重型汽车工程技术研究中心中国重汽科技大厦已投入使用

金王子、豪瀚、王牌、福泺、威泺等品牌的全系列商用汽车企业集团，是我国卡车行业驱动形式和功率覆盖最全的企业。中国重汽制造的国内先进水平的D10、D12柴油发动机，T10、T12燃气发动机，国际先进水平的MC05、MC07、MC11、MC13达到欧Ⅱ—欧Ⅴ排放的发动机，功率覆盖140—560马力；世界级水平的系列化单级减速桥、轮边减速桥以及16.5—22.5英寸盘式制动器；系列化的单中间轴带同步器变速器、双中间轴变速器，10、12、16挡手自一体AMT变速器等重要总成，构成具有世界先进水平的发动机、拉式离合器、变速器、驱动桥组成的黄金动力产业链。中国重汽还拥有3条自动化车身冲压线、8条驾驶室焊装线、12条驾驶室涂装线以及9条整车装配线，装备达到国际先进水平。

中国重汽在重型汽车行业具有明显的技术和市场领先优势，产品畅销国内外，出口世界90多个国家，连续11年位居行业前列，被国家发改委和商务部确定为国家汽车整车出口基地。企业还先后被授予全国先进基层党组织、全国文明单位、中国名牌产品、中国优秀创新型企业、全国最佳诚信企业、全国首批质量信用管理AA企业等荣誉称号。

企业法人：马纯济

电　　话：4001888666

网　　址：www.cnhtc.com.cn

地　　址：山东济南市高新区华奥路777号　　邮编：251010

斯太尔M5G8X4自卸（新）

HOWO高端轻卡

HIGER
海格客车
绿色赢运

智·赢未来
全程无忧
纯电动大巴
HIGER
海格客车

Skywell
南京金龙
skywell

纯电动客车

纯电动公交车

纯电动商务车

纯电动物流车

东风 御风
宽广容世界
超值赢未来
东风御风，精睿制造，从商旅精英到物流助手，从警务英模到急救先锋，尽展多面本色。
AMBULANCE
融合众家造车精髓
轿式设计德国底盘调校
金字塔力学稳性车身
■ 麦弗逊/霍奇基斯悬架
■ 韩国现代6挡变速器
■ FF前置前驱
大气尊贵外型设计
日产 NISSAN ZD系列发动机
灵活多变宽适空间
■ ABS+EBD制动辅助系统
■ 13.8m³ 同级别超大空间
东风襄阳旅行车有限公司御风销售公司 联系热线：400-887-2727 400-623-4308 传真：0710-3391590 地址：湖北省襄阳市高新技术产业开发区劲风路2号 441004
东风 御风

东风御风
「绿」「动」未来
东风御风纯电动
品质基因
领先实力，业界标杆
高效动力
高效澎湃动力，创造经济绿色生活
前瞻技术
融汇多重技术，引领纯电动轻客时代
舒适空间
舒适奢华空间，旅途随心变换
人性科技
丰富轿车化配置，轻客驾驭新体验
无忧安全
无ABS+EBD
有ABS+EBD
全方位安全保障，一路畅行无忧
东风襄阳旅行车有限公司御风销售公司 联系热线：400-887-2727 400-623-4308 传真：0710-3391590 地址：湖北省襄阳市高新技术产业开发区劲风路2号 441004
东风御风

少林客车
SHAOLIN BUS
中轻型客车领导品牌 Top Brand of Medium-sized Bus
开少林客车
河南少林客车股份有限公司是国家工信部公告内整车生产企业、国家标准化良好行为“AAAA”级企业、中国金融信誉“AAA”企业、全国先进企业，公司产品先后通过了ISO 9001国际质量管理体系认证、中国国家强制性产品“3C”认证；“少林”牌客车产品被评为“全国用户满意产品”、“中国名牌产品”。少林图形商标被认定为“中国驰名商标”；“少林”品牌价值达到40.96亿元，荣膺“中国500最具价值品牌”。
少林客车乐途小电动
少林乐途纯电动采用国际级轿车平台，机械臂焊接的承载式车身结构，安全可靠，减重20%防撞强度提示两倍，操控方便灵活。采用IED底盘调校技术，包括动力/悬挂、传动等系统布局经过全新优化，独立悬架、减振阻尼、制动和转向系统等经过重新匹配，达到人体最优乘坐操控标准，行驶过程平稳舒适。CAN安全通讯控制技术，系统自动检测，智能故障提示，保障行车安全。整车最高车速55km/h，续驶里程150km，乐其中，途自在。
少林客车SLG5041XZC5E厢式展示车
少林多功能展示车广泛应用于农贸市场、休闲广场、步行街口、车站、码头、校园、庆典活动现场、体育场馆、旅游景点等场所的现场售卖、促销、宣传、配送等，是一款新型多功能的微型移动厢货，具有流动性强，机动灵活，吸引性强等独特优势。采用国五排放发动机，排放符合国家标准要求；
采用液压助力转向系统、双回路气刹制动系统。
地址：河南省荥阳市京城南路001号
电话：0371-85211837

走平安大道
公司创建于1983年，主要从事客车产品及其零部件的制造、销售、服务和进出口等业务，现已发展成为专业化自主研发、规模化生产、自动化检测的中国骨干客车制造企业，年产能力达20000台以上。
公司在“从无路处开路　无处无路”企业精神指引下，牢固树立“学习—创新—发展”意识，致力于为客户创造“阳光灿烂的里程”！
SCHOOL BUS
核载人数：19人
校车
CITY纯电动
丽影
少林客车SLG6551XC4E校车
少林SLG6551XC4E专用校车，大空间，窄车身，B照也能开的专用校车。更专业，更专注，更安全。优良的通过性，能充分适应各种苛刻路况。少林专用校车安全，可靠，舒适，在实际运行过程中赢得了广泛的社会赞誉，同时不断发展壮大企业实力，让少林客车公司有信心，有决心，为社会提供更多优质、安全的专用校车。
纯电动城市客车SLG6720EVG
丽影7.2米纯电动城市客车采用方基调、小圆角造型，美观与实用完美结合，简洁现代，侧围设计平整大气，超大侧窗玻璃尽享完美都市风情。车身小巧机动灵活，是城市公交、大型社区微循环，轨道交通接驳的完美选择。整体式仪表台，布局紧凑合理，操控自如，营造人性化驾驶空间。多功能CAN仪表，7寸超清晰液晶屏，文字与报警灯同时双重显示提醒，
更加人性化，独有的续航里程显示，确保安心驾驶。合理内饰，大幅优化配置提升设计，打造温馨舒适车内空间，灵活多变的车内布局，满足不同层次客户需求。
网址：www.shaolinbus.com　　邮箱：shaolinslg@163.com

2015年中国新能源汽车最佳车型

2016年度新能源客车推荐车型

中车时代电动C08以灵巧身型，不凡的动
微循环公交客车。不管是狭窄道路，还
C08系列纯电动客车已经在广东、浙江、
国十几个省市上线运营。

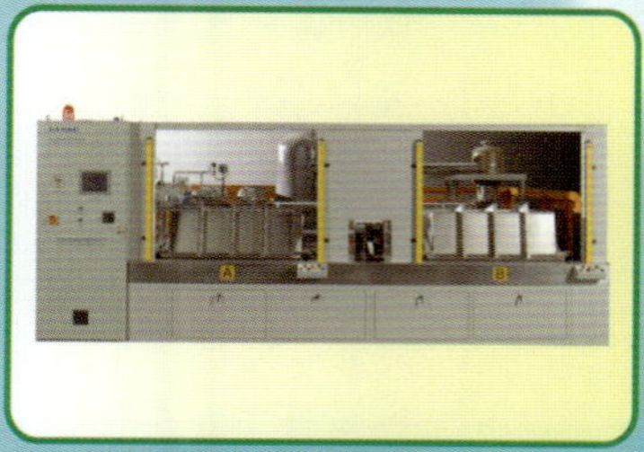
汽车空调热交换器氦检漏设备

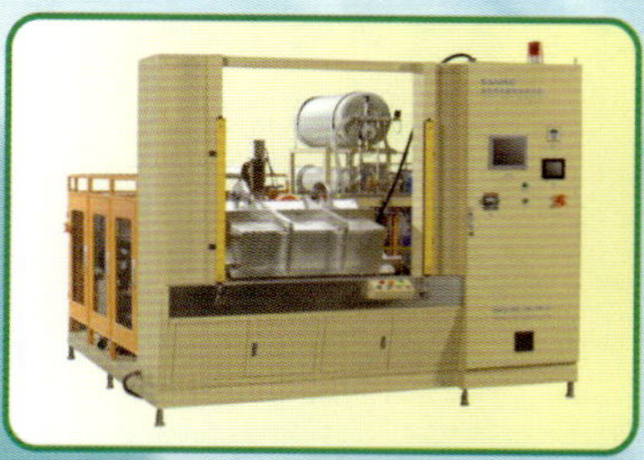
汽车空调热交换器氦检漏设备

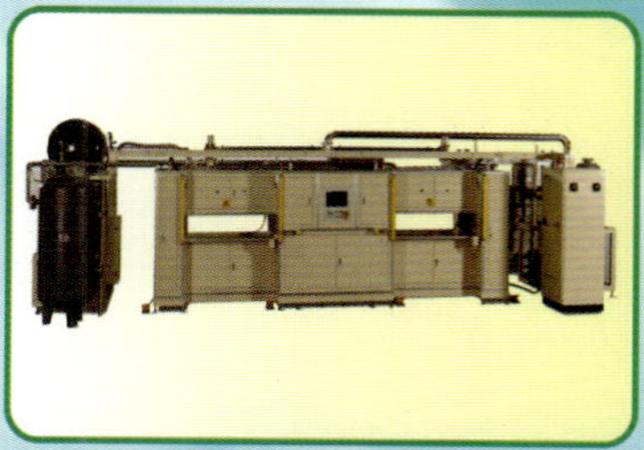
汽车空调热交换器氦检漏设备

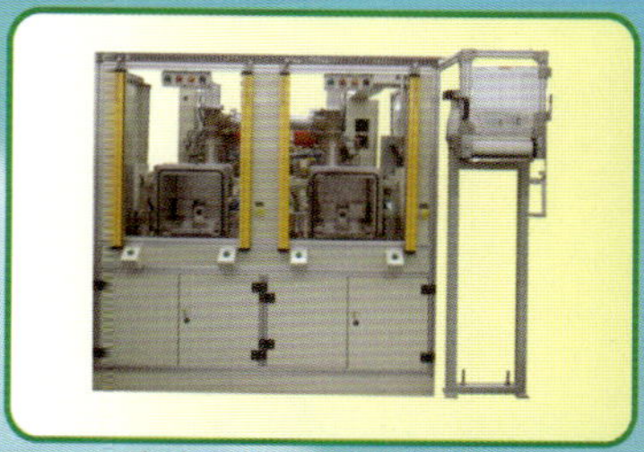
汽车空调压缩机氦检漏设备

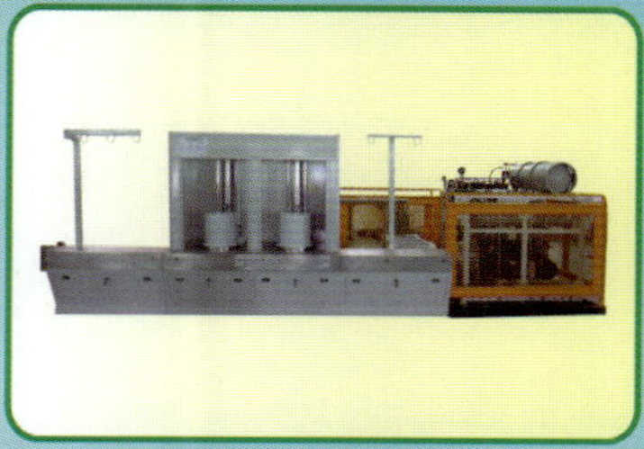
汽车空调压缩机氦检漏设备

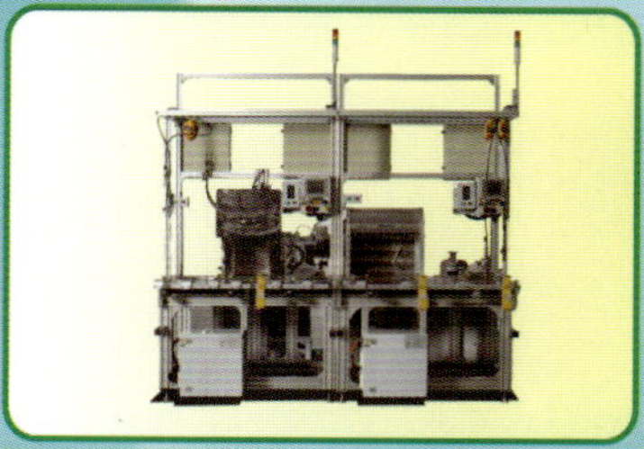
汽车空调压缩机氦检漏设备

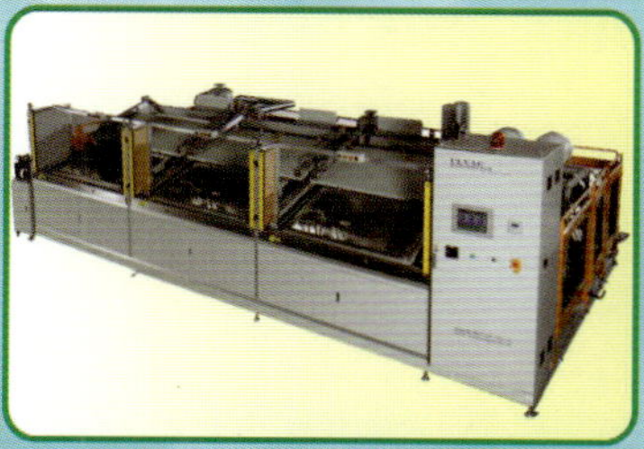
汽车空调连接管氦检漏设备

汽车燃油分配管

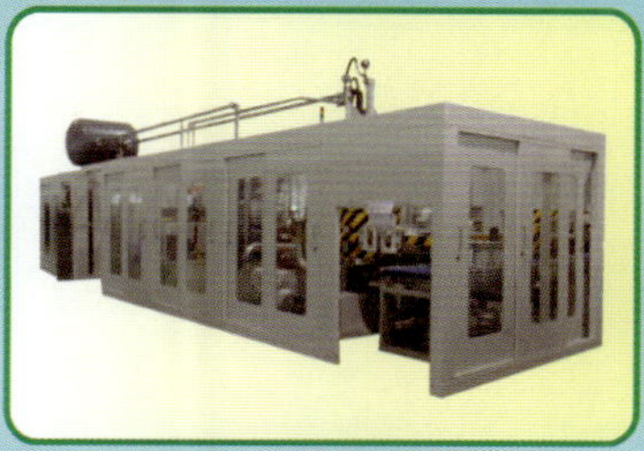
汽车轮毂氦检漏

汽车轮毂氦检漏

汽车轮毂氦检漏

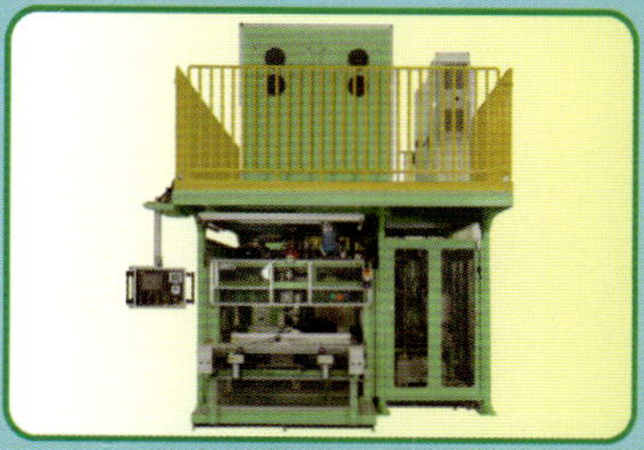
汽车油箱氦检漏设备

汽车油箱氦检漏设备

汽车油箱氦检漏设备

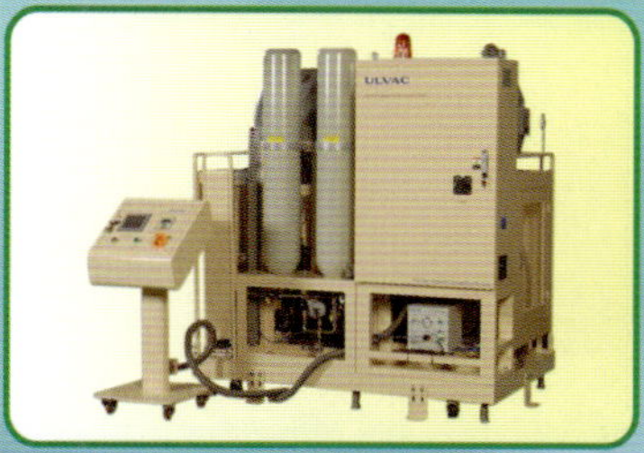

汽车刹车连接管氦检漏设备

汽车灯具镀膜设备

汽车灯具镀膜设备

电动汽车电容器卷绕镀膜设备

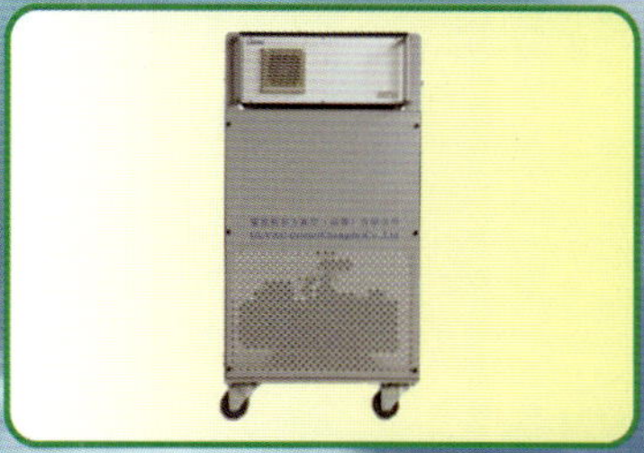
氦质谱检漏仪

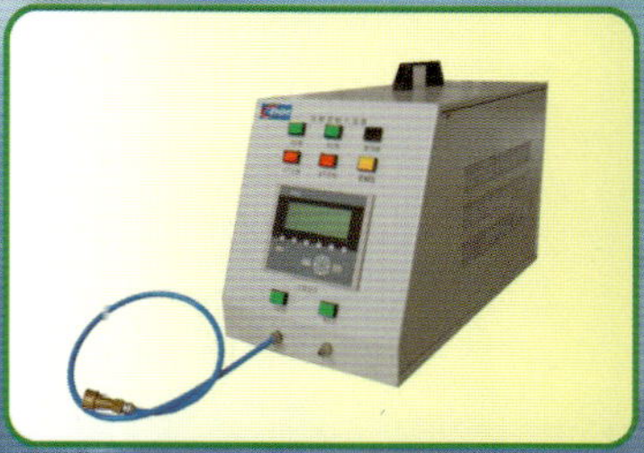
大漏检测仪器

automechanika
SHANGHAI
上海国际汽车零部件、维修检测诊断设备及服务用品展览会
Shanghai international trade fair for automotive parts, equipment and service suppliers
30.11–3.12.2016
www.autopartsshanghai.com
messe frankfurt
CNAICO
中汽国际

中国汽车工业企事业单位信息大全

（2016版）

中 国 汽 车 工 业 协 会
北京中汽华轮信息技术有限公司 编

人民交通出版社股份有限公司
China Communications Press Co.,Ltd.

内 容 提 要

本书介绍了一万多家汽车工业企事业单位简况，包括地址、邮编、电话、传真、法人代表、负责人、单位人数、质量体系、网址、电子信箱、产品情况、配套关系等，特别是根据产品采购的需要，编辑了各种相关索引，为各界人士全面了解中国汽车工业企事业单位，提供了汽车行业通信联络、采购订货的最新权威参考资料。

图书在版编目（CIP）数据

中国汽车工业企事业单位信息大全:2016 版/中国汽车工业协会，北京中汽华轮信息技术有限公司编. —北京:人民交通出版社股份有限公司，2016.5
ISBN 978-7-114-13051-9

Ⅰ.①中… Ⅱ.①中… ②北… Ⅲ.①汽车工业－工业企业－中国－2016－名录 ②汽车工业－行政事业单位－中国－2016－名录 Ⅳ.①F426.471－62

中国版本图书馆 CIP 数据核字(2016)第 111888 号

广告经营许可证号:京朝工商广字第 8042 号(1－1)

Zhongguo Qiche Gongye Qishiye Danwei Xinxi Daquan (2016 Ban)

书　　名:中国汽车工业企事业单位信息大全(2016 版)
作　　者:中国汽车工业协会　北京中汽华轮信息技术有限公司
责任编辑:董　倩　戴广超
出版发行:人民交通出版社股份有限公司
地　　址:(100011)北京市朝阳区安定门外外馆斜街 3 号
网　　址:http://www.ccpress.com.cn
销售电话:(010)59757973,85285656
编辑电话:(010)68426043,68420981
总 经 销:人民交通出版社股份有限公司发行部
经　　销:各地新华书店
印　　刷:北京市密东印刷有限公司
开　　本:880×1230　1/16
印　　张:59.75
彩　　插:110
字　　数:2635 千
版　　次:2016 年 5 月　第 1 版
印　　次:2016 年 5 月　第 1 次印刷
书　　号:ISBN 978-7-114-13051-9
定　　价:260.00 元

《中国汽车工业企事业单位信息大全》
编审委员会

博世（中国）投资有限公司	陈玉东
观致汽车有限公司	陈安宁
联合汽车电子有限公司	陈贤章
上汽大众汽车有限公司	陈贤章
惠州市德赛西威汽车电子股份有限公司	陈春霖
长安福特汽车有限公司	陈晓波
长安马自达汽车有限公司	周　波
上汽通用汽车有限公司	周　艳
上汽通用汽车有限公司	周　辉
北汽福田汽车股份有限公司北京汽车销售分公司	周业军
东风日产乘用车公司	周先鹏
科世达（上海）管理有限公司	周安泽
河南少林客车股份有限公司	周聚民
山东万达宝通轮胎有限公司	尚永峰
怀集登云汽配股份有限公司	欧洪先
山东同创汽车散热装置股份有限公司	武　强
北汽福田汽车股份有限公司欧辉客车事业部	范现军
广汽本田汽车有限公司	郁　俊
广汽本田汽车有限公司	郑　衡
浙江龙生汽车部件股份有限公司	郑玉英
上海沪工汽车电器有限公司	郑铁民
浙江龙生汽车部件股份有限公司	俞龙生
东风柳州汽车有限公司	姚利文
江苏皓月汽车锁股份有公司	姚明成
一汽丰田汽车销售有限公司	姜　君
东风襄阳旅行车有限公司	祝云耀
哈尔滨东安汽车发动机制造有限公司	赵　非
北汽福田汽车股份有限公司北京汽车销售分公司	赵建民
北京理工大学机械与车辆工程学院	项昌乐
北京梅赛德斯－奔驰销售服务有限公司	倪　凯
河北亚大汽车塑料制品有限公司	夏雷鸣
中信戴卡股份有限公司	徐　佐
北京福田戴姆勒汽车有限公司	徐向明
北京汽车集团有限公司	徐和谊
重庆长安汽车股份有限公司	徐留平
众泰控股集团有限公司	徐鸿飞
上海小糸车灯有限公司	敖锦龙
陕西汽车集团有限责任公司	袁宏明
上汽大众汽车有限公司	贾鸣镝
上海小糸车灯有限公司	郭肇基
一汽轿车销售有限公司	崔大勇
湖北三环离合器有限公司	常定军
华晨宝马汽车有限公司	康思远
金龙联合汽车工业（苏州）有限公司	黄书平
宁德时代新能源科技有限公司	黄世霖
浙江亚太机电股份有限公司	黄伟中
南京金龙客车制造有限公司	黄宏生
中国汽车工业国际合作有限公司	彭明京
中汽华轮公司	曾　光
东风柳州汽车有限公司	程道然
四川绵阳三力股份有限公司	税尚伟
一汽-大众汽车有限公司	董休慧
中国汽车工业协会	董建平
博世汽车部件（苏州）有限公司	蒋京芳
西格迈股份有限公司	蒋欣洋
中国汽车工业国际合作有限公司	韩晓军
上海汽车制动系统有限公司	鲍时明
保定市立中车轮制造有限公司	臧立中
中国重型汽车集团有限公司	蔡　东
重庆长安铃木汽车有限公司	蔡　勇
上海汽车制动系统有限公司	蔡增伟
东风襄阳旅行车有限公司	熊　伟
东风日产乘用车公司	颜宏斌

《中国汽车工业企事业单位信息大全》编辑部

名誉主编：董　扬　　吴绍明

主　　编：曾　光

编辑顾问：吕丽雯　　吴　力

编辑部主要成员：

李桂新　王　悦　姚金霞　王　英　林　心

曹艺伟　韩　昆　王　东　张　丽

前　言

国家经济已进入新常态下的平稳增长期，经过十多年的高速增长后，汽车市场也开始进入平稳发展阶段，竞争更为激烈。作为国家“十三五”规划的第一年，2016年的汽车产业将面临转型升级重要调整期，以车联网、智能汽车等为代表的互联网+的飞速发展为汽车产业带来巨大变化，一大批跨界企业产生的同时，节能环保的压力也催生了一大批新能源和环保企业，这使得汽车行业企业及产品格局发生了很大的变化，很多企业关停并转让，同时更有一批高起点的企业出现。在此背景下，《中国汽车工业企事业单位信息大全（2016版）》[以下简称《大全（2016版）》]正式推出，与广大读者见面。作为中国汽车行业最具影响力的权威工具书，《大全（2016版）》全面收录了一万多家汽车行业管理机构、企事业单位的最新情况，将成为各界人士了解汽车行业发展情况的重要参考用书。作为汽车行业一项重要工作的延续，本书仍由中国汽车工业协会、北京中汽华轮信息技术有限公司联合编撰。

《大全（2016版）》在延续权威性、准确性和规范性的基础上，具有以下突出特点：

★信息量更大、内容更新多

《大全（2016版）》中收录企事业单位一万多家，总体数量与《大全（2015版）》持平，信息更新度达80%以上；整车生产企业信息的编撰以《车辆生产企业及产品公告》为依据；零部件生产企业信息有较大的变动，突出介绍通过质量体系认证、有配套经验的零部件企业。

★强化产品与配套索引

《大全（2016版）》中特别强化了企业按产品索引、零部件企业配套整车索引等多亘索引方式，全方位、多角度地为国内外客户查阅中国汽车行业企业及其产品信息、采购产品提供帮助。其中整车产品索引着重满足政府采购、集团采购等迅速发展的需要，零部件索引和配套索引重点满足各整机配套采购部门、国内外专业零部件采购商的全面产品采购要求。

★强化宣传版面，使其迅速成为采购商关注焦点

为促进汽车行业优强企业发展，《大全（2016版）》中特别为参与宣传版面的企业提供多重查询导引，并在正文各部分首页、产品索引、配套关系索引部分中，将其置于显著位置，以便采购商能迅速找到相关企业和其最新产品。

在2015年10月至2016年3月期间，《中国汽车工业企事业单位信息大全》编辑部对《大全（2016版）》的内容进行了全面核对。《大全（2016版）》的编撰工作得到了一万多家汽车工业企事业单位的高度配合与支持，得到了汽车各界人士的全力协助，从而使这一工作得以顺利完成。借此机会，我们对持续支持这一工作的所有单位和读者表示由衷的感谢。由于时间紧、工作量大，编撰工作中一定有很多不足之处，欢迎广大读者提出宝贵意见。

《中国汽车工业企事业单位信息大全》编辑部

2016年3月

编制说明

《中国汽车工业企事业单位信息大全(2016 版)》的内容涵盖了我国(港、澳、台地区除外)汽车行业生产企业、管理机构和事业单位的基本情况,全书主要包括六部分,现将各个部分的编排方式说明如下:

1. 第一部分包括汽车工业管理部门、主要行业单位及相关机构,主要介绍从事汽车行业管理工作、科研检测、宣传媒体等方面的职能机构。

2. 整车生产企业的编写部分主要参考了《车辆生产企业及产品公告》(以下简称《公告》)中的内容,将三轮汽车(原三轮农用运输车)、低速货车(原四轮农用运输车)也收入整车部分。对隶属于几大集团又未在《公告》中出现的部分企业,也进行了收录。

3. 零部件生产企业分为六大类别,在编写中主要根据企业生产的主导产品进行归类。对部分企业同时生产多类零部件的情况,原则上在一个类别零部件出现后不再编入其他部分;将生产综合类配件的企业编入"通用件和相关工业产品生产企业";在汽车用品生产企业的基础上增加了汽车工具生产企业,统一将其编入"汽车用品及工具生产企业"。

4. 对每个企业的产品情况,在尊重企业填报的原则下,对某些词汇进行了标准化处理,例如"减震器"改为"减振器"、"变速箱"改为"变速器"等。

5. 各个产品类别内的企业划分,首先按省、自治区、直辖市的行政区域划分顺序编辑,其次每个省、自治区、直辖市内按邮政编码顺序排列。

6. 第六部分为外国汽车和零部件公司在中国的办事机构情况。

为方便查阅,《中国汽车工业企事业单位信息大全(2016 版)》中特别突出了各种索引的编排,其中产品与配套索引,主要参考零部件企业提供的相关信息。

《中国汽车工业企事业单位信息大全》编辑部

2016 年 3 月

目　录

第一部分　汽车工业管理部门、主要行业单位及相关机构

- 汽车工业管理部门 …… 3
  - 一、国家汽车工业管理部门及其主要相关机构 …… 3
  - 二、各省(自治区、直辖市)汽车相关管理部门及主要汽车集团 …… 4
  - 三、与汽车管理相关的国家部、委、局 …… 5
- 主要行业单位及分支机构 …… 7
  - 一、主要行业单位 …… 7
  - 二、部分行业单位的分支机构 …… 8
  - 三、地方及其相关汽车行业协会、学会 …… 10
- 汽车行业科研检测与认证机构、大专院校及报纸、期刊 …… 13
  - 一、科研机构 …… 13
  - 二、质量检验、认证机构 …… 16
  - 三、开设汽车类专业的高等院校 …… 20
  - 四、报纸、期刊 …… 23

第二部分　中国汽车、改装车生产企业

- 汽车生产企业 …… 31
- 改装车及其他生产企业 …… 50
- 三轮汽车、低速货车生产企业 …… 108

第三部分　中国汽车零部件生产企业

- 发动机零部件生产企业 …… 115
- 底盘零部件生产企业 …… 221
- 车身零部件生产企业 …… 363
- 电子电器零部件生产企业 …… 433
- 通用件和相关工业产品生产企业 …… 543
- 汽车用品及工具生产企业 …… 659

第四部分　汽车制造设备及模具生产企业

● 汽车制造设备及模具生产企业 …… 683

第五部分　中国摩托车生产企业

● 摩托车生产企业 …… 733

第六部分　外国（地区）汽车公司、商社驻中国办事机构

● 外国（地区）汽车公司驻中国办事机构 …… 751
● 外国汽车零部件公司、商社驻中国办事机构 …… 754

索引一　汽车、摩托车生产企业索引 …… 759
索引二　汽车零部件生产企业按产品索引 …… 777
索引三　零部件生产企业配套情况参考索引 …… 869

第一部分

汽车工业管理部门、主要行业单位及相关机构

※ 汽车工业管理部门

※ 主要行业单位及分支机构

※ 汽车行业科研检测与认证机构、大专院校及报纸、期刊

汽车工业管理部门

一、国家汽车工业管理部门及其主要相关机构

国家发展和改革委员会

值班室电话:010/68503333
地址:北京市西城区月坛南街38号
邮编:100824
网址:www. sdpc. gov. cn

- **产业协调司**

联系电话:010/68502554
主要相关职能:拟定主要工业行业规划和发展政策等

- **经济运行调节局**

联系电话:010/68505565
主要相关职能:工交行业经济运行分析、调控等

工业和信息化部

地址:北京市西长安街13号
邮编:100804
电话:010/66014249
网址:www. miit. gov. cn

- **产业政策司**

联系电话:010/66023282
主要相关职能:拟定工业产业政策并监督执行,汽车准入管理等

- **装备工业司**

联系电话:010/68205628
主要相关职能:机械、汽车行业管理等

中国机械工业联合会

办公室电话:010/68594711、68594710
地址:北京市西城区三里河路46号
邮编:100823
网址:cmif. mei. net. cn

所属相关行业协会

中国汽车工业协会:010/68595588、68594865
中国工程机械工业协会:010/68532689
中国电器工业协会:010/68166500
中国液压气动密封件工业协会:010/68595200
中国机床工具工业协会:010/63345269
中国仪器仪表行业协会:010/68596460
中国铸造协会:010/68418899
中国锻压协会:010/68465045
中国内燃机工业协会:010/68534889
中国轴承工业协会:010/63317030

二、各省(自治区、直辖市)汽车相关管理部门及主要汽车集团

各省(自治区、直辖市)汽车相关管理部门

北京市经济和信息化委员会汽车与交通设备产业处
地址:北京市朝阳区惠新东街6号院
邮编:100029
电话:010/57587661
网址:www. bjeit. gov. cn

天津市工业和信息化委员会装备工业处
地址:天津市河西区友谊路35号
邮编:300061
电话:022/83608086
网址:www. tjec. gov. cn

河北省工业和信息化厅装备工业处
地址:石家庄市和平西路402号
邮编:050071
电话:0311/87802250
网址:www. ii. gov. cn

山西省经济和信息化委员会产业政策处
地址:太原市府东街95号
邮编:030002
电话:0351/3041507
网址:www. shanxieic. gov. cn

内蒙古经济和信息化委员会装备工业处
地址:呼和浩特市敕勒川大街1号
邮编:010098
电话:0471/4825230
网址:www. nmgjxw. gov. cn

辽宁省经济和信息化委员会汽车船舶处
地址:沈阳市皇姑区北陵大街45-2号
邮编:110032
电话:024/86894130
网址:www. lneic. gov. cn

吉林省工业和信息化厅汽车处
地址:长春市新发路329号
邮编:130054
电话:0431/88906102
网址:gxt. jl. gov. cn

黑龙江省工业和信息化委员会产业政策处
地址:哈尔滨市香坊区和平路68号
邮编:150040
电话:0451/82667989
网址:www. hljiic. gov. cn

上海市经济和信息化委员会装备产业处
地址:上海市世博村路300号5号楼
邮编:200125
电话:021/23111111
网址:www. sheitc. gov. cn

江苏省经济和信息化委员会产业政策处
地址:南京市北京西路16号
邮编:210008
电话:025/83391986
网址:www. jseic. gov. cn

浙江省经济和信息化委员会机械行业管理办公室
地址:杭州市体育场路479号
邮编:310007
电话:0571/87058115
网址:jxw. zj. gov. cn

安徽省经济和信息化委员会装备工业处
地址:合肥市屯溪路306号金安大厦
邮编:230001
电话:0551/62871778
网址:www. aheic. gov. cn

福建省经济和信息化委员会产业协调处
地址:福州市华林路76号
邮编:350003
电话:0591/87832482
网址:www. fjetc. gov. cn

江西省工业和信息化委员会产业政策处
地址:南昌市北京西路69号省政府大楼441室
邮编:330046
电话:0791/86219241
网址:www. jxciit. gov. cn

山东省经济和信息化委员会产业政策处
地址:济南市省府前街1号
邮编:250011
电话:0531/86915301
网址:www. sdeic. gov. cn

河南省工业和信息化委员会产业政策处
地址:郑州市花园路144号
邮编:450008
电话:0371/65509829
网址:www. iitha. gov. cn

湖北省经济和信息化委员会机械汽车产业处
地址:武汉市武昌区水果湖省委大院
邮编:430071
电话:027/87236970
网址:www. hbeitc. gov. cn

湖南省经济和信息化委员会装备工业处
地址:长沙市天心区新韶路467号
邮编:410004
电话:0731/88955466
网址:www. hnjxw. gov. cn

广东省经济和信息化委员会产业发展处
地址:广州市吉祥路100号
邮编:510030
电话:020/83134777
网址:www. gdei. gov. cn

广西工业和信息化委员会装备工业处
地址:南宁市民族大道113号4楼
邮编:530022
电话:0771/5627633
网址:www. gxgxw. gov. cn

海南省工业和信息化厅
地址:海口市国兴大道9号
邮编:570204
电话:0898/65326233
网址:iitb. hainan. gov. cn

重庆市经济和信息化委员会规划与投资处
地址:重庆市渝中区人民路252号
邮编:400015
电话:023/63895940
网址:wjj. cq. gov. cn

四川省经济和信息化委员会产业政策处
地址:成都市人民东路66号
邮编:610013
电话:028/86263257
网址:www. scjm. gov. cn

云南省工业和信息化委员会装备工业处
地址:昆明市永安路37号
邮编:650011
电话:0871/63512706、63515549
网址:www. ynetc. gov. cn

贵州省经济和信息化委员会装备工业处
地址:贵阳市中华北路187号经信委大楼
邮编:550004
电话:0851/86892336
网址:www. gzjxw. gov. cn

陕西省工业和信息化厅装备工业处
地址:西安市省政府前大楼5-034
邮编:710006
电话:029/87290131
网址:www. sxgxt. gov. cn

甘肃省工业和信息化委员会装备产业处
地址:兰州市中央广场1号
邮编:730030
电话:0931/4609257、4609261
网址:www. gsec. gov. cn

青海省经济和信息化委员会行业指导处
地址:西宁市黄河路36号银龙大厦
邮编:810000
电话:0971/6138903
网址:www. qhec. gov. cn

新疆维吾尔自治区机械电子工业行业管理办公室
地址:乌鲁木齐市光明路140号
邮编:830002

电话:0991/8897861
网址:www. xjjdhb. gov. cn

主要汽车集团

★第一汽车集团公司
地址:长春市东风大街 2259 号
邮编:130011
总机:0431/85901140
传真:85904628
董事长:徐平
总经理:许宪平
网址:www. faw. com. cn
一汽解放汽车销售有限公司
地址:长春市汽车产业开发区迎春路617 号
邮编:130011
电话:0431/87666666
网址:www. . fawjiefang. com. cn
一汽进出口有限公司
地址:长春市东风大街 3025 号
邮编:130011
电话:0431/85736138、85736117
传真:87614780
一汽－大众销售有限责任公司
地址:长春市普阳街 3333 号
邮编:130011
电话:0431/85990114
一汽轿车销售有限公司
地址:长春市绿园区东风大街 4936 号
邮编:130011
电话:0431/85768888
网址:www. fawcarsales. com
一汽马自达汽车销售有限公司
地址:长春市汽车经济技术开发区兴顺路 1366 号
邮编:130011
电话:0431/85991000
网址:www. faw－mazda. com
一汽丰田汽车销售有限公司
地址:北京市朝阳区东三环中路 1 号环球金融中心西楼三层
邮编:100020
电话:8008101210
网址:www. ftms. com. cn

★东风汽车公司
地址:武汉市经济开发区东风大道特 1 号
邮编:430056
电话:027/84285000
传真:84285288
董事长:竺延风
网址:www. dfmc. com. cn
东风汽车有限公司
地址:武汉市沌口经济开发区东风大道10 号
邮编:430056
电话:027/84288426
网址:www. dfl. com. cn
东风汽车工业进出口有限公司
地址:武汉市经济技术开发区创业二路2 号
邮编:430056
电话:027/84301252
传真:84301149
网址:www. chinadfm. com

★上海汽车集团股份有限公司
地址:上海市威海路 489 号
邮编:200041
电话:021/22011888
传真:22011777
董事长:陈虹
总裁:陈志鑫
网址:www. saicmotor. com
上海汽车集团(北京)有限公司
地址:北京市海淀区北蜂窝中路 15 号
邮编:100038
电话:010/63970988
传真:63968393
上海汽车工业销售有限公司
地址:上海市武康路 390 号
邮编:200031
电话:021/24011188
传真:24011111
网址:www. anji. com
上海汽车进出口有限公司
地址:上海市张扬路 2119 号
邮编:200135
电话:021/28936888
传真:28936999
网址:www. saicsaco. com
南京汽车集团有限公司
地址:南京市高新技术产业开发区浦泗路 18 号
邮编:210061
电话:025/83437788
传真:83433526
上汽集团上海国际汽车零部件采购中心有限公司
地址:上海市曹安公路 5656 号 3 楼 A 座
邮编:201805
电话:021/69503140
传真:69503150
网址:www. apsis. com. cn

★中国重型汽车集团有限公司
地址:济南市高新区华奥路 777 号
邮编:251010
电话:0531/58062114
董事长:马纯济
总经理:蔡东
网址:www. cnhtc. com. cn
中国重型汽车集团有限公司销售公司
地址:济南市经十西路 212 号
邮编:250117
电话:0531/85588000
传真:85588089

★北京汽车集团有限公司
地址:北京市顺义区双河大街 99 号
邮编:101300
电话:010/87664009
传真:87664048
董事长:徐和谊
网址:www. baicgroup. com. cn

★中国长安汽车集团股份有限公司
地址:北京市海淀区车道沟十号院
邮编:100089
电话:010/68966352
传真:68966383
董事长:徐留平
网址:www. ccag. cn

★广州汽车集团股份有限公司
地址:广州市天河区珠江新城兴国路23 号广汽中心
邮编:510623
电话:020/83151139、83151163
传真:83150335
董事长:张房有
总经理:曾庆洪
网址:www. gagc. com. cn

★安徽江淮汽车集团有限公司
地址:合肥市东流路 176 号
邮编:230022
电话:0551/62296566、62296835
传真:62296999
董事长:安进
网址:www. jac. com. cn

三、与汽车管理相关的国家部、委、局

★科学技术部
地址:北京市海淀区复兴路乙 15 号
邮编:100862
电话:010/58881800
网址:www. most. gov. cn

★公安部
地址:北京市东长安街 14 号
邮编:100741
电话:010/66262114
公安部交通管理局
电话:010/65251520
网址:www. mps. gov. cn

★财政部
地址:北京市西城区三里河南三巷 3 号
邮编:100820
电话:010/68551114

关税司
电话:010/68552972
网址:www. mof. gov. cn

★住房和城乡建设部
地址:北京市海淀区三里河路9号
邮编:100835
电话:010/58934114
网址:www. mohurd. gov. cn

★交通运输部
地址:北京市东城区建国门内大街11号
邮编:100736
电话:010/65292114
运输司
电话:010/65292797、65292754
网址:www. moc. gov. cn

★商务部
地址:北京市东长安街2号
邮编:100731
电话:010/69198318
市场体系建设司
电话:010/85093671
对外贸易司
电话:010/65197435
产业安全与进出口管制局
电话:010/65198796
市场秩序司
电话:010/85093338
网址:www. mofcom. gov. cn

★海关总署
地址:北京市东城区建国门内大街6号
邮编:100730
电话:010/65194114
政策法规司
电话:010/65195189
关税征管司
电话:010/65195337
网址:www. customs. gov. cn

★国家质量监督检验检疫总局
地址:北京市海淀区马甸东路9号
邮编:100088
电话:010/82260001
网址:www. aqsiq. gov. cn
国家标准化管理委员会
电话:010/82262594
网址:www. sac. gov. cn
国家认证认可监督管理委员会
电话:010/82260777
网址:www. cnca. gov. cn
中国质量认证中心
地址:北京市南四环西路188号9区
邮编:100070
电话:010/83886666
网址:www. cqc. com. cn

★国家税务总局
地址:北京市海淀区羊坊店西路5号
邮编:100038
电话:010/63417114
网址:www. chinatax. gov. cn

★环境保护部
地址:北京市西直门南小街115号
邮编:100035
电话:010/66556006
污染防治司
电话:010/66556243
网址:www. zhb. gov. cn

★国家工商行政管理总局
地址:北京市西城区三里河东路8号
邮编:100820
电话:010/88650000
市场规范管理司
电话:010/88650602、88650601
网址:www. saic. gov. cn

★中国人民银行
地址:北京市西城区成方街32号
邮编:100800
电话:010/66194114
传真:66195370
网址:www. pbc. gov. cn

★中国保险监督管理委员会
地址:北京市西城区金融大街15号
邮编:100140
电话:010/66286688
网址:www. circ. gov. cn

主要行业单位及分支机构

• 查询导引 •

主要行业单位及分支机构

7 主要行业单位

8 部分行业单位的分支机构

10 地方及其相关汽车行业协会、学会

☞ **企业如有变更，请与编辑部联系** ☎ 010/68426043、68420981

一、主要行业单位

中国汽车工程学会
地址：北京市西城区莲花池东路102号天莲大厦四层
邮编：100055
电话：010/63345599
传真：63345466
网址：www.sae-china.org
理事长：付于武
秘书长：张进华

中国汽车工业协会
地址：北京市西城区三里河路46号
邮编：100823
电话：010/68595588
传真：68595243
网址：www.caam.org.cn
常务副会长：董扬
秘书长：吴绍明

中国汽车技术研究中心
地址：天津市东丽区先锋东路68号
邮编：300300
电话：022/84370000、24711970
传真：24370843
网址：www.catarc.ac.cn
负责人：于凯

中汽认证中心
地址：北京市海淀区首体南路2号11层
邮编：100044
电话：010/88301244
传真：88301243
网址：www.cccap.org.cn

中国国际贸促会汽车行业分会
地址：北京市西城区三里河路46号
邮编：100823
电话：010/68594184、68595106
传真：68595076
网址：www.auto-ccpit.org
负责人：王侠
主要职能：组织汽车行业国际展览会；开展同世界各国汽车工业界的交流等工作

中国汽车报
地址：北京市海淀区阜成路115号1号楼2门4层
邮编：100142
电话：010/88132430
网址：www.cnautonews.com
负责人：李庆文

中国汽车工业经济技术信息研究所
地址：北京市海淀区阜成路46号
邮编：100036
电话：010/88121615
负责人：李京生

中国机械工业集团有限公司
地址：北京市海淀区丹棱街3号
邮编：100080
电话：010/82688888
传真：82688811
网址：www.sinomach.com.cn
电子信箱：office@sinomach.com.cn
法人代表：任洪斌
主要职能：汽车工业工程设计，汽车整车及零部件进出口及国内贸易，汽车零部件检测与研发，汽车会展及培训等

中国汽车工业工程有限公司
地址：天津市南开区长江道591号
邮编：300113
电话：022/87869299
传真：87869666
网址：www.chinaaie.com.cn
董事长：陈有权
质量体系：ISO 9001
主要业务：以汽车、发动机、农机、工程机械为主的机械行业工程咨询，产业研究、工程设计、项目管理、工程承包、设备设计制造和工程勘察、工程监理等

中国汽车工业国际合作有限公司
地址：北京市海淀区中关村丹棱街3号国机集团大厦A座
邮编：100080
电话：010/82606899
传真：82606999
网址：www.cnaico.com.cn
总经理：韩晓军
质量体系：ISO 9001
主要职能：以电站成套项目、船舶出口项目为主导的工程承包、设备成套、联合经营业务；以汽车零部件、农业机械、整车销售为主导的进出口贸易及国内贸易业务；以汽车园区、汽车整车及汽车零部件制造企业为主导的实业投资业务；以汽车及汽车零部件展、广交会、国外品牌展会为主导的国内外展览业务；以大型活动策划、影视平面设计、报刊编辑为主导的公关策划、交流培训、咨询研究业务

中国进口汽车贸易有限公司
地址：北京市海淀区中关村南三街6号
邮编：100190

电话:010/82169388
传真:82169398
网址:www. ctcai. com. cn
董事长(总经理):贾屹
主要业务:以汽车进口批发核心业务、汽车零售服务业务、汽车物流展贸园区为三大支柱业务,培育开拓汽车租赁及旧车业务、汽车出口业务、汽车电子商务及传媒业务三个新业务板块

中国汽车零部件工业公司
地址:北京市海淀区中关村丹棱街3号B座817
邮编:100080
电话:010/82607090
传真:82607827
网址:www. chinacapac. com
职能范围:CAPAC品牌汽车零部件的生产制造,汽车零部件产品的国内外贸易,组织和承办与汽车零部件相关的国内外的展览、展示,项目开发(产业基地,汽配城的建设和延伸服务),拥有独立的零部件产品的检测和研发基地,出版发行国家级专业技术刊物《汽车零部件》

中汽华轮公司
地址:北京市海淀区增光路45号
邮编:100048
电话:010/68420981
传真:88561149
网址:www. autobook. com. cn
负责人:曾光

中国第一汽车集团公司技术中心
地址:长春市创业大街1063号
邮编:130011
电话:0431/85788122
负责人:李骏
网址:www. rdc. faw. com. cn

机械工业第九设计研究院有限公司
地址:长春市创业大街1958号
邮编:130011
电话:0431/85902279
传真:85902960
网址:www. cjxjy. com

中国汽车工程研究院股份有限公司
地址:重庆市北部新区金渝大道9号
邮编:401122
电话:023/68824060
传真:68821361
网址:www. caeri. com. cn
电子信箱:office@ caeri. com. cn
负责人:任晓常

中国汽车工业配件销售有限公司
地址:北京市海淀区阜成路46号
邮编:100142
电话:010/88130731、88127419
传真:88127418、88116923
网址:www. qipeihui. com
负责人:王笃洋
主要业务:承办展览会;销售机械电器设备、石油制品、橡胶制品、金属材料、汽车工业配套产品、汽车(轿车限零售)、摩托车;技术咨询、技术服务、技术培训、营销策划;货物进出口、代理进出口;技术进出口

二、部分行业单位的分支机构

中国汽车工业协会分支机构

中国汽车工业协会
地址:北京市西城区三里河路46号
邮编:100823
综合管理部:010/68595588
行业发展部:010/68594825
行业信息部:010/68594196
国际合作部:010/68594812
贸易协调部:010/68595173
零部件部:010/68594821
展览部:010/68595240

专用车分会
地址:武汉市经济技术开发区沌阳大道55号
邮编:430056
电话:027/84298095
传真:84298075
秘书长:王焕民
秘书长单位:汉阳专用汽车研究所

客车分会
地址:郑州市2066号信箱
邮编:450016
电话:0371/66733566
传真:66806000
理事长:汤玉祥
理事长单位:郑州宇通客车股份有限公司

旅居车(房车)委员会
地址:北京市西城区三里河路46号
邮编:100823
电话:0411/39683575
理事长:许掌握

摩托车分会
地址:北京市西城区月坛南街26号
邮编:100825
电话:010/68512976
秘书长:李彬
秘书长单位:江门市大长江集团有限公司

汽车相关工业分会
地址:北京市朝阳区青年路27号院2-318
邮编:100123
电话:010/67367499
秘书长:李静

车用发动机分会
地址:北京市西城区月坛南街26号
邮编:100825
电话:010/68535680
常务秘书长:葛红
秘书长单位:潍柴动力股份有限公司

车用电机电器委员会
地址:长沙市五一大道五一新干线1415房间
邮编:410000
电话:0731/84424716
秘书长:朱小平
秘书长单位:中汽长电股份有限公司

车用活塞活塞环委员会
地址:福建省南平市工业区长沙工业园区
邮编:353000
电话:0599/8623820
秘书长:张平山
秘书长单位:华闽南配集团股份有限公司

车用散热器委员会
地址:山东省安丘市经济技术开发区莲花山西路
邮编:262100
电话:0536/4370723
秘书长:王钟柱
秘书长单位:潍坊恒安散热器集团有限公司

车用滤清器委员会
地址:安徽省蚌埠市凤阳东路224号
邮编:233043
电话:0552/3038058
秘书长:葛德义
秘书长单位:蚌埠金威滤清器有限公司

车用仪表委员会
地址:安徽省芜湖市赤铸山路伟星城2-13-101
邮编:241000
电话:0553/2915301
秘书长:陈建海
秘书长单位:安徽金海达汽车电子有限公司

车用轴瓦委员会
地址:山东省莱州市经济开发区开明路1058号
邮编:261411
电话:0535/2177615
理事长:木俭朴

理书长单位：烟台大丰轴瓦有限责任公司

离合器委员会
地址：长春市高新区超然街2555号
邮编：130103
电话：0431/85158566
理事长：姜涛
理事长单位：长春一东离合器股份有限公司

转向器委员会
地址：广东省江门市蓬江区西环路465号
邮编：529050
电话：0750/3689376
秘书长：闵志宪

制动器委员会
地址：上海市嘉定区招贤路385号
邮编：201821
秘书长：鲍时明
秘书长单位：上海汽车制动系统有限公司

减振器委员会
地址：成都市龙泉峰区818信箱100分箱
邮编：610100
电话：028/84806002
理事长：王焕森
理事长单位：成都九鼎科技（集团）有限公司

传动轴委员会
地址：长春市富奥大路599A号
邮编：130013
电话：0431/85127700
秘书长：刘恒
秘书长单位：富奥汽车零部件股份有限公司传动轴分公司

悬架委员会
地址：湖北省十堰市大岭路15号
邮编：442046
电话：0719/8242811
秘书长：杜风琴
秘书长单位：东风汽车悬架弹簧有限公司

车轮委员会（钢轮）
地址：长春市东风南街1399号
邮编：130013
电话：0431/85765108
理事长：邱枫
理事长单位：长春一汽富维汽车零部件股份有限公司车轮分公司

车轮委员会（铝轮）
地址：河北省秦皇岛市经济技术开发区龙海道185号
邮编：066003
电话：0335/5358342
副秘书长：王孝东
秘书长单位：中信戴卡轮毂制造股份有限公司

车身附件委员会
地址：江苏省丹阳市开发区齐梁路30号
邮编：212300
电话：0511/86926388
理事长：沈中泉

灯具委员会
地址：上海市嘉定区安亭镇于田南路68号
邮编：201805
电话：021/69502811
秘书长：凌铭

信息服务委员会
地址：广东省深圳市福田区深圳国际创新中心F楼五层
邮编：518000
电话：010/88686070
副秘书长：骆伟

汽车试验场分会
地址：北京市通州区大杜社
邮编：101103
电话：010/61585016
传真：61585024
秘书长：杨瑞峰
秘书长单位：交通运输部公路交通试验场

车桥委员会
地址：辽宁省丹东市振安区曙光路50号
邮编：118001
电话：0415/4139326
副秘书长：王书娟
秘书长单位：辽宁曙光汽车集团股份有限公司

排气消声系统委员会
地址：武汉市沌口开发区耀华路62号
邮编：430056
电话：027/84213807
秘书长：方今朝
秘书长单位：湖北通达股份有限公司

零部件再制造分会
地址：广州市花都区狮岭镇南航大道奇才新村自编1巷2号
邮编：510850
电话：020/86581051
副秘书长：李振全

中国汽车工程学会分支机构

中国汽车工程学会
地址：北京市西城区莲花池东路102号天莲大厦四层
邮编：100055
电话：010/63345599
传真：63345466
理事长：付于武
秘书长：张进华
汽车产业研究院：010/63345309
网址：www.sae-china.org

汽车产品分会
地址：长春市创业大街35号
邮编：130011
电话：0431/85788202
传真：85906283
电子信箱：xiejun@rdc.faw.com.cn

汽车制造分会
地址：武汉市经济技术开发区东风大道10号
邮编：430056
电话：027/84283304
传真：84283318
电子信箱：huxinyi@dfmc.com.cn

汽车发动机分会
地址：南京市红山路100号
邮编：210028
电话：025/85403580
传真：85417367
电子信箱：xu_dong_chen@sina.com

汽车材料分会
地址：武汉市经济技术开发区东风大道10号
邮编：430056
电话：027/84283780
传真：84283784
电子信箱：gyyjs-wangy@dfl.com.cn

汽车应用与服务分会
地址：北京市西城区枣林前街119号3A03
邮编：100054
电话：010/63585205
传真：83513379
电子信箱：zll@sae-china.org

汽车技术教育分会
地址：长春市人民大街5988号
邮编：130025
电话：0431/85094353
传真：85682227
电子信箱：gaozh@jlu.edu.cn

现代化汽车管理分会
地址：上海市威海路489号
邮编：210041
电话：021/22011722
传真：22011777
电子信箱：yuancongl@apsis.com.cn

汽车经济发展研究分会
地址：北京市海淀区阜成路46号
邮编：100036
电话：010/88127552
传真：88132024
电子信箱：lijsheng888@sina.com

汽车电子技术分会
地址：武汉市经济开发区东风大道10号
邮编：430056
电话：027/84306854
传真：0719/8224060

电子信箱:zhaofx@ dfmc. com. cn

摩托车分会
地址:天津市卫津路92号
邮编:300072
电话:022/27406445
传真:27405994
电子信箱:cmhu@ tju. edu. cn

汽车专用车分会
地址:武汉市汉阳鱼北路3号
邮编:430050
电话:027/59756959
传真:84298075
电子信箱:zuowuzhou@ 163. com

矿用汽车分会
地址:北京市东城区夕照寺街绿景馨园东区13号楼509B
邮编:100061
电话:010/67183393
传真:67183383
电子信箱:kcfh509b@ 163. com

汽车安全技术分会
地址:北京市海淀区清华园清华大学汽车工程系
邮编:100084
电话:010/62781639
传真:62781628
电子信箱:zhjh@ mail. tsinghua. edu. cn

汽车环境保护技术分会
地址:天津市东丽区先锋东路68号
邮编:300399
电话:022/84379633
传真:24370843
电子信箱:mengliang_li@ 163. com

汽车车身技术分会
地址:长沙市岳麓山
邮编:410082
电话:0731/88822076
传真:88823444
电子信箱:daniexie@ 163. com

汽车非金属材料分会
地址:长春市和平大街45号
邮编:130011
电话:0431/85789485
传真:85789481
电子信箱:meijiang821@ 163. com

汽车燃料与润滑油分会
地址:湖北省十堰市城西路2号工艺所
邮编:442001
电话:0719/8221073
传真:8224171
电子信箱:sunsr@ dfcv. com. cn

电动汽车分会
地址:北京市海淀区清华园清华大学汽车工程系
邮编:100084
电话:010/62795045
传真:62782949
电子信箱:tian_gy@ tsinghua. edu. cn

汽车智能交通分会
地址:上海市嘉定区曹安路4800号同济大学汽车学院
邮编:201804
电话:021/69589112
传真:69589121
电子信箱:hui - chen@ mail. tongji. edu. cn

越野车技术分会
地址:北京市海淀区中关村南大街5号
邮编:100081
电话:010/68911343 - 601
传真:68911791 - 88
电子信箱:szchen@ bit. edu. cn

转向技术分会
地址:重庆市北部新区金渝大道9号
邮编:401122
电话:023/68967943
传真:68678622
电子信箱:cqyanyao@ qq. com

测试技术分会
地址:天津市第59号信箱中国汽车技术研究中心试验所
邮编:300162
电话:022/84771801 - 9602
传真:84771802
电子信箱:fengyi@ catarc. ac. cn

代用燃料汽车分会
地址:长春市人民大街5988号吉林大学汽车学院
邮编:130025
电话:0431/85095513
传真:85095513
电子信箱:guoyn@ jlu. edu. cn

工程建设与装备技术分会
地址:长春市创业大街1958号机械工业部第九设计研究院
邮编:130011
电话:0431/85902971
传真:85902958
电子信箱:yym@ cjxjy. com

涂装技术分会
地址:长春市创业大街35号
邮编:130011
电话:0431/85789501
传真:85789410
电子信箱:gaochengyong@ rdc. faw. com. cn

中国汽车工程学会货运装备技术分会
电话:029/83385574
电子信箱:wuwenyan0516@ 163. com

中国汽车工程学会悬架技术分会
电话:010/58615650
传真:58615650
电子信箱:tanglinsheng@ beijing - atc. com. cn

中国汽车工程学会振动噪声技术分会
电话:022/84773696
电子信箱:lihongliang@ catarc. ac. cn

中国汽车工程学会齿轮技术分会
电话:022/68609766
电子信箱:lvyuanjiang@ tanhas. com

中国汽车工程学会房车与营地工程技术分会
电话:0411/84706475
电子信箱:liweidong@ dlut. edu. cn

三、地方及其相关汽车行业协会、学会

北京汽车行业协会
地址:北京市朝阳区东三环南路25号北京汽车大厦1713室
邮编:100021
电话:010/87665196
传真:87664292
网址:www. auto - beijing. com

北京汽车工程学会
地址:北京市朝阳区东三环南路25号1611室
邮编:100021
电话:010/84664291
传真:87664291
网址:www. bast. net. cn

河北省汽车工业协会
地址:石家庄市合作路81号
邮编:050051
电话:0311/87085008
传真:87085008
网址:www. hbqcxh. com

全国商用车配件产销联合会
地址:河北省廊坊市步行街第一大街A - 012号
邮编:065000
电话:0316/7106100
传真:7938098
网址:www. syc114. com

山西省汽车行业协会
地址:太原市并州北路39号
邮编:030001

电话:0351/4183204
传真:4047833

辽宁省汽车工业协会
地址:沈阳市于洪区崇山东路32号辽宁经贸大厦8层
邮编:110033
电话:024/86907995-668
传真:31207658
网址:www.laam.cn

吉林省汽车工业协会
地址:长春市建设街199号
邮编:130051
电话:0431/85087933
网址:www.jlsqcgyxh.com

上海市汽车行业协会
地址:上海市威海路489号
邮编:200041
电话:021/22011795
传真:22011188
网址:www.shata.org

上海市汽车行业协会
地址:上海市威海路489号
邮编:200041
电话:021/22011795
传真:22011188
网址:www.shata.org

上海汽车工程学会
地址:上海市威海路489号
邮编:200041
电话:021/22011772
传真:22011188
网址:www.shsae.org

江苏省汽车行业协会
地址:南京市广州路37号科技大厦24楼
邮编:210008
电话:025/84711602
传真:84711602

江苏省汽车工程学会
地址:南京市中央路331号(西门芦席营78号)小二楼210室
邮编:210037
电话:025/85417153
传真:85417153
网址:www.sae-js.org

浙江省汽车行业协会
地址:杭州市石祥路589号杭州市国际会议展览中心西裙楼五楼55017室
邮编:310015
电话:0571/28330295
传真:28879696
网址:www.zaam.cn

玉环县汽摩配行业协会
地址:浙江省玉环县运输公司办公楼四楼8888室
邮编:317600
电话:0576/87209767
传真:87209737
网址:www.cnautomoto.com

安徽省汽车行业协会
地址:合肥市桐城路148号
邮编:230001
电话:0551/62642107
传真:62611928
网址:www.ahauto.org.cn
电子信箱:ahauto@163.com

福建省汽车工业行业协会
地址:福建省闽侯县上街镇福州高新区海西园高新大道7号,福建省汽车工业集团公司大楼第13层
邮编:350108
电话:0591/22027056
传真:22027056
网址:www.fjmotor.org.cn

山东省汽车行业协会
地址:济南省泺源大街53号
邮编:250011
电话:0531/86913219
传真:86913219
网址:www.sama.org.cn

河南省汽车行业协会
地址:郑州经济开发区航海东路1356号创业中心商鼎创业大厦256、257室
邮编:450016
电话:0371/68273219
传真:68293219
网址:www.hnqcxh.org

湖北省汽车工程学会
地址:武汉经济技术开发区沌阳大道55号
邮编:430056
电话:027/59756912
传真:59756902
网址:www.hbsae.com

广东省汽车行业协会
地址:广州市东风东路555号粤海集团大厦704单元
邮编:510050
电话:020/83740851
传真:83740857
网址:www.gd-auto.cn

广西汽车工业协会
地址:南宁市民主路17号
邮编:530023
电话:0771/5620295
传真:5620295

重庆汽车工程学会
地址:重庆市陈家坪朝田村101号
邮编:400039
电话:023/68856395
传真:68856395

四川省汽车工程学会
地址:成都市红星路三段16号正熙国际大厦1807号
邮编:610016
电话:028/86662308
传真:86662308
网址:www.westcars.org.cn

陕西省汽车工程学会
地址:西安市幸福北路39号
邮编:710043
电话:029/83388574
传真:83388574
网址:www.sxsae.org

云南省机械工业行业协会
地址:昆明市白塔路245号
邮编:650011
电话:0871/67112569
传真:67112569
网址:www.yami.yn.gov.cn

云南省机械工程学会
地址:昆明市红菱路309号云南省机械研究设计院内503室
邮编:650031
电话:0871/65335474
传真:65335474
网址:www.ynjxxh.com

中国电器工业协会
地址:北京市丰台区南四环西路188号12区30号楼
邮编:100070
电话:010/68166500
传真:68273696
网址:www.ceeia.com

中国铸造协会
地址:北京市海淀区首体南路2号(机械科学研究总院办公楼14层南侧)
邮编:100044
电话:010/68418899
传真:68458356
网址:www.foundry.com.cn

中国锻压协会
地址:北京市海淀区学清路16号学知轩大厦三层
邮编:100083
电话:010/68465045
传真:68465044
网址:www.chinaforge.org.cn

中国通用机械工业协会
地址:北京市车公庄大街9号院一号楼B座2单元502室
邮编:100044
电话:010/88393520
传真:88393529
网址:www.cgmia.org.cn

中国机床工具工业协会
地址:北京市西城区莲花池东路102号天莲大厦12层
邮编:100055
电话:010/63345694

传真:63345699
网址:www.cmtba.org.cn
电子信箱:cmtba@cmtba.org.cn

中国模具工业协会
地址:北京市海淀区首体南路20号国兴家园4号楼505、506室
邮编:100044
电话:010/88356462
传真:88356461
网址:www.cdmia.com.cn

中国轴承工业协会
地址:北京市西城区马连道路4号北京市通信管理局4层402室
邮编:100055
电话:010/63317030
传真:63315067
网址:www.cbia.com.cn
电子信箱:bearing@cbia.gov.cn

中国橡胶工业协会
地址:北京市朝阳区拂林路9号景龙国际B座5层
邮编:100107
电话:010/84936888
传真:84928207
网址:www.cria.org.cn

中国液压气动密封件工业协会
地址:北京市西城区三里河路46号
邮编:100823
电话:010/68595200
传真:68595197
网址:www.chpsa.org.cn
电子信箱:chpsa@mei.net.cn

中国机械制造工艺协会
地址:北京市海淀区学清路18号317室
邮编:100083
电话:010/ 82755148
传真:88301523
网址:www.cammt.org.cn

中国机械通用零部件工业协会
地址:北京市西城区三里河路46号
邮编:100823
电话:010/68594837
传真:68572092
网址:www.cmca-view.com

中国工程机械工业协会
地址:北京市西城区月坛南街26号
邮编:100825
电话:010/68537077
传真:68589824
邮箱:ccmawz@yeah.net
网址:www.cncma.org

中国仪器仪表行业协会
地址:北京市西城区月坛南街26号4047室
邮编:100825
电话:010/68584722、68539126
传真:68539126
网址:www.cima.org.cn
电子信箱:office@cima.org.cn

中国内燃机工业协会
地址:北京市西城区月坛南街26号
邮编:100825
电话:010/68596570
传真:68532003
网址:www.ciceia.org.cn
电子信箱:nrjxhbgs@163.com

中国摩擦密封材料协会
地址:北京市海淀区三里河路甲11号中国建材大厦15层
邮编:100037
电话:010/88084632
传真:88084733
网址:www.cfsma.org.cn

中国焊接协会
地址:哈尔滨市松北区科技创新城创新路2077号主楼704室
邮编:150080
电话:0451/86340850
传真:86333949
网址:www.china-weldnet.com
电子信箱:cwa@public.hr.hl.cn

中国汽车流通协会
地址:北京市月坛北街25号2号楼2501室
邮编:100834
电话:010/68392501
传真:68392501-20
网址:www.cada.cn
电子信箱:chinacada@126.com

中国道路运输协会
地址:北京市海淀区知春路甲48号盈都大厦C座3单元15B
邮编:100098
电话:010/58731825
传真:58731837
网址:www.crta.org.cn
电子信箱:crta@crta.org.cn
业务范围:贯彻国家有关道路运输业的方针政策,沟通企业与国家交通行政主管部门的联系,开展经济技术咨询的调研,提供技术经济情报

中国交通运输协会联运分会
地址:北京市朝阳区北辰东路8号汇宾大厦B1512
邮编:100101
电话:010/84981083
传真:84988821
网址:www.cctanet.org.cn
业务范围:是由全国从事多式联运领域的相关企业、事业单位,社会组织及个人自愿参加组成的全国性、行业性、非营利性的社团组织;会员200多家,会员结构涵盖铁路货运、港口、航运、公路货运、综合物流、物流规划研究和物流信息化等行业,是多种运输方式和综合物流服务产业链;已形成覆盖全国29个省、市、自治区并贯通国际运输的会员网络

中国出租汽车暨汽车租赁协会
地址:北京市朝阳区和平街和平西苑20楼B座11层
邮编:100013
电话:010/84272411
传真:84272411
网址:www.chinatla.com
业务范围:贯彻国家有关法律法规,团结广大出租汽车经营者、管理者和相关人士,协助有关政府部门开展行业管理工作,加强横向联系,为会员单位提供多种形式服务,维护会员的合法权益,促进我国城市出租汽车事业的发展

中国安全防范产品行业协会
地址:北京市海淀区西三环北路87号国际财经中心C座1401号
邮编:100037
电话:010/68730588
传真:68730588、51817901
网址:www.21csp.com.cn
业务范围:制定行业发展规划,推进行业标准化工作和安防行业市场建设;开展国内外技术、贸易交流和合作;组织订立行规行约;承担政府主管部门委托的其他任务

中国汽车摩托车运动管理中心
地址:北京市东城区体育馆路9号
邮编:100763
电话:010/87182177、87182008
传真:67116872
业务范围:汽车和摩托车运动管理

中国汽车维修行业协会
地址:北京市北三环东路19号蓝星大厦13层
邮编:100029
电话:010/64410784
传真:64410962
网址:www.camra.org.cn
电子信箱:camra@vip.sina.com
业务范围:制定行规行约,规范行业行为,建立行业自律机制,协调行业内部关系,维护行业平等竞争,维护行业和会员的权益;参与汽车维修行业发展战略研究;组织学术研究和行业标准研究,开展咨询服务及技术推广等工作

中国汽车保修设备行业协会
地址:北京市西城区新德街甲20号中影器材大厦7层
邮编:100088
电话:010/82089799
传真:62371851
网址:www.cn-qbxh.cn
业务范围:向业务主管部门反映行业动态,并提供全行业的有关综合统计分析资料,制定产品标准,推动标准化进程,提高产品质量,加强对外联系和产品出口,为发展外向型经济创造条件

求实创新　和谐共赢

业国际合作有限公司

一、国际展览

国际展览业务是中汽国际的传统主业，依托在中国机械工业和汽车工业两大行业深厚的积淀和丰富的资源，以及中国经济蓬勃发展的历史机遇，近年来公司国际展览业发展迅速，市场地位和核心竞争优势越发明显。与此同时，集策划、设计、施工、管理于一体的会展工程与服务也得到进一步发展。

北京国际汽车展览会

中国（澳门）国际汽车博览会

广州国际汽车零部件及售后市场展览会

中国沈阳国际汽车工业博览会

深圳—香港—澳门国际汽车博览会

二、国际贸易

立足汽车、机械两大行业，充分发挥自身优势和中国“世界工厂”的优势，中汽国际积极投身于贸易全球化的进程中，广泛开展汽车整车及其零配件、汽车用品、农业机械、工程机械等产品的进出口贸易和国内贸易，尤其在汽车整车出口及关键零部件进口贸易方面，公司的市场竞争力日趋增强。

出口MG乘用车

出口北美散热器签约仪式

嘉实多（汽车用）全系列润滑油贸易

进口欧美高端乘用车

三、工程成套

工程成套是中汽国际近年来新拓展的业务领域，依托国机集团强大的工程承包实力和技术、融资的支持，以及公司创新的业务模式，中汽国际已在海外市场的电站设备出口等方面取得了积极进展。

出口印度60MW汽轮发电机组

印度MEPL2x150MW项目现场

四、实业投资

实业投资以汽车特种车整车、汽车材料、汽车零部件和高科技机电产品生产为主导，目前已经形成一定规模，成为公司下一步发展的重要支柱。

北京百旺绿谷汽车园

奎特中汽深冷特种车（常州）有限公司装配车间

五、文化传媒

中汽国际文化传媒业务以广告策划、行业咨询、人才交流为主导，立足于汽车与机械等传统行业领域，为社会各界提供相关服务。

中日汽车产业研讨会

汽车营销与后市场行业国家职业技能鉴定考评、管理人员资格认证培训班

第五届中国（澳门）国际汽车博览会模特大赛

传真：010-82606999　网址：www.cnaico.com.cn　邮箱：cnaico@cnaico.com.cn

汽车安全与节能国家重点实验室

奥迪全球技术委员会成员哈肯贝格博士
来我室讲座合影

佛山市委书记刘悦伦率佛山市党政代表团
来访我室

中国科学院数学与系统科学研究院杨乐院士
到我室参观交流

南京航空航天大学 赵淳生院士
到我室参观交流

汽车安全与节能国家重点实验室是国家计委利用世行贷款建设的 75 个国家重点实验室之一。实验室依托清华大学，涵盖车辆工程、动力机械及工程两个国家重点学科。

1989 年经国家计委批准立项， 1995 年通过国家验收并正式运行和对外开放。自创建以来，实验室围绕汽车的“安全、节能、环保”三大主题以及我国国民经济发展中的重大需求，瞄准国际前沿、国家目标，定位于汽车工业共性关键基础技术、汽车工程交叉学科基础理论、汽车领域宏观发展基本问题，致力于绿色化、智能化的生态汽车的研究与发展，逐步形成了自己的优势领域和特色。

我室主任欧阳明高教授试驾比亚迪和长安
纯电动汽车

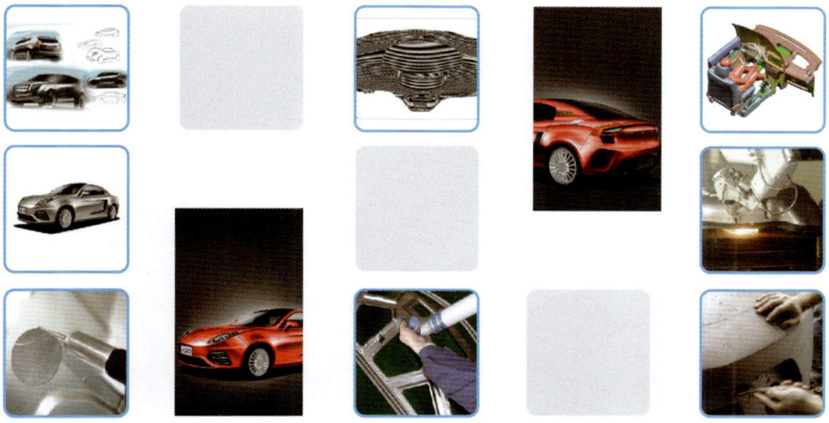

上海设计研发基地

上海模具设计与样车试制研发中心

上海设计中心

无锡设计中心

枣庄模具中心

无锡模具中心

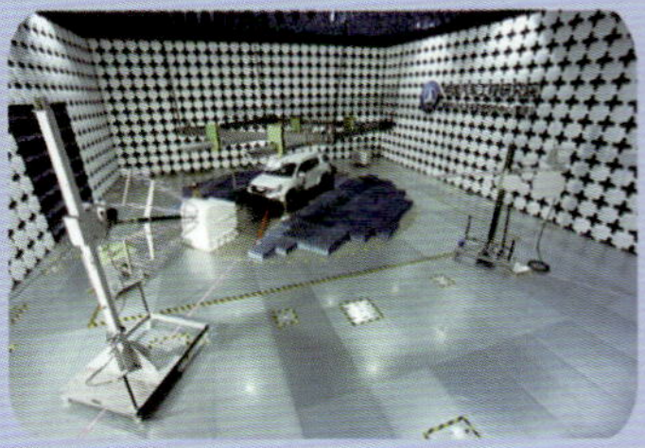

汽车行业科研检测与认证机构、大专院校及报纸、期刊

•查询导引•

企事业单位详细介绍

13 中国汽车工程研究院股份有限公司
15 上海同捷科技股份有限公司
17 北京市产品质量监督检验院
20 清华大学汽车工程系

汽车行业科研检测与认证机构、大专院校及报纸、期刊

13 科研机构
16 质量检验、认证机构
20 开设汽车类专业的高等院校
23 报纸、期刊

☞ 企业如有变更，请与编辑部联系 ☎ 010/68426043、68420981

一、科研机构

中国汽车技术研究中心
地址：天津市东丽区先锋东路68号
邮编：300300
电话：022/84370000、24711970
传真：24370843
网址：www.catarc.ac.cn
职能范围：开展汽车行业标准与技术法规、产品认证检测、质量体系认证、行业规划与政策研究、信息服务等工作
北京工作部
地址：北京市丰台区南四环西路188号总部基地二区7号楼
邮编：100070
电话：010/63702997、63702966－8011
传真：63702995
上海工作部
地址：上海市浦东新区东方路800号宝安大厦2601室
邮编：200122
电话：021/61001055、61001056
传真：61001054
网址：www.shcatarc.com.cn

机械工业部汽车工业规划设计研究院
地址：天津市东丽区先锋东路68号
邮编：300300
电话：022/84379807
传真：24370598
网址：www.qcsjy.com.cn
职能范围：为汽车行业整车和零部件企业提供工程设计、管理及监理等服务

★ 中国汽车工程研究院股份有限公司
地址：重庆市北部新区金渝大道9号
邮编：401122
电话：023/68824060
传真：68821361
网址：www.caeri.com.cn
电子信箱：office@caeri.com.cn
职能范围：主要从事各类汽车的研究开发、技术咨询、实验研究、质量检测；新工艺、新材料的应用研究；汽车行业科研成果的鉴定；参与有关汽车产品技术法规和质量标准的制定、修订及产业政策的研究工作；专用汽车及零部件、汽车相关试验设备、燃气汽车及关键零部件的开发生产；编辑出版全国性期刊《当代汽车》
☞ 详细情况请参阅彩色宣传版面

北京汽车研究所有限公司
地址：北京市丰台区方庄南路9号院
邮编：100079
电话：010/67625111
传真：67629458
网址：www.bari.cn
电子信箱：qiao@bari.cn
法人代表：韩永贵
职能范围：以汽车排放、安全、节能和电子技术应用为科研重点，围绕汽车、发动机及其零部件开展相关政策法规、技术应用、试验检测等方面的科技研究和有关产品开发工作，提供相关技术服务、咨询与培训，参与多项国家和北京市机动车排放标准制定、修订；承担多项国家和北京市相关主管部门下达的科研项目，以及国际合作和资助项目

机械工业第九设计研究院有限公司
地址：长春市创业大街1958号
邮编：130011
电话：0431/85902279
传真：85902960
网址：www.cjxjy.com
职能范围：汽车及机械行业基本建设及技术改造工程的工程咨询、工程设计（含非标设备设计）、工程总承包、工程监理等各项业务，并具有工程设计（总承包）、工程咨询、工程监理等甲级资质

中国联合工程公司
地址:杭州市滨江区滨安路 1060 号
邮编:310052
电话:0571/88151842
传真:88137083
网址:www. chinacuc. com
职能范围:服务于机械等多个行业,涉及工程设计、工程咨询、项目管理、采购、试车和工程总承包

中机中联工程有限公司
地址:重庆市石桥铺渝州路 17 号 A 座 27 层
邮编:400039
电话:023/68612396、68612368
传真:68610695
网址:www. cmtdi. com
职能范围:主要业务范围涉及产业规划、工程咨询、工程设计、工程监理、项目管理及工程总承包等

机械工业第四设计研究院有限公司
地址:河南省洛阳市涧西区西苑路 13 号
邮编:471039
电话:0379/64819476
传真:64913606
网址:www. scivic. com. cn
职能范围:汽车及零部件等行业的工厂咨询、设计、总承包、监理,汽车装备制造等

中国北方车辆研究所
地址:北京市丰台区槐树岭 4 号院
邮编:100072
电话:010/83808617
传真:83803129
网址:www. noveri. com. cn
电子信箱:civilian@ noveri. com. cn
法人代表:邱晓华
单位人数:1700
职能范围:以特种车辆整车、部件研究设计与试验试制和民用汽车、专用汽车研究开发与试验测试为主要任务,研发了防暴车、路障车、野外抢修车、电源车等专用车辆,系列研发了中央充放气、可调式油气悬架、空气悬架、悬置驾驶室等多种民用产品

北京特种机械研究所
地址:北京市海淀区西四环北路 149 号
邮编:100143
电话:010/68386972、88526641
传真:88116935
网址:www. bjsmi. com. cn
职能范围:特种车辆的研制

北京市劳动保护科学研究所
地址:北京市西城区陶然亭路 55 号
邮编:100054
电话:010/63521933
传真:63524194
网址:www. bmilp. com
职能范围:主要从事安全和环境科学领域研究

中国航天科技集团公司第一研究院北京航天发射技术研究所
地址:北京市丰台区南大红门路 1 号
邮编:100076
电话:010/68759274、68754940
传真:68756624
职能范围:主要从事发射技术、发射方式及发射车等研制;民用产品主要涉及专用车、电动车辆、汽车电子等领域

北京机电研究所
地址:北京市海淀区学清路 18 号
邮编:100083
电话:010/62920683
传真:62920683
网址:www. brimet. ac. cn
职能范围:主要从事汽车内饰件成形技术及装备、精冲技术及装备、多种电源研制技术等多行业的研究开发

清华大学汽车研究所
地址:北京市海淀区清华园
邮编:100084
电话:010/62785708
传真:62785708
职能范围:电动车、沙漠车、陶瓷材料的应用及汽车电子控制技术

交通运输部汽车运输节能技术服务中心
地址:北京市海淀区西土城路 8 号
邮编:100088
电话:010/62079577
传真:82011829
网址:atestsc. mot. gov. cn
业务范围:汽车节能、净化产品、制动液、发动机冷却液等的研究及项目论证等工作

中航工业北京航空材料研究院
地址:北京市海淀区温泉镇环山村 8 号
邮编:100095
电话:010/62496020
传真:62456212
网址:www. biam. ac. cn
职能范围:主要从事先进材料、工艺、检测评价技术研究

★ 新华信国际信息咨询(北京)有限公司
地址:北京市朝阳区酒仙桥路 14 号兆维大厦 7 ~8 层
邮编:100015
电话:010/59267688
传真:58671800
网址:www. sinotrust. cn
负责人:林雷
单位人数:600
职能范围:是中国领先的营销解决方案和信用解决方案提供商;收集、分析和管理关于市场、消费和商业机构的信息,通过信息、服务和技术的整合,提供市场研究、商业信息、咨询和数据库营销服务,协助企业做出更好的营销决策和信贷决策,并发展良好的客户关系

北京长城华冠汽车技术开发有限公司
地址:北京市顺义区天竺空港工业区 B 区裕华路甲 29 号
邮编:101300
电话:010/80473030
传真:80485010
网址:www. ch – auto. com
法人代表:陆群
职能范围:是从事汽车整车设计开发的独立股份制专业汽车研发机构,汇聚了在汽车研发领域具有多年丰富设计经验的设计师和工程师,以完善的汽车开发设施和先进的项目管理能力,为客户提供产品定位、概念策划、汽车造型、结构设计、工程设计、模拟分析、样车制造、供应商开发、投产服务、试制试验全过程的汽车整车设计开发和服务

全国汽车标准化技术委员会秘书处
地址:天津市东丽区先锋东路 68 号
邮编:300300
电话:022/84379292
传真:84375353
网址:www. catarc. org. cn

中国汽车技术研究中心 C-NCAP 信息中心
地址:天津市东丽区先锋东路 68 号
邮编:300300
电话:022/84379207
传真:84379298
网址:www. c – ncap. org

天津内燃机研究所
地址:天津市南开区卫津路 92 号
邮编:300072
电话:022/27406949
传真:27470806
网址:www. ticeri. com
职能范围:主要从事汽油机、柴油机的研究及内燃机测试仪器设备的开发

北方工程设计研究院有限公司
地址:石家庄市裕华东路 55 号
邮编:050011
电话:0311/86045738
传真:86033237
网址:www. norendar. cn
职能范围:是国家综合性大型工程咨询设计单位,具有机械等多个行业的甲级设计资质

中国北方发动机研究所
地址:山西省大同市西花园
邮编:037036
电话:0352/4020151
职能范围:是汽车产品质量监督、检验、鉴定、试验机构,已经通过国家实验室认可、国家质量监督检验检疫总局计量认证和中国工业联合会的机构认可,是国家发改委所属的全国汽车行业新产品试验、鉴定的专业检测所之一

大连理工大学内燃机研究所
地址:辽宁省大连市甘井子区凌工路 2 号
邮编:116023
电话:0411/84709803
职能范围:主要研究方向涵盖了内燃机开发的重要领域,其中包括高效清洁燃

烧动力系统振动噪声及故障诊断等

中国第一汽车集团公司技术中心
地址：长春市创业大街1063号
邮编：130011
电话：0431/85788122、85788125
网址：www.rdc.faw.com.cn
职能范围：主要从事整车、车身、底盘、发动机、零部件、新工艺、新材料等方面的设计、研究、试制、试验检测工作

上海交通大学内燃机实验室
地址：上海市东川路800号
邮编：200240
电话：021/34205949
传真：64074085
职能范围：从事内燃机教学和研究

上海梅赛德斯奔驰车辆技术有限公司
地址：上海市凯旋路369号龙之梦雅仕大厦5楼
邮编：200051
电话：021/61922200
传真：61922202
职能范围：汽车动力传动、汽车动力学及控制功能的模拟和仿真；基于模型设计和仿真的汽车电子控制器功能开发，汽车电子控制单元功能原型、编程、测试和标定；电子控制模块组装设计试制的全面解决方案、咨询

上海橡胶制品研究所
地址：上海市青浦区诸陆西路1419号
邮编：201702
电话：021/ 59766606、59767132
传真：62816790
网址：www.china－sirp.com
职能范围：从事橡胶制品、胶黏剂、新型弹性材料及制品等的研发生产和销售

上海交通大学汽车科学与工程研究院
地址：上海市闵行东川路800号
邮编：200240
电话：021/34206102
网址：www.sjtu.edu.cn
电子信箱：bmtc@ sjtu.edu.cn
职能范围：重点开展混合动力、燃料电池、汽车电子、汽车轻量化、汽车NVH等关键项目和新技术的研究与开发

泛亚汽车技术中心有限公司
地址：上海市浦东金桥龙东大道3999号
邮编：201201
电话：021/50165016
传真：58580780
网址：www.patac.com.cn
职能范围：汽车设计与开发，包括汽车造型、总布置、模型制作、样车试制等；整车及部件总成的试验等

上海汽车集团股份有限公司技术中心
地址：上海市安研路201号
邮编：201804
电话：021/61388000
传真：61388888
职能范围：整车整机开发、汽车产品及零部件的试验研究，汽车测试和产品质量的评定检测等

上海汽车集团股份公司商用车技术中心
地址：上海市军工路2500号
邮编：200438
电话：021/60569111
职能范围：主要承担上海汽车自主品牌商用车和新能源商用车的研发任务

★ 上海同捷科技股份有限公司
地址：上海市浦东新区南芦公路160号
邮编：201300
电话：021/58186058
传真：68010046
网址：www.tji.cn
董事长：雷雨成
☞ 详细情况请参阅彩色宣传版面

上海汽车灯具研究所
地址：上海市嘉定区安亭于田南路68号
邮编：201805
电话：021/69502222－2087
传真：69502111
职能范围：负责汽车（摩托车）灯具行业技术发展的归口工作，进行汽车、摩托车灯具质量检测，起草制定国家机动车灯光强检标准

上海摩托车研究所
地址：上海市嘉定区安亭于田南路68号
邮编：201805
电话：021/69502222－2069
传真：69502111
职能范围：摩托车、汽车研究

第一汽车集团公司无锡油泵油嘴研究所
地址：江苏省无锡市钱荣路15号
邮编：214063
电话：0510/85518741
传真：85512208
网址：www.wfieri.com
职能范围：主要从事内燃机燃油喷射系统、燃烧系统、进气系统、配气机构、增压技术、代用燃料、混合动力和内燃机结构强度等方面的研究开发

浙江工业大学车辆工程研究所
地址：杭州市朝晖六区浙江工业大学内
邮编：310014
电话：0571/88320661

中国重型汽车集团公司技术发展中心
地址：济南市英雄山路165号
邮编：250002
电话：0531/85586111
传真：85586000
职能范围：重型载货汽车、大型客车、专用车及主要部件开发、设计、试验及鉴定

山东省内燃机研究所
地址：济南市燕子山西路40号
邮编：250014
电话：0531/82967022
传真：82960314
网址：www.sdnrj.com
电子信箱：sdnrj55@ sina.com
职能范围：机电产品研发、重大技术设备设计与改造、汽车和发动机及相关产品检测

山东省交通科学研究所
地址：济南市无影山中路38号
邮编：250031
电话：0531/85903808
传真：85951980
职能范围：从事公路建设、汽车运输等方面的科学研究及技术开发工作

山东省纺织科学研究院
地址：山东省青岛市山东路195号
邮编：266032
电话：0532/85614755
传真：85653787
网址：www.sdtin.com.cn

汉阳专用汽车研究所
地址：武汉市汉阳区沌阳大道318号
邮编：430056
电话：027/84298067
传真：84298067
网址：www.hyspv.com.cn
职能范围：专用汽车产品研究、开发、鉴定、试验、标准法规及科技咨询

东风汽车工程研究院（技术中心）
地址：武汉市经济技术开发区珠山湖大道663号
邮编：430056
电话：027/84285854
传真：84285994
职能范围：新产品开发、产品基础性技术研究、计算机技术应用等方面的研究

中国电器科学研究院有限公司
地址：广州市新港西路204号
邮编：510300
电话：020/89050888
传真：84451516
网址：www.cei1958.com
职能范围：研究、设计、生产各种冷热产品实验设备和环境模拟试验设备，并提供相关技术服务

国家电动汽车试验示范区管理中心
地址：广东省汕头市龙湖区下蓬工业区
邮编：515065
电话：0754/8353589
传真：8353590
网址：www.cev.com.cn
职能范围：为新开发的电动汽车进行公正的性能评价和探索推广应用的经验；为国家发展电动汽车提供决策依据等

中国化学工业桂林工程公司
地址：广西桂林市七星路77号
邮编：541004
电话：0773/ 5833045
传真：5833195
网址：www.cgec.com.cn
职能范围：橡胶制品的研发和制造、翻新轮胎质量监测、压力容器设计、工程

设计、工程项目承包等

国家燃气汽车工程技术研究中心
地址:重庆市陈家坪朝田村101号
邮编:400039
电话:023/68679255、68653896
传真:68829330
职能范围:主要着力于研究并推广应用燃气汽车,如CNG、LNG、LPG以及其他相关的代用燃料汽车

重庆大学机械工程学院摩托车工程技术研究中心
地址:重庆市沙坪坝区沙正街174号
邮编:400044
电话:023/65105549
传真:65105776
职能范围:汽车、摩托车零部件的研究、开发和生产

二、质量检验、认证机构

国家汽车新产品强制性检验机构

天津汽车检测中心
(国家轿车质量监督检验中心)
地址:天津市东丽区先锋东路68号
邮编:300300
电话:022/84379666
传真:24375350
网址:www.tatc.com.cn
电子信箱:tatc@catarc.ac.cn
职能范围:进出口汽车认可实验室、汽车环保产品认可与排放检测机构、强制性产品认证(CCC)检测机构、国家汽车新产品申报公告检测机构、国家科技成果鉴定实验机构

长春汽车检测中心
[国家汽车质量监督检验中心(长春)]
地址:长春市创业大街1063号
邮编:130011
电话:0431/85788315、85778311
传真:85788315
职能范围:进出口汽车认可实验室、汽车环保产品认可与排放检测机构、强制性产品认证(CCC)检测机构、国家汽车新产品申报公告检测机构、国家科技成果鉴定实验机构

襄阳达安汽车检测中心
[国家汽车质量监督检验中心(襄阳)]
地址:湖北省襄阳市高新技术开发区汽车试验场
邮编:441004
电话:0710/3393841
传真:3310965
网址:www.nast.com.cn
职能范围:国家级汽车试验场、国家级汽车新产品鉴定定型及强制性标准检验机构、国家指定的强制性产品认证检测机构、国家级新生产机动车排放污染检测机构、汽车专用仪器和汽车检测线的校准实验室、汽车产品认证检测机构和科研成果技术鉴定试验机构

国家机动车质量监督检验中心(重庆)
地址:重庆市北部新区金渝大道9号
邮编:401122
电话:023/68821302
传真:68966987
网址:www.cmvic.com
电子信箱:cmvic@caeri.com.cn
职能范围:国家汽车新产品申报公告检验机构、国家强制性产品认证检测机构、国家汽车行业科技成果检测机构、国家进出口汽车认证检测机构、缺陷汽车产品委托检测与试验检测机构、国家机动车排放污染物检测机构

国家客车质量监督检验中心
地址:重庆市北部新区汇星路1号
邮编:401122
电话:023/68821302
传真:68966987
网址:www.cqvtri.com
职能范围:汽车新产品公告检测机构、汽车新产品强制性认证(CCC)检测机构、机动车排放检测机构、国家级科技成果鉴定检测机构等

国家消防装备质量监督检验中心
地址:上海市闵行区莘庄西环路391号
邮编:201199
电话:021/54959866
传真:54959907
网址:www.xfjyzx.com
电子信箱:fireshnc@sh163.net
职能范围:承担各类消防车、抢险救援车等特种车辆、汽车强制性安全法规项目和汽车内饰材料等各种材料、构件、涂料、堵料的防火阻燃性能和耐火极限的检验

上海机动车检测中心
地址:上海市嘉定区于田南路68号
邮编:201805
电话:021/69502222
传真:69502111
网址:www.smvic.com.cn
总经理:黄中荣
单位人数:280
职能范围:提供车辆及零部件产品出口欧盟国家、海湾地区、澳大利亚、南非、美国等国家及中国台湾地区的认证检测服务,各类车辆标准的制定、修订及研究,向国内外企业提供各类标准法规的咨询和对比分析服务。检测技术服务覆盖汽车、摩托车、新能源汽车、各类零部件产品,开展车辆安全、环保、节能和防盗等各项强制性项目的检测,各类研发性的检测试验及技术研究,开展包括车辆碰撞安全性、NVH、发动机系统匹配、车辆道路综合性能及可靠性、电磁兼容性(EMC)、各类零部件及材料的环境及耐候性等研发检测试验。开展各类车辆专用检测试验仪器及碰撞试验假人及传感器的检定,为各类汽车及零部件企业开展长度、力学和电学等领域的测试仪器的检定,并对各类零部件产品开展尺寸精密测量、材料物理和化学性能测试

国家工程机械质量监督检验中心
地址:北京市延庆县东外大街55号
邮编:102100
电话:010/69145748
传真:69101904
网址:zjzx.syc.org.cn
电子信箱:syczjzx@sohu.com
职能范围:由国家级质检中心、国家级产品检验实验室和出入境商品检验实验室,经授权承担各类工程机械、军用改装车、专用与特种汽车、机动工业车辆、专用机械与特种设备等产品的整机型式试验、重要零部件台架与装机试验、产品质量监督抽查检验、进出口商品检验、国内外产品比对分析试验、国家级科技成果鉴定检验、汽车公告产品检验、CCC认证检验、进口汽车强制性检验、缺陷汽车召回检验、特种设备型式试验与鉴定评审、CE认证检验、质量鉴定与仲裁检验、司法鉴定检验,检验技术、试验方法的研究与验证、检验标准的制定与修订、质量管理体系认证咨询、检验仪器与设备的开发研制等业务

国家汽车试验场

海南热带汽车试验有限公司
地址:海南省琼海市加积镇富海横南13号
邮编:571400
电话:0898/62923841、62923282
传真:62923673
网址:www.hnpg.net
电子信箱:hns@vip.163.com
职能范围:整车性能评价,可靠性试验,材料大气老化试验,汽车道路强化腐蚀试验

交通运输部公路交通试验场
地址:北京市通州区大杜社

邮编:101103
电话:010/61585025、61585018
传真:61585024
网址:www. rioh. cn
职能范围:整车道路试验,汽车正面碰撞试验,汽车与护栏碰撞试验,整车排放和发动机试验

中国定远汽车试验场
地址:安徽省定远县汽车试验场
邮编:233210
电话:0550/4938570
传真:4938512
职能范围:是国家级汽车新产品鉴定定型试验单位,有各种试验道路及先进的检测设备;承担轮式车辆和船艇新产品的论证研发、开发试验、鉴定定型工作;进行车辆、船艇使用维修方面的科研工作及国内外车船情报的分析研究

国家摩托车新产品强制性检验机构

天津摩托车技术中心
地址:天津市南开区卫津路92号(天津大学内)
邮编:300072
电话:022/27406949
传真:27470806
网址:www. ticeri. com
电子信箱:tmtcwh@ publict. tpt. tj. cn
职能范围:承担摩托车、轻便摩托车、发动机、零部件新产品鉴定、试验、进出口质量许可制度样品检测;摩托车生产企业新生产摩托车排气污染检测;摩托车强制检验项目检验;摩托车产品质量国家监督抽查;内燃机产品质量检验及相关社会服务

国家摩托车质量监督检验中心
地址:西安市灞桥区米秦路6号
邮编:710032
电话:029/86795288
传真:86795296
网址:www. cnmtc. com. cn
电子信箱:cnmtc@ cnmtc. com. cn
职能范围:中心是摩托车、发动机及零部件CCC强制产品认证指定实验室。主要从事摩托车和轻便摩托车、摩托车和轻便摩托车发动机、零部件、助力车及助力车发动机、通用汽油机等产品的排气污染物(工况法、怠速法)、头盔、电子产品、EMC等项目的检测;可按国家标准、国际标准、欧洲指令和法规、美国法规、日本标准对各种类型摩托车及发动机的安全环保项目、基本性能、可靠性和耐久性进行检验,并具备轻型汽车排放污染物的检验能力

上海摩托车质量监督检验所
地址:上海市嘉定区安亭于田南路68号
邮编:201805
电话:021/69502222－2069
传真:69502111
网址:www. smvic. net
电子信箱:x－m－zhu@ 163. com
职能范围:承担国家车辆产品公告管理试验、CCC认证试验、摩托车环境标志认证检验和法规保护产品检验、进/出口摩托车认证检验、摩托车零部件自愿认证检验、开展行业管理政策和标准法规的研究、承担摩托车企业委托的各种汽车开发和验证试验、承担各级政府机构和中介组织下达的摩托车质量检测任务,承担企业委托的摩托车质量检测试验

南昌摩托车质量监督检验所
地址:南昌市新溪桥
邮编:330024
电话:0791/88468858
传真:88469387
网址:www. ncmtc. com. cn
电子信箱:ncmjs@ vip. 163. com
职能范围:是摩托车、发动机及零部件强制性产品认证指定检验机构、国家级摩托车质检机构、国家新生产机动车排放污染检测单位、内燃机产品、电动自行车产品、汽油机助力自行车生产许可证检测单位;承担E/emark认证产品检测工作

农用运输车新产品检验机构

国家农机具质量监督检验中心
地址:北京德胜门外北沙滩1号37信箱
邮编:100083
电话:010/64882637
传真:64873702
网址:www. caams. org. cn
电子信箱:txs@ caams. org. cn
职能范围:承担农用运输车及其他农机产品质量检测

国家拖拉机质量监督检验中心
地址:河南省洛阳市涧西区西苑路39号
邮编:471039
电话:0379/62690108
传真:64967099
网址:www. tractorinfo. com. cn
职能范围:授权检验拖拉机和农用运输车及其零部件

机械工业拖拉机农用运输车产品质量检测中心
地址:长春市人民大街5988号
邮编:130022
电话:0431/85095369
传真:85695947
职能范围:授权检验拖拉机、中小功率轮式拖拉机等产品

其他质量检验机构

国家环保总局机动车排污监控中心
地址:北京市朝阳区北苑路32号甲一号楼安全大厦22楼
邮编:100101
电话:010/84934896
传真:84926554
职能范围:对全国汽车厂新车污染物排放申报材料进行审核,进行工况法排放、曲轴箱排气、道路加速性能、自由加速烟度等项检测

国家安全玻璃及石英玻璃质量监督检验中心
地址:北京市朝阳区管庄东里1号中国建材总院南楼
邮编:100024
电话:010/51167363
传真:65711591
网址:www. csgc. org. cn

★ 北京市产品质量监督检验院
地址:北京市顺义区顺兴路9号
邮编:101300
电话:010/57520903
传真:57520904
网址:www. bqi. gov. cn
电子信箱:zjs@ bjtsb. gov. cn
职能范围:在授权范围内开展产品质量监督检验、检查及风险监测工作;产品质量仲裁检验与鉴定工作;产品质量生产许可检验工作及相关技术审查工作;产品认证及检验工作;产品质量委托检验、新产品样机定型试验、产品质量技术鉴定、产品技术标准验证试验、验货检验等;在用产品安全性能与质量评价、产品继续使用性能与条件评价等工作;检测技术方法与标准研究、检测设备研制等工作;检测及服务范围涵盖信息技术软硬件产品、电子电气类产品、汽车整车及零部件等七大类产品
☞ 详细情况请参阅彩色宣传版面

中国安全生产科学研究院安全生产检测技术中心
地址:北京市朝阳区北苑路32号院甲1号楼安全大厦
邮编:100012
电话:010/ 84911329
传真:84911334
网址:www. chinasafety. ac. cn

国家橡胶轮胎质量监督检验中心
地址:北京市海淀区阜石路甲19号
邮编:100039
电话:010/51338171
传真:51338175
网址:网址:www. tyretest. org. cn
电子信箱:office@ tyretest. com. cn

国家安全防范报警系统产品质量监督检验中心(北京)
地址:北京市海淀区首都体育馆南路一号
邮编:100048
电话:010/68773780
传真:68775190
网址:www.tcspbj.com

北京劳保所噪声与振动控制技术中心
地址:北京市西城区陶然亭路55号
邮编:100054
电话:010/63521933
传真:63524194
网址:www.bmilp.com
电子信箱:bjzjzx@126.com

环境可靠性与电磁兼容试验服务中心
地址:北京市海淀区北三环中路31号
邮编:100011
电话:010/67807612
传真:80115555-719
电子信箱:kkx@kkxtest.com
职能范围:产品可靠性、环境适应性、安全性和电磁兼容性试验与评定服务;环境可靠性、电磁兼容性试验技术咨询及培训服务;产品认证服务;环境可靠性实验技术和设备的研究开发

北方汽车质量监督检验鉴定试验所
地址:北京市丰台区槐树岭四号院
邮编:100072
电话:010/83809707
传真:83809707
网址:www.noveri.com.cn
电子信箱:office@.noveri.com.cn
职能范围:是经行业主管部门认可、具有第三方公正地位的汽车产品质量监督、检验、鉴定、试验机构,已通过国家实验室认可、国家质量监督检验检疫总局计量认证和中国机械工业联合会的机构认可,是全国汽车行业的新产品试验、鉴定的专业检测所之一

国家阻燃材料与制品质量监督检验中心
地址:北京市海淀区中关村南大街5号
邮编:100081
电话:010/68943961
传真:68914862

交通运输部汽车挂车质量监督检验测试中心
地址:北京市海淀区西土城路8号交通运输部公路科学研究院
邮编:100088
电话:010/62079579
传真:62079180
网址:www.rioh.cn
职能范围:主要从事汽车挂车(通用全挂车、通用半挂车、集装箱半挂车、专用半挂车等)和汽车列车等有关标准制定、车辆产品质量监督检验测试工作

交通运输部汽车保修设备质量监督检验测试中心
地址:北京市海淀区西土城路8号交通运输部公路科学研究院
邮编:100088
电话:010/62079579
传真:62079180
网址:www.rioh.cn
职能范围:主要从事汽车维修加工机械、汽车检测设备、汽车诊断设备等有关标准制定、产品的质量监督检查、检测评定和技术推广工作

交通运输部汽车运输行业能源利用监测中心
地址:北京市海淀区西土城路8号
邮编:100088
电话:010/62079579
传真:62079180
网址:www.rioh.cn
业务范围:主要从事汽车节能环保产品、汽车制动液及发动机冷却液等产品有关标准制定、检测评定

中国机动车辆安全鉴定检测中心
地址:北京市经济开发区荣昌东街甲1号
邮编:100176
电话:010/67806585、67866688
传真:67805611
网址:www.chinacvic.com

国家玻璃钢制品质量监督检验中心
地址:北京市延庆县康庄镇南251厂
邮编:102101
电话:010/61162140、61162014
传真:69132140

北京中汽寰宇机动车检验中心
地址:北京市大兴区北臧村镇天荣街32号
邮编:102609
电话:010/60279702、60270909
传真:60279702

河北省机械产品质量监督检验总站
地址:石家庄市新华区合作路81号
邮编:050051
电话:0311/87085886
传真:87085886

国家玻璃质量监督检验中心
地址:河北省秦皇岛市河北大街西段91号
邮编:066004
电话:0335/5911501
传真:8051865
职能范围:承担汽车用安全玻璃、钢化玻璃、夹层玻璃、中空玻璃、浮法玻璃、普通平板玻璃、吸热玻璃、压花玻璃、热反射玻璃、夹丝玻璃、玻璃马赛克的检测任务

山西省产品质量监督检验研究院
地址:太原市长治路106号
邮编:030012
电话:0351/7241042、7244331
传真:7243704

中汽中心牙克石冬季汽车试验场
地址:内蒙古呼伦贝尔牙克石市凤凰山庄冬季汽车试验场
邮编:022150
电话:0470/7355308

大连汽车综合性能检测中心有限公司汽车性能检测实验室
地址:辽宁省大连市甘井子区华北路411号
邮编:116033
电话:0411/86600210

国家汽车零部件产品质量监督检验中心(长春)
地址:长春市南湖大路6888号
邮编:130012
电话:0431/85519315
传真:85510488

吉林大学车辆产品检测实验室
地址:长春市人民大街5988号
邮编:130025
电话:0431/85095806
传真:85695947
职能范围:汽车、农用运输车、拖拉机、内燃机及汽车零部件的检测

国家安全防范报警系统产品质量监督检验中心(上海)
地址:上海市岳阳路76号
邮编:200031
电话:021/64336810-2201
传真:64335838

国家内燃机质量监督检验中心
地址:上海市军工路2500号
邮编:200438
电话:021/65741418
传真:25079998
职能范围:对1500kW及以下柴油机、200kW及以下汽油机及内燃机零部件进行各种试验与检测

南京汽车质量监督检验鉴定试验所
地址:南京市红山路100号
邮编:210028
电话:025/85420892、85417538
传真:85401136

中汽中心盐城汽车试验场有限公司
地址:江苏省盐城市大丰港经济区
邮编:224100
电话:0515/69860880
传真:69860860

无锡市产品质量监督检验所
(国家电动自行车产品质量监督检验中心)
地址:江苏省无锡市东亭春新东路8号
邮编:214101
电话:0510/88202376
传真:88204261
网址:www.wxzjs.com
电子信箱:wxt@wxzjs.com

公安部交通安全产品质量监督检测中心
地址:江苏省无锡市钱荣路88号
邮编:214151
电话:0510/85505281

传真:85503152
电子信箱:jczx@ ctstc. org. cn

浙江省质量技术监督检测研究院
地址:杭州市杭州经济技术开发区下沙路300号
邮编:310018
电话:0571/85026216、85021779
传真:85022906
网址:www. fytest. com

万向集团汽车零部件实验室
地址:杭州市萧山经济技术开发区金一路万向钱潮轴承工业园
邮编:311215
电话:0571/ 82861078
传真:82606590
网址:www. wxev. com. cn

宁波汽车零部件检测中心
地址:浙江省宁波市鄞州投资创业中心金谷南路99号
邮编:315104
电话:0574/28888222
传真:28888200

福建省产品质量检验研究院
地址:福州市杨桥西路山头角121号
邮编:350002
电话:0591/83710692
传真:83710690
网址:www. fcii. net
电子信箱:yws@ fcii. net

厦门市产品质量监督检验院
地址:福建省厦门市湖滨南路170号
邮编:361004
电话:0592/2699789
传真:2699797
网址:www. xmzjy. org

山东省内燃机产品质量监督检验站
地址:济南市桑园路52号
邮编:250014
电话:0531/88601738
传真:88601738

山东省农业机械科学研究所产品质量检测中心
地址:济南市桑园路52号
邮编:250100
电话:0531/88623868、88623800
传真:88962251

山东省产品质量监督检验研究院
地址:济南市经十东路31000号国家质检中心园区
邮编:250102
电话:0531/89701898
传真:89701899
网址:www. sdqi. com. cn

国家机动车配件质量监督检验中心
地址:山东省烟台市莱山区新苑路17号
邮编:264003
电话:0535/6910268
传真:6910123
网址:www. pjw. net. cn
职能范围:服务能力覆盖机动车的动力系、传动系、转向系、行驶系、制动系、车身及附件等85%以上的配件产品及其上下游供应链产品

青岛市产品质量监督检验所
地址:山东省青岛市崂山区深圳路17号
邮编:266061
电话:0532/68069199
传真:88918100

国家齿轮产品质量监督检验中心
地址:郑州市嵩山南路81号
邮编:450052
电话:0371/67973021
传真:67973021
职能范围:从事各类齿轮几何精度、内在质量的检测及汽车变速器疲劳寿命、传动性能的试验

国家电池产品质量监督检验中心
地址:河南省新乡市新七街与创业路交叉口东南角
邮编:453000
电话:0373/3398206
传真:3398206
网址:www. nqib. com. cn
职能范围:铅酸蓄电池、碱性蓄电池、电池材料、其他特种电池的检测

洛阳西苑车辆与动力检验所有限公司
地址:河南省洛阳市涧西区西苑路39号
邮编:471039
电话:0379/62690118
传真:62697099
网址:www. tractorinfo. com. cn
职能范围:从事拖拉机、汽车、农用运输车、工程机械、内燃机等产品的开发、设计、试验和检测以及计算机技术、电器仪表、测试设备、新材料、新工艺的技术开发与推广应用任务等

国家轴承研究所质量监督检验中心
地址:河南省洛阳市吉林路1号
邮编:471039
电话:0379/64881596
传真:64884638
网址:www. zys. com. cn
职能范围:滚动轴承(含滚动体、保持架)检验,合格评定,寿命可靠性试验量值传递,各类专用轴承(汽车、摩托车等)模拟试验等

武汉汽车车身附件质量监督检验站
地址:武汉市硚口区古田五路17号新材料孵化器4-1
邮编:430034
电话:027/83344509
传真:82318175
网址:www. whcfs. org
职能范围:汽车车身附件产品强制性产品认证检验、产品定型检验、专用检测设备的开发等

国家建筑城建机械质量监督检验中心
地址:长沙市岳麓区银盆南路361号
邮编:410000
电话:0731/88923872
传真:88910912
职能范围:产品质量监督抽查、生产许可证检查、科技成果检测鉴定,进出口商检、产品鉴定检测及定型试验等

长沙汽车电器检测中心
地址:长沙市经济技术开发区盼盼路29号
邮编:410100
电话:0731/82798492
传真:82798491

广州橡胶工业制品研究所
(化学工业力车胎质量监督检验中心)
地址:广州市工业大道中270号
邮编:510280
电话:020/84351772
传真:84319061
网址:www. xjyjs. com

广州威凯检测技术研究院
地址:广州市科学城开泰大道天泰一路3号
邮编:510663
电话:020/32293888
传真:32293889

机械工业汽车零部件产品质量监督检测中心(广州)
地址:广州市萝岗区科学城新瑞路2号
邮编:510700
电话:020/32385316、32385317
传真:32389592
网址:www. chinaaptc. com

重庆车辆检测研究院
地址:重庆市北部新区经开园汇星路1号
邮编:401122
电话:023/63427888
传真:63427888
网址:www. cqvtri com

四川省产品质量监督检验检测院
地址:成都市龙泉驿经开区兴茂街16号
邮编:610100
电话:028/86265768
传真:86257363
网址:www. spqi. gov. cn

国家非金属矿制品质量监督检验中心
地址:陕西省咸阳市滨河路5号
邮编:712021
电话:029/33335697
传真:33313596
网址:www. cnmpi. net
职能范围:承担摩擦材料、非金属密封材料和非金属矿产品监督检验工作,也可以进行矿物分析和微细粉粒度分布测试,还承担以上产品的标准制定、修订和标准化技术管理工作以及这些产

品的标准检测设备的研制和开发工作

国家橡胶密封制品质量监督检验中心
地址:陕西省咸阳市西华路2号
邮编:712023
电话:029/33621344
传真:33621350
网址:www.fastrubber.com
职能范围:从事各类橡胶密封制品、特种橡胶制品及橡胶、塑料材料的研究、设计、生产、经营和技术开发、咨询服务等

强制性产品认证机构

中国质量认证中心
地址:北京市南四环西路188号9区
邮编:100070
电话:010/83886666
传真:83886282
网址:www.cqc.com.cn
认证范围:汽车产品、摩托车产品、摩托车发动机产品、汽车安全带产品、轮胎产品、安全玻璃产品、机动车用喇叭产品、机动车用回复反射器产品、汽车制动软管总成产品、汽车外部照明及光信号装置产品、汽车后视镜产品、汽车内饰件产品、汽车门锁及门保持件产品、汽车燃油箱产品、汽车座椅及座椅头枕产品、摩托车外部照明及光信号装置产品、摩托车后视镜产品

中国安全技术防范认证中心
地址:北京市海淀区体育馆南路1号
邮编:100048
电话:010/88513160
传真:88513161
网址:www.csp.gov.cn
认证范围:汽车防盗报警系统、汽车行驶记录仪产品、车身反光标识产品

公安部消防产品合格评定中心
地址:北京东城区永外西革新里甲108号
邮编:100077
电话:010/67274320、67274308
传真:87278660
网址:www.cccf.com.cn
认证范围:汽车产品(消防车产品)

中汽认证中心
地址:北京市海淀区首体南路2号机械科学研究总院11层
邮编:100044
电话:010/88301244
传真:88301243
网址:www.cccap.org.cn
认证范围:汽车产品、摩托车产品、摩托车发动机产品、汽车安全带产品、机动车用喇叭产品、机动车用回复反射器产品、汽车制动软管总成产品、汽车外部照明及光信号装置产品、汽车后视镜产品、汽车内饰件产品、汽车门锁及门保持件产品、汽车燃油箱产品、汽车座椅及座椅头枕产品、摩托车外部照明及光信号装置产品、摩托车后视镜产品、货物进出口

中国建筑材料检验认证中心
地址:北京市朝阳区管庄东里1号
邮编:100024
电话:010/51167983
传真:65715991
网址:www.ctc.ac.cn
认证范围:安全玻璃产品

北京中化联合认证有限公司
地址:北京市朝阳区亚运村安慧里四区16号楼
邮编:100723
电话:010/84885497、84885218
传真:84885414
网址:www.hqc-china.com
认证范围:轮胎产品

国家级重点实验室

汽车安全与节能国家重点实验室
地址:北京市海淀区中关村清华园1号
邮编:100084
电话:010/62785963
传真:62785708
网址:www.car.tsinghua.edu.cn

电动车辆国家工程实验室
地址:北京市海淀区中关村南大街5号北京理工大学机械与车辆学院
邮编:100081
电话:010/68913639
传真:68412865
网址:www.bit.edu.cn

车辆传动国家级重点实验室
地址:北京海淀区中关村南大街5号北京理工大学机械与车辆学院
邮编:100081
电话:010/68911772、68911773

内燃机燃烧学国家重点实验室
地址:天津市南开区卫津路92号
邮编:300072
电话:022/27406842、27406648
传真:27383362

汽车动态模拟国家重点实验室
地址:长春市人民大街5988号吉林大学(南岭校区)
邮编:130022
电话:0431/85687676
传真:85689113

汽车振动噪声与安全综合技术国家重点实验室
地址:长春市创业大街1063号
邮编:130011
电话:0431/85788225
网址:www.rdc.faw.com.cn

汽车电子控制技术国家工程实验室
地址:上海市闵行东川路800号上海交通大学机械与动力工程学院
邮编:200240
电话:021/34205915、34205880
网址:www.sjtu.edu.cn

汽车车身先进设计制造国家重点实验室
地址:长沙市岳麓区湖南大学机械与汽车工程学院
邮编:410082
电话:0731/88821445
网址:www.hnu.cn

汽车噪声振动和安全技术国家重点实验室
地址:重庆市北部新区金渝大道9号
邮编:401122
电话:023/6882577l
网址:www.nvhskeylab.com

三、开设汽车类专业的高等院校

★ 北京理工大学机械与车辆学院

地址:北京市海淀区中关村南大街5号
邮编:100081
电话:010/68913639、68911942
传真:68412865
网址:www.bit.edu.cn
电子信箱:smve@bit.edu.cn
院长:项昌乐
设置汽车类专业:车辆工程、热能与动力工程等

★ 清华大学汽车工程系

地址:北京市海淀区清华大学院内
邮编:100084
电话:010/62781851、62785708
传真:62784655
网址:www.tsinghua.edu.cn
负责人:李克强
设置汽车类专业:车辆工程、发动机工程、车身设计与工程、汽车系统工程
☞ 详细情况请参阅彩色宣传版面

北京市汽车工业高级技工学校
地址:北京市大兴区采育经济开发区育

英街11号
邮编:100016
电话:010/80278505
传真:80278480
网址:www.bjqcjsxy.com
院长:景平利
设置汽车类专业:汽车制造、维修与驾驶、汽车商务与营销、汽车维护与电器检测、汽车装饰与整形

北京交通大学机械与电子控制工程学院
地址:北京市海淀区上园村3号
邮编:100044
电话:010/51683689
传真:51688253
网址:www.njtu.edu.cn
设置汽车类专业:热能与动力工程

北京信息科技大学机电工程学院
地址:北京市海淀区清河小营东路12号
邮编:100085
电话:010/82426906
传真:82426906
网址:www.bistu.edu.cn
设置汽车类专业:车辆工程

★ 北京航空航天大学汽车工程系
地址:北京市海淀区学院路37号
邮编:100191
电话:010/82316330
传真:82316331
网址:www.buaa.edu.cn
院长:王云鹏
设置汽车类专业:车辆工程
研究方向:智能车路协同与安全控制;空地信一体化机场场面交通控制;综合交通系统需求管理;航空器适航技术;车辆智能化与系统优化;机场道面结构与安全状态监测

中国农业大学工学院车辆与交通工程系
地址:北京市海淀区清华东路17号
邮编:100191
电话:010/62736945
传真:62736945
网址:www.cau.edu.cn
设置汽车类专业:车辆工程、交通运输工程、热能与动力工程

北京吉利大学汽车学院
地址:北京市昌平区马池口镇
邮编:102202
电话:010/60757754
传真:60757754
网址:www.bgeelyu.net
设置汽车类专业:汽车运用技术、汽车电子技术、机电一体化技术等

北京科技职业学院汽车机电工程学院
地址:北京市昌平区沙阳路18号
邮编:102206
电话:010/69738080
传真:69734501
网址:www.5aaa.com
院长:周孟奎
院校人数:22000
设置学科:汽车技术服务类、机械制造现代加工类、电气工程

河北工业大学机械学院车辆工程系
地址:天津市红桥区
邮编:300130
电话:022/60204559
传真:26564552
网址:www.hebut.edu.cn
电子信箱:wym6312@hebut.edu.cn
设置汽车类专业:车辆工程

天津大学机械工程学院
地址:天津市南开区卫津路92号
邮编:300072
电话:022/27403138、87402173
传真:87402173
网址:www.tju.edu.cn
电子信箱:webmaster@tju.edu.cn
院长:王树新
设置汽车类专业:热能与动力工程

东北大学机械工程与自动化学院
地址:沈阳市和平区文化路3巷11号
邮编:110004
电话:024/83687613
传真:23906969
网址:www.neu.edu.cn
院长:张义民
设置汽车类专业:车辆工程、机械工程及自动化、工业设计、过程装备与控制工程

沈阳工业大学机械工程学院
地址:沈阳市铁西区兴华南街58号
邮编:110023
电话:024/25496111
传真:25691266
网址:www.sut.edu.cn
设置汽车类专业:车辆工程

大连理工大学汽车工程学院
地址:辽宁省大连市甘井子区凌工路2号
邮编:116024
电话:0411/84706475
传真:84706475
网址:www.dlut.edu.cn
电子信箱:qcxy@dlut.edu.cn
负责人:胡平
设置汽车类专业:车辆工程、汽车车身工程、汽车材料工程、汽车电子工程、汽车工业装备及自动化、汽车服务工程

长春汽车工业高等专科学校
地址:长春市东风大街9999号
邮编:130013
电话:0431/85751803、85751832
传真:85902539
网址:www.caii.edu.cn
电子信箱:caii_office@yahoo.com.cn
院长:魏崴
院校人数:6500
设置汽车类专业:汽车检测与维修技术、汽车制造与装配技术、数控技术、电气自动化技术、汽车物流技术、汽车产品造型技术、汽车技术服务与营销、模具设计与制造、汽车电子技术、机电一体化等

吉林大学汽车工程学院
地址:长春市人民大街5988号
邮编:130012
电话:0431/85095833
传真:85682227
网址:auto.jlu.edu.cn
设置汽车类专业:车辆工程

上海交通大学机械与动力工程学院
地址:上海市闵行东川路800号
邮编:200240
电话:021/34205855
传真:34205855
网址:www.sjtu.edu.cn
电子信箱:gwzhou@sjtu.edu.cn
院长:许敏
设置汽车类专业:车辆工程

上海理工大学机械工程学院
地址:上海市军工路516号
邮编:200093
电话:021/55272617
传真:55277260
网址:www.usst.edu.cn
设置汽车类专业:车辆工程

★ 同济大学汽车学院

地址:上海市曹安路4800号
邮编:201804
电话:021/69589127
传真:69589121
网址:auto.tongji.edu.cn
电子信箱:auto@tongji.edu.cn
院长:余卓平
设置汽车类专业:车辆工程、动力机械与工程
与汽车相关科研机构:汽车振动与噪声控制研究所、汽车车身机构技术研究所、汽车仿真技术研究所、发动机结构设计研究所、汽车传动技术研究所、氢能源及设施研究所、汽车后市场研究所、电动汽车实验室、氢能实验室、试验试制基地

上海工程技术大学汽车工程学院
地址:上海市松江龙腾路333号
邮编:201620
电话:021/67791000
传真:67791152
网址:cae.sues.edu.cn
设置汽车类专业:机械设计制造及其自

动化(汽车工程)、交通运输(汽车运用工程)、市场营销(汽车营销)

南京航空航天大学能源与动力学院
地址:南京市白下区御道街29号
邮编:210016
电话:025/84892200-2300
传真:84893666
网址:www.nuaa.edu.cn
设置汽车类专业:车辆工程

南京理工大学机械工程学院
地址:南京市孝陵卫200号
邮编:210094
电话:025/84315446
传真:84315831
网址:www.njust.edu.cn
设置汽车类专业:车辆工程、交通工程

东南大学机械工程学院
地址:南京市东南大学路2号
邮编:210096
电话:025/52090506
传真:52090504
网址:me.seu.edu.cn
设置汽车类专业:车辆工程

浙江大学机械与能源工程学院
地址:杭州市浙大路38号
邮编:310027
电话:0571/87951466
传真:87951874
网址:www.cmee.zju.edu.cn
设置汽车类专业:机械工程及自动化

浙江汽车工程学院
地址:杭州市萧山区临江工业园纬五路3366号
邮编:311225
电话:0571/58109465、58109030
传真:82106151
网址:www.geely.com
下设学院:工学院、管理学院、营销学院;工学院研究方向:汽车动力技术、底盘技术、汽车电气与电子控制技术、汽车碰撞与安全技术、车身及内外饰设计

安徽工业大学机械工程学院
地址:安徽省马鞍山市湖东路59号
邮编:243002
电话:0555/2311857
传真:2471263
网址:www.ahut.edu.cn
设置汽车类专业:车辆工程

福州大学机械工程及自动化学院
地址:福州市大学城学园路2号
电话:0591/22866262
传真:22866270
网址:www.fzu.edu.cn
设置汽车类专业:车辆工程

江西蓝天学院汽车工程系
地址:南昌市瑶湖高校园区
邮编:330098
电话:0791/8138784
传真:8138784
网址:www.jxbsu.com

山东大学机械工程学院
地址:济南市经十路17923号
邮编:250061
电话:0531/88392239
传真:88392058
网址:www.mech.sdu.edu.cn
设置汽车类专业:车辆工程

山东德州汽车摩托车专修学院
地址:山东省德州市经济开发区三八东路
邮编:253000
电话:0534/2552668
传真:2552616
网址:www.qmxy.com
电子信箱:13396266268@189.com
下设学院:汽车学院、数控学院、计算机学院、经济管理学院、机电工程学院

山东理工大学交通与车辆工程学院
地址:山东省淄博市张店区张周路12号
邮编:255049
电话:0533/2786837
传真:2786837
网址:www.sdut.edu.cn
设置汽车类专业:车辆工程、交通运输

哈尔滨工业大学汽车工程学院
地址:山东省威海市文化西路2号
邮编:264209
电话:0631/5687025
传真:5687212
网址:www.hitwh.edu.cn
电子信箱:11032411@163.com
院长:杨建国
院校人数:1650
设置汽车类专业:车辆工程、热能与动力工程、交通运输、交通工程

★青岛理工大学汽车与交通学院
地址:山东省青岛市黄岛区嘉陵江东路777号
邮编:266520
电话:0532/86875211
传真:86875897
网址:www.qtech.edu.cn
电子信箱:qcyb@qtech.edu.cn
院长:王丰元
设置汽车类专业:车辆工程、汽车服务工程、交通运输、交通工程和安全工程
研究方向:山东省科技攻关项目——载重汽车驱动桥虚拟设计平台研发;国家自然科学基金项目——低速高性能微型电动汽车关键技术研究、载重货车悬架馈能制动系统优化设计及控制策略研究、基于电动轮式的多轴汽车转向及车轮驱动控制;上汽通用五菱汽车公司——发动机热试试验研究
重点实验室:山东省重点实验室——能源与环境装备实验室、青岛市能源与环境装备工程技术研究中心;中央与地方共建优势学科实验室——车辆工程实验室、山东省冶金节能减排工程技术研究中心;校级实验教学示范中心——汽车与交通实验中心

河南科技大学车辆与动力工程学院
地址:河南省洛阳市西苑路48号
邮编:471003
电话:0379/64231480
传真:64278955
网址:www.haust.edu.cn
设置汽车类专业:车辆工程、动力机械及工程

武汉理工大学汽车工程学院
地址:武汉市洪山区珞狮路205号
邮编:430070
电话:027/87858200
传真:87859247
网址:auto.whut.edu.cn
电子信箱:auto_whut@163.com
院长:华林
设置汽车类专业:车辆工程、动力机械及工程、载运工具运用工程、汽车运用工程、汽车电子工程等五个学科方向,均有博士学位授予权
重点实验室:现代汽车零部件技术湖北省重点实验室、燃料电池湖北省重点实验室、湖北省汽车产业汽车零部件绿色设计与试验技术创新基地和汽车研究所(部批)、电动汽车研究院(校批)、机动车排放控制技术研究开发中心、高机动特种车辆技术研究中心,车用发动机及摩托车研究所等

华中科技大学能源与动力工程学院
地址:武汉市珞喻路1037号
邮编:430074
电话:027/87541114、87542418
传真:87540724
网址:www.hust.edu.cn
设置汽车类专业:动力机械及工程、热能与动力工程

湖北汽车工业学院
地址:湖北省十堰市车城西路167号
邮编:442002
电话:0719/8238177
传真:8260748
网址:www.qcxy.hb.cn
设置汽车类专业:热能与动力工程(汽车发动机专业方向)、车辆工程(汽车工程)、车辆工程(汽车数字工程)、交通运输(汽车销售与服务工程)

湖南大学机械与运载工程学院
地址:长沙市岳麓山
邮编:410082
电话:0731/88822825

传真:88711911
网址:mve. hnu. cn
院长:韩旭
设置汽车类专业:机械工程、动力工程及工程热物理、机械制造及其自动化、车辆工程、机械设计及理论、机械电子工程、动力机械与工程、热能工程等

华南理工大学机械与汽车工程学院
地址:广州市天河区五山路381号
邮编:510641
电话:020/87111032
传真:87114147
网址:www. scut. edu. cn
设置汽车类专业:车辆工程、工程车辆、制冷空调工程、车用发动机等

广西工学院汽车工程系
地址:广西柳州市东环大道268号
邮编:545006
电话:0772/2686519
传真:2686519
网址:www. gxut. edu. cn
设置汽车类专业:车辆工程、交通运输(汽车电子技术与检测)

重庆大学机械工程学院
地址:重庆市沙坪坝区沙正街174号
邮编:400030
电话:023/65102401
传真:65105795
网址:www. cqu. edu. cn
设置汽车类专业:车辆工程

重庆理工大学重庆汽车学院
地址:重庆市九龙坡区杨家坪兴胜路4号
邮编:400050
电话:023/62563132
传真:62563098
网址:clgc. cqut. edu. cn
设置汽车类专业:车辆工程、机械设计制造及其自动化、工业设计、工业工程

重庆交通大学交通运输学院
地址:重庆市南岸区学府大道66号
邮编:400074
电话:023/62652674
传真:62652674
网址:www. cquc. edu. cn
设置汽车类专业:交通运输专业(汽车运用工程方向)

西南交通大学机械工程学院
地址:成都市二环路北一段111号
邮编:610031
电话:028/87600692
传真:66363899
网址:www. swjtu. edu. cn
设置汽车类专业:车辆工程

★ 西华大学交通与汽车工程学院
地址:成都市金牛区金周路999号
邮编:610039
电话:028/87720534
传真:87720534
网址:qc. xhu. edu. cn
设置汽车类专业:热能与动力工程(汽车发动机)、交通运输、交通工程、汽车服务工程和物流管理

★ 长安大学汽车学院
地址:西安市南二环路中段
邮编:710064
电话:029/82334453
传真:82334476
网址:www. chd. edu. cn
院长:余强
设置汽车类专业:车辆工程、交通运输(汽车运用工程)、热能与动力工程(汽车机电一体化)、汽车服务工程

西安交通大学能源与动力工程学院
地址:西安市咸宁西路28号
邮编:710049
电话:029/82668721
传真:82668789
网址:www. xjtu. edu. cn
设置汽车类专业:热能与动力工程(汽车、汽车发动机、内燃机方向)

四、报纸、期刊

报纸

《中国汽车报》
地址:北京市海淀区阜成路115号1号楼2门4层
邮编:100142
电话:010/88132430
传真:88139648
网址:www. cnautonews. com
出版单位:中国汽车报社
报道内容:汽车工业的方针政策,汽车行业各类信息

《中国工业报》
地址:北京市西城区百万庄葡萄园1号
邮编:100037
电话:010/88368486-1081
传真:68321356
网址:www. cinn. cn
出版单位:中国工业报社
报道内容:有关机械汽车行业发展动态,政策动态等

《中国工业报·汽车周报》
地址:北京市西城区月坛南街26号
邮编:100825
电话:010/68513613、68588601
传真:68531033
网址:www. autoweekly. com. cn
出版单位:中国工业报社
报道内容:汽车方面专题报道

《中国交通报》
地址:北京市安定门外安华西里三区13号楼
邮编:100011
电话:010/ 64253731、65299670
传真:64250641
网址:www. zgjtb. com
出版单位:中国交通报社
报道内容:交通(包括汽车道路运输等)行业信息

《北京汽车报》
地址:北京市朝阳区东三环南路25号北汽大厦1705室
邮编:100021
电话:010/87665790、87664047
出版单位:北京汽车集团有限公司
报道内容:公司各方面的情况

《上海汽车报》
地址:上海市威海路489号上海汽车工业大厦1001-1003室
邮编:200041
电话:021/22011888、22011568
网址:www. shautonews. com
出版单位:上海汽车报社
报道内容:宣传汽车工业方针、政策、科技信息等

《第一汽车集团报》
地址:长春市绿园区锦程大街30号
邮编:130011
电话:0431/85768442
出版单位:第一汽车集团公司
报道内容:集团内各方面情况

《中国商报·汽车导报》
地址:北京市西城区广安门内大街报国寺1号
邮编:100053
电话:010/83113762、63045019
传真:83113762、63014827
网址:www. zgswcn. com

《解放日报·汽车周刊》
地址:上海市都市路4855号
邮编:201199
电话:021/24176666
传真:67289013
网址:www. jfdaily. com

《中国消费者报·汽车周刊》
地址:北京市海淀区阜成路北三街8号

邮编:100048
电话:010/68905710、68905857
网址:www.ccn.com.cn

《北京青年报·汽车时代》
地址:北京市朝阳区白家庄东里北京青年报大厦
邮编:100026
电话:010/65902200
网址:epaper.ynet.com

《新民晚报·汽车版》
地址:上海市威海路755号
邮编:200041
电话:021/52921234
传真:52920133
网址:www.xinmin.cn

期刊

《汽车之友》
地址:北京市丰台区南四环128号
邮编:100071
电话:010/63283173、63286179
传真:63280627
网址:www.autofan.com.cn
出版单位:《汽车之友》杂志社
报道内容:汽车普及知识

《中国汽车导讯》
地址:北京市西城区三里河路46号
邮编:100823
电话:010/68595432
传真:68595523
出版单位:《中国汽车导讯》编辑部
报道内容:汽车工业政策,管理经验等信息

《中国汽车工业产销快讯》
地址:北京市西城区三里河路46号
邮编:100823
电话:010/68594196
传真:68594186
出版单位:中国汽车工业协会
报道内容:全国汽车、汽车发动机生产企业月度产销统计、行业及重点企业集团月度经济效益分析、全国汽车商品月度进出口信息、乘用车分品牌月度产销信息、汽车相关数据信息

《中国汽车工业(摩托车部分)综合信息》
地址:北京市西城区三里河路46号
邮编:100823
电话:010/68595022、68595015
传真:68595023
出版单位:中国汽车工业协会
报道内容:全国摩托车、摩托车发动机生产企业月度产销、经济效益、进出口统计、摩托车工业政策、动态信息

《汽车族》
地址:北京市朝阳区北苑路170号凯旋城D座11层
邮编:100101
电话:010/57530352
传真:57530311
网址:www.motortrend.com.cn
出版单位:《汽车族》杂志社

《交通世界》
地址:北京市东城区和平里东街10号院办公楼11层
邮编: 100013
电话:010/58278973
传真:58278973
出版单位:《交通世界》杂志社

《中国汽车画报》
地址:北京市朝外大街22号泛利大厦21层《中国汽车画报》编辑部
邮编:100020
电话:010/85657560
传真:85657560
网址:www.cnap.com.cn
出版单位:中国汽车画报社

《时尚·座驾》
地址:北京市朝阳区光华路9号时尚大厦20层
邮编:100020
电话:010/65871611
传真:65871638
出版单位:《时尚·座驾》杂志社

《汽车测试报告》
地址:北京市朝阳区建国门外大街光华东里8号中海广场3号楼1007－1010室
邮编:100020
电话:010/64883611
传真:52813800
网址:www.topgear.com.cn

《车王》
地址:北京市朝阳区延静东里8号楼
邮编:100025
电话:010/65069393
传真:64473461
网址:www.chewang.com.cn
报道内容:传递国内外汽车市场的最新动态和信息

《汽车与运动》
地址:北京市海淀区阜成路115号北京印象1号楼2门305室
邮编:100142
电话:010/88144560
传真:88144560
网址:qcyd.qikan.com
出版单位:《汽车与运动》杂志社
报道内容:定位于汽车类高档专业消费杂志,致力于为汽车爱好者、汽车运动爱好者、汽车消费者提供独到而专业的汽车及汽车文化、汽车运动资讯服务

《汽车零部件》
地址:北京市海淀区中关村丹棱街3号A座8层
邮编:100080
电话:010/82606771
传真:82606777
网址:www.qclbjzz.com
出版单位:中国汽车零部件工业公司
报道内容:政策与法规、动态与综述、零部件论坛、技术新视野、产经故事会、检测与标准、研究与开发市场及信息

《汽车维修与保养》
地址:北京市海淀区复兴路65号北京电信实业大厦907室
邮编:100036
电话:010/68274219、68274259
传真:68278467
网址:www.motorchina.com
出版单位:《汽车维修与保养》杂志社
报道内容:国际最新汽车产品与技术信息

《现代零部件》
地址:北京市百万庄大街22号
邮编:100037
电话:010/88379793－709
传真:88379862
网址:www.mc1950.com
出版单位:《现代零部件》杂志社
报道内容:金属加工装备及技术在汽车及零部件制造企业内的应用

《家用汽车》
地址:北京市海淀区阜成路115号北京印象1号楼2门4层
邮编:100142
电话:010/88133435－21
传真:88133435－12
网址:www.auto－life.com.cn
出版单位:《家用汽车》杂志社

《橡胶工业》
地址:北京市海淀区阜石路甲19号
邮编:100143
电话:010/51338149
传真:88636717
报道内容:橡胶行业发展方向、科技研究成果、产品开发和生产经验以及市场信息

《轮胎工业》
地址:北京市海淀区阜石路甲19号
邮编:100143
电话:010/51338152
传真:51338678
报道内容:轮胎行业的发展方向、科研成果、产品开发和生产经验以及市场信息

《汽车制造业》
地址:北京市西城区白云路1号11层
邮编:100045
电话:010/63326090/98
传真:63326099
出版单位:德国弗戈工业媒体集团

《汽车纵横》
地址:北京市西城区白云路1号601室
邮编:100045
电话:010/63421850、63429223
传真:63422822
出版单位:《汽车纵横》编辑部
报道内容:跟踪汽车产业和市场发展中的重要时事

《时代汽车》
地址:北京市西城区月坛南街32号银岛商务楼427室
邮编:100045
电话:010/68512537
传真:68574923
网址:www.cnautotime.cn
出版单位:《时代汽车》杂志社

《中国汽车界》
地址:北京市海淀区中关村大街甲28号海淀文化艺术大厦B座1207号
邮编:100086
电话:010/83063019
传真:63494782
网址:www.china-motor.com.cn
出版单位:《中国汽车界》杂志社
报道内容:汽车资讯、汽车导购、汽车生活

《汽车导购》
地址:北京市德外北沙滩1号16信箱
邮编:100083
电话:010/64883610
传真:64870803
网址:www.carguide.com.cn
出版单位:《汽车导购》杂志社

《汽车与社会》
地址:北京市海淀区上地十街辉煌国际1号楼1208室
邮编:100085
电话:010/59741628、59741629
传真:59741628
网址:www.auto-society.com.cn
出版单位:《汽车与社会》杂志社

《车主之友》
地址:北京市德胜门外北沙滩1号16号信箱
邮编:100083
电话:010/64882403
传真:64882329
出版单位:《车主之友》杂志社

《汽车与驾驶维修》
地址:北京市德胜门外北沙滩1号16信箱
邮编:100083
电话:010/64883610、64882622
传真:64882467
网址:www.carservice.com.cn
出版单位:《汽车与驾驶维修》杂志社
报道内容:汽车售后服务及整车资讯

《汽车观察》
地址:北京市朝阳区北苑路红军营南路天朗园傲城融富中心A座1102室
邮编:100107
电话:010/82088721
传真:82028634
网址:www.autoobserver.net
出版单位:《汽车观察》杂志社
报道内容:整合、消化政府、行业内外、学术界等多方资源,融入人文、经济等多种市场上最为活跃的新鲜元素,创造出对专业汽车人有用的信息产品

《汽车知识》
地址:北京市亚运村加利大厦E座406室
邮编:100101
电话:010/64936949
出版单位:《汽车知识》杂志社
报道内容:以通俗易懂的语言和图文并茂的形式,介绍赏车、买车、用车、玩车等知识,报道国内外新车信息,聚焦车坛最新热点

《驾驶园》
地址:北京市朝阳区媒体村天居园9号楼905室
邮编:100107
电话:010/64121925、84786083-201
传真:64121925-208
网址:www.jiacheren.com

《商用汽车新闻》
地址:北京市海淀区阜成路115号(北京印象1号楼2门4层)
邮编:100142
电话:010/88138144
传真:010/88129709
网址:www.cvnews.com.cn
出版单位:中国汽车报社
报道内容:整车企业、零部件企业、实用新闻资讯

《城市交通》
地址:北京市三里河路9号中国城市规划设计研究院交通所545室
邮编:100037
电话:010/58323226
传真:58323220
网址:www.chinautc.com
出版单位:《城市交通》杂志社

《汽车运用》
地址:天津市河东区成林道东局子1号
邮编:300161
电话:022/84657548
传真:84658656
出版单位:《汽车运用》杂志社
报道内容:由中国人民解放军军事交通学院主办,面向全国、全军发行

《世界汽车》
地址:天津市东丽区先锋东路68号中国汽车技术研究中心科研楼二楼
邮编:300300
电话:022/84379206、84379209
传真:84379208
网址:www.worldauto.com.cn
出版单位:《世界汽车》杂志社
报道内容:定期公布C-NCAP信息以及汽车安全

《小型内燃机与摩托车》
地址:天津市南开区卫津路92号天津大学天津内燃机研究所
邮编:300072
电话:022/27890765
传真:27890765
网址:www.chinamotorcycle.com
出版单位:《小型内燃机与摩托车》编辑部
报道内容:重点报道小型内燃机、摩托车行业的产品开发、科学研究和生产实践中的新成果、新技术、新工艺、新材料以及内燃机、摩托车的行业动态、国家相关政策及内燃机、摩托车的使用、维修等方面的信息

《中国汽车工业年鉴》
地址:天津市东丽开发区先锋东路68号
邮编:300300
电话:022/84779220
传真:24375349
网址:www.catarc.ac.cn
出版单位:中国汽车技术研究中心
报道内容:记录我国汽车工业各方面发生的历史事实

《汽车标准化》
地址:天津市东丽开发区先锋东路68号
邮编:300300
电话:022/84379292
传真:24375353
出版单位:中国汽车技术研究中心标准所
报道内容:汽车标准化方针政策及信息交流

《摩托车技术》
地址:天津市东丽开发区先锋东路68号
邮编:300300
电话:022/84379238
传真:84379237
出版单位:《摩托车技术》杂志社
报道内容:以技术性文章为主,兼摩托车普及性趣味性知识

《车用发动机》
地址:天津市北辰区永进道96号
邮编:300000
电话:022/58707822
传真:58707822
网址:cyfd.chinajournal.net.cn
出版单位:中国北方发动机研究所

《汽车维修技师》
地址:沈阳市和平区十一纬路29号
邮编:110003
电话:024/23284373、23284626
传真:23284539
网址:www.atautc.com.cn
出版单位:《汽车维修技师》杂志社
报道内容:公布国内外新车维修资料,披露中外修车高手修车秘籍

《客车技术》
地址:辽宁省丹东市黄海大街546号
邮编:118008
电话:0415/6272441
传真:6272297
出版单位:《客车技术》编辑部

《润滑油》
地址:辽宁省大连市沙河口区连山街123号A座503室
邮编:116023
电话:0411/84673975
传真:84678974

出版单位:《润滑油》编辑部
报道内容:报道润滑油科研、生产、应用全过程

《汽车技术》
地址:长春市创业大街3098号
邮编:130011
电话:0431/85789857
传真:85789810
网址:qcjs. faw. com. cn
出版单位:《汽车技术》杂志社
报道内容:以推广汽车、发动机及其零部件的先进设计、试验方法、生产制造工艺、使用维修知识及技巧为核心

《汽车工业研究》
地址:长春市锦城大街30号
邮编:130011
电话:0431/85907709、85901098
传真:85901098
出版单位:《汽车工业研究》杂志社
报道内容:国内外汽车工业软科学研究成果

《汽车工艺与材料》
地址:长春市创业大街1063号
邮编:130011
电话:0431/85789860
传真:85789810
出版单位:《汽车工艺与材料》杂志社
报道内容:国内外汽车行业先进制造技术与材料

《汽车维修》
地址:长春市锦城大街30号
邮编:130011
电话:0431/85901097
传真:85901097
出版单位:《汽车维修》杂志社
报道内容:汽车使用与维修

《汽车与配件》
地址:上海市中山北路3323号17楼
邮编:200062
电话:021/51082244
传真:51629600
出版单位:《汽车与配件》编辑部
报道内容:汽车配件产品相关动态

《轿车情报》
地址:上海市中山北路3323号春之声大厦17楼
邮编:200062
电话:021/51082244、51629627
传真:51629600
网址:www. oauto. com
出版单位:《轿车情报》编辑部
报道内容:及时客观全面的汽车资讯

《汽车维护与修理》
地址:南京市黄埔路2号黄埔花园1幢109室
邮编:210016
电话:025/84825381
传真:84804002
网址:www. autorepair. com. cn
出版单位:《汽车维护与修理》杂志社

《拖拉机与农用运输车》
地址:河南省洛阳市涧西区西苑路39号
邮编:471039
电话:0379/62690123
传真:62690002
网址:tljy. chinajournal. net. cn
出版单位:《拖拉机与农用运输车》杂志社
报道内容:报道我国拖拉机产品(包括所用发动机)设计、试验、研究的技术成果

《专用汽车》
地址:武汉市经济技术开发区沌阳大道318号
邮编:430056
电话:027/59756900
网址:www. hyspv. com. cn
出版单位:《专用汽车》杂志社
报道内容:传播国内外专用汽车科技发展信息

《汽车电器信息》
地址:长沙市五一大道717号五一新干线1415室
邮编:410000
电话:0731/84424716、82802846
传真:82272265
网址:www. djdqxh. com
出版单位:《汽车电器信息》杂志社
报道内容:传播中外汽车及零部件的信息;报道世界各著名零部件集团和公司的产品、技术、市场研究发展

《汽车电器》
地址:长沙市经济技术开发区盼盼路29号
邮编:410100
电话:0731/82798408、82798409
传真:82798406
网址:www. qcdq. cn
出版单位:《汽车电器》杂志社
报道内容:国内外汽车电气科研动态,介绍产品基础理论

《摩托车信息》
地址:重庆市渝中区长江二路77号
邮编:400042
电话:023/68770808、68770635
出版单位:《摩托车信息》杂志社
报道内容:发展与研讨、摩托车技术、用车指南、名车欣赏等

《汽车博览》
地址:成都市致民路36号锦江新园1105室
邮编:610021
电话:028/85452665
出版单位:《汽车博览》杂志社
报道内容:展示世界汽车品质,反映汽车发展进程,围绕汽车价值链,彰显汽车工业文明、完美技术和文化内涵以及与人类的和谐相处

《汽车杂志》
地址:成都市东胜街8号庄森大厦13层
邮编:610015
电话:028/84443955
传真:86635004
出版单位:《汽车杂志》杂志社

《汽车驾驶员》
地址:西安市南二环路中段长安大学712信箱
邮编:710064
电话:029/82334382
出版单位:长安大学杂志社
报道内容:驾驶技术、行车安全、故障排除、使用与维修等

《摩托车世界》
地址:西安市灞桥区米秦路6号
邮编:710032
电话:029/86795288-8501
传真:86795296-8506
网址:www. cnmtc. com. cn
出版单位:国家摩托车质量监督检验中心
报道内容:摩托车发展政策、产品、市场、技术等情况

汽车行业网站

★部分专业网站

中国汽车工业信息网
网址:www. autoinfo. org. cn

中国汽车供应商网
网址:www. chinaautosupplier. com

中国汽车图书资料网
网址:www. autobook. com. cn

中国汽车网
网址:www. chinacar. com. cn

中国客车网
网址:www. chinabuses. com

中国专用汽车网
网址:www. chinaspcar. com

易车网
网址:www. bitauto. com

万车网
网址:www. webcars. com. cn

网上车市
网址:www. cheshi. com. cn

中国汽车交易网
网址:www. auto18. com

慧聪汽车配件网
网址:www. qipei. hc360. com

慧聪汽车用品网
网址:www. auto-a. hc360. com

中华汽配网
网址:www. auto1688. com. cn

中国进口汽车网
网址:www. at188. com

汽车之家
网址:www. autohome. com. cn

汽车点评网
网址:xgo. com. cn

二手车之家
网址:www. che168. com

★部分综合网站

新浪汽车
网址:auto. sina. com. cn

搜狐汽车
网址:auto. sohu. com

网易汽车
网址:auto. 163. com

央视网汽车频道
网址:auto. cntv. cn

TOM 汽车广场
网址:auto. tom. com

太平洋汽车网
网址:www. pcauto. com. cn

爱卡汽车网
网址:www. xcar. com. cn

21CN 汽车频道
网址:auto. 21cn. com

中华网汽车频道
网址:auto. china. com

千龙汽车
网址:auto. qianlong. com

新华网汽车频道
网址:www. xinhuanet. com/auto

人民网汽车频道
网址:auto. people. com. cn

南方网汽车频道
网址:www. southcn. com/car

天府汽车
网址:www. tfauto. net

腾讯汽车
网址:auto. qq. com

盖世汽车网
网址:cn. gasgoo. com

中央及地方政府专业采购网站

中国政府采购网	www. ccgp. gov. cn
北京市政府采购网	www. bgpc. gov. cn
天津市政府采购网	tjgp. tjcs. gov. cn
上海市政府采购网	www. shzfcg. gov. cn
重庆市政府采购网	www. cqgp. gov. cn
河北省政府采购网	www. hebgp. gov. cn
山西省政府采购网	www. ccgp - shanxi. gov. cn
辽宁省政府采购网	www. ccgp - liaoning. gov. cn
吉林省政府采购网	www. ccgp - jilin. gov. cn
黑龙江省政府采购网	www. hljcg. gov. cn
江苏省政府采购网	www. ccgp - jiangsu. gov. cn
浙江省政府采购网	www. zjzfcg. gov. cn
安徽省政府采购网	www. ahzfcg. gov. cn
福建省政府采购网	www. ccgp - fujian. gov. cn
江西省政府采购网	ggzy. jiangxi. gov. cn/jxzbw/zfcg
山东省政府采购网	www. ccgp - shandong. gov. cn
河南省政府采购网	www. hngp. gov. cn
湖北省政府采购网	www. ccgp - hubei. gov. cn
湖南省政府采购网	www. ccgp - hunan. gov. cn
广东省政府采购网	www. ccgp - guangdong. gov. cn
广西壮族自治区政府采购网	www. ccgp - guangxi. gov. cn
海南省政府采购网	www. ccgp - hainan. gov. cn
四川省政府采购网	www. sczfcg. com
贵州省政府采购网	www. ccgp - guizhou. gov. cn
云南省政府采购网	www. yngp. com
陕西省政府采购网	www. ccgp - shaanxi. gov. cn
甘肃省政府采购网	www. ccgp - gansu. gov. cn
青海省政府采购网	www. ccgp - qinghai. gov. cn
宁夏回族自治区政府采购网	www. ccgp - ningxia. gov. cn
新疆维吾尔自治区政府采购网	www. ccgp - xinjiang. gov. cn
西藏自治区政府采购网	www. ccgp - xizang. gov. cn
大连市政府采购网	ccgp. dl. gov. cn
宁波市政府采购网	www. nbzfcg. cn
厦门市政府采购网	www. ccgp - xiamen. gov. cn
青岛市政府采购网	www. ccgp - qingdao. gov. cn
深圳市政府采购网	www. zfcg. sz. gov. cn
新疆生产建设兵团采购网	xjbt. ccgp. gov. cn
大同市政府采购网	datong. ccgp. gov. cn

第二部分

中国汽车、改装车生产企业

- ❊ 汽车生产企业
- ❊ 改装车及其他生产企业
- ❊ 三轮汽车、低速货车生产企业

汽车生产企业

·查询导引·

企业详细介绍

31 华晨宝马汽车有限公司
32 北京奔驰汽车有限公司
32 北京现代汽车有限公司
32 北京汽车集团有限公司
33 北京福田戴姆勒汽车有限公司
33 北汽福田汽车股份有限公司
33 北汽福田汽车股份有限公司拓陆者事业部
33 北汽福田汽车股份有限公司北京欧辉客车分公司
33 天津一汽夏利汽车股份有限公司
33 天津一汽丰田汽车有限公司
34 华晨汽车集团控股有限公司
35 一汽-大众汽车有限公司
35 一汽轿车股份有限公司
36 观致汽车有限公司
36 上汽通用汽车有限公司
36 上海汽车集团股份有限公司乘用车公司
36 上汽大众汽车有限公司
37 长安马自达汽车有限公司
37 金龙联合汽车工业(苏州)有限公司
38 浙江吉利控股集团有限公司
38 众泰控股集团有限公司
39 安徽江淮汽车股份有限公司
39 奇瑞汽车股份有限公司
40 江铃汽车集团公司
40 江铃汽车股份有限公司
41 江铃控股有限公司
41 中国重型汽车集团有限公司
43 神龙汽车有限公司
43 东风汽车集团股份有限公司乘用车公司
44 东风襄阳旅行车有限公司
44 东风商用车有限公司
45 广汽本田汽车有限公司
45 东风日产乘用车公司
45 广州汽车集团乘用车有限公司
46 长安标致雪铁龙汽车有限公司
46 比亚迪汽车工业有限公司
46 深圳比亚迪戴姆勒新技术有限公司
46 东风柳州汽车有限公司
46 广西汽车集团有限公司
46 上汽通用五菱汽车股份有限公司
47 重庆长安汽车股份有限公司
47 长安福特汽车有限公司
47 重庆长安铃木汽车有限公司
49 陕西汽车集团有限责任公司

汽车生产企业

北京市(31) 天津市(33) 河北省(33) 山西省(34) 内蒙古(34) 辽宁省(34) 吉林省(35) 黑龙江省(36) 上海市(36) 江苏省(36) 浙江省(37) 安徽省(38) 福建省(39) 江西省(40)
山东省(41) 河南省(42) 湖北省(43) 湖南省(44) 广东省(45) 广　西(46) 海南省(46) 重庆市(47) 四川省(48) 云南省(49) 贵州省(49) 陕西省(49) 新　疆(49)

☞ 企业如有变更，请与编辑部联系　☎ 010/68426043、68420981

北京市

★华泰汽车集团
地址：北京市朝阳区立水桥甲9号华泰汽车大厦
邮编：100007
电话：010/64978666
网址：www.hawtaimotor.com
电子信箱：htqg7586822@126.com
法人代表：张秀根
质量体系：ISO 9000
产品情况：（华泰牌、华泰圣达菲牌）
圣达菲、特拉卡、宝利格三款SUV产品和华泰B11、路盛E70两款轿车产品；拥有SUV、客车、轿车及动力系统四大产业平台，具备年产30万台清洁型柴油发动机、45万台自动变速器、35万台整车的生产能力
出口情况：出口中东、南美洲、非洲、南亚、西亚、俄罗斯、安哥拉等国家和地区

★华晨宝马汽车有限公司
地址：北京市朝阳区东三环北路霞光里18号佳程大厦B座25层
邮编：100027
电话：010/84557000
网址：www.bmw-brilliance.cn
法人代表：祁玉民
负责人：海森
单位人数：14000
质量体系：ISO 9001、ISO 14001
产品情况：（宝马(BMW)牌）
BMW3、BMW5、BMW2轿车
☞ 详细情况请参阅彩色宣传版面

★北方华德尼奥普兰客车股份有限公司
地址：北京市丰台区朱家坟五里5号
邮编：100072
电话：4000679505、010/83807100
传真：83806689
网址：www.northbus.com.cn
电子信箱：bfyx618@163.com

质量体系:ISO 9001
产品情况:(北方牌)

大型公路客车、豪华旅游客车、城市公交车、自行走旅游房车、机场摆渡车及新能源客车产品;产品涵盖8.0~13.7m全系列,全面覆盖旅游、客运、公交、政府公务、机关团体等领域;2015年年产836辆

★中国长安汽车集团股份有限公司

地址:北京市海淀区车道沟十号院
邮编:100089
电话:010/68966362
传真:68966383
网址:www.ccag.cn
电子信箱:office@ccag.cn
董事长:徐留平
质量体系:ISO 9001
产品情况:(长安牌、哈飞牌、昌河牌等)

整车、零部件、动力总成、商贸服务等四大业务板块;2015年年产2781368辆

出口情况:远销70多个国家和地区,并在马来西亚、越南、美国、墨西哥、伊朗、埃及、乌克兰等多个国家建有海外基地

★ 北京奔驰汽车有限公司

地址:北京市经济技术开发区博兴路8号
邮编:100176
电话:010/67824888
传真:67711363
网址:www.bbac.com.cn
法人代表:徐和谊
负责人:蔡速平
单位人数:3000
质量体系:ISO 9000、GJB 9001A
产品情况:(梅赛德斯-奔驰牌)

长轴距C级车、E级车、GLK级豪华中型SUV、GLA级豪华紧凑型SUV

☞ 详细情况请参阅彩色宣传版面

★ 北京现代汽车有限公司

地址:北京市顺义区林河工业园开发区顺通路18号
邮编:101300
电话:010/89490088
传真:89498260
网址:www.beijing-hyundai.com.cn
电子信箱:office@beijing-hyundai.com.cn
法人代表:徐和谊
负责人:李丙晧
单位人数:8767
质量体系:ISO 9001
产品情况:(北京现代牌)

雅绅特、瑞纳、伊兰特、悦动、i30、名驭、索纳塔、途胜、ix3

☞ 详细情况请参阅彩色宣传版面

★北京汽车股份有限公司

地址:北京市顺义区双河大街99号
邮编:101300
电话:010/56636000、4008108100
传真:56636126
网址:www.baicmotor.com
电子信箱:bjqqgs@163.com
董事长:徐和谊
负责人:李锋
产品情况:(北京牌)

自主品牌乘用车、合资品牌乘用车以及动力总成;2015年年产230200辆

★ 北京汽车集团有限公司

地址:北京市顺义区双河大街99号
邮编:101300
电话:010/87664009
传真:87664048
网址:www.baicgroup.com.cn
法人代表:徐和谊
产品情况:(北京牌、福田牌、北京现代牌、北京奔驰牌等)

轿车、商用车、越野车等整车制造,汽车零部件制造,汽车服务贸易、研发、教育和投融资等;2015年年产2501037辆

☞ 详细情况请参阅彩色宣传版面

·数据资料·

2015年中国汽车产销情况

产品名称		产量		销量	
		2015年(辆)	同比增长率(%)	2015年(辆)	同比增长率(%)
汽车总计		24503326	3.25	24597583	4.68
商用车		**3423899**	**-9.97**	**3451263**	**-8.97**
按燃料类型:	柴油车	2410002	-13.72	2425691	-13.23
	汽油车	889936	-2.66	903597	0.34
	其他燃料车	123961	29.51	121975	28.31
按车型:	货车	2242901	-8.21	2256496	-7.83
	·重型货车	122114	-39.63	129995	-38.36
	·中型货车	114381	-22.54	109905	-26.78
	·轻型货车	1467718	-5.71	1470901	-5.68
	·微型货车	538688	0.29	545695	3.40
	客车	520306	-1.75	524923	-0.87
	·大型客车	84534	4.77	83342	2.35
	·中型客车	64952	5.48	65365	4.26
	·轻型客车	370820	-4.25	376216	-2.39
	半挂牵引车	248436	-13.35	250180	-10.33
	客车底盘	70567	-9.11	70459	-8.93
	货车底盘	341689	-26.61	349205	-23.62
乘用车		**21079427**	**5.78**	**21146320**	**7.30**
按燃料类型:	柴油车	97223	40.43	90650	33.29
	汽油车	20718329	4.86	20801260	6.45
	其他燃料车	263875	161.96	254410	159.08
按车型:	轿车	11630895	-6.84	11720184	-5.33
	MPV	2125260	7.73	2106729	10.05
	SUV	6243638	49.65	6220279	52.39
	交叉型乘用车	1079634	-16.92	1099128	-17.47

★ 北京福田戴姆勒汽车有限公司

地址:北京市怀柔区红螺东路21号
邮编:101400
电话:010/89692266、4008900977
传真:89692320
网址:www.aumantruck.com
负责人:周亮
产品情况:(欧曼牌)
欧曼GTL、欧曼ETX两大系列,包括牵引车、载货车、自卸车、各类专用车等产品
☞ 详细情况请参阅彩色宣传版面

★ 北汽福田汽车股份有限公司

地址:北京市昌平区沙河镇沙阳路
邮编:102206
电话:010/80708888、4008199199
传真:80716402
网址:www.foton.com.cn
产品情况:(欧曼牌、欧辉牌、欧马可牌、奥铃牌、拓陆者牌、图雅诺牌、风景牌等)
乘用车:MP-X蒙派克、风景、传奇、迷迪、纯电动多用途乘用车;商用车:欧曼、欧马可、奥铃系列载货汽车,欧V客车,混合动力城市客车,萨普皮卡,时代轻型货车,瑞沃中重型货车及工程车,邮政车、救护车、保温车、油罐车等专用汽车
出口情况:在全球20多个国家设有KD工厂,产品出口到80多个国家和地区;在俄罗斯、印度、巴西、墨西哥、印度尼西亚5个国家分别建立年产10万辆汽车的工厂
☞ 详细情况请参阅彩色宣传版面

★ 北汽福田汽车股份有限公司拓陆者事业部

地址:北京市昌平区沙河镇沙阳路
邮编:102206
电话:010/59917368
网址:www.pickup.foton.com.cn
产品情况:(拓陆者牌、萨瓦纳牌、萨普牌)
拓陆者S系列、拓陆者E系列、萨瓦纳、萨普
☞ 详细情况请参阅彩色宣传版面

★ 北汽福田汽车股份有限公司北京欧辉客车分公司

地址:北京市昌平区沙河镇沙阳路15号
邮编:102206
电话:010/59912588、59916086
传真:59916277
网址:www.auv.foton.com.cn
单位人数:4000
质量体系:ISO 9001
产品情况:(福田牌)
新能源客车、公路客车、旅游客车、公交客车,专用校车、专用改装
出口情况:出口80多个国家和地区
☞ 详细情况请参阅彩色宣传版面

★长安汽车股份公司北京长安汽车公司

地址:北京市房山区窦店镇交道东大街5号
邮编:102433
电话:010/89373260、89373709
传真:89373706
产品情况:轿车、新能源乘用车

天津市

★天津天汽集团美亚汽车制造有限公司

地址:天津市西青区京福公路西侧602号
邮编:300112
电话:022/27538456、27538457
传真:27538455、27538053
电子信箱:tqmy2006@163.com
法人代表:周生源
质量体系:ISO 9000
产品情况:(美亚牌)
海狮TM6490、TM6510系列轻型商务车,瑞程TM6390系列微型客车,奇兵、奇骏系列SUV,陆程皮卡等;2015年年产17辆
出口情况:销往中国台湾、中国香港等地区

★ 天津一汽夏利汽车股份有限公司

地址:天津市西青区京福公路578号
邮编:300380
电话:022/87915010、4006518000
传真:28010878
网址:www.tjfaw.com.cn
电子信箱:tqservice@vip.163.com
负责人:田聪明
单位人数:10486
质量体系:ISO 9001
产品情况:(骏派牌、夏利牌、威志牌)
骏派D60,威志V5,威志V2,夏利N7、N5、N3
出口情况:出口墨西哥、俄罗斯、伊朗、叙利亚、阿尔及利亚、厄瓜多尔等国家
☞ 详细情况请参阅彩色宣传版面

★ 天津一汽丰田汽车有限公司

地址:天津市经济技术开发区第九大街81号
邮编:300457
电话:022/66230666
传真:66231364
网址:www.tftm.com.cn
负责人:佐々木昭
单位人数:12000
质量体系:ISO 9001
产品情况:(丰田牌)
皇冠、锐志、威驰、花冠、卡罗拉系列轿车,RAV4
☞ 详细情况请参阅彩色宣传版面

河北省

★河北长征汽车制造有限公司

地址:河北省邢台市钢铁南路131号
邮编:054000
电话:0319/2677777、2620236
传真:2674439、2623549
电子信箱:tatra@126.com
质量体系:ISO 9001
产品情况:(长征-太脱拉牌、长征牌)
载货汽车、越野载货汽车及底盘、自卸车及底盘、仓栅式运输车、厢式运输车及其底盘、加油车、运灰车、洗井车、供水车等;2015年年产80辆
出口情况:远销尼日利亚、科特迪瓦、叙利亚、马里等多个国家

★河北红星汽车制造有限公司

地址:河北省邢台县会宁镇
邮编:054007
电话:0319/7306006、18650983778
传真:7306000
电子信箱:hxxzk2006@163.com
质量体系:ISO 9000
产品情况:(红星牌)
小贵族轿车、纯电动乘用车、厢式运输车、三类底盘

★河北御捷车业有限公司

地址:河北省清河县挥公大道路北
邮编:054800
电话:4006964666
法人代表:张立平
产品情况:纯电动汽车系列、厢式物流车系列等10余款车型

★北京汽车制造厂有限公司

地址:河北省黄骅市经济开发区
邮编:061113
电话:010/87741081、87740299
网址:www.baw.com.cn
电子信箱:callcenter@baw.com.cn
法人代表:陈江
质量体系:ISO 9001
产品情况:(北京牌)
勇士、陆霸、域胜、骑士、战旗、角斗士等系列SUV,1041、旗铃、旗龙系列轻、中型货车,陆铃、越铃系列皮卡,京城海狮轻型客车,水陆两用车、森林防火等专用车;底盘、普通货车;厢式、仓栅式运输车;2015年年产20005辆
出口情况:远销欧洲、非洲、南美洲、中东、东南亚等地区,建立了俄罗斯、南非、柬埔寨等海外基地

★长城汽车股份有限公司

地址:河北省保定市朝阳南大街2266号
邮编:071000
电话:0312/2197855、2197856

传真:2197828、2197902
网址:www.gwm.com.cn
电子信箱:services@gwm.com.cn
法人代表:魏建军
负责人:王凤英
单位人数:70000
质量体系:ISO 9001
产品情况:(长城牌、哈弗牌)
　　C50 轿车,嘉誉 MPV,哈弗 H 系列、M4SUV,风骏 6 皮卡、旅居车等;2015 年年产 869592 辆
出口情况:出口中东、非洲、中南美洲、亚太地区、欧洲、澳大利亚等 120 多个国家和地区

★河北中兴汽车制造有限公司
地址:河北省保定市建国路 860 号
邮编:071000
电话:0312/3313811、4006032000
传真:3313860－806
网址:www.zxauto.com.cn
电子信箱:tyjszx@263.net
质量体系:ISO 9001
产品情况:(田野牌)
　　威虎 G3、旗舰 A9 等系列皮卡,威虎 TUV,无限 SUV,广汽中兴 CS3,公检法司用车、消防用车、教练车、工程车、路政用车等专用车和特种车;2015 年年产 37354 辆
出口情况:远销 90 多个国家和地区

★保定长安客车制造有限公司
地址:河北省定州市定曲路
邮编:073000
电话:0312/2356736
传真:2352401
网址:www.changanbus.com
质量体系:ISO 9001
产品情况:(长安牌)
　　6～12m 公交、客运、旅游、团体客车,CNG 客车,其他专用客车
出口情况:出口中东、南美洲、南亚、东欧等多个国家和地区

★河北长安汽车有限公司
地址:河北省定州市定曲路
邮编:073000
电话:0312/2354679、2355855
传真:2354047
网址:www.ccag.cn
电子信箱:changankechefw@163.com
法人代表:王俊
质量体系:ISO 9001
产品情况:(长安牌)
　　长安之星、长安星光、都市彩虹系列微型客车,单、双排小型载货汽车,厢式运输车、邮政车等专用车,纯电动自卸式垃圾车、两用燃料载货汽车、小学生专用校车、旅居车、救险车,载货汽车底盘
出口情况:出口中东、南美洲、东欧、南亚等地区

山西省

★太原长安重型汽车有限公司
地址:太原市经济开发区化章街 5 号
邮编:030032
电话:0351/8396888、8396908
传真:8396909、7689028
电子信箱:sxdn@public.ty.sx.cn
质量体系:ISO 9001
产品情况:(远威牌)
　　牵引车及底盘、自卸车及底盘、载货汽车及底盘、油罐化工车、起重汽车、钻机车、环卫车、厢式运输车及底盘、厢式半挂车、沥青路面综合养护车、钻机车等
出口情况:出口多个国家

★中信机电制造公司
地址:山西省侯马市浍滨街纺织东巷 85 号
邮编:043011
电话:0357/4083008
传真:4083007
网址:www.machine.citic.com
电子信箱:citicmmi@public.yc.sx.cn
质量体系:ISO/TS 16949、QS 9000
产品情况:(华丰牌)
　　重型汽车车桥、离合器、扭杆、空气悬架系统、蜗轮蜗杆、制动间隙调整臂;模锻件、铸件、铁合金、模具及冲压件;特种履带车辆、重型机械、大中型客车、电动车等

★山西成功汽车制造有限公司
地址:山西省长治市城东路 102 号
邮编:046000
电话:0355/3031556
传真:3031556
网址:www.sxcgjt.com
产品情况:(太行成功牌)
　　厢式运输车等

内蒙古

★北奔重型汽车集团有限公司
地址:内蒙古包头市青山区 2 号信箱
邮编:014032
电话:8008050118、4006609595
网址:www.beiben.cn
电子信箱:scb@beiben.cn
法人代表:王世宏
单位人数:7000
质量体系:ISO 9001
产品情况:(北奔牌、铁马牌)
　　载货汽车及底盘、自卸车、半挂牵引车、改装车、专用车和全驱动车、混凝土搅拌运输车、车厢可卸式垃圾车、特种作业车底盘、厢式运输车及底盘、牵引车、邮政车、加油车、现场混装乳化炸药车;2015 年年产 8799 辆
出口情况:远销亚洲、非洲、南美洲的蒙古、南非、肯尼亚、阿尔及利亚、古巴等几十个国家

辽宁省

★沈阳金杯车辆制造有限公司
地址:沈阳市东陵区方南路 6 号
邮编:110015
电话:024/24823523
传真:24820020
网址:www.jinbei－auto.com
电子信箱:yanqiu.xu@jinbei－auto.com
质量体系:QS 9000、ISO 9000
产品情况:(金杯牌)
　　0.5～3t 轻型货车,同时生产厢式车、工程自卸车、特种车、运输车、SUV、皮卡、客车、底盘等
出口情况:在越南、俄罗斯、马来西亚、菲律宾等国家建设 SKD/CKD 生产基地,并开展南美洲、非洲、中东、俄罗斯及边贸地区出口业务,已出口 55 个国家和地区

★沈阳飞机工业(集团)有限公司
地址:沈阳市皇姑区陵北街 1 号
邮编:110034
电话:024/86595112
传真:86896689
电子信箱:21201@sac.com.cn
质量体系:ISO 9002
产品情况:(日野牌、沈飞牌)
　　豪华客车、城市客车、高机动多用途轮式越野车、冷藏车、加油车等

★华晨汽车集团控股有限公司
地址:沈阳市大东区东望街 39 号
邮编:110044
电话:024/31991111
传真:31991111
网址:www.brilliance－auto.com
董事长:祁玉民
产品情况:(中华牌、金杯牌、华颂牌)
　　产品已覆盖乘用车、商用车全领域
☞ 详细情况请参阅彩色宣传版面

★上海通用(沈阳)北盛汽车有限公司
地址:沈阳市大东区北大营街 15 号
邮编:110044
电话:024/88345678
传真:88345961
网址:www.shanghaigm.com
法人代表:李添泽
质量体系:ISO 9001、ISO 14001
产品情况:(别克(BUICK)牌、雪佛兰(CHEVROLET)牌)
　　别克 GL8 系列中高档商务、公务旅行车,轿车;2015 年年产 405262 辆

★沈阳华晨金杯汽车有限公司
地址:沈阳市大东区东望街 39 号
邮编:110044
电话:4008188333

网址:www.jinbei.com
质量体系:ISO 9001
产品情况:(金杯牌、中华牌)

金杯海狮轻型客车、金杯阁瑞斯MPV,中华H530、尊驰、骏捷、骏捷Wagon、骏捷FRV、骏捷FSV、骏捷CROSS、酷宝,中华V5、金杯S50、特种车、工程车、救护车、囚车、厢式运输车、纯电动轻型客车、轻型客车、旅居车

出口情况:出口俄罗斯、美国、欧洲、中东、东南亚、非洲等国家和地区

★华晨客车(大连)有限公司

地址:辽宁省大连市经济技术开发区盛兴路19-4号
邮编:116600
电话:0411/87213603
传真:87243808
网址:www.bsv-auto.com/hkd
电子信箱:hkd.bus@hkd.bsv-auto.com
产品情况:(佰斯威牌)

客车(轻型客车、大中型客车)、纯电动客车、纯电动环卫车、旅居车、校车、除雪车等专用货车(非罐式)生产

★辽宁曙光汽车集团股份有限公司

地址:辽宁省丹东市振安区曙光路50号
邮编:118001
电话:0415/4139272
传真:4142821
网址:www.sgautomotive.com
电子信箱:shuguang@automotive.com
法人代表:李进巅
负责人:李海阳
单位人数:7750
质量体系:ISO/TS 16949、QS 9000
产品情况:(曙光牌、黄海牌)

黄海商用车、乘用车,曙光特种车、车桥、零部件

出口情况:出口国际OEM市场

★丹东黄海汽车有限责任公司

地址:辽宁省丹东市黄海大街542号
邮编:118008
电话:0415/6221318、6224302
网址:www.sgautomotive.com
电子信箱:ddlcf@vip.sina.com
质量体系:QS 9000、ISO 9001
产品情况:(黄海牌、曙光牌)

大中型城市公交、旅游、长途客运、机关团体等各类客车,客车底盘、混合动力城市客车;翱龙CUV、旗胜F1、旗胜V3、挑战者等系列SUV;大柴神、小柴神、傲骏等系列皮卡;仓栅式半挂车、栏板半挂车、消防车、厢式车等专用车;2015年年产27312辆

★一汽凌源汽车制造有限公司

地址:辽宁省凌源市
邮编:122500
电话:4008859277
网址:www.yiqilingyuan.com
产品情况:(凌河牌)

客车、客车底盘、中型载货汽车、轻型载货汽车、自卸汽车、运油车、厢式车、邮政车、半挂汽车、新能源汽车等

吉林省

★中国第一汽车集团公司

地址:长春市绿园区东风大街2259号
邮编:130011
电话:0431/85901140
传真:85904628
网址:www.faw.com.cn
电子信箱:sjh_xcb@faw.com.cn
董事长:徐平
负责人:许宪平
质量体系:ISO 9000
产品情况:(解放牌、红旗牌、远征牌、太湖牌、一汽牌、大众牌、奥迪牌、丰田牌、马自达牌等)

各类乘用车、商用车、汽车底盘、发动机及其他汽车零部件;燃料电池轿车、混合动力城市客车、纯电动城市客车等新能源汽车;自卸车、半挂牵引汽车、专用运输车等;2015年年产2820042辆

★一汽-大众汽车有限公司

地址:长春市汽车产业开发区安庆路5号
邮编:130011
电话:0431/85990888、4008171888
传真:85750888
网址:www.faw-vw.com
电子信箱:crm.vw@faw-volkswagen.com
法人代表:张丕杰
负责人:任思明
单位人数:12331
质量体系:VDA 6.1、QS 9000
产品情况:(奥迪牌、大众牌)

捷达、宝来、高尔夫、速腾、迈腾、迈腾旅行车、CC、奥迪A4L、奥迪A6L系列轿车,奥迪Q5系列SUV

☞ 详细情况请参阅彩色宣传版面

★一汽解放汽车有限公司

地址:长春市汽车产业开发区锦程大街3082号
邮编:130011
电话:0431/85515555、87666666
传真:85732011
网址:www.fawjiefang.com.cn
电子信箱:jfgszb_jfgs@faw.com.cn
负责人:许宪志
单位人数:22000
质量体系:ISO/TS 16949、GB/T 24001
产品情况:(解放牌)

载货车、牵引车、工程车、专用车四大系列,解放牵引、自卸、平板、仓栅式、畜禽、厢式、冷藏、罐类、邮政、随车吊、搅拌、特种车等车型,1000多个品种

出口情况:解放载货汽车出口欧洲、非洲、亚洲20多个国家和地区

★一汽轿车股份有限公司

地址:长春市高新区蔚山路4888号
邮编:130012
电话:0431/85781509、85781505
传真:85781000、85781500
网址:www.fawcar.com.cn
电子信箱:fawcar0800@faw.com.cn
负责人:安铁成
单位人数:10203
质量体系:ISO/TS 16949
产品情况:(红旗牌、奔腾牌、欧朗牌、马自达牌)

红旗品牌:红旗L5、红旗H7;奔腾品牌:奔腾B90、B30、B70、B50,奔腾X80;欧朗品牌:欧朗三厢、两厢;马自达品牌:马自达6、睿翼、阿特兹、马自达8、CX-7;2015年年产230326辆

出口情况:欧朗、奔腾B50出口

☞ 详细情况请参阅彩色宣传版面

★一汽通用轻型商用汽车有限公司

地址:长春市经济开发区大连路999号
邮编:130033
电话:4008877168、4008166558
网址:www.fawgm.com.cn
电子信箱:fawgm@faw-gmldt.com
单位人数:6937
产品情况:(解放牌)

轻型载货车类、轻型客车类及相关总成、零部件

出口情况:出口东南亚、美洲、中东等20多个国家和地区

★一汽客车有限公司

地址:长春市经济开发区昆山路3969号
邮编:130033
电话:0431/84626519、84629818
传真:84626519、84626053
网址:www.fawbcc.com.cn
电子信箱:xsgs_kc@faw.com.cn
质量体系:ISO 9001
产品情况:(解放牌、远征牌、太湖牌、华西牌)

6~14m公交、旅游、团体、公路客车,客车底盘汽车、前后桥

出口情况:出口越南、伊朗、津巴布韦、塔吉克斯坦、巴基斯坦等13个国家和地区

★长春华奥汽车制造有限公司

地址:长春市净月经济开发区云友路777号
邮编:130033
电话:0431/88789616
传真:88789615
质量体系:ISO 9001
产品情况:(金华奥牌)

公交车、公务用车、铰接车、低地板

公交及机场摆渡车和纯电动客车，载货车、混合动力城市客车及底盘、纯电动城市客车及底盘、中小学生专用校车

★长春一汽华凯汽车有限公司
地址：长春市宽城区柳影路169号
邮编：130052
电话：0431/82646552
传真：82637652
网址：www. mingjungroup. com
产品情况：（解放牌、华凯牌、长春牌）
大型商用货车、SUV、客车、皮卡、微型车

★一汽吉林汽车有限公司
地址：吉林省吉林市高新区（汽车工业园区）东山街2888号
邮编：132013
电话：4006068888
网址：www. fawmc. com
电子信箱：guodianli@ fawmc. com
负责人：胡汉杰
质量体系：ISO/TS 16949
产品情况：（一汽佳星牌、一汽佳宝牌、一汽森雅牌）
一汽佳星、一汽佳宝、一汽森雅，旅居车，年产约18万辆
出口情况：出口欧洲、中东、东南亚等50多个国家和地区

黑龙江省

★一汽哈尔滨轻型汽车有限公司
地址：哈尔滨市哈南工业新城核心区松花路60号
邮编：150060
电话：0451/85712222、85712243
传真：82681848
电子信箱：hqscb@ 163. com
法人代表：徐晓剑
质量体系：ISO/TS 16949
产品情况：（解放牌）
解放系列轻型货车、厢式运输车、载货汽车底盘

上海市

★上海汽车集团股份有限公司
地址：上海市威海路489号
邮编：200041
电话：021/22011888
传真：22011777
网址：www. saicmotor. com
电子信箱：saicmotor@ saicmotor. com
产品情况：（名爵牌、荣威牌）
乘用车、纯电动轿车、燃料电池轿车、混合动力轿车等新能源汽车、商用车、汽车零部件、汽车金融；2015年年产5836156辆

★上汽大通汽车有限公司
地址：上海市杨浦区军工路2500号
邮编：200122
电话：021/58201188、400812011
网址：www. saicmaxus. com
董事长（负责人）：蓝青松
单位人数：6500
质量体系：ISO/TS 16949
产品情况：（上汽大通MAXUS牌、LDV牌）
上汽大通MAXUS G10、V80，产品覆盖轻型客车、MPV、轻型货车、特种改装车、旅居车等领域；2015年年产35502辆
出口情况：市场覆盖大洋洲、南美洲、东南亚、中东、南非、北非的22个国家和地区

★ 观致汽车有限公司
地址：上海市浦东新区国展路388号3楼
邮编：200126
电话：021/51913000
网址：www. qoros. com
电子信箱：info@ qorosauto. com
法人代表：陈安宁
产品情况：（观致牌）
观致3轿车，观致3都市SUV，观致3五门轿车
☞ 详细情况请参阅彩色宣传版面

★上海申沃客车有限公司
地址：上海市闵行区光中路18号
邮编：201108
电话：021/24160000、24160108
传真：24160416
网址：www. sunwinbus. com
电子信箱：rdc@ sunwinbus. com
单位人数：1200
产品情况：（申沃牌）
大中型城市客车、城间客车、燃料电池城市客车及其底盘、天然气客车、混合动力城市客车、无轨电车及客车底盘；2015年年产2104辆

★上海申龙客车有限公司
地址：上海市闵行区华宁路2898号
邮编：201108
电话：021/34099000、34099001
传真：64428035
网址：www. sunlongbus. com
电子信箱：sunlong@ sunlongbus. com
法人代表：陈瑞香
质量体系：ISO/TS 16949
产品情况：（骏马牌、申龙牌）
长途客车、旅游客车、团体客车、卧铺客车、城市客车及天然气客车、混合动力客车、氢燃料客车、厕所车、小学生校车等
出口情况：出口泰国、新加坡、俄罗斯、美国等10多个国家和地区

★ 上汽通用汽车有限公司
地址：上海市浦东新区申江路1500号
邮编：201206
电话：021/28902890
网址：www. shanghaigm. com
负责人：王永清
质量体系：ISO/TS 16949、ISO 14001
产品情况：（别克牌、凯迪拉克牌、雪佛兰牌）
别克昂科雷Enclave、林荫大道、君越、君威、君威GS、英朗GT、英朗XT，凯越，威朗，GL8商务车；凯迪拉克赛威；雪佛兰景程、科鲁兹、乐风、新赛欧、爱唯欧轿车、科帕奇SUV；混合动力轿车等
出口情况：出口中东等地区
☞ 详细情况请参阅彩色宣传版面

★ 上海汽车集团股份有限公司乘用车公司
地址：上海市嘉定区安研路201号
邮编：201804
电话：021/61389999、61380000
传真：61389888
网址：www. roewe. com. cn
负责人：王晓秋
质量体系：ISO/TS 16949
产品情况：（荣威牌、名爵牌、上海牌）
荣威350、550、750，荣威W5，名爵MG6、MG7、MG 3SW、MG3 Xross、MG TF
☞ 详细情况请参阅彩色宣传版面

★ 上汽大众汽车有限公司
地址：上海市嘉定区安亭于田路7号
邮编：201805
电话：021/59561888、4008201111
传真：59579101
网址：www. csvw. com
法人代表：陈虹
负责人：陈贤章
质量体系：VDA 6. 1、QS 9000
产品情况：（大众汽车（VOLKSWAGEN）牌、斯柯达牌）
大众品牌：新途观、途安、新朗逸、朗行、朗境、New Polo、Polo GTI、新桑塔纳、凌渡；斯柯达品牌：野帝、速派、全新明锐、明锐经典款、昕锐、昕动、晶锐
☞ 详细情况请参阅彩色宣传版面

江苏省

★南京南汽专用车有限公司
地址：南京市秦淮区大明路9号
邮编：210007
电话：025/52629191
网址：www. yjzyc. com
电子信箱：nqzycscb@ 163. com
质量体系：ISO 9001、GJB 9001A

目录 CONTENTS

中国优秀整车企业推荐

华晨宝马汽车有限公司
上汽通用汽车有限公司
上汽大众汽车有限公司
北京汽车集团有限公司
北汽福田汽车股份有限公司轻型商用车事业本部营销公司
北汽福田汽车股份有限公司北京欧辉客车分公司
广西汽车集团有限公司
一汽轿车股份有限公司
重庆长安铃木汽车有限公司
比亚迪汽车工业有限公司
金龙联合汽车工业(苏州)有限公司
东风柳州汽车有限公司
天津一汽夏利汽车股份有限公司
众泰控股集团有限公司
深圳比亚迪戴姆勒新技术有限公司
沃尔沃汽车集团中国区
安徽江淮汽车股份有限公司
东风襄阳旅行车有限公司
河北御捷车业有限公司
观致汽车有限公司

忠于纯粹
新BMW 3系
恪守驾驶乐趣四十年，源自对豪华的动感解读。新BMW 3系长轴距，凭质感大幅提升的外观及内饰设计、全新LED随动控制大灯与全彩平视显示系统，锋芒自彰，冲破中庸；以8速运动型变速箱和TwinPower Turbo涡轮增压技术，在潮流起伏中独树一帜；携全面升级的BMW互联驾驶科技及十年免费的基础服务，令浮华难以跟从。新BMW 3系，忠于纯粹。
更多信息，请致电400-800-6666，或登录www.bmw.com.cn。
广告

The new
BMW 3 Series Li
www.bmw.com.cn
Sheer
Driving Pleasure
悦创造奇迹

2016款创酷 劲悍登场
美式性能SUV
10.99万元起
创酷 TRAX
热爱我的热爱
科迈罗 CAMARO
迈锐宝 MALIBU
科帕奇 CAPTIVA
科鲁兹 CRUZE
创酷 TRAX

创酷
购置税
减半
创酷全系税后价最高可减免
6400元
FIND NEW ROADS
雪佛兰
CHEVROLET
详情请洽当地经销商
400-820-1912 800-820-1912
www.chevrolet.com.cn
上汽通用汽车
SAIC-GM
LOVA RV 乐风RV
爱唯欧 AVEO
赛欧 SAIL

前行间，领略科技的
5.9L/100km综合工况低油耗*，体验
*5.9L/100km综合工况油耗为新科鲁兹1.4T车型认证油耗，实际油耗以实车为准。
科鲁兹 CRUZE
扫描二维码，
发现更多精彩！
科迈罗 CAMARO
迈锐宝 MALIBU
科帕奇 CAPTIVA
科鲁兹 CRUZE
创酷 TRAX

www.svw-volkswagen.com
全新帕萨特
时代所向 由你选择

New Passat
上海大众
PASSAT
380 TSI
形象代言人：张涵予
广告

北汽集团
BAIC GROUP

北汽集团

腾讯微信公众平台

北汽集团
地址：北京市顺义区双河大街99号北京汽车研发基地
网址：http://www.baicgroup.com.cn/

北京汽车集团有限公司
Beijing Automotive Group Co., Ltd

北京汽车集团有限公司（简称“北汽集团”），是中国主要的汽车集团之一，目前已发展成为涵盖整车研发与制造、通用航空产业、汽车零部件制造、汽车服务贸易、投融资等业务的国有大型汽车企业集团。2015年，北汽集团销售汽车248.9万辆，营业收入达到3452.21亿元。

自1958年北京汽车制造厂生产出北京市第一辆汽车——“井冈山”轿车以来，北汽集团先后自主研制生产了中国第一代轻型越野车BJ212和第一代轻型载货车BJ130，建立了中国汽车工业第一家整车制造合资企业——北京吉普汽车有限公司和中国加入WTO以后第一家整车制造合资企业——北京现代汽车有限公司，收购了瑞典萨博汽车相关知识产权等。

经过50多年的发展，北汽集团已拥有“北京”、“绅宝”、“昌河”、“福田”等自主品牌，先后引进“现代”、“梅赛德斯－奔驰”、“铃木”等国际品牌，汽车整车产品覆盖轿车、越野车、商用车和新能源汽车各个门类。

北汽集团拥有包括乘用车、越野车、商用车、新能源汽车和动力总成技术的专业研发机构，建立了涵盖汽车零部件、汽车服务贸易、进出口和汽车金融的完整产业链，实现了产业向通用航空等领域的战略延伸。北汽集团以北京为中心，建立了分布全国十余省市的八大乘用车、九大商用车生产基地，并在全球二十多个国家建立了整车工厂。

北汽集团连续三年名列美国《财富》杂志全球企业500强，2015年位列第207位。北汽集团秉承“行有道·达天下”的品牌理念，走规模化、高端化、服务化、国际化、低碳化的可持续发展之路，努力建设制造服务型企业和创新型企业，把北汽集团打造成为一个具有国际竞争力的汽车制造商和服务提供商，为追求幸福出行与高效运输的人们提供科技、安全、品质、环保的全方位解决方案，成为高品质美好出行生活的引领者。

OLLIN 奥铃
科技奥铃 绿动中国
手机扫描二维码
关注奥铃官方微信

劲心劲力 劲在奥铃
福田奥铃勒芒轻卡耐力赛指定用车
奥铃
FOTON
OLLIN 奥铃

整车产品

五菱货式冷藏车

五菱威威观光车

五菱小公交（汽油、两用燃料）

五菱校车

发动机产品

LJ275QEB

LJ469Q-AE2

LJ479QNE2(NP18)

零部件产品

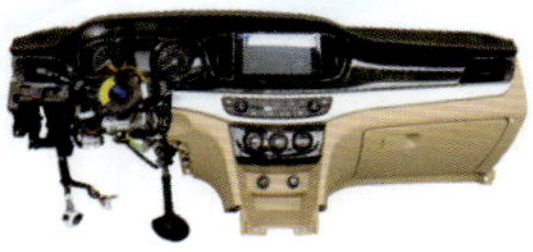

座舱系统总成

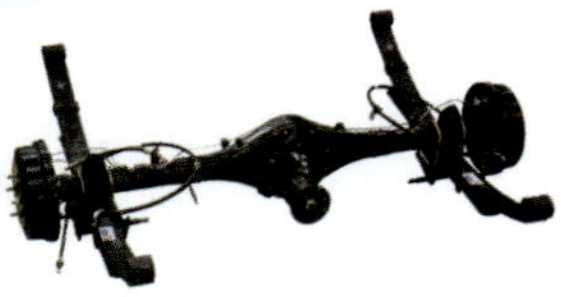

后桥总成

前悬及制动总成

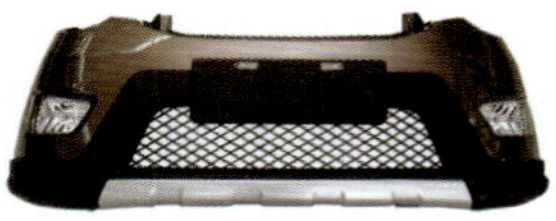

保险杠总成

后部下车体

客 车 销 售 电 话：0772-3755221　观光车销售电话：0772-3755272

冷藏车销售电话：0772-3755877　发动机销售电话：0772-3150609

动力
全新1.8T发动机
释放澎湃动力

舒适
2970mm
超长轴距宽宏空间

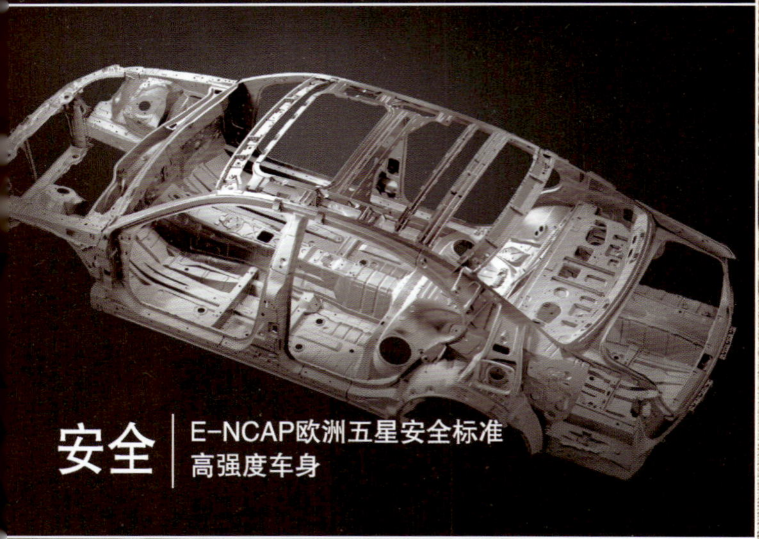
安全
E-NCAP欧洲五星安全标准
高强度车身

红旗
服务
服务
红旗尊崇服务
“零成本”“零担忧”“零距离”

红旗H7
H7 高档行政

长安铃木
我的生活 我的路
敢行我路
I'M VITARA!
敢做 敢拼 敢担当
VITARA
维特拉

VITARA
维特拉
I'M VITARA!

新能源汽车
引领者

全市场战略
汽车能源转变第一步
绿色梦想前进一大步

志在改变人类能源结构的比亚迪，一直都把汽车能源的环保、新能源的绿色转变视为己任。在全市场战略的指引下，比亚迪一步一个脚印，将新能源运用在从生活到工作，几乎覆盖了所有领域。我们坚信，当人们发现比亚迪新能源动力无处不在时，绿色未来就会到来。

O2

东风风行
用心
东风风行 与
菱智M5
风行'CM7
菱智M5／菱智M3／菱智V3
风行'CM7
风行'
fx club
东风风行车主俱乐部
东风风行车主俱乐部
东风风行官方微信

就
2016
一路同行
风行 S500
景逸 X5
景逸 XV
景逸 X3
景逸 S50
景逸S50

中国一汽
C-NCAP
安全随行
骏派D60 C-NCAP
骏派D60
即刻扫描
开启骏派之旅
C-NCAP碰撞试验五星骄人成绩 见证五星驾乘安全
· 十位一体智能主动安全系统 · H-body高强度笼型安全车身 · 360度全方位六安全气囊
骏派D60
天津一汽夏利汽车股份有限公司 客户服务中心电话:400-651-800

康随心
碰撞测试 荣膺五星安全称号
权威机构《全车体检报告》高分评价 见证越级健康安全
·PM2.5高净化率空调系统 ·欧标ELV无毒环保内饰 ·超低电磁辐射及重金属含量

众泰汽车
ZOTYE AUTO
一路好朋友
众泰Z700
从容致远 品质人生
众泰Z700 新经典越级奢华座驾
微信扫一扫 获取更多精彩资讯
CCTV 5
CCTV-5战略合作伙伴

沃尔沃汽车“3.15消费者权益日”

2016年3月15日一年一度的3.15国际消费者权益日已至。来自北欧的豪华汽车品牌沃尔沃汽车集团向全社会倡议“健康汽车”的消费新主张，并呼吁汽车厂商在提升行业技术水准的同时，为消费者提供清洁健康、安全安心、充满愉悦的幸福出行方式。

近年来，中国稳居全球最大的汽车生产国以及新车消费市场，广大消费者已经步入汽车社会。随着城市化进程的快速推进，中国消费者在车内时间越来越长，汽车已经成为了中国城市居民的第三空间。随着城市空气污染，交通拥堵等情况越演越烈，消费者对车内空气，内饰排放，疲劳驾驶，车内细菌和过敏原的相关健康问题日益关注。如何让消费者拥有一个健康愉悦的第三空间，已经成为一个日益突出的社会话题。

然而，由于正值汽车社会初级阶段，中国消费者对汽车健康的认知尚浅，缺乏基本的车内健康常识。沃尔沃秉承“以人为尊”设计理念率先表态，呼吁健康汽车消费理念，实现汽车工业和城市的和谐可持续发展，具有特殊而深远的社会意义。

沃尔沃是全球健康汽车理念和技术的领先者。健康汽车(Clean Cabin)是沃尔沃的创新子品牌之一，体现了其独树一帜的造车理念。从上世纪60年代开始，沃尔沃始终关注并研究健康汽车的解决方案，积累了丰富的技术资产。时至今日，沃尔沃已经拥有了一套完整的解决方案，涵盖从人体工程学座椅、车内空气质量解决方案、抗过敏的绿色环保材料、静谧驾驶舱、到防电磁辐射解决方案。

以沃尔沃全新SPA平台生产的旗舰SUV全新XC90为例，其搭载的人体工程学座椅汇聚了沃尔沃半个多世纪的座椅研发经验，集舒适、安全、健康、豪华于一身，沃尔沃通过对人体骨骼特点的研究，最大程度确保座椅和脊柱的贴合恰到好处，以给予足够的支撑。研究表明，全新骨架设计有吸能功能，碰撞时可以减少乘客1/3的垂直受力，有效减少对脊椎的伤害。

车内空气质量方面，XC90搭载的Clean Zone是业内最先进的空气质量解决方案，可有效过滤进入车内的外部空气，通过复合活性炭过滤器能过滤95% PM2.5颗粒和有害气体，最小从PM0.1开始过滤。让车主随时畅享北欧式清新空气。对于车内有可能产生的空气污染源，沃尔沃严格控制内饰挥发物、整车通过65摄氏度模拟阳光暴晒高温材料挥发测试，并严禁使用镍等可能引起乘客接触性过敏源，值得一提的是，沃尔沃也是中国第一个采用水溶性隔音材料替传统沥青阻尼贴片的汽车品牌。

江淮iEV 绿色新风尚

从一代到五代，从“领衔”合肥到“示范”成都，“进京入沪”，再到多个城市示范推广，江淮新能源汽车示范由点到面，辐射全国。在私人购买新能源轿车领域，江淮汽车先试先行，走在了行业的前列，成为绿色生活、环保新风尚的“形象代言人”。

最大规模示范运行　累计投放12000多辆

采用“定向购买”和“整车租赁”模式，2010年底江淮汽车一次性投放591辆第一代纯电动车（其中中组部示范应用3辆，科技部应用3辆），运营结果表明该产品作为城市上下班代步工具完全达到了设计的各项性能指标。基于用户使用过程中发现的371项问题逐一进行立项攻关，江淮汽车在此基础上开发出第二代纯电动车，并于2011年底投放1000辆，运行表明整车更加安全、可靠、适用。基于江淮积累的产品核心技术和生产经验，以及两批1591辆示范运行，特别是合肥市已初步形成核心零部件相关产业链，2012年开发了第三代纯电动车，对整车综合性能、整车安全、电池组安全性、一体化电驱动系统和整车控制系统等方面重点改进和提升，产品更加成熟、安全、可靠，2012年共计推广第三代纯电动车1284辆，其中成都市政府一次性采购225辆，2013年共计推广第四代纯电动车2476辆，2014年共推广销售第四代电动车2426辆，至今江淮累计已推广12000多辆，其中今年1～8月份推广纯电动轿车近5000辆，继续领跑国内私人购买纯电动轿车市场。

几年来，拾阶而上，江淮新能源汽车驶入寻常百姓家，成为绿色环保的践行者，示范运营成效得到了国家部委和安徽省主要领导以及社会各界的褒扬与肯定。

全国政协有关领导称赞“江汽的新能源汽车，舒适性和操稳性都很出色，看得出江汽在真干，非常有代表性。”中国工程院有关领导称，江淮新能源汽车通过示范运行，积累了丰富的商品化经验，产品技术安全可靠。

示范运营所带来的良好的社会与经济效益，为江淮汽车赢得荣誉与称赞。在2011年中国电动汽车全产业评选颁奖典礼上，江淮汽车与宝马（中国）汽车贸易有限公司同时摘得“年度影响力电动汽车企业”大奖；时隔一年后，2012年7月20日，在“新动2012第四届中国新能源汽车盛典”上，江淮汽车荣膺“年度新能源推广企业”称号。2013年9月21日，由业界专家、企业家和用户共同参与的“新动2013”（第五届）中国新能源汽车盛典”在上海汽车博物馆举行，组委会发布了4项年度荣誉，其中，授予江淮汽车集团董事长安进“2013年度新能源人物”奖项，这也是本届盛典颁发的唯一项人物大奖。

2012年9月26日，中央国家机关新能源电动公务用车试点示范工作启动，10辆江淮第三代纯电动车成为中央国家机关11个部门首批试用新能源电动汽车的公务用车，这是对江淮新能源汽车示范运营成果及产品性能的高度首肯。

9月29日，225辆江淮第三代纯电动车挥师大西南，作为成都市政府首批电动公务用车奔赴各区县执行任务。成都是江淮新能源汽车走出合肥大本营的第一站，此举正式拉开了江淮新能源汽车布局全国的序幕。

在通过公开招标、多轮考察洽谈及试乘试驾活动，成都市政府最终选定225辆江淮电动车作为公车使用，服务蓉城各区县的机关事务管理局及相关行政单位，这也是国内迄今为止最大批量的政府纯电动公务用车采购。

成都市政府人员表示，江淮电动车经济实惠、安全可靠、绿色环保，不仅能够节省大量的办公车辆经费支出，同时又能为节能减排的环保事业做出贡献。最为重要的是，江淮汽车已经积累了丰富的示范运营经验，可以为成都市政府纯电动公车的使用提供全方位的“保驾”。

中央国家机关、地方政府的带头示范具有极强的带动效应，将树立广大消费者对中国自主品牌汽车的信心，积极推动我国新能源电动汽车产业发展。“让更多的用户体验江淮新能源汽车的成果，乐享节能减排的环保出行，感受科技创新带来的绿色生活。”江淮汽车安进董事长表示。

2014年1月6日，上海市经济和信息委员会发布了第四批上海市私人购买新能源汽车补贴试点车型产品信息，江淮iEV4凭借其优良的产品性能和良好的市场表现，成为此次发布的唯一车型。按照国家相关政策规定和《上海市鼓励私人购买和使用新能源汽车试点实施暂行办法》的规定，进入上海市试点车型的产品除了可以正常享受国家补贴外，还可以直接上沪牌，这意味着，上海的消费者只需要购买一台江淮iEV4电动车，就可以免费拿到一张价值8万元左右的上海牌照。

2014年3月11日，北京市经济和信息化委员会和北京市科学技术委员会发布了《北京市示范应用新能源小客车生产企业及产品目录》（第1批第2期），江淮iEV产品凭借其优良的产品性能和良好的市场表现成功进入此批目录。根据国家四部委关于新能源汽车的推广工作的政策及北京市的示范应用新能源小客车的管理办法，进入到北京市产品目录的产品，将享受1：1的地方补贴。

继进京入沪的双重利好后，2014年6月23日，江淮iEV4纯电动车成功入围中央国家机关新能源汽车采购目录，这为江淮iEV4驶进中央国家机关及其下属机构打开了绿色通道。

2014年8月29日，工业和信息化部发布了《免征车辆购置税新能源车型目录》（第一批），江淮iEV和iREV两款新能源轿车成功入围，而江淮iEV5也于2014年底入围工业和信息化部发布的第三批《免征车辆购置税新能源车型目录》，这意味着又为消费者购买江淮iEV产品省下一笔不小的购车费用，助推江淮新能源汽车进一步扩大市场化销售。

目前江淮iEV纯电动轿车已在合肥、北京、上海、天津、武汉、广州等多个城市实现批量销售，而且引领着当地新能源汽车示范推广。

8年“迭代研发”结硕果　　江淮IEV5国内首创、世界领先

江淮iEV5是国内首个正向开发的、集标杆研究、产品开发和市场应用经验于一身的全新一代五人座小型纯电动车，产品开发获得国家三部委新能源汽车产业技术创新工程项目支持。最高车速120公里/小时，最大续驶里程达240公里，综合工况行驶里程200公里。具体产品亮点如下：

(1)搭载高效率水冷永磁同步电机，运行可靠、功率密度大、还可输出高达50千瓦、215牛•米的强劲动力，起步快人一步，加速性能完胜2.0升排量燃油车。

(2)搭载全球先进的三元锂电池，能量密度高，能获得高达240公里的超长续航里程。

(3)国内首次将双蒸发器空调系统应用于动力电池总成，开发出高效一体化闭式热管理系统，实现整车使用温度范围-20℃～45℃。

(4)具备普通充电、长寿充电、长程充电、低温充电、定时充电及快速充电6种充电模式，满足各种使用需求。

(5)采用五星安全设计的正向开发车体，承载式车身采用大量高强度钢板，有效保护乘客安全。对于动力电池系统，采用了五层安全设计，形成严密的及时预警机制，有效化解安全隐患。

(6)搭载主副驾驶双安全气囊、倒车影像、高亮度的疝气前照灯、电动随速智能助力转向、行人警告系统、日间行车灯、LED雾灯及组合尾灯等主被动安全配置，安全由内而外。

(7)超长免费保养，节省养护费用，相比传统燃油车，一年可省2000元。

(8)能量回收系统，制动和滑行状态可回收能量，回收率达40%，提升续驶里程10%以上。

(9)NVH静音设计，宁静由内而外；PM2.5，粉尘过滤系统，清新一路随行。

(10)智能语音控制的人机交互系统，全语音控制，实现双手无须离开转向盘开启导航及空调等设备，还可以轻松拨打电话、收听电台、播放音乐。

(11)独特的7寸触摸屏智能中控面板，轻轻一触，即带来全新的视觉与操作体验，不仅具有影音娱乐功能，还可提示你及时保养车辆。

(12)利用手机APP可以轻松实现智能化远程控制，可以远程查询车辆状态、遥控充电及空调启闭。

(13)超长质保里程（电池、电机及控制器总成等核心部件8年或15万公里质保承诺）。

江淮iEV5不仅代表了江淮在新能源汽车领域的技术高度，更象征着国家新能源创新平台战略取得突破性进展。江淮历经8年的不懈努力，“迭代研发”，突破多项核心技术——三元动力电池技术、与特斯拉同源的BMS技术、高比例能量回收技术、电池闭式热管理系统、手机APP控制系统。正是凭借着高超的技术和优良的性能，江淮iEV5自今年四月上海车展上市以来，一直呈现供不应求的局面。

精准研发路线　　商品化抢占先机

“江淮汽车精准把握了新能源汽车发展的技术趋势，制定了科学的研发与产业化发展策略，大大加快了商品化的产出速度。”江淮汽车安进董事长表示。

2002年，江淮汽车开始新能源汽车产业化技术路线探索，先后研发铅酸版电动中巴、弱混BSG、中混ISG，历经千百次的研讨和验证，于2009年明确提出以“纯电动”为主攻方向，从此新能源汽车研发进入快车道。2010～2014年，连续五年创造行业内纯电动轿车私人示范运行的最大规模，至今累计推广电动车超过12000辆。目前，江淮汽车已经掌握了新能源汽车开发的整车集成和优化匹配技术、整车控制策略的开发、整车运行工况仿真技术；建立了新能源汽车的整车开发流程，并建立了整车测试企业技术标准和评估体系。整车电控、电驱动和电池系统三大核心技术的研发成果在iEV纯电动车上得到应用和提升。

江淮汽车坚持以市场为导向，以产业化为目标，通过“产学研结合、主机带动、零部件协同”的自主开发，整合社会资源，集中攻关纯电驱动核心技术，建成冲压、焊装、涂装、总装生产线与内燃机轿车共用、年产能5万辆的电动车生产能力。

远程实时监控系统：随时预警车辆故障，实时提供远程服务，给您和爱车24小时的高科技远程关怀。

验场地和检测设备、优良的零部件配套资源，确保生产出来的每一款客车、客车底盘及御风轻客产品在安全性、可靠性、环保性、经济性和舒适性等方面处于国内领先水平。

公司不仅重视技术研发，更重视科学管理，通过推行全面质量管理，以贯彻GB/T19001—2000《质量管理体系要求》为基础，在国内客车行业首家导入以客户为中心的VES质量评价体系，建立起了从产品开发、采购、生产制造、产品检验直到销售服务全过程的质量管理体系，确保向国内、外用户提供品质优良、性能可靠的产品。此外，东风旅行车公司在全国拥有1000多家售后服务站，健全的服务网络体系、一流的管理水平和精干务实的服务队伍，将为使用东风汽车股份有限公司产品的所有用户提供完善的售后服务。

公司始终以振兴东风客车事业为己任，连续四年顺利达成年度经营目标。先后荣获2012—2013年度湖北省国资委文明单位称号，2011、2012、2013、2014、2015年连续五年获得东风公司“最佳文明单位”、东风有限“最佳单位”和东风股份“最佳经营单位”光荣称号。2012、2013、2014、2015年获东风有限、东风股份“先进党委”称号。并获得2012年湖北省五一劳动奖章。

网址：www.dfxylxc.com　　邮箱：yinxiaofeng@dfac.com

YOGOMO

御捷四大高品质整车制造工艺

选品牌当然要看实力，
对于电动汽车来说，最重要的就是其制造工艺。
御捷四大工厂均建成具备轿车生产工艺的冲压、焊装、涂装、总装四大车间，
已形成电动汽车整车及关键零部件的研发、制造、销售和售后服务的完整体系。

体验更多领先品质，敬请亲临 YOGOMO 御捷汽车 销售店或登录官方网站

自去年米兰街头刷爆朋友圈，深秋珠江河畔公开亮相，2016猴年初春莫干山竹海深度试炼后，观致5 SUV一路驰骋而至，以139900 ~194900元的价格正式上市。作为观致品牌市场呈现的首款真正意义上的SUV车型，观致5 SUV贴合中国消费者需求而生，在颜值、操控和配置等方面显现任性而又暖心的竞争优势，为中级SUV拥趸者带来一款极具独立风格的动感SUV。

全新观致5 SUV共包含6款车型，全系标配QADCS先进底盘控制系统、一键起动、EPB电子驻车、AutoHold自动驻车、转向盘四向可调、LED日间行车灯、LVC低频分段控制悬挂等，丰富又贴心，只为满足生而不羁的时代独立者对于高品质SUV的全方位需求。

在外观设计方面，观致5 SUV一直坚持极具表现力的设计理念，独具风格的设计引领了SUV设计的新思路。观致5 SUV在同级别中率先使用的COUPE动感造型，配合奔放的线条；从锋利的新型头灯和前轮拱开始，金属线条就被设计师赋予了魔性，在观致5 SUV上变得不再呆板：流线型车顶，大角度前倾的后风窗、圆滑的后屁股、上扬的窗台线和犀利深刻的腰线；这些都令观致5散发着强烈的动感张力和独特的魅力。同时对于细节又有不尽的追求，比如外观上的鲨鱼腮式立体大灯、A柱下方的数字"5"车身侧标、19寸钻石切割般效果的轮圈，都如同精心剪裁的英式绅士西服的细节一般，越打量越着迷。

在内饰方面，没有任何复杂的线条，坚持家族化的简约之风，水平化的布局让空间感更出色，也减少视觉的压力。而在选材上，NAPPA头层小牛皮多功能方向盘，保留了毛皮本身的毛孔，既美观透气性又好。中控台和车门上部使用了软性搪塑饰板，触感更好，用车年份长了也不易产生形变。

在内部空间方面，4587*1869*1676mm的显赫三围，2697mm的优秀轴距，1462mm、1445mm前后排肩部空间；1000mm开口、895mm深度的宽大行李舱，轻松实现450升-1500升的变换；行李舱地板下的分层设计，一手可操作的安全卷帘，还有遍布车内的灵活储物空间，这恐怕是同级最会玩“心机”的座舱设计；同时座舱内部使用的环保材质，按照全球最严格的空气质量标准中国国家GB标准打造，车内VOC空气质量指标比国家标准好5倍，给车主提供了最健康舒适的座舱环境。

在动力上，全系1.6T高效涡轮增压发动机+6速DCT双离合变速器黄金动力总成，兼具驾驶乐趣和燃油经济性，最低可达7.4L/百公里的综合油耗。比起观致3 系列1.6T发动机增加了20Nm扭矩，达成115 kw最大功率和 230Nm峰值扭矩。其在2500rpm即可实现最大扭矩输出，起步、中速段及高速段加速都更为迅猛和顺畅。经过全球化测试和铢积寸累的调校，能符合各种极端工况和路况的行驶，尤其是应对中国各地参差的油品质量毫无压力，能满足欧6b排放标准；同时麦弗逊前悬架+四连杆式后悬架组合，由观致国际工程团队历经三年精心调校，其中避震采用LVC (Low Velocity Control)低频分段控制悬挂，阻尼四段可调，在驾驶时能够带来更加精准扎实的稳定性，同时配合观致QADCS(Qoros Advanced Dynamic Control System)先进底盘控制系统，辅以19寸马牌高性能轮胎给驾驶者带来无限的驾驶乐趣。

观致5 SUV的正式上市为竞争激烈的中级SUV带来全新看点，极具竞争力的价格和同级领先的产品价值再次印鉴观致的造车理念：坚持以一流的性能、品质和安全标准来打造每一款产品，为每一位生而不羁的时代独立者带来愉悦、精致的驾乘体验。同时，随着观致5 SUV的落地生根，加上2月22日观致3全系价格调整之后，观致汽车已经完成新一轮产品价格型谱和战略位置的梳理，将以国际品质和国民价格为中国品牌塑形，凭借独立、坚持、敢不同的理念继续发力主流汽车市场。

产品情况：（畅达牌）

新能源场馆车、工程车、医疗车、多功能服务车、警用车、高档商务车、防弹押运车、宣传车、厢式（冷藏车）车、市政水务用车、煤矿专用车等产品

★南京依维柯汽车有限公司

地址：南京市玄武区黑墨营100号
邮编：210028
电话：4008281890、025/58009996
传真：89627111
网址：www.naveco.com.cn
法人代表：肖国普
负责人：杨军虎
单位人数：6000
质量体系：ISO/TS 16949
产品情况：（依维柯牌、跃进牌）

依维柯系列轻、中型客车、货车、军用越野车及各类改装专用车，跃进系列各型载货汽车、客车底盘及专用车等

出口情况：出口亚洲、欧洲、非洲、南美洲、北美洲

★南京依维柯公司旅行车分公司

地址：南京市鼓楼区芦席营68号
邮编：210037
电话：025/83582288
传真：83582284
网址：www.naveco.com.cn
质量体系：ISO 9001
产品情况：（依维柯牌）

威尼斯系列A45、A49、A59、A65；跃进6～9m多用途、公交、公路客运各系列客车底盘

出口情况：出口意大利

★南京汽车集团有限公司

地址：南京市鼓楼区中央路331号
邮编：210037
电话：025/83437788
传真：83433526
网址：www.saicgroup.com
电子信箱：nac@nanqi.com.cn
法人代表：王晓秋
单位人数：12900
质量体系：ISO 9001
产品情况：（跃进牌、依维柯牌、名爵（MG）牌、畅达牌、超越牌）

跃进、依维柯、MG名爵、救护车、旅居车、客车、冷藏车、厢式运输车等；2015年年产87476辆

★南京长安汽车有限公司

地址：南京市溧水区永阳镇毓秀路85号
邮编：211200
电话：025/57424888、57424680
传真：57219888
电子信箱：gx101006@autoinfo.gov.cn
法人代表：宋嘉
产品情况：（长安牌）

长安之星系列微型客车，轻型货车及底盘，厢式运输车、警备车、囚车等

★ 长安马自达汽车有限公司

地址：南京市江宁区苏源大道66号
邮编：211100
电话：025/51188877、8008072777
传真：51188876
网址：www.chana－mazda.com
负责人：周波
产品情况：（马自达牌）

马自达2、马自达3、马自达cx－5、昂克赛拉

☞ 详细情况请参阅彩色宣传版面

★江苏卡威汽车工业集团有限公司

地址：江苏省丹阳市界牌镇卡威工业园
邮编：212323
电话：4008061789
网址：www.kaweigroup.com
电子信箱：kwkf@chinakawei.com
单位人数：2000
产品情况：（卡威牌、春洲牌）

轻型车、客车、特种专用车、纯电动客车、旅居车、汽车车身部件

出口情况：远销阿联酋、伊朗、朝鲜、菲律宾、秘鲁、委内瑞拉、尼日利亚等国等20多个国家和地区

★常州黄海汽车有限公司

地址：江苏省常州市高新区韶山路18号
邮编：213000
电话：0519/83066300
传真：83066302
产品情况：（黄海牌）

大、中型城市客车、长途客车等；客车底盘

★常州东风汽车有限公司

地址：江苏省常州市新北区通江北路29号
邮编：213033
电话：0519/83115260、83115220
传真：83115269
电子信箱：dfac@dfpk.com
产品情况：（东风牌）

皮卡和微车

★ 金龙联合汽车工业（苏州）有限公司

地址：江苏省苏州市工业园区苏虹东路288号
邮编：215026
电话：0512/62581658、4008282019
传真：62581679、62581666
网址：www.higer.com.cn
电子信箱：market@higer.com
法人代表：孙建华
单位人数：4380
质量体系：ISO/TS 16949
产品情况：（海格牌、金龙牌）

海格H系、A系、V系、W系、B系、星系客运、旅游、公交、团体客车、混合动力客车、纯电动城市客车、纯电动厢式运输车、专用客车；多用途货车及底盘；中小学生校车、幼儿专用校车、旅居车；2015年年产27865辆

出口情况：出口南亚、中东、非洲、俄罗斯、东欧、美洲等国家和地区

☞ 详细情况请参阅彩色宣传版面

★东风悦达起亚汽车有限公司

地址：江苏省盐城市开放大道18号
邮编：224002
电话：4007990000
网址：www.dyk.com.cn
法人代表：王连春
负责人：苏南永
质量体系：ISO 9001
产品情况：（起亚牌）

K5、K2、SOUL、Forte福瑞迪、赛拉图、赛拉图欧风、RIO锐欧、远舰系列轿车，狮跑、智跑系列SUV，嘉华系列MPV；纯电动轿车

★中大工业集团公司

地址：江苏省盐城市开放大道100号
邮编：224003
电话：0515/88201666、88188888
传真：88333777
网址：www.zonda.com
电子信箱：info@zonda.com
法人代表：徐连国
负责人：徐连宽
单位人数：6900
质量体系：ISO 9001
产品情况：（中大牌、金陵牌、燕京牌）

新能源纯电动客车、校车、大中型豪华客车，具有年产15000辆的能力

出口情况：出口60多个国家和地区，全球市场占有率30%以上

★扬州亚星客车股份有限公司

地址：江苏省扬州（邗江）汽车产业园潍柴大道2号
邮编：225001
电话：0514/82989099、82989100
传真：87866131
网址：www.yaxingkeche.com.cn
电子信箱：xsgs@yaxingkeche.com.cn
质量体系：ISO 9001
产品情况：（亚星牌、丰泰牌、扬子牌）

5～18m各型号长途客车、校车、高端旅游客车、城市客车、团体客车、豪华房车和特种专用车等环保节能型客车；2015年年产4578辆

出口情况：远销北美洲、大洋洲、东欧、东南亚、俄罗斯、中东、非洲等地区

浙江省

★东沃（杭州）卡车有限公司

地址：杭州市沈半路171号
邮编：310015
电话：4006350088

传真:0571/88013644
网址:dongvo. com
电子信箱:dnd@ df - nissandiesel. com
法人代表:黄刚
质量体系:ISO 9001
产品情况:(优迪卡(UD TRUCKS)牌)
　　重型货车及大型豪华客车底盘

★浙江飞碟汽车制造有限公司
地址:杭州市余杭区五常荆长路33号
邮编:310023
电话:0571/85221188、85229535
传真:85322222
网址:www. chinaufo. cn
质量体系:ISO 9001
产品情况:(飞碟牌)
　　轻型客车、轻型货车、SUV、沥青洒布车、环卫机械等系列;2015年年产17125辆

★浙江吉利控股集团有限公司

地址:杭州市滨江区江陵路1760号
邮编:310051
电话:0571/28001111
传真:87766217
网址:www. geely. com
电子信箱:luck@ geely. com
法人代表:李书福
单位人数:12319
质量体系:ISO/TS 16949
产品情况:(吉利牌、英伦牌、帝豪牌、全球鹰牌、沃尔沃牌)
　　吉利(远景、金刚、金鹰、中国龙),英伦(TX4、SC5、SC5 - RV、SC7、SX5),帝豪(EC7、EC7 - RV、EC8),全球鹰(熊猫、GX2、GC7、自由舰);2015年年产557005辆
出口情况:出口乌克兰、俄罗斯、印度尼西亚等300多个销售服务网点
☞ 详细情况请参阅彩色宣传版面

★万向电动汽车有限公司
地址:杭州市萧山经济技术开发区金一路万向钱潮轴承工业园
邮编:311215
电话:0571/82861078
传真:82606590
网址:www. wxev. com. cn
电子信箱:wxev@ wanxiang. com. cn
质量体系:ISO 9000
产品情况:电动轿车、电动公交车、双能源电车、电动电力服务车、电动电力工程车等车型,大功率、高能量聚合物锂离子动力电池、一体化电动机及其驱动控制系统、整车电子控制系统、汽车工程集成技术以及试验试制平台

★广汽吉奥汽车有限公司
地址:杭州市萧山区杭州江东工业园江东四路6188号
邮编:311222
电话:4008269111
传真:0571/82955094
网址:www. gonowauto. com
董事长:袁仲荣
负责人:缪雪中
单位人数:3000
质量体系:ISO 9001
产品情况:(吉奥牌)
　　皮卡、微车、SUV、MPV
出口情况:出口欧洲、非洲、南美洲等80多个国家和地区

★东风裕隆商用汽车有限公司
地址:杭州市萧山区临江工业园区纬六路299号
邮编:311228
电话:0571/22969800、22969888
传真:22989900、22969689
电子信箱:dfhmc@ mail. hz. zj. cn
质量体系:ISO 9001
产品情况:(东风牌)
　　以生产高中档客车和客车底盘为主,同时生产中、重型载货汽车和专用车,年生产能力为3万辆
出口情况:出口10多个国家和地区

★东风裕隆汽车有限公司
地址:杭州市萧山区临江工业园区新世纪大道2688号
邮编:311228
电话:0571/22685888
传真:22685887
电子信箱:gx110026@ autoinfo. gov. cn
负责人:吴新发
质量体系:ISO/TS 16949
产品情况:(纳智捷牌)
　　纳智捷SUV、多用途乘用车、轿车

★浙江豪情汽车制造有限公司
地址:浙江省临海市头门港新区吉利大道88号
邮编:317000
电话:0576/85121444
传真:85121555
电子信箱:lhzjb@ geelycars. com
质量体系:ISO/TS 16949
产品情况:(吉利牌、帝豪牌、沃尔沃牌、康迪牌)
　　年产吉利豪情、优利欧、美人豹、SRV四大系列的车型20多种;混合动力轿车;两用燃料轿车

★浙江永源汽车有限公司
地址:浙江省台州市三门健跳临港工业园区
邮编:317109
电话:0576/83431668
传真:83431911、83431968
网址:www. jonwayauto. com
电子信箱:make@ jonwayauto. com
单位人数:1000
质量体系:ISO 9001
产品情况:(飞碟牌)
　　轻型客车、轻型货车、SUV、沥青洒布车、环卫机械等

★金华青年汽车集团
地址:浙江省金华市八达中路501号
邮编:321016
电话:0579/89186001、89186160
传真:89186161
网址:www. young - man. cn
电子信箱:gx110006@ autoinfo. gov. cn
董事长:庞青年
单位人数:8000
质量体系:ISO 9001
产品情况:(青年牌)
　　德国NEOPLAN豪华大客车、德国MAN豪华重型货车、荷兰世爵奢侈豪华轿车、英国莲花轿车、汽车零部件
出口情况:出口美国、欧洲、俄罗斯、韩国、新加坡、中东等国家和地区

★众泰控股集团有限公司

地址:浙江省永康市经济开发区
邮编:321301
电话:0579/87229888、4008875858
网址:www. zotye. com
电子信箱:xiaoshou@ zotye. com
董事长:吴建中
单位人数:6000
质量体系:ISO/TS 16949
产品情况:(众泰牌、江南牌)
　　众泰Z系列(Z500、Z300、Z3新视界、Z100);T系列(T600、T200);E系列(云100、M300EV、E20);其他系列M300、V10、江南TT等,2014年实现销售16.6万辆
出口情况:远销亚洲、非洲、欧洲、美洲等80多个国家和地区
☞ 详细情况请参阅彩色宣传版面

安徽省

★江淮汽车多功能商用车公司
地址:合肥市包河工业园天津路
邮编:230022
电话:0551/62296226、4008003366
传真:62296191
电子信箱:2293607707@ qq. com
产品情况:星锐多功能商用车

★合肥长安汽车有限公司
地址:合肥市大别山路966号
邮编:230031
电话:0551/65842433
传真:65842998
产品情况:(昌河牌)
　　福瑞达、福运微型客车、载货汽车、厢式运输车、仓栅式运输车

★ 安徽江淮汽车股份有限公司

地址:合肥市包河区东流路 176 号
邮编:230022
电话:0551/62296666
传真:62296999
网址:www. jac. com. cn
电子信箱:jac@ jac. com. cn
法人代表:安进
负责人:项兴初
单位人数:33000
质量体系:ISO 9001、ISO 14001
产品情况:江淮(JAC 牌)

重、中、轻、微型货车、多功能商用车、MPV、SUV、轿车、客车、专用底盘及变速器、发动机、车桥等核心零部件等,具备年产 90 万辆整车、80 万台发动机及相关核心零部件的生产能力

出口情况:出口国家及地区已超过 130 个,遍及南美洲、欧洲、非洲、亚洲等区域,构建了超过 500 家的国际销售与服务网点;拥有上百家海外 4S 店,并在俄罗斯、伊朗、越南、埃及等国建立了 16 家海外 KD 组装工厂

☞ 详细情况请参阅彩色宣传版面

★安徽猎豹汽车有限公司

地址:安徽省滁州经济技术开发区
邮编:239064
电话:0550/3169888
传真:3160559
法人代表:李建新
质量体系:ISO 9001
产品情况:(猎豹牌、扬子牌)

猎豹皮卡、SUV 系列产品、专用小学生校车

出口情况:年出口 600 辆

★奇瑞新能源汽车技术有限公司

地址:安徽省芜湖市高新技术开发区花津南路 226 号
邮编:241003
电话:0553/5925827
传真:7535795、7535824
负责人:高立新
产品情况:电动汽车:奇瑞 QQ3EV、奇瑞 EQ

★ 奇瑞汽车股份有限公司

地址:安徽省芜湖市经济技术开发区长春路 8 号
邮编:241006
电话:4008838888
传真:0553/5951289
网址:www. chery. cn
电子信箱:chery_bd@ mychery. com
董事长(负责人):尹同跃
质量体系:ISO/TS 16949
产品情况:(奇瑞牌、瑞麒牌、威麟牌、开瑞牌、凯翼牌)

家庭轿车、微车、商用车和高端乘用车、厢式运输车,(奇瑞 A1、A3、旗云、风云、东方之子、QQ me、QQ3、凯翼、艾瑞泽、瑞虎,瑞麒 M1、G6、G5、G3、X1,威麟 V5 X5、H5,开瑞微车,混合动力轿车、纯电动轿车);2015 年年产 525922 辆

出口情况:出口 80 多个国家和地区,已建有或正在建海外 15 个 CKD 工厂

☞ 详细情况请参阅彩色宣传版面

★华菱星马汽车(集团)股份有限公司

地址:安徽省马鞍山市经济技术开发区红旗南路 118 号
邮编:243061
电话:0555/8323600
传真:8323531
网址:www. camc. cc
电子信箱:hlzq@ camc. biz
董事长:刘汉如
单位人数:5000
质量体系:ISO 9001
产品情况:(华菱星马牌)

重型汽车底盘及整车、发动机、重型专用汽车、客车、汽车零部件等系列产品;具有年产 10 万辆重型载货车、5 万台大功率发动机和 5 万辆重型专用汽车的年产能力;2015 年年产 12308 辆

出口情况:出口东欧、北非、东南亚、南美洲等 60 多个国家和地区

福建省

★福建省汽车工业集团有限公司

地址:福州市高新区海西园高新大道 7 号
邮编:350003
电话:0591/87817104
传真:87843421
网址:www. fjmotor. com. cn
电子信箱:fjmg@ fjmotor. com. cn
产品情况:(东南牌、三菱牌、金龙牌、福达牌、奔驰牌、南海牌)

大中轻型客车、轿车、MPV、SUV、重中轻型载货汽车、专用车

出口情况:出口国外市场

★福建新福达汽车工业有限公司

地址:福州市福新路 368 号
邮编:350014
电话:0591/83672368、83639964
传真:38123553
电子信箱:fortaxshgs@ forta. com. cn
法人代表:赖雪凤
质量体系:ISO 9001
产品情况:(福达(FORTA)牌)

轻中重型货车、皮卡,自卸车,厢式车、仓栅式汽车、清障车、小学生专用校车等专用车,大中轻型客车及客车底盘、纯电动客车;2015 年年产 11330 辆

★东南(福建)汽车工业有限公司

地址:福建省闽侯县青口镇东南大道 66 号
邮编:350119
电话:0591/22766566
传真:22766568
网址:www. soueast - motor. com
电子信箱:admin@ soueast - motor. com
负责人:左自生
质量体系:ISO 9001、ISO 14001
产品情况:(东南牌、三菱牌、克莱斯勒牌、道奇牌)

东南 V3 菱悦轿车,得利卡轻型客车、希旺微型客车,富利卡菱动 SUV;三菱翼神、蓝瑟、戈蓝轿车,君阁 MPV;克莱斯勒大捷龙 MPV;道奇凯领 MPV;救护车、囚车、厢式运输车、血浆运输车、邮政车、指挥车等专用车;纯电动轿车;两用燃料轿车;2015 年年产 75122 辆

★福建奔驰汽车工业有限公司

地址:福州市闽侯青口投资区奔驰大道 1 号
邮编:350119
电话:0591/22799999、22799362
网址:www. mbmpv. com. cn
产品情况:(梅赛德斯 - 奔驰牌)

轻型客车、乘用车、厢式运输车;2015 年年产 8382 辆

★厦门金龙汽车集团股份有限公司

地址:福建省厦门市厦禾路 668 号 B 座 22 - 23 层
邮编:361004
电话:0592/2962988
传真:2960686
网址:www. xmklm. com. cn
电子信箱:kinglong@ xmklm. com. cn
产品情况:(金龙牌、金旅牌、海格牌)

4. 8 ~ 18m 各型客车;2015 年年产客 93927 辆

出口情况:远销海外 80 多个国家和地区

★厦门金龙旅行车有限公司

地址:福建省厦门市湖里区湖里大道 69 号
邮编:361006
电话:0592/5654438、5608806
传真:5608800、5608802
网址:www. xmjl. com
电子信箱:sales@ xmjl. com
单位人数:4000
质量体系:ISO 9001、ISO 14001
产品情况:(金旅牌)

大、中型客车及其底盘,海狮系列轻型客车,纯电动客车,混合动力电动城市客车,摆渡车、中小学生专用校车、幼儿专用校车、旅居车等专用客车;2015 年年产 30234 辆

出口情况:远销东欧、远东、中东、东南亚、南非、北非、中美洲等近 40 个国家和地区

★厦门金龙联合汽车工业有限公司

地址:福建省厦门市集美区金龙路 9 号
邮编:361023

电话:4008866700
传真:0592/6371020、6370995
网址:www. king - long. com. cn
电子信箱:jinlong@ mail. king - long. com. cn
单位人数:2700
质量体系:ISO/TS 16949
产品情况:(金龙牌)

4.8～18m 各型客运、旅游、团体、公交客车,摆渡车、检测车、采血车等专用客车,纯电动轻型客车,混合动力城市客车,小学生专用校车、幼儿专用校车,旅居车,客车底盘

出口情况:远销 80 多个国家和地区,包括德国、英国、意大利、马耳他等 12 个欧盟国家

★西虎汽车工业有限公司

地址:福建省泉州市经济技术开发区中国泉州汽车基地一号路三号
邮编:362000
电话:0595/82038931
传真:82038687
网址:www. xihuauto. com
电子信箱:hr@ xihuauto. com
法人代表:朱奕红
质量体系:ISO 9001
产品情况:(西虎牌)

6～10.5m 全系列公交车、7～12m 系列商务车及城际客车、旅游客车和纯电动、混合动力客车等新能源车辆

★福建新龙马汽车股份有限公司

地址:福建省龙岩市永定县高陂镇南环路 1 号
邮编:364101
电话:0597/5208606、5208960
传真:5208633
网址:www. newlongma. com
电子信箱:nlm@ newlongma. com
质量体系:ISO 9000
产品情况:(福建牌、新龙马牌)

微、轻、中、重型货车及底盘,大、中、轻型客车及底盘,低速汽车,电动汽车,厢式运输车、环卫、医疗等专用车、小学生专用校车等;自卸汽车底盘;2015 年年产 10852 辆

★中国重汽集团福建海西汽车有限公司

地址:福建省永安市埔岭 99 号
邮编:366000
电话:0598/3858678、3819556
传真:3801161
产品情况:(豪曼牌)

重、中、轻型载货汽车及底盘;篷式运输车、厢式运输车及底盘、自卸汽车等

江西省

★ 江铃汽车集团公司

地址:南昌市青云谱区迎宾北大道 666 号
邮编:330001
电话:0791/85229202
传真:85231032
网址:www. jmcg. com. cn
电子信箱:gsb@ jmcg. com. cn
董事长:邱天高
单位人数:3000
质量体系:ISO/TS 16949、QS 9000
产品情况:(江铃 JMC 牌)

拥有 JMC 系列、FORD 系列、陆风系列、驭胜系列、ISUZU 系列、晶马系列、骐铃系列等七大汽车品牌,同时具备汽车发动机、变速器、车身、车架、前桥、后桥等六大总成自主研发制造能力

出口情况:出口国外市场

☞ 详细情况请参阅彩色宣传版面

★ 江铃汽车股份有限公司

地址:南昌市迎宾北大道 509 号
邮编:330001
电话:0791/85266000
传真:85266677
网址:www. jmc. com. cn
电子信箱:relations@ jmc. com. cn
法人代表:王锡高
负责人:陈远清
单位人数:10219
质量体系:ISO/TS 16949
产品情况:(江铃牌、福特牌、驭胜牌、江铃全顺牌)

JMC 系列轻型货车、皮卡、SUV 和福特牌全顺系列商用车;前桥总成、JX493 型非道路用发动机、车用发动机、铸件

出口情况:出口皮卡、轻型货车、中型货车、驭胜 SUV

☞ 详细情况请参阅彩色宣传版面

· 数据资料 ·

2015年中国轿车企业前10位产销量统计表

单位：辆

企业名称	典型产品	生产量	销售量
上汽大众汽车有限公司	桑塔纳、波罗、帕萨特、明锐、朗逸、晶锐、速派、昕锐、朗行、昕动、CROSS POLO、凌渡	1483288	1494407
一汽-大众汽车有限公司	捷达、宝来、速腾、高尔夫、奥迪、迈腾、CC	1460483	1467666
北京现代汽车有限公司	伊兰特、悦动、名驭、瑞纳、索纳塔、朗动、名图、首望	752628	767252
东风日产乘用车公司	新世代天籁、骐达、轩逸、骊威、阳光、玛驰、启辰、英菲尼迪、蓝鸟	708730	714141
长安福特汽车有限公司	嘉年华、蒙迪欧、福克斯、沃尔沃S80、新致胜、福睿斯、金牛座	620980	611866
上汽通用汽车有限公司	凯迪拉克、别克系列（君威、凯越、君越、英朗、威朗）	517844	1317862
神龙汽车有限公司	爱丽舍、世嘉、标致207、C5、C4、标致408、标致508、标致308、标致301、风神L60等	514755	527479
浙江吉利控股集团有限公司	自由舰、金刚、远景、熊猫、TX4、海景、EC7、EC8、博瑞、K10、K17、D1、D2	498802	501923
一汽丰田销售有限公司	花冠、皇冠、锐志、普锐斯、卡罗拉、威驰	464764	465222
东风悦达起亚汽车有限公司	赛拉图、瑞欧、福瑞迪、秀尔、K5、K2、K3、K3S、K4、华骐	458755	457679

注：上汽通用汽车有限公司的销售统计中包含雪佛兰车型。

★ 江铃控股有限公司

地址:南昌市迎宾中大道 2111 号江铃国际大厦 12－14 层
邮编:330050
电话:4008833666
网址:www. landwind. com
电子信箱:crm@ landwind. com
法人代表:徐留平
负责人:陆泽勇
单位人数:1800
质量体系:ISO 9001、ISO 14001
产品情况:(陆风牌)
陆风系列 SUV 越野车(X7、X5、X8、X9),陆风风尚 MPV 多功能车
☞ 详细情况请参阅彩色宣传版面

★江西五十铃汽车有限公司
地址:南昌市望城新区江铃大道 666 号
邮编:330100
电话:0791/82299160、82299161
网址:www. jiangxi－isuzu. cn
电子信箱:isuzu. zhaopin@ jiangxi－isuzu. cn
产品情况:(江西五十铃牌)
皮卡、SUV 等;2015 年年产 10421 辆

★江西江铃集团晶马汽车有限公司
地址:南昌市小蓝经济技术开发区富山五路 636 号
邮编:330200
电话:0791/87193668、87193665
传真:87193669
网址:www. jmcgnp. com
电子信箱:sales@ jmmc. com. cn
产品情况:(晶马牌)
客运车、公交车、团体旅游车、校车、专用客车、旅居车、纯电动客车及底盘;2015 年年产 2560 辆

★江西昌河铃木汽车有限责任公司
地址:江西省景德镇市新厂东路 208 号
邮编:333002
电话:4008879988、4008879986
网址:www. changhe－suzuki. com
单位人数:3500
质量体系:ISO/TS 16949、ISO 14001
产品情况:(昌河铃木牌、北斗星牌、昌河牌)
利亚纳、北斗星、派喜轿车,浪迪多功能 MPV,厢式运输车,铃木 K14B 发动机
出口情况:出口产品为 CH7100、CH7120、CH6350

★江西昌河汽车有限责任公司
地址:江西省景德镇市新厂东路 208 号
邮编:333002
电话:0798/8462031、8462032
传真:8466200
网址:www. changheauto. com
电子信箱:dzbgs@ changheauto. com
法人代表:徐和谊
负责人:童政荣
单位人数:6000
质量体系:ISO 9001、ISO 14001
产品情况:(北京牌、昌河牌、福瑞达牌、爱迪尔牌)
爱迪尔轿车、福瑞达微型客车/货车、K14B 和 K12B 系列发动机等
出口情况:年出口爱迪尔、微型车 8000 台

★江西江铃集团轻型汽车有限公司
地址:江西省抚州市钟岭大道 318 号
邮编:344000
电话:4009921599
产品情况:(骐铃牌)
厢式运输车、皮卡等;2015 年年产 8886 辆

山东省

★ 中国重型汽车集团有限公司

地址:济南市高新区华奥路 777 号
邮编:251010
电话:0531/58062114
网址:www. cnhtc. com. cn
法人代表:马纯济
负责人:蔡东
单位人数:23000
质量体系:ISO 9001
产品情况:(HOWO 牌、斯太尔牌、黄河牌、威泺牌、豪泺牌)
重型牵引车、载货车、自卸车、搅拌车等以及使用其底盘改装的其他专用车、自卸车底盘、客车、客车底盘;2015 年年产 152218 辆
出口情况:出口中东、非洲、拉丁美洲、东南亚
☞ 详细情况请参阅彩色宣传版面

★中国重汽集团济南商用车有限公司
地址:济南市天桥区无影山中路 53 号
邮编:250031
电话:0531/85582771、85582772
传真:85582490
网址:www. cnhtc－sitrak. com
电子信箱:zhounx@ cnhtc. cn
质量体系:ISO/TS 16949
产品情况:(豪沃牌、斯达－斯太尔牌、黄河牌、豪泺牌、汕德卡牌)
重型载货汽车、自卸车、牵引车、各类专用车、汽车底盘、各类运输车、牵引车、汽车底盘、厢式运输车底盘、混凝土搅拌运输车、邮政车

★中国重汽集团济南特种车有限公司
地址:济南市槐荫区济兖公路 583 号
邮编:250117
电话:0531/85582819、85582787
传真:85582831
电子信箱:tzcjsfw@ cnhtc. cn
质量体系:GJB 9001A
产品情况:(HOWO 牌、斯达－斯太尔牌)
威泺 30 工程勇士、威泺长头牵引车、HOVA 矿用自卸车、HOVA 低速牵引车、4X4 全驱车、6X6 全驱车、8X8 全驱车
出口情况:远销非洲、南美洲、中东、东南亚、俄罗斯等国家和地区

★中通客车控股股份有限公司
地址:山东省聊城市经济开发区黄河路 261 号
邮编:252000
电话:0635/8321076、8322624
传真:8322600
网址:www. zhongtong. com
电子信箱:15213412275@ qq. com
法人代表:李树朋
负责人:孙庆民
单位人数:4000
质量体系:ISO 9001
产品情况:(中通牌)
5.5～18m 的公路客车、城市公交客车、旅游客车、团体客车及纯电动客车、混合动力客车、铰接式城市客车、小学生校车、客车底盘等;2015 年年产 10673 辆
出口情况:远销海外 80 多个国家和地区

★山东时风商用车有限公司
地址:山东省高唐县汇鑫路 2 号
邮编:252800
电话:0635/3992845、3992570
传真:3992845
电子信箱:gx150302@ autoinfo. gov. cn
质量体系:ISO 9001
产品情况:(时风牌)
自卸汽车、载货汽车、厢式运输车、轻型载货汽车、仓栅式运输车、汽车底盘

★山东时风(集团)有限责任公司
地址:山东省高唐县时风路 1 号
邮编:252800
电话:0635/3953153、3950119
传真:3992845
网址:www. shifeng. com. cn
电子信箱:gx150302@ autoinfo. gov. cn
董事长:刘义发
负责人:刘成强
单位人数:30000
质量体系:ISO 9001、ISO 14000
产品情况:(时风牌)
三轮汽车、低速载货车、自卸三轮汽车、轻型货车、电动观光车、发动机、轮胎等
出口情况:远销美国、墨西哥、阿尔巴尼亚等 50 多个国家

★山东唐骏欧铃汽车制造有限公司
地址:山东省淄博市淄川区经济开发区
邮编:255130

电话:0533/5419838、5439482
传真:5419924
网址:www.tjolauto.com
电子信箱:cbbgs@126.com
董事长:薛兴震
单位人数:3000
质量体系:ISO 9001、ISO 14001
产品情况:(唐骏牌、欧铃牌、轻骑牌、泰山牌)

四轮低速货车、赛菱微型货车、欧贝小型货车、欧铃轻型货车、唐骏中型货车、金钢工程车;2015年年产42698辆

出口情况:出口东南亚、中美洲、南美洲、非洲、中东、东欧等20多个国家和地区

★北汽福田汽车公司诸城奥铃汽车厂

地址:山东省诸城市经济开发区福田工业园奥铃工厂
邮编:262200
电话:0536/6171656、4008199199
传真:6171888
网址:forland.foton.com.cn
电子信箱:ningxin@foton.com.cn
负责人:钟明华
质量体系:ISO 9001
产品情况:(时代牌)

时代汽车、奥铃汽车,年产能力30万辆;定位于轻型货车及微型车目标市场,重点满足城市、农村及城郊接合部用户对中、短途货运物流用车的需求与升级

出口情况:年出口时代汽车、奥铃汽车3万辆,主要出口俄罗斯及周边、印度、巴西、东南亚、中东、北非等国家和地区

★山东凯马汽车制造有限公司

地址:山东省寿光市东环路5888号
邮编:262703
电话:0536/5265666、5252667
传真:5202830
网址:www.kamaqc.com
电子信箱:kama2820@163.com
质量体系:ISO/TS 16949
产品情况:(凯马牌、聚宝牌、奥峰牌)

轻型、微型载货汽车、自卸车、仓栅式运输车、厢式运输车等专用车,汽车底盘

出口情况:出口尼日利亚、埃及、伊朗、斯里兰卡、巴基斯坦、叙利亚、阿尔及利亚、南非、英国、法国等国家

★上海通用东岳汽车有限公司

地址:山东省烟台市经济开发区长江路118号
邮编:264006
电话:0535/6966666、6966822
传真:6398300
网址:www.shanghaigm.com
电子信箱:xinhua_jin@shanghaigm.com
法人代表:李添泽
质量体系:ISO/TS 16949、ISO 14001
产品情况:(雪佛兰牌、别克(BUICK)牌)

雪佛兰乐骋、乐风、景程轿车、别克轿车;2015年年产561062辆

★山东汽车制造有限公司

地址:山东省莱阳市经济开发区富山路99号
邮编:265200
电话:0535/7997150、7213344
传真:7997888
电子信箱:jszx4765@sina.com.cn
产品情况:(青年曼牌、燕台牌)

各种半挂车、混凝土搅拌运输车、随车起重运输车、厢式车、畜禽运输车、越野载货汽车、载货汽车及底盘、自卸车及底盘、专用车、运输专用车、仓栅式运输车、翼开启厢式车、自卸式运输车、冷藏车;2015年年产6224辆

★一汽解放青岛汽车有限公司

地址:山东省青岛市李沧区娄山路2号
邮编:266043
电话:0532/84913576、84913562
传真:84913564
质量体系:ISO 9000、ISO 14001
产品情况:(解放牌)

中重型柴油载货汽车、自卸车、牵引车、厢式车和各种改装车、专用车,天然气载货汽车及底盘、仓栅式运输车、畜禽运输车、篷式运输车、冷藏车、牵引车、天然气牵引车、天然气自卸汽车底盘、液化天然气自卸汽车、集装箱运输车等,汽车底盘

出口情况:出口南非、伊朗、越南等30多个国家和地区

★中国重汽集团济宁商用车有限公司

地址:山东省济宁市诗仙路369号
邮编:272100
电话:0537/2377888、2377999
传真:2377866
网址:www.jncnhtc.cn
电子信箱:0003@163.com
产品情况:(豪运牌、豪瀚牌)

15~55t的中国重汽豪瀚、豪运牌重型、中重型汽车,适用于长途运输、工程建设、矿山生产等各个生产领域

河南省

★郑州日产汽车有限公司

地址:郑州市陇海东路62号
邮编:450004
电话:4006999766
网址:www.zznissan.com.cn
电子信箱:zznissan@zznissan.com.cn
负责人:郭振甫
单位人数:4000
质量体系:ISO/TS 16949
产品情况:(东风牌、尼桑牌)

尼桑牌包括尼桑皮卡、帕拉丁SUV、凯普斯达高端轻型货车及CDV车型NV200,东风品牌包括锐骐皮卡及其多功能车、奥丁SUV、御轩MPV、帅客高级紧凑商务车

出口情况:出口非洲、中南美洲、东南亚、东欧、大洋洲等地区

★郑州宇通客车股份有限公司

地址:郑州市管城区宇通路宇通工业园
邮编:450016
电话:0371/66806066、4006596666
传真:66806000
网址:www.yutong.com
电子信箱:ytkf@yutong.com
质量体系:ISO/TS 16949
产品情况:(宇通牌、凯伦宾威牌)

形成了5~25m,覆盖公路客运、旅游、公交、团体、校车、专用客车、旅居车、冷藏车等各个细分市场,包括普档、中档、高档等各个档次,145个产品系列的完整产品链;

出口情况:远销古巴、委内瑞拉、俄罗斯、伊朗、沙特阿拉伯、法国、挪威、以色列、马其顿、美国等国家,并销往中国香港、中国澳门地区

★海马轿车有限公司

地址:郑州市航海东路1689号第十七大街
邮编:450016
电话:0371/67399577
传真:65372083
网址:www.haima.com
电子信箱:kfgl@haimazz.sina.net
质量体系:ISO/TS 16949、QS 9000
产品情况:(海马牌)

M系列平台(A00级轿车、A级轿车、B-级轿车)、C系列平台(城市SUV、多功能乘用车MPV);2015年年产111878辆

出口情况:出口阿尔及利亚、菲律宾

★河南少林客车股份有限公司

地址:河南省荥阳市京城南路001号
邮编:450100
电话:0371/64610001、4007227009
传真:64608586、64610009
网址:www.shaolinbus.com
电子信箱:shaolin888@yandex.ru
法人代表:周聚民
单位人数:3000
质量体系:ISO 9001
产品情况:(少林牌)

大、中、轻型公路客车、城市客车、旅游专车、乡村专车、团体专车、专用客车、旅居车、纯电动城市客车、厢式运输车、小学生专用校车、幼儿专用校车等;2015年年产1753辆

出口情况:出口尼泊尔、蒙古、哈萨克斯坦等国家

★中国一拖集团有限公司

地址:河南省洛阳市建设路154号

邮编:471004
电话:0379/68613865、64966639
传真:68613858
网址:www.ytogroup.com
电子信箱:yxb@ytzyqc.com
质量体系:ISO 9001
产品情况:(东方红牌、福德牌)

牵引车、仓栅式车、混凝土搅拌车、半挂车、加油车、洒水车、散装物料运输车、绿化喷洒车、吸污车、载货车、皮卡、压缩式垃圾车、自卸式垃圾车、车厢可卸式垃圾车、自卸车及底盘、汽车底盘等;2015年年产6043辆

湖北省

★东风雷诺汽车有限公司
地址:武汉市经济技术开发区黄金口产业园
邮编:430051
电话:4008008886
网址:www.dongfeng-renault.com.cn
产品情况:科雷嘉SUV等产品

★东风本田汽车有限公司
地址:武汉市经济技术开发区车城东路283号
邮编:430056
电话:027/84286114
传真:84891840
网址:www.wdhac.com.cn
电子信箱:wdhacnet@wdhac.com.cn
法人代表:竺延风
负责人:铃木麻子
单位人数:8388
质量体系:ISO 9001
产品情况:(东风Honda牌、思威(CR-V)牌、艾力绅(ELYSION)牌)

CR-V(思威)城市SUV、CIVIC(思域)中级车、思铂睿(SPIRIOR)中高级车、CIIMO(思铭)自主研发车型、ELYSION(艾力绅)MPV、INSIGHT(音赛特)混合动力车、JADE(杰德)新概念轿车、XR-V新锐时尚SUV,2015年年产388634辆

★东风汽车股份有限公司
地址:武汉市经济技术开发区创业路136号
邮编:430056
电话:027/84287900、84287977
传真:84287988、84287982
网址:www.dfac.com
电子信箱:dfaczq@dfac.com
董事长:欧阳洁
质量体系:ISO 9001、ISO 14001
产品情况:(东风牌、Nissan牌、俊风牌)

东风、日产系列轻型商用车,东风康明斯发动机以及东风、日产系列轻型发动机,产品结构覆盖轻型载货车、工程车、轻型客车、旅居车、客车底盘、皮卡、SUV、MPV、CDV等全系列轻型商用车
出口情况:出口俄罗斯、乌克兰、埃及、越南等国家

★东风汽车有限公司
地址:武汉市经济技术开发区东风大道10号
邮编:430056
电话:027/84283263
传真:84283757、84283619
网址:www.dfl.com.cn
电子信箱:kjb-kjglc@dfmc.com
总裁:关润
单位人数:70000
质量体系:ISO/TS 16949
产品情况:(东风牌、Nissan牌、东风日产牌、启辰牌)

全系列商用车、轻型商用车、乘用车、零部件和汽车装备

★东风汽车公司
地址:武汉市经济技术开发区东风大道特1号
邮编:430056
电话:027/84285000
传真:84285288
网址:www.dfmc.com.cn
电子信箱:wzgl@dfmc.com.cn
法人代表:竺延风
质量体系:ISO 9001
产品情况:(东风牌、华神牌、神宇牌、风神牌、特商牌、金卡牌)

主营业务涵盖全系列商用车、乘用车、新能源汽车、发动机及汽车零部件;2015年年产3824593辆

★ 神龙汽车有限公司

地址:武汉市经济技术开发区神龙大道165号
邮编:430056
电话:027/84299114、4008866688
传真:84290147、84896788
网址:www.dpca.com.cn
电子信箱:shenlong@dpca.com.cn
负责人:毕高诚(M. Maxime PICAT)
单位人数:6689
质量体系:ISO 9001
产品情况:(东风标致牌、东风雪铁龙牌)

东风雪铁龙世嘉、凯旋、C2、C5、萨拉·毕加索、爱丽舍、富康,东风标致508、408、308、207、307系列轿车,东风标致CROSS
出口情况:出口伊朗、也门、欧洲等国家和地区
☞详细情况请参阅彩色宣传版面

★东风汽车集团股份有限公司
地址:武汉市经济技术开发区东风大道特1号
邮编:430056
电话:027/84285555
传真:84285057
网址:www.dfmg.com.cn
产品情况:乘用车、商用车、发动机及零部件

★湖北三环汉阳特种汽车有限公司
地址:武汉市经济技术开发区万家湖路141号
邮编:430056
电话:027/84892530、84892506
传真:84892506
质量体系:ISO 9000
产品情况:(汉阳牌)

中型货车及底盘、自卸车、半挂车、集装箱运输半挂车、半挂牵引车及底盘、混凝土搅拌运输车、牵引车、教练车、厢式运输车等;2015年年产117辆

★东风电动车辆股份有限公司
地址:武汉市开发区东风大道108号
邮编:430056
电话:027/84289808
传真:84289809
网址:www.dfev.com
电子信箱:dfev@dfev.com
产品情况:纯电动、混合动力、燃料电池等各种电动汽车以及新能源汽车核心零部件的研发与生产

★ 东风汽车集团股份有限公司乘用车公司

地址:武汉市经济技术开发区东风大道1969号
邮编:430058
电话:027/84284000、4008806600
传真:84284099
网址:www.dfpv.com.cn
电子信箱:niexiuyu@dfmc.com.cn
负责人:李春荣
单位人数:1000
产品情况:(东风风神牌)

东风风神 AX3、A60、L60、AX7、A30、H30、H30 CROSS
☞详细情况请参阅彩色宣传版面

★湖北三江航天万山特种车辆有限公司
地址:湖北省孝感市北京路69号
邮编:432000
电话:0712/2357858、2359667
传真:2359679
网址:www.wstech.com.cn
电子信箱:ws_internet@163.com
法人代表:郑家龙
单位人数:2150
质量体系:ISO 9001
产品情况:重型高机动越野车、重型平板运输车及外延产品、液压组合挂车、自行式模块运输车、非公路矿用自卸车、移动电站、公铁两用车、车载钻修机

底盘、特种作业车底盘、钻机车、汽车零部件、轻型客车等，用于船舶制造、航运、大件物流、油田矿山等行业；2015 年年产 289 辆
出口情况：重型平板运输车及外延产品主要出口韩国、越南、印度、保加利亚、哈萨克斯坦、挪威、荷兰、乌克兰、马来西亚、巴林、新加坡、美国等国家

★ 东风襄阳旅行车有限公司

地址：湖北省襄阳市高新区车城湖北路 19 号
邮编：441004
电话：0710/3392849
传真：3392876
网址：www. dfxycxc. com
电子信箱：yinxiaofeng@ dfac. com
法人代表：李争荣
负责人：祝云耀
单位人数：850
产品情况：（东风莲花牌、东风天翼牌、东风御风牌、东风俊风牌）
城市客车、公路客车、校车、新能源客车、厢式货车、客车底盘、轻型城市客车
出口情况：出口俄罗斯、乌克兰、伊朗、埃及、塞内加尔、秘鲁、苏丹
☞ 详细情况请参阅彩色宣传版面

★ 湖北新楚风汽车股份有限公司
地址：湖北省随州市北郊 新楚风汽车工业园
邮编：441300
电话：0722/3231816、13886861659
传真：3231816
网址：www. cfzyc. com
电子信箱：cfzyc8@ 163. com
法人代表：刘先明
质量体系：ISO 9001
产品情况：（楚风牌）
整车，各类底盘，专用车（如：自卸车、油罐车、仓栅车、环卫车、洒水车、混凝土搅拌车、高空作业车、道路清障车、冷藏车、消防车、教练车、客车、房车等）和汽车配件
出口情况：出口朝鲜、越南、东南亚等国家和地区

★ 东风实业有限公司
地址：湖北省十堰市公园路 95 号
邮编：442001
电话：0719/8223133
传真：8223133
网址：www. dfsy. com. cn
电子信箱：dfsyrlzyk@ 163. com
质量体系：ISO/TS 16949
产品情况：（东风牌）
东风华神、东风神宇系列经济型商用车，东风超龙系列客车，东风特种汽车、东风征梦系列专用车等整车产品，零部件产品涵盖驾驶室总成、汽车发动机部件、车身冲焊件、底盘系统件、非金属合件以及铸锻毛坯件等

★ 东风商用车有限公司

地址：湖北省十堰市车城路 2 号
邮编：442001
电话：0719/8883333、8885555
传真：8884640、8223005
网址：www. dfcv. com. cn
电子信箱：dongfeng@ dfcv. com. cn
负责人：黄刚
单位人数：35000
质量体系：ISO/TS 16949
产品情况：（东风牌）
中重型载货汽车、客车及其底盘、军车、仓栅式车、越野车、牵引车、自卸车、专用车以及发动机、驾驶室、车架、车桥、变速器等关键总成
☞ 详细情况请参阅彩色宣传版面

★ 湖北三环专用汽车有限公司
地址：湖北省十堰市武当路 3 号
邮编：442012
电话：0719/8782079、8787808
传真：8781306
网址：www. sitom. com. cn
电子信箱：stgsb@ 126. com
质量体系：ISO 9001、ISO 14001
产品情况：（十通牌、十征牌）
载货汽车及底盘、自卸车、仓栅式运输车、平头柴油半挂牵引车、牵引车、厢式运输车及底盘、自卸式垃圾车、教练车、运油车、运灰车、低密度粉粒物料运输车、随车起重运输车、洒水车等；2015 年年产 8003 辆
出口情况：出口东南亚、南亚、西亚、东北亚、非洲等 10 余个国家和地区

★ 东风（十堰）特种商用车有限公司
地址：湖北省十堰市镜潭路 17 号
邮编：442021
电话：0719/8239043、8239235
传真：8239061、8238614
网址：www. dfscv. com. cn
质量体系：ISO 9001、ISO 14001
产品情况：（东风牌）
各类特种商用车底盘专用消防车底盘、全系列天然气汽车、油田用车、森林用车、自卸汽车、大功率四驱六驱全驱汽车、专用起重机底盘等多种车型

湖南省

★ 湖南猎豹汽车股份有限公司
地址：长沙市国家级长沙经济技术开发区漓湘东路 9 号
邮编：410100
电话：0731/82881600
传真：82881700
网址：www. leopaard. com
单位人数：5700
产品情况：（猎豹牌）
猎豹系列越野车、皮卡等汽车整车及相关零部件

★ 广汽三菱汽车有限公司
地址：长沙市经济技术开发区漓湘中路 15 号
邮编：410100
电话：4009773030
网址：www. gmmc. com. cn
电子信箱：service_gmmc@ gmmc. com. cn
法人代表：张房有
负责人：付守杰
单位人数：2400
产品情况：（猎豹牌、三菱牌）
骐菱轿车，猎豹飞腾、黑金刚、奇兵、CS6 及三菱帕杰罗系列 SUV，飞铃皮卡，乘用车；2015 年年产 56366 辆

★ 三一集团有限公司
地址：长沙市经济技术开发区三一路三一工业城
邮编：410100
电话：0731/84031651
传真：84031999
网址：www. sany. com. cn
电子信箱：sany@ sany. com. cn
总裁：唐修国
产品情况：（三一牌）
混凝土机械、筑路机械、挖掘机械、桩工机械、起重机械、非开挖施工设备、港口机械、风电设备等全系列产品
出口情况：出口 110 多个国家和地区，目前已在印度、美国、德国、巴西投资建设工程机械研发制造基地

★ 广汽菲亚特克莱斯勒汽车有限公司
地址：长沙市经济技术开发区映霞路 18 号
邮编：410100
电话：4008789999
传真：0731/89989800
网址：www. gacfiatauto. com
电子信箱：callcenter@ gacfiatauto. com
法人代表：冯兴亚
负责人：John Burton
单位人数：3300
质量体系：GB/T 19001、ISO 9001
产品情况：（广汽菲亚特牌、吉普（JEEP）牌）
菲翔轿车、致悦轿车；2015 年年产 40056 辆

★ 北汽福田汽车股份公司长沙汽车厂
地址：长沙市经济技术开发区榔梨镇黄兴大道
邮编：410129
电话：0731/84075211、84075216
传真：84075828
网址：www. foton. com. cn
质量体系：ISO 9000
产品情况：工程自卸车、轻、中、重型载

货汽车、油罐车、洒水车、水泥搅拌运输车等专用汽车

★长沙梅花汽车制造有限公司
地址:长沙市江背汽车工业园
邮编:410135
电话:4008613331、4008713331
传真:0731/86290568
网址:www.meihuabus.com
电子信箱:342722103@qq.com
单位人数:800
质量体系:ISO 9001
产品情况:(同心牌、同心金象牌)
智能型校车、客运公交车、厢式物流车、环卫专用车、道路清障车及新能源汽车
出口情况:远销泰国、刚果、印度、马来西亚等多个国家和地区

★湖南恒润汽车有限公司
地址:湖南省湘潭市国家级九华经济技术开发区
邮编:411100
电话:0731/58275191、13973220371
传真:58308088
网址:www.hengruncar.com
电子信箱:hengrunmotor@163.com
产品情况:(恒润牌)
载货汽车及底盘

★湖南吉利汽车工业有限公司
地址:湖南省湘潭市九华经济区
邮编:411100
电话:0731/58368822、58368801
传真:58368800
网址:www.geely.com
电子信箱:iori160@163.com
质量体系:ISO/TS 16949
产品情况:(吉利牌)
金刚、远景轿车

★江南工业集团有限公司
地址:湖南省湘潭市湘潭县楠竹山镇
邮编:411207
电话:0731/58300687
网址:www.jnmgcl.com.cn
电子信箱:hr@jnmgcl.com.cn
质量体系:ISO 9000
产品情况:新能源装备、汽车整车及零部件系列

★湖南中联重科车桥有限公司
地址:湖南省津市市孟姜女大道800号
邮编:415400
电话:0736/4211331、4211363
传真:4210576、4201861
网址:www.zoomlion.com
电子信箱:hnqdpbdgm@vip.163.com
质量体系:ISO 9001
产品情况:(邦乐牌)
汽车车桥、客车底盘、中型客车、城市公交车、旅游客车等;2015年年产56辆

广东省

★广州汽车集团客车有限公司
地址:广州市白云区石沙路451号
邮编:510430
电话:020/87868668
传真:87868808
网址:www.gacbus.com
电子信箱:zjb@gacbus.com
质量体系:ISO 9001
产品情况:(骏威牌、广汽牌)
6~18m大、中、轻型客车,混合动力城市客车及底盘、纯电动城市客车,专用客车、汽车底盘、城市客车、客车底盘、小学生校车
出口情况:出口亚洲、美洲、非洲、中东等多个国家和地区

★广州汽车集团股份有限公司
地址:广州市天河区珠江新城兴国路23号广汽中心
邮编:510623
电话:020/83151139、83151163
传真:83150335
网址:www.gagc.com.cn
电子信箱:webmaster@gagc.com.cn
产品情况:(本田牌、丰田牌、羊城牌)
乘用车、商用车、零部件,汽车销售与物流,汽车金融、保险及相关服务

★ 广汽本田汽车有限公司
地址:广州市黄埔区广本路1号
邮编:510700
电话:8008308999
传真:020/82270620
网址:www.ghac.cn
法人代表:张房有
负责人:佐藤利彦
单位人数:7000
质量体系:ISO 9001
产品情况:(Honda品牌、理念(EVERUS)品牌、缤智(VEZEL)牌、凌派(Crider)牌)
歌诗图、雅阁、奥德赛、缤智、凌派、锋范和飞度七大系列车型和理念S1车型
☞ 详细情况请参阅彩色宣传版面

★广汽日野汽车有限公司
地址:广州市从化区明珠工业园宝珠大道1号
邮编:510930
电话:020/32328888
传真:32328100
网址:www.ghmcchina.com
法人代表:区永坚
负责人:前田启二
单位人数:1338
质量体系:ISO 9001
产品情况:(日野牌、羊城牌)
日野系列重型货车、牵引车,羊城系列轻型货车和驱动桥关键总成,8×4底盘车,适用于冷藏、油罐及危险品运输等,汽车底盘、自卸车、各类专用车、各类运输车

★ 东风日产乘用车公司
地址:广州市花都区风神大道8号
邮编:510800
电话:8008308899
网址:www.dongfeng-nissan.com.cn
电子信箱:customercare@dfl.com.cn
负责人:周先鹏
单位人数:19000
产品情况:(东风日产牌)
天籁、阳光、骐达、颐达、轩逸、骊威、玛驰、逍客、奇骏、蓝鸟、启辰、楼兰
☞ 详细情况请参阅彩色宣传版面

★ 广州汽车集团乘用车有限公司
地址:广州市番禺区金山大道东路633号
邮编:511434
电话:4008136666
传真:020/39206605
网址:www.gacmotor.com
法人代表:曾庆洪
负责人:吴松
单位人数:1800
产品情况:(传祺(Trumpchi)牌)
传祺轿车、混合动力轿车、多用途乘用车
☞ 详细情况请参阅彩色宣传版面

★广汽丰田汽车有限公司
地址:广州市南沙区市南大道8号
邮编:511455
电话:8008308888、020/39398888
传真:39398889
网址:www.gac-toyota.com.cn
法人代表:曾庆洪
负责人:水野泰秀
单位人数:10800
质量体系:ISO 9001
产品情况:(丰田牌)
凯美瑞(含混合动力)、雅力士系列轿车,汉兰达SUV、混合动力轿车、多用途乘用车

★深圳东风汽车有限公司
地址:广东省深圳市福田区燕南路30号
邮编:518031
电话:0755/81715397、27525261
传真:27525285
网址:www.sz-dfl.com
电子信箱:sales@sz-dfl.com
负责人:朱东红
质量体系:ISO 9001
产品情况:(东风牌)
环卫车及设备、混凝土搅拌车、厢式运输车、道路清障车四大系列100多

个品种

★长安标致雪铁龙汽车有限公司

地址:广东省深圳市观澜街道观光路1226号
邮编:518110
电话:0755/23586103
传真:23587802
网址:www.capsa.com.cn
电子信箱:crm@ca-psa.com
法人代表(总裁):博杰思
负责人:蔡建军
单位人数:800
产品情况:(谛艾仕牌)
轿车、轻型商务车和乘用车
☞详细情况请参阅彩色宣传版面

★比亚迪汽车工业有限公司

地址:广东省深圳市坪山新区比亚迪路3009号
邮编:518118
电话:0755/89888888
传真:84202222
网址:www.byd.com.cn
电子信箱:bydauto@byd.com
董事长:王传福
单位人数:13000
质量体系:ISO 9001
产品情况:(比亚迪牌)
F3、F3R、F6、F0、G3、G3R、L3等传统燃油汽车,S8运动型硬顶敞篷跑车,高端SUV车型S6、S7和MPV车型M6,以及秦、唐、宋、插电混动,F6DM、F3DM双模电动汽车和E5、E6纯电动汽车等
出口情况:在美国、欧洲、日本、韩国、印度等国家和地区以及中国台湾地区、中国香港地区设有分公司或办事处
☞详细情况请参阅彩色宣传版面

★深圳比亚迪戴姆勒新技术有限公司

地址:广东省深圳市坪山新区比亚迪路3009号
邮编:518118
电话:0755/89930999、4000688080
传真:84627530
网址:www.denza.com
电子信箱:sales@denza.com
产品情况:腾势纯电动汽车
☞详细情况请参阅彩色宣传版面

广　西

★桂林客车发展有限责任公司

地址:广西桂林市苏桥经济开发区苏桥(工业)园广州街9号
邮编:541000
电话:0773/6936601
传真:6932666
网址:www.wuling.com.cn
电子信箱:gkfz@gkfz.com.cn
质量体系:ISO 9001
产品情况:(五菱牌)
以幼儿校车、小学生校车为主,小型公交车、观光车、警务车等多种车型结合

★桂林客车工业集团有限公司

地址:广西桂林市苏桥经济开发区苏桥(工业)园广州街9号
邮编:541805
电话:0773/5852160
传真:5852163
电子信箱:glmotor@gl.gx.cn
产品情况:(桂林牌、五菱牌)
6~11m客车,6~12m城市和城乡公交车,8~12m包括液压混合动力、柴电混合动力、纯电动等全系列、多样化新能源客车;6~9m专用校车;2015年年产客车6130辆

★东风柳州汽车有限公司

地址:广西柳州市屏山大道286号
邮编:545005
电话:0772/3836524
传真:3820533
网址:www.dflzm.com.cn
董事长:童东城
负责人:程道然
单位人数:3000
质量体系:ISO 9001
产品情况:(乘龙牌、霸龙牌、风行牌、东风牌)
霸龙507、乘龙609系列商用车,风行菱智、风行景逸多功能乘用车、载货车、汽车底盘、各类专用车、自卸车、各类运输车、牵引汽车、邮政车
出口情况:出口东南亚、中东、北非、南美洲
☞详细情况请参阅彩色宣传版面

★广西汽车集团有限公司

地址:广西柳州市河西路18号五菱大厦
邮编:545007
电话:0772/3750212
传真:3750018
网址:www.wuling.com.cn
法人代表(负责人):韦宏文
单位人数:13483
产品情况:(五菱牌)
主要生产五菱改装车、五菱冷藏车、五菱观光车、五菱校车、五菱客车、车桥总成、车身焊合件总成、消声器、汽车座椅总成、座舱系统总成等汽车零部件,发动机产品覆盖0.6L-1.8L排量全系列产品;零部件产能是140万台套,发动机80万台套,整车10万辆
配套情况:主要配套上汽通用五菱股份有限公司
☞详细情况请参阅彩色宣传版面

★上汽通用五菱汽车股份有限公司

地址:广西柳州市河西路18号
邮编:545007
电话:4008895050、4008612345
传真:0772/3711150
网址:www.sgmw.com.cn
电子信箱:sales@sgmw.com.cn
法人代表:陈虹
负责人:沈阳
单位人数:16000
质量体系:ISO 9001
产品情况:(五菱牌、雪佛兰牌、宝骏牌)
五菱宏光紧凑型商务车,五菱之光、五菱荣光、五菱鸿途、五菱兴旺系列微型客车,雪佛兰乐驰、宝骏系列轿车,五菱小旋风、五菱PN系列微型货车,客车、双排座货车及底盘、货车及底盘、多用途乘用车、轿车,B系列、P-TEC发动机;2015年年产汽车2005248辆
出口情况:商用车出口亚洲、美洲、非洲,约4000台/年
☞详细情况请参阅彩色宣传版面

★柳州五菱汽车工业有限公司

地址:广西柳州市柳南区河西路18号
邮编:545007
电话:0772/3750212
传真:3750016
网址:www.wulingauto.com.cn
电子信箱:lzwl@wuling.com.cn
法人代表:韦宏文
产品情况:(奔马牌、五菱牌)
汽车发动机年生产能力达80万台;前后桥、冲焊件总成、制动器总成、仪表板等汽车零部件年配套能力达150万台套;专用改装车和观光车年生产能力达8万辆

海南省

★一汽海马汽车有限公司

地址:海口市金盘工业区
邮编:570216
电话:0898/66820333
传真:66820505
网址:www.haima.com
电子信箱:support@haima.com
法人代表:景柱
负责人:林明世
单位人数:3600
质量体系:ISO/TS 16949
产品情况:(海马牌)
福美来、海马3、海福星、欢动、丘比特系列轿车,普利马MPV,骑士SUV、纯电动乘用车、多用途乘用车;2015年年

产 69766 辆

重庆市

★ 重庆长安汽车股份有限公司

地址:重庆市江北区建新东路 260 号
邮编:400023
电话:023/67595159、67591025
传真:67870261
网址:www.changan.com.cn
电子信箱:gx221012@autoinfo.gov.cn
董事长:徐留平
负责人:朱华荣
单位人数:80000
质量体系:ISO 9001
产品情况:(长安牌)

CX30、CX20、悦翔、奔奔 MINI、奔奔 LOVE 系列轿车,杰勋 MPV,长安之星、长安星光系列微型客车,小型商用车、载货汽车及底盘、大中型客车,纯电动车、混合动力车等新能源汽车,仓栅式运输车、囚车、发动机等

出口情况:小型商用车、轻型货车和轻型客车等出口亚洲、非洲、北美洲、欧洲等地区

☞ 详细情况请参阅彩色宣传版面

★重庆小康汽车控股有限公司

地址:重庆市沙坪坝区上桥工业园区
邮编:400037
电话:023/89095666
传真:89091666
董事长:张兴海
质量体系:ISO/TS 16949
产品情况:(渝安牌、东风小康牌、小康动力牌、新感觉牌)

已具备年产微型汽车 50 万辆、汽车发动机 50 万台、摩托车 30 万辆、摩托车减振器 500 万套/台,汽车减振器 40 万套/台的生产能力

★庆铃汽车股份有限公司

地址:重庆市九龙坡区中梁山协兴村 1 号
邮编:400052
电话:023/65262233、65262277
传真:68830397
网址:www.qingling.com.cn
电子信箱:security@qingling.com.cn
法人代表:杜卫东
单位人数:5000
质量体系:QS 9000
产品情况:(五十铃牌、庆铃牌)

载货汽车、皮卡、多功能越野车、混凝土搅拌运输车、混凝土泵车、罐式车、厢式车、消防车、厢式运输车、冷藏车、仓栅式运输车、警用车等专用改装车,发动机及其他汽车零部件

出口情况:出口日本、欧洲、美洲等国家和地区

★潍柴(重庆)汽车有限公司

地址:重庆市南岸区南滨路 22 号长江国际写字楼 8 层
邮编:400060
电话:023/88605100、88657888
传真:88605100
网址:www.weichaimotor.com
法人代表:丁迎东
负责人:叶子青
产品情况:(英致牌)

英致 737、英致 G3、英致 727、天琴 D150 低速纯电动汽车;2015 年年产 29289 辆

★重庆力帆汽车有限公司

地址:重庆市北碚区梨园村 72 号
邮编:400700
电话:023/68295008、4000601777
传真:68863806
网址:www.lifan.com
电子信箱:lifanbus@lifan.com
法人代表:尹明善
单位人数:1000
质量体系:ISO 9001
产品情况:(力帆牌)

5~8m 普通客车及中、高档豪华客车,干/湿式厢式商用车,客货厢式商用车,载货汽车及底盘、指挥车、载货汽车、救护车、厢式运输车、短头乘用车

出口情况:出口哈萨克斯坦、尼日利亚、智利、吉尔吉斯斯坦、越南、缅甸、老挝等多个国家

★力帆实业(集团)股份有限公司

地址:重庆市北碚区蔡家岗镇凤栖路 16 号
邮编:400707
电话:023/61663000
传真:61663777
网址:www.lifan.com
电子信箱:mail@lifan.com
单位人数:8359
质量体系:ISO 9001
产品情况:(力帆牌)

力帆 320、力帆 620、力帆 520、力帆 520i 轿车,力帆 X60 SUV,纯电动轿车,电动两轮摩托车,电动正三轮摩托车

出口情况:出口美国、德国、法国、意大利、墨西哥、俄罗斯、伊朗、伊拉克、乌拉圭、埃塞俄比亚、阿塞拜疆、越南等国家

★重庆长安新能源汽车有限公司

地址:重庆市渝北区双凤桥街道丹湖路 9 号
邮编:401120
电话:023/67921700
网址:www.changannev.com.cn
负责人:任勇
单位人数:400
产品情况:奔奔 MINI 纯电动轿车、长安志翔油电弱/中度混合动力轿车、纯电动 C303、电动观光车等新能源汽车

★上汽依维柯红岩商用车有限公司

地址:重庆市北部新区金山大道黄环北路 1 号
邮编:401122
电话:023/63119909、4008117766
传真:63112316
网址:www.sih.cq.cn
电子信箱:sih@sih.cq.cn
负责人:杨汉琳
单位人数:4000
质量体系:ISO 9001
产品情况:(红岩牌、斯达-斯太尔牌、依维柯牌)

载货汽车、自卸车、牵引车、厢式运输车、越野车、油田车、消防车、水泥搅拌车、机场加油/运油车、仓栅式运输车、篷式运输车、牵引车、加油车等,汽车底盘;2015 年年产 9781 辆

出口情况:出口东南亚、中东、非洲、南美洲等 30 多个国家和地区

★ 长安福特汽车有限公司

地址:重庆市北部新区金山大道 666 号
邮编:401122
电话:023/67458888
传真:67458910
网址:www.ford.com.cn
总裁:马瑞麟
质量体系:ISO 9001、ISO 14001
产品情况:(福特牌、福克斯(FOCUS)牌)

福特蒙迪欧-致胜、福克斯、S-MAX、嘉年华、翼搏、翼虎、锐界、探险者、TT

☞ 详细情况请参阅彩色宣传版面

★ 重庆长安铃木汽车有限公司

地址:重庆市巴南区鱼洞镇
邮编:401321
电话:023/66288523、8008077988
传真:66280283
网址:www.changansuzuki.com
电子信箱:webmaster@changansuzuki.com
法人代表:徐留平
负责人:近藤唯志
单位人数:3500
质量体系:ISO/TS 16949、QS 9000
产品情况:(长安铃木牌)

维特拉、启悦、锋驭、天语 SX4、雨燕、新奥拓等六个系列车型,G、M、K 三个发动机机型. 现已具备年产 35 万辆整车和 35 万台发动机的生产能力

☞ 详细情况请参阅彩色宣传版面

★东风小康汽车有限公司

地址:重庆市江津区双福新区九江大道 1 号

邮编:402260
电话:4008875551
网址:www. dfyuan. com
电子信箱:guangxuan@ dfxkauto. com
负责人:张兴海
单位人数:1277
质量体系:ISO/TS 16949
产品情况:(东风小康牌、东风牌)
微型客车、单/双排货车、厢式运输车、城市多功能车和警务、救护、邮政等特殊车辆
出口情况:出口美洲、非洲、中东、东南亚等约40个国家和地区

★重庆长安跨越车辆有限公司
地址:重庆市万州区申明北路77号
邮编:404000
电话:023/85777768、85777212
传真:89116371
网址:www. caky. com. cn
电子信箱:jszx@ caky. com. cn
单位人数:1800
质量体系:ISO 9001
产品情况:(长安牌)
轻、中、重型载货汽车、各类专用车、客货两用车、低速货车
出口情况:出口美国、俄罗斯、巴基斯坦、叙利亚、孟加拉国、越南等国家

四川省

★一汽客车(成都)有限公司
地址:成都市经济技术开发区(龙泉驿区)汽车城大道111号
邮编:610045
电话:028/65085059
传真:65085070
网址:www. fawcd. com
法人代表:戴智
单位人数:386
产品情况:(解放牌、川马牌)
6~12m公路客车和旅游客车、6.2~10m城市客车、小学生校车、旅居车、客车底盘,年生产能力8000辆
出口情况:远销尼日利亚、安哥拉、马来西亚、津巴布韦等国家

★四川野马汽车股份有限公司
地址:成都市经济技术开发区北京路625号
邮编:610100
电话:028/65987889
传真:65987885
网址:www. yemaauto. cn
电子信箱:ymqcscb@ 163. com
法人代表:黄勇
负责人:陈加领
单位人数:3000
质量体系:ISO 9001
产品情况:(野马牌)
F10、F12、F16;客车、纯电动乘用车;2015年年产20760辆
出口情况:F10及F12出口秘鲁,F12出口伊拉克

★四川一汽丰田汽车有限公司
地址:成都市经济技术开发区经开区南三路222号
邮编:610100
电话:028/88435000
传真:88435018
网址:www. sftm. com. cn
电子信箱:sctmqh@ mail. china. com
质量体系:ISO 9001、ISO 14001
产品情况:(丰田牌、柯斯达牌)
柯斯达系列中型客车,普拉多、兰德酷路泽系列越野车,普锐斯混合动力轿车、轻型客车

★明君汽车产业股份有限公司
地址:成都市龙泉驿经济技术开发区汽车城大道116号4楼
邮编:610100
电话:4008753766
网址:www. mingjunauto. com
电子信箱:mjqc@ mingjunauto. com
总裁:何坤
单位人数:3000
产品情况:(华凯牌)
SUV,皮卡,专用车,轻、中、重型货车等多种车型

★成都大运汽车集团有限公司
地址:成都市经济技术开发区(龙泉驿)车城东七路388号
邮编:610105
电话:028/69929118
传真:69929001
网址:www. cddayun. com
电子信箱:yinhale@ 163. com
单位人数:1500
质量体系:ISO 9001
产品情况:(大运牌、川路牌)
各类轻、中、重型载货汽车、低速汽车、专用车、挂车、客车等;2015年年产40422辆
出口情况:远销亚洲、欧洲、非洲、美洲等100多个国家和地区

★成都王牌商用车有限公司
地址:成都市青白江区弥牟镇长城路8号
邮编:610300
电话:028/83678009、83678083
传真:83672794、83678075
网址:www. wangpai. cn
电子信箱:wangpai@ wangpai. cn
单位人数:3000
质量体系:ISO 9001
产品情况:(王牌牌)
主导产品为重、中、轻、微型商用车、专用车、新能源车(LNG运输车)、低速货车等产品
出口情况:出口东南亚、南美洲、非洲等20多个国家和地区

★一汽解放青岛汽车厂成都分厂
地址:成都市新都县三河大道
邮编:610503
电话:028/89359888
传真:83905240
网址:www. qdfaw. com
质量体系:ISO 9001
产品情况:(环都牌、西南五十铃牌、解放牌)
自卸车、载货汽车及底盘、厢式运输车

★东风南充汽车有限公司
地址:四川省南充市嘉陵区嘉南路一段180号
邮编:637000
电话:0817/3859823、3859016
传真:3859111
网址:www. dfncac. com
电子信箱:dfncxxzx@ 163. com
质量体系:ISO/TS 16949
产品情况:(东风牌、嘉龙牌)
天然气发动机、国家清洁燃料汽车、载货汽车;2015年年产2059辆
出口情况:出口海外多个国家和地区

★四川现代汽车有限公司
地址:四川省资阳市雁江区城南工业集中发展区现代大道
邮编:641300
电话:028/26119003
网址:www. schmc. com. cn
产品情况:(南骏牌)
已形成年产重中轻型货车16万辆、大中轻型客车1万辆和重型发动机2万台的能力;混凝土搅拌运输车;2015年年产31241辆

★四川南骏汽车集团有限公司
地址:四川省资阳市雁江区南骏大道南骏汽车工业园内
邮编:641300
电话:028/26182317、23037602
传真:26183628、26181745
网址:www. cnnanjun. com
电子信箱:nanjun@ cnnanjun. com
质量体系:ISO 9001
产品情况:(南骏牌)
重、中、轻、微型货车,大、中、轻型客车,自卸汽车、厢式运输车、仓栅式汽车、压缩式垃圾车、各类专用运输车、车厢可卸式垃圾车、自卸式垃圾车、市政环卫车、摆臂式垃圾车、平板运输车、混凝土搅拌运输车、清障车、随车起重运输车等
出口情况:远销东南亚、中亚、非洲、南美洲10余个国家

云南省

★东风云南汽车有限公司
地址：昆明市五华区黑林铺滇缅大道2696号
邮编：650100
电话：0871/68184256、68187391
传真：68185157
质量体系：ISO 9001
产品情况：（东风牌）
东风系列平头和长头轻、中、重型柴油、汽油类载货车、改装车、客车和客、货两用车、皮卡车以及汽车底盘

★一汽通用红塔云南汽车有限公司
地址：云南省曲靖市南宁北路368号
邮编：655000
电话：4008877168、0874/3143530
传真：3143098
网址：www.faw-hongta.com.cn
电子信箱：khgxzxi@faw-hongta.com.cn
质量体系：ISO 9001
产品情况：（解放牌、蓝箭牌、一汽佳星牌）
解放微型货车、解放霸铃、解放金铃、L501四大系列、L230轻型货车车及工程车系列产品
出口情况：出口东南亚、美洲、中东等20多个国家和地区

★云南力帆骏马车辆有限公司
地址：云南省大理市凤仪镇创新工业园区
邮编：671005
电话：0872/2494166
传真：2494166
网址：www.ynlfjm.com
质量体系：ISO 9001
产品情况：（力帆牌、凯沃达牌、时骏牌、农友牌、云骏牌、农骏牌、斯卡特牌、格奥雷牌）
轻、中、重型载货汽车、自卸车、牵引车、平板车、厢式车、仓栅式车、混凝土搅拌运输车、各类运输车、自卸低速货车、汽车底盘
出口情况：出口东南亚、南亚、非洲等地区

贵州省

★贵州航空工业(集团)有限公司
地址：贵阳市经济技术开发区锦江路110号
邮编：550009
电话：0851/88317231
传真：88317214、88317298
电子信箱：office@gaic.com.cn
质量体系：QS 9000、ISO 9001
产品情况：（云雀牌）
微型轿车、大型客车、环卫车、汽车及摩托车零部件

陕西省

★西安西沃客车有限公司
地址：西安市闫良经济开发区
邮编：710089
电话：029/68013000、68013102
传真：68013070、68013073
网址：www.silverbus.com
电子信箱：liang.juan@silverbus.com
产品情况：（沃尔沃牌、西沃牌）
客车、小学生专用校车、大型豪华旅游客车及底盘、大型卧铺客车及底盘；2015年年产229辆
出口情况：出口俄罗斯、印度、马来西亚等国家，并销往中国香港地区

★陕西欧舒特汽车股份有限公司
地址：西安市高新区新型工业园锦业二路26号
邮编：710119
电话：029/68668596
传真：68668596
电子信箱：eurostar@vip.163.com
质量体系：ISO/TS 16949
产品情况：大型客车及其底盘
出口情况：出口沙特阿拉伯、伊朗、孟加拉国、加拿大、德国、乌克兰、俄罗斯、苏丹、泰国、智利等，并销往中国香港、中国澳门地区

★陕西汽车集团有限责任公司
地址：西安市经济技术开发区泾渭工业园陕汽大道1号
邮编：710200
电话：029/86955555、86955331
传真：86956915、8695916
网址：www.sxqc.com
电子信箱：jhc@sxqc.com
法人代表：袁宏明
单位人数：35000
质量体系：ISO 9001
产品情况：（陕汽牌、华山牌、斯达-斯太尔牌）
重型军用越野车、重型货车、中轻型货车、大中型客车、微型车、重微型车桥、采油车、重型纯电动码头牵引车等新能源汽车产品，康明斯发动机及其零部件等；2015年年产85860辆
出口情况：出口欧洲、非洲、亚洲及中东等60多个国家和地区，在伊朗、苏丹、埃塞俄比亚等国家实现了本地化生产
☞详细情况请参阅彩色宣传版面

★陕西重汽专用汽车有限公司
地址：西安市泾渭工业园泾诚路8号
邮编：710200
电话：029/86957345
传真：86957369
网址：www.szqzyc.com
电子信箱：dszyc@sxqc.com
单位人数：573
质量体系：ISO/TS 16949
产品情况：（德尊牌）
油田注水车、自卸车、侧翻自卸车、仓栅式车、城市运输环保车、粉状颗粒运输车、混凝土搅拌运输车等各类专用车，汽车零部件

★宝鸡华山工程车辆有限责任公司
地址：陕西省宝鸡市高新大道172号
邮编：721013
电话：0917/3370808
传真：3370800
网址：www.hsqc.com.cn
电子信箱：baohuagsb@126.com
单位人数：2000
质量体系：ISO/TS 16949
产品情况：（陕汽牌、华山牌）
载货汽车、工程自卸汽车、底盘和专用车
出口情况：出口俄罗斯、安哥拉、摩洛哥、越南、缅甸、老挝、哈萨克斯坦等10多个国家

新　疆

★新疆天山汽车制造有限公司
地址：乌鲁木齐市经济技术开发区融合南路688号
邮编：830009
电话：0991/8790093、3709573
质量体系：ISO 9001
产品情况：（天山牌）
10～50t货运半挂车、15～40t平板半挂车、7～31t自卸车、10～50m^3运油车、半挂运油车；30～40t厢式车（仓栅式车）；5～30t散装水泥车；6～15m^3水泥搅拌车；8～30t全挂车（全挂侧卸车）等系列改装车产品

★东风新疆汽车有限公司
地址：乌鲁木齐市经济技术开发区沂蒙山街456号
邮编：830011
电话：0991/3923011、3923021
传真：3923004
网址：www.dfxq.com
电子信箱：417273235@qq.com
负责人：戴军
质量体系：ISO 9001
产品情况：（东风牌）
沙漠越野车、自卸汽车、载货汽车、半挂牵引车

改装车及其他生产企业

●查询导引●

企业详细介绍

66　南京金龙客车制造有限公司
75　集瑞联合重工有限公司
97　湖南南车时代电动汽车股份有限公司

改装车及其他生产企业

北京市(50)　天津市(53)　河北省(54)　山西省(58)　内蒙古(58)　辽宁省(59)　吉林省(62)　黑龙江省(64)　上海市(64)　江苏省(65)
浙江省(71)　安徽省(73)　福建省(75)　江西省(77)　山东省(77)　河南省(87)　湖北省(90)　湖南省(96)　广东省(98)　广　西(100)
重庆市(101)　四川省(102)　云南省(104)　贵州省(104)　陕西省(104)　宁　夏(106)　甘肃省(106)　青海省(107)　新　疆(107)

☞ 企业如有变更,请与编辑部联系　☎ 010/68426043、68420981

北京市

★中交世通重工(北京)有限公司
地址:北京市朝阳区周家井世通国际大厦
邮编:100016
电话:010/65894211、65894253
网址:www.zjqlc.com
负责人:周桃玉
质量体系:ISO 9001
产品情况:(鲸鱼牌)
　　洒水车等改装车
出口情况:远销非洲、东南亚等地区,出口量达到上百台

★北京市市政工程管理处机械厂
地址:北京市朝阳区西大望路25号
邮编:100022
电话:010/67714606
传真:67714606
电子信箱:xs@bjsz.com.cn
质量体系:ISO 9001
产品情况:(豪特力达牌)
　　清洗车、吸污车、移动高杆照明灯、内燃式蛙式夯等

★北京京城重工机械有限责任公司
地址:北京市通州区台湖镇星湖工业园创业园路2号
邮编:100022
电话:010/61539900、52105932
传真:52105959
网址:www.jchic.com
质量体系:GB/T 19001
产品情况:(北起牌)
　　主导产品包括起重机系列、高空作业机械系列、旋挖钻机系列等

★北京科力威清洁机械厂
地址:北京市东城区新中街聚龙花园68号
邮编:100027
电话:010/64635418、13910848512
传真:64635418
网址:www.klwhw.cn
电子信箱:dfq2009@sohu.com
法人代表:邓福清
质量体系:ISO 9001
产品情况:(永江牌)
　　护栏清洗车、扫路车、自卸式垃圾车,钩臂车、地面压缩站、洒水车、吸污车、小广告清除车、大中小型除雪设备;电动清扫车、电动垃圾收运车、电动垃圾桶转运车、各种电动货车、超高压清洗机、蒸汽清污机、地面清洗机等

★北京三辰环卫机械有限公司
地址:北京市朝阳区京顺路
邮编:100028
电话:010/64315299、64317291
传真:64360842
电子信箱:bjschw@126.com
质量体系:ISO 9001
产品情况:(三辰牌)
　　垃圾车、洒水车等各种环卫专用车辆、环卫设备、各种机械零件、结构件的加工,年改装车生产能力超过400辆

★北京首钢重型汽车制造股份有限公司
地址:北京市石景山区阜石路
邮编:100043
电话:0315/7704091
网址:www.sghdt.com.cn
电子信箱:zcxs@sghdt.com.cn
质量体系:ISO 9001、ISO 14001
产品情况:矿用车辆、矿用洒水车、废钢运输车、专用半挂拖车等
出口情况:出口越南、印度、南美洲等国家和地区

★北京市园林机械厂
地址:北京市东城区天坛公园内
邮编:100050
电话:010/67016257、61279911
传真:67016257
电子信箱:bjttyl@bjttyl.com
质量体系:ISO 9001
产品情况:(园林牌)
　　绿化喷洒车、喷药洒水多用车
出口情况:出口美国、突尼斯、俄罗斯、蒙古等国家

★北京华林特装车有限公司
地址:北京市丰台区东老庄106号
邮编:100070
电话:010/83628257、83628369
传真:83628258
网址:www.bjhltzc.cn
电子信箱:bjhlt@126.com
质量体系:ISO 9001
产品情况:(华林牌)
压缩式垃圾车、自装卸式垃圾车(餐厨垃圾车)、车厢可卸式垃圾车、洒水车、自卸车、纯电动环卫车、其他专用车及环卫设备
出口情况:出口车辆总计400台以上

★北京凯特专用汽车有限公司
地址:北京市丰台区丰西路刘庄子128号
邮编:100070
电话:010/63734824、63734825
传真:63734824、63792618
网址:www.bjktqc.com
电子信箱:kaite@bjktqc.com
质量体系:ISO 9001
产品情况:(凯特牌)
高空作业车和电力专用工程车等,具备年产2000台特种专业车辆的生产能力

★北京三兴汽车有限公司
地址:北京市丰台区新村一里15号
邮编:100070
电话:010/63716231
传真:63729066
网址:www.bsx3603.com
电子信箱:chz3603@163.com
质量体系:ISO 9000
产品情况:(三兴牌)
旅居车、运/加油车、高空作业车、自卸车、油罐车、军用装备和多功能吹雪车、真空吸尘车、饲料补给车、扫路车、高压清洗车等
出口情况:出口美洲、非洲、中东、亚洲等地区

★北京城建重工有限公司
地址:北京市丰台区小屯路111号
邮编:100071
电话:010/68634396、68634397
传真:68634395
电子信箱:bucg-cjj@tom.com
质量体系:ISO 9002
产品情况:(CJJ牌)
混凝土搅拌车、混凝土泵车、散装水泥运输车、混凝土搅拌站、外用施工升降机、混凝土拖式输送泵、大直径短螺旋钻机和各种钢结构产品加工生产,改装车年生产能力可达500台

★北京天路通科技有限责任公司
地址:北京市丰台区云岗魏各庄309号
邮编:100074
电话:4006508696
网址:www.tianlutong.com.cn
电子信箱:shilu@tianlutong.com.cn
董事长(负责人):陈守碧
质量体系:ISO 9001、ISO 14001
产品情况:(天路牌)
吸尘车、扫路车、特种车、除雪车

★北京市清洁机械厂有限公司
地址:北京市丰台区南四环中路10号
邮编:100075
电话:010/67215552、67215520
传真:67215520
网址:www.bjcmf.com.cn
电子信箱:xiaoshou@bjcmf.com.cn
单位人数:300
质量体系:ISO 9001
产品情况:(亚洁牌)
机械清扫、洒水、吸污吸粪、垃圾收运及冬季除雪五大系列产品
出口情况:部分产品出口亚洲、非洲、拉丁美洲等地区

★北京天坛海乔客车有限责任公司
地址:北京市大兴区旧宫工业园南区甲25-1号
邮编:100076
电话:010/88721880、87913142
传真:87913042
网址:www.haiqiao.com
电子信箱:info@haiqiao.com
质量体系:ISO 9001
产品情况:(天坛牌)
指挥车、通信车、军警用车、医用车、监测车、检测车、路政车、工程车、防弹车、冷藏车、服务宣传车、旅居车等

★北京中城汽机械设备制造有限公司
地址:北京市大兴区旧宫镇吉庆庄南侧迎宾路8号
邮编:100076
电话:010/87963622
产品情况:(洁星牌)
垃圾车

★北京环达汽车装配有限公司
地址:北京市大兴区旧宫镇旧忠路15号
邮编:100076
电话:010/87912246
传真:87912246
电子信箱:bjhuanda@vip.163.com
质量体系:ISO 9001
产品情况:(环达牌)
车辆运输半挂车、低平板半挂车、厢式运输半挂车、集装箱运输半挂车、自卸运输半挂车、普通半挂车、计量检衡车、水泥罐车、油罐车、净水车、除雪车等
出口情况:远销东欧、西亚、中东、南非等地区

★北京诚志北分机电技术有限公司
地址:北京市海淀区清河安宁庄东路15号
邮编:100085
电话:010/82714987
传真:62841927
电子信箱:tianjinforever01@sina.com
质量体系:ISO 9001
产品情况:(诚志牌)
动(静)中通卫星通信车、多功能通信指挥车、多功能现场勘查车、反劫持特种车、干扰车、警车、环境检测车、食品卫生检测车和矿山气体检测车等

★北京北电科林电子有限公司
地址:北京市朝阳区双桥路12号
邮编:100121
电话:010/64325445
传真:64327111
网址:www.bdkcn.cn
电子信箱:bdkoffice@bdkcn.cn
单位人数:200
质量体系:ISO 9001
产品情况:(新桥牌)
电视车、监测车、指挥车、通信车

★北京载通视音频广播技术有限公司
地址:北京市大兴区福伟路24号
邮编:100162
电话:010/60293901
传真:60293901
网址:www.chinazaitong.com
电子信箱:info@zaitong.com
产品情况:(载通牌)
电视转播车、静中通、动中通卫星通信车、音频直播车、应急指挥车、多功能辅助车、多功能移动舞台车、展示车等

★北京事必达汽车有限责任公司
地址:北京市朝阳区小红门乡东路1号
邮编:100176
电话:010/87608599、87601289
传真:87608599
网址:www.bjbsp.com.cn
电子信箱:bjbsp@163.com
单位人数:80
质量体系:ISO 9001
产品情况:(弛远牌)
喷洒车、吸粪车、车厢可卸式、自装卸式(餐厨垃圾车)、压缩车、压缩式垃圾中转站、地坑式垃圾中转站等
出口情况:部分产品远销国外

★航天新长征电动汽车技术有限公司
地址:北京市亦庄经济开发区永昌南路17号
邮编:100176
电话:010/67802313
传真:67803031
网址:www.htxczgs.com
单位人数:300
质量体系:ISO 9001
产品情况:(蓝速牌)
电动汽车、专用车、特种作业车、低速电动车、车辆动力及控制系统、电动机控制器、汽车仪器仪表等

★北京北铃专用汽车有限公司
地址:北京市海淀区四季青乡南坞村甲10号

邮编:100195
电话:010/88454556、88454953
传真:88438124
网址:www.chinabeiling.com
电子信箱:bbsa@chinabeiling.com
质量体系:ISO 9001
产品情况:(北铃牌)
各种冷藏车、厢式车、保温车、特种车
出口情况:出口覆盖俄罗斯、哈萨克斯坦、阿塞拜疆、格鲁吉亚、安哥拉、柬埔寨、越南等十几个国家和地区

★北京华强京工机械制造有限公司
地址:北京市通州区工业开发区广聚街1号
邮编:101113
电话:4001176111
传真:010/61502737
网址:www.hqjg.cn
电子信箱:hqjghr001@126.com
董事长:张敬刚
质量体系:GB/T 19001
产品情况:拖式混凝土输送泵、高性能混凝土输送泵、混凝土车载泵车、液压布料机、混凝土湿喷台车等系列产品

★北京攀尼高空作业设备有限公司
地址:北京市通州区半壁店大街9号
邮编:101149
电话:010/81564407、81561834
传真:81563668
产品情况:高空作业车

★北京探矿机械厂
地址:北京市通州区怡乐中路9号
邮编:101149
电话:010/81562482、81562055
传真:81564474
网址:www.bjtk.com.cn
电子信箱:jt-rig@bjtk.com.cn
质量体系:ISO 9001
产品情况:(京探牌)
地质及工程钻机车、岩土工程施工设备等
出口情况:出口16个国家和地区

★北起多田野(北京)起重机有限公司
地址:北京市顺义区林河大街36号
邮编:101300
电话:010/89498713、89498718
传真:89498715、89498726
网址:www.bq-tadano.com
电子信箱:sales@bq-tadano.com
质量体系:ISO 9000
产品情况:(北起多田野牌)
清障车、汽车起重机、摆臂式自装卸垃圾车、车厢可卸式垃圾车、汽车起重机

★北京市威腾专用汽车有限公司
地址:北京市顺义区林河工业开发区双河大街12号
邮编:101300
电话:010/89491683、89491815
传真:89496005
产品情况:栏板半挂车、低平板式半挂车、集装箱运输车、伸缩式半挂车、凹型半挂车、应急电源半挂车、仓栅式运输半挂车、车辆运输半挂车、随车起重运输车、厢式运输半挂车、流动舞台车、旅居野营车、大型彩车、乳化沥青封层车、液氮拖车等

★北京中卓时代消防装备科技有限公司
地址:北京市顺义区马坡镇聚源中路18号
邮编:101300
电话:010/52271100、52271110
传真:52271165
网址:www.bjzzsd.com
电子信箱:bjzzsd@guangtai.com.cn
法人代表:郭少平
质量体系:ISO 9001
产品情况:(中卓时代牌)
泡沫消防车、抢险救援消防车、水罐消防车等

★北京中冀福庆专用车有限公司
地址:北京市怀柔区杨宋镇凤翔科技开发区二园9号
邮编:101400
电话:010/61675173、61675258
传真:61678033
电子信箱:gx010280@autoinfo.gov.cn
质量体系:ISO 9001
产品情况:(福庆天王牌)
自卸车

★四维-约翰逊实业股份有限公司
地址:北京市怀柔区雁栖经济开发区9号
邮编:101407
电话:010/61668516、61668740
传真:61668740
电子信箱:jinbc@fd-johnson.com.cn
质量体系:ISO 9001
产品情况:(威斯坦牌)
运钞车

★三一重工股份有限公司
地址:北京市昌平区回龙观镇北清路8号三一产业园
邮编:102206
电话:010/60738666
网址:www.sanyhi.com
电子信箱:crd@sany.com.cn
董事长:梁稳根
质量体系:ISO 9000、ISO 14001
产品情况:(三一牌)
混凝土输送泵、混凝土输送泵车、混凝土搅拌站、沥青搅拌站、履带起重机、汽车起重机、旋挖钻机、压路机、摊铺机、平地机等

★北京安龙特种车辆有限公司
地址:北京市房山新城燕房片区8号街区005地块
邮编:102400
电话:010/67192266
传真:67152020
网址:www.anlong.cn
电子信箱:office@anlong.cn
法人代表:常香
产品情况:(安龙牌)
囚车、警犬运输车、测量工程车

★北京北重汽车改装有限公司
地址:北京市房山区窦店镇
邮编:102433
电话:010/80202458、4006400795
网址:www.bjbzzyc.cn
电子信箱:bz.qzcsyb@163.com
单位人数:300
质量体系:ISO 9001
产品情况:(北重电牌)
自卸车、半挂车、罐式车、厢式车、工程车等各类改装车
出口情况:远销海外

★北京市政中燕工程机械制造有限公司
地址:北京市大兴区长子营镇工业区企融路1号
邮编:102600
电话:010/68844786、68844670
传真:88922156、88921209
电子信箱:bjzyqzc@126.com
质量体系:ISO 9001
产品情况:(中燕牌)
罐式类系类:洒水车、运油车、吸污车、清洗车;牵引车系类:半挂厢式车、半挂仓栅车、半挂载货车、半挂底平板等产品;专门为首钢设计并生产的钢厂低速牵引车;新型驾驶室;环卫类系类:勾臂车、压缩垃圾车、除雪车、高压清洗扫路车等产品

★北京晨光天云特种车辆有限责任公司
地址:北京市大兴区埝坛工业开发区天富大街12号
邮编:102600
电话:010/61252671、63967501
传真:61252501、63964503
电子信箱:cgty@bjtianyun.com
质量体系:ISO 9001
产品情况:(三晶-史密斯牌)
普通冷藏保温车、厢式运输车、军用方舱、通信电源车、电视转播车、工程抢险车、赛车维修车、医疗垃圾转运车、地震仪器车、移动销毁车、半挂翼展车和危险品运输车等

★北京新能源汽车股份有限公司
地址:北京市大兴区采育镇采和路1号
邮编:102606
电话:010/80278085
传真:80278363
网址:www.bjev.com.cn
电子信箱:zhaopin@bjev.com.cn
负责人:郑刚
产品情况:(北京牌)
新能源汽车的核心零部件、纯电动汽车、混合动力汽车的生产销售以及配套的充电系统、电池更换系统的生产

销售

天津市

★天津市华夏车辆制造有限公司
地址:天津市西青区中北镇政府南
邮编:300112
电话:022/27914602、27944712
传真:27914602
电子信箱:huaxia@ mail. xq. gov. cn
产品情况:(天华兴牌)
纯电动厢式运输车

★天津市天工工程机械有限公司
地址:天津市华苑产业区海泰南北大街5号第三厂区
邮编:300180
电话:022/24930353、58396192
传真:58396192、84372240
网址:www. tgem. com. cn
电子信箱:tggc@ tgem. com. cn
质量体系:ISO 9001
产品情况:(天通牌)
高压柱塞泵及高压清洗成套设备、清洗车、计量泵及成套加药装置、路面施工机械等产品
出口情况:远销亚洲、非洲、南美洲、中东地区

★国宏汽车有限公司
地址:天津市滨海新区大港油田第二采油作业区
邮编:300280
电话:022/24412503、4001170667
网址:www. ghcar. cn
电子信箱:gh@ ghcar. cn
产品情况:(泓锋泰牌)
厢式运输车、纯电动厢式运输车、半挂车、洒水车、充电桩等

★中国石油大港油田分公司
地址:天津市大港区三号院
邮编:300280
电话:022/25918732、25910255
传真:25948426
网址:www. cnpc. com. cn
电子信箱:wangpzhong@ petrochina. com. cn
单位人数:12500
产品情况:(卡瑞特牌)
焊接工程车、石油修井机、输砂车、压裂车等专用车

★天津劳尔工业有限公司
地址:天津市东丽开发区四纬路
邮编:300300
电话:022/24990201、24993992
传真:24994854
网址:www. tianjinlohr. com
电子信箱:iwen3679@ 163. com
质量体系:ISO 9001
产品情况:(劳安牌)
车辆运输半挂车、油罐半挂车、自卸半挂车及其他各种半挂车和挂车
出口情况:远销欧洲、美洲、亚洲、非洲、大洋洲几十个国家和地区

★天津凯德实业有限公司
地址:天津市天津港保税区空港物流加工区保税路350号
邮编:300308
电话:022/58098777
传真:58098788
网址:www. tj - hitech. com
电子信箱:hitech@ tj - hitech. com
质量体系:ISO 9001
产品情况:(凯德特车牌)
压缩机车、氮气增压车、氮气发生车

★天津探矿机械有限公司
地址:天津市西青经济开发区海泽路2号
邮编:300385
电话:022/83963461、83963466
传真:83963466
网址:www. tjzuanji. com
电子信箱:tjtkyxb@ 163. com
法人代表:蔡建国
单位人数:304
质量体系:ISO 9001
产品情况:(天探(TT)牌)
各种车载钻机、车装钻机、拖车钻机、散装水文水井钻机、岩心钻机、地质专用泥浆泵、卷扬机及各种钻探工具
出口情况:出口南美洲、非洲、东南亚等20多个国家和地区

★天津清源电动车辆有限责任公司
地址:天津市开发区西区新业五街19号
邮编:300457
电话:022/66320021、66320013
传真:66320013 - 6615
网址:www. qyev. com
电子信箱:qyev@ . qyev. com
法人代表:吴志新
产品情况:(清源牌)
纯电动汽车(轿车、微型货车)、混合动力汽车(轿车)、纯电动垃圾车、纯电动服务车、纯电动邮政车、清洁燃料汽车等
出口情况:出口欧洲、美洲市场

★天津伊利萨尔客车制造有限公司
地址:天津市天津港保税区海滨十一路167号
邮编:300461
电话:022/65225631、65225630
传真:65225638
网址:www. irizartj. cn
电子信箱:kongyao@ irizartj. com
质量体系:ISO 9001
产品情况:(伊利萨尔(IRIZAR - TJ)牌)
大型客车、豪华旅游客车、城市客车
出口情况:出口澳大利亚、新西兰,并销往中国香港地区

★中天高科特种车辆有限公司
地址:天津市武清开发区泉发路30号
邮编:301700
电话:022/82128100
传真:82119157
网址:www. centechsv. com
电子信箱:csc@ centechsv. com
质量体系:ISO 9001
产品情况:(中天之星牌)
旅居车、豪华商务车、移动房屋、军用方舱、加长礼宾车、爆破器材运输车、电视转播车、通信指挥车、流动监测车、检测车、流动诊疗车、旅居半挂车、装甲运兵车、集装箱半挂车、军警特种车辆、工程车等
出口情况:出口美国、孟加拉国、澳大利亚等国家

★天津市东方先科石油机械有限公司
地址:天津市武清区福源经济区福旺道1号
邮编:301701
电话:022/29535758、29538108
传真:29535758
网址:www. dfxk. com
电子信箱:js@ dfxk. com
单位人数:1500
质量体系:ISO 9001
产品情况:(津石牌)
石油钻机、修井机、钻采配件、井口工具等
出口情况:远销俄罗斯、美国、苏丹、乌克兰、哈萨克斯坦、乌兹别克斯坦、印度尼西亚、哥伦比亚、巴西、沙特阿拉伯、罗马尼亚、叙利亚、利比亚、伊朗等30多个国家

★天津市图强专用汽车制造有限公司
地址:天津市武清区南蔡村镇京津公路西侧66号
邮编:301709
电话:022/29413196、15122532355
传真:29413196
网址:www. tjtuqiang. com
质量体系:GB/T 19001
产品情况:半挂车、翼展车、骨架车、自卸车、颗粒物料运输车、危险品专用车、混凝土搅拌车、冷藏保温车等系列

★扫地王(天津)专用车辆装备有限公司
地址:天津市蓟县经济开发区盘龙山路1号扫地王环保装备园
邮编:301900
电话:022/26330200、26775001
传真:24220610
电子信箱:saodiwang@ 163. com
质量体系:ISO 9001
产品情况:(华环牌)
扫路车、洗路车、吸污排污车、除雪/融雪车、压缩式垃圾车及转运装置、垃圾焚烧炉等

出口情况:出口泰国、日本、摩洛哥、印度尼西亚等国家

★天津嵩山挂车有限公司
地址:天津市蓟县邦均镇东3公里
邮编:301901
电话:022/22888888
传真:22888008
网址:www.tj-songshan.com
电子信箱:tjsongshanguache@126.com
董事长:赵石山
单位人数:550
质量体系:ISO 9001
产品情况:(八匹马牌)
　　自卸全挂车、集装箱运输半挂车、低平板半挂车、厢式半挂车、半挂车、自卸半挂车、自卸车,挂车配件

河北省

★石家庄煤矿机械有限责任公司
地址:石家庄市跃进路111号
邮编:050031
电话:0311/85916723、4000311396
传真:85053656、85672140
网址:www.smjgs.com
电子信箱:smjgsscb@126.com
单位人数:2300
质量体系:ISO 9001
产品情况:(钻王牌、石煤牌)
　　煤矿专用设备、工程钻探设备、随车起重机、清障车、救护车、高空作业车
出口情况:远销20多个国家和地区

★河北星达汽车集团有限公司
地址:石家庄市新华区北外环西路369号
邮编:050061
电话:0311/87772125、67509005
传真:87769020
网址:www.xingdacars.com
电子信箱:xdqc2008@163.com
单位人数:260
质量体系:ISO 9001
产品情况:(星达牌)
　　主要产品有重型货车系列、自卸车、厢式车系列、环卫车系列、半挂车系列,年改装能力10000辆

★河北兴发专用汽车制造有限公司
地址:石家庄市新华区西王北街28号
邮编:050071
电话:0311/83625354、83618360
传真:83618526
网址:www.hebeixingfa.com
单位人数:450
质量体系:ISO 9001
产品情况:(可利尔牌)
　　年生产半挂车、全挂车、改装车、特种车6000余辆

★河北冀川实业总公司
地址:河北省鹿泉市118号信箱
邮编:050202
电话:0311/82215209、82210295
传真:82215360
网址:www.hebjichuan.com
电子信箱:hbjc6411@vip.sina.com
单位人数:1300
质量体系:GB/T 19001
产品情况:(骆驼牌)
　　工程工具及大型工程机械配件等多种产品

★河北金运专用汽车有限公司
地址:河北省鹿泉市黄壁庄镇工业园区
邮编:050224
电话:0311/82209111、18931150190
传真:82209888
网址:www.hebeijinyun.com
质量体系:ISO/TS 16949
产品情况:各种系列集装箱运输车、半挂车、厢式货车、全挂车、轿运车、各种低平板车

★河北翼凌机械制造有限公司
地址:石家庄市井陉县15号信箱
邮编:050307
电话:0311/82358555、82358872
传真:82358555
电子信箱:yilingyxb@hbyiling.com
质量体系:ISO 9001
产品情况:(巍岭牌)
　　加油车、运油半挂车、自卸车、车辆运输半挂车、普通半挂车、平板半挂车、集装箱运输车、仓栅式半挂车、厢式半挂车、全挂车等

★石家庄安瑞科气体机械有限公司
地址:石家庄装备制造基地裕翔街169号
邮编:051430
电话:0311/81663681、81663791
传真:81663681、81663785
网址:sjz.cimc.com
电子信箱:sjzmarketing@enricgroup.com
法人代表:高翔
质量体系:ISO 9001、ISO 14001
产品情况:(安瑞科(Enric)牌)
　　高压气瓶储运设备、低温液体储运设备、化工物料储运设备、天然气加气站、移动式氢气加气子站、LNG/LCNG加气站、模块化CNG撬装供气站等集成服务

★河北鹏达专用汽车有限公司
地址:石家庄市藁城市高速公路与西大街交叉口处西
邮编:052160
电话:0311/8815555
传真:8815555
网址:www.hebpengda.com
电子信箱:hbpengda@163.com
产品情况:(辉煌鹏达牌)
　　仓栅式半挂车、栏板半挂车、路面综合养护车、平板半挂车、随车吊、厢式半挂车等产品

★河北宏昌天马专用车有限公司
地址:石家庄市经济技术开发区清源街
邮编:052160
电话:0311/87752941
网址:www.hctm.com.cn
电子信箱:hctm@163.com
质量体系:ISO 9001
产品情况:(宏昌天马牌)
　　自卸汽车
出口情况:出口自卸汽车

★河北力钧长恒专用汽车制造有限公司
地址:河北省无极县大陈工业区
邮编:052461
电话:0311/85555558、85569999
传真:85588868
网址:www.hbljch.com
电子信箱:gx030242@autoinfo.gov.cn
法人代表:白立君
产品情况:(飞花牌)
　　主要产品有旅居车、拖挂式房车、自行式房车、移动别墅、自卸车、普通半挂车、全挂车、集装箱运输车、厢式运输车、运加油半挂车、粉粒物料运输车、混凝土搅拌车等各种专用车;具备年生产各种专用汽车9700辆的生产能力

★河北驹王专用汽车股份有限公司
地址:河北省衡水市枣强县东外环北路6号
邮编:053100
电话:0318/8233999、8260826
传真:8260695、8260709
电子信箱:hebeijuwang@yeah.net
质量体系:ISO 9001
产品情况:(驹王牌)
　　各种半挂车、全挂车、自卸车、罐式车、粉粒运输车、混凝土搅拌运输车、LED多媒体流动宣传车等

★河北顺捷专用汽车制造有限责任公司
地址:河北省衡水市苏正冀衡路北侧
邮编:053500
电话:0318/2165555、5990222
传真:2285099
网址:www.hbshunjie.com
电子信箱:hb_sj@163.com
质量体系:ISO 9001
产品情况:(川腾牌)
　　普通半挂车、仓栅式半挂车、厢式半挂车、集装厢式半挂车、平板半挂车、罐式半挂车、自卸车等

★河北九通专用汽车有限公司
地址:河北省阜城县富强东路639号
邮编:053700
电话:0318/4620838
传真:4620316、4632888
质量体系:ISO 9001
产品情况:(福运祥牌)
　　仓栅式运输半挂车、厢式半挂车、

集装箱运输半挂车、车辆运输半挂车、低平板半挂车

★河北福玉专用汽车有限公司
地址:河北省邢台市新兴西大街1616号
邮编:054000
电话:0319/2996601
传真:2996171
产品情况:(福玺牌)
粉粒物料运输车、散装水泥车、化工运输车、运油车、加油车、洒水车

★邢台华通专用汽车有限公司
地址:河北省邢台市高速北口东3公里
邮编:054001
电话:0319/7576200、7576158
传真:7630900
网址:www.xthuatong.com
电子信箱:ht.automobile@xthuatong.com
单位人数:300
质量体系:ISO 9001
产品情况:(华任牌)
生产并改装各类自卸车、油罐车、半挂车、全挂车、厢式车、冷藏车、保温车、铝合金翼展厢式车等
出口情况:出口南美洲、非洲、东南亚、东欧的多个国家和地区

★河北华旗专用汽车制造有限公司
地址:河北省邢台县会宁镇霍楼村村东
邮编:054001
电话:0319/2815199、18730975678
传真:2815999
网址:www.hebhuaqi.com
电子信箱:huaqi@hebhuaqi.com
负责人:武梅林
单位人数:300
质量体系:ISO 9001
产品情况:(旗林牌)
运油车、化工原料运输车、自卸车、小型多功能加油车、散装水泥车、混凝土搅拌运输车、多功能洒水车、易燃液体罐式运输车、半挂车等

★河北御捷马专用车制造有限公司
地址:河北省清河县经济技术开发区太行南路19号
邮编:054800
电话:0319/8717608
传真:8717618
网址:www.yogomotruck.com
电子信箱:yujiema_2009@163.com
单位人数:300
质量体系:ISO 9001
产品情况:(御捷马牌)
冷藏保温系列运输车、翼开启厢式系列运输车、通信车、邮政车、易燃液体罐式运输车、水泥搅拌车、洒水车等产品以及铝合金(承载式车身结构)厢式系列半挂车

★邯郸市路神专用汽车有限公司
地址:河北省邯郸市309国道369号
邮编:056002
电话:0310/5105555、5106666
传真:5105555
网址:www.zgzqhdls.com
电子信箱:zqhdls@sina.com
质量体系:ISO 9001
产品情况:(路神牌)
改装自卸车、半挂车、厢式车、罐式车、水泥粉式运输车、混凝土搅拌车、布料车、城市专用车、石油专用车、消防车等10多个系列280个品种的中型专用汽车

★新兴能源装备股份有限公司
地址:河北省邯郸市开发区和谐大街99号
邮编:056107
电话:0310/5807570、5807676
传真:5807525、5807545
网址:www.xxzjgs.com
电子信箱:xxhjzjl@xxhjgs.com
法人代表:汪宇
质量体系:ISO/TS 16949、ISO 14001
产品情况:(宝环牌)
高中压气瓶拖车、LNG液化天然气拖车、LNG低温液体半挂车等
出口情况:出口泰国、新加坡、哥伦比亚等多个国家

★河北富华专用汽车制造有限公司
地址:河北省邯郸市成安工业园区邯大路33号
邮编:056700
电话:0310/5231716
传真:5231768
网址:www.hebeifuhua.com
电子信箱:gx030304@autoinfo.gov.cn
单位人数:163
质量体系:ISO 9001
产品情况:(翼马牌)
汽车全挂车、铁水运输半挂车(钢包车)、全挂自卸车及汽车专用车钣金件

★邯郸冀东专用车有限公司
地址:河北省肥乡经济开发区创业街1号
邮编:057550
电话:0310/5646666
传真:5646188
网址:www.hdjdzyc.com
电子信箱:hdjdzyc@qq.com
单位人数:420
产品情况:厢式、仓栅式、骨架式、低平板等各种半挂车及自卸车

★肥乡县远达车辆制造有限公司
地址:河北省邯郸市肥乡县城东3公里309国道路南
邮编:057550
电话:0310/8528119、13383308288
传真:8528666
网址:www.fxydcl.com
电子信箱:yuandacheliang@163.com
单位人数:800
质量体系:ISO 9001
产品情况:(永康牌)
自卸车、厢式运输半挂车、低平板半挂车、仓栅式运输半挂车、集装箱运输半挂车、铁水运输半挂车、全挂车等60多个型号品种

★邯郸宇康集团有限公司
地址:河北省邯郸市广平县东城路南段
邮编:057650
电话:0310/2521242
传真:2523174
电子信箱:hbyk@hbyk.com.cn
质量体系:ISO 9001
产品情况:(宇康牌)
轻、中、重型载货汽车、低速货车、专用车等
出口情况:销往中国台湾地区

★汇达重工股份有限公司
地址:河北省沧州市高新技术开发区吉林大道
邮编:061000
电话:0317/6193444
传真:2191808
网址:www.hdzgjt.com
电子信箱:hbhdcl@126.com
产品情况:(汇达牌)
液化气体罐车、低温液体罐车、化工类罐车、罐箱和储罐

★河北昌骅专用汽车有限公司
地址:河北省黄骅市城西2公里路北
邮编:061100
电话:0317/5332468、8881122
传真:5336005
网址:www.hhchanghua.com
电子信箱:hhchgs@163.com
董事长:关世杰
单位人数:800
质量体系:ISO 9001
产品情况:(昌骅牌)
9~55t各式栏板半挂车、各容积铝合金罐车,集装箱运输车、运油车(化工液体罐、玻璃钢罐、不锈钢罐)、散装水泥车、混凝土搅拌运输车、厢式半挂车、散装粮食运输车等9个系列80余个品种
出口情况:远销俄罗斯、北美洲、非洲、中东等国家和地区

★河北亚峰专用汽车制造有限公司
地址:河北省黄骅市羊三木工业区18号
邮编:061100
电话:0317/5985889
传真:5985919
网址:www.hbyfzq.cn
电子信箱:hbyfzq@126.com
单位人数:200
质量体系:ISO 9001
产品情况:(亚峰牌)
混凝土泵车、运油半挂车、加油车、化工液体运输半挂车、混凝土搅拌运输

车、散装水泥半挂车、城市环卫车、散装粮食车等专用汽车

★河北宏泰专用汽车有限公司
地址:河北省黄骅市羊三木乡205国道西侧
邮编:061100
电话:0317/5985688、5985681
传真:5470444
网址:www.hongtaitrailer.com
电子信箱:htxiaoshoubu@126.com
单位人数:1500
质量体系:ISO 9001
产品情况:(正康宏泰牌)
运油半挂车、单机上装油罐、单机上装水泥罐、散装水泥半挂车、混凝土搅拌运输车、普通半挂车、低平板半挂车、厢式半挂车等80多个品种;产能每年3000辆
出口情况:部分产品远销非洲、中西亚等地区

★河北渤海石油装备专用车有限公司
地址:河北省任丘市会战道北站西路58号
邮编:062552
电话:0317/2723050、2722777
传真:2715649
电子信箱:gzcyyx@163.com
法人代表:李建波
质量体系:ISO 9001
产品情况:(油龙牌)
运油车、供液车、半挂运油车、固井水泥车、随车起重运输车、砂罐车、超导热洗车、高压注水洗井车、运灰车、下灰库、立式固井下灰罐、切割罐、地埋储油罐、车装罐等产品
出口情况:出口蒙古、哈萨克斯坦、古巴、苏丹、肯尼亚等国家

★唐山唐鸿重工专用汽车有限公司
地址:河北省唐山市丰南区开发区兴工街6号
邮编:063000
电话:0315/2962800、2963936
传真:2966033、2963666
电子信箱:hongda-7896@163.com
法人代表:张娟
质量体系:ISO 9001
产品情况:(唐鸿重工牌)
混凝土搅拌运输车,厢式、仓栅式、低平板、集装箱等运输半挂车,运油半挂车,自卸车等
出口情况:出口非洲、中亚、中东、东南亚地区

★唐山亚特专用汽车有限公司
地址:河北省唐山市高新区贾庵道
邮编:063000
电话:0315/7729515、7729555
传真:7729518
网址:www.yateauto.com
电子信箱:yateauto@yateauto.com
单位人数:1000
质量体系:ISO 9001
产品情况:(亚特重工牌)
混凝土搅拌运输车、散装物料运输车、低温液化天然气运输车、油罐车、半挂车和旅居车等
出口情况:远销欧美、东南亚、非洲等地区

★唐山市宏远专用汽车有限公司
地址:河北省唐山市路南区唐胥路南侧108间
邮编:063000
电话:0315/2710035
传真:2810017、2710035
网址:www.tshongyuan.com
电子信箱:hongyuan2008@vip.sina.com
单位人数:130
质量体系:ISO 9000
产品情况:(立一牌)
公路测试车、路面横向力系数检测车、桥梁检测车、机械式清扫车、交通安全设施清洗车、多功能抑尘车等

★上汽唐山客车有限公司
地址:河北省唐山市唐海县曹妃甸新区临港产业园区十里海南路29号
邮编:063000
电话:0315/8791911
网址:www.saicmotor.com
产品情况:(飞翼牌)
混合动力城市客车、纯电动城市客车、纯电动客车

★唐山众兴专用汽车制造有限公司
地址:河北省唐山市丰南区丰南经济开发区迎宾西侧华通街
邮编:063300
电话:0315/8167788、5098111
传真:5098101
质量体系:ISO 9001
产品情况:(齐安牌)
半挂车、混凝土搅拌车

★唐山冀东专用车有限公司
地址:河北省唐山市滦县新城台商工业园
邮编:063700
电话:0315/7167633
传真:7167633
质量体系:ISO/TS 16949
产品情况:(冀东巨龙牌)
半挂车、改装车、混凝土搅拌运输车、自卸汽车等

★廊坊开发区新赛浦石油设备有限公司
地址:河北省廊坊市经济开发区花园道
邮编:065001
电话:0316/5299931、5299919
传真:5299923
网址:www.hmpetro.com
电子信箱:lfsincep@163.com
单位人数:154
质量体系:ISO 9001、GJB 9001A
产品情况:(华美牌)
单双滚筒多功能电缆测试车、射孔车、测卡解卡车、随钻测井车、撬装电缆绞车、修井车、试井车、抽汲车、清蜡车等油田专用特种作业设备
出口情况:出口中东、印度尼西亚、秘鲁、哈萨克斯坦等国家和地区

★廊坊京联汽车改装有限公司
地址:河北省廊坊市开发区翠青北道8号
邮编:065001
电话:4006918008、18730631113
网址:www.tuomaqzc.com
电子信箱:jltuoma@163.com
质量体系:ISO 9000
产品情况:(驼马牌)
清障车、旅居车、普通厢式货车、保温车、冷藏车、畜禽运输车等6大系列40余个品种的产品

★三河市新宏昌专用车有限公司
地址:河北省三河市东城区昌盛大街1号
邮编:065200
电话:0316/3182677
网址:www.hctm.com.cn
电子信箱:xhcren2009@126.com
产品情况:(宏昌威龙牌、宏昌天马牌)
半挂车、混凝土搅拌运输车、厢式半挂车、运油车、自卸车

★河北安旭专用汽车有限公司
地址:河北省廊坊市京秦高速香河出口南50米路东
邮编:065400
电话:0316/8315768
传真:8222123
网址:www.anrising.com
电子信箱:xcx2199@163.com
产品情况:(安旭牌)
通信车、指挥车、电视转播车、医疗车、铝合金翼开启式厢式运输车、铝合金厢式冷藏车、车厢可卸式垃圾车、除雪车等

★北京建安特西维欧特种设备有限公司
地址:河北省香河经济开发区夏安路
邮编:065402
电话:0316/8219901、8219986
传真:8219911
网址:www.jat-cva.com.cn
电子信箱:office@jat-cva.com.cn
质量体系:ISO 9001
产品情况:(建安特西维欧牌)
低温储罐、低温汽车罐车、罐式集装箱、半挂车等

★石家庄金多利专用汽车有限公司
地址:河北省香河经济开发区夏安路
邮编:065402
电话:0311/85710885、85710886
传真:85710886
网址:www.jdlzyqc.com
产品情况:(金多利牌)
半挂车、扫路车、随车起重车等

★秦皇岛新谊工程有限公司
地址:河北省秦皇岛市海港区北环路

118 号
邮编:066001
电话:0335/3018303
传真:3018313
网址:www. qhdxinyi. com
电子信箱:atl@ heinfo. net
单位人数:150
质量体系:ISO 9001
产品情况:(旭环牌)
中转站、车厢可卸式垃圾车、后装压缩式垃圾车、医疗垃圾车

★秦皇岛金程汽车制造有限公司
地址:河北省秦皇岛经济技术开发区黄海道
邮编:066004
电话:0335/7671933、7671920
传真:7671935
网址:www. jc - auto. net
电子信箱:jcqcxs@ 163. com
质量体系:ISO 9001
产品情况:(金程牌)
金程海狮轻型客车、电动小型货车和电动小客车、厢式运输车等
出口情况:出口亚洲、非洲、中东、南美洲等多个国家和地区

★秦皇岛市思嘉特专用汽车有限公司
地址:河北省秦皇岛市卢龙工业园迎宾路 168 号
邮编:066400
电话:0335/7171999、7172999
传真:7111189
网址:www. sijiate. com
电子信箱:sales@ sijiate. com
单位人数:158
质量体系:ISO 9001
产品情况:(思嘉特牌)
智能稀浆封层车、全智能/电子控制沥青洒布车、智能同步碎石封层车、石屑撒布车、移动式沥青加热运输罐车、道路清障车、垃圾车、高空作业车等公路养护专用车、扫路机等
出口情况:出口俄罗斯、阿尔及利亚、利比亚、哈萨克斯坦等国家

★昌黎县川港专用汽车制造有限公司
地址:河北省昌黎县京山铁路张家庄车站北
邮编:066600
电话:0335/2082668、2181116
传真:2181482
网址:www. clcgc. com
电子信箱:clcgc@ 163. com
单位人数:300
质量体系:ISO 9001
产品情况:(华星牌)
半挂车、全挂车、工程机械专用车、粉粒物料运输专用车、铁水运输车、乳化沥青封层车、油罐车、自卸车、起重机、厢式货车、垃圾车、垃圾中转站等

★保定北奥石油物探特种车辆有限公司
地址:河北省保定市徐水县 121 -9 信箱
邮编:072552
电话:0312/8752040、8752041
传真:8752039
网址:www. basv. com. cn
电子信箱:basv@ basv. com. cn
董事长:王其中
负责人:王乃健
质量体系:ISO 9001
产品情况:(沙驼牌)
沙漠车、沙漠工程车、仪器车、物探工程车、住宿车、氮气发生车等
出口情况:远销伊朗、伊拉克、苏丹、格鲁吉亚、俄罗斯、沙特阿拉伯、巴基斯坦、利比亚、阿尔及利亚、尼日尔、墨西哥等国家

★保定宏业石油物探机械有限责任公司
地址:河北省保定市徐水县 121 -6 信箱
邮编:072553
电话:0312/8649516、8649420
传真:8649334
网址:www. bdhongye. com. cn
电子信箱:yx@ bdhongye. com. cn
质量体系:ISO 9001
产品情况:(物探牌、宏业牌)
浅海钻机、沼泽钻机、车装钻机、拖拉机钻机、人抬/直升机吊装钻机、超轻型钻机、钻具等
出口情况:出口哈萨克斯坦、阿尔巴尼亚、苏丹、尼日尔、乍得、巴基斯坦、缅甸、伊朗、伊拉克、也门、印度尼西亚、阿联酋、沙特阿拉伯、墨西哥、委内瑞拉等 10 多个国家

★天马汽车集团有限公司
地址:河北省保定市 107 国道定兴环岛南
邮编:072650
电话:0312/6923721、6821610
传真:6923637、6820177
电子信箱:qh@ tianmaauto. com
质量体系:ISO 9001
产品情况:(天马牌)
皮卡、SUV、海狮轻型客车、重型货车、车载混凝土泵车、混凝土搅拌运输车等

★天马汽车集团专用汽车有限公司
地址:河北省保定市定兴县朝阳路 33 号
邮编:072650
电话:0312/6923721、6921723
传真:6923637、6820177
电子信箱:bdtm_xs@ tom. com
产品情况:自卸车、厢式车、半挂车、油罐车、仓栅式车及载货车

★恒天大迪汽车有限公司
地址:河北省定兴县迎宾南街 111 号
邮编:072650
电话:0312/6820065
传真:6929835
网址:www. htddqc. com
电子信箱:bddqc@ bddqc. com. cn
单位人数:1000
质量体系:ISO 9001
产品情况:(大迪牌)
仓栅式运输半挂车、自卸汽车、搅拌车等系列专用车型,年产 1 万辆
出口情况:仓栅式运输半挂车、自卸汽车出口俄罗斯、牙买加、中东、非洲、东南亚等国家和地区

★新凯汽车集团有限公司
地址:河北省高碑店世纪东路 6 号
邮编:072750
电话:0312/6391116、6390113
网址:www. hbxk. com
电子信箱:syjxinkai@ 163. com
质量体系:ISO 9000
产品情况:(新凯牌)
皮卡车、旅居车、豪华越野车、奔驰改装车、多功能商务车、轻型货车、专用车等多个系列 40 种产品
出口情况:出口 103 个国家和地区

★河北华运顺通专用汽车制造有限公司
地址:河北省曲阳县北环路 468 号
邮编:073100
电话:0312/4066777、13513288091
传真:4299696
网址:www. hbhyst. com
电子信箱:904529814@ qq. com
产品情况:(顺运牌)
集装箱运输车、液压轴线运输车、自卸车、普通半挂车、低平板/仓栅式半挂车等

★张家口大地专用汽车制造有限公司
地址:河北省张家口市桥东区工业新春街
邮编:075000
电话:0313/4082026、4082002
传真:4082003
电子信箱:zjkdadi@ 163. com
质量体系:ISO 9001
产品情况:(张拖牌)
ZTC 系列粉粒物料运输车、厢式运输半挂车、半挂车、自卸汽车、散装水泥车、仓栅式运输半挂车、低平板运输半挂车、吸粪车、扫路车
出口情况:出口俄罗斯、蒙古、沙特阿拉伯等国家 100 辆半挂车

★张家口中地装备探矿工程机械公司
地址:河北省张家口市桥东区工业路 4 号
邮编:075026
电话:0313/4080349、4080236
传真:4057987、4062804
网址:www. ztjxgs. com
电子信箱:ztgsxs@ 126. com
董事长:卢元林
单位人数:906
质量体系:ISO 9001、ISO 14001
产品情况:(张探牌)
地质岩心钻机系列,工程施工钻机系列,水文水井钻机系列,钻机车系列,石油机械产品(抽油杆及其接箍),一、二类压力容器和金属结构件等

出口情况：抽油杆产品远销美国、阿根廷、印度尼西亚等国家

★张家口慧英专用汽车有限公司
地址：河北省张家口市阳原县高化工业园区
邮编：075800
电话：0313/7313333、18931302888
网址：www.huiyingqiche.com
电子信箱：zjkhyqc@126.com
单位人数：80
产品情况：以粉粒物料半挂运输车和压缩式垃圾车为主，年产能达到2000辆

★河北万众矿山机械有限公司
地址：河北省深州市城市新区泰山东路北侧
邮编：18118
电话：0318/3312666、7037772
传真：3312666
网址：apboze.xh2008.mynet.cn
电子信箱：wztruck@163.com
单位人数：240
产品情况：矿用自卸车、SUV用自动变速器

山西省

★太原轻型汽车总厂
地址：太原市建设南路698号
邮编：030006
电话：0351/7061822
传真：7040891
电子信箱：svw0401@public.ty.sx.cn
质量体系：ISO 9000
产品情况：轻型汽车

★山西皇城相府宇航汽车制造有限公司
地址：太原市经济技术开发区唐槐路101号
邮编：030032
电话：0351/7966085、4006035193
传真：7966098
网址：www.hcxfyhqc.com
电子信箱：158291814@qq.com
法人代表(负责人)：胡国胜
单位人数：150
质量体系：ISO 9001
产品情况：(山西牌)
纯电动客车、天然气客车、混合动力客车等新能源轻型客车，大中型客车；2015年产350辆

★山西青特汽车有限公司
地址：太原市经济技术开发区正阳街南
邮编：030060
电话：0351/7819677
网址：www.qt-group.com
产品情况：(青特牌)
自卸车、半挂车、洒水车

★榆次通用挂车制造有限公司
地址：山西省晋中市开发区108国道高村段
邮编：030600
电话：0354/2458111、2458138
传真：2458187
网址：www.yctygc.com
电子信箱：yctygc@163.com
董事长：赵春喜
单位人数：200
质量体系：ISO 9001
产品情况：(榆公牌)
自卸车，年产自卸汽车5000辆

★山西兰田专用车有限公司
地址：山西省晋中市开发区民营经济科技园1号路北
邮编：030600
电话：0354/3961609、3961603
传真：3961604
电子信箱：gx040222@autoinfo.gov.cn
产品情况：(兰田牌)
各类专用车和特种汽车、自卸汽车、混凝土搅拌运输车、车载式混凝土泵车

★山西恒成特种车辆制造有限公司
地址：山西省晋中市榆次区东外环建国桥北300米处
邮编：030600
电话：0354/3027288、3106999
传真：3022788
网址：www.sxhccl.com
电子信箱：hengcheng@jz-hengcheng.com
单位人数：203
质量体系：ISO 9001
产品情况：(恒成牌)
具备了年产2000台5～15t系列全挂车和1000台10～50t系列半挂车、自卸车、民用车改装的生产能力

★山西北宇专用车有限公司
地址：山西省大同市经济技术开发区金龙大街
邮编：037010
电话：0352/6206886、6206868
传真：6206858
网址：www.sxbyjt.com
电子信箱：sxbyjt@126.com
董事长：杜恒军
质量体系：ISO 9001
产品情况：自卸车、半挂车、罐式车、厢式车

★陕汽大同专用汽车有限公司
地址：山西省大同市装备制造产业园区
邮编：037300
电话：0352/8152007、8152012
传真：8152007
网址：www.sqzxk.com
产品情况：新能源(LNG、CNG)汽车、专用汽车(自卸车、半挂车、水泥搅拌车、粉状罐车、油罐车等)、非公路矿用自卸车等

★山西大运汽车制造有限公司
地址：山西省运城市空港新区通达北路8号
邮编：044000
电话：0359/2537999、2537333
传真：2537537
网址：www.dayunmotor.com
电子信箱：sxdy@dayunmotor.com
法人代表：远勤山
负责人：陈澔利
单位人数：2000
质量体系：ISO 9001
产品情况：(大运牌)
载货车、自卸车、牵引车、专用车、挂车5大系列车型
出口情况：出口非洲、南美洲、亚洲等地区

★山西卓里克劳耐商用车厢有限公司
地址：山西省运城市临猗县卓里北郊
邮编：044000
电话：0359/4168318、13753926540
传真：4168318
网址：www.zhuoli.net
电子信箱：zljtcmf@163.com
单位人数：300
质量体系：ISO 9001
产品情况：(卓里-克劳耐牌)
医疗物资保障车、医疗紧急救护车、紧急救援保障车、医疗留观救治车、紧急救援垃圾清理车、紧急救援人员运输车、半挂车、全挂车、交换式车厢和交换式底盘，以及改装车、空气悬架等

★长治清华机械厂
地址：山西省长治市清华街
邮编：046012
电话：0355/3912567
传真：3028007
网址：www.qhm.cn
电子信箱：qhzycgs@126.com
质量体系：ISO 9001
产品情况：(沃达特牌)
随车起重运输车等各类专用车、城市固体生活垃圾综合处理设备、立体停车设备等
出口情况：出口日本、中东、欧洲、非洲

★山西惠丰特种汽车有限公司
地址：山西省长治市南环西街9号
邮编：046013
电话：0355/6068022、6061252
传真：2168016
电子信箱：hfkj2007@126.com
法人代表：冯志君
产品情况：(惠丰安拓牌)
炸药混装车、通信车、摆臂式垃圾车
出口情况：出口俄罗斯、蒙古、赞比亚、老挝、尼日利亚等国家

内蒙古

★内蒙古腾驰重汽专用汽车有限公司
地址：呼和浩特市盛乐经济园区九强公

司院内
邮编:011500
电话:0471/7390399
传真:7390399、7393012
电子信箱:gx050218@autoinfo.gov.cn
质量体系:QS 9000、ISO 9001
产品情况:(牧利卡牌)
液态食品运输车

★内蒙古北方重型汽车股份有限公司
地址:内蒙古包头市稀土高新技术产业开发区
邮编:014030
电话:0472/2642010、2805333
传真:2207538、2805195
网址:www.chinanhl.com
电子信箱:lp@chinanhl.com
质量体系:ISO 9001
产品情况:岩斗型自卸车、煤斗型自卸车、矿用洒水车、电动轮矿用汽车、铰接式自卸车、煤矿井下用防爆工程自卸车、侧卸式混凝土运输车、液压挖掘机、旋挖钻机、自行式铲运机等
出口情况:远销59个国家

★包头北方创业专用汽车有限责任公司
地址:内蒙古包头市稀土高新区第一功能小区
邮编:014032
电话:0472/3116133
传真:3118253
电子信箱:gx050004@autoinfo.gov.cn
质量体系:ISO 9001
产品情况:(北地牌、北方奔驰牌)
各类自卸车、罐式车、挂车、厢式车、特种车(防弹运钞车、刑事勘察车、警用防暴车、应急指挥车、导弹运输车及雷达天线升降车等)
出口情况:出口阿联酋、沙特阿拉伯、尼日利亚、伊朗、蒙古、俄罗斯等国家

★内蒙古北方重工业集团有限公司
地址:内蒙古包头市青山区
邮编:014033
电话:0472/3386114、3384447
传真:3384447
网址:www.bfzg.com
电子信箱:yxgl@bfzg.com
法人代表:李建平
单位人数:15000
质量体系:ISO 9001、ISO 14001
产品情况:(北方重工牌、SIMMACO牌)
混凝土搅拌运输车、多功能铲运机、铰接式自卸车、刚型自卸车、多功能洒水车、摆臂式垃圾车、后装压缩式垃圾车、真空吸污车、混凝土泵车、高空作业车等

★荣成华泰汽车公司鄂尔多斯市分公司
地址:内蒙古鄂尔多斯市康巴什新区纬二路北侧
邮编:017000
电话:0477/8583266
传真:8583258
产品情况:(华泰特拉卡牌)
华泰特拉卡SUV

★鄂尔多斯市中兴特种车辆制造公司
地址:内蒙古鄂尔多斯市装备制造基地中环大道5号
邮编:017000
电话:0477/8398906、8398900
传真:8398989
网址:www.zxtq.cc
电子信箱:zxtqzjb@126.com
质量体系:ISO 9001
产品情况:(蒙凯牌)
矿用自卸车、轻量化汽车及挂车、新能源汽车、蒙凯专利自卸车及其他特种车辆

★呼伦贝尔海征汽车改装有限责任公司
地址:内蒙古海拉尔市夹信子路32号
邮编:021000
电话:0470/8340878
传真:8340878
质量体系:ISO 9001
产品情况:(海征牌)
自卸车、保温奶槽车、真空吸入式排污车

辽宁省

★沈阳美壁斯挂车制造有限公司
地址:沈阳市道义经济开发区京沈西三街28号
邮编:110032
电话:024/89734860、89734861
传真:89734863
网址:www.meibisi.com
电子信箱:liyangmbs@163.com
质量体系:ISO 9001
产品情况:(路斯牌)
拦板式半挂车、低平板半挂车、厢式半挂车、集装箱半挂车、仓栅式半挂车、集装箱骨架车、车辆运输车、自卸式半挂车、农用全挂车等

★沈阳掌握(控股)集团有限公司
地址:沈阳市皇姑区三台子经济技术开发区北四台子村腾飞大厦
邮编:110034
电话:024/83992567
网址:www.zhangwogroup.com
电子信箱:info@rvic.com
董事局主席:许掌握
质量体系:ISO/TS 16949
产品情况:以客车、电动车、房车、环保清洁专用车的制造及研发、汽车配件销售、维修和服务、公交客运、驾驶员培训、物流配送等为主

★沈阳航天新星机电有限公司
地址:沈阳市皇姑区三台子阳山路1号
邮编:110034
电话:024/86584400、86584500
传真:86526369
网址:www.aeronewstar.com
电子信箱:syhtxxhr@126.com
单位人数:700
质量体系:GJB 9001B、GB/T 19001
产品情况:(新阳牌)
冷藏车、厢式半挂车、加油车、厢式运输车、电热解堵车、洗井车等

★辽宁天信专用汽车制造有限公司
地址:沈阳市苏家屯区丁香街164号
邮编:110101
电话:024/29827226
传真:89111268
网址:www.sy-tianxin.com
电子信箱:tianxin_024@163.com
负责人:李志勇
质量体系:ISO 9001
产品情况:(天信牌)
除雪车、路面养护车等

★沈阳三山汽车工业集团联营公司
地址:沈阳市和平区竞赛路6号
邮编:110117
电话:024/23700550、23700552
传真:23700526
电子信箱:mayi@sysanshan.com
质量体系:ISO 9000
产品情况:(三山牌)
半挂车、自卸车、低温液体运输车、厢式车、冷藏车、燃油运输车、集装箱半挂车等专用汽车
出口情况:出口俄罗斯、朝鲜等国家

★沈阳天鹰专用汽车制造有限公司
地址:沈阳市沈北新区虎石台开发区沈北路99号
邮编:110122
电话:024/86379287、13940133887
传真:31419688
网址:sytianying.cn
电子信箱:tianying@sytianying.cn
质量体系:ISO 9001
产品情况:(天野牌)
厢式车、保温车、冷藏车、半挂车、罐车、全挂车、特种车(工程维修车、邮政运输车、翼展车、油槽车、保鲜奶运输车、服装车等)
出口情况:出口韩国、印度尼西亚、新加坡、越南、美国、非洲等国家

★沈阳捷通消防车有限公司
地址:沈阳市道义经济开发区正义三路31-5号
邮编:110136
电话:024/53838119、53838108
传真:53838119
网址:www.syxfc.com
电子信箱:syxfc119@163.com
产品情况:(金猴牌)
多功能登高平台消防车、多功能云梯消防车、高喷消防车、重型泡沫消防车、破拆消防车等

★沈阳铭辰汽车有限公司
地址:沈阳市经济技术开发区七号街九甲1-1号
邮编:110141
电话:024/89736977、89734118
传真:89734118、89734097
电子信箱:mingchenauto@163.com
质量体系:ISO 9001
产品情况:(麒龙牌)
半挂车、油罐车、自卸车、厢式车和多功能军用方舱、军用清扫车和除雪车等军用特种车、混凝土搅拌运输车

★沈阳北方交通重工集团有限公司
地址:沈阳市经济技术开发区中央大街16号
邮编:110142
电话:024/31819999
传真:31818999
网址:www.bfjt.com
电子信箱:shenyang@bfjt.com
质量体系:ISO 9001、ISO 14000
产品情况:(凯帆牌)
道路划线机、道路标线涂料车、道路清障车、高空作业车、沥青路面养护车、稀浆封层车、道路铣刨机、沥青洒布车、汽车起重机、随车起重机、高空消防车、水泥泵车、水泥罐车、环卫车、沥青拌和站等

★沈阳市环卫汽车改装有限公司
地址:沈阳市和平区长白街103-1号
邮编:110166
电话:024/25251972、13066691355
传真:23739922
网址:www.syhwqg.com
电子信箱:754728419@qq.com
产品情况:(沈环牌)
煤气管道凝水缸抽水车、绿化洒水车、真空吸粪车、真空吸污车、压缩式垃圾车、摆臂式垃圾车、混凝土搅拌车、粉粒物料运输车、运油车、自卸车、除雪车、融雪剂、清障车、散装水泥半挂车等

★沈阳广成重工有限公司
地址:沈阳市浑南新区金仓路8号
邮编:110179
电话:024/23785207
传真:23785107、23781707
电子信箱:sydc@sydoucheng.com.cn
质量体系:ISO 9001
产品情况:(沈城牌)
工程建设装备专用车、混凝土搅拌车、自卸车、半挂车、粉粒物料运送专用车、液体运送车、高压气体专用车、保温冷藏车、环卫清扫专用车及零部件

★辽宁合力专用汽车制造有限公司
地址:辽宁省铁岭经济开发区辽宁专用车生产基地平安大街19号
邮编:112000
电话:024/74986300、74986366
传真:74986300
网址:www.bfhl8.com
电子信箱:hlqc999@163.com
质量体系:ISO/TS 16949、ISO 14001
产品情况:(丹凌牌)
混凝土/水泥搅拌车、粉粒物料运输车、运油车、流动加油车、绿化洒水车、农药喷洒车、压缩式垃圾车、摆臂式垃圾车、挂桶式垃圾车、随车起重运输车、随车吊、化工液体运输车、半挂车、高空作业车、清障车、消防车等
出口情况:出口俄罗斯、丹麦、格鲁吉亚、哈萨克斯坦、阿尔及利亚、澳大利亚等国家

★辽宁运达汽车起重机集团有限公司
地址:辽宁省铁岭市银州工业园区铁抚路8号
邮编:112000
电话:024/72605058、72605059
传真:72605056
电子信箱:tielingyunda@163.com
产品情况:(铁运牌)
汽车起重机、随车起重运输车、清障车
出口情况:出口泰国、韩国、俄罗斯、越南等国家

★辽宁广燕专用汽车制造有限公司
地址:辽宁省铁岭专用车生产基地平安大街15号
邮编:112000
电话:4000242279
传真:024/79091566
网址:www.zggyqc.com
电子信箱:zyqcxs@126.com
产品情况:(广燕牌)
路面微波修补车、除雪车、破冰车、吸污车、吸粪车、自卸垃圾车、垃圾转运车、运油半挂车、厢式运输车、尾板升降厢式运输车、一拖二清障车、洒水车、压缩垃圾车、冷藏运输车、高空作业车等

★铁岭陆平专用汽车有限责任公司
地址:辽宁省铁岭经济开发区桑园岭分场
邮编:112001
电话:024/72806769
传真:72824119
网址:www.lpjq.com
电子信箱:luping705@sina.com
法人代表:尹成文
单位人数:2000
质量体系:GJB 9001A
产品情况:(陆平机器牌、三力牌)
加(运)油车系列、沥青、化工、食品运输车系列、粉粒物料运输车系列、洒水车系列、铝合金半挂罐车系列、半挂车系列、特种车系列、环卫车系列、旅居车
出口情况:出口朝鲜、哈萨克斯坦、安哥拉、塞内加尔、塞拉利昂、蒙古等国家

★沈阳探矿机械有限公司
地址:辽宁省铁岭经济开发区辽宁专用车生产基地和谐大街9号
邮编:112007
电话:024/79091515、13804003084
传真:79091518
电子信箱:sytkhhb@163.com
产品情况:(山山牌)
静力触探车、长螺旋钻孔机、钻机车

★铁岭黄海专用车制造有限公司
地址:辽宁省铁岭经济开发区辽宁专用车基地迅驰大道19号
邮编:112609
电话:024/74969888、74969111
传真:74969885
网址:www.sgtlhhzyc.com
电子信箱:hs024@vip.sina.com
法人代表:李进巍
单位人数:135
产品情况:(黄海牌)
半挂车,液压尾板车,加油车、洒水车、混凝土搅拌车等罐车,自卸车、道路养护车、医疗车等改装车,校车、警用客车等,垃圾车、除雪车等环卫车

★际华三五二三特种装备有限公司
地址:辽宁省铁岭县腰堡镇沙坨子二街12号
邮编:112609
电话:024/78717955、78717933
传真:78717977
网址:www.china3523.com
电子信箱:info@china3523.com
单位人数:1000
质量体系:ISO 9001
产品情况:(风华牌)
炊事挂车、自行式炊事车、防弹运钞车、防暴指挥车、防弹攻击车等
出口情况:出口非洲、亚洲等几十个国家和地区

★山推抚起机械有限公司
地址:辽宁省抚顺市经济开发区沈抚新城沈东七路北
邮编:113122
电话:024/56615777、56615266
传真:57646792
网址:www.shantui.com
电子信箱:stfq@shantui.com
质量体系:ISO 9001
产品情况:(山推抚起牌)
登高平台消防车、举高喷射消防车、泡沫、水罐消防车、抢险救援消防车、高空作业车、桥梁检测车等六大系列30多个规格的产品

★辽宁华驰专用汽车制造有限公司
地址:辽宁省新宾满族自治县南杂木工业园区
邮编:113217
电话:024/55266666、4009996768
传真:55266777
网址:www.lnhczq.com
法人代表:王立钢
单位人数:268
产品情况:(鑫华驰牌)

环卫运输垃圾车、垃圾压缩车、扫路车、可卸厢式垃圾车、吸污车、吸粪车、洒水车、园林施药车、多功能除雪车、除雪专用设备、移动式中转站以及翼展车、轿车运输车、高压清洗车、运油车、清障车、随车起重机、粉粒物料车、混凝土搅拌车、液体油罐车、仓栅运输半挂车、箱式运输半挂车、低平板运输半挂车和特种运输车、旅居车等

★辽宁海诺建设机械集团有限公司
地址:辽宁省鞍山市国家高新区千山中路201号
邮编:114044
电话:0412/5214466、5216111
传真:5216600
网址:www. hainuo. cn
电子信箱:hainuo@ hainuo. com. cn
质量体系:ISO 9001、ISO 14001
产品情况:(海诺牌)
混凝土泵车、混凝土搅拌运输车、混凝土搅拌站、散装水泥车、半挂车、车厢可卸式垃圾车等

★鞍山衡业专用汽车制造有限公司
地址:辽宁省鞍山市千山区衡业街3号
邮编:114045
电话:0412/8812301、8823180
传真:8468818
网址:www. ashyzyc. com
电子信箱:lnhyzyc@ 126. com
法人代表:刘井野
质量体系:ISO 9001、ISO 14001
产品情况:(鲸象牌)
消防车、运油车、洒水车、吸污车、工程自卸车、混凝土搅拌车、垃圾车等
出口情况:洒水车、自卸车远销赞比亚、朝鲜等国家

★鞍山森远路桥股份有限公司
地址:辽宁省鞍山市高新区东区鞍千路281号
邮编:114051
电话:0412/5225728、5223218
传真:5223108
网址:www. assyrb. com
电子信箱:syxs@ assyrb. com
董事长:郭松森
质量体系:ISO 9001、ISO 14001
产品情况:(森远牌)
沥青路面就地热再生重铺机组、除雪车、综合养护车、灌缝车、废旧沥青混合料再生车、微表处施工车、橡胶沥青喷洒车、高速公路护栏抢修车及矫直机等

★海城市石油机械制造有限公司
地址:辽宁省海城市西四镇
邮编:114218
电话:0412/3671868、3671348
传真:3671868
网址:www. hcsyjx. com
电子信箱:sales@ hcsyjx. com
质量体系:ISO 9001
产品情况:(跃虎牌)
车装钻机、石油修井机、液压动力钳、井口工具等石油钻采设备及相关配套设施
出口情况:出口俄罗斯、哈萨克斯坦、罗马尼亚、加拿大、巴西、尼日利亚、苏丹、南非、印度等国家和地区

★营口奥捷专用汽车制造有限公司
地址:辽宁省营口市金牛山大街东140号
邮编:115001
电话:0417/2837308
网址:www. ygp - yk. com
电子信箱:jinniu@ ygp - yk. com
单位人数:600
质量体系:ISO 9001
产品情况:(铮铮牌)
半挂车、集装箱运输半挂车、低平板半挂车、混凝土搅拌运输车、粉粒物料运输半挂车、厢式运输车
出口情况:出口北美洲、欧洲、大洋洲、东南亚、中东等国家和地区

★中集车辆(辽宁)有限公司
地址:辽宁省营口市滨海路南88号
邮编:115004
电话:0417/3286900、3298888
传真:3826666
网址:www. lncimc. com
电子信箱:yklncn@ ykcimc. com
单位人数:500
质量体系:ISO 9001
产品情况:(通华牌)
集装箱半挂车、平板半挂车、栏板车、仓栅式车、低平板半挂车、混凝土搅拌车、自卸车等
出口情况:远销东南亚、美洲、澳大利亚、非洲、中东等国家和地区

★营口宝迪专用汽车制造有限公司
地址:辽宁省营口市西市区辽河大街西124号
邮编:115004
电话:0417/4835381、4838484
传真:4838485
网址:www. ykgcc. com
电子信箱:xiaoshou@ ykgcc. com
单位人数:426
质量体系:ISO 9001
产品情况:(神行牌)
集装箱半挂车、低平板半挂车、平(栏)板半挂车、车辆运输车、厢式半挂车、罐式半挂车、特种半挂车、清障车、自卸车等
出口情况:出口美国、非洲、东南亚等国家和地区

★辽宁金天马专用车制造有限公司
地址:辽宁省大石桥市哈大路博洛铺段18号
邮编:115100
电话:0417/6953993、6953999
传真:6953990、6953998
网址:www. lnjtm. cn
产品情况:(金天马牌)
纯吸式扫路车、垃圾压缩车、除雪半挂车、自卸半挂车、厢式货车、骨架集装箱半挂车等

★大连昊诚房车制造有限公司
地址:辽宁省大连市甘井子区革镇堡镇后革村
邮编:116035
电话:13832679960、18510331073
传真:0411/86458757
网址:www. hc - rv. com
电子信箱:haocher.grv@ 126. com
单位人数:120
产品情况:旅居车

★大连叉车有限责任公司
地址:辽宁省大连市甘井子区营祥路18号
邮编:116036
电话:0411/39576388
传真:39576886
网址:www. dalianforklift. com
电子信箱:trade@ dalianforklift. com
质量体系:ISO 9001
产品情况:(犀牛牌)
1~45t全品种通用叉车、集装箱叉车、正大面吊运机等10大类,30余个系列,300余种品种
出口情况:出口100多个国家

★大连金州重型机器有限公司
地址:辽宁省大连市金州区龙湾路5号
邮编:116100
电话:0411/82161888
传真:82161111
网址:www. jhm. com. cn
电子信箱:office@ Jhm. com. cn
董事长(负责人):王治勇
质量体系:ISO 9001
产品情况:(金重牌)
低温液体运输车
出口情况:出口德国、美国、英国、法国、日本、韩国等国家

★大连辽机路航特种车制造有限公司
地址:辽宁省大连经济技术开发区铁山东三路55号
邮编:116600
电话:0411/87577000
传真:87553100
网址:www. liaojiluhang. com
电子信箱:lh@ lshg. com. cn
质量体系:ISO/TS 16949、GJB 9001B
产品情况:警用防护型侦察车、通信车、人员运送车、军用轻/中型等战术防弹/防爆炸车辆

★大连黄海汽车有限公司
地址:辽宁省大连市保税区填海区IIID-12号
邮编:116602
电话:0415/87306207、88036630
网址:www. raytour. cn
产品情况:(黄海牌)

生产欧系轻型客车及全系专用车产品

★华晨专用车装备科技(大连)有限公司
地址:辽宁省大连经济技术开发区盛兴路19-4号
邮编:116635
电话:0411/39280034
传真:39280004、39280002
网址:www.bsv-auto.com
产品情况:旅居车等

★本溪北方机械重汽有限责任公司
地址:辽宁省本溪市溪湖区彩屯重型路2号
邮编:117019
电话:024/45885010
传真:45892166
电子信箱:bxbzgs@bxmt.com
质量体系:ISO 9001
产品情况:压力容器、汽车配件、装载车、特种车和混凝土搅拌机等

★丹东黄海特种专用车有限责任公司
地址:辽宁省丹东市元宝区古城路8号
邮编:118003
电话:0415/4156222、4157000
传真:4152690
网址:www.sgautomotive.com
产品情况:(黄海牌)
　　厢式/仓栅式/低平板式/栏板式半挂车、集装箱运输车、罐式车、自卸车、混凝土搅拌运输车、旅居车等

★辽宁抚挖锦重机械有限公司
地址:辽宁省锦州市太和区重型里20号
邮编:121005
电话:0416/2190311、4001551115
传真:2190313
网址:www.lnfwjz.com
电子信箱:xsgs@lnfwjz.com
董事长:徐槤元
产品情况:(锦重牌)
　　汽车起重机、越野轮胎起重机、举高平台消防车等

★锦州奥捷专用车制造有限公司
地址:辽宁省北镇市广宁镇北门外
邮编:121300
电话:0416/6622972、6622141
传真:6630222、6639900
网址:www.jzqcc.com
电子信箱:jinniu@jzqcc.com
单位人数:628
质量体系:ISO 9001
产品情况:(金牛牌)
　　半挂车、集装箱运输半挂车、低平板半挂车、厢式运输半挂车、混凝土搅拌运输车、粉粒物料运输半挂车、仓栅式运输车、运油半挂车、运油车、散装水泥运输车、自卸车、自卸半挂车、车辆运输车等
出口情况:出口美国、加拿大、英国、韩国、中东、泰国、马来西亚、菲律宾、新加坡、澳大利亚等国家和地区

★锦州鹏翔专用车辆有限公司
地址:辽宁省北镇市沟帮子经济开发区铁南工业园
邮编:121308
电话:0416/6622141
传真:6630222
电子信箱:jgcxiaoxia@126.com
产品情况:(金牛牌)
　　混凝土搅拌运输车、自卸汽车、半挂车、运油车、低密度粉粒物料运输车、车辆运输车、厢式车、集装箱运输半挂车等,年产556台
出口情况:出口车辆30台

★阜新永生解放专用汽车制造有限公司
地址:辽宁省阜新经济技术开发区海清路39号
邮编:123000
电话:0418/2284440、4006007549
网址:www.ysjf.com.cn
电子信箱:ysxiaoshou@126.com
董事长:蔺新升
质量体系:ISO 9001
产品情况:(辽工牌)
　　除雪车、清障车

★阜新洺伟特种车辆有限公司
地址:辽宁省阜新市经济开发区新开二路北海新街西
邮编:123000
电话:0418/2682288、18641825500
传真:2682288
网址:www.mw-jt.com
电子信箱:fuxinmingwei@163.com
单位人数:300
质量体系:ISO 9001
产品情况:(洺伟牌)
　　挂车、半挂车、垃圾车等

★盘锦金碧专用汽车制造有限公司
地址:辽宁省盘锦市盘山经济技术开发区金越路1号
邮编:124010
电话:0427/5881111、5889999
传真:5882111
电子信箱:pjjb@163.com
质量体系:ISO 9001
产品情况:(金碧牌)
　　半挂车、工程自卸车、洒水车、随车起重运输车、散装粮食运输车、水泥搅拌车、散装水泥车、油田固井下灰作业车、碳钢和不锈钢系列运油车、铝镁合金系列运油车和铝镁合金厢式物流车及液化气体运输车等
出口情况:出口俄罗斯等国家

★盘锦辽河油田环利专用车有限公司
地址:辽宁省盘锦市石油高新技术产业园
邮编:124013
电话:0427/3211718、3219177
传真:3211701
网址:www.pjhlz.com
电子信箱:gx060252@163.com
单位人数:185
质量体系:ISO 9001
产品情况:(环利牌)
　　油水液罐车、加油车系列、3~12t随车吊车、压裂拉砂车、400~700型固井水泥车、采油车、洗井清蜡车、锅炉车、立放运井架车、半挂车、30~60t修井机(含电动机)车、试井车等

★黎明锦西化工机械(集团)有限公司
地址:辽宁省葫芦岛市连山区化机路25号
邮编:125001
电话:0429/2980938、2980778
传真:2980421、2980551
网址:www.zhlmjhj.com
电子信箱:www.zhlm@zhlmjhj.com
董事长:张树江
负责人:陈铸山
单位人数:2400
质量体系:ISO 9001
产品情况:(锦化机牌)
　　透平机械、搅拌设备、压力容器、大型回转设备、储运设备(铁路罐车、半挂式汽车槽车、不锈钢保温罐车等)、传动装置、超重力场设备、工业用泵、阀、锅等

吉林省

★长春北车电动汽车有限公司
地址:长春市高新技术产业开发区光谷大街3488号
邮编:130010
电话:0431/84715295、13904327509
电子信箱:jinhang_2008@126.com
法人代表:卢西伟
质量体系:ISO 9000
产品情况:(环菱牌)
　　大中型客车、压缩式垃圾车、随车起重运输车、高空作业车、自卸车、集装箱运输半挂车、汽车起重机、电动客车

★长春三友专用汽车制造有限公司
地址:长春市高新技术产业开发区达新路1999号
邮编:130012
电话:0431/85810489
传真:85810458
网址:www.ccsmm.com
电子信箱:ccsmm@ccsmm.com
单位人数:385
质量体系:ISO 9000
产品情况:(三友牌)
　　自卸车、半挂自卸车、全挂自卸车、市政用车
配套及出口情况:为一汽大众公司和一汽轿车公司配套生产冲压件及焊接件;出口东南亚国家

★长春万荣汽车改装有限公司
地址:长春市长沈路4666号
邮编:130013

电话:0431/88774666
传真:85383486
电子信箱:ccwr@ ccwr. com. cn
质量体系:ISO 9001
产品情况:(万荣牌)
2～25t 自卸车、仓栅式运输车、6～14m³ 混凝土搅拌运输车、集装箱运输半挂车、厢式运输半挂车、罐式运输半挂车、压缩式和非压缩式垃圾车、医用垃圾车、清雪车、吸污车等

★长春汽车改装有限责任公司
地址:长春市绿园区西新镇双丰村富民大街 1368 号
邮编:130013
电话:0431/87092811、87092711
传真:87091399
网址:www. ccarc. com. cn
电子信箱:sales@ ccarc. com. cn
单位人数:700
质量体系:ISO 9001
产品情况:(冰花牌)
自卸车、厢式货车、仓栅式运输车、半挂车、水罐车、油罐车、散装混凝土罐车、混凝土搅拌运输车、高压混凝土输送泵车、压缩式垃圾车等

★吉林前沅专用汽车制造股份有限公司
地址:长春市绿园经济开发区纺织工业园
邮编:130062
电话:0431/84712974
传真:84712974
电子信箱:jlqysale@ 163. com
质量体系:ISO 9001
产品情况:(杰之杰牌)
汽车起重机

★长春基洋消防车辆有限公司
地址:长春市高新技术产业开发区北区航空街 4388 号
邮编:130102
电话:0431/81792306、81792362
传真:81792335
网址:www. ccjyxf. com
电子信箱:ccjyxf2008@ sohu. com
单位人数:300
质量体系:ISO 9001
产品情况:(飞雁牌)
通信指挥、抢险救援、泡沫、水罐、泵浦、供液、干粉、泡沫干粉联用、高倍泡沫排烟、照明排烟、后勤支援、机场专用、大、小 A 类泡沫、液氮、举高喷射消防车等各种消防车辆
出口情况:出口缅甸、越南、赞比亚、伊拉克、苏丹、利比里亚、中非等国家

★长春双龙专用汽车制造有限公司
地址:长春市汽车产业开发区长沈路 5777 号
邮编:130103
电话:0431/85128505、85972777
传真:85985222
网址:www. ccslzy. com
电子信箱:cc－sl@ 163. com
法人代表:曹敬武
质量体系:ISO 9001
产品情况:(龙帝牌)
环卫专用车、液态化工原料运输车、混凝土搅拌运输车、干混砂浆车、散装水泥车、随车起重运输车等各类专用汽车,各类专用车年生产能力 5000 辆
出口情况:出口朝鲜、越南、俄罗斯、阿塞拜疆等国家

★长春城市车辆制造有限公司
地址:长春市绿园区迎宾路 1392 号
邮编:130111
电话:0431/87994063
传真:87961100
网址:www. cccscl. cn
电子信箱:cccscl@ 163. com
法人代表(负责人):刘绍成
单位人数:210
产品情况:(驰航牌)
大、中、轻型客车,自卸车,半挂车,粉粒物料运输车、混凝土搅拌运输车、加油车等专用车

★长春市神骏专用车制造有限公司
地址:长春市绿园经济开发区先进制造业园区沉呈路
邮编:130113
电话:0431/82625555、82672222
网址:www. chinaccsj. com
电子信箱:ccsjyrx@ 163. com
单位人数:220
质量体系:ISO 9001
产品情况:(尚骏牌)
随车起重运输车、汽车起重机、压缩式垃圾车、移动式垃圾站、油田特种作业车、军队特种装备车辆等
出口情况:远销中亚和东北亚地区

★通化石油化工机械制造有限责任公司
地址:吉林省通化市建设大街 2607 号
邮编:134000
电话:0435/3946866、3946898
传真:3616476、3946860
网址:www. thpetro. com
电子信箱:sales@ thpetro. com
质量体系:ISO 9001、ISO 14000
产品情况:(通石牌)
15～150t 石油修井机及特种修井机、采油车、洗井设备、清蜡设备、洗井液处理车等
出口情况:远销北美洲、南美洲、北部非洲、中南部非洲、中东、东南亚、俄罗斯等国家和地区

★四平市奋进专用汽车有限公司
地址:吉林省四平市铁东开发区大路 5050 号
邮编:136001
电话:0434/3213888
传真:3599550
网址:www. spfjzyc. com
电子信箱:fjzyqc@ 126. com
负责人:张静
单位人数:330
质量体系:ISO 9001
产品情况:(旭达牌)
10～40t 半挂车系列、5～20t 自卸车系列、罐式车系列、9. 6～12. 9m 厢式车系列、载货汽车车厢系列(解放、五十铃、奔驰)等 5 大系列,80 多个品种及拖车总成产品(牵引座板支腿);生产能力为 13000t

★一汽四平专用汽车有限公司
地址:吉林省四平市铁东区重工路 92 号
邮编:136001
电话:0434/3389666、3388696
传真:3388696
网址:www. fawsp. com
电子信箱:fawsp@ fawsp. cn
负责人:张宁
质量体系:ISO 9001
产品情况:(解放牌、雄风牌)
各种半挂车、罐式车、自卸车、厢式车以及吸污车、搅拌车、轿车运输车等特种专用车,各类牵引座总成
出口情况:半挂汽车牵引座总成出口美国、英国、东南亚等多个国家和地区,自卸汽车远销亚洲、拉丁美洲

★四平雄风专用汽车有限公司
地址:吉林省四平市山门经济开发区
邮编:136002
电话:0434/3301388、3303518
传真:6184999
网址:www. spxfqc. com
电子信箱:xiongfeng5681@ 126. com
单位人数:168
质量体系:ISO 9001
产品情况:(吉平雄风牌)
半挂车、罐式车、自卸车、平板运输车、除雪车等
出口情况:远销东南亚、中东、非洲、俄罗斯、朝鲜、蒙古等国家和地区

★公主岭市金优专用汽车改装有限公司
地址:吉林省公主岭市西公主大街 5599 号
邮编:136100
电话:0434/6251398、6261006
传真:6251398、6261008
电子信箱:jinyou@ jl－jyou. com
质量体系:ISO 9001
产品情况:(金优牌)
自卸车、半挂车、厢式车等

★公主岭市名奇专用汽车改装有限公司
地址:吉林省公主岭市西石桥街 135 号
邮编:136100
电话:0434/6214709
传真:6214709
产品情况:(奋进牌)
自卸车、车辆运输半挂车、半挂车、厢式运输车

★吉林石油装备技术工程服务有限公司
地址:吉林省松原市宁江区雅达虹工业集中区建业大路

邮编:138000
电话:0438/6336488
传真:6336973
网址:www. jlauto. com. cn
质量体系:ISO 9002
产品情况:(吉石牌)
清蜡车、罐车等石油机械、自卸汽车、供水车

黑龙江省

★哈尔滨现代环卫设备车辆有限公司
地址:哈尔滨市香坊区城环路99号
邮编:150049
电话:0451/82934786、82924801
传真:82934786
网址:www. hrbxdhwsb. com
电子信箱:hxdhw@163. com
质量体系:ISO 9001
产品情况:(哈环牌)
垃圾压缩车、垃圾摆臂车、垃圾钩臂车、吸污车、吸粪车、排污车、洒水车、自卸车等产品

★哈尔滨建成北方专用车有限公司
地址:哈尔滨市哈南工业新城祥云路7号
邮编:150060
电话:0451/58779238、55114557
传真:58779217
网址:www. jcbfzyc. com
电子信箱:hjczy4644@vip. sina. com
法人代表:苗孔友
质量体系:ISO 9001
产品情况:(建成牌)
半挂车、各种液化气体运输车、加油车、液态食品运输车、化工产品运输车、爆破器材运输车、冷藏车、平板挂车、轿车运输车、水泥搅拌车、洒水车、吸污车、散装物料车、封闭自卸车等
出口情况:远销国外

★哈尔滨工程机械制造有限公司
地址:哈尔滨市平房工业园区月华路1号
邮编:150060
电话:0451/82681845、82682867
传真:82682867
网址:www. hgcjx. com
电子信箱:sale. 1962@163. com
质量体系:ISO 9001
产品情况:(哈工牌)
用于港口码头、物流行业的轮胎起重机和水平运输设备,如全液压轮胎起重机、下仓起重机、集装箱正面吊运机、码头牵引车等

★哈尔滨星光汽车改装有限公司
地址:哈尔滨市道里区城乡路280-1号
邮编:150070
电话:0451/84327851、13895776618
传真:84301807
网址:www. hcgzc. cn
产品情况:(哈齿牌)
环卫清洁、园林绿化、工程运输、清冰除雪等专用汽车

★牡丹江森田特种车辆改装有限公司
地址:黑龙江省牡丹江市爱民区东新荣街88号
邮编:157003
电话:0453/6525777
网址:www. mgstxf. com
单位人数:150
质量体系:ISO 9001
产品情况:(振翔牌)
泡沫水罐消防车、水罐消防车、干粉消防车、二氧化碳消防车、抢险救援消防车、后援消防车、供气消防车、大功率水幕排烟车、大流量供水消防车等

★牡丹江专用汽车制造有限公司
地址:黑龙江省牡丹江市海浪路81-5号
邮编:157003
电话:0453/6443198、6443598
传真:6411138
电子信箱:mzqscd@sina. com
产品情况:(铁运牌)
汽车起重机、随车起重运输车

★黑龙江龙华汽车有限公司
地址:黑龙江省齐齐哈尔市高新技术开发区
邮编:161000
电话:0452/2348244、2347200
传真:2332239
产品情况:(黑龙江牌)
公交客车、客车及专用车,电混合动力新能源电动客车,电动汽车专用电动机及控制器

★黑龙江挂车制造有限责任公司
地址:黑龙江省齐齐哈尔市铁锋区联通大道151号
邮编:161002
电话:0452/2537555、2537567
传真:2512555
电子信箱:wk3900@163. com
质量体系:ISO 9001
产品情况:(北方牌)
全挂车、半挂车、自卸车、低平板半挂车、厢式半挂车、仓栅式运输车、管材运输车及轿车运输车等

上海市

★上海电力环保设备总厂有限公司
地址:上海市闸北区共和新路3155号
邮编:200072
电话:021/56654673、56653520
传真:56032662、56653520
网址:www. sepee. com. cn
电子信箱:sale@sepee. com. cn
质量体系:ISO 9000
产品情况:(双帆牌)
散料装卸机械产品包括堆取料机和卸船机两大系列;特种车辆产品包括公路大件运输用液压组合挂车、铁路可用专线施工用车辆、特殊车辆解决方案三大系列
出口情况:出口欧洲、南美洲、非洲、亚洲等地区

★上海杨园压力容器有限公司
地址:上海市浦东新区高东工业园区高翔环路145号
邮编:200137
电话:021/58487866
传真:58486332
网址:www. sypvm. com
电子信箱:sypvm@online. sh. cn
董事长:陈孟德
单位人数:368
质量体系:ISO 9001
产品情况:低温液体运输车、压力容器等

★上海华东建筑机械厂有限公司
地址:上海市浦东新区衡安路1058号
邮编:200137
电话:021/50675858
传真:50416100
网址:www. huajian. com. cn
电子信箱:huajian@huajian. com. cn
法人代表:戴宏杰
质量体系:ISO 9001
产品情况:(华建牌)
混凝土搅拌运输车、混凝土搅拌站(楼)、混凝土泵(车)、混凝土搅拌机、干混砂浆搅拌设备等
出口情况:远销安哥拉、尼日利亚、阿尔及利亚、哈萨克斯坦、坦桑尼亚、阿联酋、巴基斯坦、菲律宾、越南、沙特阿拉伯等30多个国家

★上海高智特种车有限公司
地址:上海市长宁区钦江路123号
邮编:200233
电话:021/64856485
传真:64856789
电子信箱:fangdawei@gaozhi. com
产品情况:(高智牌)
通信车

★上海中集专用车有限公司
地址:上海市宝山区扶远路1771号
邮编:200436
电话:021/66867237
传真:66867217
质量体系:ISO 9001
产品情况:普通厢式车、冷藏/保温厢式车、翼展车、栏板车、特种车、集装箱、厢式半挂车及零部件

★上海同济远大环保机械工程有限公司
地址:上海市杨浦区国伟路135号13号楼408室
邮编:200438
电话:021/60955378、60955377
传真:60955379
网址:www. farun. com. cn
电子信箱:shtj@farun. com. cn

质量体系:ISO 9001
产品情况:(宝山牌)
后装式垃圾压缩机、侧装式垃圾压缩机、车厢可卸式垃圾车、垃圾收集车等

★上海乳品机械有限公司
地址:上海市场中路2965弄8号甲
邮编:200443
电话:021/54778847
传真:54773700
网址:www. sdmf. com. cn
电子信箱:sygdmc@126. com
质量体系:ISO 9000
产品情况:(银光牌)
液态食品运输车等

★上海通利厢车有限公司
地址:上海市浦东新区合庆镇东川公路5095号
邮编:201201
电话:021/58972858、58975688
传真:38970268
电子信箱:sales@tongli. sh. cn
质量体系:ISO 9000
产品情况:普通厢式货车、移动顶城市小货车、翼开启式厢式车、软篷车、冷藏保温车、升降滚道车、海关监管车、残疾人专用车、特种厢式车

★上海金盾特种车辆装备有限公司
地址:上海市浦东新区书院镇丽正路1515号
邮编:201304
电话:021/58197777
传真:58197777-8064
网址:www. jd-morita. com
电子信箱:jd-morita@jd-morita. com
质量体系:ISO 9001
产品情况:(海盾牌)
各型消防车

★上海浦东一汽解放专用车有限公司
地址:上海市浦东新区康桥镇川周公路3298号
邮编:201319
电话:021/58137652
传真:58137718
网址:www. pd-faw. com
电子信箱:lxq0045@126. com
单位人数:300
质量体系:ISO 9001
产品情况:(速通牌)
半挂系列、厢式系列、自卸系列、特种车系列等100多个品种的专用车
出口情况:出口日本、澳大利亚、南美洲、西亚等国家和地区

★上海冰熊专用汽车有限公司
地址:上海市金山工业区漕廊公路3256号
邮编:201506
电话:021/67270560
传真:67276306
电子信箱:bx@sh-bingxiong. com
产品情况:军用车、冷藏车、保温车、特种车、公告车

★上海华夏震旦消防设备有限公司
地址:上海市松江区北内路32号
邮编:201600
电话:021/57839052、57839053
传真:57836368、66861791
质量体系:ISO 9001
产品情况:(鸡球牌)
重型泡沫、水罐、泡沫-干粉联用、抢险救援等系列消防车

★上海格拉曼国际消防装备有限公司
地址:上海市松江区袜子弄32号
邮编:201600
电话:021/57830431
传真:57836368
网址:www. myfire-sg. com
电子信箱:sgyx119@126. com
质量体系:ISO 9001、GJB 9001
产品情况:(上格牌)
泡沫消防车、水罐消防车、化学洗消消防车、举高喷射消防车等各类消防车

★上海万象汽车制造有限公司
地址:上海市松江区书海路999号
邮编:201612
电话:021/67602008
传真:67602008
网址:www. wxdaewoo. com
电子信箱:info@wxdaewoo. com
负责人:南永九
质量体系:ISO 9001
产品情况:(万象牌、大宇牌)
大中型、中高档公交客车、旅游团体客车等

★普茨迈斯特机械(上海)有限公司
地址:上海市松江工业区洞泾路39号
邮编:201613
电话:021/57741000
传真:57741779
电子信箱:philipzhu@putzmeister. com. cn
产品情况:(申星牌)
混凝土输送泵车

★上海鑫百勤专用车辆有限公司
地址:上海市松江区文翔路388号
邮编:201613
电话:021/57782176、57781139
传真:57782215、57782265
网址:www. baiqin. com
电子信箱:admin@baiqin. com
质量体系:ISO 9001
产品情况:(百勤牌)
畜禽运输车、散装饲料运输车、散装饲料车、环保智能型畜禽运输车、电动绞龙散装饲料车

★中欧汽车股份有限公司
地址:上海市松江区洞泾工业区振业路188号
邮编:201619
电话:4008899187、4008866187
网址:www. zoemo. net
质量体系:ISO/TS 16949、QS 9000
产品情况:(欧旅牌)
旅居车,救护车等专用车

★上海龙澄专用车辆有限公司
地址:上海市青浦区新技路818号
邮编:201708
电话:021/39203891、39023888
传真:39203801
网址:www. loep-sh. com
法人代表:陆晓春
产品情况:(三环牌)
后装压缩式垃圾车系列、车厢可卸式垃圾车系列、吊装式垃圾车系列、随车起重运输车系列、高空作业车、林业吊车等专用车系列产品

★上海中科力帆电动汽车有限公司
地址:上海市嘉定区叶城路1631号
邮编:201822
电话:021/69950099
传真:69950099-8007
网址:www. zklf-ev. com
电子信箱:hr@zklf-ev. com
产品情况:力帆620纯电动汽车

★上海航空特种车辆有限责任公司
地址:上海市宝山区富联路758号
邮编:201906
电话:021/51693836、36042263
传真:36042260、36042263
网址:www. chsav. com
电子信箱:shichang@chsav. com
产品情况:(赛沃牌)
军警车系列、消防车系列、环卫车系列、厢式车系列、新能源系列、旅居车系列及特种用途专用车

江苏省

★南京东宇汽车集团有限公司
地址:南京市鼓楼区三牌楼大街151号
邮编:210003
电话:025/83478639
传真:83478532
网址:www. dongyugroup. com
电子信箱:dy@dongyugroup. com
产品情况:大中型客车、微型车、自卸车、牵引车、高压清洗车、仓栅式半挂车、集装箱运输半挂车、厢式运输半挂车、应急电源车、通信指挥车、救护车、检测车、洒水车、邮政车等各类专用汽车

★江苏极东特装车有限公司
地址:南京市栖霞区石埠桥河东里75号
邮编:210033
电话:025/86706592
传真:86706213
电子信箱:nymarket@jlonline. com

质量体系:ISO 9001
产品情况:(顺风牌、极东牌)
熟石灰运输车、散装水泥车
出口情况:远销中东、东南亚、非洲、南美洲、欧洲等地区

★南京英达公路养护车制造有限公司
地址:南京市经济技术开发区恒飞路9号
邮编:210038
电话:025/85803030
传真:84271063
网址:www.freetech.com.hk
电子信箱:gx101234@autoinfo.gov.cn
质量体系:ISO 9001
产品情况:(英达牌)
沥青路面热再生修补车、沥青路面综合修补车、沥青加热恒温设备、沥青路面加热设备、沥青路面现场热再生设备、沥青提升复拌设备、手扶式振动压路机、沥青裂缝修补设备、多功能除雪车、灌料模具等

★江苏中意汽车有限公司
地址:南京市栖霞区万寿村1-1号
邮编:210038
电话:025/85300892
传真:85300580
网址:www.jszhongyi.com
电子信箱:zhongyi@jszhongyi.com
质量体系:ISO 9001
产品情况:(中意牌)
电力工程车、防弹运钞车、流动银行车、卫星通信指挥车、新闻流动采访车、应急电源车、公安防爆指挥车、刑事勘察车、警犬车、移动通信服务车、高档急救车和防疫型救护车、医用X光机透视车、采血车、电视转播车、雷达车、检测车、旅居车等

★南京金长江交通设施有限公司
地址:南京市栖霞经济开发区龙潭靖安大道108号
邮编:210059
电话:025/85714109、85717539
传真:85714579
网址:www.jcjjt.cn
电子信箱:njjcjjt@163.com
质量体系:ISO 9001
产品情况:(路鑫牌)
公路防撞护栏抢修车、沥青混合料热再生车、沥青路面养护车、沥青路面综合修补车、公路护栏/标牌清洗车、移动标志车、公路安保抢修车、除雪撒布车、高空作业车、背拖式清障车、扫路车、太阳能移动标牌车、摆臂式垃圾车、电源车、大流量排水抢险车
出口情况:远销亚洲、欧洲、非洲等地区

★航天晨光股份有限公司
地址:南京市江宁经济开发区天元中路188号
邮编:211100
电话:025/52826501、4008602501
传真:52826501
网址:www.aerosun.cn
电子信箱:htcg@aerosun.cn
董事长:伍青
单位人数:3300
质量体系:ISO 9001
产品情况:(三力牌)
半挂车、爆破器材运输车、粉粒物料运输车、高空作业车、罐式车、加油车、清洗车、洒水车、扫路车、垃圾车、自卸车、应急通信车、卫星通信车等

★南京客车制造厂有限责任公司
地址:南京市江宁区滨江开发区宁芜大道3500号
邮编:211162
电话:025/85338533
传真:85308800
网址:www.njkczz.com
质量体系:ISO 9001
产品情况:(雨花牌)
客车、指挥车、宣传服务车、通信指挥车、囚车、救险车、救护车、检修车、检测车、工程抢险车、工程车、电源车、餐车、保温车

★南京特种汽车制配厂有限公司
地址:南京市江宁区谷里街道工业集中区兴谷路20号
邮编:211164
电话:025/86133082
传真:68531214
网址:www.njtq.com.cn
电子信箱:13770961308@163.com
法人代表:张嵘
质量体系:ISO 9001
产品情况:(金龙牌)
生产各类半挂车、自卸车、厢式车、罐类车、工程作业车等五大类专用汽车;各种电动专用车
出口情况:部分产品出口中东、俄罗斯、拉丁美洲等国家和地区

★江苏法瑞德专用汽车有限公司
地址:南京市溧水区东屏镇朝阳路39号
邮编:211200
电话:025/56235992、40080976000
传真:56235990
网址:www.jsfarid.com
电子信箱:jsfarid@yeah.net
质量体系:ISO 9000
产品情况:(法瑞德牌)
工程车、医疗车、多功能车、商务车、旅居车、警用车、宣传车、市政用车、采血车、体检车、农业科技直通车等10大系列产品

★南京天印专用汽车有限公司
地址:南京市浦口经济开发区江苑路8号
邮编:211800
电话:025/58289733、58289373
传真:58289644
网址:www.njtianyin.com
电子信箱:shichangbu@njtianyin.com
质量体系:ISO 9001
产品情况:(天印牌)
混凝土搅拌车、散装水泥车、洒水车、垃圾车、吸粪车、扫地车、加/运油车
出口情况:出口东南亚和中东地区

★ 南京金龙客车制造有限公司
地址:南京市溧水区滨淮大道369号
邮编:211215
电话:4009908080
传真:025/52729503
网址:www.njgdbus.com
电子信箱:sales@njgdbus.com
法人代表:林劲
负责人:汪先锋
单位人数:1200
质量体系:ISO 9001
产品情况:(南京金龙牌、东宇牌)
6~12m城市公家、客运、轻型车,新能源;2014年销量3000辆
出口情况:出口秘鲁、朝鲜、刚果、孟加拉国、智利、伊朗;出口配件73件,6~11m客车40台
☞ 详细情况请参阅彩色宣传版面

★镇江飞驰汽车集团有限责任公司
地址:江苏省镇江市学府路92号
邮编:212016
电话:0511/88786336、88786629
传真:88786737
网址:www.fcqc.com
电子信箱:zjl@fcqc.com
单位人数:500
质量体系:ISO 9001、GJB 9001A
产品情况:(飞球牌)
0.5~20t系列冷藏保温汽车、厢式货车、厢式类特种改装车和军、民用方舱(房)、运血车及饮食保障车等,现年生产能力达3000辆(台套)

★镇江市特种车辆厂有限公司
地址:江苏省镇江市古阳大道6号
邮编:212028
电话:0511/85627701
传真:85627701
电子信箱:zjwxdc@public.zj.js.cn
法人代表:华国强
产品情况:(奥赛牌)
医疗车、指挥车、监测车、通信车

★镇江康飞机器制造有限公司
地址:江苏省镇江市大港新区五峰山路66号
邮编:212132
电话:0511/83177916、13605289016
传真:83177913
网址:www.kfjq.com
电子信箱:zjkf@kfjq.com
质量体系:GB/T 19001、GJB 9001B
产品情况:(康飞牌)
冷藏车、厢式车、特种车、方舱

★江苏卡威专用汽车制造有限公司
地址:江苏省丹阳市界牌镇界东工业园

邮编:212323
电话:0511/86378610、86378638
传真:86378031、86378638
网址:www.kaweigroup.com
电子信箱:jskwxf@126.com
质量体系:ISO 9001
产品情况:(卡威牌)
混凝土搅拌运输车、自卸车、消防车、灾害抢险救援车、散装水泥运输车、半挂车、环卫垃圾车、旅居车等
出口情况:远销印度、印度尼西亚、泰国、越南、土耳其等国家

★南京德兴汽车车辆改装有限公司
地址:江苏省句容市空港工业园666号
邮编:212400
电话:0511/87899911、4000262583
传真:87568050
网址:www.nj-dx.com
电子信箱:scb@nj-dx.com
单位人数:200
质量体系:ISO 9001
产品情况:(德欣牌)
电源车、军用储运车、军用方舱、军用发电车、测控车、通信指挥车、工程抢险车、路面养护车、静音拖车、旅居车、勘察车等

★常州佳卓特种车辆有限公司
地址:江苏省常州市青龙西路3号
邮编:213017
电话:0519/85501289、13813564007
传真:85501289
网址:www.jzsv.com.cn
电子信箱:jztrailer@163.com
质量体系:ISO 9001
产品情况:(嘉倬牌)
运马车、厢货车、旅居车等自主品牌车辆产品;车辆部件主要有汽车底盘、车身、车厢、大中小钣金结构件、大型覆盖件等零部件;具有单班年产3000辆专用车以及20000台套各类车辆零部件的综产能
出口情况:与澳大利亚、新西兰等建立了良好的合作关系

★查特中汽深冷特种车(常州)有限公司
地址:江苏省常州市新北区富康路11号
邮编:213032
电话:0519/85966000、85966089
传真:85966063
网址:www.chartchina.com
电子信箱:chartchina@chart-ind.com
产品情况:(查特牌)
半挂车

★常林股份有限公司
地址:江苏省常州市新北区黄河西路898号
邮编:213136
电话:0519/86751888、86758888
传真:86750025、86753838
网址:www.changlin.com.cn
电子信箱:sales@changlin.com.cn
单位人数:1190
质量体系:ISO 9001、ISO 14001
产品情况:(常林牌)
装载机、压路机、平地机、特种车辆、路面养护机械、小型多功能机械产品
出口情况:远销100多个国家和地区

★常州中汽商用汽车有限公司
地址:江苏省常州市武进区高新技术产业开发区龙飞路18号
邮编:213164
电话:0519/86915388、86650200
传真:86615388、86658837
网址:www.czzqs.cn
电子信箱:czzqs@163.com
法人代表:龚立民
质量体系:ISO 9001
产品情况:(常奇牌)
清障车,适用于公安、道路救援、汽车4S店、汽车修理厂、高速公路等
出口情况:出口清障车

★溧阳二十八所系统装备有限公司
地址:江苏省溧阳市溧城镇上上路26号
邮编:213300
电话:0519/87038696、87038638
传真:87299828
网址:www.cev28.com
电子信箱:master@cev28.com
法人代表:赵亚维
质量体系:ISO 9001、ISO 14001
产品情况:(中驰威牌)
军、民用方舱、厢式车厢、特种车辆、旅居车及车载电子系统设计集成

★无锡彩虹专用车有限公司
地址:江苏省无锡市惠山经济开发区阳山配套区天顺路12号
邮编:214000
电话:0510/83958279、18605107960
传真:83955335
网址:www.wxch168.cn
电子信箱:steven_xx217@163.com
单位人数:300
质量体系:ISO 9001
产品情况:(天顺牌)
运马车、运输货车、房车、其他专用车
出口情况:出口澳大利亚、欧洲、美国等国家和地区

★一汽解放汽车有限公司锡柴汽车厂
地址:江苏省无锡市马山七号桥
邮编:214092
电话:0510/85996619、85993156
传真:85997974
网址:www.wxdew.com
电子信箱:wxdew@wxdew.com
负责人:钱恒荣
单位人数:3500
质量体系:QS 9000
产品情况:(凤凰牌)
自卸车、半挂车、厢式运输车、仓栅式运输车、散装水泥车、压缩式垃圾车、化工液体运输车、混凝土搅拌运输车等各类专用车

★江苏省无锡探矿机械总厂有限公司
地址:江苏省无锡市新区梅村锡达路555号
邮编:214110
电话:0510/85025731、85014492
传真:85013426、85021654
网址:www.wxtkc.com
电子信箱:yxzx-888@163.com
董事长(负责人):朱利根
质量体系:ISO 9001
产品情况:(锡探牌)
地质勘察钻机、工程施工钻机、钻探工具和冶金冷轧卷取设备等
出口情况:出口亚洲、非洲、欧洲、南美洲等20多个国家和地区

★无锡华策汽车有限公司
地址:江苏省无锡市惠山经济开发区惠成路6号
邮编:214170
电话:0510/83765806、68868288
传真:83621571
网址:www.wxhcqc.com
电子信箱:hx@wxhcqc.com
法人代表:郑华理
质量体系:ISO 9001
产品情况:(华新牌)
6~10m的轻型客车、豪华空调客车、无人售票公交车和厢式运输车、新能源汽车等;具备年产各类客车5000辆的能力
出口情况:远销非洲、亚洲、拉丁美洲等数十个国家和地区

★无锡锡梅特种汽车有限公司
地址:江苏省无锡市西漳镇锡澄北路98号
邮编:214171
电话:0510/83753625、83751780
传真:83751780
网址:www.wuxiximei.com
电子信箱:info@wuxiximei.com
质量体系:ISO 9001
产品情况:(锡梅牌)
清水车、污水车、客梯车、食品车、垃圾车、行李拖车、牵引车、行李传送车等20多个品种
出口情况:远销非洲、欧洲、大洋洲、东南亚地区

★无锡交通汽车股份有限公司
地址:江苏省无锡市惠山经济开发区春惠路568号-2
邮编:214174
电话:0510/81017531、15206180992
网址:www.jinnanauto.com.cn
电子信箱:jtqc@jinnan.com.cn
质量体系:ISO 9001
产品情况:(金南牌)
客车、环卫车、医疗体检车、救护车、工程车、厢式货运车及生活垃圾压

缩处理设备、混合动力和天然气清洁能源汽车、纯电动新能源汽车产品
出口情况:远销拉丁美洲、东南亚、东欧等地区

★一汽客车(无锡)有限公司
地址:江苏省无锡市惠山经济开发区金惠路569号
邮编:214177
电话:0510/82250888、82250588
传真:82250889
电子信箱:master@taihubus.com
法人代表:姜君
质量体系:ISO 9001、GJB 9001A
产品情况:(解放牌、太湖牌)
6~12m团体旅游客车、公路客车、城市客车,纯电动城市客车,混合动力城市客车,专用客车、小学生校车
出口情况:远销亚洲、非洲、拉丁美洲等20个国家和地区

★江苏金永达工业有限公司
地址:江苏省宜兴市经济开发区诸桥路16号
邮编:214203
电话:0510/87667199、87668099
传真:87667199
网址:www.jsjwqc.com
电子信箱:jydqc2007@163.com
单位人数:300
质量体系:ISO 9001
产品情况:(金望牌)
专业从事清障车、清洗车等专用汽车的研发、生产

★江阴市汽车改装厂
地址:江苏省江阴市青阳镇锡澄路1519号
邮编:214401
电话:0510/86503010、86503011
传真:86502055
网址:www.chinashentan.com
电子信箱:qaj8@pub.wx.jsinfo.net
负责人:秦安君
质量体系:ISO 9001
产品情况:(神探牌)
反恐处突车、防暴运警车、智能卡口车、卫星通信指挥车、通信指挥车、警用巡逻车、刑事现场勘察车、交通事故勘察车、多功能流动警务车、现场照明车、流动邮件邮包检查车、运警车、装备运输车、电子物证车、技术侦察车、囚车、法医工作车等警用车产品
出口情况:出口老挝、朝鲜、缅甸、吉尔吉斯斯坦、塔吉克斯坦以及非洲部分国家

★江苏常隆客车有限公司
地址:江苏省江阴市新澄路2号
邮编:214432
电话:0510/86272999、86299925
传真:86271999、86262312
网址:www.alfabus.com.cn
电子信箱:changlongbus@126.com
法人代表:黄坤达
单位人数:450
质量体系:ISO 9001
产品情况:(常隆牌、马可牌)
中高档客运、旅游、团体、公交系列客车,电动客车,产品覆盖6~18m;年产整车能力3000辆

★江苏海鹏特种车辆有限公司
地址:江苏省江阴市经济开发区靖江园区沿江高等级公路9号
邮编:214521
电话:0510/80129629、80129602
传真:80129838
网址:www.jstrailer.com
电子信箱:zhuhongyi@jstrailer.com
质量体系:ISO 9001
产品情况:(海鹏牌)
半挂车、粉粒物料运输车、化工液体运输半挂车、化工液体运输车、冷藏车、面粉运输车、清障车

★江苏振翔车辆装备股份有限公司
地址:江苏省苏州市高新区浒关镇工业园
邮编:215007
电话:0512/65350999、65351116
传真:65350999
网址:www.js-zhenxiang.com
电子信箱:zhaowen@js-zhenxiang.com
单位人数:120
质量体系:ISO 9001
产品情况:供气消防车、抢险救援消防车等

★苏州江南航天机电工业有限公司
地址:江苏省苏州市吴中区木渎镇中山东路14号
邮编:215101
电话:0512/66252753、66261991
传真:66262350
网址:www.jncasic.com
电子信箱:szjnht@jncasic.com
质量体系:ISO 9001、GJB 9001A
产品情况:(航天牌)
三大系列应急专用车,救护救援系列(远程会诊车、应急急救车、应急手术车、应急X射线车、应急处置车、应急卫生防疫车、消毒灭菌车等),通信指挥系列(应急通信指挥车、气象应急通信、消防、森林防火应急通信指挥车等),后勤保障系列(应急作业车、应急修理车、应急仓储车、应急电源车等)
出口情况:手术车、处置车、X射线车、通信指挥车等产品出口中东、欧洲、美洲、南非、东南亚地区

★苏州吉姆西客车制造有限公司
地址:江苏省苏州市吴中区郭巷街道东进路288号3幢
邮编:215124
电话:0512/66986766、4008282260
传真:66878867
网址:www.gemsea.cn
法人代表:杨源
产品情况:(东吴牌)
纯电动轻型客车、纯电动厢式运输车等

★苏州华福低温容器有限公司
地址:江苏省苏州市吴中经济开发区天灵路18号
邮编:215128
电话:0512/65271037、65275026
传真:65276396
网址:www.sz-huafu.com.cn
电子信箱:chenqihf@126.com
质量体系:ISO 9001
产品情况:(HF牌)
低温罐式集装箱、化工罐式集装箱、低温液体运输车、低温液体储槽、气化器系列
出口情况:远销俄罗斯、东南亚、中东等国家和地区

★昆山专用汽车制造厂
地址:江苏省昆山市金茂路1288号
邮编:215300
电话:0512/57303710
传真:55106822、57303710
电子信箱:derek874@126.com
产品情况:(魁士牌)
自卸车、散装水泥车、粉尘车、运油车、厢式车、半挂车、钻井车、集装箱运输车、公路清障车等

★常熟华东汽车有限公司
地址:江苏省常熟市通港工业园泰光路8号
邮编:215500
电话:0512/52265030
传真:52265028
网址:www.h-d.cn
电子信箱:cszbgs@h-d.cn
质量体系:ISO 9001
产品情况:(华东牌)
军警用车、运钞车、环卫车、雪地车、移动气象监测车、品牌展示车等特种车
出口情况:远销美国、俄罗斯、瑞典等国家

★苏州中欧汽车有限公司
地址:江苏省常熟市东南经济开发区珠泾路8号
邮编:215533
电话:0512/52118562
传真:52118586
电子信箱:gx100322@autoinfo.gov.cn
质量体系:ISO/TS 16949
产品情况:(欧旅牌、奔旅牌)
旅居车、救护车、指挥车、监理车

★苏州市捷达消防车辆装备有限公司
地址:江苏省常熟市辛庄工业园区捷达路
邮编:215562
电话:0512/52478710
传真:52478710
网址:www.jd-fire-industry.com
电子信箱:jdfire@jd-fire-industry.com

单位人数:300
质量体系:ISO 9001
产品情况:(苏捷牌、捷达消防牌)
泵浦、泡沫、水罐、干粉、泡沫干粉联用、各类救(后)援、化学救援、通信指挥、照明排烟、登高高喷消防车以及远距离大流量供水系统、灭火救援机器人等

★张家港市江南汽车制造有限公司
地址:江苏省张家港市南丰镇
邮编:215600
电话:0512/58616008、58628608
传真:58620127
网址:www.jiangnanauto.com
电子信箱:sales@jiangnanauto.com
质量体系:ISO 9001
产品情况:(春洲牌)
中轻型客车、自卸车、厢式货车、殡仪车、救护车等专用车
出口情况:出口埃及、洪都拉斯、沙特阿拉伯、尼日利亚、阿尔及利亚、危地马拉、朝鲜、黎巴嫩、马拉维、吉布提、科威特等20多个国家和地区

★牡丹汽车股份有限公司
地址:江苏省张家港市乐余镇乐红路11号
邮编:215621
电话:0512/58651266、13052830510
传真:58651266
法人代表:章波丰
质量体系:ISO 9001
产品情况:(牡丹牌)
旅游客车、公交客车、中型客车、厢式货车、纯电动客车等
出口情况:出口海外市场

★江苏友谊汽车有限公司
地址:江苏省张家港市乐余镇乐红路22号
邮编:215622
电话:0512/58651013、58650276
传真:58650869
网址:www.youyiautomobile.com
电子信箱:zyh@youyiautomobile.com
单位人数:1200
质量体系:ISO 9001
产品情况:(友谊牌)
轻型客车、公路客车、轻型公交、中型公交、大型公交、校车、纯电动客车等;具有年产1万辆以上客车生产能力
出口情况:出口亚洲、非洲、美洲、大洋洲等地区

★中船圣汇装备有限公司
地址:江苏省张家港市金港镇临江路3号
邮编:215632
电话:0512/58373860、58376991
传真:58376726、58391169
网址:www.zshcm.com.cn
电子信箱:shenghui@shenghui.com.cn
单位人数:1200
质量体系:ISO 9001
产品情况:(圣汇牌)
低温液体运输半挂车

★张家港中集圣达因低温装备有限公司
地址:江苏省张家港市金港镇南沙港西中路
邮编:215632
电话:0512/58391235
传真:58370701
网址:www.sdy-cn.com
电子信箱:sdy@sdy-cn.com
法人代表:高翔
质量体系:ISO 9000
产品情况:(圣达因牌)
低温液体储罐、低温液体运输车、大型常压储罐、罐式集装箱、低温绝热气瓶和气化设备以及LPG、液氨、丙烯、二甲醚等危化品储运装备

★徐州工程机械集团有限公司
地址:江苏省徐州市金山桥经济开发区驮蓝山路26号
邮编:221004
电话:0516/87565106
传真:87739999
网址:www.xcmg.com
电子信箱:service@xcmg.com
质量体系:ISO 9001
产品情况:(徐工牌、海虹牌)
汽车起重机、高空作业车、混凝土泵车、举高喷射消防车、桥梁检测作业车、清障车、洗扫车、起重机、垃圾车、随车起重运输车、混凝土搅拌运输车
出口情况:远销169个国家和地区

★徐州海伦哲专用车辆股份有限公司
地址:江苏省徐州市经济开发区宝莲寺路19号
邮编:221004
电话:0516/68782888、68782999
传真:68782299、68782733
网址:www.xzhlz.com
电子信箱:xzhlz@xzhlz.com
质量体系:ISO 9001、ISO 14000
产品情况:(海伦哲牌)
高空作业车、移动电源车、车载式旁路带电作业成套设备系列(全自动布缆车、变压器车、负荷转移车、负荷开关车、绝缘工具车)、埋杆车系列、应急抢修车系列和军用抢修车等专用汽车产品
出口情况:出口国外

★徐州利勃海尔混凝土机械有限公司
地址:江苏省徐州市经济开发区金工路10号
邮编:221004
电话:0516/87982808
传真:87793163
网址:www.xuzhouliebherr.com
电子信箱:info.xlc@liebherr.com
法人代表:迈克尔·赫曼
质量体系:ISO 9001
产品情况:(利勃海尔牌)
混凝土搅拌车、搅拌站和回收站

★徐州天地重型机械制造有限公司
地址:江苏省徐州市铜山经济开发区黄山路24号(天地重工业园)
邮编:221116
电话:0516/83310507
传真:83310500
网址:www.xtdzg.com
电子信箱:tdzgyx@163.com
质量体系:ISO 9001
产品情况:(鑫天地重工牌)
混凝土泵送机械、混凝土搅拌输送机械、商品混凝土搅拌站、干粉砂浆站系列产品和随车起重机系列产品、高空作业车系列产品;具有年产混凝土机械3500台、专用车辆800辆、金属结构件3500t、覆盖件6500台套生产能力
出口情况:出口非洲等地区

★徐州徐工特种汽车有限公司
地址:江苏省徐州市铜山新区星月大道2号
邮编:221116
电话:0516/83312982、83312905
传真:83312982
电子信箱:xzxgtq@126.com
产品情况:(劲马牌)
半挂车、矿用车、低速货车、自卸低速货车、自卸车

★徐州华邦专用汽车有限公司
地址:江苏省邳州市建设北路38号
邮编:221300
电话:0516/86261888、86261777
传真:86268555
网址:www.xzhuabang.com
电子信箱:xzhuabang@126.com
单位人数:380
质量体系:ISO 9001
产品情况:(国世华邦牌)
液压轴线车、低平板半挂车,罐式车、集装箱运输车、普通半挂车等各种专用车辆
出口情况:部分产品远销海外市场

★连云港东堡专用车有限公司
地址:江苏省连云港市连云区板桥工业园金港路3号
邮编:222003
电话:0518/85412386、18005133698
传真:85413117
网址:www.tobow.com
电子信箱:zhaojun5758@163.com
单位人数:200
质量体系:ISO 9001
产品情况:(东堡牌)
20~100t低平板及超低平板半挂车、集装箱半挂车、轿车运输车,10~50t多功能运输半挂车,80~1500t以上可拼接式货台,可升降重型全挂车、罐式车、厢式车、自卸车等

★江苏天明机械集团有限公司
地址:江苏省连云港市海州经济开发区朐凤路108号
邮编:222062
电话:0518/85915909

传真:85916900
网址:www.chinatmco.com
电子信箱:lygtm@chinatmco.com
质量体系:ISO 9001
产品情况:(天明牌)
框架式煤矿支架搬运车、煤矿综采设备快速搬运车、支架搬运车、无轨胶轮运货车/运人车、煤矿用连采设备快速搬运车、平板车、超低货台框架罐体运输车、连接平台、多功能运输车等

★淮安市专用汽车制造有限公司
地址:江苏省淮安市经济开发区韩泰南路5号
邮编:223005
电话:0517/83750818、83750858
传真:83751788
电子信箱:haljc@hahyg.cn
质量体系:ISO 9002
产品情况:(永旋牌)
多功能联合吸污车、军用炊事车、垃圾运输车、铝合金罐车、粉罐车、低温液体运输车、集装箱运输车、自卸车、厢式车、低平板半挂车、栏板半挂车等
出口情况:远销中东、澳大利亚、南美洲、非洲、东欧等国家和地区

★江苏安华汽车股份有限公司
地址:江苏省淮安市经济开发区迎宾大道39号
邮编:223005
电话:0517/83799008、83799052
传真:83799006
网址:www.jsanh.com
电子信箱:lijz@dlscn.cn
质量体系:ISO 9001
产品情况:(大力士牌)
城市下水道疏通车、干湿物料吸排车、洒水车、各类罐式车、压缩式垃圾车、集装箱运输车等
出口情况:出口自卸车、吸污车

★江苏威拓公路养护设备有限公司
地址:江苏省沭阳县经济开发区桃园路18号
邮编:223005
电话:0517/83739937
传真:83739241
法人代表:朱同宝
质量体系:ISO 9001
产品情况:(威拓瑞牌)
公路养护设备专用汽车及相关零部件

★淮安市苏通市政机械有限公司
地址:江苏省淮安市楚州区经济开发区
邮编:223232
电话:0517/85989187、13003541603
传真:85208982
电子信箱:master@hasutong.com
质量体系:ISO 9001
产品情况:(苏通牌)
下水道联合疏通车、抓斗式窨井清淤车、沼液沼渣出料车、随车起重机
出口情况:出口国外市场

★盐城中威客车有限公司
地址:江苏省盐城市开放大道100号
邮编:224003
电话:0515/88333888
传真:88333777
质量体系:ISO 9001
产品情况:(中大牌)
大中型客车、纯电动客车、混合动力城市客车、旅居车

★江苏悦达专用车有限公司
地址:江苏省盐城市经济开发区希望大道99号
邮编:224007
电话:0515/89882086、89882089
传真:88118808
网址:www.jsydzyc.com
电子信箱:www.yuedazhuanyongche@126.com
质量体系:ISO 9001、ISO 14001
产品情况:(悦达牌)
后装压缩式垃圾车,发展为包括后装压缩式垃圾车、侧装压缩式垃圾车、密闭式垃圾转运车、扫路车、洒水车、高压冲洗车、多功能扫洗车、厨馀垃圾车、垃圾站等
出口情况:远销北美洲、欧洲、南美洲、非洲、东南亚、中东等60多个国家和地区

★江苏奥新新能源汽车有限公司
地址:江苏省盐城市经济开发区希望大道南路43号
邮编:224007
电话:0515/83350518、83350509
传真:83350111、83350503
网址:www.aoxinauto.com
电子信箱:jfqtsl@163.com
法人代表:戴同彬
质量体系:ISO 9001
产品情况:(达福迪牌)
纯电驱动乘用车、纯电动车厢可卸式垃圾车、自卸式垃圾车、扫路车、纯电动厢式运输车、纯电动篷式运输车、纯电动仓栅式运输车、纯电动售货车、纯电动宣传车、旅游观光车等产品
出口情况:小批量出口美国、新西兰、西班牙、德国等国家

★江苏登达汽车有限公司
地址:江苏省盐城市建湖县高新技术经济区南环路88号
邮编:224700
电话:0515/68785555、68785288
传真:68785555、68786688
网址:www.jsddbus.com
质量体系:ISO 9001
产品情况:(钻石牌)
纯电动城市客车、大中型客车等

★扬州盛达特种车有限公司
地址:江苏省扬州市邗江汽车产业园潍柴大道8号
邮编:225003
电话:0514/87903329、87904097
传真:87903336、87240147
网址:www.wctzc.com
法人代表:郭全
单位人数:500
质量体系:ISO 9001、ISO 14001
产品情况:(金鸽牌)
路车、清洗扫路车、清洗车、压缩式垃圾车、车厢可卸式垃圾车、垃圾中转成套设备、清障车、矿用车和半挂车等产品
出口情况:远销韩国、纳米比亚、古巴、澳大利亚、东南亚等国家和地区

★扬州柳工建设机械有限公司
地址:江苏省扬州市蜀岗西路8号
邮编:225008
电话:0514/87635448
传真:87635408
网址:www.liugonggroup.com
电子信箱:sales@yzliugong.com
质量体系:ISO 9001
产品情况:(柳工牌)
混凝土搅拌运输车

★扬州中集通华专用车有限公司
地址:江苏省扬州市扬子江中路139号
邮编:225009
电话:0514/87877888、87872905
传真:87870999、87873290
网址:www.chinatrailer.com
电子信箱:yz.tht@public.yz.js.cn
法人代表:李贵平
负责人:刘洪庆
单位人数:2500
质量体系:ISO 9001
产品情况:(通华牌)
罐式车、鲜奶运输车、厢式半挂车、车辆运输车、集装箱半挂车、平板半挂车、低平板半挂车、自卸半挂车、混凝土搅拌车、泵车和特种半挂车等
出口情况:远销日本、东南亚、美洲、澳大利亚、非洲、中东等国家和地区

★扬州跃进通达客车有限公司
地址:江苏省扬州市邗江区槐泗镇陈沟
邮编:225116
电话:0514/87651670、13815838110
传真:87651969
网址:www.yzyjtd.com
电子信箱:yzyuejin@163.com
产品情况:(亚星牌、扬子牌、跃进牌、科灵牌)
电动清扫车辆、电动清运车辆、电动观光旅游车辆等

★扬州三源机械有限公司
地址:江苏省扬州市邗江区方巷镇峰明大道18号
邮编:225117
电话:0514/80785309
传真:80785308

网址:www. yzsyjx. com
电子信箱:yzsyjx@ yzsyjx. com
负责人:陈厚克
质量体系:ISO 9001
产品情况:(三联牌)
专用汽车、汽车车架、各类专用汽车箱体、总成构件等产品
配套情况:为北汽福田、亚星客车、江淮客运客车、盐城中大中威客车、航天晨光、张家港牡丹客车等专业厂家生产汽车车架、各类专用汽车箱体和总成构件等

★江苏九龙汽车制造有限公司
地址:江苏省扬州市江都区外资工业园区
邮编:225200
电话:0514/86517000、86517110
传真:86517111
网址:www. joylong. net
电子信箱:luyunfei – mg@ 163. com
质量体系:ISO 9001
产品情况:(大马牌)
九龙商务车系列产品:涵盖九龙A5系列、九龙A6系列、快乐之旅和大MPV系列、九龙VIP商务车系列、九龙专用车系列、九龙考斯特系列、纯电动客车、纯电动厢式运输车等
出口情况:远销海外32个国家和地区

★扬州女神客车有限公司
地址:江苏省扬州市江都区宜陵工业园
邮编:225200
电话:0514/86883500、4000803188
传真:86554700
网址:www. jacnsqc. com
电子信箱:jacnsqc@ 163. com
质量体系:ISO 9001
产品情况:(江淮女神牌)
医疗体检车、采血车、手术手、妇科检查车、流动组合医院、医疗巡诊车、越野救护车、整体式(多功能)厢式运输车、多功能维修服务车、疫苗运送车、场内旅游观光车、应急电源车、病虫防治车、流动服务车、清障车、工程车、抢险车、检测车、缉毒车、应急指挥车、检测检疫车、商旅车、房车、大中型客车、高空作业车等,具有年产3000辆各类专用车的生产能力

★江苏三迪机车制造有限公司
地址:江苏省泰兴经济开发区振兴路66号
邮编:225400
电话:0523/87602072、87605222
网址:www. sandicn. com
质量体系:ISO/TS 16949
产品情况:专用汽车、新能源车辆、车用发动机、环卫装备等

★江苏银宝专用车有限公司
地址:江苏省扬州市宝应县氾水工业区
邮编:225800
电话:0514/88489999、4008288288
传真:88480099
网址:www. ybsv. com. cn
电子信箱:yinbao@ ybsv. com. cn
质量体系:ISO 9001
产品情况:(银宝牌)
车厢可卸式垃圾车、垃圾收集车、垃圾桶清洗车、餐厨收集车、随车起重运输车以及各类半挂车等系列产品

★上海鸿得利重工股份有限公司
地址:江苏省启东经济开发区滨海工业园通贤路18号
邮编:226236
电话:021/58587000
传真:58587435
网址:www. holdglobe. com
电子信箱:hold@ holdglobe. com
质量体系:ISO 9001
产品情况:(城市猎豹牌)
HBT拖泵、HBC车载泵、THB臂架泵、MP淤泥泵、HZS搅拌站、干粉砂浆搅拌设备、YZH混凝土搅拌输送车、混凝土泵车等
出口情况:远销亚洲(日本、韩国、朝鲜、泰国、越南、马来西亚、孟加拉国、印度、伊朗、伊拉克、卡塔尔、沙特阿拉伯、也门等)、欧洲(俄罗斯、乌克兰、意大利、土耳其、荷兰、芬兰、西班牙)、美洲、非洲(埃及、阿尔及利亚、利比亚、安哥拉、埃塞俄比亚、尼日利亚等10多个国家)、大洋洲(澳大利亚和新西兰)

★三一帕尔菲格特种车辆装备有限公司
地址:江苏省如东经济开发区黄河路189号
邮编:226400
电话:0513/80698531
网址:www. sanypalfinger. com
电子信箱:liuc103@ sany. com. cn
产品情况:直臂式、折臂式随车起重机等

★江苏陆地方舟新能源电动汽车公司
地址:江苏省如皋经济开发区花城大道188号
邮编:226500
电话:0513/68778926
电子信箱:service@ greenwheelev. com
产品情况:(陆地方舟牌)
纯电动厢式运输车、纯电动客车等

★江苏英田汽车制造有限公司
地址:江苏省如皋市如城镇陆桥村
邮编:226503
电话:0513/87301888、87509430
传真:87301999
电子信箱:gx100306@ autoinfo. gov. cn
质量体系:ISO 9001
产品情况:(英田牌)
低速载货汽车、工程运输车、自卸车,年设计生产能力5万辆

浙江省

★杭州市政机械制造有限公司
地址:杭州市拱墅区湖州街22号
邮编:310015
电话:0571/85383482、13590885150
传真:85383498
网址:www. hzszjx. com
电子信箱:hzszjx@ 163. com
质量体系:ISO 9001
产品情况:(双箭牌)
沥青洒布车、搅拌机、道路综合养护车、除雪车等
出口情况:出口东南亚、非洲等地区

★杭州专用汽车有限公司
地址:杭州市经济技术开发区M20 – 15 – 1号
邮编:310018
电话:0571/86721801、13676896169
传真:86721817、86721839
网址:www. hzzqchina. com. cn
电子信箱:hzzq@ hzzqchina. com. cn
单位人数:300
质量体系:ISO 9001、ISO 14001
产品情况:(宏宙牌)
桥梁检测作业车、混凝土臂架泵车、拉臂工程车、散装水泥车、自装卸垃圾车、干混砂浆专用设备、常温常压槽罐化学危险品运输车、集装箱平板运输车、混凝土搅拌运输车等
出口情况:出口美国等国家

★杭州爱知工程车辆有限公司
地址:杭州市经济开发区5号大街17号
邮编:310018
电话:0571/86851958、4008268338
传真:86911592
网址:www. hzaichi. com
电子信箱:xiaoshou@ hzaichi. com
法人代表:於晓宇
单位人数:300
质量体系:ISO 9001、ISO 10012
产品情况:(爱知牌)
高空作业车、应急电源车、工程抢修车、钻孔立杆车、高空喷药车、电缆车等特种车;年产销各类高空作业车约600辆
出口情况:出口俄罗斯、古巴、朝鲜、菲律宾、澳大利亚、越南、孟加拉、也门、哈萨克斯坦、蒙古等国家和地区,并销往中国香港地区

★中汽商用汽车有限公司(杭州)
地址:杭州市转塘镇凌家桥
邮编:310024
电话:0571/87090666
传真:87099539
网址:www. e – cnca. cn
电子信箱:zq0571@ 126. com
单位人数:400
质量体系:ISO 9001、ISO 14001
产品情况:(中汽牌、ZHONGQI牌)

各类垃圾车、高压清洗车、压缩设备、流动舞台车、宣传车、展示车、厢式车、平板运输车、全挂车、高空作业车、电源车、电缆铺设车、救护车、旅居车等专用车

出口情况:出口救护车

★杭州恒康专用车辆制造有限公司

地址:杭州市余杭区瓶窑镇彭安路20号
邮编:311115
电话:0571/88523336
传真:88747625、88523009
网址:www.hzhengkang.com
电子信箱:hzhkgs@hzhengkang.com
单位人数:150
质量体系:ISO 9001
产品情况:(恒康牌)

车厢可卸式垃圾车、密封式垃圾车、拉臂式垃圾车、自(侧)装卸垃圾车、平推后装式垃圾车、工程抢险车、环卫中转设备和汽车零部件产品等

出口情况:出口汽车零部件产品远销美国、加拿大等国家

★杭州南方半挂车有限公司

地址:杭州市余杭区瓶窑镇彭公村33号信箱
邮编:311115
电话:0571/88548095、88548096
传真:88548097
电子信箱:hznf@zj.com
产品情况:(陆氏牌)

化工液体运输车、散装水泥运输车、洒水车、清洗车、吸粪车、压缩式垃圾车、运油车、集装箱运输半挂车等

★中誉控股集团有限公司

地址:杭州市萧山经济技术开发区市心北路227号
邮编:311215
电话:0571/82865858、82866688
传真:82855500
电子信箱:manage@zhongyugroup.com
质量体系:ISO 9001
产品情况:(中誉牌)

以奔驰凌特、威霆商用车为主,同时生产豪华商务车、豪华旅居车、微型客车、救护车、礼宾车等专用车辆和各类民用特殊车辆;建设能力年产2.5万辆

★杭州越西客车制造有限公司

地址:杭州市萧山区江东工业园区江东六路5588号
邮编:311222
电话:0571/57179683、57179680
传真:57179682
网址:www.yuexibus.com
电子信箱:yuexibus@163.com
法人代表:谭志强
质量体系:ISO 9001
产品情况:(悦西牌)

10m以上插电式混合动力汽车、6~7m纯电动中型客车和10m以上纯电动客车

出口情况:批量出口东南亚、南美洲、中东等多个国家和地区

★杭州蓝海特种车辆有限公司

地址:杭州市千岛湖镇鼓山工业园区
邮编:311700
电话:0571/88296155
传真:88291193
网址:www.hzlanhai.net
电子信箱:lanhaitezhong@163.com
质量体系:ISO 9001
产品情况:(大公牌)

道路巡逻车、事故勘察车、执法指挥车等

★浙江蓝能燃气设备有限公司

地址:浙江省上虞市杭州湾上虞工业园东一区振兴大道5号
邮编:312369
电话:0575/82727606、82397666
传真:82727607
网址:www.rein.net.cn
单位人数:248
质量体系:ISO 14001、GB/T 28001
产品情况:九管CNG长管拖车

★浙江万丰奥特汽车制造有限公司

地址:浙江省新昌工业园区鳌峰路1号
邮编:312500
电话:0575/86298888、86298220
产品情况:(万丰牌)

皮卡、SUV、厢式运输车

★湖州客车厂有限公司

地址:浙江省湖州市敢山路1888号(杨家埠)
邮编:313000
电话:0572/2683336
传真:2683331
网址:www.hzkcc.com
质量体系:ISO 9001
产品情况:(东方牌)

工程抢险车、移动电源车、消防车、电力工程车、照明车、电缆检测车以及市政环卫车车等多类型的特种车辆

★湖州东方汽车有限公司

地址:浙江省湖州市南浔镇虹阳路338号
邮编:313009
电话:0572/3912378、3015686
传真:3013473
网址:www.hzeast.net
电子信箱:hzkeast@163.com
质量体系:GJB 9001A、GJB 9001B
产品情况:(东方牌)

各种军用改装车、方舱、民用汽车

★浙江星驰汽车有限公司

地址:浙江省海宁市尖山新区(黄湾)海丰路106号
邮编:314415
电话:0573/89261551、4008839557
传真:89261552
网址:www.xingchiauto.com
单位人数:110
产品情况:商务改装车辆

★浙江卡尔森汽车有限公司

地址:杭州市大江东产业集聚区纬八路3168号
邮编:315000
电话:0571/82900888
传真:82980808
网址:www.carlssonauto.com
产品情况:(卡升牌)

产品主要是基于梅赛德斯奔驰威霆、唯雅诺、凌特等系列多用途车平台,设计开发后批量改装的豪华商务车、旅居车以及通信指挥车、道路检测车、运钞车、救护车等特殊专用车

★宁波凯福莱特种汽车有限公司

地址:浙江省宁波市江北投资创业园区C区金山路666弄16号
邮编:315033
电话:0574/87311362、87042397
传真:83092930
网址:www.nbcareful.com
电子信箱:nbcareful@nbcareful.com
产品情况:(凯福莱牌)

冷藏车、救护车、救护保障车

★浙江宝成机械科技有限公司

地址:浙江省宁波市江北区通惠路788号
邮编:315099
电话:0574/87636688、87639797
传真:87630469
网址:www.nbbaocheng.com
电子信箱:nbbc6688@mail.nbptt.zj.cn
质量体系:ISO 9001
产品情况:(宝裕牌)

压缩式垃圾车、车厢可卸式垃圾车、车厢封闭式垃圾车、自装卸式垃圾车、洒水车等

★浙江南车电车有限公司

地址:浙江省宁波市鄞州投资创业中心金谷中路东9号
邮编:315104
电话:0574/88385578
传真:88331813
电子信箱:nbjj@21cn.com
法人代表:索建国
质量体系:ISO 9001
产品情况:(南车牌)

各类客车和改装车,产品包括6~12m的各类旅游客车、长途客车、城市客车、混合动力客车、厢式运输车等40余种产品以及特种用途客车的改装

★宁波波导汽车科技有限公司

地址:浙江省宁波市骆驼工业区南一西路78号
邮编:315202
电话:0574//86581058、86581391
传真:86580082
网址:www.qin-ji.com

电子信箱:13958213852@126.com
法人代表:徐立华
单位人数:260
产品情况:(剑球牌)
NKC5081TCT、NKC5090TCT 型静力触探车等

★宁波明欣化工机械有限责任公司
地址:浙江省宁波市镇海区骆驼盛兴路195号
邮编:315202
电话:0574/86594546、87355710
传真:87355266
网址:www.nmhj.com
电子信箱:web@nmhj.com
单位人数:800
质量体系:ISO 9001
产品情况:低温液体储罐、低温气瓶、低温反应装置、低温罐箱、低温槽车和高低压控温式汽化器等
出口情况:远销欧美、俄罗斯、中东、北非、东南亚等地区

★宁波三新汽车零部件有限公司
地址:浙江省慈溪市经济开发区海通路418号
邮编:315300
电话:0574/63979076
传真:63979199
电子信箱:gx111214@autoinfo.gov.cn
质量体系:ISO 9001
产品情况:(宁特牌)
具备年产1000台罐式车及2000台集装箱挂车生产能力

★宁波波导雷沃汽车有限公司
地址:浙江省奉化市东郊开发区岳林东路499号
邮编:315500
电话:0574/59553389、13506696065
传真:59553386
网址:www.bdlwqc.com
单位人数:1500
质量体系:ISO 9001、GB/T 24001
产品情况:市政车辆、环保设备和环保工程、消防车、特种汽车、起重机械五个系列120多种产品

★金华市康迪新能源车辆有限公司
地址:浙江省金华市工业园区德胜街1号
邮编:321016
电话:0579/82239768、82239778
传真:82239379
网址:www.kandigroup.com
电子信箱:kandi@kandigroup.com
质量体系:ISO 9001
产品情况:(康迪牌)
电动汽车、专用汽车、全地形车、农夫车、休闲车、纯电动厢式运输车等
出口情况:出口欧洲、美洲、东南亚等地区

★飞神集团有限公司
地址:浙江省永康市汤店路11号
邮编:321300
电话:0579/87271688
传真:87271796
网址:www.feishen.com
电子信箱:fs@feishen.com
法人代表:陈向阳
质量体系:ISO 9001
产品情况:休闲运动车,助老助残康复车,绿色新能源汽车和高端房车
出口情况:远销欧美、亚太等50多个国家和地区

★永康市富仕达实业有限公司
地址:浙江省永康市五金科技工业园金山东路20号
邮编:321300
电话:0579/87230046、87230146
传真:87230796
网址:www.chinafourstar.com
电子信箱:sales@chinafourstar.com
质量体系:ISO 9000
产品情况:高尔夫球车、卡丁车、全地形车及非道路用车等
出口情况:远销欧洲、美洲、东南亚等30多个国家和地区

★义乌赵龙汽车工业有限公司
地址:浙江省义乌市五洲大道888号
邮编:322000
电话:4009057700
网址:www.zhaolong.com
董事长:赵冬子
质量体系:ISO 9001
产品情况:(赵龙牌)
半挂车及混凝土搅拌运输车、散装水泥运输车、自卸车、干混砂浆运输车、环卫车、非公路矿用车等专用车产品

★丽水市南明专用汽车有限公司
地址:浙江省丽水市水阁工业园区枫岭街1号
邮编:323000
电话:0578/2151388、2153627
传真:2158088、2153627
电子信箱:nmzq@nmzyqc.com
质量体系:ISO 9001
产品情况:(南明牌)
自卸系列汽车、半挂系列运输车、厢式系列车、环卫专用车、集装箱运输车等,年产量2000台

★温州云顶汽车有限公司
地址:浙江省瑞安市汽摩配产业基地(东区)
邮编:325200
电话:0577/65333333
传真:65326686
网址:www.cnyunding.com
电子信箱:gx110242@autoinfo.gov.cn
产品情况:(云顶牌)
各种半挂车、粉粒物料运输车、混凝土搅拌运输车、加油车、畜禽运输车、压缩式垃圾车、运油半挂车、自卸车

安徽省

★劲旅环境科技有限公司
地址:合肥市新站区综合开发试验区工业园E区
邮编:230012
电话:4000525925
传真:0551/64283051
网址:www.jlhoe.com
电子信箱:yuxiaoxia@jlhoe.com
质量体系:ISO 9001、ISO 14001
产品情况:垃圾收集、压缩、转运设备及车辆

★合肥通用机械研究院
地址:合肥市长江西路888号
邮编:230031
电话:0551/65335666
传真:65312185
网址:www.hgmri.com.cn
电子信箱:yuanbao@hgmri.com
产品情况:(通用所牌)
宣传车、机场跑道除胶车等

★安徽安凯客车有限公司
地址:合肥市包河工业区花园大道23号
邮编:230051
电话:0551/63732315、63732120
传真:63732035
电子信箱:jac_bus@126.com
法人代表:王江安
质量体系:ISO/TS 16949
产品情况:(江淮·现代牌、合客牌)
中、高档轻型客车,大、中型客车,涵盖5.6~12m、10~55座的各类车型、小学生校车

★安徽安凯汽车股份有限公司
地址:合肥市包河工业区花园大道99号
邮编:230051
电话:0551/62297706
传真:62297710
网址:www.ankai.com
电子信箱:ankai@ankai.com
法人代表:戴茂方
单位人数:3000
质量体系:ISO 9001
产品情况:(安凯·赛特拉牌、安凯牌、江淮·现代牌、江淮牌)
豪华大型客车、轻型客车、新能源客车(混合动力 纯电动),用于公路客运、旅游客运、公交客运等;客车底盘;载货汽车及底盘、自卸车及底盘、运输车及底盘、汽车起重机及底盘、小学生校车等
出口情况:出口美国、澳大利亚等国家,并远销中国香港、中国澳门地区

★安徽江淮专用汽车有限公司
地址:合肥市包河区繁华大道与天津路交叉口江淮重工基地
邮编:230051
电话:18356001949、4006920008

传真:0551/62297258
网址:www. jaczyc. com
电子信箱:jaczyc@ 163. com
单位人数:1000
质量体系:ISO 9001、ISO 14001
产品情况:(江淮牌)
具备年产 3000 辆冷藏保温车、2000 辆城市环卫车、5000 辆重型货车改装自卸车的生产能力
出口情况:出口南美洲、欧洲、非洲、中东、东南亚等 120 多个国家和地区

★合肥森隆专用汽车有限公司
地址:合肥市经济技术开发区汤口路 139 号
邮编:230601
电话:0551/63840701、63507828
传真:63840713
网址:www. salonmotors. com
电子信箱:hwc99@ 163. com
质量体系:ISO 9001
产品情况:(世环牌)
环卫专用车辆、特种作业车和环卫成套设备

★安徽星凯龙客车有限公司
地址:合肥市经济开发区锦绣大道 135 号
邮编:230601
电话:4008613689
质量体系:ISO 9001
产品情况:(星凯龙牌)
纯电动城市客车

★合肥市富园汽车改装有限公司
地址:合肥市经济开发区汤口路 9 号
邮编:230601
电话:0551/63825288、18355184846
传真:63825688
网址:www. hffy. net
电子信箱:fy968@ 126. com
单位人数:200
质量体系:ISO 9001
产品情况:(富园牌)
流动舞台车、宣传车、旅居车、多媒体影视广告演播车、流动广告宣传车以及各种厢式变形专用汽车;货厢总成

★安徽合力股份有限公司
地址:合肥市经开区方兴大道 668 号
邮编:230601
电话:0551/63648005、63689333
传真:63633431
网址:www. helichina. com
电子信箱:market@ helichina. com
单位人数:7000
质量体系:ISO 9001、ISO 14001
产品情况:(合力(HELI)牌)
具有年产叉车整机 10 万台、铸件 20 万 t、油缸 60 万根、转向桥 10 万台套及相应的下料、金加工、涂装、装配和试验检测能力
出口情况:远销 140 个国家和地区,其中向欧美发达国家或地区出口量占公司出口量的 50%

★蚌埠华隆消防设备有限责任公司
地址:安徽省蚌埠市治淮路 345 号
邮编:233000
电话:0552/3022618、3011838
传真:3016522
电子信箱:xsc@ bbxf. com
产品情况:(隆华牌)
水罐消防车、泡沫消防车、抢险救援消防车、通信指挥消防车、干粉泡沫消防车、18m 举高喷射消防车等系列中低压消防车;年产消防车 300 余辆
出口情况:出口俄罗斯、印度尼西亚、泰国、安哥拉、老挝、欧洲、非洲等国家和地区

★安徽柳工起重机有限公司
地址:安徽省蚌埠市柳工大道 18 号
邮编:233010
电话:0552/4928522
传真:4928470
法人代表:俞传芬
产品情况:(柳工牌)
汽车起重机、高空作业车,汽车起重机专用底盘

★安瑞科(蚌埠)压缩机有限公司
地址:安徽省蚌埠市南外环路 2001 号
邮编:233050
电话:0552/3139718、3069391
传真:2049249、2069100
网址:www. cimc. com
电子信箱:wangjunenric@ sina. com
单位人数:680
质量体系:ISO 9001
产品情况:(双箭牌)
CNG 加气站系列压缩机、油田用系列压缩机、中高压系列压缩机、特种气体系列压缩机、工艺系列压缩机、动力系列压缩机
出口情况:出口亚洲、非洲、拉丁美洲、欧洲等地区

★安徽兆鑫集团汽车有限公司
地址:安徽省蒙城 307 线牛群经济园区 88 号
邮编:233500
电话:0558/7652226、4008749797
传真:7653766
网址:www. zxqcjt. cn
电子信箱:zhaoxin@ zxqcjt. cn
董事长:王兆新
单位人数:218
质量体系:ISO 9001
产品情况:(兆鑫牌)
栏板式半挂车、仓栅式运输半挂车、厢式运输半挂车、集装箱运输半挂车、低平板半挂车、自卸半挂车、自卸汽车改装、仓栅式运输车改装、混凝土搅拌运输车改装、各种环卫专用车及农用机械等系列产品

★蒙城县华威汽车改装有限公司
地址:安徽省蒙城县 307 线牛群经济园区南侧
邮编:233500
电话:0558/7696355
传真:7691599
质量体系:ISO 9000
产品情况:(吉运牌)
各种半挂车

★安徽江淮安驰汽车有限公司
地址:安徽省蒙城县经济开发区园区路 1 号
邮编:233500
电话:4008878576
网址:www. jacanchi. com
电子信箱:jacwlghk@ 126. com
单位人数:600
质量体系:ISO/TS 16949、ISO 9001
产品情况:(江淮牌)
SUV、皮卡、微型货车、微型电动车三大平台四大系列产品

★阜阳市乐江专用车有限公司
地址:安徽省阜阳市阜蚌路 93 号
邮编:236000
电话:0558/2329999
传真:2318759
质量体系:ISO 9001
产品情况:(乐江牌)
全挂车

★安徽开乐专用车辆股份有限公司
地址:安徽省阜阳市经济技术开发区 105 国道 21 号
邮编:236112
电话:0558/2210158、2210150
传真:2210108
电子信箱:xsgs@ ahkaile. com
法人代表:秦少华
负责人:吕振洲
单位人数:2200
质量体系:ISO 9001
产品情况:(开乐牌)
普通栏板半挂车、仓栅式运输半挂车、厢式运输半挂车、低平板运输半挂车、集装箱运输半挂车、粉粒物料运输车及半挂车、液体运输车及半挂车、混凝土搅拌车、车辆运输半挂车、自卸车、冷藏保温车、防爆车和环卫车 13 大系列 280 多个产品
配套及出口情况:为一汽、东风、江淮、江铃、陕汽、重汽等供货;出口非洲、中东、东南亚、南美洲、北美洲等国际市场

★利辛县泰鑫专用汽车制造有限公司
地址:安徽省利辛县阜蚌路 198 号
邮编:236700
电话:0558/8859698、8859688
传真:8859699
电子信箱:wanbeitaixin@ 163. com
产品情况:(泰鑫牌)
各种普通半挂车、阶梯式半挂车、集装箱半挂车、底平板半挂车、厢式半挂车、仓栅式半挂车、车辆运输半挂车、自卸半挂车、全挂车、冷藏车、保温车、厢式货车、大型客车、防弹运钞车、皮卡

变形车等

★利辛县江淮扬天汽车有限公司
地址:安徽省利辛县工业园创业路1号
邮编:236700
电话:0558/8878888
传真:8705999
网址:www.jwan.cn
电子信箱:jinwanyangtian@163.com
质量体系:ISO 9001
产品情况:(金皖牌)
普通半挂车、集装箱半挂车、低平板半挂车、厢式半挂车、轿车运输半挂车、自卸车、冷藏车、保温车、厢式货车、客车防弹运钞车、皮卡变形车等

★安徽长安专用汽车制造有限公司
地址:安徽省六安市经济开发区
邮编:237010
电话:0564/3392131
传真:3392131
质量体系:ISO 9001
产品情况:(天柱山牌)
炊事车、卫星转播车、气象雷达车、应急抢险车、半挂车、旅居车等

★滁州市天达汽车部件有限公司
地址:安徽省滁州市乌衣镇滁宁西路天达工业区
邮编:239000
电话:0550/3918008、18805501199
网址:www.ahtdjt.com
电子信箱:kelong@ahtdjt.com
单位人数:300
质量体系:ISO 9001、ISO 14001
产品情况:半挂车粉粒物料运输车、搅拌运输车、自卸车等专用车,智能充电柱、冲压零件等

★安徽江淮扬天汽车股份有限公司
地址:安徽省滁州市南谯区乌衣镇扬天工业园
邮编:239050
电话:0550/3912222、3912219
传真:3914666
网址:www.yangtianauto.com
电子信箱:sales@yangtianauto.com
法人代表:龚义华
质量体系:ISO 9001、ISO 18000
产品情况:(江淮扬天牌)
环卫车、搅拌车、粉罐车、液罐车、低平板车、厢式车、集装箱车、自卸车、普通半挂车、车辆运输车,共10大系列25类近200个品种

★滁州市恒信工贸有限公司
地址:安徽省滁州市城东工业园珠江东路118号
邮编:239064
电话:0550/3160938、3160123
传真:3160708
网址:www.czhxgm.com
电子信箱:taodenglin123@163.com
单位人数:180
质量体系:ISO 9001
产品情况:(恒信致远牌)
各种自卸挂车、各种粉罐车、液罐车、厢式货车等

★扬子集团滁州客车制造有限公司
地址:安徽省滁州市扬子工业区
邮编:239064
电话:0550/3161320
传真:3162102
网址:www.yangzibus.com
电子信箱:sjs516517@sina.cn
单位人数:350
质量体系:ISO 9001
产品情况:(扬子牌)
高、中、低档6~12m公交、旅游、客运系列客车近百个品种

★滁州兴扬汽车有限公司
地址:安徽省滁州市扬子路666号
邮编:239064
电话:0550/3562233、3562222
传真:3562713
网址:www.czxyqc.com
电子信箱:czxyqc@czxyqc.com
单位人数:200
质量体系:GB/T 19001
产品情况:(兴扬牌)
主要产品包括液体运输半挂车、厢式运输半挂车、低平板运输半挂车、仓栅运输半挂车、集装箱运输半挂车、罐式集装箱、冷藏保温车和道路清障车等8大类78个品种
出口情况:出口国外市场

★安徽天康特种车辆装备有限公司
地址:安徽省天长市经济开发区天康新能源产业园
邮编:239300
电话:4009978123
产品情况:电动旅游观光车、电动高压冲洗车、电动轿车、锂离子动力电池等

★明光浩淼安防科技股份有限公司
地址:安徽省明光市工业园区体育路151号
邮编:239400
电话:0550/8090112、8097178
传真:8097784
网址:www.mgxf.com
电子信箱:hmsw@mghm.cn
单位人数:300
质量体系:ISO 9001
产品情况:(光通牌)
灭火类、专勤类、后援类、举高类、特种消防车以及警用车辆全部系列产品80多个品种;具备年产800辆消防车的制造能力
出口情况:出口南美洲、中亚、东南亚、非洲等多个国家和地区

★中国人民解放军第5720工厂
地址:安徽省芜湖市501信箱
邮编:241000
电话:0553/5720012、5720059
产品情况:(威尔牌)
小型客车

★芜湖中集瑞江汽车有限公司
地址:安徽省芜湖市高新技术产业开发区
邮编:241002
电话:0553/3022666、3022555
传真:3022316、3025869
网址:www.cimc-whrj.com
电子信箱:cimc.rj@gmail.com
法人代表:李志敏
负责人:王柱江
质量体系:ISO/TS 16949
产品情况:(瑞江牌)
搅拌车、罐车、自卸车、低平板半挂车、普通半挂车、低密度粉粒物料运输车等
出口情况:年出口液罐车、粉罐车150台

★集瑞联合重工有限公司

地址:安徽省芜湖市三山区峨桥路2号联合大厦
邮编:241080
电话:0553/7527000
传真:7527100
网址:www.ctruck.com.cn
法人代表:李胤煃
负责人:唐钢
质量体系:ISO 9001
产品情况:牵引车、自卸车、搅拌车、专用车及载货车
☞ 详细情况请参阅彩色宣传版面

★大创精密装备(安徽)有限公司
地址:安徽省芜湖市南陵县经济开发区丰收大工山路9号
邮编:241300
电话:0553/6819563
传真:6819613
网址:www.dcjmzb.com
电子信箱:info@dcjmzb.com
产品情况:饲料和畜禽专用运输汽车等产品

★池州市大田(盛大)专用车有限公司
地址:安徽省池州市经济技术开发区流金大道
邮编:247000
电话:0566/5222000、13093698369
传真:5228686
网址:www.ahdtqc.cn
电子信箱:fql@vip.163.com
产品情况:(秋浦牌)
低平板运输车、起重平板运输车

福建省

★福建海越汽车工业有限公司
地址:福州市祥谦镇兰圃村公路边66号
邮编:350003

电话:0591/22777601
传真:22777602
电子信箱:info@ hiyatgroup. com
质量体系:ISO 9001
产品情况:(斯伏尔牌)
压缩式垃圾车、各类特种汽车、专用汽车及纯电动轻型专用车

★福建常春专用车制造有限公司
地址:福州市滨海工业区江田段
邮编:350206
电话:0591/28788888、28707239
传真:28703239
网址:www. fjchangchun. com
电子信箱:fjchangchun@ 163. com
单位人数:300
质量体系:ISO 9001
产品情况:(常春宇创牌)
平板式、厢式、栏板式、仓栅式、侧翻自卸式、罐式半挂车,专用集装箱,混凝土搅拌运输车、车载电源车、部队野练车等特种车辆

★福建蓝海专用汽车制造有限公司
地址:福州市罗源湾开发区南工业区岐鹤路9号
邮编:350600
电话:0591/26935805、4008898676
网址:www. landhighauto. com
电子信箱:lhqcxs@ landhighauto. com
法人代表:郑震生
质量体系:ISO 9001
产品情况:(恒乐牌)
豪华商务车、房车、商务车、指挥车、救护车、校车、交通执法车、警务用车等特种车型

★重汽集团福建专用车有限公司
地址:福建省宁德市东侨工业园区(漳湾)
邮编:352106
电话:0593/2315699、2351399
传真:2351533
电子信箱:zqjtfz@ sina. com
质量体系:ISO 9001
产品情况:(威泰尔牌)
罐式专用车、半挂式专用车、自卸车、环卫车
出口情况:出口20多个国家和地区

★福建省德峰汽车制造有限公司
地址:福建省建瓯市城东工业园区5号
邮编:353100
电话:0599/3854999
传真:3854222
电子信箱:gx130232@ autoinfo. gov. cn
法人代表:李峰
产品情况:(闽峰牌)
各种半挂车、自卸车

★厦门厦工重工有限公司
地址:福建省厦门市集美区铁山路585号
邮编:361023
电话:0592/6382251
传真:5170800
网址:www. xmxgzg. com
电子信箱:info@ xmxgzg. com
质量体系:ISO 9001、ISO 14001
产品情况:(宇威牌)
矿用自卸车、环卫设备(压缩式垃圾车、自卸式垃圾车、全液压清扫车、洗扫两用车、吸污车、高压清洗车、自卸式固体物料回收车、垃圾中转站等)、混凝土搅拌站成套设备、半挂车、应急通信车等产品

★福建新华旭专用车制造有限公司
地址:福建省泉州市特种汽车基地1号路2号
邮编:362000
电话:0595/82005316、22468111
传真:82005319
电子信箱:gx130220@ autoinfo. gov. cn
质量体系:ISO 9001
产品情况:(新华旭牌)
仓栅式运输车、各种半挂车、混凝土搅拌运输车、厢式运输车、自卸车

★漳州科晖专用汽车制造有限公司
地址:福建省漳州市金峰开发区北斗工业园区金乐路12号
邮编:363000
电话:0596/2526778、2523778
传真:2523698
网址:www. zzkh. com
电子信箱:zzkh2005@ 126. com
质量体系:ISO 9001、ISO 14001
产品情况:(科晖牌)
环卫专用车辆、移动应急电源车系列、自动或立体停车设备等

★福建泰华交通设备有限公司
地址:福建省漳州市招商局经济技术开发区招商大道76号
邮编:363105
电话:0596/6852726、6851088
传真:6851509
网址:www. dlscn. cn
电子信箱:mail@ dlscn. cn
质量体系:ISO 9001
产品情况:(泰华牌、大力士牌)
各类半挂车、混凝土搅拌车、粉粒物料运输车、化工液体运输车、自卸车、油槽车等系列专用车
出口情况:远销东南亚、非洲、俄罗斯、澳大利亚、法国等20多个国家和地区

★福建毅宏专用汽车有限公司
地址:福建省龙海市隆教乡流会村
邮编:363106
电话:0596/5769111、5199701
传真:5769815
产品情况:(凯郡牌)
房车

★龙岩华洁环卫机械有限公司
地址:福建省龙岩市经济技术开发区
邮编:364000
电话:0597/2791168
传真:2791566
电子信箱:lyhj366@ 163. com
质量体系:ISO 14001、ISO 9001
产品情况:(华洁牌)
车厢可卸式垃圾车
出口情况:出口越南等东南亚国家

★福建侨龙专用汽车有限公司
地址:福建省龙岩市新罗区东城东宝路421号
邮编:364000
电话:0597/2331592、2303106
传真:5389000
网址:www. fjqiaolong. com
电子信箱:iaolong2331592@ 163. com
质量体系:ISO 9001
产品情况:应急电源车、大流量排水抢险车、应急排水车等应急专用车,售货车、垃圾车、医疗废物转运车等民用车

★福建龙马环卫装备股份有限公司
地址:福建省龙岩市经济开发区
邮编:364012
电话:0597/2290612
传真:2290612
网址:www. fjlm. com. cn
电子信箱:fjlm@ fjlm. com. cn
质量体系:ISO 9001、ISO 14001
产品情况:(福龙马牌)
道路清扫车、多功能高压清洗车、清洗扫路车、绿化喷洒车、压缩式垃圾车、垃圾中转压缩站、自卸式垃圾车、纯电动密闭式桶装垃圾车、纯电动路面养护车等
出口情况:出口东南亚

★龙岩市海德馨汽车有限公司
地址:福建省龙岩市新罗区西陂镇赤坑村龙金路1号(龙州工业园高新技术开发区内)
邮编:364099
电话:0597/3295602、3295659
传真:3295601、3295682
电子信箱:hdxscb@ rs - helios. com
质量体系:ISO 9000
产品情况:(海德馨牌)
应急电源车、电力工程车、通信车

★龙岩畅丰专用汽车有限公司
地址:福建省龙岩市高新技术产业开发区
邮编:364101
电话:0597/3352566、3352522
传真:3352558
网址:www. fjcfzq. com
电子信箱:fjcfzq@ 163. com
质量体系:ISO 9001、ISO 14001
产品情况:(畅丰牌)
枝桠切片专用车、移动应急发电车、电源车、应急电源车、工程抢险车、换电仓运输车、自卸式垃圾车、车厢可卸式垃圾车等

★福建神鹰汽车有限公司
地址:福建省永安市洛溪大道266号
邮编:366000
电话:0598/3856006
网址:www.fjshenying.com
电子信箱:415116109@qq.com
产品情况:主要产品为工程自卸车和半挂式粉粒物料运输车系列产品,具备双班年产3000辆专用作业车的生产能力

★中科动力(福建)新能源汽车有限公司
地址:福建省永安市洛溪大道299号
邮编:366000
电话:0598/5133888、18650983778
传真:5131116
电子信箱:sales@cp-ev.com
产品情况:纯电动城市用车、高速新能源汽车、新能源客车、新能源工程车等新能源相关产品

★福建省闽兴专用汽车有限公司
地址:福建省龙岩市长汀县城火车站旁
邮编:366300
电话:0597/6677666、6819858
传真:6819158、6819555
电子信箱:fjmxgs@163.com
质量体系:ISO/TS 16949
产品情况:(闽兴牌)
自卸车、集装箱运输半挂车、栏板式散装货物运输半挂车、低平板运输半挂车、车辆运输半挂车、罐式车(粉粒物料运输半挂车、混凝土搅拌车)等

江西省

★江西凯马百路佳客车有限公司
地址:南昌市经济开发区玉屏西大街149号
邮编:330013
电话:0791/88678522
传真:88678511
网址:www.bonluckbus.com
电子信箱:sales@bonluckbus.com
质量体系:ISO 9001
产品情况:(江西牌)
5.7~27m的新能源、清洁能源、传统动力等各种动力客车,品种包含:高档城市客车、旅游客车、团体客车、长途客车、房车、校车及特种客车
出口情况:出口美国、澳大利亚、欧洲、中东、非洲等国家和地区

★江西江铃专用车辆厂
地址:南昌市迎宾中大道658号
邮编:330052
电话:0791/85273733、85278332
传真:85278393
网址:www.jmczyc.com
电子信箱:zcheng1@jmc.com
单位人数:1000
质量体系:ISO 9001、QS 9000
产品情况:(江铃牌、江铃全顺牌)
各型普通厢式货车、易燃气体厢式运输车、液压尾板(门)厢式运输车、仓栅车以及运马车、矿井通勤车、矿井指挥车、警用装备器材运输车、翼展车、移动餐车、软蓬侧帘门车等厢式变形车

★江西江铃汽车集团改装车有限公司
地址:南昌市迎宾中大道小蓝工业园2388号
邮编:330200
电话:0791/85985198、18970090266
传真:85985211
网址:www.jmcsv.com
电子信箱:hhe@jmc.com.cn
单位人数:600
质量体系:ISO/TS 16949
产品情况:(江铃牌、江铃全顺牌、红都牌)
警用装备车、救护车、防弹运钞车、工程抢险车、检测监测车、流动服务宣传车、专业物流配送车、旅居车、纯电动厢式运输车等
出口情况:部分产品远销国外市场

★江西制氧机有限公司
地址:江西省九江市城西港区石牛路27号
邮编:332103
电话:0792/8903190、8902555
传真:8903191
网址:www.jopm.cn
电子信箱:jyscb0792@163.com
法人代表:黄申俊
单位人数:400
产品情况:液氧、液氮、液氩、液态二氧化碳、液态乙烯及液化天然气(LNG)等低温储罐、槽车;大型常压低温储罐;天然气加气站等

★江西博能上饶客车有限公司
地址:江西省上饶经济开发区凤凰西大道18号
邮编:334000
电话:4001666169
网址:www.srkc.com.cn
质量体系:ISO 9001
产品情况:(上饶牌)
小学生校车、智能通信车、运营车辆、新能源车

★江西宜春客车厂有限公司
地址:江西省宜春经济技术开发区春潮路12号
邮编:336000
电话:0795/3666081
法人代表:邹克琼
产品情况:(中宜牌)
客车、纯电动客车等

★江西特种汽车有限责任公司
地址:江西省宜春市袁州区马王塘工业园
邮编:336000
电话:0795/3653906
传真:3653906
电子信箱:zptousu@58.com
质量体系:ISO 9001
产品情况:(奇特牌)
后装式垃圾压缩车、自卸式全密封垃圾车、拉臂车、医疗废物转运车、纯电动自装卸式垃圾车等

★安源客车制造有限公司
地址:江西省萍乡市经济开发区北区汽车工业园
邮编:337000
电话:0799/6665008
传真:6331466
网址:www.ayvip.com
电子信箱:sales@ayvip.com
质量体系:ISO 9001
产品情况:(安源牌)
大中型客车,混合动力城市客车、旅游客车、幼儿及小学生专用校车
出口情况:出口美国、澳大利亚、爱尔兰、欧洲、中东等国家和地区

★赣州汽车改装厂
地址:江西省赣州经济技术开发区迎宾大道南侧
邮编:341000
电话:0797/8380722
传真:8380705
网址:www.gzevcar.com
电子信箱:lius1031@126.com
产品情况:(环球牌)
摆臂式垃圾车、仓栅式半挂车、车厢可卸式垃圾车、对接式垃圾车、集装箱半挂车、洒水车、洗扫车、压缩对接垃圾车等

★赣州江环汽车制造有限公司
地址:江西省赣州市沙河大道6号
邮编:341000
电话:0797/8186811、15879734388
传真:8186812、8186859
网址:www.jhqcz.com
电子信箱:gjgjgj1314@126.com
产品情况:(江环牌)
随车起重运输车、水泥搅拌车、半挂运输车等专用汽车

★江西钧天机械有限公司
地址:江西省抚州市金巢经济开发区工业园区
邮编:344000
电话:0794/7078860、7078861
传真:7078867
网址:juntian268@163.com
质量体系:ISO 9001
产品情况:(钧天牌)
商务车、护栏抢修车、指挥车

山东省

★济南红旗凯沃特汽车制造有限公司
地址:济南市经十西路366号
邮编:250017
电话:0531/87507765、13606412896
传真:87507765

网址:www.zgchq.com
电子信箱:zgc7765@sohu.com
负责人:张桂昌
单位人数:680
质量体系:ISO 9001
产品情况:(红旗牌)
液罐车、挂车、厢式车、冷藏保温车、自卸车、可交换车身运输系统和其他特种车辆
出口情况:出口赞比亚、埃塞俄比亚、坦桑尼亚、苏丹、俄罗斯、哈萨克斯坦、吉尔吉斯斯坦、蒙古等国家

★山推建友机械股份有限公司
地址:济南市市中区段店南路268号
邮编:250022
电话:0531/89815377、89815067
传真:89815067、89815068
网址:www.janeoo.com
电子信箱:janeoo_yxb@shantui.com
法人代表:王飞
单位人数:1002
质量体系:ISO 9001
产品情况:(建友牌)
混凝土搅拌运输车、混凝土泵车、干混砂浆背罐车、干混砂浆运输车等
出口情况:出口55个国家和地区

★济南中鲁特种汽车有限公司
地址:济南市经十东路18001号
邮编:250032
电话:0531/83682355、83682358
传真:83687738、83682359
网址:www.zltruck.com
电子信箱:sdzlkun@163.com
单位人数:120
质量体系:ISO 9001
产品情况:(双达牌)
运、加油车、洒水车、园林绿化车、吸污车、降尘车、沥青洒布车等筑路机械、军用方舱等几十种产品

★济南豪瑞通专用汽车有限公司
地址:济南市天桥区药山工业园蓝翔路17号
邮编:250032
电话:0531/85765577、85764399
传真:85765577
网址:www.jnhrt.com
电子信箱:jnhrtzq@163.com
产品情况:(圆易牌)
自卸汽车、混凝土搅拌车、压缩式垃圾车、吸污车、洒水车、随车起重运输车(随车吊)、粉粒物料车等系列产品
出口情况:远销俄罗斯、哈萨克斯坦等国家

★中国人民解放军第6455工厂
地址:济南市市中区党家庄
邮编:250116
电话:0531/87807924
传真:87996401
质量体系:ISO 9000
产品情况:(陆王牌)
半挂车、自卸车、厢式车

★济南萨博特种汽车有限公司
地址:山东省章丘市明水经济开发区工业四路1819号
邮编:250200
电话:0531/83726578、83726579
传真:83726580
网址:www.jnsabo.com
电子信箱:jneqg4907@vip.sina.com
负责人:赵传飞
单位人数:360
质量体系:ISO 9001、GJB 9001B
产品情况:(飓风牌)
排水车、电源车、高等级路面养护车、沥青洒布车、机场除胶车、燃气管道抢险车、应急移动通信车、红钢坯热送车、各行业工程抢险车辆及装备抢修车辆、半挂车和各吨位铁水运输车及铁水罐、洒水车、垃圾车、大吨位加油车、应急移动通信基站、混凝土搅拌站等
出口情况:远销欧洲、南亚、东南亚等地区

★中集车辆(山东)有限公司
地址:山东省章丘市明水经济开发区金石东路8001号
邮编:250200
电话:0531/85833000、85833297
传真:85833299
电子信箱:jiyin.han@cimc.com
质量体系:ISO 9001、ISO 14001
产品情况:(国道牌)
自卸车、半挂车(厢式、罐式、集装箱运输等)、厢式车(冷藏保温车、厢式运输车、快换集装箱及各种方舱等)、罐式车(油品、液态食品、颗粒物料运输、水泥搅拌等)、特种专用车(应急移动通信车、消防车等)、混凝土系列(混凝土搅拌、混凝土泵送设备等)、电源车、炸药混装车
出口情况:自卸车出口俄罗斯、中亚、东南亚、非洲等国家和地区

★普天新能源汽车(山东)有限公司
地址:山东省章丘市双山街道办事处福康路665号
邮编:250200
电话:0531/83256026、83256248
传真:83256530
网址:www.jnputian.com
电子信箱:jnptsc@163.com
质量体系:ISO 9001
产品情况:(鸿雁牌)
邮政车、电信用车、电力工程车、电视转播车、微波通信车、应急电源车、应急通信车、后栏板起重运输车、厢式运输车、防弹运钞车、救护车、军用/警用车、翼开启厢式车、邮政车等
出口情况:出口越南、马来西亚等国家

★中国重汽集团济南专用车有限公司
地址:山东省章丘市潘王路17668号(世纪大道北)
邮编:250220
电话:0531/85584292、85584298
传真:85584296
网址:www.lvyes.cn
电子信箱:qlkogel-jyj@sohu.com
单位人数:600
质量体系:ISO 9001
产品情况:(绿叶牌)
绿化喷洒车、洒水车、加(运)油车、化工液体运输车、车厢可卸式压缩垃圾车、吸污车、吸粪车、高压清洗车、混凝土搅拌运输车、粉粒物料运输车、自卸车、厢式车、半挂车、净水车、洒水车、吸粪车等
出口情况:出口俄罗斯、蒙古、中东、东南亚、南美洲、非洲等国家和地区

★中国重汽集团济南豪沃客车有限公司
地址:山东省章丘市潘王路19777号
邮编:250220
电话:0531/85582735、85581285
传真:85581280
网址:www.cnhtcbus.com
电子信箱:howoyx@163.com
法人代表:王浩涛
质量体系:ISO 9001
产品情况:(HOWO牌、黄河牌)
5.5~24m的各型中高档公路客车、城市公交客车、旅游客车、团体客车、校车、油气混合动力车、新能源车等

★济南鲁联集团专用汽车有限公司
地址:济南市长清区经十西路11889号
邮编:250306
电话:0531/87206083、87206088
传真:87206089、87206083
电子信箱:jnll11889@163.com
质量体系:ISO 9001
产品情况:(鲁泉牌)
改装车、自卸车、半挂车、罐式车等,年产1200台
出口情况:年出口专用车、特种车等600台

★山东省惠民县佳通机械制造有限公司
地址:山东省滨州市惠民县皂户李镇
邮编:251717
电话:400016678、15966381300
传真:0543/5250066
网址:www.hmjtjx.cn
质量体系:GB/T19001
产品情况:仓栅式半挂车、厢式车、罐车、清障车等

★中通汽车工业集团有限责任公司
地址:山东省聊城市经济开发区中华北路9号
邮编:252000
电话:0635/8518080
传真:8518000
网址:www.zhongtongauto.com
电子信箱:zhongtong8059@126.com
单位人数:5000
质量体系:ISO 9001

产品情况：(中通牌、东岳牌)
客车、新能源客车、校车、地下管网疏通车、多功能洗扫车、旅居车等专用车；具备年产客车 20000 辆、专用车 10000 辆、汽车底盘 10000 辆的能力
出口情况：客车、专用车产品畅销 60 多个国家和地区

★鲁西新能源装备集团有限公司
地址：山东省聊城市经济开发区辽河路 28 号
邮编：252042
电话：0635/8518936、8518936
传真：8518936
网址：www.luxixny.com
产品情况：运油车等

★东阿县中亚专用汽车有限公司
地址：山东省聊城市东阿县姜楼镇北 500 米路西
邮编：252212
电话：0635/3546188、3544777
传真：3544777
产品情况：(齐鲁中亚牌)
半挂车

★山东阳谷飞轮挂车制造有限公司
地址：山东省阳谷县城南五公里费楼工业园
邮编：252300
电话：0635/6334888、13563506679
传真：6334129
网址：www.ygflzq.com
电子信箱：ygflzq@163.com
质量体系：ISO 9001
产品情况：(景阳岗牌)
普通半挂车、厢式车、集装箱运输半挂车、仓栅式运输车、自卸车、罐式车、混凝土搅拌运输车、粉粒物料运输车等

★山东迅力特种汽车有限公司
地址：山东省临清市经济开发区(先锋路东首路南)
邮编：252600
电话：0635/2318805
传真：2317977
网址：www.sd-xunli.com
电子信箱：lqxunli@lqxunli.com
董事长：刘长山
质量体系：ISO 9001、ISO 14001
产品情况：(迅力牌)
自卸车、挂车、罐式车、军车、环卫车辆 6 大类 200 多个品种，具有年产 10000 辆轻量化专用车的生产能力
出口情况：出口俄罗斯、中亚、非洲等国家和地区

★临清飞翔专用汽车制造有限公司
地址：山东省临清市南环路中段路南
邮编：252609
电话：0635/2317148
传真：2317928
网址：www.lqfx.cn
电子信箱：lqfx@vip.sina.com
单位人数：257
质量体系：ISO/TS 16949
产品情况：(临清飞翔牌)
自卸汽车液压举升系统、专用改装车两大类；其中液压油缸年生产能力达 3 万套
配套及出口情况：自卸汽车液压举升系统被中国重汽、北方奔驰、福田欧曼列为自卸汽车液压举升系统国内首选配套厂家，并为冀东物贸集团、三河新宏昌重工集团、中集集团、星马集团等供货；出口液压举升机构

★山东齐鲁汽车制造有限公司
地址：山东省武城县运河经济开发区
邮编：253300
电话：0534/5073327、5073328
传真：5073327
网址：www.qilubus.com
电子信箱：qiluqiche@163.com
质量体系：ISO 9001
产品情况：6～13.7m 的高、中、普级 20 多种客车及天然气客车、电动小汽车产品

★山东长运特种车辆制造有限公司
地址：山东省淄博市博山区山头路 80 号
邮编：255200
电话：0533/4280854、15069393345
网址：www.shandchyun.jqw.com
电子信箱：zbwct@163.com
单位人数：472
质量体系：ISO 9001
产品情况：(鲁征牌)
压力容器、槽车、罐车、储罐、容器、反应釜、危险品车辆、固定式压力容器、移动式压力容器、罐式集装箱、罐箱、阀门、仪表、汽化器、稳压装置、低温容器、常温容器、液化气体汽车罐车、低温液体汽车、一二三类中低压压力容器、低温储存容器
出口情况：出口液氧、液化二氧化碳汽车半挂槽车及封闭式储罐 32 万(套)

★淄博颜山专用汽车有限公司
地址：山东省淄博市博山区东过境路中段
邮编：255202
电话：0533/4180405、4180462
传真：4184765
电子信箱：sdyszq@163.com
产品情况：(颜山牌)
厢式/仓栅式/低平板式半挂车、集装箱运输半挂车、运油车、散装水泥车、车辆运输半挂车、自卸车等；抢险救援照明车、稀浆封层车
出口情况：远销非洲、东南亚等多个国家

★山东保水汽车改装有限公司
地址：山东省梁山县拳铺镇泰福路 168 号
邮编：256500
电话：0543/2266789
传真：2126088
法人代表：李显文
质量体系：ISO 9001
产品情况：(梁山扬天牌)
清障车、挂车等

★沾化瑞通专用汽车制造有限公司
地址：山东省沾化县大高镇政府驻地(大高航空产业园)
邮编：256802
电话：0543/7530888、7530666
传真：7530999
网址：ww.ruitongguache.com
负责人：张向阳
单位人数：300
质量体系：ISO 9001
产品情况：(弘瑞通牌)
从事改装、油罐车、粉粒物料运输车、半挂车、特种车的生产、零部件制造

★山东东方曼商月车有限公司
地址：山东省东营市经济开发区府前大街 3 号
邮编：257000
电话：0546/7768777
传真：7761288
网址：www.dongfangman.com
电子信箱：dongfangmanqiche@126.com
单位人数：500
产品情况：(DONGFANGMAN 牌)
威斯曼系列纯电动乘用车，迈迪系列低速电动车，东方曼系列轻型载货汽车，以及绰丰系列 0.8L 三缸汽柴油发动机等

★胜利油田孚瑞特石油装备有限公司
地址：山东省东营市南一路 203 号
邮编：257082
电话：0546/8612581、8611983
传真：8612581、8611950
网址：www.slfrt.com
电子信箱：g-freet.slyt@sinopec.com
单位人数：1763
质量体系：ISO 9001
产品情况：(胜工牌)
石油专用管加工、石油装备制造、特种车辆改装和石油工程技术服务

★胜利油田高原石油装备有限责任公司
地址：山东省东营市东城府前街 82 号
邮编：257091
电话：0546/8835995
传真：8835800
网址：www.chinahighland.com
电子信箱：sales@chinahighland.com
质量体系：ISO 9001、ISO 14001
产品情况：(胜利高原牌)
石油钻井机械、试压车、防砂泵车、修井机

★潍坊宝利汽车有限公司
地址：山东省潍坊市外商投资开发区北宫西街(西外环西)7 号
邮编：261057

电话:0536/8161996
传真:8167833
电子信箱:wfblqc@ qxw. cc
质量体系:ISO 9001
产品情况:(驼山牌)
半挂车、厢式车、进口、国产、重型、轻型货车、客车和各类轿车

★山东荣昊专用汽车有限公司
地址:山东省高密市夏庄工业园 A 区 128 号
邮编:261505
电话:0536/2502222、2508107
传真:2502666、2508110
电子信箱:rohauto@ 163. com
质量体系:ISO 9001
产品情况:(荣昊牌)
化工液体运输半挂车、粉粒物料运输车、运油半挂车、冷藏车、自卸车、集装箱半挂车、轿车运输车、可移动式垃圾车、真空抽吸排污车、水泥搅拌罐车、洒水车等 28 个系列 100 多个品种

★山东奥扬新能源科技股份有限公司
地址:山东省诸城市北外环西首路北
邮编:262200
电话:4000536266
产品情况:(奥扬牌)
平板运输车、车用 LNG 气瓶、LNG 加气站等深冷装备

★福田雷沃国际重工股份有限公司
地址:山东省诸城市经济开发区横一路以南纵二路中段东侧
邮编:262200
电话:0536/6175578、7638388
传真:2288631
网址:www. fotonlovol. com
电子信箱:slsck@ lovol. com. cn
质量体系:ISO 9001
产品情况:(雷沃(LOVOL)牌、福田五星(FT)牌)
装载机、液压挖掘机、挖掘装载机、压路机、旋挖钻机等工程机械,三轮汽车、三轮摩托车、电动车、农业装备
出口情况:出口 120 个国家和地区

★山东正泰希尔专用汽车有限公司
地址:山东省诸城市密州东路 98 号
邮编:262200
电话:0536/6055266、6055056
传真:6055288
网址:www. xierqiche. com
电子信箱:xier@ xierqiche. com
质量体系:ISO/TS 16949、ISO 9001
产品情况:(春田牌、希尔牌)
冷藏车、爆破器材运输车、房车、餐饮车、、旅居车、军警用车、检修检测车、勘察指挥车、全自动拉伸膜包装机、文化广告宣传车、电源工程车、军用方仓、厢式车和随车起重运输车等

★山东巨环专用汽车有限公司
地址:山东省诸城市密州街道北石桥 666 号
邮编:262200
电话:0536/6172299
网址:www. juhuanqc. com
电子信箱:juhuan_xs@ 163. com
董事长:王家增
单位人数:600
质量体系:ISO/TS 16949
产品情况:(辰河牌)
各种型号的垃圾车、洒水车、自卸车、半挂车、罐式车、厢式车、集装箱运输车、加(运)油车、仓栅式车等

★山东乾龙专用汽车有限公司
地址:山东省诸城市密州街道工业大道南路一号
邮编:262200
电话:0536/6555999、6553586
传真:6559999
网址:www. sdqianlong. cn
电子信箱:sdql06@ 163. com
质量体系:ISO 9001
产品情况:(荣沃牌、龙锐牌)
洒水车、吸污车、垃圾车、载货汽车、仓栅式车、厢式车、固井水泥车、自卸车、半挂车、混凝土搅拌车、油罐车、餐厨垃圾车等特种车

★卡特彼勒(青州)有限公司
地址:山东省青州市南环路 12999 号
邮编:262500
电话:4008905858
网址:www. shangong. com
电子信箱:sem_sales_helpdesk@ cat. com
单位人数:3000
质量体系:ISO 9001
产品情况:(CAT950GC 牌、山工机械牌)
装载机、推土机、压路机、平地机、垃圾压实机等整机及路面机械结构件、工作机具等零部件

★山东恒同机车制造有限公司
地址:山东省寿光市东环路 3369 号
邮编:262700
电话:0536/5671519
传真:5671519
产品情况:(恒同牌)
汽车改装、挖掘机、清扫机等

★山东华岳重工有限公司
地址:山东省寿光市西环路 2201 号
邮编:262702
电话:0536/5506020、5500808
传真:5506015
网址:www. huayuezhonggong. com
单位人数:480
质量体系:ISO 9001
产品情况:具备年产环卫车 7000 辆、半挂改装车 4000 辆的生产能力

★烟台杰瑞石油服务集团股份有限公司
地址:山东省烟台市莱山区杰瑞路 5 号
邮编:264003
电话:0535/6723166、6921196
传真:6723166
网址:www. jereh. com
电子信箱:industry@ jereh. com
质量体系:ISO 9001
产品情况:(杰瑞牌)
固井车、水泥浆混合车、连续油管拖车、液态泵车、热油(水)清蜡车、不压井作业半挂车、液氮车等;仪表车、压裂车、压裂管汇车、半挂车、连续油管作业车、固井半挂车
出口情况:出口南美洲、俄罗斯、澳大利亚、非洲等国家和地区

★烟台海德专用汽车有限公司
地址:山东省烟台市牟平区三山大街 529 号
邮编:264100
电话:0535/4212008
传真:4212572
网址:www. hdclean. com
电子信箱:cleanauto@ 163. com
单位人数:1100
质量体系:ISO 9001、ISO 14001
产品情况:(海德牌)
扫路车、纯电动扫路机、扫路车、多功能高压清洗车、洗扫车机、护栏清洗车、车厢可卸式垃圾车、餐厨垃圾车、自装卸式垃圾车等
出口情况:出口美国、澳大利亚、埃及、泰国、越南、韩国、俄罗斯、乌克兰、摩洛哥、巴西等国家

★威海广泰空港设备股份有限公司
地址:山东省威海市古寨南路 160 号
邮编:264200
电话:0631/3953100、3953271
网址:www. guangtai. com. cn
电子信箱:guangtai@ guangtai. com. cn
法人代表:李光太
单位人数:1000
质量体系:ISO 9001、GJB 9001
产品情况:(广泰牌)
移动医疗车系列、旅居车系列和警用车系列等特种车辆
出口情况:出口亚洲、非洲、欧洲、大洋洲的 30 多个国家和地区

★威海怡和专用车有限公司
地址:山东省威海市草庙子工业新区开元西路 2 号
邮编:264203
电话:0631/5780307、5581505
传真:5581507
网址:www. yiheauto. com
电子信箱:sales@ yihe - cn. cn
法人代表:孙传永
单位人数:480
质量体系:ISO 9000、GJB 9001A
产品情况:(前兴牌)
多功能净水车、玻璃运输车、垃圾车等市政环卫用车、通信车

★中航黑豹股份有限公司
地址:山东省文登市龙山路 107 号

邮编:264400
电话:0631/8082136、8082138
网址:www. heibao. com
电子信箱:wdnyys@ public. whptt. sd. cn
单位人数:2000
质量体系:ISO 9001
产品情况:(黑豹牌)
微型载货汽车、工程自卸车、厢式运输车等;年产能力10万辆
出口情况:出口埃及、秘鲁、巴基斯坦、阿根廷、巴拉圭、委内瑞拉等10多个国家

★方圆集团有限公司
地址:山东省海阳市方圆工业园
邮编:265100
电话:0535/3221111
传真:3221660
网址:www. china - fangyuan. com
电子信箱:info@ china - fangyuan. com
产品情况:(FYG牌)
混凝土搅拌运输车、混凝土泵车、车厢可卸式垃圾车等

★山东鸿达建工集团有限公司
地址:山东省莱阳市龙门东路26号
邮编:265200
电话:0535/7287521、7287597
传真:7990736
网址:www. sdhd. com. cn
电子信箱:web@ sdhd. com. cn
董事长:于归赫
单位人数:3800
质量体系:ISO 9001
产品情况:(铁力士牌)
混凝土搅拌站、混凝土臂架泵车、混凝土输送泵、车载式混凝土泵、混凝土搅拌输送车、沥青混合搅拌设备、液压旋挖钻机、切削钻机、冲击钻机、小型挖掘机、塔式起重机、施工升降机等13大系列150多个品种
出口情况:出口亚洲、欧洲、非洲、北美洲的50多个国家和地区

★烟台舒驰客车有限责任公司
地址:山东省莱阳市龙门西路259号
邮编:265200
电话:0535/7458007、7458038
传真:7458017、7458005
电子信箱:manager@ bestbus. cn
质量体系:ISO 9001
产品情况:(舒驰牌)
大、中、轻型,高、中、普档公路客车、旅游客车、城市客车等
出口情况:远销俄罗斯、阿尔及利亚、新西兰、泰国等国家

★蓬莱市兴华汽车改装有限公司
地址:山东省蓬莱市经济开发区蓬寨路1号
邮编:265600
电话:0535/5648899
传真:5643999、5648808
电子信箱:manager@ xinghua - china. com
质量体系:ISO 9001
产品情况:(兴华牌)
半挂车和自卸车

★山东蓬翔汽车有限公司
地址:山东省蓬莱市南环路5号
邮编:265607
电话:0535/5637085、5725223
传真:5646034、5725230
网址:www. sdpxqc. com
电子信箱:cq@ sdpxqc. com
法人代表:刘晓东
质量体系:ISO/TS 16949、ISO 9001
产品情况:(蓬翔牌)
专用车、中重型货车桥、液压件和货车车架,具备了年产2万辆专用车、20万根驱动桥、5万根转向桥、5万套悬架、2万套液压系统和3万套货车车架的综合生产能力
出口情况:出口南亚、中东、中美洲等地区

★山东丛林福禄好富汽车有限公司
地址:山东省龙口市丛林工业区北三路
邮编:265705
电话:0535/8567976、8561243
传真:8567976
网址:www. clfh. com. cn
电子信箱:yingye@ clfh. com. cn
法人代表:苏振佳
质量体系:ISO 9000
产品情况:(丛林牌)
铝合金厢式挂车、冷藏保温车、集装箱式挂车、翼展车等轻量化高端商用车等

★中国人民解放军第4808工厂
地址:山东省青岛市大沙支路5号
邮编:266001
电话:0532/82617611
传真:84851329
产品情况:(旗舰牌)
保温车、冷藏车

★青特集团有限公司
地址:山东省青岛市城阳区正阳东路777号
邮编:266106
电话:0532/81158811、87860000
网址:www. qt - group. com
电子信箱:qingtegroup@ qingtegroup. com
董事长:纪爱师
单位人数:2100
质量体系:ISO/TS 16949
产品情况:(青特牌)
具有年产特种汽车1万辆,各种轻、中、重型货车及大型客车系列车桥45万套,支撑桥10万支,铸件6万t的能力
出口情况:远销亚洲、美洲、欧洲、非洲的多个国家和地区

★青岛中汽特种汽车有限公司
地址:山东省青岛市城阳区正阳路777号
邮编:266109
电话:0532/87967555
网址:www. qt - group. com
电子信箱:teche@ qingtegroup. com
质量体系:ISO 9001
产品情况:(青特牌)
自卸车、半挂车、大吨位载货汽车、高空作业车、工程系列用车、城市环卫用车、军用及特种作业车、市政作业车、施工工程车、机场专用车、油田专用车等
出口情况:远销欧洲、美洲、东南亚、非洲、中亚等几十个国家和地区

★中车四方车辆有限公司
地址:山东省青岛市城阳区宏平路9号
邮编:266111
电话:0532/87808596、68017026
传真:68017212
网址:www. csrgc. com. cn
电子信箱:gsb@ crrcsfc. cc
质量体系:ISO 9001、GB/T 24001
产品情况:公路铁路两用车等产品

★中国重汽集团青岛重工有限公司
地址:山东省青岛市高新技术产业开发区锦荣路369号
邮编:266111
电话:0532/68681602、84855297
传真:84857419
网址:www. cntruck. com
电子信箱:sales@ qdstc. com
单位人数:1500
质量体系:ISO 14001、ISO/TS 16949
产品情况:(青专牌)
自卸车、半挂车、混凝土搅拌车、粉粒物料运输车、钢厂专用车、扫路车、清洗车、飞机牵引车、军用特种车,自卸车液压举升系统零部件
出口情况:出口东南亚、中东、非洲、南美洲等地区

★青岛海誉车辆机械有限公司
地址:山东省即墨市龙泉镇华泉路一号
邮编:266200
电话:18363962277
网址:www. haiyuqiche. com
电子信箱:haiyuqiche@ 163. com
产品情况:新能源电动汽车、半挂车、自卸车、扫路车、垃圾处理车等

★青岛海隆机械集团有限公司
地址:山东省即墨市城北四路199号
邮编:266221
电话:0532/87502031、87501730
传真:87502031
网址:www. qdhailong. com
电子信箱:info@ qdhailong. com
单位人数:800
质量体系:ISO/TS 16949
产品情况:(海逢吉特牌)
主要生产经营汽车模具、检具、夹具、汽车零部件、汽车冲压件、整车驾驶室和卡车货厢以及专用改装车

配套及出口情况：为一汽解放汽车、一汽解放青岛汽车、上汽通用东岳汽车、东风汽车、北京汽车、北京奔驰汽车等厂家生产配套；出口美国、印度、非洲等国家和地区

★青岛九瑞汽车有限公司
地址：山东省胶州市大沽河工业园
邮编：266300
电话：0532/88205999、88205899
传真：88205699
网址：www.jory.cn
电子信箱：qdjory@163.com
质量体系：ISO 9001
产品情况：（金马牌、康福佳牌）
工程抢险救援系列、公安警务系列、医疗救护车系列、通信指挥车系列、产品展示及路演车系列等

★青岛中能通用机械有限公司
地址：山东省青岛市黄岛区胶州湾西路377号
邮编：266400
电话：0532/89058121、89058131
传真：89058112
网址：www.sinogasgeneral.com
电子信箱：qdzyty@126.com
法人代表：黄博
产品情况：（中油通用牌）
高压容器、长管拖车、汽车罐车、CNG/LNG加气站设备

★青岛中集专用车有限公司
地址：山东省青岛市经济技术开发区淮河东路2号
邮编：266500
电话：0532/55571718、55571778
传真：55571785、55571660
网址：www.qdcimctrailer.com
电子信箱：huiling.yan_qdsv@cimc.com
质量体系：ISO/TS 16949
产品情况：（中集（CIMC）牌）
各类港口物流车、厢式车、半挂自卸、工程类低平板、轿运车等专用车辆及各种类特种方舱，拥有年生产各类专用汽车5000辆的生产能力
出口情况：集装箱运输半挂车、厢式运煤车、平板车等出口800辆

★青岛中集集装箱有限公司
地址：山东省青岛市经济技术开发区黄河东路1号
邮编：266500
电话：0532/86935702、86935968
传真：86859288
网址：www.cimc.com
电子信箱：zhenwan.bai@cimc.com
产品情况：（中集牌）
集装箱等

★青岛中集环境保护设备有限公司
地址：山东省青岛市经济技术开发区澎湖岛街158号
邮编：266500
电话：0532/55571619
传真：55571660
网址：www.cimc.com
电子信箱：yong.chen_qdhb@cimc.com
产品情况：（中集牌）
环境保护车辆（以城市垃圾收集车为主）及环境保护设备、机器及相关零部件的制造
出口情况：出口中东、东南亚、北美洲、日本

★青岛东风汽车改装有限公司
地址：山东省平度市经济开发区东环路20号
邮编：266700
电话：0532/83307106、83307108
传真：83307117、83307108
电子信箱：gx15216@autoinfo.gov.cn
质量体系：ISO 9001
产品情况：（天翔牌）
半挂车、厢式车、仓栅式半挂车、加油车、低平板挂车、集装箱半挂车、水泥罐车、油罐车、全挂车、自卸车、特种车、轻型载货车

★青岛雅凯汽车工贸有限公司
地址：山东省平度市三城路340号
邮编：266700
电话：0532/83305588、18562650620
传真：83305588
网址：www.yakaiqiche.com
电子信箱：yakaiqiche@sina.com
单位人数：560
质量体系：ISO 9001
产品情况：（青驰牌）
冷藏车、保温车、各种厢式车、罐式洒水车、车辆运输挂车等专用车，年产量5000余辆

★青岛金力福工贸有限公司
地址：山东省平度市香店街道办事处贵州支路
邮编：266705
电话：0532/83307066、18669896377
传真：83307855
网址：www.jinlifugm.com
电子信箱：gx151218@autoinfo.gov.cn
产品情况：（华昌牌）
专用汽车改装及栏板式、仓栅式、厢式、罐式半挂车、低平板半挂车、自卸式半挂车、集装箱半挂车、罐式集装箱半挂车、衬塑罐式半挂车等产品生产
出口情况：出口东欧、东南亚、澳大利亚、非洲等国家和地区

★青岛同辉汽车技术有限公司
地址：山东省平度市香店街道办事处同辉一路3号
邮编：266705
电话：0532/83301888、83306816
传真：83306811
网址：www.allite-auto.cn
电子信箱：tonghui@allite-auto.com
单位人数：600
质量体系：ISO 9001
产品情况：（赛哥尔牌）
扫路车、水罐消防车、化学消防车、道路救援车、高空作业车、吸粪车、洒水车、各类垃圾车、洗扫车等特种汽车
出口情况：主要出口欧洲、美洲30多个国家和地区

★临沂华运军兴专用汽车有限公司
地址：山东省临沂市罗庄区沂河大道北罗八路东侧新北区工业园
邮编：270016
电话：0539/2928698
传真：2928089
电子信箱：gx150310@autoinfo.gov.cn
法人代表：谢丽丽
质量体系：ISO 9001
产品情况：（宇田牌）
自卸汽车、厢式运输车、厢式半挂车、空载集装箱运输半挂车、集装箱运输半挂车、仓栅式运输车、仓栅式运输半挂车、半挂车

★泰安古河随车起重机有限公司
地址：山东省泰安市高新技术产业开发区中天门大街1118号
邮编：271000
电话：0538/8933677、8933679
传真：8933652
网址：www.unic.com.cn
电子信箱：unic@unic.com.cn
质量体系：ISO 9001
产品情况：（古随牌）
古河UNIC随车起重机及其运输车

★泰安航天特种车有限公司
地址：山东省泰安市高新技术开发区
邮编：271000
电话：0538/8502311
传真：8502300
网址：www.tasv.cn
电子信箱：tasv@tasv.cn
单位人数：1500
质量体系：ISO 9001
产品情况：（航天泰特牌、福沃牌）
油田专用车、自卸车、牵引车、粉粒物料运输车、消防车、混凝土搅拌运输车、电动车、电视车

★山东岱阳汽车制造有限公司
地址：山东省泰安市高新技术开发区龙泉路2766号
邮编：271000
电话：0538/8933338、8933366
传真：8933338
网址：www.dyqczz.com
电子信箱：dygsxsb@163.com
法人代表：郇正军
质量体系：ISO 9001、ISO 14001
产品情况：（岱阳牌）
半挂车、粉粒物料运输车、自卸车、油罐车、混凝土搅拌车等、市政环卫车；清障车、干混砂浆运输车、随车起重运

输车、混凝土搅拌运输车

★泰安五岳专用汽车有限公司
地址:山东省泰安市高新技术开发区中天门大街266号
邮编:271000
电话:0538/8933918、8933936
传真:8933999、8933926
网址:www.wuyue.com
电子信箱:taianhy@cnhtc.cn
法人代表:于有德
质量体系:ISO 9001、GJB 9001
产品情况:(五岳牌)
自卸车、半挂车、罐式车、厢式车、垃圾车、起重车、军用装备、专用底盘、修井机底盘、螺旋地锚车、修井机等
出口情况:远销美洲、非洲、中东等多个地区

★泰安东岳重工有限公司
地址:山东省泰安市高新区龙潭路379号
邮编:271000
电话:0538/8932099、8932058
传真:8932059
网址:www.chinadongyue.com
电子信箱:dongyue@chinadongyue.com
法人代表:孟广斌
单位人数:980
质量体系:ISO 9000
产品情况:GT8～GT55系列汽车起重机、随车起重机及零部件
出口情况:出口东南亚、欧美地区

★山东鲁峰专用汽车有限责任公司
地址:山东省泰安市龙潭路377号
邮编:271099
电话:0538/8415464、8430380
传真:8418932
网址:www.sdlufeng.cn
电子信箱:lufeng@sdlufeng.cn
法人代表:刘庆
质量体系:ISO 9001
产品情况:(鲁峰牌)
半挂车、罐式车、清障车、自卸车、公路养护工程车5大系列产品
出口情况:出口美国、俄罗斯、越南、蒙古、哈萨克斯坦、安哥拉、朝鲜、肯尼亚、南非、埃塞俄比亚等近20个国家和地区

★山东华驰重工机械有限公司
地址:山东省莱芜市高新技术开发区泰山路35号
邮编:271100
电话:0634/8568666、8568778
传真:6257688
网址:www.lwhuachi.cn
电子信箱:lhcqsy@126.com
单位人数:320
质量体系:ISO 9001、GJB 9001B
产品情况:(泰骋牌)
各种系列半挂车、集装箱运输车、厢式运输车、自卸车、低平板运输车、仓栅运输车、罐式车、水泥搅拌车、泵车以及多种特种专用车等,年生产量可达3000余辆
出口情况:出口俄罗斯、中亚、东南亚、非洲等国家和地区

★山东昊宇车辆有限公司
地址:山东省莱芜市高新区汶河大街010号
邮编:271100
电话:0634/8817999、8859138
传真:8817777
网址:www.sdhaoyu.net
电子信箱:sdhaoyu@126.com
产品情况:(超雷牌)
密封式垃圾车、厢式运输车、自卸车、邮政车、新能源电动汽车(2门、4门电动轿车,电动厢式客车,电动货车,旅游观光车)
出口情况:远销欧洲、美洲、非洲、东南亚等地区,出口30余个国家

★山东山野特房车制造有限公司
地址:山东省宁阳经济开发区泰阳路68号
邮编:271411
电话:0538/5810100、4006801878
传真:5810276
网址:www.sytrv.com
电子信箱:sytrv0911@sytrv.com
法人代表(负责人):许闽英
产品情况:房车、功能房车、品牌房车和移动房屋

★山东东岳专用汽车制造有限公司
地址:山东省济宁市高新区同济路126号
邮编:272000
电话:0537/2360059、2360341
传真:2168540
网址:www.dongyuetruck.com
电子信箱:dy2360316@163.com
董事长(负责人):张养训
单位人数:800
质量体系:ISO 9001
产品情况:(圣岳牌)
自卸车系列、半挂车系列、罐式车系列、厢式车系列、特种车系列
配套及出口情况:是中国重汽、一汽、东风、徐工、临工、陕汽、川汽、欧曼、北方奔驰等大型汽车制造集团的定点改装单位;远销海外15个国家和地区

★兖州环亚挂车制造有限公司
地址:山东省兖州市西外环汶邹路6号
邮编:272100
电话:0537/3333339、3653367
传真:3823789
网址:www.yzhyqc.com
电子信箱:www.yzhyqc@163.com
产品情况:(新兖牌、环亚牌)
半挂车、后翻自卸车、自卸车、半挂自卸车、厢式车、全挂车、散装水泥车、低平板运输车、加油半挂运输车、混凝土搅拌运输车等专用汽车

★山东大力专用汽车制造有限公司
地址:山东省嘉祥县凤凰山经济开发区
邮编:272400
电话:0537/6809899
传真:6809899
电子信箱:gx150314@autoinfo.gov.cn
产品情况:(祥力牌)
各种半挂车、粉粒物料运输车、运油半挂车、自卸半挂车、自卸车

★山东嘉祥萌山专用汽车有限公司
地址:山东省嘉祥县凤凰山经济园区
邮编:272400
电话:0537/6817777、6814777
传真:6801777
电子信箱:sdmscl@126.com
质量体系:ISO 9001
产品情况:(萌山牌)
栏板半挂车、集装箱半挂车、厢式半挂车、自卸栏板半挂车、自卸厢式半挂车、超低平板半挂车、东方红1000型三桥挂车、拉煤王二桥挂车、农用各种型号挂车等

★山东欧亚专用车辆有限公司
地址:山东省嘉祥县经济开发区嘉诚路路东
邮编:272499
电话:0537/6615222
传真:6615111
法人代表:周剑波
产品情况:(欧亚牌)
沥青洒布车和其他路面机械设备、稀浆封层车

★梁山华劲工贸有限公司
地址:山东省梁山县梁山街道办事处夏庄村西
邮编:272600
电话:0537/7795678、15854789666
网址:www.huashenggc.com
电子信箱:1043431346@qq.com
法人代表:周忠伟
质量体系:ISO 9001
产品情况:(华盛顺翔牌)
主导产品半挂车、仓栅式半挂车、厢式半挂车、低平板式半挂车、骨架式半挂车、自卸车、粉粒物料运输车、散装水泥车、混凝土搅拌车、车辆运输半挂车等各种半挂车、特种车、专用车的改装生产

★山东梁山华宇集团汽车制造有限公司
地址:山东省梁山县梁山镇工业区
邮编:272600
电话:0537/7736999、7734777
传真:7736788
网址:www.huayuchina.cn
电子信箱:sdlshyd@163.com
单位人数:2000
质量体系:ISO 9001
产品情况:(华宇达牌)
改装车、普通半挂车、罐式车、自卸车、混凝土搅拌运输车、加油车、特种车等,年产1万辆
出口情况:部分产品出口俄罗斯、法国、

东南亚、非洲等20多个国家和地区

★梁山飞驰挂车制造有限公司
地址:山东省梁山县梁山镇工业园区
邮编:272600
电话:0537/7734888
传真:7736668
电子信箱:guache@ cn-feichi. com
质量体系:ISO 9001
产品情况:(鲁驰牌)
仓栅式运输半挂车、低平板半挂车、自卸半挂车等半挂车,混凝土搅拌运输车等专用汽车,全挂车
出口情况:远销10多个国家和地区

★梁山巨源专用汽车制造有限公司
地址:山东省梁山县梁山镇工业园区
邮编:272600
电话:0537/7736858、4000258518
传真:7736866
网址:www. lsjygc. com
电子信箱:lsjy668@ 126. com
单位人数:360
质量体系:ISO 9001
产品情况:(骜通牌)
半挂车、低平板半挂车、半挂集装箱车、罐式车、吸污车、混凝土搅拌运输车等产品
出口情况:出口欧洲、非洲、美洲、澳大利亚、中亚、中东等国家和地区

★梁山新科特种车辆制造有限公司
地址:山东省梁山县梁山镇工业园区
邮编:272600
电话:0537/7730888、15192416678
传真:7736888
网址:www. sdlsxinke. com
电子信箱:gx150300@ autoinfo. gov. cn
质量体系:ISO 9001
产品情况:(新科牌)
全挂车、半挂车、仓栅式车、低平板运输车、集装箱运输车、自卸车、散装水泥车、混凝土搅拌车、特种车等产品

★梁山宏达厢式货车制造有限公司
地址:山东省梁山县梁山镇工业园区7号
邮编:272600
电话:0537/7736998
传真:7736998
电子信箱:gx150352@ autoinfo. gov. cn
质量体系:ISO 9001
产品情况:(开武牌)
半挂车、半挂运输车、交运车、自卸车、油罐车、仓栅式半挂车、散装水泥车、低平板特种车、全挂车、保温车车厢、冷藏车车厢、邮政车车厢等;具有年产6000辆各种专用车的能力

★梁山汇统交通设备有限公司
地址:山东省梁山县梁山镇工业园区汇统路
邮编:272600
电话:0537/7733799、7733099
传真:3230369
网址:www. lshtgc. com
电子信箱:lshtgc3799@ 126. com
单位人数:296
产品情况:(昊统牌)
半挂车、全挂车、仓栅式运输半挂车、厢式半挂车、集装箱运输半挂车、自卸半挂车、低平板半挂车、水泥搅拌车、高空作业车、粉粒物料运输半挂车、大型机械设备运输车等,并承接专用车辆的改装与设计业务
出口情况:出口苏丹、阿塞拜疆、俄罗斯、朝鲜等国家

★梁山龙腾专用汽车有限公司
地址:山东省梁山县梁山镇工业园区解放路3号
邮编:272600
电话:0537/7733991、13562780652
传真:7733992
网址:www. lslongteng. com
法人代表:张山景
负责人:张合强
单位人数:200
质量体系:ISO 9001
产品情况:(泊龙牌)
高压气体长管半挂车、液压子站高压气体长管半挂车、LNG低温液态气体设备、CNG液压子站、运输半挂车

★梁山永固挂车制造有限公司
地址:山东省梁山县梁山镇周庄村
邮编:272600
电话:0537/7793266、7790069
传真:7793048
电子信箱:sale@ ygk. com. cn
质量体系:ISO 9001
产品情况:(广科牌)
改装车、半挂车、自卸车、特种车、罐车、全挂车、混凝土搅拌运输车

★梁山县杨嘉挂车制造有限公司
地址:山东省梁山县拳铺工业园区
邮编:272600
电话:0537/7766999、7760099
传真:7762024
网址:www. lsyjgc. com
电子信箱:lsyjgc@ 163. com
质量体系:ISO 9001
产品情况:(杨嘉牌)
栏板式半挂车、仓栅式运输半挂车、罐式汽车、厢式运输半挂车、自卸车、低平板半挂车、集装箱运输半挂车、罐式半挂车、自卸半挂车等

★山东恩信特种车辆制造有限公司
地址:山东省梁山县拳铺镇工业园
邮编:272600
电话:4001007900、0537/7499999
传真:7499998
网址:www. sdenxin. com
电子信箱:76883359@ qq. com
单位人数:980
质量体系:ISO 9001
产品情况:(恩信事业牌)
自卸车、半挂车、罐式车,厢式车、混凝土搅拌车、特种车系列200多个品种
出口情况:出口亚洲、欧洲、非洲等地区

★梁山通宇集团专用汽车有限公司
地址:山东省梁山县拳铺镇工业园区
邮编:272600
电话:0537/7766519
传真:7765519
网址:www. lstygc. com
电子信箱:root@ lstygc. com
单位人数:600
质量体系:ISO 9001
产品情况:(金线岭牌)
全挂车、半挂车、仓栅式车、低平板运输车、集装箱运输车、自卸车、散装水泥车、混凝土搅拌车、特种车共6大系列,100余种产品

★梁山亚隆机械制造有限公司
地址:山东省梁山县拳铺镇工业园四通路6号
邮编:272600
电话:0537/7768700、7761400
传真:7761400
网址:www. yalong-trailer. com
电子信箱:yalongtruck@ outlook. com
质量体系:ISO 9001
产品情况:(梁锋牌)
各种系列集装箱运输车、半挂车、厢式货车、全挂车、上海50、天津60、东方红1000全挂车、挖掘机、装载机、轿运车、各种低平板车
出口情况:部分产品远销印度、南非、俄罗斯、乌克兰等国家

★梁山通华专用车有限公司
地址:山东省梁山县徐集工业园三利路蔡西段
邮编:272600
电话:0537/7706689、7603888
传真:7700666
网址:www. lsthgc. com
电子信箱:th6989@ 163. com
单位人数:260
质量体系:ISO 9001
产品情况:仓栅式运输半挂车、栏板式运输半挂车、骨架式集装箱运输半挂车、半挂自卸车、厢式运输车、自卸车、混凝土搅拌运输车、清障车等产品
出口情况:远销蒙古、越南、哈萨克斯坦等国家

★梁山广通专用车制造有限公司
地址:山东省梁山拳铺工业园区
邮编:272613
电话:0537/7766617
传真:7766627
网址:www. lsguangtong. com
单位人数:200
质量体系:ISO 9001
产品情况:(广通达牌、匡山牌)
半挂车、栏板车、集装箱车、仓栅式

车、厢式车、自卸车、粉粒物料罐车、运油车、快餐车、电视播放车等十九大系列600余个品种

★梁山恒通挂车制造有限公司
地址:山东省梁山县梁山镇工业园区
邮编:272613
电话:0537/7766698、7766987
传真:7768987
网址:www.lshtgc.com.cn
法人代表:崔本柱
单位人数:1150
质量体系:ISO 9001
产品情况:(恒通梁山牌)
　　各种系列集装箱运输半挂车、厢式货车、罐式车、上海50、天津60、东方红1000全挂车等

★山东万事达专用汽车制造有限公司
地址:山东省梁山县拳铺工业园
邮编:272613
电话:0537/5108888、5108059
传真:5108117
网址:www.sdwsd.com.cn
电子信箱:info@chinacimc.com
质量体系:ISO 9001
产品情况:(万事达牌)
　　半挂车、厢式车、仓栅车、罐式车、自卸车、特种车、轻卡改装等七大系列100多个品种
出口情况:在俄罗斯远东及非洲地区有多个商业合作伙伴,在莫斯科、新西伯利亚、赤培、哈巴、海参崴、刚果、苏丹等地区有销售及维修网络

★梁山四通专用汽车有限公司
地址:山东省梁山县拳铺工业园
邮编:272613
电话:0537/7761616、4000537195
传真:7761716
网址:www.sdlsst.com
电子信箱:lsstgc@163.com
质量体系:ISO 9001
产品情况:(陆锋牌)
　　低平板半挂车、栏板半挂车、厢式半挂车、仓栅式半挂车;油罐半挂车、粉粒物料半挂车、自卸车和后翻自卸半挂车、侧翻半挂车、全挂车及特种专用汽车等上百种产品
出口情况:远销俄罗斯(新西伯利亚、赤培、哈巴、海参崴)、巴基斯坦、哈萨克斯坦、吉尔吉斯坦、刚果、苏丹及非洲地区

★梁山晨润达工贸有限公司
地址:山东省梁山县拳铺工业园区
邮编:272613
电话:0537/7606789
传真:7608866
网址:www.chenrunda.com
单位人数:200
质量体系:ISO 9001
产品情况:(三威牌、晨润达牌)
　　半挂车、栏板车、集装箱车、仓栅式车、厢式车、自卸车、粉粒物料罐车、运油车、快餐车、电视播放车等十九大系列600余个品种
出口情况:远销蒙古、哈萨克斯坦、俄罗斯、东南亚、非洲、南美洲等国家和地区

★梁山瑞发机械制造有限公司
地址:山东省梁山县拳铺工业园区
邮编:272613
电话:0537/7765999、7769798
传真:7767468
产品情况:10~160t集装箱专用车和平板式半挂车、厢式车和厢式冷藏保鲜半挂车、栏板式以及低承载面半挂车、全挂车、自卸汽车等专用车,车辆运输半挂车六大系列50多个品种

★梁山远东交通设备制造有限公司
地址:山东省梁山县拳铺工业园区
邮编:272613
电话:0537/7765569
传真:7760760
电子信箱:lsyd20068@163.com
质量体系:ISO 9001
产品情况:(劲越牌)
　　自卸车、普通半挂车、全挂车、集装箱(骨架)运输车、厢式(侧翻)运输车、运(加)油半挂车、粉粒物料运输车、混凝土搅拌车及特种车系列

★梁山中集东岳车辆有限公司
地址:山东省梁山县拳铺工业园区
邮编:272613
电话:0537/7762388、5108028
传真:5108999
网址:www.lsdongyue.com
电子信箱:lsdyit@163.com
单位人数:1000
质量体系:ISO 9001
产品情况:(中集东岳牌、梁山东岳牌)
　　栏板半挂车、厢式半挂车、仓栅式半挂车、罐式车、自卸车及特种车、半挂车
出口情况:远销国际市场

★山东梁山通亚汽车制造有限公司
地址:山东省梁山县拳铺工业园区
邮编:272613
电话:0537/7761126、7768888
传真:7768553
网址:www.chinatongya.com
法人代表:杨奉钦
单位人数:1000
质量体系:ISO 9001
产品情况:(通亚达牌)
　　半挂车、电视车、专用混凝土泵车、宣传车、监测车、干混砂浆运输车、自卸车、油罐车、粉粒物料运输车、散装水泥车、混凝土搅拌运输车、道路清障车等各种专用车、特种车
出口情况:部分产品远销俄罗斯、非洲、东南亚、中亚等40多个国家和地区

★梁山宇通专用汽车制造有限公司
地址:山东省梁山县拳铺镇工业园区
邮编:272613
电话:0537/7762826、13853750888
传真:7766298
网址:www.yutongguache.com、www.lsyutong.com
电子信箱:fdh66677@163.com
负责人:邱传香
单位人数:280
质量体系:ISO 9001
产品情况:(梁兴牌)
　　自卸车、混凝土搅拌车、全挂车、粉粒物料运输车、垃圾运输车、矿用宽体车、吸污车、油罐车、半挂车等,年产各种专用汽车达5000多辆

★梁山华信专用汽车制造有限公司
地址:山东省梁山县拳铺镇工业园区华信路1号
邮编:272613
电话:0537/7761158、15963710957
传真:7768128
网址:www.lshuaxin.net
电子信箱:huaxinguache@163.com
单位人数:200
质量体系:ISO 9001
产品情况:(鲁岳牌)
　　各种半挂车、罐式车、特种车等8大系列产品
出口情况:出口南非、俄罗斯、哈萨克斯坦等国家

★江铃集团山东华岳车辆部件有限公司
地址:山东省梁山县拳铺镇泰福路1号
邮编:272613
电话:0537/7769156、15065370691
传真:7767558
网址:www.jlhuayue.com
电子信箱:webmaster@liangshan-cn.com
质量体系:ISO/TS 16949
产品情况:(梁山东岳牌)
　　半挂车车轴、悬架、支腿、牵引座等零部件,具备年产车轴15万根,悬架、支腿、牵引座等零部件20万套的生产能力
出口情况:远销中东、非洲、拉丁美洲等多个国家和地区

★梁山盛鑫集团专用车有限公司
地址:山东省梁山县济梁路南侧287号
邮编:272614
电话:0537/7665777、7666638
传真:7704777、7668118
网址:www.shengxinjituan.com
电子信箱:ksc_68@163.com
法人代表:杨冠峰
产品情况:(凯事成牌)
　　从10~60t,包括集装箱专用车、平板式半挂车、全挂车、自卸车、车辆运输专用车等

★梁山盛源专用车制造有限公司
地址:山东省梁山专用车(挂车)基地徐集工业园区
邮编:272614

电话:0537/7702468
传真:7702468
网址:www. lssygc. com
电子信箱:syzycdgz@163. com
法人代表:郭本福
单位人数:285
质量体系:ISO/TS 16949
产品情况:(坤博牌)
半挂车、厢式运输车、低平板运输半挂车、集装箱运输半挂车、油罐车、粉粒物料运输车、普通货物运输车、全挂车、自卸车等特种车

★梁山路通专用车制造有限公司
地址:山东省梁山县梁山镇周庄村东侧220国道旁
邮编:272619
电话:0537/7791899、7791099
传真:7793699
网址:www. lslutong. com
董事长:李跃进
单位人数:350
质量体系:ISO 9001
产品情况:(腾运牌)
半挂车、轻型半挂车、油罐车、化工液体罐车、粉粒物料水泥散装车、水泥搅拌车、厢式车、集装箱运输半挂车、木材运输车、低平板车、仓栅车、轿车运输车、自卸车
出口情况:出口东南亚及非洲等地区

★山东梁山华昇专用车制造有限公司
地址:山东省梁山镇工业园区
邮编:272619
电话:0537/7325586、13793791198
网址:www. lshsgc. com
法人代表:庄同言
单位人数:100
质量体系:ISO 9001
产品情况:(梁山华昇牌)
全挂车、半挂车、仓栅车、低平板运输车、集装箱运输车、自卸车、散装水泥车、水泥搅拌车、特种车辆

★山东梁山亚中车辆有限公司
地址:山东省梁山拳铺工业园区
邮编:272624
电话:0537/7763666
传真:7766995
网址:sdyazhong. cn
电子信箱:sdyazhong@163. com
质量体系:ISO 9001
产品情况:(亚中车辆牌)
半挂车、粉粒物料运输车、油罐车、混凝土搅拌车、半挂集装箱和自卸车
出口情况:出口于东南亚、非洲等地区

★梁山华瑞专用汽车制造有限公司
地址:山东省梁山县拳铺工业园
邮编:272624
电话:0537/7767776、13505375888
传真:7762028
网址:www. sdhrzq. com
单位人数:287
质量体系:ISO 9001
产品情况:(瑞傲牌)
普通半挂车、仓栅式运输车、厢式半挂车、厢式侧翻半挂车、自卸车、罐式车以及特种车

★山东盛润汽车有限公司
地址:山东省梁山县拳铺工业园区通亚路1号
邮编:272624
电话:0537/7608888、7608881
电子信箱:shengrunqiche@shengrunauto. com
法人代表:杨奉社
单位人数:1400
质量体系:ISO 9001
产品情况:(盛润牌)
半挂车、自卸车、碳钢油罐车、全铝合金油罐车、粉粒物料运输车、混凝土搅拌车、CNG压缩天然气运输半挂车、加气站储罐、LNG低温液体运输半挂车,年生产能力15000余辆

★梁山华鲁专用汽车制造有限公司
地址:山东省梁山县东环城路东首
邮编:272699
电话:0537/7337999、13954726777
传真:7337999
网址:www. hualuguache. com
电子信箱:hl@hualuguache. com
单位人数:300
产品情况:(华鲁业兴牌)
各种系列半挂车、集装箱、运输车、厢式货车、自卸车、全挂车

★山东郓城成达专用汽车制造有限公司
地址:山东省菏泽市郓城县220国道351公里处
邮编:274700
电话:0530/6489966、6489955
传真:6489977
网址:www. chengdaguache. com
电子信箱:cd@chengdaguache. com
董事长:苑斌
负责人:吴振
产品情况:(雨辰牌)
油罐车、集装箱运输车、半挂自卸车、各种系列半挂车、全挂车、厢式货车、车辆运输车、上海50挂、天津60挂车等

★山东东旭专用车制造有限公司
地址:山东省郓城县杨庄集工业园区
邮编:274700
电话:0530/6718877、4000530878
传真:6718811
网址:www. dongxuzhuanqi. com
电子信箱:dx@dongxuzhuanqi. com
产品情况:油罐车、集装箱运输车、自卸车,各种系列半挂车、全挂车、厢式货车等

★山东郓城龙亿达挂车制造有限公司
地址:山东省郓城县杨庄集工业园区
邮编:274700
电话:0530/6994999、18653038555
传真:6480007
网址:www. sdlyd. com
电子信箱:longyidajituan@163. com
负责人:孙清强
单位人数:200
质量体系:ISO 9001
产品情况:低平板挂车、栏板挂车、厢式挂车、仓栅式半挂车;罐式车、自卸挂车及特种车等上百种产品

★山东郓城新亚挂车制造有限公司
地址:山东省郓城县杨庄集工业园区
邮编:274700
电话:0530/6488999、4000047819
传真:6485999
网址:www. xinyaguache. com
董事长:袁相芮
单位人数:400
质量体系:ISO 9001
产品情况:半挂车、全挂车、自卸车等

★郓城骏宇车业有限公司
地址:山东省郓城县杨庄集工业园区
邮编:274700
电话:0530/6488699、13615409899
传真:6488799
网址:www. ycjycy. com
法人代表:袁洪银
产品情况:半挂车、厢式车、仓栅车、罐式车、自卸车及特种车六大系列30多种产品

★山东郓城儒源机械制造有限公司
地址:山东省郓城县杨庄集汽车产业园
邮编:274700
电话:0530/6488881、6488882
传真:6488885
网址:www. sdrygc. com
电子信箱:1044530110@qq. com
产品情况:(儒源牌)
仓栅式半挂车、厢式半挂车、平板自卸运输车、低平板工程运输车、粉料物料运输车、集装箱骨架运输车等系列产品

★山东郓城华郓特种车辆有限公司
地址:山东省郓城县杨庄集镇政府驻地
邮编:274717
电话:0537/7760333、15269758188
传真:7760555
网址:www. mingyuanqiche. com
法人代表:杨作润
质量体系:ISO 9001
产品情况:(华郓达牌)
挂车和半挂车系列产品

★山东建宇特种车辆有限公司
地址:山东省郓城县日东高速公路随官屯养护工区001号
邮编:274721
电话:0530/6420688

传真:6422555
网址:www. sdridong. com
电子信箱:ridonglufei@163. com
单位人数:116
质量体系:ISO 9000
产品情况:(中运牌、路飞牌)
半挂车、仓栅式运输半挂车、车辆运输半挂车、平板自卸车、平板半挂车等专用车

★巨野通达专用车制造有限公司
地址:山东省荷泽市巨野县麒麟镇工业园区1号
邮编:274900
电话:0530/8263456
传真:8263456
质量体系:ISO 9001
产品情况:(麒强牌)
车辆运输半挂车、厢式车、仓栅式运输车、低平板运输半挂车等、半挂车

★荷泽京九特种汽车有限公司
地址:山东省菏泽市巨野县经济技术开发区
邮编:274900
电话:0530/8218667、4001861236
传真:2081239
网址:www. hzjulin. com
电子信箱:hzjingjiu@163. com
产品情况:纵伸式低平板半挂车、动力鹅颈、多轴线液压平板半挂车、四抽拉滑块升降半挂车、凹式半挂车桥、20~100t低平板及超低平板半挂车系列,集装箱半挂车系列,轿车运输车系列,10~50t多功能运输半挂车系列,80~1500t以上可拼接式货台可升降重型全挂车系列,罐式、厢式、自卸等专用车辆

★山东世运专用汽车有限公司
地址:山东省巨野高新技术开发区
邮编:274900
电话:0530/6139888
传真:8289777
电子信箱:shiyunchina@hotmail. com
产品情况:(世运牌)
集装箱运输车、自卸车系列,10~150t低平板运输车,80~1200t液压轴线重型货物运输车,特种车、半挂车
出口情况:出口南美洲、中东、非洲、东南亚等40多个国家和地区

★山东巨野易达专用车制造有限公司
地址:山东省巨野麒麟工业园出港路南段路西
邮编:274900
电话:0530/8115599、15562819999
传真:8115588
网址:www. yidazhuanqi. com
电子信箱:ydzqgs@163. com
单位人数:700
质量体系:ISO 9001
产品情况:(麟州牌)
全挂车、专用车、仓栅式运输半挂车、集装箱运输半挂车、平板运输半挂车、厢式运输半挂车、自卸半挂车、半挂车、空载集装箱运输半挂车、危险品罐箱骨架运输半挂车、医疗半挂车、平板自卸半挂车、低平板半挂车、运油半挂车、下灰半挂车、低密度粉粒物料运输半挂车,液压轴线车,风电设备运输车(风叶运输车、风筒运输车),桥梁及超重货物运输车,罐体运输车以及各类超重货物运输车

★巨野华劲车业有限公司
地址:山东省巨野县麒麟镇工业园区
邮编:274930
电话:0530/83666288
传真:83666388
网址:www. huajinqiche. com
电子信箱:juyehjcy@163. com
质量体系:ISO 9001
产品情况:(华劲牌)
半挂车系列产品

★山东省天河消防车辆装备有限公司
地址:山东省临沂市工业大道57号
邮编:276006
电话:0539/8355237
网址:www. ly-power. com
电子信箱:425757018@qq. com
质量体系:ISO 9001、GJB 9001A
产品情况:(天河牌)
押解囚车、通信指挥车、移动指挥中心、警用装备车、流动警务室、后勤保障车、运兵车、防暴车、房车、运钞车、电源车、石油装备车、消防车、旅居车等

★山东沂星电动汽车有限公司
地址:山东省临沂市高新技术产业开发区湖西路102号
邮编:276017
电话:0539/7979577、7979588
网址:www. yixingev. com
电子信箱:sales@yixingev. com
单位人数:500
质量体系:ISO 9001
产品情况:(中文牌、飞燕牌)
电动城市客车、电动旅游客车、电动机场摆渡车等

★山东铁马特种车辆制造有限公司
地址:山东省临沂市高新技术产业开发区沂河路北段
邮编:276017
电话:0539/2928388
传真:2928555
产品情况:(大翔牌)
半挂车、专用车

★山东九州汽车制造有限公司
地址:山东省蒙阴县经济开发区蒙山五路6号
邮编:276200
电话:0539/4837116、4758999
传真:4758999
网址:www. mengyinjiuzhou. com
电子信箱:sdjzqc@126. com
产品情况:(通广九州牌)
半挂车、全挂车、罐式车、自卸车、施救车、洒水车、公路养护车、道路清扫车等特种车

★山东锣响汽车制造有限公司
地址:山东省蒙阴县经济开发区
邮编:276200
电话:0539/4829829、4009675077
单位人数:200
产品情况:各种全挂车、半挂车、集装箱运输车等

★山东金华飞顺车辆有限公司
地址:山东省枣庄市西集镇
邮编:277223
电话:0632/8512999、18763257988
传真:8512999
网址:www. zzjhcl. cn
电子信箱:jinshun@zzjhcl. com
单位人数:286
质量体系:ISO 9001
产品情况:(金华飞顺牌)
粉粒物料运输车、半挂车系列产品、车轮、汽车油箱、储气筒、消声器、车桥、汽车标牌等

★山东红荷专用汽车有限公司
地址:山东省枣庄市滕州经济开发区红荷大道77号
邮编:277599
电话:0632/5957175、5957188
传真:5957175
网址:www. sdhhqc. com
电子信箱:sdhhcc@126. com
产品情况:主要生产散装水泥罐车、自卸车、厢式运输半挂车、仓栅式运输半挂车、半挂车

河南省

★郑州宏达汽车工业有限公司
地址:郑州市江山路与大河路交叉口向西800米
邮编:450043
电话:0371/63591111、63593333
传真:63591356
网址:www. hdqc. com
电子信箱:hongda_qiche@126. com
质量体系:ISO 9001
产品情况:(银盾牌)
混凝土搅拌车、各种环卫机械与设施、半挂车、自卸车、厢式车、散装水泥车、运油车、清障车等

★郑州红宇专用汽车有限责任公司
地址:河南省中牟县建设南路32号
邮编:451450
电话:0371/62169171
传真:62191866、62191868
网址:www. zzhongyu. net
电子信箱:hongyuzhuanqi@163. com
单位人数:400

质量体系:ISO 9001
产品情况:(红宇牌)
冷藏车、保温车、厢式运输车(颗粒粮食散装车)、爆破器材运输车、淋浴车、军用维修方舱、可展缩式房车(舱)、应急电源车、医疗废物转运车、半挂车系列产品;具备年产销专用汽车5000余辆的生产能力
出口情况:远销中亚、东南亚等地区

★郑州宇通重工有限公司
地址:郑州市经济技术开发区宇工路88号
邮编:451482
电话:4006621888
网址:www.yutongzg.com
电子信箱:zgservice@yutong.com
法人代表:李勇
单位人数:3000
质量体系:ISO 9000
产品情况:(宇通牌)
混凝土搅拌运输车、粉粒物料运输车、粉粒物料运输半挂车、干混砂浆运输车、随车起重运输车、桥梁检测车、公交救援车、道路清障车、化工液体运输半挂车等专用车系列;垃圾压实机、生活垃圾中转设备、压缩式垃圾车、垃圾转运车、纯电动扫路车等环保设备

★新乡市新能电动汽车有限公司
地址:河南省新乡市德源路111号
邮编:453000
电话:0373/5785888、4006610661
传真:5785508
网址:www.xinnengcar.com
电子信箱:sales@lhxnev.com
产品情况:具备年产5万辆电动汽车的生产能力

★新乡市骏华专用汽车车辆有限公司
地址:河南省新乡市凤泉区大块镇陈堡工业园
邮编:453000
电话:0373/5418555、5418818
传真:5419555
网址:www.xxjunhua.com
电子信箱:junhua808@163.com
单位人数:250
质量体系:ISO 9001、GB/T 19001
产品情况:(骏强牌)
各式半挂车、厢式车、自卸车、全挂车、粉粒物料运输车(散装水泥车)、混凝土搅拌运输车、沥青洒布车、碎石封层车、旅居车以及特种车等

★河南新飞专用汽车有限责任公司
地址:河南省新乡市高新技术产业开发区新一街339号
邮编:453000
电话:0373/5066792、5119812
传真:5066791
网址:www.xfzyc.com
电子信箱:15937358300@163.com
质量体系:ISO 9001
产品情况:(新飞牌)
冷藏车、保温车、旅居车、疫苗运输车、医疗废物转运车、爆破器材运输车、厢式运输车、军用方舱、军用通信车、军用文体车等冷藏、厢式、军工三大系列200余个品种
出口情况:远销欧洲、美洲、亚洲、非洲10多个国家和地区,特种结构专用车配装我国军队和联合国维和部队

★河南天牛工业机械有限公司
地址:河南省新乡市柳青路110号
邮编:453000
电话:0373/5110001、3333666
传真:3333666
网址:www.hnhtn.com
电子信箱:hennan.tngy@163.com
法人代表:郭建新
质量体系:ISO 9001
产品情况:(鸿天牛牌)
挂车、粉粒物料车、自卸车制造、汽车配件

★河南高远公路养护设备股份有限公司
地址:河南省新乡市高新开发区新一街367号
邮编:453003
电话:0373/3536007、3536008
传真:5068655
网址:www.gaoyuansg.com
电子信箱:sale@shenggong.com
产品情况:(圣工牌)
全自动沥青洒布车、同步碎石封层车、稀浆封层车、灌缝车、铣刨机、多功能养护车等

★河南卫特汽车起重机有限公司
地址:河南省长垣县山海大道与大广高速交汇处
邮编:453400
电话:0373/2157799、4000063699
传真:2157733
网址:www.wttzc.com
电子信箱:henanwt@126.com
产品情况:汽车起重机、随车起重运输车、移动式高空举升制瓦机、轮胎式起重机、大功率排灌车等

★焦作市华众车辆有限公司
地址:河南省武陟县三阳乡东大原村
邮编:454000
电话:0391/7463588
传真:7463588
电子信箱:huazhongcheliang@sina.com
质量体系:ISO 9001
产品情况:(乔牌)
半挂式房车、厢式运输半挂车、仓栅式半挂车、自卸半挂车、罐式运输半挂车、平板式和低平板式运输半挂车及各种普通半挂车

★焦作市华鑫联合车辆有限公司
地址:河南省武陟县城北重工业区(龙源镇万花村村北)
邮编:454450
电话:0391/6319111、13938195086
传真:6319111
网址:www.jzhxcl.com
单位人数:148
产品情况:低平板挂车、厢式挂车、仓栅式挂车、自卸挂车和各种高端技术特种车等产品

★河南顺达车辆有限公司
地址:河南省焦作市武陟县城龙源路297号
邮编:454950
电话:0391/7205197
传真:7205197
网址:www.hnsdcl.com
电子信箱:henanshunda@163.com
质量体系:ISO 9001
产品情况:(骏昌牌)
自卸车、厢式车、仓栅式车、畜禽运输专用车、集装箱运输专用车、罐式车、半挂车及垃圾车等

★河南皇马车辆有限公司
地址:河南省焦作市武陟县龙源路
邮编:454950
电话:0391/7282561
传真:7271943
网址:www.hnhmcl.com
电子信箱:henanhuangma@126.com
法人代表:王志明
单位人数:300
质量体系:ISO 9001
产品情况:(老于牌)
普通半挂车、仓栅式半挂车、自卸半挂车、自卸车、厢式运输半挂车等

★河南省新里程车辆有限公司
地址:河南省焦作市武陟县龙源镇重工业园区工业路
邮编:454950
电话:0391/7207238
传真:7207228、7207238
电子信箱:gx160254@autoinfo.gov.cn
产品情况:(云台牌)
低平板式半挂车、厢式半挂车、半挂车

★中原特种车辆有限公司
地址:河南省濮阳市大庆路南段
邮编:457001
电话:0393/4751907、4751711
传真:4752431、4754413
网址:www.cnspv.com
电子信箱:zytpe@126.com
质量体系:ISO 9001、ISO 10012
产品情况:(中油牌)
运/加油车、供液车、绞盘式低平板半挂车、运材半挂车、立放井架车、随车起重运输车、输砂车、背罐车、摆臂式自装卸车、运灰车、放射性源车、酸液运输车、工程车、地锚车、照明车、井架安装车、蒸汽解冻车、洗井清蜡车、试井/测井车、氮气发生/增压车、采油车、水泥车、化学剂注入车、锅炉车等

出口情况:出口美国、加拿大、土库曼斯坦、苏丹、沙特阿拉伯等30多个国家

★河南森源重工有限公司
地址:河南省长葛市魏武大道南段东侧
邮编:461500
电话:0374/6108169
传真:6108079
网址:www.hnsygroup.com
电子信箱:syzgxs@hnsyec.com
产品情况:(森源牌)
压缩式对接垃圾车、混凝土泵车、车厢可卸式垃圾车、汽车起重机

★河南森源奔马专用汽车有限公司
地址:河南省长葛市魏武路16号
邮编:461500
电话:0374/6108256、6108169
传真:6108256
电子信箱:hnsybm@163.com
质量体系:ISO 9001
产品情况:(森源牌)
沼气池吸污车、沼气池服务车、厢式运输车、随车起重运输车、扫路车、洒水车、汽车起重机、混凝土搅拌运输车、自卸车、压缩式垃圾车、自卸式垃圾车、车厢可卸式垃圾车、售货车、摆臂式垃圾车

★河南奔马股份有限公司
地址:河南省长葛市魏武路南段东侧
邮编:461500
电话:0374/6108125、6108163
传真:6108163
网址:www.cnbenma.com
电子信箱:cnbenma@126.com
单位人数:2800
质量体系:ISO 9001、ISO 14001
产品情况:(奔马牌)
具有年产专用汽车、电动汽车、低速汽车、中/轻型货车30万辆生产能力
出口情况:出口南部非洲、东南亚等国际市场

★河南须河车辆有限公司
地址:河南省长葛市钟繇大道北段
邮编:461500
电话:0374/6221999
传真:6219799
网址:www.xuhe688.com
电子信箱:hnxuhe688@126.com
产品情况:(白鸟牌)
流动舞台车、流动展示车、翼开启厢式车、翼开启厢式半挂车、侧开厢式配送车、侧卷帘式配送车、流动图书车、流动售卖车、快餐车、铝合金厢式车等系列专用车及其零部件

★河南志捷专用汽车有限公司
地址:河南省漯河市纬十路东段
邮编:462000
电话:0395/3222788、13333952988
传真:3222399
网址:www.lhclzc.com
电子信箱:hnzjqc@126.com
产品情况:新能源汽车(环卫车、电动轻型货车)、半挂车、自卸车等

★驻马店中集华骏车辆有限公司
地址:河南省驻马店市华骏大道中段
邮编:463000
电话:0396/2916415、2901703
传真:3811302、3813101
网址:www.hjcl.com
电子信箱:hjcl@hjcl.com
法人代表:李贵平
单位人数:2000
质量体系:ISO 9001、ISO/TS 16949
产品情况:(华骏牌)
半挂车、自卸车、罐式车、厢式车、消防车,年生产能力40000余辆
出口情况:出口非洲、中东、东南亚、南美洲等地区

★河南航天特种车辆有限责任公司
地址:河南省信阳市北京路187号
邮编:464000
电话:0376/3708034
产品情况:地面设备、特种车辆改装

★洛阳中川建筑工程机械有限公司
地址:河南省洛阳市王城大道107号
邮编:471001
电话:0379/62303010、13503798665
传真:62303675
电子信箱:xsgs@shilian.com.cn
质量体系:ISO 9002
产品情况:(世联牌)
混凝土搅拌站、混凝土搅拌运输车
出口情况:远销越南、尼日利亚、阿尔及利亚、孟加拉国、文莱等国家

★洛阳中集凌宇汽车有限公司
地址:河南省洛阳市洛龙区关林路与经二路交叉口
邮编:471023
电话:0379/65937600
传真:65937675
网址:www.lingyu.com
电子信箱:info@lingyu.com
单位人数:1000
质量体系:ISO/TS 16949
产品情况:(凌宇牌)
罐式专用车、环卫设备和客车;罐式车主要包括全系列混凝土搅拌车、粉罐车、普通碳钢液罐车、中高档铝合金和不锈钢液罐车等。环卫设备包括压缩式垃圾站、压缩垃圾车、收集车、勾臂车、洒水车、吸污车、餐厨垃圾车等
出口情况:出口蒙古、俄罗斯、阿联酋

★河南骏通车辆有限公司
地址:河南省三门峡市陕县世纪大道北段
邮编:472143
电话:0398/3813578、3813676
传真:3813579
网址:www.hnjtcl.com
电子信箱:hnjtcl@126.com
单位人数:1500
质量体系:ISO 9001
产品情况:(骏通牌)
自卸车、半挂车、罐式车
出口情况:出口俄罗斯、蒙古、乌兹别克斯坦、吉尔吉斯斯坦、尼日利亚、安哥拉等多个国家和地区

★河南宜和城保装备科技实业有限公司
地址:河南省南阳市高新区二号工业园
邮编:473000
电话:0377/63559077、63559066
传真:63593288
网址:www.nyyihe.com
电子信箱:sjj@nyyihe.com.cn
质量体系:ISO 9001
产品情况:(宜和牌)
抢险车、电源车、照明车、排涝车4大系列30余种型号产品

★河南红宇特种汽车有限公司
地址:河南省南阳市高新区二号工业园银丰街268号
邮编:473000
电话:0377/62375816、62375885
传真:62375880
网址:www.hongyuspv.com
质量体系:ISO 9001
产品情况:(红宇牌)
密封自卸式垃圾车、洒水车、生活垃圾压缩机等环卫车辆及设备、应急电源车、抢修车、餐饮车及特种用途的工程用车辆等系列产品

★河南中光学神汽专用车有限公司
地址:河南省南阳市北京路1218号
邮编:473006
电话:4006112816
网址:www.hn-tz.com
电子信箱:sq63873230@163.com
法人代表:王百胜
质量体系:ISO 9001
产品情况:(风潮牌)
混凝土搅拌车、邮政车、旅居车、垃圾运输车、半挂散装水泥车、特种作业车,其他货车、半挂车,野营淋浴车、防化淋浴车等军用后勤保障车、电源车等

★南阳二机石油装备(集团)有限公司
地址:河南省南阳市中州西路869号
邮编:473006
电话:0377/63577391、63577529
传真:63552942、63577539
网址:www.ejpetro.com
电子信箱:ejcjck@ejpetro.com
质量体系:ISO 9001
产品情况:(华石牌、RG牌)
车装钻机、橇装模块钻机、拖挂钻机、修井机、测井装备等12大系列200多个品种
配套及出口情况:为国内外各大油田、民用车辆企业及个人供货;低温钻机系列产品批量出口俄罗斯、加拿大等高端

市场

★河南通宇新源动力有限公司
地址:河南省西峡县仲景大道东段999号
邮编:474500
电话:0377/69726869、69727888
传真:69726869
网址:www.hntyzyc.com
电子信箱:2977598238@qq.com
产品情况:(源首牌)
园林绿化车、市政环卫车、市政工程车、特种作业车等城市作业车和公路运输半挂车、自卸车、罐式车;新能源汽车动力系统总成、新能源专用汽车

★商丘市宇畅挂车制造有限公司
地址:河南省商丘市北海路999号
邮编:476000
电话:0370/2930006、3068888
传真:3091888
电子信箱:ycgc@tom.com
质量体系:ISO 9001
产品情况:(宇畅牌)
全挂车、半挂车、低平板半挂车、自卸半挂车、集装箱运输半挂车、油罐车等
出口情况:出口俄罗斯、哈萨克斯坦等国家

★商丘市通达专用车辆制造有限公司
地址:河南省商丘市虞城县工业大道18号
邮编:476000
电话:0370/4132888
传真:4133888
电子信箱:18603706351@163.com
质量体系:ISO 9001
产品情况:(智慧树牌)
半挂车、仓栅式运输半挂车、低平板半挂车、粉粒物料运输半挂车、集装箱运输半挂车、厢式运输半挂车、自卸半挂车、自卸车、油罐车、混凝土搅拌车等
出口情况:出口哈萨克斯坦、塔吉克斯坦、越南、马来西亚、中东、东南亚、非洲等国家和地区

★河南冰熊专用车辆制造有限公司
地址:河南省民权县冰熊大道1号
邮编:476800
电话:0370/8508888、8513433
传真:8509999
网址:bingxiong.net.cn
电子信箱:liuqing@bingxiong.com.cn
单位人数:380
质量体系:ISO 9001、GJB 9001A
产品情况:(冰熊牌)
冷藏车、保温车、厢式运输车、邮政车、移动通信车、军用宣传文化车、野营淋浴车等系列专用车和军用方舱
出口情况:远销泰国、朝鲜、东南亚等国家和地区

★河南英泰汽车制造有限公司
地址:河南省民权县产业集聚区
邮编:476800
电话:0370/5061766
单位人数:300
产品情况:新型轻量化冷藏车、保温车、军用方舱等

★河南松川专用汽车有限公司
地址:河南省商丘市民权县产业集聚区
邮编:476800
电话:0371/86058800、15036045199
传真:86058800
网址:www.sc-auto.cn
电子信箱:hnsclcc@163.com
单位人数:500
产品情况:(松川牌)
冷藏车、保温车、海鲜车、医药冷藏车、太阳能冷藏车、邮政车、航空专用车、厢式运输车、应急通信车和军用特种车辆等专用汽车

湖北省

★武汉汽车改装厂
地址:武汉市江岸区解放大道2855号
邮编:430011
电话:027/82340536、13871689523
传真:82777260、82744459
网址:www.wh-fire.cn
电子信箱:wg_xsb@3611.cn
法人代表:吴敏
单位人数:200
质量体系:ISO 9002
产品情况:(云鹤牌)
水泥、石灰粉等罐车,加油车、运油车、洒水车等液罐车,消防车

★武汉九通汽车厂
地址:武汉市汉西路常码头特2号
邮编:430023
电话:027/83512081
传真:83529496
网址:www.wuhanjiutong.com
电子信箱:kx0718@public.wh.hb.cn
质量体系:ISO 9001
产品情况:(九通牌)
压缩式、多功能对接式、密封自卸式、自装自卸式、车厢可卸式等不同吨位、不同型号的环卫车;机场除雪车、机场清扫车、机场场务工程车、多功能割草机等机场保障设备

★东风扬子江汽车(武汉)有限责任公司
地址:武汉市东西湖区金潭路18号
邮编:430024
电话:027/83833696
传真:83833831
网址:www.dfyzj.com
电子信箱:52dfyzj@163.com
法人代表:黄文芳
质量体系:ISO/TS 16949
产品情况:(扬子江牌)
6~18m的环保柴油、LNG、CNG、无轨电车、混合动力、纯电动、纯电动在线充等多种类车型客车平台和纯电动物流车、纯电动垃圾车等专用车
出口情况:远销缅甸、秘鲁、孟加拉国、泰国等海外市场

★中石化石油机械第三机械厂潜江制造厂
地址:湖北省潜江市周矶办事处兴隆路2号
邮编:430040
电话:027/83375021、83248777
传真:83248799
网址:www.jh3j.com
电子信箱:sales@jh3j.com
法人代表:胡春
产品情况:(BAOTAO牌)
高压洗井车等油田机械

★武汉新光专用汽车制造有限公司
地址:武汉市东西湖区银柏路51号
邮编:430040
电话:027/84705966
传真:83090252
网址:www.zynkon.com
电子信箱:info@zynkon.com
质量体系:ISO 9001
产品情况:(五环牌)
高压清洗车、吸污车、联合疏通车、工程抢险车、管道检测车等5大系列共计近30个品种的专用汽车

★武汉市汉福专用车有限公司
地址:武汉市东西湖区柏泉银柏路288号
邮编:430050
电话:027/82301358、4009692959
传真:84511831
网址:www.whhfzyc.cn
电子信箱:sales@whhfzyc.com.cn
质量体系:ISO 9001
产品情况:(金银湖牌)
城乡环保类专用车辆及设备制造、环卫清扫保洁、河湖淤泥和城市污泥处理与处置等专用车辆
出口情况:远销亚洲、非洲等地区

★湖北省消防器材厂
地址:武汉市汉阳区琴断口米粮山新村140号
邮编:430051
电话:027/84657153、15002709555
传真:84657718
网址:www.hjxfc.com
电子信箱:hbhjxf@163.com
质量体系:ISO 9000
产品情况:(汉江牌)
水灌及泡沫消防车、抢险救援消防车、举高消防车和A类泡沫消防车、干粉泡沫联用消防车等

★武汉客车制造股份有限公司
地址:武汉市江夏区阳光大道16号
邮编:430051
电话:027/50752999、84872748
传真:50753666
网址:www.whkc.net.cn

电子信箱:whkc@ sina. com
质量体系:GB/T 19001、GJB 9001A
产品情况:(华中牌)
客车、城市公交客车、电力工程车、军用车、服务车

★武汉市政环卫机械有限公司
地址:武汉市经济开发区东风大道东荆河路 556 号
邮编:430051
电话:027/84882133、13986191469
传真:84637071
网址:www. szhwjx. com
电子信箱:sale@ szhwjx. com
董事长:尚培珍
质量体系:ISO 9001、GB/T 24001
产品情况:(皇冠牌)
下水道联合疏通车、吸污车、清洗车、吸引压送罐车、垃圾车(摆臂式垃圾车、车厢可卸式垃圾车)、洒水车、吸粪车、污泥自卸车等
出口情况:出口印度尼西亚、孟加拉国等国家

★武汉施密茨挂车有限公司
地址:武汉市经济技术开发区凤凰工业园
邮编:430056
电话:027/52302970
产品情况:(卡歌福牌等)
仓栅式运输半挂车等

★武汉楚星专用汽车有限公司
地址:武汉市武昌区白沙洲堤后街 416 号
邮编:430065
电话:027/88113628
传真:88125094
电子信箱:whcx@ auto - cx. com
质量体系:ISO 9002
产品情况:(楚星牌)
散装水泥车、粉粒物料运输车、洒水车、摆臂式垃圾车、吸污车、污泥车、吸粪车、清洗车、运油车、加油车、化液车、自卸式垃圾车

★武汉龙安集团有限责任公司
地址:武汉市洪山区民院路 124 号
邮编:430074
电话:027/52111885、52111886
传真:87491728
网址:www. longangroup. com. cn
电子信箱:scb_6907@ 163. com
质量体系:ISO 9001
产品情况:(龙安牌)
移动电离层应急监测车、勇士车载通信车、机动指挥控制车、综合指挥通信车等

★武汉滨湖电子有限责任公司
地址:武汉市武昌区中北路 160 号
邮编:430077
电话:027/86770726
传真:86789729
网址: www. binhuelec. com、www. whb-hdz. cn
董事长:董海洲
负责人:刘刚
产品情况:(湖光牌)
道路检测车、旅居车

★武汉中正化工设备有限公司
地址:武汉市青山区武东街武东中路 18 号 C 区
邮编:430084
电话:027/68867358
传真:68867354
网址:www. wuhanzz. com
电子信箱:zz@ wuhanzz. com
质量体系:ISO 9001
产品情况:(四六牌)
液化气体运输半挂车、液化气体运输车、化工液体运输车、天然气运输车、半挂车

★武汉洁力环卫汽车装备有限公司
地址:武汉市汉南区经济技术开发区兴城大道兴二路 248 号
邮编:430090
电话:027/84755888、4000386878
传真:84858555
网址:www. hbwlcl. com
电子信箱:hbwlcl@ 163. com
质量体系:ISO 9001
产品情况:(琴台牌)
护栏清洗车,绿化洒水车、真空吸污车(吸粪车)、液体垃圾车、密封式自卸垃圾车、高压清洗车(高压疏通车)、加油车、运油半挂车等 8 系列 100 多个品种
出口情况:出口东南亚地区

★武汉天捷重型装备股份有限公司
地址:武汉市汉南区纱帽镇江下村 777 号
邮编:430090
电话:027/81737000
传真:81737182
网址:www. whtianjie. com
电子信箱:tianjie@ whtianjie. com
质量体系:ISO 9001
产品情况:(九通牌)
动力模块运输车、液压轴线运输车、船体运输车、液压支架搬运车、盾构机等系列产品
出口情况:出口欧洲、美洲、非洲、东南亚等 30 多个国家和地区

★武汉斯贝卡专用汽车有限公司
地址:武汉市蔡甸区常福新城工业园常兴路特 6 号
邮编:430120
电话:027/69573338
传真:69573318
网址:www. speka. cn
电子信箱:speka@ 163. net
质量体系:ISO 9001
产品情况:(武工牌)
主要产品有粉粒物料运输车、散装水泥车、半挂车、密闭式自卸车、仓栅式车、平板厢式车、混凝土搅拌车、环卫车(洒水车)、运油车、油田专用车系列(包括修井车、固井车、运灰车等)、铁路抢修车、勘察车、防疫车等各式特种商用车,纯电动汽车等新能源车辆

★山推楚天工程机械有限公司
地址:武汉市东湖新技术开发区光谷三路 628 号
邮编:430200
电话:027/81611351、4006663666
传真:86636833
网址:www. shantu . com
电子信箱:mail@ st - ct. cn
法人代表:王飞
质量体系:ISO 9001
产品情况:(楚天牌)
混凝土泵车 混凝土搅拌运输车等混凝土工程机械及其配件

★湖北华舟重工应急装备股份有限公司
地址:武汉市江夏经济开发区阳光大道
邮编:430200
电话:027/87970246
传真:87970222
网址:www. china - huazhou. com
质量体系:ISO 9001、ISO 14001
产品情况:(哈盛华舟牌)
特种装填车、整体自装卸补给车、软路面铺路车、道路综合保障车等

★湖北精功科技有限公司
地址:武汉市黄陂盘龙城经济开发区巨龙大道 211 号
邮编:430312
电话:027/61871100、61870011
传真:61871150
网址:www. hbjgkj. com
电子信箱:office@ hbjgkj. com
质量体系:ISO 9001
产品情况:(精工楚天牌)
具备年生产各种环卫设备 800 余台套、各类环卫车辆 1000 辆的生产能力

★天门市江汉三机特车有限责任公司
地址:湖北省天门市天门经济开发区南洋大道 59 号
邮编:431734
电话:0728/4851259
传真:4851259
网址:www. jsjtc. com
电子信箱:sanjite@ 126. com
单位人数:220
质量体系:ISO 9001、GB/T 19001
产品情况:(三机牌)
油田专用改装车辆,各类下灰罐,抽油机系列,半挂车,D1、D2 级压力容器等
出口情况:出口中东、中亚、南美洲、非洲等地区

★中石油钻井工程研究院江汉机械研究所
地址:湖北省荆州市荆州开发区沙岑路 9 号
邮编:434000

电话:0716/8239445
传真:8222483
电子信箱:gx170304@ autoinfo. gov. cn
质量体系:ISO 9001
产品情况:(海智达牌)
吸污车、连续管作业车、连续管作业半挂车

★湖北中油科昊机械制造有限公司
地址:湖北省荆州市荆州区九阳大道16号
邮编:434000
电话:0716/8189016、13986715459
传真:8268522
网址:www. petrokh. com
电子信箱:caiwei@ petrokh. com
产品情况:(科昊牌)
压裂车、固井车、混砂车等

★中石化石油工程机械公司第四机械厂
地址:湖北省荆州市荆州区四机路1号
邮编:434024
电话:0716/8429150
传真:8429152
网址:www. sjpetro. com
电子信箱:sjzzk@ sjpetro. com
质量体系:ISO 9001
产品情况:(石油四机牌、四机牌)
固井水泥车、混砂车、压裂车、修井机、钻机车、压裂管汇车、连续油管作业车等
出口情况:出口美国、加拿大等近30个国家

★四机赛瓦石油钻采设备有限公司
地址:湖北省荆州市荆州区西环路
邮编:434024
电话:0716/8428889、8429434
传真:8016063
网址:www. sjs. servacorp. com
电子信箱:sjs@ servacorp. com
质量体系:ISO 9001
产品情况:(赛瓦牌)
仪表车、固井水泥车、压裂车、固井车、环空注入车、油田专用绞车及其他油田专用车辆
出口情况:出口美国、墨西哥、尼日利亚、新加坡、印度等国家

★湖北四钻石油设备股份有限公司
地址:湖北省荆州市荆州区西环路39号
邮编:434024
电话:0716/8429598
传真:8429598
网址:www. hbszpetro. com
电子信箱:xiaoshou@ hbszpetro. com
质量体系:ISO 9001
产品情况:(四钻牌)
水泥车、压裂车、修井机、抽油机、石油钻井平台转盘成套设备、钻机泥浆固控系统、伸缩油缸、高压胶管、压裂柱塞泵、取力器、热交换器、气动卡瓦、液压大钳等石油钻采设备及配件
出口情况:出口美国、加拿大、哈萨克斯坦、缅甸、中东等国家和地区

★湖北合加环境设备有限公司
地址:湖北省咸宁市经济技术开发区长江产业园金桂大道238号
邮编:437100
电话:0715/8906661
网址:www. hbhjee. com
电子信箱:hbhejia@ 126. com
单位人数:400
产品情况:(合加牌)
压缩式垃圾车、车厢可卸式垃圾车、自卸式垃圾车、洗扫车、洒水车、清障车、餐厨垃圾车等

★湖北江山专用汽车有限公司
地址:湖北省襄阳市高新区日产工业园新星路6号
邮编:441004
电话:0710/3329581、3329586
传真:3329563
网址:www. hbjszq. com
电子信箱:jszyqc@ 163. com
质量体系:ISO 9001
产品情况:(江山神剑牌)
粉粒物料自卸车、粉粒物料运输车、普通自卸汽车、森林灭火车、油罐车、洒水车等特种运输车辆

★襄阳新中昌专用汽车股份有限公司
地址:湖北省襄阳市汽车开发区
邮编:441004
电话:0710/2841777
传真:2841888
网址:www. xfxzc. com. cn
电子信箱:hbxfxzc@ 163. com
法人代表:冯义强
产品情况:(中昌牌)
生产各类厢式车、冷藏车、保温车、油罐车、洒水车、自卸车等车厢;改装厢式汽车、高级服装车、防爆车、水泥散装车、邮政专用车、垃圾车等
配套情况:为东风汽车配套

★湖北圣龙专用汽车有限公司
地址:湖北省枣阳市吴店工业园
邮编:441200
电话:0710/6223904、6240148
传真:6222114
电子信箱:hbsl_huhequn@ 163. com
质量体系:ISO 9000
产品情况:(圣龙牌)
厢式、冷藏、保温、半挂、自卸、罐式、挂车车轴、升降支腿、前中后支架、集装箱旋锁及EPS夹芯板等专用车,年生产能力达3000辆以上

★湖北福田专用汽车有限公司
地址:湖北省枣阳市新华路56号
邮编:441200
电话:0710/6313778、6317572
传真:6316238、6319702
质量体系:ISO 9000
产品情况:(欧曼牌)
自卸式垃圾车、粉粒物料运输车、混凝土泵车、高空作业车、自卸车、半挂车等

★湖北江南专用特种汽车有限公司
地址:湖北省随州市北郊江南汽车工业园
邮编:441300
电话:0722/3328313、15897651131
传真:3328313
网址:www. jnzyqcc. com
电子信箱:jinzyqcc@ 163. com
单位人数:783
质量体系:ISO 9001
产品情况:(江特牌)
消防车、高空作业车、清障车、自卸车、扫路车、洒水车、垃圾车、冷藏车、随车起重运输车等
出口情况:远销印度尼西亚、伊拉克、印度、安哥拉、越南、缅甸、朝鲜、尼日利亚等几十个国家和地区

★湖北合力专用汽车制造有限公司
地址:湖北省随州市北郊星光工业园1号
邮编:441300
电话:0722/3330101、13339899756
传真:3330103
网址:www. szhlqc. com
电子信箱:szhlqc@ 126. com
单位人数:800
质量体系:ISO 9001
产品情况:(神狐牌)
混凝土搅拌车、粉粒物料运输车、散装水泥车、运油车、流动加油车、绿化洒水车、农药喷洒车、压缩式垃圾车、摆臂式垃圾车、挂桶式垃圾车、随车起重运输车、化工液体运输车、半挂车、17m低平板半挂车、仓栅式半挂车、散装水泥半挂车、化工液体半挂车、运油半挂车、高空作业车、清障车、消防车等300多个产品
出口情况:出口俄罗斯、丹麦、格鲁吉亚、哈萨克斯坦、阿尔及利亚、澳大利亚、巴哈马等国家

★东风专用汽车制造有限公司
地址:湖北省随州市北郊星光汽车工业园
邮编:441300
电话:0722/3320168、3480126
网址:www. dfqcw. com
电子信箱:dfgzc@ public. sy. hb. cn
质量体系:ISO 9001、ISO 14001
产品情况:(东风牌)
厢式运输车、厢容可变车、仓栅式运输车、邮政车、保温车、冷藏车、运粮车、运煤车、混凝土搅拌车、散装水泥车、环卫车、平板自卸车、工程自卸车、随车起重运输车、淋浴车、净水车等;年产普通车厢8.1万套、专用车6000多辆
出口情况:出口越南、朝鲜、老挝、中东、埃塞俄比亚、非洲

★中航工业奥龙汽车有限公司
地址:湖北省随州市高新技术产业园区编钟大道9号

邮编:441300
电话:4000722510
网址:www. aaloo. com. cn
电子信箱:aolong@ aaloo. com. cn
单位人数:300
质量体系:ISO 9001
产品情况:(久龙牌)
罐式车、城市环卫车、新能源客车、消防车、厢式集成车、集成化军用/航空特种车六大系列300多个品种
配套及出口情况:是东风、解放、重汽、陕汽、欧曼、上汽依维柯红岩等主机厂委改生产制造企业;出口欧洲、非洲、亚洲等地区

★东风随州专用汽车有限公司
地址:湖北省随州市交通大道267号
邮编:441300
电话:0722/3319170、3319355
传真:3319100
质量体系:ISO 9000
产品情况:(东风牌)
粉粒物料运输车、混凝土搅拌运输车、化工液体运输车、加油车、绿化喷洒车、厢式运输车、仓栅式运输车、油气工程车、半挂车、自卸车、牵引车、市政环卫车、背罐车等各类专用车

★湖北航天双龙专用汽车有限公司
地址:湖北省随州市交通大道K169号
邮编:441300
电话:0722/3581188、3581177
传真:3587113
网址:www. hbslzy. com
电子信箱:hbslzy@ hbslzy. com
董事长:张彦文
单位人数:760
质量体系:ISO 9001
产品情况:(龙帝牌)
运油/加油车、液态食品运输车、环卫车、化工介质专用运输车、建设工程专用车、厢式车、起重吊运输车、低平板运输车、半挂车、自卸车、运油车、餐厨垃圾车、压缩式垃圾车、市政环卫车、铝合金运油车等
出口情况:出口美国、朝鲜、越南、非洲、东南亚

★随州市力神专用汽车有限公司
地址:湖北省随州市解放路西端348号柳树淌工业园
邮编:441300
电话:0722/3818898、15972777278
传真:3813333
网址:www. hblsqc. com
电子信箱:1437443305@ qq. com
质量体系:ISO 9000
产品情况:(醒狮牌)
主导产品为油罐车、粉粒物料车、化工罐车、油田专用车、多功能绿化喷洒车、散装粮食车等罐式专用车系列

★湖北腾宇专用汽车有限公司
地址:湖北省随州市经济技术开发区(五环工业园)
邮编:441300
电话:0722/7028186、13872884639
传真:7028186
网址:www. szjczyc. com
电子信箱:szjczyc1@ 163. com
质量体系:ISO 9001
产品情况:(楚江牌)
混凝土搅拌车、水泥搅拌车、粉粒物料运输车、散装水泥车、运油车、流动加油车、绿化洒水车、农药喷洒车、压缩式垃圾车、摆臂式垃圾车、挂桶式垃圾车、随车起重运输车、化工液体运输车、半挂车、17m低平板半挂车、仓栅式半挂车、散装水泥半挂车、化工液体半挂车、运油半挂车、高空作业车、清障车、消防车等300多个产品
出口情况:出口俄罗斯、丹麦、格鲁吉亚、哈萨克斯坦、阿尔及利亚、澳大利亚等

★湖北省齐星汽车车身股份有限公司
地址:湖北省随州市经济技术开发区十里铺村
邮编:441300
电话:0722/3587079、13217220699
传真:3587067
网址:www. hbqxtc. com
电子信箱:hbqxtc@ 163. com
单位人数:4000
质量体系:GB/T 19001、GJB 9001A
产品情况:(齐星牌)
汽车车身、汽车改装及底盘、大中型模具工装、精铸件等
出口情况:出口多个国家和地区

★湖北成龙威专用汽车有限公司
地址:湖北省随州市经济开发区季梁大道
邮编:441300
电话:0722/3308899、15871244566
传真:3309114、3308114
网址:www. hbclw. com
电子信箱:clqclyc@ 163. com
法人代表:刘永财
质量体系:ISO 9000
产品情况:(楚飞牌)
各种洒水车、油罐车、化工液体运输车、垃圾车、高压清洗车、随车吊、高空作业车、自卸车、粉粒物料运输车、散装水泥车、混凝土搅拌车、道路清障车、半挂车、运油车、液体罐式运输车、市政环卫车、清障车、车厢可卸式垃圾车、吸污车、吸粪车、压缩式垃圾车
出口情况:出口东南亚、非洲、拉丁美洲、欧洲等地区

★厦工楚胜(湖北)专用汽车有限公司
地址:湖北省随州市经济开发区季梁大道9号
邮编:441300
电话:0722/7506088、18672233608
传真:7506088
电子信箱:truckw@ 163. com
质量体系:ISO/TS 16949、ISO 14000
产品情况:(楚胜牌)
混凝土搅拌运输车、油罐车、化工液体运输车、粉粒物料运输车、随车起重运输车、高空作业车、环卫垃圾车、洒水车、扫路车、吸污车、吸粪车、道路清障拖车、各种半挂车、全挂车等系列专用汽车和用途广泛的冷弯系列型钢,专用车年生产能力可达1万余辆

★湖北大力专用汽车制造有限公司
地址:湖北省随州市两水大道大力路特1号
邮编:441300
电话:0722/3308088、13886881555
传真:3309990
网址:www. hbdali. com
电子信箱:qiushuo@ hbdlai. com
质量体系:ISO 9001、GJB 9001A
产品情况:(大力牌)
油田专用车系列(运油车、加油车、化工车、液化气体运输车),环卫环保专用车系列(洒水车、吸污车、各类垃圾运输车、扫路车)、市政工程车系列(高空作业车、随车起重运输车、消防车、清障车)、教练车、殡仪车、客车、小学生校车、半挂车、各类运输车

★随州市大力环卫汽车有限公司
地址:湖北省随州市两水大道大力路特1号
邮编:441300
电话:0722/3328333 3597333
传真:3232728
网址:www. dfszzy. com
电子信箱:dfszzy@ tom. com
质量体系:ISO 9001
产品情况:东风园林绿化喷洒车、石油运输车、化工液罐车、环卫垃圾车、吸粪吸污车、电力高空工程车、散装水泥车、消防车、厢式运输车、半挂车和教练车

★湖北新中绿专用汽车有限公司
地址:湖北省随州市两水工业区8号
邮编:441300
电话:0722/3308988、3308999
传真:3308588
网址:www. hbxzl. com
电子信箱:13886882158@ 163. com
质量体系:ISO 9001、ISO 14001
产品情况:(中洁牌)
洒水车系列(洒水车、喷药车、吸污车、吸粪车、压缩式垃圾车、摆臂式垃圾车、挂桶式垃圾车、车厢可卸式垃圾车、扫路车、高压清洗车、对接式垃圾车、清障车、高空作业车、随车吊等
出口情况:出口沙特阿拉伯、阿塞拜疆、赤道几内亚、阿尔及利亚、乍得、委内瑞拉、多米尼加、蒙古、所罗门、越南、朝鲜、坦桑尼亚、尼泊尔、老挝、缅甸、埃塞俄比亚、安哥拉、苏丹、哈萨克斯坦、吉尔吉斯斯坦、马来西亚、刚果、伊拉克、尼日利亚、肯尼亚等30多个国家

★玉柴东特专用汽车有限公司
地址:湖北省随州市两水工业园
邮编:441300
电话:0722/3256300
传真:3256300
网址:www.ycdtyr.com
电子信箱:hbdl008@163.com
单位人数:360
质量体系:ISO 9001
产品情况:(特运牌)
化工液体运输车、罐式集装箱、加油车、粉粒物料运输车、运水车、洒水车、保温车、冷藏车、厢式车、平板运输车、半挂车
出口情况:出口玻利维亚、印度、缅甸、非洲等20多个国家和地区

★程力专用汽车股份有限公司
地址:湖北省随州市南郊程力汽车工业园
邮编:441300
电话:0722/3801001、3815555
传真:3801111
网址:www.hbclqc.com
电子信箱:hbclqc@hbclqc.com
单位人数:8000
质量体系:ISO 9001、ISO 14001
产品情况:(程力威牌)
洒水车、油罐车、垃圾车、吸粪车、吸污车、自卸车、厢式货车、半挂车、清障车、随车吊、高空作业车、教练车、散装水泥车、化工车、消防车、汽车配件、水泥搅拌车、牵引车等8大系列100多个品种车型

★湖北奥马专用汽车有限公司
地址:湖北省随州市曾都经济开发区
邮编:441300
电话:0722/3333999、3333888
传真:3333555
网址:www.hbamzq.com
电子信箱:hbaoma88@163.com
单位人数:260
质量体系:ISO 9001
产品情况:(楚星牌)
园林绿化洒水车、低平板运输车、市政环卫车、公路专用车、油罐车、化工液体运输车、厢式运输车、散装水泥车、液化气槽车、半挂车、自卸车、高空作业车、随车吊、混凝土搅拌运输车、干混砂浆运输车、随车起重运输车、清障车等

★湖北润力专用汽车有限公司
地址:湖北省随州市曾都经济开发区世纪大道77号
邮编:441300
电话:0722/3309966、18872982999
传真:3308966
网址:www.rlqcc.com
产品情况:(润知星牌)
半挂车、供液车、多功能抑尘车、清障车、腐蚀性物品罐式运输车、运油车等

★湖北日昕专用汽车有限公司
地址:湖北省随州市曾都区
邮编:441300
电话:0722/3327696、15997899310
传真:3338021、3327696
产品情况:(日昕牌)
混凝土搅拌运输车、清障车等

★湖北华威专用汽车有限公司
地址:湖北省随州市曾都区新型工业基地9号
邮编:441300
电话:0722/3308005、3308001
传真:3308000
网址:www.hua-win.cn
电子信箱:hwgsbgs@sinotruck.com
单位人数:800
质量体系:ISO 9001
产品情况:(华威驰乐牌)
清障车、洗扫车、高空作业车、自卸车、罐式车、厢式车、仓栅车、环卫车、随车吊、工程维修车、粉粒物料车、混凝土搅拌车等
出口情况:出口中东、东欧、东南亚、西亚、非洲、俄罗斯、澳大利亚等多个国家和地区

★随州市东正专用汽车有限公司
地址:湖北省随州市曾都区星光工业园
邮编:441300
电话:0722/3330039、13908661434
传真:3330038
网址:www.hbdzzc.com
电子信箱:1683751972@qq.com
单位人数:650
质量体系:ISO 9002
产品情况:(炎帝牌)
油罐车、洒水车、吸粪车、消防车、垃圾车、随车吊、散装水泥运输车、粉粒物料运输车、厢式车、自卸车、半挂车等产品

★湖北宏宇专用汽车有限公司
地址:湖北省随州市曾都经济开发区(交通大道1089号)
邮编:441322
电话:0722/3286638、3286666
传真:3286668
网址:www.hbhyqc.com
电子信箱:hbhyzyqc@163.com
单位人数:320
质量体系:ISO 9001
产品情况:(虹宇牌)
运油车、油罐车、加油车、化工液体运输车、洒水车、垃圾车、清障车、吸粪车、吸污车、高压清洗车、高空作业车、散装水泥车、消防车、冷藏车、三氯氢硅运输车、工程车系列、随车起重运输车、散装物料车、半挂车、集装箱半挂车、鲜牛奶罐车、沥青运输车、吸尘车、自卸车、仓栅式车
出口情况:在赞比亚、乌克兰、越南、蒙古等国家设立了销售网点

★湖北五环专用汽车有限公司
地址:湖北省随州市经济开发区交通大道K155号
邮编:441399
电话:0722/3586545、18995959896
传真:3586516
网址:www.hbwhgw.com
产品情况:(华通牌)
洒水车、油罐车、垃圾车、吸粪车、吸污车、清洗车、高空作业车、自卸车、半挂车、清障车、随车吊、散装水泥车、化工车、消防车、流动舞台车、广告宣传车、爆破器材运输车、混凝土搅拌运输车、平板运输车等八大系列100多个品种车型

★湖北腾誉专用汽车有限公司
地址:湖北省随州市经济开发区腾誉汽车工业园
邮编:441399
电话:0722/7028266、15271317610
传真:7028266
网址:www.tyzqh.com
电子信箱:283430436@qq.com
质量体系:ISO 9001
产品情况:混凝土搅拌车、泡沫消防车、防爆车、绿化洒水车、农药喷洒车、压缩式垃圾车、摆臂式垃圾车、挂桶式垃圾车、随车起重运输车、化工液体运输车、半挂车、17m低平板半挂车、仓栅式半挂车、散装水泥半挂车、化工液体半挂车、运输油罐半挂车、高空作业车、清障车等300多个产品

★老河口东风创普专用汽车公司
地址:湖北省老河口市航空路35号
邮编:441800
电话:0710/8244782、8225729
传真:8222606
质量体系:ISO 9001
产品情况:(东风牌)
轻型货车系列、长头车系列、CPB12系列、P210系列及半挂车、改装车系列

★湖北东沃专用汽车有限责任公司
地址:湖北省老河口市经济技术开发区城东大道12号
邮编:441800
电话:0710/8206509
传真:8206699
电子信箱:hbdwqc@126.com
质量体系:ISO/TS 16949
产品情况:(东驹牌)
自卸车、半挂车、垃圾车、随车起重运输车、多功能绿化喷洒车、粉粒物料运输车、混凝土搅拌运输车等
出口情况:远销非洲、亚洲10多个国家和地区

★老河口博大特种车辆改装有限公司
地址:湖北省老河口市三环路铁路西
邮编:441800
电话:0710/8221104、8221122
传真:8221104、8227766
电子信箱:bodaspecial2008@126.com

质量体系:ISO 9001
产品情况:(楚光牌)
半挂车、翼开启车、自卸车、厢式车、仓栅式车等改装车产品

★湖北神帆专用汽车有限公司
地址:湖北省十堰市白浪经济开发区龙门工业园
邮编:442000
电话:0719/8287780
传真:8287780
网址:www. shenfanqiche. com
电子信箱:sysy0930@ sina. com
单位人数:200
质量体系:ISO 9000
产品情况:(神帆牌)
自卸车、仓栅式车、厢式车等20余种专用汽车

★东风神宇车辆有限公司
地址:湖北省十堰市东益大道6号
邮编:442000
电话:0719/8234247、8246224
传真:8246224
网址:www. dfsyqc. com
电子信箱:gaoy@ dfmc. com. cn
单位人数:1100
质量体系:ISO/TS 16949
产品情况:(东风牌、神宇牌、华神牌)
中型载货汽车、自卸车、自卸低速货车、专用车底盘、汽车零部件
出口情况:远销东南亚、肯尼亚、叙利亚、东欧等十几个国家和地区

★十堰市驰田汽车有限公司
地址:湖北省十堰市黑龙江路2号
邮编:442000
电话:0719/8887181、8889570
传真:8769699
网址:www. chitianqiche. com
电子信箱:chitianqiche@ 163. com
质量体系:ISO 9001
产品情况:(驰田牌)
自卸车、半挂车、厢式车、仓栅式车、罐式车、平板自卸汽车等
出口情况:出口非洲、东南亚、中亚等10多个国家和地区

★东风征梦(十堰)专用车有限公司
地址:湖北省十堰市红卫工业新区凯迪拉克大道9号
邮编:442000
电话:0719/8235666、8235816
传真:8235048、8235816
网址:www. dfzmzyc. com
电子信箱:dfzm@ dfzmzyc. com
单位人数:1200
质量体系:ISO/TS 16949、ISO 14001
产品情况:(东风牌、东实牌、神舰牌)
年产3万辆各类工程车、半挂车、水泥搅拌车、物粒粉料车、运油车、随车起重运输车、垃圾清运车和机场跑道洒水车的生产能力和2万辆汽车车架等零部件的加工能力,东风汽车收录机、石英钟等汽车电子电器产品及随车工具包等产品

★湖北海龙专用汽车有限公司
地址:湖北省十堰市茅箭东城经济开发区许家鹏村
邮编:442000
电话:0719/8761336、8761449
传真:8761919
网址:www. hlqc. net
电子信箱:huangjiulin888@ 163. com
单位人数:120
质量体系:ISO 9001
产品情况:(海福龙牌)
主要产品有自卸车、厢式运输车、环卫垃圾车、铝合金罐式半挂车等工程专用车辆

★湖北欧亿专用汽车有限公司
地址:湖北省十堰市茅箭区北京中路38号
邮编:442000
电话:0719/8127518
传真:8127518
网址:www. oyzyc. com
电子信箱:hboy@ huoy. cn
产品情况:油罐车、吸粪车、粉粒物料运输车、混凝土搅拌车、化工液体运输车、低平板半挂运输车、随车起重运输车、清障车、厢式运输车等

★湖北世纪中远集团有限公司
地址:湖北省十堰市白浪技术开发区田湖东路8号
邮编:442013
电话:0719/8303106、8258355
传真:8303107
网址:www. hbsjzy. com
电子信箱:sjzyjt@ 126. com
单位人数:1200
质量体系:ISO 9001
产品情况:(中悦牌)
分储现混式混凝土搅拌车、流动舞台车、流动售货车、流动图书车、环卫车、飞翼厢式车、自卸车、自装卸式垃圾车,车架、车身等总成产品

★湖北神鹰汽车有限责任公司
地址:湖北省十堰市白浪经济技术开发区中路166号神鹰工业园
邮编:442013
电话:0719/8028880
传真:8313888
网址:www. shenying. com. cn
电子信箱:cio@ shenying. com. cn
法人代表:熊军
单位人数:500
质量体系:ISO 9001
产品情况:(神鹰牌)
主导产品包括自卸车、厢式车、仓栅车、随车起重运输车、半挂车、罐式车等系列专用车
出口情况:年出口矿用自卸车120辆、水泥搅拌运输车80辆

★东风特种汽车有限公司
地址:湖北省十堰市白浪中路51号
邮编:442013
电话:0719/8287151、4006911103
网址:www. dftq. net
电子信箱:sevena234@ 163. com
负责人:李保才
单位人数:1000
质量体系:ISO 9001
产品情况:(东风牌)
客车及客车底盘、自卸车、油罐车、洒水车、散装水泥车、半挂车、厢式车、随车吊、专用小学生校车、环卫专用车、工程车、蓄能供热车、除雪车、幼儿专用校车、平板运输车、随车起重运输车、检测车、自卸式垃圾车等
出口情况:远销非洲、东南亚、中亚等地区

★东风特汽(十堰)客车有限公司
地址:湖北省十堰市白浪中路龙门工业园
邮编:442013
电话:0719/8318653
传真:8318678
网址:www. dftqkc. com
电子信箱:dfkc@ dftqkc. com
单位人数:1300
质量体系:ISO 14001、ISO/TS 16949
产品情况:(东风牌)
10~47座中高档系列公路客车、旅游客车、城市客车、天然气客车、越野工程车和厢式运输车,产品广泛适用于客运、公交、旅游、物流、石油、矿山等领域
出口情况:远销俄罗斯、智利、埃及、安哥拉、埃塞俄比亚、科特迪瓦、朝鲜、泰国、缅甸等10多个国家和地区

★十堰安远专用汽车有限公司
地址:湖北省十堰市张湾区汉江街办熊家湾村一组
邮编:442013
电话:0719/8796355
传真:8795908
网址:www. ayzyqc. com
电子信箱:syaygzc@ sina. com
单位人数:300
质量体系:ISO 9001
产品情况:(双机牌)
仓栅式车、厢式车、除雪汽车、半挂车、油罐车,以及各种高低吨位的自卸汽车

★东风专用汽车有限公司
地址:湖北省十堰市朝阳南路9号
邮编:442044
电话:0719/8247888、8247918
传真:8247582
网址:www. dfgzc. com
单位人数:1200
质量体系:ISO 9001
产品情况:(东风牌)
随车起重运输车、厢式车、冷藏车、仓栅式车、自卸车、应急救灾车、特种军

车、特种专用车等

★湖北炎龙汽车有限公司
地址:湖北省十堰市普林一路 3 号
邮编:442051
电话:0719/8266111、8266012
传真:8267060
电子信箱:admin@ ylqcgs. com
质量体系:ISO 9001
产品情况:(炎龙牌)
汽车(不含 9 座以下乘用车)、钢材、轮胎销售,汽车零部件、汽车车厢、副梁、车架、车桥、金属结构件生产、销售

★东风实业(十堰)车辆有限公司
地址:湖北省十堰市车城南路 33 号
邮编:442055
电话:0719/8283848、8283846
传真:8891060
电子信箱:dongfengcl@ 163. com
质量体系:ISO 9001
产品情况:(东风牌、华神牌)
轻、中型载货汽车、牵引车、自卸车、混凝土搅拌运输车、仓栅式运输车、厢式货车、运材车、运油车、洒水车、随车起重运输车等专用车
出口情况:出口东南亚、南美洲、东欧、东北亚等 10 多个国家和地区

★湖北神河汽车改装(集团)有限公司
地址:湖北省十堰市郧县茶店经济开发区
邮编:442512
电话:0719/7580377、7580477
传真:7580149
网址:www. hbshenhe. com
电子信箱:hbshenhe@ 163. com
董事长:金元生
单位人数:480
质量体系:ISO 9001
产品情况:(神河牌)
系列自卸车、厢式车、仓栅式运输车、加油车、洒水车、粉粒物料运输车、半挂车和全挂车

★荆门宏图特种飞行器制造有限公司
地址:湖北省荆门市经济开发区迎春大道 16 号
邮编:448124
电话:0724/8889000、4008809933
网址:www. cimc. com
电子信箱:zhangfangfang@ enricgroup. com
法人代表:高翔
质量体系:ISO 9001
产品情况:(宏图牌)
液化气体运输车、各类化工介质运输车、液氨运输车、道路救援清障车、民爆器材运输车、冶金粉尘运输车、散装水泥(散装物料)运输车、危险废物处理运输车、垃圾运输车、压缩式垃圾运输车、运/加油车、半挂车、低温液体运输车
出口情况:远销中东、南美洲、东南亚、东北亚、非洲等地区

湖南省

★中联重科工程起重机分公司
地址:长沙市芙蓉中路三段 613 号
邮编:410007
电话:0731/85667200、85667235
传真:85582657
网址:www. zoomlion. com
电子信箱:gsb@ zoomlion. com
质量体系:ISO 9001、ISO 14001
产品情况:(中联牌)
12 ~ 220t 的汽车起重机、180 ~ 2000t 的全地面起重机、50 ~ 3200t 的履带起重机以及 35 ~ 100t 的越野起重机 4 大系列产品
出口情况:远销北美洲、中美洲、南美洲、欧洲、非洲、西亚、中亚、东南亚、大洋洲等地区

★中联重科股份有限公司
地址:长沙市银盆南路 361 号(中联科技园)
邮编:410013
电话:0731/88923897
传真:88807517
网址:www. zoomlion. com
电子信箱:hwsales@ zoomlion. com
单位人数:30000
质量体系:ISO 9001、ISO 14001
产品情况:(ZOOMLION 牌、中联牌)
混凝土运输车/泵车、起重机、筑/养路机械、扫路车、混合动力清洗车等清洗车、垃圾处理设备、纯电动餐厨垃圾车等各类垃圾车、市政环卫车、汽车起重机专用底盘、环境监测车、纯电动扫路车、清障车、车载式混凝土泵车、除雪车、纯电动路面养护车、各类消防车、全地面起重机等
出口情况:出口 80 多个国家;出口产品涉及扫路车、清洗车、垃圾处理设备等

★长沙市环卫机械厂
地址:长沙市芙蓉区远大一路 239 号
邮编:410016
电话:0731/82801713、84719614
传真:82801725
电子信箱:cszf001@ tom. com
质量体系:ISO 9000
产品情况:(中发牌)
垃圾车、吸粪车、厕所车、洒水车、洒水半挂车、绿化喷洒车、摆臂式垃圾车

★长沙佳利汽车有限公司
地址:长沙市长沙县长沙经济技术开发区(国家级)东四路 68 号
邮编:410100
电话:0731/82889700
传真:88939001
网址:www. jalymotors. com
法人代表:钟新农
单位人数:100
产品情况:(XIANGLING 牌)
以猎豹为平台的特种专用车系列、环卫专用车系列、文化专用车系列、通信指挥车系列等产品

★长沙市比亚迪客车有限公司
地址:长沙市雨花区万家丽路二段 88 号
邮编:410116
电话:0731/88188888
传真:84881018
产品情况:(比亚迪牌、陆胜牌、三湘牌)
城市客车、纯电动城市客车、客车、卧铺客车、纯电动城市客车底盘

★长沙金阳机械设备科技开发有限公司
地址:湖南省长沙县榔梨镇产业园区内
邮编:410129
电话:0731/88270656
传真:88270656
网址:www. csjyjx. com
电子信箱:13755190604@ qq. com
法人代表:童自海
产品情况:工程专用作业车、厢式专用作业车等

★湖南同心实业有限责任公司
地址:长沙市长沙县江背镇
邮编:410135
电话:0731/86264578
传真:86290047
网址:www. hntx. com
电子信箱:zhenyu. liu@ txicint. com
质量体系:ISO 9001
产品情况:(同心牌、TX 牌)
大中型客车及车身、模具;年产各类汽车车身 20 万台套以上
配套及出口情况:为全国大批知名主机厂配套;出口东南亚、中东等地区

★湖南晟通天力汽车有限公司
地址:长沙市望城区金星路 109 号
邮编:410200
电话:4000562828
网址:www. sntotruck. com
产品情况:(晟通牌)
半挂车等

★湖南省赛特汽车厂
地址:长沙市望城县黄金乡金沙村
邮编:410217
电话:0731/88882705
传真:88386881
电子信箱:gx180218@ autoinfo. gov. cn
产品情况:(赛特牌)
客车

★湖南鹏翔星通汽车有限公司
地址:长沙市浏阳制造产业基地永泰路 11 号
邮编:410300
电话:4008760508、0731/83201888
传真:83200082
网址:www. pxxt. net

电子信箱:pengxiang999@.163.com
产品情况:(鹏翔星通牌)
清洗车、烟花爆竹专用运输车、车厢可卸式垃圾车、汽车起重机、旅居车、半挂车等

★湖南湘路机械科技有限公司
地址:长沙市宁乡县经济开发区发展路
邮编:410600
电话:0731/87879081、87879086
传真:87879070
电子信箱:hnxlkj2011@126.com
法人代表:沈志军
质量体系:ISO 9001、ISO 14001
产品情况:(湘路牌)
智能型路面综合养护车,煤转气综合路面养护车、煤转气强制式沥青混合料搅拌设备、煤转气搅拌站、灌缝机、超导加热油罐等

★湖南恒润高科股份有限公司
地址:湖南省湘潭市九华经济开发区宝马东路3号
邮编:411202
电话:0731/52323199、18975201999
传真:52328888
网址:www.hengrunht.com
电子信箱:hnhrgk@yeah.net
质量体系:ISO 9001
产品情况:(恒润牌、恒合牌)
多功能清洗车、高速公路路面综合养护车、桥梁检测车、护栏抢修车、扫路车、混凝土路面开槽机、灌缝机、市政环卫车、压缩式垃圾车、自卸式垃圾车、汽车起重机、清障车等

★湖南高翔重工科技有限公司
地址:湖南省韶山市银田镇
邮编:411302
电话:0731/55686499、13907323868
传真:55686381
网址:www.gxzg.net
电子信箱:gxzgxs@gxzg.net
单位人数:226
质量体系:ISO 9001、ISO 14001
产品情况:(韶华牌)
沥青洒布车、洗扫车、清洗车、路面养护车、餐厨垃圾车

★株洲南方宇航电动车辆制造有限公司
地址:湖南省株洲市芦淞区董家墩
邮编:412002
电话:0731/28555869、13973339558
传真:28551011、28555869
网址:www.nfev.cn
电子信箱:sales@nfev.cn
质量体系:ISO 9001
产品情况:绿色休闲观光、绿色物流、绿色环卫、绿色巡逻等电动汽车

★湖南飞涛专用汽车制造有限公司
地址:湖南省沅江经济开发区状元路1号
邮编:413100
电话:0737/2721105、7311188
传真:2723964
网址:www.feitao.com
电子信箱:hnzq@feitao.com
质量体系:ISO 9001
产品情况:(飞涛牌)
随车起重运输车等产品

★湖南南车时代电动汽车股份有限公司

地址:湖南省株洲市国家高新技术开发区栗雨工业园57区
邮编:412007
电话:0731/22611244
传真:28493788
网址:www.tev.csrzic.com
电子信箱:csrev@csrev.net.cn
质量体系:ISO 9001
产品情况:(南车时代牌)
城市客车、混合动力客车、纯电动城市客车、混合动力城市客车、电传动系统产品等
☞ 详细情况请参阅彩色宣传版面

★大汉汽车集团有限公司
地址:湖南省常德市乾明路96号
邮编:415001
电话:0736/7315758、7312350
传真:7315758
电子信箱:rosy-tang0105@163.com
质量体系:ISO 9001
产品情况:(大汉牌)
旅游客车

★吉首市宗南重工制造有限公司
地址:湖南省吉首市大田湾工业园
邮编:416000
电话:0743/8235126
传真:8235126
网址:www.jsznzg.com
电子信箱:66081050@qq.com
单位人数:198
质量体系:ISO 9001
产品情况:(宗南牌)
混凝土搅拌运输车、粉粒物料运输车、洒水车、自卸式垃圾车、垃圾收集车、随车起重吊、自卸车等专用汽车及系列低速载货汽车,年生产能力达15000辆

★湖南省金华车辆有限公司
地址:湖南省娄底市经济开发区薄板深加工产业园南北一路东
邮编:417000
电话:0738/8873988、8587518
传真:8876351
网址:www.hnjhqc.com
电子信箱:hnjhcl@163.com
董事长:邱月雄
质量体系:ISO 9001
产品情况:(汽尔福牌、兰田牌、通程牌、通呈牌、湘中牌)
环卫垃圾处理、道路清运、清洁专用车辆以及烟花爆竹专用运输车,拳头产品有压缩式垃圾车、高压清洗车、洗扫车、扫路车、对接式垃圾车、车厢可卸式垃圾车、烟花爆竹专用运输车等40多个品种

★衡阳泰豪通信车辆有限公司
地址:湖南省衡阳市高新开发区芙蓉路46号
邮编:421001
电话:0734/8859329
传真:8859639、2831333
电子信箱:txcl@tellhow.com
产品情况:(上达牌)
军用特种改装车、军用方舱、翼开启厢式车等

★湖南星马汽车有限公司
地址:湖南省衡阳市雁峰区罗金桥2号
邮编:421008
电话:0734/8475841、8475930
传真:8475841
质量体系:ISO 9001
产品情况:(湖南牌)
重型自卸车、混凝土搅拌运输车、垃圾车

★湖南衡山汽车制造有限公司
地址:湖南省衡山县城关镇东风路1号
邮编:421300
电话:0734/5823985、5811968
传真:5811993
网址:www.hszq.com
电子信箱:sale@hszq.com
负责人:刘智毅
质量体系:ISO 9001
产品情况:(衡山牌)
豪华空调大客车、团体客车、长途客车、中、轻型客车、飞机加油车、航空附属油料加注车、面包加工车、流动医院车、热力测试车、工程修理车、小学生校车、城市客车等

★中交郴州筑路机械厂
地址:湖南省郴州市北湖区南岭大道1779号
邮编:423000
电话:0735/2172096
传真:2172071
网址:www.lqczzl.com
电子信箱:czxsl@163.com
法人代表:刘志军
质量体系:ISO 9001
产品情况:(泰坦牌)
沥青洒布车、沥青运输车、道路养护车、沥青混凝土搅拌设备、沥青碎石同步封层车、各类运输车
出口情况:远销东南亚、非洲等地的35个国家

★湖南宜章通达挂车制造有限公司
地址:湖南省宜章县经济开发区产业承

接园
邮编:424200
电话:0735/3716948、18670569336
网址:hntdgc. com
电子信箱:309620890@ qq. com
产品情况:仓栅式半挂车、平板半挂车、集装箱式半挂车等

广东省

★广州市环境卫生机械设备厂
地址:广州市白云区江高镇新广花公路塘贝路段
邮编:510450
电话:020/87087297、36080952
传真:87088652、36080216
电子信箱:guanghuan_gzb@ 21cn. net
质量体系:ISO 9001
产品情况:(广环牌)
压缩垃圾车、后装垃圾车、压缩式对接垃圾车、密闭式桶装垃圾车、洒水车、桶装垃圾车、餐厨垃圾车、扫路车等市政环卫车,年产500辆

★广东信源物流设备有限公司
地址:广州市天河区元岗路399号
邮编:510507
电话:020/37093051、37093730
传真:37091353
网址:www. xinsource. com
电子信箱:xinsource@ 126. com
质量体系:ISO 9001
产品情况:(上元牌)
主要产品包括:多功能舞台车、产品展示车、冷藏车、翼开车、工程车、救护车、警备车、电源车、流动服务车、饮料运输车、邮政车、物流车

★广州广日专用汽车有限公司
地址:广州市高新技术产业开发区科学城
邮编:510660
电话:020/82063333
传真:82063336
网址:www. grisun. com. cn
电子信箱:info@ grisun. com. cn
产品情况:(广和牌)
后装压缩式垃圾运输车、车厢可卸式垃圾运输车、混凝土搅拌运输车、自卸车、小型垃圾压缩转运站等

★广州汇联专用汽车有限公司
地址:广州市花都区新华街东秀路37号
邮编:510800
电话:020/86862004、86863745
传真:86861099
网址:www. gzhuilian. com. cn
质量体系:ISO 9001
产品情况:(圣龙牌、汇联牌)
集装箱运输半挂车、栏板式半挂车、低平板半挂车、厢式运输车和半挂车、厢式冷藏车厢半挂车、自卸车、半挂车、罐式液体运输车及半挂车、粉料物料运输车及半挂车、混凝土搅拌运输车、环保用车辆等
出口情况:出口东南亚、中东、南美洲等地区,并销往中国香港地区

★广东宝龙防弹车有限公司
地址:广东省肇庆市高新区创业路8号
邮编:511340
电话:020/82705911、13809280205
传真:82705911
网址:www. gzbaolong. net
电子信箱:bl@ gzbaolong. net
法人代表:李雁来
质量体系:ISO 9001
产品情况:(宝龙牌)
运钞车、警车等防弹车,压缩式垃圾车、清扫车等环卫车,各类厢式车、冷藏车等物流车,豪华大客车、公交车、幼稚园校车系列客车,高档救护车、消防车、电信车、运钞车等

★增城中警羊城轻型特种车有限公司
地址:广州市增城区新塘镇创新大道29号
邮编:511340
电话:020/82602313、82602093
传真:82606282
网址:www. zjtzc. com
电子信箱:zjyc@ zjtzc. com
法人代表:田雪
质量体系:ISO 9001
产品情况:(中警牌)
武警、公安专用反恐、防暴车辆,包括防暴水炮车、反恐突击车、装甲运兵车、通信指挥车等警用特种车
出口情况:出口非洲、东南亚、中东等多个地区

★广州港口机械工业有限公司
地址:广州市番禺区南村镇员岗村兴南大道425号
邮编:511442
电话:020/39955872、13925182331
传真:84766946
网址:www. gzgkjx. com
电子信箱:service@ gzgkjx. com
质量体系:ISO 9000
产品情况:(广正牌)
MQ系列门座起重机、MQ系列船厂安装用门座起重机、轮胎、GQ系列固定式起重机、集装箱运输半挂车系列、特种半挂车系列、ST400集装箱正面吊运机、PC系列平板车等
出口情况:出口东南亚

★广州番禺超人运输设备实业有限公司
地址:广州市番禺区石基镇官涌村工业区
邮编:511450
电话:020/84857701、13924129839
传真:34586338
网址:www. spmtrailer. com
电子信箱:hugz2003@ 163. com
单位人数:200
质量体系:ISO 9001
产品情况:(凌扬(FXB)牌)
集装箱半挂车,平板半挂车,栏板半挂车,低平板半挂车,骨架半挂车,厢式半挂车及自卸半挂车、旅居车、混凝土搅拌运输车、清障车、随车起重运输车
出口情况:远销亚洲、非洲、欧洲等地区,并销往中国香港地区

★广东明威专用汽车有限公司
地址:广州市番禺区钟村镇屏山
邮编:511495
电话:020/34712777、84774999
传真:84711683
网址:www. mw - trailer. com. cn
电子信箱:sales@ mw - trailer. com. cn
质量体系:ISO 9001
产品情况:(明威牌)
集装箱骨架及平板半挂车、低平板半挂车、码头专用集装箱运输半挂车、散装水泥或粉粒物料罐式汽车及半挂车、大型自卸汽车及半挂车、运加油车及半挂车、车辆运输半挂车、厢式运输半挂车、多轴线液压重型运输车、半挂车等
出口情况:出口美国、荷兰、中东、非洲、澳大利亚等国家和地区,并销往中国香港、中国澳门地区

★韶关市起重机厂有限责任公司
地址:广东省韶关市曲江区马坝镇转溪叶屋段106国道旁
邮编:512025
电话:0751/6653019、6653002
传真:6653001
电子信箱:sgqzj88@ 126. com
产品情况:(韶液牌)
汽车起重机、随车起重运输车、起重高空作业车、自卸车、平板运输车等

★广东力士通机械股份有限公司
地址:广东省韶关市浈江区南郊六公里广韶路
邮编:512027
电话:0751/8261068、8261066
传真:8261063
网址:www. gdlst. com
电子信箱:gdlstxs@ 163. com
质量体系:ISO 9001
产品情况:(粤工牌)
QY系列8~40t汽车起重机、GKZ(S)系列10~25m高空作业车、HBC系列混凝土车载泵车、JYD系列3~30t清障车、总质量20~50t系列半挂车、QLY3~12轮胎起重机、液压油缸,以及山鹰牌GQ系列钢筋切断机和TDY75型油冷式电动滚筒等工程机械、特种车辆和建筑机械

★韶关新宇建设机械有限公司
地址:广东省韶关市北江区十里亭

邮编:512031
电话:0751/8831283
传真:8831208
网址:www.sgxy.com
电子信箱:sgxygs@sgxy.com
单位人数:1000
质量体系:ISO 9001
产品情况:(韶挖(SW)牌)
干粉砂浆生产设备、混凝土搅拌站、混凝土搅拌运输车、汽车起重机、高空作业车、建筑垃圾处理成套设备等

★广东云山汽车有限公司
地址:广东省兴宁市东莞石碣(兴宁)产业转移工业园
邮编:514526
电话:0753/3881033、13602835998
传真:3881080
网址:www.hhdb.roboo.com
法人代表:徐毅坚
产品情况:(白云牌)
大、中型客车、轻型客车、采血车、救护车、水陆两用车等城市服务车,厢式零担运输车、厢式运输车等公路运输用车

★深圳陆地方舟新能源电动车集团公司
地址:广东省深圳市南山区海德一道88号中洲控股大厦A座31层
邮编:518000
电话:0755/81795575、86728261
传真:86546246
网址:www.greenwheel.com.cn
电子信箱:service@greenwheelev.com
产品情况:(LUDIFANGZHOU牌)
电动乘用车、电动客车、混动动力客车、燃油客车、中小学小车、电动专用车、控制器、驱动电机等产品

★深圳市好时代专用挂车有限公司
地址:广东省深圳市宝安区观澜镇观光路大水坑路段
邮编:518000
电话:0755/29508800、28055563
传真:29508545、29508055
电子信箱:export@hongyatrailer.com
质量体系:ISO 9001
产品情况:(港粤牌、GOODTIMES牌)
集装箱运输半挂车、平板栏板半挂车、低平板特种半挂车、厢式半挂车、罐式半挂车、自卸半挂车、水泥运输车、油罐车等
出口情况:出口东南亚、中东、非洲、澳大利亚、东欧、南美洲等国家和地区,并销往中国香港、中国澳门、中国台湾地区

★深圳凯丰特种汽车工业有限公司
地址:广东省深圳市福田区凯丰路凯丰花园A栋二楼东
邮编:518000
电话:0755/28895302、18124177466
传真:28895304
网址:www.kaifengsz.com
电子信箱:ckaifeng@126.com
产品情况:(凯丰牌)
冷藏车及其他特种作业用车

★中集车辆(集团)有限公司
地址:广东省深圳市蛇口工业区港湾大道2号
邮编:518067
电话:0755/26691130
传真:26692707
网址:www.cimc.com
电子信箱:email@cimc.com
董事长:李建红
负责人:麦伯良
单位人数:60000
质量体系:ISO 9000
产品情况:(中集牌)
集装箱、道路运输车辆、能源和化工装备、海洋工程、机场设备、半挂车、混凝土搅拌运输车、市政环卫车等
出口情况:出口北美洲、欧洲、亚洲、澳大利亚等国家和地区

★蛇口港口机械制造股份有限公司
地址:广东省深圳市南山区蛇口港湾大道南20号
邮编:518068
电话:0755/26024890
传真:26692116
电子信箱:skgj@skgjzxtop.com
质量体系:ISO 9001
产品情况:(大力士牌)
各种半挂车、油污车
出口情况:出口东南亚、中东、俄罗斯、非洲,并销往中国香港、中国台湾地区

★深圳市五洲龙汽车有限公司
地址:广东省深圳市龙岗区宝龙工业城宝龙二路103号
邮编:518116
电话:0755/89933333、89933888
传真:89933019
网址:www.wzlmotors.com
电子信箱:marketing@wzlmotors.com
单位人数:10000
质量体系:ISO 9001
产品情况:(五洲龙牌)
混合动力、纯电动、燃料电池、清洁燃料客车,同时还包括传统柴油客车及公交车系列和专用医疗车辆系列
出口情况:远销中东、拉丁美洲、非洲、亚太等地区的40多个国家

★深圳中集专用车有限公司
地址:广东省深圳市龙岗区坪山镇锦龙大道1号
邮编:518118
电话:0755/89663098、89663999
传真:89663358、89663298
电子信箱:xuefeng.chen@cimc.com
质量体系:ISO/TS 16949
产品情况:(中集牌)
各种半挂车、低密度粉粒物料运输车
出口情况:出口美国、日本和非洲市场,并销往中国香港地区

★珠海广通汽车有限公司
地址:广东省珠海市金湾区三灶镇机场西路153号
邮编:519060
电话:0756/3870689、3990599
传真:3870659
网址:www.gtbus.com
法人代表:孙国华
单位人数:400
质量体系:ISO 9001
产品情况:(广通牌)
混合动力客车、天然气客车、电动客车及全铝车身客车等一系列节能减排的新能源客车和环保型客车
出口情况:远销意大利、阿尔及利亚、伊朗、印度、菲律宾、泰国、越南等多个国家、并销往中国香港、中国澳门地区

★永强奥林宝国际消防汽车有限公司
地址:广东省东莞市
邮编:523000
电话:0769/83307688-8200
传真:83269758
网址:www.yqalr.com
产品情况:(永强奥林宝牌)
泡沫消防车等

★东莞市永强汽车制造有限公司
地址:广东省东莞市寮步镇塘唇工业区金富路
邮编:523407
电话:0769/83307688、83308918
传真:83301599
网址:www.yqqc.com
电子信箱:sales@yqqc.com
单位人数:1500
质量体系:ISO 9001
产品情况:(永强牌)
罐式车系列与消防车系列
出口情况:出口大洋洲、南美洲、非洲、东南亚等地区

★广东高达重工机械实业股份有限公司
地址:广东省佛山市高明区荷城街道蓬山路22号
邮编:528000
电话:0757/86332575、86339067
传真:86339067
电子信箱:fsshw@163.com
法人代表:梁耀荣
质量体系:ISO 9000
产品情况:(禅珠牌)
压缩式垃圾车、摆臂式垃圾车、侧装自卸式垃圾车、大型垃圾转运车、环卫园林市政用的多功能洒水车、吸粪车

★佛山市飞驰汽车制造有限公司
地址:广东省佛山市禅城区石湾新岗路39号
邮编:528031
电话:0757/82272945、82707501
传真:82272945
质量体系:ISO 9001
产品情况:(飞驰牌)
大中型客车、豪华旅游客车、城市客车、卧铺客车、客车等

★广东粤海汽车有限公司
地址:广东省佛山市南海区九江镇物流产业园
邮编:528203
电话:4008300300
传真:0757/86581022、86581272
网址:www.gdyh.com.cn
电子信箱:yhgs@vip.163.com
质量体系:ISO 9001
产品情况:(粤海牌)
20~60t道路清障车、强光照明车、扫路车、淤泥抓斗车、清障车
出口情况:出口美国、加拿大、日本、古巴、尼日利亚、越南、卡塔尔、巴基斯坦、马来西亚、东帝汶、南非、澳大利亚、荷兰等近20个国家,并销往中国香港、中国澳门、中国台湾地区

★广东福迪汽车有限公司
地址:广东省佛山市南海区狮山科技工业园B区博爱东路
邮编:528225
电话:0757/81201038、81201004
传真:81201000
网址:www.fdqc.com
电子信箱:gdfdqc@163.com
单位人数:2000
质量体系:ISO 9001、ISO/TS 16949
产品情况:(富迪牌)
福迪小超人、雄师(雄师皮卡、雄师F16、雄师F22)系列皮卡车和揽福、探索者系列SUV商务车
出口情况:出口中东、东南亚、西亚、非洲、南美洲的许多国家和地区

★佛山市路之友机械制造有限公司
地址:广东省佛山市南海区罗村上柏元武头工业区1路
邮编:528226
电话:0757/81268316、13929993255
传真:81268317
网址:www.fslzy.com
电子信箱:lzyrzb@126.com
质量体系:ISO 9001
产品情况:(路之友牌)
厢式运输车、冷藏车、厢式检修车、混凝土搅拌运输车、扫路车、森林救援车、自卸汽车、散装水泥(粉粒物料)运输(半挂车)车、随车起重运输(半挂)车、旅居车等

★广东康盈交通设备制造有限公司
地址:广东省佛山市顺德区伦教联合工业区工业大道
邮编:528308
电话:0757/27758501、27722662
传真:27727332
网址:www.yindao-cn.com
电子信箱:sales@yindao-cn.com
质量体系:ISO 9000
产品情况:(银道牌)
半挂车、电源工程车、工程抢修车、通信指挥车、南极科考车、移动医疗车、军警用特种车、旅居车、垃圾处理车、电动运输车、检测车等系列产品
出口情况:出口大洋洲、新西兰、东南亚、南美洲、北非、中亚等国家和地区,并销往中国香港、中国澳门、中国台湾地区

★佛山市顺德区富日交通机械有限公司
地址:广东省佛山市顺德区勒流镇黄连港口路1号
邮编:528323
电话:0757/25664550
传真:25664461
质量体系:ISO 9000
产品情况:(新日钢牌)
半挂车

★中山市海粤汽车工业有限公司
地址:广东省中山市南区城南一路213-233号
邮编:528455
电话:0760/88898888
传真:88893288
网址:www.haiyue.com.cn
产品情况:(海粤牌)
防弹运钞车及特种车、厢式运输车

★广东建成机械设备有限公司
地址:广东省开平市长沙沿江东路74号
邮编:529300
电话:0750/2215273、2216772
传真:2288363
网址:www.kppcsem.com
电子信箱:gdkp@kppcsem.com
法人代表:苗孔友
单位人数:400
产品情况:(久远牌)
液化天然气储运设备、低温液体储运设备、液化气体储运设备、各种食品和化工原料储运设备及可移动罐箱
出口情况:远销海外多个国家和地区

★鹤山圣宝汽车有限公司
地址:广东省鹤山市沙坪镇和平路
邮编:529700
电话:4006994168、15800029601
网址:www.gdshengbao.com
电子信箱:gdsonbo@163.com
单位人数:1000
产品情况:(圣宝牌)
道路清障车、轻型载货汽车、混凝土搅拌运输车、化工液体运输车、化工液体运输车半挂车、集装箱运输半挂车、平板运输车、洒水车、随车起重运输车、厢式运输车、自卸低速货车、自卸汽车、低速汽车,工程机械、农业机械、机械配件、汽车配件等产品

广　西

★南宁五菱桂花车辆有限公司
地址:南宁市北湖北路50号
邮编:530001
电话:0771/3133728、3137681
传真:3121079
电子信箱:gh@wuling-guihua.com
质量体系:ISO 9001
产品情况:(桂花牌、桂通牌)
农机装备:40000台,低速车、前后驱方拖:500台
出口情况:出口手扶拖拉机、甘蔗机械等

★广西玉柴专用汽车有限公司
地址:南宁市高新区总部路5号
邮编:530001
电话:0771/2796860、2796861
传真:2796865、2796867
电子信箱:ycnnok@163.com
法人代表:杜福田
质量体系:ISO 9001
产品情况:(象力牌、玉柴专汽牌)
环卫设备:各型垃圾压缩转运站设备、垃圾收集站等;专用汽车包括各型环卫专用车、自卸车、混凝土搅拌运输车等

★广西福达汽车有限公司
地址:广西北海市北海大道工业园区一号
邮编:536000
电话:0779/6818258、5588165
传真:6818256
质量体系:ISO 9001
产品情况:(福达牌)
专用汽车、低速载货汽车及多功能拖拉机、履带拖拉机

★桂林大宇客车有限公司
地址:广西桂林市象山区净瓶路10号
邮编:541000
电话:0773/3626220、3626219
传真:3626102
网址:www.gldaewoo.com
电子信箱:market@gldaewoo.com
质量体系:ISO 9001
产品情况:(桂林大宇牌)
大、中、轻型,中高档公路客车、城市公交车、豪华旅游车、城市客车

★柳州乘龙专用车有限公司
地址:广西柳州市阳和南路9号
邮编:545001

电话:0772/3590707、4008888311
传真:3590788
网址:www.lzclzyc.com
电子信箱:clzycgs@163.com
单位人数:1200
质量体系:ISO/TS 16949
产品情况:(乘龙牌、福狮牌)
自卸车、罐式车、半挂车及特种车辆等
配套情况:与东风柳汽汽车研究所、汉阳专用汽车研究所、北京航空航天大学等科研院所等合作

★一汽解放柳州特种汽车有限公司
地址:广西柳州市社湾路26号
邮编:545006
电话:0772/3121243、4008896081
传真:3125479
网址:www.faw-liut.com
电子信箱:yqjflt@sina.com
法人代表:闫明臣
质量体系:ISO 9001
产品情况:(柳特神力牌、解放牌)
具有年产2.5万辆整车和3万台驾驶室的总成能力,生产车型包括中重型自卸、牵引车、载货车及其他专用车型

★柳州延龙汽车有限公司
地址:广西柳州市阳和工业新区和悦路北1号
邮编:545006
电话:0772/3591233
传真:3591233
电子信箱:lzylgl@163.com
产品情况:(延龙牌)
厢式运输车、客货车、篷式运输车、仓栅式运输车、自卸车、仓栅式商品车运输车、混凝土泵车、垃圾车、观光车、冷藏车、邮政车、囚车、救护车、随车起重运输车、车厢可卸式垃圾车、售货车、流动服务车

★柳州五菱专用汽车有限公司
地址:广西柳州市河西路18号
邮编:545007
电话:0772/3750212
传真:3750018
电子信箱:lzwl@wuling.com.cn
质量体系:ISO 9001
产品情况:(五菱牌)
保温车、仓栅式运输车、工程车、观光车、救护车、客货车、囚车、厢式运输车、邮政车等
出口情况:出口美国、越南、南非、缅甸等10多个国家

★柳州运力专用汽车有限公司
地址:广西柳州市柳江县新兴工业园乐业路12号
邮编:545112
电话:0772/3269368
传真:3269392
网址:www.yunli.cn
电子信箱:lzyl@cnhtc.cn
单位人数:1000
质量体系:ISO/TS 16949
产品情况:(运力牌)
自卸车、罐式车、重型矿运车、混凝土搅拌运输车、半挂车、运灰车等各类专用车
出口情况:出口各类专用车650台

重庆市

★重庆瑞驰汽车实业有限公司
地址:重庆市沙坪坝区井口镇井熙路2号沙坪坝工业园A区
邮编:400033
电话:023/89095676
传真:89059849
质量体系:ISO 9001
产品情况:纯电动商用微车

★重庆铁马工业集团有限公司
地址:重庆市江津区双福新区枫林大道2号
邮编:400050
电话:023/68062222、68427487
传真:68428499
网址:www.tiemagroup.com
电子信箱:ctm@tiemagroup.com
法人代表:姜宏
单位人数:3000
质量体系:ISO 9001、GJB 9001A
产品情况:(铁马牌)
粉粒物料运输车、混凝土搅拌车、特种车、油罐车、自卸车等
出口情况:出口泰国

★重庆长江西重车辆工业有限责任公司
地址:重庆市九龙坡区杨家坪正街51号
邮编:400050
电话:023/68411244
传真:68434748
质量体系:ISO 9001
产品情况:自卸车、垃圾车等各类专用车

★庆铃汽车(集团)有限公司
地址:重庆市九龙坡区中梁山协兴村1号
邮编:400052
电话:023/65262233、65262277
传真:68830397
网址:www.qingling.com.cn
电子信箱:security@qingling.com.cn
质量体系:QS 9000
产品情况:(庆铃牌)
轻型客车等;2015年年产汽车80128辆

★重庆望江工业有限公司
地址:重庆市江北区郭家沱
邮编:400071
电话:023/67110497、67110021
传真:67110020
网址:www.cqwjgy.com
电子信箱:wj67110026@126.com
单位人数:3800
质量体系:ISO 9001
产品情况:(望江牌)
自卸车、半挂车、车辆运输半挂车等

★重庆重型汽车集团专用汽车有限公司
地址:重庆市双桥区双龙西路22号
邮编:400900
电话:023/43332887、43333762
传真:43332216
网址:www.cqzqzyc.com
电子信箱:hycqzfw@163.com
质量体系:ISO 9001
产品情况:(红岩牌)
重型自卸车、城市公路运输自卸车、厢式运输车、半挂车等

★北汽银翔汽车有限公司
地址:重庆市合川区北汽银翔新城工业园
邮编:401120
电话:023/42660868
传真:42660808
电子信箱:auto@baicyx.com
产品情况:(北京牌、昌河牌)
微车、SUV、MPV、皮卡等乘用车、商用车及其衍生的新能源车型

★重庆恒通客车有限公司
地址:重庆市渝北区翔宇路888号
邮编:401120
电话:023/67189211、67189219
传真:67189200、67189210
网址:www.hengtongbus.com
电子信箱:bgs@hengtongbus.com
法人代表:谢跃红
负责人:何涛
单位人数:1600
质量体系:ISO/TS 16949
产品情况:(恒通牌、恒通客车牌)
城市客车、铰接客车、燃气客车、混合动力城市客车、纯电动城市客车、小学生校车,客车底盘、混合动力客车底盘;2015年年产1642辆
出口情况:出口泰国、菲律宾、孟加拉国、文莱、阿尔及利亚、马拉维、莫桑比克、秘鲁、南非、哈萨克斯坦等20多个国家

★重庆云河专用汽车有限公司
地址:重庆市北部新区金开大道7号天来大酒店四楼
邮编:401121
电话:023/63027533
网址:www.yunhegroup.com
电子信箱:cqyunhe@cqyunhe.com
质量体系:ISO 9001
产品情况:(云河牌)

自卸车、工程车、公路运输车、平板车、轻量化车、底板加热车、宽体车

★重庆耐德工业股份有限公司
地址：重庆市北部新区杨柳路6号
邮编：401121
电话：023/67300089
传真：67854285
网址：www.naide.com.cn
电子信箱：xxhb@naide.cn
质量体系：ISO 9001
产品情况：（山花牌）
　　救护车、厢式车、工程抢险特种车、仪表流量检测特种车、垃圾车、垃圾压缩中转站等

★重庆凯瑞特种车有限公司
地址：重庆市经济技术开发区经开园长福西路6号
邮编：401122
电话：023/67193191、67193192
传真：67193196
电子信箱：krtzc@krtz.com.cn
质量体系：ISO 9001
产品情况：（先导牌、重特牌）
　　自卸车、城市环卫车、混凝土搅拌运输车、军民用特种作业车和机场飞机除冰清洗车等
配套情况：与上汽依维柯红岩商用车、包头北方奔驰、重庆庆铃、广州日野、中国重汽、一汽解放、东风汽车、长安集团等国内知名汽车企业合作

★重庆大江工业有限责任公司
地址：重庆市巴南区鱼洞大江西路601－1号
邮编：401321
电话：023/66283007
传真：66283645
网址：www.cqdjgy.com
电子信箱：gx221224@autoinfo.gov.cn
董事长：贾立山
负责人：董文波
质量体系：ISO/TS 16949
产品情况：（迈克牌、庆江牌）
　　高空作业车、汽车起重机、军用专用车、随车起重运输车等

★重庆迪马工业有限责任公司
地址：重庆市南岸区茶园工业园长电路8号
邮编：401336
电话：8008070898
电子信箱：yueerlsr@126.com
质量体系：ISO 9001、ISO 14001
产品情况：（迪马牌）
　　防弹运钞车、防爆运兵车、自助式流动收款车、通信车、新闻直播车、音频转播车、电视转播车、道路清扫车、压缩式垃圾车、地面垃圾站、多功能除雪车、洒水车、电力车、炊事车、检测车、救护车、器材运输车、抢险抢修车、现场工作车、专用工具车、越野房车等
出口情况：出口东南亚、非洲、南美洲等地区

★重庆南方迪马专用车股份有限公司
地址：重庆市南岸区长电路8号
邮编：401336
电话：023/62455385、62455370
传真：62455399
网址：www.nfdima.com
产品情况：（南马牌）
　　警用特种车、防弹防爆车、通信指挥车、电视转播车、除雪车、公路养护车、市政环卫车、抢险救援车、应急电源车、净水车、机场专用车等专用车

★重庆耐德新明和工业有限公司
地址：重庆市巴南区界石镇石佛路8号
邮编：401356
电话：023/62590988、61963599
传真：62593710
网址：www.ndxmh.com
电子信箱：sales@naide－shinmaywa.com
质量体系：ISO 9001、ISO 14001
产品情况：（山花牌）
　　后装压缩垃圾车、车厢可卸式垃圾车、移动式垃圾集装箱为核心产品，以大、中、小型垃圾压缩中转站成套集成技术
出口情况：出口日本、泰国、马来西亚、新加坡等国家

★重庆五洲龙新能源汽车有限公司
地址：重庆市合川区工业园区核心区
邮编：401520
电话：4006444023
传真：023/64287822
网址：www.cqwzlmotors.com
电子信箱：wzlyx@cqwzlmotors.com
质量体系：ISO 9001
产品情况：（九龙牌、圣路牌、五洲龙牌）
　　新能源客车（混合动力、电动客车等）、专用校车、节能客车、常规客车

★重庆金冠汽车制造股份有限公司
地址：重庆市璧山区河西工业园区
邮编：402760
电话：023/41560233
传真：41415405
网址：www.jinguanauto.com
电子信箱：wbm@jinguanauto.com
单位人数：500
质量体系：ISO 9001、ISO 14001
产品情况：（北泉牌、圣路牌）
　　防弹车、通信车、后勤保障车、现场处置车、侦察车、医用车、全地形车、环卫车、房车、防护制品等
出口情况：出口运钞车、医用车、警用车、消防车、防护制品、DVR监控系统

★重庆长帆新能源汽车有限公司
地址：重庆市忠县生态工业园区
邮编：404300
电话：023/85819777
传真：85805666
网址：www.cfev.com.cn
电子信箱：services@cqcjq.com
质量体系：ISO 9001
产品情况：（川江牌）
　　电动轿车等电动乘用车，电动治安巡逻车等公务车，电动厢式物流车等电动专用车
出口情况：出口东欧、东南亚等地区

四川省

★四川新路环卫设备制造有限公司
地址：成都市龙泉驿区汽车城大道116号
邮编：610062
电话：028/84533026、84533890
传真：84513159
质量体系：ISO/TS 16949
产品情况：（NEWWAY牌）
　　各种型号垃圾车、洒水车、高压冲洗车等

★成都航发特种车有限公司
地址：成都市新都区蜀龙大道中段
邮编：610067
电话：028/67333290、67333291
传真：83963928
网址：www.cdhftc.com
电子信箱：cftc11@126.com
质量体系：ISO 9001
产品情况：（双燕牌）
　　固井水泥车、压裂车、2000型压裂车、撬装泵、洗井车、仪表车等

★四川建设机械（集团）股份有限公司
地址：成都市金牛区古柏路54号
邮编：610081
电话：028/86472572、83115513
传真：83115334
网址：www.scm－china.com
电子信箱：sjj@scm－china.com
质量体系：ISO 9001
产品情况：（川建牌）
　　63～2400吨米系列塔式起重机、施工升降机、HBT系列混凝土拖式泵、混凝土搅拌输送车、BC130－36混凝土臂架式泵车、HG32布料杆、HZS120混凝土搅拌站等
出口情况：远销韩国、印度尼西亚、马来西亚、菲律宾、新加坡、越南、泰国、老挝、缅甸、约旦、印度、斯里兰卡、孟加拉国、巴基斯坦、沙特阿拉伯、阿联酋、卡塔尔、伊朗、巴林、黎巴嫩、以色列、阿曼、科威特、哈萨克斯坦、土耳其、格鲁吉亚、立陶宛、乌克兰、俄罗斯、荷兰、加拿大、巴拿马、巴哈马、哥伦比亚、智利、秘鲁、肯尼亚、坦桑尼亚、安哥拉、乌干达、利比亚、南非、阿尔及利亚、赤道几内亚、苏丹、塞舌尔等国家

★成都航天万欣科技有限公司
地址:成都市818信箱11分箱
邮编:610100
电话:028/84805505
传真:84809219
电子信箱:wxkj@ htwxkj. com
质量体系:ISO 9001
产品情况:(铜江牌)
自卸车、随车起重运输车、消防车、各种垃圾车、通信车、旅居车

★中植新能源汽车有限公司
地址:成都市经开科技产业孵化园B1栋1号楼5楼
邮编:610100
电话:028/84601576
网址:www. zevcar. com
电子信箱:zhongzhi2015cd@ 163. com
产品情况:纯电动旅游班车、纯电动公交车、纯电动物流车、纯电动房车、纯电动机场摆渡车

★一汽(四川)专用汽车有限公司
地址:成都市龙泉驿汽车城大道116号
邮编:610100
电话:028/84533026
传真:84533899
网址:www. ssmvp. com
电子信箱:sczqc@ ssmvp. com
质量体系:ISO 9001
产品情况:(远达牌)
加油/运油车、洒水车、吸污车、垃圾车、清洗车、厢式运输车、集装箱运输半挂车、自卸车、自卸垃圾车、纯电动洒水车、纯电动清洗车、纯电动自卸式垃圾车等

★四川省客车制造有限责任公司
地址:成都市大邑县晋原镇工业集中发展区兴业五路
邮编:610200
电话:028/88267754
传真:88267754
网址:www. emeikeche. com
电子信箱:2729779311@ . com
质量体系:ISO 9001
产品情况:(峨嵋牌)
6~12m城市公交客车和长途公路客车;具备年产各型客车2500~3000辆的生产能力

★四川森田消防设备制造有限公司
地址:成都市温江区成都海峡两岸科技园新华大道一段八号
邮编:611130
电话:028/82688777、82688310
传真:82688200
网址:www. morita. sc. cn
电子信箱:morita. sc@ cfefire. com
质量体系:ISO 9001、ISO 14001
产品情况:(川消牌、青龙牌)
各种消防车

★四川腾中重工机械有限公司
地址:四川省双流西航港经济开发区空港二路869号
邮编:611430
电话:028/85744188
传真:85744080、82591451
电子信箱:tzzghr_2012@ 163. com
质量体系:ISO 9001
产品情况:(利州牌)
大中型载重货车、自卸车、挂车、拖车、混凝土运输搅拌车、大型油罐车、油料运输槽车等特种车辆

★成都客车股份有限公司
地址:成都市郫县红光镇成灌路西段1098号
邮编:611730
电话:028/87987333、87987888
传真:87980466
网址:www. shudubus. com
电子信箱:marketcdbus@ 126. com
质量体系:ISO 9001
产品情况:(蜀都牌)
城市客车、公路旅游客车、专用校车、新能源客车、天然气客车和新能源客车、燃气客车、纯电动、气电混合以及LNG增程式电动客车等

★成都通途交通机械实业有限公司
地址:成都市郫县安靖镇正义路218号
邮编:611731
电话:028/87818666、13981849277
传真:87813555
网址:www. cdtongtu. com
电子信箱:aaa@ zgzr - group. com
质量体系:ISO 9001
产品情况:(通途牌)
沥青洒布车、信号标志车、沥青路面养护车、洒水车、垃圾车稳定土厂拌、公路桥梁盆式橡胶支座、桥梁伸缩装置、真空吸粪车、齿轮式沥青泵、拖挂式标志车、锚具等
出口情况:出口东南亚等地区

★成都创奇汽车制造有限公司
地址:四川省都江堰市崇义镇
邮编:611835
电话:028/87221563、87174688
传真:87174688
网址:www. cdcqqc. net
电子信箱:306872529@ qq. com
质量体系:ISO 9001
产品情况:(山川牌)
轻中型客车、轻型货车、半挂车、集装箱运输半挂车、仓栅式运输半挂车

★四川华勋畜牧机械有限责任公司
地址:四川省德阳市广汉市新丰镇三亚路三段5号
邮编:618312
电话:0838/5298776、028/85063916
传真:0838/5298775、028/85379709
电子信箱:schxxm@ 126. com
质量体系:ISO 9001
产品情况:(川牧牌)
自卸工程车、混凝土搅拌运输车、半挂车、散装饲料运输车、散装水泥运输车、厢式运输车、仓栅式运输车等专用车
出口情况:散装饲料运输车出口朝鲜、俄罗斯、哈萨克斯坦、古巴等国家

★中车集团眉山车辆厂同升专用汽车公司
地址:四川省眉山市经济技术开发区科工园3路2号
邮编:620010
电话:028/38161800、38161680
传真:38162237
质量体系:ISO 9001
产品情况:自卸车、半挂车、厢式车、仓栅式车、罐式车等

★眉山南车物流装备有限公司
地址:四川省眉山市东坡区科工园3路2号
邮编:620032
电话:028/38502013、38502112
传真:38502046
网址:www. csrgc. com. cn
电子信箱:gx220234@ autoinfo. gov. cn
法人代表:宫佩刚
质量体系:ISO 9001、ISO 14001
产品情况:(迈隆牌)
自卸车、半挂车、厢式车、仓栅式车、长板车等
出口情况:出口亚洲、非洲、澳大利亚、欧洲、南美洲等国家和地区

★绵阳华瑞汽车有限公司
地址:四川省绵阳市高新区朝阳东路17号
邮编:621000
电话:0816/2576078、2575518
网址:www. myjinbei. com
质量体系:ISO 9001
产品情况:(金杯牌)
SUV、皮卡、轻/微型货车、微型客车等
出口情况:出口埃及、秘鲁、尼日利亚、摩洛哥、叙利亚、乌拉圭、泰国、博茨瓦纳、伊朗、南非等国家

★四川思达汽车制造有限公司
地址:四川省广元经济技术开发区袁家坝工业园滨江路12号
邮编:628000
电话:0839/3888555、6159888
网址:www. sidabus. com
电子信箱:sichuansida@ sina. com
法人代表:狄海兵
单位人数:100
产品情况:(川马牌)
产品覆盖6~12m20多个系列客车产品,其中主导产品为6~8m公路营运客车

★四川嘉宝汽车有限责任公司
地址:四川省蓬安县河舒轻纺食品工业园
邮编:637000
电话:0817/8622294、8629289
传真:8622459
网址:www. scjiabao. com
电子信箱:jiabao@ scjiabao. com
董事长(负责人):胡学杰
单位人数:558
质量体系:ISO/TS 16949
产品情况:(嘉宝牌)
轻型自卸车、厢式货车及其他改装车、教练车、自卸车

★四川中专汽车有限公司
地址:四川省南充市西充县多扶工业园区
邮编:637200
电话:0817/4235367
网址:www. sczzqc. com
单位人数:300
产品情况:自卸半挂车、平板半挂车、罐车、旅居车、自卸车、重型货车等

★四川空分设备(集团)有限责任公司
地址:四川省简阳市建设中路 239 号
邮编:641400
电话:028/23186689
传真:27016546
网址:www. saspg. com
电子信箱:kfweb@ saspg. com
董事长(负责人):单金铭
质量体系:ISO 9001
产品情况:(川空牌、川牌)
低温液体运输车/半挂车、液化气体运输车等
出口情况:远销 30 多个国家和地区

★四川宜宾岷江专用汽车有限责任公司
地址:四川省宜宾市屏山县屏山镇金沙江大道东段 88 号(石盘工业园)
邮编:645300
电话:0831/5727188、5727191
传真:5727191
网址:www. ybmjsa. com
电子信箱:gongsi@ ybmjsa. com
单位人数:148
质量体系:ISO 9001、ISO 14001
产品情况:(岷江牌)
运/加油车、运油半挂车、半挂车、化工液体运输车、液态食品运输车、厢式运输车、粉粒物料及散装水泥运输车、混凝土搅拌运输车、自卸式半挂车、运输专用车等

★四川长江工程起重机有限责任公司
地址:四川省泸州市茜草镇
邮编:646006
电话:0830/3581773、3581954
传真:3581020
网址:www. cj - crane. com
电子信箱:cj - crane@ mail. luzhou. net
单位人数:1400
质量体系:ISO 9001、GB/T 19001
产品情况:(长江牌)
汽车起重机和其他工程机械

云南省

★云南五龙汽车有限公司
地址:昆明市高新區昌源北路 1388 号
邮编:650000
电话:0871/68331603
传真:68358101
网址:www. ynfdg. com
电子信箱:wulong_hr@ 163. com
法人代表:曹忠
产品情况:(长江牌)
纯电动客车等

★云南建筑机械厂
地址:昆明市盘龙区东郊路 58 号
邮编:650041
电话:0871/63360984
传真:63308020
网址:www. ynjzjxc. cn
电子信箱:ynjzjxc@ sina. com
质量体系:ISO 9001
产品情况:(云建牌)
散装水泥车、粉粒物料运输车,运输车改装

★云南航天神州汽车有限公司
地址:昆明市经开区大石坝航天城
邮编:650229
电话:0871/67204096
传真:67204225
电子信箱:gx240208@ autoinfo. gov. cn
产品情况:(神州牌)
纯电动城市客车、旅居车、淋浴车、炊事车、餐车、电源车、防疫车

贵州省

★贵阳普天物流技术有限公司
地址:贵阳市小河区开发大道 112 号办公大楼 403 室
邮编:550009
电话:0851/4720087
传真:4720467
网址:www. putianwl. com
电子信箱:zgs_2001@ 163. com
法人代表:单朝兰
质量体系:ISO 9001
产品情况:(鸿雁牌)
救护车、邮政车、厢式运输车等

★贵州贵龙客车制造有限公司
地址:贵州省凯里经济开发区开元大道 69 号
邮编:556011
电话:0855/3839916
传真:8558577
网址:www. guilongbus. com
电子信箱:gl0855@ 163. com
质量体系:ISO 9001
产品情况:(阳钟牌)
客车系列、公交车系列、商务客车、豪华旅游客车、城市客车等

★中航工业贵州云马汽车工业公司
地址:贵州省安顺市幺铺镇云马厂
邮编:561019
电话:0851/33385072、33385284
传真:33385078、33385073
电子信箱:375199576@ qq. com
质量体系:ISO 9001
产品情况:(云马牌)
客车、环卫专用车、特种作业车、索道缆车
出口情况:出口东亚、东南亚、南美洲等地区

陕西省

★西安金州专用汽车有限公司
地址:西安市经济技术开发区明光路中段
邮编:710016
电话:029/86560130、13991916180
传真:86560133
质量体系:ISO 9000
产品情况:(金州牌)
道路清障车

★西安达刚路面机械股份有限公司
地址:西安市高新技术产业开发区科技三路 60 号
邮编:710019
电话:029/88328410、85975854
传真:88313375
网址:www. dagang. com. cn
电子信箱:sales@ xadagang. com
单位人数:300
质量体系:ISO 9001
产品情况:(达刚牌)
液态沥青运输车、稀浆封层车、同步封层车、沥青碎石同步封层车、沥青洒布车、沥青路面养护车
出口情况:出口俄罗斯、印度、巴西、葡萄牙、瑞士、澳大利亚、尼日利亚、阿尔及利亚、斯里兰卡等 40 余个国家

★西安市畜牧乳品机械厂
地址:西安市经济技术开发区草滩生态产业园
邮编:710021
电话:029/86601682、86602073
传真:86601682
网址:www. xarjc. cn
电子信箱:1226072726@ qq. com
质量体系:ISO 9001
产品情况:(九棱牌)
液态食品运输车、直冷式奶罐系列等

★西安兰德新能源汽车技术开发公司
地址:西安市新城区幸福北路39号
邮编:710043
电话:029/83388856
传真:83388855
网址:www. ldxny. com
产品情况:纯电动/混合动力港口牵引车、增程式环卫车、混合动力载货车、纯电动物流运输车及纯电动/混合动力城市客车、纯电动微型车等新能源汽车整车产品

★西安蓝港数字医疗科技股份有限公司
地址:西安市高新技术产业开发区科技二路65号
邮编:710075
电话:029/33691666
传真:33691600
网址:www. landcom. com. cn
电子信箱:landcom@ landsea. net. cn
质量体系:ISO 9001
产品情况:(八达牌)
救护车,流动体检车,牙科、眼科、采血、医用豪华行政接待用车等特种医疗车

★西安特种汽车厂
地址:西安市高新区沣惠南路8号
邮编:710075
电话:029/84265833、84290000
传真:84265833
电子信箱:xaglzc@ punline. com
质量体系:ISO 9001
产品情况:(金龙牌)
地面装备加油车、越野加油车、飞机加油车、加油车、运油车

★中煤科工集团西安研究院有限公司
地址:西安市高新技术产业开发区锦业一路82号
邮编:710077
电话:029/81778066、81778222
传真:81778301
网址:www. cctegxian. com
法人代表:董书宁
产品情况:全液压钻机等

★中车集团西安骊山汽车制造厂
地址:西安市枣园西路90号
邮编:710077
电话:029/84618501、18092385598
传真:84615904、84620122
网址:www. xalsqc. com
电子信箱:lishanqiche@ 126. com
单位人数:1200
质量体系:ISO 9001
产品情况:(骊山牌)
各种城市公交车、公路客车、通村客车、客运教练车和载货车、工程自卸车、低平板运输车等特种车

★西安石油机械有限公司
地址:西安市泾河工业园北区四横路
邮编:710201
电话:029/86032961、13572928881
传真:86033186
网址:www. shyjx. com
电子信箱:xianshyjx@ 126. com
法人代表:叶利剑
质量体系:ISO 9001
产品情况:(西石牌)
地震仪器车、测井车、修井机、采油车、运油车、吸污车、洒水车、工程自卸车、仪器车等

★中集陕汽重卡(西安)专用车有限公司
地址:西安市经济技术开发区泾渭工业园中钢路18号
邮编:710201
电话:029/86038888、86038800
传真:86038899、86038801
网址:www. xacimc. com
质量体系:ISO/TS 16949
产品情况:(中集牌)
自卸车、半挂车、水泥搅拌车、矿用宽体车等各类专用汽车

★陕西同力重工股份有限公司
地址:陕西省咸阳市沣渭新区创新二路007号
邮编:712000
电话:029/38001215、33687771
传真:38001215
网址:www. sntonly. com
电子信箱:tonly2010@ yeah. net
产品情况:非公路宽体自卸车、非公路矿用自卸车等非公路用车
出口情况:出口俄罗斯、蒙古、哈萨克斯坦、吉尔吉斯斯坦、马来西亚等多个国家

★陕西汽车集团延安专用车有限公司
地址:陕西省延安市经济技术开发区姚店镇
邮编:716000
电话:0911/8070991、4000911700
网址:www. sqtzc. com
电子信箱:3276539304@ qq. com
单位人数:200
质量体系:ISO 9001
产品情况:(延安牌)
多功能洗井车、注水循环洗井车、车载修井机、油电双驱修井机、带压作业修井机、压裂管汇车、700型洗井车、400型洗井车、洗井清蜡车、供液车、运油车、吸污车、锅炉车、运灰车、砂罐车、自卸车、载货车等

★榆林东方集团专用汽车制造有限公司
地址:陕西省榆林市榆阳区麻黄梁工业集中区
邮编:719000
电话:0912/3688788
传真:3688788
网址:www. yldongfang. com
电子信箱:gx260226@ autoinfo. gov. cn
法人代表:杨承志
产品情况:(陕汽牌)
自卸车、半挂车、全挂车

★陕西通家汽车股份有限公司
地址:陕西省宝鸡市高新区汽车工业园
邮编:721000
电话:0917/8765620
传真:8765952
网址:www. tongjiaauto. com
电子信箱:kissunauto@ 163. com
法人代表:方红卫
单位人数:1500
质量体系:ISO 9001
产品情况:(通家福牌)
厢式货车、各类型微型专用车,SUV、MPV、微型客车,交叉型乘用车,新能源汽车等
出口情况:远销秘鲁、埃及、哈萨克斯坦、巴西、阿尔及利亚等10多个国家和地区

★宝鸡宝石特种车辆有限责任公司
地址:陕西省宝鸡市高新区高新大道61号
邮编:721002
电话:0917/3388022、3388018
传真:3388011
网址:www. bomco. cn
电子信箱:bstcgs@ china. com
质量体系:ISO 9001
产品情况:(宝石机械牌)
测井车、采油车、试井车、压缩式垃圾车、井架安装车、工程车
出口情况:远销美国、加拿大、德国、叙利亚、乌兹别克斯坦、印度、巴基斯坦、印度尼西亚等国家

★陕西华泰交通设备制造有限公司
地址:陕西省宝鸡市陈仓区南环路科技工业园
邮编:721300
电话:0917/3190_99、6656812
传真:6656006
网址:www. sxhuatai. net
电子信箱:bdsjsb@ mail. sn. cn
单位人数:220
质量体系:ISO 9001
产品情况:(秦岭牌)
半挂车、改装车、水泥搅拌车、罐式车、自卸车、高空作业车、厢式垃圾车等

★陕西银河消防科技装备股份有限公司
地址:陕西省宝鸡市高新大道20路417号
邮编:721306
电话:0917/8801111、8801116
传真:8801111
网址:www. bj - fire. com
电子信箱:yhxs119@ 163. com
法人代表:武润奎
质量体系:ISO 9000
产品情况:(银河牌)

水罐消防车、泡沫消防车、涡喷消防车、排烟消防车、泵浦移动消防平台、消防装备等

★陕西宝鸡专用汽车有限公司
地址:陕西省宝鸡市高新开发区19路
邮编:721306
电话:0917/6756800、13909175914
传真:6756888
网址:www.cnnewstar.com
电子信箱:wangbaohe_bj@126.com
质量体系:GJB 9001B
产品情况:(新星牌)
轻型轮式装甲车,年产各类轻型轮式装甲车600余辆
出口情况:出口12个国家和地区

★陕西通力专用汽车有限责任公司
地址:陕西省宝鸡市蔡家坡经济技术开发区
邮编:722405
电话:0917/8569176、8588521
传真:8588368
网址:www.sxtongli.com
电子信箱:baojitl@163.com
法人代表:王小峰
单位人数:2000
质量体系:ISO/TS 16949、ISO 14001
产品情况:(通力牌)
全系列工程自卸车、各类军用、民用专用车、非公路矿用自卸车、各类中重型汽车车架总成及汽车零部件
出口情况:出口亚洲、欧洲、美洲、非洲等国际市场

★旬阳宝通专用车部件有限公司
地址:陕西省旬阳县城关镇青泥社区270号
邮编:725700
电话:0915/7227989
网址:www.sxqcbt.com
单位人数:160
产品情况:非公路自卸车等工程车辆和水泥罐装车、水泥搅拌车、消防车等专用车辆

★陕西省商洛汽车改装厂
地址:陕西省商洛市北新街西段204号
邮编:726000
电话:0914/2312581
传真:2311424
产品情况:(秦东牌)
改装洒水车

宁　夏

★宁夏万兴机械集团
地址:宁夏吴忠市利通区柴园大道001号
邮编:751100
电话:0953/2222999、2222211
传真:2222999
电子信箱:wzwxsygs@163.com
质量体系:ISO 9001
产品情况:(万风牌)
半挂车、专用改装汽车

★宁夏合力万兴汽车制造有限公司
地址:宁夏吴忠市利通区金银滩镇北街2号
邮编:751100
电话:0953/2798999
传真:2798888
网址:www.nxhlqc.com
电子信箱:nxhl2798999@163.com
单位人数:500
产品情况:(宁汽牌)
混凝土搅拌车、粉粒物料运输车、散装水泥车、加油车、运油车、绿化洒水车、农药喷洒车、压缩式垃圾车、摆臂式垃圾车、挂桶式垃圾车、随车起重运输车、随车吊、化工液体运输车、半挂车、吸污车、吸粪车、高压清洗车、扫路车、厢式车、冷藏车、仓栅车、高空作业车、道路清障车、消防车、教练车、防爆器材运输车、道路检测车等300多个产品

甘肃省

★兰州真空设备有限责任公司
地址:兰州市七里河区龚家坪北路29号
邮编:730050
电话:0931/2833225、4008871165
传真:2861510
网址:www.clzva.com
电子信箱:lve@clzva.com
质量体系:ISO 9001、GJB 9001B
产品情况:(兰真牌)
为真空获得类(油扩散泵和油增压泵及其抽气机组)、真空镀膜类(以蒸发式卷绕镀膜机和磁控溅射镀膜机为主)、真空炉类(以真空电阻炉为主)、空间环境模拟试验设备类、低温液体储运容器及压力容器类
出口情况:出口韩国、德国、美国、英国、意大利、印度尼西亚、泰国、马来西亚、菲律宾、巴基斯坦、孟加拉国、越南等国家,并销往中国香港地区

★兰州电源车辆研究所有限公司
地址:兰州市七里河区民乐路64号
邮编:730050
电话:0931/2868710
传真:22868841
网址:www.lzdys.com
电子信箱:dqb@lzdys.com
单位人数:352
质量体系:ISO 9001
产品情况:(兰电所牌)
LD5070XGQS电源车、LD5160XXH和LD5250XXH救险车等

★兰州通用机器制造有限公司
地址:兰州市七里河区南湾1号
邮编:730050
电话:0931/2921264、2921245
传真:2563011
电子信箱:lantong_scyxb@sina.com
质量体系:ISO 9001、GJB 9001
产品情况:(兰通牌)
固井压裂车、洗井清蜡车、油田配液罐车、运砂车、供液泵车等油田特种车、仪表车、固井车、锅炉车、洗井车
出口情况:远销美国、加拿大、智利、委内瑞拉、印度、沙特阿拉伯、苏丹、印度尼西亚、叙利亚、阿塞拜疆、乌兹别克斯坦、俄罗斯、罗马尼亚等国家

★兰州矿场机械有限公司
地址:兰州市安宁区城临路10号
邮编:730070
电话:0931/7616811、2564994
传真:7616811
电子信箱:gs-lkgs@163.com
质量体系:ISO 9001、ISO 14001
产品情况:(兰矿牌)
固井水泥车、压裂车、防砂车、混砂车、洗井车、撬装蒸汽发生器、撬装泵系列等油田用特种设备以及海上平台固井系统、仪表车、压裂管汇车、背罐车
出口情况:压裂机组出口

★兰州城临石油钻采设备有限公司
地址:兰州市安宁区城临路9号
邮编:730070
电话:0931/7668953
传真:7668963、7668953
网址:www.lzclgs.com
电子信箱:clsyjz@vip.sina.com
质量体系:ISO 9001、ISO 14001
产品情况:(海狮牌)
压裂车、洗井清蜡车、洗井车、混砂车、锅炉车、供液泵车
出口情况:远销东南亚、中东、中亚、北非等地区

★兰州林峰石油机械制造有限责任公司
地址:兰州市安宁区桃林路68号
邮编:730070
电话:0931/7685808
传真:7685809
网址:www.lfjxsy.com
单位人数:300
质量体系:ISO 9001
产品情况:(林峰牌)
压裂车、混砂车、洗井清蜡车、锅炉车、固井水泥车、洗井车等

★兰州天智机械有限公司
地址:兰州市经济技术开发区高新技术产业园城临路12号
邮编:730070
电话:0931/7660606、7655382
传真:7662255
网址:www.ltz.com.cn
电子信箱:ltz_bgs@163.com
质量体系:ISO 9001、ISO 14001

产品情况:（天智牌）

锅炉车、清蜡车、洗井车、固井车、混砂车、压裂车、洗井清蜡车、背罐车、运砂车等

★甘肃中集华骏车辆有限公司

地址:甘肃省白银市长安路26号
邮编:730900
电话:0943/8250666、8660375
传真:8233286
网址:www.gszjhj.com
电子信箱:xiaoshou@gszjhj.com
质量体系:ISO 9001
产品情况:（华骏牌）

半挂车、仓栅式运输半挂车、低平板半挂车、全挂车、自卸车

青海省

★青海新路环卫设备制造有限公司

地址:西宁市柴达木路134号
邮编:810017
电话:0971/5224032、5223868
传真:5224029
电子信箱:zhangning117@163.com
质量体系:ISO 9001
产品情况:（洁神牌、新路牌）

压缩式垃圾车、摆臂式垃圾车、洒水车

★青海洁神装备制造集团有限公司

地址:西宁市生物科技产业园银羚大街5号
邮编:810017
电话:0971/5225187、8006971715
传真:5220037
电子信箱:jsqjcj@126.com
产品情况:（洁神牌）

吸污车、垃圾车、扫路车、洒水车、餐厨垃圾车、护栏清洗车等

出口情况:出口美国、东南亚、中亚等国家和地区

新　疆

★中集车辆(集团)新疆有限公司

地址:乌鲁木齐市高新区北区东融街199号
邮编:830013
电话:0991/6510885
传真:6510900
产品情况:半挂车、自卸车、全挂车、特种车、罐式车,设计产能为单班5000台

★新疆中通客车有限公司

地址:乌鲁木齐市高新区北区阜新街51号
邮编:830013
电话:0991/6531999
传真:6531999
电子信箱:xj－ztzxs@sina.com
质量体系:ISO 9001
产品情况:（中通牌、西域牌）

城市客车,年产XJ6108GC客车500辆、XJ6830GC客车150辆、XJ6660TC客车600辆、XJ6120GC客车200辆、XJ6720G客车100辆

出口情况:部分产品出口

★新疆鸿达重工机械制造有限公司

地址:乌鲁木齐市经济技术开发区泰山街280号
邮编:830026
电话:0991/8771457
质量体系:ISO 9001
产品情况:建筑工程机械系列、混凝土搅拌系列、轻钢建材系列、筑路机械系列等150多种产品的生产制造以及特种专用车辆改装
出口情况:远销中亚五国

★乌鲁木齐隆盛达环保科技术有限公司

地址:乌鲁木齐市头屯河工业园银泉街32号
邮编:830032
电话:0991/3962337、3974155
传真:3962337
网址:www.xjlsd.com
单位人数:70
产品情况:（汇鑫天通牌）

低温液体运输车等

★新疆福田广汇专用车有限责任公司

地址:乌鲁木齐市米东区九沟北路2466号
邮编:831400
电话:0991/6556111、6556716
传真:6556655
电子信箱:xjgcc@126.com
质量体系:ISO 9001
产品情况:（博格达牌、天禧牌）

中重型自卸车、半挂车、罐式车、厢式运输半挂车、低温液体运输半挂车,产量500辆

三轮汽车、低速货车生产企业

●查询导引●

三轮汽车、低速货车生产企业

北京市(108)	上海市(108)	福建省(109)	湖北省(110)	四川省(111)
河北省(108)	江苏省(108)	江西省(109)	湖南省(110)	云南省(112)
山西省(108)	浙江省(109)	山东省(109)	广　西(111)	陕西省(112)
辽宁省(108)	安徽省(109)	河南省(110)	重庆市(111)	

☞ 企业如有变更，请与编辑部联系　☎ 010/68426043、68420981

北京市

★北汽福田汽车股份有限公司
地址：北京市昌平区沙河镇沙阳路
邮编：102206
电话：010/80708888、80708571
传真：80716402
网址：www.foton.com.cn
电子信箱：80722999@foton.com.cn
单位人数：40000
质量体系：ISO 9001
产品情况：（北京牌）
BJ1605W、2810、1710、4010 型低速货车，BJ4010D4、2810、5815 型自卸低速货车
出口情况：20%产品远销西亚、北非、东欧、俄罗斯、南亚、中亚、东南亚、中美洲、南美洲、中南非等国家和地区

河北省

★河北宇康农用机械股份有限公司
地址：河北省邯郸市广平县东城路南街488号
邮编：057650
电话：0310/2521535、2521242
传真：2527818、2523174
电子信箱：yukangbangong@163.com
质量体系：ISO 9001
产品情况：（宇康牌）
低速货车、谷物联合收割机等

山西省

★山西卓里集团有限公司
地址：山西省临猗县卓里工贸区
邮编：044105
电话：0359/4169298
传真：4169574
网址：www.zhuoli.net
电子信箱：zljt1234@126.com
董事长（负责人）：秦伟泽
单位人数：1100
质量体系：ISO 9001
产品情况：（双嶷山牌、卓里牌、卓里克劳耐牌）
三轮汽车，年生产能力30000辆

辽宁省

★沈阳金杯车辆制造有限公司
地址：沈阳市东陵区方南路6号
邮编：110015
电话：024/24823523
传真：24820020
网址：www.jinbei-auto.com
质量体系：QS 9000、ISO 9000
产品情况：（巨龙牌、金杯牌、驰田牌）
货车、厢式车、工程自卸车、特种车、SUV、皮卡、低速货车等

上海市

★上海劲马车辆有限公司
地址：上海市奉贤区奉城镇川南奉公路9650号
邮编：201411
电话：021/57512660、57522298
传真：57525058
网址：www.shjiuma.com
电子信箱：chenjianming_jm@163.com
质量体系：ISO 9001
产品情况：（九马牌）
低速货车、柴油轿卡车、自卸车、平板车、敞蓬车、厢式车、电动汽车等

江苏省

★常州车辆有限公司
地址：江苏省常州市青龙西路3号
邮编：213017
电话：0519/85500970、85501289
传真：85502789
电子信箱：info@czvc.com.cn
质量体系：ISO 9001
产品情况：（常柴牌）
载货汽车、厢式运输车、自卸工程车、低速货车等
出口情况：远销东南亚、南美洲、非洲等海外市场

★一汽解放汽车有限公司锡柴汽车厂
地址：江苏省无锡市马山区七号桥
邮编：214092
电话：0510/85996619、85993156
传真：85997974
网址：www.wxdew.com
电子信箱：wxdew@wxdew.com
负责人：钱恒荣

单位人数:3500
质量体系:QS 9000
产品情况:(锡柴牌)
自卸低速货车

★张家港市沙洲车辆有限公司
地址:江苏省张家港市现代农业示范园区乐红路81号
邮编:215623
电话:0512/58640921
传真:58640835
网址:www.shazhouauto.com
电子信箱:shazhoucheliang@126.com
单位人数:250
质量体系:ISO 9001
产品情况:(众田牌)
轻型载货车及散件、配套件,产量800台;自装卸垃圾车产量200台
出口情况:远销中东、非洲、南美洲、东欧等地区

浙江省

★杭州行地集团有限公司
地址:杭州市西湖区转塘镇凌家桥317号
邮编:310024
电话:0571/87322311
传真:87098587
网址:www.xdjt.com.cn
电子信箱:xdjt@xdjt.com.cn
董事长:陈永兴
质量体系:ISO 9001
产品情况:(宝石牌)
载货汽车、低速货车、文化车、高空作业车、环卫车等专用车产业,及直流电动机、步进电动机等产品

★温岭市吉瑞车辆制造有限公司
地址:浙江省温岭市城南镇岙环工业区内
邮编:317515
电话:0576/86299185
传真:86216669
电子信箱:sales@tzjirui.com
产品情况:(吉瑞牌)
客车、低速货车、厢式运输车

安徽省

★安徽中鼎飞彩车辆有限公司
地址:安徽省宣城市经济技术开发区飞彩工业园
邮编:242000
电话:0563/2612271、2612267
电子信箱:zwp@zhongdinggroup.com
质量体系:ISO 9001
产品情况:(飞彩牌)
年产农用三轮车20万辆、四轮低速货车3万辆
出口情况:出口欧洲、美洲、大洋洲等地区

★安徽省宁国市鑫马车辆有限公司
地址:安徽省宁国市甲路镇枫山村
邮编:242362
电话:0563/4960626
传真:4960626
电子信箱:zhuguojiatong@sina.com
产品情况:(甲路牌)
JT2010CD、JT2010PD、JT2810PD、JT5815CD、JT5815PD型自卸低速货车,JT2010、2810、2815、5815低速货车及自卸车

福建省

★福建漳州三龙工业有限公司
地址:福建省漳州市龙文经济开发区
邮编:363000
电话:0596/2172559、2172558
传真:2172556、2910308
网址:www.fj-longjiang.com
电子信箱:fjbl@fj-longjiang.com
产品情况:(龙江牌)
农用运输车(低速汽车)、变形运输车、清洁式低速货车

★福建平和龙溪集团车辆总厂
地址:福建省平和县正兴大道
邮编:363700
电话:0596/5261817
传真:5261827
产品情况:(龙溪牌)
低速货车及自卸车

江西省

★江西赣南车辆制造有限公司
地址:江西省赣州市沙河大道8号
邮编:341300
电话:0797/8189089
传真:8378659
质量体系:ISO 9000
产品情况:(赣南牌)
GN4010PD、5820、2810型低速货车及自卸车

山东省

★山东双力车辆有限公司
地址:山东省聊城市贾镇工业园
邮编:252500
电话:0635/5811777
传真:5812999
网址:www.zgshuangli.com
电子信箱:zgsl2118@163.com
单位人数:600
质量体系:ISO 9001
产品情况:(双力牌)
三轮汽车、低速载货车、农业装备、自卸三轮汽车;具有年生产10万台套的能力

★山东时风(集团)有限责任公司
地址:山东省高唐县时风路1号
邮编:252800
电话:0635/3953153、3950119
传真:3992845
网址:www.shifeng.com.cn
电子信箱:gx150302@autoinfo.gov.cn
董事长:刘义发
负责人:刘成强
单位人数:30000
质量体系:ISO 9001、ISO 14000
产品情况:(时风牌)
三轮汽车、低速载货车、自卸三轮汽车、轻型货车、电动观光车、发动机、轮胎等

★山东唐骏欧铃汽车制造有限公司
地址:山东省淄博市淄川区经济开发区
邮编:255130
电话:0533/5419838、5439482
传真:5419924
网址:www.tjolauto.com
电子信箱:cbbgs@126.com
董事长:薛兴震
单位人数:3000
质量体系:ISO 9001、ISO 14001
产品情况:(唐骏牌、欧铃牌、轻骑牌、泰山牌)
四轮低速货车、赛菱微型货车、欧贝小型货车、欧铃轻型货车、唐骏中型货车、金钢工程车

★山东巨力机械有限公司
地址:山东省潍坊市潍城区经济开发区工业一街
邮编:261021
电话:0536/8185518
传真:8185566
电子信箱:gx150828@autoinfo.gov.cn
产品情况:(巨力牌)
自卸三轮汽车、三轮汽车

★福田雷沃国际重工股份有限公司
地址:山东省诸城市经济开发区横一路以南纵二路中段东侧
邮编:262200
电话:0536/6175578
传真:2289607
网址:www.lovol.com.cn
单位人数:16000
质量体系:ISO 9000
产品情况:(福田五星牌、福田奥星牌、福田路麒牌)
福田五星三轮汽车、三轮电动车,福田奥星四轮电动车,福田路麒三轮乘用车、福田路麒电动轿车等
出口情况:远销欧洲、非洲、南亚、东南亚等地区

★山东五征集团有限公司
地址:山东省日照市市北经济开发区五征汽车城

邮编:262306
电话:0633/7799177、7799277
传真:7799599
网址:www. chinawuzheng. com
电子信箱:export@ chinawuzheng. com
董事长:姜卫东
单位人数:14000
质量体系:ISO 9001
产品情况:(五征牌)
　　载货汽车、三轮汽车、农业装备、电动车、汽车配件、罐式低速货车、罐式三轮汽车、自卸三轮汽车、清洁式三轮汽车

★山东凯马汽车制造有限公司
地址:山东省寿光市东环路5888号
邮编:262703
电话:0536/5265666、5252667
传真:5202830
网址:www. kamaqc. com
电子信箱:kama2820@ 163. com
质量体系:ISO/TS 16949
产品情况:(凯马牌、聚宝牌、奥峰牌)
　　低速货车、商用车、汽车底盘、自卸车、专用车

★荣成市海山机械制造有限公司
地址:山东省荣成市富耕路88号
邮编:264300
电话:0631/7502288、7522790
传真:7522915、7502188
网址:www. rctlj. com
电子信箱:haishan2188@ 163. com
单位人数:500
质量体系:ISO 9001、ISO 14001
产品情况:(海山牌、东宏牌)
　　四轮农用运输车等
出口情况:部分产品出口俄罗斯、非洲、南美洲、东南亚等地区

★中航黑豹股份有限公司
地址:山东省文登市龙山路107号
邮编:264400
电话:0631/8082136、8082138
网址:www. heibao. com
电子信箱:wdnyys@ public. whptt. sd. cn
单位人数:2000
质量体系:ISO 9001
产品情况:(黑豹牌)
　　微型载货汽车、工程自卸车、厢式运输车等系列产品,年整车生产能力10万辆
出口情况:远销中亚、东南亚、非洲等地区

★山东光明机器制造有限公司
地址:山东省泰安市灵山大街6号
邮编:271000
电话:0538/8418176
传真:6117729、6139989
电子信箱:wecan@ wecanforklift. com
质量体系:ISO 9001
产品情况:(光明牌)
　　农用汽车、多功能装载机、叉车、集装箱起重机、石油机械、出口齿轮箱、汽车零部件等
出口情况:出口美国、加拿大、澳大利亚、韩国、伊朗、俄罗斯、阿联酋等30多个国家和地区

河南省

★中国人民解放军6911工厂
地址:河南省许昌市许禹路口南100米
邮编:461000
电话:0374/3263619
传真:3216200
产品情况:(兴农牌)
　　三轮汽车

★长葛市世英机械有限公司
地址:河南省长葛市长社路2926号
邮编:461500
电话:0374/6225797
传真:6225808、6025699
网址:www. shiying. net
电子信箱:shiying@ shiying. net
单位人数:900
质量体系:ISO 9001
产品情况:(世杰牌、宇鸽牌)
　　三轮汽车、窑厂专用车、电动车、多功能洒水车、多功能沼渣沼液吸运车、自卸三轮汽车等

★河南奔马股份有限公司
地址:河南省长葛市魏武路南段东侧
邮编:461500
电话:0374/6108125、6108163
传真:6108163
网址:www. cnbenma. com
电子信箱:cnbenma@ 126. com
单位人数:2800
质量体系:ISO 9001、ISO 14001
产品情况:(奔马牌)
　　具有年产专用汽车、电动汽车、低速汽车、中/轻型货车30万辆生产能力
出口情况:出口越南、缅甸、巴基斯坦、哈萨克斯坦等国际市场

★信阳大别山车辆有限公司
地址:河南省信阳市罗山县城西八里棚工业园
邮编:464200
电话:0376/2169378、2169397
传真:2169397
网址:www. cyslmt. com
电子信箱:chenquanzhu@ vip. 371. net
产品情况:(大别山牌)
　　三轮汽车、低速货车、三轮柴油摩托车、拖拉机运输机及其他改装车辆

湖北省

★随州星火农用车制造厂
地址:湖北省随州市陨水南路9号
邮编:441300
电话:0722/3811500
传真:3811500
质量体系:ISO 9000
产品情况:(星火牌)
　　三轮车

★东风神宇车辆有限公司
地址:湖北省十堰市东益大道6号
邮编:442000
电话:0719/8234247、8246224
传真:8246224
网址:www. dfsyqc. com
电子信箱:gaoy@ dfmc. com. cn
单位人数:1100
质量体系:ISO/TS 16949
产品情况:(东风牌、神宇牌、华神牌)
　　载货汽车、低速货车等

★湖北神河联达车辆制造有限公司
地址:湖北省十堰市郧县茶店经济开发区
邮编:442512
电话:0719/7580174、7580848
传真:7580149
网址:www. hbshenhe. com
单位人数:300
产品情况:(联达牌)
　　低速货车、沼渣清运车、平板、仓栅、加油、自卸、洒水和厢式运输车等

湖南省

★长沙佳宁农业机械制造有限公司
地址:长沙市花明楼工业园
邮编:410611
电话:0731/87097918、87097928
传真:87096718
电子信箱:liuguangbing999@ 163. com
质量体系:ISO 9001
产品情况:(白马牌)
　　低速自卸货车、轻型货车及其他农用机械
出口情况:远销斯里兰卡、孟加拉国、朝鲜、马来西亚等国家

★湖南湘乡农用运输车有限责任公司
地址:湖南省湘乡市东山塔子村
邮编:411409
电话:0731/56400998
传真:56401888
电子信箱:hnxtwl@ hnxtbip. com
质量体系:ISO 9001
产品情况:(碧洲牌)
　　轴传动液压自卸农用运输三轮汽车、低速货车

★双峰县五丰机械有限公司
地址:湖南省双峰县永丰镇

邮编:417700
电话:0738/6821298
传真:6824884
电子信箱:wjp680814@163.com
产品情况:(双峰牌)
自卸三轮汽车、三轮汽车、清洁式三轮汽车、罐式三轮汽车

★衡阳衡拖农机制造有限公司
地址:湖南省衡阳市雁峰区白沙洲联盟山108号
邮编:421007
电话:0734/2882158、2882566
传真:8480106
网址:www.hytractor.com
电子信箱:xs@hytractor.com
单位人数:3000
质量体系:ISO 9001
产品情况:(南岳牌)
低速货车、拖拉机、收割机等
出口情况:出口美洲、欧洲、非洲、大洋洲、东南亚、西亚等20多个国家和地区

广 西

★南宁五菱桂花车辆有限公司
地址:南宁市北湖北路51号
邮编:530001
电话:0771/3133125
传真:3121079
电子信箱:guihua@guihua-china.com.cn
质量体系:ISO 9001
产品情况:(桂花牌、桂通牌)
手扶拖拉机、低速载货车、甘蔗机械、中重型专用车;具有中重型专用车2000辆、低速载货汽车10000万辆的生产能力
出口情况:出口越南、马来西亚、斯里兰卡、孟加拉国、泰国、印度、印度尼西亚、埃及、缅甸、巴西等国家

★广西钦州力顺机械有限公司
地址:广西钦州市南珠东大街小江工业园
邮编:535099
电话:0777/2833379、2842038
传真:3608300
网址:www.lsjx.com.cn
电子信箱:jckb@lsjx.com.cn
质量体系:ISO 9001
产品情况:(钦机牌)
低速货车、多功能拖拉机等农用机械
出口情况:出口越南、马来西亚、柬埔寨、印度尼西亚、巴布亚新几内亚、印度、斯里兰卡、伊朗、几内亚、尼日利亚、塞拉利昂等国家

★柳州桂泰车辆有限责任公司
地址:广西柳州市柳石路171号
邮编:545005
电话:0772/3138202、3350382
传真:3138868
电子信箱:guitaigsb@163.com
产品情况:(桂泰牌)
低速货车、自卸低速货车、小型多功能拖拉机、微耕机等

★柳州健龙工业技术有限公司
地址:广西柳州市南环路206号
邮编:545100
电话:0772/3253418
传真:3253428
质量体系:ISO/TS 16949
产品情况:(广健牌)
车厢、车身

★河池车辆有限责任公司
地址:广西河池市金城区城西路1号
邮编:547000
电话:0778/2306413
传真:2186988
电子信箱:hcclgs@163.com
产品情况:(河驰牌)
低速货车,年生产能力2万台

重庆市

★重庆长安跨越车辆有限公司
地址:重庆市万州区申明北路77号
邮编:404000
电话:023/89119998、85777212
传真:89116371
网址:www.caky.com.cn
电子信箱:jszx@caky.com.cn
单位人数:1800
质量体系:ISO 9001
产品情况:(长安牌)
轻、中、重型载货汽车、各类专用车、客货两用车、低速货车
出口情况:出口美国、俄罗斯、巴基斯坦、叙利亚、孟加拉国、越南等国家

四川省

★成都大运汽车集团有限公司
地址:成都市经济技术开发区(龙泉驿)车城东七路388号
邮编:610105
电话:028/69929118
传真:69929001
网址:www.cddayun.com
电子信箱:yinhale@163.com
单位人数:1500
质量体系:ISO 9001
产品情况:(川路牌、大运牌)
各类轻、中、重型载货汽车、低速汽车、专用车、挂车、客车等

★成都王牌商用车有限公司
地址:成都市青白江区弥牟镇长城路8号
邮编:610300
电话:028/83678009、83678083
传真:83672794、83678075
电子信箱:wangpai@wangpai.cn
质量体系:ISO 9001
产品情况:(王牌)
微、轻、中、重型工程自卸车、商用运输车、环卫专用车、水泥搅拌车、低速货车等系列产品
出口情况:畅销菲律宾、埃及等国家

★遂宁市东乘车辆有限公司
地址:四川省遂宁市创新工业园区南环东路
邮编:629000
电话:0825/2638689、2634998
传真:2637277、2638689
网址:www.sndccl.com
电子信箱:htdcvip@163.com
产品情况:(遂州牌)
低速货车、三轮车、皮卡、四轮电动车、轻型货车等

★四川坤鼎车业有限公司
地址:四川省遂宁市创新工业园区南环路16号
邮编:629000
电话:0825/2623125
传真:2625088
电子信箱:gx220214@autoinfo.gov.cn
法人代表:彭彩林
质量体系:ISO 9001
产品情况:(科威达牌、峨眉山牌、坤鼎牌)
KWD4020CD型自卸低速货车、城市客车、小学生专用校车

★云内动力达州汽车有限公司
地址:四川省达州市南城新桥路55号
邮编:635000
电话:0818/2651247、5358555
电子信箱:huachuan@huachuancar.com
质量体系:ISO 9001
产品情况:(华川牌)
自卸车、载货汽车、厢式车、中重型货车、低速货车等
出口情况:出口越南、老挝、泰国、尼泊尔、孟加拉国等国家

★四川东风四通车辆制造有限公司
地址:四川省资阳市汽车工业园
邮编:641300
电话:028/23030886、18628838100
网址:www.dfst.com.cn
质量体系:ISO 9001
产品情况:(华强牌、四通牌)
东风系列环卫专用车和环卫设备,共计6大系列几十个品种

★四川南骏汽车集团有限公司
地址:四川省资阳市雁江区南骏大道南骏汽车工业园内
邮编:641300
电话:028/26182317、23037602
传真:26183628、26181745
网址:www.cnnanjun.com

电子信箱:nanjun@ cnnanjun. com
质量体系:ISO 9001
产品情况:(南骏牌)
低速货车、自卸低速货车、仓栅低速货车

云南省

★一汽通用红塔云南汽车有限公司
地址:云南省曲靖市南宁北路 368 号
邮编:655000
电话:4008877168、0874/3143530
传真:3143098
网址:www. faw - hongta. com. cn
电子信箱:khgxzxi@ faw - hongta. com. cn
质量体系:ISO 9001
产品情况:(蓝箭牌)
低速货车、仓栅低速货车

★云南力帆骏马车辆有限公司
地址:云南省大理市凤仪镇创新工业园区
邮编:671005
电话:0872/2494166
传真:2494166
网址:www. ynlfjm. com
质量体系:ISO 9001
产品情况:(力帆牌、时骏牌、农友牌、云骏牌、农骏牌)
轻、中、重型载货汽车、摩托车、低速货车、拖拉机、自卸车及汽车底盘、专用车、牵引汽车等
出口情况:出口东南亚、南亚、非洲等地区

陕西省

★宝鸡华山工程车辆有限责任公司
地址:陕西省宝鸡市高新大道 172 号
邮编:721013
电话:0917/3370808
传真:3370800
网址:www. hsqc. com. cn
电子信箱:baohuagsb@ 126. com
单位人数:2000
质量体系:ISO/TS 16949
产品情况:(陕汽牌、华山牌)
中、重型载货汽车及底盘、工程自卸车、半挂车、专用车、低速货车等
出口情况:出口俄罗斯、安哥拉、摩洛哥、越南、缅甸、老挝、哈萨克斯坦等 10 多个国家

第三部分

中国汽车零部件生产企业

- ❊ 发动机零部件生产企业
- ❊ 底盘零部件生产企业
- ❊ 车身零部件生产企业
- ❊ 电子电器零部件生产企业
- ❊ 通用件和相关工业产品生产企业
- ❊ 汽车用品及工具生产企业

汽车零部件产品分类说明

一、发动机零部件

发动机总成，活塞、活塞环、曲轴、连杆、飞轮、凸轮轴、气门、缸体等机体组件，燃油箱、燃油泵、机油泵、三滤，化油器、电喷系统，散热器、水泵、风扇、节温器，进排气管、消声器、净化器及涡轮增压器等。

二、底盘零部件

离合器及附件，变速器及附件，车桥及附件，悬架件，车架、车轮，转向盘、转向机等转向零件，制动器及附件等。

三、车身零部件

驾驶室、车门窗及车箱，车锁、铰链、玻璃升降器，座椅、安全带、安全气囊，安全玻璃，刮水器、洗涤器、后视镜、空气弹簧，仪表板、保险杠、内饰件，汽车空调、暖风及其组件等。

四、电子电器零部件

蓄电池，新能源汽车动力蓄电池及管理系统，新能源汽车电动机及控制系统、汽车驱动电动机，点火线圈、分电器、火花塞，照明与信号装置，仪表、传感器及警报系统，开关、继电器、中央配电盒，线束、拉索、软轴，汽车音响、喇叭、天线，GPS 导航系统、巡航系统、行车记录仪等。

五、通用件和相关工业产品

摩擦材料、密封件、橡胶塑料制品，标准件、紧固件，轴承、弹簧，铸锻、冲压、粉末冶金件，汽车油品、涂料、黏合剂，金属、纺织、皮革制品等。

六、汽车用品及工具

清洁、美容、护理用品，防盗报警用品，车用冰箱、电扇、车载电话等车内用品，护杠、行李架、尾翼、轮眉、大包围、豪华挡泥板等外部装饰，坐垫、座套、窗帘、转向盘套、脚踏垫、地胶、香座、储物箱、桃木内饰等内部装饰，太阳膜、车身彩条、彩贴，赛车装备、倒车雷达、汽车工具等。

注：生产线、工业设备、汽车工业专用模具见“汽车制造设备及模具生产企业”部分

☞采购汽车零部件请参考 P777——汽车零部件生产企业按产品索引

发动机零部件生产企业

•查询导引•

企业详细介绍

129 富奥汽车零部件股份有限公司
142 一汽解放汽车有限公司无锡柴油机厂
143 博世汽车柴油系统股份有限公司
165 汇润机电有限公司
190 山东大柴缸体缸盖股份有限公司
194 山东厚丰汽车散热器有限公司
194 山东同创汽车散热装置股份有限公司
207 怀集登云汽配股份有限公司
212 中国重汽集团重庆燃油喷射系统有限公司
218 内江金鸿曲轴有限公司

发动机零部件生产企业

北京市(115) 江苏省(138) 广东省(202)
天津市(117) 浙江省(150) 广　西(209)
河北省(119) 安徽省(175) 重庆市(210)
山西省(124) 福建省(180) 四川省(214)
内蒙古(124) 江西省(183) 云南省(218)
辽宁省(124) 山东省(184) 贵州省(219)
吉林省(128) 河南省(195) 陕西省(219)
黑龙江省(131) 湖北省(197) 甘肃省(220)
上海市(132) 湖南省(201) 青海省(220)

☞ 企业如有变更，请与编辑部联系 ☎ 010/68426043、68420981

北京市

★北京梵驰汽车零部件有限公司
地址：北京市东城区东水井胡同11号
邮编：100010
电话：010/58644407、58644417
传真：58644472
网址：www.fcautoparts.com
电子信箱：sales@fcautoparts.com
质量体系：ISO/TS 16949
产品情况：汽车缸盖、汽车轴承、汽车轮毂单元、汽车分离轴承和汽车皮带轮等汽车发动机部件和底盘部件，车型覆盖美系、日系、欧系、韩系汽车等
出口情况：出口美国、欧洲、南美洲、中东等国家和地区

★北京联飞翔科技股份有限公司
地址：北京市东城区安定门外大街138号皇城国际A507室
邮编：100011
电话：010/64097448、64259668
传真：64097234
网址：www.unifly.com.cn
电子信箱：unifly－service－center@unifly.com.cn
法人代表(负责人)：郑淑芬
质量体系：ISO/TS 16949、ISO 9000
产品情况：(联飞翔牌)汽车滤清器等

★北京北内电控发动机有限公司
地址：北京市朝阳区广渠路31号
邮编：100022
电话：010/67792930、67751287
传真：67797670
电子信箱：chyzx@sina.com
产品情况：电控发动机

★北京北内有限公司
地址：北京市朝阳区广渠路31号
邮编：100022
电话：010/67715588
传真：67718807
网址：www.beinei.cn
电子信箱：jingliban@hotmail.com
董事长：马童立
单位人数：2000
质量体系：ISO 9001
产品情况：发动机及零部件
出口情况：出口巴基斯坦、印度、澳大利亚、菲律宾、尼日利亚等国家

★北京世纪盖尔科技发展有限公司
地址：北京市朝阳区金蝉西路甲一号酷车小镇D2－10
邮编：100023
电话：4006556680
传真：010/85974088
网址：www.gaierkeji.com
电子信箱：gaierkeji@163.com
质量体系：ISO 9001
产品情况：盖尔进、排气涡轮、盖尔润滑王、盖尔加速踏板助力器、盖尔发动机洁王(免拆发动机高效除污剂)、盖尔冷热箱等系列产品

★北京首拓汽车滤清器制造有限公司
地址：北京市石景山区衙门口三号桥北首拓园内
邮编：100041
电话：010/88806227、13681456859
传真：88806227
网址：www.bjshoutuo.com
电子信箱：bjshoutuo@163.com
质量体系：ISO/TS 16949
产品情况：汽车滤清器，多管多级高效除尘器

★亚新科铸造(北京)有限公司
地址：北京市丰台区程庄路3号
邮编：100071

电话:010/63803335
传真:63890234
质量体系:ISO/TS 16949、ISO 14001
产品情况:柴油发动机缸体、水泵泵体和空调压缩机配件等铝合金及锌合金材质压铸件
出口情况:常年为 GM、Ford、Teleflex、Polaris、Knorr、Bendix、ASIMCO Tianwei、Gilbarco 提供产品

★北京北内柴油机有限责任公司
地址:北京市丰台区永外大红门六合庄1号
邮编:100076
电话:010/87882880
传真:87882890
网址:www.cnbeinei.com
电子信箱:guoyu@cnbeinei.com
质量体系:ISO 9001、ISO 14001
产品情况:道依茨 B/FL912/913/C 系列风冷柴油机及配件
配套及出口情况:为建筑机械、工程机械、农业机械、特种设备批量配套;出口欧洲、北美洲、南美洲、非洲、南亚地区

★北京绿创环保集团
地址:北京市海淀区北四环中路 238 号柏彦大厦 11 层 1102 室
邮编:100091
电话:010/82671300
传真:62535986
网址:www.greentec.com.cn
电子信箱:public@greentec.com.cn
产品情况:(科华牌)
电控补气催化器、汽车消声器、汽车表面光触媒材料等
配套情况:是奇瑞、日产、上汽、一汽、东风等数个汽车生产厂的重要咨询顾问及长期供货商

★北京天桥粉末冶金有限责任公司
地址:北京市丰台区花乡白盆窑汾庄
邮编:100160
电话:010/60201486、60201423
传真:60201488
网址:www.bfyjc.com
电子信箱:liu@bfyjc.com
质量体系:ISO/TS 16949
产品情况:(天桥牌)
汽车发动机配套件、汽车变速器配套件
配套情况:为天汽配套

★北京亚新科天纬油泵油嘴股份公司
地址:北京市丰台区程庄路 3 号
邮编:100166
电话:010/83693100
传真:83693210
网址:www.asimco-tianwei.com
电子信箱:sales@asimco-acc.com
负责人:林强
单位人数:321
质量体系:ISO/TS 16949、ISO 14001
产品情况:喷油泵、调速器、喷油器
配套及出口情况:为东风康明斯、一汽解放(大柴、锡柴)、玉柴、中国重汽、东风朝柴、东风 49 厂、潍柴、上柴、天津雷沃、云内、扬柴、福田、华丰等 50 多家柴油机厂配套;远销东南亚、美国等十几个国家和地区

★康明斯排放处理系统(中国)有限公司
地址:北京市经济技术开发区荣昌东街2号
邮编:100176
电话:010/59023000
传真:59023099
网址:www.cummins.com.cn
产品情况:排放处理系统产品

★北京航天兴达科技有限公司
地址:北京市大兴区亦庄经济开发区东区科创二街 9 号 A3
邮编:100854
电话:010/87397717
传真:87396950
网址:www.htxd.com
电子信箱:julie.zhu@htxd.com
质量体系:ISO/TS 16949、ISO 14001
产品情况:节流阀体、燃油分配器等汽车电喷系统配件,具有年产节流阀体 50 万套、燃油分配器 50 万套、钎焊产品 210t 的生产能力
配套情况:为美国德尔福、美国科勒、锐意泰克汽车电子、日立集团、新尼杰特、比亚迪汽车、江淮汽车、奇瑞汽车、东安动力、昌河汽车、上汽通用五菱、长春一汽四环等供货

★北京市通州迪拉汽车附件有限公司
地址:北京市通州区物资学院北关桥南
邮编:101101
电话:010/80544287、15910728929
传真:80544362
电子信箱:dengliyun_dlxsq@163.com
质量体系:ISO 9001
产品情况:(迪拉牌)
消声器、排气系统,年产能力 100 万台(套)
配套及出口情况:为北汽制造、天汽美亚、河北中兴、长春中兴、江苏九龙等配套;远销欧洲、拉丁美洲、非洲、中东地区

★北京汽车动力总成有限公司
地址:北京市通州区经济开发区东区靓丽 3 街 1 号
邮编:101108
电话:010/80868805
传真:80868850
电子信箱:wule@baicmotor.com
法人代表:马童立
负责人:田安民
单位人数:1000
质量体系:ISO/TS 16949
产品情况:(北汽动力牌)
B185/205/235 系列涡轮增压发动机、A150、A10/12 小型汽油机、CVT 无级变速器、F15/25/35 手动变速器等多种产品

★北京北内发动机零部件有限公司
地址:北京市通州区西集开发区郎府
邮编:101108
电话:010/61551063、61553197
传真:61553197
网址:www.beinei.cn
电子信箱:bnlbj@vip.sina.com
质量体系:ISO/TS 16949
产品情况:汽车发动机凸轮轴和连杆
配套情况:为北京现代、北京福田康明斯、土耳其现代、日照威亚、东风悦达起亚、哈东安三菱、天津一汽、上海纽荷兰等主机厂配套

★北京长胜汽车消声器有限公司
地址:北京市通州区西集镇杜柳棵村
邮编:101108
电话:010/61558177
传真:61558177
网址:www.yunle.com
电子信箱:office@yunle.com
质量体系:ISO/TS 16949
产品情况:汽车消声器及附件,年产能力 30 万套
配套及出口情况:为北汽制造、北旅、北京轻型汽车公司等厂家配套;出口美国、德国、芬兰、新加坡等国家

★北京市科胜内燃机配件制造有限公司
地址:北京市通州区漷县镇漷兴二街 4 号
邮编:101109
电话:010/61558870、61558163
传真:61557508
电子信箱:bjks@bjks.com.cn
产品情况:(科胜牌)
缸套、活塞

★北京希蔚创投工贸有限公司
地址:北京市通州区宋庄镇草寺村 428 号
邮编:101118
电话:010/89560458、89568692
传真:89560458
电子信箱:def425@unsbiz.com
质量体系:ISO 9001
产品情况:发动机凸轮轴、四配套、刀具
配套及出口情况:为北汽福田、沈阳双福、沈阳东基星、北内集团、北京现代等供货;机床零部件出口日本

★北京大林万达汽车部件有限公司
地址:北京市平谷区平瑞街 5 号
邮编:101200
电话:010/69958532
传真:69958539
电子信箱:spcrr@163.com
质量体系:ISO/TS 16949
产品情况:缸盖铸件和进气管
配套情况:为北京现代、东风悦达起亚、江淮汽车、北京汽车、山东威亚等供货

★北京柳成新和汽车部件有限公司
地址:北京市平谷区兴谷工业开发区

M2－5号
邮编:101200
电话:010/69956067、69980908
传真:69956038
网址:www.shpc.co.kr、www.niv.co.jp
产品情况:发动机的机械挺杆和液压挺杆
配套情况:为东风悦达起亚、北京现代、山东威亚供货

★北京北汽摩公司散热器厂
地址:北京市密云县经济开发区科技路67号
邮编:101500
电话:010/69076670
传真:69076670、69076671
网址:www.bjbam.com
单位人数:200
质量体系:ISO/TS 16949
产品情况:汽车散热器、暖风机等
配套情况:为北汽制造、北汽福田等配套

★北京弘大汽车空调散热器有限公司
地址:北京市昌平区城区镇西环北口弘大路1号
邮编:102200
电话:010/89782089、89782790
传真:89785720
电子信箱:bjhd@bj－radiator.com
质量体系:ISO/TS 16949
产品情况:(铜牛牌)
汽车空调系统、铜/铝散热器、中冷器、暖风机
配套情况:为北京奔驰、北汽福田、北汽有限公司、北京现代、昌河、哈飞、吉利、保定长城、上汽主机厂配套

★北京绿创环保设备股份有限公司
地址:北京市昌平区振兴路28号
邮编:102200
电话:010/80119670
传真:80119670
网址:www.greentec－equip.com.cn
电子信箱:admin@greentec－equip.com.cn
质量体系:ISO/TS 16949
产品情况:(科华牌)
汽车排气系统总成、在用车改造、整车NVH改善;柴油机后处理系统;具备年产30万套汽车排气系统总成和10万套SCR系统及相关产品生产能力
配套情况:为一汽轿车、奇瑞汽车、东风柳汽、江铃汽车、曙光汽车、华泰现代、宝龙汽车等配套

★北京高孚旋压科技有限责任公司
地址:北京市昌平区南口镇东大街4号
邮编:102202
电话:010/80191186、89798996
传真:69782717
网址:www.spincn.com
质量体系:ISO/TS 16949、ISO 9001
产品情况:用于汽车发动机、水泵、发电机、转向泵、空调机的旋压带轮、张紧轮、发动机支架等各类旋压制品及数控旋压设备

★北京福田环保动力股份有限公司
地址:北京市昌平区沙河镇沙阳路
邮编:102206
电话:010/69733311－3196、80722999
传真:80716391
电子信箱:80722999@foton.com.cn
质量体系:ISO/TS 16949、QS 9000
产品情况:(奥铃牌)
奥铃4D24、4D22、4JBL、4Y等系列发动机

★北京福田康明斯发动机有限公司
地址:北京市昌平区沙河镇沙阳路15－1号
邮编:102206
电话:010/80736888
传真:80736666
网址:www.cummins.com.cn
产品情况:2.8～3.8L轻型柴油机,11L和12L重型柴油发动机

★北京迪普首泰高新技术开发有限公司
地址:北京市门头沟区石龙工业开发区华园路2号
邮编:102300
电话:010/69808548
传真:69806084
网址:www.dipu.net.cn
质量体系:ISO/TS 16949、ISO 14000
产品情况:冷却水管、燃油管、空调管、模压件等橡胶制品
配套情况:为一汽集团、一汽－大众等汽车厂家配套

★北京市国兴汽车油泵制造有限公司
地址:北京市门头沟区石龙北路88号
邮编:102308
电话:010/69803819
传真:69801130
电子信箱:gx@gxqyb.com
质量体系:ISO 9001
产品情况:(国兴牌)
各种型号汽油泵、机油泵、水泵、汽油滤清器、机油滤清器、前轮离合器、传动机构等
配套情况:为沈阳新光、绵阳新晨、沈阳长城富桑、长城汽车、吉利汽车、一汽集团等配套

天津市

★天津市汽车水箱厂
地址:天津市南开区临潼路52号
邮编:300110
电话:022/27365286
传真:27365286
网址:www.tjradiator.com
电子信箱:tianjin_yasheng@vip.163.com
单位人数:235
质量体系:ISO/TS 16949
产品情况:TJ7100、TJ7100U、NJ131、TJ130、BJ2021等散热器总成
配套情况:为全国20多家主机厂配套

★天津贝鲁斯管业有限公司
地址:天津市天津港保税区海滨十三路136号
邮编:300110
电话:022/66270858、66270866
传真:25760955
产品情况:排气管、软管、汽车感应器部件、导管、滤网、供油管、冲压件、软管、密闭性阀门等

★天津一汽夏利公司内燃机制造分公司
地址:天津市西青区杨柳新村钱芳园
邮编:300110
电话:022/27373905
传真:27371708
质量体系:ISO 9001
产品情况:(天内牌)
TJ376QE系列发动机及零部件
配套情况:为天津一汽夏利、天津一汽华利配套

★天津惠德汽车进气系统有限公司
地址:天津市南开区凌宾路延长线凌奥工业园9号厂房
邮编:300112
电话:022/23935266
传真:23389109
网址:www.hdaim.com
电子信箱:hdaim@163.com
质量体系:ISO/TS 16949
产品情况:汽车发动机塑料进气歧管

★天津市神驰汽车零部件有限公司
地址:天津市西青区外环线七号桥
邮编:300112
电话:022/27512529
传真:27512529
网址:www.tianjin－muffler.com
电子信箱:xshq@tianjin－muffler.com
单位人数:200
质量体系:ISO/TS 16949
产品情况:具有生产消声器50万套、三元催化转化器30万套的生产能力
配套情况:主要客户为一汽夏利、保定长城、天津长城、沈阳华晨、一汽丰田、石家庄双环

★天津三五汽车部件有限公司
地址:天津市东丽经济开发区五纬路与一经路交口
邮编:300300
电话:022/23394170、24982610
产品情况:汽车零部件、排气系统
配套情况:为天津一汽丰田配套

★爱三(天津)汽车部件有限公司
地址:天津市空港区物流加工区西九道169号
邮编:300308
电话:022/24893048

传真:24891145
电子信箱:tonguan@aisan－tianjin.com
质量体系:ISO/TS 16949、ISO 14001
产品情况:(天爱牌)
碳罐、节流阀、散热片、燃油泵及其他发动机零部件
配套及出口情况:为天津一汽丰田、一汽丰田(长春)发动机、天津一汽丰田发动机、东风日产乘用车、南京福特马自达汽车等供货;部分零部件出口国外

★天津市亚星散热器有限公司
地址:天津市津南区双港科技园慧科路2号
邮编:300350
电话:022/58285698
传真:58285698
网址:www.yaxing－radiator.com
电子信箱:jiaqing.zhou@yaxing－radiator.com
质量体系:ISO/TS 16949、ISO 9001
产品情况:(亚星牌)
汽车铝塑水箱、铝质暖风管片式散热器、管带式散热器、平行流蒸发器和冷凝器
配套及出口情况:为吉利、奇瑞、比亚迪、长安、华晨等配套;部分产品出口到国外配套以及售后市场,配套产商如莲花、迈凯轮、大宇等;售后如四季、伟士通、Proliance

★天津津晨汽车缸盖有限公司
地址:天津市津南区八里台镇双闸工业区
邮编:300353
电话:022/88528456、88528689
传真:88526616
网址:www.tjjinchen.net
电子信箱:13702051238@163.com
单位人数:200
质量体系:ISO/TS 16949
产品情况:发动机支架、汽车缸盖、进排气歧管系列、前后桥轴支架、发电机支架、制动钳体、制动钳架、制动盘、动力转向泵支架等汽车发动机零件
配套情况:为主机厂配套

★天津华瑞达汽车消声器有限公司
地址:天津市津南区八里台镇北中塘
邮编:300353
电话:022/88527916
传真:88529803
网址:www.huaruida.cn
电子信箱:huaruida@huaruida.cn
质量体系:ISO 9001
产品情况:(华瑞达牌)
消声器、三元催化转换器、排气歧管、排气系统附件等
配套情况:为天津一汽夏利配套

★天津一汽丰田发动机有限公司
地址:天津市西青区杨柳青西青道266号
邮编:300380
电话:022/58685878
传真:27390960
网址:www.tfte.com.cn
质量体系:ISO 14001
产品情况:A型发动机、ZR发动机

★天津市格林利福新技术有限公司
地址:天津市西青区杨柳青新华道220号
邮编:300380
电话:022/27942607、27929924
传真:27399874、27485998
电子信箱:tjgllf@126.com
质量体系:ISO/TS 16949、VDA 6.1
产品情况:(格林牌)
燃油蒸发控制碳罐
配套情况:为上汽通用五菱、天津一汽夏利、长安汽车、长安铃木、长安福特、长安马自达、河北长安、南京长安、昌河汽车、江淮商务车、长城汽车、一汽海马、河北中兴、北汽福田、江铃控股、一汽轿车等配套

★天津市骏盛汽车油箱有限公司
地址:天津市西青区中北镇西马村
邮编:300380
电话:022/27391868
传真:27394463
电子信箱:jsyx@tj－jsyx.com
质量体系:ISO 9002
产品情况:夏利系列金属燃油箱,威姿、威乐燃油箱总成、加油管总成、燃油加油口盖总成,小王子、东风新星轿车油箱、携带式油箱,D82A油箱等
配套及出口情况:为天津一汽夏利配套;携带式油箱出口日本

★天津杰特汽车三元催化器有限公司
地址:天津市西青开发区大寺工业园津泰道6号
邮编:300385
电话:022/88829631
传真:88829731
网址:www.tjjiete.com
电子信箱:jiete_yjc@163.com
质量体系:ISO/TS 16949
产品情况:汽车三元催化器、催化剂、消声器
配套及出口情况:为天津天汽美亚配套;出口澳大利亚、日本、韩国等多个国家

★天津卡达克汽车高新技术公司
地址:天津市东丽开发区四经路9号
邮编:300399
电话:022/24992681
网址:www.catarcauto.com.cn
质量体系:ISO/TS 16949、OHSAS 18001
产品情况:发动机塑料进气歧管、发动机紧耦合排气歧管、三元催化转化器、排气管、消声器
配套情况:为东南汽车、一汽海马、北京奔驰、昌河铃木、东风柳汽、奇瑞汽车、华晨金杯等客户批量供货

★天津雷沃动力有限公司
地址:天津市北辰科技园区高新大道77号
邮编:300402
电话:022/86998618
传真:86993260
网址:www.lovolengines.com
电子信箱:s4701@188.com
质量体系:ISO/TS 16949
产品情况:(雷沃牌)
柴油发动机,年产量5万台
配套及出口情况:为福田汽车3～13t载货汽车配套;远销欧洲、中东、南美洲、非洲等100多个国家和地区

★高丘六和(天津)工业有限公司
地址:天津市新技术产业园区北辰科技园津围公路东高新大道37号
邮编:300409
电话:022/86995950
传真:86995951、86995952
网址:www.atl.com.cn
电子信箱:atlt@atl.com.cn
质量体系:ISO/TS 16949、ISO 14001
产品情况:发动机部品(轴承盖、飞轮、法兰、支架等);车身部品(侧门防撞钢梁、车顶加固材料、A防撞柱、减振平衡块等);变速器部品(差速器支座、差速器壳、泵体、泵壳、离合器压盘、倒挡拨叉等);制动部品(前桥总成、制动盘、制动钳、制动鼓、转向节、支架等)

★天津信特恩粉末冶金有限公司
地址:天津市经济技术开发区第7大街81号
邮编:300457
电话:022/58781457、58781455
传真:25295519
电子信箱:baixiaosong@sinteron.cn
质量体系:ISO/TS 16949
产品情况:气门导管、气门座圈、链轮、连杆、油泵转子、齿轮、凸缘毛坯、同步器毂等各种粉末冶金关键零部件

★天津双叶协展机械有限公司
地址:天津市经济技术开发区第十一大街73号
邮编:300457
电话:022/59887266
传真:66230119
网址:www.futabasangyo.com
电子信箱:tcp521@126.com
产品情况:车身钣金件、排气管、消声器及汽车油箱等
配套情况:为一汽丰田配套

★天津丰田纺汽车部件有限公司
地址:天津市经济技术开发区洞庭路166号
邮编:300457
电话:022/25327684－853、857
传真:25327683
网址:www.denso.com.cn
电子信箱:yuanyuan_shang.ndoa@denso.co.jp
产品情况:动力传动设备部件、空气滤

清器、机油滤清器、车厢内空调滤清器
配套情况:为在中国的丰田、大发等日系汽车厂供货

★阿尔泰克斯(天津)汽车零件有限公司
地址:天津市塘沽开发区丰田路宏泰工业园F1
邮编:300457
电话:022/61884221
传真:66206910
网址:www.airtexproducts.com
电子信箱:media@airtexproducts.com
质量体系:ISO/TS 16949、ISO 14001
产品情况:(Airtex牌、Master牌)
燃油泵、发动机管理系统部件

★雅士佳(天津)汽车零件有限公司
地址:天津市汉沽区新开北路3号
邮编:300480
电话:022/67161660
传真:67161657
电子信箱:ysj@163.com
质量体系:ISO/TS 16949、ISO 14001
产品情况:(ALRTEX牌)
水泵
配套情况:为通用、福特、克莱斯勒、路虎、捷豹等配套

★天津骏腾汽车部件有限公司
地址:天津市静海经济开发区北区6号路6号
邮编:301600
电话:022/68111246、13821147150
传真:68111236
网址:www.tj-junteng.com
电子信箱:wanghailong@tj-junteng.com
单位人数:98
质量体系:ISO/TS 16949
产品情况:各种汽车油泵支架及总成、各种冲压件、油泵油管、电机转子铁芯、导杆等
配套情况:为德尔福、日本电装、珀金斯、美国辉门等配套

★马勒东炫滤清器(天津)有限公司
地址:天津市武清开发区泉旺路15号
邮编:301700
电话:022/82132000
传真:82135000
网址:www.cn.mahle.com
质量体系:ISO/TS 16949
产品情况:(东炫马勒牌)
各种滤清器,月产空气滤清器20万个、机油滤清器30万个
配套情况:为北京现代、东风悦达起亚、常州现代工程机械、长城汽车、天津一汽丰田、华泰等配套

★马勒发动机零部件(天津)有限公司
地址:天津市武清开发区泉旺路15号
邮编:301700
电话:022/82132000
传真:82135000
网址:www.cn.mahle.com
电子信箱:mahle-behr-industry@mahle.com
产品情况:专为一汽-大众、三菱汽车、东安等客户生产进气歧管、空气清洁和滤清元件以及汽缸盖板

★天津市龙鑫汇汽车零部件有限公司
地址:天津市武清区上马台镇工业区
邮编:301701
电话:022/82288002、82288003
传真:82284235
质量体系:ISO/TS 16949
产品情况:气门挺柱、填隙片、机油泵、摇臂、齿轮、钢板、圆钢、涂料、火花塞套筒、皮带轮、排气管、缸体等

★天津奥尼斯特汽车零部件有限公司
地址:天津市武清区河北屯镇政府东侧
邮编:301706
电话:022/22272227
传真:22271333
网址:www.tjhonesty.net
电子信箱:baolifa@vip.163.com
质量体系:ISO/TS 16949
产品情况:汽车水泵
配套及出口情况:为北汽集团等配套;出口欧美国家

★天津平和汽车配件有限公司
地址:天津市武清区逸仙科学工业园庆铃大路18号
邮编:301712
电话:022/82177000、82177036
传真:82177012
质量体系:ISO/TS 16949
产品情况:发动机支撑、底盘悬架胶套、橡胶水管等橡胶零部件

★天津认知汽车配件有限公司
地址:天津市武清区逸仙科学工业园亨运路6号
邮编:301726
电话:022/82170500
传真:82170505
电子信箱:xiechaohui159@163.com
质量体系:ISO/TS 16949
产品情况:气门室罩盖、进气歧管、节温器总成、温度传感器、水温器控制总成等

★天津市利顺达滤清器有限公司
地址:天津市宝坻区新开口工业区
邮编:301815
电话:022/29614384、29616268
传真:29613226
电子信箱:anshunda@vip.163.com
质量体系:QS 9000
产品情况:(永亮牌)
空气滤清器总成、空气滤芯、机油滤清器、燃油滤清器、外饰塑料件及通风管道等,具有年产300万只空气滤清器总成及滤芯的生产能力

河北省

★石家庄市华腾动力机械有限公司
地址:石家庄市栾城县308国道路东北十里铺村西口
邮编:050026
电话:0311/85404098、85404256
传真:85404046
网址:www.sjzhuateng.cn
电子信箱:htdl2008deutz@163.com
质量体系:ISO 9001
产品情况:道依茨风冷、水冷系列柴油机及配件
配套及出口情况:为北内集团、石家庄建筑机械厂、渭阳柴油机厂配套;出口美国、德国、智利、印度、阿尔及利亚、沙特阿拉伯、伊朗、土耳其等国家

★石家庄沃德内燃机零部件有限公司
地址:石家庄市谈固南大街224号
邮编:050031
电话:0311/85255529、13835650080
网址:www.sjzwode.cn
电子信箱:devor@sina.com
董事长:刘春彦
质量体系:ISO/TS 16949
产品情况:(WODE牌)
缸套、活塞、气门、四配套等

★河北华北柴油机有限责任公司
地址:石家庄市桥西区中山西路910号
邮编:050081
电话:0311/83989388、83989389
传真:83985050
网址:www.chbdp.com
电子信箱:chbdp@126.com
单位人数:1600
质量体系:ISO 9001、ISO 14001
产品情况:(华柴道依茨牌)
BFL413F/513系列风冷柴油机、BF6M1015/BF8M1015/TCD2015系列水冷柴油机、HC4132直列四缸机,年产量5000台
配套及出口情况:为北奔重汽、浙江金华、陕汽集团、北方华德供货;出口伊朗、印度尼西亚、印度、南非、德国、新加坡、俄罗斯、美国、马来西亚等,年出口额500万美元

★石家庄市东方轴瓦有限公司
地址:石家庄市正定县陈家疃
邮编:050800
电话:0311/82450266、82452396
传真:82450336
网址:www.sjzdfzw.com
电子信箱:sjzdfzw@163.com
质量体系:ISO/TS 16949
产品情况:内燃机曲轴瓦、连杆瓦及轴瓦轴套,年产能力1000多万片
配套情况:为潍柴、玉柴、南京汽车集团、东风汽车公司、天动、北内一拖等配套

★石家庄金刚凯源动力科技有限公司
地址：石家庄市经济技术开发区世纪大道66号金刚科技工业园
邮编：052165
电话：0311/89651889、89651369
传真：89651369
网址：www.jingang.cn
电子信箱：market@jingang.cn
单位人数：3000
质量体系：ISO/TS 16949、ISO 9001
产品情况：（金刚牌）
活塞、活塞环、缸套、活塞销、气门、轴瓦
配套及出口情况：为潍柴、杭发、重汽、一汽、上汽、东风康明斯、福田康明斯、重庆康明斯、华柴、海马、比亚迪、上海荣威等50多家国内主机集团(公司)配套；远销亚洲、欧洲、南美洲、北美洲、俄罗斯等国家和地区

★石家庄泽群汽车配件有限公司
地址：河北省晋州市东兴工业开发区
邮编：052260
电话：0311/84313158、15930179666
传真：84313158
网址：www.zequnok.com
电子信箱：admin@zequnok.com.cn
质量体系：ISO 9001
产品情况：（泽群牌）
各种发动机配件飞轮及齿圈
出口情况：远销美洲、欧洲、非洲、中东等20多个国家和地区

★石家庄东兴发动机配件有限公司
地址：河北省晋州市晋总西路68号
邮编：052260
电话：0311/84326048、13803218076
传真：84326048
网址：www.dx-qp.com
电子信箱：dx126@163.com
质量体系：ISO 9001
产品情况：（DX(DONGXING)牌）
曲轴、飞轮、缸盖等
出口情况：远销韩国、日本、东南亚

★辛集市华瑞滤纸有限公司
地址：河北省辛集市新垒头桥西307国道
邮编：052360
电话：0311/83279838、83279668
传真：83279766
网址：www.huaruilz.com
电子信箱：hrlz@huaruilz.com
质量体系：ISO 9001
产品情况：汽车专用空气滤纸、机油滤纸、燃油滤纸、空调滤纸、阻燃滤纸、皱纹纸及各种化工滤纸
出口情况：出口韩国、美国、西班牙、土耳其、伊朗等几十个国家

★河北盛驰汽车零部件有限公司
地址：河北省深泽县北环路东段南侧
邮编：052560
电话：0311/83521008、83579998
传真：83521008
网址：www.hbsckb.com
董事长：王群英
质量体系：ISO/TS 16949
产品情况：汽车发动机气门、曲轴、机体、缸盖等产品，具有年产发动机气门3000万支，曲轴28万支的生产能力

★石家庄北汽发动机备件有限公司
地址：河北省深泽县大雾头工业路6号
邮编：052560
电话：0311/83548223
传真：83546086
电子信箱：beiqi@vip.126.com
质量体系：ISO 9001
产品情况：（北汽牌、沪联牌）
汽车发动机进、排气门
配套情况：为一汽、东风、上汽大众、神龙汽车、北汽、朝柴、大柴、锡柴、玉柴、东安、长安等全国最主要车型的发动机及社会维修网站提供配套与服务

★利泽汽车配件厂
地址：河北省深泽县府前西路228号
邮编：052560
电话：0311/83526959
传真：83523399
电子信箱：hblz123456@126.com
质量体系：ISO 9001
产品情况：（利泽牌）
进排气门、挺杆、推杆、活塞销
配套及出口情况：为一汽四环轻型发动机厂、北内、北京兴内发动机、宁波汽车发动机厂、大同北岳汽油机厂等配套；出口俄罗斯、越南、缅甸等10多个国家和地区

★石家庄义朋汽车配件厂
地址：河北省深泽县雾头工业区北街8号
邮编：052560
电话：0311/83548684
传真：83546111
网址：www.enginevalves.net.cn
电子信箱：changhongqimen@vip.163.com
质量体系：ISO 9001
产品情况：（长兴牌）
各种进口、国产汽车内燃机进排气门、活塞环
出口情况：年出口各种内燃机进排气门100万支

★河北德纳V型轮有限公司
地址：河北省景县景新大街15号
邮编：053500
电话：0318/4222268
传真：4223135
网址：www.cnvxl.cn
电子信箱：hebeidena@163.com
质量体系：ISO/TS 16949、ISO 14001
产品情况：板材旋压皮带轮、机加工皮带轮、曲轴位置信号盘和支架等
配套及出口情况：为上汽大众、一汽-大众、上汽通用、上汽集团、一汽轿车、武汉神龙、东风乘用车、长安铃木、昌河铃木、重庆红岩菲亚特、长城、海马、江淮、吉利等汽车主机厂和南京采埃孚、北京永信、青岛爱恩思梯等汽车系统部件公司配套；远销北美洲、德国、捷克等国家和地区

★安平县华瑞滤清器厂
地址：河北省安平县工业园
邮编：053600
电话：0318/7715453、15832856288
传真：7566816
网址：www.huaruilvye.com
电子信箱：435237335@qq.com
质量体系：ISO 9001
产品情况：（瑞美特牌）
空气滤清器、柴油滤清器、机油滤清器及滤芯，年产100万只
出口情况：远销俄罗斯、澳大利亚、马来西亚等10多个国家

★河北安平虎栋滤芯厂
地址：河北省安平县秦王庄工业开发区
邮编：053600
电话：0318/7800555、18703388000
传真：7800550
网址：www.hbhudong.com
电子信箱：hudong@hbhudong.com
质量体系：ISO 9000
产品情况：（虎栋牌）
空气滤芯、机械滤芯、柴油滤芯
出口情况：部分产品出口

★河北省九森滤芯材料厂
地址：河北省深州市城北工业区
邮编：053800
电话：0318/3517976、3519999
传真：3517666
电子信箱：jiusen@xh2008.com
质量体系：ISO 9001
产品情况：（九森牌）
滤清器及其端盖，经营滤芯设备、滤芯胶、金属网等滤芯材料
出口情况：远销美国、英国、东南亚、新加坡、韩国等国家和地区

★河北瑞丰动力缸体有限公司
地址：河北省深州市泰山东路中段路北
邮编：053800
电话：0318/3312629
传真：3399968
网址：www.hbsgt.com
电子信箱：hbsgt@szsbip.com
法人代表：孟连周
单位人数：1300
质量体系：ISO/TS 16949
产品情况：483Q、493Q(4JB1)(4JA1)、495Q、4102Q、YC2108系列、JDL1105系列、491Q、3G10 等汽缸体；493Q(4JB1)、488、388、373汽缸盖及同等型号的天然气缸盖；4JA1中缸等
配套及出口情况：为江铃汽车、长城汽车、一汽、东风、江淮、玉柴、广汽吉奥、四川成发、无锡开普等配套；出口欧美及中东地区

★河北三洋活塞有限公司
地址:河北省宁晋县苏家庄乡北朱家庄工业园
邮编:054000
电话:0319/5986159、15612997558
传真:5986159
网址:www.heb-syhs.com
电子信箱:business@heb-syhs.com
质量体系:ISO 9001
产品情况:(三洋牌)
活塞、液压齿轮泵、转向助力泵
出口情况:出口越南、俄罗斯

★河北鹏立滤清器厂
地址:河北省清河县城关开发区
邮编:054800
电话:0319/8050168、8051166
传真:8051166
质量体系:ISO 9001
产品情况:滤清器

★河北博业橡胶制品科技有限公司
地址:河北省清河县城西大辛庄工业区
邮编:054800
电话:0319/8035686
传真:8035636
网址:www.hbboye.com.cn
电子信箱:boye@hbboye.com.cn
单位人数:120
质量体系:ISO 9001
产品情况:(博业牌)
散热器胶管及汽摩钢索,年产能力达600余万套
配套情况:为东风汽车公司、北汽福田、芜湖通宝、时风集团等十几家主机厂配套

★清河县京津胶管有限公司
地址:河北省清河县城西刘庄工业区
邮编:054800
电话:0319/5532088、8136752
传真:5532077
网址:www.hbjingjin.com
电子信箱:qhjingjin@126.com
质量体系:ISO/TS 16949
产品情况:(京津牌)
汽车散热器胶管(年产能力500余万套)、汽摩钢索(年产能力50万套)、安全带、硅胶管等
配套情况:已与东风集团、北汽福田、芜湖通宝、时风集团等十几家主机厂配套

★清河县瑞杰滤清器有限公司
地址:河北省清河县黄金庄工业区
邮编:054800
电话:0319/8053789、18931955579
传真:8053789
网址:www.seahero.net
电子信箱:haijiegs@163.com
质量体系:ISO 9001
产品情况:(SEAHERO海杰牌)
滤清器

★河北昊天滤清器制造有限公司
地址:河北省清河县经济开发区西区漓江街南侧
邮编:054800
电话:0319/8296868、8358966
传真:8296866
网址:www.hebhaotian.com
电子信箱:manager@hebhaotian.com
单位人数:78
质量体系:ISO/TS 16949
产品情况:(浩天牌)
各种国产、进口汽车滤清器、工程机械滤清器、洁净车间过滤器、粉尘滤芯
出口情况:远销欧洲、南美洲、北美洲等20多个国家和地区

★邢台洁力滤清器厂
地址:河北省清河县王官庄镇大寨
邮编:054800
电话:0319/8131818、8131898
传真:8131818、8131898
网址:www.xtjieli.com
电子信箱:xue@xtjieli.com
单位人数:230
质量体系:ISO 9001
产品情况:(洁美牌)
各种滤清器
配套及出口情况:为江南奥拓、上海华普、江铃专用汽车公司等多家汽车制造厂、专用机械厂配套;出口非洲、欧洲、中东、东南亚等地区

★河北亿利橡塑集团有限公司
地址:河北省清河县新世纪大街27号
邮编:054800
电话:0319/8155188
传真:8268210
网址:www.hbyili.com
电子信箱:hbyili@hbyili.com
法人代表:李利军
负责人:尹长敬
单位人数:800
质量体系:ISO/TS 16949
产品情况:(亿利旺德福牌)
空气滤清器、柴油滤清器、机油滤清器、汽油滤清器、进气系统、变速操纵系统、ONOxSCR尾气后处理系统
配套情况:为一汽集团、北汽福田、安徽江淮、陕西重汽、郑州宇通客车、北方奔驰、华菱汽车、济南重汽等配套

★河北亿利滤清器有限公司
地址:河北省清河县邢清路168号
邮编:054800
电话:0319/8051986
传真:8050151、8050011
网址:www.yiliqp.com
电子信箱:yililvxin@126.com
质量体系:ISO 9001
产品情况:空气滤清器总成、汽油滤清器、机油滤清器、滤芯、制动操作总成、燃油系统加油口总成等
配套及出口情况:为一汽、东风、北汽福田等配套;远销中东、欧洲

★河北越豹滤清器有限公司
地址:河北省清河县羊绒科技园区
邮编:054800
电话:0319/8291266
传真:8291366
网址:www.hbyuebao.com
电子信箱:service@hbyuebao.com
质量体系:ISO 9001
产品情况:环保滤芯,各种汽车空气滤清器及空调滤清器
出口情况:出口美国、德国、俄罗斯、波兰、中东等国家和地区

★清河县传诚汽车零部件有限公司
地址:河北省清河县张宽工业区
邮编:054800
电话:0319/8268151、15227718888
传真:8285282
网址:www.cc-filter.com
电子信箱:sgf2010cc@aliyun.com
单位人数:86
质量体系:ISO 9001
产品情况:空气滤清器、驾驶室空气滤清器和机油滤清器

★清河县诚旭汽车零部件厂
地址:河北省清河县孙洼工业区红星街3号
邮编:054802
电话:0319/8135168
传真:8135128
电子信箱:chengxu@hbchengxu.com
质量体系:ISO 9001
产品情况:(千里牌)
尾气净化催化剂、净化器、硅胶管、拉线、挡泥板、橡胶制品等
配套情况:为一汽集团、东风汽车公司、北汽福田、河北新凯、保定天马、长城汽车等配套

★邢台玉辉汽车缸盖制造有限公司
地址:河北省邢台市邢湾付东工业区
邮编:055151
电话:0319/7582586、5038686
传真:7581686
网址:www.yvhui.com
电子信箱:boss@yvhui.cn
单位人数:160
质量体系:ISO 9001
产品情况:(玉辉牌)
368Q、370Q、376Q、462Q、465Q和丰田2C等铝合金缸盖,6B、6C康明斯铸铁缸盖,年产值1200万元
配套及出口情况:为大发、夏利、长安、昌河、五菱、奥拓、松花江等车型的发动机(S70、F8A、F10A、F8B)配套;部分产品出口东南亚等地区

★河北东黄内燃机配件有限公司
地址:河北省邢台市邢湾镇东黄工业区
邮编:055151
电话:0319/7583027、7588260
传真:7582196
网址:www.hebdonghuang.com

电子信箱:info@ hebdonghuang. com
质量体系:ISO 9002
产品情况:(东黄牌)
空气压缩机汽缸、摩托车汽缸、车用空压机汽缸、中小内燃机风冷、风冷汽缸(套)等四大系列 200 多个品种以及球铁件、铸铁件等各种铸件
配套及出口情况:为天津本田摩托车配套;远销美国、日本、韩国等国家,并销往中国台湾地区

★河北省龙圣腾宇泵业有限公司
地址:河北省邢台市宁百路工业区 68 号
邮编:055550
电话:0319/5680888、5681999
传真:5680016、5680355
质量体系:ISO 9001
产品情况:(立宁牌)
汽车、农用车、工程机械及农机系列冷却水泵
出口情况:出口俄罗斯、越南等国家

★邢台翔通机械制造有限公司
地址:河北省邢台市新河县城北工业区
邮编:055650
电话:0319/4845864、4845345
传真:4845117
质量体系:ISO 9001
产品情况:年产空气滤清器 30 万套,车桥件 50 万套,预滤器 20 万套
配套情况:为一汽集团、北汽福田、北方奔驰、华菱汽车、陕汽德龙、合肥安凯各大汽车厂家供货

★南宫市精强连杆有限公司
地址:河北省南宫市工业区大庆街
邮编:055750
电话:0319/5287050、5078118
传真:5222089
网址:www. hbjqlg. com
电子信箱:ngxiaoshoubu@ 126. com
质量体系:ISO/TS 16949、ISO 14001
产品情况:连杆精锻件、连杆总成
配套情况:为一汽一发、道依茨一汽大柴、一汽四环、北汽福田、一拖洛阳、江铃、江淮、保定长城、东风轻发、东营吉奥、奇瑞等厂家定点配套

★沧州均日缸套有限公司
地址:河北省沧州市经济技术开发区纬二路 18 号
邮编:061000
电话:0317/3091666、3091999
传真:3093666
电子信箱:czjr@ heinfo. net
质量体系:ISO 9000
产品情况:(均日牌)
内燃机干、湿式汽缸套,用于汽车、农机、工程机械等
出口情况:出口东南亚等地区

★力源活塞工业股份有限公司
地址:河北省沧州市经济开发区渤海路 8 号
邮编:061000
电话:0317/3090666、3090777
传真:3090999
网址:www. liyuangroup. cn
电子信箱:liyuansale@ 126. com
单位人数:600
质量体系:ISO/TS 16949、QS 9000
产品情况:(力源牌)
专业生产汽车、摩托车、压缩机、柴油机活塞
配套及出口情况:为上汽通用五菱、长安汽车、天津一汽夏利汽车、哈飞汽车、松花江汽车、吉利汽车、昌河汽车、奇瑞汽车等国内 30 多家汽车主机厂配套;远销欧美、东南亚、非洲等 20 多个国家和地区

★沧州津联汽车水箱厂
地址:河北省沧州市沧县兴济镇工业区
邮编:061021
电话:0317/4852463、4852706
传真:4856866
电子信箱:jlqcsx@ 163. com
质量体系:ISO 9001
产品情况:(兴达牌)
各种汽车、农机散热器、汽车空调散热器及汽车暖风散热器等
配套情况:为苏州金龙、宇通客车、常州客车等配套

★沧州合源散热器有限公司
地址:河北省沧州市兴济镇
邮编:061021
电话:0317/4852688、4852539
网址:www. heyuansx. com
电子信箱:haojunjie223@ 163. com
质量体系:ISO 9001
产品情况:汽车散热器等

★沧州精工活塞工业有限公司
地址:河北省沧州市机场北姚官屯工业区
邮编:061022
电话:0317/4842477、4842488
传真:4842466
网址:www. czjghs. com
电子信箱:czjghs@ 126. com
质量体系:ISO/TS 16949
产品情况:(志远精工牌)
内燃机活塞,年产能力 80 万只以上
出口情况:出口非洲、欧洲等地区

★沧州宇通塑业有限公司
地址:河北省沧州市沧县皂坡工业区
邮编:061024
电话:0317/4807606、13031593279
传真:4809606
网址:www. yutongsy. com
电子信箱:13832737321@ 163. com
单位人数:66
产品情况:重型汽车膨胀水箱,年生产能力达 30 万个
配套情况:为重汽集团(斯太尔、斯太尔王、豪沃)、陕汽集团(德龙、奥龙、红岩、新红岩)、东风(151、153、双桥)、解放(大威、奥威)、北汽福田(欧曼)等配套

★南皮县绿源环保设备有限公司
地址:河北省沧州市南皮县城北工业开发区
邮编:061500
电话:0317/8851853、8863525
传真:8863525、8865525
网址:www. nplvyuan. com
电子信箱:nply - cy@ 163. com
质量体系:ISO/TS 16949、GB/T 18881
产品情况:三元催化器及氧化转换器、消声器、不锈钢冲压件等

★沧州奥宇消声器有限公司
地址:河北省河间市米各庄汽配市场二街东
邮编:062454
电话:0317/3802222
传真:3196962
质量体系:ISO/TS 16949
产品情况:(奥宇牌)
进口、国产消声器

★沧州双赢汽车零部件有限公司
地址:河北省河间市米各庄镇工业区
邮编:062454
电话:0317/3195969、3195988
传真:3197988
网址:www. jqxsq. com
电子信箱:hbsyqp@ 163. com
质量体系:ISO 9001
产品情况:(天鸿牌、金曲牌)
汽车消声器、催化转化器、排气系统附件等

★河北蓝天汽车消声器有限责任公司
地址:河北省河间市行别营开发区
邮编:062454
电话:0317/3802788、3802288
传真:3809566
网址:www. ltxsq. com
电子信箱:hblantian126@ 126. com
质量体系:ISO/TS 16949、ISO 9001
产品情况:(蓝天(LT)牌)
汽车消声器,空气滤清器,具备年产 60 万只消声器,10 万只滤清器的生产能力
出口情况:远销 70 多个国家和地区

★沧州新旺汽车散热器制造有限公司
地址:河北省青县陈嘴乡张楼
邮编:062650
电话:0317/4381068、13785798097
传真:4383868
网址:www. hebeixinwang. cn
电子信箱:hebeixinwang@ 163. com
质量体系:ISO/TS 16949
产品情况:(新旺牌)
车用除霜器、散热器、车用暖风电动机、暖风水箱、自然散热器和电动汽车暖风机等

配套情况:为上海龙工、苏州金龙、厦门金龙、上海申沃、上海申龙、金华客车、长安客车、河南少林、一汽通用红塔、北汽、山东时风、聊城中通等汽车厂配套

★唐山爱信汽车零部件有限公司
地址:河北省唐山市高新技术开发区卫国路297号
邮编:063020
电话:0315/3852168
传真:3177982
电子信箱:fengyanying@ taac. com. cn
产品情况:气门室罩盖、凸轮壳、正时链壳、进气歧管、曲轴室、水泵等发动机配件,变速器壳体、阀门主体等配件
配套情况:为天津一汽丰田发动机供货

★唐山隆玛驰车用附件有限公司
地址:河北省唐山市唐柏路宋家营
邮编:063303
电话:0315/8598318、8597796
传真:8598243
网址:www. cnlmc. com
电子信箱:tslmc@ 163. com
质量体系:ISO/TS 16949
产品情况:(隆玛驰牌、征帆牌)
汽车化油器30万只/年、节气门体30万只/年、汽车制动总泵、比例阀各100万只/年
配套及出口情况:为长春一汽、北轻汽、福田汽车、重庆宗申、东风小康、重庆长安、柳州五菱等多家主机厂配套;出口欧美、中东十几个国家和地区

★迁西奥帝爱机械铸造有限公司
地址:河北省唐山市迁西县东岗村北
邮编:064300
电话:0315/5995658、13930588962
传真:5995658
网址:www. adicast. cn
电子信箱:hebeiyouli888@ 163. com
产品情况:磨球、曲轴

★廊坊市汇钰模塑有限公司
地址:河北省廊坊市安次区付庄村
邮编:065000
电话:0316/2573008、13463968888
传真:2573007
网址:www. lfhuiyu. com
电子信箱:huiyu@ lfhuiyu. com
质量体系:ISO/TS 16949
产品情况:汽车散热器水箱、塑料水室
出口情况:远销欧美、中东、南非、东南亚等10多个国家和地区

★天合汽车零部件(廊坊)有限公司
地址:河北省廊坊市经济技术开发区朗森汽车产业园
邮编:065001
电话:0316/6070851
传真:6070344
网址:www. trw. com
产品情况:注塑件

★柳伯安丽活塞环有限公司
地址:河北省廊坊市开发区郎森工业园百合道28号
邮编:065001
电话:0316/5918087、5918088
传真:5918089
网址:www. tpr. co. jp
质量体系:ISO/TS 16949、ISO 14001
产品情况:汽车活塞环
配套情况:为北京现代配套

★河北三河市永兴福利汽车配件厂
地址:河北省三河市杨庄工业开发区
邮编:065200
电话:0316/3654202
传真:3650362
电子信箱:yangliansheng518@ sohu. com
质量体系:ISO/TS 16949、QS 9000
产品情况:燃油箱总成、驻车制动器总成及相关汽车冲压件
配套情况:为北京奔驰、北汽福田、北汽制造、沈飞汽车、上汽通用五菱、秦皇岛金程自动车等配套

★三河市洁神科达洗涤设备有限公司
地址:河北省三河市杨庄镇不老淀
邮编:065200
电话:0316/3655777
传真:3652368
电子信箱:shkedakj@ 163. com
质量体系:ISO 9001
产品情况:汽车消声器
出口情况:出口欧洲、亚洲、非洲多个国家和地区

★廊坊博众过滤器材有限公司
地址:河北省廊坊市永清县燃气工业园区百合道22号
邮编:065600
电话:0316/6657888、6657886
传真:6657885
网址:www. lfbozo. com
电子信箱:lfbozhxs@ 163. com
质量体系:ISO 9001
产品情况:(傲驰牌)
液压过滤产品、内燃机三滤及各式滤油装置
出口情况:远销10多个国家和地区

★廊坊生光滤清器有限公司
地址:河北省廊坊市永清县西新民庄
邮编:065600
电话:0316/6681998、8660998
传真:6687978
网址:www. lfshengguang. com
电子信箱:lfsggs@ 163. com
单位人数:80
质量体系:ISO 9001
产品情况:(生光牌)
各种滤芯、滤清器、过滤器及除尘净化过滤器等

★廊坊远祥汽车配件有限公司
地址:河北省霸州市东关七街
邮编:065700
电话:0316/7215389
传真:7860986
质量体系:ISO/TS 16949
产品情况:轿车、SUV、皮卡、微型车和各种摩托车的燃油蒸发控制装置(活性碳罐及附件)、制动助力真空罐、汽车生产用工装夹具、各种注塑件、冲压件等
配套情况:为吉利汽车、长城汽车、丹东黄海、浙江吉奥、重庆力帆、保定天马、上海华普、奇瑞汽车等配套

★秦皇岛泰和精工有限公司
地址:河北省秦皇岛市经济技术开发区都山路16号
邮编:066004
电话:0335/8570900
传真:8570900
网址:www. qhdtpi. com
电子信箱:sales@ chdtpi. com
质量体系:ISO/TS 16949
产品情况:汽车排气系统用波纹挠性节,具备年产200万只挠性节的能力
配套情况:为美国通用、上汽通用、日本丰田、韩国大宇等整车配套商,以及上海天纳克、湖南威斯特、哈尔滨艾瑞等排气系统的主要供应商供货

★承德苏垦银河连杆股份有限公司
地址:河北省承德市开发区东西营工业园区
邮编:067000
电话:0314/2120165、2120311
传真:2121525
网址:www. cdskyh com
电子信箱:lwz@ cdskyh. com
质量体系:ISO/TS 16949
产品情况:乘用车、商用车连杆,总产能已突破1000万件
配套情况:为北京现代、东风悦达起亚、广汽菲亚特、上汽通用、神龙汽车、长城汽车、长安标致雪铁龙等配套

★保定华岳汽车零部件制造有限公司
地址:河北省保定市清苑县东安
邮编:071105
电话:0312/8086633、8086677
传真:8085188、8085388
网址:www. bdhuayue. com
电子信箱:sag@ bdhuayue. com
单位人数:300
质量体系:ISO/TS 16949
产品情况:汽缸盖、下机体、进气歧管、链轮室体、减速器盖等,年产能力10万套
配套情况:为长城汽车等多家汽车发动机制造厂配套

★河北航标汽车零部件有限公司
地址:河北省定兴县旧107国道北大街东侧
邮编:072650
电话:0312/6927733、13930868982
传真:6925620

网址:www. hbhangbiao. com
电子信箱:hbhangbiao@ 163. com
质量体系:ISO/TS 16949
产品情况:汽车全铝制散热器、蒸发器、冷凝器,年生产能力在 25 万套以上
配套情况:已与大迪汽车、天马汽车、新凯汽车、洛阳拖拉机集团、盐城拖拉机厂、一汽轻型客车厂等配套

★保定长城内燃机制造有限公司
地址:河北省定兴县开发区迎宾南街 109 号
邮编:072650
电话:0312/6925301、6927744
传真:6925301
网址:www. gwm - engine. com
电子信箱:d6925301@ 126. com
质量体系:ISO/TS 16949
产品情况:(长城牌)
GW4D20、GW2. 5TCI、GW2. 8TDI、GW4D28 柴油机和 GW491QE 汽油机等
配套及出口情况:为长城汽车、厦门金旅、天汽美亚、常州东风、金龙联合、广东福迪、扬州江淮等十几家整车厂配套;批量出口国际市场

山西省

★山西利民机电有限责任公司
地址:山西省太谷县 51 号信箱
邮编:030800
电话:0354/6207104、6207250
传真:6207904
电子信箱:sxlmjdgh@ 163. com
质量体系:ISO/TS 16949、QS 9000
产品情况:(利民牌)
汽车消声器,年产 30 万套;金属载体,年产 15 万件;三元催化转化器,年产 30 万套
配套情况:为长安铃木、奇瑞汽车、比亚迪汽车、北汽福田、北奔重汽等主机厂配套

★重汽集团大同齿轮有限公司
地址:山西省大同市云州街 99 号
邮编:037006
电话:0352/2416352、2416489
传真:2416111、2416444
网址:www. dcgroup. com. cn
电子信箱:dc680@ dcgroup. com. cn
单位人数:1900
质量体系:ISO/TS 16949、ISO 14001
产品情况:年生产能力为:轻、中、重型商用汽车变速箱 25 万台,发动机齿轮 150 万件,工程机械齿轮 60 万件
配套及出口情况:为东风公司、福田欧曼、宇通客车等国内数十家主机厂供货;出口美国、英国、德国、法国、巴西、日本、新加坡等国家

★北方通用动力集团有限公司
地址:山西省大同市大庆西路 97 号
邮编:037036
电话:0352/4032992、4032236
传真:4022058、4032992
电子信箱:sdef_market@ 126. com
质量体系:ISO 9001
产品情况:高速大功率柴油机

★山西模范机械铸造有限公司
地址:山西省侯马市晋生巷 19 号
邮编:043000
电话:0357/4296614
传真:3567635
网址:www. mofanjixie. com
电子信箱:885889588@ 163. com
单位人数:500
质量体系:ISO/TS 16949
产品情况:各种干、湿式缸体缸盖,高强度、高韧性球铁曲轴,球铁特别是冷铸铁凸轮轴毛坯,各种低温铸件毛坯,各种耐磨、耐高温铸件毛坯等

★三联铸造有限公司
地址:山西省河津市铸造工业园区
邮编:043300
电话:0359/5288166、5288273
传真:5288281、5288003
网址:www. sxsanlian. com
电子信箱:info@ sxsanlian. com
质量体系:ISO 9001
产品情况:汽车发动机缸体、缸盖,年产能力 2 万 t;重型汽车变速器壳体、离合器壳体等铸件,年产能力 8 万 t

★山西锻造厂
地址:山西省翼城县南梁镇庄里村
邮编:043514
电话:0359/6553228、6553264
传真:6553366、6553272
网址:www. sxdzc. com
电子信箱:5439@ sxdzc. com
质量体系:ISO/TS 16949、QS 9000
产品情况:系列汽车前轴、曲轴、转向节锻件;系列阀体锻件;军品履带车辆锻件等

★亚新科国际铸造(山西)有限公司
地址:山西省运城市绛县 2 号信箱
邮编:043605
电话:0359/6563600
传真:6563625、6563623
电子信箱:general@ asimco - shanxi. com
质量体系:ISO/TS 16949
产品情况:发动机缸体、缸盖、飞轮、飞轮壳及齿轮箱盖,各类铸造件年产能力 4.5 万 t
配套及出口情况:为玉柴、东风康明斯、重庆康明斯、卡特彼勒、三菱重工、日本小松、克拉克工业、上柴、依维柯等供货;远销美国、日本、印度等国家

★山西阳煤千军汽车部件有限责任公司
地址:山西省永济市涑水东街工业新区 99 号
邮编:044500
电话:0359/8086962
传真:8086966
网址:www. sxqjly. com
电子信箱:sxqjly999@ 163. com
质量体系:ISO/TS 16949
产品情况:汽车发动机铝合金缸盖、进气歧管和其他铝合金铸件
配套及出口情况:为沈阳科翔汽车零部件、保定长城内燃机等国内主机厂提供配套;部分产成品出口北美洲、欧洲、东南亚等地区

★山西文正卓越汽车电喷装置有限公司
地址:山西省长治市平顺县兴华街城西区 73 号
邮编:046000
电话:0355/3555885
传真:3555885
电子信箱:sxwzzy@ sxwzzy. com
产品情况:(SXWZZY 牌)
汽车(摩托车)电喷系统、汽车安全气囊系统、超级电容

★山西成功淮海发动机有限公司
地址:山西省长治市城东路 102 号
邮编:046012
电话:0355/3042443
传真:3035239
电子信箱:postmaster@ hhfdj. com
质量体系:ISO/TS 16949
产品情况:HH368QA1、EE368Q - 1E 等型号发动机,缸体、缸盖、进气歧管等
配套情况:为比亚迪汽车、上汽通用五菱、昌河汽车、东风客车底盘公司绵阳分公司、安徽华阳汽车等配套

内蒙古

★内蒙古一机集团六分公司
地址:内蒙古包头市青山区民主路
邮编:014032
电话:0472/3117438、3116853
网址:www. nmgyj. com
电子信箱:no. 6@ nmgyj. com
产品情况:重型载货汽车中冷器、散热器,客车悬架系统、车架、车轮轮辐等
配套情况:为北奔重汽等配套

★内蒙古欧意德发动机有限公司
地址:内蒙古鄂尔多斯市东升康巴什新区
邮编:017000
电话:0477/8583380
传真:8583380
网址:www. oedpower. com
电子信箱:oed@ oedpower. com
产品情况:柴油发动机及自动变速器,具有年产 30 万台清洁柴油发动机、45 万台自动变速器制造能力

辽宁省

★辽宁远朋汽车部件有限公司
地址:沈阳市沈河区小西路 87 - 1 号
邮编:110013

电话:024/22782788、22782198
传真:22782181
网址:www.autolyp.com
电子信箱:autolyp@hotmail.com
质量体系:ISO 9001
产品情况:发动机及其零部件、制动器及其零部件、转向器零部件、变速器零部件、制动钳、汽缸盖、曲轴、凸轮轴、起动机、发电机、化油器、分电器、散热器、车灯、车身件
出口情况:出口中东、非洲、亚洲、欧洲、北美洲、南美洲、澳大利亚等国家和地区

★沈阳玄潭汽车部件有限公司
地址:沈阳市经济技术开发区4号街1甲2号
邮编:110027
电话:024/25377151
传真:25368276
网址:www.hyundam.com.cn
电子信箱:sonic@hyundam.com
质量体系:ISO/TS 16949、QS 9000
产品情况:燃油泵、燃油过滤器、压力调节器、传感器等
配套情况:为一汽轿车、北京现代、东风悦达起亚、一汽海马、广汽三菱等配套

★金发汽车钢圈制造有限公司
地址:沈阳市皇姑区塔湾街18号
邮编:110031
电话:024/86875913
传真:86876026
质量体系:ISO/TS 16949
产品情况:SY6480、中顺油箱,年产31580只

★沈阳北泰滤清器制造有限责任公司
地址:沈阳市皇姑区陵东乡东窑村
邮编:110033
电话:024/86673325、86671670
传真:86671678
网址:www.beitaichina.com
电子信箱:sybt_2006@163.com
产品情况:(沈滤牌)
汽车机油滤清器、空气滤清器、燃油滤清器等
配套情况:为金杯、天菱、四平收割机配套三滤,为鞍钢集团、本钢集团配套机车三滤及冶金过滤器等,是沈阳六零一所(黎明飞机研究所)定点生产液压过滤设备单位,辽宁电视台发射中心定点生产过滤单位,现与多家汽车厂商建立了广泛的业务关系

★沈阳东华汽车零部件有限公司
地址:沈阳市虎石台经济开发区兴隆街20号
邮编:110035
电话:024/89713003、89715115
传真:89717575
网址:www.sydonghua.com
电子信箱:hyn@sydonghua.com
质量体系:QS 9000
产品情况:(东华牌)
汽车发动机平衡轴,年产能力60万件
配套及出口情况:汽车发动机平衡轴为沈阳航天三菱汽车发动机、江淮汽车、奇瑞汽车、沈阳航天新光集团汽车发动机厂等配套;出口美国、马来西亚等国家

★沈阳航天新光集团有限公司
地址:沈阳市大东区东塔街1号
邮编:110043
电话:024/86562333、86562111
传真:86562588
网址:www.ht-xinguang.com
电子信箱:develop@ht-xinguang.com
质量体系:ISO/TS 16949、GJB 9001A
产品情况:各种汽油、柴油发动机总成,年产能力12万台;水泵、机油泵、缸体、缸盖、歧管、压铸件、高压点火线、塑料件及管件成型等汽车零部件,具备年产歧管40万件、缸盖40万台的生产能力
配套情况:为金杯汽车配套

★沈阳新光华晨汽车发动机有限公司
地址:沈阳市大东区东塔街1号
邮编:110043
电话:024/24317668
传真:84313599
网址:www.xghc.cn
质量体系:ISO/TS 16949
产品情况:(豹牌)
电喷发动机、XG491Q机型四缸8气门发动机、4G22D4机型四缸16气门发动机、4D20T新型柴油机
配套情况:主要为沈阳金杯海狮客车、北汽轻型货车及SUV越野车、河北中兴皮卡及SUV系列等国内知名品牌汽车配套

★沈阳航天新光汽车零部件有限公司
地址:沈阳市大东区东塔街3号
邮编:110043
电话:024/31981895-8805
传真:31981898
网址:www.htqc.net.cn
单位人数:110
质量体系:ISO/TS 16949
产品情况:汽车发动机进气歧管、进气接管等重力铸造铝合金产品
配套情况:主要客户有沈阳航天三菱汽车发动机、重庆长安铃木、奇瑞汽车、一汽四环汽车发动机有限公司等企业

★沈阳新光华翔汽车发动机有限公司
地址:沈阳市大东区东塔街3号
邮编:110043
电话:024/31265318、31265329
传真:24320497
网址:www.xgengine.cn
电子信箱:sales@xgengine.com
单位人数:300
质量体系:ISO/TS 16949
产品情况:(豹牌)
G4AC 1.3L柴油机、G4A0 1.3L汽油机-微型货车、G4A5双燃料(汽油、天然气)汽油机、1.3L G4BA2.7汽油机-微型货车、SUV/MPV越野G4CA 2.4L汽油机-微型货车、SUV、MPV越野等NEO1系列汽油机(2.0NA、2.0T、2.2T)-SUV、MPV轿车、越野车

★沈阳市黎明增压器制造有限公司
地址:沈阳市东陵区深井子街道民家社区22号
邮编:110043
电话:024/88066669
传真:88424123
电子信箱:info@lmturbo.com
质量体系:ISO 9001
产品情况:(沈黎牌、黎明牌)
涡轮增压器
配套及出口情况:为天津动力机厂、大连柴油机厂、山东富海柴油机厂、湖南柴油机厂、南通柴油机厂、贵阳柴油机厂、广西桂林柴油机厂、广东江门柴油机厂、浙江新柴动力公司等配套;出口日本等国家

★辽沈工业集团有限公司
地址:沈阳市大东区正新路42号
邮编:110045
电话:024/88261282
传真:88261207
网址:www.norincogroup.com.cn
电子信箱:liaoshen001@live.com
单位人数:10000
质量体系:ISO 9001
产品情况:汽车发动机、汽缸盖、汽缸体、平衡轴,压力容器等

★沈阳华铁汽车散热器有限公司
地址:沈阳市沈北新区马刚工业园
邮编:110123
电话:024/89751028
传真:89776228
网址:www.huatie.net
电子信箱:huatiejituan@126.com
质量体系:ISO/TS 16949
产品情况:(华铁牌)
汽车中冷器、散热器及其铝质冷却管、边板等主要构件
配套情况:为一汽哈轻、一汽长春客车、沈阳华晨金杯、金杯车辆、烟台舒驰客车、丹东黄海等汽车主机厂配套

★沈阳日新气化器有限公司
地址:沈阳市沈北新区道义经济开发区正良二路26号
邮编:110136
电话:024/89735320
传真:89731360
网址:www.nikkinet.co.jp
电子信箱:rxlwh2009@126.com
质量体系:ISO/TS 16949
产品情况:用于农用机具及小型发动机等的通用化油器
出口情况:出口日本、美国、欧洲

★沈阳华晨汽车有限公司发动机工厂
地址:沈阳市经济技术开发区8号路12号
邮编:110141
电话:024/31662105
传真:31662220
质量体系:ISO/TS 16949
产品情况:1.5T发动机1.8T发动机、BL1.8/2.0 CVVT发动机
配套情况:为华晨汽车配套

★沈阳博龙汽车部件制造有限公司
地址:沈阳市东陵区小羊西路60号
邮编:110179
电话:024/23787831
传真:23789312
电子信箱:gxb@libolong.cn
质量体系:ISO/TS 16949
产品情况:汽缸盖、汽缸体等发动机核心零部件,年产汽缸盖组件能力30余万台
配套情况:为韩国大宇、韩国现代、北汽福田环保动力、北汽发动机、秦皇岛津丰发动机、绵阳新晨动力、柳州五菱、珀金斯雷沃动力、台州吉奥动力、成都发动机配套

★沈阳航天新光三菱重工气门有限公司
地址:沈阳市浑南新区航天路10号
邮编:110179
电话:024/83783408
电子信箱:kezhi@xmev.cn
质量体系:ISO/TS 16949、ISO 9001
产品情况:发动机进/排气门

★沈阳航天三菱汽车发动机有限公司
地址:沈阳市浑南新区航天路6号
邮编:110179
电话:024/24303030
传真:23749048
网址:www.same.com.cn
电子信箱:same02430@samen.com.cn
负责人:竹森弘泰
单位人数:1826
质量体系:ISO/TS 16949、ISO 14001
产品情况:汽车发动机
配套及出口情况:为20多家整车厂配套;出口美国、中东、欧洲等多个国家和地区

★沈阳斯瓦特汽车零部件有限公司
地址:沈阳市浑南新区金仓路12号
邮编:110179
电话:024/24699996
传真:24699008
网址:www.swatchina.com
电子信箱:sales@swatchina.com
法人代表:郑江
负责人:赵成伟
单位人数:150
质量体系:ISO/TS 16949、ISO 14001
产品情况:(SWAT牌)
各种发动机排气歧管、废气再循环(EGR)阀及三元催化转化器
配套情况:为三菱汽车、广汽集团、上汽集团等供货

★辽阳市富祥曲轴有限公司
地址:辽宁省辽阳市经济开发区振兴路88号
邮编:111000
电话:0419/3160555、13941933355
传真:3174505
网址:www.lyfxqz.com
电子信箱:lyfsqz@163.com
质量体系:ISO 9001
产品情况:6缸、4缸、2缸等6大系列70多个规格品种的汽油发动机和柴油发动机球墨铸铁曲轴
配套情况:491曲轴为沈阳长城富祥内燃机公司生产的长城牌491Q型汽油机配套,装机于长城皮卡汽车

★辽宁新风企业集团有限公司
地址:辽宁省辽阳市首山镇朝阳街
邮编:111299
电话:0419/2638877、2638800
传真:2638877
网址:www.xfjier.com
电子信箱:offi@xfjier.com
法人代表:周凤威
负责人:周峰
单位人数:1180
质量体系:ISO/TS 16949
产品情况:柴油机燃油喷射系统等
配套情况:为中、轻型汽车配套

★辽宁顺兴重型内燃机曲轴有限公司
地址:辽宁省灯塔市张台子镇
邮编:111301
电话:0419/8155555、8155800
传真:8155900
电子信箱:lnsxqz@163.com
质量体系:ISO/TS 16949、ISO 9001
产品情况:(顺兴牌)
重型内燃机曲轴
配套及出口情况:为潍柴、潍柴重庆分公司、中国重汽、中机一拖、兵器华柴等配套;远销20多个国家和地区

★鞍山千华轴瓦制造有限公司
地址:辽宁省鞍山市鞍腾路小台子
邮编:114011
电话:0412/8921054、8920871
传真:8920871
网址:www.qfzhw.com
电子信箱:qf@qfzhw.com
质量体系:ISO 9001
产品情况:(千峰牌)
各种柴、汽油机轴瓦
配套情况:为一汽集团配套

★马勒发动机零部件(营口)有限公司
地址:辽宁省营口市西市区渤海大街西103号
邮编:115004
电话:0417/4892325
传真:4892322
网址:www.cn.mahle.com
电子信箱:cnyk@cn.mahle.com
质量体系:ISO/TS 16949、ISO 14001
产品情况:(营配牌)
汽车和摩托车用铸锻造毛坯件、汽油发动机和柴油发动机用活塞、轴瓦和轴套以及其他与发动机相关的零部件
配套及出口情况:为一汽-大众、美国通用、沈阳航天三菱、一汽轿车、北京比泽尔、韩国现代、日本小松、日本马自达、日本三菱、美国北极星、奇瑞、沈阳新光华晨、朝阳柴油机、扬柴、大柴、潍柴等供货;活塞环出口葡萄牙

★营口金霖实业有限公司
地址:辽宁省营口市仙人岛能源化工区中小企业园中纬路21号
邮编:115009
电话:0417/7849599、7849699
传真:7843989、7848499
网址:www.ybauto.com
电子信箱:ybauto@126.com
单位人数:600
质量体系:ISO/TS 16949、ISO 9000
产品情况:(永金牌)
各种车型液压制动泵,年产1000多万只
配套及出口情况:为多家汽车、农用车厂配套;出口多个国家

★盖州市汽车轴瓦有限责任公司
地址:辽宁省盖州市环城工贸园区8区1号
邮编:115200
电话:0417/7821362、13904170786
传真:7821998-808
网址:www.gzzw.com.cn
电子信箱:gzzw@vip.163.com
单位人数:100
质量体系:QS 9000、ISO 9002
产品情况:(繁荣牌)
汽车轴瓦、轴套

★盖州市银环轴瓦有限责任公司
地址:辽宁省盖州市太阳升工业园区
邮编:115200
电话:0417/7602379、7604004
传真:7604004
电子信箱:jiangfeng@0417.net
质量体系:ISO 9001
产品情况:(银环牌)
汽车发动机轴瓦与衬套,具有年产轴瓦570万片、衬套80万只的生产能力
配套情况:为一汽集团、大柴、东风朝柴配套

★大连大机汽车发动机有限公司
地址:辽宁省大连市甘井子区营城子镇
邮编:116036
电话:0411/86690433
电子信箱:djfdj@djqcfdj.com
产品情况:汽车发动机总成、汽缸体、汽缸盖,年产发动机总成能力3万台以上
配套情况:为一汽集团配套

★大连泉峰铸件有限公司
地址:辽宁省大连市旅顺区三涧堡镇洪家村
邮编:116043
电话:0411/86267021、86267087
传真:86267132
网址:www.dlqf.net
电子信箱:dalianquanfeng@163.com
负责人:王清泉
单位人数:110
产品情况:汽车柴油发动机增压系列、各种规格型号排气歧管、排气总管,年产量30万件;高强度耐热铸铁、球墨铸铁、蠕墨铸铁等熔炼加工和新产品的开发能力,年产铸件1500t
配套情况:为一汽集团大连柴油机厂、日本富士电机、日本电产等配套

★大连同泰汽车零部件有限公司
地址:辽宁省大连市金州区光明街道祥泰路9号
邮编:116100
电话:0411/87859950
传真:87859950、87859960
网址:www.townta.com
负责人:丁曦刚
单位人数:200
质量体系:ISO/TS 16949
产品情况:汽车消声器总成及附件、各种冲压件、旋压件、车用减振器及附件、大型模具设计与制造等;年供应消声器附件30万套以上;减振器附件可达到15万套以上,各类冲压件、机加工件产品可达到10万套以上
配套情况:是大众市场——宝来、红旗、高尔夫、速腾、迈腾、奥迪系列;沈阳市场——中华系列;江铃市场——全顺、陆风系列等轿车消声器、减振器部件的主要供应商

★天纳克-埃贝赫(大连)排气系统公司
地址:辽宁省大连市金州区祥泰路7号
邮编:116100
电话:0411/87205600
传真:87205601
网址:www.tenneco-eberspaecher.com
电子信箱:info@tenneco-eberspaecher.com
质量体系:ISO/TS 16949、ISO 14001
产品情况:汽车排气系统,消声器、催化转化器、排气歧管等
配套情况:为一汽-大众汽车公司的奥迪A4、A6L,沈阳华晨宝马公司的宝马3系及5系,上汽大众汽车公司的帕萨特1.8T和2.0L系列等配套

★天纳克同泰(大连)排气系统有限公司
地址:辽宁省大连市金州区祥泰路7号
邮编:116100
电话:0411/87830311、87832845
传真:87832061、87832845
网址:www.walker-dalian.com
电子信箱:ttec@tenneco.com
质量体系:QS 9000、ISO 9002
产品情况:消声器、催化转化器、排气歧管、排气系统附件等产品
配套情况:为一汽集团、一汽-大众(宝来、捷达、红旗、奥迪)、江铃全顺、金杯海狮、中华、国产雪佛兰及河北中兴皮卡等车型配套排气系统

★大连三丰换热器有限公司
地址:辽宁省瓦房店市松树镇
邮编:116302
电话:0411/85302368
传真:85306999
网址:www.wfd-lqq.com
质量体系:ISO 9001
产品情况:(星月牌)
具备年生产板翅式机油冷却器70万台,管片式机油冷却器5万台,板式换热器5万台的能力
配套及出口情况:油冷却器产品为重庆康明斯、珀金斯雷沃动力(天津)、一汽集团、一汽大柴、东风朝柴、青岛水箱厂等主机厂配套;出口20多个国家和地区

★大连创新齿轮箱制造有限公司
地址:辽宁省瓦房店市复州城镇新城街三段三号
邮编:116314
电话:0411/85102288、85101438
传真:85102855
网址:www.gearbox.cc
电子信箱:cxcxsg@163.com
质量体系:ISO/TS 16949、ISO 14001
产品情况:(CXC牌)
发动机正时齿轮,年产量300万件
配套情况:为一汽解放无锡柴油机厂、道依茨一汽(大连)柴油机、潍柴动力、东风朝柴、中国重汽杭州发动机和济南动力配套

★蒂森克虏伯发动机系统(大连)公司
地址:辽宁省大连市经济技术开发区泰和街22号
邮编:116600
电话:0411/39225888
传真:39225800
网址:www.thyssenkrupp-presta.com
电子信箱:zhiyu.hu@thyssenkrupp.com
质量体系:ISO/TS 16949、ISO 14001
产品情况:汽车发动机凸轮轴
配套及出口情况:为上汽大众、一汽-大众、长安福特、长安马自达、上海汇众、一汽解放、奇瑞、一汽轿车等配套;出口日本、欧洲、美国

★辽宁北方曲轴有限公司
地址:辽宁省本溪市小市镇铁东路70号
邮编:117100
电话:024/46825462、46823589
传真:46825127
电子信箱:28823988@163.com
单位人数:1052
质量体系:ISO/TS 16949、ISO 14001
产品情况:(BQ牌、本牌)
乘用车铸铁曲轴(成品、毛坯)和锻钢曲轴(成品);具备年产100万件铸铁曲轴(合计2万t),年产10万件锻钢曲轴的生产能力
配套及出口情况:主要顾客:东风悦达起亚、沈阳航天三菱汽车发动机、柳州五菱发动机、一汽解放无锡柴油机厂、昆明云内动力、成都云内动力、沈阳新光华晨汽车发动机、沈阳新光华翔汽车发动机、保定长城内燃机、东风裕隆、神龙汽车、东风朝阳柴油机等20多家主机厂;出口美国、日本、新加坡、印度尼西亚等国家

★辽宁五一八内燃机配件有限公司
地址:辽宁省丹东市北环路97号
邮编:118009
电话:0415/6158211、6158212
传真:6155677、6153379
网址:www.dd518c.com
电子信箱:lnwyb@dd518c.com
单位人数:2200
质量体系:ISO/TS 16949
产品情况:(丹牌)
锻钢曲轴、商品锻件,生产各类锻钢曲轴200多种,年产成品曲轴80万件
配套及出口情况:与潍柴、重庆康明斯、上柴、玉柴、道依茨一汽、天津雷沃动力,韩国斗山工程等企业配套;出口亚洲、欧洲、美洲等地区

★凤城市东方增压器有限责任公司
地址:辽宁省凤城市二龙山工业园
邮编:118100
电话:0415/8240277、8240177
传真:8238922
网址:dfturbo.com
电子信箱:dfturbo@dfturbo.com
质量体系:ISO 9001
产品情况:车用涡轮增压器
配套情况:为重庆康明斯等各大发动机企业配套

★凤城太平洋神龙增压器有限公司
地址:辽宁省凤城市凤城城区振兴街9号
邮编:118100
电话:0415/8133333、6815666
传真:6815777、6888777
电子信箱:shenlong@188.com
质量体系:ISO/TS 16949、ISO 9001
产品情况:(隆美尔牌)
涡轮增压器
配套及出口情况:为福田欧曼、上柴、湖南柴油机等配套,远销美国、英国、俄罗斯、马来西亚、也门、非洲等国家和地区

★凤城市凤凰增压器制造有限公司
地址:辽宁省凤城市凤盖路82号
邮编:118100
电话:0415/8267558、8269588
传真:8267686
网址:www.turbofh.com
电子信箱:sprm2005@126.com

董事长:曹凤军
质量体系:ISO/TS 16949、ISO 9001
产品情况:涡轮增压器及零配件
配套及出口情况:为无锡四达集团、沈阳双福内燃机厂、吉林柴油机厂、南充柴油机等多家柴油机生产厂家配套;远销美国、意大利、西班牙、新加坡、马来西亚、泰国、俄罗斯、波兰、伊朗、伊拉克等国家

★凤城市格汝特汽研有限责任公司
地址:辽宁省凤城市凤凰城管理区北山路1号
邮编:118100
电话:0415/8155157
传真:8155177
质量体系:ISO/TS 16949
产品情况:发动机化油器

★凤城市东晟增压器有限公司
地址:辽宁省凤城市凤凰城区凤铧街48号
邮编:118100
电话:0415/8241999
传真:8231886
网址:www. dsturbo. com. cn
电子信箱:dsturbo@ live. cn
质量体系:ISO/TS 16949、ISO 9001
产品情况:涡轮增压器
出口情况:出口韩国、泰国、马来西亚、印度、土耳其、伊拉克、法国、埃及、德国、乌克兰、以色列、美国、阿根廷、叙利亚等中东及东南亚、非洲、欧美国家和地区

★凤城市华增增压器有限公司
地址:辽宁省凤城市凤山管理区龙泽一号楼
邮编:118100
电话:0415/8264777
传真:8264778
电子信箱:2250639362@ qq. com
质量体系:ISO 9001
产品情况:涡轮增压器
配套及出口情况:为北京北内柴油机、贵州启力柴油机、天津天动等配套;出口欧洲、美洲、中东等多个地区

★东港威远油泵油嘴有限公司
地址:辽宁省东港市孤山镇中大街236号
邮编:118313
电话:0415/7512477、7512331
传真:7516407
网址:www. dgweiyuan. com
电子信箱:webmaster@ dgweiyuan. com
质量体系:ISO 9001
产品情况:(WY 牌、港牌)
柴油机偶件和精密孔、轴类、液压阀等相关产品
出口情况:出口欧洲、俄罗斯、东南亚、迪拜等十几个国家和地区

★锦州市龙泉汽车水泵厂
地址:辽宁省锦州市锦义街212号
邮编:121000
电话:0416/7167288
传真:4669788
质量体系:ISO/TS 16949、ISO 9001
产品情况:(奇峰牌)
具有年产汽车冷却水泵60万台、机油泵30万台的生产能力

★锦州光和密封实业有限公司
地址:辽宁省凌海市双羊镇兴隆中小企业园区
邮编:121213
电话:0416/8305996、8305997
传真:8305991
网址:www. jzghmf. com
电子信箱:jzhmf@ 163. com
单位人数:540
质量体系:ISO/TS 16949、QS 9000
产品情况:(旭光牌)
各种密封垫片、旋压皮带轮;年产各种密封垫片1000余万件,旋压皮带轮100余种
配套情况:为一汽大柴、一汽锡柴、朝柴、玉柴机器、潍柴、中国重汽、云内动力、全柴、长安汽车、五菱柳机、东安动力、东安三菱、奇瑞汽车、沈阳三菱、沈阳新光、长城汽车、江淮汽车、昌河铃木、重庆渝安等20余家大型发动机生产厂提供配套产品;皮带轮主要供应阜新德尔、东安动力、东安三菱、五菱柳机、大连液压件、一汽四环、浙江全兴、龙基三泵、锦州万德等客户

★朝阳东风柴油机配件有限责任公司
地址:辽宁省朝阳市龙江路4段207号
邮编:122000
电话:0421/3710786
传真:3710786
网址:www. cypj. net
电子信箱:cypjgs@ 126. com
单位人数:400
质量体系:ISO/TS 16949
产品情况:(CY 牌)
飞轮壳、齿轮室、压气泵、齿轮箱、机冷器等发动机零部件,轮毂、制动鼓等汽车零部件
配套及出口情况:为东风朝柴等配套;远销德国、美国等国家

★朝阳朗瑞发动机节能科技有限公司
地址:辽宁省朝阳市高新技术园区一期标准化厂房37号
邮编:122000
电话:0421/7221166
传真:7221177
电子信箱:ln_zylr@ 163. com
质量体系:ISO/TS 16949、ISO 9001
产品情况:柴、汽油车油液预热系统

★东风朝阳朝柴动力有限公司
地址:辽宁省朝阳市黄河路三段51号
邮编:122000
电话:0421/2720036
传真:2720131
网址:www. dcd. com. cn
电子信箱:xsgs_fwk@ dcd. com. cn
法人代表:张振勇
负责人:文广
单位人数:1371
质量体系:ISO/TS 16949、ISO 14000
产品情况:(朝柴牌)
102、3L、D、4DF、燃气5大系列柴油机产品
配套及出口情况:为东风汽车公司、江淮汽车公司等100多家汽车制造企业配套;2015年单机或随整车出口2000台左右;出口澳大利亚、俄罗斯、乌克兰、波兰、巴西、委内瑞拉、哥伦比亚、安哥拉、秘鲁、土耳其、肯尼亚、南非、希腊、缅甸、越南、朝鲜、玻利维亚

★辽宁戈梅达曲轴有限公司
地址:辽宁省朝阳市西大营街31号
邮编:122004
电话:0421/3300818
传真:3300005
电子信箱:lngmd@ 126. com
质量体系:ISO 9001
产品情况:(朝配牌)
朝柴6102、4102、大柴6110、4110、锡柴6113、4110、南充6102、风神6102、扬柴4102、4105、玉柴、康明斯、斯太尔、云内等91种曲轴
配套情况:为东风朝阳柴油机配套

★凌源鸿益油泵配件有限公司
地址:辽宁省凌源市万元店镇大朱科街1号
邮编:122500
电话:0421/6953189
质量体系:ISO 9001
产品情况:各种燃油泵用的凸轮轴产品
配套情况:为北京亚新科天纬油泵油嘴、潍坊恒远油泵油嘴、汉中油泵配件、衡阳油泵等配套

吉林省

★长春市九龙机械有限公司
地址:长春市朝阳开发区中小企业孵化基地
邮编:130011
电话:0431/87099608
传真:87091858
电子信箱:shiyy@ 52qp. com
质量体系:ISO/TS 16949
产品情况:无褶皱消声器、进排气管
配套情况:为重型车、中型车、轻型车及客车底盘厂、一汽山东汽车改装厂、一汽锻造公司配套

★一汽巴勒特锻造(长春)有限公司
地址:长春市东风大街83号
邮编:130011
电话:0431/85907712
传真:85901775
电子信箱:jyb2_dz@ faw. com. cn
质量体系:ISO/TS 16949

产品情况:(一汽牌)

前轴、曲轴、链板节、轿车变速器齿轮、轮毂等

配套情况:前轴为一汽解放配套,曲轴为一汽发动机配套,链板节为天津亚实配套,轿车变速器齿轮为一汽－大众配套,轿车轮毂为北京日进配套

★一汽铸造有限公司铸造二厂

地址:长春市绿园区东风大街153号
邮编:130011
电话:0431/85901602
传真:85901601
网址:www.faw－foundry.com.cn
电子信箱:jsb_fc@faw.com.cn
质量体系:ISO/TS 16949、VDA 6.1
产品情况:供应大众轿车系列的EA113(06A)缸体、EA111缸体和EA888Ⅱ缸体等铸件,供应一汽轿车的4GB缸体、4GC自主缸体毛坯铸件
配套情况:为一汽集团、一汽－大众、一汽轿车、沈阳三菱、天津一汽等配套

★一汽铸造有限公司铸造一厂

地址:长春市绿园区东风大街68号
邮编:130011
电话:0431/85751101、85907539
传真:85901352
电子信箱:yxk_zz@faw.com.cn
质量体系:ISO/TS 16949、VDA 6.1
产品情况:汽缸体、汽缸盖、变速器、排气管、后桥壳、减速器壳、轮毂等铸件毛坯,年产能力20万t
配套情况:为吉利汽车、一汽富奥、一汽集团、一汽－大众、长春一汽四环集团车桥部件厂、新光华晨、丹东曙光车桥、吉林大华机械、大连大机汽车发动机、奇瑞汽车、一汽轿车、上海华普、曙光汽车集团、小松小山(日本)、EATON公司(美国)、美国CMP公司、美国约翰迪尔公司、意大利DANA公司等供货

★一汽铸造有限公司有色铸造分公司

地址:长春市绿园区和平大街19号
邮编:130011
电话:0431/87977981
传真:87971474
网址:www.faw－foundry.com.cn
电子信箱:qgbl_cqf@faw.com.cn
质量体系:VDA 6.3、QS 9000
产品情况:两阀缸盖、EA888缸盖、EA111缸盖、3GA2缸盖、TA1缸盖、4GB缸盖、4GC缸盖、4GD缸盖、4GD缸体、V6缸体等产品
配套情况:为一汽－大众、一汽轿车等配套

★长春富维伟世通汽车电子有限公司

地址:长春市汽车产业开发区自立街395号
邮编:130011
电话:0431/85124004
传真:85742949
网址:www.ccjcfe.com
电子信箱:ylei3@visteon－jv.com
质量体系:ISO/TS 16949
产品情况:(GUOTENG牌)

多功能组合仪表、车身控制模块、网关、电子钟、点火线圈、报警指示灯等

配套情况:主要客户有一汽－大众、一汽轿车、上汽大众等;配套的车型主要有:红旗H7、迈腾B7L、迈腾CC、新帕萨特、高尔夫、速腾、宝来、捷达等

★富奥汽车零部件股份有限公司

地址:长春市西新经济技术开发区东风南街777号
邮编:130011
电话:0431/85127800
传真:85122776
网址:www.fawer.com.cn
法人代表:金毅
负责人:叶凡
单位人数:11599
质量体系:ISO/TS 16949
产品情况:(富奥牌)

散热器总成、中冷器总成、膨胀箱总成、暖风总成、空调总成、蒸发器总成、冷凝器总成、传动轴总成、变速操纵机构、制动阀类、差速锁总成、离合器总泵、制动凸轮、变速器润滑油泵、制动踏板总成、离合器踏板、差速器壳体、制动盘、驻车制动器总成、减振器、钢板弹簧、空气悬架导向臂、底盘支架、螺旋弹簧、稳定杆、副车架、后桥体、控制臂、稳定杆连接杆、车轮轮毂、后轮毂轴、发动机横梁总成、车轮支架、纵臂、转向节、底盘装配、油泵、水泵、空压机、燃油输油泵总成、电动汽油泵总成、涡轮增压器总成等

配套及出口情况:主要客户:一汽－大众、一汽解放、一汽轿车、一汽丰田、一汽夏利、一汽客车、一汽吉汽、一汽通用、上汽大众、上汽通用、东风神龙、沈阳华晨、广州风神、奇瑞汽车、中国重汽、北方奔驰、济南重汽、安徽华菱、长安、奇瑞、长城等30多家企业配套;远销美国、法国、意大利、韩国、日本和中东等十几个国家和地区

☞详细情况请参阅彩色宣传版面

★长春一汽四环集团有限公司

地址:长春市振兴路593号
邮编:130011
电话:0431/85759026
电子信箱:jinying@faw－sihuan.com.cn
质量体系:ISO/TS 16949、ISO 14001
产品情况:排气系统、散热器格栅、制动器总成、汽车动力转向泵、动力转向油罐、EPS/电动助力转向、车身线束、车身电子、门扣手、车身标牌、地毯、行李舱等

★富奥伟世通汽车热交换(长春)有限公司

地址:长春市长虹大路999号
邮编:130013
电话:0431/85127388
传真:85127300
网址:www.fawer.com.cn
质量体系:ISO/TS 16949、ISO 14001
产品情况:全自动汽车空调、全铝钎焊式散热器、铝装配式散热器和暖风等
配套及出口情况:主要业务客户有一汽－大众、一汽轿车、上汽大众、长安福特、沃尔沃等;部分产品出口欧美、东南亚市场

★长春曼胡默尔富维滤清器有限公司

地址:长春市经济技术开发区昆山路4555号
邮编:130013
电话:0431/85808305
传真:84633230
网址:www.mann－hummel.com
电子信箱:infomccn@mann－hummel.com
质量体系:ISO/TS 16949、ISO 14001
产品情况:压缩机用、工程机械用工业滤清器、空气滤清器、机油滤清器、燃油滤清器、空气干燥罐等
配套及出口情况:为一汽解放、一汽轿车、一汽－大众、一汽青岛、一汽锡柴、潍柴、重汽、WABCO等主机厂配套;出口德国、巴西、新加坡、印度

★长春一汽四环发动机制造有限公司

地址:长春市汽车产业开发区腾飞大路2128号
邮编:130013
电话:0431/89810020、89810066
传真:89810019、87689969
电子信箱:yqshfdj@163.com
质量体系:ISO/TS 16949、ISO 9001
产品情况:汽油发动机,汽油天然气两用燃料、单燃料天然气发动机,柴油机
配套情况:为一汽集团哈尔滨轻型车厂、一汽客车、重庆宇通、重庆力帆、成都一汽、河北长安、跃进汽车底盘分公司、洛阳宇通、牡丹汽车、江苏友谊汽车、东风襄樊旅行车、东风客车底盘、少林汽车、江淮汽车、万达客车等供货

★一汽解放汽车有限公司发动机分公司

地址:长春市汽车经济技术开发区乙一路以北
邮编:130013
电话:0431/81279072
传真:81279061
网址:www.fawjiefang－engine.com
电子信箱:bgs_fdj@faw.com.cn
单位人数:730
质量体系:ISO/TS 16949、GB/T 24001
产品情况:解放中重型货车CA6DL、CA6DM、CA6DN、DEUTZ等系列柴油发动机的连杆、曲轴、活塞销,变速器齿轮、分离叉、滚轮轴、弯管、套管及CA6102汽油机曲轴、活塞销等系列车用产品
配套情况:是无锡柴油机厂和大连道依茨柴油机有限公司指定配套的企业

★长春佛吉亚排气系统有限公司
地址:长春市朝阳区玉民路2088号
邮编:130022
电话:0431/85021717
网址:www. faurecia. com
质量体系:ISO/TS 16949
产品情况:轿车消声器及净化器
配套情况:为一汽-大众、一汽轿车配套

★长春华翔轿车消声器有限责任公司
地址:长春市工业经济开发区育民路2088号
邮编:130022
电话:0431/85011551、85011555
传真:85011553
网址:www. huaxianggroup. com
单位人数:1300
质量体系:ISO/TS 16949、VDA 6.1
产品情况:中高档轿车消声器、净化器、车身冲压焊接零部件、SSWWZ系列十字轴式重型万向联轴器
配套情况:为一汽、一汽-大众、上汽大众等主机厂配套

★一汽丰田(长春)发动机有限公司
地址:长春市经济技术开发区
邮编:130033
电话:0431/84826306
传真:84665352
网址:www. toyota. com. cn
质量体系:ISO 9001
产品情况:V6汽油发动机,年产能力13万台
配套情况:为天津一汽丰田配套

★马勒东炫滤清器天津公司长春分公司
地址:长春市经济技术开发区常德路1800号
邮编:130033
电话:0431/85851900
传真:85851905
网址:www. cn. mahle. com
质量体系:ISO/TS 16949
产品情况:各种滤清器

★长春科德宝·宝翎滤清器有限公司
地址:长春市经济技术开发区昆山路3315号
邮编:130033
电话:0431/84612235
传真:84612325
网址:www. micronair. com. cn
电子信箱:fvfcmarket@ fvcsz. com
质量体系:ISO/TS 16949、ISO 9001
产品情况:汽车发动机空气滤清器、空调滤清器等
配套情况:为一汽集团、一汽-大众、奇瑞汽车、北汽福田、沈阳金杯、北奔重汽、安徽华菱、南京汽车集团等配套

★长春富奥汽车机电有限公司
地址:长春市经济技术开发区扬州街1399号
邮编:130033
电话:0431/84844533、84844567
传真:84844565
网址:www. fawerjd. com
电子信箱:bgs@ fawer-lion. com
质量体系:ISO/TS 16949
产品情况:电动汽油泵、节气门体、压铸件、化油器、涡轮增压器等
配套情况:主要为天津一汽夏利、一汽吉林、沈阳华晨、一汽轿车、哈尔滨东安动力、哈尔滨东安发动机、一汽光洋、一汽丰田、一汽技术中心等配套

★长春富奥石川岛增压器有限公司
地址:长春市经济技术开发区洋浦大街3377号
邮编:130033
电话:0431/85823387
传真:85823389
网址:www. fawer. com. cn
电子信箱:zhuhong_sj@ 163. com
质量体系:ISO/TS 16949
产品情况:汽车内燃机用涡轮增压器

★长春考泰斯兰宝塑料制品有限公司
地址:长春市深圳街1156号
邮编:130033
电话:0431/84659440
传真:84633443
质量体系:ISO 14001、ISO/TS 16949
产品情况:汽车塑料燃油箱
配套情况:为捷达、宝来、奥迪、马自达、上汽通用配套

★一汽装备-龙山汽车部件有限公司
地址:长春市宽城区青年路3458号
邮编:130052
电话:0431/85805271
传真:86156537
电子信箱:zhc_zdgs@ 163. com
质量体系:ISO/TS 16949
产品情况:硅油风扇离合器

★凯世曼东方铸造(长春)有限公司
地址:长春市绿园区台北大街2511号
邮编:130052
电话:0431/82912263
传真:82919774
电子信箱:ksmdf@ sina. com
质量体系:ISO/TS 16949、VDA 6.1
产品情况:丰田轿车转向器、一汽-大众奥迪发动机右支架、一汽-大众捷达变速器壳体、奥迪发动机悬置左支架、宝来变速器支架,东安发动机离合器壳体、捷达转向器壳体等,年产量7300t
配套情况:为一汽-大众、哈尔滨东安发动机、一汽海马动力、一汽光洋转向装置和大众一汽发动机(大连)公司配套

★一汽铸造有限公司
地址:长春市绿园区和平大街1281号
邮编:130062
电话:0431/85758096
传真:85758096
网址:www. faw-foundry. com. cn
电子信箱:zhaoguichun_fc@ faw. com. cn
质量体系:ISO/TS 16949、VDA 6.1
产品情况:缸体、缸盖、前后桥壳、排气歧管、曲轴、凸轮轴、飞轮及飞轮壳体、变速器壳体、减速器壳、水泵壳、制动盘等铸铁件,缸盖、进气歧管、气门室罩盖、齿轮室罩盖、转向器壳体、变速器和离合器外壳等铝合金件,转向盘骨架、气门室罩盖等镁合金件,凸缘、变速拨叉等铸钢件;年产能力35万t
配套情况:为一汽-大众等配套

★吉林大华机械制造有限公司
地址:长春市高新技术产业开发区超然街2555号
邮编:130103
电话:0431/85157888、85157979
传真:85157809
网址:www. dahuajl. com
电子信箱:dahua@ dahuajl. com
质量体系:ISO/TS 16949、VDA 6.1
产品情况:(吉华牌)
飞轮齿环总成
配套情况:是通用、大众、戴姆勒、菲亚特、三菱、雷诺、福特、一汽、上汽、东风汽车等国际、国内著名汽车生产商的供应商

★农安县兴达汽车制管厂
地址:长春市汽贸城89栋汽配大厦二楼五排五号
邮编:130216
电话:0431/87630936
传真:86109707
产品情况:波纹管、消声器、进排气歧管等
配套情况:为一汽集团配套

★吉林辉虎环保设备有限公司
地址:吉林省吉林市高新区南山街大庆路108号
邮编:132013
电话:0432/64689215、64621216-801
传真:63067079
网址:www. jlhuihu. cn
电子信箱:jlhhhbgs@ 126. com
单位人数:120
质量体系:ISO/TS 16949、GB/T 18305
产品情况:催化器、净化器、冲压件生产线、塑料油箱等
配套情况:为一汽集团的吉林轻型车厂、哈尔滨轻型车厂、一汽解放公司等配套

★吉林艾瑞环保技术有限公司
地址:吉林省吉林市高新区深圳东路777号
邮编:132013
电话:0432/66528866
产品情况:汽车三元催化器、消声器及管件
配套情况:为一汽轿车、一汽吉林汽车、一汽大发(吉林)车身部件配套

★公主岭市祥达汽车配件厂
地址:吉林省公主岭市杨大城子东大街8号
邮编:136129
电话:0434/6611728
传真:6612598
电子信箱:xiangdaqipei@126.com
质量体系:ISO 9001
产品情况:(祥达牌)
硅油风扇离合器
配套及出口情况:为一汽配套轻、中型汽车硅油风扇离合器;远销东南亚、中东、意大利、南非、印度、美国等国家和地区

★富奥汽车零部件股份公司泵业分公司
地址:吉林省辽源市福镇大街26号
邮编:136200
电话:0437/6146444、6146559
传真:6146588、6146789
网址:www.fawer.com.cn
单位人数:905
质量体系:ISO/TS 16949、VDA 6.1
产品情况:主要生产:发动机附件,产品有空压机、水泵、机油泵、机油滤支架总成、燃油输油泵;底盘部件,有离合器总泵/分泵、轴间差速锁等
配套及出口情况:为捷达、奥迪、宝来、高尔夫、迈腾、速腾、红旗、帕萨特、POLO、斯柯达明锐、奇瑞轿车、解放系列货车、斯太尔重型货车、福田轻型货车等配套;部分产品出口美国、意大利等国家

★白城中一精锻股份有限公司
地址:吉林省白城市明仁北街30号
邮编:137000
电话:0436/3266072、3266064
传真:3266161
电子信箱:gengtao@zhongyijingduan.com
质量体系:ISO/TS 16949、VDA 6.1
产品情况:(中牌)
发动机连杆毛坯精密锻件、连杆总成、精密模具
配套情况:为一汽集团、一汽-大众、上汽大众、哈尔滨东安、长安汽车、沈阳航天三菱、奇瑞汽车、东风雪铁龙等配套

黑龙江省

★哈尔滨艾瑞汽车排气系统有限公司
地址:哈尔滨市平房区威海路19号
邮编:150060
电话:0451/58561265、58561269
传真:58561268
网址:www.chinaairui.com
电子信箱:market@chinaairui.com
质量体系:ISO/TS 16949、ISO 14001
产品情况:(艾瑞牌)
消声器、三元催化器、加油管、排气歧管、差速器壳体、发动机水管等,年产能力60万套
配套情况:为一汽丰田、一汽轿车等汽车厂和东安三菱等发动机厂配套

★哈尔滨东安汽车发动机制造有限公司
地址:哈尔滨市开发区哈平路集中区征仪南路6号
邮编:150060
电话:0451/86810519
传真:86815985
网址:www.dae.cc
电子信箱:ghfz@dae.cc
法人代表:邹文超
负责人:赵非
单位人数:1380
质量体系:ISO/TS 16949
产品情况:(DAE牌)
主要从事引自日本三菱汽车的4G1和4G9两大系列排量为1.3~2.0L汽油发动机和自动变速器(4AT、5AT)及手动变速器(MT)产品研制、开发、生产和销售
配套情况:为比亚迪汽车F3、F3R、G3;东南汽车蓝瑟、菱悦、希旺;柳汽景逸、风行菱智;哈飞汽车赛马、赛豹、路尊;众泰汽车众泰2008、众泰5008;北汽福田迷迪;广汽三菱飞腾、CS7;华晨汽车骏捷;江淮汽车同悦、同悦RS、和悦、和悦RS;浙江永源风景线、A380;台湾中华VERYCA;青年莲花L3等国内多家车厂和车型配套

★哈尔滨东安发动机(集团)有限公司
地址:哈尔滨市平房区保国大街51号
邮编:150066
电话:0451/86572114、86574563
传真:86502266
网址:www.dongangroup.cn
电子信箱:xmb@dongangroup.cn
质量体系:ISO 9001
产品情况:(东安牌)
发动机
配套及出口情况:为哈飞汽车、昌河汽车、一汽集团、陕飞、比亚迪汽车、东南汽车等配套;与美国GE公司、GOODRICH公司、英国罗罗公司、法国欧直公司、法国SNFA公司、意大利AVIO公司和德国ZFL公司建立了广泛而密切的联系

★哈尔滨东安汽车动力股份有限公司
地址:哈尔滨市平房区保国大街53号
邮编:150066
电话:0451/86572123、86574590
传真:86526770、86505502
网址:www.daae.com.cn
质量体系:ISO/TS 16949
产品情况:(东安牌)
DA462、465Q、468QL、471QL等系列微型汽车电喷发动机
配套情况:为哈飞汽车、昌河汽车、陕西汉江、一汽吉轻、奇瑞汽车等配套

★哈尔滨东安实业发展有限公司
地址:哈尔滨市平房区集智街1号
邮编:150066
电话:0451/86571777
传真:86513322
电子信箱:dasyfz@sina.com
质量体系:ISO/TS 16949
产品情况:油封、气门油封、高压燃油管、发动机缸盖、摇臂总成、气门室罩、连杆、进气歧管、变速器、涡轮增压器、离合器壳体、换挡手柄总成等
配套情况:为东安集团、哈飞汽车、东安三菱、上汽通用五菱、一汽轿车、海马汽车、奇瑞汽车、比亚迪等配套

★哈尔滨千秋实业有限公司
地址:哈尔滨市平房区平房路238号
邮编:150066
电话:0451/86520228、86520238
传真:86507018
质量体系:ISO 9001
产品情况:哈航集团配套生产汽车零部件、汽车冲压件、汽车锻压机、各种焊接件
配套情况:为哈航集团配套

★哈尔滨东安液压机械有限公司
地址:哈尔滨市平房区平房镇镇西新村二道街13号
邮编:150066
电话:0451/86576486、86576933
传真:86579864
电子信箱:tzq@donganyy.com
质量体系:ISO/TS 16949
产品情况:(TDJ牌)
发动机自动液压张紧器,变速器拨叉、轴,离合器分泵等
配套情况:为东安集团、哈飞汽车、东安三菱、唐山爱信、长城汽车、浙江中马等配套

★哈尔滨天朗汽车配件有限公司
地址:哈尔滨市道里区机场路4公里处
邮编:150070
电话:0451/84326389、13936264499
传真:84326380
网址:www.hrbtanlon.com
电子信箱:tanlon1@126.com
质量体系:ISO 9001
产品情况:空气、机油、燃油滤清器,软质PU滤清器、硬质PP滤清器

★哈尔滨瑞成滤清器有限公司
地址:哈尔滨市道里区龙化路9号
邮编:150070
电话:0451/84366835、84369856
传真:84366836
质量体系:ISO 9001
产品情况:空气、机油、柴油滤清器,软质PU滤清器、硬质PP滤清器等

★哈尔滨爱迪压铸有限公司
地址:哈尔滨市南岗区学府路191号
邮编:150086
电话:0451/86651932
传真:86660154
电子信箱:idyz@ sohu. com
质量体系:ISO/TS 16949、ISO 9001
产品情况:(ID牌)
　汽车发动机铝合金压铸配套件
配套情况:为东安动力配套

★哈尔滨东安力源活塞有限公司
地址:哈尔滨市开发区哈平路集中区大连路A-6段
邮编:150800
电话:0451/86818188、86786111
传真:86816444
网址:www. liyuangroup. cn
电子信箱:dalysale@ liyuangroup. cn
质量体系:ISO/TS 16949
产品情况:、462-1A、462-1A2/D、462Q、465Q、468QL、471QL、4G13(471Q)、4G18(476)等各种型号的活塞,并承担对外加工
配套情况:为东安动力、东安三菱配套

★佳木斯畅通汽车零部件有限公司
地址:黑龙江省佳木斯市光复路1877号
邮编:154000
电话:0454/8653456、13359631888
传真:8568600
网址:www. jmsct. com
电子信箱:jmsct@ 163. com
单位人数:570
质量体系:ISO/TS 16949
产品情况:(龙佳牌)
　汽车发动机进/排气歧管及总成
配套及出口情况:主要客户有一汽、福田汽车、雷沃动力、江西五十菱、沈阳金杯、柳州五菱、台州吉奥等20余户厂家;远销中东、南非、印度、越南等国家和地区

上海市

★上海科尔本施密特活塞有限公司
地址:上海市芦定路271号
邮编:200062
电话:021/52809361
传真:52802011
网址:www. saicgroup. com
电子信箱:ksspsale@ public1. sta. net. cn
质量体系:ISO/TS 16949、VDA 6.1
产品情况:汽油机及柴油机活塞、活塞环及销
配套情况:为上汽大众、一汽-大众、上汽通用、天津一汽丰田、长安福特、长安马自达、东风康明斯等配套

★恒天凯马股份有限公司
地址:上海市中山北路1958号6楼
邮编:200063
电话:021/62035587
传真:62030851
网址:www. kama. com. cn
产品情况:(LAIDONG牌)
　载货汽车、中小功率多用途柴油机、工程(矿山)机械、机床等

★上海伊铭增压器制造有限公司
地址:上海市杨浦区民治路7号18号楼302室
邮编:200093
电话:021/55231305
传真:55231272
网址:www. yimturbo. com
电子信箱:yimturbo@ yimturbo. com
质量体系:ISO/TS 16949、ISO 9001
产品情况:废气涡轮增压器
配套情况:为上柴、康明斯、大柴、重汽集团、锡柴、玉柴、云内、南京汽车集团、江铃四达集团等配套

★克康(上海)排气控制系统有限公司
地址:上海市浦东外高桥富特西三路77号
邮编:200131
电话:021/51166503
传真:50461921
网址:www. katcon. com
质量体系:ISO/TS 16949、ISO 14001
产品情况:汽车用三元催化转换器,年设计生产能力为90万套三元催化转换器总成
配套情况:为上汽通用、五十铃泰国汽车、华晨汽车、江淮汽车、重庆长安等配套

★考泰斯(上海)塑料技术有限公司
地址:上海市外高桥保税区富特中路8号
邮编:200131
电话:021/50462868
传真:50460891
网址:www. textron. com. cn
产品情况:全套汽车燃油系统、各类汽车配件、农业机械产品用油箱

★上海博众汽油机有限公司
地址:上海市浦东江东路1992弄251号
邮编:200137
电话:021/58649500、13801606062
传真:58649505
网址:www. shbozhong. com
电子信箱:webmaster@ shbozhong. com
质量体系:ISO/TS 16949、VDA 6.1
产品情况:摩托车发动机;轿车变速器零件和发动机零件(发动机支架、减速器壳体、前油封凸缘、润滑油轨总成、机油盘总成、进气管总成、支架总成、水泵壳体等)
配套情况:为上汽大众、一汽-大众、上海采埃孚转向机等配套

★上海伊顿发动机零部件有限公司
地址:上海市长宁区临虹路280弄3号
邮编:200335
电话:021/52000099
传真:52000500
网址:www. eaton. com
电子信箱:chinaweb@ eaton. com
质量体系:ISO/TS 16949
产品情况:各类汽车、柴油机、摩托车用发动机气门及液压挺杆等零部件
配套情况:为上汽大众、上汽通用等配套

★上海气门厂有限公司
地址:上海市万安路333号
邮编:200434
电话:021/65423225
传真:65422895
质量体系:ISO 9001
产品情况:(七零牌)
　各种内燃机进排气门
配套情况:为全国60多家主机厂配套

★上海柴油机股份有限公司
地址:上海市杨浦区军工路2636号
邮编:200438
电话:021/65745656、60652541
传真:65749845、65245953
网址:www. sdec. com. cn
电子信箱:office@ sdecie. com
单位人数:4000
质量体系:ISO/TS 16949、QS 9000
产品情况:(东风牌)
　D114、C121、135(G128)三大系列柴油机、LPG、天然气、二甲醚以及双燃料发动机等

★上海普安柴油机有限公司
地址:上海市宝山区振园路125号
邮编:200444
电话:021/60253504
传真:60253504
网址:www. shpuan. com
电子信箱:songdm@ shpuan. com
单位人数:58
质量体系:ISO/TS 16949
产品情况:(普安牌)
　大功率电控柴油机,排量为10.964L、14.618L,功率范围覆盖360~460Ps,排放满足国Ⅲ、国Ⅳ标准

★上海众力汽车部件有限公司
地址:上海市闵行区顾戴路3099号
邮编:201100
电话:021/54889038
传真:54881810
电子信箱:info@ zlc. com. cn
质量体系:ISO/TS 16949、QS 9000
产品情况:(众力(ZhongLi)牌)
　发动机悬置、底盘减振件、底盘模块、塑料内外饰件等
配套情况:为一汽海马、天津一汽丰田、广汽丰田、上汽通用、美国通用、美国克莱斯勒等配套

目 录 CONTENTS

中国优秀零部件及设备供应商推荐

中信戴卡股份有限公司
浙江亚太机电股份有限公司
山东大柴缸体缸盖股份有限公司
湖北三环离合器有限公司
北京海纳川汽车部件股份有限公司
博世汽车柴油系统股份有限公司
联合汽车电子有限公司
延锋汽车饰件系统有限公司
风帆股份有限公司
中国石油润滑油公司
上海沪工汽车电器有限公司
江苏皓月汽车锁股份有限公司
山东同创汽车散热装置股份有限公司
浙江龙生汽车部件股份有限公司
富奥汽车零部件股份有限公司
内江金鸿曲轴有限公司
南方英特空调有限公司
河北亚大汽车塑料制品有限公司
东风电子科技股份有限公司
上海汽车制动系统有限公司
泰乐玛汽车制动系统(上海)有限公司
西格迈股份有限公司
四川川南减震器集团有限公司
中国重汽集团重庆燃油喷射系统有限公司
采埃孚(中国)投资有限公司
长春一汽富晟集团有限公司
浙江三花汽车零部件有限公司
山东厚丰集团公司
湖北美标汽车制冷系统有限公司
上海小糸车灯有限公司
上海汇众萨克斯减振器有限公司
怀集登云汽配股份有限公司
四川绵阳三力股份有限公司
深圳市航盛电子股份有限公司
自贡市江阳磁材有限责任公司
重庆奥兴嘉科技有限公司
江苏晨阳电光源有限公司
重庆卓汇环保科技有限责任公司
上海汽车地毯总厂有限公司
博世汽车部件(苏州)有限公司
浙江中马传动股份有限公司
上海世德子汽车零部件有限公司
汇润机电有限公司
宜宾三江机械有限责任公司
山东万达宝通轮胎有限公司
隆基集团有限公司
北方凌云工业集团有限公司
一汽解放汽车有限公司无锡柴油机厂
科世达(上海)管理有限公司
惠州市德赛西威汽车电子股份有限公司
重庆建设车用空调器有限责任公司
天永机械电子(上海)有限公司
江苏亨通电子线缆科技有限公司
重庆超力高科技股份有限公司
空调国际(上海)有限公司
深圳市五株科技股份有限公司
建新赵氏集团有限公司
郎溪飞马工业织品有限公司
湖北开特汽车电子电器系统股份有限公司
中企永联数据交换技术(北京)有限公司
浙江三花汽车零部件有限公司
佛山市金润德贸易有限公司
广东中配互联网科技有限公司
艾森曼机械设备(上海)有限公司
江苏江扬线缆有限公司
沈阳兴华航空科技有限公司
大同精密金属(苏州)有限公司
西宁特殊钢股份有限公司
武汉菱电汽车电控系统股份有限公司
东风汽车车轮有限公司
华域三电汽车空调有限公司
温州联益线束胶粘带有限公司
可乐丽贸易(上海)有限公司
上海逸航汽车零部件有限公司
浙江稳达减振器有限公司
浙江创城汽车零部件有限公司
山东美晨科技股份有限公司
国家汽车质量监督检验中心(北京)
扬州锻压机床股份有限公司
山高刀具(上海)有限公司
大福(中国)自动化设备有限公司
西安瑞特快速制造工程研究有限公司
中国汽车图书资料网
深圳市和科达超声设备有限公司

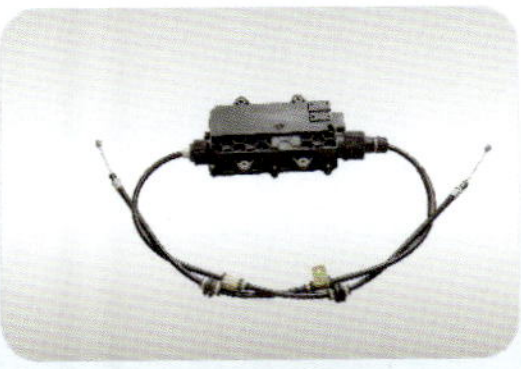

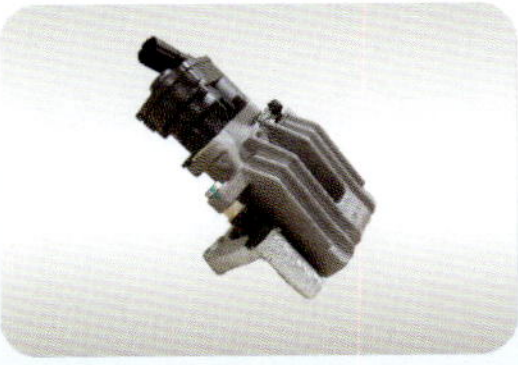

座椅系统	内外饰系统	热交换系统	电子控制系统	底盘和动力	车身系统及其他系统
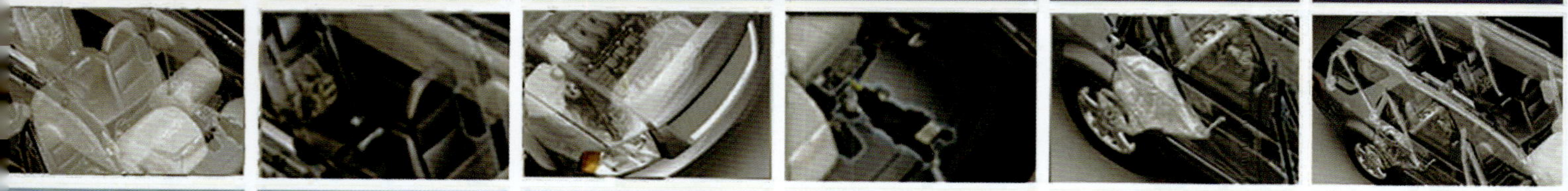					
· 座椅模组 · 汽车座椅泡沫装配 · 座套装配 · 座椅头枕装配	· 驾驶员座舱 · 仪表板 · 门板 · 车门装饰 · 顶蓬模块 · 地毯 · 后机架 · 缓冲模块 · 安全带	· 空调 · 散热器 · 联合组件	· 线束 · 访问框 · 中央控制门锁 · 压力检测系统 · 娱乐系统 · 马达启动器 · 天线 · 其他电子电器设备	· 分动器 · 鼓式制动器，制动踏板 · 轮轴的螺旋锥齿轮 · 手动变速器 · 机械齿轮箱 · 减振器/悬浮 · 发动机缸盖 · 进气歧管 · 驱动轴	· 车身焊接（横梁，仪表板，汽车底板） · 消声器 · 车身密封层 · 安全气袋系统 · 转向盘 · 油泵/喷雾嘴 · 油箱

主要客户

Mercedes-Benz　Ford　GM　Audi　LAND ROVER　PEUGEOT　MINI　RENAULT　SUZUKI　JMC　CITROËN　DFM　GM DAEWOO　PORSCHE　FIAT　SAIC　Rolls-Royce　OPEL　VOLVO　CHRYSLER　Jeep　JAGUAR　DAF　ISUZU

海纳川公司在亚、欧、美洲都有广泛的业务，为全球领先的汽车制造商进行配套服务，客户遍及全球各主要整车制造企业。

UAES
引领中国汽车驱动科技
No.1 in Driving Technology in China
我们致力于提供可信赖的
智能化车身电子解决方案
联合汽车电子有限公司 电话：+86 (21) 6168 8888 传真：+86 (21) 5899 4093 www.uaes.com

Yanfeng
Automotive Trim Systems
内饰系统
Interior System
仪表板、门内板、
副仪表板、饰柱
Instrument Panel,
Door Panel,Console,Pillars
座椅系统
Seating System
座椅总成及骨架、滑道、
顶篷、遮阳板
Seat Assembly & Frame,
Track, Headliner, Sunvisor
电子系统
Electronics System
多媒体及信息处理系统、
仪表、时钟、空调控制系统
Multimedia & Telematics,
Cluster, Clocks, HVAC System
外饰系统
Exterior System
保险杠、格栅、翼子板、
防擦条、门槛饰条
Bumper, Grille, Fender,
Side Cladding, Rocker Panel
安全系统
Safety System
方向盘、安全气囊、
安全带、手球
Steering Wheel,Airbag
Seatbelt,Shift Knob
传承精湛技艺，引领创新科技
CRAFTSMANSHIP HERITAGE TECHNOLOGY LEADERSHIP
延锋汽车饰件系统有限公司
Yanfeng Automotive Trim Systems Co.,Ltd.
中国上海市柳州路399号 邮编:200235
399 Liuzhou Road, Shanghai China 200235
Tel 86-21-33381000
Fax 86-21-33381999
www.yf.sh.cn

热装置股份有限公司

企业设备

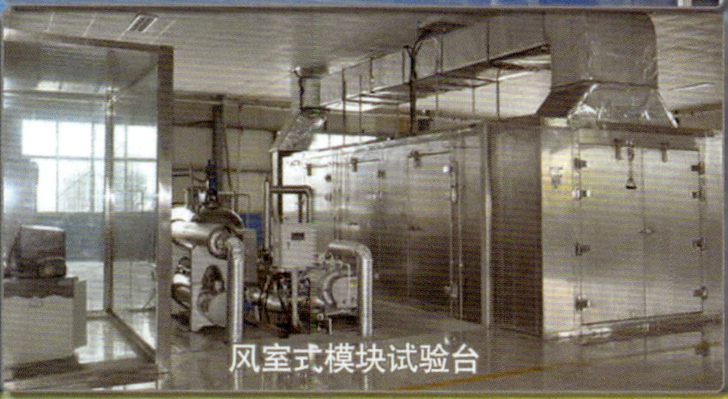

电话：0538-5821677、5823788　传真：0538-5823777、5823918

富奥汽车零部件股份有限公司（以下简称富奥股份公司），是混合所有制汽车零部件上市企业，集研发、制造、销售、服务于一体。富奥股份公司成立于1998年9月，原名富奥汽车零部件有限公司，隶属于一汽集团；2007年12月，按照国家有关国有企业改制的相关政策和一汽集团公司体制改革的统一部署进行了整体改制，引入民营资本，公司名称变更为富奥汽车零部件股份有限公司；2013年3月重组上市，成为汽车零部件上市公司。

经过16年的锐意发展，公司目前总资产72.57亿元，注册资本12.99亿元，员工11599人，市值超过100亿元。公司下辖10家分公司、6家控股子公司和15家参股子公司。主要产品为汽车底盘系统、环境系统、转向及安全系统、电子电器系统、制动和传动系统、发动机附件系统 6 大系列。主要为一汽、上汽、东风、北汽、华晨、长安、奇瑞、长城等30多家整车企业配套，建设完成了辐射东北、华北、西南、华南、胶东地区的五个生产基地，建立了以长春、成都、佛山基地为重要的有效销售服务网络。

多年来，富奥始终坚持"走技术发展之路，扩大品牌影响力"，持续开展成本、质量改善活动，核心竞争力有了长足的进步。公司及所辖的12个企业通过了高新技术企业认证，8家公司拥有省级研发中心，公司图形商标被评为中国驰名商标，旗下有8家公司被评为一汽集团核心供应商，有13家公司被评为一汽大众A级供应商，有2家公司被评为上海大众A级供应商，有2家公司被评为神龙A级供应商。产品远销美国、欧洲等地，公司被国家发改委、商务部确定为国家汽车零部件出口基地企业。

在未来的征程里，富奥股份公司将贯彻"抓住整车市场持续增长机遇，推进一个转变、两个打造、三个调整，持续进行质量改善和成本改善，增强企业核心竞争力，扩大富奥品牌影响力，促进企业快速健康发展"的规划战略，实现合并口径销售收入年平均增长率达到8%、每股收益实现逐年稳定增长的规划目标。在未来的征程里，富奥将邀您同行，创新科技，自主自强，以创百年企业、树百年品牌为使命，承继荣耀与梦想，充满理想与激情，为振兴祖国民族汽车工业而一路奋进！

产品系列

底盘悬架系统

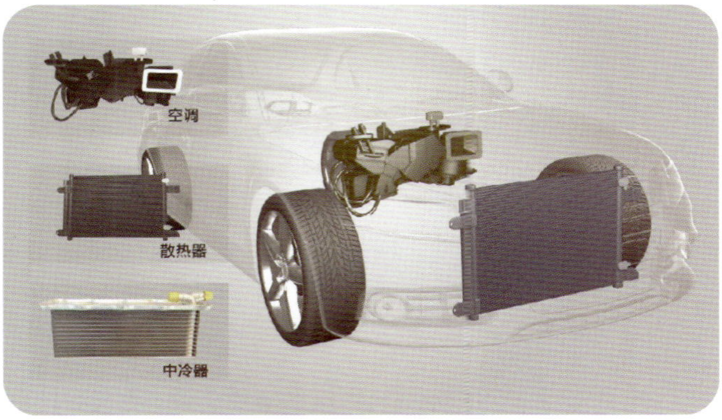

热交换系统

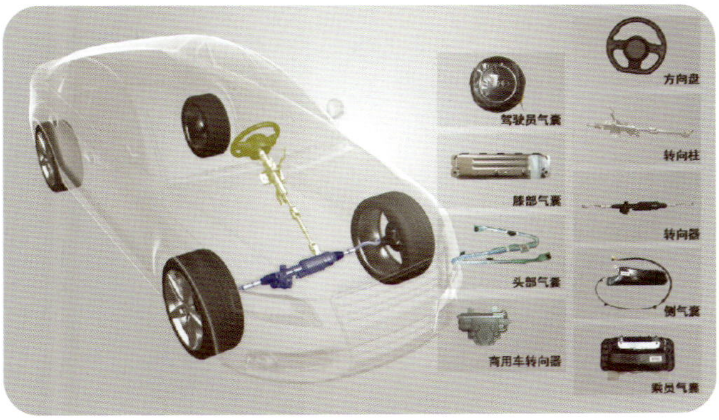

转向及安全系统

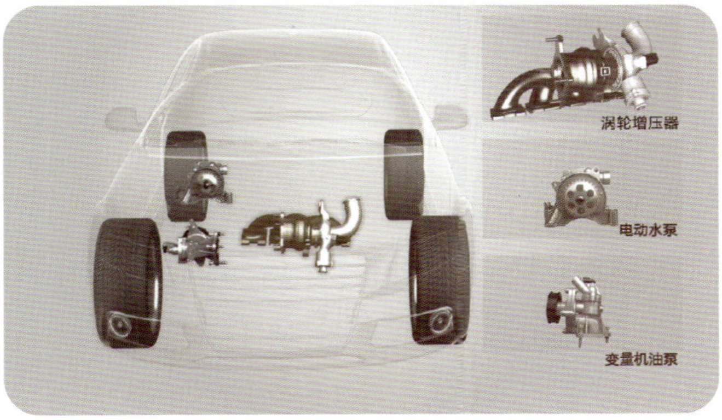

发动机附件系统

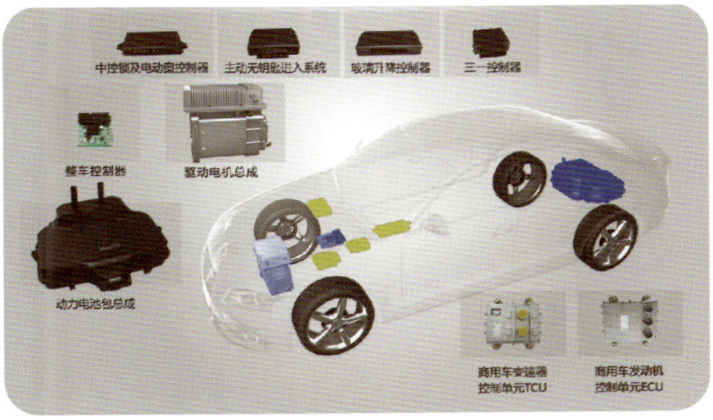

新能源及汽车电子

制动及传动系统

大事件

1998年9月27日
富奥公司成立大会

2007年12月1日
富奥股份公司发起人签字仪式

2008年1月12日
富奥股份公司开业庆典

2012年11月30日
上市项目获证监会通过

公司网址：http://www.fawer.com.cn 股票代码：000030

重庆川南减震

HuBei MeiBiao

AUTOMOBILE AIR CONDITIONER SYSTEMS CO.,LTD.

主要产品构成

商用车空调全系统

- HVAC
- 控制面板
- 压缩机
- 系统管路

模块及系统零部件

- 冷凝器
- 蒸发器
- 管路
- 油冷却器
- 加热器
- 水箱

客车及轿车空调系统

- HVAC
- 控制面板
- 压缩机
- 系统管路

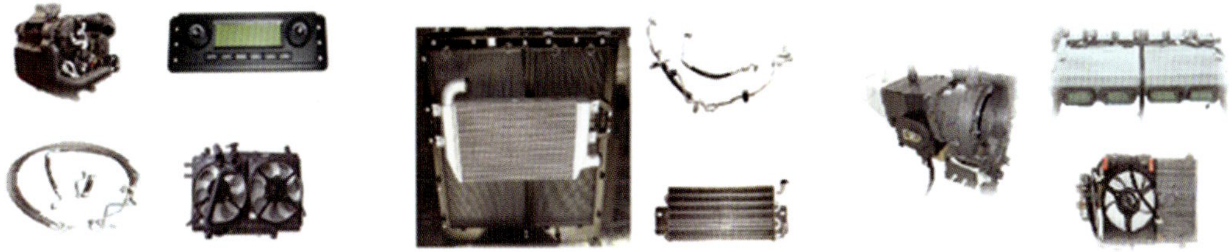

MB 企业简介
Company Profile

湖北美标汽车制冷系统有限公司是上市公司浙江银轮机械股份有限公司（股票代码：002126）控股的一家专业汽车空调企业。公司位于湖北省荆州市，注册资本7500万元，是中国汽车工程学会汽车空调专业委员会理事单位、国家高新技术企业、中国优秀民营科技企业、湖北省创新型试点企业。公司研发中心被认定为省级企业技术中心，并拥有省内唯一车用空调研究机构——荆州市美标车用空调研究所。美标汽车空调系统被评为湖北名牌产品，是国内外多家汽车厂家的战略合作伙伴。公司主营业务包括汽车空调系统及零部件制造销售、安装、维修、技术咨询及进出口业务。公司主要产销卡车、客车、轿车、特种车、工程车等各类汽车空调系统以及管片式蒸发器、平行流冷凝器、平行流蒸发器、水箱、管路、电子控制系统、塑料件等零部件。公司装备先进，主要设备均从美国、日本、意大利引进，现具备年产60万台汽车空调冷凝器、30万台汽车空调蒸发器、40万套汽车空调系统及60万套汽车空调管路的产能。现主要为一汽解放、一汽解放青岛汽车有限公司、一汽客车、一汽通用、华菱重卡、中国重汽、大运重卡、重汽王牌、东风股份、东风客车、金龙客车、厦门金旅、安徽奇瑞、众泰汽车、洛阳凌宇、随州齐星、印度AMW、Valeo等国内外知名厂家批量供货。公司具有较强的自主开发能力，技术力量雄厚,实验检测设施齐全，不仅能够保障自主开发，还能为各类专业厂家提供实验检测服务，同时被纳入国家公共服务平台体系，目前拥有多项重大科技成果和20多项专利。

美标公司倡导“追求完美，创行业标杆；持续改进，让顾客满意”的质量方针，通过了ISO/TS 16949:2009质量管理体系、ISO 14001:2004国际环境管理体系认证，坚持“超前服务、超值服务”的服务理念，愿以先进的技术、可靠的质量、优质的服务与国内外客户竭诚合作，共求发展。

Hubei Meibiao Automobile Air Conditioner System Co., LTD, suited in Jingzhou, Hubei, with a registered capital of 75 million yuan, is a professional automobile air conditioner supplier under the control of Silver Wheel Machinery Co., LTD, and the director unit of the professional automobile air-conditioning committee of CSAE. Our company is a national Hi-tech company, an Outstanding Private Company and an Innovative Pilot Enterprise. The only provincial air conditioner research organization—Jingzhou Meibiao Automobile Air Conditioner Research whose system has been honored as Hubei Famous Brand, is the core supplier of many automobile manufacturers both at home and abroad and the strategic partner of many automobile plants. We are majorly engaged in manufacturing, selling, installing, maintaining automobile air conditioner system, providing customers with technical consultations and running import and export business. Our products include tube type evaporator, parallel-flow type condenser, parallel-flow type evaporator, water tank, pipeline, electronic control system, plastic parts and many other components as well as systems of truck, bus, car, special vehicle and engineering truck. With state-of-the-art equipment, mostly imported from USA, Japan and Italy, our company now can provide 600,000 sets of automobile air-conditioning condensers, 300,000 sets of automobile air-conditioning evaporators, 400,000 sets of automobile air-conditioning systems and 600,000 automobile air-conditioning pipelines. At present, our products are mainly sold to FAW, FAW factory in Qingdao, Dongfeng Bus, Anhui Hualing, Xiamen Jinlv, Anhui Chery, Jiangnan Auto, Luoyang Ningyu, Meidi Bus, Tianjin Xiali, Indian AMW, Valeo, etc. Our company has strong technical capability so that we have achieved many scientific and technical accomplishments and more than 20 patents. Our company is well equipped and has been absorbed into the National Public Service Platform System, which can not only ensure independent development, but also provide testing services to all kinds of professional factories.

Our quality policy is "to aspire after excellence, to be the industry leader; to make continuous improvement, and to satisfy customers." Our company has passed the quality management system ISO/TS16949:2009, the international environmental management system ISO14001:2004 and the quality management system certification ISO9001:2000. We would like to adhere to the philosophy of "advanced service, excellent service" to have a sincere cooperation and share the development prospect with all the customers worldwide based on the advanced technology, reliable quality and excellent service.

公司地址：湖北省荆州市沙市区太岳路25号
公司网站：http://www.mbac.com.cn
公司邮箱：mei.biao@mbac.com.cn
公司电话：0716－8253166
市场部电话：0716－8270310

上海汇众萨克斯减振器有限公司

上海汇众萨克斯减振器有限公司成立于1999年，是德国采埃孚股份有限公司和上海汇众汽车制造有限公司在多年合作的基础上共同投资组建成立的合资公司，其中，前者持有60%的股份。公司位于上海莘庄工业区，占地面积44688m²，是目前我国生产规模较大、现代化水平较高的减振器生产企业之一。

公司的经营范围是设计、制造和销售汽车减振器、减振支柱、减振支柱总成等产品。

公司的产品品种多，档次齐。采用世界先进的地盘配套生产技术和工艺，具有雄厚的技术实力。产品覆盖上海大众、一汽大众、本田、上海通用、华晨宝马、北京奔驰、福建奔驰、长安福特、神龙、长安标致雪铁龙、江铃、东风悦达起亚、长城、奇瑞、上汽等主机市场。2015年销售额15.8亿元，占中国乘用车市场份额的13.4%。

公司以优质产品和服务赢得了社会的广泛认可。先后荣获ISO 14001、OHSAS 18001和TS 16949证书；“2009汽车售后市场最受欢迎的汽车零部件品牌”、“2009年十大跨国企业”和两度“考核合格的外商投资先进技术企业”称号、“2010年中国汽车零部件最具竞争力百强企业——汽车底盘类”；2003年上海大众A级供应商、2009年和2012年一汽大众A级供应商。

公司以极具竞争优势的技术实力、国际著名品牌的品牌价值、一贯的质量领先和客户至上的经营作风，在中国汽车减振器市场中保持领先地位。

2015年5月12日，上海汇众萨克斯减振器有限公司沈阳分公司举行开业典礼。工厂总面积11151m²，建筑占地面积10249m²，产线全部落成后预计年产量为500万支减振器。产品前期主要供给通用、宝马、奔驰等客户。

2015年是采埃孚成立的100周年，世界各地采埃孚企业相继举行了庆典活动。全球采埃孚员工的精诚协作和敬业奉献，铸就企业百年荣耀。
10月31日，上海5家采埃孚企业共同在世博园举行了“100周年家庭日”庆典。

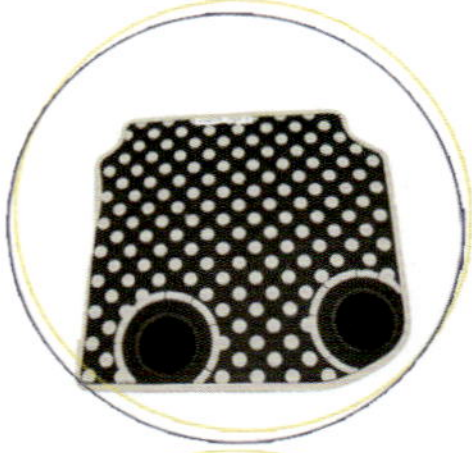
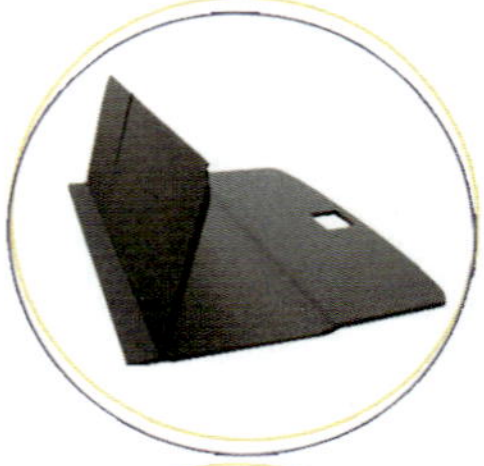
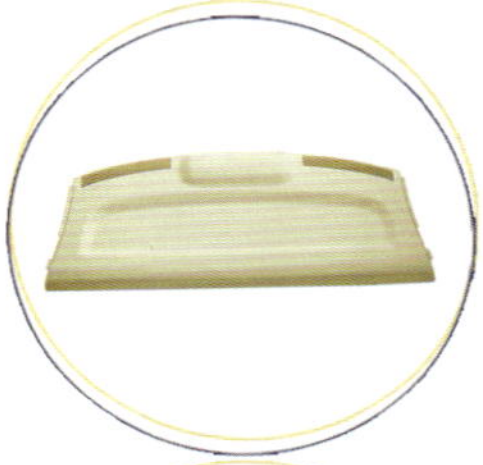
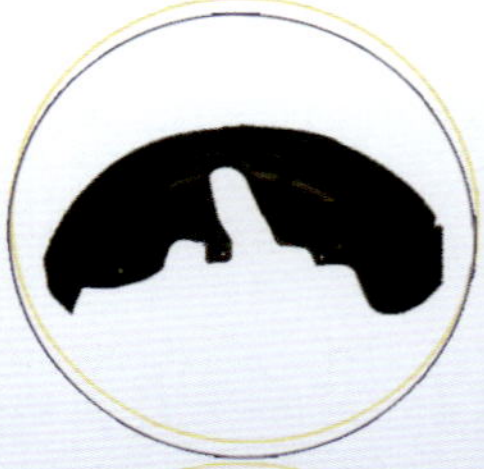
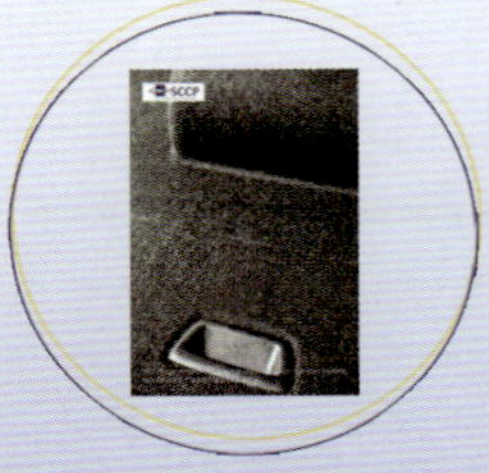

请注意行车安全
创新型博世预测性紧急制动系统
降低追尾风险，提高行车安全
安心享受旅程，就要安全每时每刻。博世，了解你的需要。所以创新预测性紧急制动系统，基于雷达传感器和电子稳定程序ESP®的联网，持续分析车辆前方的交通状况，迅速探测碰撞可能，提前做好制动准备，并在必要时自动触发紧急制动，有效降低追尾风险。博世，为你而创。
全国热线电话 400 831 0669
BOSCH
博世 科技成就生活之美
广告
预测性紧急制动系统

SDZ 上海·世德子 SHIDEZI
专业生产：汽车燃油供给系统 & 冷却系统产品
SDZ 上海·世德子 SHIDEZI
专业生产：汽车燃油供给系统 & 冷却系统产品
提供原厂品质
打造卓越服务
主机配套厂商 TS16949 质量体系认证
燃油供给系统
燃油泵
燃油泵总成
燃油泵
燃油泵总成
燃油泵
燃油泵总成
冷却系统
出水管
节温器总成
冷却用铁水管
机油冷却器
公司名称：上海世德子汽车零部件有限公司 (SDZ AUTO PARTS CO.,LTD.)
地址：上海市松江区新浜工业园区浩海路 9 号 联系人：池海波
电话：021-6789 1188 传真：021-6789 1155
邮箱：sdz@sdz.com.cn 公司官网：http://www.sdz.com.cn

WINDA BOTO
万达宝通轮胎
WIN ON THE WAY
万里之路　从容抵达
www.bototyre.com
TEL:0546-2896767
ADD：山东省东营市同兴路77号

中国兵器工业集团
NORINCO GROUP

北方凌云工业集团有限公司
NORTH LINGYUN INDUSTRIAL GROUP CO.,LTD

公司简介

凌云集团董事长：李喜增

北方凌云工业集团有限公司是中国兵器工业集团公司所属军民结合子集团，公司下属凌云股份公司、凌云太行公司、凌云燕兴公司、凌云长城光电公司、凌云凯毅德公司5家子公司，分子公司总数达74家，其中与美国、瑞士、韩国、德国合资成立十几家企业，分布在全球7个国家（包括中国、德国、捷克共和国、墨西哥合众国、韩国、美国、俄罗斯），遍布全国29个省（市）和地区，是国内汽车零部件制造业和塑料建材行业知名大型企业集团。“凌云”和“亚大”是中国汽车零部件制造业和城市燃气输配业的驰名品牌，亚大商标为中国驰名商标。

公司主营产品涉及汽车零部件、市政工程塑料管道系统及相关军品领域。其中，汽车零部件涵盖汽车车身结构件、汽车门锁系统、汽车等速万向节前驱动轴、汽车尼龙管路系统、汽车橡胶管路及总成、汽车装饰密封件、汽车摩擦材料等七大系列；市政工程塑料管道系统主要用于给排水、天然气输送领域。公司生产规模和产品技术水平在国内同行业中处于领先地位。

2012年9月12日，凌云集团收购全球最大车锁企业——德国凯毅德公司100%股权项目，并顺利完成股权交割，标志着凌云集团在汽车门锁制造方面拥有了国际领先的核心技术、优质产品、高端客户以及成熟的研发体系。

2015年9月2日，凌云再次收购德国企业——瓦达沙夫（WAG）公司并完成交割，对进一步弥补金属零部件产品的“短板”，提高核心能力具有重要的战略意义。

公司拥有1个国家认定企业技术中心，10个国家认可委认可的实验室和检测中心、9个省级技术中心、国内专业化保险杠低速动态试验室、1个国家级燃烧器检测试验基地和1个建设部PE管道培训中心。17家企业通过国家高新技术企业认证,具有与主机厂同步设计、同步验证、同步研发能力。

凌云集团先后获得全国首批“国家职业卫生示范企业”，国资委“先进基层党组织”“中央企业先进集体”“中央企业思想政治工作先进单位”“河北省诚信企业”河北省首批“创新型企业”“河北省企业文化建设示范单位”等荣誉称号，“六个满意”文化作为和谐文化代表荣获全国企业文化十大典范案例，连续6年在“中国机械500强”榜上有名，连续11届22年荣获河北省“文明单位”称号，先后荣获“全国基层先进党组织”和“全国文明单位”荣誉称号，连续多年入围“中国汽车工业30强企业”。2015年，公司累计实现销售收入134亿元。

“十三五”期间，公司将着力建设世界级优秀汽车零部件制造基地，打造中国智能管网系统龙头企业，把公司建成中国轻型导弹（火箭）发射装置科研生产基地，成为“国内著名、国际知名”的军民融合型跨国企业集团。

FAWDE
品质 · 能效 · 创新 · 共生
Quality Energy-Efficiency Innovation Coexistence
民族品牌
高端動力
Power your life
Achieve your dreams
锡柴微信
网 址：www.wxdew.com 销售热线：400 828 8998 服务热线：400 828 1199
FAWDE
中国动力专家

KOSTAL

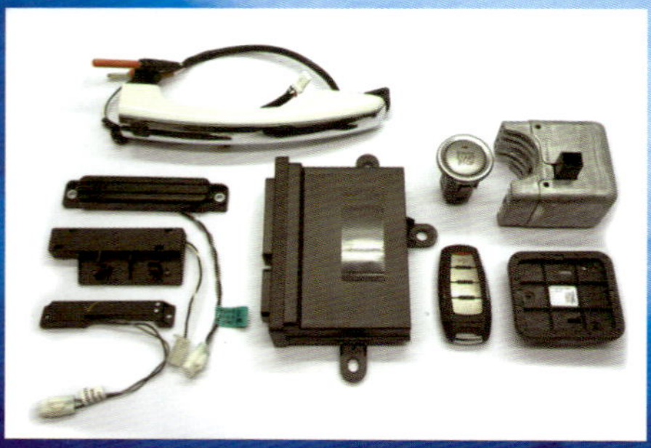

NAVI
RADIO
PHONE
MEDIA
MENU
BACK

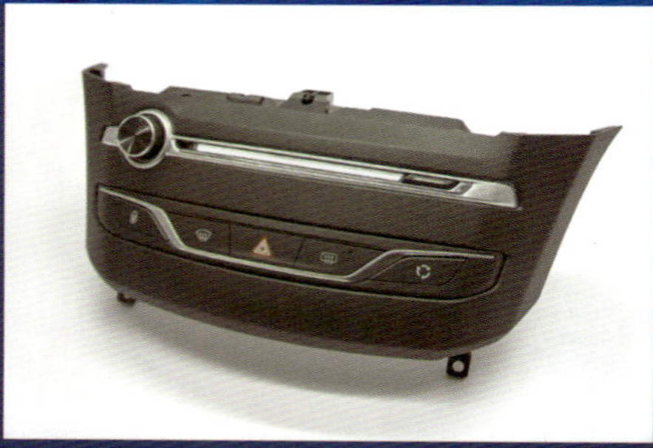

江苏亨通电子线缆科技有限公司

江苏亨通电子线缆科技有限公司创建于2000年，座落在美丽的海滨城市江苏海门市，是亨通集团旗下专业从事汽车线缆研发、生产和销售的国家级高新技术企业。

公司坚持“以科技为先导、以质量为生命”的科学管理方针，先后引进了瑞士NEXTROM、奥地利ROSEENDAHL、韩国振洋等国内外知名品牌的汽车专用生产设备和检测设备，以信息化、网络化、智能化建立和完善集研发、生产、销售为一体的管理创新体系，生产能力达到年产150万公里，以高效的交付能力和高品质的产品服务满足市场要求。

公司产品品种齐全，覆盖了德标、日标、美标、国际标准等系列产品。除传统的汽车导线外，也包括耐热耐高温电线系列、屏蔽电缆系列、电动车新能源电缆系列、充电桩综合电缆系列、铝电缆等各种特种电缆产品，以适应汽车轻量化、电子化和节能环保的发展要求。产品通过了国内外专业机构的认证和检测，并得到众多汽车线束和主机品牌的应用认可，在行业具有良好的声誉和知名度。

公司早在2007年就致力于新能源汽车高压电缆的超前开发，借助与比亚迪长期合作的先期优势，积累了丰富的产品制造和运营经验，并制定了新能源汽车用高压电缆的企业标准，形成了具有自主知识产权的企业核心竞争优势。通过几年的积累，业已完成新能源汽车传导充电系统所用电缆全系列的技术开发和完善，针对车内单芯高压电缆、多芯电缆、屏蔽电缆、交流和直流用充电枪电缆和充电桩综合电缆等方面并成立了新能源汽车电缆事业部。

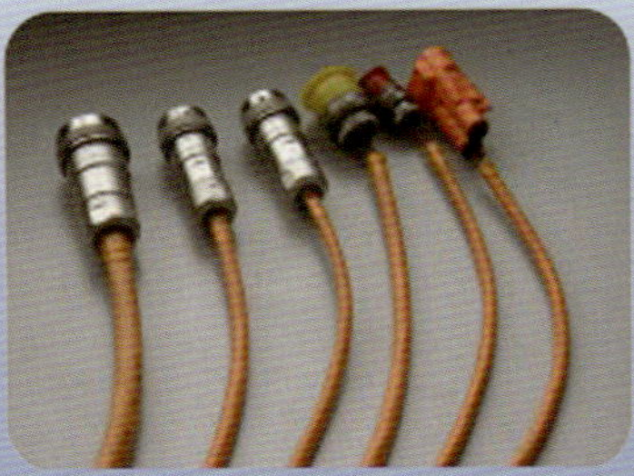
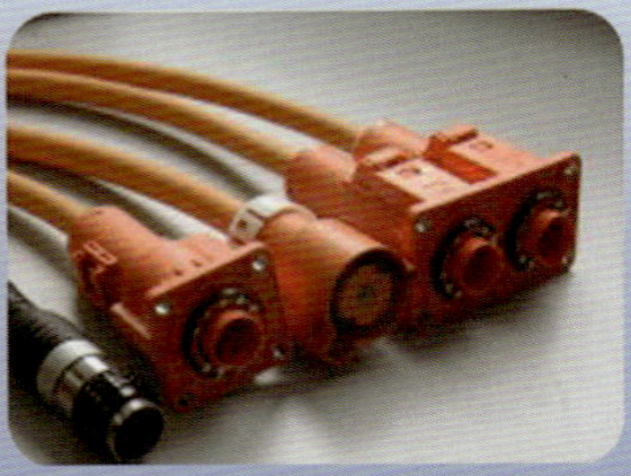
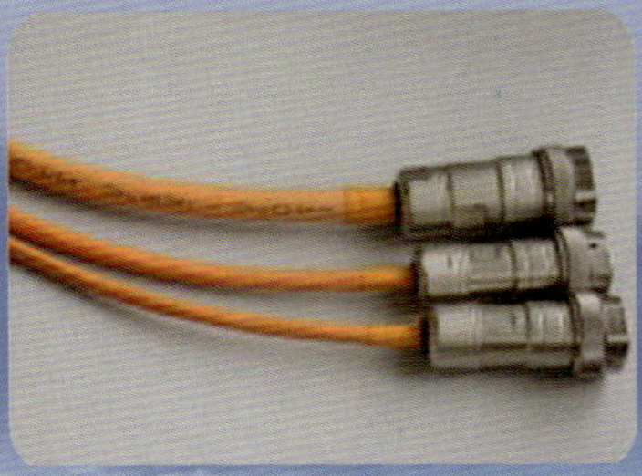

地址：中国江苏省南通市海门市经济技术开发区南海东路518号
邮编：226103
传真：0513-68189999
电话：0513-68189982
邮箱：hmht@htgd. com. cn
网址：www. hengtonggroup. com

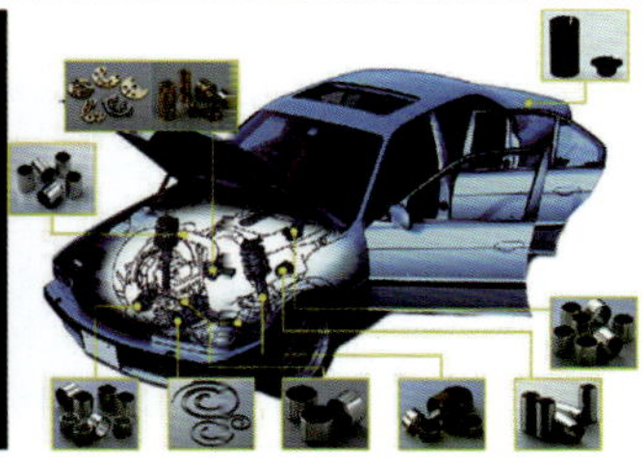

华域三电汽车空调有限公司
SANDEN HUAYU AUTOMOTIVE AIR-CONDITIONING CO., LTD.
SSB
创新 节能 绿色 环保

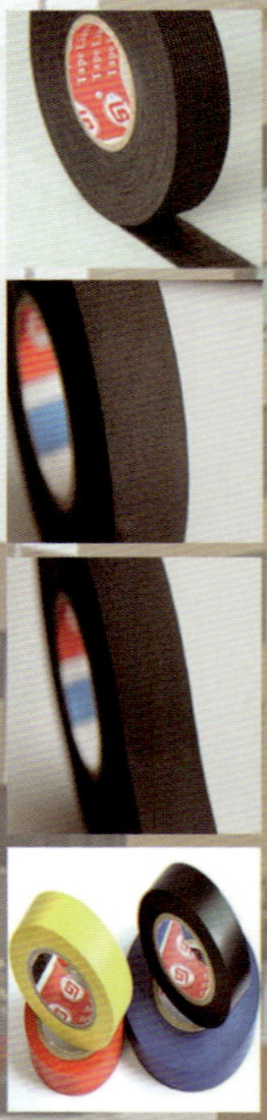

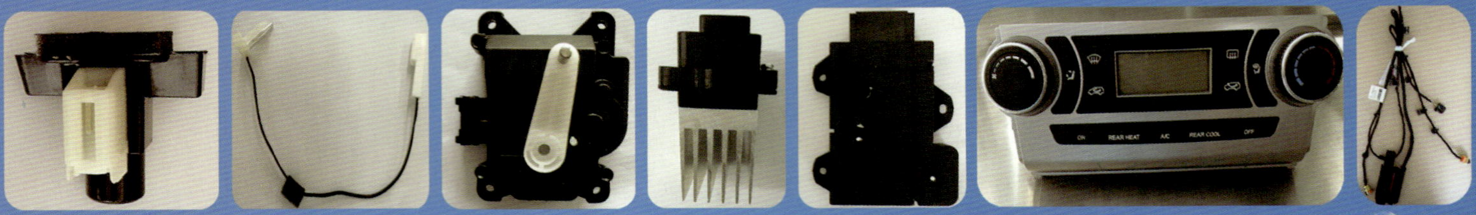

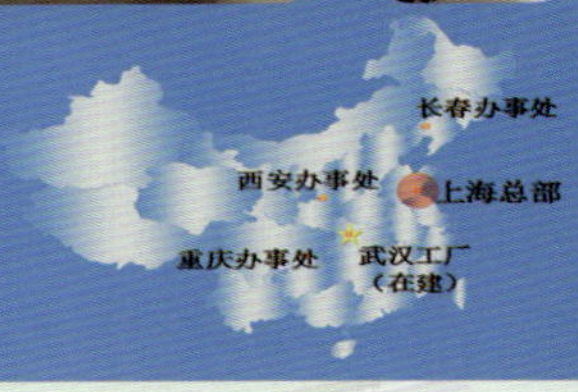
长春办事处
西安办事处
上海总部
重庆办事处
武汉工厂（在建）

BORT
BORT
BORT
BORT
BORT

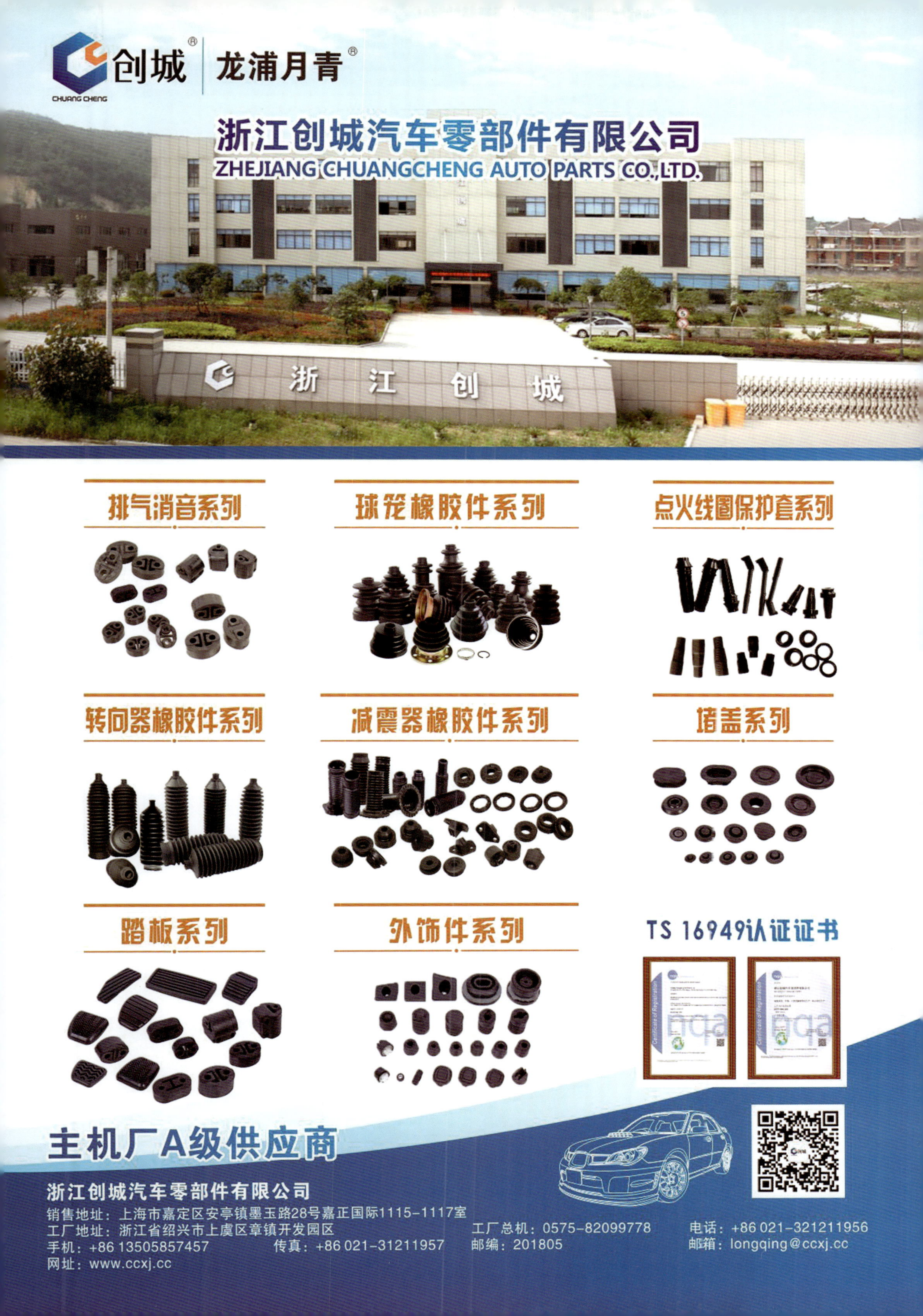
创城
CHUANG CHENG
龙浦月青
浙江创城汽车零部件有限公司
ZHEJIANG CHUANGCHENG AUTO PARTS CO.,LTD.
浙 江 创 城
排气消音系列
球笼橡胶件系列
点火线圈保护套系列
转向器橡胶件系列
减震器橡胶件系列
堵盖系列
踏板系列
外饰件系列
TS 16949认证证书
主机厂A级供应商
浙江创城汽车零部件有限公司
销售地址：上海市嘉定区安亭镇墨玉路28号嘉正国际1115-1117室
工厂地址：浙江省绍兴市上虞区章镇开发园区
工厂总机：0575-82099778
电话：+86 021-321211956
手机：+86 13505857457
传真：+86 021-31211957
邮编：201805
邮箱：longqing@ccxj.cc
网址：www.ccxj.cc

BATC

国家汽车质量监督检验中心（北京）

国家汽车质量监督检验中心（北京）（以下简称中心）由国家质量监督检验检疫总局批准筹建（国质检[2009]61号）；北京市产品质量监督检验院在北京市质量技术监督局领导下，积极联合北京及周边地区汽车检测优势资源，并通过市政府立项投资建设高水平实验室，打造功能齐全、设施完善的独立、公正、科学、权威的第三方汽车专业检测研究机构。

中心为汽车及零部件企业产品研发、质量提升和认证检测提供技术服务，为政府质量监管和保障消费者权益提供技术支撑。开展汽车产品自愿性认证、性能评价、信息发布、国际交流、标准制修订等工作，发挥行业引领作用。

国家汽车质量监督检验中心（北京）作为第三方公正的汽车检测技术服务和研究机构，将秉承以责任赢信誉的宗旨、以市场为导向的原则，实现可持续发展，打造现代服务业领先品牌，为首都建设中国特色世界城市贡献力量。

中心占地总面积14.3万平方米，建设用地面积9.5万平方米，规划总面积12.3万平方米，一期建设7.8万平方米，建有碰撞安全实验室、零部件实验室、整车性能实验室、排放节能实验室、灯光电器实验室、电磁兼容实验室、材料与用品实验室、仿真分析实验室、新能源实验室、缺陷工程分析实验室，拥有先进设备300多台/套。中心检测能力覆盖86个产品，1442个参数，具备汽车及相关产品强制性检验能力。主要包括：

碰撞安全：

碰撞安全实验室具备检测能力4项，可进行3.5吨以下车辆的正面、正面偏置、侧面、追尾、翻滚等多种类型实验，可实现时速120公里的单车碰撞，时速80公里的车车正对碰、偏置对碰等。

行人保护：腿部冲击试验，头型冲击试验。

整车性能：

包括整车动力性、经济性、制动、噪声、操纵稳定性、行驶平顺性和可靠性等试验项目；

具备国家强制性检测项目要求的整车基本性能检测，如侧倾、淋雨密闭性、侧后防护、尺寸及质量参数等，同时具备整车基本性能等研发与验证试验能力。

节能环保与新能源：

具备轻型车辆相当于欧洲第5阶段机动车污染物排放限值的试验能力；

具备对关键部件噪声测量、分析的实验研发能力；

具备轻型车辆曲轴箱污染物、排放耐久、车载故障诊断系统等的试验能力；

具备电动汽车、动力电池及配套设施检测研究能力。

零部件：

中心建立涵盖车辆底盘、车身、电气、附件等主要总成和零件的试验检测能力和环境技术条件。主要包括：座椅、头枕、安全带、内饰材料、后视镜、门锁、门铰链、轮胎、燃油箱、制动软管、暖风机、遮阳板、电喇叭、玻璃升降器、风窗洗涤器、刮水器、减振器、传动轴、驱动桥、V型带等产品的性能和耐久试验。

其他：

具备整车及车载电子电器设备的电磁兼容实验研究和检测能力；

具备结构仿真和汽车导航等模拟分析与检测能力；

具备车内空气质量与车内材料有害物的检测能力；

具备部分汽车专业计量校准能力。

地址：北京市顺义区顺兴路9号　　电话：010-57521186　　传真：010-57521181

大福(中国)自动化设备有限公司

www.daifuku.com/cn

电动双轨悬挂输送成套设备（EDRS®）

专利产品 ZL 2008 2 0135578.8

EDRS® 是我公司自行开发生产的一种专利产品。用于输送重型（1t 以上）或大型（6 m 以上）的工件，适于重型卡车、大型客车的车架以及客车车身在涂装前处理、电泳时的输送。该成套设备是一种高可靠性、高效率的自动化输送系统。2008 年开始在中国的大型汽车厂投入实际运行。

柔性驱动输送系统（FDS）

FDS 采用摩擦轮驱动载运小车（或吊具）连续运行，以完成整个输送过程。其最高输送速度可达 30m/min；无油污，免维护；工作时噪声很低；且在低速时运行平稳、没有“爬行”现象；目前已广泛用于汽车制造行业。

超低型柔性驱动输送系统（E–ASSY）

载运台车的台面高度仅 300mm；车载升降机自动上升，到达预定高度时自动锁紧；其最大升降行程为 500mm。

柔性驱动辊床（FDB）

FDB 采用摩擦轮为动力，直接驱动橇体上设置的“摩擦棒”，进而推动橇体（车身）沿辊床方向运动；橇体（车身）的承载和平衡采用带导向的无动力辊轮。

①柔性驱动辊床（FDB）
②悬挂式柔性驱动输送系统（OH–FDS）
③转弯式柔性驱动输送系统（FLP–FDS）
④落地式柔性驱动输送系统（FL–FDS）
⑤超低型柔性驱动输送系统（E–ASSY）

专利技术

ZL 2010 1 0255351.9	台车式柔性输送系统及其应用方法	ZL 2010 2 0294309.3	全方位装配用台车
ZL 2008 2 0135578.8	电动双轨悬挂输送成套设备	ZL 2010 3 0279687.X	随动式外部驱动装置
ZL 2010 2 0253390.0	外部驱动动态联接装置	ZL 2010 3 0276071.7	双侧组合升降数量
ZL 2010 2 0294310.6	随动式同步装置	ZL 2010 3 0276072.1	外置驱动式装配用台车
ZL 2010 2 0253398.7	双侧组合升降装置	ZL 2010 3 0276050.5	全方位装配用台车

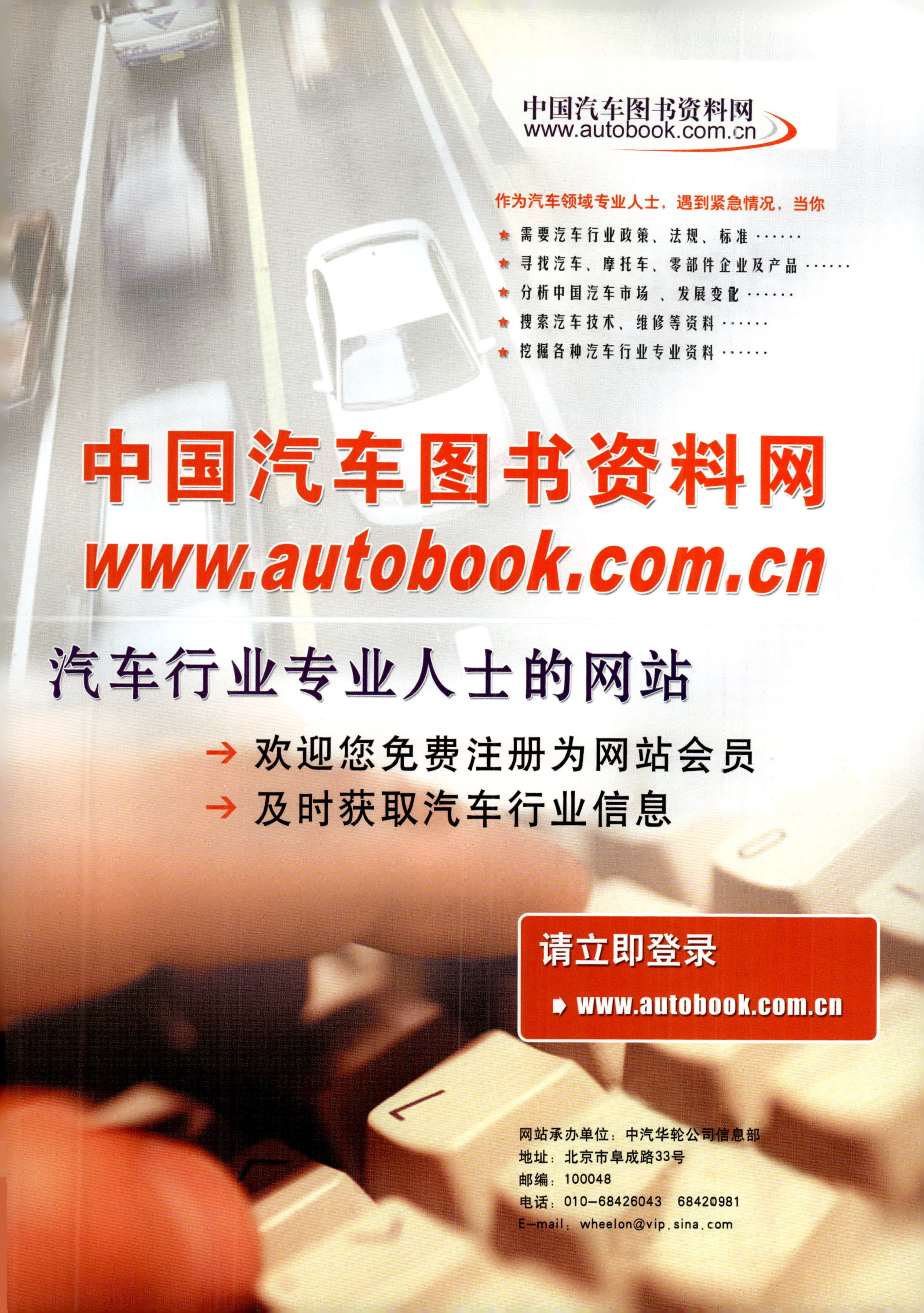
中国汽车图书资料网
www.autobook.com.cn
作为汽车领域专业人士，遇到紧急情况，当你
需要汽车行业政策、法规、标准……
寻找汽车、摩托车、零部件企业及产品……
分析中国汽车市场 、发展变化……
搜索汽车技术、维修等资料……
挖掘各种汽车行业专业资料……
中国汽车图书资料网
www.autobook.com.cn
汽车行业专业人士的网站
欢迎您免费注册为网站会员
及时获取汽车行业信息
请立即登录
www.autobook.com.cn
网站承办单位：中汽华轮公司信息部
地址：北京市阜成路33号
邮编：100048
电话：010-68426043 68420981
E-mail：wheelon@vip.sina.com

★上海牛章汽车发动机部件有限公司
地址:上海市闵行区沁春路707号
邮编:201100
电话:021/54942963
传真:54942965
网址:www.made-info.com
电子信箱:dl689@vip.163.com
质量体系:ISO/TS 16949
产品情况:发动机配件、缸套、缸盖、缸体、曲轴、凸轮轴等

★佛吉亚排气控制技术开发(上海)公司
地址:上海市闵行区联友路669号6号工业厂房B区
邮编:201107
电话:021/52261166、61951888
传真:62210565、62218858
网址:www.faurecia.com
电子信箱:lydia.wang@faurecia.com
产品情况:从事汽车排气系统技术支持和研究开发服务

★上海协昌霍宁实业发展有限公司
地址:上海市闵行区景联路189号15号楼
邮编:201108
电话:021/61517981、61517982
传真:61517985
网址:www.xchnco.com
电子信箱:xchnco@xchnco.com
单位人数:180
质量体系:ISO/TS 16949、QS 9000
产品情况:汽车涡轮增压器关键零件各类中间壳、阀门轴等
配套及出口情况:为美国独资企业Honeywell公司配套,是Honeywell公司主要的中间壳供应商;出口北美洲、日本、韩国、英国、罗马尼亚、澳大利亚、捷克

★上海奥弗斯汽车零部件有限公司
地址:上海市闵行区莲花南路1500弄8-9号
邮编:201108
电话:021/54133193
传真:54048097
电子信箱:sales@sh-orfus.com
产品情况:汽车发动机精密零部件产品
出口情况:远销东南亚、中东、美洲、欧洲等地区的20多个国家和地区

★上海臼井发动机零部件有限公司
地址:上海市闵行区莘庄工业区申富路1188号
邮编:201108
电话:021/54832288
传真:34073828
电子信箱:qingli@usui.co.jp
质量体系:ISO/TS 16949、ISO 14001
产品情况:欧Ⅲ、欧Ⅳ系列共轨高压燃油喷射管和排气再循环冷却器,高压油管年设计产能2000万根
配套情况:向国内近90多家主要发动机及汽车厂家供货

★上海威克迈龙川汽车发动机零件公司
地址:上海市闵行区江潮路96号
邮编:201112
电话:021/64911754
传真:64914432
电子信箱:msh@wkm-lc.com
质量体系:ISO/TS 16949
产品情况:燃油分配管、冲压件、车制件等
配套情况:为德国宝马、德国奥迪、美国通用等厂家配套

★上海三国精密机械有限公司
地址:上海市浦东新区王桥路393号
邮编:201200
电话:021/58384998
传真:58385399
网址:www.mikuni-sh.com.cn
电子信箱:mikunish@mikuni-sh.com.cn
质量体系:ISO/TS 16949、ISO 9001
产品情况:汽车、摩托车电子燃油喷射装置、排放控制装置、小型化油器、大客车用加热器等,年产能力400万台(件)
配套及出口情况:主要客户:长城汽车、沈阳航天三菱、长安铃木汽车、江门大长江集团、一汽海马汽车、泰州雅马哈、东风汽车、广州汽车、大陆电子、富士常柴、春风动力、绵阳新晨动力、日本三国等;40%左右出口日本、东南亚、欧美等国家和地区

★康明斯滤清系统(上海)有限公司
地址:上海市浦东新区川沙新镇物流大道268号
邮编:201202
电话:021/61686168
传真:68781478、68781471
网址:www.cummins.com.cn
产品情况:发动机用冷却液和乘用车燃油滤清器等

★上海维纳特气门有限公司
地址:上海市浦东新区浦建路1578弄8号
邮编:201204
电话:021/50452367、13501900882
传真:38770302
网址:www.w-n-t.com
质量体系:ISO/TS 16949
产品情况:(维纳特牌)
气门、活塞销
配套情况:为大柴、锡柴、玉柴、上柴、潍柴、南柴、康明斯、杭发、扬柴、朝柴、云内、江淮汽车、湖动、柳发、中国一拖、常柴、扬动、大长江、嘉陵等配套

★上海汇大机械制造有限公司
地址:上海市浦东新区张桥乐园路38号
邮编:201206
电话:021/58990804
传真:58990805
网址:www.huidajx.com
电子信箱:huida@huidajx.com
质量体系:ISO/TS 16949、ISO 14001
产品情况:阀体、下缸体、离合器壳体、变速器壳体、转向机壳体、控制臂、进气歧管、前盖、油底壳、延伸体、支架等
配套情况:与沙基诺转向系统(苏州)公司、采埃孚传动技术(杭州)公司、卡斯马汽车系统(上海)公司等知名汽车零部件全球采购商配套

★上海弗列加滤清器有限公司
地址:上海市浦东新区杨高北路3595号
邮编:201208
电话:021/58657950
传真:58658066
网址:www.shanghaifleetguard.com
电子信箱:service@shanghaifleetguard.com
单位人数:700
质量体系:ISO/TS 16949、ISO 14001
产品情况:(FLEETGUARD牌)
空气滤清器、机油滤清器、燃油滤清器、水滤清器、冷却添加剂等,滤清器年产能力2100万只
配套情况:为东风商用车、东风康明斯、一汽解放青岛、江铃、江淮、北奔重汽、东风日产柴、东风标致雪铁龙、宇通客车、苏州金龙、厦门金龙、东风乘用车、上汽通用、长安福特、长安马自达、东风本田发动机、东风悦达起亚、三一重工、徐工集团配套

★上海天坤汽车零部件有限公司
地址:上海市浦东南汇工业园区城东路23号
邮编:201300
电话:021/58017479
传真:68030737
电子信箱:shtk021@163.com
质量体系:ISO 9001
产品情况:(天坤牌)
活塞、缸套、活塞环、活塞销等
配套情况:为上汽大众、一汽-大众等配套

★上海峰亚耐火保温材料有限公司
地址:上海市浦东新区南汇工业园区园春路106号
邮编:201300
电话:021/68009522、68009180
传真:58003660
电子信箱:roy@shfengya.com
质量体系:ISO/TS 16949、ISO 9001
产品情况:汽机车排气系统消声隔热产品、缓冲钢丝衬垫、陶瓷石墨密封圈等
配套情况:为本田、一汽马自达、东风日产、东南三菱、江淮、奇瑞、比亚迪、上汽通用五菱、长城、比亚乔、钱江、新大洲本田、雅马哈、宗申等配套

★上海飞力油泵油嘴有限公司
地址:上海市浦东沪南路新场
邮编:201314
电话:021/58176866

传真:58176866
网址:www. feili – china. com
质量体系:ISO 9001
产品情况:(NPC 牌)
柴油机喷射系统的三对精密偶件
出口情况:出口东南亚

★上海祥生贝克轴瓦有限公司
地址:上海市南汇区航头镇鹤立西路 88 号
邮编:201318
电话:021/58147001、58147005
传真:58147006
网址:www. beco. com. cn
电子信箱:beco@ beco. com. cn
质量体系:ISO/TS 16949
产品情况:(祥生牌)
轴瓦、止推片、衬套
配套情况:为上汽大众、东风康明斯、潍柴斯太尔、沈阳三菱等配套

★上海闻麒实业有限公司
地址:上海市奉贤区南桥光明 A3 工业园区
邮编:201400
电话:021/61319956
传真:33321905
网址:www. likracing. com
电子信箱:sales@ ikracing. com
质量体系:ISO/TS 16949
产品情况:燃油接头、液压驻车制动、排气管、中冷器及中冷器配管、节气门

★上海浦南消防器材有限公司
地址:上海市奉贤区南桥镇运河北路 1085 号
邮编:201400
电话:021/57411640、67188511
传真:57186512
电子信箱:pgn1085@ 163. com
质量体系:ISO 14001、ISO/TS 16949
产品情况:金属油箱加油管、汽车隔热罩、汽车座椅支架、铰链支架、隔热罩
配套情况:主要用户有上汽通用、上汽通用(东岳)、上汽通用(北盛)、长城汽车、上海汇众、美国英帝尔汽车公司、美国克莱斯勒汽车公司

★上海贤众汽车零部件有限公司
地址:上海市奉贤区南桥镇运河北路 1099 号
邮编:201400
电话:021/57411638、57426758
传真:57181428
电子信箱:vip@ shxianzhong. com
质量体系:ISO/TS 16949、VDA 6.1
产品情况:汽车消声器、排气管等
配套情况:为上汽大众、一汽 – 大众、上汽通用、上海本特勒等配套

★上海马勒滤清系统有限责任公司
地址:上海市奉贤区环城北路 1199 号
邮编:201401
电话:021/51365716
传真:51365742
网址:www. cn. mahle. com
电子信箱:shanghai. hr@ cn. mahle. com
质量体系:ISO/TS 16949、VDA 6.1
产品情况:机油、燃油、空气及碳罐滤清器,具有年产 600 万套滤清器的能力
配套情况:为上汽大众、一汽 – 大众、江铃汽车、北汽福田、奇瑞汽车、锡柴、上柴、上海拖内等配套

★上海日野发动机有限公司
地址:上海市奉贤区环城东路 179 号
邮编:201401
电话:021/67108800
传真:67108496
网址:www. shanghaihino. com
电子信箱:hxf@ shanghaihino. com
质量体系:ISO/TS 16949
产品情况:(日野牌)
专业生产日野品牌的 P11 和 J 系列车用、工程用柴油机及相关产品
配套情况:为中国重汽、北奔重汽、江淮汽车、三一重工、上海华建、上海汇众、厦门金龙、郑州宇通、安徽华菱等配套

★瑞与祺集团
地址:上海市奉贤区金汇镇泰西路 153 号
邮编:201405
电话:021/51035518
传真:57587049
电子信箱:sales@ reachcooling. com
质量体系:ISO/TS 16949、ISO 9001
产品情况:汽车散热器、冷凝器等发动机散热系统和空调系统及配件

★QAP 汽车工业(中国)有限公司
地址:上海市奉贤区奉城镇城中路 851 号
邮编:201411
电话:021/50309282、57515798
传真:50325617
网址:www. qap. com. cn
电子信箱:qap@ qap. com. cn
质量体系:ISO/TS 16949
产品情况:起动机、燃油泵、水泵、气泵、三滤、喷油泵

★上海世保车辆配件有限公司
地址:上海市奉贤区四团镇川南奉公路 8598 号
邮编:201412
电话:021/57135555
传真:57135888
网址:www. shshibao. com
质量体系:ISO/TS 16949、QS 9000
产品情况:汽车发动机缸盖、进气歧管等
配套情况:为奇瑞等汽车主机厂配套

★速必达电子电器制造(上海)有限公司
地址:上海市奉贤区邵厂镇新杨路 1518 号
邮编:201413
电话:021/57142988
传真:57143122、57142595
电子信箱:sandra21@ 21cn. com
质量体系:ISO/TS 16949
产品情况:(速立达牌)
电喷燃油泵、水泵、机油泵、进排气歧管

★上海贤华内燃机配件厂
地址:上海市奉贤区南亭公路 3198 号
邮编:201415
电话:021/57466254、57460064
传真:57466544
网址:www. xianhua – sh. com
电子信箱:webmaster@ sh – xianhua. com
质量体系:ISO/TS 16949
产品情况:消声器、排气管以及深拉伸冲压件
配套情况:为上柴、包头北方奔驰重型汽车、杭州东风日产柴、小松常林、上海日野发动机等配套

★上海康弗莱尔汽车发动机系统有限公司
地址:上海市普陀区真南路 2548 号上海都市型工业园区 2 号厂房
邮编:201428
电话:021/59181154
传真:62504679
电子信箱:gongyue2001@ 163. com
质量体系:ISO 9001
产品情况:汽车发动机液压挺杆、气门挺柱、张紧器等
出口情况:出口德国、英国、美国、俄罗斯、南非、中南美洲、韩国、印度尼西亚、中东等国家和地区,并销往中国台湾地区

★上海久田塑胶模具有限公司
地址:上海市金山区亭林镇金腾路 1911 弄 219 号
邮编:201500
电话:021/57852115、57852116
传真:57853781
网址:www. sh – jiutian. com
电子信箱:shjiutian@ 163. com
质量体系:ISO/TS 16949
产品情况:塑胶模具、汽车散热器水室及其他塑料制品
配套情况:为日本电装、上汽集团、奇瑞、海南马自达等客户的专业水室供应商

★上海贝尼汽车科技有限公司
地址:上海市金山区山阳镇山富东路 181 号
邮编:201508
电话:021/57248000 – 8065、57248282
传真:57248111
网址:www. bioko. cn
电子信箱:master@ bioko. cn
质量体系:ISO/TS 16949
产品情况:皮带张紧轮总成、输油泵总成、水泵总成、节气门总成、遮阳帘总成、网兜总成、储物包等系列产品
配套及出口情况:为神龙汽车、东风日产

汽车、东风康明斯发动机、广西玉柴机器、上海柴油机、潍柴动力、昆明云内动力等配套;出口亚洲、中东、欧美等地区

★上海广凌气门座有限公司
地址:上海市金山区吕港镇朱吕公路6569号
邮编:201517
电话:021/57378008
传真:57378003
电子信箱:huliping_8158@163. com
质量体系:ISO/TS 16949
产品情况:(GUANGLING牌)
内燃机气门座,年产销气门座2000万只
配套情况:为锡柴、上柴、东风康明斯、潍柴、柳发、江淮动力、常柴、南通柴油机、常州亚美柯动力、常发、福建力佳等配套

★上海双宇汽车部件制造有限公司
地址:上海市松江区小昆山镇秦安街道18号
邮编:201600
电话:021/65200025
传真:65210001
网址:www. soyofilter. com
电子信箱:soyogroup@hotmail. com
单位人数:630
质量体系:ISO/TS 16949
产品情况:机油滤清器、汽油滤清器、空气滤清器、空调滤清器

★上海翰洁汽车零部件有限公司
地址:上海市松江区新浜工业区
邮编:201605
电话:021/54377661
传真:54377661
网址:www. hanjiefilter. com
质量体系:ISO/TS 16949
产品情况:(翰洁牌)
滤清器

★上海世德子汽车零部件有限公司
地址:上海市松江区新浜工业园区浩海路9号
邮编:201605
电话:021/67891199-6010
传真:67891155
网址:www. sdz. com. cn
电子信箱:sdz@sdz. com. cn
法人代表:池万德
负责人:池海波
单位人数:156
质量体系:ISO/TS 16949、ISO 9001
产品情况:(SDZ牌、世德子牌)
节温器总成、出水管、机油冷却器、冷却铁水管、电喷燃油泵、燃油泵总成
配套及出口情况:为力帆、东风配套,出口北美洲、南美洲、欧洲

★上海欧伊恩汽车零部件有限公司
地址:上海市松江区车墩工业园区车泾路278号
邮编:201611
电话:021/57609713、57609714
传真:57609710
电子信箱:oemparts@sh163. net
质量体系:QS 9000、ISO 9002
产品情况:(OEMG牌)
硅油风扇离合器、汽车水泵、球笼

★上海可立洁汽车配件有限公司
地址:上海市松江区车墩镇汇桥村汇北公路59号
邮编:201611
电话:021/57605808、57602690
传真:57605987
网址:www. kelifils. com
电子信箱:james. pen@kelifils. com
质量体系:ISO 9000
产品情况:(KLJ牌、KELIJIE牌、KELIFILS牌)
汽车空气滤清器、空调滤清器、燃油滤清器、机油滤清器
出口情况:产品年出口10万套

★上海郎特汽车净化器有限公司
地址:上海市松江区车墩镇三浜路60号
邮编:201611
电话:021/37601039
传真:37601009
网址:www. langtjhq. com
电子信箱:zjg@langtjhq. com
质量体系:ISO/TS 16949
产品情况:(郎特牌)
汽车、摩托车等机动车排气三效催化剂和三效催化转化器
配套及出口情况:净化器产品为浙江吉奥汽车、东风朝柴、北旅配套;出口南非、伊朗、俄罗斯、伊拉克、智利等国家

★庄信万丰(上海)化工有限公司
地址:上海市松江区松江工业区东兴路88号
邮编:201613
电话:021/57741234
传真:57744806
质量体系:QS 9000、ISO/TS 16949
产品情况:汽车尾气净化催化剂

★上海德朗汽车零部件制造有限公司
地址:上海市松江区高新科技园区洋河滨路58号
邮编:201615
电话:021/67696908、31218666
传真:67696103
网址:www. shdelang. com
电子信箱:info@shdelang. com
质量体系:ISO/TS 16949
产品情况:汽车散热器、暖风器、中冷器和蒸发器等热交换系列产品,年产175万套
配套情况:为上汽大众及上汽通用的一级配套供应商

★上海博龙汽车配件有限公司
地址:上海市松江区久富经济开发区恒富路98号
邮编:201615
电话:021/67627598、67627599
传真:67627066
电子信箱:songsw@shbolong. com
质量体系:ISO 9001
产品情况:(博众牌)
活塞环、活塞、缸套、轴瓦、气门、张紧轮等
配套情况:金属陶瓷活塞环为东风康明斯、玉柴、锡柴、大柴、朝柴等配套

★上海保隆汽车科技股份有限公司
地址:上海市松江区沈砖公路5500号
邮编:201619
电话:021/57690000、31273333
传真:57690035
网址:www. baolong. biz
电子信箱:sbic@baolong. biz
负责人:张祖秋
单位人数:600
质量体系:ISO/TS 16949、ISO 14001
产品情况:(威乐牌、TOPSEAL牌、DigiTire牌)
胎压监测系统(TPMS)、温度压力传感器、气压计、气泵等汽车电子产品、气门嘴、气门芯、平衡块、螺母螺栓等车轮附件、排气尾管、消声系统等汽车排气系统
配套及出口情况:是美国福特、美国通用、美国丰田、上海汽车、上汽通用、中国一汽、海马汽车等国内外知名汽车厂的合格供应商;畅销欧美、澳大利亚、东南亚等80多个国家和地区

★上海爱仕达汽车零部件有限公司
地址:上海市青浦区外青松公路4508号
邮编:201701
电话:021/63355888-103、59223857
传真:63355060
电子信箱:shasdac@shasdac. com
质量体系:ISO/TS 16949、ISO 14001
产品情况:汽车发动机铝合金汽缸体、缸盖

★上海华培动力科技有限公司
地址:上海市青浦区崧泽工业园区崧秀路218号
邮编:201703
电话:021/59789646
传真:23027910
质量体系:ISO/TS 16949
产品情况:发动机涡轮增压及尾气排放系统零部件

★上海世佳汽车零部件制造有限公司
地址:上海市青浦区青浦工业园区崧盈路1018号
邮编:201706
电话:021/59869666、62707216
传真:59869152
电子信箱:rachellexm@163. com
质量体系:ISO/TS 16949

产品情况:汽车水泵、铝合金压铸件
配套情况:为多家大型汽车制造厂配套

★上海欧菲滤清器有限公司
地址:上海市青浦出口加工区北青公路8228号二区28号
邮编:201707
电话:021/59701188
传真:59701199
产品情况:滤清器
出口情况:出口欧洲、北美洲、日本、澳大利亚等国家和地区

★上海日都汽车配件有限公司
地址:上海市青浦工业园区天盈路98号5号厂房
邮编:201707
电话:021/69206020
传真:69202554
电子信箱:xjy@ shanghai - nitto. com
质量体系:ISO 9001、ISO 14001
产品情况:汽车三滤、过滤器扳手、放油塞、防护手套等

★上海东灿汽车配件有限公司
地址:上海市青浦区北青公路9518号
邮编:201707
电话:021/59705266、59705260
传真:59705286
电子信箱:dc@ shqp. com. cn
质量体系:ISO 9001
产品情况:(钻石牌)
汽车滤清器、自动变速器滤网等

★上海菱重增压器有限公司
地址:上海市青浦区新科路338号
邮编:201707
电话:021/69210030
传真:69210825
网址:www. smtc. sh. cn
电子信箱:hym@ smtc. sh. cn
单位人数:250
质量体系:ISO/TS 16949
产品情况:涡轮增压器

★本特勒汽车系统(上海)有限公司
地址:上海市青浦区华新镇华隆路1688号
邮编:201708
电话:021/39761088、39766107
传真:39761099、39761003
网址:www. benteler. com
电子信箱:info@ bentelerchina. com
产品情况:驱动桥、发动机排放控制装置
配套情况:为上汽大众、一汽-大众、上汽通用等配套

★上海日欣汽车滤清器有限公司
地址:上海市青浦区沪青平公路6015号
邮编:201713
电话:021/59228918
传真:59228928
电子信箱:filters@ 126. com
质量体系:ISO 9001
产品情况:(日欣牌)
柴油滤清器、机油滤清器、空气滤清器
配套情况:为锡柴、浙江新柴动力、扬动、江淮动力等配套

★意奔玛集团有限公司
地址:上海市青浦区练塘工业园区泖甸路288号
邮编:201716
电话:021/59815555、59815553
传真:59815557
网址:www. ybm. com. cn
电子信箱:ybm@ ybm. com. cn
单位人数:2000
质量体系:ISO/TS 16949
产品情况:(YBM牌)
汽车滤清器,年产2000多万只;汽车起动机,年产50万台;燃油泵,年产70万只;皮带,年产1000万条;制动盘,年产240万套
配套情况:为沈阳新光华晨发动机、沈阳双福内燃机、沈阳东基星、四川绵阳新晨动力、秦皇岛金程汽车、吉利汽车、厦门金龙、华晨金杯、中顺汽车、北京奔驰、河北中兴、大迪汽车、天马汽车等配套491Q、4Y、493、462、4G22D4汽/柴油发动机

★上海昊牌汽车零部件有限公司
地址:上海市曹安路1926号7幢1号
邮编:201802
电话:021/59190795、18106773158
传真:59190751
网址:www. hao - p. com
电子信箱:wxy_989@ vip. 163. com
单位人数:200
质量体系:QS 9000
产品情况:(昊牌、V牌)
车用滤清器等
配套情况:为OEM厂家配套

★上海珠铃汽车配件厂
地址:上海市嘉定区黄渡工业园区春浓路299号
邮编:201804
电话:021/69590001、13801887731
传真:69590005
质量体系:ISO/TS 16949、QS 9000
产品情况:(日铃牌)
油水分离器、机油散热器水管、暖水控制阀、高压泵电磁阀、柴油滤清器、各种车用减振器等
配套情况:为江铃汽车等配套

★上海红湖排气系统有限公司
地址:上海市安亭镇和静路1200号
邮编:201805
电话:021/59567068
传真:59565592
网址:www. shhhx. com
电子信箱:job@ shhhx. com
质量体系:ISO/TS 16949、ISO 14001
产品情况:排气系统(排气管、消声器、净化器),具有年产50万台套的生产能力
配套情况:为上汽大众配套

★上海奥众汽车部件制造有限公司
地址:上海市嘉定区安亭镇大众工业区安亭镇园区路348号
邮编:201805
电话:021/59507608
传真:59508195
网址:auzone. com
电子信箱:sales@ auzone. cn
质量体系:ISO/TS 16949
产品情况:节气门体、节气门怠速电动机、节气门位置传感器等
配套情况:为德尔福、西门子威迪欧的OEM供应商和吉利汽车等主机厂定点配套

★上海幸福瑞贝德动力总成有限公司
地址:上海市嘉定区安亭镇塔山路1358号
邮编:201805
电话:021/33197705、59566620
传真:59566620
网址:shrbd. com
电子信箱:services@ shrbd. com
质量体系:ISO/TS 16949
产品情况:汽车发动机和变速器再制造业务以及为主机厂配套新件机加工业务
配套情况:为上汽通用、上汽大众配套

★德嘉汽车配件(上海)有限公司
地址:上海市嘉定区安亭镇园区路1128号
邮编:201805
电话:021/69576177
传真:69576179
网址:www. qscontrol. com
电子信箱:radiator@ qscontrol. com
质量体系:ISO/TS 16949、ISO 9000
产品情况:汽车散热器水槽、主板、配件及模具

★勃乐氏密封系统(上海)有限公司
地址:上海市嘉定工业区北和公路1357号
邮编:201807
电话:021/39538168
传真:51862170
网址:www. bruss. de
电子信箱:zhenshengshen@ bruss - asia. com
产品情况:汽车发动机罩盖、油封
配套情况:为奔驰、宝马、奥迪、大众、福特供货

★埃贝赫排气技术(上海)有限公司
地址:上海市嘉定区城北路3525号
邮编:201807
电话:021/60163000
网址:www. eberspaecher. com

电子信箱：info - cn@ eberspaecher. com
产品情况：机动车及工程车辆排气系统
出口情况：出口欧洲、北美洲地区

★上海大众动力总成有限公司
地址：上海市嘉定区城北路 3598 号
邮编：201807
电话：021/69965678
传真：59543100
网址：www. vwpt. cn
单位人数：2300
质量体系：ISO/TS 16949
产品情况：EA111 系列 1. 4L、1. 6L MPI 链传动汽油发动机和 1. 4L TSI（涡轮增压燃油直喷）发动机，年产能 130 万台

★上海乾通汽车附件有限公司
地址：上海市嘉定区百安公路 168 号
邮编：201814
电话：021/59501800
传真：59501900
网址：www. scaac. com
电子信箱：scaac@ scaac. saic. com. cn
质量体系：ISO/TS 16949、VDA 6. 1
产品情况：铝合金压铸件、汽车泵类总成等
配套情况：为上汽大众、一汽 - 大众、上汽通用、长安福特、长安马自达、上汽通用五菱、上海柴油机等供货

★上海永红汽车零部件有限公司
地址：上海市嘉定区宝安公路 4919 号
邮编：201814
电话：021/59509092、59503368
传真：39500044
网址：www. ghsyh. com
电子信箱：syhwmx@ vip. 163. com
质量体系：ISO/TS 16949、VDA 6. 1
产品情况：空气滤清器、空调过滤器、滤芯等，具有年产空气滤清器总成 80 万 ~ 120 万套的生产能力
配套情况：为大众桑塔纳、一汽捷达、通用别克、广汽本田、神龙汽车、长安微型车、上汽罗孚、上汽乘用车、奇瑞汽车、永康众泰等配套空气滤清器总成，为南京长安、重庆长安等配套生产多种注塑产品

★上海爱知锻造有限公司
地址：上海市嘉定区嘉安公路 3300 号
邮编：201814
电话：021/69574000、69574587
传真：69574555
网址：www. sh - aichi. com. cn
电子信箱：services@ sh - aichi. com. cn
质量体系：ISO/TS 16949、VDA 6. 1
产品情况：主要产品有发动机连杆、曲轴 、转向节、钟形外星轮、变速器齿坯等
配套及出口情况：为广汽丰田、上汽大众、上汽通用、一汽 - 大众、北京现代、江西五十铃、奇瑞汽车等汽车厂商及其一级零部件厂商配套；批量出口丰田汽车集团的东南亚市场

★上海天纳克排气系统有限公司
地址：上海市嘉定区嘉松北路园国路 99 号
邮编：201814
电话：021/69573026
传真：69573021
产品情况：三元催化转换器、消声器等汽车排气系统产品
配套情况：为上汽大众配套

★曼胡默尔滤清器（上海）有限公司
地址：上海市嘉定区兴庆路 168 号
邮编：201815
电话：021/61850000
传真：61850400
网址：www. mann - hummel. com
电子信箱：infomjcn@ mann - hummel. com
单位人数：730
质量体系：ISO/TS 16949
产品情况：空气滤清器、空滤芯、机油及燃油滤清器、进气歧管、空调滤、旋装滤清器、曲轴箱通风系统、冷却剂储藏罐等
配套情况：为上海汽车、上汽大众、上汽通用、上汽通用五菱、长安福特、东风日产、东风标致配套

★上海皮尔博格有色零部件有限公司
地址：上海市嘉定区兴贤路 1288 号
邮编：201815
电话：021/67071888
传真：67071999
网址：www. kpsnc. com
电子信箱：sales@ kpsnc. com
质量体系：ISO/TS 16949、VDA 6. 1
产品情况：缸体、汽缸盖、进气模块等有色铸造零部件、排气再循环系统、二次空气系统、机油泵、水泵、真空泵等泵类产品、模具和工具
配套情况：为上汽大众、沃尔沃、雷诺、长安福特、长安马自达、上汽通用、江淮汽车、东风标致、奇瑞汽车、神龙汽车、吉利汽车等配套

★上海华森散热器有限公司
地址：上海市嘉定区曹安路 1926 号 33 栋 109 号 - 110 号
邮编：201824
电话：021/69191622、69190795
传真：69196809
电子信箱：zyq88@ vip. sina. com
质量体系：ISO 9001
产品情况：（鑫华森牌）
散热器、冷凝器、铝质暖风机、制动器衬片、离合器从动盘、汽车喇叭等
配套及出口情况：为东风汽车公司、一汽集团配套；出口欧洲、美国、中东、东南亚等国家和地区

★上海合众工贸实业公司
地址：上海市嘉定区定边路 35 号东方汽配城三期 1 楼 1013 室
邮编：201824
电话：021/69190567
传真：69190567
产品情况：散热器、冷凝器、减振器、拉杆球头、悬架球头、离合器压盘及从动盘总成、水泵、机油泵、张紧轮、球笼及修理包、燃油泵芯、电子燃油泵总成、刮水器片、车门外拉手、活塞、调节器、空气流量计、节气门、转向助力泵、液压挺杆、下摆臂、导向臂、控制臂、连接杆等
配套情况：为上汽大众、一汽 - 大众、上汽通用等配套

★上海荣众内燃机配件有限公司
地址：上海市嘉定区真新街道定边路 35 号 26 幢 108 室
邮编：201824
电话：021/59190107、59190036
传真：59190036
电子信箱：rzgrk@ 126. com
质量体系：ISO/TS 16949、VDA 6. 1
产品情况：活塞、活塞环、活塞销、缸套及四配套

★上海拖拉机内燃机公司油嘴油泵厂
地址：上海市宝山区同济路 958 号
邮编：201900
电话：021/56602222
传真：56601340
电子信箱：server@ jinggong - feili. com
质量体系：VDA 6. 1、ISO 9001
产品情况：（精工牌、飞力牌、双安牌）
各类柴油机高压喷油泵总成、喷油器总成、喷油嘴偶件、柱塞偶件、出油阀偶件、正时齿轮、离合器液压操纵缸、机油滤清器支架总成等
配套情况：为摩托车行业及上汽大众指定替代进口件的国内配套产品

★上海幸福摩托车有限公司
地址：上海市宝山区友谊路 309 号
邮编：201900
电话：021/66788765
传真：66798765
网址：www. xingfumotor. cn
电子信箱：xingfumotor@ xingfumotor. cn
单位人数：1000
质量体系：ISO/TS 16949
产品情况：（幸福牌）
机油泵、水泵、真空泵及铝合金零件加工等，具备年产 300 万套泵类产品的能力
配套情况：已成为上汽大众，上海汽车等整车企业的 OEM 供应商

★上海大统汽配实业有限公司
地址：上海市宝山区宝安公路 325 号
邮编：201906
电话：021/56805466
传真：56493015
网址：www. datongpiston. com

质量体系：ISO 9002
产品情况：（地球牌、金桨牌、华运牌）
活塞、活塞销、活塞环、缸套组件
出口情况：出口东南亚、中东、南非、欧洲、中南美洲等地区

★上海隆兆汽车零部件有限公司
地址：上海市宝山区陈富路 344 号
邮编：201907
电话：021/51652038
传真：51652030
电子信箱：shlongzhao@ vip. 163. com
质量体系：ISO/TS 16949、VDA 6.1
产品情况：汽车排气系统用不锈钢焊管、排气装饰尾管和其他管件，年产不锈钢焊管与不锈钢管件 2400t
配套情况：是上汽大众、上汽通用等整车厂的二级供应商，产品主要配套于上汽通用 Wcar、Scar、CMT191，上汽大众 Polol. 4L、1.6L，帕萨特 1.8L、2L、1.8T、T53、B2 及奇瑞 A15 车型等

★上海东兴旺汽车配件有限公司
地址：上海市崇明堡镇团城公路 389 号
邮编：202157
电话：021/59411095
传真：59411095
网址：www. shpdxw. com
质量体系：ISO/TS 16949
产品情况：年生产洗涤器、储油杯、膨胀水箱等各类汽车零配件能力达 80 余万套
配套情况：为北汽福田、长城、北方奔驰公司等多家整车制造厂配套

★上海前进轴瓦有限公司
地址：上海市崇明县前进农场
邮编：202179
电话：021/59631474、55785355
传真：59631474、52909410
电子信箱：qjzw@ qjzw. com. cn
质量体系：ISO 9001
产品情况：汽车连杆瓦、曲轴瓦、偏心瓦、衬套、止推片等
配套情况：为上海纽荷兰、一汽集团无锡柴油机厂、山东潍坊柴油机厂、天津动力机厂、南通柴油机厂等配套，6110、6130T4、6160、495、4100 等系列产品被上述厂家指定为专业配套产品

江苏省

★南京尼玛克铸铝有限公司
地址：南京市江宁经济技术开发区空港工业园信诚大道 108 号
邮编：210028
电话：025/87106000
网址：www. nemak. com
产品情况：汽车发动机铝制汽缸盖、汽缸体、悬架系统零部件

★南京泰宁铸铁有限公司
地址：南京市迈皋桥 1 号
邮编：210028
电话：025/52733127
质量体系：ISO/TS 16949、QS 9000
产品情况：汽车缸体、曲轴、凸轮轴和变速器、桥壳、制动器等汽车铸铁件
配套情况：为南京汽车集团、意大利菲亚特、南京依维柯、伊顿、奇瑞汽车、柳州五菱、重庆红宇（南方天合）、梅州 BPW 车轴、宁波英特姆等配套

★南京威孚金宁有限公司
地址：南京市浦口区泰山工业园区柳州北路 12 号
邮编：210031
电话：025/58498000
传真：58843252
网址：www. njwfjn. com
电子信箱：jnxs@ njweifu. com
质量体系：ISO/TS 16949、ISO 14001
产品情况：（金宁牌）
高压燃油系统：柴油机用电控 VP 高压燃油系统（国Ⅳ）、电控 VE 高压燃油系统（国Ⅲ）、机械式 VE 型分配泵（国Ⅱ/国Ⅰ）、单缸喷油泵、喷油器总成等；低压供油产品：共轨输油泵、电动输油泵、叶片式输油泵、活塞式输油泵等；汽车电子产品：ECU 软硬件、传感器、执行器等

★马勒发动机零部件（南京）有限公司
地址：南京市浦口区泰冯路 65－1 号
邮编：210032
电话：025/58690800
传真：58740372
网址：www. cn. mahle. com
电子信箱：mahle_cn@ hotmail. com
质量体系：ISO/TS 16949、VDA 6.1
产品情况：活塞、滤清器、轴瓦等发动机零部件
配套及出口情况：供给国内主要发动机及汽车生产厂；出口韩国、日本、欧洲、南非

★南京汽车零件有限公司
地址：南京市栖霞区中山门外西岗 E－1 号
邮编：210033
电话：025/58120600、58120622
传真：58120660
网址：www. njautoparts. cn
电子信箱：admin@ njautoparts. cn
质量体系：ISO/TS 16949
产品情况：排气管、消声器管、悬架件、冲压件等零部件
配套情况：为依维柯、跃进、菲亚特、名爵等车型配套

★南京锐鹰活塞环制造有限公司
地址：南京市浦口区盘城工业集中区盘城新街 5－11 号
邮编：210044
电话：025/58931951、15261450662
传真：58931951、58742872
网址：www. njryjl. cn
电子信箱：lisananjingruiying@ gmail. com
质量体系：ISO 9001
产品情况：（金陵牌）
活塞环，年生产约 6000 万片

★长安福特马自达发动机有限公司
地址：南京市江宁经济技术开发区吉印大道 1299 号
邮编：211100
电话：025/51185000
传真：51185999
网址：www. ford. com. cn
质量体系：ISO/TS 16949、ISO 14001
产品情况：发动机

★蒂森克虏伯发动机零部件（中国）公司
地址：南京市江宁区建衡路 9 号
邮编：211100
电话：025/66666166
传真：87187049
网址：www. thyssenkrupp. com
电子信箱：cassie. kong@ thyssenkrupp. com
产品情况：适用于欧 IV 以上排放要求的中重型车用柴油发动机的曲轴和连杆

★南京金城三国机械电子有限公司
地址：南京市江宁区江宁科学园至道路 9 号
邮编：211100
电话：025/85099058
传真：84990229
电子信箱：cjmikuni@ sina. com. cn
质量体系：ISO/TS 16949
产品情况：摩托车机油泵等
配套及出口情况：为金城、大长江、轻骑铃木、济南轻骑、建设雅马哈、钱江、嘉陵、隆鑫等配套；远销日本、欧洲等市场

★南京南汽冲压件有限公司
地址：南京市江宁区经济技术开发区秦淮路 67 号
邮编：211100
电话：025/52124325、52123523
传真：52124325
网址：www. yjcyj. com
电子信箱：nqcyj@ yjcyj. com
单位人数：264
质量体系：ISO/TS 16949
产品情况：货车、客车、轿车系列的中小冲压件、排气消声器总成、净化器总成、燃油箱总成等，生产能力 1000 套中小冲压件模具、夹具
配套情况：主要客户：南京依维柯、南京名爵（MG）、南京长安福特（溧水）公司、扬州亚普、美国 ALSDA 公司、比利时 PUNCH 公司、德国威巴克公司等

★南京金鼎汽车零部件有限公司
地址：南京市江宁区经济技术开发区通淮街 2 号

邮编:211100
电话:025/52105299、52122361
传真:52121713
电子信箱:jinding@ yjjinding. com
质量体系:ISO/TS 16949
产品情况:汽车尾板、发动机气门弹簧、减振器、驻车制动器、汽车拉索等,年产值1.3亿元
配套情况:与上汽大众、一汽集团、广汽集团、北汽福田、安徽星马建立友好合作关系

★南京发动机配件厂
地址:南京市江宁区淳化街玉墅区1号
邮编:211122
电话:025/52414033
传真:52414033
电子信箱:njfdjpjcxx0748@ sina. com
质量体系:ISO 9001
产品情况:进/排气门、活塞销、气门挺杆、气门推杆、摇臂轴
配套情况:为潍柴、锡柴、重庆发动机厂、扬柴、跃进、淄博柴油机厂、福建机器厂、嘉陵机器厂、南京金城、常柴集团等配套

★南京飞燕活塞环股份有限公司
地址:南京市溧水区中山路17号
邮编:211200
电话:025/57226317、57212801
传真:57212406、57226372
网址:www. feiyan. com. cn
电子信箱:xsgs@ feiyan. com. cn
法人代表:张和清
单位人数:1500
质量体系:ISO/TS 16949、ISO 14001
产品情况:(飞燕牌)
内燃机活塞环,年产能力超亿片
配套及出口情况:为一汽集团、东风汽车公司、南汽等众多汽车发动机厂家配套;远销亚洲、欧洲、美洲、非洲等地区

★仪征双环活塞环有限公司
地址:江苏省仪征市大庆南路5号
邮编:211400
电话:0514/83450607
传真:83461620
网址:www. cypr. com. cn
电子信箱:cypr@ asimco - cypr. com
法人代表:汪滨
负责人:吴映雪
单位人数:2059
质量体系:ISO/TS 16949、ISO 14001
产品情况:(双环牌、CYPR牌)
活塞环
配套情况:为潍柴、潍柴道依茨、玉柴、一汽(大柴、锡柴)、上柴、重汽、杭发、江铃汽车、保定长城、浙江吉利、扬柴、南通柴油机、南京依维柯、北汽福田、重庆康明斯、云内、华源莱动、江淮汽车、雷沃动力、奇瑞汽车、比亚迪汽车、力帆汽车、浙江康斯特、上海日野、小松、东风日产、泰洲雅马哈,重庆渝安、浙江新柴、华普汽车、新光华晨、东安三菱、名爵汽车等配套

★仪征威业油泵油嘴有限公司
地址:江苏省仪征市工农北路168号
邮编:211400
电话:0514/83441200、83432003
传真:83441200
网址:www. yzweiye. com
电子信箱:zhhd3201@ 126. com
单位人数:300
质量体系:ISO 9001
产品情况:(锡字牌、威孚牌、威业牌)
年产柱塞偶件400万付、出油阀偶件300万付
配套及出口情况:为多家重点汽车、柴油机厂配套;部分产品出口

★日环汽车零部件制造(仪征)公司
地址:江苏省仪征市汽车工业园联众路6号
邮编:211400
电话:0514/83429700
传真:83429711
网址:www. namy. cn
产品情况:钢制活塞环
配套及出口情况:为丰田、本田、日产及发动机厂家供货;远销日本、欧洲、美洲等国家和地区

★亚新科凸轮轴(仪征)有限公司
地址:江苏省仪征市汽车工业园区双环路8号
邮编:211400
电话:0514/80857900、83429610
传真:80857959
网址:www. yzcamshaft. com
电子信箱:sales@ asimco - camyz. com
质量体系:ISO/TS 16949、ISO 14001
产品情况:冷激合金铸铁、冷激球墨铸铁、高强度球墨铸铁及钢质发动机用凸轮轴的毛坯铸造,年产140万件凸轮轴毛坯、60万件凸轮轴成品
配套情况:为南京依维柯、一汽锡柴、东风康明斯、上汽菲亚特红岩、福田康明斯、上柴、奇瑞汽车、依维柯(全球)、康明斯(全球)、日本久保田等配套

★江苏仪征金派内燃机配件有限公司
地址:江苏省仪征市西园北路56号
邮编:211400
电话:0514/85819099、85819068
传真:85819098、83418585
网址:www. jppr. com. cn
电子信箱:jppr1@ 163. com
单位人数:1000
质量体系:ISO/TS 16949、ISO 9001
产品情况:(金派牌)
年产活塞环6000万片、气门座1000万付、螺旋弹簧4000万支
配套及出口情况:为常柴、时风、江动、广西玉柴、新柴、福建力佳等众多知名主机厂配套;远销亚洲、欧洲、非洲等地区

★扬州神驰缸套有限公司
地址:江苏省仪征市马集镇
邮编:211414
电话:0514/83662588、83665588
传真:83660073
网址:www. yzscgt. com
电子信箱:hongbob@ 126. com
质量体系:ISO 9002
产品情况:(神驰牌)
汽车缸套,年生产能力60万只左右
配套情况:为仪征、安庆、南京、福建等活塞环厂家专业配套珩磨套

★江苏苏美达德隆汽车部件有限公司
地址:南京市六合区雄州工业园高雄路1号
邮编:211500
电话:025/68553000 - 806
传真:68553000 - 830
电子信箱:caishasha@ sumec. com. cn
质量体系:ISO/TS 16949、ISO 9001
产品情况:汽车、摩托车锻件、车门铰链等
配套及出口情况:合作伙伴有奔驰、福特、通用、菲亚特、上汽大众、南京汽车集团、金城摩托、大长江集团等;出口美国、德国、西班牙、印度尼西亚、韩国等国家

★南京华勤汽配有限公司
地址:南京市六合区雄州东路158号
邮编:211500
电话:025/57110942、57125818
传真:57500034
网址:www. njhqqp. com
电子信箱:hqqp@ njhqqp. com
董事长:王发勤
单位人数:280
质量体系:ISO 9001
产品情况:(华勤牌、HQ牌)
具有年生产珩磨套、汽缸套20万只、摩托车、轿车、工程机械活塞环1500万片的能力

★南京京滨化油器有限公司
地址:南京市六合区龙池街道龙华路1号
邮编:211507
电话:025/57152317
传真:57138178
网址:www. keihin - knj. com
电子信箱:knj - hr@ keihin - knj. com
单位人数:1400
质量体系:ISO 9001、ISO 14001
产品情况:(KEIHIN牌)
摩托车、汽车、通用机、游艇用化油器、燃料电子喷射系统、电子装置等多种产品

配套及出口情况：为新大洲本田、五羊本田、嘉陵本田等独家配套，而且还为建设雅马哈、隆鑫、金城、北方易初等国内知名摩托车企业配套；出口美国、巴西等多个国家和地区

★江苏金湖县仕林油泵厂
地址：江苏省金湖县大兴工业园区
邮编：211600
电话：0517/86880907、86853087
传真：86853082
网址：www. jfsyb. com
电子信箱：jsslyb@ 126. com
单位人数：150
质量体系：ISO 9002
产品情况：（金丰牌）
各型输油泵，年产 30 万台
配套情况：为大柴、锡柴、朝柴、玉柴等配套

◉ 江苏金湖输油泵有限公司

地址：江苏省金湖县建设东路 25 号
邮编：211600
电话：0517/86882907
传真：86882906
网址：www. jhsyb. cnhyjhzys@ 126. com
负责人：黄爱源
单位人数：785
质量体系：ISO/TS 16949
产品情况：(JH 牌)
输油泵、提前器、连轴节
配套情况：为玉柴、朝柴、锡柴、常柴、扬柴、衡阳（南岳）上海电装、无锡威孚、北京天纬、云内、山东康达等配套

★凯迩必液压工业（镇江）有限公司
地址：江苏省镇江高新技术产业开发园区经十二以西
邮编：212009
电话：0511/88897200
传真：88887222
网址：www. kyb. co. jp
电子信箱：zj0002@ 163. com
产品情况：工程机械液压油缸
配套情况：为东风日产、天津一汽丰田配套

★华东泰克西汽车铸造有限公司
地址：江苏省镇江市丁卯开发区美林湾路 15 号
邮编：212009
电话：0511/85595678
传真：85595616
网址：www. hdteksid. com
电子信箱：postmaster@ hdtaf. com
单位人数：553
质量体系：ISO/TS 16949、ISO 14001
产品情况：轿车、轻型车、发动机缸体铸造
配套及出口情况：为上汽大众、上汽通用五菱、南京依维柯、广汽菲亚特、北汽动力总成、吉利汽车、常州斯太尔等配套；出口欧洲、韩国和印度市场

★江苏省镇江市林森汽配有限公司
地址：江苏省镇江市丹徒镇南路 3 号
邮编：212014
电话：0511/88781832
传真：88781832
质量体系：ISO/TS 16949、ISO 9001
产品情况：汽车发动机及底盘配件
配套情况：为南京依维柯、南京轻型货车配套

★镇江维纳特气门有限公司
地址：江苏省扬中市八桥工业区
邮编：212219
电话：0511/88545780
传真：88543688
网址：www. w – n – t. com
电子信箱：fgh@ w – n – t. com
董事长：金龙
单位人数：1100
质量体系：ISO/TS 16949、ISO 9001
产品情况：（维纳特牌、欧尔特牌、扬内牌）
气门、活塞销
配套及出口情况：为一汽大柴、一汽锡柴、广西玉柴、上柴、潍柴、南柴、康明斯、杭发、扬柴、朝柴、云内、江淮汽车、湖动、柳发、中国一拖、常柴、扬动、大长江、嘉陵等配套；远销欧美和东南亚

★江苏沃得机电有限公司
地址：江苏省丹阳市埤城工业园区
邮编：212311
电话：0511/86341222
传真：86333320
网址：www. worldgroup. com. cn
质量体系：ISO/TS 16949、ISO 9001
产品情况：（WODE 牌）
曲轴，年产量 300 余万支；涡轮增压器
配套及出口情况：为常柴、常发、常工、全柴、江动、时风、扬动等配套；远销中东及东南亚地区

★江苏鑫通汽车部件有限公司
地址：江苏省丹阳市访仙镇汽车工业园
邮编：212321
电话：0511/88037338、88037339
传真：86466000
网址：www. js – xt. com
电子信箱：sbbs88@ 126. com
单位人数：130
质量体系：ISO/TS 16949、QS 9000
产品情况：（精锐牌）
具备年产 100 万套汽车用风机、50 万套散热器、50 万套各式汽车塑料附件的生产能力
配套情况：已和华晨、吉利、力帆、东风集团、广汽集团、福汽集团、北汽集团等企业合作

★丹阳启达金属有限公司
地址：江苏省丹阳市界牌镇界东工业园
邮编：212323
电话：0511/86387225
传真：86388070
电子信箱：qidajs@ 163. com
质量体系：ISO 9001
产品情况：汽车摩托车排气消音净化系统用的 SVH409L304 等系列材质的不锈钢焊管和网孔管件
配套及出口情况：为多家知名品牌的汽车和摩托车主机制造企业配套；远销国际市场

★丹阳市常盛机械有限公司
地址：江苏省丹阳市皇塘镇
邮编：212327
电话：0511/86633335
传真：86631919
网址：www. dycsjx. com
电子信箱：csdb18@ 163. com
单位人数：160
质量体系：ISO 9001
产品情况：（常得宝牌）
机油滤清器、柴油滤清器、空气滤清器、车用气泵等
配套情况：与全国各大主机厂配套

★江苏梅花机械有限公司
地址：江苏省丹阳市南郊区凤凰工业园华苑路 1 号
邮编：212342
电话：0511/86198308
传真：86845520
网址：www. dymhjx. com
电子信箱：mh@ dymhjx. com
法人代表：韦梅芳
单位人数：80
质量体系：ISO/TS 16949、ISO 9001
产品情况：（黎民牌）
新能源汽车真空泵及其他汽车真空泵
配套情况：为江铃、保定长城、福田等汽车整车厂及国内外市场供货

★江苏东兴热交换系统有限公司
地址：江苏省常州市新北区
邮编：213000
电话：0519/69889559、83879551
传真：69882669
网址：www. dhtstruck. com
电子信箱：dhts@ dhtstruck. com
质量体系：ISO/TS 16949
产品情况：（东兴牌）
散热器、车身配件
出口情况：远销欧洲、北美洲、中东、非洲市场

★常柴股份有限公司
地址：江苏省常州市怀德中路 123 号
邮编：213002
电话：0519/68683333、68852308

传真:86633706
网址:www. changchai. com. cn
电子信箱:sale@ changchai. com
单位人数:3913
质量体系:ISO/TS 16949、ISO 14001
产品情况:(常柴牌)
具有年产120万台单缸柴油机、15万台多缸柴油机、15万台汽油机、4万余t铸件的生产能力
配套及出口情况:为东风汽车、金杯车辆、北汽福田等配套;出口78个国家和地区

★常州震洋活塞环有限公司
地址:江苏省常州市青龙福成青洋北路168-2号
邮编:213021
电话:0519/85502349、13776831180
传真:85502349
网址:www. czhuade. com
电子信箱:webmaster@ czhuade. com
质量体系:ISO 9001
产品情况:汽车、摩托车、农机和通用机械活塞环
配套及出口情况:为几十家国内主机厂配套;出口欧洲、俄罗斯、中东、东南亚、南美洲、非洲等50多个国家和地区

★常州市莱普拉机械制造有限公司
地址:江苏省常州市高新区金沙江路9号
邮编:213022
电话:0519/85135522、85119206
传真:85132132
网址:www. laipula. com. cn
电子信箱:laipula@ sohu. com
质量体系:ISO/TS 16949
产品情况:(莱普拉牌、CP牌)
多缸柴油机提前器和单缸柴油机调速器部件
配套情况:与无锡一汽、威孚、云内、一拖、扬动、常柴、常发等全国几十家主机厂配套

★蒂森克虏伯发动机系统(常州)公司
地址:江苏省常州市新北区黄河西路788号
邮编:213022
电话:0519/80118666
网址:www. thyssenkrupp. com. cn
产品情况:凸轮轴和缸盖罩壳模块总成等

★江苏常州正兴活塞有限公司
地址:江苏省常州市新北区黄河中路139号
邮编:213022
电话:0519/85101622、85101623
传真:85101550
网址:www. cn - piston. com
电子信箱:cspiston@ gmail. com
质量体系:ISO/TS 16949
产品情况:发动机活塞,年产量150万支

★迪耐斯排气系统(常州)有限公司
地址:江苏省常州市武进经济开发区腾龙路2号9号楼
邮编:213100
电话:0519/81291586
传真:81292586
网址:www. dinex. dk
电子信箱:jl@ dinex. cn
质量体系:ISO 14001、ISO/TS 16949
产品情况:先进的排放及尾气处理系统

★常州市翔武动力机械有限公司
地址:江苏省常州市武进区遥观镇勤新工业园
邮编:213100
电话:0519/88358901、15106128643
传真:88350507
网址:www. cz - xw. com
电子信箱:xiangwu02@ xw - turbo. com
质量体系:ISO/TS 16949、ISO 9001
产品情况:涡轮增压器转子轴及涡轮增压器

★常州市万翔车辆部件有限公司
地址:江苏省常州市新北区孟河镇
邮编:213100
电话:0519/83485016、13906123838
传真:83485428
网址:www. cnczwx. com
电子信箱:onideon@ tom. com
质量体系:ISO/TS 16949
产品情况:汽车中冷器、水箱、油冷器、汽车空调及相关配件(冷凝器,蒸发器,冷凝电动机,蒸发电动机,暖风水箱)、汽车灯具、净化器和消声器

★常州远东连杆集团有限公司
地址:江苏省常州市武进区郑陆镇东青村委朝南簖88号
邮编:213114
电话:0519/88966065、88966062
传真:88966062、88966063
网址:www. cnydlg. com
电子信箱:qjp630404@ 163. com
法人代表:童冬勤
负责人:邱建平
单位人数:1200
质量体系:ISO/TS 16949
产品情况:(滆湖牌)
年生产各类连杆能力达1000多万支
配套情况:为常柴集团、云内股份、扬动股份、全柴股份、英田集团、一汽锡柴、山东潍柴、新昌柴油机厂、浙江四方集团、山东时风集团、福建力佳、河南洛拖等30多个大中型主机厂以及长安铃木、浙江吉利、东安、一汽轿车等汽车制造商配套

★常州市南国冷却器有限公司
地址:江苏省常州市芙蓉镇
邮编:213118
电话:0519/88763340、88764102
传真:88763340
网址:www. cn - nanguo. com
电子信箱:info@ cn - nanguo. com
质量体系:QS 9000
产品情况:(芙蓉镇牌)
不锈钢板翅式机油冷却器和中冷器
配套情况:为北内、江铃、洛拖、依维柯等配套

★电装(常州)燃油喷射系统有限公司
地址:江苏省常州市国家高新技术产业开发区
邮编:213125
电话:0519/85127857
网址:www. denso. com. cn
电子信箱:dmcf_hr@ dmcf. denso. com. cn
产品情况:柴油车用燃油喷射系统;共轨、喷油器、大型商用车用供油泵

★常州环能涡轮动力有限公司
地址:江苏省常州市新北区汉江西路166号
邮编:213125
电话:0519/85116536、13861278180
传真:85101697
网址:www. worldturbocharger. com
电子信箱:turbozhang@ worldturbocharger. com
负责人:裴腊妹
单位人数:100
质量体系:ISO 9001
产品情况:(环能牌)
车用涡轮增压器涡轮、压气机叶轮、转子总成和修理包,车用涡轮增压器机芯和整机等
配套及出口情况:与多家增压器制造厂配套;主要产品80%出口欧洲、美洲、大洋洲和东南亚等地区

★常州常武动力机械有限公司
地址:江苏省常州市武进区湖塘镇聚湖村
邮编:213161
电话:0519/86507352、86507952
传真:86507952、86507352
电子信箱:cwcn@ sina. com
质量体系:ISO 9001
产品情况:(常武牌)
柴油机、车用电涡流缓速器
配套及出口情况 为客车整车厂配套;出口南非、印度、菲律宾、泰国、巴基斯坦、缅甸等国家

★常州市合达油泵有限公司
地址:江苏省常州市武进区高新区马杭兴隆街77号
邮编:213162
电话:0519/86706232、13775281355
传真:86701130
网址:www. czheda. com

电子信箱：saleinfo@ czheda. com
质量体系：ISO 9001
产品情况：（WM 牌）
年生产喷油泵总成 15 万台，调速器 50 余万套，单缸喷油泵及喷油器总成各 30 余万台
配套及出口情况：为多种动力机械配套；产品随柴油机出口

★常州市宏硕轴承制造有限公司
地址：江苏省常州市武进区礼嘉镇秦巷工业园区
邮编：213176
电话：0519/86329008
传真：86329006
网址：www. hsb – bearing. com
电子信箱：hsb@ hsb – bearing. com
质量体系：QS 9000、ISO 9001
产品情况：汽车水泵轴连轴承、滚针轴承、曲线滚轮等轴承，月生产能力 80 万套

★常州博瑞油泵油嘴有限公司
地址：江苏省金坛市开发区汇福路 666 号
邮编：213200
电话：0519/82180088
传真：82180099
网址：www. bostcr. com
电子信箱：bost@ bostcr. com
质量体系：ISO/TS 16949、ISO 9001
产品情况：柴油机燃油喷射系统
出口情况：出口中东、欧洲、美洲等地区

★无锡市迈特动力机械有限公司
地址：江苏省无锡市梅村锡泰路 578 号
邮编：214000
电话：0510/82401033
传真：82418014
网址：www. wxmaite. com
电子信箱：xiaoshou@ wxmaite. com
单位人数：450
质量体系：ISO/TS 16949、ISO 9001
产品情况：具备年产柴油机连杆 65 万支、曲轴 6. 5 万支、飞轮壳 20 万只、油底壳 50 万只、机油冷却器体 7 万只的综合能力
配套情况：为锡柴配套

★无锡冠越精工动力机械有限公司
地址：江苏省无锡市锡山区安镇街道查桥新世纪工业园先锋路
邮编：214000
电话：0510/88266510
传真：88109038
网址：ycrmoto. com
电子信箱：luzhong@ chintec – cn. com
质量体系：ISO 9000
产品情况：各种小型内燃机和摩托车、全地形车等用发动机；具有年产 30 万台发动机的生产能力
配套及出口情况：为几家名牌摩托车企业配套；50% 的产品出口欧洲、美洲、中东、非洲等地区

★无锡泰辰机械设备有限公司
地址：江苏省无锡市惠山区堰桥街道长安长八路 185 号
邮编：214005
电话：0510/82309217
传真：82305504
网址：www. wa – line. com
电子信箱：sales@ wa – line. com
质量体系：ISO/TS 16949、ISO 9001
产品情况：涡轮增压器、放气阀、中冷器、油冷器、带轮、排挡杆等

★无锡市扬名内燃机配件有限公司
地址：江苏省无锡市扬名高新技术产业园区 C 区 88 号
邮编：214024
电话：0510/85751411、85761298
传真：85761298
电子信箱：yuanjun@ wxnrj. com
质量体系：ISO/TS 16949、ISO 9001
产品情况：（山缸牌）
柴油机曲轴扭振减振器、带轮、不锈钢进排气管、增压器回油管、金属波纹管、金属软管、金属波纹膨胀节等
配套情况：为一汽锡柴、玉柴、南通柴油机、青岛汽车制造厂配套

★无锡永兴机械制造有限公司
地址：江苏省无锡市扬名高新技术产业园 B 区 78 号
邮编：214026
电话：0510/85760596
传真：85760596
网址：www. sy – impeller. com
电子信箱：master@ sy – impeller. com
质量体系：ISO/TS 16949
产品情况：（双盈牌）
涡轮增压器压气机叶轮及其他叶轮产品

★ 一汽解放汽车有限公司无锡柴油机厂

地址：江苏省无锡市永乐东路 99 号
邮编：214026
电话：4008281199、4008288998
传真：0510/85025271
网址：www. wxdew. com
电子信箱：wxdew@ wxdew. com
负责人：钱恒荣
单位人数：3500
质量体系：QS 9000
产品情况：（解放牌）
发动机产品有 7 大系列，排量跨越 2 ~13L，具备 60 万台柴油机的年产能力
配套及出口情况：为一汽解放等整车厂配套；远销欧美 40 多个国家和地区
☞ 详细情况请参阅彩色宣传版面

★康奈可汽车电子（无锡）有限公司
地址：江苏省无锡市高新技术开发区 B31 – A
邮编：214028
电话：0510/66612666
传真：66612333
网址：www. calsonickansei. co. jp
电子信箱：ang_liu@ ck – mail. com
质量体系：ISO/TS 16949
产品情况：（康奈可牌）
汽车散热器、冷凝器及车用电子零部件

★无锡珀金斯芝浦发动机有限公司
地址：江苏省无锡市国家高新技术产业开发区
邮编：214028
电话：0510/85372888
产品情况：珀金斯 400 系列发动机
出口情况：出口包括澳大利亚在内的（不包括日本）亚太地区

★科特拉（无锡）汽车环保科技有限公司
地址：江苏省无锡市国家高新技术产业开发区 104 – A
邮编：214028
电话：0510/85204887
传真：85204889
质量体系：ISO/TS 16949
产品情况：汽车、摩托车用催化剂以及通用发动机用催化剂

★无锡市月亮轴瓦有限公司
地址：江苏省无锡市国家高新技术产业开发区 14 号地块
邮编：214028
电话：0510/85218040、85212128
传真：85218040
电子信箱：wxzwc@ pub. wx. jsinfo. net
质量体系：ISO/TS 16949
产品情况：（月亮牌）
主轴瓦、连杆瓦、翻边轴瓦、凸轮轴瓦、止推片等，年产量 1200 万片
配套情况：为哈尔滨东安动力、沈阳新光华晨发动机、江西福华发动机、保定长城内燃机、沈阳长城富桑内燃机、五菱汽车公司柳州机械厂、长安汽车、天津一汽夏利、绵阳新晨动力、常柴、无锡华源凯马、北汽福田、山西淮海机械配套

★唐纳森（无锡）过滤器有限公司
地址：江苏省无锡市新加坡工业园行创八路 236 号
邮编：214028
电话：0510/85285596
传真：85280542
质量体系：ISO/TS 16949
产品情况：柴油发动机滤清器

★无锡威孚高科技集团股份有限公司
地址：江苏省无锡市新区华山路 5 号
邮编：214028
电话：0510/80505555
传真：80505005

网址:www. weifu. com. cn
电子信箱:gm@ weifu. com. cn
负责人:王晓东
单位人数:7000
质量体系:ISO/TS 16949
产品情况:(锡字牌)
燃油喷射系统、尾气后处理系统、汽车进气系统等
配套及出口情况:为国内各大汽车厂和柴油机厂配套;远销美洲、中东、东南亚等地区

★无锡威孚奥特凯姆精密机械有限公司
地址:江苏省无锡市新区华山路6号
邮编:214028
电话:0510/88660630
传真:88660605、88660617
网址:www. weifuautocam. cn
电子信箱:hr_wuxi@ weifuautocam. com
单位人数:176
产品情况:主要是研究、生产联合汽车电子公司发动机控制系统EV6电控喷油器国产化项目机械加工的核心零部件

★无锡范尼韦尔工程有限公司
地址:江苏省无锡市新区锡梅路28号
邮编:214028
电话:0510/88553588
传真:85731250
网址:www. cummins. com. cn
产品情况:增压器用涡轮叶轮铸件

★博世汽车柴油系统股份有限公司

地址:江苏省无锡市新区新华路17号
邮编:214028
电话:0510/85333888
传真:85338100
网址:www. bosch. com. cn
电子信箱:rbcn. webmaster@ cn. bosch. com
负责人:王伟良
单位人数:1700
质量体系:ISO/TS 16949
产品情况:(BOSCH牌)
电控高压柴油直喷系统及尾气后处理系统等
配套情况:为天津珀金斯、潍柴、朝柴、湖南动力、杭发、南京依维柯、东风南充、大柴、上柴、柳柴配套
☞详细情况请参阅彩色宣传版面

★无锡康明斯涡轮增压技术有限公司
地址:江苏省无锡市新区新锡路28号
邮编:214028
电话:0510/85200800
传真:85200899
网址:www. cummins. com. cn
电子信箱:turbos@ cn. holset. com
负责人:陈华
质量体系:QS 9000、ISO 9001
产品情况:(霍尔塞特牌)
涡轮增压器
配套情况:为大柴、锡柴、东风康明斯、重庆康明斯、玉柴等配套

★无锡国源机床有限公司
地址:江苏省无锡市北塘区金山四支路11-1-318号
邮编:214037
电话:0510/83108540、83212100
传真:83212886
网址:www. wxctjg. com
电子信箱:guoyan_jc@ 163. com
负责人:陆国安
质量体系:ISO/TS 16949
产品情况:机械、液压气门挺杆,张紧器,气门,滚针轴承,非标轴承
出口情况:出口日本、韩国、欧美等国家和地区

★无锡市和平冷却器厂
地址:江苏省无锡市滨湖区马山
邮编:214091
电话:0510/85683005、85998885
传真:85689129
电子信箱:wxhp@ vip. 163. com
质量体系:ISO/TS 16949、ISO 9001
产品情况:(海雁牌)
发动机不锈钢板翅式机油冷却器、水空中冷器、板式换热器、消声器等

★无锡市冠云换热器有限公司
地址:江苏省无锡市滨湖区马山雪云路20号
邮编:214092
电话:0510/85991188
传真:85994180
网址:www. guanyuncn. com
电子信箱:info@ guanyuncn. com
单位人数:300
质量体系:ISO/TS 16949、ISO 14001
产品情况:热交换器、冷却器、油冷器、中冷器、水箱等
出口情况:出口美国、英国、法国、澳大利亚、德国、新西兰、土耳其、日本、印度、韩国、俄罗斯等国家

★无锡动力工程股份有限公司
地址:江苏省无锡市锡山经济开发区胶阳路2721号
邮编:214105
电话:0510/81885566
传真:88536805
网址:www. wdpower. com
电子信箱:wdpower@ wdpower. com
质量体系:ISO/TS 16949、GJB 9001A
产品情况:(万迪牌)
内燃机、涡轮增压器、柴油发电机组及其零部件

★无锡安尔达机械有限公司
地址:江苏省无锡市锡山区羊尖镇廊下工业园
邮编:214108
电话:0510/88332339、88335588
传真:88332288
网址:www. anerda. com
电子信箱:anerda@ anerda. com
质量体系:ISO/TS 16949
产品情况:(安尔达牌、AED牌)
活塞环、重叠密封环、密封涨圈及各种非标活塞环
配套及出口情况:为多家主机厂配套;远销东南亚、欧美等地区

★无锡明珠增压器制造有限公司
地址:江苏省无锡市新区坊前镇峰泉路188号
邮编:214111
电话:0510/88651231
传真:88232569
网址:www. wxmz. com
电子信箱:info@ wxmz. com
质量体系:ISO 9000
产品情况:各类车用涡轮增压器

★无锡环宇金属软管有限公司
地址:江苏省无锡市鹅湖镇翰林路5号
邮编:214117
电话:0510/88751037、82101158
传真:88751857
网址:www. huanyu - hose. com
电子信箱:www@ wx - hy. net
质量体系:ISO/TS 16949
产品情况:汽车排气波纹管、金属软管、伸缩管、工业软管、消声器、卡箍、汽车排气波纹管年产量100万支
出口情况:远销西欧、北美洲、东南亚、中东、北非等地区

★无锡市机油泵厂
地址:江苏省无锡市滨湖区太湖街道双新工业园震泽路
邮编:214125
电话:0510/85180818
传真:85190772
网址:www. xibeng. com
电子信箱:sales@ xibeng. com
单位人数:100
质量体系:ISO 9002
产品情况:(雪浪牌)
内燃机冷却水泵、机油泵;年产W485系列机油泵20万套,6110、410系列油泵5万套,6110、4110、485系列水泵15万套
配套及出口情况:为一汽锡柴配套;出口东南亚市场

★无锡福斯特汽车工程有限公司
地址:江苏省无锡市滨湖区南泉镇壬港村
邮编:214128
电话:0510/85952224、85952058
传真:85952429
电子信箱:web@ fster. com

质量体系:ISO 9001
产品情况:(菲斯通牌)
各种型号涡轮增压器,年产能力3万台套
配套情况:为锡柴、大柴配套

★无锡富泰尔科技有限公司
地址:江苏省无锡市硕放工业园五期C21-1号地块
邮编:214128
电话:0510/85959389、15995239988
传真:85956999
电子信箱:futair@ futair. com
质量体系:ISO 9001
产品情况:(富泰尔牌、Futair 牌)
柴油机涡轮增压器系列产品

★无锡塔尔基热交换器科技有限公司
地址:江苏省无锡新区经一路九号华友工业园华友三路18号
邮编:214142
电话:0510/85300988
传真:88658702、85300288
网址:www. tokyo - radiator. co. jp
质量体系:ISO/TS 16949、ISO 14001
产品情况:柴油车机外废气排放循环控制装置产品——EGR冷却器

★无锡永凯达齿轮有限公司
地址:江苏省无锡市钱桥镇工业集中区景盛路15号
邮编:214151
电话:0510/83217781、83217753
传真:83217787
网址:www. yongkaida. com
电子信箱:ykd@ yongkaida. com
质量体系:ISO/TS 16949、VDA 6.1
产品情况:(永凯达牌)
汽车齿轮及配件,年生产能力达250万件;汽车自动皮带张紧器,年生产能力达150万件
配套情况:为上汽大众、一汽-大众、上汽荣威、安徽奇瑞、比亚迪、海马、江淮等汽车制造公司配套

★无锡奥尔驰动力设备有限公司
地址:江苏省无锡市胡埭工业区北区金桂路23号
邮编:214161
电话:0510/85502072、13806180572
传真:85582627
网址:www. aoerchi. com
电子信箱:aoerchi@ 126. com
质量体系:ISO 9001
产品情况:(鑫盛牌)
康明斯系列涡轮增压器,各种摩托车转向器
配套情况:为韩国晓星、重庆隆鑫、广州银河、广州比亚乔、福建三力机车、众星厂、天津三叶、富士达、重庆力帆、宗申、广州天马、宗申、浙江钱江等厂家配套

★无锡市铭鑫增压器制造有限公司
地址:江苏省无锡市胡埭工业园区归山88号
邮编:214161
电话:0510/85590908、85590566
传真:85589258
电子信箱:weijm@ wuximingxin. com
质量体系:ISO 9001
产品情况:涡轮增压器、各种橡胶制品
配套情况:为一汽集团配套

★无锡市金阳活塞环厂
地址:江苏省无锡市西漳工业园区凤翔北路547号
邮编:214171
电话:0510/83759518、66030508
传真:83501522
网址:www. gr - pistonring. com
电子信箱:info@ gr - pistonring. com
质量体系:ISO 9001
产品情况:(金阳牌、GRPR 牌)
汽车、摩托车、工程机械、空压机等柴汽、油发动机用活塞环
出口情况:与西班牙、印度、印度尼西亚、巴基斯坦、伊朗、伊拉克、叙利亚、沙特阿拉伯、迪拜、尼日利亚、阿尔及利亚、阿根廷、智利、波兰、乌克兰、斯洛伐克、俄罗斯等国家和地区的客户有合作

★无锡一汽铸造有限公司
地址:江苏省无锡市惠山经济开发区北惠路55号
邮编:214174
电话:0510/81881788
传真:85435330
网址:www. wxfawfc. com
电子信箱:business@ fawfc. com
负责人:唐力
单位人数:740
质量体系:ISO/TS 16949、ISO 14001
产品情况:发动机缸体、缸盖、曲轴、飞轮等,年产铸件6万t

★无锡市霍尔斯特汽车部件有限公司
地址:江苏省无锡市惠山区堰桥镇工业区
邮编:214174
电话:0510/83743297
传真:83749509
质量体系:ISO/TS 16949
产品情况:涡轮增压器
配套情况:为一汽集团、东风汽车公司配套

★无锡市科博机械电器有限公司
地址:江苏省无锡市惠山区长安东工业园
邮编:214177
电话:0510/83768841、13961850980
传真:83761484
网址:www. wxkebo. com
电子信箱:kb@ wxkebo. com
质量体系:ISO/TS 16949
产品情况:(科博牌)
涡轮增压器

★无锡威孚力达催化净化器有限公司
地址:江苏省无锡市惠山区欣惠路559号
邮编:214177
电话:0510/81136666
传真:81136660
网址:www. china - wfld. com
电子信箱:wwlcc@ public1. wx. js. cn
质量体系:ISO/TS 16949、ISO 14001
产品情况:(隆达牌、WLD 牌)
具备800万件汽柴催化剂、800万件摩托车催化剂、800万件通机催化剂和300万套催化净化器年产能(其中歧管式净化器年产能100万套)
配套情况:为江淮汽车、北汽福田、长城汽车、天津一汽夏利、哈尔滨航空工业、比亚迪汽车、沈阳金杯、荣成华泰现代、山东黑豹、吉利汽车、江南汽车、江门中港宝田摩托车、重庆力帆、重庆建设、重庆宗申配套

★无锡科杰动力机械制造有限公司
地址:江苏省无锡市西山经济开发区(东亭)芙蓉二路
邮编:214177
电话:0510/81029566、81029567
传真:81029563
电子信箱:sales@ kjdl. net. cn
质量体系:ISO 9001
产品情况:汽车发动机零部件
配套情况:为江苏四达集团、江淮汽车发动机分公司、锡柴配套

★无锡市锡联柴油机制造有限公司
地址:江苏省无锡市惠山区堰桥工业园堰翔路6号
邮编:214183
电话:0510/83573678、83570678
传真:83570789
网址:www. xiliancn. com
电子信箱:hufangzhi@ 139. com
质量体系:QS 9000
产品情况:(锡联牌)
车用燃气发动机
配套及出口情况:与苏州金龙、重庆恒通、深圳五洲龙、东风扬子江、丹东黄海等客车厂配套;出口泰国等东南亚国家

★无锡三鑫压铸有限公司
地址:江苏省无锡市惠山区玉祁街道永安路60号
邮编:214183
电话:0510/83899118、83888181
传真:83887519
网址:www. die - casting. com. cn
电子信箱:sxtools@ 21cn. com
质量体系:ISO 9001
产品情况:(惠山牌)
各类铝合金、锌合金压铸件和汽车发动机机油泵、水泵等
配套及出口情况:为江铃、上汽通用五

菱等主机厂配套,并已成为美国GE、美国TELEFLEX、德国SEW、意大利IGuzzini等知名跨国公司在中国压铸件OEM配套生产基地;产品40%出口美国、英国、德国、意大利、芬兰、日本、韩国等十几个国家,并销往中国台湾地区

★无锡惠山泵业有限公司
地址:江苏省无锡市玉祁镇工业园区
邮编:214183
电话:0510/83880052、83897182
传真:83889863
网址:www.wxhsqp.com
电子信箱:sales@wxhsqp.com
质量体系:ISO/TS 16949、ISO 14001
产品情况:(惠山牌)
冷却水泵、机油泵、发电机
配套及出口情况:为重庆长安铃木、哈航集团东安、上汽五菱柳机、江铃福特、长城汽车、上海比亚迪、重庆力帆、长城汽车等配套;远销美国、英国、德国、法国、日本、韩国、加拿大、东南亚等10多个国家和地区

★无锡锡通增压器制造有限公司
地址:江苏省无锡市惠山区洛社镇华圻
邮编:214187
电话:0510/83323237
传真:38321693、83323237
质量体系:ISO 9001
产品情况:增压器等

★无锡明宇机械有限公司
地址:江苏省无锡市惠山区洛社镇新开河村
邮编:214187
电话:0510/83831285
传真:82259956
电子信箱:han99@pub.wx.jsinfo.net
质量体系:ISO/TS 16949
产品情况:连杆总成

★江苏四达动力机械集团有限公司
地址:江苏省无锡市惠山区洛社中兴东路66号
邮编:214187
电话:0510/83301333、4008872898
传真:83311390
网址:www.jssida.com
电子信箱:sd@jssida.com
质量体系:ISO/TS 16949
产品情况:(四达牌、行星牌、无柴牌)
多缸、单缸系列柴油机等;具有年产20万台柴油机生产能力
配套情况:与东风股份、中兴汽车、丹东曙光、江淮汽车、一汽通用、沈阳金杯、资阳南骏等国内知名汽车制造厂家及江苏沃得、奇瑞重工、东风农机、时风农装、盐拖马恒达、中机南方、山东金亿、山东巨明等国内知名收割机、拖拉机厂家配套

★江苏江旭铸造集团有限公司
地址:江苏省宜兴市经济开发区文庄
邮编:214203
电话:0510/87125736、87125956
传真:87124190
网址:www.jsjxzz.com.cn
电子信箱:jxzz@jx-casting.com
质量体系:ISO/TS 16949、ISO 14001
产品情况:汽车变速器壳体、离合器壳体、发动机缸体、油底壳、飞轮壳、汽缸盖罩、进气歧管、冷却器盖板、出水管
配套及出口情况:为奇瑞等国内十多家大中型企业配套;远销欧美、日本等20多个国家和地区

★无锡市博诺机械有限公司
地址:江苏省宜兴市万石镇工业北区(黄土寺村)
邮编:214214
电话:0510/87872511、87856898
传真:87855295
电子信箱:yaoyefeng-cx@163.com
质量体系:ISO 9001
产品情况:缸盖、飞轮、飞轮壳、轴承盖、带轮、进排气管、支架、泵壳、减变速机体、液压铸件、各类阀体等,年产能力1万t各类铸件
配套情况:为福特、通用、五菱配套

★江苏宜兴非金属化工机械厂有限公司
地址:江苏省宜兴市丁蜀镇
邮编:214221
电话:0510/87189500、87185248
传真:87185248
网址:www.yxhjc.com
电子信箱:yxhjc@yxhjc.com
董事长(负责人):冯家迪
单位人数:500
质量体系:ISO/TS 16949、ISO 9001
产品情况:(宇星牌)
汽油机尾气净化用蜂窝陶瓷载体等
出口情况:远销美国、欧洲、韩国、日本、印度等国家和地区,并销往中国台湾地区

★江苏帕艾尼尔科技有限公司
地址:江苏省江阴市金山路201号创智产业园数码港D三楼
邮编:214400
电话:0510/68826518
传真:68827518
网址:www.jiangsupioneer.com.cn
法人代表(负责人):施晓君
负责人:施晓君
单位人数:27
质量体系:ISO/TS 16949
产品情况:汽车三元催化转化器,年产能力180万套

★江阴市宏扬汽车制冷设备有限公司
地址:江苏省江阴市青阳镇工业园区B-1区(华澄路3号)
邮编:214401
电话:0510/86517987、13771596606
传真:86517987
网址:www.hy-qckongtiao.com
电子信箱:web@hy-qckongtiao.com
质量体系:ISO 9001
产品情况:平行流冷凝器、蒸发器、散热器、暖风芯子等
出口情况:部分产品出口

★江苏奥斯特滤清器有限公司
地址:江苏省江阴经济开发区(石庄园区)华特西路32号
邮编:214446
电话:0510/88669528
传真:88669526
网址:www.51ost.com
质量体系:ISO/TS 16949
产品情况:滤清器
出口情况:远销欧洲、美洲、非洲、大洋洲等国家和地区

★皆可博(苏州)车辆控制系统有限公司
地址:江苏省苏州市工业园区港田路99号港田工业坊二期19幢
邮编:215024
电话:0512/62993200
传真:62993066
网址:www.jakebrake.com
电子信箱:calvin.peng@jakebrake.com
质量体系:ISO/TS 16949、QS 9000
产品情况:发动机制动器、排气制动器
配套情况:为上柴、一汽专用汽车等客户配套

★瀚德康斯克泵业(苏州)有限公司
地址:江苏省苏州市工业园区东富路9号47号厂房
邮编:215123
电话:0512/87175100
传真:87175101
网址:www.concentricab.com
电子信箱:info.chsh@concentricab.com
产品情况:液压类、泵类产品

★玉柴再制造工业(苏州)有限公司
地址:江苏省苏州市工业园区强胜路128号
邮编:215126
电话:0512/62969800
传真:62969810
网址:www.yuchaireman.com
产品情况:玉柴产品系列的再制造零部件和整机,以及卡特的部分再制造产品

★劳士领汽车配件(苏州)有限公司
地址:江苏省苏州市工业园区银胜路68号
邮编:215126
电话:0512/83539557
网址:www.roechling-automotive.com
电子信箱:gerhard.neidinger@roechling-automotive.de

产品情况：进气系统、通风格栅等

★飞得滤机(苏州)有限公司
地址：江苏省苏州市新区华山路150号
邮编：215129
电话：0512/66651180
传真：66651178
网址：www. roki – jp. com
电子信箱：sales@ filtechcn. com
质量体系：ISO 14001、ISO/TS 16949
产品情况：空气滤清器、机油滤清器、燃油滤清器、活性炭罐、转向助力过滤器以及其他汽车关键零部件等
配套情况：为东风本田、广汽本田、东风汽车、长安铃木、昌河铃木、建设雅马哈、东风本田发动机、嘉陵本田发动机等配套

★NGK(苏州)环保陶瓷有限公司
地址：江苏省苏州市新区鹿山路58号
邮编：215129
电话：0512/66612000
传真：66614858
网址：www. ngk. com. cn
电子信箱：hr@ ngk. com. cn
质量体系：ISO 14001、ISO/TS 16949
产品情况：(NGK牌)
以堇青石(Cd)为原料的汽车尾气净化用蜂窝陶瓷载体和柴油发动机尾气净化用的堇青石材料的汽车尾气过滤器

★苏州申达汽车配件有限公司
地址：江苏省苏州市相城区黄埭镇华阳路169号
邮编：215143
电话：0512/65765868
传真：66180266
网址：www. szshenda. com
电子信箱：shenda@ szshenda. com
单位人数：350
质量体系：ISO/TS 16949、ISO 14001
产品情况：具备年产80万套排气系统和40万套尾气后处理系统的生产能力
配套情况：为数十家知名汽车厂配套

★苏州拓普发动机零部件有限公司
地址：江苏省苏州市吴江经济开发区
邮编：215200
电话：4006941688
传真：0512/63911893
网址：www. tople. cn
电子信箱：sztople@ 163. com
质量体系：ISO 9001
产品情况：(多谱路牌)
发动机进排气门及导管、液压挺柱、轴瓦

★苏州派格丽减排系统有限公司
地址：江苏省苏州市吴江区汾湖经济开发区芦墟社区汾越路666号
邮编：215211
电话：0512/63631039
传真：63631038
网址：www. powergreen. com. cn
电子信箱：service@ powergreen. com. cn
质量体系：ISO/TS 16949
产品情况：提供国内柴油机后处理系统国Ⅳ、国Ⅴ排放整体解决方案

★苏州天浩汽车部件有限公司
地址：江苏省苏州市吴江区同里镇屯村东路181号
邮编：215216
电话：0512/63377777、63377666
传真：63377555
网址：www. lznfgas. com
电子信箱：info@ lznfgas. com
质量体系：ISO/TS 16949
产品情况：燃气汽车电子部件、机械部件以及整套改装系统
出口情况：出口欧洲、美洲、中东、东南亚、非洲、澳大利亚

★苏州多谱路发动机零部件有限公司
地址：江苏省苏州市吴江区经济开发区金狮路108号
邮编：215217
电话：0512/81556705 – 6010
传真：85160078
电子信箱：wzq@ toplehz. cn
质量体系：ISO/TS 16949
产品情况：发动机进气门、排气门
出口情况：出口多个国家和地区

★吴月齿轮制造有限公司
地址：江苏省苏州市盛泽镇怡丘社区双熟工业开发区
邮编：215227
电话：0512/63601827、63606826
传真：63606827
电子信箱：tgybs@ public1. sz. js. cn
质量体系：ISO/TS 16949
产品情况：柴油发动机正时齿轮，年产20万台
配套情况：为锡柴、杭发、徐工集团等配套

★远轻铝业(中国)有限公司
地址：江苏省昆山市经济技术开发区远轻路118号
邮编：215300
电话：0512/57152300
传真：57710007
网址：www. enkei. co. jp
电子信箱：sales@ enkei. cn
法人代表：铃木顺一
负责人：黄毅
单位人数：1200
质量体系：ISO/TS 16949
产品情况：(ENKEI牌)
年产铝合金轮毂330万只，涡轮增压器壳体350万套，发动机汽缸盖20万套
配套情况：为东风日产、广汽本田、东风本田、霍尼韦尔、博格华纳、康明斯、FIT、MHI、雅马哈、铃木等配套

★汉格斯特滤清系统(昆山)有限公司
地址：江苏省昆山市开发区平巷路3 – 1号
邮编：215300
电话：0512/57723700
传真：57723702
质量体系：ISO/TS 16949
产品情况：汽车滤清器

★昆山国鹰汽配科技有限公司
地址：江苏省昆山市玉山镇望山北路111号
邮编：215316
电话：0512/50392588
传真：50392382
网址：www. guoying. net
质量体系：ISO/TS 16949
产品情况：燃油泵、电子泵、燃油泵总成

★苏州睿昕汽车配件有限公司
地址：江苏省太仓市城厢镇城区工业园顾港路17号
邮编：215400
电话：0512/53108323
传真：53101739
网址：www. risingsz. com
电子信箱：ext08@ risingsz. com
质量体系：ISO/TS 16949
产品情况：硅油离合器、汽车氙气灯、汽车卤素灯、汽车LED等
出口情况：远销50多个国家和地区

★苏州益方动力机械有限公司
地址：江苏省太仓市人民北路168号
邮编：215400
电话：0512/53996805、53996826
传真：53996868
网址：www. yfdljx. com
电子信箱：songjiangang@ szyfjt. com
质量体系：ISO/TS 16949
产品情况：汽油发动机、汽车配件加工等
配套情况：为西门子、绵阳新晨动力、重庆宗申汽车发动机、泰兴市菱迪机械、山西成功淮海发动机、GSI集团、山东海戈工贸、平顶山隆鑫三轮摩托车、山东蓝盾摩托车、轻骑集团青州大金马摩托车、Standard Motor Products(北美主要汽车售后公司)、日本高田汽配、日本三协等配套

★苏州市环宇汽车配件有限公司
地址：江苏省常熟市辛庄镇旺倪桥
邮编：215500
电话：0512/87682161
传真：87682161
电子信箱：wxhy@ huanyu – hose. com
质量体系：ISO/TS 16949
产品情况：汽车排气管

★江苏爱吉斯海珠机械有限公司
地址：江苏省洪泽县大庆北路20号

邮编:223100
电话:0517/87222250、87238409
传真:87222250
电子信箱:agshz@ agshz. com
质量体系:ISO/TS 16949、ISO 9001
产品情况:(爱吉斯海珠牌)
内燃机汽缸套,年产量600万只
配套情况:为德国曼、美国卡特比勒、日本三菱重工、大发、韩国现代等国际一流的发动机制造商以及一汽锡柴、济柴、潍柴、玉柴等国内发动机厂商配套

★江苏泗洪油嘴油泵有限公司
地址:江苏省泗洪县泗州西大街26号
邮编:223900
电话:0527/88351710、88351728
传真:86285264
网址:www. js - hb. com
电子信箱:13905244801@ 163. com
单位人数:1000
质量体系:ISO 9001
产品情况:(洪泵牌)
柴油机燃油系统喷油泵、喷油器两个总成和喷油嘴、柱塞、出油阀三对精密偶件
出口情况:远销东南亚、南亚、德国、非洲、中东、俄罗斯、中亚

★江苏江淮动力股份有限公司
地址:江苏省盐城市环城西路213号
邮编:224001
电话:0515/88881500、88881888
传真:88881999、88881816
电子信箱:sale@ jdchina. com
质量体系:ISO 9001
产品情况:(江动(JD)牌)
节能单缸机、轻型多缸机、通用汽油机、小马力单缸机和拖拉机、发电机组(柴、汽油)等六大系列400多个品种
配套及出口情况:为轻型客货车、农用运输车、拖拉机等配套;远销欧洲、美洲、亚洲、非洲等40多个国家和地区

★江苏春光汽车配件有限公司
地址:江苏省盐城市亭湖区亭湖经济开发区飞驰大道7号附1号
邮编:224051
电话:0515/88120700 - 8288
网址:www. cgfilter. com. cn
电子信箱:13905106313@ 139. com
法人代表:吴春
质量体系:ISO/TS 16949
产品情况:(春光牌)
汽车滤清器
配套及出口情况:为东风轻型货车、江铃、玉柴机器、一汽备品等厂商配套;远销70多个国家和地区

★大丰市海纳机械有限公司
地址:江苏省大丰市经济开发区益民西路108号
邮编:224100
电话:0515/83507788、83507780
传真:83507700
网址:www. hana - ind. com
质量体系:ISO/TS 16949
产品情况:汽车发动机冷却水泵
出口情况:出口美国、德国、西班牙、意大利、荷兰、法国等国家

★江苏多为泵业股份有限公司
地址:江苏省大丰市新团街2号
邮编:224115
电话:0515/83683588、13770045771
传真:83682058
网址:www. ycdw. com
电子信箱:dwgf@ jsdwjt. com
质量体系:ISO 14001、ISO/TS 16949
产品情况:专业生产汽车水泵、排气系统铸件、减振活塞座、涡轮增压器壳体
配套及出口情况:客户或潜在客户有:东方、US、ASC、GMB、佛吉亚、麦格纳、大陆集团、维央斯、艾里逊变速器、菲亚特、克莱斯勒等;出口美国、日本、欧洲、中东等20多个国家和地区

★江苏鑫悦汽车零部件有限公司
地址:江苏省东台市经济开发区振兴路18号
邮编:224200
电话:0515/85212128、85282088
传真:85212795
网址:www. valve - jsdx. com
电子信箱:qmsgp@ public. yc. js. cn
单位人数:710
质量体系:ISO/TS 16949
产品情况:(东翔牌)
发动机气门、发动机硅油减振器
配套及出口情况:为上海华普、潍柴动力、重汽集团、常柴股份、常发集团、江淮动力、日本三菱、日本本田等配套;出口美国、欧美、非洲、东南亚等国家和地区

★江苏科力普汽车部件有限公司
地址:江苏省响水县经济开发区汇源路1号
邮编:224600
电话:0515/86879180
传真:86888087
电子信箱:jsclipper@ 163. com
质量体系:ISO/TS 16949
产品情况:汽车散热器、空调;可年产各类散热器50万台以上
配套及出口情况:为南京依维柯、南京春兰、东风柳汽、北汽福田等供货;远销北美洲、欧洲、东南亚等地区

★盐城博一散热器有限公司
地址:江苏省盐城市响水县经济开发区迎宾大道68号
邮编:224600
电话:0515/87060666、86879588
传真:86873807
电子信箱:568137354@ qq. com
质量体系:ISO/TS 16949
产品情况:各种汽车用散热器、冷凝器,中冷器,沙滩车用散热器、摩托车用散热器及风扇电动机、柴油机用冷凝器、车用电子加热器、冲压板焊件、汽车覆盖件、制动脚踏板、钣金件等
配套及出口情况:为东风天龙、重汽斯太尔、欧曼、常柴集团、江动集团、浙江春风动力、星月集团、四方集团、莱恩(中国)动力、跃进集团等公司配套;远销日本、美洲、欧洲、东南亚、中东等地区

★江苏嘉和热系统股份有限公司
地址:江苏省扬州市广陵产业园扬霍路
邮编:225006
电话:0514/85555079
传真:85110111
网址:www. cnjiahe. com. cn
电子信箱:sale@ cnjiahe. com. cn
单位人数:900
质量体系:ISO/TS 16949
产品情况:(纵横牌)
车用铝散热器、中冷器、机油冷却器、空调系统,年产能力240万台
配套及出口情况:为上汽通用五菱、长安汽车、哈飞、昌河、东风小康、东风股份、东风柳汽、北汽控股、一汽吉林、一汽通用、陕西重汽、江淮汽车、中国重汽、福田、南京依维柯、奇瑞汽车等配套;出口日本、欧美、大洋洲、加拿大、新西兰等国家和地区

★扬州水箱有限公司
地址:江苏省扬州市沙湾南路31号(广陵产业园)
邮编:225006
电话:0514/87861099
传真:87862766
网址:www. yzsxgs. com
电子信箱:sxgs@ yzsxgs. com
负责人:朱明忠
质量体系:QS 9000、ISO/TS 16949
产品情况:(三叶牌)
发动机冷却用、工程机械、汽车、发电设备水、油、中冷器等单件和组合式换热器
配套及出口情况:为卡特彼勒、康明斯、沃尔沃、德尔福、科勒、珀金斯、斗山、柳工、厦工、临工、成工、徐工、三一重工、中联重科、潍柴、道依茨大柴、上柴、江淮、金龙、福田、雷沃动力、亚星公司供货;出口美洲、欧洲、大洋洲、中东等地区

★扬州五亭桥缸套有限公司
地址:江苏省扬州市竹西路54号
邮编:225007
电话:0514/87621318、87621316
传真:87621309、87621318
网址:www. cylinder - liner. com

电子信箱:xsb@ywcc.com.cn
质量体系:ISO/TS 16949、QS 9000
产品情况:(五亭桥牌)
汽车缸套,年产各类汽缸套1000万只
配套及出口情况:为潍柴动力、上柴、一汽锡柴、道依茨一汽(大连)柴油机、玉柴机器、东风汽车有限、上汽菲亚特红岩动力总成、扬柴、江西沃尔福发动机、北汽福田环保动力、雷沃珀金斯、南汽依维柯等几十家主机厂配套;出口欧美、英国、东南亚、非洲等国家和地区

★潍柴动力扬州柴油机有限责任公司
地址:江苏省扬州市春江路218号
邮编:225009
电话:0514/87811688、87982288
传真:87813665
网址:www.yangchai.com.cn
电子信箱:yc@yangchai.com.cn
质量体系:ISO/TS 16949、ISO 9001
产品情况:四缸车用柴油机
配套情况:为北汽福田、跃进汽车、江淮汽车、一汽集团、东风汽车公司等20多家企业配套

★扬州英谛车材实业有限公司
地址:江苏省扬州市广陵产业园
邮编:225009
电话:0514/87812768
传真:87813998
质量体系:ISO 9000
产品情况:各类散热器、中冷器、车用空调冷凝器、蒸发器等
出口情况:远销美国、加拿大、欧洲、日本、澳大利亚等国家和地区

★扬州通洋机油冷却器有限公司
地址:江苏省扬州市维扬路18号
邮编:225009
电话:0514/87863749、87863752
传真:87863747
网址:www.yzty.com
电子信箱:zyh@yzty.com
质量体系:ISO/TS 16949、QS 9000
产品情况:(三叶牌)
镍铜、铝材板翅式冷却器、铝水/油散热器、中冷器、冷凝器,年产能力150万件
配套及出口情况:为亚星商务车、珀金斯动力(天津)、锡柴等配套;出口美国、中东、东南亚地区

★亚普汽车部件股份有限公司
地址:江苏省扬州市扬子江南路508号
邮编:225009
电话:0514/87846666
传真:87846888
网址:www.yapp.com
电子信箱:yapp@yapp.com
法人代表:郝建
负责人:孙岩
质量体系:ISO/TS 16949
产品情况:汽车塑料油箱系统开发、生产
配套及出口情况:为大众、通用、福特、标致、雪铁龙、奔驰、铃木、日产、上海汽车、一汽轿车等供货;出口印度、俄罗斯、澳大利亚、捷克等国家

★扬州金叶水箱有限公司
地址:江苏省扬州市经济开发区施桥镇伟业路45号
邮编:225101
电话:0514/87587164、87583845
传真:87583798
质量体系:ISO 9001
产品情况:(兴叶牌)
汽车散热器等
配套情况:为东风汽车公司、江淮汽车、五十铃等配套

★扬州市邗江开元滤清器厂
地址:江苏省扬州市邗江方巷镇开扬村6号
邮编:225117
电话:0514/87385630、13773590060
传真:87385630
网址:www.yzlqq.com
电子信箱:zengyin1986@hotmail.com
质量体系:ISO 9001
产品情况:(开元牌)
各种汽车发动机的机油滤清器总成,柴油滤清器总成,空气滤清器总成等
配套及出口情况:为扬柴、潍柴、江苏英田、潍坊华东、华丰、常柴等主机厂配套;出口东南亚

★扬州市亚王曲轴厂
地址:江苏省扬州市西北甘泉工业园区
邮编:225123
电话:0514/87720367、87725558
传真:87720999
质量体系:ISO 9001
产品情况:(亚王牌)
年产高牌号球墨铸铁曲轴近20万支、各种铸铁件近万t
配套情况:为扬柴等配套

★扬州群发换热器有限公司
地址:江苏省扬州市邗江工业园牧羊路21号
邮编:225127
电话:0514/87230296、13805275609
传真:87210462
网址:www.yzqunfa.cn
电子信箱:qfcool@126.com
质量体系:ISO/TS 16949
产品情况:(群发牌)
具备年产60万台中冷器,20万台不锈钢板翅式机油冷却器、60万台铝质散热器、20万台汽车变速器油冷却器的生产能力
配套及出口情况:为上汽集团、中国重汽、一汽、东风、北汽集团、陕汽集团、北方奔驰、金龙汽车等数十家大型汽车制造企业配套;远销美洲、俄罗斯、中东、东南亚等多个国家和地区

★扬州市长运汽车油箱制造有限公司
地址:江苏省扬州市江都区邵伯昭关坝
邮编:225261
电话:0514/86581171
传真:86261777
网址:www.yzcy.com.cn
电子信箱:yzcy@yzcy.com.cn
质量体系:ISO/TS 16949、ISO 9002
产品情况:(长运牌)
汽车燃油箱、液压油箱、便携式加油箱、贮气筒、副水箱、油箱托架、加油口盖等,油箱年产能力25万余件
配套情况:为一汽、东风、南汽、江淮、杭汽、亚奔、宇通、金龙、北奔重汽等30多个汽车厂配套

★扬州光辉内燃机配件有限公司
地址:江苏省扬州市江都区丁伙工业园
邮编:225266
电话:0514/86501381、86504788
传真:86501381
网址:www.yzgh.cn
电子信箱:sales@yzgh.cn
质量体系:ISO/TS 16949、ISO 9001
产品情况:(光辉牌)
汽车、摩托车、通用汽油机及柴油发动机进、排气门和活塞销
配套及出口情况:为一拖洛柴、潍柴、扬柴、锡柴、四达、五菱柳机、常柴、新柴、朝柴、钱江摩托、宗申、众星、林海、华盛等20多家主机厂配套;出口日本、东南亚、中东等国家和地区

★扬州星月油泵油嘴有限公司
地址:江苏省扬州市江都区丁伙镇星月路19号
邮编:225266
电话:0514/86501008、86501662
传真:86501475
网址:www.yzxyyz.com
电子信箱:xingyue@yzxyyz.com
产品情况:柱塞偶件、喷油嘴偶件、出油阀偶件、喷油泵总成、喷油器总成、活塞、气门
出口情况:出口东南亚、中东等地区

★泰州市环泰电器有限公司
地址:江苏省泰州市高港区刁铺街道解放西路46号
邮编:225323
电话:0523/86161515、86161411
传真:86161513
电子信箱:huantai@tzhtdq.com
质量体系:ISO 9001、QS 9000
产品情况:(环太牌)
发动机气门摇臂、气门挺柱、轴套

类等

★江苏松林汽车零部件有限公司
地址:江苏省泰兴市向阳路18号
邮编:225400
电话:0523/87681750、87684338
传真:87684337
网址:www.jssonglin.com
电子信箱:office@jssonglin.com
单位人数:1500
质量体系:ISO/TS 16949、QS 9000
产品情况:(松林牌)
曲轴、连杆、缸体、飞轮壳、飞轮等;年产各类曲轴60万支、连杆40万支、机体6万只、飞轮20万只、飞轮壳40万只
配套及出口情况:为一汽锡柴、东风康明斯、东风商用车、一拖、杭发、上柴、北汽福田环保动力、雷沃动力、重汽复强、潍柴等10多家主机厂配套;远销中东、亚太等国际市场

★泰兴市江虹汽车零部件有限公司
地址:江苏省泰兴市滨江镇北
邮编:225442
电话:0523/87510509
传真:87513449
电子信箱:jianghong@txjianghong.com
质量体系:ISO 9001
产品情况:(江虹牌)
滤清器
配套情况:为江铃汽车、庆铃汽车、江铃发动机厂、北汽福田、长城汽车、成都420厂等配套

★高邮市荣清机械电子有限公司
地址:江苏省高邮市高邮镇工业园区新河路
邮编:225601
电话:0514/80957339
传真:84540003
质量体系:ISO/TS 16949
产品情况:油箱加油管、机油冷却器、机油滤清器总成、散热器配件(接头)、多层真空反辐射屏液化天然气储液罐
配套及出口情况:为扬州水箱厂、洛拖、北汽摩公司、江铃集团、上海龙工、徐工集团、REACH集团及加拿大SPI公司等配套;远销欧美等地区

★江苏飞月轴瓦有限公司
地址:江苏省兴化市安丰镇沿河路8号
邮编:225700
电话:0523/83543701、83543427
传真:83543018、83543427
网址:www.jsfyzw.com
电子信箱:sale@jsfyzw.com
单位人数:300
质量体系:ISO/TS 16949、ISO 9001
产品情况:(飞月牌)
轴瓦、衬套、止推片,年产能力4000万片
配套及出口情况:为50多家内燃机制造商配套;部分产品出口美国、欧洲、东南亚地区

★江苏省兴化市飞亚轴瓦有限公司
地址:江苏省兴化市安丰镇程关路8号
邮编:225766
电话:0523/83547018
传真:83547208
网址:www.cnfyzw.com
电子信箱:xpy@cnfyzw.com
质量体系:ISO 9001
产品情况:(日达牌)
汽车主轴瓦、连杆瓦、衬套、止推片
配套及出口情况:为扬柴、扬动等配套;部分产品出口欧洲、美洲、亚洲等地区

★江苏爱尔特实业有限公司
地址:江苏省宝应县东阳路333号
邮编:225800
电话:0514/88316333
传真:88311633
网址:www.autotensioner.com
电子信箱:alt@autotensioner.com
质量体系:ISO/TS 16949
产品情况:汽车自动张紧器

★江苏扬工动力机械有限公司
地址:江苏省扬州市宝应县苏中北路
邮编:225800
电话:0514/88201111
传真:88231111
电子信箱:yg@yg2000.com
质量体系:ISO/TS 16949、ISO 9001
产品情况:汽车散热器、农用车散热器、暖风散热器、柴油机冷凝器等
配套情况:为北汽福田、星月集团、春风控股集团、江苏常发集团、江淮动力等配套

★江苏富通轴瓦股份有限公司
地址:江苏省南通市唐闸南市后园52号
邮编:226002
电话:0513/85544059、88121800
传真:85544981
电子信箱:ntbfc@163.com
质量体系:ISO/TS 16949、ISO 9000
产品情况:内燃机轴瓦、轴套、止推边及其他各种减摩领域用合金减摩零件
配套及出口情况:主要配套单位为江淮、全柴、扬柴、通柴等企业;为美国有关企业供应维修轴瓦

★南通长江汽车配件制造有限公司
地址:江苏省南通市任港路32号
邮编:226006
电话:0513/83513545
传真:83512748
电子信箱:ntqmc1@pub.nt.jsinfo.net
质量体系:ISO 9001
产品情况:(长江牌)
各种汽车进/排气门、冷激挺杆
配套情况:为南京汽车集团、一汽集团、东风汽车公司、扬柴、朝柴、常柴、莱动、一拖等配套

★南通江华机械有限公司
地址:江苏省通州市金沙北路16号
邮编:226300
电话:0513/86549665、86512548-8039
传真:86521008
网址:www.tdi-nt.com
电子信箱:jh@nantongjianghua.com
质量体系:ISO/TS 16949、QS 9000
产品情况:汽车散热器、机油冷却器、冷却水泵、水温调节器、各类旋压带轮、管类零部件等
配套情况:为EHP、Toro、Graco等美国知名公司配套

★南通星维油泵油嘴有限公司
地址:江苏省南通市滨海新区三余镇
邮编:226331
电话:0513/68916311
传真:68916806
网址:www.ntxw.cn
电子信箱:ntxw@ntxw.cn
质量体系:ISO/TS 16949、ISO 14000
产品情况:主要产品为各种系列喷油嘴、出油阀、柱塞三对精密偶件和喷油器总成、活塞冷却喷嘴、共轨喷油器阀组件及其其他汽车零部件、配件
出口情况:远销东南亚、欧美、非洲等地区

★江苏新象股份有限公司
地址:江苏省如东县马塘镇建设路42号
邮编:226401
电话:0513/84541430、84541431
传真:84541302
网址:www.xingxiang.com.cn
电子信箱:rdxxgs@public.nt.js.cn
单位人数:500
质量体系:ISO 9001
产品情况:(新象牌)
各种系列的内燃机汽缸套,年生产能力200万只以上
配套及出口情况:为上海纽荷兰、美国约克、北汽福田等配套;远销欧美和东南亚等地区

★江苏优冠汽车配件有限公司
地址:江苏省如皋市经济开发区起凤西路99号
邮编:226500
电话:0513/87568888、87308899
传真:87307888
网址:www.auk-filters.cn
电子信箱:shirley@auk-filters.com
质量体系:ISO/TS 16949
产品情况:机油滤清器、燃油滤清器、空气滤清器、空调滤清器等
配套情况:为主机厂OEM配套

★江苏万力机械股份有限公司
地址:江苏省海安县海安镇江海西路

168 号
邮编:226600
电话:0513/88814462、88812363
传真:88820644、88812623
网址:www.suzhong.com.cn
电子信箱:wljxvip@163.com
单位人数:1000
质量体系:ISO/TS 16949、ISO 9001
产品情况:(万力牌、苏中牌)
具有年产内燃机零部件、振动机械、建材机械、新型材料电池、铸件五大系列400多个品种,300万件各类曲轴的能力
配套情况:为一汽锡柴、上柴、全柴、南柴、常柴、常发、莱动、时风集团、云内动力等20多家大型发动机企业配套

浙江省

★杭州内燃机缸垫有限公司
地址:杭州市东新路善贤路10号
邮编:310004
电话:0571/85371404、85374383
传真:85374381
网址:www.hangzhougasket.com
电子信箱:hzd@hangzhougasket.com
质量体系:ISO/TS 16949
产品情况:(钱江牌)
内燃机汽缸盖垫片、密封垫
配套情况:为国内外30多家主机厂配套,其中中型、轻型货车发动机配套量近200万台套

★杭州轴瓦有限公司
地址:杭州市下城区善贤路16号
邮编:310004
电话:0571/85358012、85357970
传真:85358020
网址:www.hbbc.cn
电子信箱:hbbc@hbbc.cn
质量体系:ISO/TS 16949、ISO 14001
产品情况:(WESTLAKE牌)
内燃机、空压机、制冷机滑动轴承(轴瓦、衬套、止推片及材料)
配套及出口情况:为上汽大众、江铃股份、庆铃集团、南京依维柯、南京名爵、中国一汽无锡柴油机厂、中国一拖、江淮汽车、奇瑞汽车、保定长城、克诺尔制动系统(大连)有限公司、亚新科美联(廊坊)、潍柴道依茨、云内动力、艾默生(沈阳)、东风乘用车等企业配套;出口美国、日本、西欧、东南亚、中东、非洲、南美洲等国家和地区

★杭州雨鑫增压器有限公司
地址:杭州市西湖区混堂巷5号3-102
邮编:310005
电话:0571/88070881
传真:88071894
电子信箱:hfyxzyq@163.com
质量体系:ISO 9001
产品情况:涡轮增压器
配套及出口情况:为河柴重工、宁波中策柴油机、南通柴油机等多家企业配套,其中为河南柴油机配套量占该厂总量的90%;部分产品远销北美洲及东南亚地区

★杭州万里塑胶有限公司
地址:杭州市莫干山路方家塘路51号
邮编:310011
电话:0571/88091035
传真:88091071
网址:www.hzwlsj.com
电子信箱:wanli@mail.hz.zj.cn
单位人数:210
质量体系:ISO 9001、ISO 14001
产品情况:(万里牌)
风扇总成、水管护罩、平衡环组件、密封桶等
配套情况:为重汽集团、潍柴、杭发、南京依维柯等配套

★浙江广驰汽车零部件有限公司
地址:杭州市沈半路468号
邮编:310022
电话:0571/88131891
传真:88131879
网址:www.zj-guangchi.cn
电子信箱:service@zj-guangchi.cn
质量体系:ISO 9002、QS 9000
产品情况:(中威牌)
汽车及摩托车发动机气门摇臂机构总成
配套情况:为一汽大连柴油机厂、一汽第二发动机厂、成发集团汽车发动机厂等配套

★杭州隆运汽车催化器排气系统制造厂
地址:杭州市余杭区余杭镇小白菜文化园
邮编:310023
电话:0571/88680665
传真:88680663
网址:www.hzlongyun.cn
电子信箱:web@hzhaisheng.com
法人代表:钱素英
质量体系:ISO/TS 16949
产品情况:(海盛牌)
汽车催化净化器、消声器,年生产能力达到25万套
配套情况:和上汽南京依维柯、广汽吉奥、江淮安驰、无锡阿特拉斯科普柯压缩机等多家生产厂家进行整车配套

★杭州大同大好轴瓦制造有限公司
地址:杭州市西湖区转塘工业园区
邮编:310024
电话:0571/87320720、87322886
传真:87322887
网址:www.dtdhzw.com
电子信箱:hzdtdhzw@163.com
质量体系:ISO 9001
产品情况:(TAIHO牌)
各类轴瓦、轴承、气门、止推片、曲轴等
出口情况:出口欧洲、北美洲、亚洲等地区

★杭州江南曲轴有限公司
地址:杭州市滨江区浦沿镇
邮编:310053
电话:0571/86616888
传真:86617026
电子信箱:laiyegroup@126.com
质量体系:ISO/TS 16949
产品情况:(萧曲牌)
中、重型汽车曲轴,年产能力10万支
配套情况:为锡柴、重汽集团、杭发、南京东山发动机厂等配套

★浙江泰德汽车零部件有限公司
地址:杭州市余杭区仁和工业园
邮编:311107
电话:0571/86396977
传真:86396966
电子信箱:cwy1970@msn.com
质量体系:ISO/TS 16949
产品情况:汽车铝散热器、空调系统、中冷器、暖风芯子、油冷器等汽车热系统产品

★杭州九龙机械制造有限公司
地址:杭州市余杭区仁和街道东山工业园区
邮编:311107
电话:0571/86399710、86399706
传真:88749866
网址:www.hzjiulong.com
电子信箱:hzjiulong@hzjiulong.com
质量体系:ISO/TS 16949、ISO 14001
产品情况:(九龙牌)
发动机连杆、飞轮壳、取力器壳等配套零部件;具备年产重型汽车连杆200万支、飞轮壳20万套、齿轮室50万套的生产能力
配套情况:为西安康明斯发动机、重庆康明斯发动机、江淮汽车、纳威司达中国发动机、中国重汽集团、一汽-大众、安徽天利动力、洛阳第一拖拉机厂配套

★杭州金玛管业有限公司
地址:杭州市余杭区良渚镇安溪新港村
邮编:311113
电话:0571/88796158
传真:88796118
电子信箱:ma25030@163.com
质量体系:ISO/TS 16949
产品情况:汽车排气系统以及相关配件

★杭州佳诺滤清器有限公司
地址:杭州市瓶窑凤都工业园区凤都路7号
邮编:311115
电话:0571/88538092、88538093
传真:88538160

网址:www. sq - filter. com
电子信箱:cb@ sq - filter. com
质量体系:ISO 9001、ISO/TS 16949
产品情况:车用内燃机空气滤清器
配套情况:为东风汽车公司、柳州机械、无锡压缩机等配套

★杭州市气门有限公司
地址:杭州市余杭区瓶窑镇长命桥
邮编:311115
电话:0571/88531126、88531879
传真:88531126、88531774
电子信箱:service@ hzqm. net
质量体系:ISO 9001
产品情况:(观山牌)
各型号内燃机气门,年产能力1000万支
配套情况:为王野、星月、绍通、无锡凯马、凯普等60多家主机厂配套

★杭州余杭中联内燃机配件有限公司
地址:杭州市余杭区瓶窑镇凤都工业园区
邮编:311115
电话:0571/88541503
传真:88541503
电子信箱:xybqh88@ vip. sina. com
质量体系:ISO 9001
产品情况:(吉力牌)
内燃机钢质薄壁汽缸套、真空助力器、液压制动总泵、气制动总泵等
配套及出口情况:为整车厂配套;出口东南亚

★杭州恒越机械电器制造有限公司
地址:杭州市余杭经济开发区临平大道598号
邮编:311199
电话:0571/88317409
网址:www. hzchuan. com
电子信箱:hbf@ hzchuan. com
质量体系:ISO/TS 16949
产品情况:发动机缸盖、凸轮轴、曲轴
出口情况:远销多个国家和地区

★杭州萧山汽车滤清器有限公司
地址:杭州市萧山区闻堰镇亚太路1855号
邮编:311200
电话:0571/82301448、82301466
传真:82301467
电子信箱:hz_xl@ hotmail. com
质量体系:ISO/TS 16949
产品情况:汽车铝铸管路件、缸盖、滤清器、机油冷却器
配套情况:为杭州汽车发动机厂、潍坊柴油机厂、陕西汽车厂、东风杭汽、柳州五菱等20余家大、中型企业配套

★杭州迪科机械有限公司
地址:杭州市萧山区所前镇山里王工业区
邮编:311201
电话:0571/82773619、13506716229
传真:82665699
网址:www. hzdyco. com
电子信箱:robert@ hzdyco. com
质量体系:ISO/TS 16949、QS 9000
产品情况:水泵及配件
出口情况:出口韩国、北美洲、欧洲、日本等20多个国家和地区

★杭州天宇油泵油嘴有限公司
地址:杭州市萧山区萧然东路102号
邮编:311201
电话:0571/82726916、82724850
传真:82726916、82721969
网址:www. hztianyu. net
电子信箱:hzxsspl@ 163. com
产品情况:(XZ牌)
柴油机喷油泵柱塞、出油阀、喷油嘴三对偶件,年产1000万副
配套及出口情况:为有关主机厂供货;远销欧洲、美洲、俄罗斯、非洲、中东、东南亚等国家和地区

★杭州萧象内燃机配件有限公司
地址:杭州市萧山区南阳街道龙虎村
邮编:311227
电话:0571/82975436、18668065911
传真:82975918
网址:www. ic - engine. com
电子信箱:dave@ ic - engine. com
质量体系:ISO 9001
产品情况:(萧象牌)
各类活塞销,年产460万只;各类汽缸垫,年产250万片
配套及出口情况:为一汽集团、东风汽车公司、常柴、常发、扬动、上汽大众、上柴、杭发、新柴等40多家企业配套;远销东南亚、日本、美国,并销往中国台湾地区

★杭州华春汽车活塞有限公司
地址:杭州市萧山区新湾镇
邮编:311228
电话:0571/82198344、82198353
传真:82195555
网址:www. hzhuachun. com
电子信箱:hcpiston@ 163. com
董事长(负责人):沈柏泉
质量体系:ISO/TS 16949、ISO 9001
产品情况:(灵乐牌)
汽车活塞,年产能力100万只
配套及出口情况:为杭发配套;出口国外市场

★中国重汽集团杭州发动机有限公司
地址:杭州市萧山国家经济技术开发区红泰六路699号
邮编:311232
电话:0571/88078888、88838997
传真:88086768、88845519
电子信箱:sale@ haep. com. cn
质量体系:ISO/TS 16949、GJB 9001A
产品情况:斯太尔WD615、WD415两大系列400多个品种的各类柴油机,具有年产12万台以上柴油机生产能力

★杭州双象汽车零部件有限公司
地址:杭州市萧山区瓜沥镇环东路
邮编:311241
电话:0571/82598088、82551667
传真:82553242、82598088 - 820
网址:www. shuang - xiang. com
电子信箱:sx@ hz - sx. com. cn
质量体系:ISO/TS 16949、ISO 9001
产品情况:(双象牌)
各种活塞销,年产能力800万件以上
配套及出口情况:为潍柴动力、中国重汽、广西玉柴、云内动力等国内30余家较大规模主机厂配套;出口欧美、日本、俄罗斯、东南亚等国家和地区

★杭州萧闻曲轴有限公司
地址:杭州市萧山区闻堰镇工业园
邮编:311258
电话:0571/82308150
传真:82308169
网址:www. hzlhqz. com
电子信箱:web@ hzlhqz. com
产品情况:康明斯系列发动机曲轴
配套情况:为东风汽车公司配套

★杭州万里曲轴有限公司
地址:杭州市萧山区闻堰镇黄山工业区
邮编:311258
电话:0571/82313909
传真:82313173
电子信箱:hzwlqz@ hc360. com. cn
质量体系:ISO 9001
产品情况:各种锻钢、球墨铸铁发动机曲轴

★杭州万达曲轴有限公司
地址:杭州市萧山区闻堰镇瑛珠桥工业园
邮编:311258
电话:0571/82308878
传真:82308879
网址:www. hzwdqz. com. cn
电子信箱:hzwdqz@ 163. com
质量体系:ISO 9001
产品情况:(杭曲牌)
各种型号柴油机、汽车发动机的曲轴
配套情况:为山东华源莱动、扬动、江动,苏动4家主机厂配套

★杭州钱王机械配件有限公司
地址:浙江省临安市保锦路218号
邮编:311300
电话:0571/63735074、63922806
传真:63709866
电子信箱:qw5968@ cnthrustwasher. com
质量体系:ISO/TS 16949
产品情况:(钱王牌)
各类厚壁整体翻边瓦、单边、双边凸缘轴套、单金属铝(铜)轴瓦、滑块、止推片以及铜、铝合金的各类滑动轴承等

配套情况：为潍柴、杭发、道依茨、江铃汽车、上柴、朝柴、玉柴、川柴、奇瑞汽车、吉利汽车等配套

★杭州新安江内燃机配件有限公司
地址：浙江省建德市寿昌镇乌石村部队路1号
邮编：311612
电话：0571/64549008、64549006
传真：64549009
网址：www.xajnp.com
电子信箱：raise2008@sina.com
质量体系：ISO/TS 16949
产品情况：（新安江牌）
内燃机汽缸套
配套情况：为中国重汽杭州发动机、道依茨一汽（大连）柴油机、陕西汽车制造厂、浙江新柴动力等国内一流柴油机生产厂家配套

★浙江巨峰汽车零部件有限公司
地址：浙江省诸暨市店口工业区
邮编：311800
电话：0575/87668112
传真：87650393
网址：www.cn-jufeng.com
电子信箱：jfturbo1@cn-jufeng.com
质量体系：ISO/TS 16949
产品情况：涡轮增压器
配套及出口情况：多个品种已进入国内主机配套厂；30多个品种出口美国、澳大利亚、伊朗、土耳其、智利等国家

★露笑集团有限公司
地址：浙江省诸暨市店口镇露笑路38号
邮编：311814
电话：0575/87061688、87065888
传真：87068818
网址：www.roshowgroup.com
电子信箱：office@roshowgroup.com
单位人数：3000
质量体系：ISO/TS 16949、ISO 14001
产品情况：（露笑牌）
具有年产铜芯电磁线8万t、铝芯电磁线1万t、车用涡轮增压器5万台、高效节能电动机2500万台的生产能力
出口情况：远销国外市场

★浙江万鑫动力机械有限公司
地址：浙江省诸暨市直埠工业区
邮编：311827
电话：0575/87768333、87647333
传真：87647999
电子信箱：wanxin@zjwxdl.com
质量体系：ISO/TS 16949
产品情况：汽车、农机轴瓦和连杆、底盘衬套、各类主机专用轴承等
出口情况：远销东南亚、东欧等地区

★浙江省诸暨市电器有限公司
地址：浙江省诸暨市店口镇茶亭路10号
邮编：311835
电话：0575/87166778
传真：87652961
电子信箱：zy@yongpei.com
质量体系：ISO 9001
产品情况：汽车、摩托车、通用机械等用散热器、中冷器、空调蒸发器、冷凝器、暖风机芯等
配套及出口情况：为金城集团、黄岩百益、林海集团、重庆力帆等配套；出口美国、日本，并销往中国台湾地区

★浙江精盾汽车零件制造有限公司
地址：浙江省绍兴县杨汛桥镇特色产业园区
邮编：312028
电话：0575/85517328、84505075
传真：84509661
网址：www.sx-jd.com
电子信箱：hongbo@sx-jd.com
单位人数：200
质量体系：ISO/TS 16949、QS 9000
产品情况：（精盾牌、精鑫牌）
汽车发动机张紧轮、汽车用轮毂轴承、离合器分离轴承、止推轴承等
配套及出口情况：为东风汽车公司的军用车配套；出口美国、印度、丹麦、新加坡、法国、日本、韩国、英国、意大利、伊朗、德国、巴基斯坦、约旦、土耳其、俄罗斯、巴拿马、马来西亚等国家，并销往中国台湾地区

★浙江雷贝斯散热器有限公司
地址：浙江省绍兴市柯岩生态集聚园柯岩街
邮编：312030
电话：0575/85596660、85596661
传真：85596657
网址：www.zjropas.com
电子信箱：radiator7@zjropas.com
单位人数：300
产品情况：汽车用铝管片式散热器、铝钎焊式散热器、冷凝器、中冷器、层叠式蒸发器，年产能力300万台以上
配套及出口情况：为美国通用、欧宝，德国奔驰、宝马、大众，日本尼桑、本田、丰田，韩国现代、大宇、起亚和国内金杯、微型车系列等300多种车型配套；出口美国、法国、俄罗斯、意大利、英国、德国、南非、印度、波兰、智利、以色列、利比亚、土耳其、科威特、约旦、马来西亚、泰国、阿拉伯等30多个国家

★上虞市振荣橡胶制品有限公司
地址：浙江省上虞市章镇镇车站路13号
邮编：312363
电话：0575/82096119、82091142
传真：82099957
网址：www.zhenrong.net
电子信箱：info@zhenrong.net
负责人：赵正荣
质量体系：ISO/TS 16949
产品情况：酚醛塑料及工程塑料各种真空助力器伺服活塞；年生产能力250万套，其中工程塑料（PET、PBT、PA66）100万套，酚醛塑料150万套
配套情况：为浙江万向系统、浙江万安集团、浙江亚太机电、厦门亨东制动系统、万都（哈尔滨）汽车底盘系统等20多家企业配套

★浙江太阳股份有限公司
地址：浙江省上虞市杭州湾经济技术开发区东一区朝阳三路
邮编：312369
电话：0575/82123456、82213728
传真：82215819、82206267
网址：www.chinacrankshaft.com
电子信箱：sydlcby@163.com
质量体系：ISO/TS 16949
产品情况：（太阳牌）
各类发动机曲轴、通用机曲轴、小功率单缸柴油机、球墨铸铁铸件，各类曲轴年产100余万条
配套及出口情况：轿车发动机曲轴主要与一汽集团、吉利汽车、北汽控股配套，柴油机多缸曲轴主要配套一汽锡柴、常柴股份、江淮动力、无锡四达、新柴股份、山东华源莱动、云内动力、潍柴华丰动力；出口美国、日本、印度、孟加拉国、阿尔及利亚等国家

★浙江瑞洲汽配制造有限公司
地址：浙江省嵊州市崇仁镇下西山
邮编：312473
电话：0575/83988991、13738143098
传真：83988222
网址：www.skyfil.cn
电子信箱：contact@skyfil.cn
质量体系：ISO/TS 16949
产品情况：（TEF牌）
滤清器

★浙江新柴股份有限公司
地址：浙江省新昌县新昌大道西路888号
邮编：312500
电话：0575/86230849、86230864
传真：86230895
网址：www.xinchaipower.com
电子信箱：office@xinchaipower.com
单位人数：1000
质量体系：ISO/TS 16949
产品情况：（新柴牌）
485、490、493、495、498、4105（4108）六大系列柴油机
配套及出口情况：为杭州叉车、合肥叉车、TCM叉车、北京现代、烟台大宇、泉州新源、厦工新宇、江西南特、玉柴工程机械、北汽福田、山东时风、常发集团、江苏盐城拖拉机厂等配套；远销欧美、中东等地区

★湖州德盛汽车部件有限公司
地址：浙江省湖州市吴兴大道鑫盛工业园
邮编：313000
电话：0572/2286088、2578222

传真:2079171
电子信箱:desheng@ chinadesheng. net
质量体系:ISO/TS 16949
产品情况:汽车电动风扇、汽车空调风机及减速电动机等
配套及出口情况:为多家汽车制造厂配套;远销欧美、东南亚、大洋洲、非洲、南美洲、俄罗斯等国家和地区

★湖州佳士汽车配件有限公司
地址:浙江省湖州市织里工业园区
邮编:313008
电话:0572/3187788、3186067
传真:3187988
网址:www. chinajiashi. com
电子信箱:info@ chinajiashi. com
质量体系:ISO 9001
产品情况:各种规格的车用燃油箱
配套情况:主要为东风汽车、跃进汽车、依维柯汽车、金龙客车、久保田等配套

★浙江威泰汽配有限公司
地址:浙江省长兴县经济开发区南高路111号
邮编:313100
电话:0572/6616879
传真:6611111
网址:www. wtqp. com
电子信箱:wtfilter01@ wtqp. com
单位人数:150
质量体系:ISO/TS 16949
产品情况:汽车滤清器
出口情况:远销美国、德国、土耳其、澳大利亚等20多个国家和地区

★浙江龙虎锻造有限公司
地址:浙江省德清县千山工业区55号
邮编:313223
电话:0572/8239768、8239809
传真:8239808
网址:www. chinalonghu. com
电子信箱:forging_zj@ chinalonghu. com
质量体系:ISO/TS 16949、ISO 14000
产品情况:12~18t平台车车轮轴头、凸轮轴、制动器支架、凸轮轴支架、转向节、半轴凸缘、汽车悬架、拉杆、发动机气门摇臂、汽车门铰链及锚件、吊环等
出口情况:远销德国、美国、韩国、新加坡、泰国、印度,并销往中国台湾地区

★嘉兴众恒汽车部件有限公司
地址:浙江省嘉兴市经济开发区塘汇路858号
邮编:314000
电话:0573/82325777
传真:82325666
电子信箱:info@ jhparts. com
质量体系:ISO/TS 16949、ISO 14001
产品情况:汽车电子燃油泵、柴油泵、总成与过滤网等产品
配套及出口情况:同世界500强的知名企业建立了长期稳定的合作关系;远销美国、日本、德国、韩国、巴西、意大利等国家

★浙江海德曼过滤技术有限公司
地址:浙江省嘉兴市嘉兴工业园区步焦公路口
邮编:314001
电话:0573/83019999
传真:83019888
网址:www. rongsun. com
电子信箱:rongsun@ rongsun. com
单位人数:500
质量体系:ISO/TS 16949、ISO 14000
产品情况:(RONGSUN牌)
燃油滤清器、机油滤清器、空气滤清器、液压油滤清器,年产各种滤清器1000万只
配套情况:为斗山集团、PALL公司、杭州前进齿轮箱集团、山河智能、科克动力等配套

★嘉兴泰新汽车零部件制造有限公司
地址:浙江省嘉兴市嘉兴塘汇工业区御茶路178号
邮编:314003
电话:0573/82335758、82335759
传真:82335759
电子信箱:info@ suntechauto. com
质量体系:ISO/TS 16949、ISO 9001
产品情况:汽车水泵及零部件

★嘉善嘉银汽车油箱厂
地址:浙江省嘉善县杨庙镇
邮编:314111
电话:0573/84981904、13801786238
传真:84985800
网址:www. jiayinyx. com
电子信箱:fxcjiayinyx@ 163. com
质量体系:ISO 9001
产品情况:(嘉银牌)
汽车油箱、消声器
配套情况:为上海巴士集团公司、上海汇众、上海华东建筑机械厂、法国ILD集团、腾达航勤设备(上海)配套,并为江苏几家农用车制造厂配套

★浙江普礼汽配制造有限公司
地址:浙江省嘉善县里泽工业园18号
邮编:314116
电话:0573/84753022
传真:84753308
网址:www. poliautogroup. com
电子信箱:poli@ 126. com
质量体系:ISO/TS 16949、QS 9000
产品情况:(C·T·I牌、KM牌)
汽车、摩托车用活塞环、转向盘套、座椅套、车灯等
配套及出口情况:为东风汽车、华源凯马配套;产品全部出口,远销美洲、欧洲、中东、南非、东南亚等地区

★平湖康弗莱尔汽车发动机系统公司
地址:浙江省平湖经济开发区新群路2198号
邮编:314213
电话:0573/85093188
传真:85092103
电子信箱:gongyue2001@ 163. com
产品情况:汽车发动液压挺杆、气门挺柱、液压张紧器等汽车发动机系统精密零部件

★浙江时代汽车零部件有限公司
地址:浙江省海宁市许村工业园区
邮编:314409
电话:0571/88012873、88010877
传真:88014836
网址:www. jinheng. com. cn
电子信箱:webmaster@ jinheng. com. cn
负责人:金天荣
质量体系:ISO/TS 16949、ISO 9001
产品情况:(金恒牌)
铜、铝散热器、中冷器、油底壳、风扇等
配套及出口情况:为中国重汽、浙江杭叉工程机械、中国一拖集团、约翰迪尔集团等配套;出口美国、意大利等国家

★浙江金兰汽车零部件有限公司
地址:浙江省桐乡市经济开发区四期高新西一路166号
邮编:314500
电话:0573/89805062
传真:89801500
网址:www. jy - qz. com
电子信箱:79998000@ qq. com
单位人数:100
质量体系:ISO/TS 16949
产品情况:年生产15万根曲轴
出口情况:产品90%以上出口,主要市场为欧美地区

★宁波正利汽车部件有限公司
地址:浙江省宁波市小港镇五盟工业区
邮编:315000
电话:0574/86196000、86199555
传真:86197857
网址:www. filzl. com
电子信箱:rdsh@ filzl. com
质量体系:ISO/TS 16949、ISO 9001
产品情况:(FILZL牌、金正利牌)
滤清器、净化过滤器及滤清器器材
配套及出口情况:为吉利、金杯海星、长安、潍柴配套;远销欧洲、东南亚、中东、非洲、北美洲、南美洲等地区

★宁波市镇海邵氏超越离合器有限公司
地址:浙江省宁波市镇海区庄市镇勤勇村
邮编:315000
电话:0574/86698237、13957829838
传真:86691196
网址:www. chinashaoshi. com
电子信箱:nshaoshi@ chinashaoshi. com
质量体系:ISO 9001
产品情况:各类摩托车离合器、汽车变

速器用油泵系列、工程机械油泵系列、齿轮系列、曲轴系列等
配套情况：为广州大长江、常州光阳等企业配套

★宁波威孚天力增压技术有限公司
地址：浙江省宁波市江北区慈城镇宁波（江北）高新技术产业园畅阳路268号
邮编：315032
电话：0574/27861785、27861791
传真：27861791
网址：www.nbwftt.com
电子信箱：yxb@nbwftt.com
质量体系：ISO/TS 16949
产品情况：（GP牌）
　　涡轮增压器
配套情况：为东风朝柴、昆明云内、江淮汽车发动机分公司、常柴、保定长城、成都云内、成都成发等配套

★宁波艾信思井华汽车零部件有限公司
地址：浙江省宁波市江北区长兴路525号
邮编：315033
电话：0574/83006100
产品情况：空气进气过滤系统、生产销售柔性护套产品（包括齿条－齿轮护套、塑料等速万向节用防护套）

★浙江摩多巴克斯科技股份有限公司
地址：浙江省宁波市江北区洪塘工业A区洪兴路8号
邮编：315033
电话：0574/87562600、87562808
传真：87562800
网址：www.motorbacs.com
电子信箱：jugong@motorbacs.com
单位人数：100
质量体系：ISO/TS 16949
产品情况：（摩多巴克斯牌）
　　汽车排气歧管以及排气系统等各类车用管件
配套情况：为吉利汽车、比亚迪汽车、郑州日产、上汽集团配套

★宁波市江北保隆消声系统有限公司
地址：浙江省宁波市江北区洪塘镇西江村
邮编：315038
电话：0574/87565228、87565736
传真：87565822
网址：www.bao-long.com.cn
电子信箱：sales@bao-long.com.cn
质量体系：ISO/TS 16949
产品情况：消声器、尾管、汽车空气净化器等

★宁波路润冷却器制造有限公司
地址：浙江省宁波市鄞州区鄞江镇澄浪潭路55号
邮编：315131
电话：0574/88033998、88431236
传真：88031033
网址：www.coolercn.com
电子信箱：lurun@coolercn.com
质量体系：ISO/TS 16949、VDA 6.1
产品情况：（明州牌）
　　不锈钢板翅式油冷却器、铜板翅式中冷器、铝合金板翅式油冷却器、铝合金中冷器、铝合金油冷却器、不锈钢废气冷却器等
出口情况：出口美国、澳大利亚等国家

★宁波科森净化器制造有限公司
地址：浙江省宁波市鄞州区滨海投资创业中心鄞东北路8号
邮编：315145
电话：0574/28818666
传真：28818661
网址：www.nbksjd.com
电子信箱：nk801120@163.com
质量体系：ISO/TS 16949
产品情况：（科森牌）
　　汽车三元催化剂、转化器、消声器等，年生产催化剂120万L，净化器10万套

★宁波东方动力部件有限公司
地址：浙江省宁波市鄞州区古林郭夏
邮编：315177
电话：0574/88290641
传真：88290149
网址：www.nb-dfdl.com
电子信箱：dfdl@nb-dfdl.com
质量体系：ISO/TS 16949
产品情况：发动机气门摇臂连轴总成、冷却水泵总成、液力挺柱、其他汽车、机械等零配件
出口情况：远销欧洲、北美洲等地区

★宁波新之华汽车部件有限公司
地址：浙江省宁波市鄞州区姜山镇张华山
邮编：315191
电话：0574/88454413、13396642210
传真：88160078
网址：www.nbxh.net
单位人数：60
质量体系：ISO/TS 16949
产品情况：微型汽车千斤顶、随车工具、三元催化转换器外壳、排气系统
配套及出口情况：为江西昌河汽车公司合肥分公司、江西昌嘉汽车环保工程公司、德尔福（上海）动力推进系统、上海红湖爱西亚排气系统等配套；远销欧洲、美洲

★华纳圣龙（宁波）有限公司
地址：浙江省宁波市鄞州中心区嵩江东路888号
邮编：315192
电话：0574/83098319
电子信箱：zwang@borgwarner.cn
质量体系：QS 9000
产品情况：硅油风扇离合器、塑料风扇、机油泵及水泵等

★宁波海大嘉华汽车零部件有限公司
地址：浙江省宁波市镇海区九龙湖镇长石村
邮编：315202
电话：0574/86527380
传真：86527383
电子信箱：coc@cocome.com.cn
质量体系：ISO/TS 16949
产品情况：（COCOME牌）
　　汽车水泵

★宁波市镇海奇正发动机部件有限公司
地址：浙江省宁波市镇海九龙湖三星工业园区
邮编：315203
电话：0574/86525134
传真：86525918
网址：www.nbqizheng.com
电子信箱：ltz@nbqizheng.com
负责人：刘突政
单位人数：100
质量体系：ISO/TS 16949
产品情况：各种型号汽车曲轴和发动机支架；年产汽车曲轴10万件、发动机支架150万件
配套及出口情况：为吉利汽车、深圳比亚迪、上海华普、重庆力帆、韩国斗山、中意马达、铜陵众泰、青年莲花等配套；远销欧洲、美洲、东南亚

★慈溪市盛银汽配有限公司
地址：浙江省慈溪市庵东镇余庵公路228号
邮编：315300
电话：0574/63406012、13906749533
传真：63409012、63409696
网址：www.nbshengyin.com
电子信箱：fcy@nbshengyin.com
质量体系：ISO 9001
产品情况：（盛银牌）
　　输油泵、手压泵、变速器件、暖风机、风扇叶、皮带张紧轮、铝制品、节温器、滤清器、联轴器总成、钢片、精密铸造件等重型汽车零部件
出口情况：远销中东、东南亚等几十个国家和地区

★宁波凯腾汽车风叶有限公司
地址：浙江省慈溪市长河镇余庵西路84号
邮编：315300
电话：0574/63404888、63406320
传真：63409678
网址：www.kaitengfan.com
电子信箱：kaitengfan@kaitengfan.com
董事长：傅少波
质量体系：ISO/TS 16949
产品情况：（光辉牌）
　　塑料汽车散热器风扇叶片、塑料模具加工、五金制品、光学仪器、中心仪开模机

★浙江亿日气动科技有限公司
地址：浙江省慈溪市经济开发区长池路739号

邮编:315300
电话:0574/63976868
传真:63976908、63976855
网址:www. china - easun. com
电子信箱:easun@ china - easun. com
质量体系:ISO/TS 16949
产品情况:(亿日牌)
气源处理器、气动电磁阀、汽缸、快速接头、调速阀、消声器、气枪、PU 管等气动元件、辅件

★宁波泰瑞汽车部件有限公司
地址:浙江省慈溪市慈东滨海区慈东大道 1888 号
邮编:315311
电话:0574/23456135、23456160
传真:23456133、23456161
网址:www. tirri. cn
电子信箱:info@ tirri. cn
质量体系:ISO/TS 16949
产品情况:(腾锐牌)
车用铝硬钎焊散热器总成,暖风机总成,冷凝器、蒸发器总成,中冷器总成,胀管装配式散热器总成等产品
配套及出口情况:为力帆、众泰、黄海、金杯、福田等厂家配套;出口欧美、日本、韩国等国家和地区

★慈溪市华侨汽车油泵厂
地址:浙江省慈溪市长河镇
邮编:315326
电话:0574/63406385
传真:63406188
网址:www. dingsheng168. com
电子信箱:manager@ dingsheng168. com
单位人数:300
质量体系:ISO 9001
产品情况:(鼎盛牌)
输油泵、塑料风扇叶、滤清器等,年产输油泵 80 万台,手油泵 200 万支
配套及出口情况:为一汽集团、锡柴、大柴、潍柴、玉柴等配套;部分产品出口

★慈溪市玉龙汽车风叶有限公司
地址:浙江省慈溪市长河镇工业开发区镇东路 351 号
邮编:315326
电话:0574/63410322、63411756
传真:63400202
网址:www. cxyulong. com
电子信箱:yl@ cxyulong. com
质量体系:ISO/TS 16949
产品情况:(贝福来牌)
汽车塑料冷却风扇、风扇硅油离合器等
配套及出口情况:潍柴道依茨主机配套、东风康明斯军车主机配套;远销海外

★慈溪市安卡汽车零部件有限公司
地址:浙江省慈溪市长河镇芦庵公路 878 号
邮编:315326
电话:0574/63406413
传真:63406338
网址:www. fuelfeedpump. com
电子信箱:sales@ fuelfeedpump. com
质量体系:ISO 9002
产品情况:(仙人牌)
输油泵、机油/柴油滤清器、风扇叶、硅油离合器、管接头、节温器和制动片等
出口情况:出口东南亚

★宁波洛卡特汽车零部件有限公司
地址:浙江省慈溪市庵东工业区南
邮编:315327
电话:0574/63263295
传真:63262315
网址:www. luokate. com
电子信箱:yingxiao@ luokate. com
质量体系:ISO/TS 16949
产品情况:电动燃油泵、燃油泵总成、调压阀等;具有年产 600 万支泵芯、400 万套燃油泵总成的生产能力
配套情况:为奇瑞、比亚迪、五菱汽车、吉利汽车、力帆汽车、哈飞汽车、昌河铃木、中顺汽车、华泰、众泰、东风渝安配套

★慈溪市华表机械有限公司
地址:浙江省慈溪市庵东镇沿江路 258 号
邮编:315327
电话:0574/63479976、63473128
传真:63473688
网址:www. chinahuabiao. com
电子信箱:hb@ chinahuabiao. com
单位人数:380
质量体系:ISO/TS 16949
产品情况:尾灯制动接口、节气门阀体轴、刮水器轴、张紧轮组件、减振器组件、燃油共轨泵驱动轴、连接盘、惰齿轴等

★浙江吉利动力总成有限公司
地址:浙江省慈溪市杭州湾新区滨海二路 818 号
邮编:315336
电话:0574/63991130、63991132
传真:63991180
电子信箱:xiao. xiaofg@ 163. com
产品情况:汽油发动机和变速器
配套情况:主要为吉利下属各整车基地配套生产 3G10、MR479Q、4G15/4G18、4G24 等系列汽油发动机和变速器

★余姚市舒春机械有限公司
地址:浙江省余姚市明伟工业区荣创路 22 号
邮编:315400
电话:0574/62576130
传真:62581565
网址:www. shuchun. net. cn
电子信箱:sale1@ shuchun. net. cn
质量体系:ISO/TS 16949
产品情况:柴油机油嘴油泵,喷油器总成、喷油泵总成、柱塞偶件、针阀偶件、喷嘴、锥块系列、压油阀偶件、吸油阀、泄放阀总成、液压顶头,各种型号的摩托车发动机配件等
配套及出口情况:与国内外多家知名企业合作;出口欧美、中东、东南亚等地区

★宁波方圆汽摩发展有限公司
地址:浙江省余姚市经济开发区南区鸿运路 11 号
邮编:315403
电话:0574/62777754
传真:62777052
网址:www. fangyuanauto. com
电子信箱:sales@ fangyuanauto. com
质量体系:ISO/TS 16949
产品情况:汽车外饰系统、燃油系统、发动机冷却系统和防盗安全系统等
配套情况:已进入 GM、Chrysler、Toyota、Nissan、Magna、Delphi、BAW、FAW、AGCO 国内外众多汽车企业的采购体系

★宁波舜江汽车部件制造有限公司
地址:浙江省余姚市梁辉开发区鸿运路 3 号
邮编:315403
电话:0574/62777308、62777850
传真:62777208
电子信箱:xs8201@ nbsjap. com
质量体系:ISO/TS 16949、ISO 14001
产品情况:车顶行李架系列、加油管系列、燃油箱盖系列、脚踏板等几大系列近百余种产品
配套情况:为一汽、一汽 - 大众、上汽大众、沈阳金杯、柳州五菱、奇瑞汽车、悦达起亚、哈飞汽车、上海延锋、广西玉柴、长丰猎豹、厦门金龙等国内汽车厂配套,并与美国 APR 公司、TRUCKTEC 公司、GLOUBAL RUSH 公司等国外客户合作配套

★宁波舜田油嘴油泵有限公司
地址:浙江省余姚市梨洲街道竹山工业区 2 号
邮编:315404
电话:0574/62589288、62589075
传真:62589588
网址:www. nbshuntian. com
电子信箱:shuntian@ cncool. net
董事长:周书旺
单位人数:400
质量体系:ISO/TS 16949
产品情况:(舜田牌、姚江牌)
柴油机燃油喷射系统喷油器、喷油泵总成和喷油嘴、喷油泵柱塞、出油阀三对偶件
配套及出口情况:为上柴、宁波中策动力机电(集团)等配套;远销欧美、中东、东南亚、非洲、大洋洲 50 多个国家和地区

★奉化市江兴汽车部件厂
地址:浙江省奉化市南大路552号
邮编:315500
电话:0574/88980578
传真:88970578
网址:www.nb-jiangxing.com
电子信箱:jx-autoparts@163.com
质量体系:ISO 9001
产品情况:汽车散热器盖、出水口、弹簧
出口情况:远销东南亚

★奉化市动力机械配件有限公司
地址:浙江省奉化市江口街道南渡路66号
邮编:315504
电话:0574/88557186、88562638
传真:88562638
网址:www.fh-dp.com
电子信箱:manager@fh-dp.com
质量体系:ISO/TS 16949
产品情况:摇臂总成、气门导管;具有年生产摇臂总成20万台、气门导管1000万支的能力
配套情况:为一汽、广州柴油机厂等企业配套

★宁波轴瓦厂
地址:浙江省宁波市宁海经济开发区跃龙一路6号
邮编:315600
电话:0574/65582523、65582724
传真:65599312
电子信箱:bearing@nbfbush.com
质量体系:ISO/TS 16949
产品情况:(NBF牌)
汽车制动空压机轴瓦、汽车轴瓦等
出口情况:出口10多个国家和地区

★宁波索立得滑动轴承有限公司
地址:浙江省宁波市宁海科技工业园区竹山南路6号
邮编:315600
电话:0574/65552936、65552938
传真:65552937
电子信箱:yea-long@163.com
质量体系:ISO/TS 16949
产品情况:(野龙牌)
各类轴瓦、衬套、止推片等
配套情况:为一汽集团、重汽集团、北奔重汽、中集集团、安凯曙光车桥、青岛青特车桥、上柴集团、奇瑞汽车、长安汽车、浙江四方集团、常州亚美柯集团等配套

★吉利汽车有限公司动力分公司二公司
地址:浙江省宁波市北仑区经济开发区恒山路1528号
邮编:315800
电话:0574/86853265
传真:86853262
产品情况:(吉利牌)
JL4G18、JL4G15、JL4G10等发动机,年产能力7.5万台

★宁波缸套厂有限公司
地址:浙江省宁波市大榭开发区东湖路58号
邮编:315800
电话:0574/86768659、86762766
传真:86768887、86768658
网址:www.ninggang.com
电子信箱:wu@ninggang.com
质量体系:ISO 9001
产品情况:(宁缸牌)
各种不锈钢铸件、铝压铸件、灰铁铸件和摩托车双金属缸体、摩托车铸铁汽缸体和风冷汽(柴)油机汽缸体等;年产汽缸体260万件
配套及出口情况:汽缸体广泛用于浙江钱江、南京金城、广州五羊、重庆力帆、台湾光阳、三阳、联统等集团众多摩托车和其他动力原机中;出口美国、欧洲、东南亚、中东等国家和地区

★吉利国润汽车有限公司动力分公司
地址:浙江省宁波市经济技术开发区新矸镇恒山路1528号
邮编:315800
电话:0574/86853368、86853006
传真:86853001
质量体系:ISO/TS 16949
产品情况:(吉利牌)
各类汽油机及零部件,年产能力15万台
配套情况:为上海华普、吉利豪情、吉利美日、美人豹等配套

★宁波仁永汽车零部件有限公司
地址:浙江省宁波市北仑区霞浦工业区
邮编:315807
电话:0574/86905644、86904368
传真:86903123
电子信箱:web@nbrenyong.com
质量体系:ISO/TS 16949
产品情况:发动机冷却风扇及风扇嵌件、水泵叶轮等汽车零部件模具、产品
配套情况:是博格华纳圣龙、金城铃木、美国尤思艾汽车零件公司、康斯克泵业(苏州)公司等合作伙伴

★宁波凯达轴瓦有限公司
地址:浙江省宁波市北仑区小港
邮编:315821
电话:0574/86177142、26875006
传真:86177142
网址:www.cnkaida.com
电子信箱:kdjenny@163.com
单位人数:200
质量体系:ISO/TS 16949
产品情况:汽车、工矿机械、农机、船用机械等内燃机轴瓦、止推片、衬套
配套及出口情况:为上汽通用、大众、上柴、玉柴、一拖、潍柴等几十家主机厂配套;远销欧美、东南亚、中东、非洲等地区

★宁波北仑澳威斯轴瓦有限公司
地址:浙江省宁波市小港
邮编:315821
电话:0574/86176116
传真:86177112
电子信箱:infor@nbaozhou.com
质量体系:ISO 9001
产品情况:(澳轴牌)
连杆瓦、曲轴瓦、止推瓦、偏心瓦
出口情况:出口东南亚和中东地区

★雪龙集团股份有限公司
地址:浙江省宁波市北仑区黄山西路211号
邮编:315899
电话:0574/86805201、86805202
传真:86805212
网址:www.xuelong.net.cn
电子信箱:hclin@xuelong.net.cn
董事长(负责人):贺财霖
产品情况:各种系列的汽车风扇总成及与之相配套的风扇硅油离合器总成、风扇电磁离合器总成、风扇电控离合器总成及各种吹塑件汽车风道、管道5大类3000多个品种
出口情况:远销美国、日本、德国、韩国等国家

★浙江黎明发动机零部件有限公司
地址:浙江省舟山市经济开发区B区弘生大道456号
邮编:316000
电话:0580/2680797、2921117
传真:2680975
电子信箱:zjzslm@vip.163.com
单位人数:350
质量体系:ISO/TS 16949
产品情况:(LM牌)
具有年产气门锁片8000万片、气门弹簧座3500万件、气门弹簧下座3500万件、气门挺柱100万件、气门推杆100万件、气门桥500万件、活塞冷却喷嘴200万件、摇臂球头组合件300万套、其他各种冲压件1000万件的生产能力
配套情况:为天津一汽丰田、长春丰田、东风康明斯、福田康明斯、西安康明斯、一汽大柴、一汽锡柴、天津一汽夏利、一汽轿车、东风商用车、东风朝柴、玉柴、潍柴、上柴、上汽通用五菱、东安三菱、东安动力、长城汽车、保定长城内燃机、北汽福田、上海华普、天津雷沃动力、江淮、吉利、奇瑞、华晨、长安、比亚迪、杭发、重汽集团、一汽海马、宗申、力帆、渝安、绵阳新晨等配套

★舟山神鹰车辆配件制造厂
地址:浙江省舟山市岱东丰收工业园
邮编:316218
电话:0580/7680067、13665808833
传真:7678677
网址:www.paersuo.com

电子信箱:renten@ paersuo. com
单位人数:200
质量体系:ISO/TS 16949、ISO 14001
产品情况:(帕尔索牌、帕而苏牌、RENKEN 牌)
专业生产汽车滤清器,年产滤清器1000 万只以上
出口情况:出口欧美、中东、非洲、东南亚

★临海市江南内燃机附件厂
地址:浙江省临海市江南街道高洋路110 号
邮编:317000
电话:0576/85178321、85177517
传真:85177321
质量体系:ISO/TS 16949
产品情况:(临滤牌)
机油滤清器、柴油滤清器、空气滤清器
配套情况:为一拖、浙江兴柴动力、福建力佳、江苏悦达盐城拖拉机、江苏江淮动力等配套

★浙江东星汽车部件有限公司
地址:浙江省临海市杜桥镇上洋桥工业区
邮编:317016
电话:0576/85662888、85528377
传真:85528123
电子信箱:dx@ chinaeaststar. com
质量体系:ISO/TS 16949、QS 9000
产品情况:汽车发动机皮带轮系列——曲轴皮带轮、减振轮、动力转向皮带轮、风扇皮带轮、空调皮带轮、张紧轮和张紧器等
配套及出口情况:为一汽－大众、沈阳三菱、奇瑞汽车、上汽通用五菱、哈尔滨东安、江西五十铃、上海法雷奥、雷米、天津电装等配套;60% 产品远销欧洲、北美洲、南美洲、亚洲地区

★临海市伟达汽车部件有限公司
地址:浙江省临海市杜桥镇嵩山路北段
邮编:317016
电话:0576/85528098
传真:85528488
网址:www. tzwdqp. com
电子信箱:lhwd@ vip. 163. com
质量体系:ISO/TS 16949、ISO 14001
产品情况:欧Ⅲ、欧Ⅳ柴油发动机 EGR 冷却器总成、废气循环不锈钢波纹管、增压器不锈钢波纹回油管、进出气支管、低压油管、回水管、发电机支架、发电机皮带轮、空调张紧轮及支架、空调压缩机支架、惰齿轮轴等产品
配套及出口情况:主要合作企业有福特江铃、一汽、上汽、东风日产、上海汽车、华泰汽车、江淮汽车、北汽福田、长城等汽车;远销日本、意大利、美国等国家

★临海市环流汽配制造有限公司
地址:浙江省临海市塘渡镇工业区
邮编:317025
电话:0576/85938155、85938458
传真:85938320
网址:www. huanliu. com
电子信箱:huanliu@ huanliu. com
质量体系:ISO 9001
产品情况:(环流牌)
汽车滤清器、高低压输油管、密封件等
配套情况:为比亚迪、一汽轿车、奇瑞汽车、长城汽车、上汽大众、东风日产等国内多家汽车厂配套

★台州博尔汽车泵业有限公司
地址:浙江省三门县亭旁镇前楼村
邮编:317103
电话:0576/83553666、83559922
传真:83553777、83559933
网址:www. tzboer. com
电子信箱:sales@ tzboer. com
质量体系:ISO 9001
产品情况:(Boer 牌)
汽车水泵、机油泵、张紧轮及总成
出口情况:出口欧洲等地区

★浙江银轮机械股份有限公司
地址:浙江省天台县福溪街道始丰东路8 号
邮编:317200
电话:0576/83938338、83938339
传真:83938359、83938333
网址:www. yinlun. com
电子信箱:master@ yinlun. cn
法人代表:徐小敏
负责人:卫道河
单位人数:2700
质量体系:ISO/TS 16949、ISO 14001
产品情况:(银轮牌)
油冷器、中冷器、散热器、冷却模块总成、尾气再循环冷却器及铝压铸件等六大系列 3000 多个品种规格,年产销量超过 1000 万件
配套情况:是北汽福田、玉柴、潍柴、中国重汽、东风柳汽、东风商用车的热交换器战略合作伙伴

★台州汇正汽车电机有限公司
地址:浙江省仙居县白塔镇工业集聚区
邮编:317317
电话:0576/89379299
传真:89379250
网址:www. zhzpump. cn
电子信箱:zhz@ zhzpump. cn
质量体系:ISO 9001
产品情况:电喷燃油泵
出口情况:远销德国、欧洲、日本、中东等 20 个国家和地区

★台州京宝汽车零部件有限公司
地址:浙江省温岭市工业园区九龙大道
邮编:317500
电话:0576/86229228
传真:86220038
网址:www. zjjbyb. com
电子信箱:tzjbyb@ 163. com
质量体系:ISO 9000
产品情况:汽车油泵、化油器、前轮离合器、机油泵、机油滤青器等
配套及出口情况:为沈阳新光华晨、绵阳新晨、沈阳双福内燃机、浙江吉利发动机、一汽长春发动机等配套;出口欧洲、非洲、澳大利亚、巴西、东南亚等国家和地区

★温岭市航泰机电设备厂
地址:浙江省温岭市经济开发区上马区块
邮编:317513
电话:0576/86727631、18658620055
传真:86727632
网址:www. wlhangtai. com
电子信箱:htjdsb3@ 163. com
质量体系:ISO/TS 16949
产品情况:(铃田牌)
汽车及工程机械燃油、燃气、机油滤清器系列

★浙江荣发动力有限公司
地址:浙江省温岭市城南镇中心工业区
邮编:317515
电话:0576/86259718、86259798
传真:86259798
网址:www. chinayeqi. com
电子信箱:yeqi@ chinayeqi. com
董事长(负责人):刘荣明
单位人数:200
质量体系:ISO/TS 16949、QS 9000
产品情况:(野骑牌、YEQI 牌、RONGFAMOTO 牌、K 牌)
废气涡轮增压器、摩托车发动机、发动机箱体、小型汽油机箱体、压铸铝合金箱体、工业装配流水线等,具有年生产发动机箱体 40 万套,小型汽油机30 万套,增压器 10 万台,压铸发动机箱体 20 万套的生产能力
配套及出口情况:为北内、玉柴等主机厂配套;远销欧洲、美洲、东南亚等地区

★浙江长宏机电有限公司
地址:浙江省玉环县汽摩工业区
邮编:317600
电话:0576/87200666
传真:87202108
网址:www. cnzjch. com
电子信箱:web@ cnzjch. com
单位人数:600
质量体系:ISO/TS 16949
产品情况:(CHP 牌)
通用汽油机曲轴和电动工具零部件等系列产品;曲轴年产量达 1000 万套
出口情况:出口美国、欧洲、东南亚等国家和地区

★台州锦地圆汽车配件有限公司
地址:浙江省玉环县珠港镇汽摩工业园区

邮编:317600
电话:0576/87216755、87216722
传真:87216733
网址:www. vedohfm. com
电子信箱:yuhuanvedo@ 126. com
质量体系:ISO 9001
产品情况:节气门、空气质量流量计
出口情况:出口产品占 90%,主要销往中东等地区

★浙江强能动力有限公司
地址:浙江省玉环县环东工业区
邮编:317600
电话:0576/87212741、87284532
传真:87210811
网址:www. qiangnen. com
电子信箱:office@ qiangnen. com
单位人数:255
质量体系:ISO/TS 16949、QS 9000
产品情况:(强能牌)
　　汽车发动机摇臂机构总成、高强度螺栓
配套情况:为江铃汽车、北汽福田、东风朝柴、航天三菱、一汽集团、沈阳金杯、江铃 VM 发动机、保定长城、上汽通用五菱、戴姆勒、克莱斯勒、珀金斯动力、绵阳新晨动力、昆明云内动力、福特汽车、美国大众汽车等配套

★台州帕特汽车配件有限公司
地址:浙江省玉环县环东工业区
邮编:317600
电话:0576/87554014、13306556088
传真:87558002
网址:www. shyby. com
电子信箱:yhhxby@ 163. com
质量体系:ISO 9001
产品情况:各种轿车、微型车机油泵
配套情况:为多家汽车制造厂配套

★玉环县强力件制造厂
地址:浙江省玉环县环东工业区
邮编:317600
电话:0576/87222565、87210619
传真:87223462
电子信箱:sales@ highrate. cn
质量体系:ISO/TS 16949
产品情况:连杆总成、发动机正时齿轮室、油泵调速器、前轮毂、汽车油泵自动调整器、转向器扭杆、高强度螺栓等
配套及出口情况:为东风汽车公司、一汽轿车、广汽本田、玉柴、潍柴、杭发、上柴、亚新科廊坊美联、陕汽集团、重汽集团等配套;部分产品远销北美洲、欧洲等地区

★浙江金陶活塞环有限公司
地址:浙江省玉环县机电产业功能区
邮编:317600
电话:0576/83584970
传真:83584977
网址:www. jt - pr. com
电子信箱:sales@ jt - pr. com
质量体系:ISO/TS 16949
产品情况:汽油机和柴油机组活塞环,年产能力 1000 万片以上

★台州爱信汽车零件有限公司
地址:浙江省玉环县机电工业园区
邮编:317600
电话:0576/87203598、13926003977
传真:87263588
网址:www. asiain. com. cn
电子信箱:asiain@ 163. com
质量体系:ISO 9001
产品情况:(ASIAIN 牌、CTR 牌)
　　汽车水泵、悬架总成及球头、拉杆总成等零件
出口情况:出口亚洲、欧洲、美洲、非洲等地区

★玉环县万通泵业有限公司
地址:浙江省玉环县坎门工业区
邮编:317600
电话:0576/87509585、87509595
传真:87509565
网址:www. cnwtby. com
电子信箱:web@ cnwtby. com
质量体系:ISO 9001
产品情况:(WTBY 牌)
　　汽车水泵、制动总泵、制动分泵、离合器总泵、离合器分泵、铝铸件等
配套及出口情况:为主机厂配套;远销国外汽配市场

★玉环县现代汽车配件厂
地址:浙江省玉环县坎门科技工业园区
邮编:317600
电话:0576/87239619、87239627
传真:87239618
网址:www. yhxdqp. com
电子信箱:web@ xdautoparts. com
质量体系:ISO/TS 16949
产品情况:(XDQP 牌)
　　冷却风扇驱动装置,离合、制动、加速三组合踏板总成,后置式发动机客车变速操纵器系列,油水杂质分离器系列,手动油泵等
配套及出口情况:为郑州宇通、厦门金龙、厦门金旅、长春一汽、东风杭汽、苏州金龙、陕西欧舒特等 10 余家国内知名客车厂配套;出口美国、意大利、德国、巴西等欧美国家及东南亚、中东等地区

★玉环正隆机械有限公司
地址:浙江省玉环县坎门科技工业园区
邮编:317600
电话:0576/87509688、13706866178
传真:87508959
网址:www. chinazhenglong. cn
电子信箱:sales@ chinazhenglong. cn
质量体系:ISO 9001
产品情况:(正龙牌)
　　汽车液压挺杆、气门挺柱及皮带张紧轮
出口情况:出口欧洲、美洲、中东等 10 多个国家和地区,并销往中国台湾地区

★台州威德隆机械有限公司
地址:浙江省玉环县汽摩工业园区
邮编:317600
电话:0576/80767158、87281727
传真:87281767
网址:www. cn - wonderful. com
电子信箱:sales@ wdlcn. com
质量体系:ISO/TS 16949
产品情况:(威德隆牌)
　　汽车发动机气门摇臂、摇臂轴、离合器分离杆、离合器拔叉、转向节主销等
出口情况:远销欧美、东南亚、中东等国际市场

★玉环景瑞汽车部件制造有限公司
地址:浙江省玉环县汽摩工业园区
邮编:317600
电话:0576/87248838、87235180
传真:87268488
电子信箱:kingre. cn@ hotmail. com
质量体系:ISO/TS 16949
产品情况:(长江牌)
　　汽车、摩托车发动机进排气门和内燃机进排气门
出口情况:出口欧洲、非洲、中美洲、远东等国际市场

★浙江和日摇臂有限公司
地址:浙江省玉环县汽摩工业园区 112 号
邮编:317600
电话:0576/87286098
传真:87286149
网址:www. heri. com. cn
电子信箱:sales@ heri. com. cn
质量体系:ISO/TS 16949
产品情况:(HERI 牌)
　　汽车和摩托车等内燃机发动机摇臂、摇臂总成,年产摇臂 6000 万只、摇臂总成 900 万套
配套及出口情况:为美国康明斯、福田康明斯、西安康明斯、日本富士重工等主机厂配套;远销美国、日本、印度、东南亚等几十个国家和地区

★玉环县安兴汽车油泵厂
地址:浙江省玉环县汽摩工业园区兴园路 17 号
邮编:317600
电话:0576/89782686、89782676
传真:89782687
网址:www. cn - anxing. com
电子信箱:ax87277168@ 126. com
质量体系:ISO/TS 16949
产品情况:(榴岛牌)
　　水泵、机油泵、制动总泵、转向器总成等

★浙江玉旋泵业有限公司
地址:浙江省玉环县汽摩园区东区
邮编:317600
电话:0576/87131888、87131666
传真:89316851
网址:www.yuxuan.com
电子信箱:sales@yuxuan.com
质量体系:ISO/TS 16949
产品情况:水泵、机油泵等
出口情况:出口东南亚、中东、欧洲、美洲等地区

★台州晨辉机械制造有限公司
地址:浙江省玉环县沙门镇滨港工业城
邮编:317600
电话:0576/89908088、87284458
传真:87264010
网址:www.zjchenhui.com.cn
电子信箱:chenhui@zjchenhui.com.cn
质量体系:ISO/TS 16949、ISO 9001
产品情况:汽车减振皮带轮和发动机皮带轮
配套情况:为浙江全兴集团、浙江三工、瑞立集团、河南飞龙、昆明云内、哈尔滨东安发动机、吉利汽车、奇瑞汽车、比亚迪汽车、长安汽车、陕西重汽等配套

★台州鑫腾油泵有限公司
地址:浙江省玉环县上岙工业区
邮编:317600
电话:0576/87276189、13506860088
传真:87276183
网址:www.cntqw.com
电子信箱:lichao3122@163.com
质量体系:ISO/TS 16949
产品情况:(TQW牌)
机油泵

★台州迪普泵业制造有限公司
地址:浙江省玉环县双龙工业园区工一路11号
邮编:317600
电话:0576/87173729
传真:87257230
电子信箱:sales1@tzdeep.com
质量体系:ISO 9001
产品情况:各类汽车水泵
出口情况:远销欧洲等地区

★台州耀强汽车零部件制造有限公司
地址:浙江省玉环县小水埠工业区
邮编:317600
电话:0576/87212286、13396863927
传真:87212199
网址:www.yaoqiang.com
电子信箱:628yq@163.com
质量体系:ISO/TS 16949
产品情况:(耀强牌、SAP牌)
汽车发电机皮带轮、新型单向器皮带轮、曲轴减振皮带轮、转向泵轮、水泵轮、空调离合器皮带轮、张紧轮等
出口情况:远销欧洲、美国、加拿大等国家和地区

★玉环富奥动力机械有限公司
地址:浙江省玉环县小水埠工业区
邮编:317600
电话:0576/87282919、13967671555
传真:87215550
网址:www.fadl.com.cn
电子信箱:fuao@fadl.com.cn
质量体系:ISO/TS 16949
产品情况:喷油泵传动轴总成、活塞冷却喷油嘴、惰齿轮轴、机油泵齿轮、高强度螺栓、钢板销、配气机构(气门摇臂总成,气门挺柱,推杆,锁块)等200余种发动机零部件及其他汽车零部件产品
配套及出口情况:为陕汽集团、安徽江淮汽车、山东潍柴华丰动力、安徽全柴动力、洛阳一拖、徐工斗山等汽车及发动机主机厂配套;部分产品出口欧洲、美洲地区

★玉环县天发机械有限公司
地址:浙江省玉环县玉城街道解放塘农场
邮编:317600
电话:0576/87234115
传真:87234115、87234117
网址:www.cn-tianfa.com
电子信箱:tf.xuan@163.com
单位人数:300
质量体系:ISO/TS 16949、QS 9000
产品情况:(天发牌)
气门摇臂、摇臂轴、凸轮轴正时链轮、曲轴正时链轮、链条减振板、链条导板、链条张紧器、曲轴带轮、滑轮、减振轮、离合器分离套筒、转向连接球头总成、悬架球头总成等
配套及出口情况:为中国多家汽车发动机厂、汽车厂、澳大利亚P公司、美国K公司生产配套;部分产品远销东南亚、日本、韩国、南非、欧美市场,并销往中国台湾地区

★大江(玉环)机械制造有限公司
地址:浙江省玉环县珠港坎门科技工业区
邮编:317600
电话:0576/87509088
传真:87509001
电子信箱:asiain@163.com.cn
质量体系:ISO 9001
产品情况:汽车水泵、轴瓦、球头、制动泵
配套情况:为丰田、五十铃、本田、马自达、大发、三菱、一汽-大众、福特等配套

★玉环鑫源长机械有限公司
地址:浙江省玉环县珠港镇城北工业区
邮编:317600
电话:0576/87202170、87205919
传真:87202171
网址:www.cn-xyc.com
电子信箱:info@cn-xyc.com
质量体系:ISO/TS 16949
产品情况:气门摇臂、摇臂轴、摇臂总成、气门导管、气门座圈等
出口情况:出口欧美、中东、东南亚等地区

★玉环县联谊机械有限公司
地址:浙江省玉环县珠港镇机电工业园区
邮编:317600
电话:0576/87298358、87298238
传真:87298133
网址:www.zj-ly.net
电子信箱:zjly@zj-ly.net
单位人数:300
质量体系:ISO 9001
产品情况:(联谊牌)
柴油发动机配件、电动工具配件
配套及出口情况:为多家知名企业长期配套;出口欧洲、美洲、中亚、东南亚地区

★浙江省台州气门厂
地址:浙江省玉环县珠港镇三合潭工业区
邮编:317600
电话:0576/87218150
传真:87299918
网址:www.tzvalve.net
电子信箱:tzv@tzvalve.net
质量体系:ISO/TS 16949
产品情况:(卫平牌)
发动机进排气门、螺栓、螺母等
配套及出口情况:为发动机厂配套;远销欧美

★玉环县新新机械有限公司
地址:浙江省玉环县珠港镇三合潭工业区双港路8号
邮编:317600
电话:0576/87220835、87255659
传真:87220958
电子信箱:xinxinjixie@163.com
质量体系:ISO 9001
产品情况:(恒顺牌)
柴油机供油角度自动提前器与弹性联轴器,提前器年产能力10万台
配套情况:为无锡威孚、锡柴、大柴等主机厂配套

★玉环广亚汽车零部件有限公司
地址:浙江省玉环县科技工业园区
邮编:317602
电话:0576/87569173
传真:87510768
网址:www.cn-pulley.com
电子信箱:sales@cn-pulley.com
质量体系:ISO 9001
产品情况:(广亚牌)
皮带轮、张紧轮
配套情况:为山西大齿、哈尔滨齿轮、东风变速器、株洲齿轮等配套

★玉环县金锋汽车零部件有限公司
地址:浙江省台州市玉环县坎门灯塔工

业区
邮编:317602
电话:0576/87515878
传真:87515128
网址:www.gp5s.com
电子信箱:info@GP5S.com
质量体系:ISO/TS 16949
产品情况:凸轮轴链条张紧器、凸轮轴调节器
出口情况:出口欧洲、北美洲等地区

★台州亚格机械有限公司
地址:浙江省玉环县坎门东风工业区
邮编:317602
电话:0576/87556688、87553827
传真:87552800
网址:www.cn-age.com.cn
电子信箱:age@cn-age.net
单位人数:120
质量体系:ISO 9001
产品情况:柴油发动机齿轮、汽车发动机,变速器齿轮、电动轮椅车齿轮、蜗轮蜗杆等,齿轮年产量100万套
配套情况:与国内外多个汽车发动机厂配套

★玉环县源光机械制造厂
地址:浙江省玉环县坎门海城路188号
邮编:317602
电话:0576/87552226
传真:87552216
网址:www.cnygcl.com
电子信箱:zjyhyg@163.com
单位人数:100
质量体系:ISO 9001
产品情况:各种汽车发动机、摩托车等的配套齿轮及齿轮联轴
配套及出口情况:为东风康明斯、东风朝柴柴油机等配套;出口欧洲、美洲、中东、东南亚等地区

★玉环汽车零部件有限公司
地址:浙江省玉环县坎门海城路221-228号
邮编:317602
电话:0576/87552998、87559529
传真:87552998、87552397
电子信箱:yuhuanautoparts@sohu.com
质量体系:ISO 9001
产品情况:冷却水泵、驻车制动操纵机构总成、三踏板(加速踏板、离合器踏板、制动踏板)总成
配套及出口情况:为一汽集团、新柴动力、奇瑞汽车、河北中兴、吉奥汽车、南海富迪、台州本能、宝龙汽车等配套;出口东南亚、中东、欧洲、非洲、南美洲

★玉环县天一摇臂厂
地址:浙江省玉环县坎门花岩礁西港路172号
邮编:317602
电话:0576/87513990、87512589
传真:87513899
网址:www.tianyirocker.com
电子信箱:webmaster@tianyirocker.com
单位人数:150
质量体系:ISO 9001
产品情况:(双坤牌、天一牌)
气门摇臂系列

★玉环中本机械有限公司
地址:浙江省玉环县坎门科技创业孵化园解放塘路52-172号(2号楼)
邮编:317602
电话:0576/87568069、89925316
传真:87553266
网址:www.zhongben.com
电子信箱:zhongben8019@vip.163.com
质量体系:ISO/TS 16949
产品情况:摩托车链条张紧器、汽车链条和皮带式张紧器
配套及出口情况:为新大洲本田、天津-本田、五羊-本田、重庆嘉陵-本田、洛阳北易、成都天兴山田、东风汽车紧固件等配套;远销欧美、日本、菲律宾等国家和地区

★台州易宏实业有限公司
地址:浙江省玉环县坎门榴岛大道346号
邮编:317602
电话:0576/80753001
传真:87555137
网址:www.cn-yihong.com
电子信箱:sales@cn-yihong.com
质量体系:ISO/TS 16949
产品情况:全系列汽车水泵、风扇离合器
配套情况:为一汽集团、吉利汽车等配套

★玉环金正塑胶厂
地址:浙江省玉环县坎门双龙工业区
邮编:317602
电话:0576/87514444、1396655568
传真:87554188
电子信箱:zjyhjzjjx@126.com
质量体系:ISO/TS 16949
产品情况:发动机液压悬置总成、变速器悬置总成、隔振块、胶套、控制臂、防尘罩、缓冲块等汽车用橡胶金属制品
配套情况:为全球汽车厂商提供OEM配套

★台州腾仕达机械有限公司
地址:浙江省玉环县坎门双龙工业区工一路6号
邮编:317602
电话:0576/87552209、87513058
传真:87552972
网址:www.cntownstar.com
电子信箱:cntownstar@163.com
质量体系:ISO 9001
产品情况:(TOWNSTAR牌)
挖掘机、重型汽车水泵系列
配套及出口情况:为北奔重汽配套;出口欧洲、东南亚等地区

★玉环飞宇汽车配件制造有限公司
地址:浙江省玉环县坎门外码头
邮编:317602
电话:0576/87552243、87552838
传真:87551858
网址:www.cnfygs.com
电子信箱:634063697@qq.com
质量体系:ISO 9001
产品情况:(乾海牌)
汽车柴油发动机传动机构齿轮、发动机配件、底盘配件、汽车空压机配件
配套情况:为东风汽车公司、重汽集团等配套

★玉环县昌新机械厂
地址:浙江省玉环县坎门西盛北路44号
邮编:317602
电话:0576/87566131、87553824
传真:87566131
质量体系:ISO 9001
产品情况:液压挺杆、气门挺柱、气门摇臂、气门间隙调整垫片等
出口情况:出口南非、美国、韩国、中东、印度尼西亚、新加坡、泰国等国家和地区

★浙江全威机油泵有限公司
地址:浙江省玉环县坎门镇东风工业区海城路182号
邮编:317602
电话:0576/87566667、87566668
传真:87566665
网址:www.quanwei.cc
电子信箱:sh-quanwei@163.com
质量体系:ISO 9001
产品情况:(全威(QUANWEI)牌)
机油泵总成
配套及出口情况:为大型主机厂配套;远销欧美、东南亚地区

★台州波格机械有限公司
地址:浙江省玉环县坎门镇海城路
邮编:317602
电话:0576/87558012
传真:87508012
网址:www.tzbogr.com
电子信箱:info@tzbogr.com
质量体系:ISO/TS 16949
产品情况:汽车冷却系统硅油风扇离合器
出口情况:主要出口到美洲:加拿大、墨西哥、巴西、阿根廷、巴拿马等国家,欧洲:德国、法国、丹麦、意大利、英国、土耳其、俄罗斯及波兰等国家,亚洲:日本、泰国、马来西亚、迪拜、伊朗、印度尼西亚等国家,非洲:南非、也门等国家

★玉环鸿泽汽车泵业有限公司
地址:浙江省玉环县汽摩产业功能区
邮编:317602

电话:0576/87562989、13777610705
传真:87512686
网址:www.yhhz.cn
电子信箱:melody@yhhz.cn
质量体系:ISO 9001
产品情况:(鸿泽牌)
汽车水泵
出口情况:出口美洲、亚洲、非洲、大洋洲等地区

★浙江九隆机械有限公司
地址:浙江省玉环县汽摩工业园区
邮编:317602
电话:0576/89927902
传真:89927901、89927900
网址:www.jooloong.com
电子信箱:lon-nn@jiulongcn.com
董事长:叶艺龙
单位人数:1000
质量体系:ISO/TS 16949、ISO 14001
产品情况:(九隆牌)
发动机缸盖系列、摇臂总成系列、EGR阀总成、汽车线束、高强度与异形紧固件系列、大中型冲压件系列、油底壳系列
配套情况:为一汽丰田(长春)发动机、广西玉柴、道依茨一汽(大连)柴油机、一汽轿车、锡柴、一汽哈尔滨轻型车厂、一汽通用红塔云南、天津一汽夏利等配套

★浙江泽威摇臂制造有限公司
地址:浙江省玉环县汽摩工业园区
邮编:317602
电话:0576/87258318
传真:87258308
网址:www.zjzewei.com
电子信箱:zw@zjzewei.com
质量体系:ISO/TS 16949
产品情况:(泽威牌)
重型车和轻型车摇臂总成、摇臂轴、高强度螺栓、气门推杆、惰轮轴等各种柴油机、汽油机零部件
配套及出口情况:为广西玉柴、洛阳一拖、一汽大柴、常柴、山东潍柴、广西动力机械、河南动力机械等几十家国内企业配套;为国外主机厂Timken、Doosan、Mahindra合作配套

★台州奔迪气门有限公司
地址:浙江省玉环县汽摩配工业区金丰路11号
邮编:317602
电话:0576/87276188、87281887
传真:87281890
网址:www.bendi-valve.com
电子信箱:websales@bendi-valve.com
质量体系:ISO/TS 16949、ISO 9001
产品情况:(奔迪牌)
汽车发动机气门
配套及出口情况:为俄罗斯发动机主机厂、绵阳新晨动力、重庆环松等知名主机厂定点配套;远销南美洲、北美洲、欧洲、亚洲等地区

★台州立众泵业制造有限公司
地址:浙江省玉环县珠港镇坎门科技工业园区
邮编:317602
电话:0576/87508995、87509779
传真:87508995、87509787
网址:www.chinalizhong.com
电子信箱:tzlz@chinalizhong.com
单位人数:200
质量体系:ISO/TS 16949
产品情况:(立众牌)
机油泵
出口情况:80%的产品出口美国、英国、法国、德国等国家

★台州永裕工业有限公司
地址:浙江省玉环县珠港镇坎门水龙路6号
邮编:317602
电话:0576/87508111、87561518
传真:87561128
电子信箱:sales@yongyu.cc
质量体系:ISO/TS 16949
产品情况:(永裕牌)
各式汽缸盖,年生产量达到15万只
出口情况:远销美国、大洋洲、东南亚、中东、欧洲等多个国家和地区

★台州宝海机械有限公司
地址:浙江省玉环县大麦屿经济开发区
邮编:317604
电话:0576/87377995、13777600988
传真:87377993
网址:www.yhykdj.com
电子信箱:info@yhykdj.com
质量体系:ISO/TS 16949
产品情况:汽车散热器风扇总成、冷凝器风扇、空调鼓风机、风扇电动机等系列产品

◉ 浙江宇太汽车零部件有限公司
地址:浙江省玉环县大麦屿经济开发区
邮编:317604
电话:0576/87339572、87337853
传真:87339532
网址:www.yousunny.com
电子信箱:yousunny@yousunny.com
法人代表:姚宗熙
负责人:姚必武
单位人数:1000
质量体系:ISO/TS 16949
产品情况:气门摇臂、摇臂座、摇臂轴、摇臂轴总成、EVB排气制动系列产品、气门推杆、弹簧座及发动机轮系自动张紧轮、EGR阀、排气制动蝶阀等汽车零部件
配套情况:为多家知名内燃机和整车企业配套

★玉环县交通汽车部件厂
地址:浙江省玉环县大麦屿普青工业园区
邮编:317604
电话:0576/87558828、87566226
传真:87566096
网址:www.yujiaochina.com
电子信箱:yujiao555@126.com
单位人数:200
质量体系:ISO/TS 16949
产品情况:机油冷却器、机滤座、汽缸盖罩、机油泵、分电器座、摇臂总成、支座总成、连杆螺栓、汽缸盖螺栓、飞轮螺栓等
配套情况:为长安汽车、哈尔滨东安动力、上汽通用五菱、山西淮海机械厂、绵阳新晨动力、云南西仪工业等配套

★玉环汇裕汽车零部件有限公司
地址:浙江省玉环县汽摩工业园区
邮编:317604
电话:0576/87356985、87356986
传真:87356980
网址:www.fee-cn.com
电子信箱:jane@fee-cn.com
质量体系:ISO/TS 16949
产品情况:(汇裕(HUIYU)牌)
液压挺杆
配套情况:为依维柯等多家知名发动机企业配套

★浙江玉环县玉兴机械制造有限公司
地址:浙江省玉环县珠港镇小麦屿
邮编:317604
电话:0576/87338849、13706559168
传真:87338349
网址:www.yhyx.com.cn
电子信箱:sales@yhyx.com.cn
负责人:沈兴选
质量体系:ISO 9001
产品情况:汽车系列电喷节气门阀体节气门轴、化油器轴等产品
配套情况:为重庆长安、四川红光、哈尔滨东安等配套

★玉环县华意汽车部件有限公司
地址:浙江省玉环县清港工业园区
邮编:317606
电话:0576/87104251、87119751
传真:87104261
网址:www.tzhuayi.com
电子信箱:yuhuanhuayi@yeah.net
质量体系:ISO/TS 16949
产品情况:机油盘、后端盖板、油底壳、支架等系列产品
配套情况:为浙江吉利集团、四川汽车工业集团、重庆力帆工业集团、吉奥汽车等汽车制造商定点配套

★浙江新大陆机械有限公司
地址:浙江省玉环县经济开发区漩门工业城

邮编:317608
电话:0576/87377996、87377866
传真:87377989
网址:www.cn-xdl.com
电子信箱:robot@cnxdl.com
质量体系:ISO 9001
产品情况:13HP以下国产通用型汽油发动机,汽缸体、汽缸盖、曲轴、连杆、凸轮轴等零部件

★玉环县三和机械制造有限公司
地址:浙江省玉环县芦浦镇漩港工业区
邮编:317608
电话:0576/87350158、87350168
传真:87255958
电子信箱:333he@sohu.com
质量体系:ISO/TS 16949
产品情况:汽油泵、机油泵

★台州宏鑫曲轴有限公司
地址:浙江省玉环县漩门工业区
邮编:317608
电话:0576/87298999、87303999
传真:87298993、87303993
网址:www.tz-hongxin.com
电子信箱:chinahongxin1993@126.com
质量体系:ISO/TS 16949
产品情况:摩托车发动机曲轴及通用汽油机曲轴
配套情况:为济南轻骑、广州宝田、中国本州、浙江王野、临沂华盛、盐城江动等企业供货

★台州罗邦散热系统有限公司
地址:浙江省玉环县汽摩工业区
邮编:317610
电话:0576/87252886、87252885
传真:87252883
网址:www.cnlbr.com
电子信箱:lb@cnlbr.com
质量体系:ISO 9001
产品情况:散热器、暖风器、冷凝器
出口情况:出口欧洲等地区

★恒勃控股股份有限公司
地址:浙江省台州经济开发区滨海工业区海昌路1500号
邮编:318000
电话:0576/89226666
传真:89225890
网址:www.hengbo.cc
电子信箱:hengbo@hengbo.cc
法人代表:周书中
单位人数:850
质量体系:ISO/TS 16949、ISO 14001
产品情况:(恒勃牌)
各种型号汽车、摩托车及通用机滤清器
配套情况:为福建奔驰、东风日产、广汽、上汽、吉利、奇瑞、东南、海马、江淮等汽车厂商,雅马哈、本田、铃木、大长江、川崎等摩托车厂商,富世华、富士罗宾、科勒、百力通等通用机厂商等100多家国内外知名主机厂配套

★台州三元车辆净化器有限公司
地址:浙江省台州市黄岩区西工业园区金牛路13号
邮编:318025
电话:0576/84859899、84338660
传真:84891117
网址:www.chinaucc.com
电子信箱:info@chinaucc.com
质量体系:ISO/TS 16949
产品情况:汽车、摩托车三效催化转换器及催化剂,年生产量达50万L汽车三效催化器及45万套摩托车催化器
配套及出口情况:为北汽集团、金龙汽车等配套;远销北美洲、欧洲、日本、中东

★黄岩院桥新兴机械配件厂
地址:浙江省台州市黄岩院桥工业区
邮编:318025
电话:0576/84871284
传真:84878001
网址:www.xinxing-machinery.com
电子信箱:sales@xinxing-machinery.com
单位人数:200
质量体系:ISO/TS 16949
产品情况:汽车缸盖、进气歧管,摩托车汽缸头等各种铝铸件,具备年产约10万套汽缸盖、20万套进气歧管、30台/套铸造设备的能力

★台州市华创汽车零部件有限公司
地址:浙江省台州市黄岩澄江工业区
邮编:318050
电话:0576/84055029
传真:84300328
电子信箱:tzhuachuang@sina.com
质量体系:ISO/TS 16949
产品情况:汽车、摩托车化油器、电喷节气门及动力转向泵等
配套情况:为华普发动机、沈阳新光华晨、绵阳新晨发动机、吉奥汽车等主机厂配套

★浙江爱信宏达汽车零部件有限公司
地址:浙江省台州市路桥区机场路一号桥
邮编:318050
电话:0576/82507333、82507222
传真:82507000
网址:www.aisin-hongda.com
电子信箱:zjaha@aisin-hongda.com
质量体系:ISO/TS 16949、ISO 14001
产品情况:(爱信宏达牌)
硅油风扇离合器、水泵、机油泵、汽缸盖、正时齿轮链盖总成、铝压铸相关产品和发动机相关产品
配套及出口情况:为天津一汽丰田发动机、东风商用车发动机厂、江铃汽车、哈东安发动机、沈阳航天三菱、一汽丰田(长春)发动机、北汽福田环保动力、广汽丰田发动机等配套;部分产品出口日本,为爱信精机株式会社(五十铃、大发汽车、丰田汽车)、三菱重工业株式会社、椿本株式会社等配套

★浙江鼎利控股集团有限公司
地址:浙江省台州市路桥区新安西街889号
邮编:318050
电话:0576/82550082、82550087
传真:84724646、82550831
网址:www.dlgroup.com.cn
电子信箱:dingli@dlgroup.com.cn
董事长:戴学利
质量体系:ISO/TS 16949、ISO 14001
产品情况:车用轴承、特种轴承、汽车水泵、汽车发电机、汽车起动机、通用机械和环保监测仪

★台州市金三环机械铸造有限公司
地址:浙江省台州市路桥区金清镇上塘一区28号
邮编:318058
电话:0576/82890168、13605765628
传真:82890198
网址:www.jinsanhuan.cn
质量体系:ISO 9001
产品情况:硅油风扇离合器
出口情况:出口东南亚、中东、南部非洲等地区

★浙江金华航宇汽配制造有限公司
地址:浙江省金华市婺城区龙乾大道699号
邮编:321018
电话:0579/82600988、13819972715
传真:82600980
网址:www.hy-muffler.com
电子信箱:jhhywx@163.com
董事长:万晓燕
质量体系:ISO/TS 16949、QS 9000
产品情况:汽车排气管、消声器、三元催化器
配套情况:为青年汽车、东风柳汽、华泰现代、厦门金龙、众泰汽车、江南汽车等整车企业配套

★浙江超越实业有限公司
地址:浙江省永康市大徐工业区
邮编:321200
电话:0579/87271526
传真:87271333
网址:www.cn-chaoyue.com
电子信箱:chaoyue@cn-chaoyue.com
单位人数:660
质量体系:ISO 9002
产品情况:(超越牌)
小型汽油机、汽缸盖、减振器、水冷发动机等
出口情况:出口割灌机、油锯等产品,年出口额500万美元

★浙江省永康市鸿运实业有限公司
地址:浙江省永康市大徐工业区
邮编:321300
电话:0579/87271998、18767975423
传真:87231283
网址:www. chinaboyu. com
电子信箱:hy@ ykhy. cn
单位人数:380
质量体系:ISO/TS 16949
产品情况:(鸿永牌、山马牌、三色马牌等)
重型汽车半轴、汽车交流发电机、冷凝式散热器等汽车零部件
配套及出口情况:冷凝式散热器典型客户包括浙江四方集团、常柴股份、常州常发动力、福建金飞鱼、重庆金弓、重庆凯米尔、四川峨眉动力、江苏常工动力等几十家全国知名企业;为陕汽集团汉德车桥、北汽福田安凯车桥厂、一汽集团青岛青特车桥厂等全国知名车桥厂提供军用及民用重型汽车半轴,组装成汽车后桥供军用车及奔驰、福田等民用车配套使用;出口俄罗斯、东南亚、南美洲、东欧等国家和地区

★永康市广园汽车配件有限公司
地址:浙江省永康市城北汤店路3号
邮编:321300
电话:0579/83837758、83837798
传真:87297320
电子信箱:ykguangyuan@ 126. com
质量体系:ISO 9001
产品情况:汽车间隙自动/手动调整臂,摩托车、沙滩车曲轴连杆、前后凸缘等
配套情况:为北汽福田、陕西斯太尔、厦门金龙、郑州宇通等配套制动系统

★星月集团股份有限公司
地址:浙江省永康市古山工业区
邮编:321300
电话:0579/87516111、87511127
传真:87512370
网址:www. xingyue. com
电子信箱:xyz@ xingyue. com
质量体系:ISO 9001
产品情况:具备年产摩托车发动机60万台、通用汽油机100万台、柴油机10万台、发电机30万台、摩托车30万辆、电动自行车20万辆、电动(汽油机)滑板车100万辆、电动(汽油机)工具10万台、拼块地毯800万 m^2 的生产能力
出口情况:远销欧洲、美洲市场

★浙江龙翔曲轴有限公司
地址:浙江省永康市五金科技工业园银川路30号
邮编:321300
电话:0579/87229704
传真:87229706
网址:www. lxqz. com
电子信箱:evinta@ lxqz. com
质量体系:ISO 9001
产品情况:各种通用汽油机、小型汽油机及摩托车发动机曲轴,年生产能力600万套
出口情况:90%的产品出口国外

★浙江强广剑精密铸造股份有限公司
地址:浙江省永康市经济开发区上浦路208号
邮编:321301
电话:0579/87526600、13906792759
传真:87225500
网址:www. qgjco. com
电子信箱:info@ qgjco. com
质量体系:ISO 9002
产品情况:生产汽车发动机缸体、缸盖、喷油泵体及摩托气缸盖等铝合金铸件产品,具有年产50万件汽车配件与360万件摩托车配件的生产能力
配套情况:为一汽海马、郑州海马、广汽集团以及全球顶尖的摩托车厂家:本田、晓星、大长江、铃木等配套

★浙江三人机械有限公司
地址:浙江省永康市石柱镇塔田111号
邮编:321304
电话:0579/89295678、89280714
传真:89280707、89280715
网址:www. chinasanren. com
电子信箱:sanren1@ chinasanren. com
质量体系:ISO/TS 16949
产品情况:(三人牌)
内燃机风冷汽缸套和小型动力机械关键零部件
配套及出口情况:主要客户有日本三菱重工等;远销国外市场

★浙江永康精特缸套有限公司
地址:浙江省永康市经济技术开发区
邮编:321306
电话:0579/87430833、87430669
传真:87430323
网址:www. chinajingte. com
电子信箱:violet99960@ hotmail. com
质量体系:ISO/TS 16949、QS 9000
产品情况:(精特牌)
汽车及其他强化发动机薄壁钢制镀铬缸套
配套及出口情况:为江西五十铃、北汽福田、朝柴、浙江新柴动力等配套;远销美国、巴西、澳大利亚、日本、德国、意大利、瑞典、哈萨克斯坦、阿联酋、孟加拉国、缅甸、泰国、斯里兰卡

★江西省上金科技有限责任公司
地址:浙江省永康市芝英镇亳塘村亳川路16号
邮编:321306
电话:0579/87458678、15067950457
传真:87458688
电子信箱:sjinautoparts@ hotmail. com
质量体系:ISO/TS 16949
产品情况:(上金牌)
汽缸盖
出口情况:远销欧洲、非洲、中东等地区

★浙江省缙云县气缸体厂
地址:浙江省缙云县壶镇兴工路199号
邮编:321400
电话:0578/3559303
传真:3559301
电子信箱:master@ china - huanzhou. com
质量体系:ISO 9001
产品情况:(环宙牌)
汽油机、摩托车汽缸体
出口情况:出口东南亚等地区

★浙江省缙云动力气缸有限公司
地址:浙江省缙云县上交岭45号
邮编:321400
电话:0578/3122458、3136114
传真:3141750
网址:www. jydongli. com
电子信箱:lzq@ jydongli. com
单位人数:400
质量体系:ISO 9001
产品情况:(JYMCO 牌)
汽车发动机汽缸体、摩托车汽缸体、汽车空调压缩机缸体及各类缸套
配套及出口情况:为吉利汽车、美国ALMA公司、珠峰光阳、济南轻骑、上海幸福集团等配套;出口东南亚、美国等国家和地区,并销往中国台湾地区

★浙江凯吉汽车零部件制造有限公司
地址:浙江省义乌市春晗路121号
邮编:322018
电话:0579/85262391、85262390
传真:85262185、85262187
网址:www. kaiji1. com
电子信箱:kaiji_auto@ hotmail. com
质量体系:ISO/TS 16949
产品情况:(凯吉牌)
发动机、汽缸盖、水泵、曲轴、凸轮轴等

★浙江双良汽车零部件有限公司
地址:浙江省丽水市水阁工业园绿谷大道368号
邮编:323000
电话:0578/2995686
传真:2995687
网址:www. dkk. com. cn
电子信箱:info@ dkk. com. cn
质量体系:ISO/TS 16949
产品情况:(电科牌)
电动燃油泵、空气流量计、氧传感器等
出口情况:年产量的80%远销欧洲、美洲、中东、东南亚等地区

★浙江圣峰汽车部件有限公司
地址:浙江省丽水市水阁经济开发区丽沙路9号
邮编:323000
电话:0578/2995888、2995886

传真:2995889
网址:www. shengfengfilter. com
电子信箱:sales@ shengfengfilter. com
质量体系:ISO/TS 16949
产品情况:(日钻牌)
滤清器等汽车配件
出口情况:出口东南亚及美洲市场

★浙江亚美力汽车部件有限公司
地址:浙江省丽水市水阁开发区绿谷大道丽沙路11号
邮编:323000
电话:0578/2765555、2765556
传真:2765553
网址:www. ymlzx. net
电子信箱:kay - radiator@ ymlzx. net
质量体系:ISO/TS 16949
产品情况:铝装配式散热器、铝钎焊式散热器、铝装配式暖风、铝钎焊式暖风、中冷器、全铝散热器等
配套及出口情况:为多家暖风机制造厂配套;远销北美洲、欧洲、中东、东南亚等地区

★浙江广山汽车零部件有限公司
地址:浙江省龙泉市创业大道56号
邮编:323700
电话:0578/7696688、18967088728
传真:7696999
网址:www. zjguangshan. com
电子信箱:zjguangshan@ 163. com
质量体系:ISO/TS 16949
产品情况:铜、铝质散热器,年生产能力超过50万台
出口情况:远销北美洲、中东等国际市场

★浙江三田滤清器有限公司
地址:浙江省龙泉市大沙经济开发区
邮编:323700
电话:0578/7218488、7218068
传真:7218058
网址:www. santianfilter. net
电子信箱:aileen@ santianfilter. net
质量体系:ISO 14001、ISO/TS 16949
产品情况:各类空气、燃油、机油,油水分离等滤清器
出口情况:畅销欧美、中东、东南亚等地区

★浙江腾升汽车部件有限公司
地址:浙江省龙泉市金沙新区广源街82号
邮编:323700
电话:0578/7690285
传真:7218606
网址:www. tosen. com. cn
电子信箱:tosen@ tosen. com. cn
质量体系:ISO/TS 16949
产品情况:汽车散热器,可年生产各种型号的汽车散热器60万只

★瑞安市瑞霸泵业制造有限公司
地址:浙江省龙泉市茶丰工业区
邮编:323704
电话:0578/7242075、18969595111
传真:7242073
电子信箱:chinaruiba@ aliyun. com
质量体系:ISO/TS 16949
产品情况:机械式汽油泵、柴油泵总成、泵头、机油泵、机油铝座等
出口情况:远销中东、东南亚、欧洲等地区

★浙江菲尔马滤清器有限公司
地址:浙江省衡州市龙游县城北开发区凤山大道6号
邮编:324000
电话:0570/7606888、7606999
传真:7606777
网址:www. hoget. cn
电子信箱:master@ hoget. cn
单位人数:200
质量体系:ISO 9001
产品情况:(ZLB牌)
轿车、工程机械、载重货车滤清器等产品
出口情况:远销东南亚、中东、非洲、美洲等地区

★浙江开山缸套有限公司
地址:浙江省衢州市经济开发区凯旋西路9号
邮编:324002
电话:0570/3662028、13957034302
传真:3857008
网址:www. ksgangtao. com
电子信箱:xu. yanping@ kaishangroup. com
质量体系:ISO/TS 16949
产品情况:(古钱牌、开山牌)
各种汽缸套,年产各类汽缸套500多万只
配套及出口情况:为全柴、玉柴、新柴、常发、江动、力佳、四方等国内十几家主机厂配套;远销美国、日本、东南亚等国家和地区,并销往中国香港、中国台湾地区

★浙江昊洋机动车部件有限公司
地址:浙江省衢州市东港经济开发区东港二路58号
邮编:324022
电话:0570/8888818、8888817
传真:8882852
网址:www. china - haoyang. com
电子信箱:web@ china - haoyang. com
质量体系:ISO/TS 16949
产品情况:(昊洋牌)
具有年产铝钎焊式散热器100万套、暖风机50万套、冷凝器10万套的能力
配套情况:汽车冷却系统已被比亚迪汽车、北汽福田汽车、长安汽车、昌河铃木、东风股份、东风渝安、华泰汽车、青年莲花汽车、陕汽集团、众泰汽车等国内多家汽车制造厂商选为配套产品

★浙江衢州永丰金属制品有限公司
地址:浙江省衢州市衢江区重阳路5号
邮编:324022
电话:0570/3373315、3680088
传真:3377321
网址:www. yfmetal. com
电子信箱:yfcjs@ 163. com
单位人数:180
质量体系:ISO/TS 16949
产品情况:汽车同步齿轮、气门导管等汽车零部件及粉末冶金制品

★温州市安能机械有限公司
地址:浙江省温州市丽岙中片工业区振安路3号
邮编:325000
电话:0577/85388811、85396680
传真:85385085
网址:www. anun. cn
电子信箱:sales02@ anun. cn
质量体系:ISO/TS 16949
产品情况:(ANUN牌)
电子燃油泵、空气质量传感器、燃油喷射器等
出口情况:远销北美洲、南美洲、欧洲、中东地区

★温州安佳汽车零部件有限公司
地址:浙江省温州市龙湾区滨海工业园区三道4339号
邮编:325000
电话:0577/85859508、85859506
传真:85859509
网址:www. chinaanjia. com
电子信箱:anjiaautoparts04@ gmail. com
质量体系:ISO/TS 16949、ISO 14001
产品情况:电喷燃油泵、燃油泵总成、氧传感器、微电机、精密模具、塑料件等
配套及出口情况:为江淮、众泰、川汽、华泰等配套;远销美国、欧洲、南美洲、东南亚、中东等80多个国家和地区

★温州华强汽配有限公司
地址:浙江省温州市鹿城区新城黎明工业区40号
邮编:325000
电话:0577/86066082、86066584
传真:86066515、86066599
网址:www. hqautoparts. com
电子信箱:hq@ hqautoparts. com
质量体系:ISO/TS 16949、VDA 6.1
产品情况:(H&Q牌)
水泵、油泵、制动器、空气流量传感器、散热器、加热器、张紧轮轴承、起动机、冷凝器、挺杆、风扇电动机、自动调温器及制动系统零部件

★温州市博耐汽车散热器有限公司
地址:浙江省温州市瓯海区娄桥工业园集贤路9号
邮编:325000
电话:0577/86297333、13486794888

传真:86295318
网址:www. zjbonai. cn
电子信箱:sales07@ wzbonai. com
质量体系:ISO 9001
产品情况:各种铝制散热器不锈钢板翅式机油冷却器及多种车型的散热器
出口情况:远销东南亚、中东、澳大利亚、德国等国家和地区

★温州市泰姆勒汽车滤清器有限公司
地址:浙江省温州市瓯海区仙岩工业区
邮编:325000
电话:0577/85305356
传真:85305356
网址:www. automobile - filter. com
电子信箱:sales@ automobile - filter. com
质量体系:ISO/TS 16949
产品情况:汽车滤清器

★温州精工滤清器有限公司
地址:浙江省温州市瓯海区仙岩镇社帆
邮编:325000
电话:0577/85300925
传真:85300925、85305801
电子信箱:info@ wz - jinggong. com
质量体系:ISO 9001
产品情况:(精电牌)
汽车机油滤清器、音响喇叭、机油感应塞等

★温州冠顺汽配凸轮轴制造有限公司
地址:浙江省温州市高翔工业区大山路6号
邮编:325006
电话:0577/86293039
传真:86293039
网址:www. guanshun. cn
电子信箱:shiloh@ guanshun. cn
质量体系:ISO/TS 16949
产品情况:(GS 牌)
各种车型凸轮轴
出口情况:出口美国、南美洲、欧洲、中东、东南亚等40多个国家和地区

★ 汇润机电有限公司

地址:浙江省温州市甬江路55号
邮编:325011
电话:0577/86808289
传真:86808292
网址:www. achr. cn
电子信箱:office@ achr. cn
法人代表:薛肇江
负责人:黄国尧
单位人数:550
质量体系:ISO/TS 16949
产品情况:(ACHR 牌)
汽车电动燃油泵及总成,年产500万台
配套情况:为上汽汇众、一汽轿车、郑州日产等配套
☞ 详细情况请参阅彩色宣传版面

★温州市南亚汽车配件有限公司
地址:浙江省温州市龙湾区东海石油基地东侧2号
邮编:325011
电话:0577/86354444、86358732
传真:86351732
电子信箱:nanya@ cnnanya. com
质量体系:ISO/TS 16949
产品情况:(南亚牌)
发动机皮带轮,年生产能力达600万件以上
配套及出口情况:为重庆康明斯、上汽通用五菱、雅士佳(天津)、重庆力帆等配套;40%的产品销往欧美、东南亚地区

★温州市国鹰汽车电喷系统有限公司
地址:浙江省温州市瞿溪镇东片工业区兴革路32号
邮编:325016
电话:0577/86271588
传真:86271068
网址:www. guoying. net
电子信箱:eap7@ guoying. net
质量体系:ISO/TS 16949、QS 9000
产品情况:(EAP 牌、国鹰牌)
摩托车燃油开关、燃油滤清器、负压燃油泵

★温州市世特汽配有限公司
地址:浙江省温州市瓯海区仙岩工业区
邮编:325062
电话:0577/85311166
传真:85311122
网址:www. shitefilter. com
电子信箱:st@ shitefiter. com
质量体系:ISO 9001
产品情况:(世特牌)
汽车燃油滤清器
出口情况:出口东南亚、欧洲、美洲市场

★温州市瑞派汽车配件有限公司
地址:浙江省温州市瓯海区仙岩区岩一工业区
邮编:325062
电话:0577/85305883
传真:85312127
网址:www. ruipai. com. cn
电子信箱:haze@ ruipai. com. cn
质量体系:ISO 9000
产品情况:汽车空滤芯、机油滤清器、燃油滤清器、水过滤器
出口情况:出口欧洲、美国、中东、亚洲

★温州市富豪滤清器有限公司
地址:浙江省温州市瓯海仙岩工业区
邮编:325062
电话:0577/85301756
传真:85311869
网址:www. china - donghao. com
电子信箱:sale@ china - donghao. com
质量体系:ISO 9001
产品情况:(东豪牌)
各种汽车滤清器

★瑞安市东联机车部件有限公司
地址:浙江省温州市瓯海仙岩工业园区罗成路39号
邮编:325062
电话:0577/85335668、85335665
传真:85335669
电子信箱:china@ z donglian. com
质量体系:ISO/TS 16949、ISO 9001
产品情况:节气门总成、怠速阀体、燃油压力调节阀、摩托车节气门阀体、步进电动机、节气门位置传感器

★温州振瑞汽车配件有限公司
地址:浙江省瑞安市安阳街道大校场望东路2号
邮编:325200
电话:0577/63708899
传真:63708899
网址:www. zhrautopart. com
电子信箱:lucky@ zhrautopart. com
质量体系:ISO/TS 16949
产品情况:液压挺杆、机械挺杆、气门摇臂、轿车后视镜、玻璃升降开关等

★温州方圆锻造有限公司
地址:浙江省瑞安市安阳镇潘岱前垟工业区
邮编:325200
电话:0577/65090620、65092687
传真:65092686
网址:www. fangyuanforging. com
电子信箱:fangyuan@ fangyuanforging. com
单位人数:150
质量体系:ISO/TS 16949
产品情况:(FY 牌)
各类轿车等速万向节(内球笼)、汽车轮毂单元、通用机轴、汽车连杆及汽车底盘部件等锻压件毛坯
配套情况:为上汽大众、钱江集团、春兰集团、济南轻骑、海南新大洲、浙江万向集团等配套

★温州巴腾电子科技有限公司
地址:浙江省瑞安市安阳镇上望街道南隅工业区繁茂巷
邮编:325200
电话:0577/65811878
传真:65811878
网址:www. cn - blossom. com
电子信箱:batonsale@ foxmail. com
质量体系:VDA 6.1、ISO 9000
产品情况:汽车电喷燃油泵及总成

★浙江华东活塞环有限公司
地址:浙江省瑞安市安阳镇上望九安东路28号
邮编:325200
电话:0577/65511888
传真:65511777
网址:www. teruida. com

电子信箱：teruida@ teruida. com
质量体系：ISO 9001
产品情况：活塞环
出口情况：远销东南亚、中东、非洲、欧美 50 多个国家和地区

★瑞安市市星活塞环有限公司
地址：浙江省瑞安市安阳镇上望九三工业区
邮编：325200
电话：0577/65517226、65196668
传真：65519687
网址：www. cnshixing. com
电子信箱：office@ cnShixing. com
负责人：张瑞松
质量体系：ISO 9001
产品情况：（SHIXING 牌、DELIBA 牌）
汽车、摩托车活塞环
配套及出口情况：与国内多家企业配套；出口东南亚、中东、非洲、南美洲等地区

★瑞安市奥特西散热器制造有限公司
地址：浙江省瑞安市曹村镇经济开发区
邮编：325200
电话：0577/65152666、65152858
传真：65152168
网址：www. atxradiators. com
电子信箱：info@ atxradiators. com
质量体系：ISO 9001
产品情况：（奥特西牌、鑫发牌）
100 多种铝制散热器、散热器，年产能力达 100 多万只

★温州车舟汽车部件有限公司
地址：浙江省瑞安市东新工业区东一路
邮编：325200
电话：0577/62110089
传真：58901111
网址：www. chezhou. com
电子信箱：salesdept@ chezhou. com
质量体系：ISO/TS 16949、ISO 14001
产品情况：（车舟牌）
电控硅油离合器、气动式硅油离合器、感温式硅油离合器、塑料风扇、金属风扇
配套及出口情况：为东风商用车、东风股份、东风柳汽、陕汽集团、奇瑞汽车、雷沃动力、华菱汽车、印度塔塔等配套；远销美洲、欧洲、东南亚、中东、非洲

★浙江恒兴汽车零部件有限公司
地址：浙江省瑞安市飞云镇宋家埭村飞云新工业区南塘大道 3 号
邮编：325200
电话：0577/65191158、65191168
传真：65533836
网址：www. hxparts. com
电子信箱：sales@ hxparts. com
质量体系：ISO/TS 16949
产品情况：汽车电喷燃油泵、燃油泵总成、减振器等；燃油泵产能达 25 万件/月，减振器 20 万件/月
出口情况：远销北美洲、南美洲、欧洲、东南亚、中东、非洲等国家和地区

★浙江高阳汽车电子有限公司
地址：浙江省瑞安市红旗工业区沙河路 72 号
邮编：325200
电话：0577/65667299、65667522
传真：65667155
网址：www. cnjingli. com
电子信箱：info@ cnjingli. com
质量体系：ISO 9001
产品情况：（精立牌）
燃油泵、滤网、ABS 传感器等
出口情况：出口中东、日本、韩国、欧洲、美洲等国家和地区

★浙江嘉来顿活塞制造有限公司
地址：浙江省瑞安市宏都小区 19 幢 1101 室
邮编：325200
电话：0577/65521666、65533388
传真：65177087
网址：www. jialaidun. com
电子信箱：jld@ jialaidun. com
董事长（负责人）：林建光
质量体系：QS 9000、ISO/TS 16949
产品情况：（JLD 牌）
各种内燃机、压缩机、空压机的活塞、活塞销、销卡簧
配套情况：为国内外多家主机厂 OEM 配套

★浙江华森散热器制造有限公司
地址：浙江省瑞安市经济开发区宏远路 1099 号
邮编：325200
电话：0577/65604185、65604199
传真：65602819
电子信箱：master@ cnzhongma. com
质量体系：ISO/TS 16949
产品情况：（XINHUASEN 牌）
车用铜钎焊式散热器、铝钎焊式散热器、铝胀管式散热器、冷凝器、中冷器、层叠式蒸发器、暖风小水箱等
配套及出口情况：为东风汽车公司、一汽集团配套；远销欧洲、美国、中东、东南亚等国家和地区

★浙江锦佳汽车零部件有限公司
地址：浙江省瑞安市开发区开发一路 369 号
邮编：325200
电话：0577/65155689、65155699
传真：65151555
网址：www. chinajinjia. com
电子信箱：jinjia@ china. com
质量体系：ISO/TS 16949
产品情况：（锦佳牌）
电动燃油泵、转向助力泵总成、燃油滤网、燃油压力阀、传感器、空气流量计

★瑞安市冠立机车部件有限公司
地址：浙江省瑞安市马屿镇曹村工业区
邮编：325200
电话：0577/65381999
传真：65381998
网址：www. kenlee. com. cn
电子信箱：fuston@ 163. com
质量体系：ISO/TS 16949
产品情况：机油滤清器、燃油滤清器、空气滤清器、空调滤清器，年产量 1000 万只以上
出口情况：出口美洲、欧洲、中东、非洲、东南亚等市场

★瑞安市盖次汽车传动系统有限公司
地址：浙江省瑞安市马屿镇吉南工业区
邮编：325200
电话：0577/58858300、66009932
传真：66009932
网址：www. zjgaici. com
电子信箱：grace@ zjgaici. com
质量体系：ISO 9001
产品情况：（汇田牌）
张紧器、张紧轮等
出口情况：出口俄罗斯、东南亚、南美洲、中东等国家和地区

★瑞安市凡韦机件有限公司
地址：浙江省瑞安市牛伏岭东洋工业区 19 号
邮编：325200
电话：0577/65656607、13967726633
传真：65624403
网址：www. chinafanwei. com
电子信箱：fw@ chinafanwei. com
质量体系：ISO 9001
产品情况：汽车电子、电动、电喷燃油泵
出口情况：远销东南亚、中东、非洲、南美洲等 10 多个国家和地区

★瑞安市三凌滤清器有限公司
地址：浙江省瑞安市上望工业区
邮编：325200
电话：0577/65511801、13335770009
传真：65135955
网址：www. cnanma. com
电子信箱：396243172@ qq. com
质量体系：ISO 9001
产品情况：（安马牌）
各类油水分离器，柴油/机油滤清器、空气干燥器、卸载阀、制动阀、感载阀、手动阀、排气制动阀、弹簧制动室、调整臂等，年产能力 200 万套
配套及出口情况：为多家汽车制造厂配套；远销海外市场

★瑞安市中本车业配件有限公司
地址：浙江省瑞安市塘下湖岭工业区
邮编：325200
电话：0577/58880666、58880566
传真：58880366、65209600

电子信箱:info@ zb - filter. com
质量体系:ISO/TS 16949
产品情况:(中本牌)
各种滤清器
出口情况:出口欧美、东南亚、非洲等地区

★瑞安市大禾滤清器有限公司
地址:浙江省瑞安市塘下镇鲍田工业区
邮编:325200
电话:0577/65203477
电子信箱:dahechina@ sina. com
产品情况:空气滤清器、空调滤清器
出口情况:远销日本、北美洲、南美洲、西欧、中东、非洲等国家和地区

★浙江道森活塞制造有限公司
地址:浙江省瑞安市塘下镇北工业区广场路货运快速道口
邮编:325200
电话:0577/65668616、65670098
传真:65675066
网址:www. daosen. com
电子信箱:daosen@ daosen. com
单位人数:600
质量体系:ISO 9001
产品情况:(道森牌)
摩托车活塞、汽车活塞及活塞环,年产活塞1200万套、活塞环700万副
出口情况:远销欧洲、美洲、非洲、东南亚

★浙江一铭机车部件有限公司
地址:浙江省瑞安市塘下镇场桥上灶工业区
邮编:325200
电话:0577/65266588、65267007
传真:65267008
网址:www. zjyiming. cn
电子信箱:65266588@ vip. 163. com
负责人:林晓光
单位人数:260
质量体系:ISO/TS 16949、ISO 9001
产品情况:(CFB牌、YIMING牌)
各系列汽车主轴瓦及连杆轴瓦、双金属铜铅衬套、20高锡合金衬套. SF-1无油润滑衬套、SF-2边界润滑衬套、钢质软氮化衬套及双金属材料等;年产各种规格衬套3000万件,轴瓦2000万套,双金属材料1000t
配套及出口情况:为十几家主机厂配套;远销欧洲、北美洲、中东、东南亚、南美洲等地区

★瑞安市共创汽车零部件有限公司
地址:浙江省瑞安市汀田工业园区
邮编:325200
电话:0577/65106660、66500055
传真:65102266
电子信箱:sales@ rakrm. com
质量体系:ISO 9001
产品情况:(共创牌)
汽车水泵
出口情况:出口中东、南美洲、欧洲、东南亚等地区

★浙江环球滤清器有限公司
地址:浙江省瑞安市塘下镇塘下北工业园区B区凤都二路288号
邮编:325203
电话:0577/65329885
传真:65329902
网址:www. universefilter. com
电子信箱:info@ universefilter. com
单位人数:800
质量体系:ISO/TS 16949
产品情况:(环球牌、HK牌)
滤清器,年生产能力达5000多万只
配套及出口情况:与中国重汽集团、潍柴动力、三一重工、陕汽、昌河铃木等主机厂定点配套;出口美国、加拿大、欧洲等高端市场与通用、菲亚特等世界一流汽车厂家形成配套业务

★瑞安市新跃汽配有限公司
地址:浙江省瑞安市塘下镇汽摩配城花园工业区
邮编:325204
电话:0577/65353028、65368028
传真:65359028
网址:www. yuekun. com
电子信箱:master@ yuekun. com
质量体系:ISO/TS 16949
产品情况:(跃坤牌)
专业生产硅油风扇离合器和熄火电磁阀
出口情况:主要出口美国、巴西、哥伦比亚、阿根廷、德国、英国、波兰、俄罗斯、土耳其、印度、沙特、伊朗、巴基斯坦、迪拜、埃及、南非等国家

★浙江瑞峰汽车零部件有限公司
地址:浙江省瑞安市罗凤工业区
邮编:325204
电话:0577/65390001、66880275
传真:65390006、66880273
网址:www. chinariffle. com
电子信箱:riffle@ riffle. cn
单位人数:300
质量体系:ISO/TS 16949
产品情况:(瑞峰牌)
汽车电动燃油泵、燃油泵总成及滤网等配件
配套及出口情况:为多家汽车厂配套;出口欧洲、美洲、中东、东南亚等地区

★瑞安市庆源汽车部件有限公司
地址:浙江省瑞安市塘下镇罗凤工业园
邮编:325204
电话:0577/65335358、65351728
传真:65335118、65372738
电子信箱:yongjiuhenji@ foxmail. com
质量体系:ISO/TS 16949
产品情况:(庆源牌)
汽车张紧轮、张紧器、分离轴承等

★温州雷冠汽配有限公司
地址:浙江省平阳县万全家具园区万盛路87号
邮编:325204
电话:0577/58189775
传真:58189768
网址:www. nafil. com
电子信箱:katherine@ china. com
质量体系:ISO 9001
产品情况:滤清器成套设备、机油、燃油、空气滤清器等
出口情况:远销欧洲、美洲、中东等地区

★温州新星滤清器有限公司
地址:浙江省瑞安市鲍田工业园区
邮编:325204
电话:0577/65212388
传真:65212889
网址:www. luzhixing. com
电子信箱:chinaluzhixing@ 163. com
质量体系:ISO/TS 16949
产品情况:(滤之星牌、LOTUS牌)
机油滤清器、柴油滤清器、冷却水滤清器、燃油-水分离器、空气过滤器,年生产滤清器1000多万台
出口情况:远销欧美、东南亚、非洲等十几个国家和地区

★瑞安市华奇机车部件有限公司
地址:浙江省瑞安市鲍田镇南河工业区
邮编:325204
电话:0577/65212358
传真:65213358
网址:www. cnhuaqi. com
电子信箱:master@ cnhuaqi. com
质量体系:ISO 9001
产品情况:(华奇牌)
汽车机油泵、摩托车液压制动器(上、下泵)等
配套及出口情况:为名牌整车定点配套;远销欧洲、美洲、中东、东南亚等地区

★瑞安市宝捷汽车配件有限公司
地址:浙江省瑞安市鲍一工业区
邮编:325204
电话:0577/65201421
传真:56854708
质量体系:ISO/TS 16949
产品情况:(利泰牌)
空气滤清器、电喷分电器盖、电喷分火头、化油器分火头、车速传感器、油底壳、后制动修理包、转向助力泵泵包等

★浙江瑞力化油器有限公司
地址:浙江省瑞安市国际汽摩配北工业区
邮编:325204
电话:0577/65328888
传真:65320388

网址：www. ruilicn. com
电子信箱：info@ ruilicn. com
单位人数：500
质量体系：ISO 9001
产品情况：（RUILI 牌）
汽车、摩托车、汽油机化油器，汽车燃油泵，修理包等，年产 400 多万台
配套及出口情况：与国内主机厂配套；出口 50 多个国家和地区

★浙江金鼓散热器有限公司
地址：浙江省瑞安市国际汽摩配北工业园区
邮编：325204
电话：0577/65388860、13967715086
传真：65388820
网址：www. kingoo. net
电子信箱：jht1977@ 126. com
质量体系：ISO/TS 16949
产品情况：汽车散热器、平行流冷凝器、暖风散热器、层叠式蒸发器、管带式冷凝器、管带式蒸发器、中冷器等

★温州瑞明工业股份有限公司
地址：浙江省瑞安市国际汽摩配产业基地北区
邮编：325204
电话：0577/65329999
传真：65396788、65359688
网址：www. chinarm. com
电子信箱：service@ chinarm. com
质量体系：ISO/TS 16949、ISO 14001
产品情况：铝合金汽缸盖、汽缸体、进气歧管、缸盖罩、铝支架等系列产品
配套情况：为 GM、FIAT、Caterpiller、上汽通用五菱、东风汽车、上海汽车、广汽、长安等配套

★浙江炬光汽车零部件有限公司
地址：浙江省瑞安市国际汽摩配产业园区（大南山北路 155 号）
邮编：325204
电话：0577/65320828
传真：65321238
网址：www. chinahuilong. com
电子信箱：juguang@ chinahuilong. com
单位人数：200
质量体系：ISO/TS 16949
产品情况：（炬光牌）
轿车散热器风扇、鼓风机总成等，年产能力 100 万余台
配套及出口情况：为一汽轻型货车配套；出口欧洲、美洲、亚洲等地区

★温州天纳福汽车轴承有限公司
地址：浙江省瑞安市国际汽摩配工业园罗凤西路
邮编：325204
电话：0577/65353530
传真：65351121
电子信箱：xgf@ tinafor. com
质量体系：ISO/TS 16949
产品情况：汽车发动机张紧轮、皮带轮、汽车离合器分离轴承、汽车轮毂轮轴等系列产品

★浙江福茂德汽车滤清器有限公司
地址：浙江省瑞安市国际汽摩配工业园区
邮编：325204
电话：0577/65320022
传真：65320016
网址：www. fumod. com
电子信箱：info@ fumod. com
质量体系：ISO/TS 16949、ISO 9001
产品情况：（威斯特牌）
空气滤清器、空调滤清器、机油滤清器、柴油滤清器、汽油滤清器、特种过滤器等，年产量 1,000 万只以上
出口情况：出口欧洲、美洲、中东、东南亚等国际市场

★瑞安市奥凯嘉汽车科技有限公司
地址：浙江省瑞安市国际汽摩配工业园区大南山北路 89 号
邮编：325204
电话：0577/65332788、65338716
传真：65333788
网址：www. haogd. com
电子信箱：sales@ haogd. com
负责人：陈成坤
单位人数：380
质量体系：ISO/TS 16949、ISO 14001
产品情况：（浩钢达牌）
滤清器、涡轮增压器、空气流量计等
配套情况：为一汽无锡柴油机厂、大连柴油机厂等配套

★浙江星昊滤清器有限公司
地址：浙江省瑞安市海安镇东工业区钢圈路 2 号
邮编：325204
电话：0577/65295288
传真：65295287
电子信箱：sales@ vkfilter. com
质量体系：ISO/TS 16949
产品情况：（星昊牌）
机油滤清器、柴油滤清器、空气滤清器

★温州乔邦汽车部件有限公司
地址：浙江省瑞安市韩田工业区标致路 10 号
邮编：325204
电话：0577/65361888、13958888288
传真：65354399
网址：www. zj－qy. com
电子信箱：zj@ zj－qy. com
质量体系：ISO 9001
产品情况：（中佳牌）
加油口盖、散热器盖、汽车灯具、蓄电池夹、接插件、窗门摇把等
出口情况：出口美国、欧洲、东南亚、中东、非洲、南美洲等国家和地区，并销往中国台湾地区

★浙江一超散热器有限公司
地址：浙江省瑞安市韩田工业区凤凰西路 66 号
邮编：325204
电话：0577/65399265
传真：65350966
质量体系：ISO/TS 16949
产品情况：（一超牌）
各种材质汽车散热器、中冷器、冷凝器等
配套及出口情况：为一汽集团、东风汽车公司、合力集团等配套；远销欧美、中东、东南亚等地区

★瑞安市瑞凡汽车发动机附件有限公司
地址：浙江省瑞安市韩田工业区富强路 112 号
邮编：325204
电话：0577/66000977、66000978
传真：66000979
网址：www. zjruifan. com
电子信箱：info@ zjruifan. com
质量体系：ISO/TS 16949
产品情况：汽车油底壳，包括大众、奥迪、现代、别克、奔驰、宝马、雪铁龙、标致、雷诺、大宇等多种车型，年生产油底壳达 50 万件
出口情况：远销欧洲、北美洲、中东、东南亚等地区

★浙江力宝机车部件有限公司
地址：浙江省瑞安市韩田玉何西路 28 号
邮编：325204
电话：0577/65351922
传真：65358206
网址：www. china－lippo. com
电子信箱：lippo@ china－lippo. com
产品情况：（LB 牌、LIPPO 牌）
汽车、摩托车化油器、化油器修理包
配套及出口情况：为浙江钱江集团、浙江星月动力、广州五羊、广州天马、重庆宗申、重庆嘉陵、重庆力帆、江门大长江、江门联合、无锡捷达等配套；远销美国、欧洲、东南亚、中东、南美洲、非洲等国家和地区

★瑞安市中建机械配件有限公司
地址：浙江省瑞安市罗凤北工业区银吞村南京路 1 号
邮编：325204
电话：0577/65338996、65320222
传真：65338995
电子信箱：zhongjianjixie@ 126. com
质量体系：ISO 9001
产品情况：汽车发动机汽缸盖
出口情况：出口欧美及东南亚地区

★瑞安市万里程滤清器有限公司
地址：浙江省瑞安市罗凤山官村繁华路 28 号

邮编:325204
电话:0577/65269116、65269115
传真:65269117
网址:www.wanlicheng.com
电子信箱:sales1@wanlicheng.com
单位人数:200
质量体系:ISO 9001
产品情况:(WANLC牌)
机油滤清器、柴油滤清器、汽油滤清器和空气滤清器
出口情况:远销东南亚、中东、非洲、欧洲、美洲等地区

★浙江省瑞星化油器制造有限公司
地址:浙江省瑞安市汽摩配产业基地北区凤都五路168号
邮编:325204
电话:0577/65353868、65352030
传真:65369325
网址:www.sinoruixing.com
电子信箱:sales@rx-cn.com
单位人数:1500
质量体系:ISO/TS 16949
产品情况:(瑞星牌)
化油器,年产能力1800万台
出口情况:与BRIGGS & STRATTON、KOHLER、HUSQVARNA、MTD、TTI、CUMMINS、GGP、TORO、MITSUBISHI、YAMAHA等多家全球领先的发动机企业建立配套、合作伙伴关系

★温州市远泰汽车零部件有限公司
地址:浙江省瑞安市塘下北工业园区
邮编:325204
电话:0577/65328555
传真:65320391
网址:www.yuantaifilter.com
电子信箱:sales@yuntygroup.com
质量体系:ISO/TS 16949、ISO 9001
产品情况:(远泰牌、滤神牌、重滤牌)
滤清器、刮水器及刮水臂片,年产机油柴油滤清器1000多万只,空气滤清器200多万套,刮水器及刮水臂片100多万套
出口情况:出口美国、欧洲、中南亚、中东等国家和地区

★浙江东原机车部件有限公司
地址:浙江省瑞安市塘下高速出口东侧东源路1号
邮编:325204
电话:0577/65338561
传真:65338580
网址:www.highfil.com
电子信箱:frank@highfil.com
质量体系:ISO/TS 16949
产品情况:(卡勒(HIGHFIL)牌)
汽车滤清器、干燥器、制动阀等
配套及出口情况:为吉利、依维柯等企业配套;出口美国、德国、日本、澳大利亚等100多个国家

★瑞安市日正汽车部件有限公司
地址:浙江省瑞安市塘下科技园区
邮编:325204
电话:0577/65355355、13587508911
传真:65391688
网址:www.rizen.cn
电子信箱:rizen@rizen.cn
单位人数:370
质量体系:ISO/TS 16949
产品情况:汽车散热器风扇总成、冷凝器风扇、空调鼓风机、刮水器电动机、车库门电动机、直流开门器电动机等;整流桥、调节器、二极管等电子产品
配套情况:为福田公司、长安汽车、德国博世、美国克莱斯勒等配套

★瑞安市金田汽车配件有限公司
地址:浙江省瑞安市塘下上金工业区
邮编:325204
电话:0577/65358768、65354011
传真:65350518
网址:www.jtqp.com
电子信箱:888@jtqp.com
质量体系:ISO/TS 16949
产品情况:(金本牌)
电子电喷燃油泵总成、电喷燃油泵泵芯、划修包、同步器齿环、干式点火线圈、步近电动机等
出口情况:出口国外市场

★瑞安市云欣机车部件有限公司
地址:浙江省瑞安市塘下镇鲍六高星工业区
邮编:325204
电话:0577/65200068、65221720
传真:65219880
网址:www.xindelw.com
电子信箱:info@xindelw.com
质量体系:ISO 9001
产品情况:(信德牌)
汽车燃油泵滤网
出口情况:出口美国、日本、东南亚、中东、欧洲等国家和地区

★浙江三工汽车零部件有限公司
地址:浙江省瑞安市塘下镇鲍七工业区
邮编:325204
电话:0577/65222777、65222555
传真:65200191、65215915
网址:www.chinasangong.com
电子信箱:sangong@wzptt.zj.cn
单位人数:260
质量体系:ISO/TS 16949
产品情况:(RSK牌)
发动机冷却水泵、机油泵、点火开关
出口情况:出口欧美、日本等国家和地区

★瑞安市金星汽车泵业制造有限公司
地址:浙江省瑞安市塘下镇鲍田工业区
邮编:325204
电话:0577/65210981、65207520
传真:65210985
网址:www.jxgst.cn
电子信箱:gst@jxgst.com
质量体系:ISO/TS 16949
产品情况:(金星牌)
汽油泵
出口情况:远销中东、南美洲、非洲、东南亚、欧洲、美国、日本等国家和地区

★瑞安市欧赛特汽车部件有限公司
地址:浙江省瑞安市塘下镇鲍田前丰工业区
邮编:325204
电话:0577/65379268
传真:65379978
网址:www.ousaite.com
电子信箱:ost@ousaite.com
质量体系:ISO 9001
产品情况:(欧塞特牌)
汽车电喷燃油泵
出口情况:远销欧洲、美洲、中东等地区

★温州市仁谦汽车油泵有限公司
地址:浙江省瑞安市塘下镇鲍田前进工业区
邮编:325204
电话:0577/65215000
传真:65214000
电子信箱:rq-qa@263.net
质量体系:ISO/TS 16949
产品情况:(CRQ牌)
燃油泵、过滤器、汽车附件

★瑞安市圣水滤清器有限公司
地址:浙江省瑞安市塘下镇鲍田下湾工业区
邮编:325204
电话:0577/58837700、65202980
传真:65205180、65217700
网址:www.ss-china.com
电子信箱:ss.china@hotmail.com
质量体系:ISO/TS 16949
产品情况:(圣水牌)
各种汽车机油滤清器,燃油滤清器和空气滤清器系列,年生产能力800万只
出口情况:出口东南亚及美洲市场

★瑞安市超骏汽配有限公司
地址:浙江省瑞安市塘下镇鲍田新坊村昌新路9号
邮编:325204
电话:0577/65350466
传真:65379298
网址:www.cnchaojun.com
电子信箱:chaojun-amy@cnchaojun.com
质量体系:ISO 9001
产品情况:(超骏牌)
各类空滤、油水分离器、燃油、冷却水、机油滤油器等
配套情况:为多家汽车制造厂商配套

★瑞安市伟峰机车部件有限公司
地址:浙江省瑞安市塘下镇鲍一工业区
邮编:325204
电话:0577/65219222、65219220
传真:65219558
网址:www.zjweifeng.com
电子信箱:admin@zjweifeng.com
质量体系:ISO/TS 16949
产品情况:(伟帆牌)
汽车电子燃油喷射泵
出口情况:远销美国、巴西、东南亚、中东、俄罗斯等国家和地区

★温州市联君机车部件有限公司
地址:浙江省瑞安市塘下镇鲍一工业区
邮编:325204
电话:0593/66075666、65203733
传真:65329078
网址:www.autorubberchina.com
电子信箱:lianjunrubber@hotmail.com
质量体系:ISO/TS 16949
产品情况:汽车发动机液压悬置总成、橡胶衬套、机脚胶、防尘套、连接盘、缓冲块、减振系列等橡胶产品
出口情况:远销东南亚、欧美市场

★瑞安市航剑汽车电器有限公司
地址:浙江省瑞安市塘下镇北工业区高新路123号
邮编:325204
电话:0577/65356052
传真:65376676
网址:www.hjautoparts.com
电子信箱:sqw0409@hotmail.com
质量体系:ISO/TS 16949
产品情况:(航剑牌)
水泵、全车锁芯、刮水器连杆
出口情况:95%的产品出口欧美、中东、东南亚等地区

★瑞安市金溢丰滤清器制造有限公司
地址:浙江省瑞安市塘下镇岑头工业区
邮编:325204
电话:0577/65355898
传真:65350836
电子信箱:raoulida@126.com
质量体系:ISO/TS 16949
产品情况:滤清器

★瑞安市保利达机车配件有限公司
地址:浙江省瑞安市塘下镇陈宅工业区
邮编:325204
电话:0577/65369811、65369812
传真:65376311
网址:www.wzbaolida.com
电子信箱:pld@wzbaolida.com
质量体系:ISO 9001
产品情况:(保利达(PLD)牌)
摩托车连杆、汽车连杆、曲轴、活塞环、垫片等
出口情况:出口欧洲、非洲、南美洲、北美洲等地区

★温州市新八菱散热器有限公司
地址:浙江省瑞安市塘下镇陈宅工业区
邮编:325204
电话:0577/66080968、66080969
传真:66080967
网址:www.wzxinbaling.com
电子信箱:sales@wzxinbaling.com
质量体系:ISO 9001
产品情况:(八菱牌)
汽车散热器,汽车刮水片
出口情况:出口欧洲、美洲、中东、东南亚等地区

★瑞安市东联滤清器有限公司
地址:浙江省瑞安市塘下镇官渎工业区小河路37-38号
邮编:325204
电话:0577/65392818、58805763
传真:65360567
网址:www.donglianen.com
电子信箱:china@donglianen.com
质量体系:ISO 9001
产品情况:(上率牌)
汽车环保机油滤芯、PU空气滤芯、PP空气滤芯、空气滤芯、空调滤芯
出口情况:远销美洲、中东、东南亚、非洲、欧洲

★浙江省瑞安市阳光化油器有限公司
地址:浙江省瑞安市塘下镇广场西路工业园区新都路5号
邮编:325204
电话:0577/65372838、65370828
传真:65360838、25662211
网址:www.zjshine.com
电子信箱:master@zjshine.com
质量体系:ISO 9001
产品情况:汽车、摩托车化油器,修理包及相关零配件
出口情况:远销南美洲、中东、东南亚等20多个国家和地区

★瑞安市石林车辆部件有限公司
地址:浙江省瑞安市塘下镇海安石岗新兴西街34号
邮编:325204
电话:0577/65399020、65387288
传真:65387078
网址:www.china-shilin.com
电子信箱:sl2007@china-shilin.com
质量体系:ISO 9001
产品情况:机油、柴油、汽油滤清器、空气滤清器、汽车油箱等
出口情况:出口欧洲、美洲、中东、非洲等地区

★瑞安市丰华汽车电器有限公司
地址:浙江省瑞安市塘下镇韩田奔驰路111号
邮编:325204
电话:0577/65351148、65396060
传真:65391997
电子信箱:webmaster@wz-fh.com
质量体系:QS 9000、ISO 9001
产品情况:(瑞冠牌)
电喷汽油泵、汽车刮水器总成、转向组合开关、空气滤清器总成等
配套情况:为汽车主机厂配套

★浙江鸿科电气有限公司
地址:浙江省瑞安市塘下镇韩田长安路47号
邮编:325204
电话:0577/65385588、65356066
传真:65376757
网址:www.zjhongke.com
电子信箱:sales@zjhongke.com
质量体系:ISO/TS 16949
产品情况:电喷节气门体及其他零部件本体加工
配套及出口情况:为多家汽车厂和电喷系统生厂商配套;远销欧洲、北美洲、南美洲、俄罗斯等国家和地区

★瑞泰动力集团有限公司
地址:浙江省瑞安市塘下镇韩田工业区
邮编:325204
电话:0577/59881789
传真:65378088
网址:www.chinaruitai.com
电子信箱:sale@ruitai.net
质量体系:ISO 9001
产品情况:(RT牌)
摩托车套锁、盘式液压制动器、电喷燃油系统等
配套及出口情况:与大长江、嘉陵、建设、轻骑、宗申、钱江、大运、大阳等摩托车主机厂建立合作关系;出口北美洲、南美洲、欧洲、东南亚、东亚;与铃木、雅马哈、法国标致、意大利比亚乔等国际知名公司建立合作关系

★温州贵航散热器有限公司
地址:浙江省瑞安市塘下镇韩田工业区长安路73号
邮编:325204
电话:0577/65353808、82565658
传真:65351428
网址:www.chinaguihang.com
电子信箱:info@chinaguihang.com
质量体系:ISO 9001
产品情况:(贵航牌)
各种微型汽车铝质散热器,轻型载货汽车、农用车铝质散热器,微型汽车暖风机,汽车空调冷凝器,轻型载货汽车、皮卡点火开关及组合开关

★瑞安市以赛亚机车部件有限公司
地址:浙江省瑞安市塘下镇科技工业园区
邮编:325204
电话:0577/66002388、65354468
传真:65376468
电子信箱:yisaiya_ra@tom.com
质量体系:ISO 9001

产品情况:(以赛亚牌)
汽车化油器、机油泵
出口情况:出口欧洲、中东、东南亚等地区

★瑞安市健力机动车部件有限公司
地址:浙江省瑞安市塘下镇里北垟大南山路23号
邮编:325204
电话:0577/65385678
传真:65921044
网址:www.kitaki.cn
电子信箱:sale@kitaki.cn
质量体系:ISO/TS 16949
产品情况:水泵

★浙江中奥泵业有限公司
地址:浙江省瑞安市塘下镇罗凤北工业区高新路132号
邮编:325204
电话:0577/65217068
传真:65217608
电子信箱:sales@zapump.com
质量体系:ISO/TS 16949
产品情况:电喷系统燃油泵及其总成、滤网,年产量70余万只
出口情况:产品70%出口欧美、大洋洲、非洲、亚洲等40个国家和地区

★浙江科劲涡轮增压器有限公司
地址:浙江省瑞安市塘下镇罗凤沙河工业区
邮编:325204
电话:0577/65368222
传真:65390010
网址:www.zjkejin.com
电子信箱:info@zjkejin.com
质量体系:ISO 9001
产品情况:(科劲(KEJIN)牌)
国内外进口机型的涡轮增压器
配套及出口情况:为东风康明斯、锡柴、大柴、朝柴、玉柴等配套;远销美洲、欧洲、东南亚、中东地区

★浙江三和销轴有限公司
地址:浙江省瑞安市塘下镇罗凤中路325号
邮编:325204
电话:0577/65335938、65335368
传真:65335738
电子信箱:jiangweiqing@falali.com
质量体系:QS 9000、ISO 9001
产品情况:(SUNHO牌)
汽车、摩托车发动机活塞销,其他高精度异形件、微型轴类产品
配套情况:为汽车发动机、摩托车发动机等企业配套

★浙江振威滤清器有限公司
地址:浙江省瑞安市塘下镇汽摩配工业园区
邮编:325204
电话:0577/65351383、65387528
传真:65395399、25617088
网址:www.chinazhenwei.com
电子信箱:master@chinazhenwei.com
质量体系:ISO/TS 16949、ISO 9001
产品情况:(振威牌)
各种类型的机油、柴油、汽油、空气滤清器及总成
出口情况:出口加拿大、欧洲、东南亚、非洲等国家和地区

★瑞安市万路达汽车部件有限公司
地址:浙江省瑞安市塘下镇前庄工业区
邮编:325204
电话:0577/65332919
传真:65333678
网址:www.wldqp.com
电子信箱:wldcgm@126.com
质量体系:ISO/TS 16949
产品情况:(添豪牌)
各种汽车水泵
配套及出口情况:为绵阳新晨动力机械配套;产品80%以上外销

★温州金瑞汽车部件有限公司
地址:浙江省瑞安市塘下镇前庄工业区
邮编:325204
电话:0577/65359902
传真:65035022
网址:www.jrparts.net
电子信箱:sale2@jrparts.com
质量体系:ISO 9001、ISO 14001
产品情况:燃油泵、燃油泵过滤网、燃油泵总成系列产品
出口情况:远销欧洲、美国、中东等20多个国家和地区

★浙江驰田散热器制造有限公司
地址:浙江省瑞安市塘下镇西南工业区
邮编:325204
电话:0577/65370590、65377118
传真:65371185
网址:www.rachitian.com
电子信箱:chitian88@163.com
质量体系:ISO/TS 16949
产品情况:散热器、中冷器、暖风
出口情况:出口欧美、南非、东南亚、中东地区

★瑞安市德欧汽车部件制造有限公司
地址:浙江省瑞安市塘下镇新陈西路261号
邮编:325204
电话:0577/65123987
传真:65123986
网址:www.deoauto.com
电子信箱:info@deoauto.com
质量体系:ISO/TS 16949
产品情况:汽车散热器
出口情况:远销中东、欧美

★瑞安市金晶滤清器有限公司
地址:浙江省瑞安市塘下镇新渎工业区
邮编:325204
电话:0577/65397358、65397368
传真:65923595
电子信箱:jinjingautofilters@gmail.com
质量体系:ISO 9001
产品情况:空气滤清器、燃油滤清器、机油滤清器、液压油滤清器、油水分离过滤器、水过滤器、干燥器等
出口情况:出口泰国、中东、南非、韩国、意大利、美国

★泰峰滤清器有限公司
地址:浙江省瑞安市塘下镇赵宅工业区
邮编:325204
电话:0577/65373018、13958872766
传真:65921068
网址:www.chinaanfeng.com
电子信箱:info@taifeng.biz
质量体系:ISO 9001
产品情况:(迪光牌、安克牌、AFM牌、KA-KYNCG牌、安扬-ANYANG牌)
滤清器
出口情况:出口东南亚、西欧等地区

★瑞安市科达汽车配件有限公司
地址:浙江省瑞安市塘下镇赵宅工业区天凤大街139号
邮编:325204
电话:0577/65371750、13967739698
传真:65375318
网址:www.keshen.cn
电子信箱:keshenfuelpumpli@hotmail.com
质量体系:ISO 9001
产品情况:电动燃油泵、甲醇泵
出口情况:出口北美洲、欧洲、中东

★浙江精湛化油器有限公司
地址:浙江省瑞安市塘下镇赵宅工业区天凤大街141号
邮编:325204
电话:0577/25851000
传真:65358002
网址:www.kinzo.net
电子信箱:sale@kinzo.net
质量体系:ISO 9001
产品情况:(精湛牌)
摩托车、汽车及通用机化油器,年产各种化油器200万台
配套及出口情况:为建设集团、重庆宗申、重庆力帆、隆鑫集团、本州集团、广东豪进、广东奔马、王野动力、无锡富通等配套;出口美国、日本、东南亚、中东、非洲等10多个国家和地区

★温州昊泰汽车零部件有限公司
地址:浙江省瑞安市塘下中北经济开发区
邮编:325204
电话:0577/65338178
传真:65338113
电子信箱:manager@cn-haotai.com
质量体系:ISO 9000
产品情况:滤清器等
出口情况:远销欧洲、美洲、东南亚等

地区

★瑞安市富强汽车配件厂
地址:浙江省瑞安市新坊工业区
邮编:325204
电话:0577/65389828、65360487
传真:65360487
网址:www.chinafuqiang.cn
质量体系:ISO 9001
产品情况:(荣富强牌)
汽车电动油泵、电动水泵、机油滤清器、柴油滤清器、电磁式多功能放水开关、汽车喇叭等
配套及出口情况:为扬柴、康明斯、南昌185发动机、东风发动机等配套;出口东南亚、欧洲、非洲、南美洲等几十个国家和地区

★瑞安市威凯斯滤清器厂
地址:浙江省瑞安市赵宅工业区
邮编:325204
电话:0577/65357384
传真:65392102
电子信箱:info@weikaisi.com
质量体系:ISO/TS 16949
产品情况:(WKS牌)
滤清器

★浙江永钰过滤系统有限公司
地址:浙江省温州市经济技术开发区滨海园区滨海一道1467号
邮编:325204
电话:0577/59881802
传真:85852218
网址:www.yongyucn.com
电子信箱:sales@yongyucn.com
单位人数:300
质量体系:ISO/TS 16949
产品情况:(永钰牌)
滤清器、过滤器、油水分离器、滤座及各种总成
配套及出口情况:与全国部分大型汽车制造公司及发动机公司配套;远销东南亚、美洲、欧洲等地区

★浙江美星热交换科技有限公司
地址:浙江省瑞安市海安广场路45号
邮编:325205
电话:0577/59880617、59880602
传真:59880616
网址:www.cnshuangjian.com
电子信箱:zhifan.wang@dsgroup.cc
质量体系:ISO/TS 16949
产品情况:(双剑牌)
中冷器、散热器、机油冷却器和暖风等
配套及出口情况:为东风汽车公司、一汽集团配套;远销欧洲、北美洲地区

★浙江华夏汽车部件有限公司
地址:浙江省瑞安市海安海东工业区瑞东路8号
邮编:325205
电话:0577/65271919、18058899777
传真:65271466
网址:www.zjhx-autoparts.com
电子信箱:zjhuaxiaqcbj@163.com
质量体系:ISO/TS 16949
产品情况:(瓯瑞牌)
载重汽车空气滤清器、摩托车减振器、汽车标准件等产品
配套及出口情况:与国内多家汽车厂和摩托车厂配套;远销东南亚地区

★瑞安市晨豹滤清器有限公司
地址:浙江省瑞安市海安海西工业区旺阳路3号
邮编:325205
电话:0577/65278777、65278555
传真:65278787
网址:www.filter-cb.com
电子信箱:zjchenbao@163.com
质量体系:ISO 9001
产品情况:(晨豹牌)
滤清器
出口情况:远销海外市场

★双宇集团有限公司
地址:浙江省瑞安市塘下镇鲍田鲍四工业区
邮编:325205
电话:0577/65210002、65220333
传真:65220025、65210001
网址:www.so-yo.cn
电子信箱:soyogroup@hotmail.com
单位人数:2200
质量体系:ISO/TS 16949
产品情况:滤清器、弹簧制动气室、油冷器、中冷器、暖风水箱、散热器、发电机、起动机

★浙江奥泰散热器有限公司
地址:浙江省瑞安市塘下镇场桥上灶工业区
邮编:325205
电话:0577/65268775、13705877079
传真:65265480、65268789
网址:www.chinaaotai.com
电子信箱:market@chinaaotai.com
质量体系:ISO/TS 16949
产品情况:(奥泰牌)
铝制车用散热器、油散热器、中冷器、空调蒸发器、冷凝器及车用暖风机
配套及出口情况:为湖南山河智能机械、济南重汽集团等国内企业配套;出口中东、东南亚、美国、加拿大、英国等国家和地区

★浙江骏龙汽车配件有限公司
地址:浙江省瑞安市塘下镇海安大街367-369号
邮编:325205
电话:0577/65272655
传真:65272150
质量体系:ISO/TS 16949
产品情况:汽车滤清器

★温州风光机车部件有限公司
地址:浙江省瑞安市塘下镇海安商业街
邮编:325205
电话:0577/65270888
传真:65273888
电子信箱:master@chinafengguang.com
质量体系:ISO/TS 16949
产品情况:汽车散热器、康明斯发动机用中冷器、皮带张紧轮等
配套情况:为东风汽车公司、东风康明斯、玉柴、上柴、潍柴、神龙汽车等配套

★瑞安市华东锻造有限公司
地址:浙江省瑞安市塘下镇下林工业区创新东路119号
邮编:325205
电话:0577/65365147
传真:65366147
电子信箱:sale@china-huadong.com
质量体系:ISO 9001
产品情况:连杆、花键轴、拔叉、摆臂、轮毂等锻件,铝合金压铸件,闭门器及拖车配件
配套及出口情况:为昌河汽车、上汽通用五菱、长安汽车、天津一汽夏利、广州五羊、本田、嘉陵摩托车等数十家企业配套;远销西欧、东南亚

★浙江瑞安市南方气门厂
地址:浙江省温州市龙湾区经济技术开发区滨海二十四路海城街道(丁山)小微创业园C3栋
邮编:325205
电话:0577/86657773
传真:88577761
网址:www.cnwz-valve.com
电子信箱:web@cnwz-valve.com
质量体系:ISO 9001
产品情况:(GONG YING牌)
汽车、摩托车发动机气门,年产700万~1000万只
配套情况:为多家品牌摩托车生产厂家配套

★温州海纳机车部件有限公司
地址:浙江省瑞安市大典下工业区联中路14号
邮编:325206
电话:0577/65387387、13806804570
传真:65372121
网址:www.hn-radiator.com
质量体系:ISO/TS 16949
产品情况:铝质汽车散热器、暖风机等
出口情况:远销中东、欧洲、美洲市场

★瑞安市景鸿汽车部件有限公司
地址:浙江省瑞安市汀田镇后里工业区
邮编:325206
电话:0577/58899867
电子信箱:58899867@163.com
质量体系:ISO/TS 16949

产品情况：汽车滤清器、门拉手

★温州天旗汽车零部件有限公司
地址：浙江省瑞安市汀田镇金前工业区
邮编：325206
电话：0577/65113985、65109918
传真：65113987
网址：www.zjruite.com
电子信箱：info@zjruite.com
质量体系：ISO/TS 16949、ISO 9001
产品情况：（瑞特牌）
电喷燃油泵、总成以及滤网
出口情况：远销日本、南美洲、欧洲、东南亚等国家和地区

★瑞安市奔腾汽车零部件有限公司
地址：浙江省瑞安市莘塍镇前埠工业区
邮编：325206
电话：0577/65198887
传真：65198889
电子信箱：zjbenteng@zjbenteng.com
质量体系：ISO 9000、ISO/TS 16949
产品情况：各类汽车水泵及零部件

★瑞安市亲人汽配厂
地址：浙江省瑞安市莘塍镇前埠工业园区
邮编：325206
电话：0577/65187266
传真：65187266、65197333
网址：www.qinren2008.com.cn
电子信箱：qinren2008@126.com
法人代表：倪德林
质量体系：ISO/TS 16949
产品情况：重型汽车空气干燥器总成、双通H阀、空滤调压阀等

★浙江鸿锐汽配股份有限公司
地址：浙江省温州市经济技术开发区滨海十三路388号
邮编：325206
电话：0577/58809099
传真：58818817
网址：www.hraff.com
电子信箱：hongruiaff@163.com
质量体系：ISO/TS 16949
产品情况：汽车燃油滤清器、汽油滤清器、机油滤清器、机油滤芯、空气滤清器、空调滤清器、转向盘及转向盘连接器
出口情况：远销欧洲、美国、大洋洲、中东、南美洲等50多个国家和地区

★瑞安市邦众汽车部件有限公司
地址：浙江省瑞安市飞云镇宋家埭工业区
邮编：325207
电话：0577/65208798、65205228
传真：65213738
网址：www.anbang.net
电子信箱：info@anbang.net
质量体系：ISO/TS 16949
产品情况：（安邦牌、德来福牌）
汽车散热器、暖风散热器、冷凝器及空调离合器

配套及出口情况：为一汽、东风、沈汽等10多家主机厂配套；远销东南亚、非洲、南美洲、埃及、意大利等国家和地区

★纳百川控股有限公司
地址：浙江省瑞安市泰顺县月湖工业区
邮编：325216
电话：0577/67690000、67629999
传真：67658999、67665555
网址：www.chinarnbc.com
电子信箱：rnbc@chinarnbc.com
质量体系：ISO/TS 16949
产品情况：以车用铝质装配式散热器、暖风热交换器和钎焊式散热器为主的热交换系统产品
配套及出口情况：与一些知名客户建立了长期的合作关系；产品全部出口，装配式产品以欧洲市场为主，钎焊产品则以美洲市场为主

★瑞安市思普达汽配有限公司
地址：浙江省瑞安市陶山镇桐浦工业区
邮编：325216
电话：0577/65221686、13186839520
传真：56998985
网址：www.spedafilter.com
电子信箱：sales@spedafilter.com
质量体系：ISO 9001
产品情况：滤清器
出口情况：远销欧洲、美洲、中东等10多个国家和地区

★温州威特汽车配件有限公司
地址：浙江省温州市平阳县万全镇榆垟上呈工业区3号
邮编：325400
电话：0577/63790113、63791198
传真：63790068
网址：www.wzweite.com
电子信箱：master@wzweite.com
质量体系：ISO 9001
产品情况：（威特牌）
汽车活塞环
配套及出口情况：为全国多家汽车生产厂配套；出口中东、东南亚、非洲、南美洲等地区

★温州奔宇机车部件有限公司
地址：浙江省平阳县平（阳）宋（埠）公路上桥路口
邮编：325400
电话：0577/63196888
传真：63631588
网址：www.by86.net
电子信箱：by@by86.net
单位人数：200
质量体系：ISO/TS 16949
产品情况：柴油机油泵、发动机齿轮、飞轮壳、活塞等

★浙江隆华机械有限公司
地址：浙江省平阳县万全轻工基地机械园
邮编：325400
电话：0577/63709999
传真：63171995
电子信箱：lh@longhua-cn.com
质量体系：ISO/TS 16949
产品情况：滤清器

★温州东欧汽车轴瓦有限公司
地址：浙江省平阳县万全镇榆垟上呈工业区6号
邮编：325400
电话：0577/63790338、63796666
传真：63790998、63792838
网址：www.cndongou.com
电子信箱：master@cndongou.com
单位人数：400
质量体系：ISO/TS 16949
产品情况：各种汽车轴瓦，年产300万台套
出口情况：远销美国、德国、日本、南美洲、非洲、中东、东南亚等30多个国家和地区

★温州鑫宝汽车配件有限公司
地址：浙江省平阳县榆垟镇长春南路110号
邮编：325400
电话：0577/63792851
传真：63792853
网址：www.vxb.cc
电子信箱：xinbao@vxb.cc
质量体系：ISO/TS 16949
产品情况：发动机进排气门、气门导管、气门座圈
出口情况：以出口为主，出口东南亚、中东、欧美等地区

★温州磊鑫泵业有限公司
地址：浙江省平阳县榆垟镇工业区
邮编：325400
电话：0577/63795218、13705788165
传真：63795216
网址：www.lx-pump.com
电子信箱：lxpump@vip.163.com
质量体系：ISO 9001、QS 9000
产品情况：发动机机油泵和冷却水泵
出口情况：远销日本、韩国、欧美、东南亚等国家和地区

★温州科达汽车轴瓦有限公司
地址：浙江省平阳县榆垟镇上呈工业区2号
邮编：325400
电话：0577/63791583、63790088
传真：63791885
网址：www.cnsongfa.com
电子信箱：songfa@cnsongfa.com
质量体系：ISO/TS 16949
产品情况：（松发牌）
各种汽车轴瓦，年产量可达1200万件

★浙江兰德马克汽车配件有限公司
地址：浙江省温州市平阳县服饰工业区

邮编:325400
电话:0577/63755678、63756789
传真:63755655
网址:www. landemake. com
电子信箱:landemake@ 163. com
质量体系:ISO/TS 16949
产品情况:(兰德马克牌)
活塞环,年产能力4000万片;水泵,年生产能力100万套
出口情况:出口多个国家和地区

★浙江平柴泵业有限公司
地址:浙江省温州市平阳县环城北路6号
邮编:325400
电话:0577/63752268、63752218
传真:63752288
网址:www. pingchai. com
电子信箱:pingchai@ pingchai. com
质量体系:ISO/TS 16949
产品情况:(平柴牌)
各种机油泵、齿轮室盖、缸盖罩、气门挺杆、气门推杆、气门导管、摇臂轴总成等
配套情况:为玉柴、柳发、湖动、大柴、锡柴、朝柴、南内、云内等主机厂配套

★浙江显峰汽车配件有限公司
地址:浙江省温州市平阳县昆阳镇平塔村显峰工业园
邮编:325400
电话:0577/63792808、63791808
传真:63790889
质量体系:ISO/TS 16949
产品情况:(MPSPR牌)
轴瓦、张紧轮、止推片、轴套等

★温州华康汽车配件有限公司
地址:浙江省温州市平阳县昆阳镇平塔显峰工业园
邮编:325400
电话:0577/63790656、63791808
传真:63790889
质量体系:ISO/TS 16949
产品情况:(HK牌)
轴瓦、张紧轮、止推片、轴套等
出口情况:远销英国、美国、中东、拉丁美洲等国家和地区

★温州萨博汽车零部件有限公司
地址:浙江省温州市平阳县宋桥孙楼工业区
邮编:325400
电话:0577/65999887
传真:63796158、65999885
电子信箱:sales@ auto - tensioner. com
质量体系:ISO/TS 16949
产品情况:汽车传感器、张紧轮、张紧器、皮带轮

★温州卓人汽车电控有限公司
地址:浙江省温州市平阳县万全镇万全轻工基地万盛路79号
邮编:325400
电话:0577/63170996、4008895711
传真:63170982
网址:www. zoren. cn
电子信箱:info@ zoren. cn
单位人数:99
质量体系:ISO/TS 16949
产品情况:汽车电喷燃油泵及总成,年产值5000万元
出口情况:产品的90%出口欧美等地区

★温州大统活塞水泵有限公司
地址:浙江省温州市平阳县榆垟镇工业区1号
邮编:325400
电话:0577/63792888、63792188
传真:63792185
电子信箱:wzdtpg@ 163. com
质量体系:ISO/TS 16949
产品情况:(温统牌)
各种内燃机和空压机的活塞、活塞销和汽缸垫,活塞100万套,汽缸垫300万套

★浙江平阳瑞博汽车配件有限公司
地址:浙江省温州市平阳县榆垟镇台头工业区666号
邮编:325401
电话:0577/63708887、13806839530
传真:63708758
网址:www. wzruibo. com
电子信箱:cyx9530@ 163. com
单位人数:60
质量体系:ISO/TS 16949
产品情况:汽车水泵,风扇离合器
出口情况:水泵90%出口美国、欧洲、大洋洲、南美洲、中东等国家和地区

★万宏集团有限公司
地址:浙江省平阳县宋桥孙楼工业区
邮编:325410
电话:0577/63150152、63150157
传真:63150150
网址:www. zj - wanhong. com
电子信箱:wanhong@ vip. 163. com
单位人数:600
质量体系:ISO/TS 16949、ISO 9001
产品情况:(万宏牌)
汽车发动机轴瓦、活塞环、汽缸垫等;轴瓦年产量超过4500万片,活塞环年产量达3000万片
出口情况:远销欧洲、南美洲、东亚、南亚、中东、非洲等60多个国家和地区

★温州万正汽车泵业有限公司
地址:浙江省平阳县万全镇孙楼路口万宏集团4号楼
邮编:325410
电话:0577/63791189、63791188
传真:63795018
网址:www. wanzhengpump. com
电子信箱:whpump@ vip. 163. com
质量体系:QS 9000、ISO/TS 16949
产品情况:(万正牌)
年生产能力:200万台汽车水泵,1800t压铸铝件
出口情况:主要销往北美洲、南美洲、欧洲市场

★温州拉凡宝汽车泵业有限公司
地址:浙江省平阳县榆垟镇工业园区永宁路6号
邮编:325410
电话:0577/63792298、63796378
传真:63793222、63792211
网址:www. lafanbao. com
电子信箱:info@ lafanbao. com
质量体系:ISO/TS 16949
产品情况:(拉凡宝牌)
各种轿车水泵
出口情况:出口东南亚、中东、非洲、南美洲等地区

★浙江京信汽车配件有限公司
地址:浙江省温州市平阳县榆垟镇京信路1号
邮编:325410
电话:0577/63791686、63791918
传真:63790838、63791429
网址:www. cnkyungshin. com
电子信箱:yu@ cnkyungshin. com
单位人数:150
质量体系:ISO/TS 16949
产品情况:(MOTECH牌)
各种型号汽车发动机轴瓦、冷却水泵、活塞、活塞环

★乐清市华东电子汽配厂
地址:浙江省乐清市石帆工业区
邮编:325608
电话:0577/62317347
传真:62329083
质量体系:ISO 9001
产品情况:汽车油泵、水泵等零部件,变速杆支架总成
配套情况:为一汽集团、东风汽车公司等配套

★五龙控股有限公司
地址:浙江省乐清市清江镇上埠头工业区
邮编:325611
电话:0577/62275922、62276200
传真:62273111
电子信箱:wulong@ china. com
单位人数:1500
质量体系:ISO/TS 16949
产品情况:(鼎牌)
硅油风扇离合器、中间凸缘、风叶等
配套情况:与杭发、潍柴、上柴、玉柴、川柴、宇通客车、杭汽、陕汽集团、重汽集团等合作

★浙江乐鼎波纹管有限公司
地址:浙江省乐清市南塘镇享乾口工业区

邮编:325618
电话:0577/62252888、62257867
传真:62251903
网址:www. yueguan. cn
电子信箱:yg@ yueguan. cn
单位人数:158
质量体系:ISO 14001、ISO/TS 16949
产品情况:(乐管牌)
分规式(外曲型)中央排水装置、汽车排气挠性波纹管、金属波纹补偿器(膨胀节)、稠油注蒸汽管线井口补偿装置、金属波纹软管、纤维织物补偿器等
出口情况:出口美国、德国等 50 多个国家

★浙江天马活塞工业有限公司
地址:浙江省苍南县钱库镇钱库大道69号
邮编:325804
电话:0577/64488666、64488555
传真:64492885
网址:www. tianma - piston. com
电子信箱:tm@ tianma - piston. com
单位人数:380
质量体系:QS 9000、ISO/TS 16949
产品情况:(天马牌)
活塞,年产能力 500 万只
配套及出口情况:为 10 多家汽车及主机厂配套;出口欧美、中东、南非、东南亚等国家和地区

安徽省

★合肥柴油机制造有限责任公司
地址:合肥市金寨南路 310 号
邮编:230021
电话:0551/63525659
传真:63525659
电子信箱:hechai@ meil. com
质量体系:ISO 9001
产品情况:柴油机
配套情况:为上柴、南柴等配套

★合肥凯创汽车零部件有限公司
地址:合肥市包河工业区北京路 18 号
邮编:230022
电话:0551/63368090
电子信箱:qiming12564@ 126. com
质量体系:ISO/TS 16949
产品情况:离合器、冷却水泵、机油泵、燃油分配管、调压器、EGR 阀等

★安徽凤凰滤清器股份有限公司
地址:安徽省蚌埠市高新区黄山大道 8028 号
邮编:230041
电话:4000299108
传真:0552/4126622
网址:www. phoenixfilters. net
电子信箱:jonathanwu@ phoenixfiter. com
质量体系:ISO/TS 16949
产品情况:各种汽车用空气滤芯、环保机柴油滤芯、空调滤芯及各种工业用过滤滤芯
出口情况:远销美国、加拿大、欧洲、澳大利亚、以色列、日本、韩国、俄罗斯等国家和地区,并销往中国台湾、中国香港地区

★合肥恒信汽车发动机部件有限公司
地址:合肥市包河工业区纬三路九号
邮编:230051
电话:0551/63368375、63368388
传真:63368378
网址:www. anhuihx. net
电子信箱:wangqun@ anhuihx. net
法人代表(负责人):宗华甫
单位人数:150
质量体系:ISO/TS 16949、ISO 14001
产品情况:发动机塑料进气歧管、气门室罩盖、油底壳等
配套及出口情况:为沃尔沃、潍柴动力、奔驰、奇瑞汽车、江淮汽车、东风汽车、长丰动力、北汽集团、一汽集团、锐展发动机、三一重工、东风裕隆、东风汤姆森、新晨动力、华晨汽车、美国水星海事的注册供应商;同时与美国通用汽车、大众汽车、吉利汽车,比亚迪汽车、日本丰田、印度塔塔等汽车厂建立了业务联系;出口美国

★安徽应流机电有限责任公司
地址:合肥市经济技术开发区繁华大道 566 号
邮编:230061
电话:0551/63737777、63821999
传真:63737666、63737665
网址:www. yingliugroup. com
电子信箱:sales@ yingliugroup. cn
董事长(负责人):杜应流
质量体系:ISO/TS 16949
产品情况:阀门类、水泵类、仪表等铸锻件
出口情况:远销美国、欧洲等 30 多个国家和地区

★合肥威尔燃油系统有限责任公司
地址:合肥市经济技术开发区佛掌路59号
邮编:230601
电话:0551/63847100
传真:63847102
网址:www. walfilters. com
电子信箱:juliechen@ walfuelsystems. com
负责人:石中成
质量体系:ISO/TS 16949、ISO 14001
产品情况:柴油滤清器、尿素滤、齿轮泵、滤清器部件
配套情况:为安凯客车、长安汽车、长城汽车、奇瑞汽车、东风汽车、黄海客车、华泰汽车、南京依维柯、江淮汽车、金旅客车、宇通客车;云内动力、潍柴、朝柴、锡柴、全柴等配套

★合肥中科汽配制造有限公司
地址:合肥市肥西县紫蓬镇工业园
邮编:231200
电话:0551/62565319
产品情况:齿轮、连杆、摇臂、球壳、拉杆、悬架、十字轴、汽车门铰链等
配套及出口情况:为江淮、六齿、湖南车桥等配套;出口美国、欧洲

★合肥江河汽车零部件有限公司
地址:合肥市肥西县桃花镇长安工业聚集区明珠路与天山路交口
邮编:231202
电话:0551/63846552、65325869
传真:63846552
网址:www. hfjianghe. com
电子信箱:hefeijianghe@ 163. com
质量体系:ISO/TS 16949
产品情况:汽车燃油箱、货箱防护栏、车身钣金等
配套情况:为江西昌河铃木、合肥昌河、南京长安、众泰汽车配套

★安徽白兔湖动力股份有限公司
地址:安徽省桐城经济开发区同祥路
邮编:231400
电话:0556/6510298
传真:6608128、6608068
网址:www. wrpower. com. cn
电子信箱:nancy@ greatawrc. com
质量体系:ISO/TS 16949、GB/T 24001
产品情况:(兔湖牌)
四缸、六缸内燃机汽缸套、铝活塞、曲轴、粉末冶金气门座圈、导管等
配套及出口情况:与 60 多家知名主机厂配套;远销欧洲、美洲、东南亚、非洲等十几个国家和地区

★安徽同祥机械有限公司
地址:安徽省桐城市经济开发区
邮编:231400
电话:0556/6566660、13705562626
传真:6567123
网址:www. ahtxjx. com
电子信箱:webmaster@ ahtxjx. com
质量体系:ISO 9001
产品情况:活塞销、气门;具备年产气门 400 万件的生产能力
配套情况:与国内多家大型发动机厂家配套

★安徽金马凸轮轴制造有限公司
地址:安徽省桐城市桐金路
邮编:231400
电话:0556/6564488、6564499
传真:6564488
电子信箱:jmtlz@ sohu. com
质量体系:ISO 9001
产品情况:(金马牌)
各种型号的凸轮轴

★安徽金庆龙机械制造有限公司
地址:安徽省桐城市经济开发区经一北路
邮编:231401
电话:0556/6567660、6567466

传真:6204660
网址:www.ahjql.com
电子信箱:ahsjql@163.com
负责人:左克祥
质量体系:ISO/TS 16949
产品情况:(庆龙牌)
内燃机进/排气门、活塞销
配套及出口情况:为一汽、东风、玉柴、朝柴、莱动、时风等40多家发动机厂配套;部分产品出口美国、日本、东盟等20多个国家和地区

★安徽华祥实业有限公司
地址:安徽省桐城市经济开发区
邮编:231430
电话:0556/6510298、6510006
传真:6513678
电子信箱:sell@huaxianggr.com
质量体系:ISO/TS 16949
产品情况:(白兔湖牌)
内燃机整圆主轴承、连杆轴瓦、气门座、汽缸套、铝活塞、曲轴、凸轮轴、气门、气门导管、汽缸垫等
配套情况:为全柴、时风、常柴、常工、常通、江动、金飞鱼、亚美柯等配套

★桐城市汽车部件有限公司
地址:安徽省桐城市经济技术开发区高桥工业园
邮编:231431
电话:0556/6540098
传真:6541439、6543979
网址:www.ah-st.com
电子信箱:info@ahstauto.com
质量体系:ISO/TS 16949
产品情况:(四通(AHST)牌)
气门座圈、气门导管、气门等
配套及出口情况:为20多家主机厂配套;出口欧美、中东、东南亚等多个国家和地区

★安徽金光机械集团股份有限公司
地址:安徽省桐城市金神镇
邮编:231440
电话:0556/6665138
传真:6665288
网址:www.ahjinguang.com
电子信箱:ahjg88@163.com
董事长(负责人):汪建国
单位人数:520
质量体系:ISO/TS 16949
产品情况:(金光牌)
凸轮轴、曲轴、气门等内燃机零部件
配套情况:为一汽、江汽、南汽、朝柴、常柴、锡柴、一拖、扬动、扬柴、潍柴、新柴、全柴、东安等全国30余家大型主机厂配套

★安徽兆仁机械有限公司
地址:安徽省淮南市经济开发区振兴路26号
邮编:232007
电话:0554/2662227
传真:2662227
质量体系:ISO 14001、ISO/TS 16949
产品情况:汽车排气管连接器、废气循环管等汽车排气系统产品

★蚌埠市风驰滤清器有限公司
地址:安徽省蚌埠市城南新区朝阳南路
邮编:233000
电话:0552/4119601、4119116
传真:4119192
网址:www.bbfengchi.com
电子信箱:bbfengchi@vip.qq.com
质量体系:ISO 9001
产品情况:(风驰牌)
各种规格的空气滤清器、燃油滤清器、机油滤清器、液压滤清器、工业滤清器和特种异型产品
配套及出口情况:为一汽集团配套;出口中东、非洲、东南亚

★曼胡默尔昊业滤清器(蚌埠)有限公司
地址:安徽省蚌埠市高新区黄山大道8018号
邮编:233000
电话:0552/4128000、4000552078
传真:4128111
网址:www.bclbfilter.com
电子信箱:hy-filter@163.com
单位人数:480
质量体系:ISO/TS 16949、ISO 9001
产品情况:(昊业牌)
空气滤清器、机油滤清器、燃油滤清器、空调滤清器等滤清器产品
配套及出口情况:为一汽、东风、江淮汽车、吉利汽车、中兴汽车、比亚迪汽车、全椒柴油机、华普汽车、合肥叉车、一拖、中收集团、重庆渝安淮海动力、克莱斯勒、辉门、德尔福、博世、菲亚特等配套;出口美国、日本、欧洲、东南亚等国家和地区

★蚌埠市瑞泰汽配制造有限公司
地址:安徽省蚌埠市工业园区
邮编:233000
电话:0552/2821818、2824126
传真:2824126、2825678
网址:www.bbrt.com.cn
电子信箱:sales@bbrt.com.cn
质量体系:ISO/TS 16949、ISO 9001
产品情况:(瑞泰牌)
汽车、工程机械用滤清器及汽车零部件、钢材金属制品
配套及出口情况:为一汽、东风、奇瑞汽车、吉利汽车、东安、江淮汽车、合力叉车、厦门叉车厂、东风股份、一拖、中收公司等配套;出口美国、加拿大、俄罗斯、南非、南美洲、中东、日本等国家和地区,并销往中国台湾地区

★蚌埠市康联汽车配件厂
地址:安徽省蚌埠市兴华路617号
邮编:233000
电话:0552/4015234、4016290
传真:4016290
网址:www.bbklqp.com
电子信箱:bbklqp@163.com
单位人数:40
质量体系:ISO 9001
产品情况:各类特种金属燃油箱、液压油箱、汽车加油口盖及物流金属集装器具设计制造
配套情况:产品覆盖江淮、华菱汽车、安凯客车、宇通客车、黄海客车、金龙客车、中通客车、申龙客车、三一重工等知名企业

★蚌埠通达汽车零部件有限公司
地址:安徽省蚌埠市高新技术开发区天河路619号
邮编:233010
电话:0552/4013654、4923790
传真:4030627、4023507
网址:www.bbtongda.com
电子信箱:lcl@bbtongda.com
单位人数:350
质量体系:ISO/TS 16949
产品情况:(珠城牌)
以冷轧、热轧、不锈钢、铝合金材料为主的金属燃油箱和液压油箱,共有70个系列、3000多种产品型号
配套情况:主要客户有江淮汽车、华菱重卡、宇通客车、金龙客车、福田汽车、安徽柳工、三一重工等30余家国内外知名主机厂

★蚌埠市同升滤清器有限公司
地址:安徽省蚌埠市胜利路280号
邮编:233030
电话:0552/3162512、3163587
传真:3162275、3162772
网址:www.bbtslqq.cn
电子信箱:tongsheng lv@163.com
质量体系:ISO/TS 16949、ISO 9001
产品情况:(同升牌)
五大类、500多个品种的机油滤清器、柴油滤清器、空气滤清器、液压油滤清器、粉末除尘滤清器等产品
配套情况:为中国龙工、合力叉车、大连叉车、江苏宝骊叉车、浙江美克斯叉车、南汽、安凯汽车、常州东风农机集团、东汽新疆汽车厂、厦工集团三明重型机械厂、常州依维柯客车厂等20余个主机厂配套

★蚌埠金威滤清器有限公司
地址:安徽省蚌埠市凤阳东路224号
邮编:233043
电话:0552/3010464、3038522
传真:3014579、3019766
网址:www.bbfilter.com
电子信箱:public@bbfilter.com

单位人数:1800
质量体系:ISO/TS 16949
产品情况:(BB 牌)
各种汽车滤清器
配套及出口情况:为上汽大众、上汽通用、上汽集团、一汽、东风、北汽福田、江淮汽车、奇瑞汽车、长安汽车、上汽通用五菱、上柴、一汽锡柴、玉柴、潍柴、全柴、大柴、朝柴、杭汽发、中国重汽、陕汽、三一重工、徐工集团、中联重科、中国一拖、约翰迪尔、常拖等 200 多家国内主流汽车、发动机、工程机械、农业机械企业配套;进入美国通用、菲亚特、克莱斯勒等多个汽车零部件全球采购系统

★蚌埠市龙湖滤清器有限公司
地址:安徽省蚌埠市龙子湖区蚌长路余滩南段
邮编:233043
电话:0552/3157879、15955215550
传真:3155566
网址:www. bblonghu. com
质量体系:ISO 9000
产品情况:(龙湖牌)
产品有机硅滤清器、柴油滤清器、空气滤清器、液压滤清器、粉末滤清器等五大系列数百个品种

★安徽省凤阳散热器有限公司
地址:安徽省凤阳县临淮关濠梁西路 143 号
邮编:233122
电话:0550/6562431
传真:6562431
电子信箱:fysrqgs@ 163. com
质量体系:ISO/TS 16949
产品情况:(中都牌)
车用铜质、铝质散热器,中冷器、膨胀水箱、机油散热器
配套情况:为安徽江淮、安徽安凯、厦门金龙、厦门金旅、南京依维柯、合力叉车、杭叉叉车配套

★蚌埠威尔特滤清器有限公司
地址:安徽省蚌埠市淮上区沫河口工业园开源大道 21 号
邮编:233300
电话:0552/5875669、13645528899
传真:5875669
网址:www. vtfilter. com
电子信箱:vtfilterwendy@ 163. com
质量体系:ISO/TS 16949
产品情况:(WELTE 牌)
空气滤清器、空调滤清器、机油滤清器三大系列产品;年生产能力 500 万只,品种 2000 多种
出口情况:远销美国、俄罗斯、土耳其、马来西亚等国家

★蚌埠市宏发滤清器有限公司
地址:安徽省蚌埠市怀远工业园
邮编:233400
电话:0552/8502188、8502333
传真:8502399
网址:www. hflqq. com
电子信箱:fzx - 888@ 163. com
质量体系:ISO/TS 16949、ISO 9001
产品情况:(BV 牌)
滤清器,年生产能力 4000 万只,涵盖轿车、工程机械、载重货车等众多领域
配套及出口情况:为一汽集团、东风汽车公司配套;出口国外市场

★蚌埠市捷威滤清器有限公司
地址:安徽省蚌埠市怀远县工业园区
邮编:233400
电话:0552/8698333、8502966
传真:8502967
网址:www. bblqq. com
电子信箱:1071276051@ qq. com
质量体系:ISO 9001
产品情况:(维久牌)
机油滤清器、柴油滤清器、空气滤清器、液压油滤器等六大类近千个品种
配套情况:为多家主机厂配套

★蚌埠市银丰滤清器科技有限公司
地址:安徽省蚌埠市固镇经济开发区
邮编:233700
电话:0552/6603000、6879000
传真:6569811、6566038
网址:www. yflqq. com
电子信箱:postmaster@ yflqq. com
质量体系:ISO/TS 16949
产品情况:滤清器、滤清器生产线和设备

★安徽宝兰泵业有限公司
地址:安徽省界首市工业园区 2 号
邮编:236500
电话:0558/4887771
传真:4887771
电子信箱:cldyx398@ 163. com
质量体系:ISO/TS 16949、VDA 6. 1
产品情况:(宝兰牌)
各种型号机油泵、水泵、真空泵等
配套情况:为别克、凯迪拉克、捷达、奥迪、宝来、解放、潍柴、华丰、一汽集团等配套

★安徽省恒泰动力科技有限公司
地址:安徽省庐江县城西新区城西大道 169 号
邮编:238000
电话:0551/87186666、87417688
传真:87995599
网址:www. high - tech. net. cn
电子信箱:htpiston@ sina. com
董事长:章高伟
质量体系:ISO/TS 16949、ISO 14001
产品情况:具备年产 1000 万只中高档汽车活塞、300 万只汽车缸盖、10 万台农业装备机械的生产能力
配套情况:与玉柴动力、安徽全柴、一汽集团、芜湖奇瑞、无锡开普、常柴股份、华源凯马、常发集团等知名汽车和发动机厂家结成战略合作伙伴

★科越集团
地址:安徽省芜湖市无为(二坝)经济开发区
邮编:238312
电话:0553/6661848、13955365162
传真:6660635
网址:www. keyuegroup. com
电子信箱:hhp5162@ 163. com
质量体系:ISO/TS 16949
产品情况:各类发动机的散热器总成、中冷器总成及暖风机芯总成等
配套及出口情况:为北汽福田、一汽、东风、江淮汽车、奇瑞汽车、吉利汽车等数十家国内知名厂家配套;出口北美洲

★安徽金佩集团天长缸盖有限公司
地址:安徽省天长市建设东路 78 号
邮编:239300
电话:0550/7092166、7092168
传真:7092266
网址:www. tcgg. cn
电子信箱:tcgg@ tcgg. cn
董事长(负责人):管宏庆
单位人数:1300
质量体系:ISO/TS 16949
产品情况:(梭鱼牌)
具有年产 120 万台以上缸盖成品的生产能力和 8 万 t 以上的铸造能力
配套情况:为上柴、锡柴、玉柴、扬柴、雷沃动力、常发、全柴、扬动等配套

★安徽嘉来顿活塞汽配有限公司
地址:安徽省滁州市全椒县经济开发区纬一路 3 号
邮编:239500
电话:0550/2308333、13621738999
传真:2309887
网址:www. jialaidun. com
电子信箱:shjld@ jinlaidun. com
法人代表:林建光
质量体系:ISO/TS 16949、ISO 9001
产品情况:(JLD 牌)
活塞、活塞销、销卡簧、活塞环、汽缸套等
配套情况:为国内外多家主机厂配套

★安徽全柴动力股份有限公司
地址:安徽省全椒县襄河镇吴敬梓路 788 号
邮编:239500
电话:0550/5012699
传真:5015888
网址:www. quanchai. com. cn
法人代表:肖正海
负责人:潘忠德
单位人数:3000

质量体系:ISO/TS 16949
产品情况:柴油发动机、汽车零部件、塑料管材等
配套及出口情况:与北汽福田、江淮汽车、东风汽车、南汽、一汽金杯、长安跨越、山东凯马、东安黑豹汽车、雷沃重工、合力叉车等国内多家知名企业合作;远销东南亚、欧洲等多个国家和地区

★芜湖澳奔玛汽车部件有限公司
地址:安徽省芜湖市工业园区工业大道3518号
邮编:241000
电话:0553/8768617、8128011
传真:8768167
网址:www. chinaaobenma. com
电子信箱:chinaaobenma@126. com
质量体系:ISO/TS 16949、ISO 9001
产品情况:滤清器

★芜湖航天汽车连杆有限公司
地址:安徽省芜湖市机械工业园
邮编:241000
电话:0553/8766888、8767277
传真:8767528
网址:www. chinazhenghang. com
电子信箱:lsp@ chinazhenghang. com
单位人数:200
质量体系:ISO/TS 16949
产品情况:(ZXT牌)
各种汽车连杆
配套及出口情况:为天津一汽夏利等配套;主要出口中东、欧美等地区

★杰锋汽车动力系统股份有限公司
地址:安徽省芜湖市经济技术开发区凤鸣湖北路天门工业园
邮编:241000
电话:0553/5932188、5932239
传真:5932133
网址:www. japhl. com. cn
电子信箱:japhl@ japhl. com. cn
质量体系:ISO/TS 16949
产品情况:汽车进、排气系统、发动机关键零部件
配套情况:为奇瑞、上汽、北汽、福田、东风、一汽、江铃、力帆、众泰等多家主机厂配套

★芜湖亚奇汽车部件有限公司
地址:安徽省芜湖市鸠江经济开发区立信路1号
邮编:241000
电话:0553/5965888
传真:5965888
质量体系:ISO/TS 16949
产品情况:汽车燃油箱,年达到400万只

★芜湖金源机械制造有限公司
地址:安徽省芜湖县芜湖机械工业园
邮编:241000
电话:0553/8767708
传真:8767713
网址:www. whjyjx. com
电子信箱:whjyjx@126. com
质量体系:ISO 9001
产品情况:发动机曲轴皮带盘
出口情况:远销国际市场

★芜湖三联锻造有限公司
地址:安徽省芜湖市高新技术开发区金山中路
邮编:241002
电话:0553/5650308、5650328
传真:5650328、5650316
网址:www. wuhusanlian. com
电子信箱:wh3030@126. com
单位人数:600
质量体系:ISO/TS 16949
产品情况:汽车连杆、球头、拉杆、轮毂、轮轴、曲轴、控制臂、转向节、传动轴、平衡轴、摇臂等汽车零件锻造及机加工产品
配套情况:为德国博世、德国FAG、日本NTN、北京现代、上海汇众、奇瑞汽车、长城汽车、重庆长安等

★芜湖华峰汽车部件有限责任公司
地址:安徽省芜湖市大桥镇湾里电器部件工业园
邮编:241007
电话:0553/2223026
传真:2223028
电子信箱:wuhu_huafeng@163. com
质量体系:ISO/TS 16949
产品情况:汽车缸体、自动挡变速器壳体

★基伊埃热交换器(中国)有限公司
地址:安徽省芜湖市鸠江经济开发区阳天路8号
邮编:241007
电话:0553/5951222
传真:5846973、5842870
网址:www. geawuhu. com
电子信箱:info - ihe - china@ gea. com
质量体系:ISO 9001
产品情况:热交换器

★芜湖市中兴机械技术开发有限公司
地址:安徽省芜湖市九华北路杨王工业园区
邮编:241007
电话:0553/2263019、2263023
传真:2263023、2263027
网址:www. zhongxing - china. com
电子信箱:zcb@ ahzhongxing. com
质量体系:ISO/TS 16949
产品情况:汽车发动机进气管总成、汽车起动齿圈总成、汽车仪表台横梁总成、踏板机构总成、换挡机构总成、驻车制动等总成部件以及车身件等
配套情况:已成为奇瑞、美的、日立、上海华普、江淮汽车、福臻技研、美国福斯(中国)等企业核心供应商

★奇瑞发动机公司
地址:安徽省芜湖市经济技术开发区长春路8号
邮编:241009
电话:0553/5923068、5923069
传真:5923747
网址:www. cheryacteco. com
电子信箱:acteco@ mychery. com
质量体系:ISO/TS 16949
产品情况:30多款汽油发动机、柴油发动机,以及MT、AMT、AT、CVT变速器
出口情况:出口美国、俄罗斯、德国、印度、西班牙等国家

★芜湖永达科技有限公司
地址:安徽省芜湖市经济技术开发区长江北路
邮编:241009
电话:0553/5845658、5961109
传真:5843119
网址:www. yongdacasting. com
电子信箱:dag@ yongdacasting. com
单位人数:1500
质量体系:ISO/TS 16949
产品情况:主要加工缸体类、飞轮类、曲轴类、缸盖类、进气管类、罩盖和壳体类铸锻件产品
配套情况:为奇瑞汽车、美国康明斯、西安康明斯、德国GPM(苏州工厂)、伯特利、众泰汽车等配套

★玉柴联合动力股份有限公司
地址:安徽省芜湖市三山区峨溪路
邮编:241080
电话:0553/7527051
传真:7527051
网址:www. kengine. cn
董事长:李胤辉
产品情况:重型车用发动机

★安徽沃德气门制造有限公司
地址:安徽省芜湖市机械工业开发区西次五路1096号
邮编:241100
电话:0553/8118777、8118222
传真:8118788
网址:www. ahwode. com
电子信箱:anwode@ wode - valve. com
质量体系:ISO 9001
产品情况:进排气门、涡轮增压气阀,年产能力1800万支
配套及出口情况:为力帆、隆鑫、宗申、润通、江动、大江、银翔等多家主机厂配套;远销东南亚、南美洲、中东等地区

★芜湖中宇散热器有限公司
地址:安徽省芜湖市机械工业园区
邮编:241100
电话:0553/8768565、13515539465
传真:8727713

网址:www. zhongyucn. com
电子信箱:xiou8888@163. com
单位人数:90
质量体系:ISO/TS 16949
产品情况:(中翔牌)
货车、改装车、轿车以及各种摩托车、卡丁车、沙摊车散热器
配套及出口情况:斯太尔散热器与陕西重汽配套;出口美国、日本、英国、澳大利亚、南美洲、南非等国家和地区

★芜湖恒耀汽车零部件有限公司
地址:安徽省芜湖市鸠江开发区富强路59号
邮编:241100
电话:0553/5658808
传真:5658811
网址:www. evershine. net. cn
单位人数:150
质量体系:ISO/TS 16949
产品情况:排气歧管、净化器、热端总成、冷端总成、排气系统总成等

★安徽科达汽车轴瓦有限公司
地址:安徽省芜湖市芜湖县机械工业园伟三路中段
邮编:241100
电话:0553/8767583、63790088
传真:8767180、63791885
电子信箱:ahkeda@126. com
质量体系:ISO/TS 16949
产品情况:(松发牌)
发动机轴瓦

★芜湖禾田汽车工业有限公司
地址:安徽省芜湖市芜湖县新芜经济开发区工业大道1258号
邮编:241100
电话:0553/8767891
传真:8767890
网址:www. hetianauto. com
电子信箱:sale@hetian168. com
法人代表:潘海斌
负责人:潘琦俊
单位人数:405
质量体系:ISO/TS 16949
产品情况:发动机液压悬置减振器、变速器悬置减振器、减振器橡胶隔振块、橡胶金属衬套、铝锻控制臂、铁锻控制臂、锻铝转向节等5000多个品种各类别的产品
出口情况:远销欧洲、北美洲、南美洲等地区

★芜湖东大汽车工业有限公司
地址:安徽省芜湖县机械工业园
邮编:241100
电话:0553/8767677、8767688
传真:8767678
网址:www. ddaic. com
电子信箱:sales@ddaic. com
质量体系:ISO 9001
产品情况:汽车水泵
配套及出口情况:为奇瑞、一汽、夏利、吉利、浙江凌田等配套;远销欧洲、美洲、大洋洲、中东、东南亚等地区

★安徽明通汽车部件有限公司
地址:安徽省芜湖县机械工业园东区经三路669号
邮编:241100
电话:0553/8725555
传真:8818966
网址:www. china - mingtong. com
电子信箱:lily@mitofil. com
单位人数:300
质量体系:ISO/TS 16949
产品情况:(EUROFIL牌、PURRFLUX牌)
各种类型的机油、柴油、空气滤清器及总成,年产能力800多万套
出口情况:远销欧美、南美洲、非洲、中东等国家和地区

★芜湖和泰汽车电机有限公司
地址:安徽省芜湖县机械工业园区工业大道
邮编:241100
电话:0553/8765108、8765116
传真:8765115
网址:www. ht - radiatorfan. com
电子信箱:hotechzm@vip. 163. com
质量体系:ISO/TS 16949
产品情况:汽车散热器风扇

★芜湖美达机电实业有限公司
地址:安徽省芜湖县机械工业园纬三路8号
邮编:241100
电话:0553/8768481
传真:8768480
网址:www. midabearing. com
电子信箱:mida@midabearing. com
质量体系:ISO/TS 16949、QS 9000
产品情况:(Y. D. B牌)
进口、国产重型汽车、工程机械等系列发动机轴瓦、衬套和止推片
配套及出口情况:为三菱、本田、一汽集团、东风汽车公司、广西玉柴、南京跃进、北汽等配套;畅销美国、欧洲、俄罗斯、韩国、东南亚等国家和地区

★芜湖永裕汽车工业有限公司
地址:安徽省芜湖县机械工业园阳光大道2188号
邮编:241100
电话:0553/8768668
传真:8768777
网址:www. whyongyu. com
电子信箱:bod@whyongyu. com
质量体系:ISO/TS 16949
产品情况:(BOD牌)
汽车发动机缸盖、进气歧管及飞轮壳产品

★安徽美瑞尔滤清器有限公司
地址:安徽省芜湖县新芜经济开发区东湾路333号
邮编:241100
电话:0553/8118118、8118163
传真:8118113
网址:www. mrefilter. cn
电子信箱:08@mrefilter. com
质量体系:ISO/TS 16949
产品情况:(日王牌)
机油滤清器、燃油滤清器、空气滤清器

★芜湖顺荣汽车部件股份有限公司
地址:安徽省芜湖市南陵工业园区
邮编:241300
电话:0553/6816308、6816172
传真:6816088
质量体系:ISO/TS 16949
产品情况:塑料燃油箱

★黄山科能汽车散热器有限公司
地址:安徽省黄山市黄山经济开发区霞高路21号
邮编:245000
电话:0559/2169838、2166969
传真:2169697、2166466
电子信箱:cjh@keneng. com
质量体系:ISO/TS 16949
产品情况:(科能(Kenneng)牌)
汽车散热器、冷凝器、蒸发器、油冷器、中冷器
出口情况:出口汽车散热器,出口金额1.1万美元

★安庆环新集团有限公司
地址:安徽省安庆市迎宾大道16号
邮编:246001
电话:0556/5305031
传真:5305030
网址:www. china - arn. com
法人代表:潘一新
负责人:曹立新
质量体系:ISO/TS 16949、ISO 14001
产品情况:(ARN牌)
活塞环、缸套、气门座圈及活塞等

★安庆帝伯格茨缸套有限公司
地址:安徽省安庆市经济技术开发区3.9平方公里工业园24号区
邮编:246005
电话:0556/5305207、5305107
传真:5305105、5305102
网址:www. atgl. com. cn
电子信箱:atgl@atgl. com. cn
质量体系:ISO/TS 16949、ISO 14000
产品情况:(ATGL牌)
汽油车、柴油车缸套,具有年产2800万只缸套的生产能力
配套情况:为一汽丰田、天津一汽丰田、广汽丰田、昌河铃木、长安福特、长安马自达、沈阳三菱、上海汽车、长安汽车、

长城汽车、奇瑞、江淮、比亚迪、吉利、东风雪铁龙、玉柴、上柴、上海日野、大柴、锡柴、重庆康明斯、西安康明斯、上海纽荷兰等配套

★安庆帝伯格茨活塞环有限公司

地址:安徽省安庆市经济技术开发区迎宾大道16号
邮编:246005
电话:0556/5305722、5305880
传真:5305881、5305796
网址:www.aqatg.com
电子信箱:oemsale@aqatg.com
质量体系:ISO/TS 16949、ISO 14001
产品情况:(ATG牌)
活塞环
配套情况:轿车活塞环为一汽-大众、上汽大众、天津一汽丰田、东风本田、神龙汽车、广汽本田、奇瑞汽车、江淮汽车、比亚迪、上汽、长安铃木、长城汽车等配套;微型车活塞环为东安三菱、沈阳三菱、长安汽车、上汽通用五菱、东安动力、昌河动力等配套;柴油车活塞环为潍柴、康明斯、锡柴、大柴、玉柴、依维柯、上柴、江铃、福田、江淮、云内、常柴、全柴等配套;摩托车活塞环为隆鑫、大长江、五羊本田、新大洲本田、金城、宗申、力帆、建设等主机厂配套

★安庆帝伯粉末冶金有限公司

地址:安徽省安庆市经济开发区7-5号区
邮编:246005
电话:0556/5357632、5356450
传真:5357385
网址:www.aqatp.com
电子信箱:baoanyan@aqatp.com
质量体系:ISO/TS 16949、VDA 6.1
产品情况:(ATP牌)
烧结气门座圈及气门导管
配套情况:为东安、一汽集团、上汽通用五菱、沈阳新光、朝柴、五羊-本田、嘉陵本田、重庆宗申等配套

★安庆雅德帝伯活塞有限公司

地址:安徽省安庆市开发区迎宾大道317号区
邮编:246005
电话:0556/5345382
传真:5345482
网址:www.tpr.co.jp
电子信箱:fanqing0562@vip.sina.com
法人代表(负责人):潘一新
单位人数:200
质量体系:ISO/TS 16949
产品情况:(AAT牌)
汽油机、柴油机、摩托车和空压机用中、高档活塞
配套及出口情况:为汽车主机厂配套;50%的产品出口

★安庆市德奥特汽车零部件有限公司

地址:安徽省安庆市怀宁工业园石牌大道7号
邮编:246121
电话:0556/5163588、5163566
传真:5163777
网址:www.deaote.com.cn
电子信箱:deaote@sohu.com
质量体系:ISO 9001
产品情况:(德奥特牌)
汽车、摩托车发动机活塞环系列产品等
出口情况:远销东南亚、中东、非洲、欧美等50多个国家和地区

★安庆帝迈德活塞环制造有限公司

地址:安徽省安庆市潜山经济开发区
邮编:246300
电话:0556/8936910、18155617221
传真:8936909
网址:www.zgdmd.com
电子信箱:aqdmd@aliyun.comn
单位人数:280
质量体系:ISO/TS 16949、ISO 9002
产品情况:(帝迈牌)
汽车、摩托车及特种活塞环、活塞、缸套
配套及出口情况:与上汽大众、一汽-大众、丰田、本田、东风日产、东风康明斯、马自达、东安、长安、五菱、依维柯、五十铃、铂金斯、玉柴、常柴等厂家的车型直接或间接的配套;摩托车系列与宗申、力帆、嘉陵、银翔、建设等车型全面配套;部分产品远销欧美、日本等国家和地区

★安徽万瑞汽车零部件有限公司

地址:安徽省岳西县莲云经济开发区
邮编:246600
电话:0556/2172861、13855623599
传真:2172861、2249222
网址:www.wrqc-1.cn
电子信箱:wrqc-1@wrqc-1.cn
质量体系:ISO 9001
产品情况:汽车用燃油箱及附件,年生产能力20万套
配套情况:为江淮汽车、北汽福田等主机厂配套

★安徽艾可蓝环保股份有限公司

地址:安徽省池州市高新经济开发区玉镜路
邮编:247000
电话:0566/2419660、2419666
传真:2419017
网址:www.act-blue.com
电子信箱:sales@act-blue.com
董事长:刘屹
单位人数:200
质量体系:ISO/TS 16949
产品情况:汽、柴油和天然气发动机尾气净化产品
配套及出口情况:包括东风、福田、江淮、奇瑞、北汽、广汽、华菱、卡威、玉柴、全柴、云内、常柴、莱动、四达等;远销俄罗斯、乌克兰、伊朗等国家,年出口量超50万L催化剂

福建省

★福州南配活塞销有限公司

地址:福州市金山投资区金塘路35号
邮编:350002
电话:0591/83744014、83744219
传真:83744014、83765523
网址:www.china-pin-piston.com
电子信箱:npm2004@aliyun.com
董事长:王金生
负责人:江国清
单位人数:140
质量体系:ISO/TS 16949
产品情况:汽车活塞销,年产1200万只
配套情况:为一汽集团、东安汽车、长安汽车、华翔汽车发动机、天津一汽、三菱汽车发动机、奇瑞汽车、辉门东西(青岛)活塞、安庆雅德帝伯活塞、滨州渤海活塞、钜全汽车、山东股份、福州配件、吉利汽车、长城汽车、江淮汽车、长安福特、马勒发动机、力帆汽车、协成汽车、重庆发动机、重庆零部件、新晨动力、渝安潍海动力、吉奥动力、恒泰活塞、东基机械、五菱柳机动力、吉奥汽车、吉利安通、福田汽车、台州发动机、北京股份、比亚迪、一汽轿车、华晨汽车、华晨金杯、沈阳汽车、无锡开普机械、海马轿车等配套

★福州钜全汽车配件有限公司

地址:福州市晋安区鼓山镇福兴投资区福新东路245号
邮编:350014
电话:0591/83665556、28069888
传真:83624740
网址:www.jcc-parts.com
电子信箱:jcc@jcc-parts.com
质量体系:ISO/TS 16949、QS 9000
产品情况:(JCC牌)
各种铝合金活塞和有色金属铸件
配套及出口情况:为神龙汽车、绵阳新晨、沈阳三菱、沈阳新光、柳州五菱、新大洲本田、金城铃木、南方雅马哈、轻骑铃木、厦杏摩托等配套;活塞已远销美国、加拿大、意大利等国家

★福州泰维克汽车配件有限公司

地址:福州市闽侯县青口镇白水路
邮编:350119
电话:0591/22768366、22775571
传真:22775597
网址:www.tevick.com
电子信箱:tvk2@tevick.com
质量体系:ISO/TS 16949
产品情况:(TVK牌)
各种发动机铝合金活塞
配套及出口情况:为精通天马、江门力

擎、江苏众星、黄岩本州、慈溪宗申、重庆松盛等配套;出口德国、日本、韩国、土耳其、泰国、巴基斯坦、越南、英国等十几个国家和地区

★福建龙生机械有限公司
地址:福州市青口投资区千家山工业区
邮编:350119
电话:0591/83663586
传真:87433218
网址:www.fjhongtai.com
电子信箱:hongtai@fjhongtai.com
董事长:林龙生
质量体系:ISO/TS 16949
产品情况:(HJ 牌)
汽车、工程机械、柴油发电机等 8 大系列缸套、活塞
出口情况:畅销日本、德国、英国、韩国、美国、中东、南美洲、东南亚等国家和地区

★福州明扬交通器材有限公司
地址:福州市长乐营前工业区
邮编:350201
电话:0591/28993700
传真:28993400
网址:www.mingyang-group.com
电子信箱:mysale@mingyang-group.com
产品情况:发动机铝合金活塞环、活塞、连杆、汽缸、销等产品
配套及出口情况:为东基星机械、沈阳星光、沈阳科翔、浙江王野动力、浙江嘉爵摩托车、浙江永源集团、江苏新世纪、上海达众摩托、上海杰士达摩托等近 50 家汽车、摩托车厂装车配套;远销多个国家和地区

★福州洪泰机车配件有限公司
地址:福建省福清市元洪投资区洪海次二路
邮编:350300
电话:0591/85555728、85555758
传真:85560866
网址:www.opautoparts.com
电子信箱:sale@opa168.com
质量体系:ISO/TS 16949
产品情况:(OPA 牌)
汽车水泵、机油泵
出口情况:出口中东、南美洲、欧洲、东南亚等地区

★福州瑞融汽车配件有限公司
地址:福建省福清市元洪投资区云海三路
邮编:350300
电话:0591/85537337
传真:85532828
网址:www.conam-cn.com
电子信箱:sale@conam.cn
质量体系:ISO 9001
产品情况:电喷燃油泵系列产品
出口情况:出口中东、南美洲、欧洲、东南亚等地区

★福清市高民滤清器有限公司
地址:福建省福清市高山镇高华工业区
邮编:350319
电话:0591/85881668、85889999
传真:85891799
网址:www.gaomin.cn
单位人数:86
质量体系:ISO 9001
产品情况:滤清器,年生产机油、柴油、空气滤清器(含滤芯)120 万只

★莆田市英龙活塞环厂
地址:福建省莆田市城厢区龙桥石顶(东圳路)
邮编:351100
电话:0594/2794900、2794476
传真:2794900
电子信箱:yl@ylhsh.com
质量体系:QS 9000、ISO 9002
产品情况:(英龙牌)
汽车、农用车、摩托车等各种发动机活塞环
配套情况:为朝柴、玉柴、上柴、大柴、重汽集团、陕汽集团、康明斯、东风汽车公司、天津一汽丰田、南京依维柯、上汽大众、一汽轿车、长安汽车、东安、天津一汽华利等配套

★福建莆田中路通配件厂
地址:福建省莆田市涵江区都分工业区
邮编:351111
电话:0594/3605653、3605657
传真:3605652、6365050
网址:www.china-lutong.com
电子信箱:c.h@china-lutong.net
质量体系:QS 9000、ISO 9001
产品情况:(中路通牌)
泵头、柱塞、出油阀、喷油嘴等

★福建省莆田市中涵机动力有限公司
地址:福建省莆田市涵江区国欢镇都郊工业区
邮编:351111
电话:0594/3606383、3603380
传真:3600560、3603560
电子信箱:john@vepump.com
质量体系:ISO/TS 16949
产品情况:VE 型分配泵、机械式泵喷嘴、电控泵喷嘴、共轨产品、输油泵、喷油器总成、喷油嘴、柱塞、出油阀三对精密偶件

★福建东亚机械有限公司
地址:福建省仙游县木兰街坑尾 18 号
邮编:351200
电话:0594/8292251
传真:8288266
网址:www.dongya.cn
电子信箱:fjdy@dongya.cn
单位人数:1120
质量体系:ISO/TS 16949、QS 9000
产品情况:(DY 牌)
活塞环
配套情况:为哈尔滨东安、东安三菱、长安汽车、柳州五菱、吉利汽车、奇瑞汽车、绵阳新晨、上海华普、东风渝安、比亚迪、钱江集团、建设集团、力帆集团、宗申集团、隆鑫集团、轻骑集团、望江铃木、百力通等配套

★华闽南配集团股份有限公司
地址:福建省南平市长沙高新区华闽工业园
邮编:353000
电话:0599/8600067、8611183
传真:8628344、8612329
网址:www.npmsun.com
电子信箱:nphmqp@vip.163.com
负责人:王金生
单位人数:1200
质量体系:ISO/TS 16949
产品情况:(NPM 牌)
活塞环、活塞、活塞销、缸套等
配套情况:为沈阳三菱、东安动力、五菱柳机、上汽通用五菱、重汽集团、杭发、兵工集团、奇瑞、一汽轿车、比亚迪、吉利、重庆渝安、绵阳新晨动力、江淮、上海华普、天津一汽夏利、江苏英田、嘉陵摩托、力帆摩托、宗申摩托等配套

★福建华泰汽配工业股份有限公司
地址:福建省南平市高新开发区华泰工业园
邮编:353000
电话:0599/8605081、8631789
传真:8605087、8626766
网址:www.npht.com.cn
电子信箱:npht@npht.com.cn
质量体系:ISO/TS 16949
产品情况:(华泰牌)
内燃机连杆瓦、曲轴瓦、曲轴止推瓦及各类鼓式、盘式制动片
配套情况:为多家主机厂配套

★福建省建瓯巨力活塞有限公司
地址:福建省建瓯市东瓯街 32 号
邮编:353100
电话:0599/3832658
传真:3821910
电子信箱:jianou@jlpiston.com
质量体系:QS 9000、ISO 9001
产品情况:(巨力牌、福建牌)
各种型号的铝活塞
配套情况:为常柴集团、时风集团、江铃汽车、江淮动力、保定内燃机、双福内燃机、四达柴油机、力佳动力、开普动力等配套

★福建省将乐三华轴瓦股份有限公司
地址:福建省将乐县新将北路 15 号
邮编:353300
电话:0598/2323509、2323503
传真:2323509
网址:www.fjshzw.com

电子信箱:fjshscb@ fjshzw. com
单位人数:160
质量体系:ISO/TS 16949、QS 9000
产品情况:(三华牌)
汽车发动机轴瓦
配套及出口情况:是中国一汽解放锡柴、东风朝柴、山东潍柴、南汽、扬柴、扬动等国内十几家知名发动机生产公司的定点轴瓦配件企业;远销欧美、东南亚等地区

★福安市德普电器有限公司
地址:福建省福安市秦溪洋工业园区和平路
邮编:355000
电话:0593/6396977
传真:6396979
电子信箱:info@ dp – electric. com
质量体系:ISO 9001
产品情况:(TAGUD 牌)
汽车风扇、蒸发风机、暖风机、制动片、空气滤清器、弹簧、尾翼、座椅、踏板等
配套及出口情况:为客车、货车、工程机械、农业机械主机厂配套;出口美国、加拿大、德国、俄罗斯、阿联酋、印度、巴基斯坦、土耳其、日本、韩国、新加坡、马来西亚、泰国等50多个国家,并销往中国台湾地区

★福建省霞浦华威机电有限公司
地址:福建省霞浦县三沙镇奇沙195号
邮编:355101
电话:0593/8691666、8691777
传真:8669999
网址:www. cnhw. com. cn
电子信箱:filter@ cnhw. com. cn
质量体系:ISO 9001
产品情况:(UL 牌)
电门开关、加油口盖、汽车滤清器(空气、汽油、机油)、牌照框、轿车转向盘、安全带、减振器、轿车灭火器材等
出口情况:产品80%出口东南亚、中东、美国等国家和地区

★福鼎市鑫龙机械部件有限公司
地址:福建省福鼎市太姥山镇水井头工业园区
邮编:355209
电话:0593/7266636
传真:7277787
网址:xl – machine. net
电子信箱:sales@ xl – machine. net
质量体系:ISO/TS 16949、ISO 9001
产品情况:汽车液压制动泵铝活塞和铝阀门杆、比例阀柱塞和柱塞套、弹簧制动气室活塞、发动机排气阀缸体、化油器柱塞和全套高精密铜配件以及对外硬质阳极氧化加工等;年生产各种汽车活塞、阀杆达1800万件

★厦门理研工业有限公司
地址:福建省厦门市集美区灌口镇灌口中路465号
邮编:361023
电话:0592/6360076
传真:6360070
网址:www. riken. com. cn
电子信箱:rik@ riken. com. cn
质量体系:QS 9000、ISO 14001
产品情况:(RIK 牌、RIKEN 牌)
活塞环、中空凸轮轴、中实凸轮轴、汽缸套、汽缸体等汽车、摩托车发动机用零部件
配套情况:为广汽本田、上汽通用五菱、长安铃木、天津一汽丰田、东南汽车、天津一汽夏利、五羊–本田、新大洲本田、江门大长江、重庆建设、建设雅马哈、厦杏摩托、钱江摩托、株洲雅马哈等配套

★泉州特库克汽车零部件有限公司
地址:福建省泉州经济技术开发区智泰路5号
邮编:362000
电话:0595/85921788、22496988
传真:85921866
网址:www. teikuko. com
电子信箱:qzjtp@ teikuko. com
质量体系:ISO 9001
产品情况:(JTP 牌)
各种规格汽缸套、活塞、轴瓦产品
出口情况:95%的产品出口日本、欧洲、美洲、东南亚

★泉州鲤城明侨机械配件有限公司
地址:福建省泉州南环路中段(江南高科技产业园区)
邮编:362000
电话:0595/22450171、13805924419
传真:22453525
网址:www. mingqiao. cn
电子信箱:fqlmq@ mingqiao. cn
产品情况:气门、气门座圈、气门导管,也兼营汽缸垫、大修包、活塞环、凸轮轴、活塞等发动机配件
配套及出口情况:为主机厂配套;出口东南亚、欧洲、美洲、中东等多个国家和地区

★泉州福威龙机械发展有限公司
地址:福建省泉州市江南高新技术园区元福北路7号
邮编:362000
电话:0595/22446666、13906993263
传真:22595528
网址:www. qzfwl. com
电子信箱:fwl@ qzfwl. com
质量体系:ISO/TS 16949
产品情况:喷油嘴、柱塞、出油阀、泵头

★泉州洛江远东凸轮轴厂
地址:福建省泉州市洛江区双阳街道华侨经济开发区侨心街
邮编:362000
电话:0595/22780388、22785377
传真:22785389
网址:www. fareastcam. com
电子信箱:sales@ fareastcam. com
单位人数:150
质量体系:ISO 9001
产品情况:凸轮轴,年产能力200万件
出口情况:远销欧美、中东、东南亚等地区

★泉州市丰业滤清器制造有限公司
地址:福建省泉州市新门外新宅工业区
邮编:362000
电话:0595/22426688
传真:22412190
网址:www. qzfilter. com
电子信箱:fy2288@ feng – ye. com
质量体系:ISO 9001、OHSAS 18001
产品情况:空气滤清器、机油滤清器、柴油滤清器、油水分离器、液压滤清器、粉尘过滤器
出口情况:远销海外市场

★威兰(泉州)汽车零部件有限公司
地址:福建省泉州市清濛开发区崇宏街98号
邮编:362005
电话:0595/85992859、85150755
传真:85992869
电子信箱:weilanparts@ 163. com
质量体系:ISO/TS 16949、QS 9000
产品情况:汽车发动机高强度螺栓、螺母、气门摇臂总成、气门导管等
配套情况:为江铃汽车、东风汽车公司、东风康明斯发动机等配套

★晋江市华星电子器件有限公司
地址:福建省晋江市梅岭工业区华星工业大厦
邮编:362200
电话:0595/85685246、85685604
传真:85667489
电子信箱:huaxing2@ cnqz. com
质量体系:ISO 9001、ISO 14001
产品情况:(华星牌)
压缩机、汽油泵、机油泵、燃油自动阀开关、速度计齿轮箱等

★泉州市博隆缸套制造厂
地址:福建省南安市滨江机械制造基地滨江大道5号
邮编:362302
电话:0595/26558838
传真:26559839
电子信箱:909148986@ qq. com
质量体系:ISO/TS 16949
产品情况:(博隆(BOLONG)牌)
缸套

★泉州市双塔汽车零件有限公司
地址:福建省南安市滨江机械装备制造基地金河大道6号
邮编:362302
电话:0595/86268350

传真:86268388
网址:www. qzst. com. cn
电子信箱:shuangta@ shuangta. com. cn
单位人数:600
质量体系:ISO/TS 16949、ISO 14001
产品情况:(双塔牌)
汽车发动机油底壳、汽缸罩、隔热板、机油尺、冷却水管总成、汽车保险杠总成、备胎架总成、摩托车冲压覆盖件、工程车钢圈等汽车、摩托车、工程车零部件
配套情况:为江铃汽车、庆铃集团、东风汽车公司、江淮汽车、柳州五菱、北汽福田、济南轻骑铃木、广东大长江、沈阳航天三菱、保定长城内燃机、成都发动机、北内集团、沈阳双福等配套

★福建省南安市丰州水泵制造厂
地址:福建省南安市西郊丰州金鸡亿达工业区
邮编:362333
电话:0595/86781462、86783462
传真:86789362
网址:www. china - nanjian. com
电子信箱:nj@ china - nanjian. com
质量体系:ISO 9001
产品情况:(南建牌)
国产、进口各种车型内燃机离心冷却水泵
配套情况:为玉柴、扬柴、扬动、朝柴、锡柴等配套

★福建力佳股份有限公司
地址:福建省漳州蓝田经济开发区小港北路32号
邮编:363005
电话:0596/2972020、2972043
传真:2927380
网址:www. lijia. com. cn
电子信箱:fjlj@ lijia. cn
单位人数:800
质量体系:ISO 9001
产品情况:(力佳牌)
SL、LJ等系列柴油机,用于低速汽车、三轮载货汽车、联合收割机、工程机械等
配套及出口情况:为约翰·迪尔(宁波)、中国一拖、中国重汽、中集集团、山东时风、厦工集团、常州东风、福田雷沃重工等国内30多家知名主机厂等配套;部分产品出口东南亚、南非、美国等国家和地区

★龙岩阿赛特汽车零部件制造有限公司
地址:福建省龙岩市新罗区工业西路68号(龙州工业园)
邮编:364099
电话:0597/2260236、2268585
传真:2268826
网址:www. asaite. com
电子信箱:xucr@ asaite. com
质量体系:ISO/TS 16949
产品情况:汽车皮带轮、张紧轮,具备年产1000万件张紧轮及500万件皮带轮生产能力

★立邦(福建)滤清器制造有限公司
地址:福建省漳平市工贸新区工业路1号
邮编:364400
电话:0597/7556888
传真:7556999
网址:www. npf2009. com
电子信箱:npf01@ npf2009. com
质量体系:ISO/TS 16949
产品情况:空气滤清器、空调滤清器、机油滤清器、燃油滤清器,年产800万件滤清器
出口情况:远销欧美、东南亚等地区

★汇华集团东南汽车缸套有限公司
地址:福建省三明市三元区汇华工业园区6号
邮编:365002
电话:0598/8889098、13850839502
传真:8889096
电子信箱:fihwadn@ 163. com
质量体系:ISO/TS 16949
产品情况:(鹤鸣牌、汇华牌)
汽车、农机、工程机械、船舶等各类汽缸套,年产能力500多万只
出口情况:出口美国、日本、韩国、东南亚等20多个国家和地区

江西省

★南昌江铃华翔汽车零部件有限公司
地址:南昌市青云谱区昌南工业园内
邮编:330001
电话:0791/87080188
传真:87080166
质量体系:QS 9000、ISO 9000
产品情况:燃油箱、制动器、冲压件、内外装饰和空调器塑料件

★恒天动力有限公司
地址:南昌市经济开发区青岚路
邮编:330200
电话:0791/86390518
传真:87111889、87111849
网址:www. chtdl. com
董事长:王建明
质量体系:ISO/TS 16949
产品情况:(南昌牌)
X105、凯尔NC110、凯悦NK115、NC493系列柴油机(功率段为17.5~147kW)和电站(功率覆盖从1~500kW)及天然气发动机(125~206kW)

★江西沃尔福发动机有限公司
地址:南昌市小蓝工业园金沙大道366号
邮编:330200
电话:0791/85975888
传真:85975828
电子信箱:wuyh@ welff. com
法人代表:万建荣
负责人:梅俊
单位人数:320
质量体系:ISO/TS 16949、ISO 14001
产品情况:(沃尔福牌)
R425DOHC/E428DOHC系列高压共轨柴油发动机、JE4D25/JE4D28/JE4D20国Ⅳ系列(具备快速提升到欧Ⅴ)高压共轨柴油发动机、满足国Ⅱ、Ⅲ、Ⅳ排放标准的JE493ZQ/JE493G系列发动机;年产量6万台
配套及出口情况:配套陆风(X8/X6/X9)、黄海(新旗胜)、长丰(CS6)、中兴(无限SUV)、江铃新动力、九龙(大海狮)、北汽、奇瑞等;北汽海狮出口埃及,江苏九龙海狮出口马里,厦门金龙海狮出口马来西亚、埃及,黄海SUV出口埃塞俄比亚

★江西凯富勤实业发展有限公司
地址:南昌市小蓝工业园玉湖路128号
邮编:330200
电话:0791/85988488 - 802
传真:85988488 - 806
网址:www. chinakfq. cn
电子信箱:jxkfl@ 126. com
质量体系:ISO/TS 16949
产品情况:(凯富勤牌)
汽车油水分离器、硅油风扇耦合器、高压共轨燃油滤清器、柴油滤清器总成及节温器等
配套情况:是江铃汽车集团、江淮汽车集团、广汽日野集团、东风日产发动机、江西五十铃、东风汽车集团等知名车厂配套的一级配套供应商

★江西省苏达轴瓦有限公司
地址:南昌市小蓝工业园玉湖路236号
邮编:330200
电话:0791/85989011
传真:85989012
网址:www. cnsuda. com
电子信箱:cnsuda@ sina. com
质量体系:ISO 9001
产品情况:轴瓦、衬套和止推片等
出口情况:远销美国、德国、日本、中东、东南亚等国家和地区

★江西戈马实业有限公司
地址:江西省樟树市城北经济技术开发区
邮编:331208
电话:0795/7858199、7858399
传真:7858299
网址:www. jxgema. com
电子信箱:info@ jxgema. com
单位人数:500
质量体系:ISO/TS 16949
产品情况:(江字牌)
各种汽车活塞环,年产能力2000万片
配套及出口情况:为江铃、南柴、莱动、

全柴等30多家主机厂配套;出口东欧、东南亚、美洲、非洲、中东等地区

★樟树市福铃内燃机配件有限公司
地址:江西省樟树市城北经济技术开发区
邮编:331208
电话:0795/7853813、7851333
传真:7851133、7853803
电子信箱:ctfl@ vip. 163. com
质量体系:ISO/TS 16949、QS 9000
产品情况:(福铃牌)
　　内燃机气门座圈、导管、弹簧座及锁片、涡流室镶块、惰齿轮AB轴、缸体左右加强板、电动机支架、空调支架、飞轮壳等
配套情况:为江铃汽车、庆铃汽车、北汽福田、长城汽车等配套

★江西同欣机械制造有限公司
地址:江西省上饶市广丰芦林工业区
邮编:334600
电话:0793/2625019
传真:2662570
电子信箱:bgs@ tongxin - cn. com
质量体系:ISO/TS 16949、ISO 9001
产品情况:汽车、摩托车发动机凸轮轴,油泵凸轮轴及新型干法水泥生产线的熟料槽式输送机、提升机及铸钢件、铸铁件等
配套情况:为神龙汽车、奇瑞汽车、长城汽车、吉利汽车、力帆汽车、比亚迪汽车、济南轻骑、无锡开普等配套

★萍乡市德博科技发展有限公司
地址:江西省萍乡市经济开发区(北区)郑和路6号
邮编:337000
电话:0799/7082909、7082908
传真:6770007
网址:www. debokj. com
电子信箱:sale - china@ debokj. com
质量体系:ISO/TS 16949
产品情况:喷嘴环、密封环、浮动轴承、止推片
出口情况:远销亚洲、欧洲等10多个国家和地区

★江西澳力特缸套有限公司
地址:江西省新余市高新开发区澳力特工业园
邮编:338004
电话:0790/6865888、6865777
传真:7089660
网址:www. olite. com. cn
电子信箱:vip1@ olite. com. cn
质量体系:ISO/TS 16949、ISO 14001
产品情况:(澳力特牌)
　　各类汽缸套,年生产300余万只
出口情况:出口日本、泰国、马来西亚、菲律宾、印度尼西亚、新加坡等国家,并销往中国台湾地区

★江西辉业曲轴连杆制造有限公司
地址:江西省吉安市吉州工业园人众路
邮编:343000
电话:0796/8251446、8251186
传真:8251446
网址:www. jxhuiye. com
电子信箱:hy@ jxhuiye. com
质量体系:ISO/TS 16949
产品情况:(辉业牌)
　　连杆,年产30万支;曲轴,年产5万根
配套及出口情况:为江铃汽车、成都成发汽车发动机、沈阳双福内燃机、无锡开普机械等厂家配套;出口泰国、印度、意大利、美国、日本、德国等国家

山东省

★山东天一机工活塞环有限公司
地址:济南市历城区高新技术开发区世纪大道112号
邮编:250013
电话:0531/83157229
传真:83155248
网址:www. sdtyjg. com
电子信箱:sdtianyijigong@ 126. com
董事长:杨德清
单位人数:890
质量体系:QS 9000、ISO 9002
产品情况:内燃机活塞环、活塞,具有年产2000万片活塞环、80万只活塞的生产能力

★济南盛丰创力汽车配件有限公司
地址:济南市槐荫区二环西路西沙工业园东邻
邮编:250022
电话:0531/66726666
传真:87295566
质量体系:ISO 9001、ISO 14001
产品情况:缸套、活塞环、活塞、高压阻尼线、风扇带、十字轴、气门油封、气门、张紧轮、滤清器、火花塞、离合器从动盘总成、油封、离合器片、汽缸垫、真空助力泵、时规带等

★济南凯德汽车零部件有限公司
地址:济南市槐荫区经四路710号
邮编:250022
电话:0531/87195219
传真:87195298
质量体系:ISO/TS 16949
产品情况:(盛凯德牌)
　　发动机进排气门
配套情况:为上汽大众、神龙汽车、丰田、长安铃木等配套

★济南沃博汽车零部件有限公司
地址:济南市张庄路132号
邮编:250023
电话:0531/85977332
传真:85559298
电子信箱:jnwobo2006@ 163. com
质量体系:QS 9000、VDA 6.1
产品情况:发动机气门

★济南鼎鑫汽车散热器有限公司
地址:济南市天桥区蓝翔路时代总部基地9区104号
邮编:250031
电话:0531/85708798
传真:81263510
电子信箱:757152710@ qq. com
质量体系:ISO 9001
产品情况:汽车PP改装包围、SUV踏板、中网、日行灯、ABS尾翼、挡泥板等改装件
出口情况:远销中东、德国、美国、南非等几十个国家和地区

★济南铭洋散热器有限公司
地址:济南市北外环重汽配件城A10-3号
邮编:250032
电话:0531/80990263
传真:80990263
质量体系:ISO 9001
产品情况:散热器

★济南喀泰客汽车配件有限公司
地址:济南市历城区花园路45号
邮编:250100
电话:0531/69950928
传真:88010658
网址:www. cartekcn. com
电子信箱:sales@ cartekcn. com
质量体系:ISO/TS 16949
产品情况:制动盘、滤清器

★马勒贝洱热系统(济南)有限公司
地址:济南市高新区春暄路3000号孙村重汽工业园
邮编:250104
电话:0531/85190000、85190169
传真:85190999
电子信箱:shelley. ye@ behrgroup. com
产品情况:适用于重型货车的冷却模块、散热器、中冷器、硅油风扇、蒸发器、暖风芯体、冷凝器、压缩机和空调管;适用于乘用车的冷却模块、中冷器;适用于中冷器及散热器的散热管等
配套及出口情况:主要客户包括中国重汽、北奔重卡、四川现代、沃尔沃UDT(出口)、长城汽车;出口国外市场

★曼胡默尔滤清器(济南)有限公司
地址:济南市高新区世纪大道1101号
邮编:250104
电话:0531/62328488
传真:62328476
网址:www. mann - hummel. com
电子信箱:infomtcn@ mann - hummel. com
产品情况:(曼牌)
　　空滤器、Pre Line燃油粗滤器、燃油滤清器等
配套情况:为重汽集团配套

★山东布瑞克斯汽车零部件有限公司
地址:济南市历城区胜利路30号
邮编:250108
电话:0531/88777711、88777700
传真:88777722
网址:www.sdbrks.com
电子信箱:brks@163.com
质量体系:ISO 9001
产品情况:(布瑞克斯牌)
机油滤清器、汽油滤清器、空气滤清器、空调滤清器及各种尺寸的有骨与无骨刮水片等

★纵横汽车配件有限公司
地址:济南市市中区党家陡沟西山汽配城A区4排8号
邮编:250116
电话:0531/82341520、82341109
传真:87567368
质量体系:ISO 9001
产品情况:散热器、中冷器、暖风、膨胀水箱、装载机等

★济南利德气门有限公司
地址:济南市槐荫区段兴东路3号
邮编:250117
电话:0531/86791252、13903398383
质量体系:ISO 9001
产品情况:(华骋牌)
内燃机进、排气门
配套情况:有多家主机厂装机配套

★济南永跃汽车散热器有限公司
地址:济南市市中区党家办事处西首
邮编:250216
电话:0531/83624866
传真:83624658
质量体系:ISO/TS 16949
产品情况:车用散热器、中冷器

★山东新金发汽车零部件有限公司
地址:山东省章丘市龙山工业园潘王路6号
邮编:250216
电话:0531/83628911、83628918
传真:83628958
网址:www.xinjinfa.com.cn
电子信箱:jnxjf888@163.com
单位人数:260
质量体系:ISO/TS 16949
产品情况:汽车铝合金燃油箱及托架总成、离合器压盘总成及从动盘总成;具有年产燃油箱总成2万套、离合器总成3.5万套、各种垫片、销、轴等2000万件以上的能力
配套情况:与中国重汽、陕西重汽、陕西汉德车桥等公司长期配套

★中国重汽集团济南复强动力有限公司
地址:山东省章丘市圣井重汽工业园区
邮编:250220
电话:0531/85584888、85584880
传真:85584885
网址:www.chinajfp.com
电子信箱:18660407795@163.com
质量体系:ISO/TS 16949
产品情况:(中国重汽牌)
汽车零部件制造与发动机再制造
配套情况:为中国重汽集团配套

★济南沃德汽车零部件有限公司
地址:济南市长清区经济开发区沃德大道1号
邮编:250300
电话:0531/89638111
传真:89638186
网址:www.jwaa.cn
电子信箱:yingxiao@jwaa.cn
董事长:赵清洁
负责人:李松岩
单位人数:3000
质量体系:ISO/TS 16949、VDA 6.1
产品情况:(山河牌、沃德牌)
具备年产气门6000万支、挺杆1000万支的生产能力
配套情况:长期为上汽大众、美国福特、天津丰田、神龙、一汽、中国重汽、奇瑞、东安、潍柴、玉柴、上柴、锡柴和大柴等100多家汽车和主机厂配套

★济南柴油机股份有限公司
地址:济南市经十西路11966号
邮编:250306
电话:0531/87422200、4000208899
传真:87422879、87423328
网址:www.jichai.com
电子信箱:liuweijinan@tom.com
质量体系:ISO 9001
产品情况:核心产品为中大功率内燃机,年产5000台以上,还包括液力传动装置、电气控制装置、燃气动力集成装置等
出口情况:出口美国、日本、俄罗斯、意大利、印度尼西亚、新加坡、苏丹、突尼斯等40多个国家

★山东鲁明汽车滤芯制造有限公司
地址:山东省德州市齐河县华店十字街西200米路南
邮编:251000
电话:0531/85940366、18866003466
网址:www.chinasdluming.com
电子信箱:msongdeying@163.com
质量体系:ISO 9002
产品情况:(鲁鸣牌)
滤芯

★聊城奕车汽车机械设备有限公司
地址:山东省聊城市东昌西路新东方名人苑23号楼232室
邮编:252000
电话:0635/2123598、13153806698
传真:2123568
网址:www.yes-motor.com
电子信箱:yes-motor@yes-motor.com
质量体系:ISO/TS 16949
产品情况:车用热交换器及零部件
配套及出口情况:为一汽集团、东风汽车公司配套;出口日本、美国、西欧、土耳其、中东国家和地区,并销往中国台湾地区

山东鑫亚工业股份有限公司
地址:山东省聊城市经济开发区长江路中段1号
邮编:252000
电话:0635/8352595、8352502
传真:8351273
网址:www.sdxy.com.cn
电子信箱:shandongxinya@sina.com
单位人数:2600
质量体系:ISO/TS 16949
产品情况:(亚宇牌)
喷油泵总成、喷油器总成、喷油嘴偶件、柱塞偶件、出油阀偶件、输油泵、油泵油嘴等
配套及出口情况:与70余家柴油机厂配套;出口欧美、东南亚20多个国家和地区

★山东聊城德润机电科技发展有限公司
地址:山东省聊城市凤凰工业园纬二路
邮编:252024
电话:0635/2124588、13306350155
传真:2124577、8577366
网址:www.lcdrkj.com
电子信箱:auto_partsxbd@aliyun.com
单位人数:360
质量体系:ISO 9001
产品情况:活塞销、气门弹簧座、摇臂轴、曲柄销、压销体(轴承推栓)、离合器推杆、半圆键、喷油器定位块、调整垫片、弹簧顶杆、VE泵组件、调速轴组件等系列产品
配套及出口情况:为重庆建设-雅马哈、嘉陵-本田、力帆、宗申、银钢、隆鑫、江门联和、江门力擎、广州天马、广州华林、山东鑫亚、B&S公司等30多家知名企业配套;出口美国、德国、日本、巴基斯坦等国家,并销往中国台湾地区

★山东熙德机械制造有限公司
地址:山东省聊城市经济开发区长江路56号
邮编:252061
电话:0635/8346186
传真:8346213、2119118
电子信箱:xide-shanhuan@163.com
质量体系:ISO 9002
产品情况:(SDPR牌、山环牌)
活塞环、活塞、缸套、油缸、四配套、限位键等
配套及出口情况:为常柴、莱动、潍柴、重柴、淄柴等20多家知名主机厂装机配套;出口韩国、印度尼西亚、孟加拉国、巴基斯坦等国家

★山东新大地铝业有限公司
地址:山东省茌平县信发热电工业园翰林路
邮编:252100
电话:0635/4280528、4283333
传真:4286559、4280528
网址:www.xddly.com
电子信箱:sdxddly@126.com
质量体系:ISO 9001、ISO 14001
产品情况:(新大地牌)
汽车散热器、冷凝器、中冷器、注塑件,年产能达100万台
出口情况:散热器等产品出口美国、西班牙、韩国、印度、伊朗、缅甸等多个国家

★茌平鲁冠汽车零部件有限公司
地址:山东省茌平县茌平镇工业园区
邮编:252100
电话:0635/4277777
传真:4288000
质量体系:ISO 9001
产品情况:汽车散热器

★山东嘉鑫换热器有限公司
地址:山东省茌平县工交路201号
邮编:252100
电话:0635/4287681、4282086
传真:4286110、4287386
电子信箱:sales@jixing.com.cn
单位人数:580
质量体系:ISO/TS 16949、QS 9000
产品情况:(吉星牌)
不锈钢/铝板式油冷器、风冷器、铜/铝管式油冷器、汽车空调蒸发器、冷凝器、汽车散热器、中冷器
配套及出口情况:为一汽、东风、中国一拖、北汽、广汽(传祺)、长城汽车、长安汽车、云南力帆、川汽野马、法士特齿轮、上海德朗、宝鸡专汽、华泰汽车、青岛东洋、吉利、奇瑞、重庆英特、青汽、天津水箱厂、南宁八菱等知名汽车厂及散热器厂配套;出口日本、泰国、澳大利亚、新加坡、韩国、德国、丹麦、约旦、墨西哥、阿联酋、马来西亚等国家

★茌平瑞丰汽车零部件有限公司
地址:山东省茌平县热电工业园
邮编:252100
电话:0635/4287111、13563041999
传真:4287999
网址:www.rfqcbj.com
电子信箱:rfqcbj@163.com
质量体系:QS 9000、ISO/TS 16949
产品情况:汽车散热器、汽车暖风水箱

★茌平鲁环汽车散热器有限公司
地址:山东省茌平县热电民营工业园区
邮编:252100
电话:0635/4289708
传真:4289709
网址:www.luhuanrad.com
电子信箱:hqsrq@lhsrq.com
质量体系:ISO/TS 16949
产品情况:铝质汽车散热器、汽车空调冷凝器、汽车中冷器、汽车铝板式油冷器、散热器用塑胶水室
出口情况:产品90%以上出口美国、加拿大、澳大利亚、泰国、日本、丹麦等几十个国家,并销往中国台湾地区

★茌平金冠汽车零部件有限公司
地址:山东省茌平县振兴路东首
邮编:252100
电话:0635/4231698、4232388
传真:4231166
电子信箱:cpjinguan@163.com
质量体系:ISO 9001
产品情况:汽车散热器、中冷器

★聊城市德通交通器材制造有限公司
地址:山东省聊城市茌平县804省道大崔工业园
邮编:252100
电话:0635/4282086、4286131
传真:4287222、4286110
网址:www.jixing.com.cn
电子信箱:sales@e-detong.com
单位人数:580
质量体系:ISO 9001
产品情况:铝塑散热器、全铝暖风及其他车用配件
配套及出口情况:为一汽、东风、中国一拖、北汽、广汽(传祺)、上汽双龙、长城汽车、长安汽车、云南力帆、川汽野马、法士特齿轮、上海德朗、潍坊恒安、泰安、广州、贝迪地能中央空调、宝鸡专汽、华泰汽车、豫新、青岛东洋、吉利、奇瑞、重庆英特、青汽、天津水箱厂、北汽摩、南宁八菱等知名汽车厂及散热器厂配套;50%以上的产品出口日本、美国、泰国、澳大利亚、新加坡、韩国、德国、丹麦、约旦、墨西哥、阿联酋、马来西亚、东南亚等国家和地区,并销往中国台湾地区

★山东茌平澳星汽车零部件有限公司
地址:山东省聊城市茌平县工业园
邮编:252100
电话:0635/4287166
传真:4287688
质量体系:ISO 9001
产品情况:内燃机机油冷却器、不锈钢板翅式机油冷却器

★茌平赛耐汽车零部件制造有限公司
地址:山东省茌平县高速路口南8公里
邮编:252126
电话:0635/4612789
传真:4616369
电子信箱:sainai88@126.com
质量体系:QS 9000
产品情况:(赛耐牌)
机油冷却器、中冷器和板式换热器

★阳谷宇星汽具制造有限公司
地址:山东省阳谷县阳金路108号
邮编:252312
电话:0635/6866999、2957398
传真:2957389
电子信箱:yxqj@sohu.com
质量体系:ISO/TS 16949
产品情况:滤清器

★山东省临清市盛旺曲轴厂
地址:山东省临清市松林镇工业园
邮编:252600
电话:0635/2611108
传真:2611488
电子信箱:swqz@sdswqz.com
产品情况:曲轴
配套情况:为潍柴配套

★山东省临清市腾飞动力机械厂
地址:山东省临清市松林工业园
邮编:252652
电话:0635/2611929、2611265
传真:2611929
网址:www.tfdongli.com
电子信箱:lqtengfei@126.com
单位人数:260
产品情况:(鑫城牌)
汽车内燃机冷却水泵,年产量30万台
配套及出口情况:为莱动、玉柴、建柴多家主机厂配套;出口巴基斯坦等国家

★山东润源实业有限公司
地址:山东省临清市临博路15号润源工业园
邮编:252653
电话:0635/2633128、4006356998
传真:2636128、2633336
网址:www.runyuan.com.cn
电子信箱:sdry@public.lcptt.sd.cn
单位人数:1000
质量体系:ISO 9001
产品情况:(润源(RY)牌)
发动机曲轴、液压举升油缸、桃胶/阿拉伯胶等
配套及出口情况:是一汽、东风、重汽、玉柴、锡柴、潍柴、莱动、中集、华威、驰田等发动机、改装车厂家配套合作单位;部分产品出口美洲、非洲、东南亚等十几个国家和地区

★山东鲁联机械制造有限公司
地址:山东省临清市三和路南首
邮编:252661
电话:0635/2419468、2419898
传真:2419468
网址:www.csdlly.com
电子信箱:sdll.com@163.com
董事长:姚桂林
单位人数:618
质量体系:ISO 9001
产品情况:(鲁联牌)

汽车锻件、内燃机连杆,年产能力560万支
配套及出口情况:为一汽、东风、重汽、潍柴、锡柴、玉柴、常柴、莱动、天津一汽夏利、泰柴、时风等主机厂配套;出口美国、德国、印度尼西亚、巴基斯坦等国家

★德州赛特汽车配件有限责任公司
地址:山东省宁津县银河经济开发区
邮编:253400
电话:0534/7076666、5425666
传真:5425668
质量体系:ISO 9001
产品情况:消声器、钣金件、保险杠

★山东冰川实业有限公司
地址:山东省宁津县张大庄乡经济开发区
邮编:253400
电话:0534/5685569
传真:5687569、5682875
电子信箱:bcsyyy@163.com
质量体系:ISO 9001
产品情况:(越洋牌)
汽车消声器、空气滤清器

★宁津县亨通消声器有限公司
地址:山东省德州市宁津县银河开发区香江大街1号
邮编:253416
电话:0534/5535600
传真:5067662
网址:www.sdxsq.cn
电子信箱:xsl-0065@163.com
董事长:苑福祥
单位人数:300
质量体系:ISO 9001
产品情况:各种消声器,具有年产80多万只消声器的生产能力
出口情况:出口加拿大、澳大利亚、英国、美国等10多个国家

★乐陵市海裕汽车零部件制造有限公司
地址:山东省乐陵市经济技术开发区开元东大道18号
邮编:253600
电话:0534/6292792、2112096
传真:6292992
网址:www.haiyu.net.cn
电子信箱:haiyucarfilter@gmail.com
质量体系:ISO/TS 16949、ISO 9001
产品情况:(海裕牌)
空气滤清器、空调滤及环保机油滤、燃油滤等;年生产能力约2600万只
配套及出口情况:为一汽集团配套;出口南美洲、中东、欧洲、北美洲等地区,出口量占总产量60%以上

★淄博永华滤清器制造有限公司
地址:山东省淄博市沂源经济开发区
邮编:256100
电话:0533/3282222、3382222
传真:3259888、3280999
网址:www.yh-group.com
电子信箱:ziboyonghua@126.com
法人代表:李永华
负责人:李映新
单位人数:560
质量体系:ISO/TS 16949
产品情况:(永华牌)
年产空气滤清器372万只,机油滤清器501万只,燃油滤清器402万只,滤芯180万只
配套情况:为欧曼、唐骏欧铃、一汽、常柴、潍柴华丰、华源莱动配套

★山东淄博振益汽配有限公司
地址:山东省淄博市高新技术开发区寿济路19859号
邮编:256403
电话:0533/8880681、13573300823
传真:8880681、8880685
质量体系:ISO 9001
产品情况:油寒宝011自动泵油加热器、汽车油箱油管加热器、汽车燃油泵

★山东滨州东海龙活塞有限公司
地址:山东省滨州市滨北开发区张富路23号
邮编:256600
电话:0543/3513158、3512176
传真:3512508、3203206
电子信箱:dhlwuk@163.com
质量体系:ISO 9001
产品情况:(东海龙牌)
活塞、活塞环、缸套、轴瓦等

★滨州市鑫力活塞有限责任公司
地址:山东省滨州市渤海二路1058号
邮编:256600
电话:0543/3290616、3290026
传真:3290066
网址:www.xlpiston.net
电子信箱:binzhouxinli_piston@126.com
单位人数:180
质量体系:ISO/TS 16949
产品情况:(鑫力牌)
汽车柴油机、空压机活塞
配套及出口情况:为韩国大铁柱式社会、新昌柴油机厂、莱恩(中国)动力、浙江以赛亚空压机厂、奉化天风空压机厂、中国吉奥、全椒发动机、潍坊华源柴油机厂等配套;出口中东、南亚等地区

★滨州海得曲轴有限责任公司
地址:山东省滨州市经济开发区长江三路688号
邮编:256600
电话:0543/3402808、3402800
传真:3402808
网址:www.hdqz.com
电子信箱:bgs@hdqz.com
质量体系:ISO/TS 16949
产品情况:曲轴、球墨铸铁铸件,年产曲轴近100万支
配套及出口情况:为昆明云内动力、潍柴动力扬州柴油机、北汽福田、浙江新柴动力、东风朝柴动力、一拖(洛阳)柴油机、一汽解放无锡柴油机厂、广西玉柴机器、中航工业成都发动机集团、山东潍柴华丰动力、上海纽荷兰农业机械、无锡开普动力、南昌凯马柴油机等20余家主机厂配套;出口英国、韩国、越南、挪威等多个国家和地区

★滨州盟威集团有限公司
地址:山东省滨州市渤海二十一路569号
邮编:256602
电话:0543/3288787
传真:3288899
质量体系:ISO/TS 16949
产品情况:大柴、潍柴、锡柴、上柴等活塞,年产1303万只;吉利、力帆等摩托车活塞,年产55万只

◉ 山东滨州渤海活塞股份有限公司

地址:山东省滨州市渤海二十一路569号
邮编:256602
电话:0543/3288880、3288898
传真:3288777
网址:www.bhpiston.com
电子信箱:sale@bhpiston.com
董事长(负责人):林凤华
负责人:季军
单位人数:3000
质量体系:ISO/TS 16949、VDA 6.1
产品情况:(渤海牌)
各种铝合金活塞、锻钢活塞,广泛用于各种汽车、摩托车、工程动力机械等领域
配套及出口情况:为一汽集团、东风集团、潍柴动力、中国重汽、广西玉柴、康明斯(东风、西安、重庆、福田、广西)、上汽集团、长安集团、广汽集团、福田汽车、江淮汽车、奇瑞汽车、长城汽车、比亚迪汽车、华晨汽车、江铃汽车、吉利汽车等多家知名主机厂配套;远销北美洲、欧洲、东亚、中东等地区

★山东省滨州市特种合金有限公司
地址:山东省滨州市渤海十五路807号
邮编:256603
电话:0543/5081863、5082115
传真:5082123
网址:www.binte.com
电子信箱:binte@binte.com
质量体系:ISO/TS 16949
产品情况:铝活塞耐磨镶圈,产量600万只
配套情况:为马勒发动机零部件、辉门活塞及国内大型主机配套厂提供配套

★山东亚罗工贸有限公司
地址:山东省东营市北二路1209号
邮编:257000
电话:0546/8793111、13054640000
传真:8793111

网址:www. yaluo. net
电子信箱:yaluo@ yaluo. net
质量体系:ISO/TS 16949
产品情况:(亚罗牌)
各种滤芯及工业过滤器
配套情况:为多家机械、机器制造厂配套

★东营信拓汽车消声器有限公司
地址:山东省东营市大王经济技术开发区
邮编:257335
电话:0546/6879288
传真:6878821
电子信箱:postmaster@ chinamuffler. com. cn
质量体系:ISO/TS 16949、ISO 14001
产品情况:消声器、三元催化器、排气管、消声器尾饰管,改装车消声器
配套情况:为上汽大众、美国克莱斯勒公司、天合公司配套

★东营欧贝特汽车配件有限公司
地址:山东省东营市稻庄工业园区
邮编:257336
电话:0546/6499236
传真:6499318
网址:www. sdoubeite. com
质量体系:ISO 9001
产品情况:汽车排气系统及三元催化器

★潍柴动力股份有限公司
地址:山东省潍坊市高新技术开发区福寿东街197号甲
邮编:261000
电话:0536/8197777、4006183066
传真:8231074
网址:www. weichaipower. com
电子信箱:weichai@ weichai. com
董事长:谭旭光
单位人数:44000
质量体系:ISO/TS 16949
产品情况:(潍柴动力牌)
发动机、变速器、车桥汽车零部件
配套情况:为各大主机厂供货

★潍坊潍柴道依茨柴油机有限公司
地址:山东省潍坊市北宫东街121号
邮编:261009
电话:0536/8192870、8192936
传真:8679569
电子信箱:deutz@ wftele. net
质量体系:ISO/TS 16949
产品情况:DEUTZ(道依茨)226B柴油机,年产2.5万台

★潍坊恒远油泵油嘴有限公司
地址:山东省潍坊市潍城区胜利西街363号
邮编:261011
电话:0536/8322069、15853672838
传真:8322069
网址:www. wf－hengyuan. com
电子信箱:yujianbin9169@ 163. com
董事长:刘佃军
质量体系:ISO 9001
产品情况:喷油泵总成及输油泵;A、K、Z型柱塞偶件,出油阀S系列、J系列、T系列喷油嘴偶件及喷油器总成等内燃机部件及总成
出口情况:部分产品出口国外

★克拉克过滤器(中国)有限公司
地址:山东省潍坊市经济开发区民主东街7336号
邮编:261031
电话:0536/2606308
网址:www. clarcor. com. cn
电子信箱:emsinfo@ clarcor－cn. com
质量体系:ISO/TS 16949
产品情况:(BALDWIN FILTERS 牌)
内燃机空气滤清器、机油滤清器、燃油滤清器、空气净化器等
配套情况:为潍柴动力、东风朝柴、一汽集团、济柴、中国重汽、华源莱动、华菱汽车、福田汽车、福田重工、陕汽、深圳寿力、山工机械、卡特彼勒等30多家企业配套

★盛瑞传动股份有限公司
地址:山东省潍坊市高新区潍安路以东,盛瑞街518号
邮编:261032
电话:0536/5605031
传真:5605000
网址:www. shengrui. cn
电子信箱:shengrui@ shengrui. cn
董事长(负责人):刘祥伍
单位人数:2600
质量体系:ISO/TS 16949
产品情况:(盛瑞牌)
乘用车变速器、柴油发动机连杆、水泵、活塞销、凸轮轴、飞轮壳、排气管
配套情况:为潍柴动力、珀金斯动力、中国一拖等配套

★潍坊潍柴培新气体发动机有限公司
地址:山东省潍坊市奎文区民生东街26号
邮编:261041
电话:0536/8291003
传真:8211003
电子信箱:wwpgas@ public. wfpttsd. cn
质量体系:ISO/TS 16949
产品情况:CNG/LPG低排放气体发动机及各种燃气发电机组

★潍坊华东发动机有限公司
地址:山东省潍坊市经济开发区民主东街1800号
邮编:261057
电话:0536/8895222、4000536222
传真:2109055
网址:www. hdchai. com
电子信箱:hdoffice@ 126. com
质量体系:ISO 9001
产品情况:(华HBE东牌)
柴油发动机,适用于农用车等
出口情况:出口印度尼西亚、印度、越南、马来西亚、澳大利亚、新西兰、俄罗斯、秘鲁、南非、埃及、巴基斯坦、芬兰、巴拿马、孟加拉国等国家,并销往中国台湾地区

★潍坊宏强汽车零部件有限公司
地址:山东省潍坊市潍城区于河工业园
邮编:261057
电话:0536/8169205
传真:8169205
质量体系:ISO/TS 16949
产品情况:潍柴、重汽各种托架总成、带轮、张紧轮总成、曲轴、凸缘等

★潍坊众谊汽车配件有限公司
地址:山东省潍坊市潍城区玉清西街
邮编:261057
电话:0536/2108618、2108607
传真:8166168
网址:www. wfzhongyi. com
电子信箱:zhongyi@ wfzhongyi. com
质量体系:ISO/TS 16949、ISO 9001
产品情况:(众谊牌)
汽车燃油箱及其附件、汽车钣金冲压产品、汽车门框和车用电子产品等
配套情况:为重汽集团、陕汽集团、上汽依维柯红岩、北奔重汽、上海汇众、丹东黄海、安徽安凯、桂林大宇、郑州宇通等配套

★潍坊万丰飞轮齿圈制造有限公司
地址:山东省潍坊市寒亭区开元工业园
邮编:261100
电话:0536/7396646、7397181
传真:7391086
网址:www. wfwfflcq. com. cn
质量体系:QS 9000、ISO 9001
产品情况:(万丰牌)
各种汽车发动机、柴油机的飞轮齿圈

★潍坊裕隆机械有限公司
地址:山东省潍坊市坊子区潍州路3999号
邮编:261200
电话:0536/7519365
传真:7662283
网址:www. volon. cn
电子信箱:jack@ volon. cn
单位人数:800
质量体系:ISO 9001
产品情况:(VOLON牌、旋风牌)
具有年产各种牌号铸件36000t及VOLON牌阀类产品和旋风牌内燃机汽缸盖系列产品100万件的生产能力
出口情况:出口欧洲、美洲、中东、南非、东南亚等地区

★潍坊富源增压器有限公司
地址:山东省潍坊市坊子区凤山路56号
邮编:261205

电话:0536/616666、7618356
传真:7619999、7613331
网址:www. fuyuan. net. cn
电子信箱:fuyuan@ fuyuan. net. cn
质量体系:ISO/TS 16949、ISO 14001
产品情况:废气涡轮增压器
配套情况:为潍柴、杭发等内燃机厂配套

★潍坊宇航机械有限公司
地址:山东省潍坊市坊子新区兴国路9号
邮编:261206
电话:0536/7638736
传真:7658010、2280759
电子信箱:karen@ qdqianfan. com
质量体系:ISO/TS 16949
产品情况:废气涡轮增压器

★潍坊宏达机械制造有限公司
地址:山东省潍坊市凤凰街大街与庄检路交叉口南500米路东
邮编:261206
电话:0536/7600566
传真:7600569
电子信箱:wyl7600566@ 126. com
质量体系:ISO/TS 16949
产品情况:(宏舟牌)
端盖、衬套、油封座、凸缘、发电机支架、风扇驱动轴、风扇托架总成等系列柴油机零部件
配套情况:为内燃机生产企业配套

★昌邑市华龙汽配制造有限公司
地址:山东省昌邑市宋庄工业园
邮编:261314
电话:0536/7717887
传真:7717887
电子信箱:hualong@ hlqp. cn
质量体系:ISO/TS 16949
产品情况:(华龙牌)
发动机飞轮、飞轮齿圈

★宏昌汽配制造有限公司
地址:山东省昌邑市宋庄工业园
邮编:261314
电话:0536/7712187、7716817
传真:7718387
电子信箱:hongchang@ hcqp. cn
质量体系:ISO 9001
产品情况:(宏昌牌)
汽车发动机飞轮、飞轮齿圈、排气歧管及其配件
配套情况:为大柴、锡柴、玉柴、上柴、潍柴、朝柴、扬柴、康明斯、云内、新昌、江动、杭发、常柴、珀金斯、南汽、沈阳新晨、江铃、庆铃、北汽福田等配套

★山东同强机械有限公司
地址:山东省昌邑市围子镇宋庄工业园
邮编:261314
电话:0536/7850866、13806465535
传真:7850966
网址:www. sdtqjx. com
电子信箱:sdtqjx@ 126. com
质量体系:ISO 9001
产品情况:(同强牌)
大柴、锡柴、玉柴、康明斯、上柴、潍柴、珀金斯、朝柴、扬柴、云内、北汽福田等各种发动机飞轮齿圈、飞轮总成系列产品
出口情况:出口日本、美国、东南亚等国家和地区

★山东莱州金泉摇臂有限公司
地址:山东省莱州市文泉东路43号
邮编:261400
电话:0535/2211361、2228726
传真:2218195
网址:www. lzyaobilogsplitter. com
电子信箱:jqyb@ chinalogsplitter. com
单位人数:600
质量体系:ISO/TS 16949
产品情况:(文峰山牌)
各种型号内燃机气门摇臂,年产500万件,摇臂总成60万套
配套及出口情况:为锡柴、大柴、朝柴、潍柴、上柴、玉柴、常柴、全柴、韩国斗山工程机械等各大主机厂配套;出口欧美、东南亚等国家和地区

★莱州日进机械有限公司
地址:山东省莱州市城港南路996号
邮编:261411
电话:0535/2296902
传真:2290039
电子信箱:lmc@ public. ytptt. sd. cn
质量体系:ISO 9001
产品情况:内燃机气门摇臂,年产200万件

★烟台大丰轴瓦有限责任公司
地址:山东省莱州市开发区工业苑西路98号
邮编:261423
电话:0535/2177615、2177618
传真:2177618
电子信箱:dfgm@ ytdafeng. com
单位人数:260
质量体系:ISO/TS 16949、QS 9000
产品情况:汽车轴瓦及轴瓦材料,用于潍柴、川柴、杭汽发斯太尔系列、福田493、483、491系列、玉柴柴油机系列、锡柴柴油机系列、东汽康明斯系列、上柴D6114等

★烟台亨圆隆汽车配件有限公司
地址:山东省莱州市沙河镇
邮编:261423
电话:0535/2311182、2311180
传真:2311182
网址:www. ytzhouwa. com
电子信箱:trade@ ytzhouwa. com
负责人:孙瑞亭
质量体系:ISO/TS 16949
产品情况:发动机用轴瓦、衬套、止推片,年生产能力达1500万件
配套情况:为潍柴、重庆潍柴、济柴、淄柴、中国重汽、宁动、胜动、一汽、一汽天内、吉利、美日、华源莱动、潍柴华丰、山拖等30余家主机厂配套

★山东高密润达机油泵有限公司
地址:山东省高密市平安大道西1718号
邮编:261500
电话:0536/2352162、2320592
传真:2320592、2355165
网址:www. sdrunda. cn
电子信箱:gmrunda@ 163. com
单位人数:500
质量体系:ISO/TS 16949
产品情况:(群欢牌)
机油泵,年产能力50万套;压力机

★潍坊恒安散热器集团有限公司
地址:山东省安丘市经济开发区莲花山西路
邮编:262123
电话:0536/4366722
传真:4361209
网址:www. henganradiator. com
电子信箱:wfhags@ 163. com
单位人数:820
质量体系:ISO 9001
产品情况:(恒安牌)
铜、铝质汽车、工程机械、农用机械、摩托车用散热器、中冷器、高压油散热器、油冷器、车用空调器、蒸发器、冷凝器等,年产能大210万台
配套情况:汽车散热器为北汽福田欧曼、重汽、江淮、陕汽、哈飞、昌河等十大主机厂配套(并为法国标致公司配套),工程机械类散热器为上海龙工、山工、徐工、临工、山推、柳工、宣工、烟台斗山、雷沃重工、成工等主要工程机械厂配套,农机散热器为北汽福田等配套

★诸城市海得威机械有限公司
地址:山东省诸城市龙都街办民营工业园
邮编:262200
电话:0536/6169923、6216779
传真:6353405
网址:www. zchdw. com
电子信箱:hdwgph@ 126. com
质量体系:ISO/TS 16949
产品情况:汽车、工程机械用进气系统、排气系统、散热器、中冷器、燃油箱、储气筒、液压油箱、油底壳、空气滤芯、机油燃油滤芯、花键轴以及部分排气系统后处理产品等
配套及出口情况:主要客户有北汽福田、福田雷沃重工、中国重汽、宇通客车、宇通重工、长安汽车、中联重科、山推、潍柴、潍柴华丰、淄博汽车厂等;部分产品出口国外

★潍坊亨斯特不锈钢消声器厂
地址:山东省昌乐县高崖镇亨斯特工业区

邮编:262402
电话:0536/6655555、6653333
网址:www.6653333.cn
电子信箱:qcxsq@163.com
质量体系:ISO 9001
产品情况:不锈钢消声器,年配套生产能力100万套

★山东银河动力股份有限公司
地址:山东省临朐县东城街道榆前路1651号
邮编:262600
电话:0536/3161000、3162599
传真:3161000
电子信箱:sdyhxsb2599@163.com
质量体系:ISO/TS 16949、ISO 9001
产品情况:(沂蒙牌)
各种内燃机汽缸套、四配套、普通铸件等,具有年产汽缸套300万只的生产能力
配套及出口情况:为大柴、锡柴、潍柴、重汽杭发、朝柴、常柴、五菱、江动、泰柴、常林等数十家主机厂配套;部分产品出口

★山东省临朐县精密粉末冶金厂
地址:山东省临朐县城西纸坊工业园
邮编:262602
电话:0536/3490277、3491277
传真:3490277
网址:www.sdfmyj.com.cn
质量体系:ISO 9001
产品情况:气门导管、齿轮等
配套情况:为莱动、江苏四达、上柴、潍柴、杭柴、泰柴、常柴等配套

★康跃科技股份有限公司
地址:山东省潍坊市寿光开发区洛前街1号
邮编:262711
电话:0536/5788238
传真:5586178
网址:www.chinakangyue.com
电子信箱:kangyue@chinakangyue.com
质量体系:ISO/TS 16949、ISO 14001
产品情况:(康跃牌)
涡轮增压器
配套及出口情况:已同潍柴动力、玉柴机器、上柴动力、云内动力、朝柴动力、长城汽车、福田汽车、雷沃重工、一汽大柴、一汽锡柴、中国一拖、江淮汽车等30多家主机厂商配套;远销俄罗斯、美国、南非、东南亚等市场

★盖茨胜地汽车水泵产品(烟台)公司
地址:山东省烟台市经济技术开发区嘉陵江路51号
邮编:264006
电话:0535/6375385、6371300
传真:6385997
网址:www.gateswinhere.com
电子信箱:tl0913@gates.com
单位人数:300
质量体系:ISO/TS 16949
产品情况:汽车发动机冷却水泵,年产200万台
出口情况:出口美国、欧盟、亚洲

★烟台路通精密科技股份有限公司
地址:山东省烟台市经济技术开发区嘉陵江路5号
邮编:264006
电话:0535/6399625
传真:6399620
网址:www.lutonggroup.com
电子信箱:info@lutong-group.com
质量体系:ISO/TS 16949、ISO 14001
产品情况:汽车发动机零部件、工业铝合金铸件及模具和铸造设备,具有年产6000t铸铝零部件和2000t铸铁零部件的生产能力
配套情况:为湖柴等配套

★大丰工业(烟台)有限公司
地址:山东省烟台市经济开发区广州路42号
邮编:264006
电话:0535/6371342
传真:6381335
网址:www.taihonet.com
电子信箱:taiho@taihonet.com
董事长:近藤隆彦
负责人:近藤广一
单位人数:416
质量体系:ISO/TS 16949
产品情况:(春生牌、大丰牌)
各种汽车发动机用轴瓦、衬套、止推片,年产能力6000万件
配套情况:为美国康明斯、东风康明斯公司、一汽大柴、长安汽车、一汽轿车、长城汽车、一汽海马、潍柴、上柴、常发、北汽福田、天津丰田等发动机厂重点配套

★天润曲轴股份有限公司
地址:山东省文登市天润路2-13号
邮编:264400
电话:0631/8982126、8982035
传真:8451761
网址:www.tianrun.com
电子信箱:zhqb@tianrun.com
董事长:邢运波
负责人:徐承飞
单位人数:2800
质量体系:ISO/TS 16949、QS 9000
产品情况:(天牌)
发动机曲轴
配套情况:为潍柴、东风康明斯、上汽、一汽锡柴、大柴、玉柴、上柴、哈东安等配套

★莱阳市同辉散热器有限公司
地址:山东省莱阳市柏林庄工业园区小莱路136号
邮编:265200
电话:0535/7363888、7362888
传真:7298078
网址:www.ly-th.com
电子信箱:lyjhqp@163.com
单位人数:200
质量体系:ISO/TS 16949
产品情况:散热器、水箱、油散热器
配套及出口情况:为山工、中联重科、江淮、奇瑞、彪马等公司配套;远销美国、西亚等国家和地区,并销往中国台湾地区

★烟台弘立动力机械有限公司
地址:山东省莱阳市冯格庄经济开发区长江路17号
邮编:265200
电话:0535/7328329
传真:7328008
质量体系:ISO 9001
产品情况:发动机汽缸体、汽缸盖等,具有年产万吨优质铸件的生产能力

★山东大柴缸体缸盖股份有限公司
地址:山东省莱阳市经济开发区富山路916号
邮编:265200
电话:0535/7363558、7363720
传真:7363711、7363527
网址:www.zldcgt.com
电子信箱:webmaster@zldcgt.com
董事长:王燠焮
负责人:刘联源
单位人数:600
质量体系:ISO/TS 16949
产品情况:(ZLDC牌)
汽车发动机汽缸体、汽缸盖零部件的专业生产公司
配套及出口情况:为国内外多家知名发动机公司装机配套,其中用于OEM配套产品占总销售额的70%;为国内外客户独立或合作开发了40多种适用于美国、俄罗斯、英国、德国、日本等国的直列与V型发动机汽缸体、汽缸盖产品
☞详细情况请参阅彩色宣传版面

★烟台杰瑞富耐克换热设备有限公司
地址:山东省莱阳市富山路966号
邮编:265200
电话:0535/7317668、7325176
传真:4008875666-801001
网址:www.chinafnk.com
电子信箱:fnk@chinafnk.com
质量体系:ISO/TS 16949
产品情况:铝质车用水散热器、油散热器、中冷器、冷凝器、工程机械散热器、发电机组散热器、叉车散热器、农机散热器等,年产能力50万台
配套及出口情况:为三一重机、山河智能、龙工等50余家主机厂配套;出口

美国

★莱阳市永安散热器有限公司
地址:山东省莱阳市经济开发区南山路中段
邮编:265200
电话:0535/7181869
传真:7262566
网址:www.yonganshiye.cn
电子信箱:yonganwx@163.com
质量体系:ISO/TS 16949
产品情况:散热器
配套情况:为福田欧曼、一汽解放、东风、重汽斯太尔、福田重工、五征集团、时风集团、凯马汽车等配套

★烟台万斯特有限公司
地址:山东省莱阳市龙门东路31号
邮编:265200
电话:0535/7290999、7291632
传真:7291571
网址:www.vast.com.cn
电子信箱:vast@vast.com.cn
法人代表:邹忠平
单位人数:670
质量体系:ISO/TS 16949、ISO 14000
产品情况:(万斯特牌)
缸套、活塞
配套情况:为庆铃、玉柴、锡柴、江淮配套

★山东华源莱动内燃机有限公司
地址:山东省莱阳市五龙北路7号
邮编:265200
电话:0535/7293645、7293428
传真:7211169
网址:www.laidong.net
电子信箱:sdld888@126.com
单位人数:3000
质量体系:ISO/TS 16949
产品情况:(莱动牌)
单缸柴油机、小缸径多缸系列柴油机,用于低速汽车及微、轻型汽车,年产能力30万台
配套情况:为福田汽车、中航黑豹、唐骏欧铃、山东五征、凯马汽车、成都王牌、蒙德金马、东方曼等厂家轻微货车配套;为广汽吉奥、东风小康等厂家的微型面包车、高端轻型货车、皮卡、SUV、MPV等配套

★烟台金双利散热器有限公司
地址:山东省莱阳市小莱路118号(柏林庄工业园)
邮编:265200
电话:0535/7473868、7473668
传真:7473668、7473229
网址:www.ytshuangli.com
电子信箱:7473868@163.com
质量体系:ISO/TS 16949
产品情况:(双丽牌)
各种内燃机水散热器、中冷器、暖风机,年产能力100万台套
配套及出口情况:为五征、一汽集团、福田公司、凯马公司、时风、中国重汽等配套;部分产品出口美国、中东地区

★莱阳市宝山缸体缸盖有限责任公司
地址:山东省莱阳市荆山路83号
邮编:265202
电话:0535/7320433
传真:7320433、7328938
质量体系:ISO 9001
产品情况:(朝阳牌)
发动机汽缸盖、汽缸体
配套情况:为大柴、锡柴等配套

★烟台富士特汽车配件有限公司
地址:山东省莱阳市食品工业园黄海路7号
邮编:265209
电话:0535/7711808
传真:7710636
网址:www.firsd.com
电子信箱:firsd@126.com
质量体系:ISO/TS 16949
产品情况:(FIRSD牌)
缸套、缸套组件等,年产能力60万只
配套及出口情况:为北汽福田配套;远销南美洲、中东、东南亚等地区

★栖霞市银云活塞液压件有限公司
地址:山东省栖霞市商业街931号
邮编:265300
电话:0535/3375388
网址:www.yinyun.cn
电子信箱:info@yinyun.cn
质量体系:ISO/TS 16949、QS 9000
产品情况:(银云牌、牙山牌)
内燃机活塞、液压齿轮泵、机油泵三大系列产品,广泛应用于农业机械、运输机械和工程机械
配套及出口情况:为上内、潍柴、济柴、一汽集团、锡柴、江动、莱动、东风改装厂、北汽福田配套;出口巴基斯坦、印度尼西亚、缅甸、美国、新加坡等国家

★山东天泽昌大缸盖有限公司
地址:山东省招远市蚕庄镇南
邮编:265402
电话:0535/8322173、8322174
传真:8323736
网址:www.tzcdgg.cn
电子信箱:tzcdch@tzcdgg.cn
董事长(负责人):张清敏
质量体系:ISO 9001
产品情况:(昌大牌)
发动机缸体、缸盖等
配套情况:为一汽大柴,安徽全柴、广西玉柴、浙江新柴等主机厂发动机配套

★佛吉亚排气控制技术(烟台)有限公司
地址:山东省烟台市福山高新区连福街96号
邮编:265500
电话:0535/6303332、5303611
传真:6303630
网址:www.faurecia.com
电子信箱:owen.xiu@faurecia.com
产品情况:进排气管、消声器
配套情况:为上汽通用汽车公司配套生产汽车排气系统

★烟台华龙商用机器有限公司
地址:山东省烟台市福山区回里镇回里工业园
邮编:265500
电话:0535/6492009
传真:6492005
电子信箱:ythlsyjq@sina.com
质量体系:ISO/TS 16949
产品情况:CBM系列油车尾气净化系统
配套情况:主要面向国内和欧美的OEM及在用车市场

★龙口隆基三泵有限公司
地址:山东省龙口市经济开发区
邮编:265700
电话:0535/8842648
传真:8881876
网址:www.longjigroup.cn
电子信箱:ljgs@ec.com.cn
质量体系:ISO/TS 16949、ISO 14000
产品情况:(隆基牌)
汽车发动机气泵、水泵、机油泵;具有年产气泵100万台、水泵60万台、机油泵60万台的生产能力
配套情况:为一汽、东风、中国重汽集团的道依茨一汽(大连)柴油机、无锡柴油机、东风朝阳柴油机、广西玉柴机器、昆明云内动力、潍柴动力等著名主机厂配套

★山东康达精密机械制造有限公司
地址:山东省龙口市北大街391号
邮编:265701
电话:0535/8500101
传真:8518741
网址:www.sdkangda.com
电子信箱:hantrade@sdkangda.com
单位人数:3200
质量体系:ISO/TS 16949
产品情况:BQ系列喷油泵,I号系列喷油泵,PMD喷油泵,电控单体组合泵,电控VE泵,汽车转向助力泵,单缸喷油泵,S、P系列喷油器,各种喷油嘴、柱塞、出油阀偶件
配套及出口情况:与国内重点汽车、柴油机厂家配套;单独或随机出口亚洲、欧洲地区

★龙口龙油燃油喷射有限公司
地址:山东省龙口市高新技术工业园3号路东
邮编:265701

电话:0535/8662207
传真:8662202
网址:www. lklongyou. com
电子信箱:cnlkjinda@ qq. com
质量体系:ISO 9001
产品情况:高压油泵等
出口情况:远销海外市场

★龙口龙泵燃油喷射有限公司
地址:山东省龙口市皇城北大街562号
邮编:265701
电话:0535/8517401
电子信箱:492480962@ qq. com
负责人:王仁辉
单位人数:1000
质量体系:ISO/TS 16949
产品情况:P型、P9型、PA型、PM型、AD型喷油泵总成、供油角度自动提前器、三对偶件、喷油器总成
配套情况:主要为一汽锡柴、一汽大柴、重汽潍柴、东风康明斯、朝柴、玉柴、上柴、天津珀金斯、北汽福田、淄柴、扬动、常柴、莱动等国内主要柴油机厂家配套

★龙口市龙工泵业科技有限公司
地址:山东省龙口市开发区小孙家村
邮编:265703
电话:0535/8868495
传真:8867409
网址:www. chinarongzan. com
电子信箱:webmaster@ chinarongzan. com
质量体系:ISO/TS 16949
产品情况:(荣赞牌)
　　空压机、水泵及各种汽车零部件产品
出口情况:畅销美国、俄罗斯、韩国

★龙口市大川活塞有限公司
地址:山东省龙口市龙港经济开发区烟潍路大川公司站
邮编:265703
电话:0535/8862888、8867569
传真:8862888、8867568
电子信箱:liuzh@ dachuanpiston. cn
质量体系:ISO/TS 16949
产品情况:(大川牌、百川牌)
　　汽车发动机部件、汽车空压机部件、汽车空调压缩机部件、制冷压缩机部件、摩托车及柴油机活塞系列
配套情况:为隆基三泵、吉林富奥制泵、江苏江动集团、廊坊美联制动、奉化天风、柳州机械、重庆宗申、济南轻骑等厂家配套,是美国CARRIER压缩机、TRANE压缩机、日本PEER公司的合作伙伴

★龙口市四通三泵有限公司
地址:山东省龙口经济开发区汽车产业园
邮编:265716
电话:0535/8926776
传真:8926778
网址:www. sitongsanbeng. com
电子信箱:sitong_sanbeng@ yeah. net
负责人:曲良
质量体系:ISO/TS 16949
产品情况:车用空压机、水泵、机油泵、喷油泵传动轴
配套情况:为大柴、锡柴、玉柴、潍柴、上柴、东风康明斯发动机配套

★龙口中宇集团
地址:山东省龙口市经济开发区海岱汽车产业园
邮编:265716
电话:0535/8902910
传真:8902912
网址:www. lkzy. com
电子信箱:office@ lkzy. com
质量体系:ISO/TS 16949、ISO 14001
产品情况:(中宇牌)
　　电磁风扇离合器、电控硅油风扇离合器、发电机、制动片、输油泵、真空泵、水泵、旋压皮带轮等汽车零部件
配套及出口情况:为南京依维柯、北汽福田环保动力、北京福田欧曼重型货车、潍柴动力、陕西重汽、郑州宇通、厦门金龙联合、安徽安凯、北京尼奥普兰、烟台舒驰、丹东黄海、陕西欧舒特底盘、一汽客车底盘、厦门金旅、中通客车、北京欧V客车、金华亚曼、俄罗斯ZMZ公司、韩国大宇、意大利菲亚特全球采购集团等国内外发动机厂、汽车厂配套;远销欧美

★华东泵业制造有限公司
地址:山东省龙口市经济开发区沙埠于南
邮编:265716
电话:0535/8889226
传真:8889608
质量体系:ISO/TS 16949
产品情况:(顺海牌、信奥牌)
　　汽车用水泵、机油泵、气泵等

★山东龙泵企业集团有限公司
地址:山东省龙口市东江工业园
邮编:265718
电话:0535/8612249
传真:8612249
网址:www. longbeng. cc
电子信箱:xiaoshou@ longbeng. cc
单位人数:10000
质量体系:ISO/TS 16949
产品情况:机械式喷油泵,电控单体及组合泵,喷油器,高压共轨燃油喷射系统等系列产品,具有年产60万台油泵总成的生产能力
配套情况:为潍柴、锡柴、大柴、朝柴、玉柴、上柴、常柴、淄柴等全国20多家主要的柴油机厂家配套

★龙口通力汽车配件有限公司
地址:山东省龙口市牟黄路与府西二路交汇处
邮编:265718
电话:0535/8665888、8665999
传真:8665387、8660861
网址:www. cepete. com
电子信箱:cepete@ vip. 163. com
质量体系:ISO/TS 16949
产品情况:(CEPETE牌)
　　汽车进排气系统,制动、离合系统,隔音件、隔热件、仪表控制盘、皮革橡塑装饰面罩、阻尼垫等驾驶室内外装饰,汽车工程液压系统、汽车挡泥总成、副水箱总成、玻璃升降器、橡胶制品及钢制薄壁镀铬套等
配套情况:为北汽福田、重汽集团、沈阳金杯、一汽集团、重庆铁马、吉轻、一汽通用红塔云南、哈轻、安徽华菱、金华青年、玉柴、江淮发动机、大连三洋等配套

★青岛建新齿圈有限公司
地址:山东省青岛市滨海路14号
邮编:266000
电话:0532/84812377、84823370
传真:84812377
电子信箱:info@ jianxin－gear. com
质量体系:ISO/TS 16949
产品情况:飞轮齿圈、飞轮总成
配套情况:为潍柴、天津雷沃配套

★青岛东洋汽车散热器有限公司
地址:山东省青岛市宁化路60号
邮编:266031
电话:0532/85016718
传真:85016795
网址:www. qingdao－radiator. com
电子信箱:brain@ qingdao－radiator. com
质量体系:ISO 9001、QS 9000
产品情况:管带式铝制汽车散热器、增压中冷器、车用暖风装置、车用油冷器、车用空调器的蒸发器和冷凝器,是具有年产60万台各种型号散热器
配套情况:是跃进汽车集团、一汽集团青岛汽车厂、重汽集团、重庆康明斯发动机、小松山推工程机械公司等主机厂的主要配套厂家

★青岛金环汽配制造有限公司
地址:山东省青岛市李沧区湘潭路21号
邮编:266043
电话:0532/84821888、84826666
传真:84811086、84827259
网址:www. jhqp. cn
质量体系:ISO/TS 16949
产品情况:(金环牌)
　　汽车发动机飞轮、齿圈和柔性盘
配套及出口情况:为通用、福特、日产等车系配套;产品60%出口,远销美国、德国、日本、中东、东南亚等国家和地区

★青岛汽车散热器有限公司
地址:山东省青岛市虎山路25号
邮编:266071
电话:0532/85016718
传真:85016795

网址:www. qingdao - radiator. com
电子信箱:sales@ qingdao - radiator. com
质量体系:QS 9000、ISO 9001
产品情况:(青水牌)
汽车、暖风和工程机械用散热器,具备年产 30 万台铜散热器的生产能力
配套情况:是跃进汽车集团、一汽集团青岛汽车厂、重汽集团、重庆康明斯发动机、小松山推工程机械公司等主机厂的主要配套厂家

★青岛琴星汽车散热器有限公司
地址:山东省青岛市李沧区九水东路李沧工业园
邮编:266100
电话:0532/87603666、87603777
传真:87603676
网址:www. qd - sanreqi. com
电子信箱:qdqxsrq@ 163. com
质量体系:ISO 9001
产品情况:(琴星牌)
汽车散热器、中冷器、工程散热器、新能源客车用 ATS 冷却系统、汽车零部件等

★青岛鑫信齿圈厂
地址:山东省青岛市城阳区棘洪滩北万工业园
邮编:266111
电话:0532/87763907
传真:87867310
网址:www. xinbeiwang. com
电子信箱:info@ xinbeiwang. com
产品情况:(鑫北旺牌)
飞轮齿圈及飞轮
配套情况:为长安汽车、昌河汽车、哈飞汽车、大柴、玉柴、锡柴、朝柴、扬柴、莱动等配套

★青岛金泽嘉工贸有限公司
地址:山东省即墨市龙泉镇石泉三路 10 号
邮编:266200
电话:0532/87088152、87520576
传真:87520575
网址:www. jinzejia. com
电子信箱:13361286873@ 126. com
质量体系:ISO/TS 16949
产品情况:汽车排气管支架、汽车座椅支架、汽车模具、汽车冲压零部件等
配套情况:做 OEM 二级配套

★青岛东洋热交换器有限公司
地址:山东省即墨市青威北二路
邮编:266200
电话:0532/83503019、83503022
传真:87511522
网址:www. qdtoyo. com
电子信箱:qdtoyo@ public. qd. sd. cn
单位人数:400
质量体系:QS 9000、ISO/TS 16949
产品情况:具有年生产各型散热器 210 万台的能力
配套情况:为一汽青岛汽车厂、东风汽车公司、南京汽车集团、哈飞汽车、昌河汽车、四川一汽丰田、长安汽车配套

★青岛青山机械有限公司
地址:山东省青岛市店集工业园
邮编:266214
电话:0532/85503992
传真:85503206
网址:www. qdqingshanjixie. com
电子信箱:qingshanjixieypx@ 126. com
单位人数:206
质量体系:ISO/TS 16949
产品情况:(瑞星牌)
连杆总成,年产能力 300 万支
配套情况:为大柴、锡柴、朝柴、康明斯、杭发、洛拖、莱动、泰柴、潍柴等配套

★青岛普天汽车配件有限公司
地址:山东省青岛市黄岛区平湖路 117 号
邮编:266400
电话:0532/87196188、13012401777
传真:88183772
网址:www. qdputian. cn
电子信箱:qdptqp@ 163. com
质量体系:ISO/TS 16949
产品情况:为重型汽车、高档客车配套铝镁合金燃油箱、储气筒及 LNG 车载瓶
配套情况:与国内中国重汽、青岛一汽、陕西重汽、包头北奔、集瑞联合、江淮汽车、南京徐工等主要汽车厂长期配套

★青岛海之冠汽车配件制造有限公司
地址:山东省青岛市黄岛区隐珠山路 1368 号
邮编:266400
电话:0532/87199939、81731056
传真:87199980
网址:www. haizhiguan. com
电子信箱:sales@ haizhiguan. com
单位人数:268
质量体系:ISO/TS 16949、ISO 14001
产品情况:(海之冠牌)
汽车发动机飞轮总成、飞轮齿圈、各种铸造零部件
配套及出口情况:40% 飞轮齿圈全部为国内各大主机厂配套,20% 飞轮为韩国等国外主机厂配套;飞轮总成 40% 出口美洲及欧洲

★辉门东西(青岛)活塞有限公司
地址:山东省青岛市经济技术开发区江山中路 14 号
邮编:266510
电话:0532/86763211
传真:86767902
网址:www. federalmogul. com/cn
产品情况:内燃机和空气压缩机活塞

★青岛双丰散热器有限公司
地址:山东省莱西市龙口东路 58 号
邮编:266600
电话:0532/86402267、86402268
传真:88492993、88491339
网址:www. shuangfeng - china. com
电子信箱:china@ shuangfeng - china. com
质量体系:ISO/TS 16949
产品情况:散热器、中冷器
配套及出口情况:为中国一汽集团、东风集团、潍柴动力、福田雷沃重工、台励福叉车、辽宁抚挖重工机械、安徽合力、威海广泰空港设备、山东时风、五征等企业配套;出口美国、中东、欧洲等国家和地区

★青岛德盛机械制造有限公司
地址:山东省平度市华侨科技园香港路 6 号
邮编:266705
电话:0532/83303817、83303780
传真:83303800
网址:www. qdschina. cn
电子信箱:qds@ qdschina. cn
质量体系:ISO/TS 16949、GB/T 24001
产品情况:(鸿达牌)
摩托车曲轴、整体多缸曲轴、沙滩车曲轴、压缩机曲轴等各种精密轴类部件
配套及出口情况:为新大洲本田、大长江集团、轻骑铃木、济南轻骑、大连三洋、厦门厦杏、春风动力、重庆隆鑫、济南弘正、晋江三力、川崎光阳等知名企业配套;出口日本、意大利、美国、德国、韩国、巴基斯坦、印度、越南、土耳其等国家

★青岛富高科汽车配件有限公司
地址:山东省平度市同和工业园
邮编:266706
电话:0532/85335025
传真:85335027
网址:www. fukoku - rubber. co. jp
电子信箱:cnjinbo@ yahoo. co. jp
产品情况:汽车发动机零部件(皮带轮、减振器等)
配套情况:为北京现代、天津一汽丰田发动机、小松山推、东风悦达起亚、东风日产供货

★泰安鼎鑫冷却器有限公司
地址:山东省泰安市岱岳区大汶口石膏工业园
邮编:271000
电话:0538/8162666
传真:8160906
电子信箱:tadx2008@ 126. com
质量体系:ISO/TS 16949
产品情况:中间冷却器、铜质散热器、铝质散热器、工程机械散热器、汽车空调附件、铝质机油散热器、钢质机油冷却器等
配套及出口情况:为中国重汽、北汽福田、陕汽集团、一汽无锡太湖汽车制造厂、郑州宇通集团、安徽华菱、福田雷

沃、内蒙古一机等厂家配套；批量出口沃尔沃、斯坦尼亚等车型的中冷器至美国、加拿大及欧洲市场

★ 山东厚丰汽车散热器有限公司

地址：山东省泰安市高新技术开发区东区
邮编：271000
电话：0538/8628658、8628617
传真：8628678
网址：www. houfeng. cn
电子信箱：houfengceo@ vip. 163. com
董事长（负责人）：张广厚
单位人数：1000
质量体系：ISO/TS 16949、QS 9000
产品情况：（厚丰牌、鲁美牌）
　　汽车散热器、中冷器、油散热器、工程机械散热器、汽车空调等8大门类10大系列共3000多个品种，年产量达170万台，年产能力达400万套
配套情况：为一汽集团、日产汽车、广汽集团、北汽福田、奇瑞、吉利、比亚迪、北奔重汽、金龙、徐工集团等配套
☞ 详细情况请参阅彩色宣传版面

★泰安东恒机械有限公司
地址：山东省泰安市邱家店镇泰东工业园
邮编：271000
电话：0538/8761588
传真：8761599
电子信箱：dongheng@ 263. com
质量体系：ISO/TS 16949
产品情况：汽车散热器

★ 山东同创汽车散热装置股份有限公司

地址：山东省泰安市磁窑经济技术开发区
邮编：271411
电话：0538/5821677、5823788
传真：5823777
网址：www. sd – tc. com
电子信箱：sdtcgsb@ 163. com
法人代表：冯振山
质量体系：ISO/TS 16949、QS 9000
产品情况：（TONGCHUANG 牌）
　　车用散热器、中冷器、冷凝器、蒸发器、机油散热器、车用空调、特种散热器、暖风散热器等系列产品，年设计生产能力400万台
配套情况：为一汽、东风、吉利、奇瑞、北汽福田、中国重汽、江淮汽车、陕西重汽、沈阳金杯、长城汽车、上海比亚迪等汽车生产企业配套
☞ 详细情况请参阅彩色宣传版面

★山东鲁龙集团有限公司
地址：山东省肥城市汶阳镇砖舍
邮编：271606
电话：0538/3857098、3857581
传真：3857580
电子信箱：webmaster@ l – long. com
质量体系：QS 9000、ISO 9001
产品情况：（鲁龙牌）
　　具有年产汽车水泵、制动盘120万台件，万向节1000万件，其他灰铸铁、球铁、蠕墨铸铁等铸件产品3万t/年的生产能力

★山东弘德机械工业有限公司
地址：山东省肥城市汶阳镇砖舍村
邮编：271606
电话：0538/3857138、3857382
传真：3857186
质量体系：ISO/TS 16949
产品情况：汽车水泵，万向接头
出口情况：出口美国、日本、韩国、欧洲等国家和地区

★济宁玉柴发动机股份有限公司
地址：山东省济宁市高新区鸿广路1号
邮编：272000
电话：0537/3200006
传真：3200888
电子信箱：jnycfdjglb@ 163. com
产品情况：2.0及以上排量柴油发动机

★济宁泰山散热器有限公司
地址：山东省济宁市高新区火炬路29号
邮编：272000
电话：0537/2289889
传真：2364044、2213878
电子信箱：info@ incalcu. com
质量体系：ISO 9000
产品情况：（英克莱牌）
　　汽车散热器
配套情况：为一汽集团等配套

★济宁远东良飞净化消声器有限公司
地址：山东省济宁市高新区济大东路远东工业园
邮编：272100
电话：0537/3152888、3152886
传真：3152889
网址：www. fareast – liangfei. com
电子信箱：sales@ fareast – liangfei. com
质量体系：ISO/TS 16949
产品情况：三元催化转化器、排气喉、排气管、消音器、触媒转化器及封装
配套情况：为汽车厂配套

★山东麟城齿轮有限公司
地址：山东省嘉祥县麟城工贸园
邮编：272400
电话：0537/6802788、6828199
传真：6808981
网址：www. sdlccl. com
电子信箱：sdlccl001@ 163. com
单位人数：310
产品情况：（鲁齿牌）
　　汽车发动机齿轮，年综合产能350万多件
配套及出口情况：为一汽大柴、锡柴、潍柴、玉柴、上柴、江苏英田集团等主机厂配套；部分产品随主机出口10多个国家

★曲阜金皇活塞股份有限公司
地址：山东省曲阜市经济开发区金皇路1号
邮编：273100
电话：0537/4719618、4719619
传真：4719698、4411965
网址：www. jhpiston. com
电子信箱：office@ jhpiston. com
单位人数：1600
质量体系：ISO/TS 16949
产品情况：（金皇牌）
　　各型号铝活塞
配套及出口情况：国内主要配套企业为：玉柴联合动力、长安汽车、吉奥、吉利、东风小康、比亚迪、东安三菱等各大汽车、柴油机生产集团；大长江、隆鑫、轻骑、金城等摩托车发动机生产企业；出口美国、俄罗斯、日本、韩国、意大利、法国、印度尼西亚、尼日利亚、巴基斯坦等十几个国家和地区

★山东菏泽华星油泵油嘴有限公司
地址：山东省菏泽市广州路999号
邮编：274016
电话：0530/5115111、5115112
传真：5336278、5332514
网址：www. hzdiesel. com. cn
电子信箱：overseas@ hzdiesel. com. cn
单位人数：1600
质量体系：ISO/TS 16949
产品情况：（合众牌、盾牌）
　　S系列、P系列喷油嘴偶件及总成，单缸、双缸、三缸分式喷油泵总成及柱塞、出油阀偶件等
配套及出口情况：与国内各大柴油机厂建立了良好的配套关系；出口德国、意大利、瑞士、美国及东南亚地区

★临沂金立机械有限公司
地址：山东省临沂市马厂湖镇东临滕公路北侧（山东临沂工业园）
邮编：276015
电话：0539/8529201、8529203
传真：8529202
网址：www. jinli. cc
电子信箱：jinli@ jinli. cc
单位人数：620
质量体系：ISO/TS 16949、ISO 9001
产品情况：起动器、消音器、被动盘（制动毂）、各种冲压件、机架等5大系列2500多种产品
出口情况：90%的产品远销海外市场

★山东连杆总厂
地址：山东省沂水县沂新路145号
邮编：276400
电话：0539/2251152、2251161
传真：2317181
质量体系：QS 9000、ISO 9001
产品情况：（沂河牌）

各式发动机连杆总成
配套情况：为一汽集团、锡柴、大柴、朝柴、北汽福田、吉利汽车、扬动、常柴、莱动等配套

★山东常林铸业有限公司
地址：山东省临沭县常林西大街112号
邮编：276715
电话：0539/7190161、7196189
传真：7190927
网址：clzy. icm. cn
电子信箱：aclcasting@ 163. com
单位人数：757
质量体系：ISO/TS 16949、ISO 14001
产品情况：汽车发动机缸体、缸盖、冷机件、液压件
配套及出口情况：为菲亚特、奇瑞、吉利、广汽、神龙、广州冷机、钱江制冷等10多个国内外知名厂商配套；出口美国、英国、澳大利亚、日本、韩国、德国、西班牙、意大利等国家

★日照金港活塞有限公司
地址：山东省日照市莒县城阳北路888号
邮编：276800
电话：0633/6820188
传真：3903678
网址：www. sdpiston. com
电子信箱：jgpiston@ 163. com
质量体系：ISO/TS 16949、ISO 14001
产品情况：（JG 牌）
活塞，年产活塞1100万只
出口情况：出口东南亚、中东、俄罗斯、欧美等国际市场

★日照双港机械电子有限公司
地址：山东省日照市大连路387号
邮编：276826
电话：0633/8358380、8358388
传真：8358380
质量体系：ISO/TS 16949
产品情况：内燃机铝活塞，活塞用耐磨镶圈，四组件；主要型号有480、485、490、495、4100、4102、4105、4108、4110、4112、6110等、五十铃系列、工程机械、康明斯、斯太尔
配套情况：为安徽全柴、潍柴、哈尔滨东安、合肥朝柴、马勒贸易（上海）有限公司、浙江新柴配套

河南省

★荥阳市银顺德内燃机配件有限公司
地址：河南省荥阳市站南路向阳街6号
邮编：450100
电话：0371/64601652、13526776526
传真：64607089
网址：www. yinshunde. com
法人代表：刘德正
单位人数：106
质量体系：ISO 9001
产品情况：（银猴牌）
气门座圈、导管，全年产量可达1000万
配套及出口情况：与国内多家大型内燃机生产厂家配套；出口国际市场

★河南省荥阳市动力机配件厂
地址：河南省荥阳市柏朵工业区
邮编：450142
电话：0371/64851132
传真：64851832
网址：www. doliji. com
电子信箱：mail@ doliji. com
单位人数：400
质量体系：ISO 9002
产品情况：（钻石牌）
气门座圈、导管
配套及出口情况：为一汽、东风、玉柴、朝柴、常林等配套；部分产品出口

★河南省荥阳市内燃机配件厂
地址：河南省荥阳市王村镇房罗工业园1号
邮编：450142
电话：0371/64855062
传真：64856565
网址：www. xingyu. ha. cn
电子信箱：xingyu@ xingyu. ha. cn
负责人：尚喜才
单位人数：300
质量体系：ISO/TS 16949
产品情况：（荥宇牌）
汽车气门座圈
配套及出口情况：为十大主机厂配套；远销美洲地区

★新乡市平原汽车配件有限公司
地址：河南省新乡市开发区东杨村1号
邮编：453000
电话：0373/5826665
产品情况：滤清器

★河南科隆汽车散热器有限公司
地址：河南省新乡市科隆大道25号
邮编：453000
电话：0373/3515618、3515600
传真：3515600
网址：www. hnkl. com. cn
电子信箱：srq@ hnkl. com. cn
质量体系：ISO/TS 16949、ISO 14001
产品情况：汽车散热器、冷凝器、蒸发器

★河南省平原水箱有限公司
地址：河南省新乡市新卫公路张武店路口
邮编：453000
电话：0373/4099282、4099981
传真：4099727
网址：www. hnpysx. com
电子信箱：hnyxsx@ 163. com
质量体系：ISO/TS 16949
产品情况：特种散热器、热交换器及淡水交换器

★新乡航空工业（集团）新平机械公司
地址：河南省新乡市北干道西段31号
邮编：453002
电话：0373/2614513、2658646
传真：2639220
网址：www. xpmachine. com
电子信箱：sale@ xpmachine. com
质量体系：ISO 9001
产品情况：（平原牌）
滤清器、过滤装置、消声器及动力压力筛等产品

★河南平和滤清器有限公司
地址：河南省新乡市高新区化工路东段484号
邮编：453003
电话：0373/5066201、5066391
传真：5066258
网址：www. peacefilter. com
电子信箱：sale@ peacefilter. com
单位人数：520
质量体系：ISO/TS 16949、ISO 14001
产品情况：（peace 牌）
具备年产2000万只各类滤清器的生产能力
配套及出口情况：与三菱、日产、丰田、铃木、马自达、五十铃、长安集团、北汽集团、广汽集团、华晨集团等发动机及整车厂战略合作；远销日本、美国、中东等国家和地区

★平原滤清器有限公司
地址：河南省新乡市高新技术开发区东杨村1号
邮编：453019
电话：0373/2026149、5825609
传真：5825666、2051032
网址：www. chinafilter. com. cn
电子信箱：xibei115@ hotmail. com
负责人：张庆栋
单位人数：800
质量体系：ISO/TS 16949、ISO 14001
产品情况：（平原牌、三滤牌）
车用（内燃机）机油滤清器、燃油滤清器、空气滤清器、颗粒捕集器
配套及出口情况：机油滤清器为潍柴、庆铃、依维柯、长城、康明斯、山推、大柴等配套，1300万件/年；燃油滤清器为长城、潍柴、南汽、庆铃、江铃、华柴、郑州日产等配套，400万件/年；空气滤清器为山推、陕汽、宇通、金龙、上柴、潍柴、江铃、江淮等配套，500万套/年；出口46个国家和地区

★新乡航空工业（集团）有限公司
地址：河南省新乡市建设中路168号
邮编：453049
电话：0373/3862212
传真：3386605
网址：www. xhjt. com. cn
电子信箱：xhjt@ xhjt. com. cn
单位人数：10000

质量体系:ISO/TS 16949、ISO 9001
产品情况:(平原牌、豫新牌)
平原牌汽车滤清器、豫新牌汽车空调、豫北汽车动力转向器
配套及出口情况:与美国通用、戴姆勒、克莱斯勒、北京奔驰、东风、奇瑞、上汽通用、日产、哈飞、昌河、郑州宇通、厦门金龙、北京尼奥普兰、上柴、潍柴、康明斯、曼海姆等汽车及发动机企业结为长期战略合作伙伴;出口俄罗斯、古巴、印度、马来西亚等国家

★河南省东山科技有限公司
地址:河南省获嘉县黄堤镇南马厂村
邮编:453835
电话:0373/4908052
传真:4909396
质量体系:ISO/TS 16949
产品情况:铜质、铝质散热器
配套及出口情况:为中国一拖、福田重工、山东时风、陕汽重型货车、无锡动力、烟台工程机械等配套;随主机出口多个国家和地区

★河南中轴控股集团股份有限公司
地址:河南省焦作市建设东路137号
邮编:454003
电话:0391/3901689
传真:3938456
网址:www.zzjt.com
电子信箱:zzjt@zzjt.com
单位人数:2851
质量体系:ISO/TS 16949
产品情况:(中轴牌)
半挂运输车、水泥搅拌车、工程自卸车、液体罐车、粉粒物料运输车等专用汽车;商用车发动机凸轮轴、乘用车发动机凸轮轴、模锻件(传动轴锻件、方向机锻件、轴类锻件)、汽车半轴、轴管(轴头)、承载轴(车桥)、传动轴、转向节、齿轮轴、缸套、车架等汽车零部件

★河南中轴中汇汽车零部件有限公司
地址:河南省博爱县工业集聚区人民路东段
邮编:454450
电话:0391/8619558、2106211
传真:8619558
网址:www.hnzhgs.com.cn
电子信箱:hnzhgs@126.com
质量体系:ISO/TS 16949
产品情况:(中轴牌、Z牌)
具有年产500万支汽车发动机凸轮轴的生产能力
配套及出口情况:为长城汽车、吉利汽车、上汽通用五菱、奇瑞汽车、海马轿车、众泰汽车、东安动力、沈阳华晨等国内主要SUV和轿车发动机配套;出口欧洲和北美洲市场

★河南省中原内配股份有限公司
地址:河南省孟州市韩愈大街146号
邮编:454750
电话:0391/8190221、8192651
传真:8192423
网址:www.hnzynp.com
电子信箱:zynp@hnzynp.com
质量体系:ISO/TS 16949、VDA 6.1
产品情况:(河阳牌)
内燃机汽缸套
配套及出口情况:是美国福特、通用、克莱斯勒、美国康明斯、德国奔驰全球采购系统的发动机零部件企业,并配套东风康明斯;远销北美洲、南美洲、欧洲、亚洲地区

★河南省中原活塞股份有限公司
地址:河南省孟州市梧桐南路288号
邮编:454750
电话:0391/8161717、8106012
传真:8162166
网址:www.zypiston.com
电子信箱:zhongyuan@zypiston.com
单位人数:465
质量体系:ISO/TS 16949、ISO 14001
产品情况:(河阳牌)
五十铃系列、康明斯系列、云内系列、大柴系列、玉柴系列、潍柴系列、朝柴系列、锡柴系列、洛拖系列、日本三菱依维柯系列、卡特系列等国内外各种型号活塞系列;具有年产活塞350万只、组装各类四组件120多万套的规模化生产能力
配套及出口情况:为20多家主机厂配套;部分产品自营出口美国、英国、俄罗斯、智利、东南亚等国家和地区

★河南中原吉凯恩气缸套有限公司
地址:河南省孟州市西虢工业园
邮编:454750
电话:0391/8518618
传真:8518599、8518596
网址:www.gknchina.com
电子信箱:hongjinfeng@gknzhongyuan.com
质量体系:ISO/TS 16949、ISO 14001
产品情况:中型货车及工程机械汽缸套
配套及出口情况:为康明斯、卡特彼勒、瑞典斯堪尼亚、德国道依茨、MTU发动机有限公司、俄罗斯科斯特罗马、东风康明斯、重庆康明斯、一汽锡柴等供货;产品80%出口日本、北美洲、南美洲

★安阳市文峰缸套有限责任公司
地址:河南省安阳市文峰区相四路东段
邮编:455000
电话:0372/2964977、2512716
传真:2964977
网址:www.wfgangtao.com
电子信箱:info@wfgangtao.com
负责人:张海涛
质量体系:ISO 9001
产品情况:钢质薄壁镀铬汽缸套
配套情况:为江铃、庆铃、北京福田五星轻型货车、时代轻型货车、长城赛铃皮卡、东风朝柴,玉柴重型货车发动机配套

★河南海莎过滤器有限公司
地址:河南省安阳市滑县产业集聚区二水西路
邮编:456400
电话:0372/3735888
传真:5579822
电子信箱:henanhaisha@126.com
质量体系:ISO/TS 16949、ISO 14001
产品情况:空气滤清器、机油滤清器、空调滤清器

★林州市万泉水箱有限责任公司
地址:河南省林州市临淇工业园万泉大道1号
邮编:456575
电话:0372/6716666、6739999
传真:6735555
电子信箱:lzwqsx@163.com
质量体系:QS 9000、ISO 9001
产品情况:各式散热器、中冷器

★河南天誉动力机械有限公司
地址:河南省扶沟县城文化东路28号
邮编:461300
电话:0394/6228966、13903870111
传真:6227216
网址:www.hntydl.com
电子信箱:hntydl@hotmail.com
单位人数:760
质量体系:ISO/TS 16949
产品情况:(天誉牌)
国产斯太尔、康明斯、玉柴4105、6108、锡柴奥威、美国福特、通用、卡特彼勒、底特律系列缸盖缸体
配套及出口情况:为广西玉柴、洛阳一拖、中国重汽集团配套;远销美国、欧洲市场

★河南省扶沟大柴动力机械有限公司
地址:河南省扶沟县崔桥工业园
邮编:461300
电话:0394/6331988、15138377999
传真:6331388
网址:www.fgdcdl.com
电子信箱:fgdcyangyong@126.com
质量体系:ISO/TS 16949
产品情况:发动机缸体、缸盖

★扶沟县华瑞动力机械有限公司
地址:河南省扶沟县机械工业园区7栋
邮编:461300
电话:0394/6228030、13838675392
传真:6225160
网址:www.fugouhuarui.com
电子信箱:huaruijijie@126.com
单位人数:356
质量体系:ISO 9001
产品情况:发动机汽缸盖

★河南省隆力汽缸盖有限公司
地址:河南省扶沟县机械工业园区长丰路

邮编:461300
电话:0394/6220126、13939491837
传真:6231013
网址:www.hnfgll.com
电子信箱:fg@hnfgll.com
负责人:张保军
质量体系:ISO/TS 16949
产品情况:(扶缸牌)
汽缸盖、缸体
出口情况:远销欧美、中东、东南亚等地区

★扶沟恒力缸盖有限公司
地址:河南省扶沟县大新镇工业园区
邮编:461322
电话:0394/6384988
传真:6393076、6384168
质量体系:ISO 9002
产品情况:汽缸盖、机体、飞轮壳、过桥箱、齿轮室、中后桥减壳、离合器壳等
出口情况:部分产品出口北非、欧洲、美洲

★信阳贝恩银光活塞销有限公司
地址:河南省信阳市工区路669号
邮编:464000
电话:0376/6596391
传真:6596076
电子信箱:xnygpp@371.net
质量体系:ISO/TS 16949
产品情况:(银光牌)
发动机活塞销
配套及出口情况:为一汽集团、一汽大柴、一汽-大众、朝柴、神龙汽车、东风康明斯、东风本田、天津一汽丰田、奇瑞汽车、航天三菱、沈阳新光、江西五十铃、长城汽车、北汽福田、杭发、柳发、上柴、东安动力、中国一拖、成都云内、华源莱动等配套;远销美国、加拿大、巴西、秘鲁、东南亚等国家和地区

★一拖(洛阳)柴油机有限公司
地址:河南省洛阳市涧西区建设路154号
邮编:471004
电话:0379/64967533、64961594
传真:64966764、64245035
网址:www.ytcyj.com
电子信箱:ytcyjchk@163.net
质量体系:ISO/TS 16949、ISO 9001
产品情况:汽车、拖拉机等系列柴油机

★洛阳古城机械有限公司
地址:河南省洛阳市洛龙科技园区
邮编:471023
电话:0379/65597999、65595988
传真:65599688
质量体系:ISO/TS 16949、ISO 9001
产品情况:制动盘、制动钳及支架,发动机缸体、缸盖、进排气管等铸件
配套情况:为一汽轿车、奇瑞汽车、吉利汽车、长城汽车、海马汽车等主机厂配套

★河南柴油机集团有限责任公司
地址:河南省洛阳市中州西路173号
邮编:471039
电话:0379/64076002、64076289
传真:64225395
网址:www.hnd.com.cn
电子信箱:bjxs@hnd.com.cn
产品情况:234、236、604B/620等系列柴油机,广泛应用于石油钻采、特种车辆、工程机械等领域
出口情况:出口欧洲、亚洲、非洲、南美洲等16个国家和地区

★洛阳百成内燃机配件有限公司
地址:河南省洛阳市孟津县华阳产业集聚区
邮编:471112
电话:0379/67866211、67866583
传真:67866585
网址:www.lybcnp.com
质量体系:ISO/TS 16949、ISO 9001
产品情况:(百成牌)
汽缸套,年产800万只

★河南省西峡汽车水泵股份有限公司
地址:河南省西峡县工业大道299号
邮编:474500
电话:0377/69662280
传真:69688557
网址:www.xixia-waterpump.com
电子信箱:xsb@xixia-waterpump.com
法人代表:孙耀志
负责人:孙耀忠
单位人数:3000
质量体系:ISO/TS 16949、ISO 14001
产品情况:(飞龙牌)
汽车水泵、排气管、进气歧管,具备年产1000万只汽车水泵、500万只排气歧管的生产能力
配套及出口情况:为上汽大众、一汽-大众、神龙公司、上汽通用、上汽通用五菱、一汽海马、上海汽车、奇瑞、东安、天内、沈阳三菱、江淮、江铃、长城汽车、北汽福田康明斯、陕汽康明斯、重庆康明斯、吉利、玉柴、潍柴、上柴、锡柴、大柴、朝柴、天津雷沃、洛拖、北汽福田等30余家企业配套,并进入美国康明斯、德国道依茨、意大利菲亚特、韩国斗山等汽车公司的全球采购体系;出口美国、德国、意大利、韩国、英国等国家

★西峡县内燃机进排气管有限责任公司
地址:河南省南阳市西峡世纪大道西段18号
邮编:474550
电话:0377/60108810、60108815
传真:69669196
网址:www.xipai.com.cn
电子信箱:xpqgc@vip.163.com
法人代表:程武超
单位人数:1800
质量体系:ISO/TS 16949、ISO 9002
产品情况:(劲派牌)
发动机进气管、排气管,年产100万支
配套情况:为潍柴、一汽-大众、南京依维柯、神龙汽车、杭发、上柴、玉柴、一汽锡柴、奇瑞汽车、重庆康明斯发动机、渭阳动力、绵阳新晨动力、长城内燃机、万丰车业、上海华普发动机、吉奥汽车、华晨金杯、华柴动力、扬动、一汽海马、哈尔滨东安动力、昆明云内动力、榆次新天地发动机、重庆康明斯、沃尔沃汽车、标致集团等供货

★南阳市红阳车用配件有限公司
地址:河南省南召县101信箱
邮编:474650
电话:0377/66692322、66692323
传真:66696020
质量体系:ISO/TS 16949、ISO 9002
产品情况:汽车发动机连杆总成及重型汽车转轴、液压破碎器等产品,现具有年产各类连杆总成60万支以上的生产能力
配套情况:为东安发动机、山西淮海、重庆宗申、宁波美日、上海比亚迪等配套

湖北省

★武汉全威活塞环有限公司
地址:武汉市汉口解放大道1328号
邮编:430010
电话:027/82740097、82740317
传真:82740097
电子信箱:whqwepxs@163.com
质量体系:QS 9000、ISO 9001
产品情况:活塞环

★武汉百事得机械有限公司
地址:武汉市江汉区发展大道227号华微商厦1-402
邮编:430023
电话:027/65650720、85607860
传真:85609987
网址:www.whbest.com.cn
电子信箱:whbestcol@gmail.com
质量体系:ISO/TS 16949
产品情况:(佰事得牌)
汽车活塞环
出口情况:出口南美洲、中东、非洲、东南亚及周边国家

★武汉亚普汽车部件有限公司
地址:武汉市经济技术开发区车城大道242号
邮编:430056
电话:027/84956803
传真:84956805
电子信箱:tangy@whyapp.com
质量体系:ISO/TS 16949、VDA 6.1
产品情况:塑料燃油箱,总成年产能力70万套
配套情况:为神龙汽车、台湾裕隆汽车、

东风自主品牌、武汉飞亚、郑州日产配套

★武汉佛吉亚通达排气系统有限公司
地址:武汉市经济技术开发区创业二路1号
邮编:430056
电话:027/84893201
传真:84892261
质量体系:ISO/TS 16949、ISO 14001
产品情况:(通达牌)
各类轿车排气系统(含催化净化装置)
配套情况:为神龙汽车、东风本田、奇瑞汽车、昌河汽车、长安福特、长安马自达配套

★康明斯燃油系统(武汉)有限公司
地址:武汉市经济技术开发区科技园东路1号
邮编:430056
电话:027/68847188
传真:68847000
网址:www. cummins. com. cn
产品情况:柴油机共轨燃油泵(CCR)、CELECT燃油喷嘴、燃油泵以及相关零部件
配套及出口情况:为东风康明斯ISL8.9L、ISZ13L和西安康明斯ISM11L全电控柴油机配套;出口亚洲、拉丁美洲、欧洲等国际市场

★理研汽车配件(武汉)有限公司
地址:武汉市经济技术开发区珠山湖大道258号
邮编:430056
电话:027/59595900
传真:59595989
网址:www. riken – wh. com. cn
电子信箱:rik@ riken – wh. com. cn
法人代表:村山仁至
负责人:大矢正规
单位人数:353
质量体系:ISO/TS 16949、ISO 14001
产品情况:活塞环、阀门座、气门调整垫片、气门挺杆、密封环、(压缩机用、动力转向器用)叶片等
配套情况:为长安福特、长安马自达、东风本田、东风本田发动机、东风汽车乘用车、本田汽车(中国)、东风日产发动机、东风轻型发动机、一汽海马、长安铃木、昌河铃木、长安汽车、沈阳航天三菱发动机、一汽–大众、上汽通用五菱等配套

★八千代工业(武汉)有限公司
地址:武汉市经济技术开发区珠山湖大道786号
邮编:430056
电话:027/84478181
传真:84478191
网址:www. yachiyo – ind. co. jp
电子信箱:hr@ ywm – china. com
产品情况:汽车树脂燃油油箱、天窗
配套情况:为东风本田配套

★武汉美嘉机械塑料有限公司
地址:武汉市洪山区张家湾特1号
邮编:430065
电话:027/88112800、88136287
传真:88139742
网址:www. wumeca. com
电子信箱:sale@ mecaplast. com. cn
质量体系:ISO/TS 16949、ISO 9002
产品情况:汽车发动机塑料工程件和汽车内饰件
配套情况:为神龙、日产、福特等公司配套

★英瑞杰汽车系统(武汉)有限公司
地址:武汉市东湖新技术开发区关山一路汽车电子产业园内
邮编:430074
电话:027/81925036
传真:87446036
网址:www. inergyautomotive. com
电子信箱:hr. wuhan@ inergyautomotive. com
产品情况:汽车塑料燃油箱、塑料注油管、燃油系统以及其他辅助汽车装配件
配套情况:为东风汽车公司配套

★三环集团
地址:武汉市东湖新技术开发区佳园路33号
邮编:430074
电话:027/87609333
传真:87609666
网址:www. triring. cn
法人代表:舒健
负责人:梅汉生
产品情况:(三环牌)
专用汽车、特种汽车、军用汽车、汽车零部件和数控锻压机床产品

★湖北雷迪特冷却系统股份有限公司
地址:武汉市武汉经济技术开发区军山街凤凰工业园凤亭南路2号
邮编:430119
电话:027/59909590
传真:59909595
网址:www. hbrdt. com
电子信箱:hbrdt@ dongjungroup. com. cn
质量体系:ISO/TS 16949
产品情况:中冷器、铝焊接散热器等汽车铝热交换系统产品,年产能力40万套

★武汉金丰汽配有限公司
地址:武汉市东湖高新技术开发区庙山小区长城创新科技园长城园3路1号
邮编:430223
电话:027/59730688
传真:59730668
网址:www. yutakagiken. co. jp
产品情况:催化转换器、消声器、排气管、排气歧管
配套情况:为东风本田汽车、广汽本田汽车配套

★武汉武配汽车零部件有限公司
地址:武汉市黄陂区滠口时代工业园
邮编:430311
电话:027/61867333、61862936
传真:61867222
电子信箱:marketing@ wellfar. biz
质量体系:ISO/TS 16949
产品情况:活塞、活塞环、缸套、轴瓦、气门等

★荆州环宇汽车零部件有限公司
地址:湖北省荆州市高新区东方大道48号
邮编:434000
电话:0716/8331055、8331180
传真:8332401
网址:www. jzga. cn
电子信箱:jzgaj@ autocrankshaft. com
质量体系:QS 9000、ISO 9001
产品情况:(环宇牌)
曲轴、凸轮轴、连杆、平衡轴等
配套及出口情况:为玉柴、洛拖、全柴、莱动、丹佛斯等知名企业配套;远销欧美、东南亚

★公安县铜套有限公司
地址:湖北省公安县郑公工业开发区55号
邮编:434319
电话:0716/5801073、5801152
传真:5801020
电子信箱:gatt2008@ sina. com
质量体系:ISO/TS 16949
产品情况:(荆都牌)
年产汽车衬套3000万只、轴瓦1000万组、拉线500万根、电器100万只
配套情况:与东风公司、玉柴机器、云内发动机厂、朝柴发动机厂、江淮汽车、北汽福田等国内大型主机厂配套

★湖北新冶钢汽车零部件有限公司
地址:湖北省黄石市盐湖路380号
邮编:435003
电话:0714/6371000
传真:6371000
网址:www. xinyegangap. com
电子信箱:bgs@ hsxinqiang. sina. net
单位人数:92
质量体系:ISO/TS 16949
产品情况:(XINQIANG牌)
各种型号的汽车发动机凸轮轴、变速器齿轮轴毛坯
配套情况:为汽车发动机厂配套

★湖北迪峰换热器有限公司
地址:湖北省大冶市大冶大道268号
邮编:435100
电话:0714/8762884、8762954

传真:8761345
网址:www. hbdefon. com
电子信箱:sale@ hbdefor. com
质量体系:ISO 9001、ISO 14001
产品情况:(登峰牌)
管片式散热器(包括空气冷却器、氢气冷却器等)、管壳式散热器(包括滑油冷却器、淡水冷却器、加热器、冷凝器)、板翅式散热器、板式散热器等
配套情况:为西门子、GE、英格索兰、IHI、库伯、瓦锡兰等配套

★湖北飞剑泵业有限公司
地址:湖北省黄梅县大胜工业园区2号
邮编:435500
电话:0713/3363636
传真:3363107
电子信箱:hbfjby@ vip. 163. com
质量体系:ISO/TS 16949、ISO 9001
产品情况:(飞剑牌)
汽车发动机冷却水泵、润滑油泵,年产60万只

★湖北华联泵业有限公司
地址:湖北省黄梅县工业园
邮编:435500
电话:0713/3324493
传真:3324493
质量体系:ISO 9001
产品情况:内燃机润滑油泵和冷却水泵
配套及出口情况:为朝柴、解放、玉柴、东风汽车公司配套;出口东南亚、美国等国家和地区

★湖北威风汽车配件股份有限公司
地址:湖北省黄冈市浠水经济开发区洪山工业园6号
邮编:438200
电话:0713/4241230、13986524229
传真:4242195
网址:www. hbwfap. cn
单位人数:500
质量体系:ISO/TS 16949
产品情况:(凸威牌)
各类汽车发动机凸轮轴
配套及出口情况:为广西玉柴机器等10多家国内大型发动机企业配套;出口德国、俄罗斯、韩国、中东等国家和地区

★马勒三环气门驱动(湖北)有限公司
地址:湖北省麻城市将军北路特1号
邮编:438300
电话:0713/2933333、2930303
传真:2931313、2912126
网址:www. triring. cn
电子信箱:tri - ring@ 263. net
单位人数:1760
质量体系:ISO/TS 16949
产品情况:(三环牌)
内燃机进/排气门,年气门生产能力4200万支
配套及出口情况:为一汽集团、北汽福田、东风柴油机、云内、东风康明斯、神龙汽车、哈东安、长安汽车、玉柴、柳州机械厂、江西五十铃配套;出口美国、日本、欧洲等国家和地区

★襄阳新恒星活塞环有限公司
地址:湖北省襄阳市樊城区恒星路1号
邮编:441000
电话:0710/3442545
传真:3441368
网址:www. xypr. net
单位人数:500
质量体系:ISO/TS 16949
产品情况:(恒星牌)
摩托车、汽车、通用汽油机及气泵活塞环
配套情况:为建设集团、轻骑集团、易初、一汽、东风、一拖、廊坊美联、山东华盛集团等国内数十家大中型主机厂配套

★襄樊航工制造有限公司
地址:湖北省襄阳市襄州区航空路1号
邮编:441000
电话:0710/3122898、2829000
传真:3122818
电子信箱:hanggong@ xfhanggong. com
质量体系:ISO/TS 16949、ISO 9001
产品情况:(航工牌)
汽车调温器、汽车门锁
配套情况:为航宇救生装备公司、东风汽车公司、天津一汽夏利、吉利汽车、上汽通用五菱等配套

★东风汽车股份有限公司铸造分公司
地址:湖北省襄阳市东风汽车大道13号
邮编:441004
电话:0710/3392490
传真:3392396、3392493
网址:www. dfac. com
电子信箱:office@ dfac - foundry. com
质量体系:ISO/TS 16949、QS 9000
产品情况:汽缸体、汽缸盖、排气歧管、曲轴、后桥主减速器壳、制动鼓、轮毂、差速器壳、制动蹄片、阀类铸件、气门导管、含油轴承、机油泵转子齿轮等
配套情况:为东风康明斯、东风汽车公司配套

★东风康明斯发动机有限公司
地址:湖北省襄阳市高新技术产业开发区
邮编:441004
电话:0710/3399100、3399610
传真:3392893、3320886
网址:www. dcec. com. cn
负责人:王宁
单位人数:1900
质量体系:ISO/TS 16949、ISO 14001
产品情况:(东风康明斯牌)
康明斯B、C、L、LK系列机械式和ISB、ISDe、QSB、ISLe、ISL、QSL、ISZ、QSZ系列全电控柴油发动机,以及B、C、L系列天然气发动机,发动机排量为3.9L、4.5L、5.9L、6.7L、8.3L、8.9L、9.5L、13L,功率覆盖范围为59.6~406kW
配套情况:为安徽华菱、宇通客车、厦门金龙、柳工机器等配套

★襄樊市长源东谷实业有限公司
地址:湖北省襄阳市襄州区人民路东侧钻石大道100号(荣华工业园)
邮编:441004
电话:0710/3381892、3386209
传真:3381935
电子信箱:cydg2001@ 163. com
质量体系:ISO/TS 16949
产品情况:缸体、缸盖、飞轮壳、连杆、主轴承盖、排气管、机油泵、齿轮室、变速器壳体等
配套情况:为东风汽车公司、一汽锡柴、康明斯发动机、神龙汽车、德国道依茨、意大利依维柯配套

★康明斯(襄樊)机加工有限公司
地址:湖北省襄阳市深圳工业园南京路18号
邮编:441007
电话:0710/2869900
传真:2869901
网址:www. cummins. com. cn
产品情况:发动机零部件加工

★江华机械有限公司
地址:湖北省襄阳市襄城区江华路10号
邮编:441021
电话:0710/3538287
传真:3530032
电子信箱:scyx - 111@ vip. 163. com
质量体系:ISO/TS 16949
产品情况:(江华牌)
汽车发动机摇臂及摇臂轴总成
配套情况:为康明斯、东风本田配套

★襄阳京泰汽配有限责任公司
地址:湖北省襄阳市春园东路春园东路特8号
邮编:441101
电话:0710/2837888、3337566
传真:3337566
电子信箱:salejingtai@ 163. com
质量体系:ISO/TS 16949
产品情况:飞轮壳、机油泵壳体、带轮、轮毂、水泵壳体、瓦盖
配套情况:为东风汽车、重庆红岩斯太尔等配套

★十堰弗列加科技有限公司
地址:湖北省十堰市白浪汽配城震洋B区5栋1001号
邮编:442000
电话:0719/8312222、8255009
传真:8255009
电子信箱:fuliejia@ sina. com
质量体系:ISO 9001

产品情况：机油滤芯、柴油滤芯、空滤、空滤总成

★湖北福纳车业有限公司
地址：湖北省十堰市白浪中路 156 号，龙门工业园
邮编：442000
电话：0719/8255111、18671921777
传真：8255777
电子信箱：hbfuna@ hbfuna. com
质量体系：ISO/TS 16949
产品情况：汽车铝合金燃油箱、铝合金储气筒
配套及出口情况：主要为重汽、北奔、三一重工、安徽江淮、无锡宝岛、苏州朗格等配套；部分产品远销北美洲

★东风康明斯排放处理系统有限公司
地址：湖北省十堰市东益大道 1 号
邮编：442000
电话：0719/8287886
传真：8287889
网址：www. cummins. com. cn
产品情况：柴油发动机排放处理系统产品

★十堰京凯达汽车零部件有限公司
地址：湖北省十堰市高新技术开发区白浪东路 109 号
邮编：442000
电话：0719/8311968、13235663200
传真：8311960
网址：www. jingkaida. com
电子信箱：jkdsdj@ 163. com
质量体系：ISO/TS 16949
产品情况：汽车铝散热器、中冷器等，年产能力汽车铝散热器 40 万台、中冷器 30 万台
配套情况：与东风商用车、东风股份、东风柳汽、宝鸡华山汽车等配套

★十堰新日汽车零部件有限公司
地址：湖北省十堰市张湾区东环路万通工业园 117－28 号
邮编：442000
电话：0719/8122386
网址：www. syxrlj. com
单位人数：180
质量体系：ISO/TS 16949
产品情况：生产各类汽车专用散热器、汽车专用管接头及其他汽车零部件
配套情况：与东风公司、中国重汽、中通客车、陕汽重卡、北汽福田等建立合作关系

★东风汽车有限公司商用车发动机厂
地址：湖北省十堰市新疆路 46 号
邮编：442003
电话：0719/8234237
传真：8234447、8235278
网址：www. dfl. com. cn
质量体系：ISO/TS 16949、QS 9000
产品情况：汽车发动机，年综合生产能力 20 余万台
配套情况：为东风汽车公司、东南汽车、宇通客车、金龙、常州依维柯等配套

★东风(十堰)发动机部件有限公司
地址：湖北省十堰市新疆路 60 号
邮编：442003
电话：0719/8233487
传真：8235182
网址：www. ds9. com. cn
电子信箱：gsb@ ds9. com. cn
质量体系：ISO/TS 16949、QS 9000
产品情况：(东风牌)
　离合器总成、飞轮齿环总成、飞轮壳、主轴承盖、摇臂轴总成、凸轮轴、活塞销、离合器外壳、进排气管总成、系列端面板，年产离合器盖及压盘总成 30 万辆份、飞轮齿环总成 50 万辆份、离合器从动盘总成 30 万辆份、飞轮壳 10 万辆份
配套情况：飞轮齿环为东风汽车公司、康明斯、神龙、雷诺、日产配套

★湖北广奥减振器制造有限公司
地址：湖北省十堰市张湾区西城路 46 号
邮编：442004
电话：0719/8587827
传真：8587817
网址：www. hbguangao. com
电子信箱：shangwu@ hbguangao. com
董事长(负责人)：伍长斌
单位人数：120
质量体系：ISO/TS 16949
产品情况：发动机扭振减振器，包括橡胶减振器、硅油减振器和硅油橡胶减振器三大系列

★东风(十堰)发动机减震器有限公司
地址：湖北省十堰市汉江南路 40 号
邮编：442011
电话：0719/8225146、8217348
传真：8213422
网址：www. dfjzq. net
电子信箱：jsjsjn@ 163. com
质量体系：ISO/TS 16949、ISO 14001
产品情况：发动机曲轴扭振减振器、发动机托架、转向机支架、带轮等同，具有年产 6000t 铸件、100 万套橡胶减振器、10 万套硅油减振器、80 万件/支托架的生产能力
配套情况：为东风商用车、东风商用车公司发动机厂、东风乘用车、东风康明斯发动机、东风汽车股份、东风南充内燃机、奇瑞汽车、江淮发动机分公司、长城汽车、保定长城内燃机、湖南长丰动力等供货

★湖北通达汽车零部件(集团)有限公司
地址：湖北省十堰市东风大道 118 号
邮编：442012
电话：0719/8283808、8781608
传真：8782430
电子信箱：tdjszx@ sykd. cn
单位人数：1219
质量体系：ISO/TS 16949、QS 9000
产品情况：(通达牌)
　汽车燃油箱、汽车消声器总成、三元催化转化器、硅油风扇离合器等
配套情况：为东风汽车公司、一汽集团、神龙汽车、奇瑞汽车、吉利汽车、陕汽、红金龙汽车、郑州日产、长安福特、长安马自达配套

★东风锻造有限公司
地址：湖北省十堰市辽宁路 7 号
邮编：442012
电话：0719/8236152、8780239
传真：8237814
网址：www. dffl. com. cn
质量体系：ISO/TS 16949
产品情况：曲轴、连杆、齿轮等锻件，汽车主从动齿轮、前轴、半轴等成品零件，模具
配套情况：为东风汽车公司配套

★十堰市车来车往汽车零部件有限公司
地址：湖北省十堰市白浪汽配城富桥区 4108 号
邮编：442013
电话：0719/8254098、8318038
传真：8319666
网址：www. sysclcw. com
电子信箱：jxw@ jxwqp. com
单位人数：138
质量体系：ISO/TS 16949
产品情况：(南水北调牌)
　具备年产散热器、中冷器 30 万台(套)的能力
配套及出口情况：与中国重汽、东风公司等厂家配套；出口越南、缅甸、伊朗等东南亚和中东国家

★十堰诺克里奇科技有限公司
地址：湖北省十堰市白浪开发区
邮编：442013
电话：0719/8845668、18671675353
传真：8845668
网址：www. rockrich. com. cn
质量体系：ISO/TS 16949、ISO 9000
产品情况：散热器、中冷器
配套情况：为东风、解放、福田、重汽集团、郑州宇通、金龙等配套

★湖北富友热系统有限公司
地址：湖北省十堰市白浪中路 101 号
邮编：442013
电话：0719/8311882、8462345
传真：8462345
质量体系：ISO 9001
产品情况：汽车散热器、中冷器、中冷管等，年产能力 5 万台套
配套情况：为东风、云汽、汉阳、神宇、十通等配套

★东风佳华汽车部件有限公司
地址:湖北省十堰市工业新区张湾建设大道左侧
邮编:442013
电话:0719/8364633
传真:8364693
电子信箱:1010240989@ qq. com
质量体系:ISO/TS 16949、ISO 14001
产品情况:(佳华牌)
汽车发动机轴瓦、轴瓦材料、凸轮轴衬套及机械用衬套等零部件,产品适用于排量 1.3 ~ 11L 的各类发动机
配套情况:为东风系列汽油机、康明斯系列柴油机、神龙、朝柴、玉柴、南内、潍柴、锡柴等机型配套

★十堰楚欣达汽车部件制造有限公司
地址:湖北省十堰市汽配城 C 区二栋 1007 号
邮编:442013
电话:0719/8301576、8316856
传真:8319755
电子信箱:shiyanxiaoshengqi@ 126. com
质量体系:ISO/TS 16949
产品情况:消声器、进排气系统及各种底盘黑漆件
配套情况:为陕汽、东风实业、东风神宇、东风特种商用车、三环汽车、十堰世纪中远、十堰驰田等公司配套

★东风汽车特种商用车公司专用设备厂
地址:湖北省十堰市红卫镜潭路 46 号
邮编:442021
电话:0719/8261350、8239542
传真:8238225、8522470
网址:www. dfzysb. com
电子信箱:master@ dfzysb. com
质量体系:ISO/TS 16949、QS 9000
产品情况:(东银牌)
发动机摇臂、自卸车油缸、空气悬架、车架等汽车零部件

★东风汽车集团股份公司动力设备厂
地址:湖北省十堰市车城西路 118 号
邮编:442024
电话:0719/8238324
传真:8521949
网址:www. dfmg. com. cn
质量体系:ISO/TS 16949、QS 9000
产品情况:汽车冷却水泵、机油泵、空压机、底盘零件及管件,年产 35 万套
配套情况:为东风乘用车、康明斯、神龙汽车、朝柴、扬柴、南充内燃机厂、柳州发动机厂配套

★东风(十堰)通用铸造有限公司
地址:湖北省十堰市花果路 12 - 2 号
邮编:442048
电话:0719/8235289、8248844
传真:8234969
网址:www. dfsy. com. cn
电子信箱:syxiezhi@ sina. com
质量体系:ISO 9001
产品情况:各种系列的泵体、支架、缸套等发动机零部件及制动钳、三角支架、管卡等以灰口铸铁、球墨铸铁、合金铸铁为主的铸件,年产 6000t,产值近 5000 万元
配套及出口情况:为东风汽车公司配套;制动钳、三角支架、管卡等产品出口美国、澳大利亚等国家

★东风活塞轴瓦有限公司
地址:湖北省十堰市花果放马坪路 2 号
邮编:442064
电话:0719/8234184、13508683074
传真:8234837、8221521
网址:www. dfap. com. cn
电子信箱:pengbin @ dfl. com. cn
单位人数:1675
质量体系:ISO/TS 16949
产品情况:(DFPB 牌)
具有年产汽车发动机活塞 300 万只、轴瓦 1000 万片、活塞环 2000 万片、铝铸件 1000t 的生产能力
配套情况:为东风、康明斯、神龙汽车、玉柴、锡柴、朝柴、南内、本田、奇瑞等主要发动机及汽车厂配套

★湖北丹江口志成铸造有限公司
地址:湖北省丹江口市姚沟路 104 号
邮编:442700
电话:0719/5203522、5203052
传真:5203052
网址:www. djzcgs. com
电子信箱:djzcgs@ djzcgs. com
单位人数:200
质量体系:ISO/TS 16949、ISO 14001
产品情况:底盘悬架件、车桥零部件、发动机零件、制动器四大系列等 700 多个品种
配套情况:为东风商用车、东风车桥、东风柳汽、东风德纳车桥等配套

湖南省

★长沙湘立机电制造有限公司
地址:长沙市芙蓉中路小林子冲 13 号
邮编:410007
电话:0731/85540584
传真:85507182
质量体系:ISO/TS 16949
产品情况:汽车水泵、化油器、电动燃油泵、暖风机等
配套情况:为柳州五菱柳机动力、江南汽车等配套

★湖南正圆动力配件有限公司
地址:长沙市雨花区树木岭路 345 号
邮编:410014
电话:0731/85583730、85665095
传真:85665105
网址:www. cszy. com. cn
电子信箱:sales@ cszy. com. cn
质量体系:ISO/TS 16949、QS 9000
产品情况:(正圆(CSZY)牌)
各型号活塞环、活塞
配套情况:为一汽重夫发动机厂、玉柴、一汽、上汽大众、重庆汽车发动机厂、上柴配套

★湖南长丰动力有限责任公司
地址:长沙市经济技术开发区漓湘路 15 号
邮编:410100
电话:0731/82880770
传真:82880789
电子信箱:cfdlhr@ 163. com
质量体系:ISO/TS 16949
产品情况:汽油机、柴油机

★长沙西诚凸轮轴制造有限公司
地址:长沙市宁乡经济开发区新康大道旁
邮编:410600
电话:0731/87803501、87809969
传真:87809970
网址:www. csyoucheng. com
电子信箱:hhyc2007@ 163. com
单位人数:100
质量体系:ISO/TS 16949
产品情况:汽油、柴油发动机用冷激合金铸铁凸轮轴毛坯,具有年产 200 多万支凸轮轴毛坯的生产能力
出口情况:出口日本、韩国、伊朗、印度、欧洲、美国等多个国家和地区,并销往中国台湾地区

★湘潭市东风曲轴制造有限公司
地址:湖南省湘潭市雨湖区高岭路 7 号
邮编:411100
电话:0731/58244308
传真:52370278
网址:www. crankshaft. cn
电子信箱:sales@ crankshaft. cn
单位人数:110
质量体系:ISO 9000
产品情况:(XD 牌)
各种内燃机曲轴,产品品种国内机型 22 种,出口国际机型 126 种
配套及出口情况:为广西玉柴、北京北内柴油机公司配套;出口 30 多个国家

★湖南江滨活塞公司
地址:湖南省湘潭市板塘铺
邮编:411102
电话:0731/55580680
传真:55579683
网址:www. jbpiston. com
电子信箱:jiangbinxs@ vip. sina. com
负责人:金铭
单位人数:1200
质量体系:ISO/TS 16949、ISO 14001
产品情况:发动机活塞,年产 500 万只
配套及出口情况:与潍柴、玉柴、重庆康明斯、南京依维柯、一汽锡柴、扬柴、洛拖、晋柴、渭柴、华柴等国内 20 余家企业合作;远销欧美、东南亚等地区

★湖南安福气门股份有限公司
地址:湖南省临澧县安福汽配工业园
邮编:415200
电话:0736/5833348
传真:5823110
电子信箱:anfu@ afqm. com
质量体系:ISO/TS 16949
产品情况:(安福牌)
年产气门1500万只、气门座2000万只
配套情况:为玉柴机器、中国一拖、东风朝柴、潍柴集团、扬柴动力、安徽全柴、云南动力等多家主机厂配套

★湖南恒裕汽车零部件有限公司
地址:湖南省怀化市鸭嘴岩工业园怀黔路1号
邮编:418000
电话:0745/2828006、2828638
传真:2828949
电子信箱:ringgear@ 21cn. com
质量体系:ISO/TS 16949、ISO 9001
产品情况:(湘园牌)
飞轮总成、飞轮齿圈、信号感应齿圈、信号感应飞轮总成,具有年产飞轮齿圈200万件、飞轮总成50万件的生产能力
配套及出口情况:为重庆康明斯、重汽济南动力、重汽杭发、潍柴动力、潍柴华丰动力,潍柴道依茨、广西玉柴,云内(昆明、成都)动力,中国一拖、东风汽车公司等数十家主机厂配套;出口北美洲、东欧、日本、东南亚等国家和地区

★湖南天雁机械有限责任公司
地址:湖南省衡阳市石鼓区合江套路195号
邮编:421005
电话:0734/8532001
传真:8532003
法人代表:连刚
负责人:王一棣
单位人数:1900
质量体系:ISO/TS 16949
产品情况:(江雁牌)
废气涡轮增压器、发动机进排气门、高铁冷却风机等发动机零部件
配套及出口情况:为广西玉柴、一汽锡柴、一汽大柴、潍柴、杭发、全柴、杨柴、云内、雷沃、新晨、长城、北汽福田等国内主要发动机企业配套;出口美国、德国、波兰、阿联酋、土耳其等国家

★南岳电控(衡阳)工业技术有限公司
地址:湖南省衡阳市雁峰区白沙洲10号信箱
邮编:421007
电话:0734/8497597
传真:8401315
电子信箱:nyc@ nydk. cn
法人代表:樊江
负责人:周志金
单位人数:1500
质量体系:ISO/TS 16949、ISO 14000
产品情况:(南岳牌)
燃油喷射系统产品、铝铸件产品、出口零配件产品,燃油泵年产能力80万台
配套及出口情况:为一汽集团(锡柴、大柴)、玉柴、东风康明斯、潍柴、英国JCB、上海日野等公司配套;出口零配件主要为美国CUMMINS、CATERPILLAR、AMERICAMICRO等供货

★湖南机油泵股份有限公司
地址:湖南省衡东县城关镇北正街69号
邮编:421400
电话:0734/5223517、5239050
传真:5224853
网址:www. hnjyb. com
电子信箱:luolf@ hnjyb. com
质量体系:ISO/TS 16949、QS 9000
产品情况:(湘江牌)
机油泵年产能力350万台、输油泵20万台、液压工程泵10万台、精密齿轮400万台、有色铸件800万t
配套及出口情况:为一汽、东风、上汽、重汽、北汽、广汽、长安、玉柴、锡柴、潍柴、大柴、上柴、洛拖、雷沃、长城、江淮、江铃、奇瑞、吉利、康明斯国内工厂等40多家主机厂配套;为康明斯(包括美国、英国、墨西哥、巴西和日本工厂)、美国卡特彼勒、意大利依维柯、德国道依茨、德国MTU、美国博格华纳、韩国双龙等供货

★邵阳神风动力制造有限责任公司
地址:湖南省邵阳市五一路53号
邮编:422000
电话:0739/5191517
传真:5225254
电子信箱:sf000009@ sina. com. cn
质量体系:ISO/TS 16949、ISO 9001
产品情况:汽车用柴油机,玉柴汽缸体

★湖南长丰汽车零部件有限责任公司
地址:湖南省永州市冷水滩区张家铺2号
邮编:425000
电话:0746/8456899、8456510
传真:8457056
质量体系:ISO/TS 16949
产品情况:汽车燃油箱、座椅骨架、副车架、防护栏、仪表板支架、排气管、消声器等汽车金属零部件以及部分小型冲压件
配套情况:为广汽三菱、北汽福田、东南汽车、江铃汽车、杭州纳智捷、厦门金龙、山东华泰等配套

广东省

★美力特发动机汽车配件有限公司
地址:广州市海珠区新港东路209号新港商厦西塔705室
邮编:510308
电话:020/89251406、89883097
传真:89251323
网址:www. merit – ap. com
电子信箱:sales@ merit – ap. com
质量体系:ISO/TS 16949
产品情况:缸套、活塞、活塞环、连杆、轴瓦、气门、气门导管等发动机零部件
配套及出口情况:为沈阳三菱、玉柴、江淮汽车、哈尔滨三菱、朝柴、重庆康明斯、一汽海马、潍柴、长安铃木、东安动力、一汽客车、东风康明斯、大柴等配套;远销10多个国家和地区

★广州市永友机动车配件有限公司
地址:广州市白云区罗冲围校园路29号罗冲尾工业区五栋
邮编:510315
电话:020/81997213、81980028
传真:81985682
网址:www. gzyog. com
电子信箱:admin@ yogauto. com
质量体系:QS 9000、ISO 9002
产品情况:(YOG牌)
凸轮、超越离合器、摇臂、气门、气门导管、汽缸、活塞环、化油器、机油泵、空气滤清器、曲轴齿、正时齿、轴承、套锁、继电器、闪光器、电喇叭、整流器、磁电机线圈、触发器、挡位显示器、制动开关、高压点火线圈、点火器、分电器、火花塞、全车线、油量计、炭刷、油箱开关、轮胎、转向轴承、驱动盘、离合蹄块、离合器、轮毂、制动片、皮带、缓冲胶、中轴套、油封、密封垫片等
配套情况:为大型摩托车生产企业OEM供货

★广州和江汽车散热器有限公司
地址:广州市从化区太平镇元洲岗村环亚厂房
邮编:510440
电话:020/36248865
传真:36249133
电子信箱:2223129016@ qq. com
产品情况:汽车铝塑散热器、全铝散热器
出口情况:远销美洲、大洋洲、欧洲、中东等国际市场

★广州市汉景散热器实业有限公司
地址:广州市白云区石井大冈西街33号
邮编:510500
电话:020/86407312
传真:86407765
电子信箱:info@ gzhanjing. com
质量体系:ISO 9001
产品情况:散热器等
出口情况:出口美国、加拿大、澳大利亚、东南亚、中东、远东等国家和地区,并销往中国香港地区

★天律汽车滤清器有限公司
地址:广州市越秀区永福路45号隆福汽配城A区7-9号
邮编:510500
电话:020/83497275
传真:83497273
电子信箱:kt@ tori-filter. com
质量体系:ISO/TS 16949
产品情况:(天律牌)
各种汽车滤清器

★广州日锻汽门有限公司
地址:广州市经济技术开发区东区北片骏业路79号
邮编:510530
电话:020/82266139
传真:82266129
质量体系:ISO/TS 16949、ISO 14001
产品情况:汽车气门

★考泰斯(广州)塑料技术有限公司
地址:广州市经济技术开发区东区连云路10号
邮编:510530
电话:020/32066318
传真:32066588
网址:www. kautex. com
电子信箱:ally. jiang@ kautex. textron. com
产品情况:汽车发动机燃油系统(塑料燃油箱系统)

★广州大华仁盛铝合金管业有限公司
地址:广州市白云区北太路1633号广州民营科技园科盛路1号
邮编:510540
电话:020/29851966、29851931
传真:29851985
网址:www. dahuatube. com
电子信箱:info@ dahuatube. com
质量体系:ISO/TS 16949
产品情况:散热器管、中冷器管

★广州安达精密工业股份有限公司
地址:广州市白云区太和镇广州高新技术产业开发区民营科技园科创路
邮编:510540
电话:020/28026285
传真:37312375
网址:www. andachina. com
电子信箱:anda@ andachina. com
质量体系:ISO/TS 16949、ISO 14001
产品情况:内燃机滑动轴承、各种发动机轴瓦
配套情况:为一汽、东风、玉柴、潍柴、东风康明斯、通用、三菱、道依茨等主机厂配套

★广州旗峰气门厂
地址:广州市沙太路金盘岭隧道北上800米
邮编:510540
电话:020/87431629
传真:87436353
电子信箱:chjacby@ 126. com
质量体系:ISO 9001
产品情况:进排气门等
配套及出口情况:为顺德柴油机厂、北京内燃机总厂、成都内燃机厂等配套;远销亚洲、非洲、拉丁美洲、欧洲、美国

★广州光洋汽车散热器有限公司
地址:广州市白云区钟落潭镇广陈东路1388号
邮编:510550
电话:020/87410857、87410858
传真:87410856
网址:www. koyostar. com
电子信箱:koyo@ koyostar. com
质量体系:ISO 9001
产品情况:汽车散热器
出口情况:出口几十个国家和地区

★东风本田发动机有限公司
地址:广州市黄埔区横沙广本路111号
邮编:510700
电话:020/62808222、62808223
传真:32387675
网址:www. dhec. com. cn
电子信箱:webmaster@ dhec. com. cn
质量体系:ISO 9001、ISO 14001
产品情况:发动机总成及缸体、缸盖、传动轴等零部件
配套及出口情况:主要用于广汽本田生产的雅阁、奥德赛、飞度及锋范、歌诗图及理念车型;出口日本和泰国本田

★广州马勒滤清系统有限公司
地址:广州市花都汽车城东风大道东
邮编:510800
电话:020/86733388
传真:86733386
网址:www. cn. mahle. com
产品情况:空气滤清器、进气歧管、发动机罩板等汽车组件
配套情况:为东风日产、广汽本田等供货

★广州市花都东捷实业有限公司
地址:广州市花都区花山镇平山民营工业园16号
邮编:510800
电话:020/22962939
传真:22962938
网址:www. dong-jie. com
电子信箱:info@ dong-jie. com
单位人数:300
质量体系:ISO/TS 16949
产品情况:汽车进排气歧管系列、消声器、减振器、法兰、波纹管、制动分泵、摩托车车架、油箱和汽油罐系列
出口情况:远销北美洲、欧洲、大洋洲、东南亚等地区

★广州市毅峰汽配制造有限公司
地址:广州市花都区汽车城综合加工区岭东路22号
邮编:510800
电话:020/86876885
传真:86876888
网址:www. yifeng-filter. com
电子信箱:cs@ yifeng-filter. com
单位人数:400
质量体系:ISO/TS 16949
产品情况:(ASPIRE牌)
各种汽车滤清器
出口情况:出口美国、中东、东欧、非洲、东南亚等国家和地区

★广州竞标汽车零部件制造有限公司
地址:广州市花都区花山镇华侨科技工业园龙腾路5号
邮编:510880
电话:020/86788285、86788286
传真:86788280
网址:www. campiu. com
电子信箱:sales@ campiu. com
质量体系:ISO/TS 16949
产品情况:汽车燃油泵等

★广州坤江汽车配件工业制造有限公司
地址:广州市从化区经济开发区广从大道18号
邮编:510990
电话:020/87815398、87810068
传真:87819013
网址:www. kunjiang. com
电子信箱:kunjiang888@ 163. net
董事长:刘鸿宇
负责人:刘鸿坤
单位人数:400
质量体系:ISO/TS 16949
产品情况:水箱、散热网、塑胶件等汽车配件产品

★广州一通活塞环有限公司
地址:广州市增城区新塘镇冶金工业区卫山路41号
邮编:511340
电话:020/82882153、82882156
传真:61242300
电子信箱:eatonring@ 163. com
质量体系:QS 9000、ISO 14001
产品情况:(FUNA牌、LIDE牌)
各种型号摩托车、汽车、柴油机活塞环
配套情况:为重庆嘉陵、大阳、隆鑫、洪亮机械设备配套

★东海橡塑(广州)有限公司
地址:广州市经济技术开发区永和经济区新安路331号
邮编:511356
电话:020/32221291
传真:32221290
电子信箱:trg@ trgtokai. com
质量体系:ISO 14001、ISO/TS 16949
产品情况:汽车用电子控制燃油喷射系统(如树脂软管类)

★电装(广州南沙)有限公司
地址:广州市南沙经济技术区黄阁镇市南大道33号
邮编:511455
电话:020/34973301、34972888
传真:34685590
网址:www. denso. com. cn
电子信箱:liaojianxiong@ china. com
质量体系:ISO 14001、ISO/TS 16949
产品情况:汽车用发动机控制系统、滤清器(三滤)、喇叭、底盘控制系统及设备、模具
配套情况:为丰田、本田、大众、通用、马自达、铃木、现代等供货

★广汽丰田发动机有限公司
地址:广州市南沙区市南大道6号
邮编:511455
电话:020/39396688
传真:39396689
网址:www. gtec. com. cn
产品情况:汽车发动机及配件
配套情况:为天津一汽丰田配套

★广州市金通达滤清器制造有限公司
地址:广州市番禺区沙湾镇福涌村福龙路民营工业区一街3号
邮编:511483
电话:020/34734255、34732290
传真:34732295、34734257
网址:www. xtdfilter. com
电子信箱:amy_huang@ xtdfilter. com
单位人数:600
质量体系:ISO/TS 16949
产品情况:(XTD牌)
　　滤清器,年产滤清器5000多万个
配套情况:为多家知名企业配套

★广东法拉达汽车散热器有限公司
地址:广州市番禺区市桥街禺山西路南双玉工业区
邮编:511490
电话:020/39991826
传真:39991807、39991896
网址:www. kbjxr. com
电子信箱:kbjxr@ kbjxr. com
法人代表(负责人):张建发
质量体系:ISO 14001、ISO/TS 16949
产品情况:(北极熊牌)
　　汽车散热器、暖风散热器、中冷器及其他汽车零部件
出口情况:远销北美洲、南美洲、亚洲、欧洲、非洲、大洋洲等60多个国家和地区,并销往中国香港、中国澳门、中国台湾地区

★广州全程车辆配件实业有限公司
地址:广州市番禺区钟村镇钟四工业区横路4号
邮编:511495
电话:020/84710307
传真:84718040
电子信箱:tc@ tcfco. com
质量体系:ISO 9001
产品情况:汽车、摩托车空气滤清器,年产能力1500万只
出口情况:远销俄罗斯、法国、德国、新加坡、澳大利亚、日本、美国、墨西哥、巴西等国家

★佛冈鑫统仕汽车散热器有限公司
地址:广东省清远市佛冈县汤塘镇106国道联和村
邮编:511675
电话:0763/4631728、4631950
传真:4632899
网址:www. tongshirad. com
电子信箱:tongshi@ tongshirad. com
法人代表:王周平
负责人:赵忠和
质量体系:ISO/TS 16949
产品情况:(统仕牌)
　　适用于大、中、小型汽车,客车、重型货车、工程机械类等铜质散热器和铝质散热器
出口情况:远销中东、中南美洲、尼日利亚、俄罗斯、东南亚、以色列、北非等国家和地区

★广东韶配动力机械有限公司
地址:广东省韶关市韶南大道六公里好彩路2号
邮编:512023
电话:0751/8261222
传真:8261211
网址:www. shaopei. cn
电子信箱:shaopei@ shaopei. cn
质量体系:ISO/TS 16949
产品情况:各类发动机轴瓦、衬套、止推片、活塞环
配套情况:为多家主机厂配套

★揭西县卡东欧电子有限公司
地址:广东省揭阳市揭西县河镇新丰中路
邮编:515400
电话:0663/5520088、5521088
传真:5513401
网址:www. zklu. cn
电子信箱:katungou@ 163. com
质量体系:ISO/TS 16949
产品情况:70余款汽油滤清器
配套及出口情况:为北奔重汽等配套;畅销东南亚、欧美

★东风本田汽车零部件有限公司
地址:广东省惠州市大亚湾西区龙山二路28号
邮编:516085
电话:0752/5200394
传真:5200640
网址:www. dhac. com. cn
电子信箱:webmaster@ dhac. com. cn
单位人数:2440
质量体系:ISO 9002
产品情况:本田系列轿车发动机及底盘关键零部件,包括凸轮轴、连杆、曲轴、缸套、前后转向节、叉臂、前后制动盘等
配套及出口情况:为东风本田、广汽本田、本田汽车中国及海外公司生产的本田系列车型配套;出口欧洲

★惠州市华迪实业有限公司
地址:广东省惠州市惠阳区新圩镇花果村华迪工业园
邮编:516223
电话:0752/3533668、13500187225
传真:3533522
网址:www. chinahuadisy. com
电子信箱:chinahuadih@ 163. com
质量体系:ISO/TS 16949
产品情况:(叶牌)
　　汽车过滤材料、汽车空气滤清器、汽车空调滤清器

★深圳市东诚滤清器厂
地址:广东省深圳市宝安区龙华镇大浪上横朗白云山新村国飞大厦4楼
邮编:518100
电话:0755/23448051、13480616454
传真:23448003
网址:www. szdcf. com
电子信箱:223395771@ qq. com
质量体系:ISO 9002
产品情况:轿车滤清器
出口情况:远销多个国家和地区

★汉江机电(深圳)有限公司
地址:广东省深圳市宝安区23区大宝路1巷1号1号厂房一层
邮编:518101
电话:0755/33930695
传真:33930692
电子信箱:sales@ hanjitech. com
质量体系:ISO/TS 16949
产品情况:电子燃油泵总成、泵芯及滤网

★深圳市稳胜过滤器有限公司
地址:广东省深圳市宝安区沙井镇新和大道(西)东盈工业园C1－2栋
邮编:518105
电话:0755/81463536、29898821
传真:81463535
网址:www. winfilter. com
电子信箱:win@ winfilter. com
质量体系:ISO/TS 16949
产品情况:汽车用空气过滤器、机油过滤器、空调过滤器
配套情况:为多家汽车制造厂配套

★华盛滤清器(深圳)有限公司
地址:广东省深圳市宝安区龙华街道东环二路48号
邮编:518109
电话:0755/28134938、29025188
传真:29025029
网址:www. watsun. com

电子信箱:watsun@ watsun. com
质量体系:ISO 9001、QS 9000
产品情况:为汽车、工程机械、空压机和环保净化设备等提供油水分离器、燃油滤清器、滑油滤清器、空气滤清器及环保过滤器
出口情况:在美国、德国、马来西亚、西班牙、日本、韩国、澳大利亚等拥有多个合资、合作伙伴

★深圳市鑫得昌电子有限公司
地址:广东省深圳市龙华大浪街道办华繁路金城园工业区3栋8楼
邮编:518109
电话:0755/28072389、28176672
传真:28072563
网址:www. szxdc. net
电子信箱:szxdc@ szxdc. net
单位人数:200
质量体系:ISO 9001
产品情况:汽车滤清器、喇叭和耳机

★深圳东信滤清器有限公司
地址:广东省深圳市宝安区观澜镇街道松元村荔城工业区
邮编:518110
电话:0755/28035281、28035280
传真:28035282
网址:www. jtoshin. com
电子信箱:jtoshin@ 163. com
质量体系:ISO 9001
产品情况:(Toshin 牌)
滤清器
出口情况:出口日本、美国、俄罗斯,并销往中国香港地区

★和瑞过滤器(深圳)有限公司
地址:广东省深圳市宝安区沙井街道后亭第三工业区73号
邮编:518125
电话:0755/33663288
传真:33663268
网址:www. heruifilter. com
电子信箱:herui@ towafilter. com
质量体系:ISO 9001
产品情况:(FREX 牌)
汽车空气、机油、燃油、空调滤清器
配套及出口情况:为一汽海马、广汽三菱等配套;远销日本、欧洲、美洲

★深圳益宝实业有限公司
地址:广东省深圳市宝安区沙井镇上南工业区黄埔路130号
邮编:518125
电话:0755/27296888
传真:27295902
电子信箱:sanyco@ szonline. net
质量体系:ISO/TS 16949
产品情况:(LIGAO 牌)
机油泵、水泵、摇臂、燃油管、进排气歧管、油底壳等铝合金及铸铁件
配套情况:为上汽、东安发动机、新晨动力、上汽通用、沈阳三菱、沈阳航天新光、福建华擎等主机厂配套

★三井金属(珠海)环境技术有限公司
地址:广东省珠海市南屏科技工业园屏西五路八号
邮编:519060
电话:0756/8915222
传真:8915228
电子信箱:m_chai@ mkcz. mitsui - kinzoku. co. jp
质量体系:ISO 9001、ISO 14001
产品情况:供应各种汽车、摩托车、大型客货车尾气净化用以及通用发电机、发动机尾气净化用、臭气分解用、化学工业用和臭氧分解用等各种工业用催化剂
配套情况:为汽车厂、大长江、五羊-本田、新大洲本田、豪爵铃木、轻骑铃木、川崎光阳发动机供货

★东莞市国旋机械设备有限公司
地址:广东省东莞市东城区温塘百草岭一路君华工业园
邮编:523000
电话:0769/27234380、13763105256
传真:27234380
网址:www. gspin. cn
质量体系:ISO/TS 16949
产品情况:钣金旋压皮带轮、产品包括汽车发动机曲轮皮带轮、助力转向泵皮带轮、风扇风带轮、水泵皮带轮、空调压缩机离合器皮带轮等

★东莞市万江富通滤清器厂
地址:广东省东莞市万江区黄昌街
邮编:523000
电话:0769/22288798、22708300
传真:22705487、23150411
网址:www. futong - china. com
电子信箱:dgfutong888@ 163. com
质量体系:ISO/TS 16949
产品情况:汽车滤清器等

★东莞市罗兰汽车配件制造有限公司
地址:广东省东莞市中堂镇东泊管理区北潢路
邮编:523000
电话:0769/88185363、88185362
传真:81006528
网址:www. 0769filter. com. cn
电子信箱:0769filter@ 163. com
质量体系:ISO 9001
产品情况:(0769 牌、GPC 牌、魔速师牌)
0769 牌滤清器、刮水片等;魔速狮品牌盘式制动片、鼓式制动蹄片、驻车制动蹄片、感应线、制动盘等

★东莞市斯创格滤清器有限公司
地址:广东省东莞市万江区小享社区
邮编:523048
电话:0769/38971088、13828431668
传真:38971556
网址:www. stgcn. cn
电子信箱:stg@ stgcn. cn
质量体系:ISO/TS 15949
产品情况:(斯创格牌)
机油滤清器、燃油滤清器、空气滤清器、汽车空调滤清器、汽车制动片、汽车刮水片、火花塞、润滑油和养护品等产品
配套及出口情况:为主机厂配套;出口美国、德国、欧洲、加拿大、澳大利亚、马来西亚等国家和地区,并销往中国香港、中国台湾地区

★东莞盛联滤清器制造有限公司
地址:广东省东莞市万边区严屋创新路8号
邮编:523049
电话:0769/88810448、38863868
传真:88812519
网址:www. slfilter. com
电子信箱:sl@ slfil. com
质量体系:ISO/TS 16949
产品情况:(盛联牌)
内燃机用空气滤清器、机油滤清器、燃油滤清器、汽车空调滤清器等,年产销滤清器超过1200万只

★东莞京滨汽车电喷装置有限公司
地址:广东省东莞市莞城区莞龙路段狮龙路莞城科技园
邮编:523119
电话:0769/22658260
传真:22655622
网址:www. keihin - kdg. cn
电子信箱:jingbin@ keihin - kdg. com
质量体系:ISO/TS 16949、ISO 14001
产品情况:(KEIHIN 牌)
汽车用电子控制式燃料喷射装置及汽车空调系统等专业汽车零部件
配套及出口情况:为广汽本田、东风本田、东风本田发动机、本田(中国)等供货;国外客户有日本京滨会社、京滨其他全球工厂、香港本田贸易公司

★东莞市旗丰消声器有限公司
地址:广东省东莞市东城区牛山东城外经工业园
邮编:523128
电话:0769/22658795、22657375
传真:22657295
网址:www. qf - muffler. com
单位人数:200
质量体系:ISO 9001
产品情况:(DC 牌)
汽车、摩托车消声器
配套及出口情况:为五羊-本田摩托(广州)、意大利比亚乔摩托车、东风柳汽等供货;远销美国、欧洲、日本、东南亚等国家和地区

★鸿昌塑胶泡棉制品有限滤清器事业部
地址:广东省东莞市望牛墩镇下漕工业区今日路
邮编:523200
电话:0769/81164198－8005
传真:81164198－8016
网址:www.filter.chiaofu.com
电子信箱:rosalyn@chiaofu.com
质量体系:ISO 14001、ISO/TS 16949
产品情况:滤清器
出口情况:产品的60%都销往国外,出口美国、加拿大、欧洲、澳大利亚、新加坡等国家和地区,并销往中国香港、中国台湾地区

★东莞市箭冠汽车配件制造有限公司
地址:广东省东莞市茶山镇茶山工业园
邮编:523382
电话:0769/81860196、4008812323
传真:81860108
网址:www.janguan.com
电子信箱:sale@arrowfilter.com
质量体系:ISO/TS 16949、ISO 9001
产品情况:(ARROW牌)
汽车机油滤清器、燃油(旋装)滤清器、汽车(PP、PU、环保型)空气滤清器、空调滤清器、欧美纸芯、油箱内汽油滤清器、汽车刮水片、汽车喇叭等产品
出口情况:远销德国、美国、加拿大、欧洲、澳大利亚、马来西亚等国家和地区,并销往中国香港、中国台湾地区

★富滤盛滤清器(东莞)有限公司
地址:广东省东莞市寮步镇新旧围良平路80号
邮编:523410
电话:0769/81109511、84572738
传真:81109433
网址:www.filtersun.cn
电子信箱:sales@3afilter.com
质量体系:ISO/TS 16949、ISO 14000
产品情况:(富滤盛牌)
PP空气滤清器、PU空气滤清器、环保空气滤清器、铁盖空气滤清器、静电纸空调滤清器、活性炭空调滤清器、环保机油滤清器及燃油滤清器
出口情况:远销欧洲、美洲、日本、新加坡、澳大利亚、中东等国家和地区,并销往中国香港、中国台湾地区

★东莞市富特滤芯厂
地址:广东省东莞市塘厦镇环市东路东六横路
邮编:523712
电话:0769/87948866、87916866
传真:87849866
网址:www.flourishedfilter.com
电子信箱:flourished@flourishedfilter.com
质量体系:ISO 9001
产品情况:(flourished牌)
空气滤芯、机油滤芯、柴油滤芯、液压油滤芯、油气分离滤芯、油水分离滤芯、精密滤芯、E.D.M线切割滤芯、喷涂回收、空气净化滤芯
出口情况:出口日本、东南亚,并销往中国香港地区

★东莞吉旺汽车零件有限公司
地址:广东省东莞市长安镇乌沙村第六工业大道海滨路31号
邮编:523806
电话:0769/86068936、86068933
传真:86068932
网址:www.coolmax－way.com
电子信箱:sales@coolmax－way.com
质量体系:ISO/TS 16949、ISO 9001
产品情况:(Cryomax牌)
汽车散热器、油冷器、中冷器
出口情况:畅销欧洲、北美洲、南美洲、中东、东南亚

★中国(香港)保捷集团东莞保泰器材厂
地址:广东省东莞市长安镇新安工业区
邮编:523881
电话:0769/85541900、85542144
传真:85542572
网址:www.boshifilter.com.cn
电子信箱:sales@fujitoyofilter.com
质量体系:ISO/TS 16949、QS 9000
产品情况:(富士牌)
机油滤清器、空气滤清器、燃油滤清器、空调滤清器等

★东莞明仕汽车零部件有限公司
地址:广东省东莞市大岭山镇百花洞村万松工业区
邮编:523882
电话:0769/85314880、85398678
传真:85314668
网址:www.minghoe.com
电子信箱:gszyx@minghoe.com
质量体系:ISO/TS 16949、QS 9000
产品情况:汽车消声器、三元催化器、排气管
配套情况:为海南马自达配套

★东莞市律奥过滤器有限公司
地址:广东省东莞市东城区牛山涡岭工业园6号厂房
邮编:523950
电话:0769/22666845
传真:22666846
网址:www.luao－filter.com
电子信箱:dl@luao－filter.com
单位人数:600
质量体系:ISO/TS 16949
产品情况:(动力(DL)牌)
轿车、重型车用空气滤清器、柴油滤清器、机油滤清器、空调滤清器等
出口情况:出口日本、美国、新加坡、加拿大等国家,并销往中国香港、中国台湾地区

★湛江德信消声器有限公司
地址:广东省湛江市霞山区志满路华港小区2号
邮编:524000
电话:0759/2681979
传真:2681976
电子信箱:dexin168@163.net
质量体系:ISO 9001
产品情况:排气管、三元催化器、消声器、波纹管等各类轿车排气系统,设计年产量为25万套
配套及出口情况:为北汽福田、广东福迪汽车、贵州圆通汽车等厂家配套供应消声器;出口澳大利亚、加拿大、美国、越南

★湛江德利车辆部件有限公司
地址:广东省湛江市麻章区金康西路32号
邮编:524043
电话:0759/3320714
传真:3314374
网址:www.dekni.com
电子信箱:deni@dekni.com
单位人数:1600
质量体系:ISO/TS 16949、ISO 14001
产品情况:(DENI牌)
摩托车及小型汽油机化油器,年产450万只;汽车零部件年产值2300万元
配套情况:汽车零部件产品分别为澳大利亚德尔福、日产、西门子、北美洲福特、东风本田等多家主机厂配套

★湛江市华夏消声器有限公司
地址:广东省湛江市麻章区金川路55号
邮编:524094
电话:0759/2708218、2708483
传真:2708028
网址:www.zjhxm.com.cn
电子信箱:zjnfmp@163.com
单位人数:180
质量体系:ISO/TS 16949
产品情况:(科特牌)
汽车排气系统消声器,年生产汽车排气系统消声器能力25万套
配套及出口情况:为海马一汽、郑州海马、东风日产、天津一汽丰田以及厦门金龙配套;出口美国、德国等欧美地区

★广东肇庆动力金属股份有限公司
地址:广东省肇庆市端州区玑东路
邮编:526020
电话:0758/2903370
传真:2903433
网址:www.gdzpa.com
电子信箱:manager@gdzpa.com
质量体系:ISO/TS 16949、ISO 14001
产品情况:发动机汽缸套、汽缸盖、链箱盖、油泵盖、水泵壳、进气歧管、制动器支架等零部件
配套情况:为美国克莱斯勒、福特、哈雷、意大利VM、日本本田、丰田、日产、铃木、小松、雷米等国外主机客户以及广汽本田、广汽集团、玉柴、比亚迪、江铃、华泰、朝柴等国内知名发动机厂

配套

★肇庆本田金属有限公司
地址:广东省肇庆市三榕港工业加工区巩东路
邮编:526020
电话:0758/2903555
传真:2903390
网址:www. zhondaf. com
电子信箱:hgm@ zhondaf. com
质量体系:ISO/TS 16949、ISO 9001
产品情况:各类汽车缸盖,年产 50 多万只;各类活塞,年产 500 多万只;歧管,年产 10 万套
配套及出口情况:为五羊本田、大长江、东风本田等配套;出口意大利、印度等国家

★广东鸿特精密技术股份有限公司
地址:广东省肇庆市鼎湖区新城北十区
邮编:526070
电话:0758/2694777
传真:7664108
网址:www. hongteo. com. cn
电子信箱:ht@ hongteo. com. cn
质量体系:ISO/TS 16949、ISO 14001
产品情况:汽车发动机、变速器铝合金压铸件
配套情况:成为宝马、奔驰、福特、东风本田发动机、东风本田汽车、本田中国、长安福特、长安马自达、康明斯、菲亚特、克莱斯勒等国内外大型整车(整机)厂商的一级供应商

★广东肇庆动力配件有限公司
地址:广东省肇庆市巩东路
邮编:526100
电话:0758/2903373、2903235
传真:2903375
网址:www. unmotor. cn
电子信箱:gdzpa@ 163. net
质量体系:ISO/TS 16949、QS 9000
产品情况:(鼎湖牌)
具有年产 300 万只各型发动机汽缸套、300 万只缸盖、100 万件活塞的生产能力
配套情况:为玉柴、一汽大柴、北汽福田、长安汽车、长安铃木、上汽通用五菱配套,主要客户还有美国克莱斯勒、美国福特、日本丰田、日本康明斯、铃木、科勒、巴西万国、朝柴、广汽本田、哈雷、一汽海马、大柴、中国台湾介玮公司

★广东四会实力连杆有限公司
地址:广东省四会市贞山大道中
邮编:526200
电话:0758/3324145
传真:3319124、3309104
网址:www. slconrod. com
电子信箱:slconrod@ slconrod. com
董事长:周伟标(代理董事长)
质量体系:ISO/TS 16949、ISO 14001
产品情况:(实力牌)
汽车发动机连杆
配套情况:主要为玉柴集团、东风公司、东风康明斯、比亚迪、新晨动力等主机厂配套,并与长城、长安、小康、吉利、华泰、上柴、迪尔、沃尔沃、康明斯等国内外知名厂家建立合作关系

★ 怀集登云汽配股份有限公司

地址:广东省怀集县城登云亭
邮编:526400
电话:0758/5522482
传真:5523481
网址:www. huaijivalve. com
电子信箱:sales@ huaijivalve. com
法人代表:张弢
负责人:欧洪先
单位人数:1500
质量体系:ISO/TS 16949、ISO 14001
产品情况:(登云牌)
商用车、乘用车、赛跑车、工程机械、石油钻探、发电机等系列气门
配套情况:为重庆康明斯、东风康明斯、道尔茨大柴、一汽锡柴、玉柴机器、潍柴动力、三一重工、扬州柴油机、东风朝柴、东安三菱、南京福特马自达、长安汽车、海马汽车、奇瑞汽车、江淮汽车、比亚迪汽车以及卡特彼勒、美国科勒等发动机厂配套
☞ 详细情况请参阅彩色宣传版面

★佛山市阿尔巴马发动机配件有限公司
地址:广东省佛山市秀华四路创意产业园
邮编:528000
电话:0757/82782789、82782799
传真:82782778
质量体系:ISO/TS 16949
产品情况:活塞、活塞环、轴瓦、汽缸套

★佛山市锵鸣汽车配件有限公司
地址:广东省佛山市禅城区南庄镇梧村工业区
邮编:528061
电话:0757/82528872、82528873
传真:85310555
网址:www. gdfscm. com
电子信箱:changming@ gdfscm. com
质量体系:ISO 9001
产品情况:(科朗牌)
高分子滤清器、空气滤清器、空调滤清器、机油滤清器、燃油滤清器
出口情况:远销欧洲、非洲、中东、东南亚等地区

★佛山市兆锵滤清器科技有限公司
地址:广东省佛山市三水区白坭镇汇金路 16 - 2 号 F1
邮编:528100
电话:0757/87575219
传真:87575218
网址:www. zqfilter. net
电子信箱:zhaoqiang@ zqfilter. net
质量体系:ISO/TS 16949
产品情况:日系、韩系、德系等多种车型的滤清器,汽车零部件
出口情况:远销德国、英国,并销往中国香港地区

★昼田(佛山)汽车部件有限公司
地址:广东省佛山市南海区丹灶镇南海国家生态工业示范园区银海大厦外资工业村 8 号
邮编:528200
电话:0757/85433202
传真:85433201
网址:www. hiruta - kogyo. co. jp
产品情况:悬架配件、发动机配件、汽车转向柱配件

★佛山丰田纺织汽车零部件有限公司
地址:广东省佛山市南海区狮山镇南海科技工业园北区北园中路 13 号
邮编:528222
电话:0757/81203988
传真:81203963
质量体系:ISO/TS 16949
产品情况:滤清器及发动机零部件
配套及出口情况:为广汽丰田配套;出口欧洲、美洲、日本等国家和地区

★佛山市和阳精密金属制品有限公司
地址:广东省佛山市南海区狮山科技工业园 A 区科技东路 3 号
邮编:528225
电话:0757/86693666
传真:86698996
网址:www. hoyangmt. com
电子信箱:sales@ hoyangmt. com
单位人数:600
质量体系:ISO/TS 16949
产品情况:汽车发动机配件、其他精密工业配件
配套及出口情况:发动机配件客户有本田 HONDA、美国 Caterpillar、欧洲的 Deutz 和 Volvo 等世界知名企业;远销美国、欧洲、日本市场

★佛山市豹王滤芯制造有限公司
地址:广东省佛山市南海区和顺镇官和路南 23 号
邮编:528241
电话:0757/85114888
传真:85114999
网址:www. filter - tora. com
电子信箱:service@ fstora. cn
质量体系:ISO/TS 16949、QS 9000
产品情况:(豹三牌)
汽车、工程机械滤清器、油封、滤芯、制动片、火花塞、皮带

★佛山东凡汽车零部件制造有限公司
地址:广东省佛山市南海区里水和顺滨江路 4 号
邮编:528241

电话:0757/85121588、85121366
传真:85121599
网址:fsdofa. com
电子信箱:sales@ gzdofa. com
质量体系:ISO 9001
产品情况:（东凡牌、DOFA 牌）
国产和进口车的机油滤清器、柴油滤清器、汽油滤清器、空气滤清器、空调滤清器以及工程机械用滤清器等

★佛山市南海蕾特汽车配件有限公司
地址:广东省佛山市南海区里水镇河村西紫工业区
邮编:528244
电话:0757/85628650、85628651
传真:85628221
网址:www. ltcooling. com
电子信箱:sales@ ltcooling. com
质量体系:ISO/TS 16949
产品情况:汽车热交换器及相关件

★南海和信福莱克思金属制品有限公司
地址:广东省佛山市南海区里水和桂工业园二期顺景大道 18 号
邮编:528247
电话:0757/85123196
传真:85123197
网址:www. nhhx – flex. com
电子信箱:nhhx@ 21cn. com
质量体系:ISO/TS 16949、ISO 9001
产品情况:汽车排气系统软管,年产量超过 100 万支
出口情况:远销欧洲、美洲、俄罗斯、东南亚等国家和地区

★广东德力柴油机有限公司
地址:广东省佛山市顺德区容桂容里社区新发路 18 号
邮编:528306
电话:0757/26682296、26682428
传真:26689001
网址:www. delux. com. cn
电子信箱:caixiangdong_dl@ 126. com
质量体系:ISO 9001
产品情况:（德力牌）
立式水冷单缸柴油机
出口情况:出口东南亚、日本、欧洲、美洲、澳大利亚、俄罗斯等国家和地区

★佛山市顺德区顺发活塞厂
地址:广东省佛山市顺德区勒流镇江村工业区
邮编:528322
电话:0757/25663599、25666898
传真:25666898
电子信箱:manager@ cn – shunfa. com
质量体系:ISO 9001
产品情况:（奔茵牌）
内燃机铝活塞
配套情况:为江西南昌内燃机、广东江门内燃机、韶关内燃机、湘柴柴油机、顺柴等主机厂配套

★爱信精机(佛山)汽车零部件有限公司
地址:广东省佛山市顺德区大良街道五沙新辉路 7 – 2
邮编:528333
电话:0757/28620888
传真:28620910
网址:www. aisin – foshan. com
电子信箱:wurf@ aisin – foshan. com
负责人:黑柳雅喜
质量体系:ISO/TS 16949、ISO 14001
产品情况:（ASFA 牌）
发动机进气增压器、发动机排放控制装置、汽车用铸锻毛坯件制造、精冲模、精密性腔模、模具标准件
配套及出口情况:为广汽丰田发动机、广汽丰田汽车、电装(广州南沙)配套;出口国外市场

★爱三(佛山)汽车部件有限公司
地址:广东省佛山市顺德区顺德工业园新辉路 5 号
邮编:528333
电话:0757/22800582、22808200
传真:22800581、22800581
电子信箱:aisan@ aisan – afa. com. cn
质量体系:ISO 14001、ISO/TS 16949
产品情况:汽车节气门、碳罐、进/排气门、压铸件等
配套情况:为广汽丰田、广汽丰田发动机等配套

★中山市翔宇汽车零件制造有限公司
地址:广东省中山市阜沙上南工业区
邮编:528400
电话:0760/23400171
传真:23400173
网址:www. zsxiangyu. cn
电子信箱:xy – filter@ 163. com
单位人数:200
质量体系:ISO/TS 16949
产品情况:（xiangyu 牌）
汽车滤清器、减振器,具有年产滤清器 1000 万只的生产能力
配套及出口情况:为长春一汽红旗世纪星、江铃售后服务部、湖南长沙长丰猎豹汽车、成都发动机厂、湘火炬等配套;出口东南亚、欧洲、加拿大、俄罗斯等国家和地区,并销往中国台湾地区

★中山市正洲汽门有限公司
地址:广东省中山市东升镇东成路 30 号
邮编:528414
电话:0760/23371239、22222764
传真:23372356
网址:www. zhenzho. com
电子信箱:yanghao@ zhenzho. com
单位人数:1300
质量体系:ISO/TS 16949
产品情况:（VTC 牌）
各种汽车、摩托车、通用发动机之进排气门、气门锁夹、气门弹簧座;具备年产气门 2800 万支,气门锁夹 4000 万片、气门弹簧座 1000 万片生产能力
配套及出口情况:为国内各大汽车、摩托车生产厂商供货;出口多个国家和地区

★八千代工业(中山)有限公司
地址:广东省中山市火炬开发区集中新建区科技大道 28 号
邮编:528437
电话:0760/88290131
传真:85335639
网址:www. yachiyozs. com
电子信箱:test@ yzm – c. com
单位人数:250
质量体系:ISO 14000、ISO/TS 16949
产品情况:汽车的油箱和天窗
配套情况:为广汽本田、本田中国、武汉东风本田配套

★东洋热交换器(中山)有限公司
地址:广东省中山市火炬开发区十涌路 14 号
邮编:528437
电话:0760/85338036
传真:85335189
质量体系:ISO 9000
产品情况:（TOYO 牌）
热交换器、中冷器;年生产能力 150 万台
配套情况:为广汽本田、四川一汽丰田、广州松下空调器、顺德美的空调配套

★本田金属技术(佛山)有限公司
地址:广东省佛山市高明区沧江工业园三洲园区三和路
邮编:528500
电话:0757/88627996、88620169
传真:88627992
网址:www. hondaff. cn
电子信箱:admin@ hondaff. cn
单位人数:530
质量体系:ISO 14001、ISO 9001
产品情况:具有年产支架 50 多万套,进气歧管座 40 多万台,转向节 17. 5 万套的生产能力
配套及出口情况:为东莞京滨汽车电喷装置、东风本田发动机、东风本田汽车、东风本田汽车零部件等配套;返销日本,出口美国

★佛山市丰富汽配有限公司
地址:广东省佛山市禅城区华宝南路 6 号
邮编:528510
电话:0757/82100388
传真:82100380
网址:www. yutakagiken. co. jp
电子信箱:fengfu@ fengfu – foshan. com
产品情况:排气管、消声器、三滤相关产品等
配套情况:为广汽本田配套

★江门长江活塞有限公司
地址:广东省江门市双龙天翔路 2 号

邮编:529000
电话:0750/3223192
传真:3223193
质量体系:ISO 9001
产品情况:活塞、活塞销及扣环、连杆、火花塞等配件
出口情况:远销30多个国家和地区

★富飞净化消声器(台山)有限公司
地址:广东省台山市台城南兴路9号
邮编:529200
电话:0750/5626558、5626516
传真:5626559
质量体系:ISO 9002
产品情况:汽车及摩托车消声器、排气管、三元催化器、排气歧管

广　西

★南宁八菱科技股份有限公司
地址:南宁市高新工业园区科德路1号
邮编:530003
电话:0771/4516028
传真:4517203
网址:www.baling.com.cn
电子信箱:int.sales@baling.com.cn
质量体系:ISO/TS 16949
产品情况:管带式铜质或铝质热交换器产品
配套情况:主要配套客户有一汽解放、一汽柳州特种汽车厂、东风柳汽、上汽通用五菱、长安汽车、奇瑞汽车、柳州工程机械、玉柴机器等

★玉林市振来铸造有限公司
地址:广西玉林市玉公公路平志工业区
邮编:537000
电话:0775/3898909、3885820
电子信箱:zhenlai2112@tom.com
质量体系:ISO/TS 16949
产品情况:汽车发动机零部件
配套情况:为玉柴机器配套

★玉林市成鑫机械有限责任公司
地址:广西玉林市玉州区塘步岭工业区15号
邮编:537002
电话:0775/2669146、2665322
传真:2660318
电子信箱:ylcxjx@163.com
质量体系:ISO/TS 16949
产品情况:发动机连杆和工程机械配件,具有年产300万套连杆的能力

★广西玉林玉柴机器配件制造有限公司
地址:广西玉林市天桥路168号
邮编:537005
电话:0775/3223619
传真:3223320
网址:www.yuchai.com
单位人数:1000
质量体系:ISO/TS 16949
产品情况:曲轴毛坯及成品、发动机汽缸体毛坯、汽缸盖毛坯、排气管、飞轮齿圈总成、油底壳、汽车底盘件(车桥壳、气室支架等)等
配套情况:为玉柴等配套

★广西玉柴机器股份有限公司
地址:广西玉林市天桥西路88号
邮编:537005
电话:0775/3288000、3289000
传真:3288168、3286801
网址:www.yuchai.com
电子信箱:sales@yuchai.com
法人代表:晏平
负责人:李天生
单位人数:9000
质量体系:ISO/TS 16949
产品情况:(玉柴牌)
6T、6M、6L、6G、6A、6J、4G、4A、4B、4D、4E、4F、4W等13大系列发动机
配套情况:为东风商用、东风柳汽、湖北三环、福田诸城、福田长沙、江淮股份、郑州宇通、苏州金龙、厦门金龙、厦门金旅、中通客车、扬州亚星、厦工、柳工、徐工、临工、福田农装等供货

★广西华原过滤系统股份有限公司
地址:广西玉林市玉公公路坡塘段西侧玉柴工业园坡塘工业集中区
邮编:537005
电话:0775/3287075、3813333
传真:3813111、3813222
网址:www.yuchai.com
负责人:张文
质量体系:ISO/TS 16949
产品情况:专业生产柴油机用的机油滤清器、柴油滤清器、空气滤清器等产品,年生产能力达1500万套

★广西奥特帕斯机械有限公司
地址:广西玉林市容县城西大道48号
邮编:537500
电话:0775/5166893
传真:5166896
电子信箱:gxautoparts@163.com
产品情况:重型汽车发动机零配件飞轮壳、离合器壳等
配套情况:为广西玉柴股份有限公司配套

★广西金创汽车零部件制造有限公司
地址:广西陆川县米场工业区
邮编:537713
电话:0775/7027496
传真:7027251
网址:www.yuchai.com
电子信箱:gxjc2006@163.com
单位人数:600
质量体系:ISO/TS 16949、QS 9000
产品情况:油底壳、离合器壳、飞轮壳、飞轮齿圈、前盖板、飞轮总成、汽缸盖罩、轴承盖、转向器、出水管总成、各类金属模具等
配套情况:为玉柴、昆明云内动力、柳机动力、玉柴、采埃孚、河池玉动车辆、贵港福达车辆等配套

◉ 桂林福达集团有限公司
地址:广西桂林市西城工业区
邮编:541100
电话:0773/3662605、3662509
传真:3662609、3662509
网址:www.glfuda.com
电子信箱:foto@gl gx.cninfo.net
法人代表:黎福超
单位人数:3600
质量体系:ISO/TS 16949
产品情况:(福达牌)
发动机曲轴、汽车离合器、汽车螺旋锥齿轮、精密锻件和高强度螺栓,具备年产112万根发动机锻钢曲轴、130万套汽车离合器总成、15万套螺旋锥齿轮、10万t精密锻件和2000万套高强度螺栓的生产能力
配套及出口情况:为东风、解放、陕汽集团、重汽、北汽、郑州日产、长城汽车、上汽通用五菱、福田、玉柴、东风康明斯、东风朝柴、上柴、昆明云内等近50家企业配套;远销日本、美国、加拿大、澳大利亚、巴西、印度、伊朗、印度尼西亚、越南、柬埔寨等10多个国家

★柳州江南轴瓦厂
地址:广西柳州市鸡喇路16号
邮编:545005
电话:0772/3150042
传真:3960247
网址:www.lzjn.com
电子信箱:lzjn2001@163.com
质量体系:ISO/TS 16949
产品情况:微型汽车及发动机配件,主要产品有轴瓦、曲轴止推片、汽缸盖罩及各种铝铸件
配套情况:是上汽通用五菱、柳州五菱柳机动力、东风柳汽等多家汽车厂商的指定配套供应商

★柳州五菱柳机动力有限公司
地址:广西柳州市鸡喇路16号
邮编:545005
电话:0772/3150609、4008875051
传真:3150984
网址:www.wlfcj.cn
法人代表:李环宇
单位人数:2000
质量体系:ISO/TS 16949、QS 9000
产品情况:(柳机牌)
0.2~2.4L排量发动机,包括摩托车发动机、微型汽车发动机、轻型汽车发动机
配套情况:为上汽通用五菱、一汽海马、一汽佳宝、比亚迪、北汽福田等整车企业配套

★柳州市龙杰汽车配件有限责任公司
地址:广西柳州市阳和工业新区科技创业园3号
邮编:545006
电话:0772/3591063
传真:3591061
网址:www. longjiechina. com
电子信箱:longjie_it@ longjiechina. com
质量体系:ISO/TS 16949、ISO 14001
产品情况:车用动力系统的电动机、空调、动力转向泵、水泵、张紧轮、惰轮、橡胶减震器、硅油减振器等
配套情况:主要客户为上汽通用、上汽集团、上汽通用五菱、玉林柴油机、五菱柳机动力、苏州莱顿等

★柳州日高滤清器有限责任公司
地址:广西柳州市鱼峰区雒容盘古工业区
邮编:545006
电话:0772/6517966
传真:6517966
电子信箱:lzlqc@ public. lzptt. gx. cn
质量体系:ISO/TS 16949
产品情况:各种机油、柴油、空气滤清器,各类滤芯,车用水泵,各种工业橡塑制品等
配套情况:为广西玉州汽车、一汽集团柳州特种汽车厂、柳州机械厂、一拖(洛阳)柴油机、昆明云内动力、一汽锡柴、广西柳发等配套

★柳州源创电喷技术有限公司
地址:广西柳州市鱼峰区西江路静兰工业开发区卖酒岭7号
邮编:545006
电话:0772/2619018、13617723991
传真:2631578
网址:www. injector. com. cn
电子信箱:lz2619018@ 126. com
质量体系:ISO/TS 16949
产品情况:(龙头牌)
汽车、摩托车喷油器、甲醇喷射器及柴油车后处理SCR系统尿素喷射器等产品

★柳州金鸿橡塑有限公司
地址:广西柳州市柳江县基隆开发区中杨路7号
邮编:545116
电话:0772/3252830、3252831
传真:3257900
电子信箱:info@ jinhongrubber. com
质量体系:ISO/TS 16949
产品情况:汽车发动机悬置软垫(橡胶式、含液体阻尼)、汽车发动机油位计、橡胶杂件、塑料零件、汽车电动玻璃升降器、发动机曲轴油封和阀门油封、液压机械油封、工程机械驾驶室窗体等
配套情况:主要客户有上汽通用五菱、柳州五菱、柳州机械厂、一汽海马汽车、长丰汽车、东风柳汽、北汽福田、广西柳工机械、玉林玉柴工程机械、东风渝安汽车、一汽吉林等

重庆市

★重庆飞龙江利汽车部件有限公司
地址:重庆市江北区大石坝二村
邮编:400001
电话:023/67143201
传真:67931221
网址:www. jansant. cn
电子信箱:cqjl@ jansant. cn
负责人:唐德强
单位人数:800
质量体系:ISO/TS 16949、QS 9000
产品情况:水泵总成、摇臂总成、汽缸盖罩总成、机油泵总成、悬架总成、进出水管总成、油位计总成等,年配套能力达150万台套
配套情况:主要客户有长安汽车、长安福特、长安马自达、长安铃木、北京华泰、上汽通用五菱、上海比亚迪、渝安动力

★上汽菲亚特红岩动力总成有限公司
地址:重庆市北部新区黄茅坪B07号地块
邮编:400021
电话:023/63212888、63212688
传真:63212600
网址:www. sfhengine. com
电子信箱:sales@ sfhengine. com
单位人数:1200
质量体系:ISO/TS 16949、ISO 14001
产品情况:(FPT牌)
CURSOR、NEF两大系列,排量从3.9~8.7L、最大功率从70~294kW、最大扭矩从360~1600Nm的各个系列柴油机
配套情况:为上汽依维柯红岩、宇通、CNH、申沃、金旅、南京依维柯配套

★重庆汇浦液压动力制造有限公司
地址:重庆市江北区港城西路129号
邮编:400026
电话:023/67092635
传真:67090757
网址:www. dahuipu. com
电子信箱:hp@ dahuipu. com
质量体系:ISO/TS 16949
产品情况:1000~1500cc汽车发动机机油泵以及各种汽车发动机铝合金压铸件等
配套及出口情况:产品主供柳工、龙工、徐工、山工、厦工、成工、福田雷沃重工、郑州宇通、重客、隆鑫、大阳、建设雅马哈、巴西雅马哈等国内外知名企业;出口东南亚、非洲、拉丁美洲、伊朗等20多个国家和地区

★重庆康明斯发动机有限公司
地址:重庆市沙坪坝区烈士墓壮志路100号
邮编:400031
电话:023/65335888
传真:65315379
网址:www. cummins - cq. com
质量体系:ISO/TS 16949、ISO 14001
产品情况:11~50L系列重型和大功率柴油机

★重庆渝安淮海动力有限公司
地址:重庆市沙坪坝区井口工业园区
邮编:400033
电话:023/89851119
传真:89851119
产品情况:微车配件、发动机配件、微车

★四川银钢一通凸轮轴科技股份有限公司
地址:重庆市沙坪坝区井口镇南溪工业园
邮编:400033
电话:023/89053308、89053380
传真:89053360
网址:www. ygtl. com
电子信箱:ygtlscb@ 163. com
质量体系:ISO/TS 16949
产品情况:热动力凸轮轴、曲轴等核心零部件及汽车变速器拨叉轴
配套情况:已成为宝马、克莱斯勒、本田、日产、雅马哈、铃木、比亚乔、百力通、东风、长安、TVS等企业供应商

★重庆金丰机械有限公司
地址:重庆市沙坪坝区新桥石壁山75号
邮编:400037
电话:023/65216375、65220729
网址:www. yutakagiken. co. jp
质量体系:ISO/TS 16949、ISO 14001
产品情况:轿车三元催化转化器、摩托车制动盘、轿车排气管以及三元催化转化器法兰盘
配套情况:为广汽本田、五羊—本田摩托配套,与日本YUTAKA技研、印尼YMI公司、美国SCYT公司、意大利HIA公司合作

★重庆明达机车配件制造有限公司
地址:重庆市沙坪坝区新桥新山路
邮编:400037
电话:023/65215828、65215928
传真:65215928
网址:www. mingdaindustry. com
电子信箱:kingjiang@ mingdaindustry. com
质量体系:ISO/TS 16949
产品情况:汽车、摩托车连杆
出口情况:出口日本、印度尼西亚、越南等国家

★重庆华孚工业股份有限公司
地址:重庆市沙坪坝区凤天大道18号
邮编:400038
电话:023/65202728、65216044
传真:65219459
网址:www. huafu. com
电子信箱:huafu@ hfgyoa. com
质量体系:ISO/TS 16949、QS 9000
产品情况:(华孚牌)

已形成粉末冶金制品年生产能力2万t;铝合金制品年生产能力4000t,机油泵总成100万套,凸轮轴总成100万套,同步器总成100万套,摇臂总成100万件
配套情况:主要客户包括:一汽轿车、天津一汽丰田发动机、天津内燃机、神龙、华晨、长安、长安铃木、长安福特、长安马自达、奇瑞、海马、上汽通用五菱、五菱柳机、上海汽车变速器、青山工业、东安动力、东安三菱、沈阳航天三菱、比亚迪、长城汽车、江铃汽车、华泰汽车、唐山爱信、德国舍弗勒集团、美国百力通、美国派克,美国SPX、日本旭日商社等众多国内外知名用户

★重庆方圆汽摩配件有限公司
地址:重庆市北部新区
邮编:400039
电话:023/86830220、67719502
传真:67862733
电子信箱:lsl@ cqfoyo. com
质量体系:ISO/TS 16949
产品情况:汽车、摩托车、通用机械活塞环

★重庆平安滤清器有限公司
地址:重庆市高新区石新路218号附50号
邮编:400039
电话:023/89128080、89064007
传真:89064007
质量体系:ISO 9001
产品情况:(三众牌)
汽车、工程机械及设备滤清器,年产500万只
出口情况:远销东南亚地区

★重庆普耐燃气发动机有限公司
地址:重庆市九龙坡区二郎科城路留学生创业园C区2号一、二楼
邮编:400039
电话:023/68198871
电子信箱:cqpncng@ 163. com
质量体系:ISO/TS 16949
产品情况:燃气发动机及缸盖、齿轮室、减压阀、喷气咀总成、节气门、进气歧管、缸线、燃气滤清器、活塞、活塞环等

★重庆隆鑫发动机有限公司
地址:重庆市九龙坡区九龙工业园C区聚业路116号
邮编:400052
电话:4006369980
传真:023/86693433
网址:www. loncinindustries. com
电子信箱:engine_loncin@ sina. com
单位人数:1700
质量体系:ISO/TS 16949
产品情况:摩托车发动机
配套情况:远销美国、德国、法国、澳大利亚、西班牙、哥伦比亚、尼日利亚、越南、印尼、阿根廷、秘鲁、巴西、伊朗、尼日利亚、南非、东南亚等120余个国家和地区

★重庆宗申动力机械股份有限公司
地址:重庆市巴南区宗申工业园
邮编:400054
电话:023/66372609、66372523
传真:66372607、66372586
网址:www. zsengine. com
电子信箱:zsfdj@ vip. 163. com
质量体系:ISO/TS 16949、ISO 14001
产品情况:(宗申牌)
摩托车发动机、通用汽油机及各类农林机械、专用动力及多燃料动力、柴油机、汽车发动机、汽车零部件;具备年产摩托车发动机500万台、通用汽油机300万台、柴油机和农林机械200万台、各类铝合金产品1000万件以及铝合金铸件2万t的生产能力
出口情况:出口欧美、中东、东南亚、非洲的70多个国家和地区

★重庆上方汽车配件有限责任公司
地址:重庆市经济技术开发区大石支路3号
邮编:400060
电话:023/62766260
传真:62763500
质量体系:ISO 9001
产品情况:散热器、暖风机,摩托车散热器
配套情况:为长安汽车、长安铃木、重庆长安跨越、南京长安、比亚迪汽车、昌河汽车、哈飞汽车、一汽通用红塔云南、重庆重汽配套

★重庆隆鑫动力部件有限公司
地址:重庆市南岸经济技术开发区白鹤工业园
邮编:400060
电话:023/88609780
传真:88609780
负责人:田云伟
产品情况:发动机曲轴箱体、油底壳、铸铝缸盖与缸体、气缸盖罩、链轮室,离合器壳体等铝镁合金的铸造与机加工产品
配套情况:为上海通用、一汽-大众、宝马等汽车制造厂提供产品与服务

★重庆华恩实业有限公司
地址:重庆市南岸区南坪双峰山工人塘
邮编:400060
电话:023/62305299、62304863
传真:62305820
电子信箱:huaen5299@ tom. com
质量体系:ISO/TS 16949
产品情况:年产暖风机50万台、散热器60万台、水阀80万台
配套情况:为长安铃木、上汽通用五菱、沈阳三电、昌河铃木、东南汽车、华晨金杯、东风柳汽、比亚迪汽车、嘉陵本田、江南汽车等配套

★重庆汽车消声器有限责任公司
地址:重庆市九龙坡西彭工业园铝城大道82号
邮编:400080
电话:023/68439872
传真:68438500
质量体系:ISO 9001
产品情况:(LVSHENG牌)
消声器总成

★重庆佳利德汽车部件有限公司
地址:重庆市大渡口区建桥工业园镁桥路1号
邮编:400084
电话:023/68911675、68921766
传真:68920055、68921897
电子信箱:lideindustry@ online. cq. cn
质量体系:ISO/TS 16949
产品情况:汽车曲轴,年产能力15万支
配套情况:为玉柴配套

★重庆德格科技发展有限公司
地址:重庆市北碚区蔡家岗镇同兴工业园凤栖路6号24幢13号
邮编:400700
电话:023/68269511
传真:68269512
网址:www. cqdege. com. cn
电子信箱:chengqiandj@ 126. com
质量体系:ISO/TS 16949
产品情况:汽车、摩托车电动燃油泵及燃油泵总成,现已具有年产250万只燃油泵和150万只燃油泵总成的生产能力
配套情况:为比亚迪汽车、东风渝安、长安、奇瑞、吉利、东风柳汽、力帆、郑州马自达、昌河、绵阳金杯等汽车厂家配套;摩托车燃油泵已纳入重庆宗申、重庆环松等摩托车配套体系

★重庆市国鹰机车部件有限公司
地址:重庆市北碚区水土镇九龙正街118号
邮编:400714
电话:023/68879868
网址:www. guoying. net
电子信箱:eap8@ guoying. net
质量体系:ISO/TS 16949
产品情况:主机厂配套配件
出口情况:远销美国、欧洲、东南亚等国家和地区

★佛吉亚排气控制技术(重庆)有限公司
地址:重庆市渝北区长福西路2号
邮编:401120
电话:023/67459441、58800215
传真:67459403
网址:www. faurecia. com
电子信箱:livia. jiang@ faurecia. com
质量体系:ISO 14001、ISO/TS 16949
产品情况:汽车排气消声系统

配套情况：为长安福特、长安马自达、长安汽车配套

★中国重汽集团重庆燃油喷射系统有限公司

地址：重庆市北部新区翠宁路6号
邮编：401120
电话：023/65294642
传真：65294322
网址：www.ccqfsc.com
电子信箱：cqfsc@sinotruk.com
法人代表：侯建明
负责人：马跃
质量体系：ISO/TS 16949
产品情况：（中国重汽牌、川渝牌、CY牌）

匹配轻型、中型、重型柴油机的电控共轨燃油喷射系统、SCR后处理系统、匹配康明N、K、M11系列柴油机用PT燃油系统、电控喷射泵（H泵）及其喷油器总成

出口情况：出口欧美、东南亚地区

☞ 详细情况请参阅彩色宣传版面

★嘉陵－本田发动机有限公司

地址：重庆市渝北区观月南路1号
邮编：401120
电话：023/62793100
传真：62808670
网址：www.jlhonda.com
电子信箱：sales@jlhonda.com
单位人数：1800
质量体系：ISO 9001、ISO 14000
产品情况：（HONDA牌）

GX160、GXV160、GX270、GX340、GX390、V缸大型机等系列通用汽油机产品，WB系列水泵等

出口情况：出口欧洲、澳大利亚、日本、美国等国家和地区

★重庆永丰精锐气门有限公司

地址：重庆市渝北区回兴工业园区安康支路68号
邮编：401120
电话：023/67459132
传真：67451051
网址：www.cqyongfeng.com
电子信箱：office@cqyongfeng.com
单位人数：500
质量体系：ISO 9001
产品情况：（永丰牌）

各种摩托车、通机用进/排气门，年产量2000～2400万套

配套情况：为宗申摩托、力帆集团等配套

★重庆市渝北区内燃机配件有限公司

地址：重庆市渝北区空港工业园
邮编：401120
电话：023/63663857
传真：67161125、63663631
产品情况：活塞
配套及出口情况：为宗申摩托、隆鑫摩托、银翔摩托、大长江集团、福柴等配套；出口南非、东欧等地区

★重庆东方滤清器有限公司

地址：重庆市渝北区空港工业园高堡湖路31号
邮编：401120
电话：023/67181381、68181382
传真：67181383
电子信箱：cqdf1818@sina.com
质量体系：ISO/TS 16949、QS 9000
产品情况：（东方（DF）牌）

汽车、摩托车汽油滤清器、空气滤清器、机油滤清器、空调进风过滤器、排挡滤油器

配套情况：为长安汽车、长安铃木、河北长安、比亚迪汽车、江铃控股、重庆宗申汽车发动机、四川汽车工业集团、江南汽车制造、东风渝安车辆、重庆超力配套

★重庆光大产业有限公司

地址：重庆市渝北区空港工业园区长翔路8号
邮编：401120
电话：023/67182666
传真：67182555
网址：www.cqgdcy.com
电子信箱：cqgdcy2006@163.com
单位人数：1900
质量体系：ISO/TS 16949、ISO 14001
产品情况：汽车安全带总成、汽车发动机飞轮总成
配套情况：为东风股份、一汽、长安汽车、广汽、丰田、江淮、上汽通用五菱、长安铃木、江铃汽车、长城汽车等配套

★重庆海特汽车排气系统有限公司

地址：重庆市渝北区空港工业园区环港路9号
邮编：401120
电话：023/67183697、67183645
传真：67183697、67183645
网址：www.cqhaite.net
产品情况：汽车和摩托车尾气治理和噪声控制用三元催化剂、催化转化器、净化器、消声器、排气歧管等机动车排气系统产品；具有年产300万L三元催化剂、300万套汽车消声器、300万套催化转化器的生产能力
配套情况：合作客户涵盖一汽集团、上汽集团、广汽集团、华晨汽车、东风汽车、沃尔沃重卡、日本大发、昌河铃木、长安汽车、上汽通用五菱、奇瑞汽车、吉利汽车、北汽集团、北汽福田、北汽银翔、长城汽车、比亚迪、力帆汽车、东风渝安等20多家汽车主机厂商

★马勒发动机零部件（重庆）有限公司

地址：重庆市渝北区两路镇汉渝路125号
邮编：401120
电话：023/67837700
传真：67837254
网址：www.cn.mahle.com
电子信箱：cncq@cn.mahle.com
质量体系：ISO/TS 16949、VDA 6.1
产品情况：（灯塔牌）

各型各类柴油机、汽油机活塞；活塞年生产能力达1500万只，产品品种达500余个

配套及出口情况：产品供重汽集团、一汽锡柴、一汽大柴、东风朝柴、玉柴、庆铃、江铃、北汽、长安、东安、柳微、天汽、嘉陵、嘉陵－本田、新大洲－本田、天津－本田、建设、建设－雅马哈、金城、力帆、宗申、隆鑫等全国40余个主要重型车、中型车、轻型车、农用车、轿车、微型车、摩托车和发动机生产厂家的装机配套以及国内维修市场；出口欧洲、美洲、日本、中东、东南亚等国家和地区

★百力通（重庆）发动机有限公司

地址：重庆市北部新区经开园出口加工区3路10号
邮编：401122
电话：023/86116111
传真：86111468
电子信箱：puyibs@public.cta.cq.cn
质量体系：ISO 9000
产品情况：7.35kW和11.77kW单缸风冷四冲程通用型汽油机

★重庆长安伟世通发动机控制系统公司

地址：重庆市渝北区经开园云枣路3号
邮编：401122
电话：023/67257188、67257088
传真：67196778
质量体系：ISO/TS 16949、ISO 14001
产品情况：汽车、摩托车发动机控制系统
配套情况：为长安股份、长安福特、长安福特、长安马自达及国内其他汽车OEM厂和摩托车企业配套

★重庆吉尔法渝美压铸有限公司

地址：重庆市北部新区大竹林镇天山大道东段
邮编：401123
电话：023/67683688、67683588
传真：67683588、86835000
电子信箱：larrylai@jlfrench－yumei.com
单位人数：90
质量体系：ISO/TS 16949
产品情况：发动机缸盖、缸体、轴承桥、支架、高硅壳体、链轮室盖等高压铝合金压铸件
配套情况：为大众、奥迪、奥地利TCG、采埃孚、利纳玛、博格华纳、朝柴、哈尔滨东安等供货

★重庆市仁和压铸有限公司

地址：重庆市渝北区大竹林镇

邮编:401123
电话:023/67682368
传真:67682933
质量体系:ISO 9001
产品情况:汽车、摩托车、通用汽油机发动机箱体、箱盖系列产品500余种
配套情况:为宗申摩托配套

★重庆东京散热器有限公司
地址:重庆市九龙坡区西彭镇铝城大道82号
邮编:401326
电话:023/68439704、68432220
传真:68437410
网址:www.tokyo-radiator.co.jp
电子信箱:ctr@cq-ctr.com
质量体系:QS 9000、ISO 14001
产品情况:载货汽车及工程机械车用散热器、中冷器、油冷器
配套及出口情况:主要客户有庆铃汽车、江淮汽车、广汽日野、广州客车、神钢建机、日立建机、三一重工、徐工挖掘机、日本五十铃、印度尼西亚ADR公司等;出口日本、印度尼西亚

★重庆创升机械制造有限公司
地址:重庆市九龙坡区白市驿镇海龙村十二社
邮编:401329
电话:023/65711199、60923666
传真:65711066
电子信箱:wy@cqcs168.com
质量体系:ISO 9001
产品情况:(科业-ky牌、动霸-db牌)
摩托车曲轴、通用汽油机曲轴、进排气门导管、通用动力机械
出口情况:远销巴基斯坦、土耳其

★重庆金桥机器制造有限责任公司
地址:重庆市九龙坡区白市驿镇黄金桥5号
邮编:401329
电话:023/65701910
传真:65701910
网址:www.cqjinqiao.cn
电子信箱:office@cqjinqiao.cn
质量体系:ISO/TS 16949
产品情况:(金桥牌)
WP型喷油泵汽油发动机、汽车四缸发动机凸轮轴、新型单缸125凸轮轴、168型通用汽油机凸轮轴等
配套及出口情况:为重庆渝安、宗申、隆鑫、绵阳新晨等汽车、摩托车发动机公司配套;出口欧洲、东南亚等地区

★重庆华达汽车配件制造有限公司
地址:重庆市沙坪坝区西永镇香蕉园新村8号
邮编:401332
电话:023/65660666、65662380
传真:65661333
网址:www.cqhuada.net
电子信箱:admin@cqhuada.com
质量体系:ISO/TS 16949
产品情况:(和众牌)
汽车燃油箱总成、汽车座椅骨架、汽车冲、焊结构件等
配套情况:为重庆庆铃、郑州日产、长安集团、东风渝安车辆、长安李尔内饰件、江西李尔内饰件、重庆宇通客车、重庆力帆汽车、郑州海马汽车等汽车整车及部件制造企业配套

★重庆青辰电器仪表有限公司
地址:重庆市沙坪坝区青木关镇新青路473号
邮编:401334
电话:023/65600428、65600868
传真:65600428
电子信箱:cqqingchen@163.com
质量体系:ISO 9001
产品情况:(青辰牌)
通用汽油机油箱系列、调速器总成系列,汽车电喷、燃气节气门总成,燃气发电机减压阀总成,摩托车减振底筒等系列产品
配套及出口情况:供百力通(重庆)发动机、TTI、重庆润通动力、重庆安来动力、重庆大江动力设备、重庆鑫之源动力、重庆弘愿公司等国内数家通用汽油机公司;摩托车减振底筒供渝安集团;出口东南亚、欧洲、美洲

★重庆文安机械有限公司
地址:重庆市合川区土场镇国富1号
邮编:401533
电话:023/42411498、68659836
传真:68659836
电子信箱:webmaster@cqwenan.com
质量体系:ISO/TS 16949
产品情况:465Q、462Q、474Q、490Q、帕萨特系列发动机缸盖
配套情况:为小康汽车、长安汽车、中华汽车、三菱汽车、力帆汽车、金杯汽车、福特汽车、北京汽车等供货

★重庆西源凸轮轴有限公司
地址:重庆市永川区红河大道三星路12号
邮编:402160
电话:023/85366026
传真:49804662
电子信箱:cq_xiyuan@163.com
质量体系:ISO/TS 16949
产品情况:各种凸轮轴
配套情况:为长安汽车、日本雅马哈等配套

★重庆海通机械制造有限公司
地址:重庆市永川区人民东路599号
邮编:402160
电话:023/49849599、49585555
传真:49849988
网址:www.htinv.com
电子信箱:cqhait@cqhtmachine.com
单位人数:550
质量体系:ISO/TS 16949
产品情况:具有年产汽车发动机飞轮齿圈总成300万套、齿圈350万件、张紧轮20万套、斜齿轮60万件的生产能力
配套情况:主要为重庆长安、长安铃木、力帆、东风渝安、绵阳新晨、云内动力、上汽小柴、上汽通用五菱、柳州五菱、东风朝柴、哈尔滨东安、保定长城、廊坊科森、江淮、奇瑞、无锡凯马、吉利、昌河铃木、比亚迪等20余家汽车发动机厂配套

★四川江华泵业有限公司
地址:重庆市江津区双福工业园区创业大道13号
邮编:402247
电话:023/47268687
传真:47268696
电子信箱:scjhby123@163.com
单位人数:400
质量体系:ISO/TS 16949
产品情况:(华宇牌)
汽车机油泵、水泵
配套情况:为长安汽车、吉利汽车、比亚迪等配套

★重庆潍柴发动机厂
地址:重庆市江津区德感镇前进街
邮编:402262
电话:023/47858815
传真:47859767
电子信箱:cqweichai@weichai.com
质量体系:ISO/TS 16949、ISO 9000
产品情况:四大系列100多个柴油机产品,功率覆盖范围148~2400kW,形成了中、高速柴油机并举,横跨汽车、工程机械等多个应用领域
配套及出口情况:为潍柴、陕汽集团等配套;出口意大利、越南、埃及、巴基斯坦等10多个国家

★重庆江增机械有限公司
地址:重庆市江津区德感镇工业园区
邮编:402263
电话:023/47221234
传真:47852382
电子信箱:cqrj@163.com
质量体系:ISO/TS 16949
产品情况:J37、J44、J50、J56、J68、J92、J120、JTH130等径流增压器

★重庆都成荣锋机械制造有限公司
地址:重庆市板桥工业园区大道11号
邮编:402460
电话:023/46761388、13709403122
传真:46780996
网址:www.dcrf888.com
电子信箱:dcrf888@163.com
质量体系:ISO/TS 16949、QS 9000
产品情况:汽车发动机曲轴

配套情况：为重庆长安汽车、北汽银翔汽车、重庆鑫源动力配套

★重庆沃特尔粉末冶金有限公司
地址：重庆市铜梁县工业园区玉泉路11号
邮编：402560
电话：023/45436833
传真：45862999
网址：www.woteer.cn
电子信箱：office@woteer.cn
法人代表：张永利
负责人：郭志英
质量体系：ISO/TS 16949
产品情况：（沃特尔WTR牌）
　　年产气门座圈2300万件、气门导管1500万件、气门锁夹2000万片、气门弹簧座1000万件
配套情况：为上汽通用五菱、比亚迪汽车、上海华普、新光华晨、北汽福田、绵阳新晨、潍柴动力、天津珀金斯、东风渝安、众泰汽车、华泰汽车、美国百力通、建设雅马哈等20多家主机厂配套

★重庆大东隆腾汽车摩托车气门公司
地址：重庆市璧山区璧城镇金剑路368号
邮编：402760
电话：023/68505407、68500906
传真：68508304
网址：www.cqdadongqimen.com
电子信箱：879716925@qq.com
单位人数：1000
质量体系：ISO/TS 16949、ISO 9001
产品情况：汽车、摩托车、通用机气门及锁夹、承盘，年产各类型进、排气门3000万支
配套情况：为宝马、比亚乔、铃木、豪爵、宗申、隆鑫、力帆等汽车摩托车集团主供配套；出口十几个国家

★重庆红旗缸盖制造有限公司
地址：重庆市璧山区特色工业园区
邮编：402760
电话：023/41639057、41639058
传真：41639059
网址：www.hqgg.com.cn
电子信箱：office@hqgg.com.cn
单位人数：1500
质量体系：ISO/TS 16949
产品情况：汽车发动机汽缸盖，年产40万件；进/排气歧管，年产20万件；曲轴箱体，年产2万件
配套情况：为长安汽车、东风渝安、重庆康明斯发动机、长城汽车、上汽集团、法国法雷奥、美国法雷奥、美国TSM、美国NSI公司等配套

★重庆市云阳曲轴有限责任公司
地址：重庆市云阳县新县城东郊
邮编：404500
电话：023/55159766
传真：55159767
网址：www.yyqz.com
电子信箱：yunchuan@yyqz.com
单位人数：1200
质量体系：ISO 9001
产品情况：（云川牌）
　　各种型号摩托车、沙滩车曲轴和通用汽油机曲轴，年产能力400万套

★重庆海陵活塞环有限公司
地址：重庆市涪陵区桥南路18号
邮编：408000
电话：023/72892188、72892177
传真：72892111
网址：www.chinahailing.com
电子信箱：cqhl@chinahailing.com
产品情况：（海山牌）
　　摩托车活塞环，年产800万片，车用及通用机活塞环，年产600万片
配套及出口情况：为玉柴、洛拖等国内10多家柴油机厂家配套；远销东欧、南美洲、南亚、非洲

★重庆三爱海陵实业有限责任公司
地址：重庆市涪陵区人民东路50号
邮编：408000
电话：023/85686608、85660000
传真：85686518、85686564
网址：www.cqsahl.com
电子信箱：cqsahl@cqsahl.com
质量体系：ISO/TS 16949
产品情况：（海陵牌）
　　汽车、摩托车及小型通用汽、柴油发动机进、排气门、化油器；具备了年产各类型气门5000万只、化油器300万台的生产能力
配套及出口情况：为长安汽车、长安铃木、哈尔滨、天津一汽夏利内燃机、日本三菱重工株式会社、百力通（重庆）发动机、泰州雅马哈动力、锡柴、大柴、嘉陵、建设摩托等配套；部分产品出口美国、日本等国家

★重庆万力联兴实业（集团）有限公司
地址：重庆市石柱县万寿大道169号（南宾工业园）
邮编：409100
电话：023/73381555、67669232
传真：67669609
网址：www.cqwlg.com
电子信箱：alfredwang@cqwlg.com
董事长：张明健
质量体系：ISO/TS 16949
产品情况：车用电动燃油泵总成、全车锁机构总成、点火开关锁、锁芯总成、机械式节气门总成、发动机铝合金等汽车零部件
配套及出口情况：为长安集团、福特马自达、北汽、一汽海马、郑州海马、一汽吉林、长城汽车、昌河铃木、东风渝安、东南汽车、隆鑫机车等配套；出口东南亚、中东等地区

四川省

★成都市西岭汽车配件有限责任公司
地址：成都市大邑县悦来镇新街
邮编：610081
电话：028/83502307、88376245
传真：83502307
电子信箱：qingyu5321@126.com
质量体系：ISO 9001
产品情况：（雪岭牌）
　　汽车水泵、排气歧管等
配套情况：为浙江新柴动力、福建力佳、广西柳发等主机厂配套

★成都成内柴油机公司
地址：成都市富森汽配城A区20栋16号
邮编：610081
电话：028/83516100
传真：83516100
产品情况：（成内牌）
　　内燃机及零部件
配套情况：为四川成内动力设备公司等配套

★成都天回气门导管制造有限公司
地址：成都市金牛高科技产业园北区隆安路
邮编：610083
电话：028/83586258、83588676
传真：83570381
网址：www.cd-tp.com
电子信箱：tpcompany@163.com
单位人数：200
质量体系：ISO/TS 16949、QS 9000
产品情况：汽车发动机气门导管、气门摇臂和预燃烧室等
配套及出口情况：预燃烧室产品为国内出口缸盖厂配套；90%以上出口欧美市场

★成都西菱动力科技股份有限公司
地址：成都市青羊工业集中发展区腾飞大道298号
邮编：610091
电话：028/87074109
传真：87074109
网址：www.xlqp.com
电子信箱：xsb@xlqp.com
单位人数：800
质量体系：ISO/TS 16949
产品情况：汽车发动机主机配套连杆、减振皮带轮、凸轮轴
配套及出口情况：与一汽集团、东南大学、成飞集团等建立了长期技术合作关系；出口欧美、东南亚等地区

★劳士领汽车配件（成都）有限公司
地址：成都市经济技术开发区大连路38号
邮编：610100
电话：028/84858441
传真：84858443

网址:www. roechling. com
电子信箱:gerhard. neidinger@ roechling - automotive. de
质量体系:ISO/TS 16949、ISO 14000
产品情况:汽车气流控制系统
配套情况:为一汽 - 大众、福特、沃尔沃(中国西南地区)配套

★中国航天科技集团公司长征机械厂
地址:成都市龙泉驿区
邮编:610100
电话:028/84801425、84803455
传真:84804618、84801906
质量体系:ISO/TS 16949
产品情况:硅油风扇离合器、水泵等 20 多种汽车发动机零配件

★成都陵川特种工业有限责任公司
地址:成都市龙泉驿区大面街道办事处陵川路 1 号
邮编:610110
电话:028/84633515、84633000
传真:84630546
网址:www. cdlcgy. com
电子信箱:167gsbgs@ vip. sina. com
董事长:刘兵兵
负责人:刘先华
单位人数:1958
质量体系:ISO/TS 16949、QS 9000
产品情况:排气系统总成、排气歧管总成、净化器总成、车轮总成
配套情况:被长安公司、长安铃木公司评为优秀配套厂家

★成都陵川车用油箱有限公司
地址:成都市龙泉驿区洪河三桥村
邮编:610110
电话:028/84632486、84632483
传真:84632485
电子信箱:cdlc2004@ sina. com
质量体系:ISO/TS 16949
产品情况:(营星牌)
燃油箱
配套情况:为长安汽车、上汽通用五菱、重庆长安铃木、长城汽车、南京长安、东风汽车公司等配套

★成都飞亚曲轴有限公司
地址:成都市青白江区大同镇 124 号
邮编:610300
电话:028/83626335、83628580
传真:83625990
网址:www. pacrank. com
电子信箱:fy. by@ 163. com
董事长:罗兴志
负责人:刘建华
质量体系:ISO/TS 16949、ISO 14001
产品情况:(宝亚牌)
年产各类汽车曲轴 50 万支、平衡轴 20 万支、赛车连杆 10 万支的能力
配套及出口情况:为江淮、华晨、吉利、福田、长城、奇瑞、一汽轿车、长沙比亚迪、天津一汽内燃机等配套;"H"柄和"I"柄赛车连杆全部出口美国、英国、德国、意大利、澳大利亚、瑞典、挪威、芬兰、日本、韩国等国家

★成都万友滤机有限公司
地址:成都市新都区新都镇黄鹤路 401 号,侧门 385 号
邮编:610500
电话:028/83047617、83048290
传真:83048400、83047601
网址:www. ctr. com. cn
电子信箱:yyb@ ctr. com. cn
单位人数:300
质量体系:ISO/TS 16949、ISO 14001
产品情况:(CTR 牌)
塑料进气歧管、空气滤清器、燃油滤清器、机油滤清器、转向助力液过滤器、空调滤芯、空调风管、谐振器以及各种塑料零部件
配套情况:为长安福特、江铃股份、长安铃木、长安汽车、广汽本田、一汽 - 大众(成都)、上汽通用五菱等配套

★中航工业成都发动机(集团)有限公司
地址:成都市新都区蜀龙大道
邮编:610503
电话:028/89358555
传真:89358585
网址:www. cegc. avic. com
电子信箱:admin@ cf - group. com
董事长:陈锦
负责人:孙岩峰
单位人数:5300
质量体系:ISO 9001、GJB 9001B
产品情况:4JB1 系列柴油机
出口情况:与美国 GE、PW、英国 RR 等企业建立了长期战略合作关系

★成都正恒动力配件有限公司
地址:成都市新都区工业东区龙虎大道聚合路 69 号
邮编:610504
电话:028/83912135、83911174
传真:83912135
电子信箱:yxb@ zhengine. com
质量体系:ISO/TS 16949、ISO 14001
产品情况:汽车发动机汽缸体
配套情况:为长安汽车、天津一汽夏利、绵阳新晨、上汽通用五菱、无锡凯马动力、成都发动机(集团)配套

★中汽成都配件有限公司
地址:成都市新都区新都工业园东区桂锦路 1480 号
邮编:610504
电话:028/83914588、83910518
传真:83910596
电子信箱:zhongqizl@ 126. com
质量体系:ISO/TS 16949、ISO 14004
产品情况:(金顶牌)
汽车发动机凸轮轴,年产 300 万支
配套情况:为上汽通用、一汽海马、哈尔滨东安三菱、东风悦达起亚、中国重汽、北汽福田、潍柴、锡柴、重庆康明斯、东风康明斯、西安康明斯、上汽通用五菱等配套

★成都银河动力股份有限公司
地址:成都市新都区龙桥镇
邮编:610505
电话:028/83068818、83068882
传真:83068800
网址:www. yhdle. com
电子信箱:yhdl8818@ 163. com
单位人数:1000
质量体系:ISO/TS 16949
产品情况:(红石牌、东风牌)
各类汽缸套、铝活塞
配套及出口情况:为重庆康明斯、玉柴机器、云内动力、洛拖集团、上柴、建设雅马哈、日本三菱、意大利依维柯等配套;出口美国、俄罗斯、日本、东南亚等国家和地区

★成都宁良实业有限公司
地址:四川省大邑县安仁镇迎宾东路东段
邮编:611330
电话:028/88315116、88315583
传真:88315418
网址:www. ningliang. com
电子信箱:ningliang@ ningliang. com
单位人数:386
质量体系:ISO/TS 16949
产品情况:(DT 牌、宁良牌)
机油、柴油、空气滤清器总成和部件,机油冷却过滤模块、带轮、节温器、消声器和铝合金压铸件等
配套情况:为昆明云内动力、成都云内动力、东风康明斯、常柴、扬柴、扬动、长安汽车、力帆汽车、成都王牌、一汽客车(成都)、贵州万达客车配套

★成都市泽仁实业有限责任公司
地址:四川省大邑县晋原镇工业区大安路 888 号
邮编:611331
电话:028/88315425、88315268
传真:88317831
网址:www. dayi - manor. com. cn
电子信箱:zeren@ dayi - manor. com. cn
质量体系:ISO 9001
产品情况:(庄园牌、泽仁牌)
三滤(空气滤清器总成、机油滤清器总成、柴油滤清器总成)系列、旋压带轮系列、消声器系列、起动器系列、燃油箱系列及板材冲压件
配套及出口情况:已成为四川现代汽车、四川南骏汽车、昆明云内动力、成都云内动力、广西玉柴动力机械、福建力佳、安徽全柴动力、四川一汽丰田、北汽福田、中国重汽集团成都王牌商用车、成都大运、东风轻型发动机、成都成发汽车发动机(4JB1)、广西钦州力顺机

械、江西五十铃等厂家的主机配套供货商；出口、间接出口产品品种达 100 多种

★成都桐林铸造实业有限公司
地址：四川省大邑县新场镇桐林工业区
邮编：611337
电话：028/88344140
传真：88344140
网址：www.tonglin.com
电子信箱：sales@tppgroup.hk
质量体系：ISO/TS 16949
产品情况：发动机缸体和其他铸件，年铸造能力 5 万 t
配套情况：为华晨金杯、长安汽车、吉利汽车、奇瑞汽车、长城汽车等配套

★四川红光汽车机电有限公司
地址：四川省郫县望丛东路 19 号
邮编：611730
电话：028/87887012、87863347
传真：87887021、87887441
网址：www.schg.com.cn
电子信箱：sale@schg.com.cn
质量体系：ISO/TS 16949、QS 9000
产品情况：（红光牌）
汽车和摩托车电喷节气门体
配套情况：为大陆集团、德尔福、联合电子、伟世通、长安集团（含长安铃木、长安福特）、东安三菱、奇瑞、上汽通用五菱、华晨集团、天津一汽、海马汽车、比亚迪、北汽福田、东南汽车、江淮汽车等配套

★四川中自尾气净化有限公司
地址：成都市高新区古楠街 88 号
邮编：611731
电话：028/62825888-5101、62825966
传真：62825889
网址：www.zzjh.com.cn
电子信箱：sinocat@sinocat.com.cn
质量体系：ISO/TS 16949
产品情况：汽油燃料发动机、柴油燃料发动机、CNG/LNG/LPG 燃料发动机等尾气净化催化（剂）器
配套情况：主要客户有日本铃木、雅马哈、五十铃、大柴道依茨、一汽、东风、广汽、玉柴、锡柴、潍柴、宇通、金龙等

★成都威特电喷有限责任公司
地址：成都市高新西区西源大道 84 号
邮编：611731
电话：028/87838000
传真：87838004
电子信箱：qingjing@cdwit.cn
单位人数：367
产品情况：柴油机电喷系统、直喷汽油机电喷系统、汽车油-电混合动力系统

★成都嘉陵华西光学精密机械有限公司
地址：成都市现代工业港北区港通北三路 663 号
邮编：611743
电话：028/86108118、86108008
传真：86108009、86108119
网址：www.cdhx.com.cn
电子信箱：hua.xi@cdhx.com.cn
单位人数：400
质量体系：ISO/TS 16949
产品情况：自动式皮带张紧轮、固定式皮带张紧轮、惰轮、发电机组皮带轮、真空泵等
配套情况：长期为东风汽车、东风康明斯发动机、广西玉柴机器、上海柴油机、重庆长安汽车等国内知名发动机及汽车制造公司配套

★成都市三宇电子机械有限公司
地址：四川省郫县成都现代工业港北片区港通北三路 589 号
邮编：611743
电话：028/66750384、13551064530
传真：66750385
网址：www.cdsanyu.cn
质量体系：ISO/TS 16949
产品情况：发动机气门摇臂、汽车冲压件等产品
出口情况：远销欧美、东南亚、中东等地区

★四川阳光机械集团有限公司
地址：四川省德阳市泰山北路三段 425 号
邮编：618000
电话：0838/2421321、2420427
传真：2421327
电子信箱：sunray@chinasunray.com
质量体系：ISO/TS 16949
产品情况：（阳光（SUNREY）牌）
曲轴、连杆

★四川绵竹鑫坤机械制造有限责任公司
地址：四川省绵竹市江苏工业园南通路 1 号
邮编：618200
电话：0838/6602110
传真：6604896
网址：www.scxinkun.com
电子信箱：sales@scxinkun.com
质量体系：ISO/TS 16949
产品情况：汽车曲轴、连杆
配套情况：为欧美、日本雪弗莱、福特、三菱、本田汽车曲轴、赛车连杆定点生产协作单位

★四川巴斯迪科新技术发展有限公司
地址：四川省眉山市青神县城西工业园区创业路 12 号
邮编：620400
电话：028/38860929、38862669
传真：38824556
网址：www.bsdk.cn
电子信箱：scbsdk@163.com
单位人数：230
质量体系：ISO/TS 16949
产品情况：油封座系列产品，以及汽车风扇组合件总成等
配套情况：与沈阳三菱、江淮汽车、浙江吉利、上海华普、无锡凯马、开普动力、重庆力帆、长春一汽、南汽集团、比亚迪、柳州五菱、北汽福田、长城保定动力、资阳内燃机厂、瑞迪机械、成飞公司、成发公司、成发集团、威德福石油机械等合作

★绵阳市万欣汽车配件有限公司
地址：四川省绵阳市安县工业园
邮编：621000
电话：0816/4326999
传真：4326016
网址：www.wanxinauto.com
电子信箱：250735200@qq.com
质量体系：ISO/TS 16949、ISO 9001
产品情况：（车欣牌）
空气滤清器总成、油底壳、气门室罩盖
配套情况：为一汽海马、沈阳新光、绵阳新晨、长城汽车等整车及发动机生产厂配套

★绵阳富临精工机械股份有限公司
地址：四川省绵阳市板桥街 268 号
邮编：621000
电话：0816/6800668、6800698
传真：6800660
网址：www.fulinpm.com
电子信箱：postmaster@fulinpm.com
质量体系：ISO/TS 16949、ISO 14001
产品情况：各型汽车发动机用液压挺柱、张紧器、摇臂及其他精密机械产品
配套情况：客户涵盖奇瑞、长城、比亚迪、上汽股份、东风乘用车、一汽轿车、长安汽车、广汽、北汽、东风标致雪铁龙、上汽通用、上汽通用五菱、昌河铃木、广汽菲亚特、航天三菱等国内企业；海外主机市场客户包括科勒、北美通用、约翰迪尔、康明斯燃油、思达耐、霍德罗（IKCO）等国际知名公司；海外售后市场客户包括辉门、盖茨、R&B、AC 德科、EUROCAMS、TOPLINE 等全球知名品牌

★绵阳华力精工机械有限公司
地址：四川省绵阳市高新区防灾减灾工业园区
邮编：621000
电话：0816/2561170
传真：2561573
质量体系：ISO/TS 16949
产品情况：汽车发动机用液压挺柱、机械挺柱、气门摇臂等产品，具备 500 万只/年的生产能力；产品车型覆盖大众、奔驰、宝马、欧宝、标致、雷诺、丰田、三菱、现代、奇瑞、江淮等各大车系，品种达 200 多个
出口情况：远销欧洲、美国、日韩、中东等地区

★绵阳新晨动力机械有限公司
地址:四川省绵阳市剑门路西段228号
邮编:621000
电话:0816/2370038
传真:2364007
网址:www. xce. com. cn
电子信箱:xce@ xce. com. cn
质量体系:ISO/TS 16949
产品情况:(剑门牌)
轻型汽油机、轻型柴油机、小排量发动机,用于轻/微型客车、SUV、MPV、皮卡、轻型货车、轿车等
配套情况:与宝马集团、东风、郑州日产等供货

★绵阳市天旋气门组件有限公司
地址:四川省绵阳市经济开发区塘汛南街155号
邮编:621000
电话:0816/2840034
传真:2841274
网址:www. tianxuan. cn
电子信箱:office@ tianxuan. cn
质量体系:ISO/TS 16949、ISO 9001
产品情况:(沃特尔牌、WTR牌)
内燃机气门旋转机构、气门阀座、气门导管、气门锁夹、气门弹簧座、气门挺杆等气门系统组件
配套情况:为陕柴、河柴、晋柴、潍柴、淄柴、济柴、上柴、新中、锡柴、宁动、广柴、玉柴、天津珀金斯等柴油机厂配套,还为通用五菱、美国百力通、重庆长安、北汽福田、绵阳新晨、保定长城、新光华晨等多家汽油机厂配套

★绵阳华晨瑞安汽车零部件有限公司
地址:四川省绵阳市经开区机场路8号
邮编:621000
电话:0816/6390571
传真:6390571
网址:www. myhcra. com
电子信箱:zhb@ myhcra. com
负责人:朱志刚
产品情况:凸轮轴等汽车发动机关键零部件生产
配套情况:为三菱汽车、华晨汽车、莲花汽车、东南汽车、广汽集团、海马汽车、东风汽车、中国一汽、上汽集团等配套

★四川中胜实业集团有限公司
地址:四川省遂宁市创新工业园区南环路16号
邮编:629000
电话:0825/2316269
传真:2314318
质量体系:ISO/TS 16949
产品情况:汽车零部件产品:止推片、连杆瓦、主轴瓦;整车产品:坤鼎客车

★恩比贝克飞虹汽车零部件(四川)公司
地址:四川省遂宁市创新工业园区南环路6号
邮编:629000
电话:0825/2311475、2311677
传真:2311849
电子信箱:info@ nbfbearing. com
质量体系:ISO/TS 16949
产品情况:(NBF牌、FH牌、NB牌、TDC牌)
各型内燃机专用精密轴瓦、衬套、止推片及轴瓦材料
配套情况:JL462轴瓦(年产2000万片)为长安公司、东安公司、五菱柳机配套;DA471轴瓦(年产1500万片)为东安三菱、东安公司配套;4A9轴瓦(年产800万片)为航天三菱配套;372轴瓦(年产800万片)为奇瑞公司配套;4G24/4G22D4(年产1000万片)为新晨动力、沈阳新光配套;B10轴瓦(年产1000万片)为上汽通用五菱配套

★四川川环科技股份有限公司
地址:四川省大竹县东柳工业区
邮编:635100
电话:0818/6923358
传真:6231544
网址:www. chuanhuan. com
电子信箱:chkj@ chuanhuan. com
单位人数:1700
质量体系:ISO/TS 16949、ISO 14001
产品情况:(川环牌)
燃油软管及总成、尼龙燃油管及总成、空调管及总成、动力转向管及总成、涡轮增压管及总成、制动软管及总成、水管及总成、混合动力新能源汽车发动机燃料管路系统等
配套及出口情况:与一汽－大众、上汽大众、长安、长安. 福特、吉利、奇瑞、建设、建设雅马哈、嘉陵、嘉陵本田、力帆、五羊本田等300多家汽车和摩托车生产厂建立了稳定的供配关系;部分出口美国、日本、印度等国家

★四川南充康达汽车零部件集团公司
地址:四川省南充市顺庆区西华路二段133号
邮编:637000
电话:0817/2583839
传真:2583839
电子信箱:nckangda@ 163. com
质量体系:ISO/TS 16949
产品情况:年产中冷器2万台、水散热器5万台、三滤10万只
配套情况:为重汽集团、陕汽集团等配套

★南充市攀峰滤清器有限公司
地址:四川省南充市嘉陵区春江路16号
邮编:637005
电话:0817/3662559
传真:3662558
电子信箱:scnl@ sohu. com
质量体系:ISO/TS 16949
产品情况:(攀峰牌)
重型车空气滤清器、机油滤清器、柴油滤清器、空气干燥筒、油水分离器、膨胀箱等
配套情况:为四川汽车制造厂、陕西汽车制造厂、厦门金龙、济南重型汽车制造厂、上海柴油机厂、北汽福田、德国克诺尔制动设备公司等配套

★四川三鑫南蕾气门座制造有限公司
地址:四川省南部县工业集中区梁家垭大道
邮编:637300
电话:0817/5522971
传真:5523496
网址:www. nanlei. com. cn
电子信箱:webmaster@ nanlei. com. cn
单位人数:400
质量体系:ISO/TS 16949、QS 9000
产品情况:(南蕾牌)
各型内燃机气门座、摇臂轴总成、气门导管和主轴承盖等,年生产缸盖15万片、缸体8万个、主轴承盖80万只、气门座1000万只、气门导管1000万只、摇臂轴部件总成60万套
配套及出口情况:为重庆康明斯、玉柴、锡柴、洛拖、北汽福田、天津珀金斯、东风南内、昆明云内、成都云内、绵阳新晨等主机厂配套;出口美国、欧盟、东南亚等国家和地区

★武胜琛兰机械制造有限公司
地址:四川省广安市武胜县工业集中区
邮编:638400
电话:0826/6664678
质量体系:ISO 9001
产品情况:各型摩托车及微型车汽缸套、汽车发动机飞轮,具有年产各型缸套、飞轮等3000万件产品(20000余t铸造坯件)的生产能力
配套及出口情况:为重庆隆鑫集团、宗申产业集团、力帆集团、大长江集团等企业配套;飞轮、曲轴盖配件主要与上汽通用、重庆长安、长安福特、重庆力帆汽车等配套;部分飞轮产品随发动机主机出口,供路虎车使用

★邻水县精工动力机械厂
地址:四川省邻水县工业集中发展区
邮编:638500
电话:0826/3252761
传真:3253555
质量体系:ISO/TS 16949
产品情况:曲轴箱总成,年产3万件

★四川内江雨田机械制造有限公司
地址:四川省内江市城西工业园区
邮编:641000
电话:0832/5355099
传真:2381609
电子信箱:yxy@ neijiangyutian. com
质量体系:ISO/TS 16949
产品情况:各型微车、轿车曲轴、齿圈及

飞轮总成,具有年产曲轴40万根、飞轮20万件的设计生产能力

★ 内江金鸿曲轴有限公司

地址:四川省内江市市中区汉渝大道1558号
邮编:641000
电话:0832/2121185、2112333
传真:2107405、2102535
电子信箱:hongyx1997@163.com
法人代表:田斌
单位人数:1800
质量体系:ISO/TS 16949、QS 9000
产品情况:(内齿牌)
微车、轻型车、轿车汽车发动机曲轴,三大系列,70余个品种,具有300万件/年的生产能力
配套情况:为重庆长安、东风渝安、哈尔滨东安、柳州五菱柳机动力、奇瑞汽车、比亚迪汽车、江淮汽车、保定长城内燃机、吉利汽车、绵阳新晨动力机械、江铃汽车股份、成都成发汽车发动机、浙江青年莲花发动机、吉林绰丰发动机、一汽海马动力、东风轻型发动机、浙江吉奥汽车等配套
☞ 详细情况请参阅彩色宣传版面

★四川内江富鹏机械制造有限公司
地址:四川省内江市中区壕子口花园滩路201号
邮编:641000
电话:0832/2083155
传真:2085156
质量体系:ISO/TS 16949
产品情况:微车、轿车曲轴及飞轮齿圈

★内江恒博机械制造有限公司
地址:四川省内江市市中区乐贤镇乐贤大道
邮编:641006
电话:0832/2191247
传真:2191247
电子信箱:njky@VIP.sina.com
单位人数:350
质量体系:ISO 9001、ISO/TS 16949
产品情况:机械摇臂、液压滚子摇臂、机械挺柱、液压挺柱、配气机构组合单元、摇臂轴、机油喷嘴、铸铁连接件

★四川省内江永杰活塞制造有限公司
地址:四川省内江市东兴区红光路323号
邮编:641100
电话:0832/2150960
传真:2151118
质量体系:ISO/TS 16949
产品情况:发动机活塞

★四川宇良车辆配件有限公司
地址:四川省资阳市安岳县镇子镇天河街158号
邮编:641300
电话:028/26781789
传真:26781789
质量体系:ISO/TS 16949
产品情况:(天府牌)
各种汽车水泵,包括云内动力4100QB、YN33、4D42ZL系列,广西玉柴YC2108Q、YC2105、1AQ000等系列,成都云内490QA、495ZQL、490QB系列,五十铃4JB1系列,东风EQ145、EQD6102Q系列等水泵60余个品种;4105Q、6105Q、YC2108、YC2105、4100QBZL等柴油机正时齿轮室盖和490Q排气管等,年产量80万台
配套情况:主要为昆明云内动力、广西玉柴动力机械、一汽解放无锡柴油机厂、福建力佳、成都云内动力、成都发动机集团汽车发动机分公司、广西柳发股份、广西柳柴动力、东风南充汽车等多家主机厂配套

★南车玉柴四川发动机股份有限公司
地址:四川省资阳市雁江区临江镇大堰村4组
邮编:641301
电话:028/26281111、26286666
传真:26282225
网址:www.scycsr.com
单位人数:1200
产品情况:汽车用柴油机
出口情况:出口中亚、东南亚、中非等地区

★四川宜宾普什汽车零部件有限公司
地址:四川省宜宾市翠屏区岷江西路150号
邮编:644007
电话:0831/3567160、3567165
传真:3567160、3567165
网址:www.pushautoparts.com
质量体系:ISO/TS 16949
产品情况:汽车发动机曲轴
配套情况:主要客户有江铃、一汽四环、东风、本田、绵阳新晨、比亚迪、吉利、北汽福田、东风裕隆、广汽吉奥、湖南长丰动力

★宜宾天工机械股份有限公司
地址:四川省宜宾市柏溪镇
邮编:644600
电话:0831/6258188
传真:6881456
网址:www.tiangongauto.com
电子信箱:ybtg@tiangongauto.com
质量体系:ISO/TS 16949、ISO 14001
产品情况:(天工牌)
气门挺杆、滚轮式摇臂、废气再循环(EGR)系统、连续可变气门正时系统(VVT)
配套情况:主要配套客户有一汽轿车、天津一汽丰田、长安福特、长安马自达、长安汽车、上汽通用五菱、奇瑞汽车、江淮汽车、一汽海马、北汽福田、长城汽车、天津一汽夏利、吉利汽车、华普汽车、新光华晨、绵阳新晨等

★泸州北方化学工业有限公司
地址:四川省泸州市龙马潭区高坝
邮编:646003
电话:0830/2796688
传真:2796255
网址:www.luzhou-north.com
电子信箱:office@luzhou-north.com
单位人数:5000
质量体系:GJB 9001B、GB/T 19001
产品情况:(双五牌)
微车油箱等
配套及出口情况:为长安汽车配套;远销20多个国家和地区

★四川恒威活塞环有限公司
地址:四川省泸州市福集工业园区
邮编:646100
电话:0830/8192111、8171260
传真:8172411、3990780
电子信箱:lzpr@mail.luzhou.net
质量体系:ISO/TS 16949
产品情况:(恒威牌、长沱牌)
活塞环,年产能力2000万片
配套情况:为潍柴、洛阳一拖、玉柴、朝柴、大柴、四川峨眉柴油机、云内成柴、马勒发动机零部件(重庆)公司、百力通(重庆)发动机公司、康明斯、重庆市凯米尔动力机械、重庆青山变速器、重庆长江轴承、重庆拓普柴油机、重庆长渝活塞配套

云南省

★云南西仪工业股份有限公司
地址:昆明市西山区海口200号
邮编:650114
电话:0871/68598426
传真:68598426、68598352
网址:www.ynxygf.com
电子信箱:lgxs@ynxygf.com
法人代表:高新平
负责人:谢力
质量体系:ISO/TS 16949
产品情况:(西仪牌、XIYI牌)
471Q、B15D、BM1.5L等汽车发动机连杆
配套及出口情况:为长安、东安、五菱、上汽、一汽、南汽、云内等10多家主机厂定点配套;出口美国、日本

★昆明通晟汽车配件有限责任公司
地址:昆明市龙泉路702号
邮编:650203
电话:0871/65150128
传真:65150128
电子信箱:kmts5150128@163.com
质量体系:ISO/TS 16949、ISO 9001
产品情况:消声器、排气管、空滤器等,年产10万套消声器

★昆明云内动力股份有限公司
地址：昆明市经开区经景路66号
邮编：650217
电话：0871/67170977
网址：www.yunneidongli.com
电子信箱：gsb@yunneidongli.com
法人代表：杨波
负责人：杨永忠
单位人数：1696
质量体系：ISO/TS 16949
产品情况：（云内牌）
D系列乘用车柴油机：D09TCI、D19TCI、D20TCI、D30TCI等型号；商用车系列柴油机及天然气发动机：4100系列、YN27CRD、YN30QNE、YN38CRD、YN38QNE、YN36QNE等；非道路系列柴油机：YN27GB、YN27GBZ、YN33GB、YN38GB等
配套及出口情况：为上海汽车、北汽福田、东风、一汽集团、江淮、南京依维柯、四川现代、重汽王牌、力帆等多家商用车及乘用车企业配套；远销英国、泰国、缅甸、马来西亚、巴基斯坦、伊朗、埃及、阿尔及利亚、俄罗斯等国家和地区

★大理泰兴实业有限公司
地址：云南省大理市泰安路泰兴市场
邮编：671000
电话：0872/2120303
传真：2120304
网址：www.dltxsy.com
电子信箱：dltxsy@126.com
单位人数：450
质量体系：QS 9000、ISO/TS 16949
产品情况：（云岭牌）
内燃机铝活塞，年生产规模200万只

★楚雄活塞销有限公司
地址：云南省楚雄市开发区乡镇企业园
邮编：675000
电话：0878/8989027
传真：8989027
网址：www.cxhsx.com
电子信箱：sales@cxhsx.com
质量体系：ISO/TS 16949
产品情况：（山茶牌）
缸径在200mm以内的国内外各型内燃机活塞销500万件，轴销类配件100万件
配套及出口情况：与昆明云内、广西玉柴、成都云内、四川峨柴、一汽红塔、力帆骏马等多家国内知名主机厂配套；出口美国、日本、德国、俄罗斯、澳大利亚、东南亚等国家和地区

贵州省

★贵州贵航汽车零部件永红散热器公司
地址：贵阳市小河区清水江路1号
邮编：550009
电话：0851/83830265、83831307
传真：83831872
网址：www.yhcooler.com
电子信箱：wangw5273@yhcooler.com
质量体系：ISO/TS 16949、ISO 14001
产品情况：散热器、汽车中冷器、汽车油冷器、汽车暖风散热器、汽车蒸发器、摩托车水、油散热器、汽车鼓暖风机总成、工程机械类散热器、工业及汽车冷凝器等
配套情况：为上汽大众、一汽－大众、南京依维柯、上汽商用车、上汽通用五菱、北京汽车、江铃汽车、湖南猎豹、长安汽车、力帆汽车、长城汽车、比亚迪、美国福特、哈雷摩托、意大利比亚乔摩托、艾默生网络能源、ASETEK等国内外公司原厂配套

★贵阳白云合金熔铸厂
地址：贵阳市白云区白云南路
邮编：550014
电话：0851/84485612
传真：84601700
质量体系：ISO 9001
产品情况：S195曲轴、汽车发动机曲轴

★贵州安吉有色铸造有限责任公司
地址：贵州省安顺市16号信箱
邮编：561003
电话：0851/32208023、32208431
传真：32208003
网址：www.gzaj.com.cn
电子信箱：ajysgs@126.com
质量体系：ISO/TS 16949、QS 9000
产品情况：汽车缸盖、进气歧管和工程机械发动机缸盖
配套情况：为上汽通用、上汽大众、南京依维柯配套

★贵州航天南海科技有限责任公司
地址：贵州省遵义市大连路江南航天高科技工业园区
邮编：563000
电话：0851/28613002
网址：www.gzhtnh.com
电子信箱：kaihong888－@tom.com
质量体系：ISO 9001、ISO/TS 16949
产品情况：汽车散热器和中冷器等
配套情况：为一汽通用红塔云南、重庆力帆、云南洱源骏马集团、重庆长安跨越、四川王牌、江南奥拓等配套

陕西省

★西安康明斯发动机有限公司
地址：西安市经济技术开发区泾渭工业园西金路18号
邮编：710200
电话：029/68932188
传真：68932021
网址：www.xcec.com.cn
电子信箱：svc05@cummins.com
质量体系：ISO/TS 16949
产品情况：康明斯ISM系列11L全电控重型柴油发动机
配套情况：为陕汽、红岩、福田、华菱、金龙、宇通、安凯、江淮、中通、徐工等中国知名货车、客车、工程机械企业供货

★陕西德仕汽车部件（集团）有限公司
地址：西安市经济技术开发区泾渭工业园泾诚路中段8号
邮编：710201
电话：029/86957313
传真：86957366
网址：www.sqdsbj.com
电子信箱：deshibangongshi@sxqc.com
质量体系：ISO/TS 16949
产品情况：汽车零部件生产、专用车生产、重型货车轮毂生产、汽车灯具、储气筒及汽车电子电器生产；零部件年配套能力达15万辆份，年产各类专用车5000辆份
配套情况：为各重型商用车企业配套

◉ 陕西北方动力有限责任公司
地址：陕西省宝鸡市陈仓区李家崖
邮编：721300
电话：0917/6296865、6239000
传真：6296065
网址：www.norincogroup.com.cn
电子信箱：gsbgs@sndc.com.cn
法人代表：吴浙
负责人：张宏伟
质量体系：ISO/TS 16949、GJB 9001A
产品情况：（北动牌、北方动力牌、SNDC牌）
德国道依茨413F、513系列风冷柴油机及曲轴、凸轮轴、缸盖、箱体、各种泵滤的科研开发、生产、销售及售后服务等；产品涉及柴油发动机及其零部件、汽车零部件等
配套及出口情况：发动机曲轴箱主要配套重庆科克、无锡开普动力、无锡动力等公司；发动机凸轮轴主要配套重庆康明斯、山西柴油机等公司；发动机曲轴主要配套河北华北柴油机、德国BF公司；汽车冲压件、锻件、焊接件主要配套法士特集团、陕汽集团等公司；泵滤主要配套特种车辆，特种工程机械等；出口德国、美国

★陕西同创华亨散热器装置有限公司
地址：陕西省岐山县蔡家坡经济开发区蔡五路南段98号
邮编：722405
电话：0917/8935518、8935528
传真：8935555
网址：www.shxhh.cn
质量体系：ISO 9001
产品情况：铝制钎焊散热器、中冷器、冷凝器、蒸发器等
配套情况：部分产品为国内厂家OEM

配套

甘肃省

★天水腾跃活塞汽修有限公司
地址：甘肃省天水市秦州区东十里工业示范园区
邮编：741000
电话：0938/8389992、8389963
传真：8389674
电子信箱：yqtsfwz@163.com
产品情况：（秦州牌）
　各种铝活塞、汽车大修理业务
配套情况：为一汽集团等主机厂配套

青海省

★青海洁神曲轴有限责任公司
地址：西宁市城北区二十里铺镇金溢路银羚大街
邮编：810021
电话：0971/6274014
传真：6272292
电子信箱：jsqzzzxs@163.com
质量体系：ISO 9001
产品情况：（QTP 牌、洁神牌）
　东风公司 6BT、EQD180 - 10 等锻钢、球铁曲轴，东风朝柴 CY4150、LR6105、CY6102BQ 锻钢曲轴等
配套及出口情况：为朝柴、东风汽车公司、锡柴、哈飞汽车、长安汽车、潍柴、一拖、江拖、北内配套；出口东南亚、美国、欧洲

底盘零部件生产企业

• 查询导引 •

企业详细介绍

230 中信戴卡股份有限公司
238 长春一汽富晟集团有限公司
243 上海汇众萨克斯减振器有限公司
244 泰乐玛汽车制动系统(上海)有限公司
248 上海汽车制动系统有限公司
254 博世汽车部件(苏州)有限公司
261 浙江亚太机电股份有限公司
276 西格迈股份有限公司
278 浙江中马传动股份有限公司
296 浙江稳达减振器有限公司
317 山东万达宝通轮胎有限公司
322 隆基集团有限公司
336 湖北三环离合器有限公司
341 东风汽车车轮有限公司
358 四川川南减震器集团有限公司
359 四川绵阳三力股份有限公司
360 宜宾三江机械有限责任公司

底盘零部件生产企业

北京市(221) 天津市(223) 河北省(224) 山西省(232) 内蒙古(233) 辽宁省(233) 吉林省(237) 黑龙江省(242) 上海市(242) 江苏省(248) 浙江省(259) 安徽省(299) 福建省(305) 江西省(310)
山东省(312) 河南省(328) 湖北省(333) 湖南省(343) 广东省(344) 广 西(350) 重庆市(351) 四川省(356) 云南省(360) 贵州省(360) 陕西省(360) 宁 夏(362) 新 疆(362)

☞ 企业如有变更,请与编辑部联系 ☎ 010/68426043、68420981

北京市

★北京柯布克科技开发有限公司
地址:北京市朝阳区京顺东街 6 号 18 楼 1—101
邮编:100015
电话:010/84306768
传真:84306719、84306718
电子信箱:corpco@ corpco - china. com
质量体系:ISO 9001
产品情况:空气悬架,年产 3 万套
配套情况:为厦门金龙、厦门金旅、苏州金龙、安凯汽车、金华尼奥普兰、陕汽集团、川汽、北奔重汽、扬州通华等供货

★北京市双桥汽车齿轮厂
地址:北京市朝阳区豆各庄乡马家湾村
邮编:100023
电话:010/67371657
传真:67376912
产品情况:(青松牌)
各种轻型汽车变速器总成及差减速器总成
配套情况:为北旅、北轻汽、北京齿轮总厂、江西赣州齿轮厂等配套

★北京环驰车桥厂
地址:北京市朝阳区广渠东路半壁店
邮编:100023
电话:010/67717189、67717188
传真:67717189
电子信箱:huanchi@ huanchi. net
质量体系:QS 9000、ISO 9001
产品情况:各种轻型客货车、越野车及电动车前后桥总成、主减速器总成等及相关汽车零部件
配套情况:为一汽海马、五十铃 N 系列等配套

★中国公路车辆机械有限公司
地址:北京市朝阳区十八里店吕家营 9 - 2 号东
邮编:100023
电话:010/87697556、87694703
传真:87695292
电子信箱:rababj@ china. com
质量体系:ISO 9000
产品情况:汽车空气悬架系统,商用汽车零部件,兼营汽车底盘
配套及出口情况:为客车、货车企业的首选配套总成;远销美国、法国、日本、意大利、中东、东欧、东南亚、非洲

★北京艾思吉汽车制动泵有限责任公司
地址:北京市朝阳区双桥农场重兴寺南
邮编:100024
电话:010/65486568、65730366
传真:65730396
质量体系:ISO/TS 16949
产品情况:(双桥牌)
真空助力器、制动泵、阀类
配套情况:为凯马汽车公司等企业配套

★北京建东车桥有限公司
地址:北京市朝阳区京通快速路南侧四惠桥东 200 米
邮编:100025
电话:010/61420226、61435081
传真:61420226
网址:www. bjjdcq. com
电子信箱:2220001618@ qq. com
质量体系:ISO/TS 16949

产品情况:各种轻型汽车和农用车汽车前后桥总成,以四驱前桥为本厂主导产品
配套情况:为多家主机厂配套

◉ 北京京西重工有限公司

地址:北京市石景山区石景山路31号盛景国际大厦C座7层
邮编:100039
电话:010/57537358
传真:57537313
网址:www. bwigroup. com
法人代表:韩庆
单位人数:4200
质量体系:ISO/TS 16949
产品情况:(BWI牌)
磁流变减振器、主动式稳定杆、ABS、ESC、制动盘、制动鼓、转向节等
配套情况:为奥迪、宝马、通用、捷豹、路虎、法拉利、一汽-大众等配套

★北京瑞韩恩梯恩汽车部件有限公司

地址:北京市通州区光机电一体化产业基地
邮编:101111
电话:010/69507324
传真:69507294
网址:www. ntn. com. cn
电子信箱:cuifenghua17@ hotmail. com
产品情况:(NTN牌)
等速万向节
配套情况:为北京现代配套

★北京现代摩比斯变速器有限公司

地址:北京市通州区中关村科技园光机电一体化产业基地嘉创路2号
邮编:101111
电话:010/51652212
传真:69500814
网址:www. mobis. co. kr
质量体系:ISO/TS 16949
产品情况:手动、自动汽车变速器,年产能力20万台;其他汽车零部件
配套情况:为北京现代、东风悦达起亚配套

★北京星火环宇汽车制动泵有限公司

地址:北京市通州区漷县镇军庄
邮编:101112
电话:010/80590913、80590926
传真:80599535
网址:www. bj - huanyu. com
电子信箱:dige@ bj - huanyu. com
法人代表:邓松涛
质量体系:QS 9000、ISO 9000
产品情况:(迪鸽牌)
汽车制动泵和真空助力器,具有年产60万只制动泵和15万只真空助力器的生产能力
配套情况:为多家汽车整车厂配套

★北京永信发谷汽车部件有限公司

地址:北京市平谷区兴谷工业开发区M2-6号
邮编:101200
电话:010/69959810
传真:89991459
产品情况:转向助力泵
配套情况:为北京现代、上汽通用、东风悦达起亚、长安福特、长安马自达、长城汽车等供货

★北京停易制动器有限公司

地址:北京市平谷区兴谷经济开发区M2-5区3号厂房
邮编:101200
电话:010/89985533
传真:89985533
网址:www. tingyibraking. com
电子信箱:wangzhongbo1984@ 163. com
单位人数:180
质量体系:ISO 9001
产品情况:(停易牌)
可调节膜片式制动气室,电动车助力转向油泵,电动车集电器以及停易柔性鼓式制动器

★北京日进汽车系统有限公司

地址:北京市平谷区兴谷开发区兴谷西路15号
邮编:101200
电话:010/69950805
传真:69950689
电子信箱:lilianwang123@ 126. com
产品情况:转向节总成、底盘总成、飞轮、车门限位器、球头销等
配套情况:为北京现代、东风悦达起亚配套

★北京和承阿仁艾汽车配件有限公司

地址:北京市平谷区兴谷开发区平瑞街19号
邮编:101299
电话:010/89986221
传真:89986002
网址:www. hsrna. com
电子信箱:beijinghecheng@ 126. com
产品情况:汽车制动器总成、专用高强度紧固件、密封件、油压管、软管及其他汽车零部件
配套情况:为北京现代配套

★北京北汽兴华汽车弹簧有限公司

地址:北京市顺义区李桥镇张辛庄村北
邮编:101300
电话:010/89427716
传真:89427716
网址:www. bhap. com. cn
电子信箱:bqxh_2007@ 126. com
产品情况:汽车板簧,年产40000t
配套情况:为北汽福田、北汽制造、长城汽车、河北中兴等汽车主机厂供货

★布雷博(中国)制动系统有限公司

地址:北京市顺义区仁和地区双河路北侧
邮编:101300
电话:010/89401868
传真:89401869
网址:www. brembo. com
质量体系:ISO 9001
产品情况:汽车制动系统(盘式制动器总成、制动盘、制动片)
出口情况:以出口为主,年出口额达3000万美元

★北京亚太汽车底盘系统有限公司

地址:北京市顺义区铁匠营村西后沙峪段14号
邮编:101318
电话:010/80493503、80477632
传真:80493102
网址:www. bhap. com. cn
产品情况:鼓式制动器总成、驻车制动器总成、制动踏板总成等
配套情况:为北京奔驰、北汽福田、北汽有限、沈阳中顺等配套

★北京金利旺达汽车配件有限公司

地址:北京市怀柔区开放路80-3号
邮编:101400
电话:010/51590939
传真:89680688-802
电子信箱:llm1974@ 163. com
质量体系:ISO/TS 16949
产品情况:汽车离合器
配套情况:与北汽福田,云内,大运,全柴等厂家长期配套

★北京昌平北方汽车弹簧厂

地址:北京市昌平区马池口
邮编:102200
电话:010/60774210、60771643
传真:60771643、60772457
电子信箱:mck_leaf - spring@ vip. 163. com
质量体系:ISO 9001
产品情况:(京腾牌)
汽车板簧,年产量达3万t
配套及出口情况:为福田汽车配套;出口美国、加拿大等国家

★北京首钢红冶钢厂汽车板簧分厂

地址:北京市昌平区昌平火车站西
邮编:102249
电话:010/60756714、60756466
传真:60756441、60756484
网址:www. hongyeweb. com. cn
电子信箱:zjg928@ sohu. com
质量体系:ISO 9001
产品情况:汽车钢板弹簧
出口情况:红冶钢材出口日本、韩国、中东、英国、德国等国家和地区,红冶板簧出口美国、加拿大等国家

★北京首创轮胎有限责任公司

地址:北京市房山区城关街道顾八路二区1号
邮编:102400
电话:010/81306066
传真:81306088
网址:www. capitaltyre. com
电子信箱:zonghebu@ capitaltyre. com

质量体系:ISO/TS 16949、ISO 9001
产品情况:(京轮牌、盾牌、奥特嘉牌、BCT 牌)
子午胎、斜交胎,年产能力为 710 万条
配套情况:为一汽集团、南京依维柯、跃进轻型汽车、天汽、哈飞汽车、昌河铃木、上汽通用五菱、重汽集团、亚星客车、华晨金杯、陕汽集团、北汽福田、北奔重汽、重庆五十铃等配套

★北京市进联汽车刹车泵有限责任公司
地址:北京市房山区琉璃河地区平各庄
邮编:102403
电话:010/89381386、13381222870
传真:89383734
网址:www.bjjlgs.com
电子信箱:jinlianzhidong@126.com
质量体系:ISO/TS 16949、QS 9000
产品情况:各种制动总泵、制动分泵、离合器总泵、离合器分泵、真空储气筒、气制动阀、弹簧制动室、制动踏板支架、离合踏板支架
配套情况:主要向比亚迪、吉利、夏利、力帆等国内汽车厂配套

天津市

★天津国际联合轮胎橡胶股份有限公司
地址:天津市河西区东江道 50 号
邮编:300220
电话:022/28041218、23022730
传真:28041353
网址:www.tutrictire.com
电子信箱:tutric@public.tpt.tj.cn
质量体系:ISO 9001
产品情况:(天力牌)
装载机胎、自卸车胎、农业胎等工程轮胎、特种轮胎
出口情况:远销北美洲、南美洲、欧洲、大洋洲、中东、东南亚等 30 多个国家和地区

★天津丰田汽车锻造部件有限公司
地址:天津市东丽区经济开发区三经路三纬路
邮编:300300
电话:022/24995151
传真:24997373
网址:www.toyota.com.cn
质量体系:ISO/TS 16949、ISO 9001
产品情况:等速万向节用锻造毛坯,年产能力 120 万台;曲轴锻造毛坯,年产能力 40 万台;前桥轮毂
配套情况:为天津一汽夏利配套

★天津丰津汽车传动部件有限公司
地址:天津市东丽区先锋东路 81 号
邮编:300300
电话:022/24997777
传真:24990338
网址:www.toyota.com.cn
质量体系:ISO 9000、ISO 14001
产品情况:等速万向节、传动轴、前桥、后桥、差速器、转向管柱,等速万向节年产能力 60 万台
配套情况:为天津一汽夏利、天津一汽丰田等配套

★东海橡塑模具(天津)有限公司
地址:天津市津南经济开发区聚英路 6 号
邮编:300350
电话:022/88518088
传真:88518266
网址:www.tokai.co.jp
电子信箱:tjs42291@sina.com
产品情况:汽车减振器和胶管

★环宇东海橡塑(天津)有限公司
地址:天津市津南区小站镇荣盛路 2 号
邮编:300353
电话:022/88635522
传真:88636655
电子信箱:tianjie@htrcn.com
产品情况:汽车用减振器及相关产品

★天津客车桥有限公司
地址:天津市华苑产业园区(环外)海泰大道 1 号
邮编:300381
电话:022/23792037、23792208
传真:23792037
电子信箱:kecheqiao@kecheqiao.com
质量体系:ISO/TS 16949、QS 9000
产品情况:夏利前桥总成;NBC 前、后桥总成;威志 V2、V5 前桥总成;丰田威驰前制动钳总成;海狮系列制动钳总成;一汽森雅转向节及出口美国各种转向节等产品
配套情况:主要顾客:天津一汽夏利、一汽丰田、一汽吉林、沈阳华晨汽车、美国 DORMAN 公司

★捷太格特汽车部件(天津)有限公司
地址:天津市西青开发区兴华二支路 16 号
邮编:300385
电话:022/83989580
传真:83963686
网址:www.jtekt.com.cn
电子信箱:account@toyoda-tatj.com.cn
董事长:上川正树
负责人:吉田幹浩
产品情况:(KOYO 牌)
汽车助力转向油泵、驱动轴以及转向机的生产制造
配套情况:为丰田系列轿车配套

★普利司通(天津)轮胎有限公司
地址:天津市北辰区引河桥北铁道东
邮编:300400
电话:022/26881111
传真:26974024
网址:www.bridgestone.com.cn
电子信箱:bstj@bridgestonetj.com
质量体系:ISO 9002、ISO 14001
产品情况:(普利司通牌)
乘用车、轻型载货汽车的中高档子午线轮胎,年产能力 900 万条
配套情况:为广汽本田的雅阁、奥德赛、飞度,天津一汽丰田的威驰,天津一汽夏利的威姿、雅酷,天津天津一汽华利的特锐,郑州日产的帕拉丁,长城赛弗等配套

★爱德克斯(天津)汽车零部件有限公司
地址:天津市高新技术产业园区北辰科技工业园华盉道 26 号
邮编:300402
电话:022/86993688
传真:86993206
网址:www.advics.co.jp
法人代表:浅野 裕昭
产品情况:盘式制动器卡钳、制动助力器/制动总泵、驻车制动器
配套情况:为天津一汽丰田、天津丰津汽车传动部件、一汽轿车、东风汽车有限、东南(福建)汽车、天津一汽夏利汽车、爱德克斯(广州)汽车零部件等配套

★锦湖轮胎(天津)有限公司
地址:天津市经济技术开发区中南二街 333 号
邮编:300457
电话:022/59825555、66320899
传真:66320899
网址:www.kumhotire.com.cn
质量体系:ISO/TS 16949、ISO 14001
产品情况:子午线轮胎,年产 700 万套

★勤威(天津)工业有限公司
地址:天津市经济技术开发区西区光华街 55 号
邮编:300462
电话:022/66320600
传真:66320620
质量体系:ISO/TS 16949、ISO 14001
产品情况:汽车制动盘等铸铁制品

★天津中星汽车零部件有限公司
地址:天津市经济技术开发区西区新业二街 89 号
邮编:300462
电话:022/59825980
传真:59825983
网址:www.chkk.co.jp
电子信箱:weijuan_zhao@tzxcn.net
单位人数:55
产品情况:汽车底盘产品(稳定杆、行李舱扭杆)
配套情况:为天津一汽丰田、天津一汽夏利配套

★天津艾达自动变速器有限公司
地址:天津市经济技术开发区西区新业六街 9 号
邮编:300462
电话:022/66320110
传真:66320133
网址:www.tianjin-aw.com.cn
负责人:元田 昌志
单位人数:400

质量体系:ISO 14001
产品情况:前置后驱6速自动变速器
配套情况:为一汽集团、天津一汽丰田配套

★天津汇丰汽车部件有限公司
地址:天津市经济技术开发区西区新业七街19号
邮编:300462
电话:022/66320950
传真:66320956
电子信箱:tj－huifeng@163.com
质量体系:ISO/TS 16949、ISO 14001
产品情况:汽车制动软管,年配套生产能力50万辆

★天津天德减震器有限公司
地址:天津市汉沽区新开北路5号
邮编:300480
电话:022/25694471
传真:25692333
网址:www.tdssc.com
电子信箱:xsb@tdssc.com
负责人:张洪彬
单位人数:313
质量体系:ISO/TS 16949、ISO 14001
产品情况:(飞字牌)
轿车、微型车、轻型车和重型车减振器,年产能350万支
配套情况:主要为上汽通用、郑州日产、天津一汽、上汽通用五菱、长城汽车、吉利汽车、重庆力帆、哈飞、伊朗德塔米克斯、瑞典斯堪尼亚等国内外汽车厂家配套

★天津天海同步科技股份有限公司
地址:天津市静海经济开发区金海道5号
邮编:301600
电话:022/68681588、18622158160
传真:68688816
网址:www.tanhas.com
电子信箱:bgs@tanhas.com
董事长:吕超
负责人:张学泽
质量体系:ISO/TS 16949、ISO 14001
产品情况:(天鸿牌)
轿车、微型车、轻型车、中型车、重型载货汽车等多种型号同步器
配套情况:是博格华纳、ZF、格特拉克、大众、唐山爱信、长安铃木、约翰迪尔、伊顿、纽荷兰、爱科、岱摩斯、东风日产、长城汽车、吉利汽车、重庆力帆、华泰汽车、盛瑞传动、福田雷沃、一汽、意大利卡拉罗、比亚迪汽车、杭州依维柯、南京依维柯、南车时代、北京汽车的定点传动产品生产单位,为国内外50多家变速器主机厂配套

★万都(天津)汽车零部件有限公司
地址:天津市武清区逸仙科学工业园亨远路20号
邮编:301726
电话:022/82170666、82103114
传真:82102144
网址:www.mando.com
产品情况:制动钳、制动盘、转向节、轴承盖等汽车铸造件
配套情况:为北京现代、东风悦达起亚、上汽通用、长安汽车、哈飞汽车、奇瑞汽车、昌河汽车、庆铃集团等配套

★天津市金稳通车轮有限公司
地址:天津市蓟县经济开发区龙泉路2号
邮编:301914
电话:022/59130288、13803067389
传真:59130288
质量体系:ISO 9001
产品情况:(稳通牌、祥云王牌)
型钢钢圈、无内胎钢圈
配套及出口情况:为一汽、东风、山东、河北及东北地区多个车辆生产厂家提供配套产品;远销东南亚地区

河北省

★石家庄鹿鼎汽车部件有限公司
地址:河北省鹿泉市铜冶镇
邮编:050221
电话:0311/82130555、82130777
传真:82139998
网址:www.land－d.com
电子信箱:info@land－d.com
质量体系:ISO/TS 16949
产品情况:(鹿鼎牌)
年生产挂车车轴20000余根、铸钢牵引座5000余台、各种冲压和铸造悬架5000余套

★石家庄奥通机械设备制造有限公司
地址:河北省鹿泉市铜冶镇工业区
邮编:050221
电话:0311/82137988、18631152666
传真:82232666
网址:www.aotocz.cn
电子信箱:aotocz@aotocz.cn
质量体系:ISO/TS 16949
产品情况:半挂车车轴及德式、美式等车轴的零部件;年产车轴3.5万根、单点悬架3000余套、机械悬架2000余套、空气悬架2000余套
出口情况:出口国外市场

★石家庄市龙马铸造有限公司
地址:河北省鹿泉市铜冶镇南铜冶
邮编:050221
电话:0311/82237235、82239567
传真:82237490、82130000
电子信箱:info@road－master.cn
质量体系:ISO/TS 16949、ISO 9002
产品情况:车桥制动支架、半挂车悬架、空气悬架、汽车拖车配件、传动叉、各种精密铸钢件、齿轮、集装箱锁具、铸钢牵引座等铸件

★石家庄佳信汽车制动系统有限公司
地址:河北省辛集市经济开发区工业路
邮编:052360
电话:0311/83213339、83222309
传真:83222309
网址:www.jxzd.com.cn
电子信箱:jxzd83213339@163.com
单位人数:230
质量体系:ISO 9001
产品情况:真空助力器带泵总成、电动真空泵制动系统、比例阀、冲压件、橡胶件、塑料件等
配套及出口情况:90%的产品为汽车、电动车、新能源汽车等主机厂配套;部分产品出口

★河北踏岳车桥集团有限公司
地址:河北省辛集市迎宾路北段
邮编:052360
电话:0311/83380520
产品情况:汽车车桥及车桥零部件
配套情况:为北汽福田、保定长城汽车、沈阳金杯车辆、海马汽车等配套

★河北普泰机械制造有限公司
地址:河北省衡水市广川开发区
邮编:053000
电话:0318/4439979、4438979
传真:4439919
网址:www.zg－yz.com
电子信箱:zg@zg－yz.com
单位人数:23
质量体系:ISO 9001
产品情况:挂车悬架配件、汽车配件等铸钢件
配套及出口情况:为中集集团、重汽集团、北汽福田、中通集团、中国兵器集团等配套;部分产品出口

★衡水格林铸鑫科技有限责任公司
地址:河北省衡水市桃城区格林科技园
邮编:053000
电话:0318/2989959、2822345
传真:2989961、2821234
电子信箱:gct68@vip.163.com
质量体系:ISO/TS 16949
产品情况:制动盘、制动鼓、制动钳体、钳体支架、转向节、曲轴、曲轴箱、缸体、飞轮、皮带轮、轮毂、离合器压盘等
配套及出口情况:客户主要有意大利菲亚特、德国宝马、美国通用、日本丰田等;远销北美洲、西欧等地区,出口量达80%以上

★冀州市金星橡胶制品有限责任公司
地址:河北省冀州市长安东路800号
邮编:053200
电话:0318/8638566
传真:8638599
网址:www.jxrubber.com
电子信箱:jxrubber@126.com
单位人数:120
质量体系:ISO/TS 16949、ISO 9001
产品情况:(金星牌)
汽车液压制动软管及总成
出口情况:远销北美洲、亚太、中东、欧洲等十几个国家和地区

★河北春风铸造有限责任公司
地址:河北省冀州市西环北路东侧
邮编:053200
电话:0318/8686302
传真:8686458
网址:www.chunfenggroup.com
电子信箱:cfzz@sina.com
董事长:曹宝华(董事长)
质量体系:ISO/TS 16949
产品情况:转向节、飞轮、制动盘、减速器壳体、制动蹄铁、制动钳体、桥壳、减速器壳、差速器壳体等铸件,具有年产各类铸件5万多t、优质球墨铸铁50万t的生产能力
配套情况:为一汽集团、北京奔驰、长城汽车、奇瑞汽车、美国通用、德国宝马等配套

★景县丰源制管有限公司
地址:河北省景县钻井路钻井西巷9号
邮编:053500
电话:0318/7765866
电子信箱:fengyuanzhiguan@163.com
产品情况:(奥迅牌)
微型车和解放系列离合器从动盘总成
配套及出口情况:为一汽集团配套;出口欧洲、美洲、东南亚

★河北程杰汽车转向机制造有限公司
地址:河北省安平县东工业园区
邮编:053600
电话:0318/7738888、7736118
传真:7738988
网址:www.hbchengjie.com
电子信箱:cjxiaoshoubu@hbchengjie.com
质量体系:ISO/TS 16949
产品情况:(程杰牌)
动力/机械循环球转向器、转向操纵机构总成等
配套情况:为一汽集团、东风汽车公司、江淮汽车、沈阳金杯、北汽福田、山东轻骑、山东凯马、山东五征、山东时风等配套

★河北宇龙传动轴有限公司
地址:河北省安平县工业园东区
邮编:053600
电话:0318/7738999、7737999
传真:7737548
网址:www.ylcdz.com
电子信箱:yulong@ylcdz.com
质量体系:ISO/TS 16949
产品情况:汽车传动轴,年产100万支以上
配套情况:为金杯、天津一汽夏利、奥拓、保定天马、保定大迪、新凯汽车、北汽福田、曙光汽车、吉奥汽车、长安客车、上海万丰汽车等配套

★衡水市潴龙万向有限公司
地址:河北省衡水市安平县北郭村开发区
邮编:053600
电话:0318/7738288、7737288
传真:7737399
网址:www.apyeliouheqi.com
电子信箱:zhulong@china.com
质量体系:ISO 9001
产品情况:(潴龙牌)
汽车万向节总成、冷却水泵总成

★衡水金衡汽车减震器制造有限公司
地址:河北省衡水市安平县马店工业区
邮编:053600
电话:0318/7736168
传真:7739599
网址:www.hsjhautoparts.com
电子信箱:first@hsjhautoparts.com
质量体系:ISO 9001
产品情况:减振器
出口情况:远销俄罗斯、中东、东南亚、北非等多个国家和地区

★衡水华建机械配件有限公司
地址:河北省衡水市安平县马店镇
邮编:053600
电话:0318/7737675
传真:7738188
质量体系:ISO 9001
产品情况:(华建牌)
汽车转向拉杆总成、发动机硅油风扇离合器
配套情况:为多家车桥厂配套

★河北鲸龙汽配有限公司
地址:河北省衡水市安平县马店工业区
邮编:053602
电话:0318/7737666、7736188
传真:7735222
网址:www.hbjinglong.com
电子信箱:jinglong@hbjinglong.com
单位人数:480
质量体系:ISO 9001
产品情况:(鲸龙牌)
汽车转向器
配套情况:为农用车配套

★河北星月制动元件有限公司
地址:河北省故城县青年街北段
邮编:053800
电话:0318/5391888、18730899120
传真:5322705
网址:www.hbxingyue.com
电子信箱:waimaobu@hbxingyue.com
质量体系:ISO/TS 16949、ISO 9002
产品情况:(星月牌)
鼓式制动蹄、盘式制动片、制动器总成
配套情况:为一汽小解放、夏利、松花江、金杯海狮、佳宝、马自达、嘉陵、铃木等配套

★深州市恒泰汽车配件有限公司
地址:河北省深州市东沿湾工业区
邮编:053861
电话:0318/3588358
传真:3589788
网址:www.hebei-hengtai.com
电子信箱:hengtai@hebei-hengtai.com
单位人数:220
质量体系:ISO 9001
产品情况:聚氨酯、ABS、改性聚丙烯、高压聚乙烯、工程聚丙为主要原材料的多种性能的转向盘及各种性能的聚氨酯发泡制品和各种塑料制品
配套情况:与一汽集团、吉林轻型、福田集团、保定长城、保定中兴、河北长安等多家公司配套

★衡水神通汽车方向盘有限公司
地址:河北省深州市马兰井工业区
邮编:053873
电话:0318/7037888、13831826866
传真:3282168
网址:www.hebeishentong.com
电子信箱:hebeishentong@163.com
单位人数:160
质量体系:ISO/TS 16949
产品情况:(深通牌)
转向盘、遮阳板、拉手、手柄球、注塑件等
配套情况:主要客户有:中兴、江淮、北奔、北汽、中通、华泰现代、东安黑豹、长丰猎豹、江铃、一拖、临工等

★河北博陵摩擦材料有限公司
地址:河北省深州市王家井镇石德铁路王家井站北
邮编:053873
电话:0318/3465720、3466166
传真:3460966
网址:www.hebeibl.com
电子信箱:hebeibl@03188.net
质量体系:ISO 9001
产品情况:各种型号中央制动器总成、摩擦片、冲压件、铸件,具有年产20万台套中央制动器、200万片摩擦片和5000t铸件的生产能力
配套情况:为东风汽车公司、福田、轻骑、一汽长春齿轮箱厂、山东临工桥箱、时风集团、杭州杭挂机电、洛阳一拖等国内知名企业配套

★饶阳县京联机械制造有限公司
地址:河北省衡水市饶阳县五公工业开发区
邮编:053900
电话:0318/7461330、13833847015
传真:7463556
网址:www.hbjljx.com.cn
电子信箱:bobolll@163.com
质量体系:ISO 9001
产品情况:齿轮等
配套及出口情况:为约翰·迪尔天拖、北京齿轮总厂、北京博格华纳传动器等企业配套;出口印度、德国等国家

★邢台市康辉汽车配件厂
地址:河北省邢台市桥南大郭293号
邮编:054000
电话:0319/2679885、13703199446
传真:2623084

网址:www. th815. com
电子信箱:shw@ th815. com
质量体系:ISO 9001
产品情况:中、重型汽车离合器压盘、飞轮组件、分离轴承等

★清河县中盛汽车零部件有限公司
地址:河北省邢台市清河县城关工业园18号
邮编:054800
电话:0319/8052888
传真:8052777
电子信箱:zhongshengqi@ 126. com
质量体系:ISO/TS 16949
产品情况:轿车发动机悬置、变速器悬置、金属橡胶减振器、塑料橡胶减振器、橡胶减振器减振胶套、防尘套等产品
配套及出口情况:为一汽轿车、庆铃汽车配套;出口欧洲、非洲、中东等十几个国家和地区

★河北清河科超汽车配件有限公司
地址:河北省清河县王官庄工业区
邮编:054802
电话:0319/8139870、8139871
传真:8139871
网址:www. kingsuper. cn
电子信箱:kf@ kingsuper. cn
质量体系:QS 9000、ISO 9001
产品情况:汽车变速操纵器、离合器拉线、换挡软轴(推拉软轴)、拉线、橡胶件及小电器等

★河北亿泰克轴承有限公司
地址:河北省临西县运河工业区
邮编:054901
电话:0319/8543333
传真:8543456
网址:www. etkbearing. com
电子信箱:ceo@ etkbearing. com
质量体系:ISO 9001
产品情况:(ETK 牌)
　　轴承、液压件、液压阀、链式开合机构等
配套情况:为多个主机厂配套

★河北鑫隆铸造有限公司
地址:河北省邢台市任县光明街
邮编:055150
电话:0319/7517858
传真:7517920
网址:www. hbxlzz. com
电子信箱:lyzlj2002@ hotmail. com
单位人数:160
质量体系:ISO 9001
产品情况:制动鼓、轮毂,年产 5000t
出口情况:远销海外市场

★邢台市凯力德机械制造有限公司
地址:河北省邢台市西刘工业区 8 号
邮编:055153
电话:0319/7565114
传真:7639996
网址:www. kailide. com. cn
电子信箱:yuxiang@ kailide. com. cn
单位人数:120
质量体系:ISO 9001
产品情况:(凯力德(KLD)牌)
　　摩托车减振器,年产 200 万支;汽车减振器,年产 50 万支;摩托车制动蹄块
出口情况:出口非洲、中东、南美洲、东南亚等地区

★河北省隆尧县固城汽车配件厂
地址:河北省固城汽配工业区 2 号
邮编:055350
电话:0319/6781999、6605185
传真:6785105
网址:www. hbgcqp. com
电子信箱:hbgcqp@ 163. com
质量体系:ISO/TS 16949
产品情况:制动鼓、制动蹄、轮毂
配套及出口情况:与东风德纳、湖北三环、山东富华等车桥生产厂家合作;远销东南亚、俄罗斯、日本、加拿大、美国等国家和地区

★隆尧鑫远重汽配件有限公司
地址:河北省隆尧县固城汽配工业园区1号
邮编:055350
电话:0319/6786668
传真:6787878
质量体系:ISO 9001
产品情况:(翼鑫远牌)
　　汽车制动鼓、轮毂等

★河北省隆尧县宝琛汽车配件厂
地址:河北省隆尧县固城镇工业园区 5 号
邮编:055350
电话:0319/6785371、15833610182
传真:6780068
网址:www. bchqp. com
电子信箱:bchqp@ 163. com
质量体系:ISO 9001
产品情况:(宝琛牌)
　　汽车制动鼓和轮毂
配套及出口情况:为一汽集团、东风汽车公司等配套;部分产品出口

★隆尧县固城汽车联营附件厂
地址:河北省隆尧县固城镇工业园区西10 号
邮编:055350
电话:0319/6785530、13931950269
传真:6787666
网址:www. shachegu. cc
电子信箱:cqh@ shachegu. com
董事长:曹群华
负责人:曹会超
质量体系:ISO 9001
产品情况:(毕升牌)
　　各种轮毂、制动鼓
配套情况:为多家底盘车桥厂配套

★河北百龙汽车配件制造有限公司
地址:河北省隆尧县固城镇孟村工业园区
邮编:055350
电话:0319/6506688、15833659718
传真:6506166
网址:www. hebeibailong. com
电子信箱:bailongzyf@ 163. com
单位人数:480
质量体系:ISO 9001
产品情况:(百龙牌)
　　年产汽车制动鼓、轮毂铸件 35 万件、2 万余 t
配套及出口情况:与国内东风德纳车桥、东风柳汽、湖北三环车桥、一汽青岛车桥、畅丰车桥等大型车桥企业建立合作关系;出口美国、德国、荷兰、俄罗斯、中东、东南亚等国家和地区

★河北安鼓机械制造(集团)有限公司
地址:河北省隆尧县固城镇配件工业区北 1000 米
邮编:055350
电话:0319/6785118、6786188
传真:6786066
网址:www. hbag. cn
电子信箱:zwag@ sina. com
单位人数:400
质量体系:ISO 9001
产品情况:(安鼓(AG)牌)
　　制动鼓、轮毂、车桥、制动盘、蹄铁,年产能力 4 万 t
配套及出口情况:与北京公交总公司、北汽福田欧曼、龙岩畅丰车桥、山东机器(集团)、上海公交等大型集团公司建立了长期稳定的合作关系;部分产品远销美国、德国、意大利、新加坡、马来西亚、荷兰、阿联酋、俄罗斯等 20 多个国家

★隆尧县隆固汽车配件厂
地址:河北省隆尧县固城镇汽车配件工业园区
邮编:055350
电话:0319/6785211、13930905055
传真:6785211
网址:www. lgqp. com. cn
电子信箱:hblgqp@ 163. com
单位人数:570
产品情况:年产制动鼓 1. 5 万 t、轮毂 0. 5万 t、总成类 5 万套
出口情况:远销美国、俄罗斯、加拿大、意大利、匈牙利、埃及、乌克兰、坦桑尼亚、马来西亚、波兰、西班牙、尼日利亚、新加坡、韩国、越南、印度、泰国、阿拉伯等 60 多个国家

★河北省隆尧县翔宇汽车配件厂
地址:河北省隆尧县固城镇汽配工业园区
邮编:055350
电话:0319/6788788
传真:6780666
质量体系:ISO 9001
产品情况:半挂车、全挂车制动鼓、轮毂等

★邢台众力汽车配套有限公司
地址:河北省新河县城内新辛路西

邮编:055650
电话:0319/4845873、4841873
传真:4845077
网址:www.xtzhongli.com
电子信箱:zl@xtzhongli.com
单位人数:280
质量体系:ISO/TS 16949
产品情况:汽车车桥零部件,年产能力30万台重型桥件、50万台中轻桥件
配套情况:主要为一汽解放、重汽桥箱、陕汽汉德、青岛青特、广西方盛、安徽华菱等国内大型汽车车桥厂配套

★新河县龙驰汽车部件制造有限公司
地址:河北省新河县郜宋工业区
邮编:055650
电话:0319/4845645、13780593608
传真:4845125
网址:www.hblongchi.com
电子信箱:444785191@qq.com
质量体系:ISO 9001
产品情况:(新星牌)
调整垫、半轴齿轮垫、行星齿轮垫、锁止件、防尘盖等汽车车桥零部件
配套情况:为一汽集团、东风汽车公司、青特、北汽福田、丹东黄海、重汽集团等配套

★河北省永年县精良贸易有限公司
地址:河北省邯郸市永年高新区健康街北
邮编:057150
电话:0310/6656998
传真:6883978
网址:www.jlgs.net
电子信箱:Jingliang0310@163.com
单位人数:160
质量体系:ISO/TS 16949
产品情况:(精良牌)
各种制动盘、制动鼓、轮毂等汽车零部件
配套及出口情况:配套与众多大型重点企业、军工企业、轿车厂、整车厂;出口德国、美国、俄罗斯、欧洲、东南亚等多个国家和地区

★河北省永年县施庄综合修配厂
地址:河北省永年县施庄富强路
邮编:057150
电话:0310/5135719、15333105319
传真:6603076
网址:www.ynxpc.com
电子信箱:business@ynxpc.com
质量体系:ISO 9001
产品情况:各种挂车转盘、重型车轮毂、制动鼓及底盘配件
配套及出口情况:是国内各大型车辆和车桥企业的重要配套企业;出口欧洲、美洲、南美洲、东南亚等地区

★河北省沧县恒通汽车配件厂
地址:河北省沧州市沧县皂坡东门外1号
邮编:061000
电话:0317/4802158
传真:4808499
电子信箱:sales@hengtongauto.com
质量体系:ISO 9001
产品情况:减振器冲压件、制动器操纵杆、斯太尔天窗盖冲压件、保险杠支架、制动泵端盖、蓄电池支架、张紧轮、后桥壳等冲压件
配套及出口情况:为一汽集团、东风汽车公司配套;部分产品出口

★沧州飞驰汽车附件有限公司
地址:河北省沧州市郭庄工业区
邮编:061000
电话:0317/4452898
传真:4451898
网址:www.hbcz-fc.com
电子信箱:czfc5560@163.com
质量体系:ISO 9001
产品情况:各种车轮平衡块
配套及出口情况:为长城汽车、福田汽车、金龙汽车等众多汽车厂配套;远销欧洲、美洲、日本、韩国等国家和地区

★沧州富华铸业有限公司
地址:河北省沧州市南十公里104国道东侧张官屯工业园区
邮编:061000
电话:0317/4710828
传真:4710858
电子信箱:jinguowang0779@163.com
质量体系:ISO 9001
产品情况:中、重型汽车离合器压盘、汽车变速器部件等
配套及出口情况:为一汽集团、北京现代配套;出口德国、法国、西班牙、俄罗斯等国家

★沧州海润机械制造有限公司
地址:河北省沧州市杜林工业园区
邮编:061020
电话:0317/4940166
传真:4940223
电子信箱:czhrjx@126.com
质量体系:ISO 9001
产品情况:主齿凸缘盘、凸缘、制动器、后桥盖、锁片等,年产值5000多万元
配套情况:为多家汽车制造厂配套

★河北天马交通机械制造有限公司
地址:河北省沧州市皂坡工业区88号
邮编:061022
电话:0317/4813777、4800888
传真:4800888
网址:www.hbtma.com
电子信箱:sale@hbtma.com
质量体系:ISO 9001
产品情况:(天翼马牌)
汽车底盘件、空滤底盖、减振器支架、横梁、油箱支架、防尘套等
配套及出口情况:为一汽集团、东风汽车公司、重汽集团配套;部分产品出口

★沧县胜利汽车配件厂
地址:河北省沧县李天木乡皂坡工业开发区
邮编:061024
电话:0317/4839666、13832710078
传真:4802057
电子信箱:slqipei@slqipei.com
质量体系:ISO 9001
产品情况:变速座、加速踏板总成、脚踏圈、离合器拨叉、转向器锁母、变速器托架、拉杆卡子、传动轴吊架、冲压件
配套情况:为河北宇康、长征汽车、河北程杰、河北宇龙等配套

★沧州纳川机械配件有限公司
地址:河北省沧州市沧东工业园区黄河路2号
邮编:061024
电话:0317/4906111、4906999
传真:4802729、4906888
网址:www.ncjx.net
电子信箱:liuzhenjun106@163.com
质量体系:ISO 9001
产品情况:(东神牌)
载货汽车前桥、后桥、减速器总成、整车底盘、冲压件、轮胎升降器、挂车铰链、紧绳器等各种汽车配件
配套及出口情况:与东风集团德纳车桥、重汽集团客车、重汽集团零部件、山西大运重卡集团、山西中信车桥、成都三环车桥及沈阳海帝升等多家公司建立了长期合作关系;出口东南亚、欧洲、美洲等地区

★沧州市鑫业汽车配件有限公司
地址:河北省沧州市沧县皂坡工业区188号
邮编:061024
电话:0317/4800188、4808188
传真:4802055
网址:www.czxinye.com
电子信箱:xinyeqipei@163.com
质量体系:QS 9000
产品情况:(鑫业牌)
一汽、东风、斯太尔、欧曼等系列元宝梁、散热器、雾灯支架、减振器支架、后桥壳盖、平衡轴盖、变速器上盖、制动盘、挡尘盘、保险杠、储气罐、脚踏板、挡泥板等
配套情况:为一汽集团、东风汽车公司、重汽集团配套

★沧州华建工程机械有限公司
地址:河北省沧州市皂坡工业区88号
邮编:061024
电话:0317/4802336
传真:4808211
电子信箱:czhjjx@126.com
产品情况:制动器、后桥壳盖、垫片、车厢门锁、合页、备胎吊架等
配套情况:为山东山工机械、山东德州生建机械厂、保定大迪、肥城云宇工程机械、肥城金城车桥等配套

★沧州龙翔机械有限公司
地址:河北省沧州市皂坡工业园
邮编:061024

电话:0317/4808898、18631776109
传真:4802720
网址:www.czslxjx.com
电子信箱:czlxjx@126.com
负责人:王瑞峰
单位人数:100
质量体系:ISO/TS 16949
产品情况:汽车车桥焊接件、底盘冲压件、车身件
配套情况:为大迪汽车集团、天马汽车集团、新凯汽车集团、万向钱潮、包头北奔、陕西大运、陕汽集团、曙光集团、青特集团、英田集团等十几家企业配套

★沧县四通汽车配件有限公司
地址:河北省沧州市皂坡站前1号
邮编:061024
电话:0317/4829999
传真:4802035
质量体系:ISO 9001
产品情况:(四通牌)
汽车变速器摇臂、变速器侧盖、后桥壳盖、贯屋桥壳盖、轮毂盖、轴头盖、挡泥板、挡油盘、制动盘、大小侧板、悬梁、脚踏圈、塞片、垫圈等
配套情况:为湖北十堰成庆工贸、山东临工桥箱、山东临沂罗塔特汽车齿轮、广东何氏协力机械、山东德州齿轮配套

★河北兴浦汽车制动器有限公司
地址:河北省沧州市沧县纸房头工业区
邮编:061026
电话:0317/4048282、4958895
传真:4958895
网址:www.hbxingpu.com
电子信箱:vacuumbooster@hbxingpu.com
单位人数:300
质量体系:ISO/TS 16949
产品情况:(星普牌)
制动片、总泵、助力器
配套及出口情况:为美日汽车、时风集团等配套;80%的产品远销美洲、欧洲、东南亚50多个国家和地区

★沧州德圣汽车配件有限公司
地址:河北省沧州市沧县杜林镇
邮编:061028
电话:0317/4042118、4942488
传真:4941085
网址:www.czqichefujian.com
电子信箱:dulingifu@126.com
单位人数:180
质量体系:ISO 9001
产品情况:(沧州杜林牌)
制动器、分离叉、球形支柱、减振器轴、钢板销、二轴凸缘、后桥凸缘、货厢锁扣等
配套情况:主要配套厂家有:一汽哈尔滨轻型车厂、一汽解放、一汽轻型车厂、北汽福田、山东时风集团、北京汽车、沈阳金杯车辆、日照金通车辆、合肥车桥等厂家

★河北之良汽车配件制造有限公司
地址:河北省黄骅市常郭镇之良工业园
邮编:061112
电话:0317/5621138
传真:5965779
电子信箱:hhmzl@163.com
质量体系:ISO/TS 16949
产品情况:(之良牌)
无油摆式空压机、汽车双腔弹簧制动气室、单腔制动气室、汽车备胎升降器、半挂车支撑等
出口情况:远销美国等国家

★河北士达齿轮有限责任公司
地址:河北省南皮县城北工业园区
邮编:061500
电话:0317/8565002、8565006
传真:8565004
网址:www.hbtjcl.com
电子信箱:china@hbtjcl.com
质量体系:ISO 9001
产品情况:汽车变速器齿轮、农机齿轮等,年产能力500万件
配套情况:为一汽集团、莱动、陕西法士特齿轮、徐州美驰车桥、山东山工机械、山东山推集团等配套

★南皮县伟达五金制造有限公司
地址:河北省南皮县大树金开发区
邮编:061500
电话:0317/8796152、8798158
传真:8798158
网址:www.hbwdwj.com
电子信箱:czzbz@126.com
质量体系:ISO 9001
产品情况:制动片附件和制动系统冲压件
出口情况:出口欧洲、美国、中南美洲等国家和地区

★沧州盛世伟业汽车附件有限公司
地址:河北省沧州市献县郭庄镇孔庄工业区
邮编:062254
电话:0317/2049866、13833970978
传真:2049688
网址:www.ssqp.net
电子信箱:info@ssqcpi.com
质量体系:ISO/TS 16949
产品情况:各种类型、材质平衡块、车轮平衡块、气门嘴、胶条、胶片、车轮维修工具等轮胎用品
配套及出口情况:为一汽青岛、北汽福田、厦门金龙、金旅、苏州金龙、宇通、北京现代、合肥安凯、陕汽、正兴钢圈等汽车制造厂和车轮厂配套;远销德国、英国、西班牙、葡萄牙、智利、俄罗斯、美国、加拿大、日本、新加坡、印度尼西亚、南非、中东等国家和地区,并销往中国台湾地区

★河北泛亚平衡块有限公司
地址:河北省沧州献县垒头乡黄于村
邮编:062255
电话:0311/85939575、13933004411
传真:85939575
网址:www.hbphk.org
电子信箱:wheelweights@hxphk.com
质量体系:ISO 9001
产品情况:平衡块,月产量60万块
配套及出口情况:为5家大中型汽车制造企业配套;远销北美洲、西欧、中南亚、中东等地区

★河北雅佳驰汽车零部件制造有限公司
地址:河北省河间米各庄新区
邮编:062450
电话:0317/3806189
传真:3195488
电子信箱:sales@akaic.com
质量体系:ISO/TS 16949
产品情况:离合器片、压盘、空气滤清器(滤芯)、传动轴、U型螺栓、润滑油
配套及出口情况:为一汽、东风汽车、重汽、江淮等配套;出口日本、欧盟、非洲、东南亚等国家和地区

★华存离合器有限公司
地址:河北省河间市行别营开发区286号
邮编:062450
电话:0317/3899322、3760286
传真:3760300
电子信箱:hjhuacun@163.com
质量体系:ISO/TS 16949
产品情况:离合器从动盘、压盘及盖总成

★河北双虎车业配件有限公司
地址:河北省河间市北石槽后羊店工业园
邮编:062453
电话:0317/3831187、13832700769
传真:3837137
网址:www.shcy168.cn
电子信箱:shcy168@126.com
单位人数:400
质量体系:ISO 9001
产品情况:年生产能力制动蹄块480万付,前后制动器总成500万套
出口情况:出口越南、韩国、印度等国家

★河间市刘氏兄弟板簧附件有限公司
地址:河北省河间市米西路14号
邮编:062453
电话:0317/3821766、3829088
传真:3829988
网址:www.liushixiongdi.com
电子信箱:kefu@liushixiongdi.com
单位人数:100
质量体系:ISO 9001
产品情况:(LS牌)
板簧生产需要的所有附件、黎刀生产专用模具、汽车制动器总成及制动蹄片
配套及出口情况:为一汽、沈阳金杯、山东凯马、北汽福田、山东时风、跃进、重汽、哈轻、长轻、上汽等十几个汽车厂配套;出口东南亚、中东等地区

★河北春发汽车零部件有限公司
地址:河北省河间市米各庄汽配城4街西
邮编:062454
电话:0317/3808600
传真:3802310
网址:www.hb-chunfa.com
电子信箱:chunfa@hb-chunfa.com
董事长(负责人):董纪春
单位人数:200
质量体系:ISO 9001
产品情况:(春发牌)
传动轴及其零部件

★河北劲速车轮有限公司
地址:河北省河间市米各庄汽配市场西二街西头
邮编:062454
电话:0317/3808928
传真:3802395
网址:www.jinsu.cn
电子信箱:jinsu@163.com
单位人数:800
质量体系:ISO 9002
产品情况:(劲速牌、泰钢牌、泰燊牌)
各类车轮
配套情况:为东风汽车公司、三菱、重汽集团、陕汽集团、重庆重汽、北京奔驰等配套

★河北精轴传动轴厂
地址:河北省河间市米各庄镇华北汽配城西侧
邮编:062454
电话:0317/3808111
传真:3197197
电子信箱:ok@hbjingzhou.com
质量体系:ISO 9001
产品情况:汽车传动轴总成和传动轴零部件,离合器片

★河间市德茂车辆离合器厂
地址:河北省河间市行别营工业区
邮编:062454
电话:0317/3893766
传真:3891450
电子信箱:zrs-511@163.com
质量体系:ISO/TS 16949
产品情况:(德茂牌)
160~330等汽车离合器从动盘总成和离合器盖总成
配套及出口情况:为北汽福田、云内、大运等配套;远销东南亚、中东、俄罗斯等国家和地区

★唐山长丰齿轮厂
地址:河北省唐山市高新技术开发区大庆道副104号
邮编:063000
电话:0315/3858787、1863157458
传真:3858759
电子信箱:fanshuq.66@163.com
质量体系:ISO 9001
产品情况:汽车变速器总成,变速器齿轮及齿轮轴
配套及出口情况:为大型国内齿轮厂配套;出口南非、中东、南美洲市场

★唐山齿轮集团有限公司
地址:河北省唐山市开发区火炬路206号
邮编:063020
电话:0315/5929001、5929082
传真:5929119
网址:www.tscl.com.cn
质量体系:ISO/TS 16949
产品情况:汽车变速器及其零部件、分动器、专用汽车、工程齿轮、减速机等

★唐山通力齿轮有限公司
地址:河北省唐山市开发区火炬路206号
邮编:063020
电话:0315/5925858、5925890
传真:5925868
网址:www.tcgear.com.cn
电子信箱:tsuf@tcgear.com.cn
单位人数:1000
质量体系:ISO/TS 16949
产品情况:越野车和中高档SUV变速器;产能10万台
配套及出口情况:客户主要为北京汽车制造厂、郑州日产汽车、河北中兴汽车;每年向阿联酋、南非、马来西亚等国家出口200多万美元的汽车变速器总成

★唐山龙润机械有限公司
地址:河北省唐山市丰润区林荫东路29号
邮编:063030
电话:0315/3226022
传真:3226021
网址:www.lrjx.net
电子信箱:admin@lrjx.net
单位人数:180
质量体系:ISO/TS 16949
产品情况:轻型、微型、轿车变速器叉轴
配套情况:主要产品配套车型有天津丰田花冠、威驰、四川丰田考斯特、沈阳金杯(海狮、阁瑞斯)、郑州日产(SUV)、福建东南得利卡等

★唐山爱信齿轮有限责任公司
地址:河北省唐山市丰润区幸福道48号
邮编:063033
电话:0315/3086218
传真:3242352
电子信箱:admin@tagc.com.cn
质量体系:ISO/TS 16949、ISO 9001
产品情况:(TAGC牌)
FR型变速器:5M系列、038系列、035系列、G(Y)系列、R04系列;FF型变速器:F041A系列、C系列、037系列
配套情况:为天津一汽丰田、四川一汽丰田、华晨金杯、长城汽车、东南汽车、北京奔驰、郑州日产、北汽福田、东风柳汽、广汽三菱、北京汽车等供货

★唐山丞起汽车零部件有限公司
地址:河北省乐亭县富强街127号
邮编:063600
电话:0315/4690773、4690712
传真:4690713
网址:www.tschengqi.com
电子信箱:hbxd6699@sina.com
单位人数:230
质量体系:ISO/TS 16949
产品情况:汽车变速器壳体、冲压件、汽车塑料燃油箱、发动机隔板、进气歧管等
配套情况:为哈飞中意、天津一汽夏利、一汽伊顿变速器、长城汽车等配套

★唐山爱特精密机器制造有限公司
地址:河北省唐山市丰润区韩城镇南外环路
邮编:064002
电话:0315/5525988
传真:5528768
网址:www.aitgear.com
电子信箱:yangguoxin@vip.163.com
质量体系:ISO 9001
产品情况:轻型客车、皮卡、SUV、商务车的变速器总成及配件,以及能够自动转移扭矩的螺旋齿限滑差速器
配套及出口情况:与唐山爱信齿轮、上海汽车齿轮合作;出口日本、澳大利亚、南非、泰国、中东、南美洲等国家和地区

★玉田县恒通弹簧减震器有限公司
地址:河北省玉田县兴玉工业区
邮编:064100
电话:0315/6106835
传真:6162286
网址:www.thth.cn
电子信箱:zghtth@vip.163.com
质量体系:ISO/TS 16949、ISO 9001
产品情况:(恒通牌)
汽车悬架弹簧、单体液压支柱复位拉簧、各种机械弹簧

★亚新科美联制动技术(廊坊)有限公司
地址:河北省廊坊市安次工业园安中路2号北区
邮编:065000
电话:0316/7161861、7161862
网址:www.asimco-lf.com
电子信箱:info@asimco-lf.com
单位人数:525
质量体系:ISO/TS 16949、ISO 14001
产品情况:(LF牌)
商用车空压机和制动系统,以及轿车制动器零件,其中,年产车用空压机120万台,轿车制动件700余万件
配套情况:主要客户为潍柴、玉柴、东风康明斯、锡柴、卡特彼勒、大柴、朝柴等30多家发动机厂,轿车制动件是一汽-大众的A级供应商

★河北前锋机器有限责任公司
地址:河北省廊坊市建设南路319号
邮编:065000
电话:0316/2665858、2663655
传真:2666813
电子信箱:qfgs@qfgs.com.cn
质量体系:ISO/TS 16949、ISO 9001

产品情况:各类车用扭杆弹簧、稳定杆、推力杆等底盘零部件,专用车辆液压油缸等
配套情况:为华晨金杯、北方奔驰、长城、福田、曙光、金龙、金旅、一汽、上汽、东风、北汽、长安、宇通、江淮等20多家汽车主机厂配套

★廊坊市恒鑫泵业有限公司
地址:河北省廊坊市解放道桑园路
邮编:065000
电话:0316/2051651、2037157
传真:2037157
电子信箱:lfhxby@163.com
质量体系:ISO/TS 16949
产品情况:各种汽车、工业机械空压机及配件,适配于玉柴、上柴、锡柴、朝柴、康明斯等发动机
配套情况:为潍柴、渭柴、华柴、洛拖、天拖等发动机厂配套

★廊坊开发区康太斯空压机有限公司
地址:河北省廊坊市开发区创业路89号
邮编:065000
电话:0316/6088888
传真:6066209
质量体系:ISO/TS 16949、ISO 9001
产品情况:(巨牛牌)
　　各类中重型载货汽车、大型轿车制动空压机
配套情况:为东风康明斯、天津珀金斯、玉柴动力、宇通客车、华菱汽车配套

★河北廊坊兰海特种气泵厂
地址:河北省廊坊市龙河高新产业区天高道
邮编:065000
电话:0316/2574724、2666658
传真:2660161
网址:www.lhqb.com
电子信箱:lanhaiqb@126.com
质量体系:ISO 9001
产品情况:进口、国产特种汽车、工程车等空压机
配套及出口情况:为廊坊美联配套;出口斯里兰卡

★卢卡斯伟利达廊重制动器有限公司
地址:河北省廊坊市经济技术开发区祥云道16号
邮编:065001
电话:0316/6073182、6080612
传真:6073108
质量体系:ISO/TS 16949
产品情况:汽车前/后制动钳总成、盘式制动器总成

★廊坊市众柴车用空压机有限公司
地址:河北省廊坊市安次区工业园
邮编:065099
电话:0316/2577862
传真:2577863
电子信箱:1500180821@qq.com
质量体系:ISO 9001
产品情况:车用空压机、电动汽车空压机

★三河市精益机械制造有限公司
地址:河北省三河市李旗庄工业园区
邮编:065206
电话:0316/3450483、3457093
传真:3450807
网址:www.cnjingyi.cn
电子信箱:jingyijixie@vip.163.com
负责人:纪志国
单位人数:600
质量体系:ISO/TS 16949
产品情况:混凝土搅拌车拖轮总成及零部件,齿轮箱总成;制动鼓;重型货车减速器壳总成、差速器壳总成、主动锥齿轮轴承座总成(包括中桥、后桥部分、转向节部分和20多种规格型号总成与零部件总成);混凝土搅拌车用减速机总成;457中桥、后桥和军车桥等
配套及出口情况:为第一汽车集团、广西方盛实业配套;远销美国、法国、南非、沙特、西班牙等十几个国家和地区

★香河旭明源汽车配件有限公司
地址:河北省廊坊市香河淑阳镇工业园秀水街南侧
邮编:065400
电话:0316/8580802
传真:8580802
质量体系:ISO/TS 16949、ISO 14001
产品情况:汽车制动盘、蹄铁、铝制品、制动鼓等
出口情况:远销欧洲、美国

★香河凯华齿轮有限公司
地址:河北省廊坊市香河县经济开发区运河大道二号路
邮编:065400
电话:0316/8875658、15030627898
传真:8871068
网址:www.hbkhchilun.com
电子信箱:kh@hbkhchilun.com
单位人数:200
质量体系:ISO/TS 16949
产品情况:齿轮

★香河华美齿轮有限公司
地址:河北省廊坊市香河刘宋工业园
邮编:065403
电话:0316/8691033
传真:8692317
质量体系:ISO 9001
产品情况:各类变速器齿轮与轴类,同步器

★香河海潮制件有限公司
地址:河北省廊坊市香河县五百户镇双安公路北侧
邮编:065404
电话:0316/8591968
传真:8593500
网址:www.xhhcgs.com
产品情况:皮卡、SUV车架,年产能力达到10万台
配套情况:为保定长城、河北中兴、北京汽车制造厂、北汽福田、南海福田、郑州轻型、常州东风、山东华泰、浙江吉奥、四川华瑞集团、天汽美亚等30多个厂家配套

★香河港龙汽车配件制造有限公司
地址:河北省香河县城南五百户镇
邮编:065404
电话:0316/8591241
传真:8591735
产品情况:皮卡、SUV车架总成、副车架、保险杠、仪表台骨架、货厢、燃油箱等
配套情况:为北汽福田、南海福田、涿州新凯、广东福迪、江淮安驰、容城华泰、华泰鄂尔多斯等配套

★廊坊利达弹簧有限公司
地址:河北省大城县大流庄工业区
邮编:065901
电话:0316/5655192、5650666
传真:5506111
电子信箱:lflida@sina.com
质量体系:ISO 9002
产品情况:(青旺牌、正风牌)
　　年产汽车板簧6000余t、车轮50万套
出口情况:部分产品出口

★ 中信戴卡股份有限公司
地址:河北省秦皇岛经济技术开发区龙海道185号
邮编:066011
电话:0335/5358888
传真:5359999、5358564
网址:www.dicastal.com
电子信箱:sales@dicastal.com
法人代表:王炯
负责人:徐佐
单位人数:2000
质量体系:ISO/TS 16949、VDA 6.1
产品情况:(戴卡(Dicastal)牌)
　　汽车铝合金轮毂
配套情况:产品稳固占领国内全部高档汽车市场份额,为一汽奥迪、华晨宝马、北京奔驰、一汽-大众、上汽大众、上汽通用、广汽本田、天津丰田等汽车厂配套。率先进入世界级汽车生产商全球采购体系,为世界排名前12家汽车厂配套,主要供应德国奔驰、宝马、大众、奥迪,法国雷诺,美国通用、福特、克莱斯勒,日本本田、丰田等汽车公司;已形成以欧洲、北美洲、日本为主的三大海外市场体系
☞ 详细情况请参阅彩色宣传版面

★秦皇岛兴龙轮毂有限公司
地址:河北省秦皇岛市开发区黑龙江西道7号
邮编:066004
电话:0335/8016508、8581106

传真:8581105、8581052
网址:www. xlwheels. com. cn
电子信箱:xlwheels@ 163. com
质量体系:ISO/TS 16949、ISO 14001
产品情况:铝合金车轮
配套情况:近95%的产品为OEM产品,主要供应美国、德国、欧洲、日本等国际著名汽车生产厂商,如通用、福特、克莱斯勒、奔驰、宝马、奥迪、丰田、本田等;在国内市场为郑州宇通、东风汽车公司、北汽福田等汽车厂自主设计开发了多种中高档轿车、商用车专用铝合金锻造、铸造车轮

★秦皇岛市吉欧车轮制造有限公司
地址:河北省秦皇岛市山海关区石河桥西300米路北
邮编:066200
电话:0335/5038150、5077567
传真:5038150
质量体系:ISO/TS 16949
产品情况:(吉欧牌)
　　解放、东风、重汽等系列载货汽车车轮总成

★ 立中车轮集团有限公司

地址:河北省保定市七一东路948号
邮编:071000
电话:0312/5997629
传真:5997666
网址:www. lzwheel. com
电子信箱:yanhong@ lzwheel. com
法人代表:臧立根
负责人:藏立中
单位人数:3000
质量体系:ISO/TS 16949、QS 9000
产品情况:(欧马牌、TG牌、AOEM牌)
　　铝合金车轮、车轮模具、轮胎组装等
配套及出口情况:为宝马、菲亚特、克莱斯勒、长城、吉利、丰田、通用、现代、铃木、大发等配套;出口欧洲、美国、日本、韩国、俄罗斯

★保定长城汽车桥业有限公司
地址:河北省保定市太行路39号
邮编:071000
电话:0312/2192980
传真:2192923、2192922
网址:www. gwm. com. cn
电子信箱:gwmqiao@ vip. 163. com
产品情况:汽车车桥
配套情况:为长城汽车独家配套

★保定市格瑞机械有限公司
地址:河北省保定市云杉路126号
邮编:071051
电话:0312/3336869
传真:3336868
网址:www. greatmachinery. com. cn
电子信箱:grjx126@ 126. com
质量体系:ISO/TS 16949、ISO 14001
产品情况:(长城牌)
　　汽车转向、悬架类球铰链总成、一体式摆臂总成,换向器等,年产能力800万套
配套情况:为长城汽车、江淮汽车、比亚迪汽车、北汽福田、九龙汽车等配套

★保定永兴汽车同步器制造有限公司
地址:河北省清苑县石桥乡北石桥
邮编:071100
电话:0312/8041999、8041088
传真:8041868
网址:www. yopul. cn
电子信箱:rgx@ yxjd. com. cn
质量体系:ISO 9001
产品情况:汽车同步器齿环

★安国市佳宇汽车传动轴有限公司
地址:河北省安国市前李街13号
邮编:071200
电话:0312/3419777、3406789
传真:3405326
网址:www. hbjiayu. com
电子信箱:jiayu@ hbjiayu. com
质量体系:ISO 9001
产品情况:(佳宇牌)
　　皮卡SUV、金杯海狮、轻型汽车、农用车、工程机械、农机具等系列传动轴,年产各种传动轴15万余套
配套及出口情况:与多个国内车辆厂建立长期合作关系;远销东南亚地区

★保定建强制动软管有限公司
地址:河北省保定市高阳县于堤工业区春强街4号
邮编:071500
电话:0312/5659835、5659825
传真:5659869
网址:www. cn - jq. com
电子信箱:hebeijianqiang@ 126. com
质量体系:ISO/TS 16949
产品情况:(建强牌、CHAOQIANG牌)
　　汽车、摩托车制动软管及总成
配套情况:为大长江集团、济南轻骑铃木、钱江集团等配套

★保定金龙汽车同步器齿环有限公司
地址:河北省保定市安新县老河头工业区
邮编:071602
电话:0312/5186318、5185198
传真:5189668
电子信箱:baodingjinlong@ 163. com
质量体系:ISO 9001
产品情况:同步器总成、同步器齿环等
配套情况:为东风汽车公司变速器分公司配套

★保定维德汽车铸件有限公司
地址:河北省徐水县复兴西路
邮编:072550
电话:0312/8555777
传真:8555777
网址:www. bdweide. com
电子信箱:yuliyazhang@ bdweide. com
质量体系:ISO/TS 16949
产品情况:中、重型汽车变速器壳体、离合器壳体、变速器上盖、发动机机体等,年铸造能力2万t
配套情况:为法士特、一、二、重汽、天津中德、伊顿及其核心配套生产厂家提供配套服务

★定兴县盛德机械部件有限公司
地址:河北省定兴县朝阳路北侧
邮编:072650
电话:0312/6929978
传真:6929978
电子信箱:bdshde@ hotmail. com
质量体系:ISO/TS 16949、ISO 14001
产品情况:转向拉杆球头销、悬架摆臂球头销、前后稳定连杆球头销、控制臂球销、随动臂总成等
配套情况:为多家整车厂及车桥厂配套生产皮卡、SUV车型的球头销和转向拉杆

★保定华建机械有限公司
地址:河北省定兴县开发区华建路198号
邮编:072650
电话:0312/6925494、6925490
传真:6921522
网址:www. hbj. com. cn
电子信箱:bdhj@ hbj. com. cn
单位人数:1300
质量体系:ISO 9001
产品情况:(华建牌)
　　年产桥壳8万支、半轴50万支
配套情况:为广汽三菱汽车配套桥壳和半轴,为金杯汽车配套桥壳,为长城汽车配套半轴

★耐世特凌云驱动系统(涿州)有限公司
地址:河北省涿州市松林店三义路
邮编:072761
电话:0312/3676551、3676588
网址:www. dsly. cn
电子信箱:hym@ dsly. com. cn
质量体系:ISO/TS 16949、ISO 14001
产品情况:汽车用等速半轴及其零件
配套情况:为一汽集团、上汽大众、天津一汽、一汽 - 大众、长安铃木、昌河铃木、奇瑞汽车、保定长城等供货

★宇鹏汽车拨叉有限公司
地址:河北省定州市仓门口街小学东4排1号
邮编:073000
电话:0312/2391558
传真:2391556
电子信箱:yupeng@ dzyupeng. com
质量体系:QS 9000
产品情况:(宇鹏牌)
　　变速器拨叉、顶盖、叉轴等

★定州市天力钢板弹簧有限公司
地址:河北省定州市叮咛店双天工业园
邮编:073000
电话:0312/2613555、2612777

传真:2612788
电子信箱:a263@263. net
质量体系:ISO 9001
产品情况:(集成牌)
汽车钢板弹簧
配套及出口情况:为奔驰、铁马、五十铃、太脱拉、斯太尔、美国万国、东风、解放等配套;出口阿拉伯、东南亚

★定州市四新工业有限公司
地址:河北省定州市定曲路桥西3号
邮编:073000
电话:0312/2354752、2358202
传真:2352863
网址:www. sixincasting. com
电子信箱:sixin@sixincasting. com
质量体系:ISO/TS 16949、ISO 9001
产品情况:(四新牌)
年产铸钢件2000t、不锈钢及有色金属铸件800t、汽车拨叉100万套
配套及出口情况:主要用户有宝马、韩国起亚、一汽轿车、解放汽车等;不锈钢铸件全部出口欧洲、美国

★河北惠众汽车传动轴制造有限公司
地址:河北省定州市西城区陈庄子村新107国道以北
邮编:073000
电话:0312/2360000、15933320273
传真:2360037
电子信箱:hbhzcdz@126. com
质量体系:ISO 9000
产品情况:(惠传牌)
载货汽车传动轴,年产10万支

★定州市孟生球铁有限公司
地址:河北省定州市西城区韩家洼
邮编:073000
电话:0312/2379478
传真:2379654
网址:www. dzmengsheng. com
电子信箱:hr@dzmengsheng. com
单位人数:300
质量体系:ISO/TS 16949
产品情况:汽车离合器、动力转向器、轿车底盘铸件、制动器、曲轴、齿轮等各种球铁件、合金铸铁件和灰铁件
配套及出口情况:为一汽－大众、北京现代、比亚迪、尼桑、奇瑞、江铃、东风康明斯等提供产品配套;远销美国、德国等国家

★河北新朗玛汽车部件制造有限公司
地址:河北省涞水县冲之大街21号
邮编:074100
电话:0312/4531577
传真:4522496
网址:www. xinfa168. com. cn
电子信箱:xin. fa168@163. com
负责人:张文新
质量体系:ISO 9001
产品情况:汽车制动鼓、前后轮毂、转向节、减速器、差速器
配套情况:为福田轻型货车、一汽小解放、东风小霸王、天津一汽夏利威志等车型配套

★张家口市元强锻压有限公司
地址:河北省张家口市西山产业集聚区煤机路8号
邮编:076250
电话:0313/8341601、5891603
传真:5891601
网址:www. zjkyqdy. com
电子信箱:zduanya@126. com
单位人数:110
质量体系:ISO/TS 16949、ISO 9000
产品情况:重型汽车驱动桥轴头等汽车锻件及其他锻件,年生产能力10000余t
配套情况:为中国一汽集团、东风集团、山东蓬翔汽车、包头北奔重型汽车、山西大同齿轮等配套

山西省

★双喜轮胎工业股份有限公司
地址:太原市清徐县凤仪街9号
邮编:030400
电话:0351/5796799
传真:5796798
网址:www. dhtyre. com
电子信箱:sxlt@dhtyre. com
单位人数:2200
质量体系:ISO/TS 16949
产品情况:(中轮牌、双喜牌、龙城牌、同辉牌)
工程机械轮胎、载货汽车轮胎、工业车辆轮胎、农业轮胎、轿车轮胎等
配套及出口情况:为一汽集团、东风汽车、重汽集团、一汽通用红塔等配套;远销北美洲、南美洲、东南亚、中东等全球50余个国家和地区

★榆次液压集团有限公司
地址:山西省晋中市榆次区经纬路256号
邮编:030600
电话:0354/2425114、2429198
传真:2426111
网址:www. yuciyeya. com. cn
电子信箱:yuyeg@public. yz. cn
单位人数:2300
质量体系:ISO 9000
产品情况:主要产品有高性能液压元件(叶片泵、齿轮泵、液压阀、液压缸、蓄能器等)、各类液压系统和复杂内腔的液压铸件
配套及出口情况:为一汽集团、东风汽车公司、洛拖、宝钢、首钢、吉化、南化、厦工、成工、徐工等厂家配套液压元件及系统产品;出口欧洲、日本、东南亚、中东等国家和地区

★利民精密机械制造有限公司
地址:山西省忻州市108国道547公里处
邮编:034000
电话:0350/2640888
传真:2640088
网址:www. cvj. cn
电子信箱:cvj@cvj. cn
质量体系:ISO/TS 16949
产品情况:汽车球笼式万向节及保持架、星型套、钢球等部件,年产能力保持架100万件以上,星型套100万件以上

★山西汤荣汽车配件制造集团有限公司
地址:山西省侯马市凤雷街168号
邮编:043013
电话:0357/4092233
传真:4092013
网址:www. cnsxtr. com
电子信箱:trxszgs@163. com
董事长:任士有
质量体系:ISO/TS 16949
产品情况:(实优牌)
汽车制动鼓、轮毂、辐轮、内燃机曲轴等
配套情况:与美国凯尔喜、威博、阿文美驰车辆系统、英国克兰、R. O. R公司、澳大利亚马克特恩公司、东风德纳车桥、陕汽集团、一汽底盘、江淮、重汽集团、中集、安凯、丹东黄海、曙光汽车等国内外50多家知名OEM客户建立合作关系;为宇通客车、厦门金龙、安凯、桂林大宇、沈飞、京华客车、上海申沃、中威、黄海客车、亚星、长江、太湖、东风、斯太尔等供货

★山西建邦集团铸造有限公司
地址:山西省侯马市张村工业园
邮编:043400
电话:0357/4062267
传真:4062266
网址:www. sxjbjt. com
电子信箱:liyj@sxjbjt. com
法人代表:吴晓年
单位人数:800
质量体系:ISO 9001
产品情况:(JB牌)
制动鼓等

★中信机电车桥有限责任公司
地址:山西省绛县大交镇续鲁
邮编:043608
电话:0359/6884593
传真:6888226
网址:www. zhxcq. com. cn
电子信箱:wlzx@zhxcq. com
质量体系:ISO/TS 16949
产品情况:(晋南牌)
汽车车桥、离合器、扭杆弹簧、转向节及前轴等;具有年生产重桥10万台,离合器8万台,系列扭杆弹簧8万套的能力
配套情况:为一汽、东风集团、北汽集团、陕汽集团、安徽江淮、郑州宇通、南京依维柯、重庆重汽、三一重工、金龙公司、广西玉柴、北方奔驰等企业配套

★山西华恩机械制造有限公司
地址:山西省临猗县东环南路279号

邮编:044100
电话:0359/4068125、4068099
传真:4068115
网址:www. huaengroup. com. cn
电子信箱:huaen@ vip. 163. com
质量体系:ISO/TS 16949、ISO 9000
产品情况:汽车变速器外壳、上盖、离合器壳、发动机进气歧管、柴油机分动箱等,黑色铸件年产能力3万t,铝合金铸件年产4000t
配套及出口情况:国内供应厂家有陕西法士特、上海纽荷兰、广西玉柴、山东潍柴、徐州工程机械等大型企业;出口美国卡特彼勒、约翰迪尔、纽荷兰、爱科等国际跨国公司

★长治市九鼎汽车配件有限公司
地址:山西省长治市东大街358号
邮编:046000
电话:0355/3080374
传真:3082900、3082460
电子信箱:czqcpic@ 126. com
质量体系:ISO 9001
产品情况:重轻轿车制动器总成及零部件,年铸造能力2万t以上,出口汽车制动鼓、制动盘年产能力达200万件以上
出口情况:汽车制动鼓、制动盘出口美国、加拿大、韩国、澳大利亚、英国等国家

★长治液压有限公司
地址:山西省长治市太行西街52号
邮编:046011
电话:0355/6028281、6028021
传真:6028281
网址:www. changye. net
电子信箱:cywuliu@ 163. com
单位人数:1200
质量体系:ISO/TS 16949
产品情况:(CHANGZIYEYA牌)
汽车转向助力泵(年产能力30万台)、中高压齿轮泵、液压破碎锤、转向齿轮泵、高低压内啮合齿轮泵、摆线齿轮泵、威格斯泵、变量泵、液压油缸和阀以及液压辅件等
配套及出口情况:为玉柴、东风汽车公司、扬柴、一汽集团、沈阳金杯、郑州日产、北汽福田、宁波美日、柳州采埃孚、山推、黄工、内蒙古一机、首钢、鞍钢等配套;单件或随主机出口到东南亚、意大利、德国等20余个国家和地区

★山西益新制动部件有限公司
地址:山西省晋城市泽州路3548号
邮编:048000
电话:0356/2185090
传真:2185090
电子信箱:sxyx@ vip. sina. com
质量体系:ISO/TS 16949
产品情况:(晋摩牌)
20余种汽车制动件
配套情况:为奇瑞、比亚迪F3、北斗星、长安之星、金杯海狮、长城皮卡、广汽三菱、瑞丰配套

★晋城路宝汽车铝部件制造有限公司
地址:山西省晋城市泽州县金村镇东蜀村
邮编:048011
电话:0356/3957111、3957188
传真:3957038
电子信箱:wangchan2006@ 126. com
质量体系:ISO/TS 16949
产品情况:汽车铝合金轮毂

内蒙古

★包头市久力机械制造有限公司
地址:内蒙古包头市青山区装备制造业园区新工路7号
邮编:014030
电话:0472/3391999
传真:3395918
产品情况:球墨铸铁前轮毂、后轮毂、板簧座及支承座等
配套情况:为内蒙古第一机械制造集团、北奔重汽、北方创业股份等配套

★内蒙古一机集团北方实业有限公司
地址:内蒙古包头市青山区民主路北
邮编:014032
电话:0472/3116019、3117080
传真:3116019
电子信箱:bfsyyxb@ 163. com
法人代表:席世军
负责人:张志忠
单位人数:1300
质量体系:ISO/TS 16949
产品情况:(北实牌)
商用车制动器、离合器、车轮、车架及各类冲压结构件
配套情况:主要为北奔重汽、陕汽集团等配套

★内蒙古宏达压铸有限责任公司
地址:内蒙古乌兰浩特市铁西区先锋路15号
邮编:137400
电话:0482/8390735
传真:8390735
网址:www. yazhunm. com. cn
电子信箱:nmghdyz@ 126. com
法人代表(负责人):宋国宏
单位人数:350
质量体系:ISO/TS 16949
产品情况:(内压牌)
变速器前壳体、中间壳体、后壳体、离合器壳体、变速器壳体、防护罩、发电机支架、坐垫骨架、曲后油封支座、同步链罩壳、120上盖等
配套情况:为中国兵器工业集团、中航工业、一汽-大众、上汽大众、大众一汽(大连)发动机、中国重汽、金盛、富奥泵业分公司、延锋伟世通、上汽通用五菱、东安发动机、中国北车、福田汽车、东风汽车等主机厂的定点配套供应商

辽宁省

★沈阳市王玉汽车部件厂
地址:沈阳市铁西新区翟家工业园
邮编:110021
电话:024/86051469
传真:86051562
网址:www. syw888. net
电子信箱:syw800@ sina. com
董事长:王玉
质量体系:ISO 9001
产品情况:汽车制动泵
配套情况:为解放军7407工厂、北汽福田、北京环驰车桥、丹东曙光制动器、解放军7417工厂、一汽富奥制泵分公司、一汽备品资源公司等配套

★沈阳彤福汽车零部件有限公司
地址:沈阳市经济技术开发区民营工业园民旺街2号
邮编:110027
电话:024/23787363
传真:89255626
电子信箱:gaz81033910@ sohu. com
质量体系:ISO/TS 16949
产品情况:脚踏板系列
配套情况:为长城汽车、哈尔滨轻型汽车等配套

★沈阳一东四环离合器有限责任公司
地址:沈阳市皇姑区元江街1号
邮编:110031
电话:024/86871364
传真:86871364、86750452
网址:www. syydsh. com
质量体系:ISO/TS 16949
产品情况:(四环牌)
汽车离合器
配套情况:为沈阳航天三菱4G6系列发动机,江淮汽车、哈尔滨东安汽车发动机、中华汽车、广汽三菱、长城汽车配套

★普利司通(沈阳)钢丝帘线有限公司
地址:沈阳市经济技术开发区十一号路4号
邮编:110035
电话:024/25378700
传真:25378701
网址:www. bridgestone. com. cn
电子信箱:wang_pin@ bridgestoness. com
产品情况:(普利司通牌)
客车及载货汽车用全钢丝载重子午线轮胎

★沈阳金杯华集汽车部件有限公司
地址:沈阳市东陵区榆林大街5-18号
邮编:110045
电话:024/88217017、88217011
传真:88217016
网址:www. hfhuaji. com
电子信箱:rgz33@ sina. com
质量体系:QS 9000
产品情况:(旦牌)

真空助力器及制动总泵
配套情况:为金杯海狮客车配套

★沈阳金亚汽车传动轴有限公司
地址:沈阳市东陵区榆林大街5-19号
邮编:110045
电话:024/88201915
传真:88214828
电子信箱:kitty@shenyang-spicer.com.cn
质量体系:ISO/TS 16949、QS 9000
产品情况:轻型、中型车传动轴总成、后桥半轴、桥管及单件
配套情况:为东南汽车、福建台亚、华晨金杯、河北中兴等配套

★沈阳丰运汽车零部件厂
地址:沈阳市苏家屯区枫杨路163号
邮编:110101
电话:024/89816506、13904051355
传真:89109039
网址:www.syfy55.com
电子信箱:niefeng.fe@126.com
质量体系:ISO 9001
产品情况:(丰运牌)
制动真空助力器、液压制动主缸、轮缸、离合器主缸等,具有年产制动真空助力器50万台,各类液压主缸、轮缸50万只的生产能力
配套情况:为部分整车厂配套

★沈阳林凯汽车制动有限公司
地址:沈阳市沈北新区前进农场
邮编:110121
电话:024/89668119、89668666
传真:89668046、89668040
电子信箱:shenyanglinkai@163.com
质量体系:ISO 9001
产品情况:汽车半轴、真空助力器、离合器总泵、分泵等
配套情况:为一汽哈轻、东风汽车公司、河北中兴、东安黑豹、北汽福田、保定天马、保定大迪、浙江吉奥、台州中能、长丰扬子、沈阳中顺、四川绵阳、无锡跃进等配套

★采埃孚伦福德汽车系统(沈阳)公司
地址:沈阳市经济技术开发区开发大路8甲3号
邮编:110141
电话:024/25376969
传真:25370930
质量体系:ISO/TS 16949
产品情况:(采埃孚伦福德牌)
轿车底盘、前后桥及其他相关底盘部件
配套情况:为华晨宝马配套

★普利司通(沈阳)轮胎有限公司
地址:沈阳市经济技术开发区昆明湖街17号
邮编:110141
电话:024/25816200
传真:25819049、25367756
网址:www.bridgestone.com.cn
质量体系:ISO/TS 16949、ISO 14001
产品情况:(BS牌)
载货汽车、巴士用全钢丝载重子午线轮胎
配套情况:为一汽集团配套

★沈阳金杯恒隆汽车转向系统有限公司
地址:沈阳市经济开发区文海路15号
邮编:110141
电话:024/25377031
传真:25815649
网址:www.chl.com.cn
电子信箱:jbhlrl@163.com
质量体系:ISO/TS 16949、QS 9000
产品情况:转向器、转向助力器等汽车动力转向系统产品
配套情况:为金杯海狮客车配套

★中车集团沈阳汽车车桥制造有限公司
地址:沈阳市于洪区洪汇路226号
邮编:110141
电话:024/85820088
质量体系:ISO/TS 16949
产品情况:(沈舟牌)
轻型汽车车桥,如2032Z1F1前后桥总成、猎豹前后桥总成、1020前后桥总成、6480前悬架总成、CA6480后桥总成、LZ6500后桥总成等;机加工件,如差速器壳、主减速壳、轴承座、转向节、转向臂、球支撑、琵琶式桥壳、拉杆等
配套及出口情况:为沈阳华晨金杯、河北中兴、北京汽车、厦门金龙、江苏九龙、一汽通用等整车装配厂供货;部分产品出口

★沈阳中航飞汽车部件制造有限公司
地址:沈阳市于洪区光辉乡东老边村
邮编:110146
电话:024/89263538
传真:89260099
电子信箱:xiaoshou@zhfbrake.com
质量体系:ISO 9001
产品情况:汽车制动盘、制动鼓、制动钳、摩擦片
配套情况:为华晨金杯、天津一汽丰田、长城汽车、扬子汽车、河北中兴、北汽福田、长安汽车、哈飞汽车等配套

★沈阳金通汽车零部件制造有限公司
地址:沈阳市经济技术开发区冶金七街10号
邮编:110209
电话:024/27791221、27791212
传真:27791212
网址:www.jtqp.cn
电子信箱:office@jtqp.cn
单位人数:230
质量体系:ISO/TS 16949、QS 9000
产品情况:(助安牌)
真空助力器,液压制动主缸、轮缸,离合器主缸、轮缸,比例阀等四大系列
配套及出口情况:主要为华晨金杯、长城汽车、一汽通用、北汽集团、沈阳金杯车辆、中航黑豹、丹东曙光、广汽吉奥等配套;出口东南亚等地区

★辽宁忠相铝业有限公司
地址:辽宁省辽阳市辽阳经济开发区滨河北街16号
邮编:111000
电话:0419/3991888
传真:2283333
网址:www.lnzxly.com
电子信箱:sales@zhongxiangalu.cn
法人代表:周凤亮
单位人数:350
质量体系:ISO/TS 16949、ISO 14001
产品情况:铝合金车轮

★辽阳大乘新华齿轮有限责任公司
地址:辽宁省辽阳市首山镇胜利路18号
邮编:111000
电话:0419/7173298
传真:7173298
质量体系:ISO 9002
产品情况:汽车变速器及其齿轮、轴

★蒂森克虏伯富奥辽阳弹簧有限公司
地址:辽宁省辽阳市双胜路168号
邮编:111000
电话:0419/2190976
传真:2190710
网址:www.fawer.com.cn
质量体系:ISO/TS 16949、ISO 14001
产品情况:螺旋弹簧、稳定杆、扭杆等,具有年产700万只螺旋弹簧、300万只稳定杆、38万只扭杆的生产能力
配套及出口情况:为长春一汽轿车、一汽-大众、上汽大众、华晨宝马、北京奔驰、重庆长安福特、长安马自达、神龙、江淮汽车、长城汽车、华晨汽车、上汽通用等知名厂家提供全系列高级品牌车的悬架配件;出口亚太、东南亚、土耳其等国家和地区

★富奥辽宁汽车弹簧有限公司
地址:辽宁省辽阳市太子河区干渠路82号
邮编:111000
电话:0419/3679111、3679222
传真:3679189
网址:www.fawlt.com
负责人:张宁
质量体系:ISO/TS 16949、QS 9000
产品情况:(向阳牌)
轻、中、重型载货汽车弹簧,客车、轿车及各种挂车弹簧等
配套及出口情况:为一汽解放、北奔重汽、中国重汽、安徽华菱等国内20多家汽车厂配套;部分产品出口中东和欧洲市场

★鞍山太阳锻造实业有限公司
地址:辽宁省鞍山市千山区衡业街9号
邮编:114016
电话:0412/8239428、8214886
传真:8230544
网址:www.atd-forging.com

电子信箱:yrf@ atd - forging. com
董事长:魏诚安
单位人数:500
质量体系:ISO/TS 16949、ISO 9001
产品情况:汽车前轴、连杆、转向节等各类锻件,汽车前轴年产能力 40 万支以上
配套情况:被一汽解放授予质量优胜奖、中国重汽集团授予配套产品优秀供方、东风车桥公司授予开发贡献奖等多项荣誉

★辽宁衡业汽车新材股份有限公司
地址:辽宁省鞍山市千山区衡业街 1 号
邮编:114045
电话:0412/8468958
传真:8468948
网址:www. hywheel. com
电子信箱:hy@ hywheel. com
法人代表:刘景贺
负责人:高海良
单位人数:485
质量体系:ISO 14001、ISO/TS 16949
产品情况:(衡牌)
汽车轮辋型钢、挡圈型钢、汽车轮辐、弹性挡圈、滚行车轮、型钢车轮等
配套及出口情况:为一汽集团、东风汽车、中国重汽、宇通客车、中通客车、亚星客车等配套;出口美国、英国、墨西哥、日本、韩国、印度、越南、印度尼西亚等国家

★营口市熊岳轻型汽车制动泵总厂
地址:辽宁省营口市熊岳西关
邮编:115009
电话:0417/7023663
传真:7195733
质量体系:ISO 9001
产品情况:(红太阳牌)
汽车制动泵

★辽宁省熊岳四通重型车部件厂
地址:辽宁省盖州市陈屯镇和平村
邮编:115226
电话:0417/7152338
传真:7152338
质量体系:ISO 9001
产品情况:重型汽车后悬架总成及部件
配套情况:为一汽集团、东风汽车公司等配套

★大连捷太格特创新汽车部件有限公司
地址:辽宁省大连市经济技术开发区 48 号
邮编:116001
电话:0411/87338570
传真:87338550
电子信箱:shufeng@ toyoda - di. com
产品情况:(捷太格特牌)
汽车用橡胶减振器
配套情况:为北美洲丰田、一汽丰田、哈尔滨东安、上海汽车供货

★大连液压件有限公司
地址:辽宁省大连市经济技术开发区双D港生命二路 9 号
邮编:116033
电话:0411/87556812
传真:87556810
网址:www. chcdl. com
单位人数:170
质量体系:ISO/TS 16949、QS 9000
产品情况:轿车、中、重型货车的汽车液压转向助力泵,中、重型货车用汽车驾驶室翻转装置,液压油缸和液压系统
配套及出口情况:为锡柴、潍柴、大柴、陕汽、中国重汽、一汽解放、东风、北汽欧曼、青汽解放、天津夏利、华菱汽车、江淮汽车等配套;出口国外市场

★大连固特异轮胎有限公司
地址:辽宁省大连市沙河口区石桥街 25 号
邮编:116033
电话:0411/86669999
传真:86661938
网址:www. goodyear. com. cn
质量体系:ISO/TS 16949、QS 9000
产品情况:(GOODYEAR 牌)
轿车、轻型载货汽车子午线轮胎
配套情况:为包括宝马 5 系列、奥迪 A6L、奥迪 A4、大众迈腾、新宝来、本田思域、丰田卡罗拉、马自达 3、福特福克斯两厢/三厢、福特 S - MAX、新蒙迪欧、雪铁龙新标致 307、长城哈弗、长城嘉誉、凯迪拉克 SLS、君悦 Hybrid、名爵 MG TF、名爵 MG 7、荣威 750/550 等多款主流车型配套

★大连正达车轮有限公司
地址:辽宁省大连市甘井子区新水泥路 79 号
邮编:116039
电话:0411/86425588、86427788
传真:86427788
网址:www. zdwheel. com
电子信箱:zd@ zdwheel. com
单位人数:380
质量体系:ISO 9001
产品情况:挡圈型钢年产量 5 万 t,轮辋型钢年产量超过 10 万 t
出口情况:出口东南亚、大洋洲、欧洲、美洲等地区

★大连易斯达汽车转向系统有限公司
地址:辽宁省大连市金州区站前街道友好街 117 号光明工业园
邮编:116100
电话:0411/39979321、18641102454
传真:87685786
网址:www. estonauto. com
电子信箱:liu_w@ estonauto. com
质量体系:ISO/TS 16949
产品情况:液压转向助力泵系列,汽车液压转向机系列,电动助力转向器(EPS)系列

★瓦房店宏达等速万向节制造有限公司
地址:辽宁省瓦房店市北共济街 1 号
邮编:116300
电话:0411/39117201
传真:85517999、85504389
电子信箱:zwzwhccww@ 163. com
质量体系:ISO/TS 16949、ISO 9001
产品情况:球笼式等速万向节和传动轴总成
配套情况:为一汽 CA141K2T5 型越野货车、北汽霸道、南汽军车、江南奥拓、吉利(美日、优利欧、自由舰)轿车、徐工集团工程车等配套

★大连瑞谷科技有限公司
地址:辽宁省瓦房店市兴工大街 1 号
邮编:116300
电话:0411/85570057、85570337
传真:85570057
网址:www. dlruigu. cn
电子信箱:bangongshi@ dlruigu. cn
单位人数:300
质量体系:ISO/TS 16949、ISO 14001
产品情况:汽车转向器、转向油泵,年生产能力 50 万套
配套情况:为一汽哈轻、四川都江堰岷江车辆、四川都江堰巨龙车辆配套

★瓦房店万向锻造有限公司
地址:辽宁省瓦房店市太阳元宝工业园区 A 区
邮编:116323
电话:0411/85366078
传真:85366211
电子信箱:wxdz1992@ 126. com
质量体系:ISO 9001
产品情况:各种规格的万向节、齿轮、轴承套圈的锻件和机械加工件,年产锻件 2 万 t
出口情况:星形齿轮出口日本 KYB 公司,回转轴承套圈出口日本土肥研磨公司,万向节壳体供货瓦轴出口美国、轴承套圈出口韩国

★大连金华齿轮箱制造有限公司
地址:辽宁省瓦房店市杨家满族乡台后工业园区
邮编:116331
电话:0411/85386558
传真:85386557
网址:www. jhclx. com
电子信箱:jinhuachilun@ 163. com
质量体系:ISO 9001
产品情况:齿轮
配套及出口情况:为江苏金湖输油泵公司的提前器配套齿轮,无锡机油泵公司的机油泵、山东隆基三泵公司的气泵配套齿轮,还为滨州海得曲轴、江苏松林曲轴等多家曲轴厂配套曲轴齿轮,同时也成为一汽集团大连柴油机厂、无锡柴油机厂、东风朝阳柴油机厂等国内知名主机厂的间接配套厂家;产品随主机远销 20 多个国家和地区

★丰田工机(大连)有限公司
地址:辽宁省大连市经济技术开发区 46 号
邮编:116600

电话:0411/87334601
传真:87334602
网址:www.toyoda.com.cn
产品情况:(KOYODA 牌)
汽车动力转向系统、驱动零部件、轴承、工作机械(机床)
配套情况:为天津一汽丰田发动机、长春一汽丰田发动机、广汽丰田汽车、哈尔滨东安发动机、哈尔滨东安动力、东风朝阳柴油机、大连柴油机、东风本田、东风日产、东风汽车、重庆秦安机电、潍柴动力、丹东五一八内燃机、无锡利纳马、天津雷沃动力等配套

★三叶电器(大连)有限公司
地址:辽宁省大连市经济技术开发区东北三街31号
邮编:116600
电话:0411/87618667
传真:87618674
网址:www.mitsuba.co.jp
电子信箱:a15140385966@163.com
质量体系:ISO 9001、ISO 14001
产品情况:汽车底盘制动系统、汽车零部件,主要包括:天窗电动机、车窗玻璃升降器、EPS电动机

★美特·捷成汽车系统(大连)有限公司
地址:辽宁省大连市经济技术开发区港兴大街39号12-A
邮编:116600
电话:0411/66779810
传真:66779800
网址:www.mitec-jebsen.com
电子信箱:info@mitec-jebsen.com
法人代表:单诺麟
负责人:王宏
单位人数:208
产品情况:从事汽车平衡轴系统等零部件的研发与生产

★大连海纳汽车零部件有限公司
地址:辽宁省大连市经济技术开发区铁山东路98-13-9
邮编:116600
电话:0411/88014588
传真:87347766
法人代表(负责人):王志伟
单位人数:105
质量体系:ISO/TS 16949
产品情况:转向助力油泵(乘用车、商用车),电子辅助真空泵(乘用车、商用车、纯电动汽车)
配套及出口情况:为东南汽车、厦门金龙、湖南长丰、北京华泰等多家主机厂配套;部分产品直接或间接远销东南亚及欧洲等地区

★大连衡得商用车部件有限公司
地址:辽宁省大连市经济技术开发区48号地汽车零部件工业园
邮编:116620
电话:0411/87964386
传真:87545950、87545922
网址:www.knorr-bremse.com.cn/cn
电子信箱:recruit.dalian@knorr-bremse.com
法人代表(负责人):徐保平
质量体系:ISO/TS 16949、ISO 14001
产品情况:(衡得牌)
硅油减振器

★克诺尔制动系统(大连)有限公司
地址:辽宁省大连市经济技术开发区48号地汽车零部件工业园
邮编:116620
电话:0411/87545903、87545923
传真:87545950、87545954
网址:www.knorr-bremse.com.cn/cn
电子信箱:tinghai.fang@knorr-bremse.com
法人代表(负责人):徐保平
质量体系:ISO/TS 16949、ISO 14001
产品情况:气压盘式制动器、防抱死制动系统、空压机、自动间隙调整臂、制动气室

★大连创新零部件制造公司
地址:辽宁省大连市开发区48号地创新零部件工业园
邮编:116620
电话:0411/875868880、87586869
传真:87338555、87338500
网址:www.innovation-dalian.com
电子信箱:contact@innovation-dalian.com
质量体系:ISO/TS 16949、ISO 14001
产品情况:商用车及乘用车零部件、电动汽车的研发及制造等
配套情况:为德国道依茨、美国康明斯、德国克诺尔、一汽大柴、美国水星、美国伊顿配套

★辽宁曙光车桥有限责任公司
地址:辽宁省丹东市振安区曙光路50号
邮编:118001
电话:0415/4139353
传真:4139203、4142821
网址:www.sgautomotive.com
质量体系:ISO/TS 16949、QS 9000
产品情况:(曙光牌)
车桥
配套情况:为丹东黄海、福田欧V客车、福田欧曼重型货车、厦门金龙、北奔重汽、美国德纳等配套

★丹东市通泰汽车部件有限公司
地址:辽宁省丹东市五龙背镇孙家村3组
邮编:118005
电话:0415/4101727、4109528
传真:4109328
电子信箱:tongtai@tong-tai.cn
质量体系:ISO 9001
产品情况:汽车底盘润滑系统及轻型汽车车架
配套情况:为丹东曙光车桥、长城汽车、保定长城华北汽车、保定大迪等配套生产约40种规格的轻型汽车车架

★辽宁通达轴业有限公司
地址:辽宁省凤城市凤山路123号
邮编:118100
电话:0415/3516879、18941568233
传真:3516879
网址:www.tongdaaxle.com
电子信箱:tongda@tongdaaxle.com
质量体系:ISO/TS 16949、ISO 9001
产品情况:(TONGDA 牌)
全浮式、半浮式后桥半轴
配套情况:为北奔重汽、东风德纳车桥、安徽安凯、福田曙光车桥、济南重汽、中车集团沈阳7407厂、青岛众力车桥等配套

★凤城市曙光汽车半轴有限责任公司
地址:辽宁省凤城市凤山路242号
邮编:118100
电话:0415/8153013、8180140
传真:8153011、8153000
网址:www.sgautomotive.com
电子信箱:sgbz_office@sgautomotive.com
质量体系:ISO/TS 16949、QS 9000
产品情况:轻、中、重型汽车后桥半轴,轿车及轻型车转向节、半轴套管、驱动桥主齿凸缘等
配套情况:为一汽集团、东风汽车公司、南京汽车集团、北京奔驰、五十铃配套

★凤城市时代龙增压器制造有限公司
地址:辽宁省凤城市现代产业园二龙工业园B区
邮编:118100
电话:0415/3512881、3512886
传真:2368866、3512885
网址:www.sdtturbo.com
电子信箱:sales1@sdtturbo.com
质量体系:ISO/TS 16949
产品情况:涡轮增压器
出口情况:远销多个国家和地区

★凤城市万丰增压器有限公司
地址:辽宁省凤城市现代产业园区B区
邮编:118110
电话:0415/3512199、13842521730
传真:3512188
网址:www.wanfengturbo.com
电子信箱:alan@wanfengturbo.com
质量体系:ISO/TS 16949
产品情况:增压器

★丹东市振华橡胶制品有限公司
地址:辽宁省丹东市振兴区汤池镇集贤村大东园5号
邮编:118303
电话:0415/6150058、6252313
传真:6150058
网址:www.zhrubber.com
电子信箱:zhenhuaxiangjiao@chemnet.com
质量体系:ISO 9001
产品情况:专业生产各类橡胶制品、斜胶轮胎、工程车轮胎、汽车配套各种橡胶杂件
配套情况:为丹东黄海配套生产橡胶、

橡塑制品，并开发沈阳华晨金杯、广汽日野、五洲龙汽车、常州黄海汽车、北京北方华德尼奥普兰客车有限公司

★锦州市日兴汽车泵业有限公司
地址：辽宁省锦州市太和区新民乡郭家村
邮编：121001
电话：0416/3493392
传真：3493441
电子信箱：rixing@jzrixing.com
质量体系：ISO 9001
产品情况：汽车转向助力泵
配套情况：为一汽平头柴油汽车、东风康明斯、玉柴柴油发动机、斯太尔系列产品配套生产转向助力泵

★锦州立德减振器有限公司
地址：辽宁省锦州市经济技术开发区渤海大街8-1号
邮编：121007
电话：0416/3588542
传真：3588546
网址：www.wandeauto.com
电子信箱：wu.j@wonderauto.com.cn
质量体系：ISO/TS 16949
产品情况：减振器、汽车悬架用螺旋弹簧、气弹簧
配套情况：为哈飞汽车、吉林汽车、金杯汽车、曙光汽车、长城汽车、中兴汽车、吉利汽车、扬子汽车、东风汽车等10余家汽车生产厂配套

★锦州万友机械部件有限公司
地址：辽宁省锦州市经济技术开发区西海大街万得工业园
邮编：121007
电话：0416/3588530、15841658988
传真：3588530
电子信箱：guo.q@wonderauto.com.cn
法人代表：曾庆东
负责人：任佳平
单位人数：719
质量体系：ISO/TS 16949
产品情况：汽车减振器用活塞杆、汽车起动机、发电机用电机轴、气弹簧、农机用油缸杆
配套情况：为阿文美驰、万都、巴西Cofap、天纳克、比亚迪等供货

★朝阳汽车转向器有限公司
地址：辽宁省朝阳市海河路五段87号
邮编：122000
电话：0421/3393335
传真：3391221
电子信箱：zhang.junyan@163.com
质量体系：ISO/TS 16949、ISO 9001
产品情况：循环球式汽车转向器
配套情况：为26家汽车整车及底盘厂配套

★朝阳浪马轮胎有限责任公司
地址：辽宁省朝阳市龙城区向阳路1号
邮编：122009
电话：0421/3621991、3621990
传真：3621989
网址：www.lmtyre.com
电子信箱：lmsale@lmtyre.com
质量体系：ISO/TS 16949、ISO 9001
产品情况：（路力士牌、新马牌、Longmarch牌、Roadlux牌）
全钢丝载重子午线轮胎，年产能力100万套
配套情况：为东风汽车、北奔重汽、中海物流等配套

★朝阳飞马铸造有限责任公司
地址：辽宁省朝阳市喀左县北公营子大街24号
邮编：122304
电话：0421/4164509
传真：4162582
电子信箱：liujing@trailermaster.com
质量体系：QS 9000
产品情况：汽车制动鼓、轮毂、制动盘

★朝阳飞马车辆设备股份有限公司
地址：辽宁省喀左县公营子工业园区
邮编：122304
电话：0421/7098000、18940544333
网址：www.trailer-master.com
电子信箱：yaorunqin@trailer-master.com
单位人数：2150
质量体系：ISO/TS 16949、QS 9000
产品情况：重型商用车制动鼓、轮毂和制动盘
配套及出口情况：为OEM市场配套；出口美国、英国、意大利、德国、法国、澳大利亚、荷兰、东南亚等40多个国家和地区

★一汽凌源汽车车架制造有限公司
地址：辽宁省凌源市城北街北段91-2号
邮编：122500
电话：0421/6952484
传真：6952062
电子信箱：yiqilingyuan@ejianlong.com
质量体系：ISO/TS 16949、ISO 9001
产品情况：轻、中、重型汽车车架总成及散件；年生产车架总成及散件20万台份
配套情况：主要供应北汽福田欧曼重型汽车厂、北京欧马可轻型汽车厂、包头北奔重型汽车、陕西重型汽车、太原长安重型汽车、沈阳金杯车辆等国内知名汽车生产企业

★阜新恒百达机械有限公司
地址：辽宁省阜新市经济开发区沙海街77号
邮编：123000
电话：0418/6643888、6643898
传真：6643886
网址：www.fxhbdjx.com
电子信箱：ssf621218@163.com
单位人数：120
质量体系：ISO/TS 16949
产品情况：自卸车举升泵、齿轮泵

★阜新北星液压有限公司
地址：辽宁省阜新市开发区机加园路西15路南
邮编：123000
电话：0418/2167111 2168111
传真：2585207
网址：www.bxyy.com.cn
电子信箱：bxyy@163.com
质量体系：ISO 9001
产品情况：高压齿轮油泵、齿轮电动机
配套情况：为一汽六厂、一汽专用车、长春恒力、金优、沈阳铭晨、绥中改装、四平奋进、内蒙亿阳、凌源鸿凌、中集集团、北京和田、福田重机、大迪汽车、天马汽车、山东东岳、泰山五岳、江淮扬天等配套

★辽宁太克液压机械集团有限公司
地址：辽宁省阜新市细河区四合大街44-5号
邮编：123000
电话：0418/2982777
传真：2982777
网址：www.lntaike.com
电子信箱：info@lntaike.com
质量体系：ISO/TS 16949、ISO 9001
产品情况：年产100万台液压泵，具备年产20万台液压泵及5万t铸件的生产能力
配套情况：为长春一汽发动机、一汽锡柴、东风朝柴、山东光明机械、大连叉车、青岛台励福等众多厂商配套

★阜新德尔汽车部件股份有限公司
地址：辽宁省阜新市经济开发区E路55号
邮编：123004
电话：0418/3333377
传真：3311728
网址：www.fzb.com.cn
电子信箱：fzb@fzb.com.cn
单位人数：550
质量体系：ISO/TS 16949、ISO 14001
产品情况：汽车动力转向泵及配套件
配套情况：产品配套于上汽通用五菱、与上汽、一汽、东风、北汽、比亚迪、吉利、江铃、江淮、华晨、海马、力帆、广西玉柴、云内动力、长丰、南骏、大运、王牌等国内主要自主品牌主机厂商建立了长期稳定的合作关系，并进入福特（江铃福特）、通用（上汽通用五菱）、依维柯（上汽依维柯、南京依维柯）、日产（郑州日产汽车有限公司）、马自达（一汽轿车的马自达系列车型）、康明斯（东风康明斯）、采埃孚（上海采埃孚转向系统有限公司）等外资或合资品牌的供应商体系

吉林省

★一汽东机工减振器有限公司
地址：长春市绿园区东风大街5762号
邮编：130001
电话：0431/85751219
传真：85783653
网址：www.faw-tokico.com

电子信箱：master@ faw – tokico. com
单位人数：595
质量体系：ISO/TS 16949、VDA 6.1
产品情况：汽车减振器
配套及出口情况：为一汽集团、一汽－大众、一汽轿车、广汽本田、一汽丰田、奇瑞汽车、一汽海马、华晨金杯等14个整车厂配套；出口美国、新加坡、俄罗斯、中东地区

★长春一汽富晟集团有限公司

地址：长春市汽车产业开发区振兴路593号
邮编：130000
电话：0431/85900386
网址：www. fawsn. com. cn
法人代表：王玉明
产品情况：汽车内外饰产品、汽车电子、转向助力系统、排气系统、起动机、发电机、制动系统、备件物流等
配套情况：配套市场覆盖一汽－大众、一汽轿车、天津一汽、一汽解放、一汽轻型车、北汽集团、沈阳通用等一汽集团市场及东北市场
☞ 详细情况请参阅彩色宣传版面

★一汽光洋转向装置有限公司

地址：长春市东风大街5568号
邮编：130011
电话：0431/85977538
传真：85777421
网址：www. fawer. com. cn
电子信箱：fks@ public. cc. jl. cn
质量体系：VDA 6.1、ISO/TS 16949
产品情况：（FAW－KYO牌）
轿车用齿轮齿条式动力及机械转向器，年产45万套
配套情况：为一汽－大众、一汽轿车、一汽海马、天津一汽、长城汽车、华晨汽车等厂家等配套

★一汽普雷特科技股份有限公司

地址：长春市东风大街一汽一号门内
邮编：130011
电话：0431/85831642、13596178171
网址：www. faw – plate. com. cn
电子信箱：ccyqplatebsx@ sohu. com
质量体系：ISO/TS 16949
产品情况：变速器齿轮加工、变速器总成装配、后桥齿轮、热处理成套设备生产

★长春市国源实业有限责任公司

地址：长春市绿园区创业大街3098号
邮编：130011
电话：0431/85752222
传真：85763999
质量体系：ISO/TS 16949、VDA 6.1
产品情况：（国源牌）
汽车齿轮，中、重型货车底盘
配套情况：为一汽集团配套

★一汽解放汽车有限公司变速箱分公司

地址：长春市绿园区东风大街1398号
邮编：130011
电话：0431/85904716、85904087
传真：85901422、85904006
网址：www. fawbsx. com
电子信箱：tyc_bsx@ faw. com. cn
质量体系：ISO/TS 16949、ISO 14001
产品情况：中重型载货汽车、客车变速器、混合动力客车用的AMT变速器
配套情况：为一汽解放货车厂、一汽解放青岛汽车厂、一汽解放内蒙分公司、长春一汽轻型车厂、一汽专用车、江淮汽车、一汽客车底盘厂、一汽客车无锡汽车厂、黄海汽车、烟台舒驰客车、重庆恒通客车、安凯汽车、厦门金龙、北汽福田北京客车分公司、中通客车、巴西伊顿公司、美国伊顿公司等配套

★长春长东离合器有限公司

地址：长春市绿园区汽贸城正阳街86栋1－8号
邮编：130011
电话：0431/87951999、87951078
传真：87951080
电子信箱：cdlhq@ cccdlhq. com
质量体系：ISO/TS 16949
产品情况：（东光牌）
汽车离合器、轮毂、制动鼓等

★一汽欣欣变速箱零部件有限公司

地址：长春市绿园区正阳街79号（汽贸城）80栋1－2号
邮编：130011
电话：0431/87691585、85809732
传真：85809733
质量体系：ISO 9001
产品情况：中、重型变速器及零部件
配套情况：为一汽－大众配套

★长春塔奥金环汽车制品有限公司

地址：长春市绿园区支农大街3336号
邮编：130011
电话：0431/85774218
传真：85982446
网址：www. fawer. com. cn
电子信箱：li. wei@ towerinternational. com
质量体系：ISO/TS 16949、ISO 14001
产品情况：汽车底盘焊接总成、模块装配和车身结构件等
配套情况：为一汽－大众、一汽轿车、大众一汽平台零部件、天津一汽丰田、一汽丰田（长春）发动机、天津一汽丰田发动机、蒂森克虏伯富奥汽车转向柱长春公司、长春博泽汽车部件、伟巴斯特车顶系统（长春）公司、天津一汽夏利等配套

★长春一汽车城零部件制造有限公司

地址：长春市正阳街汽车配件贸易城83栋102号
邮编：130011
电话：0431/85809136
传真：85809136
质量体系：ISO 9001
产品情况：变速器总成及零部件，滤清器

★长春市二发汽车备品有限公司

地址：长春市正阳街汽贸城89栋一楼二排6号
邮编：130011
电话：0431/85809358
传真：85809699
质量体系：ISO 9001
产品情况：汽车离合器总成
配套情况：为解放、斯太尔、东风系列等重型车配套

★吉林汽车制动器厂

地址：长春市高新技术产业开发区卫明街999号
邮编：130012
电话：0431/85157011、85157095
传真：85106394、85108041
网址：www. dgjt. com
电子信箱：info@ jabf. cn
质量体系：ISO/TS 16949
产品情况：（奥威牌）
真空助力器带制动主缸总成、盘式制动器
配套情况：真空助力器带制动主缸产品和盘式制动器产品为一汽－大众、一汽轿车、天津一汽夏利、神龙汽车、华晨、奇瑞汽车、上汽通用五菱、长城汽车、长安铃木、昌河铃木、哈飞汽车、吉利汽车、上海华普、比亚迪汽车等20多家汽车制造厂的众多车型批量供货

★吉林东光奥威汽车制动系统有限公司

地址：长春市高新技术产业开发区卫星路副16号
邮编：130012
电话：0431/85157778
传真：85172269
产品情况：（奥威牌）
真空助力器、盘鼓制动器
配套及出口情况：为沈阳华晨A1、长城炫丽、长安铃木YC5、青年莲花竞速、一汽－大众新宝来、一汽集团A130等车型配套真空助力器带制动总成产品；远销美国售后市场，并进入伊朗、印度等国家配套市场

★天合富奥汽车安全系统（长春）公司

地址：长春市高新技术开发区硅谷大街4579号
邮编：130012
电话：0431/85542635
传真：85542600
网址：www. fawer. com. cn
电子信箱：fawkh@ public. cc. jl. cn
单位人数：1200
质量体系：ISO/TS 16949、ISO 14001
产品情况：制动盘、制动鼓、后轮毂轴和前轮毂、停车制动总成、制动钳总成、前后转向节总成、前后滑柱总成、后轴总成、副车架总成、驻车制动、转向盘、安全气囊和安全带
配套情况：主要客户包括：一汽轿车、

一汽－大众、一汽丰田、上汽集团、上汽大众、北京奔驰、华晨宝马、华晨、南京福特、重庆福特、沃尔沃、广汽、广汽菲亚特、奇瑞等18家客户

★一汽四环金仑汽车零部件有限公司
地址:长春市高新开发区佳园路2088号
邮编:130012
电话:0431/85837006
传真:85837001、85837077
电子信箱:qiguifeng6677@163.com
质量体系:ISO 9001
产品情况:汽车传动器齿轮、齿套、半轴、凸缘、换挡轴、分离臂轴等

★富奥汽车零部件公司底盘结构件分公司
地址:长春市西新经济技术开发区富奥大路599C号
邮编:130013
电话:0431/85122193
传真:85122193
网址:www.fawer.com.cn
电子信箱:wangyunqi@fawer.com.cn
单位人数:468
质量体系:ISO/TS 16949
产品情况:平衡悬架系列、凸轮系列、扭杆系列、铸锻件支架系列等产品

★长春博纳汽车零部件有限公司
地址:长春市汽车经济技术开发区捷达大路999号
邮编:130013
电话:0431/85999180
传真:85999180
网址:www.ccbona.com.cn
电子信箱:office@ccbona.com.cn
质量体系:ISO/TS 16949
产品情况:(博纳牌)
汽车制动油管、汽车动力转向油管、汽车空调管及发动机和转向机油管
配套情况:为济南重汽配套

★富奥股份公司传动轴分公司
地址:长春市西新经济技术开发区富奥大路599A号
邮编:130013
电话:0431/85127700
传真:85127700
网址:www.fawer.com.cn
质量体系:ISO/TS 16949、VDA 6.1
产品情况:轻、中、重型商用车和客车传动轴、转向传动轴、转向助力泵等
配套情况:为一汽集团配套,同时为长城汽车、双环汽车、河北中兴、北奔重汽、重汽集团、宇通客车、武汉客车底盘、工程机械类厂家等供货

★长春市中德车桥有限公司
地址:长春市二道区和顺5条62号
邮编:130031
电话:0431/84949222
传真:84949222
质量体系:ISO 9000
产品情况:转向节、前轴等前桥零部件
配套情况:为一汽集团配套

★采埃孚富奥底盘技术(长春)有限公司
地址:长春市二道区东南湖大路5000号
邮编:130033
电话:0431/85800888
传真:85800988
网址:www.fawer.com.cn
质量体系:ISO/TS 16949
产品情况:轿车前后桥及部件、悬架系统及部件、转向系统及部件
配套情况:为一汽－大众、一汽解放、一汽客车底盘配套

★蒂森克虏伯富奥汽车转向柱(长春)公司
地址:长春市经济技术开发区昆山路4477号
邮编:130033
电话:0431/87056330
传真:85878910
网址:www.fawer.com.cn
电子信箱:haopeng.ding@thyssenkrupp.com
质量体系:QS 9000、ISO 9001
产品情况:汽车转向柱(捷达转向柱总成、解放系列货车转向柱,奥迪轿车系列、奔驰、长城等)
配套情况:为一汽－大众、一汽解放、大众奥迪、北京奔驰、天津一汽夏利、一汽轿车、北京汽车、长城汽车、雷诺三星等供货

★天合富奥商用车转向器(长春)公司
地址:长春市经济开发区东南湖大路4789号
邮编:130033
电话:0431/87053508
传真:87053511
网址:www.fawer.com.cn
电子信箱:jie.yu@trw.com
单位人数:289
质量体系:ISO/TS 16949、ISO 9001
产品情况:(FAWER牌、TRW牌)
商用车动力转向器产品
配套情况:为一汽解放、北奔重汽、柳州特种车厂等配套

★一汽富维汽车零部件公司车轮分公司
地址:长春市宽城区青年路3458号
邮编:130052
电话:0431/85805550、85805320
传真:85805324、85805579
电子信箱:yxb_clgs@faw.com.cn
质量体系:ISO/TS 16949、VDA 6.1
产品情况:(FAW牌)
型钢、滚型、旋压三大系列钢车轮,年产将达到400万件/套
配套情况:为一汽－大众、上汽大众等配套滚型车轮;为宇通客车、杭州日产等30多家豪华大客车、重型货车企业配套中重无内胎车轮

★长春一汽四环专用车工业公司
地址:长春市宽城区同心街719号
邮编:130052
电话:0431/84582547、84592247
传真:84582547
电子信箱:zyc_jgc@faw.com.cn
质量体系:ISO 9001
产品情况:汽车车架、机加工件、客车底盘等

★长春永固汽车车桥有限公司
地址:长春市绿园区城西镇大营子村盛添路888号
邮编:130062
电话:0431/82625222
传真:82622967
电子信箱:yonggu@ccyonggu.cn
质量体系:ISO/TS 16949
产品情况:各种汽车差速器壳、平衡支架、钢板弹簧座
配套情况:为一汽解放底盘、长春客车底盘、长春一汽专用汽车、青岛一汽车桥、丹东曙光重型车桥配套

★长春市长城汽车齿轮箱有限公司
地址:长春市二道区苇子工业园区
邮编:130102
电话:0431/84583999
传真:84583999
质量体系:ISO 9001
产品情况:(FAW牌)
汽车齿轮、轴类件、汽车变速器等,年产变速器达10余万台、零部件达75万台套

★长春华众离合器有限公司
地址:长春市朝阳经济开发区旷达路635号
邮编:130103
电话:0431/85835000
传真:85835600
网址:www.clutch.com.cn
电子信箱:huazhongm@126.com
质量体系:ISO/TS 16949
产品情况:(华众牌)
客车(公交车)、矿用车、重型货车离合器
配套情况:为一汽集团配套

★长春一汽四环特必克制动有限公司
地址:长春市朝阳经济开发区育民路2899号
邮编:130103
电话:0431/85528668
传真:85517551
质量体系:ISO/TS 16949、ISO 14000
产品情况:(解放牌)
制动器总成、制动鼓总成、制动钳总成及其高端制动配件
配套情况:为一汽解放公司生产的J5、J6系列,300轮减桥,奥威,悍威等全部车型配套

★锦湖轮胎(长春)有限公司
地址:长春市朝阳区高新区锦湖大路677号
邮编:130103

电话:0431/87050755
网址:www. kumhotire. com. cn
电子信箱:kumhotire@ 126. com
产品情况:(锦湖牌)
轿车轮胎

★长春市华维汽车零部件有限公司
地址:长春市朝阳区经济开发区育民路2488号
邮编:130103
电话:0431/85025555
传真:85029128
质量体系:ISO/TS 16949
产品情况:中、重型货车车轮,年产能力20万套

★长春市汇锋汽车齿轮股份有限公司
地址:长春市朝阳区经济开发区育民路888号
邮编:130103
电话:0431/85025880、85011228
传真:85025881、85023222
电子信箱:huifengxiaoshou@ hfgear. com
质量体系:ISO/TS 16949、QS 9000
产品情况:(汇锋牌)
中重型车后桥齿轮和差减总成,现已形成年产30万套桥齿轮、3万台减速器总成的生产能力,年产值3.2亿元
配套情况:为一汽集团(一汽客车、一汽车桥、一汽长轻、一汽伊顿、一汽哈齿)、东风汽车公司、青岛青特集团、北汽福田、中信机电车桥、丹东曙光车桥、北奔重汽等配套

★长春一东离合器股份有限公司
地址:长春市高新技术产业开发区超然街2555号
邮编:130103
电话:0431/85158488、85181636
传真:85174234
质量体系:ISO/TS 16949、ISO 9002
产品情况:(一东牌)
汽车离合器,年产能力130万套;重型车驾驶室液压翻转机构,年产能力10万件
配套情况:为柳州五菱、绰丰柳机、大柴、北奔重汽、郑州宇通配套

★东北工业集团有限公司
地址:长春市高新区超然街2555号
邮编:130103
电话:0431/85157778
传真:85172269
网址:www. dgjt. com
法人代表:于中赤
负责人:詹钢生
单位人数:9000
质量体系:ISO/TS 16949
产品情况:(蓬翔牌、奥威牌、吉华牌、一东牌)
车桥、车架、全制动系统、离合器、飞轮齿圈、车灯、车镜、矿用车,自卸车、半挂车等专用车;传动轴、液压件、发动机连杆、转向节等零部件
配套及出口情况:为一汽、东风、上汽、长安、北汽、广汽、奇瑞、吉利、长城、江淮、比亚迪、海马、华晨等国内汽车企业;以及丰田、标致、铃木、日产、现代、本田、通用、福特、戴姆勒、大众、法雷奥、雷诺、菲亚特等国际知名汽车企业配套;出口欧美

★长春市汽车冲压件有限公司
地址:长春市绿园区皓月大路13007号
邮编:130103
电话:0431/87807207
传真:89581099
网址:www. capptop. com
单位人数:1200
质量体系:ISO/TS 16949、VDA 6.1
产品情况:货车燃油箱及托架、箍带总成、贮气筒总成、轿车仪表板骨架总成、踏板机构总成、A柱总成、B柱总成、保险杠骨架总成、轻型车燃油箱、副车架等500余种汽车冲、焊、漆零部件
配套情况:是一汽集团、一汽-大众、一汽解放的A级供应商

★吉林省春城汽车零部件制造有限公司
地址:长春市绿园区四间工业区
邮编:130110
电话:0431/82612479
传真:82612479
网址:www. jilinchuncheng. com
电子信箱:wishtyparts@ hotmail. com
质量体系:ISO/TS 16949、ISO 9001
产品情况:轮毂、制动毂、轮边壳总成、传动轴、凸缘、凸缘叉、差壳、轴间差速器壳、齿轮、油封座圈、支架、垫板等汽车底盘零部件
配套及出口情况:为中国一汽集团、青岛青特众力车桥集团、广西方盛车桥等主机厂配套;远销中欧、中东、亚洲市场

★长春解放汽车底盘有限公司
地址:长春市绿园区西新工业园开源大街
邮编:130112
电话:0431/87096999、87688888
传真:87099787
网址:www. qichedipan. cn
电子信箱:ccjfdp@ 126. com
质量体系:ISO/TS 16949、ISO 9001
产品情况:(解放牌)
主要生产商用车的中、后桥减速器总成、减速器壳、差速器壳、制动毂、制动蹄铁等底盘类零部件
配套及出口情况:为一汽集团、徐州美弛等主机厂、车桥厂配套;部分产品远销美国、德国、韩国等国家

★长春市东光离合器有限公司
地址:长春市绿园经济开发区长白公路2558号
邮编:130113
电话:0431/87859588、87859688
传真:87858388
质量体系:ISO/TS 16949
产品情况:汽车离合器

★长春市天达汽车同步器齿轮有限公司
地址:长春市绿园区合心镇
邮编:130113
电话:0431/87851155、13844098555
传真:87851166
网址:www. cctianda. cn
电子信箱:tianda@ cctianda. cn
质量体系:ISO 9001
产品情况:汽车变速器同步器
配套情况:为一汽集团、时风集团、沈阳汽车齿轮厂、长春汽车齿轮等配套

★长春市建邦汽车零部件有限公司
地址:吉林省九台市卡伦镇经济开发区卡伦湖大街87号
邮编:130507
电话:0431/82555699、82555677
传真:82555699
质量体系:ISO/TS 16949
产品情况:(建邦牌)
商用车传动轴、橡胶接头及推力杆总成、橡胶减振件、发动机扭振减振器
配套情况:为一汽解放、北汽福田公司北京欧曼重型汽车厂、上汽依维柯红岩、东风柳汽、中国重汽济南特种车、陕西同力重工、一汽客车、长春一汽轻型车厂、一汽专用车厂等配套

★伊通车身部件制造有限公司
地址:吉林省伊通满族自治县东营开发区666号
邮编:130700
电话:0434/4255555、4250000
传真:4229203
电子信箱:jyjt8848@ 163. com
质量体系:ISO 9001
产品情况:车轮,年产100万套
配套及出口情况:为全国十几家汽车制造厂配套;出口东南亚多个国家和地区

★吉林省四通车轮制造厂
地址:吉林省伊通满族自治县东营子开发区
邮编:130700
电话:0434/4267777、4221999
传真:4267777
质量体系:ISO/TS 16949、ISO 9001
产品情况:(驷通王子牌)
各种汽车车轮,年产60万套

★吉林锐特汽车零部件有限公司
地址:吉林省四平市伊通满族自治县伊通大街38号
邮编:130799
电话:0434/4242888、4242999
传真:4242999
网址:www. jlruite. com
电子信箱:jlruite@ jlruite. com
单位人数:200
质量体系:ISO/TS 16949、ISO 9001
产品情况:各种汽车车轮
出口情况:远销东南亚、欧洲等地区

★吉林市吉恒汽车部件有限公司
地址:吉林省吉林市高新区汽车工业园
邮编:132001
电话:0432/64887281
传真:64886859
电子信箱:jijhgs@126.com
质量体系:ISO 9001
产品情况:(吉恒牌)
转向拉杆
配套及出口情况:为长春一汽专用车、长春汽车、一汽哈轻厂、北京公交集团等供货;远销日本、韩国、俄罗斯

★吉林市长征汽车减振器有限责任公司
地址:吉林省吉林市丰满区恒山东路1-3号
邮编:132013
电话:0432/64662369
传真:64686699
电子信箱:jilinchangzheng@163.com
质量体系:ISO 9001
产品情况:汽车减振器,各种客车、轻轨车锁具等
配套及出口情况:为一汽吉林市轻型车厂和吉化公司配套;远销日本

★吉林北方捷凯传动轴有限公司
地址:吉林省吉林市龙潭区宁波路16号
邮编:132021
电话:0432/63031373
传真:63036929
网址:www.dgjt.com
质量体系:QS 9000、ISO 9002
产品情况:传动轴、传动轴零部件
配套及出口情况:为一汽-大众和天津一汽A级供应商,并为上海SDS、重庆SDS、广州铁马售后市场服务;出口美国、南非、马来西亚、欧洲等国家和地区

★吉林市江机调整臂有限公司
地址:吉林省吉林市遵义西路17号
邮编:132021
电话:0432/63044666
传真:63044016
网址:www.jl-angel.com
电子信箱:angel@jl-angel.com
质量体系:ISO/TS 16949
产品情况:(神驭牌、安吉牌)
各种车型的汽车制动间隙自动调整臂和手动调整臂产品
配套情况:为北方奔驰、解放车桥、安凯车桥、丹东黄海等多家汽车制造厂批量配套

★吉林江北机械制造有限责任公司
地址:吉林市龙潭区宁波路16号
邮编:132021
电话:0432/3039239
网址:www.norincogroup.com.cn
电子信箱:webmaster@norincogroup.com.cn
单位人数:10000
质量体系:ISO 9001、ISO 9002
产品情况:万向节、传动轴、工业管件、各种机加工零件、电表等

★吉林圆方机械集团有限公司
地址:吉林省桦甸市经济开发区全兴大街1999号
邮编:132400
电话:0432/66272315、66246796
传真:66272315、66249156
网址:www.jlyfgroup.com
电子信箱:txj_924@126.com
法人代表:钟景旭
单位人数:718
质量体系:ISO/TS 16949、ISO 14001
产品情况:(银桥牌)
汽车后桥最终传动半轴、后桥轴管和各类奥贝球铁铸件
配套情况:主要客户有一汽集团、东风德纳、中国重汽、安徽华菱、安徽安凯、郑州宇通、三一重工、南京依维柯、青特集团、山东蓬翔、广东富华、广西方盛、丹东曙光、德纳(无锡)、约翰迪尔(天津)、沃尔沃(中国)等国内外企业

★吉林市吉轻制动器制造有限责任公司
地址:吉林省舒兰市人民大路3177号
邮编:132600
电话:0432/68258901
传真:68222921
质量体系:QS 9000、ISO 9001
产品情况:离合器总成、鼓式制动器总成、盘式制动器总成、货箱总成
配套情况:为一汽集团、一汽吉林汽车配套

★吉林省正达车轮有限公司
地址:吉林省辉南县朝阳镇朝阳大街412号
邮编:135100
电话:0435/8231743、13804456375
网址:www.jlzdcl.com
电子信箱:jlzdcl@163.com
董事长(负责人):孙炳政
单位人数:460
质量体系:ISO 9001
产品情况:各种车轮
出口情况:出口新加坡、加拿大、巴基斯坦、菲律宾、蒙古、西班牙、澳大利亚、奥地利、南非、芬兰、意大利等国家

★四平奇来亚汽车变速箱制造有限公司
地址:吉林省四平市红嘴开发区文博路
邮编:136000
电话:0434/6070507、13843069003
传真:6070501
网址:www.spqly.com
电子信箱:qly333@sina.com
法人代表:王映雪
负责人:李梁
质量体系:ISO/TS 16949
产品情况:各类农机、客车、工程车及一汽、哈齿变速器总成
配套情况:为一汽、哈齿、省农机厂供货

★四平市方向机械有限公司
地址:吉林省四平市铁东区长发路369号
邮编:136001
电话:0434/3523899、3535930
传真:3515057、3513577
网址:www.spfxj.com
电子信箱:xiaosb@spfxj.com
质量体系:ISO/TS 16949、VDA 6.1
产品情况:汽车用各种动力转向器总成、轿车用滑柱筒及转向节总成
配套情况:为一汽集团、一汽-大众、一汽轿车、青汽等全国30多家汽车厂配套

★公主岭中大股份有限公司
地址:吉林省公主岭市工业大街1177号
邮编:136100
电话:0434/6257865
传真:6213159
质量体系:ISO/TS 16949
产品情况:(前进牌)
轮胎气门芯

★公主岭安宝有限责任公司
地址:吉林省公主岭市岭东工业集中区
邮编:136100
电话:0434/6205106、6205112
传真:6214742
网址:www.gzlab.com.cn
电子信箱:000@gzlab.com.cn
质量体系:ISO/TS 16949、QS 9000
产品情况:双膜片式弹簧制动缸总成、活塞式弹簧制动缸总成、制动气室、盘式制动缸及制动气室、铰链总成、多路接头、后视镜支座、油冷却座等各种铝合金压铸件和冲压件
配套情况:为一汽解放、一汽客车、一汽专用车、重汽集团、东风柳汽、东风车桥、东风德纳车桥、青岛汽车厂、海通车桥、方盛车桥、曙光车桥等配套

★吉林省一东离合器制造有限公司
地址:吉林省公主岭市岭西开发区岭西六路
邮编:136100
电话:0434/6330999
传真:6330999
质量体系:ISO/TS 16949
产品情况:离合器片及压盘总成

★吉林省博锻机械制造有限责任公司
地址:吉林省公主岭市怀德工业集中区
邮编:136121
电话:0434/6502373
传真:6500118
质量体系:ISO/TS 16949、ISO 9001
产品情况:后桥外壳系列,差、减壳系列,轮毂、制动鼓系列,转向机支架系列,飞轮外壳系列,平衡悬架等

★一汽四环辽源汽车零部件有限公司
地址:吉林省辽源市福镇大路108号
邮编:136200
电话:0437/3528001、18643709958
传真:3528008

网址:www.yqshlyqclbj.com
单位人数:429
质量体系:ISO/TS 16949
产品情况:一汽解放公司货车厂中重型车离合踏板助力机构、车门铰链、中横梁、各类保险杠、挡泥板支架系列;一汽长春轻型车离合器踏板助力机构、储气筒、支架等系列总成;一汽吉林微型车主梁、支架、电平盒系列总成;一汽大众冲压件、支架、车门铰链系列总成
配套情况:现有客户有一汽解放、一汽吉林、长春一汽通用、一汽-大众、一汽客车底盘厂、一汽专用车等

★吉林省诚毅车桥悬挂制造集团公司
地址:吉林省辽源市东丰县工业集中区
邮编:136300
电话:0437/6224399
传真:6224399
网址:www.cycq.cn
电子信箱:ycy4253@163.com
质量体系:ISO/TS 16949
产品情况:各种悬架
配套情况:为北汽集团、一汽集团、宇通重工、大运汽车、安凯车桥等10多家大型汽车企业配套

★东丰县黎明汽车配件厂
地址:吉林省辽源市东丰县东丰经济开发区
邮编:136312
电话:0437/6790018、6222297
传真:6222297
网址:www.lmqcpj.com
电子信箱:fengyuanfuyin@126.com
负责人:段永田
单位人数:60
产品情况:新能源汽车零部件转向球销、制动鼓、汽车半轴、法兰盘、半轴套管等产品

★白城宏帝达汽车齿轮有限公司
地址:吉林省白城市工业园区渤海街2000号
邮编:137000
电话:0436/3687600、13904369231
传真:3248882、3687771
网址:hddcl.com
电子信箱:790929441@qq.com
单位人数:370
质量体系:ISO/TS 16949、ISO 9001
产品情况:(BH牌)
各系列轻、重型汽车变速器总成及齿轮
配套情况:为一汽轿车公司长春齿轮厂、一汽解放公司变速箱分公司、山东临工汽车桥箱公司、一汽哈尔滨变速箱厂、株洲齿轮厂等多个主机厂配套

黑龙江省

★哈尔滨众恒实业有限公司
地址:哈尔滨市太平区天恒大街24号
邮编:150059
电话:0451/82040153、83031683
传真:82040153
电子信箱:heiou0452@163.com
质量体系:ISO 9001
产品情况:(众恒牌)
转向器
配套情况:为哈尔滨动力集团、一汽解放配套

★万都(哈尔滨)汽车底盘系统有限公司
地址:哈尔滨市开发区哈平路集中区烟台路8号
邮编:150060
电话:0451/86545488
网址:www.mando.com
电子信箱:wanduhr@126.com
质量体系:ISO/TS 16949
产品情况:制动钳、鼓式制动器、制动总泵、真空助力器、制动角模块等汽车制动系统零部件
配套情况:为北京现代、东风悦达起亚、上汽通用、长安汽车、哈飞汽车、奇瑞汽车、昌河汽车、庆铃集团等配套

★哈尔滨伟建制动器制造厂
地址:哈尔滨市平房区双拥路18号
邮编:150060
电话:0451/86812979
传真:86811990
质量体系:ISO 9001
产品情况:制动器

★哈尔滨顺源机械制造有限公司
地址:哈尔滨市平房区松花路41号
邮编:150060
电话:0451/82136278、82136338
传真:82136238
质量体系:ISO/TS 16949
产品情况:汽车、拖拉机、工程机械、矿山机械齿轮
配套情况:为中车集团、长城汽车、曙光集团、北汽福田等配套

★哈耐力汽车减震器制造有限公司
地址:哈尔滨市道里区机场路2公里群力园区
邮编:150070
电话:0451/84303188、84366337
传真:84328977
电子信箱:ceo@hanaisa.com
质量体系:QS 9000
产品情况:(哈耐牌)
减振器
配套情况:为多家汽车厂配套

★哈尔滨晶石机械制造有限公司
地址:哈尔滨市开发区迎宾路集中区东湖路21号
邮编:150076
电话:15804623596
电子信箱:wilsons_shi@163.com
质量体系:ISO/TS 16949
产品情况:汽车变速轴类、换挡轴、顶盖总成、里程表、凸缘等变速器零部件
配套情况:为一汽集团配套生产汽车变速器零部件

★黑龙江富锦凯马车轮制造有限公司
地址:黑龙江省富锦市工业园区
邮编:154000
电话:0454/2346090、18945409101
传真:2346090
网址:www.fjkmcl.com
单位人数:210
质量体系:ISO/TS 16949
产品情况:12寸、13寸、14寸、15寸、16寸钢圈;年综合生产能力为150万只各种钢圈
配套情况:为哈飞、一汽、一拖、海山机械等配套

★牡丹江伯瑞克金属制品有限公司
地址:黑龙江省牡丹江市文化街九号
邮编:157011
电话:0453/6593006、6598235
传真:6592793
电子信箱:mdjbryco@163.com
质量体系:ISO/TS 16949、QS 9000
产品情况:离合器分离轴承,自动变速器中的钢片
出口情况:出口美国

上海市

★天纳克汽车工业(上海)公司
地址:上海市黄浦区九江路686号宝龙大厦17层C-D座
邮编:200001
电话:021/23229188
传真:23229189
质量体系:ISO/TS 16949
产品情况:汽车悬架系统、排气系统、弹性元件
配套情况:为宝马、雷克萨斯、铃木、福特、马自达、丰田、三菱、沃尔沃、尼桑、通用、大众、本田、五十铃供货

★上海米其林回力轮胎股份有限公司
地址:上海市长宁区长宁路1018号龙之梦16层
邮编:200042
电话:021/54721392
质量体系:ISO 9001
产品情况:(回力牌)
轿车轮胎,轻型货车轮胎
配套及出口情况:为上汽大众、上汽通用、一汽集团、一汽-大众、庆铃汽车配套;远销欧洲、美国、亚洲

★盐城世嘉恒业汽车配件有限公司
地址:上海市普陀区丹巴路28弄5号308室
邮编:200062
电话:021/60899516
传真:32500183
电子信箱:skarauto@skar-auto.com

质量体系:ISO/TS 16949
产品情况:离合器钢片、压盘总成

★上海交运集团股份有限公司
地址:上海市恒丰路288号
邮编:200070
电话:021/62116009、63176742
传真:63173388
网址:www.cnsjy.com
电子信箱:jygf@sh163.net
质量体系:ISO/TS 16949、QS 9000
产品情况:自动变速器总成换挡机构总成,车身中小冲压焊接总成等
配套情况:为上汽通用、一汽-大众、上汽大众等厂商配套

★上海机动车辆汽车配件公司车配八厂
地址:上海市杨浦区抚顺路350号
邮编:200086
电话:021/64299764、64297301
传真:65034371
产品情况:汽车横、直拉杆

★蒂森克虏伯普利斯坦(上海)有限公司
地址:上海市浦东新区苗桥路268号
邮编:200121
电话:021/60202600
网址:www.thyssenkrupp.com.cn
产品情况:转向系统和减振系统

★上海汇众汽车制造有限公司
地址:上海市浦东新区浦东南路1493号
邮编:200122
电话:021/58201188
传真:58204570
网址:www.shac.com.cn
质量体系:ISO/TS 16949、VDA 6.1
产品情况:(汇众牌)
各类乘用车底盘,产品覆盖A0级车~C级轿车、SUV、MPV
配套情况:是上汽大众、上汽通用、上海汽车各款轿车底盘系统的骨干配套供应商,并被美国通用汽车公司确认成为EPSILONⅡ副车架、后桥结构件等零部件供应商

★上海飞翎汽车配件有限公司
地址:上海市杨浦区市光路299号
邮编:200433
电话:021/65277988
传真:65272880
网址:www.shflqp.com
电子信箱:zxd@shflqp.com
单位人数:30
质量体系:ISO/TS 16949
产品情况:工程机械、重型载重车及集装半挂车用各类制动气室和差速锁汽缸等汽车配件
配套情况:为上海、江苏、山东、河北、广东、福建等地的汽车改装厂配套

★上海百强汽车摩托车零配件有限公司
地址:上海市闵行区七莘路1879号
邮编:201101
电话:021/64191355
传真:64191353
网址:www.nhc.com.tw
电子信箱:sale@nhc.com.cn
质量体系:ISO 9001
产品情况:(BAIQIANG牌)
各种规格拉索用外管及汽摩零配件

★爱克赛路科技(上海)有限公司
地址:上海市闵行区曹建路151号
邮编:201108
电话:021/64345858
传真:34045433
产品情况:汽车制动器总成、汽车减振器、汽车专用高强度紧固件、汽车用等速万向节、汽车滤清器(三滤)

★雅泛迪铝业(上海)有限公司
地址:上海市莘庄工业区申富路611号
邮编:201108
电话:021/34074121
传真:64896326
电子信箱:rim@yhias.com
产品情况:(YHI牌)
各种汽车轮辋
配套情况:为各种国产和进口的轿车提供轮胎、轮圈的升级配套服务

★友发铝业(上海)有限公司
地址:上海市莘庄工业区申富路611号
邮编:201108
电话:021/64896655
传真:64894455
电子信箱:mkt_yhi@yhias.com
产品情况:铝合金轮辋
出口情况:远销欧洲、中东、亚洲、大洋洲

★上海汇众萨克斯减振器有限公司
地址:上海市莘庄工业区申旺路280号
邮编:201108
电话:021/51795188
传真:54422102
网址:www.zf.com
质量体系:ISO/TS 16949
产品情况:(Sachs牌)
汽车减振支柱、减振器、减振支柱总成等产品
配套情况:为上汽大众、一汽-大众、华晨宝马、北京奔驰、福建奔驰、上汽通用、长安福特、神龙、长安标致雪铁龙、北京现代、东风悦达起亚、本田、长城、奇瑞、上汽、北汽等主机厂配套
☞详细情况请参阅彩色宣传版面

★萨克斯汽车零部件系统(上海)公司
地址:上海市闵行区元江路4440号
邮编:201111
电话:021/24169544
传真:24169402
电子信箱:contact.sas@zf.com
产品情况:商用车减振器、离合器及双质量飞轮等
配套情况:为长春客车厂、大众和奥迪集团、上汽通用、北京奔驰、一汽集团、东风日产乘用车、重汽集团、金龙客车等配套

★上海欧雷法弹簧有限公司
地址:上海市浦东新区川南奉公路3655弄1号
邮编:201202
电话:021/68961012
传真:68960855
质量体系:ISO/TS 16949、ISO 14001
产品情况:悬架螺旋弹簧,年产100万件;扭杆、稳定杆,年产各80万件
配套情况:为神龙汽车、东南汽车、江铃、万通、郑州日产、广汽三菱配套

★上海蒂森克虏伯汇众汽车零部件公司
地址:上海市浦东新区金桥申江路1900号
邮编:201206
电话:021/61602199
网址:www.thyssenkrupp.com.cn
电子信箱:shaoling.qiu@thyssenkrupp.com
质量体系:ISO/TS 16949
产品情况:汽车转向管柱、组装式发动机凸轮轴,年产转向柱能力达100万件
配套情况:为上汽大众、一汽-大众、长安福特、长安马自达、马自达日本、上汽通用、东风日产、上海汇众等配套

★上海汇众汽车有限公司轿车车桥厂
地址:上海市浦东新区申江路1800号
邮编:201206
电话:021/58992222
传真:58204570
质量体系:ISO 9001
产品情况:汽车车桥

★上海明岐铝业有限公司
地址:上海市浦东新区曹路镇顾高公路3181号
邮编:201209
电话:021/58631240
传真:58631240
质量体系:ISO/TS 16949
产品情况:铝合金轮毂

★克诺尔制动设备(上海)有限公司
地址:上海市浦东新区盛夏路666号盛银大厦E栋
邮编:201210
电话:021/38585800
传真:38585900
网址:www.knorr-bremse.cn
产品情况:负责为中国市场上的商用车辆系统提供制动系统组件制造、销售经营、应用工程、采购、存储以及零部件供应等事项

★上海瑞展实业发展有限责任公司
地址:上海市南汇区工业园区陶桥路28号

邮编:201300
电话:021/33895151、18602131508
传真:33895109
网址:www. ruizhangear. com
电子信箱:ruizhangear@ gmail. com
质量体系:ISO/TS 16949
产品情况:(RZG 牌)
传动轴后桥弧齿锥齿轮

★泰乐玛汽车制动系统(上海)有限公司

地址:上海市南汇工业园区园中路 533 号 9 号工厂
邮编:201300
电话:021/68015801、68015930
传真:68015807
网址:www. telma – retarder. com. cn
电子信箱:hua. li@ telmachina. com
负责人:李飞
单位人数:98
质量体系:ISO/TS 16949
产品情况:(Telma 牌)
电涡流缓速器
配套及出口情况:为国内外客车、货车企业配套;出口法国、德国、英国、美国、马来西亚等国家,并销往中国台湾地区
☞ 详细情况请参阅彩色宣传版面

★上海神汇汽车转向器公司

地址:上海市南汇区康桥东路 888 号
邮编:201315
电话:021/58135253
传真:58135089
电子信箱:qliping@ chinadfm. com
质量体系:ISO/TS 16949
产品情况:汽车转向器等汽车零部件
配套情况:为神龙汽车、比亚迪汽车等配套

★上海纳铁福传动轴有限公司

地址:上海市浦东新区康桥工业区康沈路 900 号
邮编:201315
电话:021/58121690
传真:58120975
网址:www. saicgroup. com
电子信箱:service@ shhadc. com. cn
质量体系:ISO/TS 16949
产品情况:等速传动轴、十字万向节传动轴、十字万向节、偏心轴、精锻件
配套及出口情况:为上汽大众、上汽通用、上汽汽车、一汽 – 大众、天津一汽丰田等多家知名主机厂供货;出口欧美和日本主要汽车集团

★延锋百利得(上海)汽车安全系统公司

地址:上海市浦东新区康桥工业区秀浦路 426 号
邮编:201315
电话:021/38118111
传真:68060333
网址:www. yfkey. com
电子信箱:info@ yfkey. com
质量体系:ISO/TS 16949、ISO 14001
产品情况:安全气囊模块、转向盘、安全带等
配套情况:为上汽大众、上汽通用、上汽股份、上汽通用五菱、一汽 – 大众、一汽集团、长安福特、长安马自达、长安铃木、北京现代、北京奔驰、郑州日产、上海汇众、江淮汽车、奇瑞汽车、北汽福田、神龙汽车等配套

★上海奔达机电有限公司

地址:上海市浦东新区六灶镇鹿吉路 188 号
邮编:201322
电话:021/58166888、58166924
传真:58166920
网址:www. sh – benda. com
电子信箱:benda@ sh – benda. com
质量体系:ISO/TS 16949、ISO 14000
产品情况:(山宝牌)
汽车制动踏板、离合器踏板、加速踏板、非标紧固件、拖钩总成等
配套情况:为江铃汽车、庆铃汽车、广汽日野、福特全顺、北汽福田、江淮汽车等配套

★爱思帝耐时(上海)驱动系统有限公司

地址:上海市奉贤区陈桥路 1399 号
邮编:201400
电话:021/67109075 – 801
传真:57434257
网址:esc. exedy. com
电子信箱:hr01@ exedy – sh. com
质量体系:ISO/TS 16949
产品情况:(爱思帝牌)
汽车自动变速装置、高性能复合摩擦材料及其制品
配套情况:为天津艾达自动变速器、加特可(广州)自动变速器、爱思帝(重庆)驱动系统等供货

★恩斯克华纳变速器零部件(上海)公司

地址:上海市奉贤区环城西路 2518 号
邮编:201401
电话:021/33655757
传真:33655252
网址:www. nsk. com. cn
董事长:桑城 栄
单位人数:197
质量体系:ISO/TS 16949、ISO 14001
产品情况:变速器零部件

★奥林必亚机械(上海)有限公司

地址:上海市奉贤区奉城镇航塘公路 4658 号
邮编:201408
电话:021/57175481
传真:57175490
电子信箱:juliana@ olympiaautoparts. com
质量体系:ISO 9001
产品情况:品种涵盖 12 ~ 24 英寸涂装轮、电镀轮、亮面轮等高级铝合金轮毂、底盘控制臂

★上海奥凯汽车零部件有限公司

地址:上海市奉贤区航塘公路 4477 号
邮编:201408
电话:021/57175677、57175688
传真:57175678
电子信箱:aokai@ aokai – sh. com
质量体系:ISO/TS 16949
产品情况:汽车变速器换挡叉轴
配套情况:为中国重汽集团、奇瑞汽车、唐山爱信齿轮、上汽金杯变速器、杭州依维柯变速器等配套

★上海海立铸造有限公司

地址:上海市金山区金廊公路 7225 号
邮编:201500
电话:021/57319182、57381034
传真:57321183
网址:www. highly. cc
质量体系:ISO/TS 16949、ISO 14001
产品情况:制冷压缩机零件(汽缸、曲轴、上下缸盖等)、汽车零部件的铸造件以及曲轴、活塞、缸盖、汽缸等机械加工件

★上海长特锻造有限公司

地址:上海市金山区枫泾镇兴塔工业区兴桂路 28 号 D 幢
邮编:201501
电话:021/67361222
传真:67361333
网址:www. forgecte. cn
电子信箱:shanghaichangte@ 163. com
法人代表:林长秋
质量体系:ISO/TS 16949
产品情况:汽车内、外星轮、球笼、转向节臂、轮毂单元及发动机连杆、曲轴等其他各类型锻件
配套及出口情况:为上汽、大众、通用、奔驰、宝马、长春一汽等配套;部分产品出口欧美等海外市场

★上海方科汽车部件有限公司

地址:上海市金山区亭卫公路平业路 99 号
邮编:201507
电话:021/67256611
传真:67256825
网址:www. fangleautoparts. com
电子信箱:fanglesh@ mw – sw. com
质量体系:ISO/TS 16949
产品情况:转向盘、变速杆球形把手、车位限位器、座椅、座套、铝合金及皮制汽车用品
配套情况:为 OEM 客户配套木壳转向盘

★上海耀源精机有限公司
地址:上海市松江区泗泾镇九干路158号
邮编:201601
电话:021/57617573、57626471
传真:57617972
网址:www.yaoyuansh.com
电子信箱:yaoyuan@yaoyuansh.com
质量体系:ISO/TS 16949、QS 9000
产品情况:汽车球笼式等速万向节传动轴各部件及总成等
配套情况:主机厂客户包括东风乘用车、中国台湾裕隆纳智捷、比亚迪、美国的Polaris、John Deer、Bush Hog以及法国的Bellier Automobile等

★上海恩梯恩精密机电有限公司
地址:上海市松江区工业区南乐路666号
邮编:201611
电话:021/57748666
传真:57748555
网址:www.ntn.com.cn
质量体系:ISO/TS 16949
产品情况:等速万向节、汽车轮毂轴承、滚针轴承等
配套及出口情况:为广汽本田配套;产品90%外销,主要销往日本、美国、欧洲等国家和地区

★上海丰瑞转向泵有限公司
地址:上海市松江区松江出口加工区新桥镇新格路二区D号
邮编:201612
电话:021/57686752、57686751
传真:57686753
网址:www.frzxb.com
电子信箱:shfrzxb@163.com
单位人数:500
质量体系:ISO 9001、QS 9000
产品情况:(智力牌)
转向泵和驾驶室手压泵、举升缸
配套情况:陆续在一汽、东风、大柴、锡柴、济重、玉柴、淮柴、吉利、福田、青岛汽车、天津夏利、华凌汽车、江淮汽车上使用;先后成为陕汽、上依红、山西大运、四川现代、金华青年、北奔重汽、吉奥、徐工、厦工、山推重工、路通重工的供应商

★上海一阳五金制造有限公司
地址:上海市松江区松江进出口加工区民益路46号
邮编:201612
电话:021/57686322、57687726
传真:57686487
电子信箱:arays@arays.com.cn
质量体系:ISO/TS 16949、ISO 14001
产品情况:(ARAYS牌)
轿车铝合金轮辋
配套情况:与北汽福田、江西江铃、意大利MOMO、美国MAMBA、英国WOLFACE、日本共丰等国内外众多知名企业合作

★上海达耐时汽车配件有限公司
地址:上海市松江工业区东兴路1号
邮编:201613
电话:021/57740305
传真:57748389
质量体系:ISO/TS 16949
产品情况:自动变速器用离合器总成、摩擦片、手动变速器用同步环等
配套情况:为奔驰、通用大宇、现代汽车、上汽通用、天津艾达自动变速器、韩国威亚株式会社、浙江吉利变速器等供货

★上海铁流离合器有限公司
地址:上海市青浦区赵巷镇崧泽科技园崧绣路500号
邮编:201700
电话:021/69758557
传真:69758557
电子信箱:tieliu@shtieliu.com
质量体系:ISO/TS 16949
产品情况:各种中、重型汽车离合器

★上海精元重工机械有限公司
地址:上海市青浦区西郊经济开发区盈港东路888号
邮编:201702
电话:021/69768308
传真:69768589
网址:www.saw-wheel.com
电子信箱:juicy@saw-wheel.com
质量体系:ISO/TS 16949、VDA 6.1
产品情况:(佳通牌)
铝轮辋

★上海联谊汽车拖拉机工贸有限公司
地址:上海市青浦区谢卫路1129号
邮编:201702
电话:021/59768545
传真:59765003
质量体系:ISO 9001
产品情况:汽车动力转向系统、滤清器及高、低压管路件和功能性注塑件,年产50万辆轿车配套件
配套及出口情况:为上汽大众、上汽通用配套;部分产品出口

★上海久耐汽车离合器有限公司
地址:上海市青浦区青浦工业园区崧绣路500号
邮编:201703
电话:021/69758644
传真:69758561
网址:www.shjiunai.com
电子信箱:jiunai@shjiunai.com
质量体系:ISO/TS 16949
产品情况:(久中久牌)
离合器从动盘总成,产量150万套;压盘总成,产量50万套
配套情况:主要针对客户为国内外售后市场及主机厂

★上海萨克斯动力总成部件系统有限公司
地址:上海市青浦区华新镇纪鹤路3189号
邮编:201708
电话:021/59796666
传真:59795141
电子信箱:service@zf.com
质量体系:ISO/TS 16949
产品情况:(SACHS牌、LUOTUO牌)
汽车离合器、液力变矩器,具有年产82万套离合器和10万套液力变矩器的生产能力
配套情况:离合器产品为上汽大众、上汽通用、一汽集团、一汽-大众、东风标致雪铁龙、江铃汽车、沈阳航天三菱、奇瑞汽车、沈阳新光华晨、绵阳新晨动力等国内整车及发动机厂配套,轿车冲压件液力变矩器为上汽通用配套

★上海怡飞柯精密机械有限公司
地址:上海市青浦区工业园区天一路388号
邮编:201712
电话:021/59228626
传真:59228631
网址:www.e-fic.com.cn
电子信箱:morita@e-fic.com.cn
质量体系:ISO/TS 16949、ISO 9001
产品情况:驱动轴、齿轮、壳体、托架等
配套情况:为久保田/苏州、纳博特斯克/上海、洋马/无锡、米国久保田(KMA、KIE)、美诺精密压铸/上海、川崎精密机械/苏州、BOSCH、日商有色/PMG、逢都富琉、派克丹尼逊、海德堡、小松、神钢建机、日产汽车、奔驰、奥迪、沃尔沃、BOMAG、柳工、三一等供货

★上海中瑞富士离合器有限公司
地址:上海市青浦区沈巷镇沈太路600号
邮编:201714
电话:021/59831819
传真:59831820
电子信箱:takeshi_hamane@fcc-net.com
质量体系:ISO 9000
产品情况:(富士牌)
摩托车、汽车用离合器
配套情况:为新大洲本田、五羊本田、雅马哈、川崎、铃木、哈雷、宝马、福特等摩托车企业供货

★上海三磊汽车转向悬挂系统有限公司
地址:上海市嘉定区安亭镇大众工业园区零部件配套基地百安公路985号
邮编:201800
电话:021/69573388、69573666
传真:69574027
网址:www.sanleiautoparts.com
电子信箱:sanlei@sanleiautoparts.com
质量体系:ISO/TS 16949
产品情况:汽车转向内外球头、上下悬架球头、稳定连接杆、上下三角臂、控制臂、支臂、胶套等转向悬架部件
配套情况:为部分厂家配套

★上海三立汇众汽车零部件有限公司
地址:上海市嘉定区安亭镇园国路409号
邮编:201800
电话:021/69574058
传真:69574038
电子信箱:sshac.hr@163.com
质量体系:ISO/TS 16949
产品情况:轿车驻车制动操纵机构、踏板操纵机构、换挡机构及相关产品
配套情况:为上汽大众、上汽通用、华晨金杯、北京现代、东风悦达起亚等配套

★上海科曼车辆部件系统股份有限公司
地址:上海市嘉定区新甸路1399号
邮编:201800
电话:021/31169123
传真:31169273
网址:www.komman.com
电子信箱:komman@komman.com
质量体系:ISO/TS 16949、ISO 14001
产品情况:商用车空气悬架系统
配套情况:为苏州金龙、厦门金龙、东风杭汽、欧V客车、重汽集团等近30家汽车企业配套

★上海泰密克电子有限公司
地址:上海市嘉定区招贤路1280号
邮编:201800
电话:021/59169696
传真:59169286
质量体系:ISO/TS 16949、ISO 14001
产品情况:ABS电子控制器
配套情况:为上汽大众配套

★上海大众液压技术有限公司
地址:上海市嘉定区马陆镇宝安公路2633号
邮编:201801
电话:021/59108888、69156999
传真:69156288
网址:www.sdh-hyd.com
电子信箱:sdh@sdh-hyd.com
质量体系:ISO/TS 16949、QS 9000
产品情况:(大众牌)
液压齿轮泵、叶片泵、汽车动力转向泵等

★上海瑞尔实业有限公司
地址:上海市嘉定区安亭大众工业园区一区米泉南路625号
邮编:201805
电话:021/69979222-8189
传真:59571616
网址:www.sh-real.com
电子信箱:sales@sh-real.com
质量体系:ISO/TS 16949、VDA 6.1
产品情况:汽车ABS控制器阀体、车轮装饰盖、车身防擦条、门槛饰板、制动总泵缸体及其他功能性铝合金铸件等
配套情况:为宝马、奔驰、奥迪等全球近50家世界主流汽车主机厂配套

★上海智源汽车部件有限公司
地址:上海市嘉定区宝钱公路5888弄25号
邮编:201806
电话:021/69932455
传真:69931949
网址:www.shzhiyuan.com
电子信箱:xaom@shzhiyuan.cn
质量体系:ISO/TS 16949、ISO 9001
产品情况:汽车制动系统用空气干燥器、空调系统干燥器、卸载阀
配套及出口情况:主要销往江苏亚星客车、东风汽车、东风杭州日产柴、湖北三环集团专用汽车、扬州杰信车用空调有限公司;GD-7出口韩国、AD-9空气干燥器出口美国及加拿大

◉ 浙江骆氏减震件股份有限公司

地址:上海市嘉定区安亭镇安晓路51号
邮编:201814
电话:021/59501656、59501664
传真:59501661
网址:www.luoshi.com
电子信箱:luoshi@chinaluoshi.com
法人代表:骆联盟
单位人数:700
质量体系:ISO/TS 16949
产品情况:(骆氏牌)
汽车用橡胶金属减振件
配套情况:为一汽集团、上汽集团、东风汽车集团、北汽集团、广汽集团、一汽-大众、上汽大众、德国大众、宝马汽车、菲亚特、上汽通用、福特、丰田、奇瑞、吉利等主机厂均长期配套

★上海镁镁合金压铸有限公司
地址:上海市嘉定区安亭镇泰顺路777号
邮编:201814
电话:021/59502388
传真:59502399
网址:www.meridian-mag.com
电子信箱:smmpbd@meridian-mag.com
质量体系:ISO/TS 16949
产品情况:汽车及摩托车用镁合金压铸件,包括变速器壳体、壳盖、转向柱支架、仪表板支架、座位框架等
配套情况:为上汽大众、上汽通用、南京依维柯、南京春兰、一汽集团、一汽-大众、东风汽车公司、北京奔驰、上柴、玉柴、杭发等配套

★优利昂(上海)汽车零部件科技公司
地址:上海市嘉定区工业园区北和公路1339号
邮编:201815
电话:021/39966818、39538186
传真:39538189
网址:www.sh-union.com
电子信箱:sh.union@vip.163.com
质量体系:ISO/TS 16949
产品情况:转向拉杆、外球头、悬架球头、转向柱总成、转向中间轴总成、转向器总成;转向柱支架、三角臂及其他机械冲压、焊接结构件

★上汽马瑞利动力总成有限公司
地址:上海市嘉定区兴荣路388号
邮编:201815
电话:021/39915010
传真:39915258
网址:www.magnetimarelli.com.cn
产品情况:主要产品为AMT手自动变速器用电控液压件

★上海北特科技股份有限公司
地址:上海市嘉定区高石路2488号
邮编:201816
电话:021/39900006、39900770
传真:39900887
网址:www.sh-beite.com
质量体系:ISO/TS 16949、ISO 14001
产品情况:具备5万余t转向器、减振器等零部件的生产能力
配套情况:为一汽-大众、上汽大众、上汽通用、一汽轿车、一汽丰田、广汽丰田、广汽本田、东风标致、东风日产、奇瑞汽车、吉利汽车、比亚迪汽车、北京现代、长安福特、江淮汽车、长城汽车、长安铃木、华晨汽车、海马汽车等配套

★上海温俊乐汽车轴承有限公司
地址:上海市嘉定区菊城路18号
邮编:201821
电话:021/69596552、69597078
传真:69592618
质量体系:ISO/TS 16949
产品情况:汽车轮毂轴承单元

★上海隆润动力机械有限公司
地址:上海市嘉定区菊城路1号
邮编:201821
电话:021/69160962
传真:69168843
电子信箱:longrun@188.com
质量体系:ISO/TS 16949
产品情况:(隆润牌)
汽车空压机及相关配件
配套情况:为朝柴、玉柴、云动、扬动、锡柴、扬柴、珀金斯动力(天津)、美国AFA公司等配套

★上海采埃孚转向系统有限公司
地址:上海市嘉定区永盛路2001号
邮编:201821
电话:021/67079000
传真:67079087
网址:www.zfss.com
电子信箱:public@zfss.com
质量体系:ISO/TS 16949、ISO 14001
产品情况:(ZF牌)
液压助力转向机、电子助力转向机、转向管柱,以及转向阀组、齿条等转向系统相关零部件
配套及出口情况:为上汽大众、上汽通

用、上汽通用五菱、上汽乘用车、韩国通用大宇、一汽－大众、华晨宝马、长安福特、长安马自达、神龙汽车、长城汽车、江铃汽车、北汽集团、海马汽车、东南汽车等供货；部分产品远销欧洲、韩国、印度、马来西亚等国家和地区

★上海汽车制动系统有限公司

地址：上海市嘉定区招贤路385号
邮编：201821
电话：021/39163311
传真：39163333
网址：www.sabs.sh.cn
电子信箱：zhaopin@sabs.com
法人代表：张海涛
负责人：蔡增伟
单位人数：1300
质量体系：ISO/TS 16949
产品情况：年产EBS电子控制制动系统85万只、制动钳530万只、总泵助力器259万只、制动软管730万只
配套情况：为上汽大众、一汽－大众、上海汽车、长安福特、华晨宝马、北京奔驰等汽车制造厂批量供货
☞详细情况请参阅彩色宣传版面

★大众汽车变速器(上海)有限公司
地址：上海市嘉定区博乐南路100号
邮编：201822
电话：021/69520000
传真：69521919
网址：www.vwts.com.cn
电子信箱：hr@transmission.com
质量体系：ISO 9001
产品情况：汽车变速器
配套情况：主要客户为一汽－大众、上汽大众、一汽轿车

★上海汽车变速器有限公司
地址：上海市嘉定区叶城路506号
邮编：201822
电话：021/59165858
传真：59167656
网址：www.sagw.com
电子信箱：sagw1@sagw.com
质量体系：ISO/TS 16949、QS 9000
产品情况：各类手动变速器和自动变速器，年产能力50万台
配套情况：为上汽大众、上汽通用、华晨金杯、广汽三菱、上汽通用东岳、上汽通用五菱等国内外30家厂家配套变速器产品

★上海车普机械有限公司
地址：上海市奉贤区南奉公路1478号
邮编：201824
电话：021/69105477
传真：69105447
质量体系：ISO 9001
产品情况：（极限牌）
　　减振器
出口情况：远销日本、韩国、中东、欧洲

★赛洋汽车转向装置(上海)有限公司
地址：上海市嘉定区新郁路846弄56号
邮编：201824
电话：4008265021
电子信箱：sy@syparts.cn
质量体系：ISO/TS 16949、ISO 9001
产品情况：（采孚之星牌、朗盾牌）
　　汽车转向系统产品，适用于大众、奥迪、通用、福特、宝马、奔驰、尼桑、五十铃、丰田等系列车型
出口情况：远销20多个国家

★上海嘉仕久企业发展有限公司
地址：上海市崇明县城桥镇秀山路518号
邮编：202150
电话：021/69607000、69607002
传真：69607003
网址：www.sh-jsj.com
电子信箱：shjsjsh@126.com
董事长(负责人)：祁斌
单位人数：620
质量体系：ISO/TS 16949
产品情况：（嘉仕久牌）
　　汽车转向节，年产能180多万件
配套情况：与一汽青岛、北汽福田、江淮汽车、华菱汽车、东风德纳、上汽依维柯红岩、杭州汇丰、重庆力帆、万安集团、北汽福田等配套

江苏省

★南京联动汽车零部件有限公司
地址：南京市白下区户部街15号
邮编：210002
电话：025/86892501、86892502
传真：86892444、86892511
网址：www.unibrakes.com
电子信箱：sales@unibrakes.com
质量体系：ISO/TS 16949
产品情况：制动片、制动蹄、制动盘、制动鼓等

★布雷博(南京)制动系统有限公司
地址：南京市玄武区孝陵卫23号
邮编：210014
电话：025/52790124、52790196
电子信箱：lizzie_ding@brembo.cn
质量体系：ISO/TS 16949、ISO 14001
产品情况：制动器模块化总成、制动钳总成、鼓式制动器总成、制动盘、制动鼓、制动泵缸总成、离合器泵缸总成
配套情况：为华晨宝马、北京奔驰、福建戴姆勒、上汽大众、上汽通用、日本三菱、长安福特、上汽乘用车、南京依维柯、南京跃进配套

★南京华舜轮毂有限公司
地址：南京市浦口区浦珠中路298号
邮编：210031
电话：025/58873654
传真：58854124
网址：www.sinowheels.com
电子信箱：sales@sinowheels.com
质量体系：ISO/TS 16949、ISO 14001
产品情况：汽车铝合金轮毂
出口情况：远销美国、欧洲、日本等国家和地区

★南京正大减振器有限责任公司
地址：南京市玄武区龙蟠路53号
邮编：210037
电话：025/85413484、85020333
传真：85429108
电子信箱：zhengdanj@163.com
质量体系：ISO/TS 16949
产品情况：（正众牌）
　　各种汽车用减振器，年产240万支
出口情况：远销东南亚多个国家

★采埃孚转向泵金城(南京)有限公司
地址：南京市经济开发区尧新路341号
邮编：210038
电话：025/85803366
传真：85803485
电子信箱：info.iscnn@zf-lenksysteme.com
质量体系：ISO/TS 16949、VDA 6.1
产品情况：（采埃孚金城牌）
　　轿车和轻型商用车转向叶片泵
配套情况：为一汽－大众、上汽大众、上汽通用、上汽股份、奇瑞汽车、华晨金杯、东风日产乘用车、东南汽车、长城汽车、河北中兴、南京汽车集团、北汽福田、重汽集团、北奔重汽、南京跃进、江淮汽车等供货

★南京锦湖轮胎有限公司
地址：南京市下关区和燕路418号
邮编：210038
电话：025/85319999、84530327
传真：85317353、85313102
网址：www.kumhotire.com.cn
电子信箱：w26f@163.com
单位人数：1800
质量体系：QS 9000、ISO/TS 16949
产品情况：（锦湖牌）
　　子午线轮胎的年生产能力超过1200多万条
配套情况：为北京现代、东风悦达起亚、奇瑞汽车、华晨金杯、一汽轿车、哈飞汽车、长安汽车、吉利汽车等配套

★南京轴承有限公司
地址：南京市雨花经济开发区凤仪路28号
邮编：210039
电话：025/85417495
传真：85417189
网址：www.njjnzc.com
电子信箱：njjnzc@njjzc.com
质量体系：ISO/TS 16949、ISO 14001
产品情况：（精宁牌）
　　汽车离合器分离轴承系列，年产

800万套;深沟球轴承、圆锥滚子轴承
配套及出口情况:为一汽、东风、上汽、重汽、陕汽等汽车厂以及法士特、重庆青山、格特拉克、长春一东等离合器和变速器公司配套;远销欧洲、中东、南美洲、东南亚地区

★南京宏峰汽车配件厂
地址:南京市雨花台区尹西工业园
邮编:210041
电话:025/52897831
传真:52898921
电子信箱:hfqpnj@126.com
质量体系:ISO/TS 16949、QS 9000
产品情况:(金猫牌)
汽车、农用车驻车制动器、变速操纵机构及驻车制动器操纵机构等汽车零部件
配套情况:为江西五十铃、全顺、江铃陆风、江淮汽车、一汽集团、北汽福田、南京依维柯、广汽日野等配套

★南京丹纳赫汽车配件有限公司
地址:南京市栖霞区仙林大道18号
邮编:210046
电话:025/84710672、84710193
传真:84710673
网址:www.danahercn.com
电子信箱:sales@danahercn.com
质量体系:ISO/TS 16949、QS 9000
产品情况:轿车、商用车用制动片、制动蹄、制动盘、制动鼓等产品

★南京东华汽车转向器有限公司
地址:南京市江宁区经济技术开发区秦淮路71号
邮编:211101
电话:025/68576333、68576519
传真:68576597
网址:www.njzxq.com
电子信箱:webmaster@china-dirs.com
法人代表:潘晓元
负责人:王晓琪
单位人数:200
质量体系:ISO/TS 16949
产品情况:(东华牌)
循环球式转向器、齿轮齿条式转向器、可溃电助力式转向管柱总成、液压助力转阀等
配套及出口情况:为北汽福田、昌河铃木、南京长安、东风渝安、一汽佳宝、河北双环等数十家知名企业配套;出口韩国,齿轮齿条机械转向器总成,年产8000套

★南京弹簧有限公司
地址:南京市江宁区湖熟镇工业集中区
邮编:211121
电话:025/52350490
传真:52350438
网址:www.brakespring.cn
电子信箱:ntspring@263.net
质量体系:ISO/TS 16949、QS 9000
产品情况:(手牌)
各类弹簧、汽车制动器销轴、制动器组件、凸轮轴组件及冲压件、尼龙橡胶件
配套及出口情况:成为国内车桥厂家的OEM供应商;主要销往美国、欧洲、南美洲等国家和地区

★南京法雷奥离合器有限公司
地址:南京市江宁区广利路88号
邮编:211153
电话:025/86912345、86912377
传真:86912601
网址:www.valeo.com.cn
电子信箱:jian-bing.zhou@valeo.com
质量体系:ISO/TS 16949、ISO 14001
产品情况:离合器从动盘总成、离合器盖总成、飞轮、双质量飞轮、刚性飞轮、液力变矩器
配套情况:主要客户:奇瑞、日产尼桑、标致、上汽大众、一汽-大众、神龙、比亚迪、起亚现代、北京现代、上汽通用、北美通用、中国重汽、东风、南京依维柯、上海依维柯红岩

★南京亨发达汽配制造有限公司
地址:南京市溧水区和凤镇工业集中区凤翔路13号
邮编:211218
电话:025/85577017
传真:85577049、57467555
网址:www.hengfada.com
电子信箱:hfdwzy@126.com
质量体系:ISO/TS 16949
产品情况:(华达牌)
车轮螺栓螺母、轴头螺母、变速器凸缘、差速器凸缘、差速器十字轴、桥壳套管、花键轴、套管叉以及各种形状的毛坯锻造等
配套情况:为安徽星瑞齿轮传动、大桥传动轴、上汽东华传动轴、东华锻造、南京变速器、杭州汇丰车桥、临沂桥箱集团等配套

★仪征跃进车桥有限责任公司
地址:江苏省仪征市大庆南路32号
邮编:211400
电话:0514/83452987
传真:83452283
质量体系:ISO/TS 16949
产品情况:前后桥总成、车轴

★仪征市金太阳传动轴制造有限公司
地址:江苏省仪征市谢集南街18号
邮编:211413
电话:0514/83810031、83810030
传真:83810031
电子信箱:info@yzjty.cn
质量体系:ISO 9001
产品情况:各种汽车传动轴、钢圈等

★江苏联升汽车部件有限公司
地址:江苏省盱眙县经济开发区梅花大道6号
邮编:211700
电话:0517/88296859、88296679
传真:88295292
网址:www.cnliansheng.com
董事长:陈招文
单位人数:400
质量体系:ISO/TS 16949
产品情况:间隙手动调整臂、间隙自动调整臂、凸轮轴等系列产品
配套及出口情况:主要客户有包头北奔重汽车桥、安凯曙光车桥、一汽集团、东风汽车、济南重汽、青岛青特众力车桥、金华青年、湖北三环集团、安徽华菱集团等;远销美国、巴西、欧洲、非洲、俄罗斯、中东等国家和地区

★南京华创汽车配件有限公司
地址:南京市浦口区经济开发区浦珠南路6号
邮编:211800
电话:025/58288389、58288316
传真:58288799
电子信箱:service@njtvf.com
质量体系:ISO 9001
产品情况:(TVF牌)
分离轴承座
配套情况:为汽车和轴承行业配套

★镇江市宝华半挂车配件有限公司
地址:江苏省镇江市京口工业园区金鼎路33号
邮编:212003
电话:0511/88838888、88808888
传真:88822448、85573855
网址:www.bao-hua.net.cn
电子信箱:zjbaohua@public.zj.js.cn
单位人数:450
质量体系:ISO/TS 16949
产品情况:(宝明牌)
具有年产鞍式牵引座90000台、悬架系统36000套、支承装置70000副、挂车车桥100000根的生产能力
配套及出口情况:为全国多家挂车企业配套;远销美国、中东、南美洲、东南亚、澳大利亚等国家和地区

★凯迩必机械工业(镇江)有限公司
地址:江苏省镇江市新区高新技术产业开发园区经12路
邮编:212009
电话:0511/88891027、88891008
传真:88886848
网址:www.kyb.co.jp
电子信箱:kimznr@kybzj.com
质量体系:ISO 9001、ISO/TS 16949
产品情况:汽车减振器
配套情况:为东风日产、天津一汽丰田、北京奔驰、东南汽车等配套

★镇江江大春光齿轮有限公司
地址:江苏省镇江市学府路489号

邮编:212016
电话:0511/88799392
传真:88799391
电子信箱:jdchunguang@163.com
质量体系:ISO/TS 16949
产品情况:齿轮
配套情况:为北汽福田环保动力、南京威孚金宁、江铃汽车、南京汽车集团等配套

★镇江福斯特汽车零部件有限公司
地址:江苏省镇江市新区姚桥镇兴隆工业区
邮编:212139
电话:0511/83757588、18501609801
传真:83757688
网址:www.tanaworks.com
电子信箱:info@tanaworks.com
质量体系:ISO/TS 16949
产品情况:汽车制动器零件

★镇江华瑞液压机械有限公司
地址:江苏省镇江市丹徒区谷阳镇三山湖山路79号
邮编:212143
电话:0511/85117922、13861394371
传真:85910333
网址:www.hr1971.com
质量体系:ISO 9001
产品情况:多路换向阀、限速阀、负荷传感有限流量控制阀、单路稳定分流阀、平衡阀、振动阀、行走制动阀、单回路外力制动阀、转换阀等各类液压阀;年生产能力达到40余万台(件)
配套及出口情况:为众多知名企业的战略合作伙伴;随主机远销日本、东南亚、欧洲、南美洲等国家和地区

★大亚车轮制造有限公司
地址:江苏省丹阳市经济开发区金陵西路95号
邮编:212300
电话:0511/86983362
传真:86982228
网址:www.darewheel.com
电子信箱:james_sun@darewheel.cn
法人代表:翁少斌
负责人:邹毓文
单位人数:800
质量体系:ISO/TS 16949
产品情况:12~28英寸不同系列规格的铝合金车轮,形成了全涂装、镜面、亮面抛光、真空电镀、电镀等系列产品
配套及出口情况:为上汽通用、长城汽车、深圳比亚迪、日本铃木、日本三菱、北美丰田等厂商供货;远销美国、日本、丹麦、意大利等国家

★吉凯恩(丹阳)工业有限公司
地址:江苏省丹阳市经济技术开发区机械工业园
邮编:212310
电话:0511/86885178
传真:58202954
网址:www.gknchina.com
电子信箱:james.zhu@gknsintermetals.com
产品情况:农用机械的车轴、轮毂、车辆底盘、列车间的挂钩、液压悬架、连接头、扭矩弹簧、特殊车轴、扭矩车轴

★江苏赛格汽车部件有限公司
地址:江苏省丹阳市后巷镇开发区
邮编:212312
电话:0511/86325650
传真:86325071
网址:jssecure.cn
电子信箱:frank@giano.com.cn
产品情况:制动钳总成、钳体、支架、转向节、轮毂、轮毂组件
配套情况:主要客户有吉利汽车、北京现代等

★希格玛精密机械(江苏)有限公司
地址:江苏省丹阳经济开发区八经路东侧机械工业园1号
邮编:212314
电话:0511/86077003
传真:86077030
网址:www.sigma－k.net
电子信箱:xujun@sigma－k.net
法人代表:下中利孝
负责人:浜先克範
单位人数:134
质量体系:ISO/TS 16949
产品情况:汽车发动机、安全气囊、刮水器等精密部件的制造和销售
配套及出口情况:为丰田、本田、福特、马自达、现代等配套;出口北美洲、欧洲等地区

★江苏罗伯特汽车配件有限公司
地址:江苏省丹阳市新桥镇金桥工业区
邮编:212322
电话:0511/86355555、86362555
传真:86362999
网址:www.cn－robot.com
电子信箱:robot@cn－robot.com
法人代表:陈玉峰
单位人数:160
质量体系:ISO/TS 16949、ISO 9001
产品情况:工程车配件、气制动阀、气制动系统元件、贮气筒、工程机械灯具、塑料件
配套情况:与徐工集团、三一重工、山推等重型机械厂家供货

★丹阳市可达汽车配件有限公司
地址:江苏省丹阳市吕城镇圣旨西路699号
邮编:212351
电话:0511/86476210、86828258
传真:86828578
网址:www.kdap.com
电子信箱:dykd@pub.zj.jsinfo.net
董事长(负责人):肖永康
质量体系:ISO/TS 16949
产品情况:年产轿车前制动钳活塞180万只、轿车后制动钳活塞40万只
配套情况:主要与红旗、奥迪A6、桑塔纳、捷达、通用别克、帕萨特B5、尼桑、奇瑞等轿车制动器配套生产制动钳活塞及冷冲压件,年配套量可达100万台套

★常州开发减震器有限公司
地址:江苏省常州市高新技术开发区泰山路210号
邮编:213022
电话:0519/85101566、85109910
传真:85101565
电子信箱:ckfjzq@bentium.net
质量体系:ISO 9000
产品情况:汽、机车减振器及油、气压相关车辆零部件
出口情况:出口泰国、越南、美国等国家

★江苏安多利新能源科技有限公司
地址:江苏省常州市武进区湖塘镇武进纺织工业园二期(湖塘科技产业园)A3
邮编:213022
电话:13776873816
网址:www.cnjsadl.com
质量体系:ISO/TS 16949、ISO 14001
产品情况:两大系列、制动扭矩从600~5000N·m的高质量电涡流缓速器
配套及出口情况:为江淮客车、安凯客车、常州黄海、苏州金龙、北方尼奥普兰、北汽福田、山东中通、中国重汽、东风汽车、上海申龙、丹东黄海、漳州金龙、解放军总装备部等供货;出口10多个国家

★常州市第二齿轮厂有限公司
地址:江苏省常州市新北区泰山路205号
邮编:213022
电话:0519/85113688、85116666
传真:85115664
电子信箱:cznike88@sina.cn
质量体系:ISO/TS 16949、ISO 9001
产品情况:(CE牌)
齿轮、齿圈等
配套及出口情况:为一汽解放、一汽轿车、扬柴、安徽全柴、常柴等配套;远销欧美、大洋洲、中东、东南亚、非洲等地区

★常州协力汽车零部件有限公司
地址:江苏省常州市新北区孟河镇建设路35号
邮编:213138
电话:0519/85088908
传真:83507878
网址:www.global－concord.cn
质量体系:ISO/TS 16949
产品情况:汽车减振器、驾驶室翻转机构,年产能力300万套

配套及出口情况：为重汽集团、北汽福田、上汽依维柯红岩、陕汽集团等国内各大主机厂配套；出口中东、东欧、东南亚、北美洲等地区

★江苏骏宇汽配有限公司
地址：江苏省常州市武进区东安镇卜东路
邮编：213155
电话：0519/83760688、13606113688
传真：83765116
网址：www. junyu - cn. com
电子信箱：info@ junyu - cn. com
负责人：戴亚平
质量体系：ISO 9001
产品情况：（骏宇牌）
JY168 系列储能弹簧制动气室、前后桥制动气室、动力转向油罐、储气筒、稳定杆、直拉杆臂、左右转向节臂、防尘罩等
配套情况：为一汽集团、郑州宇通、厦门金龙、常州依维柯、扬州亚星、南汽、安徽安凯、东风德纳、青岛青特集团等配套

★爱德克斯（常州）管理有限公司
地址：江苏省常州市武进区常武中路 801 号常州科教城工业中心 8 号楼
邮编：213164
电话：0519/89182006
传真：89181002
网址：www. aisin. co. jp
电子信箱：xuxia@ advics - cz. com
产品情况：汽车统筹制动器零部件
配套情况：为丰田、日产、本田等所有日系汽车公司，及通用、福特等汽车公司供货

★常州超宇机械制造有限公司
地址：江苏省常州市武进区前黄镇丁舍
邮编：213172
电话：0519/86518387、86595715
传真：86268969、86595716
网址：www. cft - cz. com
电子信箱：info@ cft - cz. com
质量体系：ISO 9001
产品情况：（CFT 牌）
球笼式等速万向节和内外球笼冷锻毛坯，具有内、外球笼毛坯 200 万件和总成 100 万套的年生产能力
出口情况：远销美国、日本、韩国、智利等国家

★常州太湖齿轮厂
地址：江苏省常州市武进区雪堰镇南宅
邮编：213178
电话：0519/86202618、13606122568
传真：86202578
网址：www. taihu - gear. cn
质量体系：ISO 14001、GB/T 19001
产品情况：摩托车发动机齿轮、汽车变速器齿轮，年生产能力达 70 万台套
配套情况：为广东大长江集团、济南轻骑集团、南京金城集团、重庆建设雅马哈摩托车、江铃齿轮、重齿风电、太原重工、大连华锐、重庆望江等定点配套

★江苏金榆科技集团有限公司
地址：江苏省金坛市丹阳门北路张角山 10 号
邮编：213200
电话：0519/82850115、82850179
传真：82853344、82872877
网址：www. jhjd. com
单位人数：100
质量体系：ISO/TS 16949、ISO 14001
产品情况：（金低牌、金互牌、金榆牌）
汽车传感器、防抱死控制系统 ABS、ABS 线束、ABS 电磁阀、汽车行驶记录仪、轮胎压力检测系统 TPMS 等
配套情况：为四川客车、江淮汽车、九龙客车、上汽大众、一汽解放等配套

★江苏上齿集团有限公司
地址：江苏省溧阳市天目湖工业园区溪缘路 6 号
邮编：213333
电话：0519/83101142、88301184
传真：88301184、88301197
网址：www. jssc. com. cn
电子信箱：8301189@ 163. com
质量体系：ISO/TS 16949、ISO 9001
产品情况：（上溧牌）
已具备年生产螺旋锥齿 80 万套、圆锥齿轮 20 万只、减速机 1200 台的能力
配套及出口情况：客户包括重庆庆铃、江淮车桥、江西江铃、安凯车桥、东风柳汽、方盛车桥等企业；远销美国、意大利、土耳其、德国等国际市场

★小仓离合机（无锡）有限公司
地址：江苏省无锡市江海东路 1899 号 A 区 38 号
邮编：214027
电话：0510/82137719
传真：82137729
网址：www. oguraclutch. co. jp
电子信箱：e - ogurapost@ oguraclutch. co. jp
产品情况：制动离合器

★无锡英特帕普威孚液压有限公司
地址：江苏省无锡市城南路 202 号
邮编：214028
电话：0510/85368055、85360595
传真：85368255
网址：www. iph. net. cn
电子信箱：xs@ interpump. net. cn
质量体系：ISO/TS 16949、ISO 9001
产品情况：取力器、高压齿轮泵、柱塞泵、液压阀等
配套及出口情况：为依维柯、沃尔沃、斯堪尼亚、雷诺、伊顿、采埃孚、MASCOTT、三菱、艾里逊等配套；远销北美洲、欧洲、印度等国家和地区

★相信制动系统（无锡）有限公司
地址：江苏省无锡市国家高新技术产业开发区
邮编：214028
电话：0510/85322089、85322087
传真：85322093
电子信箱：hanhan8850@ hotmail. com
质量体系：ISO/TS 16949、QS 9000
产品情况：（SB 牌）
制动器总成等汽车关键零部件
配套情况：为现代、起亚、通用 - 大宇、雷诺 - 三星等配套

★无锡仓佑汽车配件有限公司
地址：江苏省无锡市国家高新技术产业开发区锡梅路 69 号
邮编：214028
电话：0510/88156188
传真：68866680
网址：www. tsangycw. com. cn
电子信箱：wendy. liu@ tsangyow. com. cn
质量体系：ISO/TS 16949、ISO 14001
产品情况：汽车变速器零组件的精密加工，并订做铸铁件、轴类、冲压件、铝铸件、锻件、组装件产品
配套情况：主要客户有 Valeo、奇瑞汽车、Delphi、Borgwarner、Exedy、Punch 等

★普利司通（无锡）轮胎有限公司
地址：江苏省无锡市国家高新技术产业开发区新梅路 67 号
邮编：214028
电话：0510/85322288
传真：85322199
网址：www. bridgestone. com. cn
电子信箱：bswx. hr@ bridgestonewx. com
产品情况：（普利司通牌）
轿车用子午线轮胎

★无锡凯迩必拓普减震器有限公司
地址：江苏省无锡市新区新加坡工业园锡坤北路 2 号
邮编：214028
电话：0510/85230225、85280118
传真：85280616
质量体系：ISO 9001
产品情况：摩托车减振器
配套及出口情况：为国内外摩托车整车厂配套；年出口 120 万台套

★无锡腾骅汽车变速器有限公司
地址：江苏省无锡市惠山区高力汽博城 101 - 103 号
邮编：214041
电话：0510/83587070
传真：83587080
电子信箱：debin@ aufauto. com
质量体系：ISO 9001
产品情况：自动变速器、液力变扭器等

★无锡市元丰减震器有限公司
地址：江苏省无锡市滨湖区马山雪云路
邮编：214092

电话:0510/85999956、13906195773
传真:85998960
网址:www.yuanfengchina.com
质量体系:ISO 9001
产品情况:减振器,产品覆盖轿车、越野车、客车、货车等各种车型

★青志(无锡)粉末铸锻有限公司
地址:江苏省无锡市锡山经济开发区华发路11号
邮编:214101
电话:0510/88709662
传真:88700619
网址:www.chinchih.com.cn
电子信箱:ccmcn@ccmetal.com.tw
质量体系:ISO 9001
产品情况:发动机时规链条齿轮、动力辅助转向泵、变速器行星齿轮毂架、同步齿轮、ABS侦测环、转子、皮带轮、阀门座、摇臂座、机车零件、电动工具零件、气动工具零件、空调压缩机零件等
出口情况:出口德国、法国、荷兰、瑞典、英国、美国、日本、韩国、泰国、新加坡、越南、印度尼西亚、印度、马来西亚、巴西、南非等国家

★无锡和大精密齿轮有限公司
地址:江苏省无锡市安镇镇锡沪路查桥东段27号
邮编:214104
电话:0510/88716057、88712493
传真:88712485
网址:www.wxhota.com
电子信箱:hota@wxhota.com
质量体系:ISO/TS 16949、QS 9000
产品情况:汽车、摩托车传动齿轮及轴类零件以及其他特殊精密齿轮部件
出口情况:出口美国、日本,加拿大、新加坡

★无锡市万旋金属制品有限公司
地址:江苏省无锡市锡山区安镇镇西工业园
邮编:214105
电话:0510/88784887
传真:88787228
网址:www.wanxuan.cn
电子信箱:wanxuan1@wanxuan.com
质量体系:ISO/TS 16949、ISO 9001
产品情况:(万旋牌)
已形成年生产铝合金摩托车轮毂200万件、铝合金汽车轮毂160万件的年生产能力
配套及出口情况:为重庆力帆、北方易初、广东大阳、南京金城、北京汽车等摩托车、汽车生产厂家配套;远销印度尼西亚、马来西亚、越南、菲律宾、印度、巴基斯坦、美国、俄罗斯、秘鲁等国家

★无锡市德力液压有限公司
地址:江苏省无锡市新区梅村锡泰路225号
邮编:214112
电话:0510/88550118、85021581
传真:88551809、88551810
网址:www.wx-dl.com
电子信箱:sales@wx-dl.com
单位人数:210
质量体系:ISO 9001
产品情况:(锡液牌)
齿轮泵、液压动力单元、液压阀过滤器、油缸、液压系统等
配套及出口情况:为机床、汽车、汽车保修设备、塑料机械、纺织、装载机、矿山机械、扫雪车等行业提供配套;远销美国、加拿大、意大利等国家

★无锡格尔顿传动轴有限公司
地址:江苏省无锡市新区硕放工业园65号
邮编:214142
电话:0510/85311988、85310599
传真:85310939
网址:www.chngld.com
电子信箱:sales@jsgolden.com
质量体系:QS 9000、ISO 9001
产品情况:年产传动轴总成50万根、转向传动装置总成60万套、自动间隙调整臂80万只
配套及出口情况:为亚星、江淮、一汽、东风、北奔重汽、重庆重汽、欧舒特、北汽福田、郑州宇通、东风汽车股份等全国数十家主机厂配套;远销东南亚和美国

★无锡市凯华减震器厂
地址:江苏省无锡市新区硕放镇杨家湾村
邮编:214143
电话:0510/85262252
传真:85261979
质量体系:ISO 9001
产品情况:(凯华牌)
各类减振器
配套情况:为锡柴、苏州金龙、春兰等配套

★无锡市恒盛车轮有限公司
地址:江苏省无锡市钱桥镇恒源祥恒溢路15号
邮编:214153
电话:0510/83270081、83270029
传真:83270015
网址:www.winswheel.com
电子信箱:shaneyu.hengsheng@gmail.com
单位人数:200
质量体系:ISO/TS 16949
产品情况:(WINS牌)
钢制车轮
出口情况:远销美国、澳大利亚、欧洲、非洲等国家和地区

★无锡市双福液压活塞杆有限公司
地址:江苏省无锡市惠山区洛社镇勤余村
邮编:214154
电话:0510/83555796
传真:83559276
电子信箱:shuangfu@cn-shuangfu.com
质量体系:ISO 9001
产品情况:汽车、摩托车用液压活塞杆、汽车筒式减振器等
配套情况:为一汽集团所属单位配套

★无锡戴卡轮毂制造有限公司
地址:江苏省无锡市惠山区玉祁工业园
邮编:214183
电话:0510/83888666
传真:83889222
电子信箱:wxdk168@tom.com
产品情况:低压铸造汽车铝合金轮毂

★无锡中策减震器有限公司
地址:江苏省无锡市惠山区玉祁镇荣中
邮编:214183
电话:0510/83880072、83880926
传真:83898072
电子信箱:zcjz@public1.wx.js.cn
质量体系:ISO/TS 16949、VDA 6.1
产品情况:(锡震牌)
橡胶金属减振器、金属波形膨胀节和沥青阻尼材料三大类;具有年产2000万只橡胶金属减振器和4000t阻尼材料的能力
配套情况:为一汽-大众、上汽大众、上汽通用、长安汽车、一汽轿车、南京依维柯、神龙汽车、奇瑞汽车等配套

★无锡晶华汽车制动器有限公司
地址:江苏省无锡市惠山经济开发区洛社配套区
邮编:214187
电话:0510/83308932、82259966
传真:83308361
网址:www.wxjhjt.com
电子信箱:sales@wx-jn.com
负责人:强林南
质量体系:ISO/TS 16949、ISO 9001
产品情况:汽车制动器和电动车前后桥

★无锡鑫隆车辆配件厂
地址:江苏省无锡市洛社镇张镇桥村
邮编:214187
电话:0510/83340133
传真:83311438
电子信箱:sales@xinlongchina.cn
质量体系:ISO/TS 16949
产品情况:汽车离合器、发动机油管

★无锡市宏达汽车减震器有限公司
地址:江苏省无锡市锡山区东北塘镇
邮编:214191
电话:0510/83771423
传真:83774203
电子信箱:mxm@hdjzq.com
质量体系:ISO 9000
产品情况:(精昌牌)
汽车减振器
配套及出口情况:为一汽集团无锡汽车厂、江淮汽车、常州依维柯、张家港客

车、牡丹集团等20多家企业配套;出口东欧、南美洲等地区

★无锡中马汽车配件制造有限公司
地址:江苏省江阴市青阳镇锡澄路1323号
邮编:214401
电话:0510/86503388、86518383
传真:86985265
电子信箱:myhuku@gmail.com
产品情况:车辆悬架用减振器系列、车辆非悬架用减振器系列、液压阻尼器(减振器)系列、健身器材油压缸系列、支承杆气弹簧系列、减振器零件系列六大系列产品

★江阴市创新气门嘴有限公司
地址:江苏省江阴市华士镇
邮编:214421
电话:0510/86213271、86204929
传真:86204926
网址:www.sanliang.com
电子信箱:cx@sanliang.com
质量体系:ISO/TS 16949、ISO 14001
产品情况:(三良牌)
各种型号规格的气门嘴、气门芯
配套及出口情况:为佳通轮胎、杭州中策橡胶、贵州轮胎股份、建大橡胶中国、正兴车轮集团、厦门日上车轮集团配套;出口美国、德国、巴西、俄罗斯、印度、韩国、泰国等30多个国家和地区

★江阴市天一气门芯有限公司
地址:江苏省江阴市华士镇穿山路61号
邮编:214421
电话:0510/86218585
传真:86218581
网址:www.tianyi-qmx.com
电子信箱:info@tianyi-qmx.com
质量体系:ISO/TS 16949、ISO 9002
产品情况:各种型号气门芯和系列气门嘴,年产气门芯2亿支,气门嘴5千万套
出口情况:产品70%以上远销美国、欧洲、东南亚等国际市场

★江阴市长江汽车离合器有限公司
地址:江苏省江阴市皮弄村富民工业园区
邮编:214433
电话:0510/86270615
传真:86270613
网址:www.cjclutch.com
电子信箱:info@cjclutch.com
质量体系:ISO 9001
产品情况:大中型汽车离合器总成系列,各种特种离合器压盘、从动盘总成
配套情况:为金龙、亚星等配套

★江阴全华丰精锻有限公司
地址:江苏省江阴市城东街道山观石山路98号
邮编:214437
电话:0510/86131327、86131573
传真:86992737
网址:www.china-qhf.com
电子信箱:zhchh@china-qhf.com
单位人数:170
质量体系:ISO/TS 16949
产品情况:(QHF牌)
汽车差速器行星、半轴齿轮;摩托车起动棘、齿轮;农机用锥齿轮等,年产300万台差速器行星、半轴齿轮
配套及出口情况:棘、齿轮,气门弹簧座主要与铃木技术企业江门大长江、济南铃木,本田技术企业新大洲本田、五羊本田等摩托企业配套;锥齿轮主要与长安汽车、长城汽车、北京汽车、广汽、金杯汽车配套;出口印度、日本、意大利等国家

★无锡市联信离合器有限公司
地址:江苏省江阴市申港镇镇澄路1201号
邮编:214443
电话:0510/86687537、86687538
传真:86685200
网址:www.wjclutch.com
电子信箱:wjclutch@163.com
质量体系:ISO 9001
产品情况:(万嘉牌)
离合器从动盘总成和压盘总成及其变形产品
配套及出口情况:为扬柴、北汽福田、柳工集团、常林集团等配套;出口北美洲、南美洲、非洲、亚洲、澳大利亚等国家和地区

★江苏恒力制动器制造有限公司
地址:江苏省靖江市经济开发区城南园区苏源热电路
邮编:214500
电话:0523/84622969
传真:84243988
网址:www.js-hengli.com
电子信箱:webmaster@js-hengli.com
董事长(负责人):徐旗钊
单位人数:1500
质量体系:QS 9000
产品情况:(恒力牌)
各类鼓式制动器、16.5~22.5英寸气压盘式制动器总成、各类转向管柱、汽车转向装置总成及各种型号的凸轮轴、调整臂、支架、气室、推力杆、限位支架、气室支架、角转向器等
配套情况:为一汽、东风、江淮、安凯、东风柳汽、广西方盛、江铃、北汽福田、上汽依维柯、华菱、徐州美驰、宇通客车、金龙客车、中通客车、黄海客车等配套

★江苏恒义汽配制造有限公司
地址:江苏省靖江市开发区中洲西路6号
邮编:214500
电话:0523/88973001、88973000
传真:84855280
网址:www.hengyi-qp.com
电子信箱:hy214500@vip.163.com
质量体系:ISO/TS 16949、ISO 9001
产品情况:(恒义牌)
汽车、工程机械零部件及部件总成
配套情况:为陕汽集团、一汽山东汽车改装厂、重汽集团、北奔重汽、徐工集团、安凯集团等配套

★江苏格尔顿传动有限公司
地址:江苏省江阴市开发区靖江园区沿江高等级公路北
邮编:214521
电话:0523/84818853、84813078
传真:84833540
网址:www.chngld.com
电子信箱:gldyxgs@163.com
单位人数:420
质量体系:ISO/TS 16949、QS 9000
产品情况:(格尔顿牌)
汽车传动轴、转向传动管柱、电子加速踏板、电磁驱动器总成等
配套情况:传动轴总成为厦门金龙、宇通客车、苏州金龙配套,转向管柱总成为北汽福田、陕汽、奇瑞配套

★靖江市富奥重型万向节制造厂
地址:江苏省靖江市东兴镇惠丰镇吉祥路16号
邮编:214532
电话:0523/84666899、84661858
传真:84661869
网址:www.jsgaosu.com
负责人:成纪章
单位人数:200
质量体系:QS 9000
产品情况:(高速牌)
万向节(年产80万套)、传动轴、联轴器、锻件(毛坯年产800t)
出口情况:部分产品出口美国、日本、韩国等国家

★苏州市润升金属氧化有限公司
地址:江苏省苏州市金阊区新渔村
邮编:215008
电话:0512/65351956、65354229
传真:65353455
电子信箱:szrunsheng@163.com
质量体系:ISO 9001
产品情况:(金锣牌)
汽车离合器盖、膜片、弹簧等
配套及出口情况:表面处理产品为苏州法拉鼎电机、苏州阿海珐开关、克诺尔车辆设备(苏州)、泰兴龙溢端子、林氏弹簧(苏州)等配套;冲压件为东风汽车传动轴、上海萨克斯动力总成部件系统、上海优利福汽车部件、上海久耐汽车离合器、无锡联信离合器等配套;产品80%远销欧洲、美洲、东南亚

★苏州虎丘汽车配件有限公司
地址:江苏省苏州市吴中区临湖镇浦庄和安路1号
邮编:215008
电话:0512/65334296
传真:65335401

网址:www.hqclutch.com
电子信箱:market@hqclutch.com
质量体系:ISO/TS 16949
产品情况:(虎丘牌)
汽车离合器总成
配套情况:为东风、解放全系列车型的离合器配套

★苏州优科豪马轮胎有限公司
地址:江苏省苏州市高新区华侨路158号
邮编:215011
电话:0512/68181008
传真:68181007
网址:www.yokohama.com.cn
单位人数:498
产品情况:(YOKOHAMA牌)
货车、客车用子午线轮胎

★麦特达因(苏州)汽车部件有限公司
地址:江苏省苏州市工业园区青丘街178号
邮编:215021
电话:0512/87171600
传真:87171608
网址:www.metaldyne.com
产品情况:铝压铸件、减振器总成、粉末金属件、粉末金属锻造与加工
配套情况:为长安福特、长安马自达、奇瑞汽车、神龙汽车、通用汽车、上汽通用、福田康明斯、克虏伯等配套

★博世汽车部件(苏州)有限公司
地址:江苏省苏州市工业园区苏虹西路126号
邮编:215021
电话:0512/67676999、67676130
传真:62655200
网址:www.bosch.com.cn
电子信箱:jingfang.jiang@cn.bosch.com
法人代表:UWE CURT RASCHKE
负责人:Bentz Manfred
单位人数:796
质量体系:ISO/TS 16949
产品情况:(Bosch牌)
防抱死制动系统ABS、牵引力控制系统TCS、电子稳定程序ESP、轮速传感器、安全气囊电控单元及其他传感器等
配套及出口情况:为乘用车及轻型商用车提供配套产品及服务;出口亚洲、欧洲、美洲
☞详细情况请参阅彩色宣传版面

★采埃孚传动技术(苏州)有限公司
地址:江苏省苏州市工业园区百合街18号
邮编:215021
电话:0512/67166559
传真:67166357
电子信箱:wenguang.hu@zf-suzhou.com
质量体系:ISO/TS 16949
产品情况:(ZF牌)
客车传动系统产品,包括变速器、车桥、悬架及转向系统
配套情况:为厦门金龙、苏州金龙、苏州金旅、安凯汽车等配套

★乔治费歇尔汽车产品(苏州)有限公司
地址:江苏省苏州市工业园区长阳街
邮编:215021
电话:0512/62836333
传真:62836062
网址:www.georgfischer.com
电子信箱:mujia.zhang@georgfischer.com
质量体系:ISO/TS 16949、ISO 9001
产品情况:为车辆底盘、传动系统和车身提供铸造零件
配套情况:为奇瑞汽车、长城汽车等配套

★苏州东风汽车离合器有限公司
地址:江苏省苏州工业园区葑亭大道588号
邮编:215024
电话:0512/65333193
网址:www.szclutch.com
电子信箱:szjc-xiejun@dfl.com.cn
质量体系:ISO/TS 16949
产品情况:(圆菱牌)
离合器
配套及出口情况:为东风汽车有限、一汽解放、东风康明斯发动机、解放大连柴油机、东风朝阳柴油机、解放无锡柴油机、东风杭汽、厦门金龙、徐工、安徽安凯、重庆红岩、郑州宇通、北汽福田、扬州亚星等配套;出口美国、乌克兰、土耳其、埃及、印度、加纳等国家

★东风汽车传动轴有限公司苏州分公司
地址:江苏省苏州市工业园区葑亭大道588号
邮编:215122
电话:0512/62756188
传真:62756288
网址:www.dfps.com.cn
电子信箱:jsb@dfps.com.cn
质量体系:ISO/TS 16949
产品情况:汽车传动轴、转向器、转向传动装置、离合器等四大总成及零部件,具有年产商用车动力转向器、机械式转向器23万台,传动轴50万根,转向传动装置30万根,离合器30万套的生产能力
配套情况:为东风汽车公司等配套

★东机工汽车部件(苏州)有限公司
地址:江苏省苏州市工业园区星龙街177号
邮编:215126
电话:0512/62833400
传真:62833513
网址:www.hitachi.com.cn
质量体系:ISO/TS 16949
产品情况:(TOKICO牌)
制动钳、真空助力器、制动总泵、独立悬架减振器、普通减振器等
配套及出口情况:前制动钳为东风日产全系列轿车、东南汽车君阁、昌河铃木配套,后制动钳为一汽轿车马自达6睿翼配套,真空助力器和制动总泵为东风日产全系列轿车、昌河铃木配套,减振器为广汽丰田雅力仕、汉兰达(独立悬架减振器)和东风日产逍客、奇骏配套;出口北美福特、日本日产及韩国雷诺三星

★苏州源成铝制品制造有限公司
地址:江苏省苏州市高新区出口加工区
邮编:215129
电话:0512/88876985
传真:88876995、88876996
产品情况:铝合金汽车轮辋,年产能力200万件以上
配套及出口情况:为美国通用、福特、克莱斯勒、日本铃木、马自达、本田等配套;出口欧洲、美洲、日本

★万都(苏州)汽车底盘系统有限公司
地址:江苏省苏州市高新区马运路328号
邮编:215129
电话:0512/66659888
传真:66653022
网址:www.mando.com
质量体系:QS 9000
产品情况:防抱死制动装置(ABS),转向器、转向柱、中间轴等转向系统产品
配套情况:为北京现代、东风悦达起亚、上汽通用、长安汽车、哈飞汽车、奇瑞汽车、昌河汽车、庆铃汽车等配套

★太航常青汽车安全设备(苏州)公司
地址:江苏省苏州市相城区漕湖产业园恒运路北
邮编:215131
电话:0512/66731090、18913181088
传真:66736578
网址:www.cnzhcq.com
电子信箱:sales@cnzhcq.com
质量体系:ISO/TS 16949
产品情况:汽车安全气囊总成、预紧式安全带等汽车被动安全系统产品,零部件包括转向盘总成(镁合金骨架压铸和发泡)、气体发生器总成、线束、气袋、柔性扁平电缆、螺旋电缆

★克诺尔车辆设备(苏州)有限公司
地址:江苏省苏州高新区浒关开发区石阳路69号
邮编:215151
电话:0512/66165666
传真:66165817
网址:www.knorr-bremse.cn
产品情况:商用车辆制动系统产品

★苏州苏万万向节有限公司
地址:江苏省苏州市吴江区交通路4279号
邮编:215200

电话:0512/63453946、13913712392
传真:63454482、63455302
网址:www.sz-suwan.com
电子信箱:lujinming@sz-suwan.com
单位人数:280
质量体系:ISO 14001、ISO 9001
产品情况:汽车万向节、工程机械万向节、传动轴及各类联轴器
配套情况:为南京南汽传动轴、徐州美驰车桥、山推股份、徐工科技、常林股份、上海彭浦厂、宝鸡石油机械、四川宏华石油设备、重庆齿轮箱、中石化江汉石油管理局第四机械厂供货

★苏州绿控传动科技有限公司
地址:江苏省苏州市吴江区交通南路1268号
邮编:215200
电话:0512/88812100
传真:88812027
网址:www.lvkon.com
产品情况:汽车自动变速器、混合动力客车动力系统总成、纯电动汽车动力系统总成
配套情况:为苏州金龙、中通、恒通、东风扬子江等多家客车厂供货

★富士和机械工业(昆山)有限公司
地址:江苏省昆山市经济技术开发区南河路988号
邮编:215300
电话:0512/57715858
传真:57715859
网址:www.fjw.com.cn
电子信箱:sales@fjw.com.cn
董事长:宗成志
负责人:廖政景
质量体系:ISO/TS 16949、ISO 14001
产品情况:制动盘、制动鼓、转向节、轮毂、排气歧管、主减速器、差速器、飞轮、涡轮壳等
配套情况:为美国福特、伊顿、上汽通用五菱、东风汽车公司、东风日产乘用车、上海汇众、上海德尔福、天津一汽丰田、艾默生电器、霍尼韦尔、北京奔驰、广汽三菱、郑州日产配套

★欧凯普底盘配件(昆山)有限公司
地址:江苏省昆山市昆山开发区环娄路218号
邮编:215300
电话:0512/57030678
传真:57971898
网址:www.ocap.it
电子信箱:info@ocap.cn
质量体系:ISO/TS 16949、ISO 9001
产品情况:汽车底盘配件

★昆山六丰机械工业有限公司
地址:江苏省昆山市庆丰西路179号
邮编:215300
电话:0512/57312278
传真:57325042
单位人数:1100
质量体系:ISO/TS 16949、VDA 6.1
产品情况:(豪马牌)
汽车铝合金轮毂
配套情况:为上汽大众、一汽-大众、上汽通用、江铃汽车、华晨金杯等国内知名企业配套

★正新橡胶(中国)有限公司
地址:江苏省昆山市陆家镇合丰路8号
邮编:215301
电话:0512/57673888、4008280080
网址:www.cst.com.cn
电子信箱:4008280080@mail.cst.com.cn
质量体系:ISO/TS 16949、QS 9000
产品情况:(玛吉斯(MAXXIS)牌)
轿车子午线轮胎,客车斜交轮胎
配套情况:与上汽通用、上汽大众、上海汽车、长安福特、东风日产、东南汽车等配套

★库博建大轮胎(昆山)有限公司
地址:江苏省昆山市经济技术开发区日本工业园区百灵路168号
邮编:215331
电话:0512/57727666
传真:57727665
网址:www.coopertire.com.cn
产品情况:乘用车子午线轮胎

★昆山正大新成精密锻造有限公司
地址:江苏省昆山市开发区云雀路405号
邮编:215331
电话:0512/57671757
传真:57870880、57670964
网址:www.aapico.cn
电子信箱:aapicokunshan@aapico.com
质量体系:ISO/TS 16949
产品情况:汽车发动机连杆、同步器齿环、倒挡拨叉、换挡摇臂、汽车空调压缩机齿轮、制动系统凸缘以及空气断路器内部动静接触块等
配套情况:为上汽通用五菱、长安福特、长安马自达、上海汽车、奇瑞等汽车主机厂以及施耐德电器公司配套,同时也是吉利、尼桑日产和日野等汽车主机厂的二级供应商

★慕贝尔汽车部件(太仓)有限公司
地址:江苏省太仓市常州路5号
邮编:215400
电话:0512/53950900
传真:53950920
网址:www.mubea.com
电子信箱:info.mubea.taicang@mubea.com
质量体系:ISO/TS 16949
产品情况:(MUBEA牌)
弹簧卡箍、悬架弹簧、碟形弹簧、皮带张紧轮
配套情况:为上汽大众、一汽-大众、上汽通用、韩国现代、日本日产、MBL等配套

★克恩-里伯斯(太仓)有限公司
地址:江苏省太仓市南京路88号
邮编:215400
电话:0512/53578996
传真:53578997
网址:www.kern-liebers.com.cn
电子信箱:kltc@kern-lieber
质量体系:ISO/TS 16949、ISO 9001
产品情况:汽车底盘卡环

★太仓卡兰平汽车零部件有限公司
地址:江苏省太仓市南京路88号
邮编:215400
电话:0512/53578996
传真:53566757
网址:www.kern-liebers.com.cn
电子信箱:kltc@kern-liebers.com.cn
质量体系:ISO/TS 16949、ISO 14001
产品情况:主要生产用于球铰链、球头、转向臂、控制臂卡圈等汽车悬架转向系统配件
配套情况:是上海伦福德集团、天合集团、采埃孚集团的独家供应商

★江兴(太仓)金属制品有限公司
地址:江苏省太仓市陆渡郑和中路
邮编:215412
电话:0512/53450111
传真:53450113
电子信箱:sales@ch-forging.com.cn
质量体系:ISO/TS 16949、QS 9000
产品情况:前轮转动主件、齿轮、锥齿轮、BJ内轮、DOJ内轮、传动承座、磁极、传动接头、排挡齿轮、起动齿轮、各类轴件等

★华丰橡胶(中国)有限公司
地址:江苏省常熟市长江路1号
邮编:215500
电话:0512/52811788
传真:52813323
质量体系:ISO 9001
产品情况:汽车轮胎

★大陆汽车系统(常熟)有限公司
地址:江苏省常熟市东南经济开发区东南大道58号
邮编:215500
电话:0512/52358818
传真:52358808
网址:www.conti-online.com
电子信箱:hr_cg@cn.contiautomotive.com
产品情况:汽车液压制动系统

★欧德克斯机械工业(常熟)有限公司
地址:江苏省常熟市东南经济开发区虞山路101号
邮编:215500
电话:0512/52836992
传真:52836993
网址:www.odics.co.jp

产品情况：平衡轴、摇臂、皮带张紧器等减振部件
配套情况：为广汽丰田、天津一汽丰田、长春丰田供货

★住友橡胶(常熟)有限公司
地址：江苏省常熟市经济开发区兴华港区大道1号
邮编：215513
电话：0512/52695000
传真：52695022、52697013
网址：www. dunlop. com. cn
电子信箱：info@ tyrepacific. com. cn
质量体系：ISO/TS 16949、ISO 14001
产品情况：（邓禄普牌）
汽车轮胎，日产5000条
配套情况：为天津一汽丰田、东风日产乘用车等配套

★常熟美桥汽车传动系统制造技术公司
地址：江苏省常熟市经济技术开发区通联路16号
邮编：215537
电话：0512/52256076
电子信箱：webmaster@ hefeiaam. com
质量体系：ISO/TS 16949
产品情况：前后桥、后驱动模组、取力器、驱动轴等高精度传动与驱动系统产品，年产50万件传动系统产品
配套情况：为国内外主机厂配套

★东洋轮胎(张家港)有限公司
地址：江苏省张家港市扬子江国际化学工业园东海路58号
邮编：215600
电话：0512/35007100
传真：35007203
网址：www. toyo－rubber. co. jp
电子信箱：hr@ toyotiresz. com
产品情况：（TOYO牌）
轿车用和轻型货车用轮胎

★安固(张家港)橡胶工业有限公司
地址：江苏省张家港市凤凰镇港口街道办事处
邮编：215612
电话：0512/58480156、58485307
传真：58480582、58488331
电子信箱：goodtire@ public1. sz. js. cn
质量体系：ISO 9001
产品情况：（安固牌）
丁基内胎、垫带、翻新胎
配套及出口情况：为米其林、普利司通、上海轮胎厂配套；出口丁基内胎、垫带

★南港(张家港保税区)橡胶工业公司
地址：江苏省张家港市保税区上海路
邮编：215634
电话：0512/58320228
传真：58320229
质量体系：ISO/TS 16949、ISO 14001
产品情况：轮胎

★丰田合成(张家港)科技有限公司
地址：江苏省张家港市保税区中华路113号
邮编：215634
电话：0512/58389351
传真：58389358
质量体系：ISO 9001
产品情况：高级别的汽车转向盘、安全气囊等汽车安全系统产品
配套情况：为广汽丰田、四川一汽丰田供货

★徐州光环传动轴制造有限公司
地址：江苏省徐州市经济开发区黄石路
邮编：221004
电话：0516/85533869、85533866
传真：85533869
网址：www. ghcdz. com
电子信箱：ghcdwlx@ 163. com
质量体系：ISO/TS 16949、ISO 9001
产品情况：传动轴

★徐州徐工轮胎有限公司
地址：江苏省徐州市矿山路21号
邮编：221005
电话：0516/83732938、87608260
传真：83757731、83726020、85753288
产品情况：（徐工牌、甲字牌、丰收牌）
载货汽车轮胎、轿车轮胎
配套及出口情况：为工程机械、农业机械、汽车制造厂配套；远销美国、西欧、澳大利亚、新西兰等国家和地区

★徐州美驰车桥有限公司
地址：江苏省徐州市铜山新区珠江路9号
邮编：221116
电话：0516/83911088
传真：83911188
网址：www. xzmeritor. com. cn
电子信箱：wenjun. xing@ arvinmeritor. com
质量体系：ISO 9001、ISO 14001
产品情况：（索玛牌）
工程机械车桥、矿用车车桥、公交车、长途客车车桥、货车车桥等产品
配套及出口情况：拥有郑州宇通、苏州金龙、厦门金龙、厦门金旅、金华青年、中通客车、沃尔沃货车、江淮汽车、上汽依维柯红岩、福田戴姆勒、徐工等30多家客户；国外客户主要有日本五十铃、日本日野等汽车公司

★事坦登(徐州)有限公司
地址：江苏省徐州市经济开发区鲲鹏北路89号
邮编：221600
电话：021/80120158
传真：80120157
网址：www. standens. cn
质量体系：ISO/TS 16949、ISO 14001
产品情况：叶片板簧、车载悬架、拖车车轴、农机配件

★连云港华阳机械制造有限公司
地址：江苏省连云港市洪门工业园区华阳路
邮编：222023
电话：0518/85280687、85287090
传真：85287091
网址：www. lygflcq. com
电子信箱：lyghyjx@ 126. com
单位人数：87
质量体系：ISO/TS 16949、ISO 9001
产品情况：各类重型特种车辆支撑车桥及悬架
配套情况：为苏州大方特种车辆、郑州大方桥梁机械、湖北三江航天等国内重型运输装备制造业企业配套

★连云港北方变速器有限责任公司
地址：江苏省连云港市经济技术开发区昆仑山路10号
邮编：222047
电话：0518/86087856
传真：86086856、86086888
网址：www. bfbsq. cn
电子信箱：bbscb@ 163. com
质量体系：ISO/TS 16949、QS 9000
产品情况：轻型货车、微型车、经济型轿车以及非公路型特种车变速器产品和各类轴、盘类齿轮、箱体产品生产加工以及悬式绝缘子锻件镀锌和热处理类件的加工处理
配套情况：为铃木系列发动机配套

★连云港市艾伦钢铁有限公司
地址：江苏省连云港市东海县桃林经济开发区
邮编：222334
电话：0518/87674168、87677777
传真：87672371
电子信箱：ailunsteel@ 126. com
质量体系：ISO 9001
产品情况：（艾伦牌、魁星牌）
各种汽车车轮
出口情况：出口加拿大、澳大利亚、秘鲁、东南亚等国家和地区，并销往中国香港、中国台湾地区

★江苏省东海县兰天汽车车轮厂
地址：江苏省连云港市东海县桃林镇开发区
邮编：222334
电话：0518/87675333
传真：87672130
网址：www. ltwheels. com
电子信箱：sales@ ltwheels. com
单位人数：600
质量体系：ISO/TS 16949
产品情况：（正环牌）
钢制车轮，年产200万套
配套及出口情况：为徐工集团、东风汽车、陕汽、柳汽、大运汽车等多家国内知名汽车制造商配套；出口40多个国家和地区

★洪泽县汽车半轴制造有限公司
地址:江苏省洪泽县工业园区东五街5号
邮编:223100
电话:0517/87229666、87801561
传真:87210066
网址:www.jshzbz.com
电子信箱:jshzhch@163.com
质量体系:ISO/TS 16949、ISO 9001
产品情况:(鼎立牌)
汽车、工程车、皮卡车、农用车及农机设备半轴、花键轴
配套情况:与南京依维柯、跃进集团、广汽吉奥、青特集团、徐州美驰车桥、山东云宇机械集团、江西江铃底盘、保定大迪、常发集团及美国哈兰、美国迪普特、意大利古加诺等数十家企业配套

★江苏耀拓机械制造有限公司
地址:江苏省淮安市淮阴区老张集工业区
邮编:223300
电话:0517/84633328、13951576499
传真:84633328
网址:www.jsyaotuo.com
电子信箱:info@jsyaotuo.com
质量体系:ISO/TS 16949
产品情况:悬架件和其他零配件

★连云港宝石精密重工科技有限公司
地址:江苏省连云港灌南县人民西路北侧(经济开发区)
邮编:223500
电话:0518/83886156、83886152
传真:83886152
网址:www.gemsywheel.com
电子信箱:wheel@gemsy.com
质量体系:ISO 9001
产品情况:重型货车、客车、油罐车、飞机、轿车等锻造旋压铝轮毂,年产能超200万件

★江苏新创雄铝制品有限公司
地址:江苏省泗阳县东经济开发区九江路北首
邮编:223700
电话:0527/80709068
传真:80709077
网址:www.cnwheel.com
单位人数:400
质量体系:ISO/TS 16949
产品情况:超轻量化复合式铝合金轮毂
出口情况:远销北美洲、日本、欧洲等国家和地区

★江苏飞驰股份有限公司
地址:江苏省盐城市开放大道158号
邮编:224003
电话:0515/88554298
传真:88156688
网址:www.china-feichi.com
电子信箱:feichi@china-feichi.com
董事长:陆安杰
质量体系:ISO 9001、ISO 14001
产品情况:(飞驰牌)
具备年产1000万条自行车胎、500万条摩托车胎和50万套特种工业轮胎的生产能力
配套情况:为金城、嘉陵、春兰摩托车配套

★江苏名豪汽车零部件有限公司
地址:江苏省盐城市亭湖区新洋经济区新洋路66号
邮编:224003
电话:0515/83351599、83351612
传真:83351609、83351566
网址:www.mensch.cn
电子信箱:chensy@mensch.cn
质量体系:ISO/TS 16949、ISO 14001
产品情况:离合器从动盘总成、离合器压盖总成、分离轴承等
配套情况:为一汽-大众、东风、奇瑞、三菱、北汽、长安、长城、富田、哈飞、江淮、上汽通用、江玲、北汽、南汽、宝马等配套

★盐城市金鑫离合器厂
地址:江苏省盐城市盐都区大冈镇冈中社区盐南机电园
邮编:224055
电话:0515/88858055
传真:88466371
电子信箱:ycjx6@126.com
质量体系:ISO/TS 16949
产品情况:[伯瑞特牌、金大金(JDJ)牌]
离合器从动盘总成,年生产能力为60万套

★盐城恒昌汽车配件有限公司
地址:江苏省大丰市经济开发区鹏程西路2号
邮编:224100
电话:0515/83859598
传真:83859578
电子信箱:hcjt@hcjtqpnj.com
质量体系:ISO 9001
产品情况:(云马牌、驰王牌)
各种系列离合器成品花键盘毂,各种汽车制动自动调整臂等
配套情况:为一汽、东风、西湖、三环等企业配套

★东台市黄海汽车配件厂
地址:江苏省东台市农干桥
邮编:224236
电话:0515/85681371
传真:85682371
网址:www.dthq.com
单位人数:100
产品情况:(双仙牌)
解放、东风等系列各种气制动阀
配套及出口情况:为一汽集团、亚星商务车、春兰汽车等配套;远销印度尼西亚、菲律宾等国家

★扬州立德粉末冶金股份有限公司
地址:江苏省扬州市江都区宜陵七里振兴路6号
邮编:225225
电话:0514/86951111、86731447
传真:86739507
网址:www.pm-leader.com
电子信箱:sale@pm-leader.com
质量体系:ISO/TS 16949
产品情况:汽车减振器粉末冶金零件;生产各种粉末冶金零件4000万只
配套情况:为汽车、摩托车、电动工具等厂家配套

★扬州福克斯减震器有限公司
地址:江苏省扬州市江都区邵伯工业园诚意路1号
邮编:225261
电话:0514/86783138
传真:86789718
网址:www.focusautoparts.com
电子信箱:hr@focusautoparts.com
董事长:黄国林
单位人数:300
质量体系:ISO/TS 16949
产品情况:汽车减振器,年产300万只
出口情况:远销欧洲、北美洲、南美洲、中东、东南亚、北非等40多个国家和地区

★江苏明星减震器有限公司
地址:江苏省泰州市九龙工业园区
邮编:225312
电话:0523/86266918、86265388
传真:86268268
网址:www.js-star.com
电子信箱:mingxing@js-star.com
董事长:于桂华
单位人数:1100
质量体系:ISO 9001
产品情况:(君友牌)
摩托车减振器,年产1600万支
配套及出口情况:为新大洲本田、大长江、轻骑铃木等配套;远销欧洲、印度等国家和地区

★江苏罡阳转向系统有限公司
地址:江苏省泰州市海陵区罡杨工业园区
邮编:225318
电话:0523/80765111、80765112
传真:80765099、39661721
网址:www.jsgys.com
电子信箱:service@jsgys.com
质量体系:ISO/TS 16949
产品情况:(罡阳牌)
转向器系列、汽车零件系列、吊耳总成系列、转向摇臂系列、钢板弹簧销系列
配套情况:与陕西重汽、北汽福田、济南重汽、安徽华菱、东风柳汽、郑州宇通、苏州金龙等配套

★江苏罡阳股份有限公司
地址:江苏省泰州市海陵区罡杨镇天罡路1号
邮编:225318
电话:0523/80765555
传真:80765088
网址:www. cngangyang. com
电子信箱:xsb@ china - crankshaft. com
质量体系:ISO/TS 16949、QS 9000
产品情况:(罡阳牌)
具备年产各类曲轴总成1200万套的生产能力,机油泵320万套、各类转向系统50万套,垂臂100万只,吊耳100万只,钢板销200万只的生产能力
配套及出口情况:汽车动力转向器为陕西重汽、北汽福田、一汽、东风、济南重汽、安徽华菱、郑州宇通、苏州金龙、东风柳汽、上海汇众等国内知名企业配套;空调压缩机偏心轴销往苏州艾默生公司;曲轴产品成为大长江集团等国内前十强摩托车企业青睐产品和本田、雅马哈、铃木在中国的首选产品;曲轴产品远销20多个国家和地区,空调压缩机偏心轴远销美国总部、泰国、印度等,通用机曲轴直销美国德克姆赛公司

★江苏追日汽车同步器有限公司
地址:江苏省泰州市刁铺镇
邮编:225323
电话:0523/86172000、86170227
传真:86170454
电子信箱:zhuri@ shli. net
质量体系:ISO 9002
产品情况:(追日牌)
同步器
配套情况:为一汽、东风汽车公司等配套

★贺尔碧格东方齿轮(泰州)有限公司
地址:江苏省泰州市高港区振北路北侧
邮编:225323
电话:0523/86117002
传真:86117000
质量体系:ISO/TS 16949、ISO 9001
产品情况:(天鸽牌)
汽车变速器、同步器及相关零部件
配套情况:为一汽伊顿变速器、哈尔滨变速器、杭州前进变速器、上汽齿轮、江淮齿轮配套

★江苏华彤减震器制造有限公司
地址:江苏省泰州市姜堰区顾高镇工业园区
邮编:225500
电话:0523/88573001
传真:88573004
网址:www. absorber - china. com
电子信箱:autoparts. ht@ hotmail. com
质量体系:ISO/TS 16949
产品情况:减振器、空气弹簧

★江苏太平洋精锻科技股份有限公司
地址:江苏省泰州市姜堰区双登大道198号
邮编:225500
电话:0523/80512685
传真:80512000
网址:www. ppforging. com
电子信箱:ppf@ ppforging. com
质量体系:ISO/TS 16949、QS 9000
产品情况:汽车差速器半轴齿轮和行星齿轮、汽车变速器结合齿齿轮
出口情况:与大众汽车、通用汽车、福特汽车、丰田汽车等公司众多车型配套精锻齿轮

★泰州市兴华齿轮制造有限公司
地址:江苏省泰州市北郊华港镇(里华)
邮编:225516
电话:0523/88751023、88758801
传真:88751024
网址:www. tzdwl. cn
电子信箱:tzxh@ tzdwl. cn
单位人数:168
质量体系:ISO 9001
产品情况:(德维力牌)
精锻直伞锥齿轮;各类汽车、低速货车、机动三轮车、拖拉机差速器齿轮,半挂车支腿直伞齿轮,螺旋千斤顶伞齿轮等;年生产能力200多万件
配套情况:为上汽集团、奇瑞汽车等配套

★泰州格里森齿轮制造有限公司
地址:江苏省泰州市姜堰区华港镇岳古路1号
邮编:225516
电话:0523/88756055
传真:88755701
质量体系:ISO/TS 16949、ISO 9001
产品情况:圆柱齿轮、齿圈、支架等
配套情况:为重汽集团济南桥箱公司、泰安航天特种车公司等配套

★江苏飞船股份有限公司
地址:江苏省泰州市姜堰区华港镇岳古路一号
邮编:225516
电话:0523/88751234、88751237
传真:88751899、88751233
网址:www. airshipgear. com
电子信箱:sales@ airshipgear. com
质量体系:ISO/TS 16949、ISO 14001
产品情况:(飞船牌)
年产精锻直齿锥齿轮1500万件、螺伞齿轮年产量60万套、汽车双桥圆柱齿轮30万套
配套及出口情况:为轿车、客车、微型车、货车、工程机械等行业主机厂配套;出口美国、意大利、巴西、德国、日本等国家

★高邮市新高明动力机械有限公司
地址:江苏省高邮市通湖路138号
邮编:225600
电话:0514/84635796
传真:84635729
网址:www. yzgm. com
电子信箱:master@ yzgm. com
董事长(负责人):钱恒丰
单位人数:220
产品情况:汽车变速器壳体、CG125摩托车发动机等产品
配套及出口情况:为上汽集团、奇瑞汽车等配套;远销欧洲、美洲、东南亚等地区

★扬州汇众萨克斯车业制造有限公司
地址:江苏省扬州市宝应城南工业园区
邮编:225800
电话:0514/88272211、88241688
传真:88272299
网址:www. hzsachs. com
电子信箱:hzsachs@ 163. com
质量体系:ISO/TS 16949、ISO 9001
产品情况:减振器、制动盘/片、控制臂、轮毂单元、球笼、半轴、离合器总成、拉杆球头、油底壳,羊角,摇窗器,顶胶,张紧轮,氧传感器,元宝梁机电配套产品
配套情况:轿车底盘件服务于通用别克、雪佛兰、福特、奥迪、大众、上汽荣威、名爵、斯柯达、广汽丰田、一汽丰田等车系

★宝应县广达钢圈制造有限公司
地址:江苏省宝应县广洋镇工业区
邮编:225818
电话:0514/88851411、88850883
传真:88851182
网址:www. bygdgq. com
电子信箱:czr@ bygdgg. com
质量体系:ISO 9001
产品情况:钢圈
出口情况:部分产品配套出口国外

★南通环球转向器制造有限公司
地址:江苏省南通市经济技术开发区
邮编:226016
电话:0513/85918988、13328048988
传真:85918988
网址:www. hqzxq. com
电子信箱:nthqzxq@ 163. com
质量体系:ISO/TS 16949
产品情况:(环球牌)
NT66 - NT125系列各种车型整体式动力转向器总成,ZLD7276系列半整体式动力转向器总成,ZL40、50装载机液压助力转向器总成,各种规格循环球齿扇、齿条式机械转向器,换向器,以及恒流阀、DF32. 2C多路阀等液压件产品;具有年生产各类转向器总成20万台的能力

★马可讯(南通)车轮有限公司
地址:江苏省南通市经济开发区通盛南路89号
邮编:226017

电话:0513/85159493、81055068
传真:85159492
电子信箱:sales. nantong@ maxionwheels. com
产品情况:汽车轮毂
配套情况:OEM货车和客车厂商、轮胎制造商、拖车制造商以及售后服务市场

★江苏黄海汽配股份有限公司
地址:江苏省如东县城人民南路203号
邮编:226400
电话:0513/84514967、84118513
传真:84512110
网址:www. hhauto. com
电子信箱:rdhhqp@ 163. com
质量体系:ISO/TS 16949、ISO 14001
产品情况:液压制动阀、离合器总、分泵、发动机主要部件、液压元器件等
配套及出口情况:为各大主机厂配套;出口欧美、日本、东南亚等国家和地区

★江苏汤臣汽车零部件有限公司
地址:江苏省南通市江安镇工业南区
邮编:226534
电话:0513/87950336、87950188
传真:87950988
网址:www. tclbj. com
电子信箱:tc@ tclbj. com
单位人数:1200
质量体系:ISO/TS 16949、ISO 14001
产品情况:(汤臣牌)
3~13t以上系列鼓式制动器、气压盘式制动器、各种型号的凸轮轴、调整臂、支架、圆柱齿轮、差速器壳总成、齿圈支架等
配套及出口情况:为东风汽车集团、长春一汽、北方奔驰、陕西汉德、湖北车桥、诸城义和、长沙义和、广西方盛等配套;出口日本(日野)、韩国(现代)、沙特、古巴、朝鲜、伊朗、越南、印度等国家

浙江省

★中策橡胶集团有限公司
地址:杭州市下沙经济开发区1号大街1号
邮编:310008
电话:0571/86053939、86755998
传真:86079070
网址:www. chaoyang. com
单位人数:25000
质量体系:ISO/TS 16949、ISO 14001
产品情况:(朝阳牌)
年产1300万套全钢子午线轮胎,2800万套轿车子午线轮胎,500万套斜交轮胎,8500万套自行车胎和电动车胎,1500万套摩托车胎,20万条橡胶履带
配套情况:为北奔重汽等配套

★浙江双环传动机械股份有限公司
地址:杭州市西湖区古墩路702号赞宇大厦12楼
邮编:310013
电话:0571/81671023
传真:81671028
网址:www. gearsnet. com
电子信箱:server@ gearsnet. com
单位人数:3193
质量体系:ISO/TS 16949、ISO 14001
产品情况:汽车及摩托车齿轮,齿轮散件年产量超过6000万件
配套情况:成为包括博格华纳、采埃孚、康明斯、约翰迪尔、伊顿、博世以及上汽、一汽、重汽等国内外知名企业的供应商

★杭州冠英汽车零部件有限公司
地址:杭州市余杭区勾运路2号冠英大厦3楼
邮编:310015
电话:0571/88325228、88761099
传真:88325238
网址:www. kooying. cn
电子信箱:20721803@ qq. com
单位人数:300
质量体系:ISO/TS 16949
产品情况:汽车制动片、制动蹄总成、离合器从动盘及压盘总成,具有年供应制动片10000余t、制动蹄总成60万套、离合器从动盘总成120万套、压盘总成40万套的能力
出口情况:60%以上产品出口欧美、非洲、中东、东南亚等多个国家和地区

◉ 浙江世宝控股集团有限公司
地址:杭州市经济技术开发区17号大街6号
邮编:310018
电话:0571/28025690
传真:28025691
网址:www. shibaogroup. com
电子信箱:info@ shibaogroup. com
法人代表:张世忠
负责人:张世权
单位人数:1500
质量体系:ISO/TS 16949
产品情况:(世宝牌)
齿轮齿条转向器、循环球转向器、电动助力转向系统(EPS)、转向节、转向助力油缸、垂臂、制动片
配套情况:为一汽解放、一汽轿车、江淮汽车、东风汽车、一汽-大众、南骏汽车、奇瑞汽车、吉利汽车、重庆力帆、苏州金龙、厦门金龙、伊朗SAIPA等30多家大中型汽车制造商配套

★杭州优科豪马轮胎有限公司
地址:杭州市经济技术开发区M18-0-4
邮编:310018
电话:0571/86725885
传真:86725753
网址:www. yokohama. com. cn
电子信箱:yokohama_hzh@ 163. com
法人代表:持永义登
单位人数:1341
产品情况:(YOKOHAMA牌)
轿车子午线轮胎
配套情况:为广汽本田、广汽丰田、长安铃木供货

★杭州神风汽车配件有限公司
地址:杭州市机场路笕桥黎明6区
邮编:310021
电话:0571/85047036、85047035
传真:85047035
电子信箱:shengfengqp@ 163. com
质量体系:ISO 9001
产品情况:(大坤牌)
各类汽车、工程机械传动轴、传动轴支架总成
配套情况:为金龙、宇通客车、一汽、东风供货

★杭州金马离合器有限公司
地址:杭州市西湖区双浦镇小江村浦东114号
邮编:310024
电话:0571/87640203、87648316
传真:87640983
电子信箱:jmlhq0571@ sina. com
质量体系:ISO 9001
产品情况:(虎腾牌)
汽车离合器压盘总成、从动盘总成;具年产从动盘总成100万套,压盘总成50万套的生产能力
配套及出口情况:为陕汽等主机厂配套;远销北美洲、东南亚、西亚等地区

★杭州联合国际汽车部件有限公司
地址:杭州市西湖区转塘镇象山工业区
邮编:310024
电话:0571/86580972、86581790
传真:86085117、86581925
电子信箱:uia@ uni-asco. com
质量体系:ISO/TS 16949、ISO 9001
产品情况:(UNI-ASCO牌)
集装箱半挂车及重型车车桥、机械及空气悬架系统、钢板弹簧、牵引座牵引销支承、自动及手动调整臂总成等

★杭州汽车部件有限公司
地址:杭州市转塘镇象山工业区
邮编:310024
电话:0571/87094877、87093966
传真:87090219
网址:www. hzap. cn
电子信箱:ap@ hzap. cn
质量体系:ISO/TS 16949、ISO 9002
产品情况:各类汽车钢板弹簧、紧固件、悬架系统配件等
配套及出口情况:为东风杭州汽车等配套;远销美国、德国、法国、英国、意大利、澳大利亚、加拿大、荷兰、比利时、西班牙、埃及、马来西亚、新加坡、芬兰、沙特阿拉伯、阿联酋、约旦、尼日利亚、叙

利亚、南非、韩国等国家,并销往中国台湾地区

★杭州德意万向节有限公司
地址:杭州市滨江区长河街道长江路399号
邮编:310052
电话:0571/86602051、86602080
传真:86602059
网址:www.hzdeyi.com
电子信箱:hzdywx@163.com
法人代表:王芳
质量体系:ISO/TS 16949
产品情况:(意王牌、YW牌)
　　万向节十字轴总成、汽车轴承滚针
配套情况:为东风汽车集团、中国重汽集团、陕西汽车集团等配套

★杭州杭万制动器科技有限公司
地址:杭州市滨江区长河街道长一村花园周371号
邮编:310052
电话:0571/87111916
产品情况:具有年产摩擦材料(汽车用鼓式制动器衬片)2万t、汽车用盘式制动器衬片20万套、万向节十字轴总成300万套、汽车轴承300万套、离合器从动盘及压板总成30万套、汽车齿轮10万件的生产能力

★杭州秀武汽车部件有限公司
地址:杭州市余杭区临平余杭经济开发区
邮编:311100
电话:0571/86205273、13968085100
传真:86220452
网址:www.hzxiuwu.com
电子信箱:sales@hzxiuwu.com
单位人数:100
质量体系:ISO/TS 16949
产品情况:真空助力器、空气助力器、制动总泵、离合器总泵、制动片等
出口情况:远销欧洲、美洲、中东、亚洲

★万通智控科技股份有限公司
地址:杭州市余杭区临平振兴东路12号
邮编:311100
电话:0571/89361220、86226853
传真:89361285
网址:www.hamaton.com
电子信箱:marketing@hamaton.com.cn
质量体系:ISO/TS 16949
产品情况:(恒迈特(HAMATON)牌)
　　TPMS胎压监测系统、轮胎气门嘴、轮胎车轮汽保工具
配套情况:是上汽通用、大众、北汽、广汽、长安等诸多知名主机厂的配套

◉ 浙江铁流离合器股份有限公司

地址:杭州市余杭区东湖北路958号
邮编:311103
电话:0571/86183099、86183077
传真:86183055、86183156
网址:www.chinaclutch.com
电子信箱:xsb@chinaclutch.com
质量体系:QS 9000、ISO/TS 16949
产品情况:(铁流牌、德萨牌)
　　汽车离合器总成
配套及出口情况:是东风汽车集团销售成员之一、一汽集团和北内集团配件定点生产供应商;在为昆明云内、成都云内、厦门金龙、苏州金龙、金旅客车、青年汽车、江淮汽车、北汽福田、合力叉车等发动机厂家进行配套的基础上,又同扬柴股份、桂林玉柴机械、常柴、长安、柳微和锡柴等配套单位进行合作;远销美国、南美洲、南非、日本、东南亚、欧洲、中东等近50个国家和地区

★杭州金士顿实业有限公司
地址:杭州市余杭区兴起路480号
邮编:311106
电话:0571/89366828
传真:89366826
网址:www.justoneshox.com
电子信箱:sales@justoneshox.com
质量体系:ISO/TS 16949
产品情况:车辆悬架用减振器、车辆非悬架用减振器、沙滩车和休闲车用减振器、改装车用减振器、支撑杆气弹簧、减振器零件

★杭州余杭正达机械有限公司
地址:杭州市余杭区瓶窑凤都工业园马山下
邮编:311112
电话:0571/88750898
传真:88753515
网址:www.hzyhzd.com
电子信箱:zdxzs@hzyhzd.com
质量体系:ISO/TS 16949
产品情况:(宇衡牌)
　　重型货车、拖车用制动器零部件(调整臂、铁蹄、凸轮轴、摩擦片)以及制动器总成和农用车用车桥
配套及出口情况:为东风杭汽、广州华劲、杭州福玛、东汽三花车桥配套;85%的产品出口欧洲、美国、澳大利亚、中东、东南亚等国家和地区

★杭州汇丰车桥有限公司
地址:杭州市余杭区仁和镇工业园区三星路19号
邮编:311113
电话:0571/88171828
传真:88172378
网址:www.hzhfcq.cn
单位人数:300
质量体系:ISO/TS 16949、ISO 9001
产品情况:0.5~16t轴荷的各类转向前桥、后驱动桥、转向驱动桥、盘式制动桥、从动桥等,年产能力车桥20万台套
配套情况:已成为东风公司、力帆骏马集团、安徽江淮汽车、沈阳金杯、南汽依维柯、杭挂机电集团等诸多国内知名汽车企业的战略合作伙伴

★浙江飞舟车业有限公司
地址:杭州市余杭区瓶窑凤都工业区凤都路17号
邮编:311115
电话:0571/88554111、88538895
传真:88538118、86731328
网址:www.zjfeizhou.com
电子信箱:sales@china-cv-joint.com
单位人数:325
质量体系:ISO/TS 16949、ISO 9001
产品情况:内外球笼、驱动轴总成、油泵及油水分离器等

★杭州永固汽车零部件有限公司
地址:杭州市萧山红垦农场红泰四路168号
邮编:311200
电话:0571/82619018
传真:82852998
网址:www.zjtoyou.com
电子信箱:market@zjtoyou.com
质量体系:ISO/TS 16949
产品情况:(永固牌)
　　汽车轮毂轴承、汽车轮毂单元、变速器轴承、深沟球轴承等
配套情况:为日本松下、德国博世电动工具、杭州万向集团、英国GMS公司等配套

★杭州董氏汽车配件制造有限公司
地址:杭州市萧山区临浦镇工业园区阳光路7号
邮编:311200
电话:0571/82879600、22872258
传真:82833337、22872167
电子信箱:dsqp@hotmail.com
质量体系:ISO 9001
产品情况:传动轴、万向节、汽车轴承及相关汽车零配件
出口情况:出口美国、日本、韩国、意大利、俄罗斯、巴西、伊朗、澳大利亚、非洲等国家和地区

★杭州德尔福汽车零部件有限公司
地址:杭州市萧山区通惠南路蜀山工业区
邮编:311200
电话:0571/82361282
传真:82392116
网址:www.delfu.com
电子信箱:manager@delfu.com.cn
质量体系:ISO 9001
产品情况:(DELFU牌)
　　汽车轮毂轴承、汽车轮毂单元(I、II、III代),广泛用于现代、起亚、大宇、大众、本田、福特、菲亚特、马自达、斯西达、奥迪、雷诺等品牌车;年产量约400万套
出口情况:产品的80%远销欧洲、美洲、中东等10多个国家和地区

★杭州萧山万强汽车配件厂
地址:杭州市萧山区通惠中路507号

邮编:311200
电话:0571/82751338、82705280
传真:82704828
网址:www.wqchb.com
电子信箱:wanqiangqipei@163.com
质量体系:QS 9000
产品情况:万向节、滚针系列
出口情况:出口欧美、中东、东南亚等地区

★杭州正强万向节有限公司
地址:杭州市萧山区犁头金工业区
邮编:311201
电话:0571/82392329、82367178
传真:82367420
网址:www.zhengqiang.com
电子信箱:xuzq@zhengqiang.com
单位人数:515
质量体系:ISO/TS 16949、ISO 14001
产品情况:(正强牌)
十字轴万向节总成,年产量1750万套
配套及出口情况:为一汽、东风、南京驰力配套;出口十字轴万向节总成990万套

★奥泰克汽车轴承有限公司
地址:杭州市萧山工业区
邮编:311202
电话:0571/22869389
传真:82892838
网址:www.autekauto.com
电子信箱:autek@autekauto.com
质量体系:ISO/TS 16949
产品情况:轮毂轴承、轮毂单元、轮毂轴承修理包、张紧轮、球笼

★万向钱潮传动轴有限公司
地址:杭州市萧山经济技术开发区建设一路139号
邮编:311202
电话:0571/82861265、82861267
传真:82835501、82835062
网址:www.wxcdz.com
电子信箱:wxcdz@wanxiang.com.cn
单位人数:600
质量体系:ISO/TS 16949、ISO 14001
产品情况:(钱潮(QC)牌)
传动轴总成、电涡流缓速器、转向管柱等汽车零部件产品
配套及出口情况:为各大主机厂配套;业务额的35%出口美国、意大利、荷兰、伊朗等10多个国家和地区

★杭州亚太埃伯恩汽车部件有限公司
地址:杭州市萧山区亚太路1399号
邮编:311203
电话:0571/82766109
传真:82766109
网址:www.apg-fte.com
电子信箱:apg-fte@vip.sina.com
单位人数:40
质量体系:ISO/TS 16949、ISO 14000
产品情况:轿车制动轮缸总成、离合器液压系统等产品
配套情况:为一汽-大众,上汽大众,上海汇众,奇瑞,神龙汽车等企业配套

★杭州康新轴承制造有限公司
地址:杭州市萧山区蜀山街道桥头陈
邮编:311203
电话:0571/82681833、82702811
传真:82681811、82393555
网址:www.auto-bearings.com.cn
电子信箱:public@cnzjzy.com
质量体系:ISO 9001
产品情况:离合器分离轴承及总成,发动机皮带张紧轮
配套及出口情况:部分产品为OEM配套;远销多个国家和地区

★杭州亚太特必克汽车制动系统公司
地址:杭州市萧山区蜀山街道亚太路1399号
邮编:311203
电话:0571/82762807、82765065
传真:82766487
电子信箱:web@apg-tbk.com
产品情况:中、重型商用车气压鼓式制动器、气压盘式制动器、缓速器等商用车底盘部件
配套情况:为东风日产柴、华菱重汽、五十铃、北奔重汽、东风汽车公司等配套

★ 浙江亚太机电股份有限公司
地址:杭州市萧山区蜀山街道亚太路1399号
邮编:311203
电话:0571/82761888
传真:82761666
网址:www.chinaapg.com
电子信箱:yrgf@apg.cn
董事长(负责人):黄来兴
负责人:黄伟中
单位人数:1250
质量体系:ISO/TS 16949、OHSAS 18001
产品情况:(湘湖牌、APG牌)
汽车制动系统
配套情况:为一汽-大众、一汽轿车、上汽通用、上汽大众、北汽控股、奇瑞汽车、东风汽车、神龙汽车、华晨金杯、长安汽车、上汽通用五菱、江铃汽车、郑州日产、江淮汽车等配套;拥有自营出口权,出口北美洲、欧洲、澳大利亚等国家和地区
☞ 详细情况请参阅彩色宣传版面

★杭州前进齿轮箱集团股份有限公司
地址:杭州市萧山区萧金路45号
邮编:311203
电话:0571/82673888
传真:82675966
网址:www.chinaadvance.com
电子信箱:office@chinaadvance.com
单位人数:2600
质量体系:ISO 9001、ISO 14001
产品情况:(前进牌)
工程机械变速器及驱动桥、汽车变速器、粉末冶金制品、大型精密齿轮等
配套及出口情况:为一汽集团、南京依维柯、东风汽车公司、青汽等配套;远销47个国家和地区

★杭州科峰轴承有限公司
地址:杭州市萧山经济技术开发区
邮编:311215
电话:0571/82874811、82603653
传真:82602170
网址:www.hzkfzc.com
电子信箱:lisq@hzkfzc.com
单位人数:200
质量体系:ISO 9001
产品情况:(科峰牌)
汽车轮毂轴承、轮毂单元、圆锥双列轴承、滚子单元等
出口情况:远销欧洲、美洲等地区

★万向集团公司
地址:杭州市萧山经济技术开发区
邮编:311215
电话:0571/82832999
传真:82833999
网址:www.wanxiang.com.cn
电子信箱:wxqc@wanxiang.com.cn
法人代表:鲁冠球
负责人:鲁伟鼎
单位人数:30000
质量体系:ISO/TS 16949
产品情况:(万向牌、钱潮牌、QC牌)
汽车底盘及悬架系统、制动系统、传动系统、转向系统、排气消声系统、轮毂单元、减振器、汽车轴承、ABS、锂电池等汽车系统零部件及总成和工程机械零部件
配套及出口情况:为国际:通用、宝马、奥迪、克莱斯勒、丰田、福特、大众、菲亚特等,国内:一汽集团、东风汽车、上汽集团、长安汽车、北汽集团、神龙汽车、江淮汽车、海马汽车、奇瑞汽车、江铃汽车、广汽集团、华晨汽车、比亚迪、重汽集团、陕汽集团等配套;出口美国、英国、韩国、日本、德国、法国、加拿大、伊朗、印度、澳大利亚、埃及、墨西哥等50多个国家和地区,并销往中国香港地区

★采埃孚传动技术(杭州)有限公司
地址:杭州市萧山经济技术开发区桥南区18号
邮编:311215
电话:0571/22892000
产品情况:生产RL85A公交车前桥,P3301、P4300系列混凝土搅拌机减速机,GK10、GP21型号叉车变速器

◉ 万向钱潮股份有限公司

地址:杭州市萧山经济技术开发区万向路1号
邮编:311215
电话:0571/82832999
传真:82833999
网址:www.wxqc.com.cn
电子信箱:wxqc@wanxiang.com.cn
质量体系:ISO/TS 16949、ISO 14001
产品情况:(钱潮牌、万向牌)
汽车底盘及悬架系统、制动系统、传动系统、排气系统、轿车保险杠总成、燃油箱、轮毂单元、轴承及工程机械零部件等汽车系统零部件及总成,供应国内外OEM市场及社会维修市场
配套及出口情况:为美国通用、福特等全球主要汽车主机厂配套;出口国外市场

★杭州中亚万向节有限公司

地址:杭州市萧山经济开发区宁围镇宁牧村
邮编:311215
电话:0571/82767333、82873111
传真:82767123、82834268
网址:www.xszy.com
电子信箱:xszy@xszy.com
单位人数:300
质量体系:ISO/TS 16949、QS 9000
产品情况:汽车万向节总成,年产800余万套
配套及出口情况:为一汽集团、东风汽车公司、北汽福田、长安汽车、哈飞汽车等配套;80%的产品出口美国、俄罗斯、德国、澳大利亚、巴西、韩国等多个国家和地区

★万向系统有限公司

地址:杭州市萧山区建设二路
邮编:311215
电话:0571/82833197
传真:82832686
网址:www.wanxiang.com.cn
电子信箱:webmaster@wanxiang.com.cn
质量体系:ISO/TS 16949、ISO 14001
产品情况:已形成年产前后付车架50万台套,转向节带盘式制动器总成100万辆份、后支架带盘式制动器总成100万辆份、后支架带鼓式制动器总成100万辆份、真空助力器总成50万辆份、制动总泵50万辆份、制动分泵250万辆份、车桥总成20万辆份、制动片200万辆份、气制动器总成50万只、铸件5万t的年生产能力
配套情况:为上海德尔福、一汽海马、神龙汽车、广汽三菱、长安汽车、上汽通用五菱、哈飞汽车、昌河汽车、长城汽车、丹东曙光、吉利汽车、江西五十铃、江淮汽车、一汽天津、北汽福田等配套

★杭州中鼎汽车零部件有限公司

地址:杭州市萧山区经济技术开发区利群路
邮编:311215
电话:0571/82860985、18858174070
传真:82310423
网址:www.tp-ujoint.com
电子信箱:exportuj@163.com
单位人数:100
质量体系:ISO/TS 16949
产品情况:汽车万向节,年产各类万向节200万套
配套及出口情况:30%的产品为国内OEM配套;出口产品占销售额的70%,主要出口欧洲、巴西、南非、美国等国家和地区

★浙江万传汽车零部件制造有限公司

地址:杭州市萧山区宁围
邮编:311215
电话:0571/82875828、82601778
传真:82875827
网址:www.hzwcqp.com
电子信箱:web@hzwcqp.com
质量体系:ISO/TS 16949
产品情况:(万传牌)
专业生产SWC、SWL、SWP冶金及机械设备,汽车、工程机械及各种非标准的万向节十字轴总成、十字包,差速器十字轴

★杭州菲亚迪传动机械有限公司

地址:杭州市萧山区宁围镇
邮编:311215
电话:0571/82604958、13429689696
传真:82607591
网址:www.hzyjqp.com
电子信箱:web@hzyjqp.com
单位人数:350
质量体系:ISO/TS 16949
产品情况:(万富(WF)牌)
汽车传动轴、万向节联轴器、农机用传动轴、工程机械传动轴、工业重型传动轴及各类车型横(直)拉杆总成等,年产传动轴总成100万根
配套及出口情况:为国内外多家主机厂配套;远销美国、巴西、意大利、澳大利亚、俄罗斯、中东等国家和地区

★杭州玛瑙机动车部件有限公司

地址:杭州市萧山区宁围镇
邮编:311215
电话:0571/82602107、82866198
传真:82601988
电子信箱:hzmanao@alibaba.com.cn
质量体系:ISO/TS 16949
产品情况:(玛瑙牌)
汽车传动轴及零部件、工程机械传动轴、摩托车前后挡泥板、保险杠等

★杭州天宝汽车零部件有限公司

地址:杭州市萧山区宁围镇二桥村桥园路10号
邮编:311215
电话:0571/83864112、22919293
传真:82863388
网址:www.autocvj.com
电子信箱:tbj@autocvj.com
质量体系:ISO/TS 16949
产品情况:具有年产等速万向节100万套,驱动轴总成30万套的生产能力
配套及出口情况:主要客户群为中国万向集团、瑞典SKF集团等;远销欧美、中东、东南亚等地区

★杭州万康机械厂

地址:杭州市萧山区宁围镇利群路73021部队
邮编:311215
电话:0571/82605879
传真:82694501
网址:www.wkjx.com
电子信箱:wankang@wkjx.com
质量体系:ISO 9001
产品情况:万向节十字轴总成,年产量400多万套
出口情况:远销美国、西欧、南美洲、中东等国家和地区

★杭州萧山鼎立机械有限公司

地址:杭州市萧山区宁围镇新安村桥园路28号
邮编:311215
电话:0571/82872516
传真:22806766
电子信箱:steadyway@gmail.com
质量体系:ISO/TS 16949
产品情况:汽车轮毂单元,月产3万套

★杭州通绿机械有限公司

地址:杭州市萧山区钱江农场
邮编:311215
电话:0571/82838686、82605858
传真:82863837
网址:www.cn-tlp.com
电子信箱:cn-tlp@cn-tlp.com
质量体系:ISO/TS 16949
产品情况:等速驱动轴总成

★杭州双佳汽车部件制造有限公司

地址:杭州市萧山区钱江农场73021部队
邮编:311215
电话:0571/82871928
传真:82864085
质量体系:ISO 9001
产品情况:(双佳牌)
汽车万向节、轴承、差速器、密封件、支架等
配套及出口情况:为多家企业配套;远销美国、欧洲、拉丁美洲等国家和地区

★万向钱潮等速驱动轴有限公司

地址:杭州市萧山区万向路
邮编:311215
电话:0571/82603915
传真:82602718
网址:www.wanxiang.com.cn

质量体系:ISO/TS 16949、QS 9000
产品情况:(钱潮牌)
各种球笼式等速万向节,等速驱动轴总成,年产能力 100 万支
配套及出口情况:为一汽海马、南京汽车集团、奇瑞汽车、长安汽车、昌河汽车、秦川、广汽三菱、哈飞汽车等配套;出口欧美、大洋洲、东南亚等地区

★杭州丰波机械有限公司
地址:杭州市萧山区临江经济技术开发区
邮编:311221
电话:0571/82871588、82830578
传真:82690023、82767268
网址:www.sbfastener.com
电子信箱:info@sbfastener.com
质量体系:ISO/TS 16949
产品情况:轮毂单元、轮毂轴承,年产 200 多万套
出口情况:出口北美洲等海外市场

★杭州金赛轴承制造有限公司
地址:杭州市临江工业园
邮编:311228
电话:0571/82767555
传真:82199198
网址:www.hzkinsai.com
电子信箱:82767555@163.com
质量体系:ISO/TS 16949
产品情况:轮毂单元、轮毂轴承
出口情况:远销美洲、欧洲、东南亚、中东、非洲等地区

★杭州依维柯汽车传动技术有限公司
地址:杭州市萧山区鸿兴路 99 号
邮编:311231
电话:0571/82859888
传真:82672380
网址:www.haveco.com.cn
电子信箱:market@haveco.cn
质量体系:ISO/TS 16949
产品情况:H 系列汽车变速器等
配套情况:为广汽菲亚特、广汽乘用车、一汽集团、上海玛瑞利、南京依维柯、奇瑞汽车、力帆汽车、海马汽车、川汽野马、众泰汽车、东风小康、吉奥汽车、北汽银翔等客户配套

★杭州涵基汽车配件有限公司
地址:杭州市萧山区宁围镇钱江农场
邮编:311231
电话:0571/86592523
传真:86592565
网址:www.gtpautoparts.com
电子信箱:sales@hanjiautoparts.com
质量体系:ISO/TS 16949
产品情况:轮毂单元、轴承

★杭州迈特汽车配件有限公司
地址:杭州市萧山区坎山镇振华村
邮编:311243
电话:0571/57163901、13777387316
传真:83510532
网址:www.cngnt.com
电子信箱:maite_zgx@163.com
单位人数:170
质量体系:ISO/TS 16949
产品情况:汽车三球销万向节、球笼、轮毂齿、各类等速万向节冷挤毛坯以及相关配件产品
配套情况:为纳铁福、浙江万向集团配套

★杭州科友汽车零部件有限公司
地址:杭州市萧山党湾新前村
邮编:311245
电话:0571/82896773、82896771
传真:82896772
网址:www.koyou.cn
电子信箱:donray@koyou.cn
质量体系:ISO 9001
产品情况:(KOYOU 牌)
十字轴万向节,轮毂单元/轴承产品
出口情况:出口美国、欧洲、中东、尼日利亚、韩国、澳大利亚、巴基斯坦、马来西亚、越南等 20 多个国家和地区

★杭州新世纪万向节有限公司
地址:杭州市萧山区党山镇解放村
邮编:311245
电话:0571/82535999、82539827
传真:82535998
网址:www.xsjbearing.com
电子信箱:web@xsjbering.com
质量体系:ISO 9001
产品情况:万向节、传动轴、接叉等
出口情况:远销欧洲、美洲、亚洲等地区

★杭州宝利嘉轴承有限公司
地址:杭州市萧山区河上镇江南工业园区
邮编:311254
电话:0571/82765878
传真:82765688
网址:www.hzbljb.com
电子信箱:info@hzbljb.com
质量体系:ISO/TS 16949
产品情况:汽车离合器分离轴承、张紧轮轴承、汽车轮毂轴承及轮毂单元、液压离合器分离轴承
出口情况:远销欧美、中东、东南亚等地区

★杭州建定方向机有限公司
地址:杭州市萧山区闻堰镇万达中路
邮编:311256
电话:0571/82306598
传真:82302092
网址:www.hz-jianding.com
电子信箱:jdfxj@xs.hz.zj.cn
质量体系:ISO 9001
产品情况:(XJ 建定牌)
液压动力转向机及循环球转向机总成,适用于高、中档,轻型、中型、重型载货车和客车转向机系列及螺杆螺母总成系列,年产能力 20 万套
配套及出口情况:为多家汽车、农用车厂家配套;螺杆螺母总成已出口欧洲及东南亚地区

★杭州恩斯克万达电动转向系统公司
地址:杭州市萧山区文堰镇亚太路 1833 号
邮编:311258
电话:0571/82314818
传真:82486656
网址:www.cn.nsk.com
电子信箱:zhou-qin@nsk.com
质量体系:ISO/TS 16949、ISO 14001
产品情况:电控转向系统及电动助力转向系统
配套及出口情况:为上汽大众、一汽-大众配套;出口俄罗斯、印度、南非

★杭州精通汽车零部件有限公司
地址:杭州市萧山区闻堰工业园区五金路 1 号
邮编:311258
电话:0571/82312218
传真:82310658
网址:www.hzjingtong.com
电子信箱:ywx@hzjingtong.com
质量体系:ISO/TS 16949
产品情况:汽车转向管柱系列产品及其零部件

★杭州万兴汽车零部件公司
地址:杭州市萧山区闻堰镇
邮编:311258
电话:0571/82307252
传真:82308708
质量体系:ISO 9000
产品情况:(万兴牌)
转向器、转向传动配件和汽车随车工具,年产能力 18 万台套
配套情况:为一汽集团、东风汽车公司等配套

★杭州胜华汽车配件有限公司
地址:杭州市萧山区闻堰镇黄山村小农场
邮编:311258
电话:0571/82313903
传真:82313903
质量体系:ISO/TS 16949、QS 9000
产品情况:汽车转向传动装置及叉车转向传动装置:滑动套带尼龙轴总成、滑动套带万向节叉总成、滑动套带传动轴总成等
配套情况:为一汽集团、东风汽车公司、柳汽、友佳公司等配套

★杭州琳达汽配有限公司
地址:杭州市萧山区闻堰镇三江口
邮编:311258
电话:0571/82302290
传真:82304788
电子信箱:sdjx@qipei.com
质量体系:QS 9000

产品情况:各种车型的汽车转向传动装置、汽车随车工具和汽车分配阀等
配套情况:为一汽集团、东风汽车公司、柳汽、杭汽、广西河池车辆厂、钦洲中力等配套

★杭州萧山万通汽配制造有限公司
地址:杭州市萧山区闻堰镇万达中路
邮编:311258
电话:0571/82306008、13606809368
传真:82305246
网址:www. zj – wantong. com
电子信箱:hjg@ zj – wantong. com
质量体系:QS 9000
产品情况:传动轴、转向传动装置、万向节总成及联轴器等系列产品
配套及出口情况:为东风杭州汽车公司等10多家主机厂配套;部分产品出口欧美及东南亚市场

★浙江万达汽车方向机有限公司
地址:杭州市萧山区闻堰镇亚太路1833号
邮编:311258
电话:0571/82302288、82302679
传真:82301060、82302690
网址:www. wanda – zj. com
电子信箱:wd@ wanda – zj. com
负责人:陈伟
单位人数:520
质量体系:ISO/TS 16949、VDA 6. 1
产品情况:(循环牌)
　　转向器、转向管柱等转向系统部件
配套情况:为一汽集团、一汽 – 大众、东风汽车公司、上汽通用五菱、江西五十铃、奇瑞汽车、江铃、江淮汽车、上海万丰、北汽等配套

★杭州奇碟离合器有限公司
地址:杭州市萧山区湘湖农场压湖山163号
邮编:311258
电话:0571/82766568、82311287
传真:82311287
网址:www. qidie. com
电子信箱:qidiexsk@ 163. com
单位人数:300
质量体系:ISO/TS 16949
产品情况:(奇碟牌)
　　具有年生产离合器从动盘总成150万片,离合器盖总成80万套、万向节总成300余万套能力
配套及出口情况:为中国重汽、云内动力、约翰迪尔、陕西蓝通配套;远销欧美、东南亚、中亚等50多个国家和地区

★浙江金固股份有限公司
地址:浙江省富阳市富春街道公园西路1181号
邮编:311400
电话:0571/63260000
传真:63369981
网址:www. jgwheel. com
电子信箱:info@ jgwheel. com
质量体系:ISO/TS 16949、QS 9000
产品情况:(金固牌)
　　无内胎货/客车车轮、乘用车车轮、拖车车轮、农用车车轮等,年产能可达2500万套
配套及出口情况:是通用、大众、福特等高端汽车生产商的一级供应商;远销欧洲、美洲、东南亚等地区

★杭州华东转向节有限公司
地址:浙江省富阳市劳动路58号
邮编:311400
电话:0571/63365836、63330528
传真:63367860
网址:www. hdzxj. com
电子信箱:hzhdzxj@ 163. com
质量体系:ISO 9001
产品情况:1 ~ 10t 叉车半轴、1 ~ 32t 叉车货叉总成、叉车门架上横梁、叉车主销、从微型车到大吨位汽车后桥半轴、汽车制动凸轮轴及其他汽车零部件、各种锻压件等
配套及出口情况:为杭叉、合力、上海龙工、江淮重工、凯傲宝骊、安庆车桥厂、安簧、合叉、美科斯、友高、尤恩等各大主机厂及零配件企业配套;远销欧洲、美洲市场

★杭州兴发弹簧有限公司
地址:浙江省富阳市银湖街道杜墓工业园
邮编:311402
电话:0571/63427085、63426666
传真:63426398
网址:www. xfspring. com
电子信箱:manager@ xfspring. com
单位人数:360
质量体系:ISO/TS 16949
产品情况:(富春牌)
　　汽车悬架弹簧、汽车离合器弹簧、双离合器弹簧、液力变矩器弹簧、双质量飞轮弹簧、门铰链弹簧等,年生产能力8000万件
配套情况:为多家全球500强企业配套

★杭州创佳汽车零部件有限公司
地址:浙江省诸暨市店口第四医院对面
邮编:311800
电话:0575/88108133、87163569
传真:88698319
质量体系:ISO 9001
产品情况:(志德牌)
　　空气干燥器、制动气室、弹簧制动缸、离合器助力器总成、哈齿换挡助力器、手控阀、继动阀、排气制动阀等
配套及出口情况:为解放、东风等20多个厂家配套;远销东南亚、中东、南美洲

★浙江宏亮汽车零部件有限公司
地址:浙江省诸暨市枫桥工业区
邮编:311800
电话:0575/87438777、13605756074
传真:87653363
电子信箱:zjhongli56@ 163. com
质量体系:ISO/TS 16949、ISO 9001
产品情况:汽车制动阀、继动阀、手控阀、排气制动阀、弹簧制动室、离合器助力器等
配套情况:为几家大型汽车制造企业定点配套

★浙江诸暨市车桥附件厂
地址:浙江省诸暨市枫桥工业区
邮编:311800
电话:0575/87438196、13588555400
传真:87439572
网址:www. chinakaiai. com
电子信箱:zhujikaiai@ 126. com
质量体系:ISO 9001
产品情况:(凯爱牌)
　　半拖车和重型货车零配件
配套及出口情况:为中国重汽、江淮汽车、中集集团等20多个汽车制造厂供货;出口欧洲、中东、美洲等多个国家和地区

◉ 全兴精工集团有限公司

地址:浙江省诸暨市江龙工业园区兆山路16号
邮编:311800
电话:0575/87063888、87061777
传真:87068181
网址:www. china – quanxing. com
电子信箱:jfm@ zjquanxing. com
法人代表:金方明
负责人:何文华
单位人数:2600
质量体系:ISO/TS 16949、ISO 14001
产品情况:汽车转向助力泵、转向器、动力转身系统油品
配套情况:为广西玉柴、山东潍柴动力、东风康明斯、一汽锡柴、云内动力、东风朝柴、郑州宇通、莱恩(中国)动力科技、东风南充、陕汽集团、一汽解放青岛、北汽福田、江淮集团、成都王牌、四川现代、一汽通用、中通客车、德国戴姆勒奔驰、美国纳威司达、美国佩卡集团、德尔福、印度TATA、印度利兰、伊朗塞帕、浙江吉利、众泰控股等配套

★诸暨安驰机械有限公司
地址:浙江省诸暨市望云西路30号
邮编:311800
电话:0575/87101617、87102206
传真:87101816、87101513
电子信箱:anchichina@ tom. com
质量体系:ISO 9001
产品情况:(诸暨牌)
　　凸轮轴、蹄铁、半轴
出口情况:部分产品出口

★诸暨金宝汽车弹簧制造有限公司
地址:浙江省诸暨市大唐镇开元东路

387 号
邮编:311801
电话:0575/87742772
传真:87755835
电子信箱:jwb@ jbspring. cn
质量体系:ISO/TS 16949
产品情况:(金宝牌)
汽车悬架减振弹簧、汽车横向稳定杆、汽车制动弹簧
配套及出口情况:为上汽通用五菱、昌河汽车、韩国大宇电器、上汽大众、通用配套;远销欧美、东南亚、中东

★绍兴铁安汽配制造有限公司
地址:浙江省诸暨市阮市镇董公工业区
邮编:311802
电话:0575/87608686、15715826977
传真:87608687
网址:www. taqpchina. com
电子信箱:taqp@ sxtaqp. com
质量体系:ISO 9001
产品情况:(安卡牌)
汽车制动自动调整臂、角轮锁调整臂
配套及出口情况:为北汽福田、欧曼重卡、江淮等国内大型整车厂的指定配套;远销欧洲、美洲、东南亚

★诸暨市东神汽车零部件制造厂
地址:浙江省诸暨市枫桥步森大道423号
邮编:311811
电话:0575/87048999
传真:87048889
电子信箱:fuao@ www. chinafuao. com
质量体系:ISO/TS 16949
产品情况:(FAQP 牌)
制动泵、控制阀、调整臂等

★浙江东星科技有限公司
地址:浙江省诸暨市枫桥工业区
邮编:311811
电话:0575/87438768、87047968
传真:87439235
网址:www. chinaost. com
电子信箱:dx@ zjdfzx. com
质量体系:ISO/TS 16949、ISO 9001
产品情况:(东方之星牌)
制动阀、继动阀、弹簧制动气室、手控阀等半挂车,中、重型汽车制动配件
配套及出口情况:和大中型半挂车制造企业(梁山通亚、华宇、扬嘉、安徽开乐、河北昌骅、唐山亚特、卡玛斯、张家口大地、湖北随州、汉阳特种、江苏银宝、一汽四平、山西榆次)等40多家企业定点配套;出口欧洲、美国、南美洲、南非、东南亚、中东等国家和地区

★浙江工正汽车配件厂
地址:浙江省诸暨市枫桥工业园区
邮编:311811
电话:0575/87599266、87599288
传真:87599222
网址:www. china－gongzheng. com
电子信箱:gongzheng@ china－gongzheng. com
质量体系:ISO/TS 16949
产品情况:制动总泵、继动阀、驻车制动阀、保护阀、拖车控制阀、卸荷阀、空气干燥器、快放阀、高度阀等
配套及出口情况:为重汽集团、东风汽车公司、北汽福田、江淮重型货车等多家主机厂配套;出口东南亚、美洲、中东、非洲等地区

★浙江双祥汽配制造有限公司
地址:浙江省诸暨市枫桥镇东三工业区
邮编:311811
电话:0575/87433158、13858523551
传真:87433000
网址:www. cn－sx. com
电子信箱:hyj2002010@ 163. com
单位人数:100
质量体系:ISO/TS 16949
产品情况:各种挂车半挂车弹簧制动气室、干燥器;具备年生产各种弹簧制动气室30万台的生产能力
配套及出口情况:为东风汽车公司、亚星客车、南京汽车集团、安凯汽车、苏州金龙、江淮汽车等配套;远销南美洲、中东、东南亚、西欧、南非等国家和地区

★诸暨市富易达机械有限公司
地址:浙江省诸暨市枫桥镇东三工业区
邮编:311811
电话:0575/87306228、87438228
传真:87215360、87438047
网址:www. cnfuyida. com
电子信箱:fuyida@ cnfuyida. com
质量体系:ISO/TS 16949
产品情况:(富宜达牌)
中、重型汽车、半挂车制动阀及弹簧制动室
出口情况:远销欧洲、北美洲、南美洲、非洲、中东等地区

★诸暨金科立汽配制造有限公司
地址:浙江省诸暨市枫桥镇东一工业区
邮编:311811
电话:0575/87432028、13606851138
传真:87432308
网址:www. chinaklqp. com
电子信箱:keliqp@ vip. 163. com
质量体系:ISO/TS 16949
产品情况:中、重型汽车、半挂车制动阀系列,调整臂系列、弹簧制动缸系列、转向助力泵系列产品
配套及出口情况:与亚星集团、扬州特种车辆厂、汉阳特种汽车制造厂、扬州通华专用车、一汽淮阴专用车、银宝专用车等20多家大中型汽车厂、改装厂定点配套;部分产品出口美国、东南亚等国家和地区

★浙江华林机械有限公司
地址:浙江省诸暨市枫桥镇工业区
邮编:311811
电话:0575/87438888
传真:87438989
质量体系:ISO 9001
产品情况:(LIJIN 牌)
各型号制动总泵、继动阀、双路阀、单路阀、制动气室等
配套及出口情况:为轻骑集团、河南奔马、一汽通用红塔云南、江淮汽车、天山汽车等配套;出口东南亚等地区

★中外合资浙江东港液压机械有限公司
地址:浙江省诸暨市枫桥镇青龙畈工业区
邮编:311811
电话:0575/87438932
传真:87438032
网址:www. chinatkl. com
电子信箱:export@ chinatkl. com
质量体系:ISO 9001
产品情况:(东港牌、佳安牌)
半挂车、重型车配件
配套及出口情况:为东风汽车公司、江淮汽车、中集集团等20多家汽车制造商配套;出口东南亚、中东、南美洲地区

★浙江枫叶机械有限公司
地址:浙江省诸暨市店口镇枫叶路61号
邮编:311814
电话:0575/87768336
传真:87068872
网址:www. fengyegroup. com
电子信箱:fengye@ fengyegroup. com
质量体系:ISO/TS 16949、ISO 9001
产品情况:(枫叶牌)
汽车转向助力泵、汽车冷却水泵、机油泵
配套情况:为7个整车厂和汽车发动机厂配套

★浙江诸暨市三木汽车零部件厂
地址:浙江省诸暨市店口镇金五路82号
邮编:311814
电话:0575/87066698、87066958
传真:87066958
电子信箱:zjhuisen@ 163. com
质量体系:ISO 9001
产品情况:(木雅牌)
半轴套管
配套情况:为一汽集团、东风汽车公司及其他各大车桥厂配套

★诸暨市伟林机械厂
地址:浙江省诸暨市店口镇湄池江东路106号
邮编:311814
电话:0575/87061915、18857590212
传真:87062620
电子信箱:jiake212@ hotmail. com
质量体系:ISO/TS 16949
产品情况:手动制动调整臂、自动制动调整臂、制动气室、制动螺旋管等
配套及出口情况:与国内多个知名主机

厂建立了长期合作关系；出口北美洲、南美洲、欧洲、非洲、印度、中东、俄罗斯等国家和地区

★浙江诸暨市乐洋机械有限公司
地址:浙江省诸暨市南联村 333 号
邮编:311814
电话:0575/87619798、87659286
传真:87659286
电子信箱:skf1237777@ 163. com
质量体系:ISO 9001
产品情况:汽车制动系列
配套及出口情况:为东风汽车公司、一汽集团、江淮汽车等配套；出口俄罗斯、哈萨克斯坦、韩国、东南亚等国家和地区

★诸暨市镭迪机械有限公司
地址:浙江省诸暨市江藻镇江藻村
邮编:311822
电话:0575/87653736、15257547725
传真:87659537
网址:www. leidiparts. com
电子信箱:sales@ leidiparts. com
质量体系:ISO 9001
产品情况:重型货车离合器助力器、真空制动助力器、调压阀、比例阀、按钮阀、气接头等
配套及出口情况:为国内外几十家汽车生产厂家定点配套；出口美国、欧洲、中南美洲、土耳其、巴西、伊朗、沙特阿拉伯、泰国等国家和地区

★绍兴君奇汽配有限公司
地址:浙江省诸暨市阮市镇包村
邮编:311826
电话:0575/87625179
传真:88514736
网址:www. cnjunqi. com
电子信箱:sxjunqi@ 163. com
单位人数:120
质量体系:ISO/TS 16949
产品情况:继动阀、弹簧制动室、总阀，离合器助力器等半挂车、客车、重型车配件；年产能力 50 万套

★怀创汽车零部件有限公司
地址:浙江省诸暨市阮市镇工业区
邮编:311826
电话:0575/87694188、87609198
传真:87609158
网址:www. zj – hc. cn
电子信箱:foxtux@ sina. com
产品情况:（怀创牌）
汽车制动调整臂
配套及出口情况:为多家轿车厂配套；出口美国、东南亚等国家和地区

★浙江三中机械有限公司
地址:浙江省诸暨市阮市镇三中工业区
邮编:311826
电话:0575/87694888、87694818
传真:87694613
网址:www. szzd. net
电子信箱:sz@ szzd. net
质量体系:ISO/TS 16949
产品情况:（三中牌）
汽车气制动阀、液压制动泵、制动气室、离合器助力器、制动调整臂、空气干燥器、换挡助力器、挂车配件及各种弹簧等
配套情况:为十几家汽车制造企业配套

★诸暨市恒泰汽车部件有限公司
地址:浙江省诸暨市店口峰泰路 100 号
邮编:311835
电话:0575/87651962、13905858062
传真:87662278
网址:www. htzd. cn
电子信箱:htzdmg@ 163. com
质量体系:ISO 9001、ISO/TS 16949
产品情况:（恒泰牌）
汽车离合器助力器、空气干燥器、串联制动阀、继动阀、快放阀、手控阀、调压阀、高度阀、电磁阀、安全阀、单向阀、放水阀及各种管路连接件等汽车制动元件产品
配套情况:为一汽、东风、江淮汽车、沈阳金杯、北汽福田等众多知名主机厂配套

★浙江力源液压技术有限公司
地址:浙江省诸暨市店口工业区
邮编:311835
电话:0575/87619888
传真:87619888
电子信箱:liyuanyeya888@ 163. com
质量体系:ISO/TS 16949
产品情况:（杭泰牌）
高压齿轮油泵、汽车转向泵、齿轮电动机、多联齿轮油泵和液压控制阀、液压系统装置等

★浙江中伟实业集团有限公司
地址:浙江省诸暨市店口镇工业区
邮编:311835
电话:0575/87659028、87666760
网址:www. chinazhongwei. com
质量体系:ISO 9001、ISO 14001
产品情况:（中伟牌）
汽车工程机械液压系统、汽车农机转向油泵、齿轮油泵、液压管件
配套情况:为一汽集团、东风汽车公司、陕汽、洛阳拖拉机等配套

★诸暨均泰汽车零部件有限公司
地址:浙江省诸暨市店口镇华东汽配水暖城 70 幢
邮编:311835
电话:0575/87628831、13454557590
传真:87662239
网址:www. zjsmt. cn
质量体系:ISO/TS 16949
产品情况:离合器助力器、空气干燥器、继动阀、手控阀、制动总泵、调整臂、连接头等产品
配套及出口情况:为国 0 余家货车、客车、轿车、轿车厂、发动机厂配套；产品 30% 出口欧美和东南亚

★浙江欣奇汽配制造有限公司
地址:浙江省诸暨市店口镇金一路 168 号
邮编:311835
电话:0575/87625387、87625388
传真:87625389
网址:www. chinajiefang. com
电子信箱:chinajiafang@ vip. 163. com
质量体系:ISO/TS 16949
产品情况:（佳强牌、NE 牌）
重型车、半挂车、客车的弹簧制动室、离合器助力器、空气干燥器总成、制动泵、阀系列产品
配套及出口情况:为多家汽车厂、农用车厂、车桥厂配套；NE 牌汽车配件出口中东及东南亚等地区

★浙江恒隆万安泵业有限公司
地址:浙江省诸暨市店口镇万安科技园区
邮编:311835
电话:0575/87659180、87659183
传真:87659181、87662166
电子信箱:info@ cn16. com. cn
质量体系:QS 9000、ISO 9001
产品情况:（恒隆万安牌）
汽车动力转向泵
配套情况:为 30 多家主机厂配套

★浙江诸暨万宝机械有限公司
地址:浙江省诸暨市店口镇万安科技园区
邮编:311835
电话:0575/87658208、87650100
传真:87651912、87660566
网址:www. vie. com. cn
电子信箱:wanbao@ vie. com. cn
质量体系:ISO/TS 16949、ISO 14001
产品情况:（万安牌）
液压盘制动器、真空助力器带制动总泵、离合器总分泵、比例阀等产品
配套情况:为上汽通用五菱、东风柳汽、江淮汽车、奇瑞汽车、力帆汽车、北汽福田、长城汽车、众泰汽车、广州汽车灯国内知名乘用车企业配套

★诸暨市长荣机械有限公司
地址:浙江省诸暨市店口镇雁中路 188 号
邮编:311835
电话:0575/87668612
传真:87667309
电子信箱:changrong@ chinachangrong. com. cn
质量体系:ISO/TS 16949
产品情况:（长荣牌）
各种汽车用管接头和汽车气压制动软管总成等
配套情况:为东风汽车公司配套

★浙江万安科技股份有限公司

地址:浙江省诸暨市店口镇中央路188号
邮编:311835
电话:0575/87660333、87605592
传真:87653237
网址:www.vie.com.cn
法人代表:陈利祥
负责人:陈锋
单位人数:2384
质量体系:ISO/TS 16949、ISO 14001、OHSAS 18001
产品情况:(万安牌、VE牌)
乘用车液压制动系统、商用车气压制动系统、汽车离合器操纵系统
配套及出口情况:为一汽集团、东风汽车、奇瑞、江淮、宇通等国内40多家主机厂配套;出口美洲、欧洲、澳大利亚及东南亚地区

★绍兴县福全方杰汽车配件厂

地址:浙江省绍兴市福全镇工业园区
邮编:312000
电话:0575/84620897
传真:84620896
网址:www.cnfjqp.com
电子信箱:cnfjqp@cnfjqp.com
质量体系:ISO/TS 16949
产品情况:出口货车、挂车、客车等重型汽车制动间隙调整臂系列
出口情况:远销东南亚、欧洲、美洲地区

★绍兴市嘉坤汽车配件有限公司

地址:浙江省绍兴市越城区灵芝镇白渔潭村
邮编:312000
电话:0575/85169399、85169993
传真:85170227
电子信箱:wanghg25@163.com
质量体系:ISO/TS 16949
产品情况:离合器助力器、放水阀、手控阀、弹簧制动缸、气制动阀等

★绍兴美特驰汽车配件有限公司

地址:浙江省绍兴县夏履镇工业园
邮编:312000
电话:0575/85913677
传真:84559618
电子信箱:sxmeitec@163.com
质量体系:ISO/TS 16949
产品情况:各类车型的转向拉杆、悬架摆臂球头、稳定杆连杆等,年产汽车转向拉杆和摆臂球头总成70万台套
配套情况:为一汽、东风、北汽福田、江西五十铃、广汽三菱、华晨金杯配套

★绍兴创举汽车同步器齿环有限公司

地址:浙江省绍兴市东湖镇前赵工贸园
邮编:312003
电话:0575/88752200、88649625
传真:88607797、88604017
网址:www.syn-ring.com
电子信箱:13605758881@139.com
质量体系:ISO 9001
产品情况:(东洲牌)
机械式汽车同步器齿环和铜制品;具有年产同步器齿环350万件,铜制品500t的生产能力
配套及出口情况:为知名厂家配套;出口欧洲、大洋洲、巴基斯坦、越南、马来西亚、印度尼西亚、菲律宾等国家和地区

★绍兴天顺汽配有限公司

地址:浙江省绍兴市越城区鉴湖镇虞江工业区
邮编:312008
电话:0575/85150878、87657975
传真:88052858
电子信箱:sxtusb@163.com
质量体系:ISO 9001
产品情况:汽车制动系列产品,年生产能力3000万元
配套及出口情况:为重汽、陕汽、东风汽车公司、一汽集团、江淮汽车、中集汽车等配套;出口欧洲、美洲、东南亚等地区

★浙江展望股份有限公司

地址:浙江省绍兴县杨汛桥镇
邮编:312028
电话:0575/84501080、84509879
传真:84501017
网址:www.zhejiangprospect.com
电子信箱:johnzw1220@126.com
董事长:唐利民
负责人:费国扬
质量体系:ISO/TS 16949
产品情况:(展望(ZW)牌)
汽车十字轴万向节、工程机械万向节、等速器十字轴等
配套及出口情况:为主机厂配套;远销欧洲、美国、巴西、日本、俄罗斯、印度等20多个国家和地区

★绍兴驰达汽车配件制造有限公司

地址:浙江省绍兴市柯桥区镜水南路388号
邮编:312030
电话:0575/84311988、84312066
传真:84311273
网址:www.sxchida.com
电子信箱:pjs@sxchida.com
质量体系:ISO/TS 16949
产品情况:(驰达牌)
制动调整臂、制动凸轮轴等,年产销量300余万套
配套及出口情况:为东风汽车集团、江淮汽车、上汽南京跃进汽车、江铃汽车、安徽华菱汽车、北汽福田、湖南中联重科、湖南三一重工、青特车桥等配套;远销欧美、中东等地区

★索密克汽车配件有限公司

地址:浙江省绍兴市柯岩街道丁巷
邮编:312030
电话:0575/84311990
传真:84313372
网址:www.somic.com.cn
电子信箱:sx@somic.com.cn
法人代表(负责人):沈幼生
单位人数:1500
质量体系:ISO/TS 16949、ISO 14001
产品情况:(SOMIC牌)
汽车转向拉杆、齿条拉杆、独立悬架摆臂、球头、稳定杆等总成
配套情况:为一汽集团、东风集团、广汽集团、上汽集团、奇瑞、江淮等150多家主机配套厂配套

★绍兴华兴汽车零部件有限公司

地址:浙江省绍兴县柯岩街道路南工业区澄湾路
邮编:312030
电话:0575/84311666、84310000
传真:84314626
网址:www.sxhuaxing.com
电子信箱:chifang@sxhuaxing.com
质量体系:ISO 9001
产品情况:(驰方牌)
各种车型制动调整臂和凸轮轴
出口情况:出口美国、哥伦比亚、土耳其、中东、墨西哥、巴西、俄罗斯等20多个国家和地区

★浙江长泰机械有限公司

地址:浙江省绍兴县华舍街道
邮编:312033
电话:0575/84081585、84081304
传真:84083967
网址:www.gearcn.com
质量体系:ISO/TS 16949、ISO 14001
产品情况:(SHAOCHI牌)
汽车变速器、大功率拖拉机传动系统、混凝土搅拌车减速箱、特种车辆分动箱、轮边减速箱等总成,以及双离合器汽车变速器等
配套情况:总成产品为北汽福田、山东重汽王牌、五征、南汽依维柯、湖北三环十通、东风随州专汽、徐工凯尔、东风嘉泰、云南力帆骏马、天拖等汽车主机厂配套;齿轮、轴类零部件为一汽、上海汽车齿轮总厂、杭齿前进股份、意大利COMER公司、CNH公司和美国INGERSOLL RAND等国内外知名企业配套

★绍兴金江机械有限公司

地址:浙江省绍兴市袍江新区越英北路218号
邮编:312085
电话:0575/88157918、88157900
传真:88157918、88157901
网址:www.s-jx.com
电子信箱:web@s-jx.com
质量体系:ISO/TS 16949
产品情况:汽车转向拉杆总成、独立悬架主销座总成、悬架摆臂总成、转向节

臂及悬臂轴等零部件
配套及出口情况:为东风商用车、东风德纳车桥、江铃汽车、江淮汽车、南京依维柯、金杯汽车、浙江吉利、北汽福田、北方奔驰、厦门金龙、苏州金龙、宇通客车、中通客车、浙江青年、申沃、广汽日野、丹东黄海、安徽华菱、洛阳一拖、杭叉箱桥公司等配套;出口美国、英国、意大利、加拿大、东南亚等国家和地区

★绍兴市盛隆汽车制动器厂
地址:浙江省绍兴市越城区马山镇豆姜村
邮编:312087
电话:0575/88153473、13867538668
传真:88153559
电子信箱:shenglong－1202@126.com
质量体系:ISO 9001
产品情况:(家HOME牌)
汽车双管路制动主缸
配套及出口情况:为杭州汽车配件厂、江淮汽车配件公司、北方汽车配件公司配套;汽车电机真空泵出口泰国、新加坡

★浙江优联汽车轴承有限公司
地址:浙江省嵊州市三江业园新一路
邮编:312400
电话:0575/83268206
传真:83268202
网址:www.unifarbearings.com
电子信箱:unifar@unifar.com.cn
质量体系:ISO/TS 16949
产品情况:汽车离合器分离轴承、张紧轮轴承及惰轮和汽车单向发电机皮带轮
出口情况:出口韩国、东南亚、英国、美国、巴西、意大利等国家和地区

★浙江万丰奥威汽轮股份有限公司
地址:浙江省新昌工业区
邮编:312500
电话:0575/86298219、86297500
传真:86297218
网址:www.wfaw.com.cn
电子信箱:wfaw@wfjt.com
质量体系:ISO/TS 16949、QS 9000
产品情况:(ZCW牌)
汽车、摩托车铝合金车轮
配套及出口情况:是宝马、奔驰、路虎、通用、福特、大众、大发、现代等体系的优秀配套商;出口美国、日本、德国、法国、俄国、韩国、巴西等30多个国家和地区

★浙江五峰汽车轴承制造有限公司
地址:浙江省新昌县高新技术产业园区
邮编:312500
电话:0575/86282008、86282009
传真:86282005、86320555
网址:www.wf－bearings.com
电子信箱:ycf@wf－bearing.com
质量体系:ISO/TS 16949
产品情况:(WF牌)
轮毂轴承、圆锥滚子轴承、空调器轴承及各类非标轴承;年产轮毂轴承400万套
配套及出口情况:被多家客户指定为定点供应商;主要出口阿根廷、巴西、意大利、德国、墨西哥、土耳其、叙利亚、俄罗斯、伊朗、韩国等国家

★新昌县林泉轴承有限公司
地址:浙江省新昌县青山工业区
邮编:312500
电话:0575/86175588、86177558
传真:86175618、86175260
网址:www.cnlinquan.com
电子信箱:cnlinquan@cnlinquan.com
单位人数:200
质量体系:ISO/TS 16949
产品情况:汽车轮毂轴承、汽车空调机轴承、张紧轮轴承、离合器轴承、圆锥轴承、深沟球轴承及各种非标准特殊轴承,年产量1000万套,产值1亿元
出口情况:产品大部分出口欧洲、美洲、亚洲等多个国家和地区

★万丰奥特控股集团有限公司
地址:浙江省新昌县万丰科技园
邮编:312500
电话:0575/86298888
传真:86297550
网址:www.wfjt.com
电子信箱:wfjt@wfjt.com
董事长:陈爱莲
负责人:陈滨
单位人数:6000
质量体系:ISO/TS 16949、VDA 6.1
产品情况:(ZCW牌、万丰牌)
汽车、摩托车铝合金车轮、镁合金车轮、进气歧管以及有色合金铸造自动化装备单元,年产销铝轮2500万件
配套情况:是大众、丰田、宝马、菲亚特、福特、通用、尼桑、标致等一级供应商

★浙江伏牛钢板弹簧有限公司
地址:浙江省湖州市菱湖镇西庄桥堍
邮编:313018
电话:4008910682
传真:0572/3301005
网址:www.funiuchina.com
电子信箱:sale@funiuchina.com
质量体系:ISO/TS 16949、ISO 14001
产品情况:汽车钢板弹簧,年产能力7万余t
配套及出口情况:为10多家整车企业配套;出口多个国家和地区

★浙江凯迪汽车部件工业有限公司
地址:浙江省长兴县经济技术开发区C区中央大道2288号
邮编:313100
电话:0572/6129788
传真:6129787
网址:www.autokdd.cn
电子信箱:kaidi@vip.163.com
单位人数:500
质量体系:ISO 9001、ISO/TS 16949
产品情况:年产球笼300万只,传动轴60万只,轮毂单元80万套
出口情况:远销欧洲、美洲、俄罗斯、中南美洲、东南亚、中东等国家和地区;与大众、通用、福特、克莱斯勒、丰田、本田建立合作关系

★高田(长兴)汽车安全装置有限公司
地址:浙江省湖州市长兴县午山岗农科所
邮编:313104
电话:0572/6321777
传真:6129569
网址:www.takata.com
电子信箱:xubin.yin@takata.com.cn
产品情况:汽车安全气囊
出口情况:以出口为主

★湖州亿兴汽车零部件有限公司
地址:浙江省长兴县国家级经济开发区南高路118号
邮编:313199
电话:0572/6128868、6128869
传真:6122766
网址:www.yixingcn.com
电子信箱:sales@yixingcn.com
质量体系:ISO/TS 16949
产品情况:汽车底盘关键零部件及车身配件
配套及出口情况:为一汽集团、吉利帝豪等配套;出口国外市场

★湖州普拉沃夫离合器有限公司
地址:浙江省德清县环城北路258号
邮编:313200
电话:0572/8653812、8653816
传真:8653191
网址:www.pra－wolf.com
电子信箱:info@pra－wolf.com
质量体系:ISO/TS 16949
产品情况:产品范围覆盖了310～430mm商用车离合器
配套及出口情况:为SACHS等世界一流品牌进行配套;客户遍及欧洲、北美洲等售后主流市场

★浙江瑞朗锻造有限公司
地址:浙江省德清县钟管镇工业区
邮编:313220
电话:0572/8239999、8239886
传真:8239718
电子信箱:info@cnruilang.com
质量体系:ISO 9001
产品情况:汽车拉杆球头和万向节,柴油机及汽车连杆毛坯,摩托车配件,其他中小型复杂精密锻造零件
配套及出口情况:为一汽集团配套;远销中东、非洲、东南亚等地区

★浙江路得坦摩悬架系统有限公司
地址:浙江省湖州市安吉递铺镇霞泉村04省道收费站旁
邮编:313300
电话:0572/5015000
传真:5015899
网址:www.roadtamer.com
法人代表(负责人):陈必君
单位人数:420
质量体系:ISO/TS 16949
产品情况:(FDI牌、roadtamer牌)
汽车减振器、气弹簧和助力缸
配套及出口情况:为北汽福田、东风汽车、江淮汽车、奇瑞汽车、长城汽车、中通客车、广汽吉奥、北方奔驰、上汽配套;远销美国PACCAR、德国SAF、德国ZF、欧洲和北美洲等地区改装车市场

★浙江天瑞汽车零部件有限公司
地址:浙江省嘉兴市秀洲工业区中山西路加创路1758号
邮编:314000
电话:0573/83570080
传真:82799795
网址:www.teenray.com
电子信箱:sales@teenray.com
质量体系:ISO/TS 16949
产品情况:汽车底盘关键零部件
出口情况:产品全部出口,客户遍及欧美、中东、东南亚

★嘉兴四通车轮股份有限公司
地址:浙江省嘉兴市大桥镇工业园步焦路528号
邮编:314001
电话:0573/82572900、82572211
传真:82572990
电子信箱:master@cnruitong.com
质量体系:ISO/TS 16949
产品情况:(瑞通牌)
各类铝合金锻造车轮、钢制工程车车轮、钢制汽车车轮和液压油泵
配套及出口情况:为杭州日产柴、广汽日野、重汽特种车、上海汇众、东风柳汽、一汽柳特、青年客车、烟台舒驰、陕汽欧舒特、日立建机、福田重工等多家汽车、工程车生产厂家配套;出口欧洲、南美洲、北美洲、东南亚、中东、非洲等地区

★东海橡塑(嘉兴)有限公司
地址:浙江省嘉兴经济开发区岗山路500号
邮编:314003
电话:0573/82210000、82210793
传真:82211656
网址:www.trjtokai.com
电子信箱:kexin.zhu@trjtokai.com
质量体系:ISO/TS 16949
产品情况:汽车用减振器等产品
配套及出口情况:主要客户为在中国投资生产的日系汽车厂家,如丰田、本田、日产、马自达、铃木、三菱等客户;部分产品远销日本、美国等国家

★嘉兴峰牌钢圈有限公司
地址:浙江省嘉兴市南湖区亚澳路725号
邮编:314006
电话:0573/82583277、82583278
传真:82583388
网址:www.fengpaiwheel.com
电子信箱:fengpaiwheel@163.com
法人代表:宋济隆
负责人:姜引娣
单位人数:185
质量体系:ISO 9001
产品情况:(峰牌)
汽车钢圈、工程车钢圈,年钢圈生产能力100万套
配套及出口情况:为徐工集团、上汽依维柯、中联重科、东风裕隆杭州商用车、汉阳特种汽车厂、宇通重工、众泰集团及军工企业配套;远销美国、欧洲、东南亚等国家和地区

★嘉兴市嘉力达汽车部件有限公司
地址:浙江省嘉兴市南湖区新篁菊花路6号
邮编:314008
电话:0573/83146816、13505735985
传真:83144029
网址:www.jldgs.net
电子信箱:heidi@jldgs.net
质量体系:ISO/TS 16949
产品情况:汽车制动室
配套及出口情况:与国内汽车厂家配套;远销美洲、大洋洲、欧洲、东南亚等地区

★嘉兴嘉嘉汽车零部件制造有限公司
地址:浙江省嘉兴市秀洲区新塍镇南工业区
邮编:314015
电话:13957390299
传真:0573/83411871
网址:www.cn-absorber.com
电子信箱:web@cn-absorber.com
质量体系:ISO 9000
产品情况:(DIG牌)
S20、S30、S40、S45、S50、S65各种筒式减振器
配套情况:为东风杭汽、东风柳汽、东风日产柴、东风云南汽车、苏州金龙、亚星商务车、亚星客车、南京春兰汽车、徐州重型机械厂、安徽安凯汽车、上海客车厂、丹东黄海、厦门金旅、上海汇众、陕西汽车制造总厂、郑州日产、江淮汽车厂、东风新疆汽车厂等配套

★嘉兴新中南汽车零部件有限公司
地址:浙江省嘉兴市秀洲工业区新农路1号
邮编:314031
电话:0573/82779880、82799113
传真:82799882
网址:www.xzn.com.cn
电子信箱:jsb@xzn.com.cn
质量体系:ISO/TS 16949
产品情况:重型载货汽车离合器助力器、离合器总泵、弹簧制动气室、气制动总阀等
配套情况:为中国重汽济南卡车公司(斯太尔王、HOWO)、商用车公司(黄河王子)、陕汽集团(德龙F2000、奥龙)、东风柳汽商用车公司(乘龙、霸龙等)、北奔重汽、重庆铁马、上汽依维柯红岩(T车、斯太尔)、一汽客车、中通客车、徐工集团、中国龙工等配套

★嘉兴润通汽车配件有限公司
地址:浙江省嘉兴市秀洲区桃园路288号
邮编:314031
电话:0573/82759371、82759372
传真:82759373
网址:www.rhctgl.com
电子信箱:weiyong.mao@rhctgl.com
质量体系:ISO/TS 16949
产品情况:制动系统气室、调节臂及相关配件

★嘉兴市贝得机械有限公司
地址:浙江省嘉兴市秀洲区油车港镇残疾人创业园9号
邮编:314050
电话:0573/82069928
传真:82062968
网址:www.beda.com.cn
电子信箱:beda@beda.com.cn
质量体系:ISO/TS 16949
产品情况:汽车助力转向泵,年生产能力10万多台
出口情况:95%以上产品出口,主要出口欧洲、美洲、东南亚等50多个国家

★承田汽车配件工业(浙江)有限公司
地址:浙江省嘉兴市嘉善县人民大道2355号
邮编:314100
电话:0573/84830533、84830935
传真:84830267
网址:www.shoda-tw.com
电子信箱:shoda@360sky.com
质量体系:ISO 9001
产品情况:汽车制动器总成、齿轮箱变速器、摩托车高速齿轮、电动工具齿轮、减速机齿轮及电动机齿轮

★嘉兴市纽曼机械有限公司
地址:浙江省嘉善县干窑镇范经大道2号
邮编:314115
电话:0573/84517326
传真:84517201
网址:www.zjnewman.com
电子信箱:zjniuman@163.com
单位人数:3000
质量体系:ISO 9001

产品情况:(纽曼牌)

汽车电涡流缓速器,发动机智能冷却系统,电磁风扇离合器及角传动等

配套情况:和国内30多家客车厂配套

★嘉善峰立汽车零部件制造有限公司

地址:浙江省嘉善县姚庄工业园
邮编:314117
电话:0573/84776985、84823288
传真:84778798
网址:www.jsfengli.com
电子信箱:sjx-001@vip.163.com
质量体系:ISO 9001
产品情况:汽车取力器总成,年产5万余台
配套情况:为各大汽车改装厂、专用车制造公司、变速器厂等配套

★嘉善顺达汽车配件制造有限公司

地址:浙江省嘉善县姚庄经济开发区
邮编:314117
电话:0573/84777638
传真:84777018
网址:www.zjsdqp.com
电子信箱:sale@zjsdqp.com
质量体系:ISO 9001
产品情况:具有年产各类汽车取力器30000台、各类传动轴20000套、各类液压传动绞盘1000套、起升机构400套的生产能力

★德西福格汽车配件(平湖)有限公司

地址:浙江省嘉兴市平湖经济开发区新群路2558号
邮编:314200
电话:0573/85203081
传真:85072552
网址:www.hirschvogel.com
电子信箱:hac@hirschvogel.com
质量体系:ISO/TS 16949
产品情况:轴、轮毂、共轨、喷油器体、铝转向节、外圈、铝车轮支架、行星轮支架
配套情况:为大众、宝马、戴姆勒、博世、舍弗勒、采埃孚、长城、北汽配套

★浙江欧迪恩传动科技股份有限公司

地址:浙江省平湖经济开发区昌盛路1000号
邮编:314200
电话:0573/85076666
传真:85072858、85072662
网址:www.odmaxle.com
电子信箱:1111@odmaxle.com
董事长:李秀蓉
单位人数:1000
质量体系:ISO/TS 16949、ISO 14001
产品情况:(ODM牌)

具有年产600多万只球笼式等速万向节,300万套驱动轴总成的制造能力

配套及出口情况:为奇瑞、昌河、五菱、江铃,起亚等汽车厂以及各种沙滩车、电动车厂配套;远销欧洲、亚洲、非洲等多个国家和地区

★浙江三维大通冷挤压有限公司

地址:浙江省海盐县沈荡镇工业园区
邮编:314311
电话:0573/86722165、86722166
传真:86722232
网址:www.coldextrusion.com
电子信箱:hylj@coldextrusion.com
质量体系:ISO/TS 16949
产品情况:柴油发动机各类油泵油嘴、汽车传动系统、变速器系统、制动系统、流体液压系统、工程机械以及电动机电器等各种配件

★海宁峰岚机械有限公司

地址:浙江省海宁市盐官镇丰士建兴路2号
邮编:314405
电话:0573/87770528
传真:87770528
质量体系:ISO 9000
产品情况:制动器总成
配套情况:为杭州汇丰、河南奔马、浙江万向等配套

★海宁安玛固汽车部件有限公司

地址:浙江省海宁市长安镇辛口路175号
邮编:314408
电话:0573/87406666、4008919097
传真:87406399
网址:www.amg-china.cn
电子信箱:473387235@qq.com
质量体系:ISO/TS 16949
产品情况:减振器

★海宁佳盛汽车零部件有限公司

地址:浙江省海宁市长安镇修川北路东侧
邮编:314408
电话:0573/87489178
传真:87489168
网址:www.nfcauto.com
电子信箱:sales@niceflourish.com
质量体系:ISO/TS 16949
产品情况:轮毂单元

★浙江雄鹰机电有限公司

地址:浙江省海宁市盐官镇工业园区
邮编:314411
电话:0573/87615338、87617070
传真:87617071
电子信箱:web@detent.cn
质量体系:ISO 9001
产品情况:(蹄王牌)

汽车制动器总成、后桥壳及其配件,年产汽车制动器总成12万只、后桥壳4万支

配套情况:为一汽通用红塔云南、东风湖南车桥厂、万向集团、湖北车桥厂、河北宇田、河南向东、杭州轻型等配套

★浙江前锦离合器有限公司

地址:浙江省海宁市连杭经济开发区启潮路中堤桥旁
邮编:314412
电话:0573/87967368
传真:87967358
网址:www.auto-clutch.com
电子信箱:sales@auto-clutch.com
质量体系:ISO/TS 16949
产品情况:(前锦牌)

具有年产50万台套离合器的生产能力

配套及出口情况:为一汽集团、柳州动力机厂等配套;部分产品出口海外

★海宁博韦德汽车零部件有限公司

地址:浙江省海宁市尖山新区海市路38号
邮编:314415
电话:4008650008
网址:www.poweredchina.com
电子信箱:sales@poweredchina.com
质量体系:ISO/TS 16949、ISO 14001
产品情况:轿车减振器

★浙江龙华汽配制造有限公司

地址:浙江省海宁市农业开发区中堤路9号
邮编:314423
电话:0573/87968715、87968717
传真:87968716
电子信箱:root@longhua.biz
质量体系:ISO 9001
产品情况:(龙华牌)

汽车离合器膜片弹簧等产品;年产能力超过1000万片

配套及出口情况:为长春一东离合器、中国重汽集团济南港信零部件、上海萨克斯动力总成、南京法雷奥离合器配套;出口欧洲、美洲、东南亚等30多个国家和地区

★桐乡辰宇机械有限公司

地址:浙江省桐乡市龙翔街道工业区和顺路
邮编:314504
电话:0573/88791010、13806735200
网址:www.brake-cy.com
质量体系:ISO/TS 16949
产品情况:[CY(辰宇)牌]

汽车制动气室、储能弹簧制动室、各种阀类产品;年生产能力60万台套

配套及出口情况:与国内主要汽车厂家配套;远销美洲、大洋洲、欧洲、东南亚地区

★宁波派斯马克汽车部件制造有限公司

地址:浙江省宁波市大庆北路283号
邮编:315000
电话:0574/87677588、13586508788
传真:87628488
网址:www.nbthc.com
电子信箱:sales@nbthc.com
质量体系:ISO/TS 16949、ISO 9001
产品情况:(派斯马克牌、PCMK牌)

年均生产能力:5万台牵引座、2万根车轴、2千台单点悬架、2万付支腿、8万只牵引销、6万套集装箱锁具、12万套扭力杆
配套及出口情况:与青汽、中集车辆集团及东风、解放等各家4S店建立了长期业务关系;出口欧洲、非洲、亚洲几十个国家和地区

★宁波卓越圣龙工业技术有限公司
地址:浙江省宁波市鄞州区投资创业中心金达路789号
邮编:315000
电话:0574/83097837
传真:83097996
网址:www.shenglongsr.com
电子信箱:wy.fan@shenglongsr.com
质量体系:ISO/TS 16949、ISO 14001
产品情况:汽车铝合金车轮

★宁波市鄞州思可达传动件有限公司
地址:浙江省宁波市鄞州区五乡工业区
邮编:315000
电话:0574/83062380
传真:83062390
网址:www.hkaok.com
电子信箱:aok@hkaok.com
质量体系:ISO/TS 16949、QS 9000
产品情况:关节轴承、球头轴接、拉杆连杆、拖车球、拖车罩、平衡杆、变速操纵、U形叉、转向盘、液压管件等
出口情况:出口美国、法国、德国、西班牙、英国、中东、南亚等国家和地区

★浙江恒正汽车部件有限公司
地址:浙江省宁波市海曙区机场路后孙段
邮编:315010
电话:0574/56122820
传真:56122737、56122848
网址:www.hzautoparts.com
电子信箱:hzauto@hzautopats.com
质量体系:ISO/TS 16949、ISO 9001
产品情况:汽车钢车轮、汽车冲压类零部件
配套及出口情况:和国内多家汽车主机厂有良好的合作关系;远销美国、加拿大、俄罗斯、意大利、南非、澳大利亚等国家

★宁波市聚星橡塑有限公司
地址:浙江省宁波市段塘丁家街56号
邮编:315012
电话:0574/87463957
传真:87467244
网址:www.juxing.cn
电子信箱:nbjx@juxing.cn
质量体系:ISO 9001
产品情况:[聚星(JUXING)牌]
聚氨酯缓冲块、聚氨酯轮胎、化油器软垫等
出口情况:出口欧洲、美洲、东南亚等几十个国家和地区

★宁波飞联汽车部件制造有限公司
地址:浙江省宁波市海曙区姚丰南路66号3号楼
邮编:315012
电话:0574/27720051、27720052
传真:27720050
网址:www.finoauto.com
电子信箱:finoauto@finoauto.com
质量体系:ISO/TS 16949
产品情况:汽车悬架系统和转向系统配件

★宁波嘉隆工业有限公司
地址:浙江省宁波市江北区宝成路22号
邮编:315021
电话:0574/87633188、87638378
传真:87633388
网址:www.cn-jialong.com
电子信箱:feiminsale02@cn-jialong.com
质量体系:ISO/TS 16949
产品情况:(飞敏牌)
轿车前轮驱动轴、等速万向节

★浙江金波减震器制造有限公司
地址:浙江省宁波市江北区夏家工业区振甬路181号
邮编:315021
电话:0574/87635959
传真:87627011
网址:www.jinbo88.com
电子信箱:sales@jinbo88.sina.net
质量体系:ISO/TS 16949
产品情况:(金波牌)
汽车减振器
出口情况:主要出口北美洲、南美洲、欧洲、中东和非洲市场

★宁波豪锋企业有限公司
地址:浙江省宁波市江北区北海路150弄38号
邮编:315032
电话:0574/87561638、87577696
传真:87561891、87227946
电子信箱:liyx@haofeng-ind.com
质量体系:ISO 9001
产品情况:气门嘴芯及其工具、车轮配件、附件及其装配维修工具
配套及出口情况:为多家汽车厂、车轮厂、汽车底盘厂配套;90%以上的产品出口欧洲、美洲等20多个国家和地区

★宁波市鄞州横溪福兴汽配厂
地址:浙江省宁波市横溪禄广桥工业区
邮编:315131
电话:0574/88064623、13906628321
传真:88471040
网址:www.nbfx.com.cn
电子信箱:zjnbzfd@hotmail.com
产品情况:汽车操纵系统、换挡系统、转向系统、球头系列等零部件
配套情况:为一汽解放配套

★宁波通达精密铸造有限公司
地址:浙江省宁波市鄞州区云龙镇荷花桥工业区
邮编:315135
电话:0574/88345758
传真:88474088
网址:www.nbtdcasting.com
电子信箱:sales@nbtdcasting.com
质量体系:ISO/TS 16949、QS 9000
产品情况:汽车底盘铸造件,年产量15000t以上
出口情况:远销美国、加拿大、澳大利亚、英国、法国、葡萄牙、马来西亚、新加坡等国家,并销往中国香港地区

★宁波培源汽车配件制造有限公司
地址:浙江省宁波市鄞州区姜山镇蔡郎桥姜丽路126号
邮编:315136
电话:0574/88475171、13605889497
传真:88475688、88097751
网址:www.peiyuan.com.cn
电子信箱:zpq@peiyuan.com.cn
单位人数:570
质量体系:ISO/TS 16949
产品情况:汽车减振器各类配件、减振器活塞杆、液压翻转系统活塞杆、气弹簧(QPQ)活塞杆、摩托车减振柱、电动机轴等轴杆类产品以及其他一些五金件和橡胶注塑件

★宁波优适捷传动件有限公司
地址:浙江省宁波市鄞州区云龙工业区云丽路
邮编:315137
电话:0574/88345679、88067662
传真:88474809
网址:www.usj.com.cn
电子信箱:usj@usj.com.cn
质量体系:ISO/TS 16949
产品情况:(优适捷牌)
汽车球头、球接、球铰链、关节轴承、转向悬架、控制臂等
配套及出口情况:直接与北方奔驰、中国重汽、约翰迪尔、德纳车桥、东风康斯博莫尔斯、中联重科等专业客户配套;间接与美国通用、美国福特、北汽福田、一汽、东风等汽车厂配套;批量出口美国、德国、日本、西班牙、东南亚等市场

★宁波纬尚汽车零部件有限公司
地址:浙江省宁波市鄞州区云龙镇工业园区
邮编:315137
电话:0574/87936989、55227230
传真:83089128
网址:www.nbvs.com.cn
电子信箱:sandy@nbvs.com.cn
单位人数:450
质量体系:ISO/TS 16949
产品情况:(V-SHINE牌)
汽车驱动轴总成,具备年产180万

套总成的产能
配套及出口情况：约 70% 配套国内 OEM 整车厂；产品 30% 出口欧美市场，为各类汽车主机、维修市场配套

★宁波宝迪汽车部件有限公司
地址：浙江省宁波市鄞州滨海投资创业中心合兴路 345 号
邮编：315145
电话：0574/88422022
传真：88021618
电子信箱：sales@ baodywheel. com
法人代表：翁明光
负责人：张建宇
单位人数：1500
质量体系：ISO/TS 16949、ISO 14001
产品情况：轮毂

★宁波英达皇汽车轮毂有限公司
地址：浙江省宁波市鄞州区江镇
邮编：315158
电话：0574/88039776
传真：88435094
单位人数：900
质量体系：ISO/TS 16949
产品情况：（英达皇牌）
各类汽车轮辋、辐板钢轮、辐条钢轮
配套及出口情况：为国内外数家整车厂家配套；远销美国、欧洲、加拿大、日本、韩国、东南亚等 10 多个国家和地区

★宁波思明汽车附件有限公司
地址：浙江省宁波市望春工业园区秋实路 360 号
邮编：315171
电话：0574/88158560
传真：88020867
网址：www. siming – china. com
电子信箱：sales@ siming – china. com
质量体系：ISO/TS 16949
产品情况：气门嘴、气门嘴配件、轮胎修理工具及设备、平衡块、法兰盘等轮胎配件
出口情况：出口国外市场

★宁波太星减振器有限公司
地址：浙江省宁波市鄞州区集士港
邮编：315171
电话：0574/89015599、89015588
传真：88440005
网址：www. sunstarshocks. com
电子信箱：sales@ sunstarshocks. com
质量体系：ISO/TS 16949
产品情况：汽车、摩托车减振器
配套及出口情况：为国内外许多汽配商家配套；远销欧洲、东南亚、中亚、中南美洲、北美洲、大洋洲，并销往中国香港、中国台湾地区

★宁波奔野方向机有限公司
地址：浙江省宁波市鄞州区集士港祝家桥工业区
邮编：315171
电话：0574/88158189、88158689
传真：88158289
网址：www. byfxj. com
电子信箱：byfxj@ sina. com
质量体系：ISO 9000
产品情况：（北野牌）
循环球齿条齿扇式、球面蜗杆滚轮式、齿轮齿条式转向器三大系列以及循环球螺杆螺母总成系列，具有年产各类转向器 10 万台的能力
配套及出口情况：为多家汽车、农用车、拖拉机厂家配套；远销中东及东南亚地区

★宁波方友汽车零部件有限公司
地址：浙江省宁波市集仕港工业区
邮编：315175
电话：0574/88006331、88006329
传真：88006327
网址：www. china – ccr. com
电子信箱：ccr@ china – ccr. com
质量体系：ISO 9001
产品情况：悬架件、轮毂、水泵
出口情况：出口欧洲、美国、南美洲、中东等国家和地区

★宁波市鄞州创洋金属制品有限公司
地址：浙江省宁波市鄞州区横街加油站边上柳家河村
邮编：315181
电话：0574/88022690、15958297506
传真：88282944
网址：www. cn – wuhuan. com
电子信箱：sales@ cn – wuhuan. com
单位人数：50
质量体系：ISO 9001
产品情况：TPMS 防爆气门嘴、无内胎气门嘴、货车气门嘴以及相关的汽车配件
出口情况：远销欧洲、美洲、亚洲、中东

★宁波华盛汽车部件有限公司
地址：浙江省宁波市鄞州区姜山科技园区明曙路 3 号
邮编：315191
电话：0574/55226193、55226195
网址：www. nbhsqp. com
电子信箱：huashengnb@ 126. com
质量体系：ISO/TS 16949
产品情况：转向横直拉杆总成、上下推力杆总成、平衡轴壳、转向节总成、前轴叉总成、间隙调整臂总成、轮毂、制动鼓等
配套情况：为陕汽集团、重汽集团、珠海广通、郑州猛狮、中通客车配套

★宁波明佳汽车内饰有限公司
地址：浙江省宁波市鄞州区姜山镇科技园区
邮编：315191
电话：0574/88458988、88456688
传真：88458368、88458988
网址：www. mecai. com
电子信箱：hym@ mecai. com
质量体系：ISO/TS 16949
产品情况：（明佳牌）
汽车转向盘、扶手、拉手、遮阳板、汽车门锁
配套情况：为吉利汽车、奇瑞汽车、长城汽车、丹东曙光、山东华泰、厦门金龙、浙江吉奥等配套

★宁波南方减震器制造有限公司
地址：浙江省宁波市钟公庙三里村
邮编：315194
电话：0574/88660918、88660900
传真：88660989
网址：www. nb – nf. com
电子信箱：sales – 5@ nb – nf. com
单位人数：365
质量体系：ISO/TS 16949
产品情况：（NBNF 牌）
汽车减振器及其零部件
配套及出口情况：与一汽、东风、通用等汽车厂商合作过；出口欧洲、美洲、大洋洲等地区，并销往中国香港、中国台湾地区

★宁波市镇海福华机械电器厂
地址：浙江省宁波市镇海区骆驼工业区荣吉路 238 号
邮编：315200
电话：0574/86571301
传真：86571301
电子信箱：web@ nb – fuhua. com
质量体系：ISO 9000
产品情况：（田光牌）
汽车倒挡开关、空挡开关、气压开关、信号灯倒车开关、止动限位总成、汽车变速器拨叉轴、换挡轴、高强度螺栓等成套中小钢件及汽车配件
配套情况：为各大汽车厂、汽车变速器厂配套

★浙江立群汽车配件制造有限公司
地址：浙江省宁波市镇海区镇海临俞工业区河周路 2 号
邮编：315207
电话：0574/86369967、86369968
传真：86362411
电子信箱：whj@ cnlqco. com
质量体系：ISO/TS 16949
产品情况：（立群牌、润群牌）
汽车万向节、转向器总成及传动轴配件等
配套及出口情况：为主机厂配套；远销海外市场

★宁波普泽机电有限公司
地址：浙江省慈溪市崇寿镇绿色园区绿园二路 1 号
邮编：315301
电话：0574/63206318
传真：63212928

网址:www. nbpuze. com
电子信箱:sales@ nbpuze. com
质量体系:ISO/TS 16949
产品情况:工程机械汽车单向器、传动轴、齿轮等精密零件,汽车工程机械起动机

★浙江向隆机械有限公司
地址:浙江省慈溪市龙山镇滨海工业区灵绪路88号
邮编:315311
电话:0574/56570599
传真:56570595
网址:www. cn - sps. com
电子信箱:sale@ cn - sps. com
单位人数:240
质量体系:ISO/TS 16949
产品情况:(SPS牌、万向牌)
具有年产等速驱动轴350万套,万向节120万只,传动轴20万支
配套及出口情况:主要客户有庞巴迪、北极星、约翰迪尔,春风动力等;在乘用车领域,已成功为一汽轿车、广汽乘用车、长安铃木、长城汽车、江铃汽车、海马汽车、众泰汽车、华泰汽车等整车厂配套;远销欧洲、美国等OEM市场

★宁波五菱工贸实业有限公司
地址:浙江省慈溪市龙山镇范市工业区纬二路
邮编:315312
电话:0574/58997978、58997950
传真:58997955
网址:www. nbwuling. com
电子信箱:sale@ nbwuling. com
单位人数:400
质量体系:ISO/TS 16949
产品情况:(五菱牌)
减振器配件,涡轮增压回路接头等
出口情况:出口海外市场;主要给通用、丰田体系、日本KYB等配套

★宁波凯瑞汽车零部件有限公司
地址:浙江省慈溪市横河镇龙南
邮编:315318
电话:0574/63263313
传真:63263138
网址:www. nbkr. cn
电子信箱:sales@ nbkr. cn
单位人数:200
质量体系:ISO 9001
产品情况:减振器、波纹管和塑料制品
出口情况:出口欧洲、美洲、拉丁美洲、东南亚、中东、非洲等地区

★宁波斯派特减震器制造有限公司
地址:浙江省慈溪市横河镇乌玉桥26号
邮编:315318
电话:0574/63256780、13805818340
传真:63894866
网址:www. nbspt. com
电子信箱:info@ newlandparts. com
单位人数:150
质量体系:ISO/TS 16949
产品情况:减振器,年生产能力为100万支各式轿车减振器
出口情况:远销东南亚、欧美、日本、大洋洲等国家和地区

★宁波麦瑞汽车零部件有限公司
地址:浙江省慈溪市新浦镇南环东路1号
邮编:315322
电话:0574/63591800、63591700
传真:63578108
网址:www. nbmerry. com
电子信箱:nbmerry@ gmail. com
质量体系:ISO 9001
产品情况:汽车发动机液压悬置减振总成、变速器悬置总成、隔振块、抗扭减振器、橡胶金属减振器、控制臂衬套、缓冲块、各种汽车高压点火线、高压橡胶护套制品
出口情况:产品80%远销欧洲、北美洲、南美洲、中东等地区

★慈溪市晨凯制动器有限公司
地址:浙江省慈溪市新浦工业区
邮编:315322
电话:0574/63574223
传真:63578023
网址:www. chenkai. com
电子信箱:ckgs@ vip. 163. com
单位人数:150
质量体系:ISO 9001
产品情况:(晨凯牌)
轻型汽车、轿车制动总泵、分泵,离合器总泵、分泵
配套及出口情况:为江铃汽车、长城汽车、吉奥汽车等配套;出口欧洲、美洲、中东、南非等地区

★宁波三钴工业有限公司
地址:浙江省慈溪市胜山镇工业开发区
邮编:315323
电话:0574/63529020、63544789
传真:63549671
网址:www. china - freewheel. com
电子信箱:szqq@ public. cx. nbptt. zj. cn
质量体系:ISO/TS 16949
产品情况:三柱槽壳、筒形壳、凸缘、半轴、星形套、沙滩车球笼、工程机械和矿山机械精密锻件等
配套及出口情况:为一汽 - 大众、上汽大众、一汽海马、奇瑞汽车、北京现代、沈阳金杯、天津一汽夏利、广汽本田等配套;出口美国、意大利、印度、韩国、俄罗斯等国家

★慈溪宏康汽车零部件有限公司
地址:浙江省慈溪市天元镇芦庵公路205号
邮编:315325
电话:0574/63458967
传真:63458171
网址:www. hongkang - hk. com
电子信箱:hongkangsales@ 163. com
质量体系:ISO/TS 16949
产品情况:汽车用前驱及四驱等速万向节总成及其零部件
出口情况:远销欧美、大洋洲、日本等国家和地区,并销往中国台湾地区

★慈溪市凯歌汽车配件有限公司
地址:浙江省慈溪市长河镇沧田工业区
邮编:315326
电话:0574/63406565、13252228622
传真:63406566
网址:www. kg - chn com
电子信箱:shao@ kg - chn. com
质量体系:ISO/TS 16949
产品情况:液压离合器分离轴承
出口情况:出口亚洲、欧美等地区

★宁波正虹万向节有限公司
地址:浙江省余姚市经济开发区茂盛路20号
邮编:315400
电话:0574/62575162、62575161
传真:62577358
网址:www. zhenghong. biz
电子信箱:sales1@ zhenghong. biz
质量体系:ISO 9001
产品情况:(剑虹牌)
汽车万向节、工程机械万向节、差速器十字轴、行星齿轮、半轴齿轮系列、制动泵等,年产量200万套
出口情况:出口20多个国家和地区

★余姚市飞翔汽车配件厂
地址:浙江省余姚市马渚工业管去北兴路198号
邮编:315400
电话:0574/62818366
传真:62817479
质量体系:ISO/TS 16949
产品情况:前梁焊接总成、上下摆臂、推杆支架、各种支架、轮芯、不锈钢冲压件、轮毂盖、密封盖、各种挡泥板

★余姚市新兴制动元件有限公司
地址:浙江省余姚市南雷开发区
邮编:315400
电话:0574/62320366
传真:62320281
质量体系:ISO 9001
产品情况:离合器助力器、离合器总泵、弹簧制动室及各种阀类汽车零部件
配套情况:为重汽济南货车、东风柳汽、东风杭汽、一汽通用红塔云南、四川嘉泰汽车配套

★余姚市安统五金有限公司
地址:浙江省余姚市三七市镇安捷西路8号
邮编:315400
电话:0574/62935772、62938188
传真:62937401

电子信箱:antongwujin@ sina. com
质量体系:ISO/TS 16949、ISO 9001
产品情况:制动总泵、分泵,离合器总泵、分泵

★宁波航达汽配有限公司
地址:浙江省余姚市谭家岭西路1268号
邮编:315400
电话:0574/62384378、62385234
传真:62385378
电子信箱:cnhangda@ cnhangda. com
质量体系:ISO 9001
产品情况:(航达牌)
　　离合器泵、制动泵、气制动阀、离合器助力器、制动室、转向机接叉、球头、万向节及差速器等
出口情况:出口俄罗斯、欧洲、中东

★宁波神丰汽车部件有限公司
地址:浙江省余姚市阳明科技工业园区舜泰东路1号
邮编:315400
电话:0574/62811588、62811688
传真:62822888
网址:www. china - nbsf. com
电子信箱:nbsf@ china - nbsf. com
质量体系:ISO/TS 16949
产品情况:(丰牌)
　　汽车离合器、离合器总泵及各种高强度螺栓、各式阀类和制动管路接头等汽车配套件
配套情况:为东风汽车公司、东风柳汽、东风杭汽、云南汽车厂、扬州亚星、江淮汽车、厦门金龙、南京春兰等主机厂配套

★宁波神丰汽车制动系统有限公司
地址:浙江省余姚市阳明科技园区舜泰东路1号
邮编:315400
电话:0574/62501888
传真:62501818
网址:www. sf - brake. com
电子信箱:sales@ sf - brake. com
单位人数:200
质量体系:ISO/TS 16949、ISO 14001
产品情况:汽车制动系统产品
配套情况:为北方奔驰、美驰车桥、韩国大宇、现代等汽车厂配套

★宁波安捷制动器有限公司
地址:浙江省余姚市三七市镇安捷东路103号
邮编:315412
电话:0574/62935678
传真:62936268
网址:www. anjie. com
电子信箱:brake@ anjie. com
质量体系:ISO/TS 16949、QS 9000
产品情况:(安捷牌)
　　液压制动主缸+助力器、制动轮缸、制动钳、离合器主缸、离合器分缸、摩擦片、气、液制动阀类
配套及出口情况:为江铃、美国福特(TRANSIT)、江淮、TCM、合力、杭叉、德国林德、意大利欧姆、韩国现代重工、斗山机械、日本小松、菲亚特、纽荷兰等汽车、叉车、工程车配套;出口欧洲、日本市场

★宁波康达泵业有限公司
地址:浙江省余姚市陆埠工业区
邮编:315420
电话:0574/62398042
传真:62381042
网址:www. china - konda. com
电子信箱:marketing@ china - konda. com
单位人数:200
质量体系:ISO 9001
产品情况:(康吉牌)
　　空气干燥器、制动总阀、离合器助力器、离合器总泵、离合器分泵
配套及出口情况:部分产品为国内主机厂配套;部分产品出口越南、欧美等国家和地区

★余姚市吉顺汽车零部件有限公司
地址:浙江省余姚市陆埠开发区
邮编:315420
电话:0574/62398288、62398567
传真:62398860
质量体系:ISO/TS 16949
产品情况:汽车自动调整臂总成,汽车离合助力器总成
配套情况:为重汽底盘厂、东风柳汽、一汽通用红塔云南、山东时风集团等主机厂配套

★余姚市天润机械有限公司
地址:浙江省余姚市大隐镇山王北路89号
邮编:315423
电话:0574/62914088、62913518
传真:62913608
网址:www. yytianrun. com
电子信箱:yuyaotianrun@ 163. com
质量体系:ISO 9001
产品情况:汽车变速器零部件、电动机轴等,年产能力100万件
配套情况:主要供应唐山爱信、无锡金阳等多家企业

★余姚市宏瑞汽车零部件有限公司
地址:浙江省余姚市牟山镇青港
邮编:315456
电话:0574/62490913
传真:62490719
电子信箱:kangli@ cnkangli. com
质量体系:ISO/TS 16949、QS 9000
产品情况:汽车转向拉杆系统拉杆接头、汽车悬架系统球铰链接头、球销、拉杆长球销、各式摩托车曲轴、连杆的锻件
配套情况:为上汽大众、一汽-大众、上汽通用等配套

★奉化市祥和机械制造有限公司
地址:浙江省奉化市莼湖镇桐照农业村
邮编:315500
电话:0574/88756444
传真:88752328
电子信箱:fhxhjx3344@ 163. com
质量体系:ISO/TS 16949、ISO 9001
产品情况:汽车轮毂螺母、螺栓、轮锁等

★奉化市鼎立汽车空压机厂
地址:浙江省奉化市东郊工业开发区圆峰路
邮编:315500
电话:0574/88926130、88933490
传真:88933490
网址:www. fhdingli. com
电子信箱:dingli@ fhdingli. com
质量体系:ISO 9001
产品情况:(鼎联牌)
　　汽车空压机
配套情况:为潍柴、杭汽发、上柴、锡柴等配套

★宁波卡西可减震器制造有限公司
地址:浙江省奉化市江口工业区聚银路26号
邮编:315500
电话:0574/28587778、13185907555
传真:28587779
网址:www. kasico. cn
电子信箱:oversea@ kasico. cn
质量体系:ISO/TS 16949
产品情况:轿车减振器,货车减振器,转向机减振器,发动机减振器,皮带轮减振器等3000多个各类减振系统
配套及出口情况:为北汽福田、吉利集团等配套;远销欧洲、俄罗斯、南美洲、北美洲等地区

★爱科汽车零部件制造(宁波)有限公司
地址:浙江省奉化市经济开发区四汇丰路628号
邮编:315500
电话:0574/88585908
传真:88584980
网址:www. al - ko. com
电子信箱:jane. zhou@ al - ko. cn
产品情况:汽车减振器、工业用减振装置、气弹簧等

★奉化市开林汽车空压机有限公司
地址:浙江省奉化市尚田工业园区尚兴路10号
邮编:315511
电话:0574/88637862、88635828
传真:88633377
网址:www. kl - power. com
电子信箱:kl - power@ 163. com
单位人数:116
质量体系:ISO/TS 16949
产品情况:(开林牌)
　　斯太尔系列空压机,斯太尔双缸空

压机,D6114系列空压机,X6130－Q3空压机,罗曼空压机和珀金斯空压机等汽车空压机
配套情况:为潍柴、杭发、重汽济南动力等配套

★奉化市天风汽车空压机有限公司
地址:浙江省奉化市尚田镇开城西街3号
邮编:315511
电话:0574/88637990、88637980
传真:88637887、88633990
网址:www.fhtf.cn
电子信箱:fhtf@fhtf.cn
董事长:俞冲
负责人:俞旭辉
质量体系:ISO/TS 16949
产品情况:(天风牌)
斯太尔系列、卡特彼勒系列、D6114系列、6135系列、锡柴B53DKL系列、江淮FA090系列、配潍柴WP12发动机和重汽发动机的双缸系列等汽车空压机;具有年产销60万台汽车空压机的能力
配套情况:为潍柴动力、上海柴油机、重庆潍柴发动机厂、一汽集团无锡柴油机厂、江淮汽车、北汽福田、陕西汽车制造总厂等配套

★宁波许宇机械制造有限公司
地址:浙江省奉化市西坞镇南岙工业区58号
邮编:315558
电话:0574/88545671、88545698
传真:88545676
网址:www.xy－bearing.cn
电子信箱:xy@xy－bearing.cn
质量体系:ISO/TS 16949
产品情况:(球头牌)
球头球接、横直拉杆总成、关节轴承、精密铸造、锻造、锌合金、铝合金压铸、五金、冲件、橡胶等系列产品
配套及出口情况:与国内多家大中型汽车厂家配套,直接或间接OEM配套韩国大宇、德国Stabilus GmbH公司、现代汽车;远销美国、欧洲、东南亚等国家和地区

★宁波金凌中德汽车部件有限公司
地址:浙江省宁波市宁海县梅林塔山园区塔珠路51号
邮编:315609
电话:0574/65232888
传真:65232999
网址:www.nb－jinling.com
电子信箱:nbjinling@163.com
质量体系:ISO/TS 16949
产品情况:控制臂系列

★宁波宝德轮业有限公司
地址:浙江省宁波市宁海县大佳何镇桃溪园
邮编:315613
电话:0574/65153322
传真:65153399
网址:www.pdwheel.com
电子信箱:sales@pdwheel.com
单位人数:280
质量体系:ISO/TS 16949
产品情况:铝合金轮辋
出口情况:以国外售后市场为主

★宁海县西店轻工综合厂
地址:浙江省宁海县西店镇五丰路12号
邮编:315613
电话:0574/65176655、15957460458
传真:25552637
网址:www.cnunin.com
电子信箱:info@cnunin.com
质量体系:ISO 9001
产品情况:汽车避振器部件,活塞杆、粉末冶金件,橡胶件等系列产品
出口情况:部分产品出口

★宁波沃特汽车部件有限公司
地址:浙江省宁海县深圳南溪
邮编:315614
电话:0574/65289989、65289996
传真:65289995
网址:www.nbwote.com
电子信箱:shuangshui@nbwote.com
单位人数:350
质量体系:ISO/TS 16949
产品情况:汽车底盘控制臂、汽车铝散热器部件、汽车减振冲压部件、摩托车油箱等系列
配套情况:与一汽、一汽－大众、东风、新大洲本田摩托、宁波前桥、宁波拓普等长期合作

★宁波合力汽车零部件有限公司
地址:浙江省象山工业园区蓬莱路307号
邮编:315700
电话:0574/65780137、65782892
传真:65782897、65780114
电子信箱:jswb@nbheli.net
质量体系:ISO/TS 16949
产品情况:制动间隙自动调整臂、制动气室和气压式盘式制动器等,年产能力40万套
配套情况:为厦门金龙、苏州金龙、北奔重汽、郑州宇通、江淮汽车、东风汽车公司等配套

★三浪集团股份有限公司
地址:浙江省象山县蓬莱路309号
邮编:315700
电话:0574/65780060、65780061
传真:65780289
网址:www.sanlang.com
电子信箱:nbxssl@zjnb.cnuninet.net
单位人数:400
质量体系:ISO/TS 16949
产品情况:(三浪(SANLANG)牌)
汽车底盘集中润滑系统、机械集中润滑系统、工程机械集中润滑系统、汽车电子等

★宁波拓普集团股份有限公司
地址:浙江省宁波市北仑区黄山西路215号
邮编:315800
电话:0574/86800899
传真:86800838
网址:www.tuopu.com
电子信箱:tuopu@tuopu.com
质量体系:ISO/TS 16949、ISO 14001
产品情况:(拓普(TUOPU)牌)
减振系列、内饰系列、悬架系列及其他系列四大类产品,共2000多个品种
配套情况:为上汽通用、一汽－大众、上汽大众、上汽通用五菱、北京奔驰、长安福特、长安马自达、江铃汽车、神龙汽车、华晨汽车、北美通用、德国奥迪、德国大众等供货

★浙江吉利变速器有限公司
地址:浙江省宁波市北仑区经济开发区
邮编:315800
电话:0574/86853005、86863171
质量体系:ISO 9000
产品情况:手动变速器(年产20万台),自动变速器(年产1万台),手动/自动轿车变速前驱动桥
配套情况:为吉利汽车临海、路桥、华普、美日、湘潭、兰州六大基地配套

★宁波合生制动科技有限公司
地址:浙江省宁波市北仑区戚家山街道金鸡路132号
邮编:315803
电话:0574/86233337、13958326123
传真:86233373
网址:www.hermson.com
电子信箱:13958326123@126.com
单位人数:400
质量体系:ISO/TS 16949
产品情况:汽车制动钳、制动盘及制动系统的重要零部件
配套情况:为华晨金杯、长城汽车、哈飞汽车、厦门金龙、长安汽车、昌河汽车等多家主机厂配套

★宁波万航实业有限公司
地址:浙江省宁波市北仑区沿山河北路21号
邮编:315806
电话:0574/56215503、56215507
传真:86112878、86112876
网址:www.wonhparts.com
电子信箱:wonh@wonhparts.com
质量体系:ISO/TS 16949、ISO 14001
产品情况:(万航(WONH)牌)
等速驱动轴、球笼式等速万向节、ATV驱动轴、传动轴、玻璃升降器等五大系列产品
配套及出口情况:为北汽集团、长城股

份、吉利汽车、力帆汽车、众泰集团、广汽集团等配套；产品 40% 销售给欧美国际大型汽配采购集团，40% 销往其他国际市场

★宁波宏协离合器有限公司
地址：浙江省宁波市北仑区霞浦工业区浦堤南路 2 号
邮编：315807
电话：0574/8690936、86900928
传真：86906500
网址：www.hongxie.com
电子信箱：sales@hongxie.com
单位人数：500
质量体系：ISO/TS 16949、QS 9000
产品情况：（东菱牌）
汽车离合器总成；年生产能力达 200 万套
配套及出口情况：部分与国内整车厂配套；产品部分出口欧洲、北美洲、南美洲及中东地区，服务国外售后市场

★台州中际汽车零部件有限公司
地址：浙江省临海市两水工业区
邮编：317000
电话：0576/85958919
传真：85958929
电子信箱：kongyaji@vip.sina.com
质量体系：ISO 9001
产品情况：（天廊牌）
沃尔沃、奔驰、斯堪尼亚、依维柯、雷诺等重型货车制动空压机
出口情况：出口欧洲、东南亚、中东、非洲、南美洲、中美洲等 60 多个国家和地区

★浙江名震机械制造有限公司
地址：浙江省临海市杜桥南工业发展区
邮编：317015
电话：0576/85589088、89398888
传真：85589567
网址：www.qilichina.com
电子信箱：sales@qilichina.com
质量体系：ISO/TS 16949
产品情况：（名震牌）
各种轿车、摩托车、电动车、沙滩车等前后减振器
出口情况：远销东南亚、中东、欧洲、美洲、非洲等地区

★浙江胜隆弹簧有限公司
地址：浙江省临海市杜桥镇南工业发展区东海第二大道 27 号附东盛路 30 号
邮编：317016
电话：0576/89116987
传真：89116989
网址：www.zjstth.com
电子信箱：tzstth@163.com
质量体系：ISO/TS 16949
产品情况：汽车悬架弹簧，摩托车及电动车减振弹簧等

★浙江省世泰实业有限公司
地址：浙江省三门县海游镇朝阳路 13 号
邮编：317100
电话：0576/83368288
传真：83368287
网址：www.shitai.com.cn
电子信箱：sales@shitai.com.cn
质量体系：ISO/TS 16949、QS 9000
产品情况：（世泰牌）
发动机悬置减振器、底盘系统总成件、橡胶减振器、聚氨酯缓冲块、塑料件、橡胶密封条等产品
配套及出口情况：为上汽通用五菱、河北中兴、华晨、东风、北京汽车等配套；出口欧洲、美洲、亚太地区

★台州维多离合器有限公司
地址：浙江省三门县珠岙镇下胡村
邮编：317101
电话：0576/83112023
传真：83112025
网址：www.stcoclutch.com
电子信箱：stco88@vip.163.com
质量体系：ISO/TS 16949
产品情况：汽车离合器压盘总成和离合器钢片
出口情况：远销欧美、中东、东南亚等地区

★ 西格迈股份有限公司

地址：浙江省三门县浦坝港镇（三门沿海工业城）
邮编：317108
电话：0576/83581876、13968504810
传真：83581880
网址：www.xgmjt.com
电子信箱：fzh0576@163.com
法人代表：蒋欣泽
负责人：蒋木林
单位人数：621
质量体系：ISO/TS 16949
产品情况：汽车减振器、汽车悬架总成、橡胶减振件、摩托车制动盘
出口情况：出口欧洲、美洲、亚洲、大洋洲、非洲五大洲 50 余个国家和地区
☞ 详细情况请参阅彩色宣传版面

★浙江天台优派特汽车泵业有限公司
地址：浙江省天台县高新工业园区
邮编：317200
电话：0576/83937511
传真：83937521
质量体系：QS 9000、ISO 9000
产品情况：（优派特牌）
汽车空气压缩机

★浙江凯斯特液压有限公司
地址：浙江省仙居县安洲街道高新园区西三路
邮编：317300
电话：0576/87725018、87725098
传真：87725068
网址：www.kstyy.com
电子信箱：kstyy@kstyy.com
质量体系：ISO 9001
产品情况：PV2R 系列高压低噪声叶片泵、KP 系列汽车举升齿轮泵、KZP4 系列和 SGP 系列叉车用齿轮泵
配套及出口情况：SGP 系列产品为国内大中型企业配套；出口中东、东南亚、欧美等地区

★浙江省仙居县黎明机械厂
地址：浙江省仙居县城关镇下园
邮编：317300
电话：0576/87733908
传真：87733918、87719094
网址：www.xjjx.com.cn
电子信箱：lwy@xjjx.com.cn
质量体系：ISO 9001
产品情况：（凯阳牌）
液压齿轮泵、液压举升系统
出口情况：80% 的产品出口海外市场

★仙居县华乐机械有限公司
地址：浙江省仙居县白塔工业聚集区永安大道 12 号
邮编：317318
电话：0576/87816932、18957693502
传真：87823208
质量体系：ISO 9001
产品情况：液压齿轮泵等
出口情况：远销东南亚、中东、东亚、大洋洲等地区

★温岭市鸿雨汽车配件有限公司
地址：浙江省温岭市城东工业区
邮编：317500
电话：0576/86115977、18958691035
传真：86126658
网址：www.wlhongyu.com
电子信箱：mark@wlhongyu.com
质量体系：ISO/TS 16949
产品情况：（ZHIXIN 牌）
轻、重型载货车、客车、轿车转向助力泵
出口情况：远销欧洲、美洲、中东、非洲、东南亚等地区

★温岭市奥达机械有限公司
地址：浙江省温岭市城南镇竹坑工业区
邮编：317500
电话：0576/86275748、86275693
传真：86275932
网址：www.aoyida.com
电子信箱：info@aoyida.com
质量体系：ISO 9001
产品情况：（AOYIDA 奥毅达牌、FUCHI 富驰牌）
真空制动助力器、空气制动助力器、真空增压器、离合助力器、转向助力器、换挡助力泵、制动总泵、离合总泵
配套及出口情况：为多家主机厂配套；

出口美国、德国、土耳其、俄罗斯、埃及、沙特、迪拜、伊朗、泰国、菲律宾、印度尼西亚、马来西亚、越南、澳大利亚、印度、非洲等国家和地区，并销往中国台湾地区

★正田汽车变速器有限公司
地址：浙江省温岭市东辉南路正田工业园
邮编：317500
电话：0576/86115167、86115902
传真：86115275
网址：www.zhengtiangroup.com
电子信箱：ztgroup2010@163.com
单位人数：400
质量体系：ISO/TS 16949
产品情况：变速器总成；年生产能力20万台

★正田汽车制动器制造有限公司
地址：浙江省温岭市东辉南路正田工业园
邮编：317500
电话：0576/86111788
传真：86224710
网址：www.zhengtiangroup.com
电子信箱：ztgroup2010@163.com
单位人数：800
质量体系：ISO/TS 16949
产品情况：各类汽车制动器
配套情况：为20多家大型汽车厂家配套

★台州斯曼机械制造有限公司
地址：浙江省温岭市工业园区九龙大道
邮编：317500
电话：0576/86219888、86083777
传真：86210389
网址：www.tzsmar.com
电子信箱：tzsmar@aliyun.com
质量体系：ISO 9001
产品情况：三菱、丰田、五十铃、大发、拉达、伏尔加、ZF、斯堪尼亚、雷诺、奔驰等日系、欧系汽车，重型货车、小货车的变速器配件以及变速器齿轮等
配套及出口情况：为主机厂配套；出口东南亚、非洲、巴拿马、欧洲、中东等10多个国家和地区

★温岭市耀鼎机械有限公司
地址：浙江省温岭市经济开发区二期
邮编：317500
电话：0576/86175858
传真：86184488
电子信箱：shuyimin@gmail.com
质量体系：ISO 9001
产品情况：铁轮辋
配套及出口情况：为钱江集团、济南轻骑等配套；远销美国、英国、加拿大、法国、澳大利亚、日本、韩国等国家

★台州创一汽车零部件有限公司
地址：浙江省温岭市南镇竹坑工业区1号
邮编：317500
电话：0576/86273386、86182198
传真：86273378
电子信箱：jzp0604@163.com
质量体系：ISO/TS 16949、ISO 9001
产品情况：汽车球笼式等速万向节、驱动轴总成等

★浙江省温岭市中齿机械厂
地址：浙江省温岭市箬横镇水岸工业区
邮编：317500
电话：0576/86828042
传真：86816520
电子信箱：zhongchijx@163.com
质量体系：ISO 9001
产品情况：齿轮
出口情况：远销欧洲、东南亚

★浙江利福德机械有限公司
地址：浙江省温岭市石塘镇工业园区
邮编：317500
电话：0576/86785858
传真：86785566
网址：www.zjlfd.cn
电子信箱：ceo@zjlfd.cn
质量体系：ISO 9001
产品情况：（日宇牌）
汽车前悬架摆臂、托架总成等
出口情况：出口欧洲、东南亚

★台州市华隆弹簧制造有限公司
地址：浙江省温岭市泽国镇高坦工业区
邮编：317500
电话：0576/86942028
传真：86942300
电子信箱：hualongcn@163.com
质量体系：ISO 9001
产品情况：螺旋弹簧、异形弹簧、板簧、碟形弹簧及弹性冲压件和无骨簧片系列
配套情况：为法雷奥、钱江集团等国内企业配套

★温岭市华鑫机械制造有限公司
地址：浙江省温岭市新河镇上莫工业区
邮编：317502
电话：0576/86578688、13906584587
传真：86578699
网址：www.wlhuaxin.com
电子信箱：connie8013@vip.163.com
单位人数：240
质量体系：ISO 9001
产品情况：变速器零部件、差速器壳体、差速器半轴齿轮、行星齿轮、蜗轮蜗杆、花键轴等
配套情况：为国内外汽车变速器厂配套

★台州华跃工贸有限公司
地址：浙江省温岭市新河镇中厢工业区
邮编：317502
电话：0576/86575889、86575718
传真：86573115
网址：www.tzhygm.com
电子信箱：918799872@qq.com
单位人数：300
质量体系：ISO 9001
产品情况：（华跃牌）
电动汽车、轻型客、货汽车系列前、后桥总成（独立式、非独立式前桥，浮式、半浮式后桥）及汽车底盘传动系统零部件

★浙江联合齿轮有限公司
地址：浙江省温岭市新河中厢工业园区
邮编：317502
电话：0576/86573358
传真：86046899
网址：www.ungroupcn.com
电子信箱：un@ungroupcn.com
单位人数：200
质量体系：ISO 9001
产品情况：（浙齿牌、联齿牌、UNCWP牌等）
客车齿轮、越野车齿轮、皮卡齿轮、微面齿轮、工程车齿轮、拖拉机齿轮、叉车齿轮等，螺旋锥齿轮年产能力60万套
配套及出口情况：与国内多家主机厂配套；出口美洲、欧洲、东南亚、非洲、中东等国际市场

★温岭市富力泵业有限公司
地址：浙江省温岭市箬横镇汽配工业园区广场路
邮编：317505
电话：0576/86837168、13958614649
传真：86084648
网址：www.fuliby.com
电子信箱：sales@fuliby.com
单位人数：200
质量体系：ISO/TS 16949
产品情况：载货汽车、轻型客车及轿车的转向助力泵及其零配件
出口情况：远销欧洲、美洲、中东、非洲、东南亚

★浙江罗保机械有限公司
地址：浙江省温岭市箬横镇人民南路东
邮编：317507
电话：0576/86818558、13606865363
传真：86815428
网址：www.tzluobao.com
电子信箱：sales@tzluobao.com
负责人：江维斌
质量体系：ISO 9001
产品情况：各种锥齿轮等
配套及出口情况：与福田、东方红、常州东风等国内外80多家大中型企业配套；远销中东地区

★浙江申林汽车部件有限公司
地址：浙江省温岭市箬横镇石宅工业区
邮编：317507
电话：0576/86828620、88418608
传真：86828512
网址：www.shenyauto.com
电子信箱：sh.lin@china.com

单位人数:800
质量体系:ISO/TS 16949、ISO 14001
产品情况:轿车变速器精冲、深拉伸零部件(选挡轴、齿轮轴、后盖、导向套、同步器滑块等)、发动机零部件(摇臂等)、操纵器盖总成、汽车减振器
配套及出口情况:为上汽通用、上汽大众、上汽变速器、大众汽车变速器(上海)、上海采埃孚变速器、无锡铁姆肯、一汽、苏州博世等配套;远销欧洲、美洲、东南亚等地区

★台州市信协汽车零部件有限公司
地址:浙江省温岭市松门工业区
邮编:317511
电话:0576/86677516
传真:86630861
网址:www.zjxinxie.com
电子信箱:1220276678@qq.com
质量体系:ISO 9001
产品情况:(信协牌)
重、中、轻型汽车空压机及其配件
配套情况:与10多家大型汽车公司配套

★浙江中马传动股份有限公司
地址:浙江省温岭市石塘镇上马工业区春晖路19号
邮编:317513
电话:0576/86146516、86146508
传真:86146115
网址:www.zomaxcd.com
电子信箱:zmqb@chinazomax.com
法人代表:吴江
负责人:刘青林
单位人数:1200
质量体系:ISO/TS 16949
产品情况:(ZOMAX牌)
汽车变速器、汽车齿轮、摩托车齿轮
配套及出口情况:为长城汽车、北汽福田、中兴汽车、厦门金龙等国内知名汽车厂家,博格华纳、采埃夫、麦格纳、TRW、美国豪仕科、约翰迪尔等国际知名公司,五羊本田、株洲雅马哈等摩托车厂家配套;出口美国、韩国、巴西、墨西哥
☞ 详细情况请参阅彩色宣传版面

★温岭市振华车辆配件有限公司
地址:浙江省温岭市山市镇杭温路45号
邮编:317522
电话:0576/86388398、86383538
传真:86382569
网址:www.zwzh.com
电子信箱:zwzh2000@vip.sina.com
单位人数:200
质量体系:ISO/TS 16949
产品情况:摩托车自动变速器(主动轮),汽车水泵及模具制造;年产主动轮400万套,汽车水泵6万套
配套情况:为嘉陵集团、轻骑集团、吉利集团、林海集团、众星集团、本州集团、永源集团等近百家汽摩企业配套

★浙江泰丰轴承有限公司
地址:浙江省温岭市泽国水仓工业园区后仓路555号
邮编:317523
电话:0576/86454800
传真:86421228
电子信箱:wmy@zjtaifeng.cn
质量体系:ISO/TS 16949
产品情况:(泰牌)
汽车变速器轴承
配套情况:为天津一汽、吉利、中国台湾振晰、奇瑞、韩国KOPARS、重庆力帆、重庆蓝黛等国内外大型汽车变速器公司配套

★台州吉克汽车零部件有限公司
地址:浙江省温岭市泽国镇杭温北路259号
邮编:317523
电话:0576/86298119
传真:86442280
电子信箱:linbijin@hotmail.com
质量体系:ISO/TS 16949
产品情况:车用空压机及零部件
配套情况:为重庆康明斯公司配套

★浙江跃岭股份有限公司
地址:浙江省温岭市泽国镇杭温南路326号
邮编:317523
电话:0576/86448228
传真:86443368
网址:www.yueling.com.cn
电子信箱:wheels@yueling.com.cn
负责人:林仙明
单位人数:1700
质量体系:ISO/TS 16949、QS 9000
产品情况:(跃岭牌)
摩托车、汽车铝合金轮毂
出口情况:出口国外市场

★温岭市东风汽车配件厂
地址:浙江省温岭市泽国镇水仓工业区后仓路289号
邮编:317523
电话:0576/86451765、13906565092
传真:86452680
网址:www.wangyouauto.com
电子信箱:admin@wangyouauto.com
质量体系:ISO/TS 16949
产品情况:(旺友牌)
GY6.CG系列缸体、139F小型汽油机壳体、139F小型汽油机总成、各类型货车转向机、各型号齿轮泵
配套情况:为玉柴、锡柴、大柴等配套

★浙江大发齿轮有限公司
地址:浙江省温岭市泽国镇水仓工业区后仓路509号
邮编:317523
电话:0576/86495555、86454899
传真:86454880
网址:www.tzdf.com
电子信箱:tzdf@tzdf.com
质量体系:ISO/TS 16949
产品情况:(大发牌)
汽车变速器齿轮、机械工程齿轮、发动机齿轮、轻型和重型货车变速器齿轮等
配套情况:为上海汽车变速器、柳州上汽、山东上汽、临工桥箱、广西玉柴、株洲齿轮、济南轻骑、三阳摩托、金城铃木等配套

★浙江省台州敬炜塑料齿轮有限公司
地址:浙江省玉环县机电工业园区
邮编:317600
电话:0576/87232999、87272448
传真:87232448
网址:www.jwslcl.com
电子信箱:jw@jwslcl.com
质量体系:ISO 9001
产品情况:通用汽油机配件、汽车制动车泵总泵等
配套及出口情况:为浙江华邦机械有限公司配套;远销东南亚、中东、南美洲等国际市场

★台州嘉昌轴承有限公司
地址:浙江省玉环县城关镇三合潭工业区
邮编:317600
电话:0576/87235083
传真:87235073
网址:www.jiachangcn.com
电子信箱:info@jiachangcn.com
质量体系:ISO 9001
产品情况:年产摩托车轴承(钢碗)300万套,摩托车转向器上下联板60万套,汽车传动轴10万套,各种联轴器5万套
配套及出口情况:为各名牌主机厂配套;出口欧洲、俄罗斯、中东等国家和地区

★浙江谷氏机械实业有限公司
地址:浙江省玉环县汽摩工业园区
邮编:317600
电话:0576/87204988
传真:87204999
网址:www.cngushi.com
电子信箱:web@cngushi.com
质量体系:ISO/TS 16949
产品情况:(谷氏牌)
悬架球头、拉杆球头、控制臂、横拉杆、拉杆总成、主邦汰、副邦汰、连接杆、稳定杆等汽车底盘悬架部件
配套及出口情况:为主机厂配套;主要销往欧洲、北美洲

★玉环县金峰实业有限公司
地址:浙江省玉环开发区金海大道79号

邮编:317600
电话:0576/87282097、87283295
传真:87280299
电子信箱:jinfeng@ mail. tzptt. zj. cn
质量体系:ISO 9002
产品情况:制动总泵总成、制动主缸带真空助力器总成、感载比例阀、转向拉杆、端接头、前悬架压杆总成、前轴摆臂总成、制动器总成、管接头等
配套情况:为长安汽车、长安铃木、哈飞汽车、昌河汽车等配套

★隆中控股集团有限公司
地址:浙江省玉环县城北工业区城关岭脚村
邮编:317600
电话:0576/87202128、87202887
传真:87201499
网址:www. longzhong. com
电子信箱:master@ longzhong. com
单位人数:480
质量体系:ISO/TS 16949、ISO 14001
产品情况:(隆中牌)
汽车制动间隙自动调整臂、汽车盘式制动器、发动机气门挺柱、水泵及发动机零部件
配套情况:为宇通客车、东风车桥、厦门金旅、一汽车桥、重汽集团、东风汽车公司、江淮汽车等配套

★玉环县博尔特汽配制造有限公司
地址:浙江省玉环县城北工业区东青公路边
邮编:317600
电话:0576/87242688、87226689
传真:87241828
网址:www. bolt - china. com
电子信箱:web@ bolt - china. com
董事长:董伯武
质量体系:ISO/TS 16949
产品情况:汽车制动器卡钳零部件、汽车座椅丝杆、滑轨、汽车驻车驻车制动拉杆、转向机配件、助力泵配件、制动器配件、工程机械配件、压缩机零部件、喷油嘴、机油泵配件、冲压件、高强度螺栓及连杆螺栓、变速器齿圈、锁紧螺母等
出口情况:出口美国、韩国、法国、印度、加拿大等国家

★玉环凯腾汽车零部件有限公司
地址:浙江省玉环县城大麦屿经济技术开发区
邮编:317600
电话:0576/87230578
传真:87230559
质量体系:ISO/TS 16949
产品情况:固定式等速万向节、半轴

★浙江玉发汽配有限公司
地址:浙江省玉环县城关环东工业区
邮编:317600
电话:0576/87227906
传真:87219894
电子信箱:yf@ zjyufa. com
质量体系:ISO/TS 16949
产品情况:(玉发牌)
汽车齿轮、横拉杆接头总成、贯通轴、球头销、轮胎螺栓、惰轮轴、高强度紧固件、防尘罩、铆钉等
配套情况:为东风车桥公司配套

★玉环威宇汽车部件有限公司
地址:浙江省玉环县城关下斗门工业区
邮编:317600
电话:0576/87282074
传真:87282094
网址:www. weiyuauto. com
电子信箱:weiyugongshi@ 163. com
质量体系:ISO/TS 16949
产品情况:(玉联牌)
汽车液压制动泵、真空助力器、制动钳等制动系统产品
配套及出口情况:为哈飞汽车、昌河汽车、一汽佳宝、东风汽车公司等配套;部分产品出口东欧、美国及中东市场

★台州通达机械有限公司
地址:浙江省玉环县城关小水埠工业区
邮编:317600
电话:0576/87210188、87223120
传真:87280980
网址:www. cntongdamachine. com
电子信箱:web@ cntongdamachine. com
质量体系:ISO/TS 16949
产品情况:(通达牌)
汽车底盘制动器系统零部件、摆臂、制动器活塞、热锻造件、冷挤压件、冲压件、铸造件的专业生产及转向机、气压等零部件配件的精加工
配套情况:为 20 多家大型规模生产企业配套

★玉环联合汽车部件有限公司
地址:浙江省玉环县城关镇三合潭工业区
邮编:317600
电话:0576/87223654、87213340
传真:87215502
网址:www. cnyulian. com
电子信箱:salescnyulian. com
质量体系:ISO 9001
产品情况:(玉联牌)
具有年产汽车液压制动总泵、分泵 120 万套,离合器总泵、分泵 100 万套,真空助力器总成 20 万套,离合助力器总成 20 万套,动力转向油罐 50 万套的能力
配套及出口情况:为东风汽车公司、北汽福田、长丰猎豹、哈飞集团、昌河集团、比亚迪等主机厂固定配套;部分产品出口北美洲、西欧、南美洲等主机及售后市场

★浙江方向汽车零部件有限公司
地址:浙江省玉环县楚门镇直塘
邮编:317600
电话:0576/89902066、89902070
传真:87420339
网址:www. mw - sw. com
电子信箱:berry@ fangleautoparts. com
负责人:林楚华
单位人数:900
质量体系:ISO/TS 16949、ISO 14001
产品情况:(F 牌、木王牌)
汽车转向盘总成、换挡手柄总成、扶手箱总成、镁铝合金压铸件、汽车仪表、汽车电子开关等汽车内饰件产品
配套情况:为上汽通用、上汽通用五菱、日产全球、一汽丰田、长安马自达、宇通客车、长城汽车等公司配套

★浙江正奥汽配有限公司
地址:浙江省玉环县大麦屿对台贸易加工区
邮编:317600
电话:0576/87373918、87373830
传真:87373911
网址:www. zjzhenyu. com
电子信箱:za@ 317602. com
负责人:王仁锦
质量体系:ISO/TS 16949
产品情况:(正奥牌)
专业生产奥迪、红旗、帕萨特、宝马、奔驰、沃尔沃、马自达、起亚等系列的前轮控制臂
配套及出口情况:为一汽轿车、上海英伦帝华汽车部件配套;远销德国等欧美国家和地区

★台州博锐机械工业有限公司
地址:浙江省玉环县大麦屿浦青工业园区
邮编:317600
电话:0576/87352003、87274003
传真:87274009
电子信箱:sales@ brccn. cn
质量体系:ISO/TS 16949
产品情况:汽车离合器
出口情况:出口欧洲、美洲、非洲、东南亚、亚洲、中东等地区

★台州耐力特汽车传动轴有限公司
地址:浙江省玉环县大麦屿普青工业区
邮编:317600
电话:0576/87381335、87382858
传真:87381235
网址:www. tznlt. com
电子信箱:xsjx@ mail. tzptt. zj. cn
质量体系:ISO/TS 16949
产品情况:(XS 牌)
传动轴及其零部件,年产量在 120 万套
配套情况:一、二级配套于五菱、长安、昌河、春风等厂

★台州万洲机械有限公司
地址:浙江省玉环县大麦屿普青工业区
邮编:317600

电话:0576/87352777
传真:87235520
网址:www. wzbrake. com
电子信箱:sales@ wzbrake. com
董事长:黄仙德
质量体系:ISO/TS 16949
产品情况:制动卡钳、卡钳支架、卡钳活塞和其配套螺栓类产品
配套及出口情况:与亚太、柳州五菱、伯特利、万都、比亚迪、奇瑞、东风雪铁龙、万向、中博、华昌、万安、多家国内知名汽车厂商合作;远销北美洲、欧洲、中东地区

★玉环县纳辉汽车配件有限公司
地址:浙江省玉环县东风工业区建洲路
邮编:317600
电话:0576/87555488、13706863622
传真:87513616
网址:www. chinanahui. com
电子信箱:nahui@ nahui. com. cn
质量体系:ISO 9000
产品情况:汽车转向拉杆球头、制动钳、离合器总泵、离合器分泵等
出口情况:远销东南亚、中东、欧洲等地区

★台州德隆泰机械有限公司
地址:浙江省玉环县后湾工业区
邮编:317600
电话:0576/87243246、80710666
传真:87278966
网址:www. dltmachine. com
电子信箱:web@ dltmachine. com
质量体系:ISO 9001
产品情况:(珠港牌)
汽车等速万向节、驱动轴总成
出口情况:产品大多数远销欧美等地区

★玉环奥恒机械有限公司
地址:浙江省玉环县环东工业区
邮编:317600
电话:0576/87388876
传真:87567977
电子信箱:yhaoh@ 163. com
质量体系:ISO/TS 16949
产品情况:(奥恒牌)
制动系列、离合系列、转向系列等

★玉环卓越制动器有限公司
地址:浙江省玉环县机电产业功能区(沙岙工业园)
邮编:317600
电话:0576/87279497、13905867170
传真:87279496
网址:www. zybrake. com
电子信箱:sales01@ zybrake. com
单位人数:150
质量体系:ISO/TS 16949
产品情况:(广圣牌、南达牌、工巧牌、ZY 牌)
各类汽车盘式制动器、制动总泵和分泵
配套及出口情况:为国内 OEM 配套;畅销欧美、中南美洲、日本、韩国、东南亚市场

★浙江耐士伦机械有限公司
地址:浙江省玉环县机电工业园
邮编:317600
电话:0576/87298876、87298868
传真:87298866
网址:www. nessral. cn
电子信箱:nessral@ nessral. cn
单位人数:310
质量体系:ISO/TS 16949
产品情况:(耐士伦牌)
客车冷却传动机构总成、角向驱动冷却系总成、电磁恒温传动装置。重型货车前后悬置总成、变速操纵和踏板总成等
配套及出口情况:为东风汽车公司、江淮汽车、华菱汽车、郑州宇通、苏州金龙等配套;远销国外市场

★玉环县锐利机械有限公司
地址:浙江省玉环县机电工业园白岩村 A-17 号
邮编:317600
电话:0576/87259555、87259518
传真:87280167
网址:www. suspension-parts. com
电子信箱:sales@ suspension-parts. com
质量体系:QS 9000
产品情况:(STEEL 牌)
汽车悬架球头、连杆、控制臂等汽车转向部件
出口情况:出口美国、墨西哥、巴西、阿根廷、巴拿马、德国、法国、丹麦、意大利、英国、土耳其、俄罗斯、波兰、日本、泰国、马来西亚、阿联酋、伊朗、菲律宾、印度尼西亚、南非、也门等

★台州吉优汽车部件有限公司
地址:浙江省玉环县机电工业园区
邮编:317600
电话:0576/87171822
传真:87171833
网址:www. jy-bearings. com
电子信箱:sales03@ jy-bearings. com
质量体系:ISO/TS 16949
产品情况:汽车轮毂单元、轮毂轴承及七类轮毂单元,涵盖美系、欧系、日系、韩系四大车系
出口情况:远销欧洲、美洲、中东等地区

★台州清文机械有限公司
地址:浙江省玉环县机电工业园区
邮编:317600
电话:0576/87239508
传真:87239505
网址:www. cnqingwen. com
电子信箱:qingwen@ cnqingwen. com
质量体系:ISO 9001
产品情况:汽车前轮壳、后桥短轴、轮毂单元(Ⅰ代、Ⅱ代、Ⅲ代)
出口情况:出口美国、加拿大、德国、英国、波兰、巴西、阿根廷、伊朗、印度尼西亚、马来西亚等国家

★台州威科特汽车零部件有限公司
地址:浙江省玉环县机电工业园区
邮编:317600
电话:0576/87209518、87198169
传真:87558396
电子信箱:liyhhs@ 126. com
质量体系:ISO 9001
产品情况:三踏板总成、驻车制动操纵装置总成、纵向摆臂总成、前悬支臂总成、横向压力杆总成、前稳定杆总成、稳定杆接头等
配套情况:为一汽通用红塔云南、吉奥汽车、汉中吉奥、浙江永源、台州中能等配套

★玉环金泰汽车部件有限公司
地址:浙江省玉环县机电工业园区
邮编:317600
电话:0576/87298280、87282360
传真:87282398
网址:www. jtqpcn. com
电子信箱:info@ jtqpcn. com
质量体系:ISO 9001
产品情况:(金水仙牌、恒球牌、利基牌)
本田、丰田、尼桑、日产等国产化车型球头、球壳、拉杆和球销
配套及出口情况:为南京依维柯、一汽中顺、东风汽车公司、山东华泰、江西五十铃配套;远销欧洲、美洲、东南亚、南非、中东等地区

★玉环凯凌集团有限公司
地址:浙江省玉环县机电工业园区
邮编:317600
电话:0576/87259990、87132651
传真:87259980、87259993
网址:www. kailingcn. com
电子信箱:sale@ kailingcn. com
单位人数:650
质量体系:ISO/TS 16949
产品情况:(凯凌牌)
摩托车制动器、自行车制动器、微型汽车制动器;具有年产摩托车制动器 300 万台、自行车制动器 80 万套、微型汽车制动器 10 万套的生产能力
配套及出口情况:为豪爵铃木、轻骑铃木、金城铃木、建设雅马哈、林海雅马哈、轻骑标致、宗申比亚乔、宗申、力帆、隆鑫、洛阳北易等重点摩托车厂配套;出口美国、欧洲、韩国、印度、东南亚地区

★玉环全菱汽车离合器有限公司
地址:浙江省玉环县机电工业园区
邮编:317600

电话:0576/87299677
传真:87234576
网址:www. shql - clutch. com
电子信箱:web@ shql - clutch. com
质量体系:ISO/TS 16949
产品情况:(巨菱牌)
一汽、东风、重汽等系列离合器、欧洲车系和日系车的从动盘和压盘总成
出口情况:远销海外市场

★玉环万佳机械制造有限公司
地址:浙江省玉环县机电工业园区
邮编:317600
电话:0576/87555368
传真:87508315
网址:www. wanjiajx. com
电子信箱:web@ wanjiajx. com
质量体系:ISO/TS 16949
产品情况:(IBU 牌)
汽车动力转向泵(助力泵),产品适用于奔驰、宝马、标致、雪铁龙、雷诺、大众、奥迪、欧宝、菲亚特、通用、克莱斯勒、福特、现代及美国改装车等
出口情况:80% 的产品出口美国、英国、德国、意大利、西班牙、土耳其、东南亚等国家和地区

★浙江滨海汽车零部件有限公司
地址:浙江省玉环县机电工业园区 12A
邮编:317600
电话:0576/87264209、87256126
传真:87256123
电子信箱:web@ bhqp. com
质量体系:ISO/TS 16949
产品情况:汽车变速器配件、里程表二级传动装置
配套情况:为陕西法士特齿轮、綦江齿轮传动、上汽依维柯红岩、北奔重汽重庆变速器分公司等配套

★玉环县中威机械实业有限公司
地址:浙江省玉环县解放塘汽摩工业园区
邮编:317600
电话:0576/87277317、87277318
传真:87277319
网址:www. cnzhongwei. com
电子信箱:zhongwei@ cnzhongwei. com
质量体系:ISO 9001
产品情况:整体锻造式转向横拉杆总成、转向传动轴带管柱总成、传(驱)动轴总成,等速万向节、汽车底盘系零件:如备胎吊架、上下控制臂、扭臂座、变速操纵、驻车制动器及标准螺栓、高强度螺栓等汽车零配件
配套及出口情况:为一汽集团配套;出口阿联酋等国家

★玉环县海通汽车部件有限公司
地址:浙江省玉环县经济开发区凤屿西路 20 号
邮编:317600
电话:0576/87229276、87283016
传真:87283026
网址:www. yhhtqc. com. cn
电子信箱:yhhtqc@ yhhtqc. com
质量体系:ISO/TS 16949
产品情况:汽车转向助力泵泵芯、盘式调整器
配套及出口情况:为一汽、万安集团、瑞立集团、阜新德尔、恒隆万安、德国威伯科等供货;远销东南亚、中东、欧洲、非洲、美洲

★玉环德贝特机械有限公司
地址:浙江省玉环县坎门解放塘路 152 号(坎门汽摩创业园一区)
邮编:317600
电话:0576/87512388
传真:87560366
网址:www. debeite. com
电子信箱:web@ debeite. com
质量体系:ISO/TS 16949
产品情况:轿车前横梁构件、后扭力梁总成、控制臂总成、纵横拉杆总成、制动器底板、挡泥板总成、制动片钢背及胶套系列产品
配套情况:为青年汽车集团、万向集团、万安集团配套

★玉环世纪星机械制造有限公司
地址:浙江省玉环县坎门康育路 55 号
邮编:317600
电话:0576/87238498、15657661107
传真:87235906
网址:www. zj - sjx. com
电子信箱:info@ zj - sjx. com
质量体系:ISO 9001
产品情况:横直拉杆总成,中心拉杆等货车配件
出口情况:远销欧洲、美国、南美洲、中东、东南亚、非洲等国家和地区

★玉环沃顿汽车零部件有限公司
地址:浙江省玉环县坎门科技工业园区
邮编:317600
电话:0576/87133111、87130830
传真:87130829
网址:www. lpprubber. com
电子信箱:albee@ wodrubber. com
质量体系:ISO 9001
产品情况:汽车球笼防尘罩、转向器防尘罩、减振衬套、控制臂衬套、减振器隔振块、汽车发动机支架等,年生产能力分别为:防尘罩 300 万只,衬套 200 万只,其他橡胶类产品 18 万只,发动机支架 6 万只
配套及出口情况:为全球汽车厂商提供 OEM 配套;远销美国、南美洲、欧洲、中东等国家和地区

★玉环优势汽配有限公司
地址:浙江省玉环县坎门科技工业园区
邮编:317600
电话:0576/87509080、13306760898
传真:87552616
网址:www. usqy. net
电子信箱:hhdh@ vip. 163. com
质量体系:ISO/TS 16949
产品情况:汽车悬架摆臂、球头拉杆等
配套情况:为主机厂配套

★广德正科传动轴有限公司
地址:浙江省玉环县科技工业园区
邮编:317600
电话:0576/87552289、13906763614
传真:87569799
电子信箱:sales@ tzxfk. com
质量体系:ISO 9001
产品情况:等速万向节
出口情况:远销欧洲、中东、非洲等市场

★玉环一帆万向节有限公司
地址:浙江省玉环县芦蒲工业园区
邮编:317600
电话:0576/87196699
传真:87276882
电子信箱:sale@ yifanchina. com
质量体系:ISO/TS 16949
产品情况:(帆球牌)
丰田、宝马、本田、马自达、三菱、富士、桑塔纳、现代、菲亚特等几十种车系的几百种型号的等速万向节产品
出口情况:远销欧洲、美洲、日本、韩国、俄罗斯、东南亚、中东、非洲等国家和地区

★浙江鑫溢机械有限公司
地址:浙江省玉环县芦浦镇漩门工业城
邮编:317600
电话:0576/87283698
传真:87283689
网址:www. cn - xinyi. com
电子信箱:zhanfeijian@ 126. com
单位人数:200
质量体系:ISO/TS 16949
产品情况:汽车离合器部件及变速器、轿车配件等
配套情况:为一汽集团、东风汽车公司、重汽集团等配套

★浙江恒鼎机械有限公司
地址:浙江省玉环县南大岙工业区
邮编:317600
电话:0576/87283177
传真:87283187
网址:www. zjhd - hub. com
电子信箱:sales@ zjhd - hub. com
质量体系:ISO/TS 16949
产品情况:(恒鼎牌、霆达牌、ZQD 牌)
汽车轮毂单元、轮毂轴承、后桥短轴等

★玉环博行机械有限公司
地址:浙江省玉环县普青工业区
邮编:317600
电话:0576/87281282、13967663706
传真:87216596

网址:www.tzbxjx.com
电子信箱:stoneliubusiness@tzbxjx.com
质量体系:ISO/TS 16949
产品情况:制动分泵部件,盘式、鼓式卡钳修理包等

★玉环津力汽车配件有限公司
地址:浙江省玉环县汽摩工业园区
邮编:317600
电话:0576/87243866、87243886
传真:87243867
网址:www.yhjinli.com
电子信箱:jinli_com@163.com
质量体系:ISO 9001
产品情况:球头、拉杆球头、拉杆总成、摆臂、单拉杆、吊杆、主邦汰、副邦汰;总年产量达到500万套
出口情况:出口欧洲、美国、东南亚、非洲、中东地区

★玉环县东海汽车配件厂
地址:浙江省玉环县汽摩工业园区
邮编:317600
电话:0576/87238358、13586180022
传真:87238355
电子信箱:dingfeng111@vip.163.com
质量体系:ISO/TS 16949
产品情况:(正海牌)
转向管柱总成、转向拉杆、转向垂臂、转向摇臂、离合器助力器、总泵、车轮螺栓、拉杆接头等其他底盘零部件产品
配套及出口情况:为东风柳汽、一汽轻型、安徽华菱、苏州金龙、厦门金龙等知名汽车厂长期定点配套;远销欧美及东南亚市场

★玉环县巨安机电制造有限公司
地址:浙江省玉环县汽摩工业园区
邮编:317600
电话:0576/87551972、87276988
传真:87553147
网址:www.chinajuan.com
电子信箱:webmaster@chinajuan.com
质量体系:ISO 9000
产品情况:(巨安牌)
双分泵、调整臂等拖挂车配件
出口情况:远销欧洲、美洲等地区

★玉环中盛机械部件厂
地址:浙江省玉环县汽摩工业园区
邮编:317600
电话:0576/87509905、87509906
传真:87509903
网址:www.yhzsjx.com
电子信箱:zsjx@vip.163.com
单位人数:200
质量体系:ISO/TS 16949
产品情况:汽车底盘转向机、车桥配件、机电设备零部件、万向联轴器十字包总成等
配套情况:主要为南京依维柯、南京东华转向器、东风汽车有限公司等配套

★浙江奥缔机械制造有限公司
地址:浙江省玉环县汽摩工业园区
邮编:317600
电话:0576/87286058、87286157
传真:87286087
网址:www.zjaodi.com
电子信箱:aodi@zjaodi.com
质量体系:ISO/TS 16949
产品情况:汽车制动间隙自动调整臂系列产品
配套情况:为北奔重汽、一汽解放、安凯汽车、陕汽汉德车桥、北汽福田、东风杭汽等配套

★浙江创元汽车零部件有限公司
地址:浙江省玉环县汽摩工业园区
邮编:317600
电话:0576/87239522、87239523
传真:87239525
电子信箱:info@cnzhy.cn
质量体系:ISO 9001
产品情况:(创元牌)
各种汽车悬架、控制臂、元宝梁、后桥等
配套及出口情况:为多家大型知名商家配套;出口东南亚、欧洲、美洲等市场

★浙江迪尔制动器有限公司
地址:浙江省玉环县汽摩工业园区
邮编:317600
电话:0576/87256160
传真:87239900
网址:www.zj-diero.com
电子信箱:diero@zj-diero.com
质量体系:ISO/TS 16949
产品情况:(迪尔荣牌)
真空助力器、横拉杆球头、直拉杆等
配套及出口情况:为上汽通用五菱配套;远销东南亚、中东、北美洲、中南美洲等地区

★浙江万邦汽车动力系统有限公司
地址:浙江省玉环县汽摩工业园区
邮编:317600
电话:0576/87277388、13905866424
传真:87277338
网址:www.wanbangm.com
电子信箱:wanbang@wanbangm.com
单位人数:160
质量体系:ISO/TS 16949
产品情况:(WANBANG牌)
冷挤压盘毂芯、盘毂、花健毂及套、分离杆总成、分离垫环、支承环、支承铆钉、液压变扭器盖板、绕性飞轮、冲压件等
配套情况:为东风汽车公司、一汽集团、南京汽车集团(跃进)等配套

★浙江鑫泽机械有限公司
地址:浙江省玉环县汽摩工业园区
邮编:317600
电话:0576/87284999、87234011
传真:87234022
网址:www.cnxinze.com
电子信箱:xinze@cnxinze.com
质量体系:ISO/TS 16949
产品情况:(鑫泽牌)
紧固件(高强度螺栓、轮胎螺栓)、连杆总成、转向球头、拉杆、传动系统配件等
配套及出口情况:为无锡柴油机厂、无锡动力工程、无锡四达动力集团等10多家企业配套;远销欧洲、美洲、澳大利亚、东南亚、中东等国家和地区

★浙江正德制动器有限公司
地址:浙江省玉环县汽摩工业园区兴园路19号
邮编:317600
电话:0576/87203999
传真:87203977
网址:www.zdbrake.com
电子信箱:zd@zdbrake.com
质量体系:ISO/TS 16949
产品情况:汽车制动钳、转向节、盘式制动器、鼓式制动器,年生产120万台套制动钳、制动器
配套及出口情况:与比亚迪汽车、韩国万都、奇瑞汽车、一汽佳宝、哈飞汽车、昌河铃木、柳州五菱汽车等公司长期配套;远销北美洲和欧洲市场

★玉环县金泰机械锻造有限公司
地址:浙江省玉环县汽摩工业园区园区大道
邮编:317600
电话:0576/87280569、4001550005
传真:87283037
网址:www.kt-f.cn
电子信箱:info@kt-f.cn
质量体系:ISO 9001
产品情况:国内外各类车型的内外球笼(钟形壳、筒形壳、保持架、星形套),传动轴、轮毂、齿轮、花键轴、国标/非国标高强度螺母、法兰螺母、接头螺母及不规则形状的汽车零件等
配套情况:为一汽、重汽等国内厂家,丰田、本田、三菱、日产、铃木、五十铃、现代、起亚、奔驰等直接或间接供货

★玉环江宏机械有限公司
地址:浙江省玉环县汽摩工业园绕城大道35号
邮编:317600
电话:13516769966
传真:0576/89916669
电子信箱:hxh1971@163.com
法人代表:陈俊斌
负责人:黄旭辉
单位人数:250
质量体系:ISO/TS 16949
产品情况:(江宏牌)

汽车制动钳

★台州宏利汽车零部件有限公司
地址:浙江省玉环县汽摩配工业园区
邮编:317600
电话:0576/87317777
传真:87277218
网址:www.honglee.cn
电子信箱:lee@honglee.cn
单位人数:1000
质量体系:ISO/TS 16949
产品情况:(LEE 牌)
汽车球笼式等速万向节、驱动轴总成
出口情况:远销美洲、大洋洲、东南亚、中东等和地区 20 多个国家和地区

★台州华龙离合器有限公司
地址:浙江省玉环县汽摩配工业园区
邮编:317600
电话:0576/87277008、87277009
传真:87277006
网址:www.hl-clutch.com
电子信箱:hualong@hl-clutch.com
质量体系:ISO/TS 16949
产品情况:离合器压盘、从动盘、制动片,产品适用于日本车系、韩国车系以及欧美车系等1000 余种车型
出口情况:远销欧洲、南美洲、东南亚等地区

★台州凯毅动力机械有限公司
地址:浙江省玉环县汽摩配工业园区
邮编:317600
电话:0576/87274788
传真:87283898
网址:www.zjkaiyi.com.cn
电子信箱:kaiyi@zjkaiyi.com.cn
单位人数:210
质量体系:ISO 9001
产品情况:钟形壳、星形套、保持架、半轴杆等等速万向节零部件
配套情况:为宁波万航零部件、台州宏利零部件、南洋集团、温州冠盛等配套

★浙江路杰机械有限公司
地址:浙江省玉环县沙门镇滨港工业区有滨港大道 525 号
邮编:317600
电话:0576/87229533、87280781
传真:87229529
电子信箱:sales02@cnroadage.com
质量体系:ISO/TS 16949
产品情况:[Roadage(路杰)牌]
商用车制动间隙调整臂,年生产能力达到 30 万个自动臂和 60 万个手动臂
配套及出口情况:10% 与国内 OEM 厂商、车桥厂配套;90% 的产品出口欧美、东南亚、澳大利亚、非洲等国家和地区

★台州华帅汽车配件有限公司
地址:浙江省玉环县沙善工业区
邮编:317600
电话:0576/87242779、89919299
传真:89919290、87207679
网址:www.gkpclutch.com
电子信箱:sales@gkpclutch.com
单位人数:150
质量体系:ISO/TS 16949、ISO 14001
产品情况:可提供适合于欧、美、日、韩、中国等系列的 5000 余种汽车离合器总成
出口情况:远销美国、德国、英国、法国、俄罗斯等 100 多个国家和地区

★浙江正裕工业股份有限公司
地址:浙江省玉环县双港路 38-88 号
邮编:317600
电话:0576/87278888、87278886
传真:87278887、87278880
网址:www.addchina.com
电子信箱:add@addchina.com
负责人:郑念辉
单位人数:800
质量体系:ISO/TS 16949
产品情况:(正裕牌)
汽车减振器、大修包

★台州肯特汽车传动系统有限公司
地址:浙江省玉环县双龙工一路 3 号
邮编:317600
电话:0576/87175333
传真:87175332
网址:www.kentdriveline.com
电子信箱:kebo@vip.163.com
质量体系:ISO/TS 16949
产品情况:汽车用前驱动轴总成及等速万向节
出口情况:出口多个国家和地区

★台州鑫鼎离合器有限公司
地址:浙江省玉环县小水埠工业区
邮编:317600
电话:0576/87283699、13506861683
传真:87220983
网址:www.xd-clutch.com
电子信箱:admin@xd-clutch.com
质量体系:ISO 9001
产品情况:(XD 牌)
汽车离合器压盘、离合器从动盘;年产量达 80 万套
出口情况:出口东南亚、非洲、欧洲、美洲

★玉环戴安制动装置有限公司
地址:浙江省玉环县漩门工业城
邮编:317600
电话:0576/87572688
传真:87572689
电子信箱:daisongyh@163.com
质量体系:ISO/TS 16949
产品情况:(DAIAN 牌)
手动、自动调整臂、S-凸轮轴、轴头螺母、滚轮、调整臂蜗轮、蜗杆、端盖、推杆等

★台州盛鹏动力有限公司
地址:浙江省玉环县漩门工业区
邮编:317600
电话:0576/87357111、87276826
传真:87566066、80733388
网址:www.cnspdl.com
电子信箱:sale@cnspdl.com
产品情况:重型汽车 U 形螺栓、制动踏板总成、离合器踏板总成、、支架、下支架连接叉、加速踏板总成及销轴,发动机摇臂总成等,年产能力 1 亿元
配套情况:为北奔重汽等配套

★玉环登福机械有限公司
地址:浙江省玉环县珠港镇城北工业区
邮编:317600
电话:0576/87209162
传真:87207369
网址:www.yhczd.com
电子信箱:master@yhczd.com
质量体系:ISO/TS 16949、ISO 9001
产品情况:斯太尔半轴套管、HOWO 套管、焊接 16T 套管产品及齿轮、轴套、连杆、曲轴、心轴、高强度螺栓等配件
配套情况:为陕汽、东风汽车公司等配套

★台州永正汽车零部件有限公司
地址:浙江省玉环县珠港镇城关南大岙工业区
邮编:317600
电话:0576/87221128、87249077
传真:87249079
网址:www.swaybar.cn
电子信箱:cyz@swaybar.cn
质量体系:ISO/TS 16949
产品情况:(CYZ 牌)
横向稳定杆、稳定杆连接杆、稳定杆铁支架、冲压件以及稳定杆相关零配件等
配套情况:为国内外众多知名汽车企业集团配套

★玉环县东风汽车配件厂
地址:浙江省玉环县珠港镇城关三合潭工业区
邮编:317600
电话:0576/87221190、13706861078
传真:87227510
网址:www.yhdf.com
电子信箱:dongfeng@yhdf.com
质量体系:ISO/TS 16949
产品情况:差速螺栓、转向臂螺栓、螺帽、U 型螺栓系列等产品
配套情况:为东风汽车公司等配套

★玉环县黎燕汽车拉杆制造有限公司
地址:浙江省玉环县珠港镇城关小水埠工业区
邮编:317600
电话:0576/87283617
传真:87283615

电子信箱：info@ liyancn. com
质量体系：ISO/TS 16949
产品情况：（玉燕牌）
横直拉杆总成及接头总成

★玉环恒力泵业有限公司
地址：浙江省玉环县珠港镇后塘洋工业区
邮编：317600
电话：0576/87280378、87280308
传真：87283018
网址：www. tzhengli. com
电子信箱：taizhouhengli@ 163. com
单位人数：180
质量体系：ISO 9001
产品情况：（良力牌）
汽车、工程机械专用转向动力和液压动力油泵
配套及出口情况：为一汽六厂、一汽重型车厂配套；年出口 4 千台（套）

★浙江省玉环博海机械有限公司
地址：浙江省玉环县珠港镇机电工业园
邮编：317600
电话：0576/87284518、87278579
传真：87278578
电子信箱：service@ yhbohai. com
质量体系：ISO/TS 16949
产品情况：汽车和摩托车制动钳活塞、轮毂

★玉环耀拓机械有限公司
地址：浙江省玉环县珠港镇西青塘村
邮编：317600
电话：0576/87503777
传真：87233670
电子信箱：sales@ cn - yaotuo. com
质量体系：ISO/TS 16949、ISO 9001
产品情况：摆臂

★台州天玺离合器有限公司
地址：浙江省玉环县珠港镇小水埠工业区
邮编：317600
电话：0576/87220580
传真：87220680
网址：www. txclutch. com
电子信箱：web@ txclutch. com
质量体系：ISO 9001
产品情况：（PROSPERITY 牌）
离合器从动盘总成
出口情况：远销欧美

★玉环远豪机械有限公司
地址：浙江省玉环县珠港镇小水埠工业区二路
邮编：317600
电话：0576/87279432、87279436
传真：87235501
网址：www. yushengqp. com
电子信箱：info@ yushengqp. com
质量体系：ISO 9001
产品情况：（誉胜牌）
底盘件系列；悬架球头、拉杆球头、平衡杆球头、拉杆、中拉杆、摆臂、曲轴皮带轮、主付邦汰及各种机械加工
出口情况：出口中东、美洲、东南亚、土耳其、尼日利亚等国家和地区

★台州奥特隆机械有限公司
地址：浙江省玉环县坎门科技工业园
邮编：317602
电话：0576/87564517
传真：87508445
网址：www. outrunchina. com
电子信箱：tzatl@ outrunchina. com
产品情况：下摆臂、悬架球头、拉杆、拉杆球头及拉杆总成
出口情况：远销东南亚、南美洲、中东等地区

★浙江金辉机械有限公司
地址：浙江省玉环县珠港镇榴岛大道（坎门）348 号
邮编：317602
电话：0576/87566757
传真：87566775
网址：www. jinhuimachine. com
电子信箱：jhg@ jinhuimachine. cn
质量体系：ISO/TS 16949
产品情况：（金煌（splendid）牌）
汽车动力转向泵及其他配套零部件

★台州亿爵机械有限公司
地址：浙江省台州市玉环县坎门科技工业园区
邮编：317602
电话：0576/87571871、87506555
传真：87509292
网址：www. tzyijue. com
电子信箱：aaronoffice@ 163. com
质量体系：ISO/TS 16949
产品情况：汽车底盘件、悬架球头、控制臂总成等配件
出口情况：出口东南亚、北美洲、欧洲等地区

★玉环一飞机械工业有限公司
地址：浙江省台州市玉环县汽摩工业园区
邮编：317602
电话：0576/87243666、87276767
传真：87232196
网址：www. yfgy. com
电子信箱：yfgy@ yfgy. com
质量体系：ISO/TS 16949
产品情况：（法龙牌）
传动轴、后摆臂总成、后轴管支架总成、转向节、前制动卡钳、前轮毂等
配套情况：为多家汽车制造厂配套

★浙江宏森汽车底盘有限公司
地址：浙江省玉环县机电工业园区
邮编：317602
电话：0576/87280750、87210821
传真：87210831、87232681
网址：www. honssion. com
电子信箱：honssion@ honssion. com
质量体系：ISO/TS 16949
产品情况：（HONSSION 牌、HSN 牌）
汽车转向悬架配件、悬架球头、拉杆球头、拉杆、拉杆总成、控制臂、稳定杆等，还生产部分泵类部件；日产能力超过 3.5 万只

★浙江建环机械有限公司
地址：浙江省玉环县经济开发区明珠大道
邮编：317602
电话：0576/87572888
传真：87551120
网址：www. jianhuan. com
电子信箱：wang@ jianhuan. com
质量体系：ISO 9001
产品情况：（JIANHUAN 牌）
汽车底盘悬架件和汽车转向部分零部件、汽车减振器
配套及出口情况：为主机厂配套；远销美洲等地区

★玉环县东部汽车配件厂
地址：浙江省玉环县坎门彩艺巷 44 号
邮编：317602
电话：0576/87551443
传真：87552339
质量体系：QS 9000
产品情况：（海阔牌）
汽车底盘横直拉杆、拉杆接头、悬架球头、前制动钳等
配套情况：为一汽集团配套

★玉环臣菱汽车泵业有限公司
地址：浙江省玉环县坎门东安工业区东安赫后路 168 号
邮编：317602
电话：0576/87564913、87258222
传真：87518213
网址：www. shqpump. com
电子信箱：web@ shqpump. com
质量体系：ISO/TS 16949
产品情况：（双琴牌、臣菱牌）
各种国内、外车型的液压制动泵、离合器总泵、正时皮带张紧器
出口情况：远销东南亚、欧美等地区

★玉环博宇机械有限公司
地址：浙江省玉环县坎门东风工业区
邮编：317602
电话：0576/87558334
传真：87512335
网址：www. cnboyu. cn
电子信箱：info@ cnboyu. cn
质量体系：ISO/TS 16949、ISO 9001
产品情况：（B&Y 牌）
制动钳、转向机、蜗轮蜗杆
配套及出口情况：为多家汽车改装厂配套；出口欧洲、美洲、俄罗斯、东南亚等国家和地区

★玉环华港机械有限公司
地址：浙江省玉环县坎门东风工业区
邮编：317602

电话:0576/87157889
传真:87282700
网址:www. hgjix. com
电子信箱:info@ hgjix. com
质量体系:ISO 9001
产品情况:汽车同步器与齿锥等系列
配套情况:为多家主机厂配套

★台州恒亚汽车部件有限公司
地址:浙江省玉环县坎门东风工业区建工路
邮编:317602
电话:0576/87556806
传真:87552931
网址:www. yhshuntong. com
电子信箱:sales@ yhshuntong. com
单位人数:150
质量体系:ISO 9001
产品情况:离合器配件
配套情况:主要顾客都为国内外著名汽车离合器厂商

★台州中圣汽车零部件有限公司
地址:浙江省玉环县坎门工业区
邮编:317602
电话:0576/87578801、87578802
传真:87578803
网址:www. zhongshengbus. com
电子信箱:sales@ zhongshengbus. com
质量体系:ISO 9001
产品情况:(中圣牌)
汽车离合器助力器、总泵、继动阀、电磁阀、空气干燥器、电控变速操纵机械等
配套情况:为一汽集团、丹东黄海客车、东风杭汽、北汽福田、常州长江客车、郑州宇通、北方华德尼奥普兰、洛阳福赛特等配套

★玉环荣达机械有限公司
地址:浙江省玉环县坎门海城路东风工业区
邮编:317602
电话:0576/87558303、87559276
传真:87559276
网址:www. rongdazj. com
电子信箱:rongda@ rongdazj. com
质量体系:ISO 9001
产品情况:(荣天牌)
驻车制动器总成、变速器上盖、顶盖总成、变速操纵机构总成、转向装置总成、盘式制动钳、制动总泵、分泵、离合器总泵、分泵、球头、拉杆、叉车前制动器、制动鼓、飞轮、消声器等
配套及出口情况:为东风汽车公司、重庆嘉卡、江苏英田等配套;出口美国、欧洲市场

★玉环伟茂齿轮传动制造有限公司
地址:浙江省玉环县坎门海港东路
邮编:317602
电话:0576/87555490、13706860097
传真:87569767
网址:www. gearchn. com
电子信箱:gearchn@ gmail. com
质量体系:ISO/TS 16949
产品情况:重型汽车、微型汽车、各种摩托车齿轮及其相应配件,具有年产各种配件100多万套的生产能力
配套情况:为包头北奔、上汽依维柯红岩商务车、中国人民解放军总参第一零三工厂、湖南长青机器厂、济南轻骑发动机、重庆北奔变速器公司等配套

★浙江省台州兴裕机械有限公司
地址:浙江省玉环县坎门红旗工业区
邮编:317602
电话:0576/87552047、87571047
传真:87554740
网址:www. tzxingyu. com
电子信箱:tzxingyu@ vip. 163. com
质量体系:ISO 9002、ISO/TS 16949
产品情况:(BPCP牌)
各种汽车制动总泵、制动分泵、离合器总泵、离合器分泵等

★玉环凯鲍汽车部件有限公司
地址:浙江省玉环县坎门后沙工业区
邮编:317602
电话:0576/87556661
传真:87556661
电子信箱:sales@ cnkeybol. com
质量体系:ISO 9001
产品情况:拉杆球头、摆臂、制动钢背等
配套及出口情况:为国内外知名主机厂配套;远销欧洲、南美洲、中东等地区

★玉环县积裕汽车配件有限公司
地址:浙江省玉环县坎门交通路
邮编:317602
电话:0576/80717886
传真:87566898
网址:www. yhjiyu. com
电子信箱:wfeng_abc@ 163. com
质量体系:ISO/TS 16949
产品情况:各类汽车球头、摆臂等底盘件
出口情况:远销中南美洲、欧洲、东南亚等地区

★台州盛沪机械有限公司
地址:浙江省玉环县坎门科技工业区
邮编:317602
电话:0576/87512616
传真:87512616
质量体系:ISO/TS 16949、ISO 9001
产品情况:汽车悬架控制臂、托架总成、球头链接等

★玉环金奥丰机械有限公司
地址:浙江省玉环县坎门科技工业区
邮编:317602
电话:0576/87568321、87506800
传真:87506421
网址:www. hdjxcn. com
电子信箱:lxp1855@ vip. 163. com
质量体系:ISO/TS 16949、ISO 9001
产品情况:摇臂、摇臂轴、齿轮轴、拨叉轴、制动分泵和离合器总泵
配套及出口情况:与国内多家汽车制造厂商配套;远销东南亚、欧美、中东等国际市场

★台州奥纳尔机械有限公司
地址:浙江省玉环县坎门科技工业园
邮编:317602
电话:0576/87208388、13906764116
传真:87208268
网址:www. aonaer. com
电子信箱:aonaer@ aonaer. com
质量体系:ISO 9001
产品情况:(ANER牌)
悬架摆臂等
出口情况:出口欧洲、美国、中东等国家和地区

★台州中元动力机械有限公司
地址:浙江省玉环县坎门科技工业园
邮编:317602
电话:0576/87509958、87509978
传真:87509588
网址:www. zjzhongyuan. com
电子信箱:market@ zjzhongyuan. com
单位人数:178
质量体系:ISO/TS 16949
产品情况:(纪元牌)
汽车助力转向泵及部件、气门摇臂总成,张紧轮、调压阀、高强度螺栓等系列产品
配套及出口情况:是东风朝柴等国内主机制造商定点配套企业;出口欧美、中东等市场

★玉环三裕机械制造厂
地址:浙江省玉环县坎门科技工业园
邮编:317602
电话:0576/87558268
传真:87557666
网址:www. sanyujx. com
单位人数:200
质量体系:ISO 9001
产品情况:三球销万向节、球笼及总成、摆臂及球头等
出口情况:远销美洲、欧洲、中东等地区

★台州德莱福机械有限公司
地址:浙江省玉环县坎门科技工业园区
邮编:317602
电话:0576/87509578、87566698
传真:87566699
网址:www. tzdlf. com
电子信箱:dlf@ tzdlf. com
质量体系:ISO/TS 16949
产品情况:等速万向节,产品覆盖丰田、本田、大众、奥迪、通用、现代、雪铁龙等知名汽车品牌

★台州建伟机械有限公司
地址:浙江省玉环县坎门科技工业园区

邮编:317602
电话:0576/87509591、89906235
传真:87509315
网址:www. jianwei. zj. cn
电子信箱:yh_jianwei@ 126. com
质量体系:ISO/TS 16949、ISO 9000
产品情况:汽车球笼式等速万向节、驱动轴总成
出口情况:远销美洲、大洋洲、东南亚、中东等和地区 20 多个国家和地区

★台州普盛机械有限公司
地址:浙江省玉环县坎门科技工业园区
邮编:317602
电话:0576/87233047、87233893
传真:87233045
网址:www. zjpusheng. com
电子信箱:info@ zjpusheng. com
质量体系:ISO 9001
产品情况:汽车前轮毂、短轴、法兰盘、凸缘等

★台州意豪转向机有限公司
地址:浙江省玉环县坎门科技工业园区
邮编:317602
电话:0576/87509551、87509552
传真:87509383
网址:www. china - yihao. com
电子信箱:yihao1991@ vip. 163. com
单位人数:480
质量体系:ISO/TS 16949
产品情况:(意豪牌)
　　汽车转向器、连接器、前分泵等三大系列产品

★玉环县耀杰制动部件有限公司
地址:浙江省玉环县坎门科技工业园区
邮编:317602
电话:0576/87518377
传真:87518299
网址:www. yaojiecn. cn
电子信箱:751849919@ 163. com
质量体系:ISO/TS 16949
产品情况:(耀杰牌)
　　汽车用制动主缸、制动轮缸
配套情况:为多家主机厂配套

★浙江德利众机械制造有限公司
地址:浙江省玉环县坎门科技工业园区
邮编:317602
电话:0576/87509587、87509937
传真:87509927
网址:www. dlz. com. cn
电子信箱:zjdlz08@ dlz. com. cn
质量体系:ISO 9001
产品情况:(DLZ 牌)
　　横直拉杆、悬架球头等汽车转向系统产品
出口情况:出口中南美洲、东南亚、欧洲等地区

★浙江远东汽车零部件制造有限公司
地址:浙江省玉环县坎门科技工业园区
邮编:317602
电话:0576/87509515、87509987
传真:87509516
网址:www. chinaydg. com
电子信箱:sales@ china - ydg. com
质量体系:ISO/TS 16949
产品情况:(东鑫牌)
　　发动机冷却水管总成、加油颈管总成、机油收集器、机油标尺管等管件;汽车(低速货车)钢板销、板簧压板、U 型螺栓、变速换挡机构总成、车门限位器总成、回转轴等各类底盘零部件;汽车制动管路接头系列,如两通、三通、四通、五通、六通管路接头(配合制动管)等;重型货车挡泥板支架、空滤器支架总成、车身走台板梯焊接总成、车身驾驶室立柱、油泵安装支架、车身后悬置立柱总成
配套及出口情况:为哈飞汽车、华泰汽车、东安黑豹、重庆力帆、东南福建、青年汽车、比亚迪汽车、广汽吉奥、东风电动车辆、一汽新能源汽车、天津清源电动车辆、哈东安等配套;出口澳大利亚、德国等国家

★浙江嘉元机械制造有限公司
地址:浙江省玉环县坎门汽摩创业园区
邮编:317602
电话:0576/87564666、87564698
传真:87564699、87564697
网址:www. made - in - jiayuan. cn
电子信箱:ceo@ made - in - jiayuan. com
法人代表:李进强
单位人数:80
质量体系:ISO/TS 16949、ISO 9001
产品情况:汽车转向和悬架配件,轿车、货车各类球头总成、横直拉杆总成,转向拉杆总成、悬架球头、中间拉杆总成、主副邦汰、控制臂、重型卡车上、下推力杆总成、动力缸球接头总成、轮胎螺栓、拖车球头系列、铝减振器支座、塑料产品等
配套及出口情况:与中国重汽、中国航天等厂家配套;远销日本、中东、菲律宾、印度尼西亚、美国、英国、德国、波兰、意大利、墨西哥,并销往中国台湾地区

★浙江红箭橡塑有限公司
地址:浙江省玉环县坎门双龙汽配城
邮编:317602
电话:0576/87568585
传真:87508485
网址:www. gerrrt. com
电子信箱:xry_wgd1@ vip. 163. com
质量体系:ISO/TS 16949
产品情况:(红箭牌、RRT 牌)
　　各类汽车控制臂、液压悬置减振器、橡胶金属减振器、悬臂衬套、防尘罩等;具有年产 200 万件橡胶减振器的生产能力
配套及出口情况:为一汽 - 大众、上汽大众、上汽通用、德尔福等配套;远销俄罗斯、德国、美国、巴西、乌克兰、马来西亚、迪拜等国家和地区

★玉环县威龙汽车零部件制造有限公司
地址:浙江省玉环县坎门水龙工业区富康路 3 号
邮编:317602
电话:0576/87553258
传真:87556277
网址:www. zjyhwl. com
电子信箱:yhweilong@ 126. com
质量体系:ISO/TS 16949、ISO 9001
产品情况:凸缘、十字轴、轴承座、油封座圈、差速器壳等
配套情况:为一汽集团、安凯福田曙光车桥、安凯客车、华菱汽车、方盛实业、川汽、汉德车桥、畅丰车桥、武夷汽车、青特众力车桥、一汽哈轻厂等 16 家主机厂配套

★台州恒灿汽车配件有限公司
地址:浙江省玉环县坎门松树脚 160 号
邮编:317602
电话:0576/87560599
传真:87552435
网址:www. hengcan. com
电子信箱:sales@ hengcan. com
质量体系:ISO 9001
产品情况:汽车传动轴等
出口情况:远销国际市场

★台州纳铁福机械有限公司
地址:浙江省玉环县坎门镇东风工业区
邮编:317602
电话:0576/87557237、87507198
传真:87507198
网址:www. chinantf. com
电子信箱:ntf@ chinantf. com
质量体系:ISO 9001
产品情况:(NTF 牌)
　　汽车等速万向节系列(球笼总成)、球头拉杆总成系列及精密机械零部件产品
出口情况:出口欧洲、美洲、中东、东南亚等地区

★台州万华机械有限公司
地址:浙江省玉环县坎门镇工人路 23 号
邮编:317602
电话:0576/87557888
传真:87568688
网址:www. zjwhjx. com
电子信箱:zjwhjx - 1@ 163. com
质量体系:ISO 9001
产品情况:(万华牌)
　　等速万向节
配套及出口情况:与国内外多家大型知名商家建立了合作关系;出口欧洲、中东、非洲等地区

★玉环金宏汽车部件有限公司
地址:浙江省玉环县坎门镇工业区

邮编:317602
电话:0576/87560686
传真:87564523
网址:www. zj－jinhong. com
电子信箱:office@ zj－jinhong. com
质量体系:ISO/TS 16949、ISO 9001
产品情况:(金宏牌)
汽车橡胶减振系列、气室隔膜系列、橡胶密封、橡胶模压、放水阀、排气制动阀、制动灯开关、安全阀、单向阀等零部件
配套及出口情况:为一汽集团及属下8个分公司、一汽红塔、浙江万安、柳州特种车配套;远销欧美、中东等20多个国家和地区

★浙江玉环长城交通机械有限公司
地址:浙江省玉环县坎门镇后沙街222号
邮编:317602
电话:0576/87552967、87553596
传真:87553595
网址:www. yhccjt. com
电子信箱:yhcc@ yhccjt. com
质量体系:ISO 9001
产品情况:(EP牌)
制动总泵、制动分泵、离合器总泵、离合器分泵等,年生产制动泵300～500万只
配套及出口情况:为哈飞、江淮等厂家配套;出口北美洲、中美洲、丹麦、东南亚等国家和地区

★玉环创裕机械有限公司
地址:浙江省玉环县坎门镇前台玉岙工业区
邮编:317602
电话:0576/87515157
传真:87510077
电子信箱:info@ yhcyjx. com
质量体系:ISO 9001
产品情况:汽车转向节

★玉环博纳汽配有限公司
地址:浙江省玉环县坎门镇双丰工业区
邮编:317602
电话:0576/87505102、87505046
传真:87505046
网址:www. chinabona. com
电子信箱:web@ chinabona. com
质量体系:ISO 9001
产品情况:(BONAQP牌)
国内外重、中、轻型货(客)车、工程车的气制动系统气阀(泵)类等底盘系列零部件
配套及出口情况:为一汽集团配套;出口日本、韩国、中欧、东欧等国家和地区

★玉环帝德利转向部件有限公司
地址:浙江省玉环县科技工业园区
邮编:317602
电话:0576/87208907、87219447
传真:87208906
网址:www. cn－ddl. com
电子信箱:ddl@ cn－ddl. com
质量体系:ISO 9001
产品情况:(帝德利牌)
汽车球头、拉杆、悬架臂、副邦汰等
出口情况:远销欧洲、中东、俄罗斯、非洲等国家和地区

★玉环县坎门进口汽车部件厂
地址:浙江省玉环县龙珠山工业区榴岛大道1号
邮编:317602
电话:0576/87507138、87557576
传真:87552081
网址:www. jkqcbj. com
电子信箱:info_autoparts@ 189. cn
质量体系:ISO 9001
产品情况:悬架球头、拉杆球头、控制臂球头、转向拉杆球头、拉杆总成、主邦汰、副邦汰、连杆总成等
出口情况:出口东南亚、欧洲、美洲、中东、非洲等地区,并销往中国台湾地区

★玉环郑氏机械有限责任公司
地址:浙江省玉环县汽摩工业园东区
邮编:317602
电话:0576/87513228、87513068
传真:87514000
电子信箱:zhedahong@ zjzhs. cn
质量体系:ISO/TS 16949
产品情况:汽车悬架系统(控制臂)、制动系统(前后卡钳以及零部件)、汽车非标紧固件,覆盖全球1000多种主要车型的制动部件和悬架系统型号
配套情况:50%产品为国内外原厂配套;主要客户有GOMET、BBP、DORMAN、DEXTER AXLE、SUSPA、APG(杭州亚太)、杭州万向、万安集团、上海制动器厂、一汽、东风等公司

★浙江盛大汽摩工业有限公司
地址:浙江省玉环县汽摩工业园东区
邮编:317602
电话:0576/89928992、89928900
传真:89928991
网址:www. zysd. com
电子信箱:zysd@ vip. 163. com
质量体系:ISO/TS 16949
产品情况:(ZYSD牌)
汽车铝合金车轮;年生产能力为50万件

★浙江双辉剑机械有限公司
地址:浙江省玉环县汽摩工业园东区
邮编:317602
电话:0576/89900399、89900376
传真:87509153
网址:www. shjok. com/ch
电子信箱:shj@ shjok. com
质量体系:ISO/TS 16949
产品情况:(双辉剑牌)
电动助力转向系统(EPS)、制动离合踏版、控制臂、横直拉杆总成、横拉杆球头、真空助力器等系列产品
配套及出口情况:主要配套客户有长安汽车(河北、南京长安)、北汽、奇瑞汽车、华泰汽车、东南汽车、哈飞汽车、力帆汽车、众泰汽车等厂家;远销拉丁美洲、东南亚、中东、北非等地区

★台州亿铭汽车零部件有限公司
地址:浙江省玉环县汽摩工业园区
邮编:317602
电话:0576/87553080
传真:87559080
电子信箱:webmaster@ cndeyue. com
质量体系:ISO/TS 16949
产品情况:(YOTO牌)
汽车轮毂、液压张紧器等
出口情况:远销中东、欧洲、美洲等地区

★玉环天利汽车配件实业有限公司
地址:浙江省玉环县汽摩工业园区
邮编:317602
电话:0576/87277308、87277307
传真:87277309
电子信箱:yhqp@ yhqp. cn
质量体系:ISO/TS 16949
产品情况:(里航牌)
球笼式等速万向节、传动轴总成

★浙江长进减振器有限公司
地址:浙江省玉环县汽摩工业园区
邮编:317602
电话:0576/87264898、87231076
传真:87231073
网址:www. kjkshock. com
电子信箱:jasmine@ kjkshock. com
质量体系:ISO/TS 16949
产品情况:减振器

★浙江中兴减震器制造有限公司
地址:浙江省玉环县汽摩工业园区
邮编:317602
电话:0576/87209855、87209859
传真:87203995、87203996
网址:www. zxshock. cn
电子信箱:meiaw@ zxshock. cn
负责人:李孙琴
单位人数:500
质量体系:ISO/TS 16949、ISO 9001
产品情况:(ZXSHOCK牌)
汽车减振器;年产能力600万支
配套情况:为汽车厂商配套,50%的产品提供给国外不同的OEM客商

★台州德力奥汽车部件制造有限公司
地址:浙江省三环县汽摩配工业园区
邮编:317602
电话:0576/87251728、87210638
传真:87252880
网址:www. deliao. com
电子信箱:deliao@ vip. 163. com
单位人数:380
质量体系:ISO/TS 16949、QS 9000

产品情况：（星德隆牌）

前、后悬臂、拉杆球头、转向拉杆、连接杆、推力杆总成、感载比例阀总成等汽车底盘件

配套及出口情况：为东风汽车、现代汽车、青年莲花、铃木、五十铃、众泰、力帆、昌河、吉奥、永源、转向机厂等配套；远销北美洲、欧洲等国际市场

★浙江华邦机械有限公司

地址：浙江省玉环县汽摩配工业园区
邮编：317602
电话：0576/87253700
传真：87264999
网址：www. huabang. cn
电子信箱：sales@ bsgs. cc
负责人：颜邦寿
单位人数：510
质量体系：ISO/TS 16949、ISO 9000
产品情况：汽车转向拉杆总成和变速操纵、控制臂、转向柱管、电子油门踏板总成
配套情况：为江淮汽车、上汽（依维柯）、长城汽车、昌河汽车、长安汽车、华泰汽车、北方奔驰、一汽集团、北汽福田、东风柳汽、东风裕隆等优秀配套厂家

★玉环普利加汽车配件制造有限公司

地址：浙江省玉环县前塘洋工业区
邮编：317602
电话：0576/87555916、87555912
传真：87508321
网址：www. pljap. com
电子信箱：service@ pljap. com
质量体系：ISO 9001
产品情况：（PULIJIA 牌）

下摆臂、横直拉杆、悬架球头等底盘件

出口情况：远销欧洲、东南亚、南美洲、中东等地区

★浙江凯名瑞汽车部件有限公司

地址：浙江省玉环县绕城路 168 号
邮编：317602
电话：0576/87566638
传真：87566637
网址：www. tzcamry. com
电子信箱：y. hzp@ 163. com
质量体系：ISO/TS 16949
产品情况：汽车转向系统零部件，主要产品有球销、球壳、球杆、平衡杆、球头总成等

★玉环友捷制动器有限公司

地址：浙江省玉环县三合潭工业区
邮编：317602
电话：0576/87243213
传真：87211831、87243212
电子信箱：youjie111@ 126. com
质量体系：ISO 9001
产品情况：制动总泵、制动分泵、离合器总泵、离合器分泵

★玉环日意机械有限公司

地址：浙江省玉环县双龙工业区
邮编：317602
电话：0576/87510321
传真：87566622
电子信箱：info@ chinariyi. com
质量体系：ISO 9001
产品情况：（日意牌）

汽车离合器压盘、从动盘、发动机罩、翼子板、前灯蒙皮、后灯蒙皮、后行李舱蒙皮、发动机风罩、裙边蒙皮等

配套及出口情况：为中国一拖、南京汽车集团、一汽集团等配套；出口中东、东南亚、非洲、欧洲等地区

★玉环县锦航制动器有限公司

地址：浙江省玉环县双龙工一路 37 号
邮编：317602
电话：0576/87510283、87556883
传真：87510282
电子信箱：jinhang@ zjjinhang. com
质量体系：ISO/TS 16949
产品情况：（JINHANG 牌）

各类汽车制动钳及配件

★台州东龙精密机械有限公司

地址：浙江省玉环县小水埠工业区
邮编：317602
电话：0576/87210780、13906762310
传真：87210770
网址：www. cn - donglong. com
电子信箱：web@ cn - donglong. com
质量体系：ISO 9002
产品情况：汽车制动总泵、制动分泵、离合器总泵、离合器分泵等系列产品，年产汽车制动总泵 20 万套、分泵 30 万套
出口情况：远销北美洲、东南亚、中东

★玉环烽火机械有限公司

地址：浙江省玉环县小水埠工业区
邮编：317602
电话：0576/87283688、87283611
传真：87283616
电子信箱：web@ fenghuo - machine. com
质量体系：ISO 9001
产品情况：（JP 牌）

液压制动总泵、前后制动分泵、离合器总泵、离合器分泵、风扇驱动装置、冷却水泵等

配套及出口情况：为一汽四环轻型发动机、长春一汽备品制造公司配套；出口东南亚等地区

★浙江玉环县发业汽配厂

地址：浙江省玉环县小水埠工业区
邮编：317602
电话：0576/87210092
传真：87210586
电子信箱：sales@ cn - faye. com
质量体系：ISO 9001
产品情况：（FY 牌）

各种汽车制动总泵、离合器分泵、水泵，年产能力 10 万只

配套及出口情况：为浙江亚太机电、航天部上海精密机械、中国台湾永裕等配套；出口美洲、欧洲、非洲等地区

★台州新宏声机械有限公司

地址：浙江省玉环县小水埠工业区二路
邮编：317602
电话：0576/87238183、87238180
传真：87255881
网址：www. xhs - universal. com
电子信箱：xhs@ cardanjoint. com
质量体系：QS 9000
产品情况：（GIVIB 牌）

万向节、传动轴、联轴器及轮毂单元系列，年产万向节 8000 万多套

出口情况：远销欧美、俄罗斯、中东等国家和地区

★玉环杭潮传动轴有限公司

地址：浙江省玉环县珠港东风工业区
邮编：317602
电话：0576/87562000、87597555
传真：87562508、87510533
网址：www. chinahangchao. com
电子信箱：web@ chinahangchao. com
质量体系：ISO/TS 16949
产品情况：（杭潮牌）

汽车、工程机械、农业机械传动轴、万向节、联轴器、真空助力器等系列产品

出口情况：远销欧洲等多个国家和地区

★玉环德孚转向泵有限公司

地址：浙江省玉环县珠港镇东风工业区
邮编：317602
电话：0576/87557141、13732321228
传真：87564464
网址：www. dfpsp. com
电子信箱：df001@ dfpsp. com
质量体系：ISO 9001
产品情况：各种轿车、皮卡、SUV 转向助力泵
配套情况：为多家汽车制造主机厂配套

★台州宏发汽车零部件有限公司

地址：浙江省玉环县珠港镇坎门海港大坝
邮编：317602
电话：0576/87556203、87559203
传真：87550860
网址：www. hfqp. com
电子信箱：hfqp@ heri - sh. com
质量体系：ISO 9001
产品情况：（宏宇牌）

液压制动总泵、制动分泵、离合器总泵、离合器分泵等系列产品

配套及出口情况：为一汽集团、浙江万安配套；出口欧洲、北美洲、东南亚、中东等地区

★浙江玉环传尔力离合器制造有限公司

地址：浙江省玉环县珠港镇坎门后岙
邮编：317602

电话:0576/87566099、13905867995
传真:87566221
网址:www. chuanerli. com
电子信箱:www@ chuanerli. com
质量体系:ISO 9001
产品情况:(传尔力牌)
离合器总成
出口情况:出口东南亚地区

★台州山源汽车零部件有限公司
地址:浙江省玉环县珠港镇坎门科技工业园区
邮编:317602
电话:0576/87509333、87509139
传真:87509369
网址:www. tzshyu. com
电子信箱:tzshyu@ tzshyu. com
单位人数:180
质量体系:ISO/TS 16949
产品情况:(TZSHYU 牌)
盘式制动器系统零部件发动机零部件、变速器零部件、汽车车门铰链等
配套情况:为重汽集团配套

★玉环县金宝达机械配件厂
地址:浙江省玉环县珠港镇坎门科技工业园区
邮编:317602
电话:0576/87509818、87509166
传真:87509701
网址:www. autojbd. com
电子信箱:sales@ autojbd. com
产品情况:(金宝达牌)
汽车悬架球头总成、横直拉杆总成、摆臂总成、托架总成
配套及出口情况:为几家生产厂配套;远销中南亚、欧洲、美洲等地区

★浙江省玉环县晨翔机械有限公司
地址:浙江省玉环县珠港镇坎门里岙工业区
邮编:317602
电话:0576/87502228、87502209
传真:87502227
网址:www. cncxjx. com
电子信箱:web@ cncxjx. com
质量体系:ISO/TS 16949
产品情况:球头、拉杆球头、横拉杆、直拉杆、推力杆、修理包等货车转向系统产品
出口情况:出口中南美洲、中东、东南亚、欧洲等地区

★玉环宇强汽车配件有限公司
地址:浙江省玉环县珠港镇汽摩工业园区
邮编:317602
电话:0576/87249511、87249522
传真:87249533
网址:www. yqbearings. com
电子信箱:cnyqjx11@ 163. com
质量体系:ISO/TS 16949
产品情况:轮毂单元、轮毂轴承

★玉环陆通机械有限公司
地址:浙江省玉环县珠港镇钱塘垟中路105 号
邮编:317602
电话:0576/87566088
传真:87578012
电子信箱:lto@ lu - tong. cn
质量体系:ISO 9001
产品情况:(康莱斯牌)
制动调整臂、制动凸轮轴、紧固件等
配套及出口情况:为徐工、中联重科、杭重、柳工等各大主机厂配套;远销欧洲、美洲、非洲等地区

★玉环县神舟离合器厂
地址:浙江省玉环县珠港镇双龙工业区
邮编:317602
电话:0576/87513421、87520421
传真:87513431
网址:www. shenzhou - china. com
电子信箱:www@ shenzhou - china. com
质量体系:ISO 9001
产品情况:(丹舟牌)
汽车离合器压盘总成

★玉环县正基离合器制造有限公司
地址:浙江省玉环县珠港镇双龙工业区
邮编:317602
电话:0576/87513089
传真:87560511
网址:www. zjclutch. com
电子信箱:zjclutch@ 126. com
质量体系:ISO 9001
产品情况:(万都牌)
离合器,年生产量 50 万套
出口情况:出口中东、东南亚地区

★浙江玉环伟盛机械有限公司
地址:浙江省玉环县珠港镇新科技工业园区
邮编:317602
电话:0576/87509816、13967662058
传真:87215358
网址:www. yhweisheng. com
电子信箱:sales@ yhweisheng. com
质量体系:ISO 9001
产品情况:(伟盛牌)
汽车转向传动装置总成,变速操纵机构总成,变速器换挡上盖总成,换挡顶盖总成,换挡助力器总成,换挡汽缸总成,离合器分离拨叉系列,及各种零部件
配套情况:为一汽、东风、重汽、农用车、山西大齿、哈尔滨齿轮厂、陕齿富勒箱、株洲齿轮、韶关宏大齿轮等厂家配套

★台州大川机电有限公司
地址:浙江省玉环县大麦屿经济开发区
邮编:317604
电话:0576/87552466、89919077
传真:87553003
网址:www. dcjd. com
电子信箱:dcjidian@ 126. com
质量体系:ISO/TS 16949
产品情况:(玉轿牌)
变速器顶盖总成系列产品、变速器附件系列产品、变速操纵机构总成系列产品、变速操纵手柄总成、汽缸盖系列产品、选换挡继动摇臂及支架总成、离合器操纵机构、汽车管接头系列产品及高强度螺栓系列产品等
配套情况:为东风汽车公司、一汽集团、南京汽车集团等配套

★玉环福纳汽车零部件厂
地址:浙江省玉环县大麦屿经济开发区
邮编:317604
电话:0576/87305188
传真:87305187
网址:www. fine - cvjoint. com
电子信箱:office@ fine - cvjoint. com
质量体系:ISO 9001
产品情况:(冠顺牌)
各种汽车球笼等
出口情况:远销欧洲、美洲、日本、东南亚等 10 多个国家和地区

★巨泰汽车配件有限公司
地址:浙江省玉环县楚门镇直塘路
邮编:317605
电话:0576/87412858、87412798
传真:87412868
网址:www. bik. com. cn
电子信箱:bik@ bik. com. cn
质量体系:QS 9000、ISO 9002
产品情况:(BIK 牌)
等速万向节、半轴总成、转向器、转向助力泵等

★台州锦辉机械有限公司
地址:浙江省玉环县芦浦镇漩门工业区
邮编:317605
电话:0576/87204699、87207300
传真:87204737
网址:www. tzjinhui. com
电子信箱:web@ tzjinhui. com
质量体系:ISO 9001
产品情况:汽车横拉杆接头、直拉杆总成及球头、转向万向轴、转向节、驱动轴等
出口情况:出口欧洲、美洲、东南亚、非洲、中东等地区

★台州特耐尔轮毂轴承有限公司
地址:浙江省玉环县坎门科技工业园
邮编:317606
电话:0576/87371488、87372488
传真:87377558
网址:www. trulycn. com
电子信箱:web@ trulycn. com
单位人数:200
质量体系:ISO/TS 16949
产品情况:以生产一、二、三代汽车轮毂

轴承为主

★浙江童氏汽车部件有限公司
地址:浙江省玉环县沙门滨港工业城
邮编:317606
电话:0576/87280165、87219577
传真:87280926
电子信箱:yhtsgs@163.com
质量体系:ISO/TS 16949
产品情况:(TSBJ 牌)
　　拉杆、球杆、球壳、球销、平衡杆、球头等转向系统零部件

★台州汇昌机电有限公司
地址:浙江省玉环县沙门滨港工业城采贝路 7 号
邮编:317607
电话:0576/87555888、87514555
传真:87564754
网址:www.hczf.com
电子信箱:hczf@hczf.com
质量体系:ISO/TS 16949
产品情况:(HUICHANG 牌)
　　汽车转向助力泵
出口情况:部分产品远销欧洲、北美、东南亚等国家和地区

★台州和日汽车零部件有限公司
地址:浙江省玉环县沙门镇滨港工业园区
邮编:317607
电话:021/62773282
传真:62773283
网址:www.heri.net.cn
电子信箱:office@heri-sh.com
质量体系:ISO/TS 16949
产品情况:(HERI 牌)
　　汽车等速万向节及驱动轴总成;总成的年生成能力达 120 万件、万向节的年产能力达 250 万件
出口情况:远销东南亚、欧洲、美洲

★浙江利中汽车底盘件有限公司
地址:浙江省玉环经济开发区金海大道 210 号
邮编:317608
电话:0576/89901808
传真:89901809
网址:www.lizhong.com
电子信箱:sales@zjlizhong.com
单位人数:600
质量体系:ISO/TS 16949
产品情况:汽车底盘转向件、悬架件及球笼、驱动轴总成等,供应国内中高级轿车配件市场
出口情况:主要出口北美洲、欧洲等高端市场

★浙江天元机电有限公司
地址:浙江省玉环经济开发区漩城路 52 号
邮编:317608
电话:0576/89916666
传真:89918666
网址:www.cnyhty.com
电子信箱:tianyuan@cnyhty.com
单位人数:300
质量体系:ISO/TS 16949、ISO 14001
产品情况:手/自动调整臂、曼配件、车门铰链、盘式总成及配件、发动机配件、变速器配件、车轮螺栓、蹄铁、防尘罩等;年生产重型车、客车、半挂车车轮螺栓 1500 万套
配套情况:为中国重汽、陕汽汉德、北汽福田、东风柳汽、德国 BPW、三一重工、中联重科、华菱汽车、深圳中集、徐州美驰、广东富华、江铃汽车、青特集团、方盛车桥、湖北三环、山东蓬翔、上海德纳等各大主机厂配套

★玉环振奋汽车配件厂
地址:浙江省玉环县楚门芦浦工业区
邮编:317608
电话:0576/87379768、13906760896
传真:87376768、87558608
网址:www.chinazhenfen.com
电子信箱:webmaster@chinazhenfen.com
质量体系:ISO/TS 16949
产品情况:(振奋牌)
　　前轮控制臂、悬架托架(摇臂)、球笼、减振器、左右转向节臂、左右扭杆、转向摇臂、横拉杆总成、制动凸轮轴等
配套情况:为东风柳汽、柳工机械、重汽集团、南京依维柯、一汽解放等国内 10 多家大型企业配套

★浙江利中实业有限公司
地址:浙江省玉环县经济技术开发区漩门工业城明珠大道
邮编:317608
电话:0576/89901888、89901887
传真:89901889
网址:www.lizhong.com
电子信箱:oem@lizhong.com
单位人数:300
质量体系:ISO/TS 16949
产品情况:(利众牌)
　　前悬臂总成、横直拉杆总成、球头、前梁总成、储液罐等汽车底盘件系列产品
配套情况:为上汽通用五菱、长安、昌河、北汽、东风股份、东风小康、奇瑞、一汽吉林、华泰现代、浙江众泰、河北双环等配套

★玉环艺禾机械有限公司
地址:浙江省玉环县卢浦镇医药包装工业园
邮编:317608
电话:0576/87578098
传真:87578499
网址:www.yhyihe.com
电子信箱:yihe@sino-yihe.com
质量体系:ISO/TS 16949
产品情况:汽车转向控制臂、球头及螺栓等产品,主要涉及奥迪、帕萨特、大众、奔驰、宝马等
出口情况:远销德国、意大利、瑞典、法国、西班牙、波兰、俄罗斯、土耳其等 20 多个国家和地区

★玉环县寿源机械有限公司
地址:浙江省玉环县芦蒲镇漩门工业区
邮编:317608
电话:0576/87204567、87278029
传真:87204698
网址:www.sycclutch.com
电子信箱:info@sycclutch.com
质量体系:ISO 9001
产品情况:汽车离合器从动盘总成、离合器压盘总成

★台州金纳车桥有限公司
地址:浙江省玉环县芦浦镇漩港工业区
邮编:317608
电话:0576/87281881
传真:87281882
电子信箱:jncqgs@163.com
质量体系:ISO/TS 16949
产品情况:各类农用车、沙滩车、四轮电动车前后桥总成

★浙江国昌机械有限公司
地址:浙江省玉环县芦浦镇漩门工业城
邮编:317608
电话:0576/87139666、87139606
传真:87139615
网址:www.zj-gcmz.com
电子信箱:gcmz@zj-gcmz.com
质量体系:ISO/TS 16949
产品情况:(BRILLIANT 牌)
　　主要生产各类重型车的制动凸轮轴、调整臂总成等系列产品
配套及出口情况:长期为中国重汽、重汽桥箱、安凯车桥、北方奔驰、汉德车桥、上汽依维柯红岩、阿文美驰、采埃孚等国内外知名厂家配套;出口北美洲、欧洲、东南亚等地区

★台州奥星纳机械有限公司
地址:浙江省玉环县漩港工业区
邮编:317608
电话:0576/87233658、87236217
传真:87232328
网址:www.assp.net.cn
电子信箱:sales@xingna.com
质量体系:ISO/TS 16949
产品情况:(ASSP 牌)
　　拉杆球头、悬架球头、横拉杆、拉杆总成、主邦汰、副邦汰、控制臂总成、三角臂总成、连接杆等
配套及出口情况:为国内外 OEM 配套;远销欧洲、美洲

★台州市百强机械有限公司
地址:浙江省玉环县漩门工业城
邮编:317608
电话:0576/87130120、87562228
传真:87130111、87552810
网址:www.punchcn.com

电子信箱:info@ punchcn. com
质量体系:ISO 9001
产品情况:螺栓、汽车稳定平衡杆、汽车摆臂、发动机水管、汽车门铰链及各类汽车冲压件
配套情况:为哈飞汽车配套

★台州英克尔传动轴有限公司
地址:浙江省玉环县漩门工业城
邮编:317608
电话:0576/87507171、89909696
传真:87507305
网址:www. tzyke. com
电子信箱:yke@ tzyke. com
质量体系:ISO/TS 16949
产品情况:球笼万向节、传动轴总成,具备年产250万只等速万向节和60万只传动轴总成的生产能力

★台州骏腾汽车零部件有限公司
地址:浙江省玉环县漩门工业区
邮编:317608
电话:0576/87508902
传真:87508903
电子信箱:tcj0506@ tom. com
质量体系:ISO 9001
产品情况:汽车轮毂轴承、轮毂单元、前轮壳、后桥短轴
出口情况:远销欧洲、美洲市场

★台州永安转向器有限公司
地址:浙江省玉环县漩门工业区
邮编:317608
电话:0576/87507147、87561295
传真:87561195
网址:www. yazxq. com
电子信箱:yhllj@ yas. com. cn
质量体系:ISO/TS 16949、QS 9000
产品情况:(YAS牌)
轿车液压助力转向器和机械转向器

★浙江金斗离合器制造有限公司
地址:浙江省玉环县漩门工业区
邮编:317608
电话:0576/87287850、89906200
传真:87210251、87219826
网址:www. jd - clutch. com
电子信箱:jindou - clutch@ foxmail. com
质量体系:ISO 9001
产品情况:(迈亚牌)
主要生产汽车离合器,压盘总成,及拉达、伏尔加和大宇等配件
配套情况:为哈飞汽车配套

★玉环振华精锻齿轮有限公司
地址:浙江省玉环县干江工业区
邮编:317610
电话:0576/87455555、87451038
传真:87452888
网址:www. cn - xinwang. com
电子信箱:web@ cn - xinwang. com
质量体系:ISO/TS 16949
产品情况:(信旺牌)
产汽车后桥差速器齿轮空调压缩泵齿轮及各种伞齿,年制造能力可达250万台套
配套及出口情况:为山东时风、巨力集团等配套;部分产品出口美国及东南亚

★玉环县锦辉制动器有限公司
地址:浙江省玉环县三合潭工业区
邮编:317699
电话:0576/87297368、87137676
传真:87297358
网址:www. jhzdq. com
电子信箱:jhzdq123@ 163. com
负责人:梁辉良
质量体系:ISO 9001
产品情况:(鼎辉牌)
制动总泵、离合器总泵、离合器分泵、后制动分泵和液压转向助力泵
出口情况:出口欧洲、美洲、东南亚、非洲、中东地区

★浙江台州浙龙机械制造有限公司
地址:浙江省台州市椒江纬五路199号
邮编:318000
电话:0576/88555551、88555552
传真:88558089
网址:www. zhelong. cn
电子信箱:sales@ zhelong. cn
质量体系:ISO/TS 16949、ISO 14001
产品情况:自动制动间隙调整臂
配套及出口情况:为北奔重汽、厦门金龙、郑州宇通等国内知名品牌的客车配套;部分出口北美洲、南美洲、大洋洲、东南亚、欧洲等地区

★台州椒星传动设备有限公司
地址:浙江省台州市椒江区工人路245号
邮编:318013
电话:0576/88224998、88886529
传真:88882874
网址:www. jiaoxing. com
电子信箱:sales@ jiaoxing. com
质量体系:ISO 9000
产品情况:(椒星牌)
无级变速器、各种减速器
出口情况:出口美国、马来西亚等国家

★浙江戴卡宏鑫科技有限公司
地址:浙江省台州市黄岩区食品工业三期
邮编:318020
电话:0576/84161818、84161817
传真:84280501
网址:www. hxwheel. com
电子信箱:sl@ hxtwheel. com
质量体系:ISO 9001
产品情况:锻造铝合金轮辋
出口情况:远销北美洲、欧洲、澳大利亚等国家和地区

★浙江丰立机电有限公司
地址:浙江省台州市黄岩院桥镇高洋村
邮编:318025
电话:0576/84841111、84180361
传真:84183518、84833559
网址:www. cn - fore. com
电子信箱:sales07@ cn - fore. com
质量体系:ISO/TS 16949、ISO 14001
产品情况:(FORE牌)
螺旋锥齿轮、直斜柱齿轮、工业级气动工具、粉末冶金零部件等
配套情况:是德国博世、德国麦太保、日本日立工机、日本牧田、美国史丹利-百得、中捷、东成等世界知名厂商的优秀供应商

★浙江亚铝车轮有限公司
地址:浙江省台州市路桥区南山工业区
邮编:318053
电话:0576/82361616、82361515
传真:82352244
网址:www. zjyalv. com
电子信箱:yalv@ zjyalv. com
质量体系:ISO/TS 16949
产品情况:汽车铝合金车轮
出口情况:出口欧美、中东、非洲等地区

★台州市东协汽车配件有限公司
地址:浙江省台州市路桥金清林家工业区
邮编:318058
电话:0576/82706583、82706581
传真:82706582
电子信箱:wsx6789@ sina. com
质量体系:ISO/TS 16949
产品情况:(东协牌)
空压机、冷却水泵总成、机油泵等
配套情况:为锡柴、玉柴、云内、扬柴、四达、全柴等10余家柴油机厂配套

★浙江今飞凯达轮毂股份有限公司
地址:浙江省金华市工业园区仙华南街800号
邮编:321000
电话:0579/82523261、4008260099
传真:82523293
网址:www. jinfeiwheels. com
电子信箱:jinfei@ jinfei. cn
单位人数:1800
质量体系:ISO/TS 16949、ISO 14001
产品情况:(今飞牌)
各种汽车铝合金轮毂
配套及出口情况:与一汽-大众、北京奔驰、一汽轿车、神龙汽车、海南马自达等主机厂配套;远销美国、日本、英国、东南亚、中东等十几个国家和地区

★金华市三联变速箱制造有限公司
地址:浙江省金华市婺城区白龙桥镇洞溪村
邮编:321000
电话:0579/82271842、15888989372
传真:82271842
网址:www. slbsx. com
质量体系:ISO 9001
产品情况:汽车变速器齿轮及总成,具

备年产齿轮70万件及5万多总成的生产能力
出口情况:远销东南亚、非洲、南美洲等地区

★金华汤齿齿轮箱有限公司
地址:浙江省金华市大黄山工业区
邮编:321007
电话:0579/82271938
传真:82271610
网址:www.tangchi.cn
电子信箱:tc0579@163.com
质量体系:ISO/TS 16949
产品情况:(汤齿牌)
　　2~8t系列汽车变速器、后桥主从动锥齿轮及各类齿轴零件
配套及出口情况:为东风汽车公司、东风专用汽车厂、亚星商用车、亚星客车、东风杭汽、郑州日产、湖南车桥厂、成都王牌等40多家企业配套;出口越南、泰国、哈萨克斯坦、土库曼斯坦、美国、新加坡、马来西亚等国家

★浙江吉峰齿轮有限公司
地址:浙江省金华市环城南路东段清盈街6号
邮编:321015
电话:0579/82160061、89177899
传真:82160476
网址:www.zjgear.com
电子信箱:zjgear@126.com
单位人数:252
质量体系:ISO/TS 16949、ISO 9001
产品情况:(彦亭牌)
　　汽车变速器齿轮
配套情况:为东风汽车公司、五十铃、沈齿、哈齿系列配套

★浙江东风齿轮有限公司
地址:浙江省金华市工业园区白沙路151号
邮编:321016
电话:0579/89150818、89150828
传真:82270862
网址:www.dfgear.com
电子信箱:df@dfgear.com
质量体系:ISO/TS 16949
产品情况:(金东牌)
　　重型汽车、中型汽车、轻微型汽车变速器及齿轮,具有年产汽车变速器20万台和齿轮300万件的能力
配套情况:与国内一汽、东风、北汽、南汽(依维柯)、重汽、时风、五征等大型整车厂配套

★今飞控股集团有限公司
地址:浙江省金华市工业园区仙华南街800号
邮编:321016
电话:0579/82523262
传真:82523293
网址:www.jinfei.cn
电子信箱:jeifei@jinfei.cn
董事长(负责人):葛炳灶
质量体系:ISO/TS 16949、ISO 14001
产品情况:(今飞牌、金蜂牌)
　　汽车轮毂、摩托车轮毂和电动车轮毂;具有年产1200万件摩托车轮毂、1000万件汽车轮毂、300万件电动车轮的生产规模
配套及出口情况:为印度英雄、百佳吉、日本本田、铃木、雅马哈,法国标致,意大利比亚乔,奥地利KTM、一汽-大众、北京奔驰、一汽轿车、神龙汽车、铃木汽车、雅马哈、爱玛、雅迪、绿源、小鸟等知名厂家配套,并与中国台湾、韩国、以色列等客户合作;远销北美洲、欧洲、日本、俄罗斯、东南亚、中东等10多个国家和地区

★金华市新华齿轮有限公司
地址:浙江省金华市白龙桥洞溪工业园
邮编:321025
电话:0579/82206933
传真:82206711
网址:www.xhcl.com
电子信箱:xinhua@xhcl.com
质量体系:ISO/TS 16949
产品情况:汽车齿轮,具有年产100万台套汽车变速器齿轮的能力
配套及出口情况:为变速器厂家配套;远销美国、英国、非洲、东南亚等国家和地区

★金华市东联汽车变速箱厂
地址:浙江省金华市白龙桥洞溪工业园区
邮编:321025
电话:0579/82207846、82207850
传真:82207788
质量体系:ISO 9001
产品情况:各种车型变速器总成、变速器轴、齿轮等配件

★金华浩翔汽配有限公司
地址:浙江省金华市白龙桥镇工业街77号
邮编:321025
电话:0579/82210129
传真:82220616
网址:www.xfauto.com
电子信箱:xiafeng129@sohu.com
单位人数:300
质量体系:ISO/TS 16949
产品情况:(夏风牌)
　　汽车前后制动盘、制动鼓
配套情况:主要配套于萧山万向制动系统、东风裕隆、华晨汽车、海南马自达、一汽轿车、东风柳汽、北汽股份、上汽通用五菱、重庆力帆、奇瑞汽车等企业

★浙江万里扬变速器股份有限公司
地址:浙江省金华市宾虹西路3999号
邮编:321025
电话:0579/82216779
传真:82216780
网址:www.zjwly.com
电子信箱:kfb@zjwly.com
单位人数:3000
质量体系:ISO/TS 16949、ISO 14001
产品情况:(万里扬牌)
　　汽车变速器总成及其配件;具有年产120万台、1000多个品种的变速器总成系列的生产能力
配套情况:为北汽、东风、江淮、一汽等10多家大型汽车厂配套

★金华市詹士汽车配件有限公司
地址:浙江省金华市金西开发区
邮编:321075
电话:0579/82660268
传真:82660218
电子信箱:zllcarrie@sohu.com
质量体系:ISO 9001
产品情况:(詹士牌)
　　汽车变速器拨叉及零部件
配套情况:为浙江万里扬集团、金华汤齿集团、株齿、一汽集团、东风汽车公司等配套

★浙江恒友齿轮有限公司
地址:浙江省武义县开发大道19号
邮编:321200
电话:0579/87616320
传真:87616319
网址:www.hengyougears.cn
电子信箱:hengyou@hengyougears.cn
单位人数:900
质量体系:ISO/TS 16949
产品情况:后桥主从动齿轮、减速机弧齿锥齿轮及其他齿轮,具有年产10万套弧齿锥齿轮的生产能力
配套情况:为北奔重汽等配套

★浙江金齿机械有限公司
地址:浙江省武义县文教旅游工业区
邮编:321200
电话:0579/87611988、87611688
传真:87611698
网址:www.chinajinchi.com
电子信箱:sales@chinajinchi.com
单位人数:500
质量体系:ISO/TS 16949
产品情况:(金齿牌)
　　汽车齿轮、机械齿轮、变速器等,年生产各种重型车螺伞齿轮30多万套
配套及出口情况:主要销往一汽、徐工、厦工、宜工、北汽、柳汽等国内大型汽车及工程机械制造企业;出口汽车齿轮800万套

★浙江奥通铝轮有限公司
地址:浙江省武义县桐琴工业园纬六东路7号
邮编:321300
电话:0579/87918986
传真:87918981
法人代表:李金东

负责人:程瑾
单位人数:900
质量体系:ISO/TS 16949
产品情况:(奥通牌)
铝锭、纸箱、铭板、盖子各类配件、铝合金轮毂
出口情况:远销美国、加拿大、日本、澳大利亚、欧洲、中东、亚洲

★浙江庆大空气弹簧有限公司
地址:浙江省永康市城本新区花城东路288号
邮编:321300
电话:0579/87205111、87205222
传真:87205277
网址:www.qindairspring.com
电子信箱:qind@qindairspring.com
质量体系:ISO/TS 16949
产品情况:橡胶空气弹簧及汽车橡胶制品

★永康市盖浦汽车配件制造有限公司
地址:浙江省永康市花街工业区
邮编:321300
电话:0579/87513018、13516848183
传真:87510018
网址:www.chinasanjian.com
电子信箱:64334879@qq.com
质量体系:ISO/TS 16949
产品情况:(世众牌)
汽车转向助力泵,适用于大众、奥迪、通用、标致雪铁龙、奇瑞、本田、欧宝、菲亚特、雷诺、现代、丰田等系列以及国产系列等

★浙江郑泰汽轮股份有限公司
地址:浙江省永康市经济开发区名园南大道27号
邮编:321300
电话:0579/87233618
传真:87239695
网址:www.zentgroup.com
电子信箱:zentwheel@yahoo.com
单位人数:500
质量体系:ISO/TS 16949
产品情况:(金星牌)
汽车铝合金轮毂
出口情况:主要销往欧洲、美国、日本、中东、澳大利亚等国家和地区

★浙江永康市通用机电制造有限公司
地址:浙江省永康市五金科技园锡山路233号
邮编:321300
电话:0579/89283131、13806772261
传真:89283131
网址:www.chinatongyong.com.cn
电子信箱:cntongyong@sina.com
质量体系:ISO/TS 16949、ISO 9001
产品情况:(通用牌)
汽车变速器壳体、变速器上盖及上盖总成、变速器顶盖、变速器前盖、中间轴、后轴承轴盖、水泵壳、机油泵配件、柴油机齿轮室盖、汽缸盖罩
配套及出口情况:为东风汽车公司、浙江万向、山东临工、四川峨柴、莱动等配套;出口欧美等国际市场

★泰龙控股集团有限公司
地址:浙江省永康市五金科技工业园银川东路18号
邮编:321301
电话:0579/87228296、87228227
传真:87228220
网址:www.tai-long.com
电子信箱:jasper@tai-long.com
质量体系:ISO/TS 16949
产品情况:轿车铝轮及摩托车汽缸头
出口情况:远销海外市场

★永康市佳隆泵业有限公司
地址:浙江省永康市龙山镇前珠山工业区
邮编:321312
电话:0579/87475267、87475567
传真:87475767
网址:www.zjjialong.com
电子信箱:ykjialong@163.com
单位人数:360
质量体系:ISO/TS 16949、ISO 9001
产品情况:制动总泵、制动分泵、离合总泵、离合分泵,具备年产总泵缸体360万只、分泵缸体300万只、总泵总成200万只的综合生产能力

★浙江浦江平安汽车配件有限公司
地址:浙江省浦江县浦阳镇平安
邮编:322201
电话:0579/84249336、84249678
传真:84249678
网址:www.camshaftcn.com
电子信箱:info@camshaftcn.com
质量体系:ISO/TS 16949
产品情况:(平安牌)
挂车驱动桥、支承桥的制动凸轮轴、调整臂
配套情况:为杭州、萧山、金华、广东、广西、湖北等地齿轮厂配套

★浙江巨久轮毂有限公司
地址:浙江省磐山县尖山镇磐安工业园区环城南路78号
邮编:322300
电话:0579/84799888、84503999
传真:84793533
网址:www.cnjujiu.com
电子信箱:sales@cnjujiu.com
负责人:林亚银
单位人数:300
质量体系:ISO/TS 16949
产品情况:(巨久牌)
铝合金轮毂
出口情况:远销北美洲、日本、韩国、俄罗斯、东南亚、中东、南美洲、新西兰、非洲等10多个国家和地区

★浙江德明汽车部件有限公司
地址:浙江省丽水市南城经济开发区大沅街92号
邮编:323000
电话:0578/2976666、2976669
传真:2976688
网址:www.adiou.cn
电子信箱:dm88@adiou.cn
质量体系:ISO 9001
产品情况:汽车摆臂、悬架臂、拉杆球头、车身及附件等
出口情况:远销东南亚、欧洲、美洲、中东、非洲等地区

★温州通顺机动车部件有限公司
地址:浙江省衢州市经济开发区东港工业园区东港三路36号
邮编:324000
电话:0570/3688016、3688058
传真:3688033
网址:www.toso.cn
电子信箱:lucy.hu@zjtoso.cn
质量体系:ISO/TS 16949、VDA 6.1
产品情况:(TOS牌)
汽车制动真空助力器、制动主泵、制动钳、比例阀、离合器总泵、分泵
配套情况:为吉利汽车、河北长安、江南汽车等配套

★浙江肯特汽车零部件有限公司
地址:浙江省衢州市龙游县城北工业园区龙山路3号
邮编:324000
电话:0570/7139999、7139586
传真:7139998
网址:www.rakente.com
质量体系:ISO/TS 16949
产品情况:各种轿车的升降器、前桥、后桥等底盘件
配套及出口情况:与国内几家知名汽车零部件供应商配套;远销北美洲、东亚、中东、欧洲等地区

★浙江精科汽车零部件有限公司
地址:浙江省衢州市经济开发区东港3路36号
邮编:324002
电话:0570/3688001、3688016
传真:3688029
网址:www.zjtoso.cn
电子信箱:info@zjtoso.cn
单位人数:300
质量体系:ISO/TS 16949、ISO 14001
产品情况:专业生产汽车底盘制动系统的五大部件:汽车液压盘式制动器、汽车真空助力器、制动主缸、制动总成、比例阀等五大汽车核心产品
配套及出口情况:已成为长安集团、长安铃木、昌河铃木、东风集团、东风小康、吉林一汽等厂家的主要供应商;为美国北极星工业公司提供主厂配件

★浙江科力车辆控制系统有限公司
地址:浙江省江山市经济开发区
邮编:324100
电话:0570/4333488、4332288
传真:4333468、4333499
网址:www.pener.net
电子信箱:sales@pener.net
董事长:张利君
单位人数:465
质量体系:ISO/TS 16949
产品情况:(百能牌)
具有年产:气制动阀400万只;离合器分泵、总泵60万套;驾驶室翻转机构30万套;汽车水泵50万台的生产能力
配套及出口情况:是上汽依维柯红岩、三一重工、陕西重汽、华晨金杯、东风柳汽、江淮汽车、青年客车、丹东黄海、安凯客车、泰安航天、万里扬变速器等知名汽车品牌及汽车传动总成的零部件供应商;出口美国、欧洲、中南美洲、俄罗斯、中东、东南亚等国家和地区

★浙江燎原制动液压系统有限公司
地址:浙江省江山市经济开发区
邮编:324102
电话:0570/4328999、4008265398
质量体系:ISO/TS 16949
产品情况:气制动阀、离合器助力器、液压泵、离合器总泵

★浙江迪澳汽车配件有限公司
地址:浙江省江山市淤头镇淤头岗
邮编:324111
电话:0570/4721398、4722398
传真:4721338
质量体系:ISO/TS 16949
产品情况:气制动阀、离合器助力器、离合器总泵、自动调整臂等

★温州市宏嘉亮实业有限公司
地址:浙江省温州市龙湾区温州大道827号
邮编:325000
电话:0577/86581897、86581896
传真:86581895
网址:www.wzyadi.com
电子信箱:yadi@wzyadi.com
质量体系:ISO/TS 16949
产品情况:各车型的驾驶室举升缸、举升泵和离合器分泵等

★浙江大龙机动车部件有限公司
地址:浙江省温州市瓯海区仙岩竹溪工业园区瓯泰路18号
邮编:325000
电话:0577/85306668、13388537858
传真:85318006
网址:www.zjdlhb.com
电子信箱:zjdalongpj@126.com
质量体系:ISO/TS 16949
产品情况:(铸丰牌)
主产高性能齿轮齿条式和动力齿条式转向器,年生产能力30万多套
配套及出口情况:为多家汽车整车厂家配套;远销东南亚、欧洲、美洲等地区

★温州市卓冠汽车配件有限公司
地址:浙江省温州市新城大自然三期B2幢D座23A02
邮编:325000
电话:0577/89886386
传真:89887386
网址:www.czgbrakes.com
电子信箱:sales@czgbrakes.com
质量体系:ISO/TS 16949
产品情况:(CZG牌、YEHE牌)
制动总泵、制动分泵、离合器总泵、离合器分泵
出口情况:出口欧洲、中东、美洲等地区

◉ 温州冠盛汽车零部件集团股份有限公司
地址:浙江省温州市瓯海高新技术产业园区高翔路1号
邮编:325006
电话:0577/86291871
传真:86291781
网址:www.gsp.cnxuy@gsp.cn
法人代表:周家儒
负责人:向友恒
单位人数:1400
质量体系:ISO/TS 16949、ISO 14001
产品情况:(GS·P牌)
具有年产等速万向节750万只、传动轴总成240万套、轮毂轴承单元40万只的生产能力
配套情况:为国际汽车零部件零售商供货

★温州市正华汽车零部件有限公司
地址:浙江省温州市龙湾区龙湾中心工业区纪风路185号
邮编:325024
电话:0577/86374519、13905779967
传真:86379768
网址:www.zhenghuaparts.com
电子信箱:sales@wzzhyz.cn
质量体系:ISO/TS 16949
产品情况:(正能牌)
重汽(斯太尔王、豪沃车系)、陕汽(奥龙、德龙车系)、福田欧曼、重庆红岩、北方奔驰、东风等重型车用离合器助力器、离合器总泵系列产品

★成源汽车部件制造有限公司
地址:浙江省温州市瓯海区仙岩工业区
邮编:325062
电话:0577/81388555、81333777
传真:85339917、85339918
网址:www.cnchengyuan.com
电子信箱:sale@cyautoparts.com
质量体系:ISO/TS 16949
产品情况:(成源牌)
元宝梁、悬架摆臂、摆臂胶套等汽车底盘冲压焊接件
配套及出口情况:为长安汽车配套;远销美洲、欧洲等海外市场

★温州市佳威汽摩配件有限公司
地址:浙江省温州市瓯海区仙岩镇沈岙工业区南洋路11号
邮编:325062
电话:0577/85308066、85316555
传真:85303788
网址:www.zuan.cc
电子信箱:market@zuan.cc
质量体系:ISO/TS 16949
产品情况:(ZUAN牌)
制动总泵
出口情况:远销中东、非洲、东南亚等地区

★温州市盛保罗汽车部件有限公司
地址:浙江省温州市瓯海区岩二工业区振虹路2号
邮编:325062
电话:0577/85326881
传真:85326882
网址:www.cn-snblo.com
电子信箱:snblo@cn-snblo.com
质量体系:ISO 9000
产品情况:球笼式等速万向节、传动轴总成等关键汽车传动部件
出口情况:出口欧洲、美洲、中东、东南亚等地区

★浙江安固汽车配件有限公司
地址:浙江省瑞安市飞云镇华明路333号
邮编:325200
电话:0577/65602949、65603310
传真:65605671
网址:www.chinaangu.com
电子信箱:sale@chinaangu.com
董事长:贾建光
质量体系:ISO/TS 16949
产品情况:(安固牌)
弹簧制动气室、制动阀、手控阀、继动阀、排气制动阀、离合器助力器、真空泵等系列产品
配套及出口情况:为一汽集团、东风汽车公司、中国重汽集团、北汽福田等大型整车厂配套;出口欧美、东南亚、中东等地区

★瑞立汽车制动电子科技有限公司
地址:浙江省瑞安市经济开发区大道2666号瑞立工业园
邮编:325200
电话:0577/65609900、65608962
传真:65604782
电子信箱:sori-abs@sorl.com.cn
质量体系:ISO/TS 16949
产品情况:RX系列电涡流缓速器

★瑞立汽车液压制动有限公司
地址:浙江省瑞安市经济开发区大道

2666号瑞立工业园
邮编:325200
电话:0577/65609583、65009900
传真:65609031
电子信箱:info@ sorl. com. cn
质量体系:ISO/TS 16949、VDA 6.1
产品情况:(瑞立牌)
汽车液压制动主缸、轮缸、离合器总泵、离合器分泵、真空助力器、感载比例阀、制动卡钳等
配套情况:为一汽集团、东风汽车公司、重汽集团、陕汽集团、川汽、北奔重汽、北汽福田、江淮汽车、金龙、南京春兰、厦工、德工、上汽仪征等配套

★ 瑞立集团有限公司

地址:浙江省瑞安市经济开发区开发区大道2666号
邮编:325200
电话:0577/65609000
传真:65609000
网址:www. sorl. com. cn
电子信箱:sorlzp@ 126. com
法人代表:张晓平
负责人:陈康进
单位人数:3549
质量体系:ISO/TS 16949
产品情况:(SORL牌)
汽车气制动系统、液压制动系统、转向系统、汽车电器
配套情况:为一汽集团、东风汽车、上汽集团及其他汽车企业配套

★瑞安宝泰轻工机械有限公司

地址:浙江省瑞安市潘岱街道瑞湾工业区
邮编:325200
电话:0577/65098911、65098999
传真:65098922
网址:www. 86baotai. com
电子信箱:baotai5566@ 163. com
质量体系:ISO 9001
产品情况:汽车万向节

★瑞安市朝阳汽车钢圈有限公司

地址:浙江省瑞安市塘下镇海安城东工业区8号
邮编:325200
电话:0577/65271563、65276757
传真:65270563
网址:www. benzhiwang. com
电子信箱:info@ benzhiwang. com
质量体系:ISO 9001
产品情况:(奔之王牌)
雷诺、马自达、标致、丰田、日产、斯柯达、东风小康、桑塔纳、金杯、皮卡、富康等国内外轿车及微型车钢圈
配套及出口情况:为北汽配套100万套;出口中东、欧洲、俄罗斯、南美洲、北美洲

★赛洋汽车转向装置(温州)有限公司

地址:浙江省瑞安市塘下镇海安西门工业区旺阳路6号
邮编:325200
电话:0577/65295021、15868523188
传真:65295022
网址:www. syparts. cn
电子信箱:sy@ syparts. cn
单位人数:80
质量体系:ISO 9001
产品情况:(采孚之星牌、朗盾牌)
汽车动力转向器

★瑞安市长城齿轮厂

地址:浙江省瑞安市莘塍仙甲季路(富强南路68号)
邮编:325200
电话:0577/65530359、65536359
传真:65175359
网址:www. greatwallgear. cn
电子信箱:greatwallgear@ china. com
产品情况:齿轮、主副轴、连杆等
配套情况:为多家企业配套

★温州科众汽车零部件有限公司

地址:浙江省平阳县万全镇机电创业园兴强路
邮编:325204
电话:0577/63082828、63082929
传真:63082727
网址:www. autobrake. cn
电子信箱:sales@ autobrake. cn
质量体系:ISO/TS 16949
产品情况:(科众牌)
汽车制动总泵、分泵、离合器总泵、分泵、汽车液压分离轴承、汽车真空助力器、汽车感载比例阀、汽车换挡助力器系列产品
配套及出口情况:主要与重庆力帆、华晨鑫源汽车、众泰汽车、川汽等主机厂配套;出口欧洲、美洲、东南亚等地区

★浙江迅达汽车部件有限公司

地址:浙江省瑞安市鲍田工业园区
邮编:325204
电话:0577/65203788、65203085
传真:65206445
电子信箱:xd@ chinaxunda. cn
质量体系:ISO/TS 16949
产品情况:(创迅牌)
年产同步器200万件、铁基粉末冶金零件700万件、标准件3000t
配套情况:为上汽集团、一汽集团、长安汽车、青山公司、长安铃木、上汽依维柯红岩、比亚迪汽车等配套

★浙江省银星汽车配件有限公司

地址:浙江省瑞安市北工业区新旺路18号
邮编:325204
电话:0577/65360751
传真:65360751
网址:www. wzyinxing. com
电子信箱:zhejiangyinxing@ 126. com
单位人数:200
质量体系:ISO/TS 16949
产品情况:汽车重、轻、微型货车和轿车的制动、离合、油门踏板总成、转向管柱、操纵机构总成、发动机冲压配件、门铰链、前机盖铰链、手动玻璃升降器总成、电动玻璃升降器总成
配套情况:为江淮汽车、奇瑞汽车、一汽通用红塔云南、江西五十铃等配套

★浙江华信汽车零部件有限公司

地址:浙江省瑞安市国际汽摩配产业基地北区
邮编:325204
电话:0577/65325888、65335752
传真:25887688
网址:www. lukaiclutch. com
电子信箱:lukaiclutch@ vip. 163. com
质量体系:ISO/TS 16949
产品情况:(GENGSHENG牌)
汽车离合器系列产品
配套及出口情况:20%产品为国内的主机厂配套;60%产品远销北美洲、欧洲、非洲、南美洲、中东等70多个国家的海外市场

★温州玛斯特汽车悬挂总成有限公司

地址:浙江省瑞安市国际汽摩配工业园区罗山大道
邮编:325204
电话:0577/65333648
传真:65335648
网址:www. masite. com
电子信箱:masite@ wz. zj. cn
单位人数:110
质量体系:ISO/TS 16949
产品情况:汽车扭杆弹簧总成及汽车横向稳定杆等;现汽车扭杆弹簧总成生产能力50~60万套/年
配套情况:为东风风行、江淮汽车、上海华普、沈阳金杯、长丰扬子等主机厂配套

★浙江华明汽车制动器有限公司

地址:浙江省瑞安市罗凤汽摩配产业基地北区
邮编:325204
电话:0577/25886888
传真:65339111
电子信箱:info@ hmb. com. cn
质量体系:ISO/TS 16949
产品情况:制动器总成及零部件
配套情况:为一汽集团、东风汽车公司、南京汽车集团、北汽福田、哈飞汽车、江铃汽车、江淮汽车、厦门金龙、上汽通用五菱、奇瑞汽车、昌河汽车、长安汽车、吉利汽车、美国通用、克莱斯勒等配套

★瑞安市洲联车业部件有限公司

地址:浙江省瑞安市汽摩配产业基地北

区登高路58号
邮编:325204
电话:0577/65390896、66070027
传真:65351886、66070026
网址:www.zolain.com
电子信箱:zl66070026@163.com
质量体系:ISO/TS 16949、ISO 9001
产品情况:汽车发动机液压悬置总成、变速器悬置总成、橡胶金属减振块、衬套、中间法兰、防尘罩、缓冲块及刮水臂片等汽车金属橡胶减振系统部件,车型涵盖大众、奥迪、奔驰、宝马、欧宝、标致、福特、丰田等轿车
出口情况:出口欧洲、美洲、非洲、东南亚等地区

★温州力邦企业有限公司
地址:浙江省瑞安市塘下镇鲍田环镇东路999号
邮编:325204
电话:0577/65382803
传真:65354500
网址:www.chinalbn.cn
电子信箱:lbn@chinalbn.com
质量体系:ISO/TS 16949
产品情况:(L·B·N牌)
汽车制动器及汽车制动泵,摩托车制动器
配套及出口情况:汽车制动器及汽车制动泵主要与奇瑞、比亚迪、吉利、东风、昌铃、北汽、曙光、丹东曙光、荣成华泰等主机厂配套;摩托车制动器主要与重庆建设、宗申、恒胜、力帆、隆鑫、广东海利、三雅、奔马民隆等集团公司配套;部分产品出口欧美地区

★浙江省瑞安市长虹车辆配件有限公司
地址:浙江省瑞安市塘下镇鲍田新坊村繁新西路110号
邮编:325204
电话:0577/65360778、65383955
电子信箱:rachanghong@alibaba.com.cn
质量体系:ISO 9001
产品情况:(荣伟牌)
动力转向器、转向助力泵、张紧轮、离合器分离轴承、起动机单向离合器等
出口情况:远销北美洲、东南亚等地区

★瑞安市中铃汽车配件厂
地址:浙江省瑞安市塘下镇鲍一工业区
邮编:325204
电话:0577/65200176、58881778
传真:65212111
网址:www.razr.com.cn
电子信箱:zr@razr.com.cn
董事长:戴乃仁
质量体系:ISO 9000
产品情况:(中仁牌)
年生产能力达200万件,变速器上盖系列产品、变速器顶盖系列产品、变速器离合器壳体(飞轮壳)、汽车变速器铝拨叉时规盖等系列产品、汽车发动机油底壳等系列产品
配套情况:为一汽集团配套

★瑞安博欧汽配有限公司
地址:浙江省瑞安市塘下镇北工业园区时代路505号
邮编:325204
电话:0577/65211888、65327085
传真:65327083
网址:www.chinaboou.com
电子信箱:boou@chinaboou.com
单位人数:120
质量体系:ISO/TS 16949
产品情况:(BOOU牌)
制动泵、离合器泵、真空助力器、轮缸、比例阀等
配套及出口情况:为一汽、众泰、吉奥主机厂配套;出口南美洲、北美洲、欧洲

★浙江恒力制动阀有限公司
地址:浙江省瑞安市塘下镇韩田工业区凤凰西路59号
邮编:325204
电话:0577/65358198、65383820
传真:65368598
网址:www.hlbrake.com
电子信箱:jane@hlbrake.com
质量体系:ISO/TS 16949
产品情况:(恒力牌)
空气干燥器总成、多回路保护阀、串联制动阀、手控阀、继动阀、ABS电磁阀、后弹簧储能气室以及离合器助力器等
配套及出口情况:为东风汽车、北汽福田、四川现代、南京依维柯、力帆骏马等国内10余家汽车制造厂整车配套;出口欧洲、美洲、非洲、中东、东南亚等国家和地区

★浙江铃丰离合器有限公司
地址:浙江省瑞安市塘下镇花园工业区
邮编:325204
电话:0577/65393000、65380866
传真:65380833
网址:www.fenglingcn.com
电子信箱:info@fenglingcn.com
单位人数:150
质量体系:ISO/TS 16949
产品情况:(FENGLING牌)
汽车离合器、从动盘、真空助力器以及各种汽车制动器冲压件
配套及出口情况:为多家主机厂配套;70%以上产品远销欧洲、中东、东南亚等地区

★浙江方泰汽车配件有限公司
地址:浙江省瑞安市塘下镇罗凤北工业区罗凤西路889号
邮编:325204
电话:0577/65292171、65296111
传真:65276668
网址:www.china-goodway.com
电子信箱:chinagoodway@vip.163.com
质量体系:ISO/TS 16949
产品情况:专业生产汽车悬架控制臂、球头、拉杆等系列产品
出口情况:远销东南亚、南美洲、欧洲等地区

★温州市裕新转向装置有限公司
地址:浙江省瑞安市塘下镇罗凤北工业区登峰路461号
邮编:325204
电话:0577/65332700
传真:65335238
网址:www.chak-ap.com
电子信箱:yuxin001@autosteering.net
单位人数:300
质量体系:ISO/TS 16949
产品情况:汽车转向器

★瑞安市万铭汽摩部件有限公司
地址:浙江省瑞安市塘下镇汽摩工业园区
邮编:325204
电话:0577/65378818
传真:65388818
电子信箱:799338031@qq.com
质量体系:ISO/TS 16949
产品情况:(万铭牌)
汽车离合器
出口情况:远销波兰、东南亚、中东、非洲等10多个国家和地区,并销往中国香港、中国台湾地区

★ 浙江稳达减振器有限公司

地址:浙江省瑞安市塘下镇汽摩配产业基地
邮编:325204
电话:0577/25610888、25658272
传真:25610777
网址:www.wenli.com.cn
电子信箱:wenda@wenli.com.cn
单位人数:200
质量体系:ISO/TS 16949、ISO 9001
产品情况:(稳立牌、WOLB牌)
汽车减振器
配套及出口情况:为华晨金杯配套;出口东南亚、中东、欧美等50多个国家和地区
☞ 详细情况请参阅彩色宣传版面

★瑞安市科正汽车零部件有限公司
地址:浙江省瑞安市塘下镇上戴路49号
邮编:325204
电话:0577/65321700、65321600
传真:65321300
网址:www.kezeng.com
电子信箱:daizhiliang1988@163.com
质量体系:ISO 9001
产品情况:(RD牌、GMG牌、GM8牌)
十字万向节、球笼三叉万向节、差速器和其他传动装置部件
出口情况:产品90%以上远销东南亚、

中东、非洲、欧洲、美洲

★瑞安市名洲汽车零部件有限公司
地址:浙江省瑞安市塘下镇上马工业区
邮编:325204
电话:0577/65220558、65208701
传真:65217087
网址:www. sinomz. com
电子信箱:info@ sinomz. com
质量体系:ISO/TS 16949
产品情况:(名洲牌)
汽车转向助力泵,年产汽车转向助力泵 10 万台

★温州聚泉汽车部件有限公司
地址:浙江省瑞安市塘下镇双桥工业区
邮编:325204
电话:0577/65328899、65337468
传真:65320199
网址:www. kcuvc. com
电子信箱:kcuvc@ 163. com
单位人数:100
质量体系:ISO 9001
产品情况:(UVC 牌)
球笼(等速万向节)及传动轴总成
出口情况:远销东南亚、欧洲、非洲、南美洲等地区

★瑞安市盛鼎汽车零部件有限公司
地址:浙江省瑞安市塘下镇新居村新陈西路 267 号
邮编:325204
电话:0577/65191788、65528777
传真:65198777
网址:www. cn - shengding. com
电子信箱:sales@ cnshengding. net
质量体系:ISO/TS 16949
产品情况:手动液压油泵、驾驶室翻转油缸总成及液压锁等重型汽车配件
出口情况:远销欧洲、非洲、中东、东南亚等地区

★浙江福尔德减振器有限公司
地址:浙江省瑞安市塘下镇肇平垟工业园区中路
邮编:325204
电话:0577/65782222、66001187
传真:66001155
电子信箱:info@ fuerdeabsb. com
质量体系:QS 9000、ISO 9001
产品情况:汽车减振器
配套及出口情况:与一汽、北京、天津等地的几十家大中型企业建立长期协作配套关系;远销欧盟、东南亚、中东、中南美洲、北美洲、大洋洲、非洲等地区,并销往中国香港、中国台湾地区

★浙江森森汽车零部件有限公司
地址:浙江省瑞安市塘下镇鲍一工业区
邮编:325205
电话:0577/66002308、66002311
传真:65216989
网址:www. sensen. cn
电子信箱:sales@ sensen. cn
质量体系:ISO/TS 16949
产品情况:(森森牌)
各类汽车减振器,年产能力 700 万支
配套情况:为一汽集团、东风汽车公司、四川资阳南骏汽车、山东时风集团等配套

★浙江中铁机车部件有限公司
地址:浙江省瑞安市塘下镇下林工业区创新路 12 号
邮编:325205
电话:0577/65366588、65360000
传真:65366011
网址:www. zhongtie. net
电子信箱:sales@ zjzhongtie. com
质量体系:ISO/TS 16949
产品情况:气制动系统
配套及出口情况:与一汽、东风、陕汽、北汽、南汽、徐工、广汽、江铃、江淮、上汽通用、沈阳金杯、五四零九、五四一九、六一五、六一七、七四三、七五零、七五二、一三七、八一四等几十家大中型企业建立长期协作配套关系;远销欧美、东南亚、中东、非洲等地区

★瑞安市悦华汽车单向器有限公司
地址:浙江省瑞安市塘下镇肇平垟中村工业区
邮编:325205
电话:0577/65275989
传真:65271623
电子信箱:dh - drive@ 163. com
质量体系:ISO 9001
产品情况:单向器、驱动轴
配套及出口情况:为全国多家专业起动机生产企业配套;出口欧洲、美洲

★瑞安瑞鑫汽车配件厂
地址:浙江省瑞安市蔡宅工业园区
邮编:325206
电话:0577/65165518
传真:65165519
质量体系:ISO/TS 16949
产品情况:(瑞挺牌)
空气干燥器、气制动部件及用品等

★瑞安市超欧汽配有限公司
地址:浙江省瑞安市东山工业园区
邮编:325206
电话:0577/65193287
传真:65178930
电子信箱:chaoouqi@ hotmail. com
质量体系:ISO 9001
产品情况:驻车制动阀、空气干燥器、双通 H 阀、止回阀、安全阀、制动总泵、快放阀、弹簧制动分室、继动阀、离合器助力器等中、重型汽车、客车、半挂车制动系列产品
配套情况:与湖南车桥厂、东风、一汽(成都)汽车等多家大、中型汽车厂定点配套

★浙江龙纪汽车零部件有限公司
地址:浙江省瑞安市塘下镇北工业园区二期登峰路 609 号
邮编:325206
电话:0577/65103777、65508555
传真:65366980
网址:www. zjljqp. com
电子信箱:yuzhonghe168@ 163. com
单位人数:180
质量体系:ISO/TS 16949
产品情况:转向机、转向管柱、车门铰链、车门限位器四大系列产品,年总产值达 1 亿多元
配套情况:为一汽集团、东风集团、陕汽、济南重汽、东风柳汽、比亚迪、众泰、奇瑞等近 20 家大中型整车厂配套

★瑞安市奥众汽车齿轮有限公司
地址:浙江省瑞安市汀田镇邮电中路 15 - 29 号
邮编:325206
电话:0577/65117177、65117377
传真:65110051
电子信箱:ruianaozhong@ 163. com
质量体系:ISO 9001
产品情况:汽车齿轮、助力转向器齿条及轴、冷挤压件、花键轴及销轴等
配套情况:为中国南方航空动力机械、株洲齿轮、奇瑞汽车变速器、上汽变速器等配套

★瑞安市凯泰转向机有限公司
地址:浙江省瑞安市莘塍东新工业区
邮编:325206
电话:0577/65190188
传真:65193308
网址:www. kirtye. com
电子信箱:kaitai_63@ 126. com
单位人数:138
质量体系:ISO/TS 16949
产品情况:汽车动力、机械转向器
出口情况:远销欧洲、北美洲、非洲、南美洲

★瑞安市安阳汽车钢圈厂
地址:浙江省瑞安市飞云江南端 104 国道线边
邮编:325207
电话:0577/65575380、65560211
传真:65560402
电子信箱:876748954@ qq. com
质量体系:ISO/TS 16949
产品情况:(巨邦牌)
钢制车轮
配套及出口情况:为全国多个大型知名企业配套;出口海外市场

★浙江欧瑞泰汽配有限公司
地址:浙江省瑞安市马屿工业区
邮编:325207
电话:0577/65176000

传真:65176333
电子信箱:sale@ ourruitai. com
质量体系:ISO 9001
产品情况:(欧瑞泰牌)
气制动系统、离合器系统、总线控制电器系统、汽车干燥器等
配套及出口情况:为中国重汽、陕西重汽等配套;部分产品出口

★瑞安市快乐树汽车部件有限公司
地址:浙江省瑞安市塘下镇罗凤工业区凤都二路185号
邮编:325207
电话:0577/58808587
传真:65056038
网址:www. happy - tree. cn
电子信箱:kuaileshu@ vip. 163. com
质量体系:ISO 9001
产品情况:各种汽车减振器、非标准件及美制、英制气动工具配件
配套及出口情况:为美国英格索兰工具有限公司配套;远销欧洲、美洲、中东、东南亚、非洲等60多个国家和地区

★温州天和汽车部件有限公司
地址:浙江省温州市瑞安经济开发区阁巷新区
邮编:325207
电话:0577/66853511、66853516
传真:66853535
网址:www. zjthe. com
电子信箱:tianhe@ zjthe. com
法人代表:陈建成
负责人:翁贤东
单位人数:300
质量体系:ISO/TS 16949
产品情况:(天和牌)
专业从事以换挡拨叉、齿轮、拨叉轴、拨头、导块等换挡机构为主的各种汽车、拖拉机等变速器系列零部件
配套及出口情况:与陕西法士特集团、德国采埃孚传动技术、美国约翰迪尔(天津)、美国金牛国际、江淮集团、上汽集团、北京齿轮总厂、唐齿集团、天津中德传动等配套;出口美国、墨西哥、西班牙、俄罗斯、伊朗等国家

★瑞安市龙虎锻造有限公司
地址:浙江省瑞安市锦湖街道潘岱工业区
邮编:325216
电话:0577/59881155、65090088
传真:65921288、59881655
网址:www. chinalonghu. com
电子信箱:forging_ruian@ chinalonghu. com
质量体系:ISO/TS 16949、QS 9000
产品情况:汽车底盘凸缘类、叉类零件;轻型车辆转向节类零件;汽车门铰链和发动机气门摇臂以及球壳、接头、拉杆等四大类产品的模锻坯件
配套情况:产品配套车型是金杯、东南得利卡、富利卡、长城皮卡、松花江、昌河、五菱、奥托、桑塔纳、东风、南京等

★浙江昌利锻造有限公司
地址:浙江省瑞安市潘岱工业区
邮编:325216
电话:0577/59880318、59880305
传真:65095003
网址:www. xizheng. com
电子信箱:sale2@ xizheng. com
质量体系:ISO/TS 16949
产品情况:重型汽车动力部件的配件和汽车底盘系统的配件,年生产能力35000t锻件和750万只机加工零配件
配套及出口情况:为陕西法士特齿轮、美国伊顿货车/客车配件、德国采埃孚、日本爱心齿轮、长春一汽齿轮箱、重庆渝安汽车、三一重工等配套;远销美国、日本、意大利、印度、英国、法国、墨西哥、德国、巴西、瑞典、中东等

★浙江益鑫汽车零部件有限公司
地址:浙江省温州市平阳县昆阳镇湖屿村
邮编:325400
电话:0577/63189777、65521169
传真:63189990、65537788
网址:www. zjyixin. net
电子信箱:sale@ zjyixin. net
单位人数:300
质量体系:ISO/TS 16949、ISO 9001
产品情况:各种型号轿车、汽车、装甲车的扭力杆、稳定杆及系列汽车底盘零部件
出口情况:出口英国、法国、美国、澳大利亚、日本、土耳其等国家

★华健制动泵有限公司
地址:浙江省温州市平阳县昆阳镇平塔村
邮编:325400
电话:0577/63019058
传真:63014888
电子信箱:hjbc@ vip. 163. com
质量体系:ISO/TS 16949
产品情况:汽车制动总泵、制动分泵、离合器总泵、离合器分泵

★浙江亚之星汽车部件有限公司
地址:浙江省温州市平阳县万全镇郑楼标准厂房创业路8号
邮编:325400
电话:0577/63039999
传真:63039888
网址:www. zj - gold. com
电子信箱:sales@ zj - gold. com
质量体系:ISO/TS 16949、ISO 14001
产品情况:(戈尔德(GOLD)牌)
汽车减振器
出口情况:远销美洲、欧洲、俄罗斯、东南亚等国家和地区

★浙江吉尚汽车部件有限公司
地址:浙江省温州市平阳郑楼标准工业园区
邮编:325409
电话:0577/63588777、63587777
传真:63585666
网址:www. chinanaiba. com
电子信箱:naiba@ chinanaiba. com
质量体系:ISO/TS 16949
产品情况:(耐霸牌)
汽车液压制动主缸、轮缸、离合器主缸、工作缸、液压分离轴承及真空助力器等汽车液压产品
配套及出口情况:为汽车厂提供OEM配套;远销欧美等20多个国家和地区

★温州市宋达减震器有限公司
地址:浙江省温州市龙湾区海城东门工业区2号
邮编:325505
电话:0577/85223898、85238898
传真:85226222
网址:www. songdachina. com
电子信箱:sales@ songdachina. com
质量体系:ISO 9001
产品情况:(宋达牌)
汽车、摩托车减振器,年产300多万支;汽车制动泵
配套及出口情况:为大型摩托车集团配套;远销欧洲、美洲、中东、非洲、东南亚等20多个国家和地区

★浙江中昌汽车零部件有限公司
地址:浙江省乐清市柳市黄华工业区
邮编:325605
电话:0577/61672666
传真:62652058
网址:www. cnzhongchang. com
电子信箱:master@ cnzhonchang. com
质量体系:ISO/TS 16949
产品情况:汽车制动器、真空助力器、液压制动主缸和比例阀等
配套情况:为长安、哈飞、昌河、郑州海马等主要汽车厂商定点配套

★乐清市华隆机械配件厂
地址:浙江省乐清市石帆街道绅坊工业区
邮编:325608
电话:0577/62300688
传真:62300766
网址:www. hualongjx. cn
电子信箱:hl@ hualongjx. cn
质量体系:ISO/TS 16949
产品情况:(华隆牌)
驾驶室举升油泵、驾驶室举升油缸、叉车倾斜油缸、转向油缸等货车配件

★温州市东启汽车零部件制造有限公司
地址:浙江省温州市洞头县杨文工业区A-1号
邮编:325700
电话:0577/63471728、63483837
传真:63471738
网址:www. djp. cn
电子信箱:sale@ djp. cn
董事长:陈集

单位人数:374
质量体系:ISO/TS 16949、ISO 14001
产品情况:(djp 牌)
汽车制动主缸、制动轮缸、离合器主缸、离合器工作缸、卡钳、真空助力器、比例阀、拖车连接器、冷却水泵等产品
配套及出口情况:为伊朗起亚标致汽车公司、美国特种车厂、比亚迪汽车、吉利汽车、江淮汽车、奥拓汽车公司等国内外各大整车企业及 OEM 客户配套;主要销往南北美洲、中东、东南亚、非洲、欧洲等30多个国家和地区

★温州鸿鹏汽配制造有限公司
地址:浙江省温州市洞头县杨文工业区创新路
邮编:325700
电话:0577/63480268、63382366
传真:63485282
网址:www. wzhengguan. com
电子信箱:linzhenchang1688@163. com
质量体系:ISO 9001
产品情况:(恒冠牌)
制动系、曲轴皮带轮、球头、冷气轮、悬架、主付邦汰等汽车底盘零部件
出口情况:远销欧洲、美洲、中东、东南亚等地区,并销往中国台湾地区

安徽省

★合肥车桥有限责任公司
地址:合肥市瑶海区铜陵路305号
邮编:230011
电话:0551/62293666
传真:62293700
电子信箱:hfcq@hfcq. com
质量体系:ISO/TS 16949
产品情况:(JAC 牌)
汽车前后桥,轿车悬架
配套情况:为江淮汽车配套

★合肥华集汽车部件有限公司
地址:合肥市蜀山新产业园山湖路4号
邮编:230031
电话:0551/62327888
传真:62156987
网址:www. hfhuaji. com
电子信箱:sales@hfhuaji. com
质量体系:ISO/TS 16949、QS 9000
产品情况:(里牌)
真空助力器和制动主缸,主要为各种型号的轿车、旅行车、SUV 和 MPV 配套,同时兼顾国内外高、中、低档各种车型的售后市场

★合肥力威汽车油泵有限公司
地址:合肥市庐阳区庐阳产业园汲桥路53号
邮编:230041
电话:0551/65558955、65550618
传真:65554934
网址:www. hfliwei. com
电子信箱:liwei@hfliwei. com
单位人数:220
质量体系:ISO/TS 16949
产品情况:(天力牌)
转向助力油泵、动力油泵、叉车控制阀、微动阀、齿轮齿条转向器等数十个品种
配套及出口情况:为一汽、东风、重汽集团、江淮汽车、北汽福田、金龙、宇通、上客、黄海、常客、安凯、北方奔驰、徐重、常林、柳工、洛建、路通、青岛专汽、济南特车、浦沅、四川长起、泰安专汽、泰安航天、安徽合力、日本 TCM、韩国斗山大宇、中国台湾台励福、杭叉、上柴、锡柴、玉柴、潍柴、东风康明斯、渭柴、重庆康明斯、北内、昌河等汽车、柴油机和工程机械制造企业配套;出口欧洲、亚洲、美洲

★合肥美桥汽车传动及底盘系统公司
地址:合肥市包河区包河工业园上海路9号
邮编:230051
电话:0551/62271370
传真:62271359
网址:www. hefeiaam. com
电子信箱:webmaster@hefeiaam. com
单位人数:1300
质量体系:ISO/TS 16949、ISO 14001
产品情况:SUV 和 MPV 的后驱动桥、前桥、取力器、主减速器总成及轿车悬架模块
配套情况:悬架模块产品为江淮汽车配套,10万份/年;动力传动系统产品为江淮、奇瑞汽车、北汽福田、上汽通用五菱配套,14万份/年

★安徽安凯福田曙光车桥有限公司
地址:合肥市包河区葛淝路97号
邮编:230051
电话:0551/62297774
传真:62297774
网址:www. akcq. com
电子信箱:cheqiao@ankai. com
负责人:陈强
单位人数:594
质量体系:ISO/TS 16949
产品情况:8~13吨级中/大型客车后驱动桥,9.5~16吨级重/中型载货汽车后驱动桥及贯通驱动桥,4.2~6.5吨级中/大型客车前转向桥,4.5~7.5吨级重/中型载货车前转向桥等
配套情况:为福田欧曼重型货车、江淮重型货车、福田诸城汽车、东风柳汽重型货车、南汽凌野重型货车、华菱重型货车、安凯客车、江淮客车、欧V客车、扬州亚星客车、厦门金旅、中通客车等供货

★合肥瑞星机械制造有限公司
地址:合肥市包河区南淝河路96号
邮编:230051
电话:0551/64855939
传真:64855939
质量体系:ISO/TS 16949
产品情况:JAC 后桥部件

★安徽安凯金达汽车部件有限公司
地址:合肥市葛淝路97号
邮编:230051
电话:0551/62297626、62297627
传真:62297611
质量体系:ISO/TS 16949
产品情况:客车骨架、重型货车平衡悬架、客车及重型货车线束、旅居房车等

★合肥宏圆机械有限公司
地址:合肥市高新区金桂路中段
邮编:230088
电话:0551/65329667
传真:65328577-8802
质量体系:ISO/TS 16949
产品情况:JAC 横梁、吊耳、挡泥板等

★安徽宝能机械有限公司
地址:合肥市经济技术开发区青鸾路29号、方兴大道666号
邮编:230601
电话:0551/63848999
传真:63848919
电子信箱:postmaster@ahbnjx. com
质量体系:ISO/TS 16949
产品情况:上中下支架总成、变速操纵杆、驻车制动器总成、制动及离合器踏板总成、开度限制器组件、汽车门铰链等
配套情况:为昌河汽车、比亚迪汽车、华泰汽车等配套

★安徽佳通轮胎有限公司
地址:合肥市经济技术开发区始信路8号
邮编:230601
电话:0551/63896275、63896273
网址:www. giti. com
质量体系:ISO/TS 16949
产品情况:轮胎

★安徽安凯华夏汽车配件制造有限公司
地址:合肥市经济技术开发区汤口路133号
邮编:230601
电话:0551/62580158、62580139
传真:62580160
网址:www. ahakhx. com
质量体系:ISO 9001
产品情况:(华夏牌)
微、轻、中、重型货车系列汽车驾驶室翻转、锁止机构总成翻转机构采用助力机械式翻起驾驶室总成,撑杆机构自动撑起翻转后的驾驶室并相应自锁
配套情况:为江淮汽车、北汽福田等配套

★安徽万安汽车零部件有限公司
地址:安徽省长丰县岗集镇

邮编:231137
电话:0551/66778863、63673552
传真:66773069
网址:www.vie.com.cn
质量体系:ISO/TS 16949
产品情况:气制动阀类系列产品、空气干燥器、液压盘式制动器、汽车底盘悬架系统和汽车工程塑料产品等
配套情况:为江淮汽车、奇瑞汽车、安凯客车、华菱汽车等知名企业配套

★合肥万向钱潮汽车零部件有限公司
地址:合肥市合淮公路岗集镇金岗大道东侧
邮编:231137
电话:0551/66771122
传真:66771663
网址:www.wxcdz.com
产品情况:各类汽车传动轴、模块集成产品等

★合肥江淮铸造有限责任公司
地址:合肥市长丰县岗集镇
邮编:231139
电话:0551/66770328
传真:66770326
电子信箱:jaccasting@163.com
质量体系:ISO/TS 16949
产品情况:汽车发动机缸体、缸盖,中、重型货车前、后桥系列等上千种铸件,具备年产10万t铸件的生产能力

★安徽汇联机械工业有限公司
地址:安徽省六安市舒城县舒城经济开发区
邮编:231300
电话:0564/8683682、8683683
电子信箱:web@ahhuilian.com
产品情况:铝合金轮辋

★安徽舒城汇同实业有限责任公司
地址:安徽省舒城县城关镇工业区三里河路
邮编:231300
电话:0564/8663859
传真:8624892
电子信箱:sczkyyh@163.com
质量体系:ISO 9001
产品情况:(云恒牌)
农用车车桥,兼营各种汽车配件
配套情况:为农用载重车、装载机、挖掘机、三轮车等生产企业配套

★合肥宽信机电有限公司
地址:合肥市合马路合肥青年工业园
邮编:231602
电话:0551/67317123、67317122
传真:67317322、67317123
网址:www.hfkuanxin.com
电子信箱:kxlisihai@163.com
质量体系:ISO/TS 16949
产品情况:重型汽车前后桥、工程机械等配套产品
配套情况:为江淮重型货车、东风重型货车、安凯客车、福田重型货车、安徽华菱、陕汽重型货车、北奔重汽、三一重工、徐州集团、日立建机、合力叉车、TCM叉车等配套

★安徽江淮车轮有限公司
地址:安徽省蚌埠市大庆一路61号
邮编:233010
电话:0552/4927987、4928652
传真:4928855、4928652
网址:www.jiang-huai.com
电子信箱:qy@jiang-huai.com
质量体系:ISO/TS 16949、QS 9000
产品情况:乘用车钢制车轮、商用车钢制车轮、工程机械钢制车轮、农林机械钢制车轮等七大系列1000多个品种
配套及出口情况:是福田汽车、长安汽车、奇瑞汽车、中国重汽、江铃控股、美国佩卡、中集汽车、中国台湾中华等10多家国内外整车企业的一级供应商;远销欧洲、北美洲、南美洲、大洋洲、亚洲、非洲等40多个国家和地区

★北泰汽车底盘系统(安徽)有限公司
地址:安徽省蚌埠市大庆路503号
邮编:233499
电话:0552/4922993、4925266
传真:4922993
电子信箱:sale@norstarcn.com
质量体系:ISO/TS 16949、ISO 14001
产品情况:制动蹄片、控制臂拉杆、转向拉杆、稳定拉杆、减振器、制动器、底盘冲压件等
配套及出口情况:与克莱斯勒、通用、福特、大众、别克、东风、北汽、北京现代、江淮汽车、奇瑞、长城汽车、金龙客车、德尔福、辉门、泰明顿、天合、京西重工、AC德科等厂家建立长期战略合作关系;产品以出口为主,出口北美洲、欧洲市场

★安徽车桥有限公司
地址:安徽省宿州市汴河东路3号
邮编:234000
电话:0557/3323744、13955703058
传真:3323744
网址:www.anqiao.net
电子信箱:szqindb@sohu.com
质量体系:ISO 9001
产品情况:(ANQIAO牌)
具有年产半挂车车轴总成15万根、制动器50万套、特种车桥2万套的生产能力
出口情况:出口非洲、亚洲、欧洲等地区

★安徽省阜阳市汽车配件厂
地址:安徽省阜阳市颍泉区工业园繁华路355号
邮编:236000
电话:0558/2264584、13605587071
传真:2263704
电子信箱:fyqp688@qq.com
质量体系:ISO/TS 16949
产品情况:三踏板系列产品及第三横梁系列产品
配套情况:为江淮汽车配套

★六安金霞齿轮有限公司
地址:安徽省六安市经济技术开发区经六路
邮编:237000
电话:0564/3635998、3635999
传真:3632225、3635998
网址:www.ahjinxia.cn、www.jxcl.cn
质量体系:ISO 9001
产品情况:齿轮及齿轮箱
配套情况:与中国一拖、福田雷沃国际重工、六安江淮齿轮、宿州龙华矿机、芜湖红旗重型机床、安徽芜重机床等长期合作

★六安市振华汽车变速箱有限公司
地址:安徽省六安市裕安区平桥工业园国华路
邮编:237008
电话:0564/3266279
传真:3266259
网址:www.zhbsx.com
电子信箱:web@zhbsx.com
负责人:余学平
单位人数:246
质量体系:ISO/TS 16949
产品情况:生产各种型号变速器、分动箱、前后桥
配套情况:为五征集团、江淮集团、合力叉车集团、中国一拖集团、中国衡拖集团、广西五菱集团、中国龙工集团等配套

★六安市强大齿轮有限公司
地址:安徽省六安市裕安区私营经济园家园路
邮编:237008
电话:0564/3300094、3266882
传真:3309094
网址:www.laqd.com.cn
电子信箱:luanqd@126.com
负责人:梁军
单位人数:290
质量体系:ISO/TS 16949、ISO 9001
产品情况:(皖六桥牌)
年产EQ1060、EQ1061、EQ140、EQ145、EQ153、EQ1094、EQ460、CA457、STR等系列汽车中、后桥盆角齿,2.5t、3t、5t叉车系列盆角齿15万套,差速与减速器总成10万台
配套情况:为湖北永安车桥、四川资阳车桥、合力叉车、湖南中联重科车桥、徐州华晨机械、安庆安簧叉车、杭州杭叉桥箱、贵州航天红光机械、南宁五龙车桥、湖北武穴兴达车桥等建立了合作关系

★安徽星瑞齿轮传动有限公司
地址:安徽省六安市新河东路10号
邮编:237010
电话:0564/3697423、3313471
传真:3317414
网址:www.ahxrcl.com
电子信箱:ahxrcl@ahxrcl.com
单位人数:1800
质量体系:ISO/TS 16949、ISO 14001
产品情况:(六齿牌)
汽车变速器总成、E系列新能源汽车传动箱等
配套情况:为江淮、江铃、福田、华泰、奇瑞、合力叉车、上海纽荷兰农机等配套

★六安江淮汽车齿轮制造有限公司
地址:安徽省六安市新河东路10号
邮编:237010
电话:0564/3311213、3313471
传真:3331429、3331429
电子信箱:laqccl@laqccl.com
质量体系:ISO/TS 16949、ISO 14001
产品情况:(六齿牌)
微、轻、中、重型商用车变速器总成及配件;LC5T80、MF86(A/B)系列乘用车变速器总成及配件;3~10t叉车变速器等
配套情况:为江淮汽车、南京汽车集团、北汽福田、一汽集团、东风汽车公司等配套

★六安市龙祥齿轮有限公司
地址:安徽省六安市三里街
邮编:237016
电话:0564/3273177、13605646857
传真:3273299
网址:www.lalxcl.com
质量体系:ISO 9001
产品情况:各类齿轮、变速器

★六安江淮永达机械制造有限公司
地址:安徽省六安市开发区皋城东路北侧
邮编:237161
电话:0564/3697611
传真:3697610
网址:www.jhydcl.com
电子信箱:yongdajx@126.com
单位人数:600
质量体系:GB/T 19001
产品情况:电动工具零部件、纺织机械零部件、电动车零部件、汽车零部件、齿轮润滑泵及各类行星齿轮减速箱
配套及出口情况:为整机厂家配套;远销亚洲、欧洲、美洲

★安徽丰汇车业配件有限公司
地址:安徽省六安市霍山县经济开发区世林路
邮编:237200
电话:0564/5223299
传真:5223633
质量体系:ISO/TS 16949
产品情况:汽车制动器、鼓式制动器总成、盘式制动器总成、汽车制动系等

★安徽省辉煌机械制造有限公司
地址:安徽省含山县林头工业区
邮编:238161
电话:0551/84718038
传真:84351068
网址:www.hh-machine.net
电子信箱:hhmake@163.com
单位人数:310
质量体系:ISO 9001
产品情况:汽车零部件及各种传动设备箱体、箱壳、机械零部件
配套及出口情况:为江淮汽车、奇瑞汽车、江铃汽车等配套;出口欧洲市场

★滁州扬子汽车车桥制造有限公司
地址:安徽省滁州市经济技术开发区城东工业园园区路1号
邮编:239064
电话:0550/3168368、3166189
传真:3167898
网址:www.zgyzcq.com
电子信箱:yzcq888@126.com
单位人数:120
质量体系:ISO 9001
产品情况:主要从事汽车车桥制造和汽车零部件开发制造
配套及出口情况:被安徽长丰扬子汽车制造有限公司评定为优秀合格分承包方;随主机厂出口利比亚、突尼斯、阿联酋、迪拜等国家和地区

★安徽省德鸿机件制造有限公司
地址:安徽省滁州市来安工业新区B区
邮编:239200
电话:0550/5686118、5685838
传真:5685822
网址:www.wzdehong.com
电子信箱:dehong@wzdehong.com
单位人数:300
质量体系:ISO/TS 16949
产品情况:汽车驾驶室液压翻转系统(手动液压泵、电动液压泵、液压换向阀、液压油缸、液压转向助力缸、液压锁等)总成
配套及出口情况:为北奔重汽等配套;远销欧洲、非洲、南美洲、中东、东南亚等30多个国家和地区

★安徽省金阳铸造有限公司
地址:安徽省全椒县二郎口镇
邮编:239531
电话:0550/5261888
传真:5261388
网址:www.ahjinyang.com
电子信箱:web@ahjinyang.com
质量体系:ISO/TS 16949、ISO 2000
产品情况:(金阳牌)
F系列、R系列、S系列柴油机机体,多品牌轻型货车制动鼓、轮毂、后簧吊耳、制动蹄等
配套情况:为上汽集团、南京依维柯、南京汽车零件厂、美菱集团等配套

★芜湖新达汽车锻造有限公司
地址:安徽省芜湖市高新技术产业开发区金山中路
邮编:241000
电话:0553/3025476、3025770
传真:3025476
电子信箱:xddz@wh-xinda.com
质量体系:ISO 9001
产品情况:汽车转向节臂、传动轴、各类模锻件,具有年产30万套转向节臂、2万套汽车传动轴、8000t模锻件的生产能力
配套情况:为江汽、北汽、南汽等配套

★芜湖聚达汽车零部件有限公司
地址:安徽省芜湖市高新技术开发区
邮编:241000
电话:0553/2868313、2868595
传真:2860554、2870158
电子信箱:juda_china@vip.163.com
质量体系:ISO/TS 16949
产品情况:(聚达牌)
橡塑密封件,制动泵、真空助力器等汽车制动部件

★芜湖黄燕实业有限公司
地址:安徽省芜湖市金山路61号
邮编:241000
电话:0553/5650355
传真:5650366
电子信箱:whhy_cg@163.com
质量体系:ISO/TS 16949
产品情况:铝合金轮毂

★芜湖恒隆汽车转向系统有限公司
地址:安徽省芜湖市经济技术开发区凤鸣湖北路龙山隧道北200米
邮编:241000
电话:0553/5935125
传真:5935100、5849593
电子信箱:whl@henryauto.cn
质量体系:ISO/TS 16949
产品情况:汽车动力转向系统,电动、电液转向系统,动力转向器年产能力65万台(套)
配套情况:为奇瑞汽车配套

★芜湖稳乐制动系统有限公司
地址:安徽省芜湖市汽车零部件工业园稳乐路
邮编:241000
电话:0553/2862088、2861018
传真:2111991
电子信箱:pfy@wenle.com
质量体系:ISO/TS 16949
产品情况:(稳乐牌)
汽车制动总泵、分泵,离合器总泵、分泵,鼓式制动器及盘式制动器等,具有年产各种制动总分泵120万只、鼓式

制动器 15 万套、盘式制动器 1 万套的生产能力
配套情况:为江淮汽车、合肥车桥、江铃汽车、苏州邦乐、北汽福田、雷沃重工、洛阳一拖、合肥叉车、杭州叉车等配套

★常州金凌达汽车零部件有限公司
地址:安徽省芜湖市万春中路亚夏大市场 10 - 8 号
邮编:241000
电话:0553/5802658、15375110309
传真:5802658
网址:www. czjld. com
电子信箱:yangheone@ 126. com
质量体系:ISO 9001
产品情况:转向摇臂、内臂轴工具包、球形接头、稳定器连接杆、控制臂、连杆总成、横杆和中心链接等
出口情况:出口南美洲、东欧、东南亚、中东地区

★芜湖众发汽车制动泵有限公司
地址:安徽省芜湖市芜湖县新芜经济开发区经东路 2199 号
邮编:241000
电话:0553/5716708、5716016
传真:5716909
网址:www. zhongfa - autoparts. com
电子信箱:cilione002@ zhongfa - autoparts. com
质量体系:ISO/TS 16949、ISO 9001
产品情况:制动总泵、分泵,离合器总泵、分泵;制动主缸年产量约 150 万只,制动轮缸年产量约 300 万只
配套及出口情况:主要为长安汽车、一汽红塔、奇瑞汽车、比亚迪汽车等主机厂配套;远销欧洲、美洲、东南亚

★芜湖诚润汽车工业有限公司
地址:安徽省芜湖市新芜经济开发区纬三路 1399 号
邮编:241000
电话:0553/8768080
传真:8766000
网址:www. cheerun. cn
电子信箱:info@ cheerun. cn
质量体系:ISO/TS 16949
产品情况:商用车转向横拉杆、球头、拉杆总成、控制臂等
出口情况:远销中南美洲、北美洲、欧洲、北非、东南亚等地区

★芜湖玉泰汽车制动有限公司
地址:安徽省芜湖县机械工业园
邮编:241000
电话:0553/8768881
传真:8768685
网址:www. china - yutai. com
电子信箱:sales@ yutaibrake. com
单位人数:180
质量体系:ISO/TS 16949
产品情况:制动总泵、制动分泵、离合器总泵、离合器分泵等系列产品

★芜湖鑫业汽车零部件有限公司
地址:安徽省芜湖县机械工业园纬三路 2388 号
邮编:241000
电话:0553/8768158
传真:8768151
网址:www. xinyechina. cn
电子信箱:xy@ xinyechina. cn
质量体系:ISO/TS 16949
产品情况:变速器换挡拨叉、拨叉轴、控制阀总成、数控机床成套设备
配套及出口情况:与唐山爱信、上汽集团、重庆建设雅马哈、一汽集团、奇瑞汽车等 20 多家公司合作;出口俄罗斯、日本、巴西、欧洲等国家和地区

★盛力科技股份有限公司
地址:安徽省芜湖高新技术产业开发区西山路 17 号
邮编:241002
电话:0553/3026186、3026188
传真:3026111
网址:www. slzd. com
电子信箱:wuhu@ slzd. com
质量体系:ISO/TS 16949、QS 9000
产品情况:(安湖牌)
汽车及工程机械气制动元器件、真空助力器和液压制动元器件
配套情况:为重汽集团、江淮汽车等配套

★芜湖市宏达汽配橡胶密封件厂
地址:安徽省芜湖市高新区星火工业园
邮编:241002
电话:0553/3021008
传真:3023308
质量体系:ISO 9001
产品情况:制动气室橡胶隔膜、真空泵皮膜、总分泵离合器修理包、座椅密封套、防尘罩、传动轴胶圈、O 形圈等
配套情况:为青汽集团配套

★芜湖世特瑞转向系统有限公司
地址:安徽省芜湖市经济技术开发区龙山路 18 号
邮编:241006
电话:0553/5952915
网址:www. whstl. cn
质量体系:ISO/TS 16949
产品情况:具备年产 30 万台套液压助力转向器总成、20 万台套机械转向器总成、15 万套转向管柱带中间轴总成的生产能力
配套情况:配套主机厂有奇瑞汽车、海马汽车、众泰控股、浙江永源汽车、广汽吉奥;并已与比亚迪、北汽等主机厂达成了合作意向

★芜湖普威技研有限公司
地址:安徽省芜湖市经济技术开发区裕安路 10 号
邮编:241006
电话:0553/5923308、18655300822
传真:5922973
网址:www. whpuwei. com
单位人数:400
质量体系:ISO/TS 16949
产品情况:后轴、拖曳臂、防撞杆、脚踏板、仪表板横梁等
配套情况:是奇瑞汽车的核心供应商

★芜湖万通汽车部件有限公司
地址:安徽省芜湖市鸠江开发区阳明路 28 号
邮编:241007
电话:0553/5716906、18949521802
传真:5716907
网址:www. wh - wantong. com
电子信箱:wtzf007@ wh - wantong. com
单位人数:286
质量体系:ISO/TS 16949
产品情况:(万通牌)
制动主缸年产量约 60 万只,制动轮缸年产量约 300 万只,离合器总泵 40 万只,离合器分泵 120 万只
配套及出口情况:为长安汽车、奇瑞汽车、东风汽车、比亚迪、南方天合、万向制动系统等主机厂配套;远销欧洲、美洲、东南亚

★芜湖天佑汽车技术有限公司
地址:安徽省芜湖市经济技术开发区凤鸣湖北路 2 号
邮编:241009
电话:0553/5699020、5699035
传真:5695888
网址:www. atlindustry. com
电子信箱:lichenchen@ atlindustry. com
单位人数:300
质量体系:ISO/TS 16949
产品情况:汽车减振器,具备年生产汽车减振器 275 万支的生产能力
配套情况:为奇瑞公司等配套

★芜湖伯特利汽车安全系统有限公司
地址:安徽省芜湖市经济技术开发区泰山路 19 号
邮编:241009
电话:0553/5681185、5681310
传真:5658228
网址:www. btl - auto. com
电子信箱:xuqing@ btl - auto. com
法人代表(负责人):袁永彬
单位人数:1200
质量体系:ISO/TS 16949、ISO 14001
产品情况:(WBTL 牌)
制动器、助力器、EPB、IPB、液压 ABS、液压 ESC、气压 ABS、铸铝转向节及控制臂
配套及出口情况:主要客户有奇瑞汽车、长安汽车、北京汽车、北汽银翔、上汽通用、力帆汽车、长城汽车、中通客车、宇通客车、金龙客车、江淮汽车、吉

利汽车、比亚迪、凯翼、长江汽车、集瑞重工、广州汽车等;国外主要客户有美国通用汽车、沃尔沃汽车、乌克兰汽车集团、美国卡莱等;年出口助力器2万套、前后制动器各2万套、铸铝转向节超过20万套;主要出口美国、英国、西班牙、巴西、俄罗斯、乌克兰、印度、埃及等11个国家

★顺达(芜湖)汽车饰件有限公司
地址:安徽省芜湖市经济技术开发区银湖北路239号
邮编:241009
电话:0553/5846456、2221806
传真:5846446、2221805
电子信箱:shundags@163.com
质量体系:ISO/TS 16949
产品情况:镁合金骨架转向盘和汽车仿桃木饰件,年产转向盘60万只、桃木内饰件8万套
配套情况:为奇瑞汽车等配套

★芜湖华亨汽车部件有限公司
地址:安徽省芜湖市经济技术开发区银湖北路30-2号
邮编:241009
电话:0553/5846222、5847222
传真:5846522
网址:www.whhuaheng.cn
电子信箱:sales@whhuaheng.com
质量体系:ISO/TS 16949
产品情况:轿车、微型车、轻型车真空助力器带主缸总成系列产品,具备年生产30万台套的能力
配套情况:为上汽依维柯、奇瑞、江淮、宇通等主机厂配套

★芜湖飞驰汽车零部件技术有限公司
地址:安徽省芜湖市鸠江经济开发区富强路65号
邮编:241009
电话:0553/8241978
传真:8242593
网址:www.whfeichi.com
电子信箱:info@whfeichi.com
质量体系:ISO/TS 16949
产品情况:研发、生产、销售以汽车车轮为主的金属零部件

★芜湖恒坤汽车部件有限公司
地址:安徽省芜湖市鸠江经济开发区阳天路5号
邮编:241009
电话:0553/5811688、5713588
传真:5811640、5713788
网址:www.hkqp.com
质量体系:ISO/TS 16949
产品情况:(恒坤牌)
汽车液压制动系列
配套情况:为奇瑞、吉利、长城等主机厂配套;农机液压系列为奇瑞重工、海山机械、洛阳中收、江苏沃得等国内10余家主机厂配套

★耐世特凌云驱动轴(芜湖)有限公司
地址:安徽省芜湖市经济技术开发区淮海路18号
邮编:241019
电话:0553/5935801、5935388
传真:5935222
网址:www.delphi.com
质量体系:ISO/TS 16949
产品情况:等速万向节前驱动轴

★芜湖锐可德汽车工业有限公司
地址:安徽省芜湖市机械工业园区
邮编:241100
电话:0553/8767566、8767558
传真:8767333
网址:www.cnopp.com
电子信箱:info@cnopp.com
质量体系:ISO 9001
产品情况:(锐可德牌)
各种汽车减振器
出口情况:远销欧洲、北美洲、亚洲等地区

★芜湖弘祥汽车减振器工业有限公司
地址:安徽省芜湖市芜湖县机械工业园纬三路
邮编:241100
电话:0553/8768188、8768186
传真:8768188
网址:www.cn-eps.cn
电子信箱:info@cn-eps.cn
质量体系:ISO 9001
产品情况:汽车减振器
出口情况:远销欧洲、中东、南美洲、大洋洲

★芜湖佳先传动轴有限公司
地址:安徽省芜湖市新芜经济开发区东区西次五路1288号
邮编:241100
电话:0553/8791888
传真:8791965
网址:www.cnjxa.com
电子信箱:tzjiaxian@vip.163.com
质量体系:ISO/TS 16949
产品情况:汽车传动轴
出口情况:产品全部远销欧美等市场

★芜湖大捷离合器有限公司
地址:安徽省芜湖市新芜经济开发区纬二路2188号
邮编:241100
电话:0553/8767488、8767648
传真:8767692
网址:www.dajieclutch.com
电子信箱:mt2@dajieclutch.net
质量体系:ISO/TS 16949
产品情况:(大捷牌)
年产离合器压盘90.8万只、离合器从动盘40万只
配套情况:为五菱、长安、江淮等配套

★芜湖禾丰离合器有限公司
地址:安徽省芜湖县机械工业园区
邮编:241100
电话:0553/8768656、8768527
传真:8767706、8768650
网址:www.hefengchina.com
电子信箱:auto@hefengchina.com
单位人数:280
质量体系:ISO/TS 16949
产品情况:(GSTPD牌)
汽车离合器
出口情况:远销欧洲、美洲、南美洲、中东、东南亚等地区

★芜湖泰吉机械有限公司
地址:安徽省芜湖县机械工业园区
邮编:241100
电话:0553/8768193
传真:8768173
网址:www.chinatjjx.com
电子信箱:tjjx.2008@163.com
单位人数:120
质量体系:ISO/TS 15949
产品情况:(泰吉牌)
汽车、摩托车制动钳部件,年生产能力120万辆份
配套情况:为20多家大型生产企业配套

★安徽升泰汽车零部件有限公司
地址:安徽省芜湖县芜湖机械工业园区工业大道1155号
邮编:241100
电话:0553/8767833
传真:8767833
电子信箱:liuhao@wuhushengtai.com
质量体系:ISO 9001
产品情况:(骆氏牌)
控制臂等
出口情况:远销欧洲、北美洲、南美洲等地区

★芜湖依格森汽车部件有限公司
地址:安徽省芜湖市六郎镇工业园依格森路1号
邮编:241111
电话:0553/8524168、13956161718
传真:8524158
网址:www.wh-exc.com
电子信箱:sales@wh-exc.com
单位人数:128
质量体系:ISO 9002
产品情况:(EXC牌)
主要生产各种汽车橡胶制品,如制动总分泵修理包 离合器总分泵修理包,制动钳卡钳修理包,制动阀修理包,气刹皮膜,球笼防尘罩,球头防尘罩,档位防尘罩及减震块等汽车底盘件
配套及出口情况:为奇瑞、江淮配套;出口欧美、南美洲、中东、东南亚等地区

★芜湖咸保机械制造公司
地址:安徽省芜湖县咸保镇

邮编:241111
电话:0553/8532808、8532288
传真:8531668
质量体系:ISO 9001
产品情况:铝合金整体轮毂

★施密特汽车管件(安徽)有限公司
地址:安徽省宣城市宁国经济技术开发区
邮编:242000
电话:0563/2185062
传真:4181880－6404
网址:www. zhongdinggroup. com
电子信箱:yibj@ zhongdinggroup. com
质量体系:ISO/TS 16949
产品情况:中高档轿车汽车转向系统油缸、转向管柱和汽车用减振器套筒产品
配套情况:已开发包括采埃孚、MANDO、TRW、蒂森克虏伯、新航、荆州恒隆等在内的重要主机厂和汽车制造厂家客户

★安徽科源机械有限公司
地址:安徽省广德经济开发区光藻路与鹏举路交汇处
邮编:242200
电话:0563/6986986、6987666
传真:6986000
网址:www. zjkeyuan. com
电子信箱:keyuan@ zjkeyuan. com
质量体系:ISO/TS 16949、ISO 9001
产品情况:各种汽车悬架件、控制臂、制动踏板、制动钳活塞、汽车底盘件和各类冷挤压配件
配套及出口情况:为知名汽车制造厂商配套;出口欧美、中东、东南亚等地区

★安徽耀强精轮机械有限公司
地址:安徽省广德县广德经济开发区文正路
邮编:242200
电话:0563/6985988、13396863927
传真:6987688
网址:www. yaoqiang. com
电子信箱:628yq@ 163. com
质量体系:ISO/TS 16949
产品情况:汽车轮系
出口情况:远销欧洲、美国、加拿大等国家和地区

★安徽盛隆铸业有限公司
地址:安徽省宁国市
邮编:242300
电话:0563/4251955
传真:4251978
网址:www. vie. com. cn
质量体系:ISO/TS 16949
产品情况:汽车制动总分泵、感载比例阀、离合器总分泵、空气增压器、离合器助力器、动力转向油泵壳体、液压盘式制动器钳体、支架、转向节、轮毂、气压盘式制动器钳体、支架、自动调整臂等汽车零部件铸件
配套情况:为一汽、东风、江淮、宇通、金龙、申沃、上汽通用五菱、吉利、奇瑞、比亚迪、力帆等全国众多主机厂家配套

★宁国市飞鹰汽车零部件股份有限公司
地址:安徽省宁国市经济开发区外环西路128号
邮编:242300
电话:0563/4189999
传真:4186211
网址:www. ng－feiying. com
电子信箱:feiyinggufen@ 126. com
负责人:孙奇春
质量体系:ISO/TS 16949
产品情况:(飞鹰牌)
汽车用制动器衬片和离合器及压盘总成
配套及出口情况:为陕汽配套,并给上海、南昌、成都、昆明等城市公交汽车系统配套;畅销中东、南美洲、北美洲等20多个国家和地区

★马鞍山嘉华汽车零部件有限公司
地址:安徽省马鞍山市经济技术开发区
邮编:243041
电话:0555/2108386
传真:2108537
质量体系:ISO/TS 16949
产品情况:JAC、NJ储气筒,年产37371只;JAC、NJ液压举升翻转装置,年产9322只

★瑞慈(马鞍山)传动机械有限公司
地址:安徽省马鞍山市经济技术开发区湖西南路159号
邮编:243041
电话:0555/8323651、8323655
传真:8323883、8323653
电子信箱:richmc@ 163. com
质量体系:ISO 9001、ISO 14001
产品情况:汽车传动轴、减速器、联轴器
配套及出口情况:为江淮汽车、奇瑞汽车、安徽星马等配套;出口德国、意大利、美国、中东、东南亚等国家和地区

★铜陵万象汽车零部件有限公司
地址:安徽省铜陵市金桥工业园
邮编:244121
电话:0562/8293119
传真:8293119
网址:www. tlwxqc. com
电子信箱:web@ tlwxqc. com
单位人数:300
质量体系:ISO 9001
产品情况:铸造消失模,各类汽车、农用机械、工程机械变速壳体及变速器总成,各种规格的阀门、管件等;年生产各类铸件及机械加工产品10000多t
配套情况:变速壳体为中国重汽、东风汽车等国内大型汽车及汽车零部件专业生产企业的定点配套

★安徽冠润汽车转向系统有限公司
地址:安徽省黄山市歙县经济开发区扬之路
邮编:245200
电话:0559/5277778、13336901180
传真:5277770
网址:www. aierfu. cc
电子信箱:junchi2002@ sina. com
质量体系:ISO/TS 16949
产品情况:齿轮齿条式液压动力转向器

★安徽明雁齿轮有限公司
地址:安徽省绩溪县生态工业园区清凉峰路
邮编:245300
电话:0563/8164301、8159366
传真:8160701
网址:www. chinamingyan. com
电子信箱:web@ chinamingyan. com
质量体系:ISO 9001
产品情况:汽车与工程机械齿轮、变速器

★安徽省小小科技股份有限公司
地址:安徽省绩溪县生态工业园区霞间路1号
邮编:245300
电话:0563/8162760
传真:8166203
网址:www. chinaxxkj. com
电子信箱:web@ chinaxxkj. com
单位人数:280
质量体系:ISO/TS 16949
产品情况:汽车同步器精锻件、高精度齿轮和大规格链条套筒
配套及出口情况:为东风、解放、奇瑞、福田、比亚迪等大中型汽车主机厂和变速器同步器厂家专业配套;远销欧洲、美洲市场

★安徽安簧机械股份有限公司
地址:安徽省安庆市经济技术开发区3.9平方公里工业园
邮编:246005
电话:0556/5305705
传真:5305695
网址:www. aqbh. com
电子信箱:aqbh@ aqbh. com
董事长(负责人):黄乐明
质量体系:ISO 9001
产品情况:(安簧牌、百协牌)
汽车板簧及弹性元件、汽车转向节及发动机活塞等精密锻件、叉车前后桥等
配套及出口情况:为江淮汽车、上汽依维柯、奇瑞、金杯、长城、华菱、金龙、北汽等配套;活塞锻件出口美国市场

★安庆安簧汽车零部件有限公司
地址:安徽省安庆经济技术开发区3.9平方公里工业园
邮编:246005
电话:0556/5305715
传真:5305720

网址：www. aqbh. com
电子信箱：xs@ aqbh. com
负责人：黄乐明
质量体系：ISO/TS 16949
产品情况：汽车板簧和空气悬架导向簧、推力杆及汽车横向稳定杆等弹性元件
配套情况：是江淮、跃进、奇瑞、金杯、依维柯、长城、金龙、亚奔、华菱、安凯、扬天等汽车集团公司骨干配套单位

★安徽福斯特汽车部件有限公司
地址：安徽省怀宁县经济开发区工业园三期
邮编：246100
电话：0556/8862012
传真：8862002
网址：www. faster－wheel. com
电子信箱：zg03@ faster－wheel. com
质量体系：ISO/TS 16949
产品情况：汽车铝合金轮毂

★安徽精科机器有限公司
地址：安徽省潜山县经济开发区梅陵路
邮编：246300
电话：0556/8822618
网址：www. finetech. com. cn
电子信箱：finetech@ finetech. com. cn
单位人数：610
质量体系：QS 9000、ISO/TS 16949
产品情况：（精科牌）
汽车转向器总成、转向器管柱总成、转向传动轴总成
配套及出口情况：为江淮汽车、北汽、一汽、山东凯马、济南轻骑、山西大运、福田、江铃汽车、上海纽荷兰、常州美国爱科、日本久保田等配套；远销美国、比利时、澳大利亚、叙利亚、阿联酋等国家

★安徽岳塑汽车工业有限公司
地址：安徽省岳西县经济开发区
邮编：246600
电话：0556/2184588、5695918
传真：2182888
网址：www. ahys. cc
电子信箱：web@ ahyxxs. com
质量体系：ISO/TS 16949
产品情况：（岳塑牌）
汽车变速操纵机构总成、汽车橡胶塑料板簧衬套与垫片等
配套及出口情况：为江淮汽车、奇瑞汽车、厦门金龙、北汽福田等汽车公司配套；部分产品随整车配套出口国外

★安徽东星汽车部件有限公司
地址：安徽省枞阳汽车零部件工业园（横埠镇）
邮编：246725
电话：0556/2028200－8008
传真：2028278
网址：www. eastar－group. cn
电子信箱：wqf@ eastar－group. cn
质量体系：ISO/TS 16949
产品情况：汽车底盘模块总成、汽车橡胶减振件、衬套、冲压件、金属表面处理、涂装

福建省

★爱德克斯（福州）汽车零部件有限公司
地址：福州市闽侯县青口投资区祥谦镇辅翼村
邮编：350112
电话：0591/22776628
传真：22776627
网址：www. aisin. co. jp
产品情况：汽车制动零部件

★正道汽车配件（福州）有限公司
地址：福州市闽侯县青口投资区
邮编：350119
电话：0591/87013608
传真：87013616
电子信箱：rightway@ rightway－cn. com
质量体系：ISO/TS 16949
产品情况：活塞、涨断式连杆、稳定杆、转向拉杆、摆臂球头、转向横拉杆及控制臂

★福州六和机械有限公司
地址：福州市闽侯县青口镇白水路
邮编：350119
电话：0591/38205818
传真：22772230
网址：www. flm. com. cn
电子信箱：flm@ liufeng. com. cn
单位人数：1050
质量体系：ISO/TS 16949、QS 9000
产品情况：（LIOHO 牌）
制动鼓、转向节等产品

★福州福享汽车工业有限公司
地址：福州市闽侯县青口镇东南汽车城
邮编：350119
电话：0591/87015089
传真：87015002
电子信箱：fsm@ fushiang. com
质量体系：ISO/TS 16949
产品情况：汽车车架、大梁、横梁、前桥、上下臂悬吊组件、车门等
配套情况：为东南汽车配套

★本特勒汽车系统（福州）有限公司
地址：福州市闽侯县青口镇青口投资区新城路
邮编：350119
电话：0591/22796969
传真：22797676
网址：www. benteler. com
电子信箱：christie. chen@ benteler. cn
产品情况：驱动桥总成
配套情况：为福建奔驰汽车工业有限公司配套

★丰生（福州）制动器有限公司
地址：福州市闽侯县青口镇投资区
邮编：350119
电话：0591/87013868－2225
传真：22770855
质量体系：ISO/TS 16949
产品情况：汽车制动器及其配件
配套情况：为东南汽车配套

★福建台亚汽车工业有限公司
地址：福州市闽侯县青口镇投资区
邮编：350119
电话：0591/22778850
传真：22766227
电子信箱：yunbing. lei@ dana. com
质量体系：ISO/TS 16949、ISO 14001
产品情况：微、轻型汽车后桥总成及齿轮、差速器壳、主减速器壳、轴管等零部件
配套情况：为东南汽车、东风柳汽、华晨金杯汽车等配套

★福建源兴东碧汽车零件有限公司
地址：福州市闽侯县青口镇投资区
邮编：350119
电话：0591/22768398
传真：22768258
电子信箱：coahrlang@ 126. com
质量体系：ISO 9000、ISO 14001
产品情况：汽车钢、铝圈等
配套及出口情况：为东南汽车、丰田、日产、本田等供货；出口日本、美国，并销往中国台湾地区

★福州瑞利车辆部件制造有限公司
地址：福建省福清市城头镇
邮编：350314
电话：0591/87617033
传真：87616028
网址：www. reallybrakes. com
电子信箱：sales@ reallybrakes. com
质量体系：ISO/TS 16949
产品情况：制动片

★福州精邦机械有限公司
地址：福建省福清市元洪经济区
邮编：350314
电话：0591/85580866、85589066
传真：85580566
网址：www. korbor. net
电子信箱：sales@ korbor. net
产品情况：汽车万向节、凸轮轴
配套及出口情况：与国内多家知名主机厂配套；远销欧洲、美国、日本、东南亚等国家和地区

★福建佳通轮胎有限公司
地址：福建省莆田市秀屿区笏石红埔工业区
邮编：351146
电话：0594/5898385
传真：5898688
网址：www. gititirecorp. com

质量体系:ISO/TS 16949
产品情况:汽车轮胎外胎,年产 934.98 万条

★福建福通金属有限公司
地址:福建省莆田市郊尾镇东路 69 号
邮编:351253
电话:0594/7398518
传真:7381558
电子信箱:fjftgs@ alibaba. com. cn
质量体系:ISO 9000
产品情况:(莆兴牌)
制动蹄块、制动器总成、铝压铸件
出口情况:远销东南亚、中东、非洲、中南亚、欧洲、美洲等多个国家和地区

★厦门万迪汽车配件有限公司
地址:福建省厦门市湖里殿前新河工业园 7 号楼 4A
邮编:361006
电话:0592/5618109、13606027015
传真:6024109
网址:www. wondee. com
电子信箱:wondee@ wondee. com
质量体系:ISO/TS 16949
产品情况:(wondee 牌)
底盘、钢板弹簧、空气悬架、空气接头、机械悬架、转向架、车轴、转盘

★厦门开发减震器有限公司
地址:福建省厦门市集美北部工业区连胜路 333 号
邮编:361021
电话:0592/6157273
传真:6100235
电子信箱:kaifa@ public. xm. fj. cn
质量体系:ISO/TS 16949
产品情况:汽车减振器及尾门撑杆

★协富光洋(厦门)机械工业有限公司
地址:福建省厦门市海仓区新阳工业区西园路 88 号
邮编:361022
电话:0592/6804380
传真:6804382
网址:www. sfk – xiamen. com
质量体系:ISO/TS 16949
产品情况:(SFK 牌)
齿轮齿条式液压动力转向器、齿轮齿条式机械转向器、电动转向系统、转向管柱等
配套情况:为捷太格特转向系统厦门公司、天津一汽丰田、广汽丰田、一汽吉林、东风日产、郑州日产、东南汽车、广汽三菱、美国 DAC、日本富士机工、中国台湾协祥供货

★厦门白马橡塑金属工业有限公司
地址:福建省厦门市集美区董任路 8 号
邮编:361022
电话:0592/6076575
传真:6076576
网址:www. whitehorsevalves. com
电子信箱:zenglp168@ 163. com
质量体系:QS 9000
产品情况:(W. H 牌)
各式轮胎内胎配套用气门嘴

★厦门日上车轮集团有限公司
地址:福建省厦门市集美区杏北路 30 号
邮编:361022
电话:0592/6666888、6666877
传真:6076726
网址:www. rswheels. com、www. sunrise-wheel. com
电子信箱:wuhl@ sunrisewheel. com
法人代表:吴子文
负责人:黄学诚
单位人数:1600
质量体系:ISO/TS 16949
产品情况:(日上牌)
载重钢轮与钢结构产品,载重钢轮产品主要有无内胎载重钢轮与型钢载重钢轮
出口情况:远销欧洲、美洲、东南亚、中东、非洲等地区

★厦门正新橡胶工业有限公司
地址:福建省厦门市集美区杏林西滨路 15 号
邮编:361022
电话:0592/6211606
传真:6214649
网址:www. xcs. com. cn
电子信箱:xcsp@ mail. xcs. com. cn
质量体系:QS 9000、ISO 9002
产品情况:(正新牌、CST 牌)
汽车内胎、外胎

★捷太格特转向系统(厦门)有限公司
地址:福建省厦门市海沧区新阳工业区西园路 90 号
邮编:361026
电话:0592/6530888
传真:6530966
网址:www. jtekt. com. cn
电子信箱:laiyujuan@ jtekt – xiamen. com
董事长:上川正树
负责人:山本喜夫
产品情况:管柱式电动助力转向器(C – EPS)、机械式转向器
配套情况:为天津一汽丰田、广汽丰田、东风日产乘用车配套

★厦门正新海燕轮胎有限公司
地址:福建省厦门市海沧新阳工业区西园路 15 号
邮编:361026
电话:0592/6885333
网址:www. xcs. com. cn
电子信箱:cstpj@ mail. xcs. com. cn
质量体系:ISO/TS 16949
产品情况:(海燕牌)
全钢、半钢子午线轮胎及其他轮胎
出口情况:远销国外市场

★厦门永裕机械工业有限公司
地址:福建省厦门市同安区同安工业集中区思明园 5 号
邮编:361100
电话:0592/5932999
传真:5930299
网址:www. yusin. com
电子信箱:yusin@ yusin. com
法人代表:纪经得
负责人:许耀仁
单位人数:465
质量体系:ISO/TS 16949
产品情况:制动总分泵、离合器总分泵、橡胶制品、真空助力器、卡钳;制动总泵年产量超 200 万只,制动分泵年产量超 800 万只,橡胶件年产量超 5000 万只
出口情况:主要销往美国、欧洲、墨西哥、东南亚、马来西亚、日本等国家和地区的售后市场

★福建省泉州市万泰汽配公司
地址:福建省泉州市晋江罗裳开发区
邮编:362000
电话:0595/88185751、88185849
传真:88175751
质量体系:ISO 9001
产品情况:推力杆、半挂车制动蹄、变速器螺母、传动轴凸缘、调整轴螺母、横拉杆接头、扭力杆、胶套、扭力杆修理包等
出口情况:出口欧洲、美洲等地区

★泉州鲤城福辉汽车配件有限公司
地址:福建省泉州市鲤城江南高新园区福辉大厦
邮编:362000
电话:0595/22478130、22467716
传真:22467557
网址:www. qzfuhui. com
电子信箱:joyce@ qzfuhui. com
质量体系:ISO 14001、ISO/TS 16949
产品情况:制动凸轮轴,销轴等重型货车配件
配套情况:为一汽集团、东风汽车公司、厦门金龙、苏州金龙等配套

★泉州银泉汽车配件工业有限公司
地址:福建省泉州市鲤城南环路中段 998 号
邮编:362000
电话:0595/22410093、22410095
传真:22450093
网址:www. fjyq. com. cn
电子信箱:udpd@ fjyq. com. cn
质量体系:ISO 9001
产品情况:汽车钢板弹簧、U 形螺栓等,年产能力达 8000t 以上
出口情况:产品 75% 以上远销东南亚、中东

★泉州华创机械有限公司
地址:福建省泉州市鲤城区常泰街道新塘工业区新园路 88 号

邮编:362000
电话:0595/26551115、26551116
传真:26551112
质量体系:ISO 9001、ISO 14001
产品情况:万向节十字轴、差速器十字轴

★泉州长通汽车配件有限公司
地址:福建省泉州市鲤城区江南镇古店工业区
邮编:362000
电话:0595/85930213
传真:85923213
网址:www.qzctqp.com
质量体系:ISO 9001
产品情况:各种底盘件、转向节修理包、传动轴支架总成、横/直拉杆接头总成、制动阀系列、鸿达油封、刮水系列、精华门锁、电器系列和各种橡胶配件

★华孚汽车配件有限公司
地址:福建省泉州市洛江区河市镇白洋工业区
邮编:362000
电话:0595/22039555、22039666
传真:22033058
电子信箱:yzhao3@126.com
质量体系:ISO 9001
产品情况:(HUAFU 牌)
制动片、制动器、电线束等
出口情况:产品以出口为主

★泉州恒劲机械有限公司
地址:福建省泉州市树兜工业区奇树路59、61号
邮编:362000
电话:0595/22411111、22429999
传真:22422999
网址:www.china-hengjing.com
电子信箱:hj@china-hengjing.com
单位人数:200
质量体系:ISO/TS 16949、ISO 14001
产品情况:(QJC 牌)
制动凸轮轴、调整臂、轴头、制动支架等汽车、半挂车底盘件配件,及挖掘机斗齿、齿座、驱动齿块、链轨节等锻造系列产品
配套情况:为一汽、庆铃、中国重汽、陕汽、ArvinMeritor 等配套

★泉州市明达机械配件有限公司
地址:福建省泉州市延陵工业区明达工业楼A座
邮编:362000
电话:0595/22483385
传真:22469919
网址:www.mdqz.com
电子信箱:mdjx@vip.163.com
质量体系:ISO 9001
产品情况:(明达牌)
汽车底盘件,石油机械,工矿机械
配套情况:为湖北车桥、三环车桥、中信车桥、北汽福田等配套

★宝树机械制造有限公司
地址:福建省泉州市站前大道南古圳宝树工业基地
邮编:362005
电话:0595/22423032
传真:22454042
网址:www.baoshushijia.com
电子信箱:xie@baoshushijia.com
质量体系:ISO 9001、ISO 14001
产品情况:汽车修理包、拉杆接头、传动轴支架总成
配套及出口情况:是国内多家主机厂指定配套厂家;远销多个国家和地区

★福建泉州汉德汽车配件有限公司
地址:福建省泉州市福厦公路洛阳白沙路口
邮编:362100
电话:0595/87481098
传真:87482098
电子信箱:hap@winmail.cn
质量体系:ISO 9001
产品情况:汽车轮胎螺栓、转向球接头、悬臂、十字轴,摩托车起动轴、变速轴等配件

★晋江宏辉汽车配件制造有限公司
地址:福建省晋江市陈埭新坊脚滨阳路23号
邮编:362200
电话:0595/82100888、82100999
传真:82100777
网址:www.fjhhqp.com
电子信箱:fjhonghui@163.com
质量体系:ISO 9001
产品情况:(象标牌、添翼牌)
万向节十字轴总成、差速器十字轴等
配套及出口情况:为诸多著名品牌汽车配套;出口欧洲、美洲等地区

★晋江市中亚汽车配件有限公司
地址:福建省晋江市池店潘湖工业区
邮编:362200
电话:0595/85986778
传真:85991778
网址:www.easthuge.com
电子信箱:zhongya@easthuge.com
质量体系:ISO 9001
产品情况:(东宏牌)
悬架臂、机架、内外拉杆上下球头、横拉杆球头总成等汽车底盘冲压件、焊接件和转向系
出口情况:出口欧洲、东南亚等地区

★晋江市厦森汽配有限公司
地址:福建省晋江市莲屿公安局对面
邮编:362200
电话:0595/85621438
传真:85622438
电子信箱:xiasen@85622438.cn
质量体系:ISO 9001
产品情况:(厦森牌)
汽车驱动桥壳总成、汽车备胎架总成、换挡及传动轴总成
出口情况:远销南美洲、东南亚

★建新橡胶(福建)有限公司
地址:福建省晋江市灵源街道小浯塘工业区
邮编:362200
电话:0595/88198255、88183185
传真:88198115、88198185
网址:www.jianxin.cn
电子信箱:sales@jianxin.cn
质量体系:ISO 9001
产品情况:(建新牌)
汽车丁基胶内胎和天然胶内胎、汽车垫带;摩托车、电动车、自行车内胎等
出口情况:出口欧洲、美洲、东南亚等地区

★华星集团
地址:福建省晋江市梅岭工业园区华星工业大厦
邮编:362200
电话:0595/85669691、85694345
传真:85659691、85667489
电子信箱:huaxing@winmail.cn
质量体系:ISO 14001、ISO 9001
产品情况:汽车空调压缩机、汽车转向器、摩托车的油箱开关、转动盒、滤油器、汽油泵、机油泵、张紧器等产品
配套情况:与国内外130多家主机厂配套

★晋江市明扬汽车配件制造有限公司
地址:福建省晋江市青阳普照工业区
邮编:362200
电话:0595/85621971、85691971
传真:85626978
网址:www.fjmingyang.com
电子信箱:fjmingyang@126.com
质量体系:ISO 9001
产品情况:(明扬牌、天伟兴牌、铭伟牌、拳头王牌、明牌牌、明驰牌)
各种车型高强度轮胎螺栓,钢板U型螺栓,中心螺栓等各种紧固件,底盘件
配套及出口情况:为多家知名汽车厂家配套;出口欧洲、中东、东南亚

★福建省晋江市梅岭新华汽车配件厂
地址:福建省晋江市西滨农场一区20号
邮编:362200
电话:0595/85651446
传真:85680758
电子信箱:jmqp@jmqp.com
质量体系:ISO 9001
产品情况:(双发牌、双双发牌、双田牌)
转向节主销、转向节主销修理包、钢板销、轴

配套情况：为北汽福田、江淮汽车等配套

★福建征途汽车部件制造有限公司
地址：福建省晋江市西园街道赖厝高新科技工业区
邮编：362200
电话：0595/85683631、85658555
传真：85696282
网址：www.zhengtu.com
电子信箱：zhengtu@pub2.qz.fj.cn
质量体系：ISO 9001
产品情况：（顺途牌、科农牌、索密克牌）
各类车型的球头系列产品、转向拉杆总成、修理包、控制臂体、底盘配件等部件
配套情况：为北汽福田配套

★晋江市通兴汽车部件制造有限公司
地址：福建省晋江市西园街道王厝工业区15号
邮编：362200
电话：0595/85655688、85655788
传真：85681984
网址：www.txqp.cn
电子信箱：85655688.qz.cn@163.com
质量体系：ISO 9001
产品情况：（通兴牌、通鑫牌、恒泰牌）
轮胎螺栓、汽车紧固件、汽车底盘等系统零部件
配套情况：为一汽集团轻型车厂配套

★晋江友诚齿轮箱制造有限公司
地址：福建省晋江市西园赖厝工业区
邮编：362200
电话：0595/85634666、15960765999
传真：85634688
网址：www.you-cheng.com
电子信箱：youchengjixie@163.com
单位人数：60
质量体系：ISO 9001
产品情况：（富跃牌、连牌）
各类汽车、工程机械差速十字轴、各种凸缘部件及高强度后轮螺栓等
配套及出口情况：为几大车桥改装厂配套；出口菲律宾

★福建晋江市沙透机械配件有限公司
地址：福建省晋江市新塘办事处沙透南一工业区106号
邮编：362200
电话：0595/88188927、88182722
传真：88199890
网址：www.cnshatou.com
电子信箱：564547273@qq.com
单位人数：150
质量体系：ISO 9001
产品情况：（沙顺牌、权力牌、金甲王牌、0595牌）
各种型号球头、球头销、球头修理包、横（直）拉杆总成、变速机构总成
配套及出口情况：为湖北襄樊车桥厂、湖南车桥厂等配套；远销东南亚地区

★泉州市海祥神州机械配件有限公司
地址：福建省晋江市新塘街道沙塘工业区
邮编：362200
电话：0595/88191363、88192362
传真：88191363、88191362
电子信箱：root@qzyixiang.com
产品情况：（YT牌）
汽车及半挂车销轴、连杆销、制动滚轮销、轴头螺母、拉力杆总成
配套及出口情况：为多家汽车制造厂配套；远销东南亚地区

★晋江市超宇汽配制造有限公司
地址：福建省晋江市潘湖东环路南区113号
邮编：362212
电话：0595/85987202、85989672
传真：85985202
网址：www.cyqpzz.com
电子信箱：hyf@cyqpzz.com
单位人数：100
质量体系：ISO/TS 16949
产品情况：（超宇牌、耐弛牌、柯桥牌、虹雁牌）
各种微型车、皮卡车、轿车、商务车、轻型货车悬架臂、转向球头、转向拉杆、连接杆、推力杆总成、前后平行杆等汽车底盘系列产品
出口情况：出口南非、非洲、中东、东南亚等国家和地区

★晋江市中亚南汽车配件有限公司
地址：福建省泉州市池店潘湖工业区
邮编：362212
电话：0595/85984763、85980047
传真：85980047
网址：www.suomike.com
电子信箱：jiannan@suomike.com
质量体系：ISO 9001
产品情况：（中亚南牌、泰利达牌）
各类球头、转向拉杆悬架臂总成、底盘配件、各类配件螺栓等
出口情况：出口欧洲、中东、南非等地区

★晋江市上郭汽车配件厂
地址：福建省晋江市罗山镇上郭塘边工业区
邮编：362216
电话：0595/88126849
传真：88181849
质量体系：ISO 9001
产品情况：（恒顺牌、上顺牌、王中王牌）
汽车差速器、同步器等

★恒发（晋江）汽车零部件有限公司
地址：福建省晋江市新塘街道杏田工业区18号
邮编：362216
电话：0595/88125118、88125008
传真：88125228
电子信箱：fugfis08@163.com
质量体系：ISO/TS 16949、QS 9000
产品情况：汽车变速操纵机构，吊环销总成，离合、制动踏板机构等
配套情况：为沈阳金杯、吉利汽车、长安铃木、哈轻、芜湖扬子等配套

★晋江市航万汽车部件有限公司
地址：福建省晋江市内坑镇工业区
邮编：362260
电话：0595/85358777、85179688
传真：85179699
电子信箱：qgwx688@sina.com
质量体系：ISO 9001
产品情况：（泉工牌、万象牌、乡阳牌、泉力王牌）
万向节十字轴总成、差速器十字轴、扭力胶芯等汽车配件

★晋江科华汽车配件有限公司
地址：福建省晋江市安海坝头工业区
邮编：362261
电话：0595/85792713
传真：85763713
网址：www.fjkh.cn
电子信箱：fjkh@fjkh.cn
质量体系：ISO 9001
产品情况：付变速器、取力器等
配套情况：为主机厂配套

★晋江市泉盛汽车零部件有限公司
地址：福建省晋江市五里工业园区
邮编：362263
电话：0595/85738588、85738599
传真：85734777
电子信箱：qzqsqp@163.com
质量体系：ISO 9001、ISO 14001
产品情况：（泉盛牌）
各种螺钉、螺栓、传动轴、横拉杆接头总成等

★泉州凤顺汽车零部件有限公司
地址：福建省晋江市内坑工业区
邮编：362268
电话：0595/68585555、22215555
传真：68588555、68585977
网址：www.fensun.com.cn
电子信箱：fensun@fensun.com.cn
质量体系：ISO/TS 16949
产品情况：（培力（PL）牌、力顿（LIDUN）牌、索力（SUOLI）牌）
多种车型的半轴、U形螺栓、扭力胶芯、轮胎螺栓、钢板销等
出口情况：远销海外30多个国家

★福建尚锟齿轮箱制造有限公司
地址：福建省晋江市内坑镇工业区
邮编：362268
电话：0595/82977888、82966888
传真：85182829
网址：www.shangkuncl.com
电子信箱：jjhl@jjhl.net

质量体系:ISO 9001
产品情况:(金鼎牌)
机械配件(齿轮)、汽车、农用车主、副变速器总成、前、后驱动分动箱总成、差速器精锻锥齿轮及各种车型传动轴头等配件专用件
出口情况:出口东南亚

★晋江科纳精锻有限公司
地址:福建省晋江市东石镇平坑工业区西区70号
邮编:362271
电话:0595/85586650、13808528411
传真:85581358
网址:www.china-kena.com
电子信箱:jjkena@public.qz.fj.cn
产品情况:(科纳牌)
汽车同步器、变速器齿轮、花键轴、凸缘、万向节叉、传动轴叉、半轴齿轮、行星齿轮、太阳轮、摩托车配件、齿轮轴及摩擦盘等产品;年生产锻件12000t
配套情况:为龙工集团、江铃汽车等配套

★晋江市立新汽车配件有限公司
地址:福建省晋江市东石镇塔头孙工业路47号
邮编:362271
电话:0595/85507858、85585552
传真:85507859、85520966
网址:www.fjlxqp.com
质量体系:ISO 9001
产品情况:(励鑫(LIXIN)牌、闵锻(MINDUAN)牌)
汽车底盘转向系统零部件、摩托车零部件及各式机械五金配件
配套情况:配套多家汽车制造厂

★晋江连盛液压机械有限公司
地址:福建省晋江市东石镇肖下安东区19号
邮编:362271
电话:0595/85585006、85580238
传真:85581303
网址:www.sjliansheng.com
电子信箱:liansheng@sjliansheng.com
单位人数:500
质量体系:ISO 9001
产品情况:(连盛牌)
齿轮油泵、汽车转向泵、液压马达、液压油缸、液压阀等;变速器及齿轮零部件;转向驱动桥等
配套及出口情况:为一汽集团、北汽福田、重汽集团等配套;远销东南亚、中东、非洲、欧洲等国际市场

★泉州市(晋江)鸿星汽车配件有限公司
地址:福建省南安市霞美镇滨江开发区滨江大道3号
邮编:362300
电话:0595/88182752、88155588
传真:88195752
网址:www.fjhongxing.com
电子信箱:hongxing@fjhongxing.com
质量体系:ISO 9001
产品情况:(鸿星牌)
汽车传动轴总成、凸缘、凸缘叉、伸缩叉、传动花键轴、制动凸轮轴等
配套及出口情况:为多家车桥厂、变速器生产厂家配套;远销欧洲、中东、东南亚等10多个国家和地区

★福建明佳机械科技股份有限公司
地址:福建省南安市滨江机械装备制造基地
邮编:362302
电话:0595/86769999、86750803
传真:86758877
网址:www.cnacr.com
电子信箱:acr@cnacr.com
单位人数:700
质量体系:ISO/TS 16949
产品情况:(ACR牌)
各类汽车橡胶减振垫、扭力胶芯、悬置软垫的汽车橡胶制品
配套情况:为东风汽车公司、春兰汽车厂、重庆铁马汽车厂、一汽集团、新疆汽车厂等配套

★泉州市鑫利达机械制造有限公司
地址:福建省南安市大霞美滨江工业区金西6路6号
邮编:362302
电话:0595/22600666、28837666
传真:26522288
网址:www.qzxld.com
电子信箱:sales@qzxld.com
质量体系:ISO 9001
产品情况:(XILID牌)
欧美及日本汽车的转向节修理包、钢板座、平衡轴、垫圈、钢板销、离合器助力器、制动总泵修理包、制动分泵修理包、离合器助力器修理包、转向助力修理包等重型车底盘配件
出口情况:远销东南亚、中东、非洲、欧美等地区

★福建省盛安机械发展有限公司
地址:福建省泉州市新门外四黄工业区
邮编:362302
电话:0595/86758838、15959561717
传真:86767838
网址:www.shenganqipei.com
电子信箱:shenganqipei@163.com
产品情况:B汽车底盘件:制动鼓、蹄铁、轮毂、弹簧座、平衡轴、支架吊耳、拉杆、传动轴总成、凸缘、凸缘叉、差速器总成、离合器杠杆、压板、轴承座等零部件
配套及出口情况:与多家知名企业配套合作;远销海外多个国家

★福建省石狮市同兴齿轮有限公司
地址:福建省石狮市九龙山工业区
邮编:362700
电话:0595/88681081、88653081
传真:88651081
网址:www.tongxingcl.com
电子信箱:tongxing@tongxingcl.com
质量体系:ISO 9001
产品情况:(同兴牌)
各类同步器、差速器半轴齿轮、行星齿轮、圆柱齿轮、万向节、十字轴、轴承、调整臂等
配套及出口情况:为一汽集团配套;远销欧洲、美国、中东、美洲、俄罗斯等国家和地区

★石狮万众离合器有限公司
地址:福建省石狮市外北环路港塘村段鹏龙工业大厦
邮编:362700
电话:0595/88950588、15106001688
传真:83081268
网址:www.wzlhq.com
电子信箱:2008wzlhq@163.com
质量体系:ISO/TS 16949
产品情况:(福胜牌、万众牌)
离合器从动盘及压盘总成
配套及出口情况:为陕汽集团、厦门金龙、大运重型货车等配套;出口东南亚、中东等地区

★福建省万众汽车配件有限公司
地址:福建省石狮市曾坑新兴五路35号
邮编:362700
电话:0595/88708151
传真:88708252
电子信箱:wzap168@wzap.net.cn
质量体系:ISO/TS 16949
产品情况:(万众牌)
汽车离合器总成
配套及出口情况:为多个主机厂配套;远销东南亚、中东等地区

◉ 正兴车轮集团有限公司

地址:福建省漳州市北环城路1608号
邮编:363000
电话:0596/2600308、2600063
传真:2600926
网址:www.zenixauto.com
电子信箱:rf.niar@zenixauto.com
法人代表:赖建辉
单位人数:3300
质量体系:ISO/TS 16949
产品情况:(正兴牌)
各型汽车车轮,车轮年生产能力1500万套
配套及出口情况:为印度塔塔、日野、普利司通、邓普禄、大宇、中国重汽、重庆红岩、北奔重汽、郑州宇通、金龙客车、江淮、一汽客车、福田汽车等配套;远销日本、韩国、印度、东南亚、欧洲、非洲、中美洲、南美洲等30多个国家和地区

★福建利龙汽配锻造有限公司
地址:福建省漳州市南靖县丰田开发区
邮编:363000
电话:0596/7672108
传真:7672107
电子信箱:fjlilongforging@163.com
质量体系:ISO/TS 16949
产品情况:拉杆球头、悬架球头、正、副邦汰、控制臂、中心拉杆、转向轴、连杆、轮毂、下联板、推力杆、转向臂等

★福建洪流汽车悬架有限公司
地址:福建省漳州市郭坑下洋开发区
邮编:363006
电话:0596/2186968、2187802
传真:2187802
网址:www.hongliu-spring.com
电子信箱:info@hongliu-spring.com
质量体系:ISO 9001
产品情况:各种汽车钢板弹簧
出口情况:出口亚洲、中东、欧盟、北美洲的30多个国家和地区

★漳州双胜钢圈有限公司
地址:福建省漳州市南靖县万利达高科技工业园区
邮编:363601
电话:0592/3167120、3167126
网址:www.sstwl.com
电子信箱:shiweiming@163.com
单位人数:500
质量体系:ISO/TS 16949、ISO 14001
产品情况:直径10~18英寸系列钢圈(无内胎)产品,年生产能力近150万套
出口情况:远销美国、欧洲、东南亚等国家和地区

★旭丰汽车配件有限公司
地址:福建省漳州市长泰县兴泰工业园区
邮编:363900
电话:0596/8317328
传真:8317329
质量体系:ISO/TS 16949
产品情况:各种车型底盘零部件、转向盘杆

★漳州恒忆锻造工业有限公司
地址:福建省漳州市长泰县兴泰工业园区
邮编:363900
电话:0596/8317139
传真:8318456
网址:www.redhotforging.com
电子信箱:red_hot@tom.com
董事长:高金辉
质量体系:ISO/TS 16949
产品情况:汽车底盘件、拉杆球头、悬架球头、转向球头、中心拉杆、正副邦汰、转向轴、连杆轮毂,机车下联板、摇臂、起动杆、叉齿轴等,年产量4000t

★漳州常山品兴汽配有限公司
地址:福建省漳州市常山华侨农场工业区7号
邮编:363900
电话:0596/8629189、8629833
传真:8627481
网址:www.pinsin.net
电子信箱:sales@pinsin.net
质量体系:ISO/TS 16949
产品情况:(品兴牌)
汽车用制动总泵、分泵,离合器总泵、分泵等

★福建畅丰车桥制造有限公司
地址:福建省龙岩市经济开发区
邮编:364000
电话:0597/5616182
传真:5616213
网址:www.fjchangfeng.com
电子信箱:maquanwen@126.com
单位人数:2500
质量体系:ISO/TS 16949
产品情况:(畅丰牌)
重型货车车桥及底盘零部件
配套及出口情况:为东风、福田、华菱、江淮、宝华、王牌、金旅、厦工、中联等十几家国内汽车配套;部分产品远销东南亚、欧美等地区

★福建伍旗机械有限公司
地址:福建省龙岩市新罗区东宝路419号
邮编:364000
电话:0597/5319235、5319231
传真:2333838、2333798
网址:www.wqjx.com
电子信箱:wqjx6618@163.com
质量体系:ISO/TS 16949、ISO 14001
产品情况:(伍旗牌)
各类载货汽车、装载机后桥壳、变速器壳体等铸钢、铸铁件
配套情况:为厦门集团、龙工集团、东风汽车、晋江工程、克拉玛依机械、瑞阳动力科技等公司配套

★龙岩市万腾车桥制造有限公司
地址:福建省龙岩市新罗区工业西路68号
邮编:364000
电话:0597/3371222、3371999
传真:2267888
网址:ww.fjwtcq.net
电子信箱:wtcq1098@163.com
质量体系:ISO/TS 16949
产品情况:(万腾牌)
汽车、农用车、工程机械前后驱动桥,前转向驱动桥总成
配套情况:为全国各地汽车厂、改装厂、客车厂、农用车厂及工程机械厂供货

★福建省龙岩市中林工业有限公司
地址:福建省龙岩市新罗区工业西路68号(福建龙州工业园区)
邮编:364000
电话:0597/2268688、2295777
传真:2268686
网址:www.ly-zhonglin.com
电子信箱:zm2717@ly-zhonglin.com
质量体系:ISO 9001
产品情况:(中林牌)
汽车钢板弹簧
配套及出口情况:为主机厂配套;出口亚太、中东、非洲等地区

★福建龙岩成龙机械有限公司
地址:福建省龙岩市永定县莲花工业园区
邮编:364101
电话:13906972526
网址:www.lycljx.com
电子信箱:cljx@163.com
质量体系:ISO/TS 16949
产品情况:(金晟龙牌)
平衡悬架,年产5万台
配套情况:为多家知名汽车制造厂指定配套装车

★中恒通(福建)机械制造有限公司
地址:福建省龙岩市武平县十方工业集中区
邮编:364301
电话:0597/2799168
传真:2799268
网址:www.zhonghengtong.com
电子信箱:zht@zhonghengtong.com
质量体系:ISO/TS 16949
产品情况:(中恒通牌)
主要生产商用车制动鼓、制动盘、轮毂、铸钢驱动桥、平衡悬架等汽车底盘零部件
配套情况:产品匹配沃尔沃,奔驰等汽车,并与东风汽车、一汽解放,上汽依维柯红岩、广东富合等汽车制造商形成长期稳定的合作关系

江西省

★江西江铃集团车桥齿轮有限责任公司
地址:南昌市青云谱区 昌南工业园金鹰路30号
邮编:330001
电话:0791/87081626
传真:87081629
网址:www.jxjlqc.com
单位人数:190
质量体系:ISO/TS 16949
产品情况:汽车螺伞齿轮年生产能力达45万套,主要配套于MPV、SUV、中高端皮卡和轻型货车
出口情况:远销国外市场

★江西赣联汽车弹簧有限公司
地址:南昌市青山湖区罗家镇霸桥秦村
邮编:330012
电话:0791/88369618
传真:88367645
质量体系:ISO 9001
产品情况:汽车板簧

★江西徐力汽车板簧有限公司
地址:南昌市青山湖区罗家镇前湖
邮编:330012
电话:0791/88370191
传真:88373765
电子信箱:jiangxixuli@163.com
质量体系:ISO 9002
产品情况:各类板簧,年产能力达2.5万t

★格特拉克(江西)传动系统有限公司
地址:南昌市经济技术开发区白水湖工业园区梅林大道169号
邮编:330013
电话:0791/88555000
传真:88555100
网址:www.getrag.com.cn
电子信箱:getrag@getrag.com.cn
单位人数:5000
质量体系:ISO/TS 16949、ISO 14001
产品情况:机械式手自一体变速器、乘用车变速器、商用车变速器及齿轮等变速器配件
配套情况:为美国福特、美国通用、江铃股份、华晨汽车、海马汽车、奇瑞汽车、东风汽车、东南汽车、郑州日产等供货

★格特拉克(江西)传动系统南昌工厂
地址:南昌市经济技术开发区梅林大街169号
邮编:330013
电话:0791/88557198
传真:83828190
网址:www.getrag.com.cn
电子信箱:getrag@getrag.com.cn
质量体系:ISO/TS 16949、ISO 14001
产品情况:汽车变速器、工程机械变速器总成及配件
配套情况:为美国福特、美国通用、江铃汽车、华晨汽车、一汽海马、奇瑞汽车、东风汽车公司、东南汽车、郑州日产等供货

★南昌齿轮有限责任公司
地址:南昌市经济技术开发区蛟桥
邮编:330044
电话:0791/83876688
传真:83876686
电子信箱:office@ncgear.com.cn
质量体系:ISO/TS 16949、ISO 14001
产品情况:(金刚石牌、南齿牌)
各种齿轮、齿轮箱、锻件和盾构刀具
配套情况:为江铃汽车、南京汽车集团、长城汽车、河北中兴、洛阳一拖等配套

★江西方大长力汽车零部件有限公司
地址:南昌市高新区艾溪湖一路
邮编:330096
电话:4000033397
传真:0791/88392808
网址:www.clleafspring.com
电子信箱:jxfdchlxs@163.com
单位人数:700
质量体系:ISO/TS 16949
产品情况:(长力牌)
汽车钢板弹簧、稳定杆、扭杆
配套情况:钢板弹簧总成为江铃、郑州日产、海马、上汽、东南汽车、长城汽车、河北中兴、北汽福田、柳州五菱、上汽通用五菱、昌河、江淮、奇瑞、郑州宇通、中集集团、中联重科、杭州行地等配套;稳定杆为东南汽车、众泰、海马、华泰、奇瑞、长安、东风柳汽、江铃配套;扭杆为江铃、北汽福田、东风裕隆、长城汽车配套

★江铃集团深铃汽车零部件有限公司
地址:南昌市小蓝经济开发区富山二路128号
邮编:330200
电话:0791/85988796、85983604
传真:5988790
电子信箱:cxh8621@163.com
产品情况:汽车制动系统、包括汽车制动主缸总成和制动轮缸总成、汽车盘式制动器总成、汽车离合器主缸总成和离合器分缸总成以及其他汽车零部件
配套情况:为江铃汽车、庆铃汽车、福田汽车、长城汽车等配套

★江西汽车钢板弹簧有限公司
地址:江西省高安市龙工大道
邮编:330800
电话:0795/5289200
传真:5289768、5289195
电子信箱:jiangxibanhuang@sina.com
产品情况:汽车钢板弹簧

★江西赣铃齿轮有限责任公司
地址:江西省吉安市新干县城南工业园区
邮编:331300
电话:0796/2681259、2621259
传真:2682856
电子信箱:jiangxiganling@163.com
质量体系:ISO 9001
产品情况:(赣齿牌)
各种汽车变速器总成,包括五十铃系列、江铃凯运、江铃宝典两驱系列、东风小霸王520T23/520T24系列、北汽福田526T3A、526T3E、521T3G系列、江淮5T88、5T97、5T30、6T46等系列、庆铃天皇100P系列变速器总成

★江西新裕隆汽车零部件有限公司
地址:江西省都昌县新妙湖大道36号
邮编:332600
电话:0792/5230668、5230706
传真:5230709
网址:www.yulongnew.com
电子信箱:ylk_cn@126.com
单位人数:200
质量体系:ISO/TS 16949
产品情况:(YLK牌)
汽车轴承、轮毂单元等,年产能力120万套
出口情况:远销俄罗斯、东南亚、欧美等国家和地区,并销往中国台湾地区

★江西万向昌河汽车底盘系统有限公司
地址:江西省景德镇市高新技术开发区
邮编:333039
电话:0798/8466181
传真:8441888
网址:www.wanxiang.com.cn
质量体系:ISO/TS 16949
产品情况:减振器、转向节、制动器、轮毂单元、轮毂轴承等汽车前悬架系统、制动系统、传动系统产品
配套情况:为昌河汽车配套

★江西波星机械泵阀制造有限公司
地址:江西省上饶市鄱阳县田畈街工业园区
邮编:333105
电话:0793/6321178
传真:6321156
产品情况:缓速器

★江西弘悦汽车减振器有限公司
地址:江西省宜春市环城南路工业园南区
邮编:336000
电话:0795/3246666、3247888
传真:3241899
网址:www.jx-hongyue.com
电子信箱:jxhongyue@163.com
质量体系:QS 9000、ISO 9002
产品情况:(HOYES牌)
汽车减振器(充气式和液压式)、气弹簧、油压缸等
配套情况:为国内各大汽车厂商配套

★江西天岳汽车电器有限公司
地址:江西省宜春市袁州区马王塘经济技术开发区
邮编:336000
电话:0795/2197239、13587488396
传真:2197210
网址:www.tian-yue.com/jxcn
电子信箱:zjty@vip.163.com
单位人数:320
质量体系:ISO/TS 16949
产品情况:(天岳牌)
汽车转向管柱、转向伸缩轴总成、散热风扇总成

★江西省安源万向实业有限公司
地址:江西省萍乡市经济开发区萍安北路
邮编:337000
电话:0799/6337570
传真:6325388
网址:www.jx-xzy.com
电子信箱:aw@jx-xzy.com
质量体系:ISO 2000
产品情况:(XZY牌)
汽车万向节、连杆、齿轮轴等锻造件

配套及出口情况:为一汽集团、东风汽车、北汽福田、江淮汽车、青特集团、北奔重汽、湖南车桥、广西方盛车桥、中信机电车桥等配套;产品随客车出口俄罗斯、巴西、阿根廷、南非、马来西亚等国家

★格特拉克(江西)传动系统赣州工厂
地址:江西省赣州市经济技术开发区迎宾大道38号
邮编:341000
电话:0797/8069000
传真:8166288
网址:www.getrag.com.cn
电子信箱:ganzhou@getrag.com.cn
质量体系:ISO/TS 16949、ISO 14001
产品情况:汽车中高档变速器
配套情况:为美国福特、美国通用、江铃汽车、华晨汽车、一汽海马、奇瑞汽车、东风汽车公司、东南汽车、郑州日产等配套

★赣州经纬科技股份有限公司
地址:江西省赣州市沙河工业园
邮编:341000
电话:0797/8163128
传真:8163101
网址:www.jwautoparts.com
电子信箱:houwk@jwautoparts.com
单位人数:240
质量体系:ISO/TS 16949
产品情况:年生产变速器总成、散件20万台套

★赣州群星机械有限公司
地址:江西省赣州市沙河工业园三二三国道北侧
邮编:341000
电话:0797/8189776、8189788
传真:8189776
网址:www.gzqxjx.com
质量体系:ISO/TS 16949、QS 9000
产品情况:同步器、变速器齿轮、叉轴

★赣州五环机器有限责任公司
地址:江西省赣州市经济技术开发区金岭西路83号
邮编:341009
电话:0797/8371690
传真:8371678
网址:www.gzwh-machine.com
电子信箱:webmaster@gzwh-machine.com
单位人数:200
质量体系:ISO 9001
产品情况:叉车变速器总成、叉车驱动桥、电动车减速桥、小型挖掘机行走减速箱、汽车变速器连接法兰、叉车前桥和汽车变速器连接凸缘、取力器等
配套及出口情况:为合力叉车、杭州叉车、斗山工程机械、凯傲宝骊、山河智能、广西柳工、玉柴机器、北京现代、杭州友高、中国一拖、克拉克、TCM、北京现代等国外主机厂配套;出口美国、韩国、印度、西班牙、南非等国家和地区

★格特拉克(江西)传动系统于都工厂
地址:江西省于都县工业园区
邮编:342300
电话:0797/6329568
传真:6329696
网址:www.getrag.com.cn
电子信箱:yudu@getrag.com.cn
质量体系:ISO/TS 16949、ISO 14001
产品情况:汽车及摩托车齿轮
配套情况:为华晨汽车、长安汽车、广汽三菱、昌河铃木、奇瑞汽车、中华汽车、哈尔滨东安、东风汽车、福特、福田汽车、吉利汽车、长城汽车、海马汽车、江淮汽车、江铃控股、江铃汽车、宝腾汽车、双环汽车、东南汽车、郑州日产、中兴汽车等供货

★江西省广蓝传动科技股份有限公司
地址:江西省兴国县经济开发区新区
邮编:342400
电话:0797/5342616、5342619
传真:5342619
网址:www.jxxgbc.com
电子信箱:jxgxbc@163.com
单位人数:470
质量体系:ISO/TS 16949
产品情况:(国兴牌、贡江牌)
　　具备年产精密铸件10000t,铝合金压铸件6000t,换挡拨叉、拨叉轴及组件600万套生产能力
配套情况:主要为德国采埃孚、德国格特拉克(江西)传动系统、北京汽车、上海华菱汽车、奇瑞汽车、比亚迪汽车、江淮汽车、浙江万里扬、株洲欧格瑞等20多家公司配套

★江西吉安环中汽车零部件有限公司
地址:江西省吉安市吉州区工业园
邮编:343000
电话:0796/8251615
传真:8251635
质量体系:ISO/TS 16949、ISO 9001
产品情况:(中字牌)
　　各种型号载货汽车半轴套管、钢圈、轮辐等
配套情况:为东风汽车公司、河南安阳配件总厂、林洲汽车零部件、湖北车桥厂等配套

★江西巨晟实业有限公司
地址:江西省抚州市高新技术产业园区火炬五路777号
邮编:344000
电话:0794/7070777、7070056
传真:7070111、7070058
网址:www.gsun.cc
电子信箱:sales01@great-group.cn
质量体系:ISO/TS 16949
产品情况:汽车减振器
出口情况:远销美国、欧洲、美洲等国家和地区

★江西江铃底盘股份有限公司
地址:江西省抚州市临川区金柅大道168号
邮编:344000
电话:0794/8623193、8221374
传真:8222182
网址:www.jlchassis.com
电子信箱:webmaster@jlchassis.com
质量体系:ISO/TS 16949、ISO 14001
产品情况:具有年产0.5~8.0t各类轻型车驱动桥总成,3.0~6.0t工程车驱动桥总成30万台套的生产能力
配套情况:为江铃集团、北汽福田、东风汽车、郑州日产、厦门金龙等国内著名企业和泰国三友等海外企业配套

山东省

★济南汇九齿轮有限公司
地址:济南市平阴县孝直镇
邮编:250001
电话:0531/87719999、87866666
传真:87716742
网址:www.huijiu.net
电子信箱:huijiu@huijiu.net
法人代表:韩刚
单位人数:1000
质量体系:ISO/TS 16949
产品情况:齿轮
配套情况:为重汽集团济南桥箱、安徽安凯福田曙光车桥、一汽山东汽车改装厂车桥厂、北方奔驰车桥公司、南京依维柯车桥分公司、陕西重汽汉德车桥、潍柴动力、潍柴道依茨、湖南机油泵、济南柴油机、广东大长江集团、济南轻骑铃木、重庆望江铃木、济南轻骑发动机、长春长铃汽油机、重庆力帆、宗申、隆鑫等配套

★济南新中安重汽零部件制造有限公司
地址:济南市天桥区218号
邮编:250001
电话:0531/68827808
传真:68826088
电子信箱:xinzhongan@126.com
质量体系:ISO/TS 16949、ISO 9001
产品情况:(新中安牌)
　　差速器总成、凸缘、齿轮、十字轴、齿圈、半轴管、轮边壳体、中后桥中段/后段等
配套情况:为各军工企业专业配套

★济南液压泵有限责任公司
地址:济南市中区文庄路22号
邮编:250022
电话:0531/87169808、87169807
传真:87169701
网址:www.jnyyb.cn
电子信箱:xiaoshouzx@jnyyb.cn

质量体系:ISO 9001
产品情况:(泉城牌)
液压齿轮油泵、齿轮马达和多路阀
配套情况:为柳工、临工、徐工、厦工、山工、斗山、福田雷沃、中联重科、三一重工等40多家主机厂配套

★济南信海工贸有限责任公司
地址:济南市天桥区无影山中路147号
邮编:250031
电话:0531/85961245
传真:85977197
网址:www.jinanxinhai.com
电子信箱:jnxhgm@sina.com.cn
产品情况:元宝梁、推力杆总成等重型汽车配件
配套情况:为重汽集团配套

★济南市天桥重型汽车配件厂
地址:济南市无影山北路2号重汽配件城A12-13排西首
邮编:250031
电话:0531/85958350、85739366
传真:85814002
电子信箱:747929389@qq.com
质量体系:ISO/TS 16949、ISO 9001
产品情况:(天桥牌)
重型汽车用钢圈、主从动锥齿轮、差速器壳等,汽车钢圈年产能力50万套

★山东修健重卡车桥制造有限公司
地址:济南市天桥区天桥工业园南翔路11-9号
邮编:250032
电话:0531/85763581、85767287
传真:85767287、68850569
电子信箱:069616@163.com
质量体系:ISO/TS 16949、ISO 9001
产品情况:各种车型的驱动桥配套件
配套情况:为重汽集团、安凯车桥、华菱重型货车等配套

★山东威明汽车产品有限公司
地址:济南市高新技术产业开发区天辰大街
邮编:250101
电话:0531/88875806
传真:88875875
电子信箱:xin.xu@wabco-auto.com
质量体系:ISO/TS 16949、QS 9000
产品情况:空气压缩机、空气干燥器、四回路保护阀、空气处理单元、制动阀、继动阀、自动感载阀、挂车控制阀、离合器总泵、离合器助力缸、制动气室、制动器、防抱死制动系统、空气悬架、电子控制制动系统等

★济南沃德机械制造有限公司
地址:济南市历城区王舍人庄415号
邮编:250101
电话:0531/88821804
传真:88821804
质量体系:ISO/TS 16949
产品情况:斯太尔、豪沃重型货重汽车底盘零部件及驾驶室附件,豪沃70型、50型矿车驾驶室等

★济南鑫瑞熙汽车配件有限公司
地址:济南市历下区南门大街1号
邮编:250101
电话:0531/85719678、85762926
传真:85719678
质量体系:ISO 9000
产品情况:斯太尔(王)、豪沃、飞龙、陕汽、川汽的各种车架总成200余种,年产能力2000台
配套情况:为重汽集团配套

★山东明水汽车配件厂
地址:山东省章丘市明水经济开发区世纪大道2712号
邮编:250200
电话:0531/83250554、83250520
传真:83214912
质量体系:ISO/TS 16949、QS 9000
产品情况:(明水牌)
汽车气制动、液压制动、电子控制类总成
配套情况:为重汽集团、一汽集团、陕汽集团、北奔重汽、北汽福田、安凯客车、宇通客车等国内80多家主机厂配套

★章丘市林海汽车配件厂
地址:山东省章丘市明水赭山工业园
邮编:250200
电话:0531/83273688、83635073
传真:83210977
网址:www.linhaizq.com
电子信箱:linhaizq@163.com
质量体系:ISO 9001
产品情况:中国重汽、北方奔驰等重型车底盘件
配套情况:为中国重汽配套

★济南威成汽车零部件有限公司
地址:山东省章丘市明水镇经济开发区赭山工业园内
邮编:250200
电话:0531/58902601、58902781
传真:83269839
网址:www.jnweicheng.com
电子信箱:sufeng198102@163.com
单位人数:150
质量体系:ISO/TS 16949、ISO 9001
产品情况:ABS齿圈、气制动阀类等产品
配套情况:已与数十家汽车厂和汽车改装厂形成了长期供货关系

★山东济南腾岳机械有限公司
地址:山东省章丘市相公庄镇寨子村工业园
邮编:250200
电话:0531/83836337
传真:83836337
质量体系:ISO/TS 15949
产品情况:(腾岳牌)
汽车差速器壳等

★济南中森机械制造有限公司
地址:山东省章丘市赭山工业园
邮编:250200
电话:0531/83270388、83270324
传真:83270366、83270328
网址:www.znsn.cn
电子信箱:zs@znsr.cn
负责人:崔健
质量体系:ISO/TS 16949、ISO 9001
产品情况:汽车半轴套管、平衡轴壳、铸造横梁、变速器主轴、输入轴、凸缘、电子式燃油传感器及汽车电器接插件等产品
配套情况:为中国重汽、东风集团、陕汽集团、重庆红岩、潍柴动力等重型汽车主机及部件生产企业配套

★济南第二汽车配件有限公司
地址:济南市长清区平安北路
邮编:250306
电话:0531/87412088、87402116
传真:87412322
质量体系:ISO/TS 16949、ISO 9001
产品情况:(平安牌)
斯太尔制动蹄铁总成、轮毂、制动鼓、轮边减速器总成、差速器壳、转向拉杆、左右支架等
配套情况:为重汽集团、青岛青特集团、一汽山东汽车改装厂、广西方盛车桥厂、陕汽汉德车桥、安徽安凯、北汽福田、曙光车桥等10多家企业配套

★鲁银禹城粉末冶金制品有限公司
地址:山东省禹城市高新区鲁银工业园
邮编:251200
电话:0534/2123089
传真:2128096
质量体系:ISO/TS 16949
产品情况:汽车同步器齿毂,年产100万套;铁基粉末冶金件,年产3000t

★山东光岳转向节有限责任公司
地址:山东省聊城市光岳路1号
邮编:252000
电话:0635/8528628、8528640
传真:8528698
网址:www.sdgyzxj.com
电子信箱:guangyue_sd@126.com
法人代表:朱贵堂
单位人数:800
质量体系:ISO/TS 16949
产品情况:(聊生牌)
汽车转向节专业生产基地,年生产能力超过300万只
配套情况:为一汽集团、东风汽车公司、南京汽车集团、江淮汽车、北奔重汽、青岛海通车桥、重汽集团、北汽福田、时风集团等配套

★聊城市东海铸锻有限公司
地址:山东省聊城市经济技术开发区贺海工业园
邮编:252000
电话:0635/8885023
传真:8885327
电子信箱:donghaizhuduan@163.com
质量体系:ISO/TS 16949
产品情况:汽车底盘、发动机、工程机械、农业机械部件等,包括变速器及其壳体、飞轮壳、主减速器壳、过桥箱、支架等
配套情况:与中国重汽、陕汽、川汽、一汽、天津约翰迪尔等协作

★茌平信发铝制品有限公司
地址:山东省茌平县热电工业园西园区
邮编:252100
电话:0635/7100994、7100988
传真:7100987
网址:www.xinfawheels.com
电子信箱:info@xinfawheels.com
董事长:孙谱
质量体系:ISO/TS 16949
产品情况:年生产能力200万只铝合金车轮
出口情况:主要销往中东、日本、美国、英国等国家和地区

★临清迅力液压机械有限公司
地址:山东省临清市大众路更道街7号
邮编:252600
电话:0635/2972160、2972886
传真:2340179
网址:www.sdxunli.com
电子信箱:xunliyeya@163.com
质量体系:ISO 9001
产品情况:(迅力牌)
各种液压阀、气阀、凸轮轴、制动调整臂等产品
配套情况:为自卸车辆、工程机械等生产厂家配套

★德州智钢机械厂
地址:山东省德州市商贸开发区运河工业园
邮编:253000
电话:0534/2463866
传真:2462800
电子信箱:dzzgjx@163.com
质量体系:ISO 9001
产品情况:蓬翔轮边、制动盘、球墨铸件、机床铸件、制动鼓、机床配件
配套情况:为重汽斯太尔配套

★德州齿轮有限公司
地址:山东省德州市大学西路1956号
邮编:253018
电话:0534/2312666、2312610
传真:2329388
网址:www.dzcl.com
电子信箱:dzclgs@126.com
单位人数:602
质量体系:GB/T 19001、ISO 9002
产品情况:具有年产各种圆柱齿轮260万只,各类汽车变速器、取力器等齿轮传动箱3万台的能力
配套情况:为一汽集团、重汽集团、徐工集团、临工集团、五征集团、山西大同齿轮集团、北京齿轮总厂、新大洲-本田等配套

★山东德方液压机械股份有限公司
地址:山东省德州市经济开发区解庄路以南
邮编:253025
电话:0534/2318207、2318236
传真:2342631、2318286
网址:www.dzfxjc.cn
电子信箱:df99@dzfxjc.cn
质量体系:ISO/TS 16949
产品情况:汽车动力转向器、转向传动轴、转向助力缸、减振器、各类转向摇臂;自卸车用油缸、齿轮泵、换向阀等全套液压件;各种放大机构总成
配套及出口情况:为重汽、陕汽、星马股份、北汽福田、中集集团、欧曼重型货车、诸城汽车厂、北方奔驰、一汽、东风、烟台斗山、山东能源等配套;出口德国、俄罗斯、土耳其、苏丹、阿联酋、哈萨克斯坦、阿尔及利亚、印度

★淄博春秋汽车弹簧有限公司
地址:山东省淄博市博山区白塔工业园
邮编:255000
电话:0533/4681758、13505334038
传真:4681758
网址:www.zbchunqiu.cn
单位人数:76
质量体系:ISO 9001
产品情况:重型汽车板簧、半挂车板簧、少片变截面板簧、空气悬架导向臂等;单点式平衡悬架板簧、导向臂等
配套及出口情况:为济南重汽、中集集团、北汽集团供货;出口印度、阿联酋、乌克兰等国家

★淄博嘉禾机械有限公司
地址:山东省淄博市高新技术产业开发区外商工业园嘉禾路1号
邮编:255000
电话:0533/3153999、3599686
传真:6216668
网址:www.gh-autoparts.com
电子信箱:ghsales@163169.net
质量体系:ISO 9000
产品情况:(晨曦牌)
制动盘、制动鼓、制动片、制动分泵、制动蹄、消声器
出口情况:90%的产品出口美国、加拿大、欧洲、中东等国家和地区

★淄博亿伟汽车科技有限公司
地址:山东省淄博市淄川区
邮编:255000
电话:0533/5519986
传真:5518206
网址:www.sdyiwei.com
电子信箱:sdzbyw@126.com
质量体系:ISO/TS 16949
产品情况:(亿伟牌)
汽车气制动元件、变速操纵系统等
配套情况:是一汽集团、北奔重汽、重汽集团、中集集团、中国航天、中通客车、青特集团等单位的定点配套厂家

★山东诺华东方汽车配件制造有限公司
地址:山东省淄博市张店经济开发区(中埠镇)松花江路一号
邮编:255080
电话:0533/3082756
传真:3082756
电子信箱:shandong@regalfriction.com
质量体系:ISO/TS 16949
产品情况:制动蹄、制动片、鼓式制动器总成、摩擦材料及各种冲压件等

★山东富利源汽车弹簧有限公司
地址:山东省淄博市高新区付山工业园
邮编:255084
电话:0533/3788655、15269672235
传真:2835386
网址:www.sdflyth.com
电子信箱:auto_spring@vip.163.com
质量体系:ISO/TS 16949、ISO 9001
产品情况:汽车板簧和稳定杆,年产钢板弹簧25000t
出口情况:出口亚洲、中东、欧洲、美洲、非洲等40多个国家和地区

★博山长征汽车板簧制造有限公司
地址:山东省淄博市博山区北外环路万山工业园
邮编:255200
电话:0533/4683658、18605334211
传真:4683867
网址:www.zbchangzheng.com
电子信箱:changzhengbh@163.com
质量体系:ISO 9001
产品情况:(奎山牌)
重型、轻型客车、农用车、皮卡车系列汽车板簧
出口情况:出口中欧、中东、东南亚

★淄博市博山国家板簧厂
地址:山东省淄博市博山区大海眼
邮编:255200
电话:0533/4680486、4869111
传真:4683169、4680116
网址:www.gjbh.com
电子信箱:zbgjbh@126.com
质量体系:ISO 9001
产品情况:(国弹牌、飞龙牌)
重型汽车板簧,农用车钢板弹簧,变截面客车板簧三大系列产品
出口情况:出口东南亚等地区

★淄博贝尼托金属制品有限公司
地址:山东省淄博市博山区博沂路1号
邮编:255201
电话:0533/4515789
传真:4515789
电子信箱:hongyan-ly@163.com
质量体系:ISO/TS 16949、QS 9000
产品情况:板簧

★山东特种工业集团有限公司
地址:山东省淄博市博山区石炭坞
邮编:255201
电话:0533/4520732
传真:4508802
网址:www.norincogroup.com.cn
电子信箱:office@sdjq.com.cn
单位人数:3000
质量体系:ISO/TS 16949、ISO 9001
产品情况:各型号焊接方轴管、整体挂车车轴等

★博山跃进汽车板簧厂
地址:山东省淄博市博山区白塔工业园
邮编:255202
电话:0533/4681322、13705334196
传真:4681518
网址:www.banhuang.cn
电子信箱:banhuang@banhuang.cn
质量体系:ISO 9001
产品情况:(博鑫牌)
客车、挂车等重型车板簧,年产能力6000t

★山东博山颜龙汽车板簧厂
地址:山东省淄博市博山区白塔工业园
邮编:255202
电话:0533/4682000、4684396
传真:4684396
网址:www.zbyanlong.com
电子信箱:yanlongbh@163.com
质量体系:ISO 9001
产品情况:重型汽车板簧、农用车板簧、拖拉机板簧、变截面客车板簧等系列
出口情况:远销国外市场

★淄博鲁升汽车板簧厂
地址:山东省淄博市博山区白塔镇白石路
邮编:255202
电话:0533/4683866、13953308371
传真:4685866
网址:www.qichebanhuang.com
电子信箱:zhangwenniang@qichebanhuang.com
质量体系:ISO 9001
产品情况:(博塔牌)
各种汽车板簧,年生产能力可达10000t
出口情况:出口东南亚、中东等地区

★淄博鲁桥板簧有限公司
地址:山东省淄博市博山区白塔镇小店村
邮编:255202
电话:0533/4689577
传真:4692698
电子信箱:luqiaobanhuang@sina.com
质量体系:ISO 9001
产品情况:(鲁桥牌)
汽车板簧,年产1.5万t

★淄博市博山三星汽车板簧厂
地址:山东省淄博市博山区白塔镇小店村
邮编:255202
电话:0533/4680427
传真:4680427
电子信箱:sdzbdnc@sina.com.cn
质量体系:ISO 9001
产品情况:重型车板簧

★淄博市金龙弹簧制造有限公司
地址:山东省淄博市博山区北外环中段白塔镇政府东50米路北
邮编:255202
电话:0533/4681029
传真:4680225
电子信箱:qcpj@sina.com
质量体系:ISO 9001
产品情况:(金龙牌)
各种汽车钢板弹簧
配套情况:为北汽福田诸城汽车厂、山东华宇集团、重汽商用车、江苏科驰车辆配套

★淄博博山国家汽车配件厂
地址:山东省淄博市博山区大海眼东路
邮编:255202
电话:0533/4689000
传真:4689111
电子信箱:banhuang@gjqipei.com
质量体系:ISO/TS 16949
产品情况:(神鸽牌)
各种汽车板簧
配套及出口情况:为重汽集团、山东巨力、石家庄天同、石家庄双环、营口挂车、保定大迪、中客、新凯、天马等配套;出口越南、澳大利亚等国家

★淄博亚辰汽车板簧有限公司
地址:山东省淄博市博山区颜北路549号
邮编:255202
电话:0533/4681909
传真:4681648
网址:www.cnbaita.cn
电子信箱:ziboyachen@163.com
质量体系:ISO 9001
产品情况:(白塔牌)
商用车(轻型货车、中型货车、重型货车)用多片板簧,轴承载能力0.5~20t中档营运客车、商务车用少片钢板弹簧,渐变刚度钢板弹簧等
配套及出口情况:为中国重汽集团济南卡车公司、济南商用车公司、济宁商用车公司、济南特种车公司等多家主机厂配套;随整车出口多个国家和地区

★淄博博岳变速箱有限公司
地址:山东省淄博市博山区源泉镇岳西村东
邮编:255211
电话:0533/4518603
传真:4518603
质量体系:ISO 9001
产品情况:变速器系列、半轴壳、轴承盖、油封座等

★淄博博山恒升达板簧有限公司
地址:山东省淄博市博山区白塔镇罗圈村
邮编:255213
电话:0533/4685637、18653345666
传真:4682077
电子信箱:zbhsdw@163.com
质量体系:ISO 9001
产品情况:汽车板簧
配套及出口情况:给国内十几家著名厂家配套;远销澳大利亚、比利时、泰国等国家

★淄博铭陆车轮有限公司
地址:山东省淄博市周村区东门路1529号
邮编:255300
电话:0533/6186725、18553374048
传真:6187259
网址:www.diamondswheel.com
电子信箱:666@m_wheel.com
单位人数:100
质量体系:ISO 9002
产品情况:(金钢石牌)
载重汽车和各种轻型货车钢圈,年产能力可达15万套
出口情况:出口东南亚等地区

★淄博博泰机械制造有限公司
地址:山东省淄博市周村区北郊镇大姜
邮编:255314
电话:0533/6506199、6500612
传真:6500083
网址:www.btjx.com
电子信箱:botai@vip.163.com
质量体系:ISO 9002
产品情况:汽车制动盘等
出口情况:远销美国、日本、英国、加拿大等国家,并销往中国香港、中国台湾地区

★淄博格尔齿轮有限公司
地址:山东省淄博市桓台县果里镇张北路96号
邮编:256410
电话:0533/8404016
传真:8404015
网址:www.sdzbgear.com
电子信箱:zbgr8404016@163.com
质量体系:ISO/TS 16949
产品情况:(JD牌)
圆柱齿轮,产量430万件;螺旋锥齿轮,产量36万套
配套及出口情况:圆柱齿轮主要用户为潍柴、锡柴、中国重汽、卡特·山工、沃尔沃·临工等;螺旋锥齿轮主要用户为

龙工、徐州美驰车桥、曙光集团、江淮汽车集团;出口螺旋锥齿轮3万套

★山东淄博鸿润汽车配件有限公司
地址:山东省淄博市恒台县周家经济开发区
邮编:256411
电话:0533/8483676
传真:8482646
质量体系:ISO 9001
产品情况:年产汽车半轴套管(轴头)50万件、铸钢件1500t、各类特殊铸件600t
配套及出口情况:为汽车车桥厂配套;远销美国、德国、日本、意大利、澳大利亚、加拿大

★山东金宇轮胎有限公司
地址:山东省东营市大王镇青垦路260号
邮编:257300
电话:0546/6858888、68662173
传真:6882376、6878135
网址:www.jinyutyres.com
电子信箱:tbr1@jinyutyres.com
单位人数:1200
质量体系:ISO/TS 16949、ISO 14001
产品情况:(金宇牌、金路牌)
具有年产全钢子午线轮胎300万条,半钢子午线轮胎1200万条,工程轮胎2万条的生产能力
配套及出口情况:为一汽集团等配套;远销海外100多个国家和地区

★山东东营正宇车轮有限公司
地址:山东省东营市广饶县西水工业园
邮编:257330
电话:0546/6497111、6497166
传真:6506855、6497368
网址:www.zhengyuwheel.com
电子信箱:zhengyu@zhengyuwheel.com
质量体系:ISO/TS 16949、ISO 9001
产品情况:(东轮牌、盾驰牌)
载货汽车型钢轮辋,轻型载货汽车系列、5oDC、15oDC无内胎车轮以及工程机械类车轮
配套及出口情况:为知名专业汽车制造厂商配套;远销欧美、日本、韩国、东南亚、中东、非洲等30多个国家和地区

★东营金凯汽车配件有限公司
地址:山东省东营大王经济开发区团结路北首
邮编:257335
电话:0546/6851626
传真:6851626
网址:www.jinkaigroup.com
电子信箱:zhujintian_923@126.com
产品情况:制动盘、制动鼓
配套及出口情况:为主机厂配套;出口欧美等地区的OEM、OES市场

★山东宏盛橡胶集团有限公司
地址:山东省东营市大王工业园
邮编:257335
电话:0546/6892888
传真:6892666
网址:www.hstyre.com
电子信箱:hongsheng@hstyre.com
单位人数:4500
质量体系:ISO/TS 16949
产品情况:(华盛牌、金鑫牌、台通牌、KAPSEN牌)
商用车轮胎、乘用车轮胎等
出口情况:出口欧洲、美洲、东南亚、中东地区

★东营信义汽车配件有限公司
地址:山东省东营市大王经济技术开发区
邮编:257335
电话:0546/6883940、6883616
传真:6881740、6883524
网址:www.xinyiauto.com
电子信箱:xinyi@xinyiauto.com
质量体系:ISO/TS 16949、VDA 6.1
产品情况:(信义牌)
制动片、制动盘,制动片年生产能力2000万套,制动盘年生产能力200万只
配套及出口情况:为戴姆勒、克莱斯勒、上汽大众、上汽通用、长春一汽、天津一汽、南汽集团、北汽集团、厦门金龙、郑州日产、哈飞汽车、吉利汽车、奇瑞汽车、上汽通用五菱、江铃汽车、江淮汽车、华泰现代、长城汽车、长丰集团、中国重汽、北汽福田、广汽等国内外20余家汽车公司、70余种车型配套;出口北美洲、南美洲、欧洲、中东等地区

★山东汇丰汽车配件有限公司
地址:山东省东营市大王经济技术开发区
邮编:257335
电话:0546/7726628、7726955
传真:6877999
网址:www.hufs-auto.com
质量体系:ISO/TS 16949、ISO 9001
产品情况:等速万向节传动轴总成、球笼式等速万向节(RF型、UF型)交叉滚道式等速万向节、双偏置式等速万向节、三枢轴式等速万向节等10多个车型、1000多个品种规格的产品
配套情况:是大众、奥迪、本田、福特、通用、马自达、日产、丰田、雷诺、雪铁龙等著名企业车型等速万向节传动轴总成的首选零配件供应商

★山东信义汽车零部件制造有限公司
地址:山东省东营市大王经济技术开发区
邮编:257335
电话:0546/6873989
传真:6873689
网址:www.sddyxy.com
电子信箱:xylbj_lgl@sddyxy.com
质量体系:ISO/TS 16949
产品情况:各类汽车转向机、制动片钢背、蹄铁和制动器及其他冲压件;年产钢背、蹄铁5000万件,制动器底板总成300万件
出口情况:远销南美洲、欧洲、中东等国家和地区

★东营万迪诺制动系统有限公司
地址:山东省东营市大王经济开发区
邮编:257335
电话:0546/6878522、86996309
传真:6879086、86934033
网址:www.winset.com.cn
电子信箱:sale@winset.com.cn
质量体系:ISO/TS 16949
产品情况:(万迪诺牌)
制动盘、制动鼓

★山东金山汽配有限公司
地址:山东省东营市大王经济开发区
邮编:257335
电话:0546/6875599、6895980
传真:6895102
网址:www.gnsum.cn
电子信箱:jinshangroup@163.com
质量体系:ISO/TS 16949、ISO 14001
产品情况:(轮盘牌、旺迪牌、滨工牌)
具备年生产制动盘1500万件、陶瓷制动片1500万套、工程轮胎10万套的生产能力
配套情况:为中国重汽、上汽大众、昌河铃木、广西柳工等汽车、工程车生产企业配套

★山东盛泰车轮有限公司
地址:山东省东营市大王经济开发区
邮编:257335
电话:0546/6898666
传真:6898666
网址:www.sanrich.cn
电子信箱:shengtai@stwheel.cn
质量体系:ISO/TS 16949
产品情况:(盛卓牌、大陆星牌)
可生产直径12~38英寸无内胎、有内胎等五大系列200余个品种钢制车轮,广泛应用于各种汽车、拖拉机、农业机械、工程机械
配套情况:为大型豪华客车,轻、中、重型载货汽车制造公司和农用机械等配套

◉ 信义集团

地址:山东省东营市广饶县大王镇常春路6号
邮编:257335
电话:0546/6882930
传真:6881189
网址:www.chinaxinyi.cc
电子信箱:xinyi6881189@126.com
质量体系:ISO/TS 16949、VDA 6.1
产品情况:(信义牌)
制动片、制动器总成
配套情况:为重汽集团、上汽大众、首钢重汽等27家汽车生产企业配套

★山东省双王橡胶有限公司
地址:山东省东营市广饶县大王镇高新经济开发区
邮编:257335
电话:0546/6891376、6893588
传真:6893169
网址:www.shuangwanggroup.com
电子信箱:sdswjt@126.com
单位人数:1820
质量体系:ISO/TS 16949、ISO 9001
产品情况:(双王牌、路易通牌)
年产半钢子午胎600万条,半钢农用胎10万套/年,半钢工程胎5万套/年,斜交胎100万套/年,全钢翻新胎60万套/年,铝合金车轮300万只/年

★山东国风橡塑有限公司
地址:山东省广饶县大王镇东工业园
邮编:257335
电话:0546/6881466、6883777
传真:6882356
网址:www.goform.cn
电子信箱:sddyguofeng@163.com
单位人数:300
质量体系:ISO/TS 16949
产品情况:高性能半钢子午胎、载重胎、工程胎、轻型货车胎等
出口情况:出口10多个国家

★东营市华侨橡塑有限责任公司
地址:山东省东营市广饶县大王经济开发区
邮编:257336
电话:0546/6891017、6892998
传真:6891017
电子信箱:dyhuaqiaogongsi@126.com
质量体系:ISO 9001
产品情况:(迪高牌、超王牌、捷源牌)轮胎、胶管

★盛泰集团有限公司
地址:山东省东营市广饶县西水工业区
邮编:257336
电话:4006003131
传真:0546/6506016
网址:www.shengtaigroup.com
电子信箱:3a@shengtaigroup.cn
单位人数:4000
质量体系:ISO/TS 16949、ISO 14001
产品情况:(三A牌)
具有全钢载重子午胎300万套、高性能半钢子午胎600万套、车轮200万套的年产能力

★兴源集团
地址:山东省东营市广饶县西水工业区
邮编:257336
电话:0546/6506839、6506660
传真:6506568、6497311
网址:www.xingyuangroup.com
董事长:宋文广
单位人数:5000
质量体系:ISO/TS 16949、ISO 14001
产品情况:(华鲁(HILO)牌、国宝牌、安耐特牌、强威牌、广大牌、兴源牌)
全钢载重子午胎,已形成年产580万套全钢载重子午胎的生产能力
配套及出口情况:与一汽、东风、包钢、龙工、柳工、柳汽等十几个国内大型知名企业合作;远销中东、非洲、东南亚、拉丁美洲等80多个国家和地区,并销往中国香港、中国澳门地区

★山东奥戈瑞集团有限公司
地址:山东省东营市广饶县西水工业园
邮编:257336
电话:0546/7797022
传真:7792060
网址:www.ogreengroup.com
电子信箱:ogreen@ogreengroup.com
董事长:王子荣
单位人数:2800
质量体系:ISO/TS 16949
产品情况:(奥戈瑞牌、沃轮牌、陆格牌、富利斯通牌、TREAD LINE牌、川越牌、坤驼牌)
年产全钢载重子午线轮胎200万套、无内胎汽车车轮200万套、有内胎汽车车轮100万套、汽车内胎100万套、2000万条半钢子午线轮胎
配套及出口情况:为一汽、东风、北汽福田、寿光凯马、山东奥峰、江苏春兰、青岛汽车改装厂等十几家企业配套;远销欧洲、中东、非洲、大洋洲、拉丁美洲等50多个国家和地区

★永正汽车配件有限公司
地址:山东省东营市广饶县西水工业园
邮编:257336
电话:0546/6506896、6497568
传真:6497568
网址:www.yzwheel.cn
电子信箱:yongzheng08@126.com
质量体系:ISO/TS 16949
产品情况:无内胎车轮和型钢车轮

★山东华盛橡胶有限公司
地址:山东省广饶县稻庄工业园
邮编:257336
电话:0546/7799599、7799588
传真:7799566、7799577
网址:www.hstyre.com
单位人数:2800
质量体系:ISO/TS 16949
产品情况:全钢子午线轮胎

★东营宝丰汽车配件有限公司
地址:山东省东营市垦利县经济开发区
邮编:257500
电话:0546/2883156、2882056
传真:2776888
网址:www.frictionchina.com
电子信箱:jianliang.zhou@frictionchina.com
质量体系:ISO/TS 16949、ISO 9001
产品情况:汽车盘鼓式制动器总成、制动钳、制动盘、制动片等汽车零部件

★山东万达宝通轮胎有限公司
地址:山东省东营市永莘路70号
邮编:257506
电话:0546/2362369
网址:www.bototyre.com
单位人数:3000
质量体系:ISO 9001
产品情况:全钢子午线轮胎、工程机械子午轮胎及轻型货车轮胎
出口情况:远销美洲、欧洲、亚洲、非洲等130多个国家和地区
☞详细情况请参阅彩色宣传版面

★东营博瑞制动系统有限公司
地址:山东省东营市东营经济开发区湖州路南首
邮编:257901
电话:0546/8955198
传真:8955300
网址:www.boruiauto.com
电子信箱:info@boruiauto.com
质量体系:ISO/TS 16949
产品情况:盘式制动片、鼓式制动片、商用车制动片

★潍坊市瑞沃汽车部件有限公司
地址:山东省潍坊市北宫西街友爱路2298-8号
邮编:261021
电话:0536/8385779、8324779
传真:8372636
电子信箱:wflonglite@126.com
质量体系:ISO/TS 16949
产品情况:汽油机、汽车转向器、螺杆、螺母、转向器壳体
配套情况:为北汽福田、黑豹、江淮、哈飞等配套

★大铁(潍坊)汽车工业有限公司
地址:山东省潍坊市符山镇官路村
邮编:261055
电话:0536/8113051、8113052
传真:8113004
质量体系:ISO/TS 16949
产品情况:制动总泵、制动分泵、制动盘

★潍坊通达齿轮箱有限责任公司
地址:山东省潍坊市经济开发区长松路1699号
邮编:261061
电话:0536/7590678、7590668
传真:7590678、7590679
网址:www.wftdgear.com
电子信箱:wftdgear@126.com
质量体系:ISO/TS 16949
产品情况:(鲁通牌)
主导产品有一汽、东风、重汽系列

等变速器齿轮及总成，道依茨内燃机配套齿轮

★潍坊埃锐制动系统有限公司
地址：山东省潍坊市经济开发区泰祥街6号
邮编：261061
电话：0536/5175818
传真：8669567
网址：www.airuibrake.com
电子信箱：sales@airuibrake.com
质量体系：ISO/TS 16949
产品情况：年产制动器总成200万套；电磁、液压、机械式车桥总成50000根及各种冲压件、汽车底盘件
出口情况：出口欧美、大洋洲多个国家和地区

★山东鲁达轿车配件股份有限公司
地址：山东省莱州市经济技术开发区朱旺前路258号
邮编：261400
电话：0535/3077852、3073885
传真：3077983、3073879
网址：www.ludachina.com
电子信箱：ludapads@189.com
质量体系：ISO/TS 16949、QS 9000
产品情况：（鲁达牌、奥开牌）
　　制动盘、制动鼓、制动片、制动蹄片；年产制动盘（鼓）1000万件，制动片（蹄片）500万套
配套情况：为奇瑞、长城等4家汽车公司配套

★莱州新安达汽车零部件有限公司
地址：山东省莱州市开发区玉泰东路118号
邮编：261400
电话：0535/2290149
传真：2291149
电子信箱：xinanda@vip.163.com
质量体系：ISO/TS 16949、QS 9000
产品情况：空气干燥器、变速器箱体、发动机缸盖、机油冷却器、进出水管等铸造件
出口情况：出口欧洲

★莱州赛路汽车配件有限公司
地址：山东省莱州市文昌南路162号
邮编：261400
电话：0535/2090611
传真：2090622
网址：www.sinobrake.net
电子信箱：sinobrake@126.com
质量体系：ISO/TS 16949
产品情况：制动盘、制动鼓等

★莱州华鲁汽车配件有限公司
地址：山东省莱州市驿道镇驻地
邮编：261400
电话：0535/2537697、13853576088
传真：2532981
网址：www.hualuqipei.com.cn
电子信箱：sdzhc1797@163.com
质量体系：ISO/TS 16949
产品情况：汽车制动盘、制动鼓，年产400余万件
出口情况：产品全部出口欧洲、北美洲、中东、南非等地区

★莱州华汽机械有限公司
地址：山东省莱州市云峰北路3589号
邮编：261400
电话：0535/2211316、2280509
传真：2211464
网址：www.brakedisc.cn
电子信箱：info@disc-brake-rotor.com
单位人数：1000
质量体系：ISO/TS 16949
产品情况：汽车制动盘、制动毂、制动片

★莱州双力机械制造有限公司
地址：山东省莱州市朱桥工业园
邮编：261400
电话：0535/2392294
传真：2392284
网址：www.lzsljixie.cn
电子信箱：lzsljxgs@163169.net
董事长：李日新
质量体系：ISO 9001
产品情况：汽车制动盘，年产300余万件
出口情况：远销北美洲、欧洲

★莱州鲁源汽车配件有限公司
地址：山东省莱州市土山镇
邮编：261413
电话：0535/2836978
传真：2332616
网址：www.luyuanbrake.com
电子信箱：haoxin_song@163.com
质量体系：ISO/TS 16949
产品情况：汽车制动盘、制动鼓；年生产能力达300多万片
配套及出口情况：为南方天合、长安汽车、长城汽车、柳州五菱、奇瑞、吉利等主机厂配套；远销美国、加拿大、欧洲等国家和地区

★莱州鸿源台钳制造有限公司
地址：山东省莱州市平里店镇
邮编：261414
电话：0535/2616865、2615562
传真：2615563
电子信箱：lzhybv@public.ytptt.sd.cn
质量体系：ISO/TS 16949
产品情况：制动鼓、轮毂、球铁铸件等
出口情况：远销美国、加拿大、墨西哥、澳大利亚、英国、俄罗斯、德国等国家

★莱州三力汽车配件有限公司
地址：山东省莱州市朱桥镇
邮编：261419
电话：0535/3455880、3455896
传真：3455886
网址：www.sanliauto.com
电子信箱：info@sanliauto.com
单位人数：2500
质量体系：ISO/TS 16949
产品情况：（三力牌）
　　汽车制动盘、制动鼓等
配套及出口情况：制动盘已给国内多种车型提供配套；主要出口欧洲、北美洲、南美洲、中东、南非、大洋洲等国家和地区

★莱州汽车制动器有限公司
地址：山东省莱州市朱桥镇驻地
邮编：261419
电话：0535/2391094
传真：2391093
质量体系：ISO/TS 16949
产品情况：汽车制动盘、制动鼓

★烟台三星制动盘有限公司
地址：山东省莱州市沙河镇丰竹街1号
邮编：261423
电话：0535/2310899、6248244
传真：2310706
电子信箱：yantaisanxing@163.com
质量体系：ISO 9001
产品情况：（SANXING牌）
　　制动盘、制动鼓、飞轮总成、前轮壳、后短轴等汽车零部件及制动盘生产设备
出口情况：出口五大洲20多个国家和地区

★莱州方圆汽车配件有限公司
地址：山东省莱州市虎头崖工业园区
邮编：261428
电话：0535/2522188、2522218
传真：2522188
网址：www.brakediscs.cn
电子信箱：lzfrgs@126.com
单位人数：300
质量体系：ISO 9002
产品情况：（泳陶牌）
　　汽车制动盘、制动鼓、水泵等
出口情况：出口国外市场

★山东高天金属制造有限公司
地址：山东省高密市醴泉大街969号
邮编：261500
电话：0536/2322140、2323704
传真：2323630、2323704
网址：www.gaotian.com
电子信箱：sales@gaotian.com
质量体系：ISO/TS 16949
产品情况：（高天牌）
　　轮胎气门嘴、气门芯等
出口情况：出口美国、马来西亚、阿根廷、土耳其、欧洲、美洲、南非等国家和地区

★潍坊宏盛铸造机械有限公司
地址：山东省诸城市北外环路534号
邮编：262200
电话：0536/6213508

传真:6212171
网址:www. hongshengzhuji. cn
电子信箱:hongshengzhuji@ 163. com
董事长(负责人):丁炳仁
质量体系:ISO 9001
产品情况:变速器箱体及汽车后桥齿轮
配套及出口情况:为一汽等配套;出口东南亚、非洲等地区

★山东通力车轮有限公司
地址:山东省诸城市龙都街道驻地
邮编:262200
电话:0536/6447427
传真:6448551
网址:www. tongliwheel. com
电子信箱:office@ tongliwheel. com
法人代表:胡东海
负责人:胡方森
单位人数:1200
质量体系:ISO/TS 16949
产品情况:(诸龙(ZHULONG)牌)
商用车、乘用车、工程运输车、摩托车等车辆专用车轮
配套情况:为北汽有限、济南重汽、陕汽、长安集团、吉利集团、江淮汽车、比亚迪、北汽福田、上汽通用五菱、沈阳金杯、山东凯马、山东五征、哈飞汽车、福迪汽车等配套

★诸城市义和车桥有限公司
地址:山东省诸城市泰薛路王家铁钩村段南侧
邮编:262200
电话:0536/6213932、6121421
传真:6110875
网址:www. yihecheqiao. com
电子信箱:yihe@ yihecheqiao. com
单位人数:670
质量体系:ISO/TS 16949
产品情况:轻型车、中型车、重型车、工程车、乘用车等车桥总成、空气悬架转向桥总成及独立悬架桥总成
配套及出口情况:主要配套北汽福田、中国重汽、一汽、东风、陕汽、北方奔驰、南京依维柯、江淮、长安等十几家国内主要汽车生产厂家;远销美国、荷兰、加拿大等国家

★山东泰利汽车部件有限公司
地址:山东省诸城市新华东路东首
邮编:262200
电话:0536/6062568、6057512
传真:6056028、6062568
电子信箱:tailitp@ 163. com
质量体系:ISO/TS 16949、QS 9000
产品情况:各种规格类型的变速操纵机构、驾驶室翻转锁止系列、储气筒、车用油箱、制动离合器操纵支架总成等
配套情况:为北汽福田配套

★泸河集团有限公司
地址:山东省诸城市昌城镇泸河工业区
邮编:262216
电话:0536/6333333、6336066
传真:6401038
网址:www. luhe. com
电子信箱:ben_liu911@ hotmail. com
质量体系:ISO/TS 16949
产品情况:(泸河牌)
全钢子午胎、半钢子午胎、电动车内外胎、摩托车内外胎、农用车、拖拉机内外胎、轻型载重汽车内外胎、中型载重汽车内外胎、工程车内外胎、丁基胶内胎、橡胶机械等系列的产品
配套情况:为北汽福田配套

★东洋轮胎(诸城)有限公司
地址:山东省诸城市泸河工业区
邮编:262216
电话:0536/6338271
传真:6335965
电子信箱:hlqu@ toyo - tlz. com. cn
产品情况:(TOYO 牌)
货车和客车全钢子午线轮胎

★山东三工橡胶有限公司
地址:山东省诸城市皇华镇驻地
邮编:262229
电话:0536/6581728、6581251
传真:6581388、6581728
网址:www. sangongcn. com
电子信箱:bg1388@ sangongcn. com
单位人数:1500
质量体系:ISO/TS 16949
产品情况:(三工牌)
全钢子午胎和斜交载重、轻型货车、农用、摩托车、电动车用六大系列共200 多个规格
出口情况:出口 30 多个国家和地区

★诸城市曙光车桥有限责任公司
地址:山东省诸城市经济开发区西首
邮编:262233
电话:0536/6079288
传真:6438410
质量体系:ISO/TS 16949
产品情况:黄海、曙光全系列车桥及半轴、齿轮、制动器、转向节、拨叉、差速器等

★日照市北业制动泵有限公司
地址:山东省日照市五莲县松柏工业园
邮编:262302
电话:0633/2956816、4006121711
传真:5511711
网址:www. rzbeiye. com
电子信箱:byxsb@ rzbeiye. com
质量体系:ISO/TS 16949
产品情况:汽车制动系统

★山东遨游汽车制动系统股份有限公司
地址:山东省五莲县松柏镇驻地
邮编:262302
电话:0633/5511120
传真:5511158
网址:www. aoyougroup. com
电子信箱:sdaoyou@ 126. com
单位人数:110
质量体系:ISO/TS 16949
产品情况:(遨游牌)
年产制动器总成 300 万套、制动泵 400 万只、汽车灯 100 万只、铸件 10000t、冲压件 50 万 t
配套及出口情况:为中国重汽、北汽、江淮汽车、五征、上汽通用五菱、俄罗斯罗期乌里扬诺夫斯克汽车厂、AMS 集团配套;远销美国、俄罗斯、德国、英国、智利等 10 多个国家

★潍坊市正丰汽车配件有限公司
地址:山东省青州市高柳镇阳河工业园
邮编:262500
电话:0536/3598001、18853613510
传真:3598000
网址:gb. zfbrakes. com
电子信箱:qzzfgm@ 163. com
质量体系:ISO/TS 16949
产品情况:(正丰牌、驰远牌、艾博客牌)
具有产 2500 万片钢背、300 万套制动片、300 万套蹄铁、100 万套制动蹄和 300 万只制动盘、制动鼓的规模
出口情况:出口欧洲、美国、中东、马来西亚、南非、韩国等国家和地区

★山东云洲车轮有限公司
地址:山东省青州市经济开发区昭德北路与纽约路交叉口
邮编:262500
电话:0536/6136766
传真:6136768
网址:www. yun - zhou. com
电子信箱:xiaoshou@ yun - zhou. com
董事长:李春国
质量体系:ISO/TS 16949
产品情况:汽车钢圈、汽车轮毂、汽车车轮

★青州市富坤车桥配件有限公司
地址:山东省青州市开发区时代二路 2999 号
邮编:262500
电话:0536/3295661、3295682
传真:3295665
网址:www. qzfukun. com
质量体系:ISO 9001
产品情况:东风、江淮、五十铃、北京 130、北汽福田、一汽、重汽等系列车型中后桥螺旋锥齿轮系列
出口情况:部分产品出口

★青州市建富齿轮有限公司
地址:山东省青州市昭德北路
邮编:262500
电话:0536/3295306、3295301
传真:3295303
网址:www. jianfugear. com

电子信箱:1439072565@qq.com
单位人数:1000
质量体系:ISO/TS 16949、QS 9000
产品情况:(JIANFU 牌)
汽车车桥弧齿轮,年产各种齿轮150万套
配套情况:为中国重汽集团、安凯汽车集团、一汽、东风、北汽福田等配套

★青州市亚昊车桥有限公司
地址:山东省青州市黄楼南于工贸区
邮编:262514
电话:0536/3502232、3502788
网址:www.sdyahao.net
电子信箱:sdyahao@126.com
质量体系:ISO/TS 16949
产品情况:重型车桥中、后桥壳及平衡轴
配套及出口情况:为重汽集团、陕汽集团、北汽福田、北奔重汽配套;出口东南亚、俄罗斯等国家和地区

★青州市长江轮胎有限公司
地址:山东省青州市开发区
邮编:262517
电话:0536/3536166、3532958
传真:3536176
电子信箱:info@pusitetyre.com
质量体系:ISO 9000
产品情况:(恒盾牌、恒泰牌、普斯特牌、科尔牌)
载重汽车轮胎、工程机械轮胎、轻型货车轮胎、叉车轮胎、农用车轮胎、拖拉机轮胎等六大系列50多个品种的轮胎产品

★山东泰丰汽车底盘制造有限公司
地址:山东省寿光市洛城街道留吕工业园
邮编:262734
电话:0536/5632188
传真:5632188
网址:taifengdp.com
电子信箱:taifeng@taifenggroup.com
单位人数:2600
质量体系:ISO/TS 16949
产品情况:轻、重型货车车架、客车车架、矿车车架、农机车架、驻车制动器、轮毂、支架、蹄铁等产品
配套及出口情况:主要客户有一汽、东风、北汽福田、中国重汽、丹东曙光、江淮汽车、东风凯马、南京徐工、中通客车、南海欧辉、河南奇瑞、雷沃重工等厂家;部分产品出口澳大利亚等国家

★山东跃龙橡胶集团有限公司
地址:山东省寿光市台头镇
邮编:262735
电话:0536/2230223、2231158
传真:5529188、5519456
网址:www.yuelonggroup.net
电子信箱:ivyliu@yuelonggroup.net
单位人数:3520
质量体系:ISO 9001
产品情况:(跃龙牌)
全钢子午胎、斜交工程胎等
配套及出口情况:与北汽福田、中国重汽、时风集团等多家企业配套;远销欧洲、大洋洲、北美洲、中东、东南亚、非洲等地区

★山东银宝轮胎集团
地址:山东省寿光市台头镇工业园
邮编:262735
电话:0536/2150666、2154888
传真:2154888
网址:www.yinbaotyre.com
质量体系:ISO 9001、ISO 10012
产品情况:(银宝牌)
全钢载重子午线轮胎、轻型货车轮胎、工程机械轮胎、农业轮胎等
配套及出口情况:为中国重汽、北汽福田等汽车厂配套;出口欧洲、美洲、澳大利亚、中东等地区

★烟台宏田汽车配件有限公司
地址:山东省烟台市高新技术产业区纬四路9号
邮编:264000
电话:0535/6896218、6893638
传真:6893878
网址:www.ytmasterparts.com
电子信箱:master@ytmasterparts.com
质量体系:ISO/TS 16949、QS 9000
产品情况:汽车制动盘、制动鼓,生产汽车制动盘、制动鼓年产量达200多万件
出口情况:出口欧洲、美国等地区

★烟台市清泉特钢锻造制品有限公司
地址:山东省烟台市高新技术产业园区博斯纳路南首
邮编:264000
电话:0535/6758067、6758068
传真:6758068、6758067
电子信箱:info@yt-qingte.com
质量体系:ISO/TS 16949、ISO 14001
产品情况:(清泉寨牌)
汽车前桥、平衡轴、连通轴、差速器壳、轴头等,年产能力达15000t

★烟台塞夫·爱科车辆技术有限公司
地址:山东省烟台市莱山区盛泉工业园广场北路1号
邮编:264003
电话:0535/6727778、6727797
传真:6727797
电子信箱:lide@saf-alko.com
质量体系:ISO 9001
产品情况:重型车桥、车轴、钢板悬架、空气悬架、小型挂车底盘

★烟台川琦汽车配件有限公司
地址:山东省烟台市福山区福海路1000号
邮编:264006
电话:0535/2953330、2953332
传真:2953331
产品情况:五十铃系列全车配件,各种车型制动盘

★胜地汽车零部件制造有限公司
地址:山东省烟台市经济技术开发区泰山路80号
邮编:264006
电话:0532/85761111
传真:85768370
网址:www.winhere.com.cn
电子信箱:autoparts@winhere.com.cn
董事长:董军
质量体系:ISO/TS 16949
产品情况:制动盘、制动鼓,年产量已超过3000万片
出口情况:远销多个国家和地区

★烟台鸿安实业有限公司
地址:山东省烟台市开发区鸿安工业园
邮编:264006
电话:0535/6376821
网址:www.hongangroup.com.cn
电子信箱:zyf7159@163.com
质量体系:ISO/TS 16949
产品情况:转向助力泵
配套情况:主要配套厂家有江淮、吉利、现代华泰、重庆力帆、长安汽车、东风、柳州汽车、吉奥、一汽红塔、北汽福田、比亚迪、华晨、北汽等厂家

★烟台海德汽车零部件有限公司
地址:山东省烟台市牟平区安德鲁8号
邮编:264100
电话:0535/4710169
传真:4710166
电子信箱:hdjoo255@public.ytptt.sd.cn
质量体系:ISO/TS 16949
产品情况:汽车动力转向泵

★三角集团有限公司
地址:山东省威海市青岛中路56号
邮编:264200
电话:0631/5322983、4000631096
传真:5321246
网址:www.triangle.com.cn
电子信箱:triangle@public.whptt.sd.cn
董事长:丁玉华
单位人数:5300
质量体系:ISO/TS 16949
产品情况:(三角牌)
各种汽车及工程机械轮胎
配套及出口情况:为重汽、一汽、东风、中集、金龙、宇通、上汽通用、奇瑞、长安、日产、临工、山工、徐工等50多家汽车制造企业提供配套;远销160多个国家和地区,并在北美洲、欧洲、大洋洲、俄罗斯、印度等地设立了分支机构

★威海万丰奥威汽轮有限公司
地址:山东省威海市高新技术开发区火炬路218号
邮编:264209
电话:0631/5621989

传真:5621989
网址:www. wfjt. com
电子信箱:whwf@ wfjt. com
质量体系:ISO/TS 16949
产品情况:(ZCW 牌)
汽车铝合金车轮,年产 200 万件
配套情况:与神龙汽车、奇瑞汽车、郑州日产、江淮汽车等合作,为德国 DBV、ROD 等配套

★腾森橡胶轮胎(威海)有限公司
地址:山东省威海市经济技术开发区腾森路 1 号
邮编:264209
电话:0631/3639588、3639777
传真:3639567、3639599
网址:www. timsun. com. cn
电子信箱:yxb08@ timsun. cn
单位人数:800
质量体系:ISO/TS 16949、ISO 14001
产品情况:(腾森牌、奥利森牌、朗森牌)
丁基内胎,摩托车、电动车轮胎

★荣成市黄海离合器有限公司
地址:山东省荣成市黎明南路 601 号
邮编:264300
电话:0631/7551286、7551297
传真:7551286
网址:www. hhclutch. cn
电子信箱:rcqp@ public. whptt. sd. cn
负责人:盛建涛
质量体系:ISO/TS 16949
产品情况:(黄海牌)
重型汽车离合器总成系列:HHML430(拉式离合器)、DS430、DS395、DS350、DS325、DS300、DS275 膜片弹簧离合器总成;轻型汽车离合器总成系列:DS240、122、210、DS255 膜片弹簧离合器总成,131、480、2310、1305-2、475、375Q 螺旋弹簧离合器总成等
配套情况:与中国重汽、北汽福田、北奔重汽、上汽依维柯红岩、大运汽车、临工桥箱、常柴、扬柴、莱动、云内、无锡四达、全柴、天拖迪尔、宁波迪尔、一拖、福田雷沃重工、上海纽荷兰、清江拖拉机、江苏悦达、常州威格特、常州东风农机等厂家长期配套

★荣成荣鹰橡胶制品有限公司
地址:山东省荣成市黎明南路 858 号
邮编:264300
电话:0631/7550054、7696726
传真:7557938
网址:www. rongying. com
电子信箱:sdchina@ mail. china. com
质量体系:ISO 9001
产品情况:(迅腾牌、荣鹰牌)
汽车、摩托车内外胎,年产能力 1000 万条(套)
出口情况:出口美国、日本、南非、中东等国家和地区

★成山集团有限公司
地址:山东省荣成市南山北路 98 号
邮编:264300
电话:0631/7523999
传真:7523888
网址:www. chengshan. com
电子信箱:chengshan@ chengshan. com
董事长:车宏志
单位人数:8000
质量体系:ISO/TS 16949、VDA 6.1
产品情况:(成山牌)
各种车用子午线轮胎、斜交轮胎
配套情况:为 30 多家汽车制造商配套

★浦林成山(山东)轮胎有限公司
地址:山东省荣成市南山北路 98 号
邮编:264300
电话:0631/7523999、4006188899
传真:7523003
网址:www. cooperchengshan. com
电子信箱:info@ chengshan. com
质量体系:ISO/TS 16949、ISO 14001
产品情况:(成山牌、浦林牌、澳通牌、富神牌)
半钢轮胎、全钢子午线轮胎、斜交轮胎等;轮胎年生产能力 1500 万套,其中全钢胎 500 万套,半钢胎 800 万套,斜交胎 200 万套
配套及出口情况:是中国重汽、一汽-大众、包头北方奔驰、华晨宝马等 30 多家大型主机厂的主流供应商;远销 130 个国家和地区

★文登市三峰轮胎有限公司
地址:山东省文登市龙山路 148 号
邮编:264400
电话:0631/8086998、8358698
传真:8358798
网址:www. sanfengchina. cn
电子信箱:sanfeng@ sanfengchina. cn
质量体系:ISO 9000
产品情况:斜交载重轮胎,农用轮胎,工程机械轮胎和铲车轮胎等
出口情况:远销东南亚、欧洲、美洲等 20 多个国家和地区

★山东省文登市双力板簧有限公司
地址:山东省文登市高村镇兴高路 10 号
邮编:264408
电话:0631/8761078
传真:8767199
网址:www. shuanglibanhuang. com
电子信箱:i59878@ 126. com
单位人数:700
质量体系:ISO/TS 16949
产品情况:各种汽车板簧,年产 5 万 t;弹簧扁钢,年产 15 万 t
配套及出口情况:为北汽配套;出口菲律宾、新加坡等国家

★威海市九跃车桥有限公司
地址:山东省威海市临港经济开发区黄岚社区
邮编:264416
电话:0631/8571281、8571005
传真:8571078
网址:www. dfcheqiao. com
电子信箱:info@ dfcheqiao. com
质量体系:ISO 9001
产品情况:(力跃牌)
0.5t、1t、3t、5t 汽车前后桥,1020、6480 盘毂式制动皮卡前后桥
配套情况:为北汽福田、东安黑豹、威海广泰、天津博瑞特等主机厂配套

★山东省威海市文峰集团有限公司
地址:山东省威海市临港区汪疃镇西永兴路 11-8 号
邮编:264417
电话:0631/8561096、8560288
传真:8561096、8578988
质量体系:QS 9000、ISO 9001
产品情况:(文峰牌)
汽车半轴、半轴套管、前后桥壳总成等
配套情况:为一汽集团、东风汽车公司配套

★山东日信工业有限公司
地址:山东省乳山市四级大道 273 号
邮编:264500
电话:0631/6681246
传真:6681358
质量体系:ISO/TS 16949
产品情况:制动系统

★山东昊安汽车部件制造有限公司
地址:山东省乳山市经济开发区书港路北
邮编:264501
电话:0631/6441888、6442888
传真:6441037、6442777
电子信箱:haoan@ china-haoan. com
质量体系:ISO/TS 16949
产品情况:(昊安牌、HAOAN 牌、迈利牌、MAILI 牌)
制动盘、制动鼓、发动机飞轮齿圈、飞轮总成、前轮毂、后轮毂轴等
配套情况:为吉利汽车、江西五十铃、福特全顺、华晨金杯、长安福特、长安马自达、福特、通用配套

★烟台美丰机械有限公司
地址:山东省海阳市盘石店镇工业园
邮编:265112
电话:0535/3642512、4006683777
传真:3642613
网址:www. ytmefine. com
电子信箱:info@ mefine. cn
法人代表:李小燕
负责人:王勇
单位人数:600
质量体系:ISO/TS 16949
产品情况:(磐石牌、途朗宝牌)
汽车制动盘、制动鼓

配套及出口情况：为上汽、东风、福田配套；远销亚洲、美洲、欧洲、中东地区

★烟台鲁阳车轮有限责任公司
地址：山东省海阳市朱吴镇高家村
邮编：265150
电话：0535/3791039
传真：3791022、3791039
网址：www.luyangwheel.com
电子信箱：luyangwheel@sohu.com
产品情况：（鲁阳牌）
2～7m^{3}混凝土搅拌运输车和上装，2～16m^{3}搅拌车拌筒等建筑工程机械；钩臂、摆臂垃圾车和垃圾箱等环卫设备；13 吋～16 吋板材和型材汽车车轮
配套情况：为江苏牡丹集团、烟台汽车制造厂、淄博汽车制造厂、福建龙马集团、寿光聚宝、聊城客车等配套

★莱阳市永立精工汽车配件有限公司
地址：山东省莱阳市食品工业园
邮编：265200
电话：0535/7712368
传真：7711766
电子信箱：lyyongli@126.com
质量体系：ISO/TS 16949、ISO 9001
产品情况：（永立牌）
矿山机械、玉米收割机、劈木机、装载机、大马力拖拉机五大系列液压缸、液压泵、换向阀产品
配套及出口情况：为山东金亿、奇瑞、常林、海山、昌信、亿达、东汽农业装备、烟台兴业等厂家配套；出口液压油缸

★山东康泰汽车零部件有限公司
地址：山东省招远市金城路 389 号
邮编：265400
电话：0535/8152357
网址：www.kangtaigroup.com
单位人数：110
产品情况：主要生产轿车悬架、后桥和控制臂等产品
配套情况：为上汽通用等配套

★山东玲珑轮胎股份有限公司
地址：山东省招远市金龙路 777 号
邮编：265400
电话：4001133999、0535/3600036
网址：www.linglong.cn
电子信箱：linglong_xs@linglong.cn
单位人数：8000
质量体系：ISO/TS 16949、VDA 6.1
产品情况：（玲珑牌、山玲牌、利奥牌）
全钢子午胎、半钢子午胎、斜交胎
配套情况：为一汽集团、重汽集团、陕汽集团、北汽集团、天津一汽夏利等配套

★山东上汽汽车变速器有限公司
地址：山东省烟台市福山高新区永达街 969 号
邮编：265500
电话：0535/2609051
传真：2609090
质量体系：ISO/TS 16949
产品情况：汽车横置变速器总成和各类汽车变速器部件
配套情况：为上汽通用、上汽通用东岳等配套

★蓬莱荣达机械配件有限公司
地址：山东省蓬莱市北方奔驰工业园区
邮编：265600
电话：0535/5756222
质量体系：ISO 9001
产品情况：中重型系列离合器、从动盘总成、离合器压盘及盖总成
配套及出口情况：为北奔重汽配套；远销欧洲、南美洲、中东、非洲等地区

★蓬莱宏升汽车配件有限公司
地址：山东省蓬莱市沙河路
邮编：265600
电话：0535/3351296
电子信箱：098－1100000@163.com
质量体系：ISO 9002
产品情况：反作用杆、连接轴、限位块、拉力杆总成、密封圈、稳定杆衬套等
配套情况：为一汽、东风汽车公司配套

★蓬莱天日聚氨酯有限公司
地址：山东省蓬莱市经济开发区哈尔滨路 7 号
邮编：265607
电话：0535/5622989、5617781
传真：5979799
网址：www.trjaz.cn
电子信箱：info@plsuns.com
董事长（负责人）：孙天日
单位人数：400
质量体系：ISO/TS 16949、QS 9000
产品情况：重型货车使用的推力杆和聚氨酯接头
配套及出口情况：为大多数重型货车厂家配套；出口美国、澳大利亚、日本、韩国、印度、印度尼西亚、以色列等国家

★蓬莱万寿机械有限公司
地址：山东省蓬莱市经济开发区金创路 58 号
邮编：265607
电话：0535/3358015
传真：5604309
网址：www.wanshoujx.com
电子信箱：wanshou@wanshoujx.com
单位人数：1000
质量体系：ISO/TS 16949、ISO 14001
产品情况：系列无缝钢管整体式驱动桥壳、整体铸造桥壳、新型汽车制动鼓、轮毂总成，系列悬架总成、差减壳总成及工程机械驱动桥配件等
配套情况：为国内厂家配套

★龙口天兴工贸有限公司
地址：山东省龙口市东莱街道淳于
邮编：265700
电话：0535/8521759
传真：8522659
网址：www.lktxgm.com
电子信箱：lktxgm@163.com
质量体系：ISO 9001
产品情况：（兴年牌）
传动轴吊架总成、制动系列分泵、橡胶制品、油封、反作用杆、冲压件等
配套情况：与一汽、陕汽、重汽、东风柳汽等长期合作

★ 隆基集团有限公司
地址：山东省龙口市龙口经济开发区
邮编：265700
电话：0535/8842175
传真：8881899
网址：www.longjigroup.cn
电子信箱：longji@longjigroup.cn
法人代表：张乔敏
负责人：张海燕
单位人数：3800
质量体系：QS 9000、VDA 6.1、ISO/TS 16949、ISO 9000
产品情况：汽车制动盘、制动毂、轮毂、制动片、制动钳及气泵、水泵、机油泵
配套及出口情况：制动蹄片为济南重汽、陕西汉德、北方奔驰、广西柳汽、安凯福田、郑州宇通及奇瑞、吉利、比亚迪、重庆长安、通用五菱等配套；气泵、水泵、机油泵产品主要为国内一汽、东风和重汽公司的各大主机厂配套；出口美国、加拿大、墨西哥、德国、英国、法国、意大利、西班牙、埃及、土耳其、阿尔及利亚、南非、俄罗斯、白俄罗斯、印度、韩国、新加坡、马来西亚、阿联酋等 50 多个国家和地区
☞ 详细情况请参阅彩色宣传版面

★山东隆基机械股份有限公司
地址：山东省龙口市龙口经济开发区
邮编：265700
电话：0535/8842175、8881898
传真：8881899、8881876
网址：www.sdljjx.com.cn
电子信箱：qchj@longjigroup.cn
单位人数：2000
质量体系：ISO/TS 16949、ISO 14000
产品情况：（隆基牌）
制动盘、制动毂、轮毂、制动钳、制动片产品
配套及出口情况：为济南重汽、陕西汉德、北方奔驰、广西柳汽、安凯福田、郑州宇通、奇瑞、吉利、比亚迪、重庆长安、通用五菱等配套；为马来西亚的第一、第二汽车厂的 OEM 配套

★龙口富元机械有限公司
地址：山东省龙口市东江高新区
邮编：265701
电话：0535/3463708
传真：3463709
网址：www.cnbrakecn.com

电子信箱:brakecn@ cnbrakecn. com
质量体系:ISO/TS 16949
产品情况:汽车制动盘、制动鼓
出口情况:远销美洲、南非、中东、韩国、东南亚、英国、比利时等国家和地区

★龙口市新利达机械制造有限公司
地址:山东省龙口市北马镇花园路18号
邮编:265702
电话:0535/8926838
传真:8926836
电子信箱:sale@ lkxld. cn
质量体系:ISO/TS 16949
产品情况:各种制动总成,玻璃导槽,电动升降器和汽车车身附件等50多个品种

★龙口兴隆轮胎有限公司
地址:山东省龙口市经济开发区
邮编:265703
电话:0535/8868215、8861036
传真:8862768
网址:www. longlingroup. com
电子信箱:xinglongtyrezhang@ 163. com
单位人数:700
质量体系:ISO 9001
产品情况:(龙林牌、龙达牌)
工程轮胎、工业轮胎、无内胎轮胎、中型载重轮胎、轻型载重轮胎、微型载重轮胎和农用轮胎七大系列;年生产能力可达50万套
出口情况:出口美国、菲律宾、印度尼西亚、巴拿马等10多个国家

★龙口奇正汽车配件制造有限公司
地址:山东省龙口市开发区
邮编:265703
电话:0535/3128117、3128179
传真:3128123
网址:www. lktlc. com
电子信箱:lktlc@ vip. sina. com
质量体系:ISO/TS 16949
产品情况:汽车制动盘、制动鼓
出口情况:出口国外市场

★龙口市裕东机械制造厂
地址:山东省龙口市龙港开发区
邮编:265703
电话:0535/8881272、8863329
传真:8863328
网址:www. sd - yd. com
电子信箱:xssun@ sd - yd. cn
单位人数:320
质量体系:ISO/TS 16949、ISO 9001
产品情况:(裕东牌)
轿车用制动盘、制动鼓、制动片、前轮毂、后短轴、飞轮总成等

★龙口市荣地机械配件有限公司
地址:山东省龙口市兰高镇青年创业园
邮编:265704
电话:0535/8641020、15192391075
传真:8643619
网址:www. lkrongdi. com
电子信箱:qiyidan66@ 163. com
单位人数:500
质量体系:ISO 9001
产品情况:汽车制动盘、制动鼓等汽车配件,年生产铸件380万件

★龙口市富洋机械配件有限公司
地址:山东省龙口市芦头镇麻家村
邮编:265704
电话:18663852557
传真:0535/8648966
电子信箱:brakedrum@ 126. com
质量体系:ISO/TS 16949
产品情况:汽车制动盘、制动鼓等

★山东旭鑫机械股份有限公司
地址:山东省龙口市石良镇驻地
邮编:265707
电话:0535/8762620
传真:8762166
网址:www. sd - xuxin. cn
电子信箱:sd - xuxin@ tom. com
质量体系:ISO/TS 16949
产品情况:(金珠牌)
汽车制动鼓、轮毂、制动盘、悬架件及其他汽车零部件铸件;年产铸件能力达到65000t
配套情况:为一汽解放青岛汽车厂、北汽福田汽车、安徽华菱、泰州神力车桥等厂家配套

★龙口金正机械有限公司
地址:山东省龙口市徐福镇浩源工业园
邮编:265713
电话:0535/3456888、8592888
传真:8605688
网址:www. jzrotor. com
电子信箱:webmaster@ brakerotor. cc
单位人数:1500
质量体系:ISO/TS 16949
产品情况:汽车制动盘、制动毂、水泵、油泵、气泵等零部件
配套及出口情况:为美国克莱斯勒、通用配套;主要出口美洲、欧洲、韩国、日本、加拿大、南非、西欧等国家和地区,并销往中国台湾地区

★龙口海盟机械有限公司
地址:山东省龙口市经济开发区
邮编:265716
电话:0535/8887366、8887188
传真:8880266
网址:www. haimeng. com
电子信箱:sales@ haimeng. com
质量体系:ISO/TS 16949、QS 9000
产品情况:(海盟牌)
制动盘、制动鼓、制动蹄、轮毂和车桥等

★龙口市禾丰传动轴有限公司
地址:山东省龙口市龙口经济开发区
邮编:265716
电话:0535/8885333
传真:8885331
网址:www. china - hefeng. com
电子信箱:manager@ china - hefeng. com
质量体系:ISO 9001
产品情况:(禾丰牌)
汽车传动轴
出口情况:部分产品出口

◉ 山东兴民钢圈股份有限公司
地址:山东省龙口市经济开发区
邮编:265716
电话:0535/8880188
传真:8886708
网址:www. xingmin. com
电子信箱:master@ xingmin. com
法人代表:高贺男
单位人数:2000
质量体系:ISO/TS 16949、ISO 14001
产品情况:(兴民牌)
汽车钢制车轮,包括无内胎钢制车轮、工程机械钢制车轮、载货汽车钢制车轮、农用运输钢制车轮等10大系列、1000多个品种,年生产能力1200万件
配套及出口情况:为知名汽车制造厂及国际知名汽车零部件供应商配套;远销欧洲、北美洲、南美洲、大洋洲、亚洲、非洲等40多个国家和地区

★龙口市龙海实业有限公司
地址:山东省龙口市北马镇南首
邮编:265717
电话:0535/8981538
传真:8981198
电子信箱:china - longhai@ 163. com
质量体系:ISO/TS 16949
产品情况:(龙海牌)
汽车制动产品、制动液、真空助力器、空气加力泵、优先流量控制阀、气制动阀、卸载(荷)阀
配套情况:为多家汽车制造厂配套

★青岛市城阳区元通汽车传动轴厂
地址:山东省青岛市城阳区正阳东路1号
邮编:266000
电话:0532/66917000
传真:66917000
网址:www. qdyuantong. com
电子信箱:qdyuantong@ qdyuantong. com
负责人:李明辉
单位人数:120
质量体系:ISO/TS 16949
产品情况:汽车传动轴、凸缘、支架、悬架、隔圈、贯通轴等
配套情况:为一汽解放、一汽解放车桥分公司、山东蓬翔汽车、中国重汽集团青岛重工、包头北奔重汽车桥、广西方盛实业、重庆北奔变速器、浙江精工机电汽车科技等国内各大重型车制造厂家配套

★青岛帅潮实业有限公司
地址:山东省青岛市娄山路1号
邮编:266000
电话:0532/84832999
传真:84832028
网址:www.shuaichao.com
电子信箱:chlchl105@163.com
单位人数:653
质量体系:ISO/TS 16949
产品情况:钢板弹簧、销轴、制动盘、支撑腿

★青岛恒达轮胎有限公司
地址:山东省青岛市南区闽江路国华大厦B座2002室
邮编:266000
电话:0532/86316788、85893191
传真:86316898
网址:www.hengdatyre.com
电子信箱:info@hengdatyre.com
单位人数:400
质量体系:ISO 9001
产品情况:(FOREVER牌、HENGTAR牌)
各种(巨型、大、中、小型)工程机械轮胎、载重汽车、轻型货车、农业和叉车轮胎;年生产能力达80万套
出口情况:出口欧洲、美洲、非洲、中东、东南亚等20多个国家和地区

★青岛四方车辆研究所有限公司
地址:山东省青岛市四方区瑞昌路231号
邮编:266031
电话:0532/68683868、68683856
网址:www.srsri.com
电子信箱:shichangbu@srsri.com
董事长(负责人):刘保明
质量体系:ISO/TS 16949、ISO 14001
产品情况:空气弹簧、橡胶减振件等

★青岛瑞诺轮胎有限公司
地址:山东省青岛市海尔路东侧182-6号地恩地财富大厦1502室
邮编:266061
电话:0532/86077816、80662967
传真:86077817、80662976
网址:www.rhinotyre.com
电子信箱:rhino@rhinotyre.com
产品情况:载货汽车轮胎、工程轮胎、农业轮胎、半钢轮胎、工业轮胎以及车轮等

★青岛福临轮胎有限公司
地址:山东省青岛市闽江路二号国华大厦B座11F
邮编:266071
电话:0532/66023015、85936931
传真:85936969、87923993
网址:www.fullruntyre.com
电子信箱:tyremall@fullruntyre.com
质量体系:ISO 9001
产品情况:(FULLRUN牌、ANTYRE牌、FULLWAY牌、CLEAR牌)
轮胎
出口情况:产品90%出口,远销100多个国家和地区

★青岛优盟机电有限公司
地址:山东省青岛市山东路2A号
邮编:266071
电话:0532/83096572、83096571
传真:83096517、83096518
网址:www.uumg.com
电子信箱:gordon66@china.com
质量体系:ISO 9001
产品情况:小口径金属管件和汽车阀类产品(充气阀、减压阀)

★青岛国人机械有限公司
地址:山东省即墨市烟青路1591号
邮编:266100
电话:0532/87508976
传真:87501829
网址:www.gren.com
电子信箱:machinery@gren.com
质量体系:ISO/TS 16949
产品情况:汽车制动器、鼓;制动摩擦片、水箱等汽车零配件及焊接建筑构件等

★韩瑞汽车零部件(青岛)有限公司
地址:山东省青岛市城阳区流亭工业园
邮编:266100
电话:0532/87658699
传真:87658599
网址:www.hanseoclutch.com
电子信箱:hanseosuper@hotmail.com
产品情况:(韩瑞牌)
韩系、日系、美系的发动机传动系列产品(皮带张紧器、张紧轮、惰轮、单向轮、凸轮轴齿轮、曲轴齿轮、时规张紧器)
出口情况:出口20多个国家和地区

★青岛海通车桥有限公司
地址:山东省青岛市李沧区瑞金路7号甲
邮编:266100
电话:0532/87896230
传真:87895211
网址:www.cheqiao.cn
电子信箱:bgs@cheqiao.cn
董事长(负责人):张建华
质量体系:ISO/TS 16949
产品情况:(HT牌)
轻、中、重型载货汽车车桥总成
配套情况:为一汽解放青岛汽车厂、重汽集团、山东蓬翔、一汽解放车桥等公司配套

★青岛方正机械集团有限公司
地址:山东省青岛市李沧区郑佛路17号
邮编:266100
电话:0532/82287905、80920827
传真:82287928、80920827
网址:www.chinaqf.com
电子信箱:fxj@chinaqf.com
质量体系:ISO/TS 16949
产品情况:驱动桥空气悬架、随动桥空气悬架、可提升桥空气悬架,特种车桥,专用汽车,具有年产各种空气悬架4万台份、特种车桥3万根和各种专用汽车2000辆的生产能力
配套情况:为一汽集团、北汽福田、东风汽车公司等配套

★青岛喜盈门双驼轮胎有限公司
地址:山东省青岛市城阳区惜福镇东铁村
邮编:266106
电话:0532/87889263、87889778
传真:87889213
网址:www.doublecamel.com
电子信箱:zhsh@doublecamel.com
质量体系:ISO/TS 16949、ISO 14000
产品情况:(双驼牌、犀牛牌、奥耐特牌)
各系列摩托车轮胎、农业轮胎、各类载重汽车轮胎共五大类;已具备年产摩托车轮胎1000万套,载重轮胎200万(标)套的生产能力

★青岛约克运输设备有限公司
地址:山东省青岛市城阳区正阳东路青特产业园25号
邮编:266106
电话:0532/87885533
网址:www.qt-group.com
电子信箱:yuek@qingtegroup.com
质量体系:ISO/TS 16949
产品情况:(YUEK牌)
一体轴系列、欧式焊接系列、十六轮刚性悬架系列、一线三桥系列、短轴系列、自动转向桥系列、凹式桥系列;产品线覆盖8~20t支承桥、20~100t钢性悬架(一线两桥)、52t支撑桥等多型号、规格的车桥产品
配套情况:为各大汽车改装厂配套

★青岛青特铸造有限公司
地址:山东省青岛市城阳区青特工业园
邮编:266108
电话:0532/87980222
网址:www.qt-group.com
电子信箱:qtgroup@public.qd.sd.cn
质量体系:ISO/TS 16949
产品情况:(青特牌)
各种中、重型载货汽车车桥的灰铁、球铁铸件毛坯,减速器壳、差速器壳、轮毂、制动鼓等铸件,发动机缸体、缸盖等铸件,年产各种铸件5万t

★青岛青特众力车桥有限公司
地址:山东省青岛市城阳区不其路25号
邮编:266109
电话:0532/81158777
网址:www.qt-group.com
电子信箱:qtgroup@public.qd.sd.cn
质量体系:ISO/TS 16949

产品情况:(青特牌)
驱动桥
配套情况:为一汽集团、东风汽车公司、中国重汽、北汽福田等配套

★齐鲁轮业有限公司
地址:山东省青岛市城阳区城西工业园
邮编:266109
电话:0532/88697168
传真:88697188
电子信箱:qlwheel@126.com
质量体系:ISO/TS 16949
产品情况:型钢车轮(5°斜底车轮)和滚型车轮(15°深槽车轮)两大系列产品

★青岛锐德世达科技有限公司
地址:山东省青岛市李沧区湘潭路47号乙
邮编:266109
电话:0532/84810037
传真:84810037
电子信箱:ridestar@163.com
质量体系:ISO 9001
产品情况:(Ridestar牌)
商用车桥、车辆空气悬架系统、载货汽车驾驶室空气悬置等
配套情况:与义和车桥、格兰莱特公司建立战略合作关系

★青岛加力汽车制动器有限公司
地址:山东省青岛市城阳区棘洪滩街道
邮编:266111
电话:0532/55676927、55676928
网址:www.jialirotors.com
电子信箱:webmaster@jialirotors.com
质量体系:ISO 9001
产品情况:汽车制动器及零配件
出口情况:远销美国、加拿大、日本、欧洲

★青岛天赢工业有限公司
地址:山东省即墨市环球区镇远路2号
邮编:266200
电话:0532/81927530
传真:85701702
电子信箱:wangmingchun1998@126.com
法人代表(负责人):赵建斌
单位人数:600
质量体系:ISO/TS 16949
产品情况:乘用车球头、拉杆、控制臂及单元组装件

★青岛黄海轮胎厂
地址:山东省即墨市龙山办事处团彪
邮编:266205
电话:0532/86580178
电子信箱:sales@qdystyre.com
质量体系:ISO 9001
产品情况:(双池山牌、海湾牌、凯凯牌)
载货汽车轮胎、工程机械轮胎、农用机械轮胎
出口情况:远销欧洲、美洲、中东、拉丁美洲等80多个国家和地区

★青岛金盛集团有限公司
地址:山东省即墨市金口镇
邮编:266213
电话:0532/84838678、85521639
传真:85521999
网址:www.qingdaojinsheng.com
电子信箱:jsjt@qdjsjt.com
质量体系:ISO 2000、ISO/TS 16949
产品情况:(金口牌)
各类轻、中、重型豪华汽车驾驶员座椅、悬置梁总成、前翻及后悬开启机构、商用车全车焊接件、各类轻、中、重型汽车传动轴,各种铸锻件、塑料橡胶制品
配套及出口情况:为一汽集团、东风汽车等配套;出口美国、日本、韩国,并销往中国香港地区

★青岛金圣橡胶工业有限公司
地址:山东省即墨市灵山工业园灵通路东首
邮编:266219
电话:0532/84530399
传真:84530399
网址:www.seagod.cn
电子信箱:jessica@seagod.cn
质量体系:ISO 9001
产品情况:(海神牌、西固德牌)
摩托车轮胎,电动车轮胎,滑板车轮胎,儿童车轮胎,汽车轮胎等轮胎类系列产品
出口情况:远销东南亚、非洲、中东、中南美等多个国家和地区

★青岛丰宝汽车离合器有限公司
地址:山东省即墨市大信镇丰宝路1号
邮编:266229
电话:0532/82537999
传真:82530999
网址:www.qdfengbao.com
电子信箱:info@qdfengbao.com
单位人数:300
质量体系:ISO/TS 16949
产品情况:(丰宝牌)
一汽解放系列、东风系列和重汽系列等车用离合器总成,汽车离合器年生产量120万套以上
配套及出口情况:被西安陕汽、北汽欧曼、济南泰安专用汽车厂、中通客车厂等多家汽车生产厂商指定配套;随多家汽车生产商的车辆出口,远销多个国家和地区

★青岛森麒麟轮胎有限公司
地址:山东省即墨市天山三路5号
邮编:266229
电话:0532/68968896
传真:68968818
网址:www.senturytire.com.cn
电子信箱:sentury-sales@senturytire.com
质量体系:ISO/TS 16949、ISO 14001
产品情况:高性能半钢子午线轮胎和航空轮胎
配套及出口情况:已成为江淮汽车、华晨中华汽车、华泰汽车、华晨鑫源汽车、潍柴嘉陵川江汽车的主流供应商;已在北美洲、中南美洲、欧洲、非洲、大洋洲、亚洲等150多个国家和地区建立了全球销售网络

★青岛双星轮胎工业有限公司
地址:山东省青岛市人民东路131号双星轮胎工业园
邮编:266229
电话:0532/67710682、67710679
传真:67710679
网址:www.doublestartyre.com
负责人:汪海
质量体系:ISO/TS 16949
产品情况:全钢载重子午胎、半钢子午胎、斜交载重轮胎、轻型农用车轮胎、工程轮胎、内胎垫带、特种轮胎等
配套及出口情况:是中国一汽、东风汽车、中国重汽、福田汽车、陕汽、中集集团、江淮汽车、长安汽车、五征汽车等几十家国内著名汽车生产厂家的主要供应商;出口欧美、非洲、东南亚、中东等140多个国家和地区

★青岛精益精锻齿轮有限公司
地址:山东省胶州市滨州路5号
邮编:266300
电话:0532/82292595、82298535
传真:82290996
电子信箱:jingyijingduan@163.com
质量体系:ISO 9001
产品情况:(一心牌)
精锻行星齿轮、半轴齿轮、锥齿轮以及各种精密锻件
配套及出口情况:主要为一汽集团、一汽哈尔滨轻型车厂、福田雷沃重工、山东工程机械厂、台励福叉车(青岛)公司、山东时风等配套;部分产品出口欧洲、美洲地区

★青岛三星精锻齿轮有限公司
地址:山东省胶州市广州北路300号
邮编:266300
电话:0532/82290665、82290801
传真:82292700
网址:www.qdjdcl.cn
电子信箱:qdjdcl@public.qd.sd.cn
董事长(负责人):傅志刚
单位人数:340
质量体系:ISO/TS 16949
产品情况:(三星牌)
具有年产500万件精锻齿轮,5万套差速器总成,20万套减振器总成和2000t精密锻件的生产能力
配套情况:为一汽、东风、重汽、陕汽、北方奔驰、龙工、夏工、柳工、徐工、山工、临工、美驰等厂家配套

★青岛聚蚨源机电有限公司
地址:山东省胶南市临港八路788号

邮编:266431
电话:0532/87136677、82136669
传真:82187788
网址:www. qdjfyjd. com
电子信箱:jowoncasting@ 126. com
法人代表:李东辉
质量体系:ISO/TS 16949、ISO 9001
产品情况:制动鼓、轮毂、制动盘、泵阀、箱体等铸造产品
配套及出口情况:畅销国内多家知名汽车主机厂;出口俄罗斯、加拿大、意大利、美国等欧美国家

★青岛盛博机电有限公司
地址:山东省青岛市黄岛区临港路2527号
邮编:266431
电话:0532/83195050
传真:83191962
网址:www. brakepads. cn
电子信箱:hr@ brakepads. cn
法人代表:杜效德
负责人:刘效斌
单位人数:130
质量体系:ISO/TS 16949、ISO 9001
产品情况:各类汽车、柴油车制动片及制动系统

★东营盛宇工贸有限公司
地址:山东省青岛市经济技术开发区保税区北京路63号天智大厦5楼H室
邮编:266500
电话:0532/86767033
传真:86766293
网址:www. sunwitbrake. com
电子信箱:info@ sunwitbrake. com
质量体系:ISO/TS 16949
产品情况:汽车制动盘、制动鼓等

★赛轮金宇集团股份有限公司
地址:山东省青岛市经济技术开发区富源工业园
邮编:266500
电话:0532/86916096
传真:86916032
网址:www. sailuntyre. com
电子信箱:sales@ sailuntyre. com
法人代表:杜玉岱
质量体系:ISO/TS 16949、ISO 14001
产品情况:(SAILUN牌)
子午线轮胎
出口情况:远销欧洲、美洲、亚洲、非洲等地区

★辉门(青岛)汽车零部件有限公司
地址:山东省青岛经济技术开发区通河路269号
邮编:266510
电话:0532/86860668
传真:86860611
网址:www. federalmogul. com/cn
产品情况:汽车万向节等零部件产品

★青岛华瑞汽车零部件股份有限公司
地址:山东省青岛市经济技术开发区富源工业园(茂山路868号)
邮编:266510
电话:0532/58718950、15806525260
传真:58718957
网址:www. hrap. com. cn
电子信箱:hr@ hrap. cn
质量体系:ISO/TS 16949
产品情况:制动器类:多种型号的液压盘式、气压鼓式和气压盘式制动器总成;离合器类:多种型号的农业装备用离合器;车桥类:多种汽车用前桥总成,拖拉机、收割机驱动桥总成;散件类:多种汽车、工程机械、农业装备用的行星架、轴承座、差速器壳体、板材件;摩擦材料类:多种型号的气压盘式制动块、油压盘式制动块和油压鼓式制动蹄总成
配套及出口情况:为一汽集团、东风汽车公司、上汽通用、北汽福田等配套;部分产品远销欧美及澳大利亚

★威伯科汽车控制系统(中国)有限公司
地址:山东省青岛市经济技术开发区渭河路917号
邮编:266510
电话:0532/86861000
传真:86837899
网址:www. wabco - auto. com
质量体系:ISO/TS 16949
产品情况:空气压缩机、空气干燥器、四回路保护阀、空气处理单元、制动阀、继动阀、自动感载阀、挂车控制阀、离合器总泵、离合器助力缸、制动气室、制动器、防抱死制动系统、空气悬架、电子控制制动系统等

★青岛欧美亚橡胶工业有限公司
地址:山东省平度市白埠工业园
邮编:266700
电话:0532/82399898
传真:82390999
网址:www. worldeaa. com
电子信箱:eaa@ worldeaa. com
单位人数:1000
质量体系:ISO/TS 16949
产品情况:轮胎、橡胶空气弹簧等橡胶制品
出口情况:远销欧洲、美洲、非洲、东南亚等地区

★青岛创兴齿轮有限公司
地址:山东省平度市经济技术开发区海州路109号
邮编:266700
电话:0532/88306811、84355715
传真:84355716、88306812
网址:www. qdfeihua. com
电子信箱:info@ qdfeihua. com
质量体系:ISO 9000
产品情况:(飞华牌)
已形成年产齿轮等产品100万件(套),柴油机连杆及配件5万套、工程机械桥总成及破碎锤机芯1万台套的生产能力
配套及出口情况:主要配套厂家有淄博柴油机、济南柴油机、东风公司、北汽福田、长城汽车、时风集团、山东常林集团等;出口意大利、西班牙等国家

★青岛弘盛汽车配件有限公司
地址:山东省平度市唐田工业园
邮编:266709
电话:0532/85302999
传真:85301818
网址:www. hsqipei. com
电子信箱:info@ hsqipei. com
质量体系:ISO/TS 16949
产品情况:各种汽车制动调整臂总成、中冷器气室系列及各种机械配件等
配套及出口情况:常年供给东风汽车集团、寿光泰丰汽车制动系统、青岛东洋汽车散热器等单位;远销美国、英国、德国、意大利、日本、韩国、新加坡、西班牙等国家和地区

★山东丰润机械制造有限公司
地址:山东省莱芜市高新区汶阳工业园长江大街75号
邮编:271100
电话:0634/5620977、5660557
传真:5620557
网址:www. sd - fengrun. com
电子信箱:lwsdfengrun@ 163. com
质量体系:ISO/TS 16949
产品情况:年产汽车齿轮80万套、轻型货车配件50万件、变速器5万台
配套情况:主要合作伙伴有沃尔沃、中国重汽、青特集团、陕西重汽、畅丰车桥、北奔重汽、曙光集团、湖北三环、一汽蓬翔、一汽、安凯车桥

★山东汇金股份有限公司
地址:山东省莱芜市莱城区口镇
邮编:271114
电话:0634/6650658、6650258
传真:6650266、6650061
网址:www. huijinfoundry. com
电子信箱:jlb@ sdhuijin. com
负责人:李兆霞
单位人数:1300
质量体系:ISO/TS 16949、ISO 14001
产品情况:(TUSIKOU牌)
主要产品汽车、工程机械、农机装备转向系统、制动系统、底盘悬挂系统类零部件
配套情况:汽车零部件主要为通用、福特、克莱斯勒、现代等一流汽车商配套

★山东泰山轮胎有限公司
地址:山东省肥城市泰西大街1号
邮编:271600
电话:0538/3269616、3269341

传真:3269678、3260511
网址:www.taishantyre.com
电子信箱:tstyre@126.com
董事长:翟远新
负责人:田文达
质量体系:ISO 9001、ISO 14001
产品情况:(泰山牌)
载货汽车轮胎、工程机械轮胎、农业轮胎、全钢子午巨胎等
配套及出口情况:为北汽福田、徐工起重机械、重庆重汽、北奔重汽、宝鸡华山车辆厂、常林工程机械、成都工程机械、佳木斯约翰迪尔、天津约翰迪尔、洛阳一拖等配套;出口70多个国家和地区

★泰安瑞泰达机械有限公司
地址:山东省肥城市湖屯镇工业园
邮编:271613
电话:0538/3610965、18653817068
传真:3610965
网址:www.ruitaida.com
电子信箱:ruitaidafhg@163.com
单位人数:200
质量体系:ISO/TS 16949
产品情况:各种半挂车悬架系统(德式、美式及单点悬架),厢式垃圾车配件,工程机械挖斗、前铲、支腿等
出口情况:出口美国、欧洲、非洲、中东等国家和地区

★济宁精益轴承有限公司
地址:山东省济宁市开发区新元路
邮编:272000
电话:0537/2389325、2313834
传真:2313443、2164179
网址:www.jy-bearing.com
电子信箱:info@jy-bearing.com
董事长(负责人):李兴强
单位人数:580
质量体系:ISO/TS 16949、ISO 14001
产品情况:(精益牌)
滚针轴承,滚子轴承、推力轴承、组合轴承及非标轴承、轴承座圈、汽车同步器齿环等,计1800余个规格品种,年产2500万套
配套情况:为一汽、东风、中国重汽、陕西重汽、上汽红岩依维柯、北汽福田、陕西汉德车桥、东风柳汽、綦江齿轮传动、福田曙光车桥、山东重工集团、山推工程机械、杭州前进齿轮箱、广西柳工机械、三一重工、中联重科、株洲齿轮、山东时风、山东五征山拖多家汽车制造商和汽车变速器生产商及工程机械骨干企业配套

★济宁骏达机械制造有限公司
地址:山东省济宁市太白中路23号
邮编:272035
电话:0537/2353798、2353768
传真:2317934
网址:www.jiningwheel.com
电子信箱:sales@jiningwheel.com
负责人:谭方峰
单位人数:786
质量体系:ISO/TS 16949、ISO 14001
产品情况:(JC牌)
各种规格的钢制车轮,年产能力150万套
配套情况:为一汽集团、南京汽车集团、东风汽车公司、中集集团、重汽集团、宇通客车、安凯客车、江淮汽车、金龙客车、北京华德尼奥普兰、中国一拖集团、上海纽荷兰、北汽福田、山工集团、徐工集团等配套

★兖州市环宇车轮有限公司
地址:山东省兖州市经济开发区明月路西
邮编:272114
电话:0537/3839888
传真:3839666
网址:www.yzhycl.com
电子信箱:hyc1888@sina.com
质量体系:ISO/TS 16949、GB/T 28001
产品情况:日产型钢车轮10000只,滚形车轮5000只,年产量500多万只的生产能力
配套情况:为陕汽集团、重汽集团、上汽依维柯红岩、福田汽车、上海纽荷兰等配套

★嘉祥县汽车配件制造厂
地址:山东省嘉祥县孟姑集工业园区
邮编:272400
电话:0537/6471163
传真:6478666
电子信箱:sdqp666@sina.com
质量体系:ISO 9001
产品情况:(通华牌)
半挂车支承装置、悬架系统
出口情况:出口多个国家

★梁山顺安达汽车科技有限公司
地址:山东省梁山县梁山镇工业园区
邮编:272600
电话:0537/7736856、13562782620
传真:7736398
网址:www.lssad.com
电子信箱:lssad@163.com
质量体系:ISO 9001
产品情况:汽车制动系统(各种制动阀、弹簧制动气室等)

★梁山四平亿利德专用汽车配件公司
地址:山东省梁山县拳铺镇工业园区
邮编:272613
电话:0537/7763198、7765819
传真:7765489
质量体系:ISO 9000
产品情况:90型、50型鞍式牵引座板总成,90型、50型牵引销总成,30型储能弹簧制动气室,半挂车悬架装置总成等
配套情况:为部分汽车生产厂配套

★梁山县金盛车桥有限公司
地址:山东省梁山县拳铺镇工业园区
邮编:272613
电话:0537/7763998、7763996
传真:7666366
电子信箱:js-axle@163.com
质量体系:ISO/TS 16949
产品情况:(金盛桥牌)
具有年产半挂车车轴6万只、悬架总成5万套的生产能力
配套情况:为挂车生产企业、汽车生产企业配套

★山东蒙沃变速器有限公司
地址:山东省平邑县财源大道北首
邮编:273300
电话:0539/4211637
传真:4232161
网址:www.lgqx.cn
电子信箱:sdlgqx@163.com
负责人:张志东
单位人数:1200
质量体系:QS 9000、ISO 9001
产品情况:[沃(MENWO)牌]
微型、轻型汽车变速器
配套情况:为福田、一汽、东风、江淮、长安、奇瑞等国内主要汽车制造商等配套

★菏泽恒顺汽摩配件有限公司
地址:山东省菏泽市开发区太湖路
邮编:274000
电话:0530/5334710
传真:5333359
电子信箱:jianzhenqi@yeah.net
质量体系:ISO/TS 16949
产品情况:(景峰牌)
各种汽车减振器,五大类30多个品种,年产能力达50万只

★山东省三利轮胎制造有限公司
地址:山东省曹县昆仑山路北段路西
邮编:274400
电话:0530/3230018、3232888
传真:3231972
网址:www.sanlityre.com
电子信箱:sanli@sanlitire.com
单位人数:1100
质量体系:ISO/TS 16949
产品情况:[三立牌、BEARWAY(百威)、MARSWAY(马士威)、GREENTOUR(景途)等]
半钢子午线轮胎、载重汽车轮胎、轻型货车轮胎、农用轮胎、中小工程轮胎、巨型工程机械轮胎等;有年产各种轮胎1000万套生产能力
配套情况:为东风汽车公司等配套

★山东航宇汽车配件有限公司
地址:山东省临沂市兰山区马厂湖镇解放路和工业二路交汇处
邮编:276015
电话:0539/8941678、8523567
传真:8948666
网址:www.hangyuwheel.com

电子信箱：shandonghangyu@sina.com
单位人数：400
质量体系：ISO 9001
产品情况：（富山牌、久瑞牌）
　　车轮
配套及出口情况：为多家知名汽车制造公司配套；远销多个国家和地区

★山东蒙凌工程机械股份有限公司
地址：山东省临沂市河东区
邮编：276025
电话：0539/8830506
传真：8830110
网址：www.menglinggroup.com
电子信箱：mengling@menglinggroup.com
质量体系：ISO/TS 16949、ISO 14001
产品情况：（蒙凌牌）
　　铸钢、灰口铸铁、球墨铸铁工程机械系列配件
配套情况：为柳工、厦工、徐工、临工、龙工、常林、杭齿、川齿、福田、华菱、安凯、汉德等国内10余家大型工程机械企业及重型汽车生产企业定点供货

★山东众力液压技术有限公司
地址：山东省沂水县经济开发区
邮编：276400
电话：0539/2251405、2218788
传真：2238166
网址：www.szh.com.cn
电子信箱：zlyeya@126.com
单位人数：286
质量体系：ISO/TS 16949
产品情况：重型汽车液压缸及放大架、环保设备液压缸、工程机械液压缸、路桥建设机械液压缸、打包机液压缸等系列产品
配套及出口情况：与中集、重汽、一汽、东风、东岳、五岳等企业建立了良好的合作关系；出口韩国、俄罗斯等国家

★沂水永达液压机械有限公司
地址：山东省沂水县北城一路7号
邮编：276400
电话：0539/2253703
传真：2264014
网址：www.ydyg.com.cn
电子信箱：ydcojsd@163.com
负责人：杨勇
单位人数：280
质量体系：ISO 9001
产品情况：（永达牌）
　　TGI、HG、SG、DG系列车辆油缸，HSG系列工程油缸，Y－HG系列冶金油缸，矿山机械，船舶油缸及各种非标液压油缸
配套及出口情况：为几大农用车辆厂配套；出口东南亚

★山东金正大机械制造有限公司
地址：山东省临沭县兴大西街19号
邮编：276700
电话：0539/6211989
传真：6218246
电子信箱：jzqpsh888@163.com
质量体系：ISO/TS 16949、QS 9000
产品情况：（JZD牌）
　　变速器及其壳体、齿轮、轴等变速器配件

★山东金马工业集团股份有限公司
地址：山东省日照市上海路399号
邮编：276826
电话：0633/8879019、8326225
传真：8785887
网址：www.sdjinma.cn
电子信箱：mazukun@sdjinma.net
董事长：马祖斌
单位人数：2500
质量体系：ISO/TS 16949、ISO 14001
产品情况：汽车转向机活塞、曲轴、凸缘、轮毂、控制臂、拉杆球壳、拨叉、球座、车钩、尾钩等

河南省

★郑州精益达汽车零部件有限公司
地址：郑州市高新技术产业开发区长椿路8号
邮编：450001
电话：0371/67853063
网址：www.molead.com
电子信箱：jyd@molead.com
质量体系：ISO/TS 16949、ISO 14001
产品情况：车桥、空气悬架、消声器、仪表台、行李架、舱门、玻璃钢、原子灰、车载卫生间、内饰件总成、阻尼胶、座椅、边窗、车用空调、线束、CAN模块和仪表等20余种产品
配套及出口情况：为宇通客车配套；产品随整车远销古巴、俄罗斯、伊朗、沙特阿拉伯等国家，并销往中国香港、中国澳门地区

★安联（郑州）工程机械有限公司
地址：郑州市高新技术产业开发区紫竹路98号
邮编：450001
电话：0371/67853991、67853992
传真：67853995
网址：www.alionaxles.com
电子信箱：info@alionaxles.com
质量体系：ISO 9001
产品情况：（ASAF牌）
　　车桥、悬架件、牵引座、牵引销等
出口情况：出口北美洲、南美洲、欧洲、非洲、东南亚等地区

★郑州凯通汽车配件有限公司
地址：郑州市中州大道与南三环交叉口东南角2号
邮编：450004
电话：0371/69110652、13607660365
传真：60273906
网址：www.zzktqp.com
电子信箱：zzkaitong@126.com
质量体系：ISO/TS 16949
产品情况：（凯畅牌）
　　汽车钢板弹簧等
配套及出口情况：为多家车辆制造厂配套；部分产品出口俄罗斯、北美洲、南美洲、非洲等国家和地区

★郑州八钢板簧有限公司
地址：郑州市管城回族区金岱工业园
邮编：450016
电话：0371/66838408、66838409
网址：www.bgbh.cn
单位人数：200
质量体系：ISO 9001
产品情况：汽车板簧、垫板、盖板、支架、螺栓等

★昌通科技有限公司
地址：河南省巩义市工业示范区朝阳西路9号
邮编：451252
电话：0371/64105558、4006222868
传真：60329300
网址：www.cn－changtong.com
电子信箱：ct@hnchangtong.com
单位人数：1900
质量体系：ISO/TS 16949
产品情况：（昌通牌）
　　汽车板簧、轧制弹簧扁钢及型材、汽车制动阀、法兰管桩端板系列产品，年产汽车板簧5万t、汽车制动阀40万套、法兰毛坯系列产品3万t、成品法兰1万t及管桩端板10万t
配套及出口情况：汽车板簧为黔南农用运输车制造厂EQ140SD180T、SD150T配套，汽车板簧为玉动车辆有限公司EQ140HCA配套，汽车板簧为河池车辆厂EQ140HCA配套；远销俄罗斯、波兰、丹麦、南非、泰国等国家

★郑州新华重型机器有限公司
地址：河南省中牟县姚家镇工业园区10号
邮编：451464
电话：0371/62360608、62360612
传真：62385381
网址：www.zzxhzj.com
电子信箱：sales@rollingmills.cn
质量体系：ISO/TS 16949、QS 9000
产品情况：（景瑞牌）
　　汽车板簧，年产能力1.5万t
配套及出口情况：为中集集团、北京环达、青岛胜狮、天津劳尔、扬州盛达、扬天汽车、北京威腾等OEM配套供应JRX301、JRX402、JRX405、JRX408、JTG-25等半挂、全挂车系列板簧，以及JRD1390－10，JRD1390－12，JRD1390－13，JRD1690－7，JRD1690－12等半挂车系列板簧，JRD14（16）90－12等全挂车系列汽车板簧；向美国、加拿大、巴拿马、危地马拉、秘鲁、哥斯达黎加、洪都

拉斯、智利、意大利、韩国等国家出口 50 多种型号的汽车板簧

★郑州沃尔德机械制造有限公司
地址:河南省新密市曲梁工业园区
邮编:452370
电话:0371/63198888、13803840481
传真:63198999
网址:www. zzwoerde. com. cn
电子信箱:zzwed@ 126. com
单位人数:500
质量体系:ISO 9001
产品情况:重、中、轻型货车及农用系列汽车钢圈、轮辐、轮辋,年生产量 100 万套
配套情况:与多家挂车专用车生产厂家配套

★郑州华威齿轮有限公司
地址:河南省新密市嵩山大道 289 号
邮编:452370
电话:0371/69992168、15036121888
传真:69995599
网址:www. zzhwcl. com
电子信箱:hwdjsb@ sina. com
负责人:郑化轸
单位人数:90
质量体系:ISO/TS 16949、ISO 9001
产品情况:(华威牌)
主要生产高精度汽车前、后驱动桥用弧齿锥齿轮,生产能力 50 万套
配套情况:为保定长城、华晨金杯、湖南长丰、广汽吉奥等配套

★豫北转向系统股份有限公司
地址:河南省新乡市和平大道 322 号
邮编:453003
电话:0373/5088702
传真:5088703
网址:www. yubei - steering. com. cn
电子信箱:yb103scb@ 163. com
法人代表:高海军
负责人:贾相明
单位人数:1900
质量体系:ISO/TS 16949
产品情况:(翼环牌)
各类动力转向系统,包括循环球动力转向器、齿轮齿条动力转向器、电动助力转向系统;
配套及出口情况:国内为长安福特、上汽通用五菱、东风日产、东风乘用车、郑州日产、广汽菲亚特、长城、江铃、庆铃、江淮、宇通、比亚迪、福田等配套;国外为福特、美国 Cardone、日本三菱扶桑、日本五十铃、俄罗斯 UAZ 等客户配套;年出口循环球及齿轮齿条 6 万套;出口海外多个国家和地区

★新乡市天风汽车空压机有限公司
地址:河南省新乡市封丘工业园
邮编:453301
电话:0373/8513111、18537302085
传真:8513888
网址:www. xxkyj. com
电子信箱:xxkyj@ 126. com
质量体系:ISO 9001
产品情况:车用及工程机械用空压机
配套情况:为重汽、陕汽、潍柴、杭发、上柴、玉柴、大柴、康明斯等柴油发动机厂家配套

★新乡市增强汽车配件有限公司
地址:河南省长恒县位庄工业区
邮编:453400
电话:0373/8611488、8611366
传真:8611588
电子信箱:xxzqqp@ 163. com
质量体系:ISO 9001
产品情况:各种汽车减振器

★河南泰稳减振器有限公司
地址:河南省长垣县起重工业园区华豫大道
邮编:453400
电话:0373/8718888
传真:8717777
网址:www. hntwgs. com
电子信箱:taiwen888@ 126. com
质量体系:ISO 9001
产品情况:(泰稳牌)
s20、s25、s30、s40、s50、s65 等系列汽车减振器
配套及出口情况:为一汽集团、宇通集团、沈阳金杯、广西五菱集团、重汽集团等国内 20 多家企业配套;出口越南、老挝等国家

★河南省华腾实业发展有限公司
地址:河南省长垣县起重工业园区纬 7 路 35 号
邮编:453400
电话:4000599666、18837330000
传真:0373/8954888
网址:www. ht - china. com. cn
电子信箱:htsyfzgs@ 163. com
单位人数:239
质量体系:ISO/TS 16949
产品情况:(豪晟牌)
汽车减振器及其他零部件;年产各类汽车减振器 280 万支
配套及出口情况:为一汽、东风、红岩、北方奔驰、铁马、哈飞、长城等知名企业配套;远销中东、东南亚,非洲、欧美等地区

★河南省盛腾机械有限公司
地址:河南省新乡市长垣起重工业园
邮编:453400
电话:0373/8717379、13569817528
传真:8717379
网址:www. stjzq. com
电子信箱:xinshengteng@ 163. com
质量体系:ISO/TS 16949
产品情况:减振器
出口情况:远销国际市场

★河南五一机械有限公司
地址:河南省长垣县城南工业区位大路 8 号
邮编:453424
电话:0373/8718459
传真:8719408
电子信箱:hn51jx@ 163. com
质量体系:ISO/TS 16949
产品情况:各种汽车减振器,年产 110 万支
配套及出口情况:为一汽集团、沈阳金杯等配套;出口东南亚、非洲等地区

★河南万向系统制动器有限公司
地址:河南省原阳县城关镇府君庙街 15 号
邮编:453500
电话:0373/7294888、7295909
传真:7295906
网址:www. wanxiang. com. cn
电子信箱:henanwanxiang@ 126. com
质量体系:ISO/TS 16949、QS 9000
产品情况:(JIXING 牌)
重、中、轻、微、轿车及工程车六大系列制动器总成,具有年产鼓式制动器 160 万只、钳盘式制动器 35 万只、气制动器 50 万只、各种轮缸 250 万只、球墨铸件 7000t 的生产能力
配套情况:为一汽集团、东风汽车公司、北汽福田、长安、昌河、松花江、奥拓、比亚迪、天津一汽夏利、东南汽车等主机厂配套

★河南星光机械有限公司
地址:河南省原阳县福宁集工业园区
邮编:453500
电话:0373/7321588、7321528
传真:7321968
网址:www. hnxgjx. com. cn
电子信箱:xgfj888@ 126. com
质量体系:ISO/TS 16949
产品情况:制动卡钳总成、轿车制动盘、制动气室总成、气制动鼓式制动器、橡胶件

★原阳县伟航制动器有限公司
地址:河南省原阳县西衙寺
邮编:453500
电话:0373/7431055、13598689778
传真:7432880
网址:www. yywhzd. com
电子信箱:yuanyangweihang@ 163. com
负责人:张兴伟
单位人数:200
质量体系:ISO 9001
产品情况:(伟航(WH)牌)
各种轻、重型(2 ~ 50t)载货汽车制动器总成

★河南广瑞汽车部件股份有限公司
地址:河南省辉县市产业集聚区城西工业园

邮编:453600
电话:0373/6203230、6232587
传真:6294685
网址:www.hnhqp.com
电子信箱:hnhqp@vip.163.com
质量体系:ISO/TS 16949
产品情况:球墨铸铁汽车零部件、高强高韧汽车动力转向器壳体总成,年产180万套
配套及出口情况:为一汽、东风、一拖、北方奔驰、上汽依维柯红岩等配套;部分出口欧美市场

★欧玛(中国)汽车部件有限公司
地址:河南省辉县市城西工业区西外环路东
邮编:453600
电话:0373/6629600、13903733428
传真:6629668
网址:www.omrc-automotive.com
电子信箱:omrc@sina.com
质量体系:ISO/TS 16949
产品情况:汽车、工程机械及农用机械的驱动桥与联动桥的铸造和机械精加工,同时可生产5t以下包含ADI在内的各种牌号的球磨铸铁和灰铁铸件
配套情况:为约翰·迪尔、凯斯·纽荷兰、爱科、小松、卡特彼勒、菲亚特、北奔重汽、洛阳一拖、陕西重汽等配套

★焦作金箍制动器股份有限公司
地址:河南省焦作市博爱县发展大道东段1688号
邮编:454000
电话:0391/2088888、2085555
传真:2086666、2087777
电子信箱:jzbrakeyxb@sina.com
质量体系:ISO 9001
产品情况:(金箍牌)
汽车防抱死系统(ABS)、工业制动器、盘式制动器
配套及出口情况:为洛阳福赛特汽车、无锡神州客车、安徽江淮扬天汽车、山西文水县晋凤挂车等配套;年出口工业制动器、石油泥浆泵等600多万美元

★风神轮胎股份有限公司
地址:河南省焦作市焦东南路48号
邮编:454003
电话:0391/3999096、3914869
传真:3999095、3933952
网址:www.aeolustyre.com
电子信箱:company@aeolustyre.com
董事长:王锋
质量体系:ISO/TS 16949
产品情况:(风神牌、河南牌)
斜交工程机械轮胎、全钢工程子午胎、全钢载货汽车子午胎、斜交载货汽车轮胎、特种轮胎、农用轮胎、工业轮胎,年产能力500多万套
配套及出口情况:为东风汽车公司、东风柳汽、北汽福田、北京欧曼重型车、驻马店中集华骏车辆、重汽集团、安徽华菱、丹东黄海等配套载重胎;为中国龙工、广西柳工、厦工、徐工物资供应公司、山东工程机械等配套工程机械轮胎;出口美国、加拿大、澳大利亚、欧洲、巴拿马、南非、印度尼西亚等120多个国家和地区

★河南省天阳铝合金车轮有限公司
地址:河南省温县城北新洛路中段188号
邮编:454850
电话:0391/3821015、3821010
传真:3821000
网址:www.hntygs.cn
电子信箱:tygshoulianhe@163.com
单位人数:472
质量体系:ISO/TS 16949
产品情况:BYD、JL、日产等铝车轮总成,年产40万只;大阳、大运、新大洋、海兰德摩托车铝车轮总成,年产46万只
配套及出口情况:主要配套厂家:北京现代汽车、海南马自达、郑州日产、比亚迪汽车、吉利汽车、北易集团、广州大运、广州大阳、新大洋集团、无锡红豆集团、上海新大洋公司等国内知名主机厂;部分产品远销美国、大洋洲、韩国、日本等国家和地区

★焦作市鑫华丰汽车弹簧有限公司
地址:河南省焦作市西滑封开发区
邮编:454981
电话:0391/7566777、13603917580
传真:7566555
网址:www.xhfth.com
电子信箱:wanghaizhong6980@126.com
质量体系:QS 9000、ISO 9002
产品情况:高应力少片变截面汽车钢板弹簧
配套及出口情况:主要配套厂家及产品有:郑州宇通(2902-00203)、中国公路车辆机械有限公司(JR05-210712-01)、北京金轮坤天特种车有限公司(QW25-06.01)、一汽、CA1046、CA1021、CAK6790、CA1040等车型;一拖、T180T、YT1305、LTl101等车型;南京NJ1020、NJ1026、NJ1028等车型;上海万丰HBJ1020、江铃全顺JX6590--H2、BTCS32等;部分产品出口以色列、美国等国家

★河南省宏源车轮有限公司
地址:河南省安阳市开发区东外环南段路西(北小庄)
邮编:455000
电话:0372/3382689、2529022
传真:2569983
网址:www.ayhyxg.com
电子信箱:info@hongyuan-section.com
单位人数:800
质量体系:ISO 9001、ISO 14001
产品情况:(宏源牌)
汽车车轮型钢及配件、汽车和轮式工程机械车轮总成和旋压车轮总成等
配套及出口情况:为江淮汽车、东风公司、正兴、日上配套汽车车轮挡圈;出口美国、英国、印度、南非

★河南省汤阴县汽车零部件有限公司
地址:河南省汤阴县人民路东段
邮编:456150
电话:0372/6208338
传真:6217234
电子信箱:tyqclbj@126.com
质量体系:ISO/TS 16949、ISO 9001
产品情况:(宏连牌)
环保型汽车用制动器衬片、制动蹄、鞍式牵引座、牵引销、悬架等,年产值4千万元
配套情况:为陕汽集团、北奔重汽、北汽福田、湖南车桥等供货

★河南汤阴县华兴机械制造有限公司
地址:河南省汤阴县宜沟镇
邮编:456174
电话:0372/6373209
网址:www.huaxingzhuzao.com
电子信箱:tyhxgs@163.com
单位人数:880
质量体系:ISO/TS 16949、ISO 9001
产品情况:农用车车轮、钢圈、机动车轮毂、制动鼓、制动器总成等
配套情况:为全国大型农用运输车制造厂配套

★河南环燕轮胎股份有限公司
地址:河南省鹤壁市浚县橡塑产业园区
邮编:456250
电话:0392/5522527
传真:5529001
网址:www.huanyan.com
电子信箱:hehanhuayan@sohu.com
董事长:乔康存
单位人数:700
质量体系:ISO 9001
产品情况:(环燕牌、神农牌、川云牌)
农用车、轻型载货汽车轮胎,年产130万套

★林州市合鑫铸业有限公司
地址:河南省林州市工业园区
邮编:456581
电话:0372/6581006
传真:6581910
电子信箱:yuantongzhuye@163.com
质量体系:ISO/TS 16949、ISO 9001
产品情况:重型车、轿车制动鼓、轮毂、桥壳、差减壳体、转向器壳体等铸件

★林州市银桥机械制造有限公司
地址:河南省林州市桂林镇政府路3号
邮编:456581
电话:0372/6761914
传真:6765999
网址:www.lzyqzz.com
电子信箱:yinqiaojixie@126.com

单位人数:500
质量体系:ISO/TS 16949、ISO 14001
产品情况:轮毂、差速器壳、平衡轴支架、制动鼓、制动盘、转向机壳体、减速器壳等
配套情况:为东风汽车、一汽集团、宇通集团、神龙汽车、北方奔驰、比泽尔(北京)、重庆清平等配套

★安阳市东风钢板弹簧有限公司
地址:河南省林州市定角工业区
邮编:456592
电话:0372/6512235、6518729
传真:6518467
网址:www.dfbhat.com
电子信箱:dfbhat@aliyun.com
负责人:宋爱军
质量体系:ISO 9001
产品情况:汽车钢板弹簧,年产能力1.2万t
配套及出口情况:为东风汽车公司配套;出口伊朗、巴拿马等国家

★林州市新丰汽配有限公司
地址:河南省林州市申家泊工业园区
邮编:456592
电话:0372/6535033、6536777
传真:6533777
网址:www.lzxfqp.com
电子信箱:lzxfqp@sohu.com
董事长:郭建斌
质量体系:ISO 9001
产品情况:(XF牌)
各种汽车轮毂
配套情况:为方盛车桥、武汉元丰、湖北车桥等企业配套

★林州市鸿德汽车配件厂
地址:河南省林州市申家岗工业园区
邮编:456592
电话:4006687296、13569027752
网址:www.lzhdqp.com
电子信箱:lzhdqp@lzhdqp.com
质量体系:ISO 9001
产品情况:各种车型的制动器总成及制动蹄铁、制动底板、分泵支架、凸轮轴等
配套情况:与福建畅丰车桥、泉州国联汽配、广州运通四方等知名车桥厂合作

★安阳市天创汽车零部件有限公司
地址:河南省林州市史家河
邮编:456592
电话:0372/6522036
传真:6522499
质量体系:ISO 9001
产品情况:(ZHOULV牌)
东风、解放及斯太尔系列车型的差速器壳、减速器壳、后桥壳、圆柱齿轮外壳等各种工程精密铸件
配套及出口情况:为东风德纳车桥、湖南车桥、湖北车桥、合肥车桥等配套;部分产品出口

★林州市洹河汽配有限公司
地址:河南省林州市史家河
邮编:456592
电话:0372/6522431
传真:6522022
电子信箱:lzhuanhe@126.com
质量体系:QS 9000、ISO 9001
产品情况:(洹河牌)
重型汽车车桥桥壳
配套情况:为东风德纳、合肥车桥、十通汽车、北汽福田、湖南车桥、龙马汽车等配套

★林州市华龙汽车底盘部件厂
地址:河南省林州市史家河工业园区
邮编:456592
电话:0372/6522819、13703462698
传真:6522698
网址:www.lzhualong.com
电子信箱:jing630912@163.com
质量体系:ISO 9001
产品情况:载重车制动鼓、飞轮壳、离合器壳、轮毂、变速器壳及底盘悬架件等
配套情况:为多个厂家配套

★河南龙鼎铸业股份有限公司
地址:河南省林州市姚村镇大柳滩村东
邮编:456592
电话:0372/6500103、6500888
传真:6500105
网址:www.longdingcasting.com.cn
电子信箱:longdingcasting@263.net
质量体系:ISO 9001、ISO 9002
产品情况:制动盘、轮毂、制动毂、制动钳体、支架、转向节等汽车配件和机械零部件
配套及出口情况:为南方天合、河南万向、重庆三友、东风、布雷博(南京)制动器配套;出口欧洲、美洲、日本、澳大利亚等国家和地区

★安阳市汽车配件厂有限公司
地址:河南省林州市姚村镇定角村
邮编:456592
电话:0372/6518629
传真:6513539
质量体系:ISO 9001
产品情况:(AZ牌)
后桥壳、差速器壳、减速器壳、变速器壳、离合器壳等传动及悬架件
配套情况:为四川都江机械、江苏如皋柴油机厂、浙江汇丰机械设备、湖北三环车桥厂等配套

★林州市车桥有限公司
地址:河南省林州市姚村镇冯家口
邮编:456592
电话:0372/6511387、13323722907
传真:6511387
网址:www.lzjinqiao.com
电子信箱:lzcq6511387@163.com
质量体系:ISO 9001
产品情况:(金桥牌)
汽车后桥壳总成,年生产桥壳12万余条
配套情况:为湖南车桥厂、湖北车桥厂、山东光岳集团、杭州汇丰车桥、浙江万向集团、苏州金龙客车、江淮客车、郑州宇通客车、北汽福日、东风客车底盘等厂家供货

★安阳市古龙汽车底盘部件有限公司
地址:河南省林州市姚村镇李家岗
邮编:456592
电话:0372/6511627
传真:6512000
网址:www.ayglgs.com
负责人:李付元
单位人数:160
质量体系:ISO 9001
产品情况:(林龙牌)
汽车制动鼓

★安阳市豫安汽车配件铸造厂
地址:河南省林州市姚村镇李家岗
邮编:456592
电话:0372/6516166、6511166
传真:6536366
网址:www.ayyazy.com
电子信箱:ayyazy@126.com
质量体系:ISO 9001
产品情况:汽车轮毂、汽车轮壳及其他汽车配件

★林州市合圆汽车制动器厂
地址:河南省林州市姚村镇刘家岗
邮编:456592
电话:0372/6535108、6518292
传真:6517292
网址:www.lz-hy.com
电子信箱:lz-heyuan@163.com
质量体系:ISO 9001
产品情况:(合圆牌)
制动底板、制动蹄铁、分泵支架及工矿铸钢配件
配套情况:与东风德纳、云南力帆、湖北三环、福建畅丰等汽车厂家合作

★林州市富神汽车零部件有限公司
地址:河南省林州市姚村镇南环路
邮编:456592
电话:0372/6521789
传真:6527666
电子信箱:lzfszz@126.com
质量体系:ISO 9000
产品情况:(富神牌)
解放、东风等重型货车差速壳、减速壳、轮壳、中桥差减壳、圆柱齿轮壳及轴间外壳、轴承座、蹄铁、底板等铸件产品
配套及出口情况:为一汽和东风公司的车桥厂、曙光车桥厂、湖南车桥厂等配套;销往中国台湾地区

★许昌通达汽车车轮有限公司
地址:河南省许昌市魏都区民营科技园

区1号
邮编:461000
电话:0374/8319600、8319601
传真:8319600
电子信箱:web@ tongdawheel. com
质量体系:ISO/TS 16949、ISO 9001
产品情况:年产各类重型车轮50万套,真空车轮100万套,农林和工程用车轮30万套
配套情况:为中集集团、扬天集团、梁山汽车、安徽星马等配套

★许昌中汽传动轴有限公司
地址:河南省许昌市许繁路北段
邮编:461000
电话:0374/3181096、3186296
传真:3186018
电子信箱:xu－zhongqi@ 163. com
质量体系:ISO/TS 16949、ISO 9001
产品情况:传动轴总成,38个系列2000多个品种

★ 许昌远东传动轴股份有限公司
地址:河南省许昌市北郊尚集镇
邮编:461111
电话:0374/5654034、5651328
传真:5651320
网址:www. xcyuandong. com
电子信箱:yodon@ yodonchina. com
董事长:刘延生
单位人数:1960
质量体系:ISO/TS 16949、QS 9000
产品情况:(许传牌、许汽传牌)
各类车用传动轴总成,年产量281万套
配套情况:为北汽福田、陕西重汽、江淮汽车、江铃、北奔重汽、东风柳汽、广西柳工、厦门工程、三江航天、徐州重型、日产、宇通、山工、临工等配套

★许昌县鑫旭铸造机械有限责任公司
地址:河南省许昌县尚集镇西街村
邮编:461111
电话:0374/5651087、13849862292
传真:5651375
网址:www. xxgs. cn
电子信箱:xcxxgs@ 126. com
单位人数:200
质量体系:ISO 9001
产品情况:传动轴及零部件、联轴器等
配套及出口情况:为许昌汽车传动轴总厂(远东公司)、东风精铸、南京大桥、丹传公司等传动轴厂配套;产品随主机远销国外

★河南昊天精锻齿轮有限公司
地址:河南省长葛市后河工业区2号
邮编:461500
电话:0374/6615555、13903745523
传真:6817996
网址:www. htjdcl. com
单位人数:332
质量体系:ISO/TS 16949
产品情况:行星轮、半轴齿
配套情况:主要配套于各汽车制造厂家

★河南耀鑫齿轮有限公司
地址:河南省长葛市双岳路中段18号
邮编:461500
电话:0374/6123526
传真:6163778
质量体系:ISO 9001
产品情况:一汽解放、东风、北汽福田、五十铃等各种汽车盆角齿轮和矿用锥齿轮

★长葛市长交机械制造有限公司
地址:河南省长葛市钟繇大道(科技工业园区)
邮编:461500
电话:0374/6229312
传真:6220303
网址:www. cgcjjx. com
电子信箱:nihao8177@ sina. com
单位人数:150
质量体系:ISO 9000
产品情况:(长交牌)
变速器外壳、离合器外壳、发动机配件及底盘配件
配套情况:与一汽、东风、重汽等长期配套

★长葛市定达实业有限公司
地址:河南省长葛市钟繇大道北段西侧
邮编:461500
电话:0374/6217885、6268277
传真:6210793
网址:www. ding－da. com
电子信箱:dingda888@ 163. com
质量体系:ISO/TS 16949
产品情况:离合器片、压盘、制动蹄、飞轮、轮毂、支架
配套情况:与郑州宇通客车、北方奔驰重型汽车、陕西汉德车桥、东风德纳车桥、广西玉柴机器等合作

★河南省长葛市劲翔汽车配件厂
地址:河南省长葛市后河三角工业区
邮编:461503
电话:0374/6811202
传真:6811202
电子信箱:xcjinxiang@ 126. com
产品情况:轴间差壳、带轮等
配套情况:为一汽集团、东风汽车公司、陕汽集团、重汽集团、北奔重汽配套轴间差壳和各种皮带轮配件

★许昌元特汽车配件有限公司
地址:河南省长葛市后河镇
邮编:461503
电话:0374/6615728
传真:6815988
网址:www. ytqp. cn
电子信箱:xuchangyuante@ 163. com
质量体系:ISO 9001
产品情况:(兴缘牌)
传动轴伸缩叉、凸缘叉、变速器凸缘、传动轴凸缘、角齿凸缘、前后伸缩齿、焊接叉、变速器一轴/二轴盖、分离轴承座、拨叉轴、后桥差速器壳等

★河南精刚汽配有限公司
地址:河南省长葛市坡胡镇坡马工业区
邮编:461504
电话:0374/6620910
传真:6620006
电子信箱:admin@ hnjinggang. com
质量体系:ISO 9001、ISO 14001
产品情况:底盘件、传动轴

★禹州市天奇汽车配件有限公司
地址:河南省禹州市火龙镇西王庄
邮编:461690
电话:0374/8638039、13733656187
传真:8637222
网址:www. hnyztq. com
电子信箱:tqqp2000@ 126. com
质量体系:ISO/TS 16949
产品情况:(天奇牌)
各种机动车后桥壳
配套情况:是时风集团、五征集团、北汽福田、凯马集团等的专业供货厂家

★漯河世林鑫源汽配有限公司
地址:河南省漯河市燕山路南段
邮编:462000
电话:0395/2669155、2669168
传真:2669178
网址:www. xyqp6688. com
电子信箱:lhslwyl@ sina. com
质量体系:ISO 9000
产品情况:汽车传动轴、变速器系列汽车零部件及矿山、起重设备配件
配套情况:为东风汽车公司、杭州万向集团、湖北三环专汽、丹传汽车传动轴、江山变速器厂、许昌远东传动轴、南京大桥、郑州日产、上海龙工等配套

★驻马店中集华骏铸造有限公司
地址:河南省驻马店市雪松路西段
邮编:463000
电话:0396/3678811、3678877
传真:3678866
网址:www. hjfoundry. com
电子信箱:cimchjzz@ cimc. com
单位人数:1500
质量体系:ISO/TS 16949、OHSAS 18001
产品情况:加工能力为年产200万套轮毂、制动鼓成品及各类汽车底盘零件
配套情况:为一汽、东风、重汽、富华、汉德等配套

★神马集团橡胶轮胎有限责任公司
地址:河南省平顶山市湛河区荆山路18号
邮编:467001
电话:0375/4857200、4857225

传真:4857202
质量体系:ISO/TS 16949、ISO 9000
产品情况:各种汽车内外轮胎

★凯迈(洛阳)机电有限公司
地址:河南省洛阳市涧西区丽春西路中段
邮编:471003
电话:0379/63382348、63382775
传真:63382166
网址:www.lynf.cn
电子信箱:nf_gh01@lynf.cn
单位人数:500
质量体系:ISO/TS 16949、ISO 14001
产品情况:(南峰牌)
电涡流缓速器、内燃机检测设备、精密智能包装设备、聚合物造粒装备
出口情况:远销20多个国家和地区

★洛阳华冠齿轮股份有限公司
地址:河南省洛阳市孟津县朝阳镇
邮编:471131
电话:0379/67876705、67876726
传真:67877126
网址:www.lyhgcl.com
电子信箱:lyghxsb@163.com
法人代表:梅利红
单位人数:800
质量体系:ISO/TS 16949、ISO 9001
产品情况:(冠华牌)
直齿圆锥差速器、轮边减速齿轮、主从动齿轮、过桥箱齿轮等
配套情况:为一汽集团、东风汽车、陕汽、安徽安凯、山东众力、北方奔驰、重庆红岩、中国一拖、山东时风等配套

★三门峡戴卡轮毂制造有限公司
地址:河南省三门峡市宋会南路10号
邮编:472000
电话:0398/2916771、2916422
传真:2917154、2861275
电子信箱:smx@smxwheel.com
质量体系:ISO/TS 16949、ISO 14001
产品情况:铝合金汽车轮毂,年生产能力为400万只
配套及出口情况:为上汽通用、上汽大众、一汽-大众、天津一汽、长安福特、长安马自达、华泰现代、上汽通用五菱、美国通用、美国AR等供货;出口北美洲、欧洲市场

★唐河县东联汽车变速箱厂
地址:河南省唐河县产业集聚区工业路东段
邮编:473000
电话:0377/68930386、68959756
传真:68923807、68958185
质量体系:ISO 9001
产品情况:(唐河牌)
汽车变速器壳体,年产能力30万只;灰铁铸件,年铸造能力5000t
配套情况:为山东临工、浙江金华汤齿、浙江万里扬、浙江东风、重庆綦齿、重庆嘉卡、广东韶关、襄樊江山、广西华泰、浙江长泰等20多个厂家配套

★南阳市亚星平衡轴轴管有限公司
地址:河南省南阳市人民北路168号
邮编:473083
电话:0377/63290288
传真:63290299
质量体系:ISO 9000
产品情况:汽车轮毂、轴管、双桥平衡轴

★南阳淅减汽车减振器有限公司
地址:河南省淅川县老街76号
邮编:474450
电话:0377/69219869、69219882
传真:69213107、69219937
网址:www.china-shock-absorber.com
电子信箱:linglinjie@xicjzq.cn
单位人数:1218
质量体系:ISO/TS 16949、QS 9000
产品情况:(丹江牌)
轿车、重型车、客车、轻型车减振器
配套情况:主要为一汽大众、一汽轿车、上汽大众、上汽集团、神龙汽车、奇瑞汽车、海马汽车、江淮汽车、吉利汽车、宇通客车、金龙客车、陕汽、重汽等40多家汽车厂配套

★西峡县西泵特种铸造有限公司
地址:河南省西峡县民营生态工业园
邮编:474500
电话:0377/65170111、65107128
传真:65107123
电子信箱:xbtzzz@126.com
质量体系:ISO/TS 16949、ISO 14001
产品情况:排气歧管、双质量飞轮、压盘、制动底板、桥壳等
配套情况:为一汽-大众、上汽大众、一汽锡柴、一汽大柴、北汽福田、沈阳航天三菱、广西玉柴、东安动力、天津一汽夏利、奇瑞汽车等配套

★南召县和平制动器有限公司
地址:河南省南召县城东滨河路8号
邮编:474650
电话:0377/66922555、66921123
传真:66922111
网址:www.heping-auto.com
电子信箱:sales@heping-auto.com
单位人数:280
质量体系:ISO/TS 16949
产品情况:盘式制动器、轮毂、轴承座
配套情况:长期业务伙伴有长城汽车、大迪汽车、新凯汽车集团、安徽扬子汽车集团、山东黑豹集团等十几家汽车生产企业

湖北省

★伟福科技工业(武汉)有限公司
地址:武汉市东西湖区革新大道19号
邮编:430040
电话:027/83068806
传真:83068846
网址:www.ftech-wh.com.cn
电子信箱:ftw@ftw.com.cn
质量体系:ISO/TS 16949、ISO 14001
产品情况:汽车底盘、悬架装置及各类踏板等,生产规模达到年产30万台(套)
配套情况:为东风本田、东风日产、广汽三菱配套

★武汉富拉司特汽车零部件有限公司
地址:武汉市东西湖区径河五路6号
邮编:430040
电话:027/83090850
传真:83090851
网址:www.n-plast.co.jp
电子信箱:wanglei@w-plast.com.cn
质量体系:ISO/TS 16949
产品情况:汽车转向盘和安全气囊等产品
配套情况:为本田、日产和东风汽车等供货

★武汉达普科零部件有限公司
地址:武汉市沌口开发区东风三路5号东合中心B座605室
邮编:430056
电话:027/84259700、84797279
传真:84259799
电子信箱:dap@dapco.com.cn
质量体系:ISO/TS 16949、VDA 6.1
产品情况:制动片、离合器、节温器等

★武汉协和齿环有限公司
地址:武汉市经济技术开发区创业三路38号
邮编:430056
电话:027/84892685、84899871
传真:84892686
网址:www.wuharkyowa.com
电子信箱:whkyowa@wuhankyowa.com
质量体系:ISO/TS 16949、VDA 6.1
产品情况:(WHKYOWA牌)
具备年产3500万件铜合金齿环,300万件钢基齿环,200万件中间环的制造能力
配套情况:为一汽-大众、一汽轿车、一汽解放、长春齿轮厂、一汽哈尔滨变速器、天津一汽夏利变速器、长安铃木、唐山爱信齿轮、哈东安发动机、重庆青山工业、法士特齿轮、北京齿轮总厂、杭州依维柯汽车变速器、江铃齿轮、奇瑞、吉利、南京依维柯变速器、江淮、比亚迪、南昌齿轮、日产(日本)、日本协和合金株式会社(日本)、Hoerbiger(德国)等供货

★天合汽车零部件(上海)公司武汉分公司
地址:武汉市经济技术开发区全力北路169号
邮编:430056

电话:027/59365100
传真:59365101
网址:www.trw.com
产品情况:制动和悬架系统零部件

★武汉万宝井汽车部件有限公司
地址:武汉市经济技术开发区全力二路9号
邮编:430056
电话:027/84212400
传真:84212201
网址:www.yorozu-corp.co.jp
法人代表:Hironori Hayashi
负责人:柄木田茂
产品情况:汽车驱动桥和车厢关联零部件及其模具、夹具
配套情况:为东风日产、广汽本田配套

★铭祥汽车工业(武汉)有限公司
地址:武汉市经济技术开发区珠山湖大道139号
邮编:430056
电话:027/84472688-656
质量体系:ISO 9001
产品情况:转向盘及塑料制品

★约斯特(中国)汽车部件有限公司
地址:武汉市经济技术开发区
邮编:430058
电话:027/84874881
传真:84874889
网址:www.jost-china.com
产品情况:牵引座、牵引销和支腿等牵引半挂车安全连接部件
配套及出口情况:为部分重型车、牵引车企业配套;出口欧洲、美洲、南非、澳大利亚

★湖北东峻工贸有限公司
地址:武汉市经济技术开发区后官湖大道88号
邮编:430058
电话:027/51766168
传真:84956066
电子信箱:dongjun@dongjungroup.com.cn
质量体系:ISO/TS 16949
产品情况:(杰星牌、湛卢牌、雷迪特牌)
　　中冷器、上体、下体、阀座、助力器、变速器前壳、车轮、转向机总成、油泵、限位器总成、汽车翻转支架、操纵手柄等
配套情况:为东风、神龙、东本、福田、江淮、奇瑞、比亚迪、力帆、三一重工、宇通等多家汽车企业配套

★蒂森克虏伯金属成型(武汉)有限公司
地址:武汉市东湖高新技术开发区关南工业园曙光街科苑路
邮编:430074
电话:027/87514355
传真:87514377
电子信箱:recruitment@tka-zr-thyssenkrupp.com
产品情况:汽车底盘和车身冲压件及总成
配套情况:为神龙汽车、长安福特、长安马自达、上汽大众、华晨宝马等配套

★湖北佳旺汽车制动系统制造有限公司
地址:武汉市蔡甸区新农街黄陵铺4-1号
邮编:430101
电话:027/84929898、84927648
传真:84927288、84929333
电子信箱:jiawang@chinajwp.com
质量体系:ISO/TS 16949
产品情况:(JWP牌)
　　气制动元件、液压制动元件、制动调整臂、电器元件、转向助力泵、空压机、离合器从动盘和变速器换挡助力汽缸等几大类系列零部件总成
配套及出口情况:为东风汽车股份、东风(十堰)特种商用车、东风客车底盘、一汽红塔、跃进客车底盘、金龙客车、宇通客车、成都王牌、时风集团、印度塔塔汽车以及俄罗斯卡玛斯汽车集团等30多家汽车制造厂装车配套;出口亚洲、欧洲、非洲等地区

★武汉市运发汽配制造有限公司
地址:武汉市经济技术开发区军山街黄陵小街341号
邮编:430109
电话:027/84973297、69370608
传真:84973248
电子信箱:whyfqp@vip.sina.com
质量体系:ISO/TS 16949
产品情况:横向稳定杆及其总成
配套情况:为东风汽车公司、宇通客车、金龙汽车、陕西欧舒特汽车等配套

★湖北东风钢板弹簧有限公司
地址:武汉市蔡甸区张湾街
邮编:430117
电话:027/84912090
传真:84912088
网址:www.hb-df.com
电子信箱:office@hb-df.com
董事长:徐福新
负责人:陈义民
单位人数:200
质量体系:ISO/TS 16949
产品情况:(金璜泰牌)
　　各种类型汽车钢板弹簧
配套及出口情况:为东风汽车公司、北汽福田、上汽通用五菱、湖北三环集团、湖北世纪中远集团、十堰林川汽车零部件等配套;远销意大利、法国、阿联酋等国家

★武汉万向汽车制动器有限公司
地址:武汉市江夏区纸坊镇武昌大道2号
邮编:430201
电话:027/87021305、87021326
传真:87021303
网址:www.wanxiang.com.cn
质量体系:ISO/TS 16949、QS 9000
产品情况:汽车制动器
配套情况:主要为神龙富康、哈飞民意、路宝、厦门金龙、长丰猎豹、武汉万通、海南马自达等大型公司提供配套

★武汉元丰汽车零部件有限公司
地址:武汉市东湖新技术开发区光谷大道299号
邮编:430205
电话:027/81889177、84297656
传真:81650458
网址:www.youfin.cn
电子信箱:admin@youfin.cn
质量体系:ISO/TS 16949
产品情况:(元丰牌)
　　汽车气压盘式制动器,年产32万套(其中关键部件50万套/年);液压盘式制动器,年产200万套
配套情况:为江淮汽车、上汽通用五菱、长城汽车、陕汽集团、一汽客车、福田汽车、金龙客车配套

★武汉理工通宇新源动力有限公司
地址:武汉市东湖开发区理工大学科技园
邮编:430223
电话:027/87926306、87926376
传真:87859189
网址:www.wutep.com
产品情况:主要从事电驱动自动变速器及新能源汽车动力总成的研发、生产和销售

★东风钟祥汽车弹簧有限公司
地址:湖北省荆门市钟祥市黄庄街18号
邮编:431900
电话:0724/4265807、4285056
传真:4265807
电子信箱:postmaster@dfzxas.com.cn
质量体系:ISO/TS 16949、QS 9000
产品情况:汽车钢板弹簧
配套情况:为东风轻型车、江铃全顺、湖南车桥、江淮底盘、南京汽车集团、厦门金旅等配套

★东风捷祥汽车减振器有限公司
地址:湖北省钟祥市经济技术开发区西环路75号
邮编:431900
电话:0724/4225668
传真:4225698
电子信箱:gz-office@autopart-ww.com
质量体系:ISO/TS 16949、QS 9000
产品情况:汽车减振器、减振弹簧、球头、盘式制动片、轮毂等
配套及出口情况:为多家OEM厂家配套;远销美国、西欧.南非、中东.越南、泰国、新加坡.荷兰、西班牙等国家和地区

★钟祥市金祥汽车半轴有限公司
地址:湖北省钟祥市双河镇

邮编:431913
电话:0724/4836503
传真:4836539
网址:www. kingxa. com
电子信箱:kingxa@ kingxa. com
董事长(负责人):代子祥
质量体系:ISO/TS 16949、ISO 9001
产品情况:(金祥牌)
具备年产系列汽车半轴100万支的生产能力
配套情况:汽车半轴为东风、解放、北汽福田、五十铃等主机配套

★湖北亚川汽车齿轮集团有限公司
地址:湖北省云梦县城关建设西路89号
邮编:432500
电话:0712/4325962、4330186
传真:4330119
网址:www. hubeigear. cn
单位人数:418
质量体系:ISO/TS 16949
产品情况:(轻菱牌)
取力器、分动器、发动机齿轮、后桥主从动齿轮、贯通桥齿轮等
配套情况:为一汽集团、东风汽车、中国重汽、柳州五菱等45家企业配套,部分产品供军车配套及东风康明斯发动机等发动机公司配套

★仙桃市天轮机械有限公司
地址:湖北省仙桃市工业园创业路1号
邮编:433000
电话:0728/3268781
传真:3268881
网址:www. cnhbtl. cn
电子信箱:ltl - hbtl@ liufeng. com. cn
质量体系:ISO/TS 16949、QS 9000
产品情况:年产汽车半轴6万件、发动机飞轮齿环50万件、飞轮总成30万套
配套情况:为神龙汽车、东风康明斯、东风汽车公司、德国大众、宝马配套

★湖北八宜汽车零部件有限公司
地址:湖北省仙桃市汉沙东路181号
邮编:433000
电话:0728/2814215、3236690
传真:2814218
网址:www. xt81. com
电子信箱:hubei81@ yeah. net
单位人数:980
质量体系:ISO/TS 16949
产品情况:车架总成,拉杆总成,车身冲压零部件等系列;其中车架总成,拉杆总成系列年生产能力可达30万辆份
配套情况:为东风商用车、东风股份公司、东风乘用车公司配套

★湖北恒隆汽车系统集团有限公司
地址:湖北省荆州市沙市区经济开发区恒隆路1号
邮编:434000
电话:0716/8327867、8327848
传真:8329196
网址:www. chl. com. cn
电子信箱:jiangxue@ chl. com. cn
法人代表:陈涵霖(主席)
负责人:吴其洲
单位人数:4580
质量体系:ISO/TS 16949、VDA 6. 1
产品情况:(恒隆牌、久隆牌)
动力转向器、电动及手动转向器、转向管柱、转向油泵以及转向油管
配套情况:为东风集团、一汽集团、华晨金杯、奇瑞、吉利、江淮、比亚迪、上汽、长安、神龙、福田、海南马自达、中兴、东南、五菱及美国克莱斯勒、福特、GM、DELPHI、印度TATA等50多家国内外汽车厂商配套

★沙市久隆汽车动力转向器有限公司
地址:湖北省荆州市沙市区沙岑路与东方大道交汇处
邮编:434000
电话:0716/8321643
传真:8325538
网址:www. chl. com. cn
电子信箱:www. shashijiulong@ chl. com. cn
法人代表:汪爱民
负责人:尹邦红
单位人数:1024
质量体系:ISO/TS 16949
产品情况:(久隆牌)
汽车动力转向器A/B/C/D/E/M/G/K/P/W/Y/Z为皮卡车型配套的P. K系列产品及为中重型货车及客车配套的C. D. Z系列产品
配套情况:为一汽解放汽车、北汽福田、一汽青岛汽车、广汽日野、江淮汽车、东风商用汽车、上汽维柯、陕西重汽、三一重工、克莱斯勒、印度通用供货

★荆州荆福汽车零部件有限公司
地址:湖北省荆州市沙市区西湖路98号
邮编:434000
电话:0716/8263931
传真:8520119
网址:www. jzjingfu. com
电子信箱:info@ jzjingfu. com
单位人数:400
质量体系:ISO/TS 16949、ISO 9001
产品情况:汽车转向拉杆、悬架摆臂球头
出口情况:出口北美洲、中南美洲、中东、东南亚、非洲、欧洲、大洋洲等地区

★荆州恒隆汽车零部件制造有限公司
地址:湖北省荆州市玉桥经济技术开发区恒隆路1号
邮编:434000
电话:0716/8327850、8324633
传真:8327850、832463
网址:www. chl. com. cn
质量体系:ISO/TS 16949、VDA 6.1
产品情况:齿轮齿条动力转向器、转向管柱、油管
配套情况:为华晨金杯、东南汽车、南京依维柯、神龙汽车、河北中兴、安徽扬子、一汽哈轻、广汽三菱、一汽集团、东风汽车公司、奇瑞汽车、青岛汽车厂等配套

★荆州庆洋机械有限公司
地址:湖北省荆州市玉桥开发区恒隆路8号
邮编:434000
电话:0716/8334366
传真:8334166
质量体系:ISO/TS 16949、ISO 9000
产品情况:等速万向节

★湖北荆江源车桥有限责任公司
地址:湖北省公安县孱陵大道孱陵工业园区
邮编:434300
电话:0716/5252581、5252578
传真:5252525
网址:www. hbjjycq. com
电子信箱:jjycqyingxiao@ 163. com
质量体系:ISO 9002、ISO/TS 16949
产品情况:年产各类汽车前后桥总成8万台套及汽车半轴20万支
配套情况:为东风特种商用车公司、四川银河汽车、一汽通用红塔、云南力帆、江淮汽车、山东时风汽车、陕汽集团、徐工集团、厦门金龙等供货

★湖北车桥有限公司
地址:湖北省公安县荆江大道178号
邮编:434300
电话:0716/5226671
传真:5228925 - 2
网址:www. hbaxle. com
法人代表(负责人):卢娅妮
单位人数:650
质量体系:ISO/TS 16949、ISO 14001
产品情况:(博盈投资牌)
汽车前后桥总成、减速器总成、主从动螺旋锥齿轮、桥壳总成等
配套情况:为轻、中、重型全系列商用客车及载货车配套

★荆州市恒丰制动系统有限公司
地址:湖北省荆州市公安县孱陵创业园
邮编:434300
电话:0716/5155106、5156126
传真:5151212
网址:www. jzhf. cn
电子信箱:hfzd@ jzhf. cn
质量体系:ISO/TS 16949、ISO 9001
产品情况:制动器、轮毂等

★湖北三众车桥有限责任公司
地址:湖北省公安县南平镇新南路1号
邮编:434318
电话:0716/5820968
传真:5818116
网址:www. chnaszcq. com

电子信箱:sanzhongcq@163.com
单位人数:253
质量体系:ISO/TS 16949
产品情况:(三众牌)
　　系列前后桥总成,主要产品为东风系列SZ1080、SZS1、SZ1090、SZ1118、SZ1094、SZ1141、SZ1053等7大型号608种规格和五十铃系列SZ1043、SZ1058、SZ1059等3大型号45种规格的汽车前后桥总成
配套情况:为东风公司、北汽福田、山东五征、吉奥、长安、重汽、四川大运、成都王牌等配套

★湖北万向汽车零部件有限公司
地址:湖北省石首市金平工业园
邮编:434400
电话:0716/7819198、13507252200
传真:7819199
质量体系:ISO/TS 16949、QS 9000
产品情况:(银盾牌、四联牌)
　　年产汽车制动阀80万套、电动刮水器80万套、微电机80万只
配套及出口情况:为东风汽车公司、神龙汽车、天津一汽、一汽集团、陕汽集团、重汽集团、北汽福田等配套;出口美国、法国、德国、意大利、印度等国家

★湖北金驰机器有限公司
地址:湖北省石首市新厂镇江北工业园
邮编:434400
电话:0716/7612822、7613096
传真:7612186
网址:www.hbjcjq.net
电子信箱:hbjinchi@126.com
单位人数:280
质量体系:ISO/TS 16949
产品情况:(金驰牌)
　　储气筒类、气室类、制动阀类,汽配件,年产量60万件
配套情况:为长沙福田、东风公司、四川现代、中通客车、宇通客车、少林客车配套

★湖北乘风汽车零部件有限公司
地址:湖北省石首市高陵镇杨潭路8号
邮编:434414
电话:0716/7882988、15027017710
传真:7882966
网址:www.cfskb.com
电子信箱:cf966@126.com
单位人数:245
质量体系:ISO 9001
产品情况:(剑豪牌、赛科牌)
　　“剑豪”牌汽车制动阀、液压制动元件、“赛科”牌自动间隙调整臂、离合器助力器及消声器等系列产品;自动调整臂年生产能力达到60万件以上,阀类年生产能力达到80万件以上
配套情况:为东风汽车公司、郑州宇通、北方奔驰、厦门金龙、南京依维柯等主机厂装车

★湖北冶钢汽车弹簧有限公司
地址:湖北省黄石市黄石大道199号
邮编:435001
电话:0714/6468998、13669032588
传真:6467799
网址:www.hbygth.net
电子信箱:ygth199@163.com
质量体系:ISO/TS 16949、ISO 9001
产品情况:汽车悬架弹簧

★湖北三环离合器有限公司
地址:湖北省黄石市磁湖路165号
邮编:435002
电话:0714/6359741、6350281
传真:6353585、6353466
网址:www.triringclutch.com
电子信箱:zhuji@triringclutch.com
法人代表:张军
单位人数:618
质量体系:ISO/TS 16949、ISO 14001
产品情况:(TRI-RING牌)
　　离合器产品涵盖了微型车、轿车、轻型货车、中型货车、重型货车和客车系列
配套及出口情况:为一汽、东风、江淮、长安、神龙、玉柴、上柴、潍柴、福田、奇瑞、柳机等30余家主机厂独家和主要配套;出口西亚、欧洲、东南亚、南美洲等地区
☞详细情况请参阅彩色宣传版面

★黄石鑫华轮毂有限公司
地址:湖北省黄石市团城山开发区大泉东路生物园
邮编:435002
电话:0714/6398000、6398811
传真:6398800
电子信箱:info@toptruecn.com
质量体系:ISO 9001、ISO/TS 16949
产品情况:轮毂
出口情况:出口大洋洲、欧洲、美洲、中东、韩国、日本等国家和地区,并销往中国台湾地区

★湖北省阳新昂运铝轮有限公司
地址:湖北省阳新县城北工业区
邮编:435200
电话:0714/7350458
传真:7350093
网址:www.angyunwheels.com
电子信箱:sales@angyunwheels.com
质量体系:ISO 9001
产品情况:具有年产铝合金汽车轮毂100万只的生产能力
出口情况:远销美国、德国、英国、法国、日本、韩国、约旦、阿联酋、新加坡、马来西亚、澳大利亚、俄罗斯等10多个国家,并销往中国台湾地区

★湖北神风汽车弹簧有限公司
地址:湖北省蕲春县九棵松工业区8号
邮编:435317
电话:0713/7648636
传真:7648596
网址:www.chinasfth.com
电子信箱:sf@chinasfth.com
单位人数:380
质量体系:ISO/TS 16949
产品情况:(鄂簧牌)
　　东风系列、解放系列汽车钢板弹簧
配套情况:为东风汽车公司、东风柳汽、江淮商用车、江淮专用车、武汉市公用客车厂、柳州五菱等几家大型汽车厂配套

★湖北鄂钢驰久钢板弹簧有限公司
地址:湖北省鄂州经济开发区旭光大道31号
邮编:436043
电话:0711/3616320、3613188
传真:3613188
网址:www.egbh.hb.cn
电子信箱:eglsc@egbh.hb.cn
质量体系:ISO/TS 16949
产品情况:(鄂钢牌)
　　汽车钢板弹簧
配套及出口情况:为东风公司、长安重汽、长安客车、欧洲农用车配套;远销美国、东南亚等国家和地区,并销往中国台湾地区

★湖北故联实业股份有限公司
地址:湖北省咸宁市长江工业园
邮编:437000
电话:0715/8386599、15374581899
传真:8386597
网址:www.gulianjd.com
电子信箱:sales@gulianjd.com
产品情况:汽车自动调整臂
配套及出口情况:已被荆州车桥、湖南中联重科车桥、湖北车桥、厦门金旅等车桥厂家列入配套供应商目录;远销俄罗斯等国家

★湖北三环汽车方向机有限公司
地址:湖北省咸宁市永安东路9-10号
邮编:437000
电话:0715/8899203
传真:8899200
网址:www.forni.com.cn
电子信箱:hbfn2002@163.com
质量体系:ISO/TS 16949
产品情况:(飞宁牌)
　　汽车转向器、转向柱管、转向垂臂、横直拉杆等,年产能力60万台套
配套及出口情况:主要客户有:东风、一汽集团、重汽集团、上汽集团、长安集团、北汽福田、徐工集团、三一汽车、江铃汽车、大运汽车、金旅汽车、中通客车、力帆汽车、北辰公司等30多家;主要有印度塔塔汽车、印度利兰汽车、印度马恒达汽车、印度AMW汽车、印度爱莎汽车、伊朗霍德罗汽车等国际客户

★北辰汽车转向系统有限公司
地址:湖北省咸宁市长江工业园区金桂大道18号
邮编:437100
电话:0715/8152288、8152266
传真:8152301
网址:www.northstars.cn
电子信箱:webmaster@northstars.cn
质量体系:ISO/TS 16949
产品情况:转向系统
配套情况:为东风公司十堰、襄樊基地和子公司配套

★湖北华特汽车零部件有限公司
地址:湖北省麻城市北环西路龙池工业园
邮编:438300
电话:0713/2921701、2938805
传真:2921702
电子信箱:sales@htlbj.com
质量体系:ISO/TS 16949、ISO 9001
产品情况:(双保牌)
重、中、轻型汽车离合器和传动轴

★湖北力美制动元件有限公司
地址:湖北省麻城市宋埠镇宋埠大道61号
邮编:438307
电话:0713/2067160
传真:2062267
网址:www.limeibrake.com
电子信箱:foreignrelations@limeibrake.com
质量体系:ISO/TS 16949、ISO 9001
产品情况:(力美牌)
各种汽车制动阀、制动器、制动泵和容器类产品
配套及出口情况:为一汽、东风、东风德纳,江淮、北汽福田等20多个主机厂配套;部分产品随主机出口

★襄樊加泰尔汽车部件制造有限公司
地址:湖北省襄阳市高新技术产业区日产工业园新风路
邮编:441004
电话:0710/3337775
传真:3337715
网址:www.ctlautoparts.com
电子信箱:sales@ctlautoparts.com
单位人数:180
质量体系:ISO/TS 16949
产品情况:生产带轮速传感器的汽车轮毂单元和汽车轴承等汽车零部件及相关产品
出口情况:远销加拿大、美国、德国、墨西哥等国家

★东风德纳车桥有限公司
地址:湖北省襄阳市中原西路1号
邮编:441004
电话:0710/3720000
传真:3457633
网址:www.ddac.com.cn
电子信箱:dfdn@ddac.com.cn
单位人数:5000
质量体系:ISO/TS 16949
产品情况:各种汽车车桥
配套情况:为东风汽车公司,宇通客车、厦门金龙等大型客车和货车整车、底盘生产企业提供6~12m客车系列车桥总成及轻、中、重型货车、农用车系列车桥总成

★湖北江山重工有限责任公司
地址:湖北省襄阳市樊城区追日路5号
邮编:441005
电话:0710/3347668
传真:3347678
网址:www.norincogroup.com.cn
电子信箱:jszgxcb@163.com
质量体系:ISO/TS 16949、ISO 14001
产品情况:专用汽车、数控机床等整机产品和液压组件、汽车变速器等核心总成

★湖北新火炬科技股份有限公司
地址:湖北省襄阳市高新技术产业开发区汽车工业园新光路七号
邮编:441021
电话:0710/3332166、3332099
传真:3332058、3332725
网址:www.ntp-china.com
电子信箱:ntp@ntp-china.com
单位人数:1334
质量体系:ISO/TS 16949、QS 9000
产品情况:(NTP牌)
主要研发生产汽车轮毂轴承、乘用车轮毂轴承单元
出口情况:远销美国、加拿大、德国、法国、意大利等国家

★湖北庆达科技有限责任公司
地址:湖北省襄阳市高新区追日路15号
邮编:441057
电话:0710/3058708、3058717
传真:3058718
网址:www.kindway.cn
电子信箱:qingda@kindway.cn
质量体系:ISO/TS 16949
产品情况:(庆达牌)
东风BF后悬臂、东风BF后横梁座、富康转向节和后悬臂、标致206后悬臂、T33/T31后悬臂、毕加索后悬臂、火花塞护套;无刷电动机、各种型号电动车轮毂电动机等
配套情况:为神龙公司和东风乘用车公司配套

★随州市大成液压机械制造有限公司
地址:湖北省随州市何店镇荷花路20号
邮编:441300
电话:0722/4892426、4894568
传真:4894568
电子信箱:jixia@vip.sina.com
质量体系:ISO/TS 16949、ISO 9001
产品情况:取力器总成、开关(转阀)等液压件
出口情况:出口欧美国家

★湖北三环铸造股份有限公司
地址:湖北省随州市交通大道1116号
邮编:441300
电话:0722/3580280、3580550
传真:3828066
网址:www.hbshzz.cn
电子信箱:zhuzao@triring.cn
董事长:章永亭
负责人:刘从书
单位人数:1700
质量体系:ISO/TS 16949
产品情况:(楚威牌)
桥壳、轮毂、制动鼓、减速器壳、差速器壳等各类汽车底盘零部件和工程机械零部件
配套情况:为东风汽车公司、一汽集团、东风柳汽、重汽集团、江淮汽车、四川成都成工工程机械、龙工、陕西汉德车桥、安徽安凯汽车等供货

★东风汽车车轮有限公司随州车轮厂
地址:湖北省随州市交通大道382号
邮编:441300
电话:0722/3313677
传真:3313901
电子信箱:szclcb@sina.com
质量体系:ISO/TS 16949
产品情况:汽车车轮

★随州市德恒汽车配件有限公司
地址:湖北省随州市经济技术开发区板桥路40号
邮编:441300
电话:0722/3582988
传真:3582588
电子信箱:dehengqipei@sina.com
质量体系:ISO 9001
产品情况:减速器壳、制动蹄、轮毂、制动鼓等
配套情况:为湖北楚威车桥有限公司配套

★湖北神马齿轮制造有限公司
地址:湖北省随州市涢水南路9号
邮编:441300
电话:0722/3813470、3815486
传真:3811482
网址:www.hbsmcl.com
电子信箱:bgs@hbsmcl.com
董事长:谢爱国
产品情况:汽车变速器,工程车变速器副箱齿轮、取力器总成、工程机械齿轮、螺伞等
配套情况:主供东风变速器、三江集团等

★湖北全力机械集团股份有限公司
地址:湖北省随州市曾都区柳林镇交通大道160号
邮编:441323
电话:0722/4882235、4882538

传真:4882235
电子信箱:lxq5709@ vip. 163. com
单位人数:2500
质量体系:ISO/TS 16949、ISO 9000
产品情况:汽车底盘铸件,包括轮毂、制动鼓、制动盘、制动蹄、制动底板、差速器壳、中桥主减速器壳、后桥主减速器壳、平衡轴壳、轮边减速器壳、过桥箱盖、支架、调整螺母、轴承座、行星架、滑板、垫板、端盖等
配套及出口情况:为重汽集团、东风汽车、陕汽集团、上汽依维柯红岩、北汽福田、江铃汽车、江淮汽车、安徽华菱、广东富华等配套;出口美国、加拿大、英国、德国、法国、意大利、澳大利亚等20多个国家

★南漳县鹏程汽车零部件有限公司
地址:湖北省南漳县经济开发区涌泉机电工业园
邮编:441500
电话:0710/5241823、13907274471
传真:5241823
质量体系:ISO 9000
产品情况:汽车分泵、制动分泵、制动气室
配套情况:为东风汽车、湖南车桥、晋南车桥、湖北三环、东风车桥配套

★湖北三环车桥有限公司
地址:湖北省谷城县城关镇后街34号
邮编:441700
电话:0710/7232476、7233145
传真:7234069
网址:www. zggccq. cn
电子信箱:cheqiao@ triring. cn
董事长:梅汉生
负责人:常定军
单位人数:3000
质量体系:ISO/TS 16949
产品情况:(三环牌)
年产各类汽车前轴、曲轴、铁路货车钩尾框等锻件100万件、车桥总成40万台(套)
配套情况:为一汽、东风、北汽福田、中国重汽、陕西重汽、江淮汽车、日野(中国)、印度塔塔、印度利兰、伊朗VAMCO等配套

★湖北三环锻造有限公司
地址:湖北省谷城县城关镇筑阳路8号
邮编:441700
电话:0710/7232310
传真:7241753
网址:www. hbshdz. cn
电子信箱:hbshdz@ 263. net
单位人数:1671
质量体系:ISO/TS 16949、ISO 14001
产品情况:(东银牌)
各类汽车转向节、汽车吊耳、转向节臂、曲轴、垫板、凸缘、齿轮等
配套及出口情况:为东风有限、东风德纳车桥、东风柳汽、济南重汽、陕西重汽、重庆红岩、北方奔驰、安凯车桥、金华青年汽车集团、广东富华、三环车桥、三一集团、中联重科等20多个主机厂配套;出口美国、韩国、意大利等国家,并销往中国台湾地区

★苏州仁和(老河口)汽车有限公司
地址:湖北省老河口市仁和路173号
邮编:441800
电话:0710/8224899
传真:8231111
网址:www. churun. com. cn
质量体系:ISO/TS 16949
产品情况:(仁和牌)
汽车制动间隙自动调整臂
配套及出口情况:产品被大量使用于东风系列、解放系列载重车以及苏州金龙、厦门金龙、北方奔驰、郑州宇通等豪华客车;出口伊朗、俄罗斯、古巴等国家

★老河口楚润科技(集团)有限公司
地址:湖北省老河口市洪山咀楚润路1号
邮编:441814
电话:0710/8511115、8224899
网址:www. churun. com. cn
电子信箱:churun2009@ 163. com
质量体系:ISO/TS 16949
产品情况:(仁和牌、鑫威牌)
汽车制动间隙自动调整臂、大型镁合金成型压铸、黑金属铁型覆砂精密铸造、重型装备部件等
配套情况:为东风汽车公司、金龙客车、福田汽车、万达客车等配套

★湖北亨达汽车零部件有限公司
地址:湖北省十堰市白浪汽配城顺发精品园1078号
邮编:442000
电话:0719/8318000、8318138
传真:8303665
网址:www. hbhengda. net
电子信箱:hbhengda@ 163. com
质量体系:ISO 9001
产品情况:(亨达牌、紫东牌)
东风天龙,大力神系列传动轴及转向装置
配套及出口情况:为东风贝洱热系统、东风液压动力、东风活塞轴瓦、东风康明斯、陕西法士特齿轮等配套;出口俄罗斯、蒙古、伊朗等国家

★美驰华阳汽车制动器有限公司
地址:湖北省十堰市车城南路32-1号
邮编:442000
电话:0719/8876100
传真:8876111
电子信箱:bin. huang@ meritor. com
质量体系:ISO/TS 16949、ISO 9001
产品情况:商用车制动器总成及其零部件,年产能力25万只
配套情况:是东风汽车公司重、中、轻型商用车制动器的主要供应商

◉ 东风汽车零部件(集团)有限公司
地址:湖北省十堰市车城西路9号
邮编:442000
电话:0719/8220276
网址:www. dfap. com. cn
电子信箱:by - yangws@ dfl. com. cn
董事长:童东城
负责人:翁运忠
质量体系:ISO/TS 16949
产品情况:蓄电池框系列总成、离合器、助力器及支架系列总成、备胎升降器、自卸车三角臂/拉杆、气控分配阀、转阀及其支架、减速器总成、主从动齿轮、变速器系列、半轴齿轮、行星齿轮等
配套情况:为东风汽车公司配套

★东风专用汽车底盘(湖北)有限公司
地址:湖北省十堰市汉江南南路28号
邮编:442000
电话:0719/8511033、8511127
传真:8523666、8230707
电子信箱:mail@ dfbc. com. cn
质量体系:ISO 9001、ISO 14001
产品情况:东风系列客车底盘(超低地板客车底盘、双燃料客车底盘等)、客车、专用车底盘
配套情况:为东风汽车公司等配套

★东风(十堰)汽车零部件有限公司
地址:湖北省十堰市经济开发区滨河东路63号
邮编:442000
电话:0719/8317976、13997808195
传真:8317828
网址:www. dfsylbj. com
电子信箱:xinzuo@ dfsylbj. com
质量体系:ISO 9001
产品情况:汽车车桥及其零部件
配套情况:与东风股份工程车事业部、东风神宇车辆、东风实业车辆(十堰)、东风创普汽车、四川东风嘉泰汽车等全国知名厂家配套装车

★十堰格润工贸有限公司
地址:湖北省十堰市普林工业园普林南路9号
邮编:442000
电话:0719/8783529
传真:8783529
质量体系:ISO/TS 16949、ISO 9001
产品情况:东风系列制动器总成、制动底板、制动蹄铁、重型车轮毂,年产各种制动器总成5万只、制动器底板8万只、制动器蹄铁36万只、重型车轮毂2万件
配套情况:主要为东风德纳车桥、陕汽汉德车桥配套

★十堰市金骥汽车部件有限公司
地址:湖北省十堰市张湾工业新区凯迪拉克大街18号

邮编:442000
电话:0719/8208908
传真:8286106
网址:www. syjj. com. cn
电子信箱:sy1997jj@163. com
单位人数:220
质量体系:ISO 9001
产品情况:商用车车架、车桥,车架年生产能力达30000万台

★十堰市金轮子车桥有限公司
地址:湖北省十堰市张湾区汉江路52号
邮编:442000
电话:0719/8665542
传真:8665542
电子信箱:sycqgp@sy－mail. hb. cninfo. net
质量体系:ISO/TS 16949、QS 9000
产品情况:(安风牌)
年产制动蹄70万片、汽车前后桥2万辆份、制动器4万套
配套情况:为东风车桥、东风柳汽、东风变速器、东风传动轴、三环汽车、内蒙古飞鹰、山东汇金等底盘零部件厂家配套

★东风汽车泵业有限公司
地址:湖北省十堰市张湾区车城路66号
邮编:442001
电话:0719/8224506、8221528
传真:8224508
电子信箱:dfzbc@mail. dfminfo. com. cn
质量体系:ISO/TS 16949、QS 9000
产品情况:重中轻型汽车和轿车用空压机、机油泵、水泵、离合器分泵、总泵、转向直拉杆、燃油管件和其他底盘零部件,年产能力35万套

★东风(十堰)车身部件有限责任公司
地址:湖北省十堰市张湾区贵州路23号
邮编:442001
电话:0719/8670048、8241309
传真:8238886
质量体系:ISO/TS 16949、ISO 9001
产品情况:踏板支架、玻璃升降器、冲压焊接件及保险杠等产品

★东科克诺尔商用车制动技术有限公司
地址:湖北省十堰市花果街道放马坪路40号
邮编:442003
电话:0719/8208818
传真:8249504
网址:www. knorr－bremse. cn
产品情况:商用车制动系统产品

★东风(十堰)汽车制动件有限公司
地址:湖北省十堰市花果街放马坪28号
邮编:442003
电话:0719/8248224、8248847
传真:8541277
网址:www. dfzdj. net
电子信箱:scb@dfzdj. cn
质量体系:ISO/TS 16949
产品情况:制动系统阀类产品
配套及出口情况:为东风汽车有限公司、东风康明斯发动机有限公司、常州柴油机股份有限公司等国内部分整车厂和发动机厂家配套;远销欧洲,与德国奔驰、宝马轿车配套

★东风汽车变速箱有限公司
地址:湖北省十堰市新疆路7号
邮编:442003
电话:0719/8235888、8545666
传真:8234127
网址:www. dfmbsx. com
电子信箱:chenh@dfmbsx. com
单位人数:1640
质量体系:ISO/TS 16949、ISO 14001
产品情况:(东风牌)
商用车变速器,年综合生产能力16.5万辆份
配套情况:为东风商用车及所属子公司、东风汽车公司所属其他各整车厂,及国内其他主要载货车、客车生产厂配套

★十堰市华迪汽车零部件有限公司
地址:湖北省十堰市张湾区凯迪拉克大街20号
邮编:442003
电话:0719/8232875
传真:8286056
网址:www. huadiauto. com
单位人数:224
质量体系:ISO/TS 16949
产品情况:(华迪牌)
空气干燥器、制动器、车门限位器及汽车冲压件
配套情况:为东风汽车有限、东风康明斯发动机等国内部分整车厂和发动机厂家配套

★十堰兆伟制动阀有限公司
地址:湖北省十堰市北京路35号
邮编:442012
电话:0719/8491585
传真:8315519、8792399
质量体系:ISO 9001
产品情况:商用车驾驶室液压举升油泵油缸系列产品及制动阀系列产品
配套情况:为东风汽车公司配套

★十堰同创传动技术有限公司
地址:湖北省十堰市东风大道78号
邮编:442012
电话:0719/8769716、18671668684
传真:8782710
网址:www. tcsync. com. cn
电子信箱:cuiling74@163. com
质量体系:ISO/TS 16949、ISO 9001
产品情况:汽车变速器同步器齿环、齿座、滑套、锥毂、精锻结合齿、粉末冶金齿座及自动变速器相关零部件,具有年产汽车同步器钢环100万件、铜环100万件、同步器总成50万套的生产能力
配套情况:为一汽、东风、中国重汽变速器、中国重汽大同齿轮、綦江齿轮传动、上汽变速器厂、六安星瑞齿轮厂及格特拉克、日本达耐时公司在内的国内外30多家企业配套

★十堰精海工贸有限公司
地址:湖北省十堰市经济技术开发区马路坎街
邮编:442012
电话:0719/8302503
传真:8310110
质量体系:ISO/TS 16949
产品情况:汽车传动系统零部件、载货汽车后桥减速器总成及零部件

★湖北大旗液压有限公司
地址:湖北省十堰市经济开发区东环路258号温州工业园
邮编:442012
电话:0719/8794396、13972462895
传真:8794396
网址:www. sydaqi. com
电子信箱:sydaqi@163. com
质量体系:ISO 9001
产品情况:液压齿轮泵、取力器、气控分配阀、气动液压控制器、油缸、发动机齿环等系列
配套情况:是东风专用汽车、东风汽车股份、东风新疆汽车、东风征梦(十堰)专用车、中国重汽集团成都王牌汽车等众多大型汽车厂合作伙伴

★东风(十堰)汽车锻钢件有限公司
地址:湖北省十堰市辽宁路11号
邮编:442012
电话:0719/8209707
传真:8237114
质量体系:ISO/TS 16949、ISO 9001
产品情况:(超力达牌)
各类汽车悬架吊耳,传动轴凸缘叉、凸缘、万向节叉,车桥转向节,转向机齿条活塞、摇臂轴,转向垂臂,发动机气门等零件,U形螺栓,减振器下销,横向稳定杆,变速器齿轮,前上控制臂及后轴销支座,横拉杆接头体,推力杆头、外止推板、盖板等零件及毛坯

★东风汽车公司一中电气公司
地址:湖北省十堰市普林工业园普林路19号
邮编:442012
电话:0719/8784545、8784646
传真:8783335
网址:www. dfyzdq. com
电子信箱:dqyzdqgs@163. com
单位人数:163
质量体系:ISO 9001
产品情况:涡轮增压器、离合器助力器,起动机、发电机等一系列电动机电器产品,离合器从动盘、离合器压盘、离合器总泵、水泵、机油泵、空气压缩机、输油

泵、弹簧制动气室等一系列发动机阀类、泵类产品
配套情况:为东风商用车公司配套

★湖北车神汽配实业有限公司
地址:湖北省十堰市经济开发区车神路6号
邮编:442013
电话:0719/8312811
传真:8303881
电子信箱:11167122@ qq. com
董事长(负责人):吕自明
质量体系:ISO 9001
产品情况:(车神牌)
汽车离合器压盘、从动盘系列,助力器、制动系列产品等
配套及出口情况:与多家大型汽车及配件生产厂建立友好合作关系;出口东南亚地区

★湖北红岩车桥实业有限公司
地址:湖北省十堰市白浪东路40号
邮编:442013
电话:0719/8317779、8303678
传真:8311161
电子信箱:hycqdn@ 163. com
质量体系:ISO/TS 16949、ISO 9001
产品情况:行星齿轮、半轴齿轮、十字轴、行星齿轮垫片、半轴齿轮垫片、差速器壳、减速器壳、减速器总成等

★十堰超群汽车制动阀有限公司
地址:湖北省十堰市白浪高新技术产业开发区
邮编:442013
电话:0719/8313005
传真:8313005
质量体系:ISO 9001
产品情况:(前旺牌)
汽车制动阀、继动阀、手控阀、排气制动阀、弹簧制动室、离合器助力器、调整臂等
配套情况:为国内外多家大型汽车生产厂家配套

★十堰嘉凯工贸有限公司
地址:湖北省十堰市白浪高新技术产业开发区
邮编:442013
电话:0719/8255886、8314178
传真:8462078
电子信箱:syjk2008@ 163. com
质量体系:ISO 9001
产品情况:(嘉凯牌)
减速器总成、双桥、平衡轴、差速器垫片、差速器齿轮、十字轴、差减壳、主从动齿轮、行星齿、各种支承垫片
配套情况:为康明斯系列车型配套

★十堰精制东风齿轮有限公司
地址:湖北省十堰市白浪高新技术产业开发区普林东路1号
邮编:442013
电话:0719/8310499、8302222
传真:8461499
质量体系:ISO 9001
产品情况:(亨利牌)
行星齿轮、半轴齿轮、十字轴、行星齿轮垫片、半轴齿轮垫片、差速器壳总成、减速器壳总成等,年产能力60万件
配套情况:为东风汽车公司配套

★十堰东鄂汽车零部件有限公司
地址:湖北省十堰市白浪广州路银桥区0010号
邮编:442013
电话:0719/8316958
传真:8302498
质量体系:ISO/TS 16949、ISO 9001
产品情况:(东鄂牌)
前、后、中传动轴、后蹄总成、后分泵支架等

★十堰东风汽车零部件制造有限公司
地址:湖北省十堰市白浪经济开发区
邮编:442013
电话:0719/8317979、8317976
传真:8319663
电子信箱:dongshucheqiao@ 163. com
质量体系:ISO 9000
产品情况:各型前后桥总成
配套情况:为东风南充汽车、东风襄樊专用汽车、陕汽宝鸡华山工程车辆等配套

★十堰市定红工贸有限公司
地址:湖北省十堰市白浪开发区汇合工业园
邮编:442013
电话:0719/8316718
传真:8302012
质量体系:ISO 9001
产品情况:东风公司各种车型的驾驶室转向器支架、翻转支架、扭力杆、扭力臂、钢板吊耳、减振器支架、前后钢板盖板、中垫板、U形螺栓底板、发动机支架等车身悬架件以及各种车型平衡悬架总成等
配套情况:为东风南充、陕汽华山、成都新大地、湖北力神等10余家主机厂配套

★十堰超力达工贸有限公司
地址:湖北省十堰市白浪汽配城大明C区4栋1057号
邮编:442013
电话:0719/8255644、8306011
传真:8761369
网址:www. sychaolida. com
电子信箱:syyqp202@ sina. com
单位人数:300
质量体系:ISO 9000
产品情况:(超力达牌)
变速器总成及其同步器、同步器齿环、上盖、顶盖、齿座、齿套、齿轮轴等零部件,变速器总成年产能力6万台
配套情况:配套单位有东风神宇车辆、东风实业车辆、东风特种商用车、东风随州专用车、湖北力神汽车、云南力帆汽车等

★十堰三桥汽车齿轮厂
地址:湖北省十堰市白浪汽配城富桥区7208号
邮编:442013
电话:0719/8301509
传真:8301901
质量体系:ISO/TS 16949
产品情况:(太刚牌)
减速器总成、行星齿、半轴齿、十字轴

★十堰民生汽车零部件有限公司
地址:湖北省十堰市白浪汽配城银桥0012号
邮编:442013
电话:0719/8316766
传真:8316767
电子信箱:sy_ms@ 163. com
产品情况:(SYMS牌)
变速器总成、同步器、壳体、上盖总成、顶盖等变速器配件
配套情况:为东风汽车公司、三环集团配套

★东风汽车有限公司商用车铸造二厂
地址:湖北省十堰市白浪西路65号
邮编:442013
电话:0719/8250000、8251994
传真:8237654、8251994
网址:www. dfzzec. cn
电子信箱:cv5817@ dfl. com. cn
质量体系:ISO 9001、ISO 14000
产品情况:桥壳、减速器壳、转向器壳、前后轮毂、左右差速器等汽车底盘零件,铸件年产能力达90000t
配套情况:为神龙汽车、东风本田、东风康明斯、EIPC、JLF、美国车桥、美国维它利公司等多家公司配套

★湖北十堰白浪顺达汽车配件厂
地址:湖北省十堰市白浪中路45号
邮编:442013
电话:0719/8316400
传真:8346400
质量体系:ISO/TS 16949
产品情况:中、重型汽车离合器
配套情况:为汽车制造厂配套

★十堰巨名好特汽车备件制造有限公司
地址:湖北省十堰市高新技术开发区龙门工业园龙门大道5号
邮编:442013
电话:0719/8314555、8314999
传真:8314999
电子信箱:china_giant@ 163. com. cn
质量体系:ISO 9001
产品情况:离合器从动盘、压盘总成、飞

轮总成、离合器助力器、泵阀、橡胶衬套总成等
配套情况：为东风、解放、乘龙、斯太尔、上汽依维柯红岩、陕汽、春兰、欧曼、富康、大众等配套

★湖北十堰安凯汽车零部件有限公司
地址：湖北省十堰市高新技术开发区中观西路6号
邮编：442013
电话：0719/8368530、8312533
传真：8312900
质量体系：ISO 9001、ISO/TS 16949
产品情况：传动轴、叶片泵、高压油管及各种制动阀等
配套情况：为十通汽车、东风渝安、华阳农用车等配套

★十堰龙腾达工业有限公司
地址：湖北省十堰市高新区台湾路278号
邮编：442013
电话：0719/8255188
传真：8318722
质量体系：ISO 9001
产品情况：（龙福牌）
中重型货车车桥零部件，主要产品型号有153、N12、457、460、460－3、斯太尔等30余个品种
配套情况：已与长安重汽、东风创普、北汽福田、东风云汽等知名厂家配套

★十堰湖桥实业有限公司
地址：湖北省十堰市吉林路56号
邮编：442013
电话：0719/8319575、8319498
传真：8301306
电子信箱：sy.zt@163.com
质量体系：ISO/TS 16949、ISO 9001
产品情况：（湖桥牌）
差减壳、双桥、减速器总成、主从动齿轮、支架、半轴套管、十字轴、转向节等
配套情况：为东风汽车有限公司多家专业厂配套

★十堰瑞程传动轴有限公司
地址：湖北省十堰市经济技术开发区东环路265号
邮编：442013
电话：0719/8761266、8761260
传真：8761267
电子信箱：shiyan－ruicheng@163.com
质量体系：ISO/TS 16949、GB/T 28001
产品情况：（瑞程牌）
汽车传动轴、矿山车辆传动轴及工程机械联轴器等产品
配套及出口情况：主要与东风公司、三环专汽、上汽红岩、江铃汽车、山东凯马汽车、山东山工集团、同力重工等企业配套；部分产品出口东南亚

★湖北万联达汽车零部件有限公司
地址：湖北省十堰市经济开发区白浪中路164号
邮编：442013
电话：0719/8315238
传真：8315238
电子信箱：wld－scxsb@163.com
质量体系：ISO/TS 16949、ISO 9001
产品情况：传动轴总成、转向拉杆总成、转向垂臂总成、销轴等转向系统配件；散热器、冷凝器等热交换器配件
配套情况：为东风汽车、湖北三环专用车、东风德纳车桥、成都王牌汽车、云南力帆汽车、陕西宝鸡华山汽车、江淮汽车等30余家企业配套

★东风十堰汽车液压动力有限公司
地址：湖北省十堰市经济开发区龙门大道26号
邮编：442013
电话：0719/8251189
传真：8287238
网址：www.dfyydl.com
电子信箱：dongye@vip.163.com
质量体系：ISO/TS 16949
产品情况：电动、手动汽车驾驶室翻转升降机构及动力转向器、手动油泵总成、电动泵、油缸总成、油管、助力器等
配套及出口情况：为东风公司、济南重汽、北汽福田、三一重工、上汽集团、航天集团等二十余家汽车主机厂配套；与印度马恒达、塔塔公司，日本五十铃、双日公司、日本井关株式会社交流合作；已获得德国戴姆勒临时供应商代码

★十堰杰伦丰工贸有限公司
地址：湖北省十堰市汽配城M区1栋1号
邮编：442013
电话：0719/8316568、8254132
传真：8302589
电子信箱：jielunfeng@sina.com
质量体系：ISO 9001
产品情况：（杰伦丰牌）
各类汽车转向垂臂、转向助力油缸总成、转向传动装置及康明斯齿轮室，年产能力6万套
配套情况：为湖北北辰汽车转向系统、东风襄樊旅行车、广东江门兴江转向器等配套

★十堰市创时零部件有限公司
地址：湖北省十堰市汽配城富桥区1058号
邮编：442013
电话：0719/8316148
传真：8316148
网址：www.cslbj.com
电子信箱：cslbj@sina.com
质量体系：ISO 9001
产品情况：制动总泵、卸载阀、手控阀、继动阀、挂车阀、四回路保护阀、弹簧制动室、排气制动阀、感载阀、离合器助力器、离合器总泵、皮带张紧轮、齿轮室、气泵、水泵、机油滤清器座、输油泵等产品
配套情况：为东风电子科技制动系统、东风汽车公司、东风客车底盘、丹江特汽、湖南中联重工等配套

★十堰大华康桥工贸有限公司
地址：湖北省十堰市汽配城振业区二栋207号
邮编：442013
电话：0719/8255315
传真：8491502
电子信箱：331997946@QQ.com
质量体系：ISO 9001
产品情况：减速器总成
配套情况：为金龙客车、宇通客车配套

★东风（十堰）汽车灯具有限公司
地址：湖北省十堰市车城路西283号
邮编：442023
电话：0719/8245983
传真：8521034
电子信箱：lyyzlzz@mail.dfminfo.com.cn
质量体系：ISO 9000
产品情况：汽车变速器齿轮、车桥、传动轴、变速器上配套的多种凸缘产品，刃具、量具、磨具，轻型车用板簧销，军车专用件
配套情况：为东风汽车公司、一汽海马、春兰汽车、柳州汽车、四川农用车等配套

★ 东风汽车车轮有限公司
地址：湖北省十堰市广东路2号
邮编：442042
电话：0719/8225518、8221134
传真：8666004
网址：www.dongfengwheel.com
电子信箱：cl－sale@dfmc.com.cn
质量体系：ISO/TS 16949、QS 9000
产品情况：（东风牌）
主要生产汽车车轮。旋压皮带轮及冲压件产品；钢制车轮年生产能力为1140万套
配套情况：为东风汽车公司、奇瑞汽车、长安汽车等十几个主机厂配套
☞ 详细情况请参阅彩色宣传版面

★东风（十堰）汽车钢板弹簧有限公司
地址：湖北省十堰市张湾工业园风神大道17号
邮编：442046
电话：0719/8232225、13971936068
传真：8232770
网址：www.hbxiongteng.com
质量体系：ISO/TS 16949、ISO 14000
产品情况：汽车钢板弹簧
配套情况：为整车企业配套

★东风车桥有限公司
地址：湖北省十堰市辽宁路23号
邮编：442051
电话：0710/3485916

传真:3482500
质量体系:ISO/TS 16949、ISO 9000
产品情况:主从动齿轮、减速器、后桥减速器总成、后轮毂制动总成、贯通桥中桥、减速器总成
配套情况:为东风汽车公司配套

★双星东风轮胎有限公司
地址:湖北省十堰市汉江北路21号
邮编:442053
电话:0719/8615337
传真:8615337
网址:www.sxdftire.com
电子信箱:sxdftire@foxmail.com
质量体系:ISO/TS 16949、ISO 14001
产品情况:(东风牌)
　　轿车子午线轮胎,汽车斜交轮胎
配套及出口情况:成为一汽、东风汽车、北汽福田、东汽股份、安徽江淮、陕西重汽、四川银河、重庆长安、河北长安、南京长安等国内10多家汽车厂家的配套合作伙伴;轮胎出口欧美、东南亚等40多个国家和地区

★东风(十堰)有色铸件有限公司
地址:湖北省十堰市花果放马坪路40号
邮编:442062
电话:0719/8208828、8246201
传真:8208881
网址:www.dfnfc.com
电子信箱:dfyszj@126.com
单位人数:650
质量体系:ISO/TS 16949、GB/T 24001
产品情况:离合器壳体、变速器壳体、机油冷却器座总成、油底壳、阀体曲轴后油封座等各类有色金属压铸件,年产能力9000t
配套情况:主要客户有:东风商用车、神龙汽车、东风康明斯发动机、东风乘用车、东风日产乘用车、宁波圣龙汽车动力系统、上汽菲亚特红岩动力总成、陕西法士特齿轮、西安康明斯发动机、广西康明斯工业动力、康明斯全球采购、克莱斯勒

★东风电子科技公司汽车制动系统公司
地址:湖北省十堰市花果放马坪路40号
邮编:442062
电话:0719/8246404
传真:8235511
网址:www.dfzd.com
电子信箱:scb@dfzd.com
质量体系:ISO/TS 16949
产品情况:汽车制动系产品(商用车气压制动元件,如串联阀、感载阀、继动阀、气压式防抱死制动系统ABS等),各类发动机燃油泵、机油滤清器座、发动机ECU冷却器及发动机排气制动产品
配套情况:为东风商用车、陕西重汽、北汽福田、北奔重型、上海依维柯红岩、华菱重卡、厦门金龙、金旅等国内知名整车厂配套

★湖北星源科技有限公司
地址:湖北省十堰市房县东城工业区
邮编:442100
电话:0719/3244335
传真:3224574
网址:www.xingyuankj.com
单位人数:156
质量体系:ISO/TS 16949
产品情况:平衡悬架、挂车悬架、空气悬架系统总成以及推力杆总成
配套情况:为东风汽车有限公司配套

★十堰市德沃汽车零部件有限公司
地址:湖北省十堰市郧县长岭开发区东盟工业园
邮编:442500
电话:0719/7591059
传真:7591059
电子信箱:sydewo@126.com
质量体系:ISO/TS 16949、ISO 9000
产品情况:推力杆总成、橡胶衬套总成、转向接头、黑橡胶球头等,推力杆总成月产能力达3000辆份
配套情况:为东风汽车商用车公司、陕汽集团、重汽集团、上汽依维柯红岩配套

★湖北省华阳汽车拨叉股份有限公司
地址:湖北省十堰市郧县城关镇大桥南路2号
邮编:442500
电话:0719/7300066
传真:7300068
质量体系:ISO/TS 16949、QS 9000
产品情况:汽车拨叉系列
配套情况:为东风载重车、东风轻型车、康明斯发动机、东风各改装车厂、湖北三环、长安汽车、一汽长春齿轮、益阳齿轮、湖南三一汽车、广东韶关齿轮、山西大同齿轮等厂家配套

★十堰市郧齿汽车零部件有限公司
地址:湖北省十堰市郧县经济技术开发区
邮编:442500
电话:0719/7230262、7234239
传真:7232182
电子信箱:yc@qpcity.com.cn
质量体系:ISO/TS 16949、QS 9000
产品情况:(郧齿牌)
　　汽车发动机正时齿轮、油泵齿轮、制动鼓、制动凸轮等
配套情况:为东风、江铃、福田、江淮、长城、成发、南京威孚等企业配套

★十堰凯琦铸造有限公司
地址:湖北省十堰市郧县经济开发区长岭大道22号
邮编:442500
电话:0719/7232781、7010621
传真:7232581
网址:www.sykaiqi.com
电子信箱:kaiqi@sykaiqi.com
质量体系:QS 9000、ISO 9001
产品情况:汽车制动鼓、轮毂、离合器压盘(盖)、制动器、发动机齿轮室盖(座)、齿轮及变速器上盖等
配套情况:为东风车桥、湖北车桥、北汽福田、江淮汽车、江西五十铃等配套

★湖北兴升科技发展有限公司
地址:湖北省郧县民营工业园
邮编:442500
电话:0719/7200818、7200318
传真:7200118
网址:www.hbxskj.com.cn
电子信箱:xsgslzd@163.com
单位人数:380
质量体系:ISO/TS 16949、ISO 9001
产品情况:东风系列车型的变速器轴类产品、离合器压盘及从动盘总成,康明斯系列飞轮总成、平衡悬架系列总成等

★郧西县神风实业有限公司
地址:湖北省十堰市郧西县城关镇工业园区
邮编:442600
电话:0719/6227419
网址:www.hbshenfeng.com
法人代表:童祯贵
负责人:陈伟
单位人数:350
质量体系:ISO/TS 16949
产品情况:底盘零件、驾驶室悬置系统零件、发动机悬置系统零件、钢板弹簧装置零件
配套情况:为东风商用车、东风汽车股份、东风设备制造厂、东风创普、厦门金龙等配套

★丹江口丹传汽车传动轴有限公司
地址:湖北省丹江口市丹江大道495号
邮编:442700
电话:0719/5213600
传真:5221068
网址:www.danchuan.com.cn
电子信箱:scb@danchuan.com.cn
质量体系:ISO/TS 16949、ISO 14001
产品情况:具有年产汽车传动轴60万套、铸钢桥30000套、铸钢件10000t、精密铸造件5000t、汽车零件800万件的生产能力
配套情况:为东风汽车公司、宇通客车、北汽福田等配套

★湖北神力锻造有限责任公司
地址:湖北省丹江口市新港大道15号
邮编:442700
电话:0719/5228849
传真:5228849
网址:www.dfsl.com.cn
电子信箱:hdxsb@126.com

质量体系:ISO/TS 16949、ISO 14001
产品情况:汽车前桥、曲轴、中小型锻件
配套情况:为东风汽车、重汽集团、沃尔沃等配套

★东风汽车精工齿轮厂
地址:湖北省丹江口市六里坪镇工业园
邮编:442716
电话:0719/5711772、5713123
传真:5713123
电子信箱:master@ df - gear. net
质量体系:ISO/TS 16949、ISO 9001
产品情况:热精锻差速器齿轮、冷精锻齿轮、精锻十字轴、精锻汽车制动凸轮轴
配套情况:为东风汽车有限、神龙汽车、奇瑞汽车等配套

★远安永安车桥有限责任公司
地址:湖北省远安县鸣凤镇解放路313号
邮编:444200
电话:0717/3812932
传真:3812932
网址:www. yacq. com
电子信箱:hbyacq@ sohu. com
董事长(负责人):简开贵
质量体系:ISO/TS 16949、ISO 9002
产品情况:中、重型汽车车桥总成及车桥配件,车桥年生产能力10万台
配套及出口情况:为北汽福田、东风柳汽、中国五征等国内知名汽车主机厂配套;出口亚洲、非洲、欧美等地区

★湖北航特装备制造股份有限公司
地址:湖北省荆门市高新区常青路1号
邮编:448035
电话:0724/6075001、6075000
传真:6075003
网址:www. hangte. com
电子信箱:sales@ hangte. cn
负责人:陈阳陵
单位人数:1200
质量体系:ISO/TS 16949、ISO 14001
产品情况:摩托车盘式液压制动器,汽车转向器等铝合金铸件,以及汽车摩托车等专用催化剂、催化器
配套情况:为本田、铃木、雅马哈在中国的合资企业、大长江、轻骑、嘉陵、建设、新大洲、金城、隆鑫等配套

★湖北航特科技有限责任公司
地址:湖北省荆门市高新区迎青大道15号
邮编:448100
电话:0724/6075001、6075005
传真:2499104
网址:www. hangte. com
质量体系:ISO 14001、ISO/TS 16949
产品情况:催化器、制动器
出口情况:出口美国、日本、德国、捷克、匈牙利、俄罗斯、韩国、意大利、法国、印度、东南亚等国家和地区

湖南省

★湖南长沙南方压铸厂
地址:长沙市芙蓉区东岸乡西垅
邮编:410126
电话:0731/84612809
传真:84613120
质量体系:ISO 9001
产品情况:(阳昇牌、创亿牌)
铝合金轮毂、跨式车轮毂、踏板车系列轮毂、离合器、活塞、活塞环等,汽车发动机支架,年生产铝铸件600t
配套情况:为广汽三菱、光南摩托车、玛琪摩托车等配套

★湖南易通汽车配件科技发展有限公司
地址:长沙市经济开发区黄花工业园
邮编:410137
电话:0731/86398049
传真:86398049
网址:www. yikeauto. com
电子信箱:yike@ yikeauto. com
法人代表:韦耀文
单位人数:215
质量体系:ISO/TS 16949
产品情况:(易科牌)
钢板弹簧、减振器、空气悬架等系列悬架产品
配套及出口情况:为中联重科、三一重工、东风汽车、陕汽、华菱汽车、北汽福田、广汽长丰、奇瑞汽车、江淮汽车、韩国大宇等国内外知名汽车厂家配套;远销美国、德国、俄罗斯、澳大利亚等国家

★长沙宝泰克传动技术有限公司
地址:长沙市长沙县春华镇金鼎山村
邮编:410139
电话:0731/86384060
传真:86384616
网址:www. cs - powertech. net
电子信箱:admin@ cs - powertech. net
质量体系:ISO/TS 16949、ISO 9001
产品情况:汽车制动器及其配件、齿轮、连杆、其他铸件

★中航飞机起落架有限责任公司
地址:长沙市望城县宝粮路128号
邮编:410200
电话:0731/82719778、82719775
传真:82719770
质量体系:GJB 9001A
产品情况:系列油缸、泵阀、橡塑制品、悬架系统、减振器、连杆、传动轴等
配套情况:为北汽福田、北京现代、陕汽、重汽、杭叉、合力宝叉、青岛台励福、大叉等配套

★湖南江麓容大车辆传动有限责任公司
地址:长沙市岳麓区杜容路68号
邮编:410205
电话:0731/88337965
传真:88337991
网址:www. icvt. com
电子信箱:rundar@ icvt. com
董事长:周云山
质量体系:ISO/TS 16949
产品情况:轿车无级变速器(CVT)
配套情况:与海马M3、力帆320、力帆520、力帆620,众泰5008、众泰2008,川汽F99等7个车型配套

★株洲齿轮有限责任公司
地址:湖南省株洲市新华西路119号
邮编:412000
电话:0731/28496361
传真:28411274
网址:www. chinese - gear. com
电子信箱:xiaosgs@ chinese - gear. com
法人代表:谭旭光
负责人:潘晓东
单位人数:2340
质量体系:ISO/TS 16949、QS 9000
产品情况:(株齿牌)
年产螺伞齿轮120万套、精锻齿轮1000万件、过桥箱齿轮30万套、变速器齿轮800万套、轿车变速器30万台、分动器及行星传动总成8万台套
配套情况:为一汽集团、陕汽集团、重汽集团、北汽福田、北奔重汽、潍柴动力、力帆汽车、华晨金杯、东风汽车公司、重庆重汽、宇通客车、奇瑞汽车、安凯车桥、一汽海马,吉利汽车等配套

★株洲湘火炬机械制造有限责任公司
地址:湖南省株洲市芦淞区董家塅高科园创业一路
邮编:412002
电话:0731/22266719、22266718
传真:22266720、22266708
网址:www. torchpistonpin. com
电子信箱:torchpistonpin@ 163. com
质量体系:ISO/TS 16949、QS 9000
产品情况:(工人牌)
活塞销
配套及出口情况:与玉柴、锡柴、潍柴、大柴、朝柴等20多家主机厂配套;出口北美洲、欧洲、东南亚、俄罗斯等国家和地区

★株洲易力达机电有限公司
地址:湖南省株洲市芦淞区董家塅建国路1号
邮编:412002
电话:0731/28579269、28554901
传真:28557661
网址:www. mfelite. com
电子信箱:elite_eps@ 163. com
法人代表:彭天祥
负责人:付伟
单位人数:334
质量体系:ISO/TS 16949
产品情况:(易力达牌)
电动助力转向器,生产能力达100万套以上

配套及出口情况：为一汽、长安、东风、北汽福田、昌河铃木、一汽海马、东南汽车、力帆汽车、哈飞汽车等多家汽车厂批量配套，与奇瑞汽车、长城汽车、江淮汽车、众泰汽车、北汽控股等建立了合作关系；出口美国、法国、比利时、捷克、伊朗

★株洲汽车零部件实业有限公司
地址：湖南省株洲市石峰区龙头铺
邮编：412006
电话：0731/28700174、28701575
传真：28705999
电子信箱：sf@ zzlbj. com
质量体系：ISO 9001
产品情况：（石峰牌）
传动轴总成、制动器、伸缩套、二轴盖、三轴盖、变速器上盖等
配套及出口情况：为陕西汽车制造厂、汉阳特种汽车厂、湖南三湘客车厂、长沙汽车制造厂、长沙中联重科等配套；出口美国、越南等国家

★益阳康益机械发展有限公司
地址：湖南省益阳市高新区梅林路康益园区
邮编：413000
电话：0737/4219398
传真：4219388
网址：www. yiyang－gears. com. cn
电子信箱：sales@ yiyang－gears. com. cn
质量体系：ISO 9001、ISO 14001
产品情况：（益隆牌）
中、轻型汽车变速器，工程、农机齿轮等
配套及出口情况：为东风汽车集团、江淮汽车集团、一汽红塔、重庆长安等大型企业配套；出口北美洲、东南亚、西亚等地区

★湖南省洪江市安达有限责任公司
地址：湖南省洪江市安江镇黄花坪
邮编：418100
电话：0745/7212082、7211406
传真：7212082
质量体系：ISO/TS 16949、ISO 9001
产品情况：（AP 牌）
汽车转向节臂
配套情况：为中联重科车桥、湖南车桥、航天部贵州红光车桥、广东江门兴江转向器、四川南骏汽车、云南一汽红塔等配套

★衡阳风顺车桥有限公司
地址：湖南省衡阳市华新开发区长丰大道 18 号
邮编：421001
电话：0734/8117366、8117389
传真：8117399
质量体系：ISO/TS 16949
产品情况：汽车车桥、悬架、变速器、分动器等
配套情况：为广汽三菱、长丰扬子、河北中兴、南海福迪、北汽福田、石家庄双环等配套

★湖南凌风车架有限责任公司
地址：湖南省衡阳市雁峰区罗金桥二号
邮编：421008
电话：0734/8414315、8475706
传真：8414315
质量体系：ISO/TS 16949、ISO 9001
产品情况：SUV、皮卡系列车架，年产能力 10 万台；中、轻型汽车前轴，年产能力 10 万根
配套情况：为广汽三菱、北汽福田、安徽扬子、浙江吉奥、南海福迪、绵阳华瑞、东风车桥等配套

★湖南省重型离合器有限责任公司
地址：湖南省永州市零陵区何家坪 22 号
邮编：425006
电话：0746/2889765、6356187
传真：6356187
电子信箱：hnzxlhq@ 126. com
质量体系：ISO 9001
产品情况：各种汽车离合器总成及离合器分离机构
配套情况：为厦门金龙、丹东黄海、东风柳汽、徐工、徐重、洛建、三一重工、中联重科、重汽泰安专汽等配套

广东省

★广州市西合汽车电子装备有限公司
地址：广州市番禺区南村镇里仁洞金山工业园 2 栋 3 层
邮编：510060
电话：020/39218750
传真：39218751
网址：www. sivco. com. cn
电子信箱：sivco_sale@ 163. com
质量体系：ISO/TS 16949
产品情况：单通道、两通道、三通道、四通道和六通道系列 ABS 产品；已形成气制动 ABS 产品年产 18 万套的生产配套能力

★广州新确汽车配件有限公司
地址：广州市花都区汽车城车城大道南 19 号
邮编：510080
电话：020/86733858
传真：86733857
网址：www. suncall. co. jp
电子信箱：recruit@ suncall－gc. com. cn
产品情况：（SUNCALL 牌）
发动机气门弹簧、变速器齿轮

★爱德克斯（广州）汽车零部件有限公司
地址：广州市南沙区黄乎岙阁镇阁中路第 28 号
邮编：510245
电话：020/34970988
传真：34970828
网址：www. advics. co. jp
产品情况：汽车制动系统及零部件
配套情况：为丰田供货

★广州友井汽车配件有限公司
地址：广州市花都区汽车城消防支队旁
邮编：510445
电话：020/37312498、37312418
传真：37312438
质量体系：ISO 9001
产品情况：日系汽车转向拉杆球头系列、悬架球头系列、平衡杆球头系列

★广州市梯欧科小轿车传动轴有限公司
地址：广州市白云区人和镇云和工业园鹤亭 168 号
邮编：510470
电话：020/36251259、36251991
传真：36251287
网址：www. tokqp. com
电子信箱：tok－qp@ 126. com
质量体系：ISO/TS 16949
产品情况：（梯欧科牌）
小轿车前驱（四驱）球笼式等速万向节
配套及出口情况：为众多厂家配套；远销欧洲、美洲、中东、东南亚等地区

★旭晶实业（广州）有限公司
地址：广州市越秀区永福路 79 号倚云广场 6 楼
邮编：510500
电话：020/87797406
传真：87725675
电子信箱：pb@ suntun. cc
质量体系：ISO/TS 16949、QS 9000
产品情况：汽车减振器、减振器弹簧、减振器附件

★加特可（广州）自动变速箱有限公司
地址：广州市高新技术产业开发区科学城荔红二路 8 号
邮编：510530
电话：020/82267038
传真：82267002
网址：www. jatcochina. com
电子信箱：market@ jatcochina. com
单位人数：2037
产品情况：无级自动变速器（CVT）
配套情况：主要客户有东风日产乘用车、东风乘用车、郑州日产

★广州恩梯恩裕隆传动系统有限公司
地址：广州市经济技术开发区东区骏达路 11 号
邮编：510530
电话：020/82266458
传真：82266937
网址：www. ntn. com. cn
电子信箱：cdxt@ getdd. com
质量体系：QS 9000、ISO 14001
产品情况：等速万向节

配套情况:为东风日产、一汽轿车、广汽三菱、北京现代、东南汽车、上汽通用、东风裕隆、长安福特等供货

★广州日正弹簧有限公司
地址:广州市经济技术开发区开发大道1820号
邮编:510530
电话:020/82266136
传真:82266187
质量体系:ISO 14001、ISO/TS 16949
产品情况:汽车用减振弹簧和稳定杆
配套情况:为广汽丰田、广汽本田、东风日产乘用车、广州昭和汽车配件、东风本田、长安福特等供货

★广州溢滔钱潮减震科技股份有限公司
地址:广州市白云区太和工业区建业中路9号
邮编:510540
电话:020/62834180
传真:62834182
网址:www.ytairspring.com
电子信箱:sales1@ytairspring.com
质量体系:ISO 9001
产品情况:(VIGOR牌)
空气悬架,气囊复合减振机,电子气囊复合减振机,橡胶空气弹簧,电子气泵,各类橡胶弹性减振元件等
配套及出口情况:为一汽集团、东风集团、重汽集团、金龙客车、宇通客车、金华青年的重要合作伙伴;出口亚洲

★广州科密汽车制动技术开发有限公司
地址:广州市萝岗区科学城南翔支路1号
邮编:510663
电话:020/32057001、32057003
传真:32057002、82260136
电子信箱:kormee@kormee.com
法人代表(负责人):陶保健
质量体系:ISO/TS 16949
产品情况:(科密牌、KORMEE牌)
适用于客车、载货汽车、挂车、轿车等各种车辆的汽车ABS产品,产品型号主要有:6S/6M、4S/4M、4S/3M、4S/2M、2S/2M、2S/1M
配套及出口情况:为宇通、厦门金龙、苏州金龙、北汽福田、一汽、陕汽、柳汽、欧曼、中集集团、广东明威、梁山华宇、广东福迪、厦门金旅、福田轻型货车等配套;随整车出口泰国等多个国家和地区

★中博制动系统(广州)有限公司
地址:广州市经济技术开发区永和经济区禾丰一街10号
邮编:510730
电话:020/32225666
传真:32225166
电子信箱:recruitment@cipe-gz.com
质量体系:ISO/TS 16949、VDA 6.1
产品情况:(ASIMCO牌)
真空助力器、鼓式制动器、盘式制动器及其零部件
配套情况:为神龙富康、江铃全顺、长沙众泰、东风、长城、比亚迪、吉利等汽车主机客户配套制动系统

★广州昭和汽车零部件有限公司
地址:广州市经济技术开发区东区宏明路6号
邮编:510760
电话:020/82268289、82268480
传真:82269066
电子信箱:mishu@gzshowa.com
质量体系:ISO 9001、ISO 14001
产品情况:(SHOWA牌)
汽车减振器、汽车转向器及其零部件
配套及出口情况:为广汽本田、五羊-本田、新大洲本田、武汉本田等配套;出口欧洲和东南亚等地区

★广州优尼精密有限公司
地址:广州市花都区花港大道77号A栋
邮编:510800
电话:020/36867888
网址:www.unipres.co.jp
电子信箱:uppg-hr@unipres.com.cn
产品情况:自动变速器及其精密零部件、制造汽车用精锻毛坯件、精密冲压半成品

★广州大钧离合器有限公司
地址:广州市花都区汽车城车城大道南
邮编:510800
电话:020/28610996、86733080
传真:86733082
电子信箱:sdeclutch@163.com
质量体系:ISO/TS 16949
产品情况:(大钧牌)
离合器从动盘总成
配套及出口情况:为主机厂配套;远销欧美、东南亚、中东等地区,并销往中国台湾地区

★广州六和桐生机械有限公司
地址:广州市花都区汽车城东风大道8号
邮编:510800
电话:020/86733000
传真:86733228
网址:www.lioho.com
电子信箱:zhenqi88@tom.com
产品情况:(KIRIU牌)
汽车制动、转向、发动机零组件,前后驱动轴总成等
配套及出口情况:主要为东风日产、一汽海马、广州日立压缩机等主机厂配套;出口日本和东南亚

★广州万宝井汽车部件有限公司
地址:广州市花都区新华镇汽车城东风大道28号
邮编:510800
电话:020/86733222
传真:86733111
网址:www.yorozu-corp.co.jp
法人代表:Hironori Hayashi
负责人:Yasuhiko Hirafune
产品情况:驱动桥总成及相关部件
配套情况:为东风日产、长安铃木、丰田配套

★广州珠江轮胎有限公司
地址:广州市花都区炭步镇
邮编:510828
电话:020/86748183、86748183
传真:86748039
网址:www.pearlrivertyres.com
电子信箱:maggie@pearlrivertyres.com
单位人数:1400
质量体系:ISO 9001
产品情况:[珠江牌、顺通(SUNSTONE)牌、力格(REGAL)牌、骑士(RANGER)牌、方元牌、易通牌]
具有100万套斜交胎及200万套子午胎的年产能
出口情况:部分产品出口

★广州市跨越汽车零部件工贸有限公司
地址:广州市花都区狮岭镇南航大道奇才新村自编1巷2号
邮编:510850
电话:020/86845717
传真:86845717
网址:www.ky-auto.com
电子信箱:auto@ky-auto.com
质量体系:ISO 9001
产品情况:专业主产和再制造各种汽车液压助力转向系统及电动助力转向系统

★广州白云钢板弹簧厂有限公司
地址:广州市从化区明珠工业园区吉祥大道8号
邮编:510931
电话:020/37975697、37975657
传真:37975698
网址:www.baiyunspring.com
电子信箱:baiyunspring@baiyunspring.com
质量体系:ISO 9001
产品情况:(白云牌)
各类轻型、中型、重型货车、拖挂车、平板车以及客车的多片等截面钢板弹簧、少片变截面簧钢板弹簧
出口情况:批量出口新加坡、马来西亚、泰国、越南等东南亚国家,并销往中国香港地区

★广州戴卡旭铝铸件有限公司
地址:广州市增城区新塘镇永和开发区
邮编:511300
电话:020/32981266
传真:82983003
电子信箱:info@gzdaa.com
质量体系:ISO/TS 16949、VDA 6.1
产品情况:汽车铝合金轮毂,设计年产

量120万件
配套及出口情况：与日本本田、东风本田、广汽本田、广汽丰田等合作，专供汽车铝合金轮毂；出口北美洲、东南亚

★东洋橡塑（广州）有限公司
地址：广州市经济开发区永和经济区
邮编：511356
电话：020/82986828
传真：82986838
网址：www.toyo-rubber.co.jp
电子信箱：tofukuou@toyo-rubber.co.jp
质量体系：ISO 14001、ISO/TS 16949
产品情况：（TOYO牌）
汽车减振器、等速万向节、特种密封材料等
配套情况：为广汽本田、广汽丰田、东风乘用车、日产等配套

★广州曙光制动器有限公司
地址：广州市经济开发区永和开发区禾丰街8号
邮编：511356
电话：020/82986818
传真：82986820
质量体系：ISO/TS 16949
产品情况：盘式、鼓式制动器

★广州驭风旭铝铸件有限公司
地址：广州市增城区新塘永和管理区塔岗开发区东凌工业园
邮编：511356
电话：020/32985682、32985685
传真：32985633
质量体系：ISO/TS 16949、ISO 14001
产品情况：汽车铝合金轮毂研发和生产
配套情况：为日本丰田、日本本田、日本三菱、日本日产、广汽丰田、广汽本田配套

★广州市华劲机械制造有限公司
地址：广州市增城区新塘镇永和翟洞村永安大道101号
邮编：511356
电话：020/82989980、32989128
传真：82989711
网址：www.hj-machine.com
电子信箱：hj@hj-machine.com
单位人数：600
质量体系：ISO/TS 16949、ISO 9001
产品情况：（华劲牌）
半挂车（挂车）车轴总成、悬架系统及零部件

★广州实利汽车零部件制造有限公司
地址：广州市番禺区石楼工业园莲花西路60-62号
邮编：511400
电话：020/61936179
传真：61936178
电子信箱：info@ci-lee.com
质量体系：ISO 9001
产品情况：制动片、制动鼓年产量为60万套，离合器年产量为36万件，离合器压板年产量为36万件，机油滤清器、空气滤清器、汽油滤清器年产量100万套
出口情况：出口中东、非洲、美洲、俄罗斯等国家和地区

★广州市华南橡胶轮胎有限公司
地址：广州市番禺区东环路116号
邮编：511402
电话：020/84692517、84621040
传真：84610302
网址：www.wanlitire.com
电子信箱：terryyang@wanlitire.cn
单位人数：5000
质量体系：ISO/TS 16949、VDA 6.1
产品情况：（万力牌、新迪牌）
各种汽车子午线轮胎
配套及出口情况：为上汽大众桑塔纳、一汽红旗、一汽-大众（奥迪、捷达等）、一汽解放、长丰猎豹、海南马自达、广州五十铃、郑州日产、东风等配套；远销西欧、北美洲、大洋洲、非洲等90多个国家和地区

★广州市盖普汽车配件有限公司
地址：广州市番禺区新造镇北约村新北路新北工业园区B区
邮编：511436
电话：020/39950498、34826455
传真：39950499
网址：www.goodautoparts.com
电子信箱：marketing@goodautoparts.com
质量体系：ISO/TS 16949
产品情况：制动调整臂、制动气室、制动蹄、凸轮轴、阀轴承座
配套及出口情况：与部分国际顶级品牌提供OEM配套；远销美国、加拿大、巴西、阿根廷、波多黎各、智利、秘鲁、德国、西班牙、爱沙尼亚、俄罗斯、乌克兰、波兰、土耳其、澳大利亚、印度、迪拜、马来西亚、南非等国家

★广州中精汽车部件有限公司
地址：广州市南沙开发区黄阁镇汽配园
邮编：511455
电话：020/34973666
传真：34973601
网址：www.gacc.com.cn
质量体系：ISO 9000
产品情况：铝轮辋及车轮总成，年产100万个
配套及出口情况：为广汽丰田配套；部分铝轮圈出口

★广州双叶汽车部件有限公司
地址：广州市南沙区黄阁镇黄阁中路22号
邮编：511455
电话：020/34973700
传真：34973708
网址：www.futabasangyo.com
质量体系：ISO 14001
产品情况：制动器总成、驱动桥总成、电子控制燃油系统、汽车冲模及相关零部件
配套情况：为广汽丰田配套

★高丘六和（广州）机械工业有限公司
地址：广州市南沙区黄阁镇黄阁中路28号
邮编：511455
电话：020/34972988
传真：34971988
网址：www.atl.com.cn
电子信箱：atlg2005@atlg.com.cn
质量体系：ISO 14001
产品情况：制动盘、转向节、飞轮，曲轴盖等
配套情况：为丰田汽车配套

★广州市润浩汽车配件有限公司
地址：广州市番禺区东涌镇太石工业区一区
邮编：511475
电话：020/34913995、34913996
传真：34913909
电子信箱：rhc@rhctgl.com
质量体系：ISO/TS 16949
产品情况：（TGL牌）
中、重型载重货车和中、大型客车的制动系统零部件，以及上述车型底盘系统的其他零部件
出口情况：远销美国、北美洲、南美洲、欧洲、大洋洲、东南亚等国家和地区

★韶能集团韶关宏大齿轮有限公司
地址：广东省韶关市沐溪工业园沐溪三路
邮编：512028
电话：0751/8172004
传真：8172005
网址：www.sg-gear.com
电子信箱：hdcl@sg-gear.com
单位人数：1130
质量体系：ISO/TS 16949
产品情况：汽车变速器及其零部件、离合器零部件、工程机械零件、工业减速机齿轮、农机齿轮、螺伞齿轮等
配套情况：为东风汽车公司配套，并先后为美国伊顿（EATON）、约翰迪尔（JOHN DEERE）、卡特彼勒（CATERPILLAR）等公司提供零部件配套

★广东省韶铸集团有限公司
地址：广东省韶关市北江区十里亭镇
邮编：512031
电话：0751/8832623
传真：8853784、8851553
网址：www.sffg.com.cn
电子信箱：szjt@sffg.com.cn
法人代表：沐清潞
负责人：单贺华
质量体系：ISO/TS 16949、ISO 14001
产品情况：（韶铸牌、双拳牌、宇航牌）
年产单重100t以下的铸钢件7万t、单重25kg以下的铸铁件6万t、单重4000kg以下锻件15000t（含0.5～160#

吊钩),1.2 亿套精锻轴承毛坯和汽车、摩托车零配件等精锻件

★韶关市正星车轮有限公司
地址:广东省韶关市曲江区马坝大道北128 号
邮编:512100
电话:0751/6691777、6691666
传真:6683860
网址:www.zxchelun.com
电子信箱:sgzx@zxchelun.com
单位人数:1200
质量体系:ISO/TS 16949、ISO 9001
产品情况:(正星牌)
汽车车轮、挂车及挂车配件、精密铸造及精加工
配套及出口情况:为广汽日野、挂车厂等多家汽车生产厂家配套的战略合作伙伴;出口欧美、东南亚等 30 多个国家和地区

★广东柳菱宏通实业有限公司
地址:广东省梅州市梅江区八一大道73 号
邮编:514016
电话:0753/2350583、2357173
传真:2351587
电子信箱:mzgear@126.com
质量体系:ISO/TS 16949
产品情况:(MEIGONG 牌)
各种微、中、重型汽车、工程机械变速器齿轮、驱动桥螺旋锥齿轮、差速器齿轮、堆高机变速器齿轮、摩托车变速器齿轮等
配套及出口情况:为上汽通用五菱、东风汽车、厦门工程机械、山东台励福和台湾台励福、沈阳金杯、江西江铃、杭州友嘉、五羊本田等主机厂配套;批量出口海外市场

★梅州市劲达汽车部件有限公司
地址:广东省丰顺县狮山路 17 号
邮编:514300
电话:0753/6620938、6623667
传真:6621198、6620938
电子信箱:mzfsqpc@pub.meizhou.gd.cn
产品情况:汽车离合器
配套及出口情况:为多家国内主机厂配套;远销美国、加拿大、日本、中东、非洲、大洋洲、东南亚等 20 多个国家和地区

★BPW(梅州)车轴有限公司
地址:广东省梅州市梅县城东
邮编:514743
电话:0753/2651883
传真:2651889
网址:www.bpw.cn
电子信箱:bpwchina@bpw.cn
产品情况:BPW 刚性悬架车轴、空气悬架车轴及车轴关联零部件

★普利司通(惠州)轮胎有限公司
地址:广东省惠州市惠澳大道惠南高新科技产业园惠泰路 8 号
邮编:516000
电话:0752/2056688
传真:2056699
网址:www.bridgestone.com.cn
电子信箱:ying.liu@bridgestonehz.com
产品情况:(普利司通牌)
载货汽车、巴士用全钢丝子午线轮胎
出口情况:出口蒙古

★深圳市凯卓立液压设备有限公司
地址:广东省深圳市南山区西丽镇茶光路深圳集成电路设计应用产业园513 室
邮编:518055
电话:0755/26517000、4000905550
传真:26517900
网址:www.cadrolift.com
电子信箱:sale@cadrolift.cn
法人代表(负责人):王泽黎
单位人数:400
质量体系:ISO 9001
产品情况:(凯卓立牌)
各式车载液压起重尾板、自卸车密闭式车盖系统、各型厢式车翼开系统、残疾人车轮椅升降系统、可控液压支撑平衡系统、流动演出车辆舞台扩展系统、野战用伸缩方舱控制系统等
出口情况:远销美洲、欧洲、东南亚、大洋洲、中东、非洲等地区

★秩父精密产业(深圳)有限公司
地址:广东省深圳市南山区登良路恒裕中心 A 座 405B
邮编:518067
电话:0755/26816269
传真:26815445
网址:www.chi-chi-bu.com
电子信箱:cf@chi-chi-bu.com
负责人:黑泽文武
质量体系:ISO/TS 16949、ISO 9002
产品情况:轴类产品和各种精密件
配套情况:为广汽本田配套

★深圳市特尔佳科技股份有限公司
地址:广东省深圳市龙华新区观澜高新技术产业园特尔佳厂区
邮编:518110
电话:0755/26513588
传真:26519166
网址:www.terca.cn
电子信箱:tech@terca.cn
质量体系:ISO/TS 16949、QS 9000
产品情况:500~3500NM 共三大系列 18 个规格 40 个品种的电涡流缓速器

★力野精密工业(深圳)有限公司
地址:广东省深圳市龙岗区龙岗镇坪地街道坪西社区龙岭北路 39 号
邮编:518117
电话:0755/89949771、89949772
传真:89949936
网址:www.gdasic.com
电子信箱:asic@gdasic.com
质量体系:ISO/TS 16949
产品情况:(ASIC 牌)
转向系统、变速器系统、空调系统、发动机系统等精密锻件

★华越汽车制动技术(深圳)有限公司
地址:广东省深圳市宝安区沙井街道办新二红巷工业路 42 号 20 栋
邮编:518125
电话:0755/27286788
传真:27286488
网址:www.vaueo.com
电子信箱:vaueo@163.com
质量体系:ISO 9001
产品情况:汽车电涡流缓速器主机及其控制系统

★力派尔(珠海)汽车配件有限公司
地址:广东省珠海市金湾区三灶镇青湾工业区青湾二路 6 号
邮编:519000
电话:0756/7632000
传真:7362005、7362088
网址:www.lprautoparts.cn
电子信箱:killy.yao@lprautoparts.cn
单位人数:280
质量体系:ISO/TS 16949
产品情况:(LPR 牌)
盘式制动片、鼓式制动蹄、制动卡钳、制动盘、制动鼓、简易套装、水泵、制动泵、制动软管、球笼等
配套情况:为菲亚特、雷诺、福特、菲罗多、霍尼韦尔等配套

★珠海华粤离合器有限公司
地址:广东省珠海市南屏镇洪湾工业区兴湾七路 1 号
邮编:519060
电话:0756/8819200、6299000
传真:8819218、8819209
网址:www.cncclutch.com
电子信箱:cncoem@cncclutch.com
法人代表(负责人):倪川
单位人数:300
质量体系:ISO/TS 16949、ISO 9001
产品情况:(华粤牌)
汽车离合器,从动盘总成,具有为主机配套 130 万套、售后市场从动盘 150 万台、盖总成 80 万台的生产能力
配套及出口情况:为上汽通用、上汽通用五菱、上汽大众、一汽-大众、一汽海马、海马轿车、北汽集团、奇瑞汽车、比亚迪汽车等主机厂配套;约 40% 的产品出口德国、法国、英国、美国、秘鲁、印度等国家和地区

★MAXEEN 汽车零部件有限公司
地址:广东省珠海市红山路 288 号国际科技大厦 601 室

邮编:519075
电话:0756/8126715、2628562
传真:8126735
电子信箱:maxeen@maxeen-auto.com
质量体系:VDA 6.1、QS 9000
产品情况:(MAXEEN 牌)
离合器配件、制动配件、减振器、汽车电子产品、悬架零部件等

★东莞快线汽车配件有限公司
地址:广东省东莞市万江金龙街46号
邮编:523039
电话:0769/23622612
传真:23622217
电子信箱:kx@0769kf3.com
产品情况:(RPA 牌、KF3 牌)
平衡杆、防倾杆、防滑踏板、摆臂、其他铝合金配件
配套及出口情况:为国企20多个知名品牌OEM生产;远销中东、美国、欧洲、南美洲、非洲、澳大利亚、东南亚等30个国家和地区

★东莞恩斯克转向器有限公司
地址:广东省东莞市城区莞龙路段狮龙路莞城科技园
邮编:523119
电话:0769/22620960
传真:23162867
电子信箱:cgp@nsk-bearing.com
产品情况:转向器等汽车关键零部件
配套情况:为日系、欧美系及国内20余家汽车厂配套

★东莞桥头特比克汽车零件有限公司
地址:广东省东莞市桥头镇禾坑村
邮编:523527
电话:0769/83439662
传真:83439693
网址:www.tbk-jp.com
电子信箱:whyj@job5156.com
质量体系:ISO/TS 16949
产品情况:鼓式制动片,具有月产20万片的生产能力
配套及出口情况:为三菱、日产柴、日野、五十铃配套;产品100%出口

★东莞金洲齿轮机械有限公司
地址:广东省东莞市沙田镇西太隆工业区
邮编:523992
电话:0769/88688001、13450015559
传真:88803225
网址:www.goldenstategear.com.cn
电子信箱:dgjzcl@163.com
单位人数:140
质量体系:ISO/TS 16949
产品情况:各种螺旋锥齿轮等
配套情况:为广西方盛、安徽安凯、南京创捷、南京依维柯、合肥车桥等企业配套

★肇庆骏鸿实业有限公司
地址:广东省肇庆市高新工业区临江工业园
邮编:526238
电话:0758/3130187
传真:3130186
电子信箱:info@sonnytyres.com
质量体系:ISO/TS 16949
产品情况:(新迪牌、JHJ牌)
半钢子午线轮胎
配套及出口情况:与北汽福田等多家汽车公司OEM配套;出口美国、南美洲、欧洲、中东等国家和地区

★佛山市同丰汽车配件有限公司
地址:广东省佛山市禅城区高基街131号
邮编:528000
电话:0757/82287495
传真:82225140
网址:www.fstfqp.com
电子信箱:fstfqp@163.com
质量体系:ISO 2000、QS 9000
产品情况:汽车半轴
配套及出口情况:为柳州五菱、江铃汽车集团、江铃底盘、羊城汽车集团、柳州汽车、中佛汽车等汽车厂家配套;远销东南亚、美国、南美洲市场

★河谷(佛山)汽车润滑系统有限公司
地址:广东省佛山市禅城区经济开发区罗格园内禅秀路
邮编:528000
电话:0757/82011888
传真:82817096
网址:www.herg.com.cn
电子信箱:admin@herg.com.cn
法人代表:姚燕业
单位人数:220
质量体系:ISO 9001
产品情况:(HERG 牌)
汽车底盘集中润滑系统
配套及出口情况:为厦门金旅、中通、宇通、飞驰、金龙等客车厂配套;出口美国、德国、韩国、印度、巴西等国家,并销往中国香港、中国台湾地区

★佛山市永力泰车轴有限公司
地址:广东省佛山市禅城区石湾镇镇中二路12号
邮编:528031
电话:0757/88311381
传真:88311322
网址:www.ltcmc.com
电子信箱:sales@ltcmc.com
质量体系:ISO/TS 16949
产品情况:(L1 牌)
美式车轴、德式车轴、串联悬架、单点悬架、刚性悬架、空气悬架、支腿、牵引座和牵引销等各种拖车配件,具有年产半挂车车轴15万根、各种悬架5万余套的生产能力

★佛山金光汽车零部件有限公司
地址:广东省佛山市禅城高新技术产业开发区吉利工业园新源二路45号
邮编:528061
电话:0757/82013900
传真:82013901
电子信箱:huang_zhimin@kanemitsu.co.jp
质量体系:ISO/TS 16949、ISO 14001
产品情况:传动轮
配套情况:为本田、丰田、日产、马自达、通用、长安铃木等配套

★佛山富士离合器有限公司
地址:广东省佛山市南海区丹灶镇国家生态工业示范园区核心区
邮编:528200
电话:0757/85415195
网址:www.fcc-net.co.jp
质量体系:ISO 14001
产品情况:离合器
配套情况:为广汽本田、武汉东风本田、本田(中国)等配套

★佛山捷贝汽车配件有限公司
地址:广东省佛山市南海区丹灶镇生态路8号南海国家生态工业示范园区
邮编:528216
电话:0757/85407111
传真:85407110
网址:www.hitachi.com.cn
产品情况:(HITACHI 牌)
汽车制动器总成及其部件、摩托车的盘式制动器及其零件
配套情况:为本田、日产、马自达供货

★佛山市南海中南铝车轮制造有限公司
地址:广东省佛山市南海区大沥镇盐步广佛路段1号
邮编:528231
电话:0757/85765843
传真:85778849
网址:www.znlwheel.com
电子信箱:pub@znlwheel.com
负责人:梁权辉(总裁)
单位人数:3000
质量体系:ISO/TS 16949、QS 9000
产品情况:(ZNL 牌、FNZ 牌)
汽车、摩托车铝合金轮毂,年产1000万只铝合金汽车轮、1000万只铝合金摩托车轮
配套及出口情况:为一汽-大众、神龙汽车、天津一汽夏利、长安汽车等10多家汽车厂,以及嘉陵、五羊本田、嘉陵本田、南方雅马哈、大长江、新大洲等20多家摩托车厂提供轮毂配套;远销欧洲、美国、加拿大、日本、澳大利亚、东南亚等国家和地区

★佛山市南海安驰铝合金车轮有限公司
地址:广东省佛山市南海区大沥镇有色金属产业园
邮编:528231
电话:0757/81821303、81821306

传真:85582606
网址:www. anchiwheel. com
电子信箱:info@ anchiwheels. com
负责人:曾庆彪
单位人数:600
质量体系:ISO/TS 16949
产品情况:(AC 牌、ACW 牌)
铝合金汽车轮毂
配套情况:为广州五羊集团、重庆望江铃木等配套

★佛山市帝盟汽车零部件有限公司
地址:广东省佛山市南海区官窑永和开发区 1 号
邮编:528237
电话:0757/81002219
传真:81854228
网址:www. gddkm. com
电子信箱:2378861818@ qq. com
质量体系:ISO/TS 16949
产品情况:(JD 牌)
动力转向器系列产品
配套及出口情况:为北汽制造厂配套陆霸越野车转向系统,为天津一汽夏利配套轿车转向系统;出口美国、意大利、乌克兰、俄罗斯、东南亚、中东等国家和地区

★本田汽车零部件制造有限公司
地址:广东省佛山市南海区南海科技工业园本田路 1 号
邮编:528237
电话:0757/81198888
传真:81198889
网址:www. chamhonda. cn
电子信箱:master@ cham - honda. com. cn
单位人数:2700
产品情况:变速器、曲轴、连杆等零部件

★俊加华实业有限公司
地址:广东省佛山市南海区平洲工业园
邮编:528251
电话:0757/86702888
传真:86709821
电子信箱:febijsme@ joinfair. cn
质量体系:ISO 9001
产品情况:[Joinfair 牌、俊一(JSME)牌、飞比(febi)牌]
底盘橡胶件、制动皮

★广东亚新汽车传动有限公司
地址:广东省佛山市顺德高新区(容桂)新发路 9 号
邮编:528305
电话:0757/28398998
传真:28399998
网址:www. accel. cn
电子信箱:yaxin@ accel. com. cn
单位人数:500
质量体系:ISO/TS 16949、VDA 6. 1
产品情况:(ACCEL 牌)
汽车离合器从动盘(年产能力 150 万片)、压盘(年产能力 60 万片)、制动片等
出口情况:远销欧美、非洲、东南亚、中东等 50 多个国家和地区

★广东富华工程机械制造有限公司
地址:广东省佛山市顺德区勒流街道港口中路 9 号
邮编:528322
电话:0757/22191327、22191289
传真:22191329
网址:www. fuwa. cn
电子信箱:sh@ fuwa. cn
单位人数:1500
质量体系:ISO/TS 16949、ISO 9001
产品情况:(Fuwa 牌)
半挂车车轴、支承装置(支腿)、悬架、牵引座(鞍座)、牵引销等零部件
出口情况:出口东南亚、中东、欧洲、北美洲、南美洲、大洋洲、非洲等 40 多个国家和地区

★富盈汽车配件有限公司
地址:广东省佛山市顺德区勒流镇黄连工业区港口路 1 号
邮编:528323
电话:0757/25521638
传真:25521631
电子信箱:btc3@ fuwabtc. com
质量体系:ISO/TS 16949
产品情况:货车和专用车零部件,汽车制动气室和汽车制动调整臂
出口情况:远销北美洲、欧洲、大洋洲、南美洲等全球各半挂车使用的市场

★捷太格特(佛山)汽车部件有限公司
地址:广东省佛山市顺德区大良街道五沙新辉路 2 号
邮编:528333
电话:0757/22325881
传真:22325885
网址:www. jtekt. com. cn
董事长:上川正树
负责人:山本喜夫
质量体系:ISO 14001
产品情况:P/S 配管、油壶、电动油泵、传动轴等汽车部件
配套情况:为广汽丰田配套

★中山市飞博橡胶制品有限公司
地址:广东省中山市东升镇广福路龙生工业区
邮编:528414
电话:0760/22222162、22219013
传真:22219010
网址:www. fibet. com. cn
电子信箱:sales@ fibet. com. cn
质量体系:ISO 9001
产品情况:各种橡胶减振器

★武藏精密汽车零部件(中山)有限公司
地址:广东省中山火炬开发区沿江东四路 40、42 号
邮编:528437
电话:0760/85336689
传真:85337689
网址:www. musashi. co. jp
电子信箱:otsuka@ zsmusashi. com
质量体系:ISO 9000
产品情况:球头、齿轮、离合活塞等产品
配套情况:为广汽本田、东风本田、本田汽车(中国)、东风本田发动机、东风本田汽车零部件、广州昭和汽车零部件配套

★中山富拉司特工业有限公司
地址:广东省中山市火炬高技术产业开发区集中新建区科技大道 30 号
邮编:528437
电话:0760/88287700、88287705
传真:85316212、88287736
质量体系:ISO 14001、ISO/TS 16949
产品情况:汽车安全气囊、转向盘、出风口、面板、其他产品
配套情况:为广汽本田、东风日产等配套

★中山日信工业有限公司
地址:广东省中山市火炬高技术开发区建业路 34 号
邮编:528437
电话:0760/23895999
传真:85338331
电子信箱:sales@ nbz. net. cn
质量体系:ISO/TS 16949、ISO 14001
产品情况:ABS、VSA、真空助力器、制动钳等制动系统的零部件
配套情况:为广汽本田、东风本田等配套

★武藏汽车配件(中山)有限公司
地址:广东省中山市火炬高技术开发区沿江东四路 40 - 42 号
邮编:528437
电话:0760/85336689
传真:85337689
质量体系:ISO 9000
产品情况:汽车转向与悬架系统零部件
配套情况:为广汽本田、东风本田、本田汽车(中国)、东风本田发动机、东风本田汽车零部件、广州昭和汽车零部件配套

★恒威汽车动力转向器有限公司
地址:广东省佛山市高明区西安河江开发区跃华路广德街 5 号
邮编:528500
电话:0757/88513388
传真:88513389
网址:www. autopower. cn
电子信箱:fsgmhwqc@ 126. com
质量体系:ISO 9001
产品情况:汽车转向器及配套件
配套及出口情况:为北汽制造、华泰汽车、一汽通用云南、广东福迪、金程自动

车工业、北京福田环保动力、众泰汽车、杭州永源汽车部件、华晨绵阳华瑞汽车配套；出口俄罗斯、埃及、伊朗、南非等国家

★佛山市何氏协力机械制造有限公司
地址：广东省佛山市高明区杨梅镇
邮编：528515
电话：0757/88853222、88853898
传真：88853000
网址：www. hos - unite. com
电子信箱：sales@ hos - unite. com
质量体系：ISO/TS 16949、ISO 9001
产品情况：（何氏牌）
　　重载车辆车轴总成和悬架系统；具备年产 50000 条 8 ~ 20t 车轴总成的能力

★江门市兴江转向器有限公司
地址：广东省江门市蓬江区西环路465 号
邮编：529030
电话：0750/3397726、3360606
传真：3381498
网址：www. xingjiang. com
电子信箱：xingjiang@ xingjiang. com
负责人：肖文佳
单位人数：400
质量体系：ISO/TS 16949
产品情况：汽车动力转向器
配套情况：为陕汽集团、东风柳汽、重汽集团、宇通客车、厦门金龙、徐州重工、中联等配套

★广东迪生力汽配股份有限公司
地址：广东省台山市西湖外商投资示范区国际路 1 号
邮编：529200
电话：0750/5588101
传真：5588074
网址：www. dcenti. cn
电子信箱：wingfi@ stonewell. cn
质量体系：ISO/TS 16949
产品情况：铝合金轮毂，年产量 120 万件
出口情况：远销 20 多个国家

★广东富华重工制造有限公司
地址：广东省台山市三台大道北一号
邮编：529200
电话：0750/5966984、5966985
传真：5966980
网址：www. fuwa. cn
单位人数：2000
质量体系：ISO/TS 16949
产品情况：具有年产挂车桥 80 万支、货车及客车前桥 50 万支、货车及客车驱动桥 50 万支、工程桥 5 万支、悬架、制动器零部件各 30 万套、盘式制动器 20 万套、摩擦片 900 万片的生产能力

★捷仕克汽车配件有限公司
地址：广东省鹤山市共和镇工业东区共建路 22 号
邮编：529728
电话：0750/8318224、8303822
传真：8303922
网址：www. gck. com
电子信箱：sales@ gck. cn
质量体系：QS 9000、ISO 9002
产品情况：（GCK 牌）
　　汽车传动轴、等速万向节总成及其零部件

广　西

★广西桂林英柴公司
地址：广西桂林市横塘路 74 号
邮编：541004
电话：0773/5865258
传真：5862952
质量体系：ISO 9001
产品情况：（英柴牌）
　　轴承座、差速器壳、前后轮毂
配套情况：为柳州五菱、桂林福达等配套

★桂林星火机械制造有限公司
地址：广西桂林市七里店路 1 号
邮编：541004
电话：0773/2125686、2125668
传真：5812716
电子信箱：glxinghuo@ 163. com
质量体系：ISO/TS 16949、ISO 9001
产品情况：（星火牌）
　　为轿车、客车、载货汽车配套并批量出口欧美的星火牌锁销式和滑块式汽车同步器，具有年产 120 万件的生产能力
配套及出口情况：为东风公司、浙江东风齿轮、益阳兴隆变速器、韶关宏大齿轮、株洲齿轮、山东临沂临工汽车桥箱等汽车变速器生产企业配套；出口美国、欧洲、南美洲等国家和地区

★广西桂林南方橡胶集团公司
地址：广西桂林市七星路 36 号
邮编：541004
电话：0773/5815653
传真：5815652
质量体系：ISO/TS 16949
产品情况：汽车及摩托车轮胎

★中国化工橡胶桂林有限公司
地址：广西桂林市七星区横塘路 80 号
邮编：541004
电话：0773/5889999
传真：5889366
网址：www. gllt. chemchina. com
电子信箱：glxj@ rubber. chemchina. com
质量体系：ISO/TS 16949、ISO 14001
产品情况：（火炬牌）
　　全钢、斜交巨型工程轮胎、工程机械轮胎、载重汽车轮胎等
出口情况：远销多个国家和地区

★万向钱潮（桂林）汽车底盘部件公司
地址：广西桂林市铁山工业园铁山路 18 号
邮编：541004
电话：0773/5616818、5616833
传真：5615921
网址：www. glwanxiang. com
电子信箱：glwx@ vip. 163. com
质量体系：ISO/TS 16949
产品情况：钢制车轮、制动器总成、汽车转向拉杆总成、控制臂总成
配套情况：为上汽通用五菱、东风柳汽、一汽解放柳州特种汽车、三一重工集团、浙江万向系统海南分公司、郑州国基机械设备有限公司配套

★柳州市恒力传动轴有限责任公司
地址：广西柳州市柳北区沙塘镇沙塘街 102 号之三
邮编：545003
电话：0772/2712685、2710006
传真：2711115
电子信箱：ningyu135@ 163. com
质量体系：ISO/TS 16949、QS 9000
产品情况：微车传动轴总成、后桥连接凸缘
配套情况：为上汽通用五菱、广西柳工配套

★柳州正菱集团有限公司
地址：广西柳州市柳邕路 273 号
邮编：545005
电话：0772/3227352
传真：3227305
网址：www. zhengling. com. cn
电子信箱：zhengling888@ vip. 163. com
质量体系：ISO/TS 16949、QS 9000
产品情况：汽车、挖掘机、装载机、发动机、机床四大主机及其零部体制造业等
配套情况：为柳州机械厂、柳州汽车发动机厂、玉柴等配套

★广西方盛实业股份有限公司
地址：广西柳州市屏山大道 286 号
邮编：545005
电话：0772/3281676
传真：3820545
网址：www. gxfssy. com
电子信箱：fszp@ gxfssy. com
单位人数：4000
质量体系：ISO/TS 16949
产品情况：（福狮牌）
　　专用车、车桥、汽车底盘和冲压件、内外饰件、座椅、锻件、电器等
配套及出口情况：与东风汽车、东风柳汽、上汽通用五菱、柳工、一汽解放、一汽柳特、北汽福田、宇通客车、金龙客车等配套；出口美国、俄罗斯、越南等国家

★柳州青山变速器有限责任公司
地址：广西柳州市鱼峰区鸡喇路 16 号
邮编：545005
电话：0772/3150223

传真:3150223
产品情况:变速器

★方盛车桥(柳州)有限公司
地址:广西柳州市阳和工业新区C-18号
邮编:545006
电话:0772/3120504
传真:3134086
网址:www.fangshengaxle.com
电子信箱:cqxsb@tom.com
产品情况:客运车用桥,前桥从3~9t,后桥从4.5~16t,主要有7t、8t、9.5t、440、452、低地板前后桥、独立悬架前桥、驱动转向桥等多平台多系列产品
配套情况:为多家中重型商用车主机厂车桥供货

★浙江万向系统有限公司柳州工厂
地址:广西柳州市阳和工业新区工业园B-22-2B-22-4
邮编:545006
电话:0772/3514131
传真:3514161
网址:www.wanxiang.com.cn
产品情况:SPARK车型底盘系统零部件
配套情况:为上汽通用五菱配套

★广西华力集团有限公司
地址:广西柳州市阳和工业新区阳旭路9号
邮编:545006
电话:0772/3113196
传真:3113196
网址:www.gxhualicn.com
电子信箱:jtzonghe@gxhualicn.com
单位人数:1500
质量体系:ISO 9001
产品情况:(华力重工牌、克雷拉牌、圣特记牌)
公路机械及工程机械、汽车零部件、汽车减振器等产品
出口情况:出口俄罗斯、印度、马来西亚、澳大利亚、巴西等10多个国家

★柳州采埃孚机械有限公司
地址:广西柳州市和平路143号
邮编:545007
电话:0772/3691588
传真:3691519
网址:www.lzzf.com
电子信箱:wenhong.huang@zf.com
产品情况:(ZF牌)
变速器、驱动桥、液压转向器和汽车悬架

★广西宇翔车轮集团有限公司
地址:广西柳州市河西工业园
邮编:545007
电话:0772/3645029
传真:3645029
网址:www.chineserim.com
电子信箱:sales@yxwheel.com
质量体系:ISO/TS 16949
产品情况:车轮

★吉凯恩动力机械(柳州)有限公司
地址:广西柳州市柳太路7号
邮编:545007
电话:0772/3915378
网址:www.gknchina.com
电子信箱:brian.Li@gkn.com
质量体系:ISO/TS 16949、ISO 14001
产品情况:矿用、港机、工程、叉车车轮及双联万向节
出口情况:出口澳大利亚、英国、荷兰、美国、日本、韩国等国家

★柳州长虹机器制造公司
地址:广西柳州市柳北区柳长路611号
邮编:545012
电话:0772/2542258
传真:2542488、2542258
质量体系:ISO/TS 16949
产品情况:汽车前桥总成、汽车真空助力器、汽车制动主缸、汽车电器、NJP型全自动胶囊充填机等

★柳州上汽汽车变速器有限公司
地址:广西柳州市阳和北路西一号
邮编:545036
电话:0772/3592133
网址:www.sagwlz.com.cn
电子信箱:cj@sagwlz.com.cn
质量体系:ISO/TS 16949
产品情况:汽车变速器
配套及出口情况:为上汽通用五菱等西南地区的整车生产企业配套;出口拉丁美洲、印度、东南亚

★柳州克雷拉减振器有限公司
地址:广西柳州市阳和工业新区阳旭路9号
邮编:545036
电话:0772/3143790、3116285
传真:3116285
电子信箱:kllzh@gxhualicn.com
质量体系:ISO/TS 16949
产品情况:(克雷拉牌)
各类汽车减振器,年产能力500万支
配套情况:为上汽通用五菱、上汽通用五菱青岛分公司、柳州五菱、浙江万向柳州公司、浙江亚泰柳州公司、东风柳州汽车、柳州特种汽车厂、广汽日野、广东福迪汽车、北汽福田、柳州座椅厂、北汽银翔汽车、福建新龙马汽车配套

★柳州市精锻方盛工业有限公司
地址:广西柳江县拉堡镇莲塘
邮编:545100
电话:0772/7213831
传真:7215106
电子信箱:fangsheng@ctiwt.com
质量体系:ISO 9001
产品情况:汽车前轴、后桥壳体、连通轴等
配套情况:为东风柳汽、上汽通用五菱等配套

★柳州市迅达汽车配件制造有限公司
地址:广西柳州市柳江县第一工业开发区平湖路
邮编:545100
电话:0772/7265977
传真:2329267
产品情况:汽车钢板弹簧总成、传动轴总成、驾驶室前后悬置总成、胎架、油箱托架、变速摆杆等汽车零部件
配套情况:为东风柳汽、一汽柳州特种汽车厂、上汽通用五菱、一汽通用云南红塔、重庆铁马集团、广西玉柴、柳州工程机械配套

重庆市

★重庆北方奔驰变速器有限责任公司
地址:重庆市渝北区勤业路100号
邮编:400020
电话:023/88167877、88167878
传真:88167878
电子信箱:xsgs@bbgearbox.com.cn
质量体系:ISO/TS 16949
产品情况:(北方奔驰牌)
轻型履带式装甲车变速器、轮式装甲车变速器、重型汽车变速器、大型客车变速器、分动器和取力器等
配套情况:为军用车辆、宇通、安凯、金龙、金旅、黄海、北奔重汽、长江起重机等20多家大型客车和重型汽车企业配套

★重庆大帝重工机械有限公司
地址:重庆市江北区港城东路99号
邮编:400026
电话:023/67716970、67716991
传真:67716992
网址:www.cqdfdy.com
电子信箱:cqdftd@sina.cn
董事长:尧忠平
单位人数:468
质量体系:ISO/TS 16949
产品情况:汽车太阳轮、行星轮、汽车半轴、贯通轴、齿轮及各种锻件,年生产锻件10万t

★重庆驰宇机械制造有限责任公司
地址:重庆市沙坪坝区井口月古村46号
邮编:400033
电话:023/65184071、65184091
传真:65184097
网址:www.cyqz.com
电子信箱:office@cyqz.com
董事长(负责人):陈蜀江
单位人数:100
质量体系:ISO/TS 16949、QS 9000
产品情况:各型汽车转向节、曲轴(含通机球铁曲轴)、拨叉、螺环、各型沙滩摩托转向节、轮毂、碟形制动支撑座及总

成、摩托车气门座、导管、凸轮轴等

★重庆创鸿机电(轴承)有限公司
地址:重庆市沙坪坝区山洞工业园
邮编:400035
电话:023/65530351
传真:65530351
电子信箱:wangjian9.15@163.com
质量体系:ISO/TS 16949
产品情况:前桥转向节用阻尼轴承、汽车轮毂轴承等
配套情况:合作伙伴有一汽集团、东风汽车股份、欧曼重型货车、上汽依维柯红岩、重庆铁马、北奔重汽、湖北三环车桥、柳州汽车、湖南中联重科、义和车桥、安徽华菱等企业

★重庆聚兴交通工业(集团)有限公司
地址:重庆市九龙坡区九龙工业园C区聚业路113号
邮编:400039
电话:023/65701995、65765280
传真:65703093、68601654
电子信箱:cqjuxing1234@126.com
质量体系:ISO/TS 16949、ISO 14001
产品情况:(JX牌、起飞牌)
气门摇臂、换挡拨叉、变速毂、摇臂轴、拨叉轴、汽车变速器、单向器、传动齿轮、蜗轮蜗杆、高精减速电动机小模数齿轮、各类模锻毛坯等
配套情况:为广东大长江、五羊-本田、钱江摩托、济南轻骑铃木、嘉陵-本田、新大洲-本田、洛阳北方易初、重庆力帆、庆铃汽车、长安汽车、中国台湾光阳、中国台湾三阳、中国嘉陵、建设、隆鑫、宗申、广汽日野、北奔重汽等配套

★重庆天谛倍进机电制造有限公司
地址:重庆市石桥铺高庙村张坪社198号
邮编:400039
电话:023/68631744、68882718
传真:68621616
电子信箱:huajun@cq-huajun.com
质量体系:ISO 9001
产品情况:汽车、摩托车离合器
配套及出口情况:为长安汽车、长安跨越、重庆力帆、重庆宗申发动机、山西淮海汽车发动机、上汽配套;出口越南、东南亚、伊朗等国家和地区

★重庆富川机电有限公司
地址:重庆市九龙坡区白市驿工业园区
邮编:400050
电话:023/65702059
传真:65708211
电子信箱:fcme@fcme.cn
质量体系:ISO/TS 16949
产品情况:大长江、宗申、嘉陵等摩托车磁电机、变速器、分动器、取力器的齿轮,法士特齿轮,汽车磁电机、齿轮等
配套情况:为大长江、宗申、嘉陵、法士特、本田等配套

★重庆佳通轮胎有限公司
地址:重庆市九龙坡区中梁山玉清寺街道华玉路888号
邮编:400052
电话:023/65268549、65266100
传真:65266800
电子信箱:gm/cq@giti.com
质量体系:ISO/TS 16949
产品情况:全钢丝载重子午线轮胎

★重庆三四零三汽车零部件有限公司
地址:重庆市巴南区土桥王家坝100号
邮编:400054
电话:023/81397778
传真:81397776
网址:www.naide.com.cn
电子信箱:office@cq3403.com
质量体系:ISO 9001
产品情况:东风、解放系列货车板簧,红岩、斯太尔、铁马系列载重车板簧,长安、五菱、昌河、哈飞等微车系列板簧,金龙、宇通、江淮、杭州、大宇、安凯、川旅等长轧锥变截面少片簧及多片簧
配套情况:为长安集团等十余家汽车制造厂家配套

★重庆川渝精工机械配件开发有限公司
地址:重庆市江津区双福街道创业大道2号
邮编:400054
电话:023/85551205
传真:85550913
网址:www.cy-jg.com
电子信箱:yxgs@cy-jg.com
董事长:刘悉承
质量体系:ISO/TS 16949、ISO 9001
产品情况:(精工牌、锐克牌)
摩托车发动机起动机构及小型车辆传动系统产品(包括三(四)轮摩托车后桥、倒挡器、传动轴、变速器总成,电动车后桥及四驱系统,全地形车后桥及四驱系统)
配套情况:为日本本田、雅马哈以及全国多家摩托车制造厂、汽车厂配套

★重庆神箭汽车传动件有限责任公司
地址:重庆市巴南区花溪镇莲花一村一号
邮编:400055
电话:023/62555350
传真:62555411
电子信箱:sjgs@126.com
质量体系:ISO 9001
产品情况:青山、法士特变速器、分动器、取力器的齿轮及轴
配套情况:为青山工业、奇瑞汽车、苏州齿轮等配套

★爱思帝(重庆)驱动系统有限公司
地址:重庆市北部新区龙景路4号
邮编:400060
电话:023/62900350、62811516
传真:62900348
电子信箱:clctch@exedy.com.cn
质量体系:ISO/TS 16949、ISO 14001
产品情况:(EXEDY牌)
汽车离合器、飞轮减振器
配套情况:为长安集团、东风本田、东风日产、一汽轿车、比亚迪、庆铃汽车、东安发动机等整车和发动机厂配套

★重庆齐信汽车零部件有限公司
地址:重庆市南岸区四公里广黔路70号
邮编:400067
电话:023/62750343
传真:62752595
网址:www.cqqixin.cn
电子信箱:chongqingqixin@163.com
单位人数:1000
质量体系:ISO/TS 16949
产品情况:转向节、半轴、后桥壳焊接总成、齿轮、后轮轴、轴承座以及通用汽油机曲轴
配套情况:为长安、长安福特、重庆庆铃、上汽通用五菱、重庆渝安、哈飞、奇瑞、江铃、江淮、南方天合等主机厂及零部件公司配套

★重庆望江铸造有限公司
地址:重庆市江北区郭家沱
邮编:400071
电话:023/67110831、67110835
传真:67110834
电子信箱:cqwangjiang@cta.cq.cn
质量体系:ISO/TS 16949
产品情况:(望江牌)
制动钳体、制动钳支架、转向节、曲轴等铸件
配套情况:为长安汽车、万向集团、昌河汽车、奇瑞汽车、哈飞汽车、美国SWC公司配套

★重庆新工汽车零部件有限公司
地址:重庆市大渡口区建桥工业园C区建园路16号
邮编:400084
电话:023/88610028、88610121
传真:88610028
网址:www.cqxingong.com
电子信箱:cqxingong@sina.com
质量体系:ISO/TS 16949
产品情况:转向拉杆总成系列、悬架臂系列、转向臂系列以及稳定拉杆总成系列
配套情况:经一汽光洋、豫北光洋、重庆长风(长融)、惠州长丰、芜湖世特瑞、豫北机械、沙市久隆等转向器厂为天津夏利汽车、昌河铃木汽车、哈飞汽车、吉轻汽车、长丰猎豹汽车、奇瑞汽车、江淮汽车、长城汽车、浙江吉利等整车厂配套装车使用

★鞍钢贝卡尔特轮胎帘线(重庆)公司
地址:重庆市双桥工业园区
邮编:400900

电话:023/43386000、43386002
传真:43386111
产品情况:(贝卡尔特牌)
轮胎钢帘线

★重庆市高远汽车部件制造有限公司
地址:重庆市双桥区南路塔水桥
邮编:400900
电话:023/43330159、43330588
传真:43336779
电子信箱:gaoyuanqp@188.com
质量体系:ISO/TS 16949
产品情况:取力器总成、差速器十字轴、半轴、贯通轴、液压件等底盘件

★重庆驰骋轻型汽车部件股份有限公司
地址:重庆市渝北回兴镇工业园区兴科大道2号
邮编:401120
电话:023/67457391
传真:67457391、67457398
网址:www.cqchicheng.com
电子信箱:cqcc_kfb@163.com
质量体系:ISO/TS 16949、QS 9000
产品情况:前悬架总成、左右臂、后轴总成、发动机支架、车身覆盖件
配套情况:为长安汽车、昌河汽车、哈飞汽车等配套

★重庆耐德中意减振器有限责任公司
地址:重庆市渝北区长安工业园长空路306号
邮编:401120
电话:023/67187111、67180918
传真:67180900
网址:www.cqzyjz.com
电子信箱:huangzhen@naide.cn
负责人:黄震
单位人数:410
质量体系:QS 9000、ISO/TS 16949
产品情况:(耐德牌、华意牌、华美牌、华科牌)
减振器
配套情况:为华晨汽车、吉利汽车、长安汽车、奇端汽车、哈飞汽车、上汽通用五菱、安徽安凯客车、重庆恒通客车等配套

★克诺尔卡福商用车制动系统(重庆)公司
地址:重庆市北部新区经开园长福西路10号11栋
邮编:401122
电话:023/89015888
传真:89015955
网址:www.knorr-bremse.com.cn/cn
电子信箱:cq-hr.ckg@knorr-bremse.com
法人代表:徐保平
负责人:房廷海
质量体系:ISO/TS 16949
产品情况:用于制动系统的常规阀、变速器阀、空气处理单元和离合器伺服系统

★重庆聚能汽车技术有限责任公司
地址:重庆市北部新区经开园金渝大道99号重庆汽博大厦25层
邮编:401122
电话:023/63115660、63115900
传真:67881453
电子信箱:jnabs@jnabs.com
质量体系:ISO/TS 16949
产品情况:液压制动ABS和气压制动ABS系列产品
配套情况:为金龙客车、海格客车、重汽集团等配套

★重庆博奥铝镁金属制造有限公司
地址:重庆市北部新区云枫路2号汽车工业园三区D25号
邮编:401122
电话:023/89110697、89110677
传真:89110677、89110688
网址:www.cqmbm.com
电子信箱:jufee@cqmbm.com
质量体系:ISO/TS 16949、ISO 14001
产品情况:汽车变速器壳体、转向盘骨架、仪表板骨架、汽车中控支架、座椅骨架、汽缸盖、齿轮室、齿轮室盖等汽车产品,镁合金轮毂、曲轴箱体、曲轴箱盖、摩托车后背架等摩托车产品,年产镁合金压铸产品700多万件
配套情况:为宝马、KSS、福特、上汽通用、重庆延锋江森座椅、比亚乔、长安、力帆等供货

★重庆红岩方大汽车悬架有限公司
地址:重庆市渝北区国家农业科技园区金果大道308号
邮编:401122
电话:023/67468800
传真:67468818
网址:www.hexiefangda.com
电子信箱:office@leafspring.cn
负责人:王有志
单位人数:1200
质量体系:ISO/TS 16949
产品情况:(红岩牌)
汽车钢板弹簧、横向稳定杆、油气悬架及举升缸三大类产品;拥有年产6万t以上的重型车、客车、轻型车板簧和年产6万件重型车、客车簧向稳定杆的生产能力
配套及出口情况:为中国重汽、上汽依维柯红岩、陕西重汽、北奔重汽、北汽福田、广汽日野、安徽华菱等重型货车和中型货车重庆五十铃配套;为郑州宇通、厦门金龙、苏州金龙、厦门金旅、欧V客车、重庆恒通、安徽安凯等客车配套;出口德国、意大利、英国、爱尔兰、土耳其、澳大利亚、新加坡、马来西亚等国家

★重庆卡福汽车制动转向系统有限公司
地址:重庆市渝北区金开大道长福西路10号
邮编:401122
电话:023/89053664、89053661
传真:89053666
网址:www.cqcaff.com
电子信箱:xsgs@cqcaff.com
法人代表:周德良
负责人:马国华
单位人数:800
质量体系:ISO/TS 16949、ISO 14001
产品情况:(CAFF牌(重庆卡福))
商用车转向类产品、乘用车悬架及车架类产品、液压制动类产品
配套情况:主要客户有陕汽集团、上汽依维柯红岩、中国重汽、庆铃公司、长安汽车集团、北汽股份、北方奔驰、郑州宇通公司、北汽福田、上汽通用五菱、东南汽车、长安铃木和江铃控股等

★重庆渝江压铸有限公司
地址:重庆市北部新区大竹林街道天山大道东段1号
邮编:401123
电话:023/67682938
传真:67682938
网址:www.cq-yj.com
电子信箱:cq-yj@cq-yj.cn
单位人数:5600
质量体系:ISO/TS 16949
产品情况:汽车变速器壳、电动机外壳、摩托车缸体、缸盖等铸造件

★重庆大江美利信压铸有限责任公司
地址:重庆市巴南区鱼洞镇大江工业园
邮编:401321
电话:023/66283015、66283180
传真:66283016
网址:www.djmillison.com
电子信箱:djmlx@djmillison.com
负责人:余亚军
质量体系:ISO/TS 16949、ISO 14001
产品情况:具有年产4万t发动机缸体、自动变速器壳体等大型复杂高精度压铸产品的生产能力
配套情况:为东风汽车公司、长安汽车、神龙汽车、铃木、长安福特、长安马自达等配套

★重庆江达铝合金车轮有限公司
地址:重庆市巴南区鱼洞镇大江工业园
邮编:401321
电话:023/66284747
传真:66284747
质量体系:ISO/TS 16949
产品情况:铝轮

★重庆大江信达车辆公司汽车零部件公司
地址:重庆市巴南区鱼洞镇大江工业园区
邮编:401321
电话:023/66283038、66289196
传真:66288562、66283042
电子信箱:cqdajiang@126.com

质量体系:ISO/TS 16949
产品情况:(迈克牌、渝齿牌)
重型汽车车桥及传动轴、汽车齿轮、转向器
配套情况:为北奔重汽、江汉四机、徐工集团、中联集团、一汽青岛等配套

★重庆华义摩托车配件制造有限公司
地址:重庆市九龙坡区含谷净龙工业园区
邮编:401329
电话:023/65531283、65531629
传真:65530782
电子信箱:wencoihuang@hotmail.com
质量体系:ISO 9001
产品情况:各型摩托车车架及重型汽车、客车助力器,微型车前桥、前轴本体
配套情况:为力帆、宗申、隆鑫、银钢、吉龙等配套

★重庆中奥离合器制造有限公司
地址:重庆市九龙坡区金凤镇大盐村
邮编:401329
电话:023/65742219、13677600035
传真:65742145
网址:www.cqyuzhongao.com
电子信箱:cqzadh@163.com
质量体系:ISO/TS 16949
产品情况:(渝中奥牌)
各种车型的换挡操纵器,选、换挡软轴系列,手柄球及挡位铭牌系列,防尘压板,油门拉线,熄火拉线,驻车制动拉索,离合器拉线,驻车拉索,K14B、YY5发动机支架及微车差、减速器壳,载重货车、客车、特种车辆变速器行星框架等产品

◉ 重庆杜克高压密封件有限公司
地址:重庆市九龙坡区金凤镇凤笙路15号附3号
邮编:401329
电话:023/89086117、89088748
传真:89088760
网址:www.dukeseal.com
电子信箱:marketing@dukeseal.com
负责人:杜长春
单位人数:500
质量体系:ISO/TS 16949、QS 9000
产品情况:(杜克牌)
斯太尔车桥、轮毂及主减速器油封,乘用车、商用车动力转向器油封,奔驰车桥油封
配套情况:为中国重汽、北汽福田、红岩汽车、华菱汽车、豫北机械、四平转向机、恒隆集团、南京汽车等配套

★重庆传动轴股份有限公司
地址:重庆市沙坪坝区陈家桥镇陈电路97号
邮编:401331
电话:023/65633201、65633205
传真:65633201
网址:www.cqcdz.com
电子信箱:cqcdz202@163.com
单位人数:700
质量体系:ISO/TS 16949
产品情况:(华华牌)
重、中、轻、微及专用汽车传动轴
配套及出口情况:为庆铃、长安、重汽、东风汽车公司、陕汽集团、一汽集团、福田公司、资阳南骏等100多家单位配套;出口东南亚、中东、欧洲等地区

★重庆红旗弹簧有限公司
地址:重庆市沙坪坝区曾家镇龙荫工业园
邮编:401331
电话:023/65751297、13708389577
传真:65351266
网址:www.hqspring.cn
电子信箱:wanli9577@163.com
质量体系:ISO/TS 16949
产品情况:(红渝牌)
红岩斯太尔、东风、解放、奔驰、铁马、五十铃、长安、日产、奇瑞、江淮、宇通、金龙等系列钢板弹簧;年生产能力8万t
配套情况:主要为庆铃汽车、上汽依维柯红岩商用车、重庆长安集团及其属下子公司、集瑞重卡、奇瑞汽车、北方奔驰、青年曼、东风渝安、东风日产、北汽控股、北汽新能源、海马轿车、广汽吉奥、华晨华鑫等公司配套

★重庆零一精密机械有限公司
地址:重庆市南岸区茶园新城区长江工业园江溪路7号
邮编:401336
电话:023/62871367、62871770
传真:62871367
电子信箱:office@cq01.cn
质量体系:ISO 9001
产品情况:汽车减振器活塞杆、汽车摇臂轴、电动机轴等轴类零部件
配套及出口情况:为日本、韩国、德国、美国及中国知名整机企业和跨国公司配套;出口日本、韩国、德国、美国,并销往中国台湾地区

★重庆长江轴承股份有限公司
地址:重庆市南岸区蔷薇路11号
邮编:401336
电话:023/88069999、88067888
传真:88069666、88069995
网址:www.cjb.com.cn
电子信箱:master@cjb.com.cn
单位人数:1500
质量体系:ISO/TS 16949、ISO 14001
产品情况:(CJB牌)
高品质低噪声密封深沟球轴承、角接触球轴承、轮毂单元、圆锥滚子轴承及变形品种

★綦江重配齿轮有限公司
地址:重庆市綦江区工业园区中国西部齿轮城6号
邮编:401420
电话:4000158988
网址:www.cnqczp.cn
电子信箱:ybz2118@163.com
单位人数:500
质量体系:ISO 9001
产品情况:(綦齿牌)
重型汽车桥弧锥齿轮、轮边齿轮、中后桥齿轮及总成;年产各类车桥齿轮20万套
配套及出口情况:为重汽斯太尔、重庆铁马、上汽依维柯红岩、北奔重汽、綦江ZF变速器、一汽奥威300型AOE系列等配套;出口美国、德国、俄罗斯、东南亚等国家和地区

★綦江大力神齿轮有限公司
地址:重庆市綦江区綦江工业园区A区
邮编:401420
电话:023/48622210
传真:48670636
网址:www.qjdlscl.com
电子信箱:market@dlscl.com
负责人:王伟
单位人数:158
质量体系:ISO/TS 16949
产品情况:(大力神牌)
各类客车、货车变速器齿轮、轴及其零部件,各类货车桥箱齿轮、轮边齿轮、齿圈及轴类零部件,各类汽车发动机齿轮
配套情况:与国内多家大型主机厂配套

★綦江长风齿轮有限公司
地址:重庆市綦江县古南镇桥河春光村
邮编:401420
电话:023/48662468、48663372
传真:48662238、48663372
电子信箱:changfenggear@mail.com
质量体系:ISO/TS 16949
产品情况:年产重型汽车齿轮、桥齿轮120万件以上,中重型弧锥齿轮15万套,以及各型汽车零件锻件逾万t
配套情况:为中国重汽、一汽车桥、汉德车桥、安凯车桥、东风汽车公司、上汽依维柯红岩等配套

★重庆荆江汽车半轴有限公司
地址:重庆市綦江区工业园区A区启动区–古南金福一路3号
邮编:401421
电话:023/48641483、48642179
传真:48641212
网址:www.cqjjbz.com
电子信箱:cqqlbz@126.com
单位人数:245
质量体系:ISO/TS 16949
产品情况:(綦铃牌)
汽车、农用车半轴
配套及出口情况:已与庆铃汽车、江西江铃底盘、郑州日产汽车、长城汽车、四

川一汽丰田、德纳管理（上海）、福建台亚汽车、陕西汉德车桥、中国重型汽车集团、包头北奔重型汽车、安凯福田曙光车桥、三一重工、东风柳州汽车、方盛车桥（柳州）等国内多家企业配套；部分产品出口亚洲、欧美等地区

★綦江齿轮传动有限公司
地址：重庆市綦江县桥河
邮编：401421
电话：023/48609442、48609682
传真：48609001
网址：www. qjgt. com
电子信箱：zjb@ qjgt. com
质量体系：ISO/TS 16949
产品情况：（綦江牌）
重型汽车变速器、取力器、分动器、弧形锥齿轮，现已形成年产重型汽车变速器6万台、各式弧形锥齿轮15万套、锻件2万t的生产能力
配套情况：为各种大型客车、载货汽车配套

★重庆克诺斯齿轮制造有限公司
地址：重庆市綦江县永新镇永新北街141号
邮编：401422
电话：023/48460040、48460888
传真：48462268
网址：www. qjcl. com
电子信箱：chorus@ 163. com
质量体系：ISO/TS 16949
产品情况：（綦配牌）
各类重、中、轻型货车汽车变速器齿轮、拖拉机、工程车齿轮、前后桥圆锥齿轮、轮边减速齿轮及ZF齿轮等
配套情况：为綦江齿轮传动、中国一拖集团、中国三江航天工业集团、浙江彪马集团等配套

★重庆市渝电汽车弹簧有限公司
地址：重庆市永川区凤凰湖工业园区（大安工业园内）
邮编：402160
电话：023/49839555、49839346
传真：49433133
网址：www. ydth. com
电子信箱：sale@ ydth. com
质量体系：ISO/TS 16949
产品情况：（山峡牌）
变截面板簧、导向臂、弹簧扁钢、超厚型、怪异型板簧和挂车空气悬架、优化设计后单点悬架系列
配套及出口情况：为上汽依维柯红岩（金刚）、斯太尔（王）、铁马、奔驰、沃尔沃、金龙、金旅、宇通、江淮、杭汽、大宇、安凯、广骏、东风、解放等配套；出口德国、法国、意大利、西班牙、俄罗斯、土耳其等多个国家和地区

★重庆耀恒齿轮有限公司
地址：重庆市江津区广兴镇彭桥工业园区
邮编：402200
电话：023/48621555
传真：48628171
网址：www. cqqjjm. com
质量体系：ISO/TS 16949、ISO 9001
产品情况：（綦正牌）
EQ140、EQ145、EQ145/6、6T53、6T85系列汽车变速器总成和齿轮及QJ705、QJ315、QJ505、QJ805等系列汽车变速器齿轮；已具备年产50000台套的生产能力

★重庆众联齿轮传动有限公司
地址：重庆市江津区双福工业园迁安置综合楼A区
邮编：402246
电话：023/61089888
网址：www. cqzl. cn
电子信箱：office@ cqzl. cn
质量体系：ISO/TS 16949
产品情况：汽车用齿轮、传动轴、分动器

★重庆创精温锻成型有限公司
地址：重庆市江津区双幅工业园区
邮编：402247
电话：023/47261421、47261405
传真：47261431
网址：www. cqchuangjing. com
电子信箱：cqcjwd@ 163. com
质量体系：ISO/TS 16949
产品情况：精锻结合齿轮、锥齿轮、齿轴、AT花键齿、同步环、轮毂等
配套情况：为主要自主品牌汽车，以及丰田等外资品牌汽车供货

★永进齿轮有限公司
地址：重庆市江津区德感东方红大街
邮编：402263
电话：023/47231468、47231327
传真：47231113
质量体系：ISO/TS 16949
产品情况：CUMMINS、PERKINS齿轮，年产525400件

★重庆齿轮箱有限责任公司
地址：重庆市江津区东方红工业区
邮编：402263
电话：023/47211468、47211101
传真：47211128、47211011
网址：www. chongchi. com
电子信箱：cngpower@ chongchi. com
单位人数：3000
质量体系：ISO 9001、ISO 14001
产品情况：（重齿牌）
硬齿面齿轮传动系统及联轴节、减振器研制

★重庆长风机器有限责任公司
地址：重庆市江津区长风路88号
邮编：402264
电话：023/47512115、47512359
传真：47516747
网址：www. cqchangfeng. com
电子信箱：cfsale@ 126. com
单位人数：1500
质量体系：ISO/TS 16949
产品情况：（长微牌）
转向器总成、转向柱总成、传动轴总成和脚踏板总成；转向柱年产能达120万套、机械式转向器年产能达100万套、液压助力转向器年产能达30万套
配套情况：与长安汽车、哈飞公司、长安铃木、东风柳汽、西安比亚迪、东风渝安、力帆汽车等汽车企业供货

★重庆长风基铨机械有限公司
地址：重庆市江津区东城长风路88号
邮编：402264
电话：023/47511638
传真：47511630
质量体系：ISO/TS 16949、ISO 14001
产品情况：长安铃木、众泰、长城、SC等制动、离合、加速踏板
配套情况：为长安铃木、众泰汽车、长城汽车、SC等企业配套

★重庆黎明汽车配件有限公司
地址：重庆市铜梁县安居镇小南街17号
邮编：402564
电话：023/45856446
传真：45855446
电子信箱：cqlm@ vip. sina. com
产品情况：各型轿车、微型车制动鼓、制动分泵
配套情况：为长安汽车、奇瑞汽车、昌河汽车、哈飞汽车、南方天合底盘系统等配套

★重庆长安离合器制造有限公司
地址：重庆市铜梁县旧县镇永兴村
邮编：402565
电话：023/65600365、86083011
传真：65601197、45360900
电子信箱：cqca_xsb@ myclutch. cn
质量体系：ISO/TS 16949
产品情况：（茂源牌）
微车、轿车、轻重型货车系列离合器总成、飞轮总成及齿圈等
配套情况：为微车、奥拓、夏利、羚羊、五十铃、长安之星、桑塔纳等配套

★重庆红宇精密工业有限责任公司
地址：重庆市璧山红宇大道9号
邮编：402760
电话：023/45585000、45588999
传真：45511555
网址：www. hongyu. com
电子信箱：info@ hongyu. com
单位人数：2000
产品情况：液力变矩器和自动变速器油泵等
出口情况：出口国外市场

★重庆蓝黛动力传动机械股份有限公司
地址：重庆市璧山区璧泉街道剑山路

100 号
邮编:402760
电话:023/41410185、41410199
传真:41410197
网址:www. cqld. com
电子信箱:xiaoshou@ cqld. com
董事长:朱堂福
产品情况:乘用车变速器齿轮及壳体等零部件、变速器总成、摩托车主副轴组件
配套及出口情况:是吉利汽车、奇瑞汽车、力帆股份、众泰汽车等多家知名乘用车企业动力传动部件供应商;部分产品出口中东地区、印度

★南方天合底盘系统有限公司
地址:重庆市璧山县璧城镇红宇大道 9 号
邮编:402760
电话:023/45587777、45586010
传真:45511555
网址:www. trw. com
质量体系:ISO/TS 16949
产品情况:(川宇牌)
盘式制动器总成、制动钳总成、鼓式制动器、制动鼓、制动分泵等制动系统零部件
配套情况:为长安汽车、长安铃木、长安福特、长安马自达、重庆庆铃、昌河汽车、哈飞汽车、北汽福田、奇瑞汽车、一汽集团、东风汽车公司、上汽通用五菱等配套

★重庆龙润汽车转向器有限公司
地址:重庆市璧山工业园铁山路 22 号
邮编:402761
电话:023/41476888、41461888
传真:41478666
网址:www. cqlongrun. com
电子信箱:cqlongrun@ 163. com
单位人数:500
质量体系:ISO/TS 16949
产品情况:具有年产转向器 260 万台套、转向柱 200 万台套、EPS 电子管柱 40 万套、转向横拉杆 60 万台套的生产能力
配套情况:为上汽通用五菱、长安汽车、东风小康、一汽汽车、哈飞汽车、昌河汽车、奇瑞汽车、海马汽车、力帆汽车、北汽汽车、日本丰田等生产厂家的重要合作伙伴

★重庆市星极齿轮有限责任公司
地址:重庆市璧山区青杠街道三溪路 99 号
邮编:402761
电话:023/41786823、15723138330
传真:41786823
网址:www. xjcl. cn
电子信箱:xingjichilun@ 126. com
单位人数:680
质量体系:ISO/TS 16949
产品情况:成套微型轿车变速器齿轮、齿毂和发动机齿轮,电动汽车及混合电动汽车变速器成套齿轮
配套情况:是重庆长安、重庆青山工业、成都青山实业、长城汽车、沈阳华晨汽车、江淮汽车的主要配套厂家之一

◉ 重庆青山工业有限责任公司
地址:重庆市璧山区青杠经济开发区
邮编:402761
电话:023/41819111、41819139
传真:41819666、41819333
网址:www. tsingshan. cn
电子信箱:tsingshan@ tsingshan. cn
法人代表:朱华荣
负责人:李培军
单位人数:2349
质量体系:ISO/TS 16949、GB/T 24001
产品情况:(青山牌)
微型汽车变速器、轿车变速器、自动变速器
配套情况:为长安汽车、上汽集团、一汽集团、东风汽车公司、海马、江淮、哈飞汽车等配套

★重庆市璧山顺山机械有限公司
地址:重庆市璧山区青杠镇开发区
邮编:402761
电话:023/41782306
传真:41782818
网址:www. ss1996. com
电子信箱:shunshanjixie@ 163. com
董事长:曾顺虹
单位人数:600
质量体系:ISO/TS 16949
产品情况:具有年产同步器总成 500 多万套,齿轮、齿轮轴 350 万件的生产能力
配套情况:为重庆青山工业、上海汽车变速器(包括柳州上汽变速器、山东烟台上汽变速器)、长安汽车(集团)金陵汽车零部件、连云港北方变速器、哈尔滨东安等配套

★重庆重型汽车集团传动轴有限公司
地址:重庆市双桥区敬业大道 20 号
邮编:404100
电话:023/43382713
传真:43383113
网址:www. hycdz. cn
电子信箱:office@ hycdz. cn
质量体系:ISO/TS 16949
产品情况:(红岩牌、斯太尔牌)
为各类汽车、工程机械等传动轴总成、制动器、端面啮合齿传动轴、取力器传动轴、EQ140 传动轴、EQ153 传动轴
配套情况:是重庆红岩汽车的定点配套企业,同时也是斯太尔汽车和军车定点配套厂家

★重庆吉纳汽车配件有限公司
地址:重庆市梁平县工业园区 A 区
邮编:405200
电话:023/53255136、15213552991
传真:53255696
网址:www. cqjina. com
电子信箱:cqjnqp@ 126. com
法人代表:孙建波
单位人数:160
质量体系:ISO/TS 16949
产品情况:(吉纳牌)
加强型载货汽车制动鼓等重型汽车配件

四川省

★四川庆玲金甲兵汽车零部件有限公司
地址:成都市红星路一段 9 号庆玲实业楼 8 楼
邮编:610017
电话:028/86920071、13096358031
传真:86926130
电子信箱:business@ qinglingg. com
质量体系:ISO 9001
产品情况:(庆玲牌、金甲兵牌)
球头拉杆总成生产及球头拉杆各类配件
配套情况:为四川都江机械有限责任公司等供货

★成都宁兴汽车弹簧有限公司
地址:成都市外东十陵镇 564 厂内
邮编:610031
电话:028/84611481、84611489
传真:84611482
电子信箱:nxsprin@ 163. com
质量体系:ISO/TS 16949
产品情况:各种汽车悬架螺旋弹簧年产 800 万支
配套情况:为长安铃木、长安汽车、南京长安、昌河汽车、江铃陆风、吉利、奇瑞、陕飞、哈飞、东风小康等品牌汽车提供一次或二次配套

★成都鑫飞跃达制动系统有限公司
地址:成都市武侯区红牌楼九峰汽配大厦 88 号
邮编:610041
电话:028/85051660、85052660
传真:85052660
网址:www. fyd21. com
电子信箱:zdxt@ fyd21. com
质量体系:ISO 9002
产品情况:(飞跃达牌)
制动蹄片、制动盘、制动鼓、飞轮、盘式制动卡钳、制动总泵、真空助力器等
出口情况:远销东南亚、欧洲、美洲等地区

★成都市金蓉齿轮有限责任公司
地址:成都市南延线视高工业开发区
邮编:610066
电话:028/36050777
传真:36465062

网址:www. cdjrcl. com
电子信箱:scjrclyzy@ sina. cn
质量体系:ISO/TS 16949
产品情况:(金叶牌)
各类低噪声、高强度的汽车后桥螺旋伞齿轮
配套及出口情况:主要战略合作商:中联重科、曙光车桥、福田汽车、长安汽车、东风小康、力帆、红塔、一汽青特、东风、江淮汽车、联合重卡等厂家;部分产品出口

★成都天兴山田车用部品有限公司
地址:成都市经济技术开发区世纪大道2号
邮编:610100
电话:028/84875358、84876350
传真:84879823
网址:www. chn－ytc. com
电子信箱:dongyingying@ chn－yamada. com
质量体系:ISO/TS 16949、ISO 14001
产品情况:机油泵、水泵、转向管柱、变速器部品、自动离合器等汽车、摩托车零部件;年产能力:年产油泵总成230万套,水泵总成160万套,转向器总成70万套,变速器40万套
配套及出口情况:主要客户有东风本田、广汽本田、本田汽车中国、东风本田发动机、重庆长安铃木、江西昌河铃木、东风轻型发动机、五羊本田广州摩托等;出口日本、美国、意大利等国家

★成都九鼎科技(集团)有限公司
地址:成都市龙泉驿区航天北路118号
邮编:610100
电话:028/84800572
传真:84808232
电子信箱:9ding@ 21cn. com
法人代表:肖辛忠
负责人:孙涛
单位人数:900
质量体系:ISO/TS 16949
产品情况:(鼎盛、D牌)
汽车减振器
配套情况:为长城、郑州日产、江铃、北汽、一汽吉汽、上汽通用五菱、华晨金杯等配套

★成都联创精密机械有限公司
地址:成都市龙泉驿区车城大道555号
邮编:610106
电话:028/65988159
传真:65988128
网址:www. leacree. com
电子信箱:info@ leacree. com
质量体系:ISO/TS 16949
产品情况:(LEACREE牌)
汽车减振器,年产280万支

★成都永华富士离合器有限公司
地址:成都市龙泉驿区经济开发区农安路206号
邮编:610106
电话:028/84600049、84600321
传真:84600025
质量体系:ISO 9001、ISO 14001
产品情况:汽车、摩托车离合器
出口情况:出口美国、英国、东南亚等国家和地区

★成都宁江昭和汽车零部件有限公司
地址:成都市龙泉驿区十陵镇蜀王大道北段151号
邮编:610106
电话:028/82858978
传真:82858999
网址:www. cnshowa. com
电子信箱:cns@ cnshowa. com
质量体系:ISO/TS 16949、QS 9000
产品情况:摩托车减振器80万支、汽车减振器120万支、汽车电子助力转向器15万支
配套情况:为长安铃木、长安汽车、昌河铃木、长安马自达、嘉陵工业股份、雅马哈、宗申等配套

★四川宁江精密工业有限责任公司
地址:成都市龙泉驿区外东十陵蜀王大道18号
邮编:610106
电话:028/84610773
传真:84611736
质量体系:ISO/TS 16949、QS 9000
产品情况:减振器、转向节、弹簧
配套情况:为嘉陵、重庆建设、重庆宗申、重庆隆鑫、重庆力帆、轻骑集团、新大洲本田、立峰集团、洛阳北方易初、洛阳洛嘉海兰、重庆豪威德、重庆隆鼎等配套

★四川宁江山川机械有限责任公司
地址:成都市外东十陵镇蜀王大道
邮编:610106
电话:028/84611788、84611409
传真:84600226、84600097
网址:www. ningda. com. cn
电子信箱:scnj@ ningda. com. cn
质量体系:ISO/TS 16949、QS 9000
产品情况:(宁达牌、山川牌)
具备年产各种汽车减振器1000万支,焊管3万t的能力
配套及出口情况:产品覆盖重庆长安、长安铃木、昌河铃木、东风乘用车、东风柳汽、东风雪铁龙、上汽通用五菱、一汽轿车、长城汽车、江淮汽车、华泰汽车、东风日产等主流乘用车市场和一汽解放、中国重汽、陕西重汽、东风柳汽、华菱重汽、北汽福田、红岩汽车、北方奔驰等商用车市场;出口美国、伊朗、巴基斯坦等国家

★四川望锦机械有限公司
地址:成都市双流县九江镇双羽工业园区A区
邮编:610200
电话:028/85754518、35754416
传真:85754419、85754522
网址:www. wjshy. com
电子信箱:inno@ innovip. com
单位人数:600
质量体系:ISO/TS 16949
产品情况:(望锦牌)
汽车转向杆球头、连接杆、前悬架摆臂等球销产品
配套情况:为上汽通用、德尔福、天合、长安汽车、长安铃木、奇瑞、比亚迪、昌河、东风柳汽、一汽光洋、豫北光洋、恒隆等配套

★成都西马汽配制造有限责任公司
地址:成都市金堂县三星镇天灯村一组
邮编:610400
电话:028/84984900
质量体系:ISO/TS 16949
产品情况:等速万向节内球笼精锻毛坯

★成都明皓机械制造有限公司
地址:成都市新都区新繁镇正南街15号
邮编:610501
电话:028/83081116、83081083
传真:83080006
电子信箱:cd. mh@ 163. com
质量体系:ISO 9001
产品情况:各种型号制动器总成、变速器轴盖、盖总成、副变速器壳及轴盖等总成
配套情况:为株洲齿轮、浙江彪马集团、重庆大江汽车零部件、重庆嘉卡变速器、重庆綦江齿轮、南充齿轮等配套

★四川金雕离合器有限公司
地址:成都市新繁外南街136号
邮编:610501
电话:028/83080042、83081846
传真:83080843、83093335
网址:www. jindiao. com
电子信箱:office@ jindiao. com
质量体系:ISO 9001
产品情况:(金雕牌、华都牌)
汽车离合器从动盘总成、离合器总成
配套及出口情况:为重汽集团配套;远销美国、加拿大、古巴、意大利、南非、德国等国家

★成都奥兴汽配制造有限公司
地址:四川省郫县郫筒镇成灌东路天台村
邮编:611230
电话:028/87886611、87886609
传真:62185895
质量体系:ISO/TS 16949、ISO 9001
产品情况:汽车变速器壳等,具有年产250万套的生产能力

★成都川安机械有限公司
地址:四川省大邑县晋原镇甘溪路36号

邮编:611330
电话:028/87075670、87074826
传真:87074826
电子信箱:root@ cuanqp. com
质量体系:ISO 9001
产品情况:(川安牌)
汽车底盘悬架、转向横直拉杆总成、接头总成、前轴支臂总成、横向稳定杆总成、横向压力杆总成、横拉杆中部、端部球节组件、转向头分总成、后轴总成、中央杆臂衬套总成和拉力杆总成
配套及出口情况:为东风渝安、比亚迪汽车、湖南江南汽车、陕西汉江汽车、河北长安、南京长安、吉林通田、哈飞汽车等配套;出口巴基斯坦、越南等国家

★四川郫县离合器有限公司
地址:成都市现代工业港(南区)通港路189号
邮编:611730
电话:028/87911328
传真:87862766
网址:www. chuanli. net
电子信箱:chuanli_2007@ 126. com
质量体系:ISO/TS 16949
产品情况:(川离牌、明月牌)
重型车离合器压盘及盖总成、离合器从动盘总成
配套情况:为湖南浦沅工程机械厂、北奔重汽、成都工程机械厂、长江起重机厂、南京金陵双层客车等配套

★成都兴光工业科技有限责任公司
地址:四川省郫县南街三段125号
邮编:611730
电话:028/82353120、87925981
传真:87920952、87925870
电子信箱:webmaster@ cd - xg. com
质量体系:ISO/TS 16949
产品情况:(兴光牌)
微车各型变速器壳体,延伸箱体,换挡箱,汽车调速器油泵壳体,滤清器座总成,汽缸盖罩及各类铝合金压铸件等
配套情况:为一汽集团、东风汽车公司、上汽集团、长安汽车等配套

★四川都江机械有限责任公司
地址:四川省都江堰市经济开发区泰兴大道11号
邮编:611830
电话:028/68814077、68814088
传真:68814100、68814088
网址:www. duji. com. cn
电子信箱:office@ duji. com. cn
质量体系:ISO/TS 16949
产品情况:(都机牌)
6~8m高档中型客车桥和高档轻型货车桥
配套情况:为一汽丰田、郑州宇通、一汽客车、重庆恒通、东风股份、江淮汽车、重庆长安等20多个企业供货

★四川华庆机械有限责任公司
地址:成都市115信箱
邮编:611930
电话:028/83452000
传真:83451216
网址:www. schq. cn
电子信箱:office@ schq. cn
负责人:张富昆
质量体系:ISO 9001
产品情况:(CHANGQING牌)
传动轴、数控线切割机床等
出口情况:出口日本、东南亚、中东、欧洲、美洲等国家和地区

★成都红岩长力汽车弹簧制造有限公司
地址:四川省彭州市葫阳镇
邮编:611934
电话:028/83820318
传真:83829276
质量体系:ISO/TS 16949
产品情况:钢板弹簧总成

★成都晋林工业制造有限责任公司
地址:四川省彭州市天府东路558号
邮编:611937
电话:028/83751743
传真:83751738
网址:www. jlgy. com. cn
电子信箱:jlgy@ jlgy. sina. net
质量体系:ISO 9001
产品情况:摩托车减振器等

★四川川南减震器集团有限公司
地址:四川省犍为县凤石街南段149号
邮编:614400
电话:0833/4262186
传真:4262359
网址:www. cnabsorber. cn
电子信箱:webmaster@ cnabsorber. cn
法人代表(负责人):陈仁华
单位人数:1500
质量体系:ISO/TS 16949、ISO 9001、ISO 14001
产品情况:(川南牌)
汽车减振器:包含轿车、微型客车、越野车、货车等系列;摩托车减振器:包含跨骑车、弯梁车、踏板车、越野车、沙滩车、电动车等系列
配套及出口情况:为五羊本田、新大洲本田、全球本田、大长江、钱江、嘉陵、隆鑫、大阳、轻骑标致、长安集团、奇瑞等60余家国内外著名摩托车、汽车生产商配套;出口英国、美国、澳大利亚、俄罗斯、意大利、日本、印度尼西亚、泰国、巴西、马来西亚、坦桑尼亚、埃及等40多个国家和地区
☞详细情况请参阅彩色宣传版面

★四川省富邦钒钛制动鼓有限公司
地址:四川省攀枝花市仁和大龙潭乡迤资工业园区
邮编:617000
电话:0812/3862999、18784370412
网址:www. sc - fubang. com
电子信箱:sc_fubangv_ti_hr@ 163. com
单位人数:2000
质量体系:ISO/TS 16949
产品情况:钒钛制动鼓、制动盘、制动蹄、轮毂等重型汽车零部件产品

★德阳川德交通机械有限公司
地址:四川省德阳市青云山路南段18号
邮编:618000
电话:0838/2800281
传真:2800172
网址:www. dychuande. com
电子信箱:chuande@ dychuande. com
质量体系:ISO 9001
产品情况:(川德牌)
汽车车架、汽车车轮、汽车货厢等
配套情况:主要客户有成都大运、绵阳金林、成都王牌、重庆长安跨越、广西钦州机械、广西福达、云南红塔等企业

★中车集团四川丹齿零部件有限公司
地址:四川省丹棱县外北街1号
邮编:620020
电话:028/37201411
传真:37202287
网址:www. chonche - dc. com
电子信箱:office@ zcscdc. com
单位人数:386
质量体系:ISO/TS 16949
产品情况:(丹齿蝉)
汽车后桥主减速齿轮、变速器齿轮、发动机正时齿轮以及通用精密传动齿轮等
配套情况:主要为上汽通用五菱、吉利、奇瑞、重庆长安、北汽福田、一汽夏利、比亚迪、法士特、华普、欧瑞格传动等著名自主品牌汽车、新能源汽车配套

★眉山华凯铝轮毂科技有限公司
地址:四川省眉山市铝硅产业园区
邮编:620020
电话:028/38088099
传真:38088006
网址:www. huakaill. com
质量体系:ISO/TS 16949
产品情况:汽车、摩托车铝合金轮毂,设计产能为年产汽车、摩托车铝合金轮毂600万件

★四川绵阳华驰方向机有限公司
地址:四川省绵阳市高新区三堆路13号
邮编:621000
电话:0816/2533050、2535061
传真:2535060、2538892
网址:www. mysteering. com
电子信箱:ceo@ mysteering. com
单位人数:400
质量体系:ISO/TS 16949、QS 9000
产品情况:(克野牌)

多种规格的循环球机械、动力转向器，齿轮齿条机械、动力转向器
配套情况：为东风汽车公司、长安汽车、一汽通用红塔云南、北汽福田等配套

★四川绵阳三力股份有限公司

地址：四川省绵阳市高新区虹苑北路6号
邮编：621000
电话：0816/2531378
传真：2534659
电子信箱：info@ sanli - m. com
负责人：税尚伟
单位人数：800
质量体系：ISO/TS 16949
产品情况：乘用车转向系统
配套及出口情况：为各大整机制造厂供货；出口欧洲、北美洲、澳大利亚、韩国、日本
☞ 详细情况请参阅彩色宣传版面

★四川绵阳德鑫机械有限公司
地址：四川省绵阳市国家高新技术开发区永兴工业园
邮编：621006
电话：0816/2570396、2570038
传真：2570578
网址：www. dxjx. cn
电子信箱：scmy@ dxjx. cn
单位人数：160
质量体系：ISO/TS 16949
产品情况：（DX 牌）
汽车转向传动轴（管柱）总成，目前汽车转向传动轴（管柱）总成年生产能力达80万套以上
配套情况：为东风汽车有限（东风商用、东风股份）、一汽通用轻型商用车、一汽解放青岛汽车、上汽依维柯红岩商用车、东风柳州汽车、安徽华菱汽车、四川南骏汽车集团、湖南长沙三一重工等国内数十家汽车公司配套

★亚新科双泰（四川）零部件有限公司
地址：四川省三台县潼川镇南河路231号
邮编：621100
电话：0816/5221163
传真：5224470
电子信箱：yyi@ asimco - st. com
质量体系：ISO/TS 16949、QS 9000
产品情况：摩托车、汽车车轮及其他零部件
配套情况：为雅马哈、嘉陵本田、新大洲本田、济南轻骑铃木、铃木大长江、林海雅马哈等摩托车制造商配套

★四川建安工业有限责任公司
地址：四川省雅安市雨城区康藏路139号
邮编：625000
电话：0835/2635502、2635399
传真：2620365、2623314
网址：www. ja - auto. com
电子信箱：info@ ja - auto. com
质量体系：ISO/TS 16949、ISO 14001
产品情况：（JIANAN 牌）
已形成年产微型汽车后桥140万套/年、轻型汽车驱动桥8万套/年、轿车悬架70万套/年、轿车后轴24万套/年的生产能力
配套及出口情况：主要供应长安集团（包括重庆长安、河北长安、南京长安、昌河汽车、哈飞汽车）、上汽通用五菱、东风渝安、重庆渝安、一汽吉轻、郑州海马、陕汽通家、浙江众泰、长安铃木、奇瑞汽车、东风汽车、北汽福田、资阳南骏、绵阳华润、绵阳华鑫等微型汽车、轻型汽车及轿车生产厂家；出口美国、东南亚等国家和地区

★四川名齿齿轮制造有限公司
地址：四川省雅安市工业园区
邮编：625100
电话：0835/3222759、3222919
传真：3222759、3222919
网址：www. scmccl. com
电子信箱：scmccl@ 163. com
质量体系：ISO/TS 16949
产品情况：各类重、中、轻、微型汽车和工程机械差速器行星半轴齿轮、中桥主从动圆柱齿轮
配套情况：为中国重汽集团、东风汽车公司、陕西汉德车桥、上汽依维柯红岩、广西柳工集团、龙工（控股）集团、徐工集团、厦工集团等几十家大型主机厂配套

★四川联茂机械制造有限公司
地址：四川省雅安市工业园区卫干路1号
邮编：625100
电话：0835/3222368
传真：3220942
网址：www. sclmjx. com
电子信箱：smxsjx@ 263. net
单位人数：290
质量体系：ISO/TS 16949
产品情况：重型汽车、轻型汽车、微型汽车、工程机械驱动桥半轴、贯通轴（驱动轴）、法兰、啮合套、差速器十字轴、空心轴、精锻件等产品
配套情况：主要与北方奔驰、汉德车桥、中国重汽、柳州工程机械、上汽依维柯红岩、安凯福田曙光车桥、安徽华菱、采埃孚北奔变速器、江西江铃底盘、四川建安车桥、爱科（常州）农业机械、菲亚特动力科技管理等公司配套

★四川省雅安市羌江机械有限责任公司
地址：四川省雅安市名山县生态科技工业园区
邮编：625100
电话：0835/3233036、3236361
网址：www. qjjx. com
电子信箱：81007191@ qq. com
质量体系：ISO 9001
产品情况：（羌江牌）
各型载货汽车后桥差速器十字轴、盆角齿、角齿凸缘及制动调节臂
配套情况：为一汽、东风、重汽、青岛青特众力、四川一汽三田柯斯特、山东肥城云宇等配套

★四川君格机械制造有限公司
地址：四川省遂宁市安居区君格工业园
邮编：629006
电话：0825/8666900、8666656
传真：8666680、8666886
电子信箱：jgjx5555@ 163. com
质量体系：ISO/TS 16949
产品情况：轮辋、轮毂及与附件等

★四川鑫锐齿轮有限公司
地址：四川省巴中市回风路68号
邮编：636000
电话：0827/2230588、2231855
传真：2230588、2230334
网址：www. scxrcl. com
董事长：庄安军
负责人：李晓波
单位人数：380
质量体系：ISO 9001
产品情况：汽车后桥锥齿轮、减速器总成、工程机械盆角齿轮，年生产汽车后桥锥齿轮20万套

★四川省岳池汽车弹簧有限责任公司
地址：四川省岳池县岳光路118号
邮编：638000
电话：0826/5220434、5222517
传真：5222106
网址：www. scyueguang118. cn
电子信箱：yts@ scyueguang118. cn
质量体系：ISO 9001
产品情况：汽车钢板弹簧，年产板簧上万t
配套情况：与10多个厂家配套

★四川广安光前集团有限公司
地址：四川省广安市广安区前锋工业园区
邮编：638019
电话：0826/2810199
传真：2810058
网址：www. scguangqian. net
电子信箱：guangqianjituan@ 163. com
单位人数：1000
质量体系：ISO/TS 16949
产品情况：汽车变速器箱体、汽车泵体等产品
配套情况：客户有上汽、成飞、南飞、一汽、上飞等国内外知名民用航空、汽车制造商

★内江市华丰汽车配件厂
地址：四川省内江市华丰街51号
邮编：641000
电话：0832/2201069
传真：2203989
电子信箱：hf@ bk0832. com
质量体系：ISO 9001

产品情况：东风车系列变速器配件
配套情况：为綦江齿轮厂、重庆大江集团渝州齿轮厂、韶关宏大齿轮、益阳天力、广西正菱集团合浦齿轮厂配套

★隆昌爱朋精密工业有限公司
地址：四川省隆昌县山川工业园区
邮编：642177
电话：0832/3896288
传真：3896506
电子信箱：apmsales@163.com
质量体系：ISO/TS 16949
产品情况：（爱朋牌）
减振器汽车零部件

★隆昌山川精密焊管有限责任公司
地址：四川省隆昌县
邮编：642177
电话：0832/3896173、3896471
传真：3891622、3891818
网址：www.cnscsc.com
电子信箱：sckyb1965@sina.com
单位人数：1000
质量体系：ISO/TS 16949、QS 9000
产品情况：（山川牌）
各种汽车减振器、轿车/微车后门支撑杆总成、推力杆总成
配套情况：为长安汽车、长安铃木、南京长安、江西昌河铃木、上汽通用五菱、一汽解放、重汽集团、北汽福田、上汽依维柯红岩、比亚迪汽车、吉利汽车等18家汽车制造厂配套减振器

★ 宜宾三江机械有限责任公司
地址：四川省宜宾市岷江北路72号
邮编：644007
电话：0831/3522004
传真：3522570、3522180
网址：www.sjjx.cn
电子信箱：sjjx@sjjx.cn
负责人：白景春
单位人数：800
质量体系：ISO/TS 16949
产品情况：（SANJIANG牌）
中重型载货汽车及客车传动、制动配件：空气干燥器、各种制动阀、调节阀、弹簧制动气室；轮胎充放气系统附件；汽车离合器、变速、加速操纵机构；汽车悬架及其他系统附件等
配套情况：为北奔重汽配套
☞ 详细情况请参阅彩色宣传版面

★泸州长江机械有限公司
地址：四川省泸州市前进中路190号
邮编：646000
电话：0830/8961302、8961595
传真：8961594、8961302
网址：www.cjmp.com.cn
电子信箱：chenjing@cjmp.com.cn
质量体系：ISO/TS 16949、VDA 6.1
产品情况：汽车同步器齿环，具备年产齿环2000万件产能
配套及出口情况：与一汽集团、上汽集团、东风汽车、长安集团、中国重汽、法士特公司等客户长期配套；为德国、英国、日本等国的企业批量供货

云南省

★昆明方大春鹰板簧有限公司
地址：昆明市五华区普吉路200号
邮编：650101
电话：0871/65397188、65397166
传真：65397167
网址：www.kmchunying.com
电子信箱：ktcy@kmchunying.com
单位人数：500
质量体系：ISO/TS 16949、ISO 14001
产品情况：（春鹰牌）
重、中、轻、微型和变截面等系列钢板弹簧
配套及出口情况：为东风柳汽、柳州五菱、一汽通用红塔云南、云南力帆骏马、东风云南、万达客车、达州汽车、楚雄华力汽车机械制造公司等配套；出口东南亚

★云南模二机械有限责任公司
地址：云南省曲靖市廖廓北路269号
邮编：655099
电话：0874/6155161
传真：3384053
产品情况：汽车轮毂、车轮

★云南省个旧市南天汽车半轴有限公司
地址：云南省个旧市建设路120号
邮编：661000
电话：0873/2228658
传真：2228658
网址：www.gjnt.com
电子信箱：gjntbz@sina.com
质量体系：ISO/TS 16949
产品情况：（南天牌）
汽车后桥、半轴等
配套及出口情况：与四川都江堰机械公司、云南三环车桥配套；出口印度尼西亚、新加坡等国家

★云南大姚机械配件厂
地址：云南省楚雄彝族自治州大姚县北城外
邮编：675400
电话：0878/6222753
质量体系：ISO 9001
产品情况：差速器壳、后轮芯、前轮芯、减速器壳、凸缘
配套情况：与一汽通用红塔云南、湖南汽车车桥厂、广西五环车桥厂、贵州红光机械厂等配套

贵州省

★贵州轮胎股份有限公司
地址：贵阳市云岩区百花大道41号
邮编：550008
电话：0851/84767260、84767316
传真：84764248
网址：www.gztyre.com
电子信箱：dmc@gztire.com
单位人数：7312
质量体系：ISO/TS 16949
产品情况：（前进牌、大力士牌）
汽车斜交轮胎、全钢载重子午线轮胎、工程机械轮胎、农业机械轮胎、林业机械轮胎、工业车辆轮胎、矿用轮胎和实心轮胎
出口情况：出口美国、英国、意大利、南非等70多个国家

★中航力源液压股份有限公司
地址：贵阳市新添寨北衙路501号
邮编：550018
电话：0851/86320202、86321765
传真：86321001
网址：www.zhlyyy.com
董事长：姬苏春
负责人：胡冬生
质量体系：ISO 9001
产品情况：高压柱塞泵、马达等产品
配套及出口情况：为工程机械、工业机械等行业的液压系统配套；出口北美洲、南美洲、欧洲、东南亚、南亚、中东等地区

★贵州航天红光机械制造有限公司
地址：贵州省遵义市高新科技产业园区
邮编：563000
电话：0851/28693533
传真：28693533
网址：www.hthgdl.com
电子信箱：honguang_cn@126.com
单位人数：700
质量体系：ISO/TS 16949
产品情况：汽车前后桥、重型车桥（壳）、电动车桥、钢结构件和工程机械等产品
配套情况：是一汽、东风汽车、陕汽、柳汽、上汽依维柯红岩的专业配套单位

陕西省

★西安海红轴承总厂
地址：西安市经济技术开发区凤城二路45号
邮编：710016
电话：029/86513788
传真：86513788
电子信箱：hhl@haihongbearing.com
质量体系：ISO 9001
产品情况：（HH牌）
轿车轮毂轴承、斯太尔重型汽车轴承等，汽车轮毂配件

出口情况:出口欧洲、美洲、东南亚等 20 多个国家和地区

★西安博华机电股份有限公司
地址:西安市高新技术产业开发区东区
邮编:710043
电话:029/82683943、82245645
传真:82683943
网址:xianbohua. com
电子信箱:master@ xianbohua. com
质量体系:ISO 9001
产品情况:气压 ABS 系统、电涡流缓速器、液压 ABS 系统、汽车行驶记录仪、SRII 车辆尾部标志板、ULC 车身反光标识及车身反光标识

★西安三鸣汽车零部件有限公司
地址:西安市经和工业园区泾渭十路 28 号
邮编:710043
电话:029/86033972
传真:86033972
网址:www. xasm. com. cn
电子信箱:xasanming@ 188. com
单位人数:120
质量体系:ISO/TS 16949
产品情况:(三鸣牌)
斯太尔载重汽车前驱动桥等速万向节总成,3.5t、5t、7t、8t 越野车蓬杆总成,板簧悬架用 U 型螺栓,曼 F2000 车用高位换挡杆总成,大客车底盘转向器支架、转向中间摇臂,曼 F2000 驾驶室前翻转装置总成
配套情况:为陕汽集团、郑州宇通、包头一机等配套

★陕西力之泉工贸有限责任公司
地址:西安市雁塔区雁南三路 58 号 1A 栋
邮编:710061
电话:029/89129759、89129762
传真:89129761
网址:www. lizhiquan. com
电子信箱:lizhiquan – lhq@ 163. com
质量体系:ISO 9001
产品情况:(军魂牌)
离合器总成(盖总成、从动盘总成)、制动器衬片(半金属和陶瓷基制动片)等四大系列,70 多个品种
配套情况:为陕西重汽、陕西汉德车桥、宝鸡华山汽车等配套

★西安合力汽车配件有限公司
地址:西安市户县蒋村镇叶寨工业园
邮编:710065
电话:029/84900281、18681881677
传真:84900281
网址:www. xaheli. com
电子信箱:mngcm@ 126. com
单位人数:280
质量体系:ISO 9001
产品情况:变速器汽缸系列、制动鼓、转向节、制动器配件和出口管件
配套情况:主要客户为美国市政公司和国内的汽车产业龙头企业

★陕西法士特汽车传动集团有限公司
地址:西安市大庆路西段 809 号
邮编:710077
电话:029/84625500、84625511
传真:84623110
网址:www. chinafastgear. com
电子信箱:fastgear@ saggw. com
法人代表:李大开
负责人:严鉴铂
质量体系:ISO/TS 16949、QS 9000
产品情况:(法士特牌)
汽车变速器产品在 4 ~ 20 挡市场领域实现全方位覆盖,广泛匹配于输入扭矩 300 ~ 3000N · m,载质量 2 ~ 60t 之间的重型车、大客车、中轻型载货汽车、工程用车等
配套情况:产品被国内一汽、东风、重汽、陕汽、北汽福田等 60 余家主机厂的上千种车型选为定点配套产品

★西安法士特汽车传动有限公司
地址:西安市大庆路西段 809 号
邮编:710077
电话:029/84625500、84625511
传真:84623110
电子信箱:fastgear@ fastgroup. cn
产品情况:变速器、取力器

★陕西航天动力高科技股份有限公司
地址:西安市高新技术产业开发区锦业路 78 号
邮编:710077
电话:029/81881811
传真:81881812
网址:www. china – htdl. com
电子信箱:power@ china – htdl. com
单位人数:969
质量体系:ISO 14001、ISO/TS 16949
产品情况:特种泵、燃气表、液力传动等

★陕西秦川汽车液压有限责任公司
地址:西安市建华路 10 号
邮编:710082
电话:029/88629054、88629323
质量体系:ISO 9001
产品情况:汽车转向油泵
配套情况:为东风汽车公司、上柴、玉柴、陕汽集团、亚星商用车、北汽福田、北京奔驰、杭发等配套

★西安航天远征流体控制股份有限公司
地址:西安市航天基地 067 大院 2 区 B 幢 214 号
邮编:710100
电话:029/85207814、85207576
传真:85614459、85207814
网址:www. xahtyz. com
电子信箱:xahtyz@ xahtyz. com
单位人数:360
质量体系:ISO 9001
产品情况:自动变速器高速电磁阀、重型车变速器换挡系统总成、重型汽车制动系统总成、专用汽车配件系列、汽车发动机燃气控制系统(一级减压器总成,双燃料车减压器总成)

★西安双特智能传动有限公司
地址:西安市高新区西部大道 171 号
邮编:710119
电话:029/88889583、88889497
电子信箱:hr@ xafcit. com
产品情况:重型自动变速器

★陕西汉德车桥有限公司
地址:西安市经济技术开发区泾渭工业园
邮编:710201
电话:029/86957550、86957688
传真:86957588、86957677
网址:www. hdcq. com. cn
电子信箱:hd@ hdcq. com
董事长:袁宏明
负责人:王占朝
单位人数:3800
质量体系:ISO/TS 16949
产品情况:(汉德牌)
斯太尔系列驱动桥、曼前轴、单极桥、承载轴、军用越野车驱动桥
配套及出口情况:与陕汽集团、东风商用车、上海汇众、安徽华菱、郑州宇通等重型汽车及客车制造企业合作;出口欧洲、亚洲、北美洲等 10 多个国家和地区

★西安正昌电子有限责任公司
地址:西安市高新区草堂科技产业基地秦岭大道西 2 号科技企业加速器 11 号楼一单元
邮编:710311
电话:029/65660089、65660090
传真:65660095
网址:www. xazc. com
电子信箱:xazc029abs@ 163. com
质量体系:ISO/TS 16949
产品情况:(内齿牌)
商用汽车制动防抱死装置
配套情况:为陕西重汽、一汽集团、中集车辆配套

★陕西蓝通传动轴有限公司
地址:西安市经济技术开发区蓝田工业园
邮编:710500
电话:029/82721355、82738086
传真:82721355、82733224
网址:www. ltcdz. com
董事长:郝晓乾
负责人:王榆平
质量体系:ISO/TS 16949
产品情况:汽车传动轴总成,年产能力 30 万套以上

★西安市蓝田汽车传动轴厂
地址:西安市蓝田县工业园区
邮编:710500
电话:029/82721255、82721355
传真:82721120

质量体系:ISO/TS 16949
产品情况:汽车传动轴
配套情况:为陕汽集团配套

★西安航空制动科技有限公司
地址:陕西省兴平市48号信箱300分箱
邮编:713106
电话:029/38249992
传真:38249598
质量体系:QS 9000
产品情况:(华兴牌)
　　汽车制动盘、制动鼓、制动总成、汽车制动防抱死系统装置等
配套情况:为一汽－大众、东风汽车公司、上汽大众、上汽汇众等配套

★秦川液压件厂
地址:陕西省宝鸡市姜谭路22号
邮编:721009
电话:0917/3394313、3670761
传真:3393842
电子信箱:qcyy@ qinchuan. com
质量体系:ISO 9001
产品情况:(秦川牌)
　　汽车动力转向油泵,年产能力10万台
配套情况:为上柴、玉柴、东风朝柴、东风汽车公司发动机厂、陕西汽车制造总厂、河北华北柴油机厂、亚星商务车、扬州发动机厂、西南车辆制造厂、杭州汽车发动机厂、东风杭汽、上汽依维柯红岩、潍柴、北方动力等配套

★宝鸡瑞泰尔汽车零部件有限公司
地址:陕西省岐山县曹家镇
邮编:722408
电话:0917/8742942、8744555
传真:8742869
网址:www. bjrtr. com
电子信箱:bjrtr1@ 163. com
质量体系:ISO/TS 16949、ISO 9001
产品情况:(瑞泰尔牌)
　　板簧支架、SX2150K、SX2190、STR桥系列、STR离合器总成,GMFZ ¢420、¢430膜片弹簧离合器总成,F2000、F3000德龙、奥龙系列汽车零部件
配套情况:为陕西重汽、陕西法士特、陕西三鸣汽车零部件、陕西欧舒特、陕西汉德车桥、陕西德仕汽车零部件等公司配套

★宝鸡法士特齿轮有限责任公司
地址:陕西省宝鸡市国家高新技术开发区虢镇科技园
邮编:722409
电话:0917/8730780
产品情况:汽车变速器、齿轮、锻件

★陕西燎原液压股份有限公司
地址:陕西省汉中市城固县张骞路18号
邮编:723200
电话:0916/7207071
传真:7207027
电子信箱:ly@ sxlyyy. com
质量体系:ISO 9001
产品情况:(燎原牌)
　　各类油缸、泵阀,年产能力150万套;各类橡塑制品,年产能力500万件
配套情况:为东风汽车公司、北京重型汽车厂、重汽集团、陕汽集团、重庆重汽、青岛专用汽车制造厂、柳汽配套

★陕西东铭车辆系统股份有限公司
地址:陕西省铜川市新区南部工业园区樱园路8号
邮编:727031
电话:0919/2801113、2801118
传真:2801111
网址:www. sxdfcq. com
电子信箱:sqtcddc@ 163. com
单位人数:1500
质量体系:ISO/TS 16949
产品情况:(路遥牌)
　　轻微型汽车驱动桥、电动汽车车桥、汽车齿轮
配套情况:主要为昌河、东风小康、陕汽集团、法士特、比亚迪、河北中兴、奇瑞汽车、众泰、哈飞、长安、北汽福田等厂家配套

宁　夏

★银川佳通轮胎有限公司
地址:银川市西夏区北京西路79号
邮编:750004
电话:0951/2966967、2966868
传真:2966429、3015691
网址:www. giti. com
质量体系:ISO/TS 16949
产品情况:轮胎

★佳通轮胎银川长城有限公司
地址:银川市北京西路79号
邮编:750021
电话:0951/2966821、2966868
传真:2966897
质量体系:ISO 9001
产品情况:轮胎

新　疆

★新疆八钢板簧有限公司
地址:乌鲁木齐市头屯河区新钢路南端
邮编:830022
电话:0991/3894621
传真:3894411
电子信箱:bhgs@ ygt. com. cn
质量体系:ISO/TS 16949
产品情况:(互力牌)
　　汽车板簧等,年产1.2万t
配套情况:为陕汽集团、新疆汽车厂等配套

★新疆斯拓汽车零部件制造有限公司
地址:乌鲁木齐市头屯河工业区头屯河公路2236号
邮编:830032
电话:0991/3968999
传真:3968766
网址:www. xjsituo. com
电子信箱:st@ csituo. com
质量体系:ISO/TS 16949、ISO 9001
产品情况:汽车减振器、橡胶、橡塑、液压减振等汽车零部件产品,涵盖了日韩系列、欧美系列等常用车系
出口情况:远销中亚、欧洲等20多个国家和地区

★新疆昆仑股份有限公司
地址:乌鲁木齐市米东北路7880号
邮编:831400
电话:0991/6659446
传真:6659446
网址:www. china－kunlun. com
电子信箱:xjkunluntyre@ 163. com
单位人数:2300
质量体系:ISO/TS 16949
产品情况:(昆仑牌、新力牌)
　　具备年产100万条全钢载重子午线轮胎和120万套斜交工程胎的能力

车身零部件生产企业

企业详细介绍

363 北京海纳川汽车部件股份有限公司
370 北方凌云工业集团有限公司
375 华域三电汽车空调有限公司
375 延锋汽车饰件系统有限公司
376 空调国际(上海)有限公司
379 上海汽车地毯总厂有限公司
394 江苏皓月汽车锁股份有限公司
394 苏州新同创汽车空调有限公司
398 浙江三花汽车零部件股份有限公司
398 浙江龙生汽车部件股份有限公司
413 郎溪飞马工业织品有限公司
430 重庆建设车用空调器有限责任公司
430 南方英特空调有限公司
430 重庆超力高科技有限责任公司

•查询导引•

车身零部件生产企业

北京市(363) 山东省(416)
天津市(365) 河南省(418)
河北省(367) 湖北省(419)
辽宁省(370) 湖南省(422)
吉林省(371) 广东省(423)
黑龙江省(374) 广 西(428)
上海市(374) 海南省(429)
江苏省(382) 重庆市(429)
浙江省(398) 四川省(431)
安徽省(411) 贵州省(432)
福建省(413) 陕西省(432)
江西省(415)

☞ 企业如有变更,请与编辑部联系 ☎ 010/68426043、68420981

北京市

★ 北京海纳川汽车部件股份有限公司

地址:北京市朝阳区东三环南路25号北京汽车大厦
邮编:100021
电话:010/63173722
传真:63132253
网址:www. bhap. com. cn
电子信箱:hnc@ bhap. com. cn
法人代表:韩永贵
负责人:李学军
单位人数:10000
质量体系:ISO/TS 16949
产品情况:汽车座椅系统、汽车内外饰系统、汽车热交换系统、汽车电子控制系统、汽车底盘和动力系统、汽车车身系统
配套及出口情况:为北京现代、北京奔驰、北汽福田、北汽有限、一汽-大众、奇瑞、长城汽车、江淮汽车、中国重汽等国内外20多家大型汽车企业配套配套;在北美洲、欧洲、亚太等多个国家建立了研发基地、工厂、销售中心

☞ 详细情况请参阅彩色宣传版面

★北京京威汽车设备有限公司

地址:北京市朝阳区建国门外灵通观1号
邮编:100022
电话:010/65683266、65672399
传真:65685481
网址:www. bjjingwei. com
电子信箱:jwsale@ bjjingwei. com
产品情况:(京威牌)
高压喷射YJP系列、天然气CYJ系列、YJ系列、YJH系列液体式加热器、QN系列和FJH系列空气式加热器、JWZK系列自动恒温电控系统等车用独立采暖设备
配套及出口情况:为厦门金龙、厦门金旅、苏州金龙、宇通客车、丹东黄海、安凯汽车等配套;部分产品出口

★埃贝赫汽车技术(北京)有限公司

地址:北京市经济技术开发区科创二街新城工业园B1-1厂房
邮编:100023
电话:010/67892686
传真:67892636
电子信箱:china@ eberspaecher. com
质量体系:ISO/TS 16949
产品情况:(埃贝赫牌)
独立式燃油风暖及水暖加热器,PTC加热器
配套情况:PTC加热器为Valeo配套,配套量300k/年

★北京凡士通空气弹簧有限公司

地址:北京市亦庄经济技术开发区东区新瀛工业园一区A4-2
邮编:100023
电话:010/67892106
传真:67892108
网址:www. firestoneindustrial. com
电子信箱:zhangjohn@ fsipasia. com
质量体系:ISO/TS 16949、ISO 9001
产品情况:膜式、自闭式、套筒式及囊式空气弹簧
配套情况:被国内50多家客车整车厂和底盘厂采用

★北京市正和工贸有限公司

地址:北京市朝阳区金盏乡马各庄南工业区A区43号
邮编:100024
电话:010/65418204、65418104
传真:65418104
电子信箱:zhengheg@ eyou. com
质量体系:ISO/TS 16949、ISO 9001
产品情况:(恒力牌)

气弹簧,年产60万支
配套情况:为长沙车身、福田欧V客车、京通客车、京华客车、北京起重机厂、北人股份等配套

★北京北方旅居车辆有限公司
地址:北京市丰台区长辛店朱家坟5里5号
邮编:100072
电话:010/83864810
传真:83864810
网址:www.northrv.com.cn
电子信箱:sales@northrv.com.cn
负责人:张渠
产品情况:拖挂式房车、赛马运输车、房车门窗、遮阳篷、房车零部件、客车乘员座椅和车载帐篷

★北京吉信气弹簧制品有限公司
地址:北京市海淀区中关村东路89号恒兴大厦11C
邮编:100080
电话:010/62639735
传真:62529544
电子信箱:citiben@263.net
质量体系:ISO/TS 16949、QS 9000
产品情况:(吉信牌)
减振弹簧、支撑杆、调节杆等气弹簧系列产品,年产量100万只
配套情况:为北京北方尼奥普兰、桂林大宇、华晨金杯、南京依维柯配套

★北京青云航空仪表有限公司
地址:北京市海淀区北三环西路43号
邮编:100086
电话:010/82134139、82134012
传真:82133491
网址:www.keeven.com
质量体系:ISO 9001
产品情况:(青云牌)
汽车暖风机、仪表板及塑料制品
配套情况:为哈飞汽车、昌河汽车、长安汽车等配套

★北京赛德车门制造有限公司
地址:北京市海淀区太阳园小区B1座805室
邮编:100098
电话:010/82138553、13801170486
传真:82138552
网址:www.sadedoor.com
电子信箱:btjd@vip.sina.com
质量体系:ISO 9001
产品情况:各种客车用自动车门系列
配套情况:为北京客车总厂、丹东黄海客车、天津客车总厂、厦门金旅、广州五十铃客车、宇通客车、北奔重汽、南京依维柯等供货

★北京市福斯特汽车装饰件厂
地址:北京市朝阳区望京湖光中街8号
邮编:100102
电话:010/64738672
传真:64724113
电子信箱:sunjiguo@sohu.com
质量体系:QS 9000
产品情况:成型地毯、顶衬、门板、后搁板等
配套情况:为北京奔驰、一汽集团(货车)、神龙汽车、沈阳金杯(开拓者)等配套

★比泽尔制冷技术(中国)有限公司
地址:北京市通州工业开发区广源东街
邮编:100113
电话:010/67819000
传真:69574544
网址:www.bitzer.cn
电子信箱:info@bitzer.cn
产品情况:车辆空调制冷压缩机

★北京利富高塑料制品有限公司
地址:北京市亦庄经济技术开发区
邮编:100176
电话:010/87126000
传真:87126050
网址:www.nifco.co.jp
电子信箱:lucytty@hotmail.com
产品情况:汽车内饰塑料产品
配套情况:为北京现代汽车配套

★北京世进汽车部件有限公司
地址:北京市通州区漷县镇金三角开发区
邮编:101112
电话:010/80567044
传真:80561817
电子信箱:dai-tao@samsong.co.kr
质量体系:ISO 9001
产品情况:安全带

★福耀集团北京福通安全玻璃有限公司
地址:北京市通州区张家湾镇皇木场村东88号
邮编:101113
电话:010/61502777
网址:www.fuyaogroup.com
产品情况:汽车安全玻璃
配套情况:客户包括北京奔驰、北京现代、北汽福田、天津一汽丰田,天津夏利、长城汽车、中兴汽车、郑州日产、郑州宇通等

★北京海纳川汽车部件公司北京分公司
地址:北京市通州区聚富苑民族产业发展基地聚和一街1号3幢
邮编:101127
电话:010/80529860
传真:80529751
网址:www.bhap.com.cn
电子信箱:hnc@bhap.com.cn
产品情况:车身装焊模块及车轮装配模块
配套情况:为北汽、一汽、上汽、华晨、江淮、长安、奇瑞、陕汽、长城、中国重汽等国内20多家大型汽车企业配套

★伟巴斯特东熙汽车配件(北京)公司
地址:北京市平谷区兴谷开发区M2-5区9号
邮编:101200
电话:010/69958786
传真:69958785
电子信箱:info@webastochina.com
质量体系:ISO/TS 16949、ISO 14001
产品情况:汽车天窗、车身及其他汽车电子设备系统
配套情况:为北京奔驰、华晨宝马、上汽通用、上汽大众、一汽-大众、长安福特、长安马自达、神龙汽车、上海汽车、一汽轿车、奇瑞汽车、长城汽车等供货

★延锋海纳川(北京)汽车饰件系统公司
地址:北京市顺义区林河工业开发区顺通路55号
邮编:101300
电话:010/89407766
传真:89407277
网址:www.bhap.com.cn
质量体系:ISO/TS 16949
产品情况:(延锋牌)
座舱系统、内饰系统、外饰系统、座椅系统和转向盘、遮阳板及内饰电子产品等
配套情况:为北京现代、北汽福田、北京奔驰等整车制造商配套

★北京江森汽车部件有限公司
地址:北京市顺义区林河工业开区林河南大街一号
邮编:101300
电话:010/89407755
传真:89407551
网址:www.bhap.com.cn
产品情况:汽车座椅及车门板等汽车内饰件,年产50万辆份
配套情况:为北京奔驰、北京现代、北汽福田等供货

★汉拿伟世通汽车空调(北京)有限公司
地址:北京市顺义区南彩镇前俸伯
邮编:101300
电话:010/89478080
传真:89473408
网址:www.bhap.com.cn
质量体系:ISO/TS 16949、ISO 14001
产品情况:(Visteon牌)
汽车空调、汽车散热器及相关配套产品
配套情况:为北京现代、华泰汽车、东风悦达起亚、长安汽车等配套

★北京韩一汽车饰件有限公司
地址:北京市顺义区仁和镇二三产业发展基地
邮编:101300
电话:010/89495755
传真:89451621
网址:www.bhap.com.cn

产品情况：车门内护板、内顶板、仪表板、座椅、遮阳板、地毯、后厢板、柱装饰板、车内灯具及其他汽车饰件

★北京李尔岱摩斯汽车系统有限公司
地址：北京市顺义区仁和镇河南村村委会南500米
邮编：101300
电话：010/89491121
传真：89491211
网址：www.lear.com
质量体系：ISO/TS 16949、ISO 14001
产品情况：汽车座椅及内饰件

★北京现代摩比斯汽车配件有限公司
地址：北京市顺义区通顺路21号
邮编：101300
电话：010/84539111
传真：84539178
网址：www.bmpcn.com
质量体系：ISO/TS 16949、ISO 14001
产品情况：底盘模块、驾驶舱模块、制动零件、安全气囊、变速器、保险杠等

★北京多宾城建筑机械有限公司
地址：北京市顺义区杨镇顺平路沙岭段85号
邮编：101309
电话：010/61441698、13811924948
传真：61441698
网址：www.bjyonghe.com
电子信箱：dzyonghe@sina.com
质量体系：ISO/TS 16949
产品情况：（永皓牌）
汽车后视镜片、汽车后视镜片、汽车反光镜片、放大镜片、美容镜片
配套及出口情况：为汽车厂家配套汽车镜片；主要出口伊朗、美国、德国、意大利、英国、中东、韩国等国家和地区

★北京世东凌云汽车饰件有限公司
地址：北京市怀柔区凤翔科技开发区二园11号
邮编：101401
电话：010/61677911
传真：61678011
网址：www.lingyun.com.cn
质量体系：ISO/TS 16949
产品情况：汽车装饰件和密封件，年产能力50万套
配套情况：为北京现代、上汽通用、延锋伟世通、哈飞汽车、北京韩一汽车饰件等配套

★北京北方凌云悬置系统科技有限公司
地址：北京市怀柔区雁栖开发区北三街16号
邮编：101407
电话：010/69667120
传真：69667125
质量体系：ISO/TS 16949、ISO 14001
产品情况：驾驶室悬置系统

★北京中材汽车复合材料有限公司
地址：北京市延庆县八达岭经济开发区康西路261号
邮编：102101
电话：010/61163250
传真：61162648
网址：www.sinomaauto.com
法人代表：凌静
质量体系：ISO/TS 16949、ISO 14001
产品情况：汽车复合材料零部件系列、发动机周边部件、车用结构功能件、车用覆盖件、轨道交通系列；SMC片材等
配套情况：已和康明斯、中国重汽、陕西重汽、北汽福田、上汽依维柯红岩、东风、一汽等汽车及发动机制造商建立了长期合作伙伴关系

★北京光华荣昌汽车零部件(集团)公司
地址：北京市昌平区流村镇工业园区
邮编：102204
电话：010/60793358、65056506
网址：www.bjghrc.com
电子信箱：info@bjghrc.com
负责人：赵月强（总裁）
单位人数：600
质量体系：ISO/TS 16949
产品情况：具备100万台套汽车座椅、100万台套座椅骨架、160万套汽车后视镜等零部件生产能力
配套情况：为北汽福田、陕汽、中国重汽、长春一汽、包头北奔、北汽有限、北汽股份、安徽华菱、江淮汽车、东风柳汽等配套

★北京中用汽车配件有限公司
地址：北京市房山区良乡东阎村南
邮编：102488
电话：010/61351199、61351133
传真：61351777
电子信箱：info@zhongyong.cn
质量体系：ISO/TS 16949、ISO 9002
产品情况：汽车内饰件、吸音隔热复合垫、车用地垫、密封件以及车用胶管等

★北京海纳川长鹏汽车部件有限公司
地址：北京市大兴区采育经济开发区采和路9号
邮编：102606
电话：010/80278300、57243143
传真：80273760
网址：www.bhcp.com.cn
电子信箱：admin@bhcp.com.cn
产品情况：汽车NVH系统（消音隔热系统）、汽车地毯、汽车顶棚、汽车行李舱、汽车PU发泡、EPP发泡等系列产品

★北京海纳川协众汽车空调有限公司
地址：北京市大兴区采育镇北京采育开发区育政街3号
邮编：102606
电话：010/80278449、80278450
网址：www.bhap.com.cn
产品情况：汽车空调系列产品，设计产能30万辆份
配套情况：为北汽乘用车事业部、北汽福田、北汽有限、长城汽车、中兴汽车、重汽、天津一汽等配套

★北京北汽模塑科技有限公司
地址：北京市大兴区采育镇经济开发区育政街1号
邮编：102606
电话：010/80278488
产品情况：汽车零部件、内外饰件

★北京第三纺织机械有限公司
地址：北京市大兴区工业开发区广兴大街2号
邮编：102628
电话：010/63437906、63437040
传真：63437040
网址：www.bj-sf.com
电子信箱：bjsfj@bj-sfj.com
质量体系：ISO/TS 16949
产品情况：（晶花、风飒牌）
汽车用气弹簧总成、汽车专业轴连轴承、汽车发动机零部件总成等
配套情况：气弹簧为一汽解放、一汽轿车、天津一汽、哈飞汽车、江铃陆风、长城汽车、奇瑞汽车、江淮汽车配套；汽车水泵轴连轴承为爱信宏达汽车零部件、华纳圣龙、合肥凯创汽车零部件、西峡水泵、哈东安机电、比亚迪汽车等配套；正时皮带张紧轮、过渡轮合件为江铃汽车、北汽福田配套；张紧轮为大柴配套，喷油泵传动轴总成为大柴、锡柴配套

天津市

★天津市益中汽车安全带厂
地址：天津市西青经济开发区大寺工业园鸿泽路5号
邮编：300051
电话：022/23883301、23883312
传真：23883301
网址：www.tjyz.com
电子信箱：tjyz@tjyz.com
质量体系：ISO/TS 16949、QS 9000
产品情况：（益中牌）
汽车安全带，年产能力300万条
配套情况：为天津一汽夏利、神龙汽车、奇瑞汽车、哈飞汽车、长城汽车、长安汽车、一汽通用红塔云南、厦门金龙、北奔重汽、长安铃木、江铃汽车、跃进轻型汽车、福田汽车、宇通客车、丹东曙光专用车、重汽济南卡车公司、广汽三菱等供货

★天津电装空调管路有限公司
地址：天津市西青经济开发区赛达国际工业城B-1号
邮编：300100
电话：022/23883738
传真：23883739

电子信箱:zixun@ dich. denso. com. cn
质量体系:ISO 9001
产品情况:汽车空调软管、配管、热水管、内配管
配套情况:主要为花冠、皇冠、霸道、陆地巡洋舰、锐志、大发、铃木、红旗、奥迪、凯迪拉克等系列车型配套空调配件

★天津华丰汽车装饰有限公司
地址:天津市南开区长江道543号
邮编:300110
电话:022/27640170、27640500
传真:27363263
电子信箱:xu. wang@ tjkahou. com
质量体系:ISO 9002、ISO 14000
产品情况:座椅、顶棚、遮阳板、车门内饰板、行李舱隔板
配套情况:为天津一汽丰田(威驰、花冠、皇冠、锐志、卡罗拉、RAV4等车型的座椅及顶棚、地毯、遮阳板、车门内饰板、行李舱隔板等内饰件产品)、天津一汽夏利汽车配套

★天津市恒特气弹簧有限公司
地址:天津市西青区大明道营雅路10号志成工业园
邮编:300112
电话:022/27322584
传真:27731880
网址:www. tjhtth. com. cn
电子信箱:tjhtth@ 126. com
法人代表:高世忠
质量体系:ISO 9001
产品情况:QD系列气弹簧、KQD系列可锁气弹簧、缓降气弹簧(阻尼器)
出口情况:出口欧洲、东南亚等地区

★天津国华塑胶有限公司
地址:天津市河北区金钟河大街
邮编:300240
电话:022/26332462
传真:26332463
产品情况:汽车保险杠、仪表板、内饰件
配套情况:为天津一汽夏利配套

★天津耀皮玻璃有限公司
地址:天津市滨海新区大港北围堤路1168号
邮编:300271
电话:022/63203102
传真:6320 3101
网址:www. sypglass. com
质量体系:ISO 9001
产品情况:高等级汽车玻璃原片

★天津日板安全玻璃有限公司
地址:天津市泗泾路11号
邮编:300300
电话:022/24994194
网址:www. nsg. com
产品情况:(NSG牌)
汽车用玻璃的加工
配套情况:为丰田汽车配套

★东海化成(天津)汽车部品有限公司
地址:天津市津南经济开发区聚英路6号
邮编:300350
电话:022/58790701
传真:58790706
网址:www. tokai. co. jp
电子信箱:hczhnen@ public. tpttj. cn
产品情况:头枕、座椅扶手、车门扶手、仪表周围控制板、储物盖等汽车内饰件产品
配套情况:为丰田汽车的皇冠车及锐志车配套

★天津井上擭翔汽坼零部件有限公司
地址:天津市津南区八里台津南电子工业开拓二支路8号
邮编:300350
电话:022/58830381
传真:58830377
网址:www. inoac. co. jp
产品情况:中高级汽车仪表板(搪塑、注塑等)、门内饰板、汽车扰流板等汽车内外饰件
配套情况:为天津一汽丰田、四川一汽丰田、昌河铃木、上汽大众、东风日产配套

★天津津信汽车塑料制品有限公司
地址:天津市西青区杨柳青镇二经路93号
邮编:300380
电话:022/27950369、27950856
传真:27950856
电子信箱:office@ jxmpp. com
质量体系:ISO/TS 16949、ISO 9002
产品情况:仪表板、保险杠、门内饰板、聚氨酯发泡仪表板等塑料、发泡制品,注塑产品年产能力150余万件,发泡产品年产能力20余万套
配套情况:为天津一汽夏利、华晨金杯、北汽福田等配套汽车仪表板、保险杠、门内饰板等塑料制品

★天津电装空调有限公司
地址:天津市西青区杨柳青镇前桑园
邮编:300380
电话:022/27994877
传真:27994347
网址:www. denso. com. cn
质量体系:ISO 14000、ISO/TS 16949
产品情况:汽车空调器系统、热交换器产品及相关零部件
配套情况:为丰田、通用、大众、一汽等汽车厂家配套

★天津模雅汽车配件有限公司
地址:天津市北辰科技工业园津围公路华盛道70号
邮编:300384
电话:022/86993255
传真:86993256
网址:www. moyacorea. com
电子信箱:samchoi@ moyacorea. com
质量体系:ISO/TS 16949、ISO 9001
产品情况:保险杠、扰流板、汽车侧身装饰条等

★电装(天津)空调部件有限公司
地址:天津市西青经济开发区赛达二大道15号
邮编:300385
电话:022/27500146、23889288
传真:23889268
网址:www. denso. com. cn
电子信箱:shanshan_fang@ dmtt. denso. com. cn
质量体系:ISO/TS 16949
产品情况:汽车空调用的蒸发器、冷凝器以及散热器
配套情况:为天津一汽丰田、一汽－大众、上汽通用等汽车厂家配套

★天津三电汽车空调有限公司
地址:天津市西青经济开发区赛达二大道8号
邮编:300385
电话:022/23889988
传真:23889986
网址:www. china－tsac. com
电子信箱:muyi@ china－tsac. com
质量体系:ISO/TS 16949、QS 9000
产品情况:(SANDEN牌)
层叠式蒸发器、平行流冷凝器、管带式蒸发器和冷凝器、多元平行流冷凝器、过冷式冷凝器、超级多元平行流冷凝器等,年产能力50万套
配套及出口情况:为一汽集团、一汽－大众、神龙汽车、奇瑞汽车、天津一汽夏利等配套;部分产品出口

★天津富奥电装空调有限公司
地址:天津市西青经济开发区赛达世纪大道22号
邮编:300385
电话:022/23889188
传真:23889199
网址:www. denso. com. cn
电子信箱:tfda@ public. tpt. tj. cn
法人代表:甘先国
负责人:牛田裕之
单位人数:735
质量体系:ISO/TS 16949
产品情况:(DENSO牌)
汽车用空调一体单元(热交换器除外)、电动风扇、冷凝器、模具、生产和检验设备、工具的制造、装配;冷却模块(冷凝器、散热器、电动风扇等装配成的模块产品)、汽车用A/C系统的配套组装
配套情况:为天津一汽丰田的皇冠轿车、花冠轿车、锐志轿车,四川一汽丰田的普拉多吉普车和陆地巡洋舰吉普车,一汽－大众奥迪C6轿车,一汽新型红旗轿车和上汽通用凯迪拉克轿车配套

★高田(天津)汽配制造有限公司
地址:天津市西青区经济开发区赛达三大道10号
邮编:300385
电话:022/58967888
传真:58967887
网址:www.takata.com
产品情况:汽车安全气囊、安全带、NASI2等汽车安全装置及其零配件
配套及出口情况:主要供应广汽本田、东风汽车、郑州日产和长丰汽车等国内客户;远销德国等国家

★天津盛洋汽车部件厂
地址:天津市北辰区津霸公路杨家咀
邮编:300400
电话:022/26649721、26651030
传真:26651939
电子信箱:shengyang666888@126.com
质量体系:ISO 9001
产品情况:各种汽车门锁,年产30万套
配套情况:为天津一汽、吉林轻型车厂、哈尔滨轻型车厂、吉利汽车、一汽通用红塔云南、小松山推工程机械等供货

★久田(天津)汽车配件有限公司
地址:天津市北辰区华盛道61号华北集团外资园
邮编:300402
电话:022/86993854、86995881
传真:86995883
电子信箱:liyan@hisada-tjn.com
质量体系:ISO 9001
产品情况:车门立柱、下框、头枕等

★天津丰铁汽车部件有限公司
地址:天津市科技园区南区
邮编:300402
电话:022/26991001
传真:26991004
产品情况:汽摩配件、车身及附件

★格拉默车辆内饰(天津)有限公司
地址:天津市经济技术开发区
邮编:300457
电话:022/66299955
传真:25328509
网址:www.grammer.com
电子信箱:tychewang@grammer.com
产品情况:内饰件、座椅

★爱信(天津)车身零部件有限公司
地址:天津市经济技术开发区睦宁路91号
邮编:300457
电话:022/58686226、58686251
传真:58686276、58686270
网址:www.aisin-tianjin.com
董事长:矢木伸介
负责人:神谷诚
单位人数:1300
质量体系:ISO/TS 16949、ISO 14001
产品情况:门锁、门铰链,玻璃升降器,限位器、门框嵌条、天窗玻璃、把手
配套情况:为天津一汽丰田、广汽丰田配套

★天津丰爱汽车座椅部件有限公司
地址:天津市经济技术开发区泰丰路135号
邮编:300457
电话:022/66233030
传真:66231811
质量体系:ISO 14001
产品情况:汽车座椅骨架、调角器、滑轨以及汽车冲压件、焊接件、涂装件等
配套情况:为天津一汽丰田配套

★天津英泰汽车饰件有限公司
地址:天津市经济开发区第十一大街61号
邮编:300457
电话:022/66231188
传真:66231000
电子信箱:lijing@tj-intex.com.cn
质量体系:ISO 9001
产品情况:(INTEX牌)
汽车座椅、顶棚、地毯、车门内饰板和行李箱内饰板等汽车用内外饰产品
配套情况:为天津一汽丰田配套

★天津丰星电子有限公司
地址:天津市经济技术开发区逸仙科学工业园翠鸣道16-A
邮编:300701
电话:022/82172681
传真:82172683
电子信箱:tpehr0223@163.com
产品情况:汽车仪表盘、传感器等
配套情况:为北京现代、东风悦达起亚汽车配套

★天津三联工业技术玻璃有限责任公司
地址:天津市宁河县宁河镇南
邮编:301504
电话:022/69419618
传真:69419105
网址:www.tjsanlian.com
电子信箱:bangongshi@tjsanlian88.cn
质量体系:ISO 9000
产品情况:玻璃,年产能力30万套
配套及出口情况:为天汽等配套;部分产品出口

★信义玻璃(天津)有限公司
地址:天津市武清开发区广源道北侧信义玻璃工业园
邮编:301700
电话:022/82159888
传真:82177773
网址:www.xinyiglass.com
产品情况:汽车玻璃

★天津市邦均汽车车身有限公司
地址:天津市蓟县邦均镇京哈路北5号
邮编:301901
电话:022/29818348
传真:29818726
电子信箱:yuanjiansheng1963@hotmail.com
质量体系:ISO 9001
产品情况:东风、斯太尔、解放、福田欧曼、庆铃五十铃型消防车门及各种车型的前后车门立柱,上下车门槛,各种汽车驾驶室等

河北省

★河北拓达车门有限公司
地址:石家庄市裕华区方兴路68号
邮编:050031
电话:0311/85494023、85495875
传真:85494823
电子信箱:hebtuoda@163.com
质量体系:ISO/TS 16949
产品情况:(拓达牌)
客车门机系列产品
配套情况:为全国客车厂家配套

★河北通用玻璃工业有限公司
地址:石家庄市桥东区石正公路88号
邮编:050041
电话:0311/86827952
传真:86827952
电子信箱:ty088@126.com
质量体系:VDA 6.1、QS 9000
产品情况:各种汽车玻璃,年销售收入1000万元
配套情况:为长城汽车、宇通客车等十几家整车生产厂配套

★东方久乐汽车安全气囊有限公司
地址:河北省新乐市南环路132号
邮编:050700
电话:0311/88582666
传真:88582591
网址:www.eastjoylong.net
电子信箱:dfjl@eastjoylong.net
质量体系:ISO/TS 16949、ISO 14001
产品情况:(东方久乐牌)
汽车安全气囊及相关零部件
配套情况:为奇瑞汽车、吉利汽车、天津一汽华利、江淮汽车、北汽等配套

★石家庄市东华特种型材厂
地址:石家庄市裕翔街机械装备制造基地
邮编:051430
电话:0311/88218208、15232150839
传真:88218415
网址:www.dhxc.cn
电子信箱:dhxc1992@163.com
单位人数:180
质量体系:ISO/TS 16949、ISO 14001
产品情况:(银石牌)
汽车门窗框组件、玻璃导轨、雨檐、玻璃托架等各种汽车专用配件
配套情况:为一汽集团、天津一汽夏利、一汽轻型货车、上汽大众、江铃五十铃、江铃控股、庆铃汽车等配套

★河北省冀州市汽车装饰件厂
地址:河北省冀州市北内
邮编:053200
电话:0318/8788582、8785858
传真:8788506、8785858
电子信箱:zsj@ jeanei. com
质量体系:ISO/TS 16949、ISO 14001
产品情况:各种汽车内装饰产品
配套情况:为一汽集团、南京汽车集团、江铃汽车、江淮汽车、奇瑞汽车、一汽－大众、天津一汽丰田、中国重汽、北京现代、北汽福田、江铃福特、陕西重汽等配套

★冀州市北内实业集团有限公司
地址:河北省冀州市北内
邮编:053201
电话:0318/8788528、8788506
传真:8788582、8788526
电子信箱:jtgs@ jeanei. com
质量体系:ISO/TS 16949、ISO 14000
产品情况:后窗台板、汽车仪表台、三厢内饰顶、车门护板

★沙河市宏成汽车型材有限公司
地址:河北省沙河市京广路 32 号
邮编:054100
电话:0319/8821553
传真:8829005
质量体系:ISO 9001、ISO 9002
产品情况:(宏成牌)
桑塔纳轿车玻璃滑轨,各类轻型客车钢塑复合中导轨、不锈钢导轨,各种车型玻璃升降器导轨及正副驾驶员门上框等薄板异型材及其产品
配套情况:为神龙汽车、华晨金杯、哈飞汽车、河北长安、上海宏成汽车配件等配套

★邢台华威汽车内饰有限公司
地址:河北省邢台市威县七级镇
邮编:054701
电话:0319/6273128、6273129
传真:6273058
网址:www. xingtaihuawei. com
电子信箱:xthw0319@ vip. sina. com
董事长:王胜君
质量体系:ISO/TS 16949、ISO 14001
产品情况:(兆达牌)
内饰件、定速巡航器
配套情况:为长春一汽、北京轻汽、江铃五十铃汽车、安徽江淮汽车、北汽福田、保定长城华北汽车、山东五征集团、奇瑞汽车等 20 几个汽车生产厂家配套

★清河县星星汽配制造有限公司
地址:河北省清河县城西工贸区
邮编:054800
电话:0319/8050320、8051646
传真:8050392
网址:www. qhxingxing. com
电子信箱:xxqp@ 126. com
单位人数:150
质量体系:ISO/TS 16949
产品情况:(驶乐牌)
软轴操纵系统(操纵器、软轴、仿桃木扣压板、防尘套、仿桃木球头)和汽车橡胶密封件
配套情况:为长城汽车、陕汽集团、重庆重汽、重庆铁马、西南工业公司等 10 多个大中型汽车主机厂配套

★河北隆昌汽车零部件有限公司
地址:河北省隆尧县东良乡周村
邮编:055350
电话:0319/6558898
传真:6558888
质量体系:ISO 9001
产品情况:气弹簧

★沧州鑫祺汽车配件制造有限公司
地址:河北省沧州市沧县皂坡工业开发区
邮编:061024
电话:0317/4801599、4802599
传真:4820599
网址:www. hbzxqp. com
电子信箱:info@ hbhbzxqp. com
质量体系:ISO 9001
产品情况:冲压件、车门锁件铰链
配套情况:为一汽、福田、欧曼、斯太尔等 10 余家集团公司配套

★黄骅市渤海汽车摩托车配件有限公司
地址:河北省黄骅市开发区北平路
邮编:061100
电话:0317/5324730、5324733
传真:5324732
网址:www. bohaimotor. com
电子信箱:bohaisales@ 163. com
单位人数:300
质量体系:ISO 9001、ISO/TS 16949
产品情况:汽车座椅骨架、钣金冲压部件等
配套情况:为中国重汽、北汽福田等国内大型汽车厂以及铃木合资公司、标致合资公司、本田合资公司、轻骑集团等摩托车厂战略供应商

★沧州三星微特电机有限责任公司
地址:河北省南皮县城西环南路 9 号
邮编:061500
电话:0317/8851013、13315774222
传真:8854573
网址:www. czsanxing. com
电子信箱:tzq@ czsanxing. com
负责人:陶锴
质量体系:ISO 9001、ISO/TS 16949
产品情况:(水晶牌、神风牌)
汽车刮水器、暖风除霜器、暖风散热器
配套及出口情况:为机车、客车、货车、微型车、工程车制造厂配套;随国内客车配套出口

★新南风加热制冷(沧州)有限公司
地址:河北省沧州市南皮县乌马营镇乌马营工业区
邮编:061503
电话:0317/8619999
传真:8616410
网址:www. hbnf. com
电子信箱:info@ hbnf. com
质量体系:ISO/TS 16949
产品情况:(南风牌)
车用除霜器、加热器、空气滤清器等
配套情况:为厦门金龙、宇通客车、丹东黄海、扬州亚星、上海申沃、安徽安凯等配套

★河北安吉宏业机械股份有限公司
地址:河北省泊头市南仓街 461 号
邮编:062150
电话:0317/8262212、8262288
传真:8288812
网址:www. hbhongye. com
电子信箱:hbhy@ hbhongye. com
质量体系:ISO/TS 16949、ISO 9001
产品情况:FJH、YJP、YJ、YJH 系列暖风机、CS 系列除霜器、SR 系列散热器等

★泊头市华兴汽车部件有限责任公司
地址:河北省泊头市西环路
邮编:062150
电话:0317/8292238
传真:8292238
电子信箱:chinahuaxinggongsi@ 163. com
质量体系:ISO/TS 16949、ISO 9001
产品情况:汽车安全带

★任丘飞翔汽车塑件有限公司
地址:河北省任丘市经济技术开发区紫金道 406 号
邮编:062550
电话:0317/2296498、2296190
传真:2296248
网址:www. rqfxqs. com
电子信箱:fxqs@ vip. 163. com
质量体系:QS 9000、ISO/TS 16949
产品情况:汽车暖风机、空调通风管道等
配套情况:与长城汽车、长安汽车、力帆汽车、东风日产、长春一汽、华晨汽车、海马汽车、奇瑞汽车、昌河汽车等多个厂家配套

★任丘市第一汽车灯镜厂
地址:河北省任丘市长丰工业园区
邮编:062552
电话:0317/2968881、2968882
传真:2968478
网址:www. zhijing001. com
电子信箱:rqa188@ 163. com
产品情况:(合兴牌)
国内外大中型货车及微型车、农用车倒车镜
配套及出口情况:为长春解放商用车备品配套;部分产品打入国际市场

★遵化市金阳汽车部件有限公司
地址:河北省遵化市马兰峪镇
邮编:064206
电话:0315/6944404
质量体系:ISO/TS 16949
产品情况:吉普车的底盘、车身、悬架、内衬装饰等
配套情况:为北京奔驰配套

★威意特汽车系统(中国)有限公司
地址:河北省廊坊市经济技术开发区金源路
邮编:065001
电话:0316/6071100
传真:6071060
网址:www. wet - group. com
电子信箱:info@ wet - group. com
质量体系:ISO/TS 16949、QS 9000
产品情况:汽车座椅加热器、座椅温度技术、转向盘加热、温度控制器、汽车线缆加工技术等
配套及出口情况:为宝马、奥迪供货;出口欧洲、日本、北美洲

★鑫悦塑料制品有限公司
地址:河北省廊坊市经济技术开发区景明道
邮编:065001
电话:0316/6088753
传真:6086746
电子信箱:xinyue@ xy - plastic. com
产品情况:空调器外壳总成、暖风机总成、除霜器总成、散热器塑料水室总成
配套情况:为北京奔驰、北汽制造、北轻汽、天津一汽夏利等多家汽车制造厂配套

★廊坊华安汽车装备有限公司
地址:河北省廊坊市经济技术开发区山特维克道8号
邮编:065001
电话:0316/6088000
传真:6086778
电子信箱:huaanauto@ huaanauto. com
质量体系:ISO/TS 16949
产品情况:(HUAAN 牌)
汽车燃油蒸发控制系统(碳罐总成)、防护条、扰流板、格栅、油箱口盖、门把手等外饰件,手套箱、扶手、座椅轨道盖板等内饰件
配套情况:为一汽-大众、上汽大众、上汽通用、长安福特、长安马自达、北京奔驰、上汽集团、神龙汽车、一汽海马、长城汽车、广汽三菱等配套

★廊坊全兴希尔思交通器材有限公司
地址:河北省廊坊市经济技术开发区祥云道南11号
邮编:065001
电话:0316/6066689
网址:www. sears - gsk. com
电子信箱:tedzhang@ sears - gsk. com. cn
质量体系:ISO/TS 16949、ISO 14000
产品情况:座椅
出口情况:出口欧洲、美洲

★共和兴塑胶(廊坊)有限公司
地址:河北省廊坊市开发区祥云道11号
邮编:065001
电话:0316/6076612、6076689
传真:6076717
网址:www. kyowa - gsk. com
单位人数:350
产品情况:汽车内饰件用人造革(座椅、门板、遮阳板、仪表盘等)
配套情况:为天津一汽丰田、广汽丰田、广汽本田、东风日产、上汽通用、北京现代等配套

★霸州市汇行塑胶制品有限公司
地址:河北省霸州市王圪达
邮编:065701
电话:0316/7432109
传真:7432407
网址:www. bzhhsj. com
电子信箱:hh@ bzhhsj. com
单位人数:90
质量体系:QS 9000
产品情况:挡泥板、发动机底护板、发电机导热罩、保护盖、转向轴护盖、下型板、衬板等塑料制品
配套情况:配套厂家有一汽集团、沈阳汽车制造厂、北京汽车制造厂、北人集团、山东聊城中通控股、福耀集团、旭硝子汽车玻璃(中国)公司、山西利虎玻璃工业、江西消防车辆制造厂、东风汽车集团等

★廊坊中德汽车座椅制造有限公司
地址:河北省廊坊市106国道116公里处南5公里
邮编:065803
电话:0316/5398116、5399566
网址:www. lfzhongde. com
单位人数:310
质量体系:ISO/TS 16949
产品情况:汽车座椅及附件
配套及出口情况:为一汽、东风、北汽福田、保定长城、浙江吉利配套;出口日本、韩国、美国等国家

★廊坊市全振汽车配件有限公司
地址:河北省廊坊市大城县新城区东环路
邮编:065900
电话:0316/5560088、5560468
传真:5573766
网址:www. hbquanzhen. com
电子信箱:qztech@ 126. com
单位人数:400
质量体系:ISO/TS 16949、ISO 14001
产品情况:汽车成型地毯、玻璃钢制品、隔音隔热垫、车顶内饰等
配套情况:为一汽集团、长安公司、哈飞、江淮、昌铃、北汽福田、中兴等国内外知名汽车制造厂家,以及斗山工程机械、克拉克、台励福、海斯特、西班牙奥萨、合力、江淮银联重工等著名工程机械公司供应配套

★秦皇岛燕大汽车附件厂
地址:河北省秦皇岛市开发区雪山路6号
邮编:066000
电话:0335/8501626
传真:8501628
电子信箱:info@ qhdbip. com
质量体系:ISO/TS 16949、QS 9000
产品情况:BTC213 吉普车前门角窗总成及后门玻璃滑道梁总成,夏利电动玻璃升降器,解放15t平头货车车门框总成,汽车转向器连杆,哈飞锐意车架总成
配套情况:为一汽集团、青岛汽车厂、北京奔驰、天津一汽夏利、哈飞汽车配套

★北戴河渤海安全玻璃有限公司
地址:河北省秦皇岛市北戴河区联峰北路26号
邮编:066100
电话:0335/4042506、4049459
传真:4042373
质量体系:ISO/TS 16949
产品情况:(渤海牌)
汽车安全玻璃

★保定长城博翔汽车零部件有限公司
地址:河北省保定市朝阳南大街2288号长城汽车部件园
邮编:071000
电话:0312/2197886
传真:2197666
网址:www. gwm. cn
法人代表:魏建军
负责人:甄永敏
单位人数:656
产品情况:产品主要涵盖汽车空调系统、换热器(散热器、蒸发器、冷凝器、暖风、中冷器及油冷器)

★麦克斯(保定)汽车空调系统有限公司
地址:河北省保定市朝阳南大街2288号
邮编:071051
电话:0312/2197889
传真:2197666
质量体系:ISO/TS 16949、ISO 14001
产品情况:汽车空调系统及零部件
配套情况:为长城汽车配套

★保定延锋江森汽车座椅有限公司
地址:河北省保定市朝阳南大街2288号汽车部件园区
邮编:071051
电话:0312/2197701
传真:2197708
电子信箱:jhhrd@ 126. com
质量体系:ISO/TS 16949
产品情况:汽车座椅和其他汽车饰件
配套情况:为长城汽车配套

★涿州市盛弘机械有限责任公司
地址:河北省涿州市豆庄乡松林店镇工业园区
邮编:072750
电话:0312/3985226、3985586
传真:3985226
电子信箱:zzsyjskfb@ zzsyjs. sina. net
质量体系:ISO/TS 16949、ISO 9001
产品情况:汽车车门窗框、车门外饰板、车门滑道、玻璃滑轨、流水槽等辊压件、冲压件、异形弯管、锁杠及车门铰链等汽车车身零部件
配套情况:为郑州日产、长安汽车、北奔重汽、东风渝安、飞碟五征、石家庄双环、吉奥汽车等厂家配套

★ 北方凌云工业集团有限公司

地址:河北省涿州市松林店镇
邮编:072761
电话:0312/3676616
传真:3952235
电子信箱:webmaster@ lyig. com. cn
质量体系:ISO/TS 16949、VDA 6.1
产品情况:(凌云牌、亚大牌)
汽车辊压件、冲压件、保险杠、防撞杆、汽车等速万向节前驱动轴、汽车尼龙管路、汽车橡胶管及总成、汽车装饰密封件等
配套及出口情况:为一汽集团、一汽-大众、一汽轿车、上汽通用、上汽通用五菱、上汽大众、天津一汽夏利、天津一汽丰田、神龙汽车、北京奔驰、长安集团、奇瑞汽车、上海汽车、北京现代、江铃汽车、江淮汽车、吉利汽车、昌河铃木、哈飞汽车、沈阳华晨金杯、重庆长安铃木、长城汽车、比亚迪汽车、东南克莱斯勒、中国重汽、东风汽车、上海汽车、北汽福田、众泰、柳州汽车、上汽红岩菲亚特、东风悦达起亚、法国雷诺、瑞典 VOLVO、欧洲福特及天津英泰汽车饰件、天津丰田发动机、天津丰爱座椅部件等公司配套;出口美国、丹麦、澳大利亚、巴西、韩国、南非、玻利维亚、马来西亚等国家,并销往中国香港地区
☞ 详细情况请参阅彩色宣传版面

辽宁省

★沈阳金杯广振汽车部件有限公司
地址:沈阳市经济技术开发区开发大路10号街12号
邮编:110141
电话:024/25396261
传真:25396263
质量体系:ISO/TS 16949
产品情况:电动、手动玻璃升降器
配套情况:为汽车制造厂配套

★沈阳李尔汽车座椅内饰系统有限公司
地址:沈阳市经济技术开发区开发大路6甲2号
邮编:110141
电话:024/25375808
传真:25375818
网址:www. lear. com
电子信箱:hcong@ lear - china. com
产品情况:车辆用座椅、内饰件、组合仪表板及相关零部件
配套情况:为华晨宝马配套

★沈阳汽车暖风机厂
地址:沈阳市于洪区洪湖北街6号
邮编:110141
电话:024/25834277
传真:25313429
电子信箱:syqcnf@ 126. com
质量体系:ISO/TS 16949、QS 9000
产品情况:(金杯牌)
汽车暖风机总成、汽车散热器总成、汽车管路、汽车空调、汽车冲压、焊接件,汽车注塑件
配套情况:为华晨金杯、沈阳金杯、北汽福田环保动力、北奔重汽、厦门金龙、沈阳航天三菱汽车发动机、沈阳新光华晨等配套

★沈阳福达汽车零部件有限公司
地址:沈阳市浑南新区高科路12号
邮编:110179
电话:024/23787038、23787037
传真:23787135
网址:www. syfuda. com
电子信箱:office@ syfuda. com
单位人数:200
质量体系:ISO/TS 16949、VDA 6.1
产品情况:汽车门窗框、前后保险杠、各类导轨、仪表板横梁等,以及各种滚压成型、滚压弯曲类零件,各种中小金属冲压件及焊装件,年产能力30万台套
配套情况:为长城汽车、一汽哈尔滨轻型车、安徽长丰扬子、哈飞汽车配套

★辽阳金兴汽车内饰件有限公司
地址:辽宁省辽阳市振兴路158号
邮编:111000
电话:0419/3990801、3305196
传真:3990805
网址:www. china - jx. com. cn
电子信箱:lyjxqc@ 126. com
负责人:黄仁兴
单位人数:1380
质量体系:ISO/TS 16949、ISO 14001
产品情况:汽车仪表板、车门饰板、组合通道盒、转向盘、立柱板、顶棚、地毯等内饰产品
配套情况:是一汽-大众、一汽轿车、一汽解放、一汽夏利、一汽吉轻、一汽哈轻、哈飞汽车、华晨金杯、金杯汽车、丹东黄海、安徽奇瑞、重庆长安、重庆力帆、德国宝马、意大利菲亚特、德国奔驰等的定点供应商;模具工厂是一汽-大众、德国宝马的定点供应商

★盟和(大连)汽车配件有限公司
地址:辽宁省大连市保税区 IIIB-9-3
邮编:116600
电话:0411/87647870
传真:87624446
网址:www. meiwasangyo. co. jp
产品情况:汽车内部的装饰配件,包括后盖箱盖板、车顶、车门内饰及脚踏地毯等产品

★东风河西(大连)汽车饰件系统公司
地址:辽宁省大连市大连保税区南港路4号
邮编:116600
电话:0411/39251333
传真:39251066
网址:www. kasai. co. jp
产品情况:汽车内外饰件

★京滨大洋冷暖科技(大连)有限公司
地址:辽宁省大连市经济技术开发区31区辽河西二路28号
邮编:116600
电话:0411/87301071
传真:87301075
电子信箱:sales@ grandocean - showa. com
质量体系:QS 9000、ISO/TS 16949
产品情况:(大洋昭和牌)
汽车冷凝器、蒸发器
配套情况:为一汽-大众、上汽大众、东莞京滨汽车电喷装置有限公司、广汽本田、东风本田、本田中国、泰国昭和等配套

★富士客车空调(大连)有限公司
地址:辽宁省大连市经济技术开发区淮河西三路5号
邮编:116600
电话:0411/87300866
传真:87300896
网址:www. fujidl. com
电子信箱:fjacdl@ mail. dlptt. ln. cn
质量体系:ISO 9001
产品情况:客车空调系统及零部件

★旭硝子特种玻璃(大连)有限公司
地址:辽宁省大连市经济技术开发区铁山西路5号
邮编:116600
电话:0411/87614190
传真:87614197
网址:www. agc - flatglass. cn
产品情况:建筑、汽车用浮法玻璃、镜面玻璃、热反射玻璃等

★丹东黄海汽车配件制造有限责任公司
地址:辽宁省丹东市振兴区集环路12号
邮编:118008
电话:0415/6221313
传真:6227247
电子信箱:hhseat@ 126. com
质量体系:ISO/TS 16949

产品情况:汽车座椅、储气筒、消音器尾管及扶手管、前罩、中罩、仪表台等内饰件和汽车橡胶件,年产汽车座椅40万席、内饰件2万台套
配套及出口情况:为众多国内主流整车企业配套;远销十几个国家和地区

★丹东市黄海汽车内饰件制造有限公司
地址:辽宁省丹东市振兴区浪头镇中和村富中路
邮编:118008
电话:0415/6157004、6155191
传真:6154642
网址:www.hhqcns.cn
电子信箱:dhns@163.com
单位人数:100
质量体系:ISO 9001
产品情况:(中奇牌)
客车玻璃钢座椅、仪表台、大客车地板内饰板、客车顶棚装饰板、高回弹海绵等汽车内饰件产品
配套情况:为丹东黄海、丹东黄海座椅、南京金陵、牡丹客车、大连电车等配套

★东港市聚丰汽车缓冲器座椅有限公司
地址:辽宁省东港市迎宾大街87号
邮编:118300
电话:0415/7186416、13904159733
传真:7175733
网址:www.jfzuoyi.cn
电子信箱:jufengzuoyi@163.com
质量体系:ISO 9001
产品情况:工程车座椅、重型货车座椅、汽车座椅、特种车座椅四大类上百个品种
配套及出口情况:为一汽、黄海、重汽等企业配套;远销国外市场

★锦州锦恒汽车安全系统有限公司
地址:辽宁省锦州市经济技术开发区渤海大街4段16号
邮编:121007
电话:0416/3575010、3575100
传真:3585717
网址:www.jinhengairbag.com
电子信箱:business@jinhengairbag.com
法人代表:曾庆东
负责人:赵成明
单位人数:560
质量体系:ISO/TS 16949、ISO 14001
产品情况:(锦恒牌)
汽车安全气囊、安全带
配套及出口情况:为上汽大众、一汽、东风、天汽、哈飞汽车、北京汽车、海南汽车、上汽通用五菱、奇瑞汽车、长城汽车、力帆汽车、长安汽车、吉利汽车、华晨汽车、中兴汽车、日产汽车、东南汽车、长丰汽车、江淮汽车、众泰汽车等20多个主机厂的80多个车型配套安全气囊;出口国外市场

吉林省

★长春一汽富维汽车零部件股份公司
地址:长春市东风南街1399号
邮编:130011
电话:0431/85765337
传真:85765338
网址:www.fawfw.com.cn
电子信箱:cyz_shgf@faw.com.cn
法人代表:金毅
负责人:温树泽
单位人数:13500
质量体系:ISO/TS 16949
产品情况:汽车内饰、汽车外饰、车轮、车身电子、车身金属件、滤清器等
配套情况:为一汽集团内一汽解放、一汽轿车、一汽-大众、一汽客车、一汽丰田、一汽吉林汽车、一汽通用、天津一汽夏利等整车企业配套,也是国内外多家知名整车企业的战略合作伙伴

★一汽-法雷奥汽车空调有限公司
地址:长春市绿园区东风大街5508号
邮编:130011
电话:0431/85908724、85903364
传真:85998444
网址:www.fawer.com.cn
电子信箱:fzc@fzc.com.cn
单位人数:248
质量体系:ISO/TS 16949、ISO 14001
产品情况:汽车空调总成、暖风机、冷凝器、蒸发器等空调系统产品
配套情况:主要OEM客户是一汽-大众、一汽轿车、一汽解放、一汽吉林、天津一汽夏利、上汽大众、一汽大众成都工厂、郑州日产、保定长城等

★长春骏捷龙汽车饰件制品有限公司
地址:长春市汽车产业开发区繁荣村
邮编:130011
电话:0431/86109865
传真:86109863
电子信箱:ccjjlautoparts@163.com
质量体系:ISO/TS 16949
产品情况:汽车内饰件与整车隔音隔热配套产品
配套情况:为一汽-大众、一汽轿车配套

★伟巴斯特车顶系统(长春)有限公司
地址:长春市汽车产业开发区富奥大路(乙二路)1398号
邮编:130011
电话:0431/85742168、88605066
传真:85742158、84649343
网址:www.webasto.cn
电子信箱:info@webastochina.com
质量体系:ISO/TS 16949、ISO 9001
产品情况:汽车天窗、供暖系统
配套情况:为一汽轿车、一汽-大众、哈飞汽车等配套

★吉林一汽实业东光汽车镜有限公司
地址:长春市朝阳区繁荣路2217号
邮编:130012
电话:0431/85158011
传真:85172269
网址:www.dgjt.com
电子信箱:shichang@dgqcj.com
质量体系:ISO/TS 16949、VDA 6.1
产品情况:汽车外后视镜、内视镜
配套情况:为一汽轿车的红旗世纪星、奇瑞汽车、天津一汽夏利、比亚迪汽车、重庆力帆配套

★佛吉亚(长春)汽车部件系统有限公司
地址:长春市高新技术产业开发区光谷大街3946号
邮编:130012
电话:0431/85527000、85022925
传真:85550010、88965965
网址:www.faurecia.com
电子信箱:michelle@jlsfesco.com.cn
质量体系:ISO/TS 16949、ISO 14001
产品情况:高档汽车仪表板、门板及座椅等
配套情况:为一汽-大众的奥迪系列配套

★长春佳林实业集团股份有限公司
地址:长春市高新开发区火炬路928号
邮编:130012
电话:0431/85178001
传真:85178015
网址:www.jialinauto.com
电子信箱:jialin5988@126.com
负责人:孙世帼
单位人数:300
质量体系:ISO/TS 16949
产品情况:汽车内饰材料龙可飞板材、汽车内饰零部件,塑胶制品
配套情况:为一汽轿车、一汽-大众等配套

★一汽富维东阳汽车塑料零部件公司
地址:长春市高新区光谷大街2555号
邮编:130012
电话:0431/85886515
传真:85886523
网址:www.fawfw.com.cn
电子信箱:zjls@fawtyg.com
产品情况:乘用车保险杠及其他外饰产品
配套情况:为一汽、一汽-大众、一汽轿车等配套

★长春佛吉亚旭阳汽车内饰系统公司
地址:长春市光谷大街3946号
邮编:130012
电话:0431/85527000-2062
传真:85550010
网址:www.xuyanggroup.com
电子信箱:xuyang@xuyanggroup.com
质量体系:ISO/TS 16949、ISO 14001

产品情况：为一汽－大众公司奥迪 C6 配套仪表板、门板、上框架、杂物箱等
配套情况：为一汽－大众、神龙汽车、长安福特配套

★长春挺宇汽车零部件有限公司
地址：长春市绿园区昌驰路 9 号
邮编：130012
电话：0431/87093558
传真：87095058
电子信箱：changchuntingyu@163.com
质量体系：ISO/TS 16949
产品情况：汽车车门铰链，年产 2.48 万件

★长春市繁荣冲压有限公司
地址：长春市长沈路 7266 号
邮编：130013
电话：0431/85021306
传真：85021306
质量体系：ISO/TS 16949
产品情况：捷达车前端装饰框总成、捷达车悬架固定座总成，新宝来的侧围、上铰链加强板总成等 13 种产品，高尔夫 A6 气弹簧加强板、支架等产品，奥迪 Q5 的横梁、加强板等 11 种产品
配套情况：主要客户为一汽－大众、大众平台、一汽轿车、佛吉亚等知名企业

★长春超维集团零部件分公司
地址：长春市高新技术开发区顺达路 668 号
邮编：130031
电话：0431/84888969
传真：84888969
网址：www.chaoweigroup.com
电子信箱：chaowei@chaoweigroup.com
质量体系：ISO/TS 16949
产品情况：汽车隔音隔热及内饰产品
配套及出口情况：为一汽—大众配套；出口韩国、英国等国家

★长春力得汽车工程塑料制品有限公司
地址：长春市二道区岭东路 158 号
邮编：130031
电话：0431/84671017
传真：84632784
质量体系：ISO/TS 16949、VDA 6.1
产品情况：汽车塑料保险杆、塑料内饰
配套情况：为一汽－大众、一汽轿车、一汽海马、天津一汽丰田等配套

★长春奥托立夫汽车安全系统有限公司
地址：长春市经济技术开发区常德路 1831 号
邮编：130033
电话：0431/84642688
传真：84634688
网址：www.autoliv.com
电子信箱：autoliv_zp@126.com
产品情况：安全带和安全气囊，具有年产 100 万套安全带、30 万套安全气囊的生产能力
配套情况：为一汽－大众、一汽轿车、上汽大众、华晨宝马、北京奔驰、长城汽车等配套

★盈佳科技（长春）有限公司
地址：长春市经济技术开发区东南湖大路 2899 号
邮编：130033
电话：0431/84678888
传真：84678889
网址：www.itranspace.com
质量体系：ISO/TS 16949、QS 9000
产品情况：汽车中央控制门锁、门板系统、电动窗、行李舱锁、燃油箱锁、电动天线、防盗报警器、DVD 车载系统和其他相关电子产品
配套情况：为一汽－大众、一汽轿车、上汽大众、奇瑞汽车、吉利汽车等配套

★富维－江森自控汽车饰件系统公司
地址：长春市经济技术开发区东南湖大路 4736 号
邮编：130033
电话：0431/88700111、88700000
传真：82931744
网址：www.ccfjc.com
质量体系：ISO/TS 16949、ISO 14001
产品情况：汽车座椅、仪表板、副仪表板、门板、顶棚、车身电子及饰件
配套情况：为一汽－大众、一汽轿车、一汽丰田、一汽解放、北京奔驰、济南重汽及部分海外公司等多家客户等供货

★长春华翔佛吉亚汽车塑料件有限公司
地址：长春市经济技术开发区东南湖大路 5001 号
邮编：130033
电话：0431/87066267
传真：87066300
网址：www.faurecia.com
电子信箱：faureciahuaxiang@163.com
产品情况：汽车保险杠及门下护板
配套情况：主要为一汽－大众等客户配套供货

★长春西博汽车塑料技术有限公司
地址：长春市经济技术开发区浦东路 3281 号
邮编：130033
电话：0431/84666900
传真：84666904
电子信箱：csapt@sina.com
质量体系：ISO/TS 16949
产品情况：门内护板总成，年产量可达 10 万套
配套情况：为一汽－大众配套

★福耀集团长春有限公司
地址：长春市经济技术开发区浦东路 4499 号
邮编：130033
电话：0431/84659288
传真：84659223
网址：www.fuyaogroup.com
质量体系：ISO/TS 16949、ISO 9001
产品情况：汽车玻璃
配套情况：为一汽－大众、一汽轿车、天津一汽丰田、天津一汽夏利、哈飞汽车、华晨金杯、北京现代、北京奔驰、北汽福田、长城汽车、宇通客车等配套

★法雷奥压缩机（长春）有限公司
地址：长春市经济技术开发区世纪大街 2677 号
邮编：130033
电话：0431/84992006
传真：84992004
网址：www.valeo.com.cn
质量体系：ISO/TS 16949、ISO 9001
产品情况：（Valeo 牌）
主要产品：斜盘变排量压缩机、斜盘定排量压缩机、定排量旋叶式压缩机
配套情况：主要客户：一汽轿车、日产中国、东风日产、北京奔驰、雷诺三星、福建戴姆勒、奇瑞、华晨宝马

★李尔长春汽车内饰件系统有限公司
地址：长春市经济技术开发区苏州北街 270 号
邮编：130033
电话：0431/84699020
传真：84611832
电子信箱：caroline@lear-china.com
质量体系：ISO 9001
产品情况：奥迪 C5、C6 座椅

★长春博泽汽车部件有限公司
地址：长春市经济技术开发区温州街 1177 号
邮编：130033
电话：0431/84991000
传真：84991100
网址：www.brose.com
电子信箱：changchun@brose.com
质量体系：ISO/TS 16949
产品情况：座椅调节骨架和车门系统
配套情况：为一汽－大众、上汽大众、标致雪铁龙、佛吉亚、江森自控、李尔、白木、西德科、北京奔驰、沃尔沃、尼桑、通用汽车、华晨宝马配套

★旭阳·富维－江森座椅骨架有限公司
地址：长春市净月开发区千朋路 388 号
邮编：130033
电话：0431/85078180
传真：85078298
网址：www.xuyangfjc.com
电子信箱：xuyang@xuyanggroup.com
质量体系：ISO/TS 16949
产品情况：座椅骨架总成、座椅总成、仪表板骨架总成
配套情况：为一汽－大众、一汽轿车、一汽解放、富维－江森、长春李尔、长春佛吉亚旭阳座椅、上海西德科东昌公司、一汽吉林汽车、中兴长春分公司等多家

企业配套

★长春旭阳佛吉亚毯业有限公司
地址:长春市净月开发区千朋路800号
邮编:130033
电话:0431/88608235
网址:www. xuyanggroup. com
电子信箱:xuyang@ xuyanggroup. com
质量体系:ISO/TS 16949
产品情况:地毯总成、行李舱地毯及护面、外轮罩护面及毯胚织造制品
配套情况:配套奥迪 B8、Q3、CC、高尔夫、迈腾、速腾、马自达、J61、J71 等车型

★长春旭阳工业(集团)股份有限公司
地址:长春市净月开发区千朋路888号
邮编:130033
电话:0431/89118018
传真:88608100
网址:www. xuyanggroup. com
电子信箱:xuyang@ xuyanggroup. com
质量体系:VDA 6.1、QS 9000
产品情况:汽车座椅骨架(总成)、汽车地毯、汽车橡塑制品、汽车内饰材料和内饰部件等产品
配套情况:为一汽集团、一汽-大众、华晨金杯、北汽福田、天津一汽华利、哈飞汽车、奇瑞汽车等配套

★长春佛吉亚旭阳汽车座椅有限公司
地址:长春市云友路999号
邮编:130033
电话:0431/89851911
网址:www. xuyanggroup. com
电子信箱:xuyang@ xuyanggroup. com
质量体系:ISO/TS 16949、ISO 14001
产品情况:奥迪 Q5、高尔夫 A6、迈腾 CC、奥迪 A6L、速腾、迈腾、奥迪 A4、宝来等汽车座椅骨架总成
配套情况:为一汽-大众、一汽轿车等配套

★吉林新立德部件有限公司
地址:长春市自由大路7689号
邮编:130033
电话:0431/84671011、84671013
传真:84642420
网址:www. wanxiang. com. cn
电子信箱:yangxw686@ 126. com
单位人数:1130
质量体系:QS 9000、ISO/TS 16949
产品情况:保险杠、内外饰及多种汽车塑料产品,其中保险杠年生产能力80万台套
配套情况:为一汽-大众、一汽轿车、一汽吉林、一汽解放、一汽通用及一汽丰田等主机厂配套

★福耀(长春)巴士玻璃有限公司
地址:长春市朝阳经济开发区红梅大街与白桦林交汇
邮编:130100
电话:0431/84659288
传真:84659223
网址:www. fuyaogroup. com
电子信箱:zuoshu. sun@ gdx - fuyao. com
质量体系:ISO/TS 16949
产品情况:汽车用玻璃密封件、汽车安全玻璃
配套情况:是一汽解放、一汽客车、广汽日野、丹东曙光等多家汽车生产厂的供应商

★长春高新汽车饰件有限公司
地址:长春市朝阳区经济开发区育民路1666号
邮编:130103
电话:0431/85026666、85027777
传真:85024555
电子信箱:gaoxin@ ccgaoxin. com
质量体系:VDA 6.1、QS 9000
产品情况:汽车塑料电镀件,主要有散热器面罩总成和后牌照板等

★长春英利汽车部件有限公司
地址:长春市高新开发区顺达路888号
邮编:130103
电话:0431/87030801
传真:87030806
网址:www. engley. com
电子信箱:yangxue@ engley. net
质量体系:ISO/TS 16949、ISO 14001
产品情况:底部护板、前端框架、备胎仓、门内板、电平支架、车灯支架等长玻璃纤维热塑零件,保险杠、仪表板骨架等车身金属冲压、滚压零件
配套情况:为一汽-大众、一汽轿车、北京奔驰、华晨宝马、上汽大众、一汽丰田、上汽通用、富豪、天津一汽、北京汽车、华晨汽车、长城汽车、广汽集团、上汽集团、吉利汽车、长安标致雪铁龙、观致汽车、奇瑞捷豹路虎等国内各大整车制造企业配套

★吉林省泰德汽车车身制造有限公司
地址:长春市汽车产业开发区
邮编:130103
电话:0431/87629578、86109264
传真:87683688、85020800
电子信箱:jltdcs@ sina. com
产品情况:汽车车身及零部件
配套情况:为一汽轻型车厂、一汽专用车厂、一汽汽联改配套

★吉林市易成汽车附件有限公司
地址:吉林省吉林市船营经济开发区园区内
邮编:132011
电话:0432/62737779、62059767
质量体系:ISO 9000
产品情况:(双仁牌)
保险杠

★吉林省东风化工有限责任公司
地址:吉林省吉林市龙潭区黎明路145号
邮编:132021
电话:0432/63039363
传真:63039089
网址:www. jldongfeng. cn
电子信箱:ewchem@ jldongfeng. cn
质量体系:ISO/TS 16949、QS 9000
产品情况:汽车 SMC 零部件、汽车三元催化器

★吉林省舒兰市通月机械有限责任公司
地址:吉林省舒兰市舒兰大街1128号
邮编:132600
电话:0432/68258860、68258863
传真:68223654
网址:www. jlslty. cn
电子信箱:jlsltyqg@ 163. com
质量体系:ISO/TS 16949、QS 9000
产品情况:车门窗框、滑道、流水槽等辊压件,踏板总成,车厢
配套情况:为一汽轿车、一汽吉林、一汽哈尔滨轻型车厂、一汽青岛汽车制造厂、北汽福田、沈阳金杯配套

★和龙双昊高新技术有限公司
地址:吉林省延边朝鲜族自治州和龙市工业集中区
邮编:133500
电话:0433/4247979
传真:4247979
质量体系:ISO/TS 16949
产品情况:汽车空调用铝质贮液干燥器及汽车空调

★吉林省恒辉集团有限公司
地址:吉林省公主岭市102国道998公里处
邮编:136100
电话:0434/6278838、6279666
传真:6279599
网址:www. henghui - group. com
电子信箱:sales@ hh - jt. com
单位人数:600
质量体系:ISO 9001
产品情况:气动、电动刮水器、电动洗涤器、遮阳(雨)帘、气门芯等
出口情况:随机车远销马来西亚、南非、古巴、委内瑞拉、越南、加纳、土库曼斯坦等10多个国家

★吉林省港德汽车内饰件制造有限公司
地址:吉林省公主岭市东四长路999公里
邮编:136100
电话:0434/6279586、6279990
传真:6279584
网址:www. jlgdqcns. com
电子信箱:wsw6279990@ sina. com
质量体系:ISO/TS 16949
产品情况:轿车隔音隔热内饰隔音产品,供货能力为成型隔音垫50万辆份/年,纤维毡500t/年
配套情况:为奥迪、捷达、宝来、马自达、威志、中华、海狮等多种车型批量配套隔音垫(包括门内板、包裹架、内顶棚、

行李箱内饰等)

★公主岭市春林机械有限公司
地址:吉林省公主岭市西公主大街106号
邮编:136100
电话:0434/6215770、6215382
传真:6214282
网址:www.gzlclgs.com
法人代表(负责人):徐春林
质量体系:ISO/TS 16949、QS 9000
产品情况:轮毂、制动毂系列、制动器总成系列、门锁系列、冲压产品系列
配套情况:为一汽集团、一汽轿车、一汽长春轻型车厂配套

★公主岭市华翔汽车内饰件有限公司
地址:吉林省公主岭经济开发区华翔大街1号
邮编:136102
电话:0434/6813323、6813335
传真:6810681
网址:www.huaxianggroup.com
单位人数:188
质量体系:ISO 9001
产品情况:汽车内顶棚等
配套情况:为一汽集团、一汽-大众、一汽轿车等配套

★白城尼特固汽车部件有限公司
地址:吉林省白城市工业园区渤海街366号
邮编:137000
电话:0436/3687280
传真:3687279
质量体系:ISO/TS 16949
产品情况:汽车铰链
配套情况:为长安福特、长安马自达配套

黑龙江省

★哈尔滨市锁厂
地址:哈尔滨市道里区地节街150号
邮编:150016
电话:0451/84513935、84517103
传真:84517103
电子信箱:hasuochang@163.com
质量体系:ISO 9001
产品情况:(铁牛牌)
汽车油箱锁
配套情况:为汽车生产厂家配套并为经销商供货

★哈尔滨松花江汽车内饰件有限公司
地址:哈尔滨市平房区渤海路32号
邮编:150060
电话:0451/86589683
传真:86529885
质量体系:ISO/TS 16949
产品情况:座椅总成

★哈尔滨齐塑汽车饰件有限公司
地址:哈尔滨市平房区经济技术开发区黄海路6号
邮编:150060
电话:0451/86810523
传真:86810532
网址:www.hqisu.cn
电子信箱:hqisu@163.com
质量体系:QS 9000、ISO 9001
产品情况:汽车塑料内、外饰件,年产能力50万套
配套情况:为一汽-大众,哈飞汽车、奇瑞汽车配套

★哈尔滨深航汽车空调有限公司
地址:哈尔滨市平房区新五路20号
邮编:150060
电话:0451/86809058
传真:86809058
质量体系:ISO 9001
产品情况:(暖风王牌)
高热量汽车暖风机
配套情况:为哈飞汽车配套

★哈飞机电产品制造有限责任公司
地址:哈尔滨市平房区友协大街15号
邮编:150066
电话:0451/86582385
传真:86508858
电子信箱:bgs@hafeijd.com
质量体系:ISO/TS 16949
产品情况:内外装饰件、内外覆盖件、传动轴、半轴、尾气净化系统标准件、车灯、内燃机活塞、汽车曲轴等
配套情况:为哈飞汽车配套

★哈尔滨哈轻塑胶有限公司
地址:哈尔滨市道里区通达街469号
邮编:150076
电话:0451/84851641
传真:84602878
电子信箱:hqsjxsk@126.com
质量体系:ISO/TS 16949
产品情况:(安宜牌)
汽车塑料内外饰件
配套情况:为长安汽车、长安北京分公司、长安重庆分公司、佛吉亚、哈尔滨东安发动机等配套

★牡丹江富通汽车空调有限公司
地址:黑龙江省牡丹江市西十二条路富通街36号
邮编:157003
电话:0453/6173012、6173050
传真:6421779
网址:www.fotonac.com
电子信箱:fotonac@fotonac.com
法人代表:毕士英
单位人数:521
质量体系:ISO/TS 16949、VDA 6.1
产品情况:V-5系列、SP系列、FM10G(S)系列汽车空调压缩机,年产100万台
配套情况:为一汽集团、华晨金杯、一汽海马、奇瑞汽车、上汽通用五菱、天汽、东风汽车公司、江铃汽车、吉利汽车等配套

上海市

★圣戈班安全玻璃(上海)有限公司
地址:上海市黄浦区延安东路550号海洋大厦1701室
邮编:200001
电话:021/63618899
传真:63222909
电子信箱:marketing@sgh-china.com
质量体系:ISO/TS 16949、VDA 6.1
产品情况:汽车玻璃模块化总成
配套情况:为上汽大众(波罗、帕萨特、桑塔纳)、上汽通用别克君威、东风标致307配套

★浙江金海环境技术股份有限公司
地址:上海市徐汇区零陵路899号飞洲国际大厦16楼A座
邮编:200030
电话:021/54891220、0575/87847722
传真:54891281
网址:www.goldensea.cn
电子信箱:jhhj@goldensea.cn
质量体系:ISO 14001、ISO/TS 16949
产品情况:(金海牌)
环保过滤新材料、过滤网板、空气净化过滤器、汽车用空气过滤器、空气全热交换器、吸尘器/换气扇过滤器、贯流/轴流/离心风扇
配套情况:为LG、松下、大金、富士通、东芝、三菱重工、三星、美的等企业配套生产精密塑料模具

★上海交运股份公司汽车零部件分公司
地址:上海市徐汇区中山南二路555号
邮编:200032
电话:021/58201188
传真:64049044
电子信箱:jygcb.rd@gmail.com
质量体系:ISO/TS 16949、QS 9000
产品情况:汽车座椅总成及其骨架等
配套情况:为上汽大众、上汽通用、沈阳华晨、一汽-大众、一汽轿车、上汽乘用车、奇瑞汽车、上汽仪征配套,配套的产品包括桑塔纳、帕萨特、途安、凯迪拉克、别克、雪佛兰、赛宝、上汽荣威、华晨骏捷、奇瑞旗云等十几种车型

★华域汽车系统股份有限公司
地址:上海市威海路489号
邮编:200041
电话:021/22016988、22011701
传真:22016999
网址:www.huayu-auto.com
法人代表:陈虹
负责人:张海涛
产品情况:内外饰件、金属成型与模具、功能件、电子电器件、热加工件、新能

源等

★上海天合汽车安全系统有限公司
地址：上海市嘉定区安亭镇园耀路 168 号
邮编：200052
电话：021/61422000
传真：61422001
网址：www. trw. com
电子信箱：stass. hr@ trw. com
负责人：杨裕明
质量体系：VDA 6. 1、QS 9000
产品情况：安全带、安全气囊等汽车安全系统产品
配套情况：为上汽大众、上汽通用、上汽制造、长安福特、长安马自达、一汽－大众、北京奔驰、华晨宝马、奇瑞汽车等企业供货

★上海申达股份有限公司
地址：上海市江宁路 1500 号申达国际大厦
邮编：200052
电话：021/62328282
传真：62823177
网址：www. cnshenda. com. cn
电子信箱：600626@ sh－shenda. com
质量体系：ISO/TS 16949、ISO 14001
产品情况：汽车地毯、内饰面料、安全带等汽车纺织内饰产品
配套情况：为上汽大众、一汽－大众、上汽通用、东风汽车公司、广汽本田等配套

★双桦控股有限公司
地址：上海市浦东富山路 458 号同盛大厦 9 楼
邮编：200122
电话：021/58876888
网址：www. shshuanghua. com
电子信箱：ir@ shshuanghua. com
质量体系：ISO/TS 16949、ISO 9001
产品情况：（双桦牌）
蒸发器、冷凝器、油冷器、暖风、中冷器等汽车空调关键零部件
配套情况：通过 35 家汽车空调系统总成企业为上海汽车、奇瑞汽车、长城汽车、长安汽车、东风汽车、重汽集团等整车厂配套

★上海耀华皮尔金顿玻璃股份有限公司
地址：上海市浦东新区莲溪路 1210 号 1 号楼
邮编：200126
电话：021/61633599、58839305
传真：58801554
电子信箱：office@ sypglass. com
质量体系：ISO/TS 16949、ISO 14001
产品情况：（耀皮牌）
钢化玻璃、夹层玻璃

★伊顿－盛士达汽车流体连接器上海公司
地址：上海市浦东新区外高桥保税区爱都路 388 号
邮编：200131
电话：021/50460606
传真：50463596
电子信箱：info@ yiming. cn
质量体系：ISO/TS 16949
产品情况：汽车空调器软管及管件、汽车转向装置软管及管件

★依必安派特（上海）有限公司
地址：上海市浦东新区外高桥保税区华京路 418 号
邮编：200131
电话：021/50460183
传真：50461119
网址：www. ebmpapst. com. cn
电子信箱：sales@ cn. ebmpapst. com
质量体系：ISO/TS 16949
产品情况：风机

★上海丰田纺汽车零部件有限公司
地址：上海市浦东新区外高桥保税区新灵路 218 号
邮编：200131
电话：021/50463237
传真：50463137
网址：www. toyota－boshoku. co. jp
质量体系：ISO 9001
产品情况：汽车安全带及内饰件
配套情况：为丰田汽车配套

★上海恩坦华汽车门系统有限公司
地址：上海市外高桥保税区富特中路 401 号
邮编：200131
电话：021/50462288
传真：32557272
电子信箱：lxie@ intevaproducts. com
质量体系：ISO/TS 16949、ISO 14001
产品情况：汽车内门板系统、门锁及门锁执行器
配套情况：为上汽大众、上汽通用、上海汽车、华晨金杯、奇瑞汽车、广汽三菱配套

★ 华域三电汽车空调有限公司

地址：上海市徐汇区石龙路 285 号
邮编：200232
电话：021/63843220
传真：54083075
网址：www. ssb. com. cn
电子信箱：yaoyi@ ssb. com. cn
负责人：高文华
单位人数：1400
质量体系：ISO/TS 16949、ISO 14001
产品情况：（易通牌、SSB 牌）
汽车空调压缩机及汽车空调模块、发动机冷却系统及元件等系列产品
配套及出口情况：乘用车主要配套上汽大众、上汽通用、一汽大众、神龙公司、东风本田、上海汽车、长城汽车、沃尔沃等，商用车主要配套一汽集团、上汽大通、北汽股份、南京依维柯、北汽福田等；出口 30 多个国家和地区
☞ 详细情况请参阅彩色宣传版面

★贺尔碧格（上海）有限公司
地址：上海市闵行区漕河泾新兴技术开发区贺阁路 39 号
邮编：200233
电话：021/64850855
传真：64850958
电子信箱：info－hoesha@ hoerbiger. com
质量体系：ISO/TS 16949、ISO 9001
产品情况：汽车压缩机

★ 延锋汽车饰件系统有限公司

地址：上海市柳州路 399 号
邮编：200235
电话：021/33381000
传真：33381999
网址：www. yf. sh cn
电子信箱：info@ mail. yf. sh. cn
法人代表：沈建华
负责人：马振刚
单位人数：31072
质量体系：ISO/TS 16949、VDA 6. 1、QS 9000
产品情况：（延锋牌）
汽车内饰系统、外饰系统、电子系统、座椅系统、安全系统
配套及出口情况：为上汽大众、上汽通用、上海汽车、神龙汽车、东风日产、长安福特、长安马自达、北京现代、奇瑞汽车、北汽福田、北京汽车、江淮汽车、华晨汽车、克莱斯勒等配套；远销美国、德国、英国、法国、奥地利、日本、泰国、澳大利亚等国家
☞ 详细情况请参阅彩色宣传版面

★上海天原集团胜德塑料有限公司
地址：上海市闵行区龙吴路 4747 号
邮编：200241
电话：021/64341039、64340889
传真：62530585
电子信箱：scb@ tyshengde. com
质量体系：ISO/TS 16949、ISO 14001
产品情况：仪表板及其配件、门板、散热器隔栅、轮罩、储液罐、油管等汽车塑料件
配套情况：为上汽通用、上汽大众、一汽集团、重庆福特、北汽福田、奇瑞汽车等供货

★圣戈班韩格拉斯世固锐特玻璃上海公司
地址：上海市闵行经济技术开发区文井路 18 号
邮编：200245
电话：021/64630016
传真：64630061
电子信箱：sghss. marketing@ sgh－china. com
质量体系：ISO/TS 16949
产品情况：夹层玻璃、前风窗玻璃、钢化

玻璃、侧窗和后窗玻璃及天窗、小客车玻璃、工程汽车玻璃
配套情况:为韩国起亚、神龙汽车、一汽轿车等配套

★上海法雷奥汽车电机雨刮系统公司
地址:上海市闵行区剑川路2281号
邮编:200245
电话:021/54753036
传真:64307584
网址:www. valeo. com. cn
电子信箱:bo. liang@ valeo. com
质量体系:ISO/TS 16949、VDA 6.1
产品情况:刮水器(年产能力250万套)、无骨刮片、汽车微电机等
配套情况:为上汽大众、上汽通用、一汽集团、一汽－大众、长安福特、长安马自达、奇瑞汽车、华晨宝马、上海汽车、福建戴克、华晨金杯、一汽海马、广汽三菱等供货

★上海华申汽配制造有限公司
地址:上海市场中路595号
邮编:200434
电话:021/65313349、65446137
传真:55393596
网址:www. auto－hs. com
电子信箱:yx@ auto－hs. com
质量体系:ISO/TS 16949
产品情况:(华申牌)
客车铝合金移动窗、大客车全景式自动门及机构
配套情况:为江铃全顺、南京依维柯、上海申沃、北京福田、厦门金龙、上汽大众、德国大众、悦达起亚、东南汽车、沈阳华晨、海南马自达、意大利菲亚特等配套

★吉尧汽车零配件(上海)有限公司
地址:上海市南大路475弄3号
邮编:200436
电话:021/63639250、63634776
传真:32051393
网址:www. fortunef. com
电子信箱:jieyao@ fortunef. com
质量体系:ISO 9001
产品情况:(JY牌)
厢式车后门锁机械、埋藏式侧门锁、门铰链、门挂钩、门封条、不锈钢厢包角、铝型材以及软蓬车滑轮、搭扣、轨道、车厢内护板、捆紧装置、拉紧器冷冻机、汽车尾板、厢板等
出口情况:出口产值8千万元

★西德科东昌汽车座椅技术有限公司
地址:上海市宝山城市工业园区丰翔路1658号
邮编:200444
电话:021/36161600
传真:36161606
网址:www. sitech－dongchang. com
电子信箱:info@ sitech－dongchang. com
质量体系:ISO/TS 16949
产品情况:汽车座椅及座椅零部件
配套情况:为上汽大众、一汽－大众等供货

★上海霍富汽车锁具有限公司
地址:上海市宝山区宝山城市工业园区园泰路396号
邮编:200444
电话:021/36161956
传真:36161933
网址:www. huf－group. com
电子信箱:info@ huf－sh. com
质量体系:ISO/TS 16949、ISO 14001
产品情况:汽车锁
配套及出口情况:为大众、通用、菲亚特、标致、上汽荣威、东风柳汽、江淮汽车等配套;出口北美洲、韩国、伊朗

★上海胜僖汽车配件有限公司
地址:上海市闵行区浦江镇鲁南路201号
邮编:201100
电话:021/64917717
传真:64917679
网址:www. sh－shengxi. com
电子信箱:wangjiang@ sh－shengxi. com
法人代表:滕本 僖一
负责人:羽賀厚郎
质量体系:ISO/TS 16949
产品情况:后视镜、制动片、活塞、座椅头枕等压铸配件

★上海陈立实业有限公司
地址:上海市沪闵路3458弄66号
邮编:201108
电话:021/64893831
传真:34074196
网址:www. chenli. com. cn
电子信箱:sclicl@ online. sh. cn
质量体系:ISO 9001、ISO 14001
产品情况:汽车内饰件、散热器、燃油箱及车用进出风管,贯流、轴流、离心叶轮等空调配件
配套及出口情况:与一汽海马、昌河汽车、上汽通用、海尔集团、海信集团等建立长期合作关系;水管、高精度风叶远销美国、德国、日本

★ 空调国际(上海)有限公司
地址:上海市闵行区莘庄工业区春光路108号
邮编:201108
电话:021/54422590－8901、13901897947
传真:54425926
网址:www. ai－thermal. com
质量体系:ISO/TS 16949
产品情况:主要生产传统动力和新能源乘用车和商务车的空调系统及冷却系统——HVAC、制冷管路、冷凝器,同时生产汽车热交换器、风道及空调控制器
☞ 详细情况请参阅彩色宣传版面

★伟巴斯特车顶供暖系统(上海)公司
地址:上海市闵行区银都路466弄33号
邮编:201108
电话:021/33577000
传真:33577071、33577072
网址:www. webasto. cn
电子信箱:wrc. info@ webasto. com
质量体系:ISO/TS 16949、ISO 14001
产品情况:汽车天窗、供暖系统
配套情况:为上汽大众、一汽－大众、一汽轿车、上汽通用、奇瑞汽车、上海华普、东风悦达起亚、江铃控股、吉利汽车等配套

★上海加冷松芝汽车空调股份有限公司
地址:上海市莘庄工业区华宁路4999号
邮编:201108
电话:021/54424998
传真:54422478
网址:www. shsongz. com. cn
电子信箱:sales@ shsongz. com
法人代表:陈福泉
负责人:纪安康
单位人数:1577
质量体系:ISO 9001
产品情况:(SONGZ牌)
大中型客车空调、乘用车及轻型客车空调、冷冻冷藏车空调及车用空调零部件,燃料电池车前置冷却模块、纯电动汽车乘员舱和电池的综合热管理系统等
配套及出口情况:批量配套长安汽车、东南汽车、依维柯、金龙、金旅、东风汽车、江淮汽车、奇瑞汽车、福田汽车等多个厂家;空调换热器芯体和系统批量出口亚洲、北美洲,并销往中国台湾地区

★上海侨宝机械厂
地址:上海市闵行区北松公路2288号
邮编:201111
电话:021/54825108、54825677
传真:54825017
网址:www. qiao－bao. com
电子信箱:shqiaobao@ 163. com
质量体系:VDA 6.1、QS 9000
产品情况:汽车风窗洗涤器
配套情况:为上汽大众配套洗涤器总成,配套车型有桑塔纳2000型、3000型,并为哈飞汽车等配套生产各种零部件

★上海新力机器厂
地址:上海市闵行区召楼路3392号
邮编:201112
电话:021/58919015、4006969161
传真:58757716
网址:www. shxlmp. com
电子信箱:shxlmpxs@ 163. com
质量体系:QS 9000、ISO 9002
产品情况:(飞菱牌)
各类车用管片式热交换器、冷凝器、汽车空调总成等

配套情况:产品被广泛应用于金杯轻型客车、金龙大客车、上海巴士申沃客车、上海世博巴士公交车、戴姆勒-奔驰商务车等

★上海东方久乐汽车安全气囊有限公司
地址:上海市浦东新区张江高科技产业园区东区庆达路219号
邮编:201201
电话:021/58972808
传真:58976993
网址:www.eastjoylong.net
电子信箱:dfjl@eastjoylong.net
负责人:尉丽峰
单位人数:425
质量体系:ISO/TS 16949、ISO 14001
产品情况:(东方久乐牌)
汽车安全气囊及其配件
配套情况:为奇瑞汽车配套

★上海岱美汽车内饰件有限公司
地址:上海市浦东新区莲溪路1299号
邮编:201204
电话:021/58917962
传真:50913435
网址:www.daimay.com
电子信箱:daimay@daimay.com
单位人数:3000
质量体系:ISO/TS 16949、OHSAS 18001
产品情况:具备年产遮阳板1200万只、转向盘300万只、座椅及附件50万辆的生产能力
配套情况:为北美通用、欧洲福特、沃尔沃、戴姆勒、克莱斯勒、日本三菱、上汽通用、长安福特、长安马自达、东风悦达起亚、奇瑞汽车、一汽集团、东风汽车公司、江铃集团、哈飞汽车等配套

★宁波华翔电子股份有限公司
地址:上海市浦东新区白杨路1160号
邮编:201204
电话:021/68949998
传真:68942260
网址:www.huaxianggroup.com
电子信箱:stock_dp@nbhx.com.cn
法人代表:周晓峰
单位人数:5000
产品情况:汽车内外饰件、汽车底盘附件、汽车电器及空调配件、汽车发动机附件、汽车消声器等
配套情况:为上汽大众、一汽-大众、上海汽车、上汽通用、天津一汽丰田等国内汽车制造商配套

★上海汽车空调配件有限公司
地址:上海市浦东新区北蔡莲溪路1188号
邮编:201204
电话:021/58912477
传真:58436398
网址:www.saaa.com.cn
电子信箱:dongxh@saaa.com.cn
单位人数:600
质量体系:ISO/TS 16949、VDA 6.1
产品情况:汽车用空调管路总成、发动机吸油管、动力转向管等
配套情况:为上汽通用、一汽-大众、上汽大众、神龙汽车、本田、奇瑞汽车等汽车制造商和德尔福、贝洱等系统供应商等供货

★上海德尔福汽车空调系统有限公司
地址:上海市浦东新区沪南路1768号
邮编:201204
电话:021/38663000
传真:58912279
质量体系:ISO/TS 16949、ISO 14001
产品情况:(爱斯牌、爱维牌)
HVAC系统,管片式、管带式和平行流试冷凝器,层叠式蒸发器、暖风和其他热交换零件;具备年产120多万套汽车空调系统的生产能力
配套情况:主要OEM客户是上汽通用、上汽大众、一汽-大众、重庆五十铃、武汉神龙、长安铃木、昌河铃木等

★上海海立(集团)股份有限公司
地址:上海市浦东新区金桥出口加工区宁桥路888号
邮编:201206
电话:021/58547777
传真:50326960
网址:www.highly.cc
产品情况:空调压缩机

★麦格纳唐纳利(上海)汽车科技公司
地址:上海市浦东新区金桥出口加工区秦桥路211号
邮编:201206
电话:021/63503790
传真:58997600
质量体系:ISO/TS 16949
产品情况:汽车后视镜、转向灯
配套情况:为上汽通用、德国大众、戴姆勒、克莱斯勒等整车厂配套

★上海三电汽车空调有限公司
地址:上海市浦东新区金穗路1900号
邮编:201206
电话:021/38984500
传真:58996866
网址:www.sanden.co.jp
电子信箱:inquiry@sanden-shanghai.com
质量体系:ISO/TS 16949
产品情况:(三电牌)
SD6V、SD7V变排量斜盘式压缩机,涡旋式压缩机(车用空调压缩机)
配套情况:为一汽-大众、神龙汽车、广汽本田、上海德尔福、芜湖博耐尔等配套

★延锋伟世通金桥汽车饰件系统公司
地址:上海市浦东新区巨峰路2166号
邮编:201206
电话:021/38613000
传真:38613222
网址:www.yf.sh.cn
电子信箱:info@mail.yf.sh.cn
质量体系:ISO/TS 16949、ISO 9001
产品情况:(延锋牌)
座舱系统、仪表板、门内外饰件、其他汽车内饰产品
配套情况:为上汽通用、华晨金杯配套

★上海贝洱热系统有限公司
地址:上海市浦东新区陇桥路355号
邮编:201206
电话:021/38522999
传真:58546100
电子信箱:hr.sbts@sbts-co.com
质量体系:ISO/TS 16949、ISO 14001
产品情况:空调及冷却模块、冷凝器、蒸发器、暖风、中冷器等热系统全系列产品
配套及出口情况:为上汽通用、上汽大众、北京奔驰、长安福特、长安马自达、伟世通、一汽轿车、一汽-大众、华晨金杯、华晨宝马、上汽汽车、东南汽车、福建戴姆勒等配套;远销泰国、日本、韩国、印度

★三菱重工汽车空调系统(上海)公司
地址:上海市浦东新区秦桥路211号浦发金桥工业域金桥出口加工区71号
邮编:201206
电话:021/58996686
网址:www.mhi.com.cn
质量体系:ISO/TS 16949、ISO 9001
产品情况:空调压缩机、空调总成、冷凝器、热保护器、风扇组件、控制面板

★上海泰晔汽车座椅有限公司
地址:上海市浦东新区川沙路5838号
邮编:201209
电话:021/58637330
传真:58638578
质量体系:ISO/TS 16949、QS 9000
产品情况:各类汽车座椅及相关产品

★上海浦东亚成汽车配件有限公司
地址:上海市浦东新区顾曹路288号
邮编:201209
电话:021/58631542、58630808
传真:58631383
电子信箱:coolberg@online.sh.cn
质量体系:ISO/TS 16949、QS 9000
产品情况:(冷堡牌、提登牌)
汽车空调系统及管片式蒸发器、冷凝器
配套情况:为北汽福田、厦门金龙、华晨金杯、中顺汽车等配套

★上海赛科利汽车模具技术应用有限公司
地址:上海市浦东新区金穗路775号
邮编:201209
电话:021/31089888
传真:50212950
网址:www.ssdt.com.cn
电子信箱:sales@ssdt.com.cn

负责人:余秀
单位人数:2300
质量体系:ISO/TS 16949、ISO 14001
产品情况:已形成年产 80 万台套白车身四门两盖、前后地板能力及 6000t 大型车身覆盖件模具的自主设计和制造能力
配套情况:为上海汽车、上汽通用等整车企业的战略合作伙伴

★上海李尔汽车内饰件有限公司
地址:上海市浦东新区曹路镇上川路289号
邮编:201219
电话:021/50219926
传真:50219926
电子信箱:jtao@ lear. com
质量体系:ISO/TS 16949
产品情况:各种汽车座椅蒙面总成、门板等,塑料注塑模具
配套情况:为上汽通用配套

★上海延锋江森座椅有限公司
地址:上海市浦东新区康桥工业区康安路669号
邮编:201315
电话:021/68079000、68121818
传真:68121919
网址:www. yf. sh. cn
质量体系:ISO/TS 16949、VDA 6.1
产品情况:(延锋牌)
座椅总成、座椅发泡、座椅面套、头枕及顶饰系统等
配套情况:为一汽集团、一汽－大众、上汽大众、上汽通用、华晨汽车、天津一汽丰田、东风本田、神龙汽车、东风日产、广汽本田、奇瑞汽车、江淮汽车、吉利汽车、长安铃木、长城汽车等配套

★上海耀皮康桥汽车玻璃有限公司
地址:上海市浦东新区康桥工业区康柳路55号
邮编:201315
电话:021/68193000
传真:68194622
网址:www. sypautoglass. net
电子信箱:xma@ syp. sfhglass. com
单位人数:1000
质量体系:ISO/TS 16949、ISO 14001
产品情况:(耀皮牌)
汽车玻璃
配套情况:为美国福特、法国标致雪铁龙、韩国现代、通用大宇、上汽通用、上汽大众、南京菲亚特、南京依维柯、东风悦达起亚、东南汽车等配套

★上海飞利环球汽车零部件有限公司
地址:上海市浦东新区周浦镇沪南公路3690号
邮编:201318
电话:021/68189165、68066866
传真:68066793
网址:www. feilihuanqiu. com
电子信箱:flhq@ wzhqnsj. com
质量体系:ISO/TS 16949、ISO 14001
产品情况:发动机罩盖、双组份吸音棉毡、直立棉毡、复合棉毡、PP 毛毡、轻质泡棉、发动机舱隔音垫、前围隔音垫、汽车地毯总成、汽车衣帽架总成、行李箱地毯总成、备胎盖板总成等
配套情况:主要客户有上汽大众、上汽通用、上汽乘用车、上汽大通、上汽通用五菱、德国大众、一汽大众、一汽轿车、武汉神龙、东风集团、东风柳汽、东风裕隆、沃尔沃、中国吉利、华晨宝马、华晨汽车、福建戴姆勒、北京奔驰、广州本田、广州丰田、昆山丰田、广汽集团、保定长城、奇瑞路虎、奇瑞汽车、江淮汽车、华泰汽车、江铃汽车等合资及自主品牌

★上海吉翔汽车车顶饰件有限责任公司
地址:上海市浦东康桥工业区秀浦路叠桥路
邮编:201319
电话:021/68078000
传真:58138085
网址:www. johnsoncontrols. cn
质量体系:ISO/TS 16949、VDA 6.1
产品情况:车顶内饰件,聚氨酯板材
配套情况:为上汽大众、上汽通用、一汽集团、江铃汽车、庆铃汽车配套

★上海吉士达汽车部件有限公司
地址:上海市奉贤区奉城镇卫季路350号
邮编:201408
电话:021/57170617
传真:57175006
网址:www. jassda. com
电子信箱:sales@ jassda. com
单位人数:200
质量体系:ISO/TS 16949
产品情况:(JSD 牌)
汽车空调压缩机和电磁离合器
出口情况:远销美国、欧洲、南美洲、中东的售后市场

★上海晟铭汽车空调配件有限公司
地址:上海市奉贤区航塘路5058号
邮编:201408
电话:021/57171021、57173568－609
传真:57173678
网址:www. sh－shengming. com
电子信箱:webmaster@ sh－shengmin. com
质量体系:ISO/TS 16949
产品情况:汽车空调冷凝器、蒸发器、暖风水箱、空调系统以及冲压件和橡胶件
配套及出口情况:与国内多家汽车生产厂家配套;远销欧美、东南亚市场

★上海宏昌汽配有限公司
地址:上海市奉贤区头桥镇新奉公路4313号
邮编:201409
电话:021/57554735、57556198
传真:57554866
网址:www. sh－hongchang. com
电子信箱:office@ sh－hongchang. com
质量体系:VDA 6.1、QS 9000
产品情况:发动机及中央通道隔热罩、车门铰链及限位器总成、汽车座椅部件和其他冲压零部件数百种
配套情况:为上汽大众(A 级供应商)、一汽－大众、上汽通用、上汽通用五菱、安徽奇瑞、南京菲亚特、上汽汽车(南京 MG 名爵)、广汽集团等知名汽车主机厂的一级配套企业,以及知名的汽车配件供应商佛吉亚(包括上海、南京、长春、重庆等),并进入了北美通用(GM)等国际顶级汽车厂商的全球采购系统

★上海宏宝汽配有限公司
地址:上海市奉贤区头桥镇奉新公路3961号
邮编:201409
电话:021/57552000、15316709526
传真:57556564
网址:www. hbqp. com. cn
电子信箱:business－shb@ 126. com
单位人数:110
质量体系:ISO/TS 16949、VDA 6.1
产品情况:汽车用玻璃升降器总成;车门限位器总成;车门限位器总成;精密机加工产品系列
配套情况:主要顾客有上汽大众、安徽奇瑞、浙江吉利、天津一汽夏利、湖南长丰汽车、上海实业交通、武汉博泽、上海恩坦华等

★上海申驰实业有限公司
地址:上海市奉贤区奉城镇启民村258号
邮编:201411
电话:021/57528188、57528088
传真:57529766
网址:www. sh－shenchi. com
电子信箱:shendan@ shenchi88. com
质量体系:ISO/TS 16949
产品情况:座椅配件、天窗配件、安全气囊配件

★上海戈吕克机械制造有限公司
地址:上海市奉贤区庄行工业区钜庭路1500号
邮编:201415
电话:021/57461634
传真:57462836
网址:www. glvck. com
电子信箱:sales@ glvck. com
质量体系:ISO/TS 16949
产品情况:前后保险杠、前后盖铰链、变速器零件、管状横梁等
配套情况:为上汽大众、一汽－大众、大众汽车变速器、梅赛德斯奔驰汽车配套

★上海雨宝实业有限公司
地址:上海市金山区枫泾工业园区王圩

东路1755号
邮编:201501
电话:021/67356262、67356168
传真:67356161
网址:www.yealb.com
电子信箱:cqs@yealb.com
单位人数:350
质量体系:ISO 9001
产品情况:(Yealb牌)
刮水器
出口情况:出口欧洲、美洲、日本、东南亚等10多个国家和地区

★上海中鹏车视镜有限公司
地址:上海市金山区金山工业区山阳镇金康东路3888号
邮编:201508
电话:021/57243333、57246363
传真:57245959
网址:www.champon.com.cn
电子信箱:sales@champon.com.cn
单位人数:220
质量体系:ISO/TS 16949、ISO 9001
产品情况:(中鹏牌)
汽车后视镜转向器、折叠器、五金冲压件
配套及出口情况:主要为国内20多家汽车主机厂配套;出口伊朗、美国、意大利、马来西亚、巴西、俄罗斯、土耳其、印度、罗马尼亚等国家,并销往中国台湾地区

★上海盈田汽车零部件有限公司
地址:上海市金山区张埝镇张漕公路97号
邮编:201514
电话:021/57214666
传真:57218555
网址:www.yingtian.net
电子信箱:dickson415@vip.sohu.com
质量体系:ISO/TS 16949
产品情况:年销售各类镜片1000多万件
配套情况:为上汽大众、通用、天津一汽丰田、一汽海马等配套各类车用反光镜片

★上海霍费贝特汽车部件有限公司
地址:上海市金山区干巷镇和平村
邮编:201515
电话:021/57206087
传真:57202722
质量体系:ISO/TS 16949
产品情况:汽车后视镜、仪表板、操纵机构和供油系统的注塑件
配套情况:为西门子(上海)、西门子VDO(芜湖)、上海梅克朗汽车镜、上海干巷汽车镜集团汽配分公司等配套

★上海梅克朗汽车镜有限公司
地址:上海市金山区干巷工业区
邮编:201518
电话:021/57202689
传真:57202692
网址:www.mekra-lang.com.cn
质量体系:ISO/TS 16949、QS 9000
产品情况:商用车后视镜系统和各种后视镜镜片

★上海辉碟车镜有限公司
地址:上海市金山区干巷镇干林路1808号
邮编:201518
电话:021/57201340、57201219
传真:57208065
网址:www.huidie.com
电子信箱:gujinhui0000@sina.com
质量体系:ISO/TS 16949
产品情况:轿车、载货汽车、客车和摩托车内、外后视镜的玻璃镜片,年生产镀铝镜800万件以上,镀铬镜600万件以上
配套情况:是麦格纳-唐纳利、干巷车镜等主要一级供应商,为上汽通用、大众、长安福特、长安马自达、丰田、北京现代、广汽本田、一汽等配套

★麦格纳唐纳利(上海)汽车系统公司
地址:上海市金山区金张公路2998号
邮编:201518
电话:021/57200231
传真:57205487
网址:www.magnadon.com
电子信箱:sale@czqiujing.com
质量体系:ISO/TS 16949
产品情况:(求精牌)
内外后视镜
配套情况:为上汽大众、上汽通用、神龙汽车、天津一汽丰田、长安福特、长安马自达、东风日产乘用车、华晨金杯等配套

★上海依赛工业有限公司
地址:上海市金山区吕巷和平工业区
邮编:201518
电话:021/57207320
传真:57203050
电子信箱:ise@ise.com.cn
质量体系:ISO/TS 16949、ISO 14001
产品情况:金属焊接总成、变速器零件、铰链三大系列
配套情况:为上汽大众、一汽-大众、大众汽车变速器(上海)公司、大众汽车变速器(大连)公司、华晨宝马等配套

★上海吕巷汽车零部件有限公司
地址:上海市金山区吕巷镇干巷第二工业园区张泾路885号
邮编:201518
电话:021/57206333、57206600
传真:57203300、57200033
网址:www.zs-auto.net
电子信箱:hs-market@vip.163.com
质量体系:ISO/TS 16949
产品情况:汽车后视镜
配套情况:主要客户有一汽轿车、一汽海马、长城汽车、江西昌河铃木、合肥昌河汽车、江淮汽车、安徽华菱汽车

★上海博迩森汽车配件有限公司
地址:上海市金山区吕巷镇干巷张泾工业区荣天路288号
邮编:201518
电话:021/57208530、57208813
传真:57201205
网址:www.cnbolson.com
电子信箱:info@cnbolson.com
质量体系:ISO/TS 16949、ISO 14001
产品情况:汽车后视镜镜片及线束;年生产能力为1500万片
配套及出口情况:是奔驰、奥迪、大众、通用、福特、丰田、日产、现代等公司的二次配套企业;主要客户有Magna、SMR、Ficosa、Ichikoh、开明堂等

★上海东兴科技有限公司
地址:上海市松江科技园区港业路338号
邮编:201600
电话:021/57855131
传真:57855140
网址:www.tunghsing.com.cn
电子信箱:sales@tunghsing.com.cn
质量体系:ISO/TS 16949、ISO 9001
产品情况:汽车前翻转盖板、导流板、翼子板、保险杠、侧裙板、巴士前后围总成等复合材料覆盖件

★上海三井复合塑料有限公司
地址:上海市松江区松江工业区俞塘路511号
邮编:201600
电话:021/57741111
传真:57740055
网址:www.shmpc.com.cn
质量体系:ISO/TS 16949、ISO 9001
产品情况:汽车发动机舱零件、内外饰塑料件
配套情况:为上汽集团、上汽大众、丰田、本田、马自达、上汽通用等配套

★上海汽车地毯总厂有限公司

地址:上海市松江区松蒸路189号
邮编:201600
电话:021/67727098
传真:67727989
网址:www.sccp-sj.com
电子信箱:public@sccp-sj.com
负责人:万玉峰
单位人数:640
质量体系:ISO/TS 16949
产品情况:(SCCP牌)
轿车地毯、衣帽架、行李舱内饰、隔音机、汽车地毯、行李舱产品专用生产线
配套情况:为上汽大众、一汽-大众、上汽通用、华晨宝马、吉利汽车、江淮汽车等供货
☞详细情况请参阅彩色宣传版面

★上海湘俊气弹簧有限公司
地址:上海市松江区盐平路18号仓平工业区B-3
邮编:201600
电话:021/67714172、67714173
传真:67714175
网址:www.xiangjunsh.com
电子信箱:xjun006@xiangjunsh.com
质量体系:ISO/TS 16949
产品情况:(湘俊牌)
压缩气弹簧、平衡气弹簧、角调可锁定气弹簧等

★上海中欧汽车零部件有限公司
地址:上海市松江区洞泾工业区莘砖公路3888号
邮编:201609
电话:021/57678580、57678570
传真:57678586
电子信箱:shzo@zhongou.com
质量体系:ISO/TS 16949、ISO 14001
产品情况:刮水器总成、电动机总成、车门锁总成、玻璃升降器总成、暖风电动机、散热风扇等
配套情况:为一汽、东风、重汽、长城汽车、春兰、江淮汽车等主机厂配套

★上海昭和汽车配件有限公司
地址:上海市松江出口加工区南乐路1395号
邮编:201611
电话:021/57748158
传真:57748091
网址:www.showa1.com.cn
电子信箱:recruit@showa1.com.cn
单位人数:616
质量体系:ISO/TS 16949、ISO 14001
产品情况:(SHOWA牌)
气弹簧、减振器
配套及出口情况:为本田、铃木、日产、大发、三菱、富士重工、马自达、广汽本田、郑州日产、东风日产、昌河铃木、中国台湾福特、巴西本田供货;出口日本、巴西

★上海鑫毅交通工业有限公司
地址:上海市松江区车墩镇车新公路368号
邮编:201611
电话:021/57609090
传真:57609595
网址:www.simyi.com
电子信箱:oem02@simyi.com
单位人数:850
质量体系:ISO/TS 16949、ISO 14001
产品情况:(科伟达牌、南吉牌)
机盖、翼子板、车门、后箱盖、保险杠等汽车车身覆盖件及其模具、冶具、检具

★上海现代摩比斯汽车零部件有限公司
地址:上海市松江高科技园区九泾路1011号
邮编:201615
电话:021/67696769
传真:67696611
质量体系:ISO 14001
产品情况:安全气囊,委托生产HANDS-FREE、DVD、CDC、KEYLESS等产品

★上海威乐汽车空调器有限公司
地址:上海市松江区九亭镇久富开发区威乐路1号
邮编:201615
电话:021/67627934、67627134
传真:67627298
网址:www.sh-velle.com
电子信箱:sales@sh-velle.com
质量体系:ISO/TS 16949
产品情况:(威乐牌)
各种排量的压缩机、蒸发器、冷凝器、智能空调控制系统、热力膨胀阀及空调管路等
配套情况:为吉利汽车配套

★上海耀华大中新材料有限公司
地址:上海市青浦区沪青平公路3828号118号
邮编:201703
电话:021/69750900
传真:69751381
网址:www.ydam.com.cn
法人代表:陈宗来
单位人数:200
质量体系:ISO/TS 16949
产品情况:底部护板、导流板、前端模块、备胎仓、座椅骨架、天窗板、尾门、载货汽车面板、保险杠、行李架托板
配套情况:为上汽大众、上汽股份、上汽通用、上海汇众、东风柳汽、长春一汽、延峰江森、延峰伟世通配套

★上海曙新汽车配件有限公司
地址:上海市青浦区北青公路4729号
邮编:201705
电话:021/59770014
传真:59772939
质量体系:ISO/TS 16949
产品情况:上汽通用五菱仪表板支架、车门导轨,年产50台套

★上海大众联翔汽车零部件有限公司
地址:上海市青浦区香花桥镇北青公路9735号
邮编:201707
电话:021/59700970-820
传真:59700970-822
网址:www.shdzlx.com
电子信箱:webmaster@svwlx.cn
单位人数:154
质量体系:ISO/TS 16949、VDA 6.1
产品情况:汽车玻璃包边和汽车塑料内饰件
配套情况:为上汽大众、一汽-大众、奥迪、昌河铃木、江淮汽车、伟世通等配套

★高田(上海)汽配制造有限公司
地址:上海市青浦工业区崧泽大道8000号
邮编:201707
电话:021/69212880
传真:69212886
网址:www.takata.com
质量体系:ISO/TS 16949、ISO 17025
产品情况:(TAKATA牌)
汽车安全气囊、安全带、转向盘、气囊气体发生器等汽车安全装置及其零配件
配套及出口情况:为广汽本田、东风汽车、郑州日产和广汽三菱等供货;出口东南亚、欧洲、美洲

★上海三盾汽车饰件有限公司
地址:上海市青浦区华新镇纪鹤路3188号
邮编:201708
电话:021/59790588、59793288
传真:59791298
网址:www.sdautoparts.com
电子信箱:sandun_sh@163.com
质量体系:ISO/TS 16949、VDA 6.1
产品情况:汽车拉手、保险杠、杂物箱总成、转向盘总成、车门板及其他饰件、零件植绒、模具加工
配套情况:为大众、通用、日产、沃尔沃、长城等主机厂间接和直接开发配套产品

★上海交运汽车精密冲压件有限公司
地址:上海市青浦区白鹤镇鹤祥路20弄100号
邮编:201709
电话:021/39201600
传真:39201608
网址:www.jc-shjy.com
电子信箱:jyjc@jc-shjy.com
单位人数:193
质量体系:ISO/TS 16949
产品情况:座椅调节机构等
配套情况:为上汽通用、一汽-大众、上汽大众、安徽奇瑞等国内一流整车厂商配套

★上海和达汽车配件有限公司
地址:上海市青浦区青赵公路5458号
邮编:201712
电话:021/59222660
传真:59220463
网址:www.heda.cn
电子信箱:chengeng@heda.cn
质量体系:ISO/TS 16949、VDA 6.1
产品情况:汽车仪表板横梁模块、汽车侧门防撞梁、汽车排挡杆总成、复合挤塑/挤塑/滚压/曲弯等系列产品
配套情况:与上汽大众、一汽-大众、上海汽车、上汽通用、长城汽车、长安福特、广汽丰田、东风神龙、奇瑞汽车等多家主机厂配套,并通过延锋伟世通与佛

吉亚与国内外主机厂实现二次配套

★恺博(上海)车辆座椅技术有限公司
地址:上海市青浦工业园区天盈路66号2号厂房
邮编:201712
电话:021/39202207、39202208
传真:39202210
网址:www.keiper.com
电子信箱:xiaowei.lv@keiper.com
产品情况:(KEIPER牌)
汽车座椅骨架和功能件
配套及出口情况:为上汽大众、铃木、日产、戴姆勒、上汽通用汽车配套;远销韩国、日本、印度

★上海泖峰汽车塑料有限公司
地址:上海市青浦区练塘镇练新西路261号
邮编:201715
电话:021/59251221、59251530
传真:59253480
网址:www.maofeng.com.cn
电子信箱:secmao@online.sh.cn
质量体系:ISO/TS 16949
产品情况:六层油箱、仪表台总成、门膜、风道、格栅板、门板、水壶、保护套、轮毂罩等
配套情况:为上汽大众、一汽-大众、上汽通用、一汽集团、奇瑞、神龙、海马、五菱、吉利、北汽福田、保定长城、力帆、华晨等主机厂配套

★上海万超汽车天窗有限公司
地址:上海市嘉定区北工业区城北路新和路789号
邮编:201800
电话:021/39538338、39538328
传真:39538606
电子信箱:info@wanchao-sh.com
质量体系:ISO/TS 16949、QS 9000
产品情况:(万超牌)
汽车天窗等,年产能力30万台
配套情况:天窗产品为沈阳华晨的骏捷、尊驰、阁瑞斯和M3跑车,天津一汽的威姿,东风汽车的风行,奇瑞的QQ,双环汽车的SUV等配套

★上海邦德汽车零部件制造有限公司
地址:上海市嘉定区真新街道定边路35号(东方汽配城三期)806室
邮编:201800
电话:021/39108367
传真:37633595
网址:www.shbd.cn
电子信箱:bangdeqipei@126.com
质量体系:ISO/TS 16949、ISO 9001
产品情况:(邦德牌)
油冷器、冷凝器、蒸发器、中冷器、散热器等
出口情况:为美国、日本、韩国、德国等企业配套

★上海易虹机械有限公司
地址:上海市嘉定区马陆镇丰茂路258号
邮编:201801
电话:021/39109901
传真:69153465
网址:www.shyh.com
电子信箱:shytm@online.sh.cn
质量体系:ISO 9001
产品情况:(易虹牌)
汽车空调压缩机等

★延锋彼欧汽车外饰系统有限公司
地址:上海市安亭工业区墨玉路540号
邮编:201805
电话:021/39186000
传真:39186767
网址:www.yfpo.com
电子信箱:rzrong1@yfpo.com
产品情况:保险杠、保险杠总成模块、防擦条、门槛、翼子板以及其他汽车外饰零部件
配套情况:为上汽通用、上汽大众、上海汽车、北京奔驰、长安福特、华晨宝马、广汽集团等配套

★延锋伟世通(上海)汽车系统有限公司
地址:上海市安亭工业区墨玉路540号
邮编:201805
电话:021/39582000
传真:59578979
质量体系:ISO 9001、ISO 14001
产品情况:汽车仪表板、门内板、立柱、副仪表板及座舱系统等

★上海博泽汽车部件有限公司
地址:上海市安亭工业园区塔山路585号
邮编:201805
电话:021/39575936、69979170
传真:59566345、59577701
电子信箱:shbrose@shbrose.com
质量体系:ISO 14001、ISO/TS 16949
产品情况:轿车车门内板系统、摇窗机系统、座椅调节系统以及冷却风扇等汽车零部件产品
配套情况:为上汽大众、一汽-大众、长安福特、长安马自达、上汽通用、上海汽车配套

★上海新安汽车隔音毡总厂
地址:上海市嘉定区安亭镇宝安公路5355号
邮编:201805
电话:021/59565307
传真:39570368
网址:www.xinansh.com
电子信箱:renke@xinansh.com
质量体系:VDA 6.1、QS 9000
产品情况:各类隔音毡、隔音垫
配套情况:为桑塔纳B2、桑塔纳2000、帕萨特B5、POLO A04、GOL和一汽-大众BORA A4配套各类隔音毡、隔音垫

★上海舒安汽车空调设备有限公司
地址:上海市嘉定区安亭镇金桂新村31号
邮编:201805
电话:021/59574597、59562909
传真:59567478
电子信箱:zhang536@163.com
质量体系:ISO/TS 16949、ISO 9001
产品情况:(舒安牌)
散热器、中冷器、机油冷却器、节温器、加热器、空调及其他配件
配套情况:为北奔重汽、北奔重汽重庆公司供货

★上海敏锋汽车密封件有限公司
地址:上海市嘉定区安亭镇塔山路750号
邮编:201805
电话:021/59579917、59564734
传真:59572917-804
电子信箱:minfeng@mail.xinlian.com.cn
产品情况:汽车饰件、塑料件及机械配件

★上海恒安空调设备有限公司
地址:上海市嘉定区安亭镇泰顺路1111号3栋
邮编:201805
电话:021/59560100、59573522
传真:59573622
网址:www.shhengan.com
电子信箱:hengan@shhengan.com
单位人数:127
质量体系:ISO/TS 16949、VDA 6.1
产品情况:空调系统、蒸发器、冷凝器、暖风机和暖风水阀
配套情况:汽车空调为上汽大众、一汽轿车、广汽三菱、北汽福田、哈飞汽车、吉利汽车等配套

★佛吉亚(上海)汽车部件系统有限公司
地址:上海市嘉定区安亭镇园亭路58号厂房B区
邮编:201805
电话:021/37198585、69576576
网址:www.faurecia.com
电子信箱:sandy.shi@faurecia.com
产品情况:汽车座椅骨架(产品有电动、手动、前排、后排座椅骨架)
配套情况:为上汽大众PASSAT领驭、途观、新POLO,通用别克君威、君越、雪佛兰科鲁兹,东风标致系列,东风雪铁龙系列配套

★上海曹王塑料制品厂有限公司
地址:上海市嘉定区徐行镇前曹路519号
邮编:201809
电话:021/59945433
传真:39981322
质量体系:ISO 9001
产品情况:塑料制品、汽车内外饰件

★福耀集团(上海)汽车玻璃有限公司
地址:上海市嘉定区安亭镇园福路588号

邮编:201814
电话:021/69573333
传真:69573818
网址:www.fuyaogroup.com
质量体系:ISO/TS 16949、VDA 6.1
产品情况:(福耀牌)
汽车玻璃,主要服务于长江三角洲市场和海外市场
配套情况:国内主要顾客有上汽通用、上汽大众、上海汽车、悦达起亚,国外客户有美国通用、欧洲通用、韩国通用、北美通用、德国大众、南非大众、韩国现代、英国陆虎、意大利菲亚特、德国欧宝、欧洲福特等

★上海福耀客车玻璃有限公司
地址:上海市嘉定区安亭镇园福路588号
邮编:201814
电话:021/69573333
网址:www.fuyaogroup.com
产品情况:[福耀(FUYAO)牌]
汽车安全玻璃,主要立足于国内外汽车玻璃OEM市场和维修市场
配套情况:为韩国大宇、苏州金龙、上海申龙等大巴汽车及工程机械车厂家提供优质配套玻璃

★上海万江汽车零部件有限公司
地址:上海市嘉定区嘉松北路4608号
邮编:201814
电话:021/59509336
传真:59503499
网址:www.wanjiang-sh.com
电子信箱:webmaster@wanjiang-sh.com
单位人数:60
质量体系:ISO/TS 16949
产品情况:轿车刮水器、玻璃升降器、天窗传动
配套情况:为上汽大众系列和奇瑞系列配套汽车刮水器、玻璃升降器

★上海震飞汽车零部件有限公司
地址:上海市嘉定区浏翔公路3389号
邮编:201818
电话:021/39510050、59516007
传真:59516222
网址:www.zhenfei.org
电子信箱:info@zhenfei.org
质量体系:ISO/TS 16949、ISO 9001
产品情况:气弹簧和精密钢管

★上海奥托立夫汽车安全系统有限公司
地址:上海市嘉定工业区北和公路1000号
邮编:201821
电话:021/69928122、69928000
网址:www.autoliv.com
质量体系:ISO/TS 16949、ISO 14001
产品情况:安全气囊

★韩华综化(上海)塑料有限公司
地址:上海市嘉定工业区兴荣路1201号
邮编:201821
电话:021/39963996
传真:39963911
网址:www.hanwha.com
产品情况:上海通用、凯越前、后防撞杆,上海大众、桑塔纳、帕萨特隔音板,上海通用备胎罩
配套情况:为上汽大众、上汽通用配套

★上海畅力工贸有限公司
地址:上海市嘉定区招贤路1255路
邮编:201821
电话:021/69523744
质量体系:ISO 9001
产品情况:各类车灯反射镜等

★上海华特汽车配件有限公司
地址:上海市嘉定区安亭镇园国路1388号
邮编:201822
电话:021/69574264
传真:69574262
网址:www.sh-huate.com
电子信箱:ms@sh-huate.com
质量体系:ISO/TS 16949、ISO 14001
产品情况:具备年产200万套整车隔音隔振垫,100万套行李舱地毯总成,100万套汽车座椅泡沫总成,200万件真空成型轮罩,10000t EVA/EPDM/TPO板材及200万套车用地毯复合材料的供货能力
配套情况:为上汽大众、上汽通用、天津一汽丰田、南京汽车集团、一汽海马等配套

★上海航空发动机制造股份有限公司
地址:上海市宝山区富联路1058号
邮编:201906
电话:021/36042798
传真:56651482
电子信箱:saepla@online.sh.cn
质量体系:VDA 6.1、QS 9000
产品情况:中高档轿车车身结构件
配套情况:为上汽大众、上汽通用配套

★上海利用锁具有限公司
地址:上海市宝山区罗店镇东西巷街128号
邮编:201908
电话:021/56861169、56864633
传真:56866835
网址:www.lylock.com
电子信箱:lylockbs@online.sh.cn
质量体系:VDA 6.1、QS 9000
产品情况:(马牌、利用牌)
各类锁具
配套及出口情况:为上汽大众、上汽通用、申沃客车、上汽乘用车、长城汽车等供货;出口菲律宾、马来西亚、欧美等国家和地区

★上海申视汽车新技术有限公司
地址:上海市宝山区罗店镇杨南路1558弄50号
邮编:201908
电话:021/66864979、66864951
传真:66864980
网址:www.shenshimirror.com
电子信箱:shshenshi@163.com
单位人数:45
质量体系:ISO/TS 16949
产品情况:大客车外后视镜和小客车后视镜镜片

江苏省

★南京际华三五二一特种装备有限公司
地址:南京市军农路1号东
邮编:210007
电话:025/84593521
传真:84583521
网址:www.nj3521.com
电子信箱:3521@nj3521.com
质量体系:ISO 9001
产品情况:汽车仪表板专用表皮(PVC/ABS)、汽车门护板、地板垫、座椅专用PU、PVC人造革、PVC压延薄膜
配套及出口情况:为一汽集团、东风汽车公司、北汽福田、厦门金龙、南京汽车集团等配套;远销亚洲、非洲、欧洲、美洲、中东30多个地区

★中航工业宏光空降装备有限公司
地址:南京市龙蟠南路宏光路1号
邮编:210022
电话:025/52623513、52601036
传真:52632902、52601036
网址:www.nj513.com
电子信箱:hg@nj513.com
单位人数:1000
质量体系:GJB 9001B、ISO/TS 16949
产品情况:汽车安全带、气囊、转向盘等乘员保护系统
配套情况:为上汽大众、武汉神龙、奇瑞汽车、南京依维柯、郑州日产等多家厂配套

★南京奥特佳新能源科技有限公司
地址:南京市秦淮区大明路103号
邮编:210022
电话:025/52602600
传真:52600072
网址:www.aotecar.com
电子信箱:atc@aotecar.com
质量体系:ISO/TS 16949
产品情况:(奥特佳牌、ATC牌)
涡旋式汽车空调压缩机、电驱动空调压缩机、变排量压缩机、定排量活塞压缩机
配套情况:为比亚迪汽车、奇瑞汽车、天津一汽、哈飞汽车、北汽福田、华晨金杯、依维柯、力帆汽车、上汽通用五菱等配套

★南京世冀汽车实业有限公司
地址:南京市栖霞经济开发区江乘大道19号
邮编:210024

电话:025/83725213
传真:83731887
产品情况:汽车变速杆软化手柄头、门拉手、扶手、冷固化高回弹泡沫塑料坐垫、靠背等非金属件
配套情况:为一汽集团、南京汽车集团、重汽集团等配套

★南京台兴汽车零部件制造有限公司
地址:南京市下关区中央北路73号
邮编:210037
电话:025/85531956、85518814
传真:85504832
电子信箱:biaopai@public1.ptt.js.cn
质量体系:ISO/TS 16949
产品情况:(金星牌)
汽车及摩托车标牌、后视镜、遮阳板、空调出风口、客货车顶窗、转向盘、汽车装饰条、安全带、汽车轮毂盖、仪表盘、仪器仪表标牌等
配套情况:为一汽-大众、上汽大众、上汽通用、南京汽车集团、神龙汽车、东风汽车公司、亚星商用车、厦门金龙、上汽通用五菱、东南汽车、上汽仪征、南京金城、天津本田、洛阳易初、山东华日、无锡轻骑等配套

★南京延锋江森座椅有限公司
地址:南京市江宁经济技术开发区科宁路318号
邮编:211100
电话:025/87186501、87186502
产品情况:汽车座椅总成
配套情况:为上汽大众南京分公司、上汽乘用车、南京依维柯、众泰公司等配套

★南京百灵汽车电气机械有限公司
地址:南京市汤山高新技术产业园上峰谭寺路6号
邮编:211130
电话:025/84144266、84144267
传真:84144268
网址:www.bailing.cc
电子信箱:nj-ble@163.com
质量体系:ISO/TS 16949
产品情况:汽车空调铝钎焊式各种热交换器系列产品
出口情况:远销欧洲、北美洲、非洲、东南亚等地区

★金湖县通达客车门业有限公司
地址:江苏省金湖县戴楼镇工业集中区
邮编:211600
电话:0517/86882802、13901404598
传真:86990543
网址:www.jsjhtd.com
质量体系:ISO 9001
产品情况:(金钱牛牌)
客车自动门及控制系统
配套情况:部分产品已成为名牌客车的指定配套产品

★广荣机电(南京)有限公司
地址:南京市浦口开发区天浦路11号
邮编:211800
电话:025/58287388
传真:58194006
质量体系:ISO/TS 16949
产品情况:汽车空调管路及其零部件

★南京丽德塑料有限责任公司
地址:南京市浦口区珠江工业园1号
邮编:211800
电话:025/58257918、58257948
传真:58257909、58257902
电子信箱:linping@lide.cn
质量体系:ISO/TS 16949
产品情况:汽车副水箱、汽车仪表板、高架板、门护板、内饰件
配套情况:为东风柳汽、一汽通用红塔云南、厦门金龙、江淮瑞风、比亚迪电动车、JCB英国、河北中兴、长春军星专用车厂等配套

★恩坦华汽车零部件(镇江)有限公司
地址:江苏省镇江市丁卯开发区经五路2号
邮编:212009
电话:0511/88885999
传真:88885111
质量体系:ISO/TS 16949
产品情况:门板、门锁、升降器和马达系统
配套情况:为福特、大众、马自达、现代、神龙等配套

★扬中市丰华塑电有限公司
地址:江苏省扬中市八桥镇
邮编:212219
电话:0511/88195599、13905286773
传真:88195588
网址:www.yzfhsd.cn
电子信箱:fh0511@163.com
质量体系:ISO/TS 16949
产品情况:各类汽车保险杠、轮罩、中网、前翻盖板、脚踏板(护罩、护垫)等内外饰件
配套情况:是北汽福田股份有限公司定点供应商

★江苏新达能机械有限公司
地址:江苏省扬中市西来桥镇中兴路10号
邮编:212221
电话:0511/88138813、13852999128
传真:88566228
网址:www.jsxdn.com
电子信箱:zhufachun1@163.com
单位人数:500
质量体系:ISO 9001
产品情况:不锈钢、合金钢、碳钢系列的各类储存罐、储气罐、换热器设备、电加热设备、发酵设备、反应釜、蒸发器、大型成套设备等系列产品
配套及出口情况:与北京客车总厂、北汽福田、沈阳金杯、山东黑豹、中通集团、时风集团、河南少林、新凯集团、万丰集团、华泰集团、重庆长安、江南奥拓、浙江飞碟、牡丹集团、江淮汽车等20多家汽车制造厂建立了业务关系,与30多家汽车座椅厂配套安全带;出口美国

★必加利(丹阳)汽车装饰部件有限公司
地址:江苏省丹阳经济开发区通港西路68号
邮编:212300
电话:0511/86997075
传真:86997076
网址:www.hikarikk.co.jp
产品情况:冲压、真空压空成型、注塑成型等加工技术

★江苏畅通车业集团有限公司
地址:江苏省丹阳市开发区兰陵路
邮编:212300
电话:0511/86926606
传真:86987886
网址:www.jsdy.com
电子信箱:info@jsdy.com
单位人数:500
质量体系:ISO/TS 16949
产品情况:汽车内饰件、各类汽车座椅、乘用车防撞缓冲梁、车用导轨、导槽等多系列产品
配套及出口情况:为上汽股份、海马汽车、海马郑州、宇通客车、丹东黄海、苏州金龙、北汽福日等配套;出口美国、澳大利亚、俄罗斯、巴西、巴基斯坦等国家,并销往中国台湾地区

★丹阳市豪星饰件有限公司
地址:江苏省丹阳市后巷镇童兴工业园
邮编:212312
电话:0511/86321558、86322835
传真:86310488
电子信箱:wed@chinaqcsj.com
质量体系:ISO 9001
产品情况:(豪星牌)
各类汽车顶棚、遮阳板、车门板及冲压件
配套及出口情况:为多家汽车制造厂定点配套;出口北美洲、德国、英国、中东等多个国家和地区

★江苏飞越车辆部件有限公司
地址:江苏省丹阳市访仙镇独山村
邮编:212321
电话:0511/86462088、86788279
传真:86785668
网址:www.jscyfy.com
电子信箱:jsdyfy@126.com
质量体系:ISO/TS 16949
产品情况:客车环保地板、客车座椅、内饰顶灯、通道顶灯、行李架、行李架附件、换气装置、安全顶窗、客车轮罩、电气两控应急阀、逃生安全锤、公交乘客

扶手、车用锁具及聚氨酯发泡系列等
配套及出口情况：为中通客车、宇通客车等配套；出口欧洲、南美洲、东南亚、中东等地区

★丹阳市宏达源汽车配件有限公司
地址：江苏省丹阳市访仙镇汽车零部件产业集中区01号
邮编：212321
电话：0511/86461886
传真：86788099
电子信箱：shf007@126.com
质量体系：ISO/TS 16949
产品情况：（鸿牌）
　　客车、公交车、部分轿车、货车内饰件系列及电动自行车、轮椅车用件系列产品
配套及出口情况：为多家主机汽车制造厂配套；远销国外市场

★江苏秦龙车灯有限公司
地址：江苏省丹阳市丹北镇姚家弄工业园区
邮编：212322
电话：0511/86053661、15162962007
传真：86357366
网址：www.js-qinlong.com
电子信箱：terribler1@163.com
董事长：秦明龙
负责人：秦岳
单位人数：400
质量体系：ISO/TS 16949
产品情况：（秦龙牌）
　　汽车灯具、仪表台、塑料装饰件、座椅、钣金件、空调压缩机支架、空气悬架系统金属件、后视镜
配套情况：为中国重汽、包头北奔、徐工集团、一拖集团、山西大运等配套

★江苏新昌汽车部件有限公司
地址：江苏省丹阳市新桥外资工业园002号
邮编：212322
电话：0511/86308686、86308680
传真：86352928
电子信箱：yinxiaobu188@126.com
质量体系：ISO/TS 16949、QS 9000
产品情况：暖风机、车门板、内饰板、风罩、保险杠等
配套情况：为江淮汽车、一汽轻型车、比亚迪汽车、重庆力帆乘用车、上汽集团、韩国现代、安凯客车等配套

★丹阳市永昌车辆部件有限公司
地址：江苏省丹阳市新桥镇
邮编：212322
电话：0511/86306823、86357031
传真：86306825、86306821
网址：www.china-yongchang.com
电子信箱：web@china-yongchang.com
质量体系：ISO/TS 16949
产品情况：汽车内外饰件、工程车消音器、电子电气、机械零部件
配套情况：与北汽福田、厦门金龙、厦门金旅、三一集团、中联重科、山河智能、沈阳金杯等企业长期合作

★江苏天洋集团有限公司
地址：江苏省丹阳市新桥镇工业园区
邮编：212322
电话：0511/86308188
传真：86386088
网址：www.tianyanggroup.net
电子信箱：cy.shi@tianyanggroup.net
法人代表：吴全强
质量体系：ISO/TS 16949、ISO 14001
产品情况：（江天牌）
　　内外饰件：注塑、吹塑和压制件；钣金件；重型货车；轻型/微型货车驾驶室、车厢、车架、底盘以及手动、自动天窗等
配套情况：为南京汽车集团、东风汽车公司等配套

★江苏锐光车业有限公司
地址：江苏省丹阳市新桥镇上游路
邮编：212322
电话：0511/88035968
传真：88035608
电子信箱：535873738@qq.com
质量体系：ISO/TS 16949
产品情况：汽车内/外饰件和整车车身钣金件，各类商品冲压模 、夹具和检具
配套及出口情况：主要客户有北汽、东风股份、江淮安驰、滁州扬子等；部分产品出口

★江苏吉祥车业有限公司
地址：江苏省丹阳市新桥镇上游路上游桥北
邮编：212322
电话：0511/86387418
传真：86366990
网址：www.jx918.com
电子信箱：export@jx918.com
单位人数：220
质量体系：ISO/TS 16949
产品情况：（永祥牌）
　　灯具系列、化妆镜系列、汽车遮阳板系列、保险杠系列
配套情况：为中兴汽车、一汽轿车、沈阳金杯、长城汽车、江淮汽车、意大利易兰普客车等配套

★江苏晨宇车业有限公司
地址：江苏省丹阳市新桥镇为民西路9号
邮编：212322
电话：0511/86306111、86306000
传真：86357369
网址：www.cn-chenyu.com
电子信箱：ktsbc@163.com
质量体系：ISO/TS 16949
产品情况：汽车空调冷凝器、蒸发器、中冷器、汽车铝质换热器水箱、汽车整套取暖装置及配件、汽车用直流电动机；已形成年产50万台/套汽车空调两器、汽车取暖装置为主的生产能力

★丹阳金城配件有限公司
地址：江苏省丹阳市新桥镇姚家弄工业园
邮编：212322
电话：0511/86360300、86308566
传真：86359944
网址：www.jincheng-cn.com
电子信箱：jincheng-cn@vip.163.com
单位人数：500
质量体系：ISO/TS 16949、ISO 14001
产品情况：汽车智能天窗、汽车内外装饰件及汽车灯具
配套情况：主要为江淮汽车、北京华泰、广汽吉奥、绵阳华瑞、江苏九龙等公司配套

★江苏丹阳佳通车辆配件有限公司
地址：江苏省丹阳市新桥镇中心工业园
邮编：212322
电话：0511/86308633
传真：86308633
电子信箱：topman_gr@hotmail.com
质量体系：ISO/TS 16949、ISO 9001
产品情况：（佳通牌）
　　北方奔驰外饰件，其他轻、重型载货汽车、皮卡、SUV内外饰件，年产量6.5万台套
配套情况：为北奔重汽等配套

★镇江市宇鹏车业有限公司
地址：江苏省丹阳市东门外界牌镇中工业园区
邮编：212323
电话：0511/86368800、13615299969
传真：86366678
网址：www.zjyupeng.cn
电子信箱：info@zjyupeng.cn
质量体系：ISO 9001
产品情况：（宇鹏牌）
　　汽车后视镜、灯具、塑料件
出口情况：灯具的塑件远销非洲、南亚市场

★丹阳吉盛汽车零部件有限公司
地址：江苏省丹阳市界碑镇双丰路
邮编：212323
电话：0511/86387606
传真：86384978
网址：www.yjqp.com
电子信箱：yj-qp@163.com
质量体系：ISO/TS 16949
产品情况：（迎江牌）
　　汽车内饰件
配套情况：为江淮汽车、沈阳金杯、一汽哈尔滨轻型车厂、一汽通用红塔云南、山东五征集团、奇瑞汽车等配套

★丹阳市华升汽车部件有限公司
地址：江苏省丹阳市界牌武阳开发区
邮编：212323

电话:0511/86387998、86366388
传真:86382378
网址:www.jshsgs.com
电子信箱:cjh@jshsgs.com
质量体系:ISO/TS 16949
产品情况:(索威牌)
汽车灯具、倒车镜
配套情况:产品98%与国内各大主机厂配套

★丹阳市北奔汽车附件厂
地址:江苏省丹阳市界牌镇
邮编:212323
电话:0511/86381119、13912821488
传真:86381119
网址:www.chinabeiben.com
电子信箱:beiben@126.com
质量体系:ISO/TS 16949
产品情况:车灯、信号灯、后视镜、遮阳板、冲压覆盖件、保险杠等
出口情况:远销中东、东南亚、欧洲、非洲、北美洲等地区,并销往中国台湾地区

★丹阳市华舜汽摩配件有限公司
地址:江苏省丹阳市界牌镇
邮编:212323
电话:0511/86820999、13905291628
传真:86370880
网址:www.dyhuashun.cn
电子信箱:dyhuashun@163.com
产品情况:发动机进气歧管、汽缸盖、汽车车灯及车身塑件、附件

★江苏菱威汽车配件有限公司
地址:江苏省丹阳市界牌镇
邮编:212323
电话:0511/86365566、86388804
传真:86367030
网址:www.jslingwei.com
电子信箱:web@jslingwei.com
质量体系:ISO 9001
产品情况:汽车灯具、塑件、钣金件、SUV车身
配套及出口情况:与国内多家主机厂配套;出口日本、韩国、泰国、中东等国家和地区

★江苏德翔聚氨酯塑胶有限公司
地址:江苏省丹阳市界牌镇122省道旁德翔路8号
邮编:212323
电话:0511/85167351、85167311
传真:86382860
电子信箱:nicolelee@auto-seat.com
质量体系:ISO/TS 16949、QS 9000
产品情况:汽车内饰件、汽车塑件、汽车座椅、各种聚氨酯产品
出口情况:出口东南亚、欧洲、美洲等20多个国家和地区

★丹阳市惠风车辆配件厂
地址:江苏省丹阳市界牌镇安乐工业园
邮编:212323
电话:0511/86383869
传真:86386736、86382811
质量体系:ISO 9001
产品情况:(惠杰牌)
各种汽车灯具、面罩、保险杠、仪表台、转向盘总成、暖风机总成、鼓风机总成、蒸发器总成等塑料件
配套情况:为东风汽车公司配套

★丹阳镇威汽配有限公司
地址:江苏省丹阳市界牌镇大成桥工业区
邮编:212323
电话:0511/86366701、18912832799
传真:86380700
网址:www.wiperupc.com
电子信箱:charlie@wiperupc.com
质量体系:ISO/TS 16949
产品情况:(佰视佳牌)
汽车刮水器,年产量3000万支以上
出口情况:远销北美洲、欧洲、日本、南美洲等国家和地区

★丹阳宝意实业有限公司
地址:江苏省丹阳市界牌镇灯城大街南首
邮编:212323
电话:0511/86970896、18505116123
传真:86970896
电子信箱:yaolei444838@126.com
质量体系:ISO 9001
产品情况:各种轿车水箱框架及后视镜
出口情况:远销海外市场

★丹阳市云鹏车辆配件厂
地址:江苏省丹阳市界牌镇东风西路58号
邮编:212323
电话:0511/86382549、13812370624
传真:86384549
网址:www.dyyunpeng.com
电子信箱:dyyp651008011@qq.com
质量体系:ISO 9001
产品情况:(云超牌)
东风天龙,东风天锦,东风大力神,东风1230、153、1071、1061货车倒车镜、镜杆、前照灯、保险杠、内外装饰件系列产品
配套情况:部分产品与汽车制造厂配套

★江苏江龙科技发展有限公司
地址:江苏省丹阳市界牌镇富民西路
邮编:212323
电话:0511/86385282
传真:86385298
网址:www.jianglong-cn.cn
电子信箱:sales@jianglong-cn.cn
质量体系:ISO 9001
产品情况:(江龙牌)
汽车灯具、仪表台、车门内饰板、中网、翼子板等塑料件;电动汽车及其他清洁能源汽车零部件
配套情况:与湖南同心实业、东风股份、北汽福田、资阳南骏、浙江宝马、杭挂、江苏英田、常州车辆、宝鸡华山车辆厂等大型汽车企业配套

★丹阳市辉达塑件有限公司
地址:江苏省丹阳市界牌镇富民西路界中创业园
邮编:212323
电话:0511/86387860、13705282522
传真:86388444
电子信箱:info@huidasujian.com
质量体系:ISO 9001
产品情况:(辉达牌)
汽车后视镜、轮盖、中网、保险杠、灯具等
出口情况:出口美国、日本等国家,并销往中国台湾地区

★丹阳市鼎新塑件有限公司
地址:江苏省丹阳市界牌镇黑木桥工业园
邮编:212323
电话:0511/86377666、18952917666
传真:85168444
网址:www.ding-xin.com.cn
电子信箱:gxlwu@163.com
质量体系:ISO 9001
产品情况:(美特靓牌)
汽车车灯、信号灯、后视镜、保险杠、仪表台、车用塑料件等

★苏州五洲塑件有限公司
地址:江苏省丹阳市界牌镇红旗工业园
邮编:212323
电话:0511/86366667
传真:86382172
电子信箱:wzapc-cn@hotmail.com
质量体系:QS 9000、ISO 9001
产品情况:汽车车灯和车身塑料附件
配套情况:为本田、丰田、通用等配套

★丹阳市华泰仪表台厂
地址:江苏省丹阳市界牌镇华城大桥北首
邮编:212323
电话:0511/86386231、86383526
传真:86368899
网址:www.htybt.cn
电子信箱:info@htybt.cn
负责人:戴建忠
单位人数:100
质量体系:ISO 9001
产品情况:各种汽车仪表板塑料件
配套情况:与中国一拖、浙江临海彪马、众泰控股等配套

★丹阳市恒诺汽配有限公司
地址:江苏省丹阳市界牌镇界东村安乐工业园
邮编:212323
电话:0511/86366818、18082095979
传真:86162136
网址:www.hanautopart.com
电子信箱:info@hanautopart.com
质量体系:ISO/TS 16949

产品情况:欧乐货车外观件、车灯、后视镜、车门、保险杠等
出口情况:远销土耳其、俄罗斯、德国、保加利亚、罗马尼亚、荷兰、爱沙尼亚、丹麦、法国、南非、北非、阿根廷、巴西、智利、巴拉圭、乌拉圭、南非、中东等国家和地区

★丹阳市兴达镜业有限公司
地址:江苏省丹阳市界牌镇界牌中学西侧
邮编:212323
电话:0511/86367996
传真:86373996
网址:www. xingdamirror. com
电子信箱:webmaster@ xingdamirror. com
质量体系:ISO/TS 16949
产品情况:汽车后视镜片
配套及出口情况:主要为国内各大主机厂提供镜片配套;远销北美洲、日本、韩国等国家和地区

★丹阳市坤华汽配有限公司
地址:江苏省丹阳市界牌镇界西工业规划区
邮编:212323
电话:0511/86365576、86368300
传真:86388375
网址:www. cn - kunhua. com
电子信箱:khauto@ cn - kunhua. com
质量体系:ISO/TS 16949
产品情况:(坤华牌)
汽车灯具、塑件、内饰件、钣金件
配套情况:为北京汽车、沈阳中顺、浙江吉奥、河北中兴、石家庄双环等10多家汽车厂配套

★丹阳市日昌汽配有限公司
地址:江苏省丹阳市界牌镇界西工业园
邮编:212323
电话:0511/86367962、86388960
传真:86382607
网址:www. chinarichang. com
电子信箱:rc@ chinarichang. com
质量体系:ISO/TS 16949
产品情况:(日昌牌)
汽车灯具、内外饰件等
配套情况:为沈阳金杯配套

★江苏海狮汽车部件有限公司
地址:江苏省丹阳市界牌镇界西工业园
邮编:212323
电话:0511/86161698、86161798
传真:86366198
电子信箱:jiangsuhaishi@ 163. com
质量体系:ISO 9001
产品情况:(HIACE 牌)
保险杠、灯具、前后视镜等

★江苏丹阳市东兴汽配有限公司
地址:江苏省丹阳市界牌镇界中创业园
邮编:212323
电话:0511/86162777、86162888
传真:86386166
电子信箱:dx@ truckspareparts. com. cn
质量体系:ISO/TS 16949、ISO 9001
产品情况:(BM 牌)
后视镜、灯具及汽车塑料电子制品等
配套情况:为一汽集团、北汽福田、豪沃配套

★江苏卡威汽配有限公司
地址:江苏省丹阳市界牌镇卡威工业园
邮编:212323
电话:4008061789
传真:0511/86378863
网址:www. kaweigroup. com
电子信箱:lingluju@ 126. com
单位人数:350
质量体系:ISO/TS 16949
产品情况:(卡威牌)
汽车内外饰件塑件、烤漆,真空镀膜,成品灯具等
配套情况:为吉奥、曙光、华晨、东风、北汽福田等主机厂配套

★江苏天和汽配有限公司
地址:江苏省丹阳市界牌镇南首武阳工业园
邮编:212323
电话:0511/86387403、13236366108
传真:86387008
网址:www. dyxxzs. com
电子信箱:jpczp@ 163. com
单位人数:102
质量体系:ISO/TS 16949
产品情况:(冬旭牌)
汽车塑件(以汽车前后保险杠/汽车中网/导流罩/发动机护板等为主)/汽车后视镜(产品含轿车内外后视镜/轻型货车类内外后视镜/大中小型客车内外后视镜)/汽车灯具(汽车前组合灯/后组合灯/汽车前后雾灯/汽车内饰灯等)
配套情况:为吉利汽车、武汉东风新星汽车厂、江西朝日集团等数家国内汽车厂配套

★丹阳胜洲汽车部件有限公司
地址:江苏省丹阳市界牌镇双丰路131号
邮编:212323
电话:0511/86377980、13806102982
传真:86367980
网址:www. jsszqp. com
电子信箱:shengzhouyfs@ 163. com
质量体系:ISO/TS 16949、ISO 9001
产品情况:各系列的内外饰件(车灯、汽车仪表台、挡泥板、保险杠、轮罩、前风挡饰罩、注塑、吹塑、吸塑等)及冲压件等
配套情况:为一汽集团、中国重汽、奇瑞、北汽福田、广汽集团等汽车厂家配套

★丹阳市汽车配件五厂
地址:江苏省丹阳市界牌镇永盛西路
邮编:212323
电话:0511/86387767
传真:86388278
网址:www. dyqipei. cn
电子信箱:570087304@ qq. com
质量体系:ISO 9001
产品情况:有机玻璃遮阳罩、外饰件、玻璃钢(SMC)、保险杠、前脸、上车踏板、翼子板、内饰件、灯具、挡泥板、铝合金油箱
配套情况:主要为陕西重汽配套

★江苏明兴汽车部件有限公司
地址:江苏省丹阳市界牌镇育才路86号
邮编:212323
电话:0511/86369876、86377876
传真:86384876
网址:www. js - mingxing. com
电子信箱:info@ js - mingxing. com
质量体系:ISO 9002
产品情况:(明兴牌)
仪表台、车门装饰板及装饰件
配套情况:为浙江宝马、杭桂公司、江苏英田、山东五征等配套

★丹阳市民康汽车内饰件有限公司
地址:江苏省丹阳市界牌镇镇中工业园
邮编:212323
电话:0511/86388034、13905295615
传真:86388024
网址:www. mkautopart. com
电子信箱:info@ mkautopart. com
单位人数:160
质量体系:ISO 9000
产品情况:(民康牌)
前照灯、尾灯、雾灯、保险杠、叶子板内衬、水箱框架、中网、发动机护板、仪表台等
配套情况:为黄海集团、山东山工、长城汽车、一汽红塔等主机厂配套

★丹阳市鹏凌塑业有限公司
地址:江苏省丹阳市界牌镇镇中路63-65号
邮编:212323
电话:0511/86387501
传真:86388719
电子信箱:admin@ cn - pengling. com
质量体系:ISO 9002
产品情况:灯具、塑料件
配套及出口情况:为上海拖拉机厂、南京长安、山东临工、合肥客车、山东常林、常州林业机械、韩国现代工程车配套;出口日本等国家

★丹阳市界牌镇浩鑫汽车塑件厂
地址:江苏省丹阳市界牌镇中心南路4号
邮编:212323
电话:0511/86370681、86380681
传真:86387771
网址:www. dyhaoxin. com
电子信箱:jshaoxin@ 126. com

质量体系:ISO 9001
产品情况:(HUANYI 牌)
东风柳汽霸龙 M507、乘龙 609、新霸龙 M43、霸龙 M33、东风龙卡、04 款乘龙小王子 M1011、T850、M10、M20、03 款乘龙王子、开山王等系列车型的灯具、倒车镜、覆盖件、装饰塑料件等产品

★江苏省丹阳市东兴汽配有限公司
地址:江苏省丹阳市界牌镇中新区工业园
邮编:212323
电话:0511/86162999、86162777
传真:86388926
电子信箱:dxqp-@163.com
质量体系:ISO 9001
产品情况:(明镜牌)
平头货车汽车保险杠、仪表板、灯具、轮罩、外侧板、后视镜、杂物箱体、左右车门总成、暖风机总成、鼓风机总成、转向盘总成等
配套及出口情况:为东风汽车公司、厦门金龙配套;出口新加坡、马来西亚

★常州市小河特种镜杆厂
地址:江苏省丹阳市武阳工业园
邮编:212323
电话:0511/86386893
传真:86388225
网址:www.cn-gongming.com
电子信箱:184460227@qq.com
产品情况:(功明牌)
各种优质汽车后视镜、倒车镜支架、后视镜总成
配套及出口情况:为多家汽车厂配套;出口中东、欧洲、美洲等地区

★丹阳市新华隆汽配有限公司
地址:江苏省丹阳市新桥镇中心北路
邮编:212323
电话:0511/86381883、13806103906
传真:86371883
网址:www.hlqp.com
电子信箱:gunyao@sohu.com
质量体系:ISO/TS 16949
产品情况:(龙辉牌)
微型货车、轻型货车、中型货车类货车仪表台、塑料内外饰件
配套情况:为山东凯马汽车、山东唐骏欧铃汽车、江淮专汽、长沙同心、资阳南骏汽车、北京汽车制造厂等配套

★丹阳市光华汽车内饰件有限公司
地址:江苏省丹阳市窦庄工业园区迎宾大道西侧
邮编:212325
电话:0511/86410466
传真:86410466
网址:www.jswenguang.com
单位人数:300
质量体系:ISO/TS 16949
产品情况:汽车风道行李架、通风窗、出风口、前后顶、包层柱、各种车用内饰件
配套情况:主要客户有:郑州宇通、苏州金龙、厦门金龙、厦门金旅、海马汽车、柳州五菱、江淮汽车、长城汽车、福田汽车、中通客车、南京依维柯等

★江苏文光车辆附件有限公司
地址:江苏省丹阳市窦庄工业园永兴路2号
邮编:212325
电话:0511/86418118
传真:86416096
网址:www.jswenguang.com
质量体系:ISO/TS 16949
产品情况:各类客车、轿车高档车灯
配套情况:为郑州宇通、苏州金龙、厦门金龙、厦门金旅、海马汽车、柳州五菱、东风日产、江淮汽车、长城汽车、福田汽车、中通客车、南京依维柯等配套

★江苏文光集团有限公司
地址:江苏省丹阳市窦庄工业园永兴路2号
邮编:212325
电话:0511/86418118
传真:86416096
网址:www.jswenguang.com
电子信箱:info@jswenguang.com
质量体系:ISO/TS 16949
产品情况:车灯、内饰件、汽车模具
配套情况:为宇通客车、金龙客车、合肥现代、南京依维柯、江淮客车、阿尔文美驰、北汽福田、五菱汽车、厦门金旅、东风汽车公司、中通客车、一汽海马、福耀集团等配套

★句容联泰机电有限公司
地址:江苏省句容市黄梅镇工业园
邮编:212426
电话:0511/87382288
传真:87382345
网址:www.yopin.cc
电子信箱:winking5@163.com
质量体系:ISO/TS 16949、ISO 9000
产品情况:汽车中控锁、电动窗、电动机、开关、玻璃升降器
配套及出口情况:直接或间接为主机厂配套中控锁(长安、五菱、富利卡、风行、标致、猎豹)、电动玻璃升降器(五菱、风行、猎豹、起亚、瑞风);远销 30 多个国家

★句容市东升汽车附件有限公司
地址:江苏省句容市后白工业园区
邮编:212444
电话:0511/87401266
传真:87401288
网址:www.jrds.com.cn
电子信箱:jrds@jrds.com.cn
负责人:朱洪保
质量体系:ISO 9001
产品情况:(茅山牌)
汽车门锁总成、门铰链及汽车附件
配套情况:为杭州飞碟、金龙、安凯、三迪、东风汽车公司、一汽客车、南京依维柯等配套

★常州市峰日车辆配件有限公司
地址:江苏省常州市新北区孟河镇
邮编:213000
电话:0511/86355878、13806107178
传真:86362228
网址:www.czfengri.com
电子信箱:czfrchenpf@163.com
单位人数:100
质量体系:ISO/TS 16949
产品情况:具有年产汽车塑料装饰件 30 余万套的生产能力
配套情况:为东风汽车、陕汽集团、福田汽车、四川王牌、南骏等主机厂配套

★常州市华嘉车业有限公司
地址:江苏省常州市新北区孟河镇小河通江路 57 号
邮编:213000
电话:0519/81099820、18015087808
传真:81099850
网址:www.hjsuv.com
电子信箱:2357448787@qq.com
质量体系:ISO/TS 16949
产品情况:汽车前后护杠、行李架、踏板、大包围等汽车外饰件,具有年生产汽车内外饰件 200 万套的生产能力
配套情况:与国内外多家汽车生产厂家及汽车零售巨头达成战略伙伴关系,同时成为国内数百家 4S 店长期供货商

★常州卡威特车辆部件厂
地址:江苏省常州市新北区小河富民开发区汤家二路
邮编:213000
电话:0519/83242212、83244206
传真:83242212
网址:www.czkwt.com
电子信箱:czkaweite@163.com
质量体系:ISO 9001
产品情况:(拓玥牌)
各种汽车后视镜
出口情况:出口俄罗斯、中东、非洲、东南亚等多个国家和地区

★常州昊邦汽车零部件有限公司
地址:江苏省常州市新冶路 25-1 号
邮编:213012
电话:0519/83268669、68880777
传真:83268556
网址:www.hbcn.com.cn
电子信箱:info@hbcn.com.cn
质量体系:ISO/TS 16949
产品情况:(HAOB 牌)
汽车座椅、电动座椅、旋转座椅、减振器、升降器、调角器、滑轨、扶手等
配套及出口情况:为徐工、三一重工、临工、中联重科、福田、日野、北奔等多个大品牌企业配套座椅;座椅配件主要为

中国台湾 GSK 集团配套,并成为 GSK 的长期战略合作伙伴.;远销海外市场

★常州新泉汽车内饰件有限公司
地址:江苏省常州市新北区漓江路 18 号
邮编:213022
电话:0519/85122300
传真:85122303
网址:www. xinquan. cn
电子信箱:info@ xinquan. cn
单位人数:1300
质量体系:ISO/TS 16949、ISO 14001
产品情况:车内、外饰件系统零部件及模具
配套及出口情况:为一汽轿车、一汽解放、东风汽车、郑州日产、奇瑞汽车、金龙客车、北汽福田、江西昌河、保定长城、东风柳汽、上海汇众等配套;远销日本、荷兰、缅甸、马来西亚、越南、肯尼亚、巴基斯坦等国家

★常州市盛士达汽车空调有限公司
地址:江苏省常州市新区创业中心 A 座六段二楼
邮编:213022
电话:0519/85489156
传真:85489168
网址:www. senstargroup. com
董事长:辛长宝
单位人数:800
质量体系:ISO/TS 16949、ISO 14001
产品情况:各种轿车、客车、货车等汽车用空调制冷剂连接管总成、动力转向管、汽车加油管和涡轮增压管等各种流体管路
配套情况:主要客户有一汽 - 大众、一汽轿车、一汽杰克赛尔、武汉神龙、东风乘用车、郑州日产、东风日产、东风易进、上汽大众、上汽通用、上汽汽车、上海三电贝洱、上海采埃孚、上海易达、广州电装、华晨汽车、北京吉普、北京戴克、长安福特、奇瑞汽车、吉利汽车、江淮汽车,JCS、烟台电装等近 40 家

★常州华阳汽车附件有限公司
地址:江苏省常州市钟楼经济开发区合欢路 54 号
邮编:213024
电话:0519/83909533、13401665831
传真:83906322
网址:www. jsczhy. com
电子信箱:hy_yinj@ jsczhy. com
单位人数:570
质量体系:ISO/TS 16949
产品情况:(其大牌)
汽车座椅升降器、减振器、滑轨、调角器等
配套情况:为新迪李尔汽车内饰系统、武汉李尔云鹤汽车内饰系统、芜湖江森云鹤汽车座椅、重汽集团商用车、扬州亚星、安凯客车、比亚迪汽车、东风李尔、铁牛集团、一汽海马、中航精机、永康众泰配套

★常州市亚丰汽车配件制造有限公司
地址:江苏省常州市新堂北路 318 号
邮编:213028
电话:0519/85501766
传真:85502837
电子信箱:czyafeng123@ 163. com
质量体系:ISO 9001
产品情况:汽车保险杠系列塑件产品
配套情况:为北汽福田、厦门金旅、厦门金龙、河北中兴、天津天汽美亚、少林客车、一汽通用红塔云南、吉利汽车、沈阳金杯、重庆建设等配套

★常州市桑迪汽车配件制造有限公司
地址:江苏省常州市新北区春江镇百丈徐墅
邮编:213034
电话:0519/85861371
电子信箱:fd125988@ pub. cz. jsinfo. net
质量体系:ISO 9001
产品情况:(常申牌、桑迪牌)
汽车减振器、减振器缓冲块、制动片、挡泥板及其他橡胶类、塑料类、金属类易损件产品
配套及出口情况:为上汽大众配套,专业配套普桑、2000、3000、帕萨特 B5、领驭、高尔挡泥板;远销中东、东南亚、非洲、东欧、南美洲等地区

★常州市鸿协安全玻璃有限公司
地址:江苏省常州市武进区横林镇
邮编:213101
电话:0519/88785028、88787988
传真:88785998、88787118
网址:www. hongxie - cn. com
电子信箱:master@ hongxie - cn. com
单位人数:500
质量体系:ISO/TS 16949
产品情况:汽车安全玻璃等

★常州市宇达汽车配件有限公司
地址:江苏省常州市武进区焦溪镇
邮编:213116
电话:0519/88902223、88900899
传真:88908265
电子信箱:lbp@ wjxingyu. com
质量体系:ISO 9001
产品情况:(XINGYU 牌)
各种汽车门锁
配套情况:为扬州亚星、桂林大宇、郑州宇通、常州客车、东风客车、苏州金龙等配套

★江苏南汽常随汽车零部件有限公司
地址:江苏省常州市奥园路 50 号
邮编:213125
电话:0519/85335723
传真:85311783
网址:www. windowregulator. com. cn
电子信箱:windowlift@ vip. 163. com
单位人数:200
质量体系:ISO/TS 16949
产品情况:玻璃升降器、驻车制动操纵杆总成、驾驶室翻转机构、各类衬垫等及专用维修工具

★常州长江玻璃有限公司
地址:江苏省常州市新北区顺园路 35 号
邮编:213125
电话:0519/86606928
传真:86603342
网址:www. cnsafeglass. com
电子信箱:info@ cnsafeglass. com
董事长:万焕春
单位人数:500
质量体系:ISO/TS 16949
产品情况:(长江牌)
钢化、夹层、中空汽车安全玻璃
配套情况:为郑州宇通、苏州金龙、厦门金旅、厦门金龙、西安西沃、上海申沃、金华尼奥普兰、北京尼奥普兰、丹东黄海、中通客车、江淮安凯、江淮合客、北汽福田、扬州亚星、江西百路佳等配套

★常州市俊丰兰天车业有限公司
地址:江苏省常州市新北区魏村镇
邮编:213127
电话:0519/85711520、85715520
传真:85716520
网址:www. ltcy. cn
电子信箱:ltcy@ ltcy. cn
产品情况:各种卡丁车座椅、卡丁车配件,汽车座椅、汽车配件,摩托车坐垫及各种塑料装饰件
配套情况:为多家主机厂配套

★常州海拓汽车部件有限公司
地址:江苏省常州市西夏墅镇工业园区银山路 8 号
邮编:213135
电话:0519/83438123、83439668
传真:83439558、83438557
网址:www. haituo. cn
电子信箱:sale@ haituo. cn
质量体系:ISO 9001
产品情况:灯具、风扇、后视镜、保险杠、中网、空滤壳、水壶、饰条、轮辋盖、升降器、摆臂、减振器、传动轴、球笼、制动片、拉杆、球头、膨胀阀、干燥瓶、水泵等
出口情况:部分产品出口

★常州市华光中奇车辆部件有限公司
地址:江苏省常州市新北区小河工业园
邮编:213138
电话:0519/85080513、18019691712
传真:85080513
网址:www. czhgzq. com
电子信箱:czxujun@ vip. 163. com
质量体系:ISO 9001
产品情况:长丰猎豹安徽华菱、华泰、众泰等汽车内、外饰件
配套及出口情况:与国内多家汽车制造厂配套;远销东南亚、欧洲、美洲等地区

★常州市华龙灯具厂
地址:江苏省常州市新北区小河环镇北路
邮编:213138
电话:0519/83242680、83500273
传真:83241143
电子信箱:hualonglamp@126.com
质量体系:ISO 9001
产品情况:(常塑牌)
汽车塑料保险杠、内外装饰件、仪表台、冲压覆盖件,适用于沈阳金杯、五十铃、江铃凯运、江淮、普力马、一汽通用红塔等车型

★常州东胜汽车饰件有限公司
地址:江苏省常州市孟河开发区
邮编:213138
电话:0519/83552162
传真:83552163
电子信箱:dsqs168@163.com
质量体系:ISO/TS 16949
产品情况:汽车灯具、塑件、内外装饰件、冲压覆盖件、保险杠

★常州市亚能车业有限公司
地址:江苏省常州市孟河镇建设路58号
邮编:213138
电话:0519/83502260、83242840
传真:85030055、83500033
网址:www.czyaneng.com
电子信箱:sales@czyaneng.com
质量体系:ISO/TS 16949、ISO 14001
产品情况:汽车车灯、保险杠、散热器总成、内外饰件等
出口情况:远销中东、非洲、南美洲、欧洲、东南亚等地区

★常州易达奇车辆部件有限公司
地址:江苏省常州市孟河镇通江工业园区
邮编:213138
电话:0519/83245062、83750868
传真:83750717
网址:www.fupingqipei.com
电子信箱:fupingqipei@126.com
质量体系:ISO 9001
产品情况:(福平牌)
汽车灯具、塑件、内外装饰件、冲压覆盖件
出口情况:远销多个国家和地区

★常州汇凯汽车系统有限公司
地址:江苏省常州市孟河镇小河庙边凯达路18号
邮编:213138
电话:0519/83506298、83505598
传真:83249268
电子信箱:cskd@cskd.cn
质量体系:ISO/TS 16949、ISO 9001
产品情况:(CSKD牌)
汽车后视镜、车灯、装饰件
配套情况:为吉利、力帆等企业配套

★常州市联顺车辆配件厂
地址:江苏省常州市小河富民工业园12号
邮编:213138
电话:0519/83241209
传真:83501699
网址:www.lianshun-cn.com
电子信箱:czlianshun@sohu.com
质量体系:QS 9000
产品情况:(联顺牌)
汽车后视镜、保险杠、中网、灯具等塑料制品
配套及出口情况:为郑州日产、四川一汽丰田、五十铃皮卡、庆铃、福特全顺、江铃陆风、长城汽车等配套;远销东南亚、非洲、中东、南美洲等地区

★常州市鹏源塑业有限公司
地址:江苏省常州市小河工业园
邮编:213138
电话:0519/83241849、83246019
传真:83243818
质量体系:ISO 9002
产品情况:(永瑞牌)
保险杠、中网、支架、灯具、进气歧管、后视镜、后视镜片、发动机底板、喷水壶及其盖和滤网、轮帽、集风罩、挡泥板、蓄电池接线板、空滤总成、内衬、三元催化、消声器中节、挡油底壳、时规罩等,年产能力60万套
配套情况:为10多家厂商配套

★常州市明宇交通器材有限公司
地址:江苏省常州市小河工业园夫平路10号
邮编:213138
电话:0519/83508008、83242008
传真:83507008
电子信箱:mingyu@vip.163.com
质量体系:ISO 9002
产品情况:汽车灯具、后视镜
配套及出口情况:为10多家主机厂配套;出口美国、东南亚

★江苏先昌电能部件有限公司
地址:江苏省常州市小河镇富平路30号
邮编:213138
电话:0519/83501888
传真:83503581
电子信箱:ldy@jsxch.com
质量体系:ISO/TS 16949
产品情况:换气顶窗、安全顶窗、行李架、座椅、护栏、灯具、空调风道及风嘴、各类轮罩、内饰覆盖件、装饰条等

★常州市银河明磊车辆配件厂
地址:江苏省常州市小河镇工业开发区建设西路
邮编:213138
电话:0519/85038429、85038218
传真:83241429
网址:www.yhml.com
电子信箱:sales@yhml.com
负责人:任建平
质量体系:ISO 9001
产品情况:(明磊牌)
前照灯、雾灯、保险杠、中网、摩托车灯具、塑料件等
出口情况:畅销海外市场

★常州九鼎车业有限公司
地址:江苏省常州市新北区高新技术开发区
邮编:213138
电话:0519/83246678、83506528
传真:83245528
网址:www.cn-jiucing.com
电子信箱:sales@cn-jiuding.com
质量体系:ISO/TS 16949
产品情况:(九鼎牌)
汽车后视镜、保险杠、灯具及其他汽车饰件
配套及出口情况:为上汽大众、重庆福特、北京奔驰、陆虎捷豹、印尼丰田、印尼本田等配套;出口欧美20余个国家.

★常州市希锐车辆部件厂
地址:江苏省常州市新北区孟河镇
邮编:213138
电话:0519/83502508
传真:83503508
电子信箱:xr@xrcl.com
质量体系:ISO/TS 16949
产品情况:汽车内外后视镜、保险杠、中网、雾灯、轮罩、膨胀水箱、塑料件等
配套情况:为南京依维柯、南汽跃进、柳汽五菱、江苏跃农等配套

★常州市九龙汽车灯具厂
地址:江苏省常州市新北区小河镇九龙工业开发区
邮编:213138
电话:0519/83246238、83247106
传真:83243259
网址:www.jieyin.com
电子信箱:jieyin@js365.com
质量体系:ISO/TS 16949、ISO 9001
产品情况:(结银牌)
克莱斯勒300C、赛百灵、大切诺基、切诺基,欧蓝德、帕杰罗、速跑,道奇酷威、酷博,伊兰特、索纳塔、途胜、雅绅特等全车件,另有吉普指南者,牧马人,大切诺基,酷威,酷博等车系全车装饰电镀件生产及丰田外贸系列产品
出口情况:远销中东等地区,并销往中国台湾地区

★常州市良宇车辆配件厂
地址:江苏省常州市新北区孟河镇晨风路5号
邮编:213138
电话:0519/83508989、83508998
传真:83508785
网址:www.cnlyu.com
电子信箱:info@cnlyu.com
质量体系:ISO 9001
产品情况:(良宇牌)

汽车保险杠、车灯、倒车镜及塑料外观件
配套及出口情况：与国内十几家制造厂家配套；远销20多个国家和地区

★常州帝豪机车部件有限公司
地址：江苏省常州市新北区孟河镇工业园小河九龙路100号
邮编：213138
电话：0519/83244323
传真：83248187
电子信箱：dhjcbjyxgs@163.com
质量体系：ISO/TS 16949、ISO 14001
产品情况：（赫赫牌）
汽车车灯、保险杠、机盖、翼子板、散热器总成、电动机、内外饰件等产品，主要系列为韩国车系和日本车系
出口情况：远销中东、非洲、南美洲、欧洲、东南亚等地区

★常州市瑞悦车业有限公司
地址：江苏省常州市新北区孟河镇环镇北路211号
邮编：213138
电话：0519/85088588、85088088
传真：83244868
电子信箱：zhousy@fumanchina.com
质量体系：QS 9000、ISO 9001
产品情况：汽车保险杠、门板、仪表台等塑料件、灯具、内外后视镜等，年生产能力30万台套
配套情况：为一汽、东风汽车公司、上汽、江铃、福田、南汽、长城、扬子、万丰等20多家汽车主机厂配套

★常州市东晨车辆部件有限公司
地址：江苏省常州市新北区孟河镇环镇北路225－227号
邮编：213138
电话：0519/83500888
传真：83500111
电子信箱：dongchen－cn@vip.163.com
质量体系：ISO/TS 16949
产品情况：（霞叶牌）
汽车安全带、汽车灯具、后视镜、内装饰塑件等

★常州市安江车辆部件厂
地址：江苏省常州市新北区孟河镇九龙路18号
邮编：213138
电话：0519/83241975、83243278
传真：83501666
电子信箱：anjiang@czanjiang.com
质量体系：ISO 9001
产品情况：汽车前后保险杠、仪表板、内门饰板、汽车灯具、扰流板等外饰件与内饰件
配套及出口情况：与长安集团、海南马自达、南京MG、湖南众泰、广汽集团、合肥昌河、江西昌河铃木、Autolite（印度）、陕汽集团、中兴汽车、BOSCH等国内外大型主机厂配套；出口欧洲、美国、中东等国家和地区

★常州市爱尔法车业有限公司
地址：江苏省常州市新北区孟河镇通江工业园区港西大道18号
邮编：213138
电话：0519/81195907、68885111
传真：68885113
网址：www.arfcy.cn
电子信箱：chf0797@126.com
质量体系：ISO/TS 16949
产品情况：安全玻璃
配套及出口情况：与上海申沃、苏州金龙、黄海客车、常隆客车、安凯客车、武汉扬子江、南京金陵客车、济南豪沃客车、一汽客车、大连客车等汽车厂配套整车玻璃；远销美国、德国、西班牙、缅甸、马来西亚、加拿大等国家

★常州亨达车业部件有限公司
地址：江苏省常州市新北区孟河镇小河北路278号
邮编：213138
电话：0519/83248706、83248612
传真：83241702
网址：www.hengdachepei.com
电子信箱：zjh@hengdacheye.com
质量体系：ISO 9001、ISO 14001
产品情况：（一帆顺牌）
汽车车灯、保险杠、机盖、翼子板、散热器总成、电动机、内外饰件等
出口情况：出口中东、非洲、南美洲、欧洲、东南亚地区

★常州市鹏通车辆部件有限公司
地址：江苏省常州市新北区孟河镇小河富民工业园孙家路
邮编：213138
电话：0519/83241065
传真：83500696
电子信箱：master@peng－tong.com
质量体系：ISO/TS 16949、ISO 9001
产品情况：汽车安全带系列、汽车座椅、汽车后视镜系列、三角警告标志及反射器系列等
出口情况：远销美国、法国、新加坡、印度尼西亚、日本、韩国等国家

★江苏常州正力制镜有限公司
地址：江苏省常州市新北区孟河镇小河工业区
邮编：213138
电话：0519/83246483、13961122602
传真：83244578
网址：www.zlmirror.com
电子信箱：timzhang86@gmail.com
质量体系：ISO 9001
产品情况：汽车、摩托车后视镜，汽车防炫目内视镜，车用多层膜后视镜，车用阳光控制车窗玻璃
配套及出口情况：为江铃汽车、安徽扬子等配套；主要出口欧洲、北美洲、南美洲、中东和东南亚

★常州市银华车饰件制造有限公司
地址：江苏省常州市新北区孟河镇小河石桥转盘口
邮编：213138
电话：0519/83243015、83241219
传真：83241219
网址：www.yinhua－cn.com
电子信箱：yinhua@yinhua－cn.com
质量体系：ISO 9001
产品情况：（立辉牌）
汽车装饰件、塑料件及汽车外部改装件
配套情况：为华晨绵阳华瑞汽车、安徽江淮安驰汽车、广汽吉奥汽车等供货

★常州美高塑件有限公司
地址：江苏省常州市新北区孟河镇小河通江工业园政泰路29号
邮编：213138
电话：0519/83242152、83505679
传真：83500585
电子信箱：mg@cnmeigao.com
质量体系：ISO/TS 16949、ISO 9002
产品情况：（龙伊柯牌）
汽车车灯、车镜、保险杠、中网、内外饰件等
出口情况：远销东南亚、中东、南美洲等几十个国家和地区

★常州市添翼汽车部件有限公司
地址：江苏省常州市新北区孟河镇小河兴镇街208号
邮编：213138
电话：0519/81292008、81292010
传真：81292010
网址：www.tianyi－js.com
电子信箱：czyjh2008@126.com
产品情况：（添翼牌）
长城、中兴、扬子等皮卡和SUV的配件；具备年产10万台套汽车灯具、塑件、内外饰件的生产能力
配套及出口情况：为长城、天马、大迪、新凯等主机厂配套；远销俄罗斯、中东、东南亚、非洲等国家和地区

★常州永庆车辆配件有限公司
地址：江苏省常州市新北区西夏墅丽江路1号
邮编：213138
电话：0519/85088851
传真：85088889
电子信箱：dengchenyangcz@163.com
质量体系：ISO/TS 16949
产品情况：（嘉骏牌）
汽车钣金件

★常州市海霞车辆配件厂
地址：江苏省常州市新北区小河
邮编：213138
电话：0519/83245922

传真:83248922
网址:www. china - haixia. com
电子信箱:info@ china - haixia. com
质量体系:ISO/TS 16949
产品情况:(海霞牌)
发动机罩、叶子板、元宝梁、油箱、驾驶室等汽车钣金配件,车架、前后挡泥板、后平叉、四小件、链盒等摩托车配件
配套及出口情况:为广州大阳、天马集团、金城集团、光阳集团、林海摩托等十几家知名摩托车厂配套;远销中东、非洲、南美洲、欧美等地区

★常州市斌峰塑件厂
地址:江苏省常州市新北区小河工业开发区
邮编:213138
电话:0519/83509122、13585331681
传真:83509126
网址:www. czbinfeng. com
电子信箱:1009237920@ qq. com
质量体系:ISO 9001
产品情况:微型车全车灯具、面罩、保险杠及各种内外饰件

★常州市郭氏车辆配件有限公司
地址:江苏省常州市新北区小河环镇北路238号
邮编:213138
电话:0519/85088361
传真:83503730
网址:www. gsautolamp. com
电子信箱:gsautolamp@ 126. com
质量体系:ISO 9001
产品情况:货车灯具、塑件、内外装饰件、冲压覆盖件
出口情况:部分产品出口

★常州市长明塑料配件有限公司
地址:江苏省常州市新北区小河庙边
邮编:213138
电话:0519/86387175、83244057
传真:86383662
网址:www. gangqiang. com
电子信箱:info@ gangqiang. com
质量体系:ISO 9002
产品情况:(钢强牌)
前后保险杠、仪表罩、翼子板内衬、前照灯、后视镜等
配套情况:为昌河汽车、长安汽车、汉江汽车等配套

★常州华鼎车辆配件厂
地址:江苏省常州市新北区小河镇
邮编:213138
电话:0519/83244301、13706123576
传真:83504301
网址:www. rizhen. cn
产品情况:(日臻牌)
汽车灯具和配件
配套及出口情况:为一汽集团、北汽福田、重庆红岩、新龙马股份永安汽车厂、浦沅集团、福建新福达汽车等国内众多汽车厂配套;出口东南亚地区,并销往中国台湾地区

★常州市鑫跃灯业有限公司
地址:江苏省常州市新北区小河镇
邮编:213138
电话:0519/83501279、83507118
传真:83245248
网址:www. czxinyue. com
电子信箱:xinyue@ czxinyue. com
质量体系:ISO 9001
产品情况:汽车灯具、内饰件、仪表台、倒车镜及多种塑料件
配套及出口情况:为多家知名大中型汽车企业配套;出口欧洲、美洲、东南亚

★常州市凯凌车配有限公司
地址:江苏省常州市新北区小河镇工业园区
邮编:213138
电话:0519/83241731、13616121833
传真:83508113
网址:www. klchepei. com
电子信箱:sky@ klchepei. com
质量体系:ISO/TS 16949
产品情况:(凯视牌)
豪华客车后视镜及多种汽车塑件
配套及出口情况:为宇通客车、金龙客车、丹东黄海、安凯客车等配套;出口东南亚、欧洲、美洲、非洲等地区

★常州飞华车辆部件有限公司
地址:江苏省常州市新北区小河镇环镇北路
邮编:213138
电话:0519/83241812、13327899591
传真:83500812
网址:www. fh - zj. com
电子信箱:info@ fh - zj. com
质量体系:ISO 9001
产品情况:(锦视牌)
汽车、摩托车后视镜总成、凹凸镜面及其他车辆零部件
配套及出口情况:为南京依维柯、重汽集团、徐工集团、一汽通用红塔云南、宗申摩托车等配套;出口日本、韩国、尼日利亚、印度尼西亚等国家

★常州市飞拓模塑有限公司
地址:江苏省常州市新北区小河镇九龙开发区88号
邮编:213138
电话:0519/83246008、83247008
传真:83249008、83243298
网址:www. cn - feituo. com
电子信箱:feituo@ cn - feituo. com
质量体系:ISO/TS 16949、ISO 14001
产品情况:(飞拓牌)
汽车车灯、车镜、中网、保险杠、自外饰件等产品,具有年产100万台套汽车灯具、塑件、内外饰件的生产能力
出口情况:远销中东、东南亚、非洲、南美洲、欧美等地区

★常州市东亚玻璃厂
地址:江苏省常州市新北区小河镇九龙路
邮编:213138
电话:0519/83247555
传真:83248777
网址:www. atglass. cn
电子信箱:dyglass@ 365. com
质量体系:ISO 9001
产品情况:车灯玻璃,年生产达600余万件
配套及出口情况:车灯玻璃配光镜,已被国内多家大型车灯厂选用;出口美国、印度尼西亚、马来西亚等国家,并销往中国台湾地区

★常州市金迪车辆部件有限公司
地址:江苏省常州市新北区小河镇通江工业园区
邮编:213138
电话:0519/83248635、83248636
传真:83508333
网址:www. czyingdi. com
电子信箱:czyingdi@ sina. com
质量体系:ISO 9001
产品情况:国产车车身件、国产保险杠、国产车灯
配套情况:为吉利汽车配套

★常州市沿江车辆配件厂
地址:江苏省常州市新北区小河镇通江路
邮编:213138
电话:0519/83247022
传真:83240702
质量体系:ISO 9002
产品情况:(沿江牌)
汽车灯具、后视镜、塑料件等

★常州市发路利汽配有限公司
地址:江苏省常州市新北区猛将工业园
邮编:213139
电话:0519/83531469、83535785
传真:83535898
网址:www. faluli. com
电子信箱:faluicn@ gmail. com
单位人数:162
质量体系:ISO/TS 16949、ISO 9001
产品情况:各类汽车下护板
出口情况:远销欧洲、美洲、非洲、亚洲等地区

★常州市曙光车业有限公司
地址:江苏省常州市新北区孟河大道111号
邮编:213139
电话:0519/83501198
传真:83501898
网址:www. sgcy. com. cn
电子信箱:info@ sgcy. com. cn
质量体系:ISO/TS 16949、ISO 9001

产品情况：（知音牌）

仪表板、门板、挡泥板、格栅和遮阳罩等各类汽车内、外饰产品

配套情况：为中国重汽、陕西重汽、东风商用车、山西大运、上汽依维柯红岩、安徽华菱等10多家国内大型整车制造商

★常州特斯克精密注塑有限公司

地址：江苏省常州市武进经济开发区锦华路5号
邮编：213145
电话：0519/86551409、86553039
传真：86556884
网址：www.tskplastic.com
电子信箱：sales@cztsk.com
质量体系：ISO/TS 16949
产品情况：汽车仪表板总成、汽车空调风管等汽车零部件
配套及出口情况：为长城汽车、河北中兴、广汽三菱、曙光汽车、双环汽车、美国SPX、Enerpac、日本JRM、Hitachi、Matoba、久保田、Sanken等配套；出口日本、美国、菲律宾、中东等国家和地区

★常州气弹簧有限公司

地址：江苏省常州市武进区鸣凰街
邮编：213164
电话：0519/86531449、86538762
传真：86532501
网址：www.gasspring-cn.com
电子信箱：service@gasspring-cn.com
质量体系：ISO/TS 16949、ISO 14001
产品情况：（常弹牌）

各种类型的气弹簧，已形成年产500万支的生产能力

配套情况：为金龙集团、南汽、依维柯、金杯、宇通、西沃、比亚迪、南京长安、东风等配套

★常州博万达汽车安全设备有限公司

地址：江苏省常州市武进高新区龙惠路7号
邮编：213166
电话：0519/86531252、86532000
传真：86538998
网址：www.czbwd.com
电子信箱：czbwd@czbwd.com
质量体系：ISO/TS 16949
产品情况：（博万达之星牌）

预张紧汽车安全带、限力安全带等汽车安全带、儿童安全带、儿童座椅等

配套及出口情况：为沈阳华晨金杯、一汽通用红塔、北京汽车制造厂、北汽福田、厦门金龙、苏州金龙、济南重卡、沃尔沃、三一重工、马可波罗、重庆北奔重汽配套；出口南非、俄罗斯、澳大利亚、美国、马来西亚、智利

★金坛市金鹏汽车座椅有限公司

地址：江苏省金坛市丹凤路15号
邮编：213200
电话：0519/82896688、82897182
传真：82895555
网址：www.chengpeng.com
电子信箱：sale@chengpeng.com
单位人数：250
质量体系：ISO/TS 16949
产品情况：（成鹏牌）

乘客座椅、商务座椅、驾驶员座椅、导游座椅、城市客车座椅、会议座椅、火车座椅、救护车座椅、工程车座椅、座椅部件

配套及出口情况：为西安西沃、北京尼奥普兰、中通勃发、丹东黄海、上海汇众等各大客车制造商配套；出口土耳其、澳大利亚、俄罗斯、南美洲、巴西、加拿大、美国、墨西哥、英国、德国、法国、摩洛哥、孟加拉国等国家和地区，并销往中国台湾地区

★江苏源力汽车内饰件有限公司

地址：江苏省金坛市金城镇百塔工业园
邮编：213214
电话：0519/82869898
传真：82865078
网址：www.jsyuanli.cn
电子信箱：jiangsuyuanli@163.com
法人代表：姚卫军
质量体系：ISO/TS 16949
产品情况：（源源牌）

重型货车内饰、轻型货车内饰、轿车内饰、PVC+车硬质聚氨酯材料、发动机隔热隔音件、注塑件等产品

★江苏力乐汽车部件股份有限公司

地址：江苏省溧阳市䌷缪镇建设南路1号
邮编：213324
电话：0519/68699917
传真：68695000
网址：www.lile.com.cn
电子信箱：info@lile.com.cn
单位人数：900
质量体系：ISO/TS 16949
产品情况：（力乐牌）

年生产汽车座椅调角器、滑轨等能力达3000万套

配套及出口情况：为一汽-大众、奇瑞、哈飞、华晨、长城、北汽福田、比亚迪、东风、江淮、上汽通用五菱、昌河铃木、东南三菱、双环等配套；远销中东、南亚、西亚等地区

★江苏九久交通设施有限公司

地址：江苏省溧阳市社渚镇工业园区58号
邮编：213341
电话：0519/87528222
传真：87526636
网址：www.jsjiujiu.cn
电子信箱：info@jsetf.com
质量体系：ISO/TS 16949
产品情况：汽车简易两点式安全带、自锁两点式安全带、紧急锁止三点式安全带、预警式安全带、公英制滚针特种轴承和钢套等产品
配套及出口情况：与国内众多大中型汽车制造厂配套；出口欧美、亚洲等十几个国家和地区

★爱信（无锡）车身零部件有限公司

地址：江苏省无锡市滨湖区华庄街道明芳路4号
邮编：214000
电话：0510/85628278
网址：www.aisin.com
电子信箱：qianhongyan@awbp.cn
产品情况：汽车天窗
配套情况：为上汽通用、长安福特、日产汽车等国内整车厂配套

★无锡市锡春汽车部件有限公司

地址：江苏省无锡市扬名高新技术产业园B区105号
邮编：214023
电话：0510/85422588
传真：85422688
质量体系：ISO/TS 16949
产品情况：后视镜、支架及总成
配套情况：为一汽集团配套

★无锡理昌科技有限公司

地址：江苏省无锡市国家高新技术产业开发区
邮编：214028
电话：0510/85228791
传真：85228261
网址：www.hsinchonggroup.com
董事长：奚傑
负责人：高原秀明
产品情况：汽车用安全带、婴儿座椅、模具及其他汽车零配件

★无锡光生科技有限公司

地址：江苏省无锡市国家高新技术产业开发区B区B7-A号地块
邮编：214028
电话：0510/85330855
传真：85330897
网址：www.ichikoh.com
电子信箱：hr@kohsean.com
质量体系：ISO/TS 16949
产品情况：汽车后视镜、防炫室内镜
配套情况：为日产、丰田供货

★荣理研（无锡）科技有限公司

地址：江苏省无锡市新梅路71号
邮编：214028
电话：0510/85323111
传真：85323033
质量体系：ISO/TS 16949
产品情况：后视镜

★佛吉亚（无锡）座椅部件有限公司

地址：江苏省无锡市新区梅村梅育路86号
邮编：214028
电话：0510/88159688
传真：88157756
网址：www.faurecia.com

电子信箱:mwu@ wuxi. faurecia. com
质量体系:ISO/TS 16949、ISO 14001
产品情况:汽车座椅调节装置
配套情况:为标致雪铁龙、大众、铃木、日产、福特、奥迪、奇瑞等供货

★法雷奥汽车安全系统(无锡)有限公司
地址:江苏省无锡市高新技术产业开发区锡协路 B11 号厂房
邮编:214112
电话:0510/82993080
传真:82993080
网址:www. valeo. com. cn
质量体系:ISO/TS 16949
产品情况:无钥匙进入和起动系统、汽车防盗系统、遥控接收器及遥控钥匙、汽车全套锁芯、汽车侧门门锁、尾门门锁、机械及电子转向柱锁
配套情况:为本田、神龙汽车、雷诺-三星、上汽股份、通用、奇瑞汽车、日产、长安福特、长安马自达等供货

★无锡海特铝业有限公司
地址:江苏省无锡市滨湖区周新东路 72 号
邮编:214121
电话:0510/85069506
传真:85061423
网址:www. hatal. com. cn
电子信箱:sales@ hatal. com. cn
单位人数:300
质量体系:ISO/TS 16949
产品情况:(海德鲁牌)
汽车热交换系统用精密冷拔铝管、压板接头、支架型材,汽车空调系统膨胀阀体型材,储液器冷挤压铝材,汽车减振系统用铝管,制动系统 ABS 棒料,悬架件锻造用铝棒等
配套情况:为德尔福、法雷奥、日本电装、美国伟世通等配套

★无锡明芳汽车部件工业有限公司
地址:江苏省无锡经济开发区高运路 129 号
邮编:214131
电话:0510/85601661-8312
传真:85602713
网址:www. xmf. cc
电子信箱:business@ xmf. cc
单位人数:650
质量体系:ISO/TS 16949、ISO 14001
产品情况:电动天窗、铰链、玻璃升降机、驻车制动器、门锁扣、座椅零件、冲压零件、冲压模具、装配设备、点焊治具、烧焊治具、装配设备、检查设备和检具等;具备年产 20 万台汽车电动天窗、20 万台玻璃升降机、50 万台车门铰链、100 万台门锁扣等生产能力
配套及出口情况:为上汽通用、东风日产、郑州日产、长安福特、长安马自达、长安铃木、浙江吉利、山东华泰、长城汽车、长丰汽车等国内外汽车 OEM 工厂配套;出口欧洲和北美洲工厂

★无锡大昌机械工业有限公司
地址:江苏省无锡市滨湖经济开发区高运路 135 号
邮编:214131
电话:0510/85611198
传真:85611098
网址:www. mitsui-kinzoku. co. jp
电子信箱:administrator@ xdc. com. cn
董事长:奚傑
质量体系:ISO 9000、ISO/TS 16949
产品情况:汽车零部件,汽车门锁、制位杆、发动机罩锁
配套及出口情况:为东风日产和长安福特供货;出口日本、美国

★无锡华光汽车部件集团有限公司
地址:江苏省无锡市惠山区洛社镇杨市藕杨路 18 号
邮编:214154
电话:0510/83551633、83559976
传真:83552596
网址:www. jswxhg. com
单位人数:2000
质量体系:ISO 14001、ISO/TS 16949
产品情况:乘用车金属件、乘用车非金属件、乘用车座椅悬架类、汽车踏板
配套情况:产品覆盖奥迪、大众、标致-雪铁龙、通用、丰田、日产等合资品牌企业和奇瑞、江淮等民族品牌企业

★无锡井上华光汽车部件有限公司
地址:江苏省无锡市惠山区杨市镇
邮编:214154
电话:0510/83550915
传真:83557415
网址:www. inoac. com. cn
质量体系:QS 9000、ISO/TS 16949
产品情况:(IHA 牌)
Jetta 顶部饰条、奇瑞顶部饰条、富康顶部饰条、奇瑞车内饰条、Bora 车内饰条、Audi 车门下面饰条、桑塔纳 2000 型承玻璃饰条、桑塔纳 2000 型车窗饰条、桑塔纳 2000 型车内饰条、威驰前窗饰条、东方之子玻璃周围饰条、东方之子顶部饰条、MPV 座椅挂钩等
配套及出口情况:为一汽-大众、上汽大众、天津一汽丰田、奇瑞汽车等配套;出口日本、韩国、泰国

★无锡市振华轿车附件有限公司
地址:江苏省无锡市胡埭镇振胡路 92 号
邮编:214161
电话:0510/85592426
传真:85592399
网址:www. wxzhenhua. com. cn
电子信箱:zhenhua@ wst. net. cn
单位人数:600
质量体系:ISO/TS 16949、GB/T 24001
产品情况:汽车车身冲压件、焊接件
配套情况:为上汽大众、上汽通用、上海汽车、神龙汽车等国内汽车公司配套

★无锡市双鸟动力机械有限公司
地址:江苏省无锡市惠山区石塘湾工业园区
邮编:214185
电话:0510/83263838、83268508
传真:83262944、83262491
网址:www. autocompressor. cn
电子信箱:sales@ autocompressor. cn
质量体系:ISO/TS 16949
产品情况:汽车空调压缩机系列、工程机械空调系列、层叠式蒸发器系列、平行流冷凝器系列、汽车空调用胶管等五大系列近 200 种汽车零部件产品
出口情况:远销欧洲、美洲、中东、东南亚等地区

★江苏协诺汽车附件有限公司
地址:江苏省江阴市月城镇双泾协统工业园
邮编:214400
电话:0510/80127901
传真:86596002
电子信箱:sales@ xieno. cn
质量体系:QS 9000、ISO/TS 16949
产品情况:货车复合材料部件(各种汽车外用顶盖、保险杠、前面板、两侧板、车门板、后举门等 SMC、RTM 制品及 SMC 片材)
配套情况:为一汽长春、一汽青岛、一汽柳特、一汽红塔、一汽成都、一汽海南、南京依维柯、江铃汽车、河北中兴、重庆长安、中国重汽、山工集团等配套

★江阴市华士汽车座椅有限公司
地址:江苏省江阴市华西一村
邮编:214400
电话:0510/86206118
传真:86206111
网址:www. jyhuashen. com
电子信箱:mail@ jyhuashen. com
单位人数:150
质量体系:ISO 9001、ISO 13485
产品情况:(华申牌)
汽车座椅、电动轮椅车用座椅

★江苏裕华汽车零部件有限公司
地址:江苏省江阴市青阳镇工业园区圣杨路 11 号
邮编:214401
电话:0510/86517668
传真:86506223
网址:www. jy-yuhua. com
电子信箱:sales@ jy-yuhua. com
质量体系:ISO/TS 16949、QS 9000
产品情况:(怡程牌)
乘用车(轿车、SUV、MPV)座椅系列、商用车(重型货车、轻型货车、皮卡、中高档客车)座椅系列、汽车仪表台、成型地垫等系列产品;具有年生产各类汽车座椅 60 万台套、汽车仪表板 10 万台套、成型地垫 6 万套的能力
配套情况:为一汽、北汽福田、陕西重

汽、华泰汽车、东风柳汽、上汽等配套

★无锡澄昌座椅有限公司
地址:江苏省江阴市青阳镇南环路 10 号
邮编:214401
电话:0510/86501398
传真:86502299
网址:www.apmtc.cn
电子信箱:fdy@autoseat.com.cn
质量体系:ISO/TS 16949、ISO 9001
产品情况:(APM 牌)
大中型客车座椅、驾驶人座椅、工程机械座椅、农机座椅

★江阴协统汽车附件有限公司
地址:江苏省江阴市月城镇双泾工业园
邮编:214404
电话:0510/86592961、86592979
传真:86583696
网址:www.jsxietong.com
电子信箱:jsxt@jsxietong.com
质量体系:ISO/TS 16949、ISO 16000
产品情况:(协统牌)
各类汽车内外饰件;年生产各种内饰件基材 120 万 m^2,各种附件 80 万件(套),装配气动压制成型机 80 台,年生产热固性聚胺酯内饰件 15 万件(套)
配套情况:为一汽长春、一汽青岛汽车厂、一汽柳特、北方奔驰、一汽成都、东风柳汽、海南马自达、南汽依维柯、江铃全顺、中国重汽、山工集团、临工金利等不同车型定点配套

★江南模塑科技股份有限公司
地址:江苏省江阴市周庄镇长青路 8 号
邮编:214423
电话:0510/86222318
传真:86222380
网址:www.000700.com
电子信箱:msgm@000700.com
单位人数:2300
质量体系:VDA 6.1、QS 9000
产品情况:汽车保险杠等零部件、塑料制品、模具、模塑等,年汽车保险杠生产能力达 220 万套以上
配套情况:成为华晨宝马、北京奔驰、上汽通用、上汽大众等众多知名品牌公司的定点厂商

★江阴奥派联盛汽车部件有限公司
地址:江苏省江阴市周庄镇科技工业园区欧洲工业园
邮编:214423
电话:0510/86901928
传真:86901958
质量体系:ISO/TS 16949、ISO 9001
产品情况:汽车保险杠、车门装饰板、轮眉、中网等装饰件及发动机护板、散热器架

★江阴模塑集团有限公司
地址:江苏省江阴市澄江中路 167 号
邮编:214434
电话:0510/86401458
传真:86401459
网址:www.jymosu.com
电子信箱:manager@jymosu.com
质量体系:VDA 6.1、QS 9000
产品情况:汽车外饰件、内饰件、模具开发制造及电镀件等
配套情况:为上汽大众、上汽通用等配套

★ 江苏皓月汽车锁股份有限公司

地址:江苏省靖江市东兴镇南路 14 号
邮编:214533
电话:0523/80501114、84680039
传真:84680015
网址:www.haoyue.com
电子信箱:haoyue@haoyue.com
法人代表(负责人):姚明成
单位人数:1000
质量体系:ISO/TS 16949
产品情况:(皓月牌)
汽车门锁及相关配件、锁体总成、外手柄总成、内手柄总成、锁芯总成、机盖锁和行李舱锁体总成、机罩锁总成、机罩铰链总成、机罩撑杆
配套情况:为重汽集团、北汽集团、东风汽车、江淮、江铃、庆铃、长城、中兴、一汽、神龙、江淮、哈飞、沈阳金杯、长城、郑州日产、南汽、上汽通用五菱、长安等配套
☞ 详细情况请参阅彩色宣传版面

★江苏旭顺东明汽配有限公司
地址:江苏省靖江市东兴镇通江路 9 号
邮编:214533
电话:0523/84681498、84680999
传真:84685298
网址:www.jsdongming.com
电子信箱:dongming_js@vip.163.com
负责人:冷智银
单位人数:395
质量体系:ISO/TS 16949、QS 9000
产品情况:(旭顺牌)
汽车门锁(包含厢式车门锁)、发动机罩锁、门铰链(包含厢式车铰链)和车门限位器,年产能力 500 万台套
配套情况:为江铃汽车、江铃控股、南京依维柯、北汽福田、上海汇众、北奔重汽、陕汽集团、上汽依维柯红岩、重庆长安跨越、安徽华菱、保定长城、比亚迪汽车等大型整车厂配套

★苏州红荔汽车零部件有限公司
地址:江苏省苏州市吴中区经济开发区越湖路 999 号
邮编:215000
电话:0512/65619875
传真:65259811
网址:www.hongliauto.com
电子信箱:zhao@hongliauto.com
质量体系:ISO/TS 16949
产品情况:(红荔牌)
汽车座椅骨架、汽车安全气囊支架、空气净化系列及五金冲压件等
配套情况:为 FAURECIA、TRW、FEDDERS、FU GE DRIVES、INTIER 等公司配套

★苏州新智机电工业有限公司
地址:江苏省苏州市木渎镇木东路 15 号
邮编:215101
电话:0512/66517385
传真:66517991
网址:www.szxinzhi.com
电子信箱:xinzhi@szxinzhi.com
质量体系:ISO/TS 16949、ISO 14001
产品情况:汽车空调变排量压缩机用控制阀、电磁离合器、扭矩限制器,汽车发动机用碳罐电磁阀等汽车零部件
配套及出口情况:为奥迪、别克君威、别克 GL8、帕萨特、捷达、福特嘉年华、福特蒙迪欧、日产、雪佛兰 SPARK、马自达 3、马自达 6、一汽海马 323、标致 307,途胜、比亚迪 F3、沃尔沃 S40、欧蓝德、夏利、奇瑞、吉利、千里马、长安雨燕、江铃系列、长城系列等配套;出口日本、东南亚、大洋洲、欧洲、北美洲、中东等国家和地区

★旭硝子特种玻璃(苏州)有限公司
地址:江苏省苏州市工业园区望江路 158 号
邮编:215121
电话:0512/62852501、62852516
传真:62852502、62852505
电子信箱:xing.feng@cn.agc-flatglass.com
产品情况:(AGC 牌)
汽车玻璃

★ 苏州新同创汽车空调有限公司

地址:江苏省苏州市工业园区唯亭镇亭融街 15 号
邮编:215122
电话:0512/65357818
传真:65354030
网址:www.ntcac.com
电子信箱:shijm6688@163.com
法人代表:邹剑春
负责人:张宏强
单位人数:300
质量体系:ISO/TS 16949
产品情况:(NTCAC 牌)
适用于 6~13.7m 公交、客运的 JLR、LDT、KQZN 等系列空调;适用于 6~12m 纯电动客车的 D 系列纯电动空调;适用于 4~6m 轻型客车、专用车的常规及纯电动系列空调
配套及出口情况:为苏州金龙等配套;远销东南亚、中东、非洲、俄罗斯、东欧、大洋洲、美洲等 60 多个国家和地区
☞ 详细情况请参阅彩色宣传版面

★特瑞科汽车系统(苏州)有限公司
地址:江苏省苏州工业园区杏林街57号
邮编:215126
电话:0512/62831688
传真:62831600
网址:www.tricoproducts.com
质量体系:ISO/TS 16949、ISO 9001
产品情况:刮水器
配套情况:为北京奔驰、南京汽车集团、上汽通用等配套

★饰而杰汽车制品(苏州)有限公司
地址:江苏省苏州市工业园区出口加工区B区
邮编:215126
电话:0512/62622000
传真:62622050
质量体系:ISO/TS 16949、ISO 9001
产品情况:(SR牌)
散热格栅、开关座、油漆、灯和照明部件等

★苏州工业园区雅式汽车零部件公司
地址:江苏省苏州市工业园区胜浦分区兴浦路109号
邮编:215126
电话:0512/62826678、62826679
传真:62826680
电子信箱:simon_chen@arsale-sz.com
质量体系:ISO/TS 16949、ISO 9001
产品情况:商用车乘客座椅及配件

★苏州市万达汽车内饰件厂
地址:江苏省苏州市渭塘镇渭中路85号
邮编:215134
电话:0512/65905605、65405474
传真:65402250
电子信箱:wanda@szwanda.cn
质量体系:ISO/TS 16949、QS 9000
产品情况:(WANDA牌)
各类汽车仪表板总成、保险杠、门内饰板总成等汽车内外饰件
配套情况:为南京依维柯、郑州日产、东风柳汽、哈飞汽车、一汽集团、东风汽车公司、江西五十铃、江淮汽车、一汽海马、北汽福田等配套

★苏州中成汽车空调压缩机有限公司
地址:江苏省苏州市吴江区江兴东路同里段
邮编:215217
电话:0512/63326699
传真:63331680
网址:www.zcparts.com
电子信箱:sales@zcparts.com
单位人数:600
质量体系:ISO/TS 16949、ISO 9001
产品情况:汽车空调压缩机(含电动汽车压缩机),年产量130万台
配套情况:主要配套东风乘用车、东风商用车、一汽、北汽福田、沃尔沃、现代、江淮、奇瑞、北奔、陕汽、大运、三一重工、柳汽、华泰、TATA、GM等知名汽车制造商

★昆山金发液压机械有限公司
地址:江苏省昆山市庆丰西路555号
邮编:215300
电话:0512/57304356、57303282
传真:57302655
网址:www.ksjfhm.com
电子信箱:xsb@ksjfhm.cn
董事长(负责人):刘金山
单位人数:300
质量体系:ISO/TS 16949、ISO 9001
产品情况:(金冠牌)
气弹簧,年产近300万套
配套情况:为苏州金龙、北京奔驰、丹东黄海、亚星-奔驰、丹东曙光、中威、中通、江淮、东鸥等汽车制造企业配套

★丰田工业电装空调压缩机(昆山)公司
地址:江苏省昆山市经济技术开发区三巷路
邮编:215300
电话:0512/57630768
传真:57630771
网址:www.denso.com.cn
电子信箱:zixun@dich.denso.com.cn
产品情况:汽车空调用压缩机

★长亨汽配工业(昆山)有限公司
地址:江苏省昆山市玉山镇江浦路489号
邮编:215300
电话:0512/57590791
传真:57590762
网址:www.bumpers.com.tw
电子信箱:bumpers@188.com
质量体系:ISO/TS 16949、QS 9000
产品情况:保险杠、翼子板、中网、车身饰条、内饰板等汽车注塑零部件
出口情况:出口欧洲、美洲、亚洲、非洲、大洋洲,并销往中国台湾地区

★昆山丰田纺汽车部件有限公司
地址:江苏省昆山市经济开发区庆丰西路333号
邮编:215301
电话:0512/57308309
传真:57308365
电子信箱:yanglan7511@126.com
产品情况:门板和车内饰件
配套情况:为丰田、通用、日产供货

★昆山佳利亚汽车零部件有限公司
地址:江苏省昆山市玉山镇模具区益胜路
邮编:215316
电话:0512/36683118
传真:36683118
电子信箱:sbwu@venus-china.com
质量体系:ISO/TS 16949、ISO 9001
产品情况:汽车安全带
配套情况:为一汽集团公司、东风汽车公司等国内大型企业配套

★台新纤维制品(苏州)有限公司
地址:江苏省太仓市洛阳路57号
邮编:215400
电话:0512/53564751、53564741
传真:53564775
电子信箱:tsyw@taisin.com.cn
质量体系:ISO 9001
产品情况:地毯、行李舱毯、轮盖毯、顶棚毯等汽车内装材料

★凯毅德汽车系统(常熟)有限公司
地址:江苏省常熟市东南经济开发区黄山路鑫杭工业园
邮编:215500
电话:0512/52308900
传真:52305900
网址:www.kiekert.com
电子信箱:namkeen.xiao@kiekert.com
负责人:Kay Dessel
产品情况:门锁系统、机电一体化系统、汽车门锁相关的电子系统和门板模块

★常熟市汽车饰件有限公司
地址:江苏省常熟市海虞北路288号
邮编:215500
电话:0512/52335233
传真:52330234
网址:www.caip.com.cn
电子信箱:caip@caip.com.cn
单位人数:500
质量体系:ISO/TS 16949、QS 9000
产品情况:(CAIP牌)
轿车门内护板总成、后窗饰板总成及其他内饰零部件
配套情况:为一汽-大众、上汽通用、奇瑞汽车、北京奔驰、神龙汽车、上汽汽车、上汽大众等汽车厂配套

★江苏中翼汽车新材料科技有限公司
地址:江苏省常熟市东南经济开发区
邮编:215542
电话:0512/52578268
传真:52578938
网址:www.zyqc.com.cn
电子信箱:zhongyi@zyqc.com.cn
质量体系:ISO/TS 16949、ISO 14001
产品情况:轻质合金材料、汽车转向盘及安全气囊等产品
配套情况:为一汽通用红塔云南、上汽通用五菱、吉利汽车、郑州日产、一汽-大众、上汽大众、富士康集团、苏州宝时得、南京得朔等配套

★张家港孚冈汽车部件有限公司
地址:江苏省张家港经济开发区中房路2号
邮编:215600
电话:0512/58288100、58288124
传真:58239008
网址:www.fuganggroup.com
电子信箱:info@fuganggroup.com
单位人数:100

质量体系:ISO/TS 16949、ISO 14001
产品情况:中央闭锁器、后行李舱开启机构、后视镜起动机构、油箱开启机构等产品
配套情况:为上汽大众、一汽-大众、上汽通用等整车厂配套

★张家港合众汽车部件有限公司
地址:江苏省张家港市经济开发区长兴路18号
邮编:215600
电话:0512/58236007、58150952
传真:58237880、58150952
电子信箱:sales@ frankness. net. cn
质量体系:ISO/TS 16949、QS 9000
产品情况:汽车玻璃升降器、中央集控闭锁器等
配套情况:为东风日产、奇瑞、哈飞、江淮、中兴、双环、广汽三菱、长城、福汽、南汽等配套

★伟巴斯特东熙汽车(张家港)有限公司
地址:江苏省张家港市经济开发区国泰路23号
邮编:215600
电话:0512/58543724
传真:58543718
网址:www. donghee. co. kr
电子信箱:ybai@ donghee. co. kr
产品情况:汽车天窗

★张家港市牡丹汽车附件有限公司
地址:江苏省张家港市乐余镇
邮编:215621
电话:0512/58662402
传真:58966025
电子信箱:cdg@ mdfj. com. cn
质量体系:ISO 9001
产品情况:各种客车车窗、汽车安全玻璃、汽车线束、车用钢化玻璃、大型丝印钢化外贴玻璃、电气控制盒、倒车监视器等,年产能力2万套
配套情况:为一汽集团、南京汽车集团、杭汽、东风汽车公司、江淮汽车等配套

★江苏摩比斯汽车零部件有限公司
地址:江苏省盐城市希望大道南路2号
邮编:224002
电话:0515/88278003
传真:88278099
质量体系:ISO/TS 16949、ISO 14001
产品情况:发动机模块、驾驶舱模块、底盘模块等
配套情况:为东风悦达起亚配套

★扬州市邗江扬子汽车内饰件有限公司
地址:江苏省扬州市北郊公道镇
邮编:225002
电话:0514/87395404、13805277949
传真:87395404
网址:www. yangzi. com. cn
质量体系:ISO/TS 16949、QS 9000
产品情况:汽车、工程机械内外饰件
配套情况:货车配套用户:陕西重汽、济南重汽、北方奔驰、北汽福田、东风柳汽、上海汇众、一拖彪马、四川红岩、山西大运等;客车配套用户:厦门金龙、苏州金龙、厦门金旅、郑州宇通、亚星客车、金华、北方尼奥普兰、安徽凯斯鲍尔、东风客车、西沃客车、烟台舒驰等

★扬州中基机电有限公司
地址:江苏省扬州市江阳工业园蜀岗西路
邮编:225008
电话:0514/87305299
传真:87300848
电子信箱:znm0303@ vip. 163. com
质量体系:ISO/TS 16949、ISO 9002
产品情况:(中基牌)
汽车门锁总成、座椅及焊接件、装饰件
配套情况:为长安汽车、哈飞汽车配套

★扬州杰信电装空调有限公司
地址:江苏省扬州市江都区外资工业园舜天路99号
邮编:225200
电话:0514/86974127、86974161
传真:86974119
电子信箱:xiaoshou_jiexin@ jiexin. net
质量体系:ISO/TS 16949
产品情况:客车空调、管片式蒸发器和冷凝器芯体

★扬州市欣辉汽车附件有限公司
地址:江苏省扬州市江都区永安工业园
邮编:225200
电话:0514/86152800、18086766058
传真:86152800
网址:www. yzxinhui. cn
电子信箱:jdqcfj@ 163. com
质量体系:ISO 9001
产品情况:年产各类驾驶室总成4万台
配套情况:为福田雷沃、上海纽荷兰、美国爱科、奇瑞重工等国内知名企业配套

★江苏精达车辆附件制造有限公司
地址:江苏省扬州市江都区浦头镇江灵路南首
邮编:225218
电话:0514/86421246、86421023
传真:86422019
网址:www. jdqdj. com
电子信箱:jdqdj@ sina. cn
单位人数:96
质量体系:ISO/TS 16949、ISO 9001
产品情况:具备年生产各种气动件、汽缸、油缸90万套,延伸产品总成8万套
配套情况:为郑州宇通、南京汽车制造厂、亚星集团圣达特种车辆厂、厦门金龙、东风汽车特种车辆厂、桂林大宇等配套

★江苏明瑞气弹簧科技有限公司
地址:江苏省扬州市江都区宜陵工业园区2号路
邮编:225231
电话:0514/86567603、13776437577
传真:86567602
网址:www. mgs - china. com
电子信箱:sales@ mgs - china. com
质量体系:ISO/TS 16949
产品情况:气弹簧

★英泰集团有限公司
地址:江苏省扬州市江都区小纪英泰工业园
邮编:225241
电话:0514/86591118、886596119
传真:80808283、86591317
网址:www. yingtaigroup. com
电子信箱:yt0099@ 163. com
单位人数:1200
质量体系:ISO 9001
产品情况:(英泰牌)
高档汽车饰件、各种工程机械及汽车用散热器、锂离子电池等
出口情况:畅销几十个国家和地区

★扬州神舟汽车内饰件有限公司
地址:江苏省扬州市江都区小纪镇宗村宜武路1号
邮编:225245
电话:0514/86631138
传真:86631037
网址:www. cnshiyun. com
电子信箱:webmaster@ cnshiyun. com
质量体系:ISO/TS 16949、ISO 9001
产品情况:(时运牌)
车身内饰件、车身覆盖件、工程车驾驶室总成、车用组合仪表、灯具等;具备年产各类车身零部件20万台套、工程车驾驶室总成6万台套的生产能力
配套情况:为郑州宇通、苏州金龙、厦门金龙、上海申龙、北汽福田、中通客车、江铃五十铃、江淮客车等国内知名的大型汽车厂家和福田重工、三一重工、中联重科、玉柴重工、上海龙工、中国柳工等著名的工程机械生产企业配套

★泰州劲松股份有限公司
地址:江苏省泰州市海阳路40号
邮编:225300
电话:0523/82848888、82848033
传真:82848083
网址:www. hope - invest. com
电子信箱:chunkou@ jinsong. com. cn
质量体系:ISO/TS 16949、QS 9000
产品情况:座舱系统(含仪表板总成)、内饰系统(含门内板、门柱内饰)、外饰系统(含涂装外装饰件)等,年产能力90万台(套)
配套情况:为上汽大众、奇瑞汽车、上汽通用、昌河汽车、北汽福田、上海汇众等配套

★泰州市韩新汽车配件有限公司
地址:江苏省泰州市经济开发区民营科

技园建设路
邮编:225300
电话:0523/82906319、13967580300
传真:82096110
网址:www. hanxinauto. com. cn
电子信箱:sales@ hanxinauto. com. cn
单位人数:500
质量体系:ISO/TS 16949、QS 9000
产品情况:汽车内饰件、汽车塑料件、各类保温材料等
配套情况:为三星、现代、起亚、双龙、海尔、格力等10多家大型公司配套

★泰州市飞达气动液压件厂
地址:江苏省泰州市城东窑头工业区
邮编:225313
电话:0523/86285699、86288908
传真:86288359
网址:www. tz - feida. com
电子信箱:fd@ tz - feida. com
质量体系:ISO 9001
产品情况:气弹簧、YQ压缩气弹簧、支撑杆、气压件、连接件及JKQ可锁定气弹簧
配套情况:为牡丹客车、扬子、河北中兴、亚星等配套

★泰州市高港区鸿运汽车配件厂
地址:江苏省泰州市刁铺西工业园二桥村
邮编:225323
电话:0523/86170687
传真:86171058
质量体系:ISO 9001
产品情况:(鸿运牌)
气弹簧(支撑杆)
出口情况:出口东南亚、欧洲等地区

★江苏炳凯富汽车零部件制造有限公司
地址:江苏省泰兴市黄桥工业园区胜利路
邮编:225411
电话:0523/87122512、87122515
传真:87122501
网址:www. bkaifu. com
电子信箱:dannysong2008@ 163. com
质量体系:ISO/TS 16949
产品情况:冷凝器、蒸发器

★扬州天元座椅有限公司
地址:江苏省扬州市北郊天山镇工业园区
邮编:225653
电话:0514/84222012、84226318
传真:84224417
网址:www. tychair. com
电子信箱:master@ tychair. com
产品情况:各种工程机械座椅、农业机械座椅、客车/货车驾驶座椅、轻型客车座椅等各类座椅;具备年产20万套座椅的生产能力
配套情况:为南京长安、宇通重工、徐工、临工、常林、三一重机等主机厂配套

★江苏科达车业有限公司
地址:江苏省宝应县开发区金湾路206号
邮编:225800
电话:0514/88264656
传真:88266067
网址:www. kedacy. com
电子信箱:jskeda@ jskdcy. com
负责人:张洪贵
质量体系:ISO/TS 16949、ISO 14001
产品情况:(盈科牌)
汽车内外装饰件、模塑制品件,年产能力100万台套以上
配套情况:为一汽集团、长安汽车、长城汽车、江铃汽车、北汽集团等配套

★江苏昌明车身制造有限公司
地址:江苏省扬州市宝应县环城路宝射河桥南
邮编:225800
电话:0514/88236118、88231388
传真:88236118、88221388
网址:www. jscmcy. com
电子信箱:boyzcj@ sina. com
质量体系:ISO 9001
产品情况:(清水口牌)
重、中、轻型商用车驾驶室,汽车钣金件、覆盖件、内饰件、汽车暖风机、汽车座椅等配件的生产

★江苏奥顿车业有限公司
地址:江苏省宝应经济开发区东阳路201号
邮编:225801
电话:0514/88310858
传真:88326308
电子信箱:xs@ aodun. cn
质量体系:ISO/TS 16949
产品情况:(奥顿牌)
汽车车身模具、冲压件
配套情况:为华泰汽车集团、一汽通用红塔云南汽车、浙江永源汽车、厦门金龙旅行车、广东陆地方舟新能源电动车辆等主机厂家进行一级配套

★江苏锋弛汽车车身制造有限公司
地址:江苏省宝应县黄塍镇工业集中区中区朝阳路
邮编:225807
电话:0514/88603588、88608938
传真:88601999
网址:www. jsfcauto. cn
电子信箱:jfmilan@ sina. com
法人代表:吉沐兴
单位人数:100
质量体系:ISO 9001
产品情况:汽车覆盖件的模具、驾驶室
配套情况:为中国重汽、徐工、黄海、谷登、小松等国内外知名主机厂配套

★扬州宇联车身有限公司
地址:江苏省扬州市宝应县望直港耿耿工业园
邮编:225811
电话:0514/88321668、8311033
质量体系:ISO/TS 16949
产品情况:侧围总成、底板、工具箱盖板、车门壳等驾驶室钣金件及驾驶室总成

★江苏省宝应县曙光汽车配件厂
地址:江苏省扬州市宝应县望直港汽配工业园
邮编:225811
电话:0514/88312888、13801441675
传真:88321898
网址:www. byshuguang. com
电子信箱:bysgqp@ sina. com
产品情况:适用于金杯(丰田)海狮、金杯(丰田)大海狮05款轻型客车等系列、阁瑞斯MPV商务车、中华尊驰、骏捷FRV、FSV教练车系列全套车身钣金覆盖件;年产车门、机盖、叶子板等近万套
配套及出口情况:为多家汽车厂配套;部分产品出口10多个国家

★江苏省宝应县润扬汽车配件厂
地址:江苏省扬州市宝应县望直港镇汽配工业区
邮编:225811
电话:0514/88322969
传真:88322921
质量体系:ISO 9001
产品情况:汽车钣金件、覆盖件、保险杠、车门、后背门、机盖等零配件

★南通市冠东模塑科技有限公司
地址:江苏省海门市滨江街道福州路179号
邮编:226100
电话:0513/82113183、68189828
网址:www. gdcd. com
电子信箱:market@ gdcd. com
质量体系:ISO/TS 16949、ISO 14001
产品情况:汽车、摩托车车灯塑料件;摩托车车灯总成、线束总成、线束端子、模具、检具的设计与制造

★康奈可(海门)车用空调压缩机公司
地址:江苏省海门市滨江街道珠海路353号
邮编:226100
电话:0513/81232323
网址:www. calsonickansei. co. jp
产品情况:汽车空调压缩机
配套情况:为东风日产的骐达、玛驰和骊威等车型供货

★江苏铁锚玻璃股份有限公司
地址:江苏省南通市海安县长江西路128号
邮编:226600
电话:0513/88813003
传真:88789678
网址:www. tiemao. cn
电子信箱:tmbl@ tiemao. cn
质量体系:ISO/TS 16949、ISO 9001

产品情况：（铁锚牌）
轨道交通车辆玻璃和汽车玻璃
配套情况：为一汽解放、东风、北汽福田、重汽集团、南京依维柯、上汽通用五菱等配套

浙江省

★ 浙江三花汽车零部件股份有限公司

地址：杭州市经济技术开发区12号大街301号
邮编：310019
电话：0571/87559102
传真：87559200
网址：www. sanhuagroup. com
电子信箱：sanhuagroup@ zjshc. com
负责人：王大勇
单位人数：1500
质量体系：ISO/TS 16949
产品情况：（三花牌）
汽车空调膨胀阀、贮液器、冷媒电磁阀、控制面板、充注阀、压块等数百种规格产品
配套情况：为大众、通用、东风、神龙、福特、马自达等汽车厂家配套，产品已在奔驰、宝马、大众、欧宝、沃尔沃、奥迪、别克、本田、雪铁龙、尼桑等车型上广泛使用，已成为法雷奥、三电、德尔福、贝尔、伟世通等国际一流汽车空调厂家的全球合作伙伴
☞ 详细情况请参阅彩色宣传版面

★杭州钱江汽配电器有限公司
地址：杭州市余杭区良渚镇运河村勾庄工业区
邮编：310023
电话：0571/88734368
传真：88734166
电子信箱：nibose@ 163. com
质量体系：ISO/TS 16949
产品情况：（德荣牌）
风窗玻璃电动洗涤器总成
配套情况：为长安汽车、长安铃木、比亚迪汽车等配套

★杭州梵隆方向盘有限公司
地址：杭州市萧山区新塘街道城东涝湖村
邮编：311201
电话：0571/22866522、22866520
传真：22866508
网址：www. yourfellow. cn
电子信箱：sale@ yourfellow. com
质量体系：ISO/TS 16949、QS 9000
产品情况：（梵隆 FELLOW 牌）
年产能力：PU 转向盘或 PU 内饰件100万件，注塑转向盘或注塑内、外内饰件60万件
配套情况：为江淮、厦门金龙、苏州金龙、厦门金旅、郑州宇通、三一重工、南京依维柯、上汽依维柯红岩等配套

★浙江远翅控股集团有限公司
地址：杭州市萧山区新街镇山末址村
邮编：311217
电话：0571/82613923
传真：82618000
电子信箱：yuanchi@ vip. 163. com
负责人：王建平
单位人数：1200
质量体系：ISO/TS 16949
产品情况：（远翅牌）
年产汽车仪表板总成44万套、汽车保险杠56万只、汽车转向盘10万只、其他汽车塑料件110万件
配套情况：为上汽通用五菱、重庆长安、昌河铃木配套

★杭州祥和实业有限公司
地址：浙江省富阳市东洲工业功能区八号路8号
邮编：311400
电话：0571/63409900、63409901
传真：63462401
网址：www. hzxianghe. com
电子信箱：hzfyxhkt@ 163. com
单位人数：38
质量体系：ISO/TS 16949、ISO 9001
产品情况：具有年生产汽车空调20000余套的能力
出口情况：出口法国、哥斯达黎加、塞尔维亚等国家

★ 浙江龙生汽车部件股份有限公司

地址：浙江省桐庐县富春江镇机械工业区
邮编：311504
电话：0571/64667288、64667888
传真：64651988
电子信箱：longsheng@ longsheng988. com
法人代表：俞龙生
负责人：郑玉英
单位人数：588
质量体系：ISO/TS 16949
产品情况：（龙生牌）
滑轨、调角器和其他零部件座椅、靠背、座盒等20多个系列共100余个品种
配套情况：与中国汽车座椅领域多家知名厂商建立稳定的合作关系，并为国内众多著名汽车企业提供配套产品
☞ 详细情况请参阅彩色宣传版面

★浙江欧力达液压机械有限公司
地址：浙江省富阳市场口新区百丈畈7号路1号
邮编：311411
电话：0571/63128092、13735853068
传真：63373019
网址：www. lidayy. com
电子信箱：webmaster@ lidayy. com
质量体系：ISO/TS 16949
产品情况：（力达牌）
QC 系列气弹簧、液压产品、液压油缸、减振器等

★浙江新龙实业有限公司
地址：浙江省新昌县七星街道5楼2号
邮编：312500
电话：0575/86296968、86296628
传真：86296628
电子信箱：xinlong@ zjxlindustry. com
质量体系：ISO/TS 16949、QS 9000
产品情况：（新龙牌）
空调管组件

★浙江中宝实业控股股份有限公司
地址：浙江省新昌县省级高新技术产业园区（南岩）
邮编：312500
电话：0575/86299666、86299200
传真：86299156
网址：www. myzbao. com
电子信箱：zbao@ myzbao. com
质量体系：ISO/TS 16949
产品情况：（中宝牌）
汽车塑件、精密钣金结构件、制冷元器件等
配套及出口情况：为神龙汽车、华晨金杯、长安汽车、上汽通用五菱、昌河汽车、哈飞汽车、北汽福田、杭州东风等配套；远销美国、日本、欧盟、东南亚、中东等国家和地区

★湖州埭溪振华工贸有限公司
地址：浙江省湖州市埭溪镇
邮编：313023
电话：0572/3983372、3983198
传真：3983362、3981419
网址：www. zhenghuagm. com
电子信箱：zhenghuagm@ vip. 163. com
单位人数：600
质量体系：ISO 9001
产品情况：各种休闲摩托车、电动车、汽车配件等；各种休闲车年生产能力为20万辆，各种摩托车燃油箱、摩托车车架生产能力50万套
出口情况：出口日本、欧洲、美洲、东南亚等20多个国家和地区

★浙江金禾成汽车空调有限公司
地址：浙江省德清县经济开发区丰庆街598号
邮编：313200
电话：0572/8823988
传真：8823268
网址：www. hrxchina. com
电子信箱：peter@ hrxchina. com
单位人数：380
质量体系：ISO/TS 16949
产品情况：汽车蒸发器、冷凝器和散热器等
配套及出口情况：OE 客户有北汽福田、

众泰汽车、山东唐骏等,售后市场客户包括贝洱、三电等;远销美洲、欧洲、东南亚、中东、非洲等国际市场

★嘉兴村上石崎汽车配件有限公司
地址:浙江省嘉兴市经济开发区昌盛路正原路口
邮编:314000
电话:0573/83912001、83912007
传真:83912018
网址:www. murakami - kaimeido. co. jp
电子信箱:huangfang@ jxmic. com
产品情况:车用后视镜
配套情况:为丰田、本田、日产、长安福特等供货

★浙江蓝特光学股份有限公司
地址:浙江省嘉兴市洪合镇洪福路1108号
邮编:314023
电话:0573/83347400、83340191
传真:83349898
网址:www. lante. com. cn
电子信箱:sales@ lante. com. cn
单位人数:600
质量体系:ISO/TS 16949
产品情况:汽车后视镜镜片等产品
出口情况:远销亚洲、欧洲、北美洲等地区

★康脉精机科技(嘉兴)有限公司
地址:浙江省嘉善县之江路101号
邮编:314100
电话:0573/84755069
传真:84755076
电子信箱:haisong@ crownmag. com
质量体系:ISO/TS 16949
产品情况:柱塞泵的配油盘、回程盘、齿轮泵的前后侧板,汽车空压机的阀板及阀板总成,汽车门锁以及汽车配件等各种精冲件
配套及出口情况:产品全部为 Sauer - Danfoss、TDK、Parker、valeo ITT、White、富通、华翔等国内外知名企业配套;90%的产品出口国外

★宜兰汽车配件制造(平湖)有限公司
地址:浙江省平湖市经济开发区新兴二路1199号
邮编:314200
电话:0573/85078999、85078992
传真:85078900
网址:www. e - lancar. com. cn
电子信箱:elan@ top - elan. com
质量体系:ISO/TS 16949、ISO 14001
产品情况:(宜兰牌)
内饰氛围灯系列、LED光电系列、内外饰系列、改装车系列等
配套情况:为上汽通用、长安福特、长安马自达、东风日产乘用车、一汽海马、东南汽车、奇瑞汽车、神龙汽车、江铃陆风等配套

★嘉兴大友汽车座椅有限公司
地址:浙江省平湖市新仓镇金星路158号
邮编:314205
电话:0573/85719000、85704660
传真:85708333
电子信箱:phdaiyu@ mail. jzptt. zj. cn
质量体系:ISO 9001、ISO 14001
产品情况:本田、三菱、TAKATA、COMBI等车型座椅
出口情况:产品全部出口

★宁波江北德工汽车零部件有限公司
地址:浙江省宁波市江北区洪塘工业区A区洪达路188号
邮编:315000
电话:0574/87582393、8008574161
传真:83021922
网址:www. yada - wiper. com
电子信箱:sales@ yada - wiper. com
质量体系:ISO/TS 16949
产品情况:汽车刮水器
出口情况:远销120多个国家和地区

★宁波市汉德汽车配件有限公司
地址:浙江省宁波市万金路188号
邮编:315000
电话:0574/87279637、87279301
传真:83085729
网址:www. head - china. com
电子信箱:hd@ head - china. com
质量体系:ISO/TS 16949
产品情况:汽车用软骨刮水器

★宁波环球娃娃婴童用品有限公司
地址:浙江省宁波市鄞州大道西段688号
邮编:315000
电话:0574/82820686
传真:82820688
网址:www. nbglobalkids. com
电子信箱:sales@ nbglobalkids. com
质量体系:ISO 9001
产品情况:儿童汽车安全座椅,年产销量达百万台以上
配套及出口情况:成为一汽 - 大众、上汽大众、东风裕隆等汽车主机厂原装附件儿童安全座椅的战略合作企业;远销40多个国家和地区

★宁波飞翔兴业汽配有限公司
地址:浙江省宁波市鄞州潘火工业园凤起路88号
邮编:315000
电话:0574/88320043
传真:88320052
网址:www. fxqp. com
电子信箱:nbfx79@ fxqp. com
质量体系:ISO/TS 16949
产品情况:汽车镜、汽车用品、汽车灯具、汽车装饰件等
配套情况:为东风汽车公司、长城汽车、扬子集团、吉利汽车、吉奥汽车等配套

★宁波市江北东保汽车电器有限公司
地址:浙江省宁波市江北区庄桥费市西街28号
邮编:315029
电话:0574/83029913、13805862536
传真:83029917、87579997
网址:www. eastbao. com
电子信箱:wiper@ eastbao. com
质量体系:ISO 9001
产品情况:通用型刮水片、专用型刮水片、无骨刮水片、大客车和货车系列刮水片、刮水臂等
出口情况:远销欧洲、东南亚、美洲、非洲等地区

★宁波井上华翔汽车零部件有限公司
地址:"浙江省宁波市江北区洪塘镇投资工业园C区长兴路525号"
邮编:315033
电话:021/68949993
传真:68940365
网址:www. huaxianggroup. com
产品情况:(NBHX牌)
汽车内饰件产品,如汽车仪表板(搪塑、注塑)、门内饰板及其他塑料配件
配套情况:为天津丰田、上汽大众、东风日产和东南奔驰等配套

★宁波江东伟业汽车附件有限公司
地址:浙江省宁波市邱隘镇浦根村工业区
邮编:315040
电话:0574/87925418、88363874
传真:87931490
网址:www. fstpump. com
电子信箱:fstpump@ cnool. net
质量体系:QS 9000、ISO 9001
产品情况:直流微电机、汽车风窗洗涤泵、清洗泵、洗涤器总成、喷水嘴系列产品
配套及出口情况 为OEM制造商配套;出口欧洲、中东、东南亚等地区

★宁波普瑞均胜汽车电子有限公司
地址:浙江省宁波市高新区聚贤路1266号
邮编:315040
电话:0574/87407208、89078128
传真:87747033
网址:www. preh. cn
电子信箱:automotive@ preh. cn
质量体系:ISO/TS 16949、ISO 14001
产品情况:(Preh牌)
年产空调控制器16万套,多功能转向盘开关32万套,空调控制模块260万套
配套及出口情况:空调控制器用户:一汽 - 大众、上汽大众;多功能转向盘开关用户:上汽大众,空调控制模块;通用汽车(全球);年出口空调控制模块160万套

★宁波双圆不锈钢制品有限公司
地址:浙江省宁波市江东区周宿渡路16号
邮编:315040
电话:0574/87879603

传真:87884099
质量体系:ISO 9000
产品情况:不锈钢汽车轮毂装饰件
出口情况:出口美国

★宁波伊斯特赛机械制造有限公司
地址:浙江省宁波市丈东路延伸段(邱隘)东海工业园
邮编:315101
电话:0574/88356528、88393455
传真:88356698
网址:www. eastseamachinery. com. cn
电子信箱:amyqian@ eastseamachiney. com. cn
质量体系:ISO 9001
产品情况:车锁、锌合金产品、铸钢件等

★宁波新露聚氨酯实业有限公司
地址:浙江省宁波市鄞州区五乡工业园区五乡北路2号
邮编:315111
电话:0574/88332643
传真:88331718
网址:www. nbxinlu. com
电子信箱:nbxinlu@ nbxinlu. com
董事长:石国良
质量体系:ISO 9001
产品情况:赛车椅,吉普车椅等
出口情况:远销美国、日本、德国、加拿大、法国、马来西亚、墨西哥等20多个国家

★宁波帅特龙集团有限公司
地址:浙江省宁波市明州工业园区洞桥镇元贞桥
邮编:315157
电话:0574/89201616
传真:89201600
网址:www. nbstl. cn
电子信箱:isales@ nbstl. cn
质量体系:ISO/TS 16949、ISO 14001
产品情况:电子排挡控制器总成、烟灰盒总成、外门手柄总成、内门手柄总成、顶棚拉手总成、饮料杯架总成、储物盒总成、遮阳帘总成等系列产品
配套情况:为德国奥迪、一汽-大众、一汽轿车、上汽大众、上汽通用、广汽本田、天津一汽丰田、上海汽车、长城汽车、北京现代、奇瑞汽车、江淮汽车等配套

★宁波市翔龙金属制品有限公司
地址:浙江省宁波市高桥镇石塘工业区翔龙路1号
邮编:315173
电话:0574/88007577
传真:88018678
网址:www. xlnb. cn
电子信箱:sales@ xlnb. cn
单位人数:110
质量体系:ISO 9001、ISO 14001
产品情况:冲压件、支架、焊接件、钣金件、塑料件、铸件、门铰链、滑轮、管子、座椅骨架等
配套及出口情况:为FMC TECH、五十铃配套;产品90%以上出口欧洲、美洲、日本、大洋洲等国家和地区

★宁波明望汽车饰件有限公司
地址:浙江省宁波市高桥古庵开发区
邮编:315175
电话:0574/88449118
传真:88449187
网址:www. nb - mw. com
电子信箱:mingwang@ vip. 163. com
董事长(负责人):毛明光
单位人数:140
质量体系:ISO 9002
产品情况:汽车内外饰件、汽车座椅、转向盘及仪表台
配套情况:主要配套厂家车型有:金杯海狮客车极地之光内饰板及旋转翻动座椅,柳汽6t平车高架控制板、遮阳板,南汽依维柯双排顶蓬,同时为青汽、福汽、杭汽、江淮汽车厂、金龙旅行车、江苏悦达汽车等厂家配套

★宁波恒特汽车零部件有限公司
地址:浙江省宁波市鄞州区古林镇葑水港工业区望兴路19号
邮编:315176
电话:0574/88427838
传真:88428177
网址:www. nb - hengte. com
电子信箱:sales@ nb - hengte. com
质量体系:ISO/TS 16949
产品情况:(HUAXIANG牌)
已具备年产2000万套汽车玻璃窗升降器用电动机及200万套车窗智能控制器的生产能力
配套及出口情况:为一汽-大众、神龙汽车、吉利汽车、奇瑞汽车、通用、长安等多家汽车厂配套;远销欧美、中东、东南亚等地区

★宁波帕尔玛重工制冷有限公司
地址:浙江省宁波市鄞州区姜山镇朝阳工业区
邮编:315195
电话:0574/88464935
传真:88099897
网址:www. paerma. com
电子信箱:host@ paerma. com
质量体系:ISO/TS 16949、ISO 14001
产品情况:汽车空调制冷压缩机
配套及出口情况:为宇通客车、金龙客车、中通客车、东风客车、安凯客车、少林客车等配套;出口亚洲、欧洲、美洲、非洲

★宁波世通汽车零部件有限公司
地址:浙江省宁波市骆驼机电工业园区通园北路268号
邮编:315202
电话:0574/86571156
传真:55333216
网址:www. stonemotor. com
电子信箱:lily@ stonemotor. com
质量体系:ISO/TS 16949
产品情况:(顺发牌)
汽车电动玻璃升降器及其电动机,具有年产20万套电动玻璃升降器、100万只电动机的生产能力
配套情况:为比亚迪、吉利、力帆、猎豹等配套

★宁波爱多汽车雨刷制造有限公司
地址:浙江省宁波市镇海区骆驼机电工园
邮编:315202
电话:0574/86572666、86572686
传真:86585927、86572685
网址:www. aiduo - wiper. com
电子信箱:sales@ aiduo - wiper. com
质量体系:ISO/TS 16949
产品情况:汽车刮水片、刮水器
配套情况:刮水器主要提供给德国大众、华晨汽车及全球280家售后服务企业

★宁波市阳光交通器材有限公司
地址:浙江省宁波市镇海临俞工业区石柱路589号
邮编:315207
电话:0574/26267088、26267087
传真:26267086
网址:www. sunshine - wiper. com
电子信箱:sales@ sunshine - wiper. com
单位人数:180
质量体系:ISO/TS 16949
产品情况:刮水器、刮水片、刮水器电动机等

★浙江吉俱泰汽车内饰有限公司
地址:浙江省宁波市杭州湾新区兴慈二路与滨海五路交叉口
邮编:315211
电话:0574/63008603
传真:63632555
网址:www. tachi - s. co. jp
电子信箱:jjt09@ zj - jjt. com
产品情况:汽车座椅、座椅部件
配套情况:为吉利帝豪配套座椅

★宁波市锦艺汽车零部件有限公司
地址:浙江省慈溪市龙山镇慈东滨海工业区海丰路259号
邮编:315311
电话:0574/63293998
传真:63293998
网址:www. jinyiauto. com. cn
电子信箱:sales@ jinyiauto. com. cn
质量体系:ISO/TS 16949
产品情况:注塑、冲压、模压制品
配套及出口情况:为美国通用、福特、克莱斯勒三大汽车公司的二级配套外观件供应商配套;产品100%出口美国、加

拿大等国家

★慈溪市福尔达实业有限公司
地址:浙江省慈溪市道林镇樟新南路
邮编:315321
电话:0574/63516008
传真:63516588
电子信箱:fuerda@ public. cx. nbptt. zj. cn
质量体系:VDA 6.1、QS 9000
产品情况:空调出风口总成及控制机构、车厢内饰拉手、内饰灯
配套情况:为一汽集团、一汽-大众、一汽丰田、上汽大众、上汽通用、奇瑞汽车、华晨金杯、长安福特、长安马自达等配套

★宁波华德汽车零部件有限公司
地址:浙江省慈溪市杭州湾新区滨海2号新慈6路路口
邮编:315336
电话:0574/63253888
传真:63253999
电子信箱:huade@ chinahuade. com
质量体系:ISO/TS 16949、QS 9000
产品情况:汽车塑料内外饰件、电器开关
配套情况:为一汽集团、一汽-大众、东风汽车、神龙汽车、上汽通用、上汽大众配套

★慈溪市振惠转向器后视镜有限公司
地址:浙江省慈溪市杭州湾新区金溪路三站
邮编:315336
电话:0574/63073885
传真:63073868
电子信箱:wzh-cixi@ vip. sina. com
质量体系:ISO/TS 16949
产品情况:[振惠(ZHENHUI)牌]
汽车电动后视镜及其电动转向器、内视镜
配套及出口情况:为长丰猎豹、东风日产、郑州日产、北汽福田、长春一汽、华泰公司等配套;远销美国、巴西、西班牙、马来西亚,并销往中国台湾地区

★宁波鑫星汽车部件有限公司
地址:浙江省余姚市高新技术开发区南区磨刀桥路57号
邮编:315400
电话:0574/62705248、62718377
传真:62714418
网址:www. xinxing-china. com
电子信箱:sales@ xinxing-china. com
质量体系:ISO/TS 16949
产品情况:(鑫星牌)
汽车标牌、中网、门拉手、轮毂罩、内饰件、紧固件等
配套及出口情况:为庆铃汽车、长安汽车、长安铃木、上汽通用五菱、长丰猎豹、长城汽车、长安福特、长安马自达等配套;出口美国、法国、西班牙、德国等国家

★宁波鸿通汽车零部件有限公司
地址:浙江省余姚市临山镇湖堤-湖北道口
邮编:315461
电话:0574/62062222、62062201
传真:62062200
网址:www. hongtong. com
电子信箱:hongtong@ hongtong. com
质量体系:ISO/TS 16949
产品情况:车门铰链、冲压件、发动机罩铰链、滑动移门铰链、油箱口盖、轿车保险杠、卡箍、空调类冲压件、尾门铰链、注塑件、橡胶件、支架、钢丝弹簧件等
配套情况:为神龙汽车、奇瑞汽车、华晨金杯、厦门金龙等配套

★宁波欣晖制冷设备有限公司
地址:浙江省奉化市高新技术开发区龙津路8号
邮编:315500
电话:0574/88939789、88917753
传真:88917753、88939789
网址:www. nb-xinhui. com
电子信箱:nbxh@ nb-xinhui. com
质量体系:ISO/TS 16949、ISO 14001
产品情况:(冷神牌)
汽车空调压缩机年产50万台
配套情况:被国内主要车用空调生产厂作为首选国产配套产品

★宁波乾方汽车配件有限公司
地址:浙江省奉化市尚田工业开发区
邮编:315511
电话:0574/88637846、88632846
传真:88630456
网址:www. qianfang-cn. com
电子信箱:sales@ qianfang-cn. com
质量体系:ISO/TS 16949
产品情况:(乾方牌)
汽车门铰链、车门限位器、冲压件、机加工件等
配套情况:为吉利汽车、江淮汽车、金龙客车、金旅客车、青年汽车、桂林大宇、宇通客车、三一集团、南京依维柯、东风杭汽、广州五十铃等配套

★奉化市仁龙机械有限公司
地址:浙江省奉化市尚田工业开发区尚兴路12-2号
邮编:315511
电话:0574/87323352、88635736
传真:88632325
网址:www. renlong-cn. com
电子信箱:manager@ renlong-cn. com
质量体系:ISO/TS 16949
产品情况:(仁龙牌)
气弹簧、汽车用遮阳篷

★宁波力品格工业机械有限公司
地址:浙江省奉化市莼湖镇鲒奇工业开发园区
邮编:315528
电话:0574/88768901、13805831903
传真:88767666
网址:www. chinayanghai. com
电子信箱:web@ fhyanghai. com
单位人数:210
质量体系:ISO/TS 16949
产品情况:[力品格(LIPINGE)牌]
各种减振器、支撑气弹簧、可控气弹簧以及中高档汽车用活塞杆
出口情况:与美国 BARNES & MTD、瑞典沃尔沃、波兰 SOLARIS、日本 YANMAR、法国 NEOPOST & AUTOMAX 公司合作

★宁波松鹰汽车空调配件有限公司
地址:浙江省宁波市宁海县科技园区科园北路9号
邮编:315600
电话:0574/65598005
传真:65585861
电子信箱:nbsyev@ mail. nbptt. zj. cn
质量体系:ISO/TS 16949
产品情况:(松鹰牌)
汽车空调热力膨胀阀

★宁海县金凌模塑有限公司
地址:浙江省宁波市宁海县桥头胡街道桥井东路
邮编:315600
电话:0574/65533688
传真:65573308
网址:www. nb-jinling. com
电子信箱:nbjinling@ 163. com
质量体系:ISO 9001
产品情况:水壶、助力泵油壶、制动油储罐、盖子、管接头、拉手、烟灰缸、橡胶件等

★宁波景文机械有限公司
地址:浙江省宁海县新兴工业园区(C区)金山三路18号
邮编:315600
电话:0574/65229101
传真:65228120
网址:www. jingwenchina. com
电子信箱:wang. zirui@ jingwenchina. com
质量体系:ISO/TS 16949
产品情况:汽车门外拉手、顶棚拉手、塑料喷涂件、防冻液壶及塑胶注塑模具
配套及出口情况:配套车型有北京现代、长城汽车、长安沃尔沃、长安福特等;远销美国、欧洲、美洲等国家和地区

★宁海县金凌海裕汽车部件有限公司
地址:浙江省宁波市宁海县桃源街道金工路42号
邮编:315615
电话:0574/83551865
传真:83551868
网址:www. nb-jinling. com
电子信箱:nbjinling@ 163. com

质量体系:ISO 9001
产品情况:汽车烟灰盒总成、顶棚拉手总成、门内外手柄总成等汽车内外饰件
配套情况:为北京现代、长城汽车、沈阳金杯、北汽福田、众泰汽车等配套

★宁波玛克特汽车饰件有限公司
地址:浙江省象山县西周镇工业开发区
邮编:315722
电话:0574/65835068
传真:65839262
网址:www. huaxianggroup. com
质量体系:ISO/TS 16949、ISO 14001
产品情况:高档汽车内饰件

★宁波恒富汽车部件发展有限公司
地址:浙江省象山县西周镇象西工业园区
邮编:315722
电话:0574/65831118、65839898
传真:65832126、65837863
网址:www. china - hengfu. com
电子信箱:zkaij@ china - hengfu. com
质量体系:ISO/TS 16949
产品情况:(恒富牌)
汽车空调壳体、空调电动机壳体、控制面板、暖风水阀、线束、空调叶轮、油泵支架、绝缘拉杆等
配套及出口情况:与比亚迪汽车、库柏电气、科世达华阳、博泽电机、博世集团、天纳克中国、北汽、日本电装等建立了稳定的合作伙伴关系;远销欧美等地区

★宁波华翔集团股份有限公司
地址:浙江省象山县西周镇镇安路104号
邮编:315722
电话:0574/65837888
传真:65831111
网址:www. huaxianggroup. com
电子信箱:huaxianggroup@ nbhx. com. cn
质量体系:ISO/TS 16949、VDA 6. 1
产品情况:多功能汽车、特种装备(车辆)、汽车零部件、电子产品及大、中型精密模具等
配套情况:为上汽大众、一汽-大众、上汽通用、一汽丰田等国内主要整车厂配套

★宁波继峰汽车零部件有限公司
地址:浙江省宁波市北仑江南出口加工区纬十路69号
邮编:315800
电话:0574/86176888
传真:86813075
电子信箱:andy@ nb - jf. com
质量体系:ISO/TS 16949、ISO 14001
产品情况:汽车座椅头枕总成、扶手总成、头枕支杆和门板扶手
配套情况:主要的配套品牌和车型有宝马3系、奥迪Q5、奥迪A6、奥迪A4、凯迪拉克赛威、别克君威、克莱斯勒大捷龙、福特蒙迪欧、日产天籁、丰田卡罗拉、马自达6、标致508、雪铁龙C5等中高档轿车

★宁波保税区提爱思泉盟汽车内饰公司
地址:浙江省宁波市保税区南区庐山西路167-15号
邮编:315800
电话:0574/26877590、26877583
传真:26877588
电子信箱:tstech_hr@ 126. com
质量体系:ISO/TS 16949
产品情况:汽车座椅表皮的裁断、缝制加工等汽车内饰件的生产
配套情况:为东风本田配套

★宁波纽特汽车配件有限公司
地址:浙江省宁波市北仑区大港二路68号
邮编:315800
电话:0574/86868755-2701
传真:86868757
网址:www. nbnewtech. com
电子信箱:info@ newtech4×4suv. com
质量体系:ISO/TS 16949
产品情况:各种材质的防撞杆、车顶行李架、车顶行李舱、自行车架、扰流板、备胎盖等
配套及出口情况:为德国大众、大洋洲福特/马自达、大洋洲日产、美国通用、美国福特等配套;远销欧洲、美洲、大洋洲等地区

★宁波裕民机械工业有限公司
地址:浙江省宁波市小港经济技术开发区义成路78号
邮编:315803
电话:0574/26850555、26850567
传真:26850500
网址:www. yumin - co. com
电子信箱:wangtt@ yumin - co. com
单位人数:380
质量体系:ISO/TS 16949、VDA 6. 1
产品情况:汽车侧窗总成、门框、前桥总成、内外后视镜、整车密封条、内外水切、装饰条等

★宁波出口加工区提爱思泉盟内饰公司
地址:浙江省宁波出口加工区天山路5号(北仑大矸)
邮编:315806
电话:0574/26877587、26877577
传真:26877588
网址:www. tstech. co. jp
电子信箱:tstech_hr@ 126. com
质量体系:ISO/TS 16949
产品情况:座椅、车门、转向盘等汽车内饰件、汽车座椅套
配套及出口情况:为本田汽车供货;出口日本、美国、加拿大等国家

★浙江图腾汽车用品制造有限公司
地址:浙江省台州市三门沿海工业城
邮编:317106
电话:0576/80213333、82919393
传真:82429939
网址:www. fukoku. net. cn
电子信箱:ttnm@ fukoku. net. cn
质量体系:ISO/TS 16949
产品情况:刮水器及刮水橡胶条

★浙江天成自控股份有限公司
地址:浙江省天台县西工业园区上宅
邮编:317200
电话:0576/83737917
传真:83737597
电子信箱:ttcbr@ china - tc. com
质量体系:ISO 14000
产品情况:客车、货车驾驶员座椅、工程机械座椅、农业机械座椅、跑车座椅等四大类共210多个产品
配套及出口情况:为龙工、山工、柳工、宇通、金龙、金华尼奥普兰等50多家国内大型主机厂配套;出口美国、英国、意大利、加拿大、澳大利亚、新加坡、荷兰等20多个国家

★浙江飞越机电有限公司
地址:浙江省温岭市陈西工业区九龙大道
邮编:317500
电话:0576/86191958、4006691957
传真:86191957
网址:www. worldvalue. cn
电子信箱:sale@ worldvalue. cn
单位人数:260
质量体系:ISO 9001
产品情况:真空泵系列、汽车空调压缩机系列产品;具有30万台旋片式真空泵、3万台冷媒回收机年生产能力
出口情况:出口美国、欧盟、日本等全球70多个国家和地区

★温岭市寰宇汽车配件有限公司
地址:浙江省温岭市南泉工业区
邮编:317500
电话:0576/86114630
传真:86222376
网址:www. cwqp. com
电子信箱:cwqp@ mail. tzptt. zj. cn
质量体系:ISO/TS 16949
产品情况:永磁直流电动机系列、减速永磁直流电动机系列
配套及出口情况:为东风、一汽、跃进、长城等20多家汽车厂配套;出口美国

★温岭市永杭汽车配件有限公司
地址:浙江省温岭市太坪镇南泉工业区
邮编:317500
电话:0576/86224854、13906864457
传真:86126153
网址:www. cnyonghang. com
电子信箱:market@ cnyonghang. com
质量体系:ISO 9001
产品情况:汽车洗涤泵、刮水器片等
出口情况:出口南美洲、东欧、北美洲、东南亚、中东,并销往中国台湾地区

★台州法雷奥温岭汽车零部件有限公司
地址:浙江省温岭市万寿路258号
邮编:317500
电话:0576/86223924
传真:86223671
网址:www. valeo. com. cn
电子信箱:james. xi@ valeo. com
质量体系:ISO/TS 16949、QS 9000
产品情况:(VALEO牌)
汽车刮水器、洗涤器
配套及出口情况:主要客户为日产/东风日产/郑州日产、上汽/上汽通用、武汉神龙、一汽/一汽-大众、金杯华晨、保定中兴、保定长城、郑州日产、南京依维柯、芜湖奇瑞、合肥江淮、南昌江铃、重庆铃木等;远销欧美等地区

★温岭市通驰汽车空调制造有限公司
地址:浙江省温岭市城西工业区一号路
邮编:317515
电话:0576/86259388、86655555
传真:86259008
网址:www. chinatongchi. com
电子信箱:tongchi@ chinatongchi. com
产品情况:(通驰牌)
空调冷凝器风扇、散热器风扇、空调清洗罐等,年产电动机80余万台
配套及出口情况:为多家知名品牌汽车厂配套;出口欧洲、美洲、中东、东南亚等地区

★浙江真奇汽车零部件有限公司
地址:浙江省温岭市石桥头工业园区
邮编:317515
电话:0576/86288027、86280188
传真:86289088
网址:www. washerpumps. com
电子信箱:market@ washerpumps. com
质量体系:ISO/TS 16949
产品情况:风窗玻璃电动洗涤器总成及其电动机,年产450万台套以上
配套及出口情况:为10多家大型汽车制造商配套;出口南美洲、东欧、东南亚、中东等地区,并销往中国台湾地区

★温岭市恒发空调部件有限公司
地址:浙江省温岭市泽国水仓工业区后仓路228号
邮编:317523
电话:0576/86451188、86451877
传真:86451260
电子信箱:wl-hf@ 126. com
质量体系:ISO 9001
产品情况:空调截止阀、球阀、止回阀,各类管接件、储液器、消声器、过滤器等
出口情况:远销北美洲、南美洲、大洋洲、东南亚、西亚、北非

★浙江天环机械有限公司
地址:浙江省玉环县机电产业工业园区东海大道
邮编:317600
电话:0576/87223067
传真:87222315
网址:www. tianhuan. com
电子信箱:sales@ tianhuan. com
质量体系:ISO 9001
产品情况:汽车悬架控制臂、微型车及商务车汽车空调、摩托车、电动自行车用液压制动盘
配套及出口情况:直接、间接与主机厂实施定点配套服务;出口欧洲、美洲等地区

★玉环鳌力液压件有限公司
地址:浙江省玉环县坎门科技工业园
邮编:317602
电话:0576/87509829
传真:87509827
电子信箱:weizhong@ yhaoli. com
质量体系:ISO 9001
产品情况:(鳌力牌)
客车门锁、轮向助力泵等

★玉环县易利鸿机械厂
地址:浙江省玉环县玉环坎门科技工业园区
邮编:317602
电话:0576/87578552
传真:87518066
网址:www. yilihong. cn
电子信箱:ylh@ yilihong. cn
质量体系:ISO 9001
产品情况:(EPCOS牌)
气弹簧支撑杆,年产能力100万条以上
出口情况:70%以上产品出口国际市场

★浙江国雨汽车零部件有限公司
地址:浙江省台州市椒江区海正大道389号
邮编:318000
电话:0576/88897788
传真:88320668
网址:www. gyt. cn
电子信箱:sale810@ gyt. cn
单位人数:500
质量体系:ISO/TS 16949
产品情况:(国雨牌)
汽车电动刮水器总成、汽车刮水片、汽车刮水器橡胶条、橡胶件等
配套及出口情况:为上汽大众配套;远销美国、德国、澳大利亚、日本、韩国、伊朗、俄罗斯、印度等国家

★浙江永峰塑业有限公司
地址:浙江省台州市临海上盘北洋工业区5路5号
邮编:318013
电话:0576/85725725、85077333
传真:85075111
网址:www. yongfengchina. com
电子信箱:sales@ yongfengchina. com
质量体系:ISO 9001
产品情况:(永峰牌)
汽车内/外饰件、保险杠、油壶、仪表台及汽车塑料件
配套情况:为北汽、长城汽车、丹东曙光、上海万丰等配套

★浙江俱进汽摩配件有限公司
地址:浙江省台州市椒江区三甲街道青龙开发区
邮编:318014
电话:0576/88120898、88120999
传真:88120998
网址:www. chinajujin. com
电子信箱:jujin@ chinajujin. com
单位人数:520
质量体系:ISO/TS 16949
产品情况:(俱进牌)
汽车座椅、真皮座套、聚氨酯发泡、汽车内饰件、精密冲压件等;年生产能力达到汽车座椅30万台套
配套情况:为吉利汽车集团等配套

★台州新立模塑科技股份有限公司
地址:浙江省台州市黄岩区澄江街道新江路128号
邮编:318020
电话:0576/84298888
传真:84298881
网址:www. sailing-china. cn
电子信箱:mp@ sailing-china. cn
负责人:黄伟军
质量体系:ISO/TS 16949
产品情况:汽车塑料内外饰件和注塑模具等
配套情况:主要客户有一汽、上汽通用、北汽、长城汽车、奇瑞汽车、吉利汽车、现代汽车、五十铃、延峰伟世通、英纳法、江森、全兴集团等

★台州市黄岩济豪模具有限公司
地址:浙江省台州市黄岩区澄江镇星江工业区
邮编:318020
电话:0576/84316222、84316228
传真:84316229
网址:www. chinajihao. com
电子信箱:jhmj@ chinajihao. com
单位人数:120
质量体系:ISO 9001
产品情况:大中型汽车保险杠、仪表台、面罩、前照灯、装饰件等塑料模具及注塑件
出口情况:90%以上的产品出口马来西亚、日本、韩国、泰国、德国、意大利等国家,并销往中国台湾地区

★浙江亨达塑料模具有限公司
地址:浙江省台州市黄岩西城模具城
邮编:318020
电话:0576/84229918、84111918
传真:84225969
网址:www. hyhd. com

电子信箱:henda@ vip.163.com
单位人数:220
质量体系:ISO 9001
产品情况:汽车内外饰件、倒车镜等模具
配套及出口情况:客户有长城、麦格纳、安通林、艾默生、东芝开利等;50%的模具远销欧美、日本等国家和地区

★台州市黄岩科力塑料模具厂
地址:浙江省台州市黄岩西工业园区金牛路2号
邮编:318020
电话:0576/84351612
传真:84251712
网址:www.kelimould.com
电子信箱:hykeli@ sina.com
质量体系:ISO 9001
产品情况:大中巴汽车风机塑料件、轿车水箱、散热器风扇系列等
配套及出口情况:为厦门金龙、郑州宇通、青年客车、哈飞汽车、奇瑞汽车、河北中兴、长城汽车、江铃汽车等配套;出口东南亚、欧洲、美洲地区

★台州市路桥区江南内燃机配件厂
地址:浙江省台州市路桥区螺洋街道双庙村吉利汽车城
邮编:318050
电话:0576/82368878、82368989
传真:82368789
质量体系:ISO/TS 16949
产品情况:仪表台中央横梁总成、加油管总成、仪表台固定板总成、后纵拉力杆总成、前舱导水主板总成、发动机支架焊接总成、稳定杆焊接支架总成、加速踏板带支架总成、离合及制动踏板带支架总成等
配套情况:为吉利集团配套

★浙江俏宇机车部件有限公司
地址:浙江省台州市路桥区横街海滨大道
邮编:318056
电话:0576/82620888、82622228
传真:82620881
网址:www.cnqiaoyu.com
电子信箱:info@ cnqiaoyu.com
单位人数:400
质量体系:ISO 9001
产品情况:(俏宇牌)
摩托车、汽车后视镜,各种镜片(凹凸镜片或异形镜片)
配套及出口情况:为吉利汽车、钱江集团、济南轻骑、轻骑铃木、大阳、嘉陵集团、豪剑集团、华南集团等配套;出口欧洲、东南亚等地区

★浙江省永康市汽车配件厂
地址:浙江省永康市城西新区西塘三路79号
邮编:321300
电话:0579/87112448
传真:87115510
电子信箱:ykqpc@ 163.com
质量体系:ISO/TS 16949
产品情况:纵梁(单双排轻型客车)前门合页、背门合页、前罩铰链等车身钣金冲压件
配套情况:为昌河汽车、长安汽车配套

★浙江东峰制冷配件有限公司
地址:浙江省东阳市歌山路339号
邮编:322100
电话:0579/86558222、86558188
传真:86558666、86558000
网址:www.dyrc.com.cn
电子信箱:jimmy@ dyrc.com.cn
质量体系:ISO/TS 16949
产品情况:(东峰牌)
制冷管路,为汽车空调、商用空调及冷冻冷藏设备配套的系列产品

★浙江兰通空调设备有限公司
地址:浙江省龙泉市大沙工业区大沙二路15号
邮编:323700
电话:0578/7218619、7218618
传真:7218620、7218148
网址:www.zjltkt.com
电子信箱:ltac808@ zjltkt.com
质量体系:ISO/TS 16949、ISO 9001
产品情况:(兰通牌)
层叠式蒸发器、管带式蒸发器、平行流冷凝器、管带式冷凝器、汽车空调管接头、管路总成等产品
出口情况:部分产品出口

★浙江博威汽车空调有限公司
地址:浙江省龙泉市大沙经济开发区
邮编:323700
电话:0578/7218198
传真:7218509
网址:www.autocondition.cn
电子信箱:xjq@ autocondition.cn
质量体系:ISO/TS 16949
产品情况:(博威牌、B&W牌)
汽车空调热力膨胀阀、管路、接头及相关电器
出口情况:远销中东、欧美等地区

★浙江龙腾空调有限公司
地址:浙江省龙泉市大沙经济开发区大沙二路5号
邮编:323700
电话:0578/7218602、7218603
传真:7218604
网址:www.lontium.cn
电子信箱:lqlt7218603@ 163.com
质量体系:ISO/TS 16949、ISO 14001
产品情况:主要产品有吉林帝豪、力帆620、长安之星、南京依维柯、奇瑞、众泰、东风小康、集瑞卡车等汽车空调管路总成及部件,年生产能力可达20万套汽车空调管路总成及零配件
配套及出口情况:有多年为汽车主机厂开发配套的经验;远销中东、非洲、东南亚等地区

★浙江新劲空调设备有限公司
地址:浙江省龙泉市回归工程广源街82号
邮编:323700
电话:0578/7218359、7218573
传真:7218579
网址:www.lqxj.com
电子信箱:zjlqxj@ vip.163.com
质量体系:ISO/TS 16949、ISO 14001
产品情况:(新劲牌)
汽车空调膨胀阀、电磁阀、压力阀、节流阀和温控器等系列产品
配套及出口情况:为欧美及国内多家知名品牌OE配套;畅销欧洲、美洲、日本、韩国、东南亚、中东、大洋洲等国家和地区的售后市场

★浙江创立汽车空调有限公司
地址:浙江省龙泉市回归工程区块广达街88号
邮编:323700
电话:0578/7218773、7690636
传真:7218783
网址:www.zjclkt.com
电子信箱:manager@ zjclkt.com
质量体系:ISO/TS 16949
产品情况:(创立牌)
蒸发器芯体、蒸发器总成、冷凝器、汽车空调管路、管接头、气门座及气门芯等产品

★龙泉市杰科汽车零部件有限公司
地址:浙江省龙泉市金沙工业园区松溪弄二期六号地块
邮编:323700
电话:0578/7650099
传真:7650055
网址:www.jiekevip.com
电子信箱:admin@ jiekevip.com
质量体系:ISO/TS 16949
产品情况:各种车型鼓风机,空调控制面板,AC开关,三挡风速开关,电子温控器,暖风水阀等产品
出口情况:远销东南亚、中东、北美洲、南美洲等地区

★浙江双荣汽车空调制造有限公司
地址:浙江省龙泉市金沙新区广济街86号
邮编:323700
电话:0578/7690263
传真:7122588
网址:www.zjsrkt.com
电子信箱:sales@ zjsrkt.com
质量体系:ISO 9001
产品情况:各种车型的汽车空调管路总成及管接头,年产量达1000万件
配套及出口情况:为多家国内主机厂配套;远销美国、欧洲、南美洲等国家和地区

★浙江九诺汽车空调有限公司
地址:浙江省龙泉市金沙新区回归工程广平街5号
邮编:323700
电话:0578/7699998、7699996
传真:7210099
网址:www.zjjiunuo.com
电子信箱:jiunuo@zjjiunuo.com
质量体系:ISO/TS 16949、ISO 14001
产品情况:(各种车型空调管路、压力开关、压缩机电控阀等系列产品
配套及出口情况:为上汽通用五菱、重庆长安汽车、中联重科等配套;出口北美洲、南美洲、欧洲、东南亚、中东等地区

★浙江创新汽车空调有限公司
地址:浙江省龙泉市开发区广通街83号
邮编:323700
电话:0578/7218591
传真:7218052
网址:www.zjlqcx.com
电子信箱:sales@zjlqcx.com
质量体系:ISO 9001
产品情况:(创新牌)
汽车空调平行流冷凝器、管带式冷凝器和层叠式蒸发器、水箱、干燥瓶、膨胀阀等
出口情况:在美国、阿联酋、巴西均设立有分公司

★龙泉市恒丰汽车空调配件有限公司
地址:浙江省龙泉市大沙经济开发区大沙二路11号
邮编:323703
电话:0578/7218357、13306785619
传真:7218358
网址:www.lqhengfeng.com
电子信箱:zjlqhengfeng@163.com
单位人数:138
质量体系:ISO 9001
产品情况:(兴丰牌)
储液干燥器
出口情况:出口东南亚、欧洲、美洲市场

★浙江松信汽车空调有限公司
地址:浙江省龙泉市工业园区回归工程松溪弄C地块
邮编:323704
电话:0578/7690099
传真:7690066
网址:www.songxin.cn
电子信箱:sales@songxin.cn
质量体系:ISO/TS 16949、ISO 14001
产品情况:(松信牌)
汽车空调冷凝器、蒸发器1500多个品种,年生产能力达130万台套
配套及出口情况:为国内外整车一级、二级配套;远销美国、南美洲、东南亚、中东等国家和地区

★浙江奔克汽车部件有限公司
地址:浙江省丽水市经济开发区绿谷大道337号
邮编:323800
电话:0578/2928888、2928882
传真:2928887、2928983
网址:www.chinabenke.com
电子信箱:sinobenke@163.com
单位人数:500
质量体系:ISO 9001、ISO/TS 16949
产品情况:(奔克牌)
汽车冲压、五金、塑胶、电镀、吸塑、注塑等内外饰零部件
配套及出口情况:为多家知名品牌车厂提供OEM生产服务;出口20多个国家

★浙江爽凯汽车空调有限公司
地址:浙江省青田县港头工业区
邮编:323903
电话:0578/6071931、6071932
传真:6071927
网址:www.zjshuangkai.com
电子信箱:zjsk@zjshuangkai.com
质量体系:ISO/TS 16949
产品情况:(爽凯牌)
汽车空调蒸发器(层叠式蒸发器、管带式蒸发器)和冷凝器(平行流冷凝器、管带式冷凝器),以及暖风水箱
配套及出口情况:主要配套客户包括:美国AI、沈阳SANDEN、巴西FORD、重庆赛特、福州泰全(东南汽车)等;为美国GM公司FISKER车型、韩国LANOS(俄罗斯工厂)、福特FICSTA、东风小康、长安之星、五菱之光车型、一汽佳宝、徐工工程车等车型配套;远销北美洲、南美洲、欧洲、亚洲、大洋洲、非洲等30个国家和地区

★温州市汽车附件二厂
地址:浙江省温州市鹿城区龙方工业区8号
邮编:325000
电话:0577/88625858、88625181
传真:88625858
网址:www.jinyidianqi.com
电子信箱:767756760@qq.com
产品情况:(尽义牌)
汽车电扇、鸿运扇、汽车电子钟、室内观视镜、各种驾驶员拉手、车门拉手、蜂鸣器、报警器等
配套情况:为一汽集团、华西客车、大连客车、芜湖迎客松、长安集团轻型客车、中通客车、贵州万达、春兰集团等10多家汽车厂装车配套

★温州市环球汽车衬垫有限公司
地址:浙江省温州市瓯海区郭溪镇三溪工业园新棣路15号
邮编:325000
电话:0577/88412875、85258112
传真:88425188
网址:www.feili.com.cn
电子信箱:zcb@wzhq.net
质量体系:ISO/TS 16949、ISO 14001
产品情况:(飞利牌)
汽车内饰件、整车隔音隔热垫、汽车轮毂单元与汽车电器等产品
配套情况:为上汽大众、一汽－大众、上汽通用、神龙汽车、广汽本田、上汽通用五菱、保定长城、安徽奇瑞、浙江吉利、福建戴姆勒等国内主要汽车厂配套

★浙江超达汽车配件有限公司
地址:浙江省温州市瓯海经济开发区大鹏路3号
邮编:325014
电话:0577/86362551
传真:86783577
电子信箱:sales@chinachaoda.com
质量体系:ISO/TS 16949
产品情况:(超达牌)
组合开关、全车锁、点火开关、加油口盖、电喇叭、翘板开关等
配套及出口情况:为重庆力帆、依维柯、长安、东风、陕汽集团、江淮汽车、北汽福田、时风、五征、黑豹等主机厂配套;出口西欧、东南亚

★浙江达利仕实业有限公司
地址:浙江省温州市瓯海区娄桥工业区荣泰路2号
邮编:325016
电话:0577/86288868、86281095
传真:86288828、86283320
网址:www.cn－dls.com
电子信箱:sales@cn－dls.com
质量体系:ISO/TS 16949
产品情况:(DLS牌)
自行车锁、摩托车锁、汽车锁、汽车附件等产品
配套及出口情况:与近10家世界500强企业建立了长期稳定的国际贸易关系;远销欧洲、美洲、大洋洲、亚洲等几十个国家与地区

★温州市蓝天汽车零部件有限公司
地址:浙江省温州市滨海园区四道997号
邮编:325024
电话:0577/86937085
传真:86928938
网址:www.elantian.com
电子信箱:mq988@126.com
质量体系:ISO/TS 16949
产品情况:(蓝天彩虹牌)
汽车门窗框及导轨系列产品
配套情况:为东风汽车、吉利、力帆、众泰等国内大型汽车生产厂家配套

★浙江正东机车部件有限公司
地址:浙江省温州市经济技术开发区滨海园区一道玉兰路16号
邮编:325025
电话:0577/85801809、85801810
传真:85801811
网址:www.chinazhengdong.com
电子信箱:sales@chinazhengdong.com

质量体系:ISO/TS 16949
产品情况:(正东牌)
汽车锁具、摩托车锁具
配套及出口情况:摩配与建设雅马哈、韩国大林、TVS、重庆建设、北方易初、广州五羊、隆鑫、力帆等国内外十几家知名企业集团建立了定点配套关系;汽配与中国一汽、东风柳汽、吉利、比亚迪、湖北三环、力帆、川汽、法国标致等十几家大型汽车主机厂建立了友好的协作关系;远销欧美、亚非等20多个国家和地区

★温州市东风通用机电厂
地址:浙江省温州市炬光园中路2号
邮编:325029
电话:0577/89615188
传真:89612988
网址:www.wzdf.com
电子信箱:master@wzdf.com
单位人数:600
质量体系:ISO/TS 16949
产品情况:(鹿城牌)
各种汽车门锁、遥控中控锁、带点火开关的转向锁和汽车锁芯、车门内外把手、组合开关、洗涤器、储液罐、转向盘等产品
配套及出口情况:主要客户有上汽通用五菱、长安汽车、昌河铃木、长安铃木、昌河汽车、上海汽车、北京汽车、华泰汽车、比亚迪汽车、东风汽车公司等;出口欧洲等地区

★温州市丽豹汽车配件有限公司
地址:浙江省温州市瓯海区丽岙镇泊岙工业区
邮编:325060
电话:0577/85382628、13825093539
网址:www.chinalibao.com
电子信箱:chinalibao@163.com
单位人数:400
质量体系:ISO/TS 16949
产品情况:(丽豹牌)
不锈钢装饰条、塑料电镀装饰件、消声器、冷光装饰条、带灯后视镜盖、车内仪表桃木装饰件、注塑豪华晴雨挡、定风翼、挡泥板、中央扶手箱、车顶行李架、侧门踏板、脚垫等
配套情况:为一汽马自达、东风标致、一汽奔腾、东风雪铁龙、长安福特等汽车厂商售后附件OEM配套商

★浙江兆翔车业股份有限公司
地址:浙江省温州市瓯海仙岩竹溪工业区
邮编:325062
电话:0577/85318888、85315555
传真:85303444、85315000
网址:www.sinozx.com
电子信箱:master@sinozx.com
质量体系:ISO 9001、ISO 17025
产品情况:(富翔牌)
汽车、摩托车后视镜,摩托车把套、手柄、装饰件、龙头、风窗玻璃、防盗锁等配件
出口情况:出口非洲、中东、印度尼西亚、马来西亚等国家和地区

★瑞安市神博汽车电器有限公司
地址:浙江省瑞安市安阳镇沿江西路32号
邮编:325200
电话:0577/65677318、65677218
传真:65677218
电子信箱:heguangchun_wz@hotmail.com
质量体系:ISO/TS 16949
产品情况:各种后视镜

★中欧汽车电器有限公司
地址:浙江省瑞安市滨江大道1306号
邮编:325200
电话:0577/65609638、65609268
传真:65609668
网址:www.zhongou.com
电子信箱:message@zhongou.com
质量体系:QS 9000、ISO 9002
产品情况:(中欧牌)
三刮刮水器总成、玻璃升降器总成、车门锁总成、暖风电动机、车用开关等
配套及出口情况:为一汽集团、东风汽车公司等10多家主机厂配套;向美国、德国、韩国、东南亚等国家和地区的OEM市场和散件市场出口

★瑞安市华宇汽车电器有限公司
地址:浙江省瑞安市东山经济开发区
邮编:325200
电话:0577/65007889
网址:www.hearud.com
电子信箱:huayu@hearud.com
质量体系:ISO 9000
产品情况:(华瑞德牌)
汽车暖风电动机、汽车空调电动机、汽车刮水器电动机及汽车暖风机总成
配套情况:产品配套或二次配套于重汽集团,一汽集团、东风汽车公司、北汽集团、长安公司、昌河公司、哈飞公司、杭汽厂等国内近十几家主机厂

★浙江瑞安市通力汽车部件有限公司
地址:浙江省瑞安市韩田后垟工业区
邮编:325200
电话:0577/65385058
传真:65385078
电子信箱:ratlqp@163.com
质量体系:ISO 9001
产品情况:(通力牌)
汽车门锁总成、玻璃升降器、蜗牛电喇叭、电磁式电源总开关、电动机电磁开关等
配套及出口情况:为时风集团、巨力集团、飞彩集团、常林集团等配套;出口欧洲、拉丁美洲、非洲等地区

★浙江中特力制锁有限公司
地址:浙江省瑞安市经济开发区安阳南路58号
邮编:325200
电话:0577/65351367、65608686
传真:65358088
电子信箱:zhongtelisale@163.com
质量体系:ISO/TS 16949
产品情况:(中正牌)
客车门锁、微型车门锁、工程车门锁和点火开关
配套及出口情况:为金龙客车、宇通客车、金华青年、北汽福田、长安汽车、吉奥汽车、上海华普、众泰汽车、玉柴集团、柳工等主机厂配套;标致、雷诺系列点火开关进入欧洲中高档市场及中东主机厂

★浙江华尔达汽车空调有限公司
地址:浙江省瑞安市经济开发区大道688号
邮编:325200
电话:0577/58809816、58809818
传真:25668855
电子信箱:atm@automan.cn
质量体系:ISO/TS 16949
产品情况:层叠式蒸发器、平行流冷凝器、中冷器、油冷器和散热器等
配套及出口情况:为上汽通用五菱、长安汽车、长城汽车、奇瑞、吉利、重庆力帆、美国UAC、欧洲NISSENS、FOUR－SEASONS、NRF、新加坡三电等配套;出口国外市场

★瑞安市光得明交通电器有限公司
地址:浙江省瑞安市经济开发区发展区金源路88号
邮编:325200
电话:0577/65607530、65608530
传真:65608530
网址:www.china－goldmine.com
电子信箱:goldmine718@gmail.com
质量体系:ISO 9001
产品情况:(拓金牌)
系列外、内后视镜

★浙江银宏汽摩附件有限公司
地址:浙江省瑞安市经济开发区发展区开发六路388号
邮编:325200
电话:0577/65152801
传真:65152800
电子信箱:master@yinhong.com
质量体系:ISO 9002
产品情况:(YINHONG牌)
汽车及摩托车防盗锁、汽车雾灯、后视镜、报警器、球型门锁及其他汽车附件
出口情况:出口欧洲、美国、东南亚、非洲等10多个国家和地区

★浙江万里安全器材有限公司
地址:浙江省瑞安市经济开发区开发三路488号

邮编:325200
电话:0577/59887000、58807766
传真:58802309
电子信箱:zjwl@ zjwl. co
质量体系:ISO/TS 16949
产品情况:[万里安泰(Wanliantai)牌、汽车挚友(Autofriend)牌]
汽车安全带,年产300多万条
配套及出口情况:为一汽集团、东风汽车公司、重汽集团、青岛汽车厂、成都王牌等配套;远销欧洲、美洲、非洲、中东、东南亚市场

★瑞安市佳福汽车电机有限公司
地址:浙江省瑞安市塘下海安工业区朝阳西街133号
邮编:325200
电话:0577/65261175
传真:65267118
电子信箱:zjjiafu888@ 163. com
质量体系:ISO 9001
产品情况:(佳福达牌)
电动玻璃升降器、散热器风扇、刮水器电动机及总成

★瑞安市华欧织带有限公司
地址:浙江省瑞安市塘下镇科技工业区
邮编:325200
电话:0577/66001000
传真:66001010、65364005
网址:www. wzhuaou. com
电子信箱:huaou@ wzhuaou. com
质量体系:QS 9000、ISO 9001
产品情况:(华欧牌)
汽车安全带、汽车锁捆带、吊带、拉紧器带、头盔带、箱包带、五金配套带等
配套情况:4N型汽车安全带配套东风公司特种车

★瑞安市联众汽车零部件有限公司
地址:浙江省瑞安市汀田镇联大工业区
邮编:325200
电话:0577/65119666、65118866
传真:65504858
网址:www. lzautoparts. com
电子信箱:china@ lzautoparts. com
质量体系:ISO 9001、ISO 14001
产品情况:(联仲牌)
汽车转向节和汽车摆臂
出口情况:远销东南亚、非洲、南美洲、埃及、意大利等国家和地区

★瑞安市胜凯汽车配件厂
地址:浙江省瑞安市新坊工业区凤尾路8弄8号
邮编:325200
电话:0577/65360954
传真:65362954
电子信箱:zj – kaikai@ 163. com
产品情况:(胜凯牌)
汽车刮水器及其臂片、制动灯、机油塞、刮水电动机、暖风电动机、蜡式节温器等
配套及出口情况:为上汽大众、一汽–大众、神龙汽车等配套;远销美国、西欧、东南亚等国家和地区

★温州市海鸥汽车锁系统有限公司
地址:浙江省瑞安市瓯海仙岩工业区德丰路63号
邮编:325203
电话:0577/58901558、85329111
传真:85329222
网址:www. chinahaiou. com
电子信箱:haiousuoye@ 126. com
质量体系:ISO/TS 16949
产品情况:(晋亿牌)
门锁总成、点火开关总成
配套及出口情况:与宇通、金龙、中通、东风、长安、吉利、奇瑞、马自达和菲亚特等企业配套;远销欧洲、美洲、中东、东南亚等国家地区

★温州安祥汽车零件有限公司
地址:浙江省温州市平阳县榆垟工业区
邮编:325203
电话:0577/63793055
传真:63793066
电子信箱:wangliangan@ 163. com
质量体系:ISO 9001
产品情况:汽车无骨刮水器
出口情况:出口欧洲、美洲、中东、东南亚等地区

★浙江雷牌机件有限公司
地址:浙江省瑞安市塘下镇汽摩配工业园区
邮编:325204
电话:0577/65355555
传真:65367877
网址:www. leipai. com
电子信箱:leipai@ leipai. com
单位人数:600
质量体系:ISO/TS 16949
产品情况:(雷牌)
具备年生产汽车锁具2万套,摩托车锁具400多万套,电动车锁具150万套,锁具配件1000多万套的生产能力
配套及出口情况:为本田制锁、力帆、宗申、隆鑫、嘉陵、轻骑、吉利汽车等配套;部分产品远销东南亚、中东、南美洲、非洲等地区,并销往中国台湾地区

★浙江奥凯利汽配有限公司
地址:浙江省瑞安市国际汽摩配产业园区登云路85号
邮编:325204
电话:0577/65522754、65178113
传真:65530130、65175088
网址:www. oklead. cn
电子信箱:oklead@ china. com
质量体系:ISO 9001
产品情况:(OKLEAD牌)
汽车及摩托车防盗锁、汽车行李架等
出口情况:5%以上的产品出口亚洲、北美洲、欧洲、中东、非洲市场

★浙江利海机车部件有限公司
地址:浙江省瑞安市国际汽摩配产业基地北工业区新旺路85号
邮编:325204
电话:0577/65386658、65387888
传真:65386698、65386008
网址:www. li – hai. com
电子信箱:sales@ li – hai. com
单位人数:1000
质量体系:ISO 9001
产品情况:(利海牌、如祥牌、欧浩莱牌、卡洛斯牌)
汽车配件、摩托车套锁等摩托车配件
出口情况:畅销欧洲、南美洲、东南亚、南亚、中东、非洲等50多个国家和地区

★南通超盾机电科技有限公司
地址:浙江省瑞安市韩田工业区长安路56号
邮编:325204
电话:0577/65392828
传真:65226880
网址:www. auto – motor. cn
电子信箱:oem@ chaodun. com
质量体系:ISO 9000、QS 9000
产品情况:(创合生牌)
汽车洗涤器总成

★瑞安市东兴汽车配件厂
地址:浙江省瑞安市鲍田新华工业区
邮编:325204
电话:0577/65208880、13326192828
传真:65213138
网址:www. zj – dongxing. com
电子信箱:dx@ zj – dongxing. com
产品情况:专业生产各种门锁、门锁芯、点火开关、内外拉手、玻璃升降器
配套及出口情况:与多家大型汽车企业长期配套;远销欧美、中东等地区

★浙江旺亮锁业有限公司
地址:浙江省瑞安市国际汽摩配园区广场路2号
邮编:325204
电话:0577/65338055、65338011
传真:65332736、65338066
网址:www. wangliang. com
电子信箱:wangliang666@ vip. 163. com
质量体系:ISO 9001
产品情况:汽车、摩托车、电动车锁具
出口情况:远销中东、非洲、东南亚等地区

★温州兴瑞驾驶室部件有限公司
地址:浙江省瑞安市海安下林罗山大道72–2号
邮编:325204
电话:0577/65358381、13758798889

传真:65368781
网址:www.chinaxingrui.com
电子信箱:xr@chinaxingrui.com
负责人:林胜树
质量体系:ISO 9001
产品情况:各种汽车驾驶室配件,汽车门锁、后视镜支架与镜总成、变速杆操纵机构与防尘罩、加速踏板与传动装置总成、五十铃、100铰链、限位器总成、各种车型塑料卡扣、侧窗手柄合件总成内饰件配件、汽车标准件、异形件
配套及出口情况:与国内各大知名企业长期合作;出口东南亚

★鑫田集团有限公司
地址:浙江省瑞安市韩田工业区飞凤北路2号
邮编:325204
电话:0577/65358883、65376873
传真:65353348
网址:www.chinaxintian.com
电子信箱:xintian@chinaxintian.com
董事长:周化荣
负责人:周国荣
质量体系:ISO/TS 16949、VDA 6.1
产品情况:汽车空调系统总成:冷凝器、蒸发器、管路;汽车发动机用铜、铝散热器;仪表、传感器;电子倒车雷达;全车线束;电子风扇总成;电动后视镜;开关电器及各类摩托车套锁、化油器等
配套及出口情况:为一汽、东风汽车公司、上汽等10多家大型主机厂配套;远销欧洲、美洲、亚洲、非洲等20多个国家和地区

★瑞安美力华车镜有限公司
地址:浙江省瑞安市韩田工业区金杯路83-85号
邮编:325204
电话:0577/65368555、58887655
传真:65353554
网址:www.meilihua.net
电子信箱:info@meilihua.net
质量体系:ISO 9001
产品情况:(美力华牌)
汽车灯具、后视镜
配套及出口情况:为哈飞汽车、上汽通用五菱等配套;出口东南亚、美洲、非洲等地区

★瑞安市友谊汽车雨刷有限公司
地址:浙江省瑞安市双桥工业区建新东路64号
邮编:325204
电话:0577/65353051、65385051
传真:65390851
网址:www.youyi-wiper.com
电子信箱:lee@youyi-wiper.com
质量体系:ISO 9001
产品情况:汽车刮水器,无骨刮水器
出口情况:出口多个国家和地区

★浙江宇航汽车配件有限公司
地址:浙江省瑞安市塘下工业区
邮编:325204
电话:0577/65337898
传真:65337858
网址:www.chinazhanyu.com
电子信箱:ruianyuhang@163.com
质量体系:ISO/TS 16949
产品情况:(展宇牌)
电动玻璃升降器、组合开关、门锁、点火开关、刮水器连动杆系列、电动机系列
配套及出口情况:部分产品同西安比亚迪、深圳比亚迪、东营吉奥汽车、江苏九龙汽车、中国重汽、重汽商务车、通用五菱、长沙平头车等国内知名主机厂家配套;远销欧洲、美洲、东南亚、中东地区

★瑞安市大林机车零部件有限公司
地址:浙江省瑞安市塘下官渎工业区小问路
邮编:325204
电话:0577/65387608
传真:65387608
质量体系:ISO 9001
产品情况:(DALIN牌)
大客车和轿车的全车门锁体、内外拉手等产品
出口情况:出口东欧、美洲等地区

★瑞安市明程机车部件有限公司
地址:浙江省瑞安市塘下肇平垟工业园区
邮编:325204
电话:0577/66002909
传真:65373878
电子信箱:drjtmac@hotmail.com
质量体系:ISO 9001
产品情况:汽车刮水臂、片
出口情况:远销多个国家和地区

★瑞安市中星机械有限公司
地址:浙江省瑞安市塘下肇平垟中村工业区
邮编:325204
电话:0577/65371722、66003958
传真:65370227
网址:www.cn-xz.com
电子信箱:raxz@cn-xz.com
质量体系:ISO 9001
产品情况:(星中牌)
汽车刮水器连动杆、液压及气动铆接机机械设备
出口情况:出口欧洲、美洲、东南亚等地区

★瑞安市名冠电气有限公司
地址:浙江省瑞安市塘下镇八水村
邮编:325204
电话:0577/65371168
传真:65370678
电子信箱:mg@mingguan.com.cn
产品情况:汽车空调系统风机、双燃料LPG装置、电子油泵和电喇叭
配套情况:为一汽集团、东风汽车公司、上汽通用五菱、江淮汽车、金龙汽车、宇通客车、锡柴、大柴、朝柴、上柴、玉柴、扬柴、美国捷纳瑞克等配套

★瑞安市风驰轿车配件有限公司
地址:浙江省瑞安市塘下镇鲍二中心西路31-33号
邮编:325204
电话:0577/65202095、65200894
传真:65202095、58885688
电子信箱:info@fengchi-ap.com
质量体系:ISO 9001
产品情况:(鲍驰牌)
刮水器、机盖锁、夹箍、铰链、排气管垫等各种冲压件
出口情况:远销中东、东南亚等地区

★瑞安市哲远汽车零部件有限公司
地址:浙江省瑞安市塘下镇鲍田工业区
邮编:325204
电话:0577/65208111
传真:65209685
质量体系:ISO 9001
产品情况:(正昊牌、宏昊牌)
汽车玻璃升降器、门窗用电动机、车用各类继电器

★瑞安市雷迪森汽车部件有限公司
地址:浙江省瑞安市塘下镇岑头西路113号
邮编:325204
电话:0577/65358518、65359188
传真:65398578
电子信箱:ladison@126.com
质量体系:ISO 9001
产品情况:汽车刮水器总成、风窗洗涤器总成、中央电器盒、空滤进气管等
配套情况:为北汽福田、南京汽车集团、湖南同心、杭州杭挂、浙江正宇等配套

★温州宝尔特汽车部件有限公司
地址:浙江省瑞安市塘下镇场桥上叶罗山东路168号
邮编:325204
电话:0577/65292078、65292079
传真:65292068
网址:www.baoerte.cn
电子信箱:info@baoerte.cn
质量体系:ISO 9001
产品情况:汽车支撑杆(气弹簧),汽车皮带轮,摩托车变速杆,起动杆等系列产品
出口情况:远销东南亚、中东、欧洲等20多个国家和地区

★温州中成化油器制造有限公司
地址:浙江省瑞安市塘下镇陈宅工业区
邮编:325204
电话:0577/65378318
传真:65371880
电子信箱:info@ezhongcheng.com

质量体系:ISO 9001
产品情况:(科申牌)
摩托车化油器及通用汽油机化油器,年生产能力达200万只
配套及出口情况:化油器产品长期与新大洲本田、广东大长江集团、广东嘉陵集团、浙江隆鑫集团、轻骑集团、重庆隆鑫通用、绍兴通用、林海苏美达等国内知名企业配套;出口美国、欧洲、中东、东南亚等国家和地区

★瑞安市珍荣电机有限公司
地址:浙江省瑞安市塘下镇工业区天凤大街79号
邮编:325204
电话:0577/65381975
传真:65372458
网址:www. cn - zr. com
电子信箱:sales@ cn - zr. com
质量体系:ISO/TS 16949
产品情况:(珍荣牌)
玻璃升降器总成系列,升降电动机、刮水器电动机、座椅电动机、天窗电动机等系列产品
出口情况:出口美国、英国、意大利、俄罗斯、伊朗、马来西亚、韩国等国家,并销往中国香港地区

★瑞安市胜通汽车配件有限公司
地址:浙江省瑞安市塘下镇广场西路工业区
邮编:325204
电话:0577/65376996、65378896
传真:65372678
网址:www. zjwzshengtong. com
电子信箱:shengtongqpgs@ sohu. com
质量体系:ISO 9001
产品情况:(微彩牌)
正时皮带张紧轮、张紧器、分离轴承、空调张紧轮系列等
配套及出口情况:为国内外多款式样微型汽车配套;出口欧洲、美洲、中东、东南亚

★瑞安市精华汽车配件厂
地址:浙江省瑞安市塘下镇韩田凤凰西路28号
邮编:325204
电话:0577/65350778、65373778
传真:65373198
网址:www. shangfan. com
电子信箱:info@ shangfan. com
质量体系:ISO 9001
产品情况:(上帆牌)
全车门锁体,内外拉手等产品
出口情况:出口东欧、美洲等地区

★瑞安市春天汽车配件厂
地址:浙江省瑞安市塘下镇罗凤北工业区
邮编:325204
电话:0577/65388880
传真:65386938
电子信箱:chinachuntian@ 163. com
质量体系:ISO/TS 16949
产品情况:汽车玻璃电动升降器

★温州明亮汽车零部件有限公司
地址:浙江省瑞安市塘下镇罗凤工业园区
邮编:325204
电话:0577/65338257
传真:65923611
网址:www. china - mingliang. com
电子信箱:autowiperjerry@ 163. com
质量体系:ISO 9001
产品情况:(亮博士牌)
汽车刮水器
出口情况:远销美国、中东、东南亚、南美洲等20多个国家和地区

★浙江开拓汽车电器有限公司
地址:浙江省瑞安市塘下镇上金西路2巷28号
邮编:325204
电话:0577/65351188、65373898
传真:65377770
网址:www. kaikaichina. com
电子信箱:kaikaichina@ kaikaichina. com
单位人数:180
质量体系:ISO/TS 16949
产品情况:(KK牌)
各类汽车刮水器总成、汽车散热器风扇、冷凝器风扇、空调鼓风机、座椅电动机等
配套及出口情况:为印度TATA、俄罗斯LADA、墨西哥FORD公司配套;远销亚洲、欧洲、美洲等地区

★瑞安市贸华汽车零部件有限公司
地址:浙江省瑞安市塘下镇石岗工业区
邮编:325204
电话:0577/65365228、65381228
传真:65393688
网址:www. zjmaohua. com
电子信箱:zjmaohua@ zjmaohua. com
质量体系:ISO 9001
产品情况:(益众牌)
汽车门把手、汽车门锁块、汽车点火锁、加油口盖、行李锁、玻璃升降器等
出口情况:远销欧洲、亚洲、中东、南美洲等地区

★瑞安市欧田汽车零部件有限公司
地址:浙江省瑞安市塘下镇石岗路35号
邮编:325204
电话:0577/58888665、18958758707
传真:65366278
网址:www. zjoutian. com
电子信箱:apple@ chinaoutian. com
质量体系:ISO 9001
产品情况:(OTEN牌)
捷达、奥迪、奔驰、高尔夫、欧宝等系列全车锁芯、点火锁芯、车门拉手、加油口盖锁、行李舱锁、刮水片
出口情况:出口欧洲、中东、东南亚等地区

★瑞安市大球汽车锁厂
地址:浙江省瑞安市塘下镇时代路55号
邮编:325204
电话:0577/65353830、66003830
传真:65378956
网址:www. cnbaoqiu. com
电子信箱:info@ cnbaoqiu. com
质量体系:ISO 9001
产品情况:(宝球牌)
汽车门锁、内外门把手、门锁芯、点火开关、加油口盖
配套及出口情况:为多家知名企业配套;出口中东、越南、老挝、缅甸、非洲、美国,并销往中国台湾地区

★浙江瑞安市罗南车辆电器厂
地址:浙江省瑞安市塘下镇吴岙工业区香山路14号
邮编:325204
电话:0577/65366177、65350160
传真:65366133
电子信箱:chinahaixu@ mail. wzptt. zj. cn
质量体系:ISO 9001
产品情况:(海旭牌)
各种汽车电动刮水器、电器开关
配套及出口情况:为一汽通用红塔云南、华晨金杯、山东时风、吉利汽车、浙江吉奥、云内、华晨中顺等配套;出口亚太、东欧、英国、非洲等国家和地区

★浙江望德远机车部件有限公司
地址:浙江省瑞安市塘下镇新坊工业区
邮编:325204
电话:0577/65350410
传真:65363738
质量体系:ISO/TS 16949
产品情况:汽车刮水器总成、滤清器纸

★瑞安市星华汽配厂
地址:浙江省瑞安市新坊工业区强新路5号
邮编:325204
电话:0577/65360700
传真:65362700
电子信箱:chenziyi@ 163. com
质量体系:ISO/TS 16949
产品情况:(存之星(Salient Cunzhixing)牌)
汽车中控门锁、门锁执行器

★瑞安市洛特斯汽配有限公司
地址:浙江省瑞安市新坊工业区盛新路14-15号
邮编:325204
电话:0577/65350416
传真:65361193
网址:www. lotuce. com
电子信箱:viper@ lotuce. com
质量体系:ISO 9001
产品情况:(德泰牌)
刮水器总成及刮水器刮臂、电动

机、连动杆,暖风电动机,玻璃升降器总成及电动机等
出口情况:出口10多个国家和地区

★浙江万德远机车部件有限公司
地址:浙江省瑞安市新坊工业区颖新大街100号
邮编:325204
电话:0577/65390588、58880888
传真:65363738
网址:www. wandeyuan. com
电子信箱:cynthia@ wandeyuan. com
质量体系:ISO/TS 16949
产品情况:(万德远牌)
汽车刮水器(电动机、传动杆、臂片),车窗升降器总成、小型直流电动机等
配套及出口情况:是东风汽车、长安汽车、俄罗斯BAZ,伊朗SAIPA等国内外知名汽车厂商的配套供应商;远销德国、法国、美国、韩国、意大利、巴西、俄罗斯、印度等30余个国家

★瑞安市荣邦汽车部件有限公司
地址:浙江省瑞安市赵宅工业区天凤大街29号
邮编:325204
电话:0577/58802158、58808060
传真:65377998
网址:www. chinarongbang. com
电子信箱:info@ chnrb. com
质量体系:ISO/TS 16949
产品情况:(荣邦牌、沃仑牌、Volun牌)
汽车门锁、拉手、铰链、滑轮、发动机轴瓦
配套及出口情况:与一汽、长安、哈飞、众泰、川汽、永源、青年、华泰、四川现代、长丰猎豹、吉利等多家国内主机厂建立了一、二级配套关系;出口非洲、美洲、中东、东南亚等地区

★温州林泰汽车配件有限公司
地址:浙江省瑞安市安阳工业区C区华尔达路11号
邮编:325206
电话:0577/65539582、18958980809
传真:65539582
网址:www. lintaichina. com
电子信箱:edith@ chinalintai. com
质量体系:ISO/TS 16949
产品情况:(林泰牌)
汽车座椅、空气滤清器、汽车防盗锁、电子开关、安全带等汽车改装产品系列
出口情况:远销欧美、中东、亚洲等地区

★浙江诚义达汽车部件有限公司
地址:浙江省瑞安市塘下镇上金工业区104国道边
邮编:325206
电话:0577/65187681、65187682
传真:65187686
网址:www. nanxiang. com
电子信箱:wzcydqp@ 163. com
质量体系:ISO/TS 16949
产品情况:空调冷凝器、中冷器、暖风水箱、散热器等系列产品
配套情况:与济南重汽、东风公司、南京英田配套

★温州安利车辆部件有限公司
地址:浙江省瑞安市汀田镇汀七村
邮编:325206
电话:0577/65502589
传真:65100122
电子信箱:anli@ rayp. com
质量体系:ISO/TS 16949
产品情况:(桑罗特牌)
后翼子板、后行李舱盖、后围板、中柱总成、行李舱底板、散热器框架、后大梁、车门、前机盖等钣金件
配套情况:为上汽大众配套

★瑞安市张氏机车部件有限公司
地址:浙江省瑞安市汀田镇汀十工业区镇府东路1号
邮编:325206
电话:0577/65108282、13185888887
传真:65108181
网址:www. zsautoparts. com
电子信箱:565002463@ qq. com
质量体系:ISO 9001
产品情况:汽车安全带配件、汽车牌照、摩托车配件、紧固件、冲压件、橡胶凸缘等

★瑞安市众品汽车配件制造有限公司
地址:浙江省瑞安市莘塍镇东新工业区
邮编:325206
电话:0577/65520282
传真:65531357
电子信箱:pengcheng339@ gmail. com
质量体系:ISO 9001
产品情况:(众品牌)
刮水器电动机、手动/电动玻璃升降器、车门锁机构等
配套情况:为上汽大众、一汽-大众、一汽轿车等配套

★温州贝特机电实业有限公司
地址:浙江省瑞安市马屿镇江桥村
邮编:325208
电话:0577/65756686、13906876796
传真:65756685
网址:www. china-better. com
电子信箱:wzbetter@ 126. com
法人代表:杨洪梭
质量体系:ISO 9001
产品情况:(贝特牌)
专业生产大众、奥迪、本田、日产、马自达系列的汽车电动玻璃升降器及其相关配件
出口情况:远销欧洲、美洲

★瑞安雨鑫汽车零部件有限公司
地址:浙江省瑞安市陶山镇河西工业区
邮编:325215
电话:0577/58808366
传真:65960818
质量体系:ISO/TS 16949
产品情况:(雨鑫牌)
汽车风窗玻璃刮水片和刮水片配件等产品
出口情况:远销欧洲、北美洲、中东、东南亚等地区

★平阳龙德汽车配件有限公司
地址:浙江省平阳县宋桥镇沿河东路129号
邮编:325400
电话:0577/63772811
传真:63772800
电子信箱:longdeqipei@ 126. com
质量体系:ISO 9001
产品情况:驾驶员座椅、刮水器总成、气动内外摆门泵、气动行李舱门泵系列;轿车用开关、各类升降器总成及其电动机、车速传感器等
出口情况:出口中东、日本、韩国、欧洲、美洲等国家和地区

★浙江雷力汽车零部件有限公司
地址:浙江省温州市平阳榆垟工业园区
邮编:325400
电话:0577/63793998、63793978
传真:63791758
网址:www. leili. com. cn
电子信箱:autoparts@ leili. com. cn
单位人数:160
质量体系:ISO/TS 16949
产品情况:(雷力牌)
汽车风窗电动刮水器和客车门锁
配套及出口情况:为扬州亚星客车、金华青年汽车、湖南南车时代电动汽车、厦门金龙旅行车、重庆穗通实业、四川现代汽车、东风襄阳旅行车、一汽客车大连客车厂等配套;为泰国、马来西亚、印度尼西亚、菲律宾等东南亚多国汽车厂进行主机配套;还有部分出口美国、韩国、中东等国家和地区;并销往中国台湾地区

★温州广盛汽车零部件有限公司
地址:浙江省温州市平阳县万全工业区万祥路261号
邮编:325409
电话:0577/63176999
传真:63176998
网址:www. cnruihao. com
电子信箱:info@ cnruihao. com
质量体系:ISO/TS 16949
产品情况:(瑞浩牌)
汽车蒸发器、通用型冷凝器、铁壳塑壳附加暖风机总成、中巴大巴车除霜器总成、暖风水箱系列、空调水箱系列等产品
出口情况:远销欧美和东南亚等市场

★乐清市长城制冷密封垫厂
地址:浙江省乐清市经济开发区纬十路221号
邮编:325600
电话:0577/62513946、62513690
传真:62517234
电子信箱:yqscczlmfdc@ vip. 163. com
质量体系:ISO 9002
产品情况:制冷压缩机、汽车空调机、摩托车及电器类密封垫和各种冲压件、塑胶件等
配套情况:为沈阳谷轮、大连三洋压缩机、华达杰克赛尔、上海扎努西、加西贝拉等国内20多家大中型企业配套

★浙江白象汽车附件有限公司
地址:浙江省乐清市温州大桥工业园内
邮编:325603
电话:0577/62866559、62882297
传真:62888865
网址:www. china - wiper. com
电子信箱:w. e@ china - wiper. com
质量体系:ISO/TS 16949、ISO 14001
产品情况:(白象牌、异特牌)
汽车、工程车、摩托车、特种车、火车刮水器,以及各种刮水器电动机和直流电动机
配套及出口情况:为各大主机厂配套;出口欧洲、美洲、澳大利亚、日本、韩国、中东、东南亚等地区

★乐清市金星汽车安全带有限公司
地址:浙江省乐清市虹桥镇钱家洋工业区
邮编:325608
电话:0577/62373800、62373801
传真:62373808
电子信箱:sbwu@ jinxing - cn. com
质量体系:ISO/TS 16949
产品情况:汽车安全带
配套情况:为一汽集团、东风汽车公司配套

★温州光大汽配制造有限公司
地址:浙江省洞头县岭背工业区福荣路15号
邮编:325700
电话:0577/63486691、63478853
传真:63487317
网址:www. 0577benzgd. com
电子信箱:dtzp@ 163. com
质量体系:ISO/TS 16949
产品情况:(洞球牌)
保险杠、车门饰板、挡泥板、上下车踏板、门窗密封条等重型车、轿车配件
配套及出口情况:与北方奔驰、福田欧曼、斯太尔、重庆铁马、上海汇众等多家知名企业配套;出口东欧、美洲等地区

★浙江科锋汽车电器有限公司
地址:浙江省苍南县灵溪镇苍南工业区建兴东路
邮编:325800
电话:0577/68005188、65182009
传真:65261608、68005118
网址:www. kefon. com
电子信箱:cl@ kefon. com
质量体系:ISO/TS 16949、QS 9000
产品情况:(科峰牌)
交流电动机、动力转向油泵系列、离合器助力缸系列、门电动机系列、车辆电动机及车身附件系列等
配套情况:与奇瑞、长安、福田、上汽通用五菱、重汽、东风世纪中远、蒙发利、Irest(豪中豪)、康福特等多家企业长期合作

安徽省

★合肥安信通用阀片制造有限公司
地址:合肥市大杨产业园飞扬南路9号
邮编:230031
电话:0551/65715718、13605512551
传真:65715711
网址:www. axfp. com
电子信箱:axfp@ axfp. com
质量体系:ISO 9001
产品情况:压缩机吸/排气阀片、制冷空调压缩机吸/排气阀片
配套及出口情况:为多家主机企业配套;出口日本、美国等国家

★安徽爱德夏汽车零部件有限公司
地址:合肥市蜀山区玉兰大道一号
邮编:230031
电话:0551/65841057
传真:65842948
电子信箱:ysmo@ edscha - anhui. com
质量体系:ISO/TS 16949
产品情况:轿车门铰链、门限位器、前盖和后盖铰链、停车制动器等
配套情况:为上汽大众、上汽通用、一汽集团、一汽 - 大众、神龙汽车、奇瑞汽车等配套

★安徽江南机械有限责任公司
地址:合肥市玉兰大道一号
邮编:230031
电话:0551/65841002
传真:65841868
网址:www. ahjn. com
电子信箱:jiangnan@ ahjn. com
单位人数:400
质量体系:ISO/TS 16949、ISO 14000
产品情况:汽车踏板、行李舱铰链、滑移门支架、备胎固定器、防撞杆、前罩锁扣及机械工具类产品;具有年产120万辆/份轿车铰链类组件、50万辆/份滑移门支架、50万套汽车踏板和30万套车用备胎固定器等产品的生产能力
配套及出口情况:为上汽大众、上汽通用、一汽 - 大众、神龙、上汽集团、江铃福特、江淮、安徽奇瑞等汽车厂家配套;部分产品出口美国

★合肥华瑞汽车零部件有限公司
地址:合肥市包河工业区纬五路9号
邮编:230051
电话:0551/63358707、63358758
传真:63358707
网址:www. hfhuarui. com. cn
电子信箱:hefeihuarui@ 163. com. cn
质量体系:ISO 9001
产品情况:车身件、底盘件、汽车内视镜、座椅件、水箱、中冷器、护风罩等
配套情况:为江淮汽车、安徽安凯、安徽安凯金达工贸、安徽汇金汽车零件等配套

★合肥兴旺汽车有限公司
地址:合肥市包河区包河工业园延安路3号
邮编:230051
电话:0551/63368227、63367559
质量体系:ISO 9001
产品情况:(禧旺牌)
全金属封闭式车厢、全金属无顶式车厢、活动仓栅式车厢、固定仓栅式车厢以及各类保温式车厢
配套情况:为江淮汽车配套

★合肥客车附件有限公司
地址:合肥市青年路70号
邮编:230051
电话:0551/63424619
产品情况:汽车座椅、客车附件

★合肥凌江汽车座椅有限公司
地址:合肥市包河区东流路59号
邮编:230071
电话:0551/63454808
传真:63443535
产品情况:座椅加工
出口情况:出口中非、南亚、欧洲等地区

★合肥达因汽车空调股份有限公司
地址:合肥市高新区柏堰科技园石楠路7号
邮编:230088
电话:0551/62722667
传真:62722671
网址:www. chinadyne. com
电子信箱:xieyunhua@ chinadyne. net
单位人数:350
质量体系:ISO/TS 16949
产品情况:(达因牌)
汽车空调压缩机
出口情况:远销韩国、马来西亚、美国、新加坡等20多个国家和地区

★合肥云鹤江森汽车座椅有限公司
地址:合肥市经济技术开发区始信南路62号
邮编:230601
电话:0551/63840337
产品情况:汽车座椅总成、骨架、发泡、面套以及各类改装座椅总成

★合肥汇通汽车零部件有限公司
地址:合肥市经济技术开发区汤口路99号
邮编:230601
电话:0551/63845666
传真:63845666、63845777
电子信箱:hftx_zjb@163.com
质量体系:ISO/TS 16949、ISO 14001
产品情况:电镀格栅、标牌、车轮护罩、车门扶手、副仪表板及仪表板装饰件、转向盘真皮缝制、变速操纵机构装饰等装饰件;加热器壳体总成、顶蒸发器总成、电子风扇总成、洗涤器壶总成等汽车功能件;前机盖隔热隔音垫、前舱隔热垫、前挡板减振垫、A、B、C、D柱减振垫、翼子板减振垫等汽车NVH产品
配套情况:为江淮、奇瑞、大众、长城、昌河、安凯等配套

★安徽金诚复合材料有限公司
地址:合肥市双凤工业区魏武路8号
邮编:231131
电话:0551/66391234、66391188
传真:66391288
网址:www.jincen-cn.com
电子信箱:jincen-cn@jincen-cn.com
单位人数:400
质量体系:ISO/TS 16949
产品情况:汽车内外饰件、车载卫生间、车载冰柜
配套及出口情况:主要合作伙伴有安徽江淮、安凯股份、厦门金龙、苏州金龙、宇通客车、西安沃尔沃、北汽福田、厦门金旅、中通博发、丹东黄海、星马股份等;部分产品出口德国、韩国、乌克兰、澳大利亚、东南亚等国家和地区

★安徽金诚汽车装饰设计开发有限公司
地址:合肥市双凤经济开发区魏武路西001号
邮编:231131
电话:0551/66391241、66391867
传真:66391266、66391863
网址:www.ahjincheng.com.cn
电子信箱:jczs@ahjincheng.com.cn
质量体系:ISO 9001
产品情况:车用仪表台、车用行李架、车用顶内饰、车用侧围内饰、驾驶员后包围、车载卫生间、车用冰箱、饮水机以及车用外饰FRP覆盖件等
配套及出口情况:主要客户有安徽安凯、江淮汽车、苏州金龙,中国一汽、厦门金旅、北汽福田、扬州亚星、蜀都客车等;出口西班牙、俄罗斯、印度、蒙古、肯尼亚、沙特阿拉伯等国家

★合肥亿力机械制造有限公司
地址:合肥市肥西县上派工业聚集区
邮编:231200
电话:0551/68893639、18955126966
传真:68841541
网址:www.ahyili.com
电子信箱:liangshan1972@163.com
质量体系:ISO 9001
产品情况:驾驶室、内燃机罩、仪表架、散热器盖板、蓄电池盒、左右油箱及各种汽车车架等

★合肥恒宇车辆部件有限公司
地址:合肥市肥西县上派镇工业聚集区
邮编:231200
电话:0551/68932100
传真:68854518
电子信箱:hengyu8@126.com
质量体系:ISO 9001
产品情况:前后保险杠、仪表台、装饰板、空调顶罩、导流罩、屏风、内饰件及ABS制品

★安徽天祥空调科技有限公司
地址:安徽省滁州市全椒经济开发区
邮编:239058
电话:0550/5258666
传真:5298616
网址:www.accauto.com.cn
电子信箱:acc@accauto.com.cn
质量体系:ISO/TS 16949
产品情况:平行流冷凝器,层叠式蒸发器,暖风箱和全铝水箱等
配套及出口情况:为一汽、东风、上汽、重汽等汽车工业集团下属的汽车空调系统主机厂配套;出口欧美及东南亚地区

★芜湖万迪孚汽车部件有限公司
地址:安徽省芜湖市高新技术开发区汽配路5号
邮编:241000
电话:0553/3025928
传真:3025929
电子信箱:zgwonderful@vip.sohu.com
质量体系:ISO 9001
产品情况:汽车内外饰塑料件、工业橡塑制品
配套情况:为东风汽车、一汽-大众、一汽解放、一汽轿车、奇瑞汽车、陕汽等配套,是汽车行业塑料零部件的定点配套生产商

★芜湖幼狮东阳汽车塑料零部件公司
地址:安徽省芜湖市经济技术开发区
邮编:241000
电话:0553/5659088
质量体系:ISO/TS 16949
产品情况:年产奇瑞保险杠24.2万件、奇瑞车门内护板2万件,年产能可达30万台套
配套情况:为奇瑞汽车配套

★鸿通汽车零部件(芜湖)有限公司
地址:安徽省芜湖市经济技术开发区武夷山路10号
邮编:241000
电话:0553/5961777
传真:2221708
网址:www.hongtongauto.com
电子信箱:hongtong@hongtong.com
质量体系:ISO/TS 16949
产品情况:车门铰链、冲压件、发动机罩铰链、滑动移门铰链、油箱口盖、轿车保险杠、卡箍、空调类冲压件、尾门铰链、注塑件、橡胶件、支架、钢丝弹簧件等
配套情况:与神龙汽车、奇瑞汽车、华晨金杯、厦门金龙客车等配套

★芜湖恒信汽车内饰制造有限公司
地址:安徽省芜湖市经济技术开发区凤鸣湖北路26号
邮编:241009
电话:0553/5842035-8000
传真:5843473
电子信箱:hxyingxiao@anhuihx.com
质量体系:ISO/TS 16949
产品情况:汽车前端支架、前端模块组装、内饰件,设计产能为30万套前端支架、50万套汽车内外饰件及相关部件
配套情况:为奇瑞汽车、开瑞汽车、江淮汽车配套

★莫森泰克汽车科技有限公司
地址:安徽省芜湖市经济技术开发区凤鸣湖路12号
邮编:241009
电话:0553/5962360
传真:5962378
网址:www.motiontec.cn
电子信箱:motiontec@motiontec.cn
质量体系:ISO/TS 16949
产品情况:内藏、外滑、手动上掀等系列汽车天窗、玻璃升降器、电动滑门、后视镜,新能源电动车控模块等产品
配套情况:为奇瑞汽车、东风汽车、北京汽车、华泰汽车配套

★博耐尔汽车电气系统有限公司
地址:安徽省芜湖市经济技术开发区凤鸣湖南路2-8号
邮编:241009
电话:0553/5991820
传真:5998235
网址:www.bonaire.cn
电子信箱:bnhr@bonaire.cn
单位人数:400
质量体系:ISO/TS 16949、ISO 14001
产品情况:汽车空调系统、发动机冷却系统、前端模块等
配套情况:为奇瑞汽车等配套

★信义汽车部件(芜湖)有限公司
地址:安徽省芜湖市经济技术开发区泰山路
邮编:241009
电话:0553/5899999
传真:5906888
网址:www.xinyiglass.com
质量体系:ISO/TS 16949
产品情况:汽车安全玻璃、特种密封材料、特种玻璃及其他汽车零部件

配套情况:为华东地区汽车制造厂商进行 OEM 配套

★芜湖常裕机电有限公司
地址:安徽省芜湖市经济技术开发区银湖北路 248 号
邮编:241009
电话:0553/5849006
传真:5848556
质量体系:ISO/TS 16949
产品情况:汽车电动窗、中控锁、门铰链、制动总成及模具等

★温州市环球汽车衬垫公司芜湖分公司
地址:安徽省芜湖市马塘区经济开发区
邮编:241009
电话:0553/3022366、3022377
传真:3022388
电子信箱:hrns@ msn. com
质量体系:ISO/TS 16949、VDA 6.1
产品情况:(飞利牌)
汽车地毯总成、行李舱总成、车顶总成、PU 发泡产品等
配套情况:为上汽大众、一汽－大众、上汽通用、神龙汽车、广汽本田配套

★安徽文鼎机械有限公司
地址:安徽省宣城市经济开发区
邮编:242000
电话:0563/2062682
传真:2062689
网址:www. ah－wd. com
电子信箱:ah－wd@ vip. 163. com
单位人数:270
质量体系:ISO/TS 16949
产品情况:(文鼎牌)
汽车铰链、限位器
配套情况:为芜湖奇瑞、安徽江淮、长城汽车、河北中兴、浙江吉利、上海华普、重庆力帆、东风小康、比亚迪、河北红星、北汽集团、荣城华泰、广汽丰田、中国一拖等数十家专业汽车厂配套

★ 郎溪飞马工业织品有限公司
地址:安徽省郎溪经济开发区
邮编:242131
电话:0563/2269079
传真:2269080
网址:www. wxfeima. com
质量体系:ISO 9001
产品情况:(飞马牌)
生产以涤纶为原料的汽车安全带、童车安全带等产品
配套情况:为上海大众、广东风神、浙江吉利、重庆长安、沈阳金杯、北汽福田、昆山好孩子、浙江神马等供货
☞ 详细情况请参阅彩色宣传版面

★安徽民生工贸集团有限公司
地址:安徽省宣城市泾县北郊香山
邮编:242500
电话:0563/5081166
传真:5081188
电子信箱:ahms@ msfrp. com
质量体系:ISO/TS 16949
产品情况:保险杠、EPP 发泡件等汽车配件,高分子复合材料
配套情况:为多家汽车厂配套

★铜陵华源汽车内饰材料有限公司
地址:安徽省铜陵市经济技术开发区泰山大道南段 289 号
邮编:244061
电话:0562/2658864、2658665
传真:2658515
网址:www. hyns. com. cn
电子信箱:web@ hyns. com. cn
单位人数:300
质量体系:ISO/TS 16949
产品情况:(华源牌)
可年生产汽车内装饰材料(麻毡板)6000t,汽车内装饰零件 30 万件
配套情况:麻纤维板产品配套于江淮货车、中国重汽、陕西重汽、黄海客车、金龙客车、江淮客车、奇瑞轿车、华晨轿车、上汽大众轿车、上汽通用轿车;汽车内饰零件配套于丹东黄海客车、江淮客车

★华信博伟(安徽)车辆部件有限公司
地址:安徽省安庆市怀宁工业园创新路 8 号
邮编:246121
电话:0556/5155555
传真:5156666
电子信箱:hxbw_hk_1@ 163. com
质量体系:ISO/TS 16949、ISO 14001
产品情况:汽车内饰顶棚、行李舱内饰板、地毯、遮阳板及消声隔热垫等

★安庆市盛泰汽配制造有限责任公司
地址:安徽省安庆市太湖县经济开发区
邮编:246400
电话:0556/4189833
传真:4189733
质量体系:ISO 9001
产品情况:具备年产锁扣零部件及总成 300 万套,卷收器 100 万套的生产能力
配套情况:已获得多家国内外配套厂家的认可

★安徽江山机械有限公司
地址:安徽省安庆市岳西县经济开发区
邮编:246699
电话:0556/2186999、2188999
传真:2185777
质量体系:ISO/TS 16949
产品情况:铝合金脚踏板、塑料装饰板、一体塑料脚踏板总成、铝合金油泵壳体、汽车刮水器
配套情况:为安徽江淮汽车等配套

福建省

★福州市华联汽车配件有限公司
地址:福州市鼓山镇福兴投资区福光路 61 号
邮编:350014
电话:0591/83623628、83623138
传真:83623324
网址:www. hl1988. com
电子信箱:admin@ jialian1988. com
质量体系:ISO 9001、QS 9000
产品情况:仪表板总成、前后保险杠、中网、内饰件、风道件、挡泥板、导流板等各种汽车零部件
配套情况:为一汽夏利、一汽华利、一汽长春、一汽青岛、东风悦达起亚、浙江吉利、福建东南、陕西比亚迪等企业配套

★福州和胜汽车配件有限公司
地址:福建省闽侯县青口镇投资区
邮编:350119
电话:0591/22765066
传真:22760315
电子信箱:sale@ hersheen. com
质量体系:ISO/TS 16949、QS 9000
产品情况:地毯、顶棚、隔音、隔热、吸塑、真空成型以及热压塑料件、内饰件等
配套情况:为东南汽车、东风日产、华晨金杯、郑州日产、东风柳汽等配套

★福州联泓交通器材有限公司
地址:福州市闽侯青口投资区东南汽车城
邮编:350119
电话:0591/22762833
传真:22762883
网址:www. lianhong. com. cn
电子信箱:chenzhiqiang@ lianhong. com. cn
法人代表:林顺益
负责人:李子明
质量体系:ISO/TS 16949、ISO 14001
产品情况:汽车座椅、顶棚
配套情况:为东南(福建)汽车、福建奔驰汽车、厦门蒙发利电子、浙江扬明实业、江苏怡利电子、信昌集团供货

★福州泰昌汽车座椅开发有限公司
地址:福州市闽侯县青口镇吉山村
邮编:350119
电话:0591/87015219
网址:www. tachi－s. co. jp
电子信箱:koupower@ hotmail. com
产品情况:汽车座椅制品

★福州福光橡塑有限公司
地址:福建省闽侯县青口投资区
邮编:350199
电话:0591/22772890
传真:22769754
电子信箱:hxg@ fukwang. com
质量体系:ISO/TS 16949、QS 9000
产品情况:车体产品包括门框密封、车

门防水衬条、车窗玻璃导槽、车窗内外水切条、风窗密封条、发动机罩密封条、后盖密封条等
配套情况:为东风日产(天籁、阳光、蓝鸟、轩逸、俊逸)、广汽本田(飞度、奥德赛),东南汽车(得利卡、富利卡、菱帅),长安福特(蒙迪欧－致胜、福克斯)等配套

★福耀玻璃工业集团股份有限公司
地址:福建省福清市福耀工业村二区
邮编:350301
电话:0591/85383777
传真:85363983
网址:www.fuyaogroup.com
电子信箱:fuyao@fuyaogroup.com
单位人数:10000
质量体系:ISO/TS 16949、VDA 6.1
产品情况:[福耀(FY)牌]
汽车前风窗玻璃、后风窗玻璃、侧窗玻璃、三角窗玻璃、防弹玻璃
配套情况:为一汽集团、一汽－大众、华晨金杯、神龙汽车、北京奔驰、上汽大众、长城汽车、上汽通用五菱、郑州宇通、广汽本田、长安汽车、长安铃木、长安福特、长安马自达配套

★福建省万达汽车玻璃工业有限公司
地址:福建省福清市福耀工业区II区
邮编:350301
电话:0591/85383777
传真:85363983
网址:www.fuyaogroup.com
质量体系:ISO/TS 16949
产品情况:汽车安全玻璃,主要服务于出口维修市场
出口情况:远销北美洲、大洋洲、东南亚,欧洲等市场;主要出口配套客户包括英国宝马、路虎、VOLVO、俄罗斯大众、现代、北美通用、北美克莱斯勒、大洋洲HOLDEN、伟巴斯特、FRITZ等国外汽车制造厂

★福耀(福建)巴士玻璃有限公司
地址:福建省福清市福耀工业区I区
邮编:350301
电话:0591/85383777
网址:www.fuyaogroup.com
产品情况:[福耀(FUYAO)牌]
具有年产40万套巴士汽车玻璃供应能力,主要立足于国内外OEM市场和维修市场
配套情况:为金龙、伟巴斯特等国内主要大客车及工程机械厂家配套

★福建省霞浦三沙华美实业华景分公司
地址:福建省霞浦县三沙陇头工业园区
邮编:355101
电话:0593/8692988、8671777
传真:8692777
网址:www.autohj.com
电子信箱:hj@autohj.com
质量体系:ISO/TS 16949
产品情况:汽车玻璃升降器等
配套及出口情况:为国内外汽车厂二级配套;远销美国、欧洲、东南亚、南美洲、中东等国家和地区

★厦门金龙橡塑制品有限公司
地址:福建省厦门市厦禾路668号B座22－23层
邮编:361004
电话:0592/2962988
传真:2960686
电子信箱:kinglong@xmklm.com.cn
质量体系:QS 9000、ISO 9002
产品情况:各种汽车内外装饰件、行李架、后视镜、高位制动灯、挤塑及注塑件、玻璃钢制件、发泡件、电器类等
配套情况:为上汽通用五菱、厦门金旅等配套

★格拉默座椅(厦门)有限公司
地址:福建省厦门市湖里区天安工业村二号厂房1－AB
邮编:361006
电话:0592/5168598、5860713
传真:6025365
网址:www.grammer.com
电子信箱:hr@grammer.com.cn
产品情况:汽车座椅,适用于工程机械、农业机械、工业车辆、商务车辆
出口情况:出口日本、韩国,并销往中国台湾、中国香港地区

★雄顺交通器材(厦门)有限公司
地址:福建省厦门市何厝工业区D栋13号
邮编:361009
电话:0592/5024675、5024676
传真:5025215
网址:www.shown－wiper.com
电子信箱:sales@shown－wiper.com
单位人数:450
质量体系:QS 9000、ISO 9001
产品情况:(Shown牌)
汽车刮水器

★厦门健秀镜业有限公司
地址:福建省厦门市集美北部工业区95－99号
邮编:361021
电话:0592/6680180
传真:6684868
网址:www.ksource.com.cn
电子信箱:ksource_xm@163.com
质量体系:ISO/TS 16949、ISO 14001
产品情况:后视镜等

★厦门金龙汽车座椅有限公司
地址:福建省厦门市集美区铁山路186号
邮编:361022
电话:0592/6227680、6661680
传真:6210122
网址:www.autoseat.com.cn
电子信箱:autoseat@public.xm.fj.cn
质量体系:ISO/TS 16949
产品情况:主要产品:大、中型客车系列座椅;轻型客车、MPV系列座椅;公交车系列、重型卡车整套座椅和礼宾车座椅;并可提供救护车、采血车、警务车等特殊车型的座椅,具有年产50万位座椅的生产能力
配套及出口情况:为厦门金龙等配套;出口欧美、东南亚、非洲等地区

★厦门金龙汽车空调有限公司
地址:福建省厦门市集美区金龙路805－809号
邮编:361023
电话:0592/6378662
传真:6378665
网址:www.xmjlkt.com
电子信箱:zmljlkt@126.com
质量体系:ISO/TS 16949、ISO 14001
产品情况:(金龙空调牌)
各系列大中轻型客车空调、节能环保型空调、纯电动空调、校车空调及各类型换热器产品

★厦门金龙汽车车身有限公司
地址:福建省厦门市集美区汽车工业城灌中路169号
邮编:361023
电话:0592/6025747
传真:5621910
网址:www.xmgdab.com
电子信箱:xmgdab@126.com
质量体系:ISO 9000
产品情况:XML6390、XML1020、XML6460、XML6480型车身总成、冲压散件
配套情况:为北汽福田、厦门金旅、沈阳中顺、长城汽车、一汽通用红塔云南等十几家知名汽车厂配套

★厦门富可汽车配件有限公司
地址:福建省厦门市同安工业集中区思明园311号
邮编:361100
电话:0592/7236057、7236056
传真:7236055
网址:www.fukewiper.com
电子信箱:carall@fukewiper.cn
质量体系:ISO/TS 16949
产品情况:(CARALL牌)
汽车刮水片、汽车喇叭、行车记录仪等
出口情况:远销亚洲、欧美、中东等地区

★美途汽配实业(厦门)有限公司
地址:福建省厦门市同安区城东洪塘路182号
邮编:361100
电话:0592/6039191、4001105758
传真:6036329
网址:www.meto.com.cn

电子信箱：china@ meto. com. cn
单位人数：200
质量体系：ISO/TS 16949
产品情况：（METO 牌）
汽车刮水器
出口情况：远销欧洲、北美洲、俄罗斯、东南亚等 30 多个国家和地区

★厦门福来德汽配有限公司
地址：福建省厦门市同安区祥平街道瑶头工业区 11－12 号第 6 层 601 座
邮编：361100
电话：0592/7895931、7895228
传真：7895932、7895117
网址：www. flatech. cn
电子信箱：nancy@ flatech. cn
质量体系：ISO 9001
产品情况：汽车无骨刮水器
出口情况：远销日本、欧洲、美洲、东南亚等国家和地区

★泉州国胜汽车部件实业有限公司
地址：福建省泉州市鲤城区浮桥王宫工业区国胜大厦
邮编：362000
电话：0595/22484621、22411801
传真：22484620
电子信箱：qz－ks@ tom. com
质量体系：ISO/TS 16949、QS 9000
产品情况：（KS 牌）
具有年产 200 万件安全带、20 万件三元催化转化器、100 万件三角警告牌的生产能力
配套及出口情况：为北京奔驰、一汽海马、南京依维柯、江铃汽车、江淮汽车、上汽通用五菱、厦门金旅、厦门金龙、奇瑞汽车、北汽福田、广汽三菱、昌河汽车、东风汽车公司、一汽解放青岛、陕汽集团、重汽集团等配套；远销美国、法国、东南亚等国家和地区

★福建省晋江市恒利塑料有限公司
地址：福建省晋江市东石镇井林开发区
邮编：362271
电话：0595/85789193
传真：85706956
网址：www. henglichair. com
电子信箱：hengli@ henglichair. com
单位人数：100
质量体系：ISO 9001
产品情况：（HENGLI 牌）
汽车座椅
配套及出口情况：为一汽海马、厦门金旅、安徽扬子、武汉万通、广州福迪、福州马自达等配套；远销新加坡等国家

江西省

★江西协中车用材料制造有限公司
地址：南昌市青云谱区昌南工业园航空路 18 号
邮编：330001
电话：0791/8482518
传真：8482517
网址：www. jxxzn. com
质量体系：ISO/TS 16949、QS 9000
产品情况：绒织地毯、PVC 汽车地毯、汽车顶内饰、汽车座椅等
配套情况：与江铃五十铃、江铃陆风、江铃汽车改装总厂等整车厂商供货

★江铃汽车集团公司车厢内饰件厂
地址：南昌市迎宾中大道 658 号
邮编：330001
电话：0791/85273733、85273833
传真：85277200
电子信箱：zcheng1@ jmc. com
质量体系：ISO/TS 16949、QS 9000
产品情况：货车车身、座椅
配套情况：为江铃汽车配套

★江西新电汽车空调系统有限公司
地址：南昌市迎宾北道江铃西二路 069 号
邮编：330052
电话：0791/85982026
传真：85982028
网址：www. jxxindian. com
电子信箱：huhs@ jxxindian. com
单位人数：210
质量体系：ISO/TS 16949、ISO 14001
产品情况：（新电牌）
NHR、TFR、SUV、重货、轻型客车、微车、轿车等汽车空调系统及热交换器
配套情况：为江铃汽车、北汽福田、一汽海马、上汽通用五菱、昌河汽车、长城汽车、南京长安等配套

★江西华昌科艺汽车零部件有限公司
地址：南昌市小蓝工业园
邮编：330200
电话：0791/85235151
传真：85988082
质量体系：ISO 9001、ISO 14000
产品情况：（华昌牌）
仪表板总成及门内饰板总成

★江铃集团梅克朗汽车后视镜有限公司
地址：南昌市小蓝经济开发区富山三路
邮编：330200
电话：0791/85988873
传真：85988870
质量体系：ISO/TS 16949
产品情况：汽车后视镜

★伟世通汽车空调（南昌）有限公司
地址：南昌市小蓝经济开发区工业一路 300 号
邮编：330200
电话：0791/85986663
传真：85986658
电子信箱：visteonjv@ 163. com
质量体系：ISO/TS 16949、ISO 14000
产品情况：汽车空调系统、空调管路
配套情况：为江铃汽车、长安福特、长安马自达、北京奔驰配套

★江西行新汽车科技有限公司
地址：南昌市小蓝经济开发区金沙南一路 188 号
邮编：330200
电话：0791/85777077、85777088
传真：85777188
网址：www. jxxxc. com
电子信箱：zjz@ jxxxc. com
质量体系：ISO/TS 16949、ISO 9001
产品情况：（行新牌）
汽车仪表板、保险杠、转向盘、内外饰件、坐垫等，年生产转向盘 80 万台套，内外饰件 40 万台套
配套情况：为江铃汽车、跃进汽车、上汽通用五菱、北奔重汽、青年客车、北汽福田、陕汽集团、广州羊城、力帆汽车、川汽、河北长安等配套

★九江亚达实业有限公司
地址：江西省九江市新桥头龙祥国贸大厦
邮编：332000
电话：0792/8222013
传真：8222023
网址：www. yada－wiper. com
质量体系：ISO/TS 16949
产品情况：刮水器
出口情况：远销 120 多个国家

★都昌县安达汽车零部件有限公司
地址：江西省都昌县芙蓉山工业园
邮编：332600
电话：0792/5230958
传真：5230989
质量体系：ISO/TS 16949
产品情况：汽车刮水器总成

★景德镇市通福实业有限公司
地址：江西省景德镇市陶瓷工业园洪源路 A001 号
邮编：333000
电话：0798/8512288、8530698
传真：8533626
质量体系：ISO/TS 16949
产品情况：汽车钣金件、底盘件、汽车座椅骨架、发动机罩、车门、前翼子板、元宝梁、三角臂、后桥
配套情况：为上汽安帕斯、柳汽五菱配套

★中国直升机设计研究所汽车安全设备厂
地址：江西省景德镇市昌江区航空路 6－8 号
邮编：333001
电话：0798/8465265
传真：8465693
网址：www. 602. com. cn
电子信箱：qicheshebeichang@ 163. com
单位人数：200
质量体系：ISO/TS 16949、ISO 14000
产品情况：（航空牌）
汽车安全带
配套情况：为江铃汽车、庆铃汽车、昌河

汽车、南京依维柯、哈飞汽车、西安西沃配套

★江西上饶市索密特实业有限公司
地址:江西省上饶市三江工业园工业大道201号
邮编:334000
电话:0793/8159073、8159079
传真:8159079
质量体系:ISO/TS 16949、ISO 9001
产品情况:(索美特(SWOET)牌)
各种手动、电动玻璃升降器,年产量达60万台套

山东省

★山东银座海亚科技有限公司
地址:济南市高新区舜华路1号齐鲁软件园创业广场C座305室
邮编:250101
电话:0531/88876286、88872828
传真:88876009
网址:www. yhai. net
电子信箱:yinzuohaiya@126. com
质量体系:ISO/TS 16949、ISO 9001
产品情况:(YHAI牌)
年生产各种型号自动防炫目后视镜60万套

★山东统亚模塑科技实业有限公司
地址:济南市高新区科航路1999号
邮编:250104
电话:0531/87176888、88661978
传真:88688068
网址:www. sdtyp. com
电子信箱:sdtyms@126. com
质量体系:ISO/TS 16949、ISO 9001
产品情况:汽车膨胀水箱、内外饰件及其他汽车配件
配套情况:主要客户有:重汽、一汽、华泰、曼胡默尔、采埃孚、浪潮集团、积成电子、TOTO等知名企业

★济南鲁新金属制品有限公司
地址:山东省章丘市城东工业园三涧大道
邮编:250200
电话:0531/61330003
网址:www. yatonggroup. com
电子信箱:chengguihua@yatonggroup. com
单位人数:140
质量体系:ISO/TS 16949
产品情况:中国重汽N07车型(A7)的驾驶室连接板、流水槽、翼子板;斯太尔车身车门内板;车架连接板、大小横梁;HOWO保险杠总成、长短地板、轮罩、油缸支架等;HOKA保险杠总成、工具箱总成;浩瀚车型高顶顶盖;唐骏欧铃保险杠、前围中板、地板前横梁、地板、下框架等
配套情况:为中国重汽集团及山东唐骏欧铃汽车公司提供一级配套

★济南润友模塑有限公司
地址:山东省章丘市圣井高科技园润友工业园
邮编:250200
电话:0531/61328877
传真:61326677
网址:www. jnryms. com
电子信箱:jnry2009@126. com
质量体系:ISO/TS 16949
产品情况:豪沃、T5G、豪卡、A7、豪瀚等重汽车型外饰件、模具、塑料制品等

★格瑞德集团
地址:山东省德州市天衢工业园格瑞德路6号
邮编:253023
电话:0534/2730888、2730800
传真:2730777、2750188
网址:www. gradgroup. com
电子信箱:international@gradgroup. com
单位人数:2000
质量体系:ISO 9001、ISO 14001
产品情况:保险杠、面罩、导流罩、脚踏板、翼子板、发动机隔音罩等

★山东三岭汽车内饰有限公司
地址:山东省德州市宁津县经济开发区
邮编:253400
电话:0534/5861052
传真:5864289
网址:www. sdslgroup. com
电子信箱:saslqc@126. com
法人代表(负责人):倪国岭
单位人数:810
质量体系:ISO/TS 16949
产品情况:(倪岭牌)
主要生产重型货车和轻型货车汽车内饰件及座椅
配套情况:与中国重汽、陕西重汽、上汽依维柯、湖南三一、安徽集瑞重工、山西大运、内蒙华泰等厂家配套

★山东丰达汽车内饰有限公司
地址:山东省宁津县正阳路工业园区49号
邮编:253400
电话:0534/5211368、13953401152
传真:5215028
网址:www. sdfengda. com
电子信箱:sdfengda66@tom. com
质量体系:ISO 9001、ISO 14001
产品情况:(丰达牌)
汽车消声隔热衬垫,大型冲压拉伸件
配套情况:为一汽、天津丰田、沈阳金杯、厦门金龙、武汉万通 、华泰圣达菲、南汽朔爵等公司的重要配套

★淄博广丰达实业有限公司
地址:山东省淄博市高新区民营工业园
邮编:255000
电话:0533/3583737
传真:3583737
电子信箱:guangfengda@163. com
质量体系:ISO 9001
产品情况:(熊仔牌)
重型车空调、工程车空调、特种车空调和各种专用空调,年产量5000台
配套及出口情况:为北奔重汽、北奔蓬莱分公司、重庆铁马、重汽集团、长沙三一重工、山东工程机械厂、烟台海德专用汽车厂、德州工程机械厂等配套;部分产品出口

★山东黑山玻璃集团
地址:山东省淄博市博山区八陡黑山前384号
邮编:255203
电话:0533/4590696、4590600
传真:4590888
网址:www. heishanglass. com
电子信箱:lee@heishanglass. com
董事长(负责人):韩祥军
单位人数:1580
质量体系:ISO 9001、ISO 14001
产品情况:(CREST牌)
汽车玻璃配光镜系列等
出口情况:远销欧盟、美国、澳大利亚、中东、南非等60多个国家和地区

★山东高密高锻机械有限公司
地址:山东省高密市百脉湖大街769号
邮编:261500
电话:0536/2322690
传真:2314814
网址:www. gaoduan. com
电子信箱:info@gaoduan. com
单位人数:1500
质量体系:ISO/TS 16949
产品情况:(高锻牌)
机械压力机、油压机、汽车冲压件以及各类大型精密铸件等产品

★烟台正海汽车内饰件有限公司
地址:山东省烟台市福山高新区祥福街57号
邮编:264000
电话:0535/6303726-309
传真:6303579
网址:www. zhenghai. com
电子信箱:zongheguanlibu@zhenghai. com
质量体系:ISO/TS 16949
产品情况:汽车顶棚类、地毯类、天窗遮阳板类、轮胎护罩类、座椅后护板类、免玻纤DVD类、蓄电池护罩类、聚氨酯类部件等汽车内饰产品
配套情况:为一汽集团红旗、奔腾,一汽-大众奥迪A6、奥迪C6/B7、捷达、宝来、迈腾,神龙公司富康、爱丽舍、标致307、206,上汽通用乐风、乐骋,奇瑞公司奇瑞系列,吉利美日、金刚、远景,天津威姿和威乐,沈阳华晨阁瑞斯等21家汽车厂60多种车型配套内饰顶棚,并为奥迪C6等车型配套座椅后护板,为奥迪、奇瑞等系列车型配套免玻纤DVD

等产品

★山东只楚民营科技园股份有限公司
地址:山东省烟台市(芝罘)科技工业园汇宾路8-2号
邮编:264002
电话:0535/6877161
传真:6877162
网址:www. zcmykj. com
电子信箱:zzh@ zcmykj. com
法人代表:金延新
质量体系:ISO/TS 16949、QS 9000
产品情况:汽车饰件产品,包括中高档轿车门板总成、仪表板、座椅总成、保险杠、顶棚、地毯、安全带护板、汽车组合灯饰等系列品种;具有年产55万辆份汽车饰件的生产能力
配套情况:为一汽集团、一汽-大众、上汽通用、长城汽车、一汽海马等国内14家汽车厂配套

★烟台只楚名盛汽车饰件有限公司
地址:山东省烟台市芝罘科技工业园东岳路7号
邮编:264002
电话:0535/6857516、6857508
传真:6857507
电子信箱:zlzmx@ 163. com
质量体系:ISO/TS 16949
产品情况:汽车内饰件、仪表板
配套情况:为上汽通用、上汽通用东岳、上汽大众等配套

★烟台汽车内饰集团公司
地址:山东省烟台市芝罘区烟福路2号
邮编:264002
电话:0535/6510443、6529616
传真:6510494
网址:www. qcns. cn
电子信箱:yt@ qcns. cn
质量体系:ISO/TS 16949
产品情况:汽车内饰材料、内饰件
配套情况:为一汽集团配套

★烟台霍富汽车锁有限公司
地址:山东省烟台市经济技术开发区五指山路9号
邮编:264006
电话:0535/6378608
传真:6378609
网址:www. huf - group. com
电子信箱:info@ ythuf. com
负责人:兰远红
单位人数:764
质量体系:ISO/TS 16949、ISO 14001
产品情况:(HUF牌)
汽车整车锁、门把手、支架及类似零部件
配套情况:为一汽-大众、一汽集团等配套

★烟台首钢电装有限公司
地址:山东省烟台市经济技术开发区珠江路20号
邮编:264006
电话:0535/6383715
传真:6373390
单位人数:232
质量体系:ISO/TS 16949
产品情况:工程机械空调系统,大客车、中型客车空调系统,冷藏车空调系统
配套及出口情况:为20多家汽车生产厂商配套;出口日本、印度尼西亚、菲律宾等国家

★烟台首钢东星集团有限公司
地址:山东省烟台市经济技术开发区珠江路20号
邮编:264006
电话:0535/6375234
传真:6371341
网址:www. dongxing - group. com. cn
电子信箱:webmaster@ dongxing - group. com. cn
董事长(负责人):林喜峰
单位人数:4000
质量体系:QS 9000、ISO 9001
产品情况:汽车空调压缩机、冷凝器、蒸发器等,年销售额2.4亿元
配套情况:为美国卡特彼勒、GE、丰田、本田、索尼、松下、安川、德国贝洱、法国法雷奥、韩国现代、三星、LG、斗山机械、东洋机电、一汽集团、上汽集团、广汽集团、北汽福田等配套

★烟台三环锁业集团公司轿车锁公司
地址:山东省烟台市新桥西路15号
邮编:264014
电话:0535/6834138
传真:6834140
电子信箱:ytshjcs@ autolock. cn
法人代表:张书亮
负责人:丛龙政
单位人数:716
质量体系:ISO/TS 16949
产品情况:(烟台三环牌)
电动门锁、机械门锁、发动机罩锁、行李舱锁、座椅锁及各种冲压件
配套及出口情况:为一汽-大众、上汽大众、上汽通用、上汽通用五菱、一汽轿车、天津一汽、吉林一汽、天津一汽丰田、四川丰田、长城汽车、奇瑞汽车、北京汽车、北汽福田、一汽解放、中国重汽等配套;出口墨西哥、美国、加拿大

★威海鸿祥汽车内饰件有限公司
地址:山东省威海市张村工业园昌华路66号
邮编:264203
电话:0631/5753079
传真:5753077
网址:www. yrtg. com
单位人数:200
质量体系:ISO/TS 16949
产品情况:各种高档汽车内装饰用顶棚布、地毯、衣帽架装饰布、行李舱装饰用布等;年生产能力1200万m^2
配套情况:为一汽-大众、现代、神龙、海南马自达、郑州日产、比亚迪、奇瑞、长城配套

★荣成市爱士玻璃钢有限责任公司
地址:山东省荣成市崂山工业园荣昌路68号
邮编:264300
电话:0631/7574267、7516590
传真:7574267
网址:www. aishi - china. com
电子信箱:aishi - china@ 163. com
质量体系:ISO/TS 16949
产品情况:玻璃钢汽车车身覆盖件
配套及出口情况:为重汽集团、重庆重汽、陕汽集团、北汽福田、东风、美国翰迪尔天津、重庆铁马、北奔重汽等配套;出口美国、墨西哥、韩国

★文登市明池安全玻璃有限公司
地址:山东省文登市小观镇明池路3号
邮编:264402
电话:0631/8855777、8969777
传真:8853999
网址:www. ming - chi. com
电子信箱:factory@ ming - chi. com
质量体系:ISO/TS 16949
产品情况:汽车玻璃

★山东野夼集团公司
地址:山东省栖霞市桃村镇烟青路32号
邮编:265301
电话:0535/5481214
传真:5480458
质量体系:ISO 9001
产品情况:汽车驾驶室、车身冲压件

★山东康泰实业有限公司
地址:山东省招远市金城路389号
邮编:265400
电话:0535/8213750
传真:8215130
网址:www. kangtaigroup. com
电子信箱:service@ kangtaigroup. com
法人代表:康炳元
单位人数:1100
质量体系:ISO/TS 16949、ISO 9001
产品情况:(荣康牌)
主要生产汽车座椅、悬架、后桥、控制臂等产品
配套情况:为中誉奔驰、通用东岳和通用五菱配套

★龙口市宏兴机械车辆配套有限公司
地址:山东省龙口市市府驻地牟黄路南
邮编:265700
电话:0535/8660868
传真:8660876
网址:www. hongxingchanye. com. cn
电子信箱:manager@ hongxingchanye. com. cn

质量体系:ISO/TS 16949
产品情况:(宏兴牌)
汽车钣金件、转向管柱、内饰罩等
配套情况:与中国重汽、北方奔驰、一汽红塔高唐、聊城中通客车等汽车公司配套

★龙口泰进机械有限公司
地址:山东省龙口市北马唐家泊1号
邮编:265702
电话:0535/8918196、8911357
传真:8918885
网址:www.lktaijin.com
电子信箱:taijin@lktaijin.com
单位人数:300
质量体系:ISO/TS 16949
产品情况:(龙升牌)
电动玻璃升降器、手动玻璃升降器、汽车玻璃升降器及车身附件
配套情况:为通用汽车、长城汽车、福田汽车、长安汽车、比亚迪汽车、奇瑞汽车、吉利汽车、沈阳金杯、厦门金龙、华泰汽车等20多个汽车生产厂配套

★青岛统帅车辆配件(集装箱液袋)公司
地址:山东省青岛市城阳区秋阳路108号
邮编:266109
电话:0532/87963171、15064801735
传真:87963171
网址:www.cnntap.com
电子信箱:info@cnntap.com
质量体系:ISO 9001
产品情况:(好视野牌、康捺特牌、美特牌)
集装箱液态袋
出口情况:出口美国、日本、欧洲、中东、亚洲

★青岛吉尔希移动控制配件有限公司
地址:山东省青岛市经济技术开发区昆仑山路600号
邮编:266500
电话:0532/55581030
传真:55581051
网址:www.grcontrols.com
产品情况:汽车座椅、汽车车身、拉线、王金产品

★佛吉亚(青岛)排气系统有限公司
地址:山东省青岛市经济技术开发区黄河西路72号
邮编:266510
电话:0532/86838000－8026
传真:83186555
网址:www.faurecia.com
电子信箱:sonia.song@faurecia.com
质量体系:ISO/TS 16949、ISO 14001
产品情况:汽车座椅、前舱模块、隔音毯、门内板、前端模块和排气系统作为全球性的汽车零部件供应商
配套情况:为美国现代、东风悦达起亚、威亚、神龙、福特、奇瑞等供货

★泰安晟泰汽车零部件有限公司
地址:山东省宁阳县华丰工业园
邮编:271413
电话:0538/5853379、13563825066
传真:5852023
网址:www.sdshengtai.com
电子信箱:nytaianst@163.com
质量体系:ISO/TS 16949
产品情况:(晟泰牌)
叉臂式、绳轮式、软轴式三大类20余种车型的手动、电动玻璃升降器,年生产能力达200万支
配套情况:为多家汽车厂配套

★梁山赛强机械制造有限公司
地址:山东省梁山县拳铺镇工业园区
邮编:272600
电话:0537/7768983、13705325534
传真:7768033
网址:www.segems.cn
电子信箱:info@segems.cn
质量体系:ISO 9001
产品情况:(赛强牌)
牵引座、牵引销、悬架系统、半挂支承装置、储气筒、集装箱转锁、锁具、制动分泵、工具箱、紧绳器、后灯架、边灯架、摇把架、平合页、鼓合页、门刀、绳钩、挡泥板、备胎支架及各种橡胶制品等
出口情况:部分产品出口

★山东旭日汽车饰件集团
地址:山东省日照市昭阳北路338号
邮编:276800
电话:0633/3918558
传真:3385758
电子信箱:xuri@xurigroup.com
法人代表:刘旭祥
单位人数:430
质量体系:ISO/TS 16949
产品情况:(旭祥牌)
汽车仪表板、面板、保险杠、格栅、汽车门饰板、汽车灯具、汽车护罩、汽车顶棚、地毯、数控模具等
配套情况:主要为北汽福田、北汽有限、东风、中国重汽、唐骏奥铃、五征等多个厂家的轻型货车、重型货车、轻型客车、大型客车、SUV、轿车等配套

河南省

★郑州东风李尔泰新汽车座椅有限公司
地址:郑州市经济技术开发区航海东路十九大街
邮编:450001
电话:13460201166
传真:0371/62108822
网址:www.tachi－s.co.jp
电子信箱:bbchen@lear－china.com
产品情况:汽车座椅总成
配套情况:为东风日产乘用车公司郑州工厂配套

★日立化成工业(郑州)汽车配件公司
地址:郑州市经济技术开发区第二十一大街22号航海东路1405号中信广场412室
邮编:450016
电话:0371/55057000
传真:55057001
网址:www.hitachi.com.cn
产品情况:主要生产高性能轻量化汽车后尾门

★河南大井星光汽车零部件有限公司
地址:郑州市中原区须水工贸园区
邮编:450042
电话:0371/67813811
传真:67813111
质量体系:ISO/TS 16949
产品情况:汽车门锁、发动机罩锁等汽车零部件,年产40万套
配套情况:为东风汽车有限、郑州日产汽车、东风汽车股份、株式会社大井制作所供货

★河南开开特星光锁系统有限公司
地址:郑州市中原区郑上路882号
邮编:450042
电话:0371/67823133、67822906
传真:67823100、67822919
电子信箱:kkt@kiekertxg.cn
质量体系:ISO/TS 16949、ISO 14001
产品情况:(KXG牌)
各类汽车锁
配套情况:为一汽集团、一汽－大众、东风汽车公司、神龙汽车、长安、长安铃木、长安福特、长安马自达、奇瑞汽车、比亚迪汽车、江铃汽车、江铃控股等配套

★郑州市金根汽车零部件有限公司
地址:河南省荥阳市郑源路1号
邮编:450100
电话:0371/64970991、64600026
传真:64970993
网址:www.jingen.com
电子信箱:zhw@jingen.com
单位人数:450
质量体系:ISO/TS 16949
产品情况:(金根牌)
聚氨酯软化仪表台、各档客车座椅、客车空调、汽车内饰件、汽车注塑件、汽车线束、汽车仪表、灯具
配套情况:是河南少林、郑州宇通、洛阳凌宇、东风旅行车、重庆恒通、万山特种车、烟台鹏驰汽车附件、深圳五洲龙等汽车主机厂家主要配套商

★郑州泰新汽车内饰件有限公司
地址:河南省中牟县建设路南段
邮编:451450
电话:0371/62182037、13608672683
传真:62169839

网址:www. zztaixin. com
电子信箱:taishin2@ 163. net
产品情况:郑州日产皮卡车、帕拉丁、奥丁、御轩等汽车专用座椅、、车内饰件及相关产品
配套情况:为郑州日产、郑州宇通等配套

★新乡市豫新商用车空调股份有限公司
地址:河南省新乡市建设中路 168 号
邮编:453049
电话:0373/3862173、15903871811
传真:3862634
网址:www. yxsyckt. com
电子信箱:yx2912@ 126. com
质量体系:ISO/TS 16949
产品情况:(豫新牌)
大型和中型客车、货车、特种车用空调系统
配套情况:为东风日产、神龙汽车、上汽荣威、上汽通用五菱、哈飞、昌河、众泰、宇通客车、北方华德尼奥普兰、黄海客车、少林客车、盐城中威、扬州亚星、柳工、厦工、中联重科、徐工、三一重工、福田雷沃重工、东风柳汽、青岛一汽、宇通重工、集瑞重工配套

★河南平原光电有限公司
地址:河南省焦作市工业路 1 号
邮编:454001
电话:0391/2623896
网址:www. norincogroup. com. cn
电子信箱:webmaster@ norincogroup. com. cn
董事长:孙树义
负责人:浮德海
单位人数:4000
质量体系:ISO/TS 16949
产品情况:汽车后视镜

★焦作平光开元汽车部件有限公司
地址:河南省焦作市工业路 1 号
邮编:454001
电话:0391/2609135
传真:2620323
电子信箱:pgky@ 163. com
质量体系:ISO/TS 16949
产品情况:汽车外后视镜、内视镜
配套情况:为重庆铃木、奇瑞汽车、比亚迪汽车、江南汽车配套

★河南贝迪新能源汽车空调有限公司
地址:河南省济源市高新技术产业集聚区
邮编:454650
电话:0391/5575801
传真:5575800、5575812
网址:www. bdkt. net
电子信箱:bdgsxsb@ 163. com
单位人数:400
产品情况:新能源汽车空调(超低温热泵型纯电动汽车空调)

★河南贝迪新能源制冷工业有限公司
地址:河南省济源市愚公南路高新技术产业集聚区
邮编:459000
电话:0391/5575801
传真:5575800、5575812
网址:www. bdkt. net
电子信箱:bdgsxsb@ 163. com
单位人数:400
产品情况:新能源电动汽车空调等

★许昌环宇安全玻璃有限公司
地址:河南省许昌县蒋李集镇寇庄工业区
邮编:461107
电话:0374/5733866、5733166
传真:5733000
网址:www. hyglass. net
电子信箱:xchyglass@ 126. com
法人代表:寇保成
质量体系:ISO/TS 16949、ISO 9001
产品情况:安全玻璃
出口情况:远销欧洲、非洲、东南亚等地区

★固始华瑞汽车内饰件有限公司
地址:河南省固始县城关安居路 18 号
邮编:462000
电话:0376/4620233、4155315
传真:4620796、4155315
质量体系:ISO/TS 16949
产品情况:空调隔音棉及材料

★洛阳雅程科贸有限公司
地址:河南省洛阳市洛龙区洛龙路农科院东 300 米
邮编:471022
电话:0379/65511569、18937936513
传真:65511569
网址:www. lyyckm. com
电子信箱:yachengkemao@ 163. com
质量体系:ISO 9001
产品情况:(雅程牌)
重型货车、工程机械、农业机械座椅总成及配件,具备年产 40 万套座椅总成及座椅附件的生产能力
配套及出口情况:为 100 多个主机生产厂家配套;出口多个国家和地区

★河南北方星光机电有限责任公司
地址:河南省邓州市古城路 001 号
邮编:474150
电话:0377/62286236
传真:62287000
质量体系:ISO/TS 16949、VDA 6. 1
产品情况:汽车锁
配套情况:为一汽集团、一汽 - 大众、神龙汽车等配套

★开封河西汽车内饰件有限公司
地址:河南省开封市开发区杏花营工业园宋城路西段 6 号路
邮编:475000
电话:0378/3688115
传真:3862617
网址:www. kasai. co. jp
产品情况:中高档汽车内外饰件
配套情况:主要客户有郑州日产

湖北省

★武汉辉弘汽车车身附件有限公司
地址:武汉市汉南区华顶工业园 C14 - 2
邮编:430011
电话:027/82340605、13986163700
传真:82340605
网址:www. whhz - car. com
电子信箱:hz3188@ 126. com
质量体系:ISO/TS 16949
产品情况:重型货车门锁、各类门锁控制杆件以及冲压件、五金件、铜排件
配套情况:主要为陕西重型汽车德龙 F2000/F3000、中国重汽集团豪骏、山西大运汽车、沃尔沃、东风十堰特种车身有限公司等系列车型配套

★武汉艾帕克汽车配件有限公司
地址:武汉市东西湖区金银潭经济开发区 12 号地
邮编:430040
电话:027/83941716
产品情况:汽车钣金零部件,提供车身骨架零配件
配套情况:为东风本田配套,主要提供 CRV、思域等车型配件

★武汉李尔云鹤汽车内饰系统有限公司
地址:武汉市蔡甸区沌阳大道 403 号
邮编:430056
电话:027/84212221
传真:84212229
网址:www. lear. com
产品情况:汽车座椅

★佛吉亚全兴(武汉)汽车座椅有限公司
地址:武汉市创业三路 17 号
邮编:430056
电话:027/84470266、84212193
传真:84213601
网址:www. faurecia. com
质量体系:ISO 9001
产品情况:汽车座椅
配套情况:为神龙汽车、东风日产配套

★东风伟世通汽车饰件系统有限公司
地址:武汉市沌口经济技术开发区
邮编:430056
电话:027/68845001
传真:68845122
电子信箱:zjmao@ mail. dfv. com. cn
质量体系:ISO/TS 16949
产品情况:(东风伟世通牌)
汽车内外饰件,年产仪表板 12 万套、门板 15 万套、保险杠 5 万套
配套情况:为东风日产乘用车、东风本田、神龙汽车等配套

★佛吉亚(武汉)汽车座椅有限公司
地址:武汉市沌口开发区创业三路17号
邮编:430056
电话:027/84212193
传真:84890015
网址:www.faurecia.com
质量体系:ISO/TS 16949
产品情况:座椅、仪表盘模块、车门、隔音模块、前保险杠、排气管
配套情况:为东风日产乘用车公司配套

★武汉兴桥高分子材料有限公司
地址:武汉市汉阳区车城东路309号
邮编:430056
电话:027/84473613
产品情况:座椅

★武汉泰极江森汽车座椅有限公司
地址:武汉市经济技术开发区13MC地块
邮编:430056
电话:15871456401
网址:www.tachi-s.co.jp
电子信箱:lf_peng@tachi-s-jci.com.cn
产品情况:汽车座椅,年产座椅为6万套
配套情况:主要为东风本田的高级轿车思铂睿SPIRIOR提供配套产品汽车座椅

★武汉耀华安全玻璃有限公司
地址:武汉市经济技术开发区车城东路164号
邮编:430056
电话:027/84892112、84258383
传真:84892085
网址:www.wypglass.com
电子信箱:wyp@wypglass.com
质量体系:ISO/TS 16949、ISO 14001
产品情况:(WYP牌)
各种汽车用安全玻璃及其总成系统
配套及出口情况:为雷诺、标致、雪铁龙、日产、本田等配套;出口欧美等地区

★武汉万兴汽车零配件制造有限公司
地址:武汉市经济技术开发区车城东路309号
邮编:430056
电话:027/84473578
传真:84891886
电子信箱:guanli@wanhine-gsk.com.cn
质量体系:ISO/TS 16949、QS 9000
产品情况:汽车座椅、车门饰板、遮阳板、注塑件、一体成型件、冲压件及其他汽车内饰件
配套情况:为东风日产乘用车、一汽海马等配套

★武汉源兴汽车配件有限公司
地址:武汉市经济技术开发区车城东路309号
邮编:430056
电话:027/84795106
传真:84795129
质量体系:QS 9000、ISO 9000
产品情况:汽车椅套
配套情况:为武汉东风本田、神龙汽车、东风风神、东风日产、日产汽车、东南汽车、海马汽车、长安汽车等汽车厂商供应座椅皮套

★武汉东环车身系统有限公司
地址:武汉市经济技术开发区枫树三路38号
邮编:430056
电话:027/84305948
传真:84305990
网址:www.wdacs.com
电子信箱:market@wdacs.com
单位人数:600
质量体系:ISO/TS 16949
产品情况:电动(含防夹)/手动玻璃升降器、驻车制动操纵杆以及中小型冲压焊接零部件
配套情况:为神龙汽车、长城汽车、长安汽车、东风乘用车、东风商用车、东风股份、东风柳汽、东风日产、奇瑞汽车、北汽福田、江铃汽车、上汽大通、华菱汽车等配套

★东风贝洱热系统有限公司
地址:武汉市经济技术开发区枫树五路
邮编:430056
电话:027/84281025
传真:84281052
网址:www.dbts.cn
电子信箱:zhoufz@dfmc.com.cn
法人代表:翁运忠
单位人数:1005
质量体系:ISO/TS 16949、OHSMS 18001
产品情况:商用车和乘用车所需的冷却模块(散热器+中冷器+冷凝器等)、空调系统、温控硅油风扇离合器总成、电控硅油风扇离合器总成、尾气再循环冷却器等产品。其中,商用车冷却系统和空调系统产品年生产能力分别为30万套、20万套;乘用车冷却系统和空调系统产品年生产能力分别为60万套、40万套;发动机硅油离合器风扇总成年生产能力为26万套
配套情况:主要客户有一汽解放、陕西重汽、东风商用车、福田戴姆勒、上汽依维柯红岩、东风股份、郑州日产、神龙汽车、长安标致雪铁龙、东风日产乘用车、东风乘用车、东风本田、福建奔驰、潍柴、东风康明斯、上汽菲亚特红岩动力、日本日产柴、英国本田、沃尔沃商用车等国内外客户

★武汉博泽汽车部件有限公司
地址:武汉市经济技术开发区民营科技工业园南区20号
邮编:430056
电话:027/84215111
传真:84215112
电子信箱:pingli.zhou.extern@brose.com
质量体系:ISO/TS 16949、ISO 14001
产品情况:玻璃升降器、座椅系统、门锁部件
配套情况:为东风雪铁龙、东风标致、上汽通用、福特、沃尔沃、吉利、奇瑞、广汽菲亚特、长安福特、戴姆勒等配套

★武汉提爱思全兴汽车零部件有限公司
地址:武汉市经济技术开发区万家湖路187号
邮编:430056
电话:027/84236388
传真:84236597
电子信箱:liupanky@126.com
质量体系:ISO/TS 16949、ISO 14000
产品情况:汽车座椅、门内饰板等汽车零部件
配套情况:为东风本田配套

★武汉汉联汽车配件有限公司
地址:武汉市经济技术开发区新民新村特1号
邮编:430056
电话:027/84259187、84259173
传真:84259227
网址:www.whhl.org
电子信箱:hllh0303@public.wh.hb.cn
质量体系:QS 9000、ISO 9001
产品情况:汽车保险杠、内外饰件,各种塑料件、模具
配套情况:为上汽大众、一汽-大众、神龙汽车配套

★武汉飞亚汽车工程塑料有限公司
地址:武汉市经济技术开发区珠山湖大道111号
邮编:430056
电话:027/84893021、84891325
传真:84891325
质量体系:ISO/TS 16949
产品情况:神龙、众泰仪表板总成,年产99738只;众泰保险杠,年产7991件

★武汉中人瑞众汽车零部件有限公司
地址:武汉市东湖开发区关南工业园关南路18号
邮编:430073
电话:027/87561777
传真:87561777
网址:www.zrrz.com
质量体系:ISO/TS 16949、QS 9000
产品情况:车身件、底盘件、结构件等汽车零部件的冲压、焊接、装配;年加工钢材量达3.5万t
配套及出口情况:为神龙、一汽-大众、上汽大众、东风日产等多家国内汽车厂家配套;批量零部件供应全球市场

★武汉総和汽车零部件有限公司
地址:武汉市汉南区纱帽街兴三路200号
邮编:430090
电话:020/32223258

传真:020/32223259、027/84850766
网址:www. tstech. co. jp
产品情况:汽车座椅零部件

★中国人民解放军第3303工厂
地址:武汉市江夏区石洞街
邮编:430299
电话:027/88101303、88101302
传真:88101171
质量体系:ISO/TS 16949
产品情况:汽车座椅总成,年产26万只;汽车座椅骨架,年产10.6万只

★湖北三江航天江河橡塑有限公司
地址:湖北省孝感市长征路95号
邮编:432000
电话:0712/2951782、2951777
传真:2322285
质量体系:ISO/TS 16949
产品情况:门护板、仪表台、保险杠、空调风道等各种汽车内外塑料饰件

★湖北美标汽车制冷系统有限公司
地址:湖北省荆州市沙市区太岳路25号
邮编:434007
电话:0716/8253166、8270318
传真:8510528
网址:www. mbac. com. cn
电子信箱:mbac1@ mbac. com. cn
法人代表:陈能卯
负责人:郭琨
单位人数:300
质量体系:ISO/TS 16949
产品情况:(MB牌)
货车空调系统、客车空调系统(顶置、半顶置、内置客车空调系统及微型客车空调系统)和轿车空调系统,产量20万套;管片式蒸发器和平行流冷凝器,产量60万台;汽车空调管路,产量15万套;汽车空调电子控制系统,产量20万套
配套情况:为一汽解放、一汽青岛、东风汽车、厦门金旅、安徽奇瑞、江南汽车、洛阳凌宇、美的客车、天津一汽夏利、华菱、王牌等厂家批量供货

★湖北中航精机科技股份有限公司
地址:湖北省襄阳市高新区追日路8号
邮编:441003
电话:0710/3345433
传真:3345024
网址:www. hapm. cn
电子信箱:auto@ hapm. cn
质量体系:ISO/TS 16949、ISO 14001
产品情况:具备年产550万辆份轿车座椅调角器、轿车座椅滑轨100万辆份、变速器拨叉30万辆套、座椅骨架集成40万座、高调器120万件、各类精冲制品1.5亿件以及大型连续精冲模具80副的生产能力
配套及出口情况:为主流轿车车型配套;出口澳大利亚、伊朗、马来西亚、泰国、阿根廷等国家

★中航工业宇航救生装备有限公司
地址:湖北省襄阳市新华路29号
邮编:441003
电话:0710/3224145
传真:3224010
质量体系:ISO/TS 16949
产品情况:(汉江牌)
汽车门锁、锁芯及钥匙、行李包锁
配套情况:为天津一汽夏利、吉利汽车、长安汽车、上汽通用五菱、厦门金龙、西沃、安凯客车、五十铃配套

★湖北万众(集团)股份有限公司
地址:湖北省襄阳市汽车产业经济技术开发区车城大道168号
邮编:441004
电话:0710/3312568
传真:3310128
质量体系:ISO/TS 16949
产品情况:汽车玻璃

★老河口圣德汽车附件有限公司
地址:湖北省老河口市商业街228号
邮编:441800
电话:0710/8302868、8302593
传真:8308717
网址:www. lhksdgs. com
电子信箱:lhksdgdq@ sina. com
质量体系:ISO/TS 16949、ISO 9001
产品情况:汽车门锁、门铰链、附件
配套情况:为东风汽车公司配套

★湖北双鸥汽车工程塑料(集团)公司
地址:湖北省十堰市车城南路18号
邮编:442000
电话:0719/ 8882649
传真:8881113
电子信箱:zyan@ hbsosj. com
质量体系:ISO/TS 16949、ISO 14001
产品情况:(双鸥牌、武当山牌)
转向盘、仪表板、保险杠、地毯、遮阳板、门护板、天窗、隔音隔热垫等系列饰件产品
配套情况:为东风、柳汽、江淮、奇瑞、力帆、庆铃、广汽日野等国内主要主机厂配套

★十堰正和车身有限公司
地址:湖北省十堰市东风大道66号
邮编:442000
电话:0719/8787555
传真:8797490
电子信箱:zhhcompany@ zhhchsh. mail. sohu. net
质量体系:ISO/TS 16949、ISO 9001
产品情况:车身总成及车身零部件,具有年产3万套车身总成、5万套车身零部件的生产能力
配套情况:为东风南充汽车、东风(十堰)改装车、重汽集团济南商用车、陕汽宝鸡华山工程车辆等配套

★十堰冠达汽车零部件有限公司
地址:湖北省十堰市襄阳路10号
邮编:442000
电话:0719/8781535
传真:8781537
网址:www. hbgdgs. com
电子信箱:1079678540@ qq. com
质量体系:ISO/TS 16949、ISO 14001
产品情况:(冠达牌)
汽车工程塑料件、汽车安全玻璃、汽车模具产品;其中年产塑料制品3000t、汽车用安全玻璃200万m^2、各类注射模、冲压膜300余套
配套情况:为东风汽车配套

★东风(十堰)林泓汽车配套件有限公司
地址:湖北省十堰市张湾区红卫工业新区凯迪拉克大街28号
邮编:442000
电话:0719/8200471、8200472
传真:8223776、8222458
网址:www. dflhgs. com
电子信箱:guanlibu@ dflhgs. com
法人代表:陆啸龙
单位人数:352
质量体系:ISO/TS 16949、ISO 14001
产品情况:东风轻型载货汽车后视镜支杆、内视镜、后视镜、下视镜、聚氨酯衬套
配套情况:为东风汽车公司配套

★湖北三环车身系统有限公司
地址:湖北省十堰市车城南路23号
邮编:442001
电话:0719/8883818、8872228
传真:8893641
网址:www. triring. cn
电子信箱:cheshen@ triring. cn
质量体系:ISO/TS 16949、ISO 14001
产品情况:汽车驾驶室总成、玻璃升降器总成和车身系统冲压零部件
配套情况:为东风汽车公司、神龙汽车等配套

★十堰市鑫亚车身部件有限公司
地址:湖北省十堰市贵州路37号
邮编:442001
电话:0719/8239130
传真:8260344、8239130
质量体系:ISO 9001
产品情况:定点生产东风汽车公司车身零部件,年产15万辆份,此外还具有年产5000辆汽车车身总成和2000台驱动桥的生产能力
配套情况:为东风汽车公司配套

★东风(十堰)汽车热交换器有限公司
地址:湖北省十堰市车城西路56号
邮编:442002
电话:0719/8243774、8244488
传真:8521337、8239657
电子信箱:dfflying@ dongfeng. net

质量体系:ISO/TS 16949、ISO 14001
产品情况:(正翔牌)
汽车暖风机、汽车空调、增压器连接管、动力转向泵等
配套及出口情况:为东风公司主机厂(商用车公司、股份公司、神龙公司、客车公司、客车底盘公司、专用车公司、云南汽车公司、杭州日产柴公司、杭州汽车公司、东风渝安)、重庆力帆、钦州机械、北汽福田、重庆长安、宝鸡车辆等配套;部分产品出口美国、法国、印度尼西亚

★东风-派恩汽车铝热交换器有限公司
地址:湖北省十堰市经济技术开发区江家山路3号
邮编:442002
电话:0719/8363269、8522425
传真:8363269
网址:www.paninco.com.cn
电子信箱:paninco@paninco.com.cn
法人代表:韩力
负责人:唐陈毓文
单位人数:415
质量体系:ISO/TS 16949
产品情况:重型货车、轻型货车、轿车、军车等车型系列环保型空调,冷凝器芯体、蒸发器芯体、暖风芯子、HVAC、管路、线束
配套情况:为东风商用车、东风汽车股份、东风康明斯发动机、东风日产柴、陕汽集团、东风特汽(十堰)客车、东风客车底盘、安徽华菱、吉利汽车等配套

★十堰市十金车箱有限责任公司
地址:湖北省十堰市马家河路9号
邮编:442012
电话:0719/8783359
传真:8782419
质量体系:ISO/TS 16949、ISO 9001
产品情况:汽车车厢、车架、消声器、进气管等
配套情况:为东风公司配套

★十堰市聚朋车身厂
地址:湖北省十堰市东城开发区东环路189号
邮编:442013
电话:0719/8761564
传真:8761564
电子信箱:jp@qpcity.com.cn
质量体系:ISO 9001
产品情况:(聚朋牌)
驾驶室
配套情况:为一汽通用红塔云南配套

★东风(十堰)美瑞特汽车空调有限公司
地址:湖北省十堰市经济开发区科技园路2号
邮编:442013
电话:0719/8312622、8317722
传真:8312622
网址:www.mrtjt.com
电子信箱:mrtscb@163.com
负责人:林伟
质量体系:ISO/TS 16949
产品情况:汽车温控产品及相关零部件,包括汽车空调、暖风机、鼓风机、冷凝器、蒸发器等

★十堰祯兴汽车热交换器有限公司
地址:湖北省十堰市茅箭区白浪高新技术区白浪西路6号
邮编:442013
电话:0719/8313463
传真:8313805
质量体系:ISO 9001
产品情况:(祯兴牌)
汽车暖风机、散热器、仪表台
配套情况:为东风汽车公司配套

★十堰金泰丰汽车零部件有限公司
地址:湖北省十堰市汽配城银桥区13号
邮编:442013
电话:0719/8287147、8287148
传真:8462350
电子信箱:syjtf@126.com
质量体系:ISO 9001
产品情况:EQ140车身总成及全车覆盖件、农用车驾驶室及其覆盖件、EQ平头驾驶室
配套情况:为湖北随州、湖南临武、郴州、东风云汽、一汽通用红塔云南等20多家企业配套

★十堰市欧费尔汽车空调有限公司
地址:湖北省十堰市汽配物流广场24栋1号
邮编:442013
电话:0719/8368376
传真:8368833
质量体系:ISO 9001
产品情况:蒸发器、压缩机、冷凝器、空调管路、空调系统附件

★东风伟世通(十堰)汽车饰件系统公司
地址:湖北省十堰市武当路68号
邮编:442047
电话:0719/8237142、8236948
传真:8237142
网址:www.yf.sh.cn
电子信箱:dfm47@21cn.com
质量体系:ISO/TS 16949、ISO 14001
产品情况:商用车及乘用车仪表板、门护板、保险杠等各类饰件
配套情况:为东风装车原装配套

★东风汽车部件厂
地址:湖北省十堰市六里坪工业园
邮编:442176
电话:0719/5714053
传真:5713204
电子信箱:hedongfang668@vip.163.com
质量体系:ISO/TS 16949、ISO 9001
产品情况:大型冲压件,年产200万件;轿车车身,年产50000辆份

★福耀玻璃(湖北)有限公司
地址:湖北省荆门市高新技术产业开发区交通大道
邮编:448124
电话:0724/8686888
网址:www.fuyaogroup.com
质量体系:ISO/TS 16949
产品情况:(福耀(FUYAO)牌)
汽车玻璃,主要为华中地区各大汽车厂配套
配套情况:为神龙汽车、东风本田、东风乘用车、东风商用车、东风渝安、江淮汽车、奇瑞汽车、昌河汽车、江铃汽车、北汽株洲等厂家配套

湖南省

★长沙市伟力汽车零部件有限公司
地址:长沙市环保科技产业园
邮编:410014
电话:18670382782
传真:0731/85783791
电子信箱:14386818@qq.com
质量体系:ISO 9000
产品情况:客车、工程车、冷藏车空调的鼓风机、电子扇、水泵

★长沙广汽东阳汽车零部件有限公司
地址:长沙市经济技术开发区风树路277号
邮编:410100
电话:0731/88702509
产品情况:汽车保险杠、外饰件及扰流板
配套情况:为广汽菲亚特、广汽三菱配套

★湖南长沙平头汽车车身制造厂
地址:长沙市长沙县榔梨镇
邮编:410129
电话:0731/86802338、86806806
传真:86806806、86802069
网址:www.cp-china.com
电子信箱:hn6808253@163.com
董事长:孔应祥
单位人数:368
质量体系:ISO/TS 16949
产品情况:长平CP系列平头带卧驾驶室总成、长平CP系列高顶双卧平头驾驶室总成、长平CP系列汽车起重机驾驶室总成
配套情况:为上汽依维柯红岩商用车、陕汽集团长沙环通汽车、三一集团、中联重科等主机厂配套

★湖南长沙榔黎汽车车身制造有限公司
地址:长沙市长沙县榔梨镇康狮岭
邮编:410129
电话:0731/86806988、86802290
传真:86802478

网址:www. csllcs. cn
电子信箱:caoguoxing@ vip. sina. com
董事长:曹国兴
质量体系:ISO 9001
产品情况:汽车车身
配套情况:为东风公司、陕汽集团配套

★湖南奔陆车身制造有限公司
地址:长沙市东郊榔梨何家山
邮编:410129
电话:0731/86805999、86802157
传真:86802157
网址:www. hnbenlu. com
电子信箱:benlu@ hnbenlu. com
质量体系:ISO 9000
产品情况:(奔陆牌)
汽车覆盖件、燃油箱、商用车驾驶室
配套情况:为东风汽车公司、一汽集团、一拖集团等大型主机厂配套装车

★株洲时代新材料科技股份有限公司
地址:湖南省株洲市天元区海天路18号
邮编:412007
电话:0731/22837789、22837730
传真:22837788
网址:www. trp. com. cn
电子信箱:tmt@ teg. cn
质量体系:ISO/TS 16949、QS 9000
产品情况:推力杆、球铰、空气弹簧等

★岳阳恒立冷气设备股份有限公司
地址:湖南省岳阳市青年中路
邮编:414000
电话:0730/8245169、8245208
传真:8221311
网址:www. yyhengli. com
电子信箱:fx2919@ 163. com
单位人数:240
质量体系:ISO/TS 16949、VDA 6. 1
产品情况:汽车空调装置,年产大型客车空调5000套、中轻型客车空调2万套、轿车空调40万套
配套情况:为上汽大众桑塔纳、一汽红旗、金杯海狮、广汽三菱、江淮万都、宇通汽车、厦门金龙、北汽福田、中联重科等配套

★华达汽车空调(湖南)有限公司
地址:湖南省娄底市乐平西街
邮编:417000
电话:0738/8871861、8871 041
传真:8872922
网址:www. valeo. com. cn
单位人数:146
质量体系:ISO/TS 16949
产品情况:(HZ牌)
汽车空调压缩机
配套情况:为一汽集团、东风汽车公司、重庆五十铃、郑州日产、东南汽车、风神汽车等配套

★邵阳通达汽车零部件制造有限公司
地址:湖南省邵阳市宝庆西路443号
邮编:422000
电话:0739/5324654
传真:5324473
网址:www. sytd. net
电子信箱:sytd@ vip. 163. com
法人代表:王邵军
单位人数:280
质量体系:ISO/TS 16949
产品情况:[SHAOLING(邵零)牌]
年产汽车支撑气弹簧600万支,可调气弹簧,拉升气弹簧;汽车配件1200万件
配套情况:为上汽通用五菱、上汽依维柯红岩、一汽轿车、哈飞汽车、东风小康、神龙汽车、郑州宇通、厦门金龙、广西柳工机械等供货

★湖南长丰汽车塑料制品有限公司
地址:湖南省永州市冷水滩区长丰汽车工业园
邮编:425000
电话:0746/8456738
传真:8457738
网址:www. hncfsl. com
电子信箱:hncfsl@ hncfsl. com
单位人数:200
质量体系:ISO/TS 16949
产品情况:猎豹车内外饰件

★湖南长丰汽车沙发有限责任公司
地址:湖南省永州市冷水滩区张家铺1号
邮编:425001
电话:0746/8456019-3539
传真:8456811、8457679
电子信箱:zhb@ cfasofa. com
质量体系:ISO/TS 16949、QS 9000
产品情况:(长丰牌)
汽车座椅、天窗、玻璃升降器等
配套情况:为广汽三菱配套

广东省

★广州市科立汽车电器有限公司
地址:广州市白云区黄石路陈田工业区西街79号
邮编:510420
电话:020/36402803、36402257
传真:36402803
电子信箱:kelidianqi@ 126. com
质量体系:ISO/TS 16949、ISO 9001
产品情况:(KEYI牌)
汽车电动玻璃升降器、刮水器电动机及各种微特电动机、喇叭、开关及线索系列产品
配套及出口情况:为长城、奇瑞QQ、一汽通用红塔云南配套;出口美国、泰国、迪拜、意大利、尼日利亚、法国等国家和地区,并销往中国台湾地区

★百丰(中国)电子科技有限公司
地址:广州市越秀区永福路49号福怡大厦419室
邮编:510500
电话:020/87792468、87641969
传真:87733853
网址:www. bfqy. com
电子信箱:gzbfqy@ 126. com
质量体系:QS 9000、ISO 9000
产品情况:(百丰牌)
汽车中央门锁、汽车喷丝脚垫、自动天线、音响喇叭、汽车消声器、汽车中门电极、排挡头等

★广州三兴精密模具塑料工程有限公司
地址:广州市经济技术开发区东区开创大道701号
邮编:510530
电话:020/82264470
传真:82264217
网址:www. first-engr. com
电子信箱:jackie@ first-engr. com. sg
质量体系:ISO/TS 16949、ISO 14001
产品情况:门手柄、玻璃升降器、摇杆、门锁、面板、仪表、音响、内饰灯、指示灯等
配套情况:为神龙汽车、东风汽车公司、法雷奥、德尔福、玛格纳、阿文美驰、英提尔等配套

★四维尔丸井(广州)汽车零部件公司
地址:广州市萝岗区东区骏功路15号
邮编:510530
电话:020/62959018
传真:62959019
网址:www. swellmarui. com
电子信箱:sales@ swellmarui. com
董事长:罗旭强
负责人:赤见秀雄
质量体系:ISO/TS 16949、ISO 14001
产品情况:汽车标牌、散热器格栅、车轮盖、装饰条、门把手等内外饰件
配套情况:为广汽本田、本田汽车(中国)、本田汽车用品(广东)、东风日产乘用车、日产投资(中国)、东风阳光汽车服务、天津一汽丰田、广汽丰田、长春丰越汽车、丰田通商(上海)、一汽海马、广汽三菱等供货

★广州市柏琳汽车零件制造有限公司
地址:广州市白云区竹料工业区正亮路16号
邮编:510545
电话:020/87400379
传真:86351783
网址:www. gzberlin. com
电子信箱:b.info@ gzberlin. com
单位人数:200
质量体系:ISO/TS 16949
产品情况:汽车空调压缩机
出口情况:远销欧洲、北美洲、南美洲、日本、韩国、亚洲等国家和地区

★广州汽车集团零部件有限公司
地址:广州市广州大道中998号圣丰广场
邮编:510620
电话:020/83880142
传真:83880631
网址:www.gac-component.com
电子信箱:gaccyyb@gac-component.com
法人代表:姚一鸣
负责人:李曲明
单位人数:17000
质量体系:ISO 9001、ISO/TS 16949
产品情况:座椅、内外室、车身冲焊、底盘动力、电气、空调系统总成及其相关产品等
配套及出口情况:为广汽本田、广汽丰田、东风本田(武汉)、东风日产乘用车、一汽海马等供货;出口美国、德国、日本、东南亚等国家和地区

★欧姆龙(广州)汽车电子有限公司
地址:广州市高新技术科技产业开发区科学城南翔一路52号
邮编:510663
电话:020/82075366
传真:82075386
网址:www.omron.com.cn
电子信箱:g_mei@gc.omron.com.cn
质量体系:ISO/TS 16949
产品情况:(OMRON牌)
电动车窗开关、直流/交流转换器、遥控钥匙(Keyless)、智能防盗钥匙(IMMOBI)、插座、LFI、座位记忆开关、电子驻车开关、转向盘控制开关、起动停止开关等

★广州广爱兴汽车零部件有限公司
地址:广州市经济技术开发区东区骏业路261号
邮编:510700
电话:020/82265138
传真:82265118
电子信箱:210@g-tsk.com
质量体系:ISO/TS 16949
产品情况:汽车门内饰板、遮阳板、开关饰板总成等

★广州三叶电机有限公司
地址:广州市经济技术开发区东区联广路263号
邮编:510730
电话:020/32020168
传真:32020600
网址:www.mitsuba.cn
电子信箱:gzmitsubams@126.com
质量体系:ISO 9001
产品情况:(MITSUBA牌)
汽车刮水器总成、玻璃升降器电动机、清洗器总成、刮水臂及胶条等,摩托车磁电机、起动机等
配套及出口情况:主要客户有广汽本田、东风本田发动机、五羊本田摩托(广州)等;出口汽车刮水器总成、刮水器刮臂及胶条、清洗器总成、摩托车起动机等产品

★康奈可(广州)汽车电子有限公司
地址:广州市花都区东风大道
邮编:510800
电话:020/66852899
传真:86733266
网址:www.calsonickansei.co.jp
质量体系:ISO/TS 16949、ISO 14001
产品情况:(康奈可牌)
驾驶室模块、前端模块

★佛吉亚(广州)汽车部件系统有限公司
地址:广州市花都区汽车城车程大道北侧厂房
邮编:510800
电话:020/28611089
传真:28611162
产品情况:汽车配套座椅

★广州艾司克汽车内饰有限公司
地址:广州市花都区汽车城东风大道东
邮编:510800
电话:020/86709156
传真:86709160
网址:www.kasai.co.jp
电子信箱:hehuizi2004@126.com
产品情况:汽车顶棚、汽车内饰件
配套情况:为本田配套

★广州富士机工汽车部件有限公司
地址:广州市花都区汽车城东风大道东
邮编:510800
电话:020/86733687
传真:86733690
电子信箱:gw-liu@fujikikogz.com.cn
质量体系:ISO/TS 16949、ISO 14001
产品情况:调角器总成、滑槽总成、管组件焊接铆接等汽车座椅产品,年产量能力50万台
配套及出口情况:为广州泰李汽车座椅、上海延锋江座椅、广州东风江森座椅、武汉提爱思全兴汽车零部件、东风日产、广汽本田等配套;出口印度尼西亚、英国,并销往中国台湾地区

★阿尔发(广州)汽车配件有限公司
地址:广州市花都区汽车城东风大道西
邮编:510800
电话:020/86733318
传真:86733300
网址:www.alphagz.com
电子信箱:y-liang@alphagz.com
法人代表:多胡薰
单位人数:1040
产品情况:汽车门内外拉手、发动机锁等相关产品
配套情况:为东风日产乘用车配套

★广州河西汽车内饰件有限公司
地址:广州市花都区汽车城东风大道以东
邮编:510800
电话:020/61971666
传真:61971661、61971662
网址:www.kasai.co.jp
电子信箱:wangyingzhong@g-kasai.com
产品情况:门内饰板、后装板、后遮阳板等
配套情况:为东风日产、郑州日产、广汽丰田、广汽本田、东风本田配套

★广州市花都必胜汽车空调器厂
地址:广州市花都区汽车城岭东路29号
邮编:510800
电话:020/36867580、36867585
传真:36867581
网址:www.gz-hbs.com
电子信箱:hbs_intl@126.com
质量体系:ISO 9001
产品情况:汽车空调的管带式冷凝器、蒸发器、平行流式冷凝器、层叠式蒸发器、各类空调管等
出口情况:出口北美洲、东欧、大洋洲、东南亚、中东

★广州枝华后视镜制造有限公司
地址:广州市花都区新华街镜湖大道与雅瑶中路交汇处
邮编:510800
电话:020/61812362
传真:61812369
网址:www.gzzhihua.com
电子信箱:sales@gzzhihua.com
质量体系:ISO 9001
产品情况:摩托车后视镜
配套及出口情况:为大长江集团、大阳摩托车等全国50多家摩托车生产企业提供后视镜及挡风玻璃;远销意大利、美国、日本、韩国、中东、东南亚等国家和地区

★广州爱机汽车配件有限公司
地址:广州市花都区花山镇华侨工业园
邮编:510880
电话:020/86948151
传真:86948152
网址:www.ghapii.com.cn
电子信箱:hr@ghapii.com.cn
质量体系:ISO/TS 16949、ISO 14001
产品情况:车身部件加工、模具加工
配套情况:为广汽本田、本田汽车(中国)、东风日产乘用车配套

★广州今仙电机工业有限公司
地址:广州市花都区花山镇华侨科技工业园
邮编:510880
电话:020/86948778
传真:86943899
网址:www.imasen.co.jp
产品情况:汽车手动、电动座椅调节器、车灯、玻璃升降器、模具、夹具等
配套情况:为广汽本田、东风本田、东风日产、昌河铃木的座椅制造商等供货

★广州精益汽车空调有限公司
地址:广州市花都区花山镇平山民营工业园7号
邮编:510880
电话:020/86789018、86789068
传真:86789023
网址:www.jingyikt.com
电子信箱:manager@jingyikt.com
质量体系:ISO/TS 16949
产品情况:6~14m客车空调,冷藏车空调,压缩机、线束、铜管等汽车空调零部件

★广州泰李汽车座椅有限公司
地址:广州市花都区汽车城东风大道东
邮编:510880
电话:020/86733996、86733558
传真:86733553、86733318
网址:www.tachi-s.co.jp
质量体系:ISO/TS 16949
产品情况:汽车座椅及其他零部件
配套情况:为东风日产乘用车配套

★广州龙冠汽车空调制造有限公司
地址:广州市增城区荔城镇罗岗开发区223号
邮编:511300
电话:020/82755028、82757088
传真:82758868
质量体系:QS 9000、ISO 9001
产品情况:(三菱牌)
汽车空调压缩机,汽车护理产品

★广州基业汽车空调制造有限公司
地址:广州市增城区增江街东区工业园经二路80号
邮编:511300
电话:020/82719751
传真:82719752
网址:www.gz-jiye.com.cn
电子信箱:gzjiye@126.com
单位人数:300
质量体系:ISO 9001
产品情况:重型汽车空调器总成、SUV空调总成、冷凝器、蒸发器、空调电路系统等
配套情况:为日本多田野株式会社(TADANO)、美国悍马(Tomcar)、中国重型汽车集团、广汽集团等国内外多家知名汽车生产厂商配套空调系统

★广东海德世拉索系统有限公司
地址:广州市增城区新塘镇新祥路7号
邮编:511340
电话:020/82686600
传真:82683300
网址:www.hi-lex.co.jp
产品情况:各类型汽车玻璃升降器、控制操纵线及民用控制操纵线
配套及出口情况:主要为广汽本田、丰田、日产等知名汽车厂配套;出口日本、东南亚、北美洲地区

★广州福耀玻璃有限公司
地址:广州市增城区新塘镇新耀南路1号
邮编:511340
电话:020/32876066
产品情况:(福耀(FUYAO)牌)
汽车玻璃生产与销售,主要服务于华南地区及海外OEM市场

★广州奥托立夫汽车安全系统有限公司
地址:广州市经济技术开发区永和经济开发区新业路66号
邮编:511356
电话:020/32223333
传真:32223326
网址:www.autoliv.com
质量体系:ISO/TS 16949
产品情况:汽车安全带和安全气囊

★广州庆成金属工业有限公司
地址:广州市经济技术开发区永和经济开发区新庄三路9号
邮编:511356
电话:020/82978558-160
传真:82978658
网址:www.gzqingcheng.com
电子信箱:sales_n@mail.qc4i.com
单位人数:600
质量体系:ISO/TS 16949、ISO 9001
产品情况:汽车外覆盖件、结构件、底钣件及电子、电动机、电器行业的模、夹、检具与冲压焊接件

★广州白木汽车零部件有限公司
地址:广州市经济技术开发区永和经济开发区永顺大道西贤堂路2号
邮编:511356
电话:020/32221720
传真:32221729
网址:www.shiroki.co.jp
电子信箱:zhongdongbo@gz-shiroki.com.cn
单位人数:428
质量体系:ISO 14001、ISO/TS 16949
产品情况:(SHIROKI牌)
汽车窗框
配套情况:为东风汽车(日产)、广汽丰田汽车配套

★广州德爱康纺织内饰制品有限公司
地址:广州市经济技术开发区永和经济区井泉一路3号
邮编:511356
电话:020/82980255
传真:82980216
网址:www.tstech.co.jp
电子信箱:nhelinda@163.com
质量体系:ISO 9001、ISO 14001
产品情况:汽车座椅套
配套情况:为广汽本田配套

★广州林骏汽车内饰件有限公司
地址:广州市经济技术开发区永和经济区新安路333号
邮编:511356
电话:020/32223100
传真:32221819
网址:www.linjun.com.cn
电子信箱:linjun@linjun.com.cn
质量体系:ISO 9001、ISO 14001
产品情况:汽车成型地毯等汽车饰件产品
配套情况:为广汽本田、天津一汽丰田、东风日产乘用车等配套

★广州电装有限公司
地址:广州市增城区永和镇广州汽车配件工业城
邮编:511356
电话:020/82981198、82970885
传真:82970955
网址:www.denso.com.cn
电子信箱:231654259@qq.com
质量体系:ISO/TS 16949、ISO 9001
产品情况:HVAC空调单元总成、冷凝器、电动风扇、散热器等
配套情况:为广汽丰田、广汽本田、东风本田、长安铃木、广汽乘用车等配套

★广州提爱思汽车内饰系统有限公司
地址:广州市增城区永和镇广州汽配城广华东路[illegible]号
邮编:511356
电话:020/82704792
传真:82705304
网址:www.gztst.com
电子信箱:postmaster@gztst.com
质量体系:ISO 9001、ISO 14001
产品情况:雅阁、歌诗图、奥德赛、凌派和锋范等汽车座椅
配套情况:主要客户为广汽本田和本田中国

★广州市联安汽车空调配件有限公司
地址:广州市中新镇福和永福路13号
邮编:511375
电话:020/82834288、82833888
传真:82834118
网址:www.lianan.cn
电子信箱:info@lianan.cn
质量体系:ISO/TS 16949
产品情况:汽车空调配件、空调压缩机
出口情况:远销东南亚、中东、南非、南美洲等地区

★广州市光裕汽车空调制造有限公司
地址:广东省增城市正果镇池田开发区
邮编:511390
电话:020/82811788
传真:82810399
网址:www.gzgy.asia
电子信箱:gygz88@163.com
质量体系:ISO 9001
产品情况:(光裕牌)
汽车空调压缩机及配件

★广州市吉中汽车装饰有限公司
地址:广州市南沙区黄阁镇黄阁中路30号
邮编:511400
电话:020/31156100、31156101
传真:31150891
网址:www.gzjizhong.com
电子信箱:w.luo@gzjizhong.com
质量体系:ISO/TS 16949
产品情况:真皮系列座套、仿皮系列座套、绒布/花色系列座套
配套情况:为奥迪、红旗、福特、桑塔纳、欧蓝德等多个汽车品牌配套

★阿斯莫(广州)微电机有限公司
地址:广州市南沙经济技术开发区
邮编:511455
电话:020/34972888
传真:34683144、34973456
网址:www.asmo.co.jp
电子信箱:xufang－suo@gu.asmo.com.cn
产品情况:车辆刮水器、风窗洗涤器、电动后太阳挡
配套情况:为广汽丰田供货

★广州樱泰汽车饰件有限公司
地址:广州市南沙区黄阁镇乌洲山北路3号
邮编:511455
电话:020/34683060
传真:34683063
网址:www.toyota－boshoku.com
电子信箱:watouwei@gz－intex.com
质量体系:ISO 14001、ISO/TS 16949
产品情况:汽车内饰件
配套情况:为广汽丰田配套

★丰爱(广州)汽车座椅部件有限公司
地址:广州市南沙区黄阁镇乌洲山北路一号
邮编:511455
电话:020/34682662
传真:34682850
质量体系:ISO 9000
产品情况:汽车座椅骨架、座椅调角器、滑轨、汽车冲压件、焊接件和涂装件
配套情况:为丰田汽车配套

★广州市番禺盈力气弹簧制造有限公司
地址:广州市番禺区市广路228号
邮编:511490
电话:020/84878610、34512438
传真:34801265
网址:www.pyyl.com
电子信箱:ronzhx@vip.163.com
质量体系:ISO 9001
产品情况:各类气弹簧,年产能力50万支
配套及出口情况:为多个厂家配套;出口东南亚、欧洲、美洲地区

★松下·万宝(广州)压缩机有限公司
地址:广州市番禺区钟村万宝基地万宝北街36号
邮编:511495
电话:020/84778123、22870088
传真:34712140
网址:pwapcgz.panasonic.cn
电子信箱:pwapcgz_sales@cn.panasonic.com
负责人:坪川正浩
单位人数:5000
质量体系:ISO/TS 16949、QS 9000
产品情况:(panasonic牌)
房间空调器和汽车空调用旋转式压缩机,年产20万台

★清远爱机汽车配件有限公司
地址:广东省清远市高新区银盏工业园嘉福工业区
邮编:511542
电话:0763/3697788
传真:3697799
网址:www.qhapii.com.cn
电子信箱:hr@whapii.com.cn
质量体系:ISO 14001、ISO/TS 16949
产品情况:汽车骨架零配件
配套情况:为广汽本田配套

★惠州市开廓汽配有限公司
地址:广东省惠州市博罗县龙溪镇小蓬岗第二工业区
邮编:516121
电话:0752/6387667
传真:6387767
网址:www.flex－wiper.com
质量体系:ISO/TS 16949
产品情况:汽车刮水器

★劲达(集团)有限公司
地址:广东省河源市明珠开发区力王大道1号
邮编:517000
电话:0762/3831380、2288888
传真:3831381、2288889
网址:www.kingtec.com.cn
电子信箱:service@kingtec.com.cn
质量体系:ISO 9001
产品情况:各种大型商用车空调、汽车运输冷冻机等

★深圳市精臻达实业有限公司
地址:广东省深圳市龙岗区板田五和南路41号和勘工业区B区3栋1楼
邮编:518034
电话:0755/83121693、83163489
传真:83163867
电子信箱:szzhenda@163.net
质量体系:ISO/TS 16949
产品情况:(臻达牌)
汽车电动玻璃升降器与自动关窗器及开关等系列产品

★深圳市著牌实业有限公司
地址:广东省深圳市龙华新区民治街道向南村宝山工业区B栋
邮编:518131
电话:0755/28196108
传真:28196769
网址:www.zhupai.com
电子信箱:szzhupai@126.com
质量体系:ISO/TS 16949、ISO 9001
产品情况:中央控制门锁、行车记录仪、一键起动系统、车载移动电源、360度全景影像泊车系统等
配套情况:为长城汽车、河北中兴、北汽福田、一汽海马、吉利汽车、陕汽集团、奇瑞汽车、东风汽车公司等配套

★珠海鸥顿气弹簧厂
地址:广东省珠海市香洲区前山商贸物流中心华朋路53号
邮编:519000
电话:0756/8523112、8523113
传真:8523119
电子信箱:odchinese@hotmail.com
质量体系:ISO 9001
产品情况:角调气弹簧系列、支撑气弹簧系列、升降气弹簧系列,年产50万支
配套及出口情况:为东风汽车公司、江西宜春客车厂、珠海广通、郑州宇通配套;出口德国、爱尔兰、俄罗斯、印度尼西亚、日本

★广东三井汽车配件有限公司
地址:广东省珠海市金湾区三灶科技工业园永辉路2号
邮编:519040
电话:0756/7767526、7767730
传真:7767028、7767038
网址:www.mcg.net.cn
电子信箱:postmaster@mcg.net.cn
质量体系:ISO 9001
产品情况:汽车中央门锁、玻璃升降机和电动天窗等
配套及出口情况:为丰田、本田、日产等配套;出口北美洲、东南亚

★珠海华尚汽车玻璃工业有限公司
地址:广东省珠海市三灶科技园琴石工业区
邮编:519040
电话:0756/7622972、7622973
传真:7622909、7622939
网址:www.bsgautoglass.net
电子信箱:sales@bsgautoglass.net
质量体系:ISO/TS 16949、ISO 14001
产品情况:汽车玻璃、窗框

★东莞市海莎过滤器有限公司
地址:广东省东莞市东城区下桥工业园R栋
邮编:523112
电话:0769/23326900
传真:23326986
网址:www.helsha－filter.com
电子信箱:link@helsha－filter.com
质量体系:ISO/TS 16949、ISO 14001

产品情况:空调过滤器、空气过滤器、机油过滤器

★小仓离合机(东莞)有限公司
地址:广东省东莞市石碣镇科技工业园
邮编:523290
电话:0769/86361603
传真:86324531
质量体系:ISO/TS 16949
产品情况:汽车空调用离合器
配套情况:为松下万宝(广州)压缩机、华达杰克赛尔、重庆建设车用空调器等配套

★东莞山多力汽车配件有限公司
地址:广东省东莞市企石镇永发工业区
邮编:523511
电话:0769/86715908、86784777
传真:86715986
网址:www.sandolly.com.cn
电子信箱:business.china@sandolly.com
质量体系:ISO/TS 16949、QS 9000
产品情况:(SANDOLLY牌)
汽车刮水器及臂片
配套情况:为比亚迪、吉利远景、江铃全顺、陆风风尚、迷迪、明爵MG3、普力马、丘比特、三一重工、威乐、威姿、新奥拓、宝骏、中华酷宝、中兴无限、悦翔等配套

★东莞茂森金属冲压有限公司
地址:广东省东莞市塘厦镇林村新太阳工业城第105栋
邮编:523711
电话:0769/87929299
传真:87928993
电子信箱:info@mansfield.com.cn
质量体系:ISO/TS 16949、ISO 9001
产品情况:汽车骨架、汽车门锁、汽车座椅、排气管等

★东莞景大汽车玻璃有限公司
地址:广东省东莞市虎门镇陈村陈丰路10号
邮编:523900
电话:0769/81151729
传真:81551403
电子信箱:winston@brightpower.org
质量体系:ISO 9001
产品情况:汽车玻璃、前风窗夹层玻璃、后风窗钢化玻璃、风窗玻璃、汽车玻璃胶等产品

★丽声实业(东莞)有限公司
地址:广东省东莞市虎门镇大宁社区宁江路2号
邮编:523930
电话:0769/86232324
传真:86232303
网址:www.rthythm.co.jp
产品情况:汽车车载时钟、监视照相机、汽车仪表盘、LED照明、外观加饰精密注塑产品等

★信义玻璃控股有限公司
地址:广东省东莞市虎门镇路东信义玻璃工业园
邮编:523935
电话:0769/85266666
传真:85268888
网址:www.xinyiglass.com
电子信箱:marketing@xinyiglass.com
单位人数:15000
质量体系:ISO/TS 16949、ISO 14001
产品情况:(XYG牌)
汽车玻璃、密封胶条
配套情况:与奇瑞汽车、宇通客车、北汽福田等结为战略合作伙伴关系

★东莞广泽汽车饰件有限公司
地址:广东省东莞市厚街镇桥头第三工业园
邮编:523950
电话:0769/89278888
传真:89088097
网址:www.hirosawa.com.cn
电子信箱:info@hirosawa.com.cn
质量体系:ISO/TS 16949、ISO 9001
产品情况:汽车仪表盘、饰板、转向盘,摩托车挡板
配套及出口情况:为广汽本田、东风日产乘用车、一汽海马、郑州日产、东南汽车、长安汽车、北京奔驰、华晨金杯、武汉万通、广西柳汽等配套;部分产品远销日本、美洲、欧洲、非洲等国家和地区

★广州市丽驰汽车座椅有限公司
地址:广东省佛山市三水中心科技工业园D区10号
邮编:528100
电话:0757/88763970、88763971
传真:88763979
网址:www.lichi.cc
电子信箱:xiexq@leadcom.cc
质量体系:ISO/TS 16949、ISO 9001
产品情况:为国内外豪华客车、汽车提供优质座椅产品

★盟和(佛山)汽车配件有限公司
地址:广东省佛山市南海区丹灶镇南海工业园区朝阳路18号
邮编:528216
电话:0757/85433800
传真:85433806
网址:www.meiwasangyo.co.jp
电子信箱:m-pengzhou@meiwafs.com.cn
产品情况:汽车内部的装饰配件,包括后盖箱盖板、车顶、车门内饰及脚踏地毯等产品
配套及出口情况:主要向广汽本田、丰田、日产三大汽车整车公司供货;出口欧洲、美洲

★本田汽车用品(广东)有限公司
地址:广东省佛山市狮山镇三环西工业园
邮编:528222
电话:0757/86653168、86636588
传真:86636229
网址:www.honda-access.cn
电子信箱:hondaaccess@hac-c.com
产品情况:本田系列车型外装、内装、电装用品
配套情况:为广汽本田等配套

★爱信精机(佛山)车身零部件有限公司
地址:广东省佛山市南海高新技术产业园小塘园区三环西路A区5号
邮编:528222
电话:0757/86680301
传真:86650300
网址:www.asfb.cn
电子信箱:wurf@aisin-foshan.com
法人代表:瓜生直幸
单位人数:662
质量体系:ISO/TS 16949
产品情况:车身零部件(天窗、电动座椅马达、门锁等)
配套及出口情况:主要客户有广汽丰田、丰田通商、四川丰田、东风本田、广汽乘用车、丰爱广州、丰爱天津、广州提爱斯、武汉提爱斯 出口国外市场

★广东发尔特克汽车用品有限公司
地址:广东省佛山市南海区狮山镇小塘高新技术产业园汽配区
邮编:528225
电话:0757/86667686
传真:86631899
电子信箱:daiyong@faltec-acc.com.cn
产品情况:根据日产车型设计、生产及销售OEM部件以及各种内外高级饰品、电装用品等

★旭硝子汽车玻璃(佛山)有限公司
地址:广东省佛山市南海区南海科技工业园松夏C区华沙路
邮编:528225
电话:0757/85883000
传真:85897000
网址:www.agc.co.jp
产品情况:汽车用加工玻璃(夹层玻璃、钢化玻璃)的制造与销售,年产100万套汽车玻璃
配套情况:为宝马、大众、丰田、本田、日产等配套

★佛山市康迪盛汽车空调配件有限公司
地址:广东省佛山市南海狮山镇松岗大坑庄
邮编:528234
电话:0757/85213316
传真:85213316-806
网址:www.kdsauto.com
质量体系:ISO/TS 16949
产品情况:汽车空调冷凝器

★佛山市南海元祥汽车空调配件公司
地址:广东省佛山市南海区里水镇新联工业区赤坎路3号

邮编:528244
电话:0757/85604018
传真:85612314
网址:www. ushine. net. cn
电子信箱:auto@ ushine. net. cn
质量体系:ISO/TS 16949
产品情况:汽车空调
出口情况:远销欧洲、美洲

★广东顺德太昌客车空调有限公司
地址:广东省佛山市顺德区大良凤翔工业区顺翔路 20 号
邮编:528300
电话:4000113198
传真:0757/28666993
网址:www. sdtaichang. com
电子信箱:862131910@ qq. com
单位人数:520
质量体系:ISO 9001
产品情况:客车空调
配套及出口情况:为全国几十家客车企业配套;出口欧洲、美洲、澳大利亚等国家和地区

★佛山顺德伦教汽车安全玻璃有限公司
地址:广东省佛山市顺德区伦教区新兴路 9 号
邮编:528300
电话:0757/27721208
传真:27738880
网址:www. famousglass. com
电子信箱:safety@ famousglass. com
质量体系:ISO 9002
产品情况:(GT 牌、US 牌)
各类玻璃
出口情况:出口美国、亚洲、非洲等国家和地区

★广东多纳勒振华汽车系统有限公司
地址:广东省佛山市顺德区容桂容港路 9 号
邮编:528303
电话:0757/26383751
传真:26623575
电子信箱:office. magnadzh@ vip. 163. com
质量体系:ISO/TS 16949、VDA 6. 1
产品情况:内外后视镜以及车顶灯、内外门把手、侧三角窗、车窗玻璃导轨等,年产各类后视镜能力达 270 万台套
配套情况:为广汽本田、东风本田、广汽丰田、奇瑞汽车、长城汽车、哈飞、神龙、庆铃、江铃、长安铃木、昌河、华晨金杯、北汽福田、广汽三菱、河北中兴、江淮、一汽海马、一汽 - 大众、一汽集团、北京奔驰、比亚迪等配套

★丰田合成(佛山)汽车部品有限公司
地址:广东省佛山市顺德区大良街道顺番公路五沙段 3 号
邮编:528333
电话:0757/22813371
传真:22813370
质量体系:ISO/TS 16949
产品情况:(TOYODA 牌)
汽车内外装饰塑料部件,包括仪表板、排挡箱、音响盖、名牌标志装饰板、发动机罩等,年产 88000 台
配套情况:为广汽丰田、东风日产乘用车、广汽丰田发动机、日产中国、广州樱泰汽车装饰等配套

★佛山东海理化汽车部件有限公司
地址:广东省佛山市顺德区大良顺番公路五沙段 10 号顺德工业园
邮编:528333
电话:0757/22803921
传真:22320198
网址:www. tokai - rika. co. jp
电子信箱:trcfhr@ trcf. com. cn
质量体系:ISO 14001
产品情况:(著牌)
汽车安全锁等汽车安全防护配件
配套情况:为广汽丰田配套

★中山市耀华汽车部件实业有限公司
地址:广东省中山市黄圃镇大岑工业区
邮编:528429
电话:0760/23225533
传真:23213378
质量体系:ISO/TS 16949
产品情况:各类汽车后视镜及装饰用排气管、排挡头、脚踏板,摩托车后视镜、后尾箱
配套情况:为奇瑞汽车、丹东曙光、长城汽车、天马汽车、福迪汽车、广州宝龙汽车、天津美亚汽车、新大洲本田、大长江集团、豪进摩托等供货

★伟福科技工业(中山)有限公司
地址:广东省中山市火炬开发区火炬大道 16 号
邮编:528437
电话:0760/85335336
传真:85335007
网址:www. ftech - zs. com. cn
电子信箱:postmaster@ ftz. com. cn
质量体系:ISO/TS 16949、ISO 9000
产品情况:车架、连杆、玻璃升降器、踏板等
配套情况:主要客户有广汽本田、本田中国、东风本田(广州)、东风本田(武汉)、日产中国投资有限公司、东风日产

★中山火炬开发区嘉映制镜厂
地址:广东省中山市火炬开发区小引工业区 5 号
邮编:528437
电话:0760/85314581、85314582
传真:85314583
网址:www. zsjiaying. com
电子信箱:webmaster@ zsjiaying. com
质量体系:ISO 9001
产品情况:(佳视牌)
各式汽机车后视镜镜片
出口情况:出口欧洲、美洲、日本、南非、澳大利亚等国家和地区

★中山实化成塑料有限公司
地址:广东省中山市坦洲镇第三工业区龙塘二路 8 号
邮编:528467
电话:0760/86637223
传真:86637265
网址:www. zs - minoru. com
产品情况:塑料部件、座椅、空调风管、汽车相关用品

★江门市宏力后视镜实业有限公司
地址:广东省江门市高新技术开发区东升路 139 号
邮编:529000
电话:0750/3869916、3869926
传真:3869933
网址:www. jmsl. cn
电子信箱:13702585733@ 139. com
质量体系:ISO/TS 16949
产品情况:汽车后视镜
配套情况:配套广汽集团客车、湖南三一重工、河南宇通重工、云南力帆重型货车等汽车生产企业

★开平春明汽车座椅有限公司
地址:广东省开平市长沙良园路变电站西侧
邮编:529300
电话:0750/2233079、2029018
传真:2233080、2029020
网址:www. kpchunming. com
电子信箱:kpchunshan@ 163. com
质量体系:ISO/TS 16949、QS 9000
产品情况:(春山牌)
公交车钢塑座椅等汽车座椅
出口情况:远销 30 多个国家和地区

★桂林纯正工业有限公司
地址:广西桂林市平山工业区净瓶路 10 号
邮编:541003
电话:0773/3602888
传真:3603761
电子信箱:midway99@ sohu. com
质量体系:ISO 9001
产品情况:各种豪华座椅、液压座椅、汽车空调等
配套情况:为桂林客车配套

广　西

★柳州市方鑫汽车装饰件有限公司
地址:广西柳州市西江路北二巷 39 号
邮编:545000
电话:0772/3163268
传真:3591699
网址:www. lzfx. com. cn
电子信箱:lzfx@ vip. 163. com
质量体系:ISO/TS 16949
产品情况:汽车饰件、发动机塑料进气

岐管、凸轮轴罩盖、汽缸罩盖、三通管、离合器壳底盖等
配套情况：主要客户有上汽通用、东风柳州汽车、广西柳工机械、一汽柳州特种汽车厂、东风渝安车辆、广西玉柴机器

★柳州奥源汽车零部件有限公司
地址：广西柳州市阳和工业新区阳和中路东2号
邮编：545000
电话：0772/3591195
质量体系：ISO/TS 16949
产品情况：汽车座椅、注塑汽车内/外饰件两大类

★柳州五菱宝马利汽车空调有限公司
地址：广西柳州市马厂路1号白露工业园A区
邮编：545002
电话：0772/2025601
传真：2029666
网址：www.wuling.com.cn
质量体系：ISO/TS 16949
产品情况：具有年产各类优质汽车空调系统50万台套（冷凝器/蒸发器芯体200万台）、空调管路30万套、全铝质散热器30万台的年生产能力
配套情况：是上汽通用五菱、北汽福田、奇瑞汽车、东风渝安、成都神钢、成都成工等国内著名汽车和工程机械企业的重要供应商

★柳州市中铨机械制造有限责任公司
地址：广西柳州市柳长路12号
邮编：545003
电话：0772/2735888
传真：2738889
电子信箱：lzzq@vip.163.com
质量体系：ISO/TS 16949、QS 9000
产品情况：导轨、铰链、金属载体、防夹装置门
配套情况：为上汽通用五菱、东风柳州、重庆力帆、湖南湘潭联众汽车、湖南江南汽车等配套

★柳州市华力汽车零部件有限公司
地址：广西柳州市柳石路151号
邮编：545005
电话：0772/3118557
网址：www.lz-huali.com
电子信箱：kllqp@lz-huali.com
质量体系：ISO/TS 16949
产品情况：支承板与防尘板焊合件系列、制动器底板焊合件系列、左右稳定板支座焊合件、左右护板、副车架等零部件产品
配套情况：为上汽通用五菱、柳工集团配套

★柳州柳新汽车冲压件有限公司
地址：广西柳州市下屏山大道286号
邮编：545005
电话：0772/3283249、3250451
传真：3252564、3250451
网址：www.lxco.com.cn
电子信箱：lzlxyxb@sina.com
单位人数：1300
质量体系：ISO/TS 16949
产品情况：中、重吨位载重车平头商用车驾驶室系列；东风风行菱智、景逸乘用车车身系列；已具备年产10万台商用车车身、15万台乘用车车身的生产能力
配套情况：为东风柳汽配套

★柳州远翅塑料有限公司
地址：广西柳州市阳和工业新区阳和大道阳和中路C-3
邮编：545006
电话：0772/3591001
传真：3591001
质量体系：ISO/TS 16949、QS 9000
产品情况：仪表板总成、门内板、转向盘、汽车前后保险杠总成、扰流板等整车内、外饰件等
配套情况：为上汽通用五菱、延锋伟世通、柳州五菱、柳工、柳汽等汽车主机厂配套

★柳州易舟汽车空调有限公司
地址：广西柳州市阳和工业新区阳泰路东3号
邮编：545006
电话：0772/3591302
传真：3591208
网址：www.yi-zhou.com
电子信箱：yizhou@yi-zhou.com
质量体系：ISO/TS 16949
产品情况：（易舟牌）
涡旋式汽车空调压缩机和车用空调
配套情况：为10多家知名车辆主机厂配套

★柳州市腾龙汽车配件制造有限公司
地址：广西柳州市石烂路7号
邮编：545007
电话：0772/3653906、3996990
传真：3652987
电子信箱：ltl1998@163.com
质量体系：ISO/TS 16949
产品情况：LZW、大宇客车车门铰链，年产35万件

★柳州艾特吉安全玻璃股份有限公司
地址：广西柳州市西环路9号
邮编：545007
电话：0772/3719424
传真：3719414
电子信箱：gxltg@gxltg.com.cn
质量体系：QS 9000
产品情况：钢化玻璃、夹层玻璃、中空玻璃、装饰玻璃

★广西柳拖车辆有限公司
地址：广西柳州市新兴工业园创业南路
邮编：545112
电话：0772/3269102
传真：3269011
网址：www.gxliutuo.com
电子信箱：liutuochelang@163.com
负责人：舒家洪
单位人数：200
质量体系：ISO 9001
产品情况：轮式拖拉机、驾驶室、车架、车厢、副梁，新能源电动车车身等

★柳州市汽车座椅有限公司
地址：广西柳州市柳江县第一工业开发区光辉路1号
邮编：545199
电话：0772/7263334、13878277201
网址：www.lzqczy.com
电子信箱：0772lzqczy@163.com
单位人数：300
质量体系：ISO/TS 16949、ISO 2000
产品情况：座椅
配套情况：为柳汽、柳微、柳工、柳特、恒天九五重工等配套

海南省

★海南瑞德夏工业有限公司
地址：海口市港澳工业开发区兴海路19号
邮编：570314
电话：0898/68665311
传真：68665313
网址：www.edscha.de
电子信箱：cw-lnh@juili.com.tw
产品情况：汽车车门铰链、车门制位杆、驻车制动、加速踏板、制动踏板总成

重庆市

★重庆提爱思塑料制品有限公司
地址：重庆市江北区石马河下花园20号
邮编：400021
电话：023/67650850
传真：67650204
网址：www.tstech.co.jp
产品情况：车辆坐垫及配件
配套及出口情况：为广汽本田、广州提爱思汽车内饰系统、五羊-本田、重庆建设雅马哈、株洲建设雅马哈、长安铃木、长安福特、长安马自达、延锋江森座椅、东京座椅株式会社、意大利本田摩托车有限公司等配套；出口日本、意大利

★重庆长安福铃汽车铰链有限责任公司
地址：重庆市江北区建新东路260号
邮编：400023
电话：023/67592019、67593355
传真：67014200
网址：www.cqjl.com
电子信箱：jlc@cqjl.com
质量体系：ISO 9002

产品情况：长安汽车各型车门铰链产品，年配套生产能力30万车付
配套情况：为长安汽车配套

★重庆天人汽车车身制造有限公司
地址：重庆市江北区唐家沱港城工业园C区
邮编：400026
电话：023/67783888
传真：67783999
网址：www.skyman.com.cn
电子信箱：skyman@skyman.com.cn
董事长：龚量亮
单位人数：500
质量体系：ISO/TS 16949、ISO 14001
产品情况：微型汽车、轿车等车身系统冲压、焊接制造
配套情况：为长安铃木、长安马自达、长安、长城、力帆、宗申等OEM及塔奥、李尔、伟世通、双叶等客户提供优质的产品服务

★重庆博泽汽车部件有限公司
地址：重庆市沙坪坝区重庆台资信息产业园
邮编：400030
电话：023/65919111
传真：65919007
网址：www.brose.de
电子信箱：chongqing@brose.com
产品情况：门系统、玻璃升降器、冷却风扇总成、门锁、座椅调节器
配套情况：为大众、沃尔沃、福特供货

★重庆光能汽车配件有限公司
地址：重庆市九龙坡区石桥铺高庙村张坪社27号
邮编：400039
电话：023/68602627、68626564
传真：68606098
网址：www.guangneng.com.cn
电子信箱：sales@guangneng.com.cn
质量体系：ISO/TS 16949、ISO 14001
产品情况：汽车塑料内外饰件和功能件
配套情况：为重庆长安福特、长安马自达、长安铃木、上汽依维柯红岩、重庆铁马汽车集团、重庆庆铃等配套

★ 重庆建设车用空调器有限责任公司
地址：重庆市九龙坡区华建支路1号
邮编：400052
电话：023/68719234
传真：68801807
网址：www.jscomp.com.cn
电子信箱：jsyx296@126.com
单位人数：700
质量体系：ISO/TS 16949、QS 9000、ISO 9001
产品情况：（建设牌、JSS牌）
72系列、83系列、120系列、150系列、170系列、320系列车用空调压缩机
配套情况：为微车、经济型轿车、SUV等几十种车型配套
☞详细情况请参阅彩色宣传版面

★重庆长江电工工业集团有限公司
地址：重庆市南岸区茶园工业园
邮编：400069
电话：023/62489153
传真：62489555
网址：www.cjdgg.com
电子信箱：dzbgs@cjdgg.com
单位人数：3500
质量体系：ISO 9001、GJB 9001A
产品情况：暖风机、冷凝器、蒸发器、水泵、空调系统、散热器等
配套及出口情况：为长安、铃木、比亚迪等配套；远销亚洲、非洲、拉丁美洲等地区

★重庆宏美制冷设备有限公司
地址：重庆市北碚区童家溪镇同兴横街47号
邮编：400709
电话：023/68327606、68327602
传真：68278589、68278566
网址：www.cqhomer.com
电子信箱：office@cqhomer.com
单位人数：230
质量体系：ISO/TS 16949
产品情况：汽车空调冷凝器、蒸发器、散热器、中冷器、暖风机芯，摩托车油冷却器、散热器等
配套及出口情况：主机客户包括长安集团、金杯汽车、北汽福田、东风渝安和其他整车制造商；产品30%以上销往欧洲、美国、澳大利亚等国家和地区

★重庆安通林拓普车顶系统有限公司
地址：重庆市北部新区花朝工业园一期B区A2栋
邮编：401120
电话：023/67455975、67455969
传真：67457188
质量体系：ISO 9001
产品情况：汽车顶棚系统
配套情况：为长安福特、长安马自达等供货

★延锋伟世通（重庆）汽车饰件系统公司
地址：重庆市北部新区金开大道1999号
邮编：401120
电话：023/67457210、67457212
传真：67457208
网址：www.yf.sh.cn
电子信箱：info@mail.yf.sh.cn
质量体系：ISO/TS 16949、ISO 14001
产品情况：（延锋牌）
汽车座舱系统、内饰系统
配套情况：为长安福特、长安马自达、长安铃木、广汽三菱等配套

★ 南方英特空调有限公司
地址：重庆市渝北区高堡湖路1号
邮编：401120
电话：18323169449
传真：023/61212555
网址：www.s-ai.com.cn
电子信箱：tanqinghua@s-ai.com.cn
法人代表：张东军
负责人：周建国
单位人数：680
质量体系：ISO/TS 16949、QS 9000
产品情况：（SAI牌）
空调系统、热交换器系列产品
配套情况：为长安汽车及长安福特、长安马自达、长安铃木、长安标致雪铁龙、广汽乘用车、沃尔沃、吉利和北汽集团等公司配套；还为美国克莱斯勒、美国福特和澳大利亚福特批量供应售后件
☞详细情况请参阅彩色宣传版面

★福耀玻璃（重庆）有限公司
地址：重庆市北部新区经开园翠宁路1号
邮编：401122
电话：023/67193888
网址：www.fuyaogroup.com
产品情况：（福耀（FUYAO）牌）
汽车玻璃，辐射西南市场
配套情况：为长安、长安福特、长安铃木、庆铃、柳汽、四川丰田、上汽通用五菱、力帆汽车等各大汽车厂配套

★佛吉亚（长春）汽车部件系统重庆公司
地址：重庆市经济技术开发区经开园汽车工业园D25号地块
邮编：401122
电话：023/67880688
传真：67880340
网址：www.faurecia.com
电子信箱：zhen.chen@faurecia.com
产品情况：汽车内饰部件及整车座椅
配套情况：为长安福特配套

★ 重庆超力高科技有限责任公司
地址：重庆市经济技术开发区汽车工业园金开大道2001号
邮编：401122
电话：023/89110278
传真：89110278
网址：www.sinocl.com
电子信箱：chaoli@sinocl.com
董事长：陈苏红
单位人数：1400
质量体系：ISO/TS 16949、ISO 14001
产品情况：（超力牌）
汽车空调、冷凝器、蒸发器、散热器、全自动智能空调控制器及其控制面板等
配套情况：与上汽通用五菱、上汽通用、长安汽车、吉利汽车、上汽大众、东风日产、通用乌兹别克斯坦及康奈可、三菱

重工、东风贝洱、法雷奥、TITANX、博格思众等国内外汽车制造商及一级零部件供应商建立合作关系,并先后被长安汽车、吉利汽车、上汽依维柯红岩等厂商授予优秀供应商称号

☞ 详细情况请参阅彩色宣传版面

★联伟汽车零部件(重庆)有限公司
地址:重庆市经济开发区出口加工区六路1号
邮编:401122
电话:023/67465249
传真:67463488
网址:www.pwjt.com
电子信箱:lw@pwjt.com
产品情况:前后底板、门柱总成、脚踏板、后墙板、前悬吊梁、汽车车门等金属冲压与焊接件
配套及出口情况:为广东华冠、武汉恒冠、长安汽车、长安铃木、长安福特、长安马自达等配套;出口欧洲、美洲、东南亚,并销往中国香港、中国台湾地区

★重庆延锋江森汽车部件系统有限公司
地址:重庆市渝北工业园长福西路4号
邮编:401122
电话:023/89185771、86001988
传真:86000002
质量体系:ISO/TS 16949
产品情况:座椅总成

★重庆大江杰信锻造有限公司
地址:重庆市巴南区鱼洞大江西路自编804号
邮编:401321
电话:023/66284822
传真:66284822
网址:www.cqdjjx.com
电子信箱:djjx@cqdjjx.com
质量体系:ISO/TS 16949、GJB/Z 9001
产品情况:生产重型、轻型、微型汽车及轿车发动机曲轴
配套及出口情况:与长安汽车、江铃汽车、天润曲轴、北汽福田、潍柴动力、陕西汉德车桥、一汽轿车发动机、保定长城、内江金鸿曲轴、成都飞亚曲轴、重庆神箭、荆州环宇、四川阳光等国内众多知名企业长期配套;出口美国、日本、韩国、意大利、印度、澳大利亚等国家

★重庆精铁机械有限责任公司
地址:重庆市沙坪坝区中梁镇茅山峡村大田口社
邮编:401334
电话:023/65542208、65540496
传真:65542208
电子信箱:cqjt@vip.163.com
质量体系:ISO/TS 16949
产品情况:汽车内、外塑料装饰部件及汽车用各类工程塑料制品
配套情况:为长安汽车、东风渝安、长安铃木、河北长安、江铃控股等配套

★重庆益鑫复合材料制品有限责任公司
地址:重庆市荣昌县板桥工业园区
邮编:402460
电话:023/46760506
传真:46760111
电子信箱:yixinco@163.com
质量体系:ISO 9001、ISO 14001
产品情况:保险杠、脚踏板、导流罩、散热器面罩,侧护板等重型车零部件,适用于红岩、奥龙、新大康、德龙等系列车型

★重庆市潼南大佛塑料厂
地址:重庆市潼南县凉风垭工业园区
邮编:402660
电话:023/44552187
传真:44552187
质量体系:ISO 9001
产品情况:(大福牌)
各种车型保险杠、中网、风扇叶

★重庆李尔长安汽车内饰件有限公司
地址:重庆市江北区鲤鱼池路三村42号
邮编:409600
电话:023/67738835
质量体系:ISO/TS 16949、QS 9000
产品情况:年产汽车座椅20万套,汽车顶盖、地毯、门饰板、遮阳板、内立柱全包件10万套
配套情况:为长安汽车、长安铃木、长安福特、长安马自达等配套

四川省

★成都蓝天实业总公司
地址:成都市青羊区清江中路58号
邮编:610041
电话:028/87324592
产品情况:汽车饰件、汽车电器、汽车座椅

★四川富士电机有限公司
地址:成都市西玉龙街201号附1号
邮编:610051
电话:0825/6982409
传真:6983173
网址:www.scfsdj.com
电子信箱:zhb@scfj.mail.sohu.net
单位人数:558
质量体系:ISO/TS 16949
产品情况:汽车刮水器总成、冷凝器风扇总成、散热器风扇总成、玻璃升降器(含电动)总成、电流互感器、铝防盗盖等
配套情况:为长安汽车、上汽通用五菱等配套

★成都高新区华汇实业有限公司
地址:成都市成华区龙潭工业园成济路1号
邮编:610052
电话:028/84215336
传真:84215339
电子信箱:renxf1215@163.com
质量体系:ISO 9001
产品情况:汽车空调配件、燃气热水器配件
配套情况:已大量使用在吉利远景、奇瑞东方之子、吉利帝豪、吉普勇士、力帆520、力帆620等车型上

★成都丰田纺汽车部件有限公司
地址:成都市经济开发区南三路336号
邮编:610100
电话:028/88435070
传真:88435090
电子信箱:chengdufengtianfang@163.com
产品情况:汽车座椅及内外饰件
配套情况:为四川一汽丰田汽车有限公司配套,专供普拉多越野车和柯斯达客车的座椅及内饰件

★成都银利汽车零部件有限公司
地址:成都市新都区大丰工业园
邮编:610504
电话:028/83918636
传真:83918861
网址:www.cduyl.com
电子信箱:cdylqc@126.com
质量体系:ISO/TS 16949
产品情况:(银利牌)
汽车外饰类汽车顶行李架系列、排气装饰件、上车踏板、各胎罩等,汽车内饰类换挡手柄、迎宾门槛装饰条、遮物帘,铝合金压铸件悬置支架,发动机支架
配套情况:为重庆五十铃、长安铃木、昌河汽车、汉江、江南奥拓、野马等配套

★成都国弘汽车内饰件有限责任公司
地址:成都市郫县团结镇平安村6组
邮编:611745
电话:028/87953886、87953882
传真:87954888
网址:www.cdguohong.com
电子信箱:cdguchong@souhu.com
质量体系:ISO 9001
产品情况:仪表台、玻钢成型件、吸塑成型件等汽车内装饰产品
配套情况:为四川一汽丰田、中国兵器工业集团、桂林大宇客车、成都客车、一汽客车(成都)、四川南骏汽车、四川汽车工业集团、武汉客车、贵州万达客车等数十家大中型汽车整车制造厂配套

★四川圣锦风机有限公司
地址:四川省邻水县经济开发区二区
邮编:638500
电话:0826/3267949
传真:3267951
电子信箱:sjqfw@sina.com
质量体系:ISO/TS 16949
产品情况:汽车空调送风系统

贵州省

★贵州华工工具注塑公司华昌分公司
地址:贵阳市花溪区上板桥
邮编:550001
电话:0851/83871147
传真:83871624
电子信箱:lims@ gzhc - gy. cn
质量体系:QS 9000、ISO 9002
产品情况:汽车仪表板总成、前后保险杠总成、左右前灯框及塑料装饰件
配套情况:为五十铃 N 系列轻型车仪表板总成,PK 系列汽车仪表板总成,J116 汽车仪表板总成,云雀轿车等多种车型仪表板总成,上汽通用五菱微型车、五十铃轻型车保险杠总成、一汽红塔轻型车保险杠总成、云雀轿车等多种车型保险杠总成

★贵州华烽电器有限公司
地址:贵阳市小河经济技术开发区 121 号
邮编:550006
电话:0851/83404794
传真:83404906
电子信箱:hfdq@ public. gz. cn
质量体系:ISO/TS 16949
产品情况:汽车风窗玻璃洗涤器和汽车中央电器
配套情况:为一汽集团、一汽 - 大众、上汽大众、奇瑞汽车、神龙汽车、一汽海马、柳州五菱、广汽三菱、金华尼奥普兰等配套

★贵州华昌汽车电器有限公司
地址:贵阳市小河经济技术开发区黄河东路 81 号
邮编:550009
电话:0851/88657885
传真:83842724
电子信箱:gzhc@ gzhc. sina. net
质量体系:ISO/TS 16949
产品情况:锁匙总体、内外门把手、加油口盖等,年产 200 万套锁匙总体及内外门把手
配套情况:为上汽大众、神龙汽车、广汽集团、海马汽车、一汽集团、比亚迪汽车、东风乘用车、长安集团、吉利汽车、长城汽车、力帆汽车等配套

★三井华阳汽车配件有限公司
地址:贵阳市小河经济技术开发区黄河东路 81 号
邮编:550009
电话:0851/83830276、83834492
传真:83841783
电子信箱:jmbc@ public. gz. cn
质量体系:ISO/TS 16949、QS 9000
产品情况:燃油加油口盖锁、电动门锁、座椅锁、门把手
配套及出口情况:为广汽本田、上汽大众、长安铃木、长安汽车配套;出口日本、美国等国家

★贵阳万江航空机电有限公司
地址:贵阳市新添大道北段 170 号
邮编:550018
电话:0851/86310328、86303408
传真:86310456
网址:www. wjec. cn
电子信箱:mail@ wjec. cn
单位人数:1300
质量体系:ISO/TS 16949、VDA 6. 1
产品情况:(贵万江牌)
　　刮水器、玻璃升降器和电动机轴,年产刮水器 250 万套、升降器 200 万件
配套情况:为上汽大众、一汽 - 大众、一汽集团、神龙汽车、上汽通用、一汽海马、奇瑞汽车等国内主要汽车企业的桑塔纳、POLO、宝来 A4、高尔夫、捷达、小红旗、一汽换代货车、一汽奔腾、富康、标致 206、307、凯旋、通用新景程、福美来、福美来 2 代、马自达、奇瑞 QQ6、旗云等 20 多种车型配套

陕西省

★艾尔希庆华(西安)汽车有限公司
地址:西安市灞桥区田洪正街一号
邮编:710025
电话:029/62895066、62895006
传真:62895099
质量体系:ISO/TS 16949
产品情况:汽车安全气囊用的气体发生器

★西安庆安电气控制有限责任公司
地址:西安市沣镐东路 140 号
邮编:710077
电话:029/84257413
传真:84257393
电子信箱:liufengchang@ diankonggongsi. com
质量体系:ISO 9001
产品情况:越野吉普车、轿车、微型车等系列电动刮水器及风窗洗涤罐,年产 10 万台
配套情况:为北汽制造(勇士、骑士等)、重庆跨越(轻型货车)、比亚迪汽车(F3)配套

★西安伊思灵华泰汽车座椅有限公司
地址:西安市红光路 91 号
邮编:710077
电话:029/84247095
传真:84207283
网址:www. isriht. com
电子信箱:isrihuatai@ isriht. com
质量体系:ISO/TS 16949、ISO 14001
产品情况:(华泰牌)
　　汽车座椅、技术弹簧
配套情况:为一汽解放、陕重汽、北奔重型货车、上汽依维柯、南京依维柯、苏州金龙、宇通客车、青年客车、西沃客车、安凯客车、三一重工、广西玉柴、中联重科、斗山工程机械等用户合作开发并配套座椅

★西安杰出实业有限公司
地址:西安市阎良区人民东路
邮编:710089
电话:029/86863134
传真:86205307
网址:www. xianjiechu. com
质量体系:ISO 9001
产品情况:客车乘客门和行李舱门、车用零配件、客车采暖系统用的各种管道和管接件、国外重型车用铝合金保险杠、随车工具箱等
配套情况:配套使用于西安西沃、郑州宇通、安徽安凯、聊城中通、苏州金龙、飞豹集团的供应商、新疆中通客车等国内 20 多个客车生产厂家及多家国外汽车零件用户

★中化近代环保化工(西安)有限公司
地址:西安市经济技术开发区泾河工业园泾渭南路 36 号
邮编:710201
电话:029/86030038、86033368
传真:86033990、86030181
网址:www. jincool. com
电子信箱:jincool@ sinochem. com
质量体系:ISO/TS 16949
产品情况:(金冷牌)
　　从事臭氧层消耗物质(ODS)环保替代物 HFC - 134a、HFC - 125 及相关有机氟产品、催化剂开发和生产

电子电器零部件生产企业

• 查询导引 •

企业详细介绍

436 北京慨尔康科技发展有限公司
443 风帆股份有限公司
444 沈阳兴华航空科技有限公司
449 东风电子科技股份有限公司
452 联合汽车电子有限公司
452 上海逸航汽车零部件有限公司
454 上海沪工汽车电器有限公司
455 科世达(上海)管理有限公司
456 上海小糸车灯有限公司
468 江苏晨阳电光源有限公司
473 江苏江扬线缆有限公司
474 江苏亨通电子线缆科技有限公司
508 宁德时代新能源科技有限公司
518 武汉菱电汽车电控系统股份有限公司
518 湖北开特汽车电子电器系统股份有限公司
526 惠州市德赛西威汽车电子股份有限公司
528 深圳市航盛电子股份有限公司
531 深圳市五株科技股份有限公司
540 自贡市江阳磁材有限责任公司

电子电器零部件生产企业

北京市(433) 天津市(436) 河北省(440) 山西省(443) 内蒙古(444) 辽宁省(444) 吉林省(446) 黑龙江省(448) 上海市(448) 江苏省(456) 浙江省(474) 安徽省(505) 福建省(507) 江西省(511)
山东省(512) 河南省(516) 湖北省(517) 湖南省(521) 广东省(522) 广西(536) 海南省(536) 重庆市(536) 四川省(539) 云南省(541) 贵州省(541) 陕西省(541)

☞ 企业如有变更,请与编辑部联系 ☎ 010/68426043、68420981

北京市

★北京合众思壮科技股份有限公司
地址:北京市朝阳区酒仙桥北路甲10号院204号楼
邮编:100015
电话:010/58275000
传真:58275100
网址:www.unistrong.com
电子信箱:unistrong@unistrong.com
质量体系:ISO 9001
产品情况:(集思宝牌)
业务市场主要分为北斗移动互联和北斗高精度两大应用

★环宇赛尔新能源科技有限公司
地址:北京市朝阳区东大桥路8号SOHO尚都北塔A座26层2605
邮编:100020
电话:010/58698201
传真:58698201-8014
网址:www.huanyupower.com
产品情况:电动车电源、电动自行车和摩托车电源、储能电源、通信电源和矿山设备电源
配套及出口情况:实现与东风、大宇、沂星等整车企业的深入合作;长期为德国博世、美国百得、中国香港TTI、日本牧田等众多国际知名客户提供各种动力电池

★疆探(北京)科技有限公司
地址:北京市中关村国家自主创新示范区金桥科技产业基地联东U谷中区61号楼
邮编:100021
电话:010/52831217、4000987955
传真:52892082
网址:www.jangtan.com
电子信箱:qiuyunhao69@126.com
质量体系:ISO/TS 16949
产品情况:从事氢能源研发及运用

★北京中纺恒远汽车电器有限公司
地址:北京市朝阳区延静里中街3号纺科院东科研楼1002室
邮编:100025
电话:010/65866067
传真:65002103
网址:www.cta.cn
电子信箱:cta001@vip.sohu.com
单位人数:200
质量体系:ISO/TS 16949
产品情况:(CTA牌)
汽车电子调节器
出口情况:出口博世系列、电装系列、佩特来系列调节器

◉ 北京四维图新科技股份有限公司
地址:北京市朝阳区曙光西里甲5号北京凤凰置地广场A座写字楼16-17号
邮编:100028
电话:010/82306399
传真:82306158
网址:www.navinfo.com
电子信箱:info@navinfo.com
法人代表:芮晓武
负责人:孙玉国
单位人数:1500
质量体系:ISO/TS 16949
产品情况:(四维图新牌)
导航电子地图,动态交通信息服务
配套情况:车载导航用于丰田、日产、本田、通用、大众、奔驰、沃尔沃、现代、上汽、一汽、奇瑞等全球11大主流汽车集

团的20家汽车厂商百余款车型,大部分国内高端车型(丰田雷克萨斯、日产英菲尼迪、本田讴歌、通用卡迪拉克、别克林荫大道、现代劳恩斯等)都选择预装四维图新地图数据

★北京图新经纬导航系统有限公司
地址:北京市朝阳区太阳宫中路12A 太阳宫大厦902
邮编:100028
电话:010/65667779
传真:65679071
网址:www. navisystem. com. cn
产品情况:电子导航地图

★冲击波实业集团
地址:北京市朝阳区北四环中路6号华亭嘉园A座4F
邮编:100029
电话:010/82848111、82848333
传真:82848880
电子信箱:sales@ shockwave. com. cn
质量体系:ISO 9000
产品情况:(Shockwave 牌、冲击波牌)
汽车音响
出口情况:产品70%出口40多个国家和地区

★远望创新科技(北京)有限公司
地址:北京市朝阳区北土城西路七号国恒基业大厦D803
邮编:100029
电话:010/82275010
传真:82275010
网址:www. ywbattery. com
电子信箱:yl@ ywbattery. com
产品情况:(威尔福牌)
高新技术铅酸电池(混合动力车、纯电动车用)、无刷交/直流发电机及其辅助动力单元、电源管理系统等

★北京林河仪表有限公司
地址:北京市西城区西四北二条21号
邮编:100034
电话:010/66185419
传真:66182155
电子信箱:lhyb@ bjlhyb. com
质量体系:QS 9000、ISO 9001
产品情况:(越野牌)
具有年产汽车仪表30万台套、汽车电器及各种车用传感器70万套的生产能力
配套情况:为北汽制造、北汽福田、郑州中收等配套

★北京城际高科信息技术有限公司
地址:北京市石景山区八角东街65号融科创意中心A座1204室
邮编:100037
电话:010/8382084
传真:68354626
网址:www. cityonmap. com
电子信箱:info@ cityonmap. com
质量体系:ISO 9001
产品情况:(城际通牌)
GPS导航系统

★北京奥博华电子电器有限责任公司
地址:北京市石景山区京源路15号
邮编:100043
电话:010/68656585、88912852
传真:68652817
网址:www. aobohua. com
电子信箱:abh@ aobohua. com
质量体系:ISO/TS 16949
产品情况:(AOBOHUA 牌)
汽车电动机用电子调节器和硅整流桥等,年生产能力已达500万套
配套及出口情况:为知名电机厂配套;部分产品远销法国、美国、俄罗斯、东南亚地区

★航天科技控股集团股份有限公司
地址:北京市丰台区科学城海鹰路1号科技大厦15、16层
邮编:100070
电话:010/83636110
传真:83636060
网址:www. as - hitech. com
电子信箱:htkjcsl@ 163. com
负责人:杨兴文
单位人数:2500
质量体系:GJB 9001B、ISO 14000
产品情况:北斗应用及车联网工业物联网、航天应用产品、汽车电子等

★神州畅游导航科技(北京)有限公司
地址:北京市中关村科技园丰台园富丰路4号工商联科技大厦B座12层
邮编:100070
电话:010/63791050、63748289
传真:63742919 - 8008
网址:www. cygps. com
电子信箱:jeffhu@ cygps. com
质量体系:ISO 9001
产品情况:汽车行驶记录仪、卫星导航定位系统等产品

★北京新峰天霁科技有限公司
地址:北京市丰台区方庄南路9号院
邮编:100079
电话:010/67625111 - 3310、67629676
传真:67629676、67629684
网址:xinfeng. bari. cn
电子信箱:bari - xf@ 163. com
质量体系:ISO/TS 16949
产品情况:(新峰牌)
发动机曲轴箱强制通风装置(PCV阀)、废气再循环装置(EGR 阀)、车用传感器系列、汽车后轮防抱制动系统(HABS)、汽车排气制动器、汽油车燃油蒸发污染物控制装置(碳罐)
配套情况:为长安、东安、柳机、北汽福田、北汽有限、吉利、长城、金杯、海马、江淮、比亚迪、力帆等发动机和整车企业配套,250万套(件)/年

★北京奥特易电子科技有限责任公司
地址:北京市海淀区知春路1号学院国际大厦1205室
邮编:100083
电话:010/62778248
传真:82332462 - 600
电子信箱:autoeasy@ autoeasy. cn
质量体系:ISO/TS 16949
产品情况:(奥特易牌)
汽车感应刮水器控制系统
配套情况:为汽车主机厂供货

★北京华盛源通科技有限公司
地址:北京市海淀区知春路23号量子银座502室
邮编:100083
电话:010/82318055、4000300809
传真:82318055
网址:www. huashengyuantong. com
电子信箱:sales@ huashengyuantong. com
质量体系:ISO/TS 16949
产品情况:新能源汽车动力总成及控制系统(包括电动机驱动器、动力总成控制器、电池管理系统等)和电力电子实验设备(可回馈大功率智能馈电源、电力测功机等)等

★北京汇众实业总公司
地址:北京市海淀区上地七街1号
邮编:100085
电话:010/62973423、62973424
网址:www. huizhong. com. cn
电子信箱:hj@ huizhong. com. cn
质量体系:ISO 9001
产品情况:车载逆变电源

★北京兴科迪科技有限公司
地址:北京市海淀区茶棚路2号
邮编:100091
电话:010/88855635
传真:88852611
网址:www. sincodest. com
电子信箱:sales@ sincodest. com
质量体系:ISO/TS 16949、ISO 14001
产品情况:车载麦克风、车载蓝牙免提系统、汽车自动放炫目内视镜、汽车胎压监测系统、汽车智能内后视镜、汽车多功能外后视镜、车载感应开关、车载雷达、无线通信模块、车载多功能天线等
配套及出口情况:成为德国奥迪、德国大众、一汽 - 大众、一汽轿车(红旗)、上汽大众、奇瑞汽车、北汽股份、上汽集团、长安汽车、一汽马自达、长城汽车、吉利汽车、集瑞联合等全球知名品牌的合作伙伴;与欧美、中东、南美洲、印度等国家和地区的商会建立了合作关系

★北京北斗星通导航技术股份有限公司
地址:北京市海淀区中关村永丰高新技术产业基地丰贤东路7号北斗星通大厦
邮编:100094
电话:010/69939966

传真:69939100
网址:www. navchina. com
电子信箱:bdstar@ navchina. com
质量体系:ISO 9001
产品情况:卫星导航定位产品

★北京锐意泰克汽车电子有限公司
地址:北京市经济技术开发区景园北街2号38-2
邮编:100094
电话:010/67817998
传真:67817276
网址:www. troitec. com
电子信箱:info@ troitec. com
产品情况:EMS系统及相关零部件、EMS系统、相关零部件等汽车电子产品
配套情况:为奇瑞汽车、一汽四环发动机、天津一汽夏利、通宝汽车、东风渝安、哈飞汽车、江苏常发、重庆力帆、金华青年、上海汇众、长城汽车、长安汽车、天汽美亚、沈阳金杯、一汽海马、吉奥汽车、一汽佳宝、吉利汽车、郑州日产、河北中兴等供货

★北京伟航新技术开发有限公司
地址:北京市海淀区清河小营桥青尚办公区210、211室
邮编:100101
电话:010/64864518
传真:64856747
网址:www. wayongroup. com
电子信箱:market@ wayongroup. com
质量体系:ISO 9001
产品情况:(Way-on牌)
汽车行驶记录仪和GPS车载终端
配套情况:为北京公交集团、宇通客车、北京巴士旅游汽车运输公司、湖北长途客运公司、北京凯立达长途客运公司、云南昆明交通集团、北京公交八方达长途客运公司、金龙客车等供货

★北京久久顺电器有限公司
地址:北京市丰台区小红门东马路经开万佳机械城D507号
邮编:100176
电话:010/63408900、13901008532
传真:67633546
网址:www. jjsdq. com
电子信箱:jjs6666@ sohu. com
质量体系:ISO 9002
产品情况:(久久顺牌)
起动机、发电机、水泵
出口情况:出口起动机、发电机、水泵产品

★北京北汽李尔汽车系统有限公司
地址:北京市经济技术开发区康定街1号A3-A4
邮编:100176
电话:010/67810721、13269838728
传真:67810740
网址:www. lear. com
电子信箱:stan01@ lear. com
产品情况:汽车座椅系统、车身电子控制系统及其他汽车电子电器
配套情况:为汽车整车企业配套

★北京中瑞蓝科电动汽车技术有限公司
地址:北京市经济技术开发区中和街9号院2楼
邮编:100176
电话:010/67872328
传真:80109263
网址:www. sinoev. com. cn
负责人:马杰
产品情况:纯电动汽车电源总成系统、电驱动总成系统、整车控制总成系统及其关键零部件,覆盖大客车、专用车和乘用车

★中盛动力新能源投资有限公司
地址:北京市亦庄经济技术开发区宏达北路7号
邮编:100176
电话:010/67869508
传真:67869508
网址:www. zijingroup. cn
电子信箱:hammaxhr@ 163. com
质量体系:ISO/TS 16949
产品情况:电动汽车用锂电池、电源管理控制系统研发、电动机
配套情况:为各电动汽车、电动客车等供货

★天合导航通信技术有限公司
地址:北京市亦庄经济技术开发区锦绣街6号航天科技园A座10层
邮编:100176
电话:010/68199400
传真:68199401
网址:www. trw. com
电子信箱:tianhe@ tianhechina. com
质量体系:ISO 9001、ISO 14001
产品情况:汽车安全驾驶导航仪、车载多媒体导航影音系统、汽车行驶记录仪

★北京朗威汽车零部件有限公司
地址:北京市通州区马驹桥镇小周易工业园33号
邮编:101102
电话:010/60507508、60507884
传真:60507365
电子信箱:langway2003@ 126. com
质量体系:ISO/TS 16949
产品情况:燃油分配器、节流阀体总成、油泵支架和燃油压力调节器、传感器、线束、碳罐、电磁阀等
配套情况:为长安汽车、奇瑞汽车、一汽吉林汽车、长城汽车、哈飞汽车、比亚迪汽车、力帆汽车、猎豹汽车、北内集团、沈阳新光、中兴汽车、北汽制造等供货

★北京亿马先锋汽车科技有限公司
地址:北京市亦庄经济开发区河西区兴海一街
邮编:101102
电话:010/87169767
传真:67832049
网址:www. emotoradvance. com
电子信箱:info@ emotoradvance. com
产品情况:纯电动汽车用电机和控制器

★北京佩特来电器有限公司
地址:北京市通州区宋庄
邮编:101118
电话:010/69596333
传真:80856297
网址:www. prestolite-bj. com
电子信箱:marketing@ prestolite-bj. com
法人代表:张云龙
负责人:沈信
质量体系:QS 9000、ISO 9001
产品情况:发电机、起动机、发电机型谱、起动机型谱、电驱动系统产品;广泛应用于大中轻型柴油机、大中型客车、轻中重型货车等,客车配置:覆盖7~18m公交、旅游、客运、专用型车辆
出口情况:出口60多个国家和地区

★北京鑫凯利汽车电机有限公司
地址:北京市通州区宋庄小堡工业区
邮编:101118
电话:010/69599988、69595655
传真:69599966
电子信箱:info@ bjxkl. com
质量体系:ISO 9001
产品情况:(XKL牌)
汽车暖风电动机、空调电动机、电子扇总成等
配套及出口情况:为多家汽车专业生产厂家提供配套;部分产品远销欧洲、美洲、东南亚市场

★北京顺恒达汽车零部件制造有限公司
地址:北京市通州区宋庄镇小堡工业区南工业大院
邮编:101118
电话:010/69597544、69595524
传真:69595524
网址:www. shunhengda. com
电子信箱:xs@ shunhengda. com
质量体系:ISO/TS 16949、QS 9000
产品情况:(SHD牌)
汽车电动、手动玻璃升降器、中控锁、电动窗自动关闭器、一键起动控制器、电动开关、防夹电动升降器、遥控器、防盗器等汽车电器产品;年产升降器300万只、其他电器100万套
配套情况:为长安铃木、沈阳金杯、江铃汽车、江铃陆风、北汽福田、比亚迪汽车、昌河铃木等配套

★北方海拉车灯有限公司
地址:北京市顺义区林河大街32号
邮编:101300
电话:010/89492600
传真:89498660
网址:www. hella. com
质量体系:ISO 14001、ISO/TS 16949
产品情况:(海拉牌)
商用车及特种车辆用工作灯、前灯、信号灯、警示灯、内饰灯以及电子电

器产品
配套及出口情况：为多家国内外知名主机厂开发并配套生产各种车型灯具，并且已经与多数全球汽车制造商建立了战略性的合作伙伴关系；部分产品远销美国

★北京三立车灯有限公司
地址：北京市顺义区林河经济开发区
邮编：101300
电话：010/89448511、13120325000
传真：89476938
质量体系：ISO/TS 16949、ISO 14001
产品情况：汽车灯具（前照灯、后尾灯、室内灯、高位制动灯、雾灯等）
配套情况：为北京现代、福田汽车、北京奔驰配套

★北京福斯汽车电线有限公司
地址：北京市怀柔区北京雁栖经济开发区雁栖大街39号
邮编：101407
电话：010/61667047、61667841
传真：61667794、61665861
网址：www.bj－force.com
电子信箱：business@bj－force.com
董事长（负责人）：霍焰
质量体系：ISO/TS 16949、ISO 14001
产品情况：［福斯（ORCE）牌］
汽车电线电缆
配套情况：为大众、奥迪、福特、日产、标致、菲亚特、通用、马自达等众多汽车品牌配套

★北京斯普乐电线电缆有限公司
地址：北京市怀柔区雁栖经济开发区雁东二路58号
邮编：101407
电话：010/61665369、61669908
传真：61667272、61666369
网址：www.spl－cable.com
电子信箱：master@spl－cable.com
负责人：刘万峰
质量体系：ISO/TS 16949
产品情况：各种汽车电线
配套情况：为一汽集团、天汽、北汽控股等配套

★北京帝格线束有限责任公司
地址：北京市怀柔区雁栖镇下庄村甲418号
邮编：101407
电话：010/61641454
传真：61642936
电子信箱：61641000@163.com
质量体系：ISO/TS 16949
产品情况：汽车线束
配套情况：为北汽福田、北京汽车制造厂、河北中兴汽车、天马汽车集团公司等主机厂配套线束产品

★北京裕罗电器装配有限公司
地址：北京市密云县经济开发区B区科技路13号
邮编：101500
电话：010/69076801－106
传真：69075212
网址：www.yura.co.kr
质量体系：ISO/TS 16949
产品情况：汽车线束、火花塞、点火线圈、预热塞等

★北大先行科技产业有限公司
地址：北京市昌平区科技园区创新路35号
邮编：102200
电话：010/69727775
传真：69727776
网址：www.pulead.com.cn
电子信箱：pulead@pulead.com.cn
质量体系：ISO 9001、ISO 14000
产品情况：电动汽车动力电池组，电源管理模块，动力电池系统，提供电动汽车动力电池技术支持和解决方案
出口情况：出口韩国，并销往中国台湾地区

★高德软件有限公司
地址：北京市朝阳区望京阜通东大街方恒国际中心A座16层
邮编：102200
电话：4008100080、010/84107000
传真：84107777
网址：www.autonavi.com
电子信箱：amap01@amap.com
质量体系：ISO 9001
产品情况：AUTONAVI导航地理信息系统，汽车自主导航电子地图

★北京国能电池科技有限公司
地址：北京市房山区城关镇顾八路房山工业园一区6号
邮编：102400
电话：010/56980026
网址：www.nationalpower.com.cn
质量体系：ISO/TS 16949
产品情况：高效大功率储能电池等

★北京八大处奥博科技发展有限公司
地址：北京市房山区阎村镇张庄工业区8号
邮编：102412
电话：010/60303832、60303850
传真：60303833
电子信箱：bdcaobo@vip.163.com
产品情况：（BADACHU牌）
汽车各类电子控制器、汽车行驶记录仪、熄火电磁阀、电控气断油缸等30多个大类，70多个品种；具有年生产200万件套产品的能力
配套情况：为一汽解放、一汽解放青岛、锡柴、大柴、一汽通用红塔云南、北汽福田、北京欧曼重型汽车厂、珀金斯动力、北汽福田环保动力、北京客车厂、天津天津一汽华利、丹东黄海、沈汽、一汽吉轻、一汽哈尔滨轻型车厂等配套

★北京台裕汽车电机工业制造有限公司
地址：北京市房山区长阳镇公议庄村888号
邮编：102445
电话：010/60358229、60358230
传真：60358122、60358133
电子信箱：beijingtaiyu@163.com
质量体系：ISO 9001
产品情况：（TXC牌）
起动电动机、发电机、汽车空调压缩机等
出口情况：远销欧洲、美洲、亚洲

★北京慨尔康科技发展有限公司
地址：北京市大兴区生物医药基地永大路23号
邮编：102629
电话：010/61253333、61253311
传真：61253322
网址：www.krkkj.com
电子信箱：xs_krk@163.com
法人代表：孙香苓
负责人：石力强
单位人数：360
质量体系：ISO/TS 16949
产品情况：（KRK牌、实强牌）
年产能力：汽车点火线圈600万只，电子节气门100万只，微电机100万只，高压线220万台套，传感器100万只，模具100副，橡塑冲压零部件2800万只
配套情况：为东风裕隆、长安集团、一汽海马、比亚迪汽车、吉利集团、东安三菱、联合汽车电子等40余家主机厂和电喷系统公司配套

天津市

★程茂电子有限公司
地址：天津市南开区华苑产业园区兰苑路9号
邮编：300071
电话：022/83717805
传真：83712246
网址：www.chengmao－auto.com
电子信箱：shirlay@chengmao－auto.com
质量体系：ISO/TS 16949
产品情况：汽车线束、各类功能开关、汽车起动机、发电机、燃油泵
配套情况：与一汽－大众、上汽通用、丰田、比亚迪等合作

★天津津住汽车线束有限公司
地址：天津市西青区曹庄子火车站对面
邮编：300112
电话：022/87912668
传真：87911908
电子信箱：jzqc@ctiwt.com
产品情况：汽车线束
配套及出口情况：为天津一汽夏利、天津一汽丰田、天津一汽丰田发动机、一汽海马、华晨金杯、昌河汽车、广汽三菱、北京奔驰、哈飞汽车、丰田（日本）、大发（日本）配套；出口日本

KRK® 北京慨尔康科技发展有限公司

北京慨尔康科技发展有限公司，能够独立研发、生产、销售 **KRK** 牌点火线圈、电子节气门、微电机、传感器、自动变速器电磁阀和“实强”牌高压阻尼线总成。已经为东风裕隆、长安汽车、一汽海马、北汽集团、东安三菱、吉利汽车、比亚迪汽车、台湾敦扬、联合电子及电喷系统公司等四十余家主机厂装机配套，厂区占地面积3.2万余㎡，拥有员工总数360人。

公司申请了20余项专利，获得了北京市及中关村高新技术企业证书。执行ISO/TS 16949质量体系，已在2005年5月取得了认证证书。

公司先后从美国 、德国、日本、意大利、瑞士、南韩、台湾及国内购进了先进设备，总数逾200余台套；试验、检测仪器设备齐全。在2011年底设备年生产能力为：点火线圈600万只、高压线总成220万套、电子节气门50万只、传感器180万只、微电机100万只、零部件2200万只，模具200套。

我们将在产品质量、供货能力、服务能力、性价比等等力争超越客户需求，成为客户满意的战略合作伙伴。

销售电话：010-61253311 61281186
总机：61253333/3300 60271155/1166转6810/6811/6812/6813/6816
传真：010-60212020 010-61253322
网址：www.krkkj.com
邮箱：xs_krk@163.com
地址：北京市大兴区生物医药基地永大路23号
邮编：102629

★天津通信广播集团有限公司
地址:天津市河北区新大路185号通广集团
邮编:300140
电话:022/26237430、26237698
传真:26237557
网址:www.tcb.com.cn
电子信箱:marketing@tcb.com.cn
质量体系:ISO 9001
产品情况:GPS车载定位器等
出口情况:出口荷兰、西班牙等国家

★天津市沃达汽车电子有限公司
地址:天津市河西区永安道罗马花园B-2-1701号
邮编:300204
电话:022/23283121、23283129
传真:23282016
网址:www.tj-twt.com
电子信箱:twt@tj-twt.com
质量体系:ISO 9002
产品情况:汽车起动机、发电机及其配件
出口情况:出口欧洲、南美洲、北美洲、中东

★天津中发华冠机械有限公司
地址:天津市河西区郁江道65号
邮编:300221
电话:022/88253342
传真:88251640
电子信箱:hg@tjhuaguangongsi.mail.sohu.net
质量体系:ISO 9002
产品情况:汽车用拉索和里程表软轴,年产量各种拉索及软轴100万条
配套情况:为天津一汽夏利、天津一汽丰田配套

★天津津裕电业有限公司
地址:天津市河北区南口路12号
邮编:300232
电话:022/26351577、26353582
传真:26272055
网址:www.tj-jy.com
电子信箱:yw@tj-jy.com
质量体系:ISO/TS 16949、ISO 9002
产品情况:各种汽车、摩托车、农业机械、工程机械电线束等
配套情况:为天津NEC、北京切诺基、小松山推、小松常工、合肥日立挖掘机、安徽TCM叉车、日本久保田等配套

★天津新韩精机有限公司
地址:天津市大港经济技术开发区
邮编:300270
电话:022/59715003、59715009
传真:59715100
电子信箱:yncho@ad-haan.com
质量体系:ISO/TS 16949
产品情况:车载多媒体影音系统

★槌屋(天津)汽车配件有限公司
地址:天津市西青经济开发区赛达二大道13号
邮编:300285
电话:022/23882121
传真:23882122
网址:www.tsuchiya-group.com.cn
法人代表:大原康之
产品情况:汽车组合仪表汽车关键零部件

★天津穗积电材有限公司
地址:天津市东丽经济开发区二纬路18号
邮编:300300
电话:022/24994454、24994457
传真:24994453
网址:www.tjhozumi.com
电子信箱:yingye@tjhozumi.com
质量体系:ISO 14001、ISO 9001
产品情况:汽车用灯泡灯头及荧光灯用灯头

★天津电装电机有限公司
地址:天津市东丽开发区六纬路3号
邮编:300300
电话:022/58885600、58885619
传真:58885619
网址:www.denso.com.cn
电子信箱:bin.zhang@tds.denso.com.cn
产品情况:发电机、起重机、传感器在内的汽车电子控制装置及零部件产品
配套情况:丰田系为最大用户,占约60%的份额;本田系占约30%,其他包括长安铃木、北京现代、福建戴姆勒等约占其余的10%份额

★天津机床电器有限公司
地址:天津市东丽开发区七经路8号
邮编:300300
电话:022/24985338、24985336
传真:24985316
网址:www.dclhq.com
电子信箱:tjecb@tjecb.com
董事长(负责人):邹建东
质量体系:ISO 9001
产品情况:(天字牌)
各种机床用电磁离合(制动)器、汽车空调电磁离合器
配套及出口情况:为各主机厂配套;随整机出口欧洲、美洲、亚太地区,单机出口欧洲、亚洲

★天津五洲元通实业有限公司
地址:天津市东丽区驯海路新乡道168号
邮编:300300
电话:022/24991380、24995248
传真:24998425
网址:www.tjwzyt.com
电子信箱:wuzhouyuantong@hotmail.com
质量体系:ISO/TS 16949、ISO 9001
产品情况:(利龙牌)
机动车线束
配套情况:为天汽、东风汽车公司、中天特种车辆集团、劳尔特种车辆集团、潍柴动力、欧姆宁发动机、天津ECS公司、美国约翰迪尔公司、美国德尔福公司供货

★天津耐迪实业有限公司
地址:天津市东丽区无瑕街新袁村
邮编:300301
电话:022/84366211、84366212
传真:84366220
网址:www.nedec.com
电子信箱:nedec@nedec.com
质量体系:ISO/TS 16949
产品情况:控制器外壳、电控装置外壳、汽车水泵外壳

★天津松正电动汽车技术股份有限公司
地址:天津市空港经济区西十道1号
邮编:300308
电话:022/58218688
传真:58218666
网址:www.santroll.com
电子信箱:office@tjcdj.com
单位人数:500
质量体系:ISO 9001、ISO/TS 16949
产品情况:面向城市公交的松正插电式深混动力系统以及纯电动轿车动力系统、四轮场地车驱动系统、电动叉车驱动系统等产品

★天津市新阳电子有限公司
地址:天津市津南区八里台工业园丰泽四大道14号
邮编:300350
电话:022/88823149
传真:88823123
网址:www.sunautocn.com
电子信箱:auto@sunautocn.com
质量体系:ISO/TS 16949、ISO 14001
产品情况:天然气发动机点火线圈,汽油机点火线圈,点火模块、阻燃高压线、绝缘胶套等点火部件,传感器4大系列汽车电喷系统电子部件产品
配套及出口情况:为一汽、东风、福田、玉柴、中国重汽、中通客车等全国知名汽车制造商提供点火线圈产品的配套业务,并成为奔驰、宝马、奥迪、凯迪拉克等众多国际知名品牌全球售后市场汽车点火线圈产品的知名制造商和供应商;远销多个国家和地区

★天津新天耐力汽车配件有限公司
地址:天津市津南区长青科工贸园区重庆街27号
邮编:300350
电话:022/88828498、13820653638
传真:28593506
网址:www.tjnl.net
电子信箱:nlgyx@126.com
质量体系:ISO/TS 16949
产品情况:(NAILI牌)
汽车点火线、汽车点火线圈、高耐压硅橡胶护套
出口情况:出口国外

★天津市丰霸照明电器有限公司
地址:天津市津南区津沽路58号
邮编:300350
电话:022/28393688、28392689
传真:28537250
电子信箱:fengba@fblighting.com
质量体系:ISO 9001
产品情况:(丰霸牌)
汽车、摩托车用系列灯泡,年产能力3000万只
出口情况:远销中东、南美洲、东南亚地区

★天津津河电工有限公司
地址:天津市西青经济开发区中北工业园南园海光路13号
邮编:300380
电话:022/27396830
传真:27396850
网址:www.tjjhdg.com
电子信箱:jinhe@tjjhdg.com
质量体系:ISO/TS 16949、ISO 9001
产品情况:汽车自动空调线束、安全气囊旋转连接器、线束、插接件、保险盒等汽车电装部品
配套及出口情况:为天津一汽夏利配套;部分产品出口

★天津市捷威动力工业有限公司
地址:天津市西青汽车工业区开源路11号
邮编:300380
电话:022/58669000
传真:58669111
网址:www.ejeve.com
质量体系:ISO/TS 16949
产品情况:锂离子电池

★图尔克(天津)传感器有限公司
地址:天津市西青经济开发区兴华四支路18号
邮编:300381
电话:022/83988188、83988199
传真:83988110
网址:www.turck.com.cn
电子信箱:china@turck.com
质量体系:ISO 9000
产品情况:各类传感器、工业现场总线、处理器控制开关及监控装置
配套情况:为哈飞汽车配套

★天津力神电池股份有限公司
地址:天津市滨海高新技术产业开发区海泰南道38号
邮编:300384
电话:022/83710366、23866002
传真:23866800、23866088
网址:www.lishen.com.cn
电子信箱:webmaster@lishen.com.cn
负责人:秦兴才
质量体系:ISO 9001、ISO 14001
产品情况:(力神牌)
具有9亿Ah锂离子电池的年生产能力,产品囊括了圆型、方型、聚合物电池、动力电池、光伏、超级电容器六大系列几百个型号
配套及出口情况:与奔驰、大众、一汽、长安、东风、吉利、东风悦达起亚、北汽、江淮、广汽、宇通、金龙、北汽福田、安凯、中通、申沃等国内外大型车企合作;远销欧洲、北美洲、亚洲等地区

★天津蓝天电源有限公司
地址:天津市新技术产业园区华苑产业区(环外)海泰发展四道15号
邮编:300384
电话:022/23786609、23786621
传真:23786605
电子信箱:off@lthitech.com
质量体系:ISO 9001
产品情况:储能型、动力型铅酸电池,镍氢、镍镉电池,锂离子电池和充电器
出口情况:部分产品出口欧洲、美洲

★天津松下电子部品有限公司
地址:天津市西青经济开发区兴华五支路1号
邮编:300385
电话:022/83983138
传真:83983178
网址:panasonic.cn
电子信箱:zhaopin02@cn.panasonic.com
质量体系:ISO 14001、ISO 9002
产品情况:片式电阻器、多联片式电阻器、回转传感器、热敏传感器、防抖动传感器、石墨散热片、卷线电阻器、EMI滤波器、片式电感器、MLCD应用品
出口情况:70%的产品出口欧洲、美洲、大洋洲、东南亚、日本,并销往中国香港、中国台湾地区

★天津市三星伟业汽车电器有限公司
地址:天津市北辰区宜兴埠东马道园林队
邮编:300402
电话:022/26300789、26795651
传真:26306430
电子信箱:sanxingqipei@eyou.com
质量体系:ISO/TS 16949
产品情况:(TSX牌)
汽车起动机、发电机、电磁阀、转子、定子、起动机五金冲压件等,年产能力达50万台以上
配套情况:汽车起动机为天津汽车制造厂配套

★天津市斯巴克瑞电子技术有限公司
地址:天津市塘沽海洋高新区金江路335号
邮编:300451
电话:022/25217910
传真:25217909
网址:www.ignition-coil.com
电子信箱:tecfa@ignition-coil.com
质量体系:ISO/TS 16949、QS 9000
产品情况:(泰可发牌、TOEC牌)
点火线圈、高压点火线、传感器、燃油泵、起动机和发电机、分电器等
配套及出口情况:为天津一汽夏利、天津三电、海南新大洲、中国轻骑集团、东风汽车公司、玉柴、比亚迪汽车、重汽集团、俄罗斯拉达汽车、乌兹别克斯坦大宇汽车、印度塔塔等等供货;出口北美洲、南美洲、欧洲、大洋洲、东南亚、中东、非洲等30多个国家和地区,并销往中国台湾地区、中国香港地区

★大陆汽车系统(天津)有限公司
地址:天津市经济技术开发区渤海路2号
邮编:300457
电话:022/25328637
传真:25328698
网址:www.continental-automotive.cn
质量体系:ISO/TS 16949
产品情况:汽车控制系统、传感器、车身电子和车载通信系统等
配套情况:为通用、福特、大众、克莱斯勒等世界范围内许多重要的客户提供产品及服务

★现代高新电子(天津)有限公司
地址:天津市经济技术开发区第9大街
邮编:300457
电话:022/25291100
传真:25325875
电子信箱:hert@public.com.cn
质量体系:ISO/TS 16949
产品情况:车载音响及电装产品
配套情况:为北京现代、东风悦达起亚、东风日产、一汽集团配套

★天津关电电子有限公司
地址:天津市经济技术开发区第四大街67号鸿发工业园1-2二层
邮编:300457
电话:022/25295086
传真:25299102
电子信箱:webmaster@sekiden.co.jp
质量体系:ISO 9001、ISO 14001
产品情况:安全气囊系统、电子控制系统、汽车线束等

★天津矢崎汽车配件有限公司
地址:天津市经济技术开发区洞庭路138号
邮编:300457
电话:022/25323538、23201886
传真:25323535、25325875
电子信箱:tjyrs.wang@tjy-yazaki.com.cn
质量体系:QS 9000、ISO 14001
产品情况:汽车线束
配套情况:为郑州日产、丰田汽车配套

★电装(天津)汽车导航系统有限公司
地址:天津市经济技术开发区洞庭路166号
邮编:300457
电话:022/25327684、27500225
网址:www.denso.com.cn
电子信箱:dichbj_hr@dich.denso.com.cn
产品情况:汽车导航系统,年产汽车导航系统6万套
配套情况:为天津一汽丰田、通用的在华工厂配套

★天津电装电子有限公司
地址:天津市经济技术开发区洞庭路166号
邮编:300457
电话:022/25327684
传真:25327683
网址:www.denso.com.cn
质量体系:ISO 14001、ISO/TS 16949
产品情况:发动机ECU产品、汽车组合仪表、燃油泵、主车体ECU、A/C ECU、A/C PANEL、继电器、门控ECU、安全气囊ECU、KEYLESS受信机、车载导航系统等
配套情况:丰田系占80%,剩下的20%主要是对日系企业(本田、铃木、马自达),还有一部分供应上汽通用和长安奥拓

★天津杰士电池有限公司
地址:天津市经济技术开发区黄海路189号
邮编:300457
电话:022/25325681-90
传真:25328527
网址:www.gs-battery.com.cn
电子信箱:zhailw@gs-battery.com.cn
质量体系:VDA 6.1、QS 9000
产品情况:(统一牌)
汽车蓄电池,摩托车蓄电池,UPS电源用中小型密闭电池
配套情况:为丰田、福特、通用、日产、马自达、华晨金杯、东南汽车、天津一汽夏利、广汽本田、嘉陵、宗申、雅马哈、光阳等国内外企业配套

★天津东海理化汽车部件有限公司
地址:天津市经济技术开发区黄海路200号
邮编:300457
电话:022/25320790
传真:25322643
质量体系:ISO/TS 16949、ISO 14001
产品情况:汽车组合开关、中央控制板总成、自动窗开关等
配套情况:为天津一汽丰田、天津一汽夏利、北京奔驰等配套

★天津斯坦雷电气有限公司
地址:天津市经济技术开发区南海路140号
邮编:300457
电话:022/25321345
传真:25320173
网址:www.stanley.co.jp
电子信箱:lf@stanleytj.com.cn
质量体系:ISO 14001、ISO/TS 16949
产品情况:(STANLE牌)
各种汽车灯具、汽车用灯泡、发光二极管、冷阴极管荧光灯等各种光源的制造
配套情况:为一汽丰田、东风日产、马自达、三菱、福特等在中国投资的日系厂商提供汽车灯具的配套

★天津斯特兰能源科技有限公司
地址:天津市滨海新区汉沽黄山北路18号津滨科技创新工业园10号
邮编:300480
电话:022/24828360、24828361
传真:24828369
网址:www.stl-energy.com.cn
电子信箱:stl@stl-energy.com.cn
质量体系:ISO 9001
产品情况:新型高安全性磷酸盐体系锂离子电池正极材料——磷酸铁锂(LiFePO4)

★天津中聚新能源科技有限公司
地址:天津市滨海新区汉沽黄山北路20号
邮编:300480
电话:022/67158000
传真:67158722
网址:www.sinopolybattery.com
产品情况:可生产40~400安培小时(Ah)不同规格的锂离子电池

★天津胜源汽车配件有限公司
地址:天津市静海县梁头镇周庄村
邮编:301600
电话:022/68951229
传真:68951229
质量体系:ISO 9001
产品情况:(胜达牌)
直流暖风电动机等

★天津市一剑汽车电器厂
地址:天津市静海县唐官屯工业经济开发区
邮编:301608
电话:13785737405
质量体系:ISO 9001
产品情况:(一剑牌)
汽车点火线、点火电缆、点火线橡胶护套等
出口情况:出口欧洲、美洲、中东、东南亚,并销往中国台湾地区

★天津博顿电子有限公司
地址:天津市武清区徐官屯工业区泰源路4号
邮编:301700
电话:022/29373805
传真:29372253
网址:www.bodungroup.com.cn
单位人数:500
质量体系:ISO 14001、ISO/TS 16949
产品情况:汽车音响、扬声器
配套及出口情况:同韩国三星电子、日本雅马哈、西门子、美国梅捷集团、通用五菱等厂商有着深入、密切的合作;远销欧美等地区

河北省

★石家庄华北蓄电池有限公司
地址:石家庄市裕华区东二环南路268号
邮编:050031
电话:0311/89699133、89699138
传真:89699138
电子信箱:hbsatt@sohu.com
质量体系:QS 9000、ISO 9001
产品情况:各种汽车蓄电池
配套情况:为东风汽车公司配套

★康明斯天远(河北)科技有限公司
地址:石家庄市高新技术开发区黄河大道227号
邮编:050035
电话:0311/85906818
传真:67790919
网址:www.cummins.com.cn
产品情况:合作开发车用和非公路用发动机远程控制解决方案

★石家庄博亚汽车电器有限公司
地址:石家庄市工农路390号
邮编:050051
电话:0311/83652606、80696188
传真:87033581
网址:www.boya168.com
电子信箱:daniel@boya168.com
质量体系:ISO 9001
产品情况:(博亚牌)
重型汽车、豪华客车、特种车辆及工程机械用起动电机、发电机,内燃机配件
配套及出口情况:为北奔重汽、铁马、克莱斯勒、福特、曼、斯堪尼亚、依维柯、现代、沃尔沃、凯斯鲍尔、尼奥普兰北方、亚星、金龙、伊利萨尔、宝马、大宇、道依茨、康明斯、珀金斯等供货;出口欧洲、中东等地区,并销往中国台湾地区

★河北美泰电子科技有限公司
地址:石家庄市合作路113号
邮编:050051
电话:0311/87091549、87091343
传真:87091441
网址:www.cetcmems.com
电子信箱:cetcmems@gmail.com
质量体系:ISO/TS 16949、GJB 9001B
产品情况:MEMS惯性器件与系统、汽车MEMS传感器、射频(RF)MEMS器件、光MEMS器件、MEMS热式燃气表等5大类25个系列核心产品

★邢台市嘉工汽车配件有限公司
地址:河北省邢台市高新技术开发区振兴路2号
邮编:054001
电话:0319/3975855
传真:3975856
电子信箱:jzcofu@hotmail.com
质量体系:ISO/TS 16949
产品情况:汽车点火线、汽车点火线总成及各种零部件

★清河县盛兴汽车软轴厂
地址:河北省清河县小屯工业区
邮编:054800

电话:0319/8031537、13513290666
传真:8038837
电子信箱:shengxing@hebshengxing.com
质量体系:ISO 9001
产品情况:拉线、橡胶制品加工
配套情况:为一汽集团配套

★清河县巨龙车辆配件有限公司
地址:河北省清河县城西刘庄工业区
邮编:054800
电话:0319/5532188
传真:5532199
网址:www.qhjulong.cn
电子信箱:qhjulong@126.com
法人代表:刘兰青
产品情况:油门线、离合线、制动线、换挡线、里程表线、水箱胶管、油管、硅胶管等橡胶制品
配套及出口情况:为众多知名主机厂配套;远销欧洲、亚洲、中东、非洲、东南亚等国际市场

★清河县骏升汽摩配件有限公司
地址:河北省清河县经济开发区御捷路1号
邮编:054800
电话:0319/8136073、8138919
传真:8138718
网址:www.hbxincheng.com
电子信箱:xincheng@hbxincheng.com
质量体系:ISO 9001
产品情况:(鑫程牌、鑫翼牌)
摩托车、自行车、汽车及工程机械操纵拉索、软轴、制动拉杆等
出口情况:远销南美洲、中东、非洲、日本、马来西亚、印度尼西亚、菲律宾等国家和地区

★河北亚华汽摩部件制造有限公司
地址:河北省邢台市清河县大寨北路
邮编:054800
电话:0319/8136709
传真:8136986
网址:www.china-yahua.com
电子信箱:business@china-yahua.com
负责人:徐从新
质量体系:ISO/TS 16949、ISO 9001
产品情况:(大寨牌)
软轴、拉线、发动机支架胶垫、水管、密封条、油封、高压分火线、冲压件等
出口情况:出口50多个国家和地区

★清河县万通拉索胶业有限公司
地址:河北省清河县王官庄工业区西一街
邮编:054802
电话:0319/8136787、8136316
传真:8136186
网址:www.hb-wantong.com
电子信箱:wt@hb-wantong.com
质量体系:ISO/TS 16949
产品情况:(万顺牌、万亨牌)
汽车操纵拉索和胶管,年产操纵拉索、胶管300万套以上
配套及出口情况:与一汽集团、东风汽车、上汽集团、北汽福田等建立合作伙伴关系;远销中东、东南亚、欧洲、南美洲、非洲等30多个国家和地区

★河北省清河县工程机械汽车配件厂
地址:河北省清河县城西南王官庄工业区
邮编:054802
电话:0319/8136649
传真:8138598
电子信箱:qinghegongpei@inhe.net
质量体系:ISO 9001
产品情况:各种推拉式软轴、密封垫和橡胶制品

★清河景丰汽车配件有限公司
地址:河北省清河县王官庄工业区
邮编:054802
电话:0319/8138168
传真:5533127
电子信箱:dazhong-2007@tom.com
质量体系:ISO/TS 16949、QS 9000
产品情况:拉索、软轴、滤芯等汽车配件

★清河杨军拉索胶业有限公司
地址:河北省清河县王官庄经济开发区
邮编:054802
电话:0319/8136726
传真:8136725
质量体系:ISO 9001
产品情况:(YJ牌)
换挡拉线、加速拉线、硅胶管
出口情况:远销中东、东南亚、欧洲、南美洲、非洲等30多个国家和地区

★河北华威电子有限公司
地址:河北省沧州市后上桥工业园区
邮编:061000
电话:0317/8796868、8798888
传真:8797686
电子信箱:nphwdz@126.com
质量体系:ISO/TS 16949
产品情况:(声辉牌)
汽车喇叭

★黄骅市故县汽车附件厂
地址:河北省黄骅市城南故县工业区
邮编:061100
电话:0317/5622504
传真:5965881
质量体系:ISO 9001
产品情况:(驰明牌)
汽车灯具
配套情况:为北汽、天汽等配套

★黄骅市长生汽车灯镜有限公司
地址:河北省黄骅市常郭镇故县工业区
邮编:061199
电话:0317/5622282、13832712763
传真:5622282
网址:www.changshengqp.com
电子信箱:csgs282@163.com
单位人数:220
质量体系:ISO 9001
产品情况:冲压件、座椅骨架、注塑件、灯具、车镜等
配套情况:为北汽福田等公司配套

★河北江津五金制品有限公司
地址:河北省南皮县东环工业园
邮编:061500
电话:0317/8662903、8771888
传真:8862758
网址:www.hbjjwj.com
电子信箱:ywz@hbjjwj.com
单位人数:536
质量体系:ISO/TS 16949、ISO 9001
产品情况:一汽奥迪、捷达轿车扬声器、导磁上板、盆架、网罩、点烟器、五金配件,天津一汽的左、右后翼板角板、上框、2号支架、离合器支架总成、脚踏板总成等

★河间市德信汽车电器厂
地址:河北省河间市西环工业区
邮编:062450
电话:0317/3228818
传真:3228388
质量体系:ISO/TS 16949
产品情况:(铭庆牌)
起动机、发电机等汽车电器

★河北迎辉汽车电器有限公司
地址:河北省河间市新区建设大街16号
邮编:062450
电话:0317/3626758、3626759
传真:3602999
网址:www.yinghuicn.com
电子信箱:sale@yinghuicn.com
单位人数:150
质量体系:ISO 9001
产品情况:(迎辉牌)
起动机、发电机

★河北金利通汽车配件有限公司
地址:河北省河间市新区建设大街1号
邮编:062450
电话:0317/3627111
网址:www.hebjinlitong.com
电子信箱:hebjinlitong@126.com
产品情况:汽车起动机、发电机
配套情况:与保时捷、法拉利、路虎、奔驰、宝马、奥迪、本田等品牌配套合作

★河北江轮机电有限公司
地址:河北省河间市新区江轮工业园
邮编:062450
电话:0317/3601234、3616789
传真:3611234
网址:www.jianglun.com
电子信箱:sale@jianglun.com
单位人数:350
质量体系:ISO/TS 16949
产品情况:起动机、发电机及配件、汽车压缩机等
配套及出口情况:部分产品已和多个发动机生产厂家配套;出口美国、中东等国家和地区

★河北长立汽车配件有限公司
地址:河北省河间市时村乡经济技术开发区
邮编:062453
电话:0317/3678918
传真:3678916
网址:www. starter - china. com
电子信箱:hbcl666@ starter - china. com
质量体系:ISO 9001
产品情况:汽车起动机、发电机
出口情况:出口日本和东南亚

★河间市京明汽车插接器厂
地址:河北省河间市卧佛堂大朱村开发区
邮编:062453
电话:0317/3824858
传真:3824858
电子信箱:80979921@ qq. com
质量体系:ISO 9001
产品情况:(精明牌)
各种电线接插件、端子、高压点火线接头、蓄电池线接头、熔断丝、保险片、橡胶件、尼龙扎带等
配套情况:为多家汽车厂配套

★沧州市鑫翔宇汽车点火线有限公司
地址:河北省河间市卧佛堂工业园
邮编:062453
电话:0317/3820951、13803179253
传真:3820951
网址:www. czxxy. com
电子信箱:xxy3820951@ 163. com
质量体系:ISO 9001
产品情况:汽车点火线、汽车高压线、汽车缸线、汽车分火线、汽车高压阻尼线、汽车点火线零部件、汽车点火线线体等
出口情况:远销伊朗、巴基斯坦、马来西亚、印度尼西亚、尼日利亚、欧洲等国家和地区

★河间市华盛汽配有限公司
地址:河北省河间市卧佛堂小章068号
邮编:062453
电话:0317/3821333、13833733497
网址:www. huashengqipei. com
电子信箱:huashengqiche@ 163. com
质量体系:ISO/TS 16949
产品情况:(劲火牌)
汽车高压线、汽车点火线、汽车分火线、橡胶制品、冲压件

★河北省河间市双强电线厂
地址:河北省河间市卧佛堂镇大朱村工业区
邮编:062453
电话:0317/3821922
传真:3821922
质量体系:ISO 9001
产品情况:(双强牌)
各种汽车电线、电缆等
出口情况:出口东南亚等地区

★河间市飞达汽配制造有限公司
地址:河北省河间市北留路西221号
邮编:062454
电话:0317/3828168
传真:3828668
电子信箱:hjfd980@ sohu. com
质量体系:ISO 9001
产品情况:(实强牌)
点火高压尼阻线
配套情况:为东安微发、东安三菱、宁波美日等十几家企业配套

★河间市丰源汽车配件有限公司
地址:河北省河间市米各庄汽车配件市场
邮编:062454
电话:0317/3198386、3803240
传真:3196226
网址:www. hbleiyu. com
电子信箱:leiyu@ hbleiyu. com
质量体系:ISO 9001
产品情况:(雷宇牌)
汽车油门拉线、汽车换挡软轴、机油尺、球头产品

★河间市津华金属制品有限公司
地址:河北省河间市尊祖庄工业开发区
邮编:062454
电话:0317/3198777、3803377
传真:3800658
网址:www. hb - jinhua. com
电子信箱:jinhua888@ jh - atp. com
质量体系:ISO 9001
产品情况:汽车蓄电池夹、接线端子、汽车线束、蓄电池附件等
出口情况:远销美洲、欧洲、东南亚、中东、非洲

★任丘市聚星科技电子有限公司
地址:河北省任丘市经济技术开发区紫金道401号
邮编:062550
电话:0317/2296862、2296784
传真:2296784
电子信箱:kuailedy@ sohu. com
质量体系:ISO 9001
产品情况:(快乐牌)
稳压电源、充电电源、逆变电源、应急电源
出口情况:远销中东、非洲、东南亚等地区

★任丘双楼电碳制品有限公司
地址:河北省任丘市经济开发区林兴路8号
邮编:062550
电话:0317/2320099、2320588
传真:2320858、2911186
网址:www. shuanglou. com
电子信箱:keyi_wang@ shuanglou. com
质量体系:ISO 9002
产品情况:汽车、摩托车系列电动机电刷
出口情况:远销东南亚、西亚、非洲、欧洲等地区

★河北骏达汽车电器有限公司
地址:河北省任丘市经济开发区牛村工业园
邮编:062550
电话:0317/2912345、2911123
传真:2912345
网址:www. junda18. com
电子信箱:junda18@ junda18. com
单位人数:165
质量体系:ISO/TS 16949、ISO 9001
产品情况:起动机线、低压线、线束、起动机、发电机及转子、单向器、点火开关等

★任丘盛润电碳制品有限公司
地址:河北省任丘市辛安庄工业区
邮编:062550
电话:0317/2913888、18131702222
传真:2912508
网址:www. cnshengrun. com
电子信箱:893993873@ qq. com
质量体系:ISO/TS 16949
产品情况:(盛润牌)
汽车电动机电刷、起动机电刷架、发电机刷架、摩托车电刷、微电机电刷等
配套情况:已和国内多家知名起动机生产商长期合作

★任丘市朝辉汽配制造有限公司
地址:河北省任丘市梁召镇大江开发区
邮编:062555
电话:0317/2912789、18631762299
传真:2913789
网址:hbzhaohui. com
电子信箱:zhaohuidianqi@ 126. com
质量体系:ISO/TS 16949、ISO 9001
产品情况:(赤阳牌)
汽车起动机、电磁开关和电枢

★任丘市冀中齿轮厂
地址:河北省任丘市大江村汽车配件城
邮编:062557
电话:0317/2911496、13603172912
传真:2912333
网址:www. jizhongchilun. com
电子信箱:595175591@ qq. com
质量体系:ISO 9002
产品情况:(博异牌)
重、中、轻、微及轿车起动机单向离合器、马达齿轮

★河北成城汽车电机制造有限公司
地址:河北省任丘市梁召镇辛安庄工业区
邮编:062557
电话:0317/2912571
传真:2912571
电子信箱:chengchengqd@ eyou. com
质量体系:ISO/TS 16949、ISO 9001
产品情况:(佩德莱牌、信铸牌、成城牌)
冷挤压件、单向离合器、部分电动机配件
配套情况:为重庆博耐特、无锡闵仙、浙江三宁、瑞安中博等起动机公司配套

★任丘市华润汽车电器厂
地址:河北省任丘市梁召镇辛安庄工业区
邮编:062557
电话:0317/2913888、2911508
传真:2971310
电子信箱:webmaster@ hb – huarun. com
质量体系:ISO 9000
产品情况:(润科牌)
汽车调节器、整流桥、电子闪光器、电刷及刷架、铜套等
出口情况:出口亚洲、非洲、东欧

★河北星辰汽车电器有限公司
地址:河北省任丘市辛安庄
邮编:062557
电话:0317/2913666、2913318
传真:2912266
网址:www. xc366. com. cn
电子信箱:xc366@ sohu. com
单位人数:200
质量体系:ISO/TS 16949
产品情况:(星辰牌)
汽车电子电压调节器,调节器相关检测器等

★廊坊科森电器有限公司
地址:河北省廊坊市经济技术开发区耀华道 25 号
邮编:065000
电话:0316/6066088、6066188
传真:6072345
网址:www. lfkokusan. com
电子信箱:kslfdq@ lfkokusan. com
单位人数:255
质量体系:ISO/TS 16949、ISO 14001
产品情况:摩托车用电装品,飞轮总成、点火器及电压调节器,铸造产品及深加工,汽车用马达
配套情况:为大长江、上海天合、轻骑铃木、轻骑发动机、泰州雅马哈、嘉陵本田、重庆宗申、南京金城、佛山比亚乔、洛阳北易配套,并与意大利比亚乔、法国标致、日本 DBS、美国本田、美国科勒、西班牙德比等建立了合作关系

★莱尼线束系统(廊坊)有限公司
地址:河北省三河市区 102 国道北侧密三路东北外环路南侧岩峰大街 1 号
邮编:065200
电话:0316/3725000
传真:3725098
网址:www. leoni. com
电子信箱:lina. liu@ leoni. com
产品情况:汽车线束

★三河因派克汽车部件有限公司
地址:河北省三河市燕郊开发区北环路北侧大道养生堂东侧
邮编:065201
电话:010/61597232 – 129
传真:61597232 – 189
网址:www. bhap. com. cn
产品情况:拉线类(年可生产各种汽车拉线 500 万条)、电磁阀类、开关类、真空阀类、天线及连接线等汽车部件和产品
配套及出口情况:主要为北京现代、东风悦达起亚、现代摩比斯、上海马勒、天津马勒、山东威亚和哈尔滨变速器等企业的产品配套;主要为美国克莱斯勒和韩国现代起亚的产品配套

★廊坊华龙摩托车配件有限公司
地址:河北省廊坊市大城县阜草摩配市场
邮编:065901
电话:0316/5803828、13931664388
传真:5803828
电子信箱:hualong@ mengzeng. com
质量体系:ISO 9001
产品情况:(猛增牌、全振牌)
摩托车电器、电动车电器
出口情况:出口美洲、非洲、东南亚等地区

★秦皇岛金昌电子科技有限公司
地址:河北省秦皇岛市经济技术开发区巫山路 8 号
邮编:066004
电话:0335/8500658、8500698
传真:8500618
网址:www. qhdjcdz. com
电子信箱:jinchangdianzi@ 163. com
质量体系:ISO 9001
产品情况:汽车发电机电压调节器等,年产能力 50 万只
配套情况:为玉柴、锡柴、朝柴、一汽集团、金杯汽车、三菱发动机、哈飞汽车等配套

★保定巨威电器有限公司
地址:河北省保定市翠西街 723 号
邮编:071051
电话:0312/3232157
传真:3212467
电子信箱:juweimail157@ sina. com
质量体系:VDA 6. 1、QS 9000
产品情况:各种汽车继电器、调节器、电器开关
配套情况:为奥迪 V6、东南得利卡、厦门金龙、东风 145、长城皮卡等配套

★ 风帆股份有限公司
地址:河北省保定市富昌路 8 号
邮编:071057
电话:0312/3208556
传真:3208550
网址:www. sail. com. cn
电子信箱:ff@ sail. com. cn
法人代表(负责人):刘宝生
单位人数:8000
质量体系:ISO/TS 16949、QS 9000
产品情况:(风帆牌)
汽车起动铅酸蓄电池,工业用储能铅酸蓄电池
配套及出口情况:为一汽 – 大众、上汽大众、上汽通用、北京现代、东风汽车、长安汽车等配套;远销澳大利亚、中东地区、匈牙利、安哥拉等国家
☞ 详细情况请参阅彩色宣传版面

★容城来福灯泡有限公司
地址:河北省容城县县城东四公里津保公路南侧
邮编:071700
电话:0312/5613165、5608639
传真:5611652、5616392
网址:www. lifelamp. com. cn
电子信箱:xiaoshou@ lifelamp. com. cn
质量体系:ISO/TS 16949
产品情况:(LIFE 牌)
汽车照明产品,汽车灯泡,年产量 1. 2 亿只
配套情况:为丰日、日产、保定长城、奇瑞汽车配套

★保定中硕蓄电池有限公司
地址:河北省保定市徐水荆塘铺南
邮编:072550
电话:0312/8761111、8776666
传真:8565968
网址:www. zsxdc. com
电子信箱:zsxdc1111@ 163. com
质量体系:ISO 9001
产品情况:(中硕牌、ZS 牌)
具有年产 150 万只起动用铅酸蓄电池和阀控密闭免维护铅酸蓄电池的生产能力,并具备 1 亿片铅酸蓄电池用极板的生产能力

★河北奥冠电源有限责任公司
地址:河北省故城县衡德工业园
邮编:253800
电话:0318/5661666、4008078811
传真:5661666
网址:www. aoguan. com
电子信箱:aoguan@ 126. com
质量体系:ISO 9001、ISO 14001
产品情况:(奥冠牌)
电动汽车、太阳能风能发电、电动助力车、UPS 等用途的动力型和储能胶体铅蓄电池
配套及出口情况:已与多家知名品牌电动汽车生产厂家、光伏公司合作;出口欧美、东南亚等地区

山西省

★太原太航汽车电子有限公司
地址:太原市并州南路 137 号
邮编:030006
电话:0351/7065584
传真:7042050
网址:www. thae. cn
电子信箱:ta. hang18@ 126. com
质量体系:ISO/TS 16949、ISO 14001
产品情况:(太航牌)
汽车仪表、空调压力传感和控制部件、汽车发动机传感器
配套及出口情况:为神龙、长丰、华泰、

江淮、江铃、奇瑞、福田、德尔福、法雷奥、富通、中成等配套;出口东南亚及欧美市场

内蒙古

★内蒙古一机集团宏远电器有限公司
地址:内蒙古包头市稀土高新开发区青工南路5号
邮编:014030
电话:0472/5913009、5913023
传真:5913032、5913010
电子信箱:no. 17@ nmgyj. com
质量体系:ISO 9001
产品情况:高科技电子控制产品与总线线束产品等

辽宁省

★沈阳市开泰汽车点烟器厂
地址:沈阳市西安街6号
邮编:110005
电话:024/23730071
质量体系:ISO 9001
产品情况:点烟器

★沈阳东北蓄电池有限公司
地址:沈阳市经济技术开发区浑河20街39号
邮编:110027
电话:024/25875578、25873379
传真:25858196
电子信箱:webmaster@ wygk. cn
质量体系:QS 9000、ISO 9001
产品情况:(东北牌)
蓄电池,生产能力160万KVAH
配套情况:为一汽集团、华晨金杯、丹东黄海、南京依维柯、陕汽集团、宇通客车、重汽集团等配套

★沈阳盛德汽车部件有限公司
地址:沈阳市于洪区黄河北大街145号
邮编:110034
电话:024/86537122、86500335
传真:86534231、86533871
质量体系:ISO/TS 16949、ISO 9001
产品情况:(E牌)
机油压力传感器、车速传感器、水温传感器、倒车灯开关总成
配套情况:为哈尔滨东安、东安三菱、柳州五菱等配套

★沈阳市游龙汽车配件制造有限公司
地址:沈阳市于洪区造化乡大方士村
邮编:110035
电话:024/86373328、82665995
传真:86373597
电子信箱:chinayl666@ 163. com
产品情况:汽车软轴拉索、传动轴吊架等
配套情况:为一汽集团、东风汽车公司、华晨金杯等配套

★北方重工集团汽车转向系统分公司
地址:沈阳市经济技术开发区星海路10号
邮编:110141
电话:024/24833709、25810159
传真:24833709、25810159
网址:www. sy - zfeng. com
电子信箱:zfeng@ nhi. com. cn
质量体系:QS 9000、ISO 9001
产品情况:(追风牌)
年产汽车组合开关50万只、各种转向器转向管柱15万只
配套情况:组合开关为一汽集团、北汽制造、沈阳金杯、沈阳汽车制造厂、河北中兴、北汽福田、安徽扬子、陕汽集团、重汽集团等配套,转向机、转向管柱为国内多家企业的皮卡、轻型货车、吉普车等车型配套

★ 沈阳兴华航空科技有限公司

地址:沈阳市经济技术开发区开发大路30号
邮编:110144
电话:024/85818036
传真:85818127
网址:www. xinghuakeji. cn
质量体系:GJB/Z 9001B、AS 9001C
产品情况:主要产品有各种型别的工业电连接器、集成化电缆组件、汽车用各种电器组件等;产品主要面向新能源电动汽车领域
☞ 详细情况请参阅彩色宣传版面

★沈阳新阳光机电科技有限公司
地址:沈阳市沈北新区辉山大街123-24号
邮编:110164
电话:024/24501390、24532719
传真:24533127
网址:www. smest. com
电子信箱:sales@ smest. com
质量体系:ISO 9001、GJB 9001
产品情况:无轨电车、有轨电车电气设备,各种电源、专用变频器、高性能客车和军用荧光灯逆变器等
出口情况:出口亚洲、美国、欧洲等多个国家和地区

★沈阳长足电气系统有限公司
地址:沈阳市浑南新区远航西路5号
邮编:110179
电话:024/83787043、83787426
传真:83787435
网址:www. sczes. com
电子信箱:sczes@ sczes. com
质量体系:ISO/TS 16949
产品情况:线束等汽车电子产品
配套情况:为通用、丰田等整车厂配套

★铁岭陆原科技开发研究所
地址:辽宁省铁岭市银州区岭东街188号
邮编:112000
电话:024/72810025
传真:72810025
质量体系:ISO 9001
产品情况:年产捷达汽车天线5万套、一汽平头载货汽车天线5万套
配套情况:为一汽集团配套

★莱尼线束系统(铁岭)有限公司
地址:辽宁省铁岭市专用车生产基地
邮编:112000
电话:024/72239190
网址:www. leoni. com
电子信箱:cheng. ji@ leoni. com
产品情况:汽车线束

★营口阿部配线有限公司
地址:辽宁省营口市高新区西飞街19号
邮编:115003
电话:0417/4814540、4806063
传真:4814584
网址:www. ykbk. com
电子信箱:webmaster@ ykbk. com
质量体系:ISO/TS 16949、ISO 14001
产品情况:汽车安全气囊控制、安全带控制、灯光控制、电动车窗控制,车载娱乐系统控制等汽车电子用电线束
配套情况:为丰田、日产、大众、通用、福特、中国一汽集团等配套

★大连原田工业有限公司
地址:辽宁省大连市经济技术开发区金马路101号
邮编:116000
电话:0411/87612111
传真:87612117、87628654
网址:www. harada. cn
电子信箱:info@ harada. com. cn
质量体系:ISO/TS 16949、ISO 14001
产品情况:汽车天线、中继导线、车内电视天线、各种机器用棒状天线、天线部品、各种电动控制器、不锈钢管、各种电线、电线束等
配套及出口情况:为广汽本田、东风本田、天津一汽丰田、郑州日产、南京福特供货;出口日本、北美洲、欧洲、东南亚

★大连松下汽车电子系统有限公司
地址:辽宁省大连市甘井子区虹港路300号
邮编:116033
电话:0411/86304354
传真:86304347
网址:www. panasonic. com. cn
单位人数:2919
质量体系:ISO 14001、QS 9000
产品情况:(Panasonic牌)
车载电子产品、信息娱乐系统,包括音响、导航、ECU、电子钥匙等产品
配套及出口情况:国内市场OEM销售占有率达到了13%;产品约64%出口海外

★新源动力股份有限公司
地址:辽宁省大连市高新技术产业园区黄浦路907号
邮编:116085
电话:0411/84617000

传真:84753456
网址:www. fuelcell. com. cn
电子信箱:sunrise@ fuelcell. com. cn
单位人数:200
产品情况:(新源动力牌)
质子交换膜燃料电池及相关零部件

★大连阿尔派电子有限公司
地址:辽宁省大连市金州经济开发区迎宾路2号
邮编:116100
电话:0411/87683131
传真:87675820
网址:www. alpine. com. cn
质量体系:ISO 14001、ISO/TS 16949
产品情况:汽车通信导航设备、汽车音响
配套及出口情况:为广汽本田配套;出口美国、欧洲、日本等国家和地区

★大连恒田永磁电机有限公司
地址:辽宁省大连市金州区二十里堡镇二十里村
邮编:116600
电话:0411/87382168、87380808
传真:87380808
网址:www. dlhtmotor. com
质量体系:ISO 9001、ISO 14001
产品情况:(恒田牌)
主要研发生产应用于民用型纯电动轿车至纯电动城市公交客车的大功率永磁无刷直流牵引电动机及其配套控制系统
配套及出口情况:为大连恒田旗下纯电动汽车配套;远销海外市场

★锦祥照明系统(大连)有限公司
地址:辽宁省大连市经济技术开发区铁山东三路51号
邮编:116600
电话:0411/39225200
传真:39225280
网址:www. zkw－group. com
电子信箱:info@ zkwchina. cn
产品情况:前照灯、车内照明和附属照明产品

★丹东华颖电器有限责任公司
地址:辽宁省丹东市振兴区兴一路95号
邮编:118000
电话:0415/3193133、3123158
传真:3193133
产品情况:汽车拖车尾灯控制器、电子闪光器、各种继电器、传感器、调节器等
配套情况:为金杯、中华、宝马、丹东黄海等供货

★丹东阿尔派电子有限公司
地址:辽宁省丹东市振兴区国桢路14号
邮编:118002
电话:0415/6167836
传真:6167835
质量体系:ISO 9002
产品情况:汽车用CD音响、CD换片机等

★凤城市富达汽车传感器有限公司
地址:辽宁省凤城市二龙工业园区208号
邮编:118100
电话:0415/8268166、8262166
传真:6888239、8262166
电子信箱:fchyc@ 163. com
质量体系:ISO 9001
产品情况:汽车电喷节气门位置传感器、怠速阀步进电动机、节气门阀体总成、霍尔传感器、曲轴位置传感器、凸轮轴传感器、里程表传感器、氧传感器等

★辽宁金伟汽车电机电器有限公司
地址:辽宁省凤城市凤凰城经济管理区凤山路1356号
邮编:118100
电话:0415/8238701、8234336
传真:8238796
电子信箱:jwqp@ jwqp. com
质量体系:ISO 9001
产品情况:(巨蟒牌)
汽车起动机、电磁开关、齿合器
出口情况:部分产品出口

★辽宁承业汽车零部件制造有限公司
地址:辽宁省凤城市凤凰城区承业路9号
邮编:118100
电话:0415/3518777
传真:3518633
网址:www. lncy. net. cn
电子信箱:lncy@ lncy. net. cn
单位人数:158
质量体系:ISO/TS 16949
产品情况:直驱、减速系列起动机,JFZ、JFWB等系列发电机
配套情况:主要为道依茨(大连)、一汽锡柴、潍柴动力、东风朝柴动力等车用柴油机配套

★辽宁启明汽车电器有限公司
地址:辽宁省锦州市滨海新区汽车零部件产业园区
邮编:121000
电话:0416/7988688
传真:7988680
电子信箱:qining@ alternatorandstarter. com
质量体系:ISO/TS 16949、ISO 9001
产品情况:汽车用发电机及其零部件
配套情况:为道依茨(大连)、东风朝柴、合肥朝柴等配套

★锦州华汇电子有限公司
地址:辽宁省锦州市凌河区上海路七段3－187号
邮编:121000
电话:0416/2993325
传真:2993325
电子信箱:jz777qd@ 126. com
质量体系:ISO 9001
产品情况:发电机调节器、整流桥等汽车电器,汽车交流发电机调节器测试仪
配套情况:为济南汽车制造厂、沈阳金杯、锦州汉拿电机等十几家汽车厂配套电子调节器、整流桥等汽车电器产品,为全国众多开关企业配套阻容过电压吸收器,为相关企业配套晶闸管产品等

★锦州斯必德汽车电机有限公司
地址:辽宁省锦州市太和区解放西路75－1号
邮编:121000
电话:0416/3480999
传真:3499111
质量体系:ISO 9001
产品情况:汽车发电机

★锦州华一旋压技术有限公司
地址:辽宁省锦州市松山区黄海大街8号
邮编:121003
电话:0416/3317588
传真:3317588
网址:www. jzqp. com
电子信箱:ssh@ jzqp. com
质量体系:ISO/TS 16949、ISO 9001
产品情况:汽车发电机旋压带轮,汽车用助力泵、水泵、空调旋压带轮,汽车起动机永磁定子等
配套情况:为各大汽车主机厂配套

★锦州东佑精工有限公司
地址:辽宁省锦州市经济技术开发区渤海大街4－15号
邮编:121007
电话:0416/7915388、7915429
传真:7915366
网址:www. jzdwp. com
电子信箱:jzdwp@ jzdwp. com
质量体系:ISO/TS 16949
产品情况:(东佑精工牌)
汽车交流发电机电压调节器和整流桥,年产500万只
配套及出口情况:为锦州汉拿电机配套;远销韩国、美国、欧洲、俄罗斯、日本、马来西亚等国家和地区

★锦州韩华电装有限公司
地址:辽宁省锦州市经济技术开发区渤海大街四段2号
邮编:121007
电话:0416/2933839、2930056
传真:2930099
网址:www. jzhhdz. com
电子信箱:hhdz_sales@ 163. com
单位人数:215
质量体系:ISO/TS 16949、ISO 14001
产品情况:汽车起动机电枢、发电机转子、油泵电动机电枢等
配套情况:为锦州汉拿机电、沈阳玄潭汽车部件、台湾士林电机、欧洲ISKRA等供货

★锦州佳岚电装有限公司
地址:辽宁省锦州市经济技术开发区西海大街3段33号
邮编:121007

电话:0416/3575600、13941696851
传真:3575602
网址:www.jzkarham.com
质量体系:ISO/TS 16949、ISO 14001
产品情况:汽车电动机炭刷架总成
配套情况:为锦州汉拿电机、中航工业航空电机、湖北雷米电机、常州天发动力总成、博耐特实业、宁波远洲汽车电器、车王电子、秦皇岛环星汽车电子等公司配套

★万得汽车技术股份有限公司
地址:辽宁省锦州市南站新区黄山路99号
邮编:121013
电话:0416/2646325
传真:2646323
电子信箱:jzxwd@jzxwd.com
质量体系:ISO 9001
产品情况:汽车发电机、起动机、减振器、活塞杆、调节器、整流桥、电枢、炭刷等
配套及出口情况:为锦州汉拿电机、山东聊城五岳汽车电机、广东强华汽车无刷发电机、成都华川电装等汽车电机生产厂配套;出口韩国及日本市场

★锦州汉拿电机有限公司
地址:辽宁省锦州市雨露街16号
邮编:121013
电话:0416/3880061、3865124
传真:3880059
电子信箱:sales@jheeco.com
负责人:刘勇东
单位人数:365
质量体系:ISO/TS 16949、QS 9000
产品情况:(JHECO牌)
汽车用发电机、起动机
配套情况:为一汽集团、天津一汽夏利、奇瑞汽车、北京现代、东风悦达起亚、华晨金杯等40多家企业配套

★锦州华圣启明电机电器有限公司
地址:辽宁省锦州市太和区平和里286号
邮编:121016
电话:0416/2662101、2662118
传真:5179913
网址:www.qmdj.com.cn
电子信箱:jzqmdj@126.com
质量体系:ISO/TS 16949、ISO 9001
产品情况:(启明牌)
汽车电动机、电器,年产发电机40万台
配套情况:为一汽集团、东风汽车公司、大柴、朝柴、沈发、长春轻型车厂、天发、长沙发动机公司等配套

★锦州瑞龙实业集团有限公司
地址:辽宁省锦州市锦义公路190号
邮编:121017
电话:0416/4185652、4188970
传真:4189388
网址:www.ruilong.net
电子信箱:master@ruilong.net
单位人数:200
质量体系:ISO 9001
产品情况:汽车电器产品等
配套情况:为知名汽车制造厂商配套

吉林省

★长春一汽延锋伟世通电子有限公司
地址:长春市绿园区东风大街6820号
邮编:130011
电话:0431/85763623
传真:85763623
电子信箱:yqxg-sygs@fawcom.com.cn
质量体系:VDA 6.1、QS 9000
产品情况:(天宝牌)
各类汽车音响、闪光器、刮水器控制器等汽车电子产品
配套情况:为一汽集团、一汽-大众、一汽轿车等配套

★长春一汽富维海拉车灯有限公司
地址:长春市西新经济技术开发区西湖大路8577号
邮编:130011
电话:0431/85078515
网址:www.hella.com
质量体系:ISO/TS 16949
产品情况:汽车前灯、尾灯、雾灯、高位制动灯等各类车灯产品
配套情况:为一汽配套

★长春市灯泡电线有限公司
地址:长春市朝阳区开运街1244号
邮编:130012
电话:0431/85952987
传真:85951467
质量体系:ISO/TS 16949
产品情况:(CHANGMING牌)
汽车电线束
配套情况:为全国各主要汽车厂配套

★长春住电汽车线束有限公司
地址:长春市繁荣路5599号
邮编:130012
电话:0431/88570730、88570732
电子信箱:ying.wang@cseb.com.cn
质量体系:ISO/TS 16949
产品情况:各种汽车电线束
配套情况:为一汽-大众、速腾、高尔夫A6、新宝来、迈腾、迈腾CC等配套

★长春一汽四环TYC车灯有限公司
地址:长春市高新技术产业开发区
邮编:130012
电话:0431/85881885
传真:85881881
质量体系:ISO/TS 16949
产品情况:汽车车灯总成及相关零配件
配套情况:为一汽集团、一汽-大众等配套

★长春春原汽车电线有限公司
地址:长春市开运街1244号
邮编:130012
电话:0431/85922948
传真:85929913
电子信箱:www.cccy1993@163.com
质量体系:ISO/TS 16949
产品情况:汽车电线束
配套情况:为韩国现代起亚汽车厂、保定长城汽车厂、哈尔滨哈飞汽车厂生产汽车配套电线束

★长春百思特汽车零部件有限公司
地址:长春市汽车经济技术开发区长虹大路1188号
邮编:130013
电话:0431/81703922
传真:85730163
网址:www.cc-best.net
电子信箱:cc_best@188.com
单位人数:126
质量体系:ISO/TS 16949
产品情况:注塑件、挤出件、电器件
配套情况:为一汽解放、一汽吉林汽车、长春海拉车灯、北京海拉车灯、威海威嘉电器、哈尔滨弘瑞电器等全国30余家汽车及零部件厂配套

★一汽四环化油器滤清器厂
地址:长春市二道区公平路120号
邮编:130031
电话:0431/87863177
传真:87863177
质量体系:ISO/TS 16949
产品情况:灯具、拉线、暖风设备等
配套情况:为一汽集团、一汽轿车配套

★富奥汽车零部件公司电子电器分公司
地址:长春市经济技术开发区浦东路2258号
邮编:130031
电话:0431/84612050、84612955
传真:84610936
网址:www.fawer.com.cn
电子信箱:dianqi@fawer.com.cn
质量体系:ISO/TS 16949
产品情况:发动机控制单元ECU、变速器控制单元TCU、轮胎压力智能监测系统(TPMS)、遥控门锁(RKE)、车身控制单元BCM、电动窗控制开关、电子油门踏板、新能源汽车电池封装、熔断器盒、整车线束等

★长春诗兰姆汽车零部件有限公司
地址:长春市皓月大路8999号
邮编:130032
电话:0431/84615544
传真:84619944
电子信箱:admin@ccslm.com
质量体系:ISO/TS 16949
产品情况:各类波纹管(套管)、汽车线束保护产品、各类气液管路、商用车机械电子零件、波纹管自动切割设备(波峰处切割)

★大陆汽车电子(长春)有限公司
地址:长春市经济技术开发区武汉路1981号

邮编:130033
电话:0431/84684000
传真:84613761
网址:www. continental - automotive. cn
电子信箱:hr. zhaopin@ continental - corporation. com
质量体系:ISO 14001、ISO/TS 16969
产品情况:汽车电子产品系列、汽车传感器系列、燃油导轨系列
配套及出口情况:为一汽、一汽 - 大众、上汽大众、上汽通用、广汽本田、本田中国、上汽通用五菱、长安福特、长安铃木、华晨金杯、奇瑞等供货;近 30% 的份额出口德国、日本(本田、铃木、日产、丰田)、韩国(通用大宇、现代起亚、雷诺三星)、俄罗斯、马来西亚

★长春市夸克普精汽车电子有限公司
地址:长春市经济技术开发区自由大路 8888 号
邮编:130033
电话:0431/84650482、89659381
传真:84650482
网址:www. hxbest. com
电子信箱:hxxs@ hxbest. com
单位人数:200
质量体系:ISO/TS 16949
产品情况:具有汽车座椅加热垫单班生产能力 3200 片/班;汽车座椅加热垫年生产能力 260 万片/年
配套情况:为福特、马自达、路霸、圣达菲、红旗、长城、中华、奇瑞、猎豹、比亚迪等配套

★长春日用友捷汽车电气有限公司
地址:长春市经济开发区威海路 2007 号
邮编:130033
电话:0431/81173857、81173854
传真:81173855
网址:www. shry. net
质量体系:QS 9000、ISO/TS 16949
产品情况:(顺达牌)
汽车散热器风扇总成和冷凝器风扇总成及汽车空调鼓风机与特殊交、直流微电机

★莱尼线束系统(长春)有限公司
地址:长春市经济开发区东环路 10110 号
邮编:130036
电话:0431/85828121
传真:85807970
网址:www. leoni. com
电子信箱:ling. li@ leoni. com
质量体系:ISO/TS 16949
产品情况:发动机线束
配套情况:为奥迪 C6 配套

★长春市热浪暖风机有限责任公司
地址:长春市宽城区团山街团山花园小区 15 号
邮编:130052
电话:0431/82683161
传真:82681505
质量体系:ISO 9001
产品情况:(热浪牌)
各种空调、暖风电动机及零件

★长春市光明车灯制造有限责任公司
地址:长春市绿园区隆化路西侧
邮编:130062
电话:0431/87974184
传真:87975061
电子信箱:changbancd@ sohu. com
质量体系:ISO 9001
产品情况:[长阪(CHANGBAN)牌]
汽车灯具,其他汽车零部件

★长春海德世汽车拉索有限公司
地址:长春市高新开发区超群街 2723 号
邮编:130103
电话:0431/89685711、89685686
传真:89685993
网址:www. hi - lex. co. jp
电子信箱:wangbailing@ hi - lex. com. cn
产品情况:汽车拉索、玻璃升降器
配套及出口情况:为广汽本田、东风本田、东风乘用车、一汽轿车、一汽 - 大众、天津一汽丰田、四川一汽丰田、一汽海马、长安集团、长安福特、长安铃木、庆铃汽车、华晨汽车、比亚迪汽车、长城汽车、吉利汽车等数十家国内汽车主机厂配套;远销日本、美国、英国等国家

★启明信息技术股份有限公司
地址:长春市净月经济开发区百合街启明软件园
邮编:130122
电话:0431/85861717、4001182299
传真:89603585
网址:www. faw - qm. com. cn
电子信箱:service_qm@ faw. com. cn
单位人数:2050
质量体系:ISO 9001
产品情况:汽车行业管理软件、车载信息系统、汽车电子控制系统等
配套情况:为一汽轿车供应导航等车载电子零部件

★吉林小糸东光车灯有限责任公司
地址:吉林省吉林市高新技术产业开发区香山路 101 号
邮编:132013
电话:0432/66576863
电子信箱:dgruibao@ 126. com
质量体系:ISO/TS 16949
产品情况:汽车灯具,年生产能力 50 万辆以上
配套情况:为天津一汽夏利、中兴汽车、北奔重汽、一汽解放、一汽轿车、吉轻公司等供货

★吉林航盛电子有限公司
地址:吉林省吉林市高新区深东路 3100 号
邮编:132013
电话:0432/65128656
传真:65128654
网址:www. hangsheng - jl. com
电子信箱:hanosonic@ hangsheng. com. cn
负责人:黄海阳
质量体系:ISO/TS 16949、ISO 14001
产品情况:(航盛宏宇 HSHY 牌)
扬声器、功放、低音箱、报警器以及相关衍生产品
配套情况:与一汽 - 大众、上汽大众、捷克大众、通用欧宝、菲亚特、福田汽车、宇通客车、华晨、奇瑞、东风股份、东风日产、三一重工等众多知名汽车制造商长期合作

★吉林市吉达软轴有限公司
地址:吉林省吉林市龙潭区阿拉底管理区
邮编:132227
电话:0432/63019232、63019388
传真:63019858
电子信箱:jidanets@ public. jl. jl. cn
质量体系:ISO/TS 16949、ISO 9002
产品情况:各种汽车软轴拉索,年产能力 200 万件
配套情况:为一汽解放、一汽吉林轻型车厂、一汽通用红塔云南、一汽哈尔滨轻型车厂、一汽长春轻型车厂、一汽客车、一汽专用车、比亚迪汽车、天津一汽夏利、比亚迪汽车等厂家配套

★白山市浩阳汽车零部件有限公司
地址:吉林省白山市喜丰路 9 号
邮编:134300
电话:0439/3285158
传真:3285158
质量体系:ISO/TS 16949、ISO 9001
产品情况:AUDI18 蓄电池管,年产 50 万套;JETTA 连接管,年产 20 万套

★四平市德嘉电子仪表有限公司
地址:吉林省四平市铁西区海丰科技园海丰大街 2988 号
邮编:136000
电话:0434/5079428
传真:5079429
电子信箱:jlspyb@ sina. com
质量体系:ISO/TS 16949、ISO 9001
产品情况:汽车仪表
配套情况:为一汽集团哈轻、吉轻、沈阳汽车集团配套

★辽源汇丰电机制造有限公司
地址:吉林省辽源市经济开发区甲六路 6 号
邮编:136200
电话:0437/5023316、5028317
传真:5028317
网址:www. lyhflj. com
单位人数:246
质量体系:ISO 9001
产品情况:(白山牌)
直流电动机、交流电动机

★吉林中聚新能源科技有限公司
地址:吉林省辽源市经济开发区友谊园区
邮编:136200
电话:0437/5018333
传真:5018321

网址:www.sinopolybattery.com
产品情况:生产锂离子电池及相关配套产品

★辽源市宏鹰汽车零部件有限公司
地址:吉林省辽源市白泉镇金岗小街114号
邮编:136602
电话:0437/5891358、5891502
传真:5891359
电子信箱:laoga4255@163.com
产品情况:汽车发电机电压调节器
配套情况:为一汽集团(解放公司、富奥公司、实业公司、四环公司、装备公司)配套

★白城金事达电气有限公司
地址:吉林省白城市经济开发区恒维路177号
邮编:137000
电话:0436/3679786
传真:3667676
电子信箱:admin@jinshida.cn
质量体系:ISO/TS 16949、QS 9000
产品情况:汽柴油电控发动机线束、仪表线束、变速器线束、电动车线束、喷油器线束、混合动力汽车线束、高压点火线束等系列
配套情况:为一汽集团、一汽丰田发动机、康明斯、福田汽车、宇通客车、华晨汽车、苏州金龙、重汽集团等配套

★德尔福派克电气有限公司白城分公司
地址:吉林省白城市开发区开发大街1365号
邮编:137000
电话:0436/3664888
传真:3664910
质量体系:ISO 14001
产品情况:能源及发动机管理系统、派克电气系统、内饰和乘员保护系统、底盘系统、沙基诺转向系统、哈里森热系统及德科电子系统

黑龙江省

★哈尔滨金溢科技有限公司
地址:哈尔滨市开发区哈平路集中区黄海路25号
邮编:150036
电话:0451/86819333、86818333
传真:86818644
网址:www.chinajy8.com
电子信箱:hrbjyxsb@163.com
质量体系:ISO/TS 16949
产品情况:(金溢牌)
　　汽车喇叭,年生产能力500万只;起动电源系列
配套情况:为一汽通用、哈飞、长安汽车、华晨金杯、北汽福田等配套

★哈尔滨奥通汽车电器有限公司
地址:哈尔滨市道外区天恒大街1015号
邮编:150050
电话:0451/57681163
传真:57676188
网址:www.aositeng.com
电子信箱:aositeng@126.com
单位人数:150
质量体系:ISO/TS 16949
产品情况:(奥斯腾牌)
　　各种油浸式点火线圈、干式点火线圈、车载电源等
配套及出口情况:为一汽集团配套;远销欧洲、美洲、中东、俄罗斯、东南亚等多个国家和地区

★哈尔滨威帝汽车电子有限公司
地址:哈尔滨市高新技术开发区
邮编:150060
电话:0451/87101888、87101777
传真:87100888
网址:www.viti.net.cn
电子信箱:viti@viti.net.cn
质量体系:ISO/TS 16949
产品情况:CAN总线、组合仪表、汽车行驶记录仪、中央处理器、中央电器盒、传感器、ECU控制单元、缓速器电源开关等
配套情况:与金龙客车、宇通客车等企业建立了长期合作关系

★哈尔滨万宇科技股份有限公司
地址:哈尔滨市开发区哈平路集中区渤海路2号
邮编:150060
电话:0451/86810843、86810841
传真:86810840
网址:www.wanyu.com
电子信箱:hxsb@wanyu.com
单位人数:118
质量体系:ISO/TS 16949、ISO 14001
产品情况:汽车电脑稳频喇叭
配套情况:为上汽通用、宝马、长安福特、长安马自达、福特亚太、北盛汽车、华晨宝马、广汽本田、神龙汽车、南京依维柯、南京名爵、北京汽车、奇瑞汽车、中兴汽车、长城汽车、哈飞汽车、大众集团、一汽轿车、宇通汽车、比亚迪、上海商用汽车等配套

★哈尔滨东安志阳汽车电气有限公司
地址:哈尔滨市平房经济技术开发区温州路9-1段
邮编:150060
电话:0451/86782600、86782654
传真:86782653
电子信箱:daly-piston@263.net.cn
质量体系:ISO/TS 16949、QS 9000
产品情况:汽车点火线圈、电喷系统中曲轴位置传感器、碳罐电磁阀、节气门位置传感器等

★哈尔滨固泰电子有限责任公司
地址:哈尔滨市平房区大连北路1号
邮编:150060
电话:0451/86817666
传真:86815757
网址:www.hitgt.com
电子信箱:wangshujun@hitgt.com
单位人数:480
质量体系:VDA 6.1、QS 9000
产品情况:车用无触点喇叭、全自动空调控制器、液晶背投影机
配套情况:为一汽集团、丰田、奥迪、大众、马自达、奇瑞、沈阳金杯、长城皮卡、杰克赛尔、法雷奥等配套

★哈尔滨东安机电制造有限责任公司
地址:哈尔滨市平房区联盟大街70号
邮编:150066
电话:0451/86599641
传真:86599641
电子信箱:dajdjsb@163.com
质量体系:ISO/TS 16949、ISO 9000
产品情况:汽车发电机、节气门体总成、传感器、分电器、机油泵、水泵、洗涤器等
配套情况:为东安动力、东南汽车、奇瑞汽车、哈飞汽车、一汽佳宝、华晨汽车、比亚迪汽车、昌河汽车、吉利汽车、柳州微型车、唐山齿轮、江陵齿轮等配套

★黑龙江天有为电子有限责任公司
地址:黑龙江省绥化市工业开发区
邮编:152000
电话:0455/8396630、8396670
传真:8396620
电子信箱:hljtyw_xsb@163.com
质量体系:ISO/TS 16949
产品情况:汽车组合仪表及配套产品
配套情况:为五菱、哈飞、华晨、沈汽、福田、哈轻、夏利、吉利、吉轻等国内多家汽车主机厂配套,并为韩国大宇、起亚等国外高档车配套组合仪表

上海市

★德斯拜思机电控制技术(上海)公司
地址:上海市西藏中路18号港陆广场1101-1105室
邮编:200001
电话:021/63917666
传真:63917445
网址:www.dspace.com
电子信箱:infochina@dspace.com
产品情况:ECU及机电一体化控制系统

★上海实业交通电器有限公司
地址:上海市徐汇区漕溪北路400号
邮编:200030
电话:021/61545000
传真:64384862
电子信箱:stec@stec-cn.com
负责人:徐峰
单位人数:1079
质量体系:ISO/TS 16949、VDA 6.1
产品情况:(声佳牌)
　　年产防盗系统42万套、电动玻璃升降器215万门、电喇叭427万只

配套情况：国内为上汽大众、上汽通用、一汽－大众等配套，电喇叭为美国通用汽车配套57万只

★上海汽车软轴厂
地址：上海市徐汇区小木桥路814弄161号
邮编：200032
电话：021/64174730
传真：64171437
网址：www.shdongfei.com
电子信箱：dongfei@shdongfei.com
质量体系：ISO 9002
产品情况：（东飞牌）
汽车、摩托车、工程车辆的各种控制拉索；里程表、转速表软轴软管，换、选挡推拉钢索，年产量120万套
配套情况：为上汽大众配套

★ 东风电子科技股份有限公司

地址：上海市普陀区中山北路2000号中期大厦22层
邮编：200063
电话：021/62033003
传真：62032133
网址：www.detc.com.cn
电子信箱：postmaster@detc.com.cn
法人代表：欧阳洁
负责人：严方敏
单位人数：3327
质量体系：ISO/TS 16949
产品情况：汽车仪表、传感器及电子产品、气压制动元器件、ABS/ASR、内外饰件、仪表板模块、座舱模块、车载蓝牙系统以及供油系产品、有色金属铸造、控制索等
配套情况：为东风股份、神龙、北汽福田欧曼重型汽车厂、陕汽集团、潍柴动力、厦门金龙、东风商用车、东风日产乘用车、东风本田、东风康明斯、东风风神、玉柴、广汽本田、郑州日产等配套
☞ 详细情况请参阅彩色宣传版面

◉ 上海日用－友捷汽车电气公司

地址：上海市嘉定区育绿路260号
邮编：200080
电话：021/31275988
传真：31273335
网址：www.shry.net
电子信箱：admin@shry.net
负责人：马宝发
质量体系：QS 9000、ISO/TS 16949
产品情况：（顺达牌）
汽车散热器风扇总成、冷凝器风扇总成、汽车空调鼓风机与特殊交、直流微电机
配套情况：为上汽大众、上汽通用、一汽－大众、长安福特、东风日产、一汽轿车、长安汽车、奇瑞汽车、长安铃木、福特全顺、华晨宝马、长城汽车、哈飞汽车配套

★上海东风汽车电器厂
地址：上海市虹口区东长治路690弄62号
邮编：200080
电话：021/65461852
传真：65120034
网址：www.dongfengsh.com
电子信箱：dongfengsh@sohu.com
法人代表：施肇华
单位人数：36
产品情况：（精灵牌）
各类喊话器、汽车低压电器、扬声器、电脑报站器等
配套情况：被全国各地多数公交公司选用，并为上海申沃客车、安源客车、滁州扬子客车、株洲南车时代电动客车等厂家配套

★上海航天汽车机电股份舒航电器分公司
地址：上海市浦东新区金吉路568号
邮编：200082
电话：021/58343880
传真：58341778
电子信箱：shuhang@public7.sta.net.cn
质量体系：VDA 6.1、QS 9000
产品情况：汽车空调直流电动机，蒸发、冷凝风机，自动天线、顶置放大天线、空调无刷变频电动机，年产汽车空调蒸发器、冷却风机和各类电动机100万台，汽车自动升降天线30万根
配套情况：为上汽大众、奇瑞汽车、华晨金杯、上海德尔福等配套

★上海新光汽车电器有限公司
地址：上海市浦东新区金吉路568号
邮编：200125
电话：021/58343880
传真：58532329
网址：www.shxgae.com
电子信箱：xgae@shxgae.com
质量体系：ISO/TS 16949、VDA 6.1
产品情况：汽车中央电器、熔断丝盒、电器线束、精密冲制零件、精密注塑零件、高精度模具等
配套情况：为上汽大众、上汽通用、奇瑞汽车、一汽－大众、上海汇众、联合电子、德尔福派克等配套

★上海弗卡实业有限公司
地址：上海市浦东新区民民路380弄22号
邮编：200125
电话：021/50779798、50779618
传真：50775037
电子信箱：sales@focargroup.cn
质量体系：ISO/TS 16949
产品情况：涡轮增压器、起动机、发电机、转子、锭子、单向器

★上海南北机械电气工程有限公司
地址：上海市浦东新区杨高南路1998号
邮编：200125
电话：021/58897750
传真：58756315
电子信箱：nscosh@public2.sta.net.cn
质量体系：QS 9000、ISO 9001
产品情况：（NS牌、南北牌）
LED高效固体光源组合后灯、后雾灯、LED汽车开关指示灯内芯
配套情况：为一汽集团专用车厂、庆铃汽车、一汽富奥一江森饰件公司等配套

★上海三智汽配实业有限公司
地址：上海市浦东新区峨山路91弄28号
邮编：200127
电话：021/58739950、58736452
传真：58759921、58392993
电子信箱：sanzhi@online.sh.cn
质量体系：ISO/TS 16949、VDA 6.1
产品情况：蓄电池线束总成、烟灰盒总成、塑料件、内饰品、发动机塑料件、热压件、橡胶密封件
配套情况：为上汽大众、一汽－大众、上汽通用、上汽股份、烟台东岳、奇瑞汽车、华晨金杯等配套

★畅博电子（上海）有限公司
地址：上海市浦东新区外高桥保税区德堡路215号
邮编：200131
电话：021/50482700
传真：50482722
网址：www.waiglobal.com
电子信箱：internationalsales@waiglobal.com
质量体系：QS 9000、ISO 9001
产品情况：发电机、起动机、电压调节器、整流桥、点火模块、点火线圈、氧传感器、空气压力传感器、起动齿轮、电磁开关、炭刷支架总成、炭刷、轴承等

★高田汽车电子（上海）有限公司
地址：上海市浦东新区外高桥保税区韩城路17号71号厂房A栋
邮编：200131
电话：021/38556238
传真：38556299
网址：www.takata.com
电子信箱：hrsh@takata.com
产品情况：车用安全电子产品、座椅重量传感器等
配套情况：为一汽轿车、上汽集团、吉利汽车配套

★安悦先锋汽车信息技术有限公司
地址：上海市虹漕路456号12号楼7楼
邮编：200233
电话：021/33323088
传真：33323111
网址：www.anyopioneer.com
电子信箱：ying_zu@intl.pioneer.co.jp
产品情况：汽车GPS导航影音系统、智能信息系统等产品和提供车载信息服务

★美特斯工业系统（中国）有限公司
地址：上海市桂平路481号23号楼
邮编：200233
电话：021/54271122、64952860
传真：64956330
电子信箱：info@mtschina.com

质量体系:ISO 9001
产品情况:(MTS 牌)
力学性能测试、模拟系统、位移传感器等
配套情况:为奔驰、丰田、通用、福特、大众、一汽集团、东风汽车公司、上汽大众、上汽通用等供货

★上海安吉星信息服务有限公司
地址:上海市徐汇区虹梅路 1801 号新业园 B 楼 3-4
邮编:200233
电话:4008201188
网址:www.onstar.com.cn
电子信箱:contactus@onstar.com.cn
产品情况:提供广泛的汽车安全信息服务,包括碰撞自动求助、路边救援协助、全音控免提电话、实时按需检测和全程音控领航等 10 多项
配套情况:为通用汽车、上汽集团、上汽通用汽车供货

★上海新跃联汇电子科技有限公司
地址:上海市徐汇区宜山路 710 号
邮编:200233
电话:021/60839577、60839537
传真:60839574
网址:www.aeroxy.com
电子信箱:sales@shxylh.com
法人代表:张春明
负责人:蔡向东
单位人数:258
质量体系:ISO/TS 16949
产品情况:(XINYUE 牌)
汽车位置传感器、精密导塑传感器等产品,具有年产 800 万套各类汽车位置传感器和 15 万套精密导塑传感器的生产能力
配套情况:为博世(德国)、联合汽车电子、恒隆集团、株洲易力达配套

★上海松下半导体有限公司
地址:上海市漕溪路 258 弄 25 号
邮编:200235
电话:021/64821608
传真:64829206
网址:panasonic.cn
质量体系:ISO 14001
产品情况:汽车影音系统半导体集成电路等产品
配套及出口情况:供应给松下在中国的投资企业;主要产品除返销日本,还远销新加坡、马来西亚及美国等其他国家

★上海航天汽车机电股份有限公司
地址:上海市徐汇区漕溪路 222 号航天大厦
邮编:200235
电话:021/64828990
传真:64518393
网址:www.ht-saae.com
电子信箱:saae@saae-ch.com
质量体系:ISO/TS 16949、VDA 6.1
产品情况:(SAAE 牌)
汽车空调器、熔断丝盒、中央电器、轮速传感器、车速传感器、热敏开关、各种控制器等车用电子产品、离合器液压泵
配套情况:为上汽大众(帕萨特、桑塔纳 3000)、一汽-大众宝来、比亚迪 F3、福莱尔、奇瑞 QQ、东方之子、上汽通用别克、一汽海马、金龙中型客车、一汽红旗、江铃皮卡、长城皮卡、田野皮卡、金杯轻型客车等配套

★上海沃巴弗电子科技有限公司
地址:上海市闵行区兴梅路 425 号
邮编:200237
电话:021/51877098、51872898
传真:64108682
网址:www.volboff.cn
电子信箱:sales@volboff.cn
质量体系:ISO 9001
产品情况:直线位移传感器、角度位移传感器、电子加速传感器、节气门位置传感器、电刷、工业无线遥控器等

★上海赢双电机有限公司
地址:上海市闵行区剑川路 953 弄 154 号 D 楼
邮编:200240
电话:021/51591548
传真:51591549
网址:www.windouble.com.cn
电子信箱:yswin8@163.com
产品情况:磁阻式旋转变压器

★京滨电子装置研究开发(上海)公司
地址:上海市闵行区紫星路 451 号
邮编:200241
电话:021/34290099
传真:34293234
网址:www.keihin-crd.com
电子信箱:info@keihin-crd.com
法人代表:高山 雄介
负责人:佐藤 和则
产品情况:汽车电子控制装置以及发动机关联零部件的研究开发及其试作品的制作

★上海三车汽车零部件有限公司
地址:上海市古浪路 415 弄 2 号楼 306
邮编:200311
电话:021/52844655、52844656
传真:52844665、36331385
电子信箱:sance@scdq.com.cn
质量体系:ISO 9001、ISO 14001
产品情况:(SANCHE 牌)
汽车仪表、中央控制盒、刮水器电动机、燃油泵、点火线圈、组合开关、喇叭、起动机等电器配件;玻璃升降器、门锁块、外拉手等车身件;水泵、散热器及其风扇;转向助力泵、制动泵、离合器泵等
出口情况:出口中东、欧洲、南美洲等地区

★上海浦成传感器有限公司
地址:上海市兰溪路 808 号
邮编:200333
电话:021/52803871
传真:52819468
网址:www.pucheng.com.cn
电子信箱:root@pucheng.com.cn
质量体系:ISO/TS 16949
产品情况:(PUCHENG 牌)
各种氧传感器
配套及出口情况:为汽车发电机厂配套;远销北美洲、欧洲、南美洲、中东等地区

★上海联宙汽车电器有限公司
地址:上海市车站南路 237 号 220 室
邮编:200434
电话:021/65360666、65618965
传真:65618965
电子信箱:cce10066@81890.net
质量体系:ISO 9000
产品情况:(申新牌)
电动燃油泵芯、油泵总成、转速传感器、继电器、电磁阀、换向阀、控制器、门锁控制器、燃油泵进口过滤网
配套及出口情况:为上汽大众、一汽-大众配套;部分产品出口

★上海宇宙电器有限公司
地址:上海市虹口区场中路 685 弄 105 号
邮编:200434
电话:021/56882374、56833840
传真:56834207
电子信箱:10156@yu-zhou.com
质量体系:ISO/TS 16949
产品情况:(申新牌)
冷却风扇控制器、电子组合式汽车继电器等
配套情况:为上汽大众、一汽-大众、沈阳金杯、长安汽车等配套

★上海金亭汽车线束有限公司
地址:上海市宝山区城市工业园区山连路 168 号
邮编:200444
电话:021/36160606
传真:36160101
网址:www.sjahl.com.cn
电子信箱:sjahl@sjahl.com
单位人数:1800
质量体系:ISO/TS 16949、ISO 14001
产品情况:(JAH 牌)
车身总成线束、仪表板线束总成、发动机线束总成、变速器线束总成、门板线束总成、蓄电池线束总成等各类轿车线束
配套情况:轿车线束为上汽大众、上汽通用、日本丰田、铃木、北美通用、实用动力等配套

★上海大郡动力控制技术有限公司
地址:上海市闵行区浦江镇康华路 356 号
邮编:201100
电话:021/34978900
传真:34978955
网址:www.dajuntech.com

电子信箱:sales@ dajuntech. com
产品情况:新能源汽车动力总成电机系统

★上海南大集团德首实业有限公司
地址:上海市中春路500号南大工业园
邮编:201100
电话:021/62888828、61666777
传真:54177775
电子信箱:sale@ deso. com. cn
质量体系:ISO 9001、ISO 14001
产品情况:(DESO 牌)
驻车传感器、报警器、轮胎压力监视系统、车载 DVD/LCD、中控锁等
出口情况:出口欧洲、中东、东南亚、非洲、南美洲、北美洲、澳大利亚、韩国、印度等国家和地区

★上海航空电器有限公司
地址:上海市闵行区中春路6629号
邮编:201101
电话:021/61867330
传真:61867222
网址:www. avic - sae. com. cn
电子信箱:sae@ avic - sae. com. cn
质量体系:ISO 9001
产品情况:胎压监测系统等
配套及出口情况:已成为大众汽车集团的全球供应商;远销欧美和东南亚市场

★上海好光传感器有限公司
地址:上海市闵行区中春路7335号
邮编:201101
电话:021/64784536、64784427
传真:64784759、64784536
网址:www. shhggs. com
电子信箱:sales@ shhggs. com
质量体系:ISO/TS 16949、ISO 9001
产品情况:各类 ABS 轮速传感器、凸轮曲轴传感器和其他车用传感器
配套情况:为国内外知名的汽车传感器配套

★迪克斯汽车电器(上海)有限公司
地址:上海市闵行区联曹路568号
邮编:201102
电话:021/54802121、54803131
传真:54809292
网址:www. dixie. com. cn
电子信箱:service@ dixie. com. cn
质量体系:ISO/TS 16949
产品情况:发电机、起动机及其电磁开关、转子、定子、炭刷架、单向器等零部件,年产整机35万台、各类零部件70万套
配套及出口情况:为厦门金龙、安凯客车、江苏亚星、丹东黄海、上柴配套;出口北美洲、欧洲、东南亚等地区,并销往中国台湾地区

★上海闵原电器有限公司
地址:上海市闵行区诸翟镇朱家泾朱建路168号
邮编:201107
电话:021/62211498、62216849
传真:62214755、62214356
质量体系:ISO 9001
产品情况:各种节能灯、启辉器、电容等
出口情况:出口欧洲、美国、中亚、东南亚等20多个国家和地区

★上海极能客车动力系统有限公司
地址:上海市闵行区光中路188号
邮编:201108
电话:021/24160000
传真:24160416
网址:www. saicmotor. com
产品情况:混合动力和纯电动等新能源节能客车动力系统

★贝洱海拉温控系统(上海)有限公司
地址:上海市闵行区莘庄工业区光中路868号
邮编:201108
电话:021/33291888
传真:33291999
网址:www. bhtc. com
电子信箱:china@ bhtc. com
质量体系:ISO/TS 16949
产品情况:汽车空调系统控制设备和元件、智能化汽车冷却系统电子控制元件
配套及出口情况:为途观、高尔夫、帕萨特、迈腾、朗逸等大众系列车型供货;随 Epsilon、Delta 平台出口通用全球各地工厂

★上海日精仪器有限公司
地址:上海市莘庄工业区春光路288号
邮编:201108
电话:021/54420803、34073441
传真:54422801
网址:www. shns. cn
电子信箱:dy - fc@ shns. cn
法人代表:永井正二
负责人:平田祐二
单位人数:783
产品情况:(SHNS 牌)
汽车仪表、摩托车仪表、空调遥控器等配件
配套情况:为广汽本田、东风日产乘用车、本田汽车(中国)、神龙汽车、东风本田、一汽轿车、长安福特、长安马自达、天津一汽丰田、大长江摩托车、新大洲本田摩托车等供货

★上海海拉电子有限公司
地址:上海市浦东新区建业路411号
邮编:201201
电话:021/61606888
传真:58382594
网址:www. hella. com
电子信箱:info@ hellash. com
质量体系:ISO 9001
产品情况:(HELLA 牌)
车身控制模块、遥控钥匙(无钥匙进入和一键起动系统)、记忆座椅模块、油门踏板传感器和真空泵等汽车电子及电子部件
配套情况:客户覆盖了国内外的主要汽车制造商和车身系统制造商

★马夸特开关(上海)有限公司
地址:上海市浦东新区庆达路650号
邮编:201201
电话:021/58973302 - 9001
传真:58972399
网址:www. marquardt. com
电子信箱:chenyun. wang @ marquardt. com. cn
质量体系:ISO/TS 16949
产品情况:电子转向管柱锁、一键起动开关、窗提升开关、多功能转向盘开关

★上海浦东车灯有限公司
地址:上海市浦东新区机场镇远航路662号
邮编:201202
电话:021/68969938、68969939
传真:68969720
网址:www. haiguang - lamp. com. cn
电子信箱:haiguang@ public4. sta. net. cn
质量体系:QS 9000、VDA 6.1
产品情况:(海光牌、双猫牌)
各类机动车灯具及饰件,年产能力150万只
配套情况:与上汽大众、东风、江西五十铃、广州羊城、陕西汉江等数十家整车厂配套

★上海泰好电子科技有限公司
地址:上海市浦东新区祝桥镇卫亭路533号
邮编:201203
电话:021/68106330
传真:68101323
电子信箱:taihao@ shtaihao. com
质量体系:ISO/TS 16949
产品情况:汽车轮胎气压监视系统
配套情况:为上汽大众供货

★华域汽车电动系统有限公司
地址:上海市浦东新区张江高科技园区碧波路572弄116号3幢
邮编:201203
电话:021/50136700
网址:www. hasco - eds. com
电子信箱:huayuqiche@ huayu - auto. com
产品情况:新能源汽车驱动电动机

★上海畅星信息科技有限公司
地址:上海市浦东新区张江高科技园区碧波路888号
邮编:201203
电话:021/38984558
传真:61054333
网址:www. sis. sh. cn
电子信箱:marketing@ sis. sh. cn
质量体系:ISO 27001
产品情况:导航系统等

★上海法雷奥汽车电器系统有限公司
地址:上海市浦东新区张江高科技园区

科苑路501号
邮编:201203
电话:021/50800088
网址:www. sves. com. cn
电子信箱:yipinghua@ shanghai - valeo. com
质量体系:ISO/TS 16949、ISO 14001
产品情况:起动机、发电机
配套情况:主要客户有上汽通用、上汽大众、上汽通用(沈阳)北盛、上海汽车、东风悦达起亚、南汽集团、一汽海马、长城汽车、一汽轿车、北京奔驰、上汽通用五菱、比亚迪、一汽-大众、一汽吉林、神龙汽车、江铃汽车、奇瑞汽车、长安福特、长安马自达、东风小康、天津一汽夏利、北京现代、江淮汽车、东风日产、重庆长安、重庆康明斯、哈东安、潍柴、上柴等

★联创汽车电子有限公司
地址:上海市浦东新区金吉路33弄
邮编:201206
电话:021/60305000
传真:60305488
网址:www. dias. com. cn
质量体系:ISO/TS 16949
产品情况:柴油发动机管理系统、机械式节气门体总成、新能源汽车电控管理系统等

★ 联合汽车电子有限公司

地址:上海市浦东新区金桥工业城榕桥路555号
邮编:201206
电话:021/61688888
传真:58995244
网址:www. uaes. com
电子信箱:uaes@ uaes. com
法人代表:陈志鑫
负责人:熊伟铭
单位人数:7837
质量体系:ISO/TS 16949
产品情况:汽油发动机管理系统、变速器控制系统、车身电子、混合动力和电力驱动控制系统
配套情况:为一汽集团、一汽-大众、哈航集团、吉林吉轻、一汽夏利、上汽通用(东岳)、上汽大众、上汽通用、奇瑞汽车、吉利汽车、合肥昌河、昌河铃木、华晨汽车、上汽通用(北盛)、北汽福田、河北长城、东风汽车(襄樊)、长安铃木、长安福特、长安集团、神龙汽车、上汽通用五菱、一汽海马、东风汽车(广州)、东南汽车、比亚迪等配套
☞ 详细情况请参阅彩色宣传版面

★上海本安仪表系统有限公司
地址:上海市浦东新区金桥出口加工区金沪路1099号
邮编:201206
电话:021/60897558、4000902281
传真:50328061
网址:www. isinstruments. com
电子信箱:pangy@ isinstruments. com
质量体系:ISO/TS 16949
产品情况:汽车总线数据记录及诊断分析系统
配套情况:为北汽福田、宇通客车、厦门金旅、桂林大宇、安徽安凯、重汽集团、陕汽集团等配套行驶记录仪

★依必安派特电机(上海)有限公司
地址:上海市南汇工业园宣中路289号
邮编:201300
电话:021/20307300
传真:58188115
网址:www. ebmpapst. com. cn
质量体系:ISO/TS 16949
产品情况:电动机

★上海开腾信号设备有限公司
地址:上海市南汇工业园区南宣公路89号
邮编:201314
电话:021/58182113、58185283
传真:58189139
网址:www. catasignal. com
电子信箱:davdwan@ catasignal. com
质量体系:ISO 9001、ISO/TS 16949
产品情况:LED汽车灯
出口情况:产品100%出口美国、德国、英国、法国、奥地利等欧美国家

★ 上海逸航汽车零部件有限公司

地址:上海市南汇区航头镇航帆路5号
邮编:201316
电话:021/58221131
传真:58222259
网址:www. shyihang. com
电子信箱:yihang@ shyh. cn
单位人数:150
质量体系:ISO/TS 16949
产品情况:电子温控器、调速电阻器、A/C开关及放大器、控制面板、线束
配套情况:为上海德尔福汽车空调系统、长春一汽杰克赛尔汽车空调、重庆英特空调、联合汽车电子、延锋伟世通、东南汽车、天津电装空调等配套
☞ 详细情况请参阅彩色宣传版面

★上海宇南汽车电器有限公司
地址:上海市浦东新区航头镇中市路69号
邮编:201317
电话:021/20936811
传真:20936822
电子信箱:crx@ swn21. com
质量体系:ISO/TS 16949
产品情况:汽车空调系统用控制仪表盘、执行器、调速电阻等产品,具有年产控制器仪表盘70万台、执行器90万台、调速电阻70万台的生产能力
配套情况:为东风悦达起亚、通用、上汽集团、江淮汽车、长安福特、长安马自达、一汽马自达、东南汽车、华晨、长城等配套

★上海赛露达汽车部件有限公司
地址:上海市浦东新区周浦镇沈梅路186号
邮编:201318
电话:021/68131696
传真:68131562
网址:www. sailuda. com
电子信箱:sqx122@ sailuda. com
质量体系:ISO/TS 16949、ISO 14001
产品情况:(赛露达牌)
汽车内饰发泡成型、特殊聚氨酯汽车吸音泡沫、EVA汽车隔音片材、汽车内饰吸音毡、座椅电动机、刮水器总成、燃油泵电动机、电动门窗升降器、电子风扇、暖风机、微波吸收材料等
配套及出口情况:为华晨汽车、东风汽车公司、比亚迪汽车、银河汽车、跃进正宇汽车等配套;出口欧洲、美洲、中东、东南亚地区

★上海东风泰利福莫尔斯控制系统公司
地址:上海市南汇区康桥东路1288号
邮编:201319
电话:021/58138827
传真:58134433、58133320
电子信箱:stmdfs@ stmdf. com
质量体系:ISO/TS 16949、QS 9000
产品情况:推拉索、拉索、控制器、踏板及油气管等

★上海擘美电子科技发展有限公司
地址:上海市南汇区宣秋路210号
邮编:201399
电话:021/20220551
传真:20220552
网址:www. bometec. com
电子信箱:aj@ bometec. com
质量体系:ISO/TS 16949
产品情况:空气流量计、压力传感器

★上海神力科技有限公司
地址:上海市奉浦工业综合开发区远东路777弄28号
邮编:201401
电话:021/37598699、37598060
传真:37598061
网址:www. sl - power. com
电子信箱:huliqing@ mail. online. sh. cn
产品情况:低温质子交换膜燃料电池、高温质子交换膜燃料电池、全钒液流储能电池系统、关键原材料等

★先锋高科技(上海)有限公司
地址:上海市工业综合开发区环城北路1号
邮编:201401
电话:021/67104188
网址:www. pioneerchina. com
产品情况:(Pioneer牌)
大容量数字式光盘存储器产品和车用多功能DVD产品及相关零部件

★先锋电子科技(上海)有限公司
地址:上海市工业综合开发区环城西路3111弄183号
邮编:201401

电话:021/37101756、37101777
网址:www. pioneerchina. com
负责人:丸山实
单位人数:1582
产品情况:(Pioneer 牌)
汽车音响、车用导航仪等
出口情况:出口日本、北美洲、欧洲等国家和地区

★上海本菱涡旋压缩机有限公司
地址:上海市奉贤区金汇镇大叶公路5001 号
邮编:201404
电话:021/57483302、4008615001
传真:57483274
网址:www. benling. cc
电子信箱:sales@ benling. cc
董事长:黄小林
产品情况:新能源汽车用电动涡旋压缩机

★上海西恩迪蓄电池有限公司
地址:上海市奉贤区星火开发区莲都路55 号
邮编:201419
电话:4006783721
传真:021/57503533
网址:www. cdtechno. com. cn
电子信箱:supportchina@ cdtechno. com
质量体系:ISO 14001、ISO 9001
产品情况:(LIBERTYTM 牌)
蓄电池
配套情况:与 LUCENT、APC - MGE、EMERSON、KEHUA、KSTAR 等知名公司建立密切合作关系

★上海特鹰汽车电器有限公司
地址:上海市枫泾工业园区环枫北路99 号
邮编:201501
电话:021/67356788 0577/65358828
传真:021/67356677、0577/65358828
网址:www. chinateying. com
电子信箱:teying@ chinateying. com
质量体系:ISO 9001
产品情况:(特鹰牌)
各种汽车、摩托车用喇叭
出口情况:远销美国、日本、东南亚、中东等国家和地区

★上海阳明汽车部件有限公司
地址:上海市金山区枫泾工业园区环东一路502 号
邮编:201501
电话:021/67356616
传真:67355811
网址:www. ymchina. com
电子信箱:shymhr@ sh. ymchina. com
质量体系:ISO/TS 16949
产品情况:(阳明牌)
汽车电子电器开关、精密模具和塑料部件,具备年产各类汽车开关 800 万套和汽车塑料制品 1000 万套的能力
配套及出口情况:为多家整车厂配套;远销欧洲、北美洲、南美洲市场

★上海嘉尔成汽车部件有限公司
地址:上海市金山区枫泾工业园区钱明东路 152 号
邮编:201501
电话:021/67355555、67355000
传真:67355777
网址:www. cnjec. com
电子信箱:sales@ cnjec. com
质量体系:ISO/TS 16949
产品情况:汽车、摩托车点火线圈,年产各种点火线圈 100 多万只
配套及出口情况:为摩托车、汽车发动机生产厂配套;远销美国、欧洲、中东、东南亚等国家和地区

★上海克拉电子有限公司
地址:上海市松江区泗泾镇高新技术开发区陈泾路 565 号
邮编:201601
电话:021/57628686、13916898815
传真:57629705
网址:www. ske. com. cn
电子信箱:skemgr@ ske. com. cn
质量体系:ISO/TS 16949、QS 9000
产品情况:功率型线绕电阻器

★上海鹰峰电子科技有限公司
地址:上海市松江区石湖荡工业园唐明路 258 号
邮编:201604
电话:021/57842298、57845718
传真:57847517、57847404
网址:www. eagtop. com
电子信箱:zhaozhanglong@ eagtop. com
质量体系:ISO/TS 16949
产品情况:电抗器、叠层母线、薄膜电容器、水冷散热器、功率电阻器、制动单元、电力滤波器等

★上海日立电线有限公司
地址:上海市松江工业区美能达路318 号
邮编:201613
电话:021/57742000
传真:57741552
网址:www. hitachi. com. cn
质量体系:ISO 14001、ISO/TS 16949
产品情况:用于空调、汽车装备、各种电动机的漆包线、用于电子器材的可弯曲扁平电缆

★上海特殊陶业有限公司
地址:上海市松江工业区松胜路 736 号
邮编:201613
电话:021/67740987
传真:67740997
网址:www. ngkntk. com. cn
电子信箱:sales@ ngkntk. com. cn
董事长(负责人):松井 徹
单位人数:374
质量体系:ISO/TS 16949、ISO 14001
产品情况:汽车配件(火花塞、预热塞);精密陶瓷(切削工具、陶瓷封装基板、多层印刷线路板)

★上海东洋电装有限公司
地址:上海市松江区荣乐东路 1988 号
邮编:201613
电话:021/57741332
传真:57741346
网址:www. toyo - denso. co. jp
电子信箱:stee@ citiz. net
质量体系:ISO/TS 16949
产品情况:汽车各类开关、线束、点火模块、点火线圈等各类电装产品

★上海徕木电子股份有限公司
地址:上海市松江区洞泾镇洞薛路 651弄 88 号
邮编:201615
电话:021/67679075
传真:67627615
网址:www. laimu. com. cn
电子信箱:laimu@ laimu. com. cn
质量体系:ISO/TS 16949
产品情况:汽车电子设备连接器等精密电子元件及组件

★欧科佳(上海)汽车电子设备有限公司
地址:上海市松江高科技园区九泾路128 号 5 号楼 A 座
邮编:201615
电话:021/37639808
传真:37633360
网址:www. actia. com. cn
质量体系:ISO/TS 16949
产品情况:智能仪表、组合仪表、数字是行驶记录仪、信息控制单元、仪表台、胎压监测仪、电池管理系统、车载硬盘录像系统等产品
配套情况:为宇通客车、苏州金龙、中通客车、常隆客车、厦门金旅、北汽福田、华晨金杯等配套

★上海海华传感器有限公司
地址:上海市松江区洞泾镇洞舟路 459号 14 幢
邮编:201619
电话:021/59102329
传真:59102132
网址:www. hhsensor. com
电子信箱:office@ hhsensor. com
质量体系:ISO/TS 16949、QS 9000
产品情况:压力传感器、液位传感器、速度传感器、温度传感器和加热器
配套情况:为上汽大众、上汽通用、上汽股份、一汽 - 大众、奇瑞汽车、北京德尔福万源发动机管理系统、长安伟世通发动机控制系统、上海弗列加滤清器、上海永红汽车零部件、上海曼·胡默尔滤清器、重庆力帆、四川绵阳、吉利汽车、钱江摩托、立峰集团、豪进集团等供货

★上海熊猫线缆股份有限公司
地址:上海市松江区洞泾镇张泾路505 号
邮编:201619
电话:021/57675838、63010860
传真:57675848
网址:www. pandawire. cn

电子信箱:cspwf@ online. sh. cn
质量体系:ISO/TS 16949、ISO 14001
产品情况:(熊猫牌)
塑料绝缘电线电缆
配套情况:是上汽大众、一汽－大众、江苏春兰等的合作伙伴

★上海毓恬冠佳汽车零部件有限公司
地址:上海市青浦工业园区崧煌路580号
邮编:201703
电话:021/59868966
传真:69758136
网址:www. mobitech. com. cn
质量体系:ISO/TS 16949
产品情况:汽车电动天窗总成

★日立海立汽车部件(上海)有限公司
地址:上海市青浦区北青公路8228号青浦出口加工区二区8号
邮编:201707
电话:021/59701234、54667002
传真:59705530
网址:www. highly. cc
产品情况:汽车起动机及其部件、汽车发电机及其部件以及其他汽车部件
出口情况:大部分产品远销欧洲、美洲

★上海纽福克斯汽车配件有限公司
地址:上海市青浦区外青松公路4589号
邮编:201707
电话:021/59224688、59224512
传真:59224808
电子信箱:it@ nfa－cn. com
质量体系:ISO/TS 16949、QS 9000
产品情况:汽车雾灯、工作灯、转换器、防滑链、蓄电池线等

★上海新朋实业股份有限公司
地址:上海市青浦区华新镇华隆路1698号
邮编:201708
电话:021/31275888
传真:31166532
网址:www. xinpeng. com
电子信箱:hr@ xinpeng. com
质量体系:ISO/TS 16949、ISO 9001
产品情况:各种规格和用途的专用的标准或非标准的金属机电零部件

★上海航盛实业有限公司
地址:上海市嘉定区谢春路1111号
邮编:201800
电话:021/69922158
传真:69922150
网址:www. hangsheng－sh. com
电子信箱:market@ hangsheng－sh. com
单位人数:360
质量体系:ISO/TS 16949
产品情况:(HSAE牌、BRAINY牌)
DVD、VCD等娱乐系统、GPS系统、倒车监视系统、行车记录仪等安全系统、智能交通管理系统、客运管理系统和物流管理系统等
配套及出口情况:与宇通客车、苏州金龙、厦门金龙、江淮汽车、金旅客车、中通客车、安凯客车、青年尼奥普兰、东风汽车、东风柳汽、北汽福田、中国重汽、北奔重卡、东风汽车、上汽集团等建立长期合作关系;远销北美洲、南亚、中东、俄罗斯、日本等国际市场

★上海鼎杰电子有限公司
地址:上海市嘉定区宝安公路2760号
邮编:201801
电话:021/69156266
传真:69156314
网址:www. fairsun. com
电子信箱:shanghai@ fairsun. com
质量体系:ISO/TS 16949、ISO 14001
产品情况:(Fairsun牌)
汽车转向开关、继电器、点火线圈、车锁、车用电子调节器及汽车灯具等
配套情况:为北奔重汽、重庆铁马等配套

★上海鹰击汽车部件有限公司
地址:上海市嘉定区马陆镇工业区尚学路586号2幢
邮编:201801
电话:021/69913705、69913706
传真:69913705、69913706
电子信箱:sales@ engeam. com
质量体系:ISO/TS 16949
产品情况:汽车电器开关、电子控制器及汽车内饰件
配套情况:主要客户有上汽集团、北汽、江铃汽车、华泰汽车等

★上海博泽电机有限公司
地址:上海市嘉定区马陆镇嘉新公路1266号
邮编:201801
电话:021/60957888
传真:59153048
电子信箱:info@ xianzhong. biz
质量体系:ISO/TS 16949、ISO 14001
产品情况:电动玻璃升降器电动机、空调/供暖系统鼓风机、发电机、冷却风扇模块和ABS电动机
配套情况:为上汽大众、一汽－大众、上汽通用、神龙汽车配套

★上海准时汽车配件有限公司
地址:上海市曹安路1926号25幢207室
邮编:201803
电话:021/59124988
传真:59124988
质量体系:ISO/TS 16949
产品情况:(准时牌)
汽车分电器、点火线圈、油泵芯等
配套情况:为一汽集团、上汽大众、北内集团、南汽发动机厂配套

★上海城邦汽车配件制造有限公司
地址:上海市嘉定区联西开发区曹联路43号
邮编:201804
电话:021/69597038、69597059
传真:69597031、69597036
网址:www. chengbangauto. com
电子信箱:chengbang@ chengbangauto. com
质量体系:ISO 9001
产品情况:发电机及其定子、转子配件,起动机
配套及出口情况:给上汽集团和广汽集团进行了二级配套;远销美国、欧洲、日本、东南亚、中东等国家和地区

★上海沪工汽车电器有限公司
地址:上海市嘉定区黄渡工业园区谢春路1288号
邮编:201804
电话:021/69592666
传真:69595229
网址:www. hg－china. com
电子信箱:shgae@ hg－china. com
法人代表:刘家维
负责人:邱忠成
单位人数:580
质量体系:ISO/TS 16949、ISO 14001
产品情况:(沪工牌)
车用继电器、开关、控制器、执行器、汽车熔断丝盒总成、汽车电线束总成
配套情况:为上汽大众、一汽－大众、上汽通用、沈阳华晨、一汽集团、一汽海马、哈飞汽车、北汽福田、江淮汽车、安徽奇瑞、江西昌河、昌河铃木等厂家配套
☞ 详细情况请参阅彩色宣传版面

★上海捷能汽车技术有限公司
地址:上海市张江高科技园区松涛路563号1号楼516室
邮编:201804
电话:021/61389931、6138800
产品情况:专注于混合动力和电动汽车的动力系统集成和控制集成开发

★上海捷新动力电池系统有限公司
地址:上海市嘉定区外冈镇外钱公路1393号第2幢A区
邮编:201805
电话:021/61387662
网址:www. saicmotor. com
产品情况:车用动力锂电池

★浙江胜华波汽车电器上海分公司
地址:上海市安亭百安路898号
邮编:201805
电话:021/69573687、13918222081
传真:69573075
网址:www. chinashb. com
电子信箱:carolynwang@ chinashb. com
质量体系:ISO/TS 16949、ISO 14001
产品情况:汽车电动刮水器总成、汽车座椅电动机、发电机、玻璃升降器、其他车用电器、化油器、电动天窗,座椅弯管件、轴类HDM及蜗杆等金属件,传感器等各类汽车电动机及零部件
配套及出口情况:为一汽、东风、上汽、北汽、奇瑞汽车、华晨汽车、长安汽车、

吉利汽车、江淮汽车、比亚迪汽车、中国重汽、哈飞汽车、昌河汽车、江铃汽车、福田汽车、长城汽车、长丰汽车、上汽通用五菱、东风柳汽、海马汽车等配套;远销北美洲、欧洲、澳大利亚、东南亚

★上海合璧电子电器有限公司
地址:上海市嘉定区安亭镇安晓路318号
邮编:201805
电话:021/59505466
传真:59505477
网址:www.hoppy.com.cn
电子信箱:sales@hoppy.com.cn
质量体系:ISO/TS 16949、ISO 14000
产品情况:端子台、熔断丝座、开关、插座、灯座、空调排水器等零组件;线束加工及电装合组立;精密模具設計、制造,线切割加工及热硬化性、热可塑性成形产品

★上海新安电磁阀有限公司
地址:上海市嘉定区安亭镇于塘路1015号
邮编:201805
电话:021/69576073
传真:69576075
网址:www.sxasv.com
电子信箱:shxasvf@vip.163.com
质量体系:ISO/TS 16949、VDA 6.1
产品情况:电磁阀、止回阀、真空膜盒、碳罐阀、各种电磁铁、暖风水阀、真空助力器、制动总泵、制动鼓以及各类粉末冶金零件、橡塑件等
配套情况:主要客户有:上汽大众、科世达-华阳、广汽、比亚迪、一汽海马、吉利、奇瑞等

★上海天义汽车电器有限公司
地址:上海市嘉定区安亭镇于田路85号
邮编:201805
电话:021/59578004
传真:59569877
电子信箱:act_relay@wz.zj.cn
质量体系:ISO/TS 16949
产品情况:继电器、节温器、温度传感器、电动窗开关
配套情况:为上汽大众、南京依维柯、神龙汽车配套

★上海硕大电子科技有限公司
地址:上海市嘉定区安亭镇园区路388号
邮编:201805
电话:021/69574111、69574222
传真:69574333
网址:www.sogreat.cn
电子信箱:office@sogreat.cn
质量体系:ISO/TS 16949
产品情况:点火线圈

★上海电驱动股份有限公司
地址:上海市嘉定区恒裕路300号
邮编:201806
电话:021/31615888
传真:31615800
网址:www.chinaedrive.com
法人代表(负责人):贡俊
单位人数:811
质量体系:ISO/TS 16949
产品情况:新能源汽车用电动机及控制器

★莱尼电气系统(上海)有限公司
地址:上海市嘉定区嘉松北路1288号
邮编:201806
电话:021/39939000
传真:39939500
网址:www.leoni.com
电子信箱:fang.wang@leoni.com
质量体系:ISO/TS 16949
产品情况:线束
配套情况:为梅赛德斯-奔驰(北京,福建)、上汽通用、上汽大众、上海汽车等供货

★上海王力电子电器有限公司
地址:上海市嘉定区曹安公路16号桥解放岛路1号
邮编:201812
电话:021/39117591、39117568
传真:39117573-8031
网址:www.orteksh.com
电子信箱:mail@orteksh.com
质量体系:ISO 9001
产品情况:(ORTEK牌)
车载音响、扬声器、天线、GPS、电喇叭、电动车仪表等
出口情况:远销日本、欧美、东南亚等国家和地区

★科世达(上海)管理有限公司
地址:上海市嘉定区安亭镇园高路77号
邮编:201814
电话:021/59570077
传真:59578294
网址:www.kostal.com
法人代表:A. Kostal
负责人:吕克勤
单位人数:2700
质量体系:ISO/TS 16949、ISO14001
产品情况:(KOSTAL牌)
组合开关、电动窗开关、雨量灯光传感器、无钥匙进入与启动、仪表板开关、座椅调节开关及记忆模块
配套及出口情况:为上海大众、一汽大众、福特中国、北京奔驰、上海通用、标致雪铁龙、广汽菲亚特、长城、上汽、一汽、北汽等配套;出口德国奥迪、德国福特、法国雷诺,意大利菲亚特,日本三菱、尼桑、铃木等以及科世达集团德国、捷克、巴西、爱尔兰、墨西哥等分子公司
☞ 详细情况请参阅彩色宣传版面

★德尔福派克电气系统有限公司
地址:上海市嘉定区安亭镇园国路200号
邮编:201814
电话:021/39585001、59563300
传真:69573663、69573785
网址:www.delphi.com
电子信箱:majdiabulaban@delphiauto.com
负责人:吴开源
单位人数:3000
质量体系:ISO/TS 16949、VDA 6.1
产品情况:线束总成、车用薄壁导线、高压点火线、接插件和端子等
配套情况:为上汽大众、一汽-大众、上汽通用等配套

★上海福太隆汽车电子科技有限公司
地址:上海市嘉定区安亭镇园耀路55号
邮编:201814
电话:021/69573749、69573767
传真:69573070、69573640
电子信箱:ftl_xz@tom.com,shftl@126.com
质量体系:ISO/TS 16949
产品情况:汽车空调控制器、空调风门电动机等汽车电子产品
配套情况:为一汽-大众、一汽夏利、上汽大众、上汽、奇瑞汽车、长城汽车、海马等配套

★上海燃料电池汽车动力系统有限公司
地址:上海市嘉定区嘉松北路6988号
邮编:201814
电话:021/51650009
传真:51650002
网址:www.fcv-sh.com
质量体系:ISO/TS 16949
产品情况:新能源动力系统集成与控制、电动汽车动力底盘集成开发、电动汽车平台化嵌入式动力总成控制器、集成动力控制单元、车用燃料电池发动系统集成、轮边驱动单元等产品

★上海卡耐新能源有限公司
地址:上海市嘉定工业区兴邦路398号
邮编:201815
电话:021/67077000
传真:67077017
网址:www.cenat.cn
电子信箱:sales@catarc.ac.cn
负责人:于洪涛
单位人数:300
质量体系:ISO/TS 16949、ISO 14001
产品情况:锂离子电池

★大陆泰密克汽车系统(上海)有限公司
地址:上海市嘉定工业区兴贤路600号
邮编:201815
电话:021/39163916
传真:69527270、69527280
网址:www.continental-corporation.cn
质量体系:ISO/TS 16949、ISO 14001
产品情况:EBS电子控制模块、仪表与人机界面、车身与安全等零部件

★神奇电碳集团上海有限公司
地址:上海市嘉定区宝钱公路1988号
邮编:201816
电话:021/59951222
传真:59956299
网址:www.sunki.cn
电子信箱:sh@sunki.cn

质量体系:ISO/TS 16949
产品情况:吸尘器炭刷、汽车电动机电刷、微型电动机电刷等

★ 上海小糸车灯有限公司

地址:上海市嘉定区叶城路 767 号
邮编:201821
电话:021/67085999
传真:67085189
网址:www. skoito. com
电子信箱:admin@ skoito. com
法人代表:张海涛
负责人:郭肇基
单位人数:1005
质量体系:ISO/TS 16949、ISO 14001、QS 9000、VDA 6.1、GB/T28001 等
产品情况:(SK 牌)
　　汽车电子设备系统及汽车照明电子部件
配套及出口情况:主要为上汽通用、上汽大众、上汽股份、一汽丰田、一汽－大众、东风日产、东风乘用车、长安福特、长安铃木、安徽奇瑞、沈阳华晨、东风悦达、四川丰田、广州汽车等主机厂配套;出口北美洲、日本
☞ 详细情况请参阅彩色宣传版面

★上海耀通电子仪表有限公司

地址:上海市崇明县工业园区西门路 699 号
邮编:202150
电话:021/69626316、69625513
传真:69625721
网址:www. yaotongsh. com
电子信箱:yzpch@ 126. com
单位人数:70
质量体系:ISO/TS 16949
产品情况:(YAOTONG 牌)
　　各类仪表和传感器,以及相关汽车电子产品
配套情况:为三一、中联、徐工、柳工、龙工、斗山、山推机械、山河智能、中国农机院、中国航天、上柴、北奔、科泰、雅柯斯、东风扬子江、申沃客车等国内外知名企业配套

★上海德科电子仪表有限公司

地址:上海市崇明县长江路 218 号
邮编:202178
电话:021/31116028、31116050
传真:31116097
网址:www. sde－cn. com
电子信箱:sde@ sde－cn. com
法人代表:刘家雄
负责人:杨毅
单位人数:1005
质量体系:ISO/TS 16949
产品情况:(SDE 牌)
　　汽车组合仪表、空调控制器、传感器、车身控制器等汽车电子
配套及出口情况:为上汽大众、上汽通用、一汽－大众、上海汽车、海马、长安、长城、吉利等配套;出口韩国、泰国

★上海长江仪表厂

地址:上海市崇明县长江大街
邮编:202178
电话:021/59666380、56661838
传真:59668151
网址:www. sh－scy. com
电子信箱:webmaster@ sh－scy. com
质量体系:ISO 9001
产品情况:(SCY 牌、黄河牌)
　　汽车电子仪表、机械仪表、各类传感器及相关配件
配套情况:为上汽大众、一汽－大众、上汽通用等配套

江苏省

★南京大中电极实业有限公司

地址:南京市江宁区淳化镇唐家路
邮编:210001
电话:025/52705035
传真:52705072
网址:www. ndazhong. com
电子信箱:sales@ ndazhong. com
质量体系:ISO 9001
产品情况:电阻焊系列电极材料——铬锆铜、镍铍铜合金及其制品,广泛用于汽车、航空等领域
出口情况:远销美国、德国、俄罗斯、日本、东南亚等国家和地区

★南京三维汽车电器有限公司

地址:南京市高新开发区小柳工业园
邮编:210031
电话:025/58493505、58490409
传真:58490105
网址:www. njsw. com. cn
电子信箱:njsw@ njsw. com. cn
质量体系:ISO/TS 16949
产品情况:(SW 牌)
　　火花塞、高压点火线、点火线圈等
配套情况:与菲亚特、上汽集团、广汽集团、东风集团、江淮汽车、南京金城、重庆隆鑫、重庆力帆、广州飞肯、广东富兴、金华康柏瑞特、浙江白杨、浙江嘉恒、江苏苏美达、盐城博尔特等主机厂配套

★南京电气(集团)有限责任公司

地址:南京市栖霞区太新路 63 号
邮编:210038
电话:025/85320091、13505184789
传真:85493181
电子信箱:ldcns@ 163. com
质量体系:ISO 9001
产品情况:(雷电牌)
　　火花塞、高压点火线等
配套情况:为部分主机企业配套

★南京双环电器制造有限公司

地址:南京市经济开发区恒竞路 23 号
邮编:210046
电话:025/85307752、85325649
传真:85575030
网址:www. shuanghuan. cn
电子信箱:shuanghuan@ shuanghuan. cn
质量体系:ISO/TS 16949
产品情况:(驾宁牌)
　　温度传感器和温控开关、压力传感器及压力报警开关、转速传感器及车速里程表传感器、油量传感器、电热塞、空气加热器、火焰预热装置、汽车组合开关和电气控制开关、电压调节器、闪光器及其他电器
配套情况:为北汽福田(欧曼汽车厂、欧Ⅴ客车、雷沃重工、雷沃动力、奥铃汽车、环保动力)、重汽集团、玉柴机器、玉柴动力、玉柴重工、扬柴、全柴、朝柴、常柴、常发、莱动等供货

★南京紫燕科技有限公司

地址:南京市栖霞区尧化门街 233－1号
邮编:210046
电话:025/85568995、85579265
传真:85568995、85579265
网址:www. njzykj8. com
质量体系:ISO 9001
产品情况:高压点火线、传感器、点火线圈等系列产品
配套情况:为一汽配套

★苏澳电子(南京)有限公司

地址:南京市江宁区汤山街道黄栗墅吉门路 1 号
邮编:211133
电话:025/84108888、84108889
传真:84108885
网址:www. zeeman. com. tw
电子信箱:zeeman@ 163. com
质量体系:ISO/TS 16949、QS 9000
产品情况:汽车及电子产品用熔断丝及熔断丝座

★南京华敏电子有限公司

地址:南京市麒麟门西村工业园中心路 18 号
邮编:211135
电话:025/84233073
传真:84233073
网址:www. hme99. cn
电子信箱:hme@ microcoding. info
质量体系:ISO/TS 16949
产品情况:(HME 牌)
　　全数字式电动仪表;霍尔式、磁电式、光电式、电涡流式转速及位置传感器;柴油滤清器积水传感器系列;车用压力传感器;CVT 自动变速器挡位传感器;汽车速比调节器、超速报警器
配套及出口情况:为南京依维柯、南京邦奇自动变速器、福田、沈阳三菱、大众、一汽、重庆长安、东安、重安、潍柴二次配套多年

★南京胜捷电机制造有限公司

地址:南京市溧水区经济开发区溧水洪

蓝渔歌潭村1号
邮编:211221
电话:025/57432333
传真:57432199
网址:www. simco. com. cn
电子信箱:njsimco@ 126. com
质量体系:ISO/TS 16949、QS 9000
产品情况:汽车空调电动机和散热器风机

★镇江市厦泰照明电器有限公司
地址:江苏省镇江市丹徒区黄墟工业区
邮编:212006
电话:0511/88784598、13505289993
传真:83355066、88788273
网址:www. xtlamp. com
电子信箱:xt@ xtlamp. com
质量体系:ISO 9001
产品情况:具有年产汽车及摩托车卤钨灯800万只、中小灯泡2500万只的能力
出口情况:70%产品出口

★镇江震东电光源有限公司
地址:江苏省镇江市京口工业园区金阳大道1号
邮编:212006
电话:0511/85585522、85585565
传真:85585539
电子信箱:jianqianghu@ vip. sina. com
质量体系:ISO 9001、ISO 14001
产品情况:汽车、摩托车灯泡
出口情况:远销中亚、东亚、欧洲、巴西、中东、北美洲等地区

★特耐斯(镇江)电碳有限公司
地址:江苏省镇江市新区丁卯经七南路
邮编:212009
电话:0511/88887232、88887230
传真:88889475
网址:www. cn - tris. com
电子信箱:yyb@ cn - tris. com
质量体系:ISO 14000、ISO/TS 16949
产品情况:汽车电机用碳制品,其中包括起动电机碳刷、发电机碳刷、油泵碳刷、油泵用碳换向器、冷却风机和空调电机碳刷、EPS电机碳刷、ABS电机碳刷、电动摇窗和座椅碳刷等各种汽车电机用碳刷

★镇江市天源蓄电池有限责任公司
地址:江苏省镇江市丹徒区上会镇伏牛山
邮编:212124
电话:0511/84316308、84316317
传真:68661123
网址:www. 0511ty. com
电子信箱:tysale@ 0511ty. com
质量体系:ISO 9001
产品情况:(源升牌)
牵引用、电动车用铅酸蓄电池
出口情况:主要出口东南亚、日本、欧洲、美国、大洋洲、中东、非洲等国家和地区,并销往中国台湾地区

★镇江金象照明电器有限责任公司
地址:江苏省镇江市丹徒新区光明路88号
邮编:212128
电话:0511/83369820、83354633
传真:83361579
电子信箱:jinxiang@ jxlighting. com
质量体系:ISO 9000
产品情况:摩托车卤素前灯、汽车摩托车灯泡
配套及出口情况:摩托车灯泡为力帆、隆鑫、宗申等多家摩托车厂家配套;远销欧洲、美洲、日本、韩国、澳大利亚等10多个国家和地区

★江苏佳诚汽车零部件有限公司
地址:江苏省丹阳市界牌镇红星工业园
邮编:212300
电话:0511/86930823、13585459602
传真:86373538
网址:www. jsjcap. com
电子信箱:674827636@ qq. com
质量体系:QS 9000、ISO 9002
产品情况:重型货车系列灯具、外饰件及膨胀水箱

★丹阳市擎天塑件有限公司
地址:江苏省丹阳市新桥镇
邮编:212300
电话:0511/88159888、13706109676
传真:88159966
网址:www. qingtiancn. com
电子信箱:info@ china - qingtian. com
质量体系:ISO 9001
产品情况:(SHIHONG牌)
车灯

★江苏源冠汽车配件有限公司
地址:江苏省丹阳市新桥镇金桥工业园
邮编:212300
电话:0511/86387988、86383718
传真:86383728
网址:www. ygbus. net
电子信箱:116458@ qq. com
质量体系:ISO/TS 16949
产品情况:大客车、中型客车灯具及饰件;灯具年生产能力达30000台套
配套及出口情况:与一汽大连、宇通、恒通、金龙、常州黄海、扬子江客车、龙马客车、五洲龙客车等厂家进行一级和二级配套;与土耳其、巴西、印度尼西亚、俄罗斯、欧美地区等主机厂直接配套合作,产品远销世界70多个国家和地区

★江苏超力电器有限公司
地址:江苏省丹阳市访仙镇访高路59号
邮编:212321
电话:0511/86462594、86469615
传真:86462968
网址:www. chaoli - electric. com
电子信箱:chaoli@ chaoli - electric. com
单位人数:230
质量体系:ISO/TS 16949、VDA 6.1
产品情况:(超力牌、盛隆牌)
汽车永磁直流电动机、无刷电动机、空调用蒸发风机、冷凝风机、散热器风机、电动助力转向系统EPS用无刷电动机及控制、车门电动玻璃升降器总成、风窗洗涤器、客车用电涡流缓速器、燃油加热器等,年产150多万台(套)
配套及出口情况:为一汽海马、金杯海狮、中华轿车、南京依维柯、厦门金龙、重庆长安、昌河、柳州五菱、宇通客车、张家港牡丹、东风悦达起亚、广汽三菱、华泰特拉卡、法雷奥、德尔福等配套;出口美国、瑞典、加拿大、日本、韩国等国家

★江苏超力集团
地址:江苏省丹阳市访仙镇访高路59号
邮编:212321
电话:0511/86462594、86469888
传真:86462968
网址:www. chaoli - electric. com
电子信箱:chaoli@ chaoli - electric. com
质量体系:ISO/TS 16949、VDA 6.1
产品情况:水箱散热器、暖风机芯体、中冷器
配套情况:为一汽海南马自达(福美来、普利马)、沈阳华晨集团(海狮、中华、阁瑞斯)、昌河铃木、上海德尔福、上海豫新世通、南京依维柯、石家庄双环等配套

★江苏洪昌科技股份有限公司
地址:江苏省丹阳市新桥镇
邮编:212322
电话:0511/86351690
传真:86351600
网址:www. hc - china. com
电子信箱:hongchang8@ vip. 163. com
单位人数:600
质量体系:ISO/TS 16949、QS 9000
产品情况:汽车灯具、内饰件、保险杠产品、汽车冲压件
配套及出口情况:是苏州金龙、东风渝安、吉利汽车、厦门金龙、株洲北汽、中国重汽集团、韩国大宇、宇通客车等国内10多家知名汽车厂家的供应商;灯具产品远销俄罗斯、韩国等国家

★江苏上铖汽车部件有限公司
地址:江苏省丹阳市新桥镇
邮编:212322
电话:0511/86308298
传真:86362898
网址:www. hanlin. com. cn
电子信箱:micky@ hanlin. com. cn
质量体系:ISO/TS 16949、ISO 9001
产品情况:汽车灯具、中网、面罩、保险杠等塑料件

★江苏晨扬交通器材有限公司
地址:江苏省丹阳市新桥镇晨阳路35号
邮编:212322
电话:0511/88039866 - 2101
传真:88039899
网址:www. cyautolamp. com
电子信箱:sales@ cyautolamp. com

负责人:万久年
单位人数:300
质量体系:QS 9000、ISO 9001
产品情况:(晨扬牌)
　　汽车灯具
配套情况:为上汽大众、神龙汽车、南京依维柯、北京奔驰、吉利汽车、长城汽车等配套

★江苏远洋车灯有限公司
地址:江苏省丹阳市新桥镇灯具城
邮编:212322
电话:0511/86356780、13952832988
传真:86358162
网址:www.jsyycd.com
电子信箱:yylamp@yuanyanglamp.com
质量体系:ISO/TS 16949
产品情况:(远航牌)
　　汽车灯具、仪表台、饰件等
配套情况:为郑州宇通、厦门金龙、上海申沃、上海申龙、航天客车等20多家主机厂配套

★丹阳谊善车灯设备制造有限公司
地址:江苏省丹阳市新桥镇东环路1号
邮编:212322
电话:0511/86308888、86308887
传真:86352831
网址:www.jsyishan.cn
电子信箱:yishan@jsyishan.cn
单位人数:180
质量体系:ISO/TS 16949
产品情况:汽车灯具
配套及出口情况:为吉利汽车、韩国摩比斯、东风汽车公司、北汽、长城汽车、上汽依维柯红岩、中兴汽车、众泰汽车、菲亚特等主机厂和全球采购公司配套;出口意大利、韩国、马来西亚、伊朗等国家

★江苏申通汽车零部件有限公司
地址:江苏省丹阳市新桥镇工业园
邮编:212322
电话:0511/86377037、86372789
传真:86389268
网址:www.srumto.com
电子信箱:service@srumto.com
单位人数:300
质量体系:ISO/TS 16949
产品情况:汽车前组合灯、后组合灯、前(后)雾灯、内饰灯、保险杠和其他塑料件产品
配套及出口情况:配套客户有江淮汽车、众泰汽车、长安汽车、长城汽车等多家企业;远销欧美、中南美洲、中东、东南亚等地区

★江苏德力嘉汽摩配件有限公司
地址:江苏省丹阳市新桥镇群益工业园区
邮编:212322
电话:0511/86351962
传真:86351962
网址:www.jsdlj.com
电子信箱:info@jsdlj.com
单位人数:500
质量体系:ISO/TS 16949
产品情况:汽车灯具、汽车内饰件、冲压件、保险杠等
配套及出口情况:为华晨金杯、合肥昌河、江西铃木等国内知名汽车厂家配套汽车灯具和外饰件;远销美国、日本、韩国等国家

★江苏新通达电子科技股份有限公司
地址:江苏省丹阳市新桥镇西
邮编:212322
电话:0511/86361886
传真:86352106
网址:www.tongdajs.com
电子信箱:web@tongdajs.com
董事长:徐锁璋
单位人数:346
质量体系:ISO/TS 16949、ISO 14001
产品情况:汽车仪表、电子传感器、车身控制器
配套情况:为上汽、东风、北汽福田、柳汽、上汽通用五菱、江铃福特、江淮、广汽长丰、吉利汽车、长城、奇瑞、力帆等主机厂配套

★丹阳市东港灯具有限公司
地址:江苏省丹阳市界牌镇
邮编:212323
电话:0511/86365288、86365266
传真:86387615
网址:www.dongganglamp.com
电子信箱:dongganglamp@163.com
质量体系:ISO/TS 16949
产品情况:(丹港牌)
　　汽车灯具、仪表台、保险杠、装饰件、倒车镜、安全天窗等
配套及出口情况:为厦门金旅、厦门金龙、苏州金龙、丹东黄海、重庆恒通、江淮客车、东风汽车、一汽(成都)、安凯、保定长安、浙江吉奥、河北大迪、四川汽车工业集团、河北中兴等配套;出口澳大利亚、西班牙、印度尼西亚、马来西亚、日本、韩国、新加坡、泰国、越南、中东、印度、巴西等国家和地区,并销往中国香港地区

★江苏天聚灯业有限公司
地址:江苏省丹阳市界牌镇安乐工业园
邮编:212323
电话:0511/85167883
传真:86389383
网址:www.cntianju.com.cn
电子信箱:don.leo@cntianju.com.cn
质量体系:ISO/TS 16949、ISO 9001
产品情况:汽车及摩托车内饰、前照灯、尾灯、雾灯、保险杠等配件
配套及出口情况:为主机厂及二级配套商配套;远销美国、英国、法国、中东等国家和地区

★江苏星乐照明科技有限公司
地址:江苏省丹阳市界牌镇安乐工业园
邮编:212323
电话:0511/86387368、85168768
传真:86388016
网址:www.cnxingle.com
电子信箱:sales@cnxingle.com
单位人数:128
质量体系:ISO 9001
产品情况:(明乐牌)
　　汽车塑料灯具
配套情况:为沈阳金杯、厦门金旅、厦门金龙、福田欧曼等配套

★丹阳市鸿翔车灯有限公司
地址:江苏省丹阳市界牌镇安民工业园
邮编:212323
电话:0511/86388061、86382688
传真:86382288
电子信箱:mfdj@pub.zj.jsinfo.net
质量体系:ISO 9002
产品情况:车灯
配套情况:为国内外大中型汽车厂家配套

★丹阳市晶晶玻璃有限公司
地址:江苏省丹阳市界牌镇大成桥
邮编:212323
电话:0511/86380602
传真:86379806
网址:www.dyjjbl.com
电子信箱:475986361@qq.com
质量体系:ISO/TS 16949
产品情况:汽车、摩托车车灯配光镜(玻璃灯罩)、雾灯、民用灯
配套及出口情况:与一汽－大众、天津一汽、东南汽车、长安汽车、比亚迪汽车、奇瑞汽车、吉利汽车、东风公司、厦门金东及中国台湾DEPO等企业配套;远销欧洲、美洲、东南亚、中东

★丹阳威菱汽车部件有限公司
地址:江苏省丹阳市界牌镇东风路
邮编:212323
电话:0511/86368199、86371258
传真:86369699
网址:www.wlautoparts.com
电子信箱:wlautoparts@139.com
质量体系:QS 9000、ISO 9002
产品情况:欧系和日系载货汽车的照明灯、保险杠、汽车仪表台、后视镜等

★丹阳市君子兰塑件有限公司
地址:江苏省丹阳市界牌镇红灯开发区
邮编:212323
电话:0511/86373111、13806101110
传真:86366036
网址:www.hongda58.com
电子信箱:info@hongda58.com
法人代表:包爱军
质量体系:ISO 9001
产品情况:(胜宇牌)
　　东风霸龙M507、M43、M33、09款奥威、解放J6、欧曼ETX、开山王、巨能王、乘龙M31、M20、M10、M1011、华菱、赛龙、江淮格尔发、解放货车等车型的全车灯具、保险杠及内外饰件

★江苏红光汽车配件有限公司
地址:江苏省丹阳市界牌镇红光工业区
邮编:212323
电话:0511/86378888
传真:86366328
网址:www. hosc. cn
电子信箱:qwnsouth@ 263. net
质量体系:ISO/TS 16949
产品情况:(芬发牌)
各种汽车灯具、汽车覆盖件;开发汽车配件模具
配套及出口情况:与厦门金旅、厦门金龙、苏州金龙、丹东黄海、重庆恒通、江淮客车、东风汽车、一汽(成都)、安凯、保定长安、浙江吉奥、河北大迪、四川汽车工业集团、河北中兴等70余家客车企业配套;出口澳大利亚、西班牙、印度尼西亚、马来西亚、日本、韩国、新加坡、泰国、越南、中东、印度、巴西等国家,并销往中国台湾地区

★丹阳顶发塑业有限公司
地址:江苏省丹阳市界牌镇界东工业园
邮编:212323
电话:0511/86377258
传真:86377268、86366448
电子信箱:hdf@ dydfsy. com
质量体系:ISO 9001
产品情况:各种汽车灯具、中网、塑件
配套情况:与扬子汽车、长城汽车、上海浦东、昆山帝宝、一汽集团等企业长期合作

★丹阳市帅达车业有限公司
地址:江苏省丹阳市界牌镇界东开发区
邮编:212323
电话:0511/86370883、13862460980
传真:86383316
网址:www. ledtaillamp. com
质量体系:ISO/TS 16949、ISO 9001
产品情况:各种LED高亮电子后尾灯、边灯及塑件

★丹阳洲润汽车塑件厂
地址:江苏省丹阳市界牌镇界西工业园
邮编:212323
电话:0511/86163588
传真:86373568
质量体系:ISO 9001
产品情况:汽车灯具、塑件
出口情况:远销东南亚、欧洲、非洲、中东等地区

★丹阳格铃汽配有限公司
地址:江苏省丹阳市界牌镇界中(武阳)工业园
邮编:212323
电话:0511/86365886、86388612
传真:86388612
网址:www. cngeling. cn
电子信箱:chinageling@ hotmail. com
质量体系:ISO 9002
产品情况:(格铃牌)
汽车车灯、后视镜、保险杠、机盖、翼子板、中网、内外饰件等
配套及出口情况:与江铃、五十铃、一汽集团、东风汽车公司等配套;出口欧洲、美洲、中东、东南亚等地区

★丹阳市华东消声器厂
地址:江苏省丹阳市界牌镇界中创业园
邮编:212323
电话:0511/86388199
传真:86383199
网址:www. cn – qili. com
电子信箱:info@ cn – qili. com
单位人数:160
质量体系:ISO 9001
产品情况:汽车消声器、灯具、面罩、塑料保险杠,摩托车消声器
配套及出口情况:为常州惠东(供新大洲本田出口车型、五羊本田出口车型)、济南轻骑、轻骑标致出口车型、杭州春风出口车型、上海钊辉等配套;出口日本、中东及欧美市场

★丹阳市通用车灯厂
地址:江苏省丹阳市界牌镇南大街92号
邮编:212323
电话:0511/86385672
传真:86385672
电子信箱:webmaster@ dytjcd. com
质量体系:ISO 9001
产品情况:汽车灯具、后视镜等塑料件
出口情况:远销东南亚、欧洲、美洲等地区

★丹阳市振兴车灯有限公司
地址:江苏省丹阳市界牌镇武阳工业园
邮编:212323
电话:0511/86388302
传真:86369166
电子信箱:info@ danzhen. cn
质量体系:ISO/TS 16949、ISO 9001
产品情况:(丹振牌)
汽车灯具、前后保险杠、车门内饰板、仪表板等塑料件
配套情况:为北汽福田、东安黑豹、山东时风、华源凯马、柳工、徐工等配套

★丹阳市镇红汽车灯具有限公司
地址:江苏省丹阳市界牌镇武阳工业园
邮编:212323
电话:0511/86382382、86365118
传真:86383628
电子信箱:zhenghong@ chinazhenghong. com
质量体系:ISO 9001
产品情况:灯具、后视镜、装饰件、塑料件等
配套情况:为江淮汽车、安凯客车、扬州亚星、东南汽车、江西富奇、长春长铃、镇江汽车等配套

★江苏海德莱特汽车部件有限公司
地址:江苏省丹阳市界牌镇武阳工业园
邮编:212323
电话:0511/86386783
传真:86384086
网址:www. hdlt. cn
电子信箱:info@ hdlt. cn
单位人数:200
质量体系:ISO/TS 16949
产品情况:(海德莱特牌)
道路机动车辆前照灯、各种信号灯、塑料件等内外饰件
配套情况:为一汽集团、长丰扬子、奇瑞汽车、重庆力帆、江淮汽车、广汽吉奥等公司重点配套

★丹阳市伯良灯具厂
地址:江苏省丹阳市界牌镇永红路109号
邮编:212323
电话:0511/86382992、86388280
传真:86385528
电子信箱:lm – zl – 3@ 163. com
质量体系:QS 9000、ISO 9002
产品情况:[伯良(BOLIANG)牌]
汽车灯具、保险杠、仪表台、车门内饰板等各类塑件
配套情况:为一汽、东风、北汽福田、安徽江淮、保定长城、河北中兴、新凯、长丰扬子、安徽安驰、金杯汽车、郑州日产等企业配套

★江苏新凯鑫车业有限公司
地址:江苏省丹阳市界牌镇张家桥西路18号
邮编:212323
电话:0511/86375186、18051286588
传真:86369858
网址:www. kxautoparts. com
电子信箱:info@ kxautoparts. com
质量体系:ISO 9001
产品情况:(雲凯牌)
D – MAX、五十铃、三菱、丰田、尼桑等日系皮卡、货车以及国内货车、轿车、豪华大客车、中型客车等灯具及饰件
出口情况:远销中东、东南亚、欧洲、非洲、美洲等地区

★丹阳市天龙车灯镀膜有限公司
地址:江苏省丹阳市界牌镇镇中工业园
邮编:212323
电话:0511/86381738、86367238
传真:86381398
电子信箱:tldm@ 163. com
质量体系:ISO 9001
产品情况:汽车灯具反射体及其他饰件
配套情况:为北汽福田、东风汽车公司、江淮汽车、奇瑞汽车、江铃陆风、一汽通用红塔云南等配套

★丹阳市翔宇车灯厂
地址:江苏省丹阳市界牌镇中心南路59号
邮编:212323
电话:0511/86386926、13606107799
传真:86381190
网址:www. js – xiangyu. com
电子信箱:info@ js – xiangyu. com
质量体系:ISO/TS 16949、ISO 9001
产品情况:(翔宇牌)
吉利、夏利等车型汽车灯具、保险

杠、后视镜、内外装饰塑料件
配套情况：为吉利汽车、吉利豪情、昌河汽车、合肥昌河配套

★江苏常诚汽车部件有限公司
地址：江苏省丹阳市新桥镇外资工业园001号
邮编：212323
电话：0511/86055858、86359956
传真：86355879
质量体系：ISO/TS 16949
产品情况：汽车灯具
配套情况：为一汽集团、东风汽车、北汽福田、南汽集团、江淮汽车、奇瑞汽车、上汽大众、上汽通用、美国通用等配套

★江苏路通电器有限公司
地址：江苏省丹阳市导墅镇里庄镇北路33号
邮编：212363
电话：0511/86672901、86672952
传真：86676103
网址：www. lutong. com. cn
电子信箱：lujian@ lutong. com. cn
质量体系：ISO 9000
产品情况：直流接触器、直流电动机控制器、电控总成、电容切换交流接触器、谐波抑制器、电动车辆用电源开关、转向开关、主令开关、电源插接器、电阻器、司机座椅等产品
出口情况：部分产品出口

★常州市振晖电子有限公司
地址：江苏省常州市武进区牛塘镇沈家弄
邮编：213000
电话：0519/86393847、86392193
传真：86398298
网址：www. chinafuse. com
电子信箱：sales@ chinafuse. com
质量体系：ISO 9001
产品情况：（振晖牌）
各种熔断丝管、熔断丝座、汽车插片熔断器、陶瓷熔断器、电池和电池盒等电子元件
配套及出口情况：为电子电器厂商配套；出口欧洲、美洲、东南亚地区，并销往中国香港、中国澳门地区

★常州铭瑞顺天电器有限公司
地址：江苏省常州市新北区春江镇孝都村委土地夆103号
邮编：213000
电话：0519/85718789、15261122299
传真：85717789
网址：www. czmrst. com
电子信箱：1550546377@ qq. com
质量体系：ISO 9001
产品情况：（铭瑞牌）
汽车空调压力开关

★常州新华陵汽车电器有限公司
地址：江苏省常州市常锡路后周桥
邮编：213001
电话：0519/86643816、86698198
传真：86643840
网址：www. czhualing. com
电子信箱：wzp@ czhualing. com
质量体系：QS 9000、ISO 9001
产品情况：（超灵牌）
货车、轿卡车、商务车、中、小客车及特种车用组合开关、点火开关、车用电器和全车锁
配套情况：为北汽福田、跃进集团、一汽红塔、东风公司、保定长城、广州宝龙、安徽江淮、沈阳金杯等配套

★江苏常牵电机有限公司
地址：江苏省常州市武进区姚关镇钱家工业园
邮编：213001
电话：0519/88389830
传真：88770888
电子信箱：ozcyem@ pub. cz. jsinfo. net
质量体系：ISO 9000
产品情况：车辆用永磁电动机、油泵及各种小型直流电动机
出口情况：出口欧洲、美洲、非洲、东南亚等地区

★江苏中科朗恩斯车辆科技有限公司
地址：江苏省常州市科教城创研港1号楼A座9层
邮编：213002
电话：0519/81085122、13338184000
传真：88168716
网址：www. lancevehicle. com
电子信箱：lance_yyao@ 126. com
质量体系：ISO/TS 16949、ISO 9001
产品情况：车灯LED模组产品，车灯调光器、车灯等产品
配套情况：为多家知名企业配套

★常州亚美柯宝马电机有限公司
地址：江苏省常州市劳动东路10号
邮编：213011
电话：0519/88373990、18901503398
传真：88355468
网址：www. gbmcn. com
电子信箱：gbm6787@ gbmcn. com
单位人数：350
质量体系：ISO/TS 16949
产品情况：（GBM牌、宝马牌）
步进电动机、直流电动机、交流电动机等

★常州市丰源微特电机有限公司
地址：江苏省常州市戚墅堰采菱路黄河桥东堍
邮编：213011
电话：0519/88350578、88388308
传真：88380578
网址：www. fy－motor. com
电子信箱：office@ fym－motor. com
质量体系：ISO/TS 16949、ISO 9001
产品情况：永磁式步进电动机、直线电动机、怠速电动机、减速电动机
出口情况：远销德国、意大利、英国、美国、东南亚等国家和地区

★常州民迪汽车配件有限公司
地址：江苏省常州市戚墅堰泡桐路378号
邮编：213011
电话：0519/88353505、88355978
传真：88355978
网址：www. adi－auto. com
电子信箱：ad@ adi－auto. com
董事长：何泽民
单位人数：150
质量体系：ISO/TS 16949
产品情况：各类汽车空调用压力传感器、汽车空调制冷用电磁阀，车用空调管路接口等
配套情况：为长安福特、长安马自达、长安之星、奇瑞汽车、江铃、庆铃、天津一汽夏利、奥拓、吉利汽车、云雀、哈飞汽车、五菱、昌河、福田轻型货车、欧曼重型货车、一汽海马、帕萨特、桑塔纳2000、神龙汽车、捷达王、一汽佳宝等车型配套

★常州必能信汽车电器有限公司
地址：江苏省常州市新闸工业园新龙路27号
邮编：213012
电话：0519/83266885、83250011
传真：83263150
网址：www. belesen. com
电子信箱：autoparts@ belesen. com
质量体系：ISO/TS 16949、ISO 14001
产品情况：汽车高压点火线圈总成、点火线橡胶护套、高压阻尼点火线
配套情况：合作伙伴有一汽－大众、东风汽车公司、奇瑞汽车、中国台湾光阳机车等

★江苏宏微科技股份有限公司
地址：江苏省常州市华山中路18号三晶科技园
邮编：213022
电话：0519/85166088－8083
传真：85162291
网址：www. macmicst. com
电子信箱：htian@ macmicst. com
质量体系：ISO 9001
产品情况：电动汽车用IGBT模块、电动汽车用MOSFET和IPMM模块

★莱尼电气线缆（常州）有限公司
地址：江苏省常州市新北区长江北路6号
邮编：213022
电话：0519/89887573
传真：85124727
网址：www. leoni. com
电子信箱：cn. electrical－appliances@ leoni. com
质量体系：ISO/TS 16949、VDA 6. 1
产品情况：汽车线束
配套情况：为通用汽车、欧宝等配套

★莱尼金属导体（常州）有限公司
地址：江苏省常州市新北区巢湖路209号
邮编：213022
电话：0519/89887000

传真:85104313
网址:www. leoni. com
电子信箱:wire. cn@ leoni. com
质量体系:ISO 9001
产品情况:汽车线束
出口情况:远销东亚、东南亚等地区

★常州东洋建苍电机有限公司
地址:江苏省常州市新北区衡山路303-7号
邮编:213022
电话:0519/85101631、85108313
传真:85111700
电子信箱:toyo-ctj@163. com
质量体系:QS 9000、ISO 9001
产品情况:手把开关、线束、制动开关及挡位开关等

★常州久铁灯具有限公司
地址:江苏省常州市新北区黄河中路137号
邮编:213022
电话:0519/85111289、85102007
传真:85102001
网址:www. czjute. com
电子信箱:office@ czjute. com
单位人数:150
质量体系:QS 9000、ISO 9002
产品情况:汽车、摩托车各种前照灯、前后转向灯、尾灯
配套情况:为光阳、新大洲本田、南京金城、雅马哈、力帆、宗申、济南轻骑等配套

★常州常捷交通器材有限公司
地址:江苏省常州市新北区秦岭路8号
邮编:213022
电话:0519/85111780
传真:85110666
电子信箱:info@ cjvcc. com
质量体系:ISO/TS 16949、ISO 9001
产品情况:(常捷牌)
各类汽车、工程车、摩托车用电喇叭、气喇叭
配套及出口情况:电喇叭及电动车电动机为30多家主机厂配套;远销美洲、欧洲、大洋洲、东南亚等地区

★大茂伟瑞柯车灯有限公司
地址:江苏省常州市新北区泰山路228号
邮编:213022
电话:0519/85111180、85111179
质量体系:ISO/TS 16949、QS 9000
产品情况:汽车、机车灯具
配套情况:为长安福特、长安马自达、一汽海马、河北中兴、郑州日产、奇瑞汽车、江铃汽车、常州光阳、株洲建设雅马哈、南京金城、广州大长江、广州五羊本田、上海新大洲本田、济南轻骑等配套

★常州星宇车灯股份有限公司
地址:江苏省常州市新区秦岭路182号
邮编:213022
电话:0519/85115588
传真:85113616
网址:www. xingyu-lighting. com
电子信箱:xingyu@ xyl. cn
负责人:周晓萍
单位人数:150
质量体系:ISO/TS 16949、ISO 14001
产品情况:汽车车灯,具有年产各类车灯2500万只的生产制造能力
配套情况:为一汽集团(一汽-大众、一汽轿车、一汽丰田、一汽夏利、一汽海马、一汽解放、一汽丰越、一汽吉林汽车)、上汽大众、上汽通用、奇瑞汽车、东风日产、广汽乘用车、神龙汽车等公司配套

★日本电产凯宇汽车电器(江苏)公司
地址:江苏省常州市戚墅堰经济开发区东方东路156号
邮编:213025
电话:0519/88411620
传真:88411276
网址:www. nidec-kaiyu. com
电子信箱:qxy_88@163. com
负责人:王朝海
质量体系:ISO 9001、ISO/TS 16949
产品情况:(洛凯牌)
汽车热交换系统的散热器冷却风扇(水箱电子扇、空调冷凝器电子扇)、空调蒸发风机、电动助力转向系统(EPS)电动机以及其他电动机电器产品
配套情况:主要配套汽车品牌有江铃、北汽股份、北汽银翔、北汽福田、昌河铃木、长安、比亚迪、东风、东风渝安、一汽轿车、天津一汽、华晨、奇瑞、江淮、东南、厦门金龙、俄罗斯的LADA、乌兹别克斯坦的通用乌兹等

★常州高博能源材料有限公司
地址:江苏省常州市新北区出口加工区新纬6路1号
邮编:213031
电话:0519/85765677
传真:85962087
产品情况:锂离子电池

★汉得利(常州)电子有限公司
地址:江苏省常州市新区黄河西路199号
邮编:213032
电话:0519/81162606
传真:88990130
网址:www. bestargroups. com
电子信箱:li@ bestarsensor. com
质量体系:ISO/TS 16949、ISO 14001
产品情况:汽车仪表板用讯号器、智能探测报警器及超声传感器
出口情况:出口北美洲、欧洲、东南亚等地区

★常州市申光电机有限公司
地址:江苏省常州市湖塘镇周家巷84号
邮编:213100
电话:0519/86553137
传真:86570279
电子信箱:cnsgdj@163. com
质量体系:ISO 9001
产品情况:(生发牌)
车用发电机、起动机,年生产能力60万台
配套情况:为常州常柴股份有限公司配套

★常州市武进华光电机有限公司
地址:江苏省常州市武进区遥观镇留道工业区华通路3号
邮编:213102
电话:0519/88701292、88232658
传真:88701292、88708292
电子信箱:huaguangdianji@163. com
质量体系:ISO 9001
产品情况:(新华光牌)
汽车硅整流发电机、真空泵无刷交流发电机、真空泵有刷交流发电机、起动机及零配件
配套情况:为常柴、江柴、杭发、莱动等配套

★常州市遥光电机有限公司
地址:江苏省常州市武进区遥观镇塘桥工业园
邮编:213102
电话:0519/88700268
传真:88700258
电子信箱:shulingnal@126. com
质量体系:ISO 9001
产品情况:(遥光牌)
BJFW(分体式、整体式350~1500W)系列真空泵无刷交流发电机等,已具备年产20万台发电机的生产能力
配套及出口情况:与山东莱动、中国常柴、东风朝阳、广西玉柴、武柴等全国10多家主机厂定点配套;部分产品随主机出口东南亚地区

★常州市金乐电机有限公司
地址:江苏省常州市洛阳镇232省道武南路交界处
邮编:213104
电话:0519/88792299、88525999
传真:88790178
电子信箱:czjinle@163. com
质量体系:ISO/TS 16949
产品情况:(常庑牌)
发电机、转子、定子、冲压件等

★常州市松泽电器有限公司
地址:江苏省常州市武进经济开发区果香路6号
邮编:213104
电话:0519/69698599
传真:69698590
网址:www. czszdq. com
电子信箱:czszcq@126. com
负责人:顾千虎
单位人数:200
质量体系:ISO/TS 16949、ISO 9001
产品情况:(松泽牌)
汽车起动电动机

配套及出口情况:服务于潍柴、重汽、康明斯、一汽、玉柴、云内、全柴、莱动、朝柴等国内所有柴油发动机;远销欧洲、美洲市场

★江苏江南电机有限公司
地址:江苏省常州市横山桥
邮编:213119
电话:0519/88607236
传真:88605288
网址:www. jnmotor. com
电子信箱:jnmotor@ pub. cz. jsinfo. net
质量体系:QS 9000
产品情况:具有电枢 100 万只、起动机 60 万台、发电机 20 万台的年生产能力
配套情况:为锡柴、一拖、常发、常柴、莱动等多家主机厂配套

★江苏日盈电子股份有限公司
地址:江苏省常州市武进区横山桥镇
邮编:213119
电话:0519/68850588、68850599
传真:88601541
网址:www. china - aa. com
电子信箱:fyh@ riying - cn. com
单位人数:500
质量体系:ISO/TS 16949、ISO 14001
产品情况:(日盈牌)
　　汽车电子、汽车洗涤系统、电线束系统、接插件
配套情况:为奥迪、大众、通用、沃尔沃、大长江、铃木、雅马哈、本田、吉利汽车、一汽 - 大众等配套

★常州市旭日车辆配件厂
地址:江苏省常州市新北区小河镇富平工业园区
邮编:213125
电话:0519/83500035、85038532
传真:83249667
网址:www. xrcd. cn
电子信箱:xrcd@ vip. 163. com
产品情况:灯具
出口情况:远销中南美洲、东欧、东南亚、中东、非洲等地区

★常州市裕成富通电机有限公司
地址:江苏省常州市武进区奔牛镇工业集中区南区
邮编:213131
电话:0519/83211321、83127267
传真:83219338
网址:www. yuchengcz. com
电子信箱:yuchengcz@ yuchengcz. com
单位人数:1600
质量体系:ISO 9001、QS 9000
产品情况:(裕成牌)
　　电动自行车用轮毂电动机、摩托车起动电动机和汽车电动机
出口情况:部分产品远销美国、欧盟、东南亚等国家和地区

★常州市裕成雅科电机有限公司
地址:江苏省常州市武进区奔牛镇金牛桥
邮编:213131,
电话:15961108730
质量体系:ISO/TS 16949
产品情况:(裕成牌)
　　电动汽车交直流驱动系统等
出口情况:部分产品出口德国、捷克、美国、加拿大、哥伦比亚、印度等国家

★常州市正宇汽车电器有限公司
地址:江苏省常州市新北区
邮编:213133
电话:0519/83207613、83202625
传真:83204922
网址:www. huanqiu - cn. com
电子信箱:info@ huanqiu - cn. com
法人代表:张卫忠
质量体系:ISO 9000
产品情况:汽车点火线圈
出口情况:出口美国、英国、日本、东南亚、中东、非洲等国家和地区

★常州永益车业有限公司
地址:江苏省常州市孟河镇小河工业园
邮编:213138
电话:0519/83242278、83242298
传真:83241183
网址:www. sixthland. com
电子信箱:sixthland@ 163. com
质量体系:ISO/TS 16949
产品情况:(六洲牌)
　　汽车车灯、车镜、中网、保险杠、内外饰件
配套及出口情况:与北京福田工厂的轻型客车、欧辉客车、福田重机三个事业部配套;远销中东、东南亚、非洲、南美洲、欧美等几十个国家和地区

★常州市荣嘉车业配件有限公司
地址:江苏省常州市孟河镇小河建设路 8 号
邮编:213138
电话:0519/85080888、13776869850
传真:85080880
网址:www. rongjiachedeng. com
电子信箱:rongjiacheye@ 163. com
质量体系:ISO/TS 16949
产品情况:(荣嘉牌)
　　汽车、摩托车灯具和塑料件
配套情况:为钱江美可达、南京金城、广州大阳、重庆建设、重庆力帆等企业配套

★常州秀田车辆部件有限公司
地址:江苏省常州市小河工业开发区沿江路
邮编:213138
电话:0519/83248616
传真:83246026
网址:www. xt - cd. com
电子信箱:qjp@ xt - cd. com
质量体系:ISO 9001
产品情况:(秀田牌)
　　车辆灯具、塑件研究开发与制造

★常州市太平洋电镀有限公司
地址:江苏省常州市小河镇通江路 1 号
邮编:213138
电话:0519/83508556、85039688
传真:83240626、85088885
电子信箱:sales@ china - taiping. com
质量体系:ISO 9001
产品情况:汽车灯具、塑料件、保险杠等
配套及出口情况:配套产品有金杯、金龙汽车的塑料电镀件和镀锌件;南京金城、浙江钱江、重庆雅马哈、嘉陵、宗申、力帆摩托车等塑料金属电镀件、大长江集团、别克轿车、羚羊轿车配件;日本独资企业、中国台商企业等电镀件;电镀产品 80% 以上出口

★常州佳得利车辆部件有限公司
地址:江苏省常州市新北区孟河石桥西路
邮编:213138
电话:0519/83241312
传真:83245227
网址:www. czjiaxing. com
电子信箱:jiaxing@ czjiaxing. com
单位人数:50
质量体系:ISO 9000
产品情况:汽车灯具、保险杠、中网、面罩、后视镜及支架、门内饰板、挡泥板等塑料件
配套及出口情况:为沈阳金杯、一汽哈轻等配套;部分产品出口

★江苏永明汽车部件有限公司
地址:江苏省常州市新北区孟河镇晨风路 9 号
邮编:213138
电话:0519/83502558、83502058
传真:83241520
网址:www. czyongming. com
电子信箱:ycm@ czyongming. com
质量体系:ISO 9001
产品情况:(明祥牌)
　　生产汽车、半挂车专用车灯具、注塑(铁制)挡泥板、仪表台、保险杠、中网,年生产汽车、挂车灯具、挡泥板 100 万余台套
配套及出口情况:为数百家挂车厂定点配套;半圆挡泥板出口中东、北美洲、东南亚

★常州斗源汽车电器制造有限公司
地址:江苏省常州市新北区孟河镇仇巷路 25 号
邮编:213138
电话:0519/68958983、13915020492
传真:68958996
网址:www. lt - doowon. com
电子信箱:lt_doowon@ 163. com
质量体系:ISO/TS 16949
产品情况:汽车散热器风扇电动机等
出口情况:远销欧洲、中南美洲、中东、南非、东南亚等地区

★常州市王朝车业有限公司
地址:江苏省常州市新北区孟河镇九龙

路82号
邮编:213138
电话:0519/83241018
传真:83249018
网址:www.cz-wpc.com
电子信箱:admin@cz-wpc.com
质量体系:ISO/TS 16949
产品情况:(WPC牌)
具有年产各种汽车灯具、塑料件5万台套和安全带150万条的生产能力
配套情况:为宇通客车、一汽无锡汽车、大连客车、丹东黄海、桂林大宇、少林客车、盐城中威、滁州客车、重庆专用、成都安达、郑州轻型、重客总厂等配套

★常州市五一灯具有限公司
地址:江苏省常州市新北区孟河镇汤家一路
邮编:213138
电话:0519/83241245、83503817
传真:83241141
网址:www.cn-wy.com
电子信箱:cn-wy@vip.sohu.com
质量体系:ISO/TS 16949
产品情况:大中型客车、中型货车全套系列灯具、后视镜、软硬吸塑仪表台、内顶装饰件、大小应急出口天窗等
配套及出口情况:中型客车、大型客车产品主要为宇通客车、厦门金龙、北汽福田欧V客车、大宇客车、黄海客车、一汽客车、江淮客车、南骏客车、中大客车、河南少林、扬子客车等全国几十个主机厂配套;小型车主要为北京华泰、东风小康、广汽吉奥、安驰汽车、山东奥铃等主机厂配套;重型货车产品主要为北汽福田、奇瑞重工、三一重工、洛阳福赛特等主机厂配套;远销欧美、大洋洲、中东、东南亚、非洲等几十个国家和地区

★常州鸿利来灯饰有限公司
地址:江苏省常州市新北区孟河镇小河九龙工业园
邮编:213138
电话:0519/83508193、83506898
传真:83506193
网址:www.honglilai.com
电子信箱:rongjian_hll@vip.163.com
产品情况:各种进口客车(丰田系列、五十铃系列、三菱系列、尼桑系列、东南得利卡、福利卡等)汽车灯具、塑料件

★常州闻琪车辆部件厂
地址:江苏省常州市新北区孟河镇新338省道旁
邮编:213138
电话:0519/83501555、89859718
传真:83503555
网址:www.czwenqi.com
电子信箱:wenqi-cn@163.com
质量体系:ISO 9001
产品情况:汽车灯具、LED日行灯、内外饰件
配套及出口情况:与全国10家摩托车厂家配套(大阳、天马、隆鑫、林海、五羊集团);外贸出口率超过了50%的全年产值

★常州市华杰塑件厂
地址:江苏省常州市新北区清城工业园
邮编:213138
电话:0519/83241980
传真:83500108
电子信箱:76968556@qq.com
质量体系:ISO 9001
产品情况:(华杰牌)
汽车灯具、塑件、冲压覆盖件
出口情况:出口俄罗斯、中东、非洲、东南亚等国家和地区

★常州市巨峰车灯厂
地址:江苏省常州市新北区小河环镇北路207号
邮编:213138
电话:0519/83241572
传真:83505350
网址:www.jufeng-lamp.com
电子信箱:877501204@qq.com
质量体系:ISO 9001
产品情况:(巨峰牌)
各型汽车灯具、保险杠、后视镜、内外装饰塑料件
配套情况:为一汽-大众、天津一汽夏利、吉利汽车、长安福特、长安马自达、天津一汽丰田等配套

★常州市乐业车灯厂
地址:江苏省常州市新北区小河九龙工业开发区
邮编:213138
电话:0519/83500805、83508875
传真:83508870
电子信箱:czleye@163.com
质量体系:ISO 9001
产品情况:(成林牌)
汽车灯具、后视镜、保险杠、塑件装饰件

★常州市文涛汽车配件厂
地址:江苏省常州市新北区小河开发区建设路
邮编:213138
电话:0519/83506351、83510968
传真:83506950
网址:www.czwentaocheye.com
电子信箱:wentao@czwentaocheye.com
质量体系:ISO/TS 16949
产品情况:汽车灯具

★常州良盛车业有限公司
地址:江苏省常州市新北区小河通江工业园区
邮编:213138
电话:0519/83241364、13961257518
传真:83246112
网址:www.cz-ls.com
电子信箱:cbl66@163.com
质量体系:ISO 9001、ISO/TS 16949
产品情况:(LUOLIYA牌)
汽车灯具、内外饰件、SMC油压件、电子扇罩、扇叶等
配套情况:为中国重汽、北汽福田、重庆力帆、江淮汽车等多家大中型企业配套

★常州金亚灯具有限公司
地址:江苏省常州市新北区小河镇
邮编:213138
电话:0519/83241134、13862463230
传真:83241134
质量体系:ISO 9001
产品情况:汽车灯具、保险杠及装饰件

★常州市黄河车灯有限公司
地址:江苏省常州市新北区小河镇北路18号
邮编:213138
电话:0519/83241075、83503629
传真:83248711
电子信箱:awing@awing.com
质量体系:ISO 9001
产品情况:车灯和相关塑料件、有机件
配套情况:为重汽集团、陕汽集团、川汽、北奔重汽配套

★常州市永拓车灯厂
地址:江苏省常州市新北区小河镇黄山路18号
邮编:213138
电话:0519/83504899、13706117536
传真:83500599
电子信箱:yongtuochedeng@163.com
质量体系:ISO 9001
产品情况:汽车及摩托车灯具、塑料件、消音器、铁件
出口情况:远销东南亚、非洲、中东、欧洲、美洲地区

★常州市南挂车辆部件有限公司
地址:江苏省常州市新北区孟河镇工业区
邮编:213139
电话:0519/83550298、83550590
传真:83550198、85257170
网址:www.nangua-cn.com
电子信箱:nangua@nangua-cn.com
质量体系:ISO 9001
产品情况:(南挂牌)
汽车灯具、挡泥罩、汽车线及其附件产品
配套情况:主要配套厂家有中集车辆(CIMC深圳、扬州通华、山东、青岛中集等)、阜阳开乐、东风商用车等

★常州市豪佳电器有限公司
地址:江苏省常州市武进区邹区镇刘巷村
邮编:213141
电话:0519/83315029、83317035
传真:83310751
网址:www.cz-xingda.com
电子信箱:webmaster@cz-xingda.com
质量体系:ISO/TS 16949、ISO 9001
产品情况:(豪佳牌、兴捷牌)
汽车发电机、起动机、电子电器用

熔断器座、汽车插片熔断器、接线柱、各类小型管状熔断器及电动车专用熔断器座、熔断器等，年产发电机及起动机80万台套、电器1.8亿只
出口情况：远销东南亚、欧洲、美洲

★常州市武进恒威汽车电器有限公司
地址：江苏省常州市邹区镇南工业园长汀路16号
邮编：213145
电话：0519/83665656
传真：83665655
电子信箱：xwj@ jshw. cn
质量体系：ISO 9001
产品情况：（恒维牌）
汽车起动机、发电机、电磁开关、电枢等
配套情况：为主机厂配套

★常州市宇征车辆电器有限公司
地址：江苏省常州市武进区东安工业集中区
邮编：213155
电话：0519/83731036、83738568
传真：83735369
网址：www. yuzheng. cn
电子信箱：yuzheng@ yuzheng. cn
质量体系：ISO/TS 16949、ISO 14001
产品情况：（宇征牌）
起动机用电磁开关，具有年产电磁开关360万只，继电器60万只的产能
配套及出口情况：产品主配套上海法雷奥、北京佩特来、成都华川、东风电气、博世、康明斯、中国台湾士林、北汽飞驰、常州天发、广汽强华、美国卡特比勒、美国SPX等国内外知名主机企业；远销海外市场

★常州市辉鸿汽车电器有限公司
地址：江苏省常州市武进经济开发区
邮编：213161
电话：0519/88319866、13506125332
传真：88319866
网址：www. huihongqcdq. com
质量体系：ISO 9001
产品情况：（宝石花牌）
交流发电机，年生产能力达20多万台
配套情况：为南京汽车集团、云内、扬柴、北汽福田等配套

★江苏恒力电机集团股份有限公司
地址：江苏省常州市武进经济开发区祥云路18号
邮编：213161
电话：0519/86553365、86553373
传真：86552468
电子信箱：jshengdian@ jshengdian. com
单位人数：736
质量体系：ISO/TS 16949、QS 9000
产品情况：（武电牌）
起动机、发电机，年产能力200万台
配套情况：为锡柴、扬动、上柴、扬柴、常柴等60多家主机厂配套

★常州恒达汽车零部件制造有限公司
地址：江苏省常州市牛塘镇工业园区
邮编：213163
电话：0519/86392098
传真：86398439
电子信箱：czhd2004@ 163. com
法人代表：蒋学真
产品情况：（恒瑞牌）
汽车起动机单向离合器，年产量280万只
配套情况：为东风汽车公司、神龙汽车、朝柴、扬柴、云内等配套

★常州常利来电子有限公司
地址：江苏省常州市牛塘镇湖滨北路121号
邮编：213163
电话：0519/86380868、86380818
传真：86579777
网址：www. fpc – china. com
电子信箱：jfmiao@ fpc – china. com
质量体系：ISO 9001
产品情况：（恒创牌）
各类熔断丝和FPC柔性印制电路板
配套及出口情况：为新大洲配套；远销欧洲、美洲等地区

★常州市武进惠丰金属制品有限公司
地址：江苏省常州市牛塘镇湖滨北路202号
邮编：213163
电话：0519/86381528、81192888
传真：81192111
网址：www. czhfjs. com
电子信箱：1131466990@ qq. com
董事长：许国水
单位人数：650
质量体系：ISO 9001、ISO 14001
产品情况：（惠丰牌）
各类单向器及轴；单向器年产量达10万多套
配套及出口情况：为12个主机厂配套；远销欧洲和东南亚

★常州百信以拓汽车电器系统有限公司
地址：江苏省常州市武进经发区西太湖大道
邮编：213163
电话：0519/86390677、86390626
传真：86390683
质量体系：ISO/TS 16949、ISO 9001
产品情况：（百信牌）
减速起动机、电磁开关、单向离合器、含油衬套
配套情况：为多家大型起动机生产厂配套

★常州市永恒起动机开关厂
地址：江苏省常州市武进区牛塘镇
邮编：213163
电话：0519/86392065
传真：88319002
电子信箱：2008@ 163. com
质量体系：ISO 9001
产品情况：汽车起动机开关、起动机继电器、开关配件
配套情况：为多家主机厂配套

★常州市沈雄电子有限公司
地址：江苏省常州市武进区牛塘镇高家村沈家工业园
邮编：213163
电话：0519/86398989、86399595
传真：86398237、86393654
网址：www. shen – xiong. com
电子信箱：czfuse@ shen – xiong. com
质量体系：ISO 9001
产品情况：（沈雄牌）
汽车熔断丝、熔断丝管、管座等
出口情况：远销欧洲、美洲、东南亚、西亚、非洲、拉丁美洲

★常州市得超汽车电机厂
地址：江苏省常州市武进区牛塘镇青莲路15号
邮编：213163
电话：0519/86397087
传真：86399050
网址：www. dechaodianji. com
电子信箱：dechaodianji15@ 163. com
质量体系：ISO 9001
产品情况：（盛达牌、青莲牌、百灵牌、得超牌）
电磁开关
出口情况：远销美国、东南亚等国家和地区，并销往中国台湾地区

★江苏常州宁洋电机有限公司
地址：江苏省常州市武进区湖塘镇北庙桥工业区
邮编：213164
电话：0519/86536226
传真：86528803
质量体系：ISO 9001
产品情况：起动机、发电机，年产能力80万台
配套及出口情况：为多家柴油机厂配套；产品随配套柴油机出口

★常州市宝瑞电机厂
地址：江苏省常州市南夏墅龙域西路30号
邮编：213166
电话：0519/86483377、13906116565
传真：86486377
网址：www. baoruidianji. com
电子信箱：baoruidianji@ vip. 163. com
质量体系：ISO 9001
产品情况：（湖塘牌）
汽车发电机、起动机及零配件，年产能力20万台套
出口情况：远销东南亚、欧洲、美洲地区

★常州市科谷机械配件有限公司
地址：江苏省常州市湖滨大道10号
邮编：213168

电话:0519/86351156
传真:86350219
电子信箱:market@ jssunan. com
质量体系:ISO 9001
产品情况:汽车起动机用单向器
配套及出口情况:为全国数十家知名起动机厂配套;出口欧洲、美洲等地区

★常州光明灯泡有限公司
地址:江苏省常州市卢家巷工业路2号
邮编:213168
电话:0519/86355189、86351589
传真:86351207
网址:www. gmautolamp. com
电子信箱:yzhuan688@ 163. com
质量体系:ISO 14001、ISO/TS 16949
产品情况:(开源牌、光明牌、GMBRIGHT牌、吉安达牌、通用光明牌)
汽车卤素灯泡、汽车 LED 灯泡、氙气灯泡
配套及出口情况:为多家汽车厂配套;远销日本、韩国、欧洲、美洲等国家和地区,并销往中国台湾地区

★常州市新光灯泡厂
地址:江苏省常州市卢家巷卢西工业园路
邮编:213168
电话:0519/86351799、13951211955
传真:86350165
网址:www. jiama. com
电子信箱:jiama@ jiama. com
质量体系:ISO 9001
产品情况:(佳马牌)
摩托车系列灯泡
出口情况:产品80%以上出口

★常州市永达光源有限公司
地址:江苏省常州市牛塘镇卢家巷淹城路
邮编:213168
电话:0519/86351695、86355528
传真:86353018
电子信箱:czzhang88@ 126. com
质量体系:ISO 9001
产品情况:(百莱特牌)
汽车灯泡
出口情况:产品80%出口

★常州天发动力总成制造有限公司
地址:江苏省常州市武进区牛塘卢西工业园1-11号
邮编:213168
电话:0519/86355685、86355686
传真:86355860
网址:www. changweichina. com
电子信箱:changwei@ changweichina. com
质量体系:ISO/TS 16949、ISO 9001
产品情况:(常威牌)
汽车起动机
配套情况:为吉利汽车、上海华普发动机、浙江万丰车业、一拖集团、南汽菲亚特发动机、长城皮卡、跃进汽车发动机、杭州双马柴油机厂、华源莱动内燃机、山东莱柴、玉柴动力、扬柴、江苏常发等多家发动机厂配套

★常州市新宇天丽光源厂
地址:江苏省常州市武进区牛塘镇卢家巷
邮编:213168
电话:0519/86355338、86350179
传真:86355538
电子信箱:davidbulb@ gmail. com
质量体系:ISO/TS 16949、ISO 9001
产品情况:汽车卤素灯、灯具、转向灯、制动灯及双尖泡仪表灯等
出口情况:远销欧洲、美国、南美洲、东南亚等国家和地区;为美国 WAGNER 公司、GE 公司及 SYLVANIA 公司配套

★常州市亚达照明电器有限公司
地址:江苏省常州市武进区牛塘镇卢家巷工业路4号
邮编:213168
电话:0519/86351353
传真:86353388
网址:www. auto - bulb. com
电子信箱:yadalamp@ auto - bulb. com
质量体系:ISO 9000
产品情况:(华真牌)
汽车、摩托车灯泡

★常州市武起汽车电机有限公司
地址:江苏省常州市湖塘礼嘉工业园
邮编:213176
电话:0519/88230207、88316558
传真:88230205
网址:www. changlestarter. com
电子信箱:lucy@ changlemotor. com
单位人数:255
质量体系:ISO/TS 16949、ISO 14001
产品情况:(常乐牌)
各种车用起动机、发电机,年产165万台
配套及出口情况:为洛阳一拖、安徽全柴、扬柴、江淮动力、扬动、时风集团、天津珀金斯、沈阳华晨、沈阳航天三菱、重庆宗申等配套;远销欧美、东南亚市场

★常州市荣茂汽车电器有限公司
地址:江苏省常州市武进潘家尚公村
邮编:213178
电话:0519/86200865、13511671397
传真:86205610
网址:www. czrongmao. com
电子信箱:czrongmao@ 126. com
质量体系:ISO 9001
产品情况:汽车电枢、汽车起动机、汽车绞盘电动机、定子、线圈等
配套及出口情况:为多家知名企业配套;出口国外多家知名企业

★江苏凯灵汽车电器有限公司
地址:江苏省金坛市经济开发区金胜路8号
邮编:213200
电话:0519/82317989
传真:82311285
网址:www. js - kailing. com
电子信箱:jskldq@ 126. com
质量体系:ISO/TS 16949、QS 9000
产品情况:(凯灵牌)
汽车组合开关,点火门锁开关,电喇叭,各类车用电器控制开关等
配套情况:主要为一汽通用、上汽、东风、日产、五菱、奇瑞、现代、金杯、长安、江淮、北汽等数十家汽车制造厂配套

★常州奔马电机有限公司
地址:江苏省常州市武进区奔牛镇
邮编:213232
电话:0519/83132985、13382855808
传真:83132985
网址:www. jsbmdj. com
质量体系:ISO 9001
产品情况:(奔发牌)
汽车减速型起动机及相关配件;年生产力达到50多万套
配套情况:为多家柴油机,汽油机厂配套

★无锡市新新空气加热器厂
地址:江苏省无锡市新惠路9号
邮编:214000
电话:0510/85733981、13338117264
传真:85733981
电子信箱:xxjrq@ 163. com
质量体系:ISO 9002
产品情况:柴油机空气加热器,年产50万只
配套情况:为一汽锡柴、洛阳一拖、无锡动力厂等配套

★康奈可科技(无锡)有限公司
地址:江苏省无锡市出口加工区内J4号地块
邮编:214028
电话:0510/85204820
传真:85204826
网址:www. calsonickansei. co. jp
产品情况:马达执行器、步进马达、鼓风马达
出口情况:产品100%出口

★无锡电装汽车部件有限公司
地址:江苏省无锡市国家高新技术产业开发区梅育路97号
邮编:214028
电话:0510/88156611
传真:88153250
网址:www. denso. com. cn
质量体系:ISO/TS 16949、VDA 6.1
产品情况:点火线圈
配套情况:为丰田、本田、马自达等厂商配套

★富士通天电子(无锡)有限公司
地址:江苏省无锡市国家高新技术产业开发区新华路19号
邮编:214028
电话:0510/88662288
传真:88662233
电子信箱:wxfujitsu@ vip. 163. com
质量体系:ISO/TS 16949
产品情况:汽车导航仪等车载电子设备

★无锡阿尔卑斯电子有限公司
地址:江苏省无锡市新加坡工业园行创四路5号
邮编:214028
电话:0510/85281211
传真:85280311
网址:www.alps.com
电子信箱:fan.yang@cn.alps.com
质量体系:ISO 14001、ISO/TS 16949
产品情况:(ALPS牌)
电子开关、数码通信储存卡连接器等

★无锡晶晟汽车电子有限公司
地址:江苏省无锡市新区汉江路9号
邮编:214028
电话:0510/85229588
传真:85226658
网址:www.wxjewel.com
负责人:汤旭炎
质量体系:ISO/TS 16949、ISO 14001
产品情况:(晶晟牌)
各类车载电磁线圈和电磁阀、车用传感器、电子油门踏板等产品
配套情况:与国内外著名汽车制造商建立紧密的合作关系

★无锡市苏盛汽车部件有限公司
地址:江苏省无锡市滨湖区青龙山路查巷38号大箕山工业园3幢
邮编:214064
电话:0510/85505988、85515058
传真:85515848
网址:www.wxsusun.com
电子信箱:sjm@wxsusun.com
质量体系:ISO/TS 16949、ISO 9001
产品情况:(SUSUN牌)
汽车起动机、发电机
出口情况:远销美国、欧洲等国家和地区

★无锡创维彩登科技有限公司
地址:江苏省无锡市滨湖区胡埭工业园西拓区科创四路8号
邮编:214073
电话:0510/85130078
传真:85130378
网址:www.tridentchina.com
电子信箱:manager@tridentchina.com
质量体系:ISO/TS 16949、QS 9000
产品情况:汽车收放机、倒车雷达、GPS导航、汽车发动机整车线束等,汽车音响年产能20万台,汽车整车线束产能达到20万套以上
配套情况:为一汽、江苏友谊汽车、北汽福田、北奔重汽、广汽三菱、奇瑞汽车、长城汽车、上海万丰等配套

★无锡市明怡电器仪表有限公司
地址:江苏省无锡市锡山区厚桥镇
邮编:214106
电话:0510/88721307、88725288
传真:88721065
电子信箱:sales@wxmingyi.com
质量体系:ISO 9001
产品情况:汽车、摩托车散热器、仪表
配套及出口情况:为重庆力帆、隆鑫、广州天马、大阳、江苏莱宝驰、无锡众星等摩托车企业配套;远销印度尼西亚、泰国、马来西亚等国家

★无锡市立科汽车部件有限公司
地址:江苏省无锡市场市镇杨北路8号
邮编:214154
电话:0510/83551463
传真:83557451
网址:www.reco.net.cn
电子信箱:info@reco.net.cn
质量体系:ISO/TS 16949、ISO 9001
产品情况:(RECO牌)
汽车发电机整流器

★无锡新中北汽车电机制造有限公司
地址:江苏省无锡市惠山区堰桥镇
邮编:214174
电话:0510/83746452、83742747
传真:83746493
网址:www.xinzhongbei.com
电子信箱:info@xinzhongbei.com
质量体系:ISO 9002
产品情况:(堰岭牌)
JF系列、JFZ系列发电机及零部件
配套及出口情况:为锡柴、长安汽车、上汽通用五菱、柳州机械厂等配套;远销美国、欧洲、东南亚等国家和地区

★无锡金阳电机有限公司
地址:江苏省无锡市沪宁高速九号道口玉祁镇
邮编:214183
电话:0510/83887209
传真:83881108
网址:www.wuxijy.cn
电子信箱:wuxi.jy@pub.wx.jsinfo.net
负责人:陈彬生
单位人数:300
质量体系:ISO 9001
产品情况:(金阳牌)
汽车起动机、起动机电枢、定子、线圈、电磁开关等;主要系列有:博世、法雷奥、福特、日野、日立、日本电装、三菱等,适用于奔驰、宝马、雷诺、标致、雪铁龙、欧宝、福特、丰田、五十铃、三菱、现代等车型
配套及出口情况:为哈尔滨东安、柳州五菱等等几家主机发动机厂配套;出口美国、东南亚、欧洲等国家和地区

★无锡市闽仙汽车电器有限公司
地址:江苏省无锡市惠山区玉祁镇工业园
邮编:214183
电话:0510/83890666
传真:83897859
网址:www.minxian.com
电子信箱:mx@minxian.com
负责人:方国水
单位人数:890
质量体系:ISO/TS 16949
产品情况:(闽仙牌)
年产起动机、发电机各110万台
配套及出口情况:为无锡柴油机厂、新昌柴油机厂、云内动力、全柴动力、玉柴动力等配套;远销日本、东南亚、东欧等国家和地区

★无锡神速汽车电器有限公司
地址:江苏省无锡市惠山区玉祁镇玉东开发区
邮编:214183
电话:0510/83880034、13812088688
传真:83880655
网址:www.shensuchina.com
电子信箱:chinashensu@126.com
质量体系:ISO/TS 16949
产品情况:(SHENSU牌)
汽车内燃机、拖拉机配套用起动机和发电机
配套情况:为上海柴油机、浙江新柴、潍柴华丰、南通柴油机、无锡动力、无锡锡联柴油机、上海东风研究所、扬州亚星客车厂、南京公交车辆厂、盐城中威客车厂等公司配套,并为上海、江苏、浙江、广东、山东、江西、河南、河北、天津、辽宁、吉林、四川等城市公交公司提供配套产品及服务

★无锡市华星汽车电器有限公司
地址:江苏省无锡市玉祁镇开发区祁北路
邮编:214183
电话:0510/83333273、15052210228
传真:83332523
网址:www.hxaep.com
电子信箱:shenjian10000@163.com
单位人数:220
质量体系:ISO/TS 16949、ISO 9001
产品情况:(锡星牌)
已形成年产起动机达30万台,电磁开关150万只的生产能力
配套及出口情况:为广西玉柴动力、上海法雷奥汽车电器系统、深圳(长春)依斯克拉汽车电器、江苏恒力集团、浙江松田集团、浙江博宇(钜翔)、江苏江动集团等配套;远销日本、美国、德国、俄罗斯、伊朗、巴西、墨西哥、马来西亚、阿尔及利亚、迪拜、土耳其、新加坡等国家和地区,并销往中国台湾地区

★无锡新云汽车电器有限公司
地址:江苏省无锡市玉祁镇民主路2号
邮编:214183
电话:0510/83880216、83884069
传真:83880215、83898992
电子信箱:xyqcdq@163.com
质量体系:ISO 9001
产品情况:(碧翔牌、新云牌)
起动机、发电机,年产能力50万台
出口情况:部分产品出口

★无锡市晟达汽车附件厂
地址:江苏省无锡市玉祁镇玉祁村永安路
邮编:214183
电话:0510/83898875、13951517163

传真:83898876
网址:www.wx-cd.cn
电子信箱:tiezuodao@163.com
质量体系:ISO/TS 16949、ISO 9001
产品情况:汽车起动电动机单向离合器、各类冷挤压零件、汽车起动电动机电枢轴、起动电动机减速行星齿轮轴
配套情况:主要为国内外起动电动机厂配套

★无锡市新高汽车电机厂
地址:江苏省无锡市惠山区洛社镇花苑
邮编:214187
电话:0510/83313456、83315456
传真:83300456
网址:www.wxxingao.com
电子信箱:sales@wxxingao.com
质量体系:ISO/TS 16949
产品情况:(花明牌、新高牌)
汽车、柴油机配套用硅整流交流发电机;年生产能力达到30万台(套)
配套及出口情况:与上海松芝、苏州同创、上海凯希、扬州杰信电装等客车空调企业实行标配,并在宇通客车、大宇客车、少林客车、恒通客车、福田客车、厦门金龙、一汽太湖客车等客车龙头企业批量装机;出口欧美及东南亚地区

★无锡市华纳汽车电子电器有限公司
地址:江苏省无锡市东北塘严埭村天池巷西路8号
邮编:214191
电话:0510/83102218、83102217
传真:83102219、83123571
网址:www.sgwx.com
电子信箱:sg@sgwx.com
质量体系:ISO 9002
产品情况:(申光牌)
汽车高压线(分缸线)、点火线圈、调机器、分电盖、分火头,摩托车点火线圈(高压包)、点火器、稳压器、起动继电器、闪光器、电阻器、线缆总成及零部件
配套及出口情况:为数十家主机厂配套;远销东南亚地区

★无锡市神力齿轮冷挤有限公司
地址:江苏省无锡市东港镇东升工业区
邮编:214196
电话:0510/88792342、88797480
传真:88790989
网址:www.wuxishenli.com
电子信箱:zgl@wuxishenli.com
单位人数:280
质量体系:ISO/TS 16949
产品情况:(ZGL牌)
各种单向器,年产量超过250万只
配套及出口情况:为国内外起动电机厂配套;70%产品出口国际市场

★无锡华锋车业部件有限公司
地址:江苏省无锡市港下工业园A区
邮编:214196
电话:0510/88790256、88767008
传真:88792256
网址:www.huafengqp.com
电子信箱:lms@huafengqp.com
质量体系:ISO/TS 16949
产品情况:各种车用油门传动拉索、熄火风门拉索、离合器拉索、制动拉索、里程表拉索等;具有年产2000万根各类软轴线生产能力
出口情况:远销欧洲、美洲、东南亚、中东、南美洲、非洲等地区

★宜兴市恒宇汽车电机有限公司
地址:江苏省宜兴市和桥镇西锄工业开发区
邮编:214215
电话:0510/87871111
质量体系:ISO/TS 16949、ISO 9001
产品情况:汽车电动机、起动机,年产15万~20万台发电机、10万台起动机、100万件铝合金铸件和1500t合金铝锭
配套情况:为杭发、浙江新柴动力、常柴、重汽集团动力公司、潍柴、莱动、扬柴等配套

★宜兴市明甫汽车配件有限公司
地址:江苏省宜兴市周铁镇竺西工业集中区兴业路
邮编:214261
电话:0510/80751169、80751958
传真:80751170、80751160
网址:www.mingpuzhuaji.com
电子信箱:web@mingpuzhuaji.com
质量体系:ISO/TS 16949、ISO 9001
产品情况:汽车发电机爪极、磁轭等
配套情况:为北京佩特来电器、美国佩特来、博世等配套

★宜兴市鑫达汽车电器有限公司
地址:江苏省宜兴市洋溪镇南
邮编:214263
电话:0510/87571211、13806151051
传真:87571211
网址:www.yixingxinda.com
电子信箱:yixingxinda@yixingxinda.com
法人代表(负责人):周汉其
质量体系:ISO 9001
产品情况:汽车高压点火线总成及橡胶护套;年产高压阻尼线20万套,橡胶护套100万套
配套情况:为一汽集团配套

★宜兴市宏宇汽车电器有限公司
地址:江苏省宜兴市周铁镇百合路8号
邮编:214263
电话:0510/87571713、13606155123
传真:87570992
网址:www.jshyec.com
电子信箱:web@jshyec.com
单位人数:300
质量体系:ISO/TS 16949
产品情况:年产高压阻尼线总成60万套;各种型号摩托车抗干扰抑制器1300万套
配套情况:为一汽集团配套

★江阴市朗驰汽车零部件有限公司
地址:江苏省江阴市青阳镇旌阳北路282号
邮编:214401
电话:0510/86501903、86513668
传真:86511868
网址:www.cn-dianpei.com
电子信箱:wyq@cn-dianpei.com
质量体系:ISO/TS 16949
产品情况:汽车高压点火电缆、高压点火线、高压帽等产品
出口情况:远销伊朗、巴基斯坦、马来西亚、尼日利亚等国家

★江阴市长泾车船附件有限公司
地址:江苏省江阴市长泾镇工业园A区
邮编:214411
电话:0510/86315990、86309668
传真:86312958
网址:www.wx-sc.com
电子信箱:jysucheng@hotmail.com
质量体系:ISO/TS 16949
产品情况:(苏骋牌)
变速操纵推拉索、离合器拉索、油门拉索、驻车制动拉索、SP型直丝管、覆甲钢索、推拉索系列产品
配套及出口情况:为依维柯、北汽、华泰、黄海、曙光、长丰扬子、金杯汽车等配套;出口欧美、南美洲、东南亚、中东等地区

★无锡共成控制线有限公司
地址:江苏省江阴市长泾镇共青路17号
邮编:214411
电话:0510/86316051、86316061
传真:86304048
网址:www.wks-cn.com
电子信箱:wys@wks-cn.com
单位人数:520
质量体系:ISO/TS 16949、ISO 9002
产品情况:各类车辆和农业机械用控制线及套管,具有年产控制线5000万条,套管3800万m能力
配套及出口情况:为上汽大众、一汽-大众、长安福特、长安马自达、一汽海马等配套;产品80%以上外销(日本、欧美市场为主)

★江苏省江阴市晓维车业有限公司
地址:江苏省江阴市长泾镇泾南
邮编:214411
电话:0510/86338222
传真:86338922
电子信箱:xiaowei@chinaxiaowei.com
产品情况:各种加速踏板线、制动线、离合线、里程线等
配套及出口情况:为春兰、洪都、捷达等摩托车厂配套;出口非洲、东南亚、中东、南美洲、日本等国家和地区

★江阴市富达车业有限公司
地址:江苏省江阴市长泾镇苏巷路
邮编:214411
电话:0510/86304035、86300830

传真:86303615
网址:www. fd - cable. net
电子信箱:jyfuda@ 126. com
质量体系:ISO 9001
产品情况:汽车及摩托车操纵拉索、年产量可达摩托车操纵线 120 万套
配套及出口情况:为钱江集团、春兰集团、金城集团等配套;远销东南亚、非洲、印度尼西亚、巴基斯坦、南美洲等国家和地区

★江阴市新世纪汽摩配件有限公司
地址:江苏省江阴市长泾镇云顾路
邮编:214411
电话:0510/86304888、86313088
传真:80141038
网址:www. chinaxsj. com
电子信箱:cheney@ chinaxsj. com
质量体系:ISO/TS 16949、ISO 9001
产品情况:(新索王牌、索王牌)
摩托车、汽车操纵钢索、里程表软轴等
配套情况:为新世纪摩托车、建设、吉利汽车、钱江、金城、珠江等配套

★江阴市明珠车业有限公司
地址:江苏省江阴市长泾镇云顾路 38 号
邮编:214411
电话:0510/86304101、13806181492
传真:86313933
电子信箱:2563585834@ qq. com
质量体系:ISO 9002
产品情况:汽车、摩托车、自行车操纵线(拉索)等
配套及出口情况:为江西洪都、济南轻骑、株洲南方等配套;出口印度尼西亚、菲律宾、越南、印度、巴基斯坦、伊朗、叙利亚、埃及、尼日利亚、巴西、阿根廷等国家

★江苏江阴市恒达车辆配件有限公司
地址:江苏省江阴市长泾镇工业园南区范钱路 208 号
邮编:214419
电话:0510/86332586、13382278138
传真:86336371
网址:www. jy - hengda. com
电子信箱:hengda@ jy - hengda. com
质量体系:ISO 9001
产品情况:(力龙牌、东妮亚牌)
卡丁车操纵线,高尔夫球车、沙滩车、汽车操纵线,摩托车操纵线,电动车、柴油机等各种操纵线及各种塑料开关产品组件
配套及出口情况:为国内外多家大公司配套;出口日本、美国、非洲、意大利,并销往中国香港、中国澳门、中国台湾地区

★江阴昌达电机有限公司
地址:江苏省江阴市周庄镇龙西路开发区
邮编:214423
电话:0510/86221173、13003352345
传真:86238173
网址:www. jdstarter. com
电子信箱:jychangda@ 126. com
质量体系:ISO 9001
产品情况:(昌达牌)
汽车起动机
配套及出口情况:为无锡动力机厂、天津动力机厂等多家大型企业配套;出口东南亚

★ 江苏晨阳电光源有限公司

地址:江苏省靖江市公所桥街 71 号
邮编:214527
电话:0523/84616961
传真:84613710
网址:www. cydgy. com
电子信箱:chenyang22@ 163. com
法人代表:沈谦益
负责人:袁秋明
单位人数:500
质量体系:ISO 9001
产品情况:(晨阳牌)
道路机动车辆用灯泡、LED 道路照明、LED 室内照明、LED 景观照明、LED 机动车灯
配套及出口情况:为浙江嘉利、重庆秦川、上海小糸、南宁燎旺、重庆金科等国内主机厂配套;出口巴西、阿根廷、德国、美国等国家
☞ 详细情况请参阅彩色宣传版面

★江苏富天江电子电器有限公司
地址:江苏省靖江市开发区江洲路 8 号
邮编:214500
电话:0523/84807819
传真:84807818
网址:www. fgls. com. cn
电子信箱:fgls@ fgls. com. cn
质量体系:ISO 9001、ISO 14001
产品情况:各种直流无刷电动机和交流变频电动机及相关电子元器件,拥有年产各类电动机 500 万台的生产能力

★苏州佳力精工有限公司
地址:江苏省苏州市工业园区星龙街汀兰巷 48 号
邮编:215000
电话:0512/62831110
传真:62831112
网址:www. hitachi - cable. com. cn
电子信箱:sales@ jinggongah. com
质量体系:ISO 9001、ISO/TS 16949
产品情况:半导体专用引线框架 电子元器件材料

★苏州福特斯汽车电子有限公司
地址:江苏省苏州市工业园区中新科技城展业路 2 号
邮编:215000
电话:0512/87187777
传真:82175006
网址:www. volkse. com
电子信箱:info@ volkse. com
质量体系:ISO/TS 16949
产品情况:(Volkse 牌)
汽车、摩托车氧传感器
配套及出口情况:为多家汽车制造商、电喷摩托车系统厂家配套;出口欧美和东南亚

★苏州市永固电子有限公司
地址:江苏省苏州市相城区太平工业园振太路 27 号
邮编:215007
电话:0512/65328891、65328892
传真:65328893
网址:www. solid - china. com
电子信箱:szyonggu@ 163. com
法人代表:陆伟
单位人数:150
质量体系:ISO 9001
产品情况:(永固牌)
汽车风机、各类电子产品、各类冶具及机械加工
配套情况:为十几家知名企业配套

★苏州星恒电源有限公司
地址:江苏省苏州市新区金沙江路 181 号
邮编:215011
电话:0512/68094266
传真:68418341
网址:www. xingheng. com. cn
电子信箱:info@ xingheng. com. cn
单位人数:600
产品情况:(星恒牌)
大容量、高功率型锂离子动力电池,应用在电动自行车、照明设备、电动工具等领域

★苏州工业园区多思达科技有限公司
地址:江苏省苏州工业园区星汉街 5 号 A 幢
邮编:215021
电话:0512/62531886
传真:62531887
网址:www. dostarchina. com
电子信箱:dostar@ dostarchina. com
产品情况:电动汽车连接器及相关产品

★苏州驶安特汽车电子有限公司
地址:江苏省苏州市工业园区杨泰路娄葑创投工业坊 36 栋
邮编:215021
电话:0512/62805858
传真:67900173
网址:www. sate. com. cn
电子信箱:sate@ sate. com. cn
质量体系:ISO/TS 16949、ISO 9001
产品情况:TPMS 等汽车功能性电子产品
配套情况:为国内外轿车、客车、货车、摩托车、工程机械等各类车辆的生产企业提供 OEM 用 TPMS 组件或全套产品

★苏州汽车电器制造有限公司
地址:江苏省苏州市虎丘路 66 号
邮编:215100
电话:0512/65576698

传真:65577066
电子信箱:13771794436@139.com
质量体系:ISO/TS 16949、QS 9000
产品情况:(里程牌)
车用仪表线路板、转向灯线路板、各类数显式电子钟、车用控制器盒等
配套情况:为东风汽车公司、一汽集团、重汽集团、上汽、南京汽车集团、北汽集团、郑州宇通、金龙等配套

★中领航科(苏州)新能源汽车动力公司
地址:江苏省苏州市吴中区吴中大道1368号吴中科技园研发A楼619
邮编:215100
电话:0512/65855725
产品情况:纯电双驱能力回馈动力驱动总成、干式双向大扭矩自动离合动力驱动电机、干式双向自动离合能量回馈动力驱动电机及电动汽车专用干式大扭矩自动离合器等产品

★苏州驰辰马电机有限公司
地址:江苏省苏州市吴中区东山镇漾家桥路188号
邮编:215107
电话:0512/66282116
传真:66304559
网址:www.jsccmdj.com.cn
电子信箱:jsccmdj@jsccmdj.com.cn
单位人数:100
质量体系:ISO 9002
产品情况:直枢铃木(微型)起动机、行星减速(电装型)起动机、永磁行星减速(三菱型)起动机等

★有信制造(苏州)有限公司
地址:江苏省苏州市工业园区唯亭工业园金达路12号
邮编:215121
电话:0512/62752018
传真:62752218
网址:www.u-shin-ltd.com
电子信箱:guobing_shen@u-shin-sz.com
产品情况:汽车用空调控制其类组合仪表、车锁控制系统、制动器控制系统等汽车电子设备系统及相关汽车零部件
配套情况:为昌河铃木、长安铃木、重庆长安供货

★苏州丰安机电有限公司
地址:江苏省苏州市工业园区跨塘镇至和东路8号
邮编:215122
电话:0512/62749127
传真:62742889
电子信箱:jh9859@hanmail.net
质量体系:ISO/TS 16949
产品情况:汽车用模具、汽车电子装置系统(车身电子控制系统)、汽车关键零部件(电动助力转向系统)、汽车用仪表盘开关、汽车用锁具及上述产品的相关零部件、电子调节装置、接插件以及相关模具和零部件

★苏州安固电器有限公司
地址:江苏省苏州市工业园区东旺路6号
邮编:215123
电话:0512/62653559、62653699
传真:67414881
网址:www.angu.com
电子信箱:angu@angu.com
单位人数:600
质量体系:ISO/TS 16949、QS 9000
产品情况:(AG牌)
汽车电动机换向器
出口情况:产品65%出口美洲、欧洲、东南亚,并销往中国香港、中国台湾地区

★苏州华昌机电有限公司
地址:江苏省苏州市吴中郭巷善兴路185号
邮编:215124
电话:0512/65966881
传真:65966885
电子信箱:szhc@sz-hc.com.cn
产品情况:汽车用组合开关、车窗升降开关及其他各类开关、锁匙总体、电子控制系统及相关零部件
配套及出口情况:为北京现代、东风悦达起亚、上汽大众、烟台通用供货;部分产品出口

★苏州智绿环保科技有限公司
地址:江苏省苏州工业园区兴浦路瑞恩巷2号
邮编:215126
电话:0512/69566053
传真:69566055
网址:www.chilye.com
电子信箱:info@chilye.com
质量体系:ISO/TS 16949
产品情况:充电连接产品;电池箱快速更换连接产品;电动车用内部高压连接与线束总成;动力电池成组连接产品;电池高压断路器等;驱动电机连接器;便携式充电设备等

★德尔福电子(苏州)有限公司
地址:江苏省苏州市工业园区长阳街123号
邮编:215126
电话:0512/62831888
传真:62836306
电子信箱:recruit.sz@delphi.com
质量体系:VDA 6.1、QS 9000
产品情况:音响、动力总成及安全系统等多种高科技汽车电子设备
配套情况:为上汽大众、上汽通用、一汽集团、一汽-大众配套

★爱乐联接(苏州)有限公司
地址:江苏省苏州市工业园区港田路港田工业园21号厂房
邮编:215126
电话:0512/62991800
传真:62991830、62884977
网址:www.bremi.de
电子信箱:info.china@era-ct.com
质量体系:ISO/TS 16949
产品情况:(BREMI牌)
分配器盖、转子、火花塞
配套情况:为奥迪、宝马、大众、本特利、ROLLS-ROYCE等企业配套

★日立汽车系统(苏州)有限公司
地址:江苏省苏州市工业园区星龙街255号
邮编:215126
电话:0512/62833600
传真:62833700
网址:www.hitachi.com.cn
电子信箱:hapsuhr@hapsu.hitachi.com.cn
质量体系:QS 9000、ISO/TS 16949
产品情况:高效率发动机控制系统及其关联部件、汽车电子控制产品

★苏州市汉达工业自动化有限公司
地址:江苏省苏州市湘江路(南)创业街8号
邮编:215129
电话:0512/68071267、68071270
传真:68071259
网址:www.handa-china.com
电子信箱:market@handa-china.com
董事长(负责人):刘敦健
单位人数:120
质量体系:ISO 9001
产品情况:(汉达牌)
汽车行驶记录仪、车载饮水机控制器、汽车底盘自动注油控制器等
出口情况:出口西欧、北美洲等地区

★苏州松下半导体有限公司
地址:江苏省苏州市新区鹿山路666号
邮编:215129
电话:0512/66617787
传真:66673199
网址:panasonic.cn
电子信箱:pscszhr@cn.panasonic.com
质量体系:ISO 9001、ISO 14001
产品情况:(Panasonic牌)
混合集成电路、片式元器件、光电子器件及传感器等新型电子元器件

★天合汽车零部件(苏州)有限公司
地址:江苏省苏州市相城区华元路18号
邮编:215131
电话:0512/66152510
传真:6580.1701
网址:www.trw.com
产品情况:汽车组合开关,点火锁开关,雨量/灯光传感器,后视镜开关,窗提升开关,告警灯开关等各类车用开关

★苏州科固电器有限公司
地址:江苏省苏州市相城大道元和科技园富元路1号
邮编:215133
电话:0512/65497888
传真:65495858
网址:www.kegu.cn
电子信箱:sales@szkegu.com

单位人数:600
质量体系:ISO/TS 16949
产品情况:(KEGU 牌)
　　电动机换向器

★苏州上声电子有限公司
地址:江苏省苏州市相城区元和科技园中创路 333 号
邮编:215133
电话:0512/65795888
传真:65795999
网址:www. chinasonavox. com
质量体系:ISO/TS 16949、ISO 14000
产品情况:汽车扬声器及相关的电子产品等
配套情况:为上汽大众、南京依维柯、上汽通用、北京奔驰、江铃汽车、长安汽车、天津一汽夏利、法国雷诺、意大利菲亚特等配套

★苏州凯迪尔照明科技有限公司
地址:江苏省苏州市相城区渭塘镇玉盘路北工业小区第七幢
邮编:215134
电话:0512/65908871、65908872
传真:65908873
电子信箱:cklamp@ 163. com
质量体系:ISO/TS 16949、ISO 9001
产品情况:汽车灯泡及灯泡机械设备

★苏州住电汽车电子线业有限公司
地址:江苏省苏州市相城区黄埭镇潘阳工业园春丰路 88 号
邮编:215143
电话:0512/65715596
传真:65715598
网址:www. sws. co. jp
质量体系:ISO 14001
产品情况:超耐热、无卤素汽车专用线缆

★苏州住电装有限公司
地址:江苏省苏州市相城区潘阳工业园春秋路 15 号
邮编:215143
电话:0512/65710060、65718111
传真:65710065、65710035
网址:www. sdm - s. com
电子信箱:pei - ding@ gate. sws. co. jp
单位人数:4500
质量体系:ISO 9001、ISO 14001
产品情况:汽车线束,机电用线束
配套情况:为日本丰田、日本本田、日本马自达、美国通用供货

★苏州市光福电讯器材厂
地址:江苏省苏州市吴中区光福工业园南区
邮编:215159
电话:0512/66237990、66952933
传真:66231316
网址:www. szdianzu. cn
电子信箱:jsszwxf@ 163. com
质量体系:ISO 14001、ISO/TS 16949
产品情况:(光兴牌)
　　线绕电阻器等

★怡利电子科技(江苏)有限公司
地址:江苏省苏州市吴江经济开发区锦湖路 167 号
邮编:215200
电话:0512/63404789
传真:63404533
网址:www. e - lead. com. tw
电子信箱:tian@ e - lead. com. cn
质量体系:ISO/TS 16949、ISO 9001
产品情况:(E - LEAD 牌)
　　车载通信音响装置、汽车导航、防盗系统

★崇德碳技术(苏州)有限公司
地址:江苏省苏州市吴江区经济技术开发区潘龙路 389 号
邮编:215200
电话:0531/62309722
传真:62309723、83831024
网址:www. schunkchina. com
电子信箱:sales@ schunkchina. com
产品情况:炭刷及刷握

★苏州科赫节能火花塞有限公司
地址:江苏省苏州市吴江区松陵镇龙友路 129 号
邮编:215200
电话:0512/63179770、63179588
传真:63179199
网址:www. wjhhs. com
电子信箱:szkehe8@ 139. com
质量体系:ISO/TS 16949、ISO 9001
产品情况:节能环保型火花塞
出口情况:远销美国、阿根廷、印度、意大利、俄罗斯等 20 个国家和地区

★苏州波特尼电气系统有限公司
地址:江苏省苏州市吴江区芦墟镇新区
邮编:215211
电话:0512/63259861
传真:63259867
网址:www. sws. co. jp
质量体系:ISO/TS 16949、ISO 14001
产品情况:电子线束、组合仪表、车用电子设备系统
配套情况:为德国大众、上汽大众供货

★帝宝交通器材(昆山)有限公司
地址:江苏省昆山市虹桥路 1185 号
邮编:215300
电话:0512/57755678
传真:57755658
电子信箱:depo@ vip. 163. com
产品情况:汽车灯具
配套情况:为一汽海马、东南汽车、厦门金龙、一汽通用红塔云南、东风柳汽、江西五十铃、长城汽车、克莱斯勒等供货

★昆山凯迪汽车电器有限公司
地址:江苏省昆山市青阳支路 100 号
邮编:215300
电话:0512/55122888、55162303
传真:55161599
网址:www. cadic. com. cn
电子信箱:cadic@ cadic. com. cn
单位人数:370
质量体系:ISO/TS 16949
产品情况:(Cadic 牌)
　　汽车点火线圈等,年产能 600 万只
出口情况:90% 的产品出口,出口欧洲、美洲、东南亚

★江苏正通电子有限公司
地址:江苏省昆山市新镇路 10 号
邮编:215300
电话:0512/36885550
传真:36885551
网址:www. zento. cn
电子信箱:zento@ zento. cn
质量体系:ISO/TS 16949、ISO 14001
产品情况:车用开关、接插件、线束、精密塑料件、钣金件、镶件等产品

★昆山中发六和机械有限公司
地址:江苏省昆山市出口加工区 B 区中央大道 288 号
邮编:215301
电话:0512/57717202、57712830
传真:57712835
产品情况:汽车用控制线缆
出口情况:产品全部出口日本、美国

★苏州奥佩克汽车部件有限公司
地址:江苏省昆山市玉山镇环庆路 2615 号
邮编:215316
电话:0512/86160118
传真:86160097
网址:www. aopec. cn
电子信箱:vicky@ aopec. com
质量体系:ISO 9001
产品情况:电池隔离器,电池监测仪,电池充电器、车用继电器等汽车电子产品

★泰科电子(昆山)有限公司
地址:江苏省昆山出口加工区 B 区中央大道 389 号
邮编:215321
电话:0512/57443999
传真:57445000
电子信箱:taikedz@ taikedz. com
质量体系:QS 9000、ISO 9001
产品情况:连接器及电缆组件、汽车线束

★江苏火凤凰线缆系统技术股份公司
地址:江苏省昆山市张浦镇振新东路 535 号
邮编:215321
电话:0512/57274111
传真:57274000
网址:www. f - phoenix. com
电子信箱:phoenix@ f - phoenix. com
质量体系:ISO/TS 16949、ISO 9001
产品情况:车用总线系列线缆,电子电动机引出系列线缆,汽车传感器系列线

缆等

★仁仁电机有限公司
地址:江苏省昆山市南港镇增光路1号
邮编:215326
电话:0512/57421126
传真:57423540
质量体系:ISO 9000
产品情况:(LIKW牌)
汽车、机车类发电机、起动电动机总成及零部件
配套情况:为上汽通用、长安福特、长安马自达等配套

★昆山三多乐电子有限公司
地址:江苏省昆山市吴淞江开发区晨丰东路228号
邮编:215330
电话:0512/82089008
传真:82089000
网址:www.ks-santohno.com
单位人数:200
质量体系:ISO/TS 16949、ISO 14001
产品情况:摩托车、汽车关键零部件生产

★富士康科技集团(昆山)有限公司
地址:江苏省昆山市玉山镇南淞路299号富士康富翔厂区
邮编:215361
电话:0512/57785888
质量体系:ISO/TS 16949、ISO 14001
产品情况:线束、高感度视讯接收器、车用电源供应器、倒车雷达系统、天窗控制器等

★太仓阿尔派电子有限公司
地址:江苏省太仓市经济开发区上海东路200号
邮编:215400
电话:0512/53568111
传真:53568112
网址:www.alpine.com
电子信箱:aota@alpine.com.cn
质量体系:ISO 9001
产品情况:(ALPINE牌)
汽车音响、导航系统设备及相关电子产品
配套及出口情况:为福特、克莱斯勒、奔驰、宝马、本田等配套;出口日本、泰国、马来西亚、美国、德国、墨西哥等国家

★苏州东南碳制品有限公司
地址:江苏省太仓市双凤镇温州工业园
邮编:215416
电话:0512/81611111、81611888
传真:81611112
电子信箱:donon@donon.com.cn
质量体系:ISO/TS 16949、ISO 9001
产品情况:炭刷、炭刷架,年产1.5亿只炭刷和1500万套炭刷架总成
出口情况:远销美国、日本、欧洲、东南亚等国家和地区

★雷瑞卡(苏州)汽车电器有限公司
地址:江苏省太仓市双凤镇温州工业园瓯江路11号
邮编:215416
电话:0512/81606886、18662100299
传真:81606885
网址:www.letrika.com
电子信箱:xu.tao@letrika.com
质量体系:QS 9000、ISO 9001
产品情况:起动机、交流发电机、电动机、机械电子系统等
配套情况:为中国重汽、长城汽车、福田雷沃重工等配套

★太仓百朗星灯具有限公司
地址:江苏省太仓市新唐新谊东路17号
邮编:215436
电话:0512/53681899、53681897
传真:53681885
电子信箱:5278181@vip.sina.com
质量体系:ISO 9001
产品情况:高强度气体放电式前照灯

★柏科(常熟)电机有限公司
地址:江苏省常熟市北门外三峰工业区
邮编:215500
电话:0512/52840501、52840502
传真:52848378
网址:www.pico.com.cn
电子信箱:luisteng@pico.com.cn
质量体系:ISO/TS 16949
产品情况:年生产再制造汽车电机30万台,主要产品有通用车上的发电机及起动机,有Delco系列、Ford系列;日本车上用的发电机及起动机,有三菱系列、日本电装系列及各种欧洲车上用的发电机及起动机

★常熟住电装汽车部品有限公司
地址:江苏省常熟市东南经济开发区东南大道333号科创大厦8楼
邮编:215500
电话:0512/51937577
传真:51937577
产品情况:汽车电子系统零部件(线束用连接器)及模具

★常熟林芝电子技术有限公司
地址:江苏省常熟市经济开发区高新技术园通林路88号
邮编:215500
电话:0512/52842666
传真:52841166
网址:www.leeshr.com
电子信箱:sale@leeshr.com
质量体系:ISO/TS 16949、ISO 9001
产品情况:(林芝牌)
H系列、9000系列汽车用卤钨灯,汽车用HID氙气灯,汽车用HID电子镇流器
配套情况:为国内外厂家OEM配套

★常熟银羊电子有限公司
地址:江苏省常熟市支塘镇任阳中兴北路2号
邮编:215539
电话:0512/52582742
传真:52581500
网址:www.china-yinyang.com
电子信箱:yinyangdianzi@126.com
质量体系:ISO 14001、ISO/TS 16949
产品情况:汽车点火线圈
出口情况:产品以外销为主

★日立汽车系统(常熟)有限公司
地址:江苏省常熟市尚湖镇鸳鸯桥工业园
邮编:215551
电话:0512/52429277
传真:52429276
网址:www.hitachi.com.cn
电子信箱:shenjing@hanshin-ele.cn
产品情况:点火线圈,可年产点火装置400万只
配套情况:为丰田、尼桑、马自达、通用、福特等供货

★张家港孚冈合力电器有限公司
地址:江苏省张家港市经济开发区振兴中路5号
邮编:215600
电话:0512/58186709
电子信箱:sales@heli-elec.com
质量体系:ISO/TS 16949
产品情况:(合力牌)
散热器风扇总成、玻璃升降器电动机、天窗电动机
配套情况:为一汽-大众、上汽大众、一汽轿车、天津一汽夏利、奇瑞汽车、华晨金杯、郑州日产等厂家的众多车型配套

★张家港市九洲软轴软管有限公司
地址:江苏省张家港市开发区塘市棋杆
邮编:215618
电话:0512/58595564、58596118
传真:58592799
质量体系:ISO/TS 16949
产品情况:选挡推拉索、里程表软轴、离合器拉索、加速拉索、前后制动拉索、副箱及分配阀控制器、机械传动软轴及其他控制索

★张家港市华天电子科技有限公司
地址:江苏省张家港市乐余镇乐丰路99号
邮编:215621
电话:0512/58662001、18921951599
传真:58662201
网址:www.zjght.com.cn
电子信箱:zjght@vip.sohu.com
质量体系:ISO/TS 16949、ISO 14001
产品情况:电子路牌、电脑语音报站器、车载显示屏、电子导向牌、投币机、车载监视器、3G硬盘监控等公交智能化系列产品

★泰乙机械(张家港)有限公司
地址:江苏省张家港市乐余镇兆丰工业园人民路
邮编:215622

电话:0512/58523270、58523370
传真:58523470
网址:www.tmxcable.com
电子信箱:te_zjg@telematrx.com
质量体系:ISO 9001
产品情况:推拉索芯(覆甲钢索)
配套及出口情况:为福特、雷诺、雪铁龙、大众、欧宝、奔驰、日产、宝马、捷豹、西亚特等配套;出口欧洲、美洲市场

★张家港神光汽摩零配件制造有限公司
地址:江苏省张家港市锦丰镇杨锦路2号
邮编:215625
电话:0512/58562517
传真:58562517
网址:www.sgqm.com
电子信箱:yangguanming@sgqm.com
质量体系:ISO 9001
产品情况:(神光牌、郁桥牌)
火花塞,年产1500万只;镍-铜复合中心电极,年产1亿支
配套及出口情况:为南京华德火花塞、株洲火花塞配套;出口中东、东南亚等地区

★张家港国泰华荣化工新材料有限公司
地址:江苏省张家港市扬子江化学工业园南海路9号
邮编:215634
电话:0512/58780118、56357881
传真:58783699
网址:www.gthr.com.cn
电子信箱:market@gthr.com.cn
质量体系:ISO/TS 16949、ISO 14001
产品情况:(SHINESTAR牌、HUARONG牌)
锂离子电池电解液(包括一次锂电池电解液、二次锂离子电池电解液、动力电池电解液和超级电容器电解液等)、硅烷偶联剂;10000t/年锂离子电池电解液、5000t/年硅烷偶联剂
出口情况:出口日本、美国、欧洲、澳大利亚,并销往中国台湾地区

★徐州徐整汽车电器有限公司
地址:江苏省徐州市复兴南路247号
邮编:221003
电话:0516/83841427、83854455
传真:83843012
网址:www.xu-zheng.com
电子信箱:zllh1975@sina.com
质量体系:ISO 9001
产品情况:(徐整牌)
汽车整流器、电压调节器、整流二极管,年生产能力120万套
出口情况:部分产品出口

★徐州华夏电子有限公司
地址:江苏省徐州市同山新区钱江路1号
邮编:221003
电话:0516/87370989、87370985
传真:83701992、87371001
电子信箱:yq@hxh.js.cn
质量体系:ISO/TS 16949
产品情况:汽车接插件、电子线束、汽车天线、精密五金冲压件、注塑件等
配套及出口情况:为上汽通用、上汽大众、一汽-大众、奇瑞、福特等配套;出口欧洲、东南亚等地区

★徐州翔跃电子有限公司
地址:江苏省徐州市金山桥开发区科技工业园1号
邮编:221004
电话:0516/87735190、87735191
传真:87735192
电子信箱:ftx_003@163.com
质量体系:ISO/TS 16949
产品情况:电压调节器及车用整流桥等

★江苏天宝汽车电子有限公司
地址:江苏省徐州市经济技术开发区驮蓝山路2号
邮编:221004
电话:0516/87791700
传真:87791771、87791729
网址:www.toppower.com
质量体系:ISO/TS 16949、ISO 14001
产品情况:CD机、导航、车载收音机、汽车报警器
配套及出口情况:为上汽集团、一汽集团、江铃集团、北京现代、长城汽车、华晨汽车、奇瑞汽车等配套;出口美洲、欧洲等地区

★徐州市嘉迪汽车电器有限公司
地址:江苏省徐州市湖北路西段刘场路
邮编:221006
电话:0516/85611988
传真:85611788
电子信箱:xzjd@163.com
质量体系:ISO 9001
产品情况:(JD牌)
各种车型整流器
出口情况:出口美国、加拿大、欧洲等国家和地区

★徐州整流汽车元件有限公司
地址:江苏省徐州市铜山经济开发区第三工业园(驿城)康平路南
邮编:221116
电话:0516/82300200、82300207
传真:82300310
网址:www.xzzlyj.com
电子信箱:rectifiers@163.com
质量体系:ISO 9001
产品情况:各类汽车发电机整流器、调节器(即汽车整流器、汽车发电机整流桥、汽车整流桥、汽车发电机二极管、汽车发电机元件板、专用整流器等)

★江苏云意电气股份有限公司
地址:江苏省徐州市铜山区黄山路26号
邮编:221116
电话:0516/83505462
传真:83507801
网址:www.yunyi-china.com
电子信箱:yunyixz@hotmail.com
质量体系:ISO/TS 16949、ISO 14001
产品情况:车用整流器和调节器等汽车电子产品

★江苏奥尼克电气有限公司
地址:江苏省徐州市徐州工业园区大吴锦程工业园6号
邮编:221132
电话:0516/87238998、87239268
传真:87239368、87238978
网址:www.autonic.cn
电子信箱:autonic@autonic.cn
质量体系:ISO/TS 16949、ISO 14001
产品情况:(ANC牌)
汽车整流桥、电子调节器,年产量100万套
出口情况:出口汽车整流桥、电子调节器70万套

★江苏建威电子科技有限公司
地址:江苏省徐州市睢宁西关开发区前进路99号
邮编:221200
电话:0516/88365529
传真:88365519
网址:www.jsjwdz.com
电子信箱:jwdz@jsjwdz.com
质量体系:ISO/TS 16949、ISO 9001
产品情况:汽车整流器

★升德升(连云港)电子有限公司
地址:江苏省连云港市宋跳工业区
邮编:222006
电话:0518/85151735
传真:85151454
网址:www.conti-online.com
电子信箱:cac_lyg_hr.recruitment@continental-corporation.com
质量体系:ISO/TS 16949、ISO 14001
产品情况:轿车用ABS轮速传感器
出口情况:出口北美洲、欧洲、日本

★盐城杰明斯灯泡厂
地址:江苏省盐城市中兴社区杰明斯大道1号
邮编:224013
电话:0515/88785918
传真:88783400
电子信箱:1033191327@qq.com
质量体系:ISO/TS 16949、ISO 9001
产品情况:(杰明斯牌、杰明斯卡特牌、杰明斯神8牌)
汽车卤素前灯、摩托车卤素前灯、HID氙气前照灯、汽车封闭式卤素前照灯以及新科技汽车光源LED;年生产各种灯泡累计可达6000多万只
出口情况:远销德国、英国、法国、俄罗斯、瑞士、美国、意大利、西班牙、加拿大、巴西、日本等国家

★盐城市勇驰汽车电器有限公司
地址:江苏省盐城市亭湖区黄尖镇工业园区
邮编:224331

电话:0515/82602202、13805103560
传真:82604400
网址:www.chinayongchi.com
电子信箱:yongchi@chinayongchi.com
质量体系:ISO 9001
产品情况:(勇电牌)
各类车用线束总成、电动机刷架、注塑件、冲压件等车用配件
配套及出口情况:为庆铃汽车、江铃汽车配套;出口美国、东南亚等国家和地区

★ 江苏江扬线缆有限公司

地址:江苏省扬州市科技园路1号
邮编:225009
电话:0514/82120335
传真:87857478
网址:www.jsjyxl.com.cn
质量体系:ISO 14001、ISO/TS 16949
产品情况:(江扬牌)
汽车电线电缆
配套情况:为宇通客车、厦门金龙、重庆长安、东南汽车、长城汽车、江铃汽车、奇瑞汽车、北京汽车、东风裕隆、郑州日产等整车企业配套
☞ 详细情况请参阅彩色宣传版面

★扬州奥力威传感器有限公司

地址:江苏省扬州市邗江工业园祥园路8号
邮编:225127
电话:0514/85881520
传真:85881563
电子信箱:yos@yos.net.cn
质量体系:ISO/TS 16949、VDA 6.1
产品情况:汽车油位传感器、电阻片、凸缘、注塑产品、吹塑产品

★扬州阿波罗蓄电池有限公司

地址:江苏省扬州市扬子江南路18号
邮编:225131
电话:0514/87528888、400828386
传真:87528999
网址:www.apollo-battery.com
电子信箱:apollo@apollo-battery.com
质量体系:ISO/TS 16949、ISO 14001
产品情况:(DF牌)
起动用铅酸蓄电池,年设计产能300万只
配套及出口情况:为卡特彼勒、亚星集团、吉利集团、上海华普汽车、安徽安凯客车、江淮客车、马恒达·盐拖、江苏沃得集团、常林集团、爱科农机等配套;出口欧洲、大洋洲、北美洲、中东、非洲等地区

★江苏亚泰机电有限公司

地址:江苏省扬州市江都区丁沟镇振兴东路28号
邮编:225236
电话:0514/86381259、86181838
传真:86383505、86181935
网址:www.yataijd.com
电子信箱:yatai888@vip.sina.com
质量体系:ISO/TS 16949
产品情况:汽车空调冷凝风机、蒸发风机、暖风机及各种直流电动机,目前年生产能力100万台套
配套及出口情况:为中国重汽、东风汽车、北汽福田、北方奔驰、陕汽、南汽、郑州日产、江淮汽车、众泰轿车、力帆轿车等配套;出口美国、澳大利亚、意大利等国家

★江苏瑞翔电器有限公司

地址:江苏省扬州市江都区樊川镇科技园区
邮编:225251
电话:0514/85183067、13805258092
传真:85183068
网址:www.ruixiangcommutator.cn
电子信箱:ruixiangjd@163.com
质量体系:ISO/TS 16949
产品情况:整流子、集电环

★江苏欧力特能源科技有限公司

地址:江苏省高邮市经济开发区北环路88号
邮编:225600
电话:0514/84433999、4001126006
传真:84472801
网址:www.oliter.com
电子信箱:yzolt@163.com
单位人数:428
质量体系:ISO 9001、ISO 14001
产品情况:储能电源、动力电源、磷酸铁锂电源等电池及新能源只能微网设备的应用及开发

★江苏华富储能新技术股份有限公司

地址:江苏省高邮市经济开发区高邮市电池工业园
邮编:225600
电话:0514/85081977
传真:82983173
网址:www.huafubattery.com
质量体系:ISO 9001、ISO 14000
产品情况:纳米胶体蓄电池、聚合物太阳能储能电池、电动汽车用新型无镉动力电池、高原专用胶体蓄电池、储能用锂离子电池模组等

★江苏金丰机电有限公司

地址:江苏省高邮市武安开发区周庄路1号
邮编:225600
电话:0514/84545883
传真:84541220
质量体系:ISO 9001
产品情况:(金丰牌)
无刷电动机智能控制器
出口情况:远销日本、德国、意大利、印度等国家

★江苏兴龙金属制品股份有限公司

地址:江苏省兴化市戴南镇董北
邮编:225700
电话:0523/83781572、83781571
传真:83782808
网址:www.cnxinglong.com
电子信箱:sales@cnxinglong.com
单位人数:420
质量体系:ISO 9001、ISO/TS 16949
产品情况:(兴龙牌)
车用控制索拉筋线等
配套及出口情况:为一汽集团、东风汽车公司、上汽大众、柳微、扬客、沈阳金杯等配套;70%的产品出口海外,远销美国、英国、意大利、德国、韩国、西班牙、澳大利亚等国家

★南通友星机电工业有限公司

地址:江苏省南通市工农路388号
邮编:226007
电话:0513/83566812、85230010
传真:83588191
网址:www.yxae.net
电子信箱:kf@unistar-nt.com
质量体系:ISO/TS 16949、QS 9000
产品情况:汽车连接器及汽车线束总成附件等
配套情况:为吉利汽车、江铃汽车、长安汽车配套

★南通友星线束有限公司

地址:江苏省南通市经济技术开发区科兴路11号
邮编:226009
电话:0513/85929068
传真:85929067
网址:www.unistar-harness.com
电子信箱:market@unistar-cn.com
质量体系:ISO/TS 16949
产品情况:(友星牌)
汽车线束接插件;年产全车线束40万套

★江苏埃尔贝勒汽车电子有限公司

地址:江苏省南通市经济技术开发区新东路9号电子工业园8号楼
邮编:226009
电话:0513/81523386
传真:81523385
网址:www.bjairblue.com
电子信箱:huanglonghui@airbluesensor.com
产品情况:汽车氧传感器以及摩托车氧传感器

★南通大地电气有限公司

地址:江苏省南通市港闸区永和路8号
邮编:226011
电话:0513/89028375
传真:85670979
网址:www.ntdadi.com
电子信箱:ntdadi@ntgec.com
质量体系:ISO/TS 16949、ISO 14001
产品情况:(DD牌)
轿车、工程机械、商用货车、农林机械、计算机和通信设备、电子仪器仪表电路连接装置

配套情况：为北汽福田、安徽星马、南海富迪、上海万丰、吉利汽车等配套

★ 江苏亨通电子线缆科技有限公司

地址：江苏省海门市经济技术开发区南海东路518号
邮编：226103
电话：0513/68189999
传真：68189982
网址：www. hengtonggroup. com
电子信箱：hmht@ htgd. com. cn
质量体系：ISO 9002、QS 9000
产品情况：汽车导线、耐热耐高温电线、屏蔽电缆、电动车新能源电缆、充电桩综合电缆、铝电缆等各种特种电缆产品
配套情况：与比亚迪长期合作
☞ 详细情况请参阅彩色宣传版面

★海门市华联电碳有限公司

地址：江苏省海门市包场工业区
邮编：226151
电话：0513/82861888
传真：82671094
网址：www. jin - tan. com
电子信箱：hualian@ vip. sina. com
质量体系：ISO 9001
产品情况：（金旺牌）
各种汽车、摩托车、电动工具等用电动机电刷、刷架、弹簧、接线片及工业用炭石墨密封圈
出口情况：出口欧洲、南美洲等地区

★江苏华宇碳素有限公司

地址：江苏省海门市包场工业区
邮编：226151
电话：0513/82868888
传真：82860000
网址：www. hy - carbon. com
电子信箱：zhoubin@ hy - carbon. com
质量体系：ISO 9001
产品情况：进口、国产电动工具用电刷，交、直流发电机用电刷，起动电机电刷等各种电机用电刷及各种石墨制品；年产各种电刷1亿多只，各种石墨制品200多万件
出口情况：出口欧洲、美洲等地区，并销往中国台湾、中国香港地区

★海门市富康碳业有限公司

地址：江苏省海门市包场镇滨北工业园区A座2号
邮编：226151
电话：0513/82670609、13801460624
传真：82771170
网址：www. fy - carbon. cn
电子信箱：fuyong@ fy - carbon. com
质量体系：ISO/TS 16949、ISO 9001
产品情况：（富永牌）
汽车、摩托车电动机用电刷等产品；年产量8000多万只

★海门市三友碳业有限公司

地址：江苏省海门市包场镇新运工业楼
邮编：226151
电话：0513/82863111、82770000
传真：82861777
网址：www. sanyou - china. com
电子信箱：sanyouz@ vip. sina. com
质量体系：ISO/TS 16949
产品情况：汽车电动机、摩托车电动机用炭刷及工业密封圈
配套及出口情况：为几十个知名厂家配套；远销欧美、澳大利亚、新加坡等国家和地区

★海门市康斯达碳业有限公司

地址：江苏省海门市正余镇工业园区
邮编：226153
电话：0513/82797588
传真：82673308
网址：www. ksdty. com
电子信箱：ksdty@ ksdty. com
质量体系：ISO 9001
产品情况：（康斯达牌）
电炭坯料、电炭制品及一次性模压成型各种炭刷等
出口情况：出口美国、韩国、中东等国家和地区

★江苏海四达电源股份有限公司

地址：江苏省启东市和平南路306号
邮编：226200
电话：0513/83355867、83319415
传真：83312306
网址：www. highstar - battery. net. cn
电子信箱：web@ highstar. net. cn
董事长（负责人）：沈涛
质量体系：ISO 9001、ISO 14001
产品情况：（海四达牌）
烧结式镉镍电池、氢镍电池、液态锂离子电池，年产各种电池10000万安时
配套及出口情况：主要客户包括百得、宝时得、南京德朔、上海普泰等国内外一流电动工具厂商；常隆客车、上海空间电源、国网电科院等电动汽车和新能源储能领域客户；出口40多个国家和地区

★南通通灵汽车软轴软管有限公司

地址：江苏省通州市二甲镇新市街130号
邮编：226321
电话：0513/82541058
传真：82541068
网址：www. rzrg. cn
电子信箱：zyc@ rzrg. cn
单位人数：150
质量体系：ISO/TS 16949
产品情况：汽车用各种操纵拉索总成（驻车制动、发动机罩、加速、手油门、熄火、加油口盖、行李舱盖、暖风机、换选挡推拉索等操纵拉索总成）及驻车制动操纵杆总成
配套及出口情况：为上汽（南汽）、江淮、吉列、奇瑞、海马、长城等主机厂配套；远销韩国、荷兰、美国等国家，并销往中国香港地区

★南通金菱电器有限公司

地址：江苏省通州市三余镇人民中路18号
邮编：226331
电话：0513/86918280
传真：86918280
电子信箱：jinling@ jin - ling. cn
质量体系：ISO/TS 16949、ISO 9001
产品情况：（金菱牌）
各种炭刷、电刷、换向器
配套及出口情况：为许多知名企业配套；出口美国、欧洲、越南、巴西、土耳其、印度等国家和地区，并销往中国台湾地区

★海安联科汽车零部件有限公司

地址：江苏省南通市海安工业园
邮编：226600
电话：0513/88897556
传真：88897556
网址：www. lkmotor. com
电子信箱：lkmotor888@ 163. com
质量体系：ISO/TS 16949、ISO 9001
产品情况：汽车电动玻璃升降器电动机、天窗电动机、座椅电机等车用电动机，具备年产300万台汽车电动机的生产能力
配套及出口情况：为多款车型配套；远销欧洲、北美洲、中东、印度、俄罗斯等国家和地区

浙江省

★杭州人人集团有限公司

地址：杭州市东新路588号
邮编：310004
电话：0571/85370373、85372124
传真：85370370
网址：www. renren. com. cn
电子信箱：market@ renren. com. cn
法人代表：郭长才
单位人数：380
质量体系：ISO/TS 16949、ISO 14001
产品情况：（人人牌）
组合开关、点火开关锁芯组总成、点烟器、继电器、翘板开关、电源总开关、熔断器、电缆线等产品
配套及出口情况：为一汽、东风（乘用车、商用车）、广汽本田、神龙、华晨金杯、南京依维柯、江铃、跃进、上汽通用五菱、济汽、江淮、哈飞等配套；出口日本、美国等国家

★杭州中导科技开发有限公司

地址：杭州市天目山路160号国际花园B楼14层
邮编：310012
电话：0571/88211882、88211883

网址:www. sunleads. com
电子信箱:sales@ sunleads. com
质量体系:ISO 9001
产品情况:汽车行驶记录仪、车载终端设备

★杭州润峰汽车电器有限公司
地址:杭州市莫干山路(拱墅工业功能区)祥盛路15号
邮编:310015
电话:0571/88360178
传真:88265300
质量体系:ISO 9001
产品情况:起动机

★杭州矢崎配件有限公司
地址:杭州市经济技术开发区12号大街出口加工区内
邮编:310018
电话:0571/86714298
传真:86714328
网址:www. yazaki - group. com
电子信箱:hzyhrd3@ hzy - yazaki. com. cn
质量体系:ISO 9001、ISO 14001
产品情况:(YAZAKI牌)
汽车用电线、仪表、组合开关、中央电气控制器、接插件等零配件
配套情况:为本田、丰田、三菱等汽车厂商配套

★新星光电有限公司
地址:杭州市江干科技经济园九华路1-3号(九环路36-38号)
邮编:310019
电话:0571/87751505
传真:86736384
网址:www. chinaxinxing. com
电子信箱:xxgd@ chinaxinxing. cn
单位人数:1000
质量体系:ISO/TS 16949
产品情况:车载影音视听设备、车载无线通信以及导航定位系统、车载多功能控制系统、车载数字激光音响机芯、车载近红外微光/远红外热成像安全辅助驾驶系统等产品
配套情况:为丰田凯美瑞、大众领驭、新CR-V、本田思域、奥迪A4等车型配套

★浙江海久电池股份有限公司
地址:杭州市临半路118号
邮编:310022
电话:0571/88144451、88144028
传真:88144436
网址:www. haijiu. com
电子信箱:sales@ haijiu. com
质量体系:ISO 9001、ISO 14001
产品情况:(海久牌)
汽车、摩托车及电动车铅酸蓄电池
配套及出口情况:与嘉陵、建设、北易、轻骑、新大洲本田、五羊本田、林海雅马哈、宗申、力帆、隆鑫等大型摩托车厂建立业务伙伴关系;远销欧洲、美洲、大洋洲、东南亚等60个国家和地区

★浙江南都电源动力股份有限公司
地址:杭州市文二西路822号东座
邮编:310030
电话:0571/56975900
传真:56975688
网址:www. naradabattery. com. cn
电子信箱:ndgf@ narada. biz
质量体系:ISO 9001、ISO 14001
产品情况:(NARADA牌)
主导产品为阀控密封蓄电池、锂离子电池、燃料电池及相关材料

★杭州杰能动力有限公司
地址:杭州市滨江区环兴路415号
邮编:310052
电话:0571/28086888
传真:28290331
网址:www. hzjieneng. com
电子信箱:jacksha@ qq. com
质量体系:ISO/TS 16949
产品情况:专业生产以整车电控集成系统(包括整车控制单元、电池管理单元等)、纯电动汽车整车控制器、电池管理系统、DC/DC、电池成组等为代表的新能源汽车关键核心零部件

★浙江杰斯特电器有限公司
地址:杭州市余杭区迎宾路355号金鑫大厦21楼
邮编:310053
电话:0571/87177601
传真:87177610
网址:www. zjjust. com
电子信箱:root@ zjjust. com
质量体系:ISO/TS 16949、ISO 14001
产品情况:(西湖牌、杰斯特牌)
汽车蓄电池,年产值达10亿元
出口情况:远销30多个国家和地区

★杭州雄丰汽车配件有限公司
地址:杭州市瓶窑凤都工业园区
邮编:311115
电话:0571/88538777
传真:88538000
电子信箱:hzxiongfeng@ 163. com
质量体系:ISO 9001
产品情况:空气流量传感器
出口情况:出口欧洲、美洲、中东、亚洲

★杭州南华汽车配件有限公司
地址:杭州市余杭区瓶窑凤都工业园区国辅路4号
邮编:311115
电话:0571/88534618、88534555
传真:88545163、88533277
网址:www. hznanhua. com
电子信箱:hznanhua@ vip. 163. com
质量体系:ISO/TS 16949
产品情况:ND3型新能源双螺杆车载气源系统、臂架泵车分动箱、混凝土搅拌车减速机、汽车专用高阻燃环保型电线、汽车整车线束、新能源汽车高压线总成、工程机械线束、汽车组合开关等产品
配套情况:为一汽客车、三一重工、北汽福田、东风杭汽、厦门金龙、桂林大宇客车、南京依维柯、京华客车、浙江金华青年汽车、衡山汽车等几十家整车厂配套

★杭州永富电子仪表有限公司
地址:杭州市萧山区永富路口
邮编:311261
电话:0571/82231175、13656638668
传真:82231176
网址:www. yongfudz. com
电子信箱:yfdzgzs@ 163. com
质量体系:ISO/TS 16949
产品情况:[永富(YF)牌]
汽车专用电子钟,汽车专用传感器系列,包括车速里程传感器、油量传感器、油泵油量传感器(汽油泵)和汽车专用仪表系列等
配套情况:为一汽、青年、大宇、华泰、华菱、江铃、江淮、长丰汽车等配套

★杭州富阳恒泰汽车电器有限公司
地址:浙江省富阳市经济技术开发区高新园区高尔夫路201号
邮编:311401
电话:0571/63432182、63167831
传真:63432710、63167833
网址:www. hzhengtai. com
电子信箱:hzhengtai@ vip. 163. com
单位人数:400
质量体系:ISO/TS 16949
产品情况:汽车空调自动、电动、手动控制器及伺服电动机、调速模块等系列多个品种的汽车电器产品
配套情况:为东风贝洱、神龙汽车等配套,并成为德国贝洱全球采购供应商

★杭州广安汽车电器有限公司
地址:浙江省富阳市鹿山工业园区裕阳路6号
邮编:311407
电话:0571/23231012、23231002
传真:23231006
网址:www. guangan. com
电子信箱:sale@ guangan. com
质量体系:ISO/TS 16949、ISO 14001
产品情况:汽车空调控制器、汽车继电器、汽车电控盒、伺服电机、调速模块等
配套情况:为豫新、江淮松芝、上海松芝、长城博翔、耐尔等厂家提供配套

★浙江钱杨软轴软管有限公司
地址:浙江省诸暨市店口镇华佳路9号
邮编:311835
电话:0575/87667085、87637618
传真:87667087
网址:www. cnqianyang. com
电子信箱:qianyangcable@ cnqianyang. com
质量体系:ISO/TS 16949

产品情况:(钱杨牌)

里程表软轴、离合器操纵软轴、加速传动线、驻车制动操纵索、推拉索软轴等

配套及出口情况:为一汽集团、东风汽车公司等配套;远销亚洲、欧洲、中东、非洲等地区

★浙江车灯有限公司

地址:浙江省绍兴市人民东路1433号
邮编:312000
电话:0575/88906828、88906818
传真:88906878
网址:www.cn-zjcd.com
电子信箱:1712139725@qq.com
单位人数:150
质量体系:ISO 9001
产品情况:(越光牌)

汽车及摩托车前部照明灯、转向信号灯、内部照明灯

配套情况:为湖南长丰、厦门工程机械、广东大长江、洛阳北易等配套

★绍兴伟光电子电器有限公司

地址:浙江省绍兴市舜江路689号
邮编:312000
电话:0575/88966889
网址:www.sxwg.com
质量体系:ISO 9000
产品情况:汽车灯、LED汽车灯等
出口情况:远销美国、澳大利亚、南非、欧洲等十几个国家和地区

★延锋伟世通怡东汽车仪表有限公司

地址:浙江省绍兴市柯桥经济开发区曙光路56号
邮编:312081
电话:0575/84090121、84317359
传真:84091103、84090358
网址:www.sby.com.cn
单位人数:1300
质量体系:ISO/TS 16949、ISO 14001
产品情况:(经纬牌、怡东牌)

各类汽车仪表、汽车电器

配套及出口情况:主要客户有一汽、东风公司、重汽、北京现代、湖南长丰、长安福特、武汉神龙、北轻、江铃等国内主要汽车制造厂;部分产品远销海外

★浙江汽车仪表有限公司

地址:浙江省绍兴市袍江工业区洋江东路
邮编:312088
电话:0575/88207186、88207136
传真:88207158
网址:www.qcyb.com
电子信箱:zqybxsb@163.com
单位人数:550
质量体系:ISO/TS 16949
产品情况:(诞海牌)

汽车组合仪表、传感器,具有年产汽车组合仪表100万套的生产能力

配套情况:为一汽集团、东风汽车、长城汽车、通用红塔、金龙客车、华泰等国内汽车厂配套

★上虞华昌电子企业有限公司

地址:浙江省上虞市百官工业园区
邮编:312300
电话:0575/82124203
传真:82136071
网址:www.hqspk.com
电子信箱:13906851148@139.com
质量体系:ISO 9000
产品情况:各类扬声器,年生产能力达到扬声器单元1000万只
配套情况:为国际品牌公司提供OEM/ODM服务

★卧龙控股集团股份有限公司

地址:浙江省上虞市人民路1801号
邮编:312300
电话:0575/82176528
传真:82176718
网址:www.wolong.com
电子信箱:mail@wolong.com
单位人数:18000
质量体系:ISO/TS 16949
产品情况:(卧龙牌)

各类电动机及驱动控制、巡逻车、仓储车、游览车、高尔夫球车、邮政车、清洁车等特种车辆锂电池

出口情况:出口50多个国家

★上虞市群鑫电器有限公司

地址:浙江省上虞市驿亭五夫工业开发区
邮编:312353
电话:0574/62499389
传真:62499390
网址:www.china-groupstar.cn
质量体系:ISO/TS 16949
产品情况:LED灯具照明、LED汽车信号组合灯等各类汽车灯具

★中澳合资上虞奥龙电源有限公司

地址:浙江省上虞市杭州湾上虞工业园区纬三东路3号
邮编:312369
电话:0575/82739968、82739966
传真:82739806
网址:www.zjgd.com
电子信箱:xs@zjgd.com
质量体系:ISO 9001、ISO 14001
产品情况:(金龙牌、鑫奥龙牌)

电动助力车电池、电动道路车用电池、电动汽车用动力铅酸蓄电池、汽车起动用铅酸电池、摩托车起动用铅酸电池等

配套及出口情况:为广东大长江、浙江钱江摩托、洛阳北易大阳摩托车等国内知名摩托车企业配套;远销东南亚、欧洲、美洲等市场

★微宏动力系统(湖州)有限公司

地址:浙江省湖州市红丰路2198号
邮编:313000
电话:0572/2756888
传真:2756889
网址:www.microvast.com
质量体系:ISO/TS 16949
产品情况:改性钛酸锂快速充电锂离子电池系统

★浙江大东吴汽车电机有限公司

地址:浙江省湖州市湖织大道2599号
邮编:313000
电话:0572/2568072、2569066
传真:2569066
电子信箱:dj@dadongwu.com
质量体系:ISO/TS 16949
产品情况:(大东吴牌)

汽车发电机,年产20万台;起动机,年产10万台

配套情况:为扬柴、珀金斯(福田)、成发集团、保定长城、昆明云内、江淮等配套

★浙江德宏汽车电子电器股份有限公司

地址:浙江省湖州市南太湖大道1888号
邮编:313000
电话:0572/2756127、2103112
传真:2105906
网址:www.dehong.com.cn
电子信箱:sales@dehong.com.cn
法人代表:张宏保
负责人:施旻霞
单位人数:315
质量体系:ISO/TS 16949、VDA 6.1
产品情况:(申湖牌)

汽车交流发电机、起动机等

配套及出口情况:为江铃股份、一汽大柴、玉柴、重汽杭发、朝柴、北汽福田、北汽福田康明斯发动机、云内、常柴、潍柴、潍柴道依茨柴油机、郑州日产、绵阳新晨、成都发动机、一汽青岛、锡柴、全柴、扬柴、新柴、桂林大宇客车配套;出口美国

★天能动力国际有限公司

地址:浙江省长兴县画溪工业功能区
邮编:313100
电话:0572/6709836
传真:6058159
网址:www.tianneng.com.hk
电子信箱:ir@tiannengpower.com
产品情况:[天能(TIANNENG)牌]

电动车动力电池

★浙江瑞虹空调配件有限公司

地址:浙江省长兴县林城经济开发区瑞虹路1号
邮编:313112
电话:0572/6871822
传真:6873999
网址:www.zjruihong.cn
电子信箱:sales@zjruihong.com
质量体系:ISO/TS 16949
产品情况:空调电动机端盖、空调压缩机离合器线圈壳体、压缩机活塞、空调

铝制储液干燥器、液气分离器等

★嘉兴嘉顺电声音响有限公司
地址:浙江省嘉兴市经济开发区万历路
邮编:314001
电话:0573/82623066、82622986
传真:82622976
电子信箱:jxjs@jxjs.com.cn
质量体系:ISO 9001
产品情况:汽车扬声器
出口情况:出口中东、德国、埃及、俄国等国家和地区,并销往中国香港地区

★浙江赛亿汽车部件制造有限公司
地址:浙江省平湖经济开发区兴平四路1288号
邮编:314200
电话:0573/85225222、85225028
传真:85225038
网址:www.xior.cn
电子信箱:xior@xior.cn
质量体系:ISO/TS 16949
产品情况:[中驰(ZHONGCHI)牌]
汽车各种传感器、报警器、电磁阀等
配套及出口情况:为玉柴、日本久保田、上海纽荷兰、英国 Lister Peter 、柳州五菱、雷沃动力、宇通、潍柴、上柴、哈尔滨东安、云内动力等国内外大中轻型汽车、发动机制造厂配套;远销美国、英国、德国、法国、墨西哥、日本、马来西亚、新加坡、印度尼西亚、土耳其等国家

★浙江星宙电气有限公司
地址:浙江省海盐县盐北路211号科技创业园
邮编:314300
电话:0573/86988588
传真:86988868
电子信箱:sales@otshid.com
质量体系:ISO/TS 16949
产品情况:(星都牌)
HID汽车灯具及配套电子镇流器等

★海盐永伟电子器材有限公司
地址:浙江省海盐县长安路129号
邮编:314304
电话:0573/86857968
传真:86859160、86169800
电子信箱:yongwei@mail.jxptt.zj.cn
质量体系:ISO 9001
产品情况:(永迪牌、申迪牌)
汽车封闭灯泡、卤素灯泡,年产能力1000万只
出口情况:出口美洲、欧洲、亚洲等20多个国家和地区

★嘉兴协丰汽车电器有限公司
地址:浙江省嘉兴市杭州湾跨海大桥开发区海湾街1111号
邮编:314305
电话:0573/86852888
传真:86852898
网址:www.xielicar.com
电子信箱:nbxieli@xielicar.com
质量体系:ISO 9001
产品情况:点火线圈、点火模块、喇叭、喇叭插头、传感器、分电器、汽油泵、分电器外壳
配套及出口情况:为上海德律风根微电子、哈尔滨志阳集团、山东曲阜汽车配件厂配套;出口北美洲、亚洲、大洋洲等地区

★嘉兴市光泰照明有限公司
地址:浙江省海盐县沈荡工业园区
邮编:314311
电话:0573/86720723、86722342
传真:86722252
网址:www.gt-light.com
电子信箱:sales@gt-light.com
质量体系:ISO 9001
产品情况:(GuangTai牌、GRANT牌)
金属卤化物灯、卤素灯、封闭灯、LED灯及各类灯具
出口情况:远销美国、加拿大、日本、意大利、俄罗斯、德国等30多个国家和地区

★海盐县爱建汽车电器有限责任公司
地址:浙江省海盐县元通永福工业园区
邮编:314317
电话:0573/86888856
传真:86888683
网址:www.hj-auto.com
电子信箱:hj@hj-auto.com
单位人数:200
质量体系:ISO 9001
产品情况:(海建牌)
点火线圈、汽车零部件和配套日本主机的精密车件,年产点火线圈100万只,汽车部件150万套,日本主机配套产品200万套
出口情况:远销南美洲、北美洲、欧洲、东南亚等地区

★浙江欧亚光电科技有限公司
地址:浙江省海宁市袁花镇工业园区
邮编:314400
电话:0573/87870780
传真:87372828
质量体系:ISO 9001
产品情况:氙气灯泡及HID套件
出口情况:远销加拿大、美国、俄罗斯、韩国、中东等国家和地区

★海宁华宁灯泡有限责任公司
地址:浙江省海宁市周王庙镇工业园区
邮编:314407
电话:0573/87539069、15167365598
传真:87535288
电子信箱:info@hnlights.com
质量体系:ISO 9001
产品情况:汽车、摩托车卤素前照灯及HID氙气前照灯灯泡
出口情况:远销东南亚、欧洲、美洲等地区

★杭州半球汽车配件有限公司
地址:浙江省海宁市许村镇红旗村
邮编:314422
电话:0573/87902105、87902108
传真:87902106
网址:www.huohuasai.cc
电子信箱:sparkplug@163.com
单位人数:200
质量体系:ISO 9001
产品情况:(半球牌)
各种型号火花塞,年产量可达2800万只
配套及出口情况:为欧美汽配厂家E3、OREGON、AT等提供贴牌生产服务;远销东南亚、非洲、美洲、中东

★爱博特电子(宁波)有限公司
地址:浙江省宁波市国家高新区星光路270号EBT大厦
邮编:315000
电话:0574/88369828、88365151
传真:88352270
网址:www.hedlighting.com
电子信箱:sales@everbright21.com
质量体系:ISO/TS 16949
产品情况:(CEBT牌)
汽车氙气前照灯

★浙江三荣电机有限公司
地址:浙江省宁波市江北区洪塘中路259号
邮编:315000
电话:0574/87588888、87588798
传真:87588196、87588988
网址:www.chinasanrong.com
电子信箱:sanrong@sanrong.com.cn
质量体系:ISO 9001
产品情况:(三荣牌)
汽车起动机、发电机及牵引电机,年产能达500万台
配套及出口情况:为宁波生命力电器、浙江润华机电等配套;油泵电动机、绞盘电动机远销美国、大洋洲、东南亚、英国、法国等国家和地区

★宁波耐特电器有限公司
地址:浙江省宁波市江北区私营工业区新横七路7号
邮编:315000
电话:0574/87329393
传真:87293589
电子信箱:netmotor@mail.nbptt.zj.cn
质量体系:ISO 9001
产品情况:(NET牌)
汽车电器、汽车零部件、空调及零部件、电动机、风扇、风机及配件、塑料制品、金属制品
出口情况:出口美国、欧洲、亚洲地区

★宁波精华电子科技有限公司
地址:浙江省宁波市鄞州区首南街道茶亭工业区萧皋西路
邮编:315000
电话:0574/55006881、55006917
传真:55005666
网址:www. jinghuacn. net
电子信箱:sales@ jinghuacn. net
质量体系:ISO/TS 16949、ISO 9001
产品情况:汽车前照灯调光电动机系统,具有年产1000万套的生产能力
配套及出口情况:为福特、标致、奇瑞、长城等国内外10多家汽车主机厂二级配套;出口印度、泰国、伊朗、巴西等国家,并销往中国台湾地区

★新希尔实业有限公司
地址:浙江省宁波市海曙区常青路98弄111号
邮编:315012
电话:0574/87132095
传真:87133095
电子信箱:manager@ hi - kingcn. com
质量体系:ISO/TS 16949
产品情况:汽车发电机、起动机及其配件

★宁波市艾奇艾火花塞有限公司
地址:浙江省宁波市新马路123号
邮编:315020
电话:0574/87065537
传真:87065315
网址:www. aganb. com
电子信箱:info@ aganb. com
质量体系:ISO/TS 16949
产品情况:(AGA牌)
汽车、摩托车火花塞

★宁波电热塞厂
地址:浙江省宁波市江北工业区建业街265号
邮编:315021
电话:0574/87637806、87632490
传真:87637806
网址:www. glow - plug. com
电子信箱:yhj@ glow - plug. com
质量体系:QS 9000
产品情况:(火山牌)
柴油机用电热塞、预热塞、火焰预热系统
配套情况:为上海内燃机厂、航空航天部420厂、南昌江铃发动机厂、北京内燃机厂、湖南邵阳汽车发动机厂、湖南建湘柴油机厂、湖南华裕发动机、潍柴、山东莱阳动力机厂、南京汽车厂、杭州汽车发动机厂等配套

★宁波永驰微型泵业有限公司
地址:浙江省宁波市江北大道20弄246号
邮编:315032
电话:0574/87585008
传真:87582877
网址:www. auto - micropump. com
电子信箱:eris. xie@ nbworldwise. com
质量体系:ISO 9001
产品情况:汽车洗涤泵、洗涤器、微电机、中控锁、塑料件、橡胶塞、油壶等

★宁波海通汽车配件有限公司
地址:浙江省宁波市江北区康庄南路499号
邮编:315032
电话:0574/87561749、13805896456
传真:87584277
网址:www. ht - pulley. com
电子信箱:haitong6@ 163. com
单位人数:180
质量体系:ISO/TS 16949、ISO 9001
产品情况:汽车发电机皮带轮等,月产能力30万个

★宁波市欣新电器科技有限公司
地址:浙江省宁波市江北区通宁路520弄96号
邮编:315032
电话:0574/87889538
传真:87881275
网址:www. xxdqkj. com
电子信箱:motor75@ mail. nbptt. zj. cn
质量体系:ISO/TS 16949
产品情况:电动机
出口情况:远销欧美、日本、东南亚等国家和地区

★宁波市江北国茂电器厂
地址:浙江省宁波市江北区甬江镇外漕工业开发区
邮编:315032
电话:0574/87638132、13459386188
传真:87637412
网址:www. nbguomao. net
电子信箱:info@ nbguomao. net
质量体系:ISO 9001
产品情况:汽车起动机电磁开关、减速式转子、永磁式定子及一整套起动机零部件,具有年产60万只电磁开关的生产能力
配套及出口情况:为贵阳航空电机、浙江达可尔汽车电子科技、宁波华腾电机、宁波甬洪电机等配套;远销美国、欧洲、东南亚等国家和地区

★宁波市贤龙汽车配件有限公司
地址:浙江省宁波市江北区庄桥宁慈公路东邵车站旁
邮编:315032
电话:0574/87560278、83021509
传真:87561218
网址:www. cnxianlong. com
电子信箱:nbxl@ cnxianlong. com
单位人数:170
质量体系:ISO/TS 16949、ISO 9001
产品情况:汽车分电器、汽车空调压缩机、电磁离合器等
配套及出口情况:为长安汽车、保定长城等多家主机厂配套;出口美国、欧洲、东南亚等国家和地区

★宁波立德电器有限公司
地址:浙江省宁波市江北私营工业区新横七路
邮编:315036
电话:0574/87264434
传真:87346624
网址:www. china - techstar. com
电子信箱:heliping@ china - techstar. com
质量体系:ISO/TS 16949
产品情况:电动汽车玻璃升降器电动机

★宁波均胜汽车电子股份有限公司
地址:浙江省宁波国家高新区聚贤路1266号
邮编:315040
电话:0574/87907263
传真:87907263
网址:www. joyson. cn
电子信箱:600699@ joyson. cn
单位人数:7000
产品情况:主要致力于智能驾驶控制系统、新能源汽车动力管理系统、工业自动化及机器人、高端汽车功能件总成等的研发与制造
配套情况:成为宝马、奔驰、奥迪、大众、通用和福特等汽车制造商的A级供应商,并屡获保时捷、大众、通用等汽车制造商优秀供应商奖

★宁波家琦电子有限公司
地址:浙江省宁波市鄞州工业园区下应北路359号
邮编:315105
电话:0574/88495212、88239532
传真:88495343
网址:www. jiaqi. net
电子信箱:jiaqi@ jiaqi. net
质量体系:ISO/TS 16949
产品情况:起动机、发电机、分电器、点火线圈、传感器、调节器、点火模块
配套情况:为上汽通用五菱、东安动力、吉利汽车、奇瑞汽车等配套

★宁波新思创机电科技有限公司
地址:浙江省宁波市鄞州区洞桥镇洞北路36号
邮编:315105
电话:0574/86829500
传真:88235878
网址:www. strongteck. com
电子信箱:sales@ strongteck. com
单位人数:110
质量体系:ISO/TS 16949、ISO 9001
产品情况:汽车传感器、电子电气控制器和汽车电磁阀类产品
配套及出口情况:为上海华普、吉利汽车、重庆力帆、浙江万向精工、浙江万安集团、西安正昌电子、美国R&B、美国

CAG 等配套;出口美国、欧洲、南非、中东地区

★宁波东风暖风机厂
地址:浙江省宁波市鄞州区中河街道风起路98号
邮编:315105
电话:0574/88495391、88495134
传真:88495631
网址:www.dongfeng-nb.com
电子信箱:cnnb@dongfeng-nb.com
质量体系:ISO/TS 16949
产品情况:(东友牌)
各种汽车用散热器总成及水暖式暖风装置,生产各类永磁直流电动机
配套及出口情况:为东风汽车公司配套;部分产品出口

★宁波精成车业有限公司
地址:浙江省宁波市鄞州区中河街道潘火工业区
邮编:315105
电话:0574/88239091、88239073
传真:88239075
网址:www.nbjingcheng.com
电子信箱:jc@nbjingcheng.com
单位人数:600
质量体系:ISO/TS 16949、ISO 14001
产品情况:(JC 牌)
镜面驱动器,年产1600多万只;微型直流电动机,年产3200万只
配套情况:镜面驱动器为上汽大众、上汽通用、福特等配套,配套量600多万只/年;后视镜总成为浙江吉利汽车配套,配套量200多万只/年

★宁波高发汽车控制系统股份有限公司
地址:浙江省宁波市鄞州投资创业中心下应北路717号
邮编:315105
电话:0574/88413428、88413438
传真:88413377
网址:www.gaofacable.com
电子信箱:js@gaofacable.com
质量体系:ISO/TS 16949
产品情况:变速操纵器及软轴、电子油门踏板、汽车拉索、电磁风扇离合器
配套情况:为一汽-大众、上汽大众、吉利汽车、苏州金龙、宇通客车、北汽福田、一汽客车、东风杭州等多家国内汽车制造商配套

★宁波奥华汽车配件有限公司
地址:浙江省宁波市五乡镇博奥工业园高老庄
邮编:315111
电话:0574/88166512、88328769
传真:88166516
电子信箱:sales@aopec.cn
质量体系:ISO 9001
产品情况:继电器、闪光器、电子控制模块、电动燃油泵、化油器、传输系统、点火系统、操纵、悬架系统、冷却系统、制动系统、车身零部件

★宁波日兴电子有限公司
地址:浙江省宁波市五乡镇工业园区
邮编:315111
电话:0574/88333502、88330100
传真:88486443
网址:www.nb-redsun.com
电子信箱:redsun@nb-redsun.comblg@blg.cc
质量体系:ISO 9001、ISO 14001
产品情况:汽车音箱、功放,汽车、摩托车蜗牛电喇叭
出口情况:远销北美洲、南美洲、亚洲、南非、欧洲、中东

★宁波史丹利汽车部件有限公司
地址:浙江省宁波市鄞州区五乡镇工业区
邮编:315111
电话:0574/88486779、88485616
传真:88486222
网址:www.starlit-china.com
电子信箱:sales@starlit-china.com
单位人数:81
质量体系:ISO 9001
产品情况:(STARLIT 牌)
汽车车灯、座椅、后视镜、工程车内外饰件系列等
配套情况:有20多家固定客户

★宁波京都汽车部件有限公司
地址:浙江省宁波市鄞州区五乡镇宁穿路
邮编:315111
电话:0574/87065258、87065268
传真:87065278
网址:www.kn-auto.com
电子信箱:hbd@kn-auto.com
质量体系:ISO/TS 16949
产品情况:汽车点火系统
配套情况:为国内 OEM 厂家配套

★宁波汽车软轴软管有限公司
地址:浙江省宁波市东钱湖工业园区
邮编:315121
电话:0574/88327772
传真:88327782
网址:www.nbcable.com
电子信箱:nbcable@nbcable.com
质量体系:ISO/TS 16949、VDA 6.1
产品情况:(鹏程牌)
汽车用操纵拉索
配套情况:为一汽集团、上汽集团、上汽通用、东风汽车公司、北汽集团、南京汽车集团、江淮、江铃、广汽本田、奇瑞汽车、华晨中华、昌河铃木、郑州日产、法国法雷奥、美国通用、美国 TDM、德国欧宝、加拿大 Flexngate 等配套

★宁波永诚汽车电器有限公司
地址:浙江省宁波市东钱湖旅游度假区工业园区
邮编:315121
电话:0574/88373118
传真:88373647
电子信箱:nbyc@nb-yongcheng.com
质量体系:ISO 9001
产品情况:(永尔诚牌)
汽车点火线圈,摩托车点火线圈,汽车塑料配件
出口情况:点火线圈远销欧洲、美洲

★宁波市鄞州永林电子电器有限公司
地址:浙江省宁波市鄞州横溪工业区
邮编:315131
电话:0574/88066188、88065188
传真:88068180
网址:www.ylerelays.com
电子信箱:manager@ylerelays.com
质量体系:ISO/TS 16949
产品情况:(YLE 牌)
汽车继电器,年生产能力5000万只
出口情况:远销100多个国家和地区

★宁波鄞州高荣汽车软轴软管有限公司
地址:浙江省宁波市鄞州区姜山镇蔡郎桥
邮编:315136
电话:0574/88475213、13906683793
传真:88475240
网址:www.china-fuzi.com
电子信箱:fuzi@china-fuzi.com
负责人:张高云
单位人数:80
质量体系:ISO 9001
产品情况:(父子牌)
汽车及摩托车软轴、软管等

★宁波科高电声有限公司
地址:浙江省宁波市鄞州经济开发区沿海中线临春路口
邮编:315145
电话:0574/88230001
传真:88230068
网址:www.xiangyangchina.com
电子信箱:kegao@xiangyagnchina.com
质量体系:ISO 9001
产品情况:扬声器配件,包括盆架、铝压铸、蹄铁、后罩、汽车音响网罩等
配套及出口情况:与国际众多知名名牌配套;远销欧洲、美洲、东南亚等30多个国家和地区

★宁波捷达汽车零部件制造有限公司
地址:浙江省宁波市鄞州区洞桥镇荷晓东路199号
邮编:315156
电话:0574/88008000、88438450
传真:88025425
网址:www.nbjieda.cn
电子信箱:zhuang@nbjieda.cn
质量体系:ISO/TS 16949
产品情况:汽车电动燃油泵及总成、电子点火分电器

★宁波今棱汽车零件有限公司
地址:浙江省宁波市鄞州区集仕港工业

园区集丰路 88 号
邮编:315171
电话:0574/88021201、15058434689
传真:88021216
电子信箱:sales@chinlang-autoparts.com
质量体系:ISO/TS 16949、ISO 9001
产品情况:(CHINLANG 牌)
水箱冷却风扇总成、冷凝器冷却风扇总成、直流电机、喷水壶总成及副水箱

★宁波惠山汽配制造有限公司
地址:浙江省宁波市鄞州区集仕港镇岳童村工业区
邮编:315172
电话:0574/88421128、88421723
传真:88422128
网址:www.cnjuhang.com
电子信箱:cnjuhang@sina.com
单位人数:170
质量体系:ISO/TS 16949、ISO 9001
产品情况:(巨航牌)
汽车发动机零部件单向器,年产量达到了 450 万套
配套及出口情况:为长安汽车、柳州五菱、天津一汽夏利等配套;远销美国、东南亚、俄罗斯等国家和地区

★宁波市鄞州天星汽车电器厂
地址:浙江省宁波市鄞州区高桥镇岐山村岐山巷 2 号
邮编:315173
电话:0574/88007786
传真:88448024
电子信箱:ctx@china-tianxing.com
质量体系:QS 9000、ISO 9001
产品情况:磁力开关、点火线圈、电子配件、汽车灯具、汽车发电机及起动机配件,年产 800 万套,年产值 8000 万元

★宁波市鄞州雪利曼电子仪表有限公司
地址:浙江省宁波市高桥工业区陆家庄
邮编:315175
电话:0574/88446845、88053368
传真:88446268
网址:www.xueliman.com
电子信箱:tlh@xueliman.com
单位人数:258
质量体系:ISO/TS 16949
产品情况:(雪利曼牌)
汽车 CAN 总线等汽车仪表系统、汽车记录仪、数字式汽车传感器等系列产品
配套及出口情况:为宇通客车、厦门金龙、厦门金旅、绍兴金龙、中通客车、桂林大宇、安凯客车、上海申沃、一汽无锡客车、北汽福田欧曼重型货车、上汽依维柯红岩商用车、上海汇众、安徽华菱、洛阳彪马等配套;出口美国、伊朗及东南亚

★宁波爱姆奇汽车配件有限公司
地址:浙江省宁波市鄞州区高桥工业园区秀丰路 157 号
邮编:315175
电话:0574/27915620
传真:27915639
网址:www.amgeecn.com
电子信箱:wisdom@amgeecn.com
质量体系:ISO/TS 16949
产品情况:(AMGEE 牌)
点火线圈
配套情况:为大陆公司等世界 500 强企业的供应商

★华瑞电器股份有限公司
地址:浙江省宁波市鄞州区姜山镇科技园区
邮编:315191
电话:0574/88098059
传真:88454256
网址:www.china-commutator.com
电子信箱:sales@hrdq.cn
董事长:孙瑞良
单位人数:2000
质量体系:ISO/TS 16949、ISO 14001
产品情况:(华瑞牌)
插片式钩型、插片式槽型、卷板型和平面型换向器,月生产能力 800 万只以上
出口情况:畅销欧洲、美洲、日本、韩国,并远销中国香港、中国台湾地区

★宁波绅乐电子有限公司
地址:浙江省宁波市镇海区骆驼工业区汇水路 128 号
邮编:315201
电话:0574/86571980
传真:86571988
网址:www.sanowcaraudio.com
电子信箱:ruihupad@163.com
单位人数:100
质量体系:ISO 9001
产品情况:车载液晶显示器和车载多媒体产品
出口情况:产品 95% 出口美国、欧洲、东南亚、大洋洲等国家和地区

★宁波广良电碳制品有限公司
地址:浙江省宁波市镇海蟹浦工业区
邮编:315201
电话:0574/86506062
传真:86509288
网址:www.sinogl.com
电子信箱:gl@sinogl.com
质量体系:ISO/TS 16949
产品情况:汽车起动机用电刷及电刷总成等

★宁波骆驼东港电热塞厂
地址:浙江省宁波市骆驼镇骆西路 255 号
邮编:315202
电话:0574/86581061
传真:86581061
电子信箱:manager@heatingplug.com
质量体系:ISO 9000
产品情况:电热塞,年产能力 100 万只
出口情况:出口东南亚、中东地区

★宁波诺士敦机电有限公司
地址:浙江省宁波市镇海骆驼工业区盛兴路 338 号
邮编:315202
电话:0574/86578700
传真:86578705
网址:www.nbnse.net
电子信箱:anny@nbnse.com
质量体系:ISO/TS 16949、ISO 14000
产品情况:年产电动机零部件 300 万套,其他各类汽车配件 200 万件
出口情况:产品 100% 出口北美洲地区

★宁波市镇海正时汽车零部件有限公司
地址:浙江省宁波市镇海区骆驼街道南一西路 93 号
邮编:315202
电话:0574/86561368
传真:86580214、87283478
质量体系:ISO 9001
产品情况:(正时牌)
汽油发动机用分电器总成、电子点火器等,以及无骨刮水器片
配套及出口情况:为沈阳新光集团、长城集团直接或间接配套;出口产值约 30 万元

★宁波金腾摩多卡汽车电器有限公司
地址:浙江省宁波市镇海区蟹浦工业开发区
邮编:315204
电话:0574/86509143、86506218
传真:86508578
网址:www.jtstarter.com
电子信箱:busi@cn-commutator.com
质量体系:ISO/TS 16949
产品情况:汽车起动机、起动机电枢、换向器、滑环、磁场线圈及相关配件

★宁波海高利汽车电器制造有限公司
地址:浙江省宁波市镇海蛟川街道棉丰村德利路 218 号
邮编:315207
电话:0574/86567710
传真:86264843
网址:www.haigaoli.com
电子信箱:haigaoli_cheng@foxmail.com
单位人数:160
质量体系:QS 9000、ISO 9002
产品情况:汽车、摩托车分电器及其配件
配套情况:为长安、东安、柳州五菱、金杯海狮、东风、长城皮卡等配套

★宁波阿尔卑斯电子有限公司
地址:浙江省宁波市镇海区蛟川街道金元路 299 号
邮编:315221
电话:0574/86599700、86831226

传真:86599716
网址:www.alps.com
电子信箱:qiaoer.wang@cn.alps.com
质量体系:ISO 14001、ISO/TS 16949
产品情况:硬盘驱动器磁头、轻触开关和音频、视频磁头,其中轻触开关月产1亿个,各类磁头月产200万个
出口情况:出口日本

★慈溪市耀发电器有限公司
地址:浙江省慈溪市白沙路街道高河塘村105号
邮编:315300
电话:0574/63031097、13738483305
传真:63031097
网址:www.cnyaofa.com
电子信箱:yaofa@cnyaofa.com
质量体系:ISO/TS 16949
产品情况:各种车型专用传感器、汽车接插件、边连接线、分电器配件等
配套情况:与长安汽车、柳州五菱都有协作配套

★慈溪市中航汽车零部件有限公司
地址:浙江省慈溪市金沙路299号
邮编:315300
电话:0574/63810049、63230049
传真:63810482
网址:www.cnzhonghang.com
电子信箱:yang@cnzhonghang.com
单位人数:200
质量体系:ISO/TS 16949、ISO 9001
产品情况:汽车分电器、紧固件、冲压件、膨胀螺栓等
出口情况:主要客户Volvo、John deere、VOLKSWAGEN等欧美汽车厂商

★慈溪奥博汽车电器有限公司
地址:浙江省慈溪市宗汉街道潮塘工业开发区
邮编:315301
电话:0574/63227687、58586951
传真:63227070
电子信箱:aobor_gjr@vip.163.com
质量体系:ISO 9002
产品情况:(奥博牌)
汽车起动机及相关配件,年产汽车起动机300万套、起动机电枢100万只、电磁产品100万套
配套情况:为上汽大众、一汽-大众、神龙汽车、一汽轿车等配套

★慈溪市大大汽车电器有限公司
地址:浙江省慈溪市古塘街道新潮塘村
邮编:315303
电话:0574/63286982
传真:63288407
电子信箱:dada@cxdadachina.com
质量体系:ISO/TS 16949
产品情况:(大大牌)
制冷业专用快速接头、精密铸造件、汽车起动机、调温器、空气加热器等

★宁波纽时达火花塞有限公司
地址:浙江省慈溪市坎墩工业园区
邮编:315303
电话:0574/63288200、63288230
传真:63287204
网址:www.chinanst.com
电子信箱:nstsp@vip.163.com
质量体系:ISO/TS 16949
产品情况:(纽时达牌)
火花塞、LED车灯等;,年生产火花塞能力达到2000万只以上
配套及出口情况:为多家发动机制造厂配套;远销欧洲、美洲、东南亚、大洋洲、中东等地区

★慈溪市华兴汽车电器有限公司
地址:浙江省慈溪市坎墩街道孙方南路32号
邮编:315303
电话:0574/63288902、63287777
传真:63283319
网址:www.china-alternator.com
电子信箱:cxshx@163.com
质量体系:QS 9000
产品情况:(华溪牌)
汽车用发电机,具备年生产20万台以上的能力
出口情况:远销东南亚、中东、东欧、北美洲、澳大利亚、韩国等国家和地区

★宁波兴慈热动电器有限公司
地址:浙江省慈溪市坎墩街道永安西路398号
邮编:315303
电话:0574/63288244
传真:63282338
网址:www.xingci.com
电子信箱:sicq@163.com
单位人数:308
质量体系:ISO/TS 16949
产品情况:(兴慈牌)
各类调温器、电热塞、空气加热器、水温传感器、油压报警器、火焰预热塞、电动熄火控制器、水箱盖等汽车发动机配件
配套及出口情况:与东风朝阳、北汽福田、天津一汽夏利、上柴、上海华普、重庆嘉陵、吉利等50几家主机厂定点配套;出口日本、俄罗斯、美国、英国、德国、伊朗、印度等国家

★慈溪市坎墩至超汽车配件厂
地址:浙江省慈溪市坎墩坎胜路919号
邮编:315303
电话:0574/63270271
传真:63280272
质量体系:ISO 9001
产品情况:[广丰(GUANGFENG)牌]
火花塞
出口情况:远销东南亚、欧洲、美洲等地区

★宁波华泰汽车电器总厂
地址:浙江省慈溪市坎墩镇兴镇街1155号
邮编:315303
电话:0574/63288017、63283148
网址:www.nbhuatai.com
电子信箱:huatai@nbhuatai.com
质量体系:ISO 9001
产品情况:(华泰牌)
起动机、交流发电机;已形成120万台减速起动机、30万台交流发电机的生产能力
配套及出口情况:与广西玉柴、一拖集团、山东潍柴华丰、昆明云内动力、成都云内动力、江淮动力、浙江新柴、福建力佳、山东华源莱动、上海纽荷兰、常柴股份、马恒达、常发集团等主机厂配套;出口欧洲、美洲等多个地区

★慈溪市博宇电器有限公司
地址:浙江省慈溪市龙山工业园区龙镇大道88号
邮编:315311
电话:0574/63974018
传真:63974011
网址:www.bo-yu com
电子信箱:cixiboyu@163.com
质量体系:ISO/TS 16949
产品情况:(博宇牌)
汽车电动玻璃升降器及其电动机
配套及出口情况:是国内外OEM配套供应商;远销欧美、日本、韩国、中东等市场

★慈溪裕盛电子有限公司
地址:浙江省慈溪市掌起镇工业园区
邮编:315313
电话:0574/63744016、63741647
传真:63741512
网址:www.yusheng.com
电子信箱:sales@yusheng.com
质量体系:ISO 9001
产品情况:警报器、喊话器、扬声器、电源盒等
出口情况:出口美国、加拿大、欧洲、南非等国家和地区,并销往中国台湾地区

★宁波钧乔行汽车配件有限公司
地址:浙江省慈溪市横河工业开发区
邮编:315318
电话:0574/63833108、63834159
传真:63833266
网址:www.yshsp.com
电子信箱:ysh@yshsp.com
质量体系:ISO 9001
产品情况:(MS牌)
各种火花塞
出口情况:出口东南亚、中东、南美洲等地区

★慈溪市锦辉仪表指针厂
地址:浙江省慈溪市横河镇东畈村
邮编:315318

电话:0574/63191118
传真:63191278
电子信箱:sales@ cxjinhui. com
质量体系:ISO/TS 16949
产品情况:(锦辉牌)
汽车、摩托车仪表指针及导光板
配套情况:已进入延锋伟世通(上海、怡东)、上海日精、重庆矢崎、大陆汽车电子、印度伟世通、泰国伟世通、浙江汽车、江苏新通达、芜湖埃泰克、宁波雪利曼、黄山金马、绍兴同怡、法国欧科佳、美国实用动力下属品牌 MAXIMA 仪表公司等汽车仪表公司以及挪威威马公司、韩国大林公司等知名仪表公司的配套体系

★宁波市柏诺斯电器有限公司
地址:浙江省慈溪市横河镇孙家境
邮编:315318
电话:0574/63262217、63264599
传真:63262217
网址:www. nbpromise. com
电子信箱:info@ nbpromise. com
质量体系:ISO/TS 16949
产品情况:汽车点火线圈
配套及出口情况:为多家主机厂配套;远销欧洲、美洲

★宁波凯尔汽车电器有限公司
地址:浙江省慈溪市逍林镇樟新北路1538 号
邮编:315321
电话:0574/63510509、63510600
传真:63510515
网址:www. nb - kr. com
电子信箱:sc@ nb - kr. com
单位人数:200
质量体系:ISO/TS 16949
产品情况:起动电动机、油泵电动机、座椅电动机、电枢和其他汽车配件相关金工零部件等

★宁波市博德艾普电气有限公司
地址:浙江省慈溪市新浦镇新浦工业开发区
邮编:315322
电话:0574/63578567
传真:63574628
网址:www. moshida. com
电子信箱:msd@ moshida. com
质量体系:ISO 9001
产品情况:(摩仕达牌)
火花塞
配套及出口情况:为重庆建设、雅马哈等配套;远销日本、美国、欧洲、中东等国家和地区

★宁波浩华车件有限公司
地址:浙江省慈溪市新浦镇新浦江路27 号
邮编:315322
电话:0574/63575282、63572961
传真:63575025、63575282
网址:www. haohua. biz
电子信箱:hh@ haohua. biz
质量体系:ISO/TS 16949、ISO 14001
产品情况:(浩华牌)
汽车、摩托车控制拉索(软轴)零部件
配套情况:国内外许多大集团公司常年采用本公司的产品,如日本 TSK 公司、美国泰利福公司、沃尔沃、日本大和兴业、上汽通用、上海泰利福、重庆利时德、十堰达峰等

★宁波贝尔达控制拉索有限公司
地址:浙江省慈溪市胜山工业区
邮编:315323
电话:0574/23631777、23631888
传真:63547858
网址:www. berda. com. cn
电子信箱:berda@ berda. com. cn
单位人数:100
质量体系:ISO/TS 16949
产品情况:(贝尔达牌)
汽车拉索,年产 1200 万套;火花塞,年产 360 万套
配套情况:为长安汽车配套

★宁波宏辉电器有限公司
地址:浙江省慈溪市周巷镇开发东路258 号
邮编:315324
电话:0574/63307777、63321768
传真:63322228
网址:www. honghuicn. com
电子信箱:honghui@ honghuicn. com
质量体系:ISO 9001
产品情况:(宏辉牌)
逆变电源、高频充电器、应急电源、电脑控制单片机等
配套及出口情况:为国内外知名企业专业配套;远销欧洲、美洲、东南亚等地区

★慈溪市勤盛五金电器厂
地址:浙江省慈溪市长河镇长兴路五塘桥边
邮编:315326
电话:0574/63401534、13185920006
传真:63410690
网址:www. qs - wujin. com
电子信箱:web@ qs - wujin. com
质量体系:ISO 9000
产品情况:各种起动机电枢、电磁开关及其他配件;已形成了年产电枢 50 万只的生产能力
配套情况:配套多家 OEM 厂家

★宁波东隆光电科技有限公司
地址:浙江省慈溪市庵东镇庵余路 218 号
邮编:315327
电话:0574/63479175、13906742199
传真:63932304
网址:www. dlteck. com
电子信箱:info@ dlteck. com
质量体系:ISO/TS 16949
产品情况:汽车 HID 氙气灯、安定器、氙气灯套装、双光透镜灯套装、AMP 接头、解码器、HID 包装盒等

★慈溪冠宏电子有限公司
地址:浙江省慈溪市龙山镇三北工业区新联路
邮编:315331
电话:0574/63752880、13484231510
传真:63752881
网址:www. cxguanhong. com
电子信箱:sales@ cxguanhong. com
质量体系:ISO 9001
产品情况:蜂鸣警报器、电子警报器、自备电池警报器、号角喇叭、报警频闪灯、防盗门磁开关等

★慈溪市友利拉索线有限公司
地址:浙江省慈溪市附海开发区
邮编:315332
电话:0574/63567727、63569192
传真:63564727
网址:www. cxyouli. com
电子信箱:web@ cxyouli. com
质量体系:ISO 9001
产品情况:(甬慈牌)
汽车拉索
配套及出口情况:为一汽集团配套;出口亚洲、欧洲、美洲、中东

★宁波法雷奥汽车配件有限公司
地址:浙江省慈溪市杭州湾新区滨海二路 237 号
邮编:315336
电话:0574/23685555、23688892
传真:63526978
电子信箱:shineboss@ msn. com
质量体系:ISO/TS 16949
产品情况:汽车发电机、起动机,年产汽车发电机和起动机各 100 万台,各种配件 300 万只的生产能力

★宁波轻飞特汽车零部件有限公司
地址:浙江省慈溪市杭州湾新区兴慈四路 439 号
邮编:315336
电话:0574/23677791、13567417065
传真:23677793
网址:www. cift. cn
电子信箱:huting@ cift. cn
质量体系:ISO/TS 16949
产品情况:(轻飞特牌)
汽车拉索,年产能 1200 万条
出口情况:远销美洲、亚洲、欧洲、中东、非洲等地区

★宁波威猛汽车部件有限公司
地址:浙江省慈溪市慈东工业区秦渡路887 号
邮编:315338
电话:0574/63252288
传真:63268757

网址:www. powermoto. cn
电子信箱:powermoto@ powermoto. cn
质量体系:ISO/TS 16949
产品情况:火花塞、轴承等
出口情况:远销欧洲、美洲、南亚、中东、非洲等地区

★宁波志华电子有限公司
地址:浙江省慈溪市龙山镇慈东工业区潮生路329号
邮编:315338
电话:0574/63972530、63972535
传真:63972536
网址:www. zhihua – china. com
电子信箱:sales@ zhihua – china. com
产品情况:汽机车防盗警报器、扬声器配件(T型铁、U型铁)、汽机车零配件等

★浙江佳贝思绿色能源有限公司
地址:浙江省余姚市北环东路6号
邮编:315400
电话:0574/58122563、58122557
传真:62655552
网址:www. gbsystem. com
电子信箱:bct@ gbsystem. com. cn
质量体系:ISO/TS 16949、ISO 14001
产品情况:(GBSystem 牌、佳贝思牌)
磷酸铁锂电池、GBS – LFP 系列锂离子电池系统等
出口情况:远销欧洲、美洲市场

★车王电子(宁波)有限公司
地址:浙江省余姚市经济开发区A区远东工业城内CN6地块
邮编:315400
电话:0574/62760669
传真:62700583
网址:www. more. com. tw
电子信箱:info@ mobiletron. com
质量体系:QS 9000、ISO 9001
产品情况:(MORE 牌)
调节器、整流桥、点火模块、无线胎压监测系统

★宁波五马电器有限公司
地址:浙江省余姚市经济开发区西区长庆路18号
邮编:315400
电话:0574/62837331、62833189
传真:62833180、62833186
网址:www. ningbowuma. com
电子信箱:info@ ningbowuma. com
质量体系:ISO 9001
产品情况:气泵逆变器,电路板及变压器等系列
出口情况:远销欧洲、大洋洲、美洲、东南亚等地区

★宁波唯尔电器有限公司
地址:浙江省余姚市西环南路565号
邮编:315400
电话:0574/62599999、62593088
传真:62598888
网址:www. nbwell. com
电子信箱:andy@ nbwell. com
单位人数:1500
质量体系:ISO 9001
产品情况:PVC胶粒、PVC及橡皮绝缘电线电缆、电源线、延长线、绕线盘、转换插座、小型灯具等产品
出口情况:出口北美洲、欧洲、澳大利亚、韩国、日本;为美国GE(通用电气)、HOMEDEPOT、COSTCO、沃尔玛、开玛等供货

★宁波松乐继电器有限公司
地址:浙江省余姚市浙江远东工业城A区CW7
邮编:315400
电话:0574/62717777、62762658
传真:62721978
网址:www. songle. com
电子信箱:sale@ songle. com
质量体系:ISO 9001
产品情况:各种继电器
配套及出口情况:为国内外众多汽车电器等生产厂商配套;畅销海外市场

★宁波科达仪表有限公司
地址:浙江省余姚市经济开发区茂盛路11号
邮编:315403
电话:0574/22683868、22683888
传真:22683855
网址:www. ningbo – keda. com
电子信箱:info@ ningbo – keda. com
质量体系:ISO/TS 16949
产品情况:(科皇牌)
具有年产摩托车仪表400万套、汽车仪表100万套的能力
配套及出口情况:与大长江集团、常卅铃木、南方集团、嘉陵、建设、轻骑、轻骑铃木、轻骑标致、隆鑫集团、宗申集团、比亚乔、力帆集团、大阳集团、钱江集团等中国摩托车企业配套;与日本铃木、印度TVS、美国TRW、韩国大林、英国、挪威、巴西南美等世界500强企业的配套

★宁波友信电器有限公司
地址:浙江省余姚市梁辉开发区振兴西路
邮编:315403
电话:0574/62575938、62575936
传真:62575937
电子信箱:victor666178@ hotmail. com
质量体系:ISO 9001
产品情况:恒温器、温度开关、电动机保护器等各类型温控器元件
出口情况:出口美国、欧洲、日本、东南亚等国家和地区,并销往中国台湾、中国香港地区

★余姚高和电子有限公司
地址:浙江省余姚市兰江街道丰杨河村直江路58号
邮编:315409
电话:0574/62515555
传真:62515788
网址:www. chinabosom. com
电子信箱:sales@ chinabosom. com
单位人数:500
质量体系:ISO 9001
产品情况:各类汽车天线及汽车零配件

★宁波华邦汽配有限公司
地址:浙江省余姚市陆埠镇舜孙南路1号
邮编:315420
电话:0574/62390511
传真:62390483
网址:www. xingsherg – nb. com
质量体系:ISO 9000
产品情况:(LU 牌)
鼓风机、XSCF系列冷却风扇、汽车继电器、继电器插座、熔断器盒、针形开关、工业用塑料链条等
出口情况:产品90%出口

★宁波舜兴汽车电器有限公司
地址:浙江省余姚市陆埠镇五马工业区
邮编:315420
电话:0574/62320507、62386767
传真:62320606
网址:www. cnshunxing. com
电子信箱:sxfangjin@ cnshunxing. com
质量体系:ISO/TS 16949
产品情况:(舜兴牌)
汽车发电机、分电器、点火控制器
配套及出口情况:与国内多家主机厂配套;出口东南亚、欧洲、美洲等地区

★宁波华腾电机有限公司
地址:浙江省余姚市大隐镇山王南路
邮编:315423
电话:0574/62915507
传真:62914528
网址:www. yongxiangcn. com
电子信箱:stf@ yongxiangcn. com
质量体系:QS 9000
产品情况:(甬翔牌)
各种起动机电枢、起动机、发电机转子、定子、发电机
配套情况:电枢已配套多家OEM厂家

★宁波远州汽车电器有限公司
地址:浙江省余姚市马渚工业开发区渚北东路82号
邮编:315450
电话:0574/62450888
传真:62450813
网址:www. yuanzhou. com
电子信箱:sales@ yuanzhou. com
质量体系:ISO 9001
产品情况:(远州牌)
发电机、起动机;具有年产发电机300万台、起动机150万台、SG电机5万台、EV电机5万台的生产能力
配套及出口情况:为各大汽车主机厂配

套；远销俄罗斯、印度、德国、美国等国家

★宁波正耀汽车电器有限公司
地址：浙江省余姚市马渚镇马云路1号
邮编：315450
电话：0574/62465403、62465393
传真：62460222
网址：www.yyae.com.cn
电子信箱：sales@yyae.com.cn
单位人数：580
质量体系：ISO/TS 16949、VDA 6.1
产品情况：（YY牌）
年产电器插接器、熔断器盒、中央配电盒及其他线束附件产品约3亿件
配套情况：为一汽集团、东风汽车公司、北汽福田、华晨金杯、奇瑞汽车、江淮汽车、东南汽车、长安、长城汽车、比亚迪汽车等配套

★宁波庆昌镒万汽车配件有限公司
地址：浙江省余姚市牟山镇工业园区180号
邮编：315456
电话：0574/62890287
传真：62890280
网址：www.keauto.cn
电子信箱：dhwang@keauto.cn
质量体系：ISO/TS 16949
产品情况：油门拉索、车门拉索、制动拉索、座椅拉索、摇窗器拉索、加油口盖拉索等

★宁波海湖蓄电池有限公司
地址：浙江省余姚市临山镇湖堤工业区
邮编：315461
电话：0571/88999299
传真：88994566
网址：www.sealake.com
电子信箱：sealake@sealake.com
质量体系：ISO 9001
产品情况：汽车及摩托车蓄电池

★慈溪市博菱汽车电器有限公司
地址：浙江省余姚市小曹娥经济开发区滨海新城曹一路10号
邮编：315475
电话：0574/62277986
传真：62277987
网址：www.cxaudiman.com
电子信箱：audiman@cxaudiman.com
质量体系：ISO/TS 16949
产品情况：各类减速型起动机及配件；具有年产15万台起动机的生产能力

★浙江省余姚市伯钿电器厂
地址：浙江省余姚市朗霞街道新新工业村
邮编：315482
电话：0574/62197269、13705849357
传真：62195168
电子信箱：web@cn-jdh.com
质量体系：ISO 9001
产品情况：发电机集电环、骨架及塑料配件
配套及出口情况：与锦州汉拿、哈尔滨东安、一汽辽源、深圳泰祥、中国台湾扬生等国内外著名汽车发电机企业配套；出口美国、欧盟、韩国、日本等国家和地区，并销往中国台湾地区

★宁波大光汽车零部件有限公司
地址：浙江省余姚市低塘街道镇南路85号
邮编：315490
电话：0574/62260690、62269999
传真：62263218、62264318
网址：www.autodaiko.com
电子信箱：daiko@autodaiko.com
质量体系：ISO/TS 16949
产品情况：点火线圈、分电器总成、分电器盖、分火头、白金、电容器等
出口情况：远销日本、美国、加拿大、英国、欧盟、中东、东南亚、非洲、南美洲等国家和地区

★浙江阳明汽车部件有限公司
地址：浙江省余姚市低塘镇环镇北路46号
邮编：315490
电话：0574/62263670、62261028
传真：62263360
网址：www.ymchina.com
电子信箱：ym@ymchina.com
质量体系：ISO/TS 16949
产品情况：（阳明牌）
汽车电子电器开关、精密模具和塑料部件，具备年产各类汽车开关800万套和汽车塑料制品1000万套的能力
配套及出口情况：为多家整车厂配套；远销欧洲、北美洲、南美洲市场

★余姚市准时电器有限公司
地址：浙江省余姚市低塘街道历山工业区
邮编：315491
电话：0574/62241261、62243927
传真：62245177
网址：www.nb-jiuling.com
电子信箱：zhunshi@zhunshi.cc
质量体系：ISO 9001
产品情况：（90牌）
汽车分电器总成、高能电子点火器、分电器盖、分火头、张紧轮、断电触点、火花塞、蜗牛电喇叭、高压阻尼线等
出口情况：部分产品出口

★宁波久灵汽车零部件有限公司
地址：浙江省余姚市低塘街道镆剑山村
邮编：315492
电话：0574/62292218、62295098
传真：62293188
网址：www.90baijin.com
电子信箱：baijin@90baijin.com
单位人数：150
质量体系：ISO 9001
产品情况：（JORIN牌）
汽车断电器总成（断电触点）、火花塞、分电器、高压阻尼线、蜗牛电喇叭、高能电子点火器、张紧轮、分电盖、分火头、桑塔纳开关等
配套及出口情况：（12R）白金为发动机主机厂配套；出口10多个国家和地区

★余姚市韩泰汽车电器有限公司
地址：浙江省余姚市姚北工业园区
邮编：315492
电话：0574/62295558、13566089358
传真：62295559
网址：www.cn-hantai.com
电子信箱：hantai_autoparts@163.com
质量体系：ISO 9001
产品情况：（90牌）
硅橡胶汽车点火线、喇叭
出口情况：出口美国、欧洲、中东、东南亚

★奉化市汉特汽车仪表有限公司
地址：浙江省奉化市天峰路45号
邮编：315500
电话：0574/88525601
传真：88525018
网址：www.heartymeter.com
电子信箱：sales01@heartymeter.com
单位人数：100
质量体系：ISO/TS 16949
产品情况：［汉特(HEARTY)牌］
汽车压力表、温度表、燃油表、电压表、电流表及工程车辆仪表盘
出口情况：远销北美洲、南美洲、欧洲、大洋洲、中东、东南亚等地区

★奉化市圆合汽车空调部件有限公司
地址：浙江省奉化市西坞街道聚源路2号
邮编：315505
电话：0574/88540555
传真：88534218
网址：www.qcktbj.com
电子信箱：web@qcktbj.com
质量体系：ISO/TS 16949、ISO 9001
产品情况：汽车空调电磁离合器及部件
配套及出口情况：为重庆华之龙、台州赛马、苏州中成、宁波欣晖、奥柯、广州等汽车空调压缩机生产企业配套；远销美国、韩国等国家

★象山华泰模塑电器有限公司
地址：浙江省象山县西周工业区
邮编：315721
电话：0574/65871618、65873333
传真：65872333
网址：www.huataiinc.com
质量体系：ISO/TS 16949、ISO 9001
产品情况：汽车内饰件、紧固件、汽车电线、高精度塑料模具、中央门锁、开关、接插件、排气管、胶木产品、波纹管等
配套及出口情况：部分产品已和一汽、大众以及其他国内汽车厂配套；远销美国、欧洲等国家和地区

★宁波市北仑明州机电制造有限公司
地址：浙江省宁波市北仑区大矸镇石湫

工业区万荣路38号
邮编:315806
电话:0574/86109766
传真:86109728
网址:www.nbmzjd.com
电子信箱:tony_mzjd@126.com
质量体系:ISO 9001
产品情况:汽车倒车信号开关、空挡信号开关、取力箱开关、线夹、操纵汽缸、手柄球等
配套及出口情况:为大同齿轮、一汽集团哈尔滨变速器、东风汽车变速器等配套;出口欧洲、美洲、东南亚、中东、非洲等地区

★宁波韵升汽车电机系统有限公司
地址:浙江省宁波市北仑区小港街道安居路26号
邮编:315801
电话:0574/27952527
传真:27952517、27952518
网址:www.ysae.cn
电子信箱:info@ysae.cn
单位人数:400
质量体系:ISO/TS 16949
产品情况:发电机和起动机,年产发电机100万台、起动机50万台
配套及出口情况:为多家整车厂的供应商配套;远销美洲、欧洲、中东、东南亚等地区

★宁波华甬汽车零部件有限公司
地址:浙江省宁波市北仑区小港经济技术开发区G1区
邮编:315803
电话:0574/55223353
传真:55223352
网址:www.nbhyql.com
电子信箱:nbhy2006@163.com
质量体系:ISO/TS 16949、QS 9000
产品情况:汽车组合开关、变光开关、转向开关、翘板开关、电源总开关、点火开关、点火锁、车门锁、油箱锁、后备箱锁、全车锁芯及各类按钮开关等,年生产能力120万套以上
配套情况:为上汽通用五菱、长春一汽客车、东风杭汽、奇瑞汽车、吉利汽车、南京春兰、沈阳金杯、丹东黄海、金华青年尼奥普兰、北汽福田等十几家汽车厂配套

★宁波市北仑机械电器有限公司
地址:浙江省宁波市北仑柴桥工业区金浦路9号
邮编:315809
电话:0574/86062539、86053658
传真:86062631
网址:www.bljd.com
电子信箱:yye@bljd.com
质量体系:ISO 9001
产品情况:导电塑料位移传感器等
出口情况:出口德国、印度等国家

★宁波Skyward工业有限公司
地址:浙江省宁波市小港镇新疆工业区经十一路256号
邮编:315821
电话:0574/27866810、27666777
传真:27666880
网址:www.askyward.com
电子信箱:master@askyward.com
质量体系:VDA 6.1、QS 9000
产品情况:开关、滤清器、离合器、交流发电机、起动机、悬架及转向系统配件、冷却系统、轴承及张紧器、橡胶件等

★台州通达机电有限公司
地址:浙江省三门县沙田洋开发区光明中路333号
邮编:317100
电话:0576/83351659、83351650
传真:83351658、83230518
网址:www.chinakailong.com
电子信箱:user@chinakailong.com
单位人数:300
质量体系:ISO/TS 16949
产品情况:(凯龙牌、裕龙牌)
汽车各类空调电动机、暖风电动机、水箱风扇电动机、EPS转向助力电动机等;年生产能力200万台汽车电动机
配套及出口情况:广泛应用于上汽通用五菱、长安、昌河、一汽、东风汽车等;农机产品出口东南亚

★温岭市达昌电器厂
地址:浙江省温岭市城西工业城九龙大道西下岙段
邮编:317500
电话:0576/86997602、86997603
传真:86138788
网址:www.chinadachang.com
电子信箱:wzfb@hotmail.com
质量体系:ISO/TS 16949
产品情况:换向器(整流子)
出口情况:远销欧美、亚洲,并销往中国台湾地区

★温岭大发微电机有限公司
地址:浙江省温岭市南泉二期工业区
邮编:317500
电话:0576/86118979、13606679226
传真:86220506
网址:www.washermotor.com
电子信箱:info@washermotor.com
质量体系:ISO 9001
产品情况:汽车风窗洗涤器、洗涤泵、前照灯洗涤泵、前照灯水平调节电动机等产品
出口情况:远销欧洲、南美洲、东南亚、中东,并销往中国台湾地区

★温岭市永赢机械部件厂
地址:浙江省温岭市新河前蔡工业区
邮编:317502
电话:0576/86563600、13058663587
传真:86563700
网址:www.cn-yongying.com
电子信箱:yongyinqiye@163.com
质量体系:ISO 9001
产品情况:汽车起动机和发电机零部件、汽车发电机调节器整流器结构件、汽车点火模块结构件和起动机加固环等部件

★浙江黄龙机电有限公司
地址:浙江省温岭市大溪镇下员山工业区
邮编:317525
电话:0576/86331113、86339288
传真:86340678
网址:www.huanglongcasting.com
电子信箱:huanglongcasting@163.com
质量体系:ISO 9001
产品情况:Y2、Y3系列56~160全系列可拆卸机脚铝电动机壳,IEC全系列可拆卸机脚铝电动机壳,IEC全系列可拆卸机脚铝电动机壳,铝合金挤压(拉伸)免切削电动机壳 JA02系列铝电动机壳,各类出口型水泵铝机壳以及各类铝合金压铸机械部件等
出口情况:出口东南亚、中东

★台州艾纳特电子有限公司
地址:浙江省玉环县后湾工业区
邮编:317600
电话:0576/87253521
传真:87250209
网址:www.ignchina.com
电子信箱:sales@ignchina.com
质量体系:ISO/TS 16949
产品情况:(IGN牌)
各类汽车干式、笔式点火线圈,年产50万只
出口情况:远销北美洲、中南美洲、欧洲、东南亚等地区

★玉环荣昌机械有限公司
地址:浙江省玉环县解放塘农场
邮编:317600
电话:0576/87508483、13967655477
传真:87508473
网址:www.rongchangchina.com
电子信箱:office@rongchangchina.com
质量体系:ISO/TS 16949、ISO 9001
产品情况:汽车起动机电刷后端盖,年产能力可达580万套
配套情况:为锦州汉拿电机、台湾士林电机、常州天发动力总成等电动机厂配套

★玉环鑫锦泓机械制造有限公司
地址:浙江省玉环县珠港镇后湾工业区泽坎路85号
邮编:317600
电话:0576/87204798
传真:87243837
网址:www.chinajinhong.com

电子信箱:marco@ chinajinhong. com
质量体系:ISO/TS 16949
产品情况:起动机行星轴、行星减速器,液压传动零部件、新能源电机轴
配套及出口情况:为东风汽车公司、博世、比亚迪汽车等配套;远销美国、俄罗斯、巴西、印度、欧洲、东南亚、中东等国家和地区

★浙江环方汽车电器有限公司
地址:浙江省玉环县坎门红旗工业区
邮编:317602
电话:0576/87565158、87553791
传真:87556116
网址:www. huanfang. com
电子信箱:zdfang@ huanfang. com
质量体系:ISO/TS 16949
产品情况:(环方牌)
　　电磁开关、继电器、电磁阀等,现已形成年产750万只电磁开关,60万只继电器的生产能力
配套及出口情况:主要配套于天津电装、锦州汉拿、成都华川电装、博世公司、依斯克拉、长沙日立、雷米、长沙汽电、常州天发动力、芜湖杰诺瑞、广汽集团、常州小松等;部分产品远销欧洲、北美洲等地区

★台州新起飞机械有限公司
地址:浙江省玉环县坎门街道红旗工业区
邮编:317602
电话:0576/87551737
传真:87506317
网址:www. cnyxjx. com
电子信箱:web@ cnyxjx. com
质量体系:ISO/TS 16949、ISO 9001
产品情况:(XQF牌)
　　电枢轴、减速轴、出力轴、皮带轮等
配套情况:与国内多家知名电机生产厂家稳定配套

★台州振鹏单向器有限公司
地址:浙江省玉环县坎门科技工业园区
邮编:317602
电话:0576/87509878、87509876
传真:87509879
网址:www. cn - zp. com
电子信箱:zhenpeng@ znp. cc
质量体系:ISO 9001
产品情况:(振鹏牌)
　　起动机单向器、单向皮带轮;单向器年产能力250余万套
出口情况:80%的产品出口美国、加拿大、欧洲、印度、东欧等国家和地区,并销往中国香港、中国澳门、中国台湾地区

★玉环佰川机电有限公司
地址:浙江省玉环县坎门科技工业园区
邮编:317602
电话:0576/87508980、13989695760
传真:87508982
网址:www. cnbaichuan. com
电子信箱:sales@ cnbaichuan. com
质量体系:ISO 9000
产品情况:永磁减速起动机,年产能力20万台以上
出口情况:90%的产品出口欧洲、美洲、东南亚、中东等地区,并销往中国台湾地区

★玉环普天单向器有限公司
地址:浙江省玉环县坎门科技工业园区
邮编:317602
电话:0576/87509806
传真:87509811
网址:www. putian - cn. com
电子信箱:lorna@ putian - cn. com
质量体系:ISO/TS 16949
产品情况:(普天牌)
　　以生产汽车起动机单向离合器系列为主,年生产能力:单向器1200万套,传动轴700万只
配套情况:主要客户有天津电装与华川电装、长沙日立、美国雷米、锦州汉拿、北京佩特莱等公司,并已成为德国博世全球采购供应商及依斯克拉全球重型汽车指定配套商;产品分别用于奔驰、宝马、福特、奥迪、雪佛莱、丰田、本田、铃木、日产、现代、起亚等车型

★台州伟博汽车零部件有限公司
地址:浙江省台州市椒江东山九洲大道668号
邮编:318000
电话:0576/88817089
传真:88203858
网址:www. weiboauto. com
电子信箱:sales@ weiboauto. com
质量体系:ISO/TS 16949
产品情况:年生产能力:驱动轴300万件,电枢轴100万根
配套情况:与湖北神电、上海日立、长沙汽车电器厂、苏州依斯克拉配套

★台州新博得汽车电器有限公司
地址:浙江省台州市开发大道558号
邮编:318000
电话:0576/88202978、88885659
传真:88200677
网址:www. broadauto. com
电子信箱:hgt@ broadauto. com
质量体系:ISO/TS 16949
产品情况:(博得牌)
　　汽车起动机及其零部件
出口情况:产品85%出口北美洲、欧洲、中东、东南亚等地区

★信质电机股份有限公司
地址:浙江省台州市椒江区前所街道
邮编:318016
电话:0576/88928188、88923198
传真:88926198
网址:www. chinaxinzhi. com
电子信箱:xz@ chinaxinzhi. com
单位人数:1800
质量体系:ISO/TS 16949、ISO 14001
产品情况:(信质牌)
　　汽车发电机定子、汽车发电机定子总成、汽车微特电动机转子、电动车转子、电动工具电动机转子、三相稀土永磁同步电动机、VVT(汽车可变气门正时系统)等
配套情况:为法雷奥、博世、日立等国内外众多大型电机电器厂商提供专业配套服务

★新大洋机电集团有限公司
地址:浙江省台州市黄岩经济开发区拱新大道8号
邮编:318020
电话:0576/84068811、84068822
传真:84068833
网址:www. xdy. com
电子信箱:sales@ xdy. com
单位人数:2000
质量体系:ISO/TS 16949、QS 9000
产品情况:电动车用无刷电动机、控制器、模具、塑件,摩托车配件,各类塑料模具

★浙江天翀车灯集团有限公司
地址:浙江省台州市黄岩西工业区新屿路68号
邮编:318020
电话:0576/84350888、84350588
传真:84350889
网址:www. tchong. com
电子信箱:tzhytchong@ 163. com
质量体系:ISO/TS 16949、QS 9000
产品情况:各种汽车灯具、汽车电子及各种模具
配套情况:为一汽集团、上汽集团、北汽集团、东风集团、华晨集团、奇瑞汽车、江淮汽车、长城汽车、哈飞汽车、厦门金龙等配套

★浙江海威电器有限公司
地址:浙江省台州市路桥区卖芝桥888-8号科技园区
邮编:318050
电话:0576/82425333
传真:89207270
电子信箱:sales@ Chinahaiwei. com
质量体系:ISO/TS 16949
产品情况:本田、丰田系列汽车起动机、发电机、风扇电动机、鼓风机、助力转向电动机(EPS电动机)以及摩托车起动电动机等
配套及出口情况:与国内多家主机厂长期配套;远销欧洲、中东、美国、德国、加拿大、马来西亚、伊朗等国家和地区,并销往中国台湾地区

★浙江中科正方电子技术有限公司
地址:浙江省金华市婺城区仙源路855号

邮编:321025
电话:0579/82258205
传真:82258165
网址:www. zkzf. com
电子信箱:info@ zkzf. com
质量体系:ISO/TS 16949
产品情况:燃油车整车 CAN 总线控制系统、新能源车整车 CAN 总线控制系统、车用模块(BCM、温控)、数字仪表、TFT 液晶显示数字仪表(含视频、控制)、柴油发动机尾气后处理系统(EGR)、发动机的远程诊断和控制系统等
配套情况:为北汽福田等配套

★浙江巨江电源制造有限公司
地址:浙江省兰溪市游埠工业园区
邮编:321106
电话:0579/88666666
传真:88666762
网址:www. chinajeje. com
电子信箱:sales@ chinajeje. com
单位人数:2000
质量体系:ISO/TS 16949、ISO 9001
产品情况:汽车铅酸蓄电池

★浙江省金华市第一特种灯泡厂
地址:浙江省武义县东南工业园区
邮编:321200
电话:0579/89096218、89096588
传真:87950787
电子信箱:jinte - china@ 163. com
质量体系:ISO/TS 16949
产品情况:(金特牌)
H 系列卤素灯泡、封闭式卤钨灯、HID 氙气灯、LED 灯等全系列车灯产品
配套情况:为主机厂配套

★永康市东方起动电器厂
地址:浙江省武义县泉溪镇湖沿工业区湖沿路口
邮编:321200
电话:0579/87966067、13777536740
传真:87966090
网址:www. ykdongfang. com
电子信箱:dongfanga@ ykdongfang. com
单位人数:200
质量体系:ISO/TS 16949
产品情况:(申卫牌)
汽车交流发电机、起动电磁开关等,具有年制造汽车交流发电机 40 多万台的生产能力

★浙江钜翔电器有限公司
地址:浙江省武义县桐琴五金机械工业园纬六东路
邮编:321201
电话:0579/87918788
传真:87918786
电子信箱:wang@ chiaboyu. com
质量体系:ISO/TS 16949
产品情况:(钜翔牌)
发电机、起动机,年产量 100 多万台

★浙江正立电机有限公司
地址:浙江省武义县桐琴镇倪桥工业区
邮编:321201
电话:0579/87707678、87707947
传真:87707948
网址:www. zhengli - china. com
电子信箱:sale@ zhengli - china. com
质量体系:ISO/TS 16949
产品情况:(正立牌)
交流发电机,适用于国内外多款汽车、货车、工程机械、农用车等;年生产能力达到 45 万台
出口情况:出口欧洲、美国、中东、东南亚等国家和地区

★浙江大超工贸有限公司
地址:浙江省武义县桐琴模具城
邮编:321300
电话:0579/89090116
传真:89090117
网址:www. naen. cn
电子信箱:naen@ naen. cn
质量体系:ISO 9001
产品情况:微型汽车、轿车发电机为主,具备年产各类汽车发电机 60 万台以上的生产和配套能力

★永康市铁能工贸有限公司
地址:浙江省永康市白云工业区云 6 路 5 号
邮编:321300
电话:0579/87192878、13758947711
传真:87192886
网址:www. yktieneng. com
电子信箱:jianfeng5128@ 163. com
质量体系:ISO/TS 16949
产品情况:定子、汽车发电机风叶、发电机冲压件、汽车起动机电枢片、汽车起动机机壳

★永康市伟龙电机有限公司
地址:浙江省永康市花川工业玉桂路 81 号
邮编:321300
电话:0579/87256087、13626793004
传真:87255238
网址:www. cnwldj. com
电子信箱:www@ cnwldj. com
质量体系:ISO/TS 16949
产品情况:(伟龙牌)
近百种规格的各系列交流发电机

★永康市宏运控制索有限公司
地址:浙江省永康市黄塘工业区
邮编:321300
电话:0579/87236786、87236976
传真:87237297
网址:www. ykhy. com
电子信箱:fxy@ ykhy. com
质量体系:ISO 9001
产品情况:(宏永牌)
加速软轴拉线、熄火软轴拉线、操纵软轴、制动软轴、行驶操纵软轴等
配套情况:为徐工、厦工等国内外 100 多个企业配套

★永康市永博汽车电器厂
地址:浙江省永康市西城工业区
邮编:321300
电话:0579/87291388、87294566
传真:87291680、87208153
电子信箱:aotaicn@ alibaba. com. cn
质量体系:ISO/TS 16949
产品情况:汽车发电机、起动机

★永康市捷虎汽车电器有限公司
地址:浙江省永康市西城烈桥工业区正大路 108 号
邮编:321300
电话:0579/87277622、87277809
传真:87277819
电子信箱:jiehu@ chinajiehu. com
质量体系:ISO/TS 16949
产品情况:(捷虎牌)
各种发电机

★浙江省永康市康福特实业有限公司
地址:浙江省永康市花街工业区二期
邮编:321302
电话:0579/87065288
传真:87065688
电子信箱:web@ china - kft. com
质量体系:ISO 9001
产品情况:[康福特(KFT)牌]
汽车起动机单向器、输出轴等
配套及出口情况:与江苏、浙江、福建、山东、江西、河北等多家起动机厂配套;出口美国及东南亚

★永康市灵山电机有限公司
地址:浙江省永康市石柱工业园区
邮编:321304
电话:0579/87358521、13516980289
传真:87355884
网址:www. cnlingshan. com
电子信箱:lingshan@ cnlingshan. com
单位人数:300
质量体系:ISO/TS 16949
产品情况:(灵山牌)
具有年产汽车发电机 100 万台的生产能力
出口情况:出口欧洲、北美洲、韩国、巴西、东南亚、中东等国家和地区

★康灵集团有限公司
地址:浙江省永康市石柱镇
邮编:321304
电话:0579/87350388、87350823
传真:87350823、87376066
网址:www. kangling. com
电子信箱:03@ kangling. com
单位人数:400
质量体系:ISO/TS 16949
产品情况:(灵山湖牌)
汽车单向器,年产汽车单向器 360

万套
配套及出口情况：为博世、法雷奥、伊斯克拉、中国台湾扬生、上海法雷奥、泉州艺达等国内外知名企业配套；远销欧美等40多个国家和地区

★浙江博星电子有限公司
地址：浙江省缙云县城大桥南路317号
邮编：321400
电话：0578/3130998、3130978
传真：3135978
网址：www.zjboxing.com
电子信箱：wzlht@126.com
单位人数：300
质量体系：ISO/TS 16949、ISO 9001
产品情况：车用整流组件、整流管、晶闸管、模块及电力半导体器件、管芯
配套及出口情况：为100余家企业配套；远销欧美、非洲、东南亚等地区

★浙江朕炜电器有限公司
地址：浙江省东阳市白云街道甑山路8号
邮编：322100
电话：0579/86880592、86880806
传真：86880592
电子信箱：dyzjzhenwei@163.com
董事长：楼甜甜
质量体系：ISO/TS 16949
产品情况：汽车点火线圈、汽车点火模块
配套及出口情况：为长安汽车、哈尔滨东安动力等配套；远销多个国家和地区

★横店集团东磁股份有限公司
地址：浙江省东阳市横店工业区
邮编：322118
电话：0579/86588399
传真：86588395
网址：www.chinadmegc.com
电子信箱：hlf@chinadmegc.com
质量体系：ISO 9002、QS 9000
产品情况：（东磁牌）
高性能电动机磁瓦、喇叭磁钢、微波炉磁钢、太阳能电池片、太阳能电池组件、碱性电池、硬质合金等
配套及出口情况：被德国博世、荷兰飞利浦、韩国三星、日本松下等国际知名企业评为最佳供应商；远销欧洲、美洲、韩国、日本、东南亚等60多个国家和地区

★浙江联宜电机股份有限公司
地址：浙江省东阳市横店影视城工业大道196号
邮编：322118
电话：0579/86622113
传真：86630757
网址：www.linix.com.cn
电子信箱：001@linix.com.cn
质量体系：ISO/TS 16949
产品情况：（LINIX牌）
发电机、减速器、电子配件等

★浙江嘉利（丽水）工业有限公司
地址：浙江省丽水市经济技术开发区丽沙路1号
邮编：323000
电话：0578/2698020
传真：2698000
网址：www.cnjiali.com
电子信箱：lishuijiali@vip.163.com
质量体系：ISO/TS 16949
产品情况：汽车及摩托车灯具总成，已具备年产两轮车灯具500万套、汽车灯具150万套的生产能力
配套情况：为一汽集团、东风汽车公司、重汽集团、奇瑞汽车、长安汽车、哈飞汽车、昌河汽车、本田、铃木、雅马哈等主机厂配套

★浙江力威机电设备制造有限公司
地址：浙江省丽水市经济开发区水阁工业区遂松路331号
邮编：323000
电话：0578/2698906、2698915
传真：2698907
网址：www.lwaep.com
电子信箱：lwaep@lwaep.com
质量体系：ISO/TS 16949
产品情况：（LWAEP牌）
汽车用起动机及柴油发动机起动机，具有年产40万台生产能力
出口情况：远销东南亚、北美洲、欧洲等地区

★丽水市信毅单向器有限公司
地址：浙江省丽水市水阁工业区枫岭街3号
邮编：323000
电话：0578/2138142、2959829
传真：2178119
网址：www.zpsf.cn
电子信箱：lschm@zpsf.cn、
质量体系：ISO/TS 16949
产品情况：（赛普神飞牌）
汽车起动机单向离合器系列，产品分别用于奔驰、宝马、福特、奥迪、雪佛兰、丰田、本田、铃木、日产、现代、起亚等车型；具有年产单向器2000万套的生产能力
配套情况：主要客户有上海博世、美国WAI、成都华川、锦州汉拿、北汽飞驰、北京佩特莱、泉州艺达、无锡苏盛等公司

★浙江方正电机股份有限公司
地址：浙江省丽水市水阁开发区石牛路73号
邮编：323000
电话：0578/2171041、2171042
传真：2131854、2202854
网址：www.fdm.com.cn
电子信箱：service@fdm.com.cn
单位人数：1576
质量体系：ISO 9001、ISO 14001
产品情况：［方德（FDM）牌］
电动汽车驱动电动机等汽车电动机，具有年产汽车电动机50万台的生产能力
配套及出口情况：是通用汽车、一汽－大众、万向电动汽车、美国江森公司的战略合作伙伴；远销欧美、中东、东南亚等地区

★丽水市昌盛单向器有限公司
地址：浙江省丽水市天宁工业区微电机园区17幢
邮编：323000
电话：0578/2121739、2232077
传真：2137153
网址：www.lscsdxq.com.cn
电子信箱：vip@lscsdxq.com.cn
单位人数：80
质量体系：ISO 14001
产品情况：［泰顶（TAIDING）牌］
汽车起动机单向器及零件

★浙江耐斯特电机有限公司
地址：杭州市余杭区兴国路530号3幢4楼
邮编：323700
电话：0578/89027063
网址：www.zjnicety.com
电子信箱：zsgroup@zsgoup.cc
质量体系：ISO/TS 16949
产品情况：（耐源牌）
汽车用冷凝器风扇、散热器（水箱）风扇、鼓风机、空调器（蒸发器）总成四大系列产品
出口情况：出口美洲、非洲、大洋洲、欧洲、中东、东南亚等20多个国家和地区

★浙江毅力汽车空调有限公司
地址：浙江省龙泉市大沙五金工业园区大沙一路23号
邮编：323700
电话：0578/7299999、7288882
传真：7219048
网址：www.zj-yl.com
电子信箱：info@zj-yl.com
质量体系：ISO/TS 16949、ISO 9001
产品情况：汽车空调压力开关、电子压力传感器、压缩机油封、调速电阻模块、空调维修工具、干燥过滤器等空调零配件为主
出口情况：远销欧洲、东南亚、北美洲、南非等地区

★浙江欧派电装有限公司
地址：浙江省丽水市庆元县工业园区
邮编：323800
电话：0578/6228866、6228868
传真：6228777
网址：www.zjoupai.com
电子信箱：zjopdz@126.com
质量体系：ISO/TS 16949、ISO 9002
产品情况：（欧派牌）
汽车交流发电机、起动机、蓄电池

出口情况：远销印度尼西亚、东南亚、欧美、非洲等国家和地区

★衢州宇杰机械有限公司
地址：浙江省衢州市衢江区沈家经济开发区宾港中路36号
邮编：324022
电话：0570/3375756、13706742924
传真：3867033
电子信箱：jsxgj@163.com
质量体系：ISO/TS 16949、QS 9000
产品情况：（锦杰牌）
具有年产各类企业发电机、起动机，空调电机，继电器等类汽车发电机、起动机、空调电动机、刮水器电动机、继电器等百万台的生产规模

★浙江奥冠电子科技有限公司
地址：浙江省龙游县龙游工业园区北斗大道13号
邮编：324400
电话：0570/7258838、15957020888
传真：7258858
网址：www.autoone.cn
电子信箱：sales@autoone.cn
单位人数：500
质量体系：ISO 9001
产品情况：（AUTOONE牌）
测量压力、温度和加速度等量值的传感器，调温器、点火器、电容及各类汽车传感附件等；电动汽车零部件
出口情况：远销欧洲、美洲、中东等10多个国家和地区

★瑞安市东南仪表元件厂
地址：浙江省瑞安市鲍田镇鲍一工业区
邮编：325000
电话：0577/65211933、65218933
传真：65216933、65200933
网址：www.zhongjie-cn.com
电子信箱：zhongjie18@mail.wzptt.zj.cn
负责人：戴光杰
质量体系：ISO/TS 16949
产品情况：（中杰牌）
仪表及传感器，年产量近30多万套
出口情况：出口北美洲、南美洲、东南亚、中东、非洲等地区

★浙江利益安防有限公司
地址：浙江省温州市高新区集云山路38号
邮编：325000
电话：0577/88353388、88339642
传真：88339642
网址：www.chinaflashes.com
电子信箱：info@chinaflashes.com
质量体系：ISO 9001
产品情况：（利益牌）
警示灯具、警报器、防盗警用器材、扬声器等
配套及出口情况：为特种车辆厂及改装厂配套；远销美洲、亚洲、欧洲、非洲等地区

★浙江新亚电子科技有限公司
地址：浙江省温州市经济技术开发区温州大道620号
邮编：325000
电话：0577/86522888、18958977766
传真：86528922
网址：www.xinya-wz.com
电子信箱：wangjue@xinya-cn.com
质量体系：ISO 9001、ISO 14001
产品情况：NB线束、电子线材、电脑线、电源线、电源插头线、连接器（端子、塑件、针座）、PVC塑胶、FFC、五类跳接线
配套及出口情况：为国内外多家主机厂配套；部分产品出口

★温州市宏正警安设备有限公司
地址：浙江省温州市瓯海区郭溪街道宋河北路88号
邮编：325000
电话：0577/86086788
传真：86085788
网址：www.chinahongzheng.com
电子信箱：hgzg@mail.wzptt.zj.cn
质量体系：ISO 9001
产品情况：车载电子警报器、长排警示灯、小型警示灯、扬声器等
出口情况：出口欧洲、中东、美洲、东南亚

★温州瑞利嘉汽车电器有限公司
地址：浙江省温州市瓯海泽雅工业区戈恬路1号
邮编：325000
电话：0577/86312661
传真：86312559
网址：www.reelcar-ignition.com
电子信箱：pinpin@reelcar-parts.com
质量体系：ISO 9001
产品情况：（REALCAR牌）
汽车点火线圈
出口情况：远销美国、欧洲、中南美洲、中东、非洲等几十个国家和地区

★温州市鹿东汽车配件厂
地址：浙江省温州市上陡门6组团12幢102室
邮编：325000
电话：0577/88912630
传真：88915767
网址：www.rotocn.com
电子信箱：roto@wz.zj.cn
质量体系：ISO 9001
产品情况：（ROTO牌）
盆形喇叭、蜗牛喇叭、电子闪光器、继电器、电子集成调节器
出口情况：远销欧洲、美洲、非洲、亚洲等30多个国家和地区

★温州市豪晟汽配有限公司
地址：浙江省温州市新桥前花工业区金达路4号
邮编：325000
电话：0577/86189089、86189567
传真：86189058
网址：www.wzxishan.com.cn
电子信箱：wzxsqp@126.com
质量体系：ISO/TS 16949
产品情况：各种汽车用机油压力报警器、水温传感器、风扇开关、节温器、制动（倒）车灯开关、机油压力传感器、油量传感器等产品
配套及出口情况：为芜湖汽车仪表工业集团、浙江汽车仪表厂、绍兴怡东仪表、广州汽车仪表厂、马瑞利汽车仪表、北京仪表厂等10多家单位装车配套；出口20多个国家和地区

★利尔电气（浙江）有限公司
地址：浙江省温州市中国鞋都三期地块
邮编：325000
电话：0577/88337377、88331502
传真：88347075、83347074
网址：www.lear.com.cn
电子信箱：lear@lear.com.cn
质量体系：ISO/TS 16949
产品情况：汽车用各类型传感器、新能源汽车超级电容、电动车ECU控制系统
配套情况：是美国通用、德国大众、上汽大众、一汽-大众、上汽通用、北京现代、北京奔驰、一汽轿车、哈飞集团等国内外40余家国内汽车主机厂的供应商

★温州胜威汽车冷暖机设备有限公司
地址：浙江省温州市经济技术开发区滨海园区丁香路527号
邮编：325007
电话：0577/88781797、13362796666
传真：88781799
电子信箱：webmaster@songtaicn.com
质量体系：ISO/TS 16949
产品情况：（松台牌）
汽车冷暖风机和汽车调温器系列产品
配套情况：为重汽集团（豪沃、斯太尔）、陕汽集团、上汽依维柯红岩、北奔重汽、北汽福田等重型车及工程机械厂配套

★浙江正泰汽车零部件有限公司
地址：浙江省温州经济技术开发区滨海二十一路338号
邮编：325011
电话：0577/56576777
传真：56576777
网址：www.chintautoparts.com
电子信箱：info@chintautoparts.com
董事长：南存辉
质量体系：ISO/TS 16949
产品情况：（CHNT牌）
继电器、喇叭、开关、电子、传感器
配套及出口情况：主要服务中国一汽、东风、北汽、陕汽、奇瑞、长城、力帆、青年、金龙客车、黄海客车、尼奥普兰、约翰迪尔、巴西ZM公司、Doosan公司等上

百家国内外知名企业;远销欧洲、北美洲、南美洲、中东、东南亚等地区

★浙江汇润电气有限公司

地址:浙江省温州市滨海经济技术开发区第五大道368号
邮编:325011
电话:0577/86580581
传真:86580580
网址:www.oxsen.cn
电子信箱:oxsen@oxsen.cn
质量体系:ISO/TS 16949
产品情况:(OXSEN牌)
汽车电动燃油泵、输油泵总成和氧传感器
配套及出口情况:配套客户有南京依维柯、郑州日产、上海汇众、一汽-大众、东风朝柴、潍柴动力、吉奥汽车等;90%的产品出口北美洲、欧洲、中东、非洲

★温州欧博电气有限公司

地址:浙江省温州市高新技术产业园区
邮编:325011
电话:0577/86589188
传真:86589189
网址:www.chinalingen.com
电子信箱:s2@rb-electric.tw
质量体系:ISO/TS 16949
产品情况:(铃恩牌、虹牌)
汽车电动机、燃油泵、燃油泵总成、节气门阀体电动机、燃油泵配件等
配套及出口情况:为主机厂配套;远销欧美及东南亚地区

★温州泰尔汽车零件有限公司

地址:浙江省温州市经济技术开发区富春江路51号
邮编:325011
电话:0577/86553958、86553968
传真:86553928
电子信箱:taier@wz.zj.cn
质量体系:ISO 9001
产品情况:(TAIER牌)
各型号风扇及电动机
出口情况:远销欧洲、美洲、东南亚、中东

★温州市明达电器有限公司

地址:浙江省温州市经济技术开发区集云山路28号
邮编:325011
电话:0577/86525058、86524775
传真:86525050
网址:www.mberelay.com
电子信箱:sales@mberelay.com
质量体系:ISO 9001
产品情况:(明邦牌)
各类继电器,年产能力2000万只

★明冠实业有限公司

地址:浙江省温州市经济开发区金海园区金海一道433号
邮编:325011
电话:0577/85857899
传真:85857875
网址:www.machage.net
电子信箱:zjmg@machage.net
质量体系:ISO/TS 16949
产品情况:组合开关、点火开关、汽车电子产品、汽车用各类锁具
配套及出口情况:配套的OEM公司有尼桑、卢卡斯等;远销五大洲

★温州科博达汽车部件有限公司

地址:浙江省温州市开发区机场大道5135号
邮编:325011
电话:0577/86529060、86523600
传真:86523551
电子信箱:wzhk@hua-ke.com
质量体系:ISO/TS 16949、VDA 6.1
产品情况:点烟器、车载电源、电阻器、前照灯清洗系统、空调伺服机构、电子加速踏板等汽车电器件、预热器、调节阀等发动机附、油泵、不锈钢卡箍
配套情况:为上汽大众、北京奔驰、一汽轿车、奇瑞汽车、东南汽车、美国通用、德国大众等配套

★温州市天马电器有限公司

地址:浙江省温州市瓯海经济开发区大鹏路1号
邮编:325014
电话:0577/86362806、86362807
传真:86362280
电子信箱:5671579@qq.com
质量体系:ISO 9002
产品情况:(天马牌)
汽车电器、电磁离合器、空调压缩机
配套及出口情况:为上海东子汽车电动机系统、广州万宝压缩机、中宝实业等配套;远销东南亚、中东、欧美等地区

★温州奥泰克汽车电器有限公司

地址:浙江省温州市瓯海经济开发区蛟凤北路23号
邮编:325014
电话:0577/86737898
传真:86786020
网址:www.atc-relay.com
电子信箱:wzatc@atc-relay.com
质量体系:ISO/TS 16949
产品情况:(ATC牌)
节温器、继电器、温控开关、油压传感器、水温传感器等
配套及出口情况:与国内北汽银翔、淮海发动机及伊朗Mega Motor等主机厂合作;远销中南美洲、中东、欧洲

★温州润达汽车电器有限公司

地址:浙江省温州市瞿溪镇宁前路146号
邮编:325016
电话:0577/86273397、86273398
传真:86273396
网址:www.wzrunda.cn
电子信箱:sales@wzrunda.cn
单位人数:100
质量体系:ISO/TS 16949、ISO 9001
产品情况:(博润(Borun)牌、华忠牌、法奥(Farout)牌、ECKART牌)
汽车起动机、发电机、电枢、定子、线圈等,月产起动机、发电机3万台
出口情况:出口北美洲、南美洲、东南亚、东欧、西欧、中东等国家和地区

★浙江万超电器有限公司

地址:浙江省温州市瓯海区瞿溪镇三溪路2号
邮编:325016
电话:0577/86261629、86269629
传真:86266886
网址:www.wanchao.com.cn
电子信箱:info@wanchao.com.cn
单位人数:1000
质量体系:ISO/TS 16949、VDA 6.1
产品情况:(万超牌)
汽车天窗、电动驻车系统、倒车雷达行驶记录仪、组合开关、点火锁、中控锁、电子钟、升降器开关、配电盒等
配套情况:为一汽解放、天津一汽华利、天津一汽夏利、天津一汽大发、一汽集团吉林轻型车厂、东风柳汽、上汽通用五菱、昌河汽车、哈飞汽车、四川重型汽车制造厂等配套

★温州长江汽车电子有限公司

地址:浙江省温州市经济技术开发区滨海园区2道289号
邮编:325025
电话:0577/86529609
传真:86527583
网址:www.cncaea.cn
电子信箱:caea@cncaea.cn
质量体系:ISO/TS 16949、QS 9000
产品情况:电子电器开关、控制模块、仪表控制面板、空调操纵机构、电子钟等
配套情况:为美国通用、德国大众、上汽大众、一汽-大众、上汽通用、上海汽车、长安福特、北京现代、北京奔驰、一汽轿车、奇瑞汽车、哈飞汽车等国内外40多家汽车主机厂配套

★温州强邦汽车配件有限公司

地址:浙江省温州市经济技术开发区滨海园区滨海十三路456号
邮编:325025
电话:0577/86902988
传真:86902688
网址:www.jbongroup.com
电子信箱:jbon@jbon.com.cn
质量体系:ISO/TS 16949、VDA 6.1
产品情况:汽车灯座、熔断丝、汽车油泵、刮水器、汽车电子设备等

★浙江高鹏汽车电器有限公司

地址:浙江省温州市经济技术开发区海

城街道华山路28号
邮编:325025
电话:0577/85228235、85228237
传真:85222055
网址:www.chinagaopeng.net
电子信箱:sale@chinagaopeng.net
单位人数:200
质量体系:ISO/TS 16949
产品情况:(高鹏牌)
刮水电动机总成、暖风电动机总成、挡灯开关、车门内外拉手等系列产品
配套及出口情况:与北汽福田、五征集团、时风集团等多家企业提供装车配套、二次配套等;远销欧美、巴基斯坦、韩国、东南亚、中东等多个国家及地区

★温州市奥立达电器有限公司
地址:浙江省温州市南郊工业园洛河路7号
邮编:325028
电话:0577/89610028
传真:89611558
网址:www.autoleader.cn
电子信箱:qanen@wz.zj.cn
质量体系:ISO 9001
产品情况:汽车发电机调节器、整流器、高压阻尼线和电容器
出口情况:远销欧洲、美洲等50多个国家和地区

★温州欧菱汽车电机有限公司
地址:浙江省温州市龙湾区瑶溪镇龙永路25-1号
邮编:325038
电话:0577/86622559
传真:86622117
网址:www.onlyqp.com
电子信箱:onlyqp@126.com
质量体系:ISO/TS 16949
产品情况:(TENGJUN牌)
起动电动机,产品主要适用于日本三菱、五十铃、日野、尼桑、小松、丰田等重型柴油汽车及工程机械车辆
出口情况:产品90%出口欧洲、美洲、日本、东南亚、中东等国家和地区

★温州一川电气有限公司
地址:浙江省温州市东风工业区鸿翔路21号
邮编:325041
电话:0577/86082555
传真:86086099
电子信箱:w.z.h.f@163.com
质量体系:ISO/TS 16949
产品情况:(宏发牌)
开关、高位制动灯、碳罐、暖风机、车饰塑料件等
配套情况:为一汽集团、上汽通用五菱、比亚迪汽车、陕汽集团、陕西汉江等配套

★温州市中野交通电器有限公司
地址:浙江省温州市瓯海区丽岙镇白门工业区
邮编:325060
电话:0577/85388388、15868001313
传真:85381397
网址:www.wzzhongye.com
电子信箱:zhongye@wzzhongye.com
单位人数:300
质量体系:ISO/TS 16949
产品情况:(中野牌、彩云飞牌)
汽车、摩托车电喇叭,年生产能力达1000万只
配套及出口情况:为铃木、长安、北汽等配套;出口欧洲、美洲、中东、东南亚等地区

★温州市沪泰电子线缆有限公司
地址:浙江省永嘉县乌牛镇工业区
邮编:325103
电话:0577/67397218、67301777
传真:67397058
网址:www.china-hutai.com
电子信箱:hutai@china-hutai.com
质量体系:ISO 9001
产品情况:汽车连接线
配套情况:为国内外大中型企业配套

★瑞安市丰源机电有限公司
地址:浙江省瑞安市锦湖街道礁石工业区一路1号
邮编:325200
电话:0577/65668692
传真:65671508
网址:www.china-fengyuan.com
电子信箱:fengyuan@china-fengyuan.com
质量体系:ISO 9001
产品情况:(劲霸牌)
钩型、槽型和平面型换向器,年生产能力达2000万只

★瑞安市亚星汽车配件有限公司
地址:浙江省瑞安市东山经济开发区上东路818号
邮编:325200
电话:0577/65625263
传真:65600134
网址:www.cnyxqp.com
电子信箱:ruianyaxing@china.com
单位人数:200
质量体系:ISO/TS 16949
产品情况:(MAOYI牌)
刮水器系列配套产品、客车自动外摆式门泵、双内摆式门泵、行李仓门泵、客车大功率交流发电机,电动车直流永磁无刷电机、直流他励电机等系列驱动电机
配套及出口情况:为苏州金龙、厦门大金龙、厦门小金龙、金华青年、安徽安凯、丹东黄海、聊城中通、郑州宇通、牡丹、友谊、合肥江淮、河南少林、长安胜利、亚星奔驰、成都一汽客车厂、重庆客车厂、江西萍乡客车厂、云南美的客车厂等30多家企业配套;远销欧美、澳大利亚、俄罗斯、乌克兰、印度、东南亚、中东、北非等国家和地区

★浙江汉博汽配制造有限公司
地址:浙江省瑞安市东山经济开发区上东路901号
邮编:325200
电话:0577/65190222
传真:65177300
网址:www.aborn.cn
电子信箱:sales3@aborn.cn
质量体系:ISO/TS 16949
产品情况:(ABORN牌)
ABS传感器、曲轴位置传感器、凸轮轴位置传感器
配套及出口情况:20%为整车厂二次配套;80%产品为美国、德国、英国、巴西等国际知名公司贴牌生产

★浙江湖电汽车电器有限公司
地址:浙江省瑞安市国际汽摩配产业基地(北区)罗山大道
邮编:325200
电话:0577/65330557、65335557
传真:65332557、65339277
网址:www.hudian.com
电子信箱:xsb@hudian.com
质量体系:QS 9000、ISO/TS 16949
产品情况:(湖电牌)
汽车发电机、调节器、喇叭、闪光器、点火线圈、组合开关、继电器
配套及出口情况:为现代汽车、桂林大宇、重庆力帆、苏州金龙、河北大迪、印度卢卡斯、印度马恒达、北汽福田、一拖集团、英田集团、奔马集团、徐工集团供货;远销东南亚及欧美地区

★瑞安宏创汽车配件有限公司
地址:浙江省瑞安市红旗工业区康大路1号
邮编:325200
电话:0577/65061190、13868816786
传真:65061360
网址:www.hchcar.com
电子信箱:hchcar@hchcar.cn
质量体系:ISO/TS 16949、ISO 9001
产品情况:(宏创牌)
汽车空气流量传感器、空调风机调节器、油位传感器
出口情况:90%的产品出口10多个国家和地区

★温州雷曼汽车电器有限公司
地址:浙江省瑞安市锦湖街道花滨路7幢
邮编:325200
电话:0577/65623949、13587508037
传真:65900016
网址:www.crzye.com
电子信箱:leijiecn@hotmail.com
质量体系:ISO 9001

产品情况：（ZYE 牌）

汽车燃油电磁阀、仪表、传感器、电子配件、刮水电动机、继电器、底盘配件、各种开关等

配套情况：为一汽集团、东风汽车公司等配套

★瑞安市红旗换向器有限公司

地址：浙江省瑞安市锦湖街道进星村礁石工业区建西路 2 号

邮编：325200

电话：0577/65666959、65675893

传真：65660004

网址：www. cn－redflag. com

电子信箱：hongqi@ 263. net

质量体系：ISO/TS 16949

产品情况：（HJ 牌）

电动机换向器

配套及出口情况：为许多知名企业配套；远销美国、德国、英国、意大利、越南等国家，并销往中国台湾地区

★温州卓瑞汽车传感器有限公司

地址：浙江省瑞安市锦湖街道西岙东路 56 号

邮编：325200

电话：0577/66618278

传真：66618268

网址：www. cnzhuorui. com

电子信箱：zhuoruisensor@ 163. com

质量体系：ISO/TS 16949

产品情况：商用车的各类传感器、电磁阀、气制动阀、控制器、电子油门踏板，轿车的各类传感器

配套及出口情况：与国内众多厂家保持着长期的配套合作关系；出口欧洲、美国、中东、巴西等国家和地区

★浙江卓进电器有限公司

地址：浙江省瑞安市锦湖西岙东路 56 号

邮编：325200

电话：0577/65666581

传真：65667619

电子信箱：webmaster@ chinazhuojin. com

质量体系：ISO/TS 16949、VDA 6. 1

产品情况：（卓进牌、卓人牌）

刮水器、汽车暖风机、柴油发动机停油电磁铁以及微型电动机（按摩电动机、车库门电动机）等

配套及出口情况：为北汽福田、上柴动力、新柴动力、诸暨凯达等主机厂配套；出口美国、泰国等国家

★利达机电有限公司

地址：浙江省瑞安市经济开发区大道 685 号

邮编：325200

电话：0577/65155986、65155985

传真：65155988

网址：www. lida－rq. com

电子信箱：master@ lida－rq. com

质量体系：ISO/TS 16949、ISO 14001

产品情况：（利达牌）

电动机换向器（整流子）、电动工具开关

出口情况：远销韩国、日本、东南亚、北美洲、欧盟，并销往中国台湾地区

★华尔达集团有限公司

地址：浙江省瑞安市经济开发区大道 688 号

邮编：325200

电话：0577/25660858、65156077

传真：65156066

网址：www. huaerda. com

电子信箱：abcd688@ tom. com

董事长：叶挺宁

质量体系：ISO 9001

产品情况：（金泰牌）

各种规格型号漆包线，年产能力 2 万 t

★浙江博德汽车电子股份有限公司

地址：浙江省瑞安市经济开发区大道 688 号

邮编：325200

电话：0577/25660888、25662020

传真：25662222、25661166

电子信箱：bddhh@ zjbode. com

质量体系：ISO/TS 16949

产品情况：发动机电子控制单元 ECU、氧传感器、节气门位置传感器、爆震传感器、进气温度传感器、压力调节器、碳罐控制阀、水温传感器、空气流量计、燃油泵总成、节气门阀体、步进电动机、点火线圈、供油导轨、喷油器、线束等

★浙江恒光汽车部件有限公司

地址：浙江省瑞安市经济开发区导航路 1989 号

邮编：325200

电话：0577/65139006

传真：65514666

网址：www. henkoparts. com

电子信箱：info@ henkoparts. com

质量体系：ISO 9001、ISO 14001

产品情况：（恒光牌）

汽车电器开关、汽车电动燃油泵及总成、汽车轮辐、汽车空气流量传感器等 4 大系列产品

配套及出口情况：汽车电器开关主要为美国 GB 和 R&D 公司（定牌生产）、汽车轮圈与钢轮厂配套，并与国内几大汽车厂二次配套；出口美国、巴西、加拿大、俄罗斯、墨西哥、德国、英国、韩国、澳大利亚等 10 多个国家

★浙江长城换向器有限公司

地址：浙江省瑞安市经济开发区开发大道 511 号

邮编：325200

电话：0577/65156888、65156788

传真：65156688

网址：www. chinacgw. cn

电子信箱：cgw@ chinacgw. cn

单位人数：1450

质量体系：ISO/TS 16949、ISO 14000

产品情况：（GW 牌、CGW 牌）

换向器，年产能力 1. 2 亿只

出口情况：远销欧洲、美洲、大洋洲、非洲、东南亚（日本、韩国等）等国家和地区，并销往中国香港、中国台湾地区

★瑞安市宏发电器有限公司

地址：浙江省瑞安市经济开发区开发二路 518 号

邮编：325200

电话：0577/58917198

传真：58917191

网址：www. china－hf. com

电子信箱：master@ china－hf. com

质量体系：ISO/TS 16949

产品情况：电动机换向器，年生产能力 2000 万只

出口情况：远销德国、保加利亚、波兰、俄罗斯、巴西、印度、美国十几个国家，并远销中国台湾地区

★温州市华隆汽车电子有限公司

地址：浙江省瑞安市经济开发区上东路 1311 号

邮编：325200

电话：0577/65517668、65510983

传真：65517838

网址：www. hllb. com

电子信箱：master@ hllb. com

质量体系：ISO/TS 16949

产品情况：（华隆路宝牌）

调节器、分电器、燃油泵、电动车控制器

配套情况：为美国机械中心、日本装配、台湾 NC 维修配套

★浙江利丰电器股份有限公司

地址：浙江省瑞安市经济开发区毓蒙路 998 号

邮编：325200

电话：0577/65607503、65607505

传真：65607508

网址：www. chinalifeng. net

电子信箱：lifeng996@ chinalifeng. net

质量体系：ISO/TS 16949

产品情况：（利丰牌）

钩型、槽型、平面型先进 2000 多个规格的电动机换向器和集电环，年产能力 1 亿只

出口情况：产品 70% 以上远销美国、英国、日本等十几个国家和地区，并销往中国香港、中国台湾地区

★浙江天风汽车零部件有限公司

地址：浙江省瑞安市潘岱街道下湾和平路 20 号

邮编：325200

电话：0577/59890767

传真：65096030

网址:www. china - anlida. com
电子信箱:tf@ china - anlida. com
单位人数:138
质量体系:ISO 9001
产品情况:汽车喇叭等
出口情况:远销中东、南美洲、南非

★温州市佳固电器有限公司
地址:浙江省瑞安市潘岱街道谢岙村
邮编:325200
电话:0577/65098829、65667568
传真:65668139
网址:www. chinajiagu. com
电子信箱:jiagu@ wz. zj. cn
单位人数:700
质量体系:ISO 9001
产品情况:换向器,年产能力8000万只
出口情况:远销美国、日本、韩国、印度等国家

★瑞安市天瑞换向器有限公司
地址:浙江省瑞安市潘岱芦浦工业区
邮编:325200
电话:0577/65099298、65067555
传真:65099198
网址:www. tianrui - china. cn
电子信箱:tianrui@ tianrui - china. cn
质量体系:ISO 9001
产品情况:各类直流电动机,串激电动机用的槽型、构形、平面型换向器(整流子)
出口情况:远销欧洲、美洲、东南亚

★瑞安市超声电器厂
地址:浙江省瑞安市沙河新村龙新路1巷14号
邮编:325200
电话:0577/65663337、65664425
传真:65675557
质量体系:ISO/TS 16949
产品情况:汽车电磁阀,汽车电喷系统附件,卡扣、接头等汽车配件
配套情况:为哈东安汽车动力、一汽-大众、福特中国采购中心、华晨集团、上海宇宙电器、德尔福派克电气等配套

★瑞安市正昊汽车部件有限公司
地址:浙江省瑞安市上戴工业区
邮编:325200
电话:0577/58881819
传真:28881315
质量体系:ISO 9001
产品情况:(华达牌)
刮水器电动机、暖风电动机、车库门电动机等,年产能力刮水器电动机及电动机150万套
出口情况:出口东南亚等地区

★瑞安市龙和汽车电器有限公司
地址:浙江省瑞安市塘下鲍田工业区
邮编:325200
电话:0577/65220303、13806850303
传真:65220383
网址:www. ralonghe. com
电子信箱:ralonghe@ 163. com
质量体系:ISO 9001
产品情况:(龙和牌)
专业生产适用各种车型的汽车淋水阀、汽车继电器

★温州市智通汽车配件有限公司
地址:浙江省瑞安市塘下上马前工业园区1号
邮编:325200
电话:0577/65350238、65350738
传真:65350638
网址:www. cnzhitong. com
电子信箱:info@ cnzhitong. com
质量体系:ISO 9001
产品情况:电磁气阀、电源开关、熄火电磁阀等
配套及出口情况:为一汽集团、东风汽车公司、北汽福田等配套;出口东南亚、南美洲等地区

★瑞安市得业汽车部件有限公司
地址:浙江省瑞安市塘下肇平垟中村工业区
邮编:325200
电话:0577/65291616、66001815
传真:65261355、65923739
网址:www. de - ye. com
电子信箱:dy@ de - ye. com
质量体系:ISO/TS 16949
产品情况:汽车散热器风扇、暖风电动机、刮水器电动机、汽车电器等产品

★浙江瑞申汽配有限公司
地址:浙江省瑞安市塘下镇北工业园区凯旋一路85号
邮编:325200
电话:0577/65328618、65328622
传真:65137776
网址:www. ruishen. com
电子信箱:sales@ ruishen. com
质量体系:ISO/TS 16949
产品情况:(瑞申牌)
起动机、发电机、制动泵、节温器、发电机整流器、散热器、继电器等

★瑞安市高森机车部件有限公司
地址:浙江省瑞安市塘下镇海光工业区海滨路15号
邮编:325200
电话:0577/65290001、65295189
传真:65290002
电子信箱:fla1985@ 163. com
产品情况:进口、国产汽车分电器总成、分电器盖、分火头等各种汽车配件
配套及出口情况:与国内多家企业配套;远销东南亚、中东、非洲、南美洲、欧洲等地区

★瑞安市佩特来汽车电器有限公司
地址:浙江省瑞安市塘下镇罗凤北工业区
邮编:325200
电话:0577/65329908、13967722853
传真:65329909
网址:www. zjptl. com
质量体系:ISO 9001
产品情况:各类减速型汽车起动机

★安固集团有限公司
地址:浙江省瑞安市沿江西路509号
邮编:325200
电话:0577/65672862、65663846
传真:65665949
网址:www. angugroup. com
电子信箱:angu@ angu. com
单位人数:1200
质量体系:ISO/TS 16949、ISO 14001
产品情况:(AG牌)
电动机换向器(整流子)产品
配套及出口情况:被日本牧田、韩国LG评为优秀供应商;出口海外市场

★瑞安市贝路内燃机系统有限公司
地址:浙江省瑞安市塘下镇韩田工业区
邮编:325204
电话:0577/65367777、13967773333
传真:65353342
网址:www. chinagoup. com
电子信箱:jingk@ wz. zj. cn
质量体系:ISO 9001
产品情况:预热塞系列、闪光继电器系列
出口情况:远销欧洲、中东、东南亚等地区

★浙江松田汽车电机系统有限公司
地址:浙江省瑞安市北工业园区
邮编:325204
电话:0577/65321888、25628888
传真:65335333
网址:www. chinasongtian. com
电子信箱:chief@ chinasongtian. com
质量体系:ISO/TS 16949、ISO 14001
产品情况:(松田牌)
散热器风扇、电动玻璃升降器、空调鼓风机总成、刮水器电动机总成、起动机、交流发电机等,年产能力500万台
出口情况:出口欧洲、美洲、中东等地区

★瑞安市胜亚车辆配件有限公司
地址:浙江省瑞安市塘下镇罗凤育才路4号
邮编:325204
电话:0577/65335695
传真:65331587
电子信箱:shengya@ shengya - china. com
质量体系:ISO/TS 16949
产品情况:倒车灯开关等汽车配件,非标零部件
配套情况:为一汽集团、一汽-大众、安凯汽车、青岛宏大纺织机械等配套

★瑞安市中镇汽车零部件制造有限公司
地址:浙江省瑞安市塘下镇星南路68号

邮编:325204
电话:0577/65208225
传真:58880299
电子信箱:jg－zj@163. com
质量体系:ISO 9001
产品情况:单向器、电磁开关及电枢
出口情况:远销东南亚、中东、东欧、南美洲等地区

★浙江晶钻电子科技有限公司
地址:浙江省丽水市水阁工业区绿谷大道370号
邮编:325204
电话:18205885876
传真:0578/2696658
网址:www. jingzuan. com
电子信箱:trade@ jingzuan. com
质量体系:ISO/TS 16949
产品情况:(晶钻牌)
汽车电气喇叭、倒车可视雷达、TPMS等系列产品
配套及出口情况:为国内厂家配套;远销美洲、欧洲、东南亚、非洲等地区

★瑞安市安庆机动车配件有限公司
地址:浙江省瑞安市104国道边温瑞段肇平垟中村工业区
邮编:325204
电话:0577/65369771、13906874075
传真:87655561
网址:www. cnruiqing. com
电子信箱:723346837@ qq. com
质量体系:ISO 9001
产品情况:(瑞庆牌)
各种汽车及农用车电器、刮水器电机、臂片、连动杆、汽车仪表、组合开关、电源总开关、电磁阀、制动、倒车灯开关,汽车各种喇叭、录音机、录音机音响、机油/柴油滤请器、车门锁、发电机、马达、马达齿、洗涤器、各种电子调节器、继电器、电子闪光器、散热器、玻璃升降器、汽车电风扇系列等产品
配套及出口情况:与国内多家知名企业长期配套;部分产品远销中东、越南、老挝、缅甸、非洲等国家和地区

★瑞安市奔尔汽车电机有限公司
地址:浙江省瑞安市鲍一工业区
邮编:325204
电话:0577/65215669、65219568
传真:65213568
电子信箱:autoparts@ bener. cn
质量体系:ISO/TS 16949
产品情况:博世、日本电装、德科、日立、法雷奥、三菱和拉达等系列发电机、起动机、转子、定子、电枢等产品
出口情况:出口欧洲、美洲、俄罗斯、中东等国家和地区

★瑞安市马丁西汽摩部件有限公司
地址:浙江省瑞安市国际汽摩配产业基地(北区)登峰路555号
邮编:325204
电话:0577/65372870
传真:65369620
网址:www. yjwy. com
电子信箱:sales@ yjwy. com
质量体系:ISO 9001
产品情况:(超豪牌、yjwy牌)
汽车散热器风扇电动机、汽车刮水器电动机、空调鼓风机总成、暖风电动机、电喷燃油泵、汽车用电器,摩托车配件等系列产品
配套及出口情况:是桑塔纳、捷达、红旗、奥迪、依维柯、奇瑞汽车、各种微型汽车主要的配套部件生产商;远销欧洲、美洲、中东、南非、东南亚等地区

★瑞安市戴立汽车电器有限公司
地址:浙江省瑞安市国际汽摩配产业基地新旺路55号
邮编:325204
电话:0577/25605155
传真:25891101
网址:www. cn－daili. com
电子信箱:daili3918@ 126. com
质量体系:ISO/TS 16949
产品情况:(宏立牌、戴立牌)
蜗牛喇叭、盆型电喇叭、电控气喇叭三大系列产品为主导
配套及出口情况:为东风汽车公司等国内知名汽车公司配套;出口欧洲、美洲、中东等地区

★温州美亚特汽车部件有限公司
地址:浙江省瑞安市国际汽摩配园区
邮编:325204
电话:0577/65325686、65325687
传真:65325685
网址:www. meiyate. cn
质量体系:ISO/TS 16949
产品情况:(美亚特牌)
组合开关、汽车门锁体、缓速器开关、点火开关等
配套情况:为五菱、夏利、吉利、中国重汽、杭汽、苏州金龙、厦门金龙等汽车厂商配套

★瑞安市华东汽车继电器厂
地址:浙江省瑞安市韩田工业区
邮编:325204
电话:0577/65352275
传真:65373885
网址:www. chinariben. com
电子信箱:riben88@ 21cn. com
质量体系:ISO 9001
产品情况:(日奔牌)
汽车继电器
出口情况:出口中东、非洲、东南亚等地区

★瑞安市力天车业部件有限公司
地址:浙江省瑞安市韩田工业区
邮编:325204
电话:0577/65376199
传真:65376299
网址:www. lt－litian. com
电子信箱:zhushaoting@ wz. zj. cn
质量体系:ISO 9001
产品情况:传感器、电装品、开关、发动机燃油系统配件等
配套情况:产品98%供主机厂配套

★瑞安市塘下环球汽车配件厂
地址:浙江省瑞安市韩田工业区东风路67号
邮编:325204
电话:0577/65358311
传真:65372311
网址:www. chinashengwang. com
电子信箱:shengwang@ wzci. com
质量体系:ISO 9001
产品情况:(胜望牌)
汽车智能电子调节器、电子闪光器、刮水器间歇继电器等
出口情况:出口东南亚、中东、非洲等地区

★瑞安市中胜汽车电器有限公司
地址:浙江省瑞安市韩田工业区飞凤中路39号
邮编:325204
电话:0577/65391459、65351459
传真:65351459
电子信箱:1609060@ qq. com
质量体系:ISO 9002
产品情况:(中胜牌)
汽车组合开关、点火开关、智能电子调节器、闪光器等开关电器

★浙江三宁电器有限公司
地址:浙江省瑞安市韩田工业区凤凰西路68号
邮编:325204
电话:0577/65352427、65375870
传真:65368468
电子信箱:alisa@ zjsanning. com. cn
质量体系:ISO/TS 16949
产品情况:(三宁牌)
汽车起动机、电动机、空气热转换器等系列产品

★浙江正田电机制造有限公司
地址:浙江省瑞安市韩田工业区凤凰西路69号
邮编:325204
电话:0577/65379900
传真:65923338
电子信箱:sales@ zheng－tian. com
质量体系:ISO 9001
产品情况:(正田牌)
汽车交流发电机,年产能力30多万台

★浙江奥派克汽车配件有限公司
地址:浙江省瑞安市花园工业区塘下大道
邮编:325204

电话:0577/65392769、65398688
传真:65365898
网址:www.jghorn.com
电子信箱:jintai813@21cn.com
质量体系:ISO 9001
产品情况:(金鼓牌)
汽车电子回声喇叭、电动泵气喇叭、电控气喇叭、点喇叭等
配套及出口情况:为国内外知名汽车制造厂配套;出口欧洲、美国、东南亚、中东等国家和地区

★瑞安市瑞日汽车电器有限公司
地址:浙江省瑞安市罗凤北工业区开创路52号
邮编:325204
电话:0577/65335533、65338533
传真:65338522、65335566
电子信箱:sales@cnruiri.com
质量体系:ISO 9001
产品情况:(Rerai牌)
智能无刷电动机控制器、电压转换器、FOC正弦波控制器、三模控制器等系列产品
配套及出口情况:与国内多家知名电动车厂家配套;出口印度、孟加拉国、法国、以色列等国家

★温州超航机电有限公司
地址:浙江省瑞安市罗凤北区高横路288号
邮编:325204
电话:0577/65201168、65219668
传真:65211168
网址:www.chaohangtech.com
电子信箱:yada@vip.163.com
董事长(负责人):赵成龙
质量体系:ISO/TS 16949
产品情况:(亚达牌)
汽车空调风机、暖风机、散热器风机、冷凝风机、玻璃升降器电动机等直流类型电动机与风机
配套情况:配套客户有长丰汽车、长城汽车、东风汽车、东风贝洱、奇瑞汽车、福田汽车、江铃汽车、华晨汽车、陕西重汽集团、力帆、昌河等数十家汽车厂

★瑞安市伟东汽车电器有限公司
地址:浙江省瑞安市罗凤双桥工业区南路5号
邮编:325204
电话:0577/66075555、65338377
传真:65338399
网址:www.china-horn.com
电子信箱:weidong@china-weidong.com
质量体系:ISO 9001
产品情况:(伟东牌)
电子调节器、汽车喇叭、点火模块等
出口情况:远销欧洲、美洲、亚洲、非洲等地区

★瑞安市满诚汽车配件厂
地址:浙江省瑞安市马屿工业区
邮编:325204
电话:0577/65790583
传真:65795583
网址:www.man-cheng.com
电子信箱:cn@man-cheng.com
质量体系:ISO 9001
产品情况:(满诚牌)
轿车电器开关,各类水、燃油、机油、空气流量及温度变化传感器,年产能力20万套

★浙江捷加汽车零部件有限公司
地址:浙江省瑞安市平阳县榆垟镇榆茶村工业区1号
邮编:325204
电话:0577/63796888、63796887
传真:63796885
电子信箱:china-xintong@vip.163.com
质量体系:ISO/TS 16949
产品情况:(声通牌)
玻璃升降器、电控气喇叭、电动气喇叭、电磁阀、加油口盖等系列汽车配件
出口情况:远销美国、日本、中东、东南亚、南美洲、非洲等国家和地区

★浙江亿邦汽车电器有限公司
地址:浙江省瑞安市汽摩配产业基地凤都六路118号
邮编:325204
电话:0577/65355358、65351441
传真:65377441
网址:www.cnyisen.biz
电子信箱:sale@cnyisen.biz
质量体系:ISO/TS 16949、ISO 9001
产品情况:(大盛牌)
汽车起动继电器,电控断油缸、倒车灯开关、制动灯开关、电子闪光器、排气阀门类、电子控制器、水温感应塞等20多个系列产品
配套及出口情况:为多家大型企业配套;远销中东和欧美

★瑞安市中申汽车配件有限公司
地址:浙江省瑞安市汽摩配工业区
邮编:325204
电话:0577/65353970、65388995
传真:65921688、65368970
网址:www.chinazhongshen.com
电子信箱:zhongshen@wz.zj.cn
质量体系:ISO/TS 16949
产品情况:(中申牌)
熔断丝盒、油压开关、水温感应塞、温控开关、闪光器、继电器、燃油表传感器、倒车灯开关、制动灯开关、喇叭等
出口情况:出口欧洲、东南亚、中东、非洲等20多个国家和地区

★瑞安市金鹏电器厂
地址:浙江省瑞安市塘下鲍二工业区
邮编:325204
电话:0577/65213619
传真:65201178
网址:www.wzjinpeng.com
电子信箱:info@wzjinpeng.com
质量体系:ISO 9001
产品情况:(精雕牌)
各种车型电磁气阀、门泵电磁气阀、电磁开关、喇叭、化油器电磁阀、机油报警器、水温感应塞、起动继电器、皮带张紧轮、小型继电器等
配套及出口情况 为一汽集团、东风汽车公司配套;部分产品出口

★瑞安市内利汽车电器厂
地址:浙江省瑞安市塘下场桥学前路2号
邮编:325204
电话:0577/65353951
传真:65369951
网址:www.zjyili.com
电子信箱:neilichina@163.com
产品情况:电子调节器、电子闪光器、继电器、断电触点、制动修理包、报警器等
配套及出口情况:为多家大型汽车企业配套;出口东南亚地区

★瑞安市胜王汽车电器有限公司
地址:浙江省瑞安市塘下韩田飞凤中路101-123号
邮编:325204
电话:0577/65383985、13967769251
传真:66072985
网址:www.cenwan.com
电子信箱:master@cenwan.com
质量体系:ISO/TS 16949
产品情况:(胜王牌)
汽车传感器和汽车开关类产品
配套及出口情况:为知名的工程车和重型货车的生产厂家OEM配套;远销50多个国家和地区

★瑞安市华电机车电器有限公司
地址:浙江省瑞安市塘下韩田工业区长安东路9-11号
邮编:325204
电话:0577/65357687
传真:65351175
电子信箱:wzzj0110@163.com
质量体系:ISO 9001
产品情况:(华电牌)
汽车智能电子调节器、电子闪光器、刮水器间歇继电器、喇叭、继电器、防盗器,摩托车电子点火器、整流器、点火线圈等
出口情况:出口东欧、中东、东南亚、南美洲等50多个国家和地区

★瑞安市新林汽车电器有限公司
地址:浙江省瑞安市塘下花园工业区(塘下大道)
邮编:325204
电话:0577/65377828、65353208

传真:65369208
网址:www. xinlin. com
电子信箱:master@ xinlin. com
质量体系:ISO/TS 16949
产品情况:(XINLIN 牌)
汽车继电器、磁力开关、电磁式电源开关、电磁阀、喇叭、开关等
配套及出口情况:与国内外知名主机厂、起动机厂合作;远销中东、欧洲、美洲

★浙江创佳汽车部件有限公司
地址:浙江省瑞安市塘下罗凤北工业区万景路 728 号
邮编:325204
电话:0577/65532984
传真:65173969
网址:www. chuangjiagroup. com. cn
电子信箱:kjc. wz@ 163. com
质量体系:ISO/TS 16949
产品情况:汽车电子、电器开关、点火锁开关,汽车门锁系统、车门铰链、电动玻璃升降器、刮水器总成及柴油机起动熄火控制器等,具有年产各类产品 100 万套的生产能力
配套及出口情况:与 JAC 公司、上汽南京跃进、北汽福田、川汽等十几家汽车制造公司建立了良好的配套关系;出口欧洲、美洲、东南亚、中东等地区

★瑞安市炜炜车业部件有限公司
地址:浙江省瑞安市塘下汽车和摩托车零部件工业园区
邮编:325204
电话:0577/65351264、65388800
传真:65396264
网址:www. wwcy. com. cn
电子信箱:info@ wwcy. com. cn
质量体系:ISO/TS 16949
产品情况:(东田牌、HANSI - UNION 牌)
电子节气门阀体\车轮速度传感器(ABS)曲轴、凸轮轴位置传感器、里程表传感器、进气压力传感器、节气门位置传感器、爆震传感器、怠速控制阀(步进电动机)、机油压力传感器、机油压力开关 水温感应塞 倒车灯开关;每年生产 8,500,000 只
配套及出口情况:为大型主机厂配套;出口东南亚、中东、南美洲、欧洲等国家和地区

★瑞安市源圣汽车电器有限公司
地址:浙江省瑞安市塘下汽摩配商城 9 幢 21 号
邮编:325204
电话:0577/65356083
传真:25651789
网址:www. zjyuansheng. com
电子信箱:info@ zjyuansheng. com
质量体系:ISO 9001
产品情况:(源正牌)
电磁式电源总开关,汽车门锁总成,汽车点烟器及各种汽车电喇叭

★瑞安市敬立汽配有限公司
地址:浙江省瑞安市塘下前池路 100 号
邮编:325204
电话:0577/65206088
传真:65211173
电子信箱:jl@ chinajingli. com
质量体系:ISO 9001
产品情况:(顺腾牌)
电子点火线圈、高压电火线、分火头、分电器盖
出口情况:出口英国、波兰、匈牙利、意大利、约旦、伊朗、埃及、沙特阿拉伯、南非、尼泊尔、缅甸、俄罗斯、越南、柬埔寨、马来西亚、新加坡、澳大利亚、韩国、加拿大、美国、古巴、巴西,并销往中国台湾地区

★浙江三华车业有限公司
地址:浙江省瑞安市塘下三华路 8 号
邮编:325204
电话:0577/65356000、65399622
传真:65372003
网址:www. sanhua. com. cn
电子信箱:sanhua@ sanhuahid. com
单位人数:300
质量体系:ISO 9001
产品情况:[三华(SANHUA)牌]
汽车氙气灯、LED 灯、汽车倒车雷达、报警器、汽车喇叭、摩托车配件等
出口情况:出口南美洲、北美洲、欧洲、中东、东南亚等 20 多个国家和地区

★瑞安市银通电器有限公司
地址:浙江省瑞安市塘下镇鲍四工业区站东路 22 号
邮编:325204
电话:0577/65201001、58883366
传真:65211001
网址:www. wzyintong. com
质量体系:ISO 9001
产品情况:(高田牌)
银合金材料及触点、汽车熔断丝盒、中央电器装置盒、尾灯架线路板、挡灯开关等
出口情况:出口欧美、中东、印度等国家和地区,并销往中国台湾地区

★浙江宝通电器有限公司
地址:浙江省瑞安市塘下镇鲍田鲍三工业区
邮编:325204
电话:0577/65200809
传真:65210878
网址:www. chinabaotong. cn
电子信箱:manger@ chinajinleng. com
质量体系:ISO 9001
产品情况:各类开关
出口情况:出口欧洲、美国、瑞典、英国、东南亚、中东等国家和地区

★瑞安市科丰电子科技有限公司
地址:浙江省瑞安市塘下镇鲍田鲍五朝阳路 252 号
邮编:325204
电话:0577/58883999、65399066
传真:58883399
网址:www. chinakf. cn
电子信箱:info@ chinakf. cn
质量体系:ISO 9001
产品情况:(科丰牌)
车速传感器、转速传感器、曲轴位置传感器、速度传感器、相位传感器、流量传感器、爆振传感器、温度传感器、前轮传感器、后轮传感器、压力传感器、节气门传感器等各种电子汽车传感器
出口情况:出口十几个国家

★浙江洪明汽车零部件有限公司
地址:浙江省瑞安市塘下镇鲍田东洲工业区
邮编:325204
电话:0577/65202022
传真:65212622
电子信箱:df@ hongmingcn. com
质量体系:ISO/TS 16949
产品情况:(洪明(HM)牌)
各种汽车组合开关、汽车后视镜系列产品,年产组合开关近 120 万台、点火开关 60 万台、翘板开关 200 万台、轿车后视镜 20 万付

★瑞安市圣雷汽车部件有限公司
地址:浙江省瑞安市塘下镇鲍田工业区
邮编:325204
电话:0577/85218999、15957762166
传真:86388298
网址:www. cnshenglei. com
电子信箱:sales@ cnshenglei. com
质量体系:ISO 9001
产品情况:(圣雷牌)
汽车发电机及配件

★瑞安市宇宙汽车部件有限公司
地址:浙江省瑞安市塘下镇鲍田工业区兴华东路 35 号
邮编:325204
电话:0577/65361558、65204168
传真:25652345、65222168
网址:www. yudeli. com
电子信箱:info@ yudeli. com
质量体系:ISO 9001
产品情况:(宇得利牌、瑞宇牌)
汽车散热器及冷凝器风扇总成、空调鼓风机、玻璃升降器总成等电动机系列,汽车电磁式电源总开关、制动灯开关、倒车灯开关等系列,起动继电器系列等其他产品
配套及出口情况:与国内主机厂配套;远销欧洲、美洲、东南亚、中东等地区

★瑞安市伟达汽车配件有限公司
地址:浙江省瑞安市塘下镇鲍田前进工

业区
邮编:325204
电话:0577/65361828、25666601
传真:65213838
网址:www.luoerte.com
电子信箱:info@weida-china.net
质量体系:ISO/TS 16949
产品情况:(LOYALTY 牌)
汽车点火线圈、机械式汽油泵

★瑞安市奥神汽车配件有限公司
地址:浙江省瑞安市塘下镇北工业园区凯旋一路88号
邮编:325204
电话:0577/65350229、65363128
传真:65387158
电子信箱:sales@airflowmeter.cn
质量体系:ISO/TS 16949
产品情况:(奥神牌)
汽车空气流量器、刮水器电动机、暖风电动机、轿车传感器、张紧器等

★瑞安市兆达机车部件有限公司
地址:浙江省瑞安市塘下镇岑头工业区3路20号
邮编:325204
电话:0577/65388666、13107770568
传真:65351849
网址:www.cnzhaoda.com
电子信箱:kxp@cnzhaoda.com
质量体系:ISO 9001
产品情况:汽车制动片报警线/传感线,汽车制动片消音片/减振片,汽车制动片报警卡簧/磨损指示片,汽车制动片弹簧/铆钉,汽车制动片龙门/导轨簧,大客车修理包等系列产品
出口情况:出口东南亚、欧洲、中东等地区

★瑞安市长新汽车配件有限公司
地址:浙江省瑞安市塘下镇场桥代上工业区
邮编:325204
电话:0577/65268886
传真:65268887
网址:www.chinachangxin.com
电子信箱:master@chinachangxin.com
单位人数:160
质量体系:ISO 9002
产品情况:(长新牌)
汽车暖风电动机、汽车空调冷凝器风扇电动机、汽车空调冷凝器风扇、汽车空调蒸发器风机、摩托车散热器风机和电动自行车电动机六大系列80多个品种
配套及出口情况:为一汽佳宝、重庆长安等各大主机厂配套;40%产品出口欧洲、美洲、东南亚等地区

★浙江杰程机车部件有限公司
地址:浙江省瑞安市塘下镇陈宅工业区
邮编:325204
电话:0577/58850588、13587504390
传真:65395777
网址:www.chinajiecheng.com
电子信箱:jc@chinajiecheng.com
单位人数:500
质量体系:ISO 9001
产品情况:(杰程牌、欧奔牌、力天牌)
汽车点火开关,年产量达到800万套
配套及出口情况:为重庆宗申、力帆等多家摩托车主机厂配套;出口美国、德国、印度、土耳其、巴基斯坦、巴西、马来西亚、埃及等国家

★温州汇众汽车电器有限公司
地址:浙江省瑞安市塘下镇官渎工业区
邮编:325204
电话:0577/65358385
传真:65378938
网址:www.hui-zhong.com
电子信箱:chun@hui-zhong.com
质量体系:ISO/TS 16949
产品情况:点火线圈,电子点火控制器,分电器总成,传感器,组合开关等汽车配件
出口情况:主要销往欧洲、美洲、非洲

★浙江固久汽车电器有限公司
地址:浙江省瑞安市塘下镇官渎工业区
邮编:325204
电话:0577/65350380、65361588
传真:65361588
电子信箱:sale@gujiu.com
质量体系:ISO/TS 16949
产品情况:(固久牌)
汽车电喇叭
出口情况:出口欧洲、美洲、中东等地区

★浙江声宝车业部件有限公司
地址:浙江省瑞安市塘下镇官渎河东工业区1号
邮编:325204
电话:0577/65363863、65363763
传真:65363762
网址:www.sbhorn.com
电子信箱:info@sbhorn.com
质量体系:ISO 9002
产品情况:(SHENGBAO 牌)
各种汽车、摩托车电喇叭
出口情况:远销欧洲、美洲、中东、东南亚等地区

★瑞安市固特威汽车配件有限公司
地址:浙江省瑞安市塘下镇国际汽配工业园区
邮编:325204
电话:0577/66000858、13626771688
传真:66000855
网址:www.top-autopart.com
电子信箱:dongke57168@163.com
质量体系:ISO 9001
产品情况:电子调节器、点火模块、机械式调节器等汽车发动机配件
出口情况:出口欧洲、加拿大、中东、非洲等市场

★瑞安市长征汽车电器厂
地址:浙江省瑞安市塘下镇韩田奔驰路117-121号
邮编:325204
电话:0577/65353646、15058752797
传真:65378646
网址:www.cn-changzheng.com
电子信箱:admin@cn-changzheng.com
质量体系:ISO 9001
产品情况:汽车仪表、拉线、开关和蓄电池夹
出口情况:远销东南亚、中东、非洲、欧洲、美洲等地区

★浙江省瑞安市韩田汽车电器厂
地址:浙江省瑞安市塘下镇韩田村瑞勤东路20-25号
邮编:325204
电话:0577/65351352、65357025
传真:65393070
电子信箱:huanya2009@aliyun.com
质量体系:ISO 9002
产品情况:汽车、摩托车电喇叭、风窗洗涤器

★瑞安市禾华汽车电子有限公司
地址:浙江省瑞安市塘下镇韩田工业区
邮编:325204
电话:0577/65355852
传真:65399582
网址:www.china-hehua.com
电子信箱:sales@china-hehua.com
质量体系:ISO 9001
产品情况:(禾华牌)
汽车传感器,摩托车米表齿轮

★瑞安市佳宇机车部件有限公司
地址:浙江省瑞安市塘下镇韩田工业区
邮编:325204
电话:0577/65350718
传真:65368718
网址:www.jiayucn.com
电子信箱:info@jiayucn.com
质量体系:ISO 9001
产品情况:(万佳牌)
汽车组合开关、点火开关、翘板开关等

★瑞安市中洲电器厂
地址:浙江省瑞安市塘下镇韩田工业区
邮编:325204
电话:0577/65356589、13587488989
传真:58889589
网址:www.zz38989.com
电子信箱:zz38989@126.com
单位人数:150
质量体系:ISO 9001
产品情况:(特鹰牌)
汽车、摩托车气喇叭、电控气喇叭

及摩托车喇叭、电动摩托车喇叭、沙滩车电喇叭等,汽车喇叭年生产能力100多万只,摩托车喇叭400多万只
配套及出口情况:为各中大型主机厂配套;远销欧洲、日本、东南亚等国家和地区

★温州伟力汽车部件有限公司
地址:浙江省瑞安市塘下镇韩田工业区
邮编:325204
电话:0577/65366889、18958910925
传真:65376889
网址:www.chinaweili.cn
电子信箱:weili@chinaweili.cn
质量体系:ISO/TS 16949
产品情况:ABS传感器

★瑞安市东瓯汽车电器有限公司
地址:浙江省瑞安市塘下镇韩田工业区金杯路75号
邮编:325204
电话:0577/65351103
传真:65369560
电子信箱:info@chinaruijing.com
质量体系:ISO 9001
产品情况:(瑞京牌)
各种车型汽车刮水器电动机系列、电子油门踏板总成、油门位置传感器、曲轴位置传感器、凸轮轴位置传感器、油水分离器、柴油泵系列及五十铃配件系列
配套及出口情况:为各大主机厂配套;出口欧洲、美洲、东南亚

★瑞安市建利佳汽车部件有限公司
地址:浙江省瑞安市塘下镇韩田工业区中心街225-227号
邮编:325204
电话:0577/65353704、65355872
传真:65390226
网址:www.jianlijia.com
电子信箱:info@jianlijia.com
质量体系:ISO 9001
产品情况:(建利佳牌)
刮水器电动机、刮水器刮臂、刮水片、喇叭、玻璃升降器等
配套及出口情况:为部分大型汽车制造厂配套;远销欧洲、东南亚、非洲

★浙江瑞安市华联仪表有限公司
地址:浙江省瑞安市塘下镇韩田金杯路79-81号
邮编:325204
电话:0577/65351885
传真:65373922
网址:www.hualianchina.com
电子信箱:hl@hualianchina.com
质量体系:ISO 9002
产品情况:(中仪牌)
汽车、摩托车仪表系列
出口情况:出口东南亚、欧洲、美洲、中东、非洲等地区

★浙江天岳汽车电器有限公司
地址:浙江省瑞安市塘下镇韩田沿河北路3号
邮编:325204
电话:0577/65356126、13587488396
传真:65356126
网址:www.tian-yue.com
电子信箱:info@tian-yue.com
质量体系:ISO/TS 16949
产品情况:(天岳牌)
汽车电动门锁系列、点火开关系列、组合开关系列三大类产品
配套及出口情况:现有客户有一汽通用轻型商用车、长城汽车、北京汽车制造厂、上汽依维柯红岩商用车、曙光汽车集团、中兴汽车、吉奥汽车、石家庄双环汽车;远销欧美、东南亚、中东地区

★瑞安市豪王汽车零部件有限公司
地址:浙江省瑞安市塘下镇科技工业园区
邮编:325204
电话:0577/65371828、65372858
传真:65921357
网址:www.haowang.com
电子信箱:lin-cm@163.com
质量体系:ISO 9000
产品情况:(豪王牌、拓搏牌、herowin牌)
汽车电器产品和盘式制动片
配套及出口情况:与一汽、上汽通用、一汽佳宝、金杯海狮、安徽安凯等主机厂配套;出口欧洲、美洲、东南亚等地区

★瑞安市佳宝汽车电器有限公司
地址:浙江省瑞安市塘下镇罗凤北工业区
邮编:325204
电话:0577/65388005
传真:65395759
电子信箱:info@zjjb.com
质量体系:ISO/TS 16949、ISO 9001
产品情况:(JBEC牌)
汽车散热器风扇、汽车冷凝器风扇、散热器单电机,适用于通用、标致、雪铁龙、现代、起亚、本田、丰田、三菱、日产和马自达等车型
出口情况:远销欧洲、非洲、东南亚等地区

★瑞安市赛利汽车部件有限公司
地址:浙江省瑞安市塘下镇罗凤北工业区登峰路289号
邮编:325204
电话:0577/65389877、66071888
传真:65331622
电子信箱:slqcgyx@126.com
质量体系:ISO/TS 16949
产品情况:各类汽车高压线总成及相关高压线零部件,产品覆盖全球各种车型1200多种
出口情况:远销欧洲、亚洲、俄罗斯、中东、南美洲、北美洲等国家和地区

★浙江赛杰电器有限公司
地址:浙江省瑞安市塘下镇罗凤北工业区和谐路88号
邮编:325204
电话:0577/65201454、65219887
传真:65210999
网址:www.cn-ruixu.com
电子信箱:info@cn-ruixu.com
质量体系:ISO 9001
产品情况:(瑞旭牌)
各类汽车喇叭、电磁阀
出口情况:出口东南亚、非洲、南美洲、中东等地区

★瑞安市夸克汽车电子有限公司
地址:浙江省瑞安市塘下镇罗凤北工业区时代路487号
邮编:325204
电话:0577/65113566、13356181288
传真:65113568
网址:www.quark-cn.com
电子信箱:quark@quark-cn.com
质量体系:ISO 9001
产品情况:汽车空气流量计、点火线圈

★浙江亚伯兰电器有限公司
地址:浙江省瑞安市塘下镇罗凤北工业区万景路588号
邮编:325204
电话:0577/65362818
传真:65362828
电子信箱:yblmarket@yblauto.com
质量体系:ISO/TS 16949
产品情况:汽车转向助力泵、电喷燃油泵、汽车组合开关、点火开关、翘板开关等为主导产品
配套及出口情况:为一汽集团、东风汽车公司、日本有信等国内外知名汽车制造厂配套;远销欧美、中东、东南亚等地区

★温州市日益机车部件有限公司
地址:浙江省瑞安市塘下镇罗凤工业区罗山人二路88号
邮编:325204
电话:0577/65326586
传真:65326585、65379837
电子信箱:ryi@ryidianqi.com
质量体系:ISO 9001
产品情况:汽车空气流量计、曲轴位置传感器、废气再循环阀、爆震传感器、进气压力传感器及风机变速电阻
出口情况:远销英国、德国、法国、意大利、美国、加拿大、巴西等80多个国家和地区

★瑞安市佳鸿伟业汽车电器有限公司
地址:浙江省瑞安市塘下镇罗凤工业区双榕路
邮编:325204
电话:0577/65375628
传真:66000725

网址:www.jiahongweiye.com
电子信箱:jh@jiahongweiye.com
产品情况:电源总开关、电磁式电源总开关、推力吸力开关等产品
配套及出口情况:为一汽集团、东风汽车公司、北汽福田等主机厂配套;远销东南亚、中东、南美洲等地区

★温州集优电机制造有限公司
地址:浙江省瑞安市塘下镇汽摩工业园区(塘下大道)
邮编:325204
电话:0577/65398388、65353895
传真:65353891
网址:www.fanbo.com
电子信箱:info@cnyuanli.com
单位人数:130
质量体系:ISO 9001
产品情况:(绿环牌、远力牌、帆波牌、DKY 牌)
电器控制盒、汽车继电器、电子调节器、闪光器、喇叭、开关、标准件等
配套及出口情况:汽、摩配件及标准件系列为山东时风集团、上海凯马、江淮汽车等配套;远销欧洲、北美洲、南美洲、非洲、东南亚等地区

★瑞安市耐特汽车电子有限公司
地址:浙江省瑞安市塘下镇上林工业区
邮编:325204
电话:0577/65373118、65368318
传真:65370018
网址:www.yibon.com.cn
电子信箱:autoparts@yibon.com.cn
质量体系:ISO/TS 16949
产品情况:(亿邦牌、YIBON 牌)
点火线圈、各种传感器、怠速电动机、点火模块、电子调节器、发电机整流器、电子点火器、稳压整流器、闪光器、点火线圈、继电器等
配套及出口情况:为一汽集团、哈飞汽车、力帆、宗申等配套;远销美国、德国、巴西等国家

★瑞安市三星汽摩配件有限公司
地址:浙江省瑞安市塘下镇市场东路17号
邮编:325204
电话:0577/65397888、65353318
传真:65355886
网址:www.china-sx.com
电子信箱:jianxing@china-sx.com
质量体系:ISO 9001
产品情况:(箭星牌)
摩托车全车电器,汽车高压线圈、继电器、喇叭、闪光器、点火器、电子调节器等
出口情况:出口中东、南美洲等20多个国家和地区

★温州东捷汽配有限公司
地址:浙江省瑞安市塘下镇塘下大道花园工业区
邮编:325204
电话:0577/65369868、25606887
传真:65351454
网址:www.dongjiecn.com
电子信箱:w@dongjiecn.com
质量体系:ISO 9002
产品情况:(东捷牌)
各种汽车电子调节器、电子闪光器、电子点火器等电子电器产品
出口情况:远销东南亚地区

★瑞安市阳宇机动车零部件有限公司
地址:浙江省瑞安市塘下镇吴岙新街107号
邮编:325204
电话:0577/65365566
传真:65390935
网址:www.rayangyu.com
电子信箱:rayangyu@vip.163.com
质量体系:ISO/TS 16949
产品情况:(YANGYU 牌)
汽车节气门位置传感器、怠速控制器、废气再循环阀、节气门体
配套及出口情况:为国内外汽车厂 OEM 配套;出口欧美等地区

★潜华汽车仪表有限公司
地址:浙江省瑞安市塘下镇下村文明路109号
邮编:325204
电话:0577/65371510
传真:65371510
电子信箱:yibiao_car@163.com
质量体系:ISO/TS 16949、QS 9000
产品情况:动磁式、电子式、步进式电动机,各类汽车组合仪表

★瑞安市金谷汽摩配有限公司
地址:浙江省瑞安市塘下镇新坊工业园区
邮编:325204
电话:0577/65362583、13806807047
传真:65362583
网址:www.jinguauto.com
电子信箱:info@jinguauto.com
质量体系:ISO 9002
产品情况:(JIAOBAO 牌)
轿车电器开关,各类水、燃油、机油、空气流量、温度变化的传感器等;具有年产电动窗开关10万套、驻车制动器总成5万只、传感器20万只的生产能力

★温州盛诺汽车电器有限公司
地址:浙江省瑞安市塘下镇新溪国际工业园区
邮编:325204
电话:0577/58877746
传真:65378148
网址:www.snuoparts.com
电子信箱:sales@snuoparts.com
质量体系:ISO/TS 16949
产品情况:(盛诺牌、SNUO 牌)
机油压力传感器、车转速里程表传感器、智能电子调节器、水温传感器、温控开关、油压报警器、电子闪光器、继电器、发电机、刮水器、刮水电动机和暖风电动机等系列产品
配套及出口情况:机油压力传感器等产品为一汽集团、东风汽车公司等配套;远销美洲、欧洲、东南亚等地区

★瑞安市晶佳车业有限公司
地址:浙江省瑞安市塘下镇赵宅工业区
邮编:325204
电话:0577/65356022、65375333
传真:65375689
网址:www.cnjingjia.com
电子信箱:info@cnjingjia.com
质量体系:ISO 9001
产品情况:(晶佳牌)
汽车喇叭、冷却风扇等
配套及出口情况:部分产品为汽车制造厂配套;部分产品出口

★瑞安市泰安车辆配件有限公司
地址:浙江省瑞安市塘下镇赵宅工业区
邮编:325204
电话:0577/65352296
传真:65373286
网址:www.chinataiyue.com
电子信箱:sales@chinataiyue.com
质量体系:ISO 9001
产品情况:(泰岳牌)
汽车刮水电动机、暖风电动机、空调电动机、玻璃升降器电动机等
出口情况:出口东南亚等地区

★温州川龙汽车部件有限公司
地址:浙江省瑞安市塘下镇赵宅工业区市场东路86号
邮编:325204
电话:0577/65376666、66006890
传真:65350890
网址:www.chuanba.cn
电子信箱:chuanba@vip.sina.com
质量体系:ISO 9001
产品情况:(川霸牌、川友牌)
点火开关、全车锁芯、内外门拉手等
出口情况:远销东南亚、欧洲、非洲、南美洲等几十个国家和地区

★瑞安市永安汽车电器有限公司
地址:浙江省瑞安市塘下镇赵宅工业区天凤大街119弄
邮编:325204
电话:0577/65350974、65390976
传真:65369975
电子信箱:yongan@wz.zj.cn
质量体系:ISO 9001
产品情况:机油压力传感器、温控开关、水温传感器、汽车喇叭等
出口情况:远销欧洲、美洲、日本、东南亚、中东、非洲等国家和地区

★浙江松松汽车电器有限公司
地址:浙江省瑞安市塘下镇肇平垟中村
邮编:325204
电话:0577/65326668、65326669
传真:65326667
网址:www.gtqp.com
电子信箱:ymc30837074@qq.com
质量体系:ISO/TS 16949
产品情况:(松松牌)
汽车组合开关、点火开关、刮水器电动机等产品
配套及出口情况:与山东时风集团、江苏英田集团、重庆普斯欣等配套;出口国外市场

★瑞安市中韩传感器有限公司
地址:浙江省瑞安市汀田镇
邮编:325204
电话:0577/65357357
传真:65331115
电子信箱:cnzhonghan@163.com
质量体系:VDA 6.1、QS 9000
产品情况:(中韩牌)
汽车传感器等
配套情况:为北汽、江淮汽车配套

★南洋汽摩集团有限公司
地址:浙江省瑞安市新坊工业区
邮编:325204
电话:0577/65379949
传真:65360495
网址:www.nanyangchina.com
电子信箱:trade@nanyangchina.com
单位人数:1400
质量体系:ISO/TS 16949
产品情况:(南洋·星球牌、HONT牌、SNMOO牌)
汽车组合开关、汽车水箱、中冷器、大客车前独立悬架总成、等速万向节、摩托车套锁等
配套及出口情况:与北汽福田、沈阳金杯、陕西欧舒特、安凯公司、一汽青岛、江门大长江、新大洲本田、轻骑铃木、重庆嘉陵、重庆宗申、雅马哈、五羊本田等配套;出口欧洲、南美洲、非洲、中东、东南亚等地区

★胜华波集团有限公司
地址:浙江省瑞安市新坊工业区
邮编:325204
电话:0577/65389888、13705789880
网址:www.china-shb.com
电子信箱:shbxk@chinashb.com
单位人数:2600
质量体系:ISO/TS 16949、ISO 14001
产品情况:(胜华波牌)
汽车电动刮水器总成、汽车座椅电机、发电机、玻璃升降器、其他车用电器、化油器、电动天窗,座椅弯管件、轴类HDM及蜗杆等金属件,传感器等各类汽车电机及零部件
配套及出口情况:为一汽、东风、上汽、北汽、奇瑞汽车、华晨汽车、长安汽车、吉利汽车、江淮汽车、比亚迪汽车、中国重汽、哈飞汽车、昌河汽车、江铃汽车、福田汽车、长城汽车、长丰汽车、上汽通用五菱、东风柳汽、海马汽车等国内知名企业配套;国外市场主要有北美洲、欧洲、澳大利亚和东南亚

★瑞安市亚瑞汽车电器有限公司
地址:浙江省瑞安市新坊工业区盛新路23号
邮编:325204
电话:0577/65350247、65360781
传真:65358380
电子信箱:info@china-yarui.com
质量体系:ISO 9002
产品情况:(亚瑞牌)
汽车点火开关、语言倒车报警器、摩托车点火继电器、稳压器等
配套及出口情况:为一汽集团、东风汽车公司、北汽福田、柳州五菱、临海宝马、长安汽车等配套;出口欧洲、非洲、东南亚等地区

★瑞安市纪龙汽车电器有限公司
地址:浙江省瑞安市海安工业区
邮编:325205
电话:0577/65271383、58899008
传真:65270383
网址:www.jilong-starter.com
电子信箱:jl2008@chinastarter.com
质量体系:ISO 9001
产品情况:(纪龙牌)
起动机、转子、电枢等
出口情况:远销东南亚、非洲、欧洲、美洲等地区

★浙江台兴汽车部件有限公司
地址:浙江省瑞安市海安镇工业区城西南路62号
邮编:325205
电话:0577/65270001、65270666
传真:65276600
网址:www.tai-xing.com
电子信箱:motorfan@126.com
质量体系:ISO 9001
产品情况:(台兴牌)
各种汽车空调、暖风、刮水、摇窗等直流电动机,各类微电机及配件等
出口情况:出口美国、澳大利亚、东南亚

★瑞安市特霸汽车零部件有限公司
地址:浙江省瑞安市海光工业区85号
邮编:325205
电话:0577/65277867
传真:65270267
电子信箱:info@China-fengte.com
质量体系:ISO 9001
产品情况:点火线圈,年产50万只以上

★瑞安市辰泰汽车配件有限公司
地址:浙江省瑞安市塘下镇场桥浦新东路85号
邮编:325205
电话:0577/65261234
传真:65279678
电子信箱:rainplw@sina.com
产品情况:(冠震牌)
继电器、闪光器、预热继电器
出口情况:远销中东、美国、东南亚等国家和地区

★浙江康翔汽车部件制造有限公司
地址:浙江省瑞安市塘下镇场桥上叶工业区
邮编:325205
电话:0577/65299001
传真:65299003
网址:www.wzkx.com.cn
电子信箱:qxb@wzkx.com.cn
单位人数:160
质量体系:ISO/TS 16949、ISO 9001
产品情况:(康翔牌)
汽车风扇电动机、燃油泵、线路板
出口情况:远销欧洲、美国、巴西、中东、俄罗斯、东南亚等国家和地区

★温州浩源汽车部件有限公司
地址:浙江省瑞安市塘下镇陈宅旺工业区
邮编:325205
电话:0577/65381178
传真:65381158
质量体系:ISO/TS 16949
产品情况:干式汽车点火线圈

★瑞安市豪博汽车零部件有限公司
地址:浙江省瑞安市塘下镇海安工业区高岗路14号
邮编:325205
电话:0577/65278278、15988787777
传真:65270780
网址:www.rahaobo.com
电子信箱:info@rahaobo.com
质量体系:ISO 9000
产品情况:电子扇、风扇电动机、风扇总成等
出口情况:出口日本、韩国、东南亚

★温州鸿腾汽车电器有限公司
地址:浙江省瑞安市塘下镇海安海光路14号
邮编:325205
电话:0577/58803755、65295555
传真:65271885
网址:www.shuangxiu.com
电子信箱:hoto@shuangxiu.com
质量体系:ISO/TS 16949
产品情况:(双秀牌)
各种汽车分电器总成、点火线圈、发电机调节器、电子点火器、传感器等系列

★温州宾阳汽车电器有限公司
地址:浙江省瑞安市塘下镇海安海阳工业区景阳路1号
邮编:325205

电话:0577/65272716、65277662
传真:65270156
网址:www.chinadianhuan.com
电子信箱:sales@chinadianhuan.com
质量体系:ISO 9001
产品情况:(电环牌、欧力派牌)
发电机及配件、起动机及配件

★浙江省瑞安市速马汽车电器开关厂
地址:浙江省瑞安市塘下镇海光工业区
邮编:325205
电话:0577/65271163
传真:65277920
质量体系:ISO 9002
产品情况:(速马(SUMA)牌)
轿车点火开关等
出口情况:出口东欧、中东

★银皓汽配有限公司
地址:浙江省温州市经济技术开发区滨海三道3518号
邮编:325205
电话:0577/86800886、86800888
传真:86800878
网址:www.ben-zone.com
电子信箱:info@ben-zone.com
质量体系:ISO/TS 16949
产品情况:电喷燃油泵、单向器、电磁开关,年产能力将达800万只
配套及出口情况:部分产品与主机厂配套;远销欧盟、东南亚、中东、北美洲、大洋洲、非洲,并销往中国香港、中国台湾地区

★浙江远征汽摩附件有限公司
地址:浙江省瑞安市莘塍镇工业区富周西路
邮编:325206
电话:0577/65676666、65192288
传真:65676666
网址:www.yzheng.com
电子信箱:vland30@126.com
单位人数:600
质量体系:ISO/TS 16949
产品情况:(远征牌、VLAND牌)
从事改装车灯研发和制造
出口情况:畅销俄罗斯、中东、东南亚等国际市场

★浙江瑞鹏汽车电器有限公司
地址:浙江省瑞安市经济开发区飞云新区下厂村
邮编:325206
电话:0577/65513688、65513333
传真:65512222
网址:www.chinaruipeng.com
电子信箱:sales@chinaruipeng.com
质量体系:ISO/TS 16949、VDA 6.1
产品情况:[瑞鹏(RPSY)牌]
商用直流电动机系列、汽车刮水器电动机系统系列和汽车空调电动机系列
配套及出口情况:为一汽集团、重汽集团、陕国一汽集团、一汽通用、长安集团、东风集团、陕汽重型、广汽吉奥等20余家汽车企业的主机厂配套;部分产品出口欧美、中东等20余个国家和地区

★瑞安市达丰汽车部件有限公司
地址:浙江省瑞安市安阳镇薛前工业区上旺东路5号
邮编:325206
电话:0577/65137718
传真:65137708
网址:www.dfparts.com
电子信箱:dafeng1213@163.com
质量体系:ISO 9001
产品情况:(FanShun牌)
电动机、传感器、开关、全车线束
配套及出口情况:与几家国内主机厂建立长期一、二级配套关系;出口欧洲、美洲、中东、东南亚等地区

★瑞安市三川汽车电器有限公司
地址:浙江省瑞安市东山经济开发区导航路1989号
邮编:325206
电话:0577/65533555、59880919
传真:65181221
网址:www.scele.com.cn
电子信箱:info@scele.com.cn
质量体系:ISO/TS 16949
产品情况:(三川牌)
汽车组合开关,翘板开关、点火开关、马达起动开关、电源开关、小型继电器、熔断丝盒、中央配电装置、电子闪光器等系列汽车电器产品
出口情况:出口德国、波兰、土耳其、伊朗、马来西亚等国家

★瑞安市宏光电子电器有限公司
地址:浙江省瑞安市汀田镇汀八村钢铁市场
邮编:325206
电话:0577/65116587、65503213
传真:65501588
网址:www.cn-hongliang.com
电子信箱:hufeiluan1314@hotmail.com
质量体系:ISO 9001
产品情况:(宏良牌)
继电器、开关、电子调节器、电子闪光器等汽车电子产品
出口情况:远销东南亚、非洲、南美洲、埃及、意大利等国家和地区

★温州华友汽车部件有限公司
地址:浙江省瑞安市莘塍东新工业区
邮编:325206
电话:0577/65190366
传真:65190399
网址:www.wzhuayou.cn
电子信箱:450795409@qq.com
质量体系:ISO 9001
产品情况:(华友牌)
电动闭锁器、电动机继电器、电动升降器、锁体、上中下滑轮
出口情况:出口中东、非洲、东南亚等地区

★温州市奔翔汽配有限公司
地址:浙江省瑞安市莘塍镇北片工业区金瓯路8号
邮编:325206
电话:0577/65128577
传真:65179666
网址:www.chinabenxiang.com
电子信箱:wzbx@chinabenxiang.com
单位人数:100
质量体系:ISO 9001、ISO/TS 16949
产品情况:刮水电动机
出口情况:远销欧洲、南美洲、东南亚

★瑞安市博莱汽车部件有限公司
地址:浙江省瑞安市莘塍镇市场南路22号
邮编:325206
电话:0577/65188383、65168882
传真:65168018
网址:www.wzbolai.com
电子信箱:sale@wzbolai.com
质量体系:ISO 9001
产品情况:全车锁总成、车门附件、控制暖风水阀、节温器总成等

★瑞安市东欧汽车仪表厂
地址:浙江省瑞安市莘塍镇仙桥东路3号
邮编:325206
电话:0577/65520929
传真:65170330
网址:www.doyb.net
电子信箱:doyb@doyb.net
质量体系:ISO 9000
产品情况:电流表、油压表、水温表、油量表、里程表、真空表及发动机转速表
出口情况:产品90%出口

★温州博诚汽车机电有限公司
地址:浙江省瑞安市飞云镇阁巷工业区邮电路5栋
邮编:325207
电话:0577/65558444
传真:65558844
网址:www.china-bom.com
电子信箱:bom@wzbocheng.com
质量体系:ISO/TS 16949
产品情况:怠速控制器和步进电动机
出口情况:出口欧洲、美国、东南亚、南美洲、中东、俄罗斯等国家和地区

★瑞安市三龙汽车配件有限公司
地址:浙江省瑞安市飞云镇浦口工业区
邮编:325207
电话:0577/65022333、13616652301
传真:65579333
网址:www.mousebc.com
电子信箱:sales@mousebc.com
单位人数:50
质量体系:ISO 9001

产品情况：（mouse 牌）
汽车蓄电池夹
出口情况：出口中东、东南亚、非洲等地区

★瑞安市博宇电器有限公司
地址：浙江省瑞安市锦湖街道礁石工业区 1 路 7 号
邮编：325207
电话：0577/65576299、65577666
传真：65576199
电子信箱：boreyu188@ 163. com
质量体系：ISO/TS 16949
产品情况：（博宇牌）
电器换向器，年产 2500 万只
配套情况：为全国各大电机工业市场配套

★瑞安市瑞鑫电器有限公司
地址：浙江省瑞安市经济开发区飞云新区华顺路 289 号
邮编：325207
电话：0577/65671991、65669995
传真：65661995
网址：www. rx－dq. com
电子信箱：rx@ rx－dq. com
单位人数：300
质量体系：ISO/TS 16949、ISO 9001
产品情况：汽车、摩托车电动机炭刷架和其他配件，年产电动机炭刷架 5000 万只
配套及出口情况：为德国博世、日本日立、本田、美国佩特莱等全球知名汽车、摩托车电机制造商配套；电动工具电机碳刷架为德国博世、日本牧田、日立、利优比、香港 TTI 等世界知名电动工具制造商配套；远销日本、欧洲、北美洲等国家和地区，并销往中国台湾地区

★瑞安市追越汽车零部件有限公司
地址：浙江省瑞安市马屿镇黄桥村
邮编：325207
电话：0577/65361338
传真：65363020
网址：www. cnzhuiyue. com
电子信箱：info@ cnzhuiyue. com
质量体系：ISO 9002
产品情况：组合开关、点火开关、前照灯开关、功能开关、玻璃升降器开关、前后烟缸、点烟器总成，全车锁等汽车零配件

★瑞安市大众汽车组合开关厂
地址：浙江省文成县百丈漈生态工业园奔驰路 6 号
邮编：325300
电话：0577/65322288、67789999
传真：65201082
电子信箱：info@ chinafangtian. com
质量体系：ISO 9001
产品情况：（方田牌）
各种轿车、豪华客车、城市公交车、载货汽车、微型车、农用车等转向管柱上的组合开关、点火开关
配套情况：为多家汽车整车厂配套

★温州凯皓汽车零部件有限公司
地址：浙江省文成县工业园区
邮编：325300
电话：0577/67785555、67786666
传真：67788999
网址：www. cn－kaihao. com
电子信箱：info@ cn－kaihao. com
质量体系：ISO/TS 16949
产品情况：（凯皓牌）
点火线圈、点火模块等
出口情况：远销国外市场

★温州勇炜汽摩零部件有限公司
地址：浙江省文成县百丈漈生态工业基地奔驰路 1 号
邮编：325308
电话：0577/67756666、65218860
传真：65212278、67759666
网址：www. cn－yongwei. com
电子信箱：sale@ cn－yongwei. com
质量体系：ISO/TS 16949
产品情况：（勇炜牌、超炜牌、CFKKO 牌）
汽车、摩托车电喇叭、电子多音喇叭和气喇叭
出口情况：远销欧洲、美洲、东南亚、中东等地区

★飞鹏车辆配件有限公司
地址：浙江省平阳县宋桥镇孙楼工业区
邮编：325400
电话：0577/58118876、58118860
传真：63775990、63775986
网址：www. globalfeipeng. com
电子信箱：sales@ globalfeipeng. com
质量体系：ISO/TS 16949、ISO 14001
产品情况：（飞鹏牌）
大功率刮水器总成，大功率整体式交流发电机与多速电磁风扇离合器，年生产能力均达 20 万台套以上，同时生产各种其他汽车配件
配套及出口情况：与国内金龙、宇通、安凯、中通、上汽通用等 30 多家主机厂配套；出口印度、新西兰、泰国、波兰、以色列、埃及、西班牙、土耳其、巴西、新加坡、德国等 20 多个国家，并销往中国台湾地区

★平阳纯德汽车配件有限公司
地址：浙江省平阳县万全镇郑楼礼品园区
邮编：325400
电话：0577/63771258、13506577718
传真：63772778
网址：www. chundeqp. com
质量体系：ISO/TS 16949
产品情况：（纯德牌）
汽车玻璃升降器开关、空调控制器、倒车后视镜、汽车组合开关等
出口情况：远销海外市场

★平阳琳瑞汽车电器股份有限公司
地址：浙江省平阳县榆垟榆西路 1－3 号
邮编：325400
电话：0577/63791358
传真：63793178
网址：www. wzlinrui. com
电子信箱：linrui@ wzlinrui. com
单位人数：82
质量体系：ISO/TS 16949
产品情况：（劲松牌）
空调风机及暖风机、散热器、除霜器、加热器等系列配套产品
配套及出口情况：为青年汽车金华亚曼车辆、柳州五菱工业、安徽安凯车辆等配套；向日本、俄罗斯、东南亚、非洲、北美洲、中东等国家和地区批量出口

★温州市年格汽车配件有限公司
地址：浙江省温州市平阳县郑楼工业区
邮编：325409
电话：0577/63771898
传真：63770658
网址：www. nian－ger. com
电子信箱：nian－ger@ qq. com
质量体系：ISO/TS 16949
产品情况：（远球牌）
刮水电动机总成、刮水电动机以及各种直流电动机等
配套及出口情况：为河北少林客车，苏州金龙客车，中通客车等配套；远销英国、法国、西班牙、俄罗斯、韩国、印度尼西亚、泰国、沙特阿拉伯、埃及、土耳其、伊朗、澳大利亚、新西兰、哥伦比亚、厄瓜多尔、加拿大等国家

★温州沪宏汽车电器有限公司
地址：浙江省平阳县郑楼万全工业区万盛路 1 号
邮编：325409
电话：0577/63176228
传真：63176229
电子信箱：master@ wzhuhong. com
质量体系：ISO 9001
产品情况：汽车刮水电动机、暖风电动机、洗涤器系列产品
配套及出口情况：为山东时风集团、山东五征集团、东风汽车、北汽福田等配套；远销俄罗斯、美国、印度、中东等国家和地区

★乐清市笛光汽车配件有限公司
地址：浙江省乐清市虹桥镇沙河工业区
邮编：325600
电话：0577/62123999、62380699
传真：62382279
网址：www. chfl. cc
电子信箱：trade@ chfl. cc
质量体系：ISO/TS 16949
产品情况：（笛光牌）
汽车电子喇叭、继电器、前照灯增

亮器、保险片、氙气灯等汽车电器

★国威科技有限公司
地址:浙江省乐清市经济开发区纬四路
邮编:325600
电话:0577/27859555、27859666
传真:62666680
网址:www.kuwe.com.cn
电子信箱:business@kuwe.com.cn
质量体系:ISO/TS 16949、QS 9000
产品情况:(V-HAND 牌)
汽车车身控制器(BCM)、汽车 CD、收音机、无钥匙门禁系统(PKE)、遥控中控(RKE)、可视倒车雷达(带蓝牙)(RPA)、组合开关、转向锁、全车锁芯、全车小开关、门锁机构等系列产品
配套及出口情况:为一汽-大众、上汽大众、上海汽车、一汽集团、一汽海马、东风集团、长安汽车、现代华泰、华晨汽车、奇瑞汽车、东南汽车、上汽通用五菱、天津一汽夏利、吉利汽车、长安铃木、哈飞公司、昌河铃木、长城汽车、比亚迪公司、江铃控股等全国数十家大型汽车厂配套;并与美国 MTD、日本铃木、德国大众、伊朗德塔米克斯等国际大公司建立合作关系;与美国 MTD、日本铃木、德国大众、伊朗德塔米克斯等国际大公司建立合作关系

★温州益能电器有限公司
地址:浙江省乐清市磐石镇重石工业区重石新路 47 号
邮编:325602
电话:0577/62843679、62842785
传真:62849785
网址:www.yn-china.com
电子信箱:webmaster@yn-china.com
董事长:葛相益
质量体系:ISO/TS 16949
产品情况:塑件、端子、护套、线束,汽车专用复合型针座及模具
配套及出口情况:为一汽集团、东风汽车公司、奇瑞汽车、吉利汽车、江淮汽车、哈飞汽车、天海集团等配套;远销日本、韩国、东南亚、欧洲等国家和地区

★温州耶力汽车电机有限公司
地址:浙江省乐清市白象金炉工业区东大街 695 号
邮编:325603
电话:13806861329
网址:www.cnyeli.com
电子信箱:le@cnyeli.com
质量体系:ISO 9001
产品情况:汽车起动机用电磁开关
配套及出口情况:为国内外客户长期配套;远销欧洲、美洲、亚洲等地区

★温州同力汽车电器有限公司
地址:浙江省乐清市北白象金炉工业区开创路 518 号
邮编:325603
电话:0577/62884055、62893055
传真:62897769
网址:www.china-hongri.com
电子信箱:china-hongri@hotmail.com
质量体系:ISO 9001
产品情况:汽车发电机、起动机零配件,主要有塑料件、铜套类、套管、铜铁件、塑料类、插件类、开关盖、垫圈、静触头、集电环等
配套及出口情况:与国内外几十家企业配套;出口欧洲、美洲、新加坡、马来西亚,并销往中国台湾地区

★浙江星普汽车配件有限公司
地址:浙江省乐清市北白象镇白塔王工业区开创路 372 号
邮编:325603
电话:0577/62996719、62986576
传真:62992993
网址:www.cn-spd.com
电子信箱:cnspd@cn-spd.com
质量体系:ISO/TS 16949
产品情况:汽车中央电器控制装置、CAN 总线控制器、汽车继电器、电子闪光器、控制器、电源总开关、门灯开关、组合开关、翘板开关、调光开关、玻璃升降开关等
配套情况:为陕西重汽、中国重汽、北方奔驰、北京华德尼奥普兰、青年汽车、唐骏欧铃、山西大运、江淮汽车、沃尔沃重型货车等多家整车厂的合格供应商

★浙江柏思德电气有限公司
地址:浙江省乐清市柳市镇象阳工业区
邮编:325603
电话:0577/62606688、18805776688
传真:62605588
网址:www.bsdele.com
电子信箱:baiside@163.com
质量体系:ISO 9001
产品情况:(BAISIDE 牌)
汽车、摩托车电气线路的各种接插件、保险盒、线束、灯座
配套及出口情况:为全国几十家汽车厂配套;部分产品出口东南亚

★黄河汽配集团有限公司
地址:浙江省乐清市温州大桥工业区
邮编:325603
电话:0577/62929999
传真:62990022
网址:www.honha.com
电子信箱:honha@honha.com
法人代表:陈德岳
单位人数:2000
质量体系:ISO/TS 16949
产品情况:汽车接插件、蓄电池接头、配电盒、电线、电线束、(组合)开关、环保产品:三元催化器、油气分离器、LED 照明系统、自动关窗器、双向遥控起动系统、手动换挡器、选换挡软轴、空滤器、燃油蒸发控制装置、水泵、发电机、起动机刮水器、油泵等
配套及出口情况:为一汽集团、东风集团、上汽通用五菱、华晨汽车、比亚迪汽车、长安汽车、南汽集团、厦门金龙、广汽集团、重汽集团、奇瑞汽车、昌河汽车、吉利集团、吉奥汽车等配套;出口美国、德国、日本、加拿大、意大利、巴西、印度等国家,并销往中国台湾地区、中国香港地区

★乐清市锦豪汽车部件有限公司
地址:浙江省乐清市柳市新光工业区
邮编:325604
电话:0577/62797203
传真:62797203
电子信箱:jhqp@china-joho.com
质量体系:ISO/TS 16949
产品情况:玻璃升降器开关

★浙江威想电器有限公司
地址:浙江省乐清市柳市新光工业区西岙路 18 号
邮编:325604
电话:0577/61716666、62796666
传真:61716588
网址:www.yqwx.cn
电子信箱:info@yqwx.cn
质量体系:ISO 9001
产品情况:斯太尔电动机起动开关系列、康明斯电动机起动开关系列、TSM 系列炭刷、汽车用冲压件、塑料件、线束、各类集电环(滑环)系列等
配套及出口情况:为国内外数十家电动机、发动机厂家供货;远销亚洲、北美洲、欧洲等地区

★温州东南碳制品有限公司
地址:浙江省乐清市柳市镇新光工业园新光大道 148 号
邮编:325604
电话:0577/62793282、57171518
传真:62793222
网址:www.donon.cn
电子信箱:donon@donon.cn
负责人:朱亦辉
质量体系:ISO 9001
产品情况:(DONON 牌)
电动机用炭刷和刷架总成,炭刷年产量 1 亿多只,刷架总成年产量 2000 多万套
配套及出口情况:为日本本田、日本五十铃、欧洲依昆克拉、一汽-大众、东风、重汽、美国惠尔浦、海尔、美的等国内外知名企业的主要供应商;远销美国、日本、欧洲、东南亚等国家和地区

★神奇电碳集团有限公司
地址:浙江省乐清市七里港工业区
邮编:325605
电话:0577/62570000、62671111
传真:62671208
网址:www.sunki.cn

电子信箱:sunki@ sunki. cn
单位人数:1000
质量体系:QS 9000、ISO 9001
产品情况:(SUNKL 牌)
　　汽车、摩托车用电刷及其刷架总成、电动工具电刷、工业牵引电刷、电动机滑环及高纯石墨、石墨密封环等
出口情况:远销 40 多个国家与地区

★温州加特汽车电气有限公司
地址:浙江省乐清市七里港镇排岩头村
邮编:325605
电话:0577/62679079
传真:62679055
质量体系:ISO 9001
产品情况:汽车接插件

★浙江泰康电子有限公司
地址:浙江省乐清市翁垟镇祥安北路
邮编:325606
电话:0577/62812222、62815559
传真:62812318
网址:www. taiking. cn
电子信箱:taiking@ taiking. cn
单位人数:500
质量体系:ISO/TS 16949、VDA 6. 1
产品情况:(TAIKING 牌)
　　具有年产汽车开关单班 600 万只、汽车机加工件单班生产能力 100 万件的能力
配套情况:为上汽大众、上汽通用、一汽、美国通用、美国福特、奥托立夫、法国弗吉亚、日本久保田、吉利、长城、奇瑞等公司配套

★乐清市日升电子有限公司
地址:浙江省乐清市虹桥镇西工业区黎明西路 105－107 号
邮编:325608
电话:0577/62317787
传真:62321607
网址:www. cn－risheng. com
电子信箱:crsnb@ cn－risheng. com
质量体系:ISO 9001
产品情况:正弦波逆变电源、UPS 不间断电源、开关系列等产品
配套及出口情况:产品配套国内知名企业,并成为国外著名品牌 OEM 合作伙伴;远销海外市场

★乐清市星火汽车电子有限公司
地址:浙江省乐清市淡溪市第二工业区
邮编:325608
电话:0577/62396888
传真:62396777
网址:www. xinghuo. com
电子信箱:xinghuo@ xinghuo. com
单位人数:300
质量体系:ISO/TS 16949、ISO 14001
产品情况:汽车电器开关、线束连接器、电子钟、传感器、中央控制模块、微动开关及各类插座等
配套情况:为上海德科电子仪表、浙江恒科电子、浙江新星光电、广州霍尼韦尔摩擦材料、延锋伟世通怡东汽车仪表、哈尔滨航天科技控股集团、深圳万德仕电子、广州国光电器集团等企业配套

★浙江通升电子有限公司
地址:浙江省乐清市淡溪镇第二工业区
邮编:325608
电话:0577/62395789、62395799
传真:62395787、62395887
网址:www. tscn. com. cn
电子信箱:ts@ tscn. com. cn
质量体系:ISO/TS 16949
产品情况:车用连接器系列塑件、压接端子、线束及模具制造

★浙江安欣电业有限公司
地址:浙江省乐清市虹桥镇四都工业区
邮编:325608
电话:0577/61302612、61302675
传真:61302676
网址:www. china－ax. com
电子信箱:zhejianganxin@ 163. com
质量体系:ISO 9001、ISO 14001
产品情况:汽车及摩托车系列连接器、压接端子、橡胶件、轻触开关、电源开关
出口情况:出口欧洲、东南亚等地区

★浙江大明电子有限公司
地址:浙江省乐清市虹桥镇西工业区 M－1 号
邮编:325608
电话:0577/62316688
传真:62316788
网址:www. daming. com
电子信箱:daming@ daming. com
单位人数:1200
质量体系:ISO/TS 16949
产品情况:(大明牌)
　　年产开关 500 万套、空调面板 150 万套、收放机面板 200 万套
配套及出口情况:主要客户有长安集团、上汽、江淮汽车、比亚迪、华晨汽车、北汽、广汽长丰、沈阳三电、延锋伟世通、空调国际、长城汽车、江铃控股、武汉神龙、吉利等客户;主要客户有日本铃木、韩国斗源、韩国起亚、伊朗 SPCO

★浙江致威电子科技有限公司
地址:浙江省乐清市虹桥镇溪西工业区
邮编:325608
电话:0577/62337777
传真:62337333
网址:www. zwelec. com
电子信箱:zsx@ zwelec. com
单位人数:450
质量体系:ISO/TS 16949、ISO 14001
产品情况:汽车熔断丝盒总成及车身电子模块
配套情况:为上汽通用、上汽通用五菱、上汽荣威、福特、法国法雷奥、法国泰乐玛等知名主机厂配套

★合兴集团汽车电子有限公司
地址:浙江省乐清市虹桥镇幸福东路 1098 号
邮编:325608
电话:0577/62335511
传真:62335522
网址:www. cwb. com. cn
质量体系:ISO/TS 16949
产品情况:汽车线束、汽车连接器产品
配套及出口情况:产品分别在上汽通用、上汽大众、一汽－大众、长安等汽车上大量使用;与大陆、德尔福、博世、伟世通等国际知名企业建立了良好的合作伙伴关系

★合兴集团有限公司
地址:浙江省乐清市虹桥镇幸福东路 1098 号
邮编:325608
电话:0577/62336888
传真:62335881
网址:www. cwb. com. cn
电子信箱:cwb@ cwb. com. cn
单位人数:3000
质量体系:ISO/TS 16949、ISO 14001
产品情况:(CWB 牌)
　　汽车电器电子、电子连接器和终端低压电器配件
出口情况:远销美国、欧洲、东南亚、澳大利亚、韩国等国家和地区,并销往中国香港地区

★浙江康信汽车电器有限公司
地址:浙江省乐清市朴湖工业区
邮编:325608
电话:0577/61380777、61381711
传真:61381700
网址:www. conshion. com
电子信箱:trade@ conshion. com
质量体系:ISO/TS 16949
产品情况:(KXE 牌)
　　汽车开关、中控锁、传感器、连接器、线束、点烟器等
出口情况:远销南美洲、北美洲、中东、东欧、西欧、东南亚等地区

★浙江程逸汽车电器有限公司
地址:浙江省乐清市清江镇南塘三江工业区
邮编:325608
电话:0577/62368299、62362300
传真:62358299
网址:www. cyelec. com. cn
电子信箱:cyelec@ 163. com
质量体系:ISO/TS 16949、QS 9000
产品情况:各种前照灯调节器、空调风量开关及 AC 开关、电动窗开关、电动座椅开关、组合开关、线束、灯具等各类汽车电器开关

配套情况：为湖北中生、湖北法雷奥、湖北开特、长安汽车配套

★浙江亦佳汽车电子有限公司
地址：浙江省乐清市石帆镇天成工业区
邮编：325608
电话：0577/61383588
传真：61383877、65371510
电子信箱：switch@ yjpart. com
质量体系：ISO/TS 16949
产品情况：汽车组合开关、车窗升降开关、空调开关、制动灯开关、油压开关、传感器等

★乐清市琪昌电子电器有限公司
地址：浙江省乐清市石帆镇霞雪工业区
邮编：325608
电话：0577/62380855、62382888
传真：62380855
电子信箱：qichang@ mail. wzptt. zj. cn
质量体系：ISO/TS 16949
产品情况：汽车电子电器
配套情况：为上汽大众、一汽集团、青岛东阳等配套

★温州科明汽车部件有限公司
地址：浙江省温州市文成县百丈漈镇生态工业基地奔驰路5号
邮编：330328
电话：0577/65392898
传真：65392868
质量体系：ISO 9001
产品情况：（科明牌）
起动机、氙气灯、前照灯增光器、柴油加热系列、空气加热系列、钨灯泡、组合开关、喇叭、点火开关、制动灯与倒车灯、传感器、电磁气阀与断油气阀、熔断丝盒、继电器

安徽省

★合肥国轩高科动力能源有限公司
地址：合肥市新站区岱河路599号
邮编：230012
电话：0551/62100300、62100959
传真：62100333、62100915
网址：www. hfgxgk. com
电子信箱：hr@ hfgxgk. com
单位人数：2300
质量体系：ISO/TS 16949
产品情况：主要产品为磷酸铁锂材料、电芯、动力电池组、BMS系统及储能型电池组

★合肥通宇电子有限责任公司
地址：合肥市高新技术产业开发区机电产业园丰乐河路
邮编：230088
电话：0551/65367560、18956093559
传真：65318237
网址：www. tongyudz. com
电子信箱：tongyudianzi@ vip. 163. com
质量体系：ISO/TS 16949
产品情况：车身控制器BCM、遥控器、发动机防盗、刮水器控制器、后视镜控制器、座椅控制器及座椅调节开关等多种类型
配套情况：与中国一汽、东风汽车、江淮汽车、华晨中华、江铃汽车、上海李尔、长春富维江森等配套

★合肥佳讯精密机械制造有限公司
地址：合肥市高新区皖水路252号
邮编：230088
电话：0551/65393746
传真：65393746
网址：pm. jiasun. net
电子信箱：sales@ jiasun. net
单位人数：200
质量体系：ISO/TS 16949、ISO 14001
产品情况：汽车发电机单向皮带轮

★合肥诚辉电子有限公司
地址：合肥市高新区香樟大道168号
邮编：230088
电话：0551/65370435/6/7
传真：65370439
网址：www. lcdch. comlcd_ch@ 188. com
法人代表（负责人）：杜浩
单位人数：550
质量体系：ISO/TS 16949、ISO 14001
产品情况：（诚辉牌）
LCD、LED、LCM，TFT：3. 5 寸、5 寸、7 寸、10. 1 寸、12. 3 寸；年产100万对

★合肥海泰克汽车电子有限公司
地址：合肥市蜀山区湖光路百帮创业园
邮编：230088
电话：0551/65380751、18905697161
传真：65380351
网址：www. hfhtk. com
电子信箱：hfhtk@ hfhtk. com
质量体系：ISO 9001
产品情况：（海泰克牌）
各类汽车组合仪表、传感器、转换器、报警器、控制器等，年产1万套
配套情况：为主要客车厂家配套

★合肥创佳汽车电器有限公司
地址：合肥市经济技术开发区始信路118号
邮编：230601
电话：0551/63825602
传真：63825602
质量体系：ISO/TS 16949
产品情况：刮水器总成、电动玻璃升降器总成、洗涤器总成以及各型继电器、组合开关、汽车门锁、车门铰链、熄火控制器、点火锁等
配套情况：为安徽江淮、山东五征、江苏英田、南京跃进、江苏英田、川汽集团等十几家汽车制造厂定点配套

★合肥晟泰克汽车电子有限公司
地址：合肥市经济技术开发区桃源路27号
邮编：230601
电话：0551/65735707
传真：65735701
网址：www. hfstk. com
电子信箱：stk@ hfstk. com
质量体系：ISO/TS 16949、ISO 14001
产品情况：汽车泊车辅助系统、电动车窗控制器、组合开关及其他汽车电子产品
配套情况：为江淮汽车、奇瑞汽车等配套

★安徽森力汽车电子有限公司
地址：合肥市经济技术开发区紫云路与蓬莱路交叉口
邮编：230601
电话：0551/67109736、67109801
传真：67109780
网址：www. ahsenli. com. cn
质量体系：ISO/TS 16949
产品情况：收音 + AUXIN 收放机系列、收音 + MP3 收放机系列、收音 + MP3 + CD 收放机、带有导航功能的 MP5
配套情况：为江淮、奇瑞、合肥昌河、浙江众泰等多个汽车制造厂配套

★合肥邦立电子股份有限公司
地址：合肥市高新区柏堰科技园香蒲路3号
邮编：231202
电话：0551/65320119、63846505
传真：65328714
网址：www. hfbldz. com
电子信箱：k_y_o@ 163. com
法人代表：方锡井
负责人：张肖康
单位人数：180
质量体系：ISO/TS 16949、ISO 9001
产品情况：（工大邦立牌）
ABS轮速传感器、燃油传感器、汽车车身控制器、整车线束等系列传感器和控制器类产品
配套情况：为东风汽车、北汽福田、江淮汽车、奇瑞汽车等国内知名企业配套

★安徽亿诺新能源有限责任公司
地址：安徽省舒城县省级经济开发区
邮编：231300
电话：0564/2780777
传真：2780555
网址：www. ahyn. cn
电子信箱：ahynlbt@ 163. com
产品情况：电动摩托车、电动自行车等用动力电池

★安徽昊方机电股份有限公司
地址：安徽省蚌埠市高新技术开发区长青南路1288号
邮编：233010
电话：0552/4091616
传真：4091616
网址：www. hofo – em. com

电子信箱:general@ hofo－em. com
质量体系:ISO/TS 16949、ISO 14001
产品情况:(HOFO 牌)
具有年产 580 万套汽车空调电磁离合器的生产能力
出口情况:远销欧美、日本等市场;与法国法雷奥、美国德尔福、韩国汉拿等国际采购巨头有深层次合作

★安徽祈艾特电子科技有限公司
地址:安徽省蚌埠市高新区兴旺路558号
邮编:233010
电话:0552/4116116、4111176
传真:4116117
网址:www. saihua. net. cn
电子信箱:bbshdz@ 163. com
董事长:王进
质量体系:ISO/TS 16949
产品情况:汽车点火系统
出口情况:远销北美洲、东南亚,并销往中国台湾地区

★蚌埠市双环电子集团有限公司
地址:安徽省蚌埠市兴中路818号
邮编:233010
电话:0552/4910268
传真:4910398
网址:www. doublecircle. com
电子信箱:sales1@ doublecircle. com
质量体系:ISO/TS 16949、ISO 9001
产品情况:汽车、摩托车电阻器及精密电阻网络、精密金属条电阻器及车用油位传感器、高频衰减器、电感器、高频变压器等多种特殊电阻器和敏感电子元件
配套情况:汽车电阻为上汽大众和美国通用汽车配套

★安徽省天富电子(集团)有限公司
地址:安徽省天长市永福东路888号
邮编:239300
电话:0550/7813279、7093120
传真:7811216、7813550
网址:www. tianfu. cc
电子信箱:zgtf@ zgtf. cn
单位人数:900
质量体系:ISO 9001
产品情况:汽车干式点火线圈等

★昌辉汽车电气系统(安徽)有限公司
地址:安徽省芜湖市鸠江经济开发区万春西路158号
邮编:241000
电话:0553/5968965
传真:5968910
电子信箱:chwhjczx@ changhui. com
产品情况:汽车电子产品的研发、制造和销售

★芜湖德威汽车电机有限公司
地址:安徽省芜湖市鸠江区官陡镇汽车部件工业园
邮编:241000
电话:0553/2112175
传真:2112070、2111555
电子信箱:deweqiche@ sohu. com
质量体系:ISO/TS 16949
产品情况:(大威牌)
起动机、发电机

★芜湖杰诺瑞汽车电器系统有限公司
地址:安徽省芜湖市鸠江区永昌路79号
邮编:241000
电话:0553/8298942
传真:8298990
网址:www. whgnr. com
电子信箱:dongzhixiong@ whgnr. com
单位人数:240
质量体系:ISO/TS 16949、ISO 14001
产品情况:汽车起动机、发电机和新能源驱动电动机系统
配套情况:主要顾客有奇瑞汽车、上汽通用五菱、江淮汽车、云内动力、福泰动力

★芜湖天海电装有限公司
地址:安徽省芜湖市弋江区高新技术开发区
邮编:241000
电话:0553/3021688
质量体系:ISO/TS 16949、QS 9000
产品情况:连接器系统、电线束系统、汽车电子系统

★安徽金海达汽车电子有限公司
地址:安徽省芜湖市赤铸山中路伟星城2－13－101室
邮编:241001
电话:0553/2915301
传真:5687805
网址:www. cvee. cn
电子信箱:chenjh151@ sina. com
负责人:陈建海
单位人数:200
质量体系:ISO/TS 16949
产品情况:汽车电子、仪表、传感器、汽车零部件

★芜湖瑞科技术有限公司
地址:安徽省芜湖市高新开发区火炬路二路火炬创业园17号
邮编:241003
电话:13696565435、18855359528
传真:0553/5631097
产品情况:数码发电机 1kW、柴油发电机、单缸柴油机、静音发电机、数码发电机 2kW、水泵机组(1.5 高压)、电动车增程器等

★芜湖市博顿汽车零部件厂
地址:安徽省芜湖市鸠江经济开发区阳明路10号
邮编:241007
电话:0553/5716221
传真:5716239、5854687
电子信箱:bodun@ whbodun. com
质量体系:ISO 9001
产品情况:(博顿牌)
热双金属感温器、感温元器件、汽车玻璃升降器电动机保护器、汽车发电机调节器
配套及出口情况:为一汽集团、东风汽车公司、华晨金杯、北汽福田、奇瑞汽车、朝柴、玉柴等配套;出口欧洲、美洲、中东、日本等国家和地区

★芜湖瑞昌电气系统有限公司
地址:安徽省芜湖市经济技术开发区凤鸣湖北路36号
邮编:241009
电话:0553/5317070
传真:5317378
电子信箱:hr@ kwelec. com
产品情况:汽车线束
配套情况:为奇瑞轿车电线束供应商

★芜湖精诺汽车电器有限公司
地址:安徽省芜湖市经济技术开发区淮海路15号
邮编:241009
电话:0553/5936708
传真:5936700
质量体系:ISO/TS 16949
产品情况:风扇电动机总成、散热器风扇总成、鼓风电动机总成、新能源车用电子水泵及旋转变压器等
配套情况:为奇瑞、比亚迪、华晨、江淮、华泰、昌河、双环等国内主流汽车厂家的众多车型配套

★大陆汽车电子(芜湖)有限公司
地址:安徽省芜湖市经济技术开发区银湖北路27号
邮编:241009
电话:0553/5844088
传真:5844288
网址:www. conti－online. com
质量体系:ISO/TS 16949
产品情况:组合仪表、供油系统、节气门体、怠速稳定控制阀、废气控制阀、行驶记录仪等
配套及出口情况:为一汽集团、上汽集团、华晨集团、广汽集团、中国重汽、陕汽、奇瑞、江淮、吉利、长城、神龙汽车、上汽大众、一汽－大众、上汽通用、上汽通用五菱、北京现代、北京奔驰、北汽福田、北奔重汽、华晨宝马、南汽、长安铃木、长安福特等供货;出口 10 多个国家,供应包括通用大宇、日本铃木等国外用户

★埃泰克汽车电子(芜湖)有限公司
地址:安徽省芜湖市经济技术开发区银湖北路48号
邮编:241009
电话:0553/5663258
传真:5663221
网址:www. atech－automotive. com

电子信箱：xiaojun. zhang@ atech - automotive. com
单位人数：220
质量体系：ISO/TS 16949、ISO 14001
产品情况：（ATECH 牌）
车身控制器（中央智能电子集成控制器 ISU）、组合仪表（ICU）、CAN 总线系列组合仪表及车身控制器、混合动力用（ISG/BMS）、车载音响、车载电视、车载多媒体、GPS、遥控钥匙、空调控制器、汽车传感器、巡航控制器、辅助仪表及总成等汽车电子产品
配套情况：为奇瑞汽车、长城汽车、安徽江淮、重庆长安、广汽、一汽、北汽、众泰汽车等国内多家主流汽车厂家供货

★宁国金鑫电机有限公司
地址：安徽省宁国市染坊路 28 号
邮编：242300
电话：0563/4182998
传真：4180555
网址：www. ngjinxin. com
电子信箱：ahngdjzc@ 163. com
质量体系：ISO/TS 16949
产品情况：发电机及转子、定子
配套及出口情况：为奇瑞、吉利、比亚迪、北汽集团配套；远销美国、欧洲等国家和地区

★马鞍山立信电气有限公司
地址：安徽省马鞍山市经济技术开发区红旗南路 6 号
邮编：243000
电话：0555/8323276、8323277
传真：8323211
电子信箱：lixintech@ 126. com
质量体系：ISO 9001
产品情况：（立信牌）
LSB 系列速度表示器、LMF 系列脉冲分配器、LB 系列直流荧光灯逆变器、LMS 系列中央车窗门锁控制装置等汽车电子产品
配套及出口情况：为华菱重型货车、三菱、五十铃等配套；部分产品出口

★黄山顺昌汽车电器有限公司
地址：安徽省黄山市屯溪区阳湖帅鑫工业园
邮编：245041
电话：0559/2336866、2336868
传真：2336867
网址：www. hsshunchang. com
电子信箱：hssc888@ vip. 163. com
质量体系：ISO/TS 16949
产品情况：柴油车起动熄火控制器、汽车组合开关、点火开关、刮水器电动机总成、燃油传感器、汽车电子产品、汽车五金配件等
配套情况：与安徽江淮、北汽福田、一汽通用红塔、沈阳金杯、中国重汽、安徽华菱、奇瑞汽车、山东黑豹、山东五征、三一重工等配套

★黄山市瑞兴汽车电子有限公司
地址：安徽省黄山市黄山经济开发区梅林大道 87 号
邮编：245200
电话：0559/2592297、2592298
传真：2595506
网址：www. rxaes. com
单位人数：300
质量体系：ISO/TS 16949
产品情况：汽车传感器、转向柱组合开关、电动窗开关、前照灯开关、警告灯开关、制动灯开关、倒车灯开关、中央控制盒及汽车控制模块等电子电器产品
配套情况：与国内多家主机厂配套

★黄山金马股份有限公司
地址：安徽省黄山市歙县经济开发区
邮编：245200
电话：0559/6537889
传真：6537888
网址：www. hsjinma. com
电子信箱：jinma@ hsjinma. com
质量体系：ISO/TS 16949
产品情况：汽车钣金覆盖件、汽车模具研发加工、汽车仪表、汽车线束、汽车传感器、其他车用电器件

★昌辉汽车电器（黄山）股份有限公司
地址：安徽省黄山市休宁县溪口
邮编：245436
电话：0559/7581086、7588788
传真：7581269
网址：www. changhui. com
电子信箱：chhs@ changhui. com
单位人数：550
质量体系：ISO/TS 16949、ISO 14001
产品情况：（CHANGHUI 牌）
汽车照明与信号、汽车刮水控制、汽车点火、汽车安全及汽车排放等八大系统
配套情况：为一汽集团、江淮汽车、江铃汽车、奇瑞汽车、北汽福田等配套

★安徽迅启蓄电池有限公司
地址：安徽省安庆市迅启工业园
邮编：246600
电话：0556/2182100、2172392
传真：2186790、2186792
网址：www. xunqi. com
电子信箱：sales@ xunqi. com
质量体系：ISO 9001
产品情况：（迅启牌）
汽车蓄电池
配套及出口情况：为江淮汽车、安凯、合客、华菱、南汽股份、长安、合力叉车、TCM 叉车、杭州叉车、大连叉车等汽车、叉车厂家配套；出口韩国、日本、俄罗斯、新加坡、欧盟等国家和地区

福建省

★福州祥泰电子有限公司
地址：福州市鼓楼区西洪路 528 号 4 号楼
邮编：350002
电话：0591/8375164、83758021
传真：83759812 - 803
电子信箱：sales@ suntekcn. com
质量体系：ISO/TS 16949
产品情况：汽车后视镜换向执行机构和控制开关、前照灯电动调整机构、后视镜电热防雾除霜加热片、车用日光灯电子逆变器等
配套情况：为各类车型生产厂配套

★福州西诚电子有限公司
地址：福州市鼓楼区铜盘软件大道 89 号福州软件园 C 区 19 号楼
邮编：350003
电话：0591/87863115、83712495
传真：83717147
网址：www. xcfz. cn
电子信箱：fzxcdz@ xcfz. cn
单位人数：280
质量体系：ISO/TS 16949、VDA 6. 1
产品情况：（西诚牌）
汽车空调控制器、挡位指示器等汽车电子产品
配套及出口情况：为通用、福特天合、伟世通、德尔福、江森自控等配套；远销美国、巴西、印度

★福州住电装有限公司
地址：福州市仓山金山工业集中区福湾工业园 5 号地
邮编：350007
电话：0591/88000505 - 205
传真：88000511
电子信箱：fzws2007@ 163. com
产品情况：汽车线束（电线组合件）及汽车电线
出口情况：100% 出口日本

★福建源光电装有限公司
地址：福州市仓山区白湖亭仓山科技园 2 区 4 号
邮编：350007
电话：0591/83432949、83449234
传真：83447804
质量体系：ISO 9001
产品情况：（JK 牌）
汽车电路控制装置、线束等电装品
配套及出口情况：为日产轿车配套；产品全部出口

★福建源光线束电器有限公司
地址：福州市闽侯县青口镇吉山路裕达工业园 5 号
邮编：350007
电话：0591/22799095
传真：22799039
电子信箱：fjygzxb@ 163. com
质量体系：ISO/TS 16949
产品情况：线束

★福州万德电气有限公司
地址：福州市开发区长安投资区长洋路

120 号
邮编:350017
电话:0591/83998899
传真:83998666
网址:www. wonderfz. com
电子信箱:wonder@ wonderfz. com
单位人数:1600
质量体系:ISO 9001、ISO 14001
产品情况:(万德牌)
RMS 三相铝壳电动机、WY 三相铸铁壳电动机,WE 高效节能三相异步电动机,TSZ、ZY 液压泵直流电动机
配套及出口情况:为国际知名品牌配套;远销欧洲、北美洲、日本、韩国、新加坡等国家和地区

★福州优利机械有限公司
地址:福州市闽侯甘蔗闽侯经济技术开发区
邮编:350101
电话:0591/38260061
传真:38260063
电子信箱:lfp1963@ sohu. com
产品情况:发电机外壳、起动电动机外壳及其他汽车电器配件
出口情况:远销美国、日本、东南亚等国家和地区,并销往中国台湾地区

★福州泰全电机有限公司
地址:福州市闽侯县青口投资区
邮编:350119
电话:0591/22771915
传真:22761126
电子信箱:taigene@ pub5. fz. fj. cn
质量体系:ISO/TS 16949、QS 9000
产品情况:汽车及摩托车用电动机、汽车空调及鼓风机、蒸发器、温度调节器、压缩机、储液干燥器、冷媒管等配件

★许瑞兴(福州)交通器材有限公司
地址:福州市闽侯县青口投资区东南汽车城
邮编:350119
电话:0591/22761105
传真:22761107
电子信箱:hshfzap@ pub5. fz. fj. cn
质量体系:ISO/TS 16949
产品情况:车辆操纵线及其相关零部件

★福州小糸大亿车灯有限公司
地址:福州市闽侯县青口镇投资工业区
邮编:350119
电话:0591/22765266
传真:22767466
网址:www. koito. co. jp
质量体系:ISO 14001、ISO/TS 16949
产品情况:汽车用照明灯具(前照灯、后灯及其他标示灯)
配套情况:为东南(福建)汽车、东风汽车有限、广汽丰田汽车、五羊 - 本田摩托(广州)等供货

★福州耐力电机有限公司
地址:福州市闽侯县青口镇投资区
邮编:350119
电话:0591/22785168
传真:22785166
产品情况:汽车开关
配套情况:为东风日产(全车系,全系列产品)、广汽本田(雅阁 - 转向盘开关,天窗开关等),东风本田(思域 - 天窗开关,CRV - 天窗开关),长安铃木(天语 - 刮水器开关,门锁开关等),郑州日产(NV200 - 组合开关,后视镜调整开关等,皮卡 - 组合开关,电动窗开关等),东南汽车(DE/C1 - 刹车灯开关),上汽通用(凯迪拉克 - 触摸板开关,别克新君越 - 触摸板开关)吉利 TIER1 吉具泰(帝豪 - 电动座椅开关)供货

★福建仙游闽仙汽车电器有限公司
地址:福建省仙游县城关新桥路 55 号
邮编:351200
电话:0594/8296159
传真:8592819
网址:www. minxian. com
电子信箱:mx@ minxian. com
质量体系:ISO/TS 16949
产品情况:(闽仙牌)
起动机、发电机,年产各 30 万台
配套及出口情况:为朝柴、东风康明斯、上柴、锡柴、一汽柴油机厂、东风柴发厂、广西玉柴、丰田、北京现代、奇瑞汽车、厦门大金龙、常州客车总厂等配套;远销日本、东南亚、东欧等国家和地区

★福建省仙游电机股份有限公司
地址:福建省仙游县鲤城街道南大路 96 号
邮编:351200
电话:0594/8292455、8292457
传真:8292456
网址:www. fjxydj. com
电子信箱:xydj - mz@ 163. com
质量体系:ISO/TS 16949
产品情况:(闽中牌)
无刷发电机和减速起动机,年产量 22 万台
配套情况:为多家汽车厂配套

★ 宁德时代新能源科技有限公司

地址:福建省宁德市蕉城区漳湾镇新港路 1 号
邮编:352100
电话:0593/2583888
传真:2583999
网址:www. atlbattery. com
电子信箱:ruanql@ atlbattery. com
产品情况:电动汽车及储能系统的锂离子电池,电动汽车电池模组,电动汽车电池系统,动力总成、电池管理系统(BMS)
☞ 详细情况请参阅彩色宣传版面

★福建亚南电机集团
地址:福建省宁德市东侨经济开发区漳湾工业园疏港路 6 号
邮编:352100
电话:0593/2589518、2589501
传真:2589778
网址:www. yanan - motor. cn
电子信箱:sales@ yanan - motor. com
质量体系:ISO 9001、ISO 14001
产品情况:(YANAN 牌)
新能源汽车电动机及驱动总成系统、新能源质子交换膜燃料电池发电设备等

★福建南平太阳电缆股份有限公司
地址:福建省南平市工业路 102 号
邮编:353000
电话:0599/8736222
传真:8735870、8735172
网址:www. npcable. com
电子信箱:tydl@ suncable. cn
质量体系:ISO 9001、ISO 14001
产品情况:(太阳牌)
汽车线等

★福建福安振中电器制造有限公司
地址:福建省福安市秦溪洋工业园区
邮编:355000
电话:0593/6584318、83851323
传真:6512288、83851727
网址:www. zz - elec. com
电子信箱:zzdq318@ 139. com
质量体系:ISO/TS 16949
产品情况:(振中牌)
汽车、通用内燃机用起动机、发电机、直流电动机等
配套及出口情况:为玉柴、奇瑞汽车、一汽、吉利汽车等配套;远销美国、伊朗、韩国等国家

★福建一华电机有限公司
地址:福建省福安市小溪边工业区 8 号
邮编:355000
电话:0593/6395668、6508273
传真:6582997
网址:www. e - yihua. com
电子信箱:yihua@ e - yihua. com
质量体系:ISO 9001
产品情况:发电机和发电机组
出口情况:远销东南亚、中东、南美洲、非洲、欧洲、美国等国家和地区

★福安市鑫宇电机有限公司
地址:福建省福安市罗江经济开发区小留工业区
邮编:355009
电话:0593/6898076、6932918
传真:6813528
网址:www. xinyudj. diytrade. com
电子信箱:faxy@ live. cn
单位人数:315
质量体系:ISO 9001

产品情况：（闽莲牌）
汽车电风扇、空调冷凝器风扇、微型电动机等
出口情况：出口东南亚

★福建省霞浦县景禾机电有限公司
地址：福建省霞浦县三沙镇斗门头125号
邮编：355101
电话：0593/8671777、8670066
传真：8671188
网址：www.cnjhjd.com
电子信箱：info@cnjhjd.com
质量体系：ISO 9001
产品情况：汽车电喷发动机干式高能点火线圈
出口情况：90%的产品出口欧洲、美洲、南美洲、中东、东南亚等地区

★普力生（厦门）机电有限公司
地址：福建省厦门市集美区杏林广兴南路9号
邮编：360122
电话：0592/6212074、6215436
传真：6212814
网址：www.plassen.com.cn
电子信箱：apple@plassen.com.cn
质量体系：ISO/TS 16949
产品情况：摩托车数显仪表，摩托车步进马达仪表，摩托车机械仪表，沙滩车电子仪表，卡丁车电子仪表，高尔夫球车电子仪表，汽车电子仪表，发电机电子仪表，电动车控制系统，油量计等

★厦门市欧声电子科技有限公司
地址：福建省厦门市翔安火炬三期同龙二路561号4楼
邮编：361000
电话：0592/5623717、5623718
传真：5623719
网址：www.osunhorn.com
电子信箱：info@osunhorn.com
质量体系：ISO 9000
产品情况：汽车电喇叭、无骨刮水器等
出口情况：出口南美洲、东欧、东南亚，并销往中国香港、中国澳门、中国台湾地区

★厦门厦华新技术有限公司
地址：福建省厦门市湖里区新丰路178号
邮编：361006
电话：0592/3157861、3153028
传真：3153580
网址：www.likego.com
电子信箱：huanglf@likego.com
质量体系：ISO/TS 16949、ISO 14001
产品情况：车载显示器系列、车载多媒体系列、车载播放器系列、车载后视系列、移动数字电视系列、安全控制系列等六大系列产品
配套及出口情况：为沃尔沃、郑州宇通、金龙客车、厦门金旅、苏州金龙、申沃客车、黄海客车、西沃客车、中通客车、牡丹客车、桂林大宇、江淮客车、安凯客车、五洲龙、北奔重汽、镇江汽车、骏威客车、亚星客车、安源客车、申龙客车、青年汽车、郑州日产、北汽福田、中国南车集团、广州ISUZU等配套；出口东南亚、中东、欧美等国际市场

★厦门意行半导体科技有限公司
地址：福建省厦门软件园二期观日路22号A202
邮编：361008
电话：0592/3782500
传真：3782501
电子信箱：cs@imsemi.com
法人代表：马成和
负责人：杨守军
单位人数：23
产品情况：射频前端单片微波集成电路（MMIC）的研发和生产，用于车载雷达、智能交通等领域

★厦门汉纳森汽车电子有限公司
地址：福建省厦门市软件园二期观日路28号5楼
邮编：361008
电话：0592/3923861、5770468
传真：3923860
网址：www.xmhns.com
电子信箱：xmhns@hnst.com.cn
质量体系：ISO/TS 16949
产品情况：（汉纳森牌）
HZK系列车用智能总线控制系统（CAN－LIN）
配套情况：产品已经在上海申龙、福建新福达、厦门金旅、东风杭汽、深圳五洲龙、重庆五洲龙、苏州金龙、安凯等客车厂批量使用，在深圳巴士、深圳东部公交、中山公交、泉州公交、漳州公交、福州公交等大集团批量使用

★厦门锐阳电子有限公司
地址：福建省厦门市思明区观音山国际商务营运中心1号楼5A
邮编：361008
电话：0592/5189977
传真：5189677
网址：www.lkk－ae.com
电子信箱：lkk@lkk－ae.com
质量体系：ISO/TS 16949
产品情况：（LKK牌）
继电器、变压器线圈、LED驱动电路及其他一些电子元器件

★竹森电子工业有限公司
地址：福建省厦门市龙山工业区龙山南路107号2号厂房3楼
邮编：361009
电话：0592/5527818、5527828
传真：5527808
网址：www.atlec.com.cn
电子信箱：atec@atlec.com.cn
质量体系：ISO 9001
产品情况：（狮王牌）
汽车电喇叭、倒车喇叭、蜂鸣器、汽车电器等
出口情况：远销欧美、韩国、日本等国家和地区

★厦门宏发电声股份有限公司
地址：福建省厦门市集美北部工业区孙坂南路91－101号
邮编：361021
电话：0592/6106688
传真：6106678
网址：www.hongfa.com
电子信箱：webmaster@hongfa.com
质量体系：ISO/TS 16949
产品情况：（宏发牌）
继电器、低压电器、精密零件

★厦门金龙汽车电器有限公司
地址：福建省厦门市集美区灌口南路593号503单元
邮编：361023
电话：0592/6025080
传真：6030497
网址：www.xmklm.com.cn
质量体系：ISO 9001
产品情况：（金龙牌）
汽车线束、电子线束、电线等
配套情况：为金龙客车配套

★三立（厦门）汽车配件有限公司
地址：福建省厦门市集美区灌口镇集美北大道519号一号厂区A厂房
邮编：361023
电话：0592/6368539、6368584
传真：6368599
网址：www.sankaku.com.cn
电子信箱：wdy@sankaku.com.cn
质量体系：ISO 14001、ISO 9001
产品情况：汽车发电机、起动机再制造，主要系列有博世、法雷奥、卢卡斯、三菱、电装、日立、福特、雷米、克莱斯勒、万都等
出口情况：远销北美洲、南美洲、欧洲、澳大利亚、韩国、日本等国家和地区

★海拉（厦门）汽车电子有限公司
地址：福建省厦门市海沧出口加工区海景东二路36号
邮编：361026
电话：0592/3162888－271
传真：3163028
网址：www.hella.com.cn
质量体系：ISO/TS 16949
产品情况：（宏发牌、海宏赛牌）
汽车继电器
配套及出口情况：主要面向大众、奥迪、戴姆勒、福特、通用、克莱斯勒等世界知名汽车制造商；出口欧洲、美洲、亚洲地区

★厦门市三和通用机电有限公司
地址：福建省厦门市海沧区新阳工业区

霞阳路39号
邮编:361026
电话:0592/3774882
传真:3774889
网址:www.xm-sunny.com
电子信箱:cooper@xm-sunny.com
单位人数:115
质量体系:ISO 9001、ISO 14001
产品情况:汽车发电机、起动机
出口情况:远销北美洲、欧洲等多个地区

★海拉(厦门)电气有限公司
地址:福建省厦门市火炬高新区同集园集成路1446号
邮编:361026
电话:0592/3162888
网址:www.hella.com
质量体系:ISO/TS 16949
产品情况:汽车继电器及其他汽车电子控制产品,主要有S2、Micro等型号的继电器及油位传感器
配套情况:主要客户有上汽大众、一汽-大众、上汽通用、现代汽车等整车厂,并成为德尔福汽车线束、汕头YAZAKI等汽车配件一级供应商

★厦门市勤贤工贸发展有限公司
地址:福建省厦门市海沧东孚工业区诗山中路3号
邮编:361027
电话:0592/6316666、6319999
传真:6313333
网址:www.xmqx.com
电子信箱:xmqx@xmqx.com
董事长:苏学贤
单位人数:180
质量体系:ISO 9001
产品情况:起动机、发电机等各类铝端盖,年产250万个

★吉门保险丝制造(厦门)有限公司
地址:福建省厦门市海沧区(东孚)山边中路89号
邮编:361027
电话:0592/6315555、6197168
传真:6197161、5748436
网址:www.zeeman.com.tw
电子信箱:zeeman@vip.sina.com
质量体系:ISO/TS 16949
产品情况:(吉门牌)
熔断丝
配套情况:为一汽-大众配套

★铨柯(厦门)电子科技有限公司
地址:福建省厦门市同安工业集中区思明园195号
邮编:361100
电话:0592/5790339、5790369
传真:5564224
网址:www.q-solutions.com.cn
电子信箱:info@qglobal.com.cn
质量体系:ISO/TS 16949
产品情况:多种超声波探测系统、影像监控系统和其他车辆相关电子产品

★厦门歌乐电子企业有限公司
地址:福建省厦门市同安区城东工业区榕泉路15号
邮编:361100
电话:0592/7132350
传真:7132650
网址:"www.clarion.com.cn"
电子信箱:hr@clarion.com.cn
单位人数:524
质量体系:ISO/TS 16949、ISO 14001
产品情况:(CLARION牌)
车用机芯、汽车音响整机
配套情况:为上汽通用、本田、海马、长城、标致、雪铁龙等配套

★厦门达真电机有限公司
地址:福建省厦门市同安区洪塘头一路142号
邮编:361100
电话:0592/6023839、6023812
传真:6022091
网址:www.xmdazhen.com
电子信箱:sales@xmdazhen.com
质量体系:ISO 9001、ISO 14001
产品情况:(达真牌)
微电机、音频磁头及冲压零件
出口情况:远销日本、韩国、美国、墨西哥、以色列、印度、俄罗斯、印度尼西亚、马来西亚等国家,并销往中国台湾、中国香港地区

★厦门捷欧汽车电子有限公司
地址:福建省厦门市同安区环东海域湖里工业园区21号
邮编:361100
电话:0592/5329229
传真:5328329
质量体系:ISO/TS 16949
产品情况:汽车电子加速踏板等

★福建艺达电驱动股份有限公司
地址:福建省泉州市经济技术开发区玉狮路20号
邮编:362005
电话:0595/22463588、28056388
传真:22463587、22491392
网址:www.yida.cc
电子信箱:yida@yida-co.com
单位人数:600
质量体系:ISO/TS 16949、ISO 14001
产品情况:(金笛牌)
减速起动机、整体式交流发电机
配套情况:为一汽集团、锡柴、厦门金龙、玉柴、北奔重汽等配套

★泉州恒昌电器有限公司
地址:福建省泉州市经济开发区清濛园区兴泰路2-5B号
邮编:362005
电话:0595/22490888、22490999
传真:22490777
网址:www.yumgree.com
电子信箱:zdc@yumgree.com
质量体系:ISO/TS 16949
产品情况:(RV牌、YUMGREE牌、号角牌)
汽车喇叭、减速型起动机等汽车电器系列产品
配套及出口情况:为济南重汽、厦门金龙、合肥江淮、安徽华菱、重庆红岩、北方汽车、广州五十铃、成都王牌、资阳南骏、四川银河、珠海广通等十几家汽车生产厂配套;远销东南亚、中东、南北美洲、欧洲等国家和地区

★晋江华威电源有限公司
地址:福建省晋江市五里科技园区
邮编:362200
电话:0595/36306666、36306668
传真:36306728
网址:www.huawei-battery.com
电子信箱:huawei-battery@vip.163.com
质量体系:ISO 9001、ISO 14001
产品情况:各种铅酸蓄电池
出口情况:远销欧洲、北美洲、东南亚、中东、南美洲等地区

★福建省晋江市万安蓄电池有限公司
地址:福建省泉州市鲤城金龙街道高山工业区浮桥街593-1号
邮编:362213
电话:0595/85930866、85984924
传真:85930877
网址:www.fjst.cn
电子信箱:battery118@sina.com
质量体系:ISO 9001
产品情况:汽车、摩托车用铅酸蓄电池、极板

★晋江市安海豪发摩托车配件有限公司
地址:福建省晋江市安东园开发区
邮编:362261
电话:0595/85721550、85721919
传真:85788136
电子信箱:xyy168@vip.sina.com
质量体系:ISO 9001、ISO 14001
产品情况:(DSK牌、TSK牌)
汽车拉线
出口情况:出口东南亚、南美洲、中东、非洲等地区

★诗来福汽车电机制造有限公司
地址:福建省南安市码头仙美留安工业区
邮编:362312
电话:0595/86460276、86453988
传真:86460275
网址:www.slfdj.net
电子信箱:slfdj@slfdj.net
质量体系:ISO/TS 16949
产品情况:(诗来福牌、闽南牌)
各种车型大功率发电机及各种国

产大中型客货车发电机
配套情况:为北奔重汽、德国曼底盘、沃尔沃客车、北方尼奥普兰、凯斯鲍尔、桂林大宇、厦门金龙、郑州宇通、中通客车、广通、扬子、扬州亚星、少林客车、海门客车、江淮汽车、合肥客车、友谊客车、华新客车、牡丹客车、浙江飞蝶客车、上海客车等配套

★福建省闽华电源股份有限公司
地址:福建省安溪县经济开发区龙桥工业园
邮编:362442
电话:0595/23235550、23012903
传真:23012905
网址:www. chinaminhua. com
电子信箱:mhsecurities@ aliyun. com
质量体系:ISO 9001、ISO 14001
产品情况:(闽华牌)
高容量密封型免维护无镉铅酸蓄电池及铅酸蓄电池极板
出口情况:出口东南亚、中东,并销往中国香港、中国台湾地区

★漳州矢崎汽车配件有限公司
地址:福建省漳州市龙文区蓝田经济开发区横七路以北
邮编:363007
电话:0596/2101353
传真:2101592
网址:www. yazaki - group. com
电子信箱:zzyrsk@ yazaki. com. cn
产品情况:(Yazaki 牌)
汽车用组立电线

★福建冠龙新能源汽车科技有限公司
地址:福建省漳州市角美文圃工业园
邮编:363107
电话:0596/6769323
网址:www. fjglkj. com
电子信箱:zhenggx@ fjglkj. com
产品情况:专业从事新能源客车驱动总成开发、生产

★龙岩剑桥电器有限公司
地址:福建省龙岩市经济开发区
邮编:364000
电话:0597/3380562、3380515
传真:3380515
网址:www. lyjqdq. com
电子信箱:slackck@ 163. com
质量体系:ISO 9000、ISO 14000
产品情况:(闽杰牌)
汽车交流发电机,形成年产各类汽车发电机及零部件 15 万台(套)的生产规模
出口情况:远销东南亚、欧美等市场

★龙岩市佳鑫机械有限公司
地址:福建省龙岩市经济开发区黄邦路 8 号
邮编:364012
电话:0597/2799806、2799936
传真:2799892
网址:www. fjjxjx. com
电子信箱:jx@ fjjxjx. com
单位人数:300
质量体系:ISO/TS 16949
产品情况:(连宇牌)
汽车交流发电机、全车线束、液压油缸
配套及出口情况:为龙工集团、厦工、漳州三龙配套;远销欧美、东南亚市场

江西省

★南昌天元汽车配件有限公司
地址:南昌市经济技术开发区龙潭路 128 号
邮编:330001
电话:0791/83791298
传真:83791298
网址:www. nctyaaa. com
电子信箱:chenhao72772@ 126. com
单位人数:110
质量体系:ISO/TS 16949
产品情况:(天元牌、NCTY 牌)
汽车发电机、起动机及调节器、整流器、真空泵、转子、定子、电磁开关、电枢、线圈等零部件
出口情况:出口东南亚、美洲

★江西凯源科技有限公司
地址:南昌市高新区京东大道 698 号高新五路北端
邮编:330096
电话:0791/88383197、88383295
传真:88383292
电子信箱:sales@ kysonix. com
质量体系:ISO/TS 16949
产品情况:(SecuTire 胎安特牌)
膜片压力式、电子式轮胎智能监测系统

★江西江铃秦川电器有限公司
地址:南昌市小蓝工业园富山东大道 998 号
邮编:330200
电话:0791/85989666、85989218
传真:85989366
电子信箱:33xln@ 163. com
质量体系:ISO/TS 16949、QS 9000
产品情况:汽车线束
配套情况:为江铃汽车配套

★江西好帮手电子科技股份有限公司
地址:江西省丰城市工业园区
邮编:331100
电话:0795/7078111、7078222
网址:www. jxcoagent. com
质量体系:ISO 14001、ISO/TS 16949
产品情况:车载娱乐、车载导航、驾驶安全、车身电子、车联网信息及塑胶五金部件等汽车智能电子系统与塑胶五金部件
配套情况:为一汽、长安、奇瑞、吉利、江淮、长城、海马、广汽长丰、众泰、广汽吉奥、曙光、众泰、汇众、江铃、福迪、厦门金龙、东风渝安、重庆金冠、重庆迪马、南京依维柯等汽车厂家配套

★江西特种电机股份有限公司
地址:江西省宜春市城南工业园环城南路 581 号
邮编:336000
电话:0795/3283218
传真:3274523
网址:www. jiangte. com. cn
电子信箱:jtsales@ 263. net
质量体系:ISO/TS 16949、ISO 14001
产品情况:动力电池的锂电池正极材料富锂锰基,电动汽车驱动电动机及控制系统,以锂电池为动力的高尔夫球场电动车、助老助残电动车等产品

★江西浩风电器有限公司
地址:江西省宜春市经济开发区工业 1 路 A1 - 9
邮编:336000
电话:0795/3668811
传真:3668788
电子信箱:ehaofeng@ 126. com
质量体系:ISO/TS 16949、ISO 9001
产品情况:水温传感器、温控开关、机油压力开关、燃油泵总成、玻璃升降器、汽车用管路等
配套情况:为北汽集团配套

★江西德尔盛汽车电机有限公司
地址:江西省宜春市经济开发区工业一路
邮编:336000
电话:0795/3666300
传真:3919988
网址:www. dellsun. com. cn
电子信箱:export@ dellsun. cn
单位人数:200
质量体系:ISO/TS 16949、ISO 9001
产品情况:玻璃升降器总成系列,升降电动机、刮水电动机、座椅电动机、天窗电动机等
出口情况:出口美国、法国、意大利、俄罗斯、加拿大、伊朗、马来西亚、韩国等国家,并销往中国香港地区

★江西大吉汽车天线有限公司
地址:江西省赣州市章贡区水南镇长塘工业园
邮编:341000
电话:0797/8332989、13907975931
传真:8459117、8382030
网址:www. jx - dj. com
电子信箱:ms@ jx - dj. com
质量体系:ISO/TS 16949
产品情况:(大吉牌)
汽车收放机天线有拉杆式、直杆式、隐藏式、线束放大器、GPS、汽车接插件

配套情况:直接或间接与一汽、东风、上汽、南汽、江铃、北汽、吉利、昌河、东南、长丰(猎豹)、哈飞、铃木(奥托)等企业生产的车型配套天线或接插件

★江西住电电装有限公司
地址:江西省吉安市吉州区工业园
邮编:343000
电话:0796/8251717
传真:8251722
网址:www.sws.co.jp
电子信箱:haiying - jiang@gate.sws.co.jp
产品情况:汽车线束、电装产品
配套及出口情况:为日本丰田、本田等世界知名厂商供货;出口日本

山东省

★济南鑫极光汽车配件有限公司
地址:济南市白马西路21号
邮编:250021
电话:0531/87568299、13173036168
传真:87568299
网址:www.xinjiguang.cn
质量体系:ISO/TS 16949
产品情况:汽车温度传感器、温控开关、压力传感器、继电器、电磁阀等

★济南鲁联汽车低温起动装置有限公司
地址:济南市长清区京石西路11889号
邮编:250022
电话:0531/87982327
传真:87982326
电子信箱:jnjcg@jn - public.sd.cninfo.net
质量体系:ISO 9001
产品情况:汽油车水温传感器、油压开关、热敏开关,柴油车低温起动装置
配套情况:为上汽大众、一汽集团、东风汽车公司、重汽集团、奇瑞汽车、北汽福田等20多家40多种汽车、发动机配套

★济南安必喜汽车智能技术有限公司
地址:济南市高新区正丰路554号环保科技园8号楼正丰大厦331
邮编:250100
电话:0531/69900728、4000531248
传真:82374663
网址:www.qcznjs.com
电子信箱:qcznjs@163.com
董事长:赵记冬
质量体系:ISO 14001
产品情况:米波电子预警雷达;车体前方/后方/侧边碰撞预警(FCW)和缓解(CrashMitigation)、车道偏离示警(LDW)、轮胎防爆TPMS、倒车影像系统(RVC)、盲点预警、驾驶疲劳警示、夜视仪和智能灯光、刮水及自动制动控制、GPS等汽车主动安全系统产品
配套情况:在一汽集团(货车、轿车、一汽技术中心)、一汽解放、一汽轿车、一汽客车、(大连客车、无锡客车)、中通客车、济南重型货车、青年汽车、国外智利、周边国家及俄罗斯进口车型的部分新型汽车开发设计的车辆中安装使用

★山东鲁得贝车灯股份有限公司
地址:济南市高新技术开发区开拓路777号
邮编:250101
电话:0531/88879699、88879719
传真:88879680、88879689
网址:www.ldb.com.cn
电子信箱:service@ldb.com.cn
单位人数:400
质量体系:ISO/TS 16949、ISO 14001
产品情况:(鲁的贝牌)
汽车灯具、后视镜及锁具,年产能力500万只车灯
配套情况:为一汽集团、东风汽车公司、重汽集团、重庆重汽、陕西汽车制造厂、跃进汽车、北汽福田、奇瑞轿车、尼奥普兰、哈飞、西安秦川、比亚迪汽车等供货

★山东宝雅新能源汽车股份有限公司
地址:济南市高新区春晖路中段
邮编:250102
电话:0531/55701011
传真:55701011
网址:www.baoya - ev.com
电子信箱:baoya@baoya - ev.com
单位人数:1200
质量体系:ISO/TS 16949
产品情况:乘用、商用、场地等三种类型的系列电动汽车和电动专用车及电动汽车关键零部件;设计年生产能力40万辆
出口情况:出口东南亚、欧洲、美洲等50多个国家和地区

★济南瑞云科信电器有限公司
地址:济南市历城区高而乡邢家村
邮编:250114
电话:0531/82802995、82802987
传真:82800188
网址:www.ruiyunkx.com
电子信箱:ruiyunkx@gmail.com
董事长:高瑞云
质量体系:ISO/TS 16949
产品情况:(RUIYUN牌)
高压线总成、传感器、油压开关、大功率继电器
配套及出口情况:主要为奇瑞汽车有限公司配套生产高压线总成和油压开关;远销美国、欧洲、中东等地区

★山东聊城鲁豫汽车电气有限公司
地址:山东省聊城市凤凰工业园
邮编:252000
电话:0635/8577979
传真:8577676
电子信箱:cnluyu@hotmail.com
质量体系:ISO 9000
产品情况:起动机、发电机及零部件
出口情况:大部产品远销欧洲、中东、南美洲等地区

★山东聊城东岳电机有限公司
地址:山东省聊城市凤凰工业园纬三路2号
邮编:252000
电话:0635/8577616、8577618
传真:8577619
电子信箱:liaodian@liaodian.net
质量体系:ISO 9001
产品情况:(聊电牌)
汽车起动机、发电机
配套情况:为一汽大柴、一汽锡柴、一拖集团、东风汽车公司、东风朝柴、玉柴、北汽福田、潍柴、扬柴等配套

★聊城汇创电机有限公司
地址:山东省聊城市高新技术产业开发区庐山南路9号
邮编:252000
电话:4000062810、18063578681
传真:0635/2998002
网址:www.lchuichuang.com
电子信箱:lc - huichuang@163.com
单位人数:130
质量体系:ISO/TS 16949
产品情况:(慧创牌)
减速起动机及其零部件、电动汽车用开关磁阻电动机、永磁无刷直流电动机、轮毂电动机等
配套及出口情况:为淄博柴油机厂等配套;出口俄罗斯、西班牙、英国、德国、美国、加拿大、韩国、巴西、阿根廷、印度、沙特阿拉伯、伊朗、巴基斯坦、哈萨克斯坦、南非、越南、柬埔寨等多个国家和地区

★聊城杰孚电机有限公司
地址:山东省临清市东环路南首路东
邮编:252600
电话:0635/2419188、15806359718
传真:2419788
网址:www.lcjf.com
电子信箱:437972546@qq.com
董事长:李世东
单位人数:300
质量体系:ISO/TS 16949
产品情况:(杰孚牌)
单缸、两缸、三缸、四缸、六缸汽车起动机和发电机;年产起动机40万台、发电机6万台
配套及出口情况:为玉柴、潍柴、中国一拖、南昌恒天动力、莱动、常发等配套;部分产品出口澳大利亚、东南亚等国家和地区

★山东聊城恒大电机有限公司
地址:山东省临清市康庄工业园
邮编:252656
电话:0635/2719666、13563562606
传真:2716009
网址:www.lchddj.com

电子信箱:lchddj888@126.com
质量体系:ISO/TS 16949
产品情况:汽车发电机

★山东风帆电机有限公司
地址:山东省高唐县经济技术开发区风帆路
邮编:252800
电话:0635/3991795、13963593526
传真:2960088
网址:www.fengfandj.com
电子信箱:fengfandj@126.com
质量体系:ISO/TS 16949
产品情况:(风帆牌)
汽车用交流发电机、减速起动机、转向器、无刷交流发电机、新能源汽车驱动电机等
配套情况:被多家车辆厂及内燃机厂采用

★德州天宇汽车电子有限公司
地址:山东省德州市新湖北路31号
邮编:253016
电话:0534/7062706
传真:7062726
网址:www.tyae.com
电子信箱:tianyu@tyae.com
单位人数:400
质量体系:ISO/TS 16949
产品情况:低频变压器、高频变压器、电感线圈、汽车用点火线圈、继电器等
配套情况:主要为绵阳新晨发动机厂、一汽客车配套

★山东宁津鑫源汽车电器有限公司
地址:山东省宁津县工业区黄河东大道8号
邮编:253400
电话:0534/5216877、13905347943
传真:5217028
网址:www.dzxinyuan.com
电子信箱:qtdjc@sohu.com
单位人数:300
产品情况:汽车用发电机、起动机
配套及出口情况:与一汽、潍柴、江淮、玉柴等知名企业配套;部分产品随主机出口东南亚等地区

★淄博新志电器有限公司
地址:山东省淄博市淄川区将军路街道办事处七里村南首
邮编:255100
电话:0533/5182765、5182170
传真:5173058
网址:www.xinzhidianqi.com
电子信箱:sunwenzhi2200@163.com
质量体系:ISO/TS 16949
产品情况:(新志牌)
汽车分电器、继电器、传感器等产品
配套情况:为一汽、青汽、柳特、重汽、哈轻、沈轻、奇瑞汽车、哈尔滨东安动力、重汽斯太尔、博世、康明斯配套

★淄博永泰电机有限公司
地址:山东省淄博市淄川区磁村镇工业园
邮编:255192
电话:0533/5558099、5559099
传真:5554511、5559262
网址:www.zbytdj.com
电子信箱:zbytdj@sina.com
质量体系:ISO/TS 16949
产品情况:(永泰牌)
发电机和电动汽车用直流电机,年生产能力50万台
配套及出口情况:为东风朝柴、锡柴四达、江苏扬动、华源莱动、北汽福田等十几个主机厂配套;出口东南亚、拉丁美洲等地区

★山东山博电机集团有限公司
地址:山东省淄博市博山区北山路76号
邮编:255200
电话:0533/2641888、2641000
传真:2641030
电子信箱:bem@boshanem.cn
质量体系:ISO 9001
产品情况:(山牌)
控制微电机、车辆电动机、交流电动机、精密齿轮传动装置等产品
出口情况:大批电机产品出口亚洲、非洲、欧洲、美洲、大洋洲等50多个国家和地区

★淄博博山科圣电机有限公司
地址:山东省淄博市博山区人民路171号
邮编:255200
电话:0533/4168088
传真:4162088
网址:www.keshengdianji.com
电子信箱:keshengdianji@163.com
质量体系:ISO 9001
产品情况:精密齿轮减速电动机、调速电动机与调速控制器、制动电动机和制动器、永磁直流电动机等
出口情况:出口亚洲、非洲、欧洲、美洲、大洋洲等50多个国家和地区

★淄博博山弘立微电机有限公司
地址:山东省淄博市博山区五岭路57号
邮编:255200
电话:0533/4172373
传真:4159302
网址:www.hlwdj.com
电子信箱:whl@hlwdj.com
质量体系:ISO 9001
产品情况:汽车用直流电动机、直流减速电动机
出口情况:远销英国、美国、澳大利亚等国家

★山东省博兴县开元车辆配件有限公司
地址:山东省博兴县乐安大街北首博昌二路南侧
邮编:256500
电话:0543/2126377、2127377
传真:2126377
网址:www.kaiyuan4x4.com
电子信箱:sale02@kaiyuan4x4.com
质量体系:ISO/TS 16949
产品情况:汽车灯具、保险杠

★潍坊万隆电气股份有限公司
地址:山东省潍坊市高新技术开发区银枫路9号
邮编:261061
电话:0536/8865380-8007、15335368898
传真:8865381
网址:www.wanlongdianqi.com
电子信箱:wanlongdianqi@163.com
质量体系:ISO 9001、ISO/TS 16949
产品情况:乘用车发电机/起动机、重型货车发电机/起动机、轻型货车发电机/起动机、工程机械用发电机/起动机、特种车辆发电机/起动机;车用电器控制系统(调节器、闪光器、继电器等);新能源汽车电动机、控制器
配套情况:为北汽福田、福田雷沃重工、天津帕金斯、无锡锡柴、安徽全柴动力、山东华源莱动、潍柴华丰动力、潍柴集团扬柴、洛阳柴油机厂、华东柴油机、山东时风集团、荣成海山集团等配套

★莱州市金声汽车电器有限公司
地址:山东省莱州市三山岛街道过西
邮编:261417
电话:0535/2301021、3455812
传真:2301141
网址:www.jinsheng-china.com
电子信箱:jinsheng@jinsheng-china.com
单位人数:200
质量体系:ISO/TS 16949、ISO 14001
产品情况:(金声牌)
盆形电喇叭、电控气喇叭、倒车蜂鸣器、转向闪光器、电磁阀系列、语音倒车雷达、干燥器系列、扬声器系列、报警灯系列、闪光灯系列
配套及出口情况:为一汽集团、东风汽车、中国重汽集团、北京福田戴姆勒汽车、日野汽车、广汽日野、上汽集团、陕西汽车集团、包头北奔重型汽车、三一重工、林德(中国)叉车、德国斯蒂尔叉车、印度TAFE拖拉机等主机厂配套;出口瑞典、英国、意大利、美国、加拿大、泰国、印度尼西亚等国家,并销往中国台湾地区

★山东泰瑞汽车机械电器有限公司
地址:山东省诸城市舜王街道政府驻地
邮编:262214
电话:0536/6489167
传真:6489161
电子信箱:tairuigongsi@163.net
负责人:张波
单位人数:1300
质量体系:ISO/TS 16949

产品情况:(泰瑞牌)
汽车车身、汽车灯具、汽车电子仪表、货厢等产品
配套情况:为北汽福田、济南重汽、烟台东岳、柳州五菱等国内重要汽车生产企业配套

★诸城市新东方汽车仪表有限责任公司
地址:山东省诸城市舜王街道办事处民营工业园
邮编:262233
电话:0536/6079172
传真:6079172
网址:www. zcxdf. com
电子信箱:zcxdfxs@ 126. com
负责人:车秀玉
单位人数:54
质量体系:ISO/TS 16949
产品情况:汽车用组合仪表、车载音响、整车控制器、局域网控制模块等车用电子产品

★山东威能环保电源科技股份有限公司
地址:山东省寿光市新能源汽车自主创新示范园区
邮编:262700
电话:0536/5675088、5675066
传真:5675088、5621218
网址:www. winali - ion. com
电子信箱:wina_battery@ 163. com
质量体系:ISO/TS 16949
产品情况:(威能牌)
锂离子动力电池、电机驱动系统、BMS 电池管理系统、锂离子正负极材料、隔膜等
配套及出口情况:与上汽申沃、一汽、中通、众泰、沂星、福田欧辉等企业长期配套;出口欧洲、美洲

★潍坊瑞驰汽车系统有限公司
地址:山东省潍坊市滨海经济技术开发区海港支路以东,规划一街以北
邮编:262737
电话:0536/2099200
传真:2099299
网址:www. wfrcauto. com
电子信箱:yuhongxia@ wfrcauto. com
负责人:张金磊
质量体系:ISO/TS 16949
产品情况:(瑞驰斯特牌)
A00 级两门两座电动汽车、A0 级四门五座电动汽车、微面、微卡、MMPV 等 5 种量产车型,场地观光车和电动超级跑车等,以及电控系统和电池管理系统等新能源汽车关键技术产品

★大韩电子(烟台)有限公司
地址:山东省烟台市福山区永达街962 号
邮编:264000
电话:0535/6307137
传真:6307135
质量体系:ISO/TS 16949、ISO 14001
产品情况:汽车信号传输线束,年产 15 万套
配套情况:为美国通用、韩国大宇、双龙、现代等配套

★烟台利时德拉索系统有限公司
地址:山东省烟台市芝罘区环海路89 号
邮编:264002
电话:0535/6877215
传真:6846289
网址:www. hi - lex. co. jp
电子信箱:zhanglu@ cn. hi - lex. com
产品情况:用于各种汽车、农用机械、建筑机械和办公设备的电线电缆及相关部件产品
配套情况:为丰田、马自达供货

★威海新光电碳制品有限公司
地址:山东省威海市高技术产业开发区初村镇驾山路 73 号
邮编:264200
电话:0631/5711058、5711018
传真:5711008
网址:www. gmdt1986. com
电子信箱:rqgmdt@ 163. com
质量体系:ISO/TS 16949
产品情况:(GUANGMING 牌)
汽车电动机用碳刷,年产炭刷可达 8000 万只、炭刷总成 200 万套

★威海爱思特传感技术有限公司
地址:山东省威海市高技术产业开发区恒泰街 117 号
邮编:264200
电话:0631/3657680
网址:www. st4u. con
产品情况:传感器

★威海世高光电子有限公司
地址:山东省威海市齐鲁大道附 60 - 2 号
邮编:264205
电话:0631/3635808
传真:5988226
网址:www. shigaoguang. com
单位人数:750
质量体系:ISO/TS 16949、ISO 14001
产品情况:车载后视镜头、LED 车灯等产品

★威海威嘉电气有限责任公司
地址:山东省威海市高新技术产业开发区火炬路 197 号
邮编:264209
电话:0631/5625505、5625511
传真:5625506
网址:www. sdwje. com
电子信箱:wje@ sdwje. com
质量体系:ISO/TS 16949、QS 9000
产品情况:轿车电线束、货车电线束、重型机械、SUV 电线束、发动机电线束(柴油、汽油)、安全气囊电线束等
配套情况:为一汽青岛汽车厂、一汽轿车、东风汽车公司发动机厂、韩国大宇重工业烟台公司等配套

★威海联创线束厂
地址:山东省威海市高新区潍坊路 47 号
邮编:264209
电话:0631/5250258
传真:5250258
电子信箱:lixiguo2009@ 163. com
质量体系:ISO/TS 16949
产品情况:汽车线束、家电设备线束

★东洋机电(中国)有限公司
地址:山东省烟台市福山高新技术产业区
邮编:265500
电话:0535/6302700
传真:6302700
网址:www. dy. co. kr
电子信箱:nujil@ xiasp. com
质量体系:ISO/TS 16949
产品情况:液压油缸、汽车微电机、高尔夫球车、汽车洗车机等
配套情况:液压油缸供多家国内外知名工程机械厂家;汽车电动机供多家国内外知名汽车整车及配件厂

★烟台矢崎汽车配件有限公司
地址:山东省烟台市福山区高新技术产业区永达街西首
邮编:265500
电话:0535/6329901
传真:6329919
网址:www. yazaki - group. com
质量体系:ISO 9001、ISO 14001
产品情况:汽车用线束
配套及出口情况:为日本丰田、铃木配套;产品 100% 出口日本

★德尔福派克电气有限公司烟台分公司
地址:山东省烟台市福山区永达街980 号
邮编:265500
电话:0535/6363300
传真:6363300
质量体系:ISO/TS 16949、ISO 14001
产品情况:汽车线束

★三立(烟台)车灯有限公司
地址:山东省烟台市福山区永达街982 号
邮编:265500
电话:0535/6438511
传真:6438512
网址:www. sl. co. kr
电子信箱:hujinmei@ slworld. com
质量体系:ISO/TS 16949、ISO 14001
产品情况:汽车电子装置、灯具及模具
配套情况:为北京现代索纳塔、伊兰特、御翔、途胜、雅绅特等车型配套

★莱尼电气系统(蓬莱)有限公司
地址:山东省蓬莱市刘家沟镇工业园
邮编:265608
电话:0535/5967978
传真:5967978
网址:www. leoni. com

电子信箱:meng. xiao@ leoni. com
产品情况:汽车线束
配套情况:为韩国双龙、韩国通用供货

★山东新焦点龙盛汽车配件有限公司
地址:山东省龙口市诸由观镇羊岚街
邮编:265712
电话:0535/8582166、8581186
传真:8581230
网址:www. shanlong. com
电子信箱:market@ shanlong. com
质量体系:ISO/TS 16949
产品情况:(山龙牌)
汽车充电电缆、汽车蓄电池连接线、汽车、农用车和特种车线束总成、汽车应急电源、逆变器、电瓶测试仪等随车工具
出口情况:全部出口美国、欧洲、日本、大洋洲、南美洲、东南亚等国家和地区,并销往中国香港、中国台湾地区

★青岛悠进电装有限公司
地址:山东省青岛市城阳区惜福镇铁骑山路62号三元工业园
邮编:266106
电话:0532/87931876
传真:87931701
网址:www. qdsanyuan. com
电子信箱:yjsunxianbin@ 126. com
质量体系:ISO/TS 16949、ISO 14001
产品情况:已具备300万套汽车整车线束的年生产能力
配套情况:主要客户有上汽通用五菱、北汽、一汽、陕汽、美国通用汽车、韩国现代起亚汽车、李尔、美国德纳、伟巴斯特等

★贝洱电子热控(青岛)有限公司
地址:山东省青岛市城阳区上马街道向阳社区1482号
邮编:266112
电话:0532/87011757
传真:87812656
电子信箱:bttchina@ behrgroup. com
质量体系:ISO 9001
产品情况:汽车发动机热控电子系统,以及生产相关的温度控制装制、汽车电子控制系统的输入输出部件

★青岛松下电子部品(保税区)有限公司
地址:山东省青岛市保税区东京路49号
邮编:266555
电话:0532/58887999、58887998
传真:58887507
网址:panasonic. cn
电子信箱:dingzhenhua@ cn. panasonic. com
质量体系:ISO 14001、ISO/TS 16949
产品情况:轻触开关、透明触摸屏、遥控器和手机开关等电子零部件
出口情况:出口日本、韩国、欧洲、美国等国家和地区

★青岛利泰克照明有限公司
地址:山东省青岛市保税区吉隆坡路7号
邮编:266555
电话:0532/86766020、86768090
传真:86766303
电子信箱:simon@ chinalee - tech. com
质量体系:ISO 9001
产品情况:全系列汽车灯

★青岛莱特电器有限公司
地址:山东省青岛市保税区上海路12号莱特大厦
邮编:266555
电话:0532/85724781、13953230880
传真:85723242
网址:www. qingdaolitech. com
电子信箱:qdlitech@ 163. com
质量体系:ISO 9001
产品情况:(莱特牌)
灯泡
出口情况:远销40多个国家;是美国GE公司的合作伙伴

★山东省泰安泰龙软轴软管厂
地址:山东省宁阳县华丰工业园
邮编:271413
电话:0538/5852024、5851028
传真:5851029
网址:www. tatailong. com
电子信箱:tailong@ intek. com. cn
单位人数:480
质量体系:ISO/TS 16949、QS 9000
产品情况:(泰龙牌)
各种汽车、工程机械用操纵机构,软轴钢索总成等
配套情况:为长安汽车、海马汽车、华晨汽车、东风柳汽、上汽通用五菱汽车、长城汽车、吉利汽车等主机厂配套

★济宁远征电源有限责任公司
地址:山东省济宁市任城开发区远兴路1号
邮编:272000
电话:0537/2619699、2613011
传真:2618356、2613028
网址:www. yuan - zheng. com
电子信箱:yzdy@ yuan - zheng. com
质量体系:ISO/TS 16949
产品情况:(远征牌)
起动用铅酸蓄电池,免维护铅酸蓄电池、电动自行车电池;其中电动自行车电池年产能力为500万只,铅酸蓄电池年产能力为300万KVAh
配套情况:为北汽福田配套

★莱尼电气系统(济宁)有限公司
地址:山东省济宁市高新区黄屯第七工业园
邮编:272104
电话:0537/5040200
传真:5040700
网址:www. leoni. com
电子信箱:florrie. chen@ leoni. com
质量体系:ISO/TS 16949
产品情况:汽车线束
配套及出口情况:为通用、奔驰、沃尔沃供货;出口韩国

★曲阜天博集团
地址:山东省曲阜市经济开发区天博路1号
邮编:273100
电话:0537/4411776、4436881
传真:4412775、4436865
网址:www. qftemb. com
电子信箱:sales@ qftemb. com
董事长(负责人):吕新民
质量体系:ISO/TS 16949、QS 9000
产品情况:(天博牌)
调温器、热敏开关、传感器、轮速传感器、油压开关、制动片、电喇叭、加浓阀等
配套及出口情况:为上汽通用、上汽大众、广汽本田、一汽-大众、天津一汽丰田、沈阳三菱、东安、五菱、神龙汽车、大柴、锡柴、玉柴等配套;远销北美洲、中东、欧洲、东南亚等地区

★山东圣阳电源股份有限公司
地址:山东省曲阜市圣阳路1号
邮编:273100
电话:0537/4438666、4412882
传真:4428475
网址:www. sacredsun. cn
电子信箱:master@ sacredsun. cn
法人代表:宋斌
负责人:高运奎
质量体系:ISO 14000、ISO/TS 16949
产品情况:(圣阳牌、ABT牌、赛耐克牌)
铅酸蓄电池、锂离子电池、新能源系统集成等

★临沂市国连电子有限公司
地址:山东省临沂市高新区宝山路
邮编:276000
电话:0539/7102667
传真:7102669
网址:www. lyguolian. com
电子信箱:guolian_cgx@ vip. 163. com
质量体系:ISO 9001
产品情况:制动报警传感器、电子连接器等

★临沂天一电子有限公司
地址:山东省临沂市河东区工业园区中昇街2251号
邮编:276034
电话:0539/8389096、8389098
传真:8389097
网址:www. lytydz. cn
电子信箱:ty8094070@ 163. net
质量体系:ISO 9001
产品情况:汽车制动片报警传感器(报

警线)、汽车用接插件、塑料件
出口情况:出口欧洲、美洲、亚洲、中东等地区

★山东润峰集团新能源科技有限公司
地址:山东省济宁市微山经济开发区润峰工业园
邮编:277600
电话:0537/8699997、8699999
传真:8699916
网址:www.realforce.com.cn
电子信箱:sales@realforce.com.cn
质量体系:ISO 9001、ISO 14001
产品情况:锂离子动力电池、储能系统、移动电源的产品

★海特电子集团有限责任公司
地址:山东省枣庄市高新区泰国工业园
邮编:277800
电话:0632/5296888
传真:5199218
网址:www.heterbattery.com
电子信箱:service1@heterbattery.com
质量体系:ISO 9001
产品情况:动力电池及电池组,超级电容器

河南省

★郑州科利电子有限公司
地址:郑州市经济技术开发区第十大街136号
邮编:450016
电话:0371/66032181、66032182
传真:66032828
网址:www.zzkldz.com
电子信箱:kelidz@163.com
质量体系:ISO/TS 16949、ISO 9001
产品情况:车辆油路智能温控系列,油箱油位立柱式传感器系列,工程车辆车用仪表系列,尿素传感器系列,GPS远程测量传感器系列,温度、转速传感器系列,水位显示及报警传感器系列产品
配套情况:为福田重型货车、陕汽、江淮等配套

★郑州文光车辆附件有限公司
地址:郑州市经济技术开发区第十七大街东经南五路南
邮编:450016
电话:0371/55631866
传真:55631899
网址:www.jswenguang.com
产品情况:汽车车灯、内装饰件、精密冲压件、模具
配套情况:主要客户有郑州海马、郑州宇通

★郑州跃博汽车电器有限公司
地址:河南省登封市中岳办事处东十里铺
邮编:452470
电话:0371/62800883、62800818
传真:62800600
网址:www.yueboo.cn
电子信箱:office@yueboo.cn
单位人数:500
质量体系:ISO/TS 16949
产品情况:智能电器盒、独立BCM、系统控制模块、功能开关、全车线束等高品质产品
配套情况:为上汽通用五菱、昌河铃木、郑州日产、长安汽车、哈飞汽车、华泰汽车、众泰汽车、华晨金杯、力帆汽车、比亚迪、宇通、金龙、东风、奇瑞、江铃、比亚迪、长城汽车、一汽、重汽、双环、江铃汽车、三一重工、福田等40多家汽车制造企业配套

★新乡市荣泰电器有限公司
地址:河南省新乡市高新技术开发区创业园
邮编:453000
电话:0373/3520526
传真:3520626
网址:www.rongtaigs.com
电子信箱:rtdq@263.net
质量体系:ISO 9001
产品情况:汽车中央电器控制盒
配套情况:为许多汽车生产厂家配套

★新乡市亚洲电源股份有限公司
地址:河南省新乡市国家化学与物理电源产业园北二环路2号
邮编:453000
电话:0373/5808666
传真:5830696
网址:www.asiady.com
电子信箱:zhuowei1997@126.com
质量体系:ISO/TS 16949、ISO 9001
产品情况:免维护蓄电池,观光旅游车、电动三轮车、电力自行车专用电池

★河南环宇集团有限公司
地址:河南省新乡市环宇大道北段
邮编:453002
电话:0373/2688002、2688008
传真:2688012
网址:www.huanyugroup.com.cn
电子信箱:manager@hyg.com.cn
负责人:程志杰(总裁)
单位人数:10000
质量体系:ISO 9001、ISO 14001
产品情况:聚合物电池、锂离子电池、镍氢电池、镍镉电池、铅酸电池、电池配件
配套及出口情况:为美国百得、德国博世、中国香港TTI、郑州日产、山东沂星等公司配套;出口欧洲、美洲、东南亚等30多个国家和地区

★新乡市精铸实业有限公司
地址:河南省新乡市小店工业开发区
邮编:453242
电话:0373/7772777、7772445
传真:7772187
网址:www.xxjz.cn
电子信箱:sales@xxjz.cn
单位人数:500
质量体系:ISO 9001
产品情况:(精铸牌)
　　汽车发电机磁极、起动机单向离合器、起动机电磁开关等
配套及出口情况:为北京佩特来、北京奥博、成都华川、锦州汉拿、湖州德宏、东风电器、神电中铁山桥等配套;出口欧洲、美洲地区

★新乡辉簧弹簧有限公司
地址:河南省辉县市学院路北段路西
邮编:453600
电话:0373/6213185、15090340700
传真:6213187
网址:www.hxspring.com
电子信箱:hxspring@hxspring.com
质量体系:ISO/TS 16949
产品情况:(五岳牌、辉簧牌)
　　汽车和摩托车电动机电器扁弹簧、平面涡卷簧、圆柱簧、卡簧和各类异形簧
配套及出口情况:为德国博世(长沙)公司、日立(长沙)公司、北京佩特来、上海迪克斯、东风电气公司、神电公司、深圳泰祥(台湾)、航宇救生、无锡神力等配套;出口美国、日本、韩国、东南亚等国家和地区

★濮阳市立圆汽车电器有限公司
地址:河南省濮阳市台前县产业集聚区
邮编:457600
电话:0393/2806983
传真:2806983
质量体系:ISO/TS 16949、ISO 9001
产品情况:汽车起动机、车载逆变器、电源开关

★台前龙泉汽车电器有限公司
地址:河南省台前县马楼工业区
邮编:457600
电话:0393/2829088、2829366
传真:2829188
质量体系:ISO 9001
产品情况:(龙泉王牌)
　　汽车蓄电池、电子调节器、继电器、喇叭、电磁阀、各种车用开关

★濮阳市建永实业有限公司
地址:河南省濮阳市台前县产业集聚区
邮编:457631
电话:0393/2238888、2808999
传真:2808998
网址:www.pyjianyong.com
电子信箱:hajianyong@126.com
单位人数:586
质量体系:ISO 9001
产品情况:铜基、钢基、合金粉末冶金制品,炭刷制品,低压线制品,润滑油系列产品等

★天海雪城汽车电子(鹤壁)有限公司
地址:河南省鹤壁市淇滨开发区淇滨大道215号
邮编:458000
电话:0392/3314522
传真:3335171
网址:www.thb.com.cn
电子信箱:sale@thb.com.cn
质量体系:ISO/TS 16949
产品情况:德标、日标、国标、美标汽车电线的各种规格

★鹤壁市恒泰电器有限公司
地址:河南省鹤壁市山城区春雷路南段25号
邮编:458000
电话:0392/2679502
传真:2659236
电子信箱:hbliujun2008@sina.com
质量体系:ISO/TS 16949
产品情况:汽车插接件、中央配电盒、熔断丝盒、汽车线束总成、ABS线束、汽车用低压电线、电缆等
配套情况:为中国重汽集团、陕汽集团、郑州宇通集团、东风等配套

★天海汽车电子集团公司
地址:河南省鹤壁市淇滨区淇滨大道215号
邮编:458006
电话:0392/3314522
传真:3335171
网址:www.thb.com.cn
电子信箱:sale@thb.com.cn
单位人数:10000
质量体系:ISO/TS 16949、ISO 14000
产品情况:连接器、电器保险盒、汽车电子产品、电线束、线束专用设备、新能源汽车动力系统
出口情况:出口美国、德国、意大利、西班牙、澳大利亚、韩国等国家

★鹤壁欧派克电气有限公司
地址:河南省鹤壁国家经济技术开发区东海路539号
邮编:458030
电话:0392/2655555、3333168
传真:3333111
网址:www.hbopk.com
电子信箱:hbopk@vip.163.com
质量体系:ISO/TS 16949
产品情况:汽车电器连接器、线束等
配套情况:为东风汽车公司、川汽、陕汽集团、上汽通用五菱等配套

★河南邦德电子电器有限公司
地址:河南省鹤壁市工业开发区西
邮编:458030
电话:0392/3315082、3378958
传真:3326803
电子信箱:hongyide@sohu.com
质量体系:ISO/TS 16949、QS 9000
产品情况:电线束总成、ABS传感器/电磁阀电缆总成、连接器、汽车电子开关、汽车熔断器
配套情况:为一汽集团、东风汽车公司等配套

★鹤壁君隆电气有限公司
地址:河南省鹤壁市淇滨区海河路281号
邮编:458030
电话:0392/2602666、2602999
传真:3313222
网址:www.hebijunlong.com
电子信箱:junloog2008@163.com
质量体系:ISO/TS 16949
产品情况:汽车线束、摩托车线束、电线插接件等
配套情况:为中国一拖、浙江吉奥、安徽安驰等配套

★洛阳市振盛强软轴软管有限公司
地址:河南省洛阳市春都路289号
邮编:471001
电话:0379/62311242、62318163
传真:62322135
网址:www.lyzsq.com
电子信箱:ericup@vip.163.com
质量体系:ISO 9001
产品情况:(振盛强牌)
推拉式操纵轴、拉线、拉索

★洛阳推达软轴控制件有限公司
地址:河南省洛阳市瀍河区310国道上窑工业园
邮编:471002
电话:0379/63951626、63971474
传真:63971474、63530069
网址:www.tdrz.com.cn
电子信箱:lyrz@tdrz.com.cn
单位人数:128
质量体系:ISO 9001
产品情况:推拉软轴、拉线软轴及软轴控制器

★洛阳黄河软轴控制器股份有限公司
地址:河南省洛阳市高新区侯天路1号
邮编:471003
电话:0379/64322464、64337997
传真:64319114、64324750
网址:www.hhrz.com
电子信箱:lyhhrz@163.com
质量体系:ISO/TS 16949、QS 9000
产品情况:(RKC牌)
变速操纵控制器及软轴
配套及出口情况:为一汽、东风、北汽福田、华德尼奥普兰、重庆恒通、宇通重工、三一、福田雷沃、山工、柳工、徐工、成工、山东临工、厦工、中国一拖、约翰迪尔佳联、武汉船舶重工等上百家大型主机厂配套;出口东南亚、非洲、欧美等地区

★洛阳冠杰软轴控制器有限公司
地址:河南省洛阳市涧西区华山路热电厂北
邮编:471003
电话:0379/64262653、13603799759
传真:64262270
网址:www.ruanzhou.cn
电子信箱:lygjrz@129.com
负责人:唐亚杰
质量体系:ISO 9001
产品情况:软轴和软轴控制器

★凯迈嘉华(洛阳)新能源有限公司
地址:河南省洛阳高新区浅井南路2号
邮编:471009
电话:0379/68615993
传真:68615990
网址:www.kmjhcama.com
电子信箱:sales@kmjhcama.com
产品情况:有机系超级电容器及车用电源管理系统

★中航锂电(洛阳)有限公司
地址:河南省洛阳市高新区滨河北路66号
邮编:471009
电话:0379/80866969
传真:60697684
网址:www.calb.cn
电子信箱:calbhr@calb.cn
质量体系:ISO/TS 16949、GJB 9001B
产品情况:锂离子动力电池、电池管理系统

★南阳宝尔特电子科技有限公司
地址:河南省南阳市宛城区红泥湾
邮编:473014
电话:0377/60209967
传真:60209969
网址:www.bettercoil.com
电子信箱:sales@bettercoil.com
产品情况:新兴汽车点火线圈
配套及出口情况:为大型汽车公司配套;主要出口欧美市场

★开封住成电装有限公司
地址:河南省开封市开封新区魏都路西段
邮编:475000
电话:0378/3381063
传真:3380935
网址:www.sws.co.jp
产品情况:为东风日产主力车型(如:奇骏、逍客、轩逸、TIIDA、骊威等)研发、生产汽车线束
配套及出口情况:为东风日产等配套;出口菲律宾、日本

湖北省

★三叶士林电机(武汉)有限公司
地址:武汉市东西湖区径河街吴北路513号
邮编:430040
电话:027/83249606
传真:83088055

网址：www. mitsuba. co. jp
电子信箱：wise@ seec. com. tw
产品情况：汽车冷却风扇电动机、刮水器系统、起动机、燃料泵、汽车电子控制系统、其他汽车电装品以及其配套零部件
配套情况：为东风汽车配套

★武汉瑞康鑫电气有限公司
地址：武汉市蔡甸区武汉市蔡甸区张湾街工业园9号
邮编：430040
电话：027/83389020、83298017
传真：83298017
质量体系：ISO/TS 16949、ISO 9001
产品情况：［瑞康鑫(RKX)牌、泰通(TT)牌］
汽车发电机
配套情况：为东风朝柴等发动机厂家配套

★ 武汉菱电汽车电控系统股份有限公司

地址：武汉市东西湖区金银湖街清水路特8号
邮编：430048
电话：027/81821900
传真：81822580
网址：www. whldqc. com
电子信箱：whldqc@ 163. com
法人代表(负责人)：王和平
单位人数：160
质量体系：ISO/TS 16949
产品情况：汽油发动机管理系统、柴油发动机管理系统、替代能源发动机管理系统、混合动力发动机管理系统等
☞ 详细情况请参阅彩色宣传版面

★武汉银泰科技电源股份有限公司
地址：武汉市汉阳经济开发区沌口小区特2号银泰科技工业园
邮编：430056
电话：027/84220570、84220652
传真：84258623
网址：www. intepower. com
电子信箱：group@ intepower. com
质量体系：ISO 14001、ISO 9001
产品情况：高容量密封型免维护铅酸蓄电池、燃料电池、铁锂电池、蓄电池恒温箱等
出口情况：出口亚洲、欧洲、非洲等13个国家和地区

★武汉长光电源有限公司
地址：武汉市经济技术开发区车城大道155号
邮编：430056
电话：027/84258120、84258161
传真：84891924
网址：www. cgb. com. cn
电子信箱：sales@ cgbbattery. com
董事长：郑海东
负责人：周志勇
质量体系：ISO 9001、ISO 14001
产品情况：(卫新牌)
阀控式铅酸蓄电池
出口情况：部分产品出口

★湖北法雷奥车灯有限公司
地址：武汉市经济技术开发区创业路99号
邮编：430056
电话：027/59408208
传真：84896732
网址：www. valeo. com. cn
电子信箱：zhifa. qi@ valeo. com
质量体系：QS 9000、ISO 9001
产品情况：前照灯：包括卤素前照灯、氙气前照灯、随动转向功能前照灯、LED前照灯等；尾灯：包括普通灯泡尾灯以及LED和光导尾灯等
配套情况：主要客户：神龙公司、一汽－大众、一汽－大众奥迪、东风日产、上汽通用、上汽大众、北京奔驰、华晨宝马、吉利、东风本田、奇瑞量子汽车、江淮汽车

★武汉东江阀业制造有限公司
地址：武汉市经济技术开发区创业四路47号
邮编：430056
电话：027/84211729
传真：84212495
网址：www. wh－dongjiang. com
电子信箱：djzbo@ 163. com
质量体系：ISO/TS 16949
产品情况：电磁阀、液压换压阀、底盘阀等汽车阀类产品
配套情况：为神龙汽车、东风汽车公司、北汽福田、江淮汽车等大型汽车制造厂配套

★东风富士汤姆森调温器有限公司
地址：武汉市经济技术开发区沌口街枫树二路51号
邮编：430056
电话：027/84281594、84281595
传真：84281599
网址：www. dftc. com. cn
电子信箱：sales@ dftc. com. cn
质量体系：ISO/TS 16949、VDA 6. 1
产品情况：调温器、温控开关、热动元件、散热器盖等
配套及出口情况：为通用、大众、康明斯、福特、丰田、本田、雪铁龙、铃木、五十铃等知名汽车厂家在华的合资厂配套；远销北美洲、南美洲、欧洲

★湖北三环汽车电器有限公司
地址：武汉市经济技术开发区沌阳大道371号
邮编：430056
电话：027/84899516、84893044
传真：84891920
网址：www. triring－zs. com
电子信箱：jszx@ triring－zs. com
单位人数：1700
质量体系：ISO/TS 16949、ISO 14001
产品情况：(中生牌)
喇叭、开关、车锁、电子、车阀等
配套情况：为一汽集团、东风汽车公司、神龙汽车、长安汽车、长安铃木、昌河铃木、奇瑞汽车、东风日产、吉利、比亚迪、江铃、江淮、众泰、中国重汽、陕汽等配套

★艾菲发动机零件(武汉)有限公司
地址：武汉市经济技术开发区全力南路60号
邮编：430056
电话：027/84294943、84294931
传真：84222940
网址：www. electricfil. com. cn
电子信箱：info. efec@ electricfil. com
产品情况：(electricfil 牌)
汽车发动机点火线束、传感器
配套情况：为德国大众全球(大众墨西哥发动机厂，大众大连发动机，大众上海发动机等)，美国福特、上汽通用汽车、澳大利亚 HOLDEN、奇瑞汽车等汽车整车厂及零配件厂配套

★武汉诚盛电子有限公司
地址：武汉市经济技术开发区万家湖路189号
邮编：430056
电话：027/84236588
传真：84236577
网址：www. whcs. com. cn
电子信箱：gxb@ whcs. com. cn
质量体系：ISO/TS 16949
产品情况：汽车钟、汽车灯具、继电器、车载多功能显示器、注塑件、喷涂件、非金属电镀件等产品
配套情况：为神龙汽车、江铃汽车、东风日产乘用车、东南汽车、奇瑞汽车等汽车厂配套，并通过法国标致、雪铁龙集团全球采购供应商资格审核

★ 湖北开特汽车电子电器系统股份有限公司

地址：武汉市武昌区白沙洲堤后街52号
邮编：430064
电话：027/88139606、88139692
传真：88139715
网址：www. kait. com. cn
电子信箱：service@ kait. com. cn
单位人数：240
质量体系：ISO/TS 16949
产品情况：各种汽车电子元件，包括热敏电阻、传感器、执行器、控制单元等
配套情况：为东风汽车公司、东风标致雪铁龙、一汽－大众、长安汽车、吉利汽车、奇瑞汽车、江淮汽车等配套
☞ 详细情况请参阅彩色宣传版面

★武汉高德红外股份有限公司
地址:武汉市东湖开发区黄龙山南路6号
邮编:430070
电话:4008822866
网址:www.wuhan-guide.com
电子信箱:marketing@guide-infrared.com
单位人数:600
质量体系:ISO 9001
产品情况:(GuideIR 牌、MobIR 牌、Thermo Pro 牌)
红外热成像系统
出口情况:远销70多个国家和地区

★湖北泓盈传感技术有限公司
地址:武汉市关山一路1号光谷软件园恒隆大楼一楼
邮编:430073
电话:027/87570168
传真:87570151
网址:www.usisensor.com
电子信箱:sales@usisensor.com
质量体系:ISO/TS 16949
产品情况:汽车专用线束、扭力传感器、压力传感器
配套情况:为一汽集团、长安汽车、哈飞汽车、奇瑞汽车、吉利汽车、京华客车、英格索兰、复盛机械等配套

★武汉汉升汽车传感系统有限责任公司
地址:武汉市蔡甸区大集正街85号
邮编:430113
电话:027/69165796
传真:69164943
电子信箱:hs@han-sheng.com
质量体系:ISO/TS 16949
产品情况:(汉升牌)
水温感应塞、机油压力传感器、车速传感器、油量传感器、油(气)压报警器等汽车仪表传感器、电子调节器、刮水器总成、桥式整流器、继电器及JK开关等各类汽车小型电器
配套情况:为一汽大柴、一汽锡柴、扬柴、玉柴、朝柴、东风汽车公司、北汽福田、延锋伟世通(绍兴)仪表公司、上海德科等全国大中型柴油机及汽车仪表专业生产厂家配套

★武汉住电电装有限公司
地址:武汉市东湖新技术开发区关山一路武汉汽车电子产业园
邮编:430223
电话:027/81691193、81691196
传真:81691190
电子信箱:whsw-hr@163.com
质量体系:ISO 9001
产品情况:汽车线束
配套情况:为东风本田配套

★湖北华中光电科技有限公司
地址:湖北省孝感市长征路199号
邮编:432000
电话:0712/2873901、2873868
传真:2323238
网址:www.hb238.com.cn
电子信箱:238@hb238.com.cn
负责人:陈海波
质量体系:QS 9000、ISO 9000
产品情况:汽车灯具等

★湖北孝感华中车灯有限公司
地址:湖北省孝感市长征路199号
邮编:432000
电话:0712/2322144
传真:2322163
网址:www.hzcd.com.cn
电子信箱:hzcd@hzcd.com.cn
质量体系:ISO/TS 16949、QS 9000
产品情况:(华中牌)
汽车灯具、汽车电子、电器产品
配套情况:为长安汽车、长安铃木、河北长安、陕汽集团、比亚迪汽车配套

★湖北汉光照明股份有限公司
地址:湖北省孝感市长征路257号
邮编:432000
电话:0712/2684404、2684567
传真:2681234、2687733
网址:www.ourhgl.com
电子信箱:17@ourhg.com
质量体系:ISO 9001
产品情况:(三工牌、汉光牌)
汽车灯
出口情况:部分产品出口

★孝感市瑞莱特汽车照明有限公司
地址:湖北省孝感市国家高新技术产业开发区孝天工业园文昌大道39号
邮编:432100
电话:0712/2584985
传真:2584984
网址:www.realight.cn
电子信箱:info@realight.cn
质量体系:ISO 9001
产品情况:(REALIGHT 牌)
氙气灯系列、蓝钻之光系列、增亮系列及组合灯系列等产品

★湖北小糸车灯有限公司
地址:湖北省孝感市国家高新技术开发区文昌路1号
邮编:432100
电话:0712/2369888
传真:2369000
网址:www.koito.co.jp
单位人数:300
产品情况:汽车灯具

★湖北烨和电子科技有限公司
地址:湖北省孝昌县经济开发区城南工业园站前二路八号
邮编:432900
电话:0712/4767777
传真:4777999
网址:www.auto-part.com.cn
电子信箱:service@mail.pntronic.com
单位人数:200
质量体系:ISO/TS 16949、ISO 9001
产品情况:各式二极管、SMD贴片式车用二极体、硅片、调节器、整流稳压电子产品,整流桥及发电机模组等
出口情况:远销美国、德国、俄罗斯、印度、巴西等国家,并销往中国台湾、中国香港地区

★荆州市神明汽配有限公司
地址:湖北省荆州市沙市区十号路关沮工业园
邮编:434000
电话:0716/8508426、8509498
传真:8508426
质量体系:ISO/TS 16949、ISO 9001
产品情况:发电机、起动机的电盖、驱盖、转子铁芯片、导向角、齿轮、机壳、中盖、罩盖等

★雷米电机湖北有限公司
地址:湖北省荆州市开发东方大道
邮编:434002
电话:0716/8882000
传真:8255523、8257483
质量体系:ISO/TS 16949、ISO 9001
产品情况:发电机

★荆州神电实业有限公司
地址:湖北省荆州市高新区燎原路8号
邮编:434100
电话:0716/8333326
传真:8333603
电子信箱:sales@jzsdsy.com
产品情况:汽车电动机
配套情况:为一汽集团、重汽集团、奇瑞汽车、南京汽车集团、五菱、博世、康明斯、西门子、第一电通、泽藤等国内外近百家汽车及零部件制造商配套

★飞利浦汽车照明湖北有限公司
地址:湖北省松滋市飞利浦路17号
邮编:434200
电话:0716/6222921
传真:6223921
电子信箱:yun.zhao@philips.com
质量体系:ISO 9001
产品情况:各种型号灯具
配套情况:为上汽大众、一汽轿车、东风汽车公司、北京奔驰、天津一汽夏利、神龙汽车、上汽通用五菱、长安汽车、昌河汽车、哈飞汽车、南京依维柯配套

★湖北华声机电有限公司
地址:湖北省咸宁市咸安区经济开发区
邮编:437000
电话:0715/8324688、8376679
传真:8312133
网址:www.huashengjidian.com
电子信箱:zhnengdk@126.com
董事长:周怡兴
产品情况:纯电动汽车用电机和控制器

★湖北亿州微特电机有限公司
地址:湖北省黄冈市新港大道 138 号
邮编:438000
电话:0713/8121568
传真:8823060
网址:www.triringmotor.com
电子信箱:triring@triringmotor.com
质量体系:ISO/TS 16949、ISO 14001
产品情况:(ESOUL 牌)
　　直流永磁盘式电机、汽车散热器风扇、汽车冷凝器风扇、电动自行车轮毂、电动四轮车轮毂
配套及出口情况:为美国卡迪拉克、天津一汽夏利、长安汽车配套;出口美国、欧洲、南美洲、大洋洲、非洲、东南亚

★东风汽车电子有限公司
地址:湖北省襄阳市大庆东路 227 号
邮编:441001
电话:0710/3709901
传真:3401167
网址:www.dfyb.com
法人代表:严方敏
负责人:王太斌
单位人数:720
质量体系:ISO/TS 16949、ISO 14001
产品情况:(东风牌)
　　空心线圈式仪表机芯及驱动、步进电机类仪表机芯及驱动、CAN 总线仪表、TFT-LCD 平板液晶显示仪表、车用传感器、整车控制器(VECU)、车身控制器(BCM)、汽车行驶记录仪(VDR)、整车网络系统
配套情况:是东风(重、中、轻、微型商用车、客车)、东风康明斯发动机、北汽福田、陕西重汽、安徽华菱、东风柳汽、北方奔驰、潍柴动力、玉柴机器等国内知名厂家的主要供应商

★襄樊东风汽车电气有限责任公司
地址:湖北省襄阳市环城西路 22 号
邮编:441021
电话:0710/3514619、3537442
传真:3514129
网址:www.dfl.com.cn
电子信箱:dfmec_xf@xf.hb.cninfo.net
产品情况:无刷发电机,内装风扇整体式交流发电机;减速式和直接传动式汽车起动机;无触点分电器、各类调节器、微电机、传感器等汽车电子电气产品
配套情况:为东风、神龙、康明斯、朝柴、玉柴、南内、东安、长安、柳发、大柴、锡柴等主机厂配套

★襄樊仪元汽车电子有限公司
地址:湖北省襄阳市胜利街 186 号
邮编:441021
电话:0710/3502109
传真:3500847
电子信箱:zjxunh@public.xf.hb.cn
质量体系:ISO/TS 16949、ISO 9001
产品情况:(岘峰牌)
　　电压调节器、电磁开关、刮水器电动机、点火模块、硅整流元件、各种继电器等
配套情况:为柳发、上汽大众、长安汽车、南京汽车集团等配套

★东风汽车电气有限公司
地址:湖北省襄阳市襄城区环城西路 22 号
邮编:441021
电话:0710/3601288、3601413
传真:3601087
网址:www.dfmec.com.cn
电子信箱:dfmec@dfmec.com.cn
董事长:翁运忠
负责人:郭武
质量体系:ISO/TS 16949
产品情况:主导产品减速式起动机、大功率发电机及新能源汽车用电驱动电机
配套情况:为东风康明斯、东风发动机厂、玉柴、中国重汽、上柴等国内主要发动机厂配套

★湖北环宇车灯有限公司
地址:湖北省襄阳市襄城区虎头山路 1 号
邮编:441022
电话:0710/3604651、3604974
传真:3605312
网址:www.hycdcn.com
电子信箱:hycd_hb@tom.com
单位人数:500
质量体系:ISO/TS 16949、ISO 9001
产品情况:(环宇牌)
　　各种商用车、乘用车灯具,年产能力 40 万辆份
配套情况:为东风商用车、东风股份、重汽集团、上汽依维柯红岩、陕汽集团、柳汽、华菱、三环、北奔重汽、神龙汽车、华晨集团等配套

★襄樊东车电子有限公司
地址:湖北省襄阳市高新区汉江北路 25 号
邮编:441057
电话:0710/3347311
传真:3340066
网址:www.tosunec.com
电子信箱:tosunec@sina.com
产品情况:(东车牌)
　　发电机电子电压调节器、硅整流器、蓄电池充电机、汽车里程表传感器、速度传感器、水温传感器、机油压力传感器等传感器,电动机调速器
配套情况:为东风电气、湖北神电、永康博宇等汽车电动机厂配套

★骆驼集团股份有限公司
地址:湖北省襄阳市高新区追日路 4 号
邮编:441057
电话:0710/3344082、3344102
传真:3344151
网址:www.chinacamel.com
电子信箱:camel@chinacamel.com
董事长:刘国本
质量体系:ISO/TS 16949、ISO 14001
产品情况:(骆驼牌)
　　铅酸蓄电池、纯铅薄极板电池、动力锂离子电池等
配套及出口情况:已成为国内各主要轿车与商用车生产企业的优秀供应商,主要配套单位已达 60 多家;远销欧洲、美洲、非洲、东南亚等地区

★随州市盛星机械有限公司
地址:湖北省随州市北郊星光工业园
邮编:441300
电话:0722/3316508、13886884859
传真:3313268
网址:www.shengxing-hb.com
电子信箱:taiyuan7832@163.com
单位人数:500
质量体系:ISO 9001
产品情况:各类汽车起动机、发电机、汽车车轿系列零配件等
配套情况:为东风汽车电气、东风变速器、湖北神电电气、东风德纳车桥、长春富奥依斯克拉电气等配套

★湖北华龙车灯有限公司
地址:湖北省随州市经济开发区 19 号
邮编:441300
电话:0722/3587308、3587309
传真:3587300
网址:www.hbhlcd.com
电子信箱:hbhlcd@vip.163.com
法人代表(负责人):王正华
质量体系:ISO/TS 16949
产品情况:(华鸿牌)
　　各类汽车灯具、转向盘、各类工程塑料覆盖件、包装箱及工位器具,年产汽车灯具 15 万辆份、摩托车灯具 30 万辆份
配套情况:为东风汽车有限公司、东风汽车股份、神龙汽车、东风乘用车、一汽、中国重汽、上汽依维柯红岩商用车、陕汽集团、三一重工等国内大型整车厂配套

★湖北骆驼海峡新型蓄电池有限公司
地址:湖北省谷城县经济开发区胡家井村六组
邮编:441700
电话:0710/7335980
传真:7335933
网址:www.chinacamel.com
质量体系:ISO/TS 16949、ISO 14001
产品情况:(骆驼牌)
　　以生产电动轿车、电动客车、电动观光游览车、高尔夫球车、电动叉车以及电动三轮车专用牵引型铅酸蓄电池为主

★谷城骆驼塑胶制品有限公司
地址:湖北省谷城县石花镇武当路 83 号
邮编:441705

电话:0710/2869728
产品情况:蓄电池配套槽盖,产品主要用于汽车、摩托车、电动车等,年产各类电池槽盖约1000万套

★湖北新飞祥电子科技有限公司
地址:湖北省老河口市红山嘴
邮编:441800
电话:0710/8512330、8511474
传真:8512990、8511474
质量体系:ISO/TS 16949
产品情况:东风系列电磁阀、分电器、闪光器、蜂鸣器
配套情况:为东风汽车公司、神龙汽车配套

★十堰达峰软轴有限公司
地址:湖北省十堰市黑龙江路6号
邮编:442012
电话:0719/8781126
传真:8781127
网址:www. dfruanzhou. com
质量体系:ISO/TS 16949、QS 9000
产品情况:各种车用软轴,年产能力达1200万件
配套情况:为一汽、东风、上汽、奇瑞汽车、湖南长丰等配套

★湖北正奥汽车附件集团有限公司
地址:湖北省十堰市茅箭区东风大道9号
邮编:442012
电话:0719/8797291
传真:8784135
网址:www. hbzhengao. com
法人代表:陈正土
负责人:乔虹
单位人数:2000
质量体系:ISO/TS 16949
产品情况:汽车电线束总成,年产40万台套;汽车橡塑密封条系列,年产1500万米;汽车操纵软轴、软管系列,年产1200万件

★湖北天运汽车电器系统有限公司
地址:湖北省十堰市白浪高新技术开发区科技园路1号
邮编:442013
电话:0719/8313633
传真:8313797
网址:www. hbtianyun. com
电子信箱:hbty@ hbtianyun. com
质量体系:ISO/TS 16949、QS 9000
产品情况:汽车灯光检测器、电熄火器、闪光器、报警器、刮水器、喇叭等汽车电子电器产品
配套情况:为东风商用车、东风汽车股份、陕西重汽、北京现代、东风悦达起亚、集瑞重卡、东风裕隆、三一重工等国内知名汽车厂商配套

★十堰市中生电器有限公司
地址:湖北省十堰市高新区白浪中路150号
邮编:442013
电话:0719/8317582、8317682
传真:8317582
网址:www. syzsdq. com
电子信箱:hbqcdqc@ sy. hb. cninfo. net
质量体系:ISO 9001
产品情况:(中生牌)
电磁气阀系列、各类开关系列、线束、灯具、车速里程传感器系列、熄火控制器系列、电源总开关
配套情况:与东风新汽、东风股份、少林客车、东风(十堰)车身部件、东风安泰等配套

湖南省

★长沙安瑞电子有限公司
地址:长沙市经济技术开发区和祥科技园漓湘路98号
邮编:410100
电话:0731/84066995、84066996
传真:84066982-888
电子信箱:csardq@ 163. com
质量体系:ISO/TS 16949
产品情况:汽车线束等,总产量为6800万/年
配套情况:主要配套对象为三一重工、恒天九五重工、重庆力帆、比亚迪、福迪等大型企业

★长沙市纳川汽车电器有限公司
地址:长沙市经济技术开发区新安路16号
邮编:410100
电话:0731/88680108、13508471309
传真:84071608
网址:www. csncdq. com
电子信箱:csnc@ csncdq. com
质量体系:ISO 9001
产品情况:车用发电机、空调专用发电机、大功率发电机等产品

★长沙汽电汽车零部件有限公司
地址:长沙市星沙经济技术开发区盼盼路29号
邮编:410100
电话:0731/82798410、82798489
传真:82798412
网址:www. csqidian. com
电子信箱:zengjie@ csaep. com
质量体系:ISO/TS 16949
产品情况:汽车起动机、发电机
配套情况:空调离合器长期为上海松芝、大连富士、岳阳恒力等车用空调厂家配套

★博世汽车部件(长沙)有限公司
地址:长沙市星沙漓湘中路26号
邮编:410100
电话:0731/82929203、82929110
传真:82929018
网址:www. bosch. com. cn
电子信箱:career. rbcc@ cn. bosch. com
负责人:孙国忠
单位人数:1400
质量体系:ISO 9001
产品情况:(BOSCH牌)
刮水器、车身电子系统、微电机、热能系统、发电机、起动机等
配套情况:为一汽集团、一汽轿车、上汽大众、南京汽车集团、东风汽车公司、神龙汽车、大柴、南京依维柯、锡柴、北京奔驰、重汽集团、江铃汽车、重庆康明斯、四川绵阳、沈阳新光等配套

★湖南科霸汽车动力电池有限责任公司
地址:长沙市高新区麓谷工业园348号
邮编:410205
电话:0731/88796779
网址:www. cpeve. com
电子信箱:cpeve@ cpeve. com
产品情况:汽车动力电池及能量包

★湖南科力远新能源股份有限公司
地址:长沙市国家级高新技术产业开发区桐梓坡西路348号
邮编:410205
电话:0731/88983606、88983627
传真:88796798
网址:www. corun. com
董事长:钟发平
负责人:丸山弘美
单位人数:4000
质量体系:ISO/TS 16949
产品情况:汽车动力电池及能量包、混合动力系统总成;微网分布式新能源储能系统
出口情况:出口美国、日本、欧洲等国家和地区

★长沙日立汽车电器有限公司
地址:长沙市岳麓区桐梓坡西路218号
邮编:410205
电话:0731/88948988
传真:88948997
网址:www. hitachi. com. cn
质量体系:ISO 9001、ISO 14001
产品情况:汽车起动机、发电机及其他零部件
配套及出口情况:为庆铃、江铃、郑州日立等主机厂配套;出口美国

★长沙宇名汽车电器有限责任公司
地址:长沙市望城区茶亭镇洪开桥村
邮编:410212
电话:0731/88252998、88252996
传真:88252997
网址:www. csym. com. cn
电子信箱:csyuming@ vip. 163. com
单位人数:120
质量体系:ISO 9001
产品情况:起动机、发电机
出口情况:远销欧洲、北美洲、中东、东南亚地区

★长沙奥斯凯汽车零部件有限公司
地址:湖南省浏阳市永安产业制造园永阳路19号
邮编:410323
电话:0731/83613409、83631348
传真:83663122
网址:www.aoskycn.com
电子信箱:sales@aoskycn.com
质量体系:ISO/TS 16949
产品情况:(车顺电器、AOSKY)
点火线圈
出口情况:远销美洲、欧洲、亚洲、非洲、大洋洲

★湘电莱特电气有限公司
地址:湖南省湘潭市书院东路38号创新创业园
邮编:411101
电话:0731/52863886
传真:52863848
网址:www.xele.com.cn
电子信箱:postmaster@xele.com.cn
产品情况:永磁同步电机驱动系统、交流感应电机驱动系统、混合动力发动机总成等电动车关键零部件

★株洲湘火炬火花塞有限责任公司
地址:湖南省株洲市红旗北路68号
邮编:412001
电话:0731/28450013
传真:28450227
网址:www.torchsparkplug.com
电子信箱:torchsd@cntorch.com
质量体系:ISO/TS 16949、ISO 14001
产品情况:(火炬牌)
火花塞、点火线圈、高压线、水封件
配套情况:为上汽通用、长安福特、一汽轿车、长安汽车、沈阳三菱、东安三菱、奇瑞汽车、江淮汽车、吉利汽车、绵阳新晨、大长江集团、钱江、雅马哈、百利通、科勒、富士、TTI等知名汽车、摩托车及小型汽油机生产厂家配套

★南方航空工业(集团)有限公司
地址:湖南省株洲市芦淞区董家塅
邮编:412002
电话:0731/28551330、28551131
传真:28587077
网址:www.cnsaic.com
电子信箱:saic@cnsaic.com
单位人数:7400
质量体系:ISO 9001
产品情况:电动汽车控制器、车模等产品

★株洲湘火炬汽车灯具有限责任公司
地址:湖南省株洲市渌口湘火炬工业园黄河南路268号
邮编:412007
电话:0731/22882346、22881311
传真:22881231
电子信箱:tapalamp@cntorch.com
质量体系:ISO/TS 16949、QS 9000
产品情况:(DGI牌、泰普牌)
汽车灯具、后视镜、汽车线束及其附件产品,年产能力5000万件
配套情况:为中集车辆、陕汽集团、重汽集团、广汽三菱、东风越野车、东风特种车身厂、十堰正和车身、北汽福田、江南汽车、江铃陆风、柳工股份、山推股份、中联重科、杭叉股份、合叉股份等配套

★株洲市微特电刷有限公司
地址:湖南省株洲市国家级高新技术开发区天台科技园
邮编:412007
电话:0731/22888667、22888567
传真:22888967
网址:www.wtds.com.cn
电子信箱:zzweite@163.com
质量体系:ISO/TS 16949
产品情况:(株微牌)
电动机用电炭刷制品
出口情况:远销美洲、欧洲、东南亚,并销往中国香港、中国台湾地区;与德国大众、日本丰田、美国福特公司建立长期的合作关系

★湖南特种电机有限责任公司
地址:湖南省沅江市南嘴镇
邮编:413100
电话:0737/2288899、2288352
传真:2286958
电子信箱:htdj@htmotor.com
质量体系:ISO 9001
产品情况:电动机

广东省

★广州市信立达汽车零配件有限公司
地址:广州市越秀区永福路35号永福中心707-708室
邮编:510070
电话:020/83501130
传真:83503070
质量体系:ISO 9001
产品情况:HID氙气灯、双光透镜投影灯、GPS导航、无骨刮水器片、车载MP3/MP4/MP5、闪光器、逆变电源、汽车电子点火器、降压器24~12V等

★广州杰赛科技股份有限公司
地址:广州市海珠区新港中路381号杰赛科技总部大厦
邮编:510310
电话:020/84118000、84119755
传真:84284508
网址:www.chinagci.com
电子信箱:marketing@chinagci.com
质量体系:ISO 9001、ISO 14001
产品情况:(杰赛(JIESAI)牌)
GSM远程遥控车辆防盗器、GPS车辆监控系统

★广州通达汽车电气股份有限公司
地址:广州市西槎路聚龙工业区14栋4楼
邮编:510407
电话:4001066680
网址:www.tongda.cc
电子信箱:tongda@tongda.cc
质量体系:ISO/TS 16949、ISO 14001
产品情况:巴士在线智能公交系统、客车发动机热管理系统、LED通道灯、广告铝合金风道、效果灯、LED动态显示屏、漏气报警器、报站器等产品
配套及出口情况:主要客户有郑州宇通、厦门金龙、苏州金龙、安凯客车、中通客车、广汽客车等国内知名客车厂;出口亚洲、非洲、欧洲20多个国家和地区

★广州市白云区百新电器厂
地址:广州市白云区陈田村三社第一工业区
邮编:510420
电话:020/36401580、13902222635
传真:36402483
网址:www.bxdlt.com
电子信箱:dlt@bxdlt.com
质量体系:ISO 9001
产品情况:多路通-智能前照灯增光器
出口情况:出口部分国家和地区

★广州索哥波灯具有限公司
地址:广州市经济技术开发区
邮编:510430
电话:020/36382101、36382180
传真:62856081
网址:www.cml-it.com
电子信箱:speedril@163.com
质量体系:ISO/TS 16949
产品情况:汽车顶灯、牌照灯、行李舱灯、侧转向灯、高位制动灯等灯具
配套情况:为神龙汽车、湖北法雷奥车灯、广州宝龙等配套

★广州梦阳汽车电机有限公司
地址:广州市白云区白云大道北113号新广从汽配城862档
邮编:510440
电话:020/36238805、36238260
传真:36238920
电子信箱:gz@mymotor800.com
质量体系:ISO/TS 16949
产品情况:起动机、发电机、转子及线圈等
出口情况:为美国WAI公司、美国REAMY公司、台湾士林公司、台湾杨生实业等多家企业配套

★广州市睿星汽车配件有限公司
地址:广州市白云区鹤边大彭岭七横路29号F7二棂
邮编:510440
电话:13652895968
传真:020/61069107

质量体系:ISO/TS 16949
产品情况:汽车迎宾灯、投影灯

★广州市奥迪诗音响科技有限公司
地址:广州市白云区均禾街石马奥迪诗工业园
邮编:510440
电话:020/36091288、36091188
传真:36092123
网址:www.adst.cc
电子信箱:ads@cn-ads.cn
质量体系:ISO 9001
产品情况:[奥迪诗(ADS)牌]
汽车音响等
出口情况:远销30多个国家和地区

★广州维高集团有限公司
地址:广州市白云区神山镇神山大道8号
邮编:510460
电话:020/36418228
传真:36418008
网址:www.vigogroup.com
电子信箱:qhb@vigogroup.com
单位人数:1000
质量体系:ISO/TS 16949
产品情况:汽车及摩托车仪表、油开关、标牌、电线束、灯具、后视镜、油感器、指示开关、操纵总成、发动机配件、模具等
配套情况:为广汽本田、广汽丰田、广汽乘用车、广汽日野、本田(中国)、江森自控、广州樱泰、广州电装、发尔特克、广州提爱思、五羊本田、建设雅马哈、新大洲本田、江门大长江、中国嘉陵、广州大阳、轻骑铃木等配套

★广州金诺电子科技有限公司
地址:广州市白云区钟落潭镇九佛西路623号广州金诺科技园
邮编:510500
电话:020/87432367、18922344009
传真:87432596
网址:www.gzjinnuo.com
电子信箱:sales@gzjinnuo.com
质量体系:ISO 9001
产品情况:(黑霸牌、奇舰牌)
汽车氙气前照灯
出口情况:出口东南亚、欧洲、美洲等地区

★山本机车部件(广州)有限公司
地址:广州市天河区广源东路1540号致友汽配城F20号
邮编:510500
电话:020/37221968
传真:37221928
产品情况:(SunBen牌)
火花塞、制动片、活塞以及汽车同步带、多楔带、切边式V带
配套及出口情况:为美国福特、通用、德国大众等配套;出口欧洲、美洲、东南亚等地区

★广州斯坦雷电气有限公司
地址:广州市经济技术开发区东区骏业路138号
邮编:510530
电话:020/82266668
传真:82266206
网址:www.stanley.co.jp
电子信箱:hr@stanleygz.com
质量体系:ISO 14001
产品情况:汽车及摩托车用灯具等
配套情况:为广汽本田配套灯具

★广州市窗神电子科技有限公司
地址:广州市白云区太和镇新广从一路14号窗神科技工业园3楼
邮编:510540
电话:020/37657801
传真:37661184
网址:www.gzcs128.cn
产品情况:汽车智能关窗器,防盗器等汽车电子产品
配套情况:为国内的丰田、本田、日产、比亚迪、大众、现代、马自达等知名汽车制造厂家配套

★广东金华达电子有限公司
地址:广州市天河区棠下涌东路大地工业区C栋5楼
邮编:510630
电话:020/61031498
传真:61031486
网址:www.020k.com
电子信箱:info@020k.com
质量体系:ISO 9000
产品情况:(金华达牌)
汽车氙气灯
出口情况:远销60多个国家和地区

★广州恒利达电路有限公司
地址:广州市黄埔区南岗镇庙头工业区第二栋
邮编:510730
电话:020/82087388、82087250
传真:82087148
网址:www.gzhenglida.com
电子信箱:marketing@gzhenglida.com
单位人数:400
质量体系:ISO/TS 16949
产品情况:车载视听、GPS导航

★德尔福派克电气系统公司广州分公司
地址:广州市经济技术开发区东区沧联一路1号
邮编:510760
电话:020/82268388
传真:82268715
网址:www.delphi.com
电子信箱:recruit.gz.hr@delphi.com
质量体系:ISO/TS 16949
产品情况:动力和信号传输系统产品、线束等
配套情况:为德国欧宝配套

★广州市凯捷电源实业有限公司
地址:广州市花都区新华工业区瑞香路28号
邮编:510800
电话:020/36860086、36860081
传真:36860080、36860090
电子信箱:kaijie@kaijie.net
质量体系:ISO 9001
产品情况:(KAIJIE牌)
蓄电池
出口情况:出口东南亚、欧洲、美洲、中东、北非等20多个国家和地区

★广州市佛达信号设备有限公司
地址:广州市花都区汽车城东风大道西
邮编:510800
电话:020/86733871
传真:86733872
网址:www.forda-led.com
电子信箱:info@forda-led.com
质量体系:ISO/TS 16949
产品情况:LED信号灯、LED警示灯、LED工作灯、LED前照灯、LED前雾灯
出口情况:远销英国、法国、德国、意大利、澳大利亚、美国等20多个国家和地区

★广州耐路志电机有限公司
地址:广州市花都区新华街汽车城岭西路北
邮编:510800
电话:020/89683111、89683222
传真:89683168
电子信箱:yingrui_jiang@nileschina.com
产品情况:汽车电装零部件(电力电子器件、光电子器件、新型机电元件、光电开关、摩托车磁电机、起动电动机、汽车减振器、变速器、感应器、控制器等)
配套情况:为东风日产(全车系、全系列产品)、广汽本田(雅阁-转向盘开关、天窗开关等),东风本田(思域-天窗开关、CRV-天窗开关),长安铃木(天语-刮水器开关、门锁开关等),郑州日产(NV200-组合开关、后视镜调整开关等,皮卡-组合开关、电动窗开关等),东南汽车(DE/C1-制动灯开关),SGM)(凯迪拉克-触摸板开关、别克新君越-触摸板开关)吉利TIER1吉具泰(帝豪-电动座椅开关)配套

★马瑞利汽车电子(广州)有限公司
地址:广州市花都区新华镇镜湖大道8号国光工业园B10栋
邮编:510800
电话:020/28609644
传真:28609626
网址:www.magnetimarelli.com
电子信箱:andy.huang@magnetimarelli.com.cn
单位人数:450
质量体系:ISO/TS 16949、ISO 9002
产品情况:汽车仪表、车身电脑及控制

系统、多媒体导航系统、远程信息控制系统

★广州品力高控制索有限公司
地址:广州市从化区经济技术开发区龙洞路8号
邮编:510900
电话:020/87404164、87403109
传真:87408783
质量体系:ISO/TS 16949
产品情况:(BLAKI牌)
各型汽车、摩托车操纵拉索、里程表软轴
配套情况:为五羊、大阳、大运、海利、奔马、宗申·比亚乔、韩国大林、珠峰、嘉陵、雅迪、深铃、天马、台铃、中摩科技、赛德玛等国内100多家摩托车制造企业配套

★广州从化科昂诗汽车配件有限公司
地址:广州市从化区明珠工业园工业南路7号
邮编:510931
电话:020/37965001
传真:37965000
网址:www.g-tekt.jp
电子信箱:seizou_jiangxiao@c-ks.com.cn
质量体系:ISO 9001、ISO 14000
产品情况:汽车关键零部件(含组合仪表)
配套情况:为丰田、本田、日产、日野供货

★广州市宝骑机动车配件有限公司
地址:广州市从化区温泉镇灌村石坑工业区灌村中路228号
邮编:510978
电话:020/61796856、61796857
传真:87892208、61796859
网址:www.gzbq168.com
电子信箱:lilvde888@126.com
质量体系:ISO 9001
产品情况:(福迪湃牌)
汽车操纵拉线、软轴等
配套及出口情况:为嘉陵、劲隆、银钢、松铃、新动力、陆康、广州五羊等多个厂商配套;出口欧美、东南亚、中东等国家和地区

◉ 广东奥迪威传感科技股份公司

地址:广州市番禺区番禺区东环街东升工业区9号
邮编:511400
电话:020/84802041
传真:84665207
网址:www.audiowell.com
电子信箱:market@audiowell.com
负责人:张曙光
质量体系:ISO/TS 16949、QS 9000
产品情况:(AUDIOWELL牌)
超声波传感器、蜂鸣器和超声波雾化片
出口情况:远销东欧、北美洲、中东、非洲、中南美洲、亚洲、西欧、澳大利亚等国家和地区

★广州兴辉五金有限公司
地址:广州市番禺区大石镇植村工业二路7号
邮编:511430
电话:020/34785817、25923213
传真:34786517、25923200
网址:www.primaautocraft.com
电子信箱:primaco@ms28hinet.net
单位人数:300
质量体系:ISO 9001
产品情况:汽车、摩托车车灯、车镜、镀铬配件、滚压件等
配套及出口情况:为多家知名汽车制造商提供配件和生产服务,如英国路虎、德国保时捷、美国哈雷机车等;出口欧洲、德国、英国、荷兰、瑞士、美国、日本等国家和地区,并销往中国台湾地区

★广州小糸车灯有限公司
地址:广州市番禺区石楼镇岳溪村跨国产业基地B01区
邮编:511447
电话:020/39307000
传真:39307020
网址:www.koito.co.jp
电子信箱:zoujiangan@gkoito.com.cn
产品情况:汽车灯具
配套情况:为广汽本田、广汽丰田、东风日产乘用车等配套

★广州优创电子有限公司
地址:广州市番禺区大龙街长沙路15号
邮编:511450
电话:020/39961750、39961753
传真:39961815
网址:www.ultronix.cn
电子信箱:market@ultronix.cn
质量体系:ISO/TS 16949
产品情况:倒车雷达、摄像头、行车记录仪等超声波传感技术与汽车泊车安全辅助应用产品
配套情况:与国内外14家OEM和OES客户建立了合作关系

★广州新晨汽车零部件有限公司
地址:广州市南沙区珠江管理区新广三路63号1-16C
邮编:511462
电话:020/84961831
传真:84960068
网址:www.demup.com.cn
电子信箱:postmaster@demup.com.cn
质量体系:ISO/TS 16949、ISO 14001
产品情况:LED发光产品、小型线束产品、注塑成型产品
配套情况:为一汽-大众、一汽轿车、广汽日野、四川一汽丰田等汽车厂商配套

★崇德通用电碳(番禺)有限公司
地址:广州市番禺区钟村镇韦涌村
邮编:511495
电话:020/84714761
传真:84714690
网址:www.schunkhk.com
电子信箱:scc@schunkchina.com
质量体系:ISO/TS 16949
产品情况:炭刷、刷架总成、刷架系统、刷握、起动机和完整的预装备组件,适合安装在任何汽车电动机上

★广东则良蓄电池有限公司
地址:广东省清远市银源开发区
邮编:511800
电话:0763/3682299、3682209
传真:3682300
电子信箱:sales@dad-battery.com
质量体系:ISO 9001、ISO 14001
产品情况:(新大地牌、大地牌、奥克牌、山海牌、南韩牌)
起动型铅酸蓄电池、固定型阀控密封蓄电池、小型阀控密封蓄电池产品系列
出口情况:部分产品出口

★广东井得电机有限公司
地址:广东省五华县转水镇枫林村188号
邮编:514479
电话:0753/4888888
传真:4888168
网址:www.kingtecgroup.com
电子信箱:business@kingtecgroup.com
质量体系:ISO/TS 16949
产品情况:(莲花牌)
重型汽车、工程机械、柴油发电机组用起动机和发电机
配套及出口情况:为上柴、潍柴、重庆康明斯、重汽杭发、河北华北柴油机、南通柴油机、无锡动力工程、洛阳河柴发动机等配套;出口欧洲、美洲、东南亚等20多个国家和地区

★广汽强华(梅州)汽车零部件有限公司
地址:广东省梅州市梅县畲江镇广州(梅州)产业转移工业园
邮编:514779
电话:0753/2321738、2313586
传真:2316798
网址:www.gacqh.com
电子信箱:sales@gacqh.com
质量体系:ISO/TS 16949
产品情况:(强华牌)
商用车、乘用车发电机和起动机,年设计生产能力200万台(套)
配套情况:为重庆康明斯、中国重汽、潍柴动力、广西玉柴、洛阳一拖、河柴、无锡动力、杭州发动机等企业配套

★广东省汕头市开达实业有限公司
地址:广东省汕头市金平区升业路26号
邮编:515021

电话:0754/82541764、82541593
传真:82541592
网址:www. st - kaida. com
电子信箱:shantoukaida@ 126. com
产品情况:(凯隆牌、开先达牌)
机动车电喇叭、闪光器等摩托车和汽车零部件
配套及出口情况:为大长江、五羊 - 本田、新大洲本田、越南本田、湖南光南、厦杏、麦科特等配套;出口日本、东南亚、非洲、南美洲等国家和地区

★汕头东京电子有限公司
地址:广东省汕头市华山路 34 号龙湖工业区 7 栋 3 楼东侧
邮编:515041
电话:0754/88178567
传真:88464492
质量体系:ISO/TS 16949
产品情况:车载空调用伺服电动机、汽车转向系统及车把手周边的各种开关

★汕头经济特区矢崎汽车部件有限公司
地址:广东省汕头市龙湖区龙湖工业区 F5、F4 座
邮编:515041
电话:0754/88265924
传真:88267031
网址:www. yazaki - group. com
电子信箱:ivy - 0528@ yazaki. com. cn
产品情况:汽车组立线束、机电组立线束
配套及出口情况:为美国克莱斯勒、日本日产、富士重工、本田、广汽本田配套;出口美国、日本

★汕头高新区东奇汽车科技有限公司
地址:广东省汕头市高新区科技西路 6 号
邮编:515044
电话:0754/88481498、88360228
传真:86318933
电子信箱:tonki888@ tonki - tpms. com
质量体系:ISO/TS 16949、ISO 9001
产品情况:(东奇牌、Tonki 牌)
新一代间接式轮胎气压监测系统

★华南矢崎(汕头)汽车配件有限公司
地址:广东省汕头市濠江区滨海街道上头居委海缆路
邮编:515098
电话:0754/87882122
传真:87882322
网址:www. yazaki - group. com
产品情况:产汽车用电线组束及电子产品

★汕头市金茂电光源实业有限公司
地址:广东省汕头市潮阳区谷饶镇横山路口
邮编:515159
电话:0754/87621122
传真:87621187
网址:www. jinmaolamp. cn
电子信箱:gm668@ 163. net
质量体系:ISO 9001
产品情况:(金茂牌)
汽车及摩托车灯泡,年产能力 8000 万只
出口情况:大部分产品远销欧洲、中东、中南亚、南美洲

★广东骑光车灯工业有限公司
地址:广东省汕头市澄海区澄华街道岭亭东埭
邮编:515800
电话:0754/85862811
传真:85869617
电子信箱:qgpcd@ 163. com
法人代表:蔡锦辉
负责人:蔡灿群
单位人数:420
质量体系:ISO 9001
产品情况:(骑光牌)
汽车及摩托车灯具、塑料外覆盖件
配套情况:为广州大运、广州大阳、广州日雅、广东大冶等供货

★广东猛狮电源科技股份有限公司
地址:广东省汕头市澄海区莲河西路(华富工业区)
邮编:515800
电话:0754/85719789、85881970
传真:85885757
网址:www. dynavolt. net
电子信箱:sales@ dynavolt. net
董事长:陈乐伍
质量体系:ISO/TS 16949、ISO 14001
产品情况:(MENSHY 牌、DYNAVOLT 牌)
摩托车起动电池、汽车电池、电动汽车电池等
出口情况:远销欧洲、美国等 70 多个国家和地区

★惠州住金锻造有限公司
地址:广东省惠州市大亚湾区西区石化大道西 30 号
邮编:516000
电话:0752/5109668
电子信箱:ke - zhang@ gate. sws. co. jp
产品情况:汽车配束线及相关产品
配套情况:为广汽丰田配套

★惠州市凯越电子有限公司
地址:广东省惠州市水口镇水口大道洛塘 2 区 1 - 2 号
邮编:516000
电话:0752/5780999
传真:5708078
网址:www. kaiyuegroup. com. cn
电子信箱:yangdong@ kaiyuegroup. com. cn
单位人数:1300
质量体系:ISO/TS 16949
产品情况:(图音牌、KYCHN 牌、路特仕牌、凯越中国牌)
智能语音导航等产品
配套及出口情况:和江铃、一汽等主流车厂达成紧密合作关系;远销东南亚、中东、南美洲、东欧等地区

★惠州住润电装有限公司
地址:广东省惠州市小金口镇九龙高新科技工业园
邮编:516001
电话:0752/2820000
传真:2295065、2821526
网址:www. hzr. net. cn
电子信箱:hzr@ hzr. net. cn
负责人:永田信和
单位人数:6800
产品情况:汽车线束和汽车保险盒
配套及出口情况:为广汽本田、东风本田发动机、本田中国、广汽丰田、日本本田、日本日产、美国本田等配套;出口日本、美国

★惠州三华工业有限公司
地址:广东省惠州市仲恺高新技术开发区 14 号小区三华工业园
邮编:516001
电话:0752/2771190
传真:2771199
网址:www. cnsanhua. com
电子信箱:sanhua@ cnsanhua. com
质量体系:ISO 9001、ISO 14001
产品情况:车载电源
配套及出口情况:是 TCL、Sony、Samsung、松下、创维、长城、日本 JVC、美国 P&G 等国内外知名企业的合作伙伴;远销欧洲、北美洲、日本、巴西、印度、东南亚等国家和地区

★惠州住润汽车部品有限公司
地址:广东省惠州市小金口办事处九龙高新科技工业园
邮编:516003
电话:0752/2821500
传真:2821625
网址:www. sws. co. jp
质量体系:ISO 14001、ISO/TS 16949
产品情况:汽车通用连接器及端子产品

★惠州市华阳多媒体电子有限公司
地址:广东省惠州市东江高新科技产业园上霞北路 1 号
邮编:516005
电话:0752/5300888
传真:5300666
网址:www. foryoumedia. com. cn、www. adayome. com
电子信箱:web@ adayome. com
质量体系:ISO/TS 16949、ISO 14001
产品情况:车载影音、车载导航(北斗、GPS、GLONASS)、车载互联、空调控制系统、胎压检测系统(TPMS)、驾驶辅助系统(全景泊车、到车影像、偏道报警等)、车载空气净化器、车身控制单元等产品

◉ 惠州华阳通用电子有限公司

地址：广东省惠州市东江高新科技产业园霞北路1号华阳工业园A区
邮编：516005
电话：0752/2629882、4008877883
传真：2616128
网址：www.foryouge.com
电子信箱：qmou@foryouge.com.cn
法人代表：曾仁武
负责人：韩继军
单位人数：2400
质量体系：ISO/TS 16949、ISO 14001
产品情况：（FORYOU牌）

主要生产车载信息娱乐系统、北斗/GPS/GLONASS（单模或双模）、车载互联系统、空调控制系统、胎压监测系统（TPMS）、车载仪表、驾驶辅助系统（全景环视、倒车影像、偏道报警等）、车载空气净化器、车身控制单元等产品

配套情况：为一汽、广汽三菱、东南汽车、长城汽车等，国外三菱、丰田、福特、现代、建伍、飞利浦、Audiovox、德尔福等配套；产品已行销世界80多个国家和地区

★惠州市正牌科电有限公司
地址：广东省惠州市惠城区小金口金石七路288号
邮编：516006
电话：0752/5828888
传真：2835129
电子信箱：sales@ttc9.com
质量体系：ISO/TS 16949、ISO 14001
产品情况：连接器、数字编码器及电子开关等，年产量6亿只
出口情况：远销多个国家和地区

★ 惠州市德赛西威汽车电子股份有限公司

地址：广东省惠州市仲恺高新区和畅5路西103号
邮编：516006
电话：0752/2655888
传真：2655999
网址：svautomotive.desay.com
电子信箱：marketing@desay-svautomotive.com
董事长：陈春霖
单位人数：1300
质量体系：ISO/TS 16949、QS 9000
产品情况：（德赛西威牌、SVAUTO牌）

车载导航信息娱乐系统、空调控制器、组合仪表、汽车安全系统等

配套情况：为一汽-大众、上汽大众、上汽通用、一汽轿车、北京现代、福田汽车、奇瑞、吉利、神龙、海马、长城、广汽、马自达、沃尔沃、卡特彼勒等国内外主要整车及工程机械厂商配套

☞ 详细情况请参阅彩色宣传版面

★惠州亿纬锂能股份有限公司
地址：广东省惠州市仲恺高新区惠风七路36号
邮编：516006
电话：0752/2606966
传真：2606033
网址：www.evebattery.com
电子信箱：sales@evebattery.com
董事长：刘金成
产品情况：生产各种规格的高性能锂一次及二次电池，包括聚合物锂离子电池、方形和柱形液态锂离子电池、锂离子动力与储能电池等

★信华精机有限公司
地址：广东省惠州市仲恺高新区惠风西四路1号
邮编：516006
电话：0752/2635338
传真：2635268
网址：www.shinwa.com.cn
电子信箱：yexug@shinwa.com.cn
质量体系：ISO/TS 16949、ISO 14001
产品情况：汽车音响机芯
配套情况：为大陆、西门子威迪欧、伟世通、德尔福等供货

★惠州市津惠汽车线束有限公司
地址：广东省惠州市仲恺三路
邮编：516006
电话：0752/2616919
传真：2600159
质量体系：ISO/TS 16949
产品情况：长丰PAJERO汽车线束，年产2万套

★惠州市华阳集团股份有限公司
地址：广东省惠州市东江高新科技产业园上霞北路1号华阳工业园A区集团办公大楼
邮编：516007
电话：0752/2556666
传真：2556888
网址：www.foryougroup.com
电子信箱：sales@foryougroup.com
产品情况：（FORYOU牌、ADAYO牌）
　　汽车音响、GPS导航、TPMS胎压监测系统等

★惠州住润电子装备有限公司
地址：广东省惠州市惠城区汝湖镇虾村
邮编：516021
电话：0752/2899571
传真：2899585
网址：www.sws.co.jp
质量体系：ISO 9001、ISO 14001
产品情况：丰田汽车、汽车氧气传感器、太阳光线束
配套情况：为丰田汽车等配套

★惠州住润汽车线业有限公司
地址：广东省惠州市小金镇九龙高新科技工业园
邮编：516023
电话：0752/2821622、2821611
传真：2821625
电子信箱：shian-li@gate.sws.co.jp
质量体系：ISO 9001、ISO 14001
产品情况：汽车用低压电线

★惠州古河汽配有限公司
地址：广东省惠州市小金口镇三角滩
邮编：516023
电话：0752/2821458
传真：2821100
电子信箱：service@faph.net.cn
质量体系：ISO/TS 16949
产品情况：各类汽车配件及其附属产品
配套情况：为本田、丰田、马自达、铃木、五十铃等供货

★惠州住成电装有限公司
地址：广东省惠州市大亚湾新寮东风车城
邮编：516085
电话：0752/5202835、5202101
传真：5201822
网址：www.sws.co.jp
电子信箱：xinglin-li@gate.sws.co.jp
产品情况：汽车线束
配套情况：为东风日产（骐达、颐达、逍客、轩逸、骊威、骏逸等车型）配套

★深圳市先一汽车电子有限公司
地址：广东省深圳市宝安35区塘坊花园一巷21号第5栋5楼
邮编：518000
电话：0755/29707660
传真：29707660
网址：www.kaifengav.com
电子信箱：sales@kaifengav.com
质量体系：ISO 9001
产品情况：（凯锋牌）
　　汽车车载VCD、CD、DVD

★阿米斯科自动化元件（深圳）有限公司
地址：广东省深圳市宝安区沙井镇共和三工业区北方永发科技园4栋1楼
邮编：518000
电话：0755/33651260
传真：33651262
电子信箱：wangch@szonline.net
产品情况：电磁线圈、先导头、接线盒

★深圳市赛特光电开发有限公司
地址：广东省深圳市福田区振华路航天立业1108
邮编：518000
电话：0755/83775818、83685948
传真：83775918
网址：www.scitek.com.cn
电子信箱：sci@scitek.com.cn
质量体系：ISO 9001
产品情况：车载后视摄像头、后视系统、车载液晶显示器等
配套情况：为国际市场和国内知名汽车厂家及汽车售后市场提供配套服务

★深圳市圣斗士电子科技有限公司
地址:广东省深圳市龙华区工业路38号圳宝工业区2栋2楼
邮编:518000
电话:0755/29008791
传真:29008785
网址:www. china – saint. com
电子信箱:759053410@ qq. com
单位人数:600
质量体系:ISO/TS 16949、ISO 9001
产品情况:(圣斗士(SAINT)牌)
汽车防盗喇叭、电子产品、警示灯等
配套情况:为世技电子、航盛电子、天能电子、科铭特电子、比亚迪汽车、东南汽车、吉利汽车等配套

★深圳市科列技术股份有限公司
地址:广东省深圳市南山区科技园北区齐民道2号庆邦电子大厦5、6楼
邮编:518000
电话:0755/26654525
传真:26165199
网址:www. klclear. com
电子信箱:sales@ klclear. com
产品情况:动力锂电池管理系统(BMS)

★谷林电器(深圳)有限公司
地址:广东省深圳市坪山新区坑梓街道秀新社区新乔围工业区新发路7号
邮编:518000
电话:0755/28981885
传真:28981922
网址:www. valley – wood. com
电子信箱:vwsz@ valley – wood. com
质量体系:ISO/TS 16949、ISO 14001
产品情况:汽车CD机芯、音响机芯、随身听机芯等
出口情况:产品100%外销

★深圳市沃特玛电池有限公司
地址:广东省深圳市坪山新区兰景北路68号
邮编:518000
电话:0755/66837675、66835999
传真:84630785
网址:www. optimumchina. com
电子信箱:general@ optimumchina. com
法人代表:李瑶
单位人数:5000
质量体系:ISO/TS 16949
产品情况:磷酸铁锂动力电池、汽车起动电源等
配套及出口情况:与五洲龙、厦门金龙、厦门金旅、苏州金龙、南京金龙、安凯客车、南车时代、恒通客车、扬州亚星、郑州海马、中联重科等车企合作;远销欧洲、北美洲、东亚、东南亚及非洲等30多个国家和地区

★广东欧华电子有限公司
地址:广东省深圳市福田区深南大道2008号中国凤凰大厦1栋2层
邮编:518001
电话:4008808282
网址:www. gdowa. com
产品情况:(欧华牌)
4G云导航

★深圳市中聚泰光电科技有限公司
地址:广东省深圳市光明新区公明镇长圳村长凤路379号生金科技园三楼
邮编:518001
电话:0755/29687865、13828710029
传真:29874389
网址:www. sunet – sz. com
电子信箱:cherry@ sunet – sz. com
质量体系:ISO/TS 16949
产品情况:FAKRA、射频同轴、控制模块
配套情况:为诺基亚、MOTO、宝马、大众、GE、奔驰、日产等供货

★深圳贝特瑞新能源材料股份有限公司
地址:广东省深圳市光明新区公明办事处西田社区贝特瑞高新技术工业园
邮编:518016
电话:0755/26514655
传真:29892816
网址:www. btrchina. com
电子信箱:sales@ btrchina. com
产品情况:锂离子电池负极材料
出口情况:出口日本、韩国、美国、法国、德国、加拿大、丹麦、印度等国家

★深圳市京华电子股份有限公司
地址:广东省深圳市福田区华发北路1号京华大院4栋3楼
邮编:518031
电话:0755/83350504、83222950
传真:83351507
网址:www. jingwah. com
电子信箱:service@ jingwah. com
单位人数:4000
质量体系:ISO/TS 16949
产品情况:[京华(JW)牌]
导航仪、车载音响等汽车电子产品
出口情况:远销美国、加拿大、日本、韩国、德国、俄罗斯等国家

★深圳市凯立德科技股份有限公司
地址:广东省深圳市深南大道6023号创建大厦26楼
邮编:518042
电话:0755/82882889
传真:83434619
网址:www. careland. com. cn
电子信箱:kefu@ careland. com. cn
质量体系:ISO 9001
产品情况:GPS自主导航系统、导航电子地图等

★湖南科力尔电机有限公司
地址:广东省深圳市福田区深南路4019号航天大厦911室
邮编:518048
电话:0755/88265398
传真:88265399
网址:www. kelimotor. com
电子信箱:market@ kelimotor. com
董事长:聂葆生
单位人数:1500
质量体系:ISO 9001、ISO 14001
产品情况:单相罩极异步电动机、单相串激电动机、步进电动机、贯流风机、外转子电动机、直流无刷电动机、齿轮减速电动机等七大系列产品
出口情况:出口美国、日本、韩国、德国、意大利、西班牙、波兰、伊朗、土耳其、叙利亚等国家

★深圳市秀波实业有限公司
地址:广东省深圳市南山区西丽镇珠光北路142号众冠红花岭工业西区二栋3、4楼
邮编:518048
电话:0755/86238881、86238982
传真:86238880
网址:www. suprl. com
电子信箱:suprl@ suprl. com
质量体系:ISO 9001
产品情况:车载彩色液晶显示器、液晶电视、遮阳板液晶显示器、数码广告机等
出口情况:出口欧洲、美洲、大洋洲、中东、日本、韩国等多个国家和地区,并销往中国台湾地区

★康佳集团股份有限公司
地址:广东省深圳市南山区十二路28号康佳研发大厦
邮编:518053
电话:0755/26608866
传真:61368851
网址:www. konka. com
电子信箱:hjzxgdsl@ konka. com
质量体系:ISO 9001、ISO 14001
产品情况:[康佳(KONKA)牌]
多媒体影音、头枕显示器、吸顶式液晶显示器
出口情况:远销100多个国家和地区

★深圳市华宝电子科技有限公司
地址:广东省深圳市南山区登良路南油天安工业区1栋8楼
邮编:518054
电话:0755/26455800、26458800
传真:26066913
网址:www. sinohb. com
电子信箱:cs@ sinohb. com
单位人数:450
质量体系:ISO 9000
产品情况:汽车行驶记录仪、车载GPS监控系统、车载视频终端(DVR)、5寸/7寸车载信息屏等安全电子产品
配套情况:为知名客车厂、重型货车厂

配套

★深圳市飞音科技有限公司
地址：广东省深圳市南山区西丽湖路4221号
邮编：518055
电话：0755/83434059
传真：83434061
网址：www. samwell - tec. com
电子信箱：master@ samwell - tec. com
产品情况：汽车音响主机、显示娱乐系统、CAN总线及车载仪表盘系统
配套情况：为东风日产、一汽-大众、上汽大众、东风标致雪铁龙、奇瑞、吉利、长安铃木、北汽、柳汽等配套

★深圳市同洲电子股份有限公司
地址：广东省深圳市南山区高新科技园北区彩虹科技大厦
邮编：518057
电话：0755/26990000、26525266
传真：26722666、26733777
网址：www. coship. com
电子信箱：lianzheng@ coship. com
质量体系：ISO 9001、ISO 14001
产品情况：（COSHIP牌）
汽车DVD、GPS等汽车电子用品
出口情况：出口欧洲、中东、北美洲、澳大利亚、东南亚、北非等国家和地区

★深圳市德赛电池科技股份有限公司
地址：广东省深圳市南山区高新科技园高新南一道德赛科技大厦26楼
邮编：518057
电话：0755/86299888
传真：86299889
网址：www. desay. com
电子信箱：ir@ desaybattery. com
产品情况：电动汽车电源管理系统、动力电池等产品
配套情况：电动汽车电源管理系统、动力电池等产品

★深圳市力辉电机有限公司
地址：广东省深圳市南山区高新南区威新软件园1号楼1楼南翼
邮编：518057
电话：0755/26716922、36899898
传真：26716779
网址：www. power - motor. com
电子信箱：power@ power - motor. com
单位人数：2800
质量体系：ISO/TS 16949、ISO 14001
产品情况：微电机

★深圳市航天电机系统有限公司
地址：广东省深圳市南山区科技园北区2号路
邮编：518057
电话：0755/61138166、61138155
传真：61138195
网址：www. casicmotor. cn
电子信箱：sales@ casicmotor. com
单位人数：400
质量体系：ISO 9001
产品情况：永磁直流电动机、永磁直流无刷电动机、交流串激电动机、步进电动机、电动机组装产品、汽车油泵系统；1000万台电动机/年
出口情况：70%的产品出口24个国家

★深圳日立电线有限公司
地址：广东省深圳市南山区南海大道蛇口科技大厦主楼101A
邮编：518067
电话：0755/26855198
传真：26855199
网址：www. hitachi. com. cn
质量体系：ISO 9001、ISO 14001
产品情况：新型传感器、用于汽车精密电子等使用的部件开发、生产

★深圳市健科电子有限公司
地址：广东省深圳市盐田区北山道北山工业区3栋6楼
邮编：518081
电话：0755/25214880
传真：25227666
网址：www. ignition - module. com
电子信箱：jk@ ignition - module. com
质量体系：ISO/TS 16949
产品情况：点火模块
出口情况：出口美国、欧洲等国家和地区

★深圳市晋阳电子科技有限公司
地址：广东省深圳市宝安区石岩街道塘头社区国泰路22号龙马工业园A2栋厂房四楼
邮编：518100
电话：0755/27873002、27874501
传真：27873101
网址：www. sz - obd2cable. com
电子信箱：gongwei@ sz - obd2cable. com
质量体系：ISO/TS 16949
产品情况：各种汽车诊断接头，诊断线束、整车仪表线束，汽车防盗系统线束，倒车雷达线束等汽车专用线束

★深圳市美泰微科技发展有限公司
地址：广东省深圳市光明新区公明街道田园路薯田埔第五工业区16栋3楼
邮编：518100
电话：0755/27162788、27162726
传真：27193138
网址：www. mtcmotortech. com
负责人：焦保刚
质量体系：ISO/TS 16949
产品情况：专注于步进电动机核心技术和汽车应用领域专业市场

★深圳市亚辉电子有限公司
地址：广东省深圳市宝安68区留仙路长丰工业园F3-B栋2楼
邮编：518101
电话：0755/27367704
传真：27666367
网址：www. yeahui - china. com
电子信箱：sales@ yeahui - china. com
质量体系：ISO 9001
产品情况：高品质低压成型的各类汽车诊断连接器及线束

★深圳市车龙电子科技有限公司
地址：广东省深圳市南山区西丽镇留仙洞工业区C栋6楼
邮编：518101
电话：0755/27572672、29953977
传真：27572587
电子信箱：info@ chelong. com. cn
质量体系：ISO 9001
产品情况：[车龙(chelong)牌]
车载行车记录仪、车载黑匣子、车载DVD、ISDB-T数字电视、DVB-T MPEG4数字电视、DVB-T数字电视、显示器、摄像头、倒车系统、安防CCTV产品
出口情况：出口30多个国家和地区

★深圳市宝凌电子股份有限公司
地址：广东省深圳市宝安区西乡宝凌路8号
邮编：518102
电话：0755/27955115、27955331
传真：27955330
网址：www. carradio. com. cn
电子信箱：sale@ carradio. com. cn
质量体系：ISO/TS 16949、QS 9000
产品情况：汽车音响系列、车载导航系列、北斗卫星导航系列、其他汽车电子系列
配套情况：为宇通汽车、奇瑞汽车、比亚迪、一汽集团、东南福建、中国重汽、厦门金旅、上汽通用五菱、北汽福田、华晨金杯、南京依维柯、吉利汽车、中兴汽车等供货

★深圳市航盛电子股份有限公司

地址：广东省深圳市宝安区福永福园一路航盛工业园
邮编：518103
电话：0755/29776666
传真：27396568
网址：www. hangsheng. com. cn
电子信箱：hsyx@ hangsheng. com. cn
法人代表：任勇
负责人：杨洪
单位人数：5000
质量体系：ISO/TS 16949、ISO 14001
产品情况：（航盛牌）
车载视听影音娱乐系统、车身控制集成系统、新能源汽车控制系统等产品
配套情况：为东风、日产、大众、一汽、广本等配套
☞ 详细情况请参阅彩色宣传版面

★天派电子(深圳)有限公司
地址:广东省深圳市宝安区福永新和新兴工业6区A1栋
邮编:518103
电话:0755/61501541
传真:61501501
网址:www.skypine.cn
电子信箱:jswang@vapine.com
单位人数:2000
质量体系:ISO/TS 16949、ISO 14000
产品情况:(天派牌)
车载DVD、车载GPS导航、车载数字电视、车载PC等
配套情况:与众多国际知名品牌公司建立了长期战略合作关系

★深圳市兆威机电有限公司
地址:广东省深圳市宝安区福永镇龙王庙工业园18栋
邮编:518103
电话:0755/27384652
传真:29077703
网址:www.szzhaowei.net
电子信箱:sales@szzhaowei.net
质量体系:ISO/TS 16949、ISO 14001
产品情况:全系列精密行星齿轮箱减速电动机、通用驱动器、调节器齿轮箱传动机构系统等齿轮传动机构产品
配套情况:为比亚迪汽车公司、德国博世、长城汽车等配套

★深圳斯坦雷电气有限公司
地址:广东省深圳市宝安区沙井街道壆岗泰丰工业区建安路16号
邮编:518104
电话:0755/29755074
传真:29755077
网址:www.stanley.co.jp
质量体系:ISO 14001、ISO/TS 16949
产品情况:(SANDEN牌)
电子元件、汽车用电子零件及汽车用照明灯具部件等产品
配套情况:为广汽本田、东风本田等配套

★积架宝威汽车配件(深圳)有限公司
地址:广东省深圳市宝安区沙井街道沙四居委会高新科技园B栋
邮编:518104
电话:0755/81768399
传真:81768366
网址:www.jaeger-poway.com
电子信箱:marketing@jaeger-poway.com
质量体系:ISO/TS 16949、ISO 9001
产品情况:(积架宝威牌、JAEGERPOWAY牌)
汽车连接线、插头及插座等
配套情况:为重型汽车、特种车、商用车底盘、改装车、半挂车等配套

★古河电工(深圳)有限公司
地址:广东省深圳市宝安区沙井街道辛养社区西部工业园A2厂房三楼
邮编:518104
电话:0755/33848011
传真:33845105
网址:www.furukawa.co.jp
电子信箱:yehua@fesz.com
产品情况:线束、电子零部件的生产与销售

★东明机电(深圳)有限公司
地址:广东省深圳市宝安区沙井西部工业区帝堂路东胜工业园
邮编:518104
电话:0755/33862888
传真:33668318
网址:www.dsmotor.com
电子信箱:dsmotor@dsmotor.com
产品情况:高性能夸父、盘古系列超级电动机及永磁同步电动机控制器

★深圳市东仪电子有限公司
地址:广东省深圳市宝安区沙井镇长兴高新技术工业园16栋3楼
邮编:518104
电话:0755/81773302、61653949
传真:81773992
网址:www.chinatoyi.net
电子信箱:chinatoyi@21cn.com
负责人:肖东平
质量体系:ISO/TS 16949
产品情况:(TOYI牌)
主动式汽车智能电子避振系统、汽车组合数字电子仪表、ABS汽车防抱制动系统、ABS系统综合功能测试仪

★雷天温斯顿电池有限公司
地址:广东省深圳市光明新区公明镇李松蓢第三工业区温斯顿工业园
邮编:518106
电话:0755/86026789
传真:86026678
网址:www.thunder-sky.com
电子信箱:winston@winston-battery.com
质量体系:ISO 9001
产品情况:稀土锂动力电池、储能应急车、储能式快速充电站

★江苏吉泰科电气股份有限公司
地址:广东省深圳市宝安区石岩街道塘头一号路中运泰科科技工业园10栋6-9楼
邮编:518108
电话:0755/86379551、86392609
传真:86379550
网址:www.gtake.com.cn
电子信箱:gtake@gtake.net
产品情况:新能源汽车电动机控制器

★深圳市拓邦汽车电子技术有限公司
地址:广东省深圳市宝安区石岩塘头拓邦工业园
邮编:518108
电话:0755/27651888
传真:27651719
电子信箱:topband@topband.com.cn
质量体系:ISO/TS 16949
产品情况:(Topband牌)
安定器及其套装、氙气灯等,月产量20万只

★深圳市正鼎科技有限公司
地址:广东省深圳市宝安区石岩镇南岗第三工业区12栋
邮编:518108
电话:0755/29680159、36615898
传真:29680243
网址:www.chinazdt.com
电子信箱:export@chinazdt.com
质量体系:ISO/TS 16949、ISO 14001
产品情况:(JINSUN金像王牌)
汽车导航娱乐系统、车载智能信息系统、汽车安全驾驶系统等
配套及出口情况:为厦门金龙、郑州宇通、扬州亚星、海南马自达、别克—君威、风神—蓝鸟等车厂和汽车销售公司的稳固的战略商务伙伴;远销欧洲、北美洲、南美洲、中东、东南亚、大洋洲、俄罗斯等国家和地区

★伟力驱动技术(深圳)有限公司
地址:广东省深圳市石岩镇镇宝工业区5栋5楼
邮编:518108
电话:0755/86106536、86106692
传真:86106236、27658036
网址:www.vid.wellgain.com
电子信箱:info@vidmotion.com
质量体系:ISO/TS 16949、ISO 9001
产品情况:微型驱动技术

★深圳伍歌电器有限公司
地址:广东省深圳市宝安区西乡镇航城工业区黄岗岭A栋五楼
邮编:518109
电话:0755/27490788
网址:www.wooger.com.cn
电子信箱:woog@woogspeaker.com
质量体系:ISO 9001
产品情况:(伍歌牌)
汽车喇叭、扬声器、多媒体喇叭
出口情况:出口中东

★深圳市速维科技有限公司
地址:广东省深圳市龙华和平东路振华工业园六楼
邮编:518109
电话:0755/28159666
传真:28159266
网址:www.suui.com
电子信箱:suui@suui.com
质量体系:ISO 9001
产品情况:汽车行驶记录仪

★深圳市茂邦实业有限公司
地址:广东省深圳市宝安区观澜街道君子布凌屋工业区茂邦工业园

邮编:518110
电话:0755/28057512、28057514
传真:28057504
网址:www.motocable.com.cn
电子信箱:xieqi88@126.com
质量体系:ISO 9001
产品情况:(国昌牌、GCP牌、动感8.0牌)
汽油机高压阻尼分火线总成,年生产能力200万套
配套及出口情况:为国内外多家企业配套;出口美洲、欧洲、非洲、俄罗斯、中东、东南亚等30多个国家和地区

★深圳市索菱实业股份有限公司
地址:广东省深圳市宝安区观澜街道茜坑社区冠彰厂房6、7栋
邮编:518110
电话:0755/28028099、28028084
传真:28028077、28028468
网址:www.szsoling.com
电子信箱:soling@szsoling.com
单位人数:2000
质量体系:ISO/TS 16949
产品情况:(索菱(SOLING)牌、索莱特牌、DHD牌、妙士酷牌)
汽车多媒体影音系统、导航系统、汽车音响等
配套及出口情况:为一汽马自达、东风乘用车、上汽通用、华晨汽车、浙江吉利、众泰汽车、上海海马、江淮安驰、大连中升集团、庞大汽贸集团、富士通天、浙江元通等汽车厂家和汽车经销商提供专业配套服务;出口欧洲、美洲、东南亚等60多个国家和地区

★深圳市凯振电子有限公司
地址:广东省深圳市布吉镇三联村和生工业区东座
邮编:518112
电话:0755/89971501、84723958
传真:84723220
网址:www.kaizhen.com
电子信箱:lzg@kaizhen.com
质量体系:ISO/TS 16949、ISO 9001
产品情况:(凯振牌、伯爵牌)
音响喇叭、车载DVD

★双亿新大电子(深圳)有限公司
地址:广东省深圳市龙岗区横岗西坑西湖工业区25号
邮编:518115
电话:0755/84712071、84712072
传真:84712076
网址:www.e-newgrand.com
电子信箱:13005437730@163.com
质量体系:ISO/TS 16949、ISO 14001
产品情况:安全气囊专用时钟弹簧、螺旋电缆、点火线、柔性扁平电线(FFC)、圆头扁平线(RFC)、连接端子以及各种开关按键等

★天丽汽车用品有限公司
地址:广东省深圳市龙岗区龙岗街道新生社区井田路13号
邮编:518116
电话:0755/89884630、89884942
传真:28401404
电子信箱:tianlicocn@163.com
质量体系:ISO/TS 16949
产品情况:(TRONIX牌)
天线
配套情况:为比亚迪配套

★深圳市民富沃能新能源汽车有限公司
地址:广东省深圳市坪山新区兰景北路68号
邮编:518118
电话:0755/66837678
传真:84637681
网址:mfwnev.gotoip2.com
产品情况:电池、电动机、电控等电动汽车关键零部件和动力总成系统

★深圳市麦积电子科技有限公司
地址:广东省深圳市坪山新区兰竹东路福兴达工业区4号厂房4层西侧
邮编:518118
电话:0755/83434500
传真:8278655
电子信箱:liqi.h@michip.cn
法人代表(负责人):杨九如
负责人:杨九如
单位人数:38
产品情况:车规级集成电路研发设计,包括线性电源芯片系列、开关电源芯片系列、电机驱动系列等;车身网络,包括CAN总线、MOST总线等;数字仪表,包括指针式仪表、全TFT式仪表、指针加TFT屏仪表;车身控制模块、带放夹的窗控模块、TPMS等产品

★深圳市比克电池有限公司
地址:广东省深圳市龙岗区葵涌街道比克工业园
邮编:518119
电话:0755/61886818
传真:89770062
网址:www.bak.com.cn
电子信箱:info@bak.com.cn
质量体系:ISO 9001、ISO 14001
产品情况:(比克牌)
动力电池
配套及出口情况:是惠普、戴尔、联想、东风裕隆、宇通等著名品牌的电池供应商;出口欧洲、北美洲、南美洲、东南亚、韩国等国家和地区,并销往中国台湾地区

★东昌电机(深圳)有限公司
地址:广东省深圳市宝安区沙井镇洪田金源工业区
邮编:518125
电话:0755/29547668、29547666
传真:29547698
网址:www.dongchangmotor.com.cn
电子信箱:songcq@dcmod.com
负责人:莫仕东
质量体系:ISO/TS 16949
产品情况:盘式电动机、直流伺服电动机、直流无刷电动机、直流永磁电动机、串激电动机、感应电动机、罩极电动机等系列分马力电动机

★深圳市凯中精密技术股份有限公司
地址:广东省深圳市宝安区沙井镇新桥芙蓉工业区
邮编:518125
电话:0755/27255619
传真:27255617
网址:www.kaizhong.com
电子信箱:sales@kaizhong.com
质量体系:ISO/TS 16949
产品情况:(凯中牌)
AC、DC电动机用各种整流子

★深圳市华田汽车电器有限公司
地址:广东省深圳市宝安区福永镇塘尾凤塘大道华丰科技园10栋E座5楼
邮编:518126
电话:0755/27319483、27478393
传真:27478133
电子信箱:sales@szwatt.com
质量体系:ISO 9001
产品情况:LED及LED应用照明产品
配套及出口情况:为多个厂家配套;出口美国、德国、土耳其、韩国、日本、澳大利亚、墨西哥、西班牙、英国、波兰、捷克、沙特阿拉伯、阿联酋、印度等国家,并销往中国台湾地区

★深圳合衡电声有限公司
地址:广东省深圳市宝安区鹤州恒丰工业城B11栋3楼
邮编:518126
电话:0755/27325459、13603058889
传真:27325017
网址:www.balance-cn.com
电子信箱:szc@balance-cn.com
质量体系:ISO 9001
产品情况:汽车扬声器、中高级AV扬声器、超薄扬声器、PA扬声器、卡拉OK扬声器、桌面迷你音箱等
配套及出口情况:为GRADIENTE、SANYO、TCL、VIFA、CAV、BBK等公司供货;出口美国、巴西、欧洲、日本、东南亚等国家和地区

★深圳艾丽声电子有限公司
地址:广东省深圳市宝安区黄田创建路恒昌荣高新产业园10栋3-4楼
邮编:518126
电话:0755/29962666
传真:29962211
网址:www.alenson.com

电子信箱:alenson@ alenson. cn
质量体系:ISO 9001
产品情况:AV 音视频产品、水泵控制保护器、电源逆变器、蓄电池充电器、稳压器、应急电源、太阳能 LED 照明系列等节能环保型产品
出口情况:远销欧洲、美洲、东南亚、中东、非洲多个国家和地区

★深圳市顶晶影音科技有限公司
地址:广东省深圳市宝安区西乡固戍恒南路
邮编:518126
电话:0755/26973451、26973655
传真:26973459
电子信箱:dinkysz@ 163. com
质量体系:ISO 9001
产品情况:(顶晶牌)
汽车后视镜、挡阳板、头枕、吸顶机和车载数字电视接收盒等全系列影音产品
出口情况:出口北美洲、中东

★艾礼富电子(深圳)有限公司
地址:广东省深圳市宝安区西乡镇鹤洲恒丰工业城
邮编:518126
电话:0755/27325533
传真:27325779
网址:www. aleph - cn. com
质量体系:ISO 9001、ISO 14001
产品情况:磁簧开关、磁簧继电器、光电传感器、液位传感器、接近传感器等,并承接各类精密电子的电镀业务

★ 深圳市五株科技股份有限公司
地址:广东省深圳市宝安区西乡镇黄田钟屋工业区
邮编:518128
电话:0755/27508991
传真:27518813
网址:www. topcb. com. cn
电子信箱:marketing. szsm@ topcb. com. cn
产品情况:各种精密双面、高多层、HDI、各类快样板、金属基板、FPC 电路板、软硬结合板等
☞ 详细情况请参阅彩色宣传版面

★深圳市艾科电子科技有限公司
地址:广东省深圳市宝安区西乡镇簕竹角村鸿业工业园二栋4楼东侧
邮编:518129
电话:0755/29785086、29652303
传真:29785302
网址:www. ioonvdo. com
电子信箱:info@ ioonvdo. com
质量体系:ISO 9001、ISO 14001
产品情况:轿车及客车车载液晶显示器

★深圳市雅迪威电子有限公司
地址:广东省深圳市宝安区民治街道上塘社区龙屋工业区2栋
邮编:518131
电话:0755/29822782
传真:29822801
网址:www. actiway. com. cn
电子信箱:sale6@ actiway. com. cn
质量体系:ISO 9001
产品情况:[雅迪威(Actiway)牌、威声(Wellsonic)牌]
汽车功放、喇叭,摩托车音响
出口情况:年出口 20 万套

★深圳市奥拓普科技有限公司
地址:广东省深圳市宝安区石岩塘头宏发科技园 A 区 H2 栋
邮编:518131
电话:0755/27637348
网址:www. autoprocn. com
电子信箱:sales@ autoprocn. com
质量体系:ISO 9001
产品情况:(Autopro 牌)
DVBT 接收器、车载 DVD、显示屏等系列产品
出口情况:出口欧洲、美国、中东、东南亚等国家和地区

★深圳杰成电子有限公司
地址:广东省深圳市南山区科技园北区科苑北路博讯大厦6楼
邮编:518132
电话:0755/86252228
传真:86252181
网址:www. jensor. com
电子信箱:sales@ jensor. com
单位人数:1000
质量体系:ISO 9001
产品情况:(JENSOR 牌)
车载影音专车专用机产品近200款
出口情况:远销美洲、欧洲、中东、东南亚、俄罗斯等多个国家和地区

★深圳市依思普林科技有限公司
地址:广东省深圳市龙岗区清林西路深圳市留学人员(龙岗)创业园一园 226
邮编:518172
电话:0755/61864396
传真:28945523
网址:www. espiritek. com
电子信箱:marketing@ espiritek. com
质量体系:ISO 9001
产品情况:新能源大客车用永磁同步电机控制器、交流异步电机控制器、电动车用 IPM 模块、电动车用 MOSFET 模块以及逆变电焊机用快恢复二极管(FRD)模块

★珠海共电有限公司
地址:广东省珠海市香洲区工业北区兴华路 176 号
邮编:519000
电话:0756/2267003、2267144
传真:2267006
质量体系:ISO 9001、ISO 14001
产品情况:继电器、OA 机器零配件、注塑品等

★珠海藤仓电装有限公司
地址:广东省珠海市吉大石花西路 161 号
邮编:519015
电话:0756/3331111
传真:3331430
网址:www. fujikurabj. com. cn
电子信箱:zxw@ fzl. com. cn
质量体系:ISO/TS 16949、QS 9000
产品情况:汽车线束及其短路盒、熔断丝盒、接插件、胶夹、密封圈等橡胶塑料配件

★揭阳市天籁电声器材有限公司
地址:广东省揭阳市榕城区仙窖工业区
邮编:522000
电话:0663/8817328、8818328
传真:8812318
网址:www. tinly. com
电子信箱:lrh@ tinly. cn
质量体系:ISO 9001
产品情况:[天籁(TINLY)牌]
车载 DVD、显示屏、扬声器、汽车功放、低音炮、分频器等车载影音系统
出口情况:出口 40 多个国家和地区

★东莞市诺丽电子科技有限公司
地址:广东省东莞市万江区万红村万红工业区
邮编:523050
电话:0769/22716760、22716761
传真:22716759
网址:www. nannar. cn
电子信箱:sale@ nannar. cn
单位人数:100
质量体系:ISO/TS 16949、ISO 9001
产品情况:汽车专用轮胎压力监测系统(TPMS)、汽车防盗器、倒车雷达等汽车安全电子产品

★东莞友华通信配件有限公司
地址:广东省东莞市寮步镇富竹山村
邮编:523077
电话:0769/22982285
传真:22982295
网址:www. yokowo. co. jp
电子信箱:sales@ yokowo. com. cn
质量体系:ISO/TS 16949、ISO 9001
产品情况:车载通信天线

★广东咏华实业有限公司
地址:广东省东莞市东城区温塘中路 383 号联益工业园
邮编:523121
电话:0769/26620333
传真:26620222

网址：www. winweal. com
电子信箱：allen@ winweal. com
质量体系：ISO 9001、ISO 14000
产品情况：汽车电子产品

★东莞市赛歌汽车零配件有限公司
地址：广东省东莞市望牛墩镇东兴路东兴工业区
邮编：523196
电话：020/88512205、88512207
传真：88512202
网址：www. seger. com. cn
质量体系：ISO/TS 16949
产品情况：（赛歌牌）
各种汽车电、气喇叭
配套及出口情况：为25家著名汽车整车生产厂家如（奔驰、福特、德国欧宝、丰田、英国本田、克莱斯勒、三菱及雷诺等）提供OEM配套服务；远销50个国家和地区

★东莞创慈磁性元件有限公司
地址：广东省东莞市石碣镇西南管理区西沙路3号
邮编：523290
电话：0769/86327771、86327772
传真：86327773
网址：www. transtekmagnetics. com
电子信箱：transtek@ transtekmagnetics. com. cn
质量体系：ISO/TS 16949、ISO 14000
产品情况：换挡器电子阀（Solenoid Valve）、ABS线圈、车灯系统变压器、倒车雷达变压器、充电系统的变压器、逆变器的变压器、喷油装置的磁性元件；年产800万件
出口情况：出口美洲、欧洲

★通用蓄电池有限公司
地址：广东省东莞市石排镇燕窝
邮编：523331
电话：0769/81990587
传真：81990090
网址：www. tet - battery. com
电子信箱：tet@ tet - battery. com
质量体系：ISO 9001
产品情况：（T. E. T牌、展龙牌）
汽车、摩托车用铅酸蓄电池及蓄电池极板、塑胶池壳等配件
出口情况：出口北美洲、欧洲、亚太地区

★东莞精刻电子有限公司
地址：广东省东莞市松山湖北部工业城中小科技企业创业园
邮编：523331
电话：0769/22899151、22899154
传真：22899154、22899155
网址：www. denso. com. cn
产品情况：汽车组合仪表
配套情况：为广汽丰田、天津一汽丰田配套

★日立蓄电池（东莞）有限公司
地址：广东省东莞市茶山镇茶山工业园
邮编：523380
电话：0769/86400790
传真：86400956
网址：www. hitachi - sbd. com. cn、www. hitachi - sbd. cn
质量体系：ISO 9001
产品情况：（HITACHI牌）
蓄电池
配套及出口情况：为东风日产、广汽丰田等日系汽车制造商配套；出口日本、新加坡

★东莞威迅实业有限公司
地址：广东省东莞市横沥镇山厦四海工业区第三栋
邮编：523400
电话：0769/82306133、82306718
传真：82306933
网址：www. weixunltd. com
质量体系：ISO/TS 16949
产品情况：点火线圈

★东莞友华电子有限公司
地址：广东省东莞市寮步镇富竹山友华汽配城
邮编：523406
电话：0769/83326171
传真：83326160
质量体系：ISO/TS 16949
产品情况：汽车中继导线及配件、天线及配件、电子元件及配件

★东莞歌乐东方电子有限公司
地址：广东省东莞市东坑镇东坑大道南骏达工业区
邮编：523455
电话：0769/83861719
传真：83861729
网址：www. clarionchina. com
电子信箱：jleung@ clarionchina. com
质量体系：ISO/TS 16949、ISO 14001
产品情况：（Clarion牌）
车载音响与可视设备
配套及出口情况：为东南汽车、风神汽车、神龙汽车、郑州日产、奇瑞汽车、昌河铃木、一汽海南、华晨金杯、上汽通用等配套；为日产、铃木、五十铃、现代、富士、大发、三菱、本田、阿尔法、绅宝、菲亚特等汽车生产商供货

★东莞神威创造电子有限公司
地址：广东省东莞市常平镇司马村合和工业城
邮编：523556
电话：0769/83820816
传真：83904922
网址：www. k - way. cn
电子信箱：services@ k - way. cn
产品情况：汽车连接线束、汽车检查装置、汽车辅助工具、模具制造、机械加工、注塑成型等
配套情况：为日本电装、丰田、日产、三菱、广州电装、南沙电装、天津电装等汽车及汽车零部件制造商供货

★宏宝科技企业有限公司
地址：广东省东莞市常平镇元江元村
邮编：523566
电话：0769/83916840、13922918367
传真：83810439
网址：www. hopochina. com
电子信箱：hopomarket@ hopochina. com
质量体系：ISO 9001
产品情况：各类货车液位传感器、仪表（燃油表，水位表、转速表等）及工业用液位传感器产品
出口情况：远销欧洲、美洲、亚洲等地区

★东莞市欧玛特电子科技有限公司
地址：广东省东莞市清溪镇康怡路176号
邮编：523640
电话：0769/82961288、18925889562
传真：82956089
质量体系：ISO/TS 16949
产品情况：（OUMATE牌）
燃油传感器、油位传感器、SCR尿素传感器等电子产品

★东莞市科维电子科技有限公司
地址：广东省东莞市凤岗镇黄洞村东深二路28号科维科技园
邮编：523681
电话：0769/81286980、81286981
传真：81286338
网址：www. kovan. cn
电子信箱：kovan@ kovan. cn
质量体系：ISO 9001、ISO/TS 16949
产品情况：（KOVAN（科维）牌）
车载影音导航系统、车载北斗—GPS双模式卫星导航系统、车载3G网络应用（车联网）、车载手机互联互动等汽车电子及汽车多媒体娱乐信息系统产品
出口情况：远销欧洲、美洲、中东、东南亚等50多个国家和地区

★东莞市艺展电子有限公司
地址：广东省东莞市凤岗玉泉工业区兴园路6号
邮编：523696
电话：0755/89176388、82699298
传真：82699255
网址：www. jiayitian. com
电子信箱：sales@ yessun. cn
单位人数：1000
质量体系：ISO/TS 16949、ISO 9001
产品情况：（JYT牌）
车载卡带机、CD、VCD、DVD及MP3
配套及出口情况：为一汽、东风、柳汽、比亚迪等知名汽车厂配套；远销东南亚、中东等20多个国家和地区，远销中国台湾地区

★东莞市三友联众电器有限公司
地址:广东省东莞市塘厦镇莆心湖塘莆西路62号
邮编:523719
电话:0769/85911599
传真:85914553
网址:www.sanyourelay.com
电子信箱:symmc01@sanyourelay.com
董事长:宋朝阳(董事长)
单位人数:1800
质量体系:ISO/TS 16949、ISO 14001
产品情况:电磁继电器、汽车继电器、磁保持继电器

★东莞正扬电子机械有限公司
地址:广东省东莞市黄江镇东环三街1号
邮编:523750
电话:0769/83533290
传真:82300910
网址:www.wemachina.com、www.kusauto.com
电子信箱:info@kusauto.com
单位人数:2000
质量体系:ISO/TS 16949、ISO 14001
产品情况:油位传感器、尿素传感器、尿素箱及仪表
配套及出口情况:主要终端客户有奔驰、沃尔沃、德国曼、斯堪尼亚、依维柯、雷诺、PACCAR、东风、一汽解放、重汽、福田、陕汽、日野、现代、卡特彼勒、约翰迪尔、CNH、小松、日立、三一、徐工等国际知名公司;远销欧洲、北美洲、亚洲、南美洲、大洋洲、非洲的主要国家和地区

★东莞新能源科技有限公司
地址:广东省东莞市松山湖科技产业园区北部工业区工业西路1号
邮编:523808
电话:0769/88989338
传真:88989483
电子信箱:marketing@atlbattery.com
质量体系:ISO 9001、ISO 14001
产品情况:电动车电池

★东莞长安日华电子厂
地址:广东省东莞市长安镇乌沙管理区李屋第六大道新鑫工业园
邮编:523857
电话:0769/85536840
传真:85335776
网址:www.alps.com
电子信箱:mingliang.tang@cn.alps.com
质量体系:ISO 14001、ISO/TS 16949
产品情况:(ALPS牌)
空调控制面板、电子智能钥匙

★东莞亚生特电器有限公司
地址:广东省东莞市虎门镇北栅西坊工业区
邮编:523925
电话:0769/85555718
传真:85157309
网址:www.yacenter.net
电子信箱:sales@yacenter.net
质量体系:ISO/TS 16949
产品情况:汽车、电子、电动机配线及提供国内中心车厂二阶供货商系统为主
出口情况:远销日本、欧美等国家和地区

★肇庆市声光(汽车)电子器材有限公司
地址:广东省肇庆市端州三路6号(外经工业村)华兴楼三层3厂房
邮编:526040
电话:0758/2791055、13902361044
传真:2791223
网址:www.zq-sinkon.com
电子信箱:zq.sinkon@163.com
质量体系:ISO/TS 16949
产品情况:非接触式角度传感器(霍尔)、加速踏板电子传感器、节气门位置传感器、挡位电子传感器、汽车底盘平衡传感器、转向盘位置传感器、灯光、座椅控制传感器等

★肇庆宏丰电子有限公司
地址:广东省肇庆市黄岗镇河旁河苑公园
邮编:526060
电话:0758/2701811、2722556
传真:2701856
网址:www.zqhf.com
电子信箱:zqhf2005@163.com
质量体系:ISO/TS 16949、ISO 9001
产品情况:车载收放机、DVD、3G、GPS、倒车后视、ESP(车辆稳定电动系统)、电子油门、电子气门等汽车电子产品
配套情况:为一汽解放、一汽青岛汽车厂、一汽成都分厂、沈阳金杯、广东福迪汽车等国内知名汽车企业配套

★佛山电器照明股份有限公司
地址:广东省佛山市禅城区汾江北路64号
邮编:528000
电话:0757/82807006、18933010999
传真:82807092、82824747
网址:www.chinafsl.com
电子信箱:guanwen.liang@chinafsl.com
法人代表:潘杰
负责人:刘醒明
单位人数:10000
质量体系:ISO 9001
产品情况:(FSL牌)
汽车、摩托车、电动车类照明灯泡、LED灯具
配套及出口情况:为奇瑞、金杯、福田、东风、吉利、昌河、洛阳第一拖拉机厂、五征、红塔、力帆、大长江配套;出口欧洲、美洲、亚洲、非洲、大洋洲

★湖北法雷奥车灯有限公司佛山分公司
地址:广东省佛山市禅城区张槎镇华宝南路7号
邮编:528000
电话:0757/88011107、88020172
传真:88011122
网址:www.valeo.com.cn
电子信箱:aiying.liang@valeo.com
单位人数:100
产品情况:汽车雾灯
配套及出口情况:为神龙汽车、东风日产、广汽丰田、天津一汽丰田、长安福特等配套;出口日本及东南亚

★佛山市尤尼电池有限公司
地址:广东省佛山市佛罗路36号
邮编:528000
电话:0757/82823738、82813598
传真:82813135
网址:www.unionbattery.com.cn
电子信箱:fsunion@163.com
质量体系:ISO 9001
产品情况:(UNICN(友联)牌和VOLTA(沃塔)牌)
阀控式密封铅酸蓄电池,年产超百万只电池
出口情况:80%以上产品出口

★欧司朗(中国)照明有限公司
地址:广东省佛山市工业北路1号
邮编:528000
电话:0757/86482111
传真:86482222
网址:www.osram.com.cn
产品情况:电光源产品、各类灯具、相关控制器件和附属配件

★市光法雷奥(佛山)汽车照明系统公司
地址:广东省佛山市国家高新技术产业开发区城西园华宝南路7号
邮编:528000
电话:0757/88010675、88011158
网址:www.valeo.com.cn
质量体系:ISO 14001、OHSAS 18001
产品情况:(法雷奥牌)
卤素前照灯、HID前照灯、尾灯、LED高位制动灯等
配套及出口情况:主要客户有广汽丰田、天津一汽、尼桑、东方日产、ICHIKOH;60%的产品远销日本、泰国、西班牙等国家和地区

★佛山市高宝照明电器有限公司
地址:广东省佛山市南海区狮山镇小塘洞边工业区
邮编:528000
电话:0757/86635648、86635466
传真:86635393
电子信箱:kobo@autolamp-cn.com
产品情况:(高宝牌)
汽车灯泡
出口情况:远销中东、北美洲、南美洲、欧洲等地区

★佛山华永科技有限公司
地址:广东省佛山市张槎镇城西工业区
邮编:528051

电话:0757/82965808
传真:82965799
网址:www.tricore.com.tw
电子信箱:yanjun.jin@tricore.com.tw
质量体系:ISO/TS 16949、ISO 14001
产品情况:微小电动机、电磁阀、触发线圈、变压器、微动开关等

★佛山市茂森电子有限公司
地址:广东省佛山市南海区里水洲村工业区3号
邮编:528100
电话:0757/85958939
传真:85958939
网址:www.gmc100.com
电子信箱:ms@gmc100.com
产品情况:(格美斯牌、欧乐牌、卡锐宝牌)

全自动显示器、车载DVD、吸顶式显示器、头枕显示器、遮阳板、车载汽车功放、车载DVD套机等
出口情况:以OEM出口外销为主

◉ 广东好帮手电子科技股份公司

地址:广东省佛山市三水区西南工业园C区
邮编:528133
电话:0757/86166666、86166888
传真:87820000－9999
网址:www.coagent.cn
电子信箱:sshbs@163.net
法人代表:卢灿光
负责人:罗大军
单位人数:1500
质量体系:ISO/TS 16949
产品情况:(卡仕达(CASKA)牌、科骏达(KOGND)牌)

汽车DVD、汽车VCD、汽车GPS等智能车载信息系统、汽车安全辅驾等系列产品
配套及出口情况:为长安、江淮、一汽、奇瑞、吉利、长城、海马、广汽长丰、松下、电装、马自达等配套;远销南美洲、北美洲、欧洲、中东、东南亚、南亚、非洲、大洋洲等地区

★佛山三协电子有限公司
地址:广东省佛山市南海区丹灶镇丹横路日本中小企业工业园3－6
邮编:528200
电话:0757/86692252－8002
传真:86692252－8020
产品情况:半导体素子放热器

★广东华日照明有限公司
地址:广东省佛山市南海区狮山科技工业园A区
邮编:528200
电话:0757/86696611、86696612
传真:86696800
网址:www.huarilighting.com
电子信箱:webmaster@huarilighting.com
质量体系:ISO 9001、ISO 14001
产品情况:(HR牌)

汽车HID氙气灯,高、低压卤素灯,冷反光杯灯,金属卤化物灯,火封PAR灯,特种规格电光源,月产量1000万只以上

★广东雪莱特光电科技股份有限公司
地址:广东省佛山市南海区狮山科技工业园A区
邮编:528225
电话:0757/86695228、86695209
传真:86695225
网址:www.cnlight.com
电子信箱:marketing@cnlight.com
单位人数:2000
质量体系:ISO/TS 16949、ISO 9001
产品情况:节能灯、HID汽车氙气前照灯、陶瓷金卤灯、紫外线杀菌灯及其他特种光源和灯具、电子镇流器
出口情况:远销美国、日本、韩国、英国、俄罗斯、印度、澳大利亚等几十个国家和地区,并销往中国台湾地区

★佛山克莱汽车照明股份有限公司
地址:广东省佛山市南海区狮山科技工业园A区科技大道东29号
邮编:528225
电话:0757/86695599、4006153133
传真:86691669
网址:www.autotech.net.cn
电子信箱:fskl@autotech.net.cn
质量体系:ISO/TS 16949
产品情况:(EAGLEYE牌、鹰牌、宝丽牌、克莱牌、威歌牌)

照明灯、指示灯、防雾灯具、喇叭、熔断丝、熔断丝座、卡箍、三角反光牌
出口情况:远销欧洲、美洲、日本、韩国等国家和地区

★佛山市南海华星照明电器厂
地址:广东省佛山市南海区狮山科技工业园C区创业路2号
邮编:528225
电话:0757/81081199、81081166
传真:86691591
网址:www.huaxingjc.com
电子信箱:sales@huaxingjc.com
单位人数:200
质量体系:ISO 9001
产品情况:汽车照明卤素灯、摩托车灯、汽车LED灯等
出口情况:95%产品远销欧洲、美国、日本、北美洲等国家和地区

★善为汽车电器有限公司
地址:广东省佛山市南海区狮山科技工业园C区骏业南路8号
邮编:528225
电话:0757/88035965
传真:88035963
网址:www.fssunway.com
电子信箱:sales@fssunway.com
质量体系:ISO/TS 16949、ISO 9001
产品情况:(善为牌)

雾灯和自动灯泡

★佛山市天响机车配件有限公司
地址:广东省佛山市南海区大沥镇谭边第二工业区
邮编:528231
电话:0757/81181869、85512233
传真:81181858
网址:www.fstixo.com
电子信箱:fstixo@126.com
质量体系:ISO/TS 16949
产品情况:(JIAO YUN牌、TIXO牌、XILY牌、TUNU牌)

TX－20盆形汽车喇叭、DL－128盆形汽车喇叭、DL－138蜗牛形汽车喇叭、DL－139SY蜗牛形汽车喇叭、DL－139DY蜗牛形汽车喇叭
配套及出口情况:与100多家车厂进行配套;出口中东、南美洲、亚洲、欧洲等几十个国家和地区,并销往中国台湾地区

★广东省佛山市千海机电有限公司
地址:广东省佛山市南海区大沥镇永宁路5号之3
邮编:528231
电话:0757/85523161
传真:85523161
电子信箱:cnqianhai@163.com
质量体系:ISO 9001
产品情况:(千海牌)

起动机和发电机

★佛山市南海雄奇音响器材有限公司
地址:广东省佛山市南海区松岗镇沙水工业区雄奇路1号
邮编:528234
电话:0757/85223060、85221723
传真:85223105
网址:www.saga－china.com
电子信箱:export@saga－china.com
单位人数:1000
质量体系:ISO 9001
产品情况:(SAGA牌、Marriola牌)

汽车功放、液晶显示器、有源音响,年产汽车功放150万~200万台,液晶显示器15万~20万台
出口情况:远销80多个国家和地区

★南海乔国电子科技有限公司
地址:广东省佛山市南海区里水镇洲村草场大道海南洲工业区
邮编:528244
电话:0757/85611096
传真:85611093
网址:www.qiaoguo.cn
电子信箱:owen@qg－display.com
质量体系:ISO 9001

产品情况：（锐光牌）

彩色液晶显示器，用于电脑、娱乐或监控

★广东瑞图万方科技股份有限公司

地址：广东省佛山市顺德高新区（容桂）科技产业园建业中路7号

邮编：528305

电话：0757/29218888

传真：28812609

网址：www. ritu. cn

电子信箱：liwei@ ritucom. com

质量体系：ISO 9001

产品情况：（瑞图万方牌）

"道道通"导航电子地图及软件产品

配套情况：主要合作伙伴有先锋、索菱、好帮手、远峰、天派、华阳、车视杰等行业内众多知名企业

★佛山市顺德区恒域电机实业有限公司

地址：广东省佛山市顺德区龙江镇大坝工业园坦西工业区

邮编：528318

电话：0757/23371438、13928229109

传真：23361038

网址：www. heng - yu. net

电子信箱：info@ heng - yu. net

单位人数：500

质量体系：ISO 9001

产品情况：微型直流电动机

★佛山市顺德区豪顺汽车装饰配件公司

地址：广东省佛山市顺德区勒流龙升南路旧锦力B区

邮编：528322

电话：0757/25523496、23660900

传真：25533181

网址：www. gdhaoshun. com

电子信箱：gdhaoshun168@ vip. 163. com

质量体系：ISO 9001

产品情况：（豪顺牌）

囊括LED灯条、频闪灯、报警器、车牌架、制动灯、车顶灯、车底灯等7大系列1000多款产品

★威捷极光汽车灯具有限公司

地址：广东省佛山市顺德区杏坛镇新科技工业园3路2号

邮编：528325

电话：0757/27380248、27389327

传真：27381730

网址：www. winjetauto. com

电子信箱：wj - sales@ winjetauto. com

单位人数：1000

质量体系：ISO/TS 16949

产品情况：（威捷牌）

汽车灯具

出口情况：远销美国、欧洲等国家和地区

★矢崎（顺德）汽车配件有限公司

地址：广东省佛山市顺德区均安镇智安中路3号

邮编：528329

电话：0757/28600320

传真：28600321

网址：www. yazaki - group. com

电子信箱：qiang_li@ fsy - yazaki. com. cn

产品情况：（Yazaki牌）

汽车电线束

配套情况：为广汽本田、广汽丰田配套

★中山市宝力蓄电池有限公司

地址：广东省中山市东升镇白鲤工业区

邮编：528412

电话：0760/22215058、22225935

传真：22215058

网址：www. chinabaolibattery. com

电子信箱：zs@ chinabaolibattery. com

质量体系：ISO 9001

产品情况：［能得（Lemted）牌、富士达（FSD）牌、富达（FULUD）牌、能特（Neata）牌、克斯顿（CKT）牌］

汽车蓄电池、摩托车蓄电池、阀控密封电池，各种型号备用电源极板、汽车用电池极板、高尔夫球电池极板、电动车电池极板等

出口情况：出口国外市场

★中山市高得磁电有限公司

地址：广东省中山市南头镇华光工业区永盛路

邮编：528427

电话：0760/23133150、23133153

传真：23133152

网址：www. golde. cn

电子信箱：golde@ golde - cd. com

质量体系：ISO 9001

产品情况：（GOLDE牌）

橡胶磁、注塑磁、烧结铁氧体、烧结钕铁硼、黏结钕铁硼、磁性制品、磁性保健用品、汽车中央门控制锁等

★中山市蓝宝电器有限公司

地址：广东省中山市黄圃镇兴圃大道102号

邮编：528429

电话：0760/23226150

传真：23229607

电子信箱：lanbaocn@ 163. com

质量体系：ISO 9001

产品情况：熔断丝管、熔断丝座、陶瓷熔断丝管、电源开关、电源指示灯及汽车插片熔断丝等各种元器件；年产能力达2400万片以上

★中山市锡元电器有限公司

地址：广东省中山市阜沙镇牛角工业区

邮编：528434

电话：0760/23404755、23404737

传真：23404769、23404742

网址：www. pilotlighting. com

电子信箱：marketing@ pilotlighting. com

质量体系：ISO 9001

产品情况：各类电子光管灯、电子变压器、电子整流器及感应开关等

出口情况：部分产品出口

★有信制造（中山）有限公司

地址：广东省中山市火炬开发区茂南路10号

邮编：528437

电话：0760/85336668

传真：85336669

网址：www. u - shin - ltd. com

质量体系：ISO 14001、ISO/TS 16949

产品情况：汽车专用锁系列、汽车空调控制系统、各种汽车开关等产品

配套情况：为长安铃木、广汽本田、东风本田、一汽轿车、长丰汽车、长安福特、长安马自达等知名厂家供货

★金宝龙电子器材厂

地址：广东省江门市白石北江里24号

邮编：529000

电话：0750/3961311、3526480

网址：www. yelew. com

电子信箱：yelewgz@ 163. com

质量体系：ISO 9001

产品情况：（以乐牌、RUIKE牌、SQUV牌等）

汽车音响、扬声器、功放、汽车配件、喇叭配件、音响改装配件、汽车精品等

出口情况：远销国外多个国家

★广东江粉磁材股份有限公司

地址：广东省江门市龙湾路8号

邮编：529000

电话：0750/3506000、3503668

传真：3503666、3506002

网址：www. jpmf. com

电子信箱：zhou_zhanfeng@ jpmf. com. cn

质量体系：ISO/TS 16949、ISO 14001

产品情况：铁氧体永磁元件、铁氧体软磁元件

出口情况：远销日本、美国，并销往中国香港、中国台湾地区

★江门佳宝利电子有限公司

地址：广东省江门市蓬江区荷塘大坦路26号

邮编：529095

电话：0750/3733839、18924689000

传真：3713133

网址：www. jbl-china. com

电子信箱：18924689000@ 189. cn

质量体系：ISO 9001

产品情况：车载CD、MP3、VCD、DVD，汽车音响主机年产能力达60万台

★车展交通器材（台山）有限公司

地址：广东省台山市工业园长兴路7号

邮编：529200

电话：0750/5527677

传真：5627676

网址：www. car - show. com. tw

电子信箱:sales@ tscar - show. com
质量体系:ISO/TS 16949、ISO 9001
产品情况:汽车转向灯开关、发动机点火开关总成、车门锁、继电器、闪光器、油压阀、熔断丝、连接器、线束、垫片、端子、电器控制设备及其他配件、模具等

★鹤山市信成配件有限公司
地址:广东省鹤山市共和镇铁岗工业区聚龙路2号
邮编:529728
电话:0750/8318896、13809680852
传真:8416885
网址:www. xinchengco. com
电子信箱:lillian@ xinchengco. com
单位人数:300
质量体系:ISO/TS 16949
产品情况:(力响牌、信成牌)
摩托车电喇叭、汽车电喇叭,已有盆形、螺旋形、筒形等三大系列,100多个型号,年生产能力达1500万套
配套及出口情况:配套客户有本田、铃木、雅马哈、比亚乔、轻骑标致、法国标致、印度TVS等;喇叭出口欧美、中东、东南亚等地区,并成为国际著名品牌的全球定点采购供应商

广　西

★广西三立科技发展有限公司
地址:南宁市高新区科园东十一路9号
邮编:530003
电话:0771/2796008、2796016
传真:2796008
网址:www. gxsunlight. com
电子信箱:glb@ dxsunlight. com
产品情况:新能源汽车动力总成、汽车电子维修检测设备、柴油机电子控制器、后处理控制器等;具有年产新能源汽车动力总成1万台、柴油机控制器2万台的年产能力
配套情况:新能源汽车动力总成产品与苏州金龙、广州客车、重庆恒通、厦门金龙、东风杨子江、东风商用车、四川南骏、长春华奥、中通客车、江淮客车等整车厂合作

★广西玉柴博耐特电器有限公司
地址:广西玉林市经济开发区东区二环东路33号
邮编:537000
电话:0775/2666508
传真:2663618
网址:www. yuchai. com
电子信箱:ycdy@ yuchai. cn
质量体系:ISO/TS 16949
产品情况:汽车发电机、起动机以及相关汽车电器
配套情况:为玉柴等配套

★柳州杭盛科技有限公司
地址:广西柳州市学院路静兰工业开发区
邮编:545005
电话:0772/3163131
传真:3162212
产品情况:汽车随车检修仪表及汽车电子电器

★柳州安泰方盛电气系统有限公司
地址:广西柳州市阳和工业新区工业园C-18号
邮编:545006
电话:0772/8852706
质量体系:ISO/TS 16949
产品情况:汽车线束
配套情况:为东风柳汽、上汽通用五菱、柳工挖掘机、柳工装载机、柳工叉车配套

★柳州科尔数字化制造技术有限公司
地址:广西柳州市河西路18号
邮编:545007
电话:0772/3730156
传真:3720155
网址:www. wuling. com. cn
产品情况:电动车(交流/直流)驱动电机控制器、充电机、限速器、汽车电线束、组合开关等产品
配套情况:产品与技术服务分别得到了上汽通用五菱、柳州五菱汽车工业、东风柳州汽车、玉柴机器、长城汽车等企业的认可

★柳州市双飞汽车电器配件有限公司
地址:广西柳州市柳石路新兴工业园27号
邮编:545112
电话:0772/7507268
传真:7507278
网址:www. lzsfdq. com
电子信箱:scb@ lzsfdq. com
质量体系:ISO/TS 16949、QS 9000
产品情况:整车线束、接插件、电线、后装产品
配套情况:为上汽通用配套

★柳州天海盟立电器有限公司
地址:广西柳州市柳东新区官塘工业园B区5栋3楼
邮编:545616
电话:0772/3592119
产品情况:接插器(件)、保险盒、可熔式保险片、汽车中央配电装置

海南省

★海南台丰交通器材有限公司
地址:海南省琼山市桂林洋农场
邮编:571127
电话:0898/65710260
传真:65710255
质量体系:ISO/TS 16949
产品情况:汽车及摩托车离合器操纵线、加速踏板线、制动线、里程表线、阻风门线

重庆市

★重庆祥盛实业发展有限公司
地址:重庆市江北区南桥寺18号
邮编:400021
电话:023/67650337
传真:67669821
电子信箱:a67651011@ cta. cq. cn
质量体系:ISO/TS 16949、QS 9000
产品情况:汽车灯具、后视镜、全车拉手、内外装饰件、车用电器,已形成年产汽车零部件100万套的能力
配套情况:为长安汽车、江铃控股、陕汽制造、长安福特、长安马自达、延锋伟世通(重庆)汽车饰件系统等多家企业配套

★重庆华渝斯坦雷灯具有限公司
地址:重庆市渝北区龙山路68号
邮编:400021
电话:023/67659032
传真:67659356
网址:www. stanley. co. jp
质量体系:ISO 9001
产品情况:中高档摩托车灯具及汽车线束
配套情况:为本田和雅马哈供货

★重庆长安宜而奇汽车零部件有限公司
地址:重庆市江北区建新东路260号
邮编:400023
电话:023/67726224、67866588
传真:67726224
质量体系:ISO/TS 16949
产品情况:汽车拉索拉线、火花塞、轴承

★重庆徐港电子有限公司
地址:重庆市江北区港安二路8号
邮编:400025
电话:023/88161221
传真:88161110
网址:www. cqxge. com
电子信箱:yaojin@ cqxge. com
单位人数:550
质量体系:ISO/TS 16949、ISO 14001
产品情况:汽车音响
配套情况:为长安汽车、长安铃木、长安福特、长安马自达、南京马自达、神龙汽车等配套

★重庆地质仪器厂
地址:重庆市沙坪坝区井口镇先峰街2号
邮编:400033
电话:023/89863540、65291554
传真:65291557
网址:www. cgif. cn
电子信箱:cdy@ cgif. com. cn
负责人:刘明文
质量体系:ISO 9001

产品情况：（星球牌）
汽车、摩托车电喇叭等
配套及出口情况：为嘉陵、嘉陵本田、新大洲本田、北方易初、北方企业集团等供货；出口日本、加拿大、法国、非洲等国家和地区

★重庆国美汽车零部件制造有限公司
地址：重庆市经济技术开发区巴山老顶坡
邮编：400039
电话：023/89064012
传真：89084799
电子信箱：cqgmstarter@hotmail.com
质量体系：ISO 9001
产品情况：起动机

★重庆鑫磁科技有限公司
地址：重庆市九龙坡区谢家湾正街55号华润24层6栋720
邮编：400039
电话：023/68185656
传真：68185083
质量体系：ISO 9001
产品情况：（KMAG牌）
磁性材料、电枢轴、炭刷及刷架、机壳、铁芯、压铸件、弹簧等电极配件
出口情况：远销欧洲、美洲

★重庆利迈陶瓷技术有限公司
地址：重庆市九龙坡区金凤电子信息园二期六栋一楼
邮编：400041
电话：023/88529320、68623626
传真：68623630
网址：www.le-mark.cn
电子信箱：info@le-mark.cn
产品情况：柴油机全陶瓷电热塞、车用燃油暖风机点火器、特殊发动机点火器、压力传感型电热塞器

★重庆三信电子有限公司
地址：重庆市九龙坡区创新大道68号
邮编：400041
电话：023/68466288
传真：68460055
网址：www.sanxin.com.cn
电子信箱：yxb@sanxin.com.cn
单位人数：600
质量体系：ISO 9001
产品情况：汽车胎压监测系统（TPMS）、防盗器（RKE）、机油压力传感器
配套情况：为嘉陵-本田、建设-雅马哈、轻骑-铃木、大长江、望江-铃木、嘉陵、金城、钱江、大阳、轻骑、力帆、宗申、隆鑫、银钢、比亚乔、众星、精通天马、春风摩托等配套

★重庆华洋单向器制造有限公司
地址：重庆市九龙坡区华岩镇中梁村
邮编：400052
电话：023/65531953、65531916
传真：65531953、65531778
电子信箱：huayangzz@163.com
质量体系：ISO/TS 16949
产品情况：（腾飞（TF）牌）
汽车起动机单向器和通用发电机、扫雪机、割草电动机等的单向器以及一些冷挤压零件、起动轴、齿轮等；年产单向器200万套
配套情况：与江苏恒力、四川极道、乐山东风、厦门三利通用、河北迎辉、福安振中、重庆吉力电装等建立了长期稳定的配套关系，间接的为重庆宗申、隆鑫、日本富士重工等配套

★重庆吉力芸峰实业（集团）有限公司
地址：重庆市巴南区李家陀陈家湾三村40号
邮编：400054
电话：023/65570560
传真：62570560
网址：www.jl-dz.com
电子信箱：china@jl-dz.com
质量体系：ISO/TS 16949
产品情况：起动电动机、磁电机、发电机、电气件
配套及出口情况：与30余家摩托车厂配套；出口日本、美国、德国、韩国、意大利、俄罗斯、巴西、印度尼西亚、伊朗、越南、巴基斯坦、土耳其等国家

★重庆电装有限公司
地址：重庆市经济技术开发区南坪白鹤路55号
邮编：400060
电话：023/62817109
传真：62817114
网址：www.denso.com.cn
电子信箱：zixun@dich.denso.com.cn
质量体系：ISO 9001、ISO 14001
产品情况：摩托车点火控制单元（电子电气用品，磁电机、点火器、放大器等）

★中国电子科技集团第二十四研究所
地址：重庆市经济技术开发区南坪花园路14号
邮编：400060
电话：023/62839671、62839672
传真：62805357
网址：www.analog.com.cn
电子信箱：siscmarket@126.com
质量体系：ISO 9001
产品情况：汽车电子等

★重庆集诚汽车电子有限公司
地址：重庆市南岸区茶园新区长江工业园江溪路11号
邮编：400060
电话：023/88511782
传真：88511790
网址：www.cjae.com.cn
电子信箱：jessicafang@cjae.com.cn
质量体系：ISO/TS 16949
产品情况：各型车用传感器、车用EDU功率驱动组件及ECU电子控制组件
配套情况：为长安汽车、一汽轿车、海马汽车、昌河汽车、力帆汽车、吉利汽车等配套

★重庆三本车灯有限公司
地址：重庆市南岸区南坪丹龙路20号
邮编：400060
电话：023/62817485
传真：62929500
网址：www.sbcd-lhq.com
电子信箱：sbcd@sbcd-lhq.com
质量体系：ISO 9002、QS 9000
产品情况：（三本牌）
汽车灯具
配套及出口情况：与庆铃汽车、江铃汽车、长安汽车、力帆汽车等汽车企业长期合作；远销日本、俄罗斯、伊朗等国家

★重庆世新电器有限责任公司
地址：重庆市北碚区童家溪镇同兴北路148号
邮编：400709
电话：023/68279008
传真：68279882
电子信箱：cqsxgs@vip.163.com
质量体系：ISO 9001
产品情况：（世新牌）
摩托车挡位显示开关线组合
配套情况：为宗申、隆鑫、鑫源等国内多家通机企业配套

★重庆远博机械有限公司
地址：重庆市北碚区歇马镇卫星村
邮编：400712
电话：023/68240175、68242832
传真：68240924
质量体系：ISO 9001
产品情况：汽车及摩托车起动机和通用发动机起动机端齿盖及其他铝合金制品，起动机端齿盖年产量达500万套
配套及出口情况：为嘉陵、建设、隆鑫、力帆、宗申等配套；出口欧洲、美洲

★重庆远旭机械有限公司
地址：重庆市北碚区歇马镇小湾工业区
邮编：400712
电话：023/68248099
传真：68248299
质量体系：ISO 9001
产品情况：伺服电动机电枢轴、汽车及摩托车起动电动机电枢轴、汽车发电机电枢轴、输出轴、行星齿轮、小模数齿轮等

★重庆津住汽车线束有限公司
地址：重庆市北部新区金开大道1995号
邮编：401120
电话：023/86002266
传真：86002255、86002277
电子信箱：hwjzqc@163.net
质量体系：ISO/TS 16949
产品情况：汽车线束
配套情况：为重庆长安铃木、江西昌河

铃木配套

★重庆海德世拉索系统(集团)有限公司
地址:重庆市北部新区云端街6号
邮编:401120
电话:023/67410898、67410888
传真:67410899
网址:www.hi-lex.com.cn
电子信箱:webmaster@hi-lex.com.cn
负责人:张本焱
质量体系:ISO/TS 16949、ISO 14001
产品情况:各型车用操纵拉索10000万条,玻璃升降器1000万台
配套及出口情况:为广汽本田、东风本田、东风乘用车、一汽轿车、一汽-大众、一汽丰田、四川一汽丰田、一汽海马、长安集团、长安福特、长安铃木、庆铃汽车、华晨汽车、比亚迪汽车、长城汽车、吉利汽车等数十家国内汽车主机厂配套;远销日本、美国、英国等国家

★重庆深渝电子有限公司
地址:重庆市渝北区回兴街道服装城大道83号
邮编:401120
电话:023/67378879、67378878
传真:67378876
网址:shenyu.diyi.tv
电子信箱:sydz@sydz.com.cn
质量体系:ISO/TS 16949、QS 9000
产品情况:(波宇牌)
MP3汽车播放器、带USB接口汽车播放器、汽车行驶记录仪、汽车倒车雷达、蓝牙车载产品等与各类机动车配套的汽车音响产品、汽车电子产品和汽车通信产品
配套情况:为长安铃木、庆铃、重庆力帆、重庆宇通客车、重庆重汽等配套

★重庆博耐特实业(集团)有限公司
地址:重庆市渝北区空港工业园长翔路16号
邮编:401120
电话:023/46750999、88201966
传真:67182566、46752999
网址:www.cqbright.com
电子信箱:bright@cqbright.com
质量体系:ISO/TS 16949
产品情况:汽车起动电动机、发电机、微电机
配套情况:与天津一汽、长安汽车、柳州五菱、东安动力、奇瑞汽车、长安铃木、东安三菱、吉利汽车、力帆汽车、渝安汽车、上海华普、吉奥汽车、众泰汽车、玉柴机器、锡柴、东风汽车、全柴动力、东风朝柴、内蒙古欧意德、绵阳川汽、山西淮海等20多家主机厂长期配套

★重庆瑞阳科技股份有限公司
地址:重庆市渝北区空港工业园茂林路99号
邮编:401120
电话:023/89139192、89139155
传真:4008266163
网址:www.cqrykj.com
电子信箱:cqry@cqrykj.com
质量体系:ISO/TS 16949、QS 9000
产品情况:汽车舱内环境气候自动控制技术、直流无刷电动机驱动控制技术(应用于电动助力车和大功率四轮电动车的直流无刷电动机驱动系统)及其系列产品
配套情况:与长安集团、长安铃木、长安跨越、上汽通用五菱、江铃控股、江铃集团、奇瑞汽车、哈飞汽车、东风汽车、力帆汽车、马来西亚普腾汽车、UCM公司等长期合作

★重庆长安志阳汽车电气有限责任公司
地址:重庆市渝北区双凤桥街道飞宏路5号
邮编:401120
电话:023/86001008
传真:86001001
网址:www.cachiyeung.com
电子信箱:admin@cachiyeung.com
质量体系:ISO/TS 16949、QS 9000
产品情况:干式点火线圈总成、PCV阀总成、碳罐控制阀总成、传感器总成、高压阻尼线及其他汽车电子环保产品
配套及出口情况:为长安汽车、长安铃木、长安福特、重庆渝安淮海、深圳比亚迪汽车、奇瑞汽车、天津锐意泰克、北京阳光泰克、柳州五菱等多家汽车主机厂配套;与伟世通公司、西门子公司、摩托罗拉公司等实现合作

★重庆华宇实业有限责任公司
地址:重庆市北部新区人和天龙路
邮编:401121
电话:023/67531571、67639682
传真:67639681
电子信箱:market@cq-huayu.com
质量体系:ISO/TS 16949
产品情况:(华宇牌)
摩托车起动机、汽车空调电动机、电动工具电动机等微特电动机
配套情况:为嘉陵、建设、力帆、轻骑、长安汽车、一汽集团、哈飞汽车等配套

★重庆秦川实业(集团)股份有限公司
地址:重庆市北部新区经开园翠晴路2号
邮编:401122
电话:023/67196666
传真:67196899
网址:www.cq-qc.com
电子信箱:qinchuan@cq-qc.com
法人代表(负责人):徐金平
质量体系:ISO/TS 16949、ISO 14001
产品情况:整车灯具、线束、消声器及尾气净化装置和汽车开关
配套情况:为长安汽车、江铃汽车、长安福特、上汽依维柯红岩、奇瑞汽车、吉利汽车等整车制造企业及德尔福派克等国际大型零部件制造企业配套

★上海小糸车灯重庆有限公司
地址:重庆市经济技术开发区汇金路2号
邮编:401122
电话:023/67465411
传真:67465400
网址:www.koito.co.jp
产品情况:汽车灯具及零部件
配套情况:为长安铃木、长安福特、长安五工厂、四川一汽丰田、南京福特等配套

★重庆矢崎仪表有限公司
地址:重庆市江北区鱼嘴镇长惠路24号
邮编:401123
电话:023/86208888
传真:88752091
网址:www.cqyazaki.com.cn
电子信箱:cqyazaki@cqyazaki.com.cn
法人代表:张本焱
负责人:彭本桢
单位人数:717
质量体系:ISO/TS 16949
产品情况:汽车组合仪表、汽车多功能显示器、汽车时钟等,具备年生300万台汽车组合仪表的能力
配套及出口情况:为中国丰田、沃尔沃、标致、三菱、五十铃等供货;并是重庆庆铃、神龙汽车、上海汽车、长城汽车、重庆力帆汽车、吉利汽车、东风柳汽、郑州日产、潍柴汽车的核心供应商;出口日本(丰田、三菱)

★重庆平江实业有限责任公司
地址:重庆市渝北区龙山路68号
邮编:401147
电话:023/67660380、67656664
传真:67660404、67669616
电子信箱:cqpingjiang@163.com
质量体系:ISO/TS 16949
产品情况:汽车电喷燃油泵及总成、汽车系列电动机、ABS电动机及总成;具有年产燃油泵芯200万只,燃油泵总成100万台(套),电动机及电动机总成200万台(套)的生产能力
配套情况:为长安汽车、长安跨越汽车、渝安汽车、奇瑞汽车、比亚迪汽车、长城汽车、力帆汽车、吉奥汽车等主机厂配套

★重庆中冈电器有限公司
地址:重庆市南岸区茶园新城牡丹路26号
邮编:401336
电话:023/62452235、62454127
传真:62451863
网址:www.cnzonko.com
电子信箱:51681776@qq.com
单位人数:500
质量体系:ISO 9001
产品情况:交流发电机、电压调节器、干式点火线圈

配套情况:开发了嘉陵本田、五羊本田、建设雅马哈、力帆、隆鑫、宗申、银翔、嘉爵、大长江、万虎、新鸽、迪豪、金城等国内外著名厂家系列车型成套电装品

★重庆万里新能源股份有限公司
地址:重庆市江津区双福街道创业大道2号
邮编:402246
电话:023/86580981、13527448644
网址:www.cqwanli.com
质量体系:ISO/TS 16949、ISO 14001
产品情况:(万里牌)
起动型免维护密封式铅酸蓄电池、电动车阀控式铅酸蓄电池、汽车用阀控式铅酸弱混合动力电池
配套情况:为东风汽车公司、长安汽车、庆铃汽车、川汽、一汽柳特等配套

★重庆市爱华机电有限公司
地址:重庆市江津区双福新区同创路8号
邮编:402247
电话:023/47268237
传真:47268239
网址:www.cqaihua.cn
电子信箱:fus@vip.163.com
质量体系:ISO/TS 16949、ISO 14001
产品情况:摩托车起动机,汽车用直流电动机
配套情况:客户有广东大长江摩托车、中国嘉陵、重庆建设雅马哈集团、五羊-本田、重庆银翔集团、力帆集团、隆鑫集团、望江铃木、浙江钱江摩托、洛阳北方易初摩托车、济南轻骑集团、广东大阳、富士重工业株式会社、印度TVS-Lucas、美国Cooper公司等企业

★重庆神驰电池有限责任公司
地址:重庆市江津区德感工业园东江路11号
邮编:402289
电话:023/61065681、61065680
传真:47852988
网址:www.cqscdc.com
电子信箱:laotu1986@163.com
单位人数:300
质量体系:ISO 9001
产品情况:(神驰牌、祥驰牌、航驰牌、星驰牌、远驰牌)
蓄电池
配套及出口情况:为嘉陵、建设、银钢、巴山、银翔等摩托车企业配套;部分产品出口

四川省

★成都市伟杰塑胶有限责任公司
地址:成都市金牛区金牛乡付家辗工业区
邮编:610016
电话:028/87505068、66695068
传真:87502900
电子信箱:wjsj@vip.163.com
质量体系:ISO 9001
产品情况:集脚轮
配套及出口情况:为一汽大柴、四川一汽丰田、成都云内、成都成发、绵阳新晨动力、南京威孚、山东龙泵、江苏四达、东风发动机等配套;远销美国、欧洲、中东等国外市场

★四川极道电装实业有限公司
地址:成都市现代工业区港北区港泰大道300号
邮编:610039
电话:028/87720888
传真:87985898
电子信箱:jidao@tfol.com
质量体系:ISO/TS 16949
产品情况:(极道牌)
汽车及通用动力起动机、发电机

★成都明意科技发展有限公司
地址:成都市高新区科园二路1号
邮编:610041
电话:028/85149576
传真:85149575
电子信箱:cdmingyi@163.com
质量体系:ISO 9001
产品情况:车用氧传感器

★成都有为科技有限公司
地址:成都市科华南路33号美丽南庭5幢一单元2层
邮编:610041
电话:028/85251301、85253852
传真:85251302
网址:www.youweikj.com
电子信箱:youweikj@126.com
质量体系:ISO 9001
产品情况:汽车继电器
配套情况:为北奔重汽、北汽、东风汽车、东风雪铁龙、红岩斯太尔、宇通、一汽海马、铃木、江铃、上汽通用五菱、长安汽车等国内大型汽车厂商直接或间接配套

★成都远旺汽车电器有限公司
地址:成都市武侯区簇桥
邮编:610043
电话:028/85040486
传真:85040219
网址:www.sidaode.com
电子信箱:sccdylw@sohu.com
质量体系:ISO/TS 16949
产品情况:微车、微型轿车、中型汽车及五十铃等系列起动机总成和零部件
配套情况:为东风小康、华川电装、山西淮海和贵阳航空电机等供货

★成都中电锦江信息产业有限公司
地址:成都市建设北路三段168号
邮编:610051
电话:028/84395351、84394232
传真:84394353
网址:www.jec784.com
电子信箱:jec784@126.com
单位人数:2500
质量体系:ISO 9001
产品情况:汽车电子组合仪表、影音产品、天线,摩托车数字组合仪表等

★成都成航车辆仪表有限责任公司
地址:成都市郫县现代工业港南片区南北大道99号
邮编:610091
电话:028/87400531、15002804407
传真:87409275
网址:www.zhccaic com
电子信箱:zhccaic@126.com
质量体系:ISO/TS 16949、ISO 14001
产品情况:传感器、车用仪表、车用调速器、燃油泵等
配套情况:为重汽集团、上汽依维柯红岩、陕西汽车制造厂、北奔重汽、重庆铁马、安徽凯斯鲍尔客车、亚星商务车、潍柴、无锡威孚、北京亚新科天纬等配套

★成都航凯天电子股份有限公司
地址:成都市青羊区黄田坝
邮编:610091
电话:028/87409888
传真:87409158
网址:www.caic-china.com
电子信箱:info@caic-china.com
负责人:钟希田
单位人数:2000
质量体系:GB/T 19001、GJB 9001B
产品情况:调速器系列产品、车辆仪表、传感器系列产品
配套情况:为重汽集团、重庆重汽、陕汽集团、北奔重汽、安凯客车、亚星商用车、吉利汽车、昌河汽车、庆铃汽车、重庆铁马、玉柴发动机、东风康明斯、哈飞汽车、长安铃木等配套

★成都长迪传感技术有限公司
地址:成都市龙泉驿区航天南路8号
邮编:610100
电话:028/88431370
传真:88431686
网址:www.cdchangdi.com
电子信箱:cd@evertek.sina.net
质量体系:ISO/TS 16949
产品情况:(EVERTEK牌)
汽车ABS轮速传感器、发动机传感器、传感器线束、轮毂轴承端盖
配套情况:与一汽、东风、上汽、北汽、吉利、比亚迪、奇瑞等国内10余家大中型汽车公司及ABS电控系统生产商配套

★成都华川电装有限责任公司
地址:成都市外东十陵镇
邮编:610106
电话:028/84612779、84600334
传真:84600022、84600676
网址:www.hc-cn.com
电子信箱:hcxsgs@chcd.com.cn

单位人数:1200
质量体系:ISO/TS 16949、ISO 14001
产品情况:汽车起动机、交流发电机、刮水器电动机总成、风扇电动机总成及电动机相关零件
配套情况:汽车电装系列产品主要为长安汽车、长安福特、长安马自达、长安铃木、奇瑞汽车、一汽海马、昌河铃木、金杯汽车、哈飞汽车、天津天津一汽华利等轿车和微车配套

★成都天兴仪表(集团)有限公司
地址:成都市外东十陵镇
邮编:610106
电话:028/84613900、84613723
传真:84600342、84600760
网址:www.txyb.com.cn
电子信箱:txyb5004@sina.com
单位人数:1500
质量体系:ISO/TS 16949
产品情况:(天兴牌)
汽车仪表、摩托车仪表,具有年产200万套的综合生产能力;汽车电子燃油泵、轿车油泵、水泵、摩托车油量传感器、自动变速器、齿轮减速器、电量隔离传感器等车用部品
配套及出口情况:与中国各名牌主机厂配套;出口欧美、日本、东南亚等国家和地区

★四川泛华航空仪表电器有限公司
地址:成都市新都区兴业路389号
邮编:610500
电话:028/61791699、61791558
传真:61791550
网址:www.avicfanhua.com.cn
电子信箱:fanhua@avicfanhua.com.cn
法人代表:张建勇
单位人数:566
质量体系:ISO 14001、OHSAS 18001
产品情况:(航电牌)
发动机电点火系统(点火装置、点火电缆、点火电嘴),高压电感式点火系统(第一代),低压电容式点火系统(第二代),高能电容式点火系统(第三代),变能变频自适应点火系统(第四代)
配套情况:为江淮、力帆、渝安、保定长城、一汽通用红塔云南、哈飞、昌河、江铃、济重、陕重等10多家企业配套

★四川崇州华蜀蓄电池工业有限公司
地址:四川省崇州市隆兴镇
邮编:611230
电话:028/82221989、13881871375
传真:822221989
网址:www.schuashu.com.cn
电子信箱:hsgy@schuashu.com.cn
质量体系:ISO/TS 16949
产品情况:(HS牌、华蜀牌、海啸牌、金枝牌、玉叶牌、吉强牌、狮王牌)
汽车起动用铅酸蓄电池,具有年生产极板12000万片、电池100万只的能力
配套情况:与四川现代汽车、四川现代汽车客车分公司、广西五菱福达车辆、东风集团中远车辆、四川南骏汽车集团等几十家汽车厂配套

★乐山东风汽车电器有限公司
地址:四川省乐山市高新区迎宾大道9号附7号
邮编:614000
电话:0833/2596888
传真:2596777、2631555
电子信箱:lsdf@ls-dongfeng.com.cn
质量体系:ISO 9001
产品情况:汽车起动机、发电机,摩托车起动机
出口情况:远销美国、加拿大、英国、德国等国家

★东方电气集团东风电机有限公司
地址:四川省乐山市五通桥区桥沟镇
邮编:614802
电话:0833/3250607、3250888
传真:3250011
网址:www.dongfengem.com
电子信箱:dfdj@dongfengem.com
单位人数:800
质量体系:ISO 9001、ISO 14001
产品情况:交流异步电动机、永磁同步电动机、永磁同步电动机控制器、交流异步电动机控制器、交流异步系统总成等新能源电动车驱动系统
出口情况:出口日本、美国、加拿大、古巴、德国、奥地利、土耳其、朝鲜、巴基斯坦、越南、缅甸、尼泊尔等30多个国家和地区

★绵阳市博蓝科技有限责任公司
地址:四川省绵阳市经济开发区三江信息工业园
邮编:621000
电话:0816/6391208
传真:6391178
电子信箱:xbo@myblkj.com
质量体系:ISO 9001
产品情况:汽车收放机
配套及出口情况:为一汽、东风、长安、吉利等20多家汽车制造厂配套;远销欧洲、美洲、东南亚等地区

★四川华丰企业集团有限公司
地址:四川省绵阳市跃进路36号
邮编:621000
电话:0816/2316312、2230318
传真:2335606、2332716
网址:www.huafeng796.com
电子信箱:auto@huafeng796.com
质量体系:ISO/TS 16949、ISO 14001
产品情况:(华丰牌)
汽车及摩托车连接器、线束
配套情况:为北京奔驰、一汽轿车配套

★雅安小航电器有限责任公司
地址:四川省雅安市雨城区龙观东路19号
邮编:625099
电话:0835/2865647、2865200
传真:2865200
电子信箱:scyaxh@163.com
质量体系:ISO/TS 16949
产品情况:汽车电线束总成、中央控制盒、汽车继电器系列、电压调节器、电子闪光器、面板安装式通用翘板开关、汽车用插接件
配套情况:为济南重汽、陕西重汽、随州车身厂、红岩汽车、一汽客车、四川银河、重庆力帆等主机厂配套

★四川力扬工业有限公司
地址:四川省遂宁市安居区演化寺工业园
邮编:629011
电话:0825/85568888
传真:85568888
质量体系:ISO 9000、ISO 14000
产品情况:蓄电池
出口情况:出口北美洲、西欧

★华蓥市正大汽配有限公司
地址:四川省广安市华蓥工业园区内
邮编:638600
电话:15284930777
传真:0826/4826666
电子信箱:570059633@qq.com
产品情况:汽车灯具及配件生产线,产汽车灯具50万套以上

★ 自贡市江阳磁材有限责任公司

地址:四川省富顺县晨光工业园区
邮编:643200
电话:0813/7296655、7296666
传真:7296665
网址:www.joint-mag.com
电子信箱:sale@jiang-yang.cn
法人代表:邓清荣
单位人数:500
质量体系:ISO 9001
产品情况:(恒达牌)
摩托车磁电机磁瓦,摩托车起动电动机磁瓦,汽车起动电动机磁瓦,汽车玻璃升降器电动机磁瓦,汽车转向助力电动机磁瓦,汽车刮水器电动机磁瓦,汽车风扇电动机磁瓦,汽车座椅电动机磁瓦,汽车油泵电动机磁瓦,电动工具类磁瓦(永磁氧铁磁瓦)
☞ 详细情况请参阅彩色宣传版面

★四川凯达机电制造有限公司
地址:四川省华蓥市庆华镇江华工业园
邮编:638610
电话:0826/4683908
传真:4683132
电子信箱:cduyy@sina.com
质量体系:ISO/TS 16949、ISO 9001
产品情况:(金日凯达牌)

各类轿车起动机、刮水器电动机、散热器电子风扇、玻璃升降器总成、微车变速器等

★自贡市联合碳素制品有限公司
地址:四川省自贡市大安区大山铺镇工业区
邮编:643012
电话:0813/5801928、5804507
传真:5804507
网址:www.lhts.cn
电子信箱:lhtszhaoj@163.com
质量体系:ISO 9001
产品情况:电动机用电刷、高纯石墨制品、机械用碳石墨密封环、刮片、轴承冶金石墨电极、气弧刨碳棒等各类碳素制品

云南省

★云南东亿电气工业有限公司
地址:云南省曲靖市麒麟区麒麟南路酒行街72号
邮编:655000
电话:0874/3118816
传真:3123166
电子信箱:yndychk@163.com
质量体系:QS 9000
产品情况:轻型货车线束,年产25400套

贵州省

★贵州贵航汽车零部件华阳电器公司
地址:贵阳市小河区盘江南路20号
邮编:550006
电话:0851/83831231
传真:83806482
网址:www.ghhydq.com
电子信箱:hydq@ghhydq.com
质量体系:ISO/TS 16949
产品情况:(探星牌)
组合开关、电动窗开关、特种开关
配套情况:为通用、一汽、神龙、海马、长城、南汽、哈飞、济重、陕汽等20多家主机厂配套

★贵阳航空电机有限公司
地址:贵阳市小河区
邮编:550009
电话:0851/83833320
传真:83834270、83842246
电子信箱:webmaster@gem-gydj.com
质量体系:ISO 9001
产品情况:汽车起动机、发电机,年产能力60万台以上
配套及出口情况:为北内云豹、厦门金龙、江淮客车、江苏牡丹等厂家配套1.1~2.0kW外齿合减速式和行星减速式起动机;部分产品出口

★贵州雅光电子科技股份有限公司
地址:贵阳市国家高新技术开发区金阳园区都匀路12号
邮编:550025
电话:0851/88118860、88118863
传真:88163939、88202455
电子信箱:745922702@qq.com
质量体系:ISO/TS 16949
产品情况:汽车专用雪崩型、普通型整流二极管、整流组件和半导体功率模块等电子器件产品
配套及出口情况:已为美国通用汽车、长安汽车、东风电器、比亚迪、金龙客车、工程机械等配套;出口国外市场

★遵义长征汽车零部件有限公司
地址:贵州省遵义市汇川区惠川机电工业园外高桥工业示范区内秦皇岛路临116号
邮编:563002
电话:0851/27569601、27569616
传真:28922159
网址:www.changzheng-auto.com
电子信箱:cz15@vip.163.com
质量体系:ISO/TS 16949、QS 9000
产品情况:汽车点火线圈、高压阻尼线年产各50万只/套
配套情况:为重庆长安、上汽通用五菱、西门子(长春)、保定长城、宁波吉利、重庆力帆、重庆渝安等汽车及发动机生产厂配套

★贵州天义汽车电器有限公司
地址:贵州省遵义市隋阳路33号
邮编:563002
电话:0851/28416979
传真:28416989
网址:www.tyauto.com.cn
单位人数:300
质量体系:ISO/TS 16949、VDA 6.1
产品情况:汽车电磁继电器及控制器,年产能力700万台(套)
配套及出口情况:为上汽大众、一汽-大众、神龙汽车、一汽轿车、江铃汽车、奇瑞汽车、郑州日产、南京依维柯、华泰现代、长城汽车、广汽三菱、柳汽、柳工、厦门金龙、德国大众、美国通用等配套;远销欧美国际市场和亚太经济贸易地区

★贵州瑞科新能源动力技术有限公司
地址:贵州省桐梓县娄山关高新区B区1楼
邮编:563200
电话:0851/23263358、18885202018
传真:23263358
网址:www.china-rec.com
产品情况:便携式、超静音发电机组以及插电式混合动力新能源汽车用增程器

陕西省

★陕西秦岭特种电机有限责任公司
地址:西安市高新技术开发区科技路26号质检大厦708室
邮编:710061
电话:029/38242724
传真:38242724
网址:www.qlsm.com
电子信箱:webmaster@qlsm.com
单位人数:208
质量体系:ISO 9001
产品情况:(秦岭牌)
泵用直流电动机、舷外机电动机、单相交流自制动电动机、汽车电动助力转向器电动机、稀土永磁无刷直流电动机等系列产品
出口情况:远销瑞典、美国、德国、意大利、荷兰

★陕西凌云科技有限责任公司
地址:西安市高新区长安科技产业园创汇路19号
邮编:710119
电话:029/85692598-8116
传真:85691064
网址:www.lingyungroup.com.cn
电子信箱:lykj@lingyungroup.com.cn
质量体系:ISO 9001
产品情况:车载信息娱乐系统、车载液晶电视、嵌入式地理信息系统、ARM主板、车辆监控系统、汽车音响等

★咸阳威力克能源有限公司
地址:陕西省咸阳市滨河南路西段
邮编:712046
电话:029/33685058、33685097
传真:33685055、33685099
网址:www.voltix.com.cn
电子信箱:jsb@voltix.com.cn
质量体系:ISO 9001、ISO 14001
产品情况:动力电池

★陕西航空电气有限责任公司
地址:陕西省兴平市
邮编:713107
电话:029/38242164
传真:38242164、38242111
电子信箱:saec@avic1saec.com
质量体系:ISO 9001
产品情况:低压直流、交流变频、恒速恒频和变速恒频电源系统、二次电压系统产品等

★陕西凌云电器集团有限公司
地址:陕西省宝鸡市峪泉南路1号
邮编:721006
电话:0917/3314488
传真:3314247
网址:www.lingyungroup.com.cn
电子信箱:765@lingyungroup.com.
董事长:武润耋

质量体系：ISO 9000
产品情况：（凌云牌）
电子高频组件、汽车视听电子、铅酸蓄电池、车用警灯警报器、太阳能热水器、消防车、灭火器等
配套及出口情况：为北奔重汽配套；出口欧洲、亚洲、非洲等多个地区

★陕西凌云蓄电池有限公司

地址：陕西省宝鸡市渭滨区姜谭科技工业园巨福路41号
邮编：721008
电话：0917/3604528、3604529
传真：3312662、3313994
网址：ww. lingyungroup. com. cn
电子信箱：xdc@ lingyungroup. com. cn
质量体系：ISO/TS 16949
产品情况：（凌云牌）
汽车起动型铅酸蓄电池等
配套及出口情况：为陕汽集团、北奔重汽、重汽集团、上汽依维柯红岩、苏州金龙、西沃公司、中通客车、申龙客车、徐工、山推、中联重科、集瑞重工、北汽乘用车、陕西通家等厂家配套；出口美国、俄罗斯、澳大利亚、伊朗等十几个国家和地区

通用件和相关工业产品生产企业

·查询导引·

企业详细介绍

543 中国石油润滑油公司
555 河北亚大汽车塑料制品有限公司
583 大同精密金属(苏州)有限公司
595 浙江创城汽车零部件有限公司
603 建新赵氏集团有限公司
616 温州联益线束胶粘带有限公司
629 山东美晨科技股份有限公司
649 佛山市金润德贸易有限公司
658 西宁特殊钢股份有限公司

通用件和相关工业产品生产企业

北京市(543) 安徽省(616) 四川省(654)
天津市(546) 福建省(620) 云南省(656)
河北省(549) 江西省(624) 贵州省(656)
山西省(556) 山东省(625) 陕西省(657)
辽宁省(556) 河南省(635) 宁 夏(658)
吉林省(560) 湖北省(637) 甘肃省(658)
黑龙江省(563) 湖南省(642) 青海省(658)
上海市(564) 广东省(642) 新 疆(658)
江苏省(572) 广 西(652)
浙江省(588) 重庆市(652)

☞ 企业如有变更,请与编辑部联系 ☎ 010/68426043、68420981

北京市

★ 中国石油润滑油公司

地址:北京市朝阳区太阳宫金星园8号A座17层
邮编:100028
电话:010/63592472
网址:kunlunlube. cnpc. com. cn
负责人:王凌
单位人数:5000
质量体系:ISO/TS 16949、OHSAS 18001、ISO 14001、ISO 9001
产品情况:润滑油、润滑脂、添加剂
配套情况:为一汽集团、上汽集团、东风汽车公司、江淮汽车、哈飞汽车、吉利汽车、中国重汽、徐工集团、龙工集团、临工集团、宗申摩托、建设摩托、力帆摩托等多家汽车及设备OEM生产厂商配套
☞ 详细情况请参阅彩色宣传版面

★北京凯迅惠商防伪技术有限责任公司

地址:北京市朝阳区北三环东路18号
邮编:100028
电话:4006060736、010/64209511
传真:64209510
网址:www. china315. org. cn
电子信箱:12365@ bjkaixun. com. cn
产品情况:中国产品质量365防伪查询系统、防伪证书、防伪标签、防伪证卡等
配套情况:为一汽集团等供货

★北京天山新材料技术股份有限公司

地址:北京市石景山区八大处高科技园区双园路5号
邮编:100041
电话:010/88795588
传真:68865252
网址:www. tonsan. com
电子信箱:overseas@ tonsan. com
质量体系:ISO/TS 16949、ISO 9001
产品情况:(可赛新牌)

厌氧胶、硅橡胶、聚氨酯、改性硅烷酯、环氧修补剂和瞬干胶等工程胶黏剂产品类型,主要包括螺栓锁固剂、管螺纹密封剂、圆柱固持剂、厌氧型/硅橡胶平面密封剂、铸造修补剂、耐磨/耐腐蚀修补剂、机床导轨涂层、橡胶修补等
配套情况:为东安/航天三菱、长安铃木、长安汽车、二柴、锡柴、朝柴、上汽通用五菱、长城、吉利、比亚迪、上齿、唐齿爱信、安凯、美驰、汉德、川汽、青特、山汽改、一汽、东风、中通、福田、金龙等配套

★北京白菊汽车部件有限公司

地址:北京市丰台区卢沟桥南里8号
邮编:100072
电话:010/63778189
质量体系:ISO/TS 16949
产品情况:以汽车零部件注塑、焊接、组装为主,兼营其他产品配套部件
配套情况:为北京现代、北京奔驰、北汽福田、东风悦达起亚等供货

★北京中润利尔石油化工科技有限公司

地址:北京市大兴区旧宫工业开发区旧忠路24号
邮编:100076
电话:010/87911076、13501191523
传真:87911076
质量体系:ISO 9001

产品情况：（中润牌）
车辆润滑油、润滑脂、工业用油及特种油品
配套情况：主要客户有北京公交、天津公交、宣化钢厂、承德钢厂等大中型企业

★北京中石统一润滑油有限公司
地址：北京市大兴区旧宫镇
邮编：100076
电话：010/87918778、87910688
传真：87913588、87915060
电子信箱：2003likai@ sohu. com
质量体系：ISO 9000、ISO 14001
产品情况：（统士牌）
汽车用发动机油、齿轮油、液压油、摩托车机油、汽轮机油、润滑脂、防冻液、制冻液、发动机养护剂及其他工业润滑油
配套及出口情况：为双龙、雪佛兰等配套；出口英国、日本、韩国、美国等国家

★北京华润捷润滑油脂有限公司
地址：北京市大兴区瀛海工业园区南一路6号
邮编：100076
电话：010/69275683、69277691
传真：69271868
网址：www. huarunjie. com
电子信箱：huarunjieqiye@ 163. com
质量体系：ISO 9001
产品情况：（华润捷牌、持耐牌）
各种润滑脂、专用脂

★北京万源瀚德汽车密封系统有限公司
地址：北京市丰台区南大红门路1号
邮编：100076
电话：010/68383490
传真：68383491
网址：www. gdx. com. cn
电子信箱：chenfuyuan@ gdx. com. cn
单位人数：1028
质量体系：ISO/TS 16949、ISO 14001
产品情况：汽车密封系统产品
配套情况：为一汽－大众（奥迪、捷达、宝来）、一汽红旗、上汽通用别克、上汽大众波罗、神龙汽车（富康、毕加索）、雪佛兰开拓者、切诺基、南京依维柯等供货

★北京瑞森正邦橡胶技术有限公司
地址：北京市大兴区西红门寿宝庄工业区
邮编：100077
电话：010/61281326
传真：61280852
质量体系：ISO 9000
产品情况：（瑞森正邦牌）
汽车橡胶配件、绝缘或导电电器密封件
配套及出口情况：主要为一汽集团配套生产汽车橡胶配件，同时为北开、ABB、北变、北京电力等电器开关、变压行业生产绝缘或导电电器密封件；出口北美洲、东南亚

★中国石化润滑油有限公司
地址：北京市海淀区安宁庄西路6号
邮编：100085
电话：4008109886
传真：010/62917732
网址：sinolube. sinopec. com
负责人：宋云昌
质量体系：ISO/TS 16949
产品情况：（长城牌、SINOPEC 牌）
长城金吉星润滑油
配套及出口情况：通过戴姆勒、克莱斯勒、大众、奔驰、沃尔沃、MAN 等制造商的技术认证，成为中国一汽、上汽通用、重汽集团、上汽大众、宝山钢铁等大型集团公司首选专用油品；在东南亚、大洋洲、欧洲、南美洲、非洲等50多个国家和地区设有经销网络

★北京兰天达汽车清洁燃料技术公司
地址：北京市海淀区长春桥路11号万柳亿城大厦C2座1201室
邮编：100089
电话：010/58816081
传真：58816086
网址：www. lantianda. com
电子信箱：office@ lantianda. com
质量体系：ISO/TS 16949、ISO 9001
产品情况：（兰天达牌）
CNG 和 LPG 汽车供气系统、压缩天然气、液化石油、CNG 加气站成套设备
配套及出口情况：广泛配套于北汽福田、郑州宇通、陕西重汽、安徽华菱等数十家国内大中型客车及货车企业的天然气汽车上；部分产品出口泰国、菲律宾、印度尼西亚、马来西亚、巴基斯坦等国家

★北京龙苑伟业新材料有限公司
地址：北京市海淀区永丰科技园丰润东路10号
邮编：100094
电话：010/58957938、58957928
传真：58957940
网址：www. bjlongyuan. com
电子信箱：leiwenmin@ sina. com. cn
质量体系：ISO/TS 16949
产品情况：汽车密封胶、胶黏剂、功能涂料及新型机电产品

★北京天海工业有限公司
地址：北京市通州区漷县镇漷县南三街2号
邮编：100121
电话：010/67383444、67364072
传真：67367022、67384808
网址：www. btic. cn
电子信箱：civil@ btic. com. cn
质量体系：ISO/TS 16949、ISO 14001
产品情况：（JP 牌）
各种车用 CNG 钢瓶、LPG 钢瓶

★北京华德液压工业集团有限责任公司
地址：北京市亦庄经济开发区同济北路5号
邮编：100176
电话：010/67881998
传真：67882009
网址：www. huade－hyd. com. cn
电子信箱：huadehyd@ meil. net. cn
质量体系：ISO 9001、ISO 14001
产品情况：清洁燃料汽车 LPG 燃气装置
出口情况：远销美国、日本、土耳其、欧洲、亚洲等国家和地区

★北京新光凯乐汽车冷成型件有限公司
地址：北京市通州区金桥科技产业基地环科中路12号
邮编：101102
电话：010/60506892
传真：60592009
网址：www. singukeller. com
电子信箱：info@ singukeller. com
产品情况：汽车冷成型件及其他精密黑色金属制成品
配套情况：为扬柴、福田、常柴等配套

★北京金汇利应用化工制品有限公司
地址：北京市通州区马驹桥镇联东U谷西区4期76号
邮编：101102
电话：010/53695692、56495312
传真：56495313
网址：www. jinhuili. com
电子信箱：sales@ jinhuili. com
质量体系：ISO 9001
产品情况：（金汇利）
水性金属防锈底漆、水性金属装饰面漆，用于汽车底盘、总成及车厢等

★北京时代石油制品有限公司
地址：北京市通州区甘棠工业区
邮编：101107
电话：010/61525588、6152366
传真：52339191
网址：www. gftime. com
电子信箱：time@ shidaitaima. com
质量体系：ISO 9001
产品情况：（泰玛牌）
汽车、摩托车润滑油、润滑脂、防冻液、制动液和各种工业用油
出口情况：出口美国、欧洲、日本

★北京市通州区运河化工厂
地址：北京市通州区漷县镇草厂村
邮编：101109
电话：010/69564871、69564873
传真：69564871、69564873
质量体系：ISO 9001
产品情况：（通旺牌）
三元清洗剂、发动机修复改善剂、摩托车燃油系统清洗剂、摩托车润滑油强化抗磨剂、摩托车修复改善剂、乙醇汽油改善剂等

★北京华腾橡塑乳胶制品有限公司
地址：北京市通州区次渠工业开发区

邮编:101111
电话:010/81508116
传真:81508116
网址:www.bjlatex.com
电子信箱:sales@bjlatex.com
单位人数:3000
质量体系:ISO 14001、ISO 9001
产品情况:汽车橡胶配件

★北京利迪欣科技发展有限公司
地址:北京市通州区漷县工业区漷兴四街
邮编:101112
电话:010/80589966、80588000
传真:80582233、80581992
电子信箱:bjzj7755@163.com
产品情况:(LIDI 牌)
车用化工系列产品(主要包括:制动液、发动机润滑油、防冻液、齿轮油、抗磨液压油、液力传动油、润滑脂等)
配套及出口情况:为一汽-大众、一汽解放、一汽轿车、沈阳金杯、北汽福田、双环汽车、长城汽车等十几家汽车制造厂装车配套;远销美国、西欧、哈萨克斯坦、朝鲜、越南等国家和地区

★北京同创汽车部件有限公司
地址:北京市平谷区兴谷开发区 11 号
邮编:101200
电话:010/69956071
传真:69956290
网址:www.estronghold.com.cn
质量体系:ISO/TS 16949
产品情况:汽车橡胶密封件,已具备每年 40 万套的生产配套能力
配套情况:主要供应北京现代汽车等知名公司

★北京星宇车科技有限公司
地址:北京市平谷区兴谷路 28 号
邮编:101200
电话:010/69958500
传真:69958518
电子信箱:jinxunboy@163.com
质量体系:ISO/TS 16949
产品情况:汽车冲压件
配套情况:为北京现代配套

★北京泰兴汽车配件制造有限公司
地址:北京市顺义区高丽营镇
邮编:101300
电话:010/69495021、13501393069
传真:69495019
网址:www.beijingtaixing.com
电子信箱:bjtaixing@126.com
质量体系:ISO/TS 16949
产品情况:具有年产双层卷焊管 3000t、PVF 涂层管/PVF 管 1500t、热镀锌管 2000t、汽车管路 20 万台的生产能力
配套及出口情况:主要客户有长春一汽、上汽大众、天津一汽、北汽、哈飞汽车、奇瑞汽车、江淮汽车、南汽、华晨汽车、长城汽车、江铃汽车、昌河汽车等各大汽车厂家;远销北美洲、俄罗斯、欧洲、东南亚、韩国、日本等国家和地区

★雷迅汽车配件(北京)有限公司
地址:北京市顺义区林河开发区林河街 28 号
邮编:101300
电话:010/89451710
网址:www.lisi-automotive.com
电子信箱:yin.daijun@lisi-automotive.com
质量体系:ISO/TS 16949
产品情况:金属和塑料紧固件、连接件制品

★北京韩太汽车部件有限公司
地址:北京市顺义区仁和镇双河路 61 号
邮编:101300
电话:010/89401107
传真:89401109
电子信箱:jhpark@hkmt.co.kr
质量体系:ISO/TS 16949、ISO 9000
产品情况:汽车零部件

★北京雅士科莱恩石油化工有限公司
地址:北京市顺义区李桥镇后桥
邮编:101304
电话:010/81471581、81471582
传真:81471532
网址:www.asahi-china.com
质量体系:ISO 9001、ISO 14001
产品情况:年产润滑油年产 5 万 t、润滑脂年产 5000t、各类添加剂年产 3000t

★北京瑞汀斯达紧固系统有限公司
地址:北京市顺义区杨镇工业区东
邮编:101309
电话:010/89407817
传真:61406922
电子信箱:eva.du@rsfastening.com
质量体系:ISO/TS 16949
产品情况:紧固件

★北京天元奥特橡塑有限公司
地址:北京市怀柔区杨宋镇北凤翔科技开发区 12 号
邮编:101400
电话:010/61676028
传真:61676028、61676528
网址:www.tyat.com.cn
电子信箱:tyatbgs@126.com
质量体系:ISO/TS 16949、QS 9000
产品情况:汽车胶管、橡胶件和塑料件
配套情况:为一汽集团(一汽解放、青岛汽车厂)、东风集团(东风有限、东风股份、东风乘用车、东风朝柴)、北汽福田集团(C2 轿车、欧曼、欧玛可、诸诚奥铃工厂、长沙工厂、南海工厂、欧 V 客车)、北京现代、中国重汽集团(卡车公司、商用车公司、特种车公司、青岛专汽公司)、江淮汽车、陕西重汽(含长沙环通公司)、北方奔驰(包头、蓬莱、重庆)、上海乘用车、上汽通用、一汽轿车、奇瑞汽车、郑州宇通、成都王牌、厦门金龙、安徽华菱、淄博汽车等配套

★赛龙(北京)汽车部件有限公司
地址:北京市密云县工业开发区科技路 69 号
邮编:101500
电话:010/69076303
传真:69076307
电子信箱:slbj2003@126.com
产品情况:碳/碳复合材料及制动片、高性能陶瓷基复合材料及制品、盘式制动器总成及制动零部件、发动机和底盘电子控制系统及关键零部件
配套情况:为丰田、通用、大众、现代、本田、日产等世界主要汽车厂家供货

★韩华综化(北京)塑料有限公司
地址:北京市昌平区中关村科技园东区利祥路 4 号
邮编:102200
电话:010/60735583
传真:60735459
质量体系:ISO/TS 16949、QS 9000
产品情况:(韩华牌)
内装饰材料

★北京摩拓尼克汽车配件有限公司
地址:北京市昌平区中关村科技园区(东园)凯创路 13 号
邮编:102200
电话:010/60736001、60736002
传真:60736007
网址:www.bjmotonic.com
电子信箱:dahao-666@126.com
质量体系:ISO/TS 16949
产品情况:汽车配件

★北京首钢红冶钢厂
地址:北京市昌平区昌平火车站西
邮编:102249
电话:010/60756466、60756714
传真:60756441
网址:www.hongyeweb.com.cn
质量体系:ISO 9001
产品情况:汽车钢板弹簧等产品
出口情况:出口美国、加拿大等国家

★北京聚菱燕塑料有限公司
地址:北京市房山区房窑路 21 号
邮编:102400
电话:010/81334780、69345836
传真:81334780、69345836
网址:www.jly-plastic.com.cn
电子信箱:jiangshj@jly-plastic.com.cn
质量体系:ISO/TS 16949
产品情况:(聚菱燕牌)
汽车用 PP 共混合金材料,年产 2000t
配套情况:为天津一汽丰田、广汽丰田、东风本田、广汽本田、东风日产乘用车、郑州日产、长安铃木、昌河铃木、长安汽车、华晨金杯、广汽三菱、北京奔驰、柳州五菱、株洲雅马哈、新大洲本田、四川一汽丰田等配套

★北京市顶级特斯特石化有限公司
地址:北京市房山区琉璃河工业区
邮编:102403

电话:010/89381002、4008909980
传真:89381090
网址:www. cntst. com
电子信箱:cntst@ cntst. com
质量体系:ISO/TS 16949
产品情况:[特斯特(TESITE)牌]
润滑油、润滑脂、防冻液、制动油、液力传动油等

★北京嘉士威润滑油有限公司
地址:北京市房山区张庄工业园西(紫草坞88号)
邮编:102412
电话:010/61251897、60303886
传真:61251851、60303920
网址:www. juswaychina. com
电子信箱:jusway@ beijingjsw. com
质量体系:ISO 9001
产品情况:[嘉士威(JSW)牌]
润滑油

★北京燕山大宝润滑油工贸有限公司
地址:北京市房山区燕山高家坡路18号
邮编:102500
电话:010/69346862
传真:69346862
电子信箱:dabao4148@ sina. com
质量体系:ISO/TS 16949
产品情况:润滑油、润滑脂

★北京嘉华汽车技术发展有限公司
地址:北京市大兴区后辛庄铁道北2号
邮编:102600
电话:010/81282362、81282319
传真:81282447
电子信箱:zgj99@ 163. com
质量体系:ISO 9001
产品情况:(名冠牌)
汽车发动机油封、气门油封、O形圈、滤清器
配套情况:为诸多汽车零部件厂商稳定配套

★北京现代润滑油制造有限公司
地址:北京市大兴区黄村镇东磁村产业小区南区7号
邮编:102600
电话:010/61261971、61261973
传真:61261972
网址:www. hyundailube. com
电子信箱:bjxd@ hyundailube. com
质量体系:ISO 9001
产品情况:(现代王牌)
汽车润滑油

★北京嘉禾兴产润滑油有限公司
地址:北京市大兴区庞各庄工业开发区西区田园路22号
邮编:102601
电话:010/89283339、89283072
传真:89283332
网址:www. richanjiahe. com
电子信箱:richanjiahe@ 126. com
产品情况:(MIZUHO牌)
润滑油
配套情况:为广汽本田、天津一汽丰田等配套

★北京高科润海润滑油有限公司
地址:北京市大兴区工业园区
邮编:102605
电话:010/81288272、8008105630
传真:81288278
网址:www. gkrh. com. cn
电子信箱:1241801519@ qq. com
质量体系:ISO 9001
产品情况:(金道牌、红壳牌)
汽车发动机油、摩托车机油、齿轮油、液压油、润滑脂、防冻液、制动液、养护剂、工业润滑油等
出口情况:远销朝鲜、蒙古、南非等多个国家

★北京北方创业润滑油有限公司
地址:北京市大兴区青云店开发区8号
邮编:102605
电话:010/80214715、80214059
传真:80213432
网址:www. usazx. cn
电子信箱:13801000716@ 163. com
质量体系:ISO 9001
产品情况:(众象牌)
车辆润滑油、工业润滑油、防冻液、润滑脂等

★北京鑫象宇润滑油有限公司
地址:北京市顺义区北小营后鲁村福兴路17号
邮编:102605
电话:010/80215599、8008109937
传真:60480328
网址:www. xinxiangyu. com
电子信箱:xxy@ xinxiangyu. com
质量体系:ISO 9001
产品情况:(金帅牌)
车辆用油,工业用特种润滑油

★北京钰林化工有限公司
地址:北京市大兴区安定镇安定中街2号
邮编:102607
电话:010/89245331、80228026
传真:89245331
网址:www. yulinhuagong. com
电子信箱:bjyulin@ 163. com
负责人:时锋林
单位人数:609
质量体系:ISO 9001、ISO 14001
产品情况:(钰林牌)
以生产中高档油漆和高端水性双组份汽车漆为主,并为客车、机械喷涂为一体

★北京兴业橡胶制品有限公司
地址:北京市大兴区黄村镇东芦城
邮编:102612
电话:010/61239032、61230470
传真:61239551
网址:www. xyrubber. com
电子信箱:bjxy@ xyrubber. com
质量体系:ISO 9001
产品情况:汽车、摩托车及其他机械用橡胶制品
出口情况:出口日本

★壳牌统一(北京)石油化工有限公司
地址:北京市大兴区芦城开发区统一路1号
邮编:102612
电话:010/61238888
传真:61200181
网址:www. shelltongyi. com
电子信箱:tongyi@ tybj. com
质量体系:ISO/TS 16949、ISO 14001
产品情况:(统一牌)
汽车、摩托车、工程机械及工业用润滑油及润滑脂、制动油、不冻液、汽车护理品等
配套情况:为一汽集团、东风汽车公司、东风日产乘用车、东风柳汽、上汽通用五菱、哈飞汽车、北奔重汽、华泰现代、川汽集团、陕汽集团、北汽福田、长城汽车、河北中兴、少林客车、湖北三环、哈东安、潍柴、大柴、锡柴、华北柴油机等厂家的装车、售后服务用油配套

天津市

★天津太平洋汽车部件有限公司
地址:天津市空港物流加工区西十道99号
邮编:300089
电话:022/24893730
传真:24893733
网址:www. pacific - ind. co. jp
电子信箱:zhaopin@ tpa. com. cn
董事长:森 义男
负责人:森 一弘
单位人数:400
产品情况:汽车冲压产品
配套情况:为天津一汽丰田等配套

★天津市油管厂
地址:天津市南开区黄河道临潼路54号
邮编:300110
电话:022/27364738、27633327
传真:27364565
电子信箱:tjsygc@ vip. 163. com
质量体系:ISO/TS 16949、VDA 6. 1
产品情况:汽车制动管路、燃油管路、输气管路及发动机燃油管路、机油管路,年产能力1000万~1500万支
配套情况:为上汽大众帕萨特B5轿车燃油管路配套,为天津一汽夏利2000、天津一汽丰田NBC5配套,为奇瑞轿车管路配套,为国内丰田车型及日系车型配套

★天津中发富奥弹簧有限公司
地址:天津市南开区芥园西道215号
邮编:300112
电话:022/27516176
传真:27516236

网址:www.fawer.com.cn
电子信箱:tjcfxs@tjcf.cn
产品情况:各种汽车弹簧
配套情况:为天津一汽夏利、天津一汽丰田、天津一汽华利配套

★天津市奥特利润滑油有限公司
地址:天津市西青区福姜路1号
邮编:300112
电话:022/27531958、13662098763
传真:27531958
网址:www.tjatl.com
质量体系:ISO 9000
产品情况:(奥特利牌)
汽车用油、农机用油、工业用油、工程机械用油、长效防冻液等

★天津新伟祥工业有限公司
地址:天津市武清区上马台乡
邮编:300190
电话:022/82289920
传真:82289731
网址:www.nws.cn
电子信箱:nws@nws.cn
质量体系:ISO/TS 16949、ISO 14001
产品情况:汽车铸件、发动机铸件、普通工业铸件

★三友(天津)高分子技术有限公司
地址:天津市河西区泰山路6号
邮编:300211
电话:022/28262143、28262757
传真:28261570
网址:www.sanyoutj.com.cn
电子信箱:sanyou@sanyoutj.com.cn
单位人数:126
质量体系:ISO/TS 16949、ISO 9001
产品情况:汽车制造用涂装胶、焊装胶、指压密封胶、丁基密封胶带、消声(防振)胶片、补强胶片、防(减)振胶片、点焊密封胶带、裙边胶、原子灰、常温固化密封胶、环保万能胶以及电子产品用胶等,年产汽车胶8000t
配套情况:主要客户有天津一汽夏利、天津美亚、北京奔驰、北汽集团、上汽通用五菱、长安集团(重庆长安、重庆铃木、河北长安等)、昌河铃木、西安和深圳比亚迪、吉利、奇瑞、南京福特、河北长城、河北中兴、郑州宇通、绵阳华鑫等以及通过广东时利和集团供应广汽、广丰、广本、东风、马自达等公司

★天津天和橡胶工业有限公司
地址:天津市河西区曲江路3号增1号
邮编:300222
电话:022/28341474、28342751
传真:28341474
电子信箱:ywk@tjthxj.com
质量体系:ISO 9002
产品情况:(勤工牌)
汽车及摩托车发动机隔振垫、前悬架支座分总成等各种橡胶配件,年产20万台份
配套情况:为天津一汽夏利、吉利汽车配套

★天津鹏翎胶管股份有限公司
地址:天津市滨海新区中塘工业区葛万公路1703号
邮编:300270
电话:022/63269287
传真:63269741
网址:www.pengling.cn
电子信箱:office@pengling.cn
法人代表:张洪起
负责人:张宝新
单位人数:1000
质量体系:ISO/TS 16949、QS 9000
产品情况:(鹏翎牌)
汽车冷却管路总成、燃油管路总成、空调管路总成、助力转向管路总成、涡轮增压管路总成、天窗排水管路、模压管路总成等
配套及出口情况:主要客户有:一汽-大众、上汽大众、上汽大众动力、华晨金杯、江淮汽车、上汽通用五菱、长城汽车等;出口俄罗斯、英国、德国、美国、日本、泰国、马来西亚

★天津滨海新区大港天力胶管有限公司
地址:天津市海新区大港中塘镇洋闸
邮编:300273
电话:022/63139051
传真:63138566
网址:www.tjtljg.com
电子信箱:tjtljg@tjtljg.com
质量体系:QS 9000、ISO 9002
产品情况:车用油管、水管、真空软管、真空线束及各种橡胶制品
配套情况:为天津一汽夏利、安徽长丰扬子、比亚迪汽车、广州宝龙、秦皇岛金程自动车、天津专用汽车厂、东风荣成汽车、江南汽车、北汽福田、安徽通宝汽车、吉利豪情、吉利发动机、长春东北汽车装配厂、北内集团总公司内燃机二厂、芜湖渝灵发动机、奇瑞汽车等供货

★天津丰田合成有限公司
地址:天津市东丽经济技术开发区丽北路4号
邮编:300300
电话:022/24990427、24993847
传真:24994647
质量体系:ISO/TS 16949、ISO 14001
产品情况:汽车用制动软管总成、等速万向节防尘罩、发动机缸盖橡胶衬垫、空气滤清器软管分总成等
配套情况:为天津一汽丰田、广汽本田、重庆长安配套

★天津井上高分子材料制品有限公司
地址:天津市东丽经济开发区四纬路30号
邮编:300300
电话:022/58238500
传真:58238666
网址:www.inoac-tip.com
电子信箱:tipinoac@inoacchina.com
单位人数:220
质量体系:ISO/TS 16949
产品情况:(井上牌)
海绵复合品(表皮+底布)、软质海绵加工、硬质海绵发泡成型品(EA)等

★天津旷达汽车织物有限公司
地址:天津市津南经济开发区(双港)重庆街6号
邮编:300350
电话:022/28593488、28573602
传真:28593178
网址:www.kuangdacn.com
电子信箱:tianjin@kuangda.com
质量体系:ISO/TS 16949
产品情况:车座装饰面料;主要为一汽夏利、长城汽车、现代汽车等华北地区各大汽车主机厂提供前期开发、销售、仓储和售后服务工作
配套情况:为一汽夏利、长城汽车、现代汽车等配套

★天津市先达精密压铸有限公司
地址:天津市津南开发区(西区)上海街6号
邮编:300350
电话:022/28591858
传真:28573500
网址:www.tjxdde.com
单位人数:400
质量体系:ISO/TS 16949、ISO 14001
产品情况:集新产品研发、压铸、机加工、表面处理工艺、FIP生产、模具设计制造为一体
配套情况:主要客户有美国摩托罗拉、德国蔡司、英国索恩照明、比利时施奈德、日本东芝、日本电装、法国哈金森、国内一汽集团、安徽奇瑞等

★东海橡塑(天津)有限公司
地址:天津市津南区津南经济开发区聚英路6号
邮编:300350
电话:022/28512121
传真:28397064
网址:www.tokai.co.jp
质量体系:ISO 14001、ISO/TS 16949
产品情况:汽车用防振橡胶、胶管、CD音响防振隔片
配套及出口情况:为丰田、电装、日产、本田、马自达配套;出口日本、美国、泰国

★天津市润生塑胶制品有限公司
地址:天津市津南区双港镇李楼道
邮编:300350
电话:022/28581114、13904350020
传真:28592732
网址:www.chemilon.com
电子信箱:qc@chemilon.com
单位人数:230
质量体系:ISO/TS 16949、ISO 14001
产品情况:(佳美龙牌、润生牌)
EPP成型件、IXPE及相关制品

配套及出口情况:为长城汽车、一汽、一汽轿车等配套 EPP 成型件 9000t,为长城、一汽、奇瑞、丰田等配套 XPE、IXPE 及相关制品 10000t;出口欧洲、美洲、澳大利亚等国家和地区

★天津市环宇橡塑股份有限公司
地址:天津市津南区小站工业区二号路1号
邮编:300353
电话:022/88617022
传真:28618056
网址:www.chinahuanyu.com.cn
电子信箱:sales@chinahuanyu.com.cn
质量体系:ISO/TS 16949、ISO 14001
产品情况:汽车防尘罩部件、减振橡胶、高压阻尼点火线等
配套情况:为一汽集团、上海纳铁福、天津一汽、金杯、柳微、摩托罗拉、德尔福、上海联电等配套

★优涂扣紧固件(天津)有限公司
地址:天津市津南区小站工业园区3号路10号B
邮编:300353
电话:022/28616051、28616052
传真:28616050
电子信箱:nylokshao@hotmail.com
质量体系:ISO 9001
产品情况:防松螺栓、螺母

★天津市天宇胶管有限公司
地址:天津市津南区小站镇会馆村
邮编:300353
电话:022/88613388、13920800099
传真:88633155
电子信箱:tianyu178@126.com
质量体系:ISO 9001
产品情况:汽车胶管油管及汽车用橡胶制品
配套情况:与国内汽车、发动机、摩托车、暖风机厂家建立了长期配套关系

★天津丰田冲压部件有限公司
地址:天津市西青区杨柳青镇马庄
邮编:300380
电话:022/27944050
产品情况:冲压部件

★利富高(天津)精密树脂制品有限公司
地址:天津市新技术产业园区华苑产业区(环外)海泰华科五路5号
邮编:300384
电话:022/58288288
网址:www.nifco.co.jp
电子信箱:admin-m@ntj-nifco.com
产品情况:汽车摩托车零配件、非金属制品模具
配套情况:为一汽丰田和一汽丰田属下各配套协力工厂及华北地区的其他汽车主机厂供货

★天津三国有限公司
地址:天津市西青经济开发区兴华二支路
邮编:300385
电话:022/23973920
传真:23972281
网址:www.mikuni.com.cn
产品情况:以摩托车化油器及汽车零件生产为主,并涉及其他领域的精密机械加工、冲压及表面处理业务

★天津新罗油封橡塑制品有限公司
地址:天津市西青区微电子工业区微五路6号
邮编:300385
电话:022/83969556、83969559-8002
传真:83969558
质量体系:ISO/TS 16949
产品情况:(王冠牌)
　　汽车发动机油封、变速器油封、车桥系列油封、汽车用高压阻尼点火线总成、汽车减振系列产品、民用橡胶制品等
配套情况:为天津一汽夏利、哈东安、长春一汽齿轮、长安汽车集团四川建安分公司和重庆分公司等配套

★欧梯克工业(天津)有限公司
地址:天津市高新技术产业园区北辰科技工业园双辰中路10号
邮编:300400
电话:022/26971183
传真:26971380
网址:www.oetiker.com
质量体系:ISO/TS 16949、ISO 9001
产品情况:(OETIKER 牌)
　　卡箍和卡环、回转管接头、快装管接头等

★天津日进塑料有限公司
地址:天津市北辰科技园区华盛道61号
邮编:300402
电话:022/58833966
传真:58833960、58833973
网址:www.sz.enissin.com
质量体系:ISO/TS 16949、ISO 14001
产品情况:汽车专用塑料产品

★驰美润滑油(天津)有限公司
地址:天津市滨海路新区塘沽河南路1881号
邮编:300450
电话:022/25222088、4006042088
传真:25229988
网址:www.chimeioil.com
电子信箱:chimeioil@126.com
质量体系:ISO 9001
产品情况:(驰美牌)
　　润滑油、润滑脂、防冻液

★天津勤美达工业有限公司
地址:天津市塘沽开发区塘汉公路0-10号
邮编:300451
电话:022/25211445
传真:25212977
电子信箱:ticmt@public.tpt.tj.cn
质量体系:ISO/TS 16949
产品情况:汽车铸件

★天津立洲五金弹簧有限公司
地址:天津市经济技术开发区洞庭路169号
邮编:300457
电话:022/66237259、66237239
传真:66237235、66237238
电子信箱:lizhouljf@163.com
质量体系:ISO/TS 16949
产品情况:(立洲牌)
　　发动机气门弹簧、减振弹簧、离合器弹簧、扭杆弹簧等及各种弹性冲压件
配套情况:为天津一汽丰田、天汽集团等配套

★天津六合镁制品有限公司
地址:天津市经济技术开发区黄海路268号
邮编:300457
电话:022/59816487
传真:66230018
网址:www.tjlhm.net
电子信箱:lhm@lhtj.com
质量体系:ISO/TS 16949、ISO 9001
产品情况:镁合金、铝合金汽车转向盘、汽车安全系统、液压机械等压铸件,年产能力5000t
配套情况:配套车型主要覆盖通用、福特、大众、日产、尼桑、五十铃、名爵、神龙、标致、长城、吉利、克莱斯勒、Proton、大发、现代、菲亚特等

★罗曼胶带技术(天津)有限公司
地址:天津市经济技术开发区睦宁路231号
邮编:300457
电话:022/25328808
传真:66237066
网址:www.lohmann-lttt.com.cn
电子信箱:info.locn@lohmann-tapes.com
质量体系:ISO/TS 16949、ISO 9001
产品情况:各种胶带

★天津山口金属制品有限公司
地址:天津市经济技术开发区西区中南三街87号
邮编:300462
电话:022/66331900、66331901
传真:66331908
网址:www.shankou.com.cn
电子信箱:info@shankou.com.cn
单位人数:140
质量体系:ISO/TS 16949
产品情况:精密紧固件、冲压件

★天津日石润滑油脂有限公司
地址:天津市滨海新区汉沽化工街5号
邮编:300480
电话:4006811806
传真:022/67161288
网址:www.tjnisseki.com
质量体系:ISO 9001、ISO 9002

产品情况:车用润滑油
配套情况:为东风本田、广汽本田、三菱、东风日产乘用车公司、新大洲本田、重汽集团、日立建机、五十铃、神钢建机、丰田、雅马哈、洋马农机等供货

★天津市隆特科技发展有限公司
地址:天津市静海经济技术开发区津沧高速公路辅路16号
邮编:301600
电话:022/24728217
传真:24728291
网址:www.tjlt.net
电子信箱:tianjinlongte@163.com
质量体系:VDA 6.1、ISO 9001
产品情况:软管连接专用的卡箍、卡环和卡带

★鲜一瑞科汽车配件(天津)有限公司
地址:天津市静海经济开发区新区庶海道12号
邮编:301600
电话:022/59529090
传真:59529099
网址:www.sunilsfsintec.com
电子信箱:sales@sunilsfsintec.com
质量体系:ISO/TS 16949、ISO 14001
产品情况:工具、模具、汽车零部件、配件及五金件
配套情况:主要客户有现代、摩比斯、起亚、斗山、长城等整车厂配套

★天津市金海利油脂有限公司
地址:天津市静海县大邱庄镇崔家庄
邮编:301600
电话:022/68668000、68669555
传真:68669186
网址:jinhailiyouzhi.com
电子信箱:jinhailiyouzhi@hotmail.com
质量体系:ISO 9001
产品情况:润滑油、润滑脂、特种油,年产量8000余t

★天津市凯诺实业有限公司
地址:天津市静海开发区新区广海道19号
邮编:301605
电话:022/68772455、68773298
传真:68775285、68775282
网址:www.tjbchg.com
电子信箱:tjbc@tjbchg.com
单位人数:1500
质量体系:ISO/TS 16949、ISO 9001
产品情况:(TJBC牌)
各式不锈钢管束总成、喉箍,年产能力13000万套件
配套情况:为一汽集团、北汽福田、潍柴动力、重汽济南卡车公司、丹东黄海、山推工程机械、昆明云内动力、沈飞日野、上汽依维柯红岩等30多家主机厂配套

★天津日进汽车系统有限公司
地址:天津市武清经济开发区泉达路西侧12号
邮编:301700
电话:022/82192555、82178770
传真:82170213
产品情况:轮毂轴承
配套情况:为通用、宝马、起亚、奇瑞配套

★欧利生涂料(天津)有限公司
地址:天津市武清开发区新源道9号
邮编:301700
电话:022/82101701
传真:82101703
质量体系:ISO 9001
产品情况:涂料

★天津提爱思塑料制品有限公司
地址:天津市武清区王庆坨镇大范口村
邮编:301700
电话:022/29517917、29517924
传真:29517913
网址:www.tiaisi.com
单位人数:210
质量体系:ISO/TS 16949、ISO 14001
产品情况:汽车塑料零部件
配套情况:与天津一汽丰田、新大洲本田摩托、天津丰田合成、长城汽车、天津阿斯化学、天津一汽夏利、天津约翰迪尔工程机械长期合作

★JW机电(天津)有限公司
地址:天津市武清区梅厂镇福源经济区
邮编:301701
电话:022/29535592
传真:29535592
产品情况:汽车零部件

★天津创真金属科技有限公司
地址:天津市武清区上马台镇工业园区北宝路东
邮编:301701
电话:022/82284308、82284309
传真:82284307
网址:www.tjczgs.com
质量体系:ISO 9000、ISO 14001
产品情况:金属零件的热处理加工和热处理设备

★保光(天津)汽车零部件有限公司
地址:天津市武清区大王古经济区京滨工业园古旺路1号
邮编:301712
电话:022/22194677、22194577
传真:22198077
网址:www.tjjb.net.cn
电子信箱:tjjb@tjjb.net.cn
单位人数:200
质量体系:ISO/TS 16949、ISO 14001
产品情况:PVC焊缝密封胶、密封胶涂料等

★星宇中车科技有限公司
地址:天津市蓟县官庄镇3615工厂内
邮编:301900
电话:022/29825670
传真:29821660
网址:www.china-bluestar.com
质量体系:ISO 9001
产品情况:汽车零部件及汽车零部件周转箱、汽车模具,生产能力为800万件/年
配套情况:为北京现代配套生产索纳塔、伊兰特、途胜、悦动、八代索纳塔、瑞纳、IX35等8个车型113种零部件

河北省

★石家庄中石鑫达润滑油有限公司
地址:石家庄市北外环东路38号
邮编:050031
电话:0311/87250058、87250006
网址:www.xdrhy.com
电子信箱:331866407@qq.com
产品情况:汽油机油、柴油机油、齿轮油、变速箱油、汽缸油、白油、液压油、导轨油、液力传动油、汽轮机油、冷冻机油、真空泵油、压缩机油、变压器油、导热油、防锈油、全损耗系统用油、润滑脂、防冻液等产品

★河北东安精工股份有限公司
地址:石家庄市高新技术开发区燕山大街99号
邮编:050035
电话:0311/85838383、85837185
传真:85831955
网址:www.hbdongan.com
电子信箱:cl@hbdongan.com
质量体系:ISO/TS 16949、ISO 14001
产品情况:各种汽车齿轮轴毛坯、各种齿轮油泵轴毛坯、减速机蜗杆及各种阶梯轴类毛坯

★石家庄泰明顿摩擦材料有限公司
地址:石家庄市高新区黄河大道150号
邮编:050035
电话:0311/85967455
传真:85962411
网址:www.tmdfriction.com
电子信箱:chenfeng@tmdfriction.com.cn
法人代表:Christoph Rabe
负责人:张晓
单位人数:289
质量体系:ISO/TS 16949
产品情况:汽车、火车用制动片
配套情况:为一汽-大众、上汽大众、神龙汽车、南京依维柯、重汽集团等配套

★石家庄艾斯姆轴承制造有限公司
地址:石家庄市中华北大街343号
邮编:050061
电话:0311/87754877
传真:87754877、87756387
网址:www.sjzzhoucheng.com
电子信箱:sjzzhoucheng@163.com
质量体系:ISO 9001
产品情况:(SM牌、石门牌)
轴承
配套及出口情况:与中国嘉陵、中国建

设、一汽集团、济南轻骑、南方摩托等有良好合作关系；出口西欧、北美洲、东南亚等地区

★河北伟新锻造有限公司
地址：石家庄市高科技术产业开发区东区大西帐村南
邮编：050801
电话：0311/85384552、85384596
传真：85384008
网址：www.sjzwx.net
电子信箱：wxdz@188.com
质量体系：ISO 9001
产品情况：锥齿轮、齿圈、差速壳、转向节等汽车锻件
出口情况：出口日本、韩国、澳大利亚等国家

★石家庄柯林滤纸有限公司
地址：河北省晋州市沧石路南白滩桥西侧
邮编：052260
电话：0311/84359595、84359109
传真：84369566、84359595
网址：www.sjzkelin.com
电子信箱：kelin@sjzkelin.com
单位人数：120
质量体系：ISO 9001
产品情况：（柯林牌、东滤牌）
滤纸、无纺布、滤清器，适用于摩托车、汽车、工程机械、内燃机、电子等领域
配套及出口情况：为主机厂配套；出口亚洲、非洲、欧洲、美洲部分国家和地区

★晋州市安达汽车配件有限公司
地址：河北省晋州市总十庄镇工业区南
邮编：052260
电话：0311/84303043、84304188
传真：84300192
网址：www.carcn.cn
电子信箱：adqp@carcn.cn
质量体系：ISO/TS 16949
产品情况：水管、油管、电喷管、真空制动橡胶管、尼龙管、顶棚、汽车吸塑件
配套情况：为长安、石家庄双环、天津一汽夏利、奇瑞、比亚迪、济南轻骑、上汽通用五菱、北汽福田、上海汇众等20多家企业配套

★辛集市方大橡塑制品有限公司
地址：河北省辛集市安定大街东段辛集市工业区
邮编：052360
电话：0311/83382558、13051362377
传真：83382986
网址：www.founda.com.cn
电子信箱：founda@vip.163.com
质量体系：ISO/TS 16949、QS 9000
产品情况：阻燃膨胀胶带、点焊胶带、丁基密封胶带等

★辛集市宏业滤纸有限公司
地址：河北省辛集市路南街15号
邮编：052360
电话：0311/83263083
传真：87501916
网址：www.hy-filterpaper.com
单位人数：200
质量体系：ISO 9000
产品情况：木浆滤纸
出口情况：出口美国、东南亚等国际市场

★河北阿木森滤纸有限公司
地址：河北省辛集市位伯工业区
邮编：052360
电话：0311/83312259、83312251
传真：83312269、83312261
网址：www.amslz.com
电子信箱：amszhangjinliang@163.com
质量体系：ISO 9001
产品情况：（阿木森牌）
滤芯纸、滤盖滤网等过滤材料
出口情况：出口中东、东南亚、美洲等10多个国家和地区

★河北亚太塑料制品有限公司
地址：河北省衡水市经济开发北区滏阳三路
邮编：053000
电话：0318/2212861
传真：2101268
网址：www.yataigongsi.com
电子信箱：yt@yataigongsi.com
单位人数：150
质量体系：ISO/TS 16949、ISO 9001
产品情况：（亚大牌）
主要生产尼龙管、高压树脂管、螺形管、七芯线、测压管、喷涂软管、加气软管等各种管子系列产品
配套情况：主要配套中国一汽、东风公司、济南重汽、青汽、中集集团、华菱汽车、北汽福田、三一重工、华联重科等厂家

★河北易德利橡胶制品有限责任公司
地址：河北省冀州市魏屯开发区魏齐路108号
邮编：053200
电话：0318/8973666
传真：8974666
网址：www.ydlxj.com
电子信箱：ydl@ydlxj.com
质量体系：ISO/TS 16949、ISO 9001
产品情况：（易德利牌、梅花牌）
橡胶管道、各种橡胶板、密封胶垫、胶管等

★河北华特汽车部件有限公司
地址：河北省景县开发区
邮编：053500
电话：0318/4312496
传真：4312496
电子信箱：13313189169@vip.163.com
质量体系：ISO/TS 16949
产品情况：尼龙压力管、制动管、树脂增强软管、汽车排气管、消声器、汽车中冷器进出气管、金属软管、伸缩管、碳钢及不锈钢弯管；汽车电子加速踏板总成；卡箍、支架、底盘横梁、三角臂、车身连接件、发动机支承、托架总成等冲压件；空气悬架总成；定子、转子、加速机构总成等橡胶塑料制品
配套情况：为中国重汽、北汽福田、东风汽车、集瑞重工、大运汽车、东风朝阳柴油机等多家知名企业配套

★河北宏广橡塑金属制品有限公司
地址：河北省景县开发区西苑路
邮编：053500
电话：0318/4222511、4312287
传真：4220046
网址：www.hbhongguang.com
电子信箱：hg@hbhongguang.com
质量体系：ISO/TS 16949、ISO 9001
产品情况：（宏广牌）
汽车制动软管、尼龙管、树脂管、橡胶管、金属软管、输送带、橡塑设备、化工涂料、橡塑密封件等
配套情况：为长春一汽、上汽大众、沈阳金杯、中国重汽等企业配套

★景县昌隆铸造有限公司
地址：河北省景县王瞳镇
邮编：053512
电话：0318/4566520、4565220
传真：4565577
网址：www.changlongfoundry.com
电子信箱：changlongcasting@vip.163.com
单位人数：280
质量体系：ISO/TS 16949、ISO 9001
产品情况：汽车零部件、机械配件、铁路配件、阀门、阀门配件和各种管件接头
出口情况：远销美国、加拿大、法国、挪威、俄罗斯、以色列、荷兰、日本、韩国等

★安平县三联过滤器材有限公司
地址：河北省安平县城东开发区河北滤材城
邮编：053600
电话：0318/8068888、7850505
传真：7524169
网址：www.apsanlian.com
电子信箱：sales@apsanlian.com
质量体系：ISO 9001
产品情况：单组份滤芯专用胶黏剂、双组份滤芯专用胶黏剂、PU注塑胶、热熔胶、热固化滤芯胶等多种胶黏剂产品
出口情况：远销美国、德国、韩国、比利时、东南亚等国家和地区

★安平县玖玖滤清器系材有限公司
地址：河北省安平县王各庄开发区
邮编：053600
电话：0318/7802036
传真：7802055
网址：www.filter-jj.com
电子信箱：info@filter-jj.com
质量体系：ISO 9001
产品情况：（玖合牌）
汽车工业滤纸、汽车空调专用活性炭过滤材料等

出口情况：出口北美洲、韩国、乌克兰、东南亚等国家和地区

★河北安平长城滤纸有限公司
地址：河北省安平县郑家庄开发区
邮编：053600
电话：0318/7539665、7529665
传真：7529665
网址：www. china－filterpaper. com
电子信箱：cc@ china－filterpaper. com
董事长：李彦凯
单位人数：200
质量体系：ISO 9001
产品情况：（珠峰牌）
滤纸，生产能力7000多t
出口情况：出口东亚、东南亚、欧洲、美洲

★河北国威新材料科技有限公司
地址：河北省衡水市安平县工业园东区纬二路22号
邮编：053600
电话：0318/7515958、7882001
传真：7515918
网址：www. np－fp. com
电子信箱：info@ zmlz. com
单位人数：150
质量体系：ISO 9001、ISO 14001
产品情况：（正明牌）
汽车工业滤纸，年产1000余t
出口情况：出口韩国、土耳其、埃及、叙利亚等20多个国家

★河北省安平县金城滤纸有限公司
地址：河北省衡水市安平县徐疃工业区
邮编：053600
电话：0318/7616419、7660888
传真：7616233
网址：www. jinchengfilterpaper. com
电子信箱：sales@ jinchengfilterpaper. com
质量体系：ISO 9001
产品情况：（五环牌）
滤纸
出口情况：远销欧洲、美洲、亚洲

★河北赛之顺制动元件有限公司
地址：河北省故城县故城镇政府街1号
邮编：053800
电话：0318/5695555
传真：5688999
网址：www. saizhishun－brake. com
电子信箱：zy13853400034@ vip. 163. com
质量体系：ISO 9001
产品情况：汽车、摩托车制动片，年产能力100万套
出口情况：远销中东、东南亚、欧洲、美洲等10多个国家和地区

★衡水北方刹车片有限公司
地址：河北省故城县郑口镇北外环路168号
邮编：053800
电话：13932803385
传真：0318/5351868
网址：www. gaolianquan. com. cn
法人代表：刘炳胜
质量体系：ISO 9001
产品情况：（炳胜牌）
各种制动器衬片、制动蹄总成及各种制动附件，年产能力500万套
配套及出口情况：已与松花江、昌河、长安、奇瑞、海马、柳州五菱、一汽佳宝、金杯海狮6480、田野皮卡、一汽小解放、北汽福田等十几种国内车型配套；出口美国、德国、加拿大、尼日利亚、斯里兰卡、立陶宛、波兰、伊朗等国家

★邢台威力汽车零部件有限公司
地址：河北省邢台市威县常庄工业区
邮编：054700
电话：0319/6395262、6396288
产品情况：转向盘、扬声器罩、空气出口罩、排气口罩、门拉手、暖风管、连接管、头枕支架、变速手柄、各种拉线、软PVC、各种吹塑件及各种防雨膜等产品

★河北威县盛达密封件有限公司
地址：河北省邢台市威县鸭窝经济技术开发区
邮编：054704
电话：0319/6392088、6392888
传真：6392368
电子信箱：sd@ hbhonglei. com
质量体系：ISO/TS 16949、ISO 9001
产品情况：（宏磊牌）
汽车密封件，年产密封条2860万m
配套情况：为东风汽车公司、苏州金龙、哈飞汽车、上汽通用五菱、南京汽车集团、丹东黄海、昌河汽车、宇通客车、郑州轻型、长城汽车、上海万丰等配套

★永盛汽车配件制造有限公司
地址：河北省邢台市威县鸭窝经济技术开发区
邮编：054704
电话：0319/6390888、6392566
传真：6391000
网址：www. hbysqp. com
电子信箱：yongsheng@ hbysqp. com
单位人数：368
质量体系：ISO 9001
产品情况：（汇鑫牌）
汽车、火车及船用密封条、橡胶制品、拉线、各种胶管等，年销售额5000万元
配套情况：为一汽集团等76家企业配套

★河北省华意机械附件有限公司
地址：河北省清河县城关工业区
邮编：054800
电话：0319/8051116
传真：8051118
电子信箱：cnhbhuayi@ 126. com
质量体系：QS 9000、ISO 9002
产品情况：橡胶水管、波纹管、滤清器、密封条、软轴拉线等

★清河县华鹏汽车配件有限公司
地址：河北省清河县城西刘庄工业区
邮编：054800
电话：0319/5532118、5532098
传真：8138815
网址：www. hbqhhp. com
电子信箱：hp@ hbqhhp. com
质量体系：ISO 9001
产品情况：（华鹏牌）
橡胶管、硅胶管、密封条、水管、油管、钢丝波纹管、防尘罩等橡胶产品
配套及出口情况：与国内多家主机厂配套；已经建立长期合作的国家和地区有中东、东南亚、东欧、北非、美国、南美洲等

★河北永丰汽车零部件制造有限公司
地址：河北省清河县工业园区嵩山南路6号
邮编：054800
电话：0319/8167555、8167567
传真：8167566
电子信箱：yongfeng@ hbtenghui. com
质量体系：ISO/TS 16949
产品情况：（腾辉牌）
密封件、密封条、汽车钢索
配套情况：是一汽集团定点配套单位，并与新宏昌重工集团、北汽福田、中集集团、冀东改装车、唐山亚特、黄骅光华、河南骏通等汽车厂家建立了长期供货关系

★清河县三联橡塑制品有限公司
地址：河北省清河县科技园区浦江街91号
邮编：054800
电话：0319/8167999、8167616
传真：8167066
网址：www. sanlianxiangsu. cn
电子信箱：sanlianxiangsu@ 126. com
法人代表：段金堂
质量体系：ISO 9001
产品情况：（三联牌）
硅橡胶、各类密封条、橡胶件、密封圈、各种胶管、拉线等
配套及出口情况：为200多家塑钢门窗、玻璃幕墙装饰公司、汽车等生产厂家配套；出口美国、韩国、法国、澳大利亚、加拿大、日本、意大利等国家

★河北飞越汽车零部件有限公司
地址：河北省清河县汽配工贸区
邮编：054800
电话：0319/8166108
传真：8060224
质量体系：ISO/TS 16949
产品情况：各种橡胶制品

★清河县长城密封件有限公司
地址：河北省清河县王二庄工业区
邮编：054800
电话：0319/8037930
传真：8030009
网址：www. ccmfj. com
电子信箱：chenzb@ ccmfj. com. cn

质量体系:ISO 9001
产品情况:(金城堡牌)
螺旋保护套、密封条、橡胶制品、胶管四个大类产品
配套情况:为三一重工、中联重科、江苏柳工、昌河铃木、北汽福田、常林集团、洛阳一拖、徐工集团、上海龙工等配套

★河北省清河县九洲软轴胶管有限公司
地址:河北省清河县祥和大街145号
邮编:054800
电话:0319/8286411
传真:8182974
网址:www. jiuzhoujiaoguan. com
电子信箱:jiuzhou@ jiuzhoujiaoguan. com
董事长:曹宗洲
质量体系:ISO 9001
产品情况:(清河湖牌)
各种胶管
配套情况:为亚星客车、欧曼客车、河北定州客车、重汽集团等配套

★河北万龙密封科技有限公司
地址:河北省清河县小屯工业区
邮编:054800
电话:0319/8030012、13603191853
传真:8030092
网址:www. wl－jt. com
电子信箱:winni@ wl－jt. com
质量体系:ISO/TS 16949
产品情况:橡塑制品、橡胶制品、塑料制品、汽车玻璃、电子电器、钢索、软轴、滤芯、胶管及新型密封产品科技研发
出口情况:远销日本、美国、法国、伊朗、巴西等国家

★清河县凯旋密封件有限公司
地址:河北省清河县小屯工业区
邮编:054800
电话:0319/8031762、18733911223
传真:8030161
质量体系:ISO/TS 16949
产品情况:橡胶密封条、PVC密封条、汽车空调管、胶管
出口情况:远销美洲、欧洲、东南亚、非洲、东亚、中东、南亚等地区

★清河远东橡塑制品有限公司
地址:河北省清河县小屯工业区
邮编:054800
电话:0319/8030066、8031048
传真:8031048
网址:www. hbyuandong. com
电子信箱:hbyuandong@ hotmail. com
单位人数:110
质量体系:ISO 9001
产品情况:(鸿越牌)
密封条、硅胶管、针织胶管、发动机软垫和汽车减振产品、橡胶制品
配套及出口情况:已与国内20多家汽车厂建立了稳定的配套合作关系;出口北美洲、西欧、东南亚、中东、日本、韩国等国家和地区

★河北星源汽配集团有限公司
地址:河北省邢台市清河三羊西街城关工贸区
邮编:054800
电话:0319/8051259
传真:8050913
网址:www. hbxyjt. com
电子信箱:hebeixyjt@ 126. com
单位人数:450
质量体系:ISO/TS 16949
产品情况:(奇星牌)
密封条、胶管、注塑件、模压件等

★河北省清河县永兴实业有限公司
地址:河北省邢台市清河县城关工业区8号
邮编:054800
电话:0319/8050093、13730553726
传真:8050092
网址:www. hbyxqc. com
电子信箱:busin ss@ hbyxqc. com
单位人数:110
质量体系:ISO/TS 16949、ISO 9001
产品情况:(清驰牌)
三元乙丙胶条、PVC橡塑制品、单组份聚氨酯密封胶、摩托车和汽车耐扎防爆轮胎
配套及出口情况:为奇瑞汽车、长安汽车等配套;远销美国、越南、阿联酋、新加坡等国家

★河北永昌密封件有限公司
地址:河北省清河县挥公大道8号
邮编:054802
电话:0319/8031806
传真:8031336
网址:www. hbycmfj. com
电子信箱:zjl@ hbycmfj. com
单位人数:380
质量体系:ISO/TS 16949
产品情况:密封件
配套情况:为国内外60多家大中型汽车及建筑门窗等厂家配套

★清河县德正汽车配件有限公司
地址:河北省清河县王官庄工业区
邮编:054802
电话:0319/8130777、8136033
传真:5533677
电子信箱:hbdezheng@ 126. com
质量体系:ISO 9001
产品情况:(德利牌)
汽车散热器胶管及汽车密封条
配套情况:为福田汽车、南骏、力帆、英田等10多家主机厂配套

★河北三众橡胶有限公司
地址:河北省清河县王官庄工业园区
邮编:054802
电话:0319/8136084
传真:8138038
网址:www. hbsanzhong. com
电子信箱:hbsanzhong@ 126. com
单位人数:256
质量体系:ISO/TS 16949、ISO 9001
产品情况:(三众牌)
汽车胶管(输水输油胶管、硅胶管、动力转向管、空调管、气管)、密封胶条、模压件等橡胶橡塑制品
配套情况:为一汽、北汽福田、马恒达、中天龙舟、中联重科、南昌凯马、重庆力帆、河北长安配套

★清河县昌通机动车辆配件厂
地址:河北省邢台市清河县大寨工业区
邮编:054802
电话:0319/8138328、8138113
传真:5532638
网址:www. hbchangtong. com
电子信箱:changtong1@ 126. com
质量体系:ISO/TS 16949、ISO 14001
产品情况:(昌通牌)
汽车密封条、橡胶件、胶管、拉线
配套情况:为长春一汽、保定长城、山东时风、郑州宇通等国内26家大型主机厂配套

★河北宏安汽摩配件有限公司
地址:河北省邢台市清河县大寨路北
邮编:054802
电话:0319/8136789、8132299
传真:8138058
网址:www. china－hongan. com
电子信箱:wendy@ china－hongan. com
质量体系:ISO/TS 16949、ISO 9001
产品情况:(品利得牌)
三元乙丙胶条,汽车水管、输油管及橡胶制品
配套情况:为昌河汽车、哈飞汽车、五十铃配套

★河北新华橡胶密封件有限公司
地址:河北省邢台市清河县挥公大道6号
邮编:054802
电话:0319/8031777、8030777
传真:8030828
电子信箱:xinhua@ hbxhjt. com
质量体系:ISO/TS 16949、QS 9000
产品情况:(爱征牌)
密封胶条、汽车内饰件、汽车模压件等,年产能力2680万m
配套情况:为一汽集团、上汽通用五菱、哈飞汽车、三菱、昌河汽车、亚星商用车、宇通客车、长城汽车、北汽福田等配套

★邢台辉门密封件有限公司
地址:河北省邢台市任县滏阳大街178号
邮编:055150
电话:0319/7591988、15933093556
传真:7597555
网址:www. fyyfc. com
电子信箱:fyyf1988@ 163. com
质量体系:QS 9000、ISO 9001
产品情况:汽车油封、气门油封、发动机密封件、机械密封件、国标/非标油封密封件等

★邢台山峰特种橡胶制品厂
地址:河北省邢台市任县河头工业区
邮编:055150
电话:0319/7576088、7576001
传真:7576016
网址:www.nqkoilseal.com
电子信箱:nqkyyj@nqkoilseal.com
单位人数:260
质量体系:ISO 9001
产品情况:(NQK 牌)
主要产品是油封和密封件以及模压橡胶制品
出口情况:远销欧洲、美洲、东南亚等地区

★河北华密橡胶有限公司
地址:河北省邢台市任县经济开发区
邮编:055150
电话:0319/7609668、7609666
传真:7609988
网址:www.hmxj.com
电子信箱:business@hmxj.com
董事长:李藏稳
单位人数:500
质量体系:ISO/TS 16949、ISO 14001
产品情况:油封、O 形圈、气动液压、防尘罩、密封垫、橡胶减振制品、线束护套等
配套及出口情况:与一汽、东风、北京现代、保定长城、北方重型、丹东曙光、华泰汽车、山西大运、三一重工等多家汽车企业建立密切关系;远销德国、英国、美国、俄罗斯等数十个国家

★河北新世泰密封有限公司
地址:河北省邢台市任县永康大街
邮编:055150
电话:0319/7596160、7656928
传真:7591199
网址:www.xinshitai.com
电子信箱:xst@xinshitai.com
质量体系:ISO/TS 16949、ISO 9001
产品情况:汽车及摩托车汽缸垫、全车垫、排气管垫、离合器从动盘、火花塞帽、平叉套、气门油封、全车油封等
配套及出口情况:为 100 多家公司提供 OEM 配套;出口欧洲、中南美洲、中东、东南亚等地区

★邢台市青山密封有限公司
地址:河北省任县北定工业区 22 号
邮编:055151
电话:0319/7596387、13932918967
传真:7596387
网址:www.xtqingshan.com
电子信箱:sto@xtqingshan.com
单位人数:198
质量体系:ISO 9002
产品情况:(STO 牌)
O 形圈、氟胶气门油封、摩托车导向板、三向轮、耐油管、各种垫片,以及各种机械橡胶密封件等
配套及出口情况:为多个厂家配套;出口欧洲、美洲、南非、印度尼西亚、越南等国家和地区

★邢台市宏友密封件有限公司
地址:河北省邢台市建业路南段
邮编:055151
电话:0319/3989866、3989660
传真:3989669
网址:www.oilseal.cn
电子信箱:hd@oilseal.cn
单位人数:200
质量体系:ISO/TS 16949、ISO 9002
产品情况:(TOTO 牌、YOG 牌)
主要生产油封、气门油封、减震橡胶、液压密封件和 O 形圈等相关橡胶类产品
出口情况:远销东欧、中东、南美洲、非洲、东南亚

★邢台市龙滨橡塑制品有限公司
地址:河北省邢台市任县东刘闸开发区 1 号
邮编:055153
电话:0319/7639666、7568888
传真:7565368
网址:www.xtlongbin.com
电子信箱:zhaozhanbin1@163.com
单位人数:198
质量体系:ISO/TS 16949
产品情况:(耐实牌)
缓冲胶套、油封等橡胶塑料制品,汽车底盘件
出口情况:部分产品远销北美洲、欧洲、东南亚、俄罗斯等 30 多个国家和地区

★河北任县企大橡胶有限责任公司
地址:河北省邢台市任县西刘工业区
邮编:055153
电话:0319/7565028、13785959998
传真:7639838
电子信箱:qd@qidaxj.com
质量体系:ISO 9001
产品情况:(企大牌)
橡胶制品、聚氨酯、尼龙、密封件等
配套及出口情况:为 20 多个厂家的发动机、车桥阀门、摩托车、起动机、液压机械、军工企业等主机厂配套;出口俄罗斯、朝鲜、日本、韩国、东南亚多个国家和地区

★巨鹿县宏伟密封电器配件有限公司
地址:河北省邢台市巨鹿县城西大寨工业区
邮编:055250
电话:0319/4391685、4391113
传真:4391649
网址:www.hwmf.com
单位人数:100
质量体系:ISO 9001
产品情况:汽车、摩托车密封件、垫片等
出口情况:出口东南亚、欧洲、美国、南美洲、中东、非洲等国家和地区

★欧海密封有限公司
地址:河北省邢台市北定工业区
邮编:055350
电话:0319/7593555、13643296868
传真:7593369
网址:www.ouhaicn.com
电子信箱:ouhai@ouhaicn.com
质量体系:ISO/TS 16949、QS 9000
产品情况:聚四氟油封(油封王)、氟橡胶气门油封、全车垫片、O 形密封圈、气门室垫、减振胶套、动力转向机修理包、空压机油封等

★新河县华兴机械制造有限公司
地址:河北省新河县北环路 5 号
邮编:055650
电话:0319/4782360
传真:4782373
网址:www.xhhxgs.com
电子信箱:root@xhhxqp.com
单位人数:500
质量体系:ISO 9001
产品情况:(旺通牌)
汽车用底盘悬架冲压件、拉伸组合件、轿车前摆臂、发动机主横梁、油封座圈、转向节主销、后桥壳盖、防尘盘、调整垫片等产品
配套情况:与中国一汽集团车桥、东风汽车底盘、湖南汽车车桥厂、江淮汽车车桥、北汽福田义和车桥、重庆大江信达车辆等各大厂家配套

★邢台曙光车料有限公司
地址:河北省邢台市新河县郜宋工业区
邮编:055650
电话:0319/4841388、4841869
传真:4841886
网址:www.xtsgcl.com
电子信箱:sg@xtsgcl.com
质量体系:ISO 9001
产品情况:(曙光牌)
各种半轴行星垫片、调整垫片及精磨处理件,年产能力 6000 万件

★南宫市星晨毡业有限公司
地址:河北省南宫市朝阳大街东段
邮编:055750
电话:0319/5220982、5222982
传真:5227823
质量体系:ISO 9001
产品情况:(星晨牌)
毛毡及毛毡密封圈、毛毡密封条、毛毡密封垫、毛毡块等毛毡配件;抛光毡、抛光片、抛光轮、黏扣羊毛球、系带羊毛球、单双面羊毛球等
出口情况:出口美国、德国、伊朗、马来西亚、突尼斯等国家,并销往中国香港、中国台湾地区

★河北沧县汽车配件厂
地址:河北省沧州市沧县皂坡工业开发区
邮编:061000
电话:0317/5513110
传真:4802175
质量体系:ISO 9001
产品情况:汽车冲压件

配套情况：为天津一汽夏利、江淮汽车、北汽车桥厂、石家庄车桥厂等配套

★沧州市世久机械制造有限公司
地址：河北省沧州市运河区姚庄子市场南侧
邮编：061001
电话：0317/2053631
传真：2052931
网址：www.bt－ql.net
电子信箱：cangzhoushijiu@126.com
单位人数：100
质量体系：ISO 9001
产品情况：（清岚牌）
汽车拉索上面所需的五金冲压配件
配套及出口情况：主要应用于广汽本田、广州丰田、东风日产、上汽大众、上汽通用、长安、长城、奇瑞、江淮等轿车；出口日本、欧洲、美洲

★沧州三星汽车零部件有限公司
地址：河北省沧州市纸房头工业园区
邮编：061026
电话：13901193667
网址：www.sanxingbc.com
电子信箱：leima_2000@hotmail.com
董事长：马耀平
质量体系：ISO 9001
产品情况：汽车和工程机械用盘式制动片及其附件
配套及出口情况：是中国汽车工业进出口公司的长期合作伙伴；出口欧洲、非洲、中东等地区

★沧县运通机动车管路制造厂
地址：河北省沧州市杜林镇大渡口工业园
邮编：061028
电话：0317/4906508
传真：4940833
网址：www.czdfzd.com
电子信箱：info@czdfzd.com
质量体系：ISO 9001
产品情况：（双力牌）
各种管路
配套情况：为东风汽车公司、北汽福田、时风集团配套

★河北沧州文达汽车配件有限公司
地址：河北省黄骅市滕庄子工业园区1号
邮编：061100
电话：0317/5478888
传真：5479888
网址：www.wendacn.com
电子信箱：sale@wendacn.com
单位人数：150
质量体系：ISO/TS 16949
产品情况：后桥冲压件、紧固件等
配套情况：为一汽集团（中型货车采购部、专用车厂）、重汽集团济南卡车公司、一汽山东汽车改装厂、辽宁凌河汽车底盘厂、徐州美驰车桥等主机厂配套

★黄骅市津华制动部件有限公司
地址：河北省黄骅市齐家务镇刘庄
邮编：061104
电话：0317/5961287
网址：www.jhzd.net
电子信箱：shiqcai@jhzd.net
质量体系：ISO/TS 16949
产品情况：（津华牌）
各种车系消音片、导向架、报警卡簧、固定夹等制动片附件系列产品

★黄骅市交通汽车配件有限公司
地址：河北省黄骅市滕庄子企业家园
邮编：061108
电话：0317/5478999
传真：5479999
质量体系：ISO 9001
产品情况：（安进牌）
半挂车的牵引座总成和支承装置，各种汽车冲压件、汽车轮胎升降器
配套情况：为一汽集团、东风汽车公司、重汽集团等配套

★河北信久重型机械制造有限公司
地址：河北省沧州市盐山县孟店乡东帽圈村
邮编：061305
电话：0317/6321558
传真：6321081
质量体系：ISO/TS 16949
产品情况：（迅安牌）
鞍型横梁、连接板、脚踏板支架、防尘罩、挡泥板等
配套情况：为济南多家大型重型机械装备公司配套

★沧州鑫利达五金制造有限责任公司
地址：河北省沧州市南皮县东迎宾路开发区18号
邮编：061500
电话：0317/8856628、8865699
传真：8863688
电子信箱：xinlida@czxinlida.com
质量体系：ISO 9001
产品情况：汽车制动片附件、五金冲压件、弹性部件、汽车五金配件等，电子产品配件
出口情况：部分产品出口

★南皮县春生五金配件厂
地址：河北省南皮县冯家口镇齐屯子
邮编：061500
电话：0317/8796358
传真：8797916
电子信箱：hec4@163.com
质量体系：ISO 9001
产品情况：（CHUNSHENG牌）
各类型的精密冲压件，各种车型的制动片附件
出口情况：出口欧洲、美国、中南美洲

★沧州惠邦机电产品制造有限公司
地址：河北省南皮县惠邦路
邮编：061500
电话：0317/8861192、8861191
传真：8861190
网址：www.orbon.com.cn
电子信箱：orbon@orbon.com.cn
质量体系：ISO/TS 16949、ISO 9000
产品情况：汽车零部件
配套情况：为德国SIEMENS、美国MOTOROLA、法国SCHNEIDER（施耐德）、瑞士ABB、韩国SAMSUNG（含有中国本土工厂及其海外工厂）、一汽－大众、重汽集团等配套

★河北康奥电力汽配有限公司
地址：河北省河间市桂庄工业开发区
邮编：062450
电话：0317/3603260、13731726810
传真：3616788
网址：www.kangao.com.cn
电子信箱：hebei@kangao.com.cn
质量体系：ISO 9001
产品情况：（福重牌）
汽车钢板U形螺栓、汽车工具、紧固件、液压管接头、螺母等
出口情况：出口埃塞俄比亚、土耳其、沙特阿拉伯、日本、韩国、马来西亚等10多个国家，并销往中国香港地区

★河北三路汽车附件厂
地址：河北省河间市河卧中路
邮编：062450
电话：0317/3836141、3834142
传真：3834143
电子信箱：sanluqipei@sina.com
质量体系：ISO/TS 16949、ISO 9000
产品情况：（三路牌、鸣质牌）
轮胎螺栓、钢板U形螺栓、紧固件、套筒工具、螺母等
配套及出口情况：为几家汽车主机厂、改装厂和挂车厂配套；出口欧美、东南亚、非洲、中东等地区

★河北巨象汽车配件工业有限公司
地址：河北省河间市行别营乡文庄工业区
邮编：062450
电话：0317/3890788、13803178936
传真：3895788
网址：www.hbjuxiang.com
电子信箱：hbjuxiang@126.com
质量体系：ISO/TS 16949
产品情况：（JUXIANG牌）
制动片

★河间市亚代尔汽车零部件有限公司
地址：河北省河间市卧佛堂镇工业区
邮编：062453
电话：0317/3821639
传真：3823769、3192988
电子信箱：jeremy@adair－auto.com
质量体系：ISO 9001
产品情况：（亚代尔牌）
各种规格不锈钢软管、波纹管、伸缩管等
配套情况：为北京、天津、保定、长春等众多汽车厂家配套

★河间市恒良弓卡子厂
地址:河北省河间市米各庄汽车配件大市场
邮编:062454
电话:0317/3808908
传真:3808908
电子信箱:hengliang@hb-hengliang.com
质量体系:ISO 9001
产品情况:(恒良牌)
汽车弓卡子
配套及出口情况:为一汽集团、东风汽车公司服务站等多家公司供应配套;出口泰国、埃及、乌克兰等国家

★河北百吉汽车配件有限公司
地址:河北省河间市米各庄镇百吉路1号
邮编:062454
电话:0317/3802561、3802666
传真:3808888
网址:www.shachepian.net
电子信箱:hbfuao@163.com
质量体系:ISO 9001
产品情况:(百吉牌)
制动片、制动调整臂、制动蹄等,年产制动片9000t
出口情况:远销东南亚、北美洲、南非等地区

★任丘市方圆塑料有限公司
地址:河北省任丘市东关张
邮编:062550
电话:0317/2730513
传真:2730513
产品情况:动力转向储油罐、储油杯总成、防冻液水壶、膨胀水箱、搪塑线卡、塑料线卡、喉箍等
配套情况:为一汽集团、五征集团、力帆、杭挂、长城皮卡、猎豹、福田汽车等配套

★唐山爱信化工有限公司
地址:河北省唐山市高新技术开发区卫国北路297号
邮编:063020
电话:0315/3856391
传真:3852112
网址:www.aisin.co.jp
电子信箱:yangdongju@ts-aisinchem.com.cn
产品情况:汽车制动器制动片、汽车变速器摩擦材料
配套情况:为丰田汽车配套

★唐山兴宇橡塑工业有限公司
地址:河北省玉田县城北马头山橡胶工业园区
邮编:064100
电话:0315/6166836、6169378
传真:6166836、6169136
网址:www.tsxyxs.com
电子信箱:xyxs_9681@163.com
单位人数:1500
质量体系:ISO 9001
产品情况:(兴宇牌)
内胎及垫带,分为天然橡胶、丁基橡胶两大系列,100多个品种,年产量1000多万条
出口情况:远销东南亚、中东等10多个国家和地区

★玉田县信旺机械厂
地址:河北省唐山市玉田县玉田镇现代园区
邮编:064103
电话:0315/6169918、6426999
产品情况:汽车配件

★廊坊汉和机械制造有限公司
地址:河北省廊坊市固安工业区(南区)汉和路1号
邮编:065500
电话:0316/5929316
传真:5929311
网址:www.hanhemachinery.com
电子信箱:hanhemachinery@126.com
质量体系:ISO 9001
产品情况:工程机械零件、汽车零件、其他机械零件
出口情况:出口日本、欧洲、美国

★廊坊时讯润滑油脂有限公司
地址:河北省大城大荆河开发区
邮编:065906
电话:0316/5611068
传真:5611761
网址:www.cnshixun.com
电子信箱:sx@cnshixun.com
质量体系:ISO 9001
产品情况:(今时训牌、时讯牌、百吨王牌)
润滑油脂,年产能力1.2万t

★秦皇岛菲凯特工业有限公司
地址:河北省秦皇岛市经济技术开发区钱塘江道8号
邮编:066004
电话:0335/8508186、8509079
传真:8508605
网址:www.fectgroup.com
电子信箱:sales@fectgroup.com
质量体系:ISO 9001
产品情况:金属波纹管系列、钢丝绳产品系列、金属托盘箱系列、高压胶管总成系列
出口情况:出口日本(本田汽车、丰田汽车、日本合成橡胶)、欧洲(KTM)等国家和地区

★保定富尧润滑油脂有限公司
地址:河北省保定市107国道152公里处
邮编:071000
电话:0312/2179094
传真:2171777
网址:www.fuyaoyouzhi.com
电子信箱:fuyao@fuyaoyaozhi.com
质量体系:ISO 9001
产品情况:各种润滑脂、柴油机油、汽油机油、液压油、齿轮油、液力传动油、防锈油等

★保定市诺博橡胶制品有限公司
地址:河北省保定市朝阳南大街2288号长城汽车零部件园
邮编:071000
电话:0312/2197088、13315216168
传真:2196900
网址:www.nuobo.net
电子信箱:nuoboxiaoshou@163.com
单位人数:1000
质量体系:ISO/TS 16949、ISO 9001
产品情况:橡胶减振产品和汽车密封条产品

★阔丹-凌云汽车胶管有限公司
地址:河北省涿州市开发区朝阳路205号
邮编:072750
电话:0312/5520800
传真:5520899
网址:www.codan-lingyun.com.cn
电子信箱:cjl@cocan-lingyun.com.cn
负责人:李志发
质量体系:ISO/TS 16949、ISO 14001
产品情况:汽车空调胶管、燃油胶管、动力转向高低压胶管、油冷胶管、异形胶管等
配套情况:为北京奔驰、北汽制造、北汽福田等配套;动力转向管为国内主流乘用车型批量配套

★河北亚大汽车塑料制品有限公司

地址:河北省涿州市开发区工业园区朝阳路207号
邮编:072761
电话:0312/7128805
传真:7128874
网址:www.chinaust.com
电子信箱:chinaust@chinaust.cn
负责人:夏雷鸣
质量体系:ISO/TS 16949
产品情况:汽车尼龙压力管、高压管、彩条管、多层管、波纹管等各种管路及总成
配套情况:为东风汽车公司、一汽集团、北汽福田、重汽集团、上汽大众、神龙汽车、北奔重汽等配套
☞详细情况请参阅彩色宣传版面

★河北亚大集团
地址:河北省涿州市松林店
邮编:072761
电话:0312/3952000
传真:3676831
网址:www.chinaust.com.cn
电子信箱:market@chinaust.com
质量体系:ISO/TS 16949、ISO 14001
产品情况:汽车、液压气动行业输油管、真空管、制动管、多层管、波纹管等尼龙压力管及总成产品等
配套情况:为上汽大众、一汽-大众、上

汽通用、神龙汽车、东风汽车公司、一汽集团、北汽福田、长安汽车、宇通客车、重汽集团、北京奔驰等配套

★衡水华达摩擦材料有限公司
地址:河北省故城县青罕镇大刘中街3号
邮编:253800
电话:0318/5332270
传真:5332370
网址:www.hdzdcl.com.cn
电子信箱:huadazd@163.com
质量体系:ISO 9001
产品情况:(亚久牌)
各种汽车、装载车制动蹄片总成、制动蹄铁、钢背各种附件
配套及出口情况:为多个主机厂配套;出口西欧、北美洲、东南亚等地区

★华化摩擦材料有限公司
地址:河北省故城县青罕镇工业区
邮编:253800
电话:0318/5332142、5338869
传真:5336142
电子信箱:huahuabrake@vip.163.com
质量体系:ISO 9001
产品情况:(晶轩牌、鲁冠牌)
汽车、摩托车制动片
出口情况:远销欧洲、美洲、中东、东南亚等地区

★衡水众成摩擦材料有限公司
地址:河北省故城县西苑工业项目园区
邮编:253800
电话:0318/5324302
传真:5360051
网址:www.hszc.com
电子信箱:zhongcheng@hszc.com
质量体系:ISO/TS 16949
产品情况:(众成利华牌)
汽车盘式制动片、鼓式制动片,年产能力150万套

山西省

★山西太钢不锈钢股份有限公司
地址:太原市尖草坪街2号
邮编:030003
电话:0351/3012615、3131542
传真:3131470
网址:tgbx.tisco.com.cn
电子信箱:tgbx@tisco.com.cn
法人代表:高祥明
负责人:张志方
产品情况:(太钢牌)
不锈钢、冷轧硅钢、碳钢热轧卷板、合金模具钢、军工钢等,不锈钢、不锈复合板、高牌号冷轧硅钢、电磁纯铁、高强度汽车大梁钢、花纹板、焊瓶钢
配套及出口情况:为中国重汽、北汽福田、陕汽、北奔重汽配套;与全球80多个国家和地区开展了经贸合作

★山西通达汽车制动材料制造有限公司
地址:山西省侯马市经济开发区合欢街33号
邮编:043012
电话:0357/4078995、4078996
网址:www.tdqczd.com
电子信箱:ylsxtd@163.com
质量体系:ISO/TS 16949
产品情况:各类轿车制动片,年产盘式片190万套、鼓式片190万套

★山西金宇粉末冶金有限公司
地址:山西省临猗县城郇阳西街439号
邮编:044100
电话:0359/4022080、4023607
传真:4022019
网址:www.jy2718.com
电子信箱:root@jy2718.com
质量体系:ISO/TS 16949、ISO 9001
产品情况:粉末冶金制品、摩擦材料

辽宁省

★沈阳远程摩擦密封材料有限公司
地址:沈阳市铁西区北二西路26号4-1
邮编:110026
电话:024/86722458、86871365
传真:86865162
网址:www.syycmc.com
电子信箱:fannyshenyang@163.com
单位人数:300
质量体系:ISO 9001
产品情况:各种高、中档制动片,离合器片、树脂制动带等
配套及出口情况:与国内外著名汽车制造厂配套;出口俄罗斯、澳大利亚、加拿大、埃及、伊朗、阿联酋、叙利亚、约旦、乌拉圭、菲律宾、印度尼西亚等国家

★沈阳三丰橡胶有限公司
地址:沈阳市经济技术开发区二十五号路36号
邮编:110027
电话:024/89255775
传真:89255750
网址:www.triprorubber.com
电子信箱:shuang.ao@triprorubber.com
质量体系:ISO 9001
产品情况:中高端丁基胶内胎与垫带
出口情况:出口印度、新加坡、加拿大、澳大利亚、南美洲等国家和地区

★沈阳奥吉娜化工有限公司
地址:沈阳市于洪区青海西路108号
邮编:110027
电话:024/25201501、25201067
传真:25201480、25201156
网址:www.original.com.cn
电子信箱:ty@original.com.cn
质量体系:ISO/TS 16949、QS 9000
产品情况:(奥吉娜牌)
工业用油、工业润滑脂、发动机油、自动变速器油及齿轮油、防冻液、助力转向油、其他辅助油液、制动液、液压油等
配套情况:为华晨宝马、奇瑞汽车、天津一汽、长城皮卡、北汽欧曼、福莱尔、三菱发动机、新光发动机、朝柴等配套

★沈阳汽车冲压件制造有限公司
地址:沈阳市于洪区鸭绿江东街32号
邮编:110032
电话:024/86614408、86614518
传真:86616862
网址:www.syqccyj.com
电子信箱:syqccyj@163.com
质量体系:ISO/TS 16949、QS 9000
产品情况:汽车冲压零部件及汽车车门铰链
配套情况:为华晨金杯、沈阳金杯车辆、金东实业、保定长城等配套

★沈阳防锈包装材料有限责任公司
地址:沈阳市于洪区鸭绿江街51-1号
邮编:110032
电话:024/86617056
传真:86617354
网址:www.chinavci.com
电子信箱:info@chinavci.com
质量体系:ISO 9001、ISO 14001
产品情况:(CVCI牌)
气相防锈纸、气相防锈膜、气相防锈剂、气相防锈缓冲材料、复合包装材料、真空包装材料、防锈油、水基防锈清洗液等
配套及出口情况:为宝钢、太钢、鞍钢、沈阳机床、一汽集团、中原内配等供货;出口美国、意大利、土耳其、新加坡、日本、韩国等国家

★沈阳实发特种橡胶制品有限公司
地址:沈阳沈北新区蒲文路18-2号联东U谷
邮编:110034
电话:024/86530148、86536009
传真:86532833
电子信箱:7sa@cn-7sa.com
质量体系:ISO/TS 16949、VDA 6.1
产品情况:橡胶密封件、减振件、轿车线束配件、泵车密封圈等橡胶、橡塑及塑料制品
配套情况:为一汽-大众、德尔福派克、上海博泽、郑州日产、新加坡万利等配套

★沈阳帕卡濑精有限公司
地址:沈阳市大东区小什字街21号
邮编:110042
电话:024/84314501、84314512
传真:84314509、84314510
电子信箱:sypjy@163.com
质量体系:VDA 6.1、QS 9000
产品情况:脱脂剂、磷化剂、钝化剂、高压清洗剂、除锈剂、防锈油、防腐蜡等

出口情况：部分产品远销日本、韩国、马来西亚等国家

★沈阳市东陵汽车锁厂
地址：沈阳市东陵区东陵路12巷16号
邮编：110043
电话：024/88420198
传真：88420086
质量体系：ISO 9001
产品情况：冲压件
配套情况：为一汽集团配套

★沈阳华晨金东实业发展有限公司
地址：沈阳市大东区东望街39号
邮编：110044
电话：024/31666557、13604015195
网址：www.syhcjdgs.com
产品情况：汽车零部件冲压、焊接、中小总成制作

★阿诺德紧固件（沈阳）有限公司
地址：沈阳市欧盟经济开发区建设路119号
邮编：110122
电话：024/88790633、88790636
传真：88790999
网址：www.arnold-cn.com
电子信箱：info@arnold-cn.com
产品情况：（TAPTITE2000牌、duo-Taptite牌、Remform牌、KT牌）
自攻螺栓、公制螺栓等

★沈阳金杯永信橡塑有限公司
地址：沈阳市经济技术开发区开发大路10甲3号
邮编：110141
电话：024/31681366、13429272666
传真：25373736
网址：www.jinbeiyongxin.com
电子信箱：jinbeiyongxin@jinbeiyongxin.com
质量体系：ISO/TS 16949、QS 9000
产品情况：汽车窗框、挖掘机侧窗、顶盖饰条、水切等车用密封条和膨胀箱、风道等吹塑类汽车部件

★沈阳恩斯克有限公司
地址：沈阳市经济技术开发区15号街5号
邮编：110141
电话：024/25505017
传真：25326081
网址：www.cn.nsk.com
电子信箱：wang-chen@nsk.com
产品情况：高中档数控机床和加工中心轴承、高速线材、板材轧机轴承、振动值Z4以下低噪声轴承、各类轴承的P2、P4级轴承及其相关零部件

★沈阳东亿机械制造有限公司
地址：沈阳市经济开发区沈辽路6号街
邮编：110141
电话：024/89357995、89357997
传真：89357996
网址：www.china-dongyi.com
电子信箱：dongyi@china.com
质量体系：ISO/TS 16949
产品情况：整车用高强度紧固件，发动机、内燃机用高强度紧固件、钢结构用高强度螺栓、重型汽车车轮螺栓、高压电器用紧固件、冲压件等

★大千复合材料制造有限公司
地址：沈阳市于洪区马三家镇南街3号
邮编：110145
电话：024/89215089、89215099
传真：89214669
电子信箱：88845699@163.com
质量体系：ISO 9001
产品情况：汽车材料、零配件、部件

★沈阳福特润滑油科技有限公司
地址：沈阳市法库辽河经济开发区
邮编：110400
电话：024/31837115、4006115100
传真：87151969
网址：www.futeoil.com
电子信箱：jinuooil@126.com
质量体系：ISO/TS 16949
产品情况：（吉诺牌）
车用润滑油、工业润滑油、电器润滑油、切削液、防冻液和钙基脂、锂基脂等
配套及出口情况：为一汽集团配套；远销日本、韩国、朝鲜、新加坡、泰国等国家

★辽宁润迪汽车环保科技股份有限公司
地址：辽宁省辽阳市太子河区干渠路86号
邮编：111000
电话：0419/2382799、4006552200
传真：2385599
网址：www.lnrundi.com
电子信箱：rundi@lnrudi.com
董事长：邹建波
质量体系：ISO/TS 16949、ISO 14001
产品情况：汽车制动液、发动机冷却液、润滑油及精细化工产品
配套情况：为一汽集团、沈阳金杯、北汽福田、丹东曙光、长城汽车、长安胜利等配套

★辽阳康达塑胶树脂有限公司
地址：辽宁省辽阳市宏伟区西线公路13-5号
邮编：111003
电话：0419/5308768、5308608
传真：5308518
网址：www.lykdsj.com
电子信箱：kangda-ly@163.com
产品情况：（康达牌）
汽车保险杠、仪表板及各种内外饰件的专用树脂材料、管道料
配套情况：为一汽-大众、天津一汽夏利、华晨金杯、长安汽车、一汽集团、南京汽车集团、天津一汽华利、哈飞汽车等配套

★辽阳凯利特橡胶有限公司
地址：辽宁省辽阳县首山镇辽鞍路100号
邮编：111200
电话：0419/7675508、13904992585
传真：7675140
网址：www.lyklt.com
电子信箱：admin@lyklt.com
质量体系：ISO/TS 16949、QS 9000
产品情况：（奔马牌）
汽车多楔带、司步带、切边V带及摩托车变速带，年产能力600万条
配套及出口情况：为一汽红旗轿车、沈阳航天三菱发动机、丰田发动机等50多种车型、机型配套；出口东南亚、西亚、东欧、俄罗斯等国家和地区

★铁岭助驰橡胶密封制品有限公司
地址：辽宁省铁岭市经济开发区橡塑工业园区
邮编：112000
电话：024/72691011、18604108877
传真：72691082
网址：www.tlzcmf.com
电子信箱：tlzcmf@126.com
质量体系：ISO 9001
产品情况：（助弛牌）
O形橡胶密封圈、旋转轴唇型橡胶密封圈、往复运动橡胶密封圈、汽车液压制动皮碗、汽车制动皮膜等橡胶密封制品
配套情况：为一汽集团、华晨金杯等配套

★铁岭市机械橡胶密封件厂
地址：辽宁省铁岭市铁岭县凡河镇红光村
邮编：112000
电话：024/78890807
传真：78890808
电子信箱：qianshengsealings@126.com
质量体系：QS 9000、ISO 9001
产品情况：（乾昇密封牌）
油封、O形圈、各种唇形密封圈、橡胶金属复合弹簧、橡胶减振器、胶管、橡胶织物膜片、低阻导电橡胶膜片、各种工程塑料及各种橡胶杂品等

★铁岭华晨橡塑制品有限公司
地址：辽宁省铁岭市银州区汇工街78号
邮编：112000
电话：024/79891500、74166111
传真：74564364
网址：www.tlhcxs.com
电子信箱：yxb@tlhcxs.com
单位人数：500
质量体系：ISO/TS 16949、QS 9000
产品情况：（TB牌）
具有年生产8000万件个塑料件、各类密封条800万m、涂装保险杠30万件、模压制品700t的生产能力
配套情况：为华晨金杯、沈阳金杯、长城

汽车、河北中兴、中顺汽车、上汽乘用车、一汽集团、东风汽车有限公司、石家庄双环、丹东黄海等配套

★哥俩好新材料股份有限公司

地址:辽宁省抚顺市哥俩好工业园区15－18号
邮编:113217
电话:4006302333
传真:024/55262508
网址:www.geliahao.com.cn
电子信箱:geliahao@vip.163.com
质量体系:ISO 9002、ISO 14001
产品情况:(哥俩好牌)
胶黏剂、涂料、合成树脂、汽车制动液、防冻液等
出口情况:远销俄罗斯、东南亚

★辽宁众力汽配科技有限公司

地址:辽宁省鞍山市千山区汤岗子合作街4号
邮编:114048
电话:0412/6453666
传真:8811989
质量体系:ISO/TS 16949、ISO 9001
产品情况:制动片

★营口福斯油品有限公司

地址:辽宁省营口市西市区嘉晨大道10号
邮编:115000
电话:0417/3360000
传真:3362666
网址:www.fuchs.com.cn
质量体系:ISO/TS 16949、VDA 6.1
产品情况:机油
配套情况:为北京奔驰、上汽大众、上汽通用、一汽－大众、东南汽车、奇瑞汽车、吉利汽车等提供汽车发动机初装油、售后服务用油及齿轮油等产品

★特浦朗克化工(营口)有限公司

地址:辽宁省营口市西市区民兴河一街77号
邮编:115000
电话:0417/3297722
传真:3297729
网址:www.tl－oil.com
质量体系:ISO 9001
产品情况:(特浦朗克牌)
润滑油

★营口银河镁铝合金有限公司

地址:辽宁省营口市站前区工业街向阳楼里22号
邮编:115001
电话:0417/3609266、13304076988
传真:3609266
网址:www.mgsheet.com
电子信箱:yinhemeilv@163.com
产品情况:镁合金薄板,低频半连续铸造高净化镁合金板坯

★辽宁三特石油化工有限公司

地址:辽宁省营口市旗口工业区
邮编:115113
电话:0417/5044766、5043248
传真:5043449
网址:www.lnsqty.com.cn
电子信箱:lnsqty@163.com
单位人数:179
质量体系:ISO 9001
产品情况:(三特牌)
机动车制动液、防冻液、齿轮油、润滑脂等特种油品
配套情况:被一汽集团青岛汽车厂、沈阳金杯、郑州日产、北汽福田欧曼重型汽车厂、丹东黄海、江南奥拓、山东黑豹等主机厂定为原厂装车用油及售后服务用油

★大连渤海橡胶塑料有限公司

地址:辽宁省大连市甘井子区红旗街道棠梨南沟
邮编:116000
电话:0411/84288949
传真:84289820
网址:www.dlbhxs.com.cn
电子信箱:wubing@dlbhxs.com
质量体系:ISO/TS 16949、ISO 9001
产品情况:汽车橡胶部品、塑料制品、冲压部品、模切制品等

★大连亚明汽车部件股份有限公司

地址:辽宁省大连市旅顺口区五一路5号
邮编:116000
电话:0411/86612955
传真:86613428
网址:www.dlym.com
电子信箱:dlym@dlym.com
质量体系:ISO/TS 16949、ISO 14001
产品情况:铝合金压铸毛坯件、总成件,脚踏板机构总成件
配套情况:为一汽－大众、一汽集团、沈阳航天三菱、哈尔滨东安集团、长安福特、长安马自达、大众汽车(上海)变速器、美国水星海事发动机、美国福特等生产40多种型号的汽车发动机压铸及脚踏板机构总成

★大连安达汽车零部件有限公司

地址:辽宁省大连市甘井子区红旗街道岔鞍居民委
邮编:116021
电话:0411/84280269
传真:84280269
网址:www.daliananda.com
电子信箱:dad@daliananda.com
负责人:赵丰
质量体系:ISO/TS 16949
产品情况:车用橡胶减振器、橡胶密封垫、铰接套及反作用杆等
配套及出口情况:为一汽集团、一汽大连柴油机厂、一汽无锡柴油机分公司、朝柴、玉柴、珀金斯(天津)动力、山东淄博汽车制造厂、青岛汽车制造厂、柳州特种汽车制造厂的主要供应商;出口德国等国家

★大连汇鑫塑料制品厂

地址:辽宁省大连市甘井子区红旗镇岔鞍村－4队
邮编:116021
电话:0411/84281068、84281158
传真:84281038
网址:www.dlhxsl.cn
电子信箱:dlhxsl@163.com
质量体系:ISO/TS 16949
产品情况:汽车转向节阻尼轴承
配套情况:为一汽集团、东风、云汽、宇通、金龙、一汽客车配套

★百炼(大连)铸造有限公司

地址:辽宁省大连市旅顺口区龙头镇龙头村
邮编:116051
电话:0411/86281563
传真:86281564
网址:www.lebelier.com
电子信箱:belierdl@mail.dlptt.ln.cn
产品情况:为汽车行业生产优质铝合金铸造安全件

★东北特殊钢集团有限责任公司

地址:辽宁省大连市金洲新区大连登沙河临港工业区河滨南路18号
邮编:116105
电话:0411/62693333
传真:62693188
网址:www.dtgroup.cn
质量体系:ISO/TS 16949、ISO 9001
产品情况:不锈钢长型材、轴承钢、工模具钢、汽车用钢等
出口情况:远销美国、德国、意大利、日本、韩国、印度、澳大利亚、新加坡等36个国家和地区

★大连冶金轴承股份有限公司

地址:辽宁省普兰店市瓦窝高新技术工业园区
邮编:116202
电话:0411/39120700、39120716
传真:39120701、39120721
网址:www.dyzv－bearing.com
电子信箱:dyzv@dyzv－bearing.com
单位人数:2700
质量体系:ISO 9001
产品情况:(DYZV牌)
各型号轴承
出口情况:出口美国、加拿大、澳大利亚、俄罗斯、印度、南非等60多个国家和地区,并销往中国香港、中国澳门地区

★东海软管(大连)有限公司

地址:辽宁省普兰店市海湾工业区海湾路25号
邮编:116299

电话:0411/83159001
传真:83159080
网址:www. trdtokai. com
电子信箱:trdtokai@ trdtokai. com
单位人数:800
质量体系:ISO/TS 16949、ISO 9001
产品情况:胶管
配套及出口情况:为丰田、日产、马自达、铃木供货;远销美国

★瓦房店轴承集团有限责任公司
地址:辽宁省瓦房店市北共济街一段1号
邮编:116300
电话:8009151168、4001673377
传真:0411/39118799、39118819
网址:www. zwz - bearing. com
电子信箱:zwz@ zwz - bearing. com
董事长:丛红
单位人数:11000
质量体系:ISO 14001、QS 9000
产品情况:(ZWZ 牌)
重大技术装备配套轴承、轨道交通轴承、汽车车辆轴承、风电新能源轴承、精密机床及精密滚珠丝杠、精密大型锻件
出口情况:远销100多个国家和地区

★斯凯孚(大连)轴承与精密技术产品公司
地址:辽宁省大连经济技术开发区铁山东三路53号
邮编:116600
电话:0411/39260200
传真:39260333
网址:www. skf. com. cn
质量体系:ISO 9001、ISO 14001
产品情况:球面滚子轴承、圆柱滚子轴承、圆锥滚子轴承、深沟球轴承、角接触轴承、球面滚子推力轴承、回转支承轴承及鹦鹉螺轴承等

★鞍钢蒂森克虏伯汽车钢有限公司
地址:辽宁省大连市经济技术开发区钢铁路68号
邮编:116600
电话:0411/87518888
传真:87516006
网址:www. tagal. cn
电子信箱:sales@ tagal. com. cn
质量体系:ISO/TS 16949
产品情况:镀锌钢板、合金化镀锌钢板

★光洋轴承(大连)有限公司
地址:辽宁省大连市出口加工区ⅡA-2号
邮编:116620
电话:0411/87310972、87310974
传真:87310973
网址:www. jtekt. com. cn
电子信箱:kdc17@ koyo - dalian. com
质量体系:ISO 9002、ISO 14001
产品情况:精密、微型小径球轴承,月生产精密轴承600万套

★大连光洋瓦轴汽车轴承有限公司
地址:辽宁省大连市经济技术开发区双D港辽河东路96号
邮编:116620
电话:0411/87407272、87407353
传真:87407373
质量体系:ISO/TS 16949、QS 9000
产品情况:(Koyo - ZWZ 牌)
汽车轮毂轴承及轴承单元
配套情况:为上汽大众、天津一汽丰田、沈阳宝马、东南汽车、中国台湾国瑞等配套

★本溪钢铁集团有限公司
地址:辽宁省本溪市平山区东明路9号
邮编:117000
电话:024/42224128、42224269
传真:43168017 - 0003
网址:www. bxsteel. com
电子信箱:gmgsfjl3@ bxsteel. com
董事长:张晓芳
单位人数:110000
质量体系:ISO/TS 16949
产品情况:(本钢牌)
汽车板等
配套及出口情况:为一汽集团、东风汽车公司、中国重汽、洛拖、陕汽齿轮等配套;远销30多个国家和地区

★丹东轴承有限责任公司
地址:辽宁省丹东市黄海大街16号
邮编:118008
电话:"0415/6227666、13942550966"
传真:6227615
网址:www. ddzc. cn
电子信箱:ddzc@ ddzc. cn
董事长:毕远秋
质量体系:ISO/TS 16949、QS 9000
产品情况:(DD 牌)
各类轴承,年产能力200万套
配套情况:为一汽集团等配套

★凤城市双城德机械制造有限公司
地址:辽宁省凤城市二龙工业园区B区
邮编:118100
电话:0415/3512699
传真:3512698
电子信箱:scdjx1998@ 163. com
质量体系:ISO 9001
产品情况:汽车配件、汽车前后桥冲压件,美国道奇半轴防尘罩、国产6480半轴防尘罩、锁片、垫圈、甩油环排气管吊架等共350多种产品
配套及出口情况:为辽宁曙光、沈阳金亚、中车集团沈阳车桥公司等配套;出口美国、德国、日本等国家

★锦州金石汽车制动配件制造有限公司
地址:辽宁省锦州市凌河区科研里119号
邮编:121000
电话:0416/2093740、18604164817
传真:2328013
电子信箱:jinshishachepian@ 163. com
质量体系:ISO/TS 16949、ISO 9001
产品情况:(金石牌)
重型货车和轻型货车的制动片,各种车型的发动机缸垫、密封件等
配套及出口情况:为北汽福田、柳汽厂配套产品,并与多家底盘厂合作;出口北美洲、中东、俄罗斯等国家和地区

★锦州信友瑞龙实业有限公司
地址:辽宁省锦州市太和区锦义路190号
邮编:121000
电话:0416/7173860、4180178
传真:4180318
网址:www. ruilong. net
电子信箱:xyrl2003@ 163. com
质量体系:QS 9000、ISO/TS 16949
产品情况:汽车发电机励磁线圈总成、发电机整流桥的铝合金压铸件、发电机调节器与整流桥、起动机绝缘套等,具有年产发电机励磁线圈、整流桥、调节器注塑件500万套、起动机注塑件50万套的生产能力
配套及出口情况:为锦州汉拿电机有限公司配套;出口韩国

★锦州法特三星润滑油有限公司
地址:辽宁省锦州市古塔区士英街66号
邮编:121001
电话:13464630063、13584422535
网址:www. jzftts. com. cn
电子信箱:67924744@ qq. com
质量体系:ISO 9001
产品情况:(三星牌)
工业普通润滑油,工业特种润滑油,化纤、纺织特种油剂,小包装车用润滑油
出口情况:包装车用润滑油部分出口国外

★锦州市凌河缸垫有限公司
地址:辽宁省锦州市太和区松坡里291号
邮编:121003
电话:0416/3920167
传真:4584416
电子信箱:jzlhgd@ 163. com
质量体系:QS 9000
产品情况:(凌河牌)
内燃机缸垫、安全气囊壳体等
配套情况:为江铃汽车、北汽福田、朝柴、保定长城内燃机等配套

★锦州秀亭制管有限公司
地址:辽宁省锦州市太和区南庄里17号
邮编:121013
电话:0416/7988818、7988866
传真:7988819、7988866
网址:www. cnxtg. com
电子信箱:guokuo@ xtgmail. com
单位人数:120
质量体系:ISO/TS 16949、ISO 9001
产品情况:不锈钢汽车EGR管(不锈钢平管、不锈钢凹槽管、不锈钢扁管及不

锈钢 U 型管）；不锈钢温控器管等，各种管材能力每年达到 1000t
出口情况：产品 70% 出口美国、英国、德国、西班牙、丹麦、瑞典、日本等国家和地区

◉ 辽宁九通摩擦材料有限公司

地址：辽宁省凌源市凌北工业园区
邮编：122500
电话：4000421106
网址：www.lnjiutong.com
电子信箱：xiaoshou@lnjiutong.com
质量体系：ISO/TS 16949
产品情况：盘式制动片、毂式制动片、汽车离合器总成等

★中法 A9 高级润滑油有限公司
地址：辽宁省盘锦市兴隆台区新工业区
邮编：124022
电话：0427/2853386、2854588
传真：2854458
网址：www.zfa9.com
电子信箱：a9@zfa9.com
董事长：王铎
质量体系：ISO 9001
产品情况：（LUBECO 牌）
润滑油
出口情况：出口东南亚，并销往中国香港、中国澳门、中国台湾地区

★兴城市粉末冶金有限公司
地址：辽宁省兴城市铁北路 1 号
邮编：125106
电话：0429/3911602、3911621
传真：5432525
网址：www.sumeierauto.com
电子信箱：xcpm@xcpm.com
负责人：苏泉涌
单位人数：450
质量体系：ISO/TS 16949
产品情况：（泉涌牌）
粉末冶金制品，年产能力 4500t；精锻同步器齿环，年产能力 200 万件；精锻行星齿轮、半轴齿轮，年产能力为 300 万件
配套情况：为汽车、机床、电机、摩托车等行业配套

吉林省

★长春吉利轴承集团有限公司
地址：长春市创业大街 546 号
邮编：130011
电话：0431/87600040
传真：87696707
质量体系：ISO/TS 16949
产品情况：（JIZ 牌）
圆锥滚子轴承、圆柱滚子轴承、滚针轴承、深沟球轴承等 200 多个型号，年产能力 600 万套
配套情况：为一汽、东风等多家主机厂装车配套

★长春一汽联合压铸有限公司
地址：长春市二道区东风大街 153－1 号
邮编：130011
电话：0431/85984110
传真：85981428
质量体系：ISO/TS 16949、VDA 6.1
产品情况：铝合金压铸件
配套情况：主要为一汽－大众、一汽轿车、上汽大众、西门子、卡特彼勒、日本小松等配套

★一汽实业递宏鑫汽车部件有限公司
地址：长春市绿园区春城大街 81 号
邮编：130011
电话：0431/85769046
传真：85754466
电子信箱：mail@yqsydhx.com
质量体系：ISO/TS 16949
产品情况：汽车冲压零件、机加工零件、模具制造、各种工装夹具、焊接零件总成等产品
配套情况：为一汽－大众、一汽轿车、一汽解放、一汽吉林轻型车厂、一汽通用、一汽富奥等配套

★一汽铸造公司特种铸造厂
地址：长春市绿园区东风大街 39－1 号
邮编：130011
电话：0431/85902609
传真：85901656
网址：www.faw－foundry.com.cn
质量体系：ISO/TS 16949、VDA 6.1
产品情况：铸钢、铸铁件及耐热钢产品，年产能力 8500t
配套情况：为一汽－大众、一汽轿车、一汽解放、上海华普、长城汽车、上汽乘用车、天津一汽夏利、丹东曙光车桥等配套

★长春富奥东睦粉末冶金有限公司
地址：长春市绿园区东风大街越野路
邮编：130011
电话：0431/85906373
传真：85906373
网址：www.fawer.com.cn
电子信箱：zh_fa@faw.com.cn
单位人数：124
质量体系：ISO/TS 16949
产品情况：粉末冶金制品
配套情况：为一汽车集团各分公司、子公司配套

★长春光阳汽车零部件有限责任公司
地址：长春市绿园区正阳街 86 栋 1－6 号
邮编：130011
电话：0431/86109794
传真：87610237
电子信箱：root@gylhg.com
质量体系：ISO/TS 16949
产品情况：（光阳牌）
离合器从动盘、压盘及从动盘陶瓷、纤维材料

★长春克瑞得轴承制造有限公司
地址：长春市汽车产业开发区捷达大路 999 号
邮编：130011
电话：0431/85730032、85730036
传真：85730035
电子信箱：krdzc@126.com
质量体系：ISO/TS 16949
产品情况：轴承
配套情况：为一汽集团、一汽－大众、一汽轿车等供货

★长春大东集团有限公司
地址：长春市汽车经济技术开发区凯达北街 555 号
邮编：130011
电话：0431/85776912
传真：85776667
网址：www.dadongcn.com
电子信箱：info@dadongcn.com
质量体系：ISO/TS 16949
产品情况：车动力转向高低压油管、散热管、工程机械高压油管、空调管、变速器喷油管、离合器管、刹车管、发动机冷却水管
配套情况：主要客户：一汽轿车（独家）、一汽－大众

★长春依多科化工有限公司
地址：长春市高新技术产业开发区创新路 808 号
邮编：130012
电话：0431/85080800
传真：85080808
网址：www.eftec.com
电子信箱：lotus.bao@eftec.com.cn
质量体系：ISO/TS 16949
产品情况：（EFBOND 牌、TOGOCOLL 牌、EFCOAT EFSLAM 牌）
聚氨酯黏结剂、密封胶、丙烯酸酯涂料、PVC 密封胶、涂料
配套情况：为一汽－大众、一汽轿车、一汽解放、天津一汽丰田、通用汽车、奇瑞汽车等供货

★长春亚大汽车零件制造有限公司
地址：长春市高新技术产业开发区达新路 797 号
邮编：130012
电话：0431/85170404、87020268
传真：85103267
网址：www.chinaust.com
电子信箱：sales.cc@chinaust.com
质量体系：ISO/TS 16949、VDA 6.1
产品情况：汽车尼龙管路及总成，用于汽车燃油输送、液压制动、转向系统等
配套情况：是一汽－大众、一汽轿车、一汽解放的合作伙伴，为一汽奥迪、捷达、

货车、轻型面包车、大客车、各种变形车配套

★长春恩福油封有限公司
地址：长春市高新技术开发区星火路323号
邮编：130012
电话：0431/85170193、85170180
传真：85170179
质量体系：ISO/TS 16949、ISO 14001
产品情况：骨架和油封
配套情况：为一汽－大众、上汽大众、上汽通用五菱、沈阳三菱、东安三菱、唐山爱信齿轮、长春齿轮、大柴、东风康明斯、朝柴等配套

★长春市永畅石化有限责任公司
地址：长春市高新开发区超然街1889号
邮编：130012
电话：0431/89851811、89851822
传真：89851811
网址：www.ccycsh.com
质量体系：ISO/TS 16949、ISO 14001
产品情况：（畅牌、一汽牌）
润滑油、润滑脂、制动液、防冻液、动力转向油、汽车面漆、各种黏结密封胶等
配套情况：为一汽解放配套

★长春汉高表面技术有限公司
地址：长春市高新区超达路6077号
邮编：130012
电话：0431/85556077
传真：85556000
网址：www.henkel.cn
电子信箱：jifengzhou@henrkel.com
质量体系：ISO/TS 16949、ISO 14001
产品情况：汽车工业用聚氯乙烯塑性溶胶、PVC密封涂料及预处理产品、汽车表面防护用品
配套情况：为一汽－大众、一汽轿车、一汽解放、一汽吉林、沈阳宝马、沈阳华晨金杯（中华、海狮）、青岛汽车厂、哈飞汽车、哈轻及汽车零部件企业配套

★长春特必克世立汽车零部件有限公司
地址：长春市高新区华光街1899号
邮编：130012
电话：0431/87053172、87053183
传真：87053187
电子信箱：tbkcmx001@163.com
质量体系：ISO/TS 16949、ISO 14001
产品情况：载货汽车、客车用鼓式、盘式制动摩擦片，年产能力500万片
配套情况：为一汽解放公司配套，配套车型为J5P、J6系列、300桥、奥威、捍威车等

★劳士领汽车配件（长春）有限公司
地址：长春市汽车产业开发区高尔夫路222号
邮编：130013
电话：0431/85742000
传真：85742008
网址：www.roechling.com
电子信箱：gerhard.neidinger@roechling-automotive.de
产品情况：汽车工业用塑料零件
配套情况：为一汽－大众、上汽大众、宝马、奔驰、西门子供货

★长春蓝天密封技术开发有限公司
地址：长春市二道区东环路2038号
邮编：130032
电话：0431/84713407、84723202
传真：84719927、84718648
网址：www.lantime.cn
电子信箱：lantianmifeng@vip.sina.com
质量体系：ISO/TS 16949
产品情况：汽车、摩托车等行业复合型气缸垫、金属气缸垫、金属橡胶气缸垫、金属及非金属密封软垫片

★长春力登维科技产业有限公司
地址：长春市高新开发区顺南路1018号
邮编：130033
电话：0431/84666886、84652293
传真：84652291
电子信箱：wghldw@public.cc.jl.cn
质量体系：ISO/TS 16949
产品情况：工艺泡沫
配套情况：为一汽集团、一汽－大众、烟台首钢电装、长春汽车滤清器、杰克赛尔汽车空调、天津真美音响配套

★长春爱尔铃克铃尔有限公司
地址：长春市经济技术开发区锦州路118号
邮编：130033
电话：0431/85878500
传真：85878509
网址：www.elringklinger.com
电子信箱：webmaster@elringklinger.com.cn
质量体系：ISO/TS 16949、ISO 14001
产品情况：［爱尔铃（Elring）牌］
汽车发动机汽缸垫片、其他平面垫片、隔热罩、气门室罩盖、金属橡胶垫片及橡胶垫片
配套及出口情况：为一汽－大众、上汽大众、一汽集团、上汽通用、东风康明斯、长安福特、哈尔滨三菱、沈阳三菱、沈阳新光、上海齿轮厂、神龙公司、南京依维柯、杭州依维柯、西亚特、潍坊道依茨、奇瑞、天津珀金斯、江西江铃、大连柴油机、上海柴油机、无锡柴油机、广西玉柴等供货；出口德国、美国、韩国、中东等国家和地区

★长春德联化工有限公司
地址：长春市经济技术开发区昆山路4518号
邮编：130033
电话：0431/85888101、85888102
传真：85888111
网址：www.delian.cn
质量体系：ISO/TS 16949、ISO 14001
产品情况：防冻液、制动液、汽油清净剂、动力转向油、齿轮油、润滑油、制冷剂、玻璃胶、增强阻尼垫、玻璃水等
配套情况：为一汽－大众、一汽轿车、北京奔驰、华晨宝马、北奔重汽、哈飞汽车、河北中兴等配套

★长春通利铝合金科技有限公司
地址：长春市经济技术开发区世纪大街4000号
邮编：130033
电话：0431/84853878
传真：84853899
网址：www.tongli.ccmn.cn
电子信箱：weitao@cast.touotsu.net
质量体系：ISO 9001
产品情况：铝合金溶水及铝合金原料，年产12000t

★瀚德汽车密封系统公司长春分公司
地址：长春市世纪广场烟台路100号
邮编：130033
电话：0431/87078505
电子信箱：zhangzu@gdx.com.cn
产品情况：汽车密封系统

★长春成云橡塑制品有限公司
地址：长春市绿园区青年路9069号
邮编：130061
电话：0431/82621782
传真：82625680
电子信箱：cyxslucky@163.com
质量体系：ISO/TS 16949、VDA 6.1
产品情况：异形胶管、发动机胶管、空气滤清器胶管，各类油封、O形密封圈、组合密封圈、防尘罩等
配套情况：为一汽集团、一汽轿车配套

★长春一汽四环本合石油化工有限公司
地址：长春市汽车产业开发区和平大街2491号
邮编：130062
电话：0431/87987889
传真：87959917
网址：www.benhe.com.cn
电子信箱：benhe@benhe.com.cn
质量体系：ISO 9001
产品情况：（本合牌）
发动机机油、齿轮油、液压传动油、抗磨液压油、润滑脂、防冻液、玻璃水等汽车专用油品
配套情况：是一汽解放货车、轻型车、微型车、专用车装车用油和一汽解放、青岛汽车厂指定售后服务专用油专业供货商

★一汽实业长春精密弹簧厂
地址：长春市朝阳经济开发区工业园2－12栋
邮编：130103
电话：0431/85380175

传真:85380175、85301134
电子信箱:jyb@ jmth - sygs. com
质量体系:VDA 6.1、ISO 9001
产品情况:各种中、轻、轿车用弹簧

★长春旷达汽车织物有限公司
地址:长春市朝阳经济开发区旷达路1111号
邮编:130103
电话:0431/85038888、85030888 - 8000
传真:85036611
网址:www. kuangdacn. com
电子信箱:kuangda@ kuangda. com
质量体系:ISO/TS 16949、ISO 14001
产品情况:为一汽 - 大众、一汽轿车、一汽解放等主机厂提供前期开发、复合、裁剪和售后服务工作,主要服务车型有:捷达、宝来、开迪、速腾、迈腾、新宝来、高尔夫 A6、奔腾、解放货车等
配套情况:为一汽 - 大众、一汽轿车、一汽解放等配套;同时也是德国大众 A 级别供应商

★长春市富锋冲压件有限公司
地址:长春市朝阳科技工业园区
邮编:130103
电话:0431/85031199
传真:85035069
网址:www. cfg. com. cn
电子信箱:ccffmf@ cffmf. sina. net
质量体系:ISO/TS 16949
产品情况:冲压件、隔热板、模具

★福伦石化(长春)润滑科技有限公司
地址:长春市朝阳科技开发区育民路5055号
邮编:130103
电话:4000431733、13610715799
传真:0431/85029955
网址:www. faw - fulun. com
电子信箱:fawfulun@ 163. com
质量体系:ISO 9001
产品情况:(名仕王牌)
一汽各种车型的发动机机油、齿轮油、制动液、防冻液、润滑脂等产品
配套情况:为一汽集团配套

★长春一汽油品特种油有限公司
地址:长春市宽城区兰家工业开发区广宁路2655号
邮编:130114
电话:0431/82784444、82632183
传真:82632189、82632187
网址:www. yqtzy. cn
电子信箱:postmaster@ ccyqty. com
质量体系:ISO 9001
产品情况:(FAW - JIN 牌)
高、中档汽车润滑油、摩托车润滑油、工业用各类润滑油

★长春一汽备品资源有限公司
地址:长春市经济技术开发区净月大街1096号
邮编:130117
电话:0431/84521715、84521716
传真:84521716
网址:www. yqbpzy. com
电子信箱:yqbpzy@ 126. com
质量体系:ISO 9001
产品情况:(一汽金马牌、一汽三精牌)
润滑油、润滑脂、防冻液、制动液、齿轮油,汽车美容系列产品
配套情况:为一汽集团配套

★长春华日涂料有限公司
地址:长春市二道区三道镇
邮编:130123
电话:0431/84830327、15104482817
网址:www. huaripaint. com. cn
电子信箱:ht@ huaripaint. com. cn
质量体系:ISO 9001、ISO 14001
产品情况:(华日牌)
工业涂料、工业油漆、重防腐涂料、重防腐油漆,如氟碳防腐涂料油漆、环氧防腐涂料油漆、环氧富锌防腐底漆、自洁性氟碳防腐面漆、氨基汽车面漆、聚氨酯汽车面漆、丙烯酸树脂漆、醇酸树脂漆、水性聚酯漆、轮毂漆、金属闪光漆、防锈脂(纸)防锈液、耐电弧绝缘漆、各种稀释剂、各种固化剂、脱漆剂、脱塑剂;橡胶漆、水性漆、金属漆及辅助材料
配套情况:为中车集团下属各车辆企业供货

★长春一汽实业合成材料有限公司
地址:吉林省农安县水源路
邮编:130200
电话:0431/83236577
传真:83224325
网址:www. cchc. com. cn
电子信箱:cchc@ cchc. com. cn
单位人数:248
质量体系:ISO/TS 16949
产品情况:(CHC 牌)
年产阻尼板 11205t、黏性擦布 285 万块、密封胶 100t
配套情况:为一汽 - 大众、一汽轿车、沈阳华晨、北京现代、天津一汽丰田、河北长城、中兴汽车、北汽福田等配套

★大安正太轴承有限公司
地址:吉林省大安市南湖东路2号
邮编:131300
电话:0436/5252926
传真:5252926
质量体系:ISO/TS 16949
产品情况:汽车滚针轴承
配套情况:为一汽集团、一汽 - 大众、东风公司等配套

★吉化集团吉林市星云化工有限公司
地址:吉林省吉林市龙潭区黎明路东盛路6号
邮编:132011
电话:0432/65117270
网址:www. xingyunchem. com
单位人数:1800
质量体系:ISO 9001
产品情况:(星云军牌)
车用润滑油、防冻液、油品添加剂、催化剂、工业清洗剂等
配套及出口情况:为一汽佳宝和森雅装车配套;出口日本、韩国、伊朗、尼日利亚、意大利、巴基斯坦、新加坡等国家

★富奥汽车零部件公司紧固件分公司
地址:吉林省吉林市船营区新生街67号
邮编:132012
电话:0432/65082540、65082417
传真:65082508
网址:www. fawerjgj. cn
电子信箱:ck_jgj@ 163. com
负责人:孙海
单位人数:930
质量体系:ISO/TS 16949、ISO 9001
产品情况:发动机高强度螺栓、防松螺栓、焊接螺栓、车轮螺栓、凸缘螺栓、组合螺栓、车轮螺母、凸缘螺母、锁紧螺母及标准螺栓、螺母、铆钉等
配套情况:为一汽 - 大众、上汽大众、一汽解放、一汽轿车、天津一汽夏利、一汽吉林、一汽客车、沈阳华晨、安徽华菱、北奔重汽、重汽集团、辽宁曙光、保定长城、道依茨大连柴油机、解放无锡柴油机厂等配套

★吉林龙山有机硅集团有限公司
地址:吉林省吉林市高新区南山街1999号
邮编:132022
电话:0432/66582835、66582842
网址:www. jllsyjg. cn
质量体系:ISO 9001、ISO/TS 16949
产品情况:汽车橡胶杂件及汽配胶管、四氟乙烯油封、汽车用硅油风扇离合器、汽车消音器等机加产品、汽车大型塑料制品、汽车遮阳板、门板、座椅等内饰产品、轻型车底盘后桥、前桥以及传动轴总成、前后保险杠、汽车天窗等 11 大系列、1000 余种产品
配套情况:为一汽集团、东风公司、一汽吉林等配套

★吉林轴承集团白山有限公司
地址:吉林省白山市八道江区城西二小区
邮编:134300
电话:0439/3594006
质量体系:ISO/TS 16949、ISO 9001
产品情况:(CHANGBAISHAN 牌)
汽车轴承
配套情况:为一汽集团、北轻汽、北汽福田、长春齿轮厂、丹东曙光车桥厂等配套

★吉林省白山市金铃轴承厂
地址:吉林省白山市铁北街58 - 108号
邮编:134300

电话:0439/3370388
传真:5088381
电子信箱:hunjiangzhoucheng@163.com
质量体系:ISO 9001
产品情况:各种汽车轴承,年产能力600万套
配套情况:为一汽集团、东风汽车公司、重汽集团、北汽福田等主机厂装车配套

★吉林省柳河红石石棉制品有限公司
地址:吉林省柳河县柳河镇站前北路4号
邮编:135300
电话:0435/7322632、7325459
传真:7325459
电子信箱:lhhongshi@163.com
质量体系:ISO/TS 16949
产品情况:(红石牌)
汽车制动器衬片,年产8000t
配套情况:为一汽解放公司、一汽青岛汽车厂配套

★公主岭市同心汽车部件厂
地址:吉林省公主岭市经济开发区东华翔大街
邮编:136100
电话:0434/6597659、13843169715
传真:6597659
网址:www.tongxinbujian.com
电子信箱:tongxinbujian@163.com
单位人数:350
质量体系:ISO 9001、ISO/TS 16949
产品情况:汽车和农机零部件铸造、机械加工和模具设计制造

★公主岭轴承厂
地址:吉林省公主岭市工业大街27号
邮编:136101
电话:0434/6214449
传真:6214504
质量体系:ISO/TS 16949、QS 9000
产品情况:(ZGZ牌)
深沟球轴承、滚针轴承、圆锥滚子轴承、推力滚子轴承、推力球轴承、角接触轴承、短圆柱轴承七大系列1000多种规格的标准、非标准轴承
配套情况:为一汽集团、东风汽车公司、柳汽、北奔重汽等配套

★公主岭铸铭汽车零部件有限公司
地址:吉林省公主岭市怀德镇八一厂北侧
邮编:136121
电话:18743421553
电子信箱:gongzhulingzhuming@126.com
质量体系:ISO/TS 16949、ISO 2000
产品情况:牌号球铁、灰铁底盘类汽车铸件
配套及出口情况:为一汽集团、丹东曙光等主机厂配套;出口韩国、德国等国家

★白城市汽车压铸件有限责任公司
地址:吉林省白城市长庆北街79号
邮编:137000
电话:0436/3293551
传真:3293552
质量体系:QS 9000、ISO 9002
产品情况:燃油粗滤器总成和有色金属压铸件
配套情况:为一汽集团(一汽解放、一汽客车、一汽轿车、一汽专用车厂、一汽改装车厂、一汽四环农用车厂、一汽青岛汽车厂、一汽成都汽车厂、一汽辽源汽车电器)、牡丹江富通汽车空调、北奔重汽、柳州特种车辆厂、长沙三一重工等多家主机厂配套

黑龙江省

★哈尔滨轴承制造有限公司
地址:哈尔滨市香坊区红旗大街14号
邮编:150036
电话:0451/55666780、5104658
传真:55105008、55653240
网址:www.hrb.asia
电子信箱:liwj@hrb.asia
质量体系:ISO/TS 16949、ISO 14001
产品情况:(HRB牌)
各类轴承,年产能力5600万套,年销售收入30亿元
配套情况:为一汽集团配套

★哈尔滨市香华高密封轴承厂
地址:哈尔滨市香坊区香坊街137号
邮编:150036
电话:0451/82910717
传真:55665104
质量体系:ISO/TS 16949
产品情况:双面密封轴承,发动机配件
配套情况:为一汽集团配套

★哈尔滨市弹簧厂
地址:哈尔滨市中山路140号
邮编:150040
电话:0451/82620560、82624734
传真:82620480
网址:www.hrbht.cn
电子信箱:hrbthc@163.com
质量体系:ISO 9001
产品情况:(双力牌)
卡簧、拉簧、扭簧、压簧、异形弹簧
配套情况:为一汽集团、一汽富奥—江森自控汽车饰件系统、大庆万驰汽车减振器配套

★哈尔滨百润油品集团有限公司
地址:哈尔滨市道外区先锋路7号
邮编:150056
电话:0451/82461104、82432375
传真:82468822
网址:www.bairunyz.com
电子信箱:bairunyouzhi@126.com
质量体系:ISO 9001
产品情况:(洲际牌、百润牌)
润滑油、润滑脂及特种油
配套及出口情况:被哈尔滨轴承集团、哈尔滨三大动力、十大军工企业定为配套专用油;远销朝鲜、俄罗斯等国家

★哈尔滨新龙华轴承设备有限公司
地址:哈尔滨市开发区哈平路集中区烟台北路3号
邮编:150060
电话:0451/86813188、13804542592
传真:86813311
网址:www.xlhbearing.com
电子信箱:xinlonghua2010@126.com
质量体系:ISO 9002
产品情况:(XLH牌)
汽车离合器分离轴承、张紧轮轴承、轮毂轴承等,年产各类轴承200万套以上
配套情况:为一汽集团、长城汽车、哈飞汽车、华晨金杯配套

★哈尔滨紫杉油脂有限公司
地址:哈尔滨市呼城区双丰科技园
邮编:150313
电话:4000666447
网址:www.yewoil.cn
电子信箱:yew_oil@163.com
质量体系:ISO 9001
产品情况:(紫杉牌)
润滑油、润滑脂、防冻液,年产能力10万t以上
出口情况:出口俄罗斯

★佳木斯润通轴承有限公司
地址:黑龙江省佳木斯市先锋路8号
邮编:154007
电话:0454/8780010、13704545118
传真:8780007
网址:www.jms-zc.com
质量体系:ISO/TS 16949
产品情况:(JMS牌)
圆锥轴承、圆柱轴承、深沟球轴承
配套情况:为一汽、东风、柳汽、青汽、山东汽车改装厂等配套

★黑龙江长海润滑油有限公司
地址:黑龙江省大庆市肇东四街南74号
邮编:163000
电话:0455/7714079
传真:7713346
电子信箱:zhongbeishihua@avl.com.cn
质量体系:ISO 9001
产品情况:润滑油
配套情况:为一汽集团、大柴配套

★引航石油化工有限公司
地址:黑龙江省大庆市高新区新发街8号
邮编:163315
电话:0459/6648888、6645555
传真:6648888、6645555
网址:www.yhsh.cn
电子信箱:yhsh@yhsh.cn
质量体系:ISO 9001
产品情况:(旗舰牌、尖兵牌、奇兵牌、标兵牌、逐路牌、都乐牌)

各种润滑油

上海市

★胡默尔连接器系统(上海)有限公司
地址:上海市黄浦区黄陂北路227号中区广场1701室
邮编:200003
电话:021/63758551
传真:63758553
网址:www.hummel-group.com
产品情况:电缆接线用各种旋紧件、接插件、软管、自动化元器件

★上海火焰复合布有限公司
地址:上海市卢湾区肇嘉浜路62弄18号
邮编:200020
电话:021/64669841
传真:50323363
电子信箱:hdl@shdelang.com
质量体系:QS 9000
产品情况:各类海绵制品复合布
配套情况:为上汽大众、上汽通用、上汽集团等配套

★上海涂料有限公司
地址:上海市陕西南路345号
邮编:200020
电话:021/64314588
传真:64318172
网址:www.shanghaicoatings.com
电子信箱:scc@chinascc.com
质量体系:ISO 9001、ISO 14001
产品情况:(飞虎牌、一品牌、狮头牌、眼睛牌、畅飞牌)
汽车涂料
出口情况:还原染料产品50%出口

★上海德润宝特种润滑剂有限公司
地址:上海市浦东新区江东路1726弄149号
邮编:200041
电话:021/60936188
传真:60936205
网址:www.petrofer.com.cn
电子信箱:malili@petrofer.com.cn
质量体系:ISO/TS 16949、VDA 6.1
产品情况:水溶性金属切削液、优质切削油、热处理淬火介质、压铸脱模剂、清洗剂、工业润滑油

★上海申达无纺布制造有限公司
地址:上海市曹杨路930号205-207室
邮编:200042
电话:021/52668778、52668662
传真:52669992
电子信箱:wangjun@nonwovens-shenda.com
质量体系:ISO 9001
产品情况:各类工业用、车用无纺布
配套及出口情况:主要服务于上汽大众、海马汽车、一汽解放、东风柳汽、江铃全顺等主机厂;出口意大利

★天懋集团
地址:上海市淮海西路666号中山万博国际中心19层
邮编:200052
电话:021/64475999
传真:64476095
电子信箱:xsc@tianmaogroup.com
质量体系:ISO 9001
产品情况:(天懋牌)
胎圈钢丝、钢帘线
配套及出口情况:国内唯一大量为普利司通、固特异配套的定点厂家;出口日本、印度、越南、叙利亚等国家,并销往中国台湾地区

★上海前卫软木制品厂
地址:上海市中山北路198号1804室
邮编:200071
电话:021/56301871、56301613
传真:56627743
网址:shruanmu.com
电子信箱:webmaster@shruanmu.com
单位人数:200
产品情况:橡胶软木密封垫和橡胶软管类制品
配套情况:密封产品及其他相关橡胶件、软木件、广泛应用在桑塔纳轿车、小红旗轿车、五羊本田摩托车以及491内燃机、429内燃机、426内燃机、495柴油机等机型上

★上海汽车粉末冶金有限公司
地址:上海市闸北区灵石路800号
邮编:200072
电话:021/56053288
传真:56954785
网址:www.shautopm.com.cn
电子信箱:sapm@shautopm.com.cn
质量体系:ISO/TS 16949、VDA 6.1
产品情况:汽车粉末冶金零件
配套情况:主要客户有:上汽大众、上汽通用、一汽-大众、上海汽车集团、奇瑞汽车、东风汽车有限公司、东风悦达起亚、长城汽车、哈飞汽车

★上海斯蒂奥车辆配件有限公司
地址:上海市虹口区瑞虹路599号
邮编:200086
电话:021/65796328
传真:65798087
网址:www.sidiao.com.cn
电子信箱:sidiao@sidiao.com.cn
质量体系:ISO/TS 16949、ISO 9001
产品情况:(海通牌)
主要生产高、低压油管等产品

★汉高股份有限公司
地址:上海市浦东新区张衡路928号
邮编:200120
电话:021/28918713
传真:28918959
网址:www.henkel.com
电子信箱:chuanlong.yang@cn.henkel.com
质量体系:ISO/TS 16949、ISO 9000
产品情况:(HENKEL牌)
各种工程黏合剂、金属表面前处理产品、工程清洗剂、切削液、车身胶、密封胶、玻璃胶以及NVH减振降噪等产品
配套情况:为各大汽车整车厂和零部件制造厂供货

★上海天示机械零部件制造有限公司
地址:上海市浦东新区福山路388号宏嘉大厦16楼1606室
邮编:200122
电话:021/58355541
传真:58353141
网址:www.trisunltd.com
电子信箱:trisun24@trisunltd.com
单位人数:350
质量体系:ISO/TS 16949、ISO 9001
产品情况:年生产单弹簧机械密封件900万套,汽车水泵叶轮100万只,汽车空调控制阀10万只,金属波纹管密封件和集装式密封件1万多套

★宝钢集团有限公司
地址:上海市浦东新区浦电路370号宝钢大厦
邮编:200122
电话:021/58350000、58358888
传真:68404832
网址:www.baosteel.com
电子信箱:customer@baosteel.com
董事长:徐乐江
单位人数:130000
质量体系:ISO/TS 16949
产品情况:汽车用钢

★中国石化上海高桥分公司
地址:上海市浦东大道3000号
邮编:200129
电话:021/58711001
传真:58712207
网址:www.sinogpc.com
电子信箱:gpcc@sinogpc.com
质量体系:ISO/TS 16949
产品情况:汽油、柴油、润滑油等石油化工产品
配套情况:为上汽大众配套

★迈进精密部件(上海)有限公司
地址:上海市浦东新区外高桥保税区日樱北路199号54号楼
邮编:200131
电话:021/50461717
传真:50460707
电子信箱:shrhqp95@sh163.com
质量体系:ISO/TS 16949、ISO 9001
产品情况:(银皓牌)

紧密弹簧、冲压件
配套情况：为日本电装配套

★奥鲁比斯金属制品(上海)有限公司
地址：上海市外高桥保税区富特北路211号1层
邮编：200131
电话：021/58683370
传真：58683375
电子信箱：fangle21@ sohu. com
质量体系：ISO 9002
产品情况：各类铜及黄铜合金带材料，并提供与热交换器行业相关的材料、技术和物流服务
出口情况：出口20多个国家

★邦迪管路系统(上海)有限公司
地址：上海市外高桥保税区华京路409号邦迪34号厂房
邮编：200131
电话：021/50460699
传真：50460699
网址：www. tiautomotive. com
产品情况：流体运载管路系统和部件
配套情况：为上汽通用汽车、上汽大众汽车、东南汽车配套

★上海高桥加德士润滑油有限公司
地址：上海市浦东新区浦北路3759弄97号
邮编：200137
电话：021/58610170
传真：58610163
质量体系：ISO/TS 16949
产品情况：车用油、工业用油、船舶用油三大类中高级润滑油
配套情况：为上汽通用配套

★上海荣南橡塑科技有限公司
地址：上海市徐汇区古美路1515号19楼1006室
邮编：200233
电话：021/54451508－830
传真：54451507
质量体系：ISO/TS 16949
产品情况：精密橡胶密封件、聚氨酯和热塑性弹性体密封件、橡胶减振件、门窗密封条及发泡橡塑产品

★上海索拓密封材料有限公司
地址：上海市徐汇区田林路487号宝石园23号楼502室
邮编：200233
电话：021/33674800
传真：33674801
网址：www. sealtex. cn
电子信箱：info@ sealtex. cn
质量体系：ISO/TS 16949、ISO 9001
产品情况：汽缸垫用无石棉垫片、水泵用无石棉垫片
出口情况：与美国 Interface Solutions Inc.、葡萄牙阿莫林集团 Amorim、西班牙 Fibras Y Elastomeros S. A 有良好合作关系

★圣戈班高功能塑料(上海)有限公司
地址：上海市闵行经济技术开发区昆阳路1468号
邮编：200245
电话：021/54721568
传真：54722376
网址：www. plastics. saint－gobain. com
电子信箱：susan. su@ saint－gobain. com
质量体系：ISO/TS 16949、ISO 14001
产品情况：（TYGON 牌、SYNFLEX 牌、SANI－TECH 牌、CHEMFLUOR 牌、FURON 牌）
塑料发泡材料、薄膜及玻纤织物覆氟塑料产品、高功能塑料轴承和密封制品及塑料软管

★上海新封高科贸有限公司
地址：上海市闵行区临沧路360号
邮编：200245
电话：021/64306818、13916610809
传真：62386853
网址：www. sh－xfg. com
电子信箱：shxingfenggao@ 163. com
质量体系：ISO 9001
产品情况：（珍高牌）
水暖型汽车尾气节能暖风机、各类密封、高强度螺栓
配套情况：为北京福田、郑州宇通、厦门金龙、厦门金旅、绍兴金龙、苏州金龙、安徽安凯、扬州亚星、上海申沃、丹东黄海、合肥江淮、聊城中通、武汉扬子江、沈阳华晨、一汽客车、东风客车等20多家客车主机厂配套

★上海宝钢分公司冷轧薄板厂
地址：上海市宝山区江杨南路2288号
邮编：200431
电话：021/36114888
传真：56754274
电子信箱：bgs@ tinglin－auto. com
质量体系：ISO/TS 16949、VDA 6.1
产品情况：冷轧薄钢板、镀锡板、电镀钢板

★上海立新气体有限公司
地址：上海市汶水东路917号
邮编：200434
电话：021/65280758
传真：65284879
电子信箱：lxgas@ online. sh. cn
质量体系：ISO 9001
产品情况：各种工业气体和制冷剂
配套情况：为上汽大众、一汽－大众、神龙汽车配套

★上海大裕橡胶制品有限公司
地址：上海市宝山区南大路690号
邮编：200436
电话：021/63638676
传真：63638301
电子信箱：shdayu@ online. sh. cn
质量体系：ISO/TS 16949、VDA 6.1
产品情况：发动机罩垫块、密封条等汽车用橡胶发泡件、橡胶成型件
配套情况：为上汽大众、东风汽车公司、上汽通用配套

★上海四花高压油管合作公司
地址：上海市闵行区浦江镇沈杜公路3259号
邮编：200436
电话：021/56654648
传真：56658247
电子信箱：sop@ shsop. com
质量体系：ISO 9001
产品情况：（四花牌）
高低压油管、液压油管和输油泵
配套情况：为杭州汽车发动机总厂、北京内燃机总厂、华北柴油机总厂、北方动力、南通柴油机、云南昆明动力、云内成都内燃机厂、美国实用动力集团上海液压公司、上海康普艾压缩机、上海浦东伊捷燃油喷射公司配套

★上海安美特铝业有限公司
地址：上海市宝山城市工业园区振园路258号
邮编：200444
电话：4008207596
传真：021/36162213
网址：www. anometal. com
电子信箱：sales@ anometal. com
质量体系：ISO 9001、ISO 14001
产品情况：预氧化铝卷材，包括镜面铝板、拉丝铝板、喷砂铝板、氧化铝单板等

★华德塑料制品有限公司
地址：上海市宝山区宝山城市工业园区振园路269号
邮编：200444
电话：021/36162626
传真：36162136
质量体系：ISO/TS 16949、VDA 6.1
产品情况：（华德牌）
汽车等多种类型的塑料配件
配套情况：为上汽大众、上汽通用、北美通用、牧田电动工具、一汽－大众、江铃全顺、双立人刀具等供货

★上海世达密封件有限公司
地址：上海市宝山区南大路700号
邮编：200463
电话：021/63639767、62848163
传真：62840438
电子信箱：sh－star@ tom. com
质量体系：ISO/TS 16949
产品情况：橡塑密封件、石墨密封件、橡胶减振制品、橡胶制品

★上海珂基氟硅材料有限公司
地址：上海市金山区石化海光路38号
邮编：200540
电话：021/64911140、54840908
传真：54840908

质量体系:ISO 9001
产品情况:聚四氟乙烯油封、硅橡胶密封件、RTV 密封胶等
配套情况:为一汽集团配套

★上海三环弹簧有限公司
地址:上海市宝山区合兆路 677 号
邮编:200940
电话:021/51212800
网址:www. shsanhuan. com
电子信箱:shsanhuan@ 163. com
质量体系:ISO/TS 16949、ISO 14001
产品情况:异形弹簧、夹箍及汽车安全带涡卷弹簧,年生产能力超过 1.8 亿件
配套情况:为上汽大众、一汽－大众、上汽通用、奇瑞汽车、长安福特、长安马自达等配套

★上海宝钢特钢股份有限公司
地址:上海市宝山区水产路 1269 号
邮编:200940
电话:021/26032220、26032322
传真:56670867、26032322
质量体系:ISO 9001
产品情况:汽车用钢
配套情况:为上汽大众、一汽－大众、上汽通用、北京奔驰、江铃汽车、南京依维柯、重汽集团、神龙汽车配套

★上海乐昌汽车配件有限公司
地址:上海市嘉定区外冈工业区 1 区恒飞路 58 号
邮编:201030
电话:021/59589879
传真:59587251
网址:www. shlechang. com
电子信箱:lechang@ shlechang. com
单位人数:500
质量体系:ISO/TS 16949
产品情况:(乐昌牌)
　　大修包、汽缸垫、油封(曲轴油封、气门油封)、制动片、密封材料等
出口情况:产品销售网络包括欧洲、亚洲、非洲、美洲、中东等 60 多个国家

★上海锦湖日丽塑料有限公司
地址:上海市闵行区华漕镇纪高路 1399 号
邮编:201107
电话:021/62969608
传真:62969622
网址:www. kumhosunny. com
电子信箱:ksmarketing@ kumhosunny. com
质量体系:ISO/TS 16949、ISO 14001
产品情况:塑料改性、工程塑料合金、树脂混配着色造粒以及热塑性弹性体

★巴斯夫上海涂料有限公司
地址:上海市闵行区沪闵路颛桥光华路 521 号
邮编:201108
电话:021/64895250
传真:64890510
质量体系:ISO 9001
产品情况:汽车涂料
配套情况:为上汽大众、一汽－大众、上汽通用、厦门金龙配套

★上海杰事杰新材料(集团)股份公司
地址:上海市闵行区北松路 800 号
邮编:201109
电话:021/64900066
传真:64906922
网址:www. geniuscn. com
电子信箱:shanghai@ geniuscn. com
质量体系:ISO/TS 16949、QS 9000
产品情况:PP、ABS、PA、PC 系列改性工程塑料、蓄电池用 PE 隔板
配套情况:是北京现代、东风悦达起亚、神龙汽车、东南汽车、大众、通用、马自达、福特、奇瑞汽车、比亚迪汽车、松下、博世、德力西的工程塑料供应商和合作伙伴

★上海川航通用汽车零部件有限公司
地址:上海市浦东新区合庆镇向阳南路 288 号
邮编:201201
电话:021/58974139－819、18930568906
传真:68916528
网址:www. chuanhangtongyong. com
电子信箱:chuanhangtongyong@ 126. com
质量体系:ISO/TS 16949
产品情况:注塑件、泡塑件、精密模具、钣金冲压件等
配套情况:主要客户上汽通用、上汽大众、上海汽车、博泽、联合电子、名辰

★上海乐嘉刹车系统有限公司
地址:上海市浦东新区华东路 5001 号金桥出口加工南区第二大道 128 号 6 栋厂房
邮编:201201
电话:021/58587787
传真:58585600
电子信箱:sales@ lecabrake. com
质量体系:ISO/TS 16949、VDA 6.1
产品情况:(乐嘉牌)
　　汽车盘式制动片、鼓式制动片

★上海凯众材料科技股份有限公司
地址:上海市浦东新区建业路 813 号
邮编:201201
电话:021/58386588
网址:www. carthane. com
电子信箱:info@ carthane. com
质量体系:ISO/TS 16949
产品情况:(Carthane 牌、Vulkdlkm 牌)
　　轿车零部件(缓冲止位块、防尘罩及塑料件,塑料踏板总成)、高性能聚氨酯弹性体和其他特殊聚氨酯产品
配套情况:主要配套上汽大众、一汽－大众、上海汽车、上汽通用、长安福特、武汉神龙、奇瑞、长安铃木、通用韩国、通用北美、克莱斯勒,日本马自达等国内外主机厂

★上海康达化工新材料股份有限公司
地址:上海市浦东新区庆达路 655 号
邮编:201201
电话:021/68918998、13917151250
传真:68918998
网址:www. shkdchem. com
产品情况:汽车胶系列

★约翰威尔弹簧(上海)有限公司
地址:上海市浦东新区张江高科园东区东胜路 38 号 A－3 楼
邮编:201201
电话:021/50326638
传真:58995312
网址:www. jwsprings. com
电子信箱:qa_shanghai@ jwsprings. com
质量体系:ISO/TS 16949
产品情况:各类弹簧

★上海惠达橡胶制品有限公司
地址:上海市浦东新区施新路 989 号
邮编:201202
电话:021/68960804、68961166
传真:68961106
网址:www. huidaxj. com
电子信箱:huidaxj@ huidaxj. com
单位人数:50
质量体系:ISO 9001
产品情况:车用橡胶减振器、绝缘护套、密封件、实心橡胶轮及橡胶管
出口情况:20% 的产品出口德国、日本、中亚等市场,并销往中国台湾地区

★上海华信摩擦材料有限公司
地址:上海市浦东新区军民公路 1601 号
邮编:201203
电话:021/50201365
传真:50200450
电子信箱:13901893484zyl@ sina. com
质量体系:ISO/TS 16949、QS 9000
产品情况:(SHHX 牌)
　　长城系列、奇瑞 A3、QQ、比亚迪、北汽 B40、华泰圣达菲、东风日产、长安等 100 多种盘式制动器衬片以及上汽专用轻量化制动衬片
配套情况:与浙江亚太、南方天合、万向系统等 20 多家主要制动器公司配套,配套车型涉及国内几十家汽车主机厂

★诺信(中国)有限公司
地址:上海市浦东新区张江高科园区郭守敬路 137 号
邮编:201203
电话:021/38669166
传真:38669199
网址:www. nordson. com
电子信箱:shanghai@ nordson. com
质量体系:ISO 9001
产品情况:黏合剂及粉末、油漆精密喷涂设备等

★上海日轮汽车配件有限公司
地址:上海市浦东新区北蔡镇五星路

351 号
邮编:201204
电话:021/58442698、50914486
传真:58442427
网址:www. nichirinchina. com
电子信箱:sungangc@ online. sh. cn
质量体系:ISO/TS 16949
产品情况:(NICHIRIN 牌、日轮牌)
汽车空调用橡胶软管、汽车空调软管总成、汽车液压制动管总成、摩托车液压制动管总成、汽车动力转向装置管总成
配套及出口情况:为广汽本田、东风本田、本田(中国)、东风日产乘用车、广州电装、烟台电装、上汽通用、上汽大众、一汽-大众等供货;出口东南亚、印度、澳大利亚、日本、美国、英国、泰国等国家和地区

★上海华新汽车橡塑制品公司
地址:上海市浦东新区沪南公路 1768 号
邮编:201204
电话:021/58913287
传真:58918999
网址:www. huaxinxs. com
质量体系:ISO/TS 16949
产品情况:桑塔纳轿车空调器蒸发箱壳体组件、桑塔纳轿车空调器进风罩壳体组件、别克轿车空调器鼓风机蒸发箱壳体、别克风道壳体组件以及各种车型空调器的橡胶件和密封件等产品
配套情况:主要客户有上海德尔福汽车空调系统、上海德尔福国际蓄电池、上海交运股份

★上海飞可斯铆钉有限公司
地址:上海市浦东新区莲溪路 1151 号
邮编:201204
电话:021/50911519
传真:58912793
网址:www. fastfix - rivet. com
电子信箱:sales@ rivet - china. com
质量体系:ISO/TS 16949
产品情况:铆钉、铆钉工具

★斯凯孚(上海)轴承有限公司
地址:上海市浦东新区新金桥路 999 号
邮编:201206
电话:021/50325655
传真:50311412
网址:www. skf. com. cn
质量体系:ISO 14001、ISO/TS 16949
产品情况:外径 32 ~ 62mm 的深沟球轴承

★上海科凌聚氨酯制品有限公司
地址:上海市南六公路 1799 号
邮编:201233
电话:021/58576197
传真:58576196
电子信箱:keling2000@ sina. com
质量体系:ISO 9001
产品情况:聚氨酯制品
配套情况:为上柴、扬子等配套

★上海飞特亚空气过滤有限公司
地址:上海市浦东新区沪南公路 9601 号
邮编:201300
电话:021/68014653、58003069
传真:68015072
网址:www. shfiltrair. com
电子信箱:shfty@ shfiltrair. com
质量体系:ISO 9001
产品情况:空气过滤系列产品
配套及出口情况:主要用于上汽大众、上汽通用、比亚迪、东风日产等企业;出口挪威、西班牙等多个国家,并销往中国香港地区

★上海新兴车灯厂
地址:上海市浦东新区书院镇新府东路 95 号
邮编:201304
电话:021/58196659
传真:58196871
电子信箱:webmaster@ sh - xxcd. com
质量体系:ISO 9001
产品情况:专业加工各种汽车、摩托车系列车灯冲压件
配套情况:与上海小糸车灯有限公司配套

★上海富国橡塑工业有限公司
地址:上海市南汇区芦潮港农场深水港经济园区
邮编:201309
电话:021/58252100
传真:58252102、58252024
网址:www. fukoku - rubber. co. jp
质量体系:ISO/TS 16949
产品情况:橡胶产品(轮胎、天然橡胶除外)、硅橡胶产品、树脂产品及金属产品
出口情况:出口美国、日本、泰国

★海泰(浦泰)集团
地址:上海市南汇区南汇工业园区宣黄路 139 号
邮编:201314
电话:021/58185818、58189122
传真:58182220、58183078
网址:www. sh - putai. com
电子信箱:webmaster@ sh - putai. com
单位人数:1300
质量体系:ISO/TS 16949、VDA 6. 1
产品情况:堵件(密封盖)、内外饰件、发动机罩盖、支架、车轮轴饰盖等各系列 1000 余种产品
配套情况:主要客户包括上汽通用、上汽大众、上汽集团、一汽-大众、安徽奇瑞、北美通用

★上海凯密特尔化学品有限公司
地址:上海市浦东新区康桥工业区康安路 628 号
邮编:201315
电话:021/58120929、58122940
传真:58121062
电子信箱:sales@ chemetall. com. cn
质量体系:ISO/TS 16949、VDA 6. 1
产品情况:金属表面处理系列、漆雾凝聚剂系列化学品
配套情况:为上汽大众、一汽-大众、长安福特、长安马自达、攀枝花钢铁集团、奇瑞轿车、宝钢、武汉钢铁集团、吉利汽车、上汽集团、江淮汽车等供货

★上海瑞博密封件有限公司
地址:上海市浦东新区康桥工业园区康花路 326 号
邮编:201315
电话:021/58128870、58129550
传真:58128872
网址:www. scg - seal. net
电子信箱:xiangfeng. shang @ scg - seal. net
质量体系:ISO/TS 16949
产品情况:(瑞博牌)
各种旋转和往复油封,广泛应用于汽车、摩托车、工程等行业
配套情况:为上海法雷奥、天津阿斯莫、德国大众、上海纳铁福传动轴配套

★上海旷达篷垫汽车内饰件有限公司
地址:上海市浦东新区川沙路 718 号
邮编:201323
电话:021/58633665
传真:58633569
网址:www. kuangdacn. com
电子信箱:shanghai@ kuangda. com
质量体系:ISO/TS 16949
产品情况:汽车座椅织物面套等汽车内饰件
配套情况:为上汽集团下属整车制造企业配套

★上海汉高表面技术有限公司
地址:上海市南汇区祝桥镇汉高路 188 号
邮编:201324
电话:021/68262340
传真:68267654
网址:www. henkel. com
电子信箱:copyright@ 71ab. com
质量体系:QS 9000、ISO 14001
产品情况:汽车用 PVC 密封涂料、防腐腊和黏合剂
配套情况:为上汽大众、一汽-大众、广汽本田、上汽通用配套

★上海元禾汽车零件有限公司
地址:上海市奉贤区奉城镇奉陆路 88 号
邮编:201400
电话:021/57558116
传真:57558126
网址:www. yuanhemotor. com
电子信箱:server@ yuanhemotor. com
质量体系:ISO/TS 16949
产品情况:配件冲压、焊接、机械加工、

模具制造

★上海麦之华密封件有限公司
地址:上海市奉贤区江海私营经济开发区秀南1133号
邮编:201400
电话:021/57108133、57109094
传真:57109571
电子信箱:hanyp0371@sina.com
质量体系:QS 9000
产品情况:(MZH牌)
汽车油封、机械油封、O形密封圈
配套情况:为北奔重汽、安徽安凯、重汽车桥等配套

★上海拜高化学科技有限公司
地址:上海市奉贤区经济技术开发区环城东路155弄5号厂房
邮编:201400
电话:021/64603105、64243697
传真:54603105-8008
电子信箱:marketing@beginor.com
质量体系:ISO 9001
产品情况:有机硅黏接密封胶、RTV弹性灌封材料,液体硅橡胶和液体发泡硅胶、聚氨酯灌封胶和纺织玻纤涂层胶、浇注用环氧树脂胶,双组份结构胶,耐高温胶等产品

★上海微华密封件有限公司
地址:上海市奉贤区西渡镇鸿乐路155号
邮编:201401
电话:021/57151595、51795521
传真:57151595
网址:www.whsealing.cn
电子信箱:info@whsealing.cn
质量体系:ISO/TS 16949
产品情况:油封、O形圈、橡胶件、密封件、液压件、轴承、铸件
配套情况:为国内外OEM厂配套

★上海井上维他高分子制品有限公司
地址:上海市奉贤区新寺镇沪杭公路3081号
邮编:201401
电话:021/57492777
传真:57490833
网址:www.inoac.com.cn
质量体系:ISO 9001、QS 9000
产品情况:发泡乙醚通用产品,发泡酯通用产品,低燃烧性系列,消音材料(Calmflex)系列,密封发泡聚氨酯(Sealflex),热层压产品,抗菌发泡聚氨酯等

★上海井上新材料有限公司
地址:上海市奉贤区新寺镇沪杭公路3081号
邮编:201401
电话:021/57492777
传真:57490833
网址:www.inoac.com.cn
产品情况:各种发泡产品

★上海四明橡塑制品有限公司
地址:上海市奉贤区钱桥镇经济园区前桥路298号
邮编:201407
电话:021/57597267
传真:57595400
网址:www.shanghaisimingrubber.com
电子信箱:email-1@shanghaisimingrubber.com
质量体系:QS 9000、ISO 9002
产品情况:汽车散热器和暖风器高性能橡胶密封垫
配套情况:为上汽大众、上汽通用、东风汽车公司、一汽集团等配套

★日轮橡塑工业(上海)有限公司
地址:上海市奉贤区青村镇钱桥路333号2幢
邮编:201407
电话:021/57599272
传真:57599293
网址:www.nichirin.co.jp
产品情况:橡胶制动软管,月产量15万~20万根
出口情况:产品全部出口日本

★德马格起重机械(上海)有限公司
地址:上海市奉贤区庄行镇欧洲工业园区叶庄公路125号
邮编:201415
电话:021/37182222
传真:57464558
网址:www.demagcranes.com.cn
电子信箱:info@demaqcranes.com.cn
质量体系:ISO/TS 16949、VDA 6.1
产品情况:(精工牌、飞力牌)
标准起重机、环链电动葫芦、钢丝绳电动葫芦DH型、轻型起重机KBK型

★上海金力泰化工股份有限公司
地址:上海市化工区楚工路139号
邮编:201417
电话:021/31156999
传真:31156068
网址:www.knt.cn
质量体系:ISO/TS 16949、ISO 14001
产品情况:(KNT牌)
阴极电泳漆、阳极电泳漆、汽车面漆、高性能陶瓷涂料
配套情况:为吉利远景、江铃风尚、江铃宝典、五菱之星、东风渝安、长安之星、福田蒙派克、福田欧曼、福田奥铃、长城赛弗、江淮康铃、江淮格尔发、陕汽德御等配套

★上海特强汽车紧固件有限公司
地址:上海市奉贤区星火开发区民乐路251号
邮编:201419
电话:021/57503499
传真:57503498
电子信箱:lzw@shtq.com
质量体系:ISO/TS 16949
产品情况:(TQ牌)
汽车用高强度螺栓,年生产能力15000t
配套情况:主要客户有广汽本田、东风本田发动机、东风本田、本田汽车(中国)、神龙汽车(标致和雪铁龙)、东风康明斯等

★上海东风汽车专用件有限责任公司
地址:上海市浦东新区星火开发区白石路88号
邮编:201419
电话:021/57503751
传真:57502122
质量体系:ISO/TS 16949
产品情况:汽车紧固件
配套情况:为神龙汽车、东风汽车公司、上汽通用五菱等配套

★上海新上橡汽车胶管有限公司
地址:上海市金山区亭林镇亭华路119号
邮编:201505
电话:021/60471581、60471589
传真:60471593
电子信箱:shangxiang8888@163.com
质量体系:ISO/TS 16949
产品情况:(浦江牌)
冷却水胶管、动力转向油管、燃油胶管及其他橡胶件
配套情况:直接或间接地为新桑塔纳、朗逸、帕萨特、斯柯、途观、捷达、宝来、迈腾、奥迪、别克、赛欧、依维柯、荣威、MG等国内著名车型配套

★上海共康冲压件有限公司
地址:上海市金山区廊下镇荣春路485号
邮编:201516
电话:021/56483250
传真:57395549
电子信箱:gonkangchonya@163.com
质量体系:ISO 9001
产品情况:汽车传动轴冲压零件、传动轴系列轴类零件加工、数控机床等
配套情况:为上海纳铁福传动轴公司配套

★上海东培企业有限公司
地址:上海市松江工业区荣乐东路1555号
邮编:201600
电话:021/57744698
传真:57744695
质量体系:ISO 14001、QS 9000
产品情况:径向滚珠轴承

★上海西川密封件有限公司
地址:上海市松江工业区玉树路1216号
邮编:201600
电话:021/57734608
传真:57734606
电子信箱:renshi@nishikawa.com.cn
产品情况:汽车密封件
配套及出口情况:为丰田、本田、尼桑、

铃木、福特、马自达等配套;出口日本、韩国、墨西哥、欧洲等国家和地区

★上海瑞裕汽车配件有限公司
地址:上海市松江区新浜镇工业园上虞路252号
邮编:201605
电话:021/57893399、57893299
传真:57893377
电子信箱:ruiyuzy@126.com
质量体系:ISO/TS 16949、ISO 9001
产品情况:具有年产盘式制动150万套、鼓式制动片50万套、钢背1500万片的生产能力
配套情况:稳定杆为昌河汽车配套

★上海松发合金材料有限公司
地址:上海市松江新浜工业园区红牡丹路155号
邮编:201605
电话:021/67891177、57892977
传真:67891183
网址:www.china-songfa.com
电子信箱:sales@china-songfa.com
质量体系:ISO 9001
产品情况:(SONGFA牌)
银合金系列产品
出口情况:远销美国、欧洲、俄罗斯、日本、菲律宾等国家和地区

★上海华美助剂公司禾申精细化工分公司
地址:上海市松江区叶新公路2733-2735号
邮编:201607
电话:021/57865134、57865739
传真:57865739
网址:www.huameijx.com
电子信箱:huamei@huameijx.com
质量体系:ISO 9001
产品情况:(华美牌)
润滑油、添加剂
出口情况:远销欧洲、美洲、日本、东南亚等多个国家和地区

★帝伯三徕拓橡塑(上海)有限公司
地址:上海市松江区新桥镇新格路625号6幢
邮编:201612
电话:021/57687272
网址:www.tprsunlight.com
电子信箱:ujing@tpr-sl.com
质量体系:ISO 9001
产品情况:(TPR SUNLIGHT牌)
汽车、电动机、液压机器等工业用橡胶产品

★上海自润轴承有限公司
地址:上海市松江区新桥镇新格路81号
邮编:201612
电话:021/57686526
传真:57687328
网址:www.oiles.cn
电子信箱:lulianli@oiles.cn
董事长:池永 雅良
负责人:稻叶 一志
产品情况:(OILES牌)
自润轴承(金属类轴承、树脂类轴承、复层类轴承组合产品)
出口情况:产品30%外销

★道康宁上海有限公司松江工厂
地址:上海市荣乐东路448号
邮编:201613
电话:021/37741000
传真:57741162
网址:www.dowcorning.cn
产品情况:乳液、密封胶、黏合剂

★上海奈那卡斯汽车铸件有限公司
地址:上海市松江工业区东宝路8号
邮编:201613
电话:021/57741010
传真:57741320
网址:www.dynacast.com
电子信箱:ywu@dynacast.com.cn
质量体系:ISO/TS 16949
产品情况:铝、锌合金精密压铸件

★汉升密封科技(上海)有限公司
地址:上海市松江工业区江田东路205号
邮编:201613
电话:021/57747878、60405700
传真:57747979
网址:www.seal.com.tw
电子信箱:sales@escort.com.cn
质量体系:ISO/TS 16949、ISO 14001
产品情况:密封圈、O形环、骨架油封、特殊密封件,生产能力2000万件
出口情况:远销欧美市场

★上海旺卓橡塑制品有限公司
地址:上海市松江区大昆工业园区中德路218号
邮编:201614
电话:021/57646570、57646576
传真:51685781
网址:www.sh-wangzhuo.com
电子信箱:yujh512@sina.com
质量体系:ISO/TS 16949、ISO 14001
产品情况:(WangZhuo牌、旺卓牌)
密封条、密封垫片、保温隔热材料、降噪消音材料等开发与生产

★上海核威滑动轴承制造有限公司
地址:上海市松江区高新科技园区涞访路2039号
邮编:201615
电话:021/67697256
传真:67697257
网址:www.he-wei.com
电子信箱:hws@he-wei.com
质量体系:ISO/TS 16949、ISO 9000
产品情况:各种滑动轴承
配套情况:为奇瑞汽车、长安福特、长安马自达、豪爵、海马、钱江摩托、东风汽车公司、春兰汽车等供货

★上海泰顺金属制品有限公司
地址:上海市松江区洞经镇沪松公路3608号
邮编:201619
电话:021/67670166
传真:67670016
网址:www.taishun-sh.com
电子信箱:taishun_vip@163.com
负责人:张国顺
单位人数:200
质量体系:ISO 9001
产品情况:塑料模具钢、压铸模具钢、热作模具钢、冷作模具钢、锻造模具钢、高速钢、粉末高速钢以及高级国内外品牌铝合金、不锈钢、锻造铜材等一系列高质量模具钢产品
配套情况:主要客户有青岛海尔、上汽大众、上汽通用、摩托罗拉、比亚迪汽车等

★上海昭和高分子有限公司
地址:上海市青浦工业园区崧泽大道8333号
邮编:201700
电话:021/69212122、62175222
传真:69212129
网址:www.sshp.com.cn
法人代表:矢田光広
负责人:贺来信对
质量体系:ISO 9001、ISO 14000
产品情况:乙烯基酯树脂、酚醛树脂和不涉及安全生产许可证的功能性树脂、树脂复合材料、胶黏剂和高性能涂料及其中间体

★上海福之来汽车标准件有限公司
地址:上海市青浦区老朱青路185号
邮编:201700
电话:021/39720206、13651960598
传真:59728934
网址:www.shfzl.com
电子信箱:shihongjin@shfzl.com
单位人数:150
质量体系:ISO/TS 16949
产品情况:螺钉、高强度螺栓、组合件等
配套情况:为一汽大众、一汽-大众、奇瑞汽车、上汽乘用车分公司、东风悦达起亚、上海德尔福空调、上海汇众、上海飞众汽车配件厂等配套

★上海底特精密紧固件有限公司
地址:上海市青浦区青浦工业区久业路89号
邮编:201700
电话:021/60570389
传真:60570388
网址:www.shanghaidite.com
电子信箱:info@shanghaidite.com
董事长:顾茂众
负责人:龙纯喆
单位人数:150
质量体系:ISO/TS 16949

产品情况：(施必牢牌、DTFLOCK 牌)
施必牢高精度防松防脱紧固件、工具、量具、检测设备
配套情况：客户包括一汽、东风、宇通、金龙、上汽、重汽、陕汽、上柴，大柴、福田重工、三一重工、振华港机、长春客车厂、宝鸡桥梁厂、宝鸡石油机械厂，齐齐哈尔机车车辆厂、西安飞机制造厂等五十几家大型国企单位

★上海麦华油封工业有限公司
地址：上海市青浦工业园区拓青路 1 号
邮编：201701
电话：021/57414094、57414095
传真：57410038
网址：www. mfc. com. tw
电子信箱：mfc－sha@ mail. mfc. com. tw
质量体系：ISO/TS 16949、VDA 6. 1
产品情况：油封、O 形环及其他精密橡胶产品

★上海安字实业有限公司
地址：上海市青浦区赵巷镇赵重路 151 号
邮编：201703
电话：021/63369800
传真：63369966
网址：www. anzi. com. cn
电子信箱：sales@ anzizx. cn
质量体系：ISO 9001、QS 9000
产品情况：(上海安字牌)
各种铆钉
配套及出口情况：为比亚迪、延锋江森、通用、大众供货；远销欧洲、美洲、亚洲、大洋洲等 30 多个国家和地区

★上海普利特复合材料股份有限公司
地址：上海市青浦区工业园区新业路 558 号
邮编：201707
电话：021/69210096
传真：51685255
网址：www. pret. com. cn
电子信箱：sales@ pret. com. cn
质量体系：ISO/TS 16949、VDA 6. 1
产品情况：(普利特牌)
改性 ABS、PC/ABS 合金系列、改性聚丙烯 PP 系列、改性尼龙 AA 系列
配套情况：为西诺塑料、格拉默、长春派格、宁波神通、宁波华翔、井上华翔、胜德塑料、延锋伟世通、宁波四维尔、星怡车灯、小糸车灯、宁波敏孚、华德塑料等配套

★上海亚大塑料制品有限公司
地址：上海市青浦区华新镇华昌路 3 号
邮编：201708
电话：021/59790555、59790078
传真：59790333、59792111
电子信箱：chinaust@ vip. sina. com
质量体系：ISO 9001、ISO 14001
产品情况：汽车输油尼龙管、制动管等
配套情况：为上汽大众、上汽通用、南京依维柯、亚星商用车配套

★上海誉高紧固系统有限公司
地址：上海市青浦区白鹤工业园区鹤安路 9 号
邮编：201709
电话：021/39299666、59742877
传真：39299111、59742889
网址：www. yugoo. com. cn
电子信箱：yg@ yugoo. com. cn
质量体系：ISO/TS 16949
产品情况：高端耐热螺栓、机牙螺栓、钻尾螺栓、自攻螺钉、各类非标螺栓
出口情况：部分产品远销北美洲、德国、印度、泰国、南非

★采埃孚橡胶金属(上海)有限公司
地址：上海市青浦区工业园区天辰路 1818 号
邮编：201712
电话：021/59227662
传真：59227699
电子信箱：shyysj@ online. sh. cn
质量体系：ISO/TS 16949、VDA 6. 1
产品情况：发动机液压支承、液压衬套、传动系统支承、扭矩支承和其他与降噪减振技术相关的产品
配套情况：为上汽大众、上汽通用等配套

★上海申雅密封件有限公司
地址：上海市青浦区外青松公路 4600 号
邮编：201712
电话：021/59221580
传真：59221520
网址：www. shenya－sealing. com. cn
电子信箱：webmaster@4s－sealing. com
质量体系：VDA 6. 1、QS 9000
产品情况：车门门框密封条、车门头道密封条、车窗导槽密封条、发动机罩密封条、行李舱密封条等
配套情况：客户主要有上海汽车、上汽大众、上汽通用、广汽本田、长安福特等

★上海宝钢阿赛洛激光拼焊有限公司
地址：上海市安亭百安路 1369 号
邮编：201800
电话：021/69574691、69573895
传真：69573950
网址：www. baosteel－arcelor. com
电子信箱：daiqiu@ baosteel－arcelor. com
质量体系：ISO/TS 16949
产品情况：为汽车制造企业生产激光拼焊板、产品范围覆盖直线焊、折线焊和曲线焊
配套情况：为上汽大众、上汽通用、长安福特、长安马自达配套

★上海红阳密封件有限公司
地址：上海市嘉定区宝安公路 2990 号
邮编：201801
电话：021/59157953
传真：59157953
网址：www. sh－hongyang. com
电子信箱：jlb@ sh－hongyang. com
质量体系：ISO/TS 16949、VDA 6. 1
产品情况：汽车门窗密封件等，年产量 500 万 m
配套情况：为上汽大众、一汽－大众、江铃汽车、奇瑞汽车、昌河汽车等配套

★超捷紧固系统(上海)股份有限公司
地址：上海市嘉定区澄浏中路丰硕路 100 弄 39 号
邮编：201801
电话：021/59907234
传真：59907240
电子信箱：apollo_yi@ shchaojie. com. cn
质量体系：ISO/TS 16949
产品情况：高精密、高强度紧固件及车加工零件

★上海帕卡兴产化工有限公司
地址：上海市嘉定区马陆开发区宝安公路 2765 号
邮编：201801
电话：021/69156888、69152234
传真：69156294
网址：www. shpi－chem. com
质量体系：ISO/TS 16949、VDA 6. 1
产品情况：金属表面防腐、乳化型冷轧油、钢板防锈油、溶剂稀释型防锈油、防锈蜡(油)、轧制润滑油(剂)等
配套情况：为上海宝钢、大众汽车、广汽本田、四川一汽丰田配套

★康迪泰克传动系统(上海)有限公司
地址：上海市嘉定区马陆镇沪宜公路 1785 号
邮编：201801
电话：021/59151134
传真：59159475
网址：www. contitech. cn
质量体系：ISO/TS 16949、ISO 14001
产品情况：汽车用橡胶同步带、切割带、多楔带、工业带及摩托车带等
配套情况：为大众汽车、通用汽车供货

★上海劳伦茨橡胶制品有限公司
地址：上海市嘉定区马陆镇沪宜公路 1785 号
邮编：201801
电话：021/59151134
传真：59159475
质量体系：ISO/TS 16949、VDA 6. 1
产品情况：(ROULUNDS 牌)
汽车工业用橡胶同步带、切割带、多楔带等
配套情况：为上汽大众、一汽－大众、上汽通用、江淮汽车、一汽海马、一汽杰克赛尔汽车空调、柳州亚美汽车空调、奇瑞汽车等配套

★上海上标集团紧固件有限公司
地址：上海市嘉定区马陆镇剑兰路 169 号
邮编：201801

电话:021/69151901
传真:69151915
网址:www. china - sfc. com
电子信箱:sfc4153@ china - sfc. com
质量体系:ISO/TS 16949
产品情况:各类标准件、紧固件,并根据用户需要定制非标产品及异形件
配套及出口情况:为上汽大众、上汽通用、厦门金龙配套;远销北美洲、南美洲、大洋洲、欧洲、南非、中东等地区

★上海利富高塑料制品有限公司
地址:上海市嘉定区马陆镇申霞路305号
邮编:201801
电话:021/59903030
传真:59903966
网址:www. nifco. co. jp
电子信箱:zhougp@ nem - nifco. com
质量体系:ISO 14001、ISO/TS 16949
产品情况:汽车及其他各种塑料零部件
配套情况:为丰田、本田、日产、通用汽车等日系和欧美的大型汽车厂商配套

★上海艺光特种橡胶制品有限公司
地址:上海市嘉定区马陆机械工业园区思义路1600号
邮编:201802
电话:021/69154758、59967888
传真:59967888
网址:www. shyg - rubbe. com
质量体系:VDA 6. 1、QS 9000
产品情况:专业生产硅胶海绵板(硅胶发泡板)系列,硅胶板系列,硅胶密封件系列,硅胶杂件系列,硅胶管(条),硅胶发泡管(条)系列等产品
配套情况:为上汽大众配套

★上海兴盛密封垫有限公司
地址:上海市嘉定区黄渡工业园区杨林路702号
邮编:201804
电话:021/69597259
传真:69597252
网址:www. shanghai - gasket. com. cn
电子信箱:xingsheng @ shanghai - gasket. com
质量体系:QS 9000、ISO/TS 16949
产品情况:汽车、摩托车发动机密封垫
配套情况:为美国通用、德国大众、日本丰田、三菱汽车、铃木汽车、马自达汽车、电装等供货

★上海圣德曼铸造有限公司
地址:上海市嘉定区安亭昌吉路120号
邮编:201805
电话:021/59579841
传真:59573565
网址:www. sandmann. cn
电子信箱:md@ sandmann. cn
单位人数:800
质量体系:ISO/TS 16949、VDA 6. 1
产品情况:(AA牌)
灰口铸铁、球墨铸铁铸件
配套及出口情况:为上汽大众、上汽通用、博格华纳、霍尼韦尔等供货;远销欧洲、美洲、日本

★上海众安电器塑料有限公司
地址:上海市嘉定区安亭镇和静路24号北
邮编:201805
电话:021/59576334、59577334
传真:57590373
电子信箱:webmaster@ sh - zhongan. com
质量体系:VDA 6. 1、QS 9000
产品情况:汽车用电线扎紧带、各类塑料支架、线束紧固夹头、发动机水泵叶轮、摇窗机手柄、外视镜内饰、护套及聚氨酯海绵垫块等
配套情况:为上汽大众、上汽仪征、东风悦达起亚、长安汽车、江西昌河、沈阳华晨等多家主机厂供货

★上海洋杰汽车配件有限公司
地址:上海市嘉定区安亭镇上海国际汽车城零部件配套工业园区于塘路688号
邮编:201805
电话:021/59562500、39578008
传真:59563038
电子信箱:shyj@ shyj. com
质量体系:VDA 6. 1、QS 9000
产品情况:冲压件等汽车配件
配套情况:为上汽大众配套

★上海众大汽车配件有限公司
地址:上海市嘉定区安亭镇园国路1488号
邮编:201805
电话:021/69573232
传真:69573790
质量体系:ISO/TS 16949、VDA 6. 1
产品情况:上海帕萨特轿车小冲压件
配套情况:为上汽大众配套

★上海众浩汽车配件有限公司
地址:上海市嘉定区安亭镇园海路555号
邮编:201805
电话:021/59563311、59563733
传真:59563311 - 1017
网址:www. shzhap. com
电子信箱:webmaster@ shzhap. com
单位人数:400
质量体系:ISO/TS 16949、VDA 6. 1
产品情况:汽车冲压零部件和焊接产品
配套情况:为上汽大众配套

★上海安吉铸造厂
地址:上海市嘉定区外冈镇沪宜公路6086号
邮编:201806
电话:021/69575868
传真:69575696
电子信箱:webmaster@ sh - anji. com
质量体系:QS 9000
产品情况:汽车铝合金铸件
配套情况:为桑塔纳、别克、依维柯、切诺基、奥迪、标致、康明斯、铃木、斯巴鲁等配套

★东昊石油集团有限公司
地址:上海市嘉定工业区嘉唐公路980号
邮编:201807
电话:021/59548136、59548135
传真:59549635
网址:www. dhogroup. com
质量体系:ISO 9001、ISO 14001
产品情况:润滑油、液力传动油、发动机节能、护理剂、自动排挡液、防冻液、制动液等

★东来涂料技术(上海)有限公司
地址:上海市嘉定区嘉定工业区北区新和路1221号
邮编:201807
电话:021/39538597、39538598
传真:39538501
网址:www. onwings. com. cn
电子信箱:gloriazhang@ onwingscn. com
质量体系:ISO/TS 16949、ISO 14001
产品情况:(高飞漆牌、onwings牌)
汽车低温修补漆、汽车原厂漆、塑料件漆、电脑调色修补漆
配套情况:为大众、通用、丰田等供货

★上海新光化工有限公司
地址:上海市嘉定区华亭霜竹路588号
邮编:201811
电话:021/59975628、59975517
传真:59973951
电子信箱:sales@ shxinguang. com
质量体系:ISO 9001、ISO 14001
产品情况:(铁锚牌)
工程类特种聚氨酯胶黏剂、改性酚醛类、丙烯酸酯类、氯丁类、高分子液态密封胶等10大系列100多个品种的胶黏剂、密封剂
配套情况:为一汽集团配套

★上海球明标准件有限公司
地址:上海市嘉定区华亭镇霜竹公路135号
邮编:201811
电话:021/59974579、59972996
传真:59970251
网址:www. sqm88. com
电子信箱:sqm@ sqm88. com
单位人数:300
质量体系:ISO/TS 16949、ISO 14000
产品情况:汽车专用簧片螺母、弹性件、冷冲件、弹性圆柱销、垫片、钢丝螺套等

★斯凯孚(上海)汽车技术有限公司
地址:上海市嘉定区安亭镇园国路328号
邮编:201814
电话:021/69574300
传真:69574320
网址:www. skf. com. cn
产品情况:轿车轮毂轴承单元(第一、第二代和第三代)以及变速器圆锥滚子轴

承、轿车离合器分离轴承、前悬架轴承、张紧轮轴承、转向机轴承
配套情况：为上汽大众、一汽－大众、上汽通用、重庆福特、武汉神龙、芜湖奇瑞、沈阳华晨以及其他全球知名汽车制造商配套

★上海钟华汽车阻尼材料有限公司
地址：上海市嘉定区宝安公路4918号
邮编：201814
电话：021/59504153
传真：59508779
质量体系：ISO/TS 16949
产品情况：汽车阻尼材料
配套情况：为上汽大众配套

★上海三和汽车橡塑件有限公司
地址：上海市嘉定区嘉戬公路立新路5号
邮编：201818
电话：021/59511035、59511135
传真：59511355
网址：www. sanhexs. net
电子信箱：sanhexs@ vip. 163. com
质量体系：ISO/TS 16949、VDA 6.1
产品情况：门槛密封条、门槛外饰板饰条、光亮侧框流水条、压条、非光亮侧框流水条、车顶饰条、车门玻璃内外挡水条、风窗玻璃密封胶条、玻璃导槽等，月生产能力8万台套，为电子及接插件配套的PVC包装管，月生产能力150万件
配套情况：为上汽大众、上汽通用、长安福特、长安马自达、奇瑞汽车、上汽集团等供货

★上海中国弹簧制造有限公司
地址：上海市宝山区蕴川路291号
邮编：201901
电话：021/51212800
网址：www. chinaspring. com. cn
电子信箱：recruit@ chinaspring. com. cn
质量体系：ISO/TS 16949
产品情况：（三环牌）
　　汽车悬架弹簧、发动机气门弹簧、稳定杆、模具弹簧、异形弹簧、碟形弹簧、热卷弹簧、机车弹簧、各类冲压件、精密弹簧及其他各类弹簧
配套情况：与多家国际汽车厂商配套

★上海宝陆汽配型钢厂
地址：上海市宝山区沪太路陈富路377号
邮编：201907
电话：021/66028268、66028108
传真：56026041
电子信箱：baolu@ guomai. sh. cn
质量体系：ISO/TS 16949、VDA 6.1
产品情况：铝板、圆钢和薄钢板冷冲压汽车零部件
配套情况：为上汽大众桑塔纳系列车型、帕萨特、奇瑞汽车、上汽华克配套

★上海家声粉末冶金有限公司
地址：上海市宝山区沪太路8318弄25号
邮编：201908
电话：021/66861088、66866992
传真：66867966
网址：www. jiashen. com
电子信箱：wjl@ jiashen. com
质量体系：ISO/TS 16949、ISO 9001
产品情况：不同规格型号的铜基、铁基、精密含油轴承以及中高强度精密零件、不锈钢制品

★上海一丰粉末冶金有限公司
地址：上海市宝山区月罗路2370号
邮编：201908
电话：021/51872627
传真：56866975
网址：www. yifeng. cc
电子信箱：sales@ yifeng. cc
质量体系：ISO/TS 16949
产品情况：粉末冶金制品和各类滑动轴承
出口情况：远销欧美等几十个国家

★上海向明轴承有限公司
地址：上海市崇明县城桥镇东门路156号
邮编：202150
电话：021/69611081
传真：69611081
网址：www. xiangmingbearing. com
电子信箱：xmbearing@ sina. com
单位人数：440
质量体系：ISO/TS 16949
产品情况：汽车水泵轴连轴承，年产轴承750万套
配套及出口情况：为上汽大众桑塔纳、东风汽车康明斯、南京跃进依维柯及上海柴油机公司等配套；60%的产品远销美国、英国、西班牙、韩国等国家

★上海运良锻造实业有限公司
地址：上海市崇明县工业园区秀山路1号
邮编：202150
电话：021/39621028、39621058
传真：39621058
网址：www. yunliang－forgetech. com
电子信箱：yldzc@ trade. sh. cn
单位人数：1000
质量体系：ISO/TS 16949
产品情况：形成年产模锻件50000t的生产能力
配套及出口情况：主要客户有福特汽车、上汽大众、上汽通用、一汽－大众、上海汇众、奇瑞汽车及美国新能源车特斯拉汽车等国内外汽车制造商；出口日本、美国、德国、印度等国家

江苏省

★南京晨光集团有限责任公司
地址：南京市正学路1号
邮编：210006
电话：025/52828157
传真：52407124
网址：www. cacgg. com
电子信箱：njcgxs@ 163. com
单位人数：2100
质量体系：ISO 9001
产品情况：（三力牌）
　　专用汽车、柔性管件（金属软管和波纹补偿器等）、压力容器等
配套及出口情况：为重汽集团、江淮汽车、贵州红湖机械、东风汽车公司、上汽通用、北汽福田、一汽集团等配套；部分产品出口

★中材科技股份有限公司
地址：南京市雨花路安德里30号
邮编：210012
电话：025/85017333
传真：52411475
网址：www. sinomatech. com
电子信箱：sinoma@ sinomatech. com
质量体系：ISO 9001
产品情况：汽车用复合材料等
出口情况：出口美国、日本、英国、荷兰、东南亚等国家和地区

★南京宏光汽车附件有限公司
地址：南京市秦淮区双桥新村
邮编：210022
电话：025/52623513－6415
传真：52622511
网址：www. hgqifu. com
电子信箱：hgqifu@ 163. com
单位人数：70
质量体系：ISO/TS 16949
产品情况：锁闩、锁舌、制动爪、框架等
配套情况：主要客户包括南京宏光－奥托立夫汽车安全装备、长春宏光－奥托立夫汽车安全装备、长春奥托立夫贸鸿汽车安全系统、长春英利汽车部件、上海天合汽车安全系统、上海延峰百利得汽车安全系统等公司

★南京七四二五橡塑有限责任公司
地址：南京市栖霞区迈皋桥创业园7号
邮编：210028
电话：025/83130886
传真：83130899
网址：www. nj7425. com
电子信箱：xx1@ nj7425. com
董事长（负责人）：鞠建宏
质量体系：ISO/TS 16949、ISO 14000
产品情况：（7425牌）
　　汽车制动软管、空调软管、动力转向管及油管、水管、气管等，汽车用油封、O形圈等
配套及出口情况：为解放、东风、大众、标致、雪铁龙、通用、菲亚特、依维柯、马自达、日产、铃木、奇瑞、江铃、江淮、长安等引进车型和国产的轿车、轻型车、微轿、载重车、大客车、摩托车配套；出口美国、日本、东南亚等国家和地区

★南京新海富实业有限公司
地址：南京市玄武区藤子村45－1号

邮编:210028
电话:025/85417118
传真:85408732
电子信箱:ljp@ xinhaifu. com
质量体系:ISO/TS 16949
产品情况:(海富牌)
发动机冷却液

★南京金三力橡塑有限公司
地址:南京市高新技术开发区龙泰路6号
邮编:210032
电话:025/58000118
网址:www. jinsanli. com
电子信箱:info@ njrp. com. cn
质量体系:ISO/TS 16949、ISO 14001
产品情况:(三力牌、NJRP牌)
O形圈、橡胶件、汽车控制索、汽车仪表盘、电子连接器、聚氨酯等
配套情况:为博世集团、伍德沃德控制器、三菱电机、住友电工、马勒集团、通用汽车、派克－欧哈尔公司、上汽大众、南京汽车集团、康明斯滤清系统、上海东风泰利福莫尔斯控制系统、南京依维柯、哈尔滨北方特种车辆、太原重型机械集团等供货

★南京汽车锻造有限公司
地址:南京市栖霞区西岗
邮编:210033
电话:025/58120000、58120078
传真:58120099、58120077
网址:www. njforge. com
电子信箱:njforge@ njforge. com
单位人数:550
质量体系:ISO/TS 16949、GB/T 24001
产品情况:以生产汽车、工程机械、船用绑扎锻件为主
配套情况:主要客户有卡特彼勒、上海汽车、上汽大众、上汽通用、上海纳铁福、中国重汽、南京依维柯、德国ELBE、意大利Tenaris等

★江苏龙蟠科技股份有限公司
地址:南京市经济开发区恒通大道6号
邮编:210038
电话:025/85804868、85804818
传真:85804898
网址:www. lopal. com. cn
电子信箱:zhaoshang@ lopal. com. cn
负责人:石俊峰
质量体系:ISO/TS 16949、ISO 14001
产品情况:(龙蟠牌、可兰素牌、3ECARE牌)
车用汽油机油、柴油机油、3ECARE汽车养护品、车辆齿轮油、液压油、防冻液、制动液、润滑脂、摩托车油、工程机械润滑油、工业润滑油等
配套情况:为北汽、广汽、江淮、合力、宇通、东风、一汽、金龙、中联重科、上柴、锡柴、雷沃、潍柴、扬柴等国内60多家企业配套

★南京驰洲汽车配件厂
地址:南京市燕尧路40号－8
邮编:210038
电话:025/85568628
传真:86755268
质量体系:ISO/TS 16949
产品情况:制动蹄、制动片、机械摩擦制动件
配套情况:为南汽跃进、江淮、山东、重庆等地多家车桥厂配套

★南京金杉汽车工程塑料有限责任公司
地址:南京市雨花经济开发区青年路8号
邮编:210039
电话:025/86664605
传真:86660194
网址:www. js－engplastics. com
电子信箱:market@ js－engplastics. com
质量体系:ISO/TS 16949
产品情况:汽车工程塑料,主要应用于汽车内外饰部件的制造与生产
配套及出口情况:产品覆盖上汽大众、上汽通用、上汽、华晨中华、天津一汽、福建奔驰、奇瑞、吉利等数十家主机厂几百种车型的内外饰等上千个项目;出口乌克兰

★南京奥普织物有限公司
地址:南京市江宁经济开发区清水亭西路209号
邮编:211102
电话:025/57919959、57919999－8001
传真:52781333
网址:www. njaopo. com
电子信箱:2891999@ njaopo. com
质量体系:ISO 9002
产品情况:汽车座椅面料、内饰面料,年产各种面料200万m

★南京摩尔精细化工厂
地址:南京市江宁汤山作厂工业园经三路
邮编:211132
电话:025/84179376
传真:84177661
质量体系:ISO 9001
产品情况:各种防锈油、高碱性清洗剂、重油清洗剂、空调专用清洗剂、中性清洗剂、电子部件清洗剂、防锈油专用清洗剂等系列防锈产品
配套及出口情况:长期供应国内知名企业;出口德国

★布雷博(南京)铸造有限公司
地址:南京市江宁开发区陶吴镇西京路28号
邮编:211150
电话:025/52733110、13451888771
传真:52733114
网址:www. brembo. com
电子信箱:zwc580216@ 163. com
产品情况:灰铁和球铁两类铸件为主,主要产品有汽缸体、变速器体、曲轴、轮毂、转向节、制动钳、制动盘

★南京宏佳机械制造有限公司
地址:南京市溧水区石湫镇
邮编:211222
电话:025/68817166、68817170
传真:56615711
网址:www. njhongjia. com
电子信箱:webmaster@ njhongjia. com
质量体系:ISO/TS 16949、QS 9000
产品情况:软管连接用各型钢带式弹性夹箍、喉箍、钢丝式卡箍,以及各种片簧等弹性、冲压零部件;年产零件近10000万只
配套情况:为上汽大众、一汽－大众、奇瑞汽车、长安铃木、昌河铃木、郑州日产、长城汽车、天津鹏翎等供货

★南京金牛机械制造股份有限公司
地址:南京市高淳县龙井路8号
邮编:211300
电话:025/57339543、57338888
传真:56816099
网址:www. njjncn. com
电子信箱:njjncn@ njjncn. com
质量体系:ISO/TS 16949
产品情况:(飞钻牌)
高精度粉末冶金产品
配套情况:与许多国内外客户建立了长期合作关系

★南京优仁有色金属有限公司
地址:南京市六合经济开发区新港湾路35号
邮编:211500
电话:025/57138980、57138982
传真:57138901、57138669
网址:www. tubemaster. com. cn
电子信箱:sales@ tubemaster. com. cn
质量体系:ISO/TS 16949
产品情况:高频焊接散热管
出口情况:畅销国外市场

★南京晨灿机械制造有限公司
地址:南京市六合区竹镇镇工业园区
邮编:211501
电话:025/57682666、57680239
传真:57683666
网址:njccjx. net
电子信箱:57630239@ 163. com
单位人数:300
质量体系:ISO 9001
产品情况:各种锻件毛坯、汽车水泵轮毂等
配套及出口情况:为中国石油天然气集团公司一级供应商;远销美国、德国、日本、韩国、西班牙、澳大利亚等国家

★江苏华裕汽车工业有限公司
地址:江苏省淮安市盱眙县工业园区工十路
邮编:211700
电话:0517/83299033、88299080

传真:88299055
电子信箱:hy@ aboba. cn
质量体系:ISO/TS 16949、ISO 9002
产品情况:(ABOBA 牌)
年产制动片 300 万套、离合器总成 150 万套
出口情况:远销欧美、中东、东南亚等地区

★江苏澳芙特传动带有限公司
地址:江苏省淮安市盱眙县经济开发区金源路 19 号
邮编:211700
电话:0574/86503098
传真:86503096
网址:www. ophtebelt. com
电子信箱:ophte@ ophtebelt. com
质量体系:ISO/TS 16949
产品情况:(ophte 牌)
汽车同步带、多楔带、切割 V 带、包布 V 带

★镇江立达纤维工业有限责任公司
地址:江苏省镇江市宗泽路 18 号
邮编:212003
电话:0511/88827463、88818238
传真:88823392
网址:www. e – lida. com
电子信箱:sales@ e – lida. com
质量体系:ISO/TS 16949、QS 9000
产品情况:(哈维斯牌)
各类汽车内饰模压成型件、空调器隔音垫系列等;可年产阻燃吸音棉毡 800 万 m^2,年产各类汽车模压成型件 60 万套
配套情况:为北方、扬州亚星、三江雷诺、中大集团、上汽通用等配套

★镇江飞亚轴承有限责任公司
地址:江苏省镇江市朱方路三茅宫
邮编:212005
电话:0511/85623531、85623814
传真:85622581
网址:www. fyb – bearing. cn
电子信箱:fyb – n@ fyb – bearing. cn
单位人数:700
质量体系:ISO/TS 16949
产品情况:(FYB 牌)
滚针轴承、圆柱滚子轴承、汽车离合器分离轴承、汽车同步器钢环、推力轴承、滚轮轴承、组合轴承等
配套情况:主要配套的客户有现代、福特、丰田、铃木、长安、一汽、东风汽车、重汽、比亚迪、长城、奇瑞、吉利等

★江苏江洲汽车部件有限公司
地址:江苏省扬中市环城东路 199 号
邮编:212200
电话:0511/88368808
传真:88327390、85157378
网址:www. jzns. cn
电子信箱:jfg@ jzns. cn
法人代表:蒋丰根
单位人数:200
质量体系:ISO/TS 16949、ISO 9001
产品情况:(江洲牌)
注塑件、吸塑件、顶蓬、地毯、车门内饰板及各种塑料卡扣
配套情况:为一汽 – 大众、上汽大众、上汽通用、天津一汽丰田、长安铃木、重庆力帆、比亚迪汽车等配套

★扬中市华日密封件有限公司
地址:江苏省扬中市新坝工业园区联中路 1 号
邮编:212212
电话:0511/88335070、88420802
传真:88358969
网址:www. yzhuari. com
电子信箱:lms@ yzhuari. com
负责人:陆茂生
质量体系:ISO 9001
产品情况:(华日牌)
汽车动力转向器密封件、聚四氟乙烯制品、橡胶制品、塑料制品等
配套情况:为一汽集团、东风传动轴、沙市久隆、荆州恒隆、一汽光洋、豫北机械厂、浙江世宝公司等 40 多家汽车转向器生产厂配套密封件

★江苏奇一科技有限公司
地址:江苏省丹阳市经济开发区长湾西路 9 号
邮编:212314
电话:0511/88012838、88012906
传真:88012811
网址:www. china – qiyi. com
电子信箱:server@ china – qiyi. com
质量体系:ISO/TS 16949、ISO 14001
产品情况:纳米粉体增强 HDPE 降噪阻尼片材、高填充降噪阻尼隔热片材、轿车用内嵌可发膨胀片、环保型复合结构发泡聚丙烯(FPP)板材、聚乳酸(PLA)全生物降解材料等高分子复合材料;座椅塑料件、调角旋钮、顶腰器手柄、调角器护板、杂物盒等汽车饰件

★汉高(江苏)汽车零部件有限公司
地址:江苏省丹阳市新桥镇群益工业园
邮编:212322
电话:0511/86306262
传真:86306268
电子信箱:caiqin. pei@ cn. henkel. com
产品情况:(汉高牌)
3EVA(EPDM)阻隔片材、橡胶基阻尼片材、环氧基加强片材、三维空腔填充物(即膨胀片)
配套及出口情况:为上汽通用、上汽大众、神龙公司、上汽通用五菱、长春一汽、广汽本田、长安福特、南京跃进、江淮公司、苏州金龙等大型汽车公司供货;出口欧洲,并销往中国香港、中国澳门、中国台湾地区

★丹阳市富奥模塑有限公司
地址:江苏省丹阳市界牌镇界北工业规划区
邮编:212323
电话:0511/86369388、86377002
传真:86365666
网址:www. cnfuao. com
电子信箱:cnfuao@ 163. com
单位人数:200
质量体系:ISO/TS 16949、ISO 14001
产品情况:(漠锐牌)
汽车塑件,提供塑件表面处理,塑件电镀服务

★丹阳市美利达塑业有限公司
地址:江苏省丹阳市 1 界牌镇武阳工业园
邮编:212323
电话:0511/86162248
传真:86162148
电子信箱:jsmerida@ 163. com
质量体系:ISO/TS 16949
产品情况:塑件
配套情况:为一汽、华晨宝马配套

★江苏万奔汽车配件有限公司
地址:江苏省丹阳市陵口镇
邮编:212353
电话:0511/86662109
传真:86666577
网址:www. wanben. com
电子信箱:wanben888@ 163. com
质量体系:ISO 9002、ISO/TS 16949
产品情况:(万奔牌)
各类汽车密封条等产品
配套情况:为南京依维柯、郑州宇通、厦门金龙、长城汽车、一汽海马、华晨金杯等配套

★常州欧朗汽车零部件有限公司
地址:江苏省常州市新区河海西路 398 号
邮编:213000
电话:0519/83090353
传真:85104639
网址:www. obosaa. com
电子信箱:ol@ obosaa. com
质量体系:ISO/TS 16949
产品情况:汽车动力转向油管、空调管、油冷器管等
配套情况:已成为上汽大众、一汽 – 大众、比亚迪等汽车厂二级配套供应商

★常州常松金属复合材料有限公司
地址:江苏省常州市钟楼经济开发区星港路 65 号
邮编:213000
电话:0519/86751241、83970186
传真:83976836、86754175
网址:www. changsong. cn
电子信箱:forest@ changsong. cn
质量体系:ISO/TS 16949、ISO 9001
产品情况:(常松牌)
金属复合材料、涂镀材料

配套情况:为常柴、玉柴、江铃、一拖(洛阳)柴油机、长安汽车、北汽福田、锡柴等配套

★常州海川卓越密封材料有限公司
地址:江苏省常州市钟楼区龙城大道2188号新闸科技工业园
邮编:213003
电话:0519/68880138、68880139
传真:68880133、68880135
网址:www. hokseal. com
电子信箱:sales@ hokseal. com
质量体系:ISO/TS 16949
产品情况:油封、O形圈、防尘罩、减振制品、橡胶杂件

★常州三和塑胶有限公司
地址:江苏省常州市武进高新区凤鸣路22号
邮编:213004
电话:0519/86226500、86226501
传真:86226511、86226522
网址:www. sanhe - foam. cn
电子信箱:info@ sanhe - foam. cn
质量体系:ISO/TS 16949、ISO 9001
产品情况:NBR/PVC、EPDM/CR、PE、EVA四大类十大发泡系列产品
出口情况:远销北美洲、欧洲、日本、中东、东南亚等20多个国家和地区

★常州兰锦橡塑有限公司
地址:江苏省常州市戚墅堰开发区华丰路19号
邮编:213013
电话:0519/88816978
传真:88852335
网址:www. czllxj. com
电子信箱:czllxj@ czllxj. com
质量体系:ISO/TS 16949
产品情况:(兰陵牌)
隔音、隔热、抗振消能阻尼材料和各类橡胶模压制品
配套情况:为上汽大众、上汽集团依维柯、比亚迪、上汽通用、美国通用汽车公司全球采购供应商供货

★中海油常州环保涂料有限公司
地址:江苏省常州市玉龙中路2号
邮编:213014
电话:0519/83282371
传真:83976775
网址:www. zhonghaituliao. com
电子信箱:zhonghaituliao@ 163. com
质量体系:ISO 9001
产品情况:(阿沃德牌)
汽车涂料等

★常州威士顿有限公司
地址:江苏省常州市采菱路35号
邮编:213018
电话:0519/85029631、85029927
传真:85029629
网址:www. czwood - stock. com
电子信箱:cwsc8888@ public. cs. js. cn
产品情况:PP木粉板、CPP板、EVA板,适用于各汽车门内板、顶棚、汽车行李舱侧围等
配套情况:为大众、通用、菲亚特、一汽、福特、欧宝、起亚、猎豹、本田、尼桑、宝马、丰田、雪铁龙、现代、东风、奇瑞、标致、别克、荣威、马自达等供货

★小松常州铸造有限公司
地址:江苏省常州市中吴大道682号
邮编:213018
电话:0519/88259933
传真:88828168
产品情况:汽车、柴油机等配套铸铁件,年产2.4万t

★霓达摩尔科技(常州)有限公司
地址:江苏省常州市国家高新技术产业开发区顺园路21号
邮编:213022
电话:0519/88222802
传真:88222807
网址:www. cn - nittamoore. com
电子信箱:sales@ cn - nittamoore. com
产品情况:工程机械用树脂液压软管及接头、商用车(货车、客车)中空气制动器和空气悬架系统用树脂软管及快插接头、乘用车(小轿车)用树脂燃料管系列NITTA MOORE品牌产品

★常州光洋轴承有限公司
地址:江苏省常州市新北区汉江路52号
邮编:213022
电话:0519/85158888、86808888
传真:85150888
网址:www. nrb. com. cn
电子信箱:sales@ nrb. com. cn
质量体系:ISO/TS 16949、ISO 14001
产品情况:(NRB牌)
滚针轴承、滚子轴承、离合器分离轴承与轮毂轴承
配套情况:客户包括一汽、东风、上汽、长安、重汽、奇瑞等整车集团和陕西法士特、綦江齿轮、上海汽车变速器、重庆青山等国内最大的重型货车、客车、轿车、微型车变速器主机厂配套,同时延伸至采埃孚、伊顿、爱信(唐山)、格特拉克(江西)等国际著名的变速器主机厂

★常州东风轴承有限公司
地址:江苏省常州市新北区黄河西路198号
邮编:213022
电话:0519/85910541、85910030
传真:85910131
网址:www. df - bearing. com
电子信箱:master@ df - bearing. com
质量体系:ISO/TS 16949
产品情况:(DFB牌)
具备年产滚针轴承5000万套,滚针8亿支,短圆柱滚子轴承200万套,汽车离合器分离轴承150万套、汽车用衬套200万件、机床组合轴承3万套的生产能力
配套情况:为主要汽车变速器厂、摩托车发动机厂、电动工具厂等配套

★华狮化工(集团)有限公司
地址:江苏省常州市新北区泰山路217号
邮编:213022
电话:0519/85158068
传真:85158066
网址:www. czhuashi. com
电子信箱:info@ czhuashi. com
质量体系:ISO/TS 16949、ISO 14001
产品情况:(华狮牌)
汽车轮毂漆、仿电镀效果漆、各类机壳塑胶漆、高亮度(PU)聚氨酯漆、紫外线(UV)光固化漆、水性环保漆涂料等

★恩梯恩阿爱必(常州)有限公司
地址:江苏省常州市新北区创新大道200号(常州电子科技产业园内)
邮编:213031
电话:0519/83028880
传真:83028800
网址:www. ntn. com. cn
电子信箱:ya_chen@ ntn - rab. com. cn
质量体系:ISO/TS 16949
产品情况:(NTN牌)
汽车发动机用摇臂轴承
配套情况:为日本本田、日本日进、一汽等公司配套

★立邦油业化工(常州)有限公司
地址:江苏省常州市戚建路沟东200号
邮编:213102
电话:0519/88707168、88712230
传真:88707168
网址:www. czlbyy. com
电子信箱:info@ lb - oil. com
质量体系:ISO 9001
产品情况:(刀顿牌)
润滑油

★常州乐士雷利电机有限公司
地址:江苏省常州市武进区遥观镇钱家工业园区
邮编:213102
电话:0519/88770606
传真:88775000
网址:www. czleili. com
电子信箱:webmaster@ leiligroup. com
单位人数:3000
质量体系:ISO/TS 16949、ISO 9001
产品情况:(宏利牌)
BY系列永磁步进电动机,BYJ系列步进减速电动机,BYG系列混合步进电动机,DC系列直流有刷电动机和BLDC系列无刷电动机,SM系列同步电动机,HM系列磁滞同步电动机,Q系列

排水电动机,BPX系列上排水泵及注塑件、冲压、齿轮、模具等精密零部件产品
配套情况:水泵件为KAUTEX配套,30000套/月;点烟器为CASCO配套,30000套/月

★常州市乐源金属软管有限公司
地址:江苏省常州市武进区洛阳镇安尚工业园
邮编:213104
电话:0519/88797900
传真:88791198
网址:www.czleyuan.com
电子信箱:leyuan@czleyuan.com
质量体系:ISO/TS 16949、ISO 9001
产品情况:(常源牌)
各种波纹管膨胀节,各种金属软管,各种发电厂封闭母线铝波纹管,各种商用车,货车和轿车用波纹管等
出口情况:出口欧美、中东、东南亚、南美洲、非洲等地区

★常州市常光波纹管业有限公司
地址:江苏省常州市武进区洛阳镇工业园区2号
邮编:213104
电话:0519/88522318、88522328
传真:88522338
网址:www.boguang.cn
电子信箱:sun@boguang.cn
质量体系:ISO 9001
产品情况:(波光牌)
不锈钢波纹膨胀节、金属软管、金属(不锈钢、青铜、铝合金等)波纹管和非金属补偿器
出口情况:出口美国、日本、英国

★常州市武滚轴承有限公司
地址:江苏省常州市高新技术开发区黄河西路228号
邮编:213125
电话:0519/85951209
传真:85950807
网址:www.wugun.cn
电子信箱:office@wugun.cn
单位人数:230
质量体系:ISO/TS 16949
产品情况:各种汽车变速器(MT、AMT、AT、DCT、CVT),工程机械(行星机构),汽车动力转向器、电动转向器,农业机械(拖拉机),纺织机械用滚针轴承、圆柱滚子轴承、轴套等各类专用精密轴承和精密零件;年产轴承能力3000万套

★常州市解放滚针轴承厂
地址:江苏省常州市新北区汉江路168号
邮编:213125
电话:0519/85951312、83181181
传真:85956228
网址:www.jfbearing.com
电子信箱:jf@jfbearing.com
质量体系:ISO 9001
产品情况:滚针、滚针轴承、滚柱轴承、套圈等制造
配套及出口情况:为东风汽车公司、一汽集团、益齿、金齿等配套;出口国外市场

★常州凯瑞法力诺汽车零部件有限公司
地址:江苏省常州市新北区春江镇魏村巴黎路1号
邮编:213127
电话:0519/85178608
传真:85178700
电子信箱:hr.recruit@valtimet.com
质量体系:ISO/TS 16949
产品情况:不锈钢焊管(首先专注用于ERG系统的不锈钢管)
出口情况:出口欧洲、美国、印度、韩国

★托普拉精密紧固件(常州)有限公司
地址:江苏省常州市新北区玉龙北路568号
邮编:213127
电话:0519/89883650
传真:89883225
网址:www.topura-cn.com
电子信箱:top@topura-cn.com
法人代表:堀本守朗
产品情况:(TOPURA牌)
高强度精密紧固件、精密金属部品、模具
配套情况:为日系汽车生产商(日产、本田、丰田、铃木等)供货

★常州市申银车业有限公司
地址:江苏省常州市新北区小河镇富民路2号
邮编:213138
电话:0519/83245288
传真:83241211
电子信箱:yyf@mainone.cn
质量体系:ISO/TS 16949
产品情况:摩托车、汽车全套塑件
配套及出口情况:为JY110款、大阳100款等车型配套

★普利司通(常州)汽车配件有限公司
地址:江苏省常州市新北区天山路78号
邮编:213139
电话:0519/85922901
传真:85922902
电子信箱:bsbcap@163.com
产品情况:防振橡胶等汽车配件
配套情况:为天津一汽丰田、广州日产等配套

★常州苏特轴承制造有限公司
地址:江苏省常州市武进经济开发区禾香路11号
邮编:213149
电话:0519/83661214、83663652
传真:83660196
网址:www.hx-zc.com
电子信箱:wyx@hx-zc.com
单位人数:400
质量体系:ISO/TS 16949、ISO 14001
产品情况:连杆用滚针保持架组件、超越离合器、实体套圈滚针轴承、圆柱滚子轴承、向心滚针保持架组件、推力平面轴承、标准及修正线滚针
配套及出口情况:与重庆宗申、重庆力帆、重庆隆鑫、济南轻骑、博世、日立等数百家大中型企业配套;出口欧洲、美洲、非洲、亚洲等20多个国家和地区

★常州腾龙汽车零部件股份有限公司
地址:江苏省常州市武进经济开发区延政西路腾龙路1号
邮编:213149
电话:0519/69692888
传真:69690996
网址:www.cztl.com
法人代表(负责人):蒋学真
单位人数:600
质量体系:ISO/TS 16949
产品情况:汽车用各种散热器铝管、蒸发器铝管和空调管组件、汽车热交换系统空调管路总成、汽车热交换系统连接管、汽车热交换系统附件
配套及出口情况:为神龙、奇瑞、长安、金杯等10余家汽车主机厂、空调系统厂商供货;远销美国、德国、法国、日本、捷克、墨西哥等国家

★常州市阳湖轴承有限公司
地址:江苏省常州市湖塘镇沙塘岸
邮编:213161
电话:0519/86568008、86558012
传真:86550401
电子信箱:wy92219@pub.cz.jsinfo.net
质量体系:ISO/TS 16949、ISO 9002
产品情况:(武阳牌、CYHB牌)
各类同步器中间环,圆柱滚子轴承、圆锥滚子轴承、滚针轴承、离合器分离轴承等轴承
配套及出口情况:为天津天海、柳州五菱、浙江长泰机械、重庆长安、江华机械厂、青山机械厂、隆鑫摩托车厂等大中型企业配套;远销美国、法国、意大利、中东、东南亚等国家和地区

★江苏南方轴承股份有限公司
地址:江苏省常州市武进区高新技术产业开发区龙翔路9号
邮编:213161
电话:0519/86552111、86577257
传真:86565058、86564735
网址:www.nf-bearings.com
电子信箱:sales@nf-bearings.com
单位人数:800
质量体系:ISO/TS 16949、ISO 14001
产品情况:滚针轴承和超越离合器
配套及出口情况:为法雷奥、博世、西门子、麦格纳等世界著名汽车零部件生产商批量供货,并为本田、铃木、雅马哈,大长江等知名摩托车生产厂家配套;出

口美国、德国、法国、英国、意大利、西班牙、加拿大、韩国、日本、泰国、印度,并销往中国台湾地区

★江苏容天乐机械股份有限公司
地址:江苏省常州市武进区湖塘镇武鸣南路81号
邮编:213161
电话:0519/86528566、86536798
传真:86536398
网址:www.wjt-bearing.com
电子信箱:jsrtl@jsrtl.com
董事长:杨燕敏
质量体系:ISO/TS 16949、QS 9000
产品情况:(容天乐牌)
2000余个品种的各类滚针、短圆柱和水泵系列轴承
配套及出口情况:为一汽集团、东风汽车公司、长安汽车、奇瑞汽车、江淮汽车、航天三菱、哈航、重汽集团、江铃、上汽通用五菱等各大汽车主机厂及轻骑、建设、隆鑫、宗申、力帆等各大摩托车厂配套;出口意大利、俄罗斯、美国、韩国等10多个国家

★常州启民轴承有限公司
地址:江苏省常州市湖塘镇东升
邮编:213162
电话:0519/86702379、86329239
传真:86329233
网址:www.bearing-qm.com
电子信箱:qm_bearing@126.com
质量体系:ISO 9001
产品情况:各种滚针和滚柱轴承,年产800万套,主要应用在摩托车、汽车、工程机械等领域
出口情况:远销美洲、东欧、中东、非洲等10多个国家和地区

★常州市武进江华滚针轴承厂
地址:江苏省常州市武进马杭菱港北路46号
邮编:213162
电话:0519/86702751、15961133320
传真:86704923
网址:www.cjh-bearing.com
电子信箱:cjh-bearing@vip.163.com
单位人数:180
质量体系:ISO/TS 16949
产品情况:主要生产WB、WR型水泵轴连轴承和各类滚针轴承,具有年产360万套各类汽车水泵轴承的生产能力
出口情况:出口德国、意大利、美国、俄罗斯等10多个国家和地区

★常州市大洋轴承制造有限公司
地址:江苏省常州市武进区湖塘镇
邮编:213162
电话:0519/88235161
传真:88232578
网址:www.cdaya.com.cn
电子信箱:bearing@cdaya.com.cn
质量体系:ISO/TS 16949、ISO 9001
产品情况:(CDAYA牌)
K系列滚针保持架组件、短圆柱滚子轴承、平面推力轴承、实体套圈滚针轴承等

★常州威嘉轴承制造有限公司
地址:江苏省常州市武进遥观工业园区新312国道南
邮编:213162
电话:0519/86701762、88708986
传真:86701157
网址:www.vega-bearing.com
电子信箱:sales@vega-bearing.com
质量体系:ISO/TS 16949、ISO 9001
产品情况:水泵轴连轴承、滚针轴承
配套及出口情况:为一汽集团、哈飞汽车、长安汽车等配套;40%产品远销欧美、东南亚地区

★常州市宏成滚针轴承厂
地址:江苏省常州市牛塘工业园区新兴路8号
邮编:213163
电话:0519/86391433、86390759
传真:86397329
网址:www.hc-bearing.com
电子信箱:sales@hc-bearing.com
质量体系:ISO 9001
产品情况:各类滚针、滚子轴承;具有生产1000万套各类滚针、滚子轴承的能力
出口情况:远销东南亚、中东、德国等国家和地区

★常州市民力轴承有限公司
地址:江苏省常州市武进高新技术产业开发区南区西湖路15号
邮编:213164
电话:0519/86559388、86568869
传真:86551183
网址:minli-cn.com
质量体系:ISO/TS 16949、ISO 9001
产品情况:(CWN牌)
各类滚针轴承、冲压外圈滚针离合器、圆柱滚子轴承、支承滚轮、螺栓滚轮、四点接触球和滚子组合轴承
配套及出口情况:为意大利CCVI公司、香港TTA公司、江苏苏美达工具、上海轴承进出口公司、宁波慈溪进出口公司、东莞毅昌机电、湖北恒隆、英国博世、江苏舜天等供货;远销东南亚、欧美、韩国等国家和地区,并销往中国香港、中国台湾地区

★森瑞(常州)橡塑制品有限公司
地址:江苏省常州市武进高新区西湖路8号津通工业园15B
邮编:213164
电话:0519/86226080
传真:86226085
网址:www.sinclair-rush.com.cn
电子信箱:dwang@sinclair-rush.com.cn
产品情况:防护帽、手柄套系列及塑胶(PVC)和泡沫橡胶管等

★江苏龙城精锻有限公司
地址:江苏省常州市武进高新区龙域西路26号
邮编:213165
电话:0519/68027800
传真:89626713
网址:www.longchengforging.com
电子信箱:contact@longchengforging.com
董事长:庄龙兴
负责人:庄建兴
单位人数:1000
质量体系:ISO/TS 16949、ISO 14001
产品情况:汽车发电机精锻爪极、汽车发电机转子、汽车发电机轴、汽车发电机皮带轮、柴油高压共轨燃油喷射系统精锻件等汽车零件
配套及出口情况:汽车发电机爪极主要配套与法雷奥集团、佩特来电器、雷米国际、日本电装、日本泽藤、伊斯克拉、英格索兰各大跨国汽配生产商;60%产品出口欧洲、中南美洲、亚洲

★常州市吉马摩擦材料有限公司
地址:江苏省常州市武进高新技术开发区龙惠路18号
邮编:213166
电话:0519/86488022
传真:86480822
网址:www.geema.net
电子信箱:info@geema.net
质量体系:ISO/TS 16949、ISO 9001
产品情况:无石棉盘式制动片
出口情况:出口北美洲、欧洲市场

★常州市武进鸿程汽车配件有限公司
地址:江苏省常州市武进区雪堰镇间城路8号
邮编:213169
电话:0519/86158786
传真:86156128
网址:www.cn-hongcheng.com
电子信箱:info@cn-hongcheng.com
质量体系:ISO/TS 16949
产品情况:(鸿程牌)
内燃机冷却水泵水封,年产1800万套
配套情况:为一汽、东风、上汽通用五菱、河南西峡汽车水泵、台州易宏实业、盖茨胜地、上柴等配套

★常州金球轴承厂
地址:江苏省常州市礼嘉工业园区
邮编:213176
电话:0519/86239313、86239858
传真:86700185
网址:www.jq-bearing.com
电子信箱:sales@jq-bearing.com
质量体系:ISO/TS 16949、ISO 9001

产品情况：(JQB 牌)
冲压外圈滚针轴承，向心滚针保持架组件、连杆用滚针保持架组件，推力轴承、实体套圈轴承、支承滚轮、曲线滚轮，复合滚轮及滚针、滚子、套圈等轴承和机械配件
出口情况：出口欧美、亚洲等几十个国家和地区

★常州市武进润丰塑料制品有限公司
地址：江苏省常州市武进区礼加镇秦巷村委旁
邮编：213176
电话：0519/86230866
传真：86234758
质量体系：ISO/TS 16949
产品情况：ABS/PVC 汽车仪表板表皮，门护板表皮，玻钎板等汽车用塑料制品
配套及出口情况：主要客户有宇通客车等；远销中东等地区

★江苏旷达汽车织物集团股份有限公司
地址：江苏省常州市武进区雪堰镇旷达路 1 号
邮编：213179
电话：0519/86541888、86702819
传真：86540888、86700695
网址：www. kuangdacn. com
单位人数：2500
质量体系：ISO/TS 16949
产品情况：(旷达牌)
专业从事汽车内饰面料、座套研发、生产以及新能源开发与应用
配套及出口情况：主要配套客户有上汽大众、一汽 - 大众、上汽通用、上汽集团、广汽本田等主机厂；同时获得大众、通用全球供应商资格；部分产品远销欧洲、美洲

★江苏旷达汽车饰件有限公司
地址：江苏省常州市武进区雪堰镇旷达路 1 号
邮编：213179
电话：0519/86547329、86540236
传真：86543841、86547310
网址：www. kuangdacn. com
产品情况：(旷达牌)
汽车内饰面料销售、复合加工及汽车坐垫、汽车凉垫
配套情况：主要服务客户有郑州宇通、奇瑞汽车；汽车坐垫已批量供应大众、奥迪等汽车主机厂 4S 店

★金坛市波尔奇橡塑制品有限公司
地址：江苏省金坛市水北工业园区
邮编：213200
电话：0519/82551376、82181376
传真：82551425
网址：www. beqxs. com
电子信箱：beq@ beqxs. com
董事长：吴国新
质量体系：ISO 9001
产品情况：各种机，柴滤空气滤清器配套密封件，复合组合垫片，骨架密封件等
配套及出口情况：为蚌埠滤清器、上海八一集团、南京全箔集团、美国美丽湖集团、日本八洲电工株式会社等配套；远销美国、日本等国家

★常州朗博汽车零部件有限公司
地址：江苏省金坛市华城路 216 号
邮编：213221
电话：0519/82300248
传真：82300268
网址：www. jmp - seal. com
电子信箱：master@ jmp - seal. com
质量体系：ISO/TS 16949、ISO 14001
产品情况：(JMP 牌)
油封、O 形圈、减振件等橡胶制品
配套情况：为上汽通用、上汽大众、上汽集团、一汽 - 大众、神龙汽车、广汽本田、长春客车、上海三电贝洱、法雷奥集团等配套

★常州市利来密封件有限公司
地址：江苏省金坛市金东工业园
邮编：213221
电话：0519/82551031、82556956
传真：82553812
网址：www. nhkseal. cn
电子信箱：ll@ nhkseal. cn
单位人数：300
质量体系：ISO/TS 16949
产品情况：(NHK 牌)
汽车发动机、汽车空调及管路、摩托车发动机及整车、电动工具等用各种橡胶密封制品和其他机械用橡胶制品
配套及出口情况：为国内外一百多家骨干企业配套；约 25% 的产品直接或间接出口美国、日本、韩国、欧盟等发达国家和地区

★无锡市日达密封垫厂
地址：江苏省无锡市惠山区工业园区堰桥路 39 号
邮编：214000
电话：0510/85471222、85471111
传真：85471000
网址：www. 12114rida. com
电子信箱：sales@ wxrida. com
质量体系：ISO/TS 16949
产品情况：(日远牌)
全金属汽缸盖垫片、石棉、石墨、排气管垫、增压器垫、活塞冷却喷嘴、气门推杆、油气分离器、夹箍等各类发动机零部件
配套及出口情况：为无锡柴油机厂、潍柴、重汽、常柴、大柴等主机厂配套；出口印度、乌克兰、中东等国家和地区

★无锡英荷石化制品有限公司
地址：江苏省无锡市钱胡路 88 号
邮编：214000
电话：0510/81011916、81011917
传真：81011915
电子信箱：wx_engho@ 126. com
质量体系：ISO 9001
产品情况：汽车发动机油、齿轮油、动力转向油、自动变速器油、无级变速器油、制动及离合器液、防冻液及工业润滑油等

★无锡新得宝金属软管有限公司
地址：江苏省无锡市扬名高新技术产业园 C 区 017 号
邮编：214024
电话：0510/85401864、85407480
传真：85411472
网址：www. xdbrg. com
电子信箱：yyang@ xdbrg. com
单位人数：140
质量体系：ISO/TS 16949
产品情况：(新得宝牌)
汽车排气管用波纹管(挠性节)、不锈钢金属软管、不锈钢波纹管
配套及出口情况：为上汽通用、上汽股份、上汽通用五菱、一汽、北汽股份、长城、江淮、奇瑞、吉利、海马、华晨、东风、江铃等汽车厂家配套；出口北美洲、欧洲市场；金属软管、波纹管配套美国 UTC 集团旗下的设备制造公司

★光洋汽车配件(无锡)有限公司
地址：江苏省无锡新区国家高技术产业开发区 B6 - A 地块
邮编：214028
电话：0510/85330909
传真：85330155
网址：www. jtekt. com. cn
产品情况：(KOYO 牌)
汽车转向器和电动机的轴承

★博尔豪夫(无锡)紧固件有限公司
地址：江苏省无锡市高新技术产业开发区宝德工业园 20 - 22 号地块
邮编：214028
电话：0510/88651616
传真：88651615
网址：www. boellhoff. comwww. bollhoff - china. com
电子信箱：sales@ bollhoff - china. com
质量体系：ISO/TS 16949、ISO 9001
产品情况：(SNAPLOC 牌)
螺纹套等汽车紧固件

★三樱(无锡)汽车部件有限公司
地址：江苏省无锡市国家高新技术产业开发区新梅路 80 号
邮编：214028
电话：0510/85322771
传真：85322775
电子信箱：www@ sanoh - wx. com
质量体系：ISO/TS 16949、ISO 14001
产品情况：车用五金件、涂层板以及工程塑料、汽车制动管等

配套情况：汽车制动管为上汽大众、广汽本田、东风日产乘用车、天津一汽丰田、东风本田等配套

★无锡威孚精密机械有限公司弹簧厂
地址：江苏省无锡市新区南路202号
邮编：214028
电话：0510/85368288、85367231
传真：85368611
电子信箱：xsc@weifujj.cn
质量体系：ISO/TS 16949、ISO 9001
产品情况：内燃机油泵油嘴弹簧
配套情况：为博世、联合电子、西门子、德尔福（苏州）、伊顿、上汽大众、奇瑞汽车、苏州翰德、江铃、江淮、东风康明斯、一汽锡柴、上柴、北汽福田、天津珀金斯、东风朝柴、扬柴、威孚高科、亚新科（衡阳）、亚新科（天纬）、上海电装等国内外知名企业配套

★精密烧结合金（无锡）有限公司
地址：江苏省无锡新区新梅路86号
邮编：214028
电话：0510/85322101、8827563
传真：85322312
网址：global－sei.cn
质量体系：ISO 14001、ISO/TS 16949
产品情况：研发生产烧结合金制汽车专用高强度紧固件，汽车模具、夹具，汽车减振器
配套情况：为广汽丰田、广州南沙电装、天津一汽丰田、一汽丰田（长春）供货

★无锡市美峰橡胶制品制造有限公司
地址：江苏省无锡市化机路1号
邮编：214041
电话：0510/83102752
传真：83102654
网址：www.meifengrubber.com
电子信箱：office@meifengrubber.com
单位人数：466
质量体系：ISO/TS 16949、ISO 9002
产品情况：（美峰牌）
各类橡胶密封制品
配套情况：为一汽集团、锡柴、朝柴、杭发等配套

★铁姆肯（无锡）轴承有限公司
地址：江苏省无锡市新区锡锦路8号
邮编：214061
电话：0510/85201111
传真：85203223
电子信箱：liang.qian@timken.com
质量体系：ISO/TS 16949、ISO 9001
产品情况：圆锥滚子轴承

★光洋滚针轴承（无锡）有限公司
地址：江苏省无锡市滨湖区胡埭镇翔鸽路32号
邮编：214072
电话：0510/68789913
传真：68789687
网址：www.jtekt.com.cn
质量体系：ISO/TS 16949、ISO 14001
产品情况：滚针轴承
配套及出口情况：为上汽大众、上汽通用配套；出口欧洲、美洲

★无锡泽根弹簧有限公司
地址：江苏省无锡市蠡园经济开发区太湖大道北鸿桥路
邮编：214072
电话：0510/85121169、85121139
传真：85121143
网址：www.zgspring.com
电子信箱：sales@zgspring.com
负责人：张健
质量体系：ISO/TS 16949、ISO 9001
产品情况：（SAWANE牌）
发动机气门弹簧、油泵油嘴弹簧等，具备年产9000万件的生产能力

★无锡市麦克密封技术有限公司
地址：江苏省无锡市华清路200号
邮编：214073
电话：0510/88169012
传真：85107088
电子信箱：markcyj@126.com
质量体系：ISO/TS 16949、ISO 9001
产品情况：新型曲轴油封，气门杆密封圈总成，高压旋转接头系列、油封王系列、6DL油封系列、缸套阻水圈系列

★无锡恩福油封有限公司
地址：江苏省无锡市锡山经济开发区凤威路280号
邮编：214101
电话：0510/88202333
传真：88204773
电子信箱：info@nfgc.com.cn
质量体系：ISO/TS 16949、ISO 9001
产品情况：各种油封制品、O形密封圈、保护罩、防尘罩、减振橡胶以及其他工业用橡胶制品

★士溢（无锡）精密压铸有限公司
地址：江苏省无锡市锡山区安镇镇查桥
邮编：214104
电话：0510/88713958、88713968
传真：88713978
网址：www.shiyi88.com
电子信箱：sy8@wst.net.cn
董事长：陈朝茂
质量体系：ISO/TS 16949、ISO 9001
产品情况：铝合金、锌合金压铸件、注塑件、各类钣金冲压件

★无锡市宇新机械有限公司
地址：江苏省无锡市锡山区大成路1101号
邮编：214105
电话：0510/85860652、85860425
传真：85865715
网址：www.wuxiyuxin.com
电子信箱：sale@wuxiyuxin.com
质量体系：ISO 9001
产品情况：特殊标准紧固件、建筑五金件等
配套及出口情况：为汽车、摩托车、机床、电机等行业300多家公司配套；出口美国、德国、芬兰、日本等10多个国家

★江苏亚太轻合金科技股份有限公司
地址：江苏省无锡市新区坊兴路8号
邮编：214111
电话：0510/88271111
传真：88276010
网址：www.yatal.com
电子信箱：sales@yatal.com
质量体系：ISO/TS 16949、ISO 14001
产品情况：汽车用轻量化高级铝合金管材、棒材、型材等
配套情况：为汽车热交换系统配套铝管

★无锡华利达金属制品有限公司
地址：江苏省无锡市鹅湖镇荡口合则利工业园A2幢
邮编：214116
电话：0510/80258600、80258601
传真：80258602
网址：www.wxhldjs.com
电子信箱：sales@wxhldjs.com
质量体系：ISO/TS 16949
产品情况：汽车排气系统减振软管（不锈钢波纹管），不锈钢链条和机械零部件的制造及加工
配套及出口情况：50%的产品为国内知名汽车厂商配套；产品50%出口欧美及东南亚地区

★无锡市梦立化工有限公司
地址：江苏省无锡市锡山区甘露镇松芝工业园区
邮编：214117
电话：0510/88755510、13706193510
网址：www.wxmlhg.com
电子信箱：zjg510@163.com
质量体系：ISO 9002
产品情况：（梦立牌）
汽车用胶、黏尘布
配套情况：与东风汽车、南京汽车集团、长安汽车、北汽福田等长期合作

★艾伦（无锡）商用车部件有限公司
地址：江苏省无锡市新区硕放镇香楠路11号厂房
邮编：214142
电话：0510/85311066
传真：85311067
电子信箱：info@allen－wuxi.cn
产品情况：空气制动管、油管、空气螺旋管、电子连接线、反光产品

★江苏中通汽车内饰材料有限公司
地址：江苏省无锡市新区硕放镇
邮编：214143
电话：0510/85303338、85304338
传真：85250020、85305338
电子信箱：sales@jszhongtong.com

质量体系:ISO 9002
产品情况:PVC 地垫革、门护板表皮、侧围顶棚革、座椅人造革、ABS 改性仪表板表皮、ABS 板材及其复合板、其他塑料制件
配套情况:为一汽、东风、金龙、丰田、西沃、南汽等 200 多家汽车制造厂及其配套厂供货

★无锡市百合花胶粘剂厂有限公司
地址:江苏省无锡市鸿山镇鸿中路 35-4 号
邮编:214145
电话:0510/88990075、88992279
传真:88995419、88999916
网址:www.wxbhh.com
电子信箱:wxbhh@126.com
董事长(负责人):俞铮
单位人数:60
质量体系:ISO 9001
产品情况:(百合花牌)
年生产各类胶黏剂 500t
配套情况:在全国各大汽车生产厂家:一汽、东风、重庆长安汽车、济南重汽集团、江铃汽车、南汽、柳州微型汽车厂等应用多年

★无锡双象超纤材料股份有限公司
地址:江苏省无锡市无锡新区鸿山镇后宅中路 188 号
邮编:214145
电话:0510/88993888
传真:88997888
网址:www.sxcxgf.com
电子信箱:sxcx@sxcxgf.com
质量体系:ISO 9001、ISO 14001
产品情况:具备年产 PVC 人造革 2500 万 m^2、PU 合成革 1400 万 m^2、超细纤维超真皮革 300 万 m^2、塑料薄膜 10000t 的生产能力
出口情况:远销美国、德国、意大利、日本、俄罗斯、韩国、印度、澳大利亚等 50 多个国家

★无锡钱桥带钢有限公司
地址:江苏省无锡市惠山区钱桥南西漳惠澄大道 8 号
邮编:214151
电话:0510/83231403
传真:83231331
网址:www.daigang.cn
电子信箱:dg@daigang.cn
质量体系:ISO 9001
产品情况:(京运牌)
年产 2.5 万 t 冷带、8000t 超薄型精密焊管和 800 万 m 汽车密封条专用骨架钢芯

★无锡爱西匹钢芯有限公司
地址:江苏省无锡市惠山区钱桥南西漳
邮编:214152
电话:0510/83233699、83233269
传真:83233699
电子信箱:info@acp-cn.com
质量体系:ISO 9001
产品情况:(京运牌、ACP 牌)
滚剪、压钢芯年产 2000 万 m,冲切钢芯年产 2000 万 m
配套及出口情况:铝带为重庆嘉轩等配套,滚剪/压钢芯为贵州红阳、北京万源、上海申雅等配套,冲切钢芯为上海红阳、淮安申雅、合肥晨阳配套;年出口滚剪/压钢芯、冲切钢芯 80 万 m

★无锡市德昶精密铸造有限公司
地址:江苏省无锡市惠山区钱桥镇藕塘锡陆路 105 号
邮编:214153
电话:0510/83296018、83296028
传真:83293709
网址:www.wxdechang.com
电子信箱:dechang@wxdechang.com
负责人:冯志伟
质量体系:ISO/TS 16949
产品情况:(DC 牌)
精密铸件,月产量 150 吨
配套及出口情况:为东风精冲配套;出口美国、意大利、韩国等国家,并销往中国台湾地区

★无锡市巨龙塑化有限公司
地址:江苏省无锡市滨湖区胡埭工业园联合路 12 号
邮编:214161
电话:0510/83700441、83702495
传真:83027755
网址:www.wuxijulong.com
电子信箱:wxjl@wuxijulong.com
单位人数:250
质量体系:ISO 9002
产品情况:(巨龙牌)
各类塑料周转箱、物流箱及塑料托盘、特种产品塑料包装箱、汽车(电动车)塑料配件与工程塑料制品四大类
配套情况:为上汽大众、长春一汽、南京依维柯、雅马哈等配套

★无锡市振益轿车附件有限公司
地址:江苏省无锡市洛社镇杨市工业园
邮编:214161
电话:0510/83557138
传真:83559109
电子信箱:qianjf@wxzhenyi.com
质量体系:ISO/TS 16949、ISO 9001
产品情况:汽车冲压件、焊接件
配套情况:为上海爱德夏、格兰富水泵(苏州)一级供应商定点配套,为上汽大众、上汽通用、神龙汽车、中华轿车等二级配套

★无锡朴业橡塑有限公司
地址:江苏省无锡市惠山区西漳工业园区牌楼村西昌路 1 号
邮编:214171
电话:0510/68866118、8350323
传真:83758937
电子信箱:erin@puii.cn
质量体系:ISO/TS 16949、ISO 14001
产品情况:橡胶零配件、脚垫、橡胶制品、模具等
出口情况:远销荷兰、德国、英国、美国、日本、韩国等国家

★无锡市海江汽车部件有限公司
地址:江苏省无锡市惠山区堰桥镇南路 7 号
邮编:214174
电话:0510/83741616
传真:83740690
电子信箱:wxhaijiang@wxhaijiang.com
质量体系:ISO/TS 16949、ISO 9001
产品情况:双钢丝环箍
配套情况:为一汽解放青岛汽车厂、浙江杭叉工程机械、常州长江客车集团、郑州宇通重工等 20 余家企业配套

★无锡市贝尔特胶带有限公司
地址:江苏省无锡市惠山区惠萃路 87 号
邮编:214176
电话:0510/83704314、83623338
传真:83704835、83622889
网址:www.wuxibelt.cn
电子信箱:master@wuxibelt.com
质量体系:ISO/TS 16949、ISO 14001
产品情况:(绿象牌)
年生产各种汽车传动带 2000 多万条
配套情况:为汽车主机厂配套

★无锡市奔达密封件有限公司
地址:江苏省无锡市惠山区金惠路 802 号
邮编:214177
电话:0510/83761814、82249129
传真:83620585
网址:www.wuxibenda.com
电子信箱:benda@wuxibenda.com
质量体系:ISO/TS 16949
产品情况:(奔达牌)
纸浆乳胶密封材料、无石棉密封材料、复合板密封材料、密封垫片、汽缸垫、金属垫片、橡胶垫片、橡胶金属复合材料等;年产密封垫片 3000 万片
配套及出口情况:为锡柴、云内、扬柴、珀金斯动力(天津)、全柴、上柴、浙江新柴、无锡四达动力公司等配套;出口美国、日本、中东、东南亚、非洲等国家和地区

★隆意汽车配件制造(无锡)有限公司
地址:江苏省无锡市惠山区玉祁镇蓉新村
邮编:214183
电话:0510/83585770
传真:83587370
网址:www.longiscrew.com
电子信箱:chenlico@ms58.hinet.net
单位人数:75

质量体系:ISO/TS 16949
产品情况:汽车螺栓、螺母、扣件等
配套情况:为东风裕隆、东风日产、裕隆日产、郑州日产、康奈克、东风易进、市光工业、椿本集团、德尔福、伊朗赛帕、法雷奥、伟世通、江森自控等供货

★无锡鼎泰汽配有限公司
地址:江苏省无锡市玉祁镇蓉南工业园
邮编:214183
电话:18661059888
网址:www. zina - autoparts. com
电子信箱:zina@ zina - autoparts. com
质量体系:ISO/TS 16949、ISO 9001
产品情况:专业生产 AXK 平面推力轴承、HF. HFL 单向离合器滚针轴承、HK. BK. SCE 冲压外圈滚针轴承、GE 关节轴承、SY 系列 K 向心滚针和保持架组件、NA. RNA. NK. RNK 轻重系列滚针轴承、KR 支承滚轮、滚轮轴承,关节轴承、NU. NJ 圆柱滚子轴承及小型向心球轴承
配套及出口情况:为一些知名的外商独资或合资的企业配套;远销美国、欧盟、东南亚地区,并销往中国台湾地区

★无锡富莱得机电制造有限公司
地址:江苏省无锡市惠山区洛社镇
邮编:214189
电话:0510/83321862、83322815
传真:83322318
网址:www. wxfrd. com
电子信箱:fzy@ wxfrd. com
单位人数:112
质量体系:ISO/TS 16949
产品情况:汽车零部件、金属冲压件、钣金件
配套情况:为上汽大众、延锋伟世通汽车饰件系统、泛亚电子(无锡)、江扬科技(无锡)、喜开理(中国)、常州科勒发动机、亚翔系统集成科技(苏州)等配套

★无锡市二橡胶股份有限公司
地址:江苏省无锡市锡山经济开发区芙蓉东一路 99 号
邮编:214193
电话:0510/83789007、83788267
传真:83789008
网址:www. wxrb2. com
电子信箱:wuai10@ wxrb2. com
单位人数:1213
质量体系:ISO/TS 16949、ISO 9001
产品情况:(五爱牌)
冷却水管、油管、暖风管、空滤管、通气管、真空管、中冷器管、盘管汽车橡胶软管
配套情况:为上汽大众、上海汽车、一汽-大众、宇通客车、金龙客车等 20 多家汽车制造厂供货

★无锡锡州机械有限公司
地址:江苏省无锡市锡北镇锡港西路 69 号
邮编:214194
电话:0510/83797788
传真:83792041、83791338
电子信箱:xizhou@ wxxizhou. com
质量体系:ISO/TS 16949、ISO 9001
产品情况:发动机零部件、加热设备系统
配套情况:为无锡威孚、北京亚新科天纬油泵油嘴、南京威孚金宁等配套

★无锡鹏德汽车配件有限公司
地址:江苏省宜兴市和桥镇
邮编:214211
电话:0510/87801631、87814281
传真:87801631
网址:www. autocarfittings. com
电子信箱:zgqp@ autocarfittings. com
单位人数:220
质量体系:ISO/TS 16949、ISO 9002
产品情况:(鹏德牌)
年生产汽车冲压件及机加工能力 1800 万件(套)
配套及出口情况:主要客户有佛吉亚、阿文美驰、天纳克、南京依维柯、南京长安、奇瑞科技、泰乐玛、奇昊、延峰江森、李尔、萨克斯;是大众、通用、福特、雪铁龙、马自达、现代、金龙、宇通等汽车二级配套商;出口日本、欧美等国家和地区

★江苏千富之丰科技有限公司
地址:江苏省宜兴市经济开发区永安路 11 号
邮编:214213
电话:0510/87935543
传真:87934509
电子信箱:office@ qfzfhose. com
法人代表:沈嘉
负责人:李先文
单位人数:20
质量体系:ISO/TS 16949
产品情况:气动制动软管及总成、特种高低温高压软管及总成

★江阴天祥塑化制带有限公司
地址:江苏省江阴市西横街 63 号
邮编:214400
电话:0510/86887931、86884390
传真:86885947
电子信箱:jypgzc@ public1. wx. js. cn
质量体系:QS 9000、ISO 9001
产品情况:(江流牌)
汽车离合器总成,膜式压盘压盖、总成,轻型输送带、高强度传动带、切弦带、防静电胶板、橡胶制品等
配套情况:为东风汽车公司、一汽集团、重汽集团、陕汽集团配套

★江阴机械制造有限公司
地址:江苏省江阴市月城镇月翔路 8 号
邮编:214400
电话:0510/86883279、86883332
传真:86897535
电子信箱:yjz@ jymv. com. cn
质量体系:ISO/TS 16949、QS 9000
产品情况:涡轮壳、玉气机壳、中间壳等

★无锡沃尔德轴承有限公司
地址:江苏省江阴市青阳工业园振阳路 100 号
邮编:214401
电话:0510/82711966、82791933
传真:82736388
网址:www. wd - bearing. com
电子信箱:sales@ wd - bearing. com
质量体系:ISO/TS 16949、ISO 14001
产品情况:精密深沟球轴承、精密圆柱滚子轴承、精密圆锥滚子轴承、汽车水泵轴承、汽车轮毂轴承

★无锡共成金属有限公司
地址:江苏省江阴市长泾镇共青路 17 号
邮编:214411
电话:0510/86316071、86316072
传真:86316075
网址:www. wks - cn. cn
电子信箱:wks@ wks - cn. cn
单位人数:150
质量体系:ISO/TS 16949、ISO 14001
产品情况:铝合金压铸及精密加工部件,产品以汽车、机床部件及电机壳体为主
配套情况:主要客户有久保田、中发(丰田)、松下、共立、三洋、五十铃等

★江阴市双佳汽车配件有限公司
地址:江苏省江阴市北国工业园
邮编:214414
电话:0510/86951880
传真:86951389
电子信箱:sjqc0311@ 126. com
质量体系:ISO 9001
产品情况:(佳鹰牌)
豪华客车、城市客车、重型货车、拖挂车的制动片
配套情况:为金龙客车、桂林大宇、韩国现代、郑州宇通、亚星、凯斯鲍尔等配套

★江阴市希克林摩擦材料有限公司
地址:江苏省江阴市顾山镇北国鉴青工业园
邮编:214414
电话:0510/86358808、86351670
传真:86359770
网址:www. cnsanan. com
电子信箱:sanan@ cnsanan. com
质量体系:ISO/TS 16949
产品情况:(三安牌)
汽车用摩擦材料、制动片等
配套情况:长期配套镇江宝华车桥、宁波合力制动系统、靖江恒力集团等客户

★江阴市三良工业汽车配件有限公司
地址:江苏省江阴市华士红星路 539 号
邮编:214421

电话:0510/86206328、68972699
传真:86203938
网址:www. rubbersl. com
电子信箱:sanliang@ rubbersl. com
单位人数:1100
质量体系:ISO 9001
产品情况:各种汽车轮胎用垫带及各种混炼胶,具有年产各种轮胎垫带 1200 万条,混炼胶 10 万 t/年的生产能力
配套及出口情况:已成为上海轮胎橡胶集团、韩泰轮胎、佳通轮胎、建大轮胎、贵阳轮胎、安基轮胎等国内外知名品牌的稳定配套单位;远销韩国、美国、中东等国家和地区

★江阴延利汽车饰件股份有限公司
地址:江苏省江阴市周庄镇世纪大道北段 388 号
邮编:214423
电话:0510/86903919、86239615
传真:86225986
网址:www. jyylsj. com
电子信箱:yanli@ ylsl. net
质量体系:ISO/TS 16949、QS 9000
产品情况:汽车用麻纤维、竹纤维复合板系列、汽车内饰系列、汽车外装饰条和防撞条系列及高性能无甲醛天然植物纤维复合材料等
配套及出口情况:为上汽大众、一汽轿车、上汽通用、长安福特、东风股份、武汉神龙、北京现代、海南汽车、沈阳金杯、比亚迪、吉利、奇瑞、长城等主机厂配套;远销印度尼西亚、美国、意大利等国家,并销往中国香港地区

★江阴兴澄特种钢铁有限公司
地址:江苏省江阴市滨江东路 297 号
邮编:214432
电话:0510/86193388
传真:86286492、86191400
网址:www. jyxc. com
电子信箱:sales@ cp – ssteel. com
单位人数:8500
质量体系:ISO/TS 16949、QS 9000
产品情况:(兴澄牌)
　　汽车齿轮钢、轴承钢、弹簧钢等

★威茨曼金属制品(江阴)有限公司
地址:江苏省江阴市夏港镇西城路 61 号
邮编:214442
电话:0510/86033352
传真:86033102
网址:www. witzenmann. com
电子信箱:witzenmannchina @ witzenmann. com
质量体系:ISO/TS 16949、ISO 9001
产品情况:汽车用金属波纹管等

★申桦密封件(江阴)有限公司
地址:江苏省江阴市申港镇申新路 59 号
邮编:214443
电话:0510/86687188
传真:86687189
网址:www. essonseals. com
电子信箱:cn@ essonseals. com
质量体系:ISO/TS 16949、ISO 14001
产品情况:金属橡胶接合件、橡胶金属衬垫、橡胶伸缩管及防尘套、O 形环和油封等

★庆昌科技(江阴)有限公司
地址:江苏省江阴市经济开发区石庄园区花港西路 32 号
邮编:214446
电话:0510/88458333
传真:88458339
网址:www. kcwiper. co. kr
质量体系:ISO/TS 16949、QS 9000
产品情况:小型冲压件

★江苏法尔胜泓昇集团精密机械分公司
地址:江苏省江阴市临港新城石庄工业园锦绣路 8 号
邮编:214446
电话:0510/86275132、13812156678
传真:86275216
网址:www. fastenmachine. com
电子信箱:hzp158@ sina. com
质量体系:ISO 9001
产品情况:摩托车离合器总成及配件;镁、铝合金压铸件;各种形式的冲压件;各种精密机械五金零部件
配套情况:为广东大长江集团、新大洲集团、济南轻骑铃木、五羊本田集团等摩托车企业配套

★江苏富仕隆紧固件有限公司
地址:江苏省靖江市城南工业园兴业路 99 号
邮编:214500
电话:0523/84913811
传真:84913822
电子信箱:factory@ rivet – china. com
质量体系:ISO/TS 16949
产品情况:铆钉

★江苏恒明汽车配件制造有限公司
地址:江苏省靖江市大觉镇花荣路 1 号
邮编:214512
电话:0523/842438780、18752680886
传真:84248988
网址:www. js – hm. com
电子信箱:cai@ js – hm. com
质量体系:ISO/TS 16949
产品情况:(恒明牌)
　　各种车型的制动调整臂总成、转向节臂、凸轮轴等主要产品
配套情况:长期为陕汽重型货车、恒力公司、一汽四环、广西方盛、东风汽车公司、柳汽、湖北车桥、卢卡斯美驰、江淮、安凯、丹东黄海等数十家主机厂配套

★苏州工业园区富事达塑业有限公司
地址:江苏省苏州市工业园区通园路 198 号
邮编:215002
电话:0512/62889604、62883949
传真:62889532
网址:www. first – plastic. com
电子信箱:wl@ first – plastic. com
质量体系:ISO/TS 16949、ISO 14001
产品情况:汽车用线束波纹管等
配套情况:与德尔福电子、延峰江森、派克电器、通用汽车、LG 电子、三星电子、沈阳金杯、柳州五菱、长安福特、奇瑞汽车、西门子电器、佳能、樱花电器、东风本田汽车(武汉)、广汽本田、天津一汽丰田等建立长期合作伙伴关系

★苏州金诚轴承有限公司
地址:江苏省苏州市虎丘区青花路 29 号
邮编:215008
电话:0512/67239518
传真:67239022
电子信箱:sjbbearing@ gmail. com
质量体系:ISO/TS 16949、ISO 9001
产品情况:(汉森牌)
　　滚针、滚珠轴承、滚珠平面推力轴承、汽车空压机械专用轴承
配套及出口情况:为一汽法雷奥、华达、江铃汽车、一汽 – 大众、东风、东南、北京奔驰、日产、菲亚特配套;远销欧洲、美国、日本、新加坡,并销往中国台湾地区

★科德宝·宝翎无纺布(苏州)有限公司
地址:江苏省苏州市新区滨河路 155 号
邮编:215011
电话:0512/68251586
传真:68241942
网址:www. micronair. com. cn
电子信箱:info – cn@ freudenberg – filter. com
质量体系:ISO/TS 16949、ISO 14000
产品情况:(viledon 牌、MicronAir 牌)
　　汽车内饰材料、吸音材料等技术无纺布

★苏州新豪轴承有限公司
地址:江苏省苏州新区紫金路 88 号
邮编:215011
电话:0512/82278811、18915559063
传真:68243051
电子信箱:xh@ xinhaobearing. com
质量体系:ISO/TS 16949、QS 9000
产品情况:向心滚针轴承、推力滚针轴承
配套情况:为上海汽车齿轮总厂、一汽 – 大众、上海三电贝洱汽车空调配套

★中材科技(苏州)有限公司
地址:江苏省苏州市工业园区长阳街 68 号
邮编:215021
电话:0512/88189375、88189366
传真:88189377、88189306
网址:www. sinoma – sz. com
电子信箱:sales@ sinoma – sz. com

单位人数:1100
质量体系:ISO/TS 16949、ISO 9001
产品情况:(sinoma 牌)
车用管制 CNG 气瓶、车用钢板拉深 CNG 气瓶、车用液化天然气气瓶 LNG 等
出口情况:出口中东、东南亚、中亚、东欧等地区

★苏州石川制铁有限公司
地址:江苏省苏州市吴中经济开发区天灵路 10-12 号
邮编:215104
电话:0512/65639067、65639068
传真:65289949、65653989
网址:www.cn-siim.com
电子信箱:sales@cn-siim.com
质量体系:ISO 9001、ISO/TS 16949
产品情况:汽车铸件产品、阀门铸件产品及通用零件产品,年生产能力达 30000t
配套及出口情况:为日本丰田、康明斯柴油发动机、日立金属、丹麦 AVK、SPIRAX 工程(中国)、美国 HONEYWELL 涡轮增压系统供货;产品 70% 出口

★苏州中央可锻有限公司
地址:江苏省苏州市吴中区旺山工业园天鹅荡路 28 号
邮编:215104
电话:0512/66566100、66566833
传真:66566800
网址:www.chuokatan.cn
电子信箱:li@chuokatan.cn
质量体系:ISO 9001
产品情况:具备年产铸件 5000t 的生产能力和精密加工 8000t 和精密加工 8000t 零部件的加工能力
配套情况:为上海纳博特斯克、广汽日野、小松工程机械、凯迩必液压、恒立、常州现代供货

★苏州日进塑料有限公司
地址:江苏省苏州市工业园区(娄封北区扬泰路)创投工业坊 56 号
邮编:215122
电话:0512/65935111
传真:65935122
网址:www.sz.enissin.com
董事长:长田德雄
负责人:长田和德
单位人数:240
质量体系:ISO/TS 16949、ISO 14001
产品情况:汽车用精密塑料零部件及其模具制作

★哈金森工业橡胶制品(苏州)有限公司
地址:江苏省苏州市工业园区唯亭镇葑亭大道 721 号
邮编:215122
电话:0512/85188298
传真:88181175
电子信箱:yan.he@hutchinson-suzhou.cn
产品情况:传动带、输送带
出口情况:出口亚洲市场

★苏州井上高分子新材料有限公司
地址:江苏省苏州市吴中区河东工业园尹中路
邮编:215124
电话:0512/65977660
传真:65977665
网址:www.inoac.com.cn
质量体系:ISO 9001
产品情况:聚醚、聚氨酯类产品、聚氨酯海绵、橡胶海绵、软木胶黏剂、橡胶垫胶黏剂
出口情况:出口北美洲、东亚,并销往中国香港、中国澳门、中国台湾地区

★大同精密金属(苏州)有限公司

地址:江苏省苏州市工业园区青丘街 246 号
邮编:215126
电话:0512/62833531
传真:62833003
网址:www.dpmsz.cn
电子信箱:daido@dpmsz.cn
质量体系:ISO/TS 16949、ISO 14001
产品情况:(DID 牌)
精密滑动轴承
配套情况:为一汽丰田(长春)发动机、天津丰田汽车发动机、东风轻型发动机、长安汽车、长安福特、长安马自达、重庆长安铃木、庆铃汽车、嘉陵本田发动机、东风本田、东风乘用车、东风裕隆、东风本田发动机、本田汽车中国、东风日产乘用车、广汽乘用车、比亚迪汽车等供货
☞ 详细情况请参阅彩色宣传版面

★汤姆金斯艾迪尔夹具(苏州)有限公司
地址:江苏省苏州市工业园区星龙街 428 号苏春工业坊 16 单元
邮编:215126
电话:0512/87178660、87178699
传真:62838665
产品情况:(彩登牌)
卡箍及密封产品

★华龙(苏州)橡胶产品有限公司
地址:江苏省苏州市工业园区振胜路 28 号
邮编:215126
电话:0512/67621526-1528
传真:67621527
网址:www.hlntech.com
质量体系:ISO/TS 16949、QS 9000
产品情况:精密成型橡胶汽车零件

★盖茨优霓塔传动系统(苏州)有限公司
地址:江苏省苏州市工业园区钟园路 128 号
邮编:215126
电话:0512/62836886
传真:62836996
网址:www.gates.cn
电子信箱:guptmarketing@gates.com
质量体系:ISO/TS 16949
产品情况:(Gater 牌)
汽车及工业传动带、摩托车变速带、汽车附件等
配套情况:为一汽-大众、上汽通用、广汽本田、神龙汽车、江铃福特、上海德尔福等配套

★苏州井上橡塑有限公司
地址:江苏省苏州市吴中经济开发区河东工业园尹中路 198 号
邮编:215128
电话:0512/65976711
传真:0769/86170268
网址:www.inoac.com.cn
质量体系:ISO/TS 16949、ISO 9001
产品情况:橡胶的模具注塑挤出产品(以汽车零部件为主)
配套情况:为宝马、丰田、尼桑供货

★苏州西诺泛斯橡胶制品有限公司
地址:江苏省苏州市新区泰山路向街 2 号
邮编:215129
电话:0512/69372623
传真:69370652
网址:www.sinofas.com
电子信箱:sinofas@sinofas.com
质量体系:ISO/TS 16949、ISO 9001
产品情况:橡胶产品和橡胶金属产品,广泛应用汽车、重型机械等行业
配套情况:与奔驰、宝马、奥迪、雪铁龙、大众、通用等建立长期的合作关系

★苏州三之星机带科技有限公司
地址:江苏省苏州市高新区联港路 277 号
邮编:215129
电话:0512/66658880
传真:66658880
网址:www.mitsuboshi.co.jp
电子信箱:sunqiang@mitsuboshi.net.cn
产品情况:高性能汽车专用传送带及办公设备所用的精密橡胶制品,年生产规模可达 950 万根机带
配套情况:为广汽本田、德国大众供货

★苏州轴承厂股份有限公司
地址:江苏省苏州市高新区鹿山路 35 号
邮编:215129
电话:0512/66657360、66657350
传真:66657355
网址:www.sbfcn.com
电子信箱:sales@sbfcn.com
质量体系:ISO/TS 16949、ISO 14001
产品情况:(中华牌、SZZH 牌)
冲压外圈滚针轴承、冲压外圈滚针离合器、圆柱滚子轴承、圆柱滚子离合器和球轴承组件、推力轴承、滚轮轴承、直线运动滚子导轨支承和滚动体等;具

有年产滚针轴承 8000 万套、滚针 20 亿支的生产能力
配套及出口情况：为东风汽车公司、一汽集团、松下、海尔、博世、伟世通等配套；远销欧洲、北美洲、南美洲、日本、韩国、印度、马来西亚等国家和地区

★创迈精密金属成型（苏州）有限公司
地址：江苏省苏州市高新区塔园路 369－9 号
邮编：215129
电话：0512/66626188
传真：66625188
网址：www. transmatic. com. cn
电子信箱：sales@ transmatic. com. cn
质量体系：ISO/TS 16949、ISO 14001
产品情况：ABS 防抱死制动系统、驻车制动、ECU 电子控制单元、氧传感器、EGR 废气循环系统、燃油泵、恒温控制器、连接器、气门油封、活塞等精密金属拉伸冲压产品

★自润轴承苏州有限公司
地址：江苏省苏州市高新区湘江路 1111 号
邮编：215129
电话：0512/66670228
网址：www. oiles. co. jp
质量体系：ISO 14001、ISO/TS 16949
产品情况：无油滑动轴承系列（转向块、齿条支撑套、导向座、排气管密封环、铰链衬套、自润塑料推力轴承、球碗轴承、压缩机主轴轴承、张紧轮轴承
配套情况：为日系、欧美系、韩系、中系汽车厂家供货

★苏州恩斯克轴承有限公司
地址：江苏省苏州市苏州新区泰山路 22 号
邮编：215129
电话：0512/66655666
传真：66659108
网址：www. cn. nsk. com
产品情况：圆锥滚子轴承，月产 150 万套
出口情况：出口国外市场

★舍弗勒摩擦产品（苏州）有限公司
地址：江苏省苏州市高新区浒关镇浒新工业园道安路 36 号
邮编：215151
电话：0512/68088908
传真：68241328
网址：www. schaeffler. cn
电子信箱：info@ raybestos. cn
质量体系：ISO 14001、ISO/TS 16969
产品情况：（LuK 牌、雷贝斯托牌）
汽车离合器摩擦产品、汽车变速器部件及汽车制造模具、工业摩擦产品、用于制造离合器摩擦片的纱线，年产量为 2000 万片摩擦片
配套及出口情况：为大众、宝马、奥迪等供货；40% 产品出口欧洲、北美洲、南美洲、非洲、亚洲

★天纳克（苏州）减震系统有限公司
地址：江苏省苏州市高新区石阳路 2 号
邮编：215151
电话：0512/66160001
传真：66160135
质量体系：ISO/TS 16949
产品情况：发动机总承支撑系统、悬架部件、排气管挂耳

★日立电线（苏州）有限公司
地址：江苏省苏州市吴中区胥口镇胥江工业园时进路 558 号
邮编：215164
电话：0512/66210777、66213333
传真：66216788、66216667
网址：www. hitachi. com. cn
电子信箱：info. hcsz@ hitachi－cable. co. jp
质量体系：ISO 9001、ISO 14001
产品情况：工业用电缆及汽车制动软管等产品

★苏州三电精密零件有限公司
地址：江苏省苏州市吴江区汾湖高新技术产业开发区金字路 509 号
邮编：215211
电话：0512/82079990
传真：82079885
网址：www. sanden. co. jp
电子信箱：hangshubin @ sanden － china. com. cn
产品情况：汽车、摩托车用精铸毛坯件

★阿雷法（苏州）汽车部件有限公司
地址：江苏省苏州市吴江区菀坪社区同安东路 2 号
邮编：215223
电话：0512/63390567
传真：63390578
网址：www. alevobelt. com
电子信箱：sales@ alevobelt. com
质量体系：ISO/TS 16949
产品情况：汽车同步带、多楔带、三角带等

★江苏普华力拓摩擦材料有限公司
地址：江苏省昆山市玉山镇迎宾中路 1277 号
邮编：215300
电话：0512/55257777－815
传真：55257666
网址：www. powerlotos. com
电子信箱：powerlotos@ powerlotos. com
法人代表：黄小乐
质量体系：ISO/TS 16949、ISO 14001
产品情况：（普华力拓牌）
盘式制动片，年产制动片能力达 300 万套
出口情况：出口欧洲、美国、加拿大、巴西、中东、东南亚等国家和地区

★库博标准汽车配件（昆山）有限公司
地址：江苏省昆山市经济技术开发区杜鹃路 99 号
邮编：215300
电话：0512/86178820－8011
传真：86178821
电子信箱：lkwok@ cooperstandard. com
质量体系：ISO 9001
产品情况：减振器、汽车专用紧固件
出口情况：出口亚洲

★丰田工业（昆山）有限公司
地址：江苏省昆山市经济技术开发区三巷路 408 号
邮编：215300
电话：0512/57303182、18260283481
传真：57364170
电子信箱：shi－ren@ tikap. cn
质量体系：ISO 14001、QS 9000
产品情况：汽车高性能高精度铸铁件
配套情况：为丰田汽车、日本丰田自动织机、上汽通用汽车、沈阳三菱、四川华晨、林德叉车等供货

★昆山中和弹簧有限公司
地址：江苏省昆山市开发区雄鹰路 176 号
邮编：215300
电话：0512/36691668
传真：36691658
网址：www. chkk. co. jp
电子信箱：chen_yj@ kchs. com. cn
单位人数：111
产品情况：精密弹簧、悬架弹簧、控制拉索等汽车零部件
出口情况：出口日本

★书元机械企业（昆山）有限公司
地址：江苏省昆山市花桥镇曹安路 28 号桥
邮编：215332
电话：0512/57603608
传真：57601280
电子信箱：kokchina@ pub. ks. js. cn
质量体系：ISO/TS 16949、ISO 9001
产品情况：（KOK 牌）
油封、油环、机械油封、气门油封、防尘套、衬套、发动机垫片、活塞油封等
配套情况：为新大洲本田、广州天马、青岛海尔等配套

★捷通摩擦材料（昆山）有限公司
地址：江苏省昆山市花桥镇新生路 38 号
邮编：215332
电话：0512/57601664、57601751
传真：57602034
网址：www. awswebs. com
质量体系：ISO/TS 16949
产品情况：离合器片、摩擦材料
配套情况：为神龙汽车、奇瑞汽车、南京法雷奥、上海萨克斯、湖北三环离合器等配套

★昆山恩斯克有限公司
地址：江苏省昆山市经济技术开发区黄浦江南路 258 号
邮编：215332

电话:0512/57715654
传真:57715689
网址:www. cn. nsk. com
质量体系:ISO/TS 16949、ISO 14000
产品情况:微型轴承

★旭日塑料制品(昆山)有限公司
地址:江苏省昆山市经济技术开发区盛希路20号
邮编:215335
电话:0512/57636958-117
传真:57636959
网址:www. asahiplastic. com
电子信箱:ye. zhenglin@ asahiplastic. com
负责人:岡野 篤
单位人数:456
质量体系:ISO 9001、ISO 14001
产品情况:塑料制品,加工组装电动工具,树脂模具的设计、制作

★昆山茂顺密封件工业有限公司
地址:江苏省昆山市周市镇横长泾路510号
邮编:215337
电话:0512/57661139
传真:57665827、57664409
网址:www. ksnak. com
电子信箱:chris@ nak. com. cn
质量体系:ISO/TS 16949、QS 9000
产品情况:汽车、摩托车油封及其他橡胶制品

★劲邦紧固件有限公司
地址:江苏省昆山市千灯镇
邮编:215343
电话:0512/57277298
传真:57277277
质量体系:ISO/TS 16949、QS 9000
产品情况:汽车专用紧固件、各种防松螺栓、螺母、焊接螺栓、螺母、冷暖气用夹片、管夹、扣夹等

★和承汽车配件(太仓)有限公司
地址:江苏省太仓市北京路86号
邮编:215400
电话:0512/53568025
传真:53572790、53872899
质量体系:ISO/TS 16949
产品情况:汽车用密封条,高低压管类,年产密封条900万根、管类500万根
配套情况:为北京现代、东风悦达起亚、上汽汇众、德尔福、奇瑞汽车配套

★舍弗勒(中国)有限公司一厂
地址:江苏省太仓市朝阳路18号
邮编:215400
电话:0512/53957700
传真:53574064
网址:www. schaeffler. cn
电子信箱:info-cn@ schaeffler. com
质量体系:ISO/TS 16949
产品情况:(INA牌、LUK牌、FAG牌)
汽车发动机、变速器零部件以及滚针轴承
配套情况:为一汽-大众、上汽大众、上汽通用、北京现代、华晨金杯、奇瑞汽车等配套

★欧皮特传动系统(太仓)有限公司
地址:江苏省太仓市城厢镇人民路东侧宁波路161号
邮编:215400
电话:0512/53587288
传真:53587299
网址:www. optibelt. com
产品情况:传动带等

★太仓克恩-里伯斯纺织元件有限公司
地址:江苏省太仓市锦州路18号
邮编:215400
电话:0512/53578996
传真:53580949
网址:www. kern-liebers. com. cn
电子信箱:kltc@ kern-liebers. com. cn
单位人数:400
质量体系:ISO/TS 16949、ISO 14001
产品情况:各种高品质的弹簧产品、精密冲压件产品、卡式弹簧等产品

★苏州百晟金属制品有限公司
地址:江苏省太仓市陆渡镇江南路
邮编:215400
电话:0512/81601201
传真:81601207
网址:www. szbsm. net
电子信箱:james_lin@ vip. 163. com
单位人数:80
质量体系:ISO 9001
产品情况:螺栓、螺钉等紧固件

★苏州温橡特种橡胶有限公司
地址:江苏省太仓市经济开发区北京路188号
邮编:215414
电话:0512/81616666、81616667
传真:81609666、81616667
电子信箱:sales@ siliconehose. cn
质量体系:ISO/TS 16949、QS 9000
产品情况:(温橡牌)
普通橡胶、硅橡胶两大系列橡胶汽配产品1000多个品种
配套及出口情况:为东风汽车公司、潍柴、东风康明斯B、C系列柴油机、重汽集团、潍柴动力等配套;出口美国、澳大利亚、加拿大、日本、韩国等国家

★康迪泰克(中国)橡塑技术有限公司
地址:江苏省常熟市东南经济开发区九隆路18号
邮编:215500
电话:0512/52352859、52352688
传真:52352698
网址:www. contitech. cn
电子信箱:contitech. china@ contitech. cn
产品情况:汽车胶管及管路系统、商用车和轨道车辆空气弹簧、汽车发动机悬置部件
配套及出口情况:为全国各主要车辆生产商及康迪泰克在华的客户供货;出口韩国、日本等国家

★常熟恩斯克轴承有限公司
地址:江苏省常熟市东南开发区东南大道66号
邮编:215500
电话:0512/52301111
传真:52306011
网址:www. nsk. com. cn
电子信箱:wu-yue@ nsk. com
法人代表:TONOTSUKA TAKASHI
负责人:IMAI OSAFUMI
单位人数:812
质量体系:ISO/TS 16949、ISO 14001
产品情况:(NSK牌)
生产和销售精密轴承及其相关零部件
配套情况:为丰田、大众供货

★常熟市标准件厂
地址:江苏省常熟市东南开发区新安江路88号
邮编:215500
电话:0512/52810064
传真:52811984
网址:www. china-dali. cn
电子信箱:csf@ china-dali. cn
单位人数:1120
质量体系:ISO/TS 16949、QS 9000
产品情况:(大力牌)
螺栓、螺钉、螺母、螺柱、组合件、非标异形件及精密零件
配套情况:为沃尔沃-雷诺、标致-雪铁龙、福特-马自达等国际汽车(集团)配套

★日清纺赛龙(常熟)汽车部件有限公司
地址:江苏省常熟市东南经济开发区黄浦江路
邮编:215533
电话:0512/52358966
传真:52358968
网址:www. nisshinbo. co. jp
电子信箱:18962371718@ 189. cn
产品情况:制动片、摩擦材以及各类塑料材等汽车配套部品
配套情况:为丰田、现代、本田、日野、马自达、铃木、通用等知名汽车生产商供货

★常熟市飞龙无纺机械有限公司
地址:江苏省常熟市支塘镇任阳晋阳西街125号
邮编:215539
电话:0512/52581505、52587117
传真:52583888
网址:www. feilong. cn
电子信箱:info@ feilong. cn
单位人数:350

质量体系:ISO 9001
产品情况:非织造布(皮革基布、过滤材料、汽车内饰材料、油毡基布土工布、废纤维毡、硬质棉、直立棉、无胶棉、纺丝棉、喷胶棉、热风卫生材料、热轧无纺布、水刺类无纺布等),非织造机械

★常熟迅达粉末冶金有限公司
地址:江苏省常熟市辛庄镇张桥东旺村张卫公路50号
邮编:215552
电话:0512/52468818、52468689
传真:52467898
网址:www.xdpm.com.cn
电子信箱:david.wang@xdpm.com.cn
质量体系:ISO/TS 16949、ISO 14001
产品情况:粉末冶金制品
配套及出口情况:为多家世界500强汽车及汽车零部件生产企业配套;远销日本、欧洲、美国、加拿大、东南亚等国家和地区

★利富高(江苏)精密树脂制品公司
地址:江苏省张家港经济开发区晨新路9号
邮编:215600
电话:0512/58799588
传真:58188200
网址:www.nifco.co.jp
电子信箱:ying.cai@njs-nifco.com
产品情况:滤清器、专用高强度紧固件等汽车摩托车精密零配件,精密树脂制品等汽车核心固定、阻尼器零部件
出口情况:出口欧洲、美洲市场

★苏州金鸿顺汽车部件股份有限公司
地址:江苏省张家港市经济开发区长兴路30号
邮编:215600
电话:0512/58796199、55373883
传真:58796198
网址:www.jinhs.com
电子信箱:sc6207@jinhs.com
质量体系:ISO/TS 16949
产品情况:(JHS牌)
　　汽车零部件的冲压、焊接、ED、涂装加工;还从事高强度零件的工装设计、制造和加工,主要应用于汽车零部件
配套情况:为上汽大众、东风裕隆汽车、大陆汽车、英国CVG、德国BENTELER、加拿大COSMA、法国Feurecia、东南(福建)汽车、奇瑞汽车、华泰汽车、韩国现代等供货

★张家港恩斯克精密机械有限公司
地址:江苏省张家港市经济开发区振兴路34号
邮编:215600
电话:0512/58676496
传真:58180970
网址:www.cn.nsk.com
产品情况:(NSK牌)
　　轴承及精密机械部件

★江苏瑞威沃管业有限公司
地址:江苏省张家港市南丰经济技术开发区
邮编:215628
电话:0512/58615218
传真:58902292
网址:www.jiangsu-revivo.cn
电子信箱:jaf@jiangsu-revivo.cn
质量体系:ISO/TS 16949
产品情况:汽车管件
配套情况:为欧洲宝马汽车配套

★贝内克-长顺汽车内饰材料张家港公司
地址:江苏省张家港市金港镇南沙长阳路1号
邮编:215632
电话:0512/58376008、13915705267
传真:58376010
产品情况:Acella系列PVC高档人造革(SEV)、Yorn系列发泡薄膜(UEV),Yorn light系列(PVC/PP)发泡复合薄膜、TEPEO和TEPEO 2高性能生态环保发泡表皮;广泛应用于汽车座椅、门板、仪表盘、扶手、嵌饰板等部位
配套情况:主要应用于宝马、奔驰、沃尔沃、奥迪、大众、通用、福特、荣威、雪铁龙等品牌下的几十种中高档车型

★丰田合成(张家港)塑料制品有限公司
地址:江苏省张家港市保税区中华路111号
邮编:215634
电话:0512/58323001
传真:58323018
网址:www.toyoda-gosei.com
电子信箱:chenke@tgp.com.cn
质量体系:ISO 14001、ISO/TS 16949
产品情况:散热器格栅、标牌铭板等电镀产品

★淮安市劲风橡塑有限公司
地址:江苏省淮安市淮阴区张集工业园区劲风路1号
邮编:223000
电话:0517/84802310
传真:84999308
电子信箱:liujing_0912@163.com
质量体系:QS 9000、ISO 14001
产品情况:汽车门窗密封条
配套情况:为东风公司、南京汽车集团、南京依维柯、牡丹客车、春兰、十通、天津一汽华利供货

★江苏超越橡塑有限公司
地址:江苏省淮安市涟水工业新区西区
邮编:223400
电话:0517/82738111、82738088
传真:82738188
网址:www.surpassauto.com.cn
电子信箱:sales@surpassauto.com.cn
质量体系:ISO/TS 16949、ISO 9001
产品情况:汽车发动机液压悬置总成、变速器悬置总成、隔振块、减振衬套、控制臂及其衬套、防尘罩、缓冲块等汽车橡胶金属产品
配套及出口情况:为北京华泰汽车、广东福迪、江苏欧凯普等配套;出口欧洲、美国、日本、南美洲、非洲、东南亚等国家和地区

★盐城奥克浩瀚汽车配件有限公司
地址:江苏省盐城市浩瀚工业区人民路1号
邮编:224000
电话:0515/83062696
传真:83062596
电子信箱:chenjian@huayun-autoparts.com
质量体系:ISO/TS 16949
产品情况:汽车鼓式、盘式制动片

★江苏安捷汽车配件有限公司
地址:江苏省盐城市青墩头灶工业园
邮编:224000
电话:0515/88542999、15851061888
传真:88542066
网址:www.anjbrake.com
电子信箱:web@anjbrake.com
质量体系:ISO/TS 16949
产品情况:汽车盘式制动片

★盐城市方天汽车配件有限公司
地址:江苏省盐城市西环路八菱华庄88号楼
邮编:224000
电话:0515/88588686、13814377626
传真:88588689
网址:www.ycfangtian.cn
质量体系:ISO/TS 16949、ISO 9001
产品情况:(方天牌)
　　各种制动蹄片

★盐城铭久汽车配件有限公司
地址:江苏省盐城市亭湖区新洋开发区
邮编:224001
电话:0515/88238523
传真:88238379
网址:www.mienjoy.com、www.royacar-clutch.com
电子信箱:mienjoy@hotmail.com m
单位人数:150
质量体系:ISO/TS 16949
产品情况:汽车制动蹄配件
出口情况:主要出口欧洲、美洲和中东市场等

★盐城信泰汽车制动部件有限公司
地址:江苏省盐城市盐都区大冈镇工业园区纬二路2号
邮编:224002
电话:0515/68808000、13851184788
传真:68808070
网址:www.xintaibrake.com
电子信箱:sales@xintaibrake.com

质量体系:ISO/TS 16949
产品情况:汽车鼓式制动蹄,年产能力已超过220万套
出口情况:远销欧美、大洋洲、非洲、中东、东南亚等50多个国家和地区

★盐城艾美科机动车部件有限公司
地址:江苏省盐城市文港北路05号
邮编:224003
电话:0515/88228717
传真:88229377
电子信箱:armco777@126.com
质量体系:ISO/TS 16949
产品情况:各种汽车制动片、制动蹄、压铸件,具有年产制动片300万套,制动蹄150万套的能力

★盐城市壹鼎汽车配件有限公司
地址:江苏省盐城市盐都西区兴益路88号
邮编:224056
电话:0515/88638366
传真:88638366
电子信箱:weizhengxia1116@163.com
质量体系:ISO/TS 16949
产品情况:制动器衬片

★江苏森威精锻有限公司
地址:江苏省大丰市经济技术开发区南翔路299号
邮编:224100
电话:0515/83858199
传真:83858100
网址:www.js-spf.com
电子信箱:djm@js-spf.com
单位人数:460
质量体系:ISO/TS 16949
产品情况:汽车、机械精密冷、温锻件;现年产各类精密锻件5万t
配套情况:为一汽-大众、上汽大众、神龙汽车、德尔福(北方凌云)、吉凯恩(上海)、卡特彼勒(天津)、德尔福(上海)和采埃孚(上海)等供货

★江苏振华密封工业有限公司
地址:江苏省建湖县沿河西路888号
邮编:224713
电话:0515/86598999
传真:86590098
电子信箱:zhenhua@js-zhenhua.com
质量体系:ISO/TS 16949、QS 9000
产品情况:橡胶密封制品、橡胶实心轮胎
配套及出口情况:为一汽、东风、全柴、扬柴、玉柴、新柴、潍柴、江淮、扬动、江动、四达、力佳、威孚、依维柯、北汽福田等20多家品牌主机配套;远销50多个国家

★扬州市新城通永专用车部件厂
地址:江苏省扬州市扬子江中路
邮编:225000
电话:0514/87780069、13004303380
传真:87780069
网址:www.yztybj.com
电子信箱:yztybj@yztybj.com
产品情况:(TYBJ牌)
半挂车支承装置
配套及出口情况:为各大挂车及专用车改装厂配套;CL25T、CL28TA、CD25T等产品出口

★扬州麦斯通复合材料有限公司
地址:江苏省扬州市维扬经济开发区新谊路
邮编:225002
电话:0514/87875888、87858486
传真:87873999
网址:www.mtcpanel.com
电子信箱:yz.mtc@mtcpanel.com
单位人数:130
质量体系:ISO 9001
产品情况:具有年产40万m^2各类冷藏保温车和干货车复合材料厢板的能力
出口情况:出口马来西亚、新西兰、澳大利亚等国家,并销往中国香港地区

★扬州保来得科技实业有限公司
地址:江苏省扬州市经济技术开发区邗江南路399号
邮编:225127
电话:4000001515
传真:0514/87960050、87960051
网址:www.porite.com.cn
电子信箱:service@mail.porite.com.cn
单位人数:1100
质量体系:ISO/TS 16949
产品情况:(保来得牌、Porite牌)
粉末冶金机械结构零件
配套情况:汽车发动机相关零件为一级配套,为神龙、大众、福特等配套;汽车变速器相关零件为二级配套,为通用、克莱斯勒等配套

★胜赛思-嵘泰(扬州)精密压铸公司
地址:江苏省扬州市江都区经济开发区舜天路299号
邮编:225200
电话:0514/86889938
传真:86972666
电子信箱:xiangrong.jing@sensus-rongtai.com
质量体系:ISO/TS 16949、ISO 14001
产品情况:铝合金精密压铸件,用于空调压缩机、转向系统、制动系统、传动系统、发动机系统及仪表

★江苏万隆车业有限公司
地址:江苏省扬州市江都区龙川工业园区
邮编:225200
电话:0514/86526628、86526618
传真:86526622
网址:www.jswlcy.com
质量体系:ISO 9001
产品情况:摩托车车架及结构件、汽车零配件、铝合金铬化线加工等;具有年生产汽车配件、摩托车车架及结构件、铝合金铬化100余万件的生产规模
出口情况:与加拿大苏锡公司合作开发的汽车保险杆支架等产品已远销加拿大和美国市场;与日本本田技研公司开发的KWVA、KYFA、GGKA等摩托车(C8G3战略)全球采购零部件已形成规模生产,与常州豪爵铃木开发的GW250等系列产品已销往海外市场

★泰州长力树脂管有限公司
地址:江苏省泰州市海陵区江洲北路2号
邮编:225300
电话:0523/86567263、86550567
传真:86550174
网址:www.cncl-group.com.cn
电子信箱:tzclzjl@163.com
质量体系:ISO/TS 16949、ISO 9002
产品情况:尼龙管、高中压树脂软管、热定型管、彩条管、真空管、气制动螺旋管、七芯电缆管、整车整束、离合器管、真空助力管总成以及各种规格的金属接头
配套情况:为一汽集团、东风集团、重汽集团、上汽依维柯、红岩、江淮、福田、宇通、北奔重汽、陕汽、南汽依维柯、华菱等配套

★泰兴市振兴密封材料有限公司
地址:江苏省泰兴市古溪镇
邮编:225418
电话:0523/87388382、13901437571
传真:87385016
网址:www.txhdzx.com
电子信箱:web@txhdzx.com
质量体系:ISO 9002
产品情况:(振鑫牌)
内燃机汽缸垫、石棉乳胶抄取板、钢架石棉复合板、石棉隔热板垫片、非石棉密封材料及密封制品;年产各种密封材料1500余t,各型汽、柴油机汽缸盖垫片及密封垫250万片(套)
配套及出口情况:为多家大型主机厂配套;随主机厂产品出口

★姜堰市苏泰摩擦材料厂
地址:江苏省泰州市姜堰区大伦汽摩配工业园区
邮编:225504
电话:0523/88320888、88325488
传真:88321003
网址:www.sutaiparts.com
电子信箱:sutaiparts@vip.163.com
质量体系:ISO/TS 16949
产品情况:制动衬片、盘式制动片、离合器面片、摩擦材料

★泰州鑫宇精密铸造有限公司
地址:江苏省泰州市姜堰区经济开发区天目西路
邮编:225505
电话:0523/88338088、88338752

传真:88331364
电子信箱:cxm@ jinding. sina. net
质量体系:ISO/TS 16949
产品情况:优质的不锈钢、碳钢、合金钢、铸件类的熔模铸件

★江苏弘鼎汽车零部件有限公司
地址:江苏省高邮市汤庄镇工业园区
邮编:225645
电话:0514/84712228、84716588
传真:84713988
网址:www. yzhd. cn
电子信箱:yzhd@ yzhd. cn
单位人数:300
质量体系:ISO 9001、ISO/TS 16949
产品情况:标准件(包括国标、非标件);各类汽配件、液压件、铸造件等
配套情况:为机械、汽车、锻造等国内数十家企业配套

★江苏省宝应县燎原汽车配件厂
地址:江苏省扬州市宝应县望直港镇
邮编:225800
电话:0514/88311045
传真:88311045
产品情况:汽车钣金件
配套情况:为上海华普、江西五十铃、江南联众等配套

★南亚共和塑胶(南通)有限公司
地址:江苏省南通市崇川区外环东路101号
邮编:226008
电话:0513/85291811
传真:85285005
网址:www. kyowale. co. jp
电子信箱:nykyowa@ npc. com. cn
质量体系:ISO 9001、ISO 14000
产品情况:(KYOWA 牌)
PVC 印贴压膜、吸塑成型膜等贴合产品及处理
出口情况:出口东亚、非洲

★日精工程塑料(南通)有限公司
地址:江苏省南通市经济技术开发区广州路东、民兴路南 25 号
邮编:226009
电话:0513/85981877
传真:85981867
网址:www. nippon - seiki. co. jp
电子信箱:hygxyhhr@ 126. com
产品情况:工程塑料等

★江苏通东弹簧有限公司
地址:江苏省海门市包场镇河塘村 13 组
邮编:226151
电话:0513/82671422、82869618
传真:82678870
网址:www. nt - tongdong. cn
电子信箱:sales@ nt - tongdong. com
质量体系:ISO/TS 16949、ISO 9001
产品情况:不锈钢、碳钢类弹簧、扭簧、压簧、蜗形簧、单向器弹簧

★南通海林汽车橡塑制品有限公司
地址:江苏省海门市正余镇
邮编:226153
电话:0513/82674088、13706287665
传真:82790988
网址:www. nthl. com. cn
电子信箱:ntty@ nthl. com. cn
单位人数:280
质量体系:ISO/TS 16949、VDA 6.1
产品情况:发动机零件、车灯及车灯密封件、汽车内饰件、车身系统零件等,年产各类橡塑制品 2000 多万件(套)
配套及出口情况:为上汽大众等配套;出口美国、德国等国家

★南通川林有色金属铸造有限公司
地址:江苏省南通市如东县掘港镇城南工业园区通洋路 6 号
邮编:226400
电话:0513/68126658、13862798363
传真:68126658
网址:www. nt - chuanlin. com
电子信箱:tony@ nt - chuanlin. com
质量体系:ISO 9001
产品情况:有色金属铸件、柴油机活塞
出口情况:远销美国、法国、德国、日本、加拿大、西班牙、以色列、新加坡等国家

★南通锦辰制动系统有限公司
地址:江苏省南通市如东县洋口港经济开发区经一路
邮编:226413
电话:0513/84902663
传真:84902666
网址:www. gsbrakes. com
法人代表:陈宏宾
负责人:仇连成
单位人数:60
质量体系:ISO/TS 16949
产品情况:盘式制动器衬片、鼓式制动器衬片

★江苏九鼎新材料股份有限公司
地址:江苏省如皋市中山东路 1 号
邮编:226500
电话:0513/80695029
传真:80695000
网址:www. cjdg. com
电子信箱:cjdg@ jiudinggroup. com
质量体系:ISO/TS 16949、ISO 14001
产品情况:(鼎牌)
玻璃钢汽车配件
出口情况:出口北美洲、欧洲、东南亚、日本、韩国等 50 多个国家和地区

★南通华东油压科技有限公司
地址:江苏省南通市白蒲镇工业园区
邮编:226511
电话:0513/88571063、13606275122
传真:88571178
网址:www. hyzcn. com
电子信箱:wangjm@ hyzcn. com
单位人数:810
质量体系:ISO 9001
产品情况:(皋液牌)
液压铸件及其加工、液压元器件、液压机
配套及出口情况:主要用户有中联重科、三一重工、徐工、柳工、海特克、镇江液压件总厂、北京华德、上海液气、江苏金海、宁波华液、七洋液压、北部精机等;出口美国、欧洲、日本等国家和地区

★亚太轻合金(南通)科技有限公司
地址:江苏省海安经济开发区海防路 29 号
邮编:226600
电话:0513/88368206、18912852511
传真:88368200
网址:www. aplah. com
电子信箱:zhixin. fang@ aplah. com
质量体系:ISO/TS 16949、ISO 14001
产品情况:各种牌号精密冷拉圆管、多孔挤压扁管和各种挤压型材
配套情况:与三电、德尔福、大陆集团、博世、贝洱、电装、摩比斯、法雷奥合作

★南通万达摩擦材料有限公司
地址:江苏省海安县海安镇隆政工园区
邮编:226600
电话:0513/88725298、15950874560
传真:88802154
网址:www. wanda - material. com
电子信箱:roc814@ hotmail. com
质量体系:ISO 14001、ISO/TS 16949
产品情况:(南摩牌)
商用车、乘用车以及工程机械等离合器摩擦片
配套及出口情况:为安凯客车配套;出口亚洲、非洲、欧美等多个国家和地区

★浙江圣固铸造有限公司
地址:江苏省金湖县衡阳路
邮编:211699
电话:0576/89903228、89903223
传真:87104296、87169878
网址:www. qmzz. com
电子信箱:sales@ sangroove. com
质量体系:ISO/TS 16949、ISO 9001
产品情况:(圣固牌)
铸铁(灰铁、球铁、合金铸铁)、铸钢(碳钢、不锈钢、合金钢)以及精密机械工业加工业务;年产精铸不锈钢铸件 1.5 万 t,铸铁件 4 万 t

浙江省

★杭州兴达集团有限公司
地址:杭州市上城区工业园区莫干山路1418 号
邮编:310011
电话:0571/88176166
传真:88174522、88172991
网址:www. boomrubber. com
电子信箱:boom@ boomrubber. com

质量体系:ISO/TS 16949、ISO 14001
产品情况:橡胶异形管、套、塞、片、圈、垫、架等工业异形件,内镶各种骨架材料的密封圈、减振器、橡胶套以及各种橡胶金属件等
出口情况:远销欧洲、美洲、大洋洲、日本、韩国、中东、东南亚等多个国家和地区

★杭州精达弹簧有限公司
地址:杭州市拱墅区池半路492号
邮编:310015
电话:0571/88106332
传真:88106332
质量体系:ISO 9001
产品情况:弹簧
配套及出口情况:为上海交运、上海宏宝、中欧国际、宁波世通等40多家企业配套;产品50%出口欧洲、美洲、东南亚地区

★杭州相良塑料有限公司
地址:杭州市江干区经济技术开发区4号大街3号
邮编:310018
电话:0571/86910132
传真:86910131
网址:www.sagara.cn
电子信箱:business@sagara.cn
质量体系:ISO 14001、ISO/TS 16949
产品情况:塑料、橡塑的注塑成型、模具设计与制造等业务

★杭州泰明顿摩擦材料有限公司
地址:杭州市江干区下沙经济技术开发区M16-1-3
邮编:310018
电话:0571/86923690
传真:86923697
网址:www.tmdfriction.com
电子信箱:info@tmdfriction.com
法人代表:Johann Christoph Rabe
负责人:陈耀
单位人数:200
质量体系:ISO/TS 16949
产品情况:轿车系列无石棉制动材料

★杭州光华橡塑有限公司
地址:杭州市经济技术开发区10号路
邮编:310018
电话:0571/86911298、86911228
传真:86911218
电子信箱:guanghua@mail.hz.zj.cn
质量体系:ISO 9001、ISO 14001
产品情况:塑料波纹软、硬管、小型注塑件等
出口情况:出口日本、美国、欧洲、澳大利亚等国家和地区

◉ 钱江弹簧有限公司

地址:杭州市经济技术开发区22号大街78号
邮编:310018
电话:0571/86781828、86781888
传真:86721868sale@qjspring.com
董事长:张涌森
单位人数:500
质量体系:ISO/TS 16949
产品情况:(钱江牌)
小轿车悬架弹簧、发动机气门弹簧、传动系统弹簧、执行系统弹簧、其他汽车零部件弹簧等

★杭州藤仓橡胶有限公司
地址:杭州市下沙经济技术开发区8号路M6-5-4
邮编:310018
电话:0571/86846303、86912036
传真:86912037
网址:www.hangzhoufujikura.com
电子信箱:hzfjkr5@mail.hz.zj.cn
质量体系:ISO/TS 16949、ISO 14001
产品情况:膜片、密封垫、密封材、O形圈、防振橡胶LIM产品等高品质橡胶部品及合成部品

★杭州杭城摩擦材料有限公司
地址:杭州市下沙经济技术开发区M18-1-4
邮编:310018
电话:0571/86725888
传真:86725966
网址:www.hfmc.cn
电子信箱:hfmc@hfmc.cn
单位人数:230
质量体系:ISO/TS 16949
产品情况:(飞雁牌)
汽车用制动片(盘片、制动鼓、蹄总成)
配套及出口情况:主要客户是上汽大众、上汽通用、上海汽车、一汽-大众、比亚迪汽车、五菱汽车等;并为多家国内客车企业和货车企业定点配套;远销欧洲、美洲等多个国家和地区

★杭州兴意金属(集团)有限公司
地址:杭州市下城区康宁路8号
邮编:310022
电话:0571/88133388
传真:88125018
网址:www.xingyimetal.com
电子信箱:xingyi@xingyimetal.com
单位人数:1500
质量体系:ISO/TS 16949、ISO 14000
产品情况:(兴意牌)
货车制动系统的制动蹄及其配件
出口情况:远销欧美、中东、东南亚等地区,并销往中国香港、澳门、台湾地区

★杭州钱江摩擦材料有限公司
地址:杭州市滨江区长河街道
邮编:310052
电话:0571/86606918、18506833737
传真:86601203
网址:www.hzqjmc.com
电子信箱:web@hzqjmc.com
质量体系:ISO 9000
产品情况:各种汽车制动片,年产能力3000t
配套情况:为一汽集团、杭汽等配套

★浙江杭万汽车零部件实业有限公司
地址:杭州市滨江区长河街道长一社区花园周371号
邮编:310052
电话:0571/87111923
传真:87111900
网址:www.zjhangwan.com
电子信箱:cgq@zjhangwan.com
质量体系:ISO/TS 16949、ISO 9002
产品情况:(杭萬牌)
汽车用鼓式制动器衬片、盘式制动器衬片、万向节十字轴、圆锥滚子轴承、汽车齿轮离合器从动盘总成、汽车用调整臂等产品
配套及出口情况:为多家主机厂配套;出口国外市场

★杭州安耐特实业有限公司
地址:杭州市富阳灵桥工业园区
邮编:311000
电话:4008848983
传真:0571/63558890
网址:www.annat.com.cn
电子信箱:gm@annat.com.cn
单位人数:200
质量体系:ISO/TS 16949、ISO 9001
产品情况:(Annat牌)
汽车盘式制动片、鼓式制动片,年产能力300万套

★杭州弹簧有限公司
地址:杭州市余杭区星桥北路76号
邮编:311100
电话:0571/86252818、86260850
传真:86260851
网址:www.hz-spring.net
电子信箱:htdp@hz-spring.net
法人代表(负责人):李和平
质量体系:ISO/TS 16949、ISO 14001
产品情况:(兰菱牌)
气门弹簧、液压件弹簧、离合器弹簧、悬架弹簧、工业阀门弹簧、碟形弹簧、模具弹簧、截锥涡卷弹簧、电动工具弹簧、异形弹簧、压缩弹簧等
配套及出口情况:为上汽通用五菱、吉利汽车、中国重汽、潍柴汽车等配套;为韩国斗山、美国约翰迪尔、美国伊顿等年供货均在数百万件

★杭州西湖摩擦材料有限公司
地址:杭州市余杭经济开发区兴元路490号
邮编:311103
电话:0571/86183668、86183772
传真:86183187

电子信箱:sales@ hxmbrake. com
质量体系:ISO/TS 16949
产品情况:(锐豹牌)
汽车制动器片(蹄),年产各类进口、国产汽车制动蹄总成、汽车制动器衬片1000多个品种、2000多个规格,年产量达2000万套件以上
出口情况:远销20多个国家和地区

★浙江华江科技发展有限公司
地址:杭州市余杭区塘栖工业园区
邮编:311106
电话:0571/89022815、89022816
传真:86318686
网址:www. zjhjkj. com
电子信箱:zhb@ zjhjkj. com
负责人:周明海
单位人数:220
质量体系:ISO/TS 16949
产品情况:可年产GMT、CMT产品600万m^2和PU发泡及各种复合材料1200万m^2

★浙江科特汽配股份有限公司
地址:杭州市余杭区塘栖工业园区
邮编:311106
电话:0571/86319088
传真:86318008
网址:www. zkt. cn
电子信箱:web@ zkt. cn
质量体系:ISO/TS 16949、QS 9000
产品情况:(旋球牌)
无石棉离合器面片,具有年产无石棉离合器面片1800万片的生产能力
出口情况:远销日本、欧洲、北美洲、大洋洲等国家和地区

★浙江久运车辆部件有限公司
地址:杭州市莫干山路勾庄工业区勾运路28号或良运街178号
邮编:311112
电话:0571/57879199
传真:88746098、88172642
网址:www. jiuyunvp. com
电子信箱:jiuyun@ jiuyunvp. com
质量体系:ISO/TS 16949
产品情况:(久运牌)
汽车胶管、制品、履带等车用橡胶产品
配套及出口情况:为大众汽车、上汽集团、南京依维柯、通用汽车、玉柴重工、金旅客车、金龙汽车、宇通汽车、跃进集团、东风汽车、中国重汽等供货;部分产品出口欧美等地区

★杭州竞舟轴承有限公司
地址:杭州市余杭区良渚工业城
邮编:311113
电话:0571/88777665、88777186
传真:88776896
网址:www. jzbearing. com
电子信箱:15968177637@ 126. com
单位人数:600
质量体系:ISO/TS 16949、ISO 14001
产品情况:(竞舟(JZ)牌)
外径42~320mm的公英制圆锥滚子轴承、圆柱轴承和双列圆锥滚子轴承

★浙江大学方圆化工有限公司
地址:杭州市余杭区良渚镇七贤桥(大陆工业园区)
邮编:311113
电话:0571/88770021
传真:88770386
网址:www. choice - fy. com
电子信箱:admin@ choice - fy. com
单位人数:130
质量体系:ISO/TS 16949
产品情况:(求是牌、倍力驰牌、欧士丽牌)
润滑油、制动液、防冻液、润滑脂等;制动液年产能为6000t,防冻液季节性产能为5000t/年

★杭州埃克汽车配件有限公司
地址:杭州市余杭区中泰乡中泰路30号
邮编:311121
电话:0571/87763122、87702567
传真:87702885
网址:www. ekko. cn
电子信箱:zigger@ autochn. com
单位人数:200
质量体系:ISO 9001、QS 9000
产品情况:衬套、发动机支座(架)、减振支座(架)、中间轴承、防尘套等橡胶配件,年产值3000万元,同时开发各类橡胶模具500余套/年
出口情况:远销中东、南美洲、东南亚、非洲、欧洲等地区

★杭州萧山红旗摩擦材料有限公司
地址:杭州市萧山区河上镇紫霞村
邮编:311200
电话:0571/22869155、22869058
传真:22869057
网址:www. hqmccl. com. cn
电子信箱:sale@ hqfriction. com
质量体系:ISO 9001
产品情况:摩擦片
配套及出口情况:为中国一拖、福田重工、云洲齿轮箱等国内知名企业配套;出口泰国、新加坡、马来西亚、巴基斯坦、西欧等国家和地区,并销往中国香港地区

★浙江萧山固陵汽配有限公司
地址:杭州市萧山区萧绍东路180号
邮编:311201
电话:0571/83736888、82787973
传真:82786941
网址:www. goaling. com
电子信箱:gl@ goaling. com
质量体系:ISO/TS 16949、ISO 9001
产品情况:(固陵牌)
载货汽车、客车、拖车轮胎螺栓、螺母、U形螺栓、高强度标准件、汽车液压制动软管总成和各类接头、机械精密零件
配套及出口情况:为东风汽车公司、一汽集团、金龙、上汽集团等配套;出口国外市场

★钱潮轴承有限公司
地址:杭州市萧山经济技术开发区
邮编:311202
电话:0571/82835461
传真:82834352
网址:www. wanxiang. com. cn
电子信箱:wx72@ wanxiang. com
质量体系:ISO/TS 16949、ISO 14001
产品情况:(QC牌)
圆锥滚子轴承、圆柱滚子轴承、球轴承、微型轴承、汽车水泵轴连轴承、超精密高速磨头主轴轴承、汽车水泵总成等系列产品
配套及出口情况:为北奔重汽配套;远销美国、加拿大、意大利、德国、澳大利亚、日本、中东等国家和地区

★杭州佳庆轴承有限公司
地址:杭州市萧山区北干街道兴议村
邮编:311202
电话:0571/82877278
传真:82877117
网址:www. jqbearings. com
电子信箱:info@ jqbearings. com
负责人:李国生
质量体系:ISO/TS 16949、ISO 9001
产品情况:轴承,年生产能力达600万件

★杭州之江有机硅化工有限公司
地址:杭州市萧山区所前镇孔湖村
邮编:311203
电话:0571/82392025、82391991
传真:82392312
网址:www. chinazhijiang. com
电子信箱:office@ chinazhijiang. com
质量体系:ISO 9001、ISO 14001
产品情况:(金鼠牌)
八大系列60多个品种的密封胶产品,广泛应用于汽车、机械、电子、电器等行业
出口情况:远销北美洲、南美洲、欧洲、东南亚、中东等地区

★杭州钱潮精密件有限公司
地址:杭州市萧山经济技术开发区万向路1号
邮编:311215
电话:0571/82832999
传真:82833313、82834401
质量体系:ISO/TS 16949、QS 9000
产品情况:钢球、滚柱、滚针、滚子、冷拔轴承钢和圆钢、汽车空调电磁离合器

★浙江四和机械有限公司
地址:杭州市萧山区宁围镇钱江农场拥军路1号
邮编:311215
电话:0571/82607668、82830008
传真:82607678
网址:www. sihemachine. net
电子信箱:gcc2001@163. com
质量体系:ISO/TS 16949、ISO 9000
产品情况:(四和牌、moteQ牌)
汽车轮毂轴承单元
出口情况:以国际市场为主,远销欧美、中东、东南亚等地区

★杭州伏尔甘汽车轴承有限公司
地址:杭州市萧山区新街镇
邮编:311215
电话:0571/82925171、82697371
传真:56059818
电子信箱:15967171778@163. com
质量体系:ISO/TS 16949
产品情况:汽车轮毂轴承及各类精密轴承,产品广泛应用于各类中高级轿车及商务用车

★杭州恒大轴承有限公司
地址:杭州市萧山区新街镇盛乐村
邮编:311217
电话:0571/82602698、82663185
传真:82663185
网址:www. hzhdzc. com
电子信箱:tyr@hzhdzc. com
质量体系:ISO/TS 16949、ISO 9001
产品情况:(恒达牌)
轿车、小型车等轮毂轴承、轮毂单元、离合器分离轴承、皮带张紧轮轴承、中小型0类、7类汽车用轴承和部分非标特殊轴承等
配套及出口情况:为部分主机厂配套;远销欧美、东南亚、中东等国际市场

★杭州佳耐汽车零部件有限公司
地址:杭州市萧山区南阳街道阳城路28号
邮编:311227
电话:0571/82172088、4006379919
传真:82173090
网址:www. hzjianai. com
电子信箱:hzjianai@163. com
负责人:王一飞
质量体系:ISO 9001
产品情况:(佳耐牌)
各种规格汽车制动片
出口情况:出口美洲、欧洲、东南亚地区

★杭州钱江链传动有限公司
地址:杭州市萧山区钱农西路80号
邮编:311231
电话:0571/82875108、82875104
传真:82875194
网址:www. hzqjchain. com
电子信箱:info@zjhql. com
质量体系:ISO 9001
产品情况:(HQL牌、QJ牌、YF牌)
各类工业传动链、摩托车链、输送链、防尘防水油封链及异形链
出口情况:60%以上的产品远销海外

★杭州雷迪克节能科技股份有限公司
地址:杭州市萧山经济技术开发区桥南区春潮路89号
邮编:311231
电话:0571/22806188、22806161
传真:22806116
网址:www. radical. cn
电子信箱:info@radical. cn
质量体系:ISO/TS 16949、ISO 14001
产品情况:(RADLCAL牌)
离合器分离轴承、皮带张紧轮轴承、轮毂轴承、轮毂单元、圆锥轴承、内球笼三球销万向节等6大系列1000余个品种
出口情况:70%以上产品远销欧洲、美洲等地区

★爱克斯精密钢球(杭州)有限公司
地址:杭州市萧山经济技术开发区桥南区鸿达路189号
邮编:311231
电话:0571/22801288
传真:22801268
网址:www. aksball. cn
电子信箱:acb@aksball. cn
单位人数:220
产品情况:精密轴承用精密钢球,产品主要用于汽车及家电类产品

★浙江兆丰机电股份有限公司
地址:杭州市萧山经济技术开发区桥南区块兆丰路6号
邮编:311232
电话:0571/22803999、22801122
传真:22801188
网址:www. hzfb. com
电子信箱:hzf@hzfb. com
负责人:孔爱祥(总裁)
质量体系:ISO/TS 16949、QS 9000
产品情况:(HZF牌)
专业生产第一、二、三代汽车轮毂轴承单元及各类精密轴承
出口情况:远销美国、加拿大、德国、意大利、韩国等30多个国家和地区

★杭州萧山金盾粉末冶金有限公司
地址:杭州市萧山区瓜沥镇临港工业园区瓜港中路
邮编:311241
电话:0571/82551813、13506718277
传真:82553272
网址:www. jd - fmyj. com
电子信箱:jdfmyj@163. com
质量体系:ISO 9001
产品情况:各种铁基粉末冶金齿轮,异形机械零件;年产能力1500t
配套及出口情况:产品同主机厂(集团)配套;出口美国、日本、东南亚

★浙江龙头机械有限公司
地址:杭州市萧山区党山镇为民路
邮编:311245
电话:0571/82522681、82522683
传真:82521111
网址:www. zjlongtou. cn
电子信箱:1783276168@qq. com
单位人数:200
质量体系:ISO 9001
产品情况:(美欧亚牌)
蜗轮减速机系列、高低压油管、铸造各类球铸、普铸产品等
配套及出口情况:与近百家整机企业配套;出口美洲、欧洲、亚洲地区

★杭州协盛摩擦材料有限公司
地址:杭州市萧山区临浦镇张家坂江南村214号
邮编:311251
电话:0571/82487368、82487358
传真:82487368
电子信箱:sales@hs - brake. com
质量体系:ISO 9001
产品情况:(恒盛牌、YIHUA牌)
各种进口、国产汽车制动器衬片、大客车盘片以及工程机械制动块
配套及出口情况:为上海申沃客车、武汉元丰、星马、苏州金龙等配套;远销东欧、北欧、南美洲、中南非洲、南亚、东南亚等地区

★浙江大铭汽车零部件有限公司
地址:杭州市萧山经济技术开发区
邮编:311253
电话:0571/82690818
传真:82606626
网址:www. dmzc. com. cn
电子信箱:zjdm_he@126. com
质量体系:ISO/TS 16949、ISO 9001
产品情况:各类车用轮毂轴承和轮毂单元
配套及出口情况:为四川汽车、华泰汽车、力帆汽车、通用五菱、绵阳金杯、长安汽车、郑州海马、北京汽车、广汽吉奥、众泰汽车等多家著名汽车厂配套;远销中东、欧美等发达国家和地区

★浙江国泰密封材料股份有限公司
地址:杭州市萧山区浦阳工业区
邮编:311255
电话:0571/82321588、82324711
传真:82321234、82325562
网址:www. zjcps. cn
电子信箱:info@zjcps. cn
董事长:孙锦龙
单位人数:750
质量体系:ISO 9001、ISO 14001
产品情况:(萧星牌)
各类编织填料(盘根)、柔性石墨制品、聚四氟乙烯制品、金属垫片及非

金属垫片、无石棉密封制品、橡胶密封件及密封辅件等九大系列数万个品种的产品
出口情况:远销53个国家和地区

★杭州金泰胶带有限公司
地址:杭州市萧山区浦阳工业区浦工一路
邮编:311255
电话:0571/82324322、82652701
传真:82322568
网址:www.jintaibelt.com.cn
电子信箱:sales@jintaibelt.com
质量体系:ISO/TS 16949、ISO 14000
产品情况:(KINGLAND牌、JINTAI牌、KLTB牌)
汽车风扇带、平面V带、多楔带、无级变速带、切割V带、平面联组带、齿形联组带、齿形变速带等,年产各类传动带1500万条
出口情况:远销欧洲、美洲、中东、东南亚、非洲、大洋洲等几十个国家和地区

★杭州九鼎汽车部件有限公司
地址:杭州市萧山区浦阳镇兴浦路505号
邮编:311255
电话:0571/82410752
传真:82320628
网址:www.jutin.cn
电子信箱:wjy@hz-jd.com
质量体系:ISO/TS 16949
产品情况:(九鼎牌)
各类汽车用鼓式和盘式制动器衬片
配套情况:为多家大型制动器厂家合作

★杭州星丰实业有限公司
地址:杭州市萧山区义桥镇工业园
邮编:311256
电话:0571/57573866、18967169156
传真:57573865
网址:www.hzxfsy.com
电子信箱:hzxfsy@vip.163.com
质量体系:ISO 9001
产品情况:链条、链轮和轴承
配套及出口情况:为钱江摩托等多家主机厂配套;远销欧洲、美洲等地区

★临安东方滑动轴承有限公司
地址:浙江省临安市太阳镇太阳大街207号
邮编:311314
电话:0571/63831388、63831777
传真:63831111
网址:www.dfb-cn.com
电子信箱:dfb@vip.163.com
质量体系:ISO/TS 16949
产品情况:汽车、农机、制冷、工程机械、液压等行业五大类滑动轴承垫片和液压泵侧板
配套情况:为一汽集团、重型汽车集团、东风汽车公司等50家主机厂配套

★临安华龙摩擦材料有限公司
地址:浙江省临安市龙岗镇龙岗大街130号
邮编:311322
电话:0571/63631188、63631277
传真:63631988、61103562
网址:www.hzhualong.com
电子信箱:xnhh@la.hz.zj.cn
单位人数:200
质量体系:ISO/TS 16949、ISO 14001
产品情况:摩托车离合器摩擦片、摩托车制动蹄块及碟形制动片等
配套及出口情况:为主机厂配套;出口欧洲、美洲、日本、韩国、中东等国家和地区

★杭州新亚石油化工有限公司
地址:浙江省富阳金桥工业功能区
邮编:311400
电话:0571/63478168、61771888
传真:63479458
网址:www.fyxinya.com
电子信箱:xinya@fyxinya.com
质量体系:ISO 9001
产品情况:(爱润斯牌、法诺雅牌)
锂基脂、汽车脂、高温脂、特种脂、阻尼脂、塑胶齿轮脂及其他油脂,年生产能力1.5万t
出口情况:出口新加坡、马来西亚、印度尼西亚、印度、阿富汗、越南、非洲等国家和地区

★浙江安泰汽车部件有限公司
地址:浙江省富阳市工业园高尔夫路287号
邮编:311401
电话:0571/63430298
传真:63430299
网址:www.antaibrake.com
电子信箱:sales@antaibrake.com
质量体系:ISO/TS 16949
产品情况:汽车制动片、制动蹄等
出口情况:远销美洲、亚洲、欧洲、中东、大洋洲等地区

★杭州通用弹簧有限公司
地址:浙江省富阳市高桥镇杜墓村
邮编:311402
电话:0571/63426720、63426803
传真:63426677
网址:www.tyth.cn
电子信箱:webmaster@tyth.cn
质量体系:ISO 9001
产品情况:拉簧、压簧、扭簧、卡簧、调压簧等机械配套弹簧;各种千斤顶弹簧,搬运车、液压件弹簧,汽车悬架弹簧,摩托车减振器弹簧,电器、电力开关弹簧及各种高精度异形弹簧系列
出口情况:出口美国、澳大利亚、日本等国家

★杭州优纳摩擦材料有限公司
地址:浙江省富阳市高桥镇洪庄村
邮编:311402
电话:0571/63422139、63422890
传真:63422891
网址:www.united-friction.com
电子信箱:info@united-friction.com
质量体系:ISO/TS 16949
产品情况:乘用车和商用车盘式制动片、鼓式制动片,工程机械用摩擦片,年生产各类摩擦片800万片
出口情况:出口北美洲、南美洲、欧洲、非洲、亚洲

★杭州富春弹簧有限公司
地址:浙江省富阳市银湖街道杜墓工业园
邮编:311402
电话:0571/63426402、63427777
传真:63427398
网址:www.xfspring.com
电子信箱:manager@xfspring.com
质量体系:ISO/TS 16949
产品情况:(富春牌)
汽车悬架弹簧、汽车离合器弹簧、双离合器弹簧、液力变矩器弹簧、双质量飞轮弹簧、门铰链弹簧等,年生产能力8000万件
配套情况:为多家全球500强企业配套

★杭州特种纸业有限公司
地址:浙江省富阳市鹿山街道上里工业区
邮编:311407
电话:0571/63488222、63488821
传真:63488279
网址:www.special-paper.com
负责人:王瑞忠
单位人数:500
质量体系:ISO 9001、ISO 14001
产品情况:(新星牌)
定性滤纸、定量滤纸、层析滤纸、滤油纸、汽车滤纸、钢纸、化纤滤纸等

★杭州新华纸业有限公司
地址:浙江省桐庐县春江东路1518号
邮编:311500
电话:0571/69817688
传真:88074838
网址:www.xinhuapaper.com
电子信箱:webmaster@xinhuapaper.com
负责人:黄建刚
单位人数:500
质量体系:ISO/TS 16949
产品情况:热封型滤纸、内燃机工业滤纸、长纤维纸、打字蜡纸等四大系列30多个品种

★杭州冠雁汽车零部件实业有限公司
地址:浙江省桐庐经济开发区凤翔路18号
邮编:311508
电话:0571/69870996、15990044615
传真:69870999
网址:www.gyqp.cn

电子信箱:gy@ gyqp. cn
单位人数:300
质量体系:ISO/TS 16949
产品情况:(冠雁牌)
制动片、离合器、万向节等汽车零部件

★杭州桐庐宇鑫汽配有限公司
地址:浙江省桐庐县横村工业区龙富路288号
邮编:311512
电话:0571/64672389、64672558
传真:64672568
网址:www. zgzjyx. com
电子信箱:mccl@ hzmc. cn. com
质量体系:ISO/TS 16949
产品情况:(宇鑫牌)
各种汽车、摩托车、工程机械等车用盘式制动片及摩擦材料;具备年产300万套的生产能力
配套及出口情况:为青年客车等多家客车厂及主机厂配套;远销欧美、中东、东南亚市场

★浙江省诸暨市中马链条厂
地址:浙江省诸暨市城西工业新城三都路155号
邮编:311800
电话:0575/87316868、13858501838
传真:87302666
网址:www. zmchain. com
电子信箱:zmchain@ aliyun. com
质量体系:ISO 9001
产品情况:汽车发动机链条、SUV汽车分动箱链条、摩托车链条和机械传动链条,年产各种汽车、摩托车链条100余万套
出口情况:远销东南亚、南美洲、非洲、中东、东欧等地区

★浙江波士特机械有限公司
地址:浙江省诸暨市店口工业区
邮编:311800
电话:0575/87628883、87628885
传真:87616799
网址:www. zjbst. com
电子信箱:james@ zjbst. com
质量体系:ISO/TS 16949、ISO 14001
产品情况:(BST牌)
年可生产1000万套气制动软管铜管件和尼龙、橡胶软管
配套及出口情况:主要为商用汽车公司提供配套,产品被广泛应用于欧洲货车、美国和日本的商用车辆以及俄国重型货车,如奔驰、沃尔沃、曼、斯堪尼亚、五十铃、麦克、卡玛斯等;远销欧洲、美洲、东南亚、中东等地区

★浙江斯曼克管业有限公司
地址:浙江省诸暨市店口镇收费站旁
邮编:311800
电话:0571/82291115、82291117
传真:82353818
网址:www. zjhxxh. com
电子信箱:fjb@ zjhxxh. com
质量体系:ISO 9001
产品情况:(XH牌)
不锈钢波纹膨胀管、挠性软管、补偿器、金属软管、聚四氟乙烯PTFE外层不锈钢金属网编织

★浙江金昌弹簧有限公司
地址:浙江省诸暨市望云西路8号
邮编:311800
电话:0575/87102555、87101168
传真:87103728
网址:www. zjspring. com
电子信箱:sales@ zjspring. com
负责人:金根生
质量体系:ISO/TS 16949、ISO 14000
产品情况:压缩螺旋弹簧、拉簧、扭簧、卡簧、鼓形弹簧、宝塔形弹簧、碟簧、钢板弹簧、平面蜗卷弹簧、摇窗机弹簧、膜片弹簧、波形弹簧、模具弹簧、方扁钢弹簧、钢板宝塔弹簧,各类轿车、微型汽车悬架减振弹簧,摩托车前后减振弹簧、载货汽车气室制动弹簧等
出口情况:远销30多个国家和地区

★诸暨市康宇弹簧有限公司
地址:浙江省诸暨市大唐镇雍宇路一号
邮编:311801
电话:0575/87747618
传真:87747718
网址:www. cnkangyu. com
电子信箱:sale1@ cnkangyu. com
质量体系:ISO/TS 16949、ISO 14001
产品情况:(康宇牌)
轿车减振弹簧、重型机械、交通机械等系列弹簧
出口情况:远销马来西亚、美国、法国、保加利亚、柬埔寨、日本、俄罗斯等国家

★诸暨市贝特气动弹簧厂
地址:浙江省诸暨市大唐镇柱嵩八七房1463号
邮编:311801
电话:0575/87742727、13957151125
传真:87741397
网址:www. btspring. com
电子信箱:betonspring@ 163. com
质量体系:ISO 9001
产品情况:(贝特牌、气动牌)
液压气动元件弹簧、各种轿微车的悬架弹簧,各种压缩螺旋弹簧、拉簧、扭簧、卡簧、鼓形弹簧、宝塔形弹簧、碟簧、平面蜗卷弹簧、摇窗机弹簧、膜片弹簧、波形弹簧、模具弹簧、方扁钢弹簧等
出口情况:出口东南亚、欧洲

★浙江三A弹簧有限公司
地址:浙江省诸暨市草塔镇府洲路113号
邮编:311812
电话:0575/87071568、87076108
传真:87071577
网址:www. 3asprings. com
电子信箱:sales@ 3asprings. com
单位人数:250
质量体系:ISO/TS 16949、ISO 14001
产品情况:(三A牌、双金牌)
具有年生产500万只汽车悬架弹簧、100万根汽车稳定杆、1000万件汽油机及柴油机气门弹簧和1000万件其他品种弹性件的能力
配套情况:为安徽奇瑞、浙江吉利、长城汽车、比亚迪、浙江众泰等配套

★浙江伊思灵双第弹簧有限公司
地址:浙江省诸暨市经济开发区文种路11号
邮编:311812
电话:0575/87071688、87079986
传真:87073068
网址:www. globalspring. cn
电子信箱:spring@ isri - shuangdi. com
质量体系:ISO/TS 16949、ISO 14001
产品情况:汽车悬架弹簧、离合器弹簧、阀弹簧、减振弹簧等各类汽车弹簧,机械密封件弹簧、发动机气门弹簧以及矩形截面模具弹簧、其他各类压簧,扭簧,拉簧,螺旋弹簧,异形弹簧,碟形弹簧及弹性冲压件
配套及出口情况:为多家汽车零部件公司配套;远销欧洲、美洲、日本等国家和地区

★浙江英科弹簧有限公司
地址:浙江省诸暨市王家井镇洋湖工业区
邮编:311813
电话:0575/87558399、87755399
传真:87756399 87334063
网址:www. inconelspring. cn
电子信箱:sales@ inconelspring. cn
质量体系:ISO/TS 16949
产品情况:(英科牌)
各种压簧、拉簧、扭簧、碟簧、波簧、板簧、矩形弹簧等
配套及出口情况:为路德坦摩汽车悬架、中兴减振器、江西巨冕实业等多家汽车零部件公司配套;远销欧洲、美洲、日本等国家和地区

★杭州立久汽车零部件有限公司
地址:浙江省诸暨市店口镇三江工业园区
邮编:311814
电话:0575/82451350、13655857866
传真:82451320
网址:www. zjjiuyuan. com
电子信箱:jy@ zjjuyuan. com
产品情况:(久远牌)
汽车制动尼龙管、输油管、PP、PE、PA等材料生产的电子线束用波纹护套管、各种管路接头、低压阀门
配套情况:为一汽、东风、中集车辆等主机厂配套

★诸暨市五丰管业有限公司
地址:浙江省诸暨市店口工业区
邮编:311814
电话:0575/87653104、88108104
传真:87651726、87065804
网址:www. ririsheng. com
电子信箱:sj@ ririsheng. com
质量体系:ISO 9001
产品情况:(日日升牌)
汽车动力转向高、低压管、液压制动软管、制动钢管、真空助力管、冷却管,冲压件、螺栓等
出口情况:出口中东、欧洲、美洲、非洲、亚洲、大洋洲等地区

★浙江佳华机械实业有限公司
地址:浙江省诸暨市店口工业区江东路110号
邮编:311814
电话:0575/87062158、87065588
传真:87065588
网址:www. chinabushing. com
电子信箱:jh@ chinabushing. com
质量体系:ISO 9001
产品情况:(佳华牌)
铜铝合金、DU、DX 三层复合润滑轴承、双金属连杆衬套,年生产连杆衬套 1500 万件
配套及出口情况:为一汽、东风底盘厂、锡柴、大柴、玉柴、朝柴等及其他中型发动机厂配套;出口美国、德国、日本、韩国、中东、南美洲、非洲、东南亚等 30 多个国家和地区

★浙江超安机械有限公司
地址:浙江省诸暨市店口湄池柯丹路 7 号
邮编:311814
电话:0575/87061898、87061913
传真:87062423
网址:www. cn – chaoan. com
电子信箱:market@ cn – chaoan. com
质量体系:ISO/TS 16949、ISO 9001
产品情况:(超安牌)
各种柴油机喷油器衬套
配套及出口情况:为一汽集团、洛阳一拖、浙江新柴、四达集团、扬动股份、宁动集团等多家柴油机生产商配套;出口美国等国家

★诸暨市良子机械管件厂
地址:浙江省诸暨市店口镇环镇东路78号
邮编:311814
电话:0575/87651532、87893828
传真:87651444
电子信箱:zhujilz@ 163. com
质量体系:ISO/TS 16949
产品情况:汽车液压制动软管总成、气压软管总成、动力转向油管总成、液压高压油管总成、金属高压油管总成、输油管等

★诸暨市金德利摩擦材料有限公司
地址:浙江省诸暨市次坞工业区
邮编:311815
电话:0575/87852269、87851168
传真:87852128
电子信箱:zjjinfan@ 163. com
质量体系:ISO 9001
产品情况:(金帆牌)
各种类型汽车离合器从动盘、制动片,年产各类摩擦片 2000 万片

★浙江企成机械集团有限公司
地址:浙江省诸暨市店口工业区
邮编:311835
电话:0575/87655188
传真:87657088
网址:www. qichengjt. com. cn
电子信箱:qichengjt@ 126. com
单位人数:400
质量体系:ISO 9001
产品情况:(企成牌)
主要生产 SF 系列无油润滑轴承、双金属轴承、JDB 固体镶嵌轴承、20 高锡轴承和翻边衬套等系列产品
配套及出口情况:与中国一汽集团、东风汽车等 20 多家企业配套;30% 的产品出口东南亚

★浙江三叶机械有限公司
地址:浙江省诸暨市店口镇达江路 18 号
邮编:311835
电话:0575/87617318、87616878
传真:87659768
网址:www. cnmingjie. com
电子信箱:chinasanye@ cnmingjie. com
负责人:俞校军
质量体系:ISO/TS 16949
产品情况:(茗捷牌)
汽车底盘气路接头、尼龙管、PU 管、气压液压制动软管总成、铜接头等
配套及出口情况:为多家主机企业配套;出口欧洲、东南亚、中东等地区

★浙江科达利实业有限公司
地址:浙江省诸暨市店口工业区
邮编:311835
电话:0575/8765135、87652213
传真:87655444
电子信箱:kedali@ china. com
质量体系:ISO/TS 16949
产品情况:(科达利牌)
气压、液压、真空制动管及总成,空调软管及总成,动力转向高低压软管及总成,输油软管、燃油管及总成,异形胶管,水管;年生产各种胶管 1500 万 m 以上,总成 800 万套
配套及出口情况:为上汽、东风汽车、现代汽车、奇瑞汽车、吉利汽车、南京依维柯、江淮汽车、中通客车、福田汽车、华晨金杯等多家主机厂配套;远销欧美、中东、东南亚等地区

★浙江荣英汽车零部件有限公司
地址:浙江省诸暨市店口工业区
邮编:311835
电话:0575/87630888
传真:87668222
网址:www. rongyingcn. com
电子信箱:rongying@ rongyingcn. com
质量体系:ISO/TS 16949、ISO 9001
产品情况:(荣英牌)
年产弹簧制动气室冲件 300 万套,压铸件 300 万套,弹簧制动器室总成 100 万套
配套及出口情况:为中航集团和万安集团指定的配套合作伙伴;远销美国、东南亚、南非、俄罗斯、中东等国家和地区

★诸暨市雄锟波纹管厂
地址:浙江省诸暨市店口工业区
邮编:311835
电话:0575/87062887、13306858798
传真:87062311
网址:www. xiongkun. net
电子信箱:887062887@ 163. com
质量体系:ISO 9001
产品情况:(雄锟牌)
不锈钢波纹管、挠性软管、补偿器、柔性管、金属软管、非标金属结构件
配套情况:为多家汽车制造厂整车配套

★浙江峰威机械有限公司
地址:浙江省诸暨市店口镇金一路 118 号
邮编:311835
电话:0575/87651792、87618982
传真:87662759
网址:www. zjfengwei. com
电子信箱:chinafengwei792@ 163. com
质量体系:ISO 9001
产品情况:(峰威牌)
尼龙管、螺旋管、液压制动软管及汽车底盘接头等
配套及出口情况:与一汽、东风、柳工、福田、五菱等多家企业配套;远销东南亚、美国、中东

★万安汽车工程塑料有限公司
地址:浙江省诸暨市店口镇万安科技园区
邮编:311835
电话:0575/87658897
传真:87659015
电子信箱:aep@ vie. com. cn
质量体系:ISO/TS 16949、VDA 6. 1
产品情况:气制动、电线电缆专用管,气制动螺旋管及七芯电缆总成,尼龙气制动管路总成,真空助力器真空管总成等
配套情况:为一汽集团、东风汽车公司、江淮汽车、南京汽车集团、上汽通用、奇瑞汽车等配套

★浙江玉环南方机械制造厂
地址:浙江省诸暨市华东水暖城
邮编:311835
电话:0575/87651590、87650688

传真:87625589
质量体系:ISO 9001
产品情况:(南叶牌)
螺栓、螺套、传动轴过桥支架总成、过桥支架胶垫、转向节主销、转向节承套、横拉杆接头
配套及出口情况:为一汽集团、东风汽车公司配套;出口韩国、东南亚等国家和地区

★诸暨市亚力大机械有限公司
地址:浙江省诸暨市直埠工业区
邮编:311835
电话:0575/87659918、87612888
传真:87626998、87659918
电子信箱:jwq1335755@126.com
质量体系:ISO 9001
产品情况:尼龙管、微型车拉索、气动元件、橡胶件等

★绍兴县安宙机械有限公司
地址:浙江省绍兴县杨汛桥镇麒麟村
邮编:312028
电话:0575/84509728
传真:84501728
网址:www.sxazjx.com
电子信箱:anzhou@sxazjx.com
质量体系:ISO/TS 16949、ISO 9002
产品情况:汽车轮毂轴承单元,特种轴承
出口情况:远销北美洲及欧洲市场

★三力士股份有限公司
地址:浙江省绍兴市柯岩街道余渚工业园区
邮编:312031
电话:0575/84366806、84360177
传真:84369624、84365246
网址:www.v-belt.com
电子信箱:wuqm@sanlux.org
产品情况:(三力士牌)
各种橡胶V带(包布V带、切割V带及特种传动V带)、多楔带、同步带及农机传动带、汽车传动带、传动系统
出口情况:远销欧洲、美洲、亚洲、非洲70多个国家和地区

★上虞市万里汽车轴承有限公司
地址:浙江省上虞市东关竺可桢科技园区
邮编:312300
电话:0575/82570000、82570266
传真:82570277
网址:www.wlbrg.com
电子信箱:wanli@wlbrg.com
质量体系:ISO/TS 16949、ISO 9001
产品情况:(WAB牌)
汽车水泵轴连轴承、汽车前轮毂轴承、汽车离合器分离轴承、汽车张紧轮轴承和其他各种汽车轴承
出口情况:远销美国、西欧、中东等国家和地区

★浙江世纪华通集团股份有限公司
地址:浙江省上虞市经济开发区北一路
邮编:312300
电话:0575/82218511
传真:82129700、82186126
网址:www.sjhuatong.com
电子信箱:sjhuatong@sjhuatong.com
法人代表:王苗通
质量体系:ISO/TS 16949
产品情况:汽车热交换系统塑料件、空调系统塑料件、车灯系统塑料件、内饰件、外饰件、座椅系统塑料件、安全系统塑料件、其他汽车塑料件、有色金属铸造件、金属冲压件等系列
配套情况:为上汽大众桑塔纳、帕萨特、POLO、斯柯达(晶锐、明锐、昊锐)、朗逸、途观;上汽通用新君威、新君越、英朗、新凯越、克鲁兹、乐风、乐骋、GL8、林荫大道;上海汽车荣威550/750;一汽集团奥迪、新宝来;东风集团富康、标致206/307、雪铁龙C5、逍客;广汽本田雅阁、飞度、奥德赛等车型配套

★浙江创城汽车零部件有限公司

地址:浙江省绍兴市上虞区章镇工业园区
邮编:312363
电话:0575/82099778、13505857457
网址:www.ccxj.cc
电子信箱:sales@ccxj.cc
质量体系:ISO/TS 16949
产品情况:橡胶制品、塑料制品
☞ 详细情况请参阅彩色宣传版面

★浙江安格鲁传动系统有限公司
地址:浙江省上虞市沥海工业园
邮编:312366
电话:0575/82691903
传真:82691901
网址:www.acron.com.cn
电子信箱:acron@acron.com.cn
质量体系:ISO/TS 16949、ISO 9001
产品情况:汽车多楔带、时规带、V带、工业(模压)多楔带、同步带、工业V带等六大类
配套情况:配套康明斯、卡马兹、比亚迪、长城、吉利、新晨动力等众多汽车厂商

★上虞市宝来同步带有限公司
地址:浙江省上虞市小越镇田家村阳明置业5、6楼
邮编:312367
电话:0575/82717725、82716686
传真:82716685、82716684
电子信箱:yang660106@163.com
质量体系:ISO/TS 16949、ISO 9001
产品情况:(FORKOM-BAOLA牌)
橡胶汽车同步带、切割式V带、多楔带、摩托车变速带,及工业用橡同步带、双面齿同步带等橡胶传动带系列产品

出口情况:主要出口欧洲、美洲

★浙江省上虞市油封制造有限公司
地址:浙江省上虞市小越镇下街路118号
邮编:312367
电话:0575/82031351、13905850736
传真:82031998
网址:www.china-pqk.com
电子信箱:pqk@china-pqk.com
质量体系:ISO/TS 16949、ISO 9001
产品情况:橡胶密封件
配套及出口情况:为上汽大众、奇瑞、一汽集团、江西五十铃等国内20多家主机厂定点配套;远销美国、俄罗斯、德国、荷兰、巴西、澳大利亚、东南亚、中东等国家和地区

★容刚轴承有限公司
地址:浙江省新昌县大市聚工业园区新柿路16号
邮编:312500
电话:0575/86176809、86176810
传真:86176808
网址:www.crb-china.com
电子信箱:xcrb@crb-china.com
质量体系:ISO 9001
产品情况:车库门轴承、链条轴承、滚筒轴承、汽车水泵轴承和其他轴承及配件
配套及出口情况:与众多国内外知名企业建立了长期的合作关系;远销多个国家和地区

★新昌县开源汽车轴承有限公司
地址:浙江省新昌县城关镇高新技术开发区
邮编:312500
电话:0575/86295308、86297711
传真:86297891、86297722
网址:www.kybearings.com
电子信箱:xzc@zdbearings.com
单位人数:400
质量体系:ISO/TS 16949
产品情况:(XZD牌)
汽车轮毂轴承,年产量400万套;汽车轮毂单元,年产量150万套;载货汽车轴承及修理包系列
出口情况:出口德国、意大利、法国、波兰、土耳其、美国、加拿大、墨西哥、阿根廷、巴西、南非、印度、阿联酋等国家

★浙江新昌新轴实业有限公司
地址:浙江省新昌县城关镇南门外100号
邮编:312500
电话:0575/86011818、86011116
传真:86049523
网址:www.xzsybearing.com
电子信箱:ylq86011066@126.com
单位人数:500
质量体系:ISO/TS 16949
产品情况:(XZSY牌)
汽车水泵轴承、深沟球轴承、汽车离合器轴承、汽车轮毂轴承、圆锥滚子

轴承、圆柱滚子轴承及非标轴承，年生产轴承能力 2000 万套
出口情况：远销美国、英国、德国、巴西、印度、俄罗斯、西班牙、土耳其、中东等国家和地区

★浙江美力科技股份有限公司
地址：浙江省新昌县新昌大道西路 1365 号
邮编：312500
电话：0575/86086086、86060535
传真：86060678
网址：www. china – springs. com
电子信箱：sales@ china – springs. com
董事长：章碧鸿
单位人数：500
质量体系：ISO/TS 16949
产品情况：（美力牌）
　　内燃机气门弹簧、汽车悬架弹簧、汽车稳定杆、汽车行李舱扭杆、热卷重型弹簧、弹性冲压件、涡卷弹簧、通机系列弹簧等八大系列，年产量 1 亿件以上

★浙江新昌亚王汽车轴承有限公司
地址：浙江省新昌县西山轴承园区
邮编：312580
电话：0575/86091298
传真：86091297
网址：www. car – bearing. com
电子信箱：xcyw001@ gmail. com
质量体系：QS 9000
产品情况：圆锥滚子轴承、圆柱滚子轴承、汽车离合器分离轴承、汽车转向器轴承、汽车轮毂轴承及轮毂单元、中心支架轴承、汽车水泵轴承、推力滚子轴承、非磨轴承、冲压轴承等，年产各类汽车轴承 300 万套
出口情况：远销欧洲、美洲市场

★浙江德瑞摩擦材料有限公司
地址：浙江省湖州市织里太湖乡幻溇镇
邮编：313008
电话：0572/3717000
传真：3717111
网址：www. dualray. com
电子信箱：info@ dualray. com
单位人数：150
质量体系：ISO/TS 16949
产品情况：各类汽车离合器面片
出口情况：远销欧洲、美洲、东南亚、中东等市场

★湖州南浔通惠金洁链条有限公司
地址：浙江省湖州市南浔炬红工业园区
邮编：313009
电话：0572/3912051
传真：3911768
网址：www. jjchain. com
电子信箱：jjchian@ 126. com
单位人数：200
质量体系：ISO 9001
产品情况：（金洁牌）
　　摩托车及汽车发动机时规链、工业链条和农机链及其他特种链条
配套及出口情况：为雅马哈发动机、铃木发动机、本田发动机、久保田、洋马、上海电气集团、星光农机等国内多家大型生产厂家和公司配套；为雷诺、EK 等公司 OEM 生产；出口日本、南美洲、欧美市场，并销往中国台湾地区

★湖州先登链传动制造有限公司
地址：浙江省湖州市双林向阳工业区
邮编：313012
电话：0572/3485121、3486121
传真：3485303
网址：www. xdzh. com
电子信箱：hzxdzh@ 126. com
质量体系：ISO 9001
产品情况：（真华牌、先登牌、三槐牌）
　　汽车、摩托车发动机时规链、起动链、油泵链及平衡链等
配套及出口情况：真华牌链条与汽车、摩托车发动机厂家配套；远销国外市场

★湖州双狮汽车链传动有限公司
地址：浙江省湖州市双林镇阳道桥工业区
邮编：313012
电话：0572/3489228、3489898
传真：3489388
网址：www. shuangshi – chain. com
电子信箱：export@ shuangshi – chain. com
质量体系：ISO/TS 16949
产品情况：（锐狮牌）
　　汽车发动机正时链、机油泵链、共轨泵链、平衡链、驱动链等，年产汽车及摩托车用链和各种工业及农机链条 1200 万米以上
配套及出口情况：为汽车发动机、摩托车、叉车等生产厂配套；远销欧美、东南亚 20 多个国家和地区

★浙江昌达汽车零部件制造有限公司
地址：浙江省德清县经济开发区长虹东街 309 号
邮编：313200
电话：0572/8427698、8427199
传真：8433916
网址：www. zjchangda. com. cn
电子信箱：zjcd. 2006@ 163. com
质量体系：ISO/TS 16949、ISO 9001
产品情况：（昌达牌、顺意牌）
　　汽车用制动器衬片、重型车制动蹄总成
配套及出口情况：为 10 多家主机厂和车桥厂配套；远销 20 多个国家和地区

★杭州布瑞克汽配有限公司
地址：浙江省德清县雷甸镇塘北工业园
邮编：313200
电话：0572/8388192、13588736936
传真：8388191
网址：www. hbp – china. com
电子信箱：web@ hbp – china. com
质量体系：ISO 9001
产品情况：重型车，拖挂车制动制动蹄铁及总成；年产销量达 180 万套
配套及出口情况：为济南塞夫·爱科车桥、烟台·塞夫爱科车桥、广东永力泰车轴、佛山富合汽车、何氏协力机械、广州华劲机械、青岛约克运输设备等配套；60% 的产品远销国外

★浙江禾欣实业集团股份有限公司
地址：浙江省嘉兴市东方路禾欣工业园区
邮编：314000
电话：0573/82219090、82228502
传真：82227388
网址：www. hexin – puleather. com
电子信箱：hexin@ hexin – puleather. com
质量体系：ISO/TS 16949、ISO 14001
产品情况：（禾欣牌）
　　PU 合成革、超细纤维合成革、合成革布、浆料、色料
配套情况：与可乐丽株式会社、BAYER、BASF、STAL 等企业建立长期稳定的合作关系

★合克萨斯精工（嘉兴）有限公司
地址：浙江省嘉兴市经济开发区昌盛东路 1002 号
邮编：314003
电话：0573/83918251
传真：83918265
网址：www. owariseiki. co. jp
产品情况：汽车用高强度紧固件（螺栓、螺母等）
配套情况：为丰田、马自达供货

★浙江中达精密部件股份有限公司
地址：浙江省嘉兴市经济开发区正原路 789 号
邮编：314003
电话：0573/82221111
传真：82223333
网址：www. cob – bearing. com
电子信箱：cob@ cob – bearing. com
单位人数：500
质量体系：ISO/TS 16949、ISO 14001
产品情况：（COB 牌）
　　年产自润滑轴套及轴瓦 9000 万套、自润滑材料 2000t
配套情况：为上汽、一汽、柳汽、徐工集团、玉柴机械、震雄集团等配套

★嘉兴市清河高力绝缘有限公司
地址：浙江省嘉兴市秀洲工业区福特路西侧
邮编：314031
电话：0573/82792001
传真：82791711
网址：www. qinghe – material. com
电子信箱：qinghejy@ vip. 163. com
单位人数：160
质量体系：ISO 9001、ISO 14001
产品情况：（祺阳牌）
　　B 级、F 级、H 级和 C 级有溶剂绝

缘漆、无溶剂绝缘树脂(胶);类似杜邦E1151系列的水溶性硅钢片漆
配套情况:为苏州金莱克、百得苏州公司、正泰集团等供货,并且成为杜邦绝缘系统指定供应商

★嘉善正通自润滑复合轴承厂
地址:浙江省嘉善县经济开发区惠民园区惠诚路77号
邮编:314100
电话:0573/84224631、84223597
传真:84225352
网址:www.zt-bearing.com.cn
电子信箱:sales@zt-bearing.com.cn
质量体系:ISO/TS 16949、ISO 9001
产品情况:(ZTOM牌)
ZTOM10自润滑轴承(DU),ZTOM20边界润滑轴承(DX),ZTOM30双金属轴承,ZTOM50固体镶嵌式润滑轴承,ZTOM40增强四氟软带,ZTOM90青铜轴承等
出口情况:远销美国、德国、日本、意大利、韩国、东南亚等国家和地区

★嘉善华通复合轴承有限公司
地址:浙江省嘉善县经济开发区金嘉大道9号
邮编:314100
电话:0573/84183567、84183464
传真:84183575
电子信箱:info@sfbearing.cn
质量体系:ISO 9001
产品情况:复合轴承和滑动轴承
出口情况:远销欧洲、美洲、韩国、东南亚、南非等国家和地区

★嘉善禾田滑动轴承有限公司
地址:浙江省嘉善县南星路198号魏塘创业园5号
邮编:314100
电话:0573/84161555、84163005
传真:84163007
网址:www.htb-bearing.com
电子信箱:htb@htb-bearing.com
质量体系:ISO 9001
产品情况:HTB-1自润滑轴承、HTB-2边界润滑轴承、HTB-800双金属轴承、HTB-3固体镶嵌轴承等
出口情况:出口西欧、北美洲、南美洲、东南亚等20多个国家和地区

★嘉善飞宇滑动轴承有限公司
地址:浙江省嘉善县魏塘镇工业园区长盛路9号
邮编:314100
电话:0573/84032202
传真:84033000
网址:www.cfbearing.com
电子信箱:cfb@cfbearing.com
质量体系:ISO/TS 16949、ISO 9001
产品情况:滑动轴承
出口情况:远销西欧、美洲、东南亚的20多个国家和地区

★浙江长盛轴承技术有限公司
地址:浙江省嘉兴市嘉善县魏塘工业园区长盛路138号
邮编:314100
电话:0573/84183761、84184850
传真:84183450、84184307
网址:www.csb.com.cn
电子信箱:jwf@@csb.com.cn
法人代表:孙志华
负责人:费国平
单位人数:750
质量体系:ISO/TS 16949
产品情况:(CSB牌)
无油轴承、自润滑轴承、复合轴承、滑动轴承
出口情况:50%左右的产品出口欧美、日本等20多个国家和地区

★嘉善星宇高仕轴承有限公司
地址:浙江省嘉善县西塘工业功能区铧淳路8号
邮编:314102
电话:0573/84563507
传真:84563511
网址:www.xybearing.com
电子信箱:jsxy3@163.com
单位人数:200
质量体系:ISO/TS 16949
产品情况:滚针轴承、离合器轴承、汽车自动变速器专用轴承

★浙江双飞无油轴承股份有限公司
地址:浙江省嘉善县宏伟北路18号
邮编:314115
电话:0573/84518018
传真:84518216
网址:www.sf-bearing.com
电子信箱:sales@sf-bearing.com
质量体系:ISO/TS 16949、ISO 14001
产品情况:(ZOB牌)
SF系列无油润滑轴承、JF双金属轴承、FB青铜轴承、JDB镶嵌固体润滑轴承等

★浙江容安机械有限公司
地址:浙江省嘉善县姚庄镇桃源路88号
邮编:314117
电话:0573/84775307
传真:84775309
网址:www.rongan-brakes.com
电子信箱:sales@rongan-brakes.com
质量体系:ISO 9001
产品情况:摩托车、汽车(鼓式和碟式)制动片、离合器配重蹄块、离合器总成、机械制动片
配套及出口情况:已和国内一些知名摩托车主机厂配套;远销欧洲、美洲

★福莱斯乐摩擦材料(平湖)有限公司
地址:浙江省平湖市经济开发区宏建路1688号
邮编:314200
电话:0573/85290700、85290711
传真:85290720
网址:www.fras-le.com
电子信箱:info.asia@fras-le.com
质量体系:ISO/TS 16949
产品情况:鼓式、盘式制动摩擦片

★平湖市新庙橡塑有限公司
地址:浙江省平湖市新仓镇
邮编:314206
电话:0573/85744555、85745958
传真:85744016
网址:www.phxs.com
电子信箱:phxs@phxs.com
质量体系:ISO 9001
产品情况:各种类型的橡塑轮,汽车轮胎压力测试表
出口情况:出口日本、欧洲、美洲等国家和地区

★嘉兴新悦标准件有限公司
地址:浙江省海盐县城西北路188号
邮编:314300
电话:0573/86966266
传真:86966266
网址:www.zj-xinyue.com
电子信箱:xinyue@zj-xinyue.com
质量体系:ISO 9001
产品情况:(新螺牌)
长螺杆
出口情况:出口美洲、亚洲、欧洲、日本、大洋洲等国家和地区

★桑德兰紧固件(浙江)有限公司
地址:浙江省海盐县武原镇桑德兰大道1号
邮编:314300
电话:0573/86160918
传真:86160655
网址:www.sundram.com
电子信箱:vlj@sundram.net.cn
质量体系:ISO/TS 16949、ISO 14001
产品情况:高强度标准与非标准螺栓、螺钉和数控加工产品

★海盐秦燕汽配有限公司
地址:浙江省海盐县核电产业园区庆丰南一路
邮编:314303
电话:0573/86400870、86400877
传真:86400400
电子信箱:qinyan@zdqipei.com.cn
质量体系:ISO/TS 16949、ISO 9001
产品情况:(秦燕牌)
制动片、汽车橡胶件、高强度螺栓、减振件、风扇带、油封等
配套情况:为重汽集团、陕汽集团、北汽福田、厦门金龙、潍柴、杭发、亚星商务车、上柴、郑州宇通、陕西汉德车桥、北奔重汽、辽宁五一八内燃机等配套

★海盐永隆汽配制造厂
地址:浙江省海盐县秦山镇杭沪公路21号
邮编:314303
电话:0573/86402568、13615832830
传真:86401933
电子信箱:shaoting. song@ gmail. com
质量体系:ISO 9002
产品情况:橡胶衬套、橡胶密封件、发动机橡胶气门室、发动机O形圈密封件
出口情况:远销欧洲、东南亚

★海盐猛凌汽车配件有限公司
地址:浙江省海盐县沈荡镇南
邮编:314311
电话:0573/86724088、86722261
传真:86720214
网址:www. mlqp. cn
电子信箱:mlqp@ mlqp. cn
单位人数:200
质量体系:ISO/TS 16949
产品情况:汽车起动机磁力开关外壳、静铁芯、动铁芯、汽车发电机爪级、皮带轮、异形冷挤压见及液态管件
配套及出口情况:为日立海立、卢卡斯-TVS、本特勒汇众、苏州友汇、中汽长电、长沙日立、上海大洋、上海德尔福、长春大洋等配套;美制、英制螺纹液压管件出口欧美等国家,磁力开关配件50%的产品出口日本、德国、印度,已进入日立、博世、印度卢卡斯等公司采购体系

★海宁市正扬轴承有限公司
地址:浙江省海宁市民兴路88号
邮编:314400
电话:0573/87269304、87269302
传真:87269309
网址:www. zyzbearing. com
电子信箱:zyz@ zyzbearing. com
单位人数:1500
质量体系:ISO/TS 16949、GB/T 24001
产品情况:年产外径30~360mm的各类轴承1000余万套
配套及出口情况:主机配套伊顿、菲亚特、法雷奥、中国重机、施乐等国际知名公司;远销美国、德国、意大利、法国等国家

★宏达高科控股股份有限公司
地址:浙江省海宁市许村镇建设路118号
邮编:314409
电话:0573/87550868、87550185
传真:87566616
网址:www. zjhongda. com. cn
电子信箱:hongda@ mail. jxptt. zj. cn
法人代表:沈国甫
质量体系:ISO/TS 16949、ISO 14001
产品情况:(宏达牌)
汽车内饰面料
配套及出口情况:为上汽大众、上汽通用、上海汽车、一汽-大众、神龙汽车、北京现代、北京汽车、长城汽车、比亚迪、江淮汽车、吉利汽车、奇瑞汽车等大型汽车制造企业多款车型配套;出口美国、德国、日本等国家

★浙江万方江森纺织科技有限公司
地址:浙江省海宁市经编产业园吉恩仕大道2号
邮编:314419
电话:0573/87987777、87987781
传真:87987788、87987796
网址:www. zhejiangwanfang. com
电子信箱:wfzzp@ zhejiangwanfang. com
单位人数:252
质量体系:ISO/TS 16949、ISO 14001
产品情况:汽车内饰面料系列,适用于汽车内侧、顶棚和座椅等装饰
配套情况:主要客户有帝人、日产、本田、丰田、通用等公司

★宁波爱柯迪汽车零部件有限公司
地址:浙江省宁波市江北投资工业园C区金山路588号
邮编:315020
电话:0574/87562111
传真:88447259
网址:www. ikd - china. com
电子信箱:business@ ikd - china. com
单位人数:1800
质量体系:ISO/TS 16949、ISO 14001
产品情况:铝合金压铸件和锌合金压铸件及模具,年产铝合金压铸件能力15000t、锌合金压铸件1500t、压铸模具400套

★天合(宁波)紧固装置有限公司
地址:浙江省宁波市北仑坝头西路333号
邮编:315040
电话:0574/87901958、87901968
传真:87901978
网址:www. trw. com
电子信箱:amy. mi@ trw. com
质量体系:ISO/TS 16949
产品情况:汽车紧固装置

★宁波正达机电有限公司
地址:浙江省宁波市江东区宁穿路498号
邮编:315040
电话:0574/87804793
传真:87800178
网址:www. nbchengda. com
质量体系:ISO/TS 16949、QS 9000
产品情况:汽车零件、电子产品外壳等
配套及出口情况:是上海法雷奥、温岭法雷奥等企业的固定生产供货商;远销欧美等地区

★宁波天伟汽车部件有限公司
地址:浙江省宁波市邱隘回龙工业区
邮编:315101
电话:0574/88371988、88370666
传真:88327655
网址:www. cntwauto. com
电子信箱:cntw@ cntwauto. com
质量体系:ISO 9001
产品情况:(CNTW牌)
制动片、制动蹄
出口情况:远销美洲、欧洲、日本、韩国、中东、非洲、澳大利亚等国家和地区

★宁波圣龙(集团)有限公司
地址:浙江省宁波市鄞州工业园区金达路788号
邮编:315104
电话:0574/88381888
传真:88381666
网址:www. sheng - long. com
电子信箱:sl@ sheng - long. cn
董事长:罗玉龙
单位人数:2000
质量体系:ISO/TS 16949、ISO 14001
产品情况:压铸件、凸轮轴、机油泵、工具等
配套情况:为一汽集团、一汽-大众、上汽大众、上汽通用、法雷奥、江铃汽车、北汽福田、重庆康明斯、东安动力、北内、大柴、杭发、韩国起亚、大宇、美国伟世通、日本水星、盖茨、天合等配套

★宁波午阳联合轴承有限公司
地址:浙江省宁波市鄞州区滨海投资创业中心祥云路183号
邮编:315105
电话:0574/28892115、28892105
传真:28892158、28892185
网址:www. newsun - bearings. com
电子信箱:bearings@ newsun - bearings. com
质量体系:ISO/TS 16949
产品情况:张紧轮轴承、离合器轴承、轮毂轴承、转向盘轴承、发电机轴承、水泵轴承、圆锥滚子轴承及各类工业轴承

★宁波市中威汽车部件有限公司
地址:浙江省宁波市鄞州区五乡工业区
邮编:315111
电话:0574/88335701、13777055811
传真:88335702
网址:www. chinabrake. com. cn
电子信箱:zhongwei@ chinabrake. com. cn
质量体系:ISO 9001
产品情况:盘式制动片
出口情况:远销美国、加拿大、墨西哥、中南美洲、中东、欧洲等国家和地区

★宁波嘉威带业有限公司
地址:浙江省宁波市鄞州五乡明伦村
邮编:315112
电话:0574/88338218、88338216
传真:88338217
网址:www. nb - jiawei. com
电子信箱:wujian@ nb - jiawei. com
质量体系:ISO 9000
产品情况:汽车紧固带、牵引带、各类紧固器等
出口情况:出口东南亚、欧洲、美洲等地

区，并销往中国香港地区

★宁波亚大汽车管件有限公司
地址：浙江省宁波市鄞州区塘溪镇
邮编：315142
电话：0574/88402901、88315555
传真：88402555、88402222
网址：www.nnk.com.cn
电子信箱：nagoya@nnk.com.cn
质量体系：ISO/TS 16949
产品情况：汽车管件、空调管件及其他金属零配件
配套及出口情况：为一汽、东风、大众、通用、丰田等知名汽车厂商配套；批量出口美国、德国、日本、西班牙、东南亚等市场

◉ 东睦新材料集团股份有限公司

地址：浙江省宁波市鄞州工业园区（姜山）景江路8号
邮编：315191
电话：0574/87399810、87833001
传真：87831133
网址：www.pm-china.com
电子信箱：nbtm@pm-china.com
法人代表：卢德宝
负责人：朱志荣
单位人数：3000
质量体系：ISO/TS 16949、ISO 14001
产品情况：（NBTM 牌）
粉末冶金零件，包括发动机正时带轮、链轮、气门阀座、气门导管、主轴承盖、油泵齿轮、变速器齿毂、转向助力泵转子和定子、ABS 激励环、减振器活塞、导向器、底阀座等
配套及出口情况：为汽车发动机、变速器、减振器、油泵等制造厂供货；部分产品出口美国、日本、欧洲等国家和地区

★宁波中和汽配有限公司
地址：浙江省宁波市鄞州区姜山科技园区
邮编：315191
电话：0574/88071195、88071196
传真：88456858
网址：www.zhonghenb.com
电子信箱：zhonghe@zhonghenb.com
质量体系：ISO/TS 16949
产品情况：（PIN 牌）
滚针、滚柱、销、各类轴等精密零件
配套及出口情况：为日本、韩国、欧洲等其他国家的 OEM 企业配套；远销德国、法国、日本、韩国等国家

★宁波永灵机械配件有限公司
地址：浙江省宁波市鄞州区姜山镇高阳路周韩村
邮编：315191
电话：0574/88098897-121
传真：88451227
网址：www.yonglingcn.com
电子信箱：machinery@yonglingcn.com
单位人数：318
质量体系：ISO/TS 16949、VDA 6.1
产品情况：（永灵牌）
汽车差速器壳体和变速器换挡系统异形件（拨叉、拨块和拨头等）等
配套及出口情况：为上汽大众、上汽通用、欧洲 KONGSBERG、长城汽车等配套；远销欧洲

★宁波亿力斯特种胶带有限公司
地址：浙江省宁波市鄞州区姜山镇周韩工业区
邮编：315191
电话：0574/88073588
传真：88073507
电子信箱：yls@timingdelt-china.com
质量体系：ISO/TS 16949
产品情况：同步带、多楔带、切割式 V 带

★宁波裕江特种胶带有限公司
地址：浙江省宁波市天童北路702号
邮编：315192
电话：0574/87410350
传真：87410330
网址：www.yujiangrubber.com
电子信箱：xs_yjh@yujiangrubber.com
质量体系：ISO/TS 16949、QS 9000
产品情况：汽车及摩托车同步带、V 带、多楔带；年产传动带2000万条
配套及出口情况：为长安汽车、一汽锡柴、一汽大连柴油机、天津一汽华利、保定长城内燃机、奇瑞汽车、广西玉柴等配套；远销多个国家

★浙江正大弹簧有限公司
地址：浙江省宁波市镇海区中官路77号
邮编：315200
电话：0574/55666785、13586888639
传真：86178978
网址：www.nbzdth.com
电子信箱：zheng-zdth@foxmail.com
单位人数：100
质量体系：ISO 9001
产品情况：（箭球牌）
各类气门弹簧、离合器弹簧、油泵弹簧、高低压开关弹簧等
出口情况：出口美国、欧洲、日本、东南亚、中东等国家和地区

★宁波依必艾轴承汽配实业有限公司
地址：浙江省宁波市镇海区骆驼工业区荣吉路68号
邮编：315202
电话：0574/26266788、26266778
传真：26266798
网址：www.ebi-bearings.com
电子信箱：info@ebi-bearings.com
质量体系：ISO/TS 16949、VDA 6.1
产品情况：小型双列角接触球轴承、汽车轮毂轴承、轮毂单元、汽车空调压缩机轴承以及其他高精度轴承

★浙江中平粉末冶金有限公司
地址：浙江省宁波市镇海区蟹浦镇汇源路18号
邮编：315204
电话：0574/86508002
传真：86506002
网址：www.zhongping.com
电子信箱：gsb@zhongping.com
质量体系：ISO 9001、ISO 14001
产品情况：（中平牌）
各种高中密度、高强度、高精度铁基粉末冶金结构件，含油轴承，年生产能力7000t
配套情况：为 LG、三星、昭和等中外合资企业、大中型企业、上市公司配套

★宁波海山克尔铃密封件有限公司
地址：浙江省宁波市庄市大道227号
邮编：315211
电话：0574/86322881、86322816
传真：86322882
电子信箱：useky@hs-sealed.com
质量体系：ISO/TS 16949、ISO 14001
产品情况：（Cloring 牌）
汽缸垫、骨架橡胶密封件、隔热罩、排气歧管、模具等
配套情况：为福特、马自达、大众、上汽通用、奇瑞、江铃汽车、长安汽车、上柴、玉柴、大柴、洛柴、潍柴、锡柴、绵阳新晨、一汽天内、云南动力、林海雅马哈、日本三菱、日本雅马哈、美国科勒等配套

★宁波日鑫轴承有限公司
地址：浙江省慈溪市横河工业区
邮编：315300
电话：0574/63197288、63199118
传真：63199188
网址：www.cnrixin.com
电子信箱：cnrixin@gmail.com
质量体系：ISO 9001
产品情况：（HYB 牌、RIXIN 牌、YIBEN 牌）
各类微小中型深沟轴承、带座外球面轴承
出口情况：出口欧洲、美洲、东南亚等地区

★浙江五环轴承集团有限公司
地址：浙江省慈溪市横河开发区
邮编：315300
电话：0574/63032966
传真：63833115
网址：www.nwhbearing.com
电子信箱：export@nwhbearing.com
质量体系：ISO 9001
产品情况：（NWH 牌）
轴承
出口情况：出口美国、日本、德国、东南亚、中东等国家和地区，并销往中国台湾地区

★慈溪市博恒汽车零部件有限公司
地址:浙江省慈溪市周巷镇周东开发区
邮编:315300
电话:0574/63459200、13429206300
传真:63459300
网址:www.cxbhqp.com
电子信箱:sales@cxbhqp.com
质量体系:ISO/TS 16949
产品情况:精密冲件、汽车传感器配件、汽车起动机集电环

★慈溪市埃美克轴承有限公司
地址:浙江省慈溪市宗汉工业园区新园路1号
邮编:315300
电话:0574/23698261、23698251
传真:23698222
网址:www.aemeke.com
电子信箱:admin@aemeke.com
单位人数:50
质量体系:ISO/TS 16949、ISO 9001
产品情况:(AEMEKE牌)
各类汽车专用轴承和工业轴承
出口情况:远销欧洲、南美洲、北美洲、中东、亚洲等地区

★慈溪博格曼密封材料有限公司
地址:浙江省慈溪市浒山镇慈甬路787-817号
邮编:315302
电话:0574/63977258、63826196
传真:63826444
网址:www.burgmannpackings.cn
电子信箱:sun.dijian@burgmannpackings.net.cn
单位人数:200
质量体系:ISO 9001
产品情况:膨胀石墨板材、填料环、金属缠绕垫片、高强石墨复合板材、高强石墨垫片、内燃机汽缸垫片、进排气管垫片、汽车消声器填料、橡胶塑件复合密封件、苎麻盘根、聚四氟乙烯盘根、芳纶盘根、碳素纤维盘根、膨胀石墨通用盘根等10多个品种;年生产膨胀石墨密封材料及制品能力为400t
出口情况:远销欧洲、美洲、日本、东南亚等10多个国家与地区

★慈溪市一桥汽车零部件厂
地址:浙江省慈溪市坎墩工业园区华鹏路151号
邮编:315303
电话:0574/58989097、13806647579
传真:58989092
网址:www.cxyiqiao.cn
电子信箱:yiqiao_qp@163.com
质量体系:ISO/TS 16949
产品情况:汽车电子燃油泵波纹管等;具有年产各种汽车燃油泵总成波纹管1500万件以上的生产能力
配套情况:主要产品一级配套有比亚迪;二级配套有上汽通用五菱、吉利、长安、伟世通、东南汽车、东风小康、力帆、奇瑞、江淮、昌河、佳宝、哈飞、长城等汽车主机厂

★慈溪市龙山汽配有限公司
地址:浙江省慈溪市龙山镇
邮编:315311
电话:0574/63973162、83090658
传真:63973159、83090657
网址:www.cn-longshan.com
电子信箱:sale@cnlongshan.com
负责人:金云康
单位人数:550
质量体系:ISO/TS 16949、ISO 14001
产品情况:五金件、冲压件、拉伸件、冷挤压件、轴、刷架、机壳、弹簧、拉杆等;便携式油箱、点烟器、起动机开关、门锁、汽车顶棚等
配套及出口情况:为法雷奥、博世、大陆、康明斯、上实交通、麦格纳、恩坦华、博泽等供货;远销北美洲、西欧、日本等国家和地区

★宁波伏龙同步带有限公司
地址:浙江省慈溪市龙山镇
邮编:315311
电话:0574/63787600、63781858
传真:63780109、63781500
网址:www.fulong-drivingbelt.com
电子信箱:fulong@timingbelt.cn
质量体系:ISO/TS 16949、ISO 14001
产品情况:(CNFULO牌)
橡胶同步带、多楔带、变速带、切割V带及带轮等,年产各类传动带1000万条、带轮60万套

★宁波慈光同步带有限公司
地址:浙江省慈溪市龙山镇工业区开发路6号
邮编:315311
电话:0574/63787377、63787638
传真:63787612
网址:www.ciguang.com
电子信箱:ciguang@ciguang.com
质量体系:ISO 9001
产品情况:(慈光牌)
各种规格工业用橡胶同步带、多楔带、平皮带、汽车同步带以及同步带轮
出口情况:远销欧洲、美国、日本、南美洲、南非、中东、韩国等国家和地区

★宁波贝递同步带有限公司
地址:浙江省慈溪市龙山镇恒力路16号
邮编:315311
电话:0574/63781777、63781778
传真:63783838、63785257
网址:www.chinabeidi.com
电子信箱:beidi@chinabeidi.com
质量体系:ISO 9001
产品情况:(贝递牌)
橡胶同步带、双面齿同步带、橡胶开口同步带、多楔带、特种带、V带、汽车同步带、PU开口同步带、PU环形接口同步带、同步带轮、齿棒、齿板、张紧套等同步带传动产品,具有年产同步带500万条,带轮150万只的生产规模
出口情况:出口欧洲、美洲、东南亚等地区

★慈溪市中德密封材料有限公司
地址:浙江省慈溪市龙山镇西门外工业区
邮编:315311
电话:0574/63787080、63787840
传真:63787241
网址:www.chinaseal.cn
电子信箱:sales@chinaseal.cn
质量体系:ISO 9001
产品情况:密封盘根、密封垫片、密封材料、密封工具等
出口情况:出口欧洲、中东、南美洲、东南亚等地区

★慈溪市特威汽车配件实业有限公司
地址:浙江省慈溪市范市工业区纬二路
邮编:315313
电话:0574/63617111、63607233
传真:63617333
网址:www.niceway118.com
电子信箱:niceway118@vip.sina.com
质量体系:ISO 9001
产品情况:无石棉、半金属及非金属汽车鼓式制动片、碟式制动片、离合器片
出口情况:产品100%出口

★慈溪市鸣石汽车配件厂
地址:浙江省慈溪市观海卫镇鸣鹤工业开发区
邮编:315316
电话:0574/63636588、63636511
传真:63676059
网址:www.ms-clutch.com
电子信箱:hanyan-ling@163.com
质量体系:ISO 9002
产品情况:(鸣石牌)
汽车离合器摩擦片
配套及出口情况:为一汽东光离合器、西湖离合器、珠海华粤离合器、东风汽车传动轴苏州汽车配件分公司、广东顺通离合器等生产厂配套;产品30%出口亚洲、非洲、南美洲、中东、欧洲

★宁波中宏轴承集团有限公司
地址:浙江省慈溪市杭州湾新区滨海二路608号
邮编:315318
电话:0574/63198288
传真:63198888
网址:www.tybearing.com
电子信箱:manager@tybearing.com
单位人数:500
质量体系:ISO/TS 16949
产品情况:各类深沟球轴承、汽车水泵轴连轴承、UCP外球面轴承、七类滚针轴承及汽车水泵总成

★宁波市金象轴承有限公司
地址:浙江省慈溪市横河工业开发区上房路3号
邮编:315318
电话:0574/63268988、63266858
传真:63265877
电子信箱:sales@ jin - xiang. com
质量体系:ISO 9001
产品情况:(FIGX 牌)
各类微、小、中型深沟球轴承及非标轴承,年生产各类轴承5000余万套
配套及出口情况:为企业进行主机配套;远销美国、欧洲、日本等国家和地区

★环驰轴承集团
地址:浙江省慈溪市横河工业区
邮编:315318
电话:0574/63197285
传真:63197123
网址:www. hch. cn
电子信箱:simon@ hch. cn
质量体系:ISO/TS 16949、ISO 14001
产品情况:(HCH 牌)
高质量、高精度的深沟球轴承和圆锥滚子轴承,广泛运用于电动机、汽车等
配套及出口情况:为三星、松下、三洋、东芝、LG、菲亚特、标致、KIA、现代、双龙、马亨达、惠尔浦、GE 等配套;远销70多个国家和地区

★宁波泰和轴承有限公司
地址:浙江省慈溪市横河镇白彭路工业开发区
邮编:315318
电话:0574/63830946、13606746968
传真:63830848
网址:www. thbearing. cn
电子信箱:th@ thbearing. cn
单位人数:380
质量体系:QS 9000
产品情况:[泰和(Taihe)牌]
年产高精度电动机轴承3000万套、轴承内外套圈6000万套
出口情况:远销美国、德国、加拿大、中东等国家和地区

★宁波华轮轴承有限公司
地址:浙江省慈溪市横河镇相士地工业区轴承路76号
邮编:315318
电话:0574/63198358、23885028
传真:63198914
网址:www. cnhualun. com
电子信箱:sales@ cnhualun. com
董事长(负责人):王银瑞
单位人数:100
质量体系:ISO 9001
产品情况:微小型球轴承,年产量1500万套轴承
出口情况:出口美国、日本、欧洲等国家和地区,并销往中国香港、中国台湾地区

★慈溪汇鑫同步带有限公司
地址:浙江省慈溪市胜山镇工业开发西区
邮编:315323
电话:0574/63542138、63529152
传真:63542120
网址:www. synchronous - belt. com
电子信箱:bell@ cn - bearings. com
质量体系:ISO 9001
产品情况:(汇鑫牌)
橡胶同步带、双面齿同步带、多楔带、平皮带等橡胶传动带及其配套带轮系列产品
出口情况:出口美国、欧洲、东南亚等国家和地区

★慈溪市倍尔林实业有限公司
地址:浙江省慈溪市胜山镇工业开发西区
邮编:315323
电话:0574/63542128
传真:63549470
网址:www. cn - bearings. com
电子信箱:bearings@ cn - bearings. com
单位人数:500
质量体系:ISO 9001、ISO 14001
产品情况:(E&B 牌)
微型、小型深沟球轴承,年产3800万套
出口情况:出口美国、欧洲、日本、韩国等国家和地区,并销往中国台湾、中国香港地区

★宁波通瑞汽车轴承制造有限公司
地址:浙江省慈溪市坎墩接到联飞路1号
邮编:315324
电话:0574/63308783、63302187
传真:63306246
网址:www. tomzen. cn
电子信箱:maxinghua@ 188. com
质量体系:ISO/TS 16949、ISO 9001
产品情况:(TOMZEN 牌、TORMAX 牌)
汽车轮毂轴承,轮毂单元、圆锥轴承、水泵轴承、张紧轮、离合器轴承等
出口情况:出口欧洲、南美洲、北美洲、中东等30多个国家和地区

★宁波长乐喉箍有限公司
地址:浙江省慈溪市长河南大路金小南路9-11号
邮编:315326
电话:0574/63405988、63402143
传真:63408218
电子信箱:chang - le@ hotmail. com
质量体系:ISO 9002
产品情况:转向节卡箍、万向轮、黄油嘴、卡丁车配件、变速器防尘罩、导电柱、液压接头、弹簧钢板U型螺栓、排气管喉箍、离合器修理包、暖控、机盖、铰链、网带系列、轮胎扳手、离合器分离轴拉杆、液压泵主缸、车库门全套配件
出口情况:产品100%出口,远销美国、日本、法国、德国、英国等50多个国家

★浙江省慈溪市铜套厂
地址:浙江省慈溪市庵东镇东一工业区
邮编:315327
电话:0574/63487088
传真:63487777
电子信箱:hapyha@ 263. net
质量体系:ISO 9001
产品情况:(吉驰牌)
滑动轴承、卷制衬套、切削衬套
配套情况:为南京汽车集团转向机厂、云南西仪工业、福建龙溪轴承、潍柴配套

★宁波捷奥汽车零部件有限公司
地址:浙江省慈溪市庵东镇工业园区
邮编:315327
电话:0574/63478169、63479718
传真:63472678
网址:www. nbjieao. com
电子信箱:nbja@ nbjieao. com
单位人数:130
质量体系:ISO 9001
产品情况:锌、铝合金压铸件,具有年生产1500余t,600万件的锌/铝压铸件生产能力
配套及出口情况:为麦格纳唐纳利(上海)汽车系统、上海奔原汽车后视镜、宁波华翔汽车后视镜、浙江恒耀实业等配套;出口德国

★慈溪市汇丽机电有限公司
地址:浙江省慈溪市匡堰镇工业开发区
邮编:315333
电话:13757405018
网址:www. cixihuili. com
电子信箱:trade@ cixihuili. com
质量体系:ISO/TS 16949
产品情况:铸造和加工各类灰铸铁、球铁、合金铁、铸铝零件及 NEMA 高效节能电动机
配套及出口情况:主要客户有 GE、REGAL BELOIT、YASKAWA、BALDOR、TOSHIBA、EMERSON、ABB、CUMMINS、BOMBARDIER SIEMENS 等;出口美国、日本、德国、英国、瑞典、法国等国家

★宁波四维尔工业股份有限公司
地址:浙江省慈溪市匡堰镇樟树村
邮编:315333
电话:0574/63535499
传真:63530988
网址:www. swellchina. com
电子信箱:swell@ swellchina. com
董事长:罗旭强
负责人:刘旭东
质量体系:ISO/TS 16949
产品情况:(四维尔牌)
汽车塑件、塑胶电镀
配套情况:为北美三大汽车集团、德国大众、德国奥迪、沃尔沃、雪铁龙、一汽

集团、一汽－大众、上汽大众、上汽通用、东风公司、神龙公司等国内外知名汽车企业配套

★慈溪市赛兰特橡塑科技有限公司
地址:浙江省慈溪市慈东工业区金海路88号
邮编:315338
电话:0574/63077865
传真:56702929
网址:www.chinaslt.com
电子信箱:sales@chinaslt.com
质量体系:ISO/TS 16949
产品情况:(赛兰特(SALENT)牌)
涡轮增压器连接管、中冷器连接管及其他机械设备硅胶管等,配套生产卡箍
出口情况:出口国外市场

★宁波磐吉奥机械工业有限公司
地址:浙江省慈溪市孙塘北路1499号
邮编:315399
电话:0574/63018564
网址:www.pangeo.com
电子信箱:office@pangeo.com
产品情况:汽车配件等

★宁波国通汽车零部件有限公司
地址:浙江省余姚市利州街道古路头双龙村28号
邮编:315400
电话:0574/62766609
传真:62766610
质量体系:ISO/TS 16949
产品情况:散热器水管、暖风管、燃油管及塑料制品等
出口情况:出口欧美

★宁波恒生轴承有限公司
地址:浙江省余姚市阳明东路525号
邮编:315400
电话:0574/62677717、62678087
传真:62677736
网址:www.hengshengchina.com
电子信箱:hengsheng@hengshengchina.com
质量体系:ISO 9001
产品情况:(NBHSB牌)
60、62、63三大系列深沟球轴承;年产5000万套
出口情况:部分产品出口

★宁波万亚传动带有限公司
地址:浙江省余姚市阳明街道丰山西路628号
邮编:315400
电话:0574/62802345、62802678
传真:62802885
网址:www.wytimingbelt.com
电子信箱:manager@wytimingbelt.com
质量体系:ISO 9001
产品情况:(万亚牌)
同步带、切边V带、多楔带、汽车风扇带等橡胶传动带,相关橡胶杂件
出口情况:出口欧洲、中东、南美洲等地区

★宁波丰茂远东橡胶有限公司
地址:浙江省余姚市远东工业城CE10
邮编:315400
电话:0574/62762222、62760368
传真:62760988
网址:www.fengmao.com
电子信箱:sales@fengmao.com
单位人数:600
质量体系:ISO/TS 16949、ISO 14001
产品情况:(丰茂牌)
汽车传动带、张紧轮、惰轮、硅胶管、旋转轴唇形密封圈,模压制品
配套情况:为长安福特、东风日产、郑州日产、长安标致雪铁龙、神龙、长安铃木、昌河铃木、一汽轿车、上汽通用五菱、上汽、长安、吉利、江淮、奇瑞、长城、比亚迪、海马、安凯、东风、力帆、康明斯、玉柴、日产柴油机、尼奥普兰、佩卡、达夫、纳威司达、约翰迪尔、起亚、拉达等国内外大型主机厂配套

★宁波前进橡胶有限公司
地址:浙江省余姚市城区中山东一路10号
邮编:315403
电话:0574/62575648、62575548
传真:62576819
电子信箱:info@88qj.com
质量体系:ISO 9001
产品情况:(幸远牌)
汽车油封、制动皮碗、发动机胶垫、钢板衬套、聚四氟乙烯油封、变速器密封套、传动轴吊架总成、汽缸垫密封条等
配套及出口情况:为主机厂配套;出口美洲、欧洲、东南亚、非洲等地区

★余姚市兴发机械制造有限公司
地址:浙江省余姚市经济开发区振兴东路41号
邮编:315403
电话:0574/62576458、13905844325
传真:62575458
网址:www.zjxingfa.com
电子信箱:info@zjxingfa.com
单位人数:120
质量体系:ISO 9001
产品情况:(永舜牌)
管路及接头、PPR管路接头、液压管铁套、液压气动管接头、扣压式胶管总成等
出口情况:出口美国、德国、日本、加拿大等国家

★余姚市天马轴承有限公司
地址:浙江省余姚市丈亭工业区西区
邮编:315410
电话:0574/62981338、13905848098
传真:62981375
网址:www.tianma－bearings.com
电子信箱:tm@tianma－bearings.com
质量体系:ISO 9001
产品情况:小型深沟球轴承,年产2500万套
出口情况:出口美国、德国、英国、法国、意大利、巴西,并销往中国香港地区

★宁波安拓实业有限公司
地址:浙江省余姚市丈亭工业园区杨梅路7号
邮编:315410
电话:0574/62988808
传真:62988806
网址:www.tool－king.com.cn
电子信箱:sales@tool－king.com.cn
质量体系:ISO/TS 16949
产品情况:[安拓(ARROW)牌]
各种膨胀螺栓、轮胎螺栓等
配套情况:与国内外很多厂商建立了二级配套关系

★余姚市恒威卡箍有限公司
地址:浙江省余姚市陆埠镇白鹤桥路16号
邮编:315420
电话:0574/62383333、62386200
传真:62386222
网址:www.hwkg.com
电子信箱:webmaster@hwkg.com
质量体系:ISO/TS 16949
产品情况:(HWKG牌)
胶管、尼龙塑料软管、夹布胶管、水带等接口处的连接紧固及密封件
配套及出口情况:为中国重汽、一汽、东风汽车、上汽公司等公司配套;出口欧洲、美洲、中东、东南亚等地区

★宁波大众橡胶有限公司
地址:浙江省余姚市陆埠镇五马工业园
邮编:315420
电话:0574/62318120
传真:62318188
网址:www.dazhongrubber.cn
单位人数:150
质量体系:ISO 9002
产品情况:(浙盾牌、欣运牌)
汽车、农机、机械油封,汽车V带、制动皮膜、支架胶垫、水泵水封及各种橡胶制品等

★宁波六环汽配有限公司
地址:浙江省余姚市马渚镇黄泥堰路225号
邮编:315450
电话:0574/62455330、62456646
传真:62455330
电子信箱:nblhqp@126.com
质量体系:ISO 9001
产品情况:(FOR牌)
管接件卡箍、环箍
配套及出口情况:为一汽集团、一汽－大众、南京汽车集团、北奔重汽、上海纳铁福传动轴等配套;出口欧洲、美洲等

地区

★宁波十韦尔汽车部件有限公司
地址:浙江省余姚市马渚工业园区余马路39号
邮编:315453
电话:0574/62481806
传真:62481807
网址:www.chinaswell.com
电子信箱:info@chinaswell.com
质量体系:ISO/TS 16949、ISO 9001
产品情况:橡胶制品和橡胶金属连接件,包括发动机支架胶垫、悬架衬套、平衡杆衬套、悬架减压盖、减振器、金属索环、传动支承、板簧支座等
出口情况:远销美国、加拿大、法国、德国、西班牙、意大利、日本、韩国和南美洲等国家和地区

★宁波凯驰胶带有限公司
地址:浙江省余姚市牟山镇
邮编:315456
电话:0574/62498188、62498908
传真:62497297、62496192
网址:www.gul-tz.com
电子信箱:kaichi@gul-tz.com
单位人数:310
质量体系:ISO/TS 16949、ISO 14001
产品情况:橡胶同步带、多楔带、开口带和同步带轮,年产能力6000万条
出口情况:出口欧洲、美洲、东南亚,并销往中国香港、中国台湾地区

★宁波乔士橡塑有限公司
地址:浙江省余姚市泗门镇西郊工业园区同济路6号
邮编:315470
电话:0574/62165688、62155938
传真:62156588
网址:www.qsxs.com
电子信箱:jin1017@qsxs.com
董事长:诸先桥
单位人数:220
质量体系:ISO/TS 16949
产品情况:(QSXS牌)
专业生产商用车气制动气室橡胶隔膜及其他橡胶制品,乘用车液压制动储液罐(油杯)、控制阀体、真空单向阀及其他塑料制品
配套情况:全部为OEM配套

★奉化市通用标准件厂
地址:浙江省奉化市东郊开发区
邮编:315500
电话:0574/88915038、88915032
传真:88927698
网址:www.fhtongyong.com
电子信箱:web@fhtongyong.com
质量体系:ISO/TS 16949
产品情况:汽车螺栓、汽车螺母、法兰螺栓、组合螺栓、六角螺母、四方螺母、法兰螺母、尼龙自锁螺母及各类轴销
出口情况:远销美国、欧洲、日本、中东等国家和地区,并销往中国香港地区

★宁波奥赛减震系统有限公司
地址:浙江省奉化市南渡路88号
邮编:315500
电话:0574/88955187
传真:88955180
电子信箱:oucer@oucer.com
质量体系:ISO/TS 16949
产品情况:汽车减振系统
出口情况:出口德国、日本、北美洲等国家和地区

★奉化市东成摩擦材料有限公司
地址:浙江省奉化市莼湖滨海新区滨湾路1号
邮编:315511
电话:0574/88632001
传真:88637168
网址:www.dcfmc.com
电子信箱:1812362375@qq.com
质量体系:ISO/TS 16949
产品情况:(DC-brake牌、福路德牌)
制动片,年产量500万套
出口情况:出口北美洲、南美洲、亚洲等地区

★宁波大洋实业发展有限公司
地址:浙江省宁波市宁海经济开发区跃龙路35号
邮编:315600
电话:0574/65550687、65592098
传真:65593799
电子信箱:webmaster@nb-dayang.cn
质量体系:ISO/TS 16949
产品情况:(建邦牌)
汽车零部件、橡胶软管、工程机械混凝土输送高压橡胶软管、密封件、高级润滑锂基脂、精密铸造及高耐磨锰钢调质臂架管等
配套情况:为日本小松公司等配套

★宁波市捷特汽车部件有限公司
地址:浙江省宁波市宁海县科技园区兴海北路777号
邮编:315600
电话:0574/65178121、65178122
传真:65178120
网址:www.nbjet.com
电子信箱:nbjet@nbjet.com
质量体系:ISO/TS 16949
产品情况:各类汽车用燃油系统橡胶管及胶管组合件、动力转向系统橡胶管及胶管组合件、冷却系统橡胶管及胶管组合件、尼龙管路以及包括防尘罩、进气管、减振垫、密封垫、密封圈等在内的各类橡胶模压制品
出口情况:远销海外市场

★宁波市天普橡胶科技有限公司
地址:浙江省宁波市宁海县新兴工业园C区金龙路5号
邮编:315600
电话:0574/65333986
传真:65332996
网址:www.nbtip.com
电子信箱:tip@chtip.com
质量体系:ISO/TS 16949、ISO 14001
产品情况:橡胶管路,模压制品
配套情况:为全球日产、日本马自达、欧洲丰田、本田、神龙、大众、福特、通用等国际大型汽车厂OEM配套

★宁波永信汽车部件制造有限公司
地址:浙江省宁海科技园区竹泉路216号
邮编:315600
电话:0574/65292929
传真:65292666
网址:www.yongxingroup.com
电子信箱:webmaster@yongxingroup.com
质量体系:ISO/TS 16949、ISO 14001
产品情况:悬架系统部件、换挡操纵机构总成、汽车燃油蒸发污染物控制装置、转向系统零件以及各种汽车用橡塑零件
配套情况:为上汽大众、上海汽车、比亚迪汽车、哈飞汽车、沈阳华晨、上汽通用五菱、北汽福田、厦门金龙、江淮汽车、江铃汽车等国内主机厂一级配套

★ 建新赵氏集团有限公司
地址:浙江省宁海县科技园区科园北路251号
邮编:315600
电话:0574/59975000
网址:www.jianxin.com
电子信箱:jxhr@jianxin.com
法人代表:赵国行
负责人:赵肇丰
单位人数:1200
质量体系:ISO/TS 16949、ISO 14001
产品情况:整车密封条、减振装置及汽车底盘系统装置
配套及出口情况:为一汽-大众、上汽大众、奥迪、神龙汽车、华晨宝马等汽车厂家配套;出口美国通用、克莱斯勒、德国大众、奥迪
☞ 详细情况请参阅彩色宣传版面

★宁波旭强汽车部件制造有限公司
地址:浙江省宁海县岔路工业园区
邮编:315608
电话:0574/65375666、65375888
传真:65375868
电子信箱:info@nbtomo.com
质量体系:ISO/TS 16949、ISO 14001
产品情况:油封、气门油封、O形环、无石棉抄取板、无石棉密封板、无石棉复合板等

★宁波捷豹集团有限公司
地址:浙江省宁海县梅林东路39号
邮编:315609

电话:0574/82536200
传真:65552333
网址:www.jiebaogroup.com
电子信箱:jb2014@jiebaogroup.cn
负责人:陆兆明(总裁)
单位人数:800
质量体系:ISO/TS 16949、ISO 14001
产品情况:(捷豹(JB)牌)
为汽车振动控制系统、发动机进/排气系统、操纵系统、动力传动系统、电子控制系统、内/外饰系统等配套橡胶/塑料件总成及零部件(如:悬架弹簧座,发动机、变速器悬置,悬架控制臂衬套,发动机进气管总成,排气管吊环,转向、刮水手柄总成,传动轴防尘罩,汽车同步带,各类线束护套、防尘套、踏脚垫等)
配套情况:为上汽大众等配套

★宁波市美亚达汽车部件制造有限公司
地址:浙江省宁海县梅林工业区
邮编:315609
电话:0574/65291980
传真:65292556
网址:www.meiyada.com
电子信箱:nbmydxs@cnool.net
质量体系:ISO/TS 16949、ISO 14001
产品情况:汽车空气弹簧及弹性衬套、橡胶软管、油封、O型密封圈等汽车橡胶零部件

★宁海强弘橡塑有限公司
地址:浙江省宁海县梅林街道皂浦村3号
邮编:315609
电话:0574/65356626
传真:65350611
网址:www.nhqianghong.cn
电子信箱:lyd@nqianghong.com
质量体系:ISO/TS 16949
产品情况:汽车发动机密封件,产品主要供应于欧美知名公司

★宁波兴亚橡塑有限公司
地址:浙江省宁海县梅林南路8号
邮编:315609
电话:0574/65290926
传真:65290199
网址:www.nbxingya.com
电子信箱:peter@xingyarubber.com
质量体系:ISO 14001、ISO/TS 16949
产品情况:橡胶汽车配件(防尘罩、制动皮碗、车用线束护套、减振器、橡胶衬套、汽车制动气室橡胶隔膜等其他制动器零等)
出口情况:汽配产品远销美国、日本、英国等10多个国家和地区

★宁波无边橡塑有限公司
地址:浙江省宁波市宁海县西店镇海口村
邮编:315613
电话:0574/65175972、65175998
传真:65175999、65175995
网址:www.wubian.com
电子信箱:nhwbmj@mail.nbptt.zj.cn
质量体系:ISO/TS 16949、ISO 14001
产品情况:(WOB牌)
气门油封、曲轴油封等以氟胶为原料橡胶密封产品
配套情况:为江铃汽车等配套

★宁波众力汽车部件有限公司
地址:浙江省宁海县西店璜溪口
邮编:315613
电话:0574/65188708
传真:65188316
电子信箱:wjj@jjtos.com
质量体系:ISO/TS 16949
产品情况:发动机悬置减振器、防尘罩、底盘减振器、橡胶衬套、橡塑制品
配套情况:为长安汽车、哈飞汽车、昌河汽车、重庆力帆等配套

★宁波索普橡塑有限公司
地址:浙江省宁海县西店镇西店南路210号
邮编:315613
电话:0574/65186568、65182016
传真:65182981
网址:www.nbspxs.com
电子信箱:zjc@nbspxs.com
单位人数:175
质量体系:ISO/TS 16949、ISO 14001
产品情况:橡胶制品

★康迪泰克传动系统(宁海)有限公司
地址:浙江省宁波市宁海县科技园区科三路
邮编:315615
电话:0574/65292316、65291342
传真:65290595、65552364
电子信箱:lxb@jiebaogroup.com
质量体系:ISO/TS 16949、ISO 14001
产品情况:汽车同步带、V带、多楔带
配套及出口情况:为上汽大众、一汽－大众、华晨宝马配套;出口国外市场

★宁波胜利汽配有限公司
地址:浙江省象山县丹城镇工业园区白鹤路139号
邮编:315700
电话:0574/65782798
传真:65782780
网址:www.nbslqp.com
电子信箱:xssljd@xssljd.cn
质量体系:ISO/TS 16949
产品情况:各种汽车内饰件金属夹子、卡簧、卡扣、弹簧夹、簧片螺母,金属门板等各类五金件;具有每月达1000万金属夹子的生产能力
配套情况:已得到上汽通用、一汽－大众、上汽大众、奇瑞、长安福特、海南马自达等国内大公司的认可

★浙江林氏汽车零部件有限公司
地址:浙江省象山县滨海工业园区金海大道5号
邮编:315712
电话:0574/25750488
传真:25750404
网址:www.linshichina.com
电子信箱:sale802@linshichina.com
质量体系:ISO/TS 16949
产品情况:汽车橡胶密封件、欧Ⅲ及以上柴油滤清器
配套情况:已成为博世、威孚集团、开普动力等知名汽车零部件集团的优秀供应商

★宁波诗兰姆汽车零部件有限公司
地址:浙江省象山县西周经济开发区
邮编:315722
电话:0574/65839258
传真:65839259
网址:www.schlemmer.com.cn
电子信箱:info@schlemmer.com.cn
质量体系:ISO/TS 16949、ISO 14001
产品情况:年生产各类波纹管4亿m,注塑件13亿件

★宁波华众塑料制品有限公司
地址:浙江省象山县西周镇镇安路104号
邮编:315722
电话:0574/59185703、65836055
网址:www.cn－huazhong.com
质量体系:ISO/TS 16949、ISO 14000
产品情况:精密模具及汽车内外饰件、汽车发动机零部件、无纺布面料、汽车空调塑料壳体等
配套情况:是一汽－大众、上汽大众、上汽通用、北京奔驰、长安福特、上海德尔福、上海汽车、苏州水星等主机厂的一级配套供应商

★宁波东昊汽车部件有限公司
地址:浙江省宁波市北仑大浦河北路2号
邮编:315800
电话:0574/86141777、86122220
传真:86142211
网址:www.cnds.cc
电子信箱:sc01@cnds.cc
单位人数:200
质量体系:ISO/TS 16949
产品情况:精密模具、塑料产品、喷涂产品、汽车内、外饰件
配套情况:为上汽大众、上汽、奇瑞汽车、长丰汽车、南汽、北汽等配套

★宁波景升国际贸易有限公司
地址:浙江省宁波市北仑区春晓工业园区海口河路259号
邮编:315800
电话:0574/88235599
传真:88235582
网址:www.kingsunchina.com
电子信箱:wdz@kingsunchina.com
质量体系:ISO/TS 16949
产品情况:轿车发动机悬置软垫、变速

器悬置软垫、金属橡胶减振器、橡胶隔振垫、橡胶密封圈、工业橡胶制品
出口情况:出口欧洲、北美洲、东南亚等地区

★宁波菲力克汽配有限公司
地址:浙江省宁波市北仑区元宝山路528号
邮编:315800
电话:0574/55221771
传真:26878072、26878906
网址:www. kinrom. com
电子信箱:lily@ kinrom. com
单位人数:400
质量体系:ISO 14001、ISO 18001
产品情况:汽车波纹管、发动机用EGR管、进油管、回油管等

★宁波福耀汽车零部件有限公司
地址:浙江省宁波市北仑小港安居路289号
邮编:315822
电话:0574/86962686
传真:86829666
网址:www. chifei. com
电子信箱:sales@ chifei. com
质量体系:ISO/TS 16949
产品情况:前后挡饰条、玻璃内外密封条、顶盖饰条、车侧饰条、门框、窗框、导轨、托架、三角窗亮饰条
配套情况:客户包括大众、福特、通用、日产、丰田、上汽、长城、吉利、柳汽、东南汽车、金龙汽车、日本久保田、卡特彼勒等国内外主机厂

★舟山市东洲橡胶有限公司
地址:浙江省舟山市定海区小洋岙工业区枫桥路111号
邮编:316000
电话:0580/2620000、2055399
传真:2055399、2620011
电子信箱:zsdzxjy@ 163. com
质量体系:ISO 9001
产品情况:(东洲牌)
各种油封、橡胶制品
配套及出口情况:为汽车公司配套;出口东南亚

★舟山市7412工厂
地址:浙江省舟山市定海区兴舟大道西段508号
邮编:316041
电话:0580/2021180、8805682
传真:2021001
网址:www. hj7412. com
电子信箱:7412@ cable - market. com
单位人数:500
质量体系:ISO/TS 16949
产品情况:[海锚(HAIMAO)牌]
高强度紧固件、非标紧固件和汽车配件
配套情况:为上汽通用、一汽-大众、上海延锋江森等全国20多家汽车和主机厂配套

★浙江奥斯特汽车配件有限公司
地址:浙江省舟山市定海区双桥镇小山干工业区15号
邮编:316042
电话:0580/8660666、8660668
传真:8660667
网址:www. china - ast. com
电子信箱:zswzg@ 163. com
质量体系:ISO 9001
产品情况:(AST牌)
汽车切割带、多楔带、同步带
出口情况:出口欧洲、中南美洲、非洲、中东、东南亚等地区

★浙江舟山市正源标准件有限公司
地址:浙江省舟山市普陀区沈家门海洋生物工业园区正源路65号
邮编:316100
电话:0580/3695887、3695787
传真:3696363
网址:www. zszyss. com
电子信箱:zy65@ zszyss. com
董事长:林仲岳
单位人数:260
质量体系:ISO 9001
产品情况:(正源牌)
各类冷、热镦六角螺母、螺栓以及不锈钢螺母螺栓、各种非标异形件和锁紧螺母(螺栓、螺母、螺柱、垫圈、索具)等标准件产品
出口情况:出口北美洲、欧洲、韩国、日本、东南亚,并销往中国台湾地区

★舟山市奥盛汽车传动带制造有限公司
地址:浙江省舟山市岱山岱东工业开发区
邮编:316200
电话:0580/7336004、13735025139
传真:7336004
网址:www. zj - aosheng. com
电子信箱:aoshenggongsi@ 126. com
单位人数:300
质量体系:ISO/TS 16949、ISO 14001
产品情况:(辰翅牌)
氯丁胶同步带,多楔带等进口汽车时规带,适用于各种微型车
出口情况:远销国外市场

★岱山县卡乐汽车配件制造有限公司
地址:浙江省舟山市岱山县东沙镇岱北工业基地(司基)
邮编:316200
电话:0580/4776698、4776899
传真:4779991
电子信箱:zskale@ 163. com
质量体系:ISO 9002
产品情况:(卡乐牌)
同步带、多楔带、三角带
出口情况:远销俄罗斯、东南亚、中东、非洲等国家和地区

★浙江省舟山大众胶带有限公司
地址:浙江省舟山市岱山县经济开发区
邮编:316200
电话:0580/4161088、4161898
传真:4160370
质量体系:ISO/TS 16949
产品情况:(舟巨牌、固日耐牌)
汽车同步带、V带、多楔带、无级变速V带及工业用同步带、切割式V带,已形成年产500万套同步带、切边式V带及100万条多楔带的生产能力
配套情况:为哈工大、青岛化工所、中科院长春橡胶所等配套

★岱山县威尔密封件有限公司
地址:浙江省岱山县经济开发区
邮编:316215
电话:0580/4162756
传真:4162785
网址:www. hzgaskets. com
电子信箱:master@ hzgaskets. com
质量体系:ISO 9001
产品情况:具有年产300万套的汽车发动机缸垫、100万套摩托车系列密封垫和密封材料1000t的生产能力
配套及出口情况:为东风汽车公司、中国一拖、潍柴等配套;出口东南亚、中东等地区

★舟山市恒顺密封件有限公司
地址:浙江省岱山县经济开发区
邮编:316215
电话:0580/4162118、4162268
传真:4162098
网址:www. hs - gasket. com
电子信箱:hs@ hs - gasket. com
单位人数:120
质量体系:ISO 9001
产品情况:(威密牌)
石棉胶乳抄取板、非石棉密封衬垫板、汽/柴油/机油密封石棉胶乳板、汽缸盖垫片用金属复合板、石墨冲刺板、摩托车发动机汽缸垫、摩托车发动机密封垫片、内燃机汽缸垫、内燃机进排气垫、内燃机工程机械密封垫片和汽车发动机汽缸垫等
配套及出口情况:为东风汽车公司、中国一拖、潍柴等配套;出口多个国家和地区

★舟山市海山密封材料有限公司
地址:浙江省岱山县东沙镇工升路
邮编:316216
电话:0580/7091439-801
传真:7091076
网址:www. hs - sealed. com
电子信箱:yby@ hs - sealed. com
质量体系:ISO/TS 16949、ISO 14001
产品情况:汽缸垫、骨架橡胶密封件、隔热罩、排气岐管、模具等
配套情况:为福特、通用、大众、马自达、三菱、奇瑞汽车、江铃汽车、长安汽车、

一汽集团、东风汽车公司、云内、玉柴等配套

★临海市索力达同步带有限公司
地址:浙江省临海市城南下浦江南工业园
邮编:317000
电话:0576/85177286、85177287
传真:85178288
电子信箱:solid@ mail. tzptt. zj. cn
质量体系:ISO 9001
产品情况:(SOLID 牌)
　　橡胶同步带、多楔带、切割 V 带、无极变速带和聚氨酯同步带等
出口情况:出口东南亚、中东、欧洲、美洲等地区

★浙江铁马科技股份有限公司
地址:浙江省临海市创业大道 288 号
邮编:317000
电话:0576/85198039、85198036
传真:85198038
电子信箱:tmc@ chinaironhorse. com
质量体系:ISO/TS 16949、ISO 14000
产品情况:(铁马牌)
　　汽车液压制动软管总成、气压制动软管总成、气压(尼龙)制动软管总成
配套情况:为东风、一汽、金龙客车、柳汽、申沃、尼奥普兰等数十家汽车集团公司批量配套

★临海市澳法管业有限公司
地址:浙江省临海市江南街道塘渡工业区
邮编:317000
电话:0576/85938161、85938199
传真:85938288
网址:www. cnaofa. cn
电子信箱:cnaofa@ 163. com
质量体系:ISO/TS 16949
产品情况:(澳法牌)
　　硅、橡胶管,高、低压油管,具有年生产高压油管 250 万根、低压输油胶管 200 万根、制动管 100 万根、硅胶管 120~150t、橡胶管 150t 的生产能力;还生产各种橡、硅、氟等复合管,不锈钢波纹管等产品
配套及出口情况:国内与一汽锡柴、上柴、大运汽车、玉柴动力、安凯汽车、浙江新柴等各大主机厂配套,国外与俄罗斯 KAMAZ 汽车、马来西亚 SKS 客车配套;远销欧洲、美洲、亚洲等各地售后市场

★浙江洋平机械制造有限公司
地址:浙江省临海市上盘镇北洋工业区 5 路 3 号
邮编:317015
电话:0576/89118288
传真:85528688
网址:www. yangping. cn
电子信箱:dgd@ yangping. cn
单位人数:300
质量体系:ISO/TS 16949
产品情况:铝合金、不锈钢、碳钢等金属类各种锻件、机械配件
出口情况:远销北美洲、西欧、亚太等地区

★浙江同兴金属锻件有限公司
地址:浙江省临海市杜桥镇东海第三大道 2 号
邮编:317016
电话:0576/85662548、85667500
传真:85661598
网址:www. zgtx. net
电子信箱:zgtx@ zgtx. net
单位人数:150
质量体系:ISO/TS 16949
产品情况:汽车、摩托车等用铜、铝、钢材质精密模锻产品

★临海市振中汽车橡胶配件厂
地址:浙江省临海市杜桥镇汾东
邮编:317016
电话:0576/85503518、13806535038
传真:85503934
网址:www. zz - rubber. com
电子信箱:lhzz@ zzrubber. com
单位人数:300
质量体系:ISO/TS 16949
产品情况:旋转轴唇形密封圈(旧称油封)、O 形橡胶密封圈、滤清器橡胶密封圈、化油器橡胶件、汽油泵橡胶件、汽车刮水器胶条、往复运动橡胶密封制品、皮带轮、汽车及摩托车橡胶配件等产品
配套及出口情况:为大长江集团、索格菲滤清器、上海英特汽车配件、重庆宗申汽车发动机、绵阳新晨动力机械、浙江环球滤清器、蚌埠凤凰滤清器、蚌埠昊业滤清器等配套;部分产品出口东南亚、加拿大、欧美等市场

★临海市金鑫汽车配件有限公司
地址:浙江省临海市杜桥镇环城北路
邮编:317016
电话:0576/85528051、85528288
传真:85528508
网址:www. jinxincar. com
电子信箱:2088@ jinxincar. com
单位人数:150
质量体系:ISO/TS 16949
产品情况:螺母、螺栓、垫片、非标紧固件、销钉等
配套情况:为汽车生产企业配套

★临海市四通制管有限公司
地址:浙江省临海市江南塘渡工业区
邮编:317025
电话:0576/85938005、85938395
传真:85938025
网址:www. sitongyouguan. com
电子信箱:st@ st166. com
单位人数:200
质量体系:ISO/TS 16949、QS 9000
产品情况:(四通牌)
　　各类汽车油管总成
配套及出口情况:为广西玉柴、常柴、全柴、常州东风农机等柴油机厂配套;远销中东、南非、南亚等国家和地区

★临海市奇升橡塑制品有限公司
地址:浙江省临海市尤溪工业园区
邮编:317025
电话:0576/85930448、85080676
传真:85930482
网址:www. zjqs. com. cn
电子信箱:zjxuri188@ sohu. com
单位人数:150
质量体系:ISO/TS 16949、QS 9000
产品情况:模压系列胶管,针织、编织、缠绕系列胶管,硅胶系列胶管,中高压胶管,氟胶管,护套杂件等
配套及出口情况:为东风汽车公司配套;远销东南亚及欧美等国际市场

★台州富聚胶带制造有限公司
地址:浙江省三门县枫坑工业区龙翔路 10 号
邮编:317100
电话:0576/83352213、83375555
传真:83352215
网址:www. fjbelt. com
电子信箱:fjbelt@ fjbelt. com
单位人数:500
质量体系:ISO/TS 16949
产品情况:(Fuju 牌)
　　汽车 V 带(切边齿形带、多楔带、同步带)以及摩托车带、农机带、各类特种传动带,年设计生产能力为 1 亿条
出口情况:远销国外市场

★浙江省三星胶带有限公司
地址:浙江省三门县光明中路 48 号
邮编:317100
电话:0576/89331990、89331989
传真:89331995、89331998
网址:www. sxbelt. com
电子信箱:168@ sxbelt. com
质量体系:ISO/TS 16949
产品情况:(KAIHONG 牌)
　　切割 V 带、多楔带、同步带、双面齿同步带、变速带、平皮带、连组带等橡胶带,年产能力 500 万条

★浙江三维橡胶制品股份有限公司
地址:浙江省三门县沙田洋开发区
邮编:317100
电话:0576/83518686、83518390
传真:83371060
网址:www. three - v. com
电子信箱:sales@ three - v. com
单位人数:1360
质量体系:ISO 9000
产品情况:汽车 V 带、多楔带,具有年产 V 带 3. 50 亿 Am、汽车 V 带 1200 万条、输送带 2500 万 m^2 生产能力
出口情况:出口东南亚、美国、欧洲、南

非、中东、大洋洲等30多个国家和地区

★浙江三特科技有限公司
地址:浙江省三门县上叶北山开发区
邮编:317100
电话:0576/83351258、83231202
传真:83351185
网址:www.asiabelts.com
电子信箱:deyun@asiabelts.com
质量体系:ISO 9001
产品情况:(得运牌、三特牌)
汽车及摩托车传动带:同步带、切边式V带、变速V带和多楔带
出口情况:出口多个国家和地区

★浙江立兴汽车零部件制造有限公司
地址:浙江省三门县西区开发区
邮编:317100
电话:0576/83230766
传真:83382766
网址:www.lx0576.com
电子信箱:manager09222@163.com
产品情况:摩擦材料
配套及出口情况:为四川新都、广东顺通等大型离合器总成厂配套;出口欧洲、美洲、中东、东南亚等地区

★浙江省三门南方工业有限公司
地址:浙江省三门县珠岙镇北山园
邮编:317101
电话:0576/83351308、83351038
传真:83351036
网址:www.china-nf.com
电子信箱:root@china-nf.com
质量体系:ISO 9001
产品情况:(NF牌)
切割带、多楔带、同步带、玻纤帘子线、聚酯线绳及各类橡胶制品
配套情况:为上汽大众配套

★三门县富威胶带制造有限公司
地址:浙江省三门县珠岙镇下胡工业园
邮编:317101
电话:0576/83111164、83111881
传真:83110491、83112338
网址:www.china-fuwei.com
电子信箱:fuwei@china-fuwei.com
质量体系:ISO 9001
产品情况:(富威牌)
汽车同步带、风扇带、V开带、多楔带、无级变速带、各种工业同步带,V开带,橡胶输送带以及聚氨酯带等各种橡胶杂件
出口情况:出口美国、加拿大、新加坡、韩国、日本等国家

★三门通顺铆钉有限公司
地址:浙江省三门县珠岙镇珠坎路8-9号
邮编:317101
电话:0576/83112001、83112006
传真:83110913
网址:www.maoding.com
电子信箱:zsw@maoding.com
单位人数:150
质量体系:ISO/TS 16949
产品情况:(TSMD牌)
汽车离合器总成、压板总成、制动碲及制动片系列铆钉、限位销和离合器盘毂
配套及出口情况:为南京法雷奥和上海萨克斯配套;远销欧美、非洲、东南亚、中东等30多个国家和地区

★浙江紫金港胶带有限公司
地址:浙江省三门西区工业园区
邮编:317102
电话:0576/83117030、83119999
传真:83117179
网址:www.firstbelt.com
电子信箱:zijingang@firstbelt.com
质量体系:ISO/TS 16949
产品情况:(珠屏牌)
切边式汽车V带、摩托车V带、工业同步带及多楔带等系列产品
配套情况:为重汽、玉柴、潍柴、全柴、云内、金龙、一汽通用、华晨金杯、松芝加冷空调、精益空调等众多国内知名发动机厂、汽车制造商及车用空调制造商提供配套

★浙江尊华橡塑工业有限公司
地址:浙江省三门县高枧金湖洋经济开发区
邮编:317102
电话:0576/89311511、83118111
传真:83117199
网址:www.bantto.com
电子信箱:sales@bantto.com
单位人数:300
质量体系:ISO 9001、ISO 14001
产品情况:钢丝绳芯输送带、尼龙输送带、聚酯输送带、管状输送带、普通棉帆布输送带、耐热、耐高温带以及耐寒、耐油树洞带、一般用途难燃带等各种规格输送带及各种V带
出口情况:出口美国、土耳其、法国、东南亚、中东等30多个国家和地区

★浙江凯欧传动带股份有限公司
地址:浙江省三门县高枧开发区
邮编:317102
电话:0576/83117118、83118388
传真:83119609、83117363
网址:www.kaioubelts.com
电子信箱:kaiou@126.com
质量体系:ISO 9001、ISO 14001
产品情况:(凯欧牌)
硬线芯包布V带、汽车V带、汽车同步带、工业用同步带、多楔带、普通V带、窄V带、联组V带
配套及出口情况:为主机企业配套;出口欧洲、美洲、中东、南非、东南亚等地区

★浙江光正橡胶有限公司
地址:浙江省三门县高枧吴岙
邮编:317102
电话:0576/83180666、83160388
传真:83160333
电子信箱:admin@gzbelts.com
质量体系:ISO 9001
产品情况:(光正牌)
各种切割带、同步带、变速带、联组带等橡胶带
出口情况:出口东南亚、欧洲、美洲等地区

★浙江大统密封件有限公司
地址:浙江省台州市三门县泗淋洞港开发区
邮编:317106
电话:0576/83598338、13819638000
传真:83598383、83598393
网址:www.tzdt.com
电子信箱:datong@tzdt.com
单位人数:160
质量体系:ISO 9001
产品情况:(大统牌)
汽车、摩托车发动机油封、减振油封及各种全车橡胶杂件
配套及出口情况:为主机厂配套;远销美国、德国、日本、韩国、伊朗等国家

★浙江赛阳密封件有限公司
地址:浙江省仙居县城关镇迎晖路5号
邮编:317300
电话:0576/87819186、87819084
传真:87819177
网址:www.saiyang.cn
电子信箱:saiyang@vip.163.com
质量体系:ISO/TS 16949、VDA 6.1
产品情况:各种密封件;年产能力1800万m汽车密封条
配套情况:为一汽集团、东风汽车公司、南京汽车集团、哈飞汽车、昌河汽车、上汽通用五菱、长安汽车等配套

★浙江兴宇汽车零部件有限公司
地址:浙江省仙居县下洋底工业区
邮编:317300
电话:0576/87725689、87725876
传真:87725861
网址:www.xingyuseal.com
电子信箱:xyz@xing-ke.com
单位人数:900
质量体系:QS 9000、ISO/TS 16949
产品情况:(兴科牌)
车用整车密封胶条系列(包括橡塑胶密封条、塑钢复合密封条、铝塑组合窗框总成等);金属滚压件系列(包括中滑门上、中、下导轨、门框总成等);新型密封产品系列(TPV、TPE、热塑性弹性体等);高档轿车亮饰条系列
配套及出口情况:与一汽集团、上汽集团、长安汽车(包括重庆长安、河北长安、南京长安、江西昌河、合肥昌河、哈飞)、吉利集团、北汽集团、东风小康、奇瑞汽车、比亚迪汽车、海马汽车、华泰汽

车等十几家国内著名的主机厂配套协作;远销美洲、欧洲、东南亚等地区

★仙居县润丰汽车零部件制造有限公司
地址:浙江省仙居县杨府桐桥
邮编:317300
电话:0576/87774623、87735688
传真:87735968
网址:www.zjrunfeng.net
电子信箱:runfeng8@163.com
单位人数:180
质量体系:ISO/TS 16949
产品情况:(仙丰牌)
　　汽车密封条
配套及出口情况:为浙江吉利轿车、陕汽、南汽、安汽、一汽安驰、东风等各大汽车厂配套;远销美国、欧洲等国家和地区

★仙居通用橡塑有限公司
地址:浙江省仙居县杨府
邮编:317306
电话:0576/87684191
传真:87684299
电子信箱:zjxiantong@126.com
质量体系:ISO/TS 16949、QS 9000
产品情况:橡胶、塑料及五金制品
配套情况:为上汽、五菱、哈飞汽车、一汽、长安、昌河、江淮、北汽、金杯、吉利等配套

★浙江宏鑫减震系统有限公司
地址:浙江省温岭市新河长屿羊毛衫聚集区
邮编:317500
电话:0576/86556798、86556628
传真:86553798
电子信箱:sale@hxmfj.com
质量体系:QS 9000、ISO/TS 16949
产品情况:减振系统、悬架系统、密封系统零部件
配套情况:为台州新界、浙江利欧股份、钱江股份等配套

★浙江发光橡胶密封件有限公司
地址:浙江省温岭市新河镇楼岙村
邮编:317502
电话:0576/86565258
传真:86565179
电子信箱:zjfg@fgxj.com
质量体系:ISO/TS 16949、QS 9000
产品情况:骨架油封、气门油封、减振器油封、制动皮碗等
配套情况:为广西玉柴、广西玉柴动力机械、亚新科天纬油泵油嘴、亚新科(衡阳)、江西汇尔油泵油嘴、马恒达(中国)拖拉机、合兴集团汽车电子、南京威孚金宁、北京佩特来电器配套

★浙江宁帆轴承有限公司
地址:浙江省温岭市大溪镇下员山泵业园区
邮编:317525
电话:0576/85353333、86353815
传真:86353622
网址:www.ningfan.com
电子信箱:sale@ningfan.com
单位人数:400
质量体系:ISO/TS 16949
产品情况:(NF 牌、CYFB 牌)
　　汽车轮毂轴承、汽车单元轴承、低噪声深沟球轴承及各类英制、非标准轴承;年产轴承约 4000 万套

★浙江贝斯特减震系统有限公司
地址:浙江省玉环县城关小水埠工业区
邮编:317600
电话:0576/87282967、87245531
传真:87280609、87245532
网址:www.zosi.cc
电子信箱:zosi@zosi.cc
负责人:李孙庭
质量体系:ISO/TS 16949、QS 9000
产品情况:(ZOSI 牌)
　　捷达、奥迪、红旗、帕萨特、桑塔纳、富康、别克、本田以及进口轿车诸如欧宝、奔驰、宝马、福特、通用、沃尔沃、丰田、尼桑等欧系、日系、美系几十余种轿车用橡胶减振系列和各种密封模压制品;旅行车、工程车、货车用橡胶减振、胶套等
出口情况:出口美洲、欧洲、非洲、中东等几十个国家

★玉环县三田汽车摩擦工业有限公司
地址:浙江省玉环县大麦屿港口工业区
邮编:317600
电话:0576/87338678、13906761444
传真:87333898
网址:www.zstp.com.cn
电子信箱:zengtb@zstp.com.cn
单位人数:100
质量体系:ISO/TS 16949、ISO 9001
产品情况:(ST 牌)
　　年生产 120 万只内球笼毛坯

★浙江百利斯实业有限公司
地址:浙江省玉环县环东村
邮编:317600
电话:0576/81732668
传真:81732669
网址:www.pallys.cc
电子信箱:pallys@pallys.cc
质量体系:ISO/TS 16949
产品情况:隔振块、发动机支承、控制臂、衬套、防尘罩等 2000 多种橡胶金属减振件
出口情况:远销欧洲、南美洲、印度尼西亚、中东、非洲、东南亚等国家和地区

★玉环县中环机械厂
地址:浙江省玉环县机电工业园区
邮编:317600
电话:13906762111
传真:0576/87210695
网址:www.cnzhonghuan.com
电子信箱:zhxds@vip.sina.com
质量体系:ISO 9001
产品情况:(中环牌)
　　重型车辆轮毂螺栓、挖掘机和推土机的履带板螺栓、刀片刀角螺栓、齿块螺栓等
配套及出口情况:为玉柴、大柴、锡柴、湖动、柳发、朝柴、扬柴等配套;远销欧洲等地区

★玉环县中航机械有限公司
地址:浙江省玉环县机电工业园区白岩村
邮编:317600
电话:0576/87238568、87238566
传真:87282289、87280178
网址:www.cnaluminum.com
电子信箱:yhzhgs@126.com
质量体系:ISO/TS 16949
产品情况:铝锌铸件
配套及出口情况:为柳州五菱汽车公司定点配套铝铸件,并与国内多家发动机厂配套;出口美国等国家

★台州巨和兴汽车减震系统有限公司
地址:浙江省玉环县汽摩工业园区
邮编:317600
电话:0576/87131557、87131558
传真:87130836
网址:www.jhrchina.com
电子信箱:juhe.rubber@263.net
质量体系:VDA 6.1、QS 9000
产品情况:汽车橡胶减振系统的各类发动机液压设置减振器、抗扭减振器、橡胶金属件减振器及其他车用橡胶件

★台州兴华机械有限公司
地址:浙江省玉环县汽摩工业园区
邮编:317600
电话:0576/89928370
传真:87222472
网址:www.yhxinghua.com
电子信箱:web@yhxinghua.com
单位人数:260
质量体系:ISO/TS 16949
产品情况:(XH 牌)
　　车轮螺栓、螺母、接头芯、外套等
配套情况:为南京依维柯、广西柳工机械、临沂金利液压科技公司等配套

★玉环星光机械有限公司
地址:浙江省玉环县汽摩工业园区
邮编:317600
电话:0576/87238281
传真:87238282
质量体系:ISO 9001
产品情况:叉车配件、工程车配件
配套及出口情况:为洛阳一拖、上海龙工、徐工集团等配套;出口东南亚

★玉环正益粉末冶金有限公司
地址:浙江省玉环县汽摩工业园区
邮编:317600

电话:0576/87283098
传真:87286261
质量体系:ISO/TS 16949
产品情况:高精度、低噪声、高耐磨性粉末冶金铜基、铁基、铜铁基含油轴承和高精度、高强度齿轮件和异形结构零件

★台州嘉德锻造有限公司
地址:浙江省玉环县汽摩配工业园
邮编:317600
电话:0576/87578555、87350311
传真:87520426
网址:www.jiadeforging.com
电子信箱:sales@jiadeforging.com
质量体系:ISO/TS 16949
产品情况:铝合金锻造件

★浙江汇丰汽配制造有限公司
地址:浙江省玉环县汽摩配工业园兴园路1号
邮编:317600
电话:0576/87221874、87313999
传真:87229522
网址:www.huifeng-zj.com
电子信箱:info@huifeng-zj.com
单位人数:580
质量体系:ISO/TS 16949、ISO 14001
产品情况:(HF牌)
旋锻件、机加工件、冷镦件、冷挤压件、冲压件等精加工配件
配套及出口情况:合作的客户主要有上汽大众、上海汽车、上海汇众、采埃孚集团、大陆集团、蒂森克虏伯集团、京西重工、博世、美国天合等大型公司;远销国外市场

★玉环县中德塑胶有限公司
地址:浙江省玉环县玉城街道沙鳝西路167号
邮编:317600
电话:0576/87207098、15057283338
传真:89900950
网址:www.cngorgeous.com
电子信箱:zdsj.dfx@126.com
单位人数:300
质量体系:ISO 9001
产品情况:(高捷仕牌)
汽车发动机液压悬置总成、变速器悬置总成、隔振块、衬套、防尘罩、缓冲块等,年产能力4000万件
出口情况:远销欧洲、北美洲、南美洲、拉丁美洲等地区

★台州博昌机械有限公司
地址:浙江省玉环县玉坎北路466号
邮编:317600
电话:0576/87210888
传真:87229606
电子信箱:tzbc8888@sohu.com
质量体系:ISO 9001
产品情况:高强度螺栓
配套及出口情况:为上汽股份及上汽通用配套;远销欧洲、美洲等地区

★玉环县天心机械厂
地址:浙江省玉环县珠港镇坎门前台大宫边113号
邮编:317600
电话:0576/87555958、87509010
传真:87509183
网址:www.txjx.com
电子信箱:mail@txjx.com
质量体系:ISO 9001
产品情况:(润瑄牌)
螺栓、螺母、制动泵、离合器、凸轮轴、悬臂、调整臂、凸缘等各种轻、中、重型车前后桥零部件、发动机配件及工程钢结构用高强度螺栓连接副
配套及出口情况:为多家一级汽车制造厂配套;出口欧洲、美洲、中东、俄罗斯等国家和地区

★台州千钧阀门有限公司
地址:浙江省玉环县珠港镇前塘洋工业区
邮编:317600
电话:0576/87283200、13967658867
传真:87283244
电子信箱:qianjunfa@163.com
质量体系:ISO 9002
产品情况:(千钧牌)
铜球阀、闸阀、截止阀、止回阀、过滤器、煤气阀门和管道配件等
配套及出口情况:为沈阳新光华晨、保定长城内燃机、柳州机械厂、台州吉奥动力等配套;远销东南亚、欧美等地区

★浙江强力螺栓有限公司
地址:浙江省玉环县珠港镇双港路
邮编:317600
电话:0576/87222690、87224231
传真:87224221
网址:www.zjspl.com
电子信箱:zjspl@zjspl.com
质量体系:ISO/TS 16949、ISO 9001
产品情况:[潘力(PL)牌]
连杆螺栓、飞轮螺栓、汽缸盖螺栓、主轴承螺栓等
配套情况:为上海柴油机、奇瑞汽车、天津一汽夏利内燃机制造分公司、江淮汽车、宁波跃进汽车前桥、上海伦福德汽车等配套

★浙江玉环三普机械有限公司
地址:浙江省玉环县后塘洋工业区
邮编:317602
电话:0576/87283228
传真:87251699
电子信箱:sales@3pjx.com
质量体系:ISO 9001
产品情况:(陽田牌)
高强度轮胎螺栓、U型螺栓、制动调整臂
配套及出口情况:为一汽、东风协作厂定点配套;出口韩国、东南亚等国家和地区

★台州创阳机械有限公司
地址:浙江省玉环县坎门红旗工业区
邮编:317602
电话:0576/87553990
传真:87506522
电子信箱:yhhqcheliang@126.com
质量体系:ISO/TS 16949
产品情况:离合器分离轴承、盘毂、花键毂及总成,轮胎螺栓等
配套情况:为上海离合器总厂、上海公交总公司、湖北黄石离合器厂、东风汽车传动轴苏州分公司、上海嘉音机械制造公司、中信机电车桥公司、包头北奔重汽配套

★浙江环荣汽车部件有限公司
地址:浙江省玉环县坎门科技工业园区
邮编:317602
电话:0576/87509101
传真:87509102
网址:www.ynfz.com
电子信箱:info@ynfz.com
单位人数:330
质量体系:ISO/TS 16949、QS 9000
产品情况:(YNZ牌)
高强度螺栓、螺母、轴、销等标准及非标类汽车紧固件
配套情况:与一汽、包头北奔、重庆大江、重庆北奔、安徽华菱等知名企业长期合作

★浙江山宝汽车部件有限公司
地址:浙江省玉环县坎门双龙工业区1号
邮编:317602
电话:0576/87553388
传真:87561975
网址:www.zj-shanbao.com
电子信箱:zhejiangshanbao@163.com
董事长:侯山宝
质量体系:ISO/TS 16949、ISO 14001
产品情况:各类汽车底盘、变速器等部位的非标高强度紧固件、拖钩总成、钢板吊耳、冲压件、焊接件等产品
配套情况:客户有江铃集团、庆铃集团、北汽集团、江淮汽车、广汽集团、比亚迪、意大利菲亚特、德国克诺尔、采埃孚等

★玉环县同心机械有限公司
地址:浙江省王环县坎门镇龙坎路6号
邮编:317602
电话:0576/87551828、87508357
传真:87564168、87551828
网址:www.cntongxin.com
电子信箱:web@cntongxin.com
质量体系:ISO 9002
产品情况:(龙钧牌)
自调心分离轴承、张紧轮、冲压件等汽车配件
配套及出口情况:与国内几大齿轮厂、

轴承厂配套;出口美国

★玉环盛大汽摩部件工业有限公司
地址:浙江省玉环县汽摩工业园区东区
邮编:317602
电话:0576/87509576、87509577
传真:87509575
网址:www.zysd.com
电子信箱:zysd@vip.163.com
质量体系:ISO/TS 16949
产品情况:汽车制动总泵、分泵铸件;摩托车制动总泵、分泵、支架铸件;汽车制动卡钳铸件;汽车水泵铸件;汽车转向助力泵铸件;汽车转向器铸件;汽车空调铸件;各种壳体铸件
配套及出口情况:为众多知名企业配套;远销美国、意大利、日本、东南亚,并销往中国香港、中国台湾地区

★玉环金诺机械有限公司
地址:浙江省玉环县小水埠工业区1路
邮编:317602
电话:0576/87507507、87252827
传真:87507223
电子信箱:yhjinnuo@sina.com
质量体系:ISO 9001
产品情况:(金诺牌)
轮胎螺栓等紧固件、制动调整臂、制动蹄轴等
配套及出口情况:为全国众多厂家提供配套产品;远销东南亚

★台州艾特密封件制造有限公司
地址:浙江省玉环县珠港镇坎门科技工业园区
邮编:317602
电话:0576/87509455、87518277
传真:87509477
网址:www.tzaite.com
电子信箱:info@tzaite.com
质量体系:ISO/TS 16949
产品情况:(Eight牌)
发动机密封件:汽缸垫、油底垫、气门室垫、大修包及各种垫片
配套及出口情况:为国内外400多家客户配套;远销欧洲、美洲、非洲、中东、亚洲等50多个国家和地区

★玉环天佳汽车轴承制造有限公司
地址:浙江省玉环县珠港镇汽摩工业园区
邮编:317602
电话:0576/87556472、13706868723
传真:87564567
网址:www.wshbearing.com
电子信箱:info@wshbearing.com
质量体系:ISO/TS 16949
产品情况:(万圣环牌)
离合器分离轴承、张紧轮

★玉环县玉盛弹簧有限公司
地址:浙江省玉环县陈屿陈岙里工业区
邮编:317604
电话:0576/87331197、13362600008
传真:87332391
网址:www.china-springs.net
电子信箱:sale@china-springs.net
质量体系:ISO 9001
产品情况:(玉盛牌)
各种汽车弹簧

★玉环沈泰汽车机械有限公司
地址:浙江省玉环县陈屿镇榴榕路26号
邮编:317604
电话:0576/87339859
传真:87339869
网址:www.shentaizj.com
电子信箱:shentai@shentaizj.com
质量体系:QS 9000、ISO 9001
产品情况:(沈泰牌)
卡箍、摩托车发动机凸轮轴等
配套情况:为江铃汽车、安凯汽车、上海申沃客车、扬州亚星客车、上柴等配套

★玉环精工机械制造有限公司
地址:浙江省玉环县大麦屿经济开发区
邮编:317604
电话:0576/87330988、87339368
传真:87339379
网址:www.jinggongmm.com
电子信箱:yhjinggong@126.com
质量体系:ISO/TS 16949
产品情况:柴油、汽油内燃机连杆螺栓、高强度螺栓、螺母、轴、销、供油角度自动提前器
配套情况:为一汽大连柴油机厂、上汽通用五菱、陕汽通家集团、常州远东连杆集团等企业定点配套

★浙江凯德科技股份有限公司
地址:浙江省台州市经济技术开发区经中路969号
邮编:317605
电话:0576/88708088、88702103
传真:88702108
网址:www.zjcadetech.com
电子信箱:cade@zjcadetech.com
质量体系:ISO/TS 16949
产品情况:铝合金散热器高频焊管、散热器、中冷器等热交换的各种规格高频焊管和铝板带箔

★浙江赛特机械有限公司
地址:浙江省台州市玉环滨港工业城
邮编:317607
电话:0576/87166399
传真:87166999
网址:www.zjsaite.cn
电子信箱:info@zjsaite.cn
法人代表(负责人):董西苑
单位人数:380
质量体系:ISO 9001
产品情况:(远特牌)
汽车轮胎螺母、螺栓年生产量600万套,各种非标高强度螺母、螺栓年生产量500万只,摩托车转向栓螺母年生产量1200万套,各种冲压件年生产量300万件
配套及出口情况:供全国主机厂家配套;部分出口国外

★浙江中通汽车零部件有限公司
地址:浙江省玉环县滨港工业城
邮编:317607
电话:0576/87210806、87165888
传真:87223686
网址:www.czzt.com.cn
电子信箱:sales@czzt.com.cn
质量体系:ISO/TS 16949、QS 9000
产品情况:(CZZT牌)
商用车轮毂、制动鼓紧固件
配套情况:为中国知名商用车轮毂及车桥制造企业提供OEM配套

★浙江南洋机械制造有限公司
地址:浙江省玉环县沙门镇滨港工业城
邮编:317607
电话:0576/87283048、87573888
传真:87283032
网址:www.cnnanyang.com
电子信箱:nanyang@cnnanyang.com
质量体系:ISO/TS 16949、ISO 14001
产品情况:拨叉轴、里程表主被动齿轮、输出凸缘类及自动变速器配件等
配套及出口情况:为一汽集团、南汽集团、上海汽车变速器、江西五十铃、格特拉克传动系统、江铃集团协和传动系统、株洲齿轮、杭州依维柯变速器、山东临工桥箱、杭州前进、柳州汽车等知名厂家配套;出口北美洲、欧洲、东南亚等地区

★浙江崇富橡塑有限公司
地址:浙江省台州市经达路118号
邮编:318000
电话:0576/88889355、88883935
传真:88220895
网址:www.zj-jn.com
电子信箱:info@zj-jn.com
质量体系:ISO/TS 16949
产品情况:汽车及摩托车油封、O形环、防尘罩、皮碗、减振衬套、减振块、各种空滤器接头等
配套情况:为万向、株洲雅马哈、奇瑞、马自达、江西昌河、长安汽车、天津一汽夏利、柳州五菱等公司供货

★浙江海特橡塑有限公司
地址:浙江省台州市经济开发区开发大道339号
邮编:318000
电话:0576/88169692、88165666
传真:88165688
网址:www.haitexs.com
电子信箱:sales@haitexs.com
质量体系:ISO/TS 16949
产品情况:(海特牌)
汽车、摩托车、工程机械等用中高

档橡胶密封制品
配套情况：为西门子威迪欧、日本的铃木、本田、美国 BBP 制动系统、库柏电器、浙江亚太机电、宁波安捷制动器等配套

★浙江荣康密封件有限公司
地址：浙江省台州市开发区纬五路 126 号
邮编：318000
电话：0576/88523508、88523566
传真：88523506
网址：www.rkoilseals.com
电子信箱：sales@rkoilseals.com
质量体系：ISO/TS 16949
产品情况：（R&K 牌）
油封、O 形环、减振橡胶、工业密封件等

★浙江宏鼎汽摩配件有限公司
地址：浙江省台州市椒江区三甲街道青龙工业区 188 号
邮编：318014
电话：0576/88123111、88123222
传真：88120809
网址：www.zj-hongding.com
单位人数：186
质量体系：ISO/TS 16949、ISO 9001
产品情况：汽车零部件（铝压铸件）
配套情况：主要客户有吉利汽车、众泰汽车、力帆汽车、玉柴汽车、浙江康明斯、安徽东升机电、万里扬变速器、中马变速器等大中型企业

★台州市金桥摩擦材料有限公司
地址：浙江省台州市椒江区东山九洲大道 193 号
邮编：318015
电话：0576/88053268、88053266
传真：88053266
电子信箱：99101102@vip.sina.com
质量体系：ISO 9001
产品情况：各类轿车、微型汽车制动片
配套及出口情况：为长安铃木配套；产品批量出口

★浙江耐力轴承有限公司
地址：浙江省台州市三门县滨海新城泰和路 25 号
邮编：318020
电话：0576/84019828、83381210
传真：84019975
网址：www.bearingmake.com
电子信箱：sales@bearingmake.com
质量体系：ISO 9001
产品情况：（耐力牌）
汽车空调压缩机电磁离合器轴承、汽车发动机张紧轮轴承、汽车发电机轴承、汽车变速器轴承、摩托车轴承、双列角接触球轴承、四点接触球轴承、圆锥滚子轴承及标准和非标深沟球轴承；年产耐力版轴承 2000 万套以上
配套及出口情况：为吉利汽车、大元汽车空调、昊鑫空调压缩机、建设雅马哈、钱江摩托、大阳摩托等国内外企业配套；出口欧洲、美洲、东南亚等地区

★台州市东泰轴承有限公司
地址：浙江省台州市椒江区章安街道盈丰路 119 号
邮编：318050
电话：0576/89003181
传真：89003111
网址：www.yjbearings.com
电子信箱：market@yjbearings.com
单位人数：200
质量体系：ISO/TS 16949
产品情况：（耀江牌）
低噪声深沟电机轴承、精密低噪声轿车交流发电机轴承、双列角接触高性能环保空调压缩机轴承、汽车张紧轮轴承、汽车离合器分离轴承以及其他英制非标产品，年产各类轴承 2000 万套
配套及出口情况：与知名电动机厂、家电及摩托车企业建立了长期业务关系；70% 的产品出口美国、欧洲、东南亚等国家和地区

★台州大源生机械有限公司
地址：浙江省台州市路桥区南官大道昌达大厦 1203 室
邮编：318050
电话：0576/82479090
传真：82412588、82563999
网址：www.dys.cn
电子信箱：info@dysmail.com
质量体系：QS 9000、ISO 9000
产品情况：（DYS 牌）
各类精密深沟球轴承、汽车轴承、圆锥滚子轴承、推力球轴承、外球面轴承、防腐轴承以及其他非标轴承

★浙江八环轴承有限公司
地址：浙江省台州市路桥区新安西街 889 号
邮编：318050
电话：0576/82415829、82415676
传真：82415672
网址：www.dlgroup.com.cn
电子信箱：bahuan@bahuan.com
董事长：戴学利
质量体系：ISO/TS 16949、ISO 14001
产品情况：（八环牌）
摩托车轴承、汽车轴承、家电轴承、精密机床轴承和通用机轴承

★台州三进压铸有限公司
地址：浙江省台州市路桥区峰江镇路西村
邮编：318054
电话：0576/82688028、82688026
传真：82688777
网址：www.sanjin-casting.com
电子信箱：wm.luo@sanjin-casting.com
单位人数：150
质量体系：ISO/TS 16949
产品情况：具备生产精密铝合金压铸毛坯 5000t，重力、低压铸造毛坯 2000t，铝合金压铸件 1500t 铸件的生产能力

★金华磐荣汽配制造有限公司
地址：浙江省永康市西城新区花川玉桂路 11 号
邮编：321300
电话：0579/87385888、87384466
传真：87270123
网址：www.pr-autoparts.com
电子信箱：sales@pr-autoparts.com
质量体系：ISO/TS 16949
产品情况：汽车橡胶软管总成
配套及出口情况：为一汽集团配套；远销北美洲、欧洲、拉丁美洲、中东、东南亚、非洲等 60 多个国家和地区

★永康永强汽配有限公司
地址：浙江省永康市烈桥工业区
邮编：321300
电话：0579/87271335
传真：87271735
电子信箱：yqqp@yongqiangqp.com
质量体系：ISO 9001
产品情况：发动机悬置总成、橡胶金属减振块等汽车橡胶减振器、发动机减振带轮、发动机油底壳、发动机齿轮室盖等
配套及出口情况：为美国通用、福特、道奇、丰田、尼桑、本田、三菱、马自达、斯巴鲁等车型的 400 多个品种配套；出口欧洲、美洲

★浙江万赛汽车零部件有限公司
地址：浙江省浦江县黄宅镇中兴路 11 号
邮编：322204
电话：0579/84236281、84236291
传真：84236282
网址：www.winsafe.com.cn
电子信箱：sale@winsafe.com.cn
质量体系：ISO/TS 16949、ISO 14001
产品情况：（万赛 winsafe 牌）
汽车及摩托车制动片、工程机械摩擦片
配套及出口情况：摩托车类产品配套航特、凯凌；汽车类产品主要用于奇瑞汽车、长安汽车、海马汽车配套及所有车型的售后市场；大客车类产品配套于宇通、金龙、青年等车型；远销欧美、中东、东南亚等 50 多个国家和地区

★丽水市中兴轴承有限公司
地址：浙江省丽水市天宁工业区天宁街 882 号
邮编：323000
电话：0578/2266682
传真：2266681
网址：www.zxbearing.com
电子信箱：ljz@zxbearing.com
质量体系：ISO 9001
产品情况：（LJZ 牌）

直线运动球轴承、带凸缘直线运动球轴承、直线滑块、向心关节轴承、油缸耳环及各种杆端关节轴承
出口情况:出口欧洲、美洲、东南亚

★浙江科马摩擦材料股份有限公司
地址:浙江省松阳县西屏镇望松工业区瑞阳大道312号
邮编:323400
电话:0578/8068008、13777831083
传真:8069568
网址:www. zj - km. com
电子信箱:zjkema0578@163. com
单位人数:350
质量体系:ISO/TS 16949、ISO 14001
产品情况:(科马牌)
汽车离合器面片,年产值1.6亿元
配套及出口情况:主要为一汽、东风、重汽、陕汽、天汽、欧曼、标致、雷诺、起亚等集团公司中重型汽车及小车配套;部分产品出口伊朗、土耳其、韩国、巴西、墨西哥、泰国、美国、法国等国家

★浙江永和制冷股份有限公司
地址:浙江省衢州市东港工业园区E-025号
邮编:324022
电话:0570/8886807、3832776
传真:8888444、8888401
网址:www. qhyh. com
电子信箱:yonghe_gas@qhyh. com
质量体系:ISO/TS 16949、ISO 14001
产品情况:(冰龙牌)
各种制冷剂

★浙江环宇轴承有限公司
地址:浙江省常山县天马镇富足山工业区
邮编:324200
电话:0570/5125087、5125636
传真:5125038
电子信箱:huanbearing@hotmail. com
质量体系:QS 9000
产品情况:(HUAN牌)
年产深沟球轴承车件500万套、成品轴承700万套

★温州三环橡塑制品有限公司
地址:浙江省温州市中国鞋都沿江工业区沿兴路123号
邮编:325008
电话:0577/88798805、88798807
传真:88798809、88798810
网址:www. wzshxs. com
电子信箱:postmaster@wzshxs. com
负责人:赵景温
单位人数:200
质量体系:ISO/TS 16949、ISO 14001
产品情况:丁腈橡胶、丁腈聚氯乙烯、丁基橡胶、氯醚橡胶、三元乙丙橡胶及氟橡胶等
配套情况:为湛江德利、天津华博罗、南京京滨、上海坤孚、浙江钱江、重庆平山泰凯等配套

★人本集团有限公司
地址:浙江省温州市经济技术开发区括苍东路66号
邮编:325011
电话:0577/86556100
传真:86552276
网址:www. cugroup. com
电子信箱:service@cugroup. com
单位人数:20000
质量体系:VDA 6.1、QS 9000
产品情况:(C&U牌)
汽车轴承
配套情况:为一汽集团、东风汽车公司、上汽大众、重庆宗申、大长江、钱江摩托、金城铃木等配套

★中广核俊尔新材料有限公司
地址:浙江省温州市经济开发区高一路60号
邮编:325011
电话:0577/56818888-8046
传真:86581501
网址:www. juner. cn
电子信箱:wzhw@juner. cn
单位人数:476
质量体系:ISO/TS 16949
产品情况:(俊尔牌)
改性尼龙、改性聚碳酸酯、改性聚酯、改性聚烯烃、特种工程塑料和热塑性弹性体
配套情况:改性PP系列为上汽大众(帕萨特、桑塔纳)、一汽-大众(宝来)配套,改性PA系列为奇瑞汽车(东方之子)、吉利汽车(金刚)配套,改性TPE系列为北京现代(伊兰特)配套,改性PC合金及聚酯系列为长城(赛弗)、长安福特(福克斯)、上汽通用五菱(五菱之光)配套

★温州昊驰汽车部件有限公司
地址:浙江省温州市瓯海区经济开发区大鹏路1号
邮编:325014
电话:0577/86732000
传真:86733000
网址:www. ossca. com
电子信箱:ossca@ossca. com
质量体系:ISO/TS 16949、QS 9000
产品情况:散热器盖、加油口盖、机油盖、水管接头等

★浙江欧福密封件有限公司
地址:浙江省温州市瓯海经济开发区三溪工业园富豪路39号
邮编:325016
电话:0577/86362236
传真:86362237
网址:www. oufu. com
电子信箱:oufu@oufu. com
质量体系:ISO/TS 16949
产品情况:(欧福牌)
转向器密封件、空调压缩机油封、气门油封、变速器密封
配套情况:为东风康明斯、上柴、江西五十铃、广西玉柴、东风传动轴等配套

★温州天成密封件制造有限公司
地址:浙江省温州市瓯海三溪工业园区康宏西路29号
邮编:325016
电话:0577/86256678
传真:88415122
电子信箱:trisun24@trisunltd. com
质量体系:ISO/TS 16949、ISO 9001
产品情况:(TRISUN牌)
机械密封件、汽车零部件、空调压缩机密封件,年产500万套

★温州泰立汽车内饰材料有限公司
地址:浙江省温州市三溪工业区富达路18号
邮编:325016
电话:0577/88424789、88427227
传真:88422884
电子信箱:taili@wztaili. com
质量体系:ISO 9001
产品情况:汽车内饰材料,用于汽车内饰的隔音、隔热、防振、密封等
配套情况:为上汽大众、福建戴姆勒、上汽通用、广汽本田、一汽-大众、神龙汽车、吉利、宝马等国内外多家大型汽车生产厂家二次配套

★温州市华海密封件有限公司
地址:浙江省温州市永强高新园区高新大道
邮编:325024
电话:0577/86927988
传真:86936871
网址:www. zjhhmf. com
电子信箱:sale@zjhhmf. com
质量体系:ISO 9001
产品情况:金属环垫(钢圈)、波齿复合垫、金属缠绕垫和非金属类(石棉垫、非石棉垫、四氟垫和四氟包垫等)

★浙江明泰标准件有限公司
地址:浙江省温州市龙湾区海城工业城招商路110号
邮编:325025
电话:0577/85221162、85225398
传真:85221365
电子信箱:mingtai@china - ruibiao. com
质量体系:ISO/TS 16949
产品情况:(明泰牌)
汽车、摩托车、冰箱、空调用紧固件
配套情况:为本田、铃木、川崎、雅马哈、大长江、成都珠峰、重庆力帆、上汽通用五菱、上汽通用、一汽集团等配套

★浙江朝泰机车部件有限公司
地址:浙江省温州市瓯海区丽岙镇白门工业区

邮编:325060
电话:0577/85388806、13806851597
传真:85387212
网址:www.chooten.com
电子信箱:ct@chooten.com
质量体系:ISO 9001
产品情况:(朝泰牌)
汽车配件,闸把座开关等摩托车配件
配套及出口情况:主要服务的客户有PEUGEOT、PIAGGIO、YAMAHA、DAELIM、宗申、嘉陵、轻骑、太阳、大运、隆鑫、建设、力帆、天马等;出口欧洲、美洲、日本等10多个国家和地区,并销往中国台湾地区

★温州法兰特机械有限公司
地址:浙江省温州市瓯海区丽岙镇北工业区
邮编:325060
电话:0577/85380978、85381178
传真:85381178
电子信箱:cnflt@mail.wzptt.zj.cn
质量体系:ISO/TS 16949
产品情况:汽车及摩托车标准件、紧固件,汽车轮胎螺栓,年产值3800万元
配套情况:为雅马哈、本田、长安汽车、东风汽车公司等配套

★温州日升密封件制造有限公司
地址:浙江省温州市永嘉县桥头镇白垟工业区
邮编:325107
电话:0577/67467301、67337631
传真:67467302
网址:www.rm-ms.com
电子信箱:info@chinarimi.com
单位人数:100
质量体系:ISO 9001
产品情况:(日密牌)
机械密封件、汽车水封、汽车空调压缩机密封件和各种密封材料;年产密封件400多万套
配套及出口情况:为数家大型泵业公司配套;产品70%出口欧美、东南亚、中东、非洲、美洲等50多个国家和地区

★浙江力征汽摩部件有限公司
地址:浙江省瑞安市国际汽摩配产业基地兴罗路488号
邮编:325200
电话:0577/65326333
传真:65326331
网址:www.ralizheng.com
电子信箱:zsq@cnlizheng.com
质量体系:ISO 9001、QS 9000
产品情况:汽车制动片

★新潮集团股份有限公司
地址:浙江省瑞安市隆山东路505号新潮大厦
邮编:325200
电话:0577/65475999
传真:65476999
电子信箱:xc-office@zjnewtrend.com
质量体系:ISO/TS 16949、ISO 14001
产品情况:(新潮牌、御风牌)
高档汽车面料、汽车内饰件、PVC硬片等
配套情况:汽车面料产品进入李尔公司的配套销售网络

★温州振霸弹簧有限公司
地址:浙江省瑞安市上望街道人民路林东工业区红绿灯旁
邮编:325200
电话:0577/65518858、65153678
传真:65160688
网址:www.chinazbth.com
电子信箱:1355242469@qq.com
质量体系:ISO/TS 16949
产品情况:(振霸牌)
各种压簧、拉簧、卡簧、纽簧、塔簧等

★浙江双泰车辆配件有限公司
地址:浙江省瑞安市塘下鲍田工业区
邮编:325200
电话:0577/65219996
传真:65201062
网址:www.cnshuangtai.com
电子信箱:info@cnshuangtai.com
质量体系:ISO/TS 16949
产品情况:螺栓、螺母、垫圈

★浙江永华紧固件有限公司
地址:浙江省瑞安市塘下镇场桥五林工业区塘路187-188号
邮编:325200
电话:0577/65292228、65292226
传真:65292227
电子信箱:trade@chinayonghua.com
质量体系:ISO/TS 16949、ISO 9001
产品情况:(华标牌)
自攻钉、螺钉、螺母、螺栓、圈钉等标准和非标准紧固件及冲压件
配套情况:为汽车行业企业配套

★瑞安市铭泰汽车零部件有限公司
地址:浙江省瑞安市汀田镇岑岐工业区杜邦路2号
邮编:325200
电话:0577/65115333
传真:65116678
电子信箱:market@mingtai-auto.com
质量体系:ISO/TS 16949、ISO 9001
产品情况:(YDL牌、MGI牌)
各式制动蹄片,年产量100万套以上
出口情况:远销欧洲、美洲、中东、东南亚等地区

★瑞安市华德汽车零部件有限公司
地址:浙江省瑞安市莘塍东新工业区周田富周东路
邮编:325200
电话:0577/65185008
传真:65178789
网址:www.cn-huade.com
电子信箱:sale@cn-huade.com
单位人数:65
质量体系:ISO/TS 16949、QS 9000
产品情况:(华德牌)
汽车盘式制动片,已形成年产盘式制动片200万套的生产能力
配套及出口情况:为各大汽车制造厂配套;出口欧洲、美洲、中东、东南亚、东亚、非洲、大洋洲等地区

★浙江正昌锻造股份有限公司
地址:浙江省瑞安市沿江西路501号
邮编:325200
电话:0577/58802050、58802030
传真:65663024、65662090
网址:www.zcforging.com
电子信箱:zcdz@zcdz.cn
单位人数:400
质量体系:ISO/TS 16949、ISO 14001
产品情况:(正昌牌)
大、重型货车变速器的拨叉、分离叉等;各种轿车变速器的拨叉、分离叉、拨块、选挡轴、倒挡拨叉轴、左右转向节臂、上横臂轴、轮毂、联杆等锻件及成品;摩托车的拨叉、曲轴、连杆、下联板、起动蹬杆总成等
配套情况:与上汽集团、上汽大众、一汽集团、时代集团、上海汽车变速器、陕西法士特齿轮、韶关宏大齿轮、比亚迪汽车、宁波华晨汽车零部件、长城汽车、株洲建设南雅、英格索兰(吉林)工具、法国(北京、上海)施耐德、三一重工等企业配套

★瑞安市劲耐汽车装饰卡扣有限公司
地址:浙江省瑞安市塘下镇鲍七工业区
邮编:325204
电话:0577/65201907、65218155
传真:65218255
电子信箱:info@cnyizhou.com
质量体系:ISO/TS 16949
产品情况:(劲耐牌)
各种汽车装饰卡扣系列
配套及出口情况:和国内多家制造汽车工厂建立配套及4S店合作服务;远销美国、加拿大、欧洲、南美洲、中东、东南亚等国家和地区

★瑞标集团有限公司
地址:浙江省瑞安市塘下国际汽摩配产业园区
邮编:325204
电话:0577/65338958
传真:65321823
网址:www.ruibiao.net
电子信箱:sales@ruibiao.net
质量体系:ISO/TS 16949、ISO 14001
产品情况:(瑞标牌)

汽车、摩托车及动力机械标准件、非标准紧固件
配套及出口情况：与上汽、一汽、广汽、长安汽车、北京汽车、长安福特、长安铃木、江淮汽车、华晨汽车、奇瑞汽车、哈飞汽车、一汽夏利、一汽海马、比亚迪汽车、大长江集团、钱江摩托、嘉陵集团等80多家单位配套，综合市场占有率达60%；部分产品远销亚洲、欧洲、非洲等地区

★温州超伟汽车部件有限公司
地址：浙江省瑞安市塘下镇鲍田工业区
邮编：325204
电话：0577/58866880、58866881
传真：58866882
电子信箱：racjyg@126.com
质量体系：ISO 9001
产品情况：各类管路总成，包括动力转向高压油管、水管、制动管、输油管等
出口情况：远销美国、欧洲、中东、澳大利亚、东南亚等国家和地区

★瑞安市东风汽车标准件有限公司
地址：浙江省瑞安市塘下镇鲍田工业园区
邮编：325204
电话：0577/65213111、65213398
传真：65213198
网址：www.radongfeng.com
电子信箱：yemaoshao@163.com
质量体系：ISO 9001
产品情况：离合器分离杆总成及分离垫环，汽车标准件
配套及出口情况：为一汽一东、东风科技、玉柴、湖北三环离合器、桂林福达汽车部件、江铃齿轮、韩国瑞进等配套；出口东南亚等地区

★瑞安市海达标准件有限公司
地址：浙江省瑞安市塘下镇岑头工业区
邮编：325204
电话：0577/65373202、65389886
传真：65372818、65385986
网址：www.haidachina.com
电子信箱：admin@haidachina.com
质量体系：ISO 9001
产品情况：车轮螺栓、车轮螺母、标准件、非标准件
出口情况：约70%的产品出口，远销欧洲、大洋洲、非洲、东南亚、美洲等地区

★瑞安市宏和汽车配件有限公司
地址：浙江省瑞安市塘下镇场桥浦桥工业区
邮编：325204
电话：0577/65263678、13958820918
传真：65265118
网址：www.cnhonghe.com
电子信箱：zj-honghe@163.com
质量体系：ISO 9002
产品情况：汽车制动片
出口情况：出口欧洲、美洲、中东、东南亚等地区

★温州市煌钢五金有限公司
地址：浙江省瑞安市塘下镇场桥浦新东路43号
邮编：325204
电话：0577/65299666
传真：65298877
电子信箱：888@hg-wj.com
质量体系：ISO/TS 16949
产品情况：孔轴用挡圈、开口挡圈、内外(锯)齿垫圈及各种异行垫圈等标准件，各类汽车及摩托车机械紧固件及相关非标产品

★浙江罗曼汽车部件有限公司
地址：浙江省瑞安市塘下镇官渎河东工业区
邮编：325204
电话：0577/65366222、65366333
传真：65366555
电子信箱：thgasket@sohu.com
质量体系：ISO/TS 16949
产品情况：（天浩牌）
汽缸垫、滤清器、大修包等

★瑞安市明昊汽摩部件有限公司
地址：浙江省瑞安市塘下镇南河工业区
邮编：325204
电话：0577/65386105
传真：65386109
网址：www.cnminghao.com
电子信箱：info@cnminghao.com
质量体系：QS 9000、ISO 9002
产品情况：（明昊牌）
汽车盘式、鼓式制动片

★中精集团有限公司
地址：浙江省瑞安市塘下镇曙光一路69号
邮编：325204
电话：0577/58813027、65323868
传真：65321758、66070178
网址：www.chinazhongjing.com
电子信箱：sales@chinazhongjing.com
单位人数：400
质量体系：ISO/TS 16949
产品情况：精冲齿轮，凸缘冲压件、拉伸件，紧固件、底盘件(摆臂)，座椅滑轨，调角器等
配套情况：产品供给一汽集团、长安汽车、上汽大众、东风汽车、雷诺、Schaeffler、GM、FIAT、BOSCH、DAYCO、ENSA、CONTITECH、MMM、Audi、ArvinMeritor等全球知名汽车厂及零部件厂商

★浙江瑞帆汽车部件有限公司
地址：浙江省瑞安市塘下镇新陈东路48-52号
邮编：325204
电话：0577/65377083、65393883
传真：65369253
网址：www.ruifan.com.cn
电子信箱：sales@ruifan.com.cn
单位人数：150
质量体系：ISO/TS 16949
产品情况：汽车发电机、起动机用紧固件
配套情况：为长沙博世、长沙日立、美国WAI、依斯克拉、北京佩特来、成都华川等几十家汽车电装品厂配套

★浙江耐磨达刹车片有限公司
地址：浙江省瑞安市下林工业区罗山大道76号
邮编：325204
电话：0577/65390558、66001158
传真：65365967
网址：www.lamda.us
电子信箱：director@lamda.us
质量体系：ISO/TS 16949
产品情况：（耐磨达牌）
制动片
出口情况：远销美洲、东欧、大洋洲、非洲等60多个国家和地区

★瑞安市双金机械附件厂
地址：浙江省瑞安市塘下镇海安海阳工业区海阳路69号
邮编：325205
电话：0577/65271838、65276188
传真：65273838
网址：www.double-gold.com.cn
电子信箱：shuangjin@china.com
单位人数：150
质量体系：ISO/TS 16949、ISO 14001
产品情况：（双金牌）
各种标准紧固件、轴孔挡圈、E型圈、波型垫圈、弹性垫圈
配套及出口情况：为威灵电机、大洋电机、日本松下、日立、美国德尔福、AMETEK等配套；远销美国、日本、德国、中东等国家和地区，并销往中国台湾、中国香港地区

★浙江振宇实业有限公司
地址：浙江省瑞安市鲍田商业大街518号
邮编：325205
电话：0577/65200025、65220333
传真：65210001、65220025
电子信箱：sale@cnzhenyu.com
质量体系：ISO/TS 16949
产品情况：（振宇牌）
汽车弹簧制动气室、紧固件、滤清器、发电机、起动机等

★温州双剑工业集团东方汽车配件厂
地址：浙江省瑞安市海安广场路45号
邮编：325205
电话：0577/65268865、82568065
传真：65260531
网址：www.aoruiqi.com
电子信箱：aoruiqi@163.com
质量体系：ISO 9001
产品情况：（奥瑞奇牌）
各种轿车操纵机构，张紧轮和各类

标准件,机械配件等
配套及出口情况:为一汽集团、北方工业集团、北奔重汽、江南汽车制造、内蒙古一机集团、安凯客车、福田曙光车桥等配套;出口40多个国家和地区

★瑞安市新泰紧固件有限公司
地址:浙江省瑞安市海安霞霖工业区
邮编:325205
电话:0577/65350012、65390163
传真:65366030、65361298
网址:www.xtjgj.com
电子信箱:xtjgj@126.com
质量体系:ISO 9001
产品情况:垫圈、挡圈等标准紧固件
出口情况:出口欧洲、美洲、日本等国家和地区

★浙江丰华标准件制造有限公司
地址:浙江省瑞安市海安镇海阳工业区42号
邮编:325205
电话:0577/65273088、65272088
传真:65271797
网址:www.wzfenghua.com
电子信箱:fh8808@vip.163.com
法人代表:蔡丰清
质量体系:ISO/TS 16949
产品情况:(FH牌)
螺栓、螺母、螺钉、扣压件,订做各种非标准紧固件

★浙江振华精密紧固件有限公司
地址:浙江省瑞安市汀田镇岑岐桥东工业区
邮编:325206
电话:0577/58806969-7788
传真:65508021
网址:www.zh-chn.com
电子信箱:sale1@zh-chn.com
董事长:陈明华
负责人:陈雄武
单位人数:100
质量体系:ISO/TS 16949
产品情况:标准紧固件、非标准紧固件及汽车异形冷镦零件及模具
出口情况:远销多个国家和地区

★瑞安市德顺士轴承有限公司
地址:浙江省瑞安市汀田镇大典下机场路
邮编:325206
电话:0577/65100080
传真:65110996
质量体系:ISO 9001
产品情况:(德顺士牌)
汽车及摩托车深沟球轴承,摩托车转向轴承
出口情况:出口东南亚等地区

★瑞安市海川自动化系统有限公司
地址:浙江省瑞安市莘塍东街A3幢
邮编:325206
电话:0577/65196996
传真:65536928
电子信箱:trans-filter@trans-filter.com
质量体系:ISO/TS 16949
产品情况:(SKYFIL牌)
变速器滤清器、变速器密封垫、变速器电子电器、变速换挡操纵机构等四大系列
出口情况:远销美洲、欧洲、中东、东南亚等地区

★浙江永丰粉末冶金有限公司
地址:浙江省瑞安市莘塍工业区
邮编:325206
电话:0577/65531361、65537361
传真:65171234
网址:www.powdermetall.com
电子信箱:yffm@powdermetall.com
质量体系:ISO 9001
产品情况:粉末冶金铜基、铁基含油轴承、气门导管、结构件等

★云顶控股集团有限公司
地址:浙江省瑞安市国际汽摩配产业基地(北区)
邮编:325215
电话:0577/65350077
传真:65350190
网址:www.cnyunding.com
电子信箱:jituan@cnyunding.com
单位人数:1000
质量体系:ISO/TS 16949、VDA 6.1
产品情况:中重型汽车、专用汽车、标准件、紧固件、冲压件、蜗杆传动式软管夹箍和U型螺栓等
配套情况:为一汽集团、美国约翰迪尔、三一重工、中国重汽、北汽福田、广西玉柴、陕西重型汽车、吉利汽车、陕汽汉德等60多家单位配套

★浙江跃进锻造有限公司
地址:浙江省瑞安市陶山镇工业区
邮编:325215
电话:0577/65475989、65478111
传真:65475008
网址:www.china-yuejin.com
电子信箱:yjdz@chinayuejin.com
单位人数:564
质量体系:ISO/TS 16949、ISO 14001
产品情况:各种型号汽车配件及摩托车和锻件铝锻件铜锻件等有色金属及合金锻造机加工产品(如:曲轴、连杆、变挡拔叉、起动蹬杆系列、摇臂、曲柄、减振器摇臂、精锻齿轮、起动轴、转向球头及一些标准件等)
配套情况:被采埃孚、本田、潍柴动力、玉柴集团等国内外知名主流汽车及配件企业指定为定点锻件机械加工生产基地;并为宝马摩托、意大利比亚乔、新大洲本田、五羊本田、嘉陵本田、马来西亚雅马哈、大长江集团、济南轻骑摩托车集团等高端客户长期配套

★温州三联锻造有限公司
地址:浙江省瑞安市桐浦工业区
邮编:325216
电话:0577/65430066、65431966
传真:65430632、65437823
网址:www.china-sanlian.com
电子信箱:sanlian@188.com
质量体系:ISO/TS 16949
产品情况:(SALN牌)
汽车锻件
配套情况:主要客户有:德国ZF(上海)、德国FAG、美国BorgWarner、美国Modern、加拿大MAGNA、日本NSK(杭州)、日本NTN、日本光洋(厦门)、韩国万都、巴西DHB、比利时Sidem、白俄罗斯Fenox、俄罗斯OmegaJse、德国BOSCH、上汽大众、一汽海马、上海汇众、北京现代、广西玉柴、长安汽车、长城汽车等

★昌利企业
地址:浙江省瑞安市虹北锦园321号商务中心
邮编:325216
电话:0577/59880302、59880328
传真:65090003
网址:www.xizheng.com
电子信箱:sale1@xizheng.com
质量体系:ISO/TS 16949
产品情况:重型汽车动力系统配件和汽车底盘配件,摩托车转向器配件及空压机配件等1000余种产品;年产能力达到32000t锻件和650万只机加工零配件
配套及出口情况:为陕西法士特齿轮、美国伊顿货车/客车配件、德国采埃孚、日本爱信齿轮、长春一汽齿轮箱、重庆渝安汽车、三一重工股份等配套;远销美国、日本、意大利、英国、法国、墨西哥、印度、德国、巴西、瑞典、中东等国家和地区

★万宏集团温州汽缸垫有限公司
地址:浙江省平阳县万全轻工基地机械园
邮编:325400
电话:0577/63756511、63756522
传真:63756533
网址:www.xingyugaskets.com
电子信箱:xygaskets@vip.163.com
质量体系:ISO 9001
产品情况:汽车汽缸垫
出口情况:远销东南亚、中东、非洲、欧洲、美洲等地区

★温州瑞工汽车配件有限公司
地址:浙江省温州市平阳县榆垟镇茶亭工业区
邮编:325400
电话:0577/63176068、63176066
传真:63176067
网址:www.cnruigong.com
电子信箱:owbkbelt@126.com

质量体系:ISO 9001
产品情况:(OWBK 牌)
同步带、多楔带、V 带
出口情况:远销欧洲、美洲、东南亚

★温州恒阳科技有限公司
地址:浙江省温州市平阳郑楼工业园区
邮编:325409
电话:0577/63782223
传真:63785553
网址:www.hyung.cn
电子信箱:tech@hyung.cn
质量体系:ISO/TS 16949
产品情况:汽车用聚四氟乙烯油封、硅橡胶增压软管、动力转向器密封件

★泰顺县白云橡胶有限公司
地址:浙江省温州市泰顺县罗阳镇白云路 1 号
邮编:325500
电话:0577/67583639、67593639
传真:67584878
电子信箱:tsbaiyunxj@mail.wzptt.zj.cn
质量体系:ISO/TS 16949、ISO 14000
产品情况:(NAITAI 牌)
高温管、橡胶管、挤出胶管和波纹管
配套及出口情况:为一汽锡柴、玉柴、上柴、大柴、宇通客车、厦门金龙、江淮汽车、亚星商务车、上海申沃、亚星客车、东风杭汽、黄海汽车、安凯汽车、沈飞日野等几十家大型柴油机、汽车厂配套;出口北美洲、澳大利亚、瑞典等国家和地区

★乐清市长虹摩擦材料有限公司
地址:浙江省乐清市天成乡工业区
邮编:325608
电话:0577/62307700、62307711
传真:62307555
网址:www.chinachmc.com
电子信箱:chmc@chinachmc.com
质量体系:ISO 9001
产品情况:各种离合器摩擦片、离合器总成、离合器压盖、铜基、制动块、制动带等
出口情况:远销东南亚、欧洲、美洲等 50 多个国家和地区

★ 温州联益线束胶粘带有限公司
地址:浙江省温州市苍南县龙港镇方南中心路 1 号
邮编:325802
电话:0577/64318666
传真:64318667
网址:www.lyjnd.net
电子信箱:lyjnd@126.com
质量体系:ISO/TS 16949
产品情况:汽车电线束缠绕胶带系列产品
配套情况:产品广泛用于一汽大众、上海大众、上海通用、上海汽车、奇瑞汽车、吉利汽车、长安汽车、长安福特等各种车型
☞ 详细情况请参阅彩色宣传版面

安徽省

★合肥常青机械股份有限公司
地址:合肥市包河区常青街道东油路 18 号
邮编:230022
电话:0551/63442068
传真:63442168
网址:www.hfcqjx.com
单位人数:3000
质量体系:ISO/TS 16949
产品情况:汽车冲压件、焊接件及模夹具
配套情况:为江淮汽车、东风汽车、北汽福田、陕重汽等国内知名汽车厂家的供应商

★合肥星环科技开发有限公司
地址:合肥市高新技术产业开发区长江西路 660 号
邮编:230031
电话:0551/65334786
传真:65334786
质量体系:ISO/TS 16949
产品情况:JAC 标牌,年产 15 万只

★安徽省合肥汽车锻件有限责任公司
地址:合肥市环湖东路 168 号
邮编:230031
电话:0551/65311865、65328030
传真:65313657
质量体系:ISO 9002
产品情况:锻件、内燃机连杆、汽(叉)车半轴、前轴、转向类及半轴套管等

★合肥立洲五金弹簧有限公司
地址:合肥市经济技术开发区金风路(仙女路)B1-115
邮编:230601
电话:0551/63680525
传真:63680525
网址:www.lizhou.com
电子信箱:hefei@lizhou.com
质量体系:ISO/TS 16949、ISO 14001
产品情况:拉簧、压簧、扭簧、蜗卷弹簧、异形簧、线成形、金属冲压件、精密冲压制品、五金弹簧组装制品等
配套情况:主要客户有 ABB、艾默生、西门子、一汽丰田、松下、索尼、三洋、比亚迪等

★合肥晨阳橡塑有限公司
地址:合肥市长丰县岗集镇 206 国道旁
邮编:231139
电话:0551/66773955、66773435
传真:66773955、66773435
质量体系:ISO/TS 16949
产品情况:密封条、吹塑件、注塑件、带钢滚压制品等
配套情况:被评为江汽股份公司优秀供应商

★合肥市远大轴承锻造有限公司
地址:合肥市肥西县上派镇合铜公路边
邮编:231200
电话:0551/68893666、18955129666
传真:68893166
网址:www.hfyuanda.com
电子信箱:zhenming.ma@163.com
单位人数:150
质量体系:ISO 9001、ISO 14001
产品情况:轴承套圈锻件、环形汽车配件、齿轮锻件、异形锻件、轴承套圈车加工件

★合肥大丰机械有限公司
地址:合肥市森林大道紫蓬工业园
邮编:231201
电话:18955126687
传真:0551/68588889
网址:www.newtopshoes.com
电子信箱:william@newtop-machine.com
产品情况:各种汽车紧固件、汽车排气管、弯管系列产品

★桐城市超越橡塑有限公司
地址:安徽省桐城市范岗开发区裕安路
邮编:231400
电话:0556/6013210、13074021576
传真:6020478
电子信箱:wxbcyxs@163.com
质量体系:ISO 9001
产品情况:橡胶缓冲块、钢板衬套、摆臂衬套、拉杆衬套、顶胶、副弓垫胶等产品
配套及出口情况:为大中型企业配套生产橡胶件;出口中东、非洲、东南亚等地区

★安庆市汇通汽车部件有限公司
地址:安徽省桐城市经济开发区桐祥南路
邮编:231440
电话:0556/6567987、13705567050
传真:6567997
网址:ahhuitong.com
电子信箱:anqinghuitong@163.com
质量体系:ISO 14001、ISO/TS 16949
产品情况:汽车悬架底盘系统、汽车推力杆、稳定杆、橡胶悬架、发动机悬置及橡胶聚氨酯弹性体等系列产品
配套情况:为东风商用车、福田欧曼重卡、江淮汽车、华菱汽车、集瑞重卡、大运汽车、江铃重汽和宇通客车、安凯客车、金龙客车、福田客车、比亚迪汽车、中国公路车辆、北京恒昌达利机械、上海科曼车辆公司等全国各大汽车生产企业配套

★安徽微威胶件集团有限公司
地址:安徽省桐城市范岗镇
邮编:231460
电话:0556/6018988、6014098

传真:6010888
网址:www. china - ww. com
电子信箱:ww88888@ 188. com
单位人数:180
质量体系:ISO/TS 16949、ISO 14001
产品情况:(微威牌)
胶管类、减振类、密封防尘类、线束保护类、其他类共五大系列汽车(工程机械)橡胶塑料零配件

★安徽同丰橡塑工业有限公司
地址:安徽省桐城市范岗镇
邮编:231460
电话:0556/6012112、15056619000
传真:6012211
网址:www. ahtfxs. com
电子信箱:29031220@ qq. com
质量体系:ISO 14001、ISO/TS 16949
产品情况:滤清器用橡胶密封件及橡胶杂件

★安徽省宏瑞泰达机械科技有限公司
地址:安徽省庐江县经济开发区城西新区纬一东路北侧
邮编:231500
电话:0551/87417987、87426979
传真:87417987
网址:www. ahhrtd. cn
电子信箱:ljhrtd@ 163. com
产品情况:模具制造、汽车配件、液压产品、铝铸件、塑料制品、机械设备

★安徽丰华工贸集团有限公司
地址:安徽省肥东县龙塘工业园
邮编:231603
电话:0551/67318027、67318028
传真:67318026、67317068
电子信箱:fenghua67318028@ 126. com
质量体系:ISO/TS 16949
产品情况:汽车配件、储气筒、汽车燃油箱、叉车配件等

★安徽新南港汽车内饰件有限公司
地址:安徽省淮南市经济技术开发区振兴北路
邮编:232007
电话:0554/3315788、3315789
传真:3315746
电子信箱:tongqingxuan@ yfgm. com. cn
质量体系:ISO/TS 16949、QS 9000
产品情况:汽车工业用装饰布,具备年产 300 万 m 的生产能力
配套情况:为上汽大众、奇瑞、江淮等供货

★安徽省怀远县华茂汽车附件有限公司
地址:安徽省蚌埠市怀远县经济开发区乳泉大道 37 号
邮编:233400
电话:0552/8011600、8018310
传真:8018310
网址:www. ahhm. cn
电子信箱:ahhm@ 163. net
质量体系:ISO 9001
产品情况:车架、汽车副梁、前锁紧机构总成、铰链总成、钢板销、踏板总成、座椅调角器、铸造加工系列汽车零部件
配套情况:为合肥江淮汽车有限公司等主机厂配套

★安徽省宿州市蔡氏铸造有限责任公司
地址:安徽省宿州市符离镇古符离
邮编:234101
电话:0557/3602666
传真:4085777
质量体系:ISO 9001
产品情况:各类球墨铸铁、灰铸铁、蠕墨铸铁件
配套情况:为东风、解放、黄河、斯太尔等载重汽车提供汽车轮毂、制动鼓、汽车蹄片及制动底板

★阜阳轴承有限公司
地址:安徽省阜阳市经济技术开发区新阳大道 59 号
邮编:236023
电话:0558/2323391、2323393
传真:2323392、2323386
网址:www. fytcc. com
电子信箱:tcc@ fytcc. com
质量体系:ISO/TS 16949
产品情况:(TCC 牌)
外径 30 ~ 450mm 的深沟球轴承、圆锥滚子轴承、圆柱滚子轴承、推力球轴承、外球面轴承、角接触球轴承、调心球轴承、调心滚子轴承及非标专用轴承;年生产能力 2200 多万套

★霍山县龙鑫金属制品有限公司
地址:安徽省六安市霍山经济开发区经三北路
邮编:237200
电话:0564/5223256
传真:5223258
质量体系:ISO 9001
产品情况:塑料件、铝合金压铸件加工等
配套情况:为多家汽车制造厂定点配套

★安徽海德机械制造有限公司
地址:安徽省巢湖市经济技术开发区花山工业园
邮编:238100
电话:0555/4922508
传真:4921555
电子信箱:cecilia@ hiward. com. cn
质量体系:ISO 9001
产品情况:各类球墨铸铁件、灰铸铁件的生产及机加工,以及圆压圆模切机械系列产品
出口情况:远销欧美

★安徽奥丰汽车配件有限公司
地址:安徽省滁州市经济技术开发区长江西路 305 号
邮编:239000
电话:0550/2182288
传真:2182288
网址:www. gerrrt. com
电子信箱:xry_aol@ vip. 163. com
质量体系:ISO/TS 16949
产品情况:各类汽车控制臂、液压悬置减振器、橡胶金属减振器、悬臂衬套、防尘罩等
出口情况:畅销俄罗斯、德国、美国、巴西、乌克兰、马来西亚、迪拜等市场

★芜湖中天密封件有限公司
地址:安徽省芜湖市南陵县经济开发区夫子岭路 8 号
邮编:241000
电话:0553/6815600、6811988
传真:6817670
网址:www. ztseals. com
电子信箱:zt@ ztseals. com
质量体系:ISO 9001
产品情况:机械密封材料及组合密封件

★芜湖爱迪亚实业有限公司
地址:安徽省芜湖市鸠江区长江大桥综合经济开发区 71 号
邮编:241001
电话:0553/5868798
传真:5877158
质量体系:ISO/TS 16949
产品情况:汽车橡塑产品

★镁联镁业科技(芜湖)有限公司
地址:安徽省芜湖市高新技术开发区金山中路 18 号
邮编:241002
电话:0553/5650166 - 927
传真:5650169、5650158
电子信箱:sales@ thixomag. com
质量体系:ISO/TS 16949、QS 9000
产品情况:转向盘骨架、空调支架、发电机支架、汽车及航空座椅支架、各种壳体等

★震宇(芜湖)实业有限公司
地址:安徽省芜湖市经济技术开发区凤鸣湖南路 8 号
邮编:241006
电话:0553/7517776
传真:7517770
网址:www. universalwuhu. com
电子信箱:mudan. lu@ universalwuhu. com
单位人数:1000
质量体系:ISO/TS 16949、ISO 14001
产品情况:汽车仪表、汽车供油、汽车发动机及家电系列等精密塑胶零部件

★芜湖通和汽车管路系统有限公司
地址:安徽省芜湖市经济技术开发区衡山路 26 号
邮编:241009
电话:0553/5932068
传真:5932069
网址:www. whtonhe. com

电子信箱:office@ whtonhe. com
质量体系:ISO/TS 16949
产品情况:管路、空滤、传感器等产品
配套情况:为奇瑞汽车配套

★斯凯孚密封系统(芜湖)有限公司
地址:安徽省芜湖市经济技术开发区裕安路2号
邮编:241009
电话:0553/5841298
传真:5841398
网址:www. skf. com. cn
质量体系:ISO 14001、OHSAS 18001
产品情况:油封(火花塞油封、发动机油封、减振器油封、轮毂油封等)及其他橡胶塑料密封件

★安徽省宏泰汽配实业有限公司
地址:安徽省芜湖市芜湖县机械工业园阳光大道1518号
邮编:241100
电话:0553/8767087、13685530990
传真:8766087
网址:www. cnht - jdb. com
单位人数:120
质量体系:ISO/TS 16949、ISO 14001
产品情况:汽车制动片、制动蹄等,年产能力150万套

★芜湖荣基密封系统有限公司
地址:安徽省芜湖市芜湖县新芜经济开发区
邮编:241100
电话:0553/8128339、8128338
传真:8128966
网址:www. cgpsealing. com
电子信箱:cgp@ cgpsealing. com
质量体系:ISO/TS 16949、ISO 14001
产品情况:发动机密封件
配套及出口情况:为国内外主机配套公司配套;远销欧洲、美洲、非洲、东南亚、中东等50多个国家和地区

★芜湖强振汽车紧固件有限公司
地址:安徽省芜湖市新芜开发区工业大道2598号
邮编:241100
电话:0553/8768222、8768226
传真:8768220
网址:www. chinaqiangzhen. com
电子信箱:qz@ chinaqiangzhen. com
质量体系:ISO/TS 16949
产品情况:高强度、高精度紧固件、精锻件及内燃机用连杆螺栓、飞轮螺栓、主轴承螺栓、缸盖螺栓
配套情况:为南京汽车集团、奇瑞汽车、朝柴、常柴、唐山爱信、浙江中马等配套

★芜湖华翔汽配轴套有限公司
地址:安徽省芜湖市殷港工业园南方大道
邮编:241111
电话:0553/8522826
传真:8523369
质量体系:ISO/TS 16949
产品情况:各种中高档汽车铰链和自润滑无油轴承、自润滑 sf - 1 型、二型汽车门衬套及各种冲压件
配套情况:客户有奇瑞汽车、JAC、吉奥、夏利、长城等

★芜湖市中亚汽车制动元件有限公司
地址:安徽省芜湖市九华南路
邮编:241200
电话:0553/8313788、3022278
传真:8311838
网址:www. whzhongya. com
电子信箱:sale@ whzhongya. com
质量体系:ISO 9001
产品情况:(金耐牌)
环保型系列无石棉汽车制动片、工程机械制动盘及汽车制动轮缸
出口情况:远销美洲、欧洲、日本、韩国、中东、非洲、澳大利亚等多个国家和地区

★安徽中鼎精工技术有限公司
地址:安徽省宣城市经济技术开发区飞彩工业园
邮编:242000
电话:0563/2290004
传真:2290000
网址:www. zhongdinggroup. com
电子信箱:zwp@ zhongdinggroup. com
单位人数:1500
质量体系:ISO/TS 16949、ISO 10012
产品情况:主要生产各类五金制品和金属冲压件
配套情况:已经或正在开发的客户有:神龙汽车、海南马自达、北京万都、四川铃江昭和、凯纳雅玛、德国 ZF - BOGE、美国 TOWER、TENNECO 等

★安徽春晟机械有限公司
地址:安徽省广德经济开发区赵联路北
邮编:242200
电话:0563/6030322
传真:6030318、6030319
网址:www. ahcsjx. com
电子信箱:yhcfqp@ 163. com
质量体系:ISO/TS 16949
产品情况:减振器冲压件

★安徽中鼎橡塑制品有限公司
地址:安徽省宁国经济技术开发区
邮编:242300
电话:0563/4181800
传真:4181880
网址:www. zhongdinggroup. com
电子信箱:zwp@ zhongdinggroup. com
单位人数:1200
质量体系:ISO/TS 16949、ISO 14001
产品情况:汽车用塑料制品及其他橡塑制品、机械零件产品

★安徽中鼎胶管制品有限公司
地址:安徽省宁国经济技术开发区中鼎工业园
邮编:242300
电话:0563/4182055
传真:4181880
网址:www. zhongdinggroup. com
电子信箱:pixl@ zhongdinggroup. com
单位人数:600
质量体系:ISO/TS 16949
产品情况:汽车发动机冷却胶管、汽车转向系统、汽车燃油用胶管、涡轮增压胶管、制动软管等各类产品
配套及出口情况:主要客户有上汽通用、美国通用、上汽大众、武汉神龙、郑州日产等众多国内外的主机厂;为曼胡默尔、德国采埃孚、霍尼韦尔、康迪泰克等国外主要汽车零部件供应商配套

★中鼎金亚汽车管件制造有限公司
地址:安徽省宁国经济技术开发区中鼎工业园
邮编:242300
电话:0563/2165882
传真:4181880 - 6196
网址:www. zhongdinggroup. com
电子信箱:zwp@ zhongdinggroup. com
质量体系:ISO/TS 16949、ISO 14001
产品情况:中高档轿车汽车动力转向系统油管总成产品
配套情况:已开发上汽通用汽车有限公司包括 ZFSS、MANDO、DELPHI、TRW、豫北光洋、长城、长安、郑州日产、奇瑞、浙江青年、上汽大众等在内的重要主机厂和汽车制造厂家客户

★安徽中鼎减震橡胶技术有限公司
地址:安徽省宁国市经济技术开发区
邮编:242300
电话:0563/4185040
传真:4181880 - 6189
网址:www. zhongdinggroup. com
电子信箱:yuanji@ zhongdinggroup. com
质量体系:ISO/TS 16949、ISO 14001
产品情况:各种衬套、充液悬置、发动机悬置、顶端连接板、变速器悬置、扭振减振器、各类减振件和底盘用橡胶件
配套情况:为汽车主机厂配套

★安徽中鼎控股(集团)股份有限公司
地址:安徽省宁国市经济技术开发区
邮编:242300
电话:0563/4181800
传真:4181880
网址:www. zhongdinggroup. com
电子信箱:office@ zhongdinggroup. com
董事长:夏鼎湖
单位人数:16000
质量体系:ISO/TS 16949、ISO 14001
产品情况:(鼎湖牌)
主导产品是橡胶密封件和特种橡胶制品
配套及出口情况:为一汽集团、上汽大众、上汽通用、南京汽车集团、神龙汽

车、郑州日产、江铃汽车、江淮汽车配套;出口国外市场

★安徽中鼎密封件股份有限公司
地址:安徽省宁国市经济技术开发区
邮编:242300
电话:0563/4181800
传真:4181880
网址:www.zhongdinggroup.com
电子信箱:zwp@zhongdinggroup.com
负责人:夏鼎湖
单位人数:3500
质量体系:ISO/TS 16949、ISO 14001
产品情况:(鼎湖牌)
橡胶密封件和特种橡胶制品
配套及出口情况:为各大汽车主机厂配套;已打入欧美、日本等国际知名汽车公司的全球采购体系

★安徽中鼎泰克汽车密封件有限公司
地址:安徽省宁国市经济技术开发区
邮编:242300
电话:0563/4181800
产品情况:橡胶密封件、橡胶制品、汽车橡胶零部件

★宁国市正道橡塑零部件有限公司
地址:安徽省宁国市经济技术开发区钓鱼台路15号
邮编:242300
电话:0563/4186366
传真:4186355
网址:www.zhengdaoparts.com
电子信箱:sales@zhengdaoparts.com
质量体系:ISO 14000、ISO/TS 16949
产品情况:橡胶件、塑料件、五金制品
出口情况:出口欧洲、美洲

★宁国市中益车辆部件有限公司
地址:安徽省宁国市经济开发区
邮编:242300
电话:0563/4186589
传真:4186083
产品情况:专用汽车板簧支架、升降器、储气筒、簧压板等20多个品种的半挂车配件以及各类冲压、焊合件等产品
配套情况:为芜湖中集瑞江汽车、扬州中集通华汽车、安徽华菱汽车、安徽江淮扬天汽车等大中型企业配套汽车零部件、冲压件、锻造及焊合件

★安徽威德汽车零部件制造有限公司
地址:安徽省宁国市开发区外环西路138号
邮编:242300
电话:0563/4187362
传真:4187366、4187356
质量体系:ISO/TS 16949
产品情况:汽车整车、车桥、内燃机及变速器等用标准件、非标件及高强度螺栓、螺母
配套情况:为一汽、东风、华晨金杯、北奔重汽、曙光车桥、徐工集团、临工机械、山工机械、湖北车桥等企业配套

★宁国天运橡塑制品有限公司
地址:安徽省宁国市中溪镇凤凰工业区
邮编:242323
电话:0563/4676387、4676388
传真:4676389
网址:www.tyxs.cn
电子信箱:ty@tyxs.cn
质量体系:ISO/TS 16949
产品情况:汽车制动系列(总、分泵皮碗、皮圈、护罩等)、汽车减振系列(板簧衬套、摆臂衬套、发动机悬置等)、转向系列(球头防尘罩等)及矩形密封圈、O型圈、Y型密封圈以及无毒无味的绿色环保橡胶-硅胶产品等橡胶产品
出口情况:远销海外国家和地区

★安徽中意弹簧有限公司
地址:安徽省宁国市中溪镇工业集中区
邮编:242343
电话:0563/4690008
传真:4691111
电子信箱:zy@sinoitalyspring.com
质量体系:ISO/TS 16949
产品情况:汽车密封件用弹簧
出口情况:出口欧洲

★亚新科噪声与振动技术(安徽)有限公司
地址:安徽省宁国市中溪镇2000号
邮编:242344
电话:0563/4674815、4674800
传真:4674819、4674818
网址:www.asimco-ah.com.cn
电子信箱:johnw@asimco.com.cn
质量体系:ISO/TS 16949、ISO 14001
产品情况:年橡胶密封件生产能力达7亿件以上,千斤顶产品达300万台
配套及出口情况:国际客户有BOSCH、TENNECO、GM、HONEYWELL、BENDIX、BOMBARDIER、MAYTAG、KNORR、EMERSON、DANA等30余家国际化大公司;国内主要客户有神龙、东风日产、华晨、上汽通用五菱、奇瑞、吉利、比亚迪、重庆庆铃、东风汽车等主机厂,还为150余家一级零部件供应商配套;在美国、加拿大、比利时等国家建有10多个仓储中心

★杭州菲英汽车零部件有限公司
地址:安徽省黄山市黄山经济开发区百川路82号
邮编:245000
电话:0559/2168281、4001884498
传真:2168199
网址:www.hz-feiying.com
电子信箱:zzh@hz-feiying.com
单位人数:850
质量体系:ISO/TS 16949
产品情况:(Toughpro牌)
汽车制动器衬片,年产能力20000余t
配套情况:为一汽集团配套

★黄山奔马集团有限公司
地址:安徽省黄山市徽州区徽州东路168号
邮编:245061
电话:0559/3588200
传真:3588888
网址:www.benmagroup.com
单位人数:500
质量体系:ISO/TS 16949
产品情况:(HF牌)
汽车、摩托车离合器摩擦材料,主导产品有摩托车离合器片、分离蹄块
配套及出口情况 为多家摩托车离合器生产厂家配套;出口欧洲、美洲、东南亚

★安徽省中力汽车制动系统有限公司
地址:安徽省安庆市开发区罗冲工业园南环路
邮编:246001
电话:0556/5028888、4001800290
传真:5695305
网址:www.aqzlqi.com
电子信箱:aqzlqi@163.com
质量体系:ISO/TS 16949、ISO 14001
产品情况:汽车制动片
出口情况:远销南美洲、北美洲、中东、大洋洲等国际市场

★安庆谢德尔汽车零部件有限公司
地址:安徽省安庆市经济技术开发区3.9平方公里工业园24号区
邮编:246005
电话:0556/5305980
传真:5305990
网址:www.scherdel.com
电子信箱:info@asp.scherdel.com
质量体系:ISO/TS 16949
产品情况:汽车用工程弹簧;螺旋弹簧,3400万根/年 气门弹簧,2800万根/年;压缩弹簧,1000万根/年;发条弹簧,1000万根/年
配套情况:螺旋弹簧为ATG、MAHLE、CYPR、NAMY RKEN等配套;气门弹簧为上汽大众、大连大众、一汽-大众、福特、北汽、比亚迪、江淮、奇瑞等配套;压缩弹簧为博格华纳、TCG Unitech、比亚迪等配套;发条弹簧为博格华纳、依纳、HILITE等配套

★安徽利达汽车轴承制造有限公司
地址:安徽省潜山县综合经济开发区
邮编:246300
电话:0556/8933511
传真:8921939
电子信箱:xldbearing@sohu.com
质量体系:ISO 9001
产品情况:(XLD牌)
外球面轴承(UC、UEL、UB、UE、UK、UD、RB SER系列)及带座轴承、不

锈钢球面及带座轴承、七类和深沟球汽车非标轴承、电动机轴承
出口情况：出口欧洲、非洲、东南亚 20 多个国家和地区

★安徽义富汽车零部件有限公司
地址：安徽省枞阳汽车零部件工业园
邮编：246725
电话：0556/2027900、2028901
传真：2027909
网址：www.ahyifu.com.cn
电子信箱：wuyifu680210@163.com
质量体系：ISO 9001
产品情况：汽车玻璃密封条、发动机支撑垫块总成、挡泥板组合件等
配套情况：为江淮汽车配套

福建省

★福建福兴润滑油有限公司
地址：福州市东门溪口 77 号
邮编：350011
电话：0591/87313321
传真：87336424
网址：www.ulube.net
电子信箱：universal@universal.163.com
质量体系：ISO 9001
产品情况：润滑油、润滑脂、特种润滑油

★立洲（福建）弹簧有限公司
地址：福州市闽侯县祥谦工业区
邮编：350112
电话：0591/22278661
传真：22278675
网址：www.lizhou.com
电子信箱：sales@lizhou.com
质量体系：ISO/TS 16949
产品情况：（立洲牌、康山牌）
各种弹簧及五金配件
配套情况：为 ABB、艾默生、西门子、一汽丰田、松下、索尼、比亚迪等知名厂商配套

★福州帝都橡胶有限公司
地址：福州市闽侯县青口投资区
邮编：350119
电话：0591/22783256
传真：22783257
网址：www.teito-rubber.co.jp
电子信箱：yiling@teito-rubber.com
质量体系：ISO/TS 16949
产品情况：小轿车用的橡胶管、产业机器设备用的橡胶管
配套情况：为日产尼桑供货

★福州福裕橡塑工业有限公司
地址：福州市闽侯县青口投资区
邮编：350119
电话：0591/22761051
传真：22761050
网址：www.toyoda-gosei.com
电子信箱：fuyue@pub5.fz.fj.cn
质量体系：ISO 14001、ISO/TS 16949
产品情况：密封条全系列产品：车门密封条、车门框密封条、车门玻璃导槽、行李舱密封条、发动机罩密封条等
配套情况：为日本丰田汽车、天津一汽丰田汽车、四川一汽丰田汽车、日本本田汽车、东风本田汽车、东南（福建）汽车、沈阳金杯汽车配套

★福州富全橡胶有限公司
地址：福州市闽侯县青口投资区
邮编：350119
电话：0591/87013688
传真：22760018
网址：www.fupen.com
电子信箱：fupen@pub3.fz.fj.cn
质量体系：QS 9000、ISO 9002
产品情况：（FFCR 牌、FPR 牌）
异形胶管、防振橡胶、高压油管、发泡橡胶等
配套情况：为东南汽车配套

★颖明（福州）标准件企业有限公司
地址：福州市闽侯县青口镇东南汽车城
邮编：350119
电话：0591/22760101
传真：22760103
网址：www.ymhiten.com.tw
电子信箱：fym@ymhiten.com.tw
法人代表：刘文村
质量体系：ISO/TS 16949
产品情况：各种汽车标准件

★爱沃特玛鉿橡胶制品（福建）有限公司
地址：福建省福清市融侨经济技术开发区宏路镇大埔
邮编：350301
电话：0591/85382971
传真：85380949
网址：www.fjkansai.com
电子信箱：tianjin@awimach.com
质量体系：ISO/TS 16949、ISO 14001
产品情况：橡胶密封制品

★福建冠良汽车配件工业有限公司
地址：福建省福清市融侨开发区福玉北路
邮编：350301
电话：0591/85375258、85375353
传真：85375861
网址：www.guanlean.com
电子信箱：marketing@guanlean.com
单位人数：500
质量体系：ISO/TS 16949、QS 9000
产品情况：（冠良牌）
汽车制动片和离合器面片等，年产鼓式制动片 1 万 t、盘式制动片 300 万套、制动蹄总成 30 万套、离合器面片 1000 万片
配套及出口情况：主要客户：上汽通用、上汽通用五菱、北汽福田、长安汽车、奇瑞汽车、比亚迪汽车、吉利汽车、浙江众泰、长城汽车、力帆汽车、重庆渝安、山东莱动、金旅客车、上海申龙、陕西重卡、北方奔驰、金龙客车、黄海客车、宇通客车、东风、一汽、永力泰、湖南中联重科等；出口美洲、中东等地区

★福州新信制动系统有限公司
地址：福建省福清市洪宽工业村洪宽大道 13 号
邮编：350323
电话：0591/88516751
传真：88516750
网址：www.assuredbrake.com
电子信箱：sales@assuredbrake.com
单位人数：220
质量体系：ISO/TS 16949
产品情况：汽车、摩托车盘式制动片，汽车、摩托车鼓式制动片，重型工业机械制动片，工业机械用离合器片等
配套情况：为一汽轿车、三菱、东风、东南汽车、郑州日产、长城汽车、东风启辰、华泰汽车、福田汽车、华晨金杯、众泰汽车等配套

★福州华宇密封材料有限公司
地址：福州市闽清县潭口工业区
邮编：350811
电话：0591/22373859
传真：22373369
网址：www.fjhuayu.com
电子信箱：huayu@fjhuayu.com
质量体系：ISO 9001
产品情况：（HENG YU 牌）
各种胶黏剂
出口情况：出口北美洲、欧洲、东南亚等地区，并销往中国香港、中国澳门、中国台湾地区

★福建华日汽车配件有限公司
地址：福建省福安市东泰路 50 号
邮编：355000
电话：0593/6067588、6583348
传真：6338966
网址：www.fjhuari.com
电子信箱：brake@fjhuari.com
法人代表：林梅生
负责人：苏美珍
单位人数：180
质量体系：ISO/TS 16949、ISO 9001
产品情况：（华日牌）
汽车用盘式制动片、鼓式制动蹄、摩托车来令片
出口情况：80% 的产品远销美洲、欧洲、中东、东南亚等地区

★福建霞浦宏泰制动工业有限公司
地址：福建省霞浦县三沙镇甲头顶 1 号
邮编：355101
电话：0593/8672793、13328299177
传真：8672797
网址：www.xp-hongtai.com
电子信箱：sun@xp-hongtai.com
质量体系：ISO 9001

产品情况：（奔士达牌）
各类轿车制动盘，年产盘式片 100 万套
出口情况：出口北美洲、中东、欧洲、中南美洲

★福建正阳汽车部件有限公司
地址：福建省霞浦县三沙镇奇沙 176 号
邮编：355101
电话：0593/8690668、8672888
传真：8666688
网址：www.joyyoung.cn
电子信箱：brakepad@21cn.com
质量体系：QS 9000、ISO 9001
产品情况：（正阳牌、JOYYOUNG 牌）
具有年产各种汽车盘式片 500 万套、鼓式制动片蹄块 100 万套、鼓式制动片 2000 万 t
配套及出口情况：与汽车生产厂家配套；远销欧洲、美洲、中东、东南亚等地区

★霞浦县制动材料总厂
地址：福建省霞浦县三沙镇奇沙 176 号
邮编：355101
电话：0593/8662070、13328295899
传真：8663688
网址：www.xpzd.cn
电子信箱：jiansha318@263.net
质量体系：ISO 9001
产品情况：（剑鲨牌）
石棉、无石棉摩托车制动片、汽车盘式制动片、汽车鼓式制动片、汽车鼓式制动蹄块等，具有年生产摩托车制动片 2000t、汽车制动器衬片 3000t 的能力
出口情况：出口欧洲、中南美洲、中东、东南亚等地区

★厦门百吉机电有限公司
地址：福建省厦门市湖里区高殿怡盛工业大厦
邮编：361006
电话：0592/6021502、6021278
传真：5752071、6021623
网址：www.xmbaiji.cn
电子信箱：13906025660@139.com
单位人数：50
质量体系：ISO 9001、QS 9000
产品情况：（百吉牌）
车用密封条、内外装饰条、各种橡塑模压注塑杂件等
配套情况：为北方车辆厂、安凯客车、金龙联合、厦门金龙、宇通客车、昌河汽车等配套

★厦门立洲五金弹簧有限公司
地址：福建省厦门市前埔工业区前埔路 496－500 号
邮编：361008
电话：0592/5024796、5024797
传真：5024298
网址：www.lizhou.com
电子信箱：sales@lizhou.com
质量体系：ISO/TS 16949、ISO 14001
产品情况：精密弹簧、弹性元器件与冲压件等
配套及出口情况：主要客户包括北京西门子、松下电器、灿坤实业、ABB、厦华电子、万利达电子、厦门进雄、厦门建松、厦杏等；出口欧美、东南亚地区

★厦门诺瑞特实业有限公司
地址：福建省厦门市思明区七星西路 1 号七星一号大厦 19 楼
邮编：361012
电话：0592/5333710、4000433339
传真：5332421
网址：www.san－dao.com.cn
电子信箱：xmsd@san－dao.com.cn
质量体系：ISO/TS 16949、ISO 14001
产品情况：（三道牌）
密封胶、胶袋
配套情况：客户有上汽集团、中车集团、广汽集团、山东重工、郑州宇通、厦门金龙、厦门金旅、苏州金龙、桂林大宇、厦工集团、上海申沃客车等知名企业

★厦门固特友橡胶股份有限公司
地址：福建省厦门市集美北部工业区天凤路 85－89 号
邮编：361021
电话：0592/6060080
传真：6101039
电子信箱：marking@xmgoodwill.com
质量体系：ISO/TS 16949
产品情况：燃油管、供油管、溢油管、油泵油管、电喷管、散风器填充器、排水管、旁路软管、真空管、排气管、传动箱通气管、pvc 管、二次补气管、asv 管等
配套情况：为广汽三菱、东风柳汽、本田、林海股份、一汽海马、钱江摩托、雅马哈、隆鑫、华南飞鹰、东风裕隆配套

★泛科轴承集团有限公司
地址：福建省厦门市集美北部工业区莲塘路 71－87 号
邮编：361021
电话：0592/6689011、6689010
传真：6689009、6689001
网址：www.fk－bearing.com
电子信箱：fk@fk－bearing.com
质量体系：ISO 9001、ISO 14001
产品情况：（FK 牌、FKT 牌、MSB 牌）
年产销带座轴承、关节轴承、方孔轴承、电动机轴承、中心支撑轴承及总成、汽车轴承修理包等各类轴承 2200 万套
出口情况：65% 的产品出口 65 个国家和地区

★厦门金连兴橡胶有限公司
地址：福建省厦门市集美区北部工业区天阳路 67－71 号
邮编：361021
电话：0592/6100365、6100366
传真：6100368
电子信箱：info@chinlan.com
质量体系：QS 9000
产品情况：减振橡胶、迫紧橡胶、化油器接头、脚踏杆、空气管、水管、护套、制动系统等
配套情况：为中国台湾雅马哈、重庆建设雅马哈、株洲雅马哈、苏州雅马哈、中国台湾三阳、厦杏三阳、湖南光阳、常州光阳、华南飞鹰、嘉陵本田、新大洲本田、联统（ATV）、金峰（ATV）、合骐（ATV）、雍御（ATV）、宏佳、东南汽车配套

★厦门恒耀金属有限公司
地址：福建省厦门市集美区天凤路 75－83 号
邮编：361021
电话：0592/7118555、7118777
传真：6060197
网址：www.boltun.com.cn
电子信箱：boltunsc@xmboltun.com
质量体系：ISO/TS 16949
产品情况：螺栓

★华懋（厦门）新材料科技股份有限公司
地址：福建省厦门市集美区后溪镇苏山路 69 号
邮编：361022
电话：0592/6228330
传真：6228318
网址：www.hmtnew.com
电子信箱：hmt_info@hmtnew.com
质量体系：ISO/TS 16949
产品情况：汽车安全气囊布、夹网布、帆船布、防弹布等工业用布

★厦门市金汤橡塑有限公司
地址：福建省厦门市同安工业集中区马垵路 5 号
邮编：361100
电话：0592/5743817
传真：5742480
网址：www.kingtom.com.cn
电子信箱：sale－4@kingtom.com.cn
质量体系：ISO 9001
产品情况：（金汤（KINGTOM）牌）
汽车空气管橡胶制品、汽车线束橡胶制品、汽缸垫、汽车灯具等
出口情况：远销 20 多个国家和地区

★泉州市建盛机械配件厂
地址：福建省泉州市北峰工业区 3 号地块
邮编：362000
电话：0595/22886462
传真：22896422
质量体系：ISO 9001、QS 2000
产品情况：（建彬精工牌）
各种汽车发动机胶垫、驾驶室胶垫、传动轴胶垫及各种减振胶垫、冲压件等
配套及出口情况：为多家汽车厂定点配

套；远销东南亚、美国、加拿大、欧洲等国家和地区

★泉州市通成机械发展有限公司
地址：福建省泉州市高新技术园区紫新路
邮编：362000
电话：0595/22429922、22429933
传真：22429911
网址：www. cnqztc. com
电子信箱：maria@ cnqztc. com
质量体系：ISO 9001、ISO 14001
产品情况：（阳风牌、胜利牌、奇劲牌、YSK 牌、TCMK 牌、TKT 牌）
　　各种进口、国产轮胎螺栓
配套及出口情况：与山东临沂工程机械、贵州高强度螺栓厂、贵州航天车桥、一汽山东改装厂、福建畅丰车桥等多家企业配套；远销东南亚多个国家

★泉州市鲤城联发机械配件有限公司
地址：福建省泉州市江南树兜工业区 C 座 1－5 号
邮编：362000
电话：0595/22426087、22455086
传真：22455769
网址：lfchina. com
电子信箱：lf@ lfchina. com
质量体系：ISO 9001
产品情况：（益捷牌、LF 牌、重联牌、LANTECH 牌）
　　橡胶接头总成、高强度螺栓等
配套情况：为一汽集团、东风汽车公司、柳汽等配套

★泉州市闽辉机械工贸有限公司
地址：福建省泉州市江南下店街 16 号
邮编：362000
电话：0595/22428958、22453085
传真：22459558
电子信箱：qzmhjx@ 163. com
质量体系：ISO 9001
产品情况：（闽辉牌）
　　履带板螺栓、齿块螺栓、刀角螺栓、链销、链通、斗轴、斗轴套、斗齿销等各种工矿机械配件及各种车型（重型车、中型车）轮胎螺栓、钢板 U 型螺栓等系列汽车底盘零部件
出口情况：远销东南亚、欧洲、美洲

★泉州昌隆汽车配件工业有限公司
地址：福建省泉州市金山新村北区 14 幢 103 室
邮编：362000
电话：0595/22067958、22384543
传真：22382166
电子信箱：lucky@ public. qz. fj. cn
质量体系：ISO/TS 16949
产品情况：（昌隆牌、SSK 牌）
　　鼓式制动片、盘式制动片、蹄铁、离合器面片等
配套情况：为北方车辆制造厂、厦门金龙、东风日产柴、厦门金旅、东风车桥等配套

★福建田中机械科技股份有限公司
地址：福建省泉州市鲤城区常泰街道五星社区
邮编：362000
电话：0595/22351186、22351187
传真：22459382
电子信箱：tzmfcl@ vip. sina. com
质量体系：ISO/TS 16949、ISO 9001
产品情况：（TAB 牌）
　　各种车型的扭力杆胶芯（套）、发动机胶垫、防尘套、备胎架、修理包及其他橡胶制品
配套情况：为北奔重汽、东风商用车配套

★泉州鲤城新星汽配厂
地址：福建省泉州市鲤城区常泰新宅工业区
邮编：362000
电话：0595/22429782、28881288
传真：28106678
网址：www. lcxinxing. com. cn
电子信箱：lcxinxing@ 163. com
质量体系：ISO 9002
产品情况：（新星牌、生利星牌）
　　汽车中间传动轴支架总成、橡胶制品、铁冲配件、离合器拨叉等
出口情况：出口中东、东南亚、欧洲、美洲等地区

★福建省泉州市盈盛汽配有限公司
地址：福建省泉州市鲤城区江南斗南五星兴业东路 4 号
邮编：362000
电话：0595/22428989、22428282
传真：22429898、22452869
电子信箱：mok@ mokcn. com
质量体系：ISO 9001
产品情况：（MOK 牌）
　　油封、汽车密封件及缓冲件
配套情况：为重汽集团、上海振华港机集团、青岛约克运输设备等配套

★泉州市奇盛汽车配件有限公司
地址：福建省泉州市鲤城区江南下店工业区
邮编：362000
电话：0595/22422585、13805994649
传真：22472585
电子信箱：qxauto@ tom. com
质量体系：ISO/TS 16949
产品情况：（双人牌）
　　各种汽车高强度 U 型螺栓、中心螺栓、推杆螺栓、钢板销、轮胎螺栓、螺母、大王销、扭力胶心、转向节修理包、离合器分离杠杆总成等
配套情况：为东风汽车、北汽福田、杭州日产柴等配套

★泉州金固胶业有限公司
地址：福建省泉州市鲤城区树兜北路 178 号
邮编：362000
电话：0595/22458855、22469966
传真：22422899
网址：www. jin－gu. com
电子信箱：jingu@ jin－gu. com
质量体系：ISO 9001、ISO 14001
产品情况：（金固（JINGU）牌）
　　胶黏剂

★泉州双德盛交通器材有限公司
地址：福建省泉州市南安霞美镇埔当工业区
邮编：362000
电话：0595/22182788、26669987
传真：26669997
网址：www. qzsds. com
电子信箱：shuangdesheng@ 163. com
质量体系：ISO 9001
产品情况：（双德盛牌）
　　重型车制动片及冲床、机床等机械设备摩擦片

★泉州市福星机械制造有限公司
地址：福建省泉州市南环路七号段
邮编：362000
电话：0595/22427728
传真：22427728
网址：www. fjfuxing. cn
电子信箱：info@ fjfuxing. cn
质量体系：ISO 9001
产品情况：扭力胶芯、扭力杆总成、发动机胶垫、备胎架、修理包及各种塑胶制品等
配套及出口情况：为数家知名汽车企业配套；部分产品出口

★泉州超亨汽车配件有限公司
地址：福建省泉州市新门外黄石工业区
邮编：362000
电话：0595/22456567、22459312
传真：22472737
网址：www. china－chaoheng. com
电子信箱：ch@ china－chaoheng. com
质量体系：ISO 9001
产品情况：（超亨牌）
　　各种汽车转向节修理包、后轮胎螺栓、传动轴支架总成、高强度螺栓及各种橡胶产品、底盘件等
配套及出口情况：为部分主机企业配套；出口多个国家和地区

★泉州市现代汽车配件有限公司
地址：福建省泉州市鲤城区下店工业区下部路 7 号
邮编：362006
电话：0595/28206666
传真：28834666
网址：www. ubt. hk
电子信箱：xiandaiqp@ 126. com
单位人数：127
质量体系：ISO 9001、GB/T 24001

产品情况：（福泽牌、选泽牌、优博特牌、UBT 牌）

高强度汽车底盘紧固件螺栓、钢板 U 型螺栓、高强度轮胎螺栓、中心螺栓、防松螺栓、螺母等系列汽车底盘配件

配套情况：为云南力帆骏马、厦门金龙、长春汽车改装、东风汽车股份、北奔重型、内蒙古北方重型汽车、山西大运、南京徐工、河北长征、湖北合力特种车、湖南飞涛专用车、山东梁山通亚汽车、中国重汽集团泰安五岳专用车、湖北楚胜专用车等企业供货

★泉州市德源轴承实业有限公司

地址：福建省泉州市洛江区河市镇溪浦工业区

邮编：362013

电话：0595/28022588、28022688

传真：28023366、28023388

网址：www. ldk－bearings. com

电子信箱：ljx@ ldk－bearings. com

质量体系：ISO 9001、ISO 14001

产品情况：（LDK 牌）

各型轴承

出口情况：远销 10 多个国家和地区

★泉州万潮汽配有限公司

地址：福建省晋江市西滨镇 73311 部队工业区

邮编：362200

电话：0595/85661552、85852088

传真：85661890

电子信箱：qzwcqp@ qzwcqp. com

质量体系：ISO 9001

产品情况：（万潮牌）

螺栓、紧固件、标准件

配套情况：为多家汽车制造厂、车桥厂配套

★福建励精汽配有限公司

地址：福建省晋江市安东工业园区（安东园）

邮编：362200

电话：0595/85526611

传真：85532299

电子信箱：13655919922@ 163. com

质量体系：QS 9000、ISO 9001

产品情况：（励精（LJ）牌）

各种高强度载货汽车车轮螺栓

出口情况：畅销东南亚、欧美等地区，并销往中国台湾地区

★福建省恒润机械配件有限公司

地址：福建省晋江市磁灶镇太昌工业区

邮编：362200

电话：0595/85859111

电子信箱：fjhengrun@ 163. com

质量体系：ISO 9001、ISO 14001

产品情况：汽车 U 型螺栓、传动轴总成、消声器等

配套及出口情况：为中国重汽配套；出口东南亚

★晋江市汉威紧固件制造有限公司

地址：福建省晋江市东石镇塔头孙工业区

邮编：362200

电话：0595/85525373、85585949

传真：85537373

电子信箱：sxj85585949@ 126. com

质量体系：ISO 9001

产品情况：（汉威牌）

螺母、螺栓等紧固件

出口情况：远销德国、美国、英国、日本、东南亚等国家和地区

★晋江市一指王汽车配件有限公司

地址：福建省晋江市罗山街道许坑东区 38 号

邮编：362200

电话：0595/88185564、88158668

传真：88199561

电子信箱：yongngboss2008@ 163. com

质量体系：ISO 9001

产品情况：（一指王牌、A＋A 牌）

各种车型专用的弓板 U 型螺栓、轮胎螺栓、聚氨酯扭力胶芯等

出口情况：远销东南亚等地区

★德信（福建）机械有限公司

地址：福建省泉州经济技术开发区官桥园区德信工业园

邮编：362200

电话：0595/85682592、85677652

传真：85607791

电子信箱：fjdexin@ hotmail. com

质量体系：ISO 9001

产品情况：（飞翔鸟牌）

各种型号的轮毂螺栓总成和扭力胶芯

配套及出口情况：为多家标准件厂及车桥厂配套；出口马来西亚、新加坡、印度尼西亚、越南、泰国、缅甸、柬埔寨、韩国、菲律宾、巴基斯坦、印度、伊朗、伊拉克、埃及、叙利亚、保加利亚、罗马尼亚、阿尔巴尼亚、南非、尼日利亚、埃塞俄比亚、塞内加尔、加纳、土耳其、芬兰、波兰、德国、法国、西班牙、加拿大、美国、阿根廷、厄瓜多尔、秘鲁、巴西、智利、玻利维亚等国家，并销往中国台湾地区

★晋江市益泰汽车配件厂

地址：福建省晋江市新塘沙塘工业区

邮编：362212

电话：0595/88197713、88187713

传真：88186612

网址：www. qzyitai. com

质量体系：ISO 9001

产品情况：U 型螺栓、制动蹄铁、轴头螺母

★晋江粉末冶金制品有限公司

地址：福建省晋江市安海镇龙山西路 2 号

邮编：362261

电话：0595/85786427、85708061

传真：85787173

网址：www. jjpmp. com

单位人数：135

质量体系：ISO 9001

产品情况：（晋江牌）

各种汽车、摩托车、工程机械用制动片及各种粉末冶金结构件

配套及出口情况：是军工产品定点配套厂；出口美国、东南亚、中东等国家和地区

★晋江市阳光汽车配件有限公司

地址：福建省晋江市五里高科技工业园区

邮编：362263

电话：0595/86513311、86513322

传真：85739260、85208988

质量体系：ISO 9001

产品情况：（枫标牌、力量牌）

汽车轮胎螺栓、转向节主销、U 型螺栓、传动轴支架总成、拉杆接头总成、备胎架升降器、同步器、齿轮、万向节叉等

出口情况：出口东非、美洲、欧洲、东南亚等地区

★福建省华盖机械制造有限公司

地址：福建省南安市大霞美滨江机械装备制造基地金河大道 11 号

邮编：362302

电话：0595/22455257

传真：22459696

网址：www. china－huagai. com

电子信箱：hg@ china－huagai. com

单位人数：500

质量体系：ISO/TS 16949

产品情况：（华盖片、新盖牌、AFB 牌）

各种汽车紧固件螺栓

配套及出口情况：为一汽山东改装厂、东风德纳车桥、青特众力车桥、山东临沂工程机械等厂家配套；远销巴西、韩国、澳大利亚、俄罗斯、东南亚、中东、非洲等国家和地区

★泉州力泰汽车配件制造有限公司

地址：福建省南安市霞美镇滨江汽配与机械产业基地

邮编：362302

电话：0595/26885566、22454529

传真：26885577、22454539

网址：www. jxqp. cn

电子信箱：13548167@ qq. com

质量体系：ISO 9001

产品情况：（捷信牌、重汽牌、力峰牌）

汽车轮胎螺栓、螺母、标准件等高强度紧固件

出口情况：出口东南亚、中东、欧洲、美洲

★福建莱克石化有限公司

地址：福建省南安市梅山工业区

邮编：362321

电话：0595/86588901、4001619901

传真：86585036

网址:www. chinalaike. com
电子信箱:2055057062@ qq. com
董事长:李振生
质量体系:ISO/TS 16949、ISO 14001
产品情况:(莱克牌)
汽车制动液、润滑油等
配套情况:为一汽集团、东风汽车公司、南京汽车集团、天津一汽夏利、厦门金龙、江淮汽车、郑州宇通、重汽集团、聊城中通、桂林客车、羊城汽车、广东南海、成都客车、汉中客车、武汉富城、三江雷诺等配套

★福建省通恒机械制造有限公司
地址:福建省南安市滨江机械装备基地锦堂西路3－33号
邮编:362333
电话:0595/22423552、15159597151
传真:22424552
网址:www. fjtongheng. com
电子信箱:admin@ fjtongheng. com
质量体系:ISO 9001
产品情况:(福见牌、TC牌)
紧固件、骑马螺丝、销轴、扭力胶芯、转向拉杆球头
配套及出口情况:为一汽、东风、重汽主机配套;远销东南亚地区

★泉州市锦汽机械配件有限公司
地址:福建省泉州市南安大霞美滨江工业区
邮编:362333
电话:0595/26968869、26889852
传真:26889851
网址:www. jqjixie. cn
电子信箱:fushuisheng@ jqjixie. cn
质量体系:ISO 9001
产品情况:(锦强牌、华亿牌、JIALI牌)
各种国内外重车型轮胎螺栓、高强度紧固件螺栓等
出口情况:远销欧美、东南亚、中东、非洲等地区

★泉州市欧美润滑油制品有限公司
地址:福建省泉州市南安水头五里桥工业区
邮编:362342
电话:0595/86997588、86997688
传真:86997889
质量体系:ISO 9001、ISO 14001
产品情况:(欧美牌)
润滑油
出口情况:出口新加坡、泰国、印度尼西亚、马来西亚、印度、斯里兰卡等国家

★福建省鑫橡龙橡塑制品有限公司
地址:福建省漳州市角美镇龙池开发区龙池大道
邮编:363000
电话:0596/6267518
传真:6267528
电子信箱:itn12345@ 163. com
质量体系:ISO 9000、ISO 14000
产品情况:暖水管、水箱、硅胶管、油管
配套情况:与厦门金旅、上海申龙、厦工集团、中国龙工、盐城中威集团、汉阳汽车厂、福建汽车厂、力佳柴油机厂、福建龙溪、龙马、龙江集团配套

★福建龙溪轴承(集团)股份有限公司
地址:福建省漳州市腾飞路388号
邮编:363000
电话:0596/2072156
传真:2051934
网址:www. ls. com. cn
电子信箱:ls@ ls. com. cn
董事长:曾凡沛
质量体系:ISO/TS 16949、ISO 14001
产品情况:(LS牌)
轴承、齿轮、变速器、汽车零部件

★福建鑫展旺集团有限公司
地址:福建省漳州市新华北路33号嘉华大厦3楼
邮编:363000
电话:0596/2025555、2066083
传真:2069898
网址:www. fjxzw. com
电子信箱:xzw2943503@ 163. com
董事长:谢平展
质量体系:ISO/TS 16949、ISO 14001
产品情况:(鑫展旺牌)
汽车漆、汽车电子等
配套情况:为几十家汽车制造企业配套

★福建省永安轴承有限责任公司
地址:福建省永安市埔岭路699号
邮编:366000
电话:0598/3607100、3635786
传真:3634884、3607086
网址:www. yazc. com. cn
电子信箱:yazc@ yazc. com. cn
质量体系:ISO/TS 16949、ISO 14001
产品情况:(飞捷(FJ)牌)
公、英制圆锥滚子轴承、汽车轮毂轴承单元、圆柱滚子轴承、叉车门架轴承、深沟球轴承、AG轴承、非标产品等
出口情况:远销美国、欧洲、大洋洲、南美洲、东南亚等国家和地区

江西省

★南昌汽缸垫厂
地址:南昌市湾里区紫清路5号
邮编:330004
电话:0791/83760453
传真:83760543
电子信箱:ncqgdswy@ nc. jx. cn
质量体系:ISO/TS 16949、QS 9000
产品情况:内燃机汽缸垫及各类平面密封垫片
配套情况:为一汽集团、玉柴、江铃汽车、北汽福田、南柴、扬柴、大柴、锡柴、朝柴、成发等配套

★南昌辉门密封件系统有限公司
地址:南昌市昌北经济技术开发区松林大道921号
邮编:330013
电话:0791/83802221、83804167
传真:83802494
电子信箱:liping－xiong@ fmochina. com
质量体系:ISO/TS 16949、QS 9000
产品情况:(培英牌)
非石棉、石墨和多层金属垫片,产品包括汽缸垫、大修包和密封件,年产能力320万片
配套情况:为江铃五十铃、一汽集团、一汽轿车、神龙汽车、上汽通用、东风康明斯、东南汽车、广汽三菱配套

★南昌波纹金属软管实业有限责任公司
地址:南昌市青山湖区顺外路658号湖坊工业园A区5栋
邮编:330029
电话:0791/88297766
传真:88295539
电子信箱:ncbwg@ 163. com
质量体系:ISO/TS 16949
产品情况:汽车排气管用金属波纹软管

★江铃铸造厂
地址:南昌市迎宾中大道1299号
邮编:330052
电话:0791/85260528
传真:85273295
电子信箱:jlzz@ 126. com
质量体系:ISO/TS 16949、ISO 14001
产品情况:发动机铸件及车用薄壁高强度灰铁和球铁铸件
配套及出口情况:为东风本田、福建台亚公司等配套;出口日本ISM、美国TRELLEBORG、意大利RCM、巴西DANA、印度MAHINDRA等海外市场

★江西远成汽车技术股份有限公司
地址:南昌市新建县望城新区璜溪大道168号
邮编:330100
电话:0791/83675505
传真:83675519
网址:www. jx－yuancheng. com
电子信箱:jx－yuancheng@ jx－yuancheng. com
质量体系:ISO/TS 16949
产品情况:汽车空气悬架、汽车钢板、紧固件、U型螺栓、车架
出口情况:远销欧美、东南亚等地区

★江西江铃有色金属压铸有限公司
地址:南昌市南昌县小蓝经济开发区富山三路518号
邮编:330200
电话:0791/82135086、82135080
传真:82135055、82135089
电子信箱:hujb@ jxjlyz. com
质量体系:ISO/TS 16949、QS 9000

产品情况:汽车用发动机、变速器等铝合金铸件

★江西富明弹簧制造有限公司
地址:南昌市小蓝工业园金沙一路南168号
邮编:330200
电话:0791/85950988、85950333
传真:85950966、85950980
电子信箱:jxfmsy@163.com
质量体系:ISO/TS 16949
产品情况:专业生产弹簧,主要用于汽车离合器、减振器、气门
配套及出口情况:主要配套国内、外OEM主机市场;出口美国、加拿大、英国、德国、印度等国家

★江西久安铆钉有限公司
地址:江西省进贤县温圳镇环行路29号
邮编:331721
电话:0791/85548927、13870655506
传真:85548818
网址:www.jxjiuan.com
电子信箱:jxjiuan@jxjiuan.com
单位人数:130
质量体系:ISO/TS 16949、QS 9000
产品情况:(久安牌)
汽车车架用的半圆头铁铆钉、支撑限位铆钉;年生产各种铆钉可达10亿件
出口情况:出口东南亚、欧洲、美洲、非洲等地区

★瑞昌市人民冲压有限公司
地址:江西省瑞昌市人民北路138号
邮编:332200
电话:0792/4226625、4227292
传真:4221403
网址:www.rmcy.com
电子信箱:jjrmcy@vip.163.com
质量体系:ISO/TS 16949
产品情况:各类冲压件及焊合件,如碗形塞、防尘盖、支架等
配套及出口情况:为江铃陆风、成都发动机、保定长城皮卡、四川开维内燃机等配套;远销欧洲、美洲等地区

★江西景航航空锻铸有限公司
地址:江西省景德镇市陶瓷科技园唐英大道景航路一号
邮编:333039
电话:0798/2816917、2693160
传真:2816917
网址:www.jinghang.com.cn
电子信箱:3347@jinghang.com.cn
质量体系:ISO/TS 16949、ISO 9001
产品情况:[景航(jinghang)牌]
普通碳钢、不锈钢、合金钢、铝合金、钛合金、镁合金等锻件;汽车安全带压铸件、空调压缩机体等铸件;客车、轿车、微型车不锈钢车窗和窗框、消声器、散热器、保险杠、座椅等型材产品;锻模、精锻模、辊压模、冷冲模、铸模、压塑模、注射模等模具
配套情况:主要合作企业有沈飞、哈飞、西飞集团、成飞集团、洪都集团、昌飞集团、GE、西屋、DBT、昌河汽车、江淮汽车、江铃汽车等

★宜春英龙橡胶有限公司
地址:江西省宜春市经济开发区工业北大道
邮编:336000
电话:0795/3576396、3576389
传真:3556666
电子信箱:ycylxj01@163.com
质量体系:ISO/TS 16949、QS 9000
产品情况:各类汽车软管、异形管及橡胶杂件
配套及出口情况:为一汽集团、东风、哈飞、昌河、江铃、上汽通用五菱、华泰现代、长沙中联重科、三一重工、丹东黄海、厦门金龙等配套;出口欧美和东南亚市场

★江西江锻重工有限公司
地址:江西省新余市分宜县城东工业园新城大道6号
邮编:336600
电话:0790/5887746
传真:5883604
网址:www.jxyunliang.com
质量体系:ISO/TS 16949
产品情况:各种锻件,年产优质锻件15000t
配套情况:为江铃汽车、丹东曙光集团、沈阳辽中航空部件制造公司等配套

★江西新余绿洲橡塑有限公司
地址:江西省新余市分宜县宜城西工业园丹桂路
邮编:336600
电话:0790/5881751、5890809
传真:5881448
质量体系:ISO/TS 16949、ISO 9001
产品情况:汽车及摩托车塑料件
配套情况:为南京依维柯、重汽集团、江铃汽车、长安汽车配套

★江西省萍乡市三善机电有限公司
地址:江西省萍乡市高新技术工业园北区3号
邮编:337000
电话:0799/6796558、6796557
传真:6796556
网址:www.sunshinal.com
电子信箱:helen@sunshinal.com
质量体系:ISO/TS 16949
产品情况:喷嘴环、密封环、浮动轴承
出口情况:出口欧美多个国家和地区

★赣州禾盈通用零部件有限公司
地址:江西省赣州市章贡区沙河工业园金盆山路禾盈工业园
邮编:341000
电话:0797/8487089
传真:8487398
网址:www.heyingcn.com
质量体系:ISO/TS 16949
产品情况:汽车关键塑料部件、塑料汽车扣具以及其他汽车注塑产品

★江西元邦摩擦材料有限责任公司
地址:江西省定南县建设东路96号
邮编:341900
电话:0797/4282969、4282592
传真:4282585
质量体系:ISO/TS 16949、ISO 9001
产品情况:(元邦牌)
制动片

山东省

★济南量子动力石油化工有限公司
地址:济南市天桥区308线201号
邮编:250001
电话:0531/88096677、4006760667
传真:88096677
网址:www.qtpower.com.cn
电子信箱:lzdl@qtpower.com.cn
质量体系:ISO 9001
产品情况:(量子动力牌)
汽油机油、柴油机油、辅助油液

★济南车仆特种油品有限公司
地址:济南市市中区经十西路220国道旁临杜家庙
邮编:250022
电话:0531/87588826、87588999
传真:87984697
网址:www.chepatzyp.cn
电子信箱:78449691@qq.com
质量体系:ISO 9001
产品情况:(金一统牌)
车用发动机油、齿轮油、液压油、传动液、汽轮机油、润滑脂、防冻液、发动机养护剂及其他工业润滑油

★济南康特石化有限公司
地址:济南市黄岗路2007-4号
邮编:250032
电话:0531/85663678、85662668
传真:85662668
网址:www.chinakangte.com
电子信箱:sales@chinakangte.com
质量体系:ISO 9001
产品情况:汽车发动机润滑油

★山东零公里石油化工有限公司
地址:济南市天桥工业开发区蓝翔路1号
邮编:250032
电话:4006186016、15688888909
传真:0531/85707670
网址:www.jnlgl.com
质量体系:ISO/TS 16949、ISO 14001
产品情况:各种润滑油
配套情况:为一汽解放、一汽富奥、天津

一汽、重汽集团配套

★施耐德·格斯特(济南)石油化工公司
地址:济南市天桥区马家庄南路5号
邮编:250032
电话:0531/85713020、68821726
传真:85702433
网址:www.gesite.com.cn
电子信箱:gesite@czkx.com.cn
质量体系:ISO 9001
产品情况:润滑油

★山东科发石化股份有限公司
地址:济南市天桥区桥北工业园28号
邮编:250032
电话:0531/88097000、4006186978
传真:85760598
网址:www.cofine.com.cn
电子信箱:info@cofine.com.cn
质量体系:ISO 9001
产品情况:(科发(COFINE)牌、苏比尔(SUPER)牌)
燃机油、齿轮油、抗磨液压油、液力传动油、制动液、防冻液等车用润滑油(液)
出口情况:远销哈萨克斯坦、塔吉克斯坦、蒙古、东南亚等国家和地区

★济南重卡至尊润滑油有限公司
地址:济南市天桥区药山工业园丁太鲁大街829号
邮编:250032
电话:0531/58705633
传真:58705633
网址:www.zkcnlube.com
质量体系:ISO 9001
产品情况:(重卡领袖牌、弗爱得牌)
发动机油、齿轮油、液压油、防冻液、液力传动油、机油、冷冻机油、液压导轨油、导热油、机械油、变压器油、制动液、玻璃水、润滑脂、发动机养护剂及工业润滑油品

★济南瑞道尔润滑油有限公司
地址:济南市天桥区工业园
邮编:250033
电话:0531/85893001、4000003121
传真:85893001
网址:www.ruidaoer.cn
电子信箱:ruidaoer@163.com
质量体系:ISO 9001
产品情况:(DAOEI牌)
发动机油、汽轮机油热传导油、液压及液力传动油、工业用油、工艺用油、工业齿轮油、车辆齿轮油等

★山东北方现代化学工业有限公司
地址:济南市天桥区新城庄1号
邮编:250033
电话:0531/85951021
传真:85951026
电子信箱:scyx_234@126.com
质量体系:ISO/TS 16949、ISO 9001
产品情况:聚氨酯密封胶、胶黏剂、涂料、防护蜡、复合材料
出口情况:出口欧洲、美洲、亚洲

★斯凯孚(济南)轴承与精密技术产品公司
地址:济南市高新区春暄路2277号
邮编:250104
电话:0531/66892999
传真:66892600
网址:www.skf.com
产品情况:轴承

★济南赛邦石油化学有限公司
地址:济南市化工产业园纵四路东侧
邮编:250119
电话:0531/81260867
传真:85704722
网址:www.zm-sober.com
电子信箱:usa-sober@live.cn
董事长:刘文友
质量体系:ISO 9001
产品情况:(赛邦牌、Sober牌)
润滑油
配套情况:与鲁能集团、华能集团、胜利油田、中国重汽、中国重工、山东高速、山东钢铁等大型工矿企业战略合作

★济南慧成铸造有限公司
地址:山东省章丘市明水福安路
邮编:250200
电话:0531/83116797、83116799
传真:83116711
网址:www.hc-foundry.com
电子信箱:huicheng@hc-foundry.com
董事长:张庆成
质量体系:ISO/TS 16949、ISO 14001
产品情况:(慧成牌)
铝合金压铸件、重力铸造件、低压铸造件及机械加工件
配套情况:与美国、法国、德国、日本、韩国等国外知名汽车制造商及国内知名的制造厂商建立了长期合作关系

★中国重汽集团济南铸锻中心
地址:山东省章丘市明水经济开发区
邮编:250200
电话:0531/83800229
产品情况:发动机汽缸体、汽缸盖、变速器壳体铸造桥壳和主减速器壳等铸造产品,曲轴、前轴、转向节、连杆、半轴、副轴、连接盘、齿轮及各种臂类锻件
配套情况:为中国重汽的斯太尔、豪沃、飞龙以及客车、军车系列产品提供铸锻件100余种

★山东省强劲汽车零部件有限公司
地址:济南市济北工业开发区富阳街13号
邮编:251400
电话:0531/84236239
传真:84236239
质量体系:ISO 9001
产品情况:汽车、车床等橡胶制品,玻璃钢制品
配套情况:为重汽集团、陕汽集团等配套

★济南金麒麟刹车系统有限公司
地址:济南市济北经济开发区安顺街6号
邮编:251400
电话:0531/81173999、81173888
传真:81173899
网址:www.andafriction.com
电子信箱:sunwh@chinabrake.com
质量体系:ISO/TS 16949、VDA 6.1
产品情况:制动片、制动块
出口情况:远销欧洲、南北美洲、亚洲等地区

★曼仙蒂润滑油有限公司
地址:山东省聊城市嘉明工业园
邮编:252000
电话:0635/6181266、6181288
传真:2112566
网址:www.lcmxd.com
电子信箱:lcmxdrhy@126.com
质量体系:ISO 9001
产品情况:(曼仙蒂牌)
车用润滑油、工业润滑油、汽车养护品、摩托车养护品、防冻液和硼盐复合剂等

★聊城万合工业制造有限公司
地址:山东省聊城经济开发区辽河路163号
邮编:252022
电话:0635/8515580、8512978
传真:8512958
网址:www.lcwhgy.com
电子信箱:wanhe@lcwhgy.com
法人代表(负责人):张洪泉
质量体系:ISO/TS 16949、ISO 14001
产品情况:铜材产品现有散热器专用铜管等,铝材主导产品为汽车空调等用铝合金管、多孔微通道扁管、拉伸管、复合管、毛细管等
出口情况:美国、俄罗斯、德国、日本、韩国、新加坡、新西兰、印尼、印度、埃及、泰国、墨西哥、菲律宾、孟加拉国、厄瓜多尔等多个国家

★山东聊城昌工机械配件有限公司
地址:山东省聊城市东昌府区侯营工业园
邮编:252028
电话:0635/8568333、8568555
传真:8568686
网址:www.yaxsq.com
电子信箱:sd_huatong@163.com
单位人数:268
质量体系:ISO/TS 16949
产品情况:各类油管和汽车消声器
配套情况:是国内10余家知名汽车、农用车、空调企业的主要配套厂家

★山东哈临轴承实业有限公司
地址:山东省临清市东外环南首
邮编:252600

电话:0635/2556888、2555999
传真:2556777、2556918
网址:www. halinzc. com
电子信箱:hlb@ halinzc. com
单位人数:200
质量体系:ISO 9001
产品情况:(HLB 牌)
各种类型轴承,轴承年设计生产能达1000万套
配套及出口情况:为中国重汽、北汽福田、山东莱动等企业配套;出口欧盟、美洲、东南亚、中东等地区

★聊城鲁寰轴承有限公司
地址:山东省聊城市烟店工业园
邮编:252665
电话:0635/2859999、2859998
传真:2859777
网址:www. zhoucheng9999. com
电子信箱:lhzc@ zhoucheng9999. com
负责人:张新法
质量体系:ISO 9001
产品情况:(QLHXY 牌)
单向推力球轴承、双向推力球轴承、九类推力滚子轴承等

★临清市发达滚针轴承厂
地址:山东省临清市唐元工业园
邮编:252666
电话:0635/2812039、2812839
传真:2813782
网址:www. fadabearing. com
电子信箱:fada98@ 163. com
单位人数:160
质量体系:ISO 9001
产品情况:(FADA 牌)
向心滚针轴承保持架组件,实体套圈滚针轴承及各类非标准滚针轴承,年生产各种滚针轴承1500万余套的能力
出口情况:出口欧洲、美洲、东南亚地区

★山东汇新汽车轴承有限公司
地址:山东省高唐县城西
邮编:252873
电话:0635/3871199
传真:3871199
网址:www. qichezhoucheng. com
电子信箱:bearing@ qichezhoucheng. com
单位人数:52
质量体系:ISO/TS 16949
产品情况:(汇新牌)
圆锥滚子轴承、圆柱滚子轴承、向心球轴承和非标轴承,年轴承生产能力可达2000万套
配套情况:为部分主机企业配套

★山东聚力焊接材料有限公司
地址:山东省德州市经济技术开发区晶华路3888号
邮编:253000
电话:0534/2260360、2367325
传真:2367525
网址:www. jlhc. com
电子信箱:sddzjlhc@ 126. com
单位人数:800
质量体系:ISO 9001
产品情况:气体保护药芯焊丝、实芯焊丝、堆焊焊丝、埋弧焊丝、氩弧焊丝、不锈钢焊丝、铝及铝合金焊丝;碳钢、低合金钢、耐热钢、低温钢、不锈钢、堆焊、铸铁等各类电焊条;卷钉专用软焊丝以及各种特种焊接材料
出口情况:出口50多个国家和地区

★水星汽车部件集团股份有限公司
地址:山东省德州市武城工业园水星街1号
邮编:253300
电话:0534/6691916、6698395
传真:6551148、6698395
电子信箱:shuixing188@ 163. com
质量体系:ISO/TS 16949、QS 9000
产品情况:橡塑密封件、橡胶件、塑料件、各类胶管、内饰件、汽车铝合金轮毂、玻璃升降器等
配套情况:为一汽集团、东风汽车公司、北京现代、北汽福田、天津一汽、重汽集团、沈阳金杯、哈飞、宇通等60多个汽车制造厂配套

★武城县德兴橡塑制品有限公司
地址:山东省武城县甲马营乡工业园
邮编:253307
电话:0534/6392999、13365346888
传真:6399688
网址:www. sddxxs. com
电子信箱:dexing988@ 163. com
负责人:黄炳新
单位人数:88
质量体系:ISO/TS 16949
产品情况:(德兴牌)
橡胶密封条、装饰条、橡胶件、橡胶管、硅胶管等、铝合金窗框、阻燃隔音海绵、玻璃钢发动机罩、玻璃钢装饰顶等
出口情况:出口日本、韩国等国家

★金登制动器材厂
地址:山东省武城县鲁权屯工业园
邮编:253308
电话:0534/2182966、15275705037
网址:www. jindbrake. com
电子信箱:maria@ jindbrake. com
质量体系:ISO 9001
产品情况:(金登牌)
汽车制动片
出口情况:出口欧洲、东南亚等地区

★山东汽车弹簧厂有限公司
地址:山东省淄博市张店区人民东路19号
邮编:255030
电话:0533/2601600、2601687
传真:2601607
网址:www. sdspring. com
法人代表:刘昭树
质量体系:ISO/TS 16949、VDA 6.1
产品情况:(山川牌)
年产钢板弹簧5万t、轿车悬架弹簧300万件、发动机气门弹簧5000万件、稳定杆100万条
配套情况:为重汽集团、北汽福田、陕汽集团、江淮汽车、四川一汽丰田、一汽集团、东风汽车公司、奇瑞汽车、长安汽车、哈飞汽车等配套

★ 山东金麒麟股份有限公司

地址:山东省乐陵市福乐路999号
邮编:253600
电话:0534/2119378、81173866
传真:2119796
网址:www. chinabrake. com
电子信箱:xiaoshou@ chinabrake. com
负责人:孙忠义
单位人数:2000
质量体系:ISO/TS 16949、ISO 14001
产品情况:(LPB 牌)
主要生产汽车制动片,制动盘,覆盖我国几乎全部乘用车车型和大部分商用车车型
配套情况:为一汽、北汽、长安、东风、现代、华晨、吉利、比亚迪等配套;产品80%以上出口到全球70多个国家和地区,是世界诸多大型汽车零部件销售公司的长期合作伙伴

★滨州双峰石墨密封材料有限公司
地址:山东省滨州市渤海五路746号
邮编:256615
电话:0543/3371125、3373912
传真:3371937
网址:www. bz - graphite. com
电子信箱:sales@ bz - graphite. com
质量体系:ISO 9001
产品情况:(双峰牌)
柔性石墨卷材、板材、石墨带材、石墨线、石墨编织填料、石墨填料环、缠绕式垫片、包覆垫片、石墨金属复合板、石墨增强垫片、汽缸垫片等
配套及出口情况:为一汽集团、东风汽车公司等配套;出口美国、欧洲、日本、韩国、东南亚等国家和地区

★东营嘉扬精密金属有限公司
地址:山东省东营市胜利工业园天山路1049号
邮编:257067
电话:0546/8180516、8180515
传真:81808 8、7788998
网址:www. cast - china. com
电子信箱:gayoung@ cast - china. com
单位人数:1000
质量体系:ISO 9002
产品情况:精密铸件
出口情况:90%以上的产品出口欧洲、日本、美国、澳大利亚等国家和地区

★东营市龙海石化有限公司
地址:山东省东营市广饶县李鹊工业园区
邮编:257333
电话:0546/6283888、15554615086
传真:6283555
网址:www.longhaishihua.cn
电子信箱:18954613000@163.com
质量体系:ISO 9001
产品情况:润滑油脂,年产2万t以上

★东营科力汽配有限责任公司
地址:山东省东营市广饶县李鹊经济开发区
邮编:257333
电话:0546/6289097、13905463442
传真:6289008
网址:www.sdkeliauto.com
电子信箱:keli@keligroup.com
质量体系:ISO/TS 16949
产品情况:(科力特牌)
轿车,微型车及各种进口车型制动片
配套情况:为哈飞汽车、长安汽车、一汽佳宝、比亚迪、北汽福田、浙江正德制动器厂等多家汽车主机厂、汽车制动器厂配套

★东营信义集团公司橡塑厂
地址:山东省东营市大王经济技术开发区
邮编:257335
电话:0546/6881797、6881081
传真:6881478
网址:www.xinyirubber.com
电子信箱:xinyi@xinyirubber.com
质量体系:ISO 9001、ISO 14001
产品情况:制动块等橡胶制品

★信义载重汽车配件有限公司
地址:山东省东营市大王经济技术开发区
邮编:257335
电话:0546/6878889、6879998
传真:6878889
网址:www.xinyizaizhong.cn
电子信箱:xinyizaizhong@126.com
单位人数:350
质量体系:ISO/TS 16949、ISO 14001
产品情况:重型汽车制动片、工程机械制动片、石油钻机制动片、作业机械制动片等系列产品;年产能力1800万片
配套及出口情况:为济南重汽集团、一汽山东改装厂、长春一汽集团、北汽福田、青特集团、江淮汽车、奔驰汽车、海通车桥、江苏正宇、义和车桥、上海龙工、厦门厦工、临沂临工等20多家主机厂、车桥厂及制动器厂配套;出口欧美、中东、亚洲等27个国家和地区

★东营市信义化工有限公司
地址:山东省东营市大王经济开发区
邮编:257335
电话:0546/6880799
传真:6880799
网址:www.xinyihg.com
电子信箱:xinyilipu@163.com
质量体系:ISO/TS 16949
产品情况:润滑油、防冻液、齿轮油、制动油、工业用油,清洗剂及油田助剂
配套情况:得到上汽大众、一汽的认可,具备年产5万t润滑油和2万t防冻液的能力

★东营金正石油化工有限公司
地址:山东省东营市大王镇经济技术开发区
邮编:257335
电话:0546/6896111、6896999
传真:6896266
电子信箱:jinzhenshihua@163.com
质量体系:ISO 9001
产品情况:(金正牌)
润滑油、润滑脂及石油化工产品
出口情况:远销朝鲜、东南亚、俄罗斯等国家和地区

★广饶县润得力化工厂
地址:山东省东营市广饶县庞项工业园
邮编:257335
电话:0546/6500885、13854675085
传真:6500895
网址:www.rundeli.com
电子信箱:dyrundeli@163.com
质量体系:ISO 9001
产品情况:润滑脂、润滑油
出口情况:出口东南亚、欧美等地区

★山东祥源润滑脂有限公司
地址:山东省东营市胜利油田开发区
邮编:257335
电话:0546/6870898、6870269
传真:6870829
网址:www.sdxiangyuan.cn
质量体系:ISO 9001
产品情况:润滑脂,生产能力20000余t

★东营海翼汽车配件有限公司
地址:山东省东营市广饶县稻庄镇高湾工业园
邮编:257336
电话:18654640556、13562279550
传真:0546/7729907
网址:www.hybrakes.com
电子信箱:lihongye1981@hotmail.com
质量体系:ISO/TS 16949
产品情况:制动蹄、蹄铁、制动片、衬片
出口情况:远销美国、加拿大、意大利、巴基斯坦等市场

★山东荣邦汽配有限公司
地址:山东省东营市广饶县西水工业园区
邮编:257336
电话:0546/6506616、6506626
传真:6506636
网址:www.suoyebrake.com
电子信箱:rongbang1@suoyebrake.com
单位人数:400
质量体系:ISO/TS 16949
产品情况:(索易牌)
各类制动片,已形成年产汽车制动片700万套,鼓式制动片200万套的生产规模
配套及出口情况:为国外标致,国内GM、奇瑞、长安、郑州海马、陕西通家等多家主机厂提供OEM配套;出口美洲、欧洲、中东、东南亚等地区

★山东万友工业油脂有限公司
地址:山东省潍坊市滨海经济技术开发区临港工业园
邮编:261011
电话:0536/2270777、2222123
传真:2270778
网址:www.wanyoushiyou.com
电子信箱:mike@wanyoushiyou.com
质量体系:ISO 9001
产品情况:(万友牌)
润滑油、润滑脂、防冻液、制动油等各类工业机械用油

★潍坊美制汽车配件制造有限公司
地址:山东省潍坊市经济技术开发区泰祥街3号
邮编:261101
电话:0536/2293778、2293769
传真:2293778、2293769
网址:www.sdmzqp.com
电子信箱:mz@sdmzqp.com
质量体系:ISO/TS 16949
产品情况:全套发动机紧固件、货车车桥、底盘紧固件和制动辊轴、轿车制动盘高强度螺栓、轴承外环,已形成年产螺栓5000万只,轴承400万套的生产能力
出口情况:远销美国、日本、意大利、德国、澳大利亚、加拿大、荷兰,并销往中国台湾地区

★莱州亚通金属制品集团有限公司
地址:山东省莱州市开发区玉海街
邮编:261400
电话:0535/2715736
传真:2176239
网址:www.yatonggroup.com
电子信箱:ytuser@xinyatong.com
质量体系:ISO/TS 16949、VDA 6.1
产品情况:汽车零部件、模具、出口金属制品、矿用车、装载机、高新技术产品研发及产业化、标准件、现代物流包装器具制造等
配套情况:为上汽通用、上海延锋江森座椅、重汽济南、南汽罗孚等配套

★莱州三王粉末冶金有限公司
地址:山东省莱州市城港路街道开发区开连路玉振街138号
邮编:261411
电话:0535/2212377、2215645
传真:2215645

网址:www. sdlzpm. com
电子信箱:houxiangchun@ sdlzpm. com
质量体系:ISO/TS 16949
产品情况:(三全牌)
含油轴承、气门导管、机油泵转子、齿轮、制动盘传感环和粉末冶金结构零件
配套及出口情况:为北内、北京奔驰、一汽集团、东风汽车公司、轻骑集团、常柴等配套;远销日本、美国、东南亚、埃及、澳大利亚等国家和地区

★莱州长和粉末冶金有限公司
地址:山东省莱州市开发区云峰北路2188号
邮编:261411
电话:0535/2715506、2715516
传真:2715110
网址:www. pm - north. com
电子信箱:business001@ chpm. com. cn
单位人数:600
质量体系:ISO/TS 16949
产品情况:(三全牌)
年产各种铁基、铜基粉末冶金零件4000t(5000万件)
配套及出口情况:为北内、北京奔驰、一汽集团、东风汽车公司、轻骑集团、常柴等配套;大量出口美国、加拿大、日本、西欧、南美洲等国家和地区

★山东永和精密金属有限公司
地址:山东省高密市高新技术产业开发区月潭路5999号
邮编:261500
电话:0536/2210780、2210781
传真:2304757
网址:www. yonghecast. com
电子信箱:zss@ yonghecast. com
单位人数:1100
质量体系:ISO/TS 16949、ISO 14001
产品情况:汽车发动机废气再循环系统上用的各种精密配件
配套及出口情况:主要客户为克莱斯勒、通用、宝马、大众、奥迪、标致、丰田、现代、菲亚特、尼桑、本田等公司;产品90%以上出口,远销东亚、欧洲、北美洲

★ 山东美晨科技股份有限公司
地址:山东省诸城市东外环北首路西
邮编:262200
电话:0536/6085578
传真:6320138
网址:www. meichen. cc
电子信箱:meichen@ meichen. cc
法人代表:张磊
负责人:郑召伟
单位人数:741
质量体系:ISO/TS 16949、ISO 9001
产品情况:(MCRP牌)
汽车减振系统、流体管路系统、工程塑料等相关汽车零部件
☞ 详细情况请参阅彩色宣传版面

★诸城华日粉末冶金有限公司
地址:山东省诸城市经济开发区横五路北
邮编:262233
电话:0536/6218366
传真:6216152
电子信箱:huari@ huaripm. com
质量体系:ISO/TS 16949
产品情况:粉末冶金制品

★山东高强紧固件有限公司
地址:山东省诸城市密州街道工业大道南路1号
邮编:262234
电话:0536/6550062、6062908
传真:6060952
网址:www. jingujian. cc
电子信箱:gaoqiang@ jingujian. cc
质量体系:ISO/TS 16949、QS 9000
产品情况:(鲁花牌)
汽车内燃机、工程机械用各种高强度紧固件及配件;钢结构用高强度大六角头螺栓连接副;钢结构用扭剪型螺栓连接副,GB、ISO、ANSI、DIN等标准紧固件和各种异形紧固件
配套情况:内燃机配件为潍柴动力、法国博杜安、无锡安泰动力、大柴、川柴、锡柴配套;汽车用紧固件为广州富华、青岛重力、安徽车桥厂、中国重汽、一汽解放、山汽改、宇通、济南富天配套;工程机械配件为山推、三一、徐工配套

★山东山狮钢球有限公司
地址:山东省日照市五莲县解放了141号
邮编:262300
电话:0633/5213362
传真:5213508
网址:www. shanshisteelball. com
电子信箱:wlshanshi@ rz - public. sd. cninfo. net
质量体系:ISO 9001
产品情况:(山狮牌)
各型钢球,年产能力200亿粒
出口情况:出口美国、英国、德国、法国、意大利、西班牙、巴西、日本、韩国等37个国家

★日照中伟汽车配件有限公司
地址:山东省日照市五莲县烟台路39号
邮编:262300
电话:0633/5313588、5215966
传真:5313589
网址:www. rizhaozhongwei. com
电子信箱:rizhaozhongwei@ 163. com
质量体系:ISO 9001
产品情况:汽车盘式制动片的制造,年生产能力600万套
出口情况:主要远销欧洲、美洲等地区

★潍坊陆爱斯汽车零部件有限公司
地址:山东省青州市高柳镇阳河工业园
邮编:262500
电话:0536/3863688、15589650791
传真:3863688
网址:www. twluaisi. com
电子信箱:luais@ 126. com
质量体系:ISO/TS 16949
产品情况:具有年生产各类乘用车盘式、鼓式制动片450万套的能力
出口情况:远销多个国家和地区

★山东华瑞丰机械有限公司
地址:山东省青州市猛山经济发展区
邮编:262505
电话:0536/3090300、13583658759
传真:2481009
网址:www. hrfauto. com
电子信箱:huaruifengauto@ 163. com
质量体系:ISO/TS 16949
产品情况:轻型货车、微型货车、皮卡等多种型号后驱动桥总成,各种冲压、热压、铸造类金属模具,制动片,卡钳体、差速器壳体、减速器壳体、后桥包壳等各种型号精密铸造件
配套及出口情况:为一汽集团、东风汽车股份、江淮汽车、安凯福田曙光车桥、柳州五菱、上汽通用五菱、北汽福田、福田雷沃国际重工、长城汽车等国内多家大型汽车生产商配套;远销美国、加拿大、欧洲、东南亚、非洲等国家和地区

★山东中坤石油化工有限公司
地址:山东省临朐县东城开发区夏西路38号
邮编:262600
电话:0536/3760001、3760002
传真:3710879
网址:www. zkpetro. com
电子信箱:zhongkunshiyou@ 163. com
质量体系:ISO 9001
产品情况:(中坤牌)
防冻液、润滑油、润滑脂等
配套情况:与北汽福田、中通客车、一汽、重汽、潍柴动力、北京奔驰等汽车厂家达成合作意向

★山东横滨橡胶工业制品有限公司
地址:山东省临朐县辛寨镇驻地
邮编:262610
电话:0536/3340237、3343501
传真:3342597
网址:www. sdyokohama. net
电子信箱:2852135@ sina. com
产品情况:橡胶输送带
出口情况:出口匈牙利、日本、韩国、澳大利亚等国家

★德比化工产品(烟台)有限公司
地址:山东省烟台市莱山区工业园昊晟路2号
邮编:264000
电话:15192235788、4006589785
传真:0535/6771957
网址:www. dbrhy. com

质量体系:ISO 9001
产品情况:(英驰牌)
润滑油,已具备生产能力50万t
出口情况:远销朝鲜、越南、韩国等国家

★烟台铁姆肯有限公司
地址:山东省烟台市青年路7号
邮编:264000
电话:0535/6242411
传真:6242950
质量体系:ISO/TS 16949
产品情况:各种轴承

★烟台聚氨酯橡塑制品厂
地址:山东省烟台市幸福中路200号
邮编:264002
电话:0535/6833486、6837485
传真:6837485
电子信箱:sales@ ytjaz. com
质量体系:ISO 9001
产品情况:汽车操纵机构聚氨酯件、聚氨酯减振器、密封制品、橡胶/塑料制品
配套及出口情况:为一汽集团、一汽-大众捷达轿车、奇瑞汽车配套;出口美国

★烟台石川密封垫板有限公司
地址:山东省烟台市芝罘科技工业园冰轮路5号
邮编:264002
电话:0535/6856527
传真:6536245
网址:www. ytsc. cn
电子信箱:ytsc@ ytsc. cn
质量体系:ISO/TS 16949、ISO 14000
产品情况:各种密封板材、密封垫片、内燃机汽缸垫片等,年产密封板材8300t、汽缸垫片及其他密封垫片1000万件、摩托车垫片100万套、大修包10万套、缠绕式垫片50万件
配套及出口情况:为70多个国内发动机厂配套;出口日本、韩国、澳大利亚、东南亚、中东等国家和地区,并销往中国台湾地区

★烟台冰轮集团有限公司
地址:山东省烟台市芝罘区冰轮路1号
邮编:264002
电话:0535/6697000、6269158
传真:6252302
网址:www. yantaimoon. com
电子信箱:bgs@ yantaibinglun. com
董事长:于元波
质量体系:ISO 9001
产品情况:铸件、密封材料、塑料型材、换热器等

★烟台安国特紧固件有限公司
地址:山东省烟台市莱山区盛泉东路2号
邮编:264003
电话:0535/2107111
传真:2107980
网址:www. agrati. com
电子信箱:info@ agrati. com
质量体系:ISO/TS 16949
产品情况:汽车全车用紧固件

★烟台西蒙西轴承有限公司
地址:山东省烟台市经济技术开发区长江路181号
邮编:264006
电话:0535/6374732、6371085
传真:6372887
电子信箱:ytcmc@ cmcbearing. com
质量体系:ISO/TS 16949、QS 9000
产品情况:双列圆锥滚子轴承,双列角接触球轴承和第二、三、四代汽车轮毂单元

★烟台德高石油有限公司
地址:山东省烟台市经济技术开发区科信工业园5号
邮编:264006
电话:0535/6372593
传真:6372393
网址:www. tpioil. com
质量体系:ISO 9001
产品情况:(Tpi牌)
润滑油、润滑脂

★烟台福尔福密封垫板有限公司
地址:山东省烟台市经济开发区汽车工业园厦门大街8号
邮编:264006
电话:0535/6396128、6396138
传真:6396128
网址:www. fuerfu. com
电子信箱:frf@ fuerfu. com
单位人数:180
质量体系:ISO/TS 16949
产品情况:(福尔福牌)
汽缸垫片,进气垫、排气垫、全车垫、隔热罩等系列产品

★烟台乐星汽车部件有限公司
地址:山东省烟台市开发区长江路79号
邮编:264006
电话:0535/6955789、6955716
传真:6955726
网址:www. ytls. com. cn
电子信箱:yt_lexing@ 163. com
质量体系:ISO/TS 16949、ISO 9001
产品情况:机动车软管总成系列
出口情况:为韩国雷诺三星、现代起亚、通用大宇、美国R&B、意大利Imperial/Suzuki、英国LDV、中国台湾Rainbow/Yulon等国际知名公司配套

★德邦科技有限公司
地址:山东省烟台市开发区金沙江路98号
邮编:264006
电话:0535/6933377
传真:6933368
网址:www. darbond. com
电子信箱:hr@ darbond. com
质量体系:ISO/TS 16949
产品情况:(德邦牌)
厌氧密封剂、硅酮密封剂、氰基丙烯酸酯瞬干胶、工业修补剂、聚氨酯密封剂、紫外光/可见光固化胶黏剂、环氧胶黏剂等

★威海万丰镁业科技发展有限公司
地址:山东省威海市火炬高新技术产业开发区唐山路8号
邮编:264209
电话:0631/5625586、5666718
传真:5625526
网址:www. wfmg. cn
电子信箱:wangql@ wfjt. com
质量体系:ISO/TS 16949
产品情况:(WFMG牌)
专业从事金属材料、轨道交通等零部件生产
配套及出口情况:为航天科工集团、南车北车、中兴通信、上汽等供货;出口美国、德国、意大利等国家和地区;配套哈雷、宝马、通用、杜卡迪、法拉利等知名主机厂

★山东荣成市荣威胶带有限公司
地址:山东省荣成市河西北路118号
邮编:264300
电话:0631/7517578
传真:7571910
网址:www. rongwei. net. cn
电子信箱:rongweijd@ 126. com
质量体系:ISO/TS 16949
产品情况:(RONGWEI牌)
汽车及工业用切边V带、多楔带、同步带、无级变速带、包边V带、联组V带及异形带
配套及出口情况:为潍柴、东风汽车公司、东安黑豹、烟台舒驰、聊城客车等配套;出口迪拜等中东国家和地区

★乳山韩京摩擦材料有限公司
地址:山东省乳山市长庆路长庆工业园
邮编:264500
电话:0631/6664460、13700208082
传真:6664460
网址:www. hjmccl. com
电子信箱:hjmccl@ 163. com
质量体系:ISO/TS 16949
产品情况:(韩京牌)
汽车制动片、摩擦材料
配套情况:为济南重汽、北方奔驰、北汽福田、青岛特种车辆、陕西汉德车桥等配套

★山东双连制动材料有限公司
地址:山东省乳山市经济开发区海城街8号
邮编:264500
电话:0631/6608099、6624667
传真:6633789
网址:www. brakechina. com
电子信箱:expo@ brakechina. com

质量体系:ISO/TS 16949
产品情况:(双连牌)
各类盘式制动片、鼓式制动片
出口情况:远销北美洲、澳大利亚、中东、俄罗斯等国家和地区

★烟台润蚨祥油封有限公司
地址:山东省莱阳市经济开发区龙门西路587号
邮编:265200
电话:0535/3361351、3361368
传真:3361369、3361351
网址:www.chinarfx.com
电子信箱:ly-rfx@126.com
单位人数:440
质量体系:ISO/TS 16949
产品情况:(润蚨祥牌)
橡胶油封、PTFE油封、聚氨酯高压油封等,年设计生产能力密封件10000万件、聚氨酯制品1000万件
配套及出口情况:为潍柴道依茨、大连道依茨、杭州采埃孚(ZF)、东风采埃孚(ZF)、上汽齿轮、一汽车桥、安凯车桥、方盛车桥、江淮汽车、金杯汽车、吉利汽车、奇瑞汽车、福田汽车、天津天德、河南淅川、浙江正裕、浙江稳达、宁江昭和、南方宁江、重庆中意、浙江中兴、江门豪爵、无锡拓普、江苏明星、斗山工程机械、襄樊加泰尔、纽尚轴承、浙江凯凌、江门兴江等厂家配套;远销美国、日本、德国、匈牙利、印度、韩国等国家

★山东莱阳市昌誉密封产品有限公司
地址:山东省莱阳市龙门西路057号
邮编:265200
电话:0535/3366261、3365713
传真:7335769
网址:www.lycy.com
电子信箱:sales@lycy.com
质量体系:ISO/TS 16949、ISO 14001
产品情况:(昌誉牌、CHY牌)
各种类型的骨架油封及橡胶密封制品
配套情况:为通用、福特、三菱、尼桑、马自达、舍弗勒、马勒、格特拉克及中国一汽、吉利、海马、比亚迪、奇瑞、唐山爱信、玉柴、山东临工、淅川、小康工业、大长江等知名公司配套

★烟台成鑫密封垫板有限公司
地址:山东省莱阳市外向型工业园A区12号-2
邮编:265200
电话:0535/7363199
传真:7363299
电子信箱:webmaster@cx-gd.com
质量体系:ISO/TS 16949、QS 9000
产品情况:(成鑫牌)
发动机汽缸垫、全车垫及密封板材、发动机金属、非金属汽缸盖垫片及全车密封垫片等

★山东省招远市永进自动补胎剂厂
地址:山东省招远市北关街99号
邮编:265400
电话:0535/8230796、13184003378
传真:8230796
网址:www.yongjin178.com
电子信箱:875777868@qq.com
负责人:王熙清
产品情况:(永进牌)
轮胎自补剂、补胎剂、自动补胎液、自动补胎剂、轮胎宝
配套及出口情况:为一汽集团配套;远销东南亚地区

★烟台市福山气缸垫有限公司
地址:山东省烟台市福山高新技术产业区松霞路888号
邮编:265500
电话:0535/6300803、6300688
传真:6300688、6300828
网址:www.yts-qgd.com
电子信箱:yantaishan@yts-qgd.com
单位人数:160
质量体系:ISO/TS 16949
产品情况:(烟台山牌)
汽缸垫片、隔热罩等
配套情况:为潍柴、潍坊道依茨、莱动、大柴、锡柴、玉柴等配套

★烟台海纳制动技术有限公司
地址:山东省烟台市福山区迎福路27号
邮编:265500
电话:0535/2130100
传真:2130100
网址:www.hi-pad.com
电子信箱:yang.shunlin@hi-pad.com
质量体系:ISO/TS 16949
产品情况:汽车制动片

★烟台亚通汽车零部件有限公司
地址:山东省烟台市福山区永达街978号
邮编:265503
电话:0535/6304012
网址:www.yatonggroup.com
电子信箱:yinhongying@yatonggroup.com
单位人数:272
质量体系:ISO/TS 16949
产品情况:汽车冲压件和焊接总成件
配套情况:为上汽通用汽车及上汽集团提供一级配套

★山东道恩高分子材料股份有限公司
地址:山东省龙口市振兴路北首道恩经济园工业园区
邮编:265700
电话:0535/8831031
传真:8833788
网址:www.dawnprene.com
电子信箱:wang.cheng@chinadawn.cn
负责人:蒿文朋
质量体系:ISO/TS 16949
产品情况:高分子复合材料、高档TPV

配套及出口情况:为一汽、东风、重汽、江铃等配套;出口欧美、东南亚、南非等地区

★龙口市飞轮汽车配件有限责任公司
地址:山东省龙口市东莱街道办事处
邮编:265701
电话:0535/8521890
传真:8580369
网址:www.china-feilun.com.cn
电子信箱:manager@china-feilun.com.cn
单位人数:92
质量体系:ISO/TS 16949
产品情况:橡胶油封、O形圈、变速杆总成、空滤波纹管、推力杆修理包等近上千种产品
配套及出口情况:为各发动机厂、变速器厂、车桥厂配套;出口德国、伊朗、俄罗斯、美国、乌克兰等10多个国家

★龙口市丛林液压管件厂
地址:山东省龙口市诸由镇西河阳
邮编:265705
电话:0535/8561225
传真:8561225
电子信箱:buoyang@buoyang.com
质量体系:ISO/TS 16949
产品情况:(河阳牌)
各种汽车散热器胶管、空滤器胶管、输油胶管、风管
配套情况:为北汽福田、潍柴、中通客车、一汽客车底盘厂、东安黑豹、大连叉车厂、大宇重工业烟台等配套

★龙口车辆油管有限公司
地址:山东省龙口市经济开发区
邮编:265716
电话:0535/8647423
传真:8647233
网址:www.chinayouguan.com
电子信箱:lkclyg@163.com
质量体系:ISO/TS 16949、QS 9000
产品情况:柴油机及工程机械用高低压油管总成、软管总成,铜丝编织管,气门推杆,年产各种机型油管600万件
配套情况:为奇瑞汽车、山西柴油机厂,一汽大连柴油机、无锡柴油机、广西玉柴机器、大连上柴动力、东风朝阳柴油机、北汽福田北京发动机、天津雷沃动力、潍柴道依茨等几十家主机厂配套

★龙口市通达油管有限公司
地址:山东省龙口市经济开发区
邮编:265716
电话:0535/8880186、8880398
传真:8880186
电子信箱:zyfzszj@sina.com
质量体系:ISO/TS 16949
产品情况:各种柴油机、汽油机油管、水管、气管、聚四氟乙烯油管、汽车消声器、三元催化器及改装系列产品

★烟台中鲁石化制品有限公司
地址:山东省龙口市经济开发区梁家煤

矿东 2 公里
邮编:265719
电话:0535/8902208
传真:8902206
网址:www.zhonglushihua.com
电子信箱:zhonglushihua@163.com
质量体系:ISO 9001
产品情况:(中鲁牌、路凯牌)
汽油机油、柴油机油、汽柴通用机油、专用油、防冻液、制动液、润滑脂、摩托车油、产品添加剂、工业油系列等

★长岛高能聚氨酯有限公司
地址:山东省长岛县文化街 18 号
邮编:265800
电话:0535/3212385、13305451008
传真:3212280
网址:www.gnjaz.com
电子信箱:gnjaz@163.com
单位人数:160
质量体系:ISO/TS 16949
产品情况:汽车发动机前后悬架软垫总成、轻型车钢板弹簧衬套、双桥汽车推力杆衬套总成等
配套情况:为重汽、山汽改、泰汽、新东安等主机厂配套

★山东力牌石油化学有限公司
地址:山东省青岛市崂山区海尔路 182-6 号财富大厦 706 室
邮编:266000
电话:0532/88919710、15153222987
传真:88919525
网址:www.ch-esc.com
电子信箱:dongjuan@ch-esc.com
质量体系:ISO 9001、ISO/TS 16949
产品情况:(力(ESC)牌)
汽车用油、工业用油、工程机械专用油及润滑脂、不冻液等

★青岛开世密封工业有限公司
地址:山东省青岛市嘉禾路 7 号
邮编:266031
电话:0532/83753271
传真:83713756
网址:www.tks.cn
电子信箱:tks@tks.cn
质量体系:ISO/TS 16949
产品情况:(TKS 牌)
油封、O 形圈、格来圈、斯特封、防尘套、胶管、门封、盘根、夹布垫片、导电橡胶制品、密封条等橡塑制品

★青岛华磊密封制品有限公司
地址:山东省青岛市李沧区
邮编:266041
电话:0532/87973377、87973000
传真:87973282
网址:www.qdhlmf.com
电子信箱:qdhlmf@163.com
单位人数:200
质量体系:ISO 9001
产品情况:骨架油封、密封圈、橡胶圈、O 形圈、橡胶杂件等密封制品
配套及出口情况:为山东大丰机械、山东龙基制泵集团、上海吉士达零部件等配套;出口阿联酋、俄罗斯、日本、美国等多个国家

★青岛泰德汽车轴承股份有限公司
地址:山东省青岛市李沧区兴华路 10 号
邮编:266041
电话:0532/84661787、84661769
传真:84661787
网址:www.qdtaide.com
电子信箱:dushiqiang@qdtaide.com
质量体系:ISO/TS 16949、ISO 14001
产品情况:(泰德牌)
汽车空调压缩机电磁离合器轴承、汽车发动机张紧器轴承及单元和惰轮轴承及单元、汽车发动机智能风扇电磁离合器轴承、汽车硅油风扇轴承、汽车水泵轴连轴承、汽车发动机辅助装置用精密轴承等,年生产能力超过 1200 万套
配套及出口情况:为上汽、一汽、东风、通用、南汽、天汽、长安、奇瑞、吉利、华普等配套;出口美洲、欧洲、日本、东南亚,并销往中国台湾地区

★青岛北海密封技术有限公司
地址:山东省青岛市大沙路 10 号
邮编:266042
电话:0532/84883775
传真:84866549
网址:www.beihaimifeng.com
电子信箱:beihai@public.qd.sd.cn
质量体系:ISO/TS 16949
产品情况:发动机油封、散热器密封圈、O 形圈、橡胶垫片、橡胶管、减振件以及各种硫化机等
配套情况:为玉柴、一拖、中国重汽等企业配套

★固恩治(青岛)工程橡胶有限公司
地址:山东省青岛市大沙路 17 号
邮编:266042
电话:0532/84873244、84851828
传真:84863410
电子信箱:haiying_li@veyance.com
质量体系:ISO/TS 16949、QS 9000
产品情况:(飞足牌)
车用 R134a 空调软管、异形软管、制动软管及总成等
配套情况:为神龙汽车、一汽集团、东风日产乘用车、长安福特、长安马自达、上汽通用五菱配套

★青岛益佰石油化学有限公司
地址:山东省青岛市江西路 115 号 BOBO 大厦 2 号楼 504/505 室
邮编:266071
电话:0532/85016850、85016620
传真:85018017
网址:www.iberse.cn
电子信箱:iberse@hotmail.com
质量体系:ISO 9001
产品情况:润滑油

★青岛锐驰轴承有限公司
地址:山东省青岛市四方区温州路 7 号
邮编:266071
电话:0532/83051115、13705327083
传真:83728834
网址:www.richbearing.com
电子信箱:rich@richbearing.com
质量体系:ISO/TS 16949
产品情况:(RICH 锐驰牌)
高精度汽车轴承
配套情况:产品随汽车总成模块为国内多家汽车厂进行二级配套

★青岛国松机械配件有限公司
地址:山东省青岛市燕儿岛路 6 号华达公寓 16 号 1 单元 301 室
邮编:266071
电话:0532/85779141、88628351
传真:85760225
电子信箱:qdgyhose@hotmail.com
质量体系:ISO/TS 16949
产品情况:(QDGY 牌)
制动管

★青岛信莱粉末冶金有限公司
地址:山东省青岛市高科园株洲路 139 号
邮编:266101
电话:0532/88605255、88605222
传真:88605261
网址:www.qdxlpm.com
电子信箱:qdxlpm@qdxlpm.com
质量体系:ISO/TS 16949、QS 9000
产品情况:汽车、摩托车、电动气动工具、家用电器用粉末冶金零件

★青岛路邦石油化工有限公司
地址:山东省青岛市崂山区深圳路 18 号
邮编:266101
电话:0532/58811866
传真:58811850
网址:www.roab.com.cn
质量体系:ISO/TS 16949
产品情况:(路邦牌、Roab 牌)
汽车及摩托车发动机润滑系统、燃油系统、电路系统、变速器系统、冷却系统和轴承润滑系统、工业设备保养等养护品

★青岛凯志特工贸有限公司
地址:山东省青岛市崂山区沙子口前澄瀛工业园
邮编:266102
电话:0532/88801607
传真:88802033
网址:www.kstbrakehose.com
电子信箱:info@kstbrakehose.com
质量体系:ISO/TS 16949
产品情况:制动软管和制动硬管,产品

覆盖全车系（美系、欧系、日系、韩系等）
出口情况：出口美国、意大利、巴西、德国、俄罗斯等欧美50多个国家和地区，同时辐射其周边国家市场；配套印度摩托车和俄罗斯FIAT的合资汽车厂

★立洲（青岛）五金弹簧有限公司
地址：山东省青岛市城阳区青大工业园
邮编：266111
电话：0532/81107366、7367/7368
传真：81107369
网址：www.lizhou.com
电子信箱：qingdao@lizhou.com
质量体系：ISO/TS 16949、ISO 14001
产品情况：专业从事各种精密弹簧及五金配件
配套情况：主要客户有三洋电机、松下电子、一汽丰田、荏原空调设备等

★青岛盛威机械有限公司
地址：山东省青岛市城阳区青大工业园双元路
邮编：266111
电话：0532/87905116－816
传真：87905117
网址：www.shengweimach.com
电子信箱：13791810320@163.com
单位人数：46
质量体系：ISO/TS 16949
产品情况：年产各种10.9级以上高强度螺栓2000t，汽车工程车轮毂轴管12万只，轴10万只，橡胶、聚氨酯接头总成35万只
配套情况：主要为一汽、欧曼、青特、山工集团德工机械、一拖配套

★青岛海力威新材料科技股份有限公司
地址：山东省青岛市城阳区河套街道上疃社区
邮编：266113
电话：0532/87922223、87922239
传真：87922123
网址：www.hilywill.com
电子信箱：commerce@hilywill.com
质量体系：ISO/TS 16949、ISO 14001
产品情况：（环力牌、海力威牌）
汽车用橡胶密封产品、液压气动密封制品等产品
配套及出口情况：为一汽集团、吉利汽车、北汽福田、一汽山汽改、玉柴、潍柴、扬柴、扬动、常柴、锡柴、全柴、莱动、曙光车桥等配套；远销美国、英国、中东、澳大利亚等国际市场

★青岛东磊密封件制造有限公司
地址：山东省即墨市潮江2路
邮编：266200
电话：0532/87510508
传真：87510508
质量体系：ISO 9001
产品情况：（东磊牌）
橡胶密封件
配套情况：为斯太尔发动机配套

★青岛胜邦化工有限公司
地址：山东省即墨市城马路南端
邮编：266200
电话：0532/80967760
传真：80967760
网址：www.qdshine.com
电子信箱：dingxinjia_yb@sina.com
质量体系：ISO 9001
产品情况：（青脂牌、青捷牌、青普牌、捷腾牌）
汽车润滑脂、金属加工液、工业润滑油等
出口情况：出口韩国、日本、东南亚，并销往中国台湾地区

★青岛方冠摩擦材料有限公司
地址：山东省即墨市灵山工业园
邮编：266219
电话：0532/84530626
传真：84531089
网址：www.fulgoal.com.cn
电子信箱：mamba.liuyang@vip.163.com
质量体系：ISO/TS 16949
产品情况：（方冠牌）
汽车制动片
配套情况：为一汽解放、福田戴姆勒汽车、东风柳汽、中国重汽、江淮汽车、鹏翔汽车、福田轻型货车系列等配套

★青岛凯通（赛澳）密封件有限公司
地址：山东省即墨市大信镇小金家村
邮编：266229
电话：0532/82538999
传真：82538999
质量体系：ISO 9001
产品情况：（凯通牌）
密封件
配套情况：为重汽集团、一汽集团、东风汽车公司配套

★青岛东方工业品（集团）有限公司
地址：山东省胶南市铁山工业园
邮编：266423
电话：0532/82125998、82120377
传真：82125999
网址：www.xingyutyre.com
电子信箱：info@xingyutyre.com
董事长：薛万孝
质量体系：ISO 9001
产品情况：（星宇牌、东方牌、金沙滩牌）
工程胎、叉车、沙滩、高尔夫、载重、轻型货车、农用、摩托车、人力车等系列内外轮胎、胶轮、聚氨酯发泡轮和橡胶发泡轮以及手推车、货仓车、物流车等系列产品和各种规格的橡胶制品、塑料制品、金属制品及轴承
出口情况：出口100多个国家

★青岛三祥科技有限公司
地址：山东省胶南市王台镇临港产业区
邮编：266425
电话：0532/83113613
传真：83113612
网址：www.sun-song.cn
电子信箱：info@sun-song.cn
质量体系：ISO/TS 16949、ISO 14001
产品情况：制动管及总成、动力转向管及总成、空调管及总成、油冷器管、燃油管、水管等
配套及出口情况：为多家汽车制造厂及摩托车制造厂配套；远销北美洲、欧洲、东南亚等多个国家和地区

★青岛茂林橡胶制品有限公司
地址：山东省青岛市黄岛区灵山卫泰山东路3199号
邮编：266427
电话：0532/83187046、83181130
传真：83182293、83183298
网址：www.qd-_n.com
电子信箱：qdmm_xsh@126.com
单位人数：380
质量体系：ISO/TS 16949
产品情况：各类汽车、摩托车发动机油封、减振器油封、气门油封、防尘密封、波纹管、减振胶垫、组合垫圈及O形圈等
配套及出口情况：为中国航天、兵器所属企业及中国重汽等配套；远销欧美、日本、中东和东南亚地区

★青岛基宏汽车部件有限公司
地址：山东省胶南市隐珠山路516号
邮编：266431
电话：0532/83191021
传真：83191021、83191510
网址：www.gihonbrakes.com
电子信箱：sales@gihonbrakes.com
质量体系：ISO/TS 16949
产品情况：摩擦材料及制动器材，年生产能力400万套
出口情况：出口日本、美国、欧洲等国家和地区

★青岛信义汽车制动配件有限公司
地址：山东省胶南市临港路2527号
邮编：266431
电话：0532/83191712、83191681
传真：83191576
电子信箱：office@xinyibrake.com
质量体系：ISO/TS 16949、QS 9000
产品情况：制动片
配套情况：为戴姆勒、克莱斯勒、福特、上汽大众、一汽、天津一汽、南汽集团、北汽集团、厦门金龙、郑州日产、哈飞汽车、吉利汽车、奇瑞汽车、上汽通用五菱、江铃汽车、江淮、华泰现代、长城汽车、广汽三菱、中国重汽、北汽福田等国内外20余家汽车公司的50余种车型配套

★青岛华冠密封工业有限公司
地址：山东省青岛市开发区灵山卫镇

邮编:266520
电话:0532/83188718
传真:83188728
网址:www. qdhuaguan. cn
单位人数:261
质量体系:ISO/TS 16949
产品情况:骨架油封、O形密封圈、防尘套、减振套、密封杂件和橡胶制品等
配套及出口情况:为北汽福田、湖北三众车桥、陕西东风昌河车桥、一汽集团、东风汽车公司、重汽集团、潍柴动力、中国一拖、时风集团等配套;远销欧洲、非洲、东南亚等地区

★青岛征和工业股份有限公司
地址:山东省平度市香港路112号
邮编:266705
电话:0532/83305921、55578088
传真:83303866、83303777
网址:www. chohogroup. com
电子信箱:info@ chohogroup. com
质量体系:ISO/TS 16949
产品情况:(CHOHO牌、征和牌)
　　摩托车链条、汽车链条、工业链条、农机链条和链轮等
配套情况:为本田、铃木、雅马哈、大长江、吉利、比亚迪、江铃福特、一汽、昌河铃木、中国兵器集团等50多家企业配套

★海力集团华鸿汽车制动部件有限公司
地址:山东省泰安宁阳磁窑经济开发区
邮编:271000
电话:0538/5823989
传真:5823759
网址:www. hlhuahong. com
董事长(负责人):冯振山
质量体系:ISO/TS 16949
产品情况:具有年产各类乘用车盘式制动片200万套、商用车大型制动片3000t的生产能力

★山东莫顿润滑油制造有限公司
地址:山东省泰安市高新技术开发区
邮编:271000
电话:0538/8925880
传真:6219756
网址:www. taishanmodtun. com
质量体系:ISO 9001
产品情况:润滑油
出口情况:出口国外市场

★莱芜永驰橡塑有限责任公司
地址:山东省莱芜市鲁中西大街70号
邮编:271100
电话:0634/6040103、6040102
传真:6040103
质量体系:ISO/TS 16949、QS 9000
产品情况:(永驰牌)
　　汽车V带、同步带、多楔带等
配套情况:为一汽集团、东风汽车公司等配套

★山东壳孚润滑油有限公司
地址:山东省莱芜市莱城开发区
邮编:271121
电话:0634/6511999
传真:6511888
电子信箱:sdokfu@ 163. com
质量体系:ISO 9001
产品情况:[OKFU(欧壳孚)牌]
　　润滑油,包括汽车润滑油、润滑脂、防冻液、自动排挡液,工业用润滑油、润滑脂等产品

★山东惠尔制革集团有限公司
地址:山东省宁阳县八仙桥经济技术开发区
邮编:271400
电话:0538/5637888
传真:5637699、5637888
网址:www. sdhezg. com
电子信箱:huierzg@ 126. com
单位人数:400
质量体系:ISO/TS 16949、ISO 14000
产品情况:年产各种规格PVC汽车革、汽车膜等系列产品2000万m
配套情况:为中国重汽集团、中国宇通集团、中国一汽集团、湖南亚太实业集团、金龙客车集团、福特公司、海马集团等配套

★山东源根石油化工有限公司
地址:山东省济宁市任城经济技术开发区
邮编:272000
电话:0537/2909139、2613096
传真:2613067
网址:www. yuangensh. com
电子信箱:yuangenshxs@ yuangensh. com
质量体系:ISO 14001、ISO/TS 16949
产品情况:(源根牌)
　　润滑油、润滑脂、防冻液等;具备年产各类润滑油、脂等产品35万t的能力
配套情况:被东风汽车、中国重汽、福田重工、山推机械、徐工集团、山东临工挖掘机、山东常林机械集团筑路机械厂、广西南宁小松工程机械、泰安鲁能机械、泰安起重机、上海彭浦机器厂等国内外多家工程机械和汽车生产厂家选为装车和售后服务用油

★梁山亨通实业公司摩擦密封材料总厂
地址:山东省梁山县水泊西路44号
邮编:272600
电话:0537/7320386、18854729889
传真:7318248
网址:www. htsyqp. com
电子信箱:htsyqp@ 126. com
质量体系:ISO/TS 16949、QS 9000
产品情况:(水泊梁山牌)
　　制动片和离合器减振阻尼片
配套及出口情况:为斯太尔、北方奔驰、红岩、东风、解放、北汽、南汽等离合器从动盘生产企业配套;出口美国、欧洲等国家和地区

★梁山水浒摩擦材料有限公司
地址:山东省梁山县城迎宾路西段
邮编:272600
电话:0537/7326838、7366839
传真:7326838
电子信箱:lsshmc@ 163. com
质量体系:QS 9000
产品情况:(耐驰牌)
　　摩擦片

★山东省梁山神力汽车配件有限公司
地址:山东省梁山县公明路西段
邮编:272600
电话:0537/7365188、7323089
传真:7323944
网址:www. ls-sl. com
电子信箱:sdlssl@ 163. com
质量体系:ISO/TS 16949
产品情况:(梁山神力(SHENLI)牌)
　　鼓式汽车用制动器衬片、制动蹄及制动蹄总成、挂车车轴(车桥)
出口情况:出口20多个国家和地区

★山东梁轴轴承有限公司
地址:山东省梁山县梁山镇工业园区
邮编:272600
电话:0537/7305239、7305346
传真:7332050、7334245
网址:www. sdlsz. com. cn
电子信箱:liangzhoulsz@ 163. com
单位人数:600
质量体系:ISO/TS 16949
产品情况:(LSZ牌)
　　各种轴承,年生产能力460万余套
配套情况:产品主要覆盖于一汽(山东)、东风、陕汽、法士特、福田、上汽依维柯红岩及其定点桥箱及工程机械等行业

★梁山县车友汽车配件制造有限公司
地址:山东省梁山县水泊北路59号
邮编:272600
电话:0537/7337128、7338036
传真:7336159
网址:www. sdlscy. com
电子信箱:sdlscygs@ 126. com
质量体系:ISO/TS 16949
产品情况:(车友牌)
　　内燃机汽缸盖垫片、内燃机密封垫片、变速器密封垫片、摩托车垫片、工矿机械垫片、进口车型垫片等
配套及出口情况:为潍柴、重发、力帆、华源莱动、新柴动力、无锡四达、上海新江、潍坊华东等多家主机厂配套;远销海外市场

★梁山环宇密封垫片有限公司
地址:山东省梁山县水泊北路水泊建材市场68号
邮编:272600
电话:0537/7330665、7330627
传真:7330665

网址:www.ls－hy.com
电子信箱:sales@ls－hy.com
产品情况:(梁山环宇牌)
汽车、工程机械、农用车、拖拉机、摩托车等发动机用汽缸垫和各种密封垫片
配套情况:为重汽集团、北内、柳州五菱柳机动力、山东常林、潍坊华源柴油机厂等配套

★山东湖西王集团铸业有限公司
地址:山东省单县北环路中段
邮编:274300
电话:0530/6108919、6108903
传真:6108910
网址:www.sdhxw.com
电子信箱:info@huxiifoundry.com
单位人数:860
质量体系:ISO/TS 16949
产品情况:(湖西王牌)
支架、行星架、过桥箱、轴承座、轮边、轮毂、制动鼓、变速器壳、泵壳、桥壳、传动套、缓冲底座、机器人底座、制动压力盘、支撑盘等70余种零部件
配套及出口情况:为中国重汽集团配套;出口荷兰、日本、德国、美国、意大利、巴西、瑞典等国家

★山东尚舜化工有限公司
地址:山东省单县经济技术开发区
邮编:274300
电话:0530/4681625、4681927
传真:4684121、4681609
电子信箱:xiaoshou@sun－sine.com
单位人数:2000
质量体系:ISO 9001、ISO 14001
产品情况:(尚舜牌)
橡胶硫化促进剂、橡胶防老剂、防焦剂、橡胶不溶性硫黄以及橡胶助剂分散体系列产品,年产能力5.5万t
出口情况:出口欧洲、美洲、东南亚、非洲等40多个国家和地区

★龙口市昊天轴承有限公司
地址:山东省龙口市东莱街道北环路
邮编:275700
电话:0535/8508618
传真:8508618
网址:www.htbearing.net
电子信箱:htbearing@aliyun.com
质量体系:ISO 9001
产品情况:(HTZC牌)
深沟球轴承、圆柱滚子轴承、圆锥滚子轴承、汽车离合器轴承及各种滚针轴承
配套及出口情况:为汽车、电动机、建设机械、机床、水泵等生产厂家配套;出口东南亚

★临沂金辰汽车配件有限公司
地址:山东省临沂市兰山区大阳路北段
邮编:276000
电话:0539/8531919、8531352
传真:8531919
网址:www.cnjinchen.net
电子信箱:sdjinchen@163.com
单位人数:200
质量体系:ISO 9001、ISO/TS 16949
产品情况:汽车制动片,年生产能力300余万套
出口情况:出口国外市场

★临沂盖氏机械有限公司
地址:山东省临沂市工业园区大阳路与龙盛路交汇处路西
邮编:276017
电话:0539/8418778
传真:8418738
网址:www.cngaishi.com
电子信箱:admin@cngaishi.com
单位人数:600
质量体系:ISO/TS 16949
产品情况:年产盘式制动片600万套,钢背9000万片,鼓式制动片200万套,制动片模具600多套
出口情况:出口美国、加拿大、印度、哥伦比亚等国家

★山东合太恒科技股份有限公司
地址:山东省临沂市城北白沙埠镇
邮编:276035
电话:0539/8651085
传真:8652088
电子信箱:export@dianlijinju.com
质量体系:ISO 9001
产品情况:可锻铸铁件、球墨铸铁件、灰口铸铁件,年铸造生产能力3万t
出口情况:出口美国、日本、法国、英国、土耳其、意大利、德国、瑞典、泰国、韩国、芬兰、俄罗斯、波兰、埃及、印度、南非等几十个国家

★临沂开元轴承有限公司
地址:山东省沂南县经济开发区
邮编:276300
电话:0539/3641049、3641035
传真:3640589
网址:www.cbsgbearing.com
电子信箱:sales@ym－bearing.cn
质量体系:ISO/TS 16949、QS 9000
产品情况:(沂蒙牌)
柱滚子轴承、深沟球轴承、推力轴承及非标准系列等轴承
配套及出口情况:为一汽、东风、陕汽、福田、金龙客车、时风等国内100多个主机厂家配套;出口东欧、中东、南非、丹麦、韩国、印度、乌克兰等国家和地区

★山东驼风汽车附件有限公司
地址:山东省日照市东港区204国道东、山海三路南
邮编:276800
电话:0633/2273798
传真:2273799
网址:www.tofon.com.cn
单位人数:300
质量体系:ISO/TS 16949
产品情况:(驼风(TOFON)牌)
发动机进气系统连接软管、冷却液循环水管、燃油胶管、汽车空气滤清器总成、高位进气管系列、发动机悬置软垫总成、橡塑材料TPE/TPV等产品

★日照三宝汽车配件有限公司
地址:山东省日照市经济技术开发区成都路和徐汇路交汇处
邮编:276800
电话:0633/2931674、2931686
传真:2931676
电子信箱:johnson@sambomotors.com
质量体系:ISO/TS 16949
产品情况:发动机真空泵管、加热管、水管、机油滤网、机油尺、油轨;变速器冷却管总成、油管路、变速器摇臂、门把手、车钥匙、燃料油注管等
配套情况:主要客户有北京现代、东风悦达起亚等

河南省

★郑州奥特科技有限公司
地址:郑州市高新技术开发区合欢街96号
邮编:450001
电话:0371/65692360、4006836862
传真:65692390
网址:www.autol.net
电子信箱:sales@autol.net
质量体系:ISO/TS 16949
产品情况:车辆集中润滑系统

★新乡市金兰橡塑有限公司
地址:河南省新乡市凤泉区站前路93号
邮编:453011
电话:0373/3096218、15003734670
传真:3096981
网址:www.jstsgs.cn
电子信箱:jstsgs@163.com
产品情况:(金兰牌)
汽车弹性胶条等各种挤出产品,TPE颗粒料广泛适用于车辆
配套情况:为新乡市中天密封条、山东省武城县新通橡塑、山东省武城县晨光橡塑、河北新华欧亚汽配集团、保定市宏远装饰品、天津大中汽车零部件、北京市华通橡塑制品配套

★河南省浦光特种金属制品有限公司
地址:河南省新乡市长垣县人民路西段工业园区
邮编:453400
电话:0373/8885555
传真:8885960
电子信箱:sales@hnpuguang.com
质量体系:ISO 9001
产品情况:橡胶软管钢丝、镀黄铜钢丝绳
出口情况:出口意大利、土耳其、德国、

美国、奥地利、马来西亚、新加坡、日本、韩国、泰国、南非、比利时、英国、捷克、阿根廷、新西兰等国家

★河南斯凯特汽车管路有限公司
地址:河南省原阳县工业园区原郑公路2号
邮编:453500
电话:0373/7522858、13849360266
传真:7522868
网址:www. hnskt. com
电子信箱:xxskt@ 163. com
质量体系:ISO/TS 16949
产品情况:(SKT 牌)
制动系统管路、传动系统管路、燃油系统管路、冷却系统管路、进气系统管路

★新乡市美斯威精密机器有限公司
地址:河南省辉县徐村经济开发区
邮编:453621
电话:0373/5986999、6069388
传真:5986998
网址:www. xxsmsw. com
电子信箱:xxmsw@ 163. com
质量体系:GB/T 19001
产品情况:汽车零配件

★辉县市建风弹簧厂
地址:河南省辉县市南寨北流工业区 1 号
邮编:453648
电话:4006364891
传真:0373/6736436
网址:www. hxsjfthc. com
法人代表:万军民
负责人:万自雨
单位人数:60
质量体系:ISO 9001
产品情况:汽车电器、继电器、单向器、制动器、离合器、滤清器、锁具、开关等配套用各种拉簧、扭簧、刷簧、扁簧、蝶形弹簧等各种异形弹簧
配套情况:为一汽、东风、重汽、江淮、奇瑞及德国曼·胡默尔公司等配套

★河南欧迪艾铸造有限公司
地址:河南省鹤壁市淇县铁西区工业路90号
邮编:456750
电话:0392/7275525
传真:7221719
电子信箱:qixin123456@ tom. com
质量体系:ISO/TS 16949
产品情况:铸造件
配套情况:为陕西汉德车桥、包头北奔重汽、东风德纳车桥、美国 CNH、美国 HOLLAND、意大利 VOITH 等供货

★濮阳市万泉化工有限公司
地址:河南省濮阳市黄河路西段
邮编:457000
电话:0393/4630398、4616858
传真:4634898、4619756
网址:www. chinawanquan. com
电子信箱:chinawanquan@ 163. com
质量体系:ISO 9001
产品情况:聚氨酯密封胶等化工产品
出口情况:部分产品出口

★河南省长城特种润滑脂有限公司
地址:河南省濮阳市(中原油田)两门工贸新区团堽路 12 号
邮编:457184
电话:0393/3502156、13803932949
传真:3502259
网址:www. ccrhz. com
电子信箱:li@ ccrhz. com
质量体系:ISO 9001
产品情况:(长城澳润牌、龙都牌)
润滑脂
出口情况:出口东南亚、南美洲等地区

★河南长虹润滑脂有限公司
地址:河南省濮阳市两门工业园区
邮编:457184
电话:0393/3806129、18236087860
传真:3806551
网址:www. punairhz. com
电子信箱:pychrhz@ 163. com
质量体系:ISO 9001
产品情况:(濮脂牌、长虹牌、铁鹰牌)
年生产能力润滑脂 8000t、润滑油 30000t

★河南倍佳润滑科技股份有限公司
地址:河南省漯河经济技术开发区燕山路 64 号
邮编:462500
电话:0395/3371963、3371969
传真:3388886
网址:www. cndpowerup. com
电子信箱:china@ cndpowerup. com
质量体系:ISO 9001
产品情况:(CPU 牌、倍佳牌)
多功能边界润滑保护剂、触变性多功能油脂,全合成系列工业高级润滑油

★洛阳巨创轴承科技有限公司
地址:河南省洛阳市高新区侯天路 1 号
邮编:471003
电话:0379/64325000、64336166
传真:64336133
网址:www. tto - bearing. com
电子信箱:ttojuchuang@ 163. com
质量体系:GJB 9001B、ISO/TS 16949
产品情况:球类轴承、电动机轴承、汽车和摩托车轴承、深沟球轴承

★恩梯恩 LYC(洛阳)精密轴承有限公司
地址:河南省洛阳市洛龙区洛龙科技园张衡街 1 号
邮编:471023
电话:0379/64984299
传真:64984299
网址:**www. ntnlyc. com**
电子信箱:**lycntn_swb@ 126. com**
董事长:加藤修
负责人:徐绍仁
产品情况:高品质的二、三代轿车轮毂轴承单元及变速器用滚针轴承

★洛阳轴研科技股份有限公司
地址:河南省洛阳市吉林路 1 号
邮编:471039
电话:0379/64881546、64367569
传真:64366221、64367537
网址:**www. zys. com. cn**
电子信箱:**zhongdx@ zys. com. cn**
质量体系:**ISO** 9001
产品情况:精密及特种轴承、高速机床主轴、轴承专用装备和检测仪器、轴承试验机以及轴承特种材料

★洛阳 LYC 轴承有限公司
地址:河南省洛阳市涧西区建设路 96 号
邮编:471039
电话:0379/65181775、65181885
传真:64986287、64986732
网址:www. lyc. cn
电子信箱:lyc@ lyc. cn
单位人数:11000
质量体系:ISO 9001、ISO 14001
产品情况:(LYC 牌)
汽车轴承及轴承专用设备
出口情况:在美国、印度、越南等国家设有子公司或办事处,产品出口美国、德国、意大利、澳大利亚、韩国、印度、越南等 70 多个国家和地区

★洛阳轻捷石油化工有限公司
地址:河南省偃师市高龙镇
邮编:471931
电话:4009996882、0379/60118989
传真:63620880、67548256
网址:www. lyqj. com
电子信箱:qingjieshihua@ 163. com
质量体系:ISO 9001
产品情况:(轻捷牌)
润滑油

★豫西工业集团有限公司
地址:河南省南阳市高新路 569 号
邮编:473000
电话:0377/61168000
传真:61168222
网址:www. norincogroup. com. cn
电子信箱:zgbqyxjt@ 126. com
单位人数:8000
质量体系:ISO/TS 16949、ISO 14001
产品情况:专用车、车用锻件

★河南英威东风机械制造有限公司
地址:河南省南阳市高新区北环路 68 号
邮编:473000
电话:0377/66651522、63293237
传真:66651530
网址:www. hnyw. com
电子信箱:lhw@ hnyw. com
质量体系:ISO/TS 16949、ISO 9001

产品情况:年产汽车轴头160万件、液化石油气钢瓶60万只、灭火器材10万具、负离子发生器1万台
配套情况:为一汽集团、东风汽车公司、重汽集团、陕汽集团、柳汽、江淮集团、柳工、郑工、厦工等配套

★南阳天一密封股份有限公司
地址:河南省内乡县范蠡大街19号
邮编:474350
电话:0377/66039138、13503904792
传真:65332541
网址:www.nytianyi.cn
电子信箱:nytianmi@21cn.com
单位人数:658
质量体系:ISO/TS 16949、QS 9000
产品情况:(天密牌)
汽车、机械、化工用密封制品
配套情况:为东风汽车公司、一拖、东安、长安、云内、北汽福田、康明斯、珀金斯、奇瑞汽车、亚新科美联、西峡水泵等配套

★开封铁塔橡胶(集团)有限公司
地址:河南省开封市市辖区周天路
邮编:475000
电话:0371/23978346
传真:23961155
网址:www.tieta.cn
电子信箱:kfttsales@163.com
单位人数:1000
质量体系:ISO 9001、ISO 14001
产品情况:(铁塔牌)
各种橡胶输送带、V带、高压钢编管、夹布管、缠绕管、排、吸引胶管及其他橡胶制品
配套及出口情况:为上汽集团、扬柴、珀金斯(天津)、合肥全柴、中国一拖等配套;远销东南亚、大洋洲、中东、欧洲

★夏邑县淮海铸造有限公司
地址:河南省夏邑县会亭工业区
邮编:476400
电话:0370/6582577
传真:6582057
网址:www.xyhhzz.com
电子信箱:ht6158@163.com
单位人数:2600
质量体系:ISO/TS 16949、ISO 9001
产品情况:具有年产铸件10万t的生产加工能力

湖北省

★武汉荒井密封件制造有限公司
地址:武汉市江汉区江发路15号
邮编:430023
电话:027/83560225、83560229
传真:83560476
网址:www.arai-china.com
电子信箱:welcome_waos@sohu.com
质量体系:ISO/TS 16949、ISO 14001
产品情况:油封、O形圈、密封圈、阀门杆密封圈、簧片式气阀及其他橡胶产品
出口情况:返销日本

★武汉市龙深密封件制造有限公司
地址:武汉市汉正街都市工业区东风科技园9栋
邮编:430034
电话:027/83497172
传真:83497195
网址:www.ls-seal.com
电子信箱:info@ls-seal.com
产品情况:各种机械密封件、油(轴)封、工业橡胶制品及各类密封材料
配套及出口情况:为欧美及国内企业配套;远销欧洲、美洲、东南亚、中东等地区

★武汉旷达汽车织物有限公司
地址:武汉市汉阳经济技术开发区车城大道204号
邮编:430056
电话:027/84893266、84237039
传真:84893266
网址:www.kuangdacn.com
质量体系:ISO/TS 16949
产品情况:汽车座椅内饰面料、皮革制品的复合加工及座套、坐垫生产
配套情况:主要服务客户有东风汽车、神龙汽车、东风本田等

★东风嘉实多油品有限公司
地址:武汉市汉阳区芳草二路江城大道口沌口总部基地华中电子商务产业园C1、C2栋
邮编:430056
电话:027/84289643、4008885916
传真:84289600
网址:www.dfmcastrol.com
电子信箱:sales@dfmcastrol.com
质量体系:ISO/TS 16949
产品情况:(劲达牌、佳驰牌、凌浚牌、全护牌)
发动机系统保护液等车用化工产品、车用润滑油、环保石油产品
配套情况:车用润滑油为东风汽车股份、郑州日产、安徽江淮、东风康明斯、东风朝柴、东风轻型发动机供货;发动机冷却液为东风商用车、东风汽车股份;东风越野车、神龙汽车、东风乘用车、广州汽车集团乘用车、东风小康汽车等供货

★武汉邦迪管路系统有限公司
地址:武汉市经济技术开发区15号工业地
邮编:430056
电话:027/84896872、59403819
传真:84896803、84212325
网址:www.tiautomotive.com
电子信箱:Jdu@cn.tiauto.com
质量体系:ISO/TS 16949
产品情况:流体输送管路系统
配套情况:为神龙公司,东风日产、海南马自达等配套

★东风鸿泰武汉控股集团有限公司
地址:武汉市经济技术开发区车城东路39号
邮编:430056
电话:027/84258548
传真:84258548
网址:www.dfhtkg.com.cn
电子信箱:news@dfhtkg.com.cn
质量体系:ISO/TS 16949
产品情况:冲压与焊接零部件总成及模具、塑料及橡胶零部件、轮胎总成、前桥总成、空调总成等
配套情况:为神龙汽车、东风乘用车、东风裕隆、东风商用车、安徽奇瑞、上汽通用、东南汽车等整车制造企业配套生产多种零部件和总成

★武汉中新塑料有限公司
地址:武汉市经济技术开发区创业路111号
邮编:430056
电话:027/84297612
传真:84297516
产品情况:塑料件

★辉门摩擦产品有限公司
地址:武汉市经济技术开发区创业三路
邮编:430056
电话:027/84892176
传真:84892809
网址:www.federalmogul.com/cn
电子信箱:jiaqing-huang@fmochina.com
质量体系:ISO/TS 16949、QS 9000
产品情况:汽车制动蹄片
配套情况:为上汽大众、一汽-大众、一汽集团、神龙汽车、天津一汽夏利、江铃汽车、上汽通用、广汽本田等配套

★三樱(武汉)汽车部件有限公司
地址:武汉市经济技术开发区沌阳大街建华村特1号
邮编:430056
电话:027/84298903
电子信箱:yuy@sh-sanoh.com
产品情况:汽车制动油管及其他配管

★武汉华森塑胶有限公司
地址:武汉市经济技术开发区全力四路
邮编:430056
电话:027/84891117、84891116
传真:84892953
网址:www.huasenplastic.com
电子信箱:hspl@huasenplastic.com
质量体系:ISO/TS 16949、ISO 14001
产品情况:泡沫塑料(EPP、EPS,PE、EVA、IXPE、PP、PVC,PU、PUR,EPDM、CR等),车门防水密封膜(板),吸音、隔音隔热衬垫,橡胶制品,注塑制品,吸塑制品,吹塑制品,阻尼材料,黏胶带、胶带制品,塑胶异形材,PVC密封胶、抗

石击涂料

★湖北派克密封件有限公司
地址:武汉市沌口经济技术开发区后官湖大道537号
邮编:430064
电话:027/84775820
网址:www.parkerhb.com
电子信箱:parkerhb@sohu.net
质量体系:ISO/TS 16949、ISO 9001
产品情况:高分子橡胶密封件
配套情况:为上汽大众、天津一汽夏利、华晨金杯、北京奔驰、南京依维柯、柳州五菱、东风汽车公司、一汽集团等配套

★武汉博奇装饰布有限公司
地址:武汉市蔡甸区博奇路1号
邮编:430100
电话:027/69813916、69813307
传真:69841778
网址:www.boqi.cn
电子信箱:marketing@wuhanboqi.com
单位人数:220
质量体系:ISO/TS 16949
产品情况:(博奇牌)
内装饰面料、座椅面料
配套情况:为比亚迪汽车、神龙汽车、奇瑞汽车等配套

★武汉丸顺汽车配件有限公司
地址:武汉市东湖新开发区流芳产业园光谷一路223号
邮编:430205
电话:027/87905906、87444535
传真:87905920
电子信箱:renshi@wh-wmax.com
产品情况:汽车配件
配套情况:为东风本田等汽车公司配套

★武汉市必达机电实业有限公司
地址:武汉市东湖高新技术开发区庙山小区江夏大道35号
邮编:430223
电话:027/81800954
传真:81800954
网址:www.whbida.com
电子信箱:wxl@whbida.com
质量体系:ISO/TS 16949
产品情况:汽车金属结构件
配套情况:为神龙汽车、佛吉亚(武汉)汽车座椅、标致雪铁龙、海斯坦普金属成功(武汉)公司、东风乘用车、武汉万兴、上汽大众、东风(武汉)汽车零部件、郑州日产、艾联(上海)汽车零部件配套

★武汉帕克橡塑制品有限公司
地址:武汉市阳逻经济开发区晶港路2号
邮编:430415
电话:027/89651005
传真:89651102
网址:www.whpark.com
电子信箱:whpk.leibin@263.net
质量体系:ISO/TS 16949、QS 9000
产品情况:汽车用橡胶塑料制品的生产和加工
配套情况:是Valeo、LEAR、博耐尔公司以及美的集团指定供应商

★湖北福星科技股份有限公司
地址:湖北省汉川市沉湖镇福星区1号
邮编:431608
电话:0712/8741276
网址:www.china-fuxing.com.cn
电子信箱:binliu@vip.163.com
质量体系:ISO/TS 16949、ISO 9001
产品情况:(福星牌)
钢帘线、轮胎钢丝、钢丝绳、PC钢绞线等
出口情况:出口80多个国家和地区

★京山轻机铸造公司
地址:湖北省京山县京山经济技术开发区新阳大道京山轻机工业园
邮编:431800
电话:0724/7337518
传真:7337558
网址:www.js-foundry.com
质量体系:ISO/TS 16949
产品情况:盘类、轮毂类、箱壳类、轴类等

★京山精工铸造有限公司
地址:湖北省京山县经济技术开发区人民大道以北
邮编:431800
电话:0724/7321582、7331781
传真:7321582
电子信箱:jsjgzhuzao@163.com
质量体系:ISO 9001
产品情况:球墨铸铁件、灰铸铁件,年生产4000t以上

★孝感中星汽车零部件有限公司
地址:湖北省孝感市经济开发区六合工业园
邮编:432000
电话:0712/2859933
传真:2899686
网址:www.chkk.co.jp
产品情况:弹簧系列产品

★湖北茂鑫特种胶带有限公司
地址:湖北省广水市经济开发区107国道3号
邮编:432721
电话:0722/6429058、6429605
传真:6429255
网址:www.motorbelt.com
电子信箱:gsmaoxin@163.com
质量体系:ISO/TS 16949、QS 9000
产品情况:(茂鑫牌)
各种同步带、切边V带、多楔带
配套情况:为一汽海马、朝柴、南昌华源凯马、柳微、哈飞汽车、广东科达机电等配套

★瑞阳汽车零部件(仙桃)有限公司
地址:湖北省仙桃市工业园瑞阳大道一号
邮编:433010
电话:0728/3251676、3269000
传真:3251627、3269001
质量体系:ISO/TS 16949
产品情况:(FRICTION ONE牌、摩擦1号牌)
汽车盘式和鼓式制动片、钢背、减振片、五金件等,年产盘式制动片1200万套、鼓式制动片300万套

★荆大(荆州)汽车配件有限公司
地址:湖北省荆州市高新技术开发区东方大道127号
邮编:434000
电话:0716/8257126
传真:8258648
网址:www.hbjingda.com
电子信箱:jingda@hbjingda.com
质量体系:ISO 9001
产品情况:钢管表面镀锌管,镀锌+涂PVF(聚氟乙烯)管,镀锌+涂尼龙(PA12)管,热涂锌铝合金+涂富铝环氧树脂(ALGAL)管
配套及出口情况:产品覆盖中国90%以上汽车制造厂家,包括:上汽大众、上汽通用五菱、一汽-大众、重庆长安、长安福特、长安马自达、广汽长丰、江淮汽车、比亚迪汽车、奇瑞汽车、吉利汽车、海南马自达、东南汽车、江西五十铃等;远销欧洲、南美洲、北美洲、东南亚、中东、南非等地区

★金马汽车零部件制造有限公司
地址:湖北省荆州市玉桥开发区恒隆路5号
邮编:434000
电话:0716/8333923
传真:8319752
质量体系:ISO/TS 16949
产品情况:汽车中冷器进排气管、动力转向管路、制动管路、复合轴承、双金属衬套、塑料支架等
配套情况:为东风汽车公司、柳汽、华晨金杯、一汽海马、奇瑞汽车、一汽-大众、东南汽车、神龙汽车、吉利汽车、湖南车辆厂等配套

★湖北鑫宝马弹簧有限公司
地址:湖北省江陵县江陵大道
邮编:434100
电话:0716/4738566、13349748881
传真:4733509
网址:www.baoma-spring.com
电子信箱:hbbm@vip.sina.com
质量体系:ISO/TS 16949、QS 9000
产品情况:气门弹簧、离合器压盘弹簧、自动阀弹簧
配套情况:为东风汽车公司等配套

★湖北沙市轴承总厂
地址:湖北省荆州市荆州区东环路46号
邮编:434100
电话:0716/8265504、8857180
传真:8264839
质量体系:ISO/TS 16949、ISO 9001
产品情况:汽车轴承,年产6.71万套

★黄石赛福摩擦材料有限公司
地址:湖北省黄石市花园路45号
邮编:435000
电话:0714/6338180、6334214
传真:6335854
电子信箱:saife@ saife. com
质量体系:ISO/TS 16949、ISO 9001
产品情况:(HUANGMO牌)
各类汽车、摩托车、工程机械等用摩擦材料
配套情况:主要为国内企业原装配套

★黄石市重型汽车配件制造厂
地址:湖北省黄石市黄石港工业园区港湾大道05号
邮编:435002
电话:0714/6224810
传真:6220528
电子信箱:10000@ qq. com
质量体系:ISO 9001、GB/T 19001
产品情况:汽车配件
配套及出口情况:为内蒙古北方重型汽车、首钢重型汽车、北京重型汽车、本溪重汽机械配套;部分产品随主机厂出口巴基斯坦、英国、蒙古、丹麦

★黄石哈特贝尔精密锻造有限公司
地址:湖北省黄石市下陆区沿湖路681号
邮编:435004
电话:0714/5314371
产品情况:轴承套圈毛坯锻件
出口情况:出口美国、加拿大、日本、韩国等国家

★湖北大帆汽车零部件有限公司
地址:湖北省麻城市黄金桥开发区
邮编:438300
电话:0713/2995218
传真:2995218
网址:www. dafanlingbujian. com
电子信箱:hubeidafan@ 163. com
质量体系:ISO/TS 16949
产品情况:(大凡牌)
各种汽车、工程机械等用膜片弹簧、碟形弹簧
配套及出口情况:为一汽、东风、重汽、陕汽等配套;出口欧美等多个国家和地区

★湖北封神胶业有限公司
地址:湖北省襄阳市人民路19号贾洼工业园第二园区
邮编:441000
电话:0710/3469330、3118989
传真:3467330
质量体系:ISO/TS 16949、ISO 9001
产品情况:(襄胶飞天牌、亿佰粘牌、封神牌)
汽车密封胶、厌氧胶、强力胶、养护用品

★新兴重工湖北三六一一机械有限公司
地址:湖北省襄阳市人民西路168号
邮编:441002
电话:0710/3117315
传真:3110290
网址:www. 3611. com. cn
电子信箱:3611czhb@ 163. com
质量体系:ISO/TS 16949、ISO 9001
产品情况:轻合金汽车零部件、油料器材装备、应急救援特种装备等
配套情况:为神龙汽车、东汽商用车、玉柴、东风康明斯发动机等配套

★湖北天力奇新材料股份有限公司
地址:湖北省襄阳市高新区汽车工业园
邮编:441003
电话:0710/3224295
传真:3223872
电子信箱:xfxi@ public. xf. hb. cn
质量体系:ISO 9001
产品情况:汽车油封、减振垫、制动管、输油管等汽车用橡胶产品
配套情况:为东风汽车公司、康明斯发动机、北汽福田等服务

★湖北回天新材料股份有限公司
地址:湖北省襄阳市国家高新技术开发区航天路7号
邮编:441003
电话:0710/3626888
传真:3820881
网址:www. huitian. net. cn
质量体系:ISO/TS 16949、ISO 14001
产品情况:(回天牌、赛福特牌)
汽车及摩托车胶黏剂、合成制动液、洗手液、防锈松动剂、清洗剂等
配套情况:为一汽集团、东风汽车公司、神龙汽车、广西玉柴、天津一汽夏利、南方摩托等配套

★襄樊航天化学动力总公司
地址:湖北省襄阳市清河路58号156信箱
邮编:441003
电话:0710/3219103、3219104
传真:3820378
质量体系:ISO/TS 16949、ISO 9001
产品情况:(航鹏牌)
车用特种橡胶制品、安全气囊用气体发生器、胶黏剂等
配套情况:为一汽集团、东风汽车公司、三菱、康明斯等配套

★襄樊金阳轴承有限公司
地址:湖北省襄阳市檀溪路263
邮编:441021
电话:0710/3999111、18972061717
传真:3386319
网址:www. jxybearing. com
电子信箱:jxybearing@ 163. com
质量体系:ISO/TS 16949、ISO 9001
产品情况:(金襄阳(JXY)牌)
各种汽车轴承、英制轴承、润滑脂等产品

★襄樊金派汽车轴承有限公司
地址:湖北省襄阳市襄城区环城路45号
邮编:441021
电话:0710/3057703、3057702
质量体系:ISO 9001
产品情况:各种车用轴承
配套情况:为东风系列、解放系列、轻型车系列、红岩斯太尔系列等载重车配套

★襄樊胜嘉轴承有限公司
地址:湖北省襄阳市襄城区卧龙镇实验路61号
邮编:441021
电话:0710/3510227
传真:3556779、2063355
电子信箱:sjzc@ chinasjzc. com
质量体系:ISO 9001
产品情况:(胜嘉牌)
汽车、农用车轴承,各种主销
配套情况:为东风汽车公司、襄樊车桥厂、随州驰乐等配套

★襄阳汽车轴承股份有限公司
地址:湖北省襄阳市襄城区轴承厂路1号
邮编:441022
电话:0710/3577888、3577999
传真:3564551、3564101
网址:www. zxy. com. cn
电子信箱:scb@ zxy. com. cn
单位人数:2500
质量体系:ISO/TS 16949、ISO 9001
产品情况:(ZXY牌)
0、2、3、4、5、6、7、8、N、U、QJ、K等12类2000多个品种的公制轴承和英制圆锥轴承,年生产能力超过3000万套
配套及出口情况:产品具备整车配套东风、解放、斯尔太、北方奔驰、江淮汽车、北汽福田、跃进、五十铃等系列用轴承产品的能力;远销欧美和东南亚等地区

★襄阳鹰牌荣华轴承有限公司
地址:湖北省襄阳市高新区新风路6号
邮编:441104
电话:0710/3381855
传真:3381833
网址:www. ypbearing. com
电子信箱:ypbearing@ 163. com
质量体系:ISO/TS 16949
产品情况:(鹰牌)
汽车轴承
配套及出口情况:直接为东风德纳车桥、合肥车桥、北汽福田、宇通客车、金龙客车、中联重科车桥公司(湖南车桥厂)、湖北车桥、湖北远安永安车桥、湖北三环车桥、西安汉德车桥等多家知名

企业配套；远销欧美、中东、东南亚等地区

★襄阳精鑫电子设备制造有限公司
地址：湖北省襄阳市襄州区邓城大道车城南路202号
邮编：441104
电话：0710/2848099、2848059
传真：2848088
网址：www.xyjxdz.cn
质量体系：ISO/TS 16949
产品情况：汽车冲压件等产品
配套情况：为东风公司配套

★枣阳磐石摩擦片有限公司
地址：湖北省枣阳市车站路29号
邮编：441200
电话：0710/6370682
传真：6370682
电子信箱：hxb6320324@163.com
质量体系：ISO 9001
产品情况：（贤保牌）
重型车、中型车、轻型车用摩擦材料，年产4000余t
配套情况：为主机厂配套

★湖北省枣阳福星摩擦材料有限公司
地址：湖北省枣阳市南阳路89号
邮编：441200
电话：0710/6317778
传真：6317775
电子信箱：fxwsh@sohu.com
质量体系：ISO 9001
产品情况：（精诚牌）
各种汽车制动片
配套情况：为东风汽车公司、徐工集团、华兴航空、江苏衡力、湖北力美等配套

★枣阳华龙摩擦材料有限公司
地址：湖北省枣阳市前进路68号
邮编：441200
电话：0710/6225669、6219566
传真：6225669
电子信箱：sales@zyhlmc.com
质量体系：ISO 9001
产品情况：（华龙牌）
摩擦材料，各种重、中、轻型汽车制动器衬片，年产8000多t
配套情况：为东风汽车公司、安徽省汽车制动器厂配套

★枣阳安泰摩擦材料有限公司
地址：湖北省枣阳市书院东街128号
邮编：441200
电话：0710/6350259
传真：6321998
质量体系：ISO/TS 16949、ISO 9001
产品情况：汽车用鼓式制动器片

★湖北飞龙摩擦密封材料股份有限公司
地址：湖北省枣阳市新华路78号
邮编：441200
电话：0710/6352088、6312393
传真：6321825
网址：www.feiroen.com
电子信箱：mike_liao@126.com
法人代表：兰永忠
单位人数：1000
质量体系：ISO/TS 16949
产品情况：（隆中牌）
汽车用鼓式制动片、盘式制动片、制动蹄总成、气压盘式制动器等4大类产品2万多个品种
配套及出口情况：为东风、一汽、中国重汽、福田、江淮、柳工、陕汽等20多个全国知名厂家配套；出口欧美、非洲、东南亚、中东等地区

★枣阳中天摩擦片有限公司
地址：湖北省枣阳市枣耿路工业园区
邮编：441200
电话：0710/6312488
传真：6318511
质量体系：ISO/TS 16949、ISO 9001
产品情况：（中天牌）
各类摩擦片，年产8000t
配套及出口情况：为东风、解放、江淮、大江、欧曼、重汽、北奔、陕汽、宇通、金龙等多款国产车型配套；出口东南亚、中东、非洲

★湖北群益汽车配件有限公司
地址：湖北省襄阳市枣阳西环二路万通新城附近
邮编：441202
电话：0710/6325808、6320638
传真：6325808
电子信箱：zyqyfmc@163.com
质量体系：ISO 9001
产品情况：（群益牌）
制动器衬片、驻车制动器衬片等摩擦材料，年产5000t
配套情况：为安徽康达集团配套

★枣阳兴亚摩擦材料有限公司
地址：湖北省枣阳市车站路17－4号
邮编：441202
电话：0710/6314652、6320590
传真：6314652
电子信箱：mail@xingyafm.com
质量体系：ISO/TS 16949、QS 9000
产品情况：（兴亚牌、英利达牌）
中、重、轻、客、微型汽车用制动器衬片及轿车前盘、后鼓制动蹄总成
配套及出口情况：为主机厂配套；出口欧洲、美洲、非洲、中东、东南亚

★随州市万瑞汽车配件有限公司
地址：湖北省随州市经济开发区深圳工业园
邮编：441300
电话：0722/3819628、3819728
传真：3818628
网址：www.hbwrqp.com
电子信箱：info@hbwrqp.com
质量体系：ISO/TS 16949
产品情况：（WR牌）
汽车塑料件产品研制改进、塑胶模具开发、塑料注射成型等

★湖北双虎机械有限公司
地址：湖北省谷城县城关镇过山口街
邮编：441700
电话：0710/7332823
传真：7332823
质量体系：ISO 9000
产品情况：平衡悬架类铸件、汽车底盘类铸件、制动蹄、制动底板等

★襄樊市乐太胶业有限公司
地址：湖北省谷城县石花镇杨溪工业园区
邮编：441705
电话：0710/7619900、13797612189
传真：7611901
网址：www.xyletai.com
电子信箱：627919111@qq.com
质量体系：ISO 9001
产品情况：汽车工业用胶、密封胶
配套情况：为东风汽车公司等配套

★老河口楚鑫铸业有限公司
地址：湖北省老河口市洪山咀楚润路1号
邮编：441814
电话：0710/8405018、15717859253
传真：8511115
网址：www.churun.com.cn
质量体系：ISO/TS 16949
产品情况：主要运用铁型覆砂铸造工艺从事汽车底盘零部件及汽车发动机零部件铸件的生产
配套情况：为东风传动轴有限公司提供转向机壳体、阀体、侧盖；为东风康明斯提供摇臂及摇臂轴铸件；为仁和公司提供自动调整臂本体等

★东风实业公司喷涂冲压件分公司
地址：湖北省十堰市茅箭区人民路南路45号
邮编：442000
电话：0719/8256246、8256256
传真：8882211
质量体系：ISO/TS 16949
产品情况：灭火器、汽车膨胀水箱、后视镜支架
配套情况：为东风汽车公司配套

★东风（十堰）汽车冲压件有限公司
地址：湖北省十堰市寺沟巷2号
邮编：442000
电话：0719/8227089
传真：8228085
网址：www.dfsy.com.cn
质量体系：ISO/TS 16949、ISO 14000
产品情况：汽车冲压件、皮带张紧轮、操纵机构总成等

★东风（十堰）气缸垫有限公司
地址：湖北省十堰市红卫镜潭路48号

邮编:442002
电话:0719/8238530、8260168
传真:8260168、8521188
网址:www.dfm－gasket.com.cn
电子信箱:dfsyqgd@126.com
单位人数:300
质量体系:ISO 14001、ISO/TS 16949
产品情况:(东风牌)
汽缸垫等密封垫片
配套情况:为东风汽车公司发动机厂、东风康明斯发动机、东风德纳车桥、一汽锡柴、上汽通用五菱等配套

★十堰东风韩都油化有限公司
地址:湖北省十堰市大岭路19号
邮编:442008
电话:0719/8205297
传真:8205267
质量体系:ISO/TS 16949
产品情况:汽车油漆

★十堰风神汽车橡塑制品有限公司
地址:湖北省十堰市汉江中路26号
邮编:442011
电话:0719/8618296
传真:8652859
网址:www.syxj.net
电子信箱:syxjc@163.com
质量体系:ISO/TS 16949、ISO 9001
产品情况:(风神牌、十橡牌)
主要生产减振悬置类、胶管类、密封制品类和沥青阻尼片材等3000多个品种橡胶配件,年产能力10000万件
配套情况:橡胶件为东风汽车、东风有限商用车、东风日产配套

★东森汽车密封件有限公司
地址:湖北省十堰市东风大道18号
邮编:442012
电话:0719/8237984、8784330
传真:8780471、8792546
电子信箱:sales@hutchinson－sy.com
质量体系:ISO/TS 16949、ISO 9001
产品情况:(东密牌)
油封、减振垫、橡胶压模制品,年产值6500万元
配套及出口情况:为东风汽车公司、神龙汽车、奇瑞汽车、长安汽车、长城汽车等配套;远销美国、德国、法国等国家

★十堰市神力汽车零部件有限公司
地址:湖北省十堰市高新区车神路7号
邮编:442012
电话:0719/8312293
传真:8319293
电子信箱:shenligs@126.com
质量体系:ISO 9001
产品情况:中冷器出气管、挡泥板支架、动力转向油罐总成、环箍等
配套情况:为东风农用车、三环集团汽车厂及多家汽车改装厂配套

★湖北亿德·赛襄轴承有限公司
地址:湖北省十堰市白浪高新技术产业开发区
邮编:442013
电话:0719/8254099
传真:8460111
电子信箱:sx@zzxyy8.com
质量体系:ISO 9001
产品情况:(赛襄牌)
轴承
配套情况:为一汽集团、东风汽车公司、重汽集团配套

★十堰九鹏摩擦材料有限公司
地址:湖北省十堰市白浪高新技术产业开发区中观西路马路村
邮编:442013
电话:0719/8312611
传真:8318849
质量体系:ISO 9001
产品情况:制动片,设计年产能6000t
配套情况:为东风、解放、江淮、北汽福田等配套

★东风汽车公司(十堰)润滑油有限公司
地址:湖北省十堰市白浪中路68号
邮编:442013
电话:0719/8303326、8303666
传真:8303333
网址:www.dfsyrhy.com
单位人数:34(十堰基地)
质量体系:ISO 9001
产品情况:(东日牌)
为东风汽车等装车配套的DRC系列发动机冷却液(防冻防锈液)
配套情况:为东风汽车公司配套

★十堰先锋零部件有限公司
地址:湖北省十堰市高新技术产业开发区滨河东路66号
邮编:442013
电话:0719/8301891
传真:8301891
网址:www.xfmj.com
电子信箱:yzm@xfmj.com
单位人数:120
质量体系:ISO/TS 16949、ISO 14001
产品情况:车身类、底盘类冲压件和焊接件总成
配套情况:为东风日产、郑州日产、东风股份、东风神龙、东风渝安、东风越野车、西安比亚迪、陕汽通家等配套

★十堰槐鹏工贸有限公司
地址:湖北省十堰市汽配城富桥区1118号
邮编:442013
电话:0719/8316438
传真:8462152
网址:www.huaipeng.com
质量体系:ISO/TS 16949
产品情况:汽车储气筒、挡泥板、各种支架等零部件
配套情况:为东风汽车公司配套

★湖北十堰洪运轴承材料有限公司
地址:湖北省十堰市镜潭路46号
邮编:442021
电话:0719/8238687
传真:8241435
电子信箱:hlyzlsy@126.com
质量体系:ISO/TS 16949
产品情况:(东风牌)
铝基双金属轴瓦卷带材
配套情况:铝锡高锡产品和铝锡硅中锡产品(各1000t/年)为东风公司、重庆东安、航天三菱等配套

★东风汽车悬架弹簧有限公司
地址:湖北省十堰市大岭路15号
邮编:442046
电话:0719/8223462
传真:8223462
负责人:卢伟
单位人数:1175
质量体系:ISO 14000、ISO/TS 16949
产品情况:钢板弹簧、空气悬架、圆簧、扭杆、稳定杆等产品
配套及出口情况:为东风汽车公司和国内主要汽车厂配套;远销美国、加拿大、意大利等国家

★十堰市隆泰源工贸有限公司
地址:湖北省十堰市武当路68号
邮编:442047
电话:0719/8236948、8209141
传真:8236948
网址:www.hbsylty.com
电子信箱:lty@hbsylty.com
单位人数:300
质量体系:ISO/TS 16949、ISO 14001
产品情况:汽车驾驶室外饰件油漆、涂装,汽车注塑零部件

★东风汽车紧固件有限公司
地址:湖北省十堰市张湾区大岭路40号
邮编:442061
电话:0719/8217744
传真:8217714
质量体系:ISO/TS 16949、QS 9000
产品情况:各类车用螺栓、螺母、螺柱、螺钉、铆钉、垫圈、挡圈、销轴、管接件、螺塞、滑脂嘴、通气塞及各类拉、压、卡、扭弹簧和专用件、异形件等

★十堰市龙岗铸造有限公司
地址:湖北省十堰市郧县茶店工业园区
邮编:442500
电话:0719/7732470
传真:7590653
网址:www.xfmj.com
电子信箱:longgangzhuzao@126.com
单位人数:89
产品情况:汽车车体冲压模具用铸铁、铸钢产品
配套情况:主要客户有天津汽车模具、

四川成飞集成科技、东风汽车模具冲压技术、一汽模具等

★东风汽车零部件(集团)粉末冶金公司
地址:湖北省丹江口市三官殿街20号
邮编:442708
电话:0719/5520300
传真:5520226
网址:www. dfap. com. cn
电子信箱:fmyj - lich@ dfl. com. cn
质量体系:ISO/TS 16949、QS 9000
产品情况:各类结构件,用于汽车发动机、变速器、底盘、动力转向器及家电、机械行业

★东风精密铸造有限公司
地址:湖北省十堰市武当山旅游经济特区公园路155号
邮编:442714
电话:0719/5667415、5660101
传真:5666042
网址:www. dfic. com. cn
电子信箱:dfjz@ dfic. com. cn
质量体系:ISO/TS 16949、ISO 14001
产品情况:(东风精铸牌)
商用车部分(商用车底盘件系统、车身系统、发动机系统基础与集成件)、乘用车部分(动办系统部件、底盘悬架系统部件)
配套及出口情况:主要商用车客户:东风商用车、郑州宇通、福田戴姆勒、江淮、东风康明斯;乘用车部分客户;神龙汽车、长城汽车、奇瑞汽车、郑州日产、东风乘用车;海外及非汽车部分:福田雷沃重工、约翰迪尔佳联等;出口翰迪尔、纳科、沃尔沃、西屋等公司

★中南橡胶集团有限责任公司
地址:湖北省宜昌市伍家岗工业园
邮编:443003
电话:0717/6370118
传真:6370388
电子信箱:admin@ mt87. com
质量体系:ISO 9001
产品情况:(中字牌)
橡胶输送带、汽车配件、橡胶杂件等三大类500多种橡胶产品
配套及出口情况:为东风汽车公司、神龙汽车配套;出口欧洲、非洲、东南亚、中东等地区

湖南省

★长沙捷动汽车配件有限公司
地址:长沙市五一大道98号
邮编:410001
电话:0731/82291968、82291969
传真:82291898、84313100
网址:www. professorbrake. com
电子信箱:sales@ professorbrake. com
质量体系:ISO/TS 16949
产品情况:汽车制动摩擦材料
出口情况:远销美国、欧洲、南美洲等国家和地区

★湖南湘江关西涂料有限公司
地址:长沙市经济开发区漓湘西路16号
邮编:410100
电话:0731/86246500
传真:86246888
网址:www. hnksac. com
电子信箱:hkp@ hnksac. com
单位人数:800
质量体系:ISO/TS 16949、ISO 14001
产品情况:汽车涂料

★湖南航天磁电有限责任公司
地址:长沙市望城经济开发区金星北路1106号湖南航天科技工业城
邮编:410200
电话:0731/88448217、88448201
传真:88448186
网址:www. spacemagnet. com
电子信箱:business@ spacemagnets. com
质量体系:ISO/TS 16949、ISO 14001
产品情况:扬声器磁体、瓦磁、特殊铁氧体磁材等

★湖南博云汽车制动材料有限公司
地址:长沙市高新开发区麓松路500号
邮编:410205
电话:0731/88122751
传真:88115258
网址:www. boyunbrake. com
电子信箱:bykf@ boyunbrake. com
质量体系:ISO/TS 16949
产品情况:制动片
配套情况:为一汽集团、东风汽车公司、长安汽车、上汽通用五菱、广汽三菱、昌河汽车、重汽集团等配套

★磐吉奥(湖南)铸造工业有限公司
地址:长沙市宁乡经济技术开发区
邮编:410600
电话:0731/82753399
网址:www. pangeo. com
电子信箱:office@ pangeo. com
质量体系:ISO/TS 16949、ISO 14001
产品情况:铝合金压铸及加工等

★益阳西流气缸垫有限公司
地址:湖南省益阳市高新区梅岭工业园梅林路272号
邮编:413000
电话:0737/4223416
传真:4222416
网址:www. yyqgd. com
电子信箱:xl@ yyqgd. com
质量体系:ISO/TS 16949
产品情况:(西流牌)
目前复合型气缸垫生产能力达到年产400万片,全金属气缸垫生产能力达到年产100万片
配套情况:为东风康明斯、广西玉柴、柳州五菱、杭州发动机厂、绵阳新晨、沈阳新光、北汽福田、无锡四达柴油机厂、广西柳柴、湖南动力机厂等20多家主机厂配套

★湖南布林特橡塑有限公司
地址:湖南省益阳市南县武圣宫
邮编:413212
电话:0737/5811010、5811009
传真:5812107
网址:www. hnbps. com
电子信箱:sales@ hnbps. com
质量体系:ISO 9001
产品情况:油封、O型密封圈、V带、杂件等系列产品

★湖南常德嘉达摩擦材料有限公司
地址:湖南省常德市临江路35号
邮编:415000
电话:0736/7289184、7281750
传真:7172098
网址:www. cnjiada. cn
电子信箱:jiada@ cnjiada. cn
董事长:祝珍明
负责人:李江
质量体系:ISO/TS 16949、ISO 14001
产品情况:(得俏牌)
各种机动车无石棉盘式、鼓式制动片
配套情况:为奇瑞汽车、一汽集团、上汽通用五菱、美国TRW - LVLB、吉利汽车、武汉万向、浙江亚太、万安集团、廊坊瑞达、广州中博、比亚迪汽车等配套

广东省

★广州市海缝机械零件制造有限公司
地址:广州市燕子岗路燕子岗街2号
邮编:510280
电话:020/89009611
传真:89009611
质量体系:ISO 9001、ISO 14001
产品情况:钣金精细加工、冲压零部件
配套情况:为五羊 - 本田、广汽本田、东风本田、广汽丰田等配套

★广州市阳铭科技新材料有限公司
地址:广州市海珠区广州大道南敦和路189号(科技园)2号楼102 - 104
邮编:510310
电话:13527716477
传真:020/89886770
产品情况:尼龙产品、柔性丝材、木质丝材

★广州市广易实业有限公司
地址:广州市芳村大道中443号
邮编:510360
电话:020/81891948、81898528
传真:81893451
电子信箱:granye@ Granye. com
质量体系:ISO 9001
产品情况:(大力牌、广易牌、玉羊牌)

汽车、摩托车制动蹄块总成
配套及出口情况：为广州五羊－本田摩托车（广州）、江门大长江摩托车、番禺华南摩托车、广州摩托车集团、昌河铃木等配套；出口菲律宾、马来西亚、越南、中东、南美洲等国家和地区

★广州市广红软木厂
地址：广州市荔湾区芳信路秀水西约349号之一
邮编：510360
电话：020/81693608、81693863
传真：81693226、81693623
网址：www.ghcork.com
电子信箱：contact@ghcork.com
质量体系：ISO 9002
产品情况：（跃马牌）
软木制品及内燃机密封垫
配套情况：为多家大型的汽车、摩托车发动机制造公司配套

★广州市世达密封实业有限公司
地址：广州市白云区机场路2721号
邮编：510425
电话：020/86082311、86082312
传真：86083390
网址：www.gz－star.com
电子信箱：gzstar@gz－star.com
质量体系：ISO/TS 16949、ISO 14001
产品情况：橡塑密封件、车用橡胶零部件
配套情况：为日本鬼怒川橡胶工业株式会社、本田（中国）汽车、本田制锁（广东）、广州三叶电机、美国福特、欧洲威伯科、卡特彼勒、广汽本田、东风本田、柳州工程机械、广州昭和减振器、南京依维柯、惠州东风易进工业、惠州大金空调、香港保捷集团、TTI公司等供货

★广州市铄金机电有限公司
地址：广州市天河区广园东路2193号时代新世界北塔603－604室
邮编：510500
电话：020/87228567、87228790
传真：87720244
网址：www.gotobearing.com
电子信箱：autoparts@sjbearing.com
质量体系：ISO 9001
产品情况：（GOTO牌）
汽车轮毂轴承、分离轴承、张紧轮轴承等
出口情况：出口多个国家和地区

★广州旷达汽车织物有限公司
地址：广州市萝岗区东鹏大道44号
邮编：510510
电话：020/82266268－825
传真：82266360
网址：www.kuangdacn.com
电子信箱：guangzhou@kuangda.com
质量体系：ISO/TS 16949、ISO 14001
产品情况：汽车座椅面料、门护杠面料、顶棚面料；主要是为广州本田、东风日产、、长安福特、长安铃木、海马汽车等主机厂提供
配套情况：为广汽本田、东风日产、、长安福特、长安铃木、海马汽车等主机厂配套

★广州奥图弹簧有限公司
地址：广州市经济技术开发区东区沧联小迳东路
邮编：510530
电话：020/38298993
传真：38298996
网址：www.autospring.cn
质量体系：ISO/TS 16949、ISO 14001
产品情况：汽车弹簧

★克恩－里伯斯（广州）精密金属零件公司
地址：广州市萝岗区云埔工业区观达路7号C幢1楼
邮编：510530
电话：020/82210989
传真：82210105
网址：www.kern－liebers.com.cn
电子信箱：kl.guangzhou@kern－liebers.com.cn
质量体系：ISO/TS 16949、ISO 14001
产品情况：扭力弹簧、重力弹簧、恒力弹簧以及启动弹簧

★广州立华制动器材有限公司
地址：广州市白云区良田工业园北路5号
邮编：510545
电话：020/87442050、62105702
传真：62105706－6029
网址：www.lihuabmk.com
电子信箱：bmkbmk_518@vip.163.com
质量体系：ISO/TS 16949
产品情况：（BMK牌）
专业制造制动片
出口情况：出口美洲、欧洲、东南亚、中西非、中东等地区

★金发科技股份有限公司
地址：广州市萝岗区科学城科丰路33号
邮编：510663
电话：020/66818888
传真：66848888
网址：www.kingfa.com.cn
电子信箱：gz@kingfa.com.cn
质量体系：ISO/TS 16949
产品情况：（KINGFA牌）
改性塑料
配套及出口情况：为大众、通用、福特、天津一汽丰田、三菱、标致、雪铁龙、华晨、奇瑞汽车等配套；远销130多个国家和地区

★广州机械科学研究院胶业研究所
地址：广州市黄埔区茅岗路828号
邮编：510700
电话：020/32388795
传真：32389139
网址：www.capacsealant.com
质量体系：ISO 9001
产品情况：（广研牌）
密封胶产品，适用于冶金、汽车、工程机械等多个领域
配套情况：为东风汽车公司、哈飞汽车、中通客车、中顺汽车、广汽、北汽福田等配套

★广州机械科学研究院密封研究所
地址：广州市黄埔区茅岗路828号
邮编：510700
电话：020/32388050
传真：32388400
网址：www.gyseals.com
质量体系：ISO 9001
产品情况：（Gy SEALS牌）
大型、特种、精密、异形橡塑产品和机械密封、盘根垫片

★广州逸尔孚润滑油有限公司
地址：广州市黄埔区双沙华坑路468号604厂
邮编：510725
电话：020/82375285、13926268163
传真：82399985
网址：www.efoil.com.cn
电子信箱：gzefoil2000@163.com
质量体系：ISO 9001
产品情况：［埃孚（EF）牌］
润滑油等

★广州彩虹五金弹簧有限公司
地址：广州市黄埔夏园工业中区第6－7栋
邮编：510730
电话：020/62801168
传真：62801198
网址：www.rainbow－spring.com.cn
电子信箱：sales@rainbow－spring.com.cn
质量体系：ISO/TS 16949、ISO 14001
产品情况：各种拉、压、卡、扭等各类弹簧、线成型、精密冲压件、拉杠、组装件及紧固件
出口情况：出口亚洲、北美洲、欧洲、中东、澳大利亚等20多个国家和地区

★广州市泰力高复合材料有限公司
地址：广州市黄埔区南岗西路238号大院
邮编：510760
电话：020/83802473、82246640
传真：83741150
网址：www.gzcc－technic.com
电子信箱：sales@gzcc－technic.com
质量体系：ISO 9001、ISO 14001
产品情况：吸音隔热材料

★广州三樱制管有限公司
地址：广州市经济开发区云埔工业区埔南路沧联工业园D3地块厂房A
邮编：510760
电话：020/62952189
传真：82250082
电子信箱：zongwu@gzsanoh.com

质量体系:ISO 14001、ISO/TS 16949
产品情况:汽车燃油管总成、ABS 制动油管、动力转向器回油管、排水管、发动机用 ATF 管等零部件
配套情况:为广汽本田、东风日产汽车、广汽三菱、本田中国配套

★广州日立汽车配件有限公司
地址:广州市花都区花港大道 63 号汽车城内
邮编:510800
电话:020/86876670
传真:86876671
网址:www. hitachi. com. cn
质量体系:ISO/TS 16949
产品情况:汽车精密零部件
配套情况:为日产、本田、马自达、富士重工、三菱汽车及其他欧美汽车厂商配套

★广州优尼冲压有限公司
地址:广州市花都区花港大道西侧 77 号
邮编:510800
电话:020/36867888
传真:36867966
网址:www. unipres. com. cn
电子信箱:admin@ unipres. com. cn
质量体系:ISO/TS 16949、ISO 14001
产品情况:(UNIPRES 牌)
车体用冲压部件
配套及出口情况:为东风日产乘用车配套;出口北美洲、南美洲、西欧、东亚

★广州市诺安制动配件有限公司
地址:广州市花都区汽车城车城 4 号路南
邮编:510800
电话:020/86733348
传真:86733776、86733818
网址:www. gznuoan. com
电子信箱:boss@ gznuon. com
单位人数:100
质量体系:ISO/TS 16949
产品情况:(PROSA 牌)
盘式、鼓式制动片,年产能力载货汽车衬片 1 万 t、重型车蹄铁 30 万套、美国重型车制动蹄总成 50 万套、小型车鼓式制动片 200 万套
配套及出口情况:为部分主机厂配套;出口欧美市场

★广州三池汽车配件有限公司
地址:广州市花都区汽车城东风大道东
邮编:510800
电话:020/86733758
传真:86733737
电子信箱:jiafengjiao@ gz - mitsuike. com
质量体系:ISO/TS 16949
产品情况:汽车冲压件
配套情况:为东风日产乘用车配套

★广州西川密封件有限公司
地址:广州市花都区汽车城东风大道东侧
邮编:510800
电话:020/86733255
传真:86733256
网址:www. nishikawa - rbr. co. jp
电子信箱:renshi@ g - nishikawa. com. cn
产品情况:汽车类橡胶密封件产品
配套情况:为广汽本田、日产尼桑、马自达、福特等配套

★广州东升机械有限公司
地址:广州市花都区新华街花岗大道 69 号
邮编:510800
电话:020/36867110、36867113
传真:36867125
质量体系:ISO/TS 16949
产品情况:轿车冲压件和焊接件总成
配套情况:为东风日产乘用车配套

★广州市花都联合涂料有限公司
地址:广州市花都区新华工业区大布路 22 号
邮编:510812
电话:020/36862222
传真:36862591、36862592
网址:www. gzunc. cn
电子信箱:gzunc@ gzunc. cn
质量体系:ISO 9001
产品情况:(通用牌、联合牌)
汽车修补漆
出口情况:出口东南亚等地区

★广州帕卡汽车零部件有限公司
地址:广州市从化区城郊街安园路 2 号
邮编:510900
电话:020/87910088
传真:87912349
网址:www. gpap. cn
质量体系:ISO 9001、ISO 14001
产品情况:主要生产汽车隔音、隔热类产品
配套情况:为广汽本田、东风本田、本田中国、广汽乘用车等厂家配套

★广州维金汽车零部件有限公司
地址:广州市从化区明珠工业园明珠大道北吉祥二路 9 号
邮编:510900
电话:020/87866788、13802782518
传真:87866561
电子信箱:info@ vkairspring. com
质量体系:ISO 9001
产品情况:客车空气弹簧、重型货车空气弹簧、轻型车辆空气弹簧、工业空气弹簧、驾驶室空气弹簧等
配套及出口情况:为一些大型汽车制造厂商配套;远销欧美、澳大利亚、东南亚等国家和地区

★广州刚辉橡塑五金制品有限公司
地址:广州市从化区太平镇经济开发区福从路 17 号
邮编:510990
电话:020/37922222
传真:37922223
网址:www. kwongfai. com. cn
电子信箱:info@ kwongfai. com. cn
质量体系:ISO/TS 16949
产品情况:橡胶塑胶制品

★广州市埃弗克汽车配件有限公司
地址:广州市从化区太平镇屈洞工业园 19 号
邮编:510990
电话:020/37921119
传真:37921129
网址:www. gzifk. com
电子信箱:ifk@ gzifk. com
质量体系:ISO/TS 16949
产品情况:(IFK 牌)
年生产汽车制动片 120 万套
出口情况:远销欧洲、中东、南美洲、东南亚、北非

★广州市三泰汽车内饰材料有限公司
地址:广州市增城区经济技术开发区新祥路 8 号
邮编:511300
电话:020/82780055
传真:82780060
网址:www. TTT. com. cn
产品情况:汽车内饰材料、NVH 材料

★广州卫亚汽车零部件有限公司
地址:广州市增城区新塘镇创新大道 23 号
邮编:511340
电话:020/82880761、82880763
传真:82880760
网址:www. gzwire. com
单位人数:472
质量体系:ISO/TS 16949、ISO 14000
产品情况:线成型、蛇簧、靠背、头枕弯管、扭杆、悬簧垫、座椅焊接骨架、腰托网格、汽车悬架弹簧、气门弹簧、摩托车减振弹簧、异形弹簧等
配套情况:为广汽本田、东风本田、标致雪铁龙、日产、上汽通用、比亚迪、吉利等配套,主机厂客户主要有上汽通用、深圳比亚迪、本田用品等;座椅类客户有日本总和、广州提爱思、广州佛吉亚、广州丸顺、今仙电机、武汉提爱思全兴、武汉佛吉亚全兴、武汉泰极江森、武汉万兴、重庆台兴;弹簧类客户有广西玉柴、广州阿尔发、江门大长江、株洲雅马哈、广东富华、苏州德尔福等

★广州甲壳虫润滑油有限公司
地址:广州市增城区新塘镇东华碧松山工业园大路 8 行 1 号
邮编:511340
电话:020/82778742、82778743
传真:82779381
电子信箱:keiar@ keiar. cn
质量体系:ISO/TS 16949、ISO 9001
产品情况:(甲壳虫牌)
润滑油

★广州自强弹簧五金制品有限公司
地址:广州市增城区新塘镇增城经济技术开发区创新大道23号
邮编:511340
电话:020/82880786、82880751
传真:82880787
网址:www.zqspring.com
电子信箱:zq@zqspring.com
质量体系:ISO/TS 16949、ISO 14001
产品情况:各类弹簧和弹簧生产设备及线成型设备
出口情况:远销美国、欧洲、日本、东南亚等国家和地区

★广州金邦有色合金有限公司
地址:广州市增城区新塘镇宁西工业园内
邮编:511350
电话:020/82968135
传真:82968137
产品情况:精密件、注塑件

★广州内山工业有限公司
地址:广州市经济技术开发区永丰路10号
邮编:511356
电话:020/82986777
传真:82986620
电子信箱:a－takamatsu@umc－net.co.jp
质量体系:ISO/TS 16949
产品情况:汽车密封件、轴承密封件

★广州普利司通化工制品有限公司
地址:广州市经济技术开发区永和经济开发区黄旗山路18号
邮编:511356
电话:020/32223085
传真:32223081
网址:www.bridgestone.com.cn
电子信箱:hhsm@21cn.com
质量体系:ISO 14000、ISO/TS 16949
产品情况:汽车及摩托车等用各类聚氨酯泡沫制品,生产规模为45万台套/年
配套及出口情况:为广汽丰田、广汽本田、本田(中国)、东风日产配套;部分产品远销美国

★广州丸顺汽车配件有限公司
地址:广州市经济技术开发区永和经济区永盛路8号
邮编:511356
电话:020/32225188
传真:32225288
网址:www.gz－gmax.cn
电子信箱:g－max@gz－gmax.com
董事长:松井 恒夫
单位人数:1353
质量体系:ISO 9000
产品情况:汽车骨架零部件冲压制造、模具、检具、治具
配套情况:为本田、日产汽车等配套

★广州华德汽车弹簧有限公司
地址:广州市增城区永和镇凤凰开发区汽车城东路63号
邮编:511356
电话:020/82972770、82983613
传真:82979142
网址:www.huadespring.com
电子信箱:manager@huadespring.com
单位人数:700
质量体系:ISO/TS 16949、ISO 14001
产品情况:发动机气门弹簧、汽车底盘悬架弹簧、稳定杆、汽车座椅弯管、组合线件和焊接骨架、车身发动机罩支撑杆和尾箱扭杆、摩托车减振弹簧和异形弹簧等
配套情况:为广汽本田、广汽丰田、上汽通用、长安汽车、一汽海马等配套

★广州市实创化工有限公司
地址:广州市萝岗区九龙镇九楼村长排岭
邮编:511363
电话:020/82878888、4008989020
传真:82876866
网址:www.cnscc.cn
电子信箱:scc@cnscc.cn
质量体系:ISO/TS 16949、ISO 14001
产品情况:(思卡夫牌、优尼克牌、丸田牌、金丸田牌、吉尼思牌等)
汽车漆
配套情况:为知名汽车制造厂配套

★广州市新星实业有限公司
地址:广州市增城区中新镇大田工业区
邮编:511365
电话:020/82868828、82866699
传真:82868199
网址:www.takoo.com.cn
电子信箱:zhx@takoo.com.cn
质量体系:ISO 9001
产品情况:制动液、润滑油、防冻液等

★广州市中新塑料有限公司
地址:广州市增城区中新镇中福北路3号
邮编:511365
电话:020/82866382
传真:82868383
电子信箱:yxf169@china.com
质量体系:ISO/TS 16949
产品情况:(新中牌)
汽车、摩托车零部件、内外饰件,年产量5336.68万件
配套及出口情况:主要为广汽本田、广汽丰田、东风日产、东风本田、东风本田发动机、本田中国、本田汽车用品、广汽乘用车、广汽日野、广汽菲亚特、海马汽车、五羊－本田摩托、GGP园林、佳能珠海、康奈可、广州樱泰、广州三叶电机、惠州东风易进、福州仕林电机等配套;年出口汽车零部件135万件

★广州市德宝电器厂
地址:广州市番禺区大石镇猛涌德宝工业区
邮编:511430
电话:020/34781210
传真:84782249
网址:www.bde.com.cn
质量体系:ISO/TS 16949、ISO 14001
产品情况:电机外壳等金属冲压件

★申雅密封件(广州)有限公司
地址:广州市番禺区化龙镇莲花围工业区
邮编:511434
电话:020/34750042、34750310
传真:34750043、34750044
电子信箱:4s@gzs-168.sina.net
质量体系:ISO/TS 16949
产品情况:(申雅牌)
轿车车门框密封条、车窗导槽、前后盖密封条等
配套情况:为上汽大众、广汽本田、上汽通用、一汽海马等配套

★广州捷士多铝合金有限公司
地址:广州市南沙开发区黄阁镇丰田汽车城
邮编:511455
电话:020/34972038
传真:34972038
电子信箱:yfgz123@126.com
质量体系:ISO 9000
产品情况:铝合金熔液和铝合金锭
配套情况:为广汽丰田配套

★广州JFE钢板有限公司
地址:广州市南沙开发区万顷沙工业园十六涌
邮编:511458
电话:020/84953388、84953330
传真:84953399
产品情况:热镀锌汽车用钢板,年产能力40万t

★韶关东南轴承有限公司
地址:广东省韶关市西联镇莞韶产业园
邮编:512029
电话:0751/8109765、8109390
传真:8109948、8109441
网址:www.ib－bearing.com
电子信箱:sales@ib－bearing.com
单位人数:580
质量体系:ISO/TS 16949
产品情况:(IB牌)
汽车双列角接触轮毂轴承、离合器轴承、汽车空调机压缩机电磁离合器轴承,汽车用张紧轮轴承,具备800万套各类汽车轴承生产能力
配套情况:多个产品与国内外多家汽车主机厂配套

★华丰数码构件制造有限公司
地址:广东省梅州市梅县畲江镇广州(梅州)产业转移工业园
邮编:514500
电话:0753/2721188、2730588
传真:2486800
电子信箱:hdken@hdbelts.com
质量体系:ISO/TS 16949

产品情况：（HDBelt 牌）
同步时规带、V 带、多楔带等，年产各类传动带 700 万条

★广东省汕头市第一轴承厂
地址：广东省汕头市金平区金园工业区金兴二路
邮编：515000
电话：0754/88226538
传真：88226538
电子信箱：sfgh@ sfghzc. com
质量体系：ISO 9000
产品情况：（KD 牌、万强牌、光华牌）
各类汽车轴承、主销修理包及螺栓总成
配套及出口情况：为东风汽车公司、一汽集团配套；畅销 10 多个国家

★汕头市正力轴承制造有限公司
地址：广东省汕头市大学路叠金工业区叠金二路 C3 -4 座
邮编：515021
电话：0754/88546652
传真：82533446
电子信箱：whp@ zlbearing. com
质量体系：ISO 9001
产品情况：各种国产、进口汽车、农用车离合器分离轴承、转向节主销轴承、轮毂轴承等 0、4、6、7、8、9 系列
出口情况：畅销东南亚地区

★广东恒大新材料科技有限公司
地址：广东省惠州市龙丰都田工业区
邮编：516001
电话：0752/2372651、2372653
传真：2372654
网址：www. kafuter. cn
电子信箱：kafuter@ kafuter. cn
质量体系：ISO 9001
产品情况：（卡夫特牌、恒大牌）
紫外光固化（UV 胶）系列、有机硅系列、改性丙烯酸酯 AB 胶系列、厌氧胶系列、环氧树脂系列、氰基丙烯酸酯系列、水性乳液聚合物（水性胶）系列和溶剂胶系列八大类

★友荣精密五金（惠州）有限公司
地址：广东省惠州市仲恺高新技术产业开发区 34 小区
邮编：516006
电话：0752/5788789、5788185
传真：5788196
网址：www. yuei. com
电子信箱：yuei@ yuei. com
质量体系：ISO/TS 16949、ISO 14001
产品情况：高精度紧固螺钉、硬盘螺钉、自攻螺钉、防松涂胶螺钉、防水密封螺钉、头部喷涂螺钉等特殊用途螺钉以及精密轴销和其他紧固零件，年生产能力达到 60 亿颗以上
出口情况：远销日本、韩国、泰国、新加坡、马来西亚，并销往中国台湾、中国香港地区

★惠州市精工弹簧有限公司
地址：广东省惠州市汝湖镇东亚过沥村
邮编：516023
电话：0752/2831619、2796289
传真：2800974、2796899
网址：www. hzjinggong. cn
电子信箱：hzjg@ hzjinggong. cn
质量体系：ISO/TS 16949、ISO 14000
产品情况：汽车弹簧
出口情况：远销欧洲、美洲、日本等国家和地区，并销往中国香港、中国澳门、中国台湾地区

★惠州东风汽车零部件有限公司
地址：广东省惠州市大亚湾西区新东风车城
邮编：516085
电话：0752/5200269
传真：5200049
网址：www. huizhoudongfeng. com
电子信箱：aomei@ hotmail. com
质量体系：ISO/TS 16949、ISO 9000
产品情况：汽车钣金件的冲压与焊接
配套情况：为东风汽车有限公司乘用车公司配套

★博罗裕升染织有限公司
地址：广东省博罗县平安镇平安第一工业区
邮编：516148
电话：0752/6363801、6363621
传真：6360033、6363661
电子信箱：zhangxin@ yusheng. com. cn
质量体系：ISO 9001
产品情况：（福娃牌）
汽车座椅面料、织物坐垫等
出口情况：远销欧洲、美洲、亚洲等地区

★惠阳区施美克化工有限公司
地址：广东省惠州市惠阳区新圩镇约场镇工业区
邮编：516225
电话：0752/3524788、3524688
传真：3524799
网址：www. semeka. cn
电子信箱：sales@ semeka. cn
质量体系：ISO 9001、ISO 14001
产品情况：（施美克牌）
汽车漆

★深圳市超美化工科技有限公司
地址：广东省深圳市福田区深南大道 4001 号时代金融中心 28 楼
邮编：518034
电话：4008305308
网址：www. jimmy - chem. com
电子信箱：sales@ jimmy - tech. com
董事长（负责人）：陈希
质量体系：ISO 9001
产品情况：（JPLUS 牌、JIMMY 牌、OMRC 牌）
汽车深化养护用品、汽油、柴油和醇醚等燃料的高性能多功能添加剂系列产品
配套情况：为上汽乘用车、上汽通用、吉利汽车等企业售后配套

★华日轻金（深圳）有限公司
地址：广东省深圳市南山区第二工业村马家龙 59 栋 8 号楼
邮编：518052
电话：0755/26505656
传真：26505856
质量体系：ISO/TS 16949
产品情况：铝合金挤压型材汽车零部件

★巨福五金塑料（深圳）有限公司
地址：广东省深圳市光明新区光明办事处光明工业区
邮编：518100
电话：0755/27403291
传真：27404171
网址：www. szjufu. com
产品情况：汽车配件

★岩田螺丝（深圳）有限公司
地址：广东省深圳市宝安区松岗镇塘下涌工业大道 6 号
邮编：518105
电话：0755/27551908
传真：27140443
质量体系：ISO/TS 16949
产品情况：紧固件

★深圳艺晶五金塑胶实业有限公司
地址：广东省深圳市南山區西麗街道陽光社區松白路 1008 號
邮编：518108
电话：0755/27652222
传真：27657766
网址：www. artprecision. com
电子信箱：mktg@ artprecision. com
质量体系：ISO/TS 16949、ISO 14001
产品情况：精密五金冲压件、塑胶件、机加工件、OEM 组装件
出口情况：远销欧美、日本、东南亚等国家和地区

★深圳航空标准件有限公司
地址：广东省深圳市宝安区大浪街道同富裕工业区第三功能区园富路
邮编：518109
电话：0755/61120833、61120888
传真：61120801
网址：www. shbc. com. cn
电子信箱：sales@ shbc. com. cn
质量体系：ISO/TS 16949、ISO 14001
产品情况：汽车、摩托车等行业的高强度螺栓、精密螺钉、螺母、垫片及其他精密异形产品
出口情况：远销美洲、欧洲、东南亚等地区

★深圳市合诚润滑材料有限公司
地址:广东省深圳市宝安区龙华街道民乐路粤通综合楼四楼401室
邮编:518109
电话:0755/28167635、29362793
传真:28167603
网址:www.hcrhy.com
电子信箱:hc@hcrhy.com
质量体系:ISO 9001
产品情况:润滑油、润滑脂

★利宾来塑胶工业(深圳)有限公司
地址:广东省深圳市宝安区龙华镇清湖第二工业区
邮编:518109
电话:0755/28122898、28122828
传真:28122892
网址:nadfinlo.51pla.com
电子信箱:sales@nadfinlo.com.cn
质量体系:ISO 9001
产品情况:散热器、油箱、空气管路等吹塑、滚塑产品

★桂盟链条(深圳)有限公司
地址:广东省深圳市龙华新区观澜街道桂花村品顺路桂盟工业园
邮编:518109
电话:0755/27700111
传真:27700116
网址:www.kmcchain.com
电子信箱:szbc@kmcchain-ind.com
单位人数:3000
质量体系:ISO/TS 16949
产品情况:(KMC牌、MUTEKI牌、TEC牌)
　　汽车及摩托车发动机正时链、链轮、张紧器、油泵链等配件
配套情况:为一汽-大众、长城汽车、哈飞汽车、华晨金杯、神龙汽车、吉利汽车、新晨等配套

★深圳市众佳摩擦材料有限公司
地址:广东省深圳市观澜镇环观南路樟坑径村盛通工业城4栋
邮编:518110
电话:0755/27976050
传真:27976059
网址:www.chinabrakepad.com
电子信箱:911218451@qq.com
质量体系:QS 9000
产品情况:盘式制动片、鼓式制动蹄片、机械摩擦片(来令片)
配套情况:为标致、雷诺、奔驰、福特、宝马、别克、本田、丰田、日产、起亚、现代等车型提供优质配件

★迈高精细高新材料(深圳)有限公司
地址:广东省深圳市龙岗区坪地道六联社区长山工业区11号
邮编:518117
电话:0755/28483508
传真:28483555
网址:www.midgold.com.cn
产品情况:按键、护套、密封圈、密封条、高压绝缘子等

★元茂工业股份有限公司
地址:广东省深圳市坪山新区坪山街道飞西工业村賨西路38号
邮编:518118
电话:0755/89592651、89591621
传真:89591511
网址:www.sprubber.com
电子信箱:sp@sprubber.com
单位人数:450
质量体系:ISO/TS 16949
产品情况:密封胶圈、O形圈及杂件

★深圳安必成橡胶制品有限公司
地址:广东省深圳市沙井中心路8-28号创业大厦2层
邮编:518125
电话:0755/27296998
传真:23593939
网址:www.abc-rubber.com
电子信箱:abc10@abc-rubber.com
质量体系:ISO/TS 16949
产品情况:模具设计制造、模压成型、注射成型、液体硅胶成型、精致的密封圈、特殊特性要求的异形件等
配套情况:橡胶制品已用于奔驰、富豪、丰田、本田、大众、福特、一汽、马自达、现代等国内外知名品牌的汽车上

★安驰车掣(深圳)有限公司
地址:广东省深圳市南山区中山园路1001号TCL科学园E4-5B
邮编:518404
电话:0755/26726788、26974018
传真:26983191
网址:www.anchisz.com
电子信箱:sales@anchisz.com
产品情况:(ANCHI(安驰)牌)
　　摩擦材料及各种类型汽车制动件
出口情况:已远销欧洲、美洲、日本、韩国、中东等国家和地区

★格莱利集团
地址:广东省珠海市吉大情侣中路49号日东广场四楼
邮编:519000
电话:0756/2518518
传真:2518528
网址:www.zhglory.com
电子信箱:info@zhglory.com.cn
单位人数:1050
质量体系:ISO/TS 16949、QS 9000
产品情况:(CAC牌)
　　鼓式制动蹄总成、盘式制动块总成、模具等
配套情况:为江铃、金杯、长城、奇瑞、长安、金龙等几十家汽车主机厂配套

★珠海嵘泰有色金属铸造有限公司
地址:广东省珠海市联港工业区双林片虹晖路16号
邮编:519045
电话:0756/7252832
传真:7252500
网址:www.rtco.com.cn
电子信箱:market@rtco.com.cn
质量体系:ISO/TS 16949、ISO 14001
产品情况:汽车制动系统、滤清系统精密压铸件

★珠海天一机械设备有限公司
地址:广东省珠海市香洲区银桦路8号深圳大厦12楼C单元
邮编:519076
电话:0756/2122530、2122531
传真:2122952
网址:www.apex-flex.com
电子信箱:postmaster@apexmeco.com
质量体系:ISO 9001
产品情况:消声器波纹管、制动片、离合器从动盘、汽车开关等
出口情况:远销北美洲、南美洲、欧洲、东南亚、中东、非洲

★珠海盖达实业有限公司
地址:广东省珠海市金鼎科技工业园金峰西路19号
邮编:519085
电话:0756/3385490
传真:3385590
网址:www.guide-zh.com
电子信箱:zhgdzong@pub.zhuhai.gd.cn
董事长:朱农
质量体系:ISO 14001、ISO 9001
产品情况:(盖达牌)
　　汽车养护用品:车用制动液、润滑油、防冻液、润滑脂、车蜡、清洗剂

★东莞宜安科技股份有限公司
地址:广东省东莞市清溪银泉工业区
邮编:523000
电话:0769/87737777
传真:87337777
网址:www.e-ande.com
电子信箱:sales@e-ande.com
质量体系:ISO/TS 16949、ISO 14001
产品情况:镁合金、铝合金等轻质合金精密压铸件

★广东泰和油化(东莞)制造有限公司
地址:广东省东莞市上甲高新技术开发区
邮编:523055
电话:0769/22272893
传真:22277202
电子信箱:izusuo@163.com
产品情况:(日熊牌)
　　防冻液、喷油器清洗剂、表板蜡、补漏液等

★东莞市黑马化工有限公司
地址:广东省东莞市东城区梨川水围路5号
邮编:523108

电话:0769/22261628、22262314
传真:22269509
网址:www. dgbh. cn
电子信箱:gt@ dgbh. cn
负责人:祁卫
质量体系:ISO 9001、ISO/TS 16949
产品情况:(黑马牌)
水性环氧树脂乳液、原子灰、汽车涂料、不饱和聚酯树脂
配套情况:为宇通、金龙、依维柯等知名汽车制造厂,以及柳工、三一重工、中国龙工、中联重科等重工机械企业配套

★精工五金弹簧制造有限公司
地址:广东省东莞市石龙镇新城区民生路黄洲工业区
邮编:523200
电话:0769/86119888、86118389
传真:86118018
电子信箱:jgspring@ jgspring. com
质量体系:ISO/TS 16949、ISO 9001
产品情况:弹簧

★东莞彩龙五金弹簧制造有限公司
地址:广东省东莞市横沥镇神山工业城
邮编:523231
电话:0769/88028028
传真:81163599
网址:www. kcindustries. com. cn
电子信箱:sales@ kcindustries. com. cn
质量体系:ISO/TS 16949、ISO 9001
产品情况:弹簧,钢丝形式精密冲压件,螺钉和轴

★东莞利富高塑料制品有限公司
地址:广东省东莞市石龙镇黄洲方正大道
邮编:523326
电话:0769/86185767
传真:86185697
网址:www. nifco. co. jp
质量体系:ISO 9001、ISO 14001
产品情况:汽车塑料配件
配套情况:为广汽丰田及其配套商、广汽本田及本田配套商、日产汽车及日产配套商等供货

★东莞井上高分子材料有限公司
地址:广东省东莞市茶山镇茶山工业园
邮编:523380
电话:0769/86176861
传真:86170268
网址:www. inoac. com. cn
电子信箱:andy - chen@ dip. inoac. com
产品情况:聚氨酯海绵产品

★日立粉末冶金(东莞)有限公司
地址:广东省东莞市茶山镇茶山工业园
邮编:523380
电话:0769/86170101
传真:86170808
网址:www. hitachi. com. cn
电子信箱:f - ma@ hitachi - pmd. com. cn
产品情况:汽车、摩托车以及建筑机械用粉末冶金制品
配套及出口情况:为本田、丰田、LG、日产、松下、三星、铃木、赛格日立等配套;出口日本

★东莞井上橡塑加工有限公司
地址:广东省东莞市茶山镇超朗村韩边村民小组
邮编:523392
电话:0769/81863621
传真:81863538
网址:www. inoac. co. jp
产品情况:火焰复合产品、COVER PAD,加工软性氨甲酸酯

★东京端一电子(东莞)有限公司
地址:广东省东莞市寮步镇良边管理区寮茶路93号
邮编:523403
电话:0769/83211170
传真:83211171
网址:www. totan. co. jp
产品情况:精密冲压件、嵌件成型产品、拉伸产品

★东莞市路鑫五金制品有限公司
地址:广东省东莞市寮步镇向西工业区兴业路30号
邮编:523408
电话:0769/83266379 - 8036
传真:23618358
网址:www. dg - luxin. com
质量体系:ISO 14000、ISO/TS 16949
产品情况:精密五金、汽车配件

★东莞嘉骏橡塑制品有限公司
地址:广东省东莞市横沥镇山厦工业区
邮编:523460
电话:0769/83716631
传真:83716681
网址:www. optimum. com. hk
电子信箱:jack@ optimum. com. hk
质量体系:ISO/TS 16949、ISO 9001
产品情况:三元乙丙、丁晴、丁级及天然橡胶制品,应用于汽车等工业

★东莞捷讯橡胶有限公司
地址:广东省东莞市企石镇铁岗村红棉工业区
邮编:523517
电话:0769/86724555 - 117
传真:86724588
网址:www. irilsr. com
电子信箱:daphnex@ irilsr. cn
质量体系:ISO/TS 16949、ISO 14001
产品情况:(IRILSR 牌)
液体硅胶射出成型产品
出口情况:出口国外市场

★东莞大和化成汽车零配件有限公司
地址:广东省东莞市桥头镇邓屋村联盛工业区
邮编:523533
电话:0769/83420708
传真:83420708
网址:www. kojima - tns. co. jp
电子信箱:hong. wang@ daiwa - dac. cn
产品情况:汽车关键零部件、紧固件

★东莞市兴飞宇橡塑制品有限公司
地址:广东省东莞市常平镇九江水管理区田坑路8号
邮编:523588
电话:0769/33211378
传真:81920356
网址:www. xingfeiyu. com
产品情况:橡胶水管、密封条、刮水器和洗涤器橡胶水管

★东莞市禾盈汽车配件有限公司
地址:广东省东莞市樟木头镇裕丰管理区金河工业三路
邮编:523627
电话:0769/87195229、4009981498
传真:87137028
网址:www. heyingcn. com
质量体系:ISO/TS 16949
产品情况:精密塑料紧固件、零配件、标准件和精密塑模具

★东莞百乐仕汽车精密配件有限公司
地址:广东省东莞市塘厦镇林村西湖工业区西富街8号
邮编:523711
电话:0769/87987779
传真:87987780
质量体系:ISO/TS 16949、ISO 14001
产品情况:各种塑料精密紧固件、精密金属弹簧、相关组装零部件产品
配套及出口情况:为日产、本田、丰田及其配套企业,通用、福特等欧美企业以及自主品牌的奇瑞、长城等配套;出口日本、美国、墨西哥、英国、泰国、韩国等国家

★东莞奈那卡斯精密汽车配件有限公司
地址:广东省东莞市大朗镇富民工业二园求富路区88号
邮编:523797
电话:0769/82220638
传真:82221408
质量体系:ISO/TS 16949、ISO 14001
产品情况:多滑块及传统锌、铝合金压铸产品

★台扣利富高塑胶制品(东莞)有限公司
地址:广东省东莞市长安镇涌头小区海怡路8号
邮编:523846
电话:0769/85391205
传真:85391203
网址:www. tifco. com. tw
电子信箱:beetle@ tifcodg. com
质量体系:ISO 14001、ISO/TS 16949
产品情况:各式扣具

★东莞特必克汽车零件有限公司
地址:广东省东莞市长安镇乌沙村江贝兴华路第三工业区步步高大道
邮编:523859
电话:0769/85411030
传真:85411031
网址:www.tbkchina.com
电子信箱:jxy@tbkchina.com
负责人:三好次夫
质量体系:ISO 9001
产品情况:(特必克牌)
各类制动片、制动蹄总成等
配套及出口情况:为五十铃、日野、三菱、UD等整车厂配套;出口日本

★东莞猎人化工有限公司
地址:广东省东莞市洪梅镇台盈工业园
邮编:523960
电话:0769/88431888
传真:88431999
网址:www.dglieren.com
电子信箱:lr@dglieren.com
质量体系:ISO 9002
产品情况:(星牌、城市猎人牌、东阳牌等)
主产原子灰(POLY-PUTTY)、汽车漆及油辅料
出口情况:远销国外

★东莞井上建上汽车部件有限公司
地址:广东省东莞市沙田镇环保西路
邮编:523996
电话:0769/88682171
传真:88681993
网址:www.dika.inoac.com
电子信箱:kono@dika.inoac.com
质量体系:ISO/TS 16949
产品情况:汽车关键零部件(组合仪表)、汽车塑胶零配件、汽车塑胶注射模具、吹塑模具,汽车塑胶发泡海绵品(PU)零配件
配套情况:为广汽本田、东风日产、天津一汽丰田、东南汽车等配套

★东莞井上五金橡塑有限公司
地址:广东省东莞市沙田鎮齊沙工業區井上村
邮编:523997
电话:0769/88863344
传真:88863737
网址:www.dime.inoac.com
电子信箱:ihl-fuji@biz.hkisl.net
单位人数:850
质量体系:ISO 9002、ISO 14001
产品情况:辊轴、橡胶辊成型、聚氨酯加工、ENDUR辊、辊涂处理、工业橡胶制品、模塑橡胶海绵、二次加工聚氨酯和PORON、墨粉瓶吹塑的二次加工研磨切削造型
配套及出口情况:为佳能、兄弟、理光、本田、丰田等配套;出口北美洲、东南亚、欧洲、亚洲

★东莞井上福坤五金橡塑有限公司
地址:广东省东莞市沙田镇环保工业城
邮编:523999
电话:0769/88804001
传真:88804003
网址:www.inoac.com.cn
电子信箱:lisa@inoac.com.cn
质量体系:ISO/TS 16949
产品情况:橡胶注塑汽车零部件、橡胶件、护套、海绵等
配套情况:为广汽丰田、东风日产、本田配套

★中国石化股份有限公司茂名分公司
地址:广东省茂名市双山四路9号大院
邮编:525000
电话:0668/2264248
传真:2269317
网址:www.mpcc.com.cn
电子信箱:gxk6688@21cn.com
产品情况:(南海牌)
车宝汽油、柴油清净剂,防锈油、特种油添加剂,二冲程汽油机油,电池封口剂,金属加工油,粘度指数改进剂等
配套情况:为一汽集团、东风汽车公司、东风柳汽、神龙汽车、长安汽车配套

★广东骏驰科技股份有限公司
地址:广东省肇庆市端州区桂园路13号
邮编:526020
电话:0758/2718555
传真:2721222
网址:www.junchi-china.com
电子信箱:yx@junchi-china.com
质量体系:ISO/TS 16949
产品情况:具有生产汽车机油输送管、加油管、增压管、气管、吸油管、冷却水管、冲压件、连接件等汽车零配件加工能力,并同时具有检具、模具、夹具自主设计和生产的能力
配套情况:主要客户有:东风本田发动机、东风本田汽车、广汽乘用车、日产、广东鸿图、通用、汉格斯特、大连亚明、伟理塑、大众、阿雷斯提、福特、康明斯、马自达等国内外知名企业

★肇庆高元电子有限公司
地址:广东省肇庆市端州大道大冲广场南侧
邮编:526060
电话:0758/2721888
传真:2717088
网址:www.yamagen-hk.com
产品情况:五金冲压件、开关弹片

★广东鸿图科技股份有限公司
地址:广东省高要市金渡世纪大道168号
邮编:526108
电话:0758/8512923、8512898
传真:8512863
网址:www.ght-china.com
电子信箱:office@ght-china.com
负责人:徐飞跃
单位人数:1013
质量体系:ISO 14001、ISO/TS 16949
产品情况:铝合金压铸件年生产能力已达48000t
配套及出口情况:为日产、康明斯、克莱斯勒、东风本田、奇瑞汽车等配套;出口国外市场

★佛山市金润德贸易有限公司

地址:广东省佛山市佛陈路力源金属物流城E区2座25-27号
邮编:528000
电话:0757/29303436、13380238791
传真:29303409
网址:www.fsjrd.com
电子信箱:johnlin2005@126.com
法人代表(负责人):林建明
单位人数:12
产品情况:汽车排气管不锈钢材料(409L、436、439、441、321等)的加工配送,制管加工,排气管切管加工等;切管设备、焊缝自动跟踪系统的销售研发等
☞ 详细情况请参阅彩色宣传版面

★佛山名奥弹簧开发有限公司
地址:广东省佛山市禅城区港口路22号
邮编:528041
电话:0757/83831485、83831416
传真:83831696
网址:www.meicku.com
电子信箱:yingxiaobu_123@163.com
质量体系:ISO 9002
产品情况:发动机气门弹簧、汽车摩托车用的减振器弹簧、离合器弹簧、柴油机用的弹簧、电器弹簧、各种拉扭类异形弹簧
配套情况:主要为丰田汽车、本田汽车、日产汽车、马自达汽车、比亚迪汽车、江门大长江、广州豪进、广州大阳、重庆宗申、嘉陵本田配套

★佛山市南方橡塑有限公司
地址:广东省佛山市长城区南庄镇梧村东围工业区
邮编:528061
电话:0757/85332786
传真:85335335
网址:www.nfrubber.com
电子信箱:master@nhnfnf.com
质量体系:ISO 9001
产品情况:(NF牌)
各种材质橡胶模压制品、橡胶挤出制品、橡胶发泡制品、热塑性弹性体制品、软性PVC挤出制品、热塑性弹性体制品以及耐高电压硅橡胶绝缘电线电缆等
出口情况:部分产品出口

★臼井汽车零部件(佛山)有限公司
地址:广东省佛山市南庄镇吉利工业园

新源二路83号
邮编:528061
电话:0757/85399780
传真:85399782
网址:www.usui.co.jp
电子信箱:yuqingluo@usui.co.jp
产品情况:制动油管、底盘集中配管、制动助力真空管、喷射油管等

★饭田(佛山)橡塑有限公司
地址:广东省佛山市南海区丹灶镇丹横路日本中小企业工业园
邮编:528200
电话:0757/85399777
传真:85399776
网址:www.orotex.com.cn
产品情况:发泡防音材、钢板补强材、制振材、密封件等

★广东赛特国际集团有限公司
地址:广东省佛山市南海区西樵文明路3号
邮编:528211
电话:0757/86888308
传真:86882913
网址:www.sat.com.hk
电子信箱:sat@sat.com.hk
质量体系:ISO 9001、ISO 14001
产品情况:汽车、摩托车用纺织产品

★佛山发尔特克汽车零部件有限公司
地址:广东省佛山市丹灶镇南海国家生态工业园示范区海棠路1号
邮编:528216
电话:0757/85432354
传真:85432356
网址:www.faltec.co.jp
电子信箱:hr@faltec.cc
产品情况:汽车树脂金属电镀外装零部件

★万能达精密元件有限公司
地址:广东省佛山市南海区狮山科技工业园C区骏业北路3号
邮编:528225
电话:0757/86691297、86690279
传真:86691203
电子信箱:wnd21@21cn.com
质量体系:ISO 9001
产品情况:各种金属材料的轴类和轴套类精密车削零件

★东普雷(佛山)汽车部件有限公司
地址:广东省佛山市南海区狮山镇南海科技工业园北园中路19号
邮编:528225
电话:0757/81208935
传真:81208930
网址:www.topre.co.jp
产品情况:汽车冲压零部件及模具、夹具、检具
配套情况:主要供应日产、本田、丰田等汽车厂商,是东风日产的一级供应商

★佛山市南海凯洋粉末冶金有限公司
地址:广东省佛山市南海区大沥颜峰工业区
邮编:528231
电话:0757/85583539、85502509
传真:85509000
网址:www.kaiyangfm.com
电子信箱:kyfm@kaiyangfm.com
单位人数:230
质量体系:ISO/TS 16949、ISO 9001
产品情况:(凯洋牌)
铁基、铜基、不锈钢烧结件,粉末注射成型零件,电动工具齿轮箱等
出口情况:出口日本、韩国、西班牙、欧洲、美洲等国家和地区,并销往中国香港、中国台湾地区

★广东德联集团股份有限公司
地址:广东省佛山市南海区小塘狮山新城开发区
邮编:528247
电话:0757/85780298、85780297
传真:85780299
网址:www.delian.cn
电子信箱:delian@delian.cn
质量体系:ISO/TS 16949、ISO 14001
产品情况:汽车系列化工用品
配套情况:为上汽大众、一汽-大众、上汽通用、金杯通用、上汽集团、长安福特、长安汽车、华晨宝马、北京奔驰、北方奔驰、一汽轿车、哈飞汽车、保定中兴、奇瑞汽车、吉利汽车、比亚迪等国内大型汽车生产厂的定点配套生产厂和供应商

★佛山市南海东兴汽车配件有限公司
地址:广东省佛山市南海区平洲工业园
邮编:528251
电话:0757/81285889、86778837
传真:86776541
电子信箱:sjh66@vip.163.com
质量体系:ISO/TS 16949、ISO 9001
产品情况:(TOKIA牌、DXP牌)
汽车制动片
配套情况:五十铃系列制动蹄片为南昌江铃华翔汽车公司配套

★金的(中美合资)汽车零部件公司
地址:广东省佛山市顺德大良解放军七八一七工厂19栋
邮编:528300
电话:0757/22621661
传真:22631661
网址:www.usaaov.com
电子信箱:aov@aov.com.cn
质量体系:ISO 9001
产品情况:特殊纤维材料的无石棉、非金属制动蹄,年生产能力120万套
出口情况:出口美国、加拿大、澳大利亚、日本、以色列、东南亚等国家和地区,并销往中国香港地区

★光洋六和(佛山)汽车配件有限公司
地址:广东省佛山市顺德区顺德工业园顺番公路五沙段12号
邮编:528300
电话:0757/22829700
传真:22829586
质量体系:ISO/TS 16949
产品情况:精密轴承及各种主机轴承

★佛山市顺德乐星金属制品有限公司
地址:广东省佛山市顺德区乐从镇道教工业区
邮编:528315
电话:0757/28867239、28839997
传真:28864107
网址:www.le-xing.com
电子信箱:le@le-xing.com
质量体系:ISO/TS 16949
产品情况:汽车零部件等配件的五金冲压及机加工,五金模具设计及制造,铜件锻压及机加工
配套情况:是广汽本田、东风本田的二级供应商

★佛山市志盟金属科技有限公司
地址:广东省佛山市顺德区乐从镇广东乐从钢铁世界E2区
邮编:528315
电话:0757/28904554
传真:28904553
电子信箱:zm_xwq@126.com
法人代表:崔肖云
负责人:许伟强
单位人数:30
质量体系:ISO 9001
产品情况:优质高焊接钢管、冷拔精密钢管、高强度连接钢管、切管倒角加工

★广东亿达汽车密封件有限公司
地址:广东省佛山市顺德区龙江镇大坝工业园E-05
邮编:528318
电话:0757/23883989、23883985
传真:23361832
网址:www.sdyida.com
电子信箱:sdyida@sdyida.com
单位人数:400
质量体系:QS 9000、ISO 9001
产品情况:(GOOD STAR牌)
旋转油封、往复油封、气门油封、O形圈等,年设计生产各型油封3000万件,其他密封件4500万件
配套及出口情况:为多家单位配套;远销美国、德国、韩国、阿根廷、埃及、沙特、印度尼西亚等26个国家

★广东志达精密管业制造有限公司
地址:广东省佛山市顺德区龙江镇大坝工业园北华路E08-2西区
邮编:528318
电话:0757/23886963
传真:23886962

网址:www. zhida. biz
电子信箱:steeltube@ zhida. com
质量体系:ISO/TS 16949
产品情况:生产与汽车零部件制造配套使用的精密焊接钢管、电焊冷拔精密钢管、异形钢管以及钢管的深加工

★粤华橡胶密封件有限公司
地址:广东省佛山市顺德区龙江镇生力大道11号
邮编:528318
电话:0757/23876530、23380880
传真:23363912
网址:www. yuehua - rubber. com
电子信箱:xiaojianfeng@ 163. net
质量体系:ISO 9001
产品情况:(NPK牌、TOHO牌)
汽车及摩托车用油封、工业用油封、密封件
出口情况:出口中东、欧洲、东南亚、日本等市场

★瑞威普润滑油有限公司
地址:广东省佛山市顺德区勒流镇富安工业区1期
邮编:528322
电话:0757/25635228、25636000
传真:25635333
网址:www. ksioil. com
电子信箱:sd@ swlft. com
质量体系:ISO 9001
产品情况:(瑞威普牌)
汽车、摩托车等各类润滑油,年产量可达5万t

★佛山市金钜琪伟压铸有限公司
地址:广东省佛山市顺德区均安镇畅兴大道东6号
邮编:528329
电话:0757/25500218、25500222
传真:25572262
网址:www. jjqw. com
电子信箱:sale@ jjqw. com
质量体系:ISO 9001、ISO 14001
产品情况:精密铝合金压铸产品
出口情况:出口瑞典、德国、日本、韩国等国家,并销往中国台湾地区

★佛山市顺德区德芙迪实业有限公司
地址:广东省佛山市顺德区均安镇南浦工业区
邮编:528329
电话:0757/25385236、25385233
传真:25385222
电子信箱:dsilicone@ globalsources. com
质量体系:ISO 9001
产品情况:(daffodil牌)
橡胶密封件、硅胶零部件
出口情况:远销北美洲、日本、欧洲、南美洲、澳大利亚等国家和地区

★丰田合成(佛山)橡塑有限公司
地址:广东省佛山市顺德区大良街道顺番公路五沙段5号
邮编:528333
电话:0757/22801260
传真:22801261
网址:www. toyoda - gosei. com
电子信箱:a_yuxiang@ tgfoshan. com. cn
质量体系:ISO 14001、ISO/TS 16949
产品情况:汽车门窗密封条、EPDM风窗玻璃密封条、车门框装饰件、行李舱密封条
配套情况:为丰田汽车、本田汽车、东风本田配套

★中山市三民金属处理有限公司
地址:广东省中山市东升镇东成路36号
邮编:528414
电话:0760/22820896、22821291
传真:22820976
网址:www. sunmin. com. cn
电子信箱:sunmin@ sunmin. com. cn
单位人数:500
质量体系:ISO/TS 16949、ISO 14001
产品情况:汽车零部件表面处理
配套情况:为FORD和EATON等众多国际知名企业的长期合作伙伴

★广东三和化工科技有限公司
地址:广东省中山市黄圃镇大岑工业区
邮编:528429
电话:0760/28163797、28163612
传真:28163601、28163630
网址:www. sanvo. com
电子信箱:sanvo@ sanvo. com
质量体系:ISO 9001、ISO 14001
产品情况:[三和(SANVO)牌]
强力胶、喷蜡、液态密封胶、手摇自动喷漆、化油器清洗剂等

★千代达电子制造(中山)有限公司
地址:广东省中山市火炬高技术产业开发区勤业路8号
邮编:528437
电话:0760/85592747
传真:85592747
产品情况:各种垫片、双面胶、吸音材、遮光体、绝缘件、缓冲件

★中山市田野汽车涂料有限公司
地址:广东省中山市港口镇穗安工业区
邮编:528447
电话:0760/88488368、88488366
传真:88488369
网址:www. tianyeqi. com
电子信箱:tianyeqi@ 163. com
质量体系:ISO 9001、ISO 14001
产品情况:(3H牌)
高档汽车原厂漆、普瑞修补漆等

★中山赛福特汽车配件有限公司
地址:广东省中山市三乡镇平东新城区
邮编:528463
电话:0760/23387717、23387713
传真:86686596
网址:www. safety - brake. com
电子信箱:sales@ safety - brake. com
质量体系:ISO 9001
产品情况:(赛福特牌)
盘式和鼓式制动片
出口情况:出口北美洲、南美洲、南非、亚洲、中东等地区

★江门市本和机车配件实业有限公司
地址:广东省江门市丰裕路6号
邮编:529000
电话:0750/3902192、3905230
传真:3903186
网址:www. benheco. com
电子信箱:benhe@ benheco. com
董事长:冯美兰
单位人数:300
质量体系:ISO 9001
产品情况:金属复合橡胶板、冲刺复合板、耐油橡胶板等密封材料产品;汽车、摩托车汽缸垫;橡胶板衬垫等
配套情况:配套江门大长江、重庆隆鑫、重庆宗申、浙江钱江、广州大阳等客户

★广东银帆化学有限公司
地址:广东省江门市礼乐新民工业区银帆路
邮编:529000
电话:0750/3631088
传真:3633723、3633592
网址:www. yfhx. cn
电子信箱:master@ yfhx. cn
质量体系:ISO/TS 16949、ISO 14001
产品情况:(银帆牌)
涂料、汽车漆及辅料
配套及出口情况:为合肥江淮客车、扬州江淮宏运客车、北汽福田欧V客车、湖北衡山汽车、广州五十铃客车、广汽集团广汽客车、一汽红塔、一汽四环、北京汽车制造厂、贵州航天汽车等配套;远销越南、缅甸、俄罗斯等国家,并销往中国香港、中国澳门地区

★江门鑫辉密封科技有限公司
地址:广东省江门市江海区高新技术开发区龙溪路114号
邮编:529040
电话:0750/3959593
传真:3967999
网址:www. jmxck. com
产品情况:油封、O环、密封垫、油管、燃油管头、喷嘴套头、减振垫

★江门联丰爱橡胶五金工业有限公司
地址:广东省江门市杜阮镇杜臂村天湖路96
邮编:529075
电话:0750/2633158、2633153
传真:2633150
网址:www. lfi - group. com
电子信箱:lfigroup@ 21cn. net
产品情况:(LFI牌)

传动轴防尘套、转向机防尘套、减振器防尘套等

★开平市本铃机车密封垫有限公司
地址:广东省开平市赤坎镇河南路172号
邮编:529367
电话:0750/2610822、2622888
传真:2613450
网址:www. benling. com
电子信箱:info@ benling. com
质量体系:ISO 9001、ISO/TS 16949
产品情况:(Benling牌)
矿物纤维密封板材料、无石棉密封板材料、密封垫片、内燃机汽缸垫片
配套及出口情况:与国内内燃机厂、摩托车发动机厂、制冷压缩机厂等企业和美国 GENERAC 公司配套;出口美国、日本、澳大利亚、南美洲、东南亚、中东地区

广　西

★桂林市奥龙机械有限公司
地址:广西桂林市秀峰区矮山塘亚太工业园
邮编:541001
电话:0773/2561123、18978362213
传真:2561355
网址:www. erc - autoparts. com
电子信箱:roserchen@ 163. com
质量体系:ISO/TS 16949
产品情况:各种衬套、垫片、止推片、轴瓦;年产量为500万件
出口情况:产品的85%出口国外市场

★柳州市俊杰汽配制造有限公司
地址:广西柳州市柳邕路新翔小区二区5－7号
邮编:545005
电话:0772/3215122
传真:3213618、3259023
电子信箱:jjqppt@ 126. com
质量体系:ISO 9001
产品情况:(鑫泰牌)
橡胶件、软轴、缸垫、纸垫、冲压件、塑料件、五金件等
配套及出口情况:为一汽柳州特种汽车、东风柳汽乘龙、河池车辆、桂林大宇、玉柴、广州宝龙、秦皇岛金程自动车等配套;部分产品出口国外市场

★柳州市新菱汽车配件厂
地址:广西柳州市鱼峰区西江路静兰开发区内
邮编:545005
电话:0772/3161015
传真:3161015
质量体系:ISO/TS 16949
产品情况:LZW、柳特冲压焊接件

★柳州六和方盛机械有限公司
地址:广西柳州市阳和工业新区阳会路6号
邮编:545006
电话:0772/2625610
传真:2616815
产品情况:冲压及焊接件总成、汽车用容器总成

★柳州市顺五科技开发有限公司
地址:广西柳州市柳石路新兴工业园新兴路1号
邮编:545100
电话:0772/3269109
传真:3269109
电子信箱:shuwukeji@ 163. com
质量体系:ISO 9001
产品情况:汽车零部件、车厢总成、工程机械零部件、冷冲压件、模具技术制造与开发等
配套情况:为东风柳汽、柳州工程机械、上汽通用五菱、广西方盛车桥、柳州六和方盛机械等配套

★广西轴承有限责任公司
地址:广西宜州市山谷路24号
邮编:546300
电话:0778/3212399
传真:3211074
电子信箱:webmaster@ gxbearing. com
质量体系:ISO 9001
产品情况:(YS牌)
深沟球轴承、圆柱滚子轴承、汽车离合器分离轴承和圆锥滚子轴承
出口情况:远销欧洲、美洲、东南亚等34个国家和地区

重庆市

★重庆刹车管厂
地址:重庆市沙坪坝区歌乐山天池村水井坎90号
邮编:400036
电话:023/65310883、13883098388
传真:65508132
网址:www. cqhuanshi. com
质量体系:ISO 9001
产品情况:(环石牌)
可发性聚苯乙烯(EPS)包装制品及板材
配套情况:为上汽依维柯红岩配套

★重庆永安橡塑密封件厂
地址:重庆市沙坪坝区上桥三村56号
邮编:400037
电话:023/65256954
传真:65202720
电子信箱:yongan@ cqyongan. com
质量体系:ISO/TS 16949
产品情况:(密源牌)
汽车、摩托车用油封、O形密封圈等耐油、耐高低温、抗臭氧、耐高电压、耐酸碱等特性的密封制品

★重庆炬野科技发展有限公司
地址:重庆市高新技术开发区渝州路27号17楼
邮编:400039
电话:023/68603315、88260362
传真:68603315、68623183
网址:www. xb315. com
电子信箱:juye18@ 163. com
质量体系:ISO 9001
产品情况:电子码防伪系统、产品物流管理系统、产品质量追溯系统、产品网络促销系统等
配套情况:知名客户有长安汽车、南方汽车、玉柴机器、嘉陵摩托、力帆集团、隆鑫集团、建设雅马哈、嘉陵本田、中石化重庆润滑油、壳牌上海(天津)公司、三一重工等

★重庆标准件工业公司
地址:重庆市高新区二朗科技新城创业大道124号
邮编:400039
电话:023/68615261、68889015
传真:68615261
网址:www. cqfic. com
电子信箱:cqfic@ 163. com
质量体系:ISO/TS 16949、ISO 9001
产品情况:(重标牌)
特种专用紧固件、非标异形件、钢结构紧 固件、汽车离合器零配件

★重庆辉达重型汽车配件制造有限公司
地址:重庆市高新区兰美路750号
邮编:400039
电话:023/68606598、15059710506
传真:68604943
网址:www. huidags. com
电子信箱:fjrenhao@ fjrenhao. com
质量体系:ISO 9000
产品情况:(辉达牌)
汽车高强度螺栓
配套情况:为重庆铁马、重庆安凯客车厂等配套

★重庆益弘工程塑料制品有限公司
地址:重庆市高新区二朗科技新城银杏路60号
邮编:400041
电话:023/61902907、61902900
传真:61902909、61902908
网址:www. yhpc. com. cn
电子信箱:yihong@ yhpc. com. cn
质量体系:ISO 14000、ISO/TS 16969
产品情况:(YHPC牌)
汽车、摩托车、通用动力机械塑料零部件和特种产品包装箱等
配套情况:与长安、福特、铃木、丰田、哈飞、三菱、本田、大兴、建设、嘉陵、宗申等国内外20余家知名企业配套

★重庆庆铃塑料有限公司
地址:重庆市高新区科园二街56号

邮编:400041
电话:023/68620027
传真:68619814
网址:www.qlplastic.cn
电子信箱:qlplastic@163.com
产品情况:五十铃的N、T系列轻型商用车、F系列重型商用车及U系列多功能乘用车的大中型内、外饰塑料件,年综合生产能力106余万件(950多t)

★重庆庆铃铸铝有限公司
地址:重庆市石桥铺科园二路54号
邮编:400041
电话:023/68608804
传真:68621159
网址:www.qlac.cn
电子信箱:sjdi@sina.com
产品情况:五十铃的N、T系列轻型商用车、F系列重型商用车及UC多功能乘用车所需的高品质发动机、变速器铸铝毛坯零部件
出口情况:批量出口返销日本五十铃等企业

★重庆蒲氏密封制品有限公司
地址:重庆市大渡口区茄子溪街道电业村23号
邮编:400042
电话:023/68590702、68582806
传真:68582806、68590702
电子信箱:yjgroups@tom.com
质量体系:ISO 9001
产品情况:汽车、摩托车密封件
配套情况:为力帆、隆鑫、宗申、嘉陵工业等配套

★重庆华通机电技术有限公司
地址:重庆市九龙坡区华岩镇共和工业园区
邮编:400052
电话:023/65253601、65253680
传真:65253643、63763140
电子信箱:mai_y0731@126.com
质量体系:ISO 9001
产品情况:(华通牌)
铜铅合金双金属衬套,铝基、锡基双金属衬套,止推片、自润滑复合材料轴套,年产能力3000万件
配套及出口情况:为重庆嘉陵、力帆、宗申、东风汽车公司(车桥厂、钢板弹簧厂、制动器厂等)、长安汽车、五十铃、上汽依维柯红岩、斯太尔等配套;出口东欧、韩国、印度、东南亚等国家和地区

★重庆圣道滑动轴承制造有限公司
地址:重庆市巴南区鹿角工业园区凤舞街
邮编:400056
电话:023/66415186、66425958
传真:66425356
质量体系:ISO 9001
产品情况:铜铅双金属轴承、铝基双金属轴承、自润滑复合材料轴承
出口情况:出口东南亚

★重庆恒伟林汽车零部件有限公司
地址:重庆市渝北空港工业园区65号地块尚科路7号
邮编:401120
电话:023/67375888、67215778
传真:67215781
网址:www.hwl.com.cn
电子信箱:hwl@hwl.com.cn
质量体系:ISO/TS 16949
产品情况:橡胶零部件,主要用于汽车摩托车成车及其拉索、减振、空调、电器、转向、底盘等系统
配套情况:主要为天津一汽丰田、广汽丰田、广汽本田、新大洲本田、上汽通用、上汽大众、东风雪铁龙、东风标致、东风日产、长安福特、一汽-大众、长安马自达、雅马哈、奔驰、法国雷诺、瑞典沃尔沃、英国铃木、英国丰田、德国宝马、德国福特等配套

★重庆长安凌云汽车零部件有限公司
地址:重庆市渝北区高堡湖路2号
邮编:401120
电话:023/67181212、67181702
传真:67181010、67181717
网址:www.lingyun.com.cn
质量体系:ISO/TS 16949、ISO 14001
产品情况:从事辊压、冲焊模块化生产和高强度、超高强度钢冷成型冲压等汽车零部件
配套情况:与长安福特、长安股份、长安铃木、重庆庆铃、上汽依维柯红岩等汽车主机厂合作

★重庆开泰汽车零部件有限公司
地址:重庆市渝北区空港经济开发区长安工业园创新路16号
邮编:401120
电话:023/86001079、86001045
传真:86001077
电子信箱:cqkt@vip.163.com
质量体系:ISO/TS 16949
产品情况:制动油管、燃油管、转向泵油管、水管等汽车管路系统,整车及发动机全套紧固件,同步带、多楔带、切割V带橡胶传动带,粉末冶金制品等
配套情况:为长安汽车下属的7个汽车公司、东风汽车公司、哈飞、吉利、力帆、比亚迪、江铃等10多家汽车厂配套

★重庆金固特化工新材料技术有限公司
地址:重庆市渝北区两路工业园区11-3
邮编:401120
电话:023/89110086、89110096
传真:67840885
网址:www.golute.com.cn
电子信箱:golute@golute.com.cn
质量体系:ISO 9001、ISO 14001
产品情况:(金固特牌、科瑞牌)
厌氧型密封剂、硅橡胶平面密封剂、瞬干胶、微孔浸渗剂、碗形塞固持密封剂、结构黏结剂、预涂螺纹锁固剂、工来清洗剂、促进剂、工业修补剂、UV光敏胶等
配套情况:为长安汽车、云内、杭发、哈飞汽车、玉柴等配套

★重庆大江信达车辆股份公司铸锻公司
地址:重庆市巴南区大江工业园区
邮编:401321
电话:023/66288628、66283909
传真:66288284
电子信箱:info@chinacqcs.com
质量体系:QS 9000、ISO 9001
产品情况:铸钢、铸铁件
配套情况:为长安汽车、中国兵器装备集团配套

★重庆现代石油(集团)有限公司
地址:重庆市高新区西彭工业园区铝城大道70号附3号
邮编:401326
电话:4000230676
传真:023/88200695
网址:www.cqxdsy.com
电子信箱:cqxiandaishiyou@126.com
质量体系:ISO/TS 16949、ISO 14001
产品情况:10大系列200多个品种的润滑产品
配套情况:成为长安铃木、徐工集团、西铝集团、上海金龙集团、綦齿传动、蓝黛动力传动机械、长安跨越、东风小康、力帆汽车、力帆摩托、隆鑫集团、恒通汽车、中国重汽云河专汽、渝江压铸、天助水泥集团、重钢集团等众多知名企业战略合作伙伴

★重庆市巨力冶金制品有限公司
地址:重庆市綦江县三江镇明家沟
邮编:401431
电话:023/48200558、48208838
传真:48200558
网址:www.cqjuli.com
电子信箱:sale@cqjuli.com
法人代表:李得源
单位人数:105
质量体系:ISO 9001
产品情况:汽车、摩托车、通用机械各种中高强度粉末冶金结构零配件(如链轮、机油泵齿轮等),各种铜铁基含油轴承
配套及出口情况:为嘉陵、建设集团、四川江华机器厂、晋林机械厂、广东精通天马、江门迪豪等配套;出口印度尼西亚等国家

★重庆有研重冶新材料有限公司
地址:重庆市綦江县三江街道
邮编:401431
电话:023/48207600
传真:48207600
网址:www.cqcsc.com

电子信箱:cqhh@ cqcsc. com
质量体系:ISO 9001
产品情况:(川星牌)
有色金属、有色金属粉末、金属粉末制品、有色金属压延加工产品
出口情况:出口国外市场

★重庆三峡油漆股份有限公司
地址:重庆市江津区德感工业园区
邮编:402260
电话:023/47262501、47262602
传真:47262595
网址:www. sanxia. com
电子信箱:admin@ sanxia. com
单位人数:1000
质量体系:ISO/TS 16949、ISO 14001
产品情况:(三峡牌)
汽车漆等

★重庆金海标准件有限公司
地址:重庆市江津区珞璜工业园B区云港大道2号
邮编:402283
电话:023/47636555
传真:47632333
网址:www. cqjinhai. com
电子信箱:jhsales@ ruibiao. net
质量体系:ISO/TS 16949
产品情况:标准件、非标件
配套情况:主要客户是长安集团、长安铃木、长安福特、南京长安马自达、光大等企业

★重庆江洲粉末冶金科技有限公司
地址:重庆市江津区德感镇正街339号
邮编:402284
电话:023/47833487、47833865
传真:47833487、47840038
网址:www. cqjzfm. com
电子信箱:cqjzfm@ 163. com
法人代表(负责人):陈建中
质量体系:ISO/TS 16949
产品情况:(牛头牌)
摩托车各种从动齿轮及离合器总成,各种双联小齿轮,汽车同步器齿壳及组件,汽车各种链轮、带轮及电起动齿轮,电动车及减速机齿轮,各种型号量具、千分尺表架,空调压缩机粉末冶金零件
配套及出口情况:为嘉陵集团、华晨金杯等配套;出口越南、东南亚、北美洲等国家和地区

★重庆红宇汽车配件厂
地址:重庆市帝山县帝城镇北二环路
邮编:402575
电话:023/45585177、45586206
传真:45587901、45580175
电子信箱:hyqp1918@ sohu. com
质量体系:ISO/TS 16949、QS 9000
产品情况:(川宇牌)
各种汽车制动蹄带摩擦片总成,年产100万套
配套情况:为长安汽车、昌河汽车、哈飞汽车、庆铃汽车、江铃汽车、一汽通用红塔云南、东风汽车公司等配套

★重庆红宇摩擦制品有限公司
地址:重庆市璧城经济开发区
邮编:402760
电话:023/45587908
传真:45587901
网址:www. hongyufriction. com
电子信箱:sales@ hongyufriction. com
质量体系:ISO/TS 16949、ISO 14001
产品情况:(川宇牌)
盘式制动片、鼓式制动片,中重型车摩擦材料
配套及出口情况:为包括长安福特、长安铃木、上汽集团、一汽、东风汽车、长安、北汽集团、广汽集团、昌河铃木、长城汽车、奇瑞汽车、庆铃汽车、江铃汽车、力帆汽车、华泰汽车、众泰汽车等国内主要整车厂配套;是美国霍尼韦尔(Honeywell)、天合(TRW)等世界500强企业的OEM产品供应商

★重庆高强度紧固件厂
地址:重庆市青杠开发区大字街16号
邮编:402761
电话:023/41783551
传真:41781225
网址:www. cq - gqdjgj. com
董事长:陈琪男
质量体系:ISO/TS 16949
产品情况:汽车变速器紧固件、汽车变速器轴类总成配套件、摩托车紧固件和各种非标异形螺栓等
配套情况:为浙江吉利、奇瑞、天津一汽、重庆蓝黛实业、中国嘉陵集团等十余家汽车、摩托车制造厂家配套

四川省

★中蓝晨光化工研究院有限公司
地址:成都市人民南路四段30号
邮编:610041
电话:028/85556475、85551955
传真:85583947
网址:www. chengrand. net
电子信箱:marketing@ chengrand. net
质量体系:ISO 9001
产品情况:有机硅及特种氟材料、改性塑料及助剂、特种纤维、树脂及其复合材料的科研生产、工程化研究及EPC、分析测试及信息等领域的服务
配套及出口情况:为陕汽集团、重庆重汽、长安汽车、贵州云雀等配套;出口德国、西班牙、意大利、以色列、土耳其、伊朗、马来西亚等国家,并销往中国台湾地区

★成都蒂森克虏伯富奥弹簧有限公司
地址:成都市经济技术开发区(龙泉驿)南一路229号
邮编:610100
电话:028/62806988
网址:www. thyssenkrupp. com. cn
产品情况:主要生产汽车弹簧和稳定杆

★成都井上高分子材料有限公司
地址:成都市经济开发区(龙泉驿)灵池街688号
邮编:610100
电话:028/65989709
传真:65989706
网址:www. inoac. co. jp
电子信箱:liqingxiang@ inoacchina. com
产品情况:吹塑、加工聚酸酯、导流板

★成都华德密封工业有限公司
地址:成都市蛟龙工业港双流园区水口路106号
邮编:610200
电话:028/85737226、13908047576
传真:85737229
网址:www. cd - hd. com
电子信箱:hd666@ 126. com
质量体系:ISO/TS 16949
产品情况:[华德(HEAD)牌]
橡胶密封制品、塑料制品、金属压铸制品、金属锻造制品等
配套及出口情况:配套于长安汽车、上汽集团、雅马哈摩托车、比亚迪汽车、美的集团、德昌集团、松下集团、明阳集团、国电联合动力、西部石油机械等知名主机厂;以OEM、ODM等方式出口欧美等国家

★成都盛帮密封件有限公司
地址:成都市双流县成双大道南段999号
邮编:610200
电话:028/85774433、85719488
传真:85771133、85718004
网址:www. chsbs. cn
电子信箱:sbs@ chsbs. com
质量体系:ISO/TS 16949、QS 9000
产品情况:系列油封、气门导管油封、橡胶密封圈、密封垫、皮碗等
配套情况:为沈阳航天三菱、上海五龙、陕西法士特、吉利汽车、江铃汽车、重庆康明斯、绵阳新晨、东方电机、江淮汽车、珀金斯动力、江苏瑞能、沈阳双福、东风朝柴、北汽福田、北京北内、无锡凯马、保定长城、浙江万丰等上百家企业配套

★成都双流德金汽车垫片厂
地址:成都市双流县九江工业区
邮编:610200
电话:028/85752258
传真:85752128
电子信箱:888dejin@ 163. com
质量体系:ISO 9001
产品情况:(德金牌)
丝印缸垫、金属缸垫、水冷缸垫、全

车垫

★成都双流少海垫片厂
地址:成都市双流县九江镇万白路27号
邮编:610200
电话:028/85753321、85752267
传真:85752488
网址:www.shaohai.com
电子信箱:shaohai@shaohai.com
单位人数:40
质量体系:ISO/TS 16949
产品情况:(少海牌)
汽车、摩托车等机械密封垫片
配套情况:为汽车、摩托车、水泵等众多制造厂配套

★成都天府垫片科技有限公司
地址:成都市双流县西南航空港经济技术开发区双华路三段123号
邮编:610200
电话:028/85875538
传真:85651433
网址:www.teamful.net
电子信箱:sales@teamful.net
单位人数:300
质量体系:ISO/TS 16949
产品情况:(天府牌、JQ牌)
环保型无石棉密封材料、石墨密封材料及各种发动机密封垫片
配套情况:为云内动力、重庆隆鑫、重庆力帆、广州力擎、内江峨柴等配套

★成都托克密封件有限责任公司
地址:成都市西南航空港经济开发区腾飞四路478号
邮编:610200
电话:028/85744349、85744327
传真:85744337
电子信箱:tomseal@126.com
质量体系:ISO/TS 16949
产品情况:各型油封、O形圈、皮碗等橡胶制品

★双流华成垫片厂
地址:四川省双流县长沟村(双流一杆旗南段)
邮编:610200
电话:028/85781497
传真:85781497
网址:www.cdhuacheng.com
电子信箱:yhc@cdhuacheng.com
质量体系:ISO 9001
产品情况:(信诚牌)
汽车、摩托车发动机用密封件
出口情况:出口印度、巴基斯坦、越南等国家

★成都市潭源橡塑密封件厂
地址:四川省双流县新兴镇工业园区
邮编:610213
电话:028/85606288
传真:85606288
电子信箱:weifq@tanyuan.com
质量体系:ISO 9001
产品情况:(潭源牌)
汽车曲轴油封、气门油封、底盘件油封、O形密封圈、防尘罩等
配套情况:为多家车桥厂、挂车厂、传动轴厂配套

★成都福昌汽车配件有限公司
地址:成都市新都区军屯军街890号
邮编:610500
电话:028/83901809
传真:83902808
电子信箱:guanleanlin@yeah.net
质量体系:ISO 9001
产品情况:(福昌牌)
汽车制动片
配套及出口情况:为四川都江机械厂批量配套;销往中国香港地区

★成都俊马密封制品有限公司
地址:成都市新都区石板滩镇石龙路88号
邮编:610511
电话:028/83985024
传真:83987662
网址:www.jmseal.com
电子信箱:annewei21@sina.com
质量体系:ISO/TS 16949
产品情况:(俊秀牌、密克牌)
密封产品
配套情况:为美国MTD、科勒公司、重庆宗申、隆鑫、嘉陵、润通等配套

★四川航天烽火波纹软管工业公司
地址:成都市温江区长安路198号
邮编:611130
电话:028/82792056
传真:82794220
电子信箱:xsb@fhbwg.com
质量体系:ISO/TS 16949、QS 9000
产品情况:(烽火牌)
各类复合材料波纹软管、金属薄壁波纹软管和各类橡胶密封制品、塑料制品
配套情况:为哈飞汽车、长安汽车、昌河汽车、上汽通用五菱、江铃发动机厂、五十铃发动机、神龙汽车、天津一汽夏利、天津一汽华利、一汽-大众等配套

★成都市新津阳光橡塑密封件厂
地址:四川省新津县五津北路
邮编:611430
电话:028/82597178
传真:82597178
电子信箱:xs@sunoilseal.com
质量体系:ISO/TS 16949
产品情况:(阳光牌)
各种车型的发动机、底盘油封
配套情况:为铃木、五十铃、一汽集团、江淮汽车配套

★成都图南电子有限公司
地址:成都市高新西区新创路12号
邮编:611731
电话:028/87838463、87838465
传真:87838444
网址:www.to-nan.cn
电子信箱:sales@to-nan.cn
质量体系:ISO/TS 16949
产品情况:黏接钕铁硼磁体

★成都新兴富皇塑胶制品有限公司
地址:成都市郫县红光镇高店路西段278号
邮编:611743
电话:028/87986136、13908078883
传真:87986133
网址:www.xxro.com
电子信箱:office@xxro.com
质量体系:ISO/TS 16949
产品情况:(新兴富皇牌)
汽车、摩托车坐垫革和内装饰革等产品
出口情况:销往中国香港地区

★乐山大洋轴承有限公司
地址:四川省乐山市五通桥佑君街353号
邮编:614800
电话:0833/3351562
传真:3351463
电子信箱:dy_xs@scl-b.com
质量体系:ISO/TS 16949、QS 9000
产品情况:(SCL牌)
各级别深沟球轴承、单/双列角接触球轴承及多种非标轴承
配套情况:为哈尔滨东安动力、长安公司一工厂、连云港变速器、江华机器厂、四川建安车桥、陕西铜川车桥、重庆青山公司、重庆华凌、四川丹齿、长安汽车、长安精密机器厂、江华厂、重庆红宇、陕西华兴、哈尔滨北方制动器、长安之星、东风载重车公司、重汽等配套

★四川广汉万福橡塑制品厂
地址:四川省德阳市广汉市万福镇
邮编:618300
电话:0838/5880849
传真:5880849
质量体系:ISO 9001
产品情况:水管、空滤器胶管

★四川劲风汽车零部件有限公司
地址:四川省绵阳市高新区永兴工业园
邮编:621000
电话:0816/2588888
传真:2566780
质量体系:ISO/TS 16949
产品情况:(劲风牌)
汽车高强度紧固件、减速器总成

★四川重汽王牌兴城液压件有限公司
地址:四川省南充市顺庆区西华路二段163号
邮编:637000
电话:0817/2582386、13340775678
传真:2582285
电子信箱:466724066@qq.com
质量体系:ISO 9001

产品情况：（海乐牌）
轻、中、重型货车系列液压油缸，汽车零部件系列产品等
配套情况：为重庆力帆、成工、成都王牌配套

★四川省南部县千禧密封件有限公司
地址：四川省南部县新安路 95 号
邮编：637300
电话：0817/5571882、13990755718
传真：5571060
网址：www. scqianxi. com
电子信箱：scqianxi@ yeah. net
质量体系：ISO 9001
产品情况：（千禧牌）
各类橡胶、密封件
配套情况：为一汽、朝柴、大柴、湖动、洛拖、南内、云内、玉柴、江铃、贵州启立、湖南滨湖等配套

★宜宾金川电子有限责任公司
地址：四川省宜宾市沙坪镇
邮编：644005
电话：0831/3620059、3620254
传真：3620200、3620899
网址：www. jc－elec. com. cn
电子信箱：jc－xs@ jc－elec. com. cn
质量体系：ISO/TS 16949
产品情况：（金川牌）
军用和民用高档铁氧体永磁材料和元件、铁氧体软磁元件及器件、微波器件组件、稀土永磁元器件等多门类多品种的产品
配套及出口情况：是大众、通用、华为、中兴、长虹等一批世界知名企业配套供应商；远销欧美、东南亚等地区，并销往中国台湾地区

云南省

★云南云弹工贸有限公司
地址：昆明市众天路东聚五金机电精品市场 C 区 2 号
邮编：650041
电话：0871/67386300、67386199
传真：63820682
电子信箱：kmthc@ kmthc. com
质量体系：ISO 9001
产品情况：各种汽车弹簧
配套情况：为昆钢集团、云南南天电子信息产业公司等配套

★云南师宗云师轴瓦有限责任公司
地址：云南省师宗县丹凤镇建新路 1 号
邮编：655700
电话：0874/5752293
传真：5751898
网址：www. yszw. cn
电子信箱：yszw@ yszw. cn
质量体系：ISO 9001
产品情况：（云师牌）
轴瓦、凸轮轴衬套、铜铅轴瓦
配套情况：与昆明云内动力、成都云内动力、安徽全柴动力主机厂配套

贵州省

★贵州高强度螺栓厂
地址：贵阳市小河经济技术开发区珠江路 62 号
邮编：550006
电话：0851/83832677
传真：88313648、88313612
质量体系：QS 9000、ISO 9001
产品情况：（高山牌）
各种专用高强度紧固件

★贵州光华橡塑有限公司
地址：贵阳市小河区西南环线 395 号
邮编：550006
电话：0851/83832406
传真：83833028
电子信箱：sales@ gzgh. com. cn
质量体系：ISO/TS 16949
产品情况：（光华牌）
汽车橡胶制动气室隔膜、护罩、油阀、油封、发动机支架胶垫、减振器胶垫等橡胶产品
配套情况：为数家汽车制造厂、制动泵厂定点配套

★贵阳精艺橡胶配件厂
地址：贵阳市马王庙
邮编：550008
电话：0851/84763312
传真：84761959
电子信箱：office@ gzjyxj. com
质量体系：ISO 9001
产品情况：（精艺牌）
汽车液压制动橡胶皮碗、皮圈、O 形圈、悬置软垫、传动轴中心胶垫、制动气室隔膜、水管、油管、油封、汽车 V 带及其他橡胶件

★贵州精忠橡塑实业有限公司
地址：贵阳市云岩区百花大道金关巷
邮编：550008
电话：0851/84766639、84762222
传真：84761565
网址：www. jzrubber. com
电子信箱：jingzhongrubber@ 163. com
质量体系：ISO/TS 16949
产品情况：（精忠牌）
各型国产及进口汽车制动缸橡胶皮碗、O 形圈、防尘罩、胶套、缓冲块、发动机胶垫、汽车制动气室橡胶隔膜（皮膜）、真空助力器橡胶隔膜（膜片）、油封、汽车 V 带、汽车软管等
配套及出口情况：为一汽集团配套；远销美国、日本、东南亚等国际市场

★贵州大众橡胶有限公司
地址：贵阳市云岩区马王庙黎苏路 20 号
邮编：550008
电话：0851/84764332、84762731
传真：84760656、84763558
网址：www. autorubbers. cn
电子信箱：gzdz－wwg@ 126. com
质量体系：ISO/TS 16949、ISO 14001
产品情况：（前进牌）
汽车传动带、制动橡胶皮碗、气室橡胶隔膜、胶管、防尘套、胶垫、油封等橡胶制品
配套情况：为一汽集团、东风汽车公司、玉柴、潍柴、华晨汽车、万向集团、长城汽车、南方天合、威伯科等配套

★贵州红林通成机械有限公司
地址：贵阳市小河区松花江路 111 号
邮编：550009
电话：0851/83897168、83897143
传真：83897140
质量体系：ISO/TS 16949
产品情况：铝合金铸造

★贵州贵航汽车零部件股份有限公司
地址：贵阳市小河区珠江路 166 号
邮编：550009
电话：0851/83809628、83802670
传真：83803931
网址：www. ghgf. com. cn
电子信箱：ghql@ public. gz. cn
质量体系：ISO/TS 16949、VDA 6. 1
产品情况：各类橡胶、塑料及复合型密封条，年产能力 3200 万 m；铝制散热器，年产能力 60 万套；电器开关，年产能力 390 万套；锁匙总体及门把手，年产能力 80 万套；汽车用空气滤清器、蒸发器及滤芯、割草机空滤芯等，年产能力 25 万套；空调暖风机总成、蒸发器、冷凝器等；橡胶管带；摩托车空气滤清器、手把开关等，年产配件 40 万套
配套情况：为上汽大众、一汽－大众、一汽轿车、一汽集团、东风汽车公司、神龙汽车、广汽本田、一汽通用红塔云南、长安汽车、上汽通用五菱、哈飞、昌河、天津一汽夏利、天汽、重汽集团、南京依维柯、嘉陵、建设、新大洲等配套

★贵阳乌当高远橡胶配件厂
地址：贵阳市乌当区野鸭塘龙泉村
邮编：550022
电话：0851/84722018、84722855
传真：84721997
质量体系：ISO 9001
产品情况：（高远牌）
汽车橡胶配件

★贵阳联洪合成材料厂
地址：贵阳市花溪区花溪布依族苗族乡云上村
邮编：550025
电话：0851/83871270
传真：83871783
电子信箱：office@ lhcl. com. cn

质量体系:ISO/TS 16949、QS 9000
产品情况:(联洪牌)
阻尼胶片、密封胶、黏性擦布
配套情况:为广汽丰田、广汽本田、东风日产乘用车、一汽海马、奇瑞汽车、上汽通用五菱、四川一汽丰田、长安汽车、东风汽车公司、东风柳汽、一汽通用红塔云南、重庆重汽等配套

★贵州安大航空锻造有限责任公司
地址:贵州省安顺市西秀区黄果树大街东段322号
邮编:561005
电话:0851/33393256、33393295
传真:33393676
网址:www.andaforging.com
电子信箱:humans@ andaforging.com
单位人数:1200
质量体系:ISO/TS 16949
产品情况:高温合金、钛合金、镁合金、不锈钢、合金结构钢锻造,产品广泛应用于汽车领域
出口情况:远销日本、美国、英国、以色列、加拿大、德国等国家

陕西省

★西安天盾汽缸床有限责任公司
地址:西安市大明宫遗址胡家庙六合窑55号
邮编:710032
电话:029/86718350、86710228
传真:86710228
电子信箱:lfsu222@ sina.com
质量体系:ISO/TS 16949
产品情况:各种汽缸垫、进排气垫、密封垫片等,年产能力200万片以上
配套情况:为陕汽集团、重庆康明斯发动机、洛阳拖拉机、绵阳新晨动力等配套

★西安红旗制动厂
地址:西安市东郊纺织城半引路
邮编:710038
电话:029/83584803
传真:83584323
网址:www.xahqzd.com
电子信箱:hongqizhidong@ 163.com
质量体系:ISO 9001
产品情况:汽车鼓式制动片

★西安北方华山机电有限公司
地址:西安市新城区幸福中路123号
邮编:710043
电话:029/83202240、83202241
传真:83231000
网址:www.norincogroup.com.cn
电子信箱:webmaster@ norincogroup.com.cn
单位人数:3362
质量体系:ISO 9000
产品情况:汽车用双层卷焊钢管、PVS管及其他汽车专用管
配套情况:为长安汽车、一汽轿车配套

★西安华山精密制管有限公司
地址:西安市新城区幸福中路123号
邮编:710043
电话:029/83203185
传真:83285199
质量体系:ISO 9001
产品情况:冷轧钢带、邦迪管、双层卷焊钢管、汽车油管、压缩机管路
配套情况:为各汽车主机厂配套

★西安北方秦川集团有限公司
地址:西安市新城区幸福中路37号
邮编:710043
电话:029/83127015、83127033
传真:83127036
网址:www.xabfqc.cn
电子信箱:bfqc@ xabfqc.cn
董事长:李永钊
单位人数:2680
质量体系:GJB 9001A
产品情况:汽车座椅等汽车配套件

★西安林产化学软木工厂
地址:西安市莲湖区土门坊7号
邮编:710077
电话:029/84241474、62919301
传真:84230043
网址:www.xacork.com.cn
电子信箱:xacork@ 163.com
质量体系:ISO 9001
产品情况:(骊山牌、航空牌、西安牌)
密封垫产品
配套及出口情况:为长安汽车、哈尔滨东安、奇瑞汽车、华柴、陕汽集团等配套;出口亚太、欧洲、美洲等地区

★陕西万方汽车零部件有限公司
地址:西安市泾河工业园长庆东路11号
邮编:710201
电话:029/86096058、86096059
传真:86096013
电子信箱:wfgsb@ sxqc.com
质量体系:ISO/TS 16949
产品情况:(泾渭牌)
各类重型汽车电器电路、管件管路、支架悬梁、机加工件、精密铸造、蓬布内饰等六大系列
配套情况:为陕汽集团配套

★陕西华兴汽车制动科技有限公司
地址:陕西省兴平市西城区48号信箱044分箱
邮编:713106
电话:029/38249406
传真:32849970
网址:www.sxhxzd.com
电子信箱:kaifa.xiaoshou@ 163.com
单位人数:1170
质量体系:ISO/TS 16949、ISO 14001
产品情况:制动器、制动鼓、制动盘、精密锻造产品
配套情况:主要客户:一汽-大众、一汽龙山、上汽大众、上海汇众、芜湖奇瑞;微型车产品主要市场:昌铃公司、河北长安、海马郑州、陕汽通家、重庆鑫源等公司;SUV及客车产品市场:广汽长丰、郑州宇通;轻型货车市场:东风汽车

★陕西奉航橡胶密封件有限责任公司
地址:陕西省兴平市金城路西段
邮编:713107
电话:029/38612527
传真:38624122
网址:www.shanxifenghang.com
电子信箱:fhxm8612527@ 126.com
单位人数:1000
质量体系:ISO/TS 16949、ISO 9001
产品情况:各类高精度氟橡胶骨架油封密封件、减振橡胶件、悬架系统
配套及出口情况:为一汽解放、东风汽车、中国重汽、陕汽、陕西法士特、山西616厂、包头617厂、北方动力、北奔车桥等国内重点企业配套;远销美国、德国、俄罗斯、东南亚等几十个国家和地区

★陕西方圆汽车标准件有限公司
地址:陕西省三原县清河工业园区
邮编:713800
电话:029/32282059、32252756
传真:32283407
电子信箱:sqbgs@ 163.com
质量体系:ISO/TS 16949
产品情况:(三园牌)
重型汽车高强度车轮螺栓总成、连杆螺栓总成、传动轴螺栓总成、飞轮螺栓总成、半轴螺栓总成等八大强力螺栓总成和螺纹直径为M6~M24,长度为12~300mm,强度为8.8~12.9级的汽车标准紧固件、专用紧固件和异形固件等
配套情况:是陕汽重卡、中国重汽商用车、陕西汉德车桥、陕西法士特齿轮、陕西华山工程车辆等全国大型汽车集团和零部件企业的定点协作A类配套单位

★榆林金帝润滑油有限公司
地址:陕西省榆林市榆阳区麻黄梁工业园
邮编:719000
电话:4000100912、0912/8180083
传真:7158000
网址:www.jindianrhy.com
电子信箱:yulinjindi@ 163.com
董事长:贺金龙
质量体系:ISO/TS 16949、ISO 14001
产品情况:(金帝牌)
乘用车润滑油、商用车润滑油、汽车附属润滑油、摩托车润滑油、工业润滑油、防冻液、润滑脂及特种润滑油等
配套情况:为陕汽、北奔重汽等配套

★陕西宝鸡嘉特滤材科技有限公司
地址：陕西省宝鸡市岐山县蔡家坡西三路南段
邮编：722405
电话：0917/2968838
传真：2968639
网址：www.jiatec.com
法人代表：陈泓征
负责人：刘锁平
单位人数：206
质量体系：GB/T 19001
产品情况：湿法骨材无纺布、工业滤纸及汽车三滤纸

★汉中秦宇密封材料有限责任公司
地址：陕西省汉中市铺镇铺汉路姜坝村
邮编：723000
电话：0916/2650698
传真：2656099
网址：www.hzqinyu.com
电子信箱：hzqinyu@vip.163.com
质量体系：ISO/TS 16949、ISO 9001
产品情况：（衮雪牌）
非金属密封垫片

宁　夏

★西北轴承股份有限公司
地址：银川市西夏区北京西路630号
邮编：750004
电话：0951/2021581、2023226
网址：www.nxz.com.cn
电子信箱：nxz@nxz.com.cn
质量体系：ISO 9001、ISO 14001
产品情况：（NXZ牌）
推力球轴承、滚针与直线轴承、四点接触球轴承、组合轴承、推力滚子轴承、增压器轴承、整体偏心转臂轴承、机床主轴轴承、轧机专用轴承、双排滚子轴承、滑动轴承、外球面轴承、调心球轴承、滚针轴承、关节轴承、螺旋轴承、推力调心滚子轴承、调心滚子轴承、四列圆锥滚子轴承
配套及出口情况：为北奔重汽等配套；远销美国、英国、法国、俄国、德国、意大利等50多个国家和地区

甘肃省

★甘肃海林中科科技股份有限公司
地址：甘肃省天水市秦州区岷山路55号
邮编：741018
电话：0938/4906138、8383654
传真：8382934、8384718
网址：www.hlbearing.com
电子信箱：sales-md@hlbearings.com
质量体系：ISO/TS 16949
产品情况：（海林（HL）牌）
圆锥滚子轴承、圆柱滚子轴承、深沟球轴承及非标、专用轴承、轮毂轴承等
配套情况：为全国各大工程机械、重型汽车、汽车变速器和车桥、机床、军工等企业配套

青海省

★ 西宁特殊钢股份有限公司
地址：西宁市柴达木西路52号
邮编：810005
电话：0971/5299846、5299565
传真：5217508
网址：www.xntg.com
电子信箱：xqpsd001@163.com
法人代表：郭海荣
质量体系：ISO 9001、ISO 14001
产品情况：汽车用钢等
☞ 详细情况请参阅彩色宣传版面

新　疆

★新疆福克油品股份有限公司
地址：乌鲁木齐市头屯河工业园区沙坪西街52号
邮编：830026
电话：0991/3712408
传真：3712408
网址：www.xjfk.com
电子信箱：xjfkyp@163.com
质量体系：ISO 9001
产品情况：（福克牌、七喜牌、柏兰牌、木孜塔格牌、FK303牌、迈驰牌）
节能润滑油、润滑脂、防冻液、合成型润滑油、制动液等产品，年产能力6万t
出口情况：远销中亚地区

汽车用品及工具生产企业

•查询导引•

汽车用品及工具生产企业

北京市(659) 吉林省(660) 安徽省(669) 湖南省(671)
天津市(660) 黑龙江省(661) 福建省(670) 广东省(671)
河北省(660) 上海市(661) 山东省(670) 重庆市(680)
山西省(660) 江苏省(662) 河南省(671)
辽宁省(660) 浙江省(663) 湖北省(671)

☞ **企业如有变更,请与编辑部联系** ☎ 010/68426043、68420981

北京市

★北京福意联汽车配件有限公司
地址:北京市东城区银河SOHOD座17层
邮编:100010
电话:4006359369
网址:www.fuyilian.com
电子信箱:bj_fuyilian@163.com
质量体系:ISO 9001
产品情况:(福意联牌)
车载冰箱、电子冷暖箱等,年供货量5万台
配套情况:为北汽福田与德国合资的奔驰重型货车H4、H5等车型配套

★北京天宇汽车用品有限公司
地址:北京市昌平区南口工业区19号
邮编:100040
电话:010/68809795
传真:68809658
网址:www.jinbrand.com
电子信箱:jinbrand@jinbrand.com
质量体系:ISO 9001
产品情况:喷油嘴清洗机及喷油嘴清洗液,燃烧室清洗机及燃烧室清洗液,三元催化器清洗机及三元催化器清洗液,各种汽车用品清洗剂

★北京加安电子科技有限公司
地址:北京市石景山区古城西街19号
邮编:100043
电话:010/68889971、68889972
传真:68889950
网址:www.alarmsources.com
电子信箱:helen@alarmsources.com
质量体系:ISO 9001
产品情况:(捍将(RoboGuard)牌)
汽车防盗器、遥控门锁及无线高频发射、接收系统产品
配套及出口情况:为迪马、奇瑞汽车等配套;出口加拿大、美国、俄罗斯、立陶宛、德国、西班牙、波兰、土耳其、新加坡等20多个国家,并销往中国台湾地区

★易图通科技(北京)有限公司
地址:北京市丰台科学城海鹰路8号2号楼3层
邮编:100070
电话:010/63711098
传真:63713831
网址:www.emapgo.com.cn
质量体系:ISO/TS 16949
产品情况:(易图通牌)
导航电子地图,广泛应用于车载导航、位置服务(LBS)、GIS应用、智能交通、网络地图、车辆监控、移动定位、物流管理、Telematics应用等诸多领域
配套情况:客户包括东风裕隆、比亚迪、吉利、长城汽车、江淮汽车、华晨汽车、上汽大众、一汽-大众、神龙汽车、东风日产、东风本田、一汽丰田、沃尔沃、克莱斯勒、法拉利、斯巴鲁等近20家车厂

★北京金奔腾汽车科技有限公司
地址:北京市丰台区南四环路188号总部基地11区32号楼
邮编:100070
电话:010/52220888
传真:52220898
网址:www.jinbenteng.com
电子信箱:jbt@jinbenteng.com
质量体系:ISO 9000、ISO 14001
产品情况:(金奔腾牌)
汽车电脑解码器及相关检测设备
配套情况:为一汽-大众、一汽奥迪、东风日产乘用车、东南汽车、上海汇众等售后配套

★北京平治东方科技股份有限公司
地址:北京市海淀区上地东路1号盈创动力大厦A座901室
邮编:100085
电话:010/58851166、58851128
传真:58851169
网址:www.peace-east.com
电子信箱:pzdfsale@pzdf.com
质量体系:ISO 9001、ISO 14000
产品情况:宽带多媒体电话、手持电脑、移动智能识读器等

★北京华夏通商科技发展有限公司
地址:北京市海淀区杏石口路43-1号
邮编:100195
电话:010/88438019、88445485
传真:88438019
网址:www.c-ts.com.cn
电子信箱:huashang2004@163.com
质量体系:ISO 9001
产品情况:(将军牌)
车载保温箱等
配套情况:为天津一汽丰田威驰、通用雪佛兰、大迪等OEM配套赠品

★北京安信防伪技术发展有限公司
地址:北京市通州区潞城镇黎辛庄178号
邮编:101117
电话:010/80854008、13671230676
传真:89537523
网址:www.answers98.com
电子信箱:market@answers98.com

产品情况：(Answers 牌)
防伪技术、光电技术、信息技术及其相关设备

天津市

★天津佰安汽车用品有限公司
地址：天津市西青经济技术开发区赛达北二道19号
邮编：300381
电话：022/23979798
传真：23888779
网址：www.tjviam.com
质量体系：ISO 14001
产品情况：汽车脚踏垫以及行李舱垫
配套情况：为丰田、日产、三菱、斯巴鲁、马自达、铃木等全球知名汽车厂商配套

★天津生隆纤维制品有限公司
地址：天津市宝坻区牛道口产业功能区
邮编：301800
电话：022/22557998、13752161503
传真：22558777
网址：www.shenglongfibre.cn
电子信箱：tiandongyan123@126.com
质量体系：ISO/TS 16949、ISO 14001
产品情况：椰棕材料汽车靠垫、汽车睡垫
出口情况：出口欧美和东亚地区

河北省

★南宫市森圣裘革绒毛有限公司
地址：河北省南宫市紫冢镇开发区
邮编：055753
电话：0319/5389518、5399776
传真：5386128
网址：www.shenghaofur.com
电子信箱：admin@sensheng-fur.com
产品情况：(森圣牌)
汽车坐垫等
出口情况：远销欧洲、日本、美国、澳大利亚等国家和地区；为巴斯夫、德国司马、法国罗地亚等配套

★沧州市长城量具有限责任公司
地址：河北省沧州市经济开发区渤海路27号
邮编：061001
电话：0317/2024140、2024183
传真：2024183
电子信箱：hjczjida@heinfo.net
产品情况：(晶花牌)
塞尺、汽车机油滤清器扳手等
出口情况：出口欧洲、美洲、东南亚

★承德润韩汽车零部件有限公司
地址：河北省承德市高新技术产业开发区东区
邮编：067000
电话：0314/2292028、2292016
传真：2292188
电子信箱：cdrh@cdrunhan.com
质量体系：ISO/TS 16949
产品情况：(通润牌)
立式油压千斤顶、螺旋千斤顶及随车工具，年生产能力可达300万台套
配套及出口情况：为一汽-大众、北京现代、东风悦达起亚、华晨金杯、北汽福田、北奔重汽、长城汽车、山东时风等各大汽车厂配套生产千斤顶及随车工具；出口韩国(现代)、日本(FUSO)、英国(Landrover)、法国、德国、意大利、澳大利亚等10多个国家

山西省

★太原兴安昌迪汽车用品有限公司
地址：太原市尖草坪区南寨
邮编：030008
电话：0351/3560682、13007038268
传真：3560924
网址：www.sxchangdi.com
产品情况：(昌迪牌)
防冻液、制动液、发动机清洗液、化油器清洗剂、低温起动液、玻璃水、润滑油

辽宁省

★沈阳保丽洁美车有限公司
地址：沈阳市皇姑区宁山中路8号
邮编：110031
电话：024/62154888、62154999
传真：62154888-8012
网址：www.china-blj.cn
电子信箱：baolijiemeiche@163.com
质量体系：ISO 9001
产品情况：(北极飞狐牌)
汽车真皮座椅、智能汽车座椅电热垫系统等
配套情况：与日本阿尔派、建伍、歌乐、美国3M、强生、威臣合作

★辽阳艺蒙织毯有限公司
地址：辽宁省辽阳市太子河区东宁卫乡新立屯村
邮编：111000
电话：0419/2390732、2390888
传真：2390028、2390988
网址：www.ymzt.com
电子信箱：ymzt@ymzt.com
单位人数：300
质量体系：ISO/TS 16949
产品情况：汽车内饰用顶棚呢、汽车成型毯、后衣帽架用毯、行李舱用毯、汽车脚踏垫等
配套情况：产品已装配到宝马、奥迪、捷达、红旗、五十铃多功能商务车、福特全顺商务面包车、金杯系列面包车中华等近30个车型

★鞍山市博特精细化工有限公司
地址：辽宁省鞍山市千山区鞍腾路
邮编：114015
电话：0412/8261292
传真：8261292
质量体系：ISO/TS 16949
产品情况：汽车制动系统、汽车冷却系统、汽车护理系统化工产品

★大连正荣汽车用品有限公司
地址：辽宁省大连市保税区环路2号
邮编：116600
电话：0411/87317318
传真：87319416
电子信箱：xiell@seiei.com.cn
质量体系：ISO 9001
产品情况：SPU材质汽车大包围

★锦州澳得利羊剪绒制品有限公司
地址：辽宁省锦州市太和区南山里158号
邮编：121000
电话：0416/3493311
传真：3495391
网址：www.jzadl.com
电子信箱：jzadl@sina.com
单位人数：180
产品情况：(澳得利牌)
汽车坐垫
出口情况：远销日本、澳大利亚等十几个国家和地区

吉林省

★长春盖尔瑞孚艾斯曼汽车零部件公司
地址：长春市高新区硅谷大街5000号
邮编：130012
电话：0431/85886618、85806749
传真：85886616
网址：www.gearchief.com
电子信箱：focus@gearchief.com
质量体系：ISO/TS 16949
产品情况：真皮、聚氨酯、桃木等系列换挡手柄，驻车制动手柄护套等内饰产品
配套情况：是一汽-大众、上汽大众、北京奔驰、武汉神龙、上汽汽车、一汽轿车、天津一汽等OEM车厂的配套供应商

★长春皮草工艺制品有限责任公司
地址：长春市宽城区铁北二路北七条2号
邮编：130052
电话：0431/82689318
传真：82687765
电子信箱：sales@jinyangmao.com
质量体系：ISO 9001
产品情况：(金羊毛牌)
羊剪绒工艺床毯、地毯、坐垫、沙发靠背、汽车靠背、澳毛被、汽车抛光羊毛轮等
配套及出口情况：为一汽集团等配套；出口羊剪工艺大毯、小垫

★吉林恒昌科技股份有限公司
地址：吉林省吉林市高新区深圳街软件园88号
邮编：132013
电话：0432/65090188

传真:65090123
网址:www.jlhckj.com
电子信箱:yxb@jlhckj.com
质量体系:ISO/TS 16949、QS 9000
产品情况:(恒昌牌)
汽车外装饰贴膜、功能性贴膜
配套情况:为一汽集团、江铃汽车、丹东黄海、北汽福田、郑州日产等50多家汽车厂配套

黑龙江省

★哈尔滨市光明汽车零部件有限公司
地址:哈尔滨市动力区红黎街负37-8号
邮编:150048
电话:0451/82686349
质量体系:ISO 9001
产品情况:汽车地毯
配套情况:为一汽集团哈轻厂配套

★兰西县兰麻亚麻制品有限公司
地址:黑龙江省兰西县城东街
邮编:151500
电话:0455/5401777
传真:5655999
质量体系:ISO 9001
产品情况:亚麻坐垫

★舒爽亚麻汽车坐垫有限公司
地址:黑龙江省兰西县城东街2委15号
邮编:151500
电话:0455/5622135
传真:5622135
质量体系:ISO 9001
产品情况:亚麻凉垫

★兰西如意亚麻制品厂
地址:黑龙江省兰西县兰西镇城东街45号
邮编:151500
电话:0455/5690113
传真:5690113
质量体系:ISO 9001
产品情况:亚麻凉垫

上海市

★上海华丰车用工具厂
地址:上海市杨浦区双阳路413号
邮编:200093
电话:021/65701227、35120188
传真:65701227
电子信箱:manake@vip.sina.com
质量体系:ISO 9001
产品情况:(华丰牌)
主要为轿车及中型车的组套及单件维修工具
配套情况:为上汽大众、一汽-大众、上汽通用、神龙汽车、北京奔驰、南京依维柯配套

★上海铭华汽车装饰用品有限公司
地址:上海市普陀区泾阳路399弄31栋
邮编:200333
电话:021/52780936、52798108
传真:52781448
网址:www.minghua-sh.com
电子信箱:webmaster@minghua-sh.com
产品情况:专业从事曲面披覆

★上海宝山千斤顶总厂有限公司
地址:上海市宝山区江杨南路1085号
邮编:200439
电话:021/56819685
传真:56833931
电子信箱:baoqian@public8.sta.net.cn
质量体系:ISO/TS 16949、VDA 6.1
产品情况:(钢城牌、中联牌、通润牌)
随车工具、千斤顶、举升机、工具箱、支架、手拉葫芦、起重机、发动机支架、矿用沟槽顶、支撑顶等
配套情况:为上汽大众、上汽通用、东风悦达起亚、奇瑞汽车、吉利汽车、美国福特汽车等配套千斤顶及随车工具

★上海云峰小伙伴汽车服务有限公司
地址:上海市长江西路778号
邮编:200441
电话:021/51258621
传真:51258720
电子信箱:yunfeng@xhb.com.cn
质量体系:ISO/TS 16949
产品情况:(小伙伴牌、通海牌)
车用遮阳帘、中央控制盒、车用急救锤、公交车乘客拉手柄、车(船)用蓄电池等
配套情况:为江铃汽车配套

★上海大草原汽车真皮制造有限公司
地址:上海市闵行区中春路7198号1栋3号
邮编:201101
电话:021/64217376
传真:54864243
电子信箱:sensor@online.sh.cn
质量体系:ISO 9001
产品情况:汽车皮套
出口情况:出口东南亚地区,并销往中国香港地区

★上海华汇机电有限公司
地址:上海市闵行区颛桥镇都会路189号
邮编:201109
电话:021/54468999
传真:54469088
网址:www.coido.com
电子信箱:huahui@coidokb.net
质量体系:ISO/TS 16949、QS 9000
产品情况:(风王牌)
汽车轮胎充气泵、汽车用打蜡机、吸尘器、空气净化器、吹气机、手压打气筒、脚踏打气筒等

★上海康耐司信号设备有限公司
地址:上海市浦东新区合庆镇汇庆路286号
邮编:201201
电话:021/58978236
传真:58978236
质量体系:ISO/TS 16949
产品情况:LED光源汽车信号灯

★上海奥力得汽车工具有限公司
地址:上海市浦东新区川六路2715弄115号
邮编:201202
电话:021/58598161、13818504430
传真:58591851
网址:www.aolider.com
电子信箱:xialing_zhou@aolider.com
质量体系:ISO 9001
产品情况:滤清器扳手、随车工具箱
配套及出口情况:为一汽集团、玉柴、重庆康明斯、上海英格索兰压缩机等20多家企业配套;出口欧洲、美洲、中东、东南亚等地区

★世腾汽车皮件(上海)有限公司
地址:上海市南汇区康桥镇康桥东路1300弄6-7号楼
邮编:201319
电话:021/38119111
传真:58135310
质量体系:VDA 6.1、QS 9000
产品情况:汽车坐垫皮革

★上海俊达汽车装饰有限公司
地址:上海市奉贤区邬桥镇大叶公路2189号
邮编:201402
电话:021/57405578
传真:57405788
网址:www.junda-auto.com
电子信箱:shjunda-fx@online.sh.cn
单位人数:1700
质量体系:ISO 9001
产品情况:各类汽车坐垫、座套、腰靠、脚垫、转向盘等汽车装饰产品
出口情况:远销欧洲、美洲、亚洲等30多个国家和地区

★合朝电器(上海)有限公司
地址:上海市奉贤区青村镇钱桥工业区奉柘公路3510号
邮编:201407
电话:021/57599068
传真:57599262
电子信箱:hk_office@goodhope.com.hk
质量体系:ISO/TS 16949
产品情况:气泵、吸尘器、充电气泵、充电吸尘机、打蜡机等

★上海丰虎汽车地毯有限公司
地址:上海市松江区高新技术园区(富民路西侧)第16号厂房
邮编:201600
电话:021/57735663、57735652
传真:57735502
质量体系:ISO 9001
产品情况:汽车地毯

★亚罗弗橡塑科技(上海)有限公司
地址:上海市松江工业区民益路251号
邮编:201612
电话:021/57686198
传真:57686693
网址:www.aeroflex.com.cn
电子信箱:aeroflex@vip.sina.com
质量体系:ISO 9001、ISO 14001
产品情况:(AEROFLEX牌)
汽车保护垫、备厢宝、立体脚垫、坐垫

★拓乐(上海)汽车顶架系统有限公司
地址:上海市青浦区工业园区盈秀路266号
邮编:201700
电话:021/39200056
传真:59206283
电子信箱:sales@thule.com
产品情况:汽车顶架、车顶箱、行李筐等

★呈顺电子(上海)有限公司
地址:上海市青浦区华新镇嵩山村北青公路3689号
邮编:201705
电话:021/39808668、39808278
传真:39808364、39808358
电子信箱:bkhsales@sh163.net
质量体系:QS 9000、ISO 9001
产品情况:多功能汽车防盗器、GPS卫星定位导航系统、倒车雷达、中控锁、电动窗、扬声器等

★上海摩拓泰汽车部件有限公司
地址:上海市北青公路9728-1号
邮编:201707
电话:021/59703868
传真:59703100
产品情况:倒车雷达、车载免提系统、防盗系统等汽车电子产品

★上海汇甸精细化工有限公司
地址:上海市嘉定区环城路601号
邮编:201800
电话:18638618992
网址:www.hundred100.cn
电子信箱:hundred021@126.com
产品情况:(汇甸牌)
清洗剂、光洁剂、表板蜡、润滑剂、起动液、雪种、冷却液、防冻液等汽车护理用品,年灌装5000吨无氟制冷剂

★富兰科华申汽车工具(上海)有限公司
地址:上海市嘉定区嘉松北路3815号
邮编:201814
电话:021/58599966
传真:58596243
电子信箱:hua-shen2@online.sh.cn
质量体系:ISO/TS 16949
产品情况:随车工具、千斤顶、轮胎扳手、火花塞套筒、一字、十字双头旋具
配套情况:为上汽大众、华晨金杯、厦门金龙、东风悦达起亚、东风日产乘用车、一汽海马、吉利汽车、浙江万丰配套

江苏省

★江苏高标科技发展有限公司
地址:江苏省丹阳市界牌镇工业园
邮编:212300
电话:0511/86381149、86367333
传真:86381849
网址:www.cn-gaobiao.com
电子信箱:menglop@163.com
质量体系:ISO/TS 16949、ISO 9001
产品情况:用于SUV、MPV、吉普车、皮卡车的吹塑前后杠、脚踏板、行李架、行李舱、备胎架、挡泥板(胶)、轮眉、射灯架及用于轿车的门边踏板、发动机下护板、车门饰条等产品

★江苏恺之电子模塑有限公司
地址:江苏省丹阳市新桥外资工业园
邮编:212300
电话:13801070900、4006669459
网址:www.chinajskz.com
电子信箱:gly_kz@126.com
单位人数:200
质量体系:ISO/TS 16949、ISO 9000
产品情况:用于SUV、MPV、吉普车、皮卡车的防撞杠、脚踏板、行李架、行李舱、挡泥板(胶)、拖车钩、整车包围等产品,及用于轿车的轮眉、门边踏板、车门饰条等整车包围件、车门拉手、牌照灯、后尾翼、行李架等系列产品
配套情况:为上汽大众、保定长城、北汽、河北中兴、上海比亚迪等配套

★常州市众达车辆配件有限公司
地址:江苏省常州市孟河镇工业区
邮编:213000
电话:0519/83827710
传真:83247710
电子信箱:138090759@qq.com
质量体系:ISO/TS 16949、ISO 14001
产品情况:侧踏板、前后护杠、不锈钢前后护板、行李架、尾翼、改装中网、LED灯

★常州市凯德汽车部件有限公司
地址:江苏省常州市新北区西夏墅工业园银山路
邮编:213000
电话:0519/81195886
传真:81191801
电子信箱:han@kd-autoparts.com
质量体系:ISO/TS 16949
产品情况:护杠、踏板、尾翼
出口情况:远销中东、东南亚、南美洲、欧美等几十个国家和地区

★江苏凌锐汽车用品制造有限公司
地址:江苏省常州市新北区孟河镇
邮编:213100
电话:0519/83551086、83551089
传真:83551083
电子信箱:info@lingrui4x4.com
质量体系:ISO 9001
产品情况:汽车防护杠、踏板、行李架、挡泥板(胶)等外饰件,适用于中高档的SUV、MPV、吉普、皮卡等车型
出口情况:远销美洲、欧洲、大洋洲、中东等地区

★常州市鹏翔汽车装饰件厂
地址:江苏省常州市新北区小河富民工业园孙家路5号
邮编:213138
电话:0519/83506997、13584557546
传真:83508997
网址:www.cz-px.cn
电子信箱:cz-px@hotmail.com
负责人:商云鹏
质量体系:ISO 9000
产品情况:汽车PP改装包围、SUV踏板、中网、日行灯、ABS尾翼、挡泥板等改装件
出口情况:远销中东、德国、美国、南非等几十个国家和地区

★常州市童佳儿童座椅有限公司
地址:江苏省常州市新北区孟河镇猛将开发区
邮编:213139
电话:0519/89629572
网址:www.tongjiababy.com
电子信箱:sales@tongjiababy.com
质量体系:ISO 9001
产品情况:(Tongjiababy(童佳贝贝)牌)
汽车儿童安全座椅
出口情况:出口德国、美国、俄罗斯、韩国、巴西、波兰、南非、埃及、阿联酋等国家,并销往中国台湾地区

★常州山由帝杉防护材料制造有限公司
地址:江苏省常州市武进经济开发区稻香西路3号
邮编:213149
电话:0519/86362801、86362820
传真:86362802
网址:www.sanyoudissan.com
电子信箱:sales@sanyoudissan.com
董事长:王舟浩
单位人数:200
产品情况:玻璃窗膜(汽车膜、建筑膜、安全膜)、IT膜(扩散膜、增亮膜、反射膜)、特种保护膜(LCD保护膜、防辐射膜、白板保护膜、漆面保护膜)等
出口情况:出口北美洲、南美洲、欧洲、非洲、中东、东南亚等地区

★江苏旷达汽车座套有限公司
地址:江苏省常州市武进区雪堰镇旷达路1号
邮编:213179
电话:0519/86547323
传真:86540212
网址:www.kuangdacn.com
质量体系:ISO/TS 16949
产品情况:各类汽车座套,年产能100万台套

配套情况：主要为各大汽车主机厂配套

★无锡科宝技术有限公司
地址：江苏省无锡市滨湖区太湖街周新中路74号
邮编：214028
电话：0510/85227379
传真：85227803
电子信箱：sales@ wxkb. com
质量体系：ISO 9001
产品情况：（车之伴牌）
各种规格的电源宝、汽车射灯、雾灯、车用冰箱、汽车打蜡机、多功能汽车电源、汽车蓄电池线、车用咖啡壶等

★辉创电子科技（苏州）有限公司
地址：江苏省苏州市苏州新区湘江路457号
邮编：215011
电话：0512/66613837
网址：www. whetron. com. cn
电子信箱：vincent@ whetron. com. cn
质量体系：ISO/TS 16949
产品情况：芯片防盗、无钥匙起动PEPS、摩托车防盗器
配套情况：为一汽丰田、本田汽车、华晨金杯、东南汽车、一汽海马配套

★苏州亚兴汽车用品有限公司
地址：江苏省苏州市吴中区新门路50号
邮编：215168
电话：0512/62909676、62909606
传真：62909219
电子信箱：adminfang@ 0512suv. org
质量体系：ISO 9001
产品情况：SUV车型脚踏板、行李架、前后护板，汽车装饰前后护杠、迎宾踏板、排气管尾套、尾翼等
配套情况：为丰田、本田、尼桑等汽车厂原厂配套

★光洋化学应用材料科技（昆山）公司
地址：江苏省昆山市经济技术开发区吴淞江南路168号
邮编：215300
电话：0512/57638858
传真：57636011
网址：www. solartech. com. cn
电子信箱：sale@ solartech. com. cn
单位人数：300
质量体系：ISO 9001
产品情况：汽车用尾气助剂、防冻液、制动液等汽车化学品

★昆山皇田汽车配件工业有限公司
地址：江苏省昆山市陆家镇金阳东路369号
邮编：215300
电话：0512/57876699
传真：57876600
网址：www. sunup. com. tw
电子信箱：efax@ mail. macauto. com. cn
质量体系：ISO/TS 16949
产品情况：汽车内饰窗帘、遮阳帘、卷帘
配套情况：为宝马、福特、通用、本田、三菱、现代、一汽集团等配套

★昆山昆仑环保科技有限公司
地址：江苏省昆山市千灯镇玉溪西路198号
邮编：215341
电话：0512/55176771、55176772
传真：55176773
电子信箱：zhaoxingguo555@ 163. com
质量体系：ISO 9001
产品情况：高级汽车长效环保型防冻液、原装进口汽车制动液、汽车玻璃清洗液及进口汽油添加剂
出口情况：远销欧美、日本等国家和地区，并销往中国台湾、中国香港地区

★江苏中联地毯有限公司
地址：江苏省太仓市洛阳东路81号
邮编：215400
电话：0512/82705000、82705284
传真：82705656
网址：www. zhongliancarpet. com. cn
电子信箱：zlb@ zhongliancarpet. com. cn
质量体系：ISO/TS 16949
产品情况：（中联牌）
汽车针刺地毯及汽车成型地毯产品；年生产各类汽车针刺地毯1800万m^2
配套情况：适用于上汽大众、上汽通用、一汽－大众、东风雪铁龙、东风标致、东风本田、北京奔驰、长安福特、广汽本田等各种车型

★江苏新沣复合纤维制品有限公司
地址：江苏省太仓市板桥经济开发区发达路11号
邮编：215413
电话：0512/53441030、53449129
传真：53441007
电子信箱：singform@ sf68. com. tw
质量体系：ISO/TS 16949、ISO 14001
产品情况：车垫
配套情况：为日产、丰田、福特、三菱、起亚、铃木等供货

★张家港迪克汽车化学品有限公司
地址：江苏省张家港市华达路90号
邮编：215638
电话：0512/58670821、58680410
传真：58670823
网址：www. china－teec. com
电子信箱：teec@ china－teec. com
质量体系：ISO/TS 16949、ISO 9001
产品情况：具备年生产制动液10000吨，防冻液50000吨，车窗清洗液50000吨的能力
配套情况：为东风日产、天津丰田、东风本田、一汽海马、上汽通用五菱、华晨金杯、东风股份、长城汽车、郑州日产、河北长安、南京依维柯、金龙客车、三一重机、龙工集团、合肥日立挖掘机械等供货

★江苏艾文德悦达汽车内饰有限公司
地址：江苏省盐城市开发大道666号悦达纺织园内
邮编：224055
电话：0515/88583116
传真：88583115
网址：www. aunde. de
电子信箱：info@ aundeyueda. com
质量体系：ISO/TS 16949
产品情况：纱线、织物及皮革类座椅套等

★扬州奥凯汽车用品有限公司
地址：江苏省扬州市太平路8号
邮编：225000
电话：0514/87905338、13852719901
传真：87905968
网址：www. yzokay. com
电子信箱：yzokay@ yzokay. com
产品情况：各类赛车座椅、沙滩车座椅、改装车座椅、轿车座椅等

浙江省

★杭州利宝纺织机械有限公司
地址：杭州市萧山区蜀山街道赵家墩村71号
邮编：311203
电话：0571/82761002、82763628
传真：82761088
网址：www. hzlbfj. com
电子信箱：tang@ hzlbfj. com
质量体系：ISO 9001
产品情况：（迪孚牌）
千斤顶

★杭州恒宏机械有限公司
地址：杭州市萧山区红垦农场
邮编：311232
电话：0571/82698312、82645407
传真：82645539
网址：www. hzjx. com. cn
电子信箱：jixiangzj@ hzjx. com. cn
负责人：王国忠
质量体系：ISO 9001
产品情况：专用汽车、特种汽车及房车、拖车类电动支腿及其他机电和电子产品，专用汽车自动调平系统、车辆自动扩展装置等产品
配套及出口情况：已与美国的家得宝、卡斯特、Buyers、瑞玛士、DANZY等国外公司建立起长期的业务协作关系，并与国内的中国电子科技集团公司第二十八研究所、上海航空特种车辆、南汽专用车等单位合作；出口欧洲、美洲

★杭州华丰链业有限公司
地址：杭州市萧山区进化镇
邮编：311253
电话：0571/82357123、82353530
传真：82355530
网址：www. chinachains. com
电子信箱：huafeng@ chinachains. com

单位人数:400
质量体系:ISO 9001、ISO 14001
产品情况:(环辰牌)
各类车用防滑链,高强度起重链,拖车链和五金装饰链
出口情况:出口北美洲、欧洲、日本、韩国、中东等30多个国家和地区

★杭州博远实业有限公司
地址:杭州市萧山区义桥镇罗幕村许贤工业园区
邮编:311256
电话:0571/82300672
传真:82300678
网址:www.hzby.com
电子信箱:yuan@hzby.com
质量体系:ISO 9001
产品情况:各类汽车椅套、坐垫及汽车内饰品
配套及出口情况:为汽车生产厂家配套;远销欧美、东南亚、非洲等几十个国家和地区

★杭州阳光工具制造有限公司
地址:杭州市萧山区闻堰镇山五工业区
邮编:311258
电话:0571/82308103、82303988
传真:82305168
电子信箱:lyanan@xs.hz.zj.cn
质量体系:ISO 9001
产品情况:汽车充电器
出口情况:远销美国、加拿大、南美洲、欧洲等国家和地区

★杭州洛基机械制造有限公司
地址:浙江省富阳市东洲工业功能区1号路1号
邮编:311400
电话:0571/87191226、87191950
传真:87191227
网址:www.rockwinch.com
电子信箱:rockwinch@gmail.com
质量体系:ISO/TS 16949
产品情况:电动绞盘、手动绞盘、绞盘附件

★杭州天铭机电工具有限公司
地址:浙江省富阳市东洲工业功能区五号路5号
邮编:311401
电话:0571/87191166、87191036
传真:87191088
网址:www.musclelift.cn
电子信箱:tmax@tmaxtools.com
质量体系:ISO/TS 16949
产品情况:吊装带、合纤紧固带

★浙江何仕汽车工具有限公司
地址:浙江省诸暨市次坞高速路出口北100米
邮编:311814
电话:0575/87066108、87066088
传真:87066588
网址:www.heshitools.com
电子信箱:heshi@heshitools.com
单位人数:400
质量体系:ISO 9001、ISO 14001
产品情况:(NT牌、KTG牌、heshitools牌)
工具箱、发动机专用工具,底盘专用工具,检测工具,制冷工具,轮胎护理工具等1000多种产品
出口情况:产品90%出口美国、欧洲、日本等国家和地区

★诸暨市东飞机械配件厂
地址:浙江省诸暨市店口镇盛厚工业区
邮编:311835
电话:0575/87669265、13857542889
传真:87669858
网址:www.zjdf88.com
电子信箱:hd@zjdf88.com
产品情况:各种铁油嘴、铜油嘴、不锈钢油嘴、油杯
配套及出口情况:为大型生产企业配套;远销欧洲、美洲、中东、东南亚、北非等地区

★浙江梅盛实业股份有限公司
地址:浙江省绍兴市钱清镇经济开发区西
邮编:312025
电话:0575/84056633、84519617
传真:84051264
网址:www.meishenggroup.com
电子信箱:qianguochun@hotmail.com
质量体系:ISO 9001、ISO 14001
产品情况:鹿皮、针刺无纺布、超纤真皮系列、汽车内饰、汽车坐垫等

★诸暨宏鑫富达工程机械配件有限公司
地址:浙江省绍兴市诸暨店口南山路2号
邮编:312028
电话:0575/87659936、87659515
传真:88116858
产品情况:黄油枪、喷油嘴、汽保工具等

★上虞隆迪电器有限公司
地址:浙江省上虞市小越
邮编:312367
电话:0575/82034233、82039763
传真:82031075
网址:www.cn-longdi.com
电子信箱:longdi@cn-longdi.com
质量体系:ISO 9001
产品情况:汽车充气泵、吸尘器、检修灯、应急电源及聚光卤钨灯等
出口情况:出口美国、欧洲、中东等国家和地区

★上虞北方电子制造有限公司
地址:浙江省上虞市小越镇越谢路口
邮编:312367
电话:0575/82038029、82719921
传真:82031758、82038400
网址:www.northelectron.com
电子信箱:north@northelectron.com
单位人数:250
质量体系:ISO 9001
产品情况:车载冰箱
出口情况:出口欧洲、北美洲、南美洲、东南亚、中东等30多个国家和地区

★浙北宏宇汽车摩托车配件有限公司
地址:浙江省长兴县长洪路38号
邮编:313100
电话:0572/6123333、6123666
传真:6123618
电子信箱:info@zjhyqy.com
质量体系:ISO 9000
产品情况:(宏宇牌)
摩托车护杠、汽车护杠、行李架
出口情况:90%的产品出口欧洲、美洲、中东等20多个国家和地区

★鸿源汽车真皮座套有限公司
地址:浙江省嘉兴市经济开发区和平街688号
邮编:314000
电话:0573/82208755、82209638
传真:82207471
电子信箱:syqabc@sohu.com
质量体系:ISO 9001
产品情况:汽车真皮座套、水牛皮凉垫、PVC座套

★浙江中兴机械制造有限公司
地址:浙江省嘉兴市南湖区新丰镇工业功能区焦山门桥东堍
邮编:314000
电话:0573/85962998
传真:83015188
网址:www.zj-zxjx.com
电子信箱:swz@zj-zxjx.com
质量体系:ISO 9001
产品情况:液压运送器、液压弯管机、搬运车、液压千斤顶、分离式千斤顶等

★浙江天美汽车座套有限公司
地址:浙江省嘉兴市油车港日商开发区怡纺路83号
邮编:314000
电话:0573/82099999
传真:82235399
网址:www.tianmei.com
电子信箱:tianmei@tianmei.com
质量体系:ISO/TS 16949
产品情况:汽车座套和坐垫;具有10万套/年的生产能力
配套情况:为江淮汽车配套

★嘉兴市雅迪汽车真皮座套有限公司
地址:浙江省嘉兴市东栅工业园区纺工路1948号
邮编:314001
电话:0573/82571822
传真:82618666
网址:www.china-yadi.com
电子信箱:yadi@china-yadi.com
董事长:陈跃
质量体系:ISO 9001
产品情况:汽车真皮座套

★嘉龙雕刻有限公司
地址:浙江省嘉兴市经济开发区塘汇工业园区平一路
邮编:314001
电话:0573/82225688、82225788
传真:82226988
网址:www.jialong.com
电子信箱:jialong@jialong.com
质量体系:ISO 9001
产品情况:汽车内装纹理雕刻
配套情况:为上汽大众、一汽-大众、神龙汽车等配套

★浙江明新旭腾皮业有限公司
地址:浙江省嘉兴市南湖区嘉兴工业园明新路
邮编:314004
电话:0573/83285566
传真:83285568
网址:www.mingxinleather.com
电子信箱:sales@mingxinleather.com
质量体系:ISO/TS 16949
产品情况:(民新皮业牌)
汽车内饰真皮,用于汽车座椅、转向盘、仪表盘、门板等
配套情况:为菲亚特、帕拉丁等配套

★嘉兴市舜天机械有限公司
地址:浙江省嘉兴市余新镇工业园区
邮编:314009
电话:0573/83162088、83162188
传真:83163318
网址:www.chinashuntian.com
电子信箱:sales@chinashuntian.com
质量体系:ISO 9001
产品情况:液压千斤顶,年生产能力130万台
出口情况:出口美国、欧洲、南美洲等国家和地区

★嘉兴金鹏工具有限公司
地址:浙江省海盐县经济开发区杭州湾大桥新区西场路28号
邮编:314305
电话:0573/86811108、86811837
传真:86811807、86815898
网址:www.grlift.com
电子信箱:goldenroc@goldenroc.com.cn
质量体系:ISO 9001
产品情况:各类千斤顶
出口情况:远销美国、德国、日本、中东、南美洲、东南亚

★海盐金力机械有限公司
地址:浙江省海盐县百步镇五金工业园区
邮编:314312
电话:0573/86770700、86778768
传真:86777722
电子信箱:jinlihy@163.com
质量体系:ISO 9000
产品情况:(金力牌)
2~50吨油压立式千斤顶
出口情况:远销亚洲、美国、欧洲等国家和地区

★海宁市亮歌汽车部件有限公司
地址:浙江省海宁市经济开发区双联路126号
邮编:314400
电话:0573/87268833
传真:87097131
网址:www.lghorn.com
电子信箱:sales@lghorn.com
单位人数:100
质量体系:ISO/TS 16949、ISO 9001
产品情况:(亮歌牌、乐工牌)
喇叭年产销500万件,其中250万件整车配套,150万件出口,100万件提供国内售后市场
出口情况:出口日本、韩国、欧洲、美洲等国家和地区

★海宁鼎力机械有限公司
地址:浙江省海宁市斜桥镇新建路1号
邮编:314400
电话:0573/87025303、87046138
传真:87046138
电子信箱:13857359012@139.com
产品情况:(升达牌)
各种千斤顶,汽车附件
出口情况:远销亚洲、美洲、欧洲等地区

★桐乡金伟电子有限公司
地址:浙江省桐乡市中山东路158号
邮编:314500
电话:0573/88063309、88983739
传真:88061335
网址:www.carsjack.com
电子信箱:export@mylarspeaker.com
质量体系:ISO 9001
产品情况:电动千斤顶、电动扳手、充气泵等
出口情况:远销欧美、东南亚、中东等地区

★宁波卡比特汽车用品有限公司
地址:浙江省宁波市江东区江南路289号
邮编:315040
电话:0574/88186368、88186377
传真:88186390、88186388
电子信箱:cuiweiguo@carbest.com.cn
产品情况:(Carbest(卡比特)牌)
汽车环保脚垫、专车专用脚垫、汽车原车脚垫、汽车装饰用品等
出口情况:远销56个国家和地区

★明晟科技有限公司
地址:浙江省宁波市江北区长兴路586号
邮编:315100
电话:0574/88200342、88200492
传真:88200017
网址:www.ming-sheng.com
电子信箱:sales4@ming-sheng.com
质量体系:ISO 9001
产品情况:各类汽车附件、汽车用塑料用品及汽车太阳挡等
出口情况:远销欧洲、美国、日本等国家和地区

★宁波市鄞州融彩汽车用品有限公司
地址:浙江省宁波市鄞州五乡镇
邮编:315100
电话:0574/88384921
传真:88385475
电子信箱:baishengstationery@163.com
产品情况:助开器、转向盘套、安全带、饮料架、子弹头、防撞贴、天线、车标、汽车用品、边灯框、风网、门边胶、遮阳板、字母标、脚踏板、输油管、香片、安全锤等
出口情况:远销美国、欧洲、非洲、东南亚等国家和地区

★宁波中哲汽车安全系统有限公司
地址:浙江省宁波市鄞州投资创业中心富强路501号
邮编:315105
电话:0574/88190196
传真:88190010
网址:www.abyy.com.cn
电子信箱:xbo@chisage.com
质量体系:ISO 9001
产品情况:(ABYY(艾贝)牌)
儿童安全座椅

★麦克英孚(宁波)婴童用品有限公司
地址:浙江省宁波市鄞州投资创业中心下应北路299号
邮编:315105
电话:0574/56160088
传真:56117978
网址:www.cnwinwin.com
电子信箱:asia@max-inf.com
质量体系:QS 9000、ISO 9001
产品情况:汽车儿童安全座椅
出口情况:远销50多个国家和地区

★慈溪市誉华工具有限公司
地址:浙江省慈溪市道林镇道林大道149号
邮编:315321
电话:0574/63502481
传真:63507243
网址:www.yuhua-tool.com
电子信箱:yuhua@yuhuatool.com
质量体系:ISO 9001
产品情况:(TUYU牌、誉华牌、CRUMP牌)
电动、风动、手动配用的螺栓批咀

★慈溪市海鸿实业有限公司
地址:浙江省慈溪市附海镇东港村1号
邮编:315332
电话:0574/63569031、63563135
传真:6356903
电子信箱:haihong@public.cx.nbptt.zj.cn
质量体系:ISO 9001
产品情况:(HAIJIA牌)
精密轮胎压力计量计及各种压力表,氟里昂表等
出口情况:产品全部出口,远销20多个国家和地区

★宁波新宝工业有限公司
地址:浙江省慈溪市杭州湾新区金慈路
邮编:315336
电话:0574/63215790、63216666
传真:63213918、63213928
网址:www.sypo.com.cn
电子信箱:syposeat@sypo.com.cn
质量体系:ISO 9001
产品情况:(SYPO 牌)
儿童座椅
出口情况:出口多个国家

★余姚市顺马汽车附件有限公司
地址:浙江省余姚市马渚镇北星路8号
邮编:315450
电话:0574/62465463
传真:62468268
网址:www.shunma.com
电子信箱:shunma@shunma.com
产品情况:汽车轮胎压力表、轮胎修补工具、轮胎花纹表
出口情况:出口美国、加拿大、欧洲、南亚等国家和地区

★宁波杰洲电器有限公司
地址:浙江省余姚市泗门镇工业区
邮编:315450
电话:0574/62131708、62131222
传真:62131738
网址:www.jiezhoucn.com
电子信箱:sales@jiezhoucn.com
质量体系:ISO 9001
产品情况:汽车吸尘器、点烟器插头插座、汽车充电器、应急灯、AC 电源线、DC 电源线、插头插座等
出口情况:远销欧洲、美国、中东、西亚、东亚等20多个国家和地区

★宁波永佳汽车零部件有限公司
地址:浙江省余姚市马渚镇马郎路18号
邮编:315453
电话:0574/56311088、62481588
传真:56311367、62481398
网址:www.cn-yj.com
电子信箱:yongjia@cn-yj.com
质量体系:ISO/TS 16949
产品情况:(永佳牌)
汽车及摩托车反射警示器、活动工具车、汽车配件

★余姚市恒洋电器有限公司
地址:浙江省余姚市临山镇
邮编:315461
电话:0574/62062238
传真:62062333
网址:www.hyea.com
电子信箱:hyyj@hyea.com
质量体系:ISO 9001
产品情况:车用冰箱
出口情况:出口欧洲、亚洲、美国、澳大利亚

★余姚市裕瑞电器有限公司
地址:浙江省余姚市临山镇湖堤开发区
邮编:315461
电话:0574/62061567、62061977
传真:62060576
网址:www.zjyufeng.com
电子信箱:yufeng@zjyufeng.com
单位人数:200
质量体系:ISO 9001
产品情况:汽车打气泵、车载风扇、车用吸尘器、工作灯、聚光灯、应急电源等
出口情况:部分产品出口

★宁波佳源电子有限公司
地址:浙江省余姚市临山镇迎凤路165号
邮编:315462
电话:0574/62053198
传真:62053000
网址:www.cn-jiayuan.com
电子信箱:jiayuan@cn-jiayuan.com
质量体系:ISO 9000
产品情况:半导体制冷的汽车冰箱及汽车相关附件

★宁波华盛电器有限公司
地址:浙江省余姚市泗门镇工业园区
邮编:315470
电话:0574/62129003
传真:62157188
网址:www.china-huasheng.com
电子信箱:sales@china-huasheng.com
单位人数:1000
质量体系:ISO 9001
产品情况:保温箱、保温桶、冷藏箱、配送箱、汽车应急电源、吸尘器、车用风扇、充气泵、打蜡机、充电器、灯具等
出口情况:出口欧洲、美洲、大洋洲、中东、东南亚等地区

★余姚市宁杰电器有限公司
地址:浙江省余姚市泗门镇湖北村人民路21号
邮编:315472
电话:0574/58221167
传真:62169161
网址:nbningjie.1688.com
电子信箱:ikuo@yongying.com
法人代表:奕永银
质量体系:ISO 9001
产品情况:微型汽车轮胎空气充气泵、车用干湿两用吸尘器、车用小风扇等系列产品
出口情况:出口欧洲、美国

★余姚海浪塑料电器有限公司
地址:浙江省余姚市朗霞街道杨家村创业北路5号
邮编:315480
电话:0574/62191729、13906745034
传真:62193609
网址:www.hl-interest.com
电子信箱:info@hl-interest.com
产品情况:(英特斯汀(INTEREST)牌)
便携式高压洗车器,有年产100万台的洗车器的生产能力
出口情况:部分产品出口

★宁波瑞华电子塑料有限公司
地址:浙江省余姚市低塘镇镇南路49号
邮编:315490
电话:0574/62268080、62260229
传真:62264025
网址:www.nbruihua.com
电子信箱:sales@nbruihua.com
质量体系:ISO 9002
产品情况:应急电源、充气泵、电池充电器、逆变器
出口情况:产品全部出口美国、英国、德国、法国、日本、澳大利亚、南非、加拿大、东南亚等国家和地区,并销往中国香港地区

★宁波舜威汽车用品有限公司
地址:浙江省余姚市低塘街道西郑巷工业园区18号
邮编:315492
电话:0574/62634486、62292922
传真:62292951
网址:www.nbshunwei.com
电子信箱:zhang@nbshunwei.com
质量体系:ISO 9001
产品情况:(舜威牌)
车用饮料架、手机架、烟灰缸、垃圾桶、点烟插座、防炫镜、防撞条等
出口情况:远销日本、韩国、欧美等国际市场

★宁波亚乐克汽车部件有限公司
地址:浙江省宁波市保税区西区高新路9号
邮编:315800
电话:0574/86820678
传真:86820916
网址:www.toyota-boshoku.com
质量体系:ISO/TS 16949、ISO 14001
产品情况:汽车座椅套
配套情况:为日本丰田、韩国起亚供货

★宁波雷顿科技有限公司
地址:浙江省宁波市北仑保税西区新留学生创业园6楼
邮编:315800
电话:0574/86868795
网址:www.leyton.cn
电子信箱:leytonjohn@163.com
质量体系:ISO/TS 16949
产品情况:高科技汽车防盗装置、隐形战警、免安装防盗器、专车专用防盗器、免接线免安装防盗器、晶片防盗、电锁、开关等系列产品
出口情况:出口日本、印度尼西亚、美国、大洋洲、东欧

★宁波骏达汽车配件制造有限公司
地址:浙江省宁波市北仑区大碶庐山西路25号
邮编:315806
电话:0574/86803002、86803019

传真:86803008、86803006
网址:www. nbjunda. com
电子信箱:junda@ nbjunda. com
质量体系:ISO 9001
产品情况:轮胎气门嘴、灯泡、护杠、中网、轮罩、转向盘、排气尾管、维修及美容工具等
配套及出口情况:与国外 OEM 配合,并与多家国际知名企业建立长期合作关系;出口美国、欧洲、大洋洲、东南亚、澳大利亚等国家和地区

★浙江三门维艾尔工业有限公司
地址:浙江省三门县岭口工业区
邮编:317101
电话:0576/83100318、83100323
传真:83100168
网址:www. viair - china. com
电子信箱:jacky@ viair - china. com
质量体系:ISO 9001
产品情况:(Viair 牌)
汽车坐垫、座套、门垫
出口情况:出口欧洲等地区

★浙江省三门县茂盛交通器材有限公司
地址:浙江省三门县沙柳工业区
邮编:317113
电话:0576/83200909、83200019
传真:83200293
网址:www. smmaosheng. com
电子信箱:root@ smmaosheng. com
质量体系:ISO 9001
产品情况:赛车座椅、坐垫等
出口情况:70% 产品出口欧洲、美洲市场

★浙江金宇机械电器有限公司
地址:浙江省天台县高新技术产业园区
邮编:317200
电话:0576/83938012、83938019
传真:83938010
网址:www. zjjinzi. com
电子信箱:ryan@ zjjinzi. com
单位人数:400
质量体系:ISO 9001、ISO 14001
产品情况:电动换胎工具等
出口情况:远销美国、德国、法国、中东等国家和地区

★浙江明丰汽车用品有限公司
地址:浙江省天台县八都工业园区
邮编:317200
电话:0576/83987818、83987888
传真:83987829
网址:www. manful. com
电子信箱:sales2@ manful. com
单位人数:500
质量体系:ISO 9001、ISO 14000
产品情况:(明丰牌)
汽车及摩托车车罩等
出口情况:远销 80 多个国家和地区

★浙江宏丰工艺品有限公司
地址:浙江省天台县赤城街道八都工业区
邮编:317200
电话:0576/83172887、83172868
传真:83172888
网址:www. zjhf. com
电子信箱:zjhf@ zjhf. com
董事长:陈统平
质量体系:ISO 9001
产品情况:(HF 牌)
汽车坐垫、座套等
出口情况:主要销往欧洲、美洲地区,年出口 1000 多万美元

★浙江利丰汽车用品有限公司
地址:浙江省天台县莪园工业区
邮编:317200
电话:0576/83937788、83937789
传真:83885799
网址:gb. zjlf. cc
电子信箱:lf02@ zjlf. cc
单位人数:300
质量体系:ISO 9001
产品情况:(利丰牌)
坐垫、座椅、车罩、转向盘套、遮阳板等
出口情况:出口欧洲、美洲地区

★浙江天台天盛汽车用品有限公司
地址:浙江省天台县光能东路
邮编:317200
电话:0576/83976666、83976888
传真:83976555、83976777
电子信箱:ttctz@ mail. tzptt. zj. cn
质量体系:ISO 9000
产品情况:汽车坐垫、座套、转向盘套、保健腰靠等汽车内饰用品
出口情况:出口美洲、欧洲、东南亚等地区

★浙江省天台茂源汽车用品有限公司
地址:浙江省天台县三合工业园区亭头
邮编:317200
电话:0576/83089999、83087868
传真:83087869
网址:www. maoyuan - cn. com
电子信箱:maoyuancarmat@ vip. 163. com
质量体系:ISO 9000
产品情况:汽车 PVC 脚垫、汽车座套、水桶

★浙江鸿盛原汽车用品有限公司
地址:浙江省天台县上科山琼台路西工业区
邮编:317200
电话:0576/83779003、83777818
传真:83779001
网址:www. hongshengyuan. com
电子信箱:master@ hongshengyuan. com
董事长:王卫兵
单位人数:400
质量体系:ISO/TS 16949
产品情况:已形成年产 360 万套汽车脚垫的专业生产能力
出口情况:全部出口欧洲、美洲、亚洲等 30 多个国家和地区

★浙江天台安泰汽车用品有限公司
地址:浙江省天台县坦头镇伍佰村
邮编:317200
电话:0576/83712626、13906558828
传真:83710513
网址:www. zj - antai. com
电子信箱:info@ zj - antai. com
产品情况:(ANTIA 牌)
汽车坐垫、汽车靠垫、汽车椅套、汽车罩、太阳挡、转向盘套、脚垫等产品
出口情况:出口欧洲、美洲、东南亚、中东,并销往中国香港、中国澳门地区

★浙江远程车饰有限公司
地址:浙江省天台县坦头镇东横上宅工业区
邮编:317206
电话:0576/83177988、83729990
传真:83177988
电子信箱:market1@ zjyccs. com
质量体系:ISO 9000、ISO 14000
产品情况:(凉嘟嘟牌、酷嘟嘟牌等)
系列太阳挡系列、坐垫(加热)、转向盘等汽车内饰品
出口情况:远销欧洲、北美洲、南美洲、东南亚、中东等 60 多个国家和地区

★台州市贝斯特汽车用品有限公司
地址:浙江省天台县坦头镇东横工业区
邮编:317206
电话:0576/83728635
传真:83728111
网址:www. taizhoubest. com
电子信箱:best@ taizhoubest. com
质量体系:ISO 9001
产品情况:坐垫、座套、转向盘套、太阳挡、汽车车罩、脚垫等汽车用品和装饰品
出口情况:远销多个国家和地区

★天台县飞达汽车用品有限公司
地址:浙江省天台县坦头镇工业区
邮编:317206
电话:0576/83710338、83711188
传真:83711988
网址:www. chinafeida. com
电子信箱:feida@ chinafeida. com
产品情况:(飞达牌)
木珠、竹片、PU 等坐垫、人造革、植绒、PP 胶、PVC 等转向盘套、太阳挡、车罩、座套、护肩套、腰靠等汽车装饰用品
出口情况:出口欧洲、美洲、大洋洲、中东、东南亚地区

★天台县曼曼装饰用品厂
地址:浙江省天台县坦头镇工业区
邮编:317206
电话:0576/83712200、13967606086
传真:83712201
网址:www. mmzs. cn
电子信箱:webmaster@ mmzs. cn
产品情况:汽车坐垫、腰靠、太阳挡(遮阳板)、安全带护肩、转向盘套、储物袋等

★浙江天鸿汽车用品有限公司
地址:浙江省天台县坦头镇西工业区
邮编:317206
电话:0576/83723666、83723388
传真:83723688、83723788
网址:www. zjth. com
电子信箱:ctc@ zjth. com
质量体系:ISO/TS 16949、ISO 14001
产品情况:(天鸿牌)
汽车座椅套、坐垫、脚垫、太阳挡、转向盘、转向盘套、车罩等
配套情况:为汽车、改装车厂配套

★仙居县煜华工艺有限公司
地址:浙江省仙居县横溪工业区
邮编:317312
电话:0576/87068996
传真:87068168
电子信箱:vincenthu@ yuhua. cc
质量体系:ISO/TS 16949
产品情况:汽车座套、脚垫、坐垫、转向盘套、车套

★浙江承康机电制造有限公司
地址:浙江省温岭市高新科技园区胜潘路
邮编:317500
电话:0576/86120238、86120538
传真:86223710
网址:www. chengkang. com
电子信箱:chengkang@ vip. 163. com
质量体系:ISO 9001、ISO 14001
产品情况:(承康牌)
永磁直流微电机、汽车打蜡机、真空吸尘器等环保型车用电动工具系列产品;年可生产汽车打蜡机 100 万台,各类电动机 150 万台
配套及出口情况:为美国沃尔玛公司供货;出口美国、日本、欧洲、澳大利亚、东南亚等 10 多个国家和地区

★温岭市嘉骐汽车用品有限公司
地址:浙江省温岭市经济开发区二期
邮编:317500
电话:0576/81639711
传真:81639696
电子信箱:wenlingjiaqi@ alibaba. com. cn
质量体系:ISO 9000
产品情况:汽车脚垫

★浙江温岭市天马汽车地毯厂
地址:浙江省温岭市温桥镇江夏工业区
邮编:317500
电话:0576/86126256、86126436
传真:86126436、86126256
电子信箱:sales@ shjmdt. com
产品情况:汽车地毯
出口情况:远销美国、日本、东南亚、中东

★浙江葆葆儿童用品有限公司
地址:浙江省玉环县芦浦镇漩门工业区
邮编:317608
电话:0576/87204608、87204627
传真:87204607、87491287
网址:www. baobaocn. com
电子信箱:sales@ baobaocn. com
产品情况:(BAOBAO 牌)
儿童汽车安全座椅等
出口情况:出口欧洲、澳大利亚、中东、东南亚

★台州市天狼液压机械有限公司
地址:浙江省台州市椒江区三甲街道石柱工业区
邮编:318000
电话:0576/88129878
传真:88129877
电子信箱:chinaluoyuan@ 126. com
产品情况:微型油缸、电动液压升降机、电动液压千斤顶

★台州市黄岩震亚汽车用品有限公司
地址:浙江省台州市黄岩区北城西工业园区翔光路 19 号
邮编:318020
电话:0576/84636998、84636999
传真:84636997
网址:www. zhenyacar. cn
电子信箱:zytz@ 163. com
产品情况:(博特牌、3W 牌、晟达牌)
3W 和晟达品牌系列 PVC 汽车脚垫,博特品牌丝圈脚垫;以及各式车款汽车挡泥板系列

★正茂动力工具有限公司
地址:浙江省台州市路桥区蓬街工业区
邮编:318057
电话:0576/82789828
传真:82740977
网址:www. zjzmtools. com
电子信箱:info@ zjzmtools. com
单位人数:500
质量体系:ISO 9001
产品情况:气动工具
出口情况:远销美洲、欧洲、中东等地区

★金华市成超电动工具有限公司
地址:浙江省金华市金东综合园
邮编:321000
电话:0579/82111918、13967488868
传真:82112898
网址:www. tianshuntools. com
电子信箱:tianshun@ tianshuntools. com
质量体系:ISO 9001
产品情况:电动绞盘,手动绞盘及绞盘配件
出口情况:远销美洲、欧洲、东南亚、南非

★金华市华南机械制造有限公司
地址:浙江省金华市宾虹路 1921 号
邮编:321025
电话:0579/82389888、82374477
传真:82386908
电子信箱:hn_machine@ 126. com
质量体系:ISO 9000
产品情况:(雪神牌)
汽车防滑链
出口情况:远销美国、欧洲市场

★义乌杰瑞地毯厂
地址:浙江省义乌市城西工业园区西城路农商银行旁
邮编:322000
电话:0579/89905911
传真:85372071
电子信箱:jierui888588@ sohu. com
产品情况:汽车地毯、脚垫、坐垫、清洁用品等
出口情况:出口欧洲、美洲、日本、韩国等国家和地区

★浙江省浦江伯虎链条有限公司
地址:浙江省浦江县亚太大道 565 号
邮编:322200
电话:0579/84201120、84201118
传真:84201121、84201122
网址:www. bohu. com
电子信箱:zjpj@ bohu. com
质量体系:ISO 9001
产品情况:(伯虎(BOHU)牌)
汽车防滑链、焊接链条、不锈钢链条等

★浙江省磐安县康利达实业有限公司
地址:浙江省磐安县城壶厅西路 56－58 号
邮编:322300
电话:0579/84880278
传真:84883356
网址:www. kanglida. com
电子信箱:web@ kanglida. com
单位人数:200
质量体系:ISO 9002
产品情况:(kanglida 牌)
汽车坐垫、座套、转向盘套、PVC 脚垫、地毯脚垫、铝膜脚垫等汽车内外饰用品

★浙江和佳油杯有限公司
地址:浙江省龙泉市工业区广达街 87 号
邮编:323700
电话:0578/7115798、7690799
传真:7123976
网址:www. hjyb. net
电子信箱:vip@ hjyb. net
质量体系:ISO 9001
产品情况:专业生产油杯(黄油咀)
出口情况:出口欧洲、美洲、大洋洲、东南亚

★浙江嘉德士润滑油有限公司
地址:浙江省龙泉市广源街 92 号
邮编:323799
电话:0578/7761985、7761988
传真:7690395
质量体系:ISO/TS 16949
产品情况:汽车防冻液、玻璃水

★浙江睿泰汽车零部件有限公司
地址:浙江省衢州市龙游城南开发区开源路 43 号
邮编:324400

电话:0570/7365777、7331760
传真:7331761
网址:www.outai.net
电子信箱:ds@outai.net
质量体系:ISO 9001、ISO/TS 16949
产品情况:(欧泰牌、赫迪牌)
扶手箱、挡泥板、门槛条、车窗、后护板、加油口盖、外拉手、门碗、雾灯罩、中网饰条、尾灯罩、倒车镜盖、上窗饰条、后饰条、前饰条、门边条、前灯罩、尾灯罩、边灯框、消声器、车牌架、遮物帘、车衣、LED产品等
出口情况:出口欧洲、美洲、中东等几十个国家和地区

★温州市永昌汽车附件厂
地址:浙江省温州市鹿城区藤桥鱼藤路309弄13号
邮编:325000
电话:0577/86129010、13732030203
传真:86129298
网址:www.wzqp.com
电子信箱:123319779@qq.com
质量体系:ISO 9001
产品情况:系列运动消声器和排气管产品
配套及出口情况:为一汽集团、上汽大众、上汽通用、郑州宇通、厦门金龙、天津一汽夏利配套;出口日本、马来西亚、美国、欧洲等国家和地区

★浙江吉老大汽车用品有限公司
地址:浙江省温州市仙岩工业园群星路10号
邮编:325000
电话:0577/85313666、85339816
传真:85313555-8806
网址:www.jilaoda.com
电子信箱:zj@jilaoda.com
单位人数:300
产品情况:(吉老大牌)
汽车芳香用品、汽车护理用品、汽车装饰用品
出口情况:远销欧洲、美洲、东南亚等40多个国家和地区

★浙江骑士佳音汽车用品有限公司
地址:浙江省温州市瓯海区南白象工业区陈湾1号
邮编:325006
电话:0577/85382575、85389313
传真:85385127、85390909
网址:www.qishijiayin.com
电子信箱:qsjy@qishijiayin.com
质量体系:ISO 9001
产品情况:汽车挡泥板、扶手箱、ABS尾翼、前后保险杠、侧踏板、行李架、3D立体桃木件、后仓垫、白金不锈钢装饰件、换件中网、带灯镜盖及全套电镀装饰件等
出口情况:60%以上产品出口美国、日本、欧洲、加拿大、俄罗斯、澳大利亚、中南美洲、中东、东南亚等国家和地区

★温州市香程汽车装饰用品有限公司
地址:浙江省温州市瓯海区丽岙镇任宅路88号
邮编:325060
电话:0577/85398808、85398828
传真:85398838
网址:www.xiangcheng.com.cn
电子信箱:xiangcheng@xiangcheng.com.cn
产品情况:(香程牌)
汽车装饰用品

★温州凯特汽车用品制造厂
地址:浙江省温州市仙岩穗新街174号
邮编:325062
电话:0577/85302368、85306368
传真:85313268
电子信箱:1435779137@qq.com
产品情况:(温凯牌)
汽车装饰用品

★浙江峰达防盗设备股份有限公司
地址:浙江省瑞安市汀田镇小典下宣典学工业区泰新路27-29号
邮编:325200
电话:0577/58802277
传真:58802656
网址:www.fddz.com
电子信箱:sales@fddz.com
质量体系:ISO 9001
产品情况:(安全卫仕牌、红色警戒牌、safeguard牌)
汽车、摩托车防盗器、倒车雷达、自动关窗器、中控锁、HID氙气灯、GPS导航系统、GSM手机防盗器等汽车安全类电子产品
出口情况:出口几十个国家和地区

★瑞安市正力工具有限公司
地址:浙江省瑞安市沿江西路163号
邮编:325200
电话:0577/65678477
传真:65061227
网址:www.zltoos.com
质量体系:ISO 9001
产品情况:(正力牌)
葫芦型备胎升降器、省力扳手、液压千斤顶等汽保工具
配套情况:葫芦型备胎升降器及各类工具被一汽云顶车辆制造有限公司选定配套产品

★瑞安扬声电子器材有限公司
地址:浙江省瑞安市塘下镇官渎工业区
邮编:325204
电话:0577/65356809、65380330
传真:65392560
网址:www.chinayangsheng.com
电子信箱:master@chinayangsheng.com
质量体系:ISO 9001
产品情况:(YSDZ牌)
各种型号的长排警示灯、小型警示灯、扬声器、警报器、蜗牛多音喇叭等,年销售量在100万套
出口情况:出口欧洲、美洲、非洲、中东、东南亚等地区

★瑞安市路搏汽车配件有限公司
地址:浙江省瑞安市飞云镇杜山头工业区
邮编:325207
电话:0577/65023018、65028023
传真:65023028
网址:www.roadbo4x4.com
电子信箱:raluboqipei@126.com
产品情况:(路搏牌、ROADBO牌、AGT牌)
不锈钢前后防撞杠、保险杠、行李架、脚踏板、后爬梯、射灯架等

★苍南县凯轮保安锁业有限公司
地址:浙江省苍南县金乡镇金发中路168号
邮编:325805
电话:0577/64594588
传真:64583566
网址:www.cn-lunkai.com
电子信箱:cn-lunkai@cn-lunkai.com
产品情况:(轮凯牌、凯轮牌)
汽车、摩托车、电动车系列防盗锁、报警器
出口情况:远销东南亚、欧洲、美洲等10多个国家和地区

安徽省

★安徽金诚天骏汽车零部件有限公司
地址:合肥市双凤经济开发区魏武路8号
邮编:231131
电话:0551/66391225
传真:66391345
网址:www.jincen-tm.com
电子信箱:info@jincen-tm.com
质量体系:ISO/TS 16949
产品情况:车载冰箱、冷柜、橱柜、车载卫生间,注塑成型的汽车零部件
配套及出口情况:为江淮汽车供货;车载卫生间产品出口世界多个国家和地区

★安徽南澳地毯有限公司
地址:安徽省淮南市谢家集区
邮编:232072
电话:0554/5623726、5623736
传真:5617908
网址:www.ahnanao.com
电子信箱:nanao@ahnanao.com
质量体系:ISO/TS 16949
产品情况:地毯
出口情况:出口欧洲、美洲、亚洲

★岳西县永泰机械制造有限公司
地址:安徽省岳西县开发区
邮编:246600
电话:0556/2176852
传真:2183409
产品情况:汽车工具、汽车配件

★安徽青松工具有限公司
地址:安徽省岳西县温泉开发区长宁工

业园
邮编:246620
电话:0556/2171299、2294028
传真:2181988、68893968
网址:www.qsgj.com
电子信箱:qsgj@qsgj.com
质量体系:ISO/TS 16949、ISO 14001
产品情况:(青松牌)
汽车、叉车、摩托车专用工具及五金工具,年设计生产随车工具200万套及五金工具250万只
配套情况:为奇瑞、江淮、北汽福田、长城、比亚迪、江铃汽车、龙工叉车等多家单位配套

福建省

★福建省密斯盾轮胎安全装置科技公司
地址:福州市仓山区城门镇城门村城门街202号
邮编:350018
电话:4000591400
传真:0591/87319976
网址:www.fjmr-d.com
电子信箱:fjmisidun@126.com
产品情况:汽车轮胎安全装置

★同致电子科技(厦门)有限公司
地址:福建省厦门市湖里工业区华盛路26号
邮编:361006
电话:0592/6036783
传真:6036766
网址:www.tungthih.com
电子信箱:ttd@tungthih.com.cn
质量体系:ISO/TS 16949、QS 9000
产品情况:(TTE牌)
超声波倒车辅助系统、防盗器、多功能型电子后视镜、车用摄像头CCD/CMOS、电子防炫后视镜、免钥匙进入系统、无线胎压侦测系统、多功能抬头显示器等
配套情况:为上汽大众、上汽通用、郑州日产、东风日产、北汽福田、江铃汽车、奇瑞汽车等配套

★厦门蒙发利科技(集团)股份有限公司
地址:福建省厦门市思明区前埔路168号
邮编:361008
电话:0592/3795700、5592897
传真:5532788
网址:www.easepal.com.cn
电子信箱:trade@easepal.com.cn
董事长:邹剑寒
质量体系:ISO 9001
产品情况:(OGAWA 奥佳华牌、Cozziat牌)
汽车按摩垫
出口情况:远销美国、加拿大、欧盟、日本、东南亚等主要国家和地区

★东太利(厦门)电子有限公司
地址:福建省厦门市湖里区环东海域美溪道湖里工业园81号
邮编:361009
电话:0592/5733983、5733893
传真:5733460
产品情况:(征服者牌)
汽车雷达安全警示器、GPS卫星定位雷达、智能型导航雷达和电子狗安全警示器
出口情况:出口欧洲、美洲,并销往中国香港、中国澳门、中国台湾地区

★厦门华庆轻工制品有限公司
地址:福建省厦门市集美北部工业区井泉路125-129号
邮编:361021
电话:0592/5623805
传真:5625208
电子信箱:sales@ctbc.com.tw
产品情况:窗刷、汽车清洁用刷、雪刷及冰刮片、汽车香精等

★奥得奥科技(厦门)有限公司
地址:福建省厦门市海沧新阳工业区新光东路5号3楼
邮编:361022
电话:0592/6373768、6373653
传真:6373698
网址:www.airdow.com.cn
电子信箱:6373768@airdow.com
董事长:苏继挺
质量体系:ISO 9001
产品情况:中草药空气净化器、氧吧清新机、汽车氧吧、电热薰香机、杀菌除臭器、迷你型清新机、加湿器、暖气机等
出口情况:出口韩国、日本、英国、德国、法国、中东、东南亚等国家和地区

★厦门美时美克空气净化有限公司
地址:福建省厦门市同安区西柯福明路288号
邮编:361100
电话:0592/5765217
传真:5763508
网址:www.maxmac.com.cn
电子信箱:amke@vosson.com
质量体系:ISO/TS 16949
产品情况:空气净化器
配套情况:为一汽丰田、华晨、奇瑞、吉利、九龙、宇通、金龙、北汽、安凯、金旅等10多家知名汽车企业供货

★泉州建江汽车配件制造有限公司
地址:福建省晋江市紫帽镇霞茂工业区
邮编:362211
电话:0595/85931413、85681413
传真:85681413
网址:www.jjqp.com
电子信箱:auto@aliyun.com
质量体系:ISO/TS 16949
产品情况:(建江牌、力霸牌、霸标牌)
轮胎套筒扳手、风炮机套筒、随车工具、汽保设备、轮胎螺栓等
出口情况:远销东南亚、中东、欧美等地区

★泉州市巨将防盗器设备有限公司
地址:福建省南安市光电信息基地阳光路
邮编:362302
电话:0595/22499516、13905980516
传真:22492516
网址:www.jujiang.net
电子信箱:jujiang@jujiang.com
质量体系:ISO 9001
产品情况:(巨将牌)
汽车防盗器

山东省

★济南舜天印务有限公司
地址:济南市高新技术开发区贤文南路5号
邮编:250101
电话:0531/88877926
传真:88877925
网址:www.qqtiehua.com
电子信箱:webmaster@qqtiehua.com
董事长:宛建军
负责人:于忠新
单位人数:200
质量体系:ISO 9001
产品情况:印刷、滴塑、注塑标牌、薄膜开关及灯箱、大型户外广告等,月产能力印刷品2400令、贴花40万套、滴塑60万件、注塑标牌30万件
出口情况:出口美国、法国、德国、日本等国家

★潍坊万达汽车工具有限公司
地址:山东省潍坊市坊子区六马路1号
邮编:261200
电话:0536/7661372、7518461
传真:7662523
电子信箱:wdqcgj588@tom.com
质量体系:ISO/TS 16949
产品情况:(方字牌)
载货汽车随车工具,年产26万套
配套情况:为一汽集团青岛汽车、中国重汽集团、包头北奔汽车集团配套

★青岛天铭工贸有限公司
地址:山东省青岛市湖南路55号贝蒙特大厦15层
邮编:266000
电话:0532/82875886
传真:82891205、82876002
电子信箱:info@tmaxtools.net
质量体系:ISO 9001
产品情况:(T-MAX牌、HUALI牌)
轿车用绞盘、手动/电动工具

★青岛康普顿科技股份有限公司
地址:山东省青岛市深圳路18号
邮编:266101
电话:0532/58818666、8008600253
传真:58811820、58811821
网址:www.copton.com.cn
质量体系:ISO/TS 16949
产品情况:(COPTON(康普顿)牌、Ro-

ab(路邦)牌)
润滑油和汽车养护用品

★青岛三洋皮革有限公司
地址:山东省胶州市马店工业园
邮编:266314
电话:0532/83222223、83222225
传真:83225630
电子信箱:samyang@ 163. 169. net
质量体系:ISO/TS 16949、ISO 9001
产品情况:汽车坐垫、皮革
配套情况:为北京现代、东风悦达起亚、吉利汽车等配套

★青岛新东洋车辆用品有限公司
地址:山东省胶南市工业园珠山路以西,海滨6路以南
邮编:266400
电话:0532/86157656-8、85167296
传真:86157659
电子信箱:lisafeng. occ@ gmail. com
质量体系:ISO 9001、ISO 14001
产品情况:遮蔽膜、遮蔽膜卷、塑料单张膜、挡尘膜、汽车防护用品、座椅套等

★青岛超亿油业有限公司
地址:山东省平度市北804国道223处北60米
邮编:266700
电话:0532/83342068、88331678
传真:83342068
电子信箱:chaoyiyouye@ 163. com
质量体系:ISO 9001
产品情况:防冻液

河南省

★郑州铁成汽车用品有限公司
地址:郑州市江山路中段杜庄工业区
邮编:450044
电话:0371/63786718、63786668
传真:63786677
质量体系:ISO/TS 16949、ISO 9001
产品情况:防撞护杠、行李架、脚踏板、脚踏杠、后尾梯、防滚杠、座套、脚踏垫等汽车内外用品

★凯迈(洛阳)测控有限公司
地址:河南省洛阳市解放路105号
邮编:471009
电话:0379/63385403
传真:63384972
网址:www. camamc. com
电子信箱:www@ zhuohang. com
质量体系:ISO 9001、ISO 14001
产品情况:车载红外夜视仪

湖北省

★襄樊金莱尔制冷化工有限公司
地址:湖北省襄阳市高新区团山园中园
邮编:441000
电话:0710/3821625、3822225
传真:3821658
网址:www. jlrhg. com
电子信箱:xflslzl@ 126. com
质量体系:ISO 9002、ISO 14001
产品情况:新型环保制冷剂和汽车美容防护用品

★湖北超洁汽车用品有限公司
地址:湖北省随州市曾都区蒋家岗工业园
邮编:441300
电话:0722/7025088、7145999
传真:7025007
网址:www. hbchaojie. com
电子信箱:szgaoqin@ 163. com
单位人数:287
质量体系:ISO/TS 16949、ISO 9001
产品情况:(高勤牌)
汽车脚垫、3A特固汽车脚垫、柔韧之星汽车脚垫、TPE汽车脚垫、大包围行李舱垫、卡固行李舱垫、TPE行李舱垫、PE黑色行李舱垫、汽车护理用品、汽车塑料淋水器等系列产品

★十堰市汽车附件厂
地址:湖北省十堰市张湾区汉江中路35号
邮编:442011
电话:0719/8665315
传真:8665315
质量体系:ISO/TS 16949
产品情况:备胎升降器
配套情况:为东风汽车公司配套

湖南省

★湖南长丰汽车内装饰有限公司
地址:湖南省永州市冷水滩区猎豹北路65号
邮编:425100
电话:0746/8457021
传真:8457435
网址:www. hncfai. com
电子信箱:hncfai@ hncfai. com
质量体系:ISO/TS 16949、ISO 14001
产品情况:汽车地毯、门内饰板、隔音隔热垫、遮阳板等,年产能力10万台套
配套情况:为广汽三菱、东风公司轻型车、东南汽车等配套

广东省

★广州丽涛精细化工有限公司
地址:广州市永福路35号永福中心313-315
邮编:510070
电话:4006901658、18122397800
传真:020/87317157
网址:www. gz-litao. com
电子信箱:4006901658@ gz-litao. com
质量体系:ISO 9000
产品情况:光触媒杀菌净化剂系列、光触媒化妆品系列、汽车护理用品等系列产品

★广州瑞成电子科技有限公司
地址:广州市萝岗区神舟路885号A栋505室
邮编:510080
电话:020/62845068、62682550
传真:62845180
电子信箱:webmaster@ gd-rich. com
质量体系:ISO/TS 16949
产品情况:GPS、倒车雷达、中控锁、车窗关闭器、数字轮胎压力计、光触媒空气清新器、车用电源逆变器、便携式轮胎充气机等

★广州市鹰威斯科技开发有限公司
地址:广州市永福路37号南方永福国际2楼
邮编:510095
电话:020/87637888
网址:www. inwells. com. cn
电子信箱:inwells@ inwells. com. cn
质量体系:ISO 9001
产品情况:(鹰卫士牌)
汽车防盗器

★汕头市澄海区超米乔车辆配件厂
地址:广州市增槎路罗冲围白云福星摩配市场F-27
邮编:510165
电话:020/81788665
传真:81996632、81788665
电子信箱:chensizhong@ cszmp. com
产品情况:(超米乔牌)
汽车、摩托车转向灯、尾灯、半链盒等
出口情况:出口非洲、中东、东南亚等地区

★午阳(广州)汽车用品有限公司
地址:广州市海珠区广州大道南1638号
邮编:510300
电话:020/34135031、34135032
传真:34135082
网址:www. gdwuyang. com
电子信箱:best@ gdwuyang. com
质量体系:ISO 9001
产品情况:(真的·午阳牌、奇胜牌)
汽车真皮座套、真皮转向盘、真皮挡位杆等汽车真皮内饰品
出口情况:出口美国、日本、欧洲、东南亚,并销往中国香港、中国澳门地区

★广州市乐业永丰企业有限公司
地址:广州市海珠区土华华洲路工业区三街1号
邮编:510260
电话:020/89887402、87702808
传真:89887095
网址:www. lyyongfeng. com
电子信箱:gzyongfeng@ 163. com
单位人数:200
质量体系:ISO 9001
产品情况:(威利斯尔牌、乐业永丰牌)
汽车转向盘套、安全带、喇叭等汽车装饰品

出口情况:远销埃及、墨西哥、俄罗斯、中东等多个国家和地区

★广州市一谷电子有限公司
地址:广州市海珠区新港东路2519号合兴围工业区3栋
邮编:510330
电话:4007778133
传真:020/87686643
网址:www.candid86.com
电子信箱:sales@candid86.com
董事长:李标
单位人数:300
质量体系:ISO/TS 16949
产品情况:(Candid牌)
倒车后视系统、车载安全监控系统及车载防水摄像头等
配套情况:为宇通客车、金龙客车、尼奥普兰、安凯客车等配套

★广州安华电子有限责任公司
地址:广州市荔湾区白鹤洞坑口罗冲岗3号
邮编:510380
电话:020/81507211、81507219
传真:81506231
网址:www.anhuagroup.com
电子信箱:pcb@anhuagroup.com
质量体系:ISO 9001、ISO 14001
产品情况:高精密度双面、多层、阻抗PCB及FPC电路板和大功率铝基板
配套情况:为国内外多家知名企业配套

★广州铁老大防盗设备有限公司
地址:广州市荔湾区花溪路9号
邮编:510380
电话:020/81607423、81508626
传真:81405057
网址:www.tjj-china.com
电子信箱:tjj@tjj-china.com
单位人数:800
质量体系:ISO 9000
产品情况:(铁老大牌)
汽车防盗报警系统导航、网络高清影音系统、汽车倒车雷达、GPS全球定位追踪系统、HID氙气前照灯、无骨刮水器及中控门锁

★广州市利迪汽车用品用限公司
地址:广州市白云区龙归园夏龙腾工业区
邮编:510445
电话:020/86049698
传真:86049698
网址:www.lidigz.com
电子信箱:767304936@qq.com
产品情况:汽车空调制冷剂、冷冻油、防冻液、制动油、制动液、清洗剂、排挡油等汽车护理用品
出口情况:出口欧洲、东南亚等多个国家和地区

★广州市来兴汽车配件有限公司
地址:广州市白云区江高镇开发区鹤云路9号
邮编:510450
电话:020/86404848、86404633
传真:36095285
电子信箱:info@violin-gsk.com.cn
质量体系:ISO/TS 16949
产品情况:(小提琴牌、1+1牌、牛盾牌)
汽车座套,汽车零配件
配套情况:为一汽-大众、上汽大众、东风本田、日本马自达、东风日产、东风标致、福特汽车、上海奇瑞、江铃汽车、长丰猎豹、昌河铃木、东南汽车等知名汽车厂配套

★广州领业汽车用品有限公司
地址:广州市白云区白云大道764号汇金商务大厦5楼
邮编:510500
电话:020/37251291、37026569
传真:87648703
网址:www.lingye.com.cn
电子信箱:guangzhoupart@126.com
质量体系:ISO 9001
产品情况:(领业牌)
汽车包围、尾翼、塑料防护杠、行李架、侧踏板、备胎罩、轮毂等有关金属件塑料件系列套件
配套及出口情况:为一汽、海马、广汽、吉利、力帆等汽车厂家配套;出口北美洲、日本、大洋洲、韩国、中东等30多个国家和地区,并销往中国香港地区

★广州开尔汽车用品有限公司
地址:广州市白云区黄石路江夏第五工业区
邮编:510500
电话:020/26294401、61083661
传真:26293377、61083461
网址:www.gzkaier.com
电子信箱:kaier@gzkaier.com
产品情况:(KAIER牌)
陶瓷汽车前照灯增亮器、汽车前照灯电子增亮器、HID氙气前照、陶瓷插座、各种汽车插座、保险片、各种开关、无骨刮水器、汽车喇叭、LED灯泡及各类汽车电器等
出口情况:出口欧洲、东南亚、中东、美洲、韩国、日本,并销往中国台湾地区

★广州市宝惠汽车用品有限公司
地址:广州市白云区良田工业园
邮编:510500
电话:020/37400966、37400967
传真:87720775
网址:www.bhlqc.com
产品情况:(宝华利牌)
坐垫、腰网、腰靠、抱枕、颈枕等汽车内饰用品

★广州威威汽车精品有限公司
地址:广州市白云区南岭龙岗工业园
邮编:510500
电话:4006007738
网址:www.gzvv.com
电子信箱:shop@gzvv.cn
董事长:崔彤
单位人数:2200
质量体系:ISO 9001
产品情况:(威威牌、迪士尼牌、史努比牌、圣大保罗牌、犀牛先生牌、生活馆牌、黄金甲牌、东方国牌、BGS牌)
汽车座套

★广州金科汽车用品制造有限公司
地址:广州市白云区沙太南路617号联凯大厦二楼
邮编:510500
电话:020/23319656
传真:62860049
网址:www.kingcoo.com.cn
电子信箱:china-jinke@163.com
产品情况:(金科牌)
合金塑钢汽车发动机保护板、强力汽车弹簧缓冲器、世界级汽车顶吧、环保多功能汽车遮阳挡等性能安全产品
配套及出口情况:为多家汽车厂家、集团的配套供应商;出口东南亚、印度尼西亚、马来西亚、美国,并销往中国香港、中国台湾地区

★广州朝晖汽车用品有限公司
地址:广州市白云区钟落潭镇龙岗村中华路7号
邮编:510500
电话:020/87635005、37221972
传真:87635005
网址:www.bmgz.net
电子信箱:blue@bmgz.net
单位人数:300
质量体系:ISO/TS 16949
产品情况:(朝晖牌)
各种汽车桃木饰件、椅套、地毯等汽车用品
出口情况:远销日本、欧洲、美国等国家和地区

★广州市汇邦科技发展有限公司
地址:广州市番禺区番禺大道北555号天安科技园产业大厦2座302室
邮编:510500
电话:020/22883323、22883099
传真:22883309
网址:www.gz-hb.com
电子信箱:raodo@126.com
产品情况:(汇邦牌)
汽车废气抽排系统,汽车翼子板保护罩、一次性座套、转向盘套、脚垫纸等
配套情况:废气抽排系统为一汽丰田、一汽奥迪、长安福特、沃尔沃、雷克萨斯、东风日产、东风标致、东风本田、东风雪铁龙、联合品牌、上汽集团等国内外汽车制造厂建站指定或推荐的品牌

★广州市顺业汽车用品制造有限公司
地址:广州市广汕路38号
邮编:510500
电话:020/87709098、87728098
传真:87796568

电子信箱:syh@ gzsyh. com
产品情况:(SYH 牌)
汽车车罩、汽车车衣、汽车座椅套、通花座椅套、吉普车备胎罩、汽车转向盘套、汽车保健腰垫、坐垫、颈枕、安全带护垫、太阳挡、抱枕抱枕被、纸巾套、卡通座椅套等系列汽车饰品

★广州华达汽车大包围用品有限公司
地址:广州市广园东路云泉路128号之8
邮编:510500
电话:020/37368381、31644148
传真:37369926
电子信箱:asthd@ 163. com
产品情况:大包围

★广州摩圣汽车用品厂
地址:广州市花都区新华街东莞村西瓜岭脚自编12号
邮编:510500
电话:020/87721696、61809195
传真:87726542、61809196
网址:www. baik - s. cn
电子信箱:baik - s@ vip. 163. com
产品情况:(贝克斯(BAIKS)牌)
注塑晴雨挡、砂石挡、太阳挡、前灯罩、后灯罩、后扰流、昆虫挡、天窗挡、定风翼、后备胎罩、挡泥板、轮眉、车身贴纸
出口情况:远销东南亚、北美洲、南美洲、中东、非洲、欧洲等地区

★广州市亿成隆汽车用品有限公司
地址:广州市天河区广汕二路柯木塱自编一号
邮编:510500
电话:020/62682660、62682661
传真:62682663
电子信箱:ycl2688@ 163. com
质量体系:ISO 9001
产品情况:汽车灯饰、保健腰垫、汽车内外的装饰件等
出口情况:出口东南亚、中东、欧洲、美洲等地区,并销往中国台湾地区

★幸运星汽车用品有限公司
地址:广州市永福路40号盛大国际二楼68档
邮编:510500
电话:020/61083839
传真:61083838
电子信箱:hkluckystar@ 163. com
产品情况:(幸运星牌)
汽车香水
出口情况:出口欧洲、美洲、中东等几十个国家和地区

★广州梅氏汽车用品有限公司
地址:广州市永福路45号永福汽配城一楼46档
邮编:510500
电话:020/28242363、28242823
传真:28242363
网址:www. mbrother. com
产品情况:汽车护理用品

★广州车之骄汽车用品有限公司
地址:广州市永福路48号金永福汽车配件用品城14栋22档
邮编:510500
电话:020/87702855、87718470
传真:87243813
网址:www. czjspoiler. com
电子信箱:czj87718470@ 163. com
产品情况:(车之骄牌)
ABS大包围、定风翼和备胎罩等汽车外装饰件
出口情况:出口中东、欧洲、东南亚、非洲、南美洲等地区

★广州市傲翔汽车用品有限公司
地址:广州市永福路49号福怡大厦405室
邮编:510500
电话:020/87740253、87740275
传真:87740273
电子信箱:aoxiang. co@ 163. com
质量体系:ISO 9001
产品情况:汽车用品
出口情况:出口东南亚、中东、欧洲等地区

★广州爱特丽汽车用品有限公司
地址:广州市永福路49号福怡大厦9楼
邮编:510500
电话:020/87727699、4008884398
传真:87719737
网址:www. aiteli. com
电子信箱:aiteli@ 163. com
产品情况:(爱特丽(AITEL)牌)
汽车香水座、香膏、香水补充液、汽车空调风口香薰、空气清新机等车内芳香装饰系列产品
出口情况:远销欧洲、美洲、东南亚地区

★广州战宝精细化工有限公司
地址:广州市永福路49号福怡大厦A717室
邮编:510500
电话:020/87721165
质量体系:ISO 9001
产品情况:(地球牌)
发动机外部清洁剂、玻璃清洁防雾剂、轮胎泡沫光亮剂、皮水机油精等全系列汽车护理用品
出口情况:出口东南亚、中东、欧洲、美洲市场

★广州市雄峰汽车电子厂
地址:广州市永福路49号福怡大厦A栋527室
邮编:510500
电话:020/87725785、87729529
传真:87790076、83498633
网址:www. gdhf. com
电子信箱:qunbao@ gdhf. com
质量体系:ISO/TS 16949
产品情况:(无极豹牌、金箍棒牌、凯迪娜牌)
汽车防盗报警器、汽车倒车雷达、一键起动等电子产品
出口情况:远销欧洲、美国、大洋洲、中东、非洲、东南亚、韩国等国家和地区

★资富汽车用品有限公司
地址:广州市永福路49号福怡汽配城303档
邮编:510500
电话:020/87635219
传真:37391562
电子信箱:sales@ gz - yongsheng. com
产品情况:(永胜隆牌、沃马之星牌、美之谊牌)
转向盘套、制动灯、包装盒、太阳挡、备胎罩、香水、贴纸、腰垫、抱枕、车罩等
出口情况:远销美国、日本、欧洲、东南亚等20多个国家和地区

★澳隆汽车用品有限公司
地址:广州市永福路79号2105
邮编:510500
电话:020/87723799
传真:87737400
质量体系:ISO 9001
产品情况:(澳隆牌)
扶手箱、防盗锁、挡泥板、缓冲器、下护板、遮物帘、倒车镜、门槛条、前照灯、车窗饰条、尾灯罩、门碗、拉手、雾灯罩、后饰条、后护板
出口情况:出口东欧、东南亚等地区

★广州市唯能汽车用品有限公司
地址:广州市永福路79号倚云汽车用品广场A102号
邮编:510500
电话:020/87797566、37222310
传真:37222310
电子信箱:nowell@ 163. com
质量体系:ISO 9001
产品情况:汽车灯具及其他汽车用品
出口情况:出口韩国、中东、东南亚、欧洲、非洲、北美洲等国家和地区,并销往中国台湾地区

★广州泰威汽车用品厂
地址:广州市永福路79号倚云汽车用品广场A218 - 219
邮编:510500
电话:020/87718808
传真:87240313
质量体系:ISO 9000
产品情况:脚垫、座套

★广州市竞雄汽车用品有限公司
地址:广州市永福路倚云汽车用品广场A107档
邮编:510500
电话:020/87747811
传真:87747822
电子信箱:gztyper@ 126. com
产品情况:车牌架系列、迎宾踏板系列、油箱饰盖系列、拉手门碗系列、尾喉、挡

泥板、标类系列、车锦盒系列及其他系列汽车装饰产品

★广州美标汽车用品厂
地址:广州市越秀区永福路45号利远广场三楼C044-045档
邮编:510500
电话:020/61083885、13719158886
传真:61083884
网址:www.gz-mb.com
电子信箱:meibiao8889@163.com
产品情况:(美标车饰牌、吉事多牌)
　　转向盘高级转向套、车用高级颈枕、腰枕、抱枕、车用脚垫
出口情况:出口欧洲、美洲等地区

★广东坤煌实业有限公司
地址:广州市越秀区永福路49号福怡大厦A714-A715室
邮编:510500
电话:020/87747911、87738718
传真:87726257
网址:www.khgcl.com
电子信箱:kunhuang@khgcl.com
质量体系:ISO/TS 16949、ISO 14001
产品情况:(车顺牌、绿美一族牌、立福牌、玛酷仕Dr. MARCUS牌)
　　汽车养护美容用品、手摇自动喷漆和汽车香水

★佛山市南海日晖汽车用品有限公司
地址:广州市越秀区永福路79号倚云广场1号楼7楼2709室
邮编:510500
电话:020/87244282、87244281
传真:87244280
网址:www.rihui-film.com
电子信箱:rihui-film@163.com
产品情况:(北极光牌)
　　太阳膜

★车美士高精汽车用品制造有限公司
地址:广州市越秀区永福路盛大国际负一层021A
邮编:510500
电话:020/37221150、28242689
传真:37220443
电子信箱:ccchhyy@163.com
质量体系:ISO/TS 16949、VDA 6.1
产品情况:(车美士牌)
　　CMS汽车防盗锁、自排锁、脚踏板等

★广州市白云区松洲金益隆汽车用品厂
地址:广州市天河区天阳路142-144号太阳广场海逸阁611
邮编:510520
电话:020/38486740
传真:38486741
网址:www.jinyilong.com
电子信箱:jyl888@jinyilong.com
产品情况:(原彩牌、风之花牌、星球牌)
　　汽车香水及汽车护理产品

出口情况:远销东南亚、日本、北美洲、欧洲等国家和地区

★广州市车宝汽车用品有限公司
地址:广州市白云区太和镇石湖百足桥自编8号
邮编:510540
电话:020/87429422、87423502
传真:87427830
网址:www.chebao.com
电子信箱:chebao@yeah.net
质量体系:ISO 9001
产品情况:(车菱牌、车宝牌)
　　大包围、备胎罩、定风翼、脚踏板、晴雨挡、行李架
配套及出口情况:为多家汽车生产厂配套;远销美国、俄罗斯、韩国、东南亚、中东等国家和地区

★广州市晋辉塑料制品有限公司
地址:广州市白云区良田光明工业区
邮编:510545
电话:020/37410137
传真:37410390
网址:www.huahui-parts.com
电子信箱:stevenhuaao@163.com
质量体系:ISO 9001
产品情况:(奥美斯牌)
　　汽车晴雨挡、砂石挡、前后遮阳挡、天窗挡、昆虫挡、定风翼、灯罩等汽车外装饰用品
出口情况:远销东南亚、中东、欧洲等地区

★广东高奇环保科技有限公司
地址:广州市天河区黄埔大道西100号富力盈泰广场A塔1010
邮编:510627
电话:020/38858046、38844365
传真:38858005
网址:www.gaoqi.com
电子信箱:gdgaoqi@126.com
质量体系:ISO 9001、ISO 14001
产品情况:机体护理素A1-02、电路护理素A1-02、油路护理素A1-03、润滑油护理素A1-04

★广州市昊业电子科技有限公司
地址:广州市天河区东圃镇珠村文华新一街三巷8号
邮编:510660
电话:020/61214852、61214855
传真:32351193
网址:www.gdgudi.com
电子信箱:gudi@gdgudi.com
产品情况:(固地(GUDI)牌)
　　智能钥匙一键起动系统、汽车无线/倒车雷达、汽车防盗器、中央门控锁、车窗自动关闭器等汽车电子产品
配套及出口情况:为多家主机厂配套;出口东南亚、中东、欧洲、美洲等地区

★广州市浩普电子科技有限公司
地址:广州市萝岗区科学城科珠路232号
邮编:510663
电话:020/84564222
传真:84564222
电子信箱:service@hopegsm.com
质量体系:ISO 9001
产品情况:(蜘蛛侠牌)
　　防盗器
出口情况:出口欧洲、美洲、东南亚、中东市场,并销往中国香港地区

★广州市安途电器有限公司
地址:广州市黄埔区南湾西成中街33号
邮编:510730
电话:020/62801497、62801498
传真:62801491
网址:www.topair.com.cn
电子信箱:gzantu@126.com
质量体系:ISO/TS 16949
产品情况:(劲力王(TOPAIR)牌)
　　各种轮胎打气泵及汽车用电器等系列产品

★广州艾比埃金属制品有限公司
地址:广州市经济技术开发区锦秀路明华三街10号华兴工业大厦A座
邮编:510730
电话:020/82210080
质量体系:ISO/TS 16949、VDA 6.1
产品情况:(艾比埃牌)
　　卡箍和专用工具
配套情况:为神龙汽车、上汽大众、北汽集团、金龙客车、丹东黄海、桂林大宇、郑州宇通、林德厦门叉车、杭州日产柴等配套

★广州市多奇汽车饰品有限公司
地址:广州市花都区商业大道东110号商汇商务中心
邮编:510800
电话:020/86713028、37223353
传真:37223230
网址:www.gzdoggie.com
电子信箱:770916212@qq.com
质量体系:ISO 9001
产品情况:汽车饰品
出口情况:远销日本、欧洲、美洲等国家和地区

★广州市顺泽美汽车用品有限公司
地址:广州市花都区芙蓉镇第二工业
邮编:510860
电话:020/87740315、87710828
传真:87740316
网址:www.sunzm.com.cn
电子信箱:609918326@qq.com
单位人数:500
产品情况:(顺泽美牌)
　　汽车凉垫、脚踏垫、遮阳帘等汽车用品

★广州保赐利化工有限公司
地址:广州市从化区经济技术开发区太源路11号
邮编:510990

电话:020/87879888、87819888
传真:87879168、87817028
网址:www. botny. com
电子信箱:market@ botny. com
质量体系:ISO 9001、ISO 14001
产品情况:(BOTNY 牌)
防冻液、上光蜡等汽车美容养护用品

★广州市海飞汽车用品有限公司
地址:广州市增城区荔湾大道
邮编:511300
电话:020/82444123
传真:82666595
网址:www. gzhaifei. com
电子信箱:andy@ gzhaifei. com
质量体系:ISO 9001
产品情况:汽车美容养护类、工业和家用气雾剂类、空调制冷类和气雾剂 OEM 产品
出口情况:出口日本、东南亚、中东、非洲、美洲等国家和地区

★广州永佳汽车用品有限公司
地址:广州市增城区石滩镇三江荔三路24 号
邮编:511300
电话:020/32802261
网址:www. gzyongjia. com
电子信箱:1901525121@ qq. com
产品情况:(荷花牌)
座套、地毯

★运豪五金塑料有限公司
地址:广州市增城区石滩镇沙庄街龙地村
邮编:511328
电话:020/82915168
传真:82915968
网址:www. ugt. com
电子信箱:china. office@ ugt. com
产品情况:汽车彩绘

★广州雄兵汽车电器有限公司
地址:广州市增城区经济技术开发区新塘镇新和北路 36 号
邮编:511340
电话:020/86073608
传真:86073580
网址:www. spacekey. com. cn
电子信箱:sales@ spacekey. com. cn
质量体系:ISO/TS 16949
产品情况:(雄兵牌)
汽车智能钥匙(一键、远程起动系统)、专用型防盗器、中央控制门锁系统等
配套情况:为郑州日产、长城汽车配套

★广州市奔创电子科技有限公司
地址:广州市增城新塘镇南安村七星工业园 A 栋三楼
邮编:511340
电话:020/32976811、32976833
传真:32976800
网址:www. gzcil. com
电子信箱:admin@ lamkosonic. com
质量体系:ISO 9001
产品情况:车载摄像头、可视倒车雷达、全景倒车系统、车联网行车记录仪、车联网一键起动、房车电源逆变器等
出口情况:80% 的产品出口日本、欧美等国家和地区

★槌屋(广州)汽车配件有限公司
地址:广州市经济技术开发区永和经济开发区永盛路 5 号
邮编:511356
电话:020/82986900
传真:82986731
网址:www. tsuchiya – group. com. cn
电子信箱: hongjian _ xiao @ tsuchiya – group. com. cn
产品情况:汽车各种装饰胶带、标识标签、汽车仪表盘指示器的透视板等汽车关联特殊印刷产品、各种胶条的冲压加工以及汽车部件保护胶膜

★初出日(香港)有限公司
地址:广州市增城区宁西镇西亚开发区(西亚村)
邮编:511358
电话:020/82962411、82964106
传真:82964063
网址:www. morningsun. com. hk
产品情况:(初出日牌)
防爆膜

★广州市漆彩虹化工有限公司
地址:广州市萝岗区九龙镇镇龙村丰彩街 19 号
邮编:511363
电话:020/66608648
网址:www. gz – qicaihong. com
电子信箱:sales@ gz – qicaihong. com
负责人:董东方
质量体系:ISO 9001、ISO 14001
产品情况:(漆彩虹牌)
气雾剂灌装
出口情况:出口欧洲、美洲、大洋洲、东南亚等几十个国家和地区

★广州市标榜汽车用品实业有限公司
地址:广州市增城区中新镇创业东路 2 号
邮编:511365
电话:020/32968886
传真:32968800
网址:www. biaobang. cn
电子信箱:bbzm@ biaobang. cn
单位人数:200
质量体系:ISO 9001
产品情况:(标榜牌)
汽车清洁养护产品
出口情况:出口东欧、东南亚等地区

★广州市永达汽车用品有限公司
地址:广州市增城区朱村镇佳景工业开发区
邮编:511370
电话:020/82851528、82851538
传真:32951268
电子信箱:yongda8858@ 126. com
质量体系:ISO 9001
产品情况:(威皇牌)
布艺椅套、真皮椅套、仿牛皮椅套、地毯、海绵等
配套及出口情况:为广汽三菱配套;出口东南亚市场

★广州市番禺新美制品厂
地址:广州市番禺区大平工业区朝阳北街 4 号
邮编:511400
电话:020/84876256
传真:34807472
电子信箱:xinmeizuodian@ 163. com
质量体系:ISO 9002
产品情况:倒车雷达
出口情况:远销欧洲、美洲、中东、亚洲等地区

★广州顶立新型塑料有限公司
地址:广州市南沙经济技术开发区东井村顶立路 1 号
邮编:511458
电话:020/84683530
传真:84683664
网址:www. solartcpfilm. com
电子信箱:solar – top@ 126. com
产品情况:汽车隔热防爆膜

★广州市蓝彩汽车用品有限公司
地址:广州市南沙区榄核镇民生路 230 号
邮编:511480
电话:020/83591619、83498687
传真:83593690
网址:www. lancaicar. com
电子信箱:gzlancaicar@ 126. com
单位人数:120
质量体系:ISO 9001
产品情况:(蓝彩牌)
车身装饰彩条、交通安全标识等
配套及出口情况:车身装饰彩条主要配套于三菱、丰田、日产、东南汽车等企业;远销美国、中东等国家和地区

★广州市奇舰达电子有限公司
地址:广州市番禺区沙湾镇龙岐村西环路岐山路段东侧
邮编:511483
电话:020/34833589、13825107519
传真:34833587
网址:www. qizhenda. com
电子信箱:chainstar@ 188. com
质量体系:ISO 9001
产品情况:(奇真牌)
倒车防撞雷达、LED 显示距离系列、液晶/荧光显示距离系列、语音提示距离系列等
出口情况:远销欧洲、美洲、中东、东南亚

★广州市番禺区杰隆斯汽车用品厂
地址:广州市番禺区市桥大平工业路 48 号

邮编:511490
电话:020/84664861、61945627
传真:34807686
网址:www. jalons. cn
电子信箱:jalons@ 126. com
质量体系:QS 9000
产品情况:(JALONS 牌)
汽车护杠、行李架、后尾梯、脚踏板、射灯架等
出口情况:远销东南亚、中东、欧美等地区

★汕头市宏高汽车用品制造有限公司
地址:广东省汕头市龙湖区珠业二街4号
邮编:515041
电话:4000754969
传真:0754/88520976
网址:www. hongao. cn
电子信箱:kidstar@ hongao. cn
质量体系:ISO 9001
产品情况:(童星(KIDSTAR)牌)
儿童安全座椅

★铭裕嘉汽车用品厂
地址:广东省汕头市澄海区东里南畔洲工业区
邮编:515829
电话:0754/85751873
传真:85300378
网址:www. light - wax. com
电子信箱:light - wax@ qq. com
产品情况:(丽特(LIGHT)牌)
轮胎充气封补胶、自补液、表板蜡、化油器清洗剂、固蜡、软蜡、皮水、万能泡沫清洗剂、水蜡、柏油清洗剂、发动机外部清洁济、轮胎泡沫清洁剂、防锈润滑剂、全能水、水宝箱、研磨膏、空气清新剂等汽车护理用品

★惠州市正通科技有限公司
地址:广东省惠州市仲恺高新区和畅六路36号小区宝星工厂楼11楼
邮编:516006
电话:0752/2621216
传真:2602098
网址:www. hz - zt. com
电子信箱:elaine@ hz - zt. com
产品情况:汽车电子装饰灯等

★惠州大亚湾光弘科技电子有限公司
地址:广东省惠州市大亚湾响水河工业园永达路5号
邮编:516083
电话:0752/5109986、5109992
传真:5108268
网址:www. dbg. com. cn
电子信箱:market@ dbg. com. cn
质量体系:ISO/TS 16949、ISO 14001
产品情况:线路板的表面贴装(SMT)、DIP、PCBA 组装及测试(PCB ASSY&Test)、继电器及各类电子产品的 OEM 加工服务
配套情况:为索尼、飞利浦等供货

★深圳市威海达科技有限公司
地址:广东省深圳市宝安区观澜镇松园荔城工业区
邮编:518000
电话:0755/25022881、82119955
传真:25022991
网址:www. vinada. net
电子信箱:vinada@ 126. com
产品情况:轮胎压力计、发光三角架警示器等汽车安全电子产品
出口情况:出口欧洲、美国、亚洲等30多个国家和地区

★深圳市平驰实业有限公司
地址:广东省深圳市宝安区松岗街道罗田林场工业区B栋
邮编:518000
电话:0755/27120989、27120088
传真:29468862
电子信箱:szcx999@ 126. com
质量体系:ISO 9001
产品情况:(车喜牌、皇爵牌)
汽车护理用品

★深圳市久实电子实业有限公司
地址:广东省深圳市布吉李朗大道联创科技园11号厂房
邮编:518000
电话:0755/28244810、28244811
传真:28244066
网址:www. jsdz. com. cn
电子信箱:sales@ jsdz. com. cn
单位人数:500
质量体系:ISO 9001
产品情况:汽车防盗报警器、汽车倒车雷达、电动车控制器、防盗器、摩托车防盗报警器等

★深圳市东英电器有限公司
地址:广东省深圳市福田区彩田路中银大厦B座7楼
邮编:518000
电话:0755/83517198、83683588
传真:83517199
电子信箱:jin@ tohei - sz. com
产品情况:车载 DVD、安防监控器

★深圳市日日晖实业有限公司
地址:广东省深圳市观澜君子布日日晖工业园
邮编:518000
电话:0755/29679228、29679328
传真:29679968、29679398
网址:www. ririhui. cn
质量体系:ISO 9001
产品情况:(多特威牌、DTW 牌、多特赛牌、DTS 牌、日日威牌)
汽车护理系列用品

★深圳市赛格导航科技股份有限公司
地址:广东省深圳市南山区科技园南区T-2栋B座6层
邮编:518000
电话:0755/26719988、4008952100
传真:26957777
网址:www. chinagps. cc
电子信箱:chinagps@ chinagps. cc
质量体系:QS 9000、ISO/TS 16949
产品情况:(CHINAGPS 牌、赛格车圣牌)
汽车 GPS、TPMS 胎压监测系统、车载电话、行车记录仪、防盗遥控器、中控系统、车载 VCD、自助导航

★深圳市名商实业有限公司
地址:广东省深圳市福田区华富路1006号航都大厦21C
邮编:518033
电话:0755/28078528、28078538
传真:28078755
网址:www. mingshang. com
电子信箱:mingshang@ mingshang. com
产品情况:车载电话、车载显示系统、音响、冰箱、倒车雷达

★美固电子(深圳)有限公司
地址:广东省深圳市龙岗区平湖镇芳坑路39号
邮编:518033
电话:0755/25607722、4000865166
传真:61352839
网址:www. mobicool. com
电子信箱:info. ap@ dometic. com
质量体系:ISO/TS 16949、ISO 14001
产品情况:(MOBICOOL 牌、MOBITRONIC 牌、WAECO 牌)
车用便携式冰箱、车载空调等
配套情况:为宝马、奔驰、路虎、曼和沃尔沃等提供嵌入式汽车冰箱

★深圳市伟联居实业有限公司
地址:广东省深圳市布吉镇上雪工业科技城北区四号B栋六楼
邮编:518100
电话:0755/61242003、89500672
传真:82418411、89500672
网址:www. gigi. net. cn
电子信箱:gigix5@ sohu. com
产品情况:(GIGI 牌)
车居饰品
出口情况:部分产品出口

★深圳车卫士电子有限公司
地址:广东省深圳市福永镇凤凰第一工业区旭达工业园B栋
邮编:518100
电话:0755/27308967
传真:33803023
网址:www. cheways. com
电子信箱:cheways@ cheways. com
产品情况:(车卫士牌)
汽车倒车雷达
配套及出口情况:为菲亚特、本田、大众、丰田、奥迪、日产、现代、雪铁龙、马自达等10多家国内外知名品牌提供服务;远销欧洲、美洲等地区

★深圳市联和安业科技有限公司
地址:广东省深圳市宝安西乡前进二路宝运达物流信息大厦15楼
邮编:518102
电话:0755/61139168、13728648270
传真:61139139
网址:www.amwell.com.cn
电子信箱:kefu@gps118.net
质量体系:ISO 9001
产品情况:(AMWELL 星安牌)
GSM汽车防盗器、GPS汽车防盗监控导航系统、倒车雷达

★深圳市惠世友通讯电子有限公司
地址:广东省深圳市平湖镇富民工业区二区3栋
邮编:518105
电话:0755/89683558
传真:84004878
网址:www.hsytx.cn
电子信箱:hsy@huishitong.com
质量体系:ISO 9001
产品情况:(惠世通牌、强中王牌)
车载免提、车载电源转换器

★深圳市彩虹精细化工股份有限公司
地址:广东省深圳市宝安区石岩镇上层彩虹工业城
邮编:518108
电话:0755/33236888、33236889
传真:33236988
网址:www.7cf.com
电子信箱:international@rainbowvc.com
质量体系:ISO 9001、ISO 14001
产品情况:(7CF牌、可立美牌)
发动机用品系列、散热器保养系列、燃油系统系列等汽车美容护理用品
出口情况:出口美国、日本、欧洲等70多个国家和地区

★深圳市威尔菲汽车用品科技有限公司
地址:广东省深圳市观澜镇樟坑径下围工业区D、F栋
邮编:518109
电话:0755/29808880、29808876
传真:29808877
电子信箱:weierfei@szhaoshun.com
质量体系:ISO/TS 16949
产品情况:(好顺牌、泰索牌)
汽车及摩托车美容护理用品、功能型清洗剂、漆面美容护理系列、散热器护理系列、发动机免拆护理系列、油品、添加剂、季节性养护系列等
配套及出口情况:与美国通用化工公司等结为战略合作伙伴;出口澳大利亚、南美洲、非洲等国家和地区

★深圳市豪恩电子科技股份有限公司
地址:广东省深圳市龙华大浪街道工业园路豪恩科技园
邮编:518109
电话:0755/28032222
传真:28032666
网址:www.long-horn.com
电子信箱:service@long-horn.com
质量体系:ISO/TS 16949、QS 9000
产品情况:倒车雷达、红外烟感探测器、喇叭等
配套情况:与上汽大众、一汽-大众、吉利汽车、上汽通用五菱、北汽福田、青年汽车、印尼本田等国内外众多汽车企业合作

★深圳市光展科技有限公司
地址:广东省深圳市龙华东环二路黄贝岭靖轩工业园九栋二层
邮编:518109
电话:0755/28181001、23716386
传真:81706483
网址:www.brtgps.com
电子信箱:brtgps@brtgps.com
质量体系:ISO 9001
产品情况:(Bright 牌)
GPS预警器、蓝牙GPS接收机、GPS接收模块、雷达侦测机、超速提醒器

★快美特汽车精品(深圳)有限公司
地址:广东省深圳市龙华街道东环二路工业开发区78号
邮编:518109
电话:0755/28129233、28129955
传真:28129235、28129944
网址:www.carmate.com.cn
电子信箱:aaron@carmate.com.cn
单位人数:580
质量体系:ISO 9001、ISO 14001
产品情况:汽车香水、汽车化工、儿童座椅、汽车精品、DVD精品、翼诺车顶架、赛车精品

★深圳市爱车屋汽车用品股份有限公司
地址:广东省深圳市龙华新区民治大道展滔科技大厦C座12层
邮编:518109
电话:0755/81798808
传真:32907256
网址:www.icaroom.com
电子信箱:8888@icaroom.com
质量体系:ISO 9001
产品情况:[爱车屋(ICAROOM)牌]
汽车坐垫、座椅套、车用香水、转向盘套、脚踏垫等

★深圳市世博科技有限公司
地址:广东省深圳市宝安区观澜观光路大富工业区硅谷动力数码产业园A4栋3楼
邮编:518110
电话:0755/83161293、83173526
传真:23040561
网址:www.cisbo.cn
电子信箱:hanyu@szcisbo.com
质量体系:ISO 9001
产品情况:[视博(CISBO)牌]
汽车倒车雷达、汽车倒车后视系统、车载液晶显示器、车载摄像机等汽车电子产品
出口情况:远销欧美等地区

★深圳市广利佳电子有限公司
地址:广东省深圳市平湖镇白泥坑宝盛工业区B区12栋
邮编:518111
电话:0755/33826808
传真:82977631
网址:www.videotech.com.cn
电子信箱:ehan888@videotech.com.cn
质量体系:ISO 9001
产品情况:车载监视系统等
出口情况:出口美国、欧洲

★深圳市车之盾电子有限公司
地址:广东省深圳市平湖镇鹅公岭园岭北路A1栋
邮编:518111
电话:0755/33835238、84005500
传真:33823966
网址:www.carscop.com
电子信箱:sale@carscop.com
质量体系:ISO 9001
产品情况:(车之盾(CARSCOP)牌)
一键起动防盗系统及GPS卫星定位器及平台系统
出口情况:50%的产品远销东南亚、大洋洲、北美洲、欧洲、非洲

★深圳市路标汽车科技有限公司
地址:广东省深圳市龙岗区坂田岗头禾坪岗高科技工业园
邮编:518112
电话:0755/28435_01、8009996198
网址:www.szleadway.com
电子信箱:aws@szleadway.com
产品情况:[路标(LEADWAY)牌]
防盗器、倒车雷达、多媒体电子及智能化电子产品等
出口情况:远销欧洲、北美洲、东南亚等地区

★深圳市恒日通电子有限公司
地址:广东省深圳市龙岗区布吉镇华美工业区2栋
邮编:518112
电话:0755/28570811、28883557
传真:28570735
网址:www.szhrt.com
电子信箱:hrt@szhrt.com
质量体系:ISO 9001
产品情况:车用手机座、车载免提、车载电话、赛车加速调节器等
出口情况:远销美国、欧洲、东南亚、日本等国家和地区

★深圳市威特宝科技发展有限公司
地址:广东省深圳市龙岗区新生村仙田北路耀安科技工业园1栋3楼
邮编:518116
电话:0755/84818199、84818199
传真:84812299
网址:www.vitebo.com
电子信箱:bluetooth@vitebo.com

质量体系：ISO 9001
产品情况：移动电源、蓝牙免提、汽车起动电源等
出口情况：远销日本、美国、欧洲、非洲、中东、马来西亚等国家和地区，并销往中国台湾、中国香港地区

★深圳市顺禾电器科技有限公司
地址：广东省深圳市宝安区西乡航城大道固戍航城工业区
邮编：518126
电话：0755/29952811
传真：29952877
网址：www. szshunhe. com
电子信箱：master@ szshunhe. com
单位人数：300
质量体系：ISO/TS 16949
产品情况：（顺禾牌）
汽车倒车雷达、车载显示器、车载摄像头、车载蓝牙、车载后视系统、车载GPS、TPMS、行车记录仪等汽车电子产品
配套及出口情况：为奔驰、丰田、铃木、标致、现代、江淮等国内外汽车主机厂供应商；远销美国、欧洲、东南亚等国家和地区

★深圳市元征科技股份有限公司
地址：广东省深圳市龙岗区坂雪岗工业园五和大道北元征工业园
邮编：518129
电话：0755/84528822、4000666666
传真：84528889
网址：www. cnlaunch. com
电子信箱：dod@ cnlaunch. com
质量体系：ISO/TS 16949、ISO 9000
产品情况：（电眼睛牌、LAUNCH牌）
汽车护理产品、汽车维修工具、诊断设备等

★深圳市帝硕科技有限公司
地址：广东省深圳市宝安区西乡共乐工业区铁仔路44号老兵工业城1栋5楼
邮编：518131
电话：0755/29640505、15820437497
传真：29640501
网址：www. szdsus. com
电子信箱：sales5@ szdsus. com
产品情况：车载多媒体播放器、车载头枕DVD播放器，外挂式DVD播放器及吸顶DVD播放器，GPS后视镜导航，倒车后视系列，行车记录仪，行车记录导航仪，Car Pad系列等相关产品
出口情况：出口美国、欧洲、东南亚、日本

★旭程电子（深圳）有限公司
地址：广东省深圳市龙岗区横岗镇荷坳金源工业区
邮编：518172
电话：0755/89767800、89767211
传真：89767319
网址：www. xcfuse. com
电子信箱：yewu@ xcfuse. com
单位人数：700
质量体系：ISO/TS 16949、ISO 9001
产品情况：全系列熔断丝管、插片式熔断丝、熔断丝座、KSD系列温控开关、FSD系列微型温控器开关、汽车温控器等电子元器件

★深圳市警豹电子科技有限公司
地址：广东省深圳市宝安区西乡九围洲石公路富源工业城C12栋3楼
邮编：518216
电话：0755/33679988、13823594518
传真：33679958
网址：www. carsky. com. cn
电子信箱：carsky@ carsky. com. cn
质量体系：ISO 9001
产品情况：（车真宝牌）
GSM汽车防盗系统、GPS汽车防盗系统、汽车音像、汽车防盗器、倒车雷达、GPS导航
出口情况：出口欧洲、美洲、中东、非洲等30多个国家和地区

★珠海市金宜科环保材料有限公司
地址：广东省珠海市高栏港区精细化工区化联三路11号
邮编：519070
电话：0756/6281833、4006281833
传真：7792116
网址：www. kec - cn. com
电子信箱：order@ kec - cn. com
质量体系：ISO/TS 16949
产品情况：（KEC牌）
汽车底盘护理用品、纳米级光触媒等
配套情况：与一汽丰田、北京现代、吉利汽车、江淮汽车、比亚迪汽车、一汽轿车、青年汽车等多家整车制造厂合作

★广东高标电子科技有限公司
地址：广东省东莞市松山湖高新技术产业开发区工业西路3号
邮编：523808
电话：0769/22899968
传真：22898668
网址：www. gobao. cn
电子信箱：gaobiao@ kjgb. net
质量体系：ISO 9001
产品情况：（高标牌）
电动车控制器、摩托车/电动车防盗器、电动车充电器以及电动交通工具解决方案

★广东所罗门实业有限公司
地址：广东省廉江市中山六路岭脚工业区28号
邮编：524400
电话：0759/6668888
传真：6606800
网址：www. solomon. cn
电子信箱：solomon@ solomon. cn
质量体系：ISO 9001
产品情况：（所罗门牌）
汽车远程监控遥控防盗器、智能钥匙、一键起动等产品

★肇庆欧迪斯实业有限公司
地址：广东省肇庆市国家高新技术产业开发区迎宾大道12A号
邮编：526238
电话：0758/3626666、3603675
传真：3603868
网址：www. szhaoshun. com
质量体系：ISO/TS 16949、ISO 14001
产品情况：汽车环保节能产品、油品添加剂、汽车美容护理用品、前装深度保养产品、气雾剂产品及消毒类产品及其配套产品

★佛山市天汇汽车电子有限公司
地址：广东省佛山市禅城区港口路高新技术开发区3号楼2楼
邮编：528041
电话：0757/83837032、83837031
传真：83837030
电子信箱：valor@ tinwo. com
质量体系：ISO 9001
产品情况：（维朗牌、钢盾牌、飚霸牌、金钢盾牌、天汇牌）
汽车12V和24V中控锁、遥控锁、智能锁、防盗器、倒车雷达、玻璃升降器、自动关窗器、五金冲压件、塑料制品等系列产品
配套及出口情况：为五菱、江南、长城、新凯、吉利、一汽－大众等配套；出口南美洲、中东、东南亚、欧洲、美国等国家和地区

★佛山市南海区巨人化学品有限公司
地址：广东省佛山市南海区狮山科技工业园C区
邮编：528225
电话：0757/86690022
传真：86692308
电子信箱：giant - chemistry@ 163. com
质量体系：ISO 9001
产品情况：（绿巨人牌、车亮牌、易省磨牌）
汽车香水及汽车漆面护理用品
出口情况：出口东南亚

★佛山市南海里程实业有限公司
地址：广东省佛山市南海区里水镇洲村益泰工业大厦四楼
邮编：528244
电话：020/81971371
传真：81971004
产品情况：（劲量王牌）
汽车脚垫、空气清新剂、汽车护理化工制品、报警系统、汽车内饰件等汽车用品
出口情况：远销东南亚、日本、北美洲、欧洲等国家和地区

★广东华钿勇士汽车用品有限公司
地址：广东省佛山市顺德区勒流龙眼工业区工业大道10号

邮编:528300
电话:0757/23665281、25636520
传真:25635918
网址:www.4x4powerful.com
电子信箱:yxb@4x4powerful.com
单位人数:1000
质量体系:ISO/TS 16949、ISO 9001
产品情况:汽车前后防撞杠、行李架、脚踏板、后爬梯、射灯架、备胎罩及其他汽车装饰件
配套情况:为河北中兴、江铃汽车、以色列丰田附件厂、伊朗丰田附件厂、美国本田附件厂、埃及现代附件厂、大洋洲洲越野车附件厂等配套

★王田化工实业有限公司
地址:广东省佛山市顺德区伦敦永丰工业区
邮编:528300
电话:0757/27832227、28667820
传真:27831127
网址:www.ororda.com
电子信箱:ororda@ororda.com
产品情况:(大田牌)
各种汽车养护用品
出口情况:出口欧洲、美洲、东南亚、美国、新加坡、韩国,并销往中国台湾地区

★中兴汽车用品有限公司
地址:广东省佛山市顺德区容桂江南大道73号
邮编:528303
电话:0757/26383502
传真:26622316
网址:www.a-zh.com
电子信箱:info@a-zh.com
产品情况:(中兴牌)
汽车皮套、汽车头枕、头枕显示器、头枕DVD、座椅腰垫、颈垫、真皮转向盘、皮木转向盘
配套及出口情况:已成功配套丰田、本田、日产大众、奥迪、一汽、海马、现代等4S店500多家;远销欧洲、美洲、东南亚地区

★佛山市顺德区实力汽车配件有限公司
地址:广东省佛山市伦教熹涌工业区裕成中路
邮编:528308
电话:0757/27759116、27731603
传真:27758520、26156623
电子信箱:sdshili@sdshili.com.cn
质量体系:ISO/TS 16949
产品情况:(立牌)
汽车千斤顶及其配件
配套及出口情况:已同多家车厂配套;远销国外市场

★佛山市顺德新邦汽车用品有限公司
地址:广东省佛山市顺德区伦教世龙集约工业区新龙大道17号
邮编:528308
电话:0757/27726632、27754408
传真:27735380
网址:www.sdnewunion.com
电子信箱:sdljxb@163.com
单位人数:100
质量体系:ISO 9001
产品情况:(R Sports牌)
防撞护杠,平衡杠(顶巴),三角警示牌,改装脚踏板,车用衣架,挡泥板,汽车天线,LED内外装饰灯,消声器等一系列汽车外饰零配件产品
出口情况:远销欧洲、美洲、中东等地区

★佛山市顺德区赛威实业有限公司
地址:广东省佛山市顺德区大良凤翔工业园银翔路5号永坚工业中心
邮编:528309
电话:13827723316、4000560399
传真:0757/22309930
网址:www.safeway.com.cn
电子信箱:3128813865@qq.com
质量体系:ISO 9001
产品情况:智能倒车监视器、车载录像机、智能全彩广告报站屏、智能报站终端、LED路牌、LED车内灯等产品
出口情况:出口荷兰、芬兰、丹麦、德国、英国、美国、加拿大等国家

★广东东箭汽车用品制造有限公司
地址:广东省佛山市顺德区乐从镇乐从大道西B333号
邮编:528315
电话:0757/28082222、28915928
传真:28836191、28853911
电子信箱:nxb@winbo4x4.com
单位人数:2000
质量体系:ISO/TS 16949
产品情况:[锐搏(WINBO)牌、飞酷(FALKOO)牌]
防撞杠、脚踏板、行李架、备胎罩、尾梯、挡泥板(胶)、拖车钩、射灯架及用于轿车的轮眉、门边踏板、排气管尾套、发动机下护板、排挡锁支架、车门饰条等
配套情况:为丰田、本田、日产、现代、五十铃、江铃、陆风、广汽三菱、北汽福田、长城、福迪、丹东曙光、北汽制造等配套

★车之福汽车用品有限公司
地址:广东省佛山市顺德区勒流稔海大道一片工业区8号
邮编:528322
电话:0757/25527898、25527896
传真:25527897
电子信箱:info@carfu-accessories.com
产品情况:防滑脚踏板、车底灯、顶灯、车内装饰灯、转向球、刮水器加压器、车内外装饰件、挡泥板、加油口盖、铝贴标牌等
出口情况:远销欧洲、美洲、中东、东南亚

★顺德凌旗电器有限公司
地址:广东省佛山市顺德区勒流镇工业四路32号
邮编:528322
电话:0757/25332762
传真:25564756
网址:www.lingqi.com
电子信箱:sales@lingqi.com
质量体系:ISO 9001、ISO 14001
产品情况:(LINGQI牌)
汽车应急电源、DC/AC逆变电源、汽车维修灯
出口情况:远销60多个国家和地区

★广东任我通汽车用品有限公司
地址:广东省佛山市顺德区杏坛镇科技工业园科技四路1号
邮编:528325
电话:0757/27381807、27381801
传真:27381802、27381806
网址:www.u-drive.cn
电子信箱:manager@u-drive.cn
负责人:李永阳
质量体系:ISO/TS 16949
产品情况:汽车保险杠、踏板、行李架、转向盘、后视镜罩、日行灯(带LED雾灯框)等
配套及出口情况:与广汽、江铃、北京现代等众多汽车厂配套;出口多个国家和地区

★广东爱得乐集团有限公司
地址:广东省佛山市顺德区均安镇爱得乐工业城
邮编:528329
电话:0757/25383000、25383111
传真:25383183
网址:www.adlo.net
电子信箱:adlo@adlo.net
产品情况:(爱得乐(ADLO)牌)
摩托车头盔、尾箱、智能防盗器,汽车冰箱等
出口情况:远销欧洲、美洲

★广东莱雅化工有限公司
地址:广东省佛山市顺德区顺峰山工业区
邮编:528333
电话:0757/22325900、22322363
传真:22325993
网址:www.laya.com.cn
电子信箱:info@laya.com.cn
质量体系:ISO 9001
产品情况:(宝三德牌)
表板蜡、万能防锈润滑剂、发动机外部清洗剂、高级水蜡、长效防冻液等

★中山市佐敦防盗设备有限公司
地址:广东省中山市东升镇同兴东路25号
邮编:528400
电话:0760/22228786
传真:22828129
网址:www.giordon.com
电子信箱:sales@giordon.com
质量体系:ISO/TS 16949
产品情况:[GIORDON(佐敦)牌]
智能钥匙一键起动,(汽车、摩托车)单向、双向、液晶显示防盗器、倒车雷达、GPS汽车导航监控系统、中控

锁、、HID 等电子产品

★中山市大田汽车护理用品有限公司
地址:广东省中山市横栏镇中横工业区
邮编:528400
电话:0760/87618383、87296793
传真:87760679
网址:www.zsdatian.com
电子信箱:marketing@zsdatian.com
质量体系:ISO 9001
产品情况:[奥大林牌、快尔美牌、变脸牌、捷丽雅牌、立好(LIHAO)牌]
汽车护理用品,年产值 4.5 亿元
出口情况:远销欧洲、美洲、中东等 30 多个国家和地区

★中山鑫洋物联网科技有限公司
地址:广东省中山市火炬开发区神涌村大家围工业园 72 号
邮编:528400
电话:0760/87337088
传真:87337093
网址:www.fama.com.cn
电子信箱:maket@fama.com.cn
质量体系:ISO 9001
产品情况:汽车防盗器、中控锁、升窗器、无匙进入系统

★中山市贝奥斯金属制品有限公司
地址:广东省中山市小榄镇永宁工业大道南路永星工业村内
邮编:528400
电话:0760/22278615、22282059
传真:22278625、22281900
电子信箱:sales@beiaos.com
质量体系:ISO/TS 16949、ISO 9001
产品情况:(PLC 牌、BEIAOS 牌)
防盗器、遥控器、中控锁、倒车雷达、排挡锁、喇叭
配套情况:为本田、五十铃、皮卡等多家知名整车企业配套防盗系列产品

★中山市宏茂电子有限公司
地址:广东省中山市小榄泰隆东路 8 号
邮编:528415
电话:0760/22283831
传真:22247968
质量体系:ISO/TS 16949
产品情况:(华泰牌)
防盗报警器、倒车雷达及相关附件

★柯淇电器制造厂
地址:广东省中山市小榄镇工业开发区
邮编:528415
电话:0760/22235811、22235833
传真:22235800
电子信箱:koqi@koqi.cn
产品情况:(科迪森牌、柯淇牌、帝斯浦牌等)
灯饰遥控开关,照明电路遥控开关等智能数码产品
出口情况:远销东南亚、欧洲、美洲等多个国家和地区

★广东小飞将科技有限公司
地址:广东省中山市小榄区工业大道中
邮编:528416
电话:0760/22558728、4008502988
传真:22132886
网址:www.lff.cn
电子信箱:admin@lff.cn
质量体系:ISO/TS 16949
产品情况:[SPY(小飞将)牌]
车辆防盗器
出口情况:远销 100 多个国家和地区

★中山雷震子安防科技有限公司
地址:广东省中山市古镇曹二工业区
邮编:528421
电话:0760/28186015、18925300866
网址:www.keyu-thor.com
电子信箱:851017323@qq.com
单位人数:200
质量体系:ISO 9001
产品情况:(雷震子牌、雷鹰牌)
摩托车、电动车、三轮车防盗器等
出口情况:远销东南亚、西欧、非洲、南美洲等地区

★广东铁将军汽车电子有限公司
地址:广东省中山市东凤镇铁将军工业园
邮编:528425
电话:0760/22613886、8008308886
网址:www.steel-mate.com
质量体系:ISO/TS 16949
产品情况:汽车、摩托车防盗报警器,汽车倒车雷达、GPS 导航、音响等电子产品
出口情况:远销欧美、东南亚等国家和地区;与多家欧美一流汽车公司建立合作关系

★中山市富士化工有限公司
地址:广东省中山市火炬开发区世纪三路 2 号
邮编:528436
电话:0760/85596999、85331856
传真:88281270、85596979
网址:www.fujichem.com
电子信箱:fuji@fujichem.com
质量体系:ISO 9001
产品情况:防虫剂、防潮剂、空气清新香座及塑料制品
出口情况:远销欧洲、东南亚、美洲等地区

★中山环威实业发展有限公司
地址:广东省中山市火炬开发区国家健康科技产业基地健康路 23 号环威工业园
邮编:528437
电话:4000820990
传真:0760/89969155
网址:www.wellwaygroup.com
电子信箱:info@indelb.cn
质量体系:ISO/TS 16949、ISO 9001
产品情况:(英得尔牌)
车载冰箱
配套情况:为 DAF、依维柯、沃尔沃、雷诺等载货汽车 OEM 配套

★中山市港口日嘉汽车皮座厂
地址:广东省中山市港口镇沙港中路
邮编:528443
电话:0760/88417196
传真:88417246
质量体系:ISO/TS 16949
产品情况:汽车真皮座套

重庆市

★重庆千斤顶厂
地址:重庆市北碚区静宁路 44 号
邮编:400700
电话:023/68862096、68863296
传真:68206405
电子信箱:cqqjd@cqqjd.com
质量体系:ISO 9001
产品情况:各型汽车随车千斤顶
配套情况:为五十铃、东风系列、红岩系列及乘用车、农用车配套

第四部分

汽车制造设备及模具生产企业

※ 汽车制造设备及模具生产企业

汽车制造设备及模具生产企业

●查询导引●

企业详细介绍

686 大福(中国)有限公司天津分公司
692 天永机械电子(上海)有限公司
692 山高刀具(上海)有限公司
706 扬州锻压机床股份有限公司
723 深圳市和科达超声设备有限公司
728 爱发科东方真空(成都)有限公司
729 西安瑞特快速制造工程研究有限公司

汽车制造设备及模具生产企业

北京市(683) 江苏省(697) 广东省(720)
天津市(686) 浙江省(706) 广 西(725)
河北省(687) 安徽省(712) 重庆市(726)
山西省(688) 福建省(713) 四川省(727)
辽宁省(688) 山东省(713) 云南省(728)
吉林省(690) 河南省(716) 陕西省(728)
黑龙江省(691) 湖北省(717) 宁 夏(729)
上海市(691) 湖南省(719) 甘肃省(730)

☞ **企业如有变更,请与编辑部联系** ☎ 010/68426043、68420981

北京市

★北京泛川机电设备有限公司
地址:北京市朝阳区小黄庄北街2号C-609
邮编:100013
电话:010/84288120、13701083547
传真:84274025
网址:www.fland.com.cn
电子信箱:flandfland@263.net
产品情况:(北京泛川、FLAND牌)
汽车尾气抽排系统、大型发动机发电车尾气抽排系统、汽车制造厂隔音房、汽车装配线蓄电池充电系统、工具仪器输送系统和汽车制造厂通风工程等
配套及出口情况:为长春一汽、华晨金杯、中华轿车、北京现代、北京奔驰、上汽大众、安徽江淮、郑州宇通、陕西重汽、广汽本田、芜湖奇瑞、武汉东风本田、武汉乘用车、南京名爵、上海自主品牌、三一重工、包头军用装甲车、大庆油田发电车等供货;出口德国、日本、俄罗斯、哈萨克斯坦、蒙古、以色列等国家,并销往中国香港、中国台湾地区

★西门子工厂自动化工程有限公司
地址:北京市朝阳区酒仙桥东路9号A1栋8层
邮编:100015
电话:010/84597000
传真:84597070
网址:www.ad.siemens.com.cn
电子信箱:sfae2006@126.com
质量体系:ISO 9001、ISO 14001
产品情况:(西门子牌)
生产线的电器规划、技术支持、项目总包和设备改造,四大工艺车间的信息化系统、汽车部件及发动机测试台架
配套情况:为北京奔驰、上汽大众、上汽通用、上海汽车、华晨宝马、一汽-大众、江铃汽车等供货

★北京沃尔德超硬工具有限公司
地址:北京市朝阳区酒仙桥路12号电子城科技大厦3楼318室
邮编:100015
电话:010/58411388、13910939562
传真:58411388
网址:www.worldiatools.com
电子信箱:marketing@worldiatools.com
质量体系:ISO 9001
产品情况:高端金刚石工具产品,包括高端钻石刀轮及其配套产品、高端PCD/PCBN/CVD切削刀具、高端PCD锯片等

★北京兴信易成机电工程有限公司
地址:北京市朝阳区朝阳北路非中心中弘国际商务花园7号楼
邮编:100024
电话:010/58411110
传真:58411196
网址:www.hinsong.cn
电子信箱:hinsong@hinsong.com
产品情况:为客户提供个性化涂装和流体处理设备解决方案

★北京长久物流股份有限公司
地址:北京市朝阳区石各庄路99号
邮编:100024
电话:010/65732999
网址:www.autologistics.changjiu.com.cn
电子信箱:wangdan@changjiu.com.cn
法人代表:薄世久
单位人数:800
质量体系:ISO 9001
产品情况:汽车物流服务

★北京机电院机床有限公司
地址:北京市朝阳区工体北路4号
邮编:100027
电话:010/85236930、85235386
传真:85236733、85235277
网址:www.bmeimt.com
电子信箱:service@bmeimt.com
质量体系:ISO 9001
产品情况:数控机床类包括五轴联动系列加工中心、直线电动机立式加工中心、五面体加工中心、VMC系列、BV系列立式加工中心、钻削中心、专用数控磨床等,并为汽车等行业提供成套交钥

匙工程,年产能力400台,年产销量300台;应用于汽车行业的机床产品有XKH800A五轴联动叶片加工中心、VMC1700立式加工中心、SK7432数控精密丝杠磨床等

★北京创科源光电技术有限公司
地址:北京市经济技术开发区经海三路29号
邮编:100041
电话:010/88792661、88792662
传真:88790040
电子信箱:ckylasler@ckylaser.com
质量体系:ISO 9001
产品情况:(创科源牌)
　　半导体激光打标机,应用于五金、汽车零部件、电子、发动机及附件等

★机科发展科技股份有限公司
地址:北京市海淀区首体南路2号
邮编:100044
电话:010/88301445
传真:88301958
网址:www.mtd.com.cn
电子信箱:market@china-mass.com
董事长:李新亚
总裁:刘新状
质量体系:ISO 9001、ISO 14001
产品情况:汽车零部件自动检测仪器、自动检测分选设备、自动检测装配生产线等

★北京金铠星科技(集团)有限公司
地址:北京市海淀区中关村大街甲38号燕山大酒店
邮编:100044
电话:010/68944718
传真:68945267
网址:www.jinkaixing.com.cn
电子信箱:jkxkj@public3.bta.net.cn
产品情况:机动车检测技术设备,包括JKX简易瞬态工况法检测系统、JKX简易稳态工况法检测系统、JKX加载减速工况法检测系统、JKX汽、柴两用机动车排气简易工况检测线、JKX OBD故障诊断中心、JKX汽油工况排放检测流动站系统、机动车"道路流动污染源"在线监测管理网络系统、智能化检测系统等

★北京平静汽车隔音用品公司
地址:北京市丰台区草桥东路恋日汽配一条街A7号
邮编:100067
电话:010/82161576
网址:www.pingjing.com.cn
电子信箱:pingjing@vip.163.com
产品情况:为客户提供车辆行驶中加速及原地噪声检测、实车/设备降噪改制、机动车动态车内噪声测量等降噪解决方案
配套情况:为吉利汽车、吉奥汽车、北旅、北汽福田、河北新凯、山东福田重工、沈阳中顺、江动汽油机、重庆力帆、江铃控股、一拖、安徽合力、北京英斯泰克视频技术、中天高科特种车辆、北京北电科林电子、清华同方威视技术、江苏同力机械、优必得石油设备、北汽制造等供货

★天实中美(北京)科技有限公司
地址:北京市大兴区南中轴路金星工业园3区8号
邮编:100076
电话:010/81285438、81285958
传真:61240071
网址:www.tscsb.com
电子信箱:tianshizhongmei@163.com
质量体系:ISO 9001
产品情况:单槽/多槽式超声波清洗机、半自动化/全自动化超声波清洗设备
出口情况:出口东南亚、中东、欧洲、美洲等地区

★中航工业北京航空精密机械研究所
地址:北京市丰台区南苑东路5号
邮编:100076
电话:010/68380521、68383392
传真:68383390
网址:www.bj303.com
电子信箱:303s@sina.com
单位人数:547
质量体系:ISO 9001、GJB 9001B
产品情况:LZ系列立柱三坐标测量划线机,可检测各种模具、大型构件,测量汽车车体的大尺寸部件,并具有划线功能

★普天新能源有限责任公司
地址:北京市海淀北二街6号中国普天大厦1002
邮编:100080
电话:010/62418060
传真:62683209
网址:www.ptne.cn
电子信箱:ptne@potevio.com
产品情况:充电桩、充电机、充电站监控管理系统、动力电池等

★北京中科泛华测控技术有限公司
地址:北京市海淀区中关村东路18号财智国际大厦A座9层
邮编:100083
电话:010/82600055
传真:62628056
网址:www.pansino.com.cn
电子信箱:sales@pansino.com.cn
质量体系:ISO 9001
产品情况:(泛华测控Pansino牌)
　　传感器测试系统(包括轮速、位置、压力、爆震、T-MAP等传感器)、仪表盘测试系统、ECU测试系统、点火线圈测试系统、车载ABS测试系统、发动机状态检测系统等

★圣基尚源国际科技(北京)有限公司
地址:北京市海淀区上地十街1号院4号楼23层2306
邮编:100085
电话:010/80773565、59489399
传真:80773565
网址:www.3gice.com
电子信箱:shangwubu@3gice.com
质量体系:ISO 9001
产品情况:模具、汽车产品设计

★大恒(集团)有限公司激光工程分公司
地址:北京市海淀区上地信息路甲9号院3号楼
邮编:100085
电话:010/62970986、82782668
传真:62960597
网址:www.cdhlaser.com
电子信箱:market@cdhlaser.com
质量体系:ISO 9001
产品情况:(大恒牌)
　　光纤激光打标机、半导体激光打标机、半导体泵浦激光打标机、灯泵浦YAG激光打标机
出口情况:出口韩国、日本、美国等国家,并销往中国香港、中国台湾地区

★北京博奥嘉华激光科技有限公司
地址:北京市海淀区西二旗西路泰禾文化园西院1层
邮编:100085
电话:010/82896137、82895025
传真:82896137-8006
网址:www.boaolaser.com.cn
电子信箱:sales@boaolaser.com.cn
质量体系:ISO 9001
产品情况:激光打标机、激光焊接机、激光切割机等

★北京数码大方科技股份有限公司
地址:北京市海淀区丰秀中路3号院9号楼
邮编:100094
电话:010/62490300
传真:62490301
网址:www.caxa.com
电子信箱:support@caxa.com
总裁:雷毅
产品情况:主要提供数字化设计(CAD)、数字化制造(MES)、产品全生命周期管理(PLM)和工业云服务平台的产品和服务
配套情况:与中国二重、东汽、东电、北汽福田、东风汽车、哈飞、成飞等合作

★北京机器人及薄钢技术研究中心
地址:北京市西城区德胜门外教场口1号
邮编:100120
电话:010/82285506
传真:82285555
网址:www.robotschina.com
电子信箱:irc@riamb.ac.cn
质量体系:ISO 9001
产品情况:机器人、光机电一体化设备、大型成套自动化设备,用于汽车、机械等行业
配套情况:为成都银河、东风汽车公司、

北京中环汽车、广汽三菱等配套

★北京瑞科恒业喷涂技术有限公司
地址：北京市建国门外高碑店北路甲5号
邮编：100123
电话：010/85773201、85773202
传真：85773198
电子信箱：recco@gmail.com
产品情况：汽车及汽车零部件生产制造业涂装、打胶及润滑设备
配套情况：用户有一汽、东风、重汽、天微、哈飞、金杯、北轻、北吉、神龙、昌河等著名汽车制造厂家等

★北京维深科技发展有限公司
地址：北京市石景山区实兴大街30号院6号楼7层
邮编：100144
电话：010/57551100
传真：57551235
电子信箱：market@visiontech.com.cn
产品情况：专业从事条码/RFID自动识别技术产品、数据终端技术产品、移动计算技术产品的开发及系统集成

★安川首钢机器人有限公司
地址：北京市经济技术开发区永昌北路7号
邮编：100176
电话：010/67880541、67880544
传真：67880542、67882878
网址：www.ysr-motoman.cn
电子信箱：ysr@ysr-motoman.cn
质量体系：ISO 9001
产品情况：弧焊机器人、电焊机器人、喷漆机器人、码垛机器人、切割机器人、搬运机器人、装配机器人、清洁搬运机器人

★北京珊达兴业科技发展有限责任公司
地址：北京市通州区马驹桥镇联东U谷东区13C座3层
邮编：100176
电话：010/87718888、87701234
传真：87718888
网址：www.sunlaser.cn
电子信箱：shanda8888@126.com
质量体系：ISO 9001
产品情况：主要产品有激光打标机，气动打标机，金属电化学打标机等
出口情况：远销欧洲、美洲、东南亚

★北京敬业机械设备有限公司
地址：北京市海淀区苏家坨镇五矿观山9号院25号楼
邮编：100194
电话：010/82035130、82035131
传真：82030016
网址：www.jingyie.com
电子信箱：jyz@jyz.sina.net
质量体系：ISO 9001
产品情况：轮胎成型机设备及相关的专用、非标的橡胶制品设备，并为用户提供轮胎制造和成型的整体软、硬件技术服务
出口情况：出口日本、西班牙、泰国、越南、印度尼西亚、马来西亚、印度等国家，并销往中国台湾地区

★北京宝克测试系统有限公司
地址：北京市通州区马驹桥镇金桥科技园区景盛中街20号
邮编：101102
电话：010/60571288
传真：60571010
网址：www.bbkco.com.cn
电子信箱：sales@bbkco.com.cn
产品情况：整车生产线终端检测设备、研发用各类底盘测功机、轮胎装配线等，可用于轻、中、重型汽车、摩托车等整车及零部件的耐久性能、环境和振动噪声(NVH)等试验
配套情况：用户包括上汽通用、上汽大众、东风标志雪铁龙、中国第一汽车集团、上海汽车工业集团等大型汽车生产企业

★北京比亚迪汽车模具有限公司
地址：北京市通州区科创东五街1号
邮编：101111
电话：010/69508888
传真：69509999、67711363
电子信箱：bydbeijing@byd.com.cn
质量体系：QS 9000、ISO 9001
产品情况：(比亚迪牌)
汽车覆盖件及内板件模具、精冲模具、装焊夹具、冲压件检具等

★北京北一法康生产线有限公司
地址：北京市顺义区林河工业开发区双河大街16号
邮编：101300
电话：010/89452235、89452230
传真：89452230
网址：www.byjc-fabricom.com.cn
电子信箱：contact@byjc-fabricom.com.cn
质量体系：ISO 9001
产品情况：专门从事各类装配生产线及加工生产线和机械非标产品的生产
配套情况：曾为东风汽车、一汽集团、上汽集团、法国标致雪铁龙、法国雷诺汽车、博世西门子汽车系统、美国德尔福汽车系统、丹麦丹佛斯、海尔集团、小天鹅集团、松下家用电器等国内外众多知名企业提供过各类装配生产线、机械加工生产线及各类专用设备

★北京第一机床厂
地址：北京市顺义区林河工业开发区双河大街16号
邮编：101300
电话：010/89496161
传真：58690354
网址：www.byjc.com.cn
电子信箱：bysale@byjc.com.cn
质量体系：ISO 9001
产品情况：(北一牌)
升降铣床、床身式铣床、圆工作台铣床、数控镗铣钻机床、立卧式加工中心、数控钻削中心以及重型、超重型的数控龙门镗铣床、龙门加工中心、装配生产线专用机床、汽车部件装配线等
出口情况：远销50多个国家和地区

★北一大隈(北京)机床有限公司
地址：北京市顺义区林河工业开发区双河大街16号
邮编：101300
电话：010/89498533、89498551
传真：89498518、89498561
网址：www.okuma-byjc.com
电子信箱：liyanling@okuma-bjy.com
产品情况：立式加工中心、数控车床、卧式加工中心等
出口情况：远销50多个国家和地区

★凯迈锡精密机械(北京)有限公司
地址：北京市顺义区马坡镇秦五姚村东侧
邮编：101300
电话：010/69406752
传真：69406754
网址：www.kukilmecha.co.kr
质量体系：ISO 9001
产品情况：精密零件的自动测量设备

★北京东方昊为工业装备有限公司
地址：北京市顺义区马坡镇姚店村幸福西街6号
邮编：101300
电话：010/84720130、84720286
电子信箱：wangfeng84513603@163.com
质量体系：ISO 9001
产品情况：喷砂(丸)设备、抛丸设备、喷漆烘干设备、化学前处理生产线、涂装生产线、电泳生产线、粉末静电喷涂生产线、除湿机及空调机组、空气净化设备、柔性大门输送设备等

★MAG工业自动化系统(中国)有限公司
地址：北京市顺义区双河大街中航工贸园办公楼205室
邮编：101300
电话：010/89456776
传真：89456779、89456778
产品情况：MAG移动式龙门加工中心、U5系列移动式加工中心、FTV系列立式加工中心、H5系列五轴五联动卧式加工中心等

★北京艾捷默机器人系统有限公司
地址：北京市昌平区南口镇东大街4号40号楼
邮编：102202
电话：010/69773000
传真：69778005
网址：www.igm-china.com
电子信箱：office@igm-china.com
质量体系：ISO 9001
产品情况：RTi 4X6-S六轴机器人

★北京第二机床厂有限公司
地址：北京市房山区长阳镇万兴路

86－1 号
邮编:102444
电话:010/83211074、83211245
传真:83211206、83212490
网址:www. bemtw. com
电子信箱:market@ bemtw. com
质量体系:ISO 9001
产品情况:(北二牌)
　　数控磨床、专用磨床、发动机凸轮轴磨床等

★科诺华麦修斯电子技术(北京)有限公司
地址:北京市大兴工业开发区金苑路26 号金日科技园 C 座
邮编:102600
电话:4008902800
传真:010/88796536
网址:www. kenuohua. com
电子信箱:sale@ kenuohua. com
质量体系:ISO 9001
产品情况:喷码机

★北京世茂机电科技有限公司
地址:北京市大兴开发区科苑路 15 号
邮编:102600
电话:010/60214861、60214862
传真:60214860
网址:www. bsm. com. cn
电子信箱:bsm@ bsm. com. cn
董事长:邱永泰
质量体系:ISO 9001
产品情况:冲压模具标准件
配套情况:为一汽－大众、东风汽车公司、哈飞汽车、华晨金杯、广汽本田供货

★北京永茂机电科技有限公司
地址:北京市大兴区生物工程与医药产业基地庆丰路 26 号
邮编:102609
电话:010/60279696
传真:60279090
网址:www. byteccm. com. cn
质量体系:ISO 9001、ISO 14001
产品情况:汽车冲压模具、标准件
出口情况:远销日本、美国、泰国、东南亚、欧洲等多个国家及地区,并销往中国台湾地区

天津市

★天津第一机床总厂
地址:天津市河东区津塘路 146 号
邮编:300170
电话:022/24390723、24932536
传真:24390644
网址:www. tmtw. com
电子信箱:sales@ tmtw. com
质量体系:ISO 9001
产品情况:(津一牌)
　　数控插齿机、铣齿机、磨齿机、滚动检查机、研齿机、倒棱机、倒角机、磨刀机等
出口情况:出口德国、美国、捷克、西班牙、土耳其、阿根廷、印度等 20 多个国家,并销往中国台湾地区

★大福(中国)有限公司天津分公司
地址:天津市河西区马场道 59 号增 1 号平安大厦 18 层
邮编:300203
电话:022/83867100
传真:23111292
产品情况:柔性输送系统、电动双轨悬挂输送系统成套设备、焊装线、涂装线、编组线、总装线(内饰线、底盘线、车门线等)、柔性驱动输送系统等
☞ 详细情况请参阅彩色宣传版面

★天津鼎工机电设备制造有限公司
地址:天津市河西区尖山路 2－2 号
邮编:300211
电话:022/28313017
传真:28313017
网址:www. dg－cn. com
电子信箱:jsb@ dg－cn. com
质量体系:ISO 9001
产品情况:(九鼎牌)
　　智能型汽车专用加注机,年产能力 50 台套
配套情况:为北汽福田、昌河铃木、厦门金龙、吉利汽车、天汽美亚、上汽通用、沈阳北盛、天津一汽夏利、东风本田、重汽集团、吉林轻型车等供货

★天津市神光新技术开发公司
地址:天津市河西区怒江道 8 号
邮编:300220
电话:022/28151226
传真:28151229
网址:www. china－shenguang. com
电子信箱:wencai. wang@ 163. com
质量体系:QS 9000、ISO 9001
产品情况:(神光牌)
　　反射器模具及三角牌、路标、汽摩反射器、塑胶、冲压模具等产品
出口情况:出口欧洲、美洲、日本、东南亚等国家和地区

★天津精诚机床股份有限公司
地址:天津市东丽经济开发区丽新路 10 号
邮编:300300
电话:022/24981179、24981172
传真:24981170
网址:www. tj－jcmt. com
电子信箱:jingcheng@ tj－jcmt. com
单位人数:220
质量体系:ISO 9001
产品情况:齿轮加工机床设备
出口情况:出口德国、美国、芬兰、意大利、日本、韩国等十几个国家和地区

★天津天一热处理有限公司
地址:天津市东丽区军粮城滨铺工业园 B2－B3
邮编:300301
电话:022/84360308、13302110305
传真:84360338
电子信箱:rcl@ tjrechuli. cn
质量体系:ISO 9001
产品情况:轴与齿轮等零件热处理,大型模具表面的氮化处理、软氮化处理等

★天津汽车模具股份有限公司
地址:天津市空港物流加工区航天路 77 号
邮编:300308
电话:022/24890729
传真:24896985
网址:www. tqm. com. cn
电子信箱:tqm@ tqm. com. cn
单位人数:3100
质量体系:ISO 9001
产品情况:汽车覆盖件冲压模具、装焊线和检具等
出口情况:客户遍及全球 20 多个国家

★天津赛象科技股份有限公司
地址:天津市华苑新技术产业园区(环外)海泰发展四道九号
邮编:300384
电话:022/23788188
传真:23788199
网址:www. chinarpm. com
电子信箱:info@ tst－group. com
单位人数:1100
质量体系:ISO 9001
产品情况:(赛象牌)
　　子午线轮胎生产设备
出口情况:出口美国、英国、法国、日本、南美洲、东南亚等国家和地区

★津伦(天津)精密机械股份有限公司
地址:天津市新技术产业园区华苑产业区海泰华科大街 3 号
邮编:300384
电话:022/23329088、83710016
传真:23329088
网址:www. keenland. net
电子信箱:info@ keenland. net
质量体系:ISO 9001、ISO 14001
产品情况:(津伦牌)
　　汽车变速器、发动机零件制造,汽车生产线测漏检测设备、浸渗设备
配套情况:为株式会社中央发明研究所、东莞三峰精密技术、南京长安马自达发动机、成都天兴山田车部用品、吉利汽车、法雷奥(长春)压缩机、天津一汽夏利、力神迈尔斯动力电池系统、北京光华荣昌汽车部件等公司供货

★天津七所高科技有限公司
地址:天津市北辰科技园区高新大道 64 号
邮编:300402
电话:022/86993577
传真:86993522
网址:www. 707hi－tech. com
电子信箱:geyi_1027@ 163. com

单位人数:240
质量体系:ISO 9001
产品情况:(陆华牌)
悬挂式点焊机、固定式点焊机、一体化式点焊机、机器人焊钳、联网群控系统、各类专机
配套及出口情况:与一汽、东风、上汽、长安、奇瑞、海尔、美的、格力、新飞、LG、三菱等上百家知名大型企业集团合作;远销欧洲、亚洲、非洲、拉丁美洲等10多个国家和地区

★德曼(天津)精密零件有限公司
地址:天津市新技术产业园区北辰科技工业园华盛道69号
邮编:300402
电话:022/86993651
传真:86993650
网址:www. kern - liebers. com. cn
电子信箱:yt. kim@ d - metal. com. cn
产品情况:主要生产各类精密夹具、模具、弹性元件、弹簧等

★天津国丰模具有限公司
地址:天津市经济技术开发区第十三大街46号
邮编:300457
电话:022/66237560、66237555
传真:66237180
电子信箱:amy@ gfmold. com
质量体系:ISO/TS 16949
产品情况:中大型汽车塑胶模具
出口情况:80%的模具出口欧美等发达国家

★丰田一汽(天津)模具有限公司
地址:天津市经济技术开发区黄海路228号
邮编:300457
电话:022/66230888
传真:66237144
网址:www. toyota. com. cn
电子信箱:baiyin@ tftd. com. cn
质量体系:ISO 9001
产品情况:汽车用大型冲压模具

★鸿天工业自动化(天津)有限公司
地址:天津市经济技术开发区相安路16-2号
邮编:300457
电话:022/25326497、25325827
传真:25327115
电子信箱:mail@ meridien. com. cn
产品情况:(鸿天牌)
各种全自动装配生产线、物流传输系统等

★川崎机器人(天津)有限公司
地址:天津市经济技术开发区相安路16号-3
邮编:300457
电话:022/59831888
传真:59831889
网址:www. kawasakirobot. cn
质量体系:ISO 9001
产品情况:小到中型通用机器人、大型通用机器人、超大型通用机器人、大型码垛机器人、喷涂机器人及成套单元、高速分拣机器人、点焊机器人

★长野福田(天津)仪器仪表有限公司
地址:天津市开发区第九大街80号丰华工业园7号厂区
邮编:300457
电话:022/59810966
传真:59810963
网址:www. fukuda - tj. com. cn
电子信箱:sales@ fukuda - tj. com. cn
质量体系:ISO 9001
产品情况:(NKS牌)
机械压力表、数字压力表、压力校准仪器、压力传感器、压力变送器、机械式温度计、电子式温度测量、流量计等
出口情况:出口欧盟、美国、中东等国家和地区

★天津市天二锻压机床有限公司
地址:天津市宝坻区新开口公里北侧
邮编:301815
电话:022/29610777、29611176
传真:29611094
电子信箱:yyj@ tjyyj. com
质量体系:ISO 9001
产品情况:(双顶牌)
Y30、Y41单柱系列、Y31双柱系列、Y32四柱系列、Y40精密校直系列等各种型号液压机床

河北省

★衡水翔迩油漆有限公司
地址:河北省深州市乔屯乡后康王城村
邮编:053800
电话:0318/3695088、13231865565
传真:7092136
网址:www. hsxeyq. com
产品情况:电泳漆涂装、汽车零部件喷涂

★河北盛世集团凌云铸造模具有限公司
地址:河北省宁晋定魏线(S234道)郝庄工业区
邮编:055500
电话:0319/5850695
传真:5850718
网址:www. hblymj. com
电子信箱:lingyunjiaolian@ 126. com
质量体系:ISO 9001
产品情况:压铸模、注塑模、冲压模、漏模、铸造用热芯盒、砂型、铝型、消失模等模具,同时还生产覆膜砂半自动/全自动射芯机、壳芯机、消失模成型机、铁膜覆砂生产线等铸造设备
配套情况:为一汽解放汽车、一汽解放汽车变速器分公司、长春一汽解放车厢分公司、一汽通用红塔云南汽车、一汽轻型汽车、一汽轿车、一汽吉林汽车、天津一汽夏利内燃机制造分公司、天津一汽丰田汽车、柳州五菱汽车、江铃汽车、富奥汽车零部件、包头北奔重型汽车等配套

★河北东风锻压机械有限公司
地址:河北省宁晋县晶龙街502号
邮编:055550
电话:0319/5885755、5860096
传真:5885761、5892646
电子信箱:sales@ dongfengpress. com
质量体系:ISO 9001
产品情况:产品体系涵盖从2.5~8000t的液压机,标准产品主要有YD41单柱系列、YD32四柱系列、YD27单动拉伸系列、YD71复合材料系列、YD34船舶液压机、YD45龙门校直系列共16大类300多个品种
出口情况:出口日本、以色列、泰国、委内瑞拉等国际市场

★沧州富盛精密机床附件制造有限公司
地址:河北省盐山县边务经济技术开发区富盛工业园
邮编:061300
电话:0317/6304163、6304177
传真:6304162、6304176
网址:www. czjmpj. com
电子信箱:czjmpj@ 163. com
单位人数:100
质量体系:ISO 9001
产品情况:机床防护产品、配线器材、机械照明灯具、减振装置、铁屑排除输送机械及操作件

★唐山松下产业机器有限公司
地址:河北省唐山市高新技术开发区庆南道9号
邮编:063020
电话:0315/3205060、3206022
传真:3206018
网址:www. tsmi. com. cn
电子信箱:sales@ tsmi. cn
董事长:杜宪平
负责人:浜本 康司
单位人数:600
质量体系:ISO 9001、ISO 14001
产品情况:(Panasonic牌)
融合型焊接机器人、TA - G3工业通用机器人介绍、TB - G3工业通用机器人介绍、TAWERS系列机器人、厚板机器人焊接系统
出口情况:出口美国、韩国、日本、东南亚、沙特阿拉伯

★唐山开元自动焊接系统有限公司
地址:河北省唐山市高新区火炬路189号
邮编:063020
电话:0315/3859606
传真:3859644

网址:www. autoweld. com. cn
电子信箱:info@ autoweld. com. cn
董事长:柳宝诚
产品情况:(KAIYUAN 牌)
弧焊自动焊接机及生产线、阻焊自动焊接机及生产线、中小型压力容器自动焊接生产线、皮带机托辊自动焊接生产线、埋弧焊系列、管道相贯线切割机等各类专用自动焊接装备

★秦皇岛方华埃西姆机械有限公司
地址:河北省秦皇岛市经济技术开发区海河道 2 号
邮编:066004
电话:0335/8518200
传真:8518400
网址:www. fanghua - secm. com
电子信箱:fsm@ fanghua - secm. com
产品情况:辊压、拉弯、冲压设备,为欧美日汽车零部件供应商提供从型材辊压到拉弯及后序加工等成套工艺装备
出口情况:出口欧洲、美洲、日本等国家和地区

★承德华远自动化设备有限公司
地址:河北省承德市开发区东区
邮编:067000
电话:0314/2121697、13803141653
传真:2121675
网址:www. huayuanautomation. com
电子信箱:huayuanautomation@ 163. com
质量体系:ISO 9001
产品情况:汽车总装物流自动化系统、汽车焊装物流自动化系统、汽车涂装物流自动化系统
配套情况:为大众、通用、神龙、华晨等供货

★承德市开发区德盛检测设备有限公司
地址:河北省承德市下板城创新创业工业园德盛路 2 号
邮编:067000
电话:0314/2133901、2133903
传真:2133904、2133905
电子信箱:china_cots@ 126. com
质量体系:ISO 9001
产品情况:非金属材料检测设备,包括管材静液压试验机、热变形、维卡软化点温度测定仪、熔体流动速率测定仪、摆钟式冲击试验机、落锤式冲击试验机、电子万能试验机、制样设备、人造板检测设备、燃烧性能检测设备等
出口情况:出口俄罗斯、叙利亚、马来西亚等 10 多个国家

★保定市巨龙微波能设备有限公司
地址:河北省保定市高开区风能街华光路 555 号
邮编:071000
电话:0312/5883151、5920028
传真:5883170
网址:www. bdjulong. com. cn
电子信箱:julong@ bdjulong. com. cn
质量体系:ISO 9001
产品情况:(巨龙牌)
汽车密封条单挤出生产线、汽车密封条复合生产线等产品
配套情况:为汽车密封条生产厂家供货

★保定市长安晨光机械有限公司
地址:河北省保定市乐凯南大街 2615 号
邮编:071000
电话:0312/5932007
传真:5932019
产品情况:汽车冲压件模具、机械加工件、冲压件

★中航保定向阳航空精密机械有限公司
地址:河北省保定市向阳北大街 88 号
邮编:071051
电话:0312/3099818、3099877
传真:3099999
网址:www. xiangyang. com. cn
电子信箱:bdxy@ xiangyang. com. cn
质量体系:ISO 9001
产品情况:组合夹具、柔性夹具、精密平口钳、金属带锯床、模具及模具标准件等
出口情况:远销美国、加拿大、英国、法国、德国、意大利、瑞典、荷兰、丹麦等国家

山西省

★太原工具厂
地址:太原市尖草坪区钢园路 73 号不锈钢园区 B 区
邮编:030009
电话:0351/3572225、2825111
传真:3180723
电子信箱:tytool@ taiyuantool. com
质量体系:ISO 9001
产品情况:(太牌)
拉削刀具、齿轮刀具、孔加工刀具、螺纹刀具、铣削刀具及硬质合金可转位刀具,广泛应用于汽车行业、机床行业等

★沈阳金杯汽车实业总公司
地址:沈阳市东陵区方南路 6 号
邮编:110015
电话:024/24222058
传真:24222058
质量体系:ISO 9001
产品情况:模具

辽宁省

★沈阳三丰电气有限公司
地址:沈阳市苏家屯区雪莲街 10 甲
邮编:110102
电话:024/23731661
传真:23730084
网址:www. sanfengelec. com
电子信箱:sfdq@ vip. 163. com
质量体系:ISO 9001
产品情况:高低压开关柜、动静态补偿柜、母线槽、桥架、工厂照明等通用动力设备;钢结构、工艺照明、淋雨线、终检线、烘干炉、机器人系统集成、非标设备、自动化及机电工程等
配套情况:为北京奔驰、华晨宝马、奥迪、大众、天津一汽丰田、一汽解放、一汽轿车、比亚迪、北奔重汽、华晨金杯、上汽通用、厦门金龙、长安福特、柳州汽车、一汽富奥、佛吉尼亚等供货

★沈阳二四五厂
地址:沈阳市沈北新区沈北路 95 号
邮编:110122
电话:024/86294000
传真:86863610
网址:www. sy245. com
电子信箱:office4000@ sy245. com
质量体系:ISO 9001
产品情况:轮胎拆装机、自动镗制动鼓机、制动鼓盘切削机、液压举升机、镗磨缸机、电脑动平衡机系列等
出口情况:远销美国、加拿大、澳大利亚、埃及、东南亚等国家和地区

★沈阳金科精密仪器设备有限公司
地址:沈阳市沈北新区正良四路 58 号
邮编:110136
电话:024/89738828、89738818
传真:89738618
网址:www. xinke. net. cn
电子信箱:xinke@ xinke. net. cn
产品情况:研制、生产流体流量测试仪器和汽车、摩托车零部件检测设备
出口情况:远销亚洲、欧洲、美洲地区

★沈阳新科精密仪器设备有限公司
地址:沈阳市沈北新区正良四路 58 号
邮编:110136
电话:024/86524824、86526700
传真:86526254
网址:www. xinke. net. cn
电子信箱:xinke@ xinke. net. cn
产品情况:(新科牌)
汽车、零部件检测设备,气体流量计量、粒子发生装置、风洞

★沈阳金杯汽车模具制造有限公司
地址:沈阳市于洪区沈大路 83 号
邮编:110141
电话:024/25315629、25315519
传真:25315539
网址:www. jbzz. com
电子信箱:jbmjc@ jbzz. com
质量体系:ISO 9001
产品情况:冷冲压模具、锻模、各种冷冲压件、机械加工零部件
出口情况:远销美国、加拿大、德国、意大利、日本等国家

★沈阳机床股份有限公司
地址:沈阳市经济技术开发区开发大路17甲1号
邮编:110142
电话:024/25199999、25190647
传真:25878001
网址:www.smtcl.com
电子信箱:s1_sales@smtcl.com
质量体系:ISO 9001
产品情况:(沈一机牌、中捷牌)
各种型号卧式镗床、落地铣镗床、数控铣镗床、立卧加工中心、柔性制造单元及各种专用机床等产品
出口情况:远销60多个国家和地区

★沈阳新松机器人自动化股份有限公司
地址:沈阳市浑南新区金辉街16号
邮编:110168
电话:4008008666、4001057999
网址:www.siasun.com
电子信箱:market@siasun.com
董事长:于海斌
总裁:曲道奎
质量体系:ISO 9001
产品情况:关节机器人(弧焊机器人、电焊机器人、垂直多关节机器人、水平多关节机器人、搬运机器人)、直角坐标机器人(搬运机械手、搬运机器人、激光加工机器人、研磨抛光机器人、切割机器人、注塑机械手)
出口情况:出口孟加拉国、墨西哥、印度、俄罗斯、加拿大等国家

★沈阳飞捷激光科技有限公司
地址:辽宁省抚顺市经济技术开发区中兴西二街5号
邮编:113122
电话:024/88448588、62116288
传真:88414264
网址:www.feijie.cn
电子信箱:13194225523@163.com
质量体系:ISO 9000
产品情况:(飞捷牌)
电脑气动打标机、激光打标机、标牌打印机、金属电化学打标机、喷码机、互感器、电测校验仪表、特种电子元器件等
出口情况:出口马来西亚、印度尼西亚、日本、韩国等国家

★营口锻压机床有限责任公司
地址:辽宁省营口市站前区东郊街锻压北里38-1号
邮编:115001
电话:0417/3850666、3841944
传真:3857037
网址:www.ykdy.com
电子信箱:ykdy@ykdy.com
单位人数:500
质量体系:ISO 9001
产品情况:(YINGDUAN牌)
J31系列闭式单点机械压力机、J36系列闭式双点机械压力机、J39系列闭式四点机械压力机、J71系列闭式多工位压力机,J84系列精压力机、ZUB系列万能弯曲机

★亿达日平机床有限公司
地址:辽宁省大连市甘井子区软件园路11号
邮编:116023
电话:0411/84752447、84687628
传真:84687608
网址:www.ynccn.com
电子信箱:ynccn@ynccn.com
单位人数:499
质量体系:ISO 9001
产品情况:(YNC牌)
加工中心、专用机床及由他们组成的自动线、柔性线等
配套及出口情况:为东风本田、东风康明斯、一汽丰田发动机(长春)、东风日产乘用车等配套;远销印度、日本、韩国、泰国等国家

★大连格利特博尔科技有限公司
地址:辽宁省大连市开发区金石滩工业园15号
邮编:116033
电话:0411/86859463、86859189
传真:86859816
网址:www.greatbon.com
电子信箱:greatbon@163.com
质量体系:ISO 9001、ISO 14001
产品情况:工业清洁剂,包括金属表面处理系列、工业专用产品系列、电力电器设备通用系列、水处理系列、专用产品系列等

★大连华工创新科技有限公司
地址:辽宁省大连市甘井子区姚北路25-18号
邮编:116037
电话:0411/39525022、39525520
传真:39525009
电子信箱:hgcx@vip.163.com
质量体系:ISO 9001
产品情况:隔热铝型材注胶设备、发泡密封条涂胶设备、浇注密封垫圈设备、、板材刷胶生产线
配套及出口情况:与巴斯夫建立合作伙伴关系;出口中美洲、北美洲、非洲、亚洲等20多个国家和地区

★大连橡胶塑料机械股份有限公司
地址:辽宁省大连市甘井子区春田园C-3座
邮编:116039
电话:0411/86651697、86645224
传真:86641431
网址:www.dlrpm.com
电子信箱:exportsale@dlrpm.com
质量体系:ISO 9001
产品情况:大、重型橡胶塑料机械装备,包括橡胶塑料密炼生产线、压延生产线、各种橡胶塑料开炼机、橡胶挤出机、挤出压延法内衬层生产线、轮胎胎面(胎侧)复合挤出生产线、橡胶输送带压延生产线、大型平板硫化生产线、塑料吹塑薄膜机组、塑料双螺杆挤出造粒生产线、大型塑料混炼挤压造粒机组等
出口情况:远销欧洲、美洲、亚洲、澳大利亚、非洲等70多个国家和地区

★大连智云自动化装备股份有限公司
地址:辽宁省普兰店市海湾工业园
邮编:116200
电话:0411/83638182-0、86705659
传真:83638190
网址:www.zhiyun-cn.com
电子信箱:zhiyun@zhiyun-cn.com
董事长:谭永良
质量体系:ISO 9001
产品情况:(ZHIYUN牌)
自动检测设备、自动装配设备、物流搬运设备、清洗过滤设备、专用切削加工设备
配套情况:装配线供广西玉柴机器、东风康明斯发动机,自动测漏机供上汽通用五菱、东风本田发动机,自动压装机供沈阳航天三菱汽车发动机、江铃汽车,自动涂胶机供北汽福田康明斯发动机、东风日产发动机,清洗机供昆明云内动力、上海日野发动机,冷却液集中处理系统供天津雷沃动力、蒙古欧意德发动机

★盘起工业(大连)有限公司
地址:辽宁省大连市经济技术开发区锦州街5号
邮编:116600
电话:0411/87651713
传真:87613050
网址:www.punch.com.cn
电子信箱:service@punch.com.cn
单位人数:2700
质量体系:ISO 9001、ISO 14001
产品情况:模具标准件,应用于精密的塑料模具、冲压模具、半导体模具、压铸模具以及其他精密工装夹具等领域
出口情况:远销日本、欧洲、美洲

★大连因代克斯机床有限公司
地址:辽宁省大连市经济技术开发区辽宁街19号
邮编:116600
电话:0411/87619788
传真:87638822、87628877
网址:www.index-werke.de
电子信箱:indexidm@online.ln.cn
质量体系:ISO 9001
产品情况:TNA系列机床

★中京金刚工具(大连)有限公司
地址:辽宁省大连市经济技术开发区铁山中路49号

邮编:116600
电话:0411/87337070
传真:87337171
网址:www.chukyo.com.cn
电子信箱:info@chukyo.com.cn
产品情况:PCD 刀具(聚晶金刚石刀具)和 PCBN 刀具(聚晶立方氮化硼刀具)等
出口情况:远销日本、东南亚、欧洲、美洲等国家和地区

★大连机床集团有限责任公司
地址:辽宁省大连市开发区双 D 港辽河东路 100 号
邮编:116620
电话:0411/87582182、87582183
传真:87582169
网址:www.dmtg.com
电子信箱:web_admin@dmtg.com
质量体系:ISO 9001
产品情况:(DMTG 牌)
组专机及柔性制造系统,立、卧式加工中心,数控车床和车铣中心,高效精密车床及附件,汽车动力总成及传动部件
出口情况:远销 100 多个国家和地区

★锦州万得机械装备有限公司
地址:辽宁省锦州市经济技术开发区西海国际工业园
邮编:121007
电话:0416/3588535
传真:3575588
网址:www.wanderme.com
电子信箱:li.h@wonderauto.com.cn
负责人:裴庆军
单位人数:105
质量体系:ISO 9001
产品情况:(WONDER 牌)
减振器、气弹簧装备、倒角机、淬火回火机床、阀片分选机、石油钢管装备、车轮装配设备、电镀线、磷化线等

★锦州市精一新技术开发有限公司
地址:辽宁省锦州市泰和区迎盘乡善德街 1 号
邮编:121017
电话:0416/2131124、7174546
传真:7174546、4583674
电子信箱:15142686868@163.com
产品情况:镜面滚光机,用于汽车、摩托车、工程机械等各种活塞杆的超精加工生产线上;镜面滚轧头,用于加工孔类和轴类零件

吉林省

★长春一汽蓝迪自动化工程有限公司
地址:长春市汽车经济技术开发区创业大街 1959 号
邮编:130011
电话:0431/85906667、85903345
传真:85901362
网址:www.faw-landi.com
电子信箱:jyb_ld@faw.com.cn
产品情况:前处理设备、电泳设备、各种喷漆室、烘干设备、机器人弧焊、点焊工作站
配套情况:被纳入一汽-大众、天津一汽丰田的设备供应商采购平台

★蒂森克虏伯鞍钢(长春)激光拼焊板公司
地址:长春市高新区光谷大街 3599 号
邮编:130012
电话:0431/87022779、85511818
传真:85511848
网址:www.thyssenkrupp.com.cn
电子信箱:info@tkas-thyssenkrupp.com
产品情况:开卷、落料、剪切以及激光拼焊服务
配套情况:为宝来 A5、帕萨特 B6、北京奔驰供货

★一汽模具制造有限公司
地址:长春市汽车经济技术开发区捷达大路 1999 号
邮编:130013
电话:0431/85901462、85905946
传真:85905984
网址:www.fawtd.com
电子信箱:yqmj@fawtd.com
质量体系:ISO 14001、ISO/TS 16949
产品情况:车身外覆盖件、内饰等各种汽车模具
配套及出口情况:为日本丰田、德国大众、一汽-大众、一汽轿车配套;远销欧洲、亚洲、非洲、美洲

★长春一汽嘉信热处理科技有限公司
地址:长春市西新经济技术开发区捷达大路与大众街交汇处
邮编:130013
电话:0431/85123433、85123423
传真:85983904
网址:www.fawjx.com.cn
电子信箱:287383831@qq.com
单位人数:230
质量体系:ISO/TS 16949、ISO 9001
产品情况:热处理设备制造、热处理零部件加工
配套情况:为一汽-大众、一汽解放、一汽巴勒特、长春汇锋齿轮、江苏飞船、浙江双环齿轮、六安金华变速器、株洲汽车齿轮、青岛三星精锻、长春齿轮厂、诸城义和车桥、重庆长安、重庆綦江齿轮、宁波金牛、江苏奔航齿轮、福建晋江成达齿轮、福建福源机械、一汽轿车、一汽专用车、一汽轻型车、一汽富奥等供货

★海拉精密模具(长春)有限公司
地址:长春市经济技术开发区金川街 745 号
邮编:130033
电话:0431/85078736
传真:84643057
网址:www.hella.com
产品情况:精密车灯注塑模具的设计,开发和生产;目前公司年产 80 多套精密车灯模具
出口情况:产品 70% 出口到海拉集团世界各地的子公司

★长春市智能仪器设备有限公司
地址:长春市经济技术开发区昆山路 2755 号
邮编:130033
电话:0431/84612487、84642037
传真:84642036
网址:www.znyq.com
电子信箱:zhinengchina@163.com
单位人数:85
质量体系:ISO 9001
产品情况:光机电一体化的试验仪器、分析仪以及汽车零部件的检测仪器
配套情况:为一汽等企业提供试验设备

★长春中联汽车检测设备有限公司
地址:长春市净月经济技术开发区银锦路 558 号
邮编:130033
电话:0431/84650246、84687709
传真:84650248
网址:www.pinghengji.com
电子信箱:china@clutchtesting.com
单位人数:78
质量体系:ISO 9001
产品情况:(长春中联牌)
汽车离合器检测机、汽车传动系统冲击性能寿命试验台、汽车整车四门两盖疲劳寿命试验机、安全带锁止试验台、汽车头枕冲击性能试验台、汽车传动轴静扭试验台、扭转疲劳寿命试验台、轴类自动校直机、液压分离油缸寿命试验台、单向超越离合器寿命试验台、脚轮行走试验台等
配套及出口情况:为长春汽车研究所、一汽东光、廊坊美联制动装置等供货;出口伊朗、印度、巴西、德国等国家

★长春一汽宏鼎汽车股份有限公司
地址:长春市宽城区青年路 3458 号
邮编:130052
电话:0431/85805122、15104477790
传真:85805161、85805277
网址:www.mingjungroup.com
电子信箱:hoedim@163.com
质量体系:ISO/TS 16949、ISO 14001
产品情况:组合机床及其自动线、车体焊装自动线、金属结构、轿车零件、焊接合件、货车类总成、汽车标牌等产品

★长春市振华汽车涂装有限公司
地址:长春市朝阳经济开发区富锋镇育民路 3889 号
邮编:130103
电话:0431/85031274、18088626976

传真:85024866
网址:www. ccszh. com
电子信箱:jingyan. chen@ ccszh. com
负责人:邵立杰
质量体系:ISO/TS 16949
产品情况:汽车零部件涂装、金属件电泳等加工
配套情况:为一汽配套

★长春机械科学研究院有限公司
地址:长春市高新区越达路1118号
邮编:130103
电话:0431/85193212、4009651118
传真:85171288
网址:www. ccss. com. cn
电子信箱:sales@ ccss. com. cn
质量体系:ISO 9001
产品情况:电子万能试验机、电液伺服液压万能试验机、扭转试验机、冲击试验机、蠕变试验机、动静疲劳试验机、高频疲劳试验机;汽车零部件检测、车辆航空工程试验系统;自动校直校正设备、自动压装生产线等200多种高水平设备
配套及出口情况:主要客户有一汽集团、东风汽车、比亚迪汽车、法士特齿轮、三一重工、柳工、龙工、杭州前进等;出口西班牙、加拿大、巴基斯坦、古巴等多个国家,并销往中国香港地区

★四平恒锐工具有限公司
地址:吉林省四平市铁东区北二经街1410号
邮编:136001
电话:0434/3513755、3524266
传真:3527277
网址:www. sphengrui. com
电子信箱:sphengrui@ 163. com
质量体系:ISO 9001
产品情况:(恒锐牌)
各类高速钢、硬质合金、立方氮化硼、金刚石等非标准刀具
配套情况:为一汽集团、哈飞汽车、北汽福田、华北柴油机、陕西柴油机等配套

黑龙江省

★哈尔滨海尔哈工大机器人技术公司
地址:哈尔滨市南岗区一匡街2号哈工大科学园C1栋305室
邮编:150001
电话:0451/86403689
传真:86402288
网址:www. hhrobot. com
电子信箱:hhrobot@ foxmail. com
产品情况:自动化设备、工业机器人应用工程、直角坐标机器人及智能服务机器人

★哈尔滨众邦龙科技开发有限公司
地址:哈尔滨市南岗区邮政街-434号
邮编:150006
电话:0451/86229155、86217255
传真:86412214、86241200
电子信箱:hitzbl@ vip. sina. com. cn
产品情况:(众邦龙牌)
喷油嘴检测仪、冷媒加注回收再生机、汽车轮胎充气机、烤漆房电脑控温、平板检测线、动平衡机等
出口情况:远销俄罗斯

★哈尔滨量具刃具集团有限责任公司
地址:哈尔滨市和平路44号
邮编:150040
电话:0451/82648853、86792456
传真:82623555、82607698
网址:www. links - china. com
电子信箱:links@ links - china. com
质量体系:ISO 9001
产品情况:(连环牌)
精密量仪、数控刀具及工具系统、数控机床、通用量具和标准刃具
出口情况:出口欧洲、美洲、东南亚等30多个国家和地区

★哈尔滨工具厂
地址:哈尔滨市南岗区王岗双兴路8号
邮编:150088
电话:0451/86702288、86703334
传真:86700684
网址:www. hrbtool. com
电子信箱:hg@ hrbtool. com
质量体系:ISO 9002
产品情况:弧形齿锥齿轮铣刀、齿轮滚刀、拉刀、双盘直齿铣刀片、奥利康刀条、径向剃齿刀等齿轮加工刀具
出口情况:出口日本、韩国、美国等国家,并销往中国台湾地区

★哈尔滨天源石化工程有限责任公司
地址:哈尔滨市南岗区嵩山路9号
邮编:150090
电话:0451/87007711、87006388
传真:87006622
电子信箱:tianyuanshihua2008@ 163. com
质量体系:ISO 9001
产品情况:汽车LPG、CNG加气机及其他加气站系统

★哈尔滨岛田大鹏工业有限公司
地址:哈尔滨市利民经济技术开发区珠海路
邮编:150525
电话:0451/55582918
传真:55582900
网址:www. harbindaotian. com
电子信箱:daotian2001@ 163. com
质量体系:ISO 9001、ISO 14001
产品情况:清洗机、清洗剂
出口情况:返销日本

★齐齐哈尔二机床(集团)有限责任公司
地址:黑龙江省齐齐哈尔市永安大街239号
邮编:161005
电话:0452/2472445、2811635
传真:2479132
网址:www. q2jc. com. cn
电子信箱:q2xsyxs@ 163. com
单位人数:5002
质量体系:ISO 9001
产品情况:(齐二牌)
具有年产落地铣镗床300台、龙门铣镗床20台、自动锻压机120台、数控机床110台、机械压力机40台的生产能力
配套及出口情况:为中国一重、中国二重、太原重工、中信重工、上电集团、哈电集团、东电集团、包一机、长治清华机械厂、首都航天、上海航天、成飞、渤海船厂、中国船舶、武昌造船厂、461厂、471厂、上海临港、宝钢集团、首都钢铁、中钢集团、鞍钢、一汽集团、东风汽车、广东福迪、吉利汽车、北汽福田、西南铝业、南南铝业等重点企业提供了700余台大型装备;大重型数控产品已成功打入欧洲、美洲、东亚、南亚等国外市场

上海市

★上海先达条码技术有限公司
地址:上海市普陀区武威路88弄中鑫企业广场11号楼
邮编:200060
电话:021/62463399
传真:62463398
网址:www. chinetek. com. cn
电子信箱:shxasvf@ online. sh. cn
质量体系:ISO 9001
产品情况:条码打印机、条码扫描器、条码检测仪、电子标签产品等
出口情况:合作伙伴包括MOTOROLA、ZEBRA、DTATLOGIC、CASIO、HONEYWELL、REVA、RICOH、MICROSCAN等

★上海奥波电子有限公司
地址:上海市共和新路1233号
邮编:200070
电话:021/66056657、56987200
传真:56987210
网址:www. aoboor. com
电子信箱:sales@ aoboor. com
质量体系:ISO 9001
产品情况:(Aoboor牌、奥波牌)
各类电动机检测仪设备、各类电器及电子元器件测试仪器

★上海哈申工具有限公司
地址:上海市闸北区民晏路122号
邮编:200072
电话:021/56382831
传真:56385306
网址:www. shhashen. com
电子信箱:hashen@ shhashen. com
质量体系:ISO 9001

产品情况：（AA 牌、HASHEN 牌 TOOL 牌）
车削刀具、孔加工刀具、螺纹刀具、齿轮刀具、数控刀具工具系统、涂层车刀片、铣刀片、螺纹刀片、PGBN/PCD 刀具等，以及各类高性能高速钢刀具和各种非标刀具

★上海工具厂有限公司
地址：上海市军工路 1060 号
邮编：200093
电话：021/65386538
传真：65019353
网址：www. stwc. cn
电子信箱：siptcy@ online. sh. cn
质量体系：ISO 9001
产品情况：（上工牌）
金属切削刀具
出口情况：远销 60 多个国家和地区

★欧麦特自动化输送系统（上海）公司
地址：上海市浦东新区商城路 738 号胜康廖氏大厦 1703 室
邮编：200120
电话：021/68182668
传真：68182668－115
网址：www. asi. com
电子信箱：martin. knowles@ asi. com
产品情况：汽车工业生产传送带

★盘玟自动化系统工程（上海）有限公司
地址：上海市外高桥保税区奥纳路 79 号 2 幢交能大厦 802 室
邮编：200127
电话：021/61559671
传真：33250539
电子信箱：pwautomation@ gmail. com
质量体系：ISO 9002
产品情况：水切割、火焰处理、喷涂、搬运、涂胶、码垛、装箱、装配机器人

★雅艺输送设备（上海）有限公司
地址：上海市浦东外高桥保税区加枫路 26 号科技楼一层东南部位
邮编：200131
电话：021/58680601
传真：58680010
电子信箱：aesh@ mae. cn
质量体系：ISO 9001
产品情况：（乐昌牌）
各类单元输送机系统、分拣系统、物流仓储系统
出口情况：出口欧洲、美洲地区

★哈斯自动数控机械（上海）有限公司
地址：上海市外高桥保税区意威路 96 号 67 号楼
邮编：200131
电话：021/38616666
传真：38616799
网址：www. haascnc. com
电子信箱：asia@ haascnc. com
产品情况：（哈斯牌）
立式加工中心、卧式加工中心、车削中心、转台和分度器、多功能五轴机床、高性能模具加工中心

★ 天永机械电子（上海）有限公司

地址：上海市浦东新区南新路 688 号
邮编：200137
电话：021/50675508、50676618
传真：50675578
网址：ty－industries. com
质量体系：ISO 9001、ISO 14001
产品情况：动力总成设备、车身焊装设备、涂装设备、AMS 和 MES 装配管理系统等
☞ 详细情况请参阅彩色宣传版面

★上海吉本涂装设备有限公司
地址：上海市漕宝路 400 号明申商务广场 24 层
邮编：200233
电话：021/64959577、64959578
传真：64706004
网址：www. jiben. com. cn
电子信箱：jiben@ jiben. com. cn
质量体系：ISO 9001
产品情况：静电涂装设备，用于汽车、家电等各行业
出口情况：出口欧洲、非洲、东南亚、中东等地区

★爱路华机电技术（上海）有限公司
地址：上海市桂箐路 69 号 24 幢一至二楼
邮编：200233
电话：021/64855028
传真：64850119
质量体系：VDA 6.1、QS 9000
产品情况：装夹系统，为模具、汽车企业供货

★ 山高刀具（上海）有限公司

地址：上海市钦州北路 1001 号 12 栋 4 楼
邮编：200233
电话：021/54265500
传真：64855685
网址：www. secotools. com
产品情况：铣削与车削的刀具和刀片产品系列
☞ 详细情况请参阅彩色宣传版面

★上海协博精密模具有限公司
地址：上海市松江区新桥新界路 4 号
邮编：200233
电话：021/57646008、57643237
传真：57641977
电子信箱：superior@ superiormold. com. cn
质量体系：ISO 9001
产品情况：专业从事各种塑料射出成型模具的加工制造，以及塑料产品射出成型的加工制造
出口情况：远销美国、日本、德国、法国等国家

★安本工业涂装（上海）有限公司
地址：上海市徐汇区苍梧路 8 号 A 幢 317－325 室
邮编：200233
电话：021/64709140、54973596
传真：64841066
网址：www. yasumoto－sh. com
电子信箱：yasumoto@ yasumoto－sh. com
质量体系：ISO 9001
产品情况：（安本牌）
静电粉末喷涂设备和成套流水线
出口情况：出口日本、新加坡、埃及、伊朗、越南、古巴、俄罗斯、利比亚、阿联酋、墨西哥等国家

★杜尔涂装系统工程（上海）有限公司
地址：上海市徐汇区桂平路 418 号国际孵化中心 20，22－23 楼
邮编：200233
电话：021/62193719
传真：62194519
网址：www. durr－china. com
电子信箱：general@ durr. com. cn
产品情况：油漆车间设备部件

★圣戈班磨料磨具（上海）有限公司
地址：上海市闵行经济开发区北斗路 198 号
邮编：200245
电话：021/64307002
传真：64302083
网址：www. abrasives. saint－gobain. com. cn
电子信箱：marcom. china@ saint－gobain. com
质量体系：QS 9000
产品情况：（湖电牌、三工牌）
砂轮、油石和磨头、金刚石修整笔和 CBN 磨具等

★上海易可玛喷印技术有限公司
地址：上海市中江路 879 号天地软件园 3 号楼 4 层
邮编：200333
电话：021/52658178
网址：www. unison. com. cn
电子信箱：shanghai@ unison. com. cn
质量体系：ISO 9001
产品情况：（易可玛牌）
喷码机

★泰珂洛超硬工具（上海）有限公司
地址：上海市闸北区江场三路 88 号 401 室
邮编：200436
电话：021/36321880
传真：36321918
网址：www. tungaloy. co. jp
电子信箱：info@ tungaloy. cn
质量体系：VDA 6.1、QS 9000
产品情况：硬质合金刀具
出口情况：出口日本、爱尔兰、巴西等国家

★上海申克机械有限公司
地址:上海市宝山区丰翔路1111号
邮编:200444
电话:4008809308
传真:021/66897650
网址:www.schenck.cn
电子信箱:sales.rotec@schenck.cn
质量体系:ISO 9000
产品情况:(SCHENCK、申克牌)
曲轴平衡机、传动轴平衡机、制动盘立式平衡机
配套及出口情况:为一汽集团(解放、大柴、一汽二发、海马)、东风汽车公司、上汽集团、大众(一汽-大众、上汽大众)、通用(上汽通用、上汽通用五菱、上汽通用东岳动力)、奇瑞汽车、潍柴、重汽集团等配套;出口东南亚、美国、澳大利亚等国家和地区

★福禄超高压水射流技术(上海)公司
地址:上海市集心路168号6号楼1楼及202室
邮编:201100
电话:021/54382222
传真:54385550
网址:www.flow.com.cn
电子信箱:sales.fsh@flowcorp.com
质量体系:ISO/TS 16949
产品情况:(SBF牌)
多功能水刀和工业清洗系统、超高压工业压制以及自动化装配系统

★上海紫燕模具工业有限公司
地址:上海市闵行区北松公路1383号
邮编:201100
电话:021/50315031、64099909
传真:50315666、64098864
网址:www.chinamolder.com
电子信箱:info@chinamolder.com
质量体系:ISO 9001
产品情况:大中型精密注塑模、冷冲模
配套及出口情况:客户包括上汽大众、上汽通用、一汽-大众、北美福特、上海汽车、东风汽车、华晨汽车等;出口美洲、欧洲等地区

★上海井上模塑开发有限公司
地址:上海市闵行区合川路3071号B栋1F
邮编:201100
电话:021/54221800
传真:54221829
网址:www.inoac.com.cn
产品情况:设计汽车产品、生产销售注塑、吹塑、发泡、橡胶的模具以及检具
配套情况:为丰田供货

★上海瀚氏模具成型有限公司
地址:上海市闵行区友东路355号
邮编:201100
电话:021/34705161、54886007
传真:54886090
网址:www.hanmould.com
电子信箱:manager@hanmould.cn
质量体系:ISO/TS 16949、QS 9000
产品情况:注塑模具、检具、保险杠、副仪表板、杂物箱、门板注塑件、座椅配件、仪表板等汽车内外饰件
配套及出口情况:为上汽大众、上汽通用、奇瑞汽车、北京现代、重庆福特等主机厂提供配套产品,并为上海延锋伟世通汽车饰件系统、上海延锋江森座椅、上海麦格纳·唐纳利汽车系统、上海新大洲本田摩托车、上海曼·胡默尔滤清器等供货;远销欧洲、美洲等地区;主要客户有瑞典Husqvarna、博世、欧科AQUA、宝适BOS、法国PLASTOHM、法雷奥、芬兰FIBOX、德国DURA

★多伺电子机械技术(上海)有限公司
地址:上海市中春路6785号华贸产业园A-422室
邮编:201101
电话:021/64650040
传真:64650630
电子信箱:sh@dongburobot.com.cn
质量体系:ISO 9001
产品情况:汽车产业用高速Handling Robot等产品

★上海多司自动化设备有限公司
地址:上海市闵行区合川路3136号3号楼1楼
邮编:201103
电话:021/64650610、64052651
传真:64052652
网址:www.shdasa.com
电子信箱:dasarobot@163.com
质量体系:ISO 9001
产品情况:直角坐标机器人、台式机器人、水平多关节机器人、洁净型机器人、精密定位检测机器人、精密点胶机器人、发动机涂胶机器人、喷涂机器人和智能机器人等
配套情况:主要客户有铃木、奇瑞、金杯、上汽集团等

★上海冠恒工业设备有限公司
地址:上海市徐汇区虹漕路448号现代物流大厦7楼
邮编:201103
电话:021/61158199
传真:61158198
网址:www.everwell.com.cn
电子信箱:everwell@top-tiger.com
质量体系:ISO/TS 16949、QS 9000
产品情况:(采埃孚牌)
汽车及零部件生产线的物流周转、零件盒、滑移式货架、线棒料架系统,并提供相关方案

★上海杰恩普超声设备有限公司
地址:上海市闵行区北翟路3386号
邮编:201106
电话:021/39948079
网址:www.jumpshanghai.com
电子信箱:jumpshanghai@qq.com
质量体系:ISO 9001
产品情况:超声波清洗机
出口情况:出口中东、欧洲、美洲、东南亚

★上海大量电子设备有限公司
地址:上海市闵行区金都路618号
邮编:201108
电话:021/64976336
传真:64976289
网址:www.troop-online.com
电子信箱:shanghai@troop-online.com
质量体系:ISO 9001
产品情况:数控电火花往复走丝线切割机、电火花慢走丝线切割机、电火花成形机、电火花高速小孔加工机、激光刻模机、激光切割机、激光焊接机等精密模具加工设备
出口情况:远销埃及、土耳其、墨西哥、斯洛文尼亚等国家

★上海科伟达超声波科技有限公司
地址:上海市闵行区银春路719号
邮编:201109
电话:021/54465066
传真:64140929
网址:www.shkw.com
电子信箱:shichangbu@myyueqiang.com
质量体系:ISO 9001
产品情况:(科伟达牌)
超声波清洗机、全自动机械臂、超声波塑焊机,用于汽车发动机、零部件的清洗

★威申精密仪器(上海)有限公司
地址:上海市浦江镇漕河泾开发区浦江高科技园
邮编:201114
电话:021/34680900
传真:34680899
网址:www.vgs-tech.net
电子信箱:sales@vgs-tech.net
质量体系:QS 9000、ISO 9001
产品情况:非接触式影像测量系统、复合式测量系统、三坐标测量系统、三维激光扫描系统、测量软件、在线检测与自动化技术服务
出口情况:在马来西亚、泰国、印度尼西亚、越南等东南亚地区办事处和分销机构,并陆续进入了德国和美国市场

★上海梅达焊接设备有限公司
地址:上海市浦东新区川沙路4042号
邮编:201200
电话:021/58334225、58380462
传真:58384377、58387301
网址:www.shmedar.com
电子信箱:shmedar@online.sh.cn
质量体系:ISO 9001

产品情况：电阻焊微机型控制器、焊接变压器及各种专用焊接设备等
配套情况：为上汽大众、上汽通用等配套

★欣阳精密模具(上海)有限公司
地址：上海市浦东新区王桥工业区利枝路279号
邮编：201201
电话：021/58388000、58382202
传真：58383000
电子信箱：peterlu@ sdale. com. cn
质量体系：ISO 9001
产品情况：精密模具

★上海佐竹冷热控制技术有限公司
地址：上海市浦东新区陈春路108号
邮编：201204
电话：021/58434466
传真：68921472
网址：www. sh－satake. com
电子信箱：satake@ sh－satake. com
法人代表：郭越悦
负责人：杜军
单位人数：60
质量体系：ISO 9001
产品情况：设计制造高技术的冰箱、空调及冷冻等类产品的环境试验室、性能试验设备及其控制软件
配套情况：为长春一汽杰克赛尔汽车空调、重庆建设车用空调器、东风康明斯发动机、湖北法雷奥汽车空调、泛亚汽车技术中心、华达杰克赛尔汽车空调、江西新电汽车空调、联合汽车电子、麦克斯汽车空调、牡丹江富通汽车空调、上海德尔福汽车空调、上海日用－友捷、上海双桦汽车空调、上海协合汽车空调、苏州新同创汽车空调、天合上海公司、天津电装汽车空调、天津三电汽车空调、芜湖博耐尔、豫新汽车空调、岳阳恒立等配套

★肯纳金属(上海)有限公司
地址：上海市浦东新区金桥出口加工区金豫路750号
邮编：201206
电话：021/38608288
传真：58342200
网址：www. kennametal. com
电子信箱：k－cn. service@ kennametal. com
产品情况：刀具、刀具系统和工程服务
配套情况：在中国市场为16家汽车制造商提供整体化的解决方案，为至少60家汽车零部件商提供刀具服务，在曲轴加工领域占70%市场份额

★多米诺标识科技有限公司
地址：上海市浦东新区金桥出口加工区云桥路1150号
邮编：201206
电话：021/50509999
传真：50329901
网址：www. domino. com. cn
电子信箱：marketing@ domino. com. cn
质量体系：ISO 9001
产品情况：(DOMINO牌)
多米诺喷码机
出口情况：出口欧洲、美洲等120多个国家和地区

★上海美创力罗特维尔电子机械科技公司
地址：上海市浦东新区金桥加工区宁桥路999号T15－1－4
邮编：201206
电话：021/58348225
传真：58348193
网址：www. rottweil. com. cn
电子信箱：info@ metronic－handyware. com
质量体系：ISO 9001
产品情况：喷码机、激光雕刻机、模块化喷码着色系统、柔版印刷机等包装印刷机械
出口情况：远销40多个国家和地区

★上海米开罗那机电技术有限公司
地址：上海市浦东新区康桥工业区康桥东路1388号4A厂房
邮编：201315
电话：021/68182807
传真：68183055
网址：www. mikrouna. com
电子信箱：sales@ mikrouna. com
质量体系：ISO/TS 16949、ISO 9001
产品情况：超级净化手套箱和气体净化系统、真空镀膜系统、特种灯产品(HID灯)及其生产线

★上海南汇澧虹电器厂
地址：上海市浦东周浦牛桥车站南首
邮编：201318
电话：021/68129073、13701642381
传真：68129073
电子信箱：nanhuilihong@ 163. com
质量体系：ISO/TS 16949、VDA 6. 1
产品情况：(沪工牌)
汽车蓄电池充电机、蓄电池高效放电器、蓄电池测试仪、吸入式电液密度计、密度计芯子、汽缸压力表、蓄电池测试表、蓄电池帮电线
配套及出口情况：为上海德尔福蓄电池、上汽通用德科蓄电池、保定风帆蓄电池、杭州西湖蓄电池、广东则良蓄电池、优配汽车配件连锁、盖茨优霓塔传动系统(苏州)有限公司等多家生产厂家配套售后服务；出口十几个国家

★上海ABB工程有限公司
地址：上海市浦东创业路369弄5号
邮编：201319
电话：021/61056666
传真：61066677
网址：www. abb. com. cn
电子信箱：robotics@ cn. abb. com
质量体系：ISO 9001、ISO 14001
产品情况：(ABB牌)
ABB机器人自动化解决方案，包括动力总成、冲压自动化、白车身和涂装自动化在内的四大系统生产、涂装线
配套情况：为中国重汽、上汽大众、上汽通用、上海汇众、一汽－大众、一汽解放、一汽轿车、一汽海马、东风公司、北京奔驰、神龙汽车、吉利汽车、陕西重汽、瑞典沃尔沃、日本日产、本特勒、海斯坦普、博泽、上汽通用五菱、一汽解放无锡柴油机厂、一汽解放大连柴油机等供货

★上海善能机械有限公司
地址：上海市浦东康桥东路889号
邮编：201319
电话：021/58133990、58133322
传真：58133388、58132299
电子信箱：sales@ sunnensh. com
产品情况：(SUNNEN牌)
各种规格的珩磨机床、发动机再制造设备、磨料、工具、测量仪表、切削液等辅件

★上海千缘汽车车身模具有限公司
地址：上海市浦东新区康桥东路1111号
邮编：201319
电话：021/58138856、58139066
传真：58135969
网址：www. qymold. com
电子信箱：xinglin@ sh163. net
负责人：许彦飞
质量体系：ISO 9001
产品情况：汽车车身覆盖件冲压模具、检具、组焊夹具的设计制造；大中小型冲压件制造销售；冷冲模专用铸件制作等
配套情况：主要客户有美国福特、德国奔驰、宝马、斯柯达等高端汽车品牌及国内多个合资品牌

★哈挺机床(上海)有限公司
地址：上海市浦东新区康桥东路1388号
邮编：201319
电话：021/38108686
传真：38108681
网址：www. hardinge. com
电子信箱：jacky@ hardinge. com. cn
产品情况：RS系列切削中心、XR760机床等

★上海通用电焊机股份有限公司
地址：上海市浦东新区申江南路3888号
邮编：201321
电话：021/51377777、51377070
传真：51377072
网址：www. sh－tayor. com
电子信箱：tayor@ tayor. cn
质量体系：ISO 9001
产品情况：(TAYOR牌)
汽车制造专用焊接设备等
配套情况：主要客户有海南马自达等

★上海黄燕模塑工程有限公司
地址:上海市奉贤区奉浦大道西路28号
邮编:201400
电话:021/67101199
传真:67101585
电子信箱:office@ huangyan. sh. cn
质量体系:ISO/TS 16949
产品情况:中小标准、大型非标模架、模具及注塑产品

★上海明兴开城超音波科技有限公司
地址:上海市奉贤区南桥镇张翁庙路199号
邮编:201400
电话:021/33659223、33659219
传真:33659373
网址:www. minghsing. com. cn
电子信箱:zjc@ minghsing. com. cn
质量体系:ISO 9001
产品情况:轿车制动防抱死阀体、高压清洗机、汽车喷油泵泵体、超声波清洗机、汽车发动机进/排气管清洗机等各种工业清洗设备
配套情况:为上汽大众、一汽-大众、上汽通用、东风汽车公司等配套

★上海第三机床厂
地址:上海市松江区乐都路539号
邮编:201600
电话:021/57723088、13701947440
传真:64164623
网址:www. h3mt. com
电子信箱:sales@ h3mt. com
质量体系:ISO 9001
产品情况:(上海牌、世纪牌、江宁牌、三高牌、SYJ牌、实益牌、沪东牌、H5牌等)
数控铣床加工中心、磨床、数控外圆磨床、曲线磨床、卧式车床、各种齿轮机床等四大类金属切削机床以及相关专业设备
出口情况:远销欧洲、美国、日本、东南亚等国家和地区

★上海钜达橡胶机械有限公司
地址:上海市青浦区白鹤镇赵屯村浦屯路857号
邮编:201612
电话:021/59217478、59210157
传真:59217477
网址:www. judash. com
电子信箱:judajixie@ judash. com
质量体系:ISO 9001
产品情况:各类轮胎机械

★库卡柔性系统制造(上海)有限公司
地址:上海市松江工业区闵申路388号
邮编:201612
电话:021/61799208
传真:61799203
网址:www. kuka - systems. com
电子信箱:info@ kuka - systems. cn
产品情况:(Kuka牌)
库卡机器人集成、冲压自动化连线、白车身焊接线、机器人柔性包边、机器人焊接单元、分总成总装及汽车总装等

★上海劲羽精密冲压有限公司
地址:上海市松江区新格路1011弄11号
邮编:201612
电话:021/57687961、13918325158
传真:57686766
电子信箱:zhanghuanf@ vip. 163. com
质量体系:ISO/TS 16949
产品情况:连续模具、精密五金件冲压件
配套情况:为多家知名企业稳定供应商

★上海舒伯哈特工具有限公司
地址:上海市松江区新桥镇新格路950弄7号
邮编:201612
电话:021/51695557、13701782104
传真:67687177
网址:www. suporhard. com
电子信箱:kk. yu. 115@ gmail. com
质量体系:ISO 9000
产品情况:聚晶人造金刚石刀具、聚晶立方氮化硼刀具、天然金刚石刀具

★好富顿(上海)高级工业介质有限公司
地址:上海市松江工业区江田东路188号
邮编:201613
电话:021/67742570、67742571
传真:67742579、67742594
网址:www. houghtonintl. com
电子信箱:wongns@ houghton. com. cn
产品情况:切削液系列

★上海西格玛机床有限公司
地址:上海市松江区科技园区港兴路151号B5-6
邮编:201614
电话:021/57850555、4000888181
传真:57853377
网址:www. sigmacnc. com
电子信箱:sigma@ sigmacnc. com
单位人数:160
质量体系:ISO 9001
产品情况:数控车床

★库卡机器人(上海)有限公司
地址:上海市松江区昆港公路889号
邮编:201614
电话:021/57072688
传真:57072605
网址:www. kuka - robotics. cn
电子信箱:info@ kuka - robotics. cn
产品情况:工业机器人(货盘堆垛机器人、洁净室机器人、龙门架机器人、高精度机器人、铸造机器人、冲压连线机器人、SCARA、机器人、机器人系统、控制系统、电弧焊机器人、架装式机器人、Jet机器人、获得ATEX认证的防爆机器人、行业解决方案、线性滑轨)

★上海若宇精密机械(检具)有限公司
地址:上海市松江区九亭镇久富工业开发区同利路551号
邮编:201615
电话:021/67627461
传真:67627445
电子信箱:royu - prom@ 126. com
质量体系:ISO 9001
产品情况:大中型汽车精密检具及焊装夹具
配套情况:为国内外汽车主机厂及汽车零部件生产厂家配套

★丰汉电子(上海)有限公司
地址:上海市松江区洞泾镇同乐路385号
邮编:201619
电话:021/67671641
传真:57675070
网址:www. ytk - e. com. cn
电子信箱:service@ ytk - e. com. cn
质量体系:ISO 9001、ISO 14001
产品情况:主要产品包括用于压铸行业的机器人镶嵌机械手,取出机械手,喷涂装置以及有关制品冷却,切边,清洗,刻字,输送和离型剂希释压送的周边装置;用于铸造行业的浇铸机器人系统;用于制品加工的机器人图像识别以及自动搬运系统;月于各类电气控制的控制柜和配电柜

★上海循道新能源科技有限公司
地址:上海市松江区金玉路1152号
邮编:201699
电话:021/31166663
传真:31166660
电子信箱:sales@ shxundao. com
产品情况:电动汽车交直流充电桩、一体式直流充电机、车载充电机、充换电站电池内外箱、充电连接器等系列产品

★奎克(中国)化学有限公司
地址:上海市青浦工业园区天盈路619号
邮编:201700
电话:021/39201666
传真:59227112
网址:www. quakerchem. com
电子信箱:hrcn@ quakerchem. com
产品情况:金属扎制液和金属加工液,QUAKERCOOL 370 KLG高性能重负荷级切削液

★上海沪工焊接集团股份有限公司
地址:上海市青浦区外青松路7177号
邮编:201700
电话:021/51216666、51215999
传真:59713132
网址:www. hugong. com
电子信箱:hugong@ hugong. com
质量体系:ISO 9001
产品情况:(沪工牌)
焊接设备和焊材

★上海山田刀具有限公司
地址:上海市青浦区青东农场西庆路61－6号
邮编:201701
电话:021/69208966
传真:69209362、69209361
电子信箱:sanlei@shanlei.com
质量体系:ISO 9001
产品情况:(三磊牌)
聚晶金刚石、聚晶立方氮化硼、天然金刚石等机床加工的切削刀具
出口情况:出口美国、德国、意大利、法国、俄罗斯、东欧、中东地区

★温泽测量仪器(上海)有限公司
地址:上海市青浦区崧秀路219号
邮编:201703
电话:021/59703088
传真:59703082
网址:www.wenzel－cmm.cn
电子信箱:info@wenzel－cmm.cn
产品情况:(WENZEL牌)
三坐标测量机、齿轮测量仪等

★上海致财电子有限公司
地址:上海市青浦工业园区崧泽大道7666号
邮编:201707
电话:021/59868976、59868975
传真:59868980
网址:www.zchase.com
电子信箱:zzc@zchase.com.cn
质量体系:ISO 9001
产品情况:电接插元件、玻璃熔封电子元件等产品及连续模具、精密模具
出口情况:远销欧美、东南亚,并销往中国香港、中国台湾地区

★上海纳微涂层有限公司
地址:上海市青浦工业园区外青松公路5399号A1厂房
邮编:201707
电话:021/69211890
传真:69211682
电子信箱:nawei@nawei.com.cn
产品情况:刀具、模具涂层

★上海岸本模具制造有限公司
地址:上海市青浦区沪青平公路6335号
邮编:201713
电话:021/59248346、59247110
传真:59248347
网址:www.kishimoto.com.cn
电子信箱:chen@kishimoto com.cn
质量体系:ISO 9000、ISO 14001
产品情况:金属冲压模具
配套情况:为东陶机器(上海)、河村电子(上海)、杭州神林电子、杭芝机电、岸本工业株式会社(日本)、上海石田电子衡器、上海村田机械等供货

★上海埃福梯自动化输送技术有限公司
地址:上海市嘉定区外冈镇沪宜公路5825号
邮编:201800
电话:021/39507200
传真:39507203
网址:www.aft.de
电子信箱:zhang.shishun@aft.sh.cn
质量体系:VDA 6.1、QS 9000
产品情况:(马牌、利用牌)
物料输送成套设备
出口情况:出口日本、英国、东南亚、欧洲、美洲等国家和地区

★上海远松机械有限公司
地址:上海市嘉定区安亭镇泰云路528号
邮编:201801
电话:021/59502961
传真:59502964
电子信箱:farman55@ms41.hinet.net
产品情况:各种刀具磨床
配套及出口情况:为上汽大众、一汽集团、北京现代、上汽依维柯红岩、重庆建设摩托车、浙江钱江摩托车等等供货;出口美国、东南亚、日本、韩国、欧洲等国家和地区

★上海名古屋精密工具股份有限公司
地址:上海市嘉定区马陆镇宝安公路2988号
邮编:201801
电话:021/59155664
传真:59157662、59107181
网址:www.snstc.com
电子信箱:sun_nastec@snstc.com
质量体系:ISO 9001
产品情况:非标刀具量具
出口情况:80%以上的产品远销国外

★亿森(上海)模具有限公司
地址:上海市嘉定区北和公路268号
邮编:201803
电话:021/33517796
传真:33517660
网址:www.yesunsh.com
电子信箱:jinsenmoju@vip.163.com
单位人数:650
质量体系:ISO/TS 16949
产品情况:汽车覆盖件专业模具设计开发制造
配套及出口情况:是国内外主机厂、零部件厂的主要模检具供应商;出口模具占50%以上

★上海卡宝汽车设备有限公司
地址:上海市嘉定区金园一路355号
邮编:201803
电话:021/59114123、59119102
传真:59114123－802
网址:www.shcarbao.com
质量体系:ISO 9001
产品情况:汽车尾气抽排系统、焊接烟尘抽排系统、汽车恒温喷烤漆房、干磨房、压缩空气集中供气系统、汽保设备等
配套情况:为东风日产、郑州日产、广汽丰田、东风本田、东风标致、北京奔驰、上汽乘用车、长安福特、长安马自达等主机厂配套

★上海金妮金属配件有限公司
地址:上海市嘉定区黄渡镇嘉松北路7234号
邮编:201804
电话:021/39531371、13636588822
传真:39531370
网址:www.shjnjs.com
电子信箱:sclfhy@126.com
产品情况:加工制造汽车检具系列

★上海精丰模具压铸有限公司
地址:上海市嘉定区黄渡镇星塔路183号
邮编:201804
电话:021/69597081、18001777243
传真:69597087
网址:www.jfmold.com
电子信箱:design@jfmold.com
单位人数:120
质量体系:ISO/TS 16949
产品情况:各种模具制造及锌、铝合金压铸件

★上海和光模具有限公司
地址:上海市嘉定区安亭镇方园路700号
邮编:201805
电话:021/39508617
传真:39508717
质量体系:ISO 9001
产品情况:汽车用模具及治具的开发设计、制造
配套情况:为天津一汽丰田、东风日产乘用车、广汽本田等配套

★美诺精密压铸(上海)有限公司
地址:上海市嘉定区安亭镇嘉安公路3939号
邮编:201805
电话:021/59563939
传真:59563989
网址:www.mpds.com.cn
产品情况:铝合金压铸模具的设计制造,铝合金汽车零部件的开发和制造

★上海杜卡汽车设备有限公司
地址:上海市嘉定区安亭镇新源路58号10F
邮编:201805
电话:021/39197455、39197485
传真:39197499
网址:www.doocar.com
电子信箱:dc@doocar.cn
质量体系:ISO 9001
产品情况:汽车钣喷维修工具、设备;工业用液压元器件及系统集成等
配套及出口情况:用户遍及上汽通用(别克、雪弗兰、凯迪拉克)、上汽大众、一汽大众、福特汽车、广汽本田、北京汽

车(联合品牌)、北京现代、比亚迪汽车、奇瑞汽车、上海汽车(荣威)、南汽罗孚、菲亚特汽车、东南汽车、海马汽车、奔驰汽车、宝马汽车、沃尔沃汽车、劳斯莱斯汽车、华晨中华、悦达起亚、欧宝汽车、东风标致、神龙富康、东风日产、长城汽车等品牌4S店;远销俄罗斯、乌克兰、乌兹别克斯坦、哈萨克斯坦、以色列、南非、澳大利亚、加拿大、泰国、越南、印度尼西亚等国家,并销往中国香港地区

★上海威客传动元件有限公司
地址:上海市嘉定区安亭镇泽普路577号
邮编:201805
电话:021/31263926、18917399411
传真:39652048
网址:www.vkmotion.com
电子信箱:sales@vkmotion.com
质量体系:ISO 9001
产品情况:上下料机器人、六轴机器人

★上海三道刃模具有限公司
地址:上海市嘉定区徐行镇徐浦路280号一幢
邮编:201808
电话:021/39527231
传真:59552229
电子信箱:lhq170@163.com
产品情况:花键拉刀、推刀、花键轧轮、直纹轧轮、滚丝模、滚刀、成形铣刀等

★上海剑平动平衡机制造有限公司
地址:上海市沪太路7488弄111号
邮编:201809
电话:021/39971327、4007289988
传真:39972969、39973027
网址:www.jpdph.com
电子信箱:m002@jpdph.com
质量体系:ISO 9001
产品情况:传动轴平衡机、多功能平衡机、立式平衡机、圈带平衡机、万向节平衡机、贯流平衡机、自驱动平衡机等
出口情况:远销欧洲、美洲、越南、新加坡、孟加拉国等国家和地区

★柯尔柏斯来福临机械(上海)有限公司
地址:上海市嘉定区安亭镇泰顺路1128号
邮编:201814
电话:021/39587333
传真:39587338
网址:www.schleifring.cn
电子信箱:info@grinding.cn
产品情况:K-P Compact精密数控平面磨床和K-33数控万能内外圆磨床等平面及成型磨,内外圆磨和工具磨机床

★宝密浸渗机械(上海)有限公司
地址:上海市嘉定区嘉安公路1999号
邮编:201821
电话:021/69160313
传真:69160380
网址:www.ultraseal.com.cn
电子信箱:sales@ultrasealshanghai.com
产品情况:浸渗设备、浸渗液和承接来料浸渗加工
配套情况:为宝马、本田、丰田、菲亚特、尼桑、沃尔沃、通用、现代供货;浸渗设备出口德国、西班牙、亚洲等国家和地区

★上海发那科机器人有限公司
地址:上海市宝山区富联路1500号
邮编:201906
电话:021/50327700
传真:50327711
网址:www.shanghai-fanuc.com.cn
质量体系:ISO 9001
产品情况:工业机器人(点焊、弧焊、装配、码垛、材料加工、拾取及包装、机床上下料、喷涂及涂装)产品系列多达240种,负重0.5~1350kg,广泛应用在装配、搬运、焊接、铸造、喷涂、码垛等不同生产环节

江苏省

★南京大恒光电技术有限公司
地址:南京市软件大道2号
邮编:210012
电话:025/52627857、52627859
传真:52627897
网址:www.njdh.com.cn
电子信箱:njdh@njdh.com.cn
质量体系:ISO 9001
产品情况:(大恒牌)
各种激光加工设备和汽车配件行业自动化生产设备,包括全自动汽车内视镜切割生产线、CNC汽车镜周边喷漆机、汽车镜单片自动切割机、CNC双曲率后视镜切割机等
出口情况:远销德国、韩国、新加坡等近20个国家和地区

★历升涂装设备(南京)有限公司
地址:南京市雨花开发区三鸿路1号
邮编:210019
电话:025/52645661、52645663
传真:52645669
网址:www.lihsheng.com
电子信箱:lihsheng@lihsheng.com
质量体系:ISO 9001
产品情况:(LIHSHENG牌)
成套涂装设备及环保设备,铝轮毂涂装线、汽车内外饰件涂装线等
配套情况:为大众、钱江、康明斯、广西柳工、徐工集团等提供涂装生产线

★东华汽车实业有限公司
地址:南京市中央路331号
邮编:210037
电话:025/58009899
质量体系:QS 9000、ISO 9001
产品情况:模具及装备、铸锻毛坯、底盘相关系统(传动系统、动力系统、制动系统、转向系统、悬架系统等)、电子仪表及饰件配件
配套情况:主要客户是上汽集团在南京的整车企业,国内外其他整车企业

★南京贝奇尔机械有限公司
地址:南京市经济技术开发区(新港)恒通大道9号
邮编:210038
电话:025/85801183、8008286000
传真:85802288、85302299
网址:www.bijurdelimon.cn
电子信箱:bijur@bijur.com.cn
质量体系:ISO 9001、ISO 14001
产品情况:(BIJUR牌)
各种润滑泵、特种润滑设备等
出口情况:出口美国、法国、日本、爱尔兰等国家

★南京爱维斯物流装备制造有限公司
地址:南京市江宁经济技术开发区苏源大道118号
邮编:211100
电话:025/52140276、13813081446
传真:52140351
网址:www.njaivis.com
电子信箱:sales@aivisrack.com
质量体系:ISO 9001、ISO 14001
产品情况:汽配制造物流器具等
配套及出口情况:为本田、江淮汽车、五十铃、东风日产乘用车、上汽集团、雅马哈、大众、宇通客车、三一集团、华瑞集团、中远集装箱运输公司、环宇集团等供货;出口亚洲、非洲、拉丁美洲

★小原(南京)机电有限公司
地址:南京市江宁区经济技术开发区董村路5号
邮编:211100
电话:025/52106195、52104395
传真:52104305
网址:www.obara.com.cn
电子信箱:zhanghj@obara.com.cn
质量体系:ISO/TS 16949
产品情况:汽车焊接设备

★南京科润工业介质股份有限公司
地址:南京市江宁区秦淮路31号
邮编:211100
电话:025/52128747 52124899
传真:52101342
网址:www.njkerun.com
电子信箱:mk@njkerun.com
质量体系:ISO 9001、ISO 14001
产品情况:(科润(KERUN)牌、普润(PURUN)牌)
热处理淬火介质(水溶性淬火剂、淬火油)、清洗剂、防锈剂、切削液、切削油、发黑剂、防渗碳涂料、冷墩油、磷化剂等金属加工介质
配套及出口情况:为东风汽车公司、比

亚迪汽车、重汽集团、宝钢集团、万向等配套；出口东南亚地区

★南京二机齿轮机床有限公司
地址：南京市江宁科学园区醴泉路 29 号
邮编：211103
电话：025/52215949、52215948
传真：52250733、52303545
网址：www. nmt2. com
电子信箱：sales@ nmt2. com
单位人数：800
质量体系：ISO 9001
产品情况：数控齿轮加工机床

★沛鑫史宾纳数控机床（南京）有限公司
地址：南京市江宁区滨江开发区翔凤路 11 号
邮编：211103
电话：025/52646800、51199983
传真：52646808
网址：www. euma. com. cn
电子信箱：justin. euma@ hotmail. com
质量体系：ISO 9001
产品情况：各种数控机床
配套情况：为上汽大众、一汽集团、东风汽车公司、南京依维柯、江铃汽车、长城汽车、万向集团等配套

★南京永生焊接装备制造有限公司
地址：南京市江宁区上坊新润路 1 号
邮编：211103
电话：025/52703189、52702701
传真：52701711
网址：www. yswe. com
电子信箱：njys6688@ 126. com
质量体系：ISO 9001
产品情况：汽车及摩托车焊接夹具与辅具
配套情况：为上汽大众焊装线配套，为一汽－大众配套全新概念的德式焊钳，为襄樊天籁车配套具有欧洲风格的机器人焊钳

★南京埃斯顿自动化股份有限公司
地址：南京市江宁经济开发区将军大道 155 号
邮编：211106
电话：025/52785866、4000253336
传真：52785966
网址：www. estun. com
电子信箱：info@ estun. com
质量体系：ISO 9001
产品情况：各类金属板材加工自动控制系统、设备及相关服务

★南京华德仓储设备制造有限公司
地址：南京市江宁区科学园侯焦路 111 号
邮编：211122
电话：025/87151631
传真：52643200
网址：www. huaderack. com
电子信箱：feedback@ huaderack. com
单位人数：400
质量体系：ISO 9001、ISO 14001
产品情况：（华德牌）
汽配库房货架等轻、中、重型货架和自动化立体仓库，用于汽车制造生产线等
出口情况：出口美国、日本、德国、意大利、法国等国家

★江苏舜天新盈轻工业有限公司
地址：南京市溧水开发区秦淮北路 8 号
邮编：211200
电话：025/56619963、56213379
传真：56213379
网址：www. newwin. com. cn
电子信箱：sophia@ saintygroup. com
质量体系：ISO/TS 16949、ISO 14001
产品情况：电泳涂装加工、轻工业制造及出口产品包装，企业为名爵 MG3 系列和 MG TF 系列轿车前后副支架等 7 个零部件做表面涂装
配套情况：为上汽、奇瑞、福特马自达、上汽大众等汽车零部件定点电泳供货商和上汽大众发泡密封定点供应商

★南京大地水刀股份有限公司
地址：南京市高淳县经济开发区茅山路 39 号
邮编：211300
电话：025/57324298、57357817
传真：57324297
网址：www. dardiwaterjet. com
电子信箱：sales@ dardiwaterjet. com
质量体系：ISO 9001
产品情况：超高压平面水切割机系统、超高压空间水切割机系统、超高压水清洗系统
出口情况：远销美国、加拿大、中东、东南亚等 30 多个国家和地区

★扬州市海力精密机械制造有限公司
地址：江苏省扬州市西区盘古工业园区
邮编：211407
电话：0514/87782661、87783721
传真：87783721
网址：www. hailijixie. com
电子信箱：lcp@ hailimachine. com
质量体系：ISO 9001
产品情况：全自动机械式粉末成型压机和精整机
配套情况：宁波东睦、重庆华孚、东磁集团、日本浦和、保来得、厦门东金电子、香港裕丰、株硬集团、自贡科瑞特、飞达集团、长江工具等众多著名企业都成为海力的合作伙伴

★镇江东联仓储设备有限公司
地址：江苏省镇江市新区大港银河路 57 号
邮编：212132
电话：0511/85581279、85582335
传真：85588281
网址：www. otlsystems. com
电子信箱：mktg@ otlsystems. com
董事长：陈洲
质量体系：ISO 9001
产品情况：（OTL 牌）
各类仓储设备和货架系统、钢结构平台、钢结构支撑构件及其他钢结构件、钢制家具、车辆减振系统、汽车零部件、机械部件等，年产 9000tt
出口情况：出口工业货架、汽车配件等，年出口 3000t

★江苏丹阳威龙工具有限公司
地址：江苏省丹阳市经济开发区麒麟路 2 号
邮编：212310
电话：0511/86963711
传真：86965309
网址：www. weilong－tools. com
电子信箱：kevin@ wl－saw. com
质量体系：ISO 9001
产品情况：硬质合金圆锯片
出口情况：出口日本、美国、澳大利亚等国家

★沃得精机（中国）有限公司
地址：江苏省丹阳市埤城沃得工业园
邮编：212311
电话：0511/86342956、86342767
传真：86342956、86342767
网址：www. worldjj. com. cn
电子信箱：sales@ worldjj. com. cn
单位人数：2500
质量体系：ISO 9001、ISO 14001
产品情况：机械压力机、数控冲、剪板机、折弯机、油压机等金属成型锻压设备

★丹阳市荣飞自动化设备有限公司
地址：江苏省丹阳市新桥镇晨阳路南端 18 号
邮编：212322
电话：0511/86357408、13806101569
传真：86357408
网址：www. cnrongfei. com
电子信箱：lrf1569@ 163. com
负责人：冷荣飞
产品情况：汽车摩托车灯具生产流水线专用设备
配套情况：已经为 40 多家车灯厂家供应过设备

★江苏卡威塑料制品有限公司
地址：江苏省丹阳市界牌镇卡威工业园
邮编：212323
电话：0511/86378819、13806105768
网址：www. kaweigroup. com
电子信箱：kvtzycc@ 163. com
质量体系：ISO/TS 16949
产品情况：提供专业的汽车、摩托车等灯具 PC 表面处理、真空电镀及汽车内饰件涂装服务
配套情况：已成为丹东曙光汽车集团、

南汽集团、上汽通用、小糸、长城汽车、上海帝宝、天津一汽、东风汽车、江铃集团等知名企业合作伙伴

★江苏文光模具技术有限公司
地址:江苏省丹阳市窦庄工业园区迎宾大道
邮编:212325
电话:0511/86418666
传真:86417963
网址:www.jswenguang.com
质量体系:ISO/TS 16949
产品情况:注塑模具、冲压模具,同时可对汽车玻璃升降器、门锁、天窗、发动机、排气管、汽车门内板、汽车底盘等精密冲压和包塑件提供设计、开发和生产
配套情况:主要客户有麦格纳(MAGNA)、凯意德(KIEKERT)、恩坦华(INTEVA)、上海阿文美驰、上实交通、镇江阿文美驰、MEXICO ARM、德尔福等

★常州市南夏墅工具有限公司
地址:江苏省常州市钟楼区广化街20号
邮编:213000
电话:0519/86667099、86488026
传真:86531288
产品情况:螺丝刀、模具

★常州市华威亚克模具有限公司
地址:江苏省常州市国家高新区秦岭路155号
邮编:213022
电话:0519/85166608、85166699
传真:85166698、85166001
电子信箱:mould@pub.cz.jsinfo.net
质量体系:ISO 9001
产品情况:各种精密、大型塑模具
出口情况:出口德国、法国、意大利、澳大利亚、日本、韩国、泰国、印度、巴西、马来西亚等国家

★钴领(常州)刀具有限公司
地址:江苏省常州市新北区峨眉山路19号
邮编:213022
电话:0519/85109713
传真:85104832
网址:www.guhringchina.com
电子信箱:info@guhringchina.com
质量体系:ISO/TS 16949
产品情况:各类金属加工刀具
配套及出口情况:与奇瑞、长城、东风、重汽等建立稳定的合作关系;与大众、奔驰、宝马、通用、福特等国外知名品牌有着良好的合作

★常州美翔超声波设备有限公司
地址:江苏省常州市新北区金沙江路5号
邮编:213022
电话:0519/85126720、85126721
传真:85126723
网址:www.meisonics.com
电子信箱:liujifeng@meisonics.com
产品情况:汽车塑料焊接专用设备(汽车内外饰件焊接设备;包括仪表台、保险杠、门板、手套箱、车灯、格栅、储液罐);振动摩擦焊接、热板式杆接、回旋式焊接机、超声波切割(裁断)、埋置等全方位塑料加工设备服务
配套及出口情况:是江森、佛吉亚集团全球指定超声波焊接设备供应商;返销欧洲

★常州日精仪器有限公司
地址:江苏省常州市新北区嵩山北路25号
邮编:213022
电话:0519/85104232
传真:85101232
网址:www.nippon-seiki.co.jp
电子信箱:wangyang@czns.cn
产品情况:仪器、仪表及相关机械配件

★常州远东塑料机械有限公司
地址:江苏省常州市钟楼开发区水杉路61号
邮编:213023
电话:0519/83275353、83270918
传真:83273999
网址:www.czyd.com
电子信箱:info@czyd.com
质量体系:ISO 9001、ISO 14001
产品情况:(远东牌)
包装用聚酯捆扎带,单双层吸塑托盘
出口情况:出口美洲、欧洲、亚洲等多个国家和地区

★常州市科沛达超声工程设备有限公司
地址:江苏省常州市戚墅堰经济开发区潞城镇富民路299号
邮编:213025
电话:0519/88406980、88406982
传真:88406985
网址:www.kepeida.com
电子信箱:cz-kpd@163.com
质量体系:ISO 9001
产品情况:(KePeida牌)
清洗设备、干燥设备、制冷设备、硅片甩干设备、塑胶焊接设备、达克罗涂覆设备等

★瑞顾克斯(常州)机械制造有限公司
地址:江苏省常州市新北区创业路16号粤海工业园3C
邮编:213033
电话:0519/89880190、85602351
传真:89880191
网址:www.rix-cz.com
电子信箱:huajy@rix-cz.com
法人代表(负责人):江头裕明
单位人数:60
产品情况:(RIX牌)
汽车、电子、半导体等行业精密高压、低压清洗装置、高压柱塞泵单元
配套情况:主要客户有DMCF、丰田汽车、爱信AW、利优比压铸、普利司通、三菱电机、东风日产、大众、重庆渝江等

★常州爱派涂装设备制造有限公司
地址:江苏省常州市新北区春江镇创业东路17号
邮编:213034
电话:0519/85865616、13912320565
传真:85860706
网址:www.apex-spraybooth.com
电子信箱:sales@apex-industry.com
产品情况:粉末固化流水线,喷漆、烤漆设备,高、低温烘干固化设备
出口情况:80%的产品出口多个国家和地区

★江苏骠马智能装备股份有限公司
地址:江苏省常州市罗溪镇空港工业园内旺财路59号
邮编:213114
电话:0519/85500908、85500900
传真:85506118、85501024
电子信箱:piaoma@piaoma.cc
质量体系:ISO 9001
产品情况:涂装设备
配套情况:为上汽集团、南京汽车集团、长安汽车、一汽-大众、上汽大众、上汽通用、广汽本田、广汽丰田、北京现代、广汽三菱、江南模塑、宁波华翔、徐工科技、三一重工、ABB、DURR、EISENMANN等供货

★常州市大众涂装设备有限公司
地址:江苏省常州市横山桥
邮编:213119
电话:0519/88611118、13806128806
传真:88601824
网址:www.czdztz.com
电子信箱:dazhong@czdztz.com
产品情况:各种类型的涂装生产线及非标设备设计、制造、安装、调试于一体
配套及出口情况:参与了长安铃木、华晨宝马、一汽丰田、广汽丰田等公司多条大中型汽车涂装线的施工;出口日本丰田工厂和丰田海外工厂、日本高岗工厂、日本东京工厂、日本大阪工厂、加拿大工厂

★常州市武进涂装设备制造厂有限公司
地址:江苏省常州市武进区横山桥镇
邮编:213119
电话:0519/88601531
传真:88601619
网址:www.cztz.com
电子信箱:lp@cztz.com
质量体系:ISO 9001
产品情况:涂装设备
配套情况:为天津一汽丰田、东风悦达起亚、长安福特、长安马自达、广汽本田、北京现代等配套

★常州市宇鹏涂装设备有限公司
地址:江苏省常州市新北区安家镇安宁路49号

邮编:213126
电话:0519/85971303、85974692
传真:85971190
电子信箱:yptz@ yptz. com
质量体系:ISO 9001
产品情况:汽车设备涂装设备,机械设备涂装设备和汽车电泳涂装线等
配套情况:先后承建了一汽集团、东风汽车、长安集团、东风集团、哈轻厂、昌河汽车、扬州客车厂、沈飞日野、郑州日产、东南汽车、安凯汽车集团、湖南长丰、长春长岭、重庆力帆、北京奔驰、日立建机、三一重工、小松山推、吉利集团等大型企业建设的涂装项目

★江苏新瑞重工科技有限公司
地址:江苏省常州市武进高新区凤栖路20号
邮编:213166
电话:0519/86226200
传真:88385508
网址:www. shinri. cn
电子信箱:sales@ shinri. cn
产品情况:(新瑞重工牌、宁夏长城牌、江苏多棱牌)
立式加工中心、卧式加工中心、卧式数控车床、立式数控车床、龙门数控镗铣床/加工中心/五面体/五轴联动、落地数控镗铣床/加工中心、铣端面钻中心孔机床、钻床、柔性制造单元和柔性制造系统等
出口情况:远销美国、加拿大、英国、德国、俄罗斯、巴西、埃及、韩国、越南、新加坡、巴基斯坦、印度等国家

★无锡富瑞德精密机械有限公司
地址:江苏省无锡市锡山开发区蓉通路75号
邮编:214000
电话:0510/88264900、18801510032
传真:88264901
网址:www. wxfriedrich. com
电子信箱:sales@ wxfriedrich. com
质量体系:ISO 9001
产品情况:(WUXI - FRIEDRICH 牌)
专用检具、量仪、自动测量机、测量仪器,主要为汽车发动机、变速器、压缩机、摩托车、电子器件等加工制造业提供在线检测规划和制造配套
配套情况:为上汽大众、上汽通用、格特拉克(江西)传动系统、上汽通用东岳动力总成、大众变速器(上海)、上海汽车变速器、东风汽车、东风康明斯发动机、神龙汽车、一汽无锡柴、一汽大柴、一汽海马等提供包括整条零件加工线量检具或自动测量设备的设计与制造

★无锡威华电焊机制造有限公司
地址:江苏省无锡市无锡新区坊前锡贤路27号
邮编:214011
电话:0510/82443197、82442537
传真:82441814
网址:www. wxwhhj. com
董事长:张荣南
质量体系:ISO 9001
产品情况:各类焊接设备
出口情况:远销东南亚、中东、日本、印度等国家和地区

★伟盈精密模具(无锡)有限公司
地址:江苏省无锡市高新技术开发区新华路8号
邮编:214028
电话:0510/85344868
传真:85344368
网址:www. wellgainwuxi. cn
电子信箱:wxsales@ wellgain. com
质量体系:ISO 9001、ISO/TS 16949
产品情况:模具设计及制造(精密模具制造);精密注塑成型;压铸(铝,锌等合金)下阶段镁压铸;金属冲压

★无锡雅久精工机械有限公司
地址:江苏省无锡市高新技术产业开发区旺庄路188号宝龙广场B座1016室
邮编:214028
电话:0510/81011332、81013829
传真:81018396
网址:www. masa - hisa. com
电子信箱:gm@ masa - hisa. com
产品情况:汽摩配件及不锈钢制品类产品加工

★无锡创科源激光装备股份有限公司
地址:江苏省无锡市国家高新技术产业开发区汉江路15号院18号厂房
邮编:214028
电话:0510/81815708
传真:81001270
网址:www. ckylaser. com
电子信箱:j. wu@ ckylaser. com
质量体系:ISO 9001
产品情况:激光打标机、三维激光切割机、平面激光切割机、激光熔覆系统、激光焊接系统等

★帝发技术(无锡)有限公司
地址:江苏省无锡市锡坤路11号
邮编:214028
电话:0510/88663700
传真:85200685
网址:www. defa. com
电子信箱:sales@ defatechnology. com
产品情况:帝发智能充电器、帝发多功能充电器2×15

★瓦尔特(无锡)有限公司
地址:江苏省无锡市新区新畅南路3号
邮编:214028
电话:0510/85372199
传真:82441380
网址:www. walter - ag. com
电子信箱:webmaster@ wxzgz. com
产品情况:硬质合金可转位刀具,包括车、铣、钻、扩、镗各类刀具及刀具附具

★无锡苏南试验设备有限公司
地址:江苏省无锡市扬名高新技术产业园杨工路8号
邮编:214073
电话:0510/85433387、85433389
传真:85433389
网址:www. wxsunan. com
电子信箱:sunan@ wxsunan. com
单位人数:100
质量体系:ISO 9001
产品情况:高低温试验箱、快速温变试验箱、高低温湿热试验箱等气候环境试验设备

★江苏新光数控技术有限公司
地址:江苏省无锡市锡山开发区科技园D区1号春笋中路40号
邮编:214101
电话:0510/88700768、88207091
传真:88263351
网址:www. wxxg. com
电子信箱:yu@ wxxg. com
质量体系:ISO 9001
产品情况:(新光牌)
工业打标机、金属打标机、铭牌打标机、法兰打标机、非标打标机、光纤激光打标机等产品
出口情况:远销美国、法国、西班牙、日本、韩国、伊朗、澳大利亚、印度尼西亚、土耳其等国家

★无锡星维激光科技有限公司
地址:江苏省无锡市锡山区东亭春雷路1号
邮编:214101
电话:0510/88211351、13921290999
传真:88318130
网址:www. sunver. com
电子信箱:sunver@ sunver. com
产品情况:激光打标机、激光焊接机、激光切割机、气动打标机、喷码机、金属电化学打标机等
配套及出口情况:为德尔福、万向集团、飞利浦(苏州)、宝钢集团、江苏法尔胜、三星电子(苏州)、东风柳汽、东风汽车公司、锡柴、卡特彼勒等配套;出口美国、加拿大、埃及、新加坡、巴基斯坦等国家,并销往中国香港、中国台湾地区

★科威信(无锡)洗净科技有限公司
地址:江苏省无锡市锡山区安镇胶阳路2929号
邮编:214105
电话:0510/88786861 - 8809
传真:88781573
网址:www. wxkws. net
电子信箱:cleaning@ wxkws. com
质量体系:ISO 9001

产品情况:(科威信(keweison)牌、博思杜尔(Bosduer)牌)
环保型工业清洗设备、清洗剂
出口情况:环保真空碳氢清洗机出口

★白山机工(无锡)机械有限公司
地址:江苏省无锡市新区梅村工业园锡达路230号
邮编:214112
电话:0510/88552180、88552181
传真:88550097
网址:www.dd-hakusan.com
电子信箱:wuxi@hakusankiko.com.cn
质量体系:ISO 9001、ISO 14001
产品情况:各类切削输送、过滤净化、冷却油压装置,用于内燃机、汽车等制造行业

★无锡诺飞高新技术有限公司
地址:江苏省无锡市新区鸿山街道鸿祥路32号
邮编:214145
电话:0510/85440018
传真:85440028
电子信箱:jiawei.cao@gpmauto.com
法人代表(负责人):曹嘉伟
单位人数:90
质量体系:ISO/TS 16949
产品情况:汽车零部件冲压、汽车零部件模具、模具备件的设计和生产

★无锡曙光模具有限公司
地址:江苏省无锡市新区鸿山镇机光电工业园鸿达路106号
邮编:214145
电话:0510/82403952
传真:82414974
网址:www.wuxi-dawn.com
电子信箱:market@wuxi-dawn.com
单位人数:600
质量体系:ISO/TS 16949、ISO 14001
产品情况:(曙光牌)
汽车底盘、车身、排气系统等各类冲压模具及精密多工位级进模具
配套及出口情况:主要客户有上汽通用、上汽大众、上海汇众、克莱斯勒、阿文美驰、弗吉亚、安德鲁、本特勒、通用电器、格兰富、麦格纳、博世等;出口北美洲、欧洲

★无锡出新兴达电镀涂装设备有限公司
地址:江苏省无锡市惠山区杨市镇出新工业园
邮编:214154
电话:0510/83552992、83558693
传真:83551954
网址:www.wxxdep.com
电子信箱:wxxdep@wxxdep.com
产品情况:各类电镀设备、表面预处理设备及磷化氧化设备、涂装设备、电镀涂装废水及废气处理设备
配套情况:为安徽安驰、一汽锡柴、仪征双环活塞环、无锡威孚等提供设备

★无锡市阳通机械设备有限公司
地址:江苏省无锡市惠山区阳山镇
邮编:214155
电话:0510/83691941、83691884
传真:83691881
网址:www.yangtong.com.cn
电子信箱:yt@yangtong.com
质量体系:ISO 9000
产品情况:成套焊接装备、数控切割设备、钢结构生产线、清理涂装设备等
出口情况:远销东南亚、中东、欧美等地区

★无锡市科巨机械制造有限公司
地址:江苏省无锡市滨湖区胡埭镇鸿翔村环镇西路
邮编:214161
电话:0510/85593458、85590929
传真:85590456
网址:www.wxkeju.com
电子信箱:sales@wxkeju.com
质量体系:ISO 9001
产品情况:制冷设备
配套情况:为中国重汽、华锐重工等企业服务

★无锡市明兴表面处理设备有限公司
地址:江苏省无锡市惠山区西漳工业园
邮编:214171
电话:0510/83756570、83508377
传真:83751926
网址:www.wxmingxing.com
电子信箱:mingxing@wxmingxing.com
产品情况:(明兴牌)
清洗机、抛丸机、涂装生产线、电镀生产线、自动物流输送成套设备、清洗剂、振动光饰机、烘干机、喷沙机、研磨机等

★无锡伟光抛丸材料有限公司
地址:江苏省无锡市惠山区西漳工业园区漳鸿路10-8号
邮编:214171
电话:0510/83751359、83507688
传真:83502089
网址:www.wgob.cn
电子信箱:sales@wgob.cn
质量体系:ISO 9001
产品情况:雾化不锈钢丸、高铬不锈钢丸、光亮剂、磨液、磨料、抛丸机、研磨机等

★无锡东源机械制造有限公司
地址:江苏省无锡市惠山区西漳工业园西昌路28号
邮编:214171
电话:0510/83500124、13812044400
传真:83756088、83500076
网址:www.wx-dy.com
电子信箱:info@wx-dy.com
质量体系:ISO 9001
产品情况:清洗机、磨光机、喷砂机、去毛刺抛光机、研磨机、抛丸机、烘干机等

★无锡泰源机器制造有限公司
地址:江苏省无锡市惠山区西漳工业园漳鸿路19号
邮编:214171
电话:0510/83751451、83751091
传真:83751377
网址:www.wuxitaiyuan.com
电子信箱:tyjq@wuxitaiyuan.com
单位人数:300
质量体系:ISO 9001
产品情况:(星月牌)
抛丸机、研磨机、砂带机、喷砂机及专用清洗涂装设备

★无锡福森机械制造有限公司
地址:江苏省无锡市西漳西昌路9-2号
邮编:214171
电话:0510/83503581、83503140
传真:83503582、84060383
网址:www.fusunjx.com
电子信箱:info@fusunjx.com
质量体系:ISO 9001
产品情况:抛丸机、清洗机、研磨机、砂带机、烘干机、除尘设备、涂装机等

★无锡市威力液压机械厂
地址:江苏省无锡市惠山开发区堰桥配套区堰锦路17号-4
邮编:214174
电话:0510/83570400、13701513680
传真:83570401
网址:www.wlyyj.com
电子信箱:sales@wlyyj.com
产品情况:(威力牌)
各种规格型号液压机

★无锡翔辉机械制造有限公司
地址:江苏省无锡市惠山区堰桥工业园区堰桥路35号
邮编:214174
电话:0510/83570771、83570791
传真:83570071、83599381
网址:www.wxxianghui.com
电子信箱:sales@xianghuijx.com
单位人数:120
质量体系:ISO 9001
产品情况:(翔辉牌)
系列化表面处理成套设备

★无锡惠发特精密机械有限公司
地址:江苏省无锡市惠山区堰桥工业园堰桥路3号
邮编:214174
电话:0510/8374574
传真:8374574
电子信箱:wuxihuifate@126.com
法人代表:谢小贤
单位人数:70
质量体系:ISO 9001、ISO 14001
产品情况:汽车、摩托车减振器自动化

智能设备

★无锡大力液压机械厂
地址:江苏省无锡市惠山区堰桥经济开发区堰丰路5号
邮编:214174
电话:0510/83743799、83570731
传真:83748583
网址:www.dlyyjx.com
电子信箱:sales@dlyyjx.com
法人代表:李建勇
质量体系:ISO 9001
产品情况:(大力牌)
　单柱液压机、液压校直机、四柱液压机、钢板校平液压机、多功能折边机、汽车桥校正液压机、整形液压机、压力传感液压机、非标液压机等
配套情况:为吉利汽车、青年汽车、保定长城、一汽锡柴、长春富奥依斯克拉汽车电器、上海新大洲等配套

★无锡市金菲尔机械有限公司
地址:江苏省无锡市堰桥工业园堰桥路39号
邮编:214174
电话:0510/83571747、13814231113
传真:83572347
网址:www.wxjfe.com
电子信箱:ydycg@sina.com
质量体系:ISO 9001
产品情况:清洗机、烘干机、涂油机等表面处理设备

★无锡市蓝力机床有限公司
地址:江苏省无锡市堰桥镇锡玉路98号
邮编:214174
电话:0510/68915900、83741195
传真:83570667
网址:www.wxlanli.com
电子信箱:wxlanli@163.com
质量体系:ISO 9001、ISO 14001
产品情况:(蓝力牌)
　液压机、挖掘机配件
配套及出口情况:为一汽集团、东风汽车公司、长安汽车、庆铃汽车、重庆建设雅马哈、林海雅马哈、泰州春兰、上汽大众、万向钱潮、锡柴等配套;远销欧洲、美洲、俄罗斯、东南亚、中东地区

★天奇自动化工程股份有限公司
地址:江苏省无锡市惠山区洛社镇洛藕路288号
邮编:214187
电话:0510/83311041
传真:83313751
网址:www.chinaconveyor.com
电子信箱:conveyer@publicl.wx.js.cn
董事长:白开军
负责人:杨雷
单位人数:1480
质量体系:ISO 9000
产品情况:汽车总装物流自动化系统、汽车焊装物流自动化系统、车身储存物流自动化系统、汽车涂装物流自动化系统等
配套及出口情况:为一汽-大众、一汽红旗、一汽解放、神龙汽车、上汽集团、广汽本田、长安铃木、长安福特、长安马自达、奇瑞汽车、吉利汽车等国内著名企业提供汽车制造装配成套自动化生产系统,被通用、大众、福特、丰田、本田、日产、铃木、现代等汽车公司纳入其全球采购体系;出口东南亚、日本、马来西亚、印度、泰国、越南等国家和地区

★江阴市金桥机械设备有限公司
地址:江苏省江阴市新桥镇南环路
邮编:214426
电话:0510/86127870、13506169007
传真:86127815
网址:www.jyjqjx.com
电子信箱:888@jyjqjx.com
质量体系:ISO 9001
产品情况:超声波清洗机等设备

★江苏天骄汽车配套有限公司
地址:江苏省靖江市江平路新丰段7号
邮编:214500
电话:0523/84368888、84369999
传真:84366999
网址:www.jjtianjiao.com
电子信箱:jjtj@vip.163.com
质量体系:ISO 9001
产品情况:(天骄牌)
　模具制造、塑料成型及粉末金属表面涂装
配套情况:为广汽丰田、上汽大众、奇瑞、福莱尔、东风悦达起亚、合力股份、华晨金杯等配套

★靖江三鹏汽车模具制造有限公司
地址:江苏省靖江经济开发区靖城镇工业园区
邮编:214521
电话:0523/88971588、88971587
传真:84633338
网址:www.jjspmj.com
电子信箱:jjspmj@126.com
单位人数:260
质量体系:ISO/TS 16949、ISO 9001
产品情况:汽车冲压件模具及汽车零部件
配套情况:主要客户有:韩国东熙、韩国瑞进、上海萨克斯、德国采埃孚、湖北三环、长春一东、重庆EXEDY、桂林福达等;间接客户有上汽大众、一汽-大众、上汽通用、广汽本田、江苏悦达等

★德派装配自动化技术(苏州)有限公司
地址:江苏省苏州市胜浦路288号
邮编:215001
电话:0512/62512500-600
传真:62512700
电子信箱:biz@deprag.com.cn
质量体系:ISO 9001
产品情况:提供客户定制的拧紧装配设备和产品组装自动化解决方案

★霍丁格·包尔文(苏州)电子测量公司
地址:江苏省苏州市苏州新区横山路106号
邮编:215009
电话:0512/68247776
传真:68255422
网址:www.hbm.com.cn
电子信箱:hbmchina@hbm.com.cn
质量体系:ISO 9001、ISO 14001
产品情况:各类传感器、数据采集系统、测量和分析软件等

★苏州工业园广福汽保机电设备公司
地址:江苏省苏州市宏业路138号A幢
邮编:215021
电话:0512/67541526
传真:67542137
网址:www.bradford.com.cn
电子信箱:bradford@bradford.com.cn
质量体系:ISO 9000
产品情况:(BF牌)
　制动液光放机、内窥镜、尾气分析仪、汽缸压力仪等10余种汽保设备
配套情况:除已和上汽大众、一汽-大众、上汽通用、东风汽车建立长期友好合作关系外,同时还为长安集团、奇瑞、沈阳华晨等公司提供产品和服务

★苏州苏净安发空调有限公司
地址:江苏省苏州工业园区中新科技城唯新路2号
邮编:215122
电话:0512/68257900、4008591686
传真:68252606
网址:www.aimfar.com.cn
电子信箱:jf@aimfar.com.cn
质量体系:ISO 9001
产品情况:汽车涂装线空调器制造商、厂房供暖通风与空气调节系统工程服务配套商
配套情况:为一汽集团、东风汽车公司、上汽集团、长安集团、北汽集团、奇瑞汽车、长城汽车、吉利汽车、比亚迪汽车、宇通客车、金龙客车、徐工集团、中联重科等大中型汽车厂配套

★苏州阿诺精密切削技术股份有限公司
地址:江苏省苏州市工业园区跨塘分区宝达路8号
邮编:215122
电话:0512/62877712、62877716
传真:62561293
网址:www.ahno-tool.com
电子信箱:info@ahno-tool.com
单位人数:300
质量体系:ISO 9001
产品情况:从事各类高品质精密金属切

削刀具的制造和修磨服务
配套情况：汽车制造业的销售额大约占60%，客户有大众、通用、福特汽车等

★苏州博实机器人技术有限公司
地址：江苏省苏州工业区金鸡湖大道99号苏州纳米科技城NW－09号楼
邮编：215123
电话：0512/87171377、18606218512
传真：87171377－2003
网址：www. bsrobot. com. cn
电子信箱：market@ bsrobot. com. cn
质量体系：ISO 9001
产品情况：教学机器人、柔性制造系统、工业机器人、智能移动及特种机器人

★苏州市和科达超声设备有限公司
地址：江苏省苏州市相城区黄桥镇兴旺路和科达工业园
邮编：215132
电话：0512/65781623、65780203
传真：65785362
网址：www. hekeda. net
电子信箱：sale_suzhou@ hekeda. cn
质量体系：ISO 9001
产品情况：（和科达牌）
超声波清洗机、碳氢清洗机、高压喷淋机等清洗设备
出口情况：部分产品出口

★苏州益群模具有限公司
地址：江苏省苏州市高新区浒关工业园浒莲路68号
邮编：215151
电话：0512/69202558
传真：69202559
电子信箱：yiqun@ yiqunmould. com
质量体系：ISO 9002
产品情况：注塑模具、橡胶模具及压铸模具、检具
配套情况：为上汽大众、通用、神龙汽车等配套

★苏州东风精冲工程有限公司
地址：江苏省苏州市高新区新亭路18号
邮编：215151
电话：0512/66161055
传真：66161050
网址：www. dffbsz. com
电子信箱：dffbskb@ dfl. com. cn
质量体系：ISO/TS 16949、OHSAS 18001
产品情况：精冲零件、乘用车变速器操纵机构和精冲模具

★苏州纽康特液压升降机械有限公司
地址：江苏省苏州市相城区望亭镇问渡路16号
邮编：215155
电话：0512/65386588、65381124
传真：65381182
网址：www. newcount. com. cn
电子信箱：sales@ newcount. com. cn
质量体系：ISO 9001
产品情况：（纽康特牌）
高空作业平台，货物举升平台和各种特殊形式的升降台产品
出口情况：出口欧洲、美洲等地区

★苏州东菱振动试验仪器有限公司
地址：江苏省苏州市高新区科技城龙山路2号
邮编：215163
电话：0512/66652225
传真：66655669
网址：www. testunit. com
电子信箱：sales@ donglingtech. com
质量体系：ISO 9001
产品情况：各种汽车测试与试验设备，动力总成测试设备
出口情况：远销美国、德国、法国、英国、韩国、日本等40多个国家及地区

★苏州明志科技有限公司
地址：江苏省苏州市吴江区同里镇同周公路1号
邮编：215217
电话：0512/63329988、13913160510
传真：63327711
网址：www. mingzhi－tech. com
质量体系：ISO 9001
产品情况：铝合金铸造设备、模具以及相关系统；铝镁合金铸件
配套情况：为一汽轿车、云内动力、采埃孚、福依特配套

★苏州信能精密机械有限公司
地址：江苏省苏州市吴江区菀坪同心东路32号
邮编：215223
电话：0512/63392098
传真：63397905
网址：www. szlugong. com
电子信箱：szlugong@ 163. com
产品情况：（鲈工牌）
珩磨机、珩磨工具，广泛应用于航空、航天、汽车、摩托车等领域
配套情况：服务于中航工业西飞国际、中船重工红江机器厂、西安航空动力、三一重工、奇瑞汽车、比亚迪汽车、凤阳液压（183厂）、中国兵器装备建设机器厂、中国运载火箭研究院、中国航天5院、日本本田、德国博世、日本电装、韩国现代等一大批国内外知名企业

★江苏荣腾模具部品制造有限公司
地址：江苏省昆山市城北大道红杨路东盛路318号
邮编：215300
电话：0512/57789406、57772307
传真：57789407
网址：www. rontem. com
电子信箱：sales@ rontem. com
单位人数：160
质量体系：ISO/TS 16949
产品情况：各类电动机铁芯（汽车电动机、空调压缩机、水泵、电动工具、风力发电机等）、汽车电器、电表及变压器铁芯高速冲级进模，电动机冲片复合模及转子铝压铸模

★昆山东源明欣模具有限公司
地址：江苏省昆山市模具开发区城北成功路177号
邮编：215300
电话：0512/57750630
传真：57750321
产品情况：接插件及塑胶模具

★牧野机床（中国）有限公司
地址：江苏省昆山市玉山镇牧野路2号
邮编：215316
电话：0512/57778000
传真：57779900
网址：www. makino. com. cn
电子信箱：info@ makino. com. cn
质量体系：ISO 9001、ISO 14001
产品情况：（牧野牌）
三轴及以上联动的数控机床、数控系统、伺服装置及零部件和相关产品的研究开发，机器相关应用软件的开发生产

★昆山崇粲机械有限公司
地址：江苏省昆山市周市新镇新浦路东999号
邮编：215337
电话：0512/57667999
传真：55122808
网址：www. ksccjx. com
电子信箱：ksccjx@ 163. com
产品情况：专业从事以汽车零件工装夹治检具、冷冲模具及各种试验自动化非标设备设计制作、奈维精密回转型空油压夹头制造
配套及出口情况：为上汽、通用、大众、雷诺、福特等制作了内外饰、钣金零部件检具、夹具等产品；国外客户占70%

★昆山拿雅纳精密模具有限公司
地址：江苏省昆山市千灯镇宏洋路88号10栋
邮编：215341
电话：0512/82602801
传真：82602806
网址：layana. com. cn
电子信箱：layana@ layana. com
质量体系：ISO/TS 16949
产品情况：金属件与注塑件生产组装

★埃马克机床（太仓）有限公司
地址：江苏省太仓市娄江北路8号仓能欧美科技坊3号
邮编：215400
电话：0512/53574098
传真：53575399
网址：www. emag. com
电子信箱：info@ emag－china. com

质量体系:ISO 9000
产品情况:为用户提供集成多种不同工艺的机床

★常熟明辉焊接器材有限公司
地址:江苏省常熟市支塘窑镇
邮编:215531
电话:0512/52551952、52511651
传真:52558691
网址:www. changshu. cc
电子信箱:tanjiany@ pub. sz. jsinfo. net
质量体系:ISO 9001
产品情况:(常合牌)
焊接电极、电极帽、电极接杆、电极臂、焊钳、车身焊接装夹具、车身焊接分拼、总成生产线
配套及出口情况:为上汽大众、一汽-大众、神龙汽车、上汽通用等供货;出口德国、加拿大、东南亚等国家和地区

★江苏迎阳无纺机械有限公司
地址:江苏省常熟市支塘镇任阳工业园区
邮编:215539
电话:0512/52584272、52587768
传真:52588372
网址:www. yingyang. cn
电子信箱:yingyang@ china - nonwovens. com
单位人数:400
质量体系:ISO 9001
产品情况:(迎阳牌)
汽车内饰生产线等
出口情况:远销德国、俄罗斯、波兰、美国、南美洲、中东、东南亚等60多个国家

★张家港华丰重型设备制造有限公司
地址:江苏省张家港市经济开发区
邮编:215600
电话:0512/58686628、58698361
传真:58686638
网址:www. kingswel. com. cn
电子信箱:hfsales@ kingswel. com
质量体系:ISO 9001
产品情况:(王牌)
专业从事吹塑加工设备
出口情况:远销欧洲、美国、日本、东南亚、中东、俄罗斯等国家和地区

★张家港鼎太精机制造有限公司
地址:江苏省张家港市南丰镇海丰路19号
邮编:215600
电话:0512/56992368、13962259809
传真:56992360
网址:www. dtwgj. com
电子信箱:zjgdtjx@ 163. com
质量体系:ISO 9001
产品情况:DT系列单头弯管机、双头液压弯管机、缩管机、锥缩压花机、卷弯机、带料架金属圆锯机、造齿修磨机、金属圆管/圆棒端面倒角机、自动铆接机等各类管型材加工机械,产品广泛应用于汽车、摩托车等行业

★张家港市超声电气有限公司
地址:江苏省张家港市金港大道1001号
邮编:215618
电话:0512/58591345、58596000
传真:58592295
网址 www. zjgsdcs. com
电子信箱:sales@ zjgsdcs. com
单位人数:100
质量体系:ISO 9001
产品情况:(声达牌)
各类自动化精密清洗机、自动超声波清洗机、自动硅片脱胶/清洗机,自动硅料清洗机、其他非标清洗机,其他自动化设备等
出口情况:远销国外市场

★张家港市港威超声电子有限公司
地址:江苏省张家港市金港大道与西塘公路交界处向西300米
邮编:215618
电话:0512/58598136、18151133683
传真:58598125
网址:www. gw - cn. com
电子信箱:mail@ gw - cn. com
质量体系:ISO 9001、ISO 14001
产品情况:(港威牌)
各类超声波清洗机及相关的清洗配套设备
配套及出口情况:为浙江东阳东磁集团、广东江门粉末冶金厂、德昌(电机)南京、大连万宝至马达、无锡威孚集团、浙江天通控股、一汽集团、浙江玉环双友机械、浙江纵横集团、浙江人本集团等配套;销往中国香港、中国澳门地区

★张家港市三友超音设备厂
地址:江苏省张家港市经济开发区(塘市)
邮编:215618
电话:0512/58597997、58596568
传真:58597989、58596718
网址:www. sanyoucy. com
电子信箱:sanyoucy@ 126. com
质量体系:ISO 9001
产品情况:(sanyou 牌)
超声波清洗设备
出口情况:出口10多个国家和地区

★张家港市百思特超声电气有限公司
地址:江苏省张家港市经济开发区汤联路8号
邮编:215618
电话:0512/58599500、58599600
传真:58599700
网址:www. zjgbstcs. com
电子信箱:webmaster@ zjgbstcs. com
质量体系:ISO 9001
产品情况:超声清洗设备、电镀设备、化纤设备、汽/摩零部件设备

★张家港市港星超声有限公司
地址:江苏省张家港市欧洲工业园
邮编:215618
电话:0512/58591451、58595611
传真:58598108
网址:www. gangxing. com
电子信箱:gangxing@ gangxing. com
质量体系:ISO 9001
产品情况:(港星牌)
超声波清洗机和塑料焊接机
配套及出口情况:为上海日立电器、上汽通用、天津松下、天津摩托罗拉、联合电子、上海纳铁福传动轴、加西贝拉压缩机、常熟白雪集团、浙江万向、中国鹰翔集团、美国杜邦、江苏昆山三丽电镀、无锡威孚、南京金宁、南京898厂、浙江海宁天通配套;远销日本和欧洲

★张家港市科尔超声电子有限公司
地址:江苏省张家港市省经济开发区李巷工业园李巷路38号
邮编:215618
电话:0512/58598880、58160663
传真:58161680
电子信箱:zjgkeer@ 163. com
质量体系:ISO 9001
产品情况:(科尔牌)
零部件清洗机包括超声波清洗机、喷淋清洗机、浸没式清洗机、复合式清洗机和定制专机等各种类型的清洗机

★张家港力勤机械有限公司
地址:江苏省张家港市锦丰镇三兴经济开发区
邮编:215624
电话:0512/58578986、18906248978
传真:58536299
网址:www. zsim. com
电子信箱:liqin@ zsim. com
质量体系:ISO 9001
产品情况:汽车内饰件发泡生产线等系列聚氨酯发泡设备

★江苏合丰机械制造有限公司
地址:江苏省张家港市南丰经济开发区
邮编:215628
电话:0512/58626628、58620857
传真:58620439
网址:www. hefeng. com. cn
电子信箱:hefeng@ hefeng. com. cn
质量体系:ISO 9001
产品情况:系列弯管机、SG系列管端成型机、YJ系列金属圆锯机、铆接机、磨齿机等

★和和机械(张家港)有限公司
地址:江苏省张家港市南丰镇海新北路2号
邮编:215628
电话:0512/58621380、58627898
传真:58620007
网址:www. soco. com. cn

电子信箱:marketing@ soco. cn
质量体系:ISO 9001
产品情况:(和和牌)
切管机、弯管机、激光切割机、激光切管机、管子倒角机以及管端成型机等四大系列共60多种机型产品
出口情况:出口欧洲、美洲、东南亚

★徐州市黄河仪器仪表厂
地址:江苏省徐州市环城路81号
邮编:221005
电话:0516/83571121、13805202750
传真:83571121
电子信箱:jsxcdaijun@ msn. com
质量体系:ISO 9001
产品情况:汽缸压力表系列、轮胎压力表系列、燃油压力表、自动波箱机油压力表、电子喷射燃料系统测试套件,液压检测仪,工作灯等
配套情况:为多家汽车厂配套

★ 徐州达一锻压设备有限公司
地址:江苏省徐州市鼓楼工业园
邮编:221007
电话:0516/85771077、85771369
传真:85882077
网址:www. xzdy. net
电子信箱:dydy998@ 126. com
质量体系:ISO 9001
产品情况:40~15000t 液压机产品
出口情况:出口亚洲、大洋洲、美洲、非洲等20余个国家和地区

★徐州永冠环保科技有限公司
地址:江苏省徐州市三环西路311国道夹河收费站西正民大道西隔壁
邮编:221151
电话:0561/4171996、13605203917
传真:4171995
网址:www. yagogue. com
电子信箱:yagogue@ 163. com
质量体系:ISO 9001
产品情况:各类橡胶及塑料破碎机、废旧轮胎破碎回收成套环保设备
出口情况:出口西班牙、土耳其、沙特阿拉伯、阿联酋、南非、马来西亚、印度、泰国、新加坡、日本、波兰、苏丹、墨西哥、秘鲁、巴西、哥斯达黎加等国家

★江苏中大工业涂装环保有限公司
地址:江苏省盐城市通榆南路143号
邮编:224002
电话:0515/66660888
传真:66669000
电子信箱:zondatz@ 163. com
质量体系:ISO 9001
产品情况:(中大牌)
涂装设备,包括前处理、电泳设备,各类喷漆、喷粉和烘干,以及机械化物流等设备
配套及出口情况:承建的典型工程有北京现代、广汽本田、四川一汽丰田、广汽三菱、上汽大众、上海华普、长春顺华、金龙客车、重庆宇通、金陵双层客车、安凯客车、广州五十铃、北京汽车、陕西重汽、一汽锡柴、镇江汽车、湖北双龙、东风南充、徐工集团、三一重工、北方重工、长沙中联、通用电气、江南模塑、多保精密、曙光车桥、海通车桥等;出口美国、越南、德国、泰国、日本等国家

★中大工业集团公司
地址:江苏省盐城市开放大道100号
邮编:224003
电话:0515/88201666、88188888
传真:88333777
网址:www. zonda. com
产品情况:(ZHONGDA 牌)
具有年产汽车维修检测设备、城市自动洗车设备10万台(套)的能力
出口情况:中大汽车设备产品覆盖60多个国家和地区

★江苏中宝机械科技有限公司
地址:江苏省盐城市盐都区大纵湖镇义丰工业集中区中宝路1号
邮编:224005
电话:0515/88171778、88588029
网址:www. zbjx. cn
电子信箱:zb@ zbjx. cn
单位人数:200
质量体系:ISO 14001
产品情况:(中宝牌)
承揽涂装设备、环保机械、化纤机械、电镀机械、电热电器等产品的整套工程的设计、制作、安装、调试
配套情况:广泛应用于湖北福田汽车、安徽江淮乘用车、滁州扬子客车、通用集团太原专用车、山西长治清华机械厂等国内外100多家大型集团公司

★江苏中大三协汽车装备有限公司
地址:江苏省盐城市经济开发区新园路88号
邮编:224007
电话:0515/88286100、88882020
传真:88285432
网址:www. sankyoreels. cn
电子信箱:18905117766@ 189. cn
质量体系:ISO 14001、ISO 9001
产品情况:各种绕线器
配套情况:是广汽本田、东风标致等多家汽车厂建站制定产品,也是多家著名汽车快修连锁及汽车美容连锁品牌的指定供应商

★鑫之宇涂装工业有限公司
地址:江苏省盐城市盐渎路100号
邮编:224007
电话:0515/88668678、88668688
传真:88666166
电子信箱:xzytz@ 126. com
质量体系:ISO 9001、ISO 14001
产品情况:涂装机械等,已承接过客车喷漆烘干室、轿车喷漆烘干室、车桥涂装生产线等
配套情况:为中车集团、济南柴油机厂、山东华光机械厂、四川一汽丰田、安徽安凯客车、淄博柴油机厂、重汽集团、东风特汽等配套

★江苏坤泰机械有限公司
地址:江苏省盐城市冈中振冈工业区
邮编:224042
电话:0515/88869412、4001100806
传真:88866569
网址:www. cnkuntai. com
电子信箱:info@ cnkuntai. com
质量体系:ISO 9001
产品情况:复合机械、裁断机械等

★江苏长虹智能装备集团有限公司
地址:江苏省盐城市亭湖新区希望大道5号(环保大道6号(新厂区))
邮编:224051
电话:0515/88183168
传真:88182168
网址:www. echangnong. com
电子信箱:qiu_qiu_@ hotmail. com
单位人数:800
质量体系:ISO 9001
产品情况:(长虹牌)
专业从事汽车、工程机械的涂装、总装、焊装生产线的设计、制造、安装、调试和售后服务
配套情况:曾为北汽福田诸城车辆厂、吉利集团、广汽吉奥建立涂装或总装生产线

★江苏振世达汽车模具有限公司
地址:江苏省扬州市江都区丁沟镇振兴东路27号
邮编:225000
电话:0514/86388888、86381888
传真:86387777
网址:www. zhensnida. com
电子信箱:zsd@ zmc. cc
董事长:黄振荣
单位人数:280
质量体系:ISO 9001
产品情况:主营汽车覆盖件模具,兼营汽车冲压件,为汽车、客车及工程机械制造企业提供钣金焊装、涂装、装潢、总装及客车、豪华客车四大工艺交钥匙工程,劳务加工承包服务
配套情况:为上汽、江淮、奇瑞、亚星商务车、大宇、徐工、临工、山工、柳工、卡特、五征集团等汽车、工程机械企业配套

★扬州琼花涂装工程技术有限公司
地址:江苏省扬州市汶河北路31号
邮编:225000
电话:0514/87314737、87387141

传真:87320650
网址:www. qhhb. com. cn
电子信箱:yzqhtz@126. com
质量体系:ISO 9000
产品情况:(琼花牌)
汽车涂装环保设备等
配套情况:为日本雅马哈、韩国现代、香港亚美集团、泰国四环集团、加拿大庞巴迪-鲍尔、宗申集团、一汽集团、三江雷诺、重庆江南汽车、徐工集团、南京金城集团、江淮动力、北汽福田等配套

★扬州格尔仕电源科技有限公司
地址:江苏省扬州市临江路188号
邮编:225102
电话:0514/87583241、15105254080
传真:87580850
网址:www. yanghui. com
电子信箱:yzgrs_service@163. com
质量体系:ISO 9001
产品情况:功率稳压稳流开关电源、线性电源、可控硅电源、电动汽车智能充电机、变频电源、逆变电源、程控电源、电镀电源、军品系列电源、LED灯专用电源、汽柴油机起动电源等

★扬州捷迈锻压机械有限公司
地址:江苏省扬州市邗江经济开发区吉安路206号
邮编:225127
电话:0514/87848132
传真:87848132
网址:www. yzjmdy. cn
质量体系:ISO 9001
产品情况:(捷迈牌)
2000t及以下闭式单点、双点、四点机械压力机,5000t及以下液压机及金属板材加工自动化生产线;广泛用于汽车制造等行业
出口情况:远销东南亚、非洲、中东、南美洲等地区

★江苏扬力集团有限公司
地址:江苏省扬州市邗江经济开发区扬力路99号
邮编:225127
电话:0514/87848251、87848253
传真:87848290、87846480
网址:www. yangli. com
电子信箱:yll@ yangli. com
单位人数:5300
质量体系:ISO 9001
产品情况:(扬力牌)
数控转塔冲床、压力机、剪板机、折弯机、液压机、数控激光切割机、自动生产线
出口情况:出口欧洲、美洲、东南亚等几十个国家和地区

★江苏特牛电源有限公司
地址:江苏省扬州市维扬经济开发区小官桥路20号
邮编:225200
电话:0514/87639993、85122288
传真:85122289
网址:www. shek. cn
电子信箱:sales@ shek. cn
质量体系:ISO 9001
产品情况:(SHEKONIC牌、西康尼克牌、特牛牌)
新能源汽车充电桩、新能源超级电容车充电站、动力电池模拟电源等特种大功率直流稳定电源、特种变频电源
出口情况:远销东南亚、欧美市场

★ 扬州锻压机床股份有限公司
地址:江苏省扬州市邗江经济开发区华钢路1号
邮编:225128
电话:0514/87849888、87518986
传真:87849480
网址:www. duanya. com. cn
电子信箱:yz@ duanya. com. cn
单位人数:1200
质量体系:ISO 9001
产品情况:各类开式、闭式单/双点压力机、高速冲床、肘杆压力机、精冲机、热模锻压力机、冷锻压力机、粉末成形压力机、多工位压力机、单机/多机联线/级进模冲压生产线、锻压成套设备等,主导产品通过CE认证. 产量:4000台(套)
出口情况:出口30多个国家地区
☞ 详细情况请参阅彩色宣传版面

★扬州斯普莱机械制造有限公司
地址:江苏省扬州市江都区仙城工业园
邮编:225200
电话:0514/86854388、86850719
传真:86850719、86850723
网址:www. spl. cn
电子信箱:spl@ spl. cn
单位人数:500
质量体系:ISO 9000、ISO 14001
产品情况:涂装工程系统、喷烤漆房系统、环保节能热洁炉系统、智能静电喷塑系统

★扬州市邮谊工具制造有限公司
地址:江苏省高邮市东环路88号
邮编:225600
电话:0514/84499919、18105257178
传真:84499668
网址:www. yzyouyi. com
电子信箱:yzyouyi@ vip. 163. com
董事长:周启付
质量体系:ISO 9001
产品情况:(邮谊牌)
各种高品质标准、异型、螺旋拉刀、非标拉刀,高精度齿轮滚刀、链轮滚刀、矩形镶片等各类滚刀,以及各类量、验具

★南通德鑫数控机床有限公司
地址:江苏省南通市天生港工业园区天通路98号
邮编:226003
电话:0513/85603958
传真:85603858
网址:www. dxcnc. cn
电子信箱:gdq@ dxcnc. cn
质量体系:ISO 9001
产品情况:活塞环、凸轮轴、轴瓦等专业加工设备及数控机床
出口情况:部分产品出口美国、巴西、泰国、伊朗等国家

★南通常测机电设备有限公司
地址:江苏省南通市港闸区黄海路618号
邮编:226006
电话:0513/85630288、85636555
传真:85636558
网址:www. ntccjd. com
电子信箱:nt-ct@163. com
质量体系:ISO 9001
产品情况:发动机测功机和台架、汽车尾气排放测试设备、汽车及零部件检测设备、测试设备辅助装置
配套情况:为潍柴动力、江铃VM发动机、一汽锡柴、常州亚美柯动力、奇瑞、常发、重庆长安铃木、比亚迪、上汽、重汽杭发等供货

★江苏南通电熔爆股份有限公司
地址:江苏省南通市任港路35号
邮编:226006
电话:0513/83549136、83549119
传真:83549108
网址:www. china-drb. com
电子信箱:sales@ china-drb. com
质量体系:ISO 9000
产品情况:电熔爆机床、模具
配套情况:客户有美国通用电气、宝钢股份、安徽海螺集团等

★南通秦海机械有限公司
地址:江苏省南通市江通路30号
邮编:226011
电话:0513/85667501
传真:85669930、85667501-233
质量体系:ISO/TS 16949
产品情况:精密铸件、模具

浙江省

★史陶比尔(杭州)精密机械电子有限公司
地址:杭州市经济技术开发区围垦街123号
邮编:310018
电话:4006670066
传真:0571/86912577
网址:www. staubli. com. cn
电子信箱:robots. cn@ who-needs-spam. staubli. com
质量体系:ISO 9001

产品情况:全系列TX、RX系列机器人、4轴SCARA机器人、6轴机械手

★杭州鼎盛科技仪器有限公司
地址:杭州市余杭区通运路427号
邮编:311112
电话:0571/88752761
传真:88752765
网址:www.dingshengkeji.com
电子信箱:dingshengkeji@dingshengkeji.com
质量体系:ISO 9001
产品情况:光电检测及智能化仪表、机动车灯具检测设备
配套情况:为一汽集团、东风汽车公司、南京汽车集团、江苏冠东车灯、上海钻石车灯分公司、上海辉碟车镜、上海盈田车镜、浙江车灯、浙江嘉利工业、湖南株洲湘火炬汽车灯具、重庆隆鑫集团等配套

★杭州凯尔达机器人科技有限公司
地址:杭州市萧山经济技术开发区红垦农场垦辉五路6号
邮编:311215
电话:0571/82765555
传真:83789557
网址:www.robotweld.cn
电子信箱:kaierdarobot@163.com
质量体系:ISO 9001
产品情况:焊接、切割、搬运的各类机器人工作站/生产线,以及机器人专用的焊接电源、变位机、行走轨道、接触传感等配套设备

★杭州友佳精密机械有限公司
地址:杭州市萧山经济技术开发区市心北路120号
邮编:311215
电话:0571/82831393
传真:82832353
网址:www.feeler.com.cn
电子信箱:feeler@public.xs.hz.zj.cn
质量体系:ISO 9001、ISO 14000
产品情况:立式、卧式加工中心系列,龙门型五面五轴加工中心系列,CNC车床系列,柔性制造系统(FMS),数控线切割机,电子加工设备等

★杭州先临三维科技股份有限公司
地址:杭州市萧山区建设一路66号华瑞中心A座18楼
邮编:311215
电话:0571/82999589、4000799666
传真:82999510
网址:www.shining3d.com
电子信箱:cnsales@shining3d.com
质量体系:ISO 9001、ISO 14001
产品情况:三维数字化与3D打印,提供包括快速三维测绘、逆向设计、快速模具RTM、快速原型SLA、快速铸造QC、三维检测和制造工艺开发等综合服务方案
出口情况:远销美洲、欧洲、东南亚、中东、澳大利亚等50多个国家和地区

★赛德克金属表面处理技术(杭州)公司
地址:杭州市萧山区红垦农场红泰五路70号
邮编:311232
电话:0571/82696469
传真:82696395
网址:www.surtecchina.com
电子信箱:alanyip@cn.surtec.com
产品情况:针对清洗、酸洗、电镀、钝化、铝阳极化、防蚀、除漆六大范围,专业研发、生产制造、行销高附加值的产品与工艺并提供相关完善的技术服务
出口情况:远销韩国、东南亚市场,并销往中国台湾地区

★杭州杭机股份有限公司
地址:浙江省临安市经济开发区青山大道68号
邮编:311305
电话:0571/88926011、87293747
传真:87296393
网址:www.hzmtg.com
电子信箱:sale@hzmtg.com
质量体系:ISO 9000
产品情况:(杭州牌)
各类平面磨床、数控高精度龙门式平面磨床、数控高精度龙门导轨磨床、数控高精度立式复合磨床、数控高精度成型磨床等
出口情况:出口欧洲、美洲、日本等国家和地区

★浙江鸿森机械有限公司
地址:浙江省诸暨市阮市镇董公开发区
邮编:311802
电话:0575/87696107、87607883
传真:87698985
网址:www.zjhsjx.com
电子信箱:hongsen6@zjhsjx.com
质量体系:ISO 9001、ISO 14001
产品情况:(鸿森牌)
制冷空调各类阀门配件、检修工具、制冷剂回收加注机等系列产品
配套及出口情况:与国内知名空调制冷企业建立长期业务合作关系;出口美国、韩国、南非、中东、大洋洲等国家和地区

★浙江万丰科技开发有限公司
地址:浙江省新昌县高新区万丰科技园新昌泰坦大道206号
邮编:312500
电话:0575/86939565、86297680
传真:86297680
网址:www.wfauto.com.cn
电子信箱:intertrade@wfjt.com
质量体系:ISO 9000
产品情况:工业机器人、工业自动化装备、低压(差压、重力)铸造机等
出口情况:出口澳大利亚、俄罗斯、马来西亚等国家

★浙江湖磨抛光磨具制造有限公司
地址:浙江省湖州市双林镇工业功能区(倪家滩村)
邮编:313012
电话:0572/3625702、3620565
传真:3620026
网址:www.chinahumo.com
电子信箱:chinahumo@163.com
单位人数:400
质量体系:ISO 9001
产品情况:抛磨块、光饰机、抛光液、研磨介质
出口情况:远销美国、日本、澳大利亚、新加坡、马来西亚、土耳其、荷兰等50多个国家和地区

★长兴恒达炉业有限公司
地址:浙江省长兴县林城镇桥南开发区
邮编:313112
电话:0572/6871563、13868256008
传真:6870699
网址:www.qianhanlu.com
电子信箱:yanghui.zj@163.com
质量体系:ISO 9001
产品情况:NB连续式钎焊炉、JNB周期式井式钎焊炉、XNB、XNB2周期式箱式钎焊炉、HB连续式高温钎焊炉等

★浙江恒立数控科技股份有限公司
地址:浙江省德青县武康镇莫干山经济开发区回山路9号
邮编:313200
电话:0572/8832000、8832001
传真:8832222
网址:www.zjhlcnc.com
电子信箱:sales@zjhlcnc.com
质量体系:ISO 9001
产品情况:汽车外覆板冲压成形自动化系统、专业在线机器人、高精度全自动金属板材剪切装备、工业在线自动化检测体系、电力电工自动化装备
配套及出口情况:为东风汽车、上海宝钢等供货;远销日本、韩国、印度、伊朗、埃及、沙特阿拉伯、阿联酋、南非、德国、意大利、荷兰、西班牙、土耳其、俄罗斯、克罗地亚、巴西、墨西哥等30多个国家和地区

★浙江震寰汽保设备有限公司
地址:浙江省嘉兴市七星都市经济园泗花泾路238号
邮编:314000
电话:0573/83882777
传真:83886868
网址:www.trainsway.com
电子信箱:trainswaychina@188.com
质量体系:ISO 9001
产品情况:(TRAINSWAY牌、DELTA

牌)

轮胎拆装机、轮胎平衡机、补胎机、抽油机

出口情况:出口欧洲、美洲、南非、中东、东南亚等地区

★嘉兴精勇精锻机械股份有限公司

地址:浙江省嘉善县惠民街道成功路9号
邮编:314100
电话:0573/84631858
传真:84632555
网址:www. jdmcl. com. tw
电子信箱:jxjyjd@ js. zj. cn
质量体系:ISO 9001
产品情况:(精锻牌)

冷温热模锻机,热锻有 FP、FPG、HCP 系列,冷锻有 JKP 系列

配套及出口情况:中频炉为中国台湾应达、无锡应达配套;切断机为中国台湾桂全配套;热处理炉为三永电炉配套;全系列产品出口

★宁波德业科技集团有限公司

地址:浙江省宁波市北仑区汽配园区甬江南路 26 – 28 号
邮编:315000
电话:0574/86222335
传真:86222338、86229938
电子信箱:it@ deye. com. cn
质量体系:ISO/TS 16949
产品情况:(德业牌)

大型精密模具、钣金模具;保险杠、仪表盘、汽车空调、大型工程注塑、钣金件、紧固件等汽车零部件;汽油发动机控制单元、电动助力转向控制系统、汽车空调控制单元、车身电子控制(总线)系统、汽车直流变频冰箱驱动单元、发动机台架测试系统、汽车转毂测试系统等电子零部件;蒸发器、冷凝器;塑料制品

出口情况:出口加拿大、美国、南美洲、英国、德国、法国、俄罗斯、韩国、日本、新加坡、澳大利亚、南非等国家和地区

★宁波米勒模具制造有限公司

地址:浙江省宁波市江北区(创业园 C 区)长兴路 525 号
邮编:315033
电话:0574/83006285、83006200
传真:83006288
网址:www. huaxianggroup. com
质量体系:ISO/TS 16949、ISO 14001
产品情况:高中档小汽车饰件模具
配套情况:为上汽大众、一汽 – 大众、上汽通用配套内饰件模具(如 Santna3000 项目的中内通道,中央通道加长件、手制动柄、踏脚板;GOL 项目中央通道、中央通道加长件、A 柱内饰、门内饰板;Passat lingyu、Polo、Touran、ModelXA 等项目的中央通道;奥迪 A4 双色胡桃木内饰件模、IMD 模具、橡塑铡窗玻璃注塑成型模、植物木皮热压成型模等)

★宁波永生塑料机械有限公司

地址:浙江省宁波市鄞州区春园路268号
邮编:315100
电话:0574/88231671、88123378
传真:28813463
网址:www. yscn. cn
电子信箱:ys@ yscn. cn
质量体系:ISO 9001
产品情况:(永生牌)

伺服节能注塑机,三维弯曲机,BMC 车灯内胆专用注塑机,保险杠、仪表盘、PC、PA、PBT、PVC、PU 等专用注塑机

出口情况:远销国外市场

★宁波南方塑料模具有限公司

地址:浙江省宁波市集仕港工业园区工贸四路
邮编:315171
电话:0574/28865500
传真:28865501
网址:www. southmold. com
电子信箱:ybj@ southmold. com
质量体系:QS 9000、ISO 9001
产品情况:大中型汽车塑料模具
配套及出口情况:为奇瑞汽车配套;远销日本、美国、荷兰、瑞典、比利时、法国、西班牙、意大利、德国等国外市场

★金丰(中国)机械工业有限公司

地址:浙江省宁波市镇海经济开发区金丰路 3 号
邮编:315221
电话:0574/86301251、86301252
传真:86302303
网址:www. chinfong. com. cn
电子信箱:sales@ chinfong. com. cn
质量体系:ISO 9001
产品情况:热压、冷精锻、冷冲压等各种机械式压力机
配套情况:为日本丰田、马自达、五十铃等供货

★慈溪市观海卫镇龙海模具厂

地址:浙江省慈溪市观海卫镇桃园东路 180 号
邮编:315314
电话:0574/63616314、63616615
传真:63616715
网址:www. chinalonghai. com
电子信箱:longhaichang@ vip. sina. com
单位人数:150
质量体系:ISO 9001
产品情况:精密塑胶模具和特殊性能工程塑胶

★宁波石固机械管件有限公司

地址:浙江省余姚市经济开发区中山东一路 11 – 12 号
邮编:315403
电话:0574/62577005、62580392
传真:62577225
电子信箱:frank@ chinashigu. com
质量体系:ISO/TS 16949
产品情况:(石固牌)

软管总成试压机、扣压机、拉伸试验机、疲劳试验机,金属软管接头,制动软管总成,油压千斤顶等

★宁波神通模塑有限公司

地址:浙江省余姚市谭家岭西路 788 号
邮编:315408
电话:0574/6259 9830
传真:62519898
网址:www. shentong – china. com
电子信箱:fang. fang@ shentong – china. com
质量体系:ISO/TS 16949
产品情况:专门从事大、中型精密汽车注塑模具与焊接模、检具的研发设计、制造生产,年产大、中型注塑模 300 ~ 400 套,焊接模、检具、工装夹具 200 ~ 300 套
配套情况:与一汽 – 大众、上汽大众、上汽通用、武汉神龙、一汽奥迪、佛吉亚、北京奔驰、美国李尔、东风公司等国内外知名汽车厂商进行模具技术交流与合作

★宁波宇润电器有限公司

地址:浙江省余姚市泗门镇工业区同济路 8 号
邮编:315470
电话:4006693113、18868941901
传真:0574/62156367
网址:www. nbyr. com
电子信箱:w@ nbyr. com
质量体系:ISO 9001
产品情况:[宇润(Yurun)牌]

各类模具、各类铝压铸件、橡胶塑料产品

配套及出口情况:为挪威 Plasto、Glamox、意大利 Camozzi、瑞典沃尔沃、墨西哥 MAG 等供货;出口挪威、意大利、瑞典、墨西哥

★宁波方正汽车模具有限公司

地址:浙江省宁波市宁海梅桥工业园区三省中路 1 号
邮编:315600
电话:0574/65331671
传真:83551677
网址:www. fzmould. com
电子信箱:fzt@ fzmould. com
质量体系:ISO 9000
产品情况:大型汽车注塑、吹塑、精密及发泡模具
配套情况:成为国际知名汽车品牌奔驰、宝马、奥迪、大众、通用、本田等公司的核心模具供应商

★宁波跃飞模具有限公司

地址:浙江省宁波市宁海县新兴工业园区 C 区
邮编:315600

电话:0574/65332668、65332667
传真:65332666、65332690
网址:www. yfmould. com
电子信箱:sales@ yfmould. com
质量体系:ISO 9001
产品情况:(佳佳牌)
年生产能力为 450 ~ 600 套大、中型注塑模具
配套及出口情况:为国内外众多知名大公司提供优质的模具服务;出口法国、意大利、西班牙、美国、加拿大、墨西哥、巴西、澳大利亚、德国、韩国、日本、伊朗、泰国、印度、葡萄牙等国家

★宁海县现代模具有限公司
地址:浙江省宁波市宁海县新兴工业园区新园二路 29 号
邮编:315600
电话:0574/65530338
传真:65530339
网址:www. xd - mould. com
电子信箱:xdmould@ vip. 163. com
质量体系:ISO 9001
产品情况:注塑模具

★宁波合力模具科技股份有限公司
地址:浙江省象山县工业园区西谷路 358 号
邮编:315700
电话:0574/65724681
传真:65724167
网址:www. helimould. com
电子信箱:sales@ helimould. com
质量体系:ISO 9001
产品情况:汽车发动机缸体、缸盖、进气歧管、变速器壳体及其他汽车零部件铸造模具
配套情况:为上海乾通汽车附件、一汽铸造、东风汽车公司、哈尔滨东安动力、北汽福田、天津一汽丰田汽车发动机、沈阳航天三菱汽车发动机、山西三联铸造、东风本田、江淮汽车、天津一汽夏利、六和铸造、上汽通用东岳动力总成、玉柴等供货

★宁波亚福仪表制造有限公司
地址:浙江省宁波市开发区金沙江路 1 号
邮编:315800
电话:0574/86881306、13906843125
传真:86882315
网址:www. nbyafu. com
电子信箱:yafu88@ nbyafu. com
质量体系:ISO 9001
产品情况:(亚福牌)
各种减压器、压力表、压力表机芯、双针双管制动气压表系列等
出口情况:出口东南亚、欧洲、美洲市场

★海天塑机集团有限公司
地址:浙江省宁波市北仑区小港海天路 1688 号
邮编:315801
电话:0574/86188888、86177005
传真:86177181、86221864
网址:www. haitian. com
电子信箱:haitian@ mail. haitian. com
质量体系:ISO 9001
产品情况:(海天牌)
注塑机、加工中心、数控车床,可满足汽车、模具、五金等各种机械加工领域的需求
出口情况:出口美国、欧洲、南美洲、中东、东南亚等 50 多个国家和地区

★宁波海工集团公司
地址:浙江省宁波市北仑柴桥
邮编:315834
电话:0574/86062209、86062811
传真:86062210
网址:www. nbhaigong. com. cn
电子信箱:webmaster@ nbhaigong. com. cn
质量体系:ISO 9001
产品情况:DBJ - 621/623 机械和电子自动变速搅拌机,SCY、WHM 系列卧式珩磨机,四轴互研机及电工、纺织等机电产品
出口情况:远销东南亚、南亚、西欧、北美洲等地区

★浙江巨龙自动化设备有限公司
地址:浙江省三门县沙田洋开发区巨龙科技园
邮编:317100
电话:0576/83373277、83371909
传真:83373375
网址:www. eastjl. com
电子信箱:jl@ eastjl. com
质量体系:ISO 9001
产品情况:(巨龙牌)
微电机生产成套流水线、汽车发电机设备、起动机单(双)圈电枢设备、微电机转子(定子)设备、感应电动机设备、封焊机设备、排绕设备、液压设备等
出口情况:出口伊朗、越南、韩国、美国、日本等国家

★温岭市装配设备成套有限公司
地址:浙江省温岭市城西工业区上林路 68 号
邮编:317500
电话:0576/86161091、86161081
传真:86161220
电子信箱:yuanxq@ rimei. cn
质量体系:ISO 9001
产品情况:起动机装配线等转配线
配套及出口情况:主要客户有上汽集团、广汽本田、东风汽车、一汽集团、天汽集团、上海法雷奥、柳州五菱、重庆长安、安徽江淮、沈阳金杯、南京依维柯、丹东曙光、合肥车桥、北方奔驰、万向集团、浙江亚太、浙江万达、钱江集团、星星集团等;出口欧洲、俄罗斯、波兰、中东、伊朗、沙特阿拉伯、南美洲、巴西、越南、印度等国家和地区

★浙江坤鸿机械设备有限公司
地址:浙江省玉环县大麦屿经济开发区普青工业区
邮编:317604
电话:0576/89911322、89911323
传真:89911326
网址:www. cnkinon. com
电子信箱:sales@ chinakinom
质量体系:ISO 9001
产品情况:(铱科轮牌)
CK 系列数控机床、汽车及摩托车配件

★浙江黄岩冲模有限公司
地址:浙江省台州市黄岩区西城工业区圣堂路 26 号
邮编:318020
电话:0576/84227084、84036219
传真:84036220
网址:www. china - die. com
电子信箱:hycm1@ 126. com
单位人数:400
质量体系:VDA 6. 4、ISO 9001
产品情况:汽车冲压模具,检具等
配套及出口情况:是福特、大众、通用等客户的指定模、检具供应商;远销欧美、南美洲、东南亚等地区

★浙江凯华模具有限公司
地址:浙江省台州市黄岩新前模具新城乐华路 301 号
邮编:318020
电话:0576/84025727
传真:84025929
网址:www. china - kaihua. com
电子信箱:mould@ china - kaihua. com
质量体系:ISO/TS 16949
产品情况:(KAIHUA 牌)
汽车外饰系统模具、内饰系统模具以及冷却系统模具、其他汽车模具等
配套及出口情况:为法雷奥、法国哈金森、台湾东阳事业集团、哈飞汽车、大众汽车等配套;出口欧洲、美洲、非洲、中东、东南亚等 30 多个国家和地区

★浙江中亚实业有限公司
地址:浙江省台州市黄岩北城开发区拱新大道 30 号
邮编:318020
电话:0576/84229881、84229195
传真:84229195
网址:www. chinazhongya. com
电子信箱:lin@ chinazhongya. com
单位人数:300
质量体系:ISO 9001
产品情况:汽车及摩托车车灯、内外饰件等塑料模具
出口情况:出口欧美、中东、非洲、东南亚等 30 多个国家和地区

★浙江伟基模业有限公司
地址:浙江省台州市黄岩北城开发区庆

丰大道15号
邮编:318020
电话:0576/84019999
传真:84089789
网址:www. weijimould. com
电子信箱:weiji@ weijimould. com
单位人数:300
质量体系:VDA 6.4、ISO 9001
产品情况:汽车车灯模具
配套及出口情况:与上海小糸、全球法雷奥集团、东风三立、常州星宇、常州大茂伟世通、昆山帝宝等10余家知名车灯企业合作;出口印度、伊朗

★台州市尊驰车灯模塑有限公司
地址:浙江省台州市黄岩北城康庄路26号
邮编:318020
电话:0576/84082662、81100878
传真:84082662
网址:www. zunchimould. com
电子信箱:zunchi@ zunchimould. com
质量体系:ISO 9001
产品情况:汽车类(包括车灯、保险杠、风叶罩、风叶等)、橡胶类(包括机械作业车、座椅套等)等模具
出口情况:出口中东、欧洲、美洲等地区

★滨海模塑集团有限公司
地址:浙江省台州市黄岩黄椒路131-8号
邮编:318020
电话:0576/84275608
传真:84275686
网址:www. binhaichina. com
电子信箱:binhai@ binhaichina. com
质量体系:ISO/TS 16949
产品情况:具有年产模具1000套,汽车大型塑料件70万套,摩托车整车塑料件120万套,汽车、摩托车灯具100万套的能力
配套情况:与通用汽车、大众汽车、中国重汽、铃木汽车、东风汽车、奇瑞汽车、宾利汽车等众多国内外厂商合作

★台州市黄岩艾博模业有限公司
地址:浙江省台州市黄岩经济开发区朝元路21号
邮编:318020
电话:0576/84330077、13606822662
传真:84330699
网址:www. ablemould. com
电子信箱:sales@ ablemould. com
质量体系:ISO 9001
产品情况:汽车、摩托车车灯模具、塑件产品模具
配套情况:为奇瑞系列、皮卡系列开发了数十套新产品模具,并多次与常州星宇车灯、丹阳伯良车灯、皖东车辆、丹阳红峰公司等国内外汽车设计公司联合设计汽车系列灯具

★浙江黄岩大成模具有限公司
地址:浙江省台州市黄岩经济开发区拱新大道32号
邮编:318020
电话:0576/84616076、13906573032
传真:84616079
网址:www. zjmdc. com
电子信箱:master@ zjmdc. com
质量体系:ISO 9001
产品情况:SMC汽车系列的内外部件模具等
配套及出口情况:为一汽集团、东风汽车公司、上汽通用、北京现代、哈飞汽车等配套;出口美国、德国、日本、意大利、西班牙、葡萄牙、比利时、加拿大、俄罗斯、澳大利亚、荷兰、爱尔兰、马来西亚、印度等国家

★台州市黄岩茂荣塑模有限公司
地址:浙江省台州市黄岩庆丰大道41号
邮编:318020
电话:0576/84299203、13586008070
传真:84027277
网址:www. mamold. com
电子信箱:101071273@ qq. com
产品情况:汽车注塑模具、电镀汽车配件、车身件、内饰件、标牌小件
配套及出口情况:与比亚迪、奇瑞、长城等厂家合作;远销欧美、南非、亚洲等国家和地区

★浙江省台州市金典模具有限公司
地址:浙江省台州市黄岩区北城工业园区经四(1)路
邮编:318020
电话:0576/84718596
传真:84718239
网址:www. jindianmold. com
电子信箱:info@ jindianmold. com
质量体系:ISO 9001
产品情况:(JINDIAN牌)
车灯模具、保险杠模具等汽车模具,气辅模具,汽车检具
出口情况:出口美国、加拿大、英国、印度,并销往中国台湾地区

★黄岩星泰塑料模具有限公司
地址:浙江省台州市黄岩区北城经济开发区惠民路12号
邮编:318020
电话:0576/84081886、84081818
传真:84081234
网址:www. chinaxingtai. com
电子信箱:market@ chinaxingtai. com
质量体系:ISO/TS 16949
产品情况:保险杠、双色模、仪表板、门板等大中型汽车注塑模具,具有年产各种大中型模具300余套和整车塑料饰件2万套的生产能力
配套及出口情况:在国内汽车领域的主要合作伙伴有北京奔驰、华晨宝马、一汽集团、上汽集团、北汽集团、福特、铃木等;海外市场有奔驰、宝马、奥迪、丰田、日产、铃木、通用、福特等;出口日本、美国、欧洲、泰国,并销往中国台湾地区

★浙江省黄岩豪双塑料模具厂
地址:浙江省台州市黄岩区城关新堂工业区25号
邮编:318020
电话:0576/84224371、13957603939
传真:84212658
网址:www. haoshuang. com
电子信箱:sales@ haoshuang. com
单位人数:200
质量体系:ISO 9001
产品情况:塑胶模具、铝锌合金压铸模具
出口情况:出口东南亚等地区

★浙江模具厂有限公司
地址:浙江省台州市黄岩区大桥路626号
邮编:318020
电话:0576/84112368、84080188
传真:84111094
网址:www. zjmold. com
电子信箱:sales@ zjmold. com
质量体系:ISO/TS 16949、ISO 14001
产品情况:(正国牌)
汽车及摩托车塑料件模具及配件
配套情况:为丰田、广汽、上汽、奇瑞、华晨、北汽、南京依维柯、哈飞等汽车厂,雅马哈、钱江等摩托车厂提供直接配套

★陶氏模具集团
地址:浙江省台州市黄岩区二环西路356号
邮编:318020
电话:0576/84111000
传真:84112778、84112968
网址:www. taoshimould. com
电子信箱:tsjt@ taoshimould. com
质量体系:ISO 9001
产品情况:大型汽车塑料模具、冲压模具
配套及出口情况:为一汽集团、东风汽车公司、北汽集团、大众等配套;模具60%出口

★华日集团模具城有限公司
地址:浙江省台州市黄岩区黄轴路101号
邮编:318020
电话:0576/84236003
传真:84236003
电子信箱:hrgroup@ china-huarigroup. com
质量体系:ISO 9001
产品情况:汽车相关模具
配套及出口情况:为一汽集团、嘉陵、金城、轻骑、隆鑫等配套;出口新加坡、印度尼西亚、马来西亚

★浙江台州黄岩震雄模具有限公司
地址:浙江省台州市黄岩区西城新堂路33号
邮编:318020
电话:0576/84211598

传真:84220989
网址:www.chinazhenxiong.com
电子信箱:zhenxiong598@163.com
单位人数:180
质量体系:ISO 9001
产品情况:汽车、摩托车及家用电器塑料模具
配套及出口情况:为一汽集团、东风汽车公司、上汽通用、上汽大众、奇瑞汽车等配套;出口美国、日本、意大利、加拿大、新加坡、印度尼西亚,并销往中国香港、中国台湾地区

★浙江赛豪实业有限公司
地址:浙江省台州市黄岩区西工业园区北院大道36号
邮编:318020
电话:0576/84062888、84062833
传真:84051089
网址:www.saihao.com
电子信箱:saihao@china.com
质量体系:ISO 9001
产品情况:(赛豪牌)
汽车车灯模具、门板模具、塑料内外饰件模具、保险杠模具、仪表台模具、后视镜模具
出口情况:产品90%以上出口德国、法国、日本、美国,并销往中国台湾地区

★浙江黄岩飞朋模具有限公司
地址:浙江省台州市黄岩区西门工业区圣堂路19号
邮编:318020
电话:0576/84115122、84615501
传真:84239010
网址:www.jiuzhoumould.com
电子信箱:wlj81888@vip.163.com
单位人数:80
质量体系:ISO 9001
产品情况:塑料模具和冲压模具
配套及出口情况:为上汽大众、上汽通用、重庆嘉陵、宗申、银钢、广东科龙等配套;出口印度尼西亚、南非、埃及、中东等国家和地区,并销往中国台湾地区

★浙江嘉仁模具有限公司
地址:浙江省台州市黄岩西城模具城
邮编:318020
电话:0576/84081588
传真:84025828
网址:www.jiarenmould.com
电子信箱:jr@zjjrmj.com
单位人数:165
质量体系:ISO 9001
产品情况:汽车前后保险杠、仪表台、内外饰件等塑料模具及塑料件
配套及出口情况:为东南汽车、一汽集团、江铃汽车、长安福特、长安马自达、长安汽车、哈飞汽车、上汽大众、奇瑞汽车、上汽通用五菱等配套;出口美国、日本、欧洲、埃及等国家和地区

★西诺汽车模具有限公司
地址:浙江省台州市黄岩新前街道新江路369号
邮编:318020
电话:0576/84023777
传真:84018996
网址:www.automotive-mould.com
电子信箱:mould@china.com
质量体系:ISO/TS 16949
产品情况:汽车内外饰塑件模具,包括汽车保险杠、减振器、仪表台及其他内外饰塑件

★浙江万豪模塑有限公司
地址:浙江省台州市黄岩新前锦川路220号
邮编:318020
电话:0576/84212188、84293001
传真:84293008
网址:www.whmould.com
电子信箱:auto@whmould.com
质量体系:ISO/TS 16949
产品情况:汽车配件塑件模具,如汽车保险杠、车灯、风叶、仪表台、内门饰板等汽车内外饰件模具
配套及出口情况:为上汽、东风汽车、郑州日产、吉利、福田、长城、力帆、江铃、华泰、重汽等国内知名汽车公司的模具供应商;远销欧洲、美洲、东南亚地区

★台州市黄岩天惠模具有限公司
地址:浙江省台州市新前街道和丰路2号
邮编:318020
电话:0576/84332908、84332998
传真:84351222
电子信箱:info@thmould.com
质量体系:ISO 9001
产品情况:汽车保险杠、内饰件、中网、车灯、风罩、托盘等汽车塑料模具、检具
出口情况:出口东南亚、欧洲、美洲等地区,并销往中国台湾地区

★台州市新潮珩磨设备制造有限公司
地址:浙江省台州市黄岩院桥工业区
邮编:318025
电话:0576/84833598、84895088
传真:84833932
网址:www.xchm.com
电子信箱:sales@xchm.com
质量体系:ISO 9001
产品情况:(新潮牌)
珩磨机、珩齿机、拉床等设备及珩磨工具、珩磨油、珩磨轮、拉刀等耗材
出口情况:出口中东和东南亚

★铁牛集团有限公司
地址:浙江省永康市经济开发区北湖路1号
邮编:321300
电话:0579/87229888
传真:87229888
网址:www.tech-new.cn
电子信箱:001@technew.com
质量体系:ISO/TS 16949、ISO 14001
产品情况:汽车冷冲压模具、汽车钣金覆盖件和结构件
配套及出口情况:主要为铃木、菲亚特、奇瑞、北汽集团、江淮现代、昌河、长安等汽车制造厂配套;远销40个国家和地区

★浙江江兴汽车检测设备有限公司
地址:浙江省丽水市缙云县工业园新辉路18号
邮编:321400
电话:0578/3218281、3218280
传真:3218222
网址:www.jiangxingauto.com
电子信箱:jiangxing@jiangxingauto.com
质量体系:ISO 9001
产品情况:(江兴牌)
汽车、摩托车称重仪、汽车底盘测功机、制动检验台、汽车车速表检验台、汽车侧滑检验台等80多种汽车检测设备

★浙江嘉泰激光科技有限公司
地址:浙江省温州市经济技术开发区滨海园区十四路466号
邮编:325000
电话:0577/89982888、56718555
传真:88605158
网址:www.cn-laser.com
电子信箱:jt@cn-laser.com
质量体系:ISO 9001
产品情况:激光切割机、激光打标机、CO_2三维动态激光雕刻机,激光焊接机,激光点焊机等
出口情况:远销美国、俄罗斯、韩国、新加坡、泰国、越南、印度等国家

★温州华格自动化设备有限公司
地址:浙江省温州市仙岩沈岙工业区
邮编:325062
电话:0577/85309830、13758751180
传真:85308328
网址:www.china-huage.com
电子信箱:info@china-huage.com
质量体系:ISO/TS 16949、VDA 6.1
产品情况:滤清器生产设备和模具
出口情况:远销欧美、东南亚等国家和地区

★瑞安市瑞博机械有限公司
地址:浙江省瑞安市塘下肇平垟中村工业区
邮编:325200
电话:0577/65371720、65368867
传真:66002022
网址:www.horbo.cn
电子信箱:ra@horbo.cn
产品情况:液压气压铆接机及气动压力机系列机械设备,汽车刮水器连动杆

★瑞安市双红自动化设备有限公司
地址:浙江省瑞安市塘下镇新坊村强新路3号
邮编:325204
电话:0577/58889788、13758770981
传真:58885768
网址:www.chinashuanghong.com
电子信箱:webmaster@chinashuanghong.com
产品情况:(双红牌)
全自动转子绕线机、整流子点焊机、换向器精车机、汽车燃油泵自动检测机、汽车散热器气密性检测台、汽车传感器检测台、汽车电动机检测台、充磁机等
出口情况:远销欧洲、美洲、中东、东南亚

★浙江考格尔气动液压科技有限公司
地址:浙江省瑞安市汀田镇中路84号
邮编:325206
电话:0577/25627558、25602222
传真:25666988
电子信箱:kge@kaogeer.com
质量体系:ISO 9001
产品情况:气源处理、汽缸、油缸、电磁阀、管接头、成套设备等
出口情况:部分产品出口

★瑞安市万兴机械有限公司
地址:浙江省瑞安市飞云镇阁巷工业园区
邮编:325207
电话:0577/65558088、13958860886
传真:65558087
网址:www.zjrmt.com
电子信箱:master@zjrmt.com
产品情况:(RMT牌)
汽车散热器生产设备

★瑞安市瑞华吸塑机械有限公司
地址:浙江省瑞安市飞云镇林泗垟工业区
邮编:325207
电话:0577/65566808、65566996
传真:65577996、65573808
网址:www.ruihuachina.com
电子信箱:sales@ruihuachina.com
单位人数:46
质量体系:ISO 9001
产品情况:RHC-60/50全自动电脑控制塑料热成型机、XSHD双层厚板热成型机、DXS-700/1200全自动电脑控制高速吸塑成型机等
出口情况:双层厚片吸塑成型机已远销30多个国家和地区

安徽省

★合肥巨昆机电科技有限公司
地址:合肥市临泉东路万绿园D6幢1104
邮编:230012
电话:0551/64244286、13865904496
传真:64244286
网址:www.jukun.com.cn
电子信箱:jukun_nj@263.net
产品情况:汽车制动部件、底盘件、车身附件等汽车零部件数控检测试验设备

★安徽巨一自动化装备有限公司
地址:合肥市包河工业园
邮编:230031
电话:0551/62249988
传真:62249996
网址:www.jee-cn.com
产品情况:业务涵盖汽车及其关键组成部件智能制造成套装备和新能源汽车电驱动系统等,为汽车白车身、发动机与变速器的装配和测试以及军工、工程机械、家电等一般行业用户提供完善的自动化系统交钥匙
配套情况:广泛应用于一汽、东风汽车、长城汽车、中国重汽、神龙汽车、宇通重工、陕汽、北汽福田、中国一机、意大利卡拉罗、美国美驰、柳工、柳汽、长安汽车、奇瑞汽车、江淮汽车、星马汽车、安凯客车等企业

★合肥压力机械有限责任公司
地址:合肥市蜀山区岳西路43号
邮编:230031
电话:0551/65563504、65568085
传真:65563504、65568085
网址:www.hfyljx.com
电子信箱:hy5563504@163.com
质量体系:ISO/TS 16949
产品情况:液压机
配套及出口情况:为一汽集团、东风、重汽、上汽、江汽、成都银河等多家国内知名企业配套;出口越南等国家

★安徽中科智能高技术有限责任公司
地址:合肥市高新区科学大道100号中科智能大楼
邮编:230088
电话:0551/65316768、65315075
传真:65315608
网址:www.zkzn.net
电子信箱:zkzn@casbrain.com
质量体系:ISO 9001
产品情况:ZC系列汽车零配件智能测漏仪、汽车换挡器耐久寿命测试、驻车制动器操纵杆耐久试验设备等
出口情况:出口欧洲

★合肥海德数控液压设备有限公司
地址:合肥市经济技术开发区民营科技园齐云路22号
邮编:230601
电话:0551/63821828、63823717
传真:63821658
网址:www.hfhaide.com.cn
电子信箱:haide@hfhaide.com.cn
质量体系:ISO 9001
产品情况:SHP25系列车门包边液压机、SHP96系列汽车内饰件专用液压机、汽车覆盖件冲压成型生产线、弹体挤压成型液压机、HL系列内饰件生产线等汽车行业用液压机床
配套情况:为一汽集团、东风汽车、东南汽车集团配套

★合肥合锻机床股份有限公司
地址:合肥市经济技术开发区紫云路123号
邮编:230601
电话:0551/65134522、65160109
传真:65139633
网址:www.hfpress.com
电子信箱:heduan@hfpress.com
董事长:严建文
质量体系:ISO 9001、OHSAS 18001
产品情况:(华德牌)
集液压机、机械压力机等各类高精专机床
出口情况:TZV等系列液压机出口

★安徽省振华科技工业有限公司
地址:安徽省芜湖市长江大桥北岸二坝经济开发区通江大道8号
邮编:238312
电话:0553/5861133、5862233
传真:5865500、5869968
网址:www.zhmould.com
电子信箱:sales@zhmould.com
董事长:汪家武
质量体系:ISO 9001
产品情况:注塑专用、压铸专配、模具、模架等行业配套之推杆、推管(司筒)、凸模、复位杆、反推杆、异型、非标顶杆及导柱、导套、银钢针等模具标准件
出口情况:出口约旦、印度尼西亚、泰国等国家

★安徽鲲鹏装备模具制造有限公司
地址:安徽省滁州市南京北路459号
邮编:239200
电话:0550/3161356、3306666
传真:3162222
网址:www.ckpem.com
电子信箱:yzem@vip.163.com
单位人数:700
质量体系:ISO 9001
产品情况:圆盘排气车、夹封机、汽车内饰件单工位成型机、皮卡车装配线、环形发泡线、格栅灯底盘线等汽车设备以及模具
出口情况:出口法国、埃及、巴基斯坦、印度尼西亚、墨西哥、印度、伊朗、约旦、美国等国家

★芜湖凯德机械制造有限公司
地址:安徽省芜湖市鸠江开发区二期富民路28号
邮编:241008
电话:0553/5312335
传真:5314000
网址:www.chinakaide.com

电子信箱:web@ chinakaide. com
产品情况:非标设备、专用检测设备、专用试验设备、检测工具、精密机床夹具以及机械加工等各类非标产品,各类汽车同步器

★安徽瑞祥工业有限公司
地址:安徽省芜湖市经济技术开发区桥北区向阳模具工业园
邮编:241009
电话:0553/5652568
传真:5652520
网址:www. ahrxgy. com
电子信箱:gyyfb@ 126. com
单位人数:202
质量体系:VDA 6.4
产品情况:焊装夹具、焊接生产搬运线、焊装工装设备、汽车焊装白车身总成和分总成

★瑞鹄汽车模具有限公司
地址:安徽省芜湖市经济开发区银湖北路22号
邮编:241009
电话:0553/7517588-204
传真:7587588-815
网址:www. rayhoo. net
电子信箱:yyb@ rayhoo. net
质量体系:ISO 9000
产品情况:SE分析,汽车主模型、模具、夹具、检具等工装设备的设计制作,汽车小批量白车身与焊接总成件的生产制造,以及工装的安装调试等服务环节

★中鼎模具制造有限公司
地址:安徽省宁国经济技术开发区中鼎工业园
邮编:242300
电话:0563/4181073
传真:4181880
网址:www. zhongdinggroup. com
电子信箱:zwp@ zhongdinggroup. com
单位人数:354
质量体系:ISO 9001、ISO 14000
产品情况:专业制造橡塑制品产品模具,年生产模具能力达14000余套
配套及出口情况:为一汽、上汽大众、上汽通用、南汽集团、神龙公司、郑州日产、东风日产、一汽海马、奇瑞汽车、吉利汽车、重庆长安、比亚迪、江西江铃、广汽本田、安徽江汽等国内主要汽车生产厂配套;出口美国通用、福特、克莱斯勒,日本本田、三菱等国际知名汽车公司

福建省

★福州佳新创辉机电有限公司
地址:福州市金山开发区金塘路11号
邮编:350002
电话:0591/83056181、83058536
传真:83748949
网址:www. jiaxin-soqi. com
电子信箱:sales_01@ jiaxin-soqi. com
产品情况:各种冲压模具、压铸模具、各种中小型汽油发电机和发电机部件等
配套情况:为雅马哈发动机株式会社、江苏林海雅马哈、江苏苏州雅马哈、济南轻骑、广东大长江、轻骑铃木、金城铃木、南京金城、浙江钱江、广州五羊-本田、上海新大洲本田、无锡新世纪等供货

★福建宁德大扬工业有限公司
地址:福建省宁德市六都工业区1号
邮编:352107
电话:0593/2389100、2388003
传真:2388005
网址:www. captain. net. cn
电子信箱:captain@ ms. captain. net. cn
质量体系:ISO 9001
产品情况:热熔型及感压型电子传输胶带、塑胶盘、SMD成型机、贴片机、模具

★德翔(厦门)自动化设备有限公司
地址:福建省厦门市同安西柯工业区
邮编:361000
电话:0592/5621358、13906042628
传真:5621378
网址:www. dexiang. cn
电子信箱:tic-jw@ 163. com
质量体系:ISO 9001
产品情况:(TIC牌)
TIC全自动电脑洗车机系列产品

★厦门金鹭特种合金有限公司
地址:福建省厦门市湖里区兴隆路69号
邮编:361006
电话:0592/6022590、6022393
传真:6022396
网址:www. gesac. com. cn
电子信箱:gesac@ cxtc. com
产品情况:超硬HD涂层高硬钢加工用铣刀具系列

★福建省嘉泰数控机械有限公司
地址:福建省泉州市洛江区双阳西环路朝阳片区嘉泰产业园
邮编:362000
电话:0595/22890777、22890777
传真:22397381
网址:www. jiataicnc. com
电子信箱:jiatai@ jiataicnc. com
质量体系:ISO 9001
产品情况:数控机床整机、数控床身、分度盘、数控设备核心控制系统、钣金等精密机械产品

★福建成功机床有限公司
地址:福建省南安市柳城杏莲工业区
邮编:362300
电话:0595/86302778、86305779
传真:86303178
网址:www. cgjx. com. cn
电子信箱:cgjc778@ 163. com
质量体系:ISO 9001
产品情况:单、双柱数控立式车床系列产品,卧式镗铣床等系列产品

山东省

★山东森德数控机械有限公司
地址:济南市长清平安镇济南经济开发区玉清路2568号
邮编:250022
电话:0531/86521266
传真:86521262
网址:www. sdsendtech. com
电子信箱:sdsk66@ 163. com
质量体系:ISO/TS 16949
产品情况:汽车钢板弹簧设备、汽车散热器设备、汽车稳定杆设备、汽车油箱设备、计算机控制与检测系统等机、电、液、气一体化新型专机领域

★济南二机床集团有限公司
地址:济南市机床二厂路2号
邮编:250022
电话:0531/81616000
传真:87118787
网址:www. jiermt. com
电子信箱:info@ jiermt. com
质量体系:ISO 9001
产品情况:力学测试系统、试验仪器,其中汽车零部件测试设备包括车桥底盘疲劳测试系统、车桥寿命及静刚度试验系统等
出口情况:远销50多个国家和地区

★济南时代试金仪器有限公司
地址:济南市济微路136-8号
邮编:250022
电话:0531/87169313、87169315
传真:87169330
网址:www. timesj. com
电子信箱:timesj@ 126. com
单位人数:3000
质量体系:ISO 9001
产品情况:(试金牌)
弹簧试验机、动静万能试验机、动平衡试验机、冲击试验机、硬度计、电子万能、人造板试验机等六大系列产品
出口情况:出口欧洲、北美洲、南美洲、大洋洲等60多个国家和地区

★济南易恒技术有限公司
地址:济南市高新区产学研基地9号楼
邮编:250100
电话:0531/88061988、88062988
传真:88061999
网址:www. sd-yiheng. com
电子信箱:scb@ jnyisheng. com
质量体系:ISO 9000、ISO 14001
产品情况:制造在线移动式加注设备
配套及出口情况:为一汽集团、东风汽车公司、天汽、中国重汽、吉利汽车、北汽福田、奇瑞汽车、江铃汽车、华晨金杯

等配套;出口多个国家

★济南中正金码科技有限公司
地址:济南市高新开发区天辰大街1251号
邮编:250101
电话:0531/88872995、88872281
传真:88870900
网址:www.kinmark.com
电子信箱:mail@kinmark.com
单位人数:100
质量体系:ISO 9001
产品情况:气动打标机、刻划打标机、压号机及激光打标机等4大系列20多个品种
配套情况:为一汽集团、东风汽车公司、一汽-大众、上汽通用、北京奔驰、广汽本田、天津一汽丰田、北京现代、华晨宝马、北汽福田、胜利石油配套

★山东法因数控机械股份有限公司
地址:济南市高新区天辰大街389号
邮编:250101
电话:0531/88875510、88875526
传真:82685210
网址:www.fincm.com
电子信箱:fincm@fincm.com
产品情况:光机电一体化数控成套加工设备等
配套及出口情况:为浙江盛达、中国一重、北方重工、陕西重汽、洛轴、北方精工等企业供货;出口30多个国家和地区

★济南金易恒科技发展有限公司
地址:济南市工业南路4号
邮编:250132
电话:0531/88359328、88359327
传真:66593751
网址:www.jyhmark.com
电子信箱:jyhmark@163.com
质量体系:ISO 9001
产品情况:(金易恒牌)
多种智能标记机、加注机、涂胶机等
出口情况:销往中国香港、中国台湾地区

★济南第一机床有限公司
地址:山东省章丘市潘王路20333号
邮编:250200
电话:0531/87110416、87110406
传真:87110496
网址:www.jfmt.com.cn
电子信箱:info@jfmt.com.cn
质量体系:ISO 9001
产品情况:主导产品为普通车床、中高档数控车床/车削中心、立/卧式加工中心、数控镗铣床、复合数控机床、自动化产品、高速数控锯床、高速数控立式车削中心等

★山东万通模具有限公司
地址:山东省广饶县经济开发区广凯路10号
邮编:257300
电话:0546/6927060、6928181
传真:6925705
网址:www.wtmould.com
电子信箱:wt@wtmould.com
单位人数:621
质量体系:ISO 9001、ISO 14001
产品情况:全钢子午线轮胎活络模具、半钢子午线轮胎活络模具、轮胎侧板模具、活字块模具等轮胎模具

★山东荣泰电炉制造有限公司
地址:山东省潍坊市坊子区正泰路9号
邮编:261206
电话:0536/3083663、3083661
传真:3083639
网址:www.china-rongtai.com
电子信箱:800@erongtai.com
单位人数:120
质量体系:ISO 9001
产品情况:(荣泰牌)
中频感应透热成套设备(中频炉、中频电源)、中高频感应淬火、中频感应熔化炉(中频电炉、IGBT中频炉)、IGBT超音频感应加热、中频成套调质流水生产线(单体支柱、油缸、圆钢管调质)、淬火机床、全封闭冷却设备等
出口情况:出口荷兰、韩国、意大利等多个国家

★安丘市九星热处理材料有限公司
地址:山东省安丘市凌河镇
邮编:262127
电话:0536/4641149、4566866
传真:4641150
网址:www.aqjiuxing.com
电子信箱:aqjiuxing@163.com
质量体系:ISO 9001
产品情况:(九星牌)
QPQ氮化盐、渗碳剂、渗硼剂、盐浴脱氧剂、液体渗碳剂、渗钒剂、渗铬剂、防渗氮涂料、防渗碳涂料、防氧化涂料、淬火剂、PAG类水溶性淬火液、聚乙烯醇合成淬火液、常温黑剂、加热发黑剂、低温盐、中温盐、高温盐、氯化钾、氯化钠、氯化钡、硝酸钾、硝酸钠、亚硝酸钾、亚硝酸钠
出口情况:出口日本,并销往中国香港、中国台湾、中国澳门地区

★烟台泰利汽车模具股份有限公司
地址:山东省烟台市高新区创业路42号
邮编:264003
电话:0535/5521008
传真:5521017
网址:www.yt-taili.com
电子信箱:info@yt-taili.com
质量体系:ISO 9001
产品情况:汽车车身覆盖件、内饰件模具及各类冷冲压模具
配套及出口情况:为一汽集团、一汽-大众、东风集团、上汽集团、上汽大众、上汽通用、南汽集团、华晨集团、天津一汽、力帆汽车、江淮汽车、奇瑞汽车等众多国内著名汽车集团提供了模具制造服务以及车身开发快速试制服务;出口日本、欧洲

★福田模具技术(烟台)有限公司
地址:山东省烟台市莱山区迎春大街133-1C座501室
邮编:264003
电话:0535/2102278
传真:2102278
电子信箱:w-yaoying@feg-y.com
产品情况:以承接服务外包方式从事车用模具软件开发、数据处理和业务流程外包服务
配套及出口情况:为丰田、本田供货;出口日本、墨西哥、菲律宾

★奔腾汽车检测维修设备有限公司
地址:山东省烟台市经济技术开发区五指山路1号
邮编:264006
电话:0535/6105050、6105093
传真:6105077
网址:www.bantam.com.cn
电子信箱:bantam@mitgroup.com.cn
质量体系:ISO 9001
产品情况:(BANTAM牌)
车身校正系统、电子测量系统、车用焊机、智能免拆清洗设备等系列检测维修设备
配套及出口情况:奔腾系列产品已被一汽-大众、上汽大众、广汽本田、上汽通用、华晨金杯、东风雪铁龙、郑州日产、东风标致、广汽丰田、长安福特、长安马自达、一汽轿车、东风本田、一汽丰田、东南汽车、北京现代、奇瑞汽车、东风日产、神龙汽车等汽车公司特约维修站指定使用;远销北美洲市场

★飞迈(烟台)机械有限公司
地址:山东省烟台市福山高新区永福园路886号
邮编:265500
电话:0535/6300139
传真:6300136
网址:www.vmi.com.cn
电子信箱:sales@vmi-tire.com
质量体系:ISO 9001
产品情况:橡胶生产、轮胎部件制造、轮胎成型、轮胎硫化与轮胎检测等设备

★山东春龙风动机械有限公司
地址:山东省龙口市牟黄一级公路康家泊村南
邮编:265702
电话:0535/8913096、8913888
传真:8918188
网址:www.chunlongtools.com
电子信箱:qdyf001@chunlong.com.cn

单位人数:400
质量体系:ISO 9001
产品情况:气扳机、气砂机、气钻、攻丝机、气镐、气螺刀
配套情况:为南京依维柯、中国重汽配套

★青岛冠宇工业设备有限公司
地址:山东省青岛市青山路624号
邮编:266000
电话:4006717266、18678613580
网址:www.qdguanyu.com
电子信箱:3580@qdguanyu.com
产品情况:仓储货架、塑料托盘、工位器具、物流容器、线棒柔性系统、塑料零件盒等
配套及出口情况:被国内外知名企业通用汽车、艾默生电机、三菱重工、松下电器、三洋电机、澳柯玛开利、浦项不锈钢、辉门(青岛)、庆昕塑料、海尔、海信、澳柯玛、南车集团、青岛一汽、美菱集团、美的集团、重汽集团、中国石化等上百家企业选用;远销50多个国家

★青岛海泰自动化仪表有限公司
地址:山东省青岛市崂山区株洲路190号
邮编:266101
电话:0532/88706060、88706069
传真:84891445
网址:www.qd-hitech.com
电子信箱:hitech@hitechqd.com
质量体系:ISO 9001
产品情况:(轻翼牌)
各类电子、电磁、机械计数器和计时器、编码器、传感器、继电器,各类汽车电器试验台、发动机台架试验台、盘式测功机、燃油检测试验台
出口情况:大量出口美国、德国、日本、澳大利亚等国际市场

★海克斯康测量技术(青岛)有限公司
地址:山东省青岛市株洲路188号
邮编:266101
电话:0532/80895188
传真:80895030
网址:www.hexagonmetrology.com.cn
电子信箱:info.cn@hexagonmetrology.com
质量体系:ISO 9001
产品情况:桥式三坐标测量机、超高精度三坐标测量机、悬臂式三坐标测量机、龙门式三坐标测量机、车间型三坐标测量机、关节臂三坐标测量机

★青岛圣鑫模具有限公司
地址:山东省青岛市城阳区惜福镇百福路171-1
邮编:266106
电话:0532/87883111
传真:81158626
网址:www.xinzhongmodel.com
电子信箱:qdshengxinmj@163.com
质量体系:ISO 9001
产品情况:各种高档轮胎模具

★青岛永隆机床制造有限公司
地址:山东省即墨市闫家岭工业园
邮编:266228
电话:0532/82519998、82519298
传真:82519998
网址:www.qdyonglong.cn
电子信箱:info@qdyonglong.cn
质量体系:ISO 9001
产品情况:落地车床、卧式车床、端面车床、重型卧式车床、重型落地车床以及立式车床

★青岛双星橡塑机械有限公司
地址:山东省胶南市泰山路768号双星工业园
邮编:266400
电话:0532/86164073、85171791
传真:86164767
网址:www.doublestar.cc
电子信箱:info@doublestar.cc
质量体系:ISO 9001
产品情况:铸造机械、橡胶机械、环保机械、数控锻压机械、电器成套设备等
出口情况:远销澳大利亚、俄罗斯、泰国、新加坡等十几个国家和地区

★泰安泰山金石机械有限责任公司
地址:山东省泰安市泰山青春创业开发区创业路中段
邮编:271021
电话:0538/8560888
传真:8560888
网址:www.tsjsjx.com
电子信箱:tsjsjx@126.com
单位人数:900
质量体系:ISO 9001
产品情况:喷油泵试验台
出口情况:出口亚洲、非洲、美洲等30多个国家和地区

★山东博特精工股份有限公司
地址:山东省济宁市山博路1号
邮编:272000
电话:0537/2212368、2613271
传真:2232748、2170005
网址:www.jsinfo.com.cn
电子信箱:btjs@vip.163.com
质量体系:ISO 9001、ISO 14001
产品情况:(博特牌)
精密滚珠丝杠副、精密滚动直线导轨副、高速精密电主轴、高速精密机械主轴单元、CNC机床主轴、X-Y精密工作台、精密梯形丝杠等数控装备用关键功能部件

★梁山水泊模具制造有限公司
地址:山东省梁山县经济开发区
邮编:272600
电话:0537/7544333、13905476333
传真:7540333
网址:www.sdlsmj.net
电子信箱:sdlsspmj@163.com
董事长(负责人):黄朝聚
产品情况:(力安牌)
各种用于生产离合器从动盘、鼓式制动片、盘式制动片等的模具

★枣庄龙岳机床有限公司
地址:山东省枣庄市经济开发区长江5路6号
邮编:277100
电话:0632/3759363、3759367
传真:3759368、3759365
网址:www.cnlongyue.com
电子信箱:zzlymc@163.com
单位人数:400
质量体系:ISO 9001
产品情况:(龙岳牌)
立式制动鼓镗床、卧式制动盘(鼓)车床、镗缸机、珩磨机、轮胎拆装机、单边举升机、叉式便捷式举升机、侧滑测试仪等汽车保修、检测产品
出口情况:出口东南亚、中东、非洲、德国、南美洲等国家和地区

★滕州达因重工机床有限公司
地址:山东省滕州市北辛西路9号
邮编:277500
电话:0632/8027355、18263259469
传真:8027856
网址:www.chinadayin.com
电子信箱:329381622@qq.com
单位人数:160
质量体系:ISO 9001
产品情况:液压机、压力机、龙门式压力机、单臂式压力机及小型压力机、激光束水准卡车导向轮定位仪、液压卧式制动蹄/片投铆机、铆片机、汽车大架冷铆钳、电脑变频镗鼓机、三挡变速镗鼓机、T0580型镗鼓机、整体式镗鼓机、传动轴动平衡效验机床、高压油泵试验台、沟沿式地沟举升机、落地式地沟举升机、汽车转向节立轴拆装机等
配套及出口情况:为一汽售后服务部、福田欧曼售后服务部、重汽服务站等制定服务专用设备;20%产品出口美国、俄罗斯、英国、墨西哥、阿联酋、埃塞俄比亚等国家

★滕州达因重工机床公司(液压机分厂)
地址:山东省滕州市北辛西路9号
邮编:277500
电话:0632/5839629
传真:5658600
电子信箱:dyzgmt@163.com
质量体系:ISO 9001
产品情况:多种型号的液压机、压力机、立式拉床系列,广泛应用于汽车、冶金等行业

★山东华强精密机床股份有限公司
地址:山东省滕州市经济开发区恒源路299-2号

邮编:277500
电话:0632/5979085、13963240111
传真:5898880
网址:www.sdjmjc.com
电子信箱:jingmi@sdjmjc.com
单位人数:400
质量体系:ISO 9001
产品情况:立/卧式铣床系列、数控车床系列、数控铣床系列、立式加工中心系列、数控镗铣床系列、数控龙门铣/加工中心系列
出口情况:出口16个国家和地区

★山东滕州建哈机械化工有限公司
地址:山东省滕州市新世纪民营区腾飞东路1299号
邮编:277500
电话:0632/5566008、5560927
传真:5566007
网址:www.jianha.com
电子信箱:webmaster@jianha.com
单位人数:210
质量体系:ISO 9001
产品情况:(建哈牌)
数控立式车床及制动鼓镗床、数控多孔钻床、四柱导向液压机、多功能压力机、液压投铆机、冷铆钳等系列产品
出口情况:出口韩国、俄罗斯、印度等国家

河南省

★郑州国韵电子技术有限公司
地址:郑州市高新技术产业开发区银屏路9号
邮编:450001
电话:0371/67983732、13676933106
传真:67982657
网址:www.guoyundz.com.cn
电子信箱:gydzjhl@126.com
产品情况:(国韵牌)
以IGBT为开关器件的节电型高频机,高频炉,高频电源,高频加热设备,高频淬火设备,高频焊接机,高频锻造设备,中频淬火设备,中频透热炉,中频截齿焊接设备
出口情况:出口日本、新加坡、印度等多个国家,并销往中国台湾地区

★郑州鑫和机器制造有限公司
地址:郑州市上街区龙江路中段
邮编:450041
电话:0371/85708058、85708055
传真:85708055
网址:www.zzxh.com
电子信箱:zzxh@zzxh.com
单位人数:500
质量体系:ISO 9001
产品情况:(鑫和牌)
橡胶塑料机器设备、万能液压机器设备等
出口情况:远销东南亚、西非、南美洲等十几个国家和地区

★郑州军龙制动装备有限公司
地址:河南省巩义市工业示范区
邮编:451252
电话:0371/64108787、61066858
传真:64108887
质量体系:ISO 9001
产品情况:(BY牌)
制动器衬片、制动器专用蹄铁总成外弧磨床和制动蹄铁数控多孔钻孔机床
配套情况:为陕西汉德车桥、湖南车桥、安徽康迭、青岛海通、湖北力美、十堰车桥、杭州万向、十堰美驰华阳、重汽集团赛夫车桥、十堰金轮子、北奔重汽等供货

★新乡日升数控轴承装备股份有限公司
地址:河南省新乡市文岩路2号
邮编:453000
电话:0373/5805777
传真:5835088
网址:www.xxrs.com
电子信箱:xxrs168@126.com
产品情况:数控轴承专用设备
配套及出口情况:为哈轴集团、瓦轴集团、洛轴集团、万向集团、慈兴集团、人本集团、摩士集团等配套;出口日本、印度、越南等国家

★新乡特种机床制造有限责任公司
地址:河南省新乡市向阳路266号
邮编:453009
电话:0373/5809320、5809318
传真:5809320
电子信箱:xxtzjc@163.com
质量体系:ISO 9001
产品情况:数控轴瓦机床、数控精密轴瓦镗床、数控轴瓦冲孔倒角机、数控轴瓦冲铣定位唇机、数控轴瓦倒角机、数控轴瓦油槽机、数控轴瓦测高机、砂带磨床、轴瓦去毛刺机、内外圆研磨机
配套及出口情况:为广东韶关配件厂、四川中胜飞虹轴瓦、无锡月亮轴瓦、杭州轴瓦、广州安达汽车配件、宁波轴瓦厂配套;出口埃及、英国、日本、越南、伊朗

★新乡豫新精密装备有限公司
地址:河南省新乡市建设中路168号
邮编:453049
电话:0373/3862178、15937380694
传真:3351282
网址:www.yxjmzb.com
电子信箱:yxjmzb@yxjmzb.com
质量体系:ISO/TS 16949、ISO 14001
产品情况:汽车空调、工装模夹具以及非标设备

★安阳锻压机械工业有限公司
地址:河南省安阳市开发区长江大道26号
邮编:455000
电话:0372/5973147、5923102
传真:5923102
网址:www.ayduanya.com
电子信箱:aydy@ayduanya.com
质量体系:ISO 9001
产品情况:数控全液压模锻锤、电液锤、电液动力头、空气锤、大型热锻液压机、装取料机、锻造操作机、液压铆接机和金属屑压块机等
出口情况:远销德国、美国、法国、英国、俄罗斯、印度、越南等60个国家和地区

★安阳莱工科技有限公司
地址:河南省安阳市开发区长江大道西段
邮编:455000
电话:0372/2972461、2972462
传真:2977949
电子信箱:ayrabbit@163.com
质量体系:ISO 9001
产品情况:(RABBIT牌)
高速磨削电主轴、数控铣削主轴、加工中心电主轴、数控车床主轴、雕刻机主轴、平面磨床主轴、木工机床主轴等
配套及出口情况:为主要机床厂家配套;出口日本、韩国、美国、欧洲等国际著名轴承公司

★安阳鑫盛机床股份有限公司
地址:河南省安阳市开发区弦歌大道西段
邮编:455000
电话:0372/2118811、2118882
传真:2118868
网址:www.ayjcjt.com
电子信箱:ayxsjcdzsw@163.com
单位人数:2000
质量体系:ISO 9001、ISO 14001
产品情况:(安机牌)
普通卧式车床、重型车床、经济型数控车床、全功能数控车床、立式数控车床、管螺纹车床、深孔镗床、球面车床、数控重型卧式车床、立式加工中心、车铣复合加工中心和自动生产线等10多个系列

★鹤壁海昌专用设备有限公司
地址:河南省鹤壁市淇滨区淇滨大道233号
邮编:458030
电话:0392/3357155、3357156
传真:3313264-26
网址:www.thbhc.com.cn
电子信箱:hmsales@thbhc.com.cn
质量体系:VDA 6.4
产品情况:全自动下线压接机、台式端子压接机、压接模具、导线剪剥机、拉力试验机、端子剖面工作室、线束组装流水线、线束检测系统等线束加工、检测设备产品,广泛应用于汽车等产业
出口情况:远销美国、墨西哥、巴西、捷

克、乌克兰、埃及等10多个国家和地区；与德尔福、莱尼、李尔、住电等众多国际知名汽车线束制造企业建立紧密合作关系

★一拖(洛阳)模具厂
地址:河南省洛阳市高新技术开发区春城路12号
邮编:471004
电话:0379/64967250、64968855
传真:64961942
电子信箱:moju@ yituo. com. cn
质量体系:ISO 9001
产品情况:冲压类、锻造类和铸造类模具

★三门峡豫西机床有限公司
地址:河南省三门峡工业园
邮编:472000
电话:0398/3804947、3803668
传真:3811248、3803668
网址:www. yxjcc. com
电子信箱:yxjcxsc06@ 163. com
单位人数:1250
质量体系:ISO 9001
产品情况:(豫西牌)
立、卧式单、双轴半自动车床、数控车床、组合机床和专用机床,广泛用于汽车、农用车、拖拉机等行业
配套情况:立式数控车床供一汽底盘厂、一汽轻型车厂、东风车桥,立式组合机床供陕汽、中国重汽,中间驱动双头数控车床供哈飞汽车、重庆红岩汽车,数控凸轮铣床供青岛众力车桥、柳汽、广东富华,转向节加工机床供北奔重汽、山西汤荣等公司

★三门峡中原量仪股份有限公司
地址:河南省三门峡市湖滨工业园区
邮编:472000
电话:0398/2288850、4006593789
传真:2288996、8522578
网址:www. cnzyly. com
电子信箱:smxzyly1965@ 163. com
质量体系:ISO 9001
产品情况:(中牌)
汽车和摩托车零件加工检测仪、空调压缩机零件检测仪等
出口情况:远销日本、朝鲜、印度、东南亚、非洲、罗马尼亚、荷兰、美国、澳大利亚等几十个国家和地区

湖北省

★武汉汽车测试设备研究所有限公司
地址:武汉市江岸区汉黄路888号岱家山科技创业城11号楼
邮编:430011
电话:027/82343208、82313656
传真:82636639
网址:www. qccssb. com
电子信箱:qccssb@ qccssb. com
产品情况:汽车自动化检测线
配套情况:为郑州日产、昌河飞机工业、东风汽车专用底盘厂、神龙汽车、吉利汽车等配套

★武汉市祥龙摩擦材料有限责任公司
地址:武汉市东西湖区吴家山东吴大道新城十一路18号
邮编:430040
电话:027/83379180、83379181
传真:83379177
网址:www. xianglong - fm. com
电子信箱:3052436036@ qq. com
单位人数:300
质量体系:ISO 9001
产品情况:各种汽车制动蹄片、离合器从动盘专用设备及检测设备生产流水线、模具
出口情况:远销北美洲(加拿大、美国、墨西哥)、南美洲(巴西、委内瑞拉、厄瓜多尔、秘鲁、玻利维亚、智利)、欧洲(意大利、德国、波兰)、中东(埃及、伊朗、沙特阿拉伯、叙利亚、也门、阿尔及利亚、摩洛哥)、印度、马来西亚、印度尼西亚等37个国家和地区

★武汉中轻机械有限责任公司
地址:武汉市经济技术开发区枫树二路21号
邮编:430056
电话:027/84951266、84951286
传真:84951268、83831892
电子信箱:whqj@ cwlm. com. cn
质量体系:ISO 9001
产品情况:(CWLIM牌)
聚氨酯发泡成套生产设备、复合薄膜软包装机械设备

★东风模具冲压技术有限公司
地址:武汉市经济技术开发区神龙大道69号
邮编:430056
电话:027/84303922、84893124
传真:84792950
网址:www. df - ds. cn
电子信箱:dfds@ df - ds. cn
单位人数:2028
质量体系:ISO/TS 16949、QS 9000
产品情况:汽车零部件模具

★武汉雷恩博激光科技有限公司
地址:武汉市洪山区友谊大道508号万利广场B2503
邮编:430062
电话:027/86700670、86700672
传真:86700675
网址:www. whlabel. com
电子信箱:whlabel@ 126. com
质量体系:ISO 9001
产品情况:(武汉雷恩博牌)
气动打标机、激光打标机、焊接机
配套情况:为汽车整车及汽车零部件企业配套

★武汉瑞威特机械有限公司
地址:武汉市汉南区幸福工业园
邮编:430065
电话:027/88167291
传真:84733947
网址:www. wh - rivet. com
电子信箱:jiguozhu@ foxmail. com
质量体系:ISO 9001、ISO/TS 16949
产品情况:(瑞威特牌、RIVET牌)
台式、立式、卧式、落地式四大形式的气动系列径向铆接机、气动系列摆辗铆接机、液压系列径向铆接机,液压系列摆辗铆接机,气动或电动自动送料铆接机、多铆头铆接机、卧式对铆机、悬架铆接机、无铆钉铆接机
配套情况:为汽车零部件企业配套

★武汉普瑞赛思精冲技术有限公司
地址:武汉市洪山区乔木湾特1号-8
邮编:430065
电话:027/88119745、88127546
传真:88124140
网址:www. whprss. com
电子信箱:whprss@ 163. com
质量体系:ISO 9001
产品情况:JC-L型精冲机、JC-Y系列液压机型精冲机及JC-C系列冲床型精冲机

★武汉光庭信息技术有限公司
地址:武汉市东湖新技术开发区软件园中路4号光谷E层2号楼8楼
邮编:430073
电话:027/59598171、59598172
传真:87690695
网址:www. kotei - info. com
电子信箱:kotei@ kotei - navi. com. cn
董事长:朱敦尧
质量体系:ISO 9001
产品情况:车载寻航数据转换、导航系统软件

★武汉楚天工业激光设备有限公司
地址:武汉市江夏区高新六路18号长咀科技园光电谷CD/101
邮编:430074
电话:027/87422360、87414451
传真:87455793
网址:www. ct - laser. com
电子信箱:ctlaser@ ct - laser. com
质量体系:ISO 9001
产品情况:激光焊接机、激光打标机、激光切割机、激光打孔机、激光太阳能设备
配套及出口情况:与国内多家汽车零部件和整车制造商合作将激光技术成功应用于滤清器、安全气囊、液压挺杆、火花塞、汽车碟圈、变速器等汽车部件的制造上;远销美国、英国、德国、马来西亚、韩国等20多个国家

★武汉大华激光科技有限公司
地址:武汉市中国光谷关东园电子港2号东头二楼
邮编:430074
电话:027/87561619、87770061
传真:87561630、87561612
网址:www.chinaovlaser.com
电子信箱:laserasle@163.com
质量体系:ISO 9001
产品情况:激光打标机、雕刻机、焊接机、打孔机和切割机
出口情况:远销24个国家和地区

★武汉华工激光工程有限责任公司
地址:武汉市东湖高新区华中科技大学科技园华工科技激光产业园
邮编:430223
电话:027/87180200、87180277
传真:87180210
网址:www.hglaser.com
电子信箱:info@hglaser.com
质量体系:ISO 9000
产品情况:光纤激光器、半导体激光器、高功率气体激光器、全功率系列的激光切割机、激光焊接机、激光打标机、激光打孔机、激光调阻机、激光精微细细加工系统、激光毛化成套设备、激光热处理系统、精细等离子切割设备
出口情况:出口澳大利亚、美国、英国、德国、俄罗斯、印度等国家

★武汉法利莱切割系统工程有限公司
地址:武汉市东湖新技术开发区华工园3路3号
邮编:430223
电话:027/87180277、4008888866
传真:87180210
网址:www.farleylaserlab.cn
电子信箱:farleyinfo@hglaser.com
产品情况:汽车覆盖面板的拼焊、汽车底板和外壳焊接、汽车不等厚板的焊接等领域的激光焊接产品;Contour LM 3015高速高精激光切割机、Walc6030超大幅面激光切割机

★武汉嘉铭激光有限公司
地址:武汉市东湖新技术开发区华师园北路16号
邮编:430223
电话:027/87925586、87925601
传真:87925611
网址:www.gemminglaser.com
电子信箱:whjm@vip.163.com
单位人数:150
质量体系:ISO 9001
产品情况:(嘉铭牌)
激光标记机、气动打标机、标牌压印机等
出口情况:出口德国、美国、韩国、马来西亚、印度尼西亚、南非等多个国家

★武汉华夏精冲技术有限公司
地址:武汉市阳逻经济开发区工业园
邮编:430415
电话:027/89620492、89620553
传真:89620499
网址:www.hxfb.com.cn
电子信箱:hxfb@hxfb.com.cn
质量体系:ISO/TS 16949
产品情况:(HFB牌)
精冲零件、精冲模具及精冲设备
配套情况:是一汽、比亚迪、东风康明斯、神龙汽车、长安福特等汽车及其零部件厂商的长期供应商

★湖北三环锻压设备有限公司
地址:湖北省黄石市经济技术开发区金山大道158号
邮编:435000
电话:0714/6330461、6330179
传真:6333212
网址:www.hsdy.com.cn
电子信箱:hsdy@hsdy.com.cn
单位人数:1860
质量体系:ISO 9001
产品情况:剪板机类、折弯机类、数控转塔冲床、激光切割机、冷镦机、精锻机、肋骨冷弯机、高能螺旋压力机、开卷校平生产线
出口情况:出口欧洲、大洋洲、东南亚、南北美洲、中东、北非等50多个国家和地区

★湖北鄂丰模具有限公司
地址:湖北省鄂州市葛店国家级经济开发区创业大道商控华顶工业园A14-1号
邮编:436070
电话:027/59370266、59370566
传真:59370299
网址:www.efeng.com
电子信箱:market@efeng.com
质量体系:ISO 9001
产品情况:塑料型腔模具
出口情况:出口美国、荷兰、法国、西班牙、意大利、尼日利亚、巴西、阿根廷、日本等国家

★湖北银轮起重机械股份有限公司
地址:湖北省赤壁市河北大道419号
邮编:437399
电话:0715/5350607、5337922
传真:5353382
网址:www.hbyinlun.com
单位人数:500
质量体系:ISO 9001
产品情况:各种起重机
出口情况:出口东南亚、中东、非洲、欧洲、美洲、巴西、俄罗斯等国家和地区

★襄樊东捷精密机械有限公司
地址:湖北省襄阳市汉江北路70号(高新区工业园)
邮编:441003
电话:0710/3513244、3345429
传真:3345429、3513244
网址:www.xfjz.cn
电子信箱:905419460@qq.com
单位人数:480
质量体系:ISO 9001
产品情况:镗铣床功能部件:镗轴及镗轴部件、滑枕、主轴箱、齿条、镗刀杆、拉杆、拉丁、拉爪;二、龙门镗铣床主轴、滑枕、齿条;钻床主轴及主轴组件;车床主轴、铣床主轴、磨床主轴;高速高精主轴及主轴单元
配套及出口情况:为沈阳机床集团、大连机床、齐齐哈尔第二机床集团、汉川机床集团、昆明机床、济南二机、武汉重型机床、芜湖重机、海天精工、东方汽轮机、东方电机、洛阳中信重机等知名重型装备企业配套;出口德国、美国、捷克、俄罗斯等国家

★襄阳金民晟机械制造有限公司
地址:湖北省襄阳市襄州区卧龙路北中段
邮编:441004
电话:0710/2816773、2848677
传真:2302169
产品情况:机械设计、制造、模具开发、装配线设计与制造

★老河口普正机械有限公司
地址:湖北省老河口市洪山咀楚润路1号
邮编:441814
电话:0710/8512937、15717859253
传真:8512937
网址:www.churun.com.cn
产品情况:冶金设备、汽车焊装夹具、大型非标设备等,年生产构件能力5000t
配套情况:与武船、武重、武汉中正化工、江山重工、宜昌403、华工科技、博亚机械、新兴联机械等合作

★东风汽车有限公司刃量具厂
地址:湖北省十堰市车城西路138号
邮编:442002
电话:0719/8245324、8244841
传真:8245324、8238608
网址:www.dfl.com.cn
电子信箱:webmaster@dfl23.cn
质量体系:ISO/TS 16949、ISO 14000
产品情况:刃具、量具、磨具、夹辅具等,康明斯B、C系列齿轮、重型车中桥传动齿类零件、变速器精密齿轮、牵引车鞍座、越野车轮边减速器、分动箱等100余种汽车零部件产品

★十堰先锋模具股份有限公司
地址:湖北省十堰市高新技术产业开发区滨河东路66号
邮编:442013
电话:0719/8301886
传真:8301880
电子信箱:fxl666@xfmj.com

质量体系:ISO/TS 16949、ISO 14001
产品情况:汽车覆盖件模具、检具及汽车零部件;具有年产大中型模具 1000 套的能力
出口情况:出口日本、英国、法国、印度、墨西哥、西班牙等国家

★东风汽车有限公司设备制造厂
地址:湖北省十堰市朝阳北路
邮编:442022
电话:0719/8269061、8222448
传真:8224161、8221576
网址:www.dfmtp.com
电子信箱:sbzzchz@163.com
质量体系:QS 9000、ISO 9000
产品情况:专用机床及其自动线、柔性加工设备、可控扭矩转角螺纹拧紧设备、焊装设备、专用夹具、辅具等工艺装备和汽车零部件

★东风汽车模具有限公司
地址:湖北省十堰市东岳路 100 号
邮编:442025
电话:0719/8221425、8223325
传真:8224527
网址:www.df-dmc.com
电子信箱:glb@df-dmc.com
质量体系:ISO/TS 16949、ISO 14001
产品情况:冷冲模、汽车主模型、检验夹具、汽车零部件、模具标准件等
配套及出口情况:为东风汽车公司、神龙汽车、东风本田、江铃、庆铃汽车、四川一汽丰田、上汽大众、通用、奇瑞汽车等 10 多家汽车公司配套;出口日本、美国

★湖北海岚机床有限公司
地址:湖北省十堰市郧西县校场坡
邮编:442600
电话:13872834040
传真:0719/6207968
网址:www.xfmj.com
电子信箱:sealnad_xf@126.com
质量体系:ISO 9001、ISO 14001
产品情况:大中型数控龙门铣床、数字伺服研配压力机、多工位大吨位机械伺服冲压机的开发制造

湖南省

★长沙威特科技开发有限公司
地址:长沙市芙蓉中路 2 段 59 号顺天城 1103
邮编:410011
电话:0731/84431776、13807488037
传真:84433431
网址:www.csweite.com
质量体系:ISO 9000
产品情况:WT 光刻电印金属打标机

★长沙一派数控机床有限公司
地址:长沙市经济技术开发区天华南路 9 号
邮编:410100
电话:0731/84072878、84021512
传真:84021534
网址:www.epochnc.com
电子信箱:sales@epochnc.com
负责人:朱更红
质量体系:ISO 9001
产品情况:(一派牌)
特种数控机床,包括数控发动机活塞外圆车床和数控活塞异形销孔镗床

★长沙山河超声波技术有限公司
地址:长沙市星沙经济技术开发区漓湘西路附 6 号
邮编:410100
电话:0731/84024021、84024031
传真:84024030
网址:cnsunvo.cn
电子信箱:sales@cnsunvo.cn
质量体系:ISO 9000
产品情况:超声波清洗机
配套情况:为一汽集团、东风汽车公司等配套

★长沙长泰机器人有限公司
地址:长沙市环保科技园内新兴路 268 号
邮编:410117
电话:0731/88238258
传真:88238255
网址:www.ctrrobotics.com
电子信箱:admin@chaintreis.com
质量体系:ISO 9001
产品情况:机器人柔性焊接生产线、全过程铸造生产线、桁架机械手、智能物流生产线等多门类产品
配套及出口情况:客户包括上汽通用、东风本田、东风汽车、吉利汽车、玉柴股份、东风电气、重庆机电、中车、三一重工、山推股份等国内多家知名装备制造企业;智能物流生产线产品出口亚太及中亚地区

★湖南顶立科技有限公司
地址:长沙市长沙县暮云经济开发区顶立科技园
邮编:410118
电话:0731/82819666、13469050805
传真:82861388
网址:www.chinaacme.net
电子信箱:finsha@263.net
质量体系:ISO 9000、ISO 14001
产品情况:铁铜基粉末冶金设备、动力电池材料设备、钨钼材料及硬质合金设备、真空热处理设备、雾化制粉设备、碳及碳化硅复合材料系列设备等

★湖南海捷精密工业有限公司
地址:长沙市麓谷谷苑路 186 号湖南大学科技园
邮编:410205
电话:0731/88822593、88822698
传真:88824812
网址:www.hdhjjg.com
电子信箱:hdhjgs@163.com
单位人数:260
质量体系:ISO/TS 16949、ISO 9000
产品情况:CNC8312 数控高速凸轮轴磨床、MKS8140、MKS8240 数控曲轴连杆颈及主轴、颈外圆磨床

★长沙华锐机电实业有限公司
地址:长沙市桐梓坡西路 229 号麓谷国际工业园 A2 栋
邮编:410205
电话:0731/88902892、88903551
传真:88902892
网址:www.cshuarui.com
电子信箱:hr@cshuarui.com
产品情况:(HR 牌)
电机整流子点焊机、NZP3 系列定子叠片氩弧焊机、HXK 系列数控整流子下刻机、电子器件中频焊机、汽车发电机风叶焊机、汽车发电机(起动机)测试台、电机综合性能试验台、发电机定子绕组自动嵌线成套生产线、起动机转子生产线等

★长沙捷翔科技发展有限公司
地址:长沙市岳麓区麓天路 8 号
邮编:410205
电话:0731/88995978、88995918
传真:88995918
电子信箱:jiexiang88@163.com
产品情况:汽车起动机扁线转子/圆线转子/双圈转子/定子生产线设备、汽车起动机(开关)生产线专用设备、电动车电动机转子生产线设备等

★长沙博大机械零部件有限公司
地址:湖南省浏阳市永安镇现代产业制造基地
邮编:410323
电话:0731/83207899、83207903
传真:83207896
网址:www.csboda.com.cn
电子信箱:csboda@csboda.com.cn
质量体系:ISO/TS 16949、ISO 14001
产品情况:起动机外壳、发电机外壳、调速器外壳、鼓驱系统零部件、汽车空调压缩机零部件、新能源汽车零部件、模具类、高压开关部件、五金冲压件等

★湖南精正设备制造有限公司
地址:湖南省湘潭市南岭路 6 号
邮编:411100
电话:0731/58613888、13907327677
传真:52338587
网址:www.jzsb.com
电子信箱:china@jzsb.com
负责人:颜剑
单位人数:200
质量体系:ISO 9001
产品情况:高压发泡机、双履带连续发

泡生产线、多工位汽车座椅环形发泡生产线为代表的各类制品生产线，原料预混、储存输送系统，弹性体浇注机等系列设备
配套及出口情况：为一汽－大众、郑州宇通、奇瑞、现代、美国江森、美国李尔、天津津能、哈尔滨热电、河南天丰等配套；出口德国、意大利、韩国、美国等11个国家

★株洲达能科技有限公司
地址：湖南省株洲市高新技术产业开发区橡树园A3栋
邮编：412007
电话：0731/22660663
传真：22609060
产品情况：车载充电机、交流充电桩、电动汽车智能充电机＋直流充电桩、分箱充电机（集成式）、分箱充电模块（换电站用）等

★株洲钻石切削刀具股份有限公司
地址：湖南省株洲市天元区黄河南路钻石工业园
邮编：412007
电话：0731/22881671、22882430
传真：22882721、22885420
网址：www. zccct. com
电子信箱：zccct@ zccct. com
质量体系：ISO 9001、ISO 14001
产品情况：（钻石牌）
　黑金刚刀片、FMR铣刀、整体硬质合金模具铣刀、车削刀片、五边形面铣刀具等

★益阳橡胶塑料机械集团有限公司
地址：湖南省益阳市会龙路180号
邮编：413000
电话：0737/6205878、6205839
传真：4298888、6203088
网址：www. chinamixing. com
电子信箱：group@ chinamixing. com
质量体系：ISO 9001、ISO 14001
产品情况：密炼机、轮胎硫化机、子午胎成型机、双螺杆挤出机、平板硫化机组、鼓式硫化机等成套设备
出口情况：出口日本、美国、意大利、新西兰、伊朗、南非、巴西等几十个国家和地区

广东省

★广州市西克传感器有限公司
地址：广州市越秀区天河路45号之二天伦大厦第24楼
邮编：510075
电话：020/28823600
传真：38303350
网址：www. sickcn. com
电子信箱：info. china@ sick. net. cn
产品情况：条码识别系统，工业安全识别系统，机器视觉系统，工业仪器测试系统，激光测量系统，编码器，光电、接近开关

★广州市型腔模具制造有限公司
地址：广州市海珠区宝岗大道1099号
邮编：510250
电话：020/84234113
传真：84429134
网址：www. gzmould. com
电子信箱：trade@ gzmould. com
质量体系：ISO 9001
产品情况：大型压铸模具

★广州海明珠五金机电有限公司
地址：广州市广州大道南上冲南约西街六号之一
邮编：510310
电话：020/34006870、34005889
传真：34006901
产品情况：（DONGFANGHONG牌）
　蚀刻机、打码机、喷码机等
出口情况：远销美国、新加坡、印度尼西亚等国家，并销往中国香港地区

★广州市云驰机械有限公司
地址：广州市白云区龙归镇永兴村十四社中间路3号
邮编：510445
电话：020/87476568、13702437126
传真：87470663
网址：www. yokijx. com
电子信箱：yoki@ yokijx. com
质量体系：ISO 9001
产品情况：汽车喷烤漆设备、工业涂装设备、汽车保修设备等
配套及出口情况：被宝马、奥迪、大众、丰田、本田等十几家国内外厂商选用为售后服务设备；远销欧洲、北美洲、中东等地区

★广州艾帕克汽车配件有限公司
地址：广州市经济技术开发区东区骏业路172号
邮编：510530
电话：020/82266490
传真：82266493
网址：www. apac. com. cn
电子信箱：info@ apac. com. cn
产品情况：汽车关键零部件（含组合仪表）、精冲模、精密型腔模、模具标准件、模具、夹具
配套情况：为广汽本田、本田汽车（中国）、广汽丰田、东风日产、广汽三菱、爱信精机、伟巴斯特配套

★广州松兴电器有限公司
地址：广州市经济技术开发区云骏路2号
邮编：510530
电话：020/82266898
传真：82266182
电子信箱：songxing@ songxing. com
质量体系：ISO 9001
产品情况：机器人焊接系统

★广州数控设备有限公司
地址：广州市萝岗区观达路22号
邮编：510530
电话：020/82221187
传真：82222895
网址：www. gsk. com. cn
电子信箱：gsk－gz@ hotmail. com
质量体系：ISO 9001
产品情况：数控系统、伺服驱动、伺服电机、工业机器人、精密数控注塑机

★广州明珞汽车装备有限公司
地址：广州市萝岗区科学城开源大道11号火村加速器C3座2楼
邮编：510530
电话：020/66356688
传真：66356699
网址：www. minotech. cn
质量体系：ISO 9001
产品情况：汽车白车身自动化焊接生产线、动力总成及新能源装备、电气自动化及机器人系统应用

★广州市华南超声设备有限公司
地址：广州市白云区太和镇广州民营科技园内B－07号
邮编：510540
电话：020/37312114、37314006
传真：37314005
网址：www. hncsb. com
电子信箱：hncsb@ hncsb. com
质量体系：ISO 9001
产品情况：（华南超声HN牌）
　超声波清洗机、系列超声波塑料、金属焊接机等超声设备
出口情况：部分产品出口，并销往中国香港、中国澳门、中国台湾地区

★广东景中景工业涂装设备有限公司
地址：广州市白云区钟落潭镇红旗路丹公庄工业园6号
邮编：510545
电话：020/37410868、66293355
传真：37410290
网址：www. gz－btb. com
电子信箱：webmaster@ gz－btb. com
单位人数：500
质量体系：ISO 9001
产品情况：（宝中宝牌）
　车喷烤漆房、汽车钣喷流水线、涂装生产线、打磨房、淋雨房、喷吵抛丸机等系列产品
配套及出口情况：为大众、奥迪、一汽海马、一汽红旗、原装本田、原装日产、广汽丰田、东风标致、东风雪铁龙、东风本田、长安福特、长安马自达、东风日产乘用车、郑州日产、上汽乘用车、上汽大众等16家汽车生产企业配套；远销美国、日本、俄罗斯、澳大利亚、加拿大、德国、韩国、泰国、马来西亚、新西兰、新加坡、越南、巴基斯坦等国家

★广州今朝科技有限公司
地址:广州市黄埔大道华翠街68号104-105
邮编:510665
电话:020/85620583
传真:85620583
网址:www.todaysoft.org
电子信箱:sales@todaysoft.org
产品情况:为制造业提供质量管理和现场管理的全面解决方案
配套情况:为上海弗列加、法雷奥、一汽轿车、上汽大众、菲亚特、捷豹、江苏兴达钢帘线、东风康明斯、东风柳汽、上柴、TI汽车中国供货

★广东东阳立松模具制造有限公司
地址:广州市经济技术开发区秀丽小区丽江街2号
邮编:510730
电话:020/82099988
传真:82098433、82098609
网址:www.grgltm.com
电子信箱:tygt@tyg-tmw.com
单位人数:140
质量体系:ISO 9001
产品情况:大中型汽车内、外饰件的塑料模具
出口情况:出口美国、加拿大、日本、法国、瑞典、土耳其等国家

★本田生产技术(中国)有限公司
地址:广州市经济技术开发区东区联广路231号
邮编:510730
电话:020/32066301
传真:32066336
网址:www.honda.com.cn
产品情况:模具、夹具、高效焊接生产设备、精冲模、精密型腔模、模具标准件、精密数控机床等产品

★广州线性电子技术有限公司
地址:广州市开发大道蓝玉四街中国科协广州科技园1号楼
邮编:510730
电话:020/82212858
传真:82212433
网址:www.ostrichbrush.com
产品情况:表面喷涂系统、除尘、防静电

★广州市加杰机械设备有限公司
地址:广州市花都区汽车城花港大道60号
邮编:510760
电话:020/36860788
传真:36865898
网址:www.gzjaj.com
电子信箱:gzjaj@gzjaj.com
单位人数:150
产品情况:专业设计制造喷漆、喷粉、电泳、氧化、搪瓷等表面处理涂装生产线,包括前处理、涂装、烘干到输送自动化、净化及环境保护等成套设备

★康奈可(广州)汽车模具制造有限公司
地址:广州市花都区东风大道
邮编:510800
电话:020/66852899
传真:86733110
网址:www.calsonickansei.co.jp
电子信箱:rong_yu@ck-mail.com
产品情况:汽车模具

★广州麦迪水谷汽车模具有限公司
地址:广州市花都区汽车产业基地赤坭园区经三路西侧1号
邮编:510800
电话:020/86704230
传真:86704229
产品情况:冲压及模具设计、制作

★广州天续机械设备有限公司
地址:广州市花都赤坭镇锦山村第六经济社
邮编:510830
电话:020/86720933、86720913
传真:86720922
电子信箱:gz@evergreen-sonic.com
质量体系:ISO 9001
产品情况:热板熔接机、振动摩擦焊接机、超音波熔机、油箱加工设备、超音波清洗机、旋转式塑胶熔接机、高频机、测漏机等

★广州亨龙机电股份有限公司
地址:广州市从化区经济技术开发区丰盈路9号
邮编:510990
电话:020/87813325、87815075
传真:87813346
网址:www.heronwelder.com
电子信箱:bill@heronwelder.com
单位人数:300
质量体系:ISO 9001
产品情况:(HERON牌)
逆变、电容储能、交流、三相整流等四大系列电阻焊接设备
配套及出口情况:为广州羊城汽车、广汽本田、广州云豹汽车、柳州微型汽车、河池车辆、清远汽车、东风汽车、芜湖第一汽车、南京跃进汽车、吉利汽车、江西五十铃、中佛汽车等供货;远销欧洲、美洲

★广州弘明汽车零部件有限公司
地址:广州市增城区永宁街朱宁路28号
邮编:511300
电话:13982975700
传真:020/82983381
网址:www.gzhongming.com
质量体系:ISO/TS 16949
产品情况:汽车配件、模具、检具

★广州市力为技术有限公司
地址:广州市增城区新塘镇新墩村花基工业大道3号
邮编:511340
电话:020/32917191
传真:61716804
产品情况:LVWG3D弯管机、LVWG双头弯管机、LVWG简易型弯管机、LVDM-3T端末成型机等
配套情况:为深圳东风汽车、广州电装、广汽本田、广州华德汽车弹簧、广州伟和汽车空调、广州恒必胜汽车空调、阳江保马利汽车空调、东莞诺高汽车配件等供货

★广州宁武汽车技术有限公司
地址:广州市永和经济开发区春分路9号
邮编:511356
电话:020/32980700
传真:32980722
网址:www.neive.com.cn
电子信箱:info@neive.com.cn
产品情况:各类汽车生产用检查治具、工装夹具及其维修改造、CMM测量等

★广州新龙浩工业设备有限公司
地址:广州市番禺区化龙镇翠湖工业大道7号
邮编:511434
电话:020/84753668
网址:www.newknow-how.com.cn
电子信箱:know-how@newknow-how.com.cn
质量体系:ISO 9001
产品情况:真空箱式氦检漏系统、氦充注回收系统、液体真空加注设备、自动钎焊设备等
出口情况:出口美洲、欧洲、亚洲、非洲等地区

★广州广汽荻原模具冲压有限公司
地址:广州市番禺区化龙镇金山大道东路633号
邮编:511434
电话:020/39206456
网址:www.gzgaog.com
电子信箱:gaogguest@gzgaog.com
产品情况:汽车车身冲压焊接零部件、汽车车身外覆盖件冲压模具、汽车夹具、检具
配套情况:为广汽乘用车、广汽本田、广汽三菱、广汽三田配套

★广州市富精模具有限公司
地址:广州市番禺区石基镇市莲路181号
邮编:511450
电话:020/39961126
传真:39961121
网址:www.fujidie.com
产品情况:精密模具

★广州市番禺科腾工业有限公司
地址:广州市番禺区石基镇雁洲村雁洲路1号
邮编:511450
电话:020/34565211
传真:34565211

网址:www.gdfortune.com.cn
电子信箱:fortunesw@gdfortune.com.cn
单位人数:200
质量体系:ISO 14000、ISO 9001
产品情况:气体泄漏检测仪及配套设备,汽车行业自动化装配设备、检漏设备及生产线,各种标准输送线体及物流设备,汽车内饰件加热成型设备,压力、温度脉冲疲劳试验设备,其他行业各类非标准订制设备

★汕头市富力机器制造有限公司
地址:广东省汕头市万吉工业区万吉南二街7号
邮编:515065
电话:0754/88863142、88864584
传真:88873538
网址:www.fulico.com
电子信箱:fulico@21cn.com
质量体系:ISO 9000
产品情况:制杯系列、真空吸塑机、灯具系列、汽车内饰件成型等
出口情况:远销法国、印度尼西亚、泰国、俄罗斯、印度、埃及、乌克兰、叙利亚、菲律宾、日本

★巨轮智能装备股份有限公司
地址:广东省揭东县经济开发区龙港路中段
邮编:515500
电话:0663/3269366
传真:3269266
网址:www.greatoo.com
电子信箱:greatoo@greatoo.com
质量体系:ISO 9001
产品情况:子午线轮胎活络模具、轮胎二半模具、巨型工程车胎活络模具、多种型号的液压式轮胎硫化机、轻载和重载工业机器人、精密机床等
配套及出口情况:被美国固特异、英国邓录普、法国米其林、日本普利司通、意大利皮列里等国际轮胎巨头列入全球采购供应体系;远销意大利、美国、英国、印度等国家

★惠州住润汽车回路技术有限公司
地址:广东省惠州市小金口街道办事处九龙柏岗工业园
邮编:516023
电话:0752/2367828
传真:2367883
网址:www.sws.co.jp
产品情况:导通治具、组立治具、压具、刀具、记忆训练工具、胶塞机、皮带机、CIM机、简易储线器、五头扭线机、后加工BOX、快速换端子机

★惠州市美林模具有限公司
地址:广东省惠州市博罗县园洲镇丰平乡工业区
邮编:516123
电话:0752/5711688
传真:5711680
网址:www.szmeilin.cn
电子信箱:meilin6666@163.com
质量体系:ISO/TS 16949、ISO 14001
产品情况:汽车模具
配套情况:为本田、日产、丰田提供各类专业汽车配件模具

★三多乐精密注塑(深圳)有限公司
地址:广东省深圳市宝安区龙华街道油松第十工业区
邮编:518000
电话:0755/28172809、13823164530
传真:28172713
网址:www.santohno.com.cn
电子信箱:xwl@santohno.com.cn
质量体系:ISO/TS 16949、ISO 14001
产品情况:精密齿轮、塑胶齿轮减速器、汽车零件、机能组装品、精密模具、精密插件成形品等产品

★深圳市倍诺通讯技术有限公司
地址:广东省深圳市福田保税区英达利科技园C栋601A
邮编:518000
电话:0755/88834168
传真:83849549
网址:www.nb315.com
电子信箱:benow@nb315.com
质量体系:ISO 9001
产品情况:(倍诺牌)
汽配及养护用品全国防伪查询服务中心

★深圳众为兴技术股份有限公司
地址:广东省深圳市南山区艺园路马家龙田厦IC产业园5楼
邮编:518052
电话:0755/26722719
传真:26722718
网址:www.adtechcn.com
电子信箱:tech@adtechcn.com
质量体系:ISO 9001
产品情况:多轴工业机器人(六自由度工业机器人、四轴SCARA工业机器人、六轴工业机器人、迷你多关节机器人、迷你水平多关节四轴机器人、四轴SCARA洁净型工业机器人)

★深圳市瑞能实业有限公司
地址:广东省深圳市南山区大学城丽水路同富裕工业城2栋
邮编:518055
电话:0755/26703611、26703711
传真:21678812
网址:www.repower.cn
电子信箱:tech@repower.cn
质量体系:ISO 9001
产品情况:动力电池测试系统、智能电池测试系统、高功率电池测试设备、组合动力电池高电压大电流配套组件,包括电池组能量管理和配套的充电装置
配套情况:承担着比亚迪、力神、ATL、光宇、博世集团、上汽集团、中航集团等众多厂家相关制造和检测设备的测试工作

★深圳市大族激光科技股份有限公司
地址:广东省深圳市南山区深南大道9988号大族科技中心大厦
邮编:518057
电话:0755/86161000、4006664000
传真:86161106
网址:www.hanslaser.com
电子信箱:hans@hanslaser.com
质量体系:ISO 9001、ISO 14001
产品情况:(大族牌)
激光打标机、激光焊接机、激光切割机、绿激光演示系列、PCB激光钻孔机、CTP激光制版机、直线电动机等
出口情况:在海外设立10多个分支机构

★深圳市腾科系统技术有限公司
地址:广东省深圳市宝安33区大宝路东方明工业城3栋5楼
邮编:518101
电话:0755/27823573
传真:27823240
网址:www.techadhesion.com
电子信箱:sales@techadhesion.com
质量体系:ISO 9001
产品情况:[腾科(TechAdhesion)牌]
(非反应型)活塞泵及齿轮泵热熔胶喷胶设备及(反应型)PUR热熔胶喷胶设备及配件等成套系统,由美国、日本及德国等进口配件国内组装
配套及出口情况:为众多国际大公司的全球指定热熔胶喷胶机供应商;如Fameccanica(意大利发明家)、Unicharm(日本尤妮佳)、KAO(日本花王)、CCS(意大利)、Caldiroli(意大利卡尔迪罗莱)及Sinopetrol(中国石化)、恒安(国际)集团;在日本、马来西亚、意大利、印度尼西亚、西班牙、印度、土耳其、巴西等设9个海外经销商

★深圳市科伟达超声波设备有限公司
地址:广东省深圳市宝安区大浪街道办上横朗科伟达科技工业园
邮编:518101
电话:0755/28070333、28070666
传真:28070066
网址:www.chinakwt.com
电子信箱:kwd@chinakwd.com
单位人数:500
质量体系:ISO 9001
产品情况:超声波精密清洗设备等
出口情况:出口日本、美国、欧盟、东南亚等国家和地区

★维克多精密工业(深圳)有限公司
地址:广东省深圳市福永镇桥头村富桥工业区三区龙辉工业城2栋

邮编:518103
电话:0755/27347095、27347096
传真:27335860
电子信箱:mail@ vem - ltd. com
产品情况:模具

★日东电子发展(深圳)有限公司
地址:广东省深圳市宝安区福永街道白石厦东区新塘日东工业园
邮编:518103
电话:0755/27393551
传真:27396321
网址:www. suneastfz. com
电子信箱:marketfz@ suneast. com. cn
质量体系:ISO 9001
产品情况:[日东(Suneast)牌]
汽车零部件装备、自动化物流系统、自动化生产线系统、环保超声波清洗设备并承接五金塑胶、钣金加工等业务
配套情况:汽车分动箱总成装配线为重庆北奔重汽变速器配套,轮胎输送线、座椅输送线以及仪表总成输送线为上汽通用(沈阳)北盛汽车配套,轮胎输送线、座椅输送线、仪表输送线以及副车架生产线为上汽集团(荣威 550)配套,发动机组装线为玉柴配套,涡轮增压器生产为延锋伟世通配套

★深圳市千旺达模型设计有限公司
地址:广东省深圳市宝安区福永桥头万延工业城第 2 幢
邮编:518103
电话:0755/27771372
传真:27771654
网址:www. szqwd. com
电子信箱:qwd@ szqwd. sina. net
单位人数:400
产品情况:专业从事摩托车、汽车主体 1∶1模型,汽车零部件,汽车仪表板,汽车灯罩等汽车相关部件等快速成型样件制作
配套情况:汽车零配件样件来往厂商:江铃、东风、海马、北汽福田、五菱、一汽等公司

★深圳市海益五金模具有限公司
地址:广东省深圳市宝安区沙井街道蚝三林坡坑第二工业区 A4 栋
邮编:518104
电话:0755/29887749、29887769
传真:29887748
网址:www. szhaiyi. com. cn
电子信箱:haiyi@ szhaiyi. com. cn
单位人数:450
质量体系:ISO 9001
产品情况:精密连续模、深引伸模、矩形成型模等大中型冲压模具
配套情况:终端客户主要为欧洲、美洲及亚洲的知名汽车制造、商用和办公设备厂商

★深圳市欣锐特科技有限公司
地址:广东省深圳市宝安区石岩宏发工业园 17 栋
邮编:518108
电话:0755/86329108
传真:86329100
网址:www. shinry. com
电子信箱:evcs@ shinery. com
产品情况:新能源汽车 DC/DC 变换器、车载充电机、快速充电系统等

★深圳市皓星伟业科技有限公司
地址:广东省深圳市宝安区石岩街道应人石社区宝石路台湾工业区南侧一栋
邮编:518108
电话:0755/86217039
传真:86052212
网址:www. bcp - mould. com
电子信箱:info@ bcp - mould. com
单位人数:40
质量体系:ISO 9001
产品情况:高精度塑料模、压铸模、高温成型模、水辅成型模和硅胶模
出口情况:出口德国、英国、美国、印度等国家

★深圳市和科达电镀设备有限公司
地址:广东省深圳市宝安大浪华旺路和科达工业园
邮编:518109
电话:0755/28175795
传真:28175849
网址:www. szhkd. com
电子信箱:lvchunlin@ szhkd. com
质量体系:ISO 9001
产品情况:(和科达牌)
各类电子产品电镀生产线、PCB 板电镀生产线、五金塑胶电镀生产线、氧化磷化生产线及相关的辅助设备
出口情况:远销土耳其、印度、菲律宾、马来西亚、朝鲜、越南,乌兹别克斯坦等国家

★深圳市科永达超声波设备有限公司
地址:广东省深圳市光明新区白花洞观光路 11 号金万利园区 A 栋
邮编:518109
电话:0755/29408196、13923708068
传真:29408115
网址:www. keyongda. com
电子信箱:sz@ keyongda. com
质量体系:ISO 9001
产品情况:(科永达牌)
全系列超声波清洗设备、全自动、半自动光学玻璃清洗机、手机盖板专用清洗机、高压喷洗机、碳氢化合物真空清洗机、工业纯水机、冷水机、电镀设备生产线等
配套及出口情况:主要客户有比亚迪、三一重工等;出口日本、美国、欧盟、东南亚等国家和地区

★深圳市光大激光科技股份有限公司
地址:广东省深圳市龙华新区大浪街道华宁路颐丰华工业区 14 栋
邮编:518109
电话:0755/83126666、83119999
传真:83151319、83107533
网址:www. gdlaser. cn
电子信箱:gd@ gdlaser. cn
质量体系:ISO 9001
产品情况:激光设备(激光打标、激光焊接、激光精密切割、钣金切割);量测设备(尺寸检测、外观检测及其他相关检测);自动化设备(电子行业、汽车行业、新能源行业等);其他设备(CNC、注塑设备,抛光、贴膜、包装等设备)
出口情况:远销 20 多个国家和地区

★深圳市和科达超声设备有限公司

地址:广东省深圳市龙华镇大浪华旺路和科达工业园
邮编:518109
电话:0755/28175021、28175845
传真:28175850、28175851
网址:www. hekeca. cn
电子信箱:sale@ hekeda. cn
质量体系:ISO 9001
产品情况:(和科达牌)
超声波清洗机、碳氢清洗机、高压喷淋机等清洗设备
☞ 详细情况请参阅彩色宣传版面

★双叶金属制品(深圳)有限公司
地址:广东省深圳市宝安区观澜街道观光路观城社区银星工业园内 1 号
邮编:518110
电话:0755/27990090
传真:27990080
网址:www. futabasangyo. com
电子信箱:huangjc@ futabasangyo. com. cn
产品情况:汽车部件、溶接设备治具等产品
配套情况:为深圳富士施乐、重庆长安、日本双叶产业株式会社供货

★深圳荣讯制品厂
地址:广东省深圳市龙岗区平湖镇新木村新园工业区 19 号
邮编:518111
电话:0755/84008288
传真:84008978
电子信箱:sam. wang@ evercom. com. hk
质量体系:ISO/TS 16949
产品情况:汽车装饰塑胶模具

★深圳市骏腾发机器人自动化有限公司
地址:广东省深圳市龙岗区宝龙工业城锦龙大道二号六栋
邮编:518118
电话:0755/89718789、89665489
传真:28579938

网址：juntengfa. net
电子信箱：jtf@ juntengfa. net
单位人数：600
质量体系：ISO 9001
产品情况：焊接机器人、喷涂机器人、搬运码垛机器人

★深圳市佳士科技股份有限公司
地址：广东省深圳市坪山新区青兰一路3号
邮编：518118
电话：0755/29651666、36908068
传真：27364308
网址：www. jasic. com. cn
电子信箱：jasicmarket@ jasic. com. cn
质量体系：ISO 9001
产品情况：（佳士牌）
逆变焊机、切割机、直流手工弧焊机、直流脉冲氩弧焊机、交直流方波焊机、数字化脉冲 MIG 焊机、逆变埋弧焊机以及各类内燃弧焊机、自动化焊接和切割设备等；为汽车等多行业提供设备
出口情况：出口东南亚、欧洲、美洲、中东市场，并销往中国香港、中国澳门、中国台湾地区

★震雄工业园（深圳）有限公司
地址：广东省深圳市坪山新区坑梓街道人民中路31号
邮编：518122
电话：0755/84135555
传真：84137961
网址：www. chenhsong. com. hk
电子信箱：comm@ chenhsong. com
质量体系：ISO 9001、ISO 14001
产品情况：注塑机，适用于农业、汽车等领域
出口情况：部分产品出口

★珠海瑞凌焊接自动化有限公司
地址：广东省珠海市前山工业区华威路611号太川工业园一号楼首层
邮编：519000
电话：0756/8520988、13823055451
传真：8520989
电子信箱：zhuhaigood@ 21cn. net
质量体系：ISO 9001
产品情况：（固得牌）
专业从事机器人自动化焊接系统工程应用、自动化焊接工艺装备研发与制造、焊接技术咨询与服务
配套情况：为重庆海特汽车排气系统、柳州长虹机器制造、梅州 BPM 车轴等供货

★东莞市众志检测仪器有限公司
地址：广东省东莞市沙田镇民田工业区
邮编：523000
电话：0769/88808158
传真：88808258
网址：www. dgzhongzhi. com
电子信箱：zhongzhi@ dgzhongzhi. com
质量体系：ISO 9001
产品情况：（众志牌）
高低温试验机、拉力试验机、盐雾试验机、振动台等

★东莞市群辉机床防护技术有限公司
地址：广东省东莞市万江区简沙洲创业工业园
邮编：523000
电话：0769/81128827、22089515
传真：81128837
网址：www. qunhuidg. com. cn
法人代表：周耿成
质量体系：ISO 9001
产品情况：机床护罩、拖链、数控机床、手轮、排屑机及其他机床附件、机床灯具、钣金件、导柱、导套、剪板、折弯等
出口情况：出口美国、西班牙、印度等国家

★高森王金制品（东莞）有限公司
地址：广东省东莞市高埗镇低涌村第三工业区
邮编：523273
电话：0769/88704541
传真：88704571
网址：www. takamori. com. cn
产品情况：冲压件、模具

★东莞市中泰模具股份有限公司
地址：广东省东莞市横沥镇村头村桃子工业园
邮编：523400
电话：0769/87069046
传真：88971200
产品情况：五金模具、检具制造、冲压件

★东莞富鼎模具有限公司
地址：广东省东莞市横沥镇六甲村六兴路5号
邮编：523400
电话：0769/82651999、390101999
传真：39010118
产品情况：汽车模具及电器模具的设计及加工制造

★东莞市天倬模具有限公司
地址：广东省东莞市横沥镇桃子园高新产业园
邮编：523475
电话：0769/88976333、13902478770
传真：88972666
网址：www. cn – cpm. cn
电子信箱：jenny@ cn – cpm. cn
董事长：聂国顺
单位人数：500
质量体系：ISO/TS 16949、ISO 14001
产品情况：五金模具和塑胶模具
出口情况：出口北美洲、南美洲、欧洲、亚洲等10多个国家

★东莞市新力光表面处理科技有限公司
地址：广东省东莞市塘厦镇石马村明珠路8号新力光科技园
邮编：523700
电话：0769/89086333、87980830
传真：89177566、82016943
网址：www. xinliguang. com
电子信箱：xinliguang@ 21cn. com
质量体系：ISO 9001
产品情况：（新力光牌）
汽车行业涂装和电泳设备等

★东莞丰裕电机有限公司
地址：广东省东莞市塘厦镇清湖头管理区
邮编：523726
电话：0769/87902888
传真：87941888
网址：www. fungyu. com. hk
电子信箱：fungyu@ fungyu. com. hk
质量体系：ISO 9001
产品情况：（FUNG YU 牌）
汽车、摩托车涂装设备等表面处理设备，设计大型成套设备年产能力超150套
出口情况：出口东南亚、中东、欧洲、非洲、北美洲、南美洲等地区，并销往中国香港地区

★立坚精密模具制造有限公司
地址：广东省东莞市大朗镇新马莲管理区
邮编：523797
电话：0769/83116814、83102688
传真：83186782、83197814
网址：www. ljmold. com
电子信箱：sales@ ljmold. com
质量体系：ISO 9001
产品情况：注塑模具、铝、锌合金压铸模具
出口情况：模具主要出口美国、法国、英国、德国、西班牙、加拿大、日本、阿根廷等国家

★肇庆市丰驰精密金属制品有限公司
地址：广东省肇庆市端州一路二桥高速公路入口处北侧
邮编：526040
电话：0758/6193399、2550556
传真：6193398
网址：www. zqfcjm. com
电子信箱：fcpmsales@ 163. com
单位人数：303
质量体系：ISO/TS 16949、ISO 14001
产品情况：铝合金零部件以及整体模具/模具配件、工装夹检具
配套情况：为广汽丰田、广汽本田、东风日产、东风本田、阿雷斯提、本田金属、广汽乘用车、青岛 IFE、上海法维莱、美国迪生泵业、AAM 美国车桥、东风富士汤姆森调温器等多家企业配套

★高要市鸿泰模具制造有限公司
地址：广东省高要市南岸城区二期开发区
邮编：526100
电话：0758/8360028、8360038

传真:8365555
电子信箱:hongtai@ htpd. cn
质量体系:ISO 9001
产品情况:铝合金压铸模具

★佛山市南海新锐机电设备有限公司
地址:广东省佛山市南海区罗村联和工业区西二区六路1号
邮编:528000
电话:0757/88583798
传真:88583797
网址:www. fsxinrui. com
电子信箱:info@ fsxinrui. com
质量体系:ISO 9001
产品情况:(铂锐牌)
CNC数控弯管机、小U弯管机、盘管校直无屑开料机、多工位管端成型机、旋沟槽机、冲孔翻边机、数控旋压机、精密双头倒角机、全自动液压弯管机、开式扣压机等专用设备
出口情况:远销美国、荷兰、阿根廷等国家

★佛山优达佳汽配有限公司
地址:广东省佛山市禅城区华宝南路16号
邮编:528041
电话:0757/82100388
传真:82100380
网址:www. yutakagiken. co. jp
产品情况:(YUTAKA牌)
汽车用液力变矩器,模具、夹具、检具和相关的机器设备
配套情况:为本田配套

★佛山日进塑料有限公司
地址:广东省佛山市南海区丹灶镇南海国家生态工业示范园区银海大道外资工业村3号
邮编:528216
电话:0757/85433701
传真:85433710
网址:www. sz. enissin. com
质量体系:ISO/TS 16949、ISO 14001
产品情况:注塑成型及模具加工

★高木汽车部件(佛山)有限公司
地址:广东省佛山市南海松岗松夏工业园创业南路
邮编:528247
电话:0757/85235690
传真:85235691
网址:www. tap - foshan. com. cn
电子信箱:master@ tap - foshan. com. cn
产品情况:汽车用非金属部件的精密模具以及相关产品
配套情况:为本田、丰田、日产等日系汽车厂商供货

★佛山市南华仪器股份有限公司
地址:广东省佛山市南海区桂城夏南路59号
邮编:528251
电话:0757/86718778、86718618
传真:86718963、86718961
网址:www. nanhua. com. cn
电子信箱:sales@ nanhua. com. cn
质量体系:ISO 9001
产品情况:机动车排放气体系列分析仪器、烟度计,机动车前照灯全自动检测仪
出口情况:出口欧洲、美洲、亚洲等地区

★震德塑料机械有限公司
地址:广东省佛山市顺德区大良红岗工业区
邮编:528300
电话:0757/22338630、22338666
传真:22636255、22635870
网址:www. chende. com
电子信箱:chende@ chende. com
质量体系:ISO 9001
产品情况:(CH震雄牌)
电脑全自动精密注塑机
出口情况:远销美国、英国、法国、意大利、越南等国家

★佛山诺迪精密模具有限公司
地址:广东省佛山市顺德区伦教镇顺达路1号
邮编:528300
电话:0757/27723988 - 8010
传真:27732633
网址:www. fsnuodi. com
产品情况:精密模具

★广东科龙模具有限公司
地址:广东省佛山市顺德区容桂容港路11号
邮编:528303
电话:0757/28362326、28362368
传真:28362305
网址:www. kelonmould. com
电子信箱:mujuywb@ hisense. com
质量体系:ISO 9000、ISO 14001
产品情况:各类大中型冲压、注塑、吸塑发泡模具
配套及出口情况:主要的国内客户有:海信、广汽本田、东风汽车等;主要的国际客户有:Arcelik、Whirlpool、IKEA、Renault、Franke、Dawlance、Emersun等

★佛山市顺德区华顺电机实业有限公司
地址:广东省佛山市顺德区乐从镇三乐路良村工业区南区8号
邮编:528315
电话:0757/28866999、28862651
传真:28869738
网址:www. hua - shun. com. cn
电子信箱:235820160@ qq. com
质量体系:ISO 9001
产品情况:(HUASHUN牌)
各种通用型、专用型动平衡机,自动定位系列、全自动系列平衡机
出口情况:出口美国、法国、新加坡、印度、伊朗等20个国家,并销往中国台湾地区

★佛山顶锋日嘉模具有限公司
地址:广东省佛山市顺德区大良街道顺番公路五沙段37号
邮编:528333
电话:0757/28666115
传真:28666110
网址:www. summit - nikka. com
电子信箱:info@ summit - nikka. com
产品情况:工模具钢、汽车模具、并提供相应的热处理和机械加工服务

★中山三诚精密有限公司
地址:广东省中山市第三工业区龙塘二路10号
邮编:528400
电话:0760/86788033
传真:86280989
网址:www. zssansei. cn
产品情况:汽车零部件、塑胶齿轮、注塑件模具等

广　西

★桂林正菱第二机床有限责任公司
地址:广西桂林市环城西一路31号
邮编:541002
电话:0773/3904711、3905846
传真:3904839
网址:www. gl2mt. com
电子信箱:glzl_machine@ 163. com
质量体系:ISO 9001
产品情况:数控立式铣镗床、数控龙门动柱式钻床、单柱端面铣床、数控立式钻床、摇臂钻床
出口情况:出口欧洲、美洲、东南亚等50多个国家和地区

★桂林迪吉特电子有限公司
地址:广西桂林市国家高新区信息产业园
邮编:541004
电话:0773/5827999、5837999
传真:5827666
网址:www. dijite. com
电子信箱:sales@ dijite. com
质量体系:ISO 9001
产品情况:(Dijite牌)
数显胎纹尺、数显温度计、电池检测计、迷你数显倾角仪、数显倾角仪、电子水平尺、交流电压检测计、简易胎纹尺、数显轮距仪等
出口情况:出口欧洲、美洲等30多个国家和地区

★桂林瑞特试验机有限公司
地址:广西桂林市朝阳路信息产业园D8号
邮编:541004
电话:0773/5839233、2187869
传真:5883539
网址:www. wtmtest. com

电子信箱:wtm6@163.com
单位人数:70
质量体系:ISO 9001
产品情况:弹簧试验机、汽车悬架弹簧六分力试验机和机车悬架弹簧横向位移试试验机、悬架弹簧疲劳试验机及弹簧生产配套设备－数控弹簧湿磨机、CNC数控热卷机及汽车悬架弹簧高速热卷机等
配套及出口情况:为长安汽车、建设集团、上汽集团、宗申集团、柳微、正泰集团、南京金城、威孚集团、海南新大洲本田、南京汽车集团等配套;远销欧洲、美洲、东盟国家

★柳州福臻车体实业有限公司
地址:广西柳州市洋河开发区C－24号
邮编:545005
电话:0772/8852072
传真:8857997
网址:www.lzfzct.com
电子信箱:lzfzct@163.com
单位人数:300
质量体系:ISO 9001
产品情况:各类汽车覆盖件数模开发(逆向－正向)、模具及检具、各类汽车底盘零件冷冲压模具
配套情况:主要客户有东风柳汽、上汽通用五菱、海马(郑州)、上海华普汽车模具、一汽集团柳州特种汽车厂、吉利集团、江淮汽车、奇瑞汽车、长城汽车、陕西重型汽车、长安汽车、北汽福田、中兴汽车、南骏汽车集团等

★柳州广菱汽车技术有限公司
地址:广西柳州市新和路15号
邮编:545007
电话:0772/3750845
传真:3750841
网址:www.wuling.com.cn
电子信箱:lhwhr@wuling.com.cn
质量体系:ISO/TS 16949
产品情况:汽车外覆盖件总成、冲压用模具、零部件及零部件加工工装设计、生产

重庆市

★重庆威泰科技发展有限公司
地址:重庆市渝中区南区路159号
邮编:400013
电话:023/63612718
传真:63612718
质量体系:ISO 9000
产品情况:W.T.系列光刻电印金属打标机

★重庆曙光涂装工业有限公司
地址:重庆市沙坪坝区大杨公桥37－70－5号
邮编:400030
电话:023/65303338
传真:65303779
网址:www.cqsgtz.com
电子信箱:cqsgtz@vip.sina.com
质量体系:ISO 9001
产品情况:(曙光牌)
为广大客户提供涂装成套生产线及涂装、环保设备的设计、制造、安装、改造的专业化整体服务
配套及出口情况:为长安汽车、庆铃汽车、重庆客车总厂、四川建安工业、重庆旭光化工等公司提供油漆类涂装生产线;为四川长虹、四川通达电器公司提供粉末类涂装生产线;为中国航天科技集团公司的特种车辆提供成套涂装生产线;为国营一六七、二一六厂的提供兵装设备涂装生产线等;为越南TMT汽车公司、巴基斯坦卡拉昆仑汽车公司、越南合江机电公司建造了轻型货车及微车阴极电泳生产线,为哥伦比亚、苏丹等国建造了涂装设备和生产线

★重庆迪佳科技股份有限公司
地址:重庆市沙坪坝歌乐山镇黄花园
邮编:400036
电话:023/65502663、65502636
传真:65500181
网址:www.cqdijia.com
电子信箱:cqdijia@163.com
质量体系:ISO/TS 16949
产品情况:检测仪器、打标机

★重庆科渝激光技术开发有限公司
地址:重庆市北部新区黄山大道杨柳路2号B区
邮编:400039
电话:023/89137777、89137771
传真:89137781、89137753
电子信箱:zhangyi001104@126.com
产品情况:激光工业标记机、激光打孔机、激光精密焊接机、激光精密调阻机、气动标记打印机、电脑图形雕刻机等

★重庆凯瑞汽车试验设备开发有限公司
地址:重庆市北部新区金渝大道9号
邮编:400039
电话:13983623137、13983017234
传真:023/68828953
网址:www.cqsysb.com
电子信箱:ted@cqsysb.com
负责人:唐家兵
质量体系:ISO 9001
产品情况:汽车试验设备
配套情况:主要客户包括国家重型汽车质量监督检验中心、襄樊汽车质量监督检验中心、长春一汽技术中心、中国汽车技术研究中心、中国重汽集团、一汽集团、东风汽车、比亚迪汽车、广西玉柴、江淮汽车、柳州五菱、上汽通用五菱、上海汽车制动器、重庆长安汽车、重庆上汽依维柯,重庆宗申集团等国内知名企业

★重庆友石机电技术有限公司
地址:重庆市南岸区南坪北路9号金明大厦17楼6号
邮编:400060
电话:023/62907035
传真:62822754
电子信箱:lirongfuye@163.com
产品情况:气体密封性检测仪
配套及出口情况:为建设集团、力帆集团、江门气派摩托车、重庆力帆越南分公司、银钢集团、银钢集团广东分公司、银翔集团、重庆文达机械厂、重庆长江电工厂、重庆英特汽车空调、重庆华恩实业、重庆志成机械厂、重庆嘉泰机械厂、重柴动力厂、重庆铁马变速器分厂、重庆新世纪实业、重庆豪野摩托、广东王野摩托等配套;远销巴基斯坦、越南等国家

★重庆数码模车身模具有限公司
地址:重庆市大渡口区建桥工业园建桥大道1号
邮编:400084
电话:023/61554601、61554600
传真:61554617
网址:www.digidie.com.cn
电子信箱:digidie@eva－chongqing.com
质量体系:ISO/TS 16949
产品情况:车身冲压模具
配套情况:为长安汽车、东风渝安、奇瑞汽车、长安铃木、江淮汽车、吉利汽车等配套

★重庆市福特数控设备有限公司
地址:重庆市北碚区碚峡路74－1－2号人民花园
邮编:400700
电话:023/68205429
传真:68211813
产品情况:气动标记打印机、金属电印标记机

★重庆华普精密机械有限责任公司
地址:重庆市北碚区龙溪路48－11号
邮编:400700
电话:023/68288686
传真:68288685
网址:www.marker.com.cn
电子信箱:sale@marker.com.cn
质量体系:ISO 9001
产品情况:(华普牌)
工业标记打印设备
配套及出口情况:产品广泛应用于一汽集团、东风汽车公司、上汽集团、长安汽车、嘉陵集团、建设集团、力帆集团、隆鑫集团、宗申集团、吉利汽车、江门大长江、深圳富士康、成都飞机发动机集团、安徽凯创(北京碧华)、福州六和、德国威卡仪表、大连华克、重庆川仪、西安仪表集团等;出口欧洲、美洲、东南亚等地区

★重庆长安民生物流股份有限公司
地址:重庆市渝北区红锦大道561号
邮编:401121
电话:023/89182222
传真:89182222
网址:www.camsl.com
产品情况:为客户提供国内外零部件集并运输、散杂货运输、大型设备运输、供应商仓储管理、生产配送、模块化分装、商品车仓储管理及发运、售后件仓储及发运、KD件包装、保税仓储、物流方案设计、物流咨询、物流培训等一体化、全方位的物流服务
配套情况:已同长安汽车、长安福特、长安马自达、长安铃木、北奔重汽、德尔福、伟世通、西门子威迪欧、伟巴斯特、中国台湾六和、宝钢集团、正新轮胎、杜邦、本特勒、富士康等国内外近千家汽车制造商、原材料供应商及零部件供应商建立了长期合作关系

★伊斯沃(重庆)精密机械有限公司
地址:重庆市渝北区花卉园东路36号富贵花园二楼
邮编:401147
电话:023/67610571、67607455
传真:67610577
网址:www.eastward.com.cn
电子信箱:canada@eastward.com.cn
质量体系:ISO 9001
产品情况:(ESW牌)
ESW-35178系列气动打标机系统、ESW-DP50、ESW-FB20系列激光打标机系统
配套情况:为上汽大众、上汽通用、武汉富康、南京依维柯、嘉陵本田、建设雅马哈等主要汽车、摩托车、汽车配件厂家供货

★重庆海通机电一体化有限公司
地址:重庆市渝北区余松一支路5号紫都星座A座2613室
邮编:401147
电话:023/67909030、67603670
传真:67603670
网址:www.cqht.com.cn
电子信箱:cqhaitong@163.com
质量体系:ISO 9000
产品情况:气动针式打标机、气动针式刻印机、电印机、激光打标机、压印机

★重庆恒伟精密机械有限公司
地址:重庆市九龙坡区含谷龙华路恒伟大楼
邮编:401329
电话:023/68627404、68606808
传真:68614584
网址:www.henvi.cn
电子信箱:cqhwco@126.com
质量体系:ISO 9001
产品情况:(恒伟牌)
CO_2激光打标机、半导体激光打标机、气动打标机、光纤激光打标机、激光切割机、激光雕刻机、电磁铁打标机、便携式打标机、一体化打标机等
配套情况:在一汽集团、东风汽车、重汽集团、长安汽车集团、建设雅马哈、隆鑫摩托、博世中国、中材科技等数千家企业成功应用

★重庆江东机械有限责任公司
地址:重庆市万州区五桥百安大道1008号
邮编:404020
电话:023/58555108、58555228
传真:58555389
网址:www.cqjdc.com
电子信箱:jdca@21cn.com
单位人数:1000
质量体系:ISO/TS 16949
产品情况:(江东牌)
液压成形设备及成套生产线、汽车连杆、铸件
配套及出口情况:为长安、力帆、奇瑞汽车、江淮、吉利等配套;出口日本、韩国、埃及等国家

四川省

★四川宸宇涂装工程有限公司
地址:成都市双流县九江镇光华工业园
邮编:610046
电话:028/85750935、85750529
传真:85750535
质量体系:ISO 9001
产品情况:(宸宇牌)
各类涂装设备、承建涂装工程
配套情况:为西藏珠峰摩托车、万友车辆配件厂等配套

★成都焊研科技有限责任公司
地址:成都市东三环二段龙潭工业集中发展区航天路18号
邮编:610052
电话:4001006164
传真:028/84216710
网址:www.swelder.com
电子信箱:hyjs@swelder.com
单位人数:460
质量体系:ISO/TS 16949
产品情况:焊接生产线、焊接机器人集成、各类直缝焊机、环缝焊机等自动焊接设备;汽车行业焊接设备有重型车、微型车、越野车后桥生产线,挂车桥焊接生产线,圆形、方形铝油箱焊接生产线,钢储气筒焊接生产线,汽车减振器自动焊接成套设备等
配套情况:为广东富华车桥、一汽解放车桥、济南重汽车桥、东风德纳车桥、柳州五菱车桥、四川建安车桥等供货

★成都飞机工业(集团)有限责任公司
地址:成都市黄田坝
邮编:610091
电话:028/87405114、87407236
传真:87405990
电子信箱:tigger@oa.cac.com
产品情况:(成飞牌)
汽车模具,天然气汽车减压调节器,重型汽车等装备部件的锻造和加工

★成都天府焊接设备有限公司
地址:成都市蛟龙工业港青羊园区高新区A-33座
邮编:610091
电话:028/87078772
传真:87078775、84783606
电子信箱:cyl_tf00_@163.com
产品情况:高效节能电阻焊机
配套及出口情况:主要为吉利汽车、一汽车身厂、合肥安凯、郑州宇通客车、山东时风集团、扬州亚星、洛阳一拖、重庆客车、成都新大地、川汽集团、四川王牌车辆等配套;出口东南亚

★成都宏明双新科技股份有限公司
地址:成都市青羊区工业集中发展区腾飞大道265号
邮编:610091
电话:028/87335511、87072927
传真:87073539
电子信箱:hs@hm-sx.com
质量体系:ISO/TS 16949、QS 9000
产品情况:精密模具、精密零组件

★四川成飞集成科技股份有限公司
地址:成都市日月大道666号附1号
邮编:610091
电话:028/87455121、87455322
传真:87455111
网址:www.cac-citc.com
电子信箱:office@cac-citc.cn
单位人数:2500
产品情况:中高档轿车的侧围、顶盖、车门、翼子板等,大型、高档次的外覆盖件模具

★成都航天模塑股份有限公司
地址:成都市龙泉驿区航天北路118号
邮编:610100
电话:028/84805888
传真:84850143
网址:www.ccsmp.com
电子信箱:ifo@ccsmp.com
质量体系:ISO/TS 16949、ISO 14001
产品情况:各类模具及汽车内外饰件
配套情况:为一汽-大众、神龙汽车、一汽丰田、东风本田、北汽福田、海马轿车、江淮汽车等国内大型汽车制造厂配套

★爱佩仪中测(成都)精密仪器有限公司
地址:成都市龙泉经开区南一路333号
邮编:610101
电话:028/84644033、84644031
传真:84644034
网址:www.apizc.com
电子信箱:sales@apizc.com

单位人数:260
质量体系:ISO 9001
产品情况:三坐标测量仪,广泛用于汽车、摩托车、模具等领域,如汽车定位夹具检测、汽车焊接夹具检测、汽车模具检测等
出口情况:出口东南亚

★成都成量工具集团有限公司
地址:成都市新都区绕城大道南一段199号
邮编:610503
电话:028/83059888
传真:83059666
网址:www. chinachengliang. com
电子信箱:sale@ chinachengliang. com
单位人数:1800
质量体系:ISO 9001、ISO 14001
产品情况:(川牌)
通用量具、通用刃具、数控刀具、硬质合金刀片、数控专用机床、仪器以及汽摩检具
配套及出口情况:为东风本田、跃进汽车、庆铃汽车、长安汽车、神龙汽车、奇瑞汽车、四川一汽丰田、上汽大众、东风汽车、一汽－大众、比亚迪汽车、江淮汽车、江铃汽车、上海汇众、陕汽、玉柴、柳州汽车等供货;远销美国、德国、俄罗斯等7个国家和地区

★成都航天航西精密(机械)有限公司
地址:成都市温江区海峡两岸中小企业工业园7号厂房
邮编:611130
电话:028/82633390、82714432
传真:82633970
网址:www. hthxjm. cn
电子信箱:hthxjm864@ 163. com
质量体系:ISO 9001
产品情况:汽车制造行业零部件产品:发动机、变速器总成、齿轮、传动轴、驱动轴、离合器、半轴、转向传动轴、节叉等所需检具渐开线花键环规、塞规,矩形花键环规、塞规,三角形花键环规、塞规,样板,花键轴尼龙推刀,变速器同轴度渐开线花键环规检具,锥度环规、塞规,位置检具的设计与制造,检具、夹具来图加工

★四川普什宁江机床有限公司
地址:四川省都江堰市永安大道南一段179号
邮编:611830
电话:028/87132411、87127878
传真:87132477
网址:www. ningjiang. com
电子信箱:njsd@ ningjiang. com
负责人:姜华
质量体系:ISO 9001、ISO 14001
产品情况:(宁江牌)
小型、中型、大型精密数控机床、机械加工生产线和器械装配生产线等机械加工设备及成套设备

★ 爱发科东方真空(成都)有限公司

地址:成都市高新西区百草路1189号
邮编:611731
电话:028/87980138、4000009139
传真:87980139
网址:www. ulvac－cdoi. com
电子信箱:sales@ ucd. com. cn
法人代表(负责人):张果
单位人数:423
质量体系:ISO 9001
产品情况:真空箱在线泄漏检测装置、充氦回收装置、冷媒充注装置、防爆型充注机、超高真空排气台、真空阀门、EBA系列间接式蒸发镀膜装置、EWA系列真空卷绕式镀膜装置、车灯镀膜设备、高压氦检、氦浓度计、检漏仪、离子泵等
出口情况:出口美国、墨西哥、巴基斯坦、俄罗斯、巴西、约旦、土耳其、越南等国家
☞ 详细情况请参阅彩色宣传版面

★四川绵阳启林实业有限公司
地址:四川省绵阳市安县界牌镇金凤村
邮编:621000
电话:0816/4619088
传真:4618260
电子信箱:myqilin@ 163. com
质量体系:ISO 9001
产品情况:压铸模、冷冲模以及汽车配件

★广元欣源设备制造有限公司
地址:四川省广元市利州区大石工业园
邮编:628000
电话:0839/3496888
传真:3496100
电子信箱:xinyuan_2222@ 126. com
质量体系:ISO 9001
产品情况:(欣源牌)
缸套压装机、汽车发动机零部件、滑撬输送线、悬臂式气动平衡器、TX系列悬挂式输送、伸缩辊道线、TG系列滚筒输送设、滚筒输送设备、TGJF系列圆弧转弯

★四川长征机床集团有限公司
地址:四川省自贡市贡井区建设路284号
邮编:643020
电话:0813/3301270
传真:3301476
网址:www. cczmt. com
电子信箱:cx@ cczmt. com
质量体系:ISO 9001、ISO 14001
产品情况:各类加工中心、数控机床、大型数控专用加工设备和普通铣床
出口情况:出口欧洲、美洲等地区

★四川省宜宾普什模具有限公司
地址:四川省宜宾市岷江西路150号
邮编:644007
电话:0831/3566364
传真:3565588
网址:www. pushmold. com
电子信箱:ca@ pushmold. com
单位人数:270
质量体系:ISO/TS 16949、ISO 14001
产品情况:主要从事多型腔、高精密塑料模具,注塑系统的开发、设计和制造

云南省

★沈机集团昆明机床股份有限公司
地址:昆明市茨坝路23号
邮编:650203
电话:0871/66166382
传真:66166597
网址:www. shj－machine. ec. cn
电子信箱:eileen126@ gmail. com
产品情况:(昆机牌)
卧式镗床、坐标镗床、加工中心、仿型铣床、精密检测设备、位移传感器、电脑绣花机、全可控涡节能压缩机、智能电器和激光快捷成型机

★云南CY集团有限公司
地址:昆明市国家经济技术开发区昆岭路14号
邮编:650217
电话:4006140999
网址:www. cy－ymtw. com
电子信箱:cy_sales@ smtcl. com
单位人数:1761
质量体系:ISO 9001
产品情况:CY系列普车、数控机床、加工中心、数控立车、车铣复合中心产品
出口情况:远销72个国家和地区

★曲靖重型机械制造有限公司
地址:云南省曲靖市教场东路53号
邮编:655000
电话:0874/3140934、3140977
传真:3145574
网址:www. cnqjzj. com
单位人数:601
质量体系:ISO 9001
产品情况:大型冷、热加工、板焊等设备

陕西省

★西安奥杰电热设备工程有限责任公司
地址:陕西省咸阳市秦都区沣东新城西区光大路3号
邮编:710065
电话:029/33187560、88256306－20
传真:33187568
网址:www. xaaj. com
电子信箱:aojie@ xaaj. com

质量体系:ISO 9001
产品情况:(奥杰牌)
网带式气体保护连续钎焊炉等

★ 西安瑞特快速制造工程研究有限公司

地址:西安市雁塔区雁翔路99号交大曲江校区西五楼
邮编:710054
电话:029/83395062、83395068
传真:83395063
网址:www.china-rpm.com
电子信箱:ht_market@126.com
产品情况:各种型号的激光快速成型设备、快速模具设备及三维反求设备,同时从事快速原型制作、快速模具制造、快速铸造及逆向工程服务并提供快速制造技术整体解决方案(相关设备及工艺等),适用于汽车、摩托车行业
☞ 详细情况请参阅彩色宣传版面

★西安北村精密机械有限公司

地址:西安市高新技术产业开发区上林苑三路16号.
邮编:710075
电话:029/88452325
传真:88450115
网址:www.xaknc.com
电子信箱:xknc@xknc.com
质量体系:ISO 9001
产品情况:小型精密数控机床、纵切车床及小型立式加工中心等

★西安爱德华测量设备股份有限公司

地址:西安市高新区锦业路69号C区22号
邮编:710077
电话:029/81881570、81881109
传真:81881087
网址:www.china-aeh.com
电子信箱:sale@china-aeh.com
质量体系:ISO 9001
产品情况:(AEH 爱德华牌)
桥式三坐标测量机、超高精度三坐标测量机、龙门式三坐标测量机、复合式三坐标测量机
出口情况:出口桥式坐标测量机、龙门式测量机、影像机、悬臂机等产品

★秦川机床工具集团股份公司

地址:陕西省宝鸡市姜谭路22号
邮编:721009
电话:0917/3670665
传真:3390960
网址:www.qinchuan.com
电子信箱:qinchuan@qinchuan.com
质量体系:ISO/TS 16949
产品情况:(秦川 QINCHUAN 牌)
齿轮磨床、螺纹磨床、外圆磨床(曲轴磨、球面磨、车轴磨)、滚齿机、通用数控车床及加工中心、龙门式车铣镗磨复合加工中心、塑料机械(中空机、木塑设备)、精密高效拉床等高端数控装备、数控复杂刀具;高档数控系统、滚动功能部件、汽车零部件、特种齿轮箱、机器人关节减速器、螺杆转子副、精密齿轮、精密仪器仪表、精密铸件等零部件产品
配套及出口情况:为重庆金辰机械、重庆明鑫机械、东风汽车变速器、东风汽车、重庆齿轮箱、长沙中南传动机械厂、成都发动机集团、成都成工工程机械、綦江齿轮、重庆秋田齿轮、重庆华陵工业、湖北襄樊江山汽车变速器、湖南机油泵、建设摩托、三江航天集团、贵州群建齿轮、柳州采埃孚、湘潭钢铁集团等供货;出口美国、韩国、日本、东南亚等20多个国家和地区

★宝鸡忠诚机床股份有限公司

地址:陕西省宝鸡市东高新区高新一路2号
邮编:721013
电话:0917/3566909、3566908
传真:3566900、3566966
网址:www.bjmtw.com
电子信箱:bjmtw@public.xa.sn.cn
单位人数:3500
质量体系:ISO 9001、ISO 14001
产品情况:(忠诚牌)
各类柔性车削加工制造单元、复合车铣中心、车削中心、加工中心、数控车床、数控铣床、普通车床等
出口情况:出口50多个国家和地区

★陕西渭河工模具总厂

地址:陕西省宝鸡市蔡家坡24号信箱
邮编:722405
电话:0917/8583537、8583188
传真:8582440
网址:www.weihetools.com.cn
电子信箱:weihe702@163.com
单位人数:1600
质量体系:ISO 9001
产品情况:(雪菱牌、丰利牌)
精密模具及冲压件、精密冷冲模架、量刃具、电子专用工具、硬质合金烧结及深加工制品、成型磨削夹具、精密齿轮及谐波齿轮传动装置、线切割机床及机床零部件
出口情况:出口15个国家和地区

★汉川数控机床股份有限公司

地址:陕西省汉中市汉台区
邮编:723003
电话:0916/2262360、2262361
传真:2266147、2262373
网址:www.cnhlmt.com
电子信箱:hlmt@cnhlmt.com
质量体系:ISO 9001
产品情况:(汉川牌)
卧式铣镗床系列、卧式数控铣镗床系列、立式数控铣床/加工中心、卧式数控铣床/加工中心、龙门式数控铣床/加工中心、刨台式铣镗加工中心、落地式铣镗加工中心、数控立式车床、高速雕铣机、数控电火花成形机床等
出口情况:远销美国、德国、意大利、日本、澳大利亚、阿根廷、加拿大、巴西等国家

★陕西汉江机床有限公司

地址:陕西省汉中市河东店镇
邮编:723003
电话:0916/2298015、2298123
传真:2296207
网址:www.hjmtc.cn
电子信箱:export@hjmtc.cn
单位人数:1500
质量体系:ISO 9001
产品情况:精密螺纹磨床、加工中心、精密测量仪器、CNC 精密机床和滚动功能部件等
出口情况:远销欧洲、美洲、亚洲、非洲30多个国家和地区

宁 夏

★宁夏小巨人机床有限公司

地址:银川市金凤区宁安大街65号
邮编:750002
电话:0951/5672462、5672333
传真:5672436
网址:www.lgmazak.com.cn
电子信箱:lgm@lgmazak.com.cn
质量体系:ISO 9000
产品情况:(LGMAZAK 牌)
立式加工中心系列、数控车床系列、车削中心系列;年产数控机床2000台左右
配套情况:为奇瑞汽车、广汽本田、哈东安、长城汽车、肇庆本田、惠州本田、马勒(南京、重庆、营口)、上海纳铁福、成都天兴山田、一汽集团(一汽铸造、一汽装备、一汽光洋、吉林通用、一汽长春齿轮厂)等配套,配套量达400多台

★宁夏银川大河数控机床有限公司

地址:银川市经济技术开发区济民东路72号
邮编:750021
电话:0951/2053333、2053332
传真:2053334、2053314
网址:www.nxdahe.com.cn
电子信箱:dhxiaoshou@sina.com
质量体系:ISO 9001
产品情况:(大河牌)
立、卧式加工中心、数控铣床、数控珩磨机床、数控组合专用机床和立式钻床
出口情况:出口美国、匈牙利等国家

★宁夏中卫大河机床有限责任公司

地址:宁夏中卫市鼓楼西街152号

邮编:755000
电话:0955/7011025、7023637
传真:7011361
网址:www. dhjc. com. cn
电子信箱:sale@ dhjc. com. cn
产品情况:珩磨机床系列,立、卧式加工中心系列,立式钻床系列,组合专用机床及自动线

甘肃省

★天水锻压机床(集团)有限公司
地址:甘肃省天水市麦积区渭滨北路58号
邮编:741020
电话:0938/2616873、2621183
传真:2615085
网址:www. tsdyc. com
电子信箱:tsdyjcc@ 126. com
质量体系:ISO 9001
产品情况:(TSD牌)
剪切机床、弯曲校正机床、液压机床、大口直径缝埋弧焊管设备、其他机床及钢结构件

第五部分

中国摩托车生产企业

※ 摩托车生产企业

摩托车生产企业

• 查询导引 •

摩托车生产企业

天津市(733) 上海市(733) 福建省(738) 湖南省(741) 四川省(747)
河北省(733) 江苏省(734) 山东省(738) 广东省(741) 陕西省(747)
辽宁省(733) 浙江省(736) 河南省(740) 重庆市(744)

☞ 企业如有变更,请与编辑部联系 ☎ 010/68426043、68420981

天津市

★宝岛车业集团有限公司
地址:天津市西青区辛口工业园区8号
邮编:300380
电话:4008439988
网址:www. bodocn. com
电子信箱:admin@ bodocn. cn
质量体系:ISO 9001
产品情况:(宝岛牌)
电动两轮摩托车、电动正三轮摩托车等

河北省

★河北银翔群豪三轮摩托车有限公司
地址:河北省藁城市彭家庄群豪工业园
邮编:052160
电话:0311/88107028
传真:88113999
电子信箱:heb_xf@ 126. com
质量体系:ISO 9001
产品情况:(先风牌)
正三轮摩托车
出口情况:出口东南亚、非洲、南美洲等地区

★任丘市双庆广田摩托车有限公司
地址:河北省任丘市城东杨各庄力帆工业园
邮编:062550
电话:0317/2836555、2836778
传真:2836777
电子信箱:jiaguanmotuo@ 163. com
质量体系:ISO 9001
产品情况:[嘉冠(JG)牌、华骏HJ牌、双庆牌]
正三轮摩托车

★河北珠峰大江三轮摩托车有限公司
地址:河北省任丘市长丰工业区
邮编:062552
电话:0317/3369777、3369333
传真:3369345
网址:www. xinfengmotor. com
质量体系:ISO 9001、ISO 14001
产品情况:(大江牌)
三轮摩托车、三轮电动车
出口情况:出口埃及、摩洛哥、东南亚、俄罗斯、尼日利亚等国家和地区

★河北恒胜金河摩托车有限公司
地址:河北省任丘市吕公堡镇金桥工业区
邮编:062555
电话:0317/2832918、2832866
传真:2832998
网址:www. hbhsjh. com
电子信箱:jinhemotuo@ 126. com
单位人数:480
产品情况:(恒胜牌)
正三轮摩托车
出口情况:远销印度尼西亚、摩洛哥、伊拉克、尼日利亚等国家

★河北新世纪川田机车科技有限公司
地址:河北省任丘市梁召镇娄子工业区
邮编:062561
电话:0317/3318220、3318088
传真:3318958
网址:www. chuantianmotor. com
电子信箱:chuantan@ chuantianmotor. com
负责人:王文新
单位人数:410
质量体系:ISO 9001
产品情况:(白洋淀牌、川田牌、新世纪牌)
两轮摩托车、正三轮摩托车

辽宁省

★沈阳天利摩托车制造有限公司
地址:沈阳市经济技术开发区八号路十甲二号
邮编:110141
电话:024/25375396、25815508
传真:25375619
电子信箱:tianlimotor@ 163. com
产品情况:(天利牌)
两轮摩托车,年生产能力50万辆以上

上海市

★上海建设摩托车有限责任公司
地址:上海市奉贤区光明经济小区A区385号
邮编:201406
电话:021/33617970
传真:33617970
产品情况:(麟龙牌)
摩托车

★新大洲本田摩托有限公司
地址:上海市青浦区华新镇嘉松中路189号
邮编:201708
电话:021/69796986、69796981
传真:69796980
网址:www. honda - sundiro. com
电子信箱:services@ honda - sundiro. com
质量体系:ISO 9001、ISO 14001
产品情况:(新大洲本田牌)
跨骑、踏板、弯梁摩托车

出口情况：出口 45 个国家和地区

江苏省

★南京金城机械有限公司
地址：南京市白下区龙蟠中路 218 号
邮编：210001
电话：8008289881
传真：025/84603816
网址：www. jcmtxs. com
产品情况：摩托车

★金城集团有限公司
地址：南京市白下区龙蟠中路 218 号
邮编：210002
电话：025/51815402
网址：www. jincheng. com
董事长（负责人）：李晓义
质量体系：ISO 9001、ISO 14001
产品情况：（金城牌、银光牌、SUZUKI 牌）
工程液压、摩托车、电动车、轨道交通、汽车零部件等产品
出口情况：远销 70 多个国家和地区

★常州豪爵铃木摩托车有限公司
地址：江苏省常州市黄河西路 888 号
邮编：213000
电话：0519/83688999
传真：82088990
电子信箱：fsc@ haojue - suzuki. com
法人代表：村上元男
产品情况：［铃木(SUZUKI)牌、豪爵牌］
两轮摩托车

★金翌车业有限公司
地址：江苏省常州市钟楼区宣盛路 4 号
邮编：213016
电话：0519/83972111
传真：83292118
网址：www. jinyigroup. com. cn
电子信箱：web@ js - jinfu. cn
法人代表：薛丹
质量体系：ISO 9001、ISO 14001
产品情况：（金福牌、正好 ZH 牌、洛黄川 LHC 牌）
具备年产摩托车整车 100 万辆，电动车 30 万辆、发动机 30 万辆的生产能力
出口情况：远销国外市场

★常州光阳摩托车有限公司
地址：江苏省常州市新北区汉江路 380 号
邮编：213022
电话：0519/85100697、85123586
传真：85102167
网址：www. kymco. com. cn
电子信箱：service@ kymco. com. cn
产品情况：（常光牌）
CK50、80、100、110、125、150 两轮摩托车

★常州美田兰翔摩托车有限公司
地址：江苏省常州市新北区黄河中路 8 号
邮编：213022
电话：0519/69996222、85107382
传真：85135872
网址：www. lxjcmotor. com
电子信箱：info@ lxjcmotor. com
质量体系：ISO 9000
产品情况：（金潮牌、劲可牌）
跨骑式、踏板式两轮摩托车，三轮摩托车，电动两轮、三轮助力车，燃油助力车，沙滩车，卡丁车等
出口情况：出口 10 个国家和地区

★常州山崎摩托车有限公司
地址：江苏省常州市新北区河海西路 389 号
邮编：213032
电话：0519/85087887、13813688280
传真：83355999
网址：www. yamasakimotor. com
电子信箱：zqg@ yamasakimotor. com
法人代表：张南刚
产品情况：（山崎牌）
两轮、三轮、四轮摩托车、电动车、残疾人车
出口情况：远销欧洲、美洲、东南亚

★常州洪都电动车有限公司
地址：江苏省常州市奔牛镇工业园北区
邮编：213131
电话：0519/83127703、82918145
传真：83121196
网址：www. hongducz. com
电子信箱：hongdu@ hongducz. com
产品情况：（洪都牌）
电动汽车、电动自行车、摩托车及电动车用电动机、控制器、充电器等主要部件
出口情况：远销欧美、东南亚、东北亚等 20 多个国家和地区

★常州市大洋车辆有限公司
地址：江苏省常州市西门外卜弋工业园区
邮编：213141
电话：0519/83318981
传真：83310201
电子信箱：czdayang@ 126. com
产品情况：电动自行车，电动三轮车，具有年产电动车 5 万辆的生产能力

★江苏三鑫摩托车有限公司
地址：江苏省常州市武进区高新区
邮编：213161
电话：0519/86463962、13775026171
传真：86463960
网址：www. sacinmotor. com
电子信箱：sales@ sacin - motor. com
质量体系：ISO 9001
产品情况：（三鑫牌）
两轮摩托车、正三轮摩托车、正三轮轻便摩托车
出口情况：出口日本、美国等国家

★无锡富通摩托车有限公司
地址：江苏省无锡市梅园茶场贾巷 108 号
邮编：214064
电话：0510/85505847
传真：85513797
网址：www. futongmotor. com
电子信箱：futong@ futongmotor. com
质量体系：ISO 9001
产品情况：（富通牌）
三轮摩托车
出口情况：远销意大利、英国、美国、乌克兰、越南、肯尼亚、马来西亚、秘鲁等国家

★江苏新日电动车股份有限公司
地址：江苏省无锡市锡山大道 501 号
邮编：214100
电话：0710/3710068
网址：www. xinri. com
单位人数：5000
产品情况：（新日牌）
电动两轮摩托车、电动三轮车、电动四轮车、电动双排 2 座/4 座物流车、电动 4 座/6 座警车等
出口情况：远销欧美和东南亚市场，出口全球 70 多个国家和地区

★江苏林芝山阳集团有限公司
地址：江苏省无锡市锡山经济开发区团结北路
邮编：214101
电话：0510/88266560、88266556
传真：88266589
网址：www. lzsy. com
电子信箱：lzsy03@ lzsy. com
单位人数：600
质量体系：ISO 9002
产品情况：（新宝牌、山阳牌、喜力牌）
两轮、三轮摩托车、踏板摩托车、越野摩托车、电动车等
出口情况：远销印度尼西亚、越南等国家

★江苏金捷摩托制造有限公司
地址：江苏省无锡市锡山经济开发区友谊中路 139 号
邮编：214101
电话：0510/88209002、88201368
传真：88209008
电子信箱：sales@ greenfond. com
质量体系：ISO 9001
产品情况：（JIEDA 牌、金捷牌）
骑式、踏板、弯梁、电动系列摩托车，两轮摩托车，沙滩车，摩托车发动机
出口情况：出口美国、马来西亚、菲律宾、伊朗、尼日利亚等 30 多个国家和地区

★宁波东方凌云车辆制造有限公司
地址：江苏省无锡市锡山区张泾镇
邮编：214103
电话：0510/88271136、13951502991
传真：88236770
网址：www. xunlongmotor. com
电子信箱：sales@ xunlongmotor. com
单位人数：300

质量体系:ISO 9001
产品情况:(迅龙牌、东方牌、鹏城牌)
50ml、90ml、100ml、125ml、150ml、250ml 等七个系列的各式摩托车、踏板车
出口情况:远销东南亚、欧洲等地区

★江苏国威摩托车有限公司
地址:江苏省无锡市锡山区安镇镇查桥新世纪工业园
邮编:214104
电话:0510/88712609、88713799
传真:88710666
网址:www.guoweimotor.com
电子信箱:sales@guoweimotor.com
单位人数:2000
质量体系:ISO 9001、ISO 14001
产品情况:(国威牌)
摩托车、电动车、三轮车、助力车等,已形成摩托车年生产能力 15 万辆,电动车年生产能力 20 万辆,三轮车生产能力 5 万辆
出口情况:出口欧洲、南美洲、中东、非洲等国家和地区

★江苏宝雕机动车有限公司
地址:江苏省无锡市锡山区安镇镇吼山大道 5 号
邮编:214104
电话:0510/88711886、88716886
传真:88716600
网址:www.baodiaomt.com
电子信箱:bd8@bdmotor.com
质量体系:ISO 9001、ISO 14001
产品情况:(宝雕牌)
骑式车、踏板车、电动车、两轮轻便摩托车,具有年产 20 万台摩托车整车的生产能力
出口情况:出口东南亚、欧美、非洲等地区

★江苏新陵摩托车制造有限公司
地址:江苏省无锡市锡山区查桥工业园
邮编:214104
电话:0510/88101119、88715388
传真:88716310、88710770
网址:www.cnxinling.com
电子信箱:sales@ebikexinling.com
质量体系:ISO 9001、ISO 14001
产品情况:(新陵牌、高铭牌)
电动车、摩托车、三轮车、混合动力车等产品
出口情况:出口亚洲、东南亚、非洲、南美洲、中东、欧洲、北美洲等 70 多个国家和地区

★江苏爱玛车业科技有限公司
地址:江苏省无锡市锡山区羊尖镇工业园区
邮编:214107
电话:0510/68556666
网址:www.aimatech.com
产品情况:(爱玛牌)
电动两轮摩托车

★江苏新世纪机车科技有限公司
地址:江苏省无锡市锡山区廊下村
邮编:214108
电话:0510/88330166、88335156
传真:88330688
网址:www.sinski.com
电子信箱:center@sinski.com
质量体系:ISO 9001、ISO 14001
产品情况:(新世纪牌、豪发牌、SINSKI 牌)
踏板式、跨骑式、弯梁式摩托车、电动车、助力车、三轮摩托车、发动机等
出口情况:远销日本、美国、中美洲、南美洲、东南亚、中东等 30 多个国家和地区,并已在菲律宾、马来西亚、墨西哥等国组建了 CKD 合资和技术合作工厂

★江苏新豪科技机车有限公司
地址:江苏省无锡市新区坊前路 2 号
邮编:214111
电话:0510/88277922、88277622
传真:88277922、88277622
电子信箱:tonyxgm@hotmail.com
质量体系:ISO 9001、ISO 14001
产品情况:(爱立新牌、嘉隆牌、豪雅牌)
ALX125、150、250、HY50、125、JL125、150、250 等系列两轮摩托车

★江苏新禧南爵基础有限公司
地址:江苏省无锡市新区梅村新锦路与锡勤路路口
邮编:214111
电话:0510/88231230、88231680
传真:88231428
网址:www.halimotor.com
电子信箱:trade@halimotor.com
质量体系:ISO 9001
产品情况:(南爵牌)
两轮摩托车、踏板车、电动车

★江苏雄风机车有限公司
地址:江苏省无锡市锡北镇泾达南路 33 号
邮编:214191
电话:0510/83793812、83799800
传真:83795075
网址:www.sjxfmotor.com
电子信箱:luoguoping@188.com
质量体系:ISO 9001
产品情况:(光洋·雄风牌、华夏牌、雅得牌)
三轮残疾人机动轮椅车、老年休闲车;已具备年产 20000 辆三轮残疾人机动轮椅车的生产能力

★创新三阳摩托车制造有限公司
地址:江苏省无锡市锡山区锡北镇泾新路 9 号
邮编:214192
电话:0510/68866666
传真:68885555
网址:www.creativemotor.com
电子信箱:sales@creativemotor.com
单位人数:800
质量体系:ISO 9001
产品情况:(创新三阳牌、金舰牌、菲鹰牌、新捷牌、捷峰牌)
两轮摩托车
出口情况:远销欧洲、南美洲、南非、东南亚等国家和地区

★江苏建豪机动车工业有限公司
地址:江苏省无锡市锡山区锡北镇张泾泾新路 22 号
邮编:214194
电话:0510/88711294、88719279
传真:88719593
网址:jian-hao.com
产品情况:(建豪(JH)牌、易主(YZ)牌)
踏板车、骑式车等

★无锡千里马车业制造有限公司
地址:江苏省无锡市红豆工业城 42 号楼
邮编:214199
电话:0510/66868308、66865170
传真:88764271
电子信箱:celimo@hongdou.com
质量体系:ISO 9001、ISO 14001
产品情况:(千里马牌、赤兔马牌、欧豹牌)
摩托车、电动车、两轮轻便摩托车
出口情况:出口泰国、越南、尼日利亚等国家

★江苏跃进摩托车制造有限责任公司
地址:江苏省徐州市东郊张集工业园
邮编:221000
电话:0516/80267779、83182888
传真:80267778
网址:www.cnyuejin.com
电子信箱:jsyuejin@163.com
质量体系:ISO 9001
产品情况:(跃进牌)
三轮摩托车、电动三轮车、两轮摩托车
出口情况:出口东南亚地区

★江苏金彭车业有限公司
地址:江苏省徐州市工业园区徐州大道东段
邮编:221011
电话:4007056639、0516/87810799
传真:87810859
网址:www.jpdcc.com
电子信箱:sales@electric-tricycle.com
单位人数:1600
产品情况:(金彭牌)
三轮车及电动轮椅车、电动客运三轮车、电动牵引车、电动邮政车、电动保洁车、电动两轮车和电动四轮车等产品

★江苏宗申三轮摩托车制造有限公司
地址:江苏省徐州市金山桥经济技术开发区江苏宗申产业园
邮编:221121
电话:4006212198
传真:0516/82180899

网址：www. jszongshen. com
电子信箱：jszongshen@ 163. com
法人代表：尤建军
质量体系：ISO 9001
产品情况：（宗申牌）
　　三轮摩托车、电动正三轮摩托车
出口情况：出口美国、法国、印度尼西亚、越南、韩国、柬埔寨等国家

★江苏春兰摩托车有限公司
地址：江苏省泰州市春兰路6号
邮编：225300
电话：0523/82129598、86661887
传真：86662739
电子信箱：mf@ chunlan. com
质量体系：ISO 9001
产品情况：（春兰牌）
　　两轮摩托车
出口情况：出口荷兰、德国、法国、希腊、英国、美国、南非、中东等60多个国家和地区

★江苏林海雅马哈摩托有限公司
地址：江苏省泰州市九龙镇龙园路296号
邮编：225300
电话：0523/86555338
传真：86555348
电子信箱：lh@ linhaigroup. com
质量体系：ISO 9002、ISO 14001
产品情况：（林海·雅马哈牌、林海牌）
　　两轮摩托车，摩托车发动机

★江苏林海动力机械集团有限公司
地址：江苏省泰州市泰九路14号
邮编：225300
电话：0523/86553305、86992366
传真：86551403、86601839
网址：www. linhaigroup. com
电子信箱：lh. tz@ public. tz. js. cn
质量体系：ISO 9001、ISO 14001
产品情况：（林海牌、林海·雅马哈牌）
　　ATV、CUV等特种车辆、通用发动机、摩托车及摩托车发动机等
出口情况：远销海外

★林海股份有限公司
地址：江苏省泰州市迎春西路199号
邮编：225300
电话：0523/86551888
传真：86551403
网址：www. linhaigroup. com
电子信箱：lh@ linhaigroup. com
董事长：孙峰
质量体系：ISO 9001
产品情况：（林海牌、林海·雅马哈牌）
　　摩托车发动机、小型汽油机、摩托车、助力车、林业机械、消防机械等；具有年产摩托车发动机60万台、摩托车40万辆、林业机械及消防机械10万台套的生产能力

★江苏三迪机车制造有限公司
地址：江苏省泰兴市经济开发区高新技术产业园振兴路66号
邮编：225400
电话：0523/87605222、87605111
传真：87602350、87602072
网址：www. sandien. com
电子信箱：sdmf600@ hotmail. com
质量体系：ISO/TS 16949
产品情况：（三迪牌）
　　专用汽车、新能源车辆、车用发动机、环卫装备、三轮摩托车
出口情况：远销东南亚、中东、非洲、南美洲、欧美等地区

浙江省

★浙江春风动力股份有限公司
地址：杭州市余杭经济开发区五洲路116号
邮编：311100
电话：0571/86155555
传真：89265555
网址：www. cfmoto. com
电子信箱：cfmoto@ cfmoto. com
质量体系：ISO 9001
产品情况：（春风牌）
　　水冷发动机、摩托车、全地形车（ATV）、轻型多功能车（UTV）等
出口情况：出口欧洲、美洲、澳大利亚、非洲等国家和地区

★立峰集团有限公司
地址：浙江省嘉善县经济开发区长江路28号
邮编：314100
电话：0573/89116788
传真：89116789
网址：www. regal－raptor. com
电子信箱：xs@ regal－raptor. com
质量体系：ISO 9001
产品情况：（大地鹰王牌）
　　spyder巡航车系列、公务警用车系列、欧式跑车系列、尊贵太子车系列摩托车
出口情况：远销美国、欧洲等国家和地区

★慈溪金轮机车制造有限公司
地址：浙江省慈溪市金轮南路536号
邮编：315301
电话：0574/63218682、58998881
传真：63203743、63218188
电子信箱：info@ kingringmotor. com
质量体系：ISO 9001
产品情况：（金轮牌、鑫轮牌）
　　跨骑车、踏板车、三轮车、电动车、滑板车、沙滩车、发动机

★宁波市龙嘉摩托车有限公司
地址：浙江省慈溪市宗汉工业区
邮编：315301
电话：0574/63218608
传真：63218605
网址：www. longjia. com. cn
电子信箱：longjia@ longjia. com. cn
质量体系：ISO 9001
产品情况：（龙嘉牌）
　　踏板车、骑式车、越野车、电动车、摩托车发动机
出口情况：出口埃及、中东、南非、哥伦比亚等国家和地区

★宁波三江爵康摩托车有限公司
地址：浙江省余姚市朗霞街道朝阳路209号
邮编：315480
电话：0574/58225667
传真：58225666
网址：www. dykon. com. cn
电子信箱：dykon@ dykon. com. cn
法人代表：陈益波
单位人数：130
质量体系：ISO 9000
产品情况：［爵康（JK）牌］
　　50～250ml摩托车
出口情况：出口美国、欧盟、韩国、墨西哥、巴西、阿根廷等国家和地区

★浙江钱江摩托股份有限公司
地址：浙江省温岭市经济开发区
邮编：317500
电话：0576/86139140
传真：86212392
网址：www. qjmotor. com
电子信箱：qmfw@ qjmotor. com
质量体系：ISO 9001
产品情况：（钱江牌、贝纳利牌、Keeway牌、Generic牌）
　　街跑车、骑式车、踏板车、太子车、弯梁车、公务车、三轮车、两轮摩托车
出口情况：出口整车

★浙江嘉嘉巨能摩托车科技有限公司
地址：浙江省台州市经济开发区滨海工业园区甲南大道2689号
邮编：318000
电话：0576/82739972、4008264567
传真：82739955
网址：www. jnen. cn
电子信箱：jnen@ jnen. cn
质量体系：ISO 9001、ISO 14001
产品情况：（巨能牌）
　　具有年产摩托车30万辆，摩托车发动机40万台，电动车后备箱及塑件，后视镜等车用配件500万套的生产能力
出口情况：远销德国、美国、俄罗斯、墨西哥、波兰等海外30多个国家

★浙江劲野机动车工业有限公司
地址：浙江省台州市滨海经济开发区海昌路
邮编：318014
电话：0576/88299999、89898923
传真：89898922
网址：www. kye. cc
质量体系：ISO 9001
产品情况：（铃田牌、蓝野牌、广雅GY牌）

两轮摩托车

★台州市椒江之威摩托车制造有限公司
地址:浙江省台州市椒江区洪灵路
邮编:318015
电话:0576/89089668、89089666
传真:89089668、88011088
网址:www.zhiweimoto.com
电子信箱:webmaster@zhiweimoto.com
单位人数:830
质量体系:ISO 9001
产品情况:(神骑牌、先风牌、之威牌、万强(WQ)牌、骥达牌)
踏板车、骑式车;具备年产26万辆摩托车整车,30万台发动机的生产能力

★浙江珠峰华鹰电动车有限公司
地址:浙江省台州市黄岩区黄椒路69号
邮编:318020
电话:0576/84083651
传真:84083650
电子信箱:huawinmotor@gmail.com
质量体系:ISO 9001
产品情况:(华鹰(HUAWIN)牌)
踏板式、弯梁式、骑跨式电动摩托车,电动自行车
出口情况:远销美国、俄罗斯、波兰、罗马尼亚、法国、希腊、英国、瑞典、西班牙、苏丹、沙特阿拉伯、阿根廷、厄瓜多尔、委内瑞拉、海地、墨西哥、智利等40多个国家和地区

★浙江黄岩三叶集团有限公司
地址:浙江省台州市黄岩区西城新堂路38号
邮编:318020
电话:0576/84237644
传真:84237633
电子信箱:moto@china-snow.com
质量体系:ISO 9002
产品情况:(狮龙牌)
摩托车、发动机、摩托车配件、模具等
出口情况:出口韩国、意大利、中亚等国家和地区

★浙江宏运达摩托车有限公司
地址:浙江省台州市黄岩西工业园区
邮编:318020
电话:0576/84067899、84067903
传真:84067922、84238955
网址:www.wangye.com.cn
电子信箱:wangye@wangye.com.cn
法人代表:张文祥
单位人数:2000
质量体系:ISO 9001、ISO 14001
产品情况:(王野WY牌、三本SM牌、正好(ZH)牌、老爷牌)
踏板式、跨骑式摩托车,发动机、两轮摩托车、正三轮摩托车
出口情况:远销美国、英国、韩国、墨西哥、巴拉圭等100多个国家和地区

★台州市黄岩义鹰摩托车有限公司
地址:浙江省台州市黄岩新前镇工业区
邮编:318020
电话:0576/84357288、84716005
传真:84358998
网址:www.benzhougroup.com
电子信箱:bcc@benzhougroup.com
法人代表:卢仁义
质量体系:ISO 9001
产品情况:(义鹰牌)
踏板式、弯梁式、骑式摩托车,电动摩托车,发动机
出口情况:远销东南亚、欧洲、北美洲、拉丁美洲等地区

★浙江永源摩托车制造有限公司
地址:浙江省台州市路桥区长浦永源工业区
邮编:318050
电话:0576/80279000、15381826000
网址:www.jonway-motorcycle.com
电子信箱:cliffzhu@jonway.com
单位人数:3500
产品情况:(古思特牌、永源牌)
两轮摩托车、两轮轻便摩托车等
出口情况:远销80个国家

★台州市凯通摩托车制造有限公司
地址:浙江省台州市路桥区辽洋工业区
邮编:318050
电话:0576/82444888
传真:82913968
网址:www.kaitongmotor.com
电子信箱:sales@kaitongmotor.com
法人代表:阮奔
单位人数:630
质量体系:ISO 9001
产品情况:[乙本(YIBEN)牌]
50~250ml踏板、骑式、弯梁等系列摩托车
出口情况:出口欧洲、美洲、非洲、东南亚等地区

★吉利集团浙江摩托车有限公司
地址:浙江省台州市路桥区灵山西街588号
邮编:318050
电话:0576/82520336、13758678096
传真:82520335
网址:www.geelymotor.cn
电子信箱:motor_xs@geely.com
质量体系:ISO 9001
产品情况:(吉利牌)
跨骑式、踏板式摩托车、电动自行车、汽车配件等
出口情况:出口欧洲、美洲、亚洲、非洲、拉丁美洲等20多个国家和地区

★浙江凯凯美多机车有限公司
地址:浙江省台州市路桥区路南街道辽洋工业区
邮编:318050
电话:0576/82365999
传真:82356677
网址:www.meiduomotor.com
电子信箱:export@meiduomotor.com
产品情况:(五本WB牌)
踏板摩托车、两轮轻便摩托车

★浙江日雅摩托车有限公司
地址:浙江省台州市路桥区路桥新安南街689号
邮编:318050
电话:0576/82521651
传真:82550978
网址:www.chinariya.com
电子信箱:info@chinariya.com
单位人数:350
质量体系:ISO 9001
产品情况:(弘州牌、重崎牌、天鹰牌、日雅牌、炫耀XY牌)
排量50~300ml的骑士车、踏板车、电动车和小型越野车
出口情况:40%的产品出口欧洲、北美洲、中东、非洲、中美洲、南美洲、东南亚等地区

★浙江嘉爵摩托车制造有限公司
地址:浙江省台州市路桥区卖芝桥东路888-18号
邮编:318050
电话:0576/82401158、89226171
传真:82401176、82401181
网址:www.jiajue.com
电子信箱:business@jiajue.com
董事长:蔡卫民
单位人数:1000
质量体系:ISO 9000
产品情况:(嘉爵牌)
具有年产30万辆摩托车,100万辆电动自行车和50万台发动机
出口情况:出口欧洲、美国、南美洲、非洲、东南亚等200多个国家和地区

★中能机车集团有限公司
地址:浙江省台州市路桥区新桥镇新文路389号
邮编:318050
电话:0576/82407316、82529188
传真:82435413
网址:www.zhongneng.com
电子信箱:chuanye@mail.tzptt.zj.cn
单位人数:2000
质量体系:ISO 9001、ISO 14001
产品情况:(中能牌)
具备年产50万辆整车和60万台发动机的能力

★立马车业集团有限公司
地址:浙江省台州市路桥区蓬街工业园区
邮编:318057
电话:4008818777
法人代表:应光捷
单位人数:4000
产品情况:(立马牌)
电动两轮摩托车

★浙江弘州摩托车有限公司
地址:浙江省台州市路桥区金清镇金清大道
邮编:318058
电话:0576/82608013
传真:82608013
网址:www.lingben.com
电子信箱:linky@timbanmotor.com
质量体系:ISO 9001
产品情况:(天鹰 TY 牌)
摩托车及其发动机、电动车、ATV 车
出口情况:远销东南亚、非洲、欧洲、美洲、日本、韩国等国家和地区

★浙江顺骐车业有限公司
地址:浙江省台州市路桥区金清中心大道林家工业园区
邮编:318058
电话:0576/82707611、82608002
传真:82707611、82608027
网址:www.zjhuatian.com
电子信箱:zj_ht595@sohu.com
法人代表:章明富
质量体系:ISO 9001
产品情况:[华田(HT)牌、嘉吉(JL)牌、飞翎(FL)牌]
50 ~ 250ml 系列摩托车及配套发动机
出口情况:远销美国、德国、意大利、伊朗、越南等 20 多个国家

★三友控股集团银友摩托车有限公司
地址:浙江省台州市路桥三友工业园区
邮编:318059
电话:0576/82702909、82702907
传真:82702908
电子信箱:motor@china-sanyou.com
质量体系:ISO 9001
产品情况:(银友 YY 牌、三友牌、三优牌、卡狄豹牌)
踏板式、骑式摩托车、沙滩车、电动车、童车、特种车等
出口情况:出口欧洲、美洲、东南亚、非洲等地区

★浙江绿源电动车有限公司
地址:浙江省金华市开发区工业园石城街 168 号
邮编:321016
电话:4008877505
网址:www.luyuan.cn
电子信箱:2355885910@qq.com
法人代表:倪捷
产品情况:(绿源 LY 牌)
电动摩托车、特种车等

★浙江阿波罗运动休闲用品有限公司
地址:浙江省武义县泉溪镇金岩山工业区
邮编:321200
电话:0579/87720888、87720886
传真:87720707
网址:www.apollovehicle.com
电子信箱:apollo@ChinaApollo.com
产品情况:(ORION 牌)
越野摩托车
出口情况:远销欧洲、美国、加拿大、澳大利亚、非洲、东南亚地区

★浙江庆福川豹摩托车有限公司
地址:浙江省永康市城西新区花城东路 189 号
邮编:321300
电话:0579/89265591
传真:87433388
产品情况:(长铃牌、川豹 CB 牌)
三轮摩托车、两轮摩托车

★浙江星月车业有限公司
地址:浙江省永康市古山工业区
邮编:321307
电话:4001579766、4001579866
传真:0579/87270031
网址:www.xingyue.com
电子信箱:13506790360@139.com
质量体系:ISO 9001
产品情况:(星月牌)
踏板、骑式、弯梁式摩托车、越野车、三轮休闲车等

★涛涛集团有限公司
地址:浙江省缙云县新民路 6 号
邮编:321400
电话:0578/3183666
传真:3183668
网址:www.taotaogroup.com
电子信箱:markzhao@taotaogroup.com
单位人数:2000
质量体系:ISO 9001
产品情况:沙滩车、摩托车、电动车、电动自行车等
出口情况:在美国、加拿大、俄罗斯、迪拜等地设立公司

★浙江雷克机械工业有限公司
地址:浙江省松阳县城长虹东路 191 号
邮编:323400
电话:0578/8067100
传真:8072901
网址:www.leikemt.com
电子信箱:lkfw@leikemt.com
法人代表:应文杰
单位人数:500
质量体系:ISO 9001、ISO 14001
产品情况:(雷克牌)
摩托车整车和摩托车发动机
出口情况:出口欧美、东南亚等地区

★浙江幸福摩托机械有限公司
地址:浙江省乐清市汇丰路 8 号
邮编:325600
电话:0577/62532193
传真:62532193
网址:www.chinaxingfu.cn
电子信箱:chinaxingfu@yeah.net
单位人数:500
质量体系:ISO 9001、ISO 14001
产品情况:(好奔牌、雅丽马牌)
50ml、100ml、125ml、250ml 踏板、骑士摩托车、电动摩托车和助力车等系列产品

福建省

★厦门厦杏摩托有限公司
地址:福建省厦门市集美区杏林西滨路 99 号
邮编:361022
电话:0592/6211349
传真:6213965
网址:www.xsmt.com
电子信箱:service@xsmt.com
质量体系:ISO 9002
产品情况:(厦杏三阳牌)
中华系列、中华狼系列、中华战马及警车系列、风速系列、悍将系列、魅力系列等 30 多个系列摩托车
出口情况:出口欧洲、美洲、日本、韩国、非洲、印度、东南亚等国家和地区

★福建省晋江市三力机车有限公司
地址:福建省晋江市五里科技工业区
邮编:362263
电话:0595/85739829、85739870
传真:85739863
网址:www.sanli-engine.com
电子信箱:sanli-engine@qq.com
质量体系:ISO 9001、ISO 14000
产品情况:(苏司克牌、豪福牌、三力力牌)
具备年生产各类摩托车 40 万台,发动机、汽油机、柴油机等动力 100 万台,大、中、小型园林机械 40 万台的生产能力
出口情况:出口西欧、北美洲等地区

山东省

★济南轻骑摩托车有限公司
地址:济南市历下区和平路 34 号
邮编:250014
电话:0531/86599882
传真:86599889
网址:www.qingqi.com.cn
电子信箱:jnqq@qingqi.com.cn
质量体系:ISO 9001
产品情况:(轻骑牌、标致牌、达飞尔牌、先锋牌)
跨骑式、踏板式、弯梁式摩托车,运动休闲车,电动车,三轮车,摩托车发动机
出口情况:出口欧洲、美国、日本等国家和地区,并在印度尼西亚、巴西设立公司

★济南大隆机车工业有限公司
地址:济南市济阳县济北大道 9 号轻骑工业园
邮编:250100
电话:0531/88062345
传真:88906003

法人代表:王为
质量体系:ISO 9001
产品情况:(大龙牌、神鹰牌、木兰牌、世纪风牌、先锋牌、豪门牌、蒙德王牌)
两轮、三轮摩托车、正三轮摩托车
出口情况:出口欧洲、美洲、亚洲等30多个国家和地区

★济南轻骑铃木摩托车有限公司
地址:济南市高新技术开发区孙村片区科创路1999号
邮编:250101
电话:0531/85030666、85030777
传真:88876862
网址:www.qssuzuki.com.cn
电子信箱:qsfuwu@jnsuzuki.cn
法人代表:宋乐刚
质量体系:ISO 9001
产品情况:(铃木牌)
摩托车
出口情况:出口摩托车

★济南轻骑标致摩托车有限公司
地址:济南市高新技术开发区孙村片区科航路1988号
邮编:250104
电话:0531/58839075、4007667076
传真:58839022
网址:www.peugeotscooters.com.cn
电子信箱:sales@peugeotscooters.com.cn
质量体系:ISO 9001
产品情况:[标致(PEUGEOT)牌、轻骑牌]
两轮摩托车

★山东重骑摩托车(集团)厂
地址:济南市党家庄镇西
邮编:250116
电话:0531/87807184、87807399
传真:87991647
电子信箱:qiguan@zhongqi.com
质量体系:ISO 9001
产品情况:(重骑牌)
两轮、三轮摩托车,警用摩托车、两轮轻便摩托车、正三轮摩托车

★德州富路车业有限公司
地址:山东省德州市陵县经济开发区迎宾街北首路东
邮编:253500
电话:0534/8820077、8820073
传真:8823658
网址:www.gfulu.com
电子信箱:dzflcy@163.com
单位人数:1700
质量体系:ISO 9001、ISO 14001
产品情况:(富路牌)
已具备了年产30万辆三轮全棚车、20万辆低速纯电动汽车的生产能力
出口情况:远销美国、德国、瑞士、英国、墨西哥、埃及等20多个国家和地区

★东营蒙德金马机车有限公司
地址:山东省东营市广饶县乐安大街1719号
邮编:257336
电话:0546/7729300
传真:7729320
网址:www.mengdegroup.com
电子信箱:zonghe@mengdegroup.com
法人代表:高海涛
单位人数:650
质量体系:ISO 9001
产品情况:(吉海牌、蒙德王牌、德迈牌)
纯电动汽车、摩托车、旅游观光车和特种作业车
出口情况:出口美国、秘鲁、尼日利亚、越南、意大利等国家

★福田雷沃国际重工股份有限公司
地址:山东省诸城市经济开发区横一路以南纵二路中段东侧
邮编:262200
电话:0536/6430669、6439667
传真:2289936、2289940
网址:www.lovol.com.cn
单位人数:16000
质量体系:ISO 9000
产品情况:(福田五星牌)
正三轮摩托车、三轮电动车等
出口情况:远销欧洲、非洲、南亚、东南亚等地区

★青州大金马摩托车有限公司
地址:山东省青州市经济开发区圣威尔街2888号
邮编:262500
电话:0536/3524635、3524086
传真:3295102
网址:www.dajinma.net
电子信箱:djinma@163.com
单位人数:300
质量体系:ISO 9001
产品情况:(金马牌)
斗式重型载货三轮摩托车、保温厢式重型三轮摩托车、客货两用车\全篷车、半篷休闲车、把式货斗、助残车、老年车等

★山东寿光万龙实业有限公司
地址:山东省寿光市东城工业园
邮编:262705
电话:0536/5678960
传真:5678781
网址:www.cn-wanlong.cn
电子信箱:wlsyzhglb@163.com
法人代表:王鑫
单位人数:1500
质量体系:ISO/TS 16949
产品情况:(川野牌)
年生产能力已达20万台套汽车车身覆盖件、两个整车冲压模具设计制造能力、1.5万台套轻、重型货车车架制造能力、20万辆三轮摩托车、四轮电动车的生产能力
配套情况:为长安、华泰现代、北方奔驰、中国重汽、北汽福田、五征集团、时风集团等众多重型货车、轻型货车、乘用车生产厂家配套汽车车身、车架等产品;为日本富士、长安福特、一汽红塔、奇瑞、北汽福田等国内外汽车厂家设计加工过高档轿车、汽车车身模具

★龙口洛嘉摩托车有限责任公司
地址:山东省龙口市诸由观镇工业园
邮编:265705
电话:0535/8561086、8562617
传真:8561086、8560558
电子信箱:yock@huaweimc.com
质量体系:ISO 9001
产品情况:(洛嘉牌、北翔牌)
两轮、三轮摩托车、正三轮摩托车

★山东海戈工贸集团有限公司
地址:山东省宁阳南外环路华阳大街中段768号
邮编:271400
电话:0538/5610198
传真:5611888、5639188
网址:www.haigecar.com
电子信箱:ythymt@163.com
质量体系:ISO 9001
产品情况:(海戈HG牌、钱江牌、光速牌)
两轮摩托车、三轮摩托车、三轮电动车、四轮电动车、全封闭四轮助残摩托车、沙滩摩托车和突击车等数十个品种
出口情况:出口欧洲、非洲、南美洲、东南亚等地区

★山东北易车业有限公司
地址:山东省临沂市大阳路中段东侧
邮编:276006
电话:0539/8372763
传真:8368660
网址:www.sdbeiyi.cn
电子信箱:sdbycyyxgs@126.com
单位人数:620
质量体系:ISO 9001、ISO 14001
产品情况:(大阳牌)
货运车、老年车、助残车、旅游观光车、休闲娱乐车、全包三轮客车和半包货车等各种三轮摩托车、三轮电动车

★山东华日摩托车股份有限公司
地址:山东省沂南县经济开发区迎春路中段1号
邮编:276300
电话:0539/3275589
传真:3275611、3275691
电子信箱:huashenglx@126.com
质量体系:ISO 9001
产品情况:(华日牌、蒙德王牌、华盛中天牌)
电动车、三轮摩托车、两轮摩托车、娱乐车
出口情况:远销美洲、欧洲、东南亚等40多个国家和地区

★山东先锋摩托车有限公司
地址:山东省日照市海曲东路36号
邮编:276800
电话:0633/8265192、84567566
传真:8265192、84567516
网址:www.xfmotor.com.cn
电子信箱:pioneer@xfmotor.com.cn
法人代表:白金江
质量体系:ISO 9001
产品情况:(先锋牌)
XF50、100、125 两轮摩托车,XF150、175型正三轮摩托车

河南省

★河南丰收新能源车辆有限公司
地址:河南省新乡市北环路西段丰收工业园
邮编:453000
电话:0373/2191926
传真:2191019
网址:www.fengshou8888.com
质量体系:ISO 9001、ISO 14001
产品情况:(丰收牌)
大功率电动载货三轮车,电动四轮观光车和电动四轮运输车

★河南新鸽摩托车有限公司
地址:河南省新乡市北干道新鸽工业区
邮编:453002
电话:0373/2515099、15137386888
传真:2695387
电子信箱:xinge881@sina.com
法人代表:李文平
质量体系:ISO 9001、ISO 14001
产品情况:(新鸽牌)
正三轮摩托车、老年三轮摩托车、助残三轮摩托车、半封闭三轮摩托车、全封闭三轮摩托车

★河南力之星三轮摩托车制造有限公司
地址:河南省新乡市北环路西段
邮编:453002
电话:0373/2695889、2695666
传真:2695889、2695712
电子信箱:info@zipstar.cn
法人代表:李文彬
质量体系:ISO 9001、ISO 14001
产品情况:(力之星牌)
LZX1000ZH、LZX250ZH 系列正三轮摩托车、电动正三轮摩托车

★河南富源鑫洋车业有限公司
地址:河南省新乡市北环路西段
邮编:453200
电话:0373/5272030、4007173731
传真:2191883
单位人数:700
质量体系:ISO 9001、ISO 14001
产品情况:电动三轮摩托车、电动三轮车、电动平板车、半封闭电动三轮车、电动场地观光车

★河南嘉陵三轮摩托车有限公司
地址:河南省孟州市西逯工业区
邮编:454791
电话:0391/8398880、18839115323
传真:8398855、8398854
网址:www.hnjlsl.com
电子信箱:1125635000@qq.com
质量体系:ISO 9001、ISO 14001
产品情况:(嘉陵牌)
正三轮摩托车、老年车、三轮货车

★许昌银翔三轮摩托车有限公司
地址:河南省许昌县尚集开发区
邮编:461000
电话:0374/5653908、4000733369
传真:5652688
网址:www.xcyinxiang.com
电子信箱:gx160626@autoinfo.gov.cn
法人代表:禄银生
产品情况:(银翔牌)
正三轮摩托车

★长葛市鸿舟车业有限公司
地址:河南省长葛市区钟繇大道北段
邮编:461500
电话:0374/6227999
传真:6227789
网址:www.hongyangroup.com
电子信箱:hongzhouddqc@163.com
质量体系:ISO 9001
产品情况:(鸿舟牌、轰轰烈牌)
三轮客/货车、助残车、特种三轮车、电动车等
出口情况:远销瑞士、罗马尼亚、几内亚、印度尼西亚、柬埔寨、孟加拉国、阿根廷、巴西、印度、菲律宾、尼日利亚、乌兹别克斯坦、哈萨克斯坦、塞尔维亚等国家

★舞阳庆福车业有限公司
地址:河南省漯河市舞阳县舞泉镇南环路东段
邮编:462000
电话:0395/7332001
传真:7332008
电子信箱:webmaster@hongdu.com.cn
质量体系:ISO 9001、ISO 10012
产品情况:(长洪(CH)牌、长江牌)
HD125、150、250系列摩托车,长江125、750系列摩托车,125、150、250摩托车发动机,125、250、150、750摩托车零部件
出口情况:出口洪都125系列摩托车、长江750系列摩托车

★洛阳北方企业集团有限公司
地址:河南省洛阳市涧西区徐家营
邮编:471031
电话:0379/65111111
传真:64937738
网址:www.lybq.com.cn
电子信箱:ljmoto@126.com
负责人:张宏
单位人数:4500
质量体系:ISO 9001
产品情况:(洛嘉牌、大阳牌)
弯梁、踏板、骑式系列摩托车、两轮轻便摩托车、正三轮摩托车、两轮摩托车
出口情况:远销80多个国家和地区

★洛阳北方易初摩托车有限公司
地址:河南省洛阳市涧西区徐家营洛宜路
邮编:471031
电话:0379/64937335、65118335
传真:64937591、64937179
网址:www.dayangmotorcycle.com
电子信箱:dayang@dayang-motorcycle.com
负责人:刘波涛
单位人数:2800
质量体系:ISO 9001
产品情况:(大阳牌)
50~200ml正三轮摩托车、两轮摩托车;具备年生产50~200ml大阳摩托100万辆、发动机120万台和大阳三轮车60万辆、大阳电动车50万辆的生产能力
出口情况:远销80多个国家和地区

★河南北摩车业有限公司
地址:河南省洛阳市新区开元大道东段永盛工业园
邮编:471201
电话:0379/65813263
传真:65821340
网址:www.hayongsheng.com.cn
电子信箱:ysmotuo@126.com
法人代表:仝进峰
质量体系:ISO 9001、ISO 14000
产品情况:(宝雕翔BDX牌)
正三轮摩托车、老年车、助残车、半封闭/全封闭三轮车、特种用途车、货车
出口情况:出口巴西、印度尼西亚、泰国、马来西亚、菲律宾、缅甸、加纳等多个国家

★河南弘州金洪三轮摩托车有限公司
地址:河南省偃师市岳滩工业区
邮编:471900
电话:0379/67616676、67613676
传真:67621676
电子信箱:hnjinhong@163.com
法人代表:张鹏飞
产品情况:(金洪牌)
正三轮摩托车
出口情况:远销东南亚、非洲、南美洲等地区

★洛阳北易三轮摩托车有限公司
地址:河南省洛阳市岳滩工业区
邮编:471921
电话:0379/65101666
传真:67616589
网址:www.dayangsanlun.cn
电子信箱:web@dayangsanlun.com
单位人数:800
质量体系:ISO 9001
产品情况:(大阳牌)

50～150ml 的正三轮摩托车、老年休闲车、电动三轮车等
出口情况：远销多个国家和地区

★洛阳珠峰华鹰三轮摩托车有限公司
地址：河南省偃师市产业集聚区
邮编：471921
电话：0379/67621191、67611149
传真：67616593、67628766
网址：www.zf-ky.com.cn
电子信箱：421612711@qq.com
单位人数：800
质量体系：ISO 9001
产品情况：（华鹰牌、珠峰牌）
正三轮摩托车、电动车

★洛阳大运三轮摩托车有限公司
地址：河南省偃师市岳滩大运工业园
邮编：471921
电话：0379/69687295
传真：69662671
网址：www.dayunsanlun.com
电子信箱：dayunsp@126.com
单位人数：800
质量体系：ISO 9001
产品情况：（大运牌）
三轮汽油摩托车、三轮电动摩托车整车及车体件、覆盖件等产品，具有年产 50 万辆整车的生产能力
出口情况：远销越南、老挝、中东等国家和地区

★洛阳北方大河三轮摩托车有限公司
地址：河南省偃师市岳滩镇
邮编：471921
电话：0379/67619558、15290578882
传真：67619777
网址：www.lydhmt.com
电子信箱：1183045184@qq.com
质量体系：ISO 9001
产品情况：（大阳牌、洛嘉牌、东方红牌）
正三轮摩托车、三轮助力车

★重庆银钢科技公司偃师分公司
地址：河南省偃师市岳滩镇
邮编：471921
电话：0379/67613797
传真：67616788
电子信箱：yggsysfgs@126.com
质量体系：ISO/TS 16949、ISO 9001
产品情况：（银钢牌）
三轮摩托车及零配件

湖南省

★株洲建设雅马哈摩托车有限公司
地址：湖南省株洲市芦淞区董家段
邮编：412002
电话：0731/28550344
传真：28557019
网址：www.zzyamaha-motor.cn
电子信箱：gx180604@autoinfo.gov.cn
法人代表：吕红献
单位人数：1000
质量体系：ISO 9001、ISO 14001
产品情况：（YAMAHA 牌）
踏板摩托车、两轮摩托车等

★湖南南方宇航工业有限公司
地址：湖南省株洲市芦淞区董家塅建国路 1 号
邮编：412002
电话：0731/28559011
传真：28559001
网址：www.chinasatc.com
电子信箱：nfyh@chinasatc.com
质量体系：ISO/TS 16949、ISO 14001
产品情况：（南方牌、南雅牌）
摩托车及摩托车发动机

广东省

★广州摩托集团有限公司
地址：广州市滨江中路 352 号
邮编：510220
电话：020/84429542
传真：84475816
网址：www.gaig.com.cn
电子信箱：master@gzmotors.com
产品情况：（五羊牌、五羊－本田牌）
摩托车、发动机、汽车及摩托车零部件

★广州大运摩托车有限公司
地址：广州市花都区狮岭镇
邮编：510800
电话：020/86965966、86965499
传真：86963385
网址：www.gzdayang.com
电子信箱：export@gzdayang.com
单位人数：2000
质量体系：ISO 9001、ISO 14001
产品情况：（大运牌、大阳牌、风驰牌）
具有年产 150 万辆整车和 200 万台发动机的生产能力
出口情况：出口多个国家和地区

★广州市大阳摩托车有限公司
地址：广州市花都区永发大道 12 号
邮编：510800
电话：020/86965966、86965655
传真：86965966、86965655
网址：www.gzdayang.com
电子信箱：office@gzdayang.com
质量体系：ISO 9001
产品情况：（大阳牌、大运牌、风驰牌）
跨骑式、踏板式、弯梁式摩托车，三轮摩托车，沙滩车，摩托车发动机、两轮摩托车
出口情况：远销亚洲、欧洲、美洲、非洲等地区

★广州三雅摩托车有限公司
地址：广州市从化区城郊街新开埔顶
邮编：510920
电话：020/87916128
传真：87911823
网址：www.sanyamotor.com
电子信箱：sanya@sanyamotor.com
质量体系：ISO 9001、ISO 14001
产品情况：（三雅牌）
ATV 系列、骑式车、踏板车、弯梁车、助力车、两轮摩托车
出口情况：出口欧洲、南美洲、中东、非洲等地区

★广州天马集团天马摩托车有限公司
地址：广州市从化区从樟路 3 号
邮编：510925
电话：020/87982688、87976850
传真：87981676
网址：www.ktm.cn
电子信箱：office@ktm.cn
质量体系：ISO 9001、ISO 14000
产品情况：（天马牌、贝速特牌）
踏板车、弯梁车、太子车、两轮轻便摩托车、两轮摩托车等
出口情况：远销欧洲、美洲、非洲、东南亚、中东等地区

★广州松铃工业有限公司
地址：广州市从化区明珠工业园宝聚路 1－2 号
邮编：510931
电话：020/87807388
传真：87807188
网址：www.sonlink-motor.com
电子信箱：office@sonlink-motor.com
法人代表：吴乐辉
产品情况：（松铃牌）
正三轮摩托车，具有年生产摩托车 30 万台，发动机 40 万台的能力
出口情况：远销南美洲、中东、欧亚、非洲等多个国家和地区

★广州金城摩托车科技有限公司
地址：广州市从化区鳌头镇岭南村
邮编：510940
电话：020/22695988
产品情况：（金城牌）
两轮摩托车

★重庆隆鑫机车有限公司广东分公司
地址：广州市从化区温泉镇温泉大道 688 号
邮编：510970
电话：020/37950236
传真：37950255
产品情况：（隆鑫牌）
摩托车、三轮车及发动机配件

★广州广本机车科技有限公司
地址：广州市从化区经济开发区丰盈路 7 号
邮编：510990
电话：020/87816718
传真：87816038
电子信箱：linyejd@vip.sina.com
产品情况：（广本牌、国宝牌、华林牌）

三轮摩托车、两轮摩托车、两轮轻便摩托车

★康超集团广州摩托车制造有限公司
地址:广州市增城区石滩镇上塘村荔三公路北侧
邮编:511325
电话:020/32803816、32803817
传真:32803848
网址:www. kangchaomoto - gz. com
电子信箱:yochixsgs@ 126. com
质量体系:ISO 9000
产品情况:(洪雅牌、雅奇牌、冠军牌)
跨骑式、踏板式、弯梁式摩托车,越野车等摩托车,摩托车发动机
出口情况:出口非洲、南美洲、欧洲、亚洲等地区

★广州飞肯摩托车有限公司
地址:广州市增城区石滩镇新城大道8号
邮编:511330
电话:020/61737688、32899666
传真:32896205
网址:www. fekonmotor. com
电子信箱:fekon888@ 126. com
单位人数:2000
质量体系:ISO 9001、ISO 14001
产品情况:(飞肯牌)
骑式、弯梁式、踏板式摩托车,助力车,电动车、两轮轻便摩托车、两轮摩托车、正三轮摩托车
出口情况:出口中东、南美洲、非洲等多个国家和地区

★广州豪进摩托车股份有限公司
地址:广州市增城区新塘镇荔新公路上邵工业区
邮编:511340
电话:020/82799999、8008307308
传真:82799058
网址:www. haojin. com. cn
电子信箱:sales@ haojin. com. cn
质量体系:ISO 9001
产品情况:(凌肯牌、豪进(HAOJIN)牌)
骑式车、踏板车、弯梁车、沙滩车、两轮摩托车等
出口情况:出口欧洲、南美洲、非洲、中东、东南亚等地区

★增城市奔马实业有限公司
地址:广州市增城区新塘镇新甘湾开发区甘涌路段
邮编:511340
电话:020/61723018、61723007
传真:61723333
网址:www. sanlg - motor. com. cn
电子信箱:sanlg@ sanlg - motor. com. cn
质量体系:ISO 9001
产品情况:(广日牌、三铃牌)
骑式、踏板、弯梁摩托车,沙滩车、两轮轻便摩托车、两轮摩托车
出口情况:远销南美洲、中东、欧洲、亚洲等地区

★增城市东阳摩托车实业有限公司
地址:广州市增城区新塘镇新银工业区
邮编:511340
电话:020/82785180
传真:82787818、82784511
电子信箱:honyo@ honyo. cn
质量体系:ISO 9001
产品情况:(鸿邮牌)
摩托车整车和摩托车发动机

★广州峰光机车有限公司
地址:广州市增城区新塘镇大道甘涌开发区
邮编:511356
电话:020/82690388、82691862
传真:82693319
网址:www. fkmeo. com
电子信箱:fkmto@ fkmeo. com
质量体系:ISO 9001、ISO 14001
产品情况:(峰光牌、峰田牌)
涵盖摩托车、沙滩车、轻便摩托车、电动车及通用机械
出口情况:出口亚洲、欧洲、美洲、非洲等20余个国家和地区

★五羊-本田摩托(广州)有限公司
地址:广州市增城区新塘镇永和新新六路1号
邮编:511356
电话:020/32989888、32989988
网址:www. wuyang - honda. com
电子信箱:yangyang798@ wuyang - honda. com
法人代表:李少
质量体系:ISO 9001、ISO 14001
产品情况:(五羊-本田牌、HONDA牌、五羊牌)
骑式车、踏板车、弯梁车、两轮摩托车等
出口情况:出口亚洲、欧洲、美洲、非洲等100多个国家和地区

★广州市番禺华南企业集团
地址:广州市番禺区榄核镇蔡新路351号
邮编:511400
电话:020/22867801
传真:22867922
网址:www. hnmoto. com
电子信箱:guangying315@ 163. com
单位人数:3000
质量体系:ISO/TS 16949、QS 9000
产品情况:(飞鹰牌、FYM牌、SACHS牌、飞狐牌)
各类摩托车、高尔夫球车、沙滩车、环保节能电动车以及汽车灯具、PC塑料
出口情况:远销欧洲、美洲、中东、东南亚等地区

★广州天恒机车工业有限公司
地址:广州市番禺区南村镇罗边村兴业大道1803号
邮编:511430
电话:020/61933026、13826418001
传真:34824096
网址:www. gztianheng. com
电子信箱:jhl2007@ hotmail. com
质量体系:ISO 9001
产品情况:(远方牌、粤豪牌、粤华牌、豪宝牌、光威牌)
摩托车整车,发动机及零部件

★广州五羊摩托有限公司
地址:广州市番禺区南村镇永大工业园内
邮编:511443
电话:020/61912218、61912258
传真:61912200、61912255
网址:www. wuyangmotor. com
电子信箱:wuyang@ wuyangmotor. com
董事长:梁君
单位人数:500
质量体系:ISO 9000、ISO 14001
产品情况:(五羊牌)
跨骑、踏板、弯梁、太子等系列摩托车,警务/公务车、两轮摩托车、正三轮摩托车;已形成年产50万台发动机和50万辆整车的综合生产能力
出口情况:远销欧洲、东南亚、南美洲、非洲等多个国家和地区

★广州番禺豪剑摩托车工业有限公司
地址:广州市番禺区市南路鱼窝头路段81号
邮编:511475
电话:020/84916153、34912066
传真:84916151、84916167
网址:www. hj - sukida. com. cn
电子信箱:sukidamotor@ vip. sina. com
质量体系:ISO 9001
产品情况:(豪剑牌、雷利诺牌、凯尔牌、速卡迪牌)
五羊、铃木王、CG系列、太子系列及踏板式、弯梁式摩托车,电动摩托车,助力车、两轮轻便摩托车
出口情况:在英国、美国、马来西亚等国家建厂

★广州市丰豪摩托车实业有限公司
地址:广州市南沙区榄核镇人民村榄北路81号
邮编:511480
电话:020/22864307
传真:22864323
网址:www. fenghaomotor. com
电子信箱:haori@ haori - motor. com
法人代表:吴会奇
质量体系:ISO 9001
产品情况:(丰豪牌、豪日牌)
摩托车整车、发动机

★广东大联统摩托车有限公司
地址:广东省清远市清新区太和镇井塘村海州
邮编:511800
电话:0763/5850788
传真:5851103、5850788
网址:www. cpi - motor. com. cn
电子信箱:lthr@ cpi - motor. com. cn

质量体系:ISO 9001
产品情况:(联统牌)
摩托车和发动机
出口情况:远销德国、英国、波兰、匈牙利、法国、荷兰、俄罗斯、美国、哥伦比亚、菲律宾、马来西亚、澳大利亚、新西兰等50多个国家

★广东富兴摩托车实业有限公司
地址:广东省兴宁市纺织路88号
邮编:514500
电话:0753/3351259、3351662
传真:3329668、3333668
电子信箱:haobao@haobaomotor.com
质量体系:ISO 9001
产品情况:(豪豹牌)
摩托车及发动机
配套情况:为五羊-本田、五羊摩托、深圳益豪、江门大长江、珠海珠江、海南新大洲等国际知名品牌摩托车生产厂家配套

★惠州玛骐摩托车有限公司
地址:广东省惠州市惠阳区良井麦科特科技工业园
邮编:516265
电话:0752/3650180、3650888
传真:3650180
网址:www.mctmotor.com
电子信箱:mctkym@163.com
法人代表:胡志彪
质量体系:ISO 9001
产品情况:[麦科特(MCT)牌、玛骐牌]
跨骑式、踏板式、弯梁式、越野式摩托车,沙滩车,电动车,发动机
出口情况:与越南、柬埔寨、斯里兰卡、印度尼西亚、美国、日本、南美洲、中东、非洲等几十个国家建立了贸易联系

★东莞市大裕摩托车有限公司
地址:广东省东莞市中堂镇北王路袁家涌路段
邮编:523223
电话:0769/88895555、88880678
传真:88121117、88880688
电子信箱:yh@yihao-motor.com
质量体系:ISO 9001
产品情况:(益豪牌、尊隆牌)
骑式车、踏板车、弯梁车等

★佛山市佛斯弟摩托车制造有限公司
地址:广东省佛山市禅城区南庄罗格工业园湖田路2号
邮编:528000
电话:0757/88353958、88356856
传真:88353900
网址:www.fosti.com.cn
电子信箱:fosti@fosti.com.cn
法人代表:荣伟
质量体系:ISO 9001
产品情况:(富先达牌、佛斯弟牌)
骑式、踏板、弯梁系列摩托车,摩托车发动机
出口情况:远销欧洲、美洲、非洲、中东等20多个国家和地区

★宗申·比亚乔佛山摩托车企业有限公司
地址:广东省佛山市禅城区张槎城西工业区朗宝西路51号
邮编:528000
电话:0757/82309253
传真:82309520
网址:www.piaggio.com.cn
电子信箱:sales@piaggio.com.cn
法人代表:胡显源
产品情况:(比亚乔牌)
骑式、踏板式摩托车

★广东陆豪摩托车有限公司
地址:广东省佛山市南海区大沥长虹岭工业园
邮编:528231
电话:0757/85583981、85583755
传真:85583988
网址:www.gdluhao.com
电子信箱:luhaomt@gdluhao.com
单位人数:200
质量体系:ISO 9001
产品情况:(陆豪牌、陆嘉牌、陆康牌、粤龙牌)
弯梁车、直梁车、踏板车等

★广东大福摩托车有限公司
地址:广东省佛山市南海区大沥镇长虹岭工业园
邮编:528231
电话:0757/85523680、85598017
传真:85552708、85523186
网址:www.dafumoto.com
电子信箱:daifo@126.com
质量体系:ISO 9001、ISO 14001
产品情况:(豪达牌、大福牌、双健牌)
两轮、三轮摩托车,正三轮摩托车,电动两轮摩托车
出口情况:远销中东、南亚等地区

★佛山市南海区中摩科技有限公司
地址:广东省佛山市南海区松岗松夏工业园
邮编:528234
电话:0757/81996886、85586052
传真:81996856、85586051
网址:www.nhtdmotor.com
电子信箱:nhzmkj@vip.sina.com
质量体系:ISO 9001
产品情况:(田达牌、建设牌、麟龙牌)
摩托车发动机、两轮摩托车

★佛山市南海区轻骑摩托车有限公司
地址:广东省佛山市南海区松岗松夏工业园23号
邮编:528234
电话:0757/85234095
传真:85234090
网址:www.nhqq.com.cn
质量体系:ISO 9001、ISO 14001
产品情况:(帝豪牌、世纪风牌、金马牌)
跨骑式、弯梁式、踏板式摩托车及巴本、GS发动机
出口情况:出口亚洲、欧洲、美洲、非洲等30多个国家和地区

★广东嘉纳仕科技实业有限公司
地址:广东省佛山市顺德区北滘镇西海北围工业区8号
邮编:528311
电话:0757/26670945
传真:26670952
网址:www.yinhemotor.com.cn
电子信箱:yinhe@yinhemotor.com.cn
单位人数:400
质量体系:ISO 9001
产品情况:(银河牌、豹王牌、GALAXY牌)
摩托车、发动机、电动车、特种车(运动型/娱乐型)
出口情况:出口美洲、欧洲、非洲、东南亚等地区

★中山国驰摩托车实业有限公司
地址:广东省中山市东升镇东升工业区葵兴大道200号
邮编:528414
电话:0760/23635002、23635001
传真:23635016、23635001
电子信箱:gx190610@autoinfo.gov.cn
法人代表:曾凡勇
质量体系:ISO 9001
产品情况:(纵情牌)
两轮摩托车

★江门市中港宝田摩托车实业有限公司
地址:广东省江门市高新技术产业开发区兴业路36号
邮编:529000
电话:0750/3226999
传真:3230233
电子信箱:baotianmotor@21cn.com
质量体系:ISO 9001
产品情况:(宝田牌)
两轮摩托车、两轮轻便摩托车
出口情况:出口亚洲、南北美洲、欧洲、非洲等100多个国家和地区

★江门市大长江集团有限公司
地址:广东省江门市建达北路5号
邮编:529000
电话:0750/3288999
传真:3288333
网址:www.haojue.com
电子信箱:sale@haojue.com
质量体系:ISO 14001
产品情况:(SUZUKI牌、豪爵牌、铃木(SUZUKI)牌)
豪爵系列骑式车、铃木系列骑式车、踏板车、弯梁车、警车、两轮摩托车
出口情况:出口70多个国家和地区

★广东大冶摩托车技术有限公司
地址:广东省江门市金瓯路188号
邮编:529000

电话:0750/3883333
传真:3883192、3883003
网址:www.tayomotor.com
电子信箱:xsb01@tayomotor.com
单位人数:1500
质量体系:ISO 9001
产品情况:(豪江牌、升仕牌、启典 KD 牌)
　　时尚踏板系列、公路跑车系列、道路劲速系列、多用途耐久系列、豪佳弯梁系列摩托车、两轮摩托车
出口情况:出口欧洲、东南亚、南美洲等地区

★江门市华龙摩托车有限公司
地址:广东省江门市蓬江区棠下镇富棠南路15号厂区
邮编:529000
电话:0750/3598586
传真:3598996
网址:www.hualongmotorcycle.cn
电子信箱:hualongmoto2008@163.com
单位人数:200
质量体系:ISO 9001
产品情况:(湘江牌、达龙牌、奔野牌、华威龙牌)
　　100ml、125ml、150ml 等排量跨骑式、踏板式、弯梁式、越野系列摩托车、两轮摩托车、正三轮摩托车

★江门长华凯特威摩托车有限公司
地址:广东省江门市棠下镇富棠二路8号
邮编:529000
电话:0750/3579891、3579778
传真:3579000
网址:www.huasha-motor.com
电子信箱:info@jinyeemotor.com
单位人数:500
质量体系:ISO 9001
产品情况:(华鲨(HUASHA)牌、JINYEE 牌、HUALONG 牌)
　　骑式摩托车、踏板摩托车、三轮摩托车、越野车、沙滩车、电动自行车、电动摩托车等
出口情况:远销南美洲、中东、俄罗斯、非洲等30多个国家和地区

★江门市宝德摩托车有限公司
地址:广东省江门市棠下镇南山工业区
邮编:529000
电话:0750/3593161、3593163
传真:3593096-131
网址:better-motor.com
电子信箱:bettermtc@163.com
质量体系:ISO 9001
产品情况:(宝德牌、邦德牌、龙牌)
　　骑式、弯梁、踏板系列摩托车、两轮摩托车
出口情况:出口多哥、伊朗、马里、布基纳法索、喀麦隆、哥伦比亚、阿联酋等20个国家,并销往中国香港地区

★长春摩托车工业有限公司江门分公司
地址:广东省江门市西环路388号
邮编:529000
电话:0750/3281600
传真:3281603
电子信箱:jmmotor@chanlin.com
产品情况:(长铃牌)
　　各型号摩托车

★江门市迪豪摩托车有限公司
地址:广东省江门市宏达工业区建达北路7号
邮编:529030
电话:0750/3210170
传真:3230960
网址:www.dihaomotor.com
电子信箱:dihao@dihaomotor.com
质量体系:ISO 9001、ISO 14001
产品情况:(豪天牌、火鸟牌)
　　骑式、弯梁式、踏板式摩托车及发动机、两轮轻便摩托车
出口情况:远销欧洲、中东、非洲、南美洲、东南亚等地区

★江门市珠峰摩托车有限公司
地址:广东省江门市蓬江区杜阮南路7号骑龙山工业区
邮编:529075
电话:0750/3988369
传真:3988368
网址:www.newzf-ky.com
电子信箱:zfmotor@mail.sc.cninfo.net
单位人数:300
产品情况:(珠峰牌、华鹰牌)
　　ZF50、100、125、150、250 等两轮摩托车,发动机、两轮摩托车

★江门华日摩托车配件有限公司
地址:广东省江门市蓬江区棠下镇华日工业城
邮编:529085
电话:0750/3589889、3578316
传真:3589908
电子信箱:honest@huarimotor.com
质量体系:ISO 9001
产品情况:(三野 MS 牌、三野牌、豪悦牌、三野牌、圣火神牌)
　　摩托车塑料件制品、摩托车车架、大型模具,具备年产摩托车20万辆、发动机10万台、摩托车车体件100万套、电动自行车80万套的生产能力

★江门气派摩托车有限公司
地址:广东省江门市新会区今洲开发区
邮编:529141
电话:0750/8263689、8263660
传真:8263899
网址:www.qipaimotor.com
电子信箱:qipaimotor@qipaimotor.com
单位人数:1000
质量体系:ISO 9001、ISO 14001
产品情况:(力帆牌、气派牌、大力神牌、中豪牌)
　　骑式、踏板式、弯梁式、太子系列摩托车,摩托车发动机
出口情况:出口160多个国家和地区

★鹤山国机南联摩托车工业有限公司
地址:广东省鹤山市沙坪镇雁前路1950号
邮编:529700
电话:0750/8826310、8828890
传真:8828899
网址:www.senkemotor.com
电子信箱:senke@21cn.com
单位人数:400
质量体系:ISO 9001、ISO 14000
产品情况:(森科牌、哈里牌、SENKO 牌)
　　50~250ml 的骑式车、踏板车、儿童车、沙滩车、两轮摩托车等
出口情况:出口东南亚、南美洲、中东、非洲、欧洲等20多个国家和地区

重庆市

★重庆嘉陵嘉鹏工业有限公司
地址:重庆市井口工业园区
邮编:400033
电话:023/65189504、8008076007
传真:65180833
网址:www.jiapeng.cn
电子信箱:jialing@public.cta.cq.cn
质量体系:ISO 9001
产品情况:(嘉陵牌、嘉鹏牌)
　　100~250ml 系列摩托车、踏板车、发动机、通用机械等
出口情况:畅销10多个国家和地区

★重庆望江摩托车制造有限公司
地址:重庆市沙坪坝区井口镇兰溪经济园40号
邮编:400033
电话:023/65150111、65150888
传真:65160780
网址:www.wonjan.cn
电子信箱:marketing@wonjan.com
单位人数:500
质量体系:ISO 9001
产品情况:(望江牌、望龙牌、望江-SUZUKI 牌)
　　骑式、弯梁、踏板摩托车,三轮摩托车、正三轮摩托车、两轮摩托车
出口情况:远销南美洲、中东、东南亚等30多个国家和地区

★重庆新感觉摩托车有限公司
地址:重庆市沙坪坝区上桥工业园区
邮编:400037
电话:023/89095666、65212776
传真:65213205
网址:www.xgjmotor.com
产品情况:(新感觉牌)
　　两轮摩托车;具备摩托车30万辆、发动机30万台的生产能力
出口情况:出口量超过40万台,产品远销欧美等60多个国家和地区

★重庆环松科技工业有限公司
地址:重庆市长寿区晏家工业园区
邮编:400052

电话:023/61020580、61020582
传真:61020581
网址:www. hisunmotor. com. cn
电子信箱:cristina@ hsunmotor. com
产品情况:(环松牌)
摩托车、两轮摩托车、摩托艇、沙滩车、雪地车、发动机、通用机械等
出口情况:远销北美洲、南美洲、欧洲、非洲、东南亚、大洋洲等地区

★隆鑫通用动力股份有限公司
地址:重庆市九龙坡区九龙工业园C区聚业路116号隆鑫C区
邮编:400052
电话:023/86690902、8008076868
传真:89028051
网址:www. loncinindustries. com
电子信箱:service@ loncinindustries. com
产品情况:(隆鑫牌、劲隆牌)
两轮摩托车、发动机、汽车零部件等

★重庆建设·雅马哈摩托车有限公司
地址:重庆市九龙坡区九龙园区B区华成路1号
邮编:400052
电话:023/86901000、86901001
传真:86901003
网址:www. jym. com. cn
电子信箱:jymaster@ yamaha - motor. com. cn
法人代表:吕红献
质量体系:ISO 9001、ISO 14001
产品情况:(劲豹牌、劲龙牌、风帆牌、天剑牌)
天剑YBR125、天剑王YBR250,天戟YBR125E,劲悍YBR125SP,劲龙JYM250太子车,劲飚JYM200城市跑车,劲豹JYM150,劲虎JYM150摩托车,TT - R50儿童越野车、劲龙JYM250J、JYM150J公安车、公务车等
出口情况:出口欧洲、美国、加拿大、菲律宾等国家和地区

★重庆力之星机车制造有限责任公司
地址:重庆市巴南区炒油场宗申工业园
邮编:400054
电话:023/66372945、66372941
电子信箱:cqzsztr@ zongshen. net
产品情况:(力之星牌)
LZX125 - 36、LZX125T - 15等型摩托车

★重庆长铃中德机车工业有限公司
地址:重庆市巴南区花溪工业园
邮编:400054
电话:023/62855411、68851002
传真:62855655
网址:www. hailingmotor. com
电子信箱:sale@ hailingmotor. com
单位人数:1000
质量体系:ISO 9001
产品情况:(海陵牌)
两轮、三轮摩托车、正三轮摩托车、两轮轻便摩托车

★重庆建设摩托车股份有限公司
地址:重庆市巴南区花溪工业园建设大道1号
邮编:400054
电话:023/66296955
网址:www. jianshe. com. cn
电子信箱:js_xc@ jianshe. com. cn
法人代表:李华光
质量体系:ISO 9001
产品情况:(建设牌、重庆牌)
骑式车、弯梁车、踏板车、太子车、ATV、电动摩托车、正三轮摩托车、两轮摩托车等
出口情况:远销70多个国家和地区

★重庆航天巴山摩托车制造有限公司
地址:重庆市巴南区康超路1号
邮编:400054
电话:023/89090609、89808315
传真:89090611、89808397
网址:www. chinabashan. com
电子信箱:sale@ chinabashan. com
单位人数:1800
质量体系:ISO 9001
产品情况:(巴山牌、康超牌、雅奇牌)
两轮摩托车、三轮摩托车、沙滩车、正三轮摩托车、发动机

★重庆宗申机车工业制造有限公司
地址:重庆市巴南区渝南大道
邮编:400054
电话:4007003088
传真:023/66372200、66372151
网址:www. zongshenmotor. com
电子信箱:sales@ zongshen. cn
单位人数:2800
质量体系:ISO 9001、ISO 14001
产品情况:(宗申牌、力之星牌)
燃油摩托车、电动摩托车,摩托车零部件、汽车零部件、IT零部件等;具备年产燃油摩托车、电动摩托车和三轮摩托车400万辆、关键零部件700万件的生产能力
出口情况:出口80多个国家和地区,并在泰国、巴西设立工厂,在美国、菲律宾、巴基斯坦、尼日利亚等国家设立销售公司或办事处

★重庆劲扬摩托车工业有限公司
地址:重庆市北碚区缙云大道6号
邮编:400080
电话:023/63179317、63179333
电子信箱:chinasunrise@ china. com
质量体系:ISO 9001
产品情况:(金典牌、龙的传人牌)
摩托车及发动机,年产摩托车整车40万辆、发动机80万台
出口情况:出口越南、缅甸、马来西亚、伊朗、阿根廷、巴西、美国等国家

★重庆恒胜集团有限公司
地址:重庆市九龙坡区石坪桥水碾村29号
邮编:400080
电话:023/68905688
传真:61669563
网址:www. hensim. com
电子信箱:hensim1998@ 126. com
负责人:万鹏飞
单位人数:1500
质量体系:ISO 9001
产品情况:(恒胜(Hensim)牌、黄河(HH)牌、富威牌)
骑式车、弯梁车、太子车、两轮轻便摩托车、两轮摩托车、正三轮摩托车、越野车、沙滩车、卡丁车、发动机等
出口情况:远销美国、加拿大、越南、印度尼西亚、菲律宾、马来西亚、柬埔寨、老挝、缅甸、智利、尼日利亚、南非等国家和地区

★重庆精通力阳摩托车有限责任公司
地址:重庆市大渡口区建桥工业园区金桥路8号
邮编:400084
电话:023/86680159、86680099
传真:86680156
电子信箱:office@ kingtongroup. com
质量体系:ISO 9002
产品情况:(精通牌、力阳牌)
两轮摩托车、正三轮摩托车、沙滩车、发动机,具有年产摩托车整车30万~50万辆、摩托车发动机50万~70万台的生产能力

★力帆实业(集团)股份有限公司
地址:重庆市北碚区蔡家岗镇凤栖路16号
邮编:400707
电话:023/61663000
传真:61663777
网址:www. lifan. com
电子信箱:mail@ lifan. com
负责人:尚游
单位人数:8359
质量体系:ISO 9001
产品情况:(力帆牌、轰轰烈牌)
摩托车、汽车、发动机等
出口情况:出口俄罗斯、缅甸等163个国家

★重庆银钢科技(集团)有限公司
地址:重庆市北碚区同兴南路71号银钢科技园
邮编:400709
电话:023/68327019
传真:68327097
网址:www. cqyingang. com
电子信箱:info@ cqyingang. com
质量体系:ISO 9001
产品情况:(本一牌、银钢牌)
三轮摩托车、发动机、两轮摩托车、正三轮摩托车
出口情况:出口东南亚、非洲、北美洲、南美洲、欧洲等40多个国家和地区

★重庆凯尔摩托车制造有限公司
地址:重庆市渝北区回兴镇华家湾
邮编:401120

电话:023/67457103、67451211
传真:67451841
电子信箱:zymt@ zymt. com
质量体系:ISO 9001
产品情况:(凯尔牌、速卡迪牌、豪剑牌、佳劲牌、雷利诺牌)
两轮摩托车

★重庆双庆产业集团有限公司
地址:重庆市渝北区空港工业园 A070-1、A093-1号
邮编:401120
电话:023/67145005、67145723
传真:67145700
网址:www. hijoymotor. com
电子信箱:sale@ hijoymotor. com
单位人数:2300
质量体系:ISO 9001、ISO 14001
产品情况:(双庆牌、嘉冠牌、东宏牌、华骏牌)
骑式、弯梁、踏板、太子系列摩托车,越野车,沙滩车,三轮车,正三轮摩托车,两轮轻便摩托车,两轮摩托车,发动机
出口情况:远销东南亚、中亚、中东、南美洲、北美洲、东欧、非洲、俄罗斯等40多个国家和地区

★重庆银翔摩托车(集团)有限公司
地址:重庆市渝北区空港经济开发区空港大道822号
邮编:401120
电话:023/67183722
传真:67183000、67183713
网址:www. yinxianggroup. com
电子信箱:yinxiang@ yinxianggroup. com
法人代表:张先勤
质量体系:ISO 9001
产品情况:[银翔牌、万强(WQ)牌、先风牌、骥达牌、幻速(HS)牌]
两轮、三轮摩托车,正三轮摩托车

★重庆大隆宇丰摩托车制造有限公司
地址:重庆市九龙坡区含谷镇天赐路2号
邮编:401300
电话:023/65220099、4008899671
传真:65220055
电子信箱:masudacq@ 163. com
法人代表:吴斌
质量体系:ISO 9001
产品情况:(风火轮牌)
FHL150、100、110、125、200等系列摩托车;具备年产30万台发动机,20万辆摩托车的生产能力
出口情况:出口东南亚、南美洲等地区

★重庆双狮摩托车制造有限公司
地址:重庆市巴南区鱼洞金竹工业园区
邮编:401320
电话:023/66216388、13193058259
传真:66216388
电子信箱:764647779qq@ . com
法人代表:陈厚智
质量体系:ISO 9001
产品情况:(双狮牌)
三轮摩托车、两轮摩托车、正三轮摩托车,摩托车发动机及其他零部件
出口情况:出口北美洲、南美洲、西欧、东亚、东南亚、中东、非洲

★重庆光宇摩托车制造有限公司
地址:重庆市巴南区鱼洞镇鱼轻路33号
邮编:401320
电话:023/66235606、66227602
传真:66235961
网址:www. guangyuindustry. com
单位人数:500
质量体系:ISO 9001
产品情况:(豪诺牌、豪鹰牌、凯诺牌)
50型、70型、90型、100型、110型、125型、150型、250型发动机和整车
出口情况:出口东南亚、南美洲、非洲、欧洲

★重庆鑫源摩托车股份有限公司
地址:重庆市九龙坡区含谷镇鑫源路8号
邮编:401329
电话:023/65733678、65733684
传真:65733599
网址:www. shineray. com. cn
电子信箱:dmd@ shineray. com
质量体系:ISO 9001
产品情况:(鑫源牌)
两轮摩托车、沙滩车、正三轮摩托车、两轮摩托车,发动机
出口情况:远销亚洲、非洲、欧洲、美洲等地区

★重庆盛时达汽车有限公司
地址:重庆市涪陵区新城区龙兴路8号
邮编:401336
电话:4008700656
传真:023/62454811
网址:www. cqdongben. com
电子信箱:chinadongben@ 126. com
单位人数:2000
质量体系:ISO 9001、ISO 14001
产品情况:(东本牌)
两轮摩托车、三轮摩托车、正三轮摩托车、沙滩车、卡丁车、UTV运板车、摩托车发动机等
出口情况:远销欧洲、美洲、非洲、东南亚地区

★重庆金城广益三轮摩托车有限公司
地址:重庆市九龙坡区含谷镇建新村二社建新工业园区5号
邮编:401336
电话:023/68885387、13399837200
传真:68885387
网址:www. cqgymt. com
电子信箱:cqzxl20101188@ 163. com
质量体系:ISO 9001、ISO 14001
产品情况:(新阳光牌)
专业从事生产各种摩托车、沙滩车、发动机及其零部件和集成工业自动系统
出口情况:远销沙特、阿联酋、孟加拉国、巴基斯坦、墨西哥、巴西、南非、尼日利亚、爱尔兰、俄罗斯、乌克兰等30多个国家和地区

★重庆劲隆摩托车制造有限公司
地址:重庆市江津区珞璜工业园C区
邮编:402200
电话:023/89063331
传真:89063331
电子信箱:gx221620@ autoinfo. gov. cn
法人代表:李平
质量体系:ISO 9002
产品情况:(劲隆牌、宜家牌)
JL110、125、150、200等两轮摩托车、正三轮摩托车
出口情况:远销东南亚、印度、伊朗、尼日利亚、阿根廷等40多个国家和地区

★重庆万虎机电有限责任公司
地址:重庆市江津区珞璜工业园B区云港大道9号
邮编:402238
电话:023/47632668
传真:47632618
网址:www. wanhumotor. com
电子信箱:modus@ wanhumotor. com
单位人数:650
质量体系:ISO 9001
产品情况:(宗申牌、力之星牌)
摩托车(含两轮、三轮、电动)及其发动机、零部件和农业机械等
出口情况:远销巴基斯坦、斯里兰卡、埃及、尼日利亚、秘鲁、墨西哥等国家

★重庆润通动力制造有限公司
地址:重庆市江津区双福新区九江大道99号
邮编:402247
电话:023/85553114
传真:85553360、85553450
网址:www. ratopower. com
电子信箱:moto@ rato. cc
产品情况:(国宝GB牌、润腾牌、宗隆牌)
正三轮摩托车,具有年产通机动力和终端产品300万台、摩托车全地形车30万台,机车发动机120万台的规模

★重庆北易车业有限公司
地址:重庆市珞璜工业园B区
邮编:402283
电话:023/85530675、13808339181
网址:www. libeiyi. com
电子信箱:18239377@ qq. com
单位人数:100
产品情况:(大阳牌)
正三轮摩托车

★重庆颢晨机械制造有限公司
地址:重庆市铜梁工业园区铁佛路6号
邮编:402560
电话:023/45426886
传真:45426189
网址:www. hoosun-motor. com

电子信箱:xp@ kinroad. net
法人代表:尹代禄
质量体系:ISO 9001
产品情况:(灏晨 HC 牌)
两轮摩托车、正三轮摩托车、电动正三轮摩托车
出口情况:远销美国、欧洲、中东、南美洲、东南亚、非洲等国家和地区

★中国嘉陵工业股份有限公司(集团)
地址:重庆市璧山区永嘉大道 111 号
邮编:402760
电话:8008070315、4006260315
网址:www. jialing. com. cn
电子信箱:headoffice@ jialing. com. cn
单位人数:3000
质量体系:ISO 9001、ISO 14001
产品情况:(嘉陵牌)
主导产品有摩托车及发动机、特种车辆、小型通用动力机械等

★重庆珠峰大江摩托车有限公司
地址:重庆市璧山区青杠镇
邮编:402761
电话:023/87382889
传真:87382889
电子信箱:gx222606@ autoinfo. gov. cn
产品情况:(大江牌)
两轮摩托车、正三轮摩托车

四川省

★西藏新珠峰摩托车有限公司
地址:成都市西南航空港经济开发区锦华路一段 2 号
邮编:610225
电话:028/85885223、87382808
传真:87382867
网址:www. newzf - ky. com
质量体系:ISO 9001
产品情况:(珠峰牌)
年产摩托车可达 20 万台,发动机 20 万台

★西藏喜马摩托车有限公司
地址:四川省德阳市旌东开发区沱江东路 56 号
邮编:618000
电话:0838/2905771
传真:2911125
电子信箱:himamotor@ 163. com
质量体系:ISO 9001
产品情况:(喜马牌)
跨骑式、踏板式摩托车、电动三轮车、两轮摩托车
出口情况:远销多个国家和地区

陕西省

★陕西银翔金元三轮摩托车有限公司
地址:西安市未央区六村堡工业园
邮编:710086
电话:029/84340692、84340691
传真:84340612、84340693
网址:www. xajinyuan. com
电子信箱:xajinyuan@ 163. com
单位人数:300
质量体系:ISO 9001
产品情况:(骥达牌)
人力三轮车、助力三轮车、电动三轮车、三轮摩托车等

第六部分

外国(地区)汽车公司、商社驻中国办事机构

※ 外国(地区)汽车公司驻中国办事机构

※ 外国汽车零部件公司、商社驻中国办事机构

外国(地区)汽车公司驻中国办事机构

企业详细介绍

751 北京梅赛德斯-奔驰销售服务有限公司(MERCEDES-BENZ)
752 东风标致商务部(PEUGEOT)

☞ 企业如有变更,请与编辑部联系 ☎ 010/68426043、68420981

◉通用汽车(中国)投资有限公司(GM)
地址:上海市浦东世纪大道88号金茂大厦10~11层
邮编:200122
电话:021/28987000
传真:28987053

上汽通用汽车金融有限责任公司
地址:上海市浦明路160号财富广场F座
邮编:200120
电话:4008816336
网址:www.gmacsaic.net

◉福特汽车(中国)有限公司(FORD)
地址:上海市浦东新区世纪大道211号上海信息大厦33楼
邮编:200120
电话:021/38581500
传真:85070888

北京代表处
地址:北京市建国门外大街2号北京银泰中心C座4901单元
邮编:100022
电话:010/85070850
传真:85070888
网址:www.ford.com.cn

福特汽车金融(中国)有限公司
地址:上海市浦东新区世纪大道211号信息大厦32层
邮编:200120
电话:4008883231

福特汽车工程研究(南京)有限公司
地址:南京市江宁经济技术开发区将军大道118号
邮编:211100
电话:025/51187000
传真:51187328

★ 北京梅赛德斯-奔驰销售服务有限公司(MERCEDES-BENZ)
地址:北京市朝阳区望京街8号院戴姆勒大厦
邮编:100102
电话:010/84173001
传真:84173915
网址:www.mercedes-benz.com.cn
电子信箱:mbpress@mbclpresscenter.com.cn
总裁:倪恺
负责人:李宏鹏
单位人数:1200
☞ 详细情况请参阅彩色宣传版面

◉戴姆勒大中华区投资有限公司(DAIMLER)
地址:北京市朝阳区望京街8号院戴姆勒大厦
邮编:100102
电话:010/84178888
传真:84173996
网址:www.daimler.com

梅赛德斯-奔驰汽车金融有限公司
地址:北京市朝阳区望京街8号院利星行广场C座6-9层
邮编:100102
电话:4008981888
网址:www.mercedes-benz-finance.com.cn

◉克莱斯勒(中国)汽车销售有限公司(CHRYSLER)
地址:上海市长宁区红宝路500号东银中心西楼11~12楼
邮编:201103
电话:4006500118
网址:www.chrysler.com.cn

◉大众汽车(中国)投资有限公司(VOLKSWAGEN)
地址:北京市朝阳区三里屯路甲3号2号楼
邮编:100027
电话:010/65313131
传真:85323232
网址:www.vw.com.cn

大众汽车(北京)中心
地址:北京市南四环中路161号
邮编:100068
电话:010/67549988
网址:www.vbc.cn

大众汽车金融(中国)有限公司
地址:北京市朝阳区建国门外大街8号国际财源中心16/17层
邮编:100022
电话:010/65897000
网址:www.vw-finance.com.cn

◉宝马(中国)汽车贸易有限公司(BMW)
地址:北京市朝阳区东三环北路霞光里18号佳程广场B座28层

邮编:100027
电话:010/84558000
传真:84539595、84558028
网址:www. bmw. com. cn

◉**保时捷(中国)汽车销售有限公司**
(Porsche)
地址:上海市自由贸易试验区东方路1215－1217号陆家嘴软件园11号B楼3层
邮编:200127
电话:021/61565911
传真:61682911
网址:www. porsche. com/china

◉**东风雪铁龙商务部**
(CITROEN)
地址:上海市长宁区红宝石路500号东银中心A座16座16层
邮编:201103
电话:021/61925000、4008866688
电子信箱:callcenter@ dcad. com. cn

★**东风标致商务部**(PEUGEOT)
地址:北京市朝阳区光华路7号汉威大厦西区
邮编:100004
电话:4008877108
电子信箱:info@ peugeot. com. cn
网址:www. psa. com. cn
☞ 详细情况请参阅彩色宣传版面

◉**曼恩商用车辆贸易(中国)有限公司**(MAN)
地址:北京市顺义区天竺空港工业区天柱东路乙2号
邮编:101312
电话:010/80480505
传真:80480918
法人代表:哈特
网址:www. manchina. com. cn

◉**本田技研工业(中国)投资有限公司**
(HONDA)
地址:北京市朝阳区东三环北路5号发展大厦301室
邮编:100004
电话:010/65909020、65909011
传真:65909023

上海分公司
地址:上海市松江区松江工业区赵家泾路128号1幢
邮编:201611
电话:021/54275522
网址:www. honda. com. cn

摩托车研究开发有限公司
地址:上海市松江区工业区赵家泾路128号
邮编:201611
电话:021/54275522

◉**丰田汽车(中国)投资有限公司**
(TOYOTA)
地址:北京市朝阳区光华东里8号中海广场南楼21层
邮编:100020
电话:010/65003880
传真:65974297
网址:www. toyota. com. cn

丰田汽车技术研发(上海)有限公司
地址:上海市嘉定区黄渡镇嘉松北路6333号
邮编:201800
电话:021/69592200
传真:69592211

丰田汽车技术研究交流(广州)有限公司
地址:广州市高新技术产业开发区科学城科珠路200号
邮编:510663
电话:020/32290901
传真:32290902

丰田汽车技术中心(中国)有限公司
地址:天津市华苑产业园区梅苑路3号
邮编:300384
电话:022/83711111
传真:83710886

丰田汽车研发中心(中国)有限公司
地址:江苏省常熟市东四环路55号
邮编:215500
电话:0512/52912888

丰田汽车仓储贸易(上海)有限公司
地址:上海市自由贸易试验区日滨路88号A楼
邮编:200131
电话:021/58690363
传真:58690886
网址:www. tpcs. com. cn

丰田汽车金融(中国)有限公司
地址:北京市朝阳区东三环中路1号环球金融中心西楼7层
邮编:100020
电话:8009906060
传真:8009900005
网址:www. toyota－finance. com. cn

一汽丰田汽车销售有限公司
地址:北京市朝阳区东三环中路1号环球金融中心西楼3层
邮编:100020
电话:010/59529000
传真:59529087
网址:www. ftms. com. cn

◉**日产(中国)投资有限公司**
(NISSAN)
地址:北京市朝阳区光华路1号嘉里中心南楼1318室
邮编:100020
电话:010/85298181
传真:85297800、85297900

零部件出口事业部(上海)
地址:上海市浦东新区福山500号城建国际中心11楼
邮编:200122
电话:021/58318169

技术中心(广州分公司)
地址:广州市花都区新华镇风神大道12号
邮编:510800
电话:020/36877488

广州PCC
地址:广州市黄埔区永和经济技术开发区永和街甘竹路
邮编:511356
电话:020/32226836
网址:www. nissan. com. cn

东风日产汽车金融有限公司(中国)
地址:上海市浦东新区福山路500号城建国际中心11楼
邮编:200122
电话:021/38576000
网址:www. df－nissanfc. com

◉**马自达(中国)企业管理有限公司**
(Mazda)
地址:上海市浦东新区世纪大道1168号东方金融广场A座16楼1604室
邮编:200120
电话:4006668080
网址:www. mazda. com. cn

◉**三菱汽车销售(中国)有限公司**
(MITSUBISHI)
地址:上海市浦东新区世纪大道1588号中建大厦3楼
邮编:200122
电话:021/60963030
传真:60963198
网址:www. mitsubishi－motors. com. cn

◉**铃木(中国)投资有限公司**
(SUZUKI)
地址:北京市朝阳区东三环北路19号中青大厦910室
邮编:100026
电话:010/64336516
传真:64336515

上海分公司
地址:上海市嘉定区米泉南路26号
邮编:201805
电话:021/69503210
传真:69503215
网址:www. suzuki－china. com

◉**三菱重工业(中国)有限公司**
(MITSUBISHI HEAVY INDUSTRIES)

北京总部
地址:北京市朝阳区建国门外大街甲26号长富宫办公楼6层
邮编:100022
电话:010/65124321
传真:65051222

上海分公司
地址:上海市浦东新区陆家嘴环路1000号恒生银行大厦26F

邮编:200120
电话:021/68413030
传真:68415222

长沙代表处
地址:长沙市五一大道766号中天广场写字楼14040
邮编:410005
电话:0731/85955830

成都代表处
地址:成都市福兴街1号华敏翰尊国际大厦26F05室
邮编:610016
电话:028/86703819
传真:86703892
网址:www. mhi. com. cn

◉五十铃(中国)投资有限公司(ISUZU)

地址:北京市朝阳区东三环北路丙2号天元港中心B座1605A
邮编:100027
电话:010/65908950
传真:65908956

五十铃(中国)技术中心
地址:上海市浦东新区东方路710号汤臣金融大厦4F/D室
电话:021/58203500
传真:58306700

五十铃(上海)技贸实业有限公司
地址:上海市浦东新区东方路710号汤臣金融大厦4楼E室
邮编:200122
电话:021/68762718
传真:68762717
网址:www. isuzu - asc. com

五十铃汽车工程柴油机(上海)有限公司
地址:上海市长宁区娄山关路523金虹桥国际中心5楼
邮编:200051
电话:021/62368395
传真:62368392
网址:www. isuzupowertrain. com

◉日本株式会社多田野(TADANO)

北京事务所
地址:北京市朝阳区南磨房路37号华腾北搪商务大厦1117室
邮编:100022
电话:010/51909026
传真:51909041
网址:www. tadano. com. cn

◉日野自动车株式会社(HINO)

北京办事处
地址:北京市东三环北路5号发展大厦909室
邮编:100020
电话:010/65908858
传真:65908857
网址:www. hino. com

◉现代汽车(中国)投资有限公司(HYUNDAI)

地址:北京市朝阳区霄云路38号现代汽车大厦25层
邮编:100027
电话:010/84539666
传真:84539951
网址:www. hyundai. com. cn

现代汽车(中国)整车销售本部
地址:北京市霄云路38号现代汽车大厦23层
邮编:100027
电话:010/84539777
传真:84539197
网址:www. hyundai - motor. com. cn

起亚汽车(中国)整车事业部(KIAMOTORS)
地址:上海市长宁区红宝石路500号东银中心B栋2501室
邮编:201103
电话:021/32091000、4008822060
传真:32092958
网址:www. kia - motor. com. cn

◉沃尔沃(中国)投资有限公司(VOLVO)

地址:北京市朝阳区景华南街5号远洋光华中心C座26层
邮编:100020
电话:010/65829199
传真:65829299
网址:www. volvo. com. cn

沃尔沃汽车金融(中国)有限公司
地址:北京市朝阳区景华南街5号远洋光华中心C座11层
邮编:100020
电话:010/65982199
传真:65911935
网址:www. vfsco. com

◉法拉利玛莎拉蒂汽车国际贸易(上海)有限公司(FERRARI MASERATI)

地址:上海市北京西路708号
邮编:200041
电话:021/61710222
传真:61710223、61710236
网址:www. maserati. com. cn

◉劳斯莱斯汽车有限公司(Rolls - Roycs)

地址:北京市朝阳区东三环北路霞光里18号佳程广场B座28层
邮编:100027
电话:010/84558061
传真:84558027
网址:www. rolls - royce. com/china

外国汽车零部件公司、商社驻中国办事机构

企业详细介绍

755　博世(中国)投资有限公司(BOSCH)

756　采埃孚(中国)投资有限公司(ZF)

◉美国汽车工业行动集团(AIAG)

上海代表处

地址:上海市浦东新区福山路 500 号

邮编:200122

电话:021/50272721

网址:www.aiag.net.cn

◉美铝(中国)投资有限公司(ALCOA)

地址:北京市建国门外大街 1 号国贸大厦 1 座 3701 室

邮编:100004

电话:010/59215000

上海分公司

地址:上海市浦东新区世纪大道 1568 号中国财富大厦 1902－1904 室

邮编:200122

电话:021/58307110

网址:www.alcoa.com

◉博格华纳(中国)投资有限公司(BORGWARNER)

地址:上海市闵行区紫星路 1188 号

邮编:200241

电话:021/60833000

传真:60833003

网址:www.borgwarner.com

◉亚新科工业技术集团有限公司(ASIMCO)

中国总部

地址:北京市朝阳区京密路 101 号人济大厦 B 座 7 层

邮编:100102

电话:010/59355000

传真:59355199

网址:www.asimco.com.cn

◉卡特彼勒(中国)投资有限公司(CATERPILLAR)

地址:北京市朝阳区望京大街 8 号卡特彼勒大厦 1203 室

邮编:100102

电话:4008180030

网址:www.china.cat.com

◉康宁(上海)管理有限公司/康宁大中华区总部(CORNING)

地址:上海市南京西路 1717 号会德丰国际广场 8 楼

邮编:200040

电话:021/22152888

传真:62152988

网址:www.corning.com/cn

◉康明斯公司(CUMMINS)

康明斯(中国)投资有限公司

地址:北京市朝阳区东三环北路霞光里 18 号佳程广场 A 座 28 层

邮编:100027

电话:010/84548888

传真:64621036、64620226

康明斯东亚研发有限公司

地址:武汉经济开发区车城北路 189 号

邮编:430056

电话:027/68848988

传真:68848999

康明斯发动机(上海)贸易服务有限公司

地址:上海市外高桥保税区英伦路 999 号 15 幢厂房 101 室

邮编:200131

电话:021/50461999

传真:50461555

网址:www.cummins.com.cn

◉德尔福汽车系统(中国)投资有限公司(DELPHI)

地址:上海市外高桥保税区德林路 118 号

邮编:200131

电话:021/28967312

传真:50463937

电子信箱:nicole.wang@delphi.com

网址:www.delphi.com

◉唐纳森(中国)投资有限公司(DONALDSON)

地址:上海市蒙自路 763 号丰盛创建大厦 15 楼

邮编: 200030

电话:021/23137000

传真:54253505

网址:www.donaldson.cn

◉杜邦中国集团有限公司(DUPONT)

地址:广东省深圳特区车公庙工业区第五小区

邮编:518040

电话:0755/83307848
传真:83307047

杜邦(上海)采购中心有限公司
地址:上海市浦东新区张江高科技园区科苑路399号11号楼
邮编:201203
电话:021/38622888
传真:38622889

杜邦(中国)研发管理有限公司
地址:上海市浦东新区蔡伦路600号张江高新科技区
邮编:201210
电话:021/28921000
传真:28921234
网址:www.dupont.com.cn

◉伊顿(中国)投资有限公司
(EATON)
地址:上海市长宁区临虹路280弄3号
邮编:200335
电话:021/52000099
传真:52000500
网址:www.eaton.com.cn

◉埃克森美孚(中国)投资有限公司
(EXXONMOBIL)
地址:上海市徐汇区天钥桥路30号美罗大厦17楼
电话:021/24076000
传真:24076070
网址:www.mobiloil.com.cn

◉辉门集团亚太区总部及技术中心
(FEDERAL-MOGUL)
地址:上海市浦东金桥开发区冀桥路118号
邮编:201206
电话:021/61827688
传真:61827699
网址:www.federalmogul.com

◉霍尼韦尔(中国)有限公司
(HONEYWELL)
地址:上海市浦东新区张江高科技园区李冰路430号
邮编:201203
电话:021/28942000
网址:www.honeywell.com/china

◉麦格纳汽车技术(上海)有限公司
(Magna)
地址:上海市浦东东方路69号裕景商务广场A座8楼
邮编:200120
电话:021/61651500
传真:61639098
网址:www.magna.com

◉迈艾特(中国)投资有限公司(MAT)
地址:北京市朝阳门外大街18号丰联广场1517室
邮编:100020
电话:010/65889529
传真:65889771

◉美驰(中国)投资有限公司
(MERITOR)
地址:上海市静安区华山路2号静安高和大厦
邮编:200040
电话:021/22197777
传真:22197888
网址:www.arvinmeritor.com

◉雷泰(中国)公司(RAYTEK)
地址:北京市建国门外大街22号赛特大厦1901室
邮编:100004
电话:010/64384691
传真:65123437
网址:www.raytek.com.cn

◉美国汽车工程师学会(SAE)
中国办事处
地址:上海市虹口区四川北路1350号利通广场2503室
邮编:200080
电话:021/61408900、61408901
网址:cn.sae.org

◉天纳克汽车工业(上海)有限公司
(TENNECO)
地址:上海市黄浦区九江路686号宝龙大厦17层C-D座
邮编:200001
电话:021/23229188
传真:23229189
网址:www.tenneco.com

◉铁姆肯(中国)投资有限公司
(TIMKEN)
地址:上海市虹桥路1号港汇中心1座27层
邮编:200030
电话:021/61138000
传真:61138001
网址:www.timken.com.cn

◉3M中国有限公司(3M)
总办事处
地址:上海市兴义路8号万都中心大厦38楼
邮编:200336
电话:021/62753535
网址:www.3m.com

◉AVL李斯特公司(AVL)
中国总部
地址:北京市朝阳区东三环北路霞光里18号佳程广场B座16层
电话:010/58292800
传真:58292828

李斯特技术中心(上海)有限公司
地址:上海市浦东金海路1000号29号东区
邮编:201206
电话:021/20291600
传真:20291500
网址:www.avlchina.com

★博世(中国)投资有限公司
(BOSCH)
地址:上海市长宁区福泉北路333号
邮编:200335
电话:021/22182388
传真:22182111
网址:www.bosch.com.cn
☞ 详细情况请参阅彩色宣传版面

◉大陆汽车投资(上海)有限公司
(CONTINENTAL)
地址:上海市大连路538号
邮编:200082
电话:021/60803000
传真:60804000
网址 www.continental-corporation.com
法人代表:蒋孔克

大陆马牌轮胎贸易(上海)有限公司
地址:上海市南京西路338号天安中心大厦23层
邮编:200003
电话:021/61418282
传真:61418293

大陆汽车嘉定研发中心
地址:上海市嘉定工业区汇荣路100号
邮编:201807
电话:021/39165000
传真:59542573
网址:www.continental-corporation.cn

◉博泽汽车技术企业管理(中国)有限公司(BROSE)
地址:上海市安亭安驰路557号
邮编:201805
电话:021/39575555
传真:69502906
网址:www.brose.com

◉道依茨(北京)发动机有限公司
(DEUTZ)
北京办事处
地址:北京市朝阳区建国门外大街19号国际大厦1102室
邮编:100004
电话:010/85262533
传真:65120042
网址:www.deutz.com.cn

◉吉凯恩(中国)投资有限公司
(GKN)
地址:上海市浦东世纪大道1600号浦项商务广场1105-1110室
邮编:200122

电话:021/20373900
网址:www.gknchina.com

◉海拉(上海)管理有限公司(HELLA KGAA HUECK)
地址:上海市浦东新区张江张衡路1000弄10号
邮编:201203
电话:021/61606800、61606819
网址:www.hella.com.cn

◉汉高粘合剂有限公司亚太及中国总部(HENKEL)
地址:上海市浦东新区张衡路928号
邮编 201203
电话:021/28918000
传真:28918944
网址:www.henkel.cn

◉克诺尔商用车系统企业管理(上海)有限公司(KNORR-BREMSE)
地址:上海市浦东新区盛夏路666号盛银大厦B座
邮编 201210
电话:021/38585800
传真:38585900
法人代表:徐保平
网址:www.knorr-bremse.com.cn/cn

◉马勒技术投资(中国)有限公司(MAHLE)
地址:上海市奉贤区环城北路1299号
邮编:201401
电话:021/51360595
网址:www.cn.mahle.com

◉舍弗勒投资(中国)有限公司(SCHAEFFLER)
地址:上海市嘉定区安亭镇安拓路1号
邮编:201804
电话:021/39576666
传真:39576100

舍弗勒贸易(上海)有限公司
地址:上海市嘉定区安亭镇安拓路1号
邮编:201804
电话:021/39576500
传真:39576600
网址:www.schaeffler.cn

◉蒂森克虏伯(中国)投资有限公司(THYSSENKRUPP)
地址:北京市朝外大街16号中国人寿大厦22层
邮编:100020
电话: 010/85252999
传真: 85252161
网址:www.thyssenkrupp.com.cn

◉福斯润滑油(中国)有限公司(FUCHS)
地址:上海市南翔嘉绣路888号
邮编:201802
电话:021/39122000
传真:39122100
网址:www.fuchs.com.cn

★ 采埃孚(中国)投资有限公司(ZF)
地址:上海市松江区九亭镇九泾路889号
邮编:201615
电话:021/37617152、37617000
传真:37617400
☞ 详细情况请参阅彩色宣传版面

◉菲亚特动力科技管理(上海)有限公司(FPT POWERTRAIN TECHNOLOGIES)
地址:上海市嘉定区汇荣路288号6楼
邮编:201807
电话:021/39961388、39961398
传真 39961242
网址:www.fptindustrial.com.cn

◉佛吉亚(中国)投资有限公司(FAURECIA)
地址:上海市闵行区莘庄工业区元江路3438号
邮编:201111
电话:021/60576666
网址:www.faurecia.cn

◉法雷奥中国集团(VALEO)

总部
地址:上海市徐汇区桂平路391号新漕河泾商务中心B座33楼
邮编:200233
电话:021/51752618
传真:51752619
网址:www.valeo.com.cn

法雷奥集团亚洲采购办事处
地址:上海市北京东路668号科技京城东楼29A-B座
邮编:200001
电话:021/53084588
传真:53086358

法雷奥(中国)销售公司
地址:上海市张江高科技园区科苑路501号
邮编:201203
电话:021/50270161
传真:50802173
网址:www.valeo.com.cn

◉米其林(中国)投资有限公司(MICHELIN)
地址:上海市长宁区福泉北路518号7座
邮编:200335
电话:021/22855000
网址:www.michelin.com.cn

◉安通林(中国)投资有限公司(ANTOLIN)
地址:上海市长宁区遵义路100号虹桥南丰城A座1508-1513室
邮编:200051
电话:021/60379700
传真:60379797
网址:www.grupoantolin.com

◉斯凯孚(中国)有限公司(SKF)
地址:上海市半淞园路377号
邮编:200001
电话:021/53068866
传真:63617855

斯凯孚全球技术中心中国
地址:上海市嘉定区安亭镇园福路89号
邮编: 201814
电话:021/31067200
传真:31067249
网址:www.skf.com.cn

◉科莱恩化工(中国)有限公司(CLARIANT)
地址:上海市长宁区临虹路168弄2号
邮编:200335
电话:021/22483000
传真:22483480
网址:www.clariant.cn

◉阿尔派电子(中国)有限公司(ALPINE)
地址:北京市朝阳区建国路116号招商局大厦R2座4层
邮编:100022
电话:010/65660308
传真:65660093
网址:www.alpine.com.cn

◉爱信精机(中国)投资有限公司(AISIN SEIKI)
地址:天津市经济技术开发区第一大街79号泰达MSD-C区C3座1202-1205单元
邮编:300457
网址:www.aisin-china.com.cn

◉普利司通(中国)投资有限公司(BRIDGESTONE)
地址:上海市卢湾区淮海中路98号金钟广场8楼
电话:021/61321888
传真:61912721

普利司通中国培训中心
地址:江苏省无锡市国家高新技术产业开发区新梅路67号
电话:0510/85322287

传真:85322026

普利司通(中国)研发中心

地址:江苏省无锡市国家高新科技产业开发区新梅路67号

邮编:214028

电话0510/85322282

传真:85322330

普利司通(中国)轮胎试验研发有限公司

地址:江苏省宜兴市张渚镇犊山村前笪118号

邮编:214231

电话:0510/66510082

传真:66510083

网址:www.bridgestone.com.cn

◉康奈可(中国)投资有限公司(CALSONIC KANSEI)

地址:上海市兴义路8号上海万都中心18F

邮编:200336

电话:021/52080707

网址:www.calsonickansei.co.jp

◉电装(中国)投资有限公司(DENSO)

地址:北京市朝阳区东三环北路5号发展大厦518室

邮编:100004

电话:010/65908337

传真:57582781

上海技术中心

地址:上海市闵行区元电路35号

电话:021/23500000

传真:23500172

网址:www.denso.com.cn

◉富士胶片(中国)投资有限公司(FUJIFILM)

地址:上海市浦东新区银城中路68号时代金融中心27-28楼

邮编:200120

电话:021/50106000

传真:50106750

网址:www.fujifilm.com.cn

◉日立(中国)有限公司(HITACHI)

地址:北京市朝阳区东三环北路5号发展大厦18F

邮编:100004

电话:010/65908111

传真:65908110

网址:www.hitachi.com.cn

◉日立汽车系统(中国)有限公司(Hitachi Automotive Systems)

地址:上海市西藏中路168号都市总部大楼18F

邮编:200001

电话:021/54667002

传真:54667086

网址:www.hitachi-automotive.cn

◉捷太格特(中国)投资有限公司(JTEKT)

地址:上海市长宁区仙霞路333号东方维京大厦25层A2室

邮编:200336

电话:021/51781000

传真:51781008

网址:www.jtekt.com.cn

◉建伍电子贸易(上海)有限公司(KENWOOD)

地址:上海市浦东新区浦东大道138号永华大厦24A-01室

邮编:200120

电话:021/58828701

传真:58828711

网址:www.kenwood.com.cn

◉可乐丽贸易(上海)有限公司(KURARAY)

地址:上海市徐汇区虹桥路3号港汇总心二座2106单元

邮编:200030

电话:021/64079182

传真:64078051

电子信箱:syousei_so@kuraray.co.jp

◉松下电器(中国)有限公司(PANASONIC INDUSTRIAL)

地址:北京市朝阳区景华南街5号远洋·光华国际C座3、5、6层

邮编:100020

电话:010/65626688

网址:www.panasonic.com.cn

◉日本恩福集团(中国)(NOK-FREUDENBERG)

地址:上海市浦东大道720号国际航运大厦14楼B~H座

邮编:200120

电话:021/50366900

传真:50366307

网址:www.nfgc.com.cn

◉恩斯克投资有限公司/恩斯克(中国)研究开发有限公司(NSK)

地址:江苏省昆山市花桥经济技术开发区恩斯克路8号

邮编:215332

电话:0512/57963000

传真:57963300

网址:www.cn.nsk.com

◉恩梯恩(中国)投资有限公司(NTN)

地址:上海市松江工业区南乐路1666号6号楼

邮编:201611

电话:021/57745500

传真:57782898

网址:www.ntn.com.cn

◉三洋电机(中国)有限公司(SANYO)

地址:北京市朝阳门外大街18号丰联广场大厦A座10层

邮编:100020

电话:010/65881501

网址:www.cn.sanyo.com

◉住友电工管理(上海)有限公司(SUMITOMO ELECTRIC)

地址:上海市延安西路2201号上海国际贸易中心2015室

邮编:200336

电话:021/62785978

传真:62785968

网址:global-sei.cn

◉丰田纺织(中国)有限公司(TOYOTA BOSHOKU)

地址:上海市浦东新区外高桥意威路169号

电话:021/20596266

传真:50790599

网址:www.toyota-boshoku.com/china

◉通伊欧轮胎(上海)贸易有限公司(TOYO TIRE)

地址:上海市徐汇区吴中路39号新概念大厦6楼

邮编:200235

电话:021/58820880

传真:58878846

网址:www.toyo-tire.com.cn

◉雅马哈发动机株式会社(YAMAHA)

北京事务所

地址:北京市朝阳区东三环北路5号发展大厦1002室

邮编:100004

电话:010/65908473

传真:65908470

雅马哈发动机(中国)有限公司

地址:上海市闵行区区紫月路1137号

电话:021/61612900

雅马哈发动机研发(上海)有限公司

地址:上海市闵行区区紫月路1137号

电话:021/54603365

网址:www.yamaha-motor.com.cn

◉上海韩泰轮胎销售有限公司(HANKOOK)

地址:上海市钦州北路1001号12幢光启大厦10楼

邮编:200233

电话:021/33636888

传真:33637180

网址:www.hankooktire.cn

◉**现代汽车(上海)有限公司(HYUNDAI MOBIS)**
地址:上海市九亭镇松江高科技园区九泾路 1011 号
邮编:201615
电话:021/67696769
传真:67696611
网址:www.mobis.co.kr

◉**锦湖(中国)轮胎销售有限公司(KUMHO)**
地址:上海市徐汇区桂平路 391 号新漕河泾国际商务中心 A 座 30 - 31 楼
邮编:200233
电话:021/61391000
网址:www.kumhotire.com.cn

◉**万都(MANDO)**
中国总部
地址:北京市朝阳区望京北路 9 号叶青大厦 D 座 10 层
邮编:100102
电话:010/84580751
传真:84580750
万都(北京)汽车部件研究开发中心有限公司
地址:北京市密云县经济开发区西统路 35 号
电话:010/84580715
传真:84580712
网址:www.mandochina.com

◉**佳通轮胎(中国)投资有限公司(GITI TIRE)**
地址:上海市长宁区临虹路 280 - 2 号楼
邮编:200335
电话:021/22073333
传真:22073000
网址:www.giti.com

◉**上海博韦德汽车零部件有限公司(POWERED)**
地址:上海市浦东新区新金桥路 58 号 19C
邮编:201206
电话:4008650008
网址:www.poweredchina.com

◉**意柯那(上海)工业设计有限公司(ICONA)**
地址:上海市浦东新区商城路 889 号波特营 B9 幢
邮编:200120
电话:021/60751918
传真:60751925
网址:www.icona - stc.com

◉**伊狄达汽车技术服务有限公司(IDIADA)**
上海分公司
地址:上海市浦东新区秀浦路 3999 弄聚诚创业园 23 号楼
邮编:201315
电话:021/62100894
传真:52080556
北京分公司
地址:北京市朝阳区霞光里 15 号霄云中心 B 座 1012 室
邮编:100027
电话:010/84463317
传真: 84463317
广州分公司
地址:广州天河区天河北路 183 - 187 号大都会广场 1303 室
邮编:510620
电话:020/22829202
传真:2282 9212
网址:www.applusidiada.cn

◉**爱达克车辆设计(上海)有限公司(EDAG)**
地址:上海市嘉定区安亭镇园大路 398 号
邮编:201805
电话:021/33190968
传真:69511188
网址:www.edag.cn

◉**艾尔维汽车工程技术(上海)有限公司(IAV)**
地址:上海市嘉定区安亭镇墨玉路 185 号 8 楼
邮编:201805
电话:021/64325353
传真:64325308
网址:www.vector.com

◉**泰科尼康设计公司(TECHNICON)**
地址:上海市漕河泾高新技术开发区宜山路 1289 号 B 座 205 室
邮编:200233
电话:021/51535188
传真:51535199
网址:www.technicondesign.com

◉**维克多汽车技术(上海)有限公司(TECHNICON)**
地址:上海市长宁区江苏路 398 号 1601 - 1603 室
邮编:200120
电话:021/64325353
传真:64325308
网址:www.vector.com

◉**丰田通商株式会社(TOYOTA TSUSHO)**
北京总公司
地址:北京市朝阳区东三环北路 5 号北京发展大厦 220 室
邮编:100004
电话:010/65908920
传真:65908930
网址:www.toyota - tsusho.com.cn

◉**三菱商事(中国)商业有限公司(MITSUBISHI)**
地址:北京市建国门内大街 18 号恒基中心二座 8 层
邮编:100005
电话:010/65183030
传真:65183040
网址:www.mitsubishicorp.com

◉**三井物产(中国)有限公司**
地址:北京市建国门外大街 1 号国贸大厦 8 层
邮编:100004
电话:010/59653331
传真:59653591
网址:www.mitsui.com

◉**住友商事(中国)企业集团(SUMITOMO)**
地址:北京市建国门外大街 1 号国贸大厦 23 楼
邮编:100004
电话:010/57986800
传真:57987099
网址:www.sumitomocorpchina.com.cn

◉**太阳交易株式会社(TAIYOK)**
地址:北京市朝阳区建国门大街甲 24 号东海中心 706 室
电话: 010/65179795
网址:www.taiyok.co.jp

索引一

汽车、摩托车生产企业索引

乘用汽车

◉ 轿车

华晨宝马汽车有限公司 …… 31
北京奔驰汽车有限公司 …… 32
北京现代汽车有限公司 …… 32
北京汽车集团有限公司 …… 32
天津一汽丰田汽车有限公司 …… 33
天津一汽夏利汽车股份有限公司 …… 33
华晨汽车集团控股有限公司 …… 34
一汽－大众汽车有限公司 …… 35
一汽轿车股份有限公司 …… 35
上汽大众汽车有限公司 …… 36
上汽通用汽车有限公司 …… 36
上海汽车集团股份公司乘用车公司 …… 36
观致汽车有限公司 …… 36
长安马自达汽车有限公司 …… 37
众泰控股集团有限公司 …… 38
浙江吉利控股集团有限公司 …… 38
奇瑞汽车股份有限公司 …… 39
安徽江淮汽车股份有限公司 …… 39
江铃汽车集团公司 …… 40
江铃控股有限公司 …… 41
东风汽车集团股份公司乘用车公司 …… 43
神龙汽车有限公司 …… 43
东风日产乘用车公司 …… 45
广汽本田汽车有限公司 …… 45
广州汽车集团乘用车有限公司 …… 45
比亚迪汽车工业有限公司 …… 46
长安标致雪铁龙汽车有限公司 …… 46
东风柳州汽车有限公司 …… 46
上汽通用五菱汽车股份有限公司 …… 46
重庆长安汽车股份有限公司 …… 47
长安福特汽车有限公司 …… 47
重庆长安铃木汽车有限公司 …… 47
华泰汽车集团 …… 31
中国长安汽车集团股份有限公司 …… 32
长安汽车股份公司北京长安汽车公司 …… 33
长城汽车股份有限公司 …… 33
河北红星汽车制造有限公司 …… 33
沈阳华晨金杯汽车有限公司 …… 34
中国第一汽车集团公司 …… 35
一汽吉林汽车有限公司 …… 36
上海汽车集团股份有限公司 …… 36
东风悦达起亚汽车有限公司 …… 37
南京汽车集团有限公司 …… 37
金华青年汽车集团 …… 38
浙江豪情汽车制造有限公司 …… 38
东风裕隆汽车有限公司 …… 38
东南(福建)汽车工业有限公司 …… 39
福建省汽车工业集团有限公司 …… 39
江西昌河铃木汽车有限责任公司 …… 41
江西昌河汽车有限责任公司 …… 41
上海通用东岳汽车有限公司 …… 42
海马轿车有限公司 …… 42
东风本田汽车有限公司 …… 43
东风汽车有限公司 …… 43
东风汽车公司 …… 43
东风汽车集团股份有限公司 …… 43
广汽三菱汽车有限公司 …… 44
广汽菲亚特克莱斯勒汽车有限公司 …… 44
江南工业集团有限公司 …… 45
湖南吉利汽车工业有限公司 …… 45
广州汽车集团股份有限公司 …… 45
广汽丰田汽车有限公司 …… 45
一汽海马汽车有限公司 …… 46
力帆实业(集团)股份有限公司 …… 47
四川一汽丰田汽车有限公司 …… 48
贵州航空工业(集团)有限公司 …… 49

◉ MPV

北汽福田汽车股份有限公司 …… 33
华晨汽车集团控股有限公司 …… 34
一汽轿车股份有限公司 …… 35
上汽通用汽车有限公司 …… 36
上汽大众汽车有限公司 …… 36
奇瑞汽车股份有限公司 …… 39
安徽江淮汽车股份有限公司 …… 39
江铃汽车集团公司 …… 40
江铃控股有限公司 …… 41
广汽本田汽车有限公司 …… 45
广州汽车集团乘用车有限公司 …… 45
比亚迪汽车工业有限公司 …… 46
东风柳州汽车有限公司 …… 46
重庆长安汽车股份有限公司 …… 47
潍柴(重庆)汽车有限公司 …… 47
中国长安汽车集团股份有限公司 …… 32
长城汽车股份有限公司 …… 33
上海通用(沈阳)北盛汽车有限公司 …… 34
沈阳华晨金杯汽车有限公司 …… 34
大连黄海汽车有限公司 …… 61
一汽通用轻型商用汽车有限公司 …… 35
上海汽车集团股份有限公司 …… 36
东风悦达起亚汽车有限公司 …… 37
东风裕隆汽车有限公司 …… 38
厦门金龙旅行车有限公司 …… 39
东南(福建)汽车工业有限公司 …… 39
江西昌河铃木汽车有限责任公司 …… 41
郑州日产汽车有限公司 …… 42
东风汽车股份有限公司 …… 43
东风汽车有限公司 …… 43
东风汽车公司 …… 43
东风汽车集团股份有限公司 …… 43
广州汽车集团股份有限公司 …… 45
一汽海马汽车有限公司 …… 46
北汽银翔汽车有限公司 …… 101
一汽通用红塔云南汽车有限公司 …… 49

◉ SUV、轻型越野车

华晨宝马汽车有限公司 …… 31
北京奔驰汽车有限公司 …… 32
北京现代汽车有限公司 …… 32
北京汽车集团有限公司 …… 32
北汽福田汽车股份有限公司 …… 33
北汽福田汽车股份公司拓陆者事业部 …… 33
天津一汽丰田汽车有限公司 …… 33
一汽－大众汽车有限公司 …… 35
上汽通用汽车有限公司 …… 36
上海汽车集团股份公司乘用车公司 …… 36
上汽大众汽车有限公司 …… 36
浙江吉利控股集团有限公司 …… 38
众泰控股集团有限公司 …… 38
安徽江淮汽车股份有限公司 …… 39
奇瑞汽车股份有限公司 …… 39
江铃汽车股份有限公司 …… 40
江铃汽车集团公司 …… 40
江铃控股有限公司 …… 41
东风日产乘用车公司 …… 45
广州汽车集团乘用车有限公司 …… 45
比亚迪汽车工业有限公司 …… 46
潍柴(重庆)汽车有限公司 …… 47
华泰汽车集团 …… 31
中国长安汽车集团股份有限公司 …… 32
天津天汽集团美亚汽车制造有限公司 …… 33
北京汽车制造厂有限公司 …… 33
长城汽车股份有限公司 …… 33
河北中兴汽车制造有限公司 …… 34
新凯汽车集团有限公司 …… 57
恒天大迪汽车有限公司 …… 57
天马汽车集团有限公司 …… 57
荣成华泰汽车公司鄂尔多斯市分公司 …… 59
沈阳金杯车辆制造有限公司 …… 34
沈阳飞机工业(集团)有限公司 …… 34
沈阳华晨金杯汽车有限公司 …… 34
丹东黄海汽车有限责任公司 …… 35
辽宁曙光汽车集团股份有限公司 …… 35
一汽吉林汽车有限公司 …… 36
东风悦达起亚汽车有限公司 …… 37
浙江永源汽车有限公司 …… 38
广汽吉奥汽车有限公司 …… 38
东风裕隆汽车有限公司 …… 38
浙江万丰奥特汽车制造有限公司 …… 72
安徽猎豹汽车有限公司 …… 39
福建省汽车工业集团有限公司 …… 39

东南(福建)汽车工业有限公司 ………… 39
江西五十铃汽车有限公司 ……………… 41
郑州日产汽车有限公司 ………………… 42
东风本田汽车有限公司 ………………… 43
东风汽车股份有限公司 ………………… 43
东风汽车有限公司 ……………………… 43
东风汽车公司 …………………………… 43
东风汽车集团股份有限公司 …………… 43
湖南猎豹汽车股份有限公司 …………… 44
广汽三菱汽车有限公司 ………………… 44
广汽丰田汽车有限公司 ………………… 45
广东福迪汽车有限公司 ……………… 100
一汽海马汽车有限公司 ………………… 46
力帆实业(集团)股份有限公司 ………… 47
庆铃汽车股份有限公司 ………………… 47
明君汽车产业股份有限公司 …………… 48
四川野马汽车股份有限公司 …………… 48
四川一汽丰田汽车有限公司 …………… 48
绵阳华瑞汽车有限公司 ……………… 103

商用车——客车

◉ 大中型客车

北京汽车集团有限公司 ………………… 32
北汽福田汽车公司北京欧辉客车分公司 … 33
北汽福田汽车股份有限公司 …………… 33
金龙联合汽车工业(苏州)有限公司 …… 37
南京金龙客车制造有限公司 …………… 66
河南少林客车股份有限公司 …………… 42
东风襄阳旅行车有限公司 ……………… 44
东风商用车有限公司 …………………… 44
湖南南车时代电动汽车股份有限公司 …… 97
重庆长安汽车股份有限公司 …………… 47
陕西汽车集团有限责任公司 …………… 49
北方华德尼奥普兰客车股份有限公司 …… 31
天津伊利萨尔客车制造有限公司 ……… 53
保定长安客车制造有限公司 …………… 34
中信机电制造公司 ……………………… 34
沈阳飞机工业(集团)有限公司 ………… 34
丹东黄海汽车有限责任公司 …………… 35
辽宁曙光汽车集团股份有限公司 ……… 35
华晨客车(大连)有限公司 ……………… 35
一汽凌源汽车制造有限公司 …………… 35
沈阳掌握(控股)集团有限公司 ………… 59
中国第一汽车集团公司 ………………… 35
一汽客车有限公司 ……………………… 35
长春华奥汽车制造有限公司 …………… 35
长春北车电动汽车有限公司 …………… 62
长春城市车辆制造有限公司 …………… 63
黑龙江龙华汽车有限公司 ……………… 64
上海汽车集团股份有限公司 …………… 36
上汽大通汽车有限公司 ………………… 36
上海申沃客车有限公司 ………………… 36
上海申龙客车有限公司 ………………… 36
上海万象汽车制造有限公司 …………… 65
中大工业集团公司 ……………………… 37
扬州亚星客车股份有限公司 …………… 37
常州黄海汽车有限公司 ………………… 37
南京依维柯汽车有限公司 ……………… 37
南京东宇汽车集团有限公司 …………… 65
无锡华策汽车有限公司 ………………… 67
无锡交通汽车股份有限公司 …………… 67
一汽客车(无锡)有限公司 ……………… 68
江苏常隆客车有限公司 ………………… 68
江苏友谊汽车有限公司 ………………… 69
牡丹汽车股份有限公司 ………………… 69
江苏登达汽车有限公司 ………………… 70
盐城中威客车有限公司 ………………… 70
扬州跃进通达客车有限公司 …………… 70
扬州女神客车有限公司 ………………… 71
金华青年汽车集团 ……………………… 38
东风裕隆商用汽车有限公司 …………… 38
浙江南车电车有限公司 ………………… 72
湖州东方汽车有限公司 ………………… 72
安徽安凯客车有限公司 ………………… 73
安徽安凯汽车股份有限公司 …………… 73
利辛县泰鑫专用汽车制造有限公司 …… 74
扬子集团滁州客车制造有限公司 ……… 75
福建新福达汽车工业有限公司 ………… 39
厦门金龙汽车集团股份有限公司 ……… 39
厦门金龙联合汽车工业有限公司 ……… 39
厦门金龙旅行车有限公司 ……………… 39
福建省汽车工业集团有限公司 ………… 39
西虎汽车工业有限公司 ………………… 40
福建新龙马汽车股份有限公司 ………… 40
江西宜春客车厂有限公司 ……………… 77
江西凯马百路佳客车有限公司 ………… 77
安源客车制造有限公司 ………………… 77
中通客车控股股份有限公司 …………… 41
中国重汽集团济南豪沃客车有限公司 … 78
中通汽车工业集团有限责任公司 ……… 78
山东齐鲁汽车制造有限公司 …………… 79
山东丛林福禄好富汽车有限公司 ……… 81
烟台舒驰客车有限责任公司 …………… 81
郑州宇通客车股份有限公司 …………… 42
洛阳中集凌宇汽车有限公司 …………… 89
东风汽车有限公司 ……………………… 43
东风汽车公司 …………………………… 43
东风汽车集团股份有限公司 …………… 43
湖北新楚风汽车股份有限公司 ………… 44
东风实业有限公司 ……………………… 44
东风扬子江汽车(武汉)有限责任公司 … 90
武汉客车制造股份有限公司 …………… 90
东风特汽(十堰)客车有限公司 ………… 95
东风特种汽车有限公司 ………………… 95
长沙梅花汽车制造有限公司 …………… 45
湖南中联重科车桥有限公司 …………… 45
湖南省赛特汽车厂 ……………………… 96
长沙市比亚迪客车有限公司 …………… 96
湖南同心实业有限责任公司 …………… 96
大汉汽车集团有限公司 ………………… 97
湖南衡山汽车制造有限公司 …………… 97
广州汽车集团股份有限公司 …………… 45
广州汽车集团客车有限公司 …………… 45
广东宝龙防嫜车有限公司 ……………… 98
广东云山汽车有限公司 ………………… 99
深圳市五洲龙汽车有限公司 …………… 99
珠海广通汽车有限公司 ………………… 99
佛山市飞驰汽车制造有限公司 ……… 100
桂林客车工业集团有限公司 …………… 46
桂林客车发展有限责任公司 …………… 46
桂林大宇客车有限公司 ……………… 100
重庆力帆汽车有限公司 ………………… 47
重庆恒通客车有限公司 ……………… 101
重庆长帆新能源汽车有限公司 ……… 102
东风南充汽车有限公司 ………………… 48
四川现代汽车有限公司 ………………… 48
四川南骏汽车集团有限公司 …………… 48
四川一汽丰田汽车有限公司 …………… 48
一汽客车(成都)有限公司 ……………… 48
四川野马汽车股份有限公司 …………… 48
成都客车股份有限公司 ……………… 103
四川省客车制造有限责任公司 ……… 103
四川思达汽车制造有限公司 ………… 103
成都创奇汽车制造有限公司 ………… 103
东风云南汽车有限公司 ………………… 49
贵州航空工业(集团)有限公司 ………… 49
中航工业贵州云马汽车工业公司 …… 104
西安西沃客车有限公司 ………………… 49
陕西欧舒特汽车股份有限公司 ………… 49
中车集团西安骊山汽车制造厂 ……… 105
新疆中通客车有限公司 ……………… 107

◉ 轻型客车

北汽福田汽车股份有限公司 …………… 33
华晨汽车集团控股有限公司 …………… 34
金龙联合汽车工业(苏州)有限公司 …… 37
安徽江淮汽车股份有限公司 …………… 39
江铃汽车集团公司 ……………………… 40
江铃汽车股份有限公司 ………………… 40
河南少林客车股份有限公司 …………… 42
东风襄阳旅行车有限公司 ……………… 44
广西汽车集团有限公司 ………………… 46
天津天汽集团美亚汽车制造有限公司 …… 33
北京汽车制造厂有限公司 ……………… 33
秦皇岛金程汽车制造有限公司 ………… 57
天马汽车集团有限公司 ………………… 57
太原轻型汽车总厂 ……………………… 58
沈阳华晨金杯汽车有限公司 …………… 34
华晨客车(大连)有限公司 ……………… 35
一汽通用轻型商用汽车有限公司 ……… 35
长春一汽华凯汽车有限公司 …………… 36
长春城市车辆制造有限公司 …………… 63
上汽大通汽车有限公司 ………………… 36
上海汽车集团股份有限公司 …………… 36
中欧汽车股份有限公司 ………………… 65
南京依维柯公司旅行车分公司 ………… 37
扬州亚星客车股份有限公司 …………… 37
南京依维柯汽车有限公司 ……………… 37
南京汽车集团有限公司 ………………… 37
无锡华策汽车有限公司 ………………… 67
一汽客车(无锡)有限公司 ……………… 68
牡丹汽车股份有限公司 ………………… 69
江苏友谊汽车有限公司 ………………… 69
张家港市江南汽车制造有限公司 ……… 69
江苏九龙汽车制造有限公司 …………… 71
张家港市沙洲车辆有限公司 ………… 109
浙江永源汽车有限公司 ………………… 38

中誉控股集团有限公司 …………………… 72
温岭市吉瑞车辆制造有限公司 ……… 109
江淮汽车多功能商用车公司 …………… 38
安徽安凯汽车股份有限公司 …………… 73
安徽安凯客车有限公司 ………………… 73
厦门金龙汽车集团股份有限公司 ……… 39
福建新福达汽车工业有限公司 ………… 39
东南(福建)汽车工业有限公司 ………… 39
厦门金龙旅行车有限公司 ……………… 39
厦门金龙联合汽车工业有限公司 ……… 39
福建省汽车工业集团有限公司 ………… 39
福建奔驰汽车工业有限公司 …………… 39
西虎汽车工业有限公司 ………………… 40
福建新龙马汽车股份有限公司 ………… 40
江西江铃集团晶马汽车有限公司 ……… 41
中通汽车工业集团有限责任公司 ……… 78
山东齐鲁汽车制造有限公司 …………… 79
烟台舒驰客车有限责任公司 …………… 81
东风汽车股份有限公司 ………………… 43
湖北三江航天万山特种车辆有限公司 …… 43
东风雷诺汽车有限公司 ………………… 43
东风特汽(十堰)客车有限公司 ………… 95
东风特种汽车有限公司 ………………… 95
湖南衡山汽车制造有限公司 …………… 97
广东云山汽车有限公司 ………………… 99
桂林客车发展有限责任公司 …………… 46
桂林客车工业集团有限公司 …………… 46
重庆力帆汽车有限公司 ………………… 47
庆铃汽车(集团)有限公司 …………… 101
四川南骏汽车集团有限公司 …………… 48
四川现代汽车有限公司 ………………… 48
成都客车股份有限公司 ……………… 103
成都创奇汽车制造有限公司 ………… 103
四川思达汽车制造有限公司 ………… 103
东风云南汽车有限公司 ………………… 49
新疆中通客车有限公司 ……………… 107

◉ 微型客车

华晨汽车集团控股有限公司 …………… 34
众泰控股集团有限公司 ……………… 38
奇瑞汽车股份有限公司 ……………… 39
上汽通用五菱汽车股份有限公司 ……… 46
广西汽车集团有限公司 ……………… 46
重庆长安汽车股份有限公司 ………… 47
中国长安汽车集团股份有限公司 ……… 32
天津天汽集团美亚汽车制造有限公司 …… 33
河北长安汽车有限公司 ………………… 34
一汽吉林汽车有限公司 ………………… 36
南京长安汽车有限公司 ………………… 37
南京东宇汽车集团有限公司 …………… 65
广汽吉奥汽车有限公司 ………………… 38
合肥长安汽车有限公司 ………………… 38
中国人民解放军第5720工厂 ………… 75
东南(福建)汽车工业有限公司 ………… 39
江西昌河汽车有限责任公司 …………… 41
海马轿车有限公司 ……………………… 42
东风汽车公司 …………………………… 43
东风实业有限公司 ……………………… 44
柳州五菱汽车工业有限公司 …………… 46
东风小康汽车有限公司 ………………… 47
重庆小康汽车控股有限公司 …………… 47
重庆瑞驰汽车实业有限公司 ………… 101
绵阳华瑞汽车有限公司 ……………… 103
陕西通家汽车股份有限公司 ………… 105

商用车——货车

◉ 中重型货车

北京汽车集团有限公司 ……………… 32
北京福田戴姆勒汽车有限公司 ……… 33
北汽福田汽车股份有限公司 ………… 33
安徽江淮汽车股份有限公司 ………… 39
中国重型汽车集团有限公司 ………… 41
东风商用车有限公司 ………………… 44
东风柳州汽车有限公司 ……………… 46
陕西汽车集团有限责任公司 ………… 49
河北长征汽车制造有限公司 …………… 33
邯郸宇康集团有限公司 ………………… 55
天马汽车集团有限公司 ………………… 57
太原长安重型汽车有限公司 …………… 34
山西大运汽车制造有限公司 …………… 58
北奔重型汽车集团有限公司 …………… 34
一汽凌源汽车制造有限公司 …………… 35
长春华奥汽车制造有限公司 …………… 35
中国第一汽车集团公司 ………………… 35
一汽解放汽车有限公司 ………………… 35
上汽大通汽车有限公司 ………………… 36
上海汽车集团股份有限公司 …………… 36
南京依维柯汽车有限公司 ……………… 37
东沃(杭州)卡车有限公司 …………… 37
金华青年汽车集团 ……………………… 38
东风裕隆商用汽车有限公司 …………… 38
华菱星马汽车(集团)股份有限公司 …… 39
福建省汽车工业集团有限公司 ………… 39
福建新福达汽车工业有限公司 ………… 39
福建新龙马汽车股份有限公司 ………… 40
中国重汽集团福建海西汽车有限公司 … 40
中国重汽集团济南特种车有限公司 …… 41
中国重汽集团济南商用车有限公司 …… 41
山东唐骏欧铃汽车制造有限公司 ……… 41
中国重汽集团济宁商用车有限公司 …… 42
山东汽车制造有限公司 ………………… 42
一汽解放青岛汽车有限公司 …………… 42
山东丛林福禄好富汽车有限公司 ……… 81
青岛中汽特种汽车有限公司 …………… 81
中国一拖集团有限公司 ………………… 42
河南奔马股份有限公司 ………………… 89
东风汽车有限公司 ……………………… 43
东风汽车集团股份有限公司 …………… 43
湖北三环汉阳特种汽车有限公司 ……… 43
湖北三江航天万山特种车辆有限公司 …… 43
东风汽车公司 …………………………… 43
湖北三环专用汽车有限公司 …………… 44
湖北新楚风汽车股份有限公司 ………… 44
老河口东风创普专用汽车公司 ………… 94
东风神宇车辆有限公司 ………………… 95
东风实业(十堰)车辆有限公司 ………… 96
北汽福田汽车股份公司长沙汽车厂 …… 44
湖南恒润汽车有限公司 ………………… 45
广汽日野汽车有限公司 ………………… 45
一汽解放柳州特种汽车有限公司 …… 101
重庆力帆汽车有限公司 ………………… 47
上汽依维柯红岩商用车有限公司 ……… 47
庆铃汽车股份有限公司 ………………… 47
重庆长安跨越车辆有限公司 …………… 48
成都王牌商用车有限公司 ……………… 48
一汽解放青岛汽车厂成都分厂 ………… 48
东风南充汽车有限公司 ………………… 48
四川南骏汽车集团有限公司 …………… 48
成都大运汽车集团有限公司 …………… 48
四川现代汽车有限公司 ………………… 48
四川腾中重工机械有限公司 ………… 103
四川中专汽车有限公司 ……………… 104
东风云南汽车有限公司 ………………… 49
云南力帆骏马车辆有限公司 …………… 49
宝鸡华山工程车辆有限责任公司 ……… 49
中集陕汽重卡(西安)专用车有限公司 … 105
陕西通力专用汽车有限责任公司 …… 106
东风新疆汽车有限公司 ………………… 49

◉ 轻型货车

北京汽车集团有限公司 ……………… 32
北汽福田汽车股份有限公司 ………… 33
华晨汽车集团控股有限公司 ………… 34
安徽江淮汽车股份有限公司 ………… 39
江铃汽车股份有限公司 ……………… 40
江铃汽车集团公司 …………………… 40
东风柳州汽车有限公司 ……………… 46
重庆长安汽车股份有限公司 ………… 47
陕西汽车集团有限责任公司 ………… 49
北京汽车股份有限公司 ………………… 32
北京汽车制造厂有限公司 ……………… 33
邯郸宇康集团有限公司 ………………… 55
新凯汽车集团有限公司 ………………… 57
山西大运汽车制造有限公司 …………… 58
沈阳金杯车辆制造有限公司 …………… 34
一汽凌源汽车制造有限公司 …………… 35
中国第一汽车集团公司 ………………… 35
一汽解放汽车有限公司 ………………… 35
一汽通用轻型商用汽车有限公司 ……… 35
长春一汽华凯汽车有限公司 …………… 36
一汽哈尔滨轻型汽车有限公司 ………… 36
南京依维柯汽车有限公司 ……………… 37
南京长安汽车有限公司 ………………… 37
南京汽车集团有限公司 ………………… 37
江苏奥新新能源汽车有限公司 ………… 70
常州车辆有限公司 …………………… 108
张家港市沙洲汽车有限公司 ………… 109
浙江永源汽车有限公司 ………………… 38
金华青年汽车集团 ……………………… 38
福建新福达汽车工业有限公司 ………… 39
福建新龙马汽车股份有限公司 ………… 40
中国重汽集团福建海西汽车有限公司 … 40
山东时风(集团)有限责任公司 ……… 41
山东时风商用车有限公司 ……………… 41
山东唐骏欧铃汽车制造有限公司 ……… 41

山东凯马汽车制造有限公司 …… 42
北汽福田汽车公司诸城奥铃汽车厂 …… 42
山东东方曼商用车有限公司 …… 79
中航黑豹股份有限公司 …… 80
青岛东风汽车改装有限公司 …… 82
郑州日产汽车有限公司 …… 42
中国一拖集团有限公司 …… 42
河南奔马股份有限公司 …… 89
东风汽车股份有限公司 …… 43
东风汽车有限公司 …… 43
东风汽车公司 …… 43
湖北三环专用汽车有限公司 …… 44
东风实业(十堰)车辆有限公司 …… 96
北汽福田汽车股份公司长沙汽车厂 …… 44
长沙佳宁农业机械制造有限公司 …… 110
广汽日野汽车有限公司 …… 45
广州汽车集团股份有限公司 …… 45
桂林大宇客车有限公司 …… 100
庆铃汽车股份有限公司 …… 47
重庆力帆汽车有限公司 …… 47
重庆长安跨越车辆有限公司 …… 48
重庆长帆新能源汽车有限公司 …… 102
四川现代汽车有限公司 …… 48
成都大运汽车集团有限公司 …… 48
成都王牌商用车有限公司 …… 48
四川南骏汽车集团有限公司 …… 48
成都创奇汽车制造有限公司 …… 103
绵阳华瑞汽车有限公司 …… 103
东风云南汽车有限公司 …… 49
一汽通用红塔云南汽车有限公司 …… 49
云南力帆骏马车辆有限公司 …… 49

◉ 微型货车

安徽江淮汽车股份有限公司 …… 39
上汽通用五菱汽车股份有限公司 …… 46
中国长安汽车集团股份有限公司 …… 32
天津清源电动车辆有限责任公司 …… 53
河北长安汽车有限公司 …… 34
一汽吉林汽车有限公司 …… 36
福建新龙马汽车股份有限公司 …… 40
江西昌河汽车有限责任公司 …… 41
山东唐骏欧铃汽车制造有限公司 …… 41
山东凯马汽车制造有限公司 …… 42
中航黑豹股份有限公司 …… 80
中国一拖集团有限公司 …… 42
柳州五菱汽车工业有限公司 …… 46
东风小康汽车有限公司 …… 47
重庆长安跨越车辆有限公司 …… 48
四川南骏汽车集团有限公司 …… 48
成都王牌商用车有限公司 …… 48
绵阳华瑞汽车有限公司 …… 103

◉ 皮卡、客货车

北汽福田汽车股份有限公司 …… 33
北汽福田汽车股份公司拓陆者事业部 …… 33
江铃汽车集团公司 …… 40
江铃汽车股份有限公司 …… 40
天津天汽集团美亚汽车制造有限公司 …… 33
北京汽车制造厂有限公司 …… 33
长城汽车股份有限公司 …… 33
河北中兴汽车制造有限公司 …… 34
天马汽车集团有限公司 …… 57
恒天大迪汽车有限公司 …… 57
新凯汽车集团有限公司 …… 57
沈阳金杯车辆制造有限公司 …… 34
丹东黄海汽车有限责任公司 …… 35
上海劲马车辆有限公司 …… 108
广汽吉奥汽车有限公司 …… 38
浙江万丰奥特汽车制造有限公司 …… 72
安徽猎豹汽车有限公司 …… 39
利辛县江淮扬天汽车有限公司 …… 75
福建新福达汽车工业有限公司 …… 39
江西五十铃汽车有限公司 …… 41
江西江铃集团轻型汽车有限公司 …… 41
中航黑豹股份有限公司 …… 80
郑州日产汽车有限公司 …… 42
中国一拖集团有限公司 …… 42
东风汽车公司 …… 43
东风汽车股份有限公司 …… 43
广汽三菱汽车有限公司 …… 44
湖南猎豹汽车股份有限公司 …… 44
广东福迪汽车有限公司 …… 100
柳州延龙汽车有限公司 …… 101
柳州五菱专用汽车有限公司 …… 101
庆铃汽车股份有限公司 …… 47
明君汽车产业股份有限公司 …… 48
绵阳华瑞汽车有限公司 …… 103
东风云南汽车有限公司 …… 49

自卸车

北京福田戴姆勒汽车有限公司 …… 33
集瑞联合重工有限公司 …… 75
中国重型汽车集团有限公司 …… 41
东风商用车有限公司 …… 44
东风柳州汽车有限公司 …… 46
中国长安汽车集团股份有限公司 …… 32
北京三兴汽车有限公司 …… 51
北京事必达汽车有限责任公司 …… 51
北京北重汽车改装有限公司 …… 52
北京市政中燕工程机械制造有限公司 …… 52
北京中冀福庆专用车有限公司 …… 52
天津市图强专用汽车制造有限公司 …… 53
天津嵩山挂车有限公司 …… 54
河北长征汽车制造有限公司 …… 33
河北驹王专用汽车股份有限公司 …… 54
河北顺捷专用汽车制造有限责任公司 …… 54
河北翼凌机械制造有限公司 …… 54
河北力钧长恒专用汽车制造有限公司 …… 54
河北宏昌天马专用车有限公司 …… 54
河北星达汽车集团有限公司 …… 54
河北昌骅专用汽车有限公司 …… 55
肥乡县远达车辆制造有限公司 …… 55
邯郸冀东专用车有限公司 …… 55
邯郸市路神专用汽车有限公司 …… 55
邢台华通专用汽车有限公司 …… 55
河北华旗专用汽车制造有限公司 …… 55
三河市新宏昌专用车有限公司 …… 56
唐山亚特专用汽车有限公司 …… 56
唐山唐鸿重工专用汽车有限公司 …… 56
廊坊京联汽车改装有限公司 …… 56
河北华运顺通专用汽车制造有限公司 …… 57
张家口大地专用汽车制造有限公司 …… 57
昌黎县川港专用汽车制造有限公司 …… 57
恒天大迪汽车有限公司 …… 57
天马汽车集团专用汽车有限公司 …… 57
太原长安重型汽车有限公司 …… 34
山西大运汽车制造有限公司 …… 58
长治清华机械厂 …… 58
山西北宇专用车有限公司 …… 58
山西恒成特种车辆制造有限公司 …… 58
榆次通用挂车制造有限公司 …… 58
陕汽大同专用汽车有限公司 …… 58
山西青特汽车有限公司 …… 58
北奔重型汽车集团有限公司 …… 34
呼伦贝尔海征汽车改装有限责任公司 …… 59
鄂尔多斯市中兴特种车辆制造公司 …… 59
内蒙古北方重型汽车股份有限公司 …… 59
包头北方创业专用汽车有限责任公司 …… 59
内蒙古北方重工业集团有限公司 …… 59
沈阳金杯车辆制造有限公司 …… 34
一汽凌源汽车制造有限公司 …… 35
沈阳三山汽车工业集团联营公司 …… 59
铁岭黄海专用车制造有限公司 …… 60
沈阳广成重工有限公司 …… 60
沈阳铭辰汽车有限公司 …… 60
鞍山衡业专用汽车制造有限公司 …… 61
营口宝迪专用汽车制造有限公司 …… 61
中集车辆(辽宁)有限公司 …… 61
丹东黄海特种专用车有限责任公司 …… 62
锦州奥捷专用车制造有限公司 …… 62
盘锦金碧专用汽车制造有限公司 …… 62
锦州鹏翔专用车辆有限公司 …… 62
一汽解放汽车有限公司 …… 35
长春万荣汽车改装有限公司 …… 62
长春北车电动汽车有限公司 …… 62
长春三友专用汽车制造有限公司 …… 62
公主岭市名奇专用汽车改装有限公司 …… 63
公主岭市金优专用汽车改装有限公司 …… 63
四平雄风专用汽车有限公司 …… 63
一汽四平专用汽车有限公司 …… 63
长春城市车辆制造有限公司 …… 63
长春双龙专用汽车制造有限公司 …… 63
长春汽车改装有限责任公司 …… 63
哈尔滨现代环卫设备车辆有限公司 …… 64
哈尔滨建成北方专用车有限公司 …… 64
上汽大通汽车有限公司 …… 36
上海劲马车辆有限公司 …… 108
南京汽车集团有限公司 …… 37
南京东宇汽车集团有限公司 …… 65
南京特种汽车制配厂有限公司 …… 66
航天晨光股份有限公司 …… 66
江苏卡威专用汽车制造有限公司 …… 66
一汽解放汽车有限公司锡柴汽车厂 …… 67
昆山专用汽车制造厂 …… 68
张家港市江南汽车制造有限公司 …… 69
连云港东堡专用车有限公司 …… 69
淮安市专用汽车制造有限公司 …… 70

江苏安华汽车股份有限公司 …… 70
江苏银宝专用车有限公司 …… 71
江苏英田汽车制造有限公司 …… 71
常州车辆有限公司 …… 108
东沃(杭州)卡车有限公司 …… 37
中汽商用汽车有限公司(杭州) …… 71
杭州专用汽车有限公司 …… 71
温州云顶汽车有限公司 …… 73
宁波三新汽车零部件有限公司 …… 73
丽水市南明专用汽车有限公司 …… 73
义乌赵龙汽车工业有限公司 …… 73
华菱星马汽车(集团)股份有限公司 …… 39
安徽江淮专用汽车有限公司 …… 73
安徽开乐专用车辆股份有限公司 …… 74
利辛县泰鑫专用汽车制造有限公司 …… 74
芜湖中集瑞江汽车有限公司 …… 75
安徽江淮扬天汽车股份有限公司 …… 75
利辛县江淮扬天汽车有限公司 …… 75
池州市大田(盛大)专用车有限公司 …… 75
福建新福达汽车工业有限公司 …… 39
福建常春专用车制造有限公司 …… 76
重汽集团福建专用车有限公司 …… 76
福建省德峰汽车制造有限公司 …… 76
厦门厦工重工有限公司 …… 76
福建新华旭专用车制造有限公司 …… 76
福建泰华交通设备有限公司 …… 76
福建省闽兴专用汽车有限公司 …… 77
福建神鹰汽车有限公司 …… 77
赣州江环汽车制造有限公司 …… 77
江西江铃专用车辆厂 …… 77
山东唐骏欧铃汽车制造有限公司 …… 41
中国重汽集团济南特种车有限公司 …… 41
山东时风商用车有限公司 …… 41
中国重汽集团济南商用车有限公司 …… 41
山东凯马汽车制造有限公司 …… 42
中国重汽集团济宁商用车有限公司 …… 42
一汽解放青岛汽车有限公司 …… 42
山东汽车制造有限公司 …… 42
中集车辆(山东)有限公司 …… 78
中国人民解放军第6455工厂 …… 78
中国重汽集团济南专用车有限公司 …… 78
济南豪瑞通专用汽车有限公司 …… 78
济南鲁联集团专用汽车有限公司 …… 78
山东阳谷飞轮挂车制造有限公司 …… 79
山东迅力特种汽车有限公司 …… 79
临清飞翔专用汽车制造有限公司 …… 79
淄博颜山专用汽车有限公司 …… 79
山东荣昊专用汽车有限公司 …… 80
山东巨环专用汽车有限公司 …… 80
中航黑豹股份有限公司 …… 80
山东正泰希尔专用汽车有限公司 …… 80
山东乾龙专用汽车有限公司 …… 80
青岛海誉车辆机械有限公司 …… 81
青特集团有限公司 …… 81
山东蓬翔汽车有限公司 …… 81
蓬莱市兴华汽车改装有限公司 …… 81
中国重汽集团青岛重工有限公司 …… 81
山东岱阳汽车制造有限公司 …… 82
青岛中集专用车有限公司 …… 82
青岛东风汽车改装有限公司 …… 82
临沂华运军兴专用汽车有限公司 …… 82
泰安航天特种车有限公司 …… 82
泰安五岳专用汽车有限公司 …… 83
山东华驰重工机械有限公司 …… 83
山东昊宇车辆有限公司 …… 83
山东东岳专用汽车制造有限公司 …… 83
梁山华劲工贸有限公司 …… 83
山东梁山华宇集团汽车制造有限公司 …… 83
山东鲁峰专用汽车有限责任公司 …… 83
山东大力专用汽车制造有限公司 …… 83
梁山新科特种车辆制造有限公司 …… 84
梁山通华专用车有限公司 …… 84
梁山宏达厢式货车制造有限公司 …… 84
梁山汇统交通设备有限公司 …… 84
梁山龙腾专用汽车有限公司 …… 84
梁山永固挂车制造有限公司 …… 84
梁山通宇集团专用汽车有限公司 …… 84
梁山广通专用车制造有限公司 …… 84
梁山县杨嘉挂车制造有限公司 …… 84
梁山巨源专用汽车制造有限公司 …… 84
山东万事达专用汽车制造有限公司 …… 85
梁山晨润达工贸有限公司 …… 85
梁山宇通专用汽车制造有限公司 …… 85
梁山中集东岳车辆有限公司 …… 85
梁山远东交通设备制造有限公司 …… 85
梁山四通专用汽车有限公司 …… 85
江铃集团山东华岳车辆部件有限公司 …… 85
山东梁山通亚汽车制造有限公司 …… 85
山东东旭专用车制造有限公司 …… 86
山东郓城成达专用汽车制造有限公司 …… 86
梁山路通专用车制造有限公司 …… 86
山东梁山华昇专用车制造有限公司 …… 86
梁山华鲁专用汽车制造有限公司 …… 86
山东郓城新亚挂车制造有限公司 …… 86
山东梁山亚中车辆有限公司 …… 86
梁山华瑞专用汽车制造有限公司 …… 86
山东盛润汽车有限公司 …… 86
郓城骏宇车业有限公司 …… 86
山东红荷专用汽车有限公司 …… 87
山东金华飞顺车辆有限公司 …… 87
山东世运专用汽车有限公司 …… 87
中国一拖集团有限公司 …… 42
郑州宏达汽车工业有限公司 …… 87
郑州红宇专用汽车有限责任公司 …… 87
新乡市骏华专用汽车车辆有限公司 …… 88
河南天牛工业机械有限公司 …… 88
河南骏通车辆有限公司 …… 89
驻马店中集华骏车辆有限公司 …… 89
河南志捷专用汽车有限公司 …… 89
河南森源奔马专用汽车有限公司 …… 89
商丘市通达专用车辆制造有限公司 …… 90
东风汽车公司 …… 43
湖北三环汉阳特种汽车有限公司 …… 43
东风汽车有限公司 …… 43
湖北三江航天万山特种车辆有限公司 …… 43
湖北三环专用汽车有限公司 …… 44
湖北新楚风汽车股份有限公司 …… 44
东风(十堰)特种商用车有限公司 …… 44
武汉新光专用汽车制造有限公司 …… 90
武汉斯贝卡专用汽车有限公司 …… 91
武汉市政环卫机械有限公司 …… 91
湖北华舟重工应急装备股份有限公司 …… 91
湖北江山专用汽车有限公司 …… 92
湖北合力专用汽车制造有限公司 …… 92
襄阳新中昌专用汽车股份有限公司 …… 92
湖北圣龙专用汽车有限公司 …… 92
湖北福田专用汽车有限公司 …… 92
东风专用汽车制造有限公司 …… 92
湖北江南专用特种汽车有限公司 …… 92
东风随州专用汽车有限公司 …… 93
湖北航天双龙专用汽车有限公司 …… 93
湖北新中绿专用汽车有限公司 …… 93
湖北成龙威专用汽车有限公司 …… 93
湖北东沃专用汽车有限责任公司 …… 94
随州市东正专用汽车有限公司 …… 94
湖北奥马专用汽车有限公司 …… 94
湖北华威专用汽车有限公司 …… 94
湖北宏宇专用汽车有限公司 …… 94
老河口博大特种车辆改装有限公司 …… 94
湖北五环专用汽车有限公司 …… 94
程力专用汽车股份有限公司 …… 94
老河口东风创普专用汽车公司 …… 94
东风征梦(十堰)专用车有限公司 …… 95
十堰市驰田汽车有限公司 …… 95
东风专用汽车有限公司 …… 95
东风神宇车辆有限公司 …… 95
十堰安远专用汽车有限公司 …… 95
东风特种汽车有限公司 …… 95
湖北神鹰汽车有限责任公司 …… 95
湖北世纪中远集团有限公司 …… 95
湖北海龙专用汽车有限公司 …… 95
湖北神帆专用汽车有限公司 …… 95
湖北神河汽车改装(集团)有限公司 …… 96
东风实业(十堰)车辆有限公司 …… 96
湖北炎龙汽车有限公司 …… 96
北汽福田汽车股份公司长沙汽车厂 …… 44
长沙梅花汽车制造有限公司 …… 45
吉首市宗南重工制造有限公司 …… 97
湖南省金华车辆有限公司 …… 97
湖南星马汽车有限公司 …… 97
韶关市起重机厂有限责任公司 …… 98
广东明威专用汽车有限公司 …… 98
广州番禺超人运输设备实业有限公司 …… 98
广州汇联专用汽车有限公司 …… 98
广州广日专用汽车有限公司 …… 98
佛山市路之友机械制造有限公司 …… 100
鹤山圣宝汽车有限公司 …… 100
柳州乘龙专用车有限公司 …… 100
广西玉柴专用汽车有限公司 …… 100
一汽解放柳州特种汽车有限公司 …… 101
柳州延龙汽车有限公司 …… 101
柳州运力专用汽车有限公司 …… 101
上汽依维柯红岩商用车有限公司 …… 47
重庆长江西重车辆工业有限责任公司 …… 101
重庆望江工业有限公司 …… 101
重庆重型汽车集团专用汽车有限公司 …… 101
重庆铁马工业集团有限公司 …… 101
重庆长帆新能源汽车有限公司 …… 102
重庆凯瑞特种车有限公司 …… 102
东风南充汽车有限公司 …… 48
四川现代汽车有限公司 …… 48
成都大运汽车集团有限公司 …… 48
一汽解放青岛汽车厂成都分厂 …… 48

成都王牌商用车有限公司 …… 48
四川南骏汽车集团有限公司 …… 48
四川华勋畜牧机械有限责任公司 …… 103
一汽(四川)专用汽车有限公司 …… 103
成都航天万欣科技有限公司 …… 103
眉山南车物流装备有限公司 …… 103
中车集团眉山车辆厂同升专用汽车公司 …… 103
四川腾中重工机械有限公司 …… 103
四川嘉宝汽车有限责任公司 …… 104
四川中专汽车有限公司 …… 104
四川东风四通车辆制造有限公司 …… 111
云南力帆骏马车辆有限公司 …… 49
东风云南汽车有限公司 …… 49
陕西重汽专用汽车有限公司 …… 49
宝鸡华山工程车辆有限责任公司 …… 49
陕西华泰交通设备制造有限公司 …… 105
榆林东方集团专用汽车制造有限公司 …… 105
中集陕汽重卡(西安)专用车有限公司 …… 105
西安石油机械有限公司 …… 105
中车集团西安骊山汽车制造厂 …… 105
陕西通力专用汽车有限责任公司 …… 106
甘肃中集华骏车辆有限公司 …… 107
东风新疆汽车有限公司 …… 49
新疆天山汽车制造有限公司 …… 49
新疆福田广汇专用车有限责任公司 …… 107
中集车辆(集团)新疆有限公司 …… 107

牵引车

北京福田戴姆勒汽车有限公司 …… 33
安徽江淮汽车股份有限公司 …… 39
集瑞联合重工有限公司 …… 75
中国重型汽车集团有限公司 …… 41
东风商用车有限公司 …… 44
东风柳州汽车有限公司 …… 46
陕西汽车集团有限责任公司 …… 49
河北宏昌天马专用车有限公司 …… 54
太原长安重型汽车有限公司 …… 34
山西大运汽车制造有限公司 …… 58
北奔重型汽车集团有限公司 …… 34
一汽解放汽车有限公司 …… 35
哈尔滨工程机械制造有限公司 …… 64
上汽大通汽车有限公司 …… 36
南京东宇汽车集团有限公司 …… 65
无锡锡梅特种汽车有限公司 …… 67
东沃(杭州)卡车有限公司 …… 37
金华青年汽车集团 …… 38
华菱星马汽车(集团)股份有限公司 …… 39
中国重汽集团济南特种车有限公司 …… 41
中国重汽集团济南商用车有限公司 …… 41
中国重汽集团济宁商用车有限公司 …… 42
一汽解放青岛汽车有限公司 …… 42
威海广泰空港设备股份有限公司 …… 80
中国重汽集团青岛重工有限公司 …… 81
泰安航天特种车有限公司 …… 82
中国一拖集团有限公司 …… 42
东风汽车有限公司 …… 43
湖北三环汉阳特种汽车有限公司 …… 43
湖北三环专用汽车有限公司 …… 44
东风(十堰)特种商用车有限公司 …… 44
东风随州专用汽车有限公司 …… 93
湖北宏宇专用汽车有限公司 …… 94
东风实业(十堰)车辆有限公司 …… 96
广汽日野汽车有限公司 …… 45
一汽解放柳州特种汽车有限公司 …… 101
上汽依维柯红岩商用车有限公司 …… 47
成都大运汽车集团有限公司 …… 48
成都王牌商用车有限公司 …… 48
云南力帆骏马车辆有限公司 …… 49
东风新疆汽车有限公司 …… 49

专用车

◉ 医疗用车

北汽福田汽车股份有限公司 …… 33
华晨汽车集团控股有限公司 …… 34
东风柳州汽车有限公司 …… 46
北京天坛海乔客车有限责任公司 …… 51
北京晨光天云特种车辆有限责任公司 …… 52
中天高科特种车辆有限公司 …… 53
河北安旭专用汽车有限公司 …… 56
秦皇岛新谊工程有限公司 …… 56
新凯汽车集团有限公司 …… 57
铁岭黄海专用车制造有限公司 …… 60
长春万荣汽车改装有限公司 …… 62
上汽大通汽车有限公司 …… 36
中欧汽车股份有限公司 …… 65
南京南汽专用车有限公司 …… 36
南京汽车集团有限公司 …… 37
南京东宇汽车集团有限公司 …… 65
镇江康飞机器制造有限公司 …… 66
镇江市特种车辆厂有限公司 …… 66
镇江飞驰汽车集团有限责任公司 …… 66
江苏法瑞德专用汽车有限公司 …… 66
南京客车制造厂有限责任公司 …… 66
南京特种汽车制配厂有限公司 …… 66
江苏中意汽车有限公司 …… 66
无锡华策汽车有限公司 …… 67
苏州江南航天机电工业有限公司 …… 68
苏州中欧汽车有限公司 …… 68
张家港市江南汽车制造有限公司 …… 69
江苏九龙汽车制造有限公司 …… 71
张家港市沙洲车辆有限公司 …… 109
中誉控股集团有限公司 …… 72
宁波凯福莱特种汽车有限公司 …… 72
浙江卡尔森汽车有限公司 …… 72
厦门金龙联合汽车工业有限公司 …… 39
东南(福建)汽车工业有限公司 …… 39
厦门金龙旅行车有限公司 …… 39
福建新龙马汽车股份有限公司 …… 40
西虎汽车工业有限公司 …… 40
福建侨龙专用汽车有限公司 …… 76
福建蓝海专用汽车制造有限公司 …… 76
江西江铃汽车集团改装车有限公司 …… 77
江西江铃专用车辆厂 …… 77
江西特种汽车有限责任公司 …… 77
普天新能源汽车(山东)有限公司 …… 78
中通汽车工业集团有限责任公司 …… 78
山东正泰希尔专用汽车有限公司 …… 80
青岛九瑞汽车有限公司 …… 82
郑州宇通客车股份有限公司 …… 42
郑州红宇专用汽车有限责任公司 …… 87
河南新飞专用汽车有限责任公司 …… 88
襄阳新中昌专用汽车股份有限公司 …… 92
湖南衡山汽车制造有限公司 …… 97
广东宝龙防嬅车有限公司 …… 98
广东云山汽车有限公司 …… 99
深圳凯丰特种汽车工业有限公司 …… 99
广东康盈交通设备制造有限公司 …… 100
柳州延龙汽车有限公司 …… 101
柳州五菱专用汽车有限公司 …… 101
东风小康汽车有限公司 …… 47
重庆耐德工业股份有限公司 …… 102
重庆迪马工业有限责任公司 …… 102
重庆金冠汽车制造股份有限公司 …… 102
贵州贵龙客车制造有限公司 …… 104
贵阳普天物流技术有限公司 …… 104
西安蓝港数字医疗科技股份有限公司 …… 105
陕西宝鸡专用汽车有限公司 …… 106

◉ 运钞车

北方华德尼奥普兰客车股份有限公司 …… 31
北京天坛海乔客车有限责任公司 …… 51
北京北铃专用汽车有限公司 …… 51
四维－约翰逊实业股份有限公司 …… 52
包头北方创业专用汽车有限责任公司 …… 59
际华三五二三特种装备有限公司 …… 60
南京南汽专用车有限公司 …… 36
江苏中意汽车有限公司 …… 66
常熟华东汽车有限公司 …… 68
杭州蓝海特种车辆有限公司 …… 72
浙江卡尔森汽车有限公司 …… 72
利辛县泰鑫专用汽车制造有限公司 …… 74
利辛县江淮扬天汽车有限公司 …… 75
江西江铃汽车集团改装车有限公司 …… 77
普天新能源汽车(山东)有限公司 …… 78
广东宝龙防嬅车有限公司 …… 98
中山市海粤汽车工业有限公司 …… 100
重庆迪马工业有限责任公司 …… 102
重庆金冠汽车制造股份有限公司 …… 102

◉ 军警用车

华晨汽车集团控股有限公司 …… 34
东风商用车有限公司 …… 44
陕西汽车集团有限责任公司 …… 49
北京北电科林电子有限公司 …… 51
北京三兴汽车有限公司 …… 51
北京天坛海乔客车有限责任公司 …… 51
北京北铃专用汽车有限公司 …… 51
北京安龙特种车辆有限公司 …… 52
北京晨光天云特种车辆有限责任公司 …… 52
中天高科特种车辆有限公司 …… 53
新凯汽车集团有限公司 …… 57
包头北方创业专用汽车有限责任公司 …… 59
沈阳铭辰汽车有限公司 …… 60
大连辽机路航特种车制造有限公司 …… 61

长春市神骏专用车制造有限公司 …… 63
上汽大通汽车有限公司 …… 36
上海冰熊专用汽车有限公司 …… 65
上海航空特种车辆有限责任公司 …… 65
南京南汽专用车有限公司 …… 36
南京长安汽车有限公司 …… 37
南京依维柯汽车有限公司 …… 37
南京客车制造厂有限责任公司 …… 66
江苏中意汽车有限公司 …… 66
镇江飞驰汽车集团有限责任公司 …… 66
南京德兴汽车车辆改装有限公司 …… 67
溧阳二十八所系统装备有限公司 …… 67
江阴市汽车改装厂 …… 68
常熟华东汽车有限公司 …… 68
淮安市专用汽车制造有限公司 …… 70
江苏九龙汽车制造有限公司 …… 71
金华青年汽车集团 …… 38
浙江卡尔森汽车有限公司 …… 72
杭州蓝海特种车辆有限公司 …… 72
安徽猎豹汽车有限公司 …… 39
明光浩淼安防科技股份有限公司 …… 75
东南(福建)汽车工业有限公司 …… 39
福建蓝海专用汽车制造有限公司 …… 76
江西钧天机械有限公司 …… 77
江西江铃汽车集团改装车有限公司 …… 77
中通汽车工业集团有限责任公司 …… 78
普天新能源汽车(山东)有限公司 …… 78
山东迅力特种汽车有限公司 …… 79
山东丛林福禄好富汽车有限公司 …… 81
中国重汽集团青岛重工有限公司 …… 81
青岛中汽特种汽车有限公司 …… 81
青岛九瑞汽车有限公司 …… 82
泰安五岳专用汽车有限公司 …… 83
郑州红宇专用汽车有限责任公司 …… 87
河南新飞专用汽车有限责任公司 …… 88
郑州宇通重工有限公司 …… 88
河南中光学神汽专用车有限公司 …… 89
河南冰熊专用车辆制造有限公司 …… 90
武汉客车制造股份有限公司 …… 90
湖北省齐星汽车车身股份有限公司 …… 93
长沙佳利汽车有限公司 …… 96
衡阳泰豪通信车辆有限公司 …… 97
增城中警羊城轻型特种车有限公司 …… 98
广东宝龙防嫜车有限公司 …… 98
广东信源物流设备有限公司 …… 98
柳州五菱汽车工业有限公司 …… 46
柳州延龙汽车有限公司 …… 101
柳州五菱专用汽车有限公司 …… 101
庆铃汽车股份有限公司 …… 47
东风小康汽车有限公司 …… 47
重庆大江工业有限责任公司 …… 102
重庆迪马工业有限责任公司 …… 102
重庆金冠汽车制造股份有限公司 …… 102
中车集团西安骊山汽车制造厂 …… 105
陕西宝鸡专用汽车有限公司 …… 106

◉ 消防车

北京中卓时代消防装备科技有限公司 …… 52
北京汽车制造厂有限公司 …… 33
邯郸市路神专用汽车有限公司 …… 55
丹东黄海汽车有限责任公司 …… 35
沈阳捷通消防车有限公司 …… 59
沈阳北方交通重工集团有限公司 …… 60
辽宁合力专用汽车制造有限公司 …… 60
山推抚起机械有限公司 …… 60
鞍山衡业专用汽车制造有限公司 …… 61
辽宁抚挖锦重机械有限公司 …… 62
长春基洋消防车辆有限公司 …… 63
牡丹江森田特种车辆改装有限公司 …… 64
上海格拉曼国际消防装备有限公司 …… 65
上海航空特种车辆有限责任公司 …… 65
上海金盾特种车辆装备有限公司 …… 65
上海华夏震旦消防设备有限公司 …… 65
江苏卡威专用汽车制造有限公司 …… 66
苏州市捷达消防车辆装备有限公司 …… 68
江苏振翔车辆装备股份有限公司 …… 68
徐州工程机械集团有限公司 …… 69
林海股份有限公司 …… 736
宁波波导雷沃汽车有限公司 …… 73
蚌埠华隆消防设备有限责任公司 …… 74
明光浩淼安防科技股份有限公司 …… 75
江西江铃集团晶马汽车有限公司 …… 41
中国重汽集团济南特种车有限公司 …… 41
中集车辆(山东)有限公司 …… 78
泰安航天特种车有限公司 …… 82
青岛九瑞汽车有限公司 …… 82
青岛同辉汽车技术有限公司 …… 82
山东省天河消防车辆装备有限公司 …… 87
东风(十堰)特种商用车有限公司 …… 44
武汉汽车改装厂 …… 90
湖北省消防器材厂 …… 90
湖北江南专用特种汽车有限公司 …… 92
湖北新中绿专用汽车有限公司 …… 93
湖北大力专用汽车制造有限公司 …… 93
湖北五环专用汽车有限公司 …… 94
湖北腾誉专用汽车有限公司 …… 94
程力专用汽车股份有限公司 …… 94
随州市东正专用汽车有限公司 …… 94
湖北宏宇专用汽车有限公司 …… 94
长沙梅花汽车制造有限公司 …… 45
中联重科股份有限公司 …… 96
广东宝龙防嫜车有限公司 …… 98
永强奥林宝国际消防汽车有限公司 …… 99
东莞市永强汽车制造有限公司 …… 99
上汽依维柯红岩商月车有限公司 …… 47
庆铃汽车股份有限公司 …… 47
重庆南方迪马专用车股份有限公司 …… 102
成都航天万欣科技有限公司 …… 103
四川森田消防设备制造有限公司 …… 103
陕西银河消防科技装备股份有限公司 …… 105
旬阳宝通专用车部件有限公司 …… 106
宁夏合力万兴汽车制造有限公司 …… 106

◉ 油田矿山用车

陕西汽车集团有限责任公司 …… 49
北京首钢重型汽车制造股份有限公司 …… 50
北京探矿机械厂 …… 52
中国石油大港油田分公司 …… 53
天津探矿机械有限公司 …… 53
天津市东方先科石油机械有限公司 …… 53
河北长征汽车制造有限公司 …… 33
石家庄煤矿机械有限责任公司 …… 54
河北昌骅专用汽车有限公司 …… 55
廊坊开发区新赛浦石油设备有限公司 …… 56
河北渤海石油装备专用车有限公司 …… 56
保定宏业石油物探机械有限责任公司 …… 57
张家口中地装备探矿工程机械公司 …… 57
陕汽大同专用汽车有限公司 …… 58
内蒙古北方重型汽车股份有限公司 …… 59
铁岭陆平专用汽车有限责任公司 …… 60
沈阳探矿机械有限公司 …… 60
海城市石油机械制造有限公司 …… 61
盘锦金碧专用汽车制造有限公司 …… 62
盘锦辽河油田环利专用车有限公司 …… 62
长春市神骏专用车制造有限公司 …… 63
通化石油化工机械制造有限责任公司 …… 63
吉林石油装备技术工程服务有限公司 …… 63
溧阳二十八所系统装备有限公司 …… 67
江苏省无锡探矿机械总厂有限公司 …… 67
昆山专用汽车制造厂 …… 68
徐州徐工特种汽车有限公司 …… 69
江苏天明机械集团有限公司 …… 69
淮安市苏通市政机械有限公司 …… 70
义乌赵龙汽车工业有限公司 …… 73
安徽合力股份有限公司 …… 74
厦门厦工重工有限公司 …… 76
中国重汽集团济南特种车有限公司 …… 41
胜利油田孚瑞特石油装备有限公司 …… 79
胜利油田高原石油装备有限责任公司 …… 79
烟台杰瑞石油服务集团股份有限公司 …… 80
青岛中汽特种汽车有限公司 …… 81
泰安航天特种车有限公司 …… 82
梁山瑞发机械制造有限公司 …… 85
中原特种车辆有限公司 …… 88
洛阳中集凌宇汽车有限公司 …… 89
南阳二机石油装备(集团)有限公司 …… 89
湖北三江航天万山特种车辆有限公司 …… 43
东风(十堰)特种商用车有限公司 …… 44
中石化石油机械第三机械厂潜江制造厂 …… 90
武汉斯贝卡专用汽车有限公司 …… 91
天门市江汉三机特车有限责任公司 …… 91
中石化石油工程机械公司第四机械厂 …… 92
湖北中油科昊机械制造有限公司 …… 92
四机赛瓦石油钻采设备有限公司 …… 92
湖北四钻石油设备股份有限公司 …… 92
湖北大力专用汽车制造有限公司 …… 93
湖北省齐星汽车车身股份有限公司 …… 93
东风特汽(十堰)客车有限公司 …… 95
柳州运力专用汽车有限公司 …… 101
上汽依维柯红岩商用车有限公司 …… 47
成都航发特种车有限公司 …… 102
东风云南汽车有限公司 …… 49
陕西重汽专用汽车有限公司 …… 49
西安石油机械有限公司 …… 105
宝鸡宝石特种车辆有限责任公司 …… 105
中煤科工集团西安研究院有限公司 …… 105
陕西同力重工股份有限公司 …… 105
陕西汽车集团延安专用车有限公司 …… 105
旬阳宝通专用车部件有限公司 …… 106

兰州通用机器制造有限公司 ………… 106
兰州矿场机械有限公司 ………………… 106
兰州城临石油钻采设备有限公司 …… 106
兰州林峰石油机械制造有限责任公司 … 106
兰州天智机械有限公司 ……………… 106

◉ 市政环卫用车

陕西汽车集团有限责任公司 …………… 49
北京市园林机械厂 ……………………… 50
北京科力威清洁机械厂 ………………… 50
北京市市政工程管理处机械厂 ………… 50
中交世通重工(北京)有限公司 ………… 50
北京三辰环卫机械有限公司 …………… 50
北京中城汽机械设备制造有限公司 …… 51
北京事必达汽车有限责任公司 ………… 51
北京三兴汽车有限公司 ………………… 51
北京市清洁机械厂有限公司 …………… 51
北京华林特装车有限公司 ……………… 51
北京天路通科技有限责任公司 ………… 51
北京北重汽车改装有限公司 …………… 52
北起多田野(北京)起重机有限公司 …… 52
北京市政中燕工程机械制造有限公司 … 52
天津清源电动车辆有限责任公司 ……… 53
扫地王(天津)专用车辆装备有限公司 … 53
天津市天工工程机械有限公司 ………… 53
国宏汽车有限公司 ……………………… 53
河北星达汽车集团有限公司 …………… 54
肥乡县远达车辆制造有限公司 ………… 55
河北华旗专用汽车制造有限公司 ……… 55
唐山亚特专用汽车有限公司 …………… 56
河北安旭专用汽车有限公司 …………… 56
秦皇岛新谊工程有限公司 ……………… 56
唐山市宏远专用汽车有限公司 ………… 56
石家庄金多利专用汽车有限公司 ……… 56
秦皇岛市思嘉特专用汽车有限公司 …… 57
昌黎县川港专用汽车制造有限公司 …… 57
张家口慧英专用汽车有限公司 ………… 58
太原长安重型汽车有限公司 …………… 34
长治清华机械厂 ………………………… 58
山西惠丰特种汽车有限公司 …………… 58
呼伦贝尔海征汽车改装有限责任公司 … 59
内蒙古北方重工业集团有限公司 ……… 59
华晨客车(大连)有限公司 …………… 35
辽宁天信专用汽车制造有限公司 ……… 59
沈阳掌握(控股)集团有限公司 ………… 59
沈阳铭辰汽车有限公司 ………………… 60
沈阳市环卫汽车改装有限公司 ………… 60
辽宁合力专用汽车制造有限公司 ……… 60
辽宁运达汽车起重机集团有限公司 …… 60
铁岭陆平专用汽车有限责任公司 ……… 60
沈阳北方交通重工集团有限公司 ……… 60
沈阳广成重工有限公司 ………………… 60
铁岭黄海专用车制造有限公司 ………… 60
辽宁华驰专用汽车制造有限公司 ……… 60
辽宁广燕专用汽车制造有限公司 ……… 60
营口宝迪专用汽车制造有限公司 ……… 61
大连叉车有限责任公司 ………………… 61
鞍山森远路桥股份有限公司 …………… 61
鞍山衡业专用汽车制造有限公司 ……… 61
辽宁金天马专用车制造有限公司 ……… 61
盘锦金碧专用汽车制造有限公司 ……… 62
阜新永生解放专用汽车制造有限公司 … 62
阜新洺伟特种车辆有限公司 …………… 62
长春万荣汽车改装有限公司 …………… 62
长春三友专用汽车制造有限公司 ……… 62
长春北车电动汽车有限公司 …………… 62
长春双龙专用汽车制造有限公司 ……… 63
四平雄风专用汽车有限公司 …………… 63
一汽四平专用汽车有限公司 …………… 63
长春汽车改装有限责任公司 …………… 63
长春市神骏专用车制造有限公司 ……… 63
哈尔滨现代环卫设备车辆有限公司 …… 64
哈尔滨建成北方专用车有限公司 ……… 64
哈尔滨星光汽车改装有限公司 ………… 64
上海同济远大环保机械工程有限公司 … 64
上海航空特种车辆有限责任公司 ……… 65
上海龙澄专用车辆有限公司 …………… 65
南京南汽专用车有限公司 ……………… 36
南京东宇汽车集团有限公司 …………… 65
江苏法瑞德专用汽车有限公司 ………… 66
江苏卡威专用汽车制造有限公司 ……… 66
南京英达公路养护车制造有限公司 …… 66
南京天印专用汽车有限公司 …………… 66
航天晨光股份有限公司 ………………… 66
南京金长江交通设施有限公司 ………… 66
无锡交通汽车股份有限公司 …………… 67
常林股份有限公司 ……………………… 67
常州中汽商用汽车有限公司 …………… 67
无锡彩虹专用车有限公司 ……………… 67
一汽解放汽车有限公司锡柴汽车厂 …… 67
无锡锡梅特种汽车有限公司 …………… 67
常熟华东汽车有限公司 ………………… 68
昆山专用汽车制造厂 …………………… 68
江苏海鹏特种车辆有限公司 …………… 68
江苏金永达工业有限公司 ……………… 68
徐州海伦哲专用车辆股份有限公司 …… 69
徐州华邦专用汽车有限公司 …………… 69
徐州工程机械集团有限公司 …………… 69
江苏奥新新能源汽车有限公司 ………… 70
扬州盛达特种车有限公司 ……………… 70
江苏悦达专用车有限公司 ……………… 70
江苏安华汽车股份有限公司 …………… 70
淮安市专用汽车制造有限公司 ………… 70
扬州三源机械有限公司 ………………… 70
江苏三迪机车制造有限公司 …………… 71
张家港市沙洲车辆有限公司 ………… 109
江苏三迪机车制造有限公司 ………… 736
浙江飞碟汽车制造有限公司 …………… 38
浙江永源汽车有限公司 ………………… 38
杭州专用汽车有限公司 ………………… 71
中汽商用汽车有限公司(杭州) ………… 71
湖州客车厂有限公司 …………………… 72
杭州恒康专用车辆制造有限公司 ……… 72
杭州南方半挂车有限公司 ……………… 72
浙江宝成机械科技有限公司 …………… 72
宁波波导雷沃汽车有限公司 …………… 73
义乌赵龙汽车工业有限公司 …………… 73
丽水市南明专用汽车有限公司 ………… 73
温州云顶汽车有限公司 ………………… 73
华菱星马汽车(集团)股份有限公司 …… 39
安徽江淮专用汽车有限公司 …………… 73
劲旅环境科技有限公司 ………………… 73
合肥森隆专用汽车有限公司 …………… 74
安徽开乐专用车辆股份有限公司 ……… 74
合肥市富园汽车改装有限公司 ………… 74
安徽江淮扬天汽车股份有限公司 ……… 75
滁州兴扬汽车有限公司 ………………… 75
福建新福达汽车工业有限公司 ………… 39
西虎汽车工业有限公司 ………………… 40
中国重汽集团福建海西汽车有限公司 … 40
福建新龙马汽车股份有限公司 ………… 40
福建龙马环卫装备股份有限公司 ……… 76
福建侨龙专用汽车有限公司 …………… 76
龙岩华洁环卫机械有限公司 …………… 76
厦门厦工重工有限公司 ………………… 76
重汽集团福建专用车有限公司 ………… 76
漳州科晖专用汽车制造有限公司 ……… 76
赣州汽车改装厂 ………………………… 77
江西江铃专用车辆厂 …………………… 77
江西特种汽车有限责任公司 …………… 77
济南红旗凯沃特汽车制造有限公司 …… 77
济南中鲁特种汽车有限公司 …………… 78
中国重汽集团济南专用车有限公司 …… 78
中通汽车工业集团有限责任公司 ……… 78
山东省惠民县佳通机械制造有限公司 … 78
济南豪瑞通专用汽车有限公司 ………… 78
济南萨博特种汽车有限公司 …………… 78
山东东方曼商用车有限公司 …………… 79
山东阳谷飞轮挂车制造有限公司 ……… 79
山东迅力特种汽车有限公司 …………… 79
山东保水汽车改装有限公司 …………… 79
山东乾龙专用汽车有限公司 …………… 80
山东华岳重工有限公司 ………………… 80
山东恒同机车制造有限公司 …………… 80
卡特彼勒(青州)有限公司 …………… 80
烟台海德专用汽车有限公司 …………… 80
山东荣昊专用汽车有限公司 …………… 80
威海广泰空港设备股份有限公司 ……… 80
威海怡和专用车有限公司 ……………… 80
方圆集团有限公司 ……………………… 81
山东鸿达建工集团有限公司 …………… 81
中国重汽集团青岛重工有限公司 ……… 81
青特集团有限公司 ……………………… 81
青岛海隆机械集团有限公司 …………… 81
青岛海誉车辆机械有限公司 …………… 81
青岛中汽特种汽车有限公司 …………… 81
泰安航天特种车有限公司 ……………… 82
青岛雅凯汽车工贸有限公司 …………… 82
青岛同辉汽车技术有限公司 …………… 82
山东岱阳汽车制造有限公司 …………… 82
青岛中集环境保护设备有限公司 ……… 82
泰安五岳专用汽车有限公司 …………… 83
山东昊宇车辆有限公司 ………………… 83
山东东岳专用汽车制造有限公司 ……… 83
山东鲁峰专用汽车有限责任公司 ……… 83
梁山巨源专用汽车制造有限公司 ……… 84
梁山通华专用车有限公司 ……………… 84
梁山宇通专用汽车制造有限公司 ……… 85
山东梁山通亚汽车制造有限公司 ……… 85
山东郓城华郓特种车辆有限公司 ……… 86
山东九州汽车制造有限公司 …………… 87

中国一拖集团有限公司 ······ 42
郑州红宇专用汽车有限责任公司 ······ 87
郑州宏达汽车工业有限公司 ······ 87
郑州宇通重工有限公司 ······ 88
河南顺达车辆有限公司 ······ 88
河南森源重工有限公司 ······ 89
河南中光学神汽专用车有限公司 ······ 89
河南宜和城保装备科技实业有限公司 ······ 89
河南红宇特种汽车有限公司 ······ 89
洛阳中集凌宇汽车有限公司 ······ 89
驻马店中集华骏车辆有限公司 ······ 89
河南森源奔马专用汽车有限公司 ······ 89
河南通宇新源动力有限公司 ······ 90
长葛市世英机械有限公司 ······ 110
湖北新楚风汽车股份有限公司 ······ 44
武汉新光专用汽车制造有限公司 ······ 90
武汉九通汽车厂 ······ 90
武汉汽车改装厂 ······ 90
武汉市汉福专用车有限公司 ······ 90
武汉洁力环卫汽车装备有限公司 ······ 91
武汉楚星专用汽车有限公司 ······ 91
武汉市政环卫机械有限公司 ······ 91
湖北精功科技有限公司 ······ 91
中石油钻井工程研究院江汉机械研究所 ··· 91
武汉斯贝卡专用汽车有限公司 ······ 91
湖北合力专用汽车制造有限公司 ······ 92
湖北合加环境设备有限公司 ······ 92
湖北江南专用特种汽车有限公司 ······ 92
湖北福田专用汽车有限公司 ······ 92
中航工业奥龙汽车有限公司 ······ 92
湖北圣龙专用汽车有限公司 ······ 92
襄阳新中昌专用汽车股份有限公司 ······ 92
湖北江山专用汽车有限公司 ······ 92
东风专用汽车制造有限公司 ······ 92
随州市大力环卫汽车有限公司 ······ 93
湖北成龙威专用汽车有限公司 ······ 93
湖北航天双龙专用汽车有限公司 ······ 93
湖北新中绿专用汽车有限公司 ······ 93
东风随州专用汽车有限公司 ······ 93
随州市力神专用汽车有限公司 ······ 93
厦工楚胜(湖北)专用汽车有限公司 ······ 93
湖北大力专用汽车制造有限公司 ······ 93
湖北腾宇专用汽车有限公司 ······ 93
随州市东正专用汽车有限公司 ······ 94
湖北腾誉专用汽车有限公司 ······ 94
湖北五环专用汽车有限公司 ······ 94
湖北日昕专用汽车有限公司 ······ 94
湖北润力专用汽车有限公司 ······ 94
湖北奥马专用汽车有限公司 ······ 94
程力专用汽车股份有限公司 ······ 94
湖北华威专用汽车有限公司 ······ 94
玉柴东特专用汽车有限公司 ······ 94
湖北宏宇专用汽车有限公司 ······ 94
湖北东沃专用汽车有限责任公司 ······ 94
湖北世纪中远集团有限公司 ······ 95
湖北欧亿专用汽车有限公司 ······ 95
十堰市驰田汽车有限公司 ······ 95
湖北神鹰汽车有限责任公司 ······ 95
湖北海龙专用汽车有限公司 ······ 95
十堰安远专用汽车有限公司 ······ 95
东风特种汽车有限公司 ······ 95
东风征梦(十堰)专用车有限公司 ······ 95
湖北神河汽车改装(集团)有限公司 ······ 96
荆门宏图特种飞行器制造有限公司 ······ 96
湖北炎龙汽车有限公司 ······ 96
北汽福田汽车股份公司长沙汽车厂 ······ 44
长沙梅花汽车制造有限公司 ······ 45
湖南鹏翔星通汽车有限公司 ······ 96
长沙市环卫机械厂 ······ 96
中联重科股份有限公司 ······ 96
吉首市宗南重工制造有限公司 ······ 97
湖南星马汽车有限公司 ······ 97
湖南恒润高科股份有限公司 ······ 97
湖南高翔重工科技有限公司 ······ 97
湖南省金华车辆有限公司 ······ 97
深圳东风汽车有限公司 ······ 45
韶关市起重机厂有限责任公司 ······ 98
广州市环境卫生机械设备厂 ······ 98
广州番禺超人运输设备实业有限公司 ······ 98
广东宝龙防弹车有限公司 ······ 98
广州广日专用汽车有限公司 ······ 98
广州汇联专用汽车有限公司 ······ 98
中集车辆(集团)有限公司 ······ 99
东莞市永强汽车制造有限公司 ······ 99
广东高达重工机械实业股份有限公司 ······ 99
深圳凯丰特种汽车工业有限公司 ······ 99
广东粤海汽车有限公司 ······ 100
佛山市路之友机械制造有限公司 ······ 100
广西玉柴专用汽车有限公司 ······ 100
柳州延龙汽车有限公司 ······ 101
上汽依维柯红岩商用车有限公司 ······ 47
重庆云河专用汽车有限公司 ······ 101
重庆长江西重车辆工业有限责任公司 ··· 101
重庆迪马工业有限责任公司 ······ 102
重庆凯瑞特种车有限公司 ······ 102
重庆耐德工业股份有限公司 ······ 102
重庆耐德新明和工业有限公司 ······ 102
成都大运汽车集团有限公司 ······ 48
明君汽车产业股份有限公司 ······ 48
成都王牌商用车有限公司 ······ 48
四川新路环卫设备制造有限公司 ······ 102
成都航天万欣科技有限公司 ······ 103
一汽(四川)专用汽车有限公司 ······ 103
成都通途交通机械实业有限公司 ······ 103
四川东风四通车辆制造有限公司 ······ 111
东风云南汽车有限公司 ······ 49
贵州航空工业(集团)有限公司 ······ 49
中航工业贵州云马汽车工业公司 ······ 104
陕西重汽专用汽车有限公司 ······ 49
西安金州专用汽车有限公司 ······ 104
宝鸡宝石特种车辆有限责任公司 ······ 105
西安石油机械有限公司 ······ 105
陕西省商洛汽车改装厂 ······ 106
陕西通力专用汽车有限责任公司 ······ 106
宁夏合力万兴汽车制造有限公司 ······ 106
青海洁神装备制造集团有限公司 ······ 107
青海新路环卫设备制造有限公司 ······ 107

◉ 运输车(厢式、罐式、半挂)

北汽福田汽车股份有限公司 ······ 33
安徽江淮汽车股份有限公司 ······ 39
集瑞联合重工有限公司 ······ 75
江铃汽车股份有限公司 ······ 40
河南少林客车股份有限公司 ······ 42
东风商用车有限公司 ······ 44
东风柳州汽车有限公司 ······ 46
上汽通用五菱汽车股份有限公司 ······ 46
重庆长安汽车股份有限公司 ······ 47
北京汽车股份有限公司 ······ 32
北京首钢重型汽车制造股份有限公司 ······ 50
北京环达汽车装配有限公司 ······ 51
北京三兴汽车有限公司 ······ 51
北京凯特专用汽车有限公司 ······ 51
北京北铃专用汽车有限公司 ······ 51
北京事必达汽车有限责任公司 ······ 51
北京载通视音频广播技术有限公司 ······ 51
北京市政中燕工程机械制造有限公司 ······ 52
北京市威腾专用汽车有限公司 ······ 52
北京中冀福庆专用车有限公司 ······ 52
北京北重汽车改装有限公司 ······ 52
北京晨光天云特种车辆有限责任公司 ······ 52
国宏汽车有限公司 ······ 53
天津劳尔工业有限公司 ······ 53
中天高科特种车辆有限公司 ······ 53
天津市图强专用汽车制造有限公司 ······ 53
天津嵩山挂车有限公司 ······ 54
河北长征汽车制造有限公司 ······ 33
河北御捷车业有限公司 ······ 33
河北长安汽车有限公司 ······ 34
河北宏昌天马专用车有限公司 ······ 54
河北顺捷专用汽车制造有限责任公司 ······ 54
河北驹王专用汽车股份有限公司 ······ 54
河北九通专用汽车有限公司 ······ 54
石家庄安瑞科气体机械有限公司 ······ 54
河北鹏达专用汽车有限公司 ······ 54
河北力钧长恒专用汽车制造有限公司 ······ 54
河北翼凌机械制造有限公司 ······ 54
河北兴发专用汽车制造有限公司 ······ 54
河北金运专用汽车有限公司 ······ 54
河北星达汽车集团有限公司 ······ 54
邯郸市路神专用汽车有限公司 ······ 55
邢台华通专用汽车有限公司 ······ 55
汇达重工股份有限公司 ······ 55
肥乡县远达车辆制造有限公司 ······ 55
新兴能源装备股份有限公司 ······ 55
邯郸冀东专用汽车有限公司 ······ 55
河北昌骅专用汽车有限公司 ······ 55
河北御捷马专用车制造有限公司 ······ 55
河北华旗专用汽车制造有限公司 ······ 55
河北亚峰专用汽车制造有限公司 ······ 55
河北福玉专用汽车有限公司 ······ 55
河北富华专用汽车制造有限公司 ······ 55
唐山亚特专用汽车有限公司 ······ 56
河北渤海石油装备专用车有限公司 ······ 56
唐山众兴专用汽车制造有限公司 ······ 56
唐山冀东专用车有限公司 ······ 56
廊坊京联汽车改装有限公司 ······ 56
河北宏泰专用汽车有限公司 ······ 56
三河市新宏昌专用车有限公司 ······ 56
河北安旭专用汽车有限公司 ······ 56
石家庄金多利专用汽车有限公司 ······ 56

北京建安特西维欧特种设备有限公司 …… 56
唐山唐鸿重工专用汽车有限公司 ……… 56
河北华运顺通专用汽车制造有限公司 …… 57
天马汽车集团专用汽车有限公司 ……… 57
张家口大地专用汽车制造有限公司 …… 57
昌黎县川港专用汽车制造有限公司 …… 57
张家口慧英专用汽车有限公司 ……… 58
山西成功汽车制造有限公司 ……… 34
太原长安重型汽车有限公司 ……… 34
山西北宇专用车有限公司 ……… 58
山西青特汽车有限公司 ……… 58
山西恒成特种车辆制造有限公司 ……… 58
山西大运汽车制造有限公司 ……… 58
长治清华机械厂 ……… 58
山西卓里克劳耐商用车厢有限公司 …… 58
陕汽大同专用汽车有限公司 ……… 58
北奔重型汽车集团有限公司 ……… 34
内蒙古腾驰重汽专用汽车有限公司 …… 58
鄂尔多斯市中兴特种车辆制造公司 …… 59
包头北方创业专用汽车有限责任公司 …… 59
沈阳华晨金杯汽车有限公司 ……… 34
沈阳金杯车辆制造有限公司 ……… 34
丹东黄海汽车有限责任公司 ……… 35
一汽凌源汽车制造有限公司 ……… 35
沈阳美壁斯挂车制造有限公司 ……… 59
沈阳航天新星机电有限公司 ……… 59
沈阳天鹰专用汽车制造有限公司 ……… 59
沈阳三山汽车工业集团联营公司 ……… 59
辽宁运达汽车起重机集团有限公司 …… 60
辽宁广燕专用汽车制造有限公司 ……… 60
铁岭陆平专用汽车有限责任公司 ……… 60
辽宁合力专用汽车制造有限公司 ……… 60
沈阳广成重工有限公司 ……… 60
沈阳铭辰汽车有限公司 ……… 60
沈阳北方交通重工集团有限公司 ……… 60
辽宁华驰专用汽车制造有限公司 ……… 60
铁岭黄海专用车制造有限公司 ……… 60
中集车辆(辽宁)有限公司 ……… 61
辽宁金天马专用车制造有限公司 ……… 61
大连金州重型机器有限公司 ……… 61
辽宁海诺建设机械集团有限公司 ……… 61
营口奥捷专用汽车制造有限公司 ……… 61
鞍山衡业专用汽车制造有限公司 ……… 61
营口宝迪专用汽车制造有限公司 ……… 61
丹东黄海特种专用车有限责任公司 …… 62
黎明锦西化工机械(集团)有限公司 …… 62
盘锦金碧专用汽车制造有限公司 ……… 62
阜新洺伟特种车辆有限公司 ……… 62
锦州奥捷专用车制造有限公司 ……… 62
锦州鹏翔专用车辆有限公司 ……… 62
一汽解放汽车有限公司 ……… 35
长春一汽华凯汽车有限公司 ……… 36
长春万荣汽车改装有限公司 ……… 62
长春北车电动汽车有限公司 ……… 62
长春汽车改装有限责任公司 ……… 63
一汽四平专用汽车有限公司 ……… 63
四平市奋进专用汽车有限公司 ……… 63
长春双龙专用汽车制造有限公司 ……… 63
长春城市车辆制造有限公司 ……… 63
四平雄风专用汽车有限公司 ……… 63
长春市神骏专用车制造有限公司 ……… 63
公主岭市金优专用汽车改装有限公司 …… 63
公主岭市名奇专用汽车改装有限公司 …… 63
哈尔滨建成北方专用车有限公司 ……… 64
哈尔滨现代环卫设备车辆有限公司 …… 64
黑龙江挂车制造有限责任公司 ……… 64
牡丹江专用汽车制造有限公司 ……… 64
上海中集专用车有限公司 ……… 64
上海电力环保设备总厂有限公司 ……… 64
上海杨园压力容器有限公司 ……… 64
上海鑫百勤专用车辆有限公司 ……… 65
上海浦东一汽解放专用车有限公司 …… 65
上海通利厢车有限公司 ……… 65
南京汽车集团有限公司 ……… 37
南京长安汽车有限公司 ……… 37
江苏极东特装车有限公司 ……… 65
南京东宇汽车集团有限公司 ……… 65
镇江飞驰汽车集团有限责任公司 ……… 66
江苏中意汽车有限公司 ……… 66
南京特种汽车制配厂有限公司 ……… 66
航天晨光股份有限公司 ……… 66
江苏卡威专用汽车制造有限公司 ……… 66
南京天印专用汽车有限公司 ……… 66
溧阳二十八所系统装备有限公司 ……… 67
常州佳卓特种车辆有限公司 ……… 67
查特中汽深冷特种车(常州)有限公司 …… 67
常林股份有限公司 ……… 67
常州中汽商用汽车有限公司 ……… 67
无锡彩虹专用车有限公司 ……… 67
一汽解放汽车有限公司锡柴汽车厂 …… 67
无锡华策汽车有限公司 ……… 67
无锡交通汽车股份有限公司 ……… 67
昆山专用汽车制造厂 ……… 68
苏州华福低温容器有限公司 ……… 68
江苏海鹏特种车辆有限公司 ……… 68
中船圣汇装备有限公司 ……… 69
江苏天明机械集团有限公司 ……… 69
连云港东堡专用车有限公司 ……… 69
徐州徐工特种汽车有限公司 ……… 69
张家港中集圣达因低温装备有限公司 …… 69
牡丹汽车股份有限公司 ……… 69
张家港市江南汽车制造有限公司 ……… 69
徐州华邦专用汽车有限公司 ……… 69
淮安市专用汽车制造有限公司 ……… 70
扬州中集通华专用车有限公司 ……… 70
扬州盛达特种车有限公司 ……… 70
江苏安华汽车股份有限公司 ……… 70
淮安市苏通市政机械有限公司 ……… 70
江苏英田汽车制造有限公司 ……… 71
江苏银宝专用车有限公司 ……… 71
常州车辆有限公司 ……… 108
浙江飞碟汽车制造有限公司 ……… 38
杭州专用汽车有限公司 ……… 71
中汽商用汽车有限公司(杭州) ……… 71
湖州东方汽车有限公司 ……… 72
浙江蓝能燃气设备有限公司 ……… 72
杭州南方半挂车有限公司 ……… 72
宁波三新汽车零部件有限公司 ……… 73
宁波明欣化工机械有限责任公司 ……… 73
丽水市南明专用汽车有限公司 ……… 73
义乌赵龙汽车工业有限公司 ……… 73
温州云顶汽车有限公司 ……… 73
温岭市吉瑞车辆制造有限公司 ……… 109
华菱星马汽车(集团)股份有限公司 …… 39
安徽江淮专用汽车有限公司 ……… 73
蒙城县华威汽车改装有限公司 ……… 74
阜阳市乐江专用车有限公司 ……… 74
安徽开乐专用车辆股份有限公司 ……… 74
安徽兆鑫集团汽车有限公司 ……… 74
利辛县泰鑫专用汽车制造有限公司 …… 74
安瑞科(蚌埠)压缩机有限公司 ……… 74
安徽江淮扬天汽车股份有限公司 ……… 75
滁州兴扬汽车有限公司 ……… 75
利辛县江淮扬天汽车有限公司 ……… 75
安徽长安专用汽车制造有限公司 ……… 75
池州市大田(盛大)专用车有限公司 …… 75
芜湖中集瑞江汽车有限公司 ……… 75
大创精密装备(安徽)有限公司 ……… 75
滁州市天达汽车部件有限公司 ……… 75
滁州市恒信工贸有限公司 ……… 75
福建新福达汽车工业有限公司 ……… 39
东南(福建)汽车工业有限公司 ……… 39
福建新龙马汽车股份有限公司 ……… 40
福建泰华交通设备有限公司 ……… 76
福建新华旭专用车制造有限公司 ……… 76
厦门厦工重工有限公司 ……… 76
福建省德峰汽车制造有限公司 ……… 76
重汽集团福建专用车有限公司 ……… 76
福建常春专用车制造有限公司 ……… 76
福建省闽兴专用汽车有限公司 ……… 77
福建神鹰汽车有限公司 ……… 77
江西昌河铃木汽车有限责任公司 ……… 41
江西江铃集团轻型汽车有限公司 ……… 41
江西江铃汽车集团改装车有限公司 …… 77
赣州江环汽车制造有限公司 ……… 77
赣州汽车改装厂 ……… 77
江西江铃专用车辆厂 ……… 77
江西制氧机有限公司 ……… 77
山东时风商用车有限公司 ……… 41
中通客车控股股份有限公司 ……… 41
山东唐骏欧铃汽车制造有限公司 ……… 41
中国重汽集团济宁商用车有限公司 …… 42
山东汽车制造有限公司 ……… 42
一汽解放青岛汽车有限公司 ……… 42
山东凯马汽车制造有限公司 ……… 42
济南红旗凯沃特汽车制造有限公司 …… 77
山东省惠民县佳通机械制造有限公司 …… 78
中通汽车工业集团有限责任公司 ……… 78
中国重汽集团济南专用车有限公司 …… 78
济南萨博特种汽车有限公司 ……… 78
普天新能源汽车(山东)有限公司 ……… 78
中国人民解放军第 6455 工厂 ……… 78
济南鲁联集团专用汽车有限公司 ……… 78
济南豪瑞通专用汽车有限公司 ……… 78
济南中鲁特种汽车有限公司 ……… 78
中集车辆(山东)有限公司 ……… 78
沾化瑞通专用汽车制造有限公司 ……… 79
临清飞翔专用汽车制造有限公司 ……… 79
潍坊宝利汽车有限公司 ……… 79
山东保水汽车改装有限公司 ……… 79
淄博颜山专用汽车有限公司 ……… 79
山东长运特种车辆制造有限公司 ……… 79
东阿县中亚专用汽车有限公司 ……… 79

鲁西新能源装备集团有限公司 ………… 79
山东迅力特种汽车有限公司 ………… 79
山东阳谷飞轮挂车制造有限公司 ………… 79
威海怡和专用车有限公司 ………… 80
中航黑豹股份有限公司 ………… 80
山东华岳重工有限公司 ………… 80
山东巨环专用汽车有限公司 ………… 80
山东奥扬新能源科技股份有限公司 …… 80
山东荣昊专用汽车有限公司 ………… 80
山东正泰希尔专用汽车有限公司 ………… 80
山东乾龙专用汽车有限公司 ………… 80
蓬莱市兴华汽车改装有限公司 ………… 81
山东丛林福禄好富汽车有限公司 ………… 81
中国重汽集团青岛重工有限公司 ………… 81
青岛海誉车辆机械有限公司 ………… 81
山东蓬翔汽车有限公司 ………… 81
青特集团有限公司 ………… 81
青岛金力福工贸有限公司 ………… 82
青岛雅凯汽车工贸有限公司 ………… 82
青岛东风汽车改装有限公司 ………… 82
青岛中集集装箱有限公司 ………… 82
青岛九瑞汽车有限公司 ………… 82
山东岱阳汽车制造有限公司 ………… 82
青岛中能通用机械有限公司 ………… 82
青岛中集专用车有限公司 ………… 82
临沂华运军兴专用汽车有限公司 ………… 82
泰安航天特种车有限公司 ………… 82
泰安古河随车起重机有限公司 ………… 82
山东鲁峰专用汽车有限责任公司 ………… 83
泰安五岳专用汽车有限公司 ………… 83
山东华驰重工机械有限公司 ………… 83
山东昊宇车辆有限公司 ………… 83
山东东岳专用汽车制造有限公司 ………… 83
兖州环亚挂车制造有限公司 ………… 83
山东嘉祥萌山专用汽车有限公司 ………… 83
山东大力专用汽车制造有限公司 ………… 83
山东梁山华宇集团汽车制造有限公司 …… 83
梁山华劲工贸有限公司 ………… 83
梁山汇统交通设备有限公司 ………… 84
山东恩信特种车辆制造有限公司 ………… 84
梁山亚隆机械制造有限公司 ………… 84
梁山通华专用车有限公司 ………… 84
梁山飞驰挂车制造有限公司 ………… 84
梁山通宇集团专用汽车有限公司 ………… 84
梁山永固挂车制造有限公司 ………… 84
梁山龙腾专用汽车有限公司 ………… 84
梁山宏达厢式货车制造有限公司 ………… 84
梁山新科特种车辆制造有限公司 ………… 84
梁山县杨嘉挂车制造有限公司 ………… 84
梁山巨源专用汽车制造有限公司 ………… 84
梁山广通专用车制造有限公司 ………… 84
梁山中集东岳车辆有限公司 ………… 85
梁山宇通专用汽车制造有限公司 ………… 85
梁山恒通挂车制造有限公司 ………… 85
梁山晨润达工贸有限公司 ………… 85
梁山华信专用汽车制造有限公司 ………… 85
梁山盛鑫集团专用车有限公司 ………… 85
山东梁山通亚汽车制造有限公司 ………… 85
梁山远东交通设备制造有限公司 ………… 85
山东万事达专用汽车制造有限公司 …… 85
梁山四通专用汽车有限公司 ………… 85
江铃集团山东华岳车辆部件有限公司 …… 85
梁山盛源专用车制造有限公司 ………… 85
梁山瑞发机械制造有限公司 ………… 85
山东东旭专用车制造有限公司 ………… 86
梁山华瑞专用汽车制造有限公司 ………… 86
山东梁山亚中车辆有限公司 ………… 86
山东盛润汽车有限公司 ………… 86
梁山路通专用车制造有限公司 ………… 86
郓城骏宇车业有限公司 ………… 86
山东郓城新亚挂车制造有限公司 ………… 86
山东郓城龙亿达挂车制造有限公司 …… 86
山东梁山华昇专用车制造有限公司 …… 86
山东郓城儒源机械制造有限公司 ………… 86
山东郓城成达专用汽车制造有限公司 …… 86
山东建宇特种车辆有限公司 ………… 86
山东红荷专用汽车有限公司 ………… 87
山东巨野易达专用车制造有限公司 …… 87
山东锣响汽车制造有限公司 ………… 87
山东世运专用汽车有限公司 ………… 87
巨野华劲车业有限公司 ………… 87
山东金华飞顺车辆有限公司 ………… 87
山东铁马特种车辆制造有限公司 ………… 87
荷泽京九特种汽车有限公司 ………… 87
巨野通达专用车制造有限公司 ………… 87
山东九州汽车制造有限公司 ………… 87
郑州日产汽车有限公司 ………… 42
中国一拖集团有限公司 ………… 42
郑州红宇专用汽车有限责任公司 ………… 87
郑州宏达汽车工业有限公司 ………… 87
焦作市华鑫联合车辆有限公司 ………… 88
中原特种车辆有限公司 ………… 88
河南省新里程车辆有限公司 ………… 88
河南皇马车辆有限公司 ………… 88
焦作市华众车辆有限公司 ………… 88
河南天牛工业机械有限公司 ………… 88
河南新飞专用汽车有限责任公司 ………… 88
新乡市骏华专用汽车车辆有限公司 …… 88
郑州宇通重工有限公司 ………… 88
河南骏通车辆有限公司 ………… 89
河南志捷专用汽车有限公司 ………… 89
南阳二机石油装备(集团)有限公司 …… 89
河南森源奔马专用汽车有限公司 ………… 89
河南须河车辆有限公司 ………… 89
驻马店中集华骏车辆有限公司 ………… 89
河南航天特种车辆有限责任公司 ………… 89
洛阳中集凌宇汽车有限公司 ………… 89
河南中光学神汽专用车有限公司 ………… 89
商丘市通达专用车辆制造有限公司 …… 90
河南松川专用汽车有限公司 ………… 90
商丘市宇畅挂车制造有限公司 ………… 90
河南冰熊专用车辆制造有限公司 ………… 90
河南通宇新源动力有限公司 ………… 90
湖北三环汉阳特种汽车有限公司 ………… 43
东风汽车股份有限公司 ………… 43
东风汽车有限公司 ………… 43
东风汽车集团股份有限公司 ………… 43
湖北三江航天万山特种车辆有限公司 …… 43
东风汽车公司 ………… 43
湖北三环专用汽车有限公司 ………… 44
湖北新楚风汽车股份有限公司 ………… 44
武汉新光专用汽车制造有限公司 ………… 90
武汉汽车改装厂 ………… 90
天门市江汉三机特车有限责任公司 …… 91
武汉施密茨挂车有限公司 ………… 91
武汉楚星专用汽车有限公司 ………… 91
武汉中正化工设备有限公司 ………… 91
武汉天捷重型装备股份有限公司 ………… 91
武汉斯贝卡专用汽车有限公司 ………… 91
中石油钻井工程研究院江汉机械研究所 … 91
武汉洁力环卫汽车装备有限公司 ………… 91
湖北江南专用特种汽车有限公司 ………… 92
东风专用汽车制造有限公司 ………… 92
中航工业奥龙汽车有限公司 ………… 92
襄阳新中昌专用汽车股份有限公司 …… 92
湖北圣龙专用汽车有限公司 ………… 92
湖北福田专用汽车有限公司 ………… 92
湖北合力专用汽车制造有限公司 ………… 92
湖北大力专用汽车制造有限公司 ………… 93
湖北成龙威专用汽车有限公司 ………… 93
湖北省齐星汽车车身股份有限公司 …… 93
随州市力神专用汽车有限公司 ………… 93
随州市大力环卫汽车有限公司 ………… 93
东风随州专用汽车有限公司 ………… 93
厦工楚胜(湖北)专用汽车有限公司 …… 93
湖北航天双龙专用汽车有限公司 ………… 93
湖北五环专用汽车有限公司 ………… 94
玉柴东特专用汽车有限公司 ………… 94
程力专用汽车股份有限公司 ………… 94
湖北奥马专用汽车有限公司 ………… 94
湖北宏宇专用汽车有限公司 ………… 94
老河口博大特种车辆改装有限公司 …… 94
湖北东沃专用汽车有限责任公司 ………… 94
随州市东正专用汽车有限公司 ………… 94
湖北腾誉专用汽车有限公司 ………… 94
湖北润力专用汽车有限公司 ………… 94
湖北华威专用汽车有限公司 ………… 94
湖北欧亿专用汽车有限公司 ………… 95
十堰安远专用汽车有限公司 ………… 95
东风特汽(十堰)客车有限公司 ………… 95
湖北神鹰汽车有限责任公司 ………… 95
东风特种汽车有限公司 ………… 95
东风征梦(十堰)专用车有限公司 ………… 95
十堰市驰田汽车有限公司 ………… 95
湖北世纪中远集团有限公司 ………… 95
湖北神帆专用汽车有限公司 ………… 95
湖北海龙专用汽车有限公司 ………… 95
东风专用汽车有限公司 ………… 95
荆门宏图特种飞行器制造有限公司 …… 96
东风实业(十堰)车辆有限公司 ………… 96
湖北神河汽车改装(集团)有限公司 …… 96
北汽福田汽车股份公司长沙汽车厂 …… 44
长沙佳利汽车有限公司 ………… 96
湖南晟通天力汽车有限公司 ………… 96
湖南鹏翔星通汽车有限公司 ………… 96
湖南省金华车辆有限公司 ………… 97
湖南宜章通达挂车制造有限公司 ………… 97
湖南飞涛专用汽车制造有限公司 ………… 97
广汽日野汽车有限公司 ………… 45
深圳东风汽车有限公司 ………… 45
广州汇联专用汽车有限公司 ………… 98
广州港口机械工业有限公司 ………… 98
广州番禺超人运输设备实业有限公司 …… 98

广东明威专用汽车有限公司 …………… 98
韶关市起重机厂有限责任公司 ………… 98
广东信源物流设备有限公司 …………… 98
广东力士通机械股份有限公司 ………… 98
广东宝龙防弹车有限公司 ……………… 98
广州广日专用汽车有限公司 …………… 98
广东云山汽车有限公司 ………………… 99
深圳凯丰特种汽车工业有限公司 ……… 99
深圳中集专用车有限公司 ……………… 99
中集车辆(集团)有限公司 ……………… 99
深圳市好时代专用挂车有限公司 ……… 99
东莞市永强汽车制造有限公司 ………… 99
蛇口港口机械制造股份有限公司 ……… 99
广东建成机械设备有限公司 ………… 100
鹤山圣宝汽车有限公司 ……………… 100
佛山市顺德区富日交通机械有限公司 … 100
佛山市路之友机械制造有限公司 …… 100
广东康盈交通设备制造有限公司 …… 100
柳州乘龙专用车有限公司 …………… 100
一汽解放柳州特种汽车有限公司 …… 101
柳州延龙汽车有限公司 ……………… 101
柳州五菱专用汽车有限公司 ………… 101
柳州运力专用汽车有限公司 ………… 101
东风小康汽车有限公司 ………………… 47
庆铃汽车股份有限公司 ………………… 47
重庆力帆汽车有限公司 ………………… 47
上汽依维柯红岩商用车有限公司 ……… 47
重庆望江工业有限公司 ……………… 101
重庆铁马工业集团有限公司 ………… 101
重庆重型汽车集团专用汽车有限公司 … 101
重庆耐德新明和工业有限公司 ……… 102
重庆耐德工业股份有限公司 ………… 102
重庆凯瑞特种车有限公司 …………… 102
重庆长帆新能源汽车有限公司 ……… 102
重庆大江工业有限责任公司 ………… 102
东风南充汽车有限公司 ………………… 48
四川南骏汽车集团有限公司 …………… 48
成都大运汽车集团有限公司 …………… 48
明君汽车产业股份有限公司 …………… 48
成都王牌商用车有限公司 ……………… 48
一汽解放青岛汽车厂成都分厂 ………… 48
中车集团眉山车辆厂同升专用汽车公司 … 103
成都创奇汽车制造有限公司 ………… 103
成都通途交通机械实业有限公司 …… 103
四川腾中重工机械有限公司 ………… 103
一汽(四川)专用汽车有限公司 ……… 103
眉山南车物流装备有限公司 ………… 103
成都航天万欣科技有限公司 ………… 103
四川华勋畜牧机械有限责任公司 …… 103
四川宜宾岷江专用汽车有限责任公司 … 104
四川空分设备(集团)有限责任公司 … 104
四川中专汽车有限公司 ……………… 104
四川嘉宝汽车有限责任公司 ………… 104
一汽通用红塔云南汽车有限公司 ……… 49
东风云南汽车有限公司 ………………… 49
云南力帆骏马车辆有限公司 …………… 49
云南建筑机械厂 ……………………… 104
贵阳普天物流技术有限公司 ………… 104
宝鸡华山工程车辆有限责任公司 ……… 49
西安市畜牧乳品机械厂 ……………… 104
陕西华泰交通设备制造有限公司 …… 105
中车集团西安骊山汽车制造厂 ……… 105
中集陕汽重卡(西安)专用车有限公司 … 105
榆林东方集团专用汽车制造有限公司 … 105
陕西通力专用汽车有限责任公司 …… 106
宁夏万兴机械集团 …………………… 106
宁夏合力万兴汽车制造有限公司 …… 106
兰州真空设备有限责任公司 ………… 106
甘肃中集华骏车辆有限公司 ………… 107
东风新疆汽车有限公司 ………………… 49
新疆天山汽车制造有限公司 …………… 49
乌鲁木齐隆盛达环保科技有限公司 … 107
中集车辆(集团)新疆有限公司 ……… 107
新疆福田广汇专用车有限责任公司 … 107

◉ 路面维护用车

三一重工股份有限公司 ………………… 52
河北鹏达专用汽车有限公司 …………… 54
秦皇岛市思嘉特专用汽车有限公司 …… 57
昌黎县川港专用汽车制造有限公司 …… 57
太原长安重型汽车有限公司 …………… 34
辽宁天信专用汽车制造有限公司 ……… 59
辽宁广燕专用汽车制造有限公司 ……… 60
铁岭黄海专用车制造有限公司 ………… 60
沈阳北方交通重工集团有限公司 ……… 60
鞍山森远路桥股份有限公司 …………… 61
南京南汽专用车有限公司 ……………… 36
南京英达公路养护车制造有限公司 …… 66
南京金长江交通设施有限公司 ………… 66
常林股份有限公司 ……………………… 67
南京德兴汽车车辆改装有限公司 ……… 67
江苏威拓公路养护设备有限公司 ……… 70
浙江永源汽车有限公司 ………………… 38
杭州市政机械制造有限公司 …………… 71
浙江卡尔森汽车有限公司 ……………… 72
江西钧天机械有限公司 ………………… 77
济南萨博特种汽车有限公司 …………… 78
福田雷沃国际重工股份有限公司 ……… 80
卡特彼勒(青州)有限公司 …………… 80
山东欧亚专用车辆有限公司 …………… 83
河南高远公路养护设备股份有限公司 … 88
新乡市骏华专用汽车车辆有限公司 …… 88
武汉滨湖电子有限责任公司 …………… 91
湖北华舟重工应急装备股份有限公司 … 91
武汉市政环卫机械有限公司 …………… 91
三一集团有限公司 ……………………… 44
长沙梅花汽车制造有限公司 …………… 45
湖南湘路机械科技有限公司 …………… 97
湖南恒润高科股份有限公司 …………… 97
湖南高翔重工科技有限公司 …………… 97
中交郴州筑路机械厂 …………………… 97
一汽(四川)专用汽车有限公司 ……… 103
成都通途交通机械实业有限公司 …… 103
西安达刚路面机械股份有限公司 …… 104
宁夏合力万兴汽车制造有限公司 …… 106
新疆鸿达重工机械制造有限公司 …… 107

◉ 混凝土搅拌车

安徽江淮汽车股份有限公司 ………… 39
集瑞联合重工有限公司 ……………… 75
中国重型汽车集团有限公司 ………… 41
河南少林客车股份有限公司 ………… 42
北京事必达汽车有限责任公司 ………… 51
北京城建重工有限公司 ………………… 51
三一重工股份有限公司 ………………… 52
北京市政中燕工程机械制造有限公司 … 52
天津市图强专用汽车制造有限公司 …… 53
天津市天工工程机械有限公司 ………… 53
河北宏昌天马专用车有限公司 ………… 54
河北驹王专用汽车股份有限公司 ……… 54
邯郸市路神专用汽车有限公司 ………… 55
河北昌骅专用汽车有限公司 …………… 55
河北华旗专用汽车制造有限公司 ……… 55
河北亚峰专用汽车制造有限公司 ……… 55
唐山唐鸿重工专用汽车有限公司 ……… 56
河北宏泰专用汽车有限公司 …………… 56
唐山亚特专用汽车有限公司 …………… 56
三河市新宏昌专用车有限公司 ………… 56
唐山众兴专用汽车制造有限公司 ……… 56
天马汽车集团有限公司 ………………… 57
内蒙古北方重工业集团有限公司 ……… 59
沈阳广成重工有限公司 ………………… 60
铁岭黄海专用车制造有限公司 ………… 60
辽宁华驰专用汽车制造有限公司 ……… 60
辽宁合力专用汽车制造有限公司 ……… 60
辽宁海诺建设机械集团有限公司 ……… 61
鞍山衡业专用汽车制造有限公司 ……… 61
中集车辆(辽宁)有限公司 …………… 61
营口奥捷专用汽车制造有限公司 ……… 61
黎明锦西化工机械(集团)有限公司 …… 62
本溪北方机械重汽有限责任公司 ……… 62
锦州奥捷专用车制造有限公司 ………… 62
盘锦金碧专用汽车制造有限公司 ……… 62
锦州鹏翔专用车辆有限公司 …………… 62
一汽解放汽车有限公司 ………………… 35
长春万荣汽车改装有限公司 …………… 62
吉林前沅专用汽车制造股份有限公司 … 63
长春双龙专用汽车制造有限公司 ……… 63
长春城市车辆制造有限公司 …………… 63
一汽四平专用汽车有限公司 …………… 63
长春汽车改装有限责任公司 …………… 63
哈尔滨建成北方专用车有限公司 ……… 64
上汽大通汽车有限公司 ………………… 36
上海华东建筑机械厂有限公司 ………… 64
普茨迈斯特机械(上海)有限公司 …… 65
江苏卡威专用汽车制造有限公司 ……… 66
南京天印专用汽车有限公司 …………… 66
一汽解放汽车有限公司锡柴汽车厂 …… 67
常林股份有限公司 ……………………… 67
徐州工程机械集团有限公司 …………… 69
徐州利勃海尔混凝土机械有限公司 …… 69
徐州天地重型机械制造有限公司 ……… 69
扬州中集通华专用车有限公司 ………… 70
扬州柳工建设机械有限公司 …………… 70
上海鸿得利重工股份有限公司 ………… 71
东沃(杭州)卡车有限公司 …………… 37
杭州市政机械制造有限公司 …………… 71
杭州专用汽车有限公司 ………………… 71
湖州东方汽车有限公司 ………………… 72
义乌赵龙汽车工业有限公司 …………… 73

宁波三新汽车零部件有限公司 ………… 73
温州云顶汽车有限公司 ………………… 73
华菱星马汽车(集团)股份有限公司 …… 39
安徽江淮专用汽车有限公司 …………… 73
滁州兴扬汽车有限公司 ………………… 75
芜湖中集瑞江汽车有限公司 …………… 75
安徽江淮扬天汽车股份有限公司 ……… 75
滁州市天达汽车部件有限公司 ………… 75
福建常春专用车制造有限公司 ………… 76
厦门厦工重工有限公司 ………………… 76
福建新华旭专用车制造有限公司 ……… 76
福建泰华交通设备有限公司 …………… 76
福建省闽兴专用汽车有限公司 ………… 77
赣州江环汽车制造有限公司 …………… 77
中国重汽集团济南商用车有限公司 …… 41
山东唐骏欧铃汽车制造有限公司 ……… 41
中国重汽集团济宁商用车有限公司 …… 42
山东汽车制造有限公司 ………………… 42
济南红旗凯沃特汽车制造有限公司 …… 77
中通汽车工业集团有限责任公司 ……… 78
中集车辆(山东)有限公司 …………… 78
济南豪瑞通专用汽车有限公司 ………… 78
山推建友机械股份有限公司 …………… 78
中国重汽集团济南专用车有限公司 …… 78
山东阳谷飞轮挂车制造有限公司 ……… 79
山东东方曼商用车有限公司 …………… 79
山东荣昊专用汽车有限公司 …………… 80
山东乾龙专用汽车有限公司 …………… 80
中国重汽集团青岛重工有限公司 ……… 81
青特集团有限公司 ……………………… 81
山东鸿达建工集团有限公司 …………… 81
方圆集团有限公司 ……………………… 81
山东岱阳汽车制造有限公司 …………… 82
泰安航天特种车有限公司 ……………… 82
梁山华劲工贸有限公司 ………………… 83
山东梁山华宇集团汽车制造有限公司 …… 83
山东东岳专用汽车制造有限公司 ……… 83
山东华驰重工机械有限公司 …………… 83
山东鲁峰专用汽车有限责任公司 ……… 83
梁山通华专用车有限公司 ……………… 84
山东恩信特种车辆制造有限公司 ……… 84
梁山汇统交通设备有限公司 …………… 84
梁山通宇集团专用汽车有限公司 ……… 84
梁山瑞发机械制造有限公司 …………… 85
山东梁山通亚汽车制造有限公司 ……… 85
梁山华信专用汽车制造有限公司 ……… 85
山东梁山亚中车辆有限公司 …………… 86
山东梁山华昇专用车制造有限公司 …… 86
山东盛润汽车有限公司 ………………… 86
中国一拖集团有限公司 ………………… 42
郑州宏达汽车工业有限公司 …………… 87
郑州宇通重工有限公司 ………………… 88
新乡市骏华专用汽车车辆有限公司 …… 88
河南天牛工业机械有限公司 …………… 88
河南中光学神汽专用车有限公司 ……… 89
河南骏通车辆有限公司 ………………… 89
洛阳中集凌宇汽车有限公司 …………… 89
驻马店中集华骏车辆有限公司 ………… 89
河南森源奔马专用汽车有限公司 ……… 89
洛阳中川建筑工程机械有限公司 ……… 89
商丘市通达专用车辆制造有限公司 …… 90
湖北三环汉阳特种汽车有限公司 ……… 43
湖北新楚风汽车股份有限公司 ………… 44
山推楚天工程机械有限公司 …………… 91
武汉斯贝卡专用汽车有限公司 ………… 91
武汉天捷重型装备股份有限公司 ……… 91
湖北福田专用汽车有限公司 …………… 92
湖北江南专用特种汽车有限公司 ……… 92
湖北合力专用汽车制造有限公司 ……… 92
中航工业奥龙汽车有限公司 …………… 92
东风专用汽车制造有限公司 …………… 92
随州市大力环卫汽车有限公司 ………… 93
厦工楚胜(湖北)专用汽车有限公司 …… 93
东风随州专用汽车有限公司 …………… 93
湖北大力专用汽车制造有限公司 ……… 93
湖北成龙威专用汽车有限公司 ………… 93
湖北新中绿专用汽车有限公司 ………… 93
湖北奥马专用汽车有限公司 …………… 94
湖北腾誉专用汽车有限公司 …………… 94
湖北五环专用汽车有限公司 …………… 94
湖北日昕专用汽车有限公司 …………… 94
程力专用汽车股份有限公司 …………… 94
湖北华威专用汽车有限公司 …………… 94
湖北东沃专用汽车有限责任公司 ……… 94
湖北宏宇专用汽车有限公司 …………… 94
湖北欧亿专用汽车有限公司 …………… 95
湖北世纪中远集团有限公司 …………… 95
东风实业(十堰)车辆有限公司 ………… 96
湖北炎龙汽车有限公司 ………………… 96
北汽福田汽车股份公司长沙汽车厂 …… 44
中联重科股份有限公司 ………………… 96
吉首市宗南重工制造有限公司 ………… 97
中交郴州筑路机械厂 …………………… 97
湖南星马汽车有限公司 ………………… 97
深圳东风汽车有限公司 ………………… 45
广州番禺超人运输设备实业有限公司 …… 98
韶关新宇建设机械有限公司 …………… 98
广州广日专用汽车有限公司 …………… 98
广州汇联专用汽车有限公司 …………… 98
广东力士通机械股份有限公司 ………… 98
深圳中集专用车有限公司 ……………… 99
鹤山圣宝汽车有限公司 ………………… 100
佛山市路之友机械制造有限公司 …… 100
柳州乘龙专用车有限公司 …………… 100
柳州延龙汽车有限公司 ……………… 101
上汽依维柯红岩商用车有限公司 ……… 47
庆铃汽车股份有限公司 ………………… 47
重庆铁马工业集团有限公司 ………… 101
重庆凯瑞特种车有限公司 …………… 102
四川现代汽车有限公司 ………………… 48
成都王牌商用车有限公司 ……………… 48
成都大运汽车集团有限公司 …………… 48
四川建设机械(集团)股份有限公司 … 102
成都通途交通机械实业有限公司 …… 103
四川腾中重工机械有限公司 ………… 103
四川宜宾岷江专用汽车有限责任公司 … 104
四川东风四通车辆制造有限公司 …… 111
东风云南汽车有限公司 ………………… 49
陕西重汽专用汽车有限公司 …………… 49
陕西华泰交通设备制造有限公司 …… 105
陕西通力专用汽车有限责任公司 …… 106
旬阳宝通专用车部件有限公司 ……… 106
宁夏合力万兴汽车制造有限公司 …… 106
新疆天山汽车制造有限公司 …………… 49
新疆鸿达重工机械制造有限公司 …… 107

◉ 起重汽车

北京京城重工机械有限责任公司 ……… 50
北京凯特专用汽车有限公司 …………… 51
北起多田野(北京)起重机有限公司 …… 52
三一重工股份有限公司 ………………… 52
石家庄煤矿机械有限责任公司 ………… 54
河北鹏达专用汽车有限公司 …………… 54
石家庄金多利专用汽车有限公司 ……… 56
昌黎县川港专用汽车制造有限公司 …… 57
太原长安重型汽车有限公司 …………… 34
辽宁华驰专用汽车制造有限公司 ……… 60
沈阳北方交通重工集团有限公司 ……… 60
辽宁合力专用汽车制造有限公司 ……… 60
辽宁运达汽车起重机集团有限公司 …… 60
山推抚起机械有限公司 ………………… 60
辽宁抚挖锦重机械有限公司 …………… 62
盘锦辽河油田环利专用车有限公司 …… 62
长春北车电动汽车有限公司 …………… 62
长春市神骏专用车制造有限公司 ……… 63
哈尔滨工程机械制造有限公司 ………… 64
牡丹江专用汽车制造有限公司 ………… 64
常林股份有限公司 ……………………… 67
常州中汽商用汽车有限公司 …………… 67
徐州工程机械集团有限公司 …………… 69
徐州天地重型机械制造有限公司 ……… 69
三一帕尔菲格特种车辆装备有限公司 …… 71
安徽合力股份有限公司 ………………… 74
安徽柳工起重机有限公司 ……………… 74
山东唐骏欧铃汽车制造有限公司 ……… 41
山东凯马汽车制造有限公司 …………… 42
普天新能源汽车(山东)有限公司 …… 78
胜利油田孚瑞特石油装备有限公司 …… 79
烟台海德专用汽车有限公司 …………… 80
山东鸿达建工集团有限公司 …………… 81
泰安古河随车起重机有限公司 ………… 82
泰安东岳重工有限公司 ………………… 83
泰安五岳专用汽车有限公司 …………… 83
河南卫特汽车起重机有限公司 ………… 88
河南森源重工有限公司 ………………… 89
武汉斯贝卡专用汽车有限公司 ………… 91
襄阳新中昌专用汽车股份有限公司 …… 92
湖北新中绿专用汽车有限公司 ………… 93
厦工楚胜(湖北)专用汽车有限公司 …… 93
湖北成龙威专用汽车有限公司 ………… 93
湖北航天双龙专用汽车有限公司 ……… 93
程力专用汽车股份有限公司 …………… 94
湖北华威专用汽车有限公司 …………… 94
湖北腾誉专用汽车有限公司 …………… 94
湖北五环专用汽车有限公司 …………… 94
随州市东正专用汽车有限公司 ………… 94
东风征梦(十堰)专用车有限公司 ……… 95
东风特种汽车有限公司 ………………… 95
湖北欧亿专用汽车有限公司 …………… 95
湖北炎龙汽车有限公司 ………………… 96
三一集团有限公司 ……………………… 44

长沙梅花汽车制造有限公司 …………… 45
湖南鹏翔星通汽车有限公司 …………… 96
中联重科工程起重机分公司 …………… 96
中联重科股份有限公司 ………………… 96
吉首市宗南重工制造有限公司 ………… 97
广州港口机械工业有限公司 …………… 98
韶关新宇建设机械有限公司 …………… 98
广州番禺超人运输设备实业有限公司 …… 98
广东力士通机械股份有限公司 ………… 98
广东粤海汽车有限公司 ……………… 100
重庆南方迪马专用车股份有限公司 … 102
重庆大江工业有限责任公司 ………… 102
四川建设机械(集团)股份有限公司 … 102
四川长江工程起重机有限责任公司 … 104
宁夏合力万兴汽车制造有限公司 …… 106

◉ 高空作业车

北京京城重工机械有限责任公司 ……… 50
北京凯特专用汽车有限公司 …………… 51
北京三兴汽车有限公司 ………………… 51
北京攀尼高空作业设备有限公司 ……… 52
秦皇岛市思嘉特专用汽车有限公司 …… 57
辽宁广燕专用汽车制造有限公司 ……… 60
沈阳北方交通重工集团有限公司 ……… 60
辽宁合力专用汽车制造有限公司 ……… 60
山推抚起机械有限公司 ………………… 60
长春北车电动汽车有限公司 …………… 62
上海龙澄专用车辆有限公司 …………… 65
南京金长江交通设施有限公司 ………… 66
航天晨光股份有限公司 ………………… 66
徐州海伦哲专用车辆股份有限公司 …… 69
徐州徐工特种汽车有限公司 …………… 69
徐州工程机械集团有限公司 …………… 69
徐州天地重型机械制造有限公司 ……… 69
杭州爱知工程车辆有限公司 …………… 71
中汽商用汽车有限公司(杭州) ………… 71
安徽江淮专用汽车有限公司 …………… 73
合肥市富园汽车改装有限公司 ………… 74
安徽柳工起重机有限公司 ……………… 74
青特集团有限公司 ……………………… 81
青岛中汽特种汽车有限公司 …………… 81
青岛同辉汽车技术有限公司 …………… 82
梁山汇统交通设备有限公司 …………… 84
郑州宇通重工有限公司 ………………… 88
南阳二机石油装备(集团)有限公司 …… 89
武汉天捷重型装备股份有限公司 ……… 91
武汉洁力环卫汽车装备有限公司 ……… 91
襄阳新中昌专用汽车股份有限公司 …… 92
湖北福田专用汽车有限公司 …………… 92
湖北江南专用特种汽车有限公司 ……… 92
湖北合力专用汽车制造有限公司 ……… 92
湖北成龙威专用汽车有限公司 ………… 93
厦工楚胜(湖北)专用汽车有限公司 …… 93
湖北大力专用汽车制造有限公司 ……… 93
湖北新中绿专用汽车有限公司 ………… 93
湖北腾誉专用汽车有限公司 …………… 94
湖北宏宇专用汽车有限公司 …………… 94
湖北奥马专用汽车有限公司 …………… 94
程力专用汽车股份有限公司 …………… 94
随州市东正专用汽车有限公司 ………… 94
湖北五环专用汽车有限公司 …………… 94
湖北华威专用汽车有限公司 …………… 94
长沙梅花汽车制造有限公司 …………… 45
韶关市起重机厂有限责任公司 ………… 98
广东力士通机械股份有限公司 ………… 98
韶关新宇建设机械有限公司 …………… 98
重庆大江工业有限责任公司 ………… 102
重庆南方迪马专用车股份有限公司 … 102
重庆五洲龙新能源汽车有限公司 …… 102
陕西华泰交通设备制造有限公司 …… 105

◉ 冷藏与保温车

北汽福田汽车股份有限公司 …………… 33
北京福田戴姆勒汽车有限公司 ………… 33
安徽江淮汽车股份有限公司 …………… 39
陕西汽车集团有限责任公司 …………… 49
北京天坛海乔客车有限责任公司 ……… 51
北京北铃专用汽车有限公司 …………… 51
北京事必达汽车有限责任公司 ………… 51
北京晨光天云特种车辆有限责任公司 …… 52
天津市图强专用汽车制造有限公司 …… 53
邢台华通专用汽车有限公司 …………… 55
河北御捷马专用车制造有限公司 ……… 55
廊坊京联汽车改装有限公司 …………… 56
河北安旭专用汽车有限公司 …………… 56
呼伦贝尔海征汽车改装有限责任公司 …… 59
沈阳飞机工业(集团)有限公司 ………… 34
沈阳航天新星机电有限公司 …………… 59
沈阳三山汽车工业集团联营公司 ……… 59
沈阳天鹰专用汽车制造有限公司 ……… 59
辽宁广燕专用汽车制造有限公司 ……… 60
沈阳广成重工有限公司 ………………… 60
黎明锦西化工机械(集团)有限公司 …… 62
哈尔滨建成北方专用车有限公司 ……… 64
上海中集专用车有限公司 ……………… 64
上海通利厢车有限公司 ………………… 65
上海冰熊专用汽车有限公司 …………… 65
南京南汽专用车有限公司 ……………… 36
南京汽车集团有限公司 ………………… 37
镇江康飞机器制造有限公司 …………… 66
南京客车制造厂有限责任公司 ………… 66
镇江飞驰汽车集团有限责任公司 ……… 66
江苏海鹏特种车辆有限公司 …………… 68
张家港市沙洲车辆有限公司 ………… 109
宁波凯福莱特种汽车有限公司 ………… 72
利辛县泰鑫专用汽车制造有限公司 …… 74
利辛县江淮扬天汽车有限公司 ………… 75
江西江铃专用车辆厂 …………………… 77
济南红旗凯沃特汽车制造有限公司 …… 77
中集车辆(山东)有限公司 ……………… 78
济南萨博特种汽车有限公司 …………… 78
山东正泰希尔专用汽车有限公司 ……… 80
中国人民解放军第 4808 工厂 ………… 81
青岛雅凯汽车工贸有限公司 …………… 82
梁山宏达厢式货车制造有限公司 ……… 84
郑州宇通客车股份有限公司 …………… 42
郑州红宇专用汽车有限责任公司 ……… 87
河南新飞专用汽车有限责任公司 ……… 88
河南冰熊专用车辆制造有限公司 ……… 90
河南松川专用汽车有限公司 …………… 90
河南英泰汽车制造有限公司 …………… 90
东风专用汽车制造有限公司 …………… 92
襄阳新中昌专用汽车股份有限公司 …… 92
玉柴东特专用汽车有限公司 …………… 94
湖北宏宇专用汽车有限公司 …………… 94
东风专用汽车有限公司 ………………… 95
长沙佳利汽车有限公司 ………………… 96
广汽日野汽车有限公司 ………………… 45
广东信源物流设备有限公司 …………… 98
广州汇联专用汽车有限公司 …………… 98
广东宝龙防弹车有限公司 ……………… 98
深圳凯丰特种汽车工业有限公司 ……… 99
佛山市路之友机械制造有限公司 …… 100
广东康盈交通设备制造有限公司 …… 100
柳州乘龙专用车有限公司 …………… 100
柳州延龙汽车有限公司 ……………… 101
柳州五菱专用汽车有限公司 ………… 101
东风云南汽车有限公司 ………………… 49

◉ 电力、通信用车

北京诚志北分机电技术有限公司 ……… 51
北京天坛海乔客车有限责任公司 ……… 51
北京北电科林电子有限公司 …………… 51
北京载通视音频广播技术有限公司 …… 51
北京北铃专用汽车有限公司 …………… 51
北京凯特专用汽车有限公司 …………… 51
北京晨光天云特种车辆有限责任公司 …… 52
中天高科特种车辆有限公司 …………… 53
河北长安汽车有限公司 ………………… 34
河北安旭专用汽车有限公司 …………… 56
山西惠丰特种汽车有限公司 …………… 58
一汽解放汽车有限公司 ………………… 35
长春基洋消防车辆有限公司 …………… 63
上海高智特种车有限公司 ……………… 64
南京东宇汽车集团有限公司 …………… 65
南京客车制造厂有限责任公司 ………… 66
江苏中意汽车有限公司 ………………… 66
航天晨光股份有限公司 ………………… 66
镇江市特种车辆厂有限公司 …………… 66
镇江康飞机器制造有限公司 …………… 66
南京德兴汽车车辆改装有限公司 ……… 67
溧阳二十八所系统装备有限公司 ……… 67
苏州江南航天机电工业有限公司 ……… 68
苏州市捷达消防车辆装备有限公司 …… 68
湖州客车厂有限公司 …………………… 72
安徽猎豹汽车有限公司 ………………… 39
东南(福建)汽车工业有限公司 ………… 39
龙岩市海德馨汽车有限公司 …………… 76
龙岩畅丰专用汽车有限公司 …………… 76
江西江铃专用车辆厂 …………………… 77
江西博能上饶客车有限公司 …………… 77
普天新能源汽车(山东)有限公司 ……… 78
中集车辆(山东)有限公司 ……………… 78
济南萨博特种汽车有限公司 …………… 78
青岛九瑞汽车有限公司 ………………… 82
梁山宏达厢式货车制造有限公司 ……… 84
河南新飞专用汽车有限责任公司 ……… 88

河南冰熊专用车辆制造有限公司 …… 90
武汉客车制造股份有限公司 …… 90
武汉龙安集团有限责任公司 …… 91
襄阳新中昌专用汽车股份有限公司 …… 92
湖北江南专用特种汽车有限公司 …… 92
东风专用汽车制造有限公司 …… 92
广东宝龙防弹车有限公司 …… 98
增城中警羊城轻型特种车有限公司 …… 98
深圳凯丰特种汽车工业有限公司 …… 99
广东康盈交通设备制造有限公司 …… 100
柳州延龙汽车有限公司 …… 101
柳州五菱专用汽车有限公司 …… 101
重庆迪马工业有限责任公司 …… 102
重庆五洲龙新能源汽车有限公司 …… 102
东风云南汽车有限公司 …… 49
贵阳普天物流技术有限公司 …… 104
陕西宝鸡专用汽车有限公司 …… 106

◉ 其他专用车

江铃汽车集团公司 …… 40
中国重型汽车集团有限公司 …… 41
河南少林客车股份有限公司 …… 42
东风商用车有限公司 …… 44
广西汽车集团有限公司 …… 46
北方华德尼奥普兰客车股份有限公司 …… 31
中国长安汽车集团股份有限公司 …… 32
北京市市政工程管理处机械厂 …… 50
北京京城重工机械有限责任公司 …… 50
北京载通视音频广播技术有限公司 …… 51
北京北电科林电子有限公司 …… 51
北京天坛海乔客车有限责任公司 …… 51
北京天路通科技有限责任公司 …… 51
北京城建重工有限公司 …… 51
北京晨光天云特种车辆有限责任公司 …… 52
北京华强京工机械制造有限公司 …… 52
天津凯德实业有限公司 …… 53
中天高科特种车辆有限公司 …… 53
河北中兴汽车制造有限公司 …… 34
河北冀川实业总公司 …… 54
汇达重工股份有限公司 …… 55
邯郸宇康集团有限公司 …… 55
新兴能源装备股份有限公司 …… 55
唐山市宏远专用汽车有限公司 …… 56
保定北奥石油物探特种车辆有限公司 …… 57
恒天大迪汽车有限公司 …… 57
中信机电制造公司 …… 34
山西大运汽车制造有限公司 …… 58
长治清华机械厂 …… 58
山西兰田专用车有限公司 …… 58
北奔重型汽车集团有限公司 …… 34
内蒙古北方重工业集团有限公司 …… 59
辽宁曙光汽车集团股份有限公司 …… 35
际华三五二三特种装备有限公司 …… 60
鞍山森远路桥股份有限公司 …… 61
大连嵩诚房车制造有限公司 …… 61
大连叉车有限责任公司 …… 61
华晨专用车装备科技(大连)有限公司 …… 62
黎明锦西化工机械(集团)有限公司 …… 62
中国第一汽车集团公司 …… 35
上海杨园压力容器有限公司 …… 64
上海航空特种车辆有限责任公司 …… 65
上海乳品机械有限公司 …… 65
上海通利厢车有限公司 …… 65
上海鑫百勤专用车辆有限公司 …… 65
常州东风汽车有限公司 …… 37
南京依维柯汽车有限公司 …… 37
扬州亚星客车股份有限公司 …… 37
南京汽车集团有限公司 …… 37
镇江康飞机器制造有限公司 …… 66
南京德兴汽车车辆改装有限公司 …… 67
常州佳卓特种车辆有限公司 …… 67
无锡锡梅特种汽车有限公司 …… 67
常熟华东汽车有限公司 …… 68
一汽客车(无锡)有限公司 …… 68
苏州江南航天机电工业有限公司 …… 68
徐州海伦哲专用车辆股份有限公司 …… 69
上海鸿得利重工股份有限公司 …… 71
江苏三迪机车制造有限公司 …… 71
江苏三迪机车制造有限公司 …… 736
东风裕隆商用汽车有限公司 …… 38
金华青年汽车集团 …… 38
杭州爱知工程车辆有限公司 …… 71
中汽商用汽车有限公司(杭州) …… 71
宁波波导汽车科技有限公司 …… 72
浙江星驰汽车有限公司 …… 72
浙江南车电车有限公司 …… 72
中誉控股集团有限公司 …… 72
杭州恒康专用车辆制造有限公司 …… 72
永康市富仕达实业有限公司 …… 73
合肥通用机械研究院 …… 73
安徽长安专用汽车制造有限公司 …… 75
厦门金龙联合汽车工业有限公司 …… 39
福建新福达汽车工业有限公司 …… 39
厦门金龙旅行车有限公司 …… 39
福建省汽车工业集团有限公司 …… 39
福建海越汽车工业有限公司 …… 75
福建常春专用车制造有限公司 …… 76
福建毅宏专用汽车有限公司 …… 76
福建侨龙专用汽车有限公司 …… 76
龙岩畅丰专用汽车有限公司 …… 76
江西江铃集团晶马汽车有限公司 …… 41
中国重汽集团济南商用车有限公司 …… 41
一汽解放青岛汽车有限公司 …… 42
山东迅力特种汽车有限公司 …… 79
威海广泰空港设备股份有限公司 …… 80
福田雷沃国际重工股份有限公司 …… 80
山东正泰希尔专用汽车有限公司 …… 80
中国重汽集团青岛重工有限公司 …… 81
青岛中汽特种汽车有限公司 …… 81
中车四方车辆有限公司 …… 81
青岛东风汽车改装有限公司 …… 82
泰安五岳专用汽车有限公司 …… 83
山东山野特房车制造有限公司 …… 83
梁山永固挂车制造有限公司 …… 84
郑州红宇专用汽车有限责任公司 …… 87
郑州宇通重工有限公司 …… 88
河南奔马股份有限公司 …… 89
河南须河车辆有限公司 …… 89
河南宜和城保装备科技实业有限公司 …… 89
河南中光学神汽专用车有限公司 …… 89
河南冰熊专用车辆制造有限公司 …… 90
东风汽车股份有限公司 …… 43
东风汽车公司 …… 43
东风(十堰)特种商用车有限公司 …… 44
东风实业有限公司 …… 44
武汉市汉福专用车有限公司 …… 90
武汉客车制造股份有限公司 …… 90
武汉龙安集团有限责任公司 …… 91
武汉斯贝卡专用汽车有限公司 …… 91
湖北华舟重工应急装备股份有限公司 …… 91
湖北航天双龙专用汽车有限公司 …… 93
随州市大力环卫汽车有限公司 …… 93
湖北世纪中远集团有限公司 …… 95
东风特汽(十堰)客车有限公司 …… 95
三一集团有限公司 …… 44
长沙金阳机械设备科技开发有限公司 …… 96
长沙佳利汽车有限公司 …… 96
湖南恒润高科股份有限公司 …… 97
衡阳泰豪通信车辆有限公司 …… 97
湖南衡山汽车制造有限公司 …… 97
广州汽车集团客车有限公司 …… 45
增城中警羊城轻型特种车有限公司 …… 98
广东信源物流设备有限公司 …… 98
广东粤海汽车有限公司 …… 100
柳州五菱汽车工业有限公司 …… 46
广西福达汽车有限公司 …… 100
南宁五菱桂花车辆有限公司 …… 100
重庆长安跨越车辆有限公司 …… 48
重庆铁马工业集团有限公司 …… 101
重庆五洲龙新能源汽车有限公司 …… 102
云南航天神州汽车有限公司 …… 104
宝鸡华山工程车辆有限责任公司 …… 49
西安特种汽车厂 …… 105
兰州真空设备有限责任公司 …… 106
兰州电源车辆研究所有限公司 …… 106

电动汽车、混合动力汽车

◉ 纯电动乘用车

北汽福田汽车股份有限公司 …… 33
天津一汽夏利汽车股份有限公司 …… 33
华晨汽车集团控股有限公司 …… 34
上汽通用汽车有限公司 …… 36
众泰控股集团有限公司 …… 38
奇瑞汽车股份有限公司 …… 39
江铃控股有限公司 …… 41
深圳比亚迪戴姆勒新技术有限公司 …… 46
比亚迪汽车工业有限公司 …… 46
广西汽车集团有限公司 …… 46
重庆长安汽车股份有限公司 …… 47
北京汽车股份有限公司 …… 32
北京新能源汽车股份有限公司 …… 52
长城汽车股份有限公司 …… 33
河北红星汽车制造有限公司 …… 33
中国第一汽车集团公司 …… 35
上海汽车集团股份有限公司 …… 36
上海中科力帆电动汽车有限公司 …… 65
东风悦达起亚汽车有限公司 …… 37

浙江豪情汽车制造有限公司 …… 38
万向电动汽车有限公司 …… 38
奇瑞新能源汽车技术有限公司 …… 39
安徽天康特种车辆装备有限公司 …… 75
东南(福建)汽车工业有限公司 …… 39
山东东方曼商用车有限公司 …… 79
潍坊瑞驰汽车系统有限公司 …… 514
海马轿车有限公司 …… 42
新乡市新能电动汽车有限公司 …… 88
东风电动车辆股份有限公司 …… 43
东风汽车有限公司 …… 43
东风汽车公司 …… 43
深圳陆地方舟新能源电动车集团公司 …… 99
重庆长安新能源汽车有限公司 …… 47
重庆长帆新能源汽车有限公司 …… 102
四川野马汽车股份有限公司 …… 48

◉ 纯电动客车

北汽福田汽车股份有限公司 …… 33
金龙联合汽车工业(苏州)有限公司 …… 37
南京金龙客车制造有限公司 …… 66
河南少林客车股份有限公司 …… 42
湖南南车时代电动汽车股份有限公司 …… 97
比亚迪汽车工业有限公司 …… 46
陕西汽车集团有限责任公司 …… 49
北方华德尼奥普兰客车股份有限公司 …… 31
河北长安汽车有限公司 …… 34
上汽唐山客车有限公司 …… 56
山西皇城相府宇航汽车制造有限公司 …… 58
沈阳华晨金杯汽车有限公司 …… 34
丹东黄海汽车有限责任公司 …… 35
华晨客车(大连)有限公司 …… 35
中国第一汽车集团公司 …… 35
长春华奥汽车制造有限公司 …… 35
上海申沃客车有限公司 …… 36
上海申龙客车有限公司 …… 36
上海万象汽车制造有限公司 …… 65
江苏卡威汽车工业集团有限公司 …… 37
中大工业集团公司 …… 37
南京汽车集团有限公司 …… 37
扬州亚星客车股份有限公司 …… 37
无锡华策汽车有限公司 …… 67
一汽客车(无锡)有限公司 …… 68
苏州吉姆西客车制造有限公司 …… 68
江苏常隆客车有限公司 …… 68
牡丹汽车股份有限公司 …… 69
江苏友谊汽车有限公司 …… 69
江苏登达汽车有限公司 …… 70
盐城中威客车有限公司 …… 70
江苏陆地方舟新能源电动汽车公司 …… 71
江苏九龙汽车制造有限公司 …… 71
万向电动汽车有限公司 …… 38
金华青年汽车集团 …… 38
浙江南车电车有限公司 …… 72
杭州越西客车制造有限公司 …… 72
安徽安凯汽车股份有限公司 …… 73
安徽星凯龙客车有限公司 …… 74
厦门金龙联合汽车工业有限公司 …… 39
厦门金龙旅行车有限公司 …… 39
福建新福达汽车工业有限公司 …… 39
西虎汽车工业有限公司 …… 40
中科动力(福建)新能源汽车有限公司 …… 77
江西江铃集团晶马汽车有限公司 …… 41
江西博能上饶客车有限公司 …… 77
江西凯马百路佳客车有限公司 …… 77
中通客车控股股份有限公司 …… 41
中国重汽集团济南豪沃客车有限公司 …… 78
烟台舒驰客车有限责任公司 …… 81
青岛海誉车辆机械有限公司 …… 81
山东沂星电动汽车有限公司 …… 87
郑州宇通客车股份有限公司 …… 42
东风汽车公司 …… 43
东风扬子江汽车(武汉)有限责任公司 …… 90
东风特种汽车有限公司 …… 95
长沙梅花汽车制造有限公司 …… 45
长沙市比亚迪客车有限公司 …… 96
广州汽车集团客车有限公司 …… 45
珠海广通汽车有限公司 …… 99
深圳陆地方舟新能源电动车集团公司 …… 99
深圳市五洲龙汽车有限公司 …… 99
重庆恒通客车有限公司 …… 101
四川野马汽车股份有限公司 …… 48
成都客车股份有限公司 …… 103
中植新能源汽车有限公司 …… 103
云南航天神州汽车有限公司 …… 104
云南五龙汽车有限公司 …… 104
西安兰德新能源汽车技术开发公司 …… 105

◉ 其他纯电动汽车

金龙联合汽车工业(苏州)有限公司 …… 37
南京金龙客车制造有限公司 …… 66
安徽江淮汽车股份有限公司 …… 39
江铃汽车股份有限公司 …… 40
比亚迪汽车工业有限公司 …… 46
广西汽车集团有限公司 …… 46
陕西汽车集团有限责任公司 …… 49
北京汽车股份有限公司 …… 32
北京科力威清洁机械厂 …… 50
北京华林特装车有限公司 …… 51
国宏汽车有限公司 …… 53
天津市华夏车辆制造有限公司 …… 53
天津清源电动车辆有限责任公司 …… 53
河北御捷车业有限公司 …… 33
河北长安汽车有限公司 …… 34
秦皇岛金程汽车制造有限公司 …… 57
华晨客车(大连)有限公司 …… 35
上海劲马车辆有限公司 …… 108
江苏卡威汽车工业集团有限公司 …… 37
南京汽车集团有限公司 …… 37
南京特种汽车制配厂有限公司 …… 66
航天晨光股份有限公司 …… 66
苏州吉姆西客车制造有限公司 …… 68
扬州跃进通达客车有限公司 …… 70
江苏奥新新能源汽车有限公司 …… 70
江苏陆地方舟新能源电动汽车公司 …… 71
江苏九龙汽车制造有限公司 …… 71
江苏金彭车业有限公司 …… 735
广汽吉奥汽车有限公司 …… 38
万向电动汽车有限公司 …… 38
金华市康迪新能源车辆有限公司 …… 73
安徽天康特种车辆装备有限公司 …… 75
福建龙马环卫装备股份有限公司 …… 76
江西博能上饶客车有限公司 …… 77
赣州汽车改装厂 …… 77
江西江铃汽车集团改装车有限公司 …… 77
江西特种汽车有限责任公司 …… 77
山东唐骏欧铃汽车制造有限公司 …… 41
山东时风商用车有限公司 …… 41
中国重汽集团济南商用车有限公司 …… 41
山东凯马汽车制造有限公司 …… 42
一汽解放青岛汽车有限公司 …… 42
烟台海德专用汽车有限公司 …… 80
青岛中集环境保护设备有限公司 …… 82
山东昊宇车辆有限公司 …… 83
山东时风(集团)有限责任公司 …… 109
山东宝雅新能源汽车股份有限公司 …… 512
郑州宇通重工有限公司 …… 88
河南志捷专用汽车有限公司 …… 89
河南森源重工有限公司 …… 89
河南丰收新能源车辆有限公司 …… 740
东风汽车公司 …… 43
东风扬子江汽车(武汉)有限责任公司 …… 90
武汉市汉福专用车有限公司 …… 90
湖北精功科技有限公司 …… 91
中联重科股份有限公司 …… 96
湖南恒润高科股份有限公司 …… 97
株洲南方宇航电动车辆制造有限公司 …… 97
深圳东风汽车有限公司 …… 45
广东信源物流设备有限公司 …… 98
深圳陆地方舟新能源电动车集团公司 …… 99
深圳市五洲龙汽车有限公司 …… 99
柳州五菱汽车工业有限公司 …… 46
重庆力帆汽车有限公司 …… 47
重庆瑞驰汽车实业有限公司 …… 101
重庆凯瑞特种车有限公司 …… 102
重庆长帆新能源汽车有限公司 …… 102
成都大运汽车集团有限公司 …… 48
成都王牌商用车有限公司 …… 48
一汽(四川)专用汽车有限公司 …… 103
中植新能源汽车有限公司 …… 103
陕西通家汽车股份有限公司 …… 105
西安兰德新能源汽车技术开发公司 …… 105

◉ 混合动力乘用车

华晨宝马汽车有限公司 …… 31
北京奔驰汽车有限公司 …… 32
安徽江淮汽车股份有限公司 …… 39
广州汽车集团乘用车有限公司 …… 45
比亚迪汽车工业有限公司 …… 46
北京新能源汽车股份有限公司 …… 52
中国第一汽车集团公司 …… 35
上海汽车集团股份有限公司 …… 36
浙江豪情汽车制造有限公司 …… 38
东风电动车辆股份有限公司 …… 43
东风本田汽车有限公司 …… 43
广汽丰田汽车有限公司 …… 45
四川一汽丰田汽车有限公司 …… 48

◉ 混合动力客车

北汽福田汽车股份有限公司 …… 33
金龙联合汽车工业(苏州)有限公司 …… 37
南京金龙客车制造有限公司 …… 66
湖南南车时代电动汽车股份有限公司 …… 97
陕西汽车集团有限责任公司 …… 49
上汽唐山客车有限公司 …… 56
山西皇城相府宇航汽车制造有限公司 …… 58
丹东黄海汽车有限责任公司 …… 35
长春华奥汽车制造有限公司 …… 35
中国第一汽车集团公司 …… 35
黑龙江龙华汽车有限公司 …… 64
上海申沃客车有限公司 …… 36
上海申龙客车有限公司 …… 36
上海万象汽车制造有限公司 …… 65
扬州亚星客车股份有限公司 …… 37
一汽客车(无锡)有限公司 …… 68
盐城中威客车有限公司 …… 70
金华青年汽车集团 …… 38
杭州越西客车制造有限公司 …… 72
安徽安凯汽车股份有限公司 …… 73
福建新福达汽车工业有限公司 …… 39
厦门金龙旅行车有限公司 …… 39
厦门金龙联合汽车工业有限公司 …… 39
西虎汽车工业有限公司 …… 40
安源客车制造有限公司 …… 77
江西博能上饶客车有限公司 …… 77
江西凯马百路佳客车有限公司 …… 77
中通客车控股股份有限公司 …… 41
郑州宇通客车股份有限公司 …… 42
东风电动车辆股份有限公司 …… 43
东风汽车公司 …… 43
东风扬子江汽车(武汉)有限责任公司 …… 90
中联重科股份有限公司 …… 96
广州汽车集团客车有限公司 …… 45
深圳陆地方舟新能源电动车集团公司 …… 99
深圳市五洲龙汽车有限公司 …… 99
桂林客车工业集团有限公司 …… 46
重庆恒通客车有限公司 …… 101
重庆五洲龙新能源汽车有限公司 …… 102
成都客车股份有限公司 …… 103
云南航天神州汽车有限公司 …… 104
云南五龙汽车有限公司 …… 104
西安兰德新能源汽车技术开发公司 …… 105

专用校车

金龙联合汽车工业(苏州)有限公司 …… 37
河南少林客车股份有限公司 …… 42
东风襄阳旅行车有限公司 …… 44
河北长安汽车有限公司 …… 34
华晨客车(大连)有限公司 …… 35
铁岭黄海专用车制造有限公司 …… 60
中国第一汽车集团公司 …… 35
长春华奥汽车制造有限公司 …… 35
上海申龙客车有限公司 …… 36
扬州亚星客车股份有限公司 …… 37
南京汽车集团有限公司 …… 37
中大工业集团公司 …… 37
一汽客车(无锡)有限公司 …… 68
江苏友谊汽车有限公司 …… 69
安徽猎豹汽车有限公司 …… 39
安徽安凯客车有限公司 …… 73
安徽安凯汽车股份有限公司 …… 73
福建新福达汽车工业有限公司 …… 39
厦门金龙旅行车有限公司 …… 39
厦门金龙联合汽车工业有限公司 …… 39
福建新龙马汽车股份有限公司 …… 40
福建蓝海专用汽车制造有限公司 …… 76
江西江铃集团晶马汽车有限公司 …… 41
江西凯马百路佳客车有限公司 …… 77
安源客车制造有限公司 …… 77
江西博能上饶客车有限公司 …… 77
中通客车控股股份有限公司 …… 41
中通汽车工业集团有限责任公司 …… 78
中国重汽集团济南豪沃客车有限公司 …… 78
郑州宇通客车股份有限公司 …… 42
东风汽车股份有限公司 …… 43
湖北大力专用汽车制造有限公司 …… 93
东风特种汽车有限公司 …… 95
长沙梅花汽车制造有限公司 …… 45
湖南衡山汽车制造有限公司 …… 97
广州汽车集团客车有限公司 …… 45
广东宝龙防弹车有限公司 …… 98
桂林客车发展有限责任公司 …… 46
桂林客车工业集团有限公司 …… 46
重庆恒通客车有限公司 …… 101
重庆五洲龙新能源汽车有限公司 …… 102
一汽客车(成都)有限公司 …… 48
成都客车股份有限公司 …… 103
西安西沃客车有限公司 …… 49

低速货车、三轮汽车

北汽福田汽车股份有限公司 …… 108
河北宇康农用机械股份有限公司 …… 108
山西卓里集团有限公司 …… 108
沈阳金杯车辆制造有限公司 …… 108
上海劲马车辆有限公司 …… 108
常州车辆有限公司 …… 108
一汽解放汽车有限公司锡柴汽车厂 …… 108
张家港市沙洲车辆有限公司 …… 109
杭州行地集团有限公司 …… 109
温岭市吉瑞车辆制造有限公司 …… 109
安徽中鼎飞彩车辆有限公司 …… 109
安徽省宁国市鑫马车辆有限公司 …… 109
福建漳州三龙工业有限公司 …… 109
福建平和龙溪集团车辆总厂 …… 109
江西赣南车辆制造有限公司 …… 109
山东双力车辆有限公司 …… 109
山东时风(集团)有限责任公司 …… 109
山东唐骏欧铃汽车制造有限公司 …… 109
山东巨力机械有限公司 …… 109
福田雷沃国际重工股份有限公司 …… 109
山东五征集团有限公司 …… 109
山东凯马汽车制造有限公司 …… 110
荣成市海山机械制造有限公司 …… 110
中航黑豹股份有限公司 …… 110
山东光明机器制造有限公司 …… 110
长葛市世英机械有限公司 …… 110
河南奔马股份有限公司 …… 110
信阳大别山车辆有限公司 …… 110
中国人民解放军6911工厂 …… 110
随州星火农用车制造厂 …… 110
东风神宇车辆有限公司 …… 110
湖北神河联达车辆制造有限公司 …… 110
长沙佳宁农业机械制造有限公司 …… 110
湖南湘乡农用运输车有限责任公司 …… 110
双峰县五丰机械有限公司 …… 110
衡阳衡拖农机制造有限公司 …… 111
柳州桂泰车辆有限责任公司 …… 111
柳州健龙工业技术有限公司 …… 111
广西钦州力顺机械有限公司 …… 111
南宁五菱桂花车辆有限公司 …… 111
河池车辆有限责任公司 …… 111
重庆长安跨越车辆有限公司 …… 111
成都大运汽车集团有限公司 …… 111
成都王牌商用车有限公司 …… 111
遂宁市东乘车辆有限公司 …… 111
四川坤鼎车业有限公司 …… 111
云内动力达州汽车有限公司 …… 111
四川东风四通车辆制造有限公司 …… 111
四川南骏汽车集团有限公司 …… 111
一汽通用红塔云南汽车有限公司 …… 112
云南力帆骏马车辆有限公司 …… 112
宝鸡华山工程车辆有限责任公司 …… 112

摩托车

宝岛车业集团有限公司 …… 733
河北珠峰大江三轮摩托车有限公司 …… 733
河北新世纪川田机车科技有限公司 …… 733
河北恒胜金河摩托车有限公司 …… 733
任丘市双庆广田摩托车有限公司 …… 733
河北银翔群豪三轮摩托车有限公司 …… 733
沈阳天利摩托车制造有限公司 …… 733
上海建设摩托车有限责任公司 …… 733
新大洲本田摩托有限公司 …… 733
江苏林芝山阳集团有限公司 …… 734
无锡富通摩托车有限公司 …… 734
宁波东方凌云车辆制造有限公司 …… 734
常州山崎摩托车有限公司 …… 734
江苏金捷摩托制造有限公司 …… 734
常州豪爵铃木摩托车有限公司 …… 734
常州美田兰翔摩托车有限公司 …… 734
常州光阳摩托车有限公司 …… 734
金翌车业有限公司 …… 734
常州洪都电动车有限公司 …… 734
南京金城机械有限公司 …… 734
常州市大洋车辆有限公司 …… 734
江苏新日电动车股份有限公司 …… 734
江苏三鑫摩托车有限公司 …… 734
金城集团有限公司 …… 734
江苏宝雕机动车有限公司 …… 735
江苏宗申三轮摩托车制造有限公司 …… 735
江苏跃进摩托车制造有限责任公司 …… 735
无锡千里马车业制造有限公司 …… 735
江苏雄风机车有限公司 …… 735

江苏新禧南爵基础有限公司 ………… 735
江苏新豪科技机车有限公司 ………… 735
江苏建豪机动车工业有限公司 ……… 735
江苏国威摩托车有限公司 …………… 735
创新三阳摩托车制造有限公司 ……… 735
江苏爱玛车业科技有限公司 ………… 735
江苏金彭车业有限公司 ……………… 735
江苏新陵摩托车制造有限公司 ……… 735
江苏新世纪机车科技有限公司 ……… 735
江苏春兰摩托车有限公司 …………… 736
江苏三迪机车制造有限公司 ………… 736
林海股份有限公司 …………………… 736
江苏林海动力机械集团有限公司 …… 736
江苏林海雅马哈摩托有限公司 ……… 736
慈溪金轮机车制造有限公司 ………… 736
宁波三江爵康摩托车有限公司 ……… 736
浙江钱江摩托股份有限公司 ………… 736
浙江嘉嘉巨能摩托车科技有限公司 … 736
宁波市龙嘉摩托车有限公司 ………… 736
浙江春风动力股份有限公司 ………… 736
浙江劲野机动车工业有限公司 ……… 736
立峰集团有限公司 …………………… 736
吉利集团浙江摩托车有限公司 ……… 737
浙江嘉爵摩托车制造有限公司 ……… 737
浙江日雅摩托车有限公司 …………… 737
浙江凯凯美多机车有限公司 ………… 737
台州市凯通摩托车制造有限公司 …… 737
台州市黄岩义鹰摩托有限公司 ……… 737
浙江宏运达摩托车有限公司 ………… 737
浙江珠峰华鹰电动车有限公司 ……… 737
台州市椒江之威摩托车制造有限公司 … 737
浙江永源摩托车制造有限公司 ……… 737
立马车业集团有限公司 ……………… 737
浙江黄岩三叶集团有限公司 ………… 737
中能机车集团有限公司 ……………… 737
浙江顺骐车业有限公司 ……………… 738
浙江幸福摩托机械有限公司 ………… 738
浙江雷克机械工业有限公司 ………… 738
涛涛集团有限公司 …………………… 738
浙江星月车业有限公司 ……………… 738
浙江庆福川豹摩托车有限公司 ……… 738
浙江阿波罗运动休闲用品有限公司 … 738
三友控股集团银友摩托车有限公司 … 738
浙江绿源电动车有限公司 …………… 738
浙江弘州摩托车有限公司 …………… 738
福建省晋江市三力机车有限公司 …… 738
厦门厦杏摩托有限公司 ……………… 738
济南轻骑摩托车有限公司 …………… 738
济南大隆机车工业有限公司 ………… 738
山东北易车业有限公司 ……………… 739
山东华日摩托车股份有限公司 ……… 739
山东海戈工贸集团有限公司 ………… 739
龙口洛嘉摩托车有限责任公司 ……… 739
山东寿光万龙实业有限公司 ………… 739
青州大金马摩托车有限公司 ………… 739
东营蒙德金马机车有限公司 ………… 739
德州富路车业有限公司 ……………… 739
山东重骑摩托车(集团)厂 …………… 739
济南轻骑标致摩托车有限公司 ……… 739
济南轻骑铃木摩托车有限公司 ……… 739
福田雷沃国际重工股份有限公司 …… 739
山东先锋摩托车有限公司 …………… 740
河南力之星三轮摩托车制造有限公司 … 740
长葛市鸿舟车业有限公司 …………… 740
舞阳庆福车业有限公司 ……………… 740
洛阳北方企业集团有限公司 ………… 740
洛阳北方易初摩托车有限公司 ……… 740
河南北摩车业有限公司 ……………… 740
河南弘州金洪三轮摩托车有限公司 … 740
河南丰收新能源车辆有限公司 ……… 740
河南富源鑫洋车业有限公司 ………… 740
河南新鸽摩托车有限公司 …………… 740
洛阳北易三轮摩托车有限公司 ……… 740
许昌银翔三轮摩托车有限公司 ……… 740
河南嘉陵三轮摩托车有限公司 ……… 740
重庆银钢科技公司偃师分公司 ……… 741
洛阳珠峰华鹰三轮摩托车有限公司 … 741
洛阳北方大河三轮摩托车有限公司 … 741
洛阳大运三轮摩托车有限公司 ……… 741
株洲建设雅马哈摩托车有限公司 …… 741
湖南南方宇航工业有限公司 ………… 741
广州天马集团天马摩托车有限公司 … 741
广州金城摩托车科技有限公司 ……… 741
广州大运摩托车有限公司 …………… 741
广州广本机车科技有限公司 ………… 741
广州松铃工业有限公司 ……………… 741
广州三雅摩托车有限公司 …………… 741
广州市大阳摩托车有限公司 ………… 741
广州摩托集团有限公司 ……………… 741
重庆隆鑫机车有限公司广东分公司 … 741
广州市番禺华南企业集团 …………… 742
广州天恒机车工业有限公司 ………… 742
广东大联统摩托车有限公司 ………… 742
广州五羊摩托有限公司 ……………… 742
广州峰光机车有限公司 ……………… 742
康超集团广州摩托车制造有限公司 … 742
增城市东阳摩托车实业有限公司 …… 742
增城市奔马实业有限公司 …………… 742
广州豪进摩托车股份有限公司 ……… 742
广州飞肯摩托车有限公司 …………… 742
广州市丰豪摩托车实业有限公司 …… 742
五羊－本田摩托(广州)有限公司 …… 742
广州番禺豪剑摩托车工业有限公司 … 742
广东大福摩托车有限公司 …………… 743
广东大冶摩托车技术有限公司 ……… 743
江门市大长江集团有限公司 ………… 743
江门市中港宝田摩托车实业有限公司 … 743
中山国驰摩托车实业有限公司 ……… 743
广东嘉纳仕科技实业有限公司 ……… 743
佛山市南海区中摩科技有限公司 …… 743
广东陆豪摩托车有限公司 …………… 743
宗申·比亚乔佛山摩托车有限公司 …… 743
佛山市佛斯弟摩托车制造有限公司 … 743
东莞市大裕摩托车有限公司 ………… 743
惠州玛骐摩托车有限公司 …………… 743
广东富兴摩托车实业有限公司 ……… 743
佛山市南海区轻骑摩托车有限公司 … 743
鹤山国机南联摩托车工业有限公司 … 744
长春摩托车工业有限公司江门分公司 … 744
江门气派摩托车有限公司 …………… 744
江门市迪豪摩托车有限公司 ………… 744
江门市宝德摩托车有限公司 ………… 744
江门市华龙摩托车有限公司 ………… 744
江门长华凯特威摩托车有限公司 …… 744
江门华日摩托车配件有限公司 ……… 744
江门市珠峰摩托车有限公司 ………… 744
重庆嘉陵嘉鹏工业有限公司 ………… 744
重庆望江摩托车制造有限公司 ……… 744
重庆新感觉摩托车有限公司 ………… 744
重庆环松科技工业有限公司 ………… 744
重庆银钢科技(集团)有限公司 ……… 745
重庆凯尔摩托车制造有限公司 ……… 745
重庆精通力阳摩托车有限责任公司 … 745
重庆恒胜集团有限公司 ……………… 745
重庆劲扬摩托车工业有限公司 ……… 745
重庆宗申机车工业制造有限公司 …… 745
重庆航天巴山摩托车制造有限公司 … 745
重庆建设摩托车股份有限公司 ……… 745
重庆长铃中德机车工业有限公司 …… 745
重庆力之星机车制造有限责任公司 … 745
力帆实业(集团)股份有限公司 ……… 745
重庆建设？雅马哈摩托车有限公司 … 745
隆鑫通用动力股份有限公司 ………… 745
重庆劲隆摩托车制造有限公司 ……… 746
重庆北易车业有限公司 ……………… 746
重庆光宇摩托车制造有限公司 ……… 746
重庆金城广益三轮摩托车有限公司 … 746
重庆双庆产业集团有限公司 ………… 746
重庆万虎机电有限责任公司 ………… 746
重庆盛时达汽车有限公司 …………… 746
重庆鑫源摩托车股份有限公司 ……… 746
重庆双狮摩托车制造有限公司 ……… 746
重庆大隆宇丰摩托车制造有限公司 … 746
重庆银翔摩托车(集团)有限公司 …… 746
重庆颢晨机械制造有限公司 ………… 746
重庆润通动力制造有限公司 ………… 746
重庆珠峰大江摩托车有限公司 ……… 747
中国嘉陵工业股份有限公司(集团) … 747
西藏新珠峰摩托车有限公司 ………… 747
西藏喜马摩托车有限公司 …………… 747
陕西银翔金元三轮摩托车有限公司 … 747

索引二

汽车零部件生产企业按产品索引

★ 发动机零部件

发动机总成 …… 779
汽缸体、汽缸盖、汽缸套 …… 779
活塞 …… 780
活塞环、活塞销 …… 780
气门、气门组件 …… 781
凸轮轴 …… 782
曲轴、连杆、轴瓦 …… 782
飞轮及其齿圈 …… 783
发动机齿轮、带轮、张紧轮 …… 783
燃油箱 …… 784
滤清器 …… 784
燃油泵、喷油器 …… 786
机油泵 …… 786
化油器、节气门体 …… 787
电喷系统 …… 787
涡轮增压器 …… 787
散热器、中冷器、机油冷却器 …… 787
水泵、节温器 …… 788
风扇、风扇离合器 …… 789
进排气管、消声器 …… 790
催化转换器、尾气净化催化剂及其他 …… 791
发动机支架、软垫、夹箍 …… 791
油底壳、气门室罩 …… 791
其他发动机配件 …… 792

★ 底盘零部件

离合器 …… 793
离合器泵、离合器附件 …… 793
变速器 …… 794
变速器壳体 …… 795
同步器、同步器齿环 …… 795
传动齿轮 …… 795
变速器其他配件 …… 796
减速器、差速器、分动箱、取力器及其配件 …… 796
传动轴、半轴 …… 797
前后桥、桥壳、半轴套管 …… 798
万向节、十字轴 …… 799
悬架总成 …… 800
减振器 …… 800
悬架弹簧 …… 801
其他悬架件（悬架摇臂等） …… 801
钢车轮 …… 802
铝车轮 …… 802
轮毂 …… 802
轮胎 …… 803
车轮附件 …… 804
转向盘 …… 804
转向器 …… 804
转向泵 …… 805
转向拉杆、球头 …… 805
其他转向零件（转向节等） …… 806
制动器 …… 806
制动盘、制动鼓 …… 807
防抱死制动系统（ABS） …… 808
制动泵、真空助力器 …… 808
空压机 …… 809
制动气室、储气筒 …… 809
电涡流缓速器 …… 810
制动阀、制动间隙调整机构等 …… 810
变速、离合、制动操纵装置 …… 810
自卸车液压系统、其他液压件 …… 811
车架、底盘 …… 811
元宝梁、横梁 …… 811
其他底盘件 …… 812

★ 车身零部件

驾驶室、车身 …… 813
车厢 …… 813
车门窗 …… 813
天窗 …… 813
车身结构件、覆盖件 …… 813
车锁 …… 814
车铰链 …… 815
玻璃升降器 …… 815
座椅及其配件 …… 815
安全带、安全气囊 …… 816
汽车玻璃 …… 817
刮水器、洗涤器及其配件 …… 817
汽车镜 …… 818
其他车身附件（空气支撑、门泵等） …… 818
车门内板、顶棚 …… 819
仪表板、保险杠 …… 819
其他车身装饰件 …… 820
空调 …… 821
空调压缩机 …… 822
蒸发器、冷凝器 …… 822
暖风机、鼓风机 …… 823
其他空调配件 …… 823

★ 电子电器零部件

蓄电池 …… 825
电池附件及材料 …… 825

发电机、起动机、微电机、磁电机 …… 825
电机相关配件 …… 827
分电器、点火线圈、点火器 …… 828
火花塞 …… 828
高压点火线 …… 828
汽车灯具、灯泡 …… 829
汽车仪表 …… 830
传感器与警报系统 …… 831
组合开关、点火开关等 …… 832
中央配电盒、继电器、闪光器、电磁阀、电压调节器 …833
点烟器、电阻器 …… 834
熔断器 …… 834
汽车线束、插接器 …… 834
汽车软轴、拉索 …… 835
汽车音响、多媒体 …… 836
汽车喇叭、扬声器 …… 836
汽车天线 …… 837
汽车空调电器元件 …… 837
汽车电子控制系统与模块 …… 837
GPS 导航、巡航系统 …… 837
TPMS 胎压监测系统、汽车行驶记录仪 …… 838
其他汽车电子电器件 …… 838

★ 电动汽车零部件

动力总成系统 …… 839
电机及控制系统 …… 839
动力电池及管理系统 …… 839
充电系统及设备 …… 839
其他电动汽车零部件 …… 839

★ 通用件和相关工业产品

摩擦材料 …… 841
密封件 …… 842
V 带、多楔带等橡胶传动带 …… 844
其他橡胶、塑料制品 …… 844
硬管、软管、波纹管 …… 847
粉末冶金件 …… 849
铸锻件、冲压件 …… 849
标准件、紧固件 …… 851
轴承、轴套 …… 853
弹簧 …… 854
链条、链轮 …… 855
汽车涂料(车漆)、黏合剂 …… 855
油品(油、脂、液) …… 855
汽车金属材料 …… 856
纺织面料、皮革制品 …… 856
其他材料及加工件 …… 857
其他汽车配件 …… 857

★ 汽车用品及工具

防盗报警器、转向盘锁、排挡锁 …… 859
倒车雷达、影像监视系统 …… 859
车载电话、对讲机 …… 859
太阳膜、车身彩条、彩贴 …… 859
护杠、行李架、尾翼、轮眉、大包围、挡泥板等 …859
坐垫、腰靠、座套、窗帘、转向盘套等 …… 860
脚踏垫、地胶、地毯 …… 860
桃木内饰、储物箱 …… 861
儿童座椅 …… 861
车载冰箱 …… 861
光触媒、消毒器、香座、氧吧 …… 861
清洁、美容、护理用品、防冻液 …… 861
其他汽车用品 …… 862
汽车工具 …… 862

★ 制造设备、模具

涂装设备、生产线 …… 863
汽车专用设备 …… 863
机床等通用设备 …… 864
测量设备 …… 865
工业机器人 …… 865
模具 …… 865
刀具、金属加工液 …… 867
打标机、印码设备 …… 867
其他设备及相关服务 …… 867

发动机零部件

◉ 发动机总成

哈尔滨东安汽车发动机制造有限公司 …… 131
一汽解放汽车有限公司无锡柴油机厂 …… 142
陕西北方动力有限责任公司 …… 219
北京北内电控发动机有限公司 …… 115
北京北内有限公司 …… 115
北京北内柴油机有限责任公司 …… 116
北京汽车动力总成有限公司 …… 116
北京福田环保动力股份有限公司 …… 117
北京福田康明斯发动机有限公司 …… 117
天津一汽夏利公司内燃机制造分公司 …… 117
天津一汽丰田发动机有限公司 …… 118
天津雷沃动力有限公司 …… 118
河北华北柴油机有限责任公司 …… 119
石家庄市华腾动力机械有限公司 …… 119
保定长城内燃机制造有限公司 …… 124
山西成功淮海发动机有限公司 …… 124
北方通用动力集团有限公司 …… 124
沈阳新光华晨汽车发动机有限公司 …… 125
沈阳新光华翔汽车发动机有限公司 …… 125
辽沈工业集团有限公司 …… 125
沈阳航天新光集团有限公司 …… 125
沈阳华晨汽车有限公司发动机工厂 …… 126
沈阳航天三菱汽车发动机有限公司 …… 126
大连大机汽车发动机有限公司 …… 126
东风朝阳朝柴动力有限公司 …… 128
一汽解放汽车有限公司发动机分公司 …… 129
长春一汽四环发动机制造有限公司 …… 129
一汽丰田(长春)发动机有限公司 …… 130
哈尔滨东安发动机(集团)有限公司 …… 131
哈尔滨东安汽车动力股份有限公司 …… 131
上海博众汽油机有限公司 …… 132
上海柴油机股份有限公司 …… 132
上海普安柴油机有限公司 …… 132
恒天凯马股份有限公司 …… 132
上海日野发动机有限公司 …… 134
上海幸福瑞贝德动力总成有限公司 …… 136
上海大众动力总成有限公司 …… 137
江苏三迪机车制造有限公司 …… 71
长安福特马自达发动机有限公司 …… 138
常柴股份有限公司 …… 140
常州常武动力机械有限公司 …… 141
无锡冠越精工动力机械有限公司 …… 142
无锡珀金斯芝浦发动机有限公司 …… 142
无锡动力工程股份有限公司 …… 143
无锡市锡联柴油机制造有限公司 …… 144
江苏四达动力机械集团有限公司 …… 145
玉柴再制造工业(苏州)有限公司 …… 145
苏州益方动力机械有限公司 …… 146
江苏江淮动力股份有限公司 …… 147
潍柴动力扬州柴油机有限责任公司 …… 148
中国重汽集团杭州发动机有限公司 …… 151
浙江太阳股份有限公司 …… 152
浙江新柴股份有限公司 …… 152
浙江吉利动力总成有限公司 …… 155
吉利国润汽车有限公司动力分公司 …… 156
吉利汽车有限公司动力分公司二公司 …… 156
浙江荣发动力有限公司 …… 157
浙江新大陆机械有限公司 …… 161
浙江超越实业有限公司 …… 162
星月集团股份有限公司 …… 163
浙江凯吉汽车零部件制造有限公司 …… 163
合肥柴油机制造有限责任公司 …… 175
安徽全柴动力股份有限公司 …… 177
奇瑞发动机公司 …… 178
玉柴联合动力股份有限公司 …… 178
福建力佳股份有限公司 …… 183
江西沃尔福发动机有限公司 …… 183
恒天动力有限公司 …… 183
上海通用东岳汽车有限公司 …… 42
中国重汽集团济南复强动力有限公司 …… 185
济南柴油机股份有限公司 …… 185
潍坊华东发动机有限公司 …… 188
潍坊潍柴培新气体发动机有限公司 …… 188
潍坊潍柴道依茨柴油机有限公司 …… 188
潍柴动力股份有限公司 …… 188
山东华源莱动内燃机有限公司 …… 191
济宁玉柴发动机股份有限公司 …… 194
一拖(洛阳)柴油机有限公司 …… 197
河南柴油机集团有限责任公司 …… 197
东风康明斯发动机有限公司 …… 199
东风汽车有限公司商用车发动机厂 …… 200
湖南长丰动力有限责任公司 …… 201
邵阳神风动力制造有限责任公司 …… 202
东风本田发动机有限公司 …… 203
广汽丰田发动机有限公司 …… 204
广东德力柴油机有限公司 …… 208
广西玉柴机器股份有限公司 …… 209
柳州五菱柳机动力有限公司 …… 209
重庆康明斯发动机有限公司 …… 210
上汽菲亚特红岩动力总成有限公司 …… 210
重庆普耐燃气发动机有限公司 …… 211
重庆宗申动力机械股份有限公司 …… 211
百力通(重庆)发动机有限公司 …… 212
嘉陵-本田发动机有限公司 …… 212
重庆潍柴发动机厂 …… 213
成都成内柴油机公司 …… 214
中航工业成都发动机(集团)有限公司 …… 215
绵阳新晨动力机械有限公司 …… 217
南车玉柴四川发动机股份有限公司 …… 218
昆明云内动力股份有限公司 …… 219
西安康明斯发动机有限公司 …… 219

◉ 汽缸体、汽缸盖、汽缸套

山东大柴缸体缸盖股份有限公司 …… 190
陕西北方动力有限责任公司 …… 219
亚新科铸造(北京)有限公司 …… 115
北京梵驰汽车零部件有限公司 …… 115
北京市科胜内燃机配件制造有限公司 …… 116
北京大林万达汽车部件有限公司 …… 116
天津市龙鑫汇汽车零部件有限公司 …… 119
石家庄沃德内燃机零部件有限公司 …… 119
河北盛驰汽车零部件有限公司 …… 120
石家庄金刚凯源动力科技有限公司 …… 120
石家庄东兴发动机配件有限公司 …… 120
河北瑞丰动力缸体有限公司 …… 120
河北东黄内燃机配件有限公司 …… 121
邢台玉辉汽车缸盖制造有限公司 …… 121
沧州均日缸套有限公司 …… 122
保定华岳汽车零部件制造有限公司 …… 123
衡水格林铸鑫科技有限责任公司 …… 224
唐山龙润机械有限公司 …… 229
保定维德汽车铸件有限公司 …… 231
三联铸造有限公司 …… 124
亚新科国际铸造(山西)有限公司 …… 124
山西阳煤千军汽车部件有限责任公司 …… 124
山西成功淮海发动机有限公司 …… 124
辽宁远朋汽车部件有限公司 …… 124
辽沈工业集团有限公司 …… 125
沈阳航天新光集团有限公司 …… 125
沈阳新光华翔汽车发动机有限公司 …… 125
大连大机汽车发动机有限公司 …… 126
沈阳博龙汽车部件制造有限公司 …… 126
一汽铸造有限公司铸造二厂 …… 129
第一汽车集团铸造有限公司铸造一厂 …… 129
一汽铸造有限公司有色铸造分公司 …… 129
一汽铸造有限公司 …… 130
哈尔滨东安实业发展有限公司 …… 131
上海牛章汽车发动机部件有限公司 …… 133
上海天坤汽车零部件有限公司 …… 133
上海世保车辆配件有限公司 …… 134
上海博龙汽车配件有限公司 …… 135
上海爱仕达汽车零部件有限公司 …… 135
上海大统汽配实业有限公司 …… 137
上海皮尔博格有色零部件有限公司 …… 137
上海荣众内燃机配件有限公司 …… 137
上海海立铸造有限公司 …… 244
南京尼玛克铸铝有限公司 …… 138
南京泰宁铸铁有限公司 …… 138
扬州神驰缸套有限公司 …… 139
华东泰克西汽车铸造有限公司 …… 140
无锡一汽铸造有限公司 …… 144
江苏四达动力机械集团有限公司 …… 145
无锡市博诺机械有限公司 …… 145
江苏爱吉斯海珠机械有限公司 …… 146
远轻铝业(中国)有限公司 …… 146
苏州益方动力机械有限公司 …… 146
扬州五亭桥缸套有限公司 …… 147
江苏松林汽车零部件有限公司 …… 149
江苏新象股份有限公司 …… 149
布雷博(南京)铸造有限公司 …… 573
伟盈精密模具(无锡)有限公司 …… 700
苏州明志科技有限公司 …… 703
杭州余杭中联内燃机配件有限公司 …… 151
杭州恒越机械电器制造有限公司 …… 151
杭州新安江内燃机配件有限公司 …… 152

宁波缸套厂有限公司 …… 156
浙江荣发动力有限公司 …… 157
浙江新大陆机械有限公司 …… 161
台州永裕工业有限公司 …… 161
浙江超越实业有限公司 …… 162
黄岩院桥新兴机械配件厂 …… 162
浙江爱信宏达汽车零部件有限公司 …… 162
浙江凯吉汽车零部件制造有限公司 …… 163
浙江省缙云动力气缸有限公司 …… 163
浙江省缙云县气缸体厂 …… 163
江西省上金科技有限责任公司 …… 163
浙江永康精特缸套有限公司 …… 163
浙江强广剑精密铸造股份有限公司 …… 163
浙江三人机械有限公司 …… 163
浙江开山缸套有限公司 …… 164
瑞安市中建机械配件有限公司 …… 168
温州瑞明工业股份有限公司 …… 168
温岭市东风汽车配件厂 …… 278
安徽白兔湖动力股份有限公司 …… 175
安徽华祥实业有限公司 …… 176
安徽嘉来顿活塞汽配有限公司 …… 177
安徽金佩集团天长缸盖有限公司 …… 177
安徽省恒泰动力科技有限公司 …… 177
芜湖永达科技有限公司 …… 178
芜湖华峰汽车部件有限责任公司 …… 178
芜湖永裕汽车工业有限公司 …… 179
安庆环新集团有限公司 …… 179
安庆帝伯格茨缸套有限公司 …… 179
铜陵万象汽车零部件有限公司 …… 304
福建龙生机械有限公司 …… 181
华闽南配集团股份有限公司 …… 181
厦门理研工业有限公司 …… 182
泉州特库克汽车零部件有限公司 …… 182
泉州市博隆缸套制造厂 …… 182
汇华集团东南汽车缸套有限公司 …… 183
江西澳力特缸套有限公司 …… 184
济南盛丰创力汽车配件有限公司 …… 184
山东熙德机械制造有限公司 …… 185
山东省临清市腾飞动力机械厂 …… 186
山东滨州东海龙活塞有限公司 …… 187
潍坊裕隆机械有限公司 …… 188
山东同强机械有限公司 …… 189
山东银河动力股份有限公司 …… 190
烟台弘立动力机械有限公司 …… 190
莱阳市宝山缸体缸盖有限责任公司 …… 191
烟台富士特汽车配件有限公司 …… 191
烟台万斯特有限公司 …… 191
山东天泽昌大缸盖有限公司 …… 191
山东弘德机械工业有限公司 …… 194
日照双港机械电子有限公司 …… 195
莱州新安达汽车零部件有限公司 …… 318
莱阳市永立精工汽车配件有限公司 …… 322
青岛青特铸造有限公司 …… 324
河南省荥阳市动力机配件厂 …… 195
河南省扶沟大柴动力机械有限公司 …… 196
扶沟县华瑞动力机械有限公司 …… 196
河南天誉动力机械有限公司 …… 196
河南中原吉凯恩气缸套有限公司 …… 196
河南省中原内配股份有限公司 …… 196
河南中轴控股集团股份有限公司 …… 196
安阳市文峰缸套有限责任公司 …… 196
河南省隆力汽缸盖有限公司 …… 196
扶沟恒力缸盖有限公司 …… 197
洛阳古城机械有限公司 …… 197
洛阳百成内燃机配件有限公司 …… 197
武汉武配汽车零部件有限公司 …… 198
东风汽车股份有限公司铸造分公司 …… 199
襄樊市长源东谷实业有限公司 …… 199
东风(十堰)通用铸造有限公司 …… 201
株洲南方宇航电动车辆制造有限公司 …… 97
邵阳神风动力制造有限责任公司 …… 202
株洲湘火炬机械制造有限责任公司 …… 343
美力特发动机汽车配件有限公司 …… 202
东风本田发动机有限公司 …… 203
东风本田汽车零部件有限公司 …… 204
广东肇庆动力金属股份有限公司 …… 206
佛山市阿尔巴马发动机配件有限公司 …… 207
肇庆本田金属有限公司 …… 207
广东肇庆动力配件有限公司 …… 207
东莞宜安科技股份有限公司 …… 647
广东鸿图科技股份有限公司 …… 649
重庆华孚工业股份有限公司 …… 210
重庆普耐燃气发动机有限公司 …… 211
重庆隆鑫动力部件有限公司 …… 211
重庆吉尔法渝美压铸有限公司 …… 212
重庆市仁和压铸有限公司 …… 212
重庆文安机械有限公司 …… 213
重庆红旗缸盖制造有限公司 …… 214
重庆博奥铝镁金属制造有限公司 …… 353
重庆渝江压铸有限公司 …… 353
成都正恒动力配件有限公司 …… 215
成都银河动力股份有限公司 …… 215
成都桐林铸造实业有限公司 …… 216
武胜琛兰机械制造有限公司 …… 217
邻水县精工动力机械厂 …… 217
贵州安吉有色铸造有限责任公司 …… 219

◉ 活塞

山东滨州渤海活塞股份有限公司 …… 187
北京市科胜内燃机配件制造有限公司 …… 116
北京希蔚创投工贸有限公司 …… 116
石家庄沃德内燃机零部件有限公司 …… 119
石家庄金刚凯源动力科技有限公司 …… 120
河北三洋活塞有限公司 …… 121
力源活塞工业股份有限公司 …… 122
沧州精工活塞工业有限公司 …… 122
哈尔滨东安力源活塞有限公司 …… 132
哈飞机电产品制造有限责任公司 …… 374
上海科尔本施密特活塞有限公司 …… 132
上海天坤汽车零部件有限公司 …… 133
上海博龙汽车配件有限公司 …… 135
上海合众工贸实业公司 …… 137
上海荣众内燃机配件有限公司 …… 137
上海大统汽配实业有限公司 …… 137
上海海立铸造有限公司 …… 244
上海胜僖汽车配件有限公司 …… 376
马勒发动机零部件(南京)有限公司 …… 138
江苏常州正兴活塞有限公司 …… 141
江苏四达动力机械集团有限公司 …… 145
扬州星月油泵油嘴有限公司 …… 148
杭州华春汽车活塞有限公司 …… 151
杭州新安江内燃机配件有限公司 …… 152
浙江黎明发动机零部件有限公司 …… 156
玉环富奥动力机械有限公司 …… 159
浙江嘉来顿活塞制造有限公司 …… 166
浙江道森活塞制造有限公司 …… 167
温州奔宇机车部件有限公司 …… 173
温州大统活塞水泵有限公司 …… 174
浙江京信汽车配件有限公司 …… 174
浙江天马活塞工业有限公司 …… 175
安徽同祥机械有限公司 …… 175
安徽华祥实业有限公司 …… 176
安徽省恒泰动力科技有限公司 …… 177
安徽嘉来顿活塞汽配有限公司 …… 177
安庆环新集团有限公司 …… 179
安庆雅德帝伯活塞有限公司 …… 180
安庆帝迈德活塞环制造有限公司 …… 180
合肥华集汽车部件有限公司 …… 299
芜湖泰吉机械有限公司 …… 303
福州泰维克汽车配件有限公司 …… 180
福州钜全汽车配件有限公司 …… 180
福建省建瓯巨力活塞有限公司 …… 181
福州明扬交通器材有限公司 …… 181
华闽南配集团股份有限公司 …… 181
福鼎市鑫龙机械部件有限公司 …… 182
泉州特库克汽车零部件有限公司 …… 182
江西澳力特缸套有限公司 …… 184
山东天一机工活塞环有限公司 …… 184
济南盛丰创力汽车配件有限公司 …… 184
山东熙德机械制造有限公司 …… 185
滨州盟威集团有限公司 …… 187
山东省滨州市特种合金有限公司 …… 187
滨州市鑫力活塞有限责任公司 …… 187
山东滨州东海龙活塞有限公司 …… 187
山东银河动力股份有限公司 …… 190
烟台万斯特有限公司 …… 191
栖霞市银云活塞液压件有限公司 …… 191
龙口市大川活塞有限公司 …… 192
辉门东西(青岛)活塞有限公司 …… 193
曲阜金皇活塞股份有限公司 …… 194
日照金港活塞有限公司 …… 195
日照双港机械电子有限公司 …… 195
河南省中原活塞股份有限公司 …… 196
河南天誉动力机械有限公司 …… 196
武汉武配汽车零部件有限公司 …… 198
东风活塞轴瓦有限公司 …… 201
湖南正圆动力配件有限公司 …… 201
湖南江滨活塞公司 …… 201
株洲湘火炬机械制造有限责任公司 …… 343
湖南长沙南方压铸厂 …… 343
美力特发动机汽车配件有限公司 …… 202
广东肇庆动力配件有限公司 …… 207
佛山市阿尔巴马发动机配件有限公司 …… 207
肇庆本田金属有限公司 …… 207
佛山市顺德区顺发活塞厂 …… 208
山本机车部件(广州)有限公司 …… 523
重庆普耐燃气发动机有限公司 …… 211
重庆市渝北区内燃机配件有限公司 …… 212
马勒发动机零部件(重庆)有限公司 …… 212
成都银河动力股份有限公司 …… 215
四川省内江永杰活塞制造有限公司 …… 218
大理泰兴实业有限公司 …… 219
天水腾跃活塞汽修有限公司 …… 220

◉ 活塞环、活塞销

利泽汽车配件厂 …… 120
石家庄义朋汽车配件厂 …… 120
石家庄金刚凯源动力科技有限公司 …… 120
柳伯安丽活塞环有限公司 …… 123
上海科尔本施密特活塞有限公司 …… 132

上海维纳特气门有限公司 …………… 133
上海天坤汽车零部件有限公司 ……… 133
上海博龙汽车配件有限公司 ……… 135
上海大统汽配实业有限公司 ……… 137
上海乾通汽车附件有限公司 ……… 137
上海荣众内燃机配件有限公司 ……… 137
南京锐鹰活塞环制造有限公司 ……… 138
南京飞燕活塞环股份有限公司 ……… 139
仪征双环活塞环有限公司 …………… 139
日环汽车零部件制造（仪征）公司…… 139
江苏仪征金派内燃机配件有限公司 … 139
南京华勤汽配有限公司 ……………… 139
南京发动机配件厂 …………………… 139
镇江维纳特气门有限公司 …………… 140
常州震洋活塞环有限公司 …………… 141
无锡安尔达机械有限公司 …………… 143
无锡市金阳活塞环厂 ………………… 144
江苏四达动力机械集团有限公司 …… 145
苏州天浩汽车部件有限公司 ……… 146
扬州光辉内燃机配件有限公司 ……… 148
杭州萧象内燃机配件有限公司 ……… 151
杭州双象汽车零部件有限公司 ……… 151
浙江普礼汽配制造有限公司 ……… 153
余姚市舒春机械有限公司 …………… 155
浙江金陶活塞环有限公司 …………… 158
浙江华东活塞环有限公司 …………… 165
瑞安市市星活塞环有限公司 ……… 166
浙江嘉来顿活塞制造有限公司 ……… 166
浙江道森活塞制造有限公司 ……… 167
瑞安市保利达机车配件有限公司 …… 170
浙江三和销轴有限公司 ……………… 171
浙江兰德马克汽车配件有限公司 …… 173
温州威特汽车配件有限公司 ……… 173
浙江显峰汽车配件有限公司 ……… 174
温州大统活塞水泵有限公司 ……… 174
万宏集团有限公司 …………………… 174
浙江京信汽车配件有限公司 ……… 174
玉环博纳汽配有限公司 ……………… 287
浙江罗曼汽车部件有限公司 ……… 614
安徽金庆龙机械制造有限公司 ……… 175
安徽白兔湖动力股份有限公司 ……… 175
安徽嘉来顿活塞汽配有限公司 ……… 177
安庆环新集团有限公司 ……………… 179
安庆帝伯格茨活塞环有限公司 ……… 180
安庆市德奥特汽车零部件有限公司 … 180
安庆帝迈德活塞环制造有限公司 …… 180
福州南配活塞销有限公司 …………… 180
华闽南配集团股份有限公司 ……… 181
莆田市英龙活塞环厂 ………………… 181
福建东亚机械有限公司 ……………… 181
福州明扬交通器材有限公司 ……… 181
泉州鲤城明侨机械配件有限公司 …… 182
厦门理研工业有限公司 ……………… 182
江西戈马实业有限公司 ……………… 183
江西澳力特缸套有限公司 …………… 184
山东天一机工活塞环有限公司 ……… 184
济南盛丰创力汽车配件有限公司 …… 184
山东聊城德润机电科技发展有限公司 … 185
山东熙德机械制造有限公司 ……… 185
山东滨州东海龙活塞有限公司 ……… 187
盛瑞传动股份有限公司 ……………… 188
山东同强机械有限公司 ……………… 189
日照双港机械电子有限公司 ……… 195
信阳贝恩银光活塞销有限公司 ……… 197
武汉全威活塞环有限公司 …………… 197
武汉百事得机械有限公司 …………… 197
理研汽车配件（武汉）有限公司 …… 198
武汉武配汽车零部件有限公司 ……… 198
襄阳新恒星活塞环有限公司 ……… 199
东风（十堰）发动机部件有限公司 …… 200
东风活塞轴瓦有限公司 ……………… 201
湖南正圆动力配件有限公司 ……… 201
湖南长沙南方压铸厂 ………………… 343
株洲湘火炬机械制造有限责任公司 … 343
美力特发动机汽车配件有限公司 …… 202
广州市永友机动车配件有限公司 …… 202
广州一通活塞环有限公司 …………… 203
广东韶配动力机械有限公司 ……… 204
佛山市阿尔巴马发动机配件有限公司 … 207
佛山市顺德区顺发活塞厂 …………… 208
江门长江活塞有限公司 ……………… 208
重庆方圆汽摩配件有限公司 ……… 211
重庆普耐燃气发动机有限公司 ……… 211
重庆海陵活塞环有限公司 …………… 214
重庆长安离合器制造有限公司 ……… 355
四川恒威活塞环有限公司 …………… 218
楚雄活塞销有限公司 ………………… 219

◉ 气门、气门组件

怀集登云汽配股份有限公司 ……… 207
浙江宇太汽车零部件制造有限公司 … 161
钱江弹簧有限公司 ………………… 589
东睦新材料集团股份有限公司 …… 599
天津信特恩粉末冶金有限公司 ……… 118
天津市龙鑫汇汽车零部件有限公司 … 119
天津立洲五金弹簧有限公司 ……… 548
石家庄沃德内燃机零部件有限公司 … 119
利泽汽车配件厂 ……………………… 120
石家庄义朋汽车配件厂 ……………… 120
石家庄金刚凯源动力科技有限公司 … 120
河北盛驰汽车零部件有限公司 ……… 120
石家庄北汽发动机备件有限公司 …… 120
天合汽车零部件（廊坊）有限公司 …… 123
沧州盛世伟业汽车附件有限公司 …… 228
河北隆昌汽车零部件有限公司 ……… 368
欧海密封有限公司 …………………… 553
沈阳航天新光三菱重工气门有限公司 … 126
朝阳东风柴油机配件有限责任公司 … 128
哈尔滨东安实业发展有限公司 ……… 131
上海伊顿发动机零部件有限公司 …… 132
上海气门厂有限公司 ………………… 132
上海维纳特气门有限公司 …………… 133
上海康弗莱尔汽车发动机系统有限公司 … 134
上海广凌气门座有限公司 …………… 135
上海博龙汽车配件有限公司 ……… 135
上海中国弹簧制造有限公司 ……… 572
南京金鼎汽车零部件有限公司 ……… 138
南京发动机配件厂 …………………… 139
江苏仪征金派内燃机配件有限公司 … 139
镇江维纳特气门有限公司 …………… 140
无锡国源机床有限公司 ……………… 143
苏州拓普发动机零部件有限公司 …… 146
苏州多谱路发动机零部件有限公司 … 146
江苏鑫悦汽车零部件有限公司 ……… 147
扬州光辉内燃机配件有限公司 ……… 148
扬州星月油泵油嘴有限公司 ……… 148
泰州市环泰电器有限公司 …………… 148
南通长江汽车配件制造有限公司 …… 149
浙江广驰汽车零部件有限公司 ……… 150
杭州大同大好轴瓦制造有限公司 …… 150
杭州市气门有限公司 ………………… 151
宁波东方动力部件有限公司 ……… 154
余姚市舒春机械有限公司 …………… 155
奉化市动力机械配件有限公司 ……… 156
浙江黎明发动机零部件有限公司 …… 156
临海市伟达汽车部件有限公司 ……… 157
浙江强能动力有限公司 ……………… 158
玉环正隆机械有限公司 ……………… 158
玉环景瑞汽车部件制造有限公司 …… 158
浙江和日摇臂有限公司 ……………… 158
台州威德隆机械有限公司 …………… 158
玉环县天发机械有限公司 …………… 159
浙江省台州气门厂 …………………… 159
玉环鑫源长机械有限公司 …………… 159
玉环县天一摇臂厂 …………………… 160
玉环飞宇汽车配件制造有限公司 …… 160
玉环县昌新机械厂 …………………… 160
浙江泽威摇臂制造有限公司 ……… 161
玉环汇裕汽车零部件有限公司 ……… 161
台州奔迪气门有限公司 ……………… 161
浙江衢州永丰金属制品有限公司 …… 164
温州振瑞汽车配件有限公司 ……… 165
浙江鸿科电气有限公司 ……………… 170
浙江瑞安市南方气门厂 ……………… 172
温州鑫宝汽车配件有限公司 ……… 173
浙江平柴泵业有限公司 ……………… 174
杭州天宝汽车零部件有限公司 ……… 262
浙江申林汽车部件有限公司 ……… 277
隆中控股集团有限公司 ……………… 279
台州盛鹏动力有限公司 ……………… 283
浙江金辉机械有限公司 ……………… 284
玉环金奥丰机械有限公司 …………… 285
台州中元动力机械有限公司 ……… 285
台州意豪转向机有限公司 …………… 286
玉环博纳汽配有限公司 ……………… 287
温州鸿鹏汽配制造有限公司 ……… 299
瑞安市亚星汽车配件有限公司 ……… 491
杭州弹簧有限公司 …………………… 589
浙江伊思灵双第弹簧有限公司 ……… 593
浙江永丰粉末冶金有限公司 ……… 615
安徽同祥机械有限公司 ……………… 175
安徽金庆龙机械制造有限公司 ……… 175
安徽金光机械集团股份有限公司 …… 176
安徽华祥实业有限公司 ……………… 176
桐城市汽车部件有限公司 …………… 176
安徽沃德气门制造有限公司 ……… 178
杰锋汽车动力系统股份有限公司 …… 178
安庆环新集团有限公司 ……………… 179
安庆帝伯粉末冶金有限公司 ……… 180
威兰（泉州）汽车零部件有限公司 …… 182
泉州鲤城明侨机械配件有限公司 …… 182
立洲（福建）弹簧有限公司 ……… 620
樟树市福铃内燃机配件有限公司 …… 184
济南沃博汽车零部件有限公司 ……… 184
济南凯德汽车零部件有限公司 ……… 184
济南盛丰创力汽车配件有限公司 …… 184
济南沃德汽车零部件有限公司 ……… 185
济南利德气门有限公司 ……………… 185
山东聊城德润机电科技发展有限公司 … 185
莱州日进机械有限公司 ……………… 189
山东莱州金泉摇臂有限公司 ……… 189

山东省临朐县精密粉末冶金厂 ……… 190
山东汽车弹簧厂有限公司 ……………… 627
莱州三王粉末冶金有限公司 ………… 628
莱州长和粉末冶金有限公司 ………… 629
龙口车辆油管有限公司 ………………… 631
荥阳市银顺德内燃机配件有限公司 … 195
河南省荥阳市动力机配件厂 ………… 195
河南省荥阳市内燃机配件厂 ………… 195
理研汽车配件(武汉)有限公司 ……… 198
武汉武配汽车零部件有限公司 ……… 198
东风汽车股份有限公司铸造分公司 … 199
江华机械有限公司 ……………………… 199
马勒三环气门驱动(湖北)有限公司 … 199
东风汽车特种商用车公司专用设备厂 … 201
东风(十堰)汽车锻钢件有限公司 …… 339
湖北鑫宝马弹簧有限公司 …………… 638
湖南天雁机械有限责任公司 ………… 202
湖南安福气门股份有限公司 ………… 202
株洲湘火炬机械制造有限责任公司 … 343
广州市永友机动车配件有限公司 …… 202
美力特发动机汽车配件有限公司 …… 202
广州日锻汽门有限公司 ……………… 203
广州旗峰气门厂 ………………………… 203
深圳益宝实业有限公司 ……………… 205
爱三(佛山)汽车部件有限公司 ……… 208
中山市正洲汽门有限公司 …………… 208
广州汽车集团零部件有限公司 ……… 424
广州卫亚汽车零部件有限公司 ……… 644
广州华德汽车弹簧有限公司 ………… 645
佛山名奥弹簧开发有限公司 ………… 649
重庆华孚工业股份有限公司 ………… 210
重庆飞龙江利汽车部件有限公司 …… 210
重庆永丰精锐气门有限公司 ………… 212
重庆创升机械制造有限公司 ………… 213
重庆沃特尔粉末冶金有限公司 ……… 214
重庆三爱海陵实业有限责任公司 …… 214
重庆大东隆腾汽车摩托车气门公司 … 214
重庆驰宇机械制造有限责任公司 …… 351
重庆聚兴交通工业(集团)有限公司 … 352
重庆零一精密机械有限公司 ………… 354
成都天回气门导管制造有限公司 …… 214
绵阳富临精工机械股份有限公司 …… 216
绵阳市天旋气门组件有限公司 ……… 217
四川三鑫南蕾气门座制造有限公司 … 217
宜宾天工机械股份有限公司 ………… 218
隆昌爱朋精密工业有限公司 ………… 360

◉ 凸轮轴

陕西北方动力有限责任公司 ……… 219
北京北内发动机零部件有限公司 …… 116
北京希蔚创投工贸有限公司 ………… 116
辽宁远朋汽车部件有限公司 ………… 124
蒂森克虏伯发动机系统(大连)公司 … 127
凌源鸿益油泵配件有限公司 ………… 128
一汽铸造有限公司 ……………………… 130
上海牛章汽车发动机部件有限公司 … 133
上海蒂森克虏伯汇众汽车零部件公司 … 243
南京泰宁铸铁有限公司 ……………… 138
亚新科凸轮轴(仪征)有限公司 ……… 139
蒂森克虏伯发动机系统(常州)公司 … 141
无锡一汽铸造有限公司 ……………… 144
江苏万力机械股份有限公司 ………… 149
江苏联升汽车部件有限公司 ………… 249
杭州恒越机械电器制造有限公司 …… 151
浙江龙虎锻造有限公司 ……………… 153
玉环县天发机械有限公司 …………… 159
浙江新大陆机械有限公司 …………… 161
浙江凯吉汽车零部件制造有限公司 … 163
江西省上金科技有限责任公司 ……… 163
温州冠顺汽配凸轮轴制造有限公司 … 165
宁波圣龙(集团)有限公司 …………… 598
玉环沈泰汽车机械有限公司 ………… 610
安徽金马凸轮轴制造有限公司 ……… 175
安徽金光机械集团股份有限公司 …… 176
安徽华祥实业有限公司 ……………… 176
泉州鲤城明侨机械配件有限公司 …… 182
泉州洛江远东凸轮轴厂 ……………… 182
厦门理研工业有限公司 ……………… 182
福州精邦机械有限公司 ……………… 305
江西同欣机械制造有限公司 ………… 184
盛瑞传动股份有限公司 ……………… 188
河南中轴控股集团股份有限公司 …… 196
河南中轴中汇汽车零部件有限公司 … 196
湖北新冶钢汽车零部件有限公司 …… 198
荆州环宇汽车零部件有限公司 ……… 198
湖北威风汽车配件股份有限公司 …… 199
东风(十堰)发动机部件有限公司 …… 200
东风佳华汽车部件有限公司 ………… 201
长沙西诚凸轮轴制造有限公司 ……… 201
南岳电控(衡阳)工业技术有限公司 … 202
东风本田汽车零部件有限公司 ……… 204
广州市盖普汽车配件有限公司 ……… 346
重庆华孚工业股份有限公司 ………… 210
四川银钢一通凸轮轴科技股份公司 … 210
重庆金桥机器制造有限责任公司 …… 213
重庆西源凸轮轴有限公司 …………… 213
重庆驰宇机械制造有限责任公司 …… 351
成都西菱动力科技股份有限公司 …… 214
中汽成都配件有限公司 ……………… 215
绵阳华晨瑞安汽车零部件有限公司 … 217

◉ 曲轴、连杆、轴瓦

内江金鸿曲轴有限公司 ……………… 218
桂林福达集团有限公司 ……………… 209
陕西北方动力有限责任公司 ………… 219
北京北内发动机零部件有限公司 …… 116
天津信特恩粉末冶金有限公司 ……… 118
天津丰田汽车锻造部件有限公司 …… 223
石家庄市东方轴瓦有限公司 ………… 119
河北盛驰汽车零部件有限公司 ……… 120
石家庄东兴发动机配件有限公司 …… 120
石家庄金刚凯源动力科技有限公司 … 120
河北东黄内燃机配件有限公司 ……… 121
南宫市精强连杆有限公司 …………… 122
迁西奥帝爱机械铸造有限公司 ……… 123
承德苏垦银河连杆股份有限公司 …… 123
衡水格林铸鑫科技有限责任公司 …… 224
定州市孟生球铁有限公司 …………… 232
山西模范机械铸造有限公司 ………… 124
山西锻造厂 ……………………………… 124
山西汤荣汽车配件制造集团有限公司 … 232
辽宁远朋汽车部件有限公司 ………… 124
辽宁顺兴重型内燃机曲轴有限公司 … 126
盖州市银环轴瓦有限责任公司 ……… 126
辽阳市富祥曲轴有限公司 …………… 126
马勒发动机零部件(营口)有限公司 … 126
盖州市汽车轴瓦有限责任公司 ……… 126
鞍山千华轴瓦制造有限公司 ………… 126
辽宁北方曲轴有限公司 ……………… 127
辽宁五一八内燃机配件有限公司 …… 127
辽宁戈梅达曲轴有限公司 …………… 128
鞍山太阳锻造实业有限公司 ………… 234
一汽巴勒特锻造(长春)有限公司 …… 128
一汽铸造有限公司 ……………………… 130
白城中一精锻股份有限公司 ………… 131
哈尔滨东安实业发展有限公司 ……… 131
哈尔滨千秋实业有限公司 …………… 131
哈飞机电产品制造有限责任公司 …… 374
上海牛章汽车发动机部件有限公司 … 133
上海祥生贝克轴瓦有限公司 ………… 134
上海博龙汽车配件有限公司 ………… 135
上海爱知锻造有限公司 ……………… 137
曼胡默尔滤清器(上海)有限公司 …… 137
上海前进轴瓦有限公司 ……………… 138
上海交运集团股份有限公司 ………… 243
上海海立铸造有限公司 ……………… 244
上海长特锻造有限公司 ……………… 244
蒂森克虏伯发动机零部件(中国)公司 … 138
马勒发动机零部件(南京)有限公司 … 138
南京泰宁铸铁有限公司 ……………… 138
江苏苏美达德隆汽车部件有限公司 … 139
江苏沃得机电有限公司 ……………… 140
常州远东连杆集团有限公司 ………… 141
无锡市迈特动力机械有限公司 ……… 142
无锡市月亮轴瓦有限公司 …………… 142
无锡一汽铸造有限公司 ……………… 144
无锡明宇机械有限公司 ……………… 145
江苏四达动力机械集团有限公司 …… 145
苏州拓普发动机零部件有限公司 …… 146
扬州市亚王曲轴厂 …………………… 148
江苏万力机械股份有限公司 ………… 149
江苏富通轴瓦股份有限公司 ………… 149
江苏省兴化市飞亚轴瓦有限公司 …… 149
江苏飞月轴瓦有限公司 ……………… 149
江苏松林汽车零部件有限公司 ……… 149
乔治费歇尔汽车产品(苏州)有限公司 … 254
麦特达因(苏州)汽车部件有限公司 … 254
昆山正大新成精密锻造有限公司 …… 255
特瑞科汽车系统(苏州)有限公司 …… 395
南京汽车锻造有限公司 ……………… 573
布雷博(南京)铸造有限公司 ………… 573
杭州轴瓦有限公司 ……………………… 150
杭州大同大好轴瓦制造有限公司 …… 150
杭州江南曲轴有限公司 ……………… 150
杭州九龙机械制造有限公司 ………… 150
杭州萧闻曲轴有限公司 ……………… 151
杭州钱王机械配件有限公司 ………… 151
杭州万里曲轴有限公司 ……………… 151
杭州恒越机械电器制造有限公司 …… 151
杭州萧山汽车滤清器有限公司 ……… 151
杭州万达曲轴有限公司 ……………… 151
浙江万鑫动力机械有限公司 ………… 152
浙江太阳股份有限公司 ……………… 152
浙江金兰汽车零部件有限公司 ……… 153
宁波市镇海邵氏超越离合器有限公司 … 153
宁波市镇海奇正发动机部件有限公司 … 154
慈溪市华表机械有限公司 …………… 155
宁波凯达轴瓦有限公司 ……………… 156
宁波北仑澳威斯轴瓦有限公司 ……… 156
宁波索立得滑动轴承有限公司 ……… 156

宁波轴瓦厂 …… 156
浙江长宏机电有限公司 …… 157
玉环县强力件制造厂 …… 158
大江(玉环)机械制造有限公司 …… 159
浙江新大陆机械有限公司 …… 161
台州宏鑫曲轴有限公司 …… 162
永康市广园汽车配件有限公司 …… 163
江西省上金科技有限责任公司 …… 163
浙江龙翔曲轴有限公司 …… 163
浙江凯吉汽车零部件制造有限公司 …… 163
浙江强广剑精密铸造股份有限公司 …… 163
温州方圆锻造有限公司 …… 165
浙江一铭机车部件有限公司 …… 167
瑞安市保利达机车配件有限公司 …… 170
瑞安市华东锻造有限公司 …… 172
温州东欧汽车轴瓦有限公司 …… 173
温州科达汽车轴瓦有限公司 …… 173
万宏集团有限公司 …… 174
浙江京信汽车配件有限公司 …… 174
温州华康汽车配件有限公司 …… 174
浙江瑞朗锻造有限公司 …… 268
余姚市宏瑞汽车零部件有限公司 …… 274
玉环登福机械有限公司 …… 283
浙江金辉机械有限公司 …… 284
瑞安市长城齿轮厂 …… 295
浙江昌利锻造有限公司 …… 298
瑞安市龙虎锻造有限公司 …… 298
温州鸿鹏汽配制造有限公司 …… 299
瑞安市荣邦汽车部件有限公司 …… 410
浙江中达精密部件股份有限公司 …… 596
浙江正昌锻造股份有限公司 …… 613
温州三联锻造有限公司 …… 615
合肥中科汽配制造有限公司 …… 175
安徽白兔湖动力股份有限公司 …… 175
安徽华祥实业有限公司 …… 176
芜湖航天汽车连杆有限公司 …… 178
芜湖三联锻造有限公司 …… 178
安徽科达汽车轴瓦有限公司 …… 179
芜湖美达机电实业有限公司 …… 179
安徽省合肥汽车锻件有限责任公司 …… 616
福建省将乐三华轴瓦股份有限公司 …… 181
福州明扬交通器材有限公司 …… 181
福建华泰汽配工业股份有限公司 …… 181
福鼎市鑫龙机械部件有限公司 …… 182
正道汽车配件(福州)有限公司 …… 305
福建利龙汽配锻造有限公司 …… 310
江西省苏达轴瓦有限公司 …… 183
江西辉业曲轴连杆制造有限公司 …… 184
江西省安源万向实业有限公司 …… 311
中国重汽集团济南复强动力有限公司 …… 185
山东润源实业有限公司 …… 186
山东省临清市盛旺曲轴厂 …… 186
山东鲁联机械制造有限公司 …… 186
滨州海得曲轴有限责任公司 …… 187
山东滨州东海龙活塞有限公司 …… 187
盛瑞传动股份有限公司 …… 188
潍坊宏强汽车零部件有限公司 …… 188
烟台大丰轴瓦有限责任公司 …… 189
烟台亨圆隆汽车配件有限公司 …… 189
大丰工业(烟台)有限公司 …… 190
天润曲轴股份有限公司 …… 190
青岛青山机械有限公司 …… 193
青岛德盛机械制造有限公司 …… 193
山东连杆总厂 …… 194
山东富利源汽车弹簧有限公司 …… 314
山东金马工业集团股份有限公司 …… 328
南阳市红阳车用配件有限公司 …… 197
公安县铜套有限公司 …… 198
荆州环宇汽车零部件有限公司 …… 198
武汉武配汽车零部件有限公司 …… 198
东风汽车股份有限公司铸造分公司 …… 199
襄樊市长源东谷实业有限公司 …… 199
东风锻造有限公司 …… 200
东风佳华汽车部件有限公司 …… 201
东风活塞轴瓦有限公司 …… 201
湖北三环锻造有限公司 …… 338
湖北神力锻造有限责任公司 …… 342
湘潭市东风曲轴制造有限公司 …… 201
中航飞机起落架有限责任公司 …… 343
长沙宝泰克传动技术有限公司 …… 343
美力特发动机汽车配件有限公司 …… 202
广州安达精密工业股份有限公司 …… 203
东风本田汽车零部件有限公司 …… 204
广东韶配动力机械有限公司 …… 204
广东四会实力连杆有限公司 …… 207
佛山市阿尔巴马发动机配件有限公司 …… 207
江门长江活塞有限公司 …… 208
本田汽车零部件制造有限公司 …… 349
广州市铄金机电有限公司 …… 643
玉林市成鑫机械有限责任公司 …… 209
广西玉林玉柴机器配件制造有限公司 …… 209
桂林市奥龙机械有限公司 …… 652
重庆明达机车配件制造有限公司 …… 210
四川银钢一通凸轮轴科技股份公司 …… 210
重庆佳利德汽车部件有限公司 …… 211
重庆创升机械制造有限公司 …… 213
重庆都成荣锋机械制造有限公司 …… 213
重庆市云阳曲轴有限责任公司 …… 214
重庆驰宇机械制造有限责任公司 …… 351
重庆望江铸造有限公司 …… 352
重庆大江杰信锻造有限公司 …… 431
重庆江东机械有限责任公司 …… 727
成都西菱动力科技股份有限公司 …… 214
成都飞亚曲轴有限公司 …… 215
四川阳光机械集团有限公司 …… 216
四川绵竹鑫坤机械制造有限责任公司 …… 216
四川中胜实业集团有限公司 …… 217
恩比贝克飞虹汽车零部件(四川)公司 …… 217
四川内江雨田机械制造有限公司 …… 217
四川宜宾普什汽车零部件有限公司 …… 218
四川内江富鹏机械制造有限公司 …… 218
云南西仪工业股份有限公司 …… 218
云南师宗云师轴瓦有限责任公司 …… 656
贵阳白云合金熔铸厂 …… 219
青海洁神曲轴有限责任公司 …… 220

◉ 飞轮及其齿圈

北京日进汽车系统有限公司 …… 222
高丘六和(天津)工业有限公司 …… 118
石家庄泽群汽车配件有限公司 …… 120
石家庄东兴发动机配件有限公司 …… 120
河北瑞丰动力缸体有限公司 …… 120
衡水格林铸鑫科技有限责任公司 …… 224
河北春风铸造有限责任公司 …… 225
邢台市康辉汽车配件厂 …… 225
唐山龙润机械有限公司 …… 229
廊坊科森电器有限公司 …… 443
亚新科国际铸造(山西)有限公司 …… 124
朝阳东风柴油机配件有限责任公司 …… 128
一汽铸造有限公司 …… 130
吉林大华机械制造有限公司 …… 130
东北工业集团有限公司 …… 240
吉林省博锱机械制造有限责任公司 …… 241
萨克斯汽车零部件系统(上海)公司 …… 243
无锡市迈特动力机械有限公司 …… 142
无锡一汽铸造有限公司 …… 144
江苏江旭铸造集团有限公司 …… 145
无锡市博诺机械有限公司 …… 145
江苏松林汽车零部件有限公司 …… 149
无锡和大精密齿轮有限公司 …… 252
富士和机械工业(昆山)有限公司 …… 255
杭州九龙机械制造有限公司 …… 150
温州奔宇机车部件有限公司 …… 173
浙江万邦汽车动力系统有限公司 …… 282
玉环荣达机械有限公司 …… 285
安徽省辉煌机械制造有限公司 …… 301
铜陵万象汽车零部件有限公司 …… 304
福州六和机械有限公司 …… 305
樟树市福铃内燃机配件有限公司 …… 184
盛瑞传动股份有限公司 …… 188
潍坊万丰飞轮齿圈制造有限公司 …… 188
昌邑市华龙汽配制造有限公司 …… 189
宏昌汽配制造有限公司 …… 189
山东同强机械有限公司 …… 189
青岛金环汽配制造有限公司 …… 192
青岛建新齿圈有限公司 …… 192
青岛鑫信齿圈厂 …… 193
青岛海之冠汽车配件制造有限公司 …… 193
聊城市东海铸锻有限公司 …… 314
烟台三星制动盘有限公司 …… 318
山东昊安汽车部件制造有限公司 …… 321
龙口市裕东机械制造厂 …… 323
扶沟恒力缸盖有限公司 …… 197
河南龙鼎铸业股份有限公司 …… 331
林州市华龙汽车底盘部件厂 …… 331
西峡县西泵特种铸造有限公司 …… 333
荆州环宇汽车零部件有限公司 …… 198
襄樊市长源东谷实业有限公司 …… 199
襄阳京泰汽配有限责任公司 …… 199
东风(十堰)发动机部件有限公司 …… 200
湖北丹江口志成铸造有限公司 …… 201
仙桃市天轮机械有限公司 …… 335
十堰巨名好特汽车备件制造有限公司 …… 340
湖北兴升科技发展有限公司 …… 342
新兴重工湖北三六一一机械有限公司 …… 639
湖南恒裕汽车零部件有限公司 …… 202
广西金创汽车零部件制造有限公司 …… 209
广西玉林玉柴机器配件制造有限公司 …… 209
广西奥特帕斯机械有限公司 …… 209
柳州正菱集团有限公司 …… 350
重庆光大产业有限公司 …… 212
重庆海通机械制造有限公司 …… 213
重庆长安离合器制造有限公司 …… 355
武胜琛兰机械制造有限公司 …… 217
四川内江雨田机械制造有限公司 …… 217
四川内江富鹏机械制造有限公司 …… 218
成都鑫飞跃达制动系统有限公司 …… 356

◉ 发动机齿轮、带轮、张紧轮

东风汽车车轮有限公司 …… 341

北京高孚旋压科技有限责任公司 …… 117
北京第三纺织机械有限公司 …… 365
天津市龙鑫汇汽车零部件有限公司 … 119
河北德纳V型轮有限公司 …… 120
衡水格林铸鑫科技有限责任公司 …… 224
饶阳县京联机械制造有限公司 …… 225
香河凯华齿轮有限公司 …… 230
重汽集团大同齿轮有限公司 …… 124
大连创新齿轮箱制造有限公司 …… 127
锦州华一旋压技术有限公司 …… 445
白城宏帝达汽车齿轮有限公司 …… 242
上海贝尼汽车科技有限公司 …… 134
上海拖拉机内燃机公司油嘴油泵厂 … 137
无锡泰辰机械设备有限公司 …… 142
无锡市扬名内燃机配件有限公司 …… 142
无锡永凯达齿轮有限公司 …… 144
无锡市博诺机械有限公司 …… 145
吴月齿轮制造有限公司 …… 146
江苏爱尔特实业有限公司 …… 149
南通江华机械有限公司 …… 149
常州太湖齿轮厂 …… 251
慕贝尔汽车部件(太仓)有限公司 …… 255
南京金牛机械制造股份有限公司 …… 573
浙江精盾汽车零件制造有限公司 …… 152
宁波舜江汽车部件制造有限公司 …… 155
浙江东星汽车部件有限公司 …… 157
临海市伟达汽车部件有限公司 …… 157
玉环正隆机械有限公司 …… 158
玉环县天发机械有限公司 …… 159
台州耀强汽车零部件制造有限公司 … 159
台州晨辉机械制造有限公司 …… 159
台州亚格机械有限公司 …… 160
玉环飞宇汽车配件制造有限公司 …… 160
玉环县源光机械制造厂 …… 160
温州市南亚汽车配件有限公司 …… 165
瑞安市盖次汽车传动系统有限公司 … 166
瑞安市庆源汽车部件有限公司 …… 167
温州天纳福汽车轴承有限公司 …… 168
温州奔宇机车部件有限公司 …… 173
温州萨博汽车零部件有限公司 …… 174
温州华康汽车配件有限公司 …… 174
杭州康新轴承制造有限公司 …… 261
浙江鑫泽机械有限公司 …… 282
玉环远豪机械有限公司 …… 284
玉环伟茂齿轮传动制造有限公司 …… 285
温州鸿鹏汽配制造有限公司 …… 299
湖州埭溪振华工贸有限公司 …… 398
温州宝尔特汽车部件有限公司 …… 408
瑞安市金鹏电器厂 …… 495
瑞安市博莱汽车部件有限公司 …… 501
海盐猛凌汽车配件有限公司 …… 598
宁波贝递同步带有限公司 …… 600
台州千钧阀门有限公司 …… 609
永康永强汽配有限公司 …… 611
浙江环宇轴承有限公司 …… 612
温州双剑工业集团东方汽车配件厂 … 614
合肥中科汽配制造有限公司 …… 175
芜湖金源机械制造有限公司 …… 178
六安金霞齿轮有限公司 …… 300
六安市强大齿轮有限公司 …… 300
六安市龙祥齿轮有限公司 …… 301
六安江淮永达机械制造有限公司 …… 301
芜湖玉泰汽车制动有限公司 …… 302
安徽明雁齿轮有限公司 …… 304
安徽省宏瑞泰达机械科技有限公司 … 617
龙岩阿赛特汽车零部件制造有限公司 … 183
潍坊宏强汽车零部件有限公司 …… 188
栖霞市银云活塞液压件有限公司 …… 191
青岛富高科汽车配件有限公司 …… 193
山东麟城齿轮有限公司 …… 194
韩瑞汽车零部件(青岛)有限公司 …… 324
莱州长和粉末冶金有限公司 …… 629
河南省长葛市劲翔汽车配件厂 …… 332
襄阳京泰汽配有限责任公司 …… 199
东风(十堰)发动机减震器有限公司 … 200
湖北亚川汽车齿轮集团有限公司 …… 335
湖北神马齿轮制造有限公司 …… 337
十堰市郧齿汽车零部件有限公司 …… 342
东风(十堰)汽车冲压件有限公司 …… 640
东风汽车有限公司刃量具厂 …… 718
广州市永友机动车配件有限公司 …… 202
东莞市国旋机械设备有限公司 …… 205
桂盟链条(深圳)有限公司 …… 647
柳州市龙杰汽车配件有限责任公司 … 210
重庆华孚工业股份有限公司 …… 210
重庆市星极齿轮有限责任公司 …… 356
重庆市巨力冶金制品有限公司 …… 653
重庆江洲粉末冶金科技有限公司 …… 654
成都西菱动力科技股份有限公司 …… 214
成都宁良实业有限公司 …… 215
成都市泽仁实业有限责任公司 …… 215
成都嘉陵华西光学精密机械有限公司 … 216
四川巴斯迪科新技术发展有限公司 … 216
成都市金蓉齿轮有限责任公司 …… 356
中车集团四川丹齿零部件有限公司 … 358
隆昌爱朋精密工业有限公司 …… 360
宝鸡法士特齿轮有限责任公司 …… 362

◉ 燃油箱

北京同创汽车部件有限公司 …… 545
天津市神驰汽车零部件有限公司 …… 117
天津市骏盛汽车油箱有限公司 …… 118
天津双叶协展机械有限公司 …… 118
河北三河市永兴福利汽车配件厂 …… 123
唐山丞起汽车零部件有限公司 …… 229
香河港龙汽车配件制造有限公司 …… 230
金发汽车钢圈制造有限公司 …… 125
长春考泰斯兰宝塑料制品有限公司 … 130
吉林辉虎环保设备有限公司 …… 130
考泰斯(上海)塑料技术有限公司 …… 132
上海陈立实业有限公司 …… 376
上海洳峰汽车塑料有限公司 …… 381
南京南汽冲压件有限公司 …… 138
凯迩必液压工业(镇江)有限公司 …… 140
扬州市长运汽车油箱制造有限公司 … 148
亚普汽车部件股份有限公司 …… 148
江苏晨宇车业有限公司 …… 384
丹阳市汽车配件五厂 …… 386
常州永庆车辆配件有限公司 …… 390
常州市海霞车辆配件厂 …… 390
常州市黄河车灯有限公司 …… 463
湖州佳士汽车配件有限公司 …… 153
嘉善嘉银汽车油箱厂 …… 153
恒勃控股股份有限公司 …… 162
瑞安市石林车辆部件有限公司 …… 170
浙江华夏汽车部件有限公司 …… 172
万向集团公司 …… 261
湖州埭溪振华工贸有限公司 …… 398
浙江海特橡塑有限公司 …… 610
合肥江河汽车零部件有限公司 …… 175
蚌埠市康联汽车配件厂 …… 176
蚌埠通达汽车零部件有限公司 …… 176
芜湖亚奇汽车部件有限公司 …… 178
芜湖顺荣汽车部件股份有限公司 …… 179
安徽万瑞汽车零部件有限公司 …… 180
南昌江铃华翔汽车零部件有限公司 … 183
山东新金发汽车零部件有限公司 …… 185
潍坊众谊汽车配件有限公司 …… 188
诸城市海得威机械有限公司 …… 189
青岛普天汽车配件有限公司 …… 193
山东泰利汽车部件有限公司 …… 319
山东泰丰汽车底盘制造有限公司 …… 320
山东众力液压技术有限公司 …… 328
武汉亚普汽车部件有限公司 …… 197
英瑞杰汽车系统(武汉)有限公司 …… 198
八千代工业(武汉)有限公司 …… 198
湖北福纳车业有限公司 …… 200
湖北通达汽车零部件(集团)有限公司 … 200
湖南长丰汽车零部件有限责任公司 … 202
湖南奔陆车身制造有限公司 …… 423
考泰斯(广州)塑料技术有限公司 …… 203
广州市花都东捷实业有限公司 …… 203
八千代工业(中山)有限公司 …… 208
利宾来塑胶工业(深圳)有限公司 …… 647
重庆青辰电器仪表有限公司 …… 213
重庆华达汽车配件制造有限公司 …… 213
重庆益弘工程塑料制品有限公司 …… 652
成都陵川特种工业有限责任公司 …… 215
成都陵川车用油箱有限公司 …… 215
成都市泽仁实业有限责任公司 …… 215
泸州北方化学工业有限公司 …… 218
陕西德仕汽车部件(集团)有限公司 … 219

◉ 滤清器

北京首拓汽车滤清器制造有限公司 … 115
北京联飞翔科技股份有限公司 …… 115
北京市国兴汽车油泵制造有限公司 … 117
北京嘉华汽车技术发展有限公司 …… 546
天津丰田纺汽车部件有限公司 …… 118
天津市利顺达滤清器有限公司 …… 119
马勒东炫滤清器(天津)有限公司 …… 119
河北安平虎栋滤芯厂 …… 120
河北省九森滤芯材料厂 …… 120
安平县华瑞滤清器厂 …… 120
清河县瑞杰滤清器有限公司 …… 121
清河县传诚汽车零部件有限公司 …… 121
河北昊天滤清器制造有限公司 …… 121
邢台洁力滤清器厂 …… 121
河北鹏立滤清器厂 …… 121
河北亿利橡塑集团有限公司 …… 121
河北亿利滤清器有限公司 …… 121
河北越豹滤清器有限公司 …… 121
河北蓝天汽车消声器有限责任公司 … 122
邢台翔通机械制造有限公司 …… 122
廊坊博众过滤器材有限公司 …… 123
廊坊生光滤清器有限公司 …… 123
河北雅佳驰汽车零部件制造有限公司 … 228
新南风加热制冷(沧州)有限公司 …… 368
清河景丰汽车配件有限公司 …… 441
石家庄柯林滤纸有限公司 …… 550

河北省华意机械附件有限公司 ········ 551
新河县华兴机械制造有限公司 ········ 553
沈阳北泰滤清器制造有限责任公司 ··· 125
沈阳玄潭汽车部件有限公司 ············ 125
长春曼胡默尔富维滤清器有限公司 ··· 129
长春科德宝·宝翎滤清器有限公司 ··· 130
马勒东炫滤清器天津公司长春分公司 ··· 130
长春一汽车城零部件制造有限公司 ··· 238
长春一汽富维汽车零部件股份公司 ··· 371
白城市汽车压铸件有限责任公司 ······ 563
哈尔滨天朗汽车配件有限公司 ········ 131
哈尔滨瑞成滤清器有限公司 ············ 131
康明斯滤清系统(上海)有限公司 ······ 133
上海弗列加滤清器有限公司 ············ 133
QAP 汽车工业(中国)有限公司 ········ 134
上海马勒滤清系统有限责任公司 ······ 134
上海可立洁汽车配件有限公司 ········ 135
上海双宇汽车部件制造有限公司 ······ 135
上海翰洁汽车零部件有限公司 ········ 135
上海珠铃汽车配件厂 ······················ 136
上海欧菲滤清器有限公司 ··············· 136
意奔玛集团有限公司 ······················ 136
上海昊牌汽车零部件有限公司 ········ 136
上海日欣汽车滤清器有限公司 ········ 136
上海日都汽车配件有限公司 ············ 136
上海东灿汽车配件有限公司 ············ 136
上海永红汽车零部件有限公司 ········ 137
曼胡默尔滤清器(上海)有限公司 ······ 137
爱克赛路科技(上海)有限公司 ········ 243
上海联谊汽车拖拉机工贸有限公司 ··· 246
上海飞特亚空气过滤有限公司 ········ 567
马勒发动机零部件(南京)有限公司 ··· 138
丹阳市常盛机械有限公司 ··············· 140
唐纳森(无锡)过滤器有限公司 ········ 142
江苏奥斯特滤清器有限公司 ············ 145
汉格斯特滤清系统(昆山)有限公司 ··· 146
飞得滤机(苏州)有限公司 ··············· 146
NGK(苏州)环保陶瓷有限公司 ········ 146
江苏春光汽车配件有限公司 ············ 147
扬州市邗江开元滤清器厂 ··············· 148
泰兴市江虹汽车零部件有限公司 ······ 149
江苏优冠汽车配件有限公司 ············ 149
无锡市德力液压有限公司 ··············· 252
常州市鹏源塑业有限公司 ··············· 389
江苏天聚灯业有限公司 ··················· 458
科德宝·宝翎无纺布(苏州)有限公司 ··· 582
利富高(江苏)精密树脂制品公司 ······ 586
江苏天骄汽车配套有限公司 ············ 702
杭州佳诺滤清器有限公司 ··············· 150
浙江瑞洲汽配制造有限公司 ············ 152
浙江威泰汽配有限公司 ··················· 153
浙江海德曼过滤技术有限公司 ········ 153
宁波正利汽车部件有限公司 ············ 153
慈溪市盛银汽配有限公司 ··············· 154
慈溪市玉龙汽车风叶有限公司 ········ 155
宁波方圆汽摩发展有限公司 ············ 155
慈溪市华侨汽车油泵厂 ··················· 155
慈溪市安卡汽车零部件有限公司 ······ 155
舟山神鹰车辆配件制造厂 ··············· 156
临海市江南内燃机附件厂 ··············· 157
临海市环流汽配制造有限公司 ········ 157
台州京宝汽车零部件有限公司 ········ 157
温岭市航泰机电设备厂 ··················· 157
恒勃控股股份有限公司 ··················· 162
浙江圣峰汽车部件有限公司 ············ 163
浙江菲尔马滤清器有限公司 ············ 164
浙江三田滤清器有限公司 ··············· 164
温州市泰姆勒汽车滤清器有限公司 ··· 165
温州精工滤清器有限公司 ··············· 165
温州市国鹰汽车电喷系统有限公司 ··· 165
温州市瑞派汽车配件有限公司 ········ 165
温州市富豪滤清器有限公司 ············ 165
温州市世特汽配有限公司 ··············· 165
瑞安市冠立机车部件有限公司 ········ 166
瑞安市三凌滤清器有限公司 ············ 166
瑞安市中本车业配件有限公司 ········ 166
温州雷冠汽配有限公司 ··················· 167
浙江环球滤清器有限公司 ··············· 167
温州新星滤清器有限公司 ··············· 167
瑞安市宝捷汽车配件有限公司 ········ 167
瑞安市大禾滤清器有限公司 ············ 167
瑞安市奥凯嘉汽车科技有限公司 ······ 168
瑞安市万里程滤清器有限公司 ········ 168
浙江星昊滤清器有限公司 ··············· 168
浙江福茂德汽车滤清器有限公司 ······ 168
温州市仁谦汽车油泵有限公司 ········ 169
瑞安市超骏汽配有限公司 ··············· 169
瑞安市圣水滤清器有限公司 ············ 169
温州市远泰汽车零部件有限公司 ······ 169
浙江东原机车部件有限公司 ············ 169
瑞安市丰华汽车电器有限公司 ········ 170
瑞安市石林车辆部件有限公司 ········ 170
瑞安市东联滤清器有限公司 ············ 170
瑞安市金溢丰滤清器制造有限公司 ··· 170
瑞安市金晶滤清器有限公司 ············ 171
泰峰滤清器有限公司 ······················ 171
温州昊泰汽车零部件有限公司 ········ 171
浙江振威滤清器有限公司 ··············· 171
双宇集团有限公司 ························· 172
瑞安市景鸿汽车部件有限公司 ········ 172
浙江华夏汽车部件有限公司 ············ 172
浙江骏龙汽车配件有限公司 ············ 172
瑞安市晨豹滤清器有限公司 ············ 172
瑞安市威凯斯滤清器厂 ··················· 172
瑞安市富强汽车配件厂 ··················· 172
浙江美星热交换科技有限公司 ········ 172
浙江永钰过滤系统有限公司 ············ 172
浙江鸿锐汽配股份有限公司 ············ 173
浙江隆华机械有限公司 ··················· 173
瑞安市思普达汽配有限公司 ············ 173
浙江方向汽车零部件有限公司 ········ 279
浙江欧瑞泰汽配有限公司 ··············· 297
浙江中铁机车部件有限公司 ············ 297
温岭市恒发空调部件有限公司 ········ 403
温州林泰汽车配件有限公司 ············ 410
海盐县爱建汽车电器有限责任公司 ··· 477
宁波 Skyward 工业有限公司 ············ 485
瑞安市安庆机动车配件有限公司 ······ 494
瑞安市长征汽车电器厂 ··················· 497
浙江林氏汽车零部件有限公司 ········ 604
浙江环宇轴承有限公司 ··················· 612
瑞安市劲耐汽车装饰卡扣有限公司 ··· 613
浙江振宇实业有限公司 ··················· 614
浙江和佳油杯有限公司 ··················· 668
温州华格自动化设备有限公司 ········ 711
合肥威尔燃油系统有限责任公司 ······ 175
安徽凤凰滤清器股份有限公司 ········ 175
蚌埠市瑞泰汽配制造有限公司 ········ 176
蚌埠市同升滤清器有限公司 ············ 176
曼胡默尔昊业滤清器(蚌埠)有限公司 ··· 176
蚌埠市风驰滤清器有限公司 ············ 176
蚌埠金威滤清器有限公司 ··············· 176
蚌埠市银丰滤清器科技有限公司 ······ 177
蚌埠市捷威滤清器有限公司 ············ 177
蚌埠威尔特滤清器有限公司 ············ 177
蚌埠市龙湖滤清器有限公司 ············ 177
蚌埠市宏发滤清器有限公司 ············ 177
芜湖澳奔玛汽车部件有限公司 ········ 178
安徽美瑞尔滤清器有限公司 ············ 179
安徽明通汽车部件有限公司 ············ 179
合肥华瑞汽车零部件有限公司 ········ 411
福清市高民滤清器有限公司 ············ 181
泉州市丰业滤清器制造有限公司 ······ 182
福安市德普电器有限公司 ··············· 182
福建省霞浦华威机电有限公司 ········ 182
立邦(福建)滤清器制造有限公司 ······ 183
江西凯富勤实业发展有限公司 ········ 183
济南盛丰创力汽车配件有限公司 ······ 184
曼胡默尔滤清器(济南)有限公司 ······ 184
济南喀泰客汽车配件有限公司 ········ 184
山东布瑞克斯汽车零部件有限公司 ··· 185
山东鲁明汽车滤芯制造有限公司 ······ 185
阳谷宇星汽具制造有限公司 ············ 186
乐陵市海裕汽车零部件制造有限公司 ··· 187
山东冰川实业有限公司 ··················· 187
山东亚罗工贸有限公司 ··················· 187
淄博永华滤清器制造有限公司 ········ 187
克拉克过滤器(中国)有限公司 ········ 188
诸城市海得威机械有限公司 ············ 189
青岛金泽嘉工贸有限公司 ··············· 193
山东聊城昌工机械配件有限公司 ······ 626
山东驼风汽车附件有限公司 ············ 635
新乡航空工业(集团)新平机械公司 ··· 195
新乡航空工业(集团)有限公司 ········ 195
河南平和滤清器有限公司 ··············· 195
新乡市平原汽车配件有限公司 ········ 195
平原滤清器有限公司 ······················ 195
河南海莎过滤器有限公司 ··············· 196
十堰弗列加科技有限公司 ··············· 199
东风电子科技公司汽车制动系统公司 ··· 342
广州市永友机动车配件有限公司 ······ 202
广州马勒滤清系统有限公司 ············ 203
天律汽车滤清器有限公司 ··············· 203
广州市毅峰汽配制造有限公司 ········ 203
深圳市稳胜过滤器有限公司 ············ 204
电装(广州南沙)有限公司 ··············· 204
广州市金通达滤清器制造有限公司 ··· 204
广州全程车辆配件实业有限公司 ······ 204
深圳市东诚滤清器厂 ······················ 204
揭西县卡东欧电子有限公司 ············ 204
华盛滤清器(深圳)有限公司 ············ 204
惠州市华迪实业有限公司 ··············· 204
东莞市斯创梓滤清器有限公司 ········ 205
东莞盛联滤清器制造有限公司 ········ 205
深圳市鑫得昌电子有限公司 ············ 205
东莞市万江富通滤清器厂 ··············· 205
和瑞过滤器(深圳)有限公司 ············ 205
东莞市罗兰汽车配件制造有限公司 ··· 205
深圳东信滤清器有限公司 ··············· 205
东莞市箭冠汽车配件制造有限公司 ··· 206
东莞市富特滤芯厂 ························· 206
中国(香港)保捷集团东莞保泰器材厂 ··· 206

东莞市律奥过滤器有限公司 ………… 206
富滤盛滤清器(东莞)有限公司 ……… 206
鸿昌塑胶泡棉制品有限滤清器事业部 … 206
佛山市兆锵滤清器科技有限公司 …… 207
佛山市豹王滤芯制造有限公司 ……… 207
佛山丰田纺织汽车零部件有限公司 … 207
佛山市锵鸣汽车配件有限公司 ……… 207
佛山东凡汽车零部件制造有限公司 … 207
中山市翔宇汽车零件制造有限公司 … 208
广州实利汽车零部件制造有限公司 … 346
广州樱泰汽车饰件有限公司 ………… 426
维克多精密工业(深圳)有限公司 …… 722
广西华原过滤系统股份有限公司 …… 209
柳州日高滤清器有限责任公司 ……… 210
重庆普耐燃气发动机有限公司 ……… 211
重庆平安滤清器有限公司 …………… 211
重庆东方滤清器有限公司 …………… 212
成都市泽仁实业有限责任公司 ……… 215
成都万友滤机有限公司 ……………… 215
成都宁良实业有限公司 ……………… 215
绵阳市万欣汽车配件有限公司 ……… 216
南充市攀峰滤清器有限公司 ………… 217
四川南充康达汽车零部件集团公司 … 217
昆明通晟汽车配件有限责任公司 …… 218
贵州贵航汽车零部件股份有限公司 … 656
陕西德仕汽车部件(集团)有限公司 … 219

◉ 燃油泵、喷油器

北京海纳川汽车部件股份有限公司 … 363
东风电子科技股份有限公司 ………… 449
博世汽车柴油系统股份有限公司 …… 143
汇润机电有限公司 ………………… 165
中国重汽重庆燃油喷射系统有限公司 … 212
江苏金湖输油泵有限公司 ………… 140
北京亚新科天纬油泵油嘴股份公司 … 116
北京市国兴汽车油泵制造有限公司 … 117
航天科技控股集团股份有限公司 …… 434
北京朗威汽车零部件有限公司 ……… 435
阿尔泰克斯(天津)汽车零件有限公司 … 119
天津骏腾汽车部件有限公司 ………… 119
程茂电子有限公司 …………………… 436
天津市斯巴克瑞电子技术有限公司 … 439
沈阳玄潭汽车部件有限公司 ………… 125
东港威远油泵油嘴有限公司 ………… 128
长春富奥汽车机电有限公司 ………… 130
上海飞力油泵油嘴有限公司 ………… 133
QAP 汽车工业(中国)有限公司 ……… 134
速必达电子电器制造(上海)有限公司 … 134
上海贝尼汽车科技有限公司 ………… 134
上海世德子汽车零部件有限公司 …… 135
意奔玛集团有限公司 ………………… 136
上海合众工贸实业公司 ……………… 137
上海拖拉机内燃机公司油嘴油泵厂 … 137
上海联宙汽车电器有限公司 ………… 450
上海三车汽车零部件有限公司 ……… 450
上海四花高压油管合作公司 ………… 565
南京威孚金宁有限公司 ……………… 138
南京金城三国机械电子有限公司 …… 138
仪征威业油泵油嘴有限公司 ………… 139
江苏金湖县仕林油泵厂 ……………… 140
常州市合达油泵有限公司 …………… 141
电装(常州)燃油喷射系统有限公司 … 141
常州市莱普拉机械制造有限公司 …… 141
常州博瑞油泵油嘴有限公司 ………… 142
无锡威孚高科技集团股份有限公司 … 142
无锡威孚奥特凯姆精密机械有限公司 … 143
无锡三鑫压铸有限公司 ……………… 144
无锡富泰尔科技有限公司 …………… 144
昆山国鹰汽配科技有限公司 ………… 146
江苏泗洪油嘴油泵有限公司 ………… 147
扬州星月油泵油嘴有限公司 ………… 148
南通星维油泵油嘴有限公司 ………… 149
江苏日盈电子股份有限公司 ………… 462
杭州天宇油泵油嘴有限公司 ………… 151
嘉兴众恒汽车部件有限公司 ………… 153
慈溪市盛银汽配有限公司 …………… 154
慈溪市华侨汽车油泵厂 ……………… 155
慈溪市玉龙汽车风叶有限公司 ……… 155
余姚市舒春机械有限公司 …………… 155
宁波洛卡特汽车零部件有限公司 …… 155
宁波舜田油嘴油泵有限公司 ………… 155
台州汇正汽车电机有限公司 ………… 157
台州京宝汽车零部件有限公司 ……… 157
玉环县现代汽车配件厂 ……………… 158
玉环县新新机械有限公司 …………… 159
玉环县三和机械制造有限公司 ……… 162
浙江强广剑精密铸造股份有限公司 … 163
浙江双良汽车零部件有限公司 ……… 163
温州市安能机械有限公司 …………… 164
瑞安市瑞霸泵业制造有限公司 ……… 164
温州安佳汽车零部件有限公司 ……… 164
浙江衢州永丰金属制品有限公司 …… 164
温州巴腾电子科技有限公司 ………… 165
温州市国鹰汽车电喷系统有限公司 … 165
瑞安市凡韦机件有限公司 …………… 166
浙江锦佳汽车零部件有限公司 ……… 166
浙江高阳汽车电子有限公司 ………… 166
浙江恒兴汽车零部件有限公司 ……… 166
浙江瑞力化油器有限公司 …………… 167
浙江瑞峰汽车零部件有限公司 ……… 167
瑞安市欧赛特汽车部件有限公司 …… 169
瑞安市金田汽车配件有限公司 ……… 169
瑞安市金星汽车泵业制造有限公司 … 169
温州市仁谦汽车油泵有限公司 ……… 169
瑞安市云欣机车部件有限公司 ……… 169
瑞泰动力集团有限公司 ……………… 170
瑞安市丰华汽车电器有限公司 ……… 170
瑞安市伟峰机车部件有限公司 ……… 170
浙江中奥泵业有限公司 ……………… 171
瑞安市科达汽车配件有限公司 ……… 171
温州金瑞汽车部件有限公司 ………… 171
瑞安市富强汽车配件厂 ……………… 172
温州天旗汽车零部件有限公司 ……… 173
温州卓人汽车电控有限公司 ………… 174
万宏集团有限公司 …………………… 174
乐清市华东电子汽配厂 ……………… 174
温岭市寰宇汽车配件有限公司 ……… 402
浙江奥凯利汽配有限公司 …………… 407
瑞安市名冠电气有限公司 …………… 408
温州贝特机电实业有限公司 ………… 410
嘉兴协丰汽车电器有限公司 ………… 477
宁波捷达汽车零部件制造有限公司 … 479
宁波奥华汽车配件有限公司 ………… 479
宁波诺士敦机电有限公司 …………… 480
温州科博达汽车部件有限公司 ……… 490
温州强邦汽车配件有限公司 ………… 490
瑞安市丰源机电有限公司 …………… 491
瑞安市亚星汽车配件有限公司 ……… 491
浙江博德汽车电子股份有限公司 …… 492
浙江恒光汽车部件有限公司 ………… 492
温州市华隆汽车电子有限公司 ……… 492
温州超航机电有限公司 ……………… 495
瑞安市伟达汽车配件有限公司 ……… 496
瑞安市金谷汽摩配有限公司 ………… 499
瑞安市晶佳车业有限公司 …………… 499
温州宾阳汽车电器有限公司 ………… 500
浙江康翔汽车部件制造有限公司 …… 500
浙江远征汽摩附件有限公司 ………… 501
银皓汽配有限公司 …………………… 501
福州瑞融汽车配件有限公司 ………… 181
福建莆田中路通配件厂 ……………… 181
福建省莆田市中涵机动力有限公司 … 181
晋江市华星电子器件有限公司 ……… 182
泉州鲤城明侨机械配件有限公司 …… 182
江西浩风电器有限公司 ……………… 511
山东鑫亚工业股份有限公司 ………… 185
山东聊城德润机电科技发展有限公司 … 185
山东淄博振益汽配有限公司 ………… 187
潍坊恒远油泵油嘴有限公司 ………… 188
山东康达精密机械制造有限公司 …… 191
龙口龙油燃油喷射有限公司 ………… 191
龙口市龙工泵业科技有限公司 ……… 192
龙口龙泵燃油喷射有限公司 ………… 192
山东龙泵企业集团有限公司 ………… 192
山东荷泽华星油泵油嘴有限公司 …… 194
康明斯燃油系统(武汉)有限公司 …… 198
东风十堰汽车液压动力有限公司 …… 341
十堰市创时零部件有限公司 ………… 341
东风电子科技公司汽车制动系统公司 … 342
长沙湘立机电制造有限公司 ………… 201
南岳电控(衡阳)工业技术有限公司 … 202
湖南机油泵股份有限公司 …………… 202
广州竞标汽车零部件制造有限公司 … 203
汉江机电(深圳)有限公司 ………… 204
柳州源创电喷技术有限公司 ………… 210
重庆汇浦液压动力制造有限公司 …… 210
重庆德格科技发展有限公司 ………… 211
重庆万力联兴实业(集团)有限公司 … 214
重庆平江实业有限责任公司 ………… 538
成都成航车辆仪表有限责任公司 …… 539
成都天兴仪表(集团)有限公司 ……… 540

◉ 机油泵

隆基集团有限公司 ………………… 322
北京市国兴汽车油泵制造有限公司 … 117
沈阳航天新光集团有限公司 ………… 125
锦州市龙泉汽车水泵厂 ……………… 128
富奥汽车零部件股份公司泵业分公司 … 131
哈尔滨东安机电制造有限责任公司 … 448
速必达电子电器制造(上海)有限公司 … 134
上海乾通汽车附件有限公司 ………… 137
上海皮尔博格有色零部件有限公司 … 137
上海合众工贸实业公司 ……………… 137
南京金城三国机械电子有限公司 …… 138
无锡市机油泵厂 ……………………… 143
无锡三鑫压铸有限公司 ……………… 144
无锡惠山泵业有限公司 ……………… 145
无锡仓佑汽车配件有限公司 ………… 251
南京金牛机械制造股份有限公司 …… 573
南京贝奇尔机械有限公司 …………… 697

华纳圣龙(宁波)有限公司 …… 154
台州博尔汽车泵业有限公司 …… 157
台州帕特汽车配件有限公司 …… 158
玉环县安兴汽车油泵厂 …… 158
台州鑫腾油泵有限公司 …… 159
浙江玉旋泵业有限公司 …… 159
浙江全威机油泵有限公司 …… 160
台州立众泵业制造有限公司 …… 161
玉环县交通汽车部件厂 …… 161
黄岩院桥新兴机械配件厂 …… 162
浙江爱信宏达汽车零部件有限公司 … 162
玉环县三和机械制造有限公司 …… 162
瑞安市华奇机车部件有限公司 …… 167
浙江三工汽车零部件有限公司 …… 169
瑞安市以赛亚机车部件有限公司 …… 170
温州磊鑫泵业有限公司 …… 173
温州奔宇机车部件有限公司 …… 173
浙江平柴泵业有限公司 …… 174
玉环县博尔特汽配制造有限公司 …… 279
台州市东协汽车配件有限公司 …… 291
浙江永康市通用机电制造有限公司 … 293
浙江奥凯利汽配有限公司 …… 407
宁波圣龙(集团)有限公司 …… 598
合肥凯创汽车零部件有限公司 …… 175
安徽宝兰泵业有限公司 …… 177
福州洪泰机车配件有限公司 …… 181
晋江市华星电子器件有限公司 …… 182
山东高密润达机油泵有限公司 …… 189
龙口隆基三泵有限公司 …… 191
栖霞市银云活塞液压件有限公司 …… 191
龙口市龙工泵业科技有限公司 …… 192
龙口市四通三泵有限公司 …… 192
华东泵业制造有限公司 …… 192
山东鲁龙集团有限公司 …… 194
山东弘德机械工业有限公司 …… 194
莱州三王粉末冶金有限公司 …… 628
襄阳京泰汽配有限责任公司 …… 199
湖北飞剑泵业有限公司 …… 199
襄樊市长源东谷实业有限公司 …… 199
湖北华联泵业有限公司 …… 199
东风汽车集团股份公司动力设备厂 … 201
东风汽车泵业有限公司 …… 339
湖南机油泵股份有限公司 …… 202
广州市永友机动车配件有限公司 …… 202
深圳益宝实业有限公司 …… 205
柳州正菱集团有限公司 …… 350
重庆飞龙江利汽车部件有限公司 …… 210
重庆汇浦液压动力制造有限公司 …… 210
重庆海通机械制造有限公司 …… 213
四川江华泵业有限公司 …… 213
重庆大江美利信压铸有限责任公司 … 353
成都天兴山田车用部品有限公司 …… 357
隆昌爱朋精密工业有限公司 …… 360

◉ 化油器、节气门体

北京慨尔康科技发展有限公司 …… 436
北京朗威汽车零部件有限公司 …… 435
爱三(天津)汽车部件有限公司 …… 117
天津骏腾汽车部件有限公司 …… 119
唐山隆玛驰车用附件有限公司 …… 123
辽宁远朋汽车部件有限公司 …… 124
沈阳日新气化器有限公司 …… 125
凤城市格汝特汽研有限责任公司 …… 128
凤城市富达汽车传感器有限公司 …… 445
长春富奥汽车机电有限公司 …… 130
哈尔滨东安机电制造有限责任公司 … 448
上海三国精密机械有限公司 …… 133
上海贝尼汽车科技有限公司 …… 134
上海奥众汽车部件制造有限公司 …… 136
上海合众工贸实业公司 …… 137
浙江胜华波汽车电器上海分公司 …… 454
南京京滨化油器有限公司 …… 139
台州市华创汽车零部件有限公司 …… 162
瑞安市东联机车部件有限公司 …… 165
浙江瑞力化油器有限公司 …… 167
浙江力宝机车部件有限公司 …… 168
浙江省瑞星化油器制造有限公司 …… 169
浙江省瑞安市阳光化油器有限公司 … 170
瑞安市以赛亚机车部件有限公司 …… 170
浙江精湛化油器有限公司 …… 171
温州中成化油器制造有限公司 …… 408
宁波奥华汽车配件有限公司 …… 479
浙江博德汽车电子股份有限公司 …… 492
浙江声宝车业部件有限公司 …… 497
浙江海特橡塑有限公司 …… 610
大陆汽车电子(芜湖)有限公司 …… 506
长沙湘立机电制造有限公司 …… 201
广州市永友机动车配件有限公司 …… 202
湛江德利车辆部件有限公司 …… 206
爱三(佛山)汽车部件有限公司 …… 208
肇庆市声光(汽车)电子器材有限公司 … 533
重庆普耐燃气发动机有限公司 …… 211
重庆青辰电器仪表有限公司 …… 213
重庆万力联兴实业(集团)有限公司 … 214
四川红光汽车机电有限公司 …… 216

◉ 电喷系统

博世汽车柴油系统股份有限公司 …… 143
北京航天兴达科技有限公司 …… 116
天津电装电子有限公司 …… 440
山西文正卓越汽车电喷装置有限公司 … 124
辽宁新风企业集团有限公司 …… 126
上海三国精密机械有限公司 …… 133
德斯拜思机电控制技术(上海)公司 … 448
南京京滨化油器有限公司 …… 139
电装(常州)燃油喷射系统有限公司 … 141
常州博瑞油泵油嘴有限公司 …… 142
东莞京滨汽车电喷装置有限公司 …… 205
广州双叶汽车部件有限公司 …… 346
重庆长安伟世通发动机控制系统公司 … 212
成都威特电喷有限责任公司 …… 216

◉ 涡轮增压器

浙江铁流离合器股份有限公司 …… 260
沈阳市黎明增压器制造有限公司 …… 125
营口金霖实业有限公司 …… 126
凤城市凤凰增压器制造有限公司 …… 127
凤城太平洋神龙增压器有限公司 …… 127
凤城市东方增压器有限责任公司 …… 127
凤城市东晟增压器有限公司 …… 128
凤城市华增增压器有限公司 …… 128
凤城市万丰增压器有限公司 …… 236
凤城市时代龙增压器制造有限公司 … 236
长春富奥汽车机电有限公司 …… 130
长春富奥石川岛增压器有限公司 …… 130
哈尔滨东安实业发展有限公司 …… 131
哈尔滨金溢科技有限公司 …… 448
上海伊铭增压器制造有限公司 …… 132
上海协昌霍宁实业发展有限公司 …… 133
上海华培动力科技有限公司 …… 135
上海菱重增压器有限公司 …… 136
南京金城三国机械电子有限公司 …… 138
江苏沃得机电有限公司 …… 140
常州环能涡轮动力有限公司 …… 141
常州市翔武动力机械有限公司 …… 141
无锡泰辰机械设备有限公司 …… 142
无锡永兴机械制造有限公司 …… 142
无锡明珠增压器制造有限公司 …… 143
无锡范尼韦尔工程有限公司 …… 143
无锡康明斯涡轮增压技术有限公司 … 143
无锡动力工程股份有限公司 …… 143
无锡福斯特汽车工程有限公司 …… 143
无锡市铭鑫增压器制造有限公司 …… 144
无锡市霍尔斯特汽车部件有限公司 … 144
无锡市科博机械电器有限公司 …… 144
无锡奥尔驰动力设备有限公司 …… 144
无锡富泰尔科技有限公司 …… 144
无锡锡通增压器制造有限公司 …… 145
江苏四达动力机械集团有限公司 …… 145
远轻铝业(中国)有限公司 …… 146
杭州雨鑫增压器有限公司 …… 150
浙江巨峰汽车零部件有限公司 …… 152
露笑集团有限公司 …… 152
宁波威孚天力增压技术有限公司 …… 154
浙江荣发动力有限公司 …… 157
瑞安市奥凯嘉汽车科技有限公司 …… 168
浙江科劲涡轮增压器有限公司 …… 171
慈溪市赛兰特橡塑科技有限公司 …… 602
杰锋汽车动力系统股份有限公司 …… 178
潍坊富源增压器有限公司 …… 188
潍坊宇航机械有限公司 …… 189
康跃科技股份有限公司 …… 190
东风汽车公司—中电气公司 …… 339
湖南天雁机械有限责任公司 …… 202
重庆江增机械有限公司 …… 213

◉ 散热器、中冷器、机油冷却器

富奥汽车零部件股份有限公司 …… 129
山东厚丰汽车散热器有限公司 …… 194
山东同创汽车散热装置股份有限公司 … 194
重庆超力高科技有限责任公司 …… 430
南方英特空调有限公司 …… 430
北京北汽摩公司散热器厂 …… 117
北京弘大汽车空调散热器有限公司 … 117
汉拿伟世通汽车空调(北京)有限公司 … 364
天津市汽车水箱厂 …… 117
天津市亚星散热器有限公司 …… 118
天津电装空调有限公司 …… 366
沧州新旺汽车散热器制造有限公司 … 122
沧州合源散热器有限公司 …… 122
沧州津联汽车水箱厂 …… 122
河北航标汽车零部件有限公司 …… 123
沧州市鑫业汽车配件有限公司 …… 227
河北安吉宏业机械股份有限公司 …… 368
沧州三星微特电机有限责任公司 …… 368
保定长城博翔汽车零部件有限公司 … 369
内蒙古一机集团六分公司 …… 124

辽宁远朋汽车部件有限公司 ………… 124
沈阳华铁汽车散热器有限公司 ……… 125
大连三丰换热器有限公司 …………… 127
朝阳东风柴油机配件有限责任公司 … 128
沈阳汽车暖风机厂 ………………… 370
富奥伟世通汽车热交换(长春)有限公司 … 129
上海闻麒实业有限公司 ……………… 134
瑞与祺集团 ………………………… 134
上海久田塑胶模具有限公司 ………… 134
上海德朗汽车零部件制造有限公司 … 135
德嘉汽车配件(上海)有限公司 ……… 136
曼胡默尔滤清器(上海)有限公司 …… 137
上海华森散热器有限公司 …………… 137
上海合众工贸实业公司 ……………… 137
双桦控股有限公司 ………………… 375
上海天原集团胜德塑料有限公司 …… 375
上海陈立实业有限公司 ……………… 376
上海贝洱热系统有限公司 …………… 377
上海邦德汽车零部件制造有限公司 … 381
上海舒安汽车空调设备有限公司 …… 381
上海三车汽车零部件有限公司 ……… 450
江苏东兴热交换系统有限公司 ……… 140
江苏鑫通汽车部件有限公司 ………… 140
常州市万翔车辆部件有限公司 ……… 141
常州市南国冷却器有限公司 ………… 141
无锡市迈特动力机械有限公司 ……… 142
无锡泰辰机械设备有限公司 ………… 142
康奈可汽车电子(无锡)有限公司 …… 142
无锡市和平冷却器厂 ……………… 143
无锡市冠云换热器有限公司 ………… 143
无锡塔尔基热交换器科技有限公司 … 144
江阴市宏扬汽车制冷设备有限公司 … 145
江苏科力普汽车部件有限公司 ……… 147
盐城博一散热器有限公司 …………… 147
江苏嘉和热系统股份有限公司 ……… 147
扬州水箱有限公司 ………………… 147
扬州英谛车材实业有限公司 ………… 148
扬州金叶水箱有限公司 ……………… 148
扬州群发换热器有限公司 …………… 148
扬州通洋机油冷却器有限公司 ……… 148
高邮市荣清机械电子有限公司 ……… 149
江苏扬工动力机械有限公司 ………… 149
南通江华机械有限公司 ……………… 149
江苏晨宇车业有限公司 ……………… 384
常州市亚能车业有限公司 …………… 389
常州亨达车业部件有限公司 ………… 390
常州帝豪机车部件有限公司 ………… 390
英泰集团有限公司 ………………… 396
江苏超力集团 ……………………… 457
无锡市明怡电器仪表有限公司 ……… 466
江苏亚泰机电有限公司 ……………… 473
浙江泰德汽车零部件有限公司 ……… 150
浙江省诸暨市电器有限公司 ………… 152
浙江雷贝斯散热器有限公司 ………… 152
浙江时代汽车零部件有限公司 ……… 153
宁波路润冷却器制造有限公司 ……… 154
宁波泰瑞汽车部件有限公司 ………… 155
浙江银轮机械股份有限公司 ………… 157
玉环县交通汽车部件厂 ……………… 161
台州罗邦散热系统有限公司 ………… 162
浙江省永康市鸿运实业有限公司 …… 163
浙江亚美力汽车部件有限公司 ……… 164
温州华强汽配有限公司 ……………… 164
温州市博耐汽车散热器有限公司 …… 164
浙江广山汽车零部件有限公司 ……… 164
浙江腾升汽车部件有限公司 ………… 164
浙江昊洋机动车部件有限公司 ……… 164
瑞安市奥特西散热器制造有限公司 … 166
浙江华森散热器制造有限公司 ……… 166
浙江金鼓散热器有限公司 …………… 168
浙江一超散热器有限公司 …………… 168
温州市新八菱散热器有限公司 ……… 170
温州贵航散热器有限公司 …………… 170
浙江驰田散热器制造有限公司 ……… 171
瑞安市德欧汽车部件制造有限公司 … 171
双宇集团有限公司 ………………… 172
浙江奥泰散热器有限公司 …………… 172
温州海纳机车部件有限公司 ………… 172
浙江美星热交换科技有限公司 ……… 172
温州风光机车部件有限公司 ………… 172
瑞安市邦众汽车部件有限公司 ……… 173
纳百川控股有限公司 ……………… 173
浙江金禾成汽车空调有限公司 ……… 398
浙江兰通空调设备有限公司 ………… 404
浙江华尔达汽车空调有限公司 ……… 406
鑫田集团有限公司 ………………… 408
浙江诚义达汽车部件有限公司 ……… 410
宁波奥华汽车配件有限公司 ………… 479
宁波东风暖风机厂 ………………… 479
浙江瑞申汽配有限公司 ……………… 493
南洋汽摩集团有限公司 ……………… 500
浙江瑞鹏汽车电器有限公司 ………… 501
平阳琳瑞汽车电器股份有限公司 …… 502
浙江环宇轴承有限公司 ……………… 612
科越集团 …………………………… 177
安徽省凤阳散热器有限公司 ………… 177
芜湖中宇散热器有限公司 …………… 178
基伊埃热交换器(中国)有限公司 …… 178
黄山科能汽车散热器有限公司 ……… 179
合肥华瑞汽车零部件有限公司 ……… 411
博耐尔汽车电气系统有限公司 ……… 412
江西新电汽车空调系统有限公司 …… 415
江西景航航空锻铸有限公司 ………… 625
济南鼎鑫汽车散热器有限公司 ……… 184
济南铭洋散热器有限公司 …………… 184
马勒贝洱热系统(济南)有限公司 …… 184
济南永跃汽车散热器有限公司 ……… 185
聊城奕车汽车机械设备有限公司 …… 185
茌平瑞丰汽车零部件有限公司 ……… 185
纵横汽车配件有限公司 ……………… 185
山东嘉鑫换热器有限公司 …………… 186
聊城市德通交通器材制造有限公司 … 186
茌平金冠汽车零部件有限公司 ……… 186
山东茌平澳星汽车零部件有限公司 … 186
茌平赛耐汽车零部件制造有限公司 … 186
茌平鲁冠汽车零部件有限公司 ……… 186
茌平鲁环汽车散热器有限公司 ……… 186
潍坊恒安散热器集团有限公司 ……… 189
莱阳市同辉散热器有限公司 ………… 190
烟台杰瑞富耐克换热设备有限公司 … 190
烟台金双利散热器有限公司 ………… 191
莱阳市永安散热器有限公司 ………… 191
青岛东洋汽车散热器有限公司 ……… 192
青岛汽车散热器有限公司 …………… 192
青岛琴星汽车散热器有限公司 ……… 193
青岛东洋热交换器有限公司 ………… 193
青岛双丰散热器有限公司 …………… 193
泰安鼎鑫冷却器有限公司 …………… 193
济宁泰山散热器有限公司 …………… 194
泰安东恒机械有限公司 ……………… 194
莱州新安达汽车零部件有限公司 …… 318
青岛国人机械有限公司 ……………… 324
山东统亚模塑科技实业有限公司 …… 416
河南科隆汽车散热器有限公司 ……… 195
河南省平原水箱有限公司 …………… 195
河南省东山科技有限公司 …………… 196
林州市万泉水箱有限责任公司 ……… 196
新乡市豫新商用车空调股份有限公司 … 419
湖北雷迪特冷却系统股份有限公司 … 198
湖北迪峰换热器有限公司 …………… 198
十堰诺克里奇科技有限公司 ………… 200
十堰新日汽车零部件有限公司 ……… 200
湖北富友热系统有限公司 …………… 200
十堰京凯达汽车零部件有限公司 …… 200
十堰市车来车往汽车零部件有限公司 … 200
湖北东峻工贸有限公司 ……………… 334
湖北万联达汽车零部件有限公司 …… 341
东风电子科技公司汽车制动系统公司 … 342
东风贝洱热系统有限公司 …………… 420
东风(十堰)汽车热交换器有限公司 … 421
十堰祯兴汽车热交换器有限公司 …… 422
广州市汉景散热器实业有限公司 …… 202
广州和江汽车散热器有限公司 ……… 202
广州光洋汽车散热器有限公司 ……… 203
广州坤江汽车配件工业制造有限公司 … 203
广东法拉达汽车散热器有限公司 …… 204
佛冈鑫统仕汽车散热器有限公司 …… 204
东莞吉旺汽车零件有限公司 ………… 206
东洋热交换器(中山)有限公司 ……… 208
佛山市南海蕾特汽车配件有限公司 … 208
广州电装有限公司 ………………… 425
南宁八菱科技股份有限公司 ………… 209
柳州五菱宝马利汽车空调有限公司 … 429
重庆上方汽车配件有限责任公司 …… 211
重庆华恩实业有限公司 ……………… 211
重庆东京散热器有限公司 …………… 213
重庆三四零三汽车零部件有限公司 … 352
重庆长江电工工业集团有限公司 …… 430
重庆宏美制冷设备有限公司 ………… 430
四川南充康达汽车零部件集团公司 … 217
贵州贵航汽车零部件永红散热器公司 … 219
贵州航天南海科技有限责任公司 …… 219
贵州贵航汽车零部件股份有限公司 … 656
陕西同创华亨散热器装置有限公司 … 219
西安杰出实业有限公司 ……………… 432

◉ 水泵、节温器

隆基集团有限公司 ……………… 322
亚新科铸造(北京)有限公司 ……… 115
北京市国兴汽车油泵制造有限公司 … 117
雅士佳(天津)汽车零件有限公司 …… 119
天津认知汽车配件有限公司 ………… 119
天津耐迪实业有限公司 ……………… 438
河北省龙圣腾宇泵业有限公司 ……… 122
唐山爱信汽车零部件有限公司 ……… 123
衡水市潴龙万向有限公司 …………… 225
沈阳航天新光集团有限公司 ………… 125
锦州市龙泉汽车水泵厂 ……………… 128
朝阳东风柴油机配件有限责任公司 … 128
锦州华一旋压技术有限公司 ………… 445
富奥汽车零部件股份公司泵业分公司 … 131

哈尔滨爱迪压铸有限公司 …… 132
哈尔滨东安机电制造有限责任公司 … 448
上海博众汽油机有限公司 …… 132
QAP汽车工业(中国)有限公司 …… 134
速必达电子电器制造(上海)有限公司 … 134
上海贝尼汽车科技有限公司 …… 134
上海欧伊恩汽车零部件有限公司 …… 135
上海世佳汽车零部件制造有限公司 … 135
上海合众工贸实业公司 …… 137
上海乾通汽车附件有限公司 …… 137
上海皮尔博格有色零部件有限公司 … 137
上海舒安汽车空调设备有限公司 …… 381
上海三车汽车零部件有限公司 …… 450
上海天义汽车电器有限公司 …… 455
常州市宏硕轴承制造有限公司 …… 142
无锡市机油泵厂 …… 143
无锡三鑫压铸有限公司 …… 144
无锡惠山泵业有限公司 …… 145
大丰市海纳机械有限公司 …… 147
江苏多为泵业股份有限公司 …… 147
南通江华机械有限公司 …… 149
常州海拓汽车部件有限公司 …… 388
杭州迪科机械有限公司 …… 151
嘉兴泰新汽车零部件制造有限公司 … 153
宁波东方动力部件有限公司 …… 154
华纳圣龙(宁波)有限公司 …… 154
宁波海大嘉华汽车零部件有限公司 … 154
慈溪市盛银汽配有限公司 …… 154
慈溪市安卡汽车零部件有限公司 …… 155
宁波泰瑞汽车部件有限公司 …… 155
慈溪市玉龙汽车风叶有限公司 …… 155
宁波仁永汽车零部件有限公司 …… 156
台州博尔汽车泵业有限公司 …… 157
台州京宝汽车零部件有限公司 …… 157
浙江东星汽车部件有限公司 …… 157
玉环县万通泵业有限公司 …… 158
台州爱信汽车零件有限公司 …… 158
玉环县安兴汽车油泵厂 …… 158
玉环县联谊机械有限公司 …… 159
台州迪普泵业制造有限公司 …… 159
浙江玉旋泵业有限公司 …… 159
大江(玉环)机械制造有限公司 …… 159
玉环汽车零部件有限公司 …… 160
台州易宏实业有限公司 …… 160
台州腾仕达机械有限公司 …… 160
玉环鸿泽汽车泵业有限公司 …… 160
台州立众泵业制造有限公司 …… 161
浙江鼎利控股集团有限公司 …… 162
浙江爱信宏达汽车零部件有限公司 … 162
浙江凯吉汽车零部件制造有限公司 … 163
温州华强汽配有限公司 …… 164
瑞安市共创汽车零部件有限公司 …… 167
浙江三工汽车零部件有限公司 …… 169
瑞安市航剑汽车电器有限公司 …… 170
瑞安市健力机动车部件有限公司 …… 171
瑞安市万路达汽车部件有限公司 …… 171
瑞安市富强汽车配件厂 …… 172
瑞安市奔腾汽车零部件有限公司 …… 173
温州磊鑫泵业有限公司 …… 173
温州拉凡宝汽车泵业有限公司 …… 174
乐清市华东电子汽配厂 …… 174
浙江平阳瑞博汽车配件有限公司 …… 174
温州万正汽车泵业有限公司 …… 174
万宏集团有限公司 …… 174
宁波方友汽车零部件有限公司 …… 272
温岭市振华车辆配件有限公司 …… 278
玉环卓越制动器有限公司 …… 280
浙江建环机械有限公司 …… 284
玉环烽火机械有限公司 …… 288
浙江玉环县发业汽配厂 …… 288
台州市东协汽车配件有限公司 …… 291
浙江永康市通用机电制造有限公司 … 293
浙江科力车辆控制系统有限公司 …… 294
瑞安博欧汽配有限公司 …… 296
温州鸿鹏汽配制造有限公司 …… 299
浙江奥凯利汽配有限公司 …… 407
瑞安市胜凯汽车配件厂 …… 407
慈溪市大大汽车电器有限公司 …… 481
宁波兴慈热动电器有限公司 …… 481
浙江黄龙机电有限公司 …… 485
温州奥泰克汽车电器有限公司 …… 490
浙江瑞申汽配有限公司 …… 493
瑞安市力天车业部件有限公司 …… 494
平阳琳瑞汽车电器股份有限公司 …… 502
温州市年格汽车配件有限公司 …… 502
黄河汽配集团有限公司 …… 503
宁波中宏轴承集团有限公司 …… 600
合肥凯创汽车零部件有限公司 …… 175
安徽应流机电有限责任公司 …… 175
安徽宝兰泵业有限公司 …… 177
芜湖永达科技有限公司 …… 178
芜湖东大汽车工业有限公司 …… 179
芜湖精诺汽车电器有限公司 …… 506
福州洪泰机车配件有限公司 …… 181
福建省南安市丰州水泵制造厂 …… 183
福州万德电气有限公司 …… 507
江西凯富勤实业发展有限公司 …… 183
山东省临清市腾飞动力机械厂 …… 186
盛瑞传动股份有限公司 …… 188
烟台路通精密科技股份有限公司 …… 190
盖茨胜地汽车水泵产品(烟台)公司 … 190
龙口隆基三泵有限公司 …… 191
龙口市龙工泵业科技有限公司 …… 192
龙口市四通三泵有限公司 …… 192
华东泵业制造有限公司 …… 192
山东鲁龙集团有限公司 …… 194
山东弘德机械工业有限公司 …… 194
莱州方圆汽车配件有限公司 …… 318
青岛国人机械有限公司 …… 324
曲阜天博集团 …… 515
河南省西峡汽车水泵股份有限公司 … 197
湖北华联泵业有限公司 …… 199
襄樊航工制造有限公司 …… 199
襄阳京泰汽配有限责任公司 …… 199
湖北飞剑泵业有限公司 …… 199
东风汽车集团股份公司动力设备厂 … 201
武汉达普科零部件有限公司 …… 333
东风汽车泵业有限公司 …… 339
十堰市创时零部件有限公司 …… 341
东风富士汤姆森调温器有限公司 …… 518
长沙湘立机电制造有限公司 …… 201
南岳电控(衡阳)工业技术有限公司 … 202
长沙市伟力汽车零部件有限公司 …… 422
深圳益宝实业有限公司 …… 205
广东肇庆动力金属股份有限公司 …… 206
力派尔(珠海)汽车配件有限公司 …… 347
柳州日高滤清器有限责任公司 …… 210
柳州市龙杰汽车配件有限责任公司 … 210
重庆飞龙江利汽车部件有限公司 …… 210
重庆汇浦液压动力制造有限公司 …… 210
嘉陵－本田发动机有限公司 …… 212
重庆海通机械制造有限公司 …… 213
重庆长江电工工业集团有限公司 …… 430
成都市西岭汽车配件有限责任公司 … 214
成都宁良实业有限公司 …… 215
中国航天科技集团公司长征机械厂 … 215
四川宇良车辆配件有限公司 …… 218
成都天兴山田车用部品有限公司 …… 357
成都天兴仪表(集团)有限公司 …… 540

◉ 风扇、风扇离合器

上海日用－友捷汽车电气有限公司 … 449
北京鑫凯利汽车电机有限公司 …… 435
天津松正电动汽车技术股份有限公司 … 438
衡水华建机械配件有限公司 …… 225
一汽装备－龙山汽车部件有限公司 … 130
公主岭市祥达汽车配件厂 …… 131
长春日用友捷汽车电气有限公司 …… 447
上海欧伊恩汽车零部件有限公司 …… 135
三菱重工汽车空调系统(上海)公司 … 377
上海中欧汽车零部件有限公司 …… 380
上海三车汽车零部件有限公司 …… 450
上海赛露达汽车部件有限公司 …… 452
上海博泽电机有限公司 …… 454
苏州睿昕汽车配件有限公司 …… 146
丹阳市坤华汽配有限公司 …… 386
常州海拓汽车部件有限公司 …… 388
常州市郭氏车辆配件有限公司 …… 391
张家港孚冈合力电器有限公司 …… 471
江苏亚泰机电有限公司 …… 473
杭州万里塑胶有限公司 …… 150
湖州德盛汽车部件有限公司 …… 152
浙江时代汽车零部件有限公司 …… 153
华纳圣龙(宁波)有限公司 …… 154
慈溪市盛银汽配有限公司 …… 154
宁波凯腾汽车风叶有限公司 …… 154
慈溪市华侨汽车油泵厂 …… 155
慈溪市安卡汽车零部件有限公司 …… 155
宁波泰瑞汽车部件有限公司 …… 155
慈溪市玉龙汽车风叶有限公司 …… 155
宁波仁永汽车零部件有限公司 …… 156
雪龙集团股份有限公司 …… 156
台州京宝汽车零部件有限公司 …… 157
玉环县现代汽车配件厂 …… 158
台州易宏实业有限公司 …… 160
台州波格机械有限公司 …… 160
台州市金三环机械铸造有限公司 …… 162
浙江爱信宏达汽车零部件有限公司 … 162
温州车舟汽车部件有限公司 …… 166
瑞安市新跃汽配有限公司 …… 167
浙江炬光汽车零部件有限公司 …… 168
瑞安市日正汽车部件有限公司 …… 169
五龙控股有限公司 …… 174
温岭市通驰汽车空调制造有限公司 … 403
浙江兰通空调设备有限公司 …… 404
瑞安市佳福汽车电机有限公司 …… 407
鑫田集团有限公司 …… 408
温州贝特机电实业有限公司 …… 410
宁波耐特电器有限公司 …… 477
宁波今棱汽车零件有限公司 …… 479
宁波华邦汽配有限公司 …… 483

温州泰尔汽车零件有限公司 ………… 490
瑞安市得业汽车部件有限公司 ……… 493
浙江松田汽车电机系统有限公司 …… 493
浙江三宁电器有限公司 ……………… 494
瑞安市马丁西汽摩部件有限公司 …… 494
瑞安市长新汽车配件有限公司 ……… 497
浙江天岳汽车电器有限公司 ………… 498
瑞安市佳宝汽车电器有限公司 ……… 498
瑞安市豪博汽车零部件有限公司 …… 500
余姚市宁杰电器有限公司 …………… 666
余姚市裕瑞电器有限公司 …………… 666
宁波杰洲电器有限公司 ……………… 666
浙江凯华模具有限公司 ……………… 709
合肥凯创汽车零部件有限公司 ……… 175
芜湖和泰汽车电机有限公司 ………… 179
合肥汇通汽车零部件有限公司 ……… 412
芜湖精诺汽车电器有限公司 ………… 506
福安市德普电器有限公司 …………… 182
福安市鑫宇电机有限公司 …………… 508
江西凯富勤实业发展有限公司 ……… 183
马勒贝洱热系统(济南)有限公司 …… 184
潍坊宏达机械制造有限公司 ………… 189
龙口中宇集团 ………………………… 192
湖北通达汽车零部件(集团)有限公司 … 200
东风贝洱热系统有限公司 …………… 420
湖北亿州微特电机有限公司 ………… 520
湖南天雁机械有限责任公司 ………… 202
广州坤江汽车配件工业制造有限公司 … 203
佛山市天汇汽车电子有限公司 ……… 678
柳州正菱集团有限公司 ……………… 350
重庆市潼南大佛塑料厂 ……………… 431
中国航天科技集团公司长征机械厂 … 215
四川富士电机有限公司 ……………… 431
四川凯达机电制造有限公司 ………… 540

◉ 进排气管、消声器

长春一汽富晟集团有限公司 ………… 238
北京长胜汽车消声器有限公司 ……… 116
北京市通州迪拉汽车附件有限公司 … 116
北京大林万达汽车部件有限公司 …… 116
北京绿创环保设备股份有限公司 …… 117
天津贝鲁斯管业有限公司 …………… 117
天津市神驰汽车零部件有限公司 …… 117
天津惠德汽车进气系统有限公司 …… 117
天津华瑞达汽车消声器有限公司 …… 118
天津杰特汽车三元催化器有限公司 … 118
天津双叶协展机械有限公司 ………… 118
天津市龙鑫汇汽车零部件有限公司 … 119
天津认知汽车配件有限公司 ………… 119
天津勤美达工业有限公司 …………… 548
沧州奥宇消声器有限公司 …………… 122
沧州双赢汽车零部件有限公司 ……… 122
南皮县绿源环保设备有限公司 ……… 122
唐山爱信汽车零部件有限公司 ……… 123
秦皇岛泰和精工有限公司 …………… 123
三河市洁神科达洗涤设备有限公司 … 123
保定华岳汽车零部件制造有限公司 … 123
唐山丞起汽车零部件有限公司 ……… 229
河北华特汽车部件有限公司 ………… 550
山西利民机电有限责任公司 ………… 124
山西阳煤千军汽车部件有限责任公司 … 124
山西成功淮海发动机有限公司 ……… 124
山西华恩机械制造有限公司 ………… 232
沈阳航天新光汽车零部件有限公司 … 125
沈阳航天新光集团有限公司 ………… 125
沈阳斯瓦特汽车零部件有限公司 …… 126
大连泉峰铸件有限公司 ……………… 127
天纳克同泰(大连)排气系统有限公司 … 127
大连同泰汽车零部件有限公司 ……… 127
丹东黄海汽车配件制造有限责任公司 … 370
锦州秀亭制管有限公司 ……………… 559
长春市九龙机械有限公司 …………… 128
长春一汽四环集团有限公司 ………… 129
一汽铸造有限公司有色铸造分公司 … 129
第一汽车集团铸造有限公司铸造一厂 … 129
长春佛吉亚排气系统有限公司 ……… 130
一汽铸造有限公司 …………………… 130
长春华翔轿车消声器有限责任公司 … 130
农安县兴达汽车制管厂 ……………… 130
吉林艾瑞环保技术有限公司 ………… 130
长春一汽富维汽车零部件股份公司 … 371
哈尔滨东安实业发展有限公司 ……… 131
哈尔滨艾瑞汽车排气系统有限公司 … 131
佳木斯畅通汽车零部件有限公司 …… 132
克康(上海)排气控制系统有限公司 … 132
上海博众汽油机有限公司 …………… 132
上海汇大机械制造有限公司 ………… 133
上海峰亚耐火保温材料有限公司 …… 133
速必达电子电器制造(上海)有限公司 … 134
上海贤华内燃机配件厂 ……………… 134
上海世保车辆配件有限公司 ………… 134
上海贤众汽车零部件有限公司 ……… 134
上海闻麒实业有限公司 ……………… 134
上海保隆汽车科技股份有限公司 …… 135
上海红湖排气系统有限公司 ………… 136
上海天纳克排气系统有限公司 ……… 137
曼胡默尔滤清器(上海)有限公司 …… 137
上海隆兆汽车零部件有限公司 ……… 138
上海百强汽车摩托车零配件有限公司 … 243
宁波华翔电子股份有限公司 ………… 377
南京尼玛克铸铝有限公司 …………… 138
南京汽车零件有限公司 ……………… 138
南京南汽冲压件有限公司 …………… 138
无锡市扬名内燃机配件有限公司 …… 142
无锡环宇金属软管有限公司 ………… 143
无锡市和平冷却器厂 ………………… 143
无锡威孚力达催化净化器有限公司 … 144
江苏江旭铸造集团有限公司 ………… 145
无锡市博诺机械有限公司 …………… 145
劳士领汽车配件(苏州)有限公司 …… 145
苏州市环宇汽车配件有限公司 ……… 146
苏州申达汽车配件有限公司 ………… 146
江苏多为泵业股份有限公司 ………… 147
大丰市海纳机械有限公司 …………… 147
富士和机械工业(昆山)有限公司 …… 255
江苏文光车辆附件有限公司 ………… 387
常州市鹏源塑业有限公司 …………… 389
丹阳市华东消声器厂 ………………… 459
常州市乐源金属软管有限公司 ……… 576
无锡鹏德汽车配件有限公司 ………… 581
杭州隆运汽车催化器排气系统制造厂 … 150
杭州萧山汽车滤清器有限公司 ……… 151
嘉善嘉银汽车油箱厂 ………………… 153
宁波新之华汽车部件有限公司 ……… 154
浙江摩多巴克斯科技股份有限公司 … 154
宁波市江北保隆消声系统有限公司 … 154
宁波科森净化器制造有限公司 ……… 154
浙江亿日气动科技有限公司 ………… 154
浙江金华航宇汽配制造有限公司 …… 162
温州瑞明工业股份有限公司 ………… 168
浙江乐鼎波纹管有限公司 …………… 174
万向集团公司 ………………………… 261
万丰奥特控股集团有限公司 ………… 268
宁波思明汽车附件有限公司 ………… 272
温岭市东风汽车配件厂 ……………… 278
玉环荣达机械有限公司 ……………… 285
宁波新露聚氨酯实业有限公司 ……… 400
温岭市恒发空调部件有限公司 ……… 403
浙江奔克汽车部件有限公司 ………… 405
温州市丽豹汽车配件有限公司 ……… 406
浙江奥凯利汽配有限公司 …………… 407
瑞安市联众汽车零部件有限公司 …… 407
象山华泰模塑电器有限公司 ………… 484
浙江奥派克汽车配件有限公司 ……… 494
宁波海山克尔铃密封件有限公司 …… 599
宁波骏达汽车配件制造有限公司 …… 666
宁波神通模塑有限公司 ……………… 708
合肥恒信汽车发动机部件有限公司 … 175
蚌埠市康联汽车配件厂 ……………… 176
安徽省恒泰动力科技有限公司 ……… 177
芜湖市中兴机械技术开发有限公司 … 178
芜湖永达科技有限公司 ……………… 178
杰锋汽车动力系统股份有限公司 …… 178
福州六和机械有限公司 ……………… 305
厦门固特友橡胶股份有限公司 ……… 621
南昌波纹金属软管实业有限责任公司 … 624
江西景航航空锻铸有限公司 ………… 625
德州赛特汽车配件有限责任公司 …… 187
山东冰川实业有限公司 ……………… 187
宁津县亨通消声器有限公司 ………… 187
盛瑞传动股份有限公司 ……………… 188
潍坊裕隆机械有限公司 ……………… 188
东营欧贝特汽车配件有限公司 ……… 188
东营信拓汽车消声器有限公司 ……… 188
宏昌汽配制造有限公司 ……………… 189
诸城市海得威机械有限公司 ………… 189
潍坊亨斯特不锈钢消声器厂 ………… 189
佛吉亚排气控制技术(烟台)有限公司 … 191
龙口通力汽车配件有限公司 ………… 192
青岛金泽嘉工贸有限公司 …………… 193
临沂金立机械有限公司 ……………… 194
济宁远东良飞净化消声器有限公司 … 194
淄博嘉禾机械有限公司 ……………… 314
山东泰丰汽车底盘制造有限公司 …… 320
山东荣邦汽配有限公司 ……………… 628
龙口市通达油管有限公司 …………… 631
新乡航空工业(集团)新平机械公司 … 195
洛阳古城机械有限公司 ……………… 197
河南省西峡汽车水泵股份有限公司 … 197
西峡县内燃机进排气管有限责任公司 … 197
郑州精益达汽车零部件有限公司 …… 328
西峡县西泵特种铸造有限公司 ……… 333
武汉佛吉亚通达排气系统有限公司 … 198
武汉美嘉机械塑料有限公司 ………… 198
武汉金丰汽配有限公司 ……………… 198
东风汽车股份有限公司铸造分公司 … 199
襄樊市长源东谷实业有限公司 ……… 199
东风(十堰)发动机部件有限公司 …… 200
湖北通达汽车零部件(集团)有限公司 … 200
十堰楚欣达汽车部件制造有限公司 … 201
湖北乘风汽车零部件有限公司 ……… 336

十堰市十金车箱有限责任公司 …… 422
新兴重工湖北三六一一机械有限公司 … 639
南岳电控(衡阳)工业技术有限公司 … 202
湖南长丰汽车零部件有限责任公司 … 202
广州马勒滤清系统有限公司 …… 203
广州市花都东捷实业有限公司 …… 203
深圳益宝实业有限公司 …… 205
东莞京滨汽车电喷装置有限公司 …… 205
东莞市旗丰消声器有限公司 …… 205
东莞明仕汽车零部件有限公司 …… 206
湛江德信消声器有限公司 …… 206
湛江市华夏消声器有限公司 …… 206
广东肇庆动力金属股份有限公司 …… 206
肇庆本田金属有限公司 …… 207
佛山市丰富汽配有限公司 …… 208
南海和信福莱克思金属制品有限公司 … 208
富飞净化消声器(台山)有限公司 …… 209
中山市耀华汽车部件实业有限公司 … 428
广州市亿成隆汽车用品有限公司 …… 673
佛山市顺德新邦汽车用品有限公司 … 679
肇庆市丰驰精密金属制品有限公司 … 724
重庆华孚工业股份有限公司 …… 210
重庆普耐燃气发动机有限公司 …… 211
重庆汽车消声器有限责任公司 …… 211
重庆海特汽车排气系统有限公司 …… 212
重庆红旗缸盖制造有限公司 …… 214
重庆秦川实业(集团)股份有限公司 … 538
成都市西岭汽车配件有限责任公司 … 214
成都陵川特种工业有限责任公司 …… 215
成都市泽仁实业有限责任公司 …… 215
成都万友滤机有限公司 …… 215
成都宁良实业有限公司 …… 215
四川巴斯迪科新技术发展有限公司 … 216
四川宇良车辆配件有限公司 …… 218
昆明通晟汽车配件有限责任公司 …… 218
贵州安吉有色铸造有限责任公司 …… 219
陕西德仕汽车部件(集团)有限公司 … 219

◉ 催化转换器、尾气净化催化剂及其他

博世汽车柴油系统股份有限公司 …… 143
北京绿创环保集团 …… 116
康明斯排放处理系统(中国)有限公司 … 116
北京绿创环保设备股份有限公司 …… 117
北京新峰天霁科技有限公司 …… 434
天津市神驰汽车零部件有限公司 …… 117
天津三五汽车部件有限公司 …… 117
天津卡达克汽车高新技术公司 …… 118
天津华瑞达汽车消声器有限公司 …… 118
天津杰特汽车三元催化器有限公司 … 118
清河县诚旭汽车零部件厂 …… 121
南皮县绿源环保设备有限公司 …… 122
沧州双赢汽车零部件有限公司 …… 122
邢台威力汽车零部件有限公司 …… 551
山西利民机电有限责任公司 …… 124
沈阳斯瓦特汽车零部件有限公司 …… 126
天纳克－埃贝赫(大连)排气系统公司 … 127
天纳克同泰(大连)排气系统有限公司 … 127
吉林艾瑞环保技术有限公司 …… 130
长春佛吉亚排气系统有限公司 …… 130
吉林辉虎环保设备有限公司 …… 130
吉林省东风化工有限责任公司 …… 373
哈尔滨艾瑞汽车排气系统有限公司 … 131
佛吉亚排气控制技术开发(上海)公司 … 133
庄信万丰(上海)化工有限公司 …… 135
上海华培动力科技有限公司 …… 135
上海郎特汽车净化器有限公司 …… 135
埃贝赫排气技术(上海)有限公司 …… 136
上海红湖排气系统有限公司 …… 136
本特勒汽车系统(上海)有限公司 …… 136
上海天纳克排气系统有限公司 …… 137
天纳克汽车工业(上海)公司 …… 242
南京南汽冲压件有限公司 …… 138
迪耐斯排气系统(常州)有限公司 …… 141
科特拉(无锡)汽车环保科技有限公司 … 142
无锡威孚力达催化净化器有限公司 … 144
江苏宜兴非金属化工机械厂有限公司 … 145
江苏帕艾尼尔科技有限公司 …… 145
苏州派格丽减排系统有限公司 …… 146
常州市鹏源塑业有限公司 …… 389
杭州金玛管业有限公司 …… 150
宁波正利汽车部件有限公司 …… 153
宁波新之华汽车部件有限公司 …… 154
宁波市江北保隆消声系统有限公司 … 154
宁波科森净化器制造有限公司 …… 154
台州三元车辆净化器有限公司 …… 162
浙江金华航宇汽配制造有限公司 …… 162
安徽兆仁机械有限公司 …… 176
芜湖恒耀汽车零部件有限公司 …… 179
泉州国胜汽车部件实业有限公司 …… 415
东营信拓汽车消声器有限公司 …… 188
东营欧贝特汽车配件有限公司 …… 188
烟台华龙商用机器有限公司 …… 191
济宁远东良飞净化消声器有限公司 … 194
龙口市通达油管有限公司 …… 631
武汉佛吉亚通达排气系统有限公司 … 198
湖北通达汽车零部件(集团)有限公司 … 200
东风康明斯排放处理系统有限公司 … 200
湖北航特装备制造股份有限公司 …… 343
湖北航特科技有限责任公司 …… 343
三井金属(珠海)环境技术有限公司 … 205
湛江德信消声器有限公司 …… 206
东莞明仕汽车零部件有限公司 …… 206
佛山市丰富汽配有限公司 …… 208
富飞净化消声器(台山)有限公司 …… 209
重庆金丰机械有限公司 …… 210
佛吉亚排气控制技术(重庆)有限公司 … 211
重庆海特汽车排气系统有限公司 …… 212
重庆秦川实业(集团)股份有限公司 … 538
四川中自尾气净化有限公司 …… 216

◉ 发动机支架、软垫、夹箍

建新赵氏集团有限公司 …… 603
山东美晨科技股份有限公司 …… 629
北京高孚旋压科技有限责任公司 …… 117
高丘六和(天津)工业有限公司 …… 118
天津平和汽车配件有限公司 …… 119
天津天和橡胶工业有限公司 …… 547
河北华特汽车部件有限公司 …… 550
清河县德正汽车配件有限公司 …… 552
凯世曼东方铸造(长春)有限公司 …… 130
长春市建邦汽车零部件有限公司 …… 240
上海众力汽车部件有限公司 …… 132
上海博众汽油机有限公司 …… 132
采埃孚橡胶金属(上海)有限公司 …… 570
上海宝山千斤顶总厂有限公司 …… 661
江苏超越橡塑有限公司 …… 586
宁波市镇海奇正发动机部件有限公司 … 154
玉环金正塑胶厂 …… 160
玉环县华意汽车部件有限公司 …… 161
温州市联君机车部件有限公司 …… 170
宁波麦瑞汽车零部件有限公司 …… 273
台州市路桥区江南内燃机配件厂 …… 404
杭州埃克汽车配件有限公司 …… 590
宁波奥赛减震系统有限公司 …… 603
宁波十韦尔汽车部件有限公司 …… 603
宁波景升国际贸易有限公司 …… 604
宁波众力汽车部件有限公司 …… 604
玉环县中德塑胶有限公司 …… 609
永康永强汽配有限公司 …… 611
瑞安市海川自动化系统有限公司 …… 615
芜湖禾田汽车工业有限公司 …… 179
芜湖玉泰汽车制动有限公司 …… 302
安徽东星汽车部件有限公司 …… 305
安徽义富汽车零部件有限公司 …… 620
福州福光橡塑有限公司 …… 413
泉州市建盛机械配件厂 …… 621
潍坊宏强汽车零部件有限公司 …… 188
山东湖西王集团铸业有限公司 …… 635
山东驼风汽车附件有限公司 …… 635
东风(十堰)发动机减震器有限公司 … 200
十堰市定红工贸有限公司 …… 340
新兴重工湖北三六一一机械有限公司 … 639
湖南长沙南方压铸厂 …… 343
柳州金鸿橡塑有限公司 …… 210
重庆驰骋轻型汽车部件股份有限公司 … 353
贵州光华橡塑有限公司 …… 656

◉ 油底壳、气门室罩

北京中材汽车复合材料有限公司 …… 365
天津认知汽车配件有限公司 …… 119
唐山爱信汽车零部件有限公司 …… 123
一汽铸造有限公司有色铸造分公司 … 129
一汽铸造有限公司 …… 130
长春爱尔铃克铃尔有限公司 …… 561
哈尔滨东安实业发展有限公司 …… 131
上海汇大机械制造有限公司 …… 133
无锡市迈特动力机械有限公司 …… 142
江苏江旭铸造集团有限公司 …… 145
扬州汇众萨克斯车业制造有限公司 … 258
常州永庆车辆配件有限公司 …… 390
江阴协统汽车附件有限公司 …… 394
江苏奥顿车业有限公司 …… 397
浙江时代汽车零部件有限公司 …… 153
玉环县交通汽车部件厂 …… 161
玉环县华意汽车部件有限公司 …… 161
瑞安市宝捷汽车配件有限公司 …… 167
瑞安市瑞凡汽车发动机附件有限公司 … 168
温州瑞明工业股份有限公司 …… 168
浙江平柴泵业有限公司 …… 174
浙江永康市通用机电制造有限公司 … 293
永康永强汽配有限公司 …… 611
合肥恒信汽车发动机部件有限公司 … 175
芜湖永达科技有限公司 …… 178
威海万丰镁业科技发展有限公司 …… 630
老河口楚润科技(集团)有限公司 …… 338
东风(十堰)有色铸件有限公司 …… 342
新兴重工湖北三六一一机械有限公司 … 639

东风模具冲压技术有限公司 ………… 717
深圳益宝实业有限公司 ……………… 205
肇庆市丰驰精密金属制品有限公司 … 724
广西金创汽车零部件制造有限公司 … 209
柳州正菱集团有限公司 ……………… 350
重庆飞龙江利汽车部件有限公司 …… 210
重庆隆鑫动力部件有限公司 ………… 211
绵阳市万欣汽车配件有限公司 ……… 216
成都兴光工业科技有限责任公司 …… 358

◉ 其他发动机配件

北京世纪盖尔科技发展有限公司 …… 115
北京天桥粉末冶金有限责任公司 …… 116
北京柳成新和汽车部件有限公司 …… 116
北京迪普首泰高新技术开发有限公司 … 117
埃贝赫汽车技术(北京)有限公司 …… 363
天津市格林利福新技术有限公司 …… 118
马勒发动机零部件(天津)有限公司 … 119
津伦(天津)精密机械股份有限公司 … 686
辛集市华瑞滤纸有限公司 …………… 120
清河县京津胶管有限公司 …………… 121
河北博业橡胶制品科技有限公司 …… 121
沧州宇通塑业有限公司 ……………… 122
廊坊市汇钰模塑有限公司 …………… 123
廊坊远祥汽车配件有限公司 ………… 123
河北双虎车业配件有限公司 ………… 228
霸州市汇行塑胶制品有限公司 ……… 369
内蒙古欧意德发动机有限公司 ……… 124
沈阳东华汽车零部件有限公司 ……… 125
锦州光和密封实业有限公司 ………… 128
凤城市双城德机械制造有限公司 …… 559
哈尔滨东安液压机械有限公司 ……… 131
哈尔滨爱迪压铸有限公司 …………… 132
哈尔滨市香华高密封轴承厂 ………… 563
上海奥弗斯汽车零部件有限公司 …… 133
上海幸福瑞贝德动力总成有限公司 … 136
勃乐氏密封系统(上海)有限公司 …… 136
宁波华翔电子股份有限公司 ………… 377
上海宏昌汽配有限公司 ……………… 378
京滨电子装置研究开发(上海)公司 … 450
江苏省镇江市林森汽配有限公司 …… 140
江苏梅花机械有限公司 ……………… 140
无锡科杰动力机械制造有限公司 …… 144
皆可博(苏州)车辆控制系统有限公司 … 145
常州市鹏源塑业有限公司 …………… 389
无锡大昌机械工业有限公司 ………… 393
江苏摩比斯汽车零部件有限公司 …… 396
镇江立达纤维工业有限责任公司 …… 574
无锡新得宝金属软管有限公司 ……… 578
无锡市二橡胶股份有限公司 ………… 581
苏州轴承厂股份有限公司 …………… 583
江苏天骄汽车配套有限公司 ………… 702
杭州内燃机缸垫有限公司 …………… 150
上虞市振荣橡胶制品有限公司 ……… 152
平湖康弗莱尔汽车发动机系统公司 … 153
宁波艾倍思井华汽车零部件有限公司 … 154
奉化市江兴汽车部件厂 ……………… 156
玉环县金锋汽车零部件有限公司 …… 159
玉环中本机械有限公司 ……………… 160
浙江玉环县玉兴机械制造有限公司 … 161
浙江九隆机械有限公司 ……………… 161
温州乔邦汽车部件有限公司 ………… 168
瑞安市亲人汽配厂 …………………… 173
宁波卡西可减震器制造有限公司 …… 274
浙江省台州敬炜塑料齿轮有限公司 … 278
浙江建环机械有限公司 ……………… 284
台州山源汽车零部件有限公司 ……… 289
浙江天元机电有限公司 ……………… 290
宁波市锦艺汽车零部件有限公司 …… 400
宁波电热塞厂 ………………………… 478
温州科博达汽车部件有限公司 ……… 490
杭州钱江链传动有限公司 …………… 591
浙江省诸暨市中马链条厂 …………… 593
容刚轴承有限公司 …………………… 595
湖州先登链传动制造有限公司 ……… 596
湖州双狮汽车链传动有限公司 ……… 596
慈溪市一桥汽车零部件厂 …………… 600
岱山县威尔密封件有限公司 ………… 605
温州昊驰汽车部件有限公司 ………… 612
昌利企业 ……………………………… 615
合肥亿力机械制造有限公司 ………… 412
安徽江山机械有限公司 ……………… 413
芜湖荣基密封系统有限公司 ………… 618
安庆谢德尔汽车零部件有限公司 …… 619
泉州市双塔汽车零件有限公司 ……… 182
泉州福威龙机械发展有限公司 ……… 182
厦门固特友橡胶股份有限公司 ……… 621
潍坊宏达机械制造有限公司 ………… 189
烟台成鑫密封垫板有限公司 ………… 631
青岛路邦石油化工有限公司 ………… 632
青岛茂林橡胶制品有限公司 ………… 633
青岛征和工业股份有限公司 ………… 634
长葛市长交机械制造有限公司 ……… 332
英瑞杰汽车系统(武汉)有限公司 …… 198
康明斯(襄樊)机加工有限公司 ……… 199
湖北广奥减振器制造有限公司 ……… 200
郧西县神风实业有限公司 …………… 342
东风模具冲压技术有限公司 ………… 717
广东鸿特精密技术股份有限公司 …… 207
昼田(佛山)汽车部件有限公司 ……… 207
佛山市和阳精密金属制品有限公司 … 207
广州新确汽车配件有限公司 ………… 344
广州六和桐生机械有限公司 ………… 345
力野精密工业(深圳)有限公司 ……… 347
广州维高集团有限公司 ……………… 523
玉林市振来铸造有限公司 …………… 209
重庆渝安淮海动力有限公司 ………… 210
重庆圣道滑动轴承制造有限公司 …… 653
重庆庆铃铸铝有限公司 ……………… 653
四川巴斯迪科新技术发展有限公司 … 216
绵阳华力精工机械有限公司 ………… 216
四川川环科技股份有限公司 ………… 217
四川广汉万福橡塑制品厂 …………… 655
广元欣源设备制造有限公司 ………… 728

底盘零部件

◉ 离合器

辽宁九通摩擦材料有限公司 …… 560
湖北三环离合器有限公司 …… 336
浙江铁流离合器股份有限公司 …… 260
东风汽车零部件(集团)有限公司 …… 338
桂林福达集团有限公司 …… 209
北京金利旺达汽车配件有限公司 …… 222
定州市孟生球铁有限公司 …… 232
中信机电车桥有限责任公司 …… 232
内蒙古一机集团北方实业有限公司 … 233
沈阳一东四环离合器有限责任公司 … 233
长春长东离合器有限公司 …… 238
长春市二发汽车备品有限公司 …… 238
长春华众离合器有限公司 …… 239
东北工业集团有限公司 …… 240
长春市东光离合器有限公司 …… 240
长春一东离合器股份有限公司 …… 240
吉林市吉轻制动器制造有限责任公司 … 241
萨克斯汽车零部件系统(上海)公司 … 243
上海中瑞富士离合器有限公司 …… 246
上海萨克斯动力总成部件系统有限公司 … 246
上海达耐时汽车配件有限公司 …… 246
上海铁流离合器有限公司 …… 246
无锡鑫隆车辆配件厂 …… 252
江阴市长江汽车离合器有限公司 …… 253
苏州虎丘汽车配件有限公司 …… 253
东风汽车传动轴有限公司苏州分公司 … 254
苏州东风汽车离合器有限公司 …… 254
扬州汇众萨克斯车业制造有限公司 … 258
江苏华裕汽车工业有限公司 …… 573
湖州普拉沃夫离合器有限公司 …… 268
浙江前锦离合器有限公司 …… 270
宁波宏协离合器有限公司 …… 276
台州博锐机械工业有限公司 …… 279
玉环全菱汽车离合器有限公司 …… 280
玉环卓越制动器有限公司 …… 280
台州华帅汽车配件有限公司 …… 283
浙江玉环传尔力离合器制造有限公司 … 288
玉环县正基离合器制造有限公司 …… 289
浙江金斗离合器制造有限公司 …… 291
浙江华信汽车零部件有限公司 …… 295
浙江铃丰离合器有限公司 …… 296
浙江欧瑞泰汽配有限公司 …… 297
宁波 Skyward 工业有限公司 …… 485
浙江杭万汽车零部件实业有限公司 … 589
玉环县天心机械厂 …… 609
芜湖禾丰离合器有限公司 …… 303
宁国市飞鹰汽车零部件股份有限公司 … 304
荣成市黄海离合器有限公司 …… 321
蓬莱荣达机械配件有限公司 …… 322
青岛丰宝汽车离合器有限公司 …… 325
青岛华瑞汽车零部件股份有限公司 … 326
东风(十堰)发动机部件有限公司 …… 200
武汉达普科零部件有限公司 …… 333
湖北华特汽车零部件有限公司 …… 337
湖北十堰白浪顺达汽车配件厂 …… 340
湖南长沙南方压铸厂 …… 343
湖南省重型离合器有限责任公司 …… 344
广州市永友机动车配件有限公司 …… 202
广州实利汽车零部件制造有限公司 … 346
梅州市劲达汽车部件有限公司 …… 347
珠海华粤离合器有限公司 …… 347
佛山富士离合器有限公司 …… 348
重庆天谛倍进机电制造有限公司 …… 352
爱思帝(重庆)驱动系统有限公司 …… 352
重庆长安离合器制造有限公司 …… 355
四川庆玲金甲兵汽车零部件有限公司 … 356
成都永华富士离合器有限公司 …… 357
四川金雕离合器有限公司 …… 357
陕西力之泉工贸有限责任公司 …… 361
宝鸡瑞泰尔汽车零部件有限公司 …… 362

◉ 离合器泵、离合器附件

富奥汽车零部件股份有限公司 …… 129
浙江亚太机电股份有限公司 …… 261
浙江铁流离合器股份有限公司 …… 260
北京市进联汽车刹车泵有限责任公司 … 223
高丘六和(天津)工业有限公司 …… 118
天津立洲五金弹簧有限公司 …… 548
衡水格林铸鑫科技有限责任公司 …… 224
景县丰源制管有限公司 …… 225
邢台市康辉汽车配件厂 …… 225
沧州富华铸业有限公司 …… 227
河北雅佳驰汽车零部件制造有限公司 … 228
华存离合器有限公司 …… 228
河间市德茂车辆离合器厂 …… 229
保定维德汽车铸件有限公司 …… 231
河北新世泰密封有限公司 …… 553
三联铸造有限公司 …… 124
山西华恩机械制造有限公司 …… 232
朝阳东风柴油机配件有限责任公司 … 128
沈阳市王玉汽车部件厂 …… 233
沈阳林凯汽车制动有限公司 …… 234
沈阳金通汽车零部件制造有限公司 … 234
沈阳丰运汽车零部件厂 …… 234
大连创新零部件制造公司 …… 236
一汽铸造有限公司有色铸造分公司 … 129
凯世曼东方铸造(长春)有限公司 …… 130
吉林省一东离合器制造有限公司 …… 241
长春光阳汽车零部件有限责任公司 … 560
哈尔滨东安实业发展有限公司 …… 131
哈尔滨东安液压机械有限公司 …… 131
牡丹江伯瑞克金属制品有限公司 …… 242
哈尔滨新龙华轴承设备有限公司 …… 563
上海汇大机械制造有限公司 …… 133
上海拖拉机内燃机公司油嘴油泵厂 … 137
上海华森散热器有限公司 …… 137
上海合众工贸实业公司 …… 137
盐城世嘉恒业汽车配件有限公司 …… 242
上海久耐汽车离合器有限公司 …… 246
上海三车汽车零部件有限公司 …… 450
上海航天汽车机电股份有限公司 …… 450
上海航空电器有限公司 …… 451
南京轴承有限公司 …… 248
布雷博(南京)制动系统有限公司 …… 248
南京法雷奥离合器有限公司 …… 249
南京华创汽车配件有限公司 …… 249
无锡仓佑汽车配件有限公司 …… 251
苏州市润升金属氧化有限公司 …… 253
无锡市联信离合器有限公司 …… 253
盐城市金鑫离合器厂 …… 257
盐城恒昌汽车配件有限公司 …… 257
江苏名豪汽车零部件有限公司 …… 257
江苏黄海汽配股份有限公司 …… 259
镇江飞亚轴承有限责任公司 …… 574
常州光洋轴承有限公司 …… 575
舍弗勒(中国)有限公司一厂 …… 585
盐城艾美科机动车部件有限公司 …… 587
靖江三鹏汽车模具制造有限公司 …… 702
玉环县万通泵业有限公司 …… 158
台州威德隆机械有限公司 …… 158
玉环县天发机械有限公司 …… 159
玉环飞宇汽车配件制造有限公司 …… 160
瑞安市东联机车部件有限公司 …… 165
温州天纳福汽车轴承有限公司 …… 168
杭州冠英汽车零部件有限公司 …… 259
杭州金马离合器有限公司 …… 259
杭州杭万制动器科技有限公司 …… 260
杭州秀武汽车部件有限公司 …… 260
杭州康新轴承制造有限公司 …… 261
杭州亚太埃伯思汽车部件有限公司 … 261
万向系统有限公司 …… 262
杭州宝利嘉轴承有限公司 …… 263
杭州奇碟离合器有限公司 …… 264
浙江诸暨市车桥附件厂 …… 264
杭州创佳汽车零部件有限公司 …… 264
浙江宏亮汽车零部件有限公司 …… 264
诸暨市镭迪机械有限公司 …… 266
绍兴君奇汽配有限公司 …… 266
浙江三中机械有限公司 …… 266
浙江中伟实业集团有限公司 …… 266
诸暨市恒泰汽车部件有限公司 …… 266
诸暨均泰汽车零部件有限公司 …… 266
绍兴市嘉坤汽车配件有限公司 …… 267
浙江优联汽车轴承有限公司 …… 268
新昌县林泉轴承有限公司 …… 268
嘉兴新中南汽车零部件有限公司 …… 269
浙江龙华汽配制造有限公司 …… 270
慈溪市晨凯制动器有限公司 …… 273
余姚市安统五金有限公司 …… 273
余姚市新兴制动元件有限公司 …… 273
宁波航达汽配有限公司 …… 274
宁波神丰汽车部件有限公司 …… 274
宁波神丰汽车制动系统有限公司 …… 274
宁波安捷制动器有限公司 …… 274
宁波康达泵业有限公司 …… 274

余姚市吉顺汽车零部件有限公司 …… 274
台州维多离合器有限公司 …… 276
温岭市奥达机械有限公司 …… 276
玉环县纳辉汽车配件有限公司 …… 280
玉环奥恒机械有限公司 …… 280
浙江鑫溢机械有限公司 …… 281
浙江正德制动器有限公司 …… 282
台州华龙离合器有限公司 …… 283
台州鑫鼎离合器有限公司 …… 283
玉环臣菱汽车泵业有限公司 …… 284
台州天玺离合器有限公司 …… 284
台州中圣汽车零部件有限公司 …… 285
玉环荣达机械有限公司 …… 285
台州恒亚汽车部件有限公司 …… 285
浙江省台州兴裕机械有限公司 …… 285
玉环金奥丰机械有限公司 …… 285
台州恒灿汽车配件有限公司 …… 286
浙江玉环长城交通机械有限公司 …… 287
玉环博纳汽配有限公司 …… 287
玉环日意机械有限公司 …… 288
玉环友捷制动器有限公司 …… 288
玉环烽火机械有限公司 …… 288
台州东龙精密机械有限公司 …… 288
浙江玉环县发业汽配厂 …… 288
台州山源汽车零部件有限公司 …… 289
玉环县神舟离合器厂 …… 289
台州市百强机械有限公司 …… 290
玉环县寿源机械有限公司 …… 290
温州通顺机动车部件有限公司 …… 293
浙江精科汽车零部件有限公司 …… 293
浙江科力车辆控制系统有限公司 …… 294
浙江安固汽车配件有限公司 …… 294
温州市正华汽车零部件有限公司 …… 294
温州市佳威汽摩配件有限公司 …… 294
浙江燎原制动液压系统有限公司 …… 294
浙江迪澳汽车配件有限公司 …… 294
瑞立汽车液压制动有限公司 …… 294
温州科众汽车零部件有限公司 …… 295
浙江省瑞安市长虹车辆配件有限公司 … 296
瑞安市中铃汽车配件厂 …… 296
瑞安市万铭汽摩部件有限公司 …… 296
浙江恒力制动阀有限公司 …… 296
瑞安市超欧汽配有限公司 …… 297
华健制动泵有限公司 …… 298
浙江吉尚汽车部件有限公司 …… 298
温州市东启汽车零部件制造有限公司 … 298
浙江昌利锻造有限公司 …… 298
浙江欧力达液压机械有限公司 …… 398
杭州雷迪克节能科技股份有限公司 … 591
杭州恒大轴承有限公司 …… 591
临安华龙摩擦材料有限公司 …… 592
诸暨市金德利摩擦材料有限公司 …… 594
上虞市万里汽车轴承有限公司 …… 595
浙江新昌新轴实业有限公司 …… 595
容刚轴承有限公司 …… 595
嘉善星宇高仕轴承有限公司 …… 597
宁波午阳联合轴承有限公司 …… 598
玉环县同心机械有限公司 …… 609
台州创阳机械有限公司 …… 609
台州千钧阀门有限公司 …… 609
芜湖稳乐制动系统有限公司 …… 301
芜湖众发汽车制动泵有限公司 …… 302
芜湖玉泰汽车制动有限公司 …… 302
芜湖万通汽车部件有限公司 …… 302
芜湖恒坤汽车部件有限公司 …… 303
芜湖大捷离合器有限公司 …… 303
芜湖依格森汽车部件有限公司 …… 303
安徽盛隆铸业有限公司 …… 304
厦门永裕机械工业有限公司 …… 306
石狮万众离合器有限公司 …… 309
福建省盛安机械发展有限公司 …… 309
福建省万众汽车配件有限公司 …… 309
漳州常山品兴汽配有限公司 …… 310
泛科轴承集团有限公司 …… 621
泉州市奇盛汽车配件有限公司 …… 622
江铃集团深铃汽车零部件有限公司 … 311
济南盛丰创力汽车配件有限公司 …… 184
山东新金发汽车零部件有限公司 …… 185
龙口通力汽车配件有限公司 …… 192
山东威明汽车产品有限公司 …… 313
威伯科汽车控制系统(中国)有限公司 … 326
青岛泰德汽车轴承股份有限公司 …… 632
龙口市昊天轴承有限公司 …… 635
扶沟恒力缸盖有限公司 …… 197
林州市华龙汽车底盘部件厂 …… 331
安阳市汽车配件厂有限公司 …… 331
长葛市长交机械制造有限公司 …… 332
长葛市定达实业有限公司 …… 332
东风(十堰)发动机部件有限公司 …… 200
湖北乘风汽车零部件有限公司 …… 336
东风汽车泵业有限公司 …… 339
东风汽车公司—中电气公司 …… 339
十堰巨名好特汽车备件制造有限公司 … 340
湖北车神汽配实业有限公司 …… 340
十堰超群汽车制动阀有限公司 …… 340
十堰市创时零部件有限公司 …… 341
东风(十堰)有色铸件有限公司 …… 342
十堰凯琦铸造有限公司 …… 342
湖北兴升科技发展有限公司 …… 342
湖北鑫宝马弹簧有限公司 …… 638
襄阳汽车轴承股份有限公司 …… 639
广州大钧离合器有限公司 …… 345
MAXEEN 汽车零部件有限公司 …… 347
广东亚新汽车传动有限公司 …… 349
韶关东南轴承有限公司 …… 645
广东省汕头市第一轴承厂 …… 646
珠海天一机械设备有限公司 …… 647
广西玉林玉柴机器配件制造有限公司 … 209
广西奥特帕斯机械有限公司 …… 209
广西金创汽车零部件制造有限公司 … 209
广西轴承有限责任公司 …… 652
四川郫县离合器有限公司 …… 358

◉ 变速器

北京海纳川汽车部件股份有限公司 … 363
哈尔滨东安汽车发动机制造有限公司 … 131
浙江中马传动股份有限公司 …… 278
重庆青山工业有限责任公司 …… 356
北京汽车动力总成有限公司 …… 116
北京市双桥汽车齿轮厂 …… 221
北京现代摩比斯变速器有限公司 …… 222
北京现代摩比斯汽车配件有限公司 … 365
天津艾达自动变速器有限公司 …… 223
河北万众矿山机械有限公司 …… 58
唐山爱特精密机器制造有限公司 …… 229
唐山长丰齿轮厂 …… 229
唐山通力齿轮有限公司 …… 229
唐山爱信齿轮有限责任公司 …… 229
重汽集团大同齿轮有限公司 …… 124
辽阳大乘新华齿轮有限责任公司 …… 234
一汽解放汽车有限公司变速箱分公司 … 238
一汽欣欣变速箱零部件有限公司 …… 238
长春一汽车城零部件制造有限公司 … 238
长春市长城汽车齿轮箱有限公司 …… 239
四平奇来亚汽车变速箱制造有限公司 … 241
白城宏帝达汽车齿轮有限公司 …… 242
哈尔滨东安实业发展有限公司 …… 131
上海萨克斯动力总成部件系统有限公司 … 246
大众汽车变速器(上海)有限公司 …… 248
上海汽车变速器有限公司 …… 248
无锡仓佑汽车配件有限公司 …… 251
无锡腾骅汽车变速器有限公司 …… 251
采埃孚传动技术(苏州)有限公司 …… 254
苏州绿控传动科技有限公司 …… 255
连云港北方变速器有限责任公司 …… 256
浙江吉利动力总成有限公司 …… 155
杭州前进齿轮箱集团股份有限公司 … 261
杭州依维柯汽车传动技术有限公司 … 263
浙江长泰机械有限公司 …… 267
承田汽车配件工业(浙江)有限公司 … 269
浙江吉利变速器有限公司 …… 275
温岭市奥达机械有限公司 …… 276
正田汽车变速器有限公司 …… 277
台州椒星传动设备有限公司 …… 291
浙江万里扬变速器股份有限公司 …… 292
金华市东联汽车变速箱厂 …… 292
金华汤齿齿轮箱有限公司 …… 292
浙江东风齿轮有限公司 …… 292
宁波市北仑明州机电制造有限公司 … 484
六安市振华汽车变速箱有限公司 …… 300
安徽星瑞齿轮传动有限公司 …… 301
六安江淮汽车齿轮制造有限公司 …… 301
安徽明雁齿轮有限公司 …… 304
福建尚锟齿轮箱制造有限公司 …… 308
晋江科华汽车配件有限公司 …… 308
晋江连盛液压机械有限公司 …… 309
泉州万潮汽配有限公司 …… 623
南昌齿轮有限责任公司 …… 311
江西赣铃齿轮有限责任公司 …… 311
格特拉克(江西)传动系统南昌工厂 … 311
格特拉克(江西)传动系统有限公司 … 311
格特拉克(江西)传动系统赣州工厂 … 312
赣州经纬科技股份有限公司 …… 312
赣州五环机器有限责任公司 …… 312
潍柴动力股份有限公司 …… 188
盛瑞传动股份有限公司 …… 188
聊城市东海铸锻有限公司 …… 314
德州齿轮有限公司 …… 314
淄博博岳变速箱有限公司 …… 315
潍坊通达齿轮箱有限责任公司 …… 317
山东上汽汽车变速器有限公司 …… 322
山东蒙沃变速器有限公司 …… 327
山东金正大机械制造有限公司 …… 328
漯河世林鑫源汽配有限公司 …… 332
湖北江山重工有限责任公司 …… 337
东风汽车变速箱有限公司 …… 339
十堰民生汽车零部件有限公司 …… 340
十堰超力达工贸有限公司 …… 340
湖南江麓容大车辆传动有限责任公司 … 343
株洲齿轮有限责任公司 …… 343
益阳康益机械发展有限公司 …… 344

衡阳风顺车桥有限公司 ………………… 344
加特可(广州)自动变速箱有限公司 … 344
韶能集团韶关宏大齿轮有限公司 …… 346
本田汽车零部件制造有限公司 ……… 349
柳州青山变速器有限责任公司 ……… 350
柳州采埃孚机械有限公司 …………… 351
柳州上汽汽车变速器有限公司 ……… 351
重庆北方奔驰变速器有限责任公司 … 351
重庆聚兴交通工业(集团)有限公司 … 352
綦江大力神齿轮有限公司 …………… 354
綦江重配齿轮有限公司 ……………… 354
重庆红宇精密工业有限责任公司 …… 355
重庆蓝黛动力传动机械股份有限公司 … 355
綦江齿轮传动有限公司 ……………… 355
重庆耀恒齿轮有限公司 ……………… 355
重庆齿轮箱有限责任公司 …………… 355
成都市金蓉齿轮有限责任公司 ……… 356
成都天兴山田车用部品有限公司 …… 357
成都天兴仪表(集团)有限公司 ……… 540
四川凯达机电制造有限公司 ………… 540
陕西法士特汽车传动集团有限公司 … 361
陕西航天动力高科技股份有限公司 … 361
西安法士特汽车传动有限公司 ……… 361

◉ 变速器壳体

唐山爱信汽车零部件有限公司 ……… 123
唐山丞起汽车零部件有限公司 ……… 229
保定维德汽车铸件有限公司 ………… 231
三联铸造有限公司 …………………… 124
山西华恩机械制造有限公司 ………… 232
内蒙古宏达压铸有限责任公司 ……… 233
第一汽车集团铸造有限公司铸造一厂 … 129
一汽铸造有限公司有色铸造分公司 … 129
凯世曼东方铸造(长春)有限公司 …… 130
一汽铸造有限公司 …………………… 130
上海汇大机械制造有限公司 ………… 133
上海镁镁合金压铸有限公司 ………… 247
南京泰宁铸铁有限公司 ……………… 138
江苏恒义汽配制造有限公司 ………… 253
高邮市新高明动力机械有限公司 …… 258
布雷博(南京)铸造有限公司 ………… 573
浙江永康市通用机电制造有限公司 … 293
宁波永灵机械配件有限公司 ………… 599
台州三进压铸有限公司 ……………… 611
芜湖华峰汽车部件有限责任公司 …… 178
安徽省辉煌机械制造有限公司 ……… 301
铜陵万象汽车零部件有限公司 ……… 304
福建伍旗机械有限公司 ……………… 310
聊城市东海铸锻有限公司 …………… 314
潍坊宏盛铸造机械有限公司 ………… 318
莱州新安达汽车零部件有限公司 …… 318
山东蒙凌工程机械股份有限公司 …… 328
威海万丰镁业科技发展有限公司 …… 630
山东湖西王集团铸业有限公司 ……… 635
林州市华龙汽车底盘部件厂 ………… 331
河南龙鼎铸业股份有限公司 ………… 331
安阳市汽车配件厂有限公司 ………… 331
长葛市长交机械制造有限公司 ……… 332
禹州市天奇汽车配件有限公司 ……… 332
唐河县东联汽车变速箱厂 …………… 333
襄樊市长源东谷实业有限公司 ……… 199
湖北东峻工贸有限公司 ……………… 334
十堰民生汽车零部件有限公司 ……… 340
东风(十堰)有色铸件有限公司 ……… 342
东莞宜安科技股份有限公司 ………… 647
广东鸿图科技股份有限公司 ………… 649
重庆博奥铝镁金属制造有限公司 …… 353
重庆渝江压铸有限公司 ……………… 353
重庆大江美利信压铸有限责任公司 … 353
重庆蓝黛动力传动机械股份有限公司 … 355
成都奥兴汽配制造有限公司 ………… 357
成都明皓机械制造有限公司 ………… 357
成都兴光工业科技有限责任公司 …… 358

◉ 同步器、同步器齿环

天津信特恩粉末冶金有限公司 ……… 118
天津天海同步科技股份有限公司 …… 224
香河华美齿轮有限公司 ……………… 230
保定永兴汽车同步器制造有限公司 … 231
保定金龙汽车同步器齿环有限公司 … 231
兴城市粉末冶金有限公司 …………… 560
长春市天达汽车同步器齿轮有限公司 … 240
上海达耐时汽车配件有限公司 ……… 246
江阴全华丰精锻有限公司 …………… 253
昆山正大新成精密锻造有限公司 …… 255
江苏追日汽车同步器有限公司 ……… 258
贺尔碧格东方齿轮(泰州)有限公司 … 258
江苏太平洋精锻科技股份有限公司 … 258
南京金牛机械制造股份有限公司 …… 573
常州光洋轴承有限公司 ……………… 575
浙江衢州永丰金属制品有限公司 …… 164
绍兴创举汽车同步器齿环有限公司 … 267
浙江申林汽车部件有限公司 ………… 277
玉环华港机械有限公司 ……………… 284
浙江万里扬变速器股份有限公司 …… 292
浙江迅达汽车部件有限公司 ………… 295
台州千钧阀门有限公司 ……………… 609
芜湖凯德机械制造有限公司 ………… 712
晋江市明扬汽车配件制造有限公司 … 307
晋江市上郭汽车配件厂 ……………… 308
晋江科纳精锻有限公司 ……………… 309
福建省石狮市同兴齿轮有限公司 …… 309
晋江市阳光汽车配件有限公司 ……… 623
赣州群星机械有限公司 ……………… 312
鲁银禹城粉末冶金制品有限公司 …… 313
青岛三星精锻齿轮有限公司 ………… 325
武汉协和齿环有限公司 ……………… 333
十堰同创传动技术有限公司 ………… 339
十堰超力达工贸有限公司 …………… 340
十堰民生汽车零部件有限公司 ……… 340
桂林星火机械制造有限公司 ………… 350
重庆华孚工业股分有限公司 ………… 210
重庆克诺斯齿轮制造有限公司 ……… 355
重庆创精温锻成型有限公司 ………… 355
重庆市星极齿轮有限责任公司 ……… 356
重庆市璧山顺山机械有限公司 ……… 356
重庆江洲粉末冶金科技有限公司 …… 654
泸州长江机械有限公司 ……………… 360

◉ 传动齿轮

东风汽车零部件(集团)有限公司 …… 338
桂林福达集团有限公司 ……………… 209
天津信特恩粉末冶金有限公司 ……… 118
石家庄市龙马铸造有限公司 ………… 224
河北士达齿轮有限责任公司 ………… 228
定州市孟生球铁有限公司 …………… 232
河北伟新锻造有限公司 ……………… 550
大连创新齿轮箱制造有限公司 ……… 127
辽阳大乘新华齿轮有限责任公司 …… 234
瓦房店万向锻造有限公司 …………… 235
大连金华齿轮箱制造有限公司 ……… 235
兴城市粉末冶金有限公司 …………… 560
一汽巴勒特锻造(长春)有限公司 …… 128
长春市国源实业有限责任公司 ……… 238
长春市长城汽车齿轮箱有限公司 …… 239
一汽四环金仑汽车零部件有限公司 … 239
长春市汇锋汽车齿轮股份有限公司 … 240
哈尔滨顺源机械制造有限公司 ……… 242
上海爱知锻造有限公司 ……………… 137
上海瑞展实业发展有限责任公司 …… 243
上海怡飞柯精密机械有限公司 ……… 246
上海汽车粉末冶金有限公司 ………… 564
无锡永凯达齿轮有限公司 …………… 144
镇江江大春光齿轮有限公司 ………… 249
常州市第二齿轮厂有限公司 ………… 250
江苏上齿集团有限公司 ……………… 251
常州超宇机械制造有限公司 ………… 251
青志(无锡)粉末寿锻有限公司 ……… 252
无锡和大精密齿轮有限公司 ………… 252
江阴全华丰精锻有限公司 …………… 253
江兴(太仓)金属制品有限公司 ……… 255
江苏太平洋精锻科技股份有限公司 … 258
泰州市兴华齿轮制造有限公司 ……… 258
泰州格里森齿轮制造有限公司 ……… 258
江苏飞船股份有限公司 ……………… 258
江苏汤臣汽车零部件有限公司 ……… 259
江苏南方轴承股份有限公司 ………… 576
台州亚格机械有限公司 ……………… 160
浙江双环传动机械股份有限公司 …… 259
杭州前进齿轮箱集团股份有限公司 … 261
杭州迈特汽车配件有限公司 ………… 263
承田汽车配件工业(浙江)有限公司 … 269
德西福格汽车配件(平湖)有限公司 … 270
宁波普泽机电有限公司 ……………… 272
宁波正虹万向节有限公司 …………… 273
浙江联合齿轮有限公司 ……………… 277
台州华跃工贸有限公司 ……………… 277
温岭市华鑫机械制造有限公司 ……… 277
浙江省温岭市中齿机械厂 …………… 277
台州斯曼机械制造有限公司 ………… 277
浙江罗保机械有限公司 ……………… 277
浙江大发齿轮有限公司 ……………… 278
浙江玉发汽配有限公司 ……………… 279
玉环华港机械有限公司 ……………… 284
浙江丰立机电有限公司 ……………… 291
玉环振华精锻齿轮有限公司 ………… 291
金华市三联变速箱制造有限公司 …… 291
金华汤齿齿轮箱有限公司 …………… 292
浙江金齿机械有限公司 ……………… 292
金华市新华齿轮有限公司 …………… 292
金华市东联汽车变速箱厂 …………… 292
浙江万里扬变速器股份有限公司 …… 292
浙江恒友齿轮有限公司 ……………… 292
瑞安市长城齿轮厂 …………………… 295
瑞安市奥众汽车齿轮有限公司 ……… 297
浙江杭万汽车零部件实业有限公司 … 589
杭州萧山金盾粉末冶金有限公司 …… 591
台州千钧阀门有限公司 ……………… 609

温州三联锻造有限公司 ………………… 615
福建台亚汽车工业有限公司 ………… 305
晋江市明扬汽车配件制造有限公司 … 307
晋江科纳精锻有限公司 ……………… 309
晋江连盛液压机械有限公司 ………… 309
福建省石狮市同兴齿轮有限公司 …… 309
晋江市阳光汽车配件有限公司 ……… 623
江西江铃集团车桥齿轮有限责任公司 … 310
江西省安源万向实业有限公司 ……… 311
南昌齿轮有限责任公司 ……………… 311
格特拉克(江西)传动系统有限公司 … 311
格特拉克(江西)传动系统于都工厂 … 312
济南汇九齿轮有限公司 ……………… 312
济南新中安重汽零部件制造有限公司 … 312
济南市天桥重型汽车配件厂 ………… 313
德州齿轮有限公司 …………………… 314
淄博格尔齿轮有限公司 ……………… 315
潍坊通达齿轮箱有限责任公司 ……… 317
潍坊宏盛铸造机械有限公司 ………… 318
青州市富坤车桥配件有限公司 ……… 319
青州市建富齿轮有限公司 …………… 319
诸城市曙光车桥有限责任公司 ……… 319
青岛精益精锻齿轮有限公司 ………… 325
青岛三星精锻齿轮有限公司 ………… 325
青岛创兴齿轮有限公司 ……………… 326
山东丰润机械制造有限公司 ………… 326
山东金正大机械制造有限公司 ……… 328
莱州三王粉末冶金有限公司 ………… 628
山东湖西王集团铸业有限公司 ……… 635
扶沟恒力缸盖有限公司 ……………… 197
郑州华威齿轮有限公司 ……………… 329
河南耀鑫齿轮有限公司 ……………… 332
河南昊天精锻齿轮有限公司 ………… 332
洛阳华冠齿轮股份有限公司 ………… 333
襄樊市长源东谷实业有限公司 ……… 199
东风锻造有限公司 …………………… 200
十堰市车来车往汽车零部件有限公司 … 200
湖北亚川汽车齿轮集团有限公司 …… 335
湖北三环锻造有限公司 ……………… 338
东风(十堰)汽车零部件有限公司 …… 338
东风(十堰)汽车锻钢件有限公司 …… 339
十堰嘉凯工贸有限公司 ……………… 340
十堰精制东风齿轮有限公司 ………… 340
湖北红岩车桥实业有限公司 ………… 340
东风车桥有限公司 …………………… 341
东风(十堰)汽车灯具有限公司 ……… 341
十堰湖桥实业有限公司 ……………… 341
十堰凯琦铸造有限公司 ……………… 342
东风汽车精工齿轮厂 ………………… 343
东风汽车有限公司刃量具厂 ………… 718
湖南机油泵股份有限公司 …………… 202
长沙宝泰克传动技术有限公司 ……… 343
株洲齿轮有限责任公司 ……………… 343
益阳康益机械发展有限公司 ………… 344
韶能集团韶关宏大齿轮有限公司 …… 346
广东柳菱宏通实业有限公司 ………… 347
东莞金洲齿轮机械有限公司 ………… 348
佛山金光汽车零部件有限公司 ……… 348
柳州正菱集团有限公司 ……………… 350
重庆大帝重工机械有限公司 ………… 351
重庆聚兴交通工业(集团)有限公司 … 352
重庆富川机电有限公司 ……………… 352
重庆神箭汽车传动件有限责任公司 … 352
重庆大江信达车辆汽车零部件公司 …… 353
綦江大力神齿轮有限公司 …………… 354
綦江重配齿轮有限公司 ……………… 354
綦江长风齿轮有限公司 ……………… 354
重庆蓝黛动力传动机械股份有限公司 … 355
重庆耀恒齿轮有限公司 ……………… 355
重庆众联齿轮传动有限公司 ………… 355
綦江齿轮传动有限公司 ……………… 355
重庆克诺斯齿轮制造有限公司 ……… 355
重庆创精温锻成型有限公司 ………… 355
重庆齿轮箱有限责任公司 …………… 355
永进齿轮有限公司 …………………… 355
重庆市璧山顺山机械有限公司 ……… 356
重庆市星极齿轮有限责任公司 ……… 356
重庆江洲粉末冶金科技有限公司 …… 654
成都市金蓉齿轮有限责任公司 ……… 356
中车集团四川丹齿零部件有限公司 … 358
四川名齿齿轮制造有限公司 ………… 359
四川省雅安市羌江机械有限责任公司 … 359
四川鑫锐齿轮有限公司 ……………… 359

◉ 变速器其他配件

深圳市航盛电子股份有限公司 ……… 528
北京天桥粉末冶金有限责任公司 …… 116
高丘六和(天津)工业有限公司 ……… 118
津伦(天津)精密机械股份有限公司 … 686
沧州富华铸业有限公司 ……………… 227
沧州海润机械制造有限公司 ………… 227
沧州市鑫业汽车配件有限公司 ……… 227
沧县四通汽车配件有限公司 ………… 228
唐山齿轮集团有限公司 ……………… 229
香河华美齿轮有限公司 ……………… 230
宇鹏汽车拨叉有限公司 ……………… 231
安国市佳宇汽车传动轴有限公司 …… 231
定州市四新工业有限公司 …………… 232
内蒙古欧意德发动机有限公司 ……… 124
辽宁远朋汽车部件有限公司 ………… 124
哈尔滨东安液压机械有限公司 ……… 131
哈尔滨晶石机械制造有限公司 ……… 242
牡丹江伯瑞克金属制品有限公司 …… 242
上海博众汽油机有限公司 …………… 132
上海交运集团股份有限公司 ………… 243
爱思帝耐时(上海)驱动系统有限公司 … 244
恩斯克华纳变速器零部件(上海)公司 … 244
上海奥凯汽车零部件有限公司 ……… 244
上海依赛工业有限公司 ……………… 379
南京亨发达汽配制造有限公司 ……… 249
江苏恒义汽配制造有限公司 ………… 253
无锡市晟达汽车附件厂 ……………… 466
江苏容天乐机械股份有限公司 ……… 577
无锡市德昶精密铸造有限公司 ……… 580
苏州轴承厂股份有限公司 …………… 583
慈溪市盛银汽配有限公司 …………… 154
玉环广亚汽车零部件有限公司 ……… 159
杭州永固汽车零部件有限公司 ……… 260
浙江三维大通冷挤压有限公司 ……… 270
宁波市鄞州横溪福兴汽配厂 ………… 271
宁波市镇海福华机械电器厂 ………… 272
余姚市天润机械有限公司 …………… 274
浙江申林汽车部件有限公司 ………… 277
温岭市华鑫机械制造有限公司 ……… 277
浙江泰丰轴承有限公司 ……………… 278
浙江滨海汽车零部件有限公司 ……… 281
玉环荣达机械有限公司 ……………… 285
浙江玉环伟盛机械有限公司 ………… 289
台州大川机电有限公司 ……………… 289
浙江天元机电有限公司 ……………… 290
浙江吉峰齿轮有限公司 ……………… 292
金华市詹士汽车配件有限公司 ……… 292
瑞安市中铃汽车配件厂 ……………… 296
浙江昌利锻造有限公司 ……………… 298
温州天和汽车部件有限公司 ………… 298
杭州雷迪克节能科技股份有限公司 … 591
浙江正昌锻造股份有限公司 ………… 613
芜湖鑫业汽车零部件有限公司 ……… 302
安徽明雁齿轮有限公司 ……………… 304
安徽省小小科技股份有限公司 ……… 304
泉州市(晋江)鸿星汽车配件有限公司 … 309
赣州群星机械有限公司 ……………… 312
江西省广蓝传动科技股份有限公司 … 312
赣州经纬科技股份有限公司 ………… 312
济宁精益轴承有限公司 ……………… 327
许昌元特汽车配件有限公司 ………… 332
湖北新冶钢汽车零部件有限公司 …… 198
湖北威风汽车配件股份有限公司 …… 199
十堰超力达工贸有限公司 …………… 340
湖北省华阳汽车拨叉股份有限公司 … 342
湖北兴升科技发展有限公司 ………… 342
湖北中航精机科技股份有限公司 …… 421
株洲汽车零部件实业有限公司 ……… 344
广东鸿特精密技术股份有限公司 …… 207
广州新确汽车配件有限公司 ………… 344
广州优尼精密有限公司 ……………… 345
力野精密工业(深圳)有限公司 ……… 347
重庆庆铃铸铝有限公司 ……………… 653
内江市华丰汽车配件厂 ……………… 359
西安双特智能传动有限公司 ………… 361
宝鸡法士特齿轮有限责任公司 ……… 362

◉ 减速器、差速器、分动箱、取力器及其配件

东风汽车零部件(集团)有限公司 …… 338
北京环驰车桥厂 ……………………… 221
北京市双桥汽车齿轮厂 ……………… 221
高丘六和(天津)工业有限公司 ……… 118
天津丰津汽车传动部件有限公司 …… 223
保定华岳汽车零部件制造有限公司 … 123
河北春风铸造有限责任公司 ………… 225
沧州纳川机械配件有限公司 ………… 227
三河市精益机械制造有限公司 ……… 230
河北新朗玛汽车部件制造有限公司 … 232
河北伟新锻造有限公司 ……………… 550
山西华恩机械制造有限公司 ………… 232
大连同泰汽车零部件有限公司 ……… 127
第一汽车集团铸造有限公司铸造一厂 … 129
一汽铸造有限公司 …………………… 130
长春永固汽车车桥有限公司 ………… 239
长春解放汽车底盘有限公司 ………… 240
长春市汇锋汽车齿轮股份有限公司 … 240
哈尔滨艾瑞汽车排气系统有限公司 … 131
上海博众汽油机有限公司 …………… 132
南京亨发达汽配制造有限公司 ……… 249
无锡英特帕普威孚液压有限公司 …… 251
江苏恒义汽配制造有限公司 ………… 253
富士和机械工业(昆山)有限公司 …… 255
常熟美桥汽车传动系统制造技术公司 … 256

江苏汤臣汽车零部件有限公司 …… 259
杭州九龙机械制造有限公司 …… 150
杭州双佳汽车部件制造有限公司 …… 262
浙江万传汽车零部件制造有限公司 …… 262
浙江长泰机械有限公司 …… 267
嘉善顺达汽车配件制造有限公司 …… 270
嘉善峰立汽车零部件制造有限公司 …… 270
宁波航达汽配有限公司 …… 274
台州斯曼机械制造有限公司 …… 277
温岭市华鑫机械制造有限公司 …… 277
台州华跃工贸有限公司 …… 277
台州椒星传动设备有限公司 …… 291
瑞安市科正汽车零部件有限公司 …… 296
杭州南华汽车配件有限公司 …… 475
浙江联宜电机股份有限公司 …… 488
合肥美桥汽车传动及底盘系统公司 …… 299
瑞慈(马鞍山)传动机械有限公司 …… 304
福建台亚汽车工业有限公司 …… 305
晋江宏辉汽车配件制造有限公司 …… 307
晋江市上郭汽车配件厂 …… 308
晋江科华汽车配件有限公司 …… 308
福建尚锟齿轮箱制造有限公司 …… 308
泉州市(晋江)鸿星汽车配件有限公司 …… 309
福建省石狮市同兴齿轮有限公司 …… 309
福建省盛安机械发展有限公司 …… 309
福建畅丰车桥制造有限公司 …… 310
赣州五环机器有限责任公司 …… 312
济南新中安重汽零部件制造有限公司 …… 312
济南第二汽车配件有限公司 …… 313
济南市天桥重型汽车配件厂 …… 313
山东修健重卡车桥制造有限公司 …… 313
山东济南腾岳机械有限公司 …… 313
聊城市东海铸锻有限公司 …… 314
德州齿轮有限公司 …… 314
诸城市曙光车桥有限责任公司 …… 319
烟台市清泉特钢锻造制品有限公司 …… 320
威海市九跃车桥有限公司 …… 321
蓬莱万寿机械有限公司 …… 322
青岛青特铸造有限公司 …… 324
青岛华瑞汽车零部件股份有限公司 …… 326
扶沟恒力缸盖有限公司 …… 197
河南汤阴县华兴机械制造有限公司 …… 330
林州市合鑫铸业有限公司 …… 330
安阳市汽车配件厂有限公司 …… 331
河南龙鼎铸业股份有限公司 …… 331
安阳市天创汽车零部件有限公司 …… 331
林州市富神汽车零部件有限公司 …… 331
河南省长葛市劲翔汽车配件厂 …… 332
东风汽车股份有限公司铸造分公司 …… 199
十堰市车来车往汽车零部件有限公司 …… 200
湖北亚川汽车齿轮集团有限公司 …… 335
随州市大成液压机械制造有限公司 …… 337
湖北三环铸造股份有限公司 …… 337
湖北全力机械集团股份有限公司 …… 337
东风(十堰)汽车零部件有限公司 …… 338
十堰精海工贸有限公司 …… 339
湖北大旗液压有限公司 …… 339
湖北红岩车桥实业有限公司 …… 340
十堰嘉凯工贸有限公司 …… 340
东风汽车有限公司商用车铸造二厂 …… 340
十堰精制东风齿轮有限公司 …… 340
十堰龙腾达工业有限公司 …… 341
十堰湖桥实业有限公司 …… 341
十堰大华康桥工贸有限公司 …… 341
东风车桥有限公司 …… 341
远安永安车桥有限责任公司 …… 343
株洲齿轮有限责任公司 …… 343
衡阳风顺车桥有限公司 …… 344
韶能集团韶关宏大齿轮有限公司 …… 346
广西桂林英柴公司 …… 350
重庆北方奔驰变速器有限责任公司 …… 351
重庆市高远汽车部件制造有限公司 …… 353
重庆中奥离合器制造有限公司 …… 354
綦江重配齿轮有限公司 …… 354
綦江齿轮传动有限公司 …… 355
重庆众联齿轮传动有限公司 …… 355
四川联茂机械制造有限公司 …… 359
四川鑫锐齿轮有限公司 …… 359
成都天兴仪表(集团)有限公司 …… 540
四川劲风汽车零部件有限公司 …… 655
云南省个旧市南天汽车半轴有限公司 …… 360

◉ 传动轴、半轴

北京海纳川汽车部件股份有限公司 …… 363
富奥汽车零部件股份有限公司 …… 129
许昌远东传动轴股份有限公司 …… 332
万向钱潮股份有限公司 …… 262
温州冠盛汽车零部件集团股份公司 …… 294
北京瑞韩恩梯恩汽车部件有限公司 …… 222
天津丰津汽车传动部件有限公司 …… 223
捷太格特汽车部件(天津)有限公司 …… 223
石家庄鹿鼎汽车部件有限公司 …… 224
石家庄奥通机械设备制造有限公司 …… 224
河北宇龙传动轴有限公司 …… 225
河北雅佳驰汽车零部件制造有限公司 …… 228
河北春发汽车零部件有限公司 …… 229
河北精轴传动轴厂 …… 229
保定华建机械有限公司 …… 231
耐世特凌云驱动系统(涿州)有限公司 …… 231
安国市佳宇汽车传动轴有限公司 …… 231
河北惠众汽车传动轴制造有限公司 …… 232
鞍山太阳锻造实业有限公司 …… 234
沈阳金亚汽车传动轴有限公司 …… 234
沈阳林凯汽车制动有限公司 …… 234
瓦房店宏达等速万向节制造有限公司 …… 235
辽宁通达轴业有限公司 …… 236
凤城市曙光汽车半轴有限责任公司 …… 236
瓦房店轴承集团有限责任公司 …… 559
一汽巴勒特锻造(长春)有限公司 …… 128
一汽四环金仑汽车零部件有限公司 …… 239
富奥股份公司传动轴分公司 …… 239
长春市中德车桥有限公司 …… 239
长春市建邦汽车零部件有限公司 …… 240
吉林省春城汽车零部件制造有限公司 …… 240
吉林北方捷凯传动轴有限公司 …… 241
吉林圆方机械集团有限公司 …… 241
吉林江北机械制造有限责任公司 …… 241
东丰县黎明汽车配件厂 …… 242
哈飞机电产品制造有限责任公司 …… 374
上海纳铁福传动轴有限公司 …… 244
上海耀源精机有限公司 …… 246
上海怡飞柯精密机械有限公司 …… 246
仪征跃进车桥有限责任公司 …… 249
仪征市金太阳传动轴制造有限公司 …… 249
镇江市宝华半挂车配件有限公司 …… 249
吉凯恩(丹阳)工业有限公司 …… 250
无锡格尔顿传动轴有限公司 …… 252
江苏格尔顿传动有限公司 …… 253
靖江市富奥重型万向节制造厂 …… 253
东风汽车传动轴有限公司苏州分公司 …… 254
万都(苏州)汽车底盘系统有限公司 …… 254
苏州苏万万向节有限公司 …… 254
常熟美桥汽车传动系统制造技术公司 …… 256
徐州光环传动轴制造有限公司 …… 256
洪泽县汽车半轴制造有限公司 …… 257
扬州汇众萨克斯车业制造有限公司 …… 258
常州海拓汽车部件有限公司 …… 388
江苏恒明汽车配件制造有限公司 …… 582
浙江省永康市鸿运实业有限公司 …… 163
杭州神风汽车配件有限公司 …… 259
浙江飞舟车业有限公司 …… 260
杭州董氏汽车配件制造有限公司 …… 260
万向钱潮传动轴有限公司 …… 261
万向系统有限公司 …… 262
万向钱潮等速驱动轴有限公司 …… 262
杭州万康机械厂 …… 262
杭州天宝汽车零部件有限公司 …… 262
杭州菲亚迪传动机械有限公司 …… 262
杭州玛瑙机动车部件有限公司 …… 262
杭州通绿机械有限公司 …… 262
杭州胜华汽车配件有限公司 …… 263
杭州新世纪万向节有限公司 …… 263
杭州萧山万通汽配制造有限公司 …… 264
杭州华东转向节有限公司 …… 264
诸暨安驰机械有限公司 …… 264
浙江凯迪汽车部件工业有限公司 …… 268
嘉善顺达汽车配件制造有限公司 …… 270
浙江欧迪恩传动科技股份有限公司 …… 270
宁波纬尚汽车零部件有限公司 …… 271
宁波嘉隆工业有限公司 …… 271
宁波普泽机电有限公司 …… 272
浙江立群汽车配件制造有限公司 …… 272
宁波三钻工业有限公司 …… 273
浙江向隆机械有限公司 …… 273
宁波万航实业有限公司 …… 275
台州斯曼机械制造有限公司 …… 277
台州创一汽车零部件有限公司 …… 277
台州华跃工贸有限公司 …… 277
玉环凯腾汽车零部件有限公司 …… 279
台州耐力特汽车传动轴有限公司 …… 279
台州德隆泰机械有限公司 …… 280
玉环县中威机械实业有限公司 …… 281
台州宏利汽车零部件有限公司 …… 283
台州肯特汽车传动系统有限公司 …… 283
玉环一飞机械工业有限公司 …… 284
台州建伟机械有限公司 …… 285
台州意豪转向机有限公司 …… 286
浙江嘉元机械制造有限公司 …… 286
台州恒灿汽车配件有限公司 …… 286
玉环县威龙汽车零部件制造有限公司 …… 286
玉环天利汽车配件实业有限公司 …… 287
台州新宏声机械有限公司 …… 288
玉环杭潮传动轴有限公司 …… 288
玉环福纳汽车零部件厂 …… 289
巨泰汽车配件有限公司 …… 289
台州锦辉机械有限公司 …… 289
浙江利中汽车底盘件有限公司 …… 290
浙江利中实业有限公司 …… 290
玉环县锦辉制动器有限公司 …… 291
台州英克尔传动轴有限公司 …… 291
温州市盛保罗汽车部件有限公司 …… 294

瑞安市悦华汽车单向器有限公司 …… 297
温州聚泉汽车部件有限公司 ………… 297
浙江益鑫汽车零部件有限公司 …… 298
温州三联锻造有限公司 ……………… 615
芜湖三联锻造有限公司 ……………… 178
合肥万向钱潮汽车零部件有限公司 … 300
安徽车桥有限公司 …………………… 300
六安金霞齿轮有限公司 ……………… 300
芜湖新达汽车锻造有限公司 ………… 301
芜湖普威技研有限公司 ……………… 302
耐世特凌云驱动轴(芜湖)有限公司 … 303
芜湖佳先传动轴有限公司 …………… 303
瑞慈(马鞍山)传动机械有限公司 …… 304
安徽精科机器有限公司 ……………… 305
安徽省合肥汽车锻件有限责任公司 … 616
福州六和机械有限公司 ……………… 305
厦门万迪汽车配件有限公司 ………… 306
晋江市厦森汽配有限公司 …………… 307
晋江市泉盛汽车零部件有限公司 …… 308
泉州凤顺汽车零部件有限公司 ……… 308
福建省盛安机械发展有限公司 ……… 309
漳州恒忆锻造工业有限公司 ………… 310
福建畅丰车桥制造有限公司 ………… 310
江西江铃底盘股份有限公司 ………… 312
章丘市林海汽车配件厂 ……………… 313
济南中森机械制造有限公司 ………… 313
山东特种工业集团有限公司 ………… 315
淄博博岳变速箱有限公司 …………… 315
山东汇丰汽车配件有限公司 ………… 316
诸城市曙光车桥有限责任公司 ……… 319
山东泰丰汽车底盘制造有限公司 …… 320
烟台塞夫·爱科车辆技术有限公司 … 320
山东省威海市文峰集团有限公司 …… 321
青岛市城阳区元通汽车传动轴厂 …… 323
龙口市禾丰传动轴有限公司 ………… 323
青岛三星精锻齿轮有限公司 ………… 325
青岛金盛集团有限公司 ……………… 325
梁山县金盛车桥有限公司 …………… 327
青岛盛威机械有限公司 ……………… 633
河南中轴控股集团股份有限公司 …… 196
许昌县鑫旭铸造机械有限责任公司 … 332
河南精刚汽配有限公司 ……………… 332
许昌中汽传动轴有限公司 …………… 332
漯河世林鑫源汽配有限公司 ………… 332
东风锻造有限公司 …………………… 200
钟祥市金祥汽车半轴有限公司 ……… 334
仙桃市天轮机械有限公司 …………… 335
湖北华特汽车零部件有限公司 ……… 337
湖北亨达汽车零部件有限公司 ……… 338
湖北三环车桥有限公司 ……………… 338
十堰东鄂汽车零部件有限公司 ……… 340
十堰龙腾达工业有限公司 …………… 341
东风(十堰)汽车灯具有限公司 ……… 341
十堰湖桥实业有限公司 ……………… 341
湖北十堰安凯汽车零部件有限公司 … 341
十堰瑞程传动轴有限公司 …………… 341
湖北万联达汽车零部件有限公司 …… 341
丹江口丹传汽车传动轴有限公司 …… 342
远安永安车桥有限责任公司 ………… 343
中航飞机起落架有限责任公司 ……… 343
株洲汽车零部件实业有限公司 ……… 344
湖南凌风车架有限责任公司 ………… 344
东风本田发动机有限公司 …………… 203
广州市梯欧科小轿车传动轴有限公司 … 344
广州六和桐生机械有限公司 ………… 345
广州市华劲机械制造有限公司 ……… 346
韶关市正星车轮有限公司 …………… 347
BPW(梅州)车轴有限公司 ………… 347
佛山市永力泰车轴有限公司 ………… 348
广东富华工程机械制造有限公司 …… 349
捷太格特(佛山)汽车部件有限公司 … 349
本田汽车零部件制造有限公司 ……… 349
佛山市何氏协力机械制造有限公司 … 350
捷仕克汽车配件有限公司 …………… 350
柳州市恒力传动轴有限责任公司 …… 350
柳州市精锻方盛工业有限公司 ……… 351
柳州市迅达汽车配件制造有限公司 … 351
重庆大帝重工机械有限公司 ………… 351
重庆齐信汽车零部件有限公司 ……… 352
重庆市高远汽车部件制造有限公司 … 353
重庆驰骋轻型汽车部件股份有限公司 … 353
重庆大江信达车辆汽车零部件公司 … 353
重庆华义摩托车配件制造有限公司 … 354
重庆传动轴股份有限公司 …………… 354
重庆荆江汽车半轴有限公司 ………… 354
重庆长风机器有限责任公司 ………… 355
重庆众联齿轮传动有限公司 ………… 355
重庆重型汽车集团传动轴有限公司 … 356
成都川安机械有限公司 ……………… 357
四川华庆机械有限责任公司 ………… 358
四川建安工业有限责任公司 ………… 359
云南省个旧市南天汽车半轴有限公司 … 360
西安市蓝田汽车传动轴厂 …………… 361
陕西蓝通传动轴有限公司 …………… 361
陕西汉德车桥有限公司 ……………… 361
陕西东铭车辆系统股份有限公司 …… 362

◉ 前后桥、桥壳、半轴套管

北京建东车桥有限公司 ……………… 221
北京环驰车桥厂 ……………………… 221
高丘六和(天津)工业有限公司 ……… 118
天津丰津汽车传动部件有限公司 …… 223
天津客车桥有限公司 ………………… 223
邢台翔通机械制造有限公司 ………… 122
河北踏岳车桥集团有限公司 ………… 224
河北春风铸造有限责任公司 ………… 225
河北安鼓机械制造(集团)有限公司 … 226
河北省沧县恒通汽车配件厂 ………… 227
沧州纳川机械配件有限公司 ………… 227
新河县龙驰汽车部件制造有限公司 … 227
沧州市鑫业汽车配件有限公司 ……… 227
沧县四通汽车配件有限公司 ………… 228
唐山龙润机械有限公司 ……………… 229
三河市精益机械制造有限公司 ……… 230
保定长城汽车桥业有限公司 ………… 231
保定华建机械有限公司 ……………… 231
张家口市元强锻压有限公司 ………… 232
山西锻造厂 …………………………… 124
中信机电车桥有限责任公司 ………… 232
中车集团沈阳汽车车桥制造有限公司 … 234
采埃孚伦福德汽车系统(沈阳)公司 … 234
沈阳金亚汽车传动轴有限公司 ……… 234
丰田工机(大连)有限公司 ………… 235
辽宁曙光车桥有限责任公司 ………… 236
凤城市曙光汽车半轴有限责任公司 … 236
第一汽车集团铸造有限公司铸造一厂 … 129
一汽铸造有限公司 …………………… 130
长春市中德车桥有限公司 …………… 239
采埃孚富奥底盘技术(长春)有限公司 … 239
东北工业集团有限公司 ……………… 240
长春市汽车冲压件有限公司 ………… 240
长春解放汽车底盘有限公司 ………… 240
吉林圆方机械集团有限公司 ………… 241
吉林省博锶机械制造有限责任公司 … 241
东丰县黎明汽车配件厂 ……………… 242
本特勒汽车系统(上海)有限公司 …… 136
上海汇众汽车有限公司轿车车桥厂 … 243
南京泰宁铸铁有限公司 ……………… 138
仪征跃进车桥有限责任公司 ………… 249
镇江市宝华半挂车配件有限公司 …… 249
乔治费歇尔汽车产品(苏州)有限公司 … 254
采埃孚传动技术(苏州)有限公司 …… 254
连云港华阳机械制造有限公司 ……… 256
徐州美驰车桥有限公司 ……………… 256
常熟美桥汽车传动系统制造技术公司 … 256
杭州联合国际汽车部件有限公司 …… 259
杭州汇丰车桥有限公司 ……………… 260
采埃孚传动技术(杭州)有限公司 …… 261
杭州前进齿轮箱集团股份有限公司 … 261
杭州华东转向节有限公司 …………… 264
浙江诸暨市三木汽车零部件厂 ……… 265
浙江雄鹰机电有限公司 ……………… 270
浙江吉利变速器有限公司 …………… 275
浙江鑫溢机械有限公司 ……………… 281
浙江创元汽车零部件有限公司 ……… 282
玉环县东风汽车配件厂 ……………… 283
台州金纳车桥有限公司 ……………… 290
浙江浦江平安汽车配件有限公司 …… 293
浙江肯特汽车零部件有限公司 ……… 293
宁波华翔集团股份有限公司 ………… 402
宁波裕民机械工业有限公司 ………… 402
瑞安市联众汽车零部件有限公司 …… 407
安徽安凯福田曙光车桥有限公司 …… 299
合肥瑞星机械制造有限公司 ………… 299
合肥车桥有限责任公司 ……………… 299
合肥美桥汽车传动及底盘系统公司 … 299
安徽舒城汇同实业有限责任公司 …… 300
安徽车桥有限公司 …………………… 300
六安市强大齿轮有限公司 …………… 300
安徽省辉煌机械制造有限公司 ……… 301
滁州扬子汽车车桥制造有限公司 …… 301
安徽省合肥汽车锻件有限责任公司 … 616
本特勒汽车系统(福州)有限公司 …… 305
福州福享汽车工业有限公司 ………… 305
福建台亚汽车工业有限公司 ………… 305
晋江市厦森汽配有限公司 …………… 307
晋江连盛液压机械有限公司 ………… 309
福建畅丰车桥制造有限公司 ………… 310
福建伍旗机械有限公司 ……………… 310
龙岩市万腾车桥制造有限公司 ……… 310
中恒通(福建)机械制造有限公司 …… 310
赣州五环机器有限责任公司 ………… 312
江西吉安环中汽车零部件有限公司 … 312
江西江铃底盘股份有限公司 ………… 312
景德镇市通福实业有限公司 ………… 415
潍柴动力股份有限公司 ……………… 188
济南新中安重汽零部件制造有限公司 … 312
济南中森机械制造有限公司 ………… 313
山东修健重卡车桥制造有限公司 …… 313
德州智钢机械厂 ……………………… 314
山东特种工业集团有限公司 ………… 315

山东淄博鸿润汽车配件有限公司 …… 316
山东金山汽配有限公司 …… 316
诸城市义和车桥有限公司 …… 319
诸城市曙光车桥有限责任公司 …… 319
青州市亚昊车桥有限公司 …… 320
烟台市清泉特钢锻造制品有限公司 … 320
烟台塞夫·爱科车辆技术有限公司 … 320
威海市九跃车桥有限公司 …… 321
山东省威海市文峰集团有限公司 …… 321
蓬莱万寿机械有限公司 …… 322
龙口海盟机械有限公司 …… 323
青岛优盟机电有限公司 …… 324
青岛海通车桥有限公司 …… 324
青岛方正机械集团有限公司 …… 324
青岛约克运输设备有限公司 …… 324
青岛青特铸造有限公司 …… 324
青岛青特众力车桥有限公司 …… 324
青岛锐德世达科技有限公司 …… 325
青岛华瑞汽车零部件股份有限公司 … 326
青岛创兴齿轮有限公司 …… 326
山东蒙沃变速器有限公司 …… 327
山东蒙凌工程机械股份有限公司 …… 328
山东康泰实业有限公司 …… 417
山东华瑞丰机械有限公司 …… 629
山东湖西王集团铸业有限公司 …… 635
河南中轴控股集团股份有限公司 …… 196
河南天誉动力机械有限公司 …… 196
郑州精益达汽车零部件有限公司 …… 328
安联(郑州)工程机械有限公司 …… 328
欧玛(中国)汽车部件有限公司 …… 330
林州市合鑫铸业有限公司 …… 330
安阳市天创汽车零部件有限公司 …… 331
林州市富神汽车零部件有限公司 …… 331
林州市车桥有限公司 …… 331
林州市洹河汽配有限公司 …… 331
安阳市汽车配件厂有限公司 …… 331
禹州市天奇汽车配件有限公司 …… 332
南阳市亚星平衡轴轴管有限公司 …… 333
西峡县西泵特种铸造有限公司 …… 333
武汉万宝井汽车部件有限公司 …… 334
湖北三众车桥有限责任公司 …… 335
湖北车桥有限公司 …… 335
湖北荆江源车桥有限责任公司 …… 335
东风德纳车桥有限公司 …… 337
湖北三环铸造股份有限公司 …… 337
湖北全力机械集团股份有限公司 …… 337
湖北三环车桥有限公司 …… 338
十堰市金骥汽车部件有限公司 …… 338
十堰市金轮子车桥有限公司 …… 339
十堰嘉凯工贸有限公司 …… 340
十堰东风汽车零部件制造有限公司 … 340
东风汽车有限公司商用车铸造二厂 … 340
十堰龙腾达工业有限公司 …… 341
十堰湖桥实业有限公司 …… 341
东风(十堰)汽车灯具有限公司 …… 341
东风车桥有限公司 …… 341
湖北神力锻造有限责任公司 …… 342
远安永安车桥有限责任公司 …… 343
十堰市鑫亚车身部件有限公司 …… 421
随州市盛星机械有限公司 …… 520
东风鸿泰武汉控股集团有限公司 …… 637
衡阳风顺车桥有限公司 …… 344
广州万宝井汽车部件有限公司 …… 345
广州双叶汽车部件有限公司 …… 346
韶能集团韶关宏大齿轮有限公司 …… 346
广东富华重工制造有限公司 …… 350
伟福科技工业(中山)有限公司 …… 428
万向钱潮(桂林)汽车底盘部件公司 … 350
广西方盛实业股份有限公司 …… 350
柳州采埃孚机械有限公司 …… 351
柳州长虹机器制造公司 …… 351
柳州市精锻方盛工业有限公司 …… 351
方盛车桥(柳州)有限公司 …… 351
重庆川渝精工机械配件开发有限公司 … 352
重庆大江信达车辆汽车零部件公司 …… 353
重庆华义摩托车配件制造有限公司 … 354
重庆庆铃铸铝有限公司 …… 653
四川都江机械有限责任公司 …… 358
四川建安工业有限责任公司 …… 359
云南省个旧市南天汽车半轴有限公司 … 360
贵州航天红光机械制造有限公司 …… 360
陕西汉德车桥有限公司 …… 361
宝鸡瑞泰尔汽车零部件有限公司 …… 362
陕西东铭车辆系统股份有限公司 …… 362

◉ 万向节、十字轴

北方凌云工业集团有限公司 …… 370
万向钱潮股份有限公司 …… 262
温州冠盛汽车零部件集团股份公司 …… 294
北京瑞韩恩梯恩汽车部件有限公司 … 222
天津丰津汽车传动部件有限公司 …… 223
天津丰田汽车锻造部件有限公司 …… 223
衡水市潞龙万向有限公司 …… 225
新河县华兴机械制造有限公司 …… 553
利民精密机械制造有限公司 …… 232
瓦房店宏达等速万向节制造有限公司 … 235
瓦房店万向锻造有限公司 …… 235
瓦房店轴承集团有限责任公司 …… 559
吉林江北机械制造有限责任公司 …… 241
上海欧伊恩汽车零部件有限公司 …… 135
上海合众工贸实业公司 …… 137
爱克赛路科技(上海)有限公司 …… 243
上海百强汽车摩托车零配件有限公司 … 243
上海长特锻造有限公司 …… 244
上海纳铁福传动轴有限公司 …… 244
上海耀源精机有限公司 …… 246
上海恩梯恩精密机电有限公司 …… 246
南京亨发达汽配制造有限公司 …… 249
常州超宇机械制造有限公司 …… 251
江阴全华丰精锻有限公司 …… 253
靖江市富奥重型万向节制造厂 …… 253
苏州苏万万向节有限公司 …… 254
扬州汇众萨克斯车业制造有限公司 … 258
常州海拓汽车部件有限公司 …… 388
温州方圆锻造有限公司 …… 165
杭州杭万制动器科技有限公司 …… 260
杭州萧山万强汽车配件厂 …… 260
杭州德意万向节有限公司 …… 260
浙江飞舟车业有限公司 …… 260
杭州董氏汽车配件制造有限公司 …… 260
杭州正强万向节有限公司 …… 261
杭州中鼎汽车零部件有限公司 …… 262
杭州中亚万向节有限公司 …… 262
杭州双佳汽车部件制造有限公司 …… 262
浙江万传汽车零部件制造有限公司 … 262
杭州菲亚迪传动机械有限公司 …… 262
杭州天宝汽车零部件有限公司 …… 262
万向钱潮等速驱动轴有限公司 …… 262
杭州迈特汽车配件有限公司 …… 263
杭州胜华汽车配件有限公司 …… 263
杭州新世纪万向节有限公司 …… 263
杭州科友汽车零部件有限公司 …… 263
杭州奇碟离合器有限公司 …… 264
杭州萧山万通汽配制造有限公司 …… 264
浙江展望股份有限公司 …… 267
浙江凯迪汽车部件工业有限公司 …… 268
浙江瑞朗锻造有限公司 …… 268
浙江欧迪恩传动科技股份有限公司 … 270
德西福格汽车配件(平湖)有限公司 … 270
宁波嘉隆工业有限公司 …… 271
浙江立群汽车配件制造有限公司 …… 272
宁波正虹万向节有限公司 …… 273
浙江向隆机械有限公司 …… 273
宁波三钻工业有限公司 …… 273
慈溪宏康汽车零部件有限公司 …… 273
宁波航达汽配有限公司 …… 274
宁波万航实业有限公司 …… 275
台州创一汽车零部件有限公司 …… 277
玉环凯腾汽车零部件有限公司 …… 279
台州德隆泰机械有限公司 …… 280
玉环一帆万向节有限公司 …… 281
广德正科传动轴有限公司 …… 281
玉环县金泰机械制造有限公司 …… 282
台州宏利汽车零部件有限公司 …… 283
台州凯毅动力机械有限公司 …… 283
台州肯特汽车传动系统有限公司 …… 283
台州德莱福机械有限公司 …… 285
台州建伟机械有限公司 …… 285
玉环三裕机械制造厂 …… 285
台州纳铁福机械有限公司 …… 286
台州万华机械有限公司 …… 286
台州意豪转向机有限公司 …… 286
台州普盛机械有限公司 …… 286
玉环天利汽车配件实业有限公司 …… 287
台州新宏声机械有限公司 …… 288
玉环杭潮传动轴有限公司 …… 288
玉环福纳汽车零部件厂 …… 289
巨泰汽车配件有限公司 …… 289
玉环振奋汽车配件厂 …… 290
台州和日汽车零部件有限公司 …… 290
台州英克尔传动轴有限公司 …… 291
温州市盛保罗汽车部件有限公司 …… 294
瑞安宝泰轻工机械有限公司 …… 295
瑞安市科正汽车零部件有限公司 …… 296
温州聚泉汽车部件有限公司 …… 297
瑞安市龙虎锻造有限公司 …… 298
温州鸿鹏汽配制造有限公司 …… 299
南洋汽摩集团有限公司 …… 500
浙江远征汽摩附件有限公司 …… 501
浙江杭万汽车零部件实业有限公司 … 589
杭州雷迪克节能科技股份有限公司 … 591
杭州恒大轴承有限公司 …… 591
安徽省辉煌机械制造有限公司 …… 301
芜湖佳先传动轴有限公司 …… 303
安徽升泰汽车零部件有限公司 …… 303
福州精邦机械有限公司 …… 305
泉州鲤城福辉汽车配件有限公司 …… 306
泉州华创机械有限公司 …… 306
福建泉州汉德汽车配件有限公司 …… 307
晋江宏辉汽车配件制造有限公司 …… 307
晋江市明扬汽车配件制造有限公司 … 307

福建征途汽车部件制造有限公司 …… 308
晋江友诚齿轮箱制造有限公司 …… 308
晋江市航万汽车部件有限公司 ……… 308
福建省石狮市同兴齿轮有限公司 …… 309
晋江市阳光汽车配件有限公司 ……… 623
江西省安源万向实业有限公司 ……… 311
济南盛丰创力汽车配件有限公司 …… 184
山东鲁龙集团有限公司 ……………… 194
山东弘德机械工业有限公司 ………… 194
济南新中安重汽零部件制造有限公司 … 312
山东汇丰汽车配件有限公司 ………… 316
青岛国人机械有限公司 ……………… 324
辉门(青岛)汽车零部件有限公司 …… 326
莱州长和粉末冶金有限公司 ………… 629
荆州庆洋机械有限公司 ……………… 335
东风(十堰)汽车零部件有限公司 …… 338
东风(十堰)汽车锻钢件有限公司 …… 339
湖北红岩车桥实业有限公司 ………… 340
十堰三桥汽车齿轮厂 ……………… 340
十堰嘉凯工贸有限公司 ……………… 340
十堰精制东风齿轮有限公司 ………… 340
十堰湖桥实业有限公司 ……………… 341
襄阳汽车轴承股份有限公司 ………… 639
广州市梯欧科小轿车传动轴有限公司 … 344
广州恩梯恩裕隆传动系统有限公司 … 344
东洋橡塑(广州)有限公司 ………… 346
力派尔(珠海)汽车配件有限公司 …… 347
东莞恩斯克转向器有限公司 ………… 348
捷仕克汽车配件有限公司 …………… 350
重庆市高远汽车部件制造有限公司 … 353
四川庆玲金甲兵汽车零部件有限公司 … 356
成都西马汽配制造有限责任公司 …… 357
四川联茂机械制造有限公司 ………… 359
四川省雅安市羌江机械有限责任公司 … 359
中航力源液压股份有限公司 ………… 360

◉ 悬架总成

北京海纳川汽车部件股份有限公司 … 363
浙江亚太机电股份有限公司 ……… 261
万向钱潮股份有限公司 …………… 262
中国公路车辆机械有限公司 ………… 221
北京柯布克科技开发有限公司 ……… 221
石家庄鹿鼎汽车部件有限公司 ……… 224
石家庄奥通机械设备制造有限公司 … 224
石家庄市龙马铸造有限公司 ………… 224
河北普泰机械制造有限公司 ………… 224
遵化市金阳汽车部件有限公司 ……… 369
河北华特汽车部件有限公司 ………… 550
内蒙古一机集团六分公司 …………… 124
辽宁省熊岳四通重型车部件厂 ……… 235
沈阳金杯永信橡塑有限公司 ………… 557
采埃孚富奥底盘技术(长春)有限公司 … 239
吉林省博镪机械制造有限责任公司 … 241
吉林省诚毅车桥悬挂制造集团公司 … 242
上海科曼车辆部件系统股份有限公司 … 247
镇江市宝华半挂车配件有限公司 …… 249
连云港华阳机械制造有限公司 ……… 256
江苏畅通车业集团有限公司 ………… 383
浙江龙虎锻造有限公司 ……………… 153
台州爱信汽车零件有限公司 ………… 158
杭州汽车部件有限公司 ……………… 259
杭州联合国际汽车部件有限公司 …… 259
万向集团公司 ……………………… 261
万向系统有限公司 ………………… 262
宁波派斯马克汽车部件制造有限公司 … 270
宁波方友汽车零部件有限公司 ……… 272
浙江创元汽车零部件有限公司 ……… 282
浙江鑫泽机械有限公司 ……………… 282
温州玛斯特汽车悬挂总成有限公司 … 295
瑞安市龙虎锻造有限公司 …………… 298
宁波奥华汽车配件有限公司 ………… 479
台州巨和兴汽车减震系统有限公司 … 608
合肥车桥有限责任公司 ……………… 299
合肥美桥汽车传动及底盘系统公司 … 299
安徽安凯华夏汽车配件制造有限公司 … 299
厦门万迪汽车配件有限公司 ………… 306
福建龙岩成龙机械有限公司 ………… 310
江西万向昌河汽车底盘系统有限公司 … 311
江西远成汽车技术股份有限公司 …… 624
山东明水汽车配件厂 ……………… 313
山东威明汽车产品有限公司 ………… 313
诸城市义和车桥有限公司 …………… 319
烟台塞夫 · 爱科车辆技术有限公司 … 320
蓬莱万寿机械有限公司 ……………… 322
山东康泰汽车零部件有限公司 ……… 322
青岛优盟机电有限公司 ……………… 324
青岛方正机械集团有限公司 ………… 324
青岛锐德世达科技有限公司 ………… 325
威伯科汽车控制系统(中国)有限公司 … 326
梁山四平亿利德专用汽车配件公司 … 327
梁山县金盛车桥有限公司 …………… 327
泰安瑞泰达机械有限公司 …………… 327
梁山赛强机械制造有限公司 ………… 418
郑州精益达汽车零部件有限公司 …… 328
河南省汤阴县汽车零部件有限公司 … 330
东风汽车特种商用车公司专用设备厂 … 201
伟福科技工业(武汉)有限公司 …… 333
湖北鄂钢驰久钢板弹簧有限公司 …… 336
十堰市定红工贸有限公司 …………… 340
湖北兴升科技发展有限公司 ………… 342
丹江口丹传汽车传动轴有限公司 …… 342
东风汽车悬架弹簧有限公司 ………… 641
衡阳风顺车桥有限公司 ……………… 344
广州市华劲机械制造有限公司 ……… 346
韶关市正星车轮有限公司 …………… 347
MAXEEN 汽车零部件有限公司 ……… 347
佛山市永力泰车轴有限公司 ………… 348
佛山市何氏协力机械制造有限公司 … 350
重庆飞龙江利汽车部件有限公司 …… 210
重庆驰骋轻型汽车部件股份有限公司 … 353
重庆红岩方大汽车悬架有限公司 …… 353
重庆卡福汽车制动转向系统有限公司 …… 353
成都川安机械有限公司 ……………… 357
四川建安工业有限责任公司 ………… 359
西安博华机电股份有限公司 ………… 361
新疆斯拓汽车零部件制造有限公司 … 362

◉ 减振器

北京海纳川汽车部件股份有限公司 … 363
上海汇众萨克斯减振器有限公司 …… 243
西格迈股份有限公司 ……………… 276
浙江稳达减振器有限公司 ………… 296
四川川南减震器集团有限公司 …… 358
北京京西重工有限公司 …………… 222
东睦新材料集团股份有限公司 …… 599
东海橡塑模具(天津)有限公司 …… 223
环宇东海橡塑(天津)有限公司 …… 223
天津天德减震器有限公司 …………… 224
衡水金衡汽车减震器制造有限公司 … 225
邢台市凯力德机械制造有限公司 …… 226
清河县中盛汽车零部件有限公司 …… 226
河北省沧县恒通汽车配件厂 ………… 227
沧州德圣汽车配件有限公司 ………… 228
大连捷太格特创新汽车部件有限公司 … 235
大连衡得商用车部件有限公司 ……… 236
锦州立德减振器有限公司 …………… 237
万得汽车技术股份有限公司 ………… 446
沈阳金杯永信橡塑有限公司 ………… 557
大连安达汽车零部件有限公司 ……… 558
一汽东机工减振器有限公司 ………… 237
吉林市长征汽车减振器有限责任公司 … 241
哈耐力汽车减震器制造有限公司 …… 242
上海珠铃汽车配件厂 ……………… 136
上海合众工贸实业公司 ……………… 137
爱克赛路科技(上海)有限公司 …… 243
蒂森克虏伯普利斯坦(上海)有限公司 … 243
萨克斯汽车零部件系统(上海)公司 … 243
上海车普机械有限公司 ……………… 248
上海昭和汽车配件有限公司 ………… 380
上海震飞汽车零部件有限公司 ……… 382
南京金鼎汽车零部件有限公司 ……… 138
南京正大减振器有限责任公司 ……… 248
凯迩必机械工业(镇江)有限公司 …… 249
常州协力汽车零部件有限公司 ……… 250
常州开发减震器有限公司 …………… 250
无锡市元丰减震器有限公司 ………… 251
无锡凯迩必拓普减震器有限公司 …… 251
无锡中策减震器有限公司 …………… 252
无锡市宏达汽车减震器有限公司 …… 252
无锡市双福液压活塞杆有限公司 …… 252
无锡市凯华减震器厂 ……………… 252
无锡中马汽车配件制造有限公司 …… 253
东机工汽车部件(苏州)有限公司 …… 254
扬州福克斯减震器有限公司 ………… 257
江苏明星减震器有限公司 …………… 257
扬州立德粉末冶金股份有限公司 …… 257
扬州汇众萨克斯车业制造有限公司 … 258
江苏华彤减震器制造有限公司 ……… 258
常州市桑迪汽车配件制造有限公司 … 388
常州海拓汽车部件有限公司 ………… 388
江苏摩比斯汽车零部件有限公司 …… 396
精密烧结合金(无锡)有限公司 …… 579
苏州西诺泛斯橡胶制品有限公司 …… 583
库博标准汽车配件(昆山)有限公司 … 584
浙江衢州永丰金属制品有限公司 …… 164
浙江恒兴汽车零部件有限公司 ……… 166
杭州金士顿实业有限公司 …………… 260
万向集团公司 ……………………… 261
东海橡塑(嘉兴)有限公司 ………… 269
浙江路得坦摩悬架系统有限公司 …… 269
嘉兴嘉嘉汽车零部件制造有限公司 … 269
海宁安玛固汽车部件有限公司 ……… 270
海宁博韦德汽车零部件有限公司 …… 270
宁波培源汽车配件制造有限公司 …… 271
浙江金波减震器制造有限公司 ……… 271
宁波南方减震器制造有限公司 ……… 272
宁波太星减振器有限公司 …………… 272
宁波斯派特减震器制造有限公司 …… 273
宁波凯瑞汽车零部件有限公司 ……… 273
宁波卡西可减震器制造有限公司 …… 274

爱科汽车零部件制造(宁波)有限公司 … 274
宁波拓普集团股份有限公司 ………… 275
浙江省世泰实业有限公司 …………… 276
浙江名震机械制造有限公司 ………… 276
浙江申林汽车部件有限公司 ………… 277
浙江正裕工业股份有限公司 ………… 283
浙江建环机械有限公司 …………… 284
浙江红箭橡塑有限公司 …………… 286
浙江长进减振器有限公司 ………… 287
浙江中兴减震器制造有限公司 ……… 287
玉环振奋汽车配件厂 ……………… 290
浙江森森汽车零部件有限公司 ……… 297
浙江福尔德减振器有限公司 ………… 297
浙江亚之星汽车部件有限公司 ……… 298
瑞安市快乐树汽车部件有限公司 …… 298
温州市宋达减震器有限公司 ………… 298
宁波力品格工业机械有限公司 ……… 401
浙江远征汽摩附件有限公司 ………… 501
浙江久运车辆部件有限公司 ………… 590
宁波众力汽车部件有限公司 ………… 604
台州巨和兴汽车减震系统有限公司 … 608
浙江汇丰汽配制造有限公司 ………… 609
北泰汽车底盘系统(安徽)有限公司 … 300
芜湖天佑汽车技术有限公司 ………… 302
芜湖锐可德汽车工业有限公司 ……… 303
芜湖弘祥汽车减振器工业有限公司 … 303
安徽东星汽车部件有限公司 ………… 305
安徽奥丰汽车配件有限公司 ………… 617
安徽中鼎减震橡胶技术有限公司 …… 618
福建省霞浦华威机电有限公司 ……… 182
厦门开发减震器有限公司 ………… 306
福建明佳机械科技股份有限公司 …… 309
江西万向昌河汽车底盘系统有限公司 … 311
江西弘悦汽车减振器有限公司 ……… 311
江西巨晟实业有限公司 …………… 312
青岛富高科汽车配件有限公司 ……… 193
青岛三星精锻齿轮有限公司 ………… 325
菏泽恒顺汽摩配件有限公司 ………… 327
河南省盛腾机械有限公司 ………… 329
新乡市增强汽车配件有限公司 ……… 329
河南五一机械有限公司 …………… 329
河南泰稳减振器有限公司 ………… 329
河南省华腾实业发展有限公司 ……… 329
南阳淅减汽车减振器有限公司 ……… 333
东风捷祥汽车减振器有限公司 ……… 334
湖北鄂钢驰久钢板弹簧有限公司 …… 336
中航飞机起落架有限责任公司 ……… 343
株洲湘火炬机械制造有限责任公司 … 343
广州市花都东捷实业有限公司 ……… 203
中山市翔宇汽车零件制造有限公司 … 208
旭晶实业(广州)有限公司 ………… 344
广州昭和汽车零部件有限公司 ……… 345
东洋橡塑(广州)有限公司 ………… 346
MAXEEN 汽车零部件有限公司 ……… 347
广东富华重工制造有限公司 ………… 350
柳州克雷拉减振器有限公司 ………… 351
广西华力集团有限公司 …………… 351
重庆耐德中意减振器有限责任公司 … 353
重庆零一精密机械有限公司 ………… 354
重庆齿轮箱有限责任公司 ………… 355
四川宁江山川机械有限责任公司 …… 357
成都九鼎科技(集团)有限公司 ……… 357
成都联创精密机械有限公司 ………… 357
成都宁江昭和汽车零部件有限公司 … 357
四川宁江精密工业有限责任公司 …… 357
成都晋林工业制造有限责任公司 …… 358
隆昌山川精密焊管有限责任公司 …… 360

◉ 悬架弹簧

钱江弹簧有限公司 …………………… 589
北京北汽兴华汽车弹簧有限公司 …… 222
北京昌平北方汽车弹簧厂 ………… 222
北京首钢红冶钢厂汽车板簧分厂 …… 222
北京吉信气弹簧制品有限公司 ……… 364
天津立洲五金弹簧有限公司 ………… 548
河间市刘氏兄弟板簧附件有限公司 … 228
河北前锋机器有限责任公司 ………… 229
玉田县恒通弹簧减震器有限公司 …… 229
廊坊利达弹簧有限公司 …………… 230
定州市天力钢板弹簧有限公司 ……… 231
中信机电车桥有限责任公司 ………… 232
富奥辽宁汽车弹簧有限公司 ………… 234
蒂森克虏伯富奥辽阳弹簧有限公司 … 234
锦州立德减振器有限公司 ………… 237
一汽实业长春精密弹簧厂 ………… 561
上海欧雷法弹簧有限公司 ………… 243
上海中国弹簧制造有限公司 ………… 572
慕贝尔汽车部件(太仓)有限公司 …… 255
昆山中和弹簧有限公司 …………… 584
杭州联合国际汽车部件有限公司 …… 259
杭州汽车部件有限公司 …………… 259
杭州兴发弹簧有限公司 …………… 264
诸暨金宝汽车弹簧制造有限公司 …… 264
索密克汽车配件有限公司 ………… 267
浙江伏牛钢板弹簧有限公司 ………… 268
浙江胜隆弹簧有限公司 …………… 276
台州市华隆弹簧制造有限公司 ……… 277
台州永正汽车零部件有限公司 ……… 283
浙江庆大空气弹簧有限公司 ………… 293
温州玛斯特汽车悬挂总成有限公司 … 295
杭州弹簧有限公司 ………………… 589
杭州通用弹簧有限公司 …………… 592
杭州富春弹簧有限公司 …………… 592
浙江三 A 弹簧有限公司 …………… 593
诸暨市康宇弹簧有限公司 ………… 593
诸暨市贝特气动弹簧厂 …………… 593
浙江金昌弹簧有限公司 …………… 593
浙江英科弹簧有限公司 …………… 593
安徽安簧机械股份有限公司 ………… 304
安庆安簧汽车零部件有限公司 ……… 304
泉州银泉汽车配件工业有限公司 …… 306
厦门万迪汽车配件有限公司 ………… 306
福建洪流汽车悬架有限公司 ………… 310
福建省龙岩市中林工业有限公司 …… 310
立洲(福建)弹簧有限公司 ………… 620
江西赣联汽车弹簧有限公司 ………… 310
江西徐力汽车板簧有限公司 ………… 311
江西汽车钢板弹簧有限公司 ………… 311
江西方大长力汽车零部件有限公司 … 311
淄博春秋汽车弹簧有限公司 ………… 314
博山长征汽车板簧制造有限公司 …… 314
淄博市博山国家板簧厂 …………… 314
淄博博山国家汽车配件厂 ………… 315
淄博鲁升汽车板簧厂 ……………… 315
淄博亚辰汽车板簧有限公司 ………… 315
淄博市金龙弹簧制造有限公司 ……… 315
淄博市博山三星汽车板簧厂 ………… 315
博山跃进汽车板簧厂 ……………… 315
山东博山颜龙汽车板簧厂 ………… 315
淄博博山恒升达板簧有限公司 ……… 315
淄博贝尼托金属制品有限公司 ……… 315
淄博鲁桥板簧有限公司 …………… 315
山东省文登市双力板簧有限公司 …… 321
龙口市新利达机械制造有限公司 …… 323
青岛帅潮实业有限公司 …………… 324
青岛四方车辆研究所有限公司 ……… 324
山东汽车弹簧厂有限公司 ………… 627
郑州八钢板簧有限公司 …………… 328
昌通科技有限公司 ………………… 328
郑州新华重型机器有限公司 ………… 328
郑州凯通汽车配件有限公司 ………… 328
焦作市鑫华丰汽车弹簧有限公司 …… 330
安阳市东风钢板弹簧有限公司 ……… 331
东风捷祥汽车减振器有限公司 ……… 334
湖北东风钢板弹簧有限公司 ………… 334
东风钟祥汽车弹簧有限公司 ………… 334
湖北冶钢汽车弹簧有限公司 ………… 336
湖北神风汽车弹簧有限公司 ………… 336
湖北鄂钢驰久钢板弹簧有限公司 …… 336
东风(十堰)汽车钢板弹簧有限公司 … 341
湖南易通汽车配件科技发展有限公司 … 343
广州溢滔钱潮减震科技股份有限公司 … 345
广州白云钢板弹簧厂有限公司 ……… 345
广东富华工程机械制造有限公司 …… 349
广州卫亚汽车零部件有限公司 ……… 644
广州华德汽车弹簧有限公司 ………… 645
柳州市迅达汽车配件制造有限公司 … 351
重庆三四零三汽车零部件有限公司 … 352
重庆红岩方大汽车悬架有限公司 …… 353
重庆红旗弹簧有限公司 …………… 354
重庆市渝电汽车弹簧有限公司 ……… 355
成都宁兴汽车弹簧有限公司 ………… 356
成都红岩长力汽车弹簧制造有限公司 … 358
四川省岳池汽车弹簧有限责任公司 … 359
昆明方大春鹰板簧有限公司 ………… 360
新疆八钢板簧有限公司 …………… 362

◉ 其他悬架件(悬架摇臂等)

宜宾三江机械有限责任公司 ……… 360
定兴县盛德机械部件有限公司 ……… 231
上海合众工贸实业公司 …………… 137
天纳克汽车工业(上海)公司 ……… 242
上海北特科技股份有限公司 ………… 247
优利昂(上海)汽车零部件科技公司 … 247
太仓卡兰平汽车零部件有限公司 …… 255
欧德克斯机械工业(常熟)有限公司 … 255
事坦登(徐州)有限公司 …………… 256
江苏耀拓机械制造有限公司 ………… 257
江苏秦龙车灯有限公司 …………… 384
玉环县天发机械有限公司 ………… 159
绍兴美特驰汽车配件有限公司 ……… 267
索密克汽车配件有限公司 ………… 267
湖州亿兴汽车零部件有限公司 ……… 268
浙江天瑞汽车零部件有限公司 ……… 269
宁波优适捷传动件有限公司 ………… 271
宁波飞联汽车部件制造有限公司 …… 271
余姚市飞翔汽车配件厂 …………… 273
余姚市宏瑞汽车零部件有限公司 …… 274
宁波拓普集团股份有限公司 ………… 275
浙江利福德机械有限公司 ………… 277

玉环县金峰实业有限公司 …………… 278
浙江谷氏机械实业有限公司 ………… 278
玉环县锐利机械有限公司 …………… 280
玉环金泰汽车部件有限公司 ………… 280
玉环优势汽配有限公司 ……………… 281
玉环世纪星机械制造有限公司 ……… 281
玉环津力汽车配件有限公司 ………… 282
玉环耀拓机械有限公司 ……………… 284
浙江宏森汽车底盘有限公司 ………… 284
浙江建环机械有限公司 ……………… 284
玉环县东部汽车配件厂 ……………… 284
台州亿爵机械有限公司 ……………… 284
台州奥特隆机械有限公司 …………… 284
玉环县积裕汽车配件有限公司 ……… 285
台州盛沪机械有限公司 ……………… 285
台州奥纳尔机械有限公司 …………… 285
玉环三裕机械制造厂 ………………… 285
浙江德利众机械制造有限公司 ……… 286
浙江嘉元机械制造有限公司 ………… 286
台州德力奥汽车部件制造有限公司 … 287
玉环帝德利转向部件有限公司 ……… 287
玉环郑氏机械有限责任公司 ………… 287
玉环县坎门进口汽车部件厂 ………… 287
浙江省玉环县晨翔机械有限公司 …… 289
台州奥星纳机械有限公司 …………… 290
浙江利中实业有限公司 ……………… 290
玉环振奋汽车配件厂 ………………… 290
浙江利中汽车底盘件有限公司 ……… 290
浙江德明汽车部件有限公司 ………… 293
成源汽车部件制造有限公司 ………… 294
浙江方泰汽车配件有限公司 ………… 296
宁波 Skyward 工业有限公司 …………… 485
宁波十韦尔汽车部件有限公司 ……… 603
宁波奥赛减震系统有限公司 ………… 603
合肥中科汽配制造有限公司 ………… 175
安徽安凯金达汽车部件有限公司 …… 299
芜湖诚润汽车工业有限公司 ………… 302
安徽升泰汽车零部件有限公司 ……… 303
安徽科源机械有限公司 ……………… 304
福建泉州汉德汽车配件有限公司 …… 307
晋江市中亚汽车配件有限公司 ……… 307
晋江市超宇汽配制造有限公司 ……… 308
晋江市中亚南汽车配件有限公司 …… 308
福建征途汽车部件制造有限公司 …… 308
福建利龙汽配锻造有限公司 ………… 310
漳州恒忆锻造工业有限公司 ………… 310
景德镇市通福实业有限公司 ………… 415
淄博春秋汽车弹簧有限公司 ………… 314
山东旭鑫机械股份有限公司 ………… 323
山东汇金股份有限公司 ……………… 326
嘉祥县汽车配件制造厂 ……………… 327
山东康泰实业有限公司 ……………… 417
安阳市汽车配件厂有限公司 ………… 331
林州市华龙汽车底盘部件厂 ………… 331
天合汽车零部件(上海)公司武汉分公司 … 333
武汉市运发汽配制造有限公司 ……… 334
湖北庆达科技有限责任公司 ………… 337
东风(十堰)汽车锻钢件有限公司 …… 339
湖北双虎机械有限公司 ……………… 640
中航飞机起落架有限责任公司 ……… 343
昼田(佛山)汽车部件有限公司 ……… 207
广州友井汽车配件有限公司 ………… 344
广州日正弹簧有限公司 ……………… 345
武藏汽车配件(中山)有限公司 ……… 349
万向钱潮(桂林)汽车底盘部件公司 … 350
重庆新工汽车零部件有限公司 ……… 352
重庆长安福铃汽车铰链有限责任公司 … 429
四川望锦机械有限公司 ……………… 357

◉ 钢车轮

东风汽车车轮有限公司 …………… 341
正兴车轮集团有限公司 …………… 309
山东兴民钢圈股份有限公司 ……… 323
河北劲速车轮有限公司 ……………… 229
廊坊利达弹簧有限公司 ……………… 230
秦皇岛市吉欧车轮制造有限公司 …… 231
内蒙古一机集团北方实业有限公司 … 233
辽宁衡业汽车新材股份有限公司 …… 235
大连正达车轮有限公司 ……………… 235
一汽富维汽车零部件公司车轮分公司 … 239
吉林锐特汽车零部件有限公司 ……… 240
吉林省四通车轮制造厂 ……………… 240
长春市华维汽车零部件有限公司 …… 240
伊通车身部件制造有限公司 ………… 240
吉林省正达车轮有限公司 …………… 241
黑龙江富锦凯马车轮制造有限公司 … 242
仪征市金太阳传动轴制造有限公司 … 249
无锡市恒盛车轮有限公司 …………… 252
江苏省东海县兰天汽车车轮厂 ……… 256
连云港市艾伦钢铁有限公司 ………… 256
浙江金固股份有限公司 ……………… 264
嘉兴四通车轮股份有限公司 ………… 269
嘉兴峰牌钢圈有限公司 ……………… 269
浙江恒正汽车部件有限公司 ………… 271
温岭市耀鼎机械有限公司 …………… 277
瑞安市朝阳汽车钢圈有限公司 ……… 295
瑞安市安阳汽车钢圈厂 ……………… 297
安徽江淮车轮有限公司 ……………… 300
芜湖飞驰汽车零部件技术有限公司 … 303
福建源兴东碧汽车零件有限公司 …… 305
厦门日上车轮集团有限公司 ………… 306
江西吉安环中汽车零部件有限公司 … 312
济南市天桥重型汽车配件厂 ………… 313
淄博铭陆车轮有限公司 ……………… 315
山东东营正宇车轮有限公司 ………… 316
山东盛泰车轮有限公司 ……………… 316
永正汽车配件有限公司 ……………… 317
山东奥戈瑞集团有限公司 …………… 317
山东云洲车轮有限公司 ……………… 319
山东通力车轮有限公司 ……………… 319
烟台鲁阳车轮有限责任公司 ………… 322
兖州市环宇车轮有限公司 …………… 327
济宁骏达机械制造有限公司 ………… 327
郑州沃尔德机械制造有限公司 ……… 329
河南汤阴县华兴机械制造有限公司 … 330
河南省宏源车轮有限公司 …………… 330
许昌通达汽车车轮有限公司 ………… 331
湖北东峻工贸有限公司 ……………… 334
东风汽车车轮有限公司随州车轮厂 … 337
韶关市正星车轮有限公司 …………… 347
万向钱潮(桂林)汽车底盘部件公司 … 350
吉凯恩动力机械(柳州)有限公司 …… 351
广西宇翔车轮集团有限公司 ………… 351
成都陵川特种工业有限责任公司 …… 215
德阳川德交通机械有限公司 ………… 358

◉ 铝车轮

立中车轮集团有限公司 …………… 231
东风汽车车轮有限公司 …………… 341
辽宁忠相铝业有限公司 ……………… 234
吉林锐特汽车零部件有限公司 ……… 240
吉林省正达车轮有限公司 …………… 241
雅泛迪铝业(上海)有限公司 ………… 243
上海精元重工机械有限公司 ………… 246
上海一阳五金制造有限公司 ………… 246
南京华舜轮毂有限公司 ……………… 248
大亚车轮制造有限公司 ……………… 250
无锡市万旋金属制品有限公司 ……… 252
苏州源成铝制品制造有限公司 ……… 254
连云港宝石精密重工科技有限公司 … 257
浙江万丰奥威汽轮股份有限公司 …… 268
万丰奥特控股集团有限公司 ………… 268
宁波宝德轮业有限公司 ……………… 275
浙江盛大汽摩工业有限公司 ………… 287
浙江亚铝车轮有限公司 ……………… 291
浙江戴卡宏鑫科技有限公司 ………… 291
泰龙控股集团有限公司 ……………… 293
浙江郑泰汽轮股份有限公司 ………… 293
芜湖飞驰汽车零部件技术有限公司 … 303
福建源兴东碧汽车零件有限公司 …… 305
威海万丰奥威汽轮有限公司 ………… 320
威海万丰镁业科技发展有限公司 …… 630
河南省天阳铝合金车轮有限公司 …… 330
三门峡戴卡轮毂制造有限公司 ……… 333
广州中精汽车部件有限公司 ………… 346
重庆江达铝合金车轮有限公司 ……… 353
亚新科双泰(四川)零部件有限公司 … 359
成都银利汽车零部件有限公司 ……… 431

◉ 轮毂

中信戴卡股份有限公司 …………… 230
隆基集团有限公司 ………………… 322
万向钱潮股份有限公司 …………… 262
温州冠盛汽车零部件集团股份公司 …… 294
北京梵驰汽车零部件有限公司 ……… 115
天津丰田汽车锻造部件有限公司 …… 223
天津市金稳通车轮有限公司 ………… 224
河北省隆尧县宝琛汽车配件厂 ……… 226
河北省隆尧县翔宇汽车配件厂 ……… 226
隆尧县隆固汽车配件厂 ……………… 226
河北安敦机械制造(集团)有限公司 … 226
隆尧县固城汽车联营附件厂 ………… 226
隆尧鑫远重汽配件有限公司 ………… 226
河北鑫隆铸造有限公司 ……………… 226
河北省隆尧县固城汽车配件厂 ……… 226
河北百龙汽车配件制造有限公司 …… 226
河北省永年县精良贸易有限公司 …… 227
河北省永年县施庄综合修配厂 ……… 227
秦皇岛兴龙轮毂有限公司 …………… 230
河北新朗玛汽车部件制造有限公司 … 232
山西汤荣汽车配件制造集团有限公司 … 232
山西建邦集团铸造有限公司 ………… 232
晋城路宝汽车铝部件制造有限公司 … 233
包头市久力机械制造有限公司 ……… 233
朝阳东风柴油机配件有限责任公司 … 128
朝阳飞马铸造有限责任公司 ………… 237
朝阳飞马车辆设备股份有限公司 …… 237

一汽巴勒特锻造(长春)有限公司 …… 128
第一汽车集团铸造有限公司铸造一厂 … 129
长春长东离合器有限公司 …………… 238
天合富奥汽车安全系统(长春)公司 … 238
吉林省春城汽车零部件制造有限公司 … 240
吉林省博锱机械制造有限责任公司 … 241
上海百强汽车摩托车零配件有限公司 … 243
上海明岐铝业有限公司 ……………… 243
上海长特锻造有限公司 ……………… 244
奥林必亚机械(上海)有限公司 ……… 244
上海温俊乐汽车轴承有限公司 ……… 247
远轻铝业(中国)有限公司 …………… 146
江苏赛格汽车部件有限公司 ………… 250
无锡戴卡轮毂制造有限公司 ………… 252
昆山六丰机械工业有限公司 ………… 255
富士和机械工业(昆山)有限公司 …… 255
江苏新创雄铝制品有限公司 ………… 257
扬州汇众萨克斯车业制造有限公司 … 258
宝应县广达钢圈制造有限公司 ……… 258
马可讯(南通)车轮有限公司 ………… 258
布雷博(南京)铸造有限公司 ………… 573
常州光洋轴承有限公司 ……………… 575
伟盈精密模具(无锡)有限公司 ……… 700
玉环县强力件制造厂 ………………… 158
温州方圆锻造有限公司 ……………… 165
瑞安市华东锻造有限公司 …………… 172
杭州永固汽车零部件有限公司 ……… 260
杭州德尔福汽车零部件有限公司 …… 260
杭州科峰轴承有限公司 ……………… 261
万向集团公司 ………………………… 261
杭州萧山鼎立机械有限公司 ………… 262
杭州宝利嘉轴承有限公司 …………… 263
杭州丰波机械有限公司 ……………… 263
浙江诸暨万宝机械有限公司 ………… 266
浙江五峰汽车轴承制造有限公司 …… 268
新昌县林泉轴承有限公司 …………… 268
德西福格汽车配件(平湖)有限公司 … 270
海宁佳盛汽车零部件有限公司 ……… 270
宁波卓越圣龙工业技术有限公司 …… 271
宁波华盛汽车部件有限公司 ………… 272
宁波方友汽车零部件有限公司 ……… 272
宁波宝迪汽车部件有限公司 ………… 272
浙江跃岭股份有限公司 ……………… 278
台州吉优汽车部件有限公司 ………… 280
台州清文机械有限公司 ……………… 280
玉环县金泰机械锻造有限公司 ……… 282
玉环一飞机械工业有限公司 ………… 284
浙江省玉环博海机械有限公司 ……… 284
台州普盛机械有限公司 ……………… 286
台州亿铭汽车零部件有限公司 ……… 287
台州新宏声机械有限公司 …………… 288
玉环宇强汽车配件有限公司 ………… 289
玉环福纳汽车零部件厂 ……………… 289
台州特耐尔轮毂轴承有限公司 ……… 289
浙江国昌机械有限公司 ……………… 290
浙江今飞凯达轮毂股份有限公司 …… 291
台州骏腾汽车零部件有限公司 ……… 291
浙江奥通铝轮有限公司 ……………… 292
今飞控股集团有限公司 ……………… 292
浙江巨久轮毂有限公司 ……………… 293
浙江益鑫汽车零部件有限公司 ……… 298
浙江昌利锻造有限公司 ……………… 298
浙江大铭汽车零部件有限公司 ……… 591
浙江兆丰机电股份有限公司 ………… 591
浙江四和机械有限公司 ……………… 591
杭州恒大轴承有限公司 ……………… 591
杭州雷迪克节能科技股份有限公司 … 591
新昌县开源汽车轴承有限公司 ……… 595
绍兴县安宙机械有限公司 …………… 595
宁波依必艾轴承汽配实业有限公司 … 599
宁波通瑞汽车轴承制造有限公司 …… 601
芜湖三联锻造有限公司 ……………… 178
合肥江淮铸造有限责任公司 ………… 300
芜湖黄燕实业有限公司 ……………… 301
安徽省金阳铸造有限公司 …………… 301
常州金凌达汽车零部件有限公司 …… 302
芜湖咸保机械制造公司 ……………… 303
安徽升泰汽车零部件有限公司 ……… 303
芜湖泰吉机械有限公司 ……………… 303
安徽福斯特汽车部件有限公司 ……… 305
福州六和机械有限公司 ……………… 305
厦门万迪汽车配件有限公司 ………… 306
福建省盛安机械发展有限公司 ……… 309
福建利龙汽配锻造有限公司 ………… 310
漳州恒亿锻造工业有限公司 ………… 310
江西万向昌河汽车底盘系统有限公司 … 311
江西新裕隆汽车零部件有限公司 …… 311
济南第二汽车配件有限公司 ………… 313
茌平信发铝制品有限公司 …………… 314
莱州鸿源台钳制造有限公司 ………… 318
山东云洲车轮有限公司 ……………… 319
山东昊安汽车部件制造有限公司 …… 321
蓬莱万寿机械有限公司 ……………… 322
山东隆基机械股份有限公司 ………… 322
龙口海盟机械有限公司 ……………… 323
山东旭鑫机械股份有限公司 ………… 323
龙口市裕东机械制造厂 ……………… 323
青岛青特铸造有限公司 ……………… 324
青岛聚蚨源机电有限公司 …………… 325
山东航宇汽车配件有限公司 ………… 327
山东金马工业集团股份有限公司 …… 328
水星汽车部件集团股份有限公司 …… 627
山东湖西王集团铸业有限公司 ……… 635
安联(郑州)工程机械有限公司 ……… 328
林州市合鑫铸业有限公司 …………… 330
林州市银桥机械制造有限公司 ……… 330
河南汤阴县华兴机械制造有限公司 … 330
林州市新丰汽配有限公司 …………… 331
林州市华龙汽车底盘部件厂 ………… 331
驻马店中集华骏铸造有限公司 ……… 332
长葛市定达实业有限公司 …………… 332
南召县和平制动器有限公司 ………… 333
南阳市亚星平衡轴轴管有限公司 …… 333
夏邑县淮海铸造有限公司 …………… 637
襄阳京泰汽配有限责任公司 ………… 199
东风汽车股份有限公司铸造分公司 … 199
东风捷祥汽车减振器有限公司 ……… 334
荆州市恒丰制动系统有限公司 ……… 335
湖北省阳新昂运铝轮有限公司 ……… 336
黄石鑫华轮毂有限公司 ……………… 336
湖北三环铸造股份有限公司 ………… 337
随州市德恒汽车配件有限公司 ……… 337
湖北新火炬科技股份有限公司 ……… 337
湖北全力机械集团股份有限公司 …… 337
襄樊加泰尔汽车部件制造有限公司 … 337
老河口楚润科技(集团)有限公司 …… 338
十堰格润工贸有限公司 ……………… 338
东风汽车有限公司商用车铸造二厂 … 340
十堰龙腾达工业有限公司 …………… 341
东风车桥有限公司 …………………… 341
十堰凯琦铸造有限公司 ……………… 342
远安永安车桥有限责任公司 ………… 343
襄阳汽车轴承股份有限公司 ………… 639
湖南长沙南方压铸厂 ………………… 343
广州市永友机动车配件有限公司 …… 202
广州戴卡旭铝铸件有限公司 ………… 345
广州驭风旭铝铸件有限公司 ………… 346
韶关市正星车轮有限公司 …………… 347
佛山市南海中南铝车轮制造有限公司 … 348
佛山市南海安驰铝合金车轮有限公司 … 348
广东迪生力汽配股份有限公司 ……… 350
广州市铄金机电有限公司 …………… 643
东莞宜安科技股份有限公司 ………… 647
广西桂林英柴公司 …………………… 350
重庆驰宇机械制造有限责任公司 …… 351
重庆创鸿机电(轴承)有限公司 ……… 352
重庆博奥铝镁金属制造有限公司 …… 353
重庆长江轴承股份有限公司 ………… 354
重庆创精温锻成型有限公司 ………… 355
眉山华凯铝轮毂科技有限公司 ……… 358
四川君格机械制造有限公司 ………… 359
云南模二机械有限责任公司 ………… 360
陕西德仕汽车部件(集团)有限公司 … 219
西安三鸣汽车零部件有限公司 ……… 361

◉ 轮胎

山东万达宝通轮胎有限公司 ………… 317
北京首创轮胎有限责任公司 ………… 222
天津国际联合轮胎橡胶股份有限公司 … 223
普利司通(天津)轮胎有限公司 ……… 223
锦湖轮胎(天津)有限公司 …………… 223
河北省清河县永兴实业有限公司 …… 552
唐山兴宇橡塑工业有限公司 ………… 555
双喜轮胎工业股份有限公司 ………… 232
普利司通(沈阳)钢丝帘线有限公司 … 233
普利司通(沈阳)轮胎有限公司 ……… 234
大连固特异轮胎有限公司 …………… 235
丹东市振华橡胶制品有限公司 ……… 236
朝阳浪马轮胎有限责任公司 ………… 237
沈阳三丰橡胶有限公司 ……………… 556
锦湖轮胎(长春)有限公司 …………… 239
上海米其林回力轮胎股份有限公司 … 242
南京锦湖轮胎有限公司 ……………… 248
普利司通(无锡)轮胎有限公司 ……… 251
苏州优科豪马轮胎有限公司 ………… 254
正新橡胶(中国)有限公司 …………… 255
库博建大轮胎(昆山)有限公司 ……… 255
华丰橡胶(中国)有限公司 …………… 255
东洋轮胎(张家港)有限公司 ………… 256
徐州徐工轮胎有限公司 ……………… 256
住友橡胶(常熟)有限公司 …………… 256
安固(张家港)橡胶工业有限公司 …… 256
南港(张家港保税区)橡胶工业公司 … 256
江苏飞驰股份有限公司 ……………… 257
中策橡胶集团有限公司 ……………… 259
杭州优科豪马轮胎有限公司 ………… 259
宁波市聚星橡塑有限公司 …………… 271
安徽佳通轮胎有限公司 ……………… 299
福建佳通轮胎有限公司 ……………… 305
厦门正新海燕轮胎有限公司 ………… 306
厦门正新橡胶工业有限公司 ………… 306

建新橡胶(福建)有限公司 …… 307
漳州双胜钢圈有限公司 …… 310
山东宏盛橡胶集团有限公司 …… 316
山东金山汽配有限公司 …… 316
山东金宇轮胎有限公司 …… 316
山东省双王橡胶有限公司 …… 317
山东国风橡塑有限公司 …… 317
东营市华侨橡塑有限责任公司 …… 317
兴源集团 …… 317
盛泰集团有限公司 …… 317
山东华盛橡胶有限公司 …… 317
山东三工橡胶有限公司 …… 319
泸河集团有限公司 …… 319
东洋轮胎(诸城)有限公司 …… 319
青州市长江轮胎有限公司 …… 320
山东跃龙橡胶集团有限公司 …… 320
山东银宝轮胎集团 …… 320
三角集团有限公司 …… 320
文登市三峰轮胎有限公司 …… 321
腾森橡胶轮胎(威海)有限公司 …… 321
荣成荣鹰橡胶制品有限公司 …… 321
浦林成山(山东)轮胎有限公司 …… 321
成山集团有限公司 …… 321
山东玲珑轮胎股份有限公司 …… 322
龙口兴隆轮胎有限公司 …… 323
青岛瑞诺轮胎有限公司 …… 324
青岛福临轮胎有限公司 …… 324
青岛喜盈门双驼轮胎有限公司 …… 324
青岛恒达轮胎有限公司 …… 324
青岛金圣橡胶工业有限公司 …… 325
青岛黄海轮胎厂 …… 325
青岛双星轮胎工业有限公司 …… 325
青岛森麒麟轮胎有限公司 …… 325
赛轮金宇集团股份有限公司 …… 326
山东泰山轮胎有限公司 …… 326
青岛欧美亚橡胶工业有限公司 …… 326
山东省三利轮胎制造有限公司 …… 327
青岛东方工业品(集团)有限公司 …… 633
风神轮胎股份有限公司 …… 330
河南环燕轮胎股份有限公司 …… 330
神马集团橡胶轮胎有限责任公司 …… 332
双星东风轮胎有限公司 …… 342
东风鸿泰武汉控股集团有限公司 …… 637
广州市永友机动车配件有限公司 …… 202
广州珠江轮胎有限公司 …… 345
广州市华南橡胶轮胎有限公司 …… 346
普利司通(惠州)轮胎有限公司 …… 347
肇庆骏鸿实业有限公司 …… 348
中国化工橡胶桂林有限公司 …… 350
广西桂林南方橡胶集团公司 …… 350
重庆佳通轮胎有限公司 …… 352
贵州轮胎股份有限公司 …… 360
银川佳通轮胎有限公司 …… 362
佳通轮胎银川长城有限公司 …… 362
新疆昆仑股份有限公司 …… 362

◉ 车轮附件

沧州飞驰汽车附件有限公司 …… 227
沧州盛世伟业汽车附件有限公司 …… 228
辽宁衡业汽车新材股份有限公司 …… 235
公主岭中大股份有限公司 …… 241
吉林省恒辉集团有限公司 …… 373
上海保隆汽车科技股份有限公司 …… 135
友发铝业(上海)有限公司 …… 243
江阴市创新气门嘴有限公司 …… 253
江阴市天一气门芯有限公司 …… 253
江苏黄海汽配股份有限公司 …… 259
万通智控科技股份有限公司 …… 260
宁波豪锋企业有限公司 …… 271
宁波思明汽车附件有限公司 …… 272
宁波市鄞州创洋金属制品有限公司 …… 272
宁波英达皇汽车轮毂有限公司 …… 272
合肥江淮铸造有限责任公司 …… 300
安徽汇联机械工业有限公司 …… 300
安徽耀强精轮机械有限公司 …… 304
厦门白马橡塑金属工业有限公司 …… 306
山东高天金属制造有限公司 …… 318
湖北省阳新昂运铝轮有限公司 …… 336
鞍钢贝卡尔特轮胎帘线(重庆)公司 …… 352
四川君格机械制造有限公司 …… 359
云南大姚机械配件厂 …… 360

◉ 转向盘

延锋汽车饰件系统有限公司 …… 375
四川绵阳三力股份有限公司 …… 359
延锋海纳川(北京)汽车饰件系统公司 …… 364
天津六合镁制品有限公司 …… 548
深圳市恒泰汽车配件有限公司 …… 225
衡水神通汽车方向盘有限公司 …… 225
邢台威力汽车零部件有限公司 …… 551
辽阳金兴汽车内饰件有限公司 …… 370
锦州锦恒汽车安全系统有限公司 …… 371
天合富奥汽车安全系统(长春)公司 …… 238
上海方科汽车部件有限公司 …… 244
延锋百利得(上海)汽车安全系统公司 …… 244
上海岱美汽车内饰件有限公司 …… 377
上海三盾汽车饰件有限公司 …… 380
高田(上海)汽配制造有限公司 …… 380
上海俊达汽车装饰有限公司 …… 661
太航常青汽车安全设备(苏州)公司 …… 254
丰田合成(张家港)科技有限公司 …… 256
南京台兴汽车零部件制造有限公司 …… 383
丹阳市惠风车辆配件厂 …… 385
江苏省丹阳市东兴汽配有限公司 …… 387
江苏中翼汽车新材料科技有限公司 …… 395
伟盈精密模具(无锡)有限公司 …… 700
宁波市鄞州思可达传动件有限公司 …… 271
宁波明佳汽车内饰有限公司 …… 272
浙江方向汽车零部件有限公司 …… 279
浙江远翅控股集团有限公司 …… 398
杭州梵隆方向盘有限公司 …… 398
宁波出口加工区提爱思泉盟内饰公司 …… 402
瑞安市劲耐汽车装饰卡扣有限公司 …… 613
宁波骏达汽车配件制造有限公司 …… 666
浙江宏丰工艺品有限公司 …… 667
浙江天鸿汽车用品有限公司 …… 668
顺达(芜湖)汽车饰件有限公司 …… 303
合肥汇通汽车零部件有限公司 …… 412
镁联镁业科技(芜湖)有限公司 …… 617
福建省霞浦华威机电有限公司 …… 182
厦门万迪汽车配件有限公司 …… 306
江西行新汽车科技有限公司 …… 415
威海万丰镁业科技发展有限公司 …… 630
武汉富拉司特汽车零部件有限公司 …… 333
铭祥汽车工业(武汉)有限公司 …… 334
东风(十堰)车身部件有限责任公司 …… 339
湖北双鸥汽车工程塑料(集团)公司 …… 421
湖北华龙车灯有限公司 …… 520
中山富拉司特工业有限公司 …… 349
东莞广泽汽车饰件有限公司 …… 427
东莞宜安科技股份有限公司 …… 647
午阳(广州)汽车用品有限公司 …… 671
中兴汽车用品有限公司 …… 679
柳州远翅塑料有限公司 …… 429
重庆博奥铝镁金属制造有限公司 …… 353

◉ 转向器

浙江世宝控股集团有限公司 …… 259
全兴精工集团有限公司 …… 264
河北鲸龙汽配有限公司 …… 225
河北程杰汽车转向机制造有限公司 …… 225
定州市孟生球铁有限公司 …… 232
辽宁远朋汽车部件有限公司 …… 124
沈阳金杯恒隆汽车转向系统有限公司 …… 234
大连瑞谷科技有限公司 …… 235
朝阳汽车转向器有限公司 …… 237
北方重工集团汽车转向系统分公司 …… 444
一汽铸造有限公司有色铸造分公司 …… 129
凯世曼东方铸造(长春)有限公司 …… 130
一汽光洋转向装置有限公司 …… 238
蒂森克虏伯富奥汽车转向柱(长春)公司 …… 239
采埃孚富奥底盘技术(长春)有限公司 …… 239
天合富奥商用车转向器(长春)公司 …… 239
四平市方向机械有限公司 …… 241
长春一汽富维汽车零部件股份公司 …… 371
哈尔滨众恒实业有限公司 …… 242
哈飞机电产品制造有限责任公司 …… 374
上海协昌霍宁实业发展有限公司 …… 133
上海汇大机械制造有限公司 …… 133
蒂森克虏伯普利斯坦(上海)有限公司 …… 243
上海神汇汽车转向器公司 …… 244
上海联谊汽车拖拉机工贸有限公司 …… 246
上海北特科技股份有限公司 …… 247
上海采埃孚转向系统有限公司 …… 247
无锡奥尔驰动力设备有限公司 …… 144
南京东华汽车转向器有限公司 …… 249
无锡格尔顿传动轴有限公司 …… 252
江苏恒力制动器制造有限公司 …… 253
采埃孚传动技术(苏州)有限公司 …… 254
东风汽车传动轴有限公司苏州分公司 …… 254
万都(苏州)汽车底盘系统有限公司 …… 254
江苏罡阳转向系统有限公司 …… 257
江苏罡阳股份有限公司 …… 258
南通环球转向器制造有限公司 …… 258
江苏摩比斯汽车零部件有限公司 …… 396
浙江长宏机电有限公司 …… 157
玉环县安兴汽车油泵厂 …… 158
杭州建定方向机有限公司 …… 263
杭州万兴汽车零部件公司 …… 263
浙江万达汽车方向机有限公司 …… 264
杭州萧山万通汽配制造有限公司 …… 264
浙江立群汽车配件制造有限公司 …… 272
宁波奔野方向机有限公司 …… 272
温岭市东风汽车配件厂 …… 278
台州耐力特汽车传动轴有限公司 …… 279
玉环中盛机械部件厂 …… 282
玉环博宇机械有限公司 …… 284
玉环荣达机械有限公司 …… 285
浙江远东汽车零部件制造有限公司 …… 286

台州意豪转向机有限公司 …………… 286
巨泰汽车配件有限公司 ……………… 289
台州市百强机械有限公司 …………… 290
台州永安转向器有限公司 …………… 291
浙江大龙机动车部件有限公司 ……… 294
赛洋汽车转向装置(温州)有限公司 … 295
温州市裕新转向装置有限公司 ……… 296
瑞安博欧汽配有限公司 ……………… 296
浙江省瑞安市长虹车辆配件有限公司 … 296
瑞安市凯泰转向机有限公司 ………… 297
浙江龙纪汽车零部件有限公司 ……… 297
宁波 Skyward 工业有限公司………… 485
浙江汇丰汽配制造有限公司 ………… 609
合肥力威汽车油泵有限公司 ………… 299
芜湖恒隆汽车转向系统有限公司 …… 301
芜湖世特瑞转向系统有限公司 ……… 302
安徽冠润汽车转向系统有限公司 …… 304
安徽精科机器有限公司 ……………… 305
协富光洋(厦门)机械工业有限公司 … 306
捷太格特转向系统(厦门)有限公司 … 306
华星集团 …………………………… 307
泉州恒劲机械有限公司 ……………… 307
山东信义汽车零部件制造有限公司 … 316
潍坊市瑞沃汽车部件有限公司 ……… 317
山东金马工业集团股份有限公司 …… 328
豫北转向系统股份有限公司 ………… 329
河南广瑞汽车部件股份有限公司 …… 329
林州市合鑫铸业有限公司 …………… 330
湖北东峻工贸有限公司 ……………… 334
湖北佳旺汽车制动系统制造有限公司 … 334
湖北恒隆汽车系统集团有限公司 …… 335
沙市久隆汽车动力转向器有限公司 … 335
荆州恒隆汽车零部件制造有限公司 … 335
湖北三环汽车方向机有限公司 ……… 336
北辰汽车转向系统有限公司 ………… 337
东风(十堰)汽车锻钢件有限公司 …… 339
东风汽车有限公司商用车铸造二厂 … 340
东风十堰汽车液压动力有限公司 …… 341
湖北航特装备制造股份有限公司 …… 343
株洲南方宇航电动车辆制造有限公司 …… 97
株洲易力达机电有限公司 …………… 343
广州昭和汽车零部件有限公司 ……… 345
广州六和桐生机械有限公司 ………… 345
佛山市帝盟汽车零部件有限公司 …… 349
恒威汽车动力转向器有限公司 ……… 349
江门市兴江转向器有限公司 ………… 350
广西金创汽车零部件制造有限公司 … 209
重庆大江信达车辆汽车零部件公司 …… 353
重庆长风机器有限责任公司 ………… 355
重庆长安离合器制造有限公司 ……… 355
重庆龙润汽车转向器有限公司 ……… 356
成都宁江昭和汽车零部件有限公司 … 357
成都天兴山田车用部品有限公司 …… 357
四川绵阳华驰方向机有限公司 ……… 358

◉ 转向泵

长春一汽富晟集团有限公司 ………… 238
瑞立集团有限公司 ………………… 295
全兴精工集团有限公司 …………… 264
东睦新材料集团股份有限公司 …… 599
北京永信发谷汽车部件有限公司 …… 222
捷太格特汽车部件(天津)有限公司 … 223
河北三洋活塞有限公司 ……………… 121
榆次液压集团有限公司 ……………… 232
长治液压有限公司 ………………… 233
沈阳金杯恒隆汽车转向系统有限公司 …… 234
大连液压件有限公司 ……………… 235
大连易斯达汽车转向系统有限公司 … 235
大连海纳汽车零部件有限公司 ……… 236
锦州市日兴汽车泵业有限公司 ……… 237
阜新德尔汽车部件股份有限公司 …… 237
辽宁太克液压机械集团有限公司 …… 237
长春一汽四环集团有限公司 ………… 129
富奥股份公司传动轴分公司 ………… 239
长春博纳汽车零部件有限公司 ……… 239
四平市方向机械有限公司 …………… 241
上海合众工贸实业公司 ……………… 137
上海丰瑞转向泵有限公司 …………… 246
上海大众液压技术有限公司 ………… 247
上海采埃孚转向系统有限公司 ……… 247
上海三车汽车零部件有限公司 ……… 450
大丰市海纳机械有限公司 …………… 147
采埃孚转向泵金城(南京)有限公司 … 248
露笑集团有限公司 ………………… 152
台州市华创汽车零部件有限公司 …… 162
浙江锦佳汽车零部件有限公司 ……… 166
瑞泰动力集团有限公司 ……………… 170
诸暨金科立汽配制造有限公司 ……… 265
浙江枫叶机械有限公司 ……………… 265
浙江恒隆万安泵业有限公司 ………… 266
浙江力源液压技术有限公司 ………… 266
浙江中伟实业集团有限公司 ………… 266
嘉兴市贝得机械有限公司 …………… 269
温岭市鸿雨汽车配件有限公司 ……… 276
温岭市富力泵业有限公司 …………… 277
玉环联合汽车部件有限公司 ………… 279
玉环万佳机械制造有限公司 ………… 281
玉环县海通汽车部件有限公司 ……… 281
浙江金辉机械有限公司 ……………… 284
玉环恒力泵业有限公司 ……………… 284
台州中元动力机械有限公司 ………… 285
玉环德孚转向泵有限公司 …………… 288
巨泰汽车配件有限公司 ……………… 289
台州汇昌机电有限公司 ……………… 290
永康市盖浦汽车配件制造有限公司 … 293
浙江省瑞安市长虹车辆配件有限公司 … 296
瑞安市名洲汽车零部件有限公司 …… 297
浙江吉尚汽车部件有限公司 ………… 298
玉环鳌力液压件有限公司 …………… 403
瑞安市贝路内燃机系统有限公司 …… 493
合肥力威汽车油泵有限公司 ………… 299
安徽省德鸿机件制造有限公司 ……… 301
芜湖世特瑞转向系统有限公司 ……… 302
晋江连盛液压机械有限公司 ………… 309
山东德方液压机械股份有限公司 …… 314
烟台鸿安实业有限公司 ……………… 320
烟台海德汽车零部件有限公司 ……… 320
莱州长和粉末冶金有限公司 ………… 629
湖北恒隆汽车系统集团有限公司 …… 335
北辰汽车转向系统有限公司 ………… 337
十堰杰伦丰工贸有限公司 …………… 341
东风(十堰)汽车热交换器有限公司 … 421
广西玉林玉柴机器配件制造有限公司 … 209
柳州市龙杰汽车配件有限责任公司 … 210
陕西秦川汽车液压有限责任公司 …… 361
秦川液压件厂 ……………………… 362

◉ 转向拉杆、球头

北京京西重工有限公司 …………… 222
衡水华建机械配件有限公司 ………… 225
保定市格瑞机械有限公司 …………… 231
定兴县盛德机械部件有限公司 ……… 231
秦皇岛燕大汽车附件厂 ……………… 369
中车集团沈阳汽车车桥制造有限公司 … 234
吉林市吉恒汽车部件有限公司 ……… 241
东丰县黎明汽车配件厂 ……………… 242
上海合众工贸实业公司 ……………… 137
上海机动车辆汽车配件公司车配八厂 … 243
上海三磊汽车转向悬挂系统有限公司 … 246
优利昂(上海)汽车零部件科技公司 … 247
常州海拓汽车部件有限公司 ………… 388
台州爱信汽车零件有限公司 ………… 158
玉环县强力件制造厂 ……………… 158
大江(玉环)机械制造有限公司 ……… 159
玉环县天发机械有限公司 …………… 159
杭州菲亚迪传动机械有限公司 ……… 262
绍兴美特驰汽车配件有限公司 ……… 267
索密克汽车配件有限公司 …………… 267
绍兴金江机械有限公司 ……………… 267
浙江瑞朗锻造有限公司 ……………… 268
宁波市鄞州横溪福兴汽配厂 ………… 271
宁波优适捷传动件有限公司 ………… 271
宁波市鄞州思可达传动件有限公司 … 271
宁波华盛汽车部件有限公司 ………… 272
宁波航达汽配有限公司 ……………… 274
余姚市宏瑞汽车零部件有限公司 …… 274
宁波许宇机械制造有限公司 ………… 275
宁海县西店轻工综合厂 ……………… 275
玉环县金峰实业有限公司 …………… 278
浙江玉发汽配有限公司 ……………… 279
浙江正奥汽配有限公司 ……………… 279
玉环卓越制动器有限公司 …………… 280
玉环县纳辉汽车配件有限公司 ……… 280
台州威科特汽车零部件有限公司 …… 280
玉环县中威机械实业有限公司 ……… 281
玉环世纪星机械制造有限公司 ……… 281
玉环优势汽配有限公司 ……………… 281
浙江迪尔制动器有限公司 …………… 282
玉环津力汽车配件有限公司 ………… 282
玉环县东海汽车配件厂 ……………… 282
玉环县黎燕汽车拉杆制造有限公司 … 283
浙江宏森汽车底盘有限公司 ………… 284
台州奥特隆机械有限公司 …………… 284
玉环县东部汽车配件厂 ……………… 284
玉环远豪机械有限公司 ……………… 284
玉环荣达机械有限公司 ……………… 285
玉环县积裕汽车配件有限公司 ……… 285
台州盛沪机械有限公司 ……………… 285
玉环凯鲍汽车部件有限公司 ………… 285
浙江德利众机械制造有限公司 ……… 286
浙江嘉元机械制造有限公司 ………… 286
台州纳铁福机械有限公司 …………… 286
玉环县威龙汽车零部件制造有限公司 … 286
玉环帝德利转向部件有限公司 ……… 287
玉环县坎门进口汽车部件厂 ………… 287
玉环郑氏机械有限责任公司 ………… 287
台州德力奥汽车部件制造有限公司 … 287
玉环普利加汽车配件制造有限公司 … 288
浙江华邦机械有限公司 ……………… 288
浙江凯名瑞汽车部件有限公司 ……… 288

台州锦辉机械有限公司 …… 289
玉环县金宝达机械配件厂 …… 289
浙江省玉环县晨翔机械有限公司 …… 289
玉环振奋汽车配件厂 …… 290
浙江童氏汽车部件有限公司 …… 290
浙江利中实业有限公司 …… 290
台州奥星纳机械有限公司 …… 290
玉环县锦辉制动器有限公司 …… 291
浙江德明汽车部件有限公司 …… 293
瑞安市龙虎锻造有限公司 …… 298
浙江益鑫汽车零部件有限公司 …… 298
温州鸿鹏汽配制造有限公司 …… 299
浙江企成机械集团有限公司 …… 594
浙江玉环南方机械制造厂 …… 594
浙江同兴金属锻件有限公司 …… 606
温州三联锻造有限公司 …… 615
合肥中科汽配制造有限公司 …… 175
芜湖三联锻造有限公司 …… 178
北泰汽车底盘系统(安徽)有限公司 …… 300
常州金凌达汽车零部件有限公司 …… 302
芜湖诚润汽车工业有限公司 …… 302
正道汽车配件(福州)有限公司 …… 305
福建省泉州市万泰汽配公司 …… 306
宝树机械制造有限公司 …… 307
福建泉州汉德汽车配件有限公司 …… 307
晋江市中亚汽车配件有限公司 …… 307
晋江市明扬汽车配件制造有限公司 …… 307
泉州长通汽车配件有限公司 …… 307
福建晋江市沙透机械配件有限公司 …… 308
晋江市中亚南汽车配件有限公司 …… 308
晋江市泉盛汽车零部件有限公司 …… 308
泉州市海祥神州机械配件有限公司 …… 308
晋江市超宇汽配制造有限公司 …… 308
福建征途汽车部件制造有限公司 …… 308
福建省盛安机械发展有限公司 …… 309
晋江市立新汽车配件有限公司 …… 309
福建利龙汽配锻造有限公司 …… 310
漳州恒忆锻造工业有限公司 …… 310
晋江市阳光汽车配件有限公司 …… 623
济南第二汽车配件有限公司 …… 313
济南信海工贸有限责任公司 …… 313
蓬莱宏升汽车配件有限公司 …… 322
龙口天兴工贸有限公司 …… 322
蓬莱天日聚氨酯有限公司 …… 322
青岛天赢工业有限公司 …… 325
山东金马工业集团股份有限公司 …… 328
东风捷祥汽车减振器有限公司 …… 334
荆州荆福汽车零部件有限公司 …… 335
湖北八宜汽车零部件有限公司 …… 335
湖北三环汽车方向机有限公司 …… 336
北辰汽车转向系统有限公司 …… 337
东风(十堰)汽车锻钢件有限公司 …… 339
东风汽车泵业有限公司 …… 339
湖北万联达汽车零部件有限公司 …… 341
十堰市德沃汽车零部件有限公司 …… 342
荆大(荆州)汽车配件有限公司 …… 638
广州友井汽车配件有限公司 …… 344
万向钱潮(桂林)汽车底盘部件公司 …… 350
重庆新工汽车零部件有限公司 …… 352
重庆卡福汽车制动转向系统有限公司 …… 353
四川庆玲金甲兵汽车零部件有限公司 …… 356
成都川安机械有限公司 …… 357
四川望锦机械有限公司 …… 357

◉ 其他转向零件(转向节等)

四川绵阳三力股份有限公司 …… 359
北京京西重工有限公司 …… 222
浙江世宝控股集团有限公司 …… 259
北京日进汽车系统有限公司 …… 222
高丘六和(天津)工业有限公司 …… 118
天津客车桥有限公司 …… 223
捷太格特汽车部件(天津)有限公司 …… 223
万都(天津)汽车零部件有限公司 …… 224
天津勤美达工业有限公司 …… 548
衡水格林铸鑫科技有限责任公司 …… 224
河北春风铸造有限责任公司 …… 225
河北新朗玛汽车部件制造有限公司 …… 232
河北伟新锻造有限公司 …… 550
山西锻造厂 …… 124
中车集团沈阳汽车车桥制造有限公司 …… 234
丰田工机(大连)有限公司 …… 235
凤城市曙光汽车半轴有限责任公司 …… 236
长春一汽四环集团有限公司 …… 129
长春市中德车桥有限公司 …… 239
长春市汽车冲压件有限公司 …… 240
吉林省博锱机械制造有限责任公司 …… 241
四平市方向机械有限公司 …… 241
长春一汽富维汽车零部件股份公司 …… 371
上海爱知锻造有限公司 …… 137
上海蒂森克虏伯汇众汽车零部件公司 …… 243
上海长特锻造有限公司 …… 244
优利昂(上海)汽车零部件科技公司 …… 247
上海嘉仕久企业发展有限公司 …… 248
赛洋汽车转向装置(上海)有限公司 …… 248
上海大众联翔汽车零部件有限公司 …… 380
上海运良锻造实业有限公司 …… 572
江苏赛格汽车部件有限公司 …… 250
江苏格尔顿传动有限公司 …… 253
乔治费歇尔汽车产品(苏州)有限公司 …… 254
富士和机械工业(昆山)有限公司 …… 255
太仓卡兰平汽车零部件有限公司 …… 255
江苏罡阳转向系统有限公司 …… 257
扬州汇众萨克斯车业制造有限公司 …… 258
布雷博(南京)铸造有限公司 …… 573
江苏恒明汽车配件制造有限公司 …… 582
苏州轴承厂股份有限公司 …… 583
胜赛思-嵘泰(扬州)精密压铸公司 …… 587
浙江龙虎锻造有限公司 …… 153
台州威德隆机械有限公司 …… 158
杭州精通汽车零部件有限公司 …… 263
杭州琳达汽配有限公司 …… 263
浙江万达汽车方向机有限公司 …… 264
杭州华东转向节有限公司 …… 264
浙江诸暨万宝机械有限公司 …… 266
绍兴金江机械有限公司 …… 267
宁波飞联汽车部件制造有限公司 …… 271
宁波华盛汽车部件有限公司 …… 272
玉环县博尔特汽配制造有限公司 …… 279
玉环县锐利机械有限公司 …… 280
玉环奥恒机械有限公司 …… 280
浙江耐士伦机械有限公司 …… 280
玉环县东海汽车配件厂 …… 282
玉环一飞机械工业有限公司 …… 284
玉环创裕机械有限公司 …… 287
浙江双辉剑机械有限公司 …… 287
浙江凯名瑞汽车部件有限公司 …… 288
台州锦辉机械有限公司 …… 289
玉环艺禾机械有限公司 …… 290
玉环振奋汽车配件厂 …… 290
玉环县锦辉制动器有限公司 …… 291
浙江益鑫汽车零部件有限公司 …… 298
瑞安市龙虎锻造有限公司 …… 298
浙江昌利锻造有限公司 …… 298
浙江天岳汽车电器有限公司 …… 498
温州三联锻造有限公司 …… 615
芜湖新达汽车锻造有限公司 …… 301
芜湖世特瑞转向系统有限公司 …… 302
芜湖泰吉机械有限公司 …… 303
施密特汽车管件(安徽)有限公司 …… 304
安徽盛隆铸业有限公司 …… 304
安徽省合肥汽车锻件有限责任公司 …… 616
福州六和机械有限公司 …… 305
协富光洋(厦门)机械工业有限公司 …… 306
捷太格特转向系统(厦门)有限公司 …… 306
福建省晋江市梅岭新华汽车配件厂 …… 307
泉州市(晋江)鸿星汽车配件有限公司 …… 309
泉州市鑫利达机械制造有限公司 …… 309
福建利龙汽配锻造有限公司 …… 310
旭丰汽车配件有限公司 …… 310
福建畅丰车桥制造有限公司 …… 310
江西万向昌河汽车底盘系统有限公司 …… 311
江西天岳汽车电器有限公司 …… 311
江西江锻重工有限公司 …… 625
山东光岳转向节有限责任公司 …… 313
诸城市曙光车桥有限责任公司 …… 319
山东汇金股份有限公司 …… 326
河南中轴控股集团股份有限公司 …… 196
欧玛(中国)汽车部件有限公司 …… 330
湖北恒隆汽车系统集团有限公司 …… 335
湖北庆达科技有限责任公司 …… 337
湖北亨达汽车零部件有限公司 …… 338
湖北三环锻造有限公司 …… 338
东风(十堰)汽车锻钢件有限公司 …… 339
十堰湖桥实业有限公司 …… 341
十堰杰伦丰工贸有限公司 …… 341
湖南省洪江市安达有限责任公司 …… 344
东风本田汽车零部件有限公司 …… 204
昱田(佛山)汽车部件有限公司 …… 207
本田金属技术(佛山)有限公司 …… 208
广州市跨越汽车零部件工贸有限公司 …… 345
高丘六和(广州)机械工业有限公司 …… 346
广东省韶铸集团有限公司 …… 346
力野精密工业(深圳)有限公司 …… 347
佛山市帝盟汽车零部件有限公司 …… 349
武藏汽车配件(中山)有限公司 …… 349
肇庆市丰驰精密金属制品有限公司 …… 724
重庆驰宇机械制造有限责任公司 …… 351
重庆齐信汽车零部件有限公司 …… 352
重庆望江铸造有限公司 …… 352
重庆龙润汽车转向器有限公司 …… 356
四川宁江精密工业有限责任公司 …… 357
四川绵阳德鑫机械有限公司 …… 359

◉ 制动器

北京海纳川汽车部件股份有限公司 …… 363
长春一汽富晟集团有限公司 …… 238
上海汽车制动系统有限公司 …… 248
浙江亚太机电股份有限公司 …… 261
浙江万安科技股份有限公司 …… 267
信义集团 …… 316

北京停易制动器有限公司 …… 222
北京和承阿仁艾汽车配件有限公司 … 222
布雷博(中国)制动系统有限公司 …… 222
北京亚太汽车底盘系统有限公司 …… 222
北京新峰天霁科技有限公司 …… 434
高丘六和(天津)工业有限公司 …… 118
爱德克斯(天津)汽车零部件有限公司 … 223
天津客车桥有限公司 …… 223
天津勤美达工业有限公司 …… 548
河北三河市永兴福利汽车配件厂 …… 123
河北春风铸造有限责任公司 …… 225
河北星月制动元件有限公司 …… 225
河北博陵摩擦材料有限公司 …… 225
沧州海润机械制造有限公司 …… 227
沧州华建工程机械有限公司 …… 227
沧州德圣汽车配件有限公司 …… 228
河北双虎车业配件有限公司 …… 228
亚新科美联制动技术(廊坊)有限公司 … 229
卢卡斯伟利达廊重制动器有限公司 … 230
定州市孟生球铁有限公司 …… 232
长治市九鼎汽车配件有限公司 …… 233
内蒙古一机集团北方实业有限公司 … 233
辽宁远朋汽车部件有限公司 …… 124
锦州金石汽车制动配件制造有限公司 … 559
长春一汽四环集团有限公司 …… 129
吉林汽车制动器厂 …… 238
天合富奥汽车安全系统(长春)公司 … 238
长春一汽四环特必克制动有限公司 … 239
东北工业集团有限公司 …… 240
吉林市吉轻制动器制造有限责任公司 … 241
万都(哈尔滨)汽车底盘系统有限公司 … 242
哈尔滨伟建制动器制造厂 …… 242
爱克赛路科技(上海)有限公司 …… 243
克诺尔制动设备(上海)有限公司 …… 243
上海华信摩擦材料有限公司 …… 566
南京泰宁铸铁有限公司 …… 138
南京金鼎汽车零部件有限公司 …… 138
皆可博(苏州)车辆控制系统有限公司 … 145
布雷博(南京)制动系统有限公司 …… 248
南京宏峰汽车配件厂 …… 249
南京弹簧有限公司 …… 249
丹阳市可达汽车配件有限公司 …… 250
爱德克斯(常州)管理有限公司 …… 251
相信制动系统(无锡)有限公司 …… 251
无锡晶华汽车制动器有限公司 …… 252
江苏恒力制动器制造有限公司 …… 253
东机工汽车部件(苏州)有限公司 …… 254
克诺尔车辆设备(苏州)有限公司 …… 254
江苏汤臣汽车零部件有限公司 …… 259
江苏文光车辆附件有限公司 …… 387
江苏摩比斯汽车零部件有限公司 …… 396
霓达摩尔科技(常州)有限公司 …… 575
江苏普华力拓摩擦材料有限公司 …… 584
盐城信泰汽车制动部件有限公司 …… 586
温州华强汽配有限公司 …… 164
瑞安市华奇机车部件有限公司 …… 167
杭州亚太特必克汽车制动系统公司 … 261
万向系统有限公司 …… 262
浙江诸暨万宝机械有限公司 …… 266
承田汽车配件工业(浙江)有限公司 … 269
海宁峰岚机械有限公司 …… 270
浙江雄鹰机电有限公司 …… 270
宁波合力汽车零部件有限公司 …… 275
三浪集团股份有限公司 …… 275
正田汽车制动器制造有限公司 …… 277
玉环县金峰实业有限公司 …… 278
台州万洲机械有限公司 …… 279
隆中控股集团有限公司 …… 279
玉环威宇汽车部件有限公司 …… 279
玉环凯凌集团有限公司 …… 280
玉环县纳辉汽车配件有限公司 …… 280
玉环博行机械有限公司 …… 281
玉环江宏机械有限公司 …… 282
浙江正德制动器有限公司 …… 282
玉环一飞机械工业有限公司 …… 284
浙江省玉环博海机械有限公司 …… 284
玉环县东部汽车配件厂 …… 284
玉环博宇机械有限公司 …… 284
玉环荣达机械有限公司 …… 285
玉环凯鲍汽车部件有限公司 …… 285
玉环县锦航制动器有限公司 …… 288
浙江玉环伟盛机械有限公司 …… 289
浙江国昌机械有限公司 …… 290
浙江华明汽车制动器有限公司 …… 295
浙江铃丰离合器有限公司 …… 296
温州力邦企业有限公司 …… 296
宁波奥华汽车配件有限公司 …… 479
瑞安市金谷汽摩配有限公司 …… 499
杭州兴意金属(集团)有限公司 …… 589
杭州布瑞克汽配有限公司 …… 596
浙江汇丰汽配制造有限公司 …… 609
安徽万安汽车零部件有限公司 …… 299
安徽宝能机械有限公司 …… 299
北泰汽车底盘系统(安徽)有限公司 … 300
安徽车桥有限公司 …… 300
安徽丰汇车业配件有限公司 …… 301
芜湖稳乐制动系统有限公司 …… 301
芜湖伯特利汽车安全系统有限公司 … 302
芜湖泰吉机械有限公司 …… 303
芜湖依格森汽车部件有限公司 …… 303
安徽爱德夏汽车零部件有限公司 …… 411
丰生(福州)制动器有限公司 …… 305
福建福通金属有限公司 …… 306
华孚汽车配件有限公司 …… 307
泉州市(晋江)鸿星汽车配件有限公司 … 309
晋江市益泰汽车配件厂 …… 623
南昌江铃华翔汽车零部件有限公司 … 183
江铃集团深铃汽车零部件有限公司 … 311
江西万向昌河汽车底盘系统有限公司 … 311
龙口通力汽车配件有限公司 …… 192
山东威明汽车产品有限公司 …… 313
山东诺华东方汽车配件制造有限公司 … 314
山东信义汽车零部件制造有限公司 … 316
山东金山汽配有限公司 …… 316
东营宝丰汽车配件有限公司 …… 317
潍坊埃锐制动系统有限公司 …… 318
诸城市曙光车桥有限责任公司 …… 319
山东遨游汽车制动系统股份有限公司 … 319
山东泰丰汽车底盘制造有限公司 …… 320
山东日信工业有限公司 …… 321
龙口市新利达机械制造有限公司 …… 323
山东旭鑫机械股份有限公司 …… 323
青岛加力汽车制动器有限公司 …… 325
威伯科汽车控制系统(中国)有限公司 … 326
青岛华瑞汽车零部件股份有限公司 … 326
梁山亨通实业公司摩擦密封材料总厂 … 634
昌通科技有限公司 …… 328
河南万向系统制动器有限公司 …… 329
原阳县伟航制动器有限公司 …… 329
河南汤阴县华兴机械制造有限公司 … 330
焦作金箍制动器股份有限公司 …… 330
林州市鸿德汽车配件厂 …… 331
林州市合圆汽车制动器厂 …… 331
南召县和平制动器有限公司 …… 333
东风(十堰)通用铸造有限公司 …… 201
武汉万向汽车制动器有限公司 …… 334
武汉元丰汽车零部件有限公司 …… 334
荆州市恒丰制动系统有限公司 …… 335
湖北车桥有限公司 …… 335
湖北力美制动元件有限公司 …… 337
十堰格润工贸有限公司 …… 338
美驰华阳汽车制动器有限公司 …… 338
十堰市金轮子车桥有限公司 …… 339
十堰市华迪汽车零部件有限公司 …… 339
东科克诺尔商用车制动技术有限公司 … 339
十堰东鄂汽车零部件有限公司 …… 340
十堰龙腾达工业有限公司 …… 341
十堰凯琦铸造有限公司 …… 342
湖北航特装备制造股份有限公司 …… 343
湖北航特科技有限责任公司 …… 343
长沙宝泰克传动技术有限公司 …… 343
株洲汽车零部件实业有限公司 …… 344
爱德克斯(广州)汽车零部件有限公司 … 344
中博制动系统(广州)有限公司 …… 345
广州双叶汽车部件有限公司 …… 346
广州曙光制动器有限公司 …… 346
佛山捷贝汽车配件有限公司 …… 348
中山日信工业有限公司 …… 349
广东富华重工制造有限公司 …… 350
伟福科技工业(中山)有限公司 …… 428
中山赛福特汽车配件有限公司 …… 651
千代达电子制造(中山)有限公司 …… 651
万向钱潮(桂林)汽车底盘部件公司 … 350
广西华力集团有限公司 …… 351
柳州市华力汽车零部件有限公司 …… 429
重庆汇浦液压动力制造有限公司 …… 210
重庆望江铸造有限公司 …… 352
重庆红宇精密工业有限责任公司 …… 355
重庆重型汽车集团传动轴有限公司 … 356
南方天合底盘系统有限公司 …… 356
成都明皓机械制造有限公司 …… 357

◉ 制动盘、制动鼓

隆基集团有限公司 …… 322
北京京西重工有限公司 …… 222
布雷博(中国)制动系统有限公司 …… 222
赛龙(北京)汽车部件有限公司 …… 545
高丘六和(天津)工业有限公司 …… 118
勤威(天津)工业有限公司 …… 223
万都(天津)汽车零部件有限公司 …… 224
衡水格林铸鑫科技有限责任公司 …… 224
河北春风铸造有限责任公司 …… 225
隆尧县固城汽车联营附件厂 …… 226
河北省隆尧县翔宇汽车配件厂 …… 226
隆尧县隆固汽车配件厂 …… 226
河北百龙汽车配件制造有限公司 …… 226
河北省隆尧县宝琛汽车配件厂 …… 226
河北鑫隆铸造有限公司 …… 226
河北安鼓机械制造(集团)有限公司 … 226
隆尧鑫远重汽配件有限公司 …… 226
河北省隆尧县固城汽车配件厂 …… 226

沧州市鑫业汽车配件有限公司 ········· 227
河北省永年县施庄综合修配厂 ········· 227
河北省永年县精良贸易有限公司 ······ 227
沧县四通汽车配件有限公司 ············ 228
香河旭明源汽车配件有限公司 ········· 230
三河市精益机械制造有限公司 ········· 230
河北新朗玛汽车部件制造有限公司 ··· 232
山西建邦集团铸造有限公司 ············ 232
山西汤荣汽车配件制造集团有限公司 ··· 232
长治市九鼎汽车配件有限公司 ········· 233
朝阳东风柴油机配件有限责任公司 ··· 128
沈阳中航飞汽车部件制造有限公司 ··· 234
朝阳飞马铸造有限责任公司 ············ 237
朝阳飞马车辆设备股份有限公司 ······ 237
一汽铸造有限公司 ······················ 130
吉林东光奥威汽车制动系统有限公司 238
天合富奥汽车安全系统(长春)公司 ··· 238
长春长东离合器有限公司 ·············· 238
长春一汽四环特必克制动有限公司 ··· 239
吉林省博锪机械制造有限责任公司 ··· 241
东丰县黎明汽车配件厂 ················· 242
公主岭市春林机械有限公司 ············ 374
意奔玛集团有限公司 ····················· 136
上海新安电磁阀有限公司 ·············· 455
布雷博(南京)制动系统有限公司 ······ 248
南京联动汽车零部件有限公司 ········· 248
南京丹纳赫汽车配件有限公司 ········· 249
富士和机械工业(昆山)有限公司 ······ 255
布雷博(南京)铸造有限公司 ··········· 573
浙江诸暨万宝机械有限公司 ············ 266
宁波华盛汽车部件有限公司 ············ 272
宁波合生制动科技有限公司 ············ 275
玉环联合汽车部件有限公司 ············ 279
隆中控股集团有限公司 ················· 279
台州通达机械有限公司 ················· 279
玉环荣达机械有限公司 ················· 285
金华浩翔汽配有限公司 ················· 292
合肥江淮铸造有限责任公司 ············ 300
安徽丰汇车业配件有限公司 ············ 301
安徽省辉煌机械制造有限公司 ········· 301
安徽省金阳铸造有限公司 ·············· 301
福州六和机械有限公司 ················· 305
福建尚锟齿轮箱制造有限公司 ········· 308
福建省盛安机械发展有限公司 ········· 309
中恒通(福建)机械制造有限公司 ······ 310
济南喀泰客汽车配件有限公司 ········· 184
济南第二汽车配件有限公司 ············ 313
德州智钢机械厂 ························· 314
淄博嘉禾机械有限公司 ················· 314
淄博博泰机械制造有限公司 ············ 315
山东金山汽配有限公司 ················· 316
东营金凯汽车配件有限公司 ············ 316
东营信义汽车配件有限公司 ············ 316
东营万迪诺制动系统有限公司 ········· 316
东营宝丰汽车配件有限公司 ············ 317
大铁(潍坊)汽车工业有限公司 ········ 317
莱州双力机械制造有限公司 ············ 318
莱州赛路汽车配件有限公司 ············ 318
莱州鲁源汽车配件有限公司 ············ 318
莱州鸿源台钳制造有限公司 ············ 318
莱州三力汽车配件有限公司 ············ 318
莱州汽车制动器有限公司 ·············· 318
烟台三星制动盘有限公司 ·············· 318
莱州华鲁汽车配件有限公司 ············ 318
莱州方圆汽车配件有限公司 ············ 318
山东鲁达轿车配件股份有限公司 ······ 318
莱州华汽机械有限公司 ················· 318
潍坊市正丰汽车配件有限公司 ········· 319
烟台宏田汽车配件有限公司 ············ 320
烟台川琦汽车配件有限公司 ············ 320
胜地汽车零部件制造有限公司 ········· 320
山东昊安汽车部件制造有限公司 ······ 321
烟台美丰机械有限公司 ················· 321
蓬莱万寿机械有限公司 ················· 322
山东隆基机械股份有限公司 ············ 322
龙口富元机械有限公司 ················· 322
龙口海盟机械有限公司 ················· 323
龙口奇正汽车配件制造有限公司 ······ 323
龙口市荣地机械配件有限公司 ········· 323
龙口金正机械有限公司 ················· 323
龙口市富洋机械配件有限公司 ········· 323
龙口市裕东机械制造厂 ················· 323
青岛帅潮实业有限公司 ················· 324
青岛青特铸造有限公司 ················· 324
青岛国人机械有限公司 ················· 324
青岛聚蚨源机电有限公司 ·············· 325
东营盛宇工贸有限公司 ················· 326
山东湖西王集团铸业有限公司 ········· 635
洛阳古城机械有限公司 ················· 197
安联(郑州)工程机械有限公司 ········ 328
河南星光机械有限公司 ················· 329
林州市银桥机械制造有限公司 ········· 330
河南汤阴县华兴机械制造有限公司 ··· 330
林州市合鑫铸业有限公司 ·············· 330
安阳市豫安汽车配件铸造厂 ··········· 331
河南龙鼎铸业股份有限公司 ··········· 331
林州市华龙汽车底盘部件厂 ··········· 331
安阳市古龙汽车底盘部件有限公司 ··· 331
驻马店中集华骏铸造有限公司 ········· 332
夏邑县淮海铸造有限公司 ·············· 637
东风汽车股份有限公司铸造分公司 ··· 199
随州市德恒汽车配件有限公司 ········· 337
湖北全力机械集团股份有限公司 ······ 337
十堰龙腾达工业有限公司 ·············· 341
十堰市郧齿汽车零部件有限公司 ······ 342
十堰凯琦铸造有限公司 ················· 342
远安永安车桥有限责任公司 ············ 343
枣阳兴亚摩擦材料有限公司 ··········· 640
东风本田汽车零部件有限公司 ········· 204
高丘六和(广州)机械工业有限公司 ··· 346
广州实利汽车零部件制造有限公司 ··· 346
韶关市正星车轮有限公司 ·············· 347
力派尔(珠海)汽车配件有限公司 ······ 347
金的(中美合资)汽车零部件公司 ······ 650
重庆金丰机械有限公司 ················· 210
重庆黎明汽车配件有限公司 ··········· 355
南方天合底盘系统有限公司 ··········· 356
重庆吉纳汽车配件有限公司 ··········· 356
成都鑫飞跃达制动系统有限公司 ······ 356
四川省富邦钒钛制动鼓有限公司 ······ 358
西安航空制动科技有限公司 ··········· 362

◉ 防抱死制动系统(ABS)

上海汽车制动系统有限公司 ··········· 248
东风电子科技股份有限公司 ··········· 449
博世汽车部件(苏州)有限公司 ······· 254
浙江亚太机电股份有限公司 ··········· 261
瑞立集团有限公司 ······················ 295
北京京西重工有限公司 ················· 222
北京倍易制动器有限公司 ··············· 222
北京现代摩比斯汽车配件有限公司 ··· 365
北京新峰天霁科技有限公司 ··········· 434
北京锐意泰克汽车电子有限公司 ······ 435
哈尔滨金溢科技有限公司 ·············· 448
上海泰密克电子有限公司 ·············· 247
上海瑞尔实业有限公司 ················· 247
江苏金榆科技集团有限公司 ··········· 251
常州超宇机械制造有限公司 ··········· 251
万都(苏州)汽车底盘系统有限公司 ··· 254
江苏黄海汽配股份有限公司 ··········· 259
日本电产凯宇汽车电器(江苏)公司 ··· 461
万向集团公司 ····························· 261
合肥恒宇车辆部件有限公司 ··········· 412
山东威明汽车产品有限公司 ··········· 313
山东明水汽车配件厂 ··················· 313
济南威成汽车零部件有限公司 ········· 313
威伯科汽车控制系统(中国)有限公司 ··· 326
焦作金箍制动器股份有限公司 ········· 330
东风电子科技公司汽车制动系统公司 ··· 342
广州市西合汽车电子装备有限公司 ··· 344
广州科密汽车制动技术开发有限公司 ··· 345
深圳市东仪电子有限公司 ·············· 529
重庆聚能汽车技术有限责任公司 ······ 353
西安博华机电股份有限公司 ··········· 361
西安正昌电子有限责任公司 ··········· 361
西安航空制动科技有限公司 ··········· 362

◉ 制动泵、真空助力器

上海汽车制动系统有限公司 ··········· 248
浙江亚太机电股份有限公司 ··········· 261
瑞立集团有限公司 ······················ 295
浙江铁流离合器股份有限公司 ········ 260
北京艾思吉汽车制动泵有限责任公司 ··· 221
北京星火环宇汽车制动泵有限公司 ··· 222
北京市进联汽车刹车泵有限责任公司 ··· 223
唐山隆玛驰车用附件有限公司 ········· 123
廊坊远祥汽车配件有限公司 ··········· 123
石家庄佳信汽车制动系统有限公司 ··· 224
河北兴浦汽车制动器有限公司 ········· 228
营口金霖实业有限公司 ················· 126
沈阳市王玉汽车部件厂 ················· 233
沈阳金杯华集汽车部件有限公司 ······ 233
沈阳林凯汽车制动有限公司 ··········· 234
沈阳金通汽车零部件制造有限公司 ··· 234
沈阳丰运汽车零部件厂 ················· 234
营口市熊岳轻型汽车制动泵总厂 ······ 235
富奥汽车零部件股份公司泵业分公司 ··· 131
吉林汽车制动器厂 ······················ 238
吉林东光奥威汽车制动系统有限公司 238
公主岭安宝有限责任公司 ·············· 241
一汽四环辽源汽车零部件有限公司 ··· 241
公主岭中大股份有限公司 ·············· 241
万都(哈尔滨)汽车底盘系统有限公司 ··· 242
上海瑞尔实业有限公司 ················· 247
上海三车汽车零部件有限公司 ········· 450
上海新安电磁阀有限公司 ·············· 455
东机工汽车部件(苏州)有限公司 ······ 254
杭州余杭中联内燃机配件有限公司 ··· 151
上虞市振荣橡胶制品有限公司 ········· 152
玉环县万通泵业有限公司 ·············· 158

玉环县安兴汽车油泵厂 ………………… 158
大江(玉环)机械制造有限公司 ………… 159
瑞安市东联机车部件有限公司 ……… 165
杭州秀武汽车部件有限公司 ………… 260
万向系统有限公司 …………………… 262
浙江华林机械有限公司 ……………… 265
诸暨市东神汽车零部件制造厂 ……… 265
浙江工正汽车配件厂 ………………… 265
浙江诸暨市乐洋机械有限公司 ……… 266
诸暨市镭迪机械有限公司 …………… 266
浙江中伟实业集团有限公司 ………… 266
浙江三中机械有限公司 ……………… 266
浙江欣奇汽配制造有限公司 ………… 266
绍兴天顺汽配有限公司 ……………… 267
绍兴市盛隆汽车制动器厂 …………… 268
德西福格汽车配件(平湖)有限公司 … 270
慈溪市晨凯制动器有限公司 ………… 273
余姚市安统五金有限公司 …………… 273
宁波航达汽配有限公司 ……………… 274
宁波安捷制动器有限公司 …………… 274
宁波康达泵业有限公司 ……………… 274
温岭市奥达机械有限公司 …………… 276
玉环县金峰实业有限公司 …………… 278
台州万洲机械有限公司 ……………… 279
玉环联合汽车部件有限公司 ………… 279
玉环威宇汽车部件有限公司 ………… 279
玉环金泰汽车部件有限公司 ………… 280
玉环卓越制动器有限公司 …………… 280
玉环奥恒机械有限公司 ……………… 280
玉环博行机械有限公司 ……………… 281
浙江正德制动器有限公司 …………… 282
浙江迪尔制动器有限公司 …………… 282
玉环县巨安机电制造有限公司 ……… 282
玉环臣菱汽车泵业有限公司 ………… 284
玉环荣达机械有限公司 ……………… 285
浙江省台州兴裕机械有限公司 ……… 285
玉环金奥丰机械有限公司 …………… 285
台州恒灿汽车配件有限公司 ………… 286
玉环县耀杰制动部件有限公司 ……… 286
浙江双辉剑机械有限公司 …………… 287
浙江玉环长城交通机械有限公司 …… 287
玉环博纳汽配有限公司 ……………… 287
玉环友捷制动器有限公司 …………… 288
玉环烽火机械有限公司 ……………… 288
台州东龙精密机械有限公司 ………… 288
浙江玉环县发业汽配厂 ……………… 288
台州宏发汽车零部件有限公司 ……… 288
永康市佳隆泵业有限公司 …………… 293
温州通顺机动车部件有限公司 ……… 293
浙江精科汽车零部件有限公司 ……… 293
瑞立汽车液压制动有限公司 ………… 294
温州市佳威汽摩配件有限公司 ……… 294
温州市卓冠汽车配件有限公司 ……… 294
温州科众汽车零部件有限公司 ……… 295
浙江铃丰离合器有限公司 …………… 296
温州力邦企业有限公司 ……………… 296
瑞安市超欧汽配有限公司 …………… 297
浙江吉尚汽车部件有限公司 ………… 298
浙江中昌汽车零部件有限公司 ……… 298
温州市东启汽车零部件制造有限公司 … 298
华健制动泵有限公司 ………………… 298
温州鸿鹏汽配制造有限公司 ………… 299
浙江欧力达液压机械有限公司 ……… 398
浙江瑞申汽配有限公司 ……………… 493
玉环县天心机械厂 …………………… 609
浙江汇丰汽配制造有限公司 ………… 609
合肥华集汽车部件有限公司 ………… 299
芜湖稳乐制动系统有限公司 ………… 301
芜湖聚达汽车零部件有限公司 ……… 301
盛力科技股份有限公司 ……………… 302
芜湖市宏达汽配橡胶密封件厂 ……… 302
芜湖万通汽车部件有限公司 ………… 302
芜湖众发汽车制动泵有限公司 ……… 302
芜湖玉泰汽车制动有限公司 ………… 302
芜湖华亨汽车部件有限公司 ………… 303
芜湖依格森汽车部件有限公司 ……… 303
芜湖恒坤汽车部件有限公司 ………… 303
安徽盛隆铸业有限公司 ……………… 304
厦门永裕机械工业有限公司 ………… 306
漳州常山品兴汽配有限公司 ………… 310
济南盛丰创力汽车配件有限公司 …… 184
龙口市龙工泵业科技有限公司 ……… 192
龙口中宇集团 ………………………… 192
淄博嘉禾机械有限公司 ……………… 314
大铁(潍坊)汽车工业有限公司 ……… 317
山东遨游汽车制动系统股份有限公司 … 319
日照市北业制动泵有限公司 ………… 319
山东泰丰汽车底盘制造有限公司 …… 320
龙口市龙海实业有限公司 …………… 323
梁山赛强机械制造有限公司 ………… 418
河南万向系统制动器有限公司 ……… 329
湖北东峻工贸有限公司 ……………… 334
湖北力美制动元件有限公司 ………… 337
南漳县鹏程汽车零部件有限公司 …… 338
湖北车神汽配实业有限公司 ………… 340
十堰市创时零部件有限公司 ………… 341
广州市花都东捷实业有限公司 ……… 203
中博制动系统(广州)有限公司 ……… 345
力派尔(珠海)汽车配件有限公司 …… 347
柳州长虹机器制造公司 ……………… 351
重庆卡福汽车制动转向系统有限公司 …… 353
重庆华义摩托车配件制造有限公司 …… 354
重庆黎明汽车配件有限公司 ………… 355
南方天合底盘系统有限公司 ………… 356
成都嘉陵华西光学精密机械有限公司 … 216
成都鑫飞跃达制动系统有限公司 …… 356

◉ 空压机

天津勤美达工业有限公司 …………… 548
河北之良汽车配件制造有限公司 …… 228
亚新科美联制动技术(廊坊)有限公司 … 229
河北廊坊兰海特种气泵厂 …………… 230
廊坊市恒鑫泵业有限公司 …………… 230
廊坊开发区康太斯空压机有限公司 … 230
廊坊市众柴车用空压机有限公司 …… 230
克诺尔制动系统(大连)有限公司 …… 236
富奥汽车零部件股份公司泵业分公司 … 131
QAP 汽车工业(中国)有限公司 ……… 134
上海隆润动力机械有限公司 ………… 247
贺尔碧格(上海)有限公司 …………… 375
丹阳市常盛机械有限公司 …………… 140
宁波东方动力部件有限公司 ………… 154
玉环飞宇汽车配件制造有限公司 …… 160
奉化市鼎立汽车空压机厂 …………… 274
奉化市开林汽车空压机有限公司 …… 274
奉化市天风汽车空压机有限公司 …… 275
浙江天台优派特汽车泵业有限公司 … 276
台州中际汽车零部件有限公司 ……… 276
台州市信协汽车零部件有限公司 …… 278
台州吉克汽车零部件有限公司 ……… 278
温岭市东风汽车配件厂 ……………… 278
台州市东协汽车配件有限公司 ……… 291
浙江黄龙机电有限公司 ……………… 485
杭州藤仓橡胶有限公司 ……………… 589
福州六和机械有限公司 ……………… 305
龙口隆基三泵有限公司 ……………… 191
华东泵业制造有限公司 ……………… 192
龙口市四通三泵有限公司 …………… 192
龙口市龙工泵业科技有限公司 ……… 192
山东威明汽车产品有限公司 ………… 313
威伯科汽车控制系统(中国)有限公司 … 326
新乡市天风汽车空压机有限公司 …… 329
东风汽车集团股份公司动力设备厂 … 201
东风汽车泵业有限公司 ……………… 339

◉ 制动气室、储气筒

宜宾三江机械有限责任公司 ………… 360
万向钱潮股份有限公司 ……………… 262
北京倍易制动器有限公司 …………… 222
北京市进联汽车刹车泵有限责任公司 … 223
河北之良汽车配件制造有限公司 …… 228
丹东黄海汽车配件制造有限责任公司 … 370
公主岭安宝有限责任公司 …………… 241
上海飞翎汽车配件有限公司 ………… 243
瑞安市三凌滤清器有限公司 ………… 166
温州车舟汽车部件有限公司 ………… 166
杭州余杭正达机械有限公司 ………… 260
杭州创佳汽车零部件有限公司 ……… 264
浙江宏亮汽车零部件有限公司 ……… 264
浙江诸暨市车桥附件厂 ……………… 264
诸暨市富易达机械有限公司 ………… 265
诸暨市伟林机械厂 …………………… 265
浙江双祥汽配制造有限公司 ………… 265
浙江东星科技有限公司 ……………… 265
浙江华林机械有限公司 ……………… 265
浙江欣奇汽配制造有限公司 ………… 266
浙江诸暨市乐洋机械有限公司 ……… 266
浙江三中机械有限公司 ……………… 266
嘉兴市嘉力达汽车部件有限公司 …… 269
嘉兴新中南汽车零部件有限公司 …… 269
嘉兴润通汽车配件有限公司 ………… 269
桐乡辰宇机械有限公司 ……………… 270
余姚市新兴制动元件有限公司 ……… 273
宁波神丰汽车制动系统有限公司 …… 274
宁波康达泵业有限公司 ……………… 274
宁波神丰汽车部件有限公司 ………… 274
宁波航达汽配有限公司 ……………… 274
宁波合力汽车零部件有限公司 ……… 275
浙江路杰机械有限公司 ……………… 283
浙江恒力制动阀有限公司 …………… 296
杭州兴意金属(集团)有限公司 ……… 589
浙江荣英汽车零部件有限公司 ……… 594
浙江振宇实业有限公司 ……………… 614
马鞍山嘉华汽车零部件有限公司 …… 304
宁国市中益车辆部件有限公司 ……… 619
山东威明汽车产品有限公司 ………… 313
山东泰利汽车部件有限公司 ………… 319
龙口天兴工贸有限公司 ……………… 322
青岛优盟机电有限公司 ……………… 324
威伯科汽车控制系统(中国)有限公司 … 326

梁山四平亿利德专用汽车配件公司 …… 327
梁山顺安达汽车科技有限公司 …… 327
梁山赛强机械制造有限公司 …… 418
河南星光机械有限公司 …… 329
湖北金驰机器有限公司 …… 336
南漳县鹏程汽车零部件有限公司 …… 338
十堰超群汽车制动阀有限公司 …… 340
十堰市创时零部件有限公司 …… 341
十堰槐鹏工贸有限公司 …… 641
广州市润浩汽车配件有限公司 …… 346
广州市盖普汽车配件有限公司 …… 346
富盈汽车配件有限公司 …… 349
柳州长虹机器制造公司 …… 351
陕西德仕汽车部件(集团)有限公司 …… 219

◉ 电涡流缓速器

泰乐玛汽车制动系统(上海)有限公司 …… 244
瑞立集团有限公司 …… 295
常州常武动力机械有限公司 …… 141
江苏安多利新能源科技有限公司 …… 250
江苏超力电器有限公司 …… 457
江苏超力集团 …… 457
万向钱潮传动轴有限公司 …… 261
杭州亚太特必克汽车制动系统公司 …… 261
嘉兴市纽曼机械有限公司 …… 269
瑞立汽车制动电子科技有限公司 …… 294
江西波星机械泵阀制造有限公司 …… 311
凯迈(洛阳)机电有限公司 …… 333
襄樊东风汽车电气有限责任公司 …… 520
深圳市特尔佳科技股份有限公司 …… 347
华越汽车制动技术(深圳)有限公司 …… 347
西安博华机电股份有限公司 …… 361

◉ 制动阀、制动间隙调整机构等

富奥汽车零部件股份有限公司 …… 129
东风电子科技股份有限公司 …… 449
瑞立集团有限公司 …… 295
宜宾三江机械有限责任公司 …… 360
万向钱潮股份有限公司 …… 262
北京艾思吉汽车制动泵有限责任公司 …… 221
北京市进联汽车刹车泵有限责任公司 …… 223
衡水格林铸鑫科技有限责任公司 …… 224
河北双虎车业配件有限公司 …… 228
亚新科美联制动技术(廊坊)有限公司 …… 229
卢卡斯伟利达廊重制动器有限公司 …… 230
河北百吉汽车配件有限公司 …… 555
长春一汽四环特必克制动有限公司 …… 239
吉林市江机调整臂有限公司 …… 241
上海智源汽车部件有限公司 …… 247
江苏苏美达德隆汽车部件有限公司 …… 139
江苏优冠汽车配件有限公司 …… 149
布雷博(南京)制动系统有限公司 …… 248
江苏联升汽车部件有限公司 …… 249
江苏赛格汽车部件有限公司 …… 250
镇江福斯特汽车零部件有限公司 …… 250
江苏罗伯特汽车配件有限公司 …… 250
镇江华瑞液压机械有限公司 …… 250
爱德克斯(常州)管理有限公司 …… 251
无锡格尔顿传动轴有限公司 …… 252
江苏恒力制动器制造有限公司 …… 253
东台市黄海汽车配件厂 …… 257
盐城恒昌汽车配件有限公司 …… 257
江苏汤臣汽车零部件有限公司 …… 259
江苏黄海汽配股份有限公司 …… 259
江苏恒明汽车配件制造有限公司 …… 582
盐城铭久汽车配件有限公司 …… 586
胜赛思－嵘泰(扬州)精密压铸公司 …… 587
永康市广园汽车配件有限公司 …… 163
瑞安市三凌滤清器有限公司 …… 166
浙江东原机车部件有限公司 …… 169
瑞安市亲人汽配厂 …… 173
杭州联合国际汽车部件有限公司 …… 259
杭州余杭正达机械有限公司 …… 260
万向系统有限公司 …… 262
浙江宏亮汽车零部件有限公司 …… 264
诸暨安驰机械有限公司 …… 264
浙江诸暨市车桥附件厂 …… 264
杭州创佳汽车零部件有限公司 …… 264
诸暨市东神汽车零部件制造厂 …… 265
浙江东星科技有限公司 …… 265
浙江工正汽车配件厂 …… 265
中外合资浙江东港液压机械有限公司 …… 265
诸暨市富易达机械有限公司 …… 265
浙江双祥汽配制造有限公司 …… 265
浙江华林机械有限公司 …… 265
诸暨市伟林机械厂 …… 265
绍兴铁安汽配制造有限公司 …… 265
诸暨金科立汽配制造有限公司 …… 265
怀创汽车零部件有限公司 …… 266
浙江三中机械有限公司 …… 266
诸暨市镭迪机械有限公司 …… 266
浙江诸暨市乐洋机械有限公司 …… 266
诸暨市恒泰汽车部件有限公司 …… 266
绍兴君奇汽配有限公司 …… 266
绍兴市嘉坤汽车配件有限公司 …… 267
绍兴县福全方杰汽车配件厂 …… 267
绍兴天顺汽配有限公司 …… 267
绍兴华兴汽车零部件有限公司 …… 267
绍兴驰达汽车配件制造有限公司 …… 267
德西福格汽车配件(平湖)有限公司 …… 270
宁波华盛汽车部件有限公司 …… 272
余姚市吉顺汽车零部件有限公司 …… 274
宁波航达汽配有限公司 …… 274
宁波神丰汽车部件有限公司 …… 274
宁波神丰汽车制动系统有限公司 …… 274
宁波合生制动科技有限公司 …… 275
三浪集团股份有限公司 …… 275
宁波合力汽车零部件有限公司 …… 275
玉环县金峰实业有限公司 …… 278
玉环县博尔特汽配制造有限公司 …… 279
隆中控股集团有限公司 …… 279
浙江鑫泽机械有限公司 …… 282
浙江奥缔机械制造有限公司 …… 282
玉环县巨安机电制造有限公司 …… 282
浙江路杰机械有限公司 …… 283
玉环戴安制动装置有限公司 …… 283
玉环金宏汽车部件有限公司 …… 286
玉环陆通机械有限公司 …… 289
浙江天元机电有限公司 …… 290
玉环振奋汽车配件厂 …… 290
浙江国昌机械有限公司 …… 290
浙江台州浙龙机械制造有限公司 …… 291
浙江浦江平安汽车配件有限公司 …… 293
浙江科力车辆控制系统有限公司 …… 294
浙江安固汽车配件有限公司 …… 294
浙江燎原制动液压系统有限公司 …… 294
浙江迪澳汽车配件有限公司 …… 294
温州科众汽车零部件有限公司 …… 295
浙江恒力制动阀有限公司 …… 296
瑞安瑞鑫汽车配件厂 …… 297
浙江欧瑞泰汽配有限公司 …… 297
浙江中铁机车部件有限公司 …… 297
瑞安市超欧汽配有限公司 …… 297
杭州兴意金属(集团)有限公司 …… 589
浙江企成机械集团有限公司 …… 594
浙江玉环三普机械有限公司 …… 609
玉环县天心机械厂 …… 609
玉环金诺机械有限公司 …… 610
爱德克斯(福州)汽车零部件有限公司 …… 305
泉州鲤城福辉汽车配件有限公司 …… 306
泉州恒劲机械有限公司 …… 307
济南威成汽车零部件有限公司 …… 313
山东威明汽车产品有限公司 …… 313
山东明水汽车配件厂 …… 313
淄博亿伟汽车科技有限公司 …… 314
青岛优盟机电有限公司 …… 324
青岛弘盛汽车配件有限公司 …… 326
山东汇金股份有限公司 …… 326
威伯科汽车控制系统(中国)有限公司 …… 326
梁山顺安达汽车科技有限公司 …… 327
湖北佳旺汽车制动系统制造有限公司 …… 334
湖北乘风汽车零部件有限公司 …… 336
湖北万向汽车零部件有限公司 …… 336
湖北力美制动元件有限公司 …… 337
苏州仁和(老河口)汽车有限公司 …… 338
老河口楚润科技(集团)有限公司 …… 338
东风(十堰)汽车制动件有限公司 …… 339
十堰兆伟制动阀有限公司 …… 339
湖北大旗液压有限公司 …… 339
十堰超群汽车制动阀有限公司 …… 340
湖北十堰安凯汽车零部件有限公司 …… 341
十堰市创时零部件有限公司 …… 341
东风电子科技公司汽车制动系统公司 …… 342
十堰市郧齿汽车零部件有限公司 …… 342
爱德克斯(广州)汽车零部件有限公司 …… 344
广州六和桐生机械有限公司 …… 345
广州市润浩汽车配件有限公司 …… 346
富盈汽车配件有限公司 …… 349
海南瑞德夏工业有限公司 …… 429
重庆卡福汽车制动转向系统有限公司 …… 353
四川省雅安市羌江机械有限责任公司 …… 359
成都航凯天电子股份有限公司 …… 539
西安博华机电股份有限公司 …… 361

◉ 变速、离合、制动操纵装置

富奥汽车零部件股份有限公司 …… 129
联合汽车电子有限公司 …… 452
浙江万安科技股份有限公司 …… 267
宜宾三江机械有限责任公司 …… 360
北京市进联汽车刹车泵有限责任公司 …… 223
河北亿利橡塑集团有限公司 …… 121
河北亿利滤清器有限公司 …… 121
河北清河科超汽车配件有限公司 …… 226
沧县胜利汽车配件厂 …… 227
沈阳彤福汽车零部件有限公司 …… 233
沈阳金杯永信橡塑有限公司 …… 557
大连亚明汽车部件股份有限公司 …… 558

富奥汽车零部件股份公司泵业分公司 …… 131
吉林省舒兰市通用机械有限责任公司 …… 373
哈尔滨东安实业发展有限公司 …… 131
上海奔达机电有限公司 …… 244
上海三立汇众汽车零部件有限公司 …… 247
上海凯众材料科技股份有限公司 …… 566
无锡泰辰机械设备有限公司 …… 142
南京宏峰汽车配件厂 …… 249
江苏格尔顿传动有限公司 …… 253
江苏南汽常随汽车零部件有限公司 …… 388
苏州东风精冲工程有限公司 …… 703
玉环县现代汽车配件厂 …… 158
台州威德隆机械有限公司 …… 158
玉环汽车零部件有限公司 …… 160
乐清市华东电子汽配厂 …… 174
宁波市鄞州思可达传动件有限公司 …… 271
台州威科特汽车零部件有限公司 …… 280
台州盛鹏动力有限公司 …… 283
台州中圣汽车零部件有限公司 …… 285
玉环荣达机械有限公司 …… 285
浙江双辉剑机械有限公司 …… 287
浙江华邦机械有限公司 …… 288
浙江玉环伟盛机械有限公司 …… 289
金华市詹士汽车配件有限公司 …… 292
温州市正华汽车零部件有限公司 …… 294
浙江省银星汽车配件有限公司 …… 295
台州市路桥区江南内燃机配件厂 …… 404
温州兴瑞驾驶室部件有限公司 …… 407
浙江创佳汽车部件有限公司 …… 496
浙江汇丰汽配制造有限公司 …… 609
芜湖市中兴机械技术开发有限公司 …… 178
安徽宝能机械有限公司 …… 299
安徽省阜阳市汽车配件厂 …… 300
安徽科源机械有限公司 …… 304
安徽岳塑汽车工业有限公司 …… 305
福建晋江市沙透机械配件有限公司 …… 308
恒发(晋江)汽车零部件有限公司 …… 308
山东明水汽车配件厂 …… 313
淄博亿伟汽车科技有限公司 …… 314
山东泰利汽车部件有限公司 …… 319
湖南省重型离合器有限责任公司 …… 344
磐吉奥(湖南)铸造工业有限公司 …… 642
中山市耀华汽车部件实业有限公司 …… 428
广州维高集团有限公司 …… 523
重庆长风机器有限责任公司 …… 355
重庆长风基铨机械有限公司 …… 355
重庆益鑫复合材料制品有限责任公司 …… 431
重庆三本车灯有限公司 …… 537

◉ 自卸车液压系统、其他液压件

河北三洋活塞有限公司 …… 121
河北亿泰克轴承有限公司 …… 226
玉田县恒通弹簧减震器有限公司 …… 229
河北前锋机器有限责任公司 …… 229
榆次液压集团有限公司 …… 232
长治液压有限公司 …… 233
大连液压件有限公司 …… 235
大连创新零部件制造公司 …… 236
阜新恒百达机械有限公司 …… 237
阜新北星液压有限公司 …… 237
长春一东离合器股份有限公司 …… 240
上海丰瑞转向泵有限公司 …… 246
上海大众液压技术有限公司 …… 247
上汽马瑞利动力总成有限公司 …… 247
上海震飞汽车零部件有限公司 …… 382
上海微华密封件有限公司 …… 568
瀚德康斯克泵业(苏州)有限公司 …… 145
无锡英特帕普威孚液压有限公司 …… 251
无锡市德力液压有限公司 …… 252
无锡市双福液压活塞杆有限公司 …… 252
大陆汽车系统(常熟)有限公司 …… 255
昆山金发液压机械有限公司 …… 395
南通华东油压科技有限公司 …… 588
浙江力源液压技术有限公司 …… 266
浙江中伟实业集团有限公司 …… 266
浙江路得坦摩悬架系统有限公司 …… 269
嘉善顺达汽车配件制造有限公司 …… 270
浙江凯斯特液压有限公司 …… 276
浙江省仙居县黎明机械厂 …… 276
仙居县华乐机械有限公司 …… 276
玉环恒力泵业有限公司 …… 284
浙江科力车辆控制系统有限公司 …… 294
瑞安市盛鼎汽车零部件有限公司 …… 297
乐清市华隆机械配件厂 …… 298
浙江欧力达液压机械有限公司 …… 398
宁波景文机械有限公司 …… 401
浙江赛特机械有限公司 …… 610
浙江考格尔气动液压科技有限公司 …… 712
合肥力威汽车油泵有限公司 …… 299
安徽省德鸿机件制造有限公司 …… 301
马鞍山嘉华汽车零部件有限公司 …… 304
安徽省宏瑞泰达机械科技有限公司 …… 617
晋江连盛液压机械有限公司 …… 309
临清飞翔专用汽车制造有限公司 …… 79
山东润源实业有限公司 …… 186
龙口通力汽车配件有限公司 …… 192
济南液压泵有限责任公司 …… 312
临清迅力液压机械有限公司 …… 314
山东德方液压机械股份有限公司 …… 314
山东丰润机械制造有限公司 …… 326
沂水永达液压机械有限公司 …… 328
山东众力液压技术有限公司 …… 328
东风汽车特种商用车公司专用设备厂 …… 201
湖北东峻工贸有限公司 …… 334
随州市大成液压机械制造有限公司 …… 337
湖北大旗液压有限公司 …… 339
东风十堰汽车液压动力有限公司 …… 341
湖南机油泵股份有限公司 …… 202
深圳市凯卓立液压设备有限公司 …… 347
重庆市高远汽车部件制造有限公司 …… 353
四川重汽王牌兴城液压件有限公司 …… 655
中航力源液压股份有限公司 …… 360
陕西燎原液压股份有限公司 …… 362

◉ 车架、底盘

北京海纳川汽车部件股份有限公司 …… 363
中国公路车辆机械有限公司 …… 221
北京日进汽车系统有限公司 …… 222
北京海纳川汽车部件公司北京分公司 …… 364
北京现代摩比斯汽车配件有限公司 …… 365
沧州纳川机械配件有限公司 …… 227
香河海潮制件有限公司 …… 230
香河港龙汽车配件制造有限公司 …… 230
遵化市金阳汽车部件有限公司 …… 369
秦皇岛燕大汽车附件厂 …… 369
内蒙古一机集团六分公司 …… 124
内蒙古一机集团北方实业有限公司 …… 233
采埃孚伦福德汽车系统(沈阳)公司 …… 234
丹东市通泰汽车部件有限公司 …… 236
一汽凌源汽车车架制造有限公司 …… 237
长春市国源实业有限责任公司 …… 238
长春塔奥金环汽车制品有限公司 …… 238
长春一汽四环专用车工业公司 …… 239
德尔福派克电气有限公司白城分公司 …… 448
吉凯恩(丹阳)工业有限公司 …… 250
浙江省世泰实业有限公司 …… 276
台州市百强机械有限公司 …… 290
湖州埭溪振华工贸有限公司 …… 398
合肥亿力机械制造有限公司 …… 412
合肥常青机械股份有限公司 …… 616
福州福享汽车工业有限公司 …… 305
江西远成汽车技术股份有限公司 …… 624
济南鑫瑞熙汽车配件有限公司 …… 313
烟台塞夫·爱科车辆技术有限公司 …… 320
山东泰丰汽车底盘制造有限公司 …… 320
山东蒙凌工程机械股份有限公司 …… 328
山东康泰实业有限公司 …… 417
潍坊瑞驰汽车系统有限公司 …… 514
河南中轴控股集团股份有限公司 …… 196
林州市银桥机械制造有限公司 …… 330
湖北省齐星汽车车身股份有限公司 …… 93
东风汽车特种商用车公司专用设备厂 …… 201
伟福科技工业(武汉)有限公司 …… 333
蒂森克虏伯金属成型(武汉)有限公司 …… 334
湖北八宜汽车零部件有限公司 …… 335
东风专用汽车底盘(湖北)有限公司 …… 338
十堰市金骥汽车部件有限公司 …… 338
武汉中人瑞众汽车零部件有限公司 …… 420
十堰市十金车辖有限责任公司 …… 422
湖南长丰汽车零部件有限责任公司 …… 202
湖南凌风车架有限责任公司 …… 344
广州市花都东捷实业有限公司 …… 203
广东省韶铸集团有限公司 …… 346
伟福科技工业(中山)有限公司 …… 428
柳州市华力汽车零部件有限公司 …… 429
广西柳拖车辆有限公司 …… 429
重庆华义摩托车配件制造有限公司 …… 354
德阳川德交通机械有限公司 …… 358

◉ 元宝梁、横梁

沧州市鑫业汽车配件有限公司 …… 227
河北天马交通机械制造有限公司 …… 227
河北华特汽车部件有限公司 …… 550
河北信久重型机械制造有限公司 …… 554
常州永庆车铆配件有限公司 …… 390
常州市海霞车辆配件厂 …… 390
浙江天瑞汽车零部件有限公司 …… 269
浙江创元汽车零部件有限公司 …… 282
浙江双辉剑机械有限公司 …… 287
成源汽车部件制造有限公司 …… 294
温州安利车辆部件有限公司 …… 410
合肥宏圆机械有限公司 …… 299
安徽江淮车轮有限公司 …… 300
安徽省阜阳市汽车配件厂 …… 300
福州福享汽车工业有限公司 …… 305
景德镇市通福实业有限公司 …… 415
济南信海工贸有限责任公司 …… 313

◉ 其他底盘件

重庆杜克高压密封件有限公司 ········ 354
北京海纳川汽车部件公司北京分公司 ··· 364
北京同创汽车部件有限公司 ············ 545
天津中星汽车零部件有限公司 ········ 223
天津汇丰汽车部件有限公司 ············ 224
冀州市金星橡胶制品有限责任公司 ··· 224
河北踏岳车桥集团有限公司 ············ 224
隆尧县隆固汽车配件厂 ················ 226
河北天马交通机械制造有限公司 ······ 227
南皮县伟达五金制造有限公司 ········ 228
河北泛亚平衡块有限公司 ············· 228
保定建强制动软管有限公司 ··········· 231
清河县长城密封件有限公司 ··········· 551
河北沧州文达汽车配件有限公司 ······ 554
山西益新制动部件有限公司 ··········· 233
长春永固汽车车桥有限公司 ··········· 239
富奥汽车零部件公司底盘结构件分公司 ··· 239
富奥汽车零部件公司电子电器分公司 ··· 446
上海众力汽车部件有限公司 ··········· 132
上海汇众汽车制造有限公司 ··········· 243
宁波华翔电子股份有限公司 ··········· 377
上海弗卡实业有限公司 ················ 449
超捷紧固系统(上海)股份有限公司 ··· 570
江苏省镇江市林森汽配有限公司 ······ 140
小仓离合机(无锡)有限公司 ··········· 251
克恩－里伯斯(太仓)有限公司 ········ 255
欧凯普底盘配件(昆山)有限公司 ······ 255
无锡鹏德汽车配件有限公司 ··········· 581
扬州市新城通永专用车部件厂 ········ 587
浙江万鑫动力机械有限公司 ··········· 152
台州京宝汽车零部件有限公司 ········ 157
浙江九隆机械有限公司 ················ 161
温州市瑞派汽车配件有限公司 ········ 165
诸暨市长荣机械有限公司 ·············· 266
宁波通达精密铸造有限公司 ··········· 271
宁波五菱工贸实业有限公司 ··········· 273
奉化市祥和机械制造有限公司 ········ 274
玉环沃顿汽车零部件有限公司 ········ 281
浙江恒鼎机械有限公司 ················ 281
杭州西湖摩擦材料有限公司 ··········· 589
杭州立久汽车零部件有限公司 ········ 593
浙江三叶机械有限公司 ················ 594
宁波兴亚橡塑有限公司 ················ 604
玉环县中环机械厂 ····················· 608
金华磐荣汽配制造有限公司 ··········· 611
中精集团有限公司 ····················· 614
昌利企业 ······························ 615
泉州市明达机械配件有限公司 ········ 307
晋江市通兴汽车部件制造有限公司 ··· 308
旭丰汽车配件有限公司 ················ 310
福建华日汽车配件有限公司 ··········· 620
泉州鲤城新星汽配厂 ·················· 622
景德镇市通福实业有限公司 ··········· 415
济南沃德机械制造有限公司 ··········· 313
许昌元特汽车配件有限公司 ··········· 332
河南英威东风机械制造有限公司 ······ 636
十堰楚欣达汽车部件制造有限公司 ··· 201
约斯特(中国)汽车部件有限公司 ······ 334
郧西县神风实业有限公司 ·············· 342
湖北双虎机械有限公司 ················ 640
秩父精密产业(深圳)有限公司 ········ 347
河谷(佛山)汽车润滑系统有限公司 ··· 348
武藏精密汽车零部件(中山)有限公司 ··· 349
俊加华实业有限公司 ·················· 349
广州庆成金属工业有限公司 ··········· 425
深圳市兆威机电有限公司 ·············· 529
浙江万向系统有限公司柳州工厂 ······ 351
克诺尔卡福商用车制动系统(重庆)公司 ··· 353
重庆红宇摩擦制品有限公司 ··········· 654
云南大姚机械配件厂 ·················· 360
西安海红轴承总厂 ····················· 360

车身零部件

◉ 驾驶室、车身

天津市邦均汽车车身有限公司 ……… 367
天津丰铁汽车部件有限公司 ……… 367
遵化市金阳汽车部件有限公司 ……… 369
吉林省泰德汽车车身制造有限公司 … 373
上海赛科利汽车模具技术应用有限公司 … 377
江苏菱威汽车配件有限公司 ……… 385
江苏卡威汽配有限公司 ……… 386
常州市瑞悦车业有限公司 ……… 390
扬州市欣辉汽车附件有限公司 ……… 396
江苏昌明车身制造有限公司 ……… 397
江苏省宝应县曙光汽车配件厂 ……… 397
江苏锋弛汽车车身制造有限公司 …… 397
扬州宇联车身有限公司 ……… 397
浙江德明汽车部件有限公司 ……… 293
合肥亿力机械制造有限公司 ……… 412
厦门金龙汽车车身有限公司 ……… 414
江铃汽车集团公司车厢内饰件厂 …… 415
济南沃德机械制造有限公司 ……… 313
山东高密高锻机械有限公司 ……… 416
山东野夼集团公司 ……… 417
山东泰瑞汽车机械电器有限公司 …… 513
潍坊瑞驰汽车系统有限公司 ……… 514
湖北省齐星汽车车身股份有限公司 …… 93
十堰正和车身有限公司 ……… 421
湖北三环车身系统有限公司 ……… 421
十堰市鑫亚车身部件有限公司 ……… 421
东风汽车部件厂 ……… 422
十堰市聚朋车身厂 ……… 422
十堰金泰丰汽车零部件有限公司 …… 422
湖南同心实业有限责任公司 ……… 96
湖南长沙平头汽车车身制造厂 ……… 422
湖南长沙榔黎汽车车身制造有限公司 … 422
湖南奔陆车身制造有限公司 ……… 423
广州爱机汽车配件有限公司 ……… 424
伟福科技工业(中山)有限公司 ……… 428
柳州柳新汽车冲压件有限公司 ……… 429
广西柳拖车辆有限公司 ……… 429
柳州市顺五科技开发有限公司 ……… 652
重庆天人汽车车身制造有限公司 …… 430

◉ 车厢

吉林市吉轻制动器制造有限责任公司 … 241
吉林省舒兰市通用机械有限责任公司 … 373
吉尧汽车零配件(上海)有限公司 …… 376
温州市宏嘉亮实业有限公司 ……… 294
合肥市富园汽车改装有限公司 ……… 74
合肥兴旺汽车有限公司 ……… 411
山东泰瑞汽车机械电器有限公司 …… 513
十堰市十金车箱有限责任公司 ……… 422
广西柳拖车辆有限公司 ……… 429
德阳川德交通机械有限公司 ……… 358

◉ 车门窗

北京赛德车门制造有限公司 ……… 364
北京中材汽车复合材料有限公司 …… 365
天津市邦均汽车车身有限公司 ……… 367
石家庄市东华特种型材厂 ……… 367
冀州市北内实业集团有限公司 ……… 368
沙河市宏成汽车型材有限公司 ……… 368
秦皇岛燕大汽车附件厂 ……… 369
涿州市盛弘机械有限责任公司 ……… 370
沈阳福达汽车零部件有限公司 ……… 370
长春博泽汽车部件有限公司 ……… 372
盈佳科技(长春)有限公司 ……… 372
吉林省舒兰市通用机械有限责任公司 … 373
上海华申汽配制造有限公司 ……… 376
上海鑫毅交通工业有限公司 ……… 380
上海耀华大中新材料有限公司 ……… 380
上海曙新汽车配件有限公司 ……… 380
呈顺电子(上海)有限公司 ……… 662
南京汽车零件有限公司 ……… 138
丹阳市豪星饰件有限公司 ……… 383
江苏新昌汽车部件有限公司 ……… 384
丹阳市恒诺汽配有限公司 ……… 385
丹阳市坤华汽配有限公司 ……… 386
句容联泰机电有限公司 ……… 387
江苏省丹阳市东兴汽配有限公司 …… 387
江苏先昌电能部件有限公司 ……… 389
张家港市牡丹汽车附件有限公司 …… 396
江苏昌明车身制造有限公司 ……… 397
扬州宇联车身有限公司 ……… 397
江苏省宝应县润扬汽车配件厂 ……… 397
宁波裕民机械工业有限公司 ……… 402
温州市蓝天汽车零部件有限公司 …… 405
温州安利车辆部件有限公司 ……… 410
合肥中科汽配制造有限公司 ……… 175
芜湖常裕机电有限公司 ……… 413
福州福享汽车工业有限公司 ……… 305
景德镇市通福实业有限公司 ……… 415
江西景航航空锻铸有限公司 ……… 625
潍坊众谊汽车配件有限公司 ……… 188
山东只楚民营科技园股份有限公司 … 417
武城县德兴橡塑制品有限公司 ……… 627
日立化成工业(郑州)汽车配件公司 … 418
广州白木汽车零部件有限公司 ……… 425
广东多纳勒振华汽车系统有限公司 … 428
东莞宜安科技股份有限公司 ……… 647
柳州市中铨机械制造有限责任公司 … 429
重庆博泽汽车部件有限公司 ……… 430
联伟汽车零部件(重庆)有限公司 …… 431
西安杰出实业有限公司 ……… 432

◉ 天窗

伟巴斯特东熙汽车配件(北京)公司 … 364
伟巴斯特车顶系统(长春)有限公司 … 371
伟巴斯特车顶供暖系统(上海)公司 … 376
上海申驰实业有限公司 ……… 378
上海耀华大中新材料有限公司 ……… 380
上海万超汽车天窗有限公司 ……… 381
上海毓恬冠佳汽车零部件有限公司 … 454
浙江胜华波汽车电器上海分公司 …… 454
江苏畅通车业集团有限公司 ……… 383
丹阳金城配件有限公司 ……… 384
丹阳吉盛汽车零部件有限公司 ……… 384
江苏文光车辆附件有限公司 ……… 387
江苏文光集团有限公司 ……… 387
爱信(无锡)车身零部件有限公司 …… 392
伟巴斯特东熙汽车(张家港)有限公司 … 396
常州市五一灯具有限公司 ……… 463
伟盈精密模具(无锡)有限公司 ……… 700
浙江万超电器有限公司 ……… 490
莫森泰克汽车科技有限公司 ……… 412
八千代工业(武汉)有限公司 ……… 198
武汉东环车身系统有限公司 ……… 420
湖南长丰汽车沙发有限责任公司 …… 423
八千代工业(中山)有限公司 ……… 208
爱信精机(佛山)汽车零部件有限公司 … 208
广东三井汽车配件有限公司 ……… 426
爱信精机(佛山)车身零部件有限公司 … 427
维克多精密工业(深圳)有限公司 …… 722

◉ 车身结构件、覆盖件

天津双叶协展机械有限公司 ……… 118
沧州龙翔机械有限公司 ……… 227
香河港龙汽车配件制造有限公司 …… 230
涿州市盛弘机械有限责任公司 ……… 370
长春塔奥金环汽车制品有限公司 …… 238
长春一汽富维汽车零部件股份公司 … 371
长春英利汽车部件有限公司 ……… 373
哈飞机电产品制造有限责任公司 …… 374
上海东兴科技有限公司 ……… 379
上海鑫毅交通工业有限公司 ……… 380
上海航空发动机制造股份有限公司 … 382
江苏秦龙车灯有限公司 ……… 384
丹阳金城配件有限公司 ……… 384
江苏菱威汽车配件有限公司 ……… 385
丹阳市北奔汽车附件厂 ……… 385
丹阳市华泰仪表台厂 ……… 385
江苏江龙科技发展有限公司 ……… 385
丹阳市坤华汽配有限公司 ……… 386
丹阳市汽车配件五厂 ……… 386
江苏卡威汽配有限公司 ……… 386
常州市峰日车辆配件有限公司 ……… 387
常州市华龙灯具厂 ……… 389

常州东胜汽车饰件有限公司 ………… 389
常州易达奇车辆部件有限公司 ……… 389
常州市海霞车辆配件厂 ……………… 390
常州永庆车辆配件有限公司 ………… 390
常州市银华车饰件制造有限公司 …… 390
常州亨达车业部件有限公司 ………… 390
常州市添翼汽车部件有限公司 ……… 390
常州市郭氏车辆配件有限公司 ……… 391
常州市金迪车辆部件有限公司 ……… 391
常州市斌峰塑件厂 …………………… 391
无锡市振华轿车附件有限公司 ……… 393
江阴协统汽车附件有限公司 ………… 394
长亨汽配工业(昆山)有限公司 ……… 395
江苏昌明车身制造有限公司 ………… 397
江苏奥顿车业有限公司 ……………… 397
江苏锋弛汽车车身制造有限公司 …… 397
扬州宇联车身有限公司 ……………… 397
江苏省宝应县曙光汽车配件厂 ……… 397
江苏省宝应县润扬汽车配件厂 ……… 397
江苏科达车业有限公司 ……………… 397
丹阳格铃汽配有限公司 ……………… 459
江苏红光汽车配件有限公司 ………… 459
常州永益车业有限公司 ……………… 462
常州市华杰塑件厂 …………………… 463
江苏江洲汽车部件有限公司 ………… 574
无锡鹏德汽车配件有限公司 ………… 581
江苏振世达汽车模具有限公司 ……… 705
玉环日意机械有限公司 ……………… 288
宁波市翔龙金属制品有限公司 ……… 400
宁波市锦艺汽车零部件有限公司 …… 400
温州安利车辆部件有限公司 ………… 410
宁波德业科技集团有限公司 ………… 708
浙江黄岩冲模有限公司 ……………… 709
铁牛集团有限公司 …………………… 711
安徽金诚汽车装饰设计开发有限公司 … 412
泉州市双塔汽车零件有限公司 ……… 182
景德镇市通福实业有限公司 ………… 415
德州赛特汽车配件有限责任公司 …… 187
山东高密高锻机械有限公司 ………… 416
格瑞德集团 …………………………… 416
山东丰达汽车内饰有限公司 ………… 416
荣成市爱士玻璃钢有限责任公司 …… 417
龙口市宏兴机械车辆配套有限公司 … 417
武汉艾帕克汽车配件有限公司 ……… 419
武汉中人瑞众汽车零部件有限公司 … 420
湖北三环车身系统有限公司 ………… 421
十堰金泰丰汽车零部件有限公司 …… 422
湖北华龙车灯有限公司 ……………… 520
东风模具冲压技术有限公司 ………… 717
湖南奔陆车身制造有限公司 ………… 423
广州坤江汽车配件工业制造有限公司 … 203
广州庆成金属工业有限公司 ………… 425
广东骑光车灯工业有限公司 ………… 525
广州市海缝机械零件制造有限公司 … 642
广州三池汽车配件有限公司 ………… 644
柳州广菱汽车技术有限公司 ………… 726
重庆驰骋轻型汽车部件股份有限公司 … 353

◉ 车锁

江苏皓月汽车锁股份有限公司 ……… 394
北京顺恒达汽车零部件制造有限公司 … 435
北京加安电子科技有限公司 ………… 659
天津盛洋汽车部件厂 ………………… 367
爱信(天津)车身零部件有限公司 …… 367
石家庄市龙马铸造有限公司 ………… 224
沧州华建工程机械有限公司 ………… 227
沧州鑫祺汽车配件制造有限公司 …… 368
盈佳科技(长春)有限公司 ………… 372
公主岭市春林机械有限公司 ………… 374
上海恩坦华汽车门系统有限公司 …… 375
吉尧汽车零配件(上海)有限公司 …… 376
上海霍富汽车锁具有限公司 ………… 376
上海中欧汽车零部件有限公司 ……… 380
上海利用锁具有限公司 ……………… 382
上海联宙汽车电器有限公司 ………… 450
上海三车汽车零部件有限公司 ……… 450
上海南大集团德首实业有限公司 …… 451
上海海拉电子有限公司 ……………… 451
上海鼎杰电子有限公司 ……………… 454
呈顺电子(上海)有限公司 ………… 662
恩坦华汽车零部件(镇江)有限公司 … 383
江苏飞越车辆部件有限公司 ………… 383
江苏文光车辆附件有限公司 ………… 387
句容联泰机电有限公司 ……………… 387
句容市东升汽车附件有限公司 ……… 387
常州市宇达汽车配件有限公司 ……… 388
法雷奥汽车安全系统(无锡)有限公司 … 393
无锡大昌机械工业有限公司 ………… 393
江苏旭顺东明汽配有限公司 ………… 394
张家港孚冈汽车部件有限公司 ……… 395
凯毅德汽车系统(常熟)有限公司 …… 395
扬州中基机电有限公司 ……………… 396
张家港合众汽车部件有限公司 ……… 396
苏州丰安机电有限公司 ……………… 469
江苏亚泰机电有限公司 ……………… 473
辉创电子科技(苏州)有限公司 ……… 663
温州车舟汽车部件有限公司 ………… 166
宁波明佳汽车内饰有限公司 ………… 272
宁波伊斯特赛机械制造有限公司 …… 400
玉环鳌力液压件有限公司 …………… 403
浙江达利仕实业有限公司 …………… 405
浙江超达汽车配件有限公司 ………… 405
浙江正东机车部件有限公司 ………… 405
浙江瑞安市通力汽车部件有限公司 … 406
浙江中特力制锁有限公司 …………… 406
温州市东风通用机电厂 ……………… 406
浙江银宏汽摩附件有限公司 ………… 406
中欧汽车电器有限公司 ……………… 406
浙江雷牌机件有限公司 ……………… 407
瑞安市东兴汽车配件厂 ……………… 407
温州兴瑞驾驶室部件有限公司 ……… 407
温州市海鸥汽车锁系统有限公司 …… 407
浙江旺亮锁业有限公司 ……………… 407
瑞安市风驰轿车配件有限公司 ……… 408
浙江宇航汽车配件有限公司 ………… 408
瑞安市胜通汽车配件有限公司 ……… 409
瑞安市精华汽车配件厂 ……………… 409
瑞安市贸华汽车零部件有限公司 …… 409
浙江开拓汽车电器有限公司 ………… 409
瑞安市大球汽车锁厂 ………………… 409
瑞安市欧田汽车零部件有限公司 …… 409
瑞安市星华汽配厂 …………………… 409
瑞安市荣邦汽车部件有限公司 ……… 410
瑞安市众品汽车配件制造有限公司 … 410
浙江雷力汽车零部件有限公司 ……… 410
宁波永驰微型泵业有限公司 ………… 478
象山华泰模塑电器有限公司 ………… 484
宁波华甬汽车零部件有限公司 ……… 485
明冠实业有限公司 …………………… 490
温州美亚特汽车部件有限公司 ……… 494
瑞安市安庆机动车配件有限公司 …… 494
瑞安市力天车业部件有限公司 ……… 494
浙江捷加汽车零部件有限公司 ……… 495
浙江创佳汽车部件有限公司 ………… 496
浙江三华车业有限公司 ……………… 496
瑞安市长征汽车电器厂 ……………… 497
瑞安市中洲电器厂 …………………… 497
瑞安市佳宝汽车电器有限公司 ……… 498
浙江天岳汽车电器有限公司 ………… 498
温州川龙汽车部件有限公司 ………… 499
温州华友汽车部件有限公司 ………… 501
瑞安市追越汽车零部件有限公司 …… 502
国威科技有限公司 …………………… 503
慈溪市龙山汽配有限公司 …………… 600
宁波雷顿科技有限公司 ……………… 666
浙江峰达防盗设备股份有限公司 …… 669
芜湖常裕机电有限公司 ……………… 413
合肥创佳汽车电器有限公司 ………… 505
昌辉汽车电器(黄山)股份有限公司 … 507
合肥大丰机械有限公司 ……………… 616
烟台三环锁业集团公司轿车锁公司 … 417
烟台霍富汽车锁有限公司 …………… 417
梁山赛强机械制造有限公司 ………… 418
山东鲁得贝车灯股份有限公司 ……… 512
山东合太恒科技股份有限公司 ……… 635
河南开开特星光锁系统有限公司 …… 418
河南大井星光汽车零部件有限公司 … 418
河南北方星光机电有限责任公司 …… 419
襄樊航工制造有限公司 ……………… 199
武汉辉弘汽车车身附件有限公司 …… 419
武汉博泽汽车部件有限公司 ………… 420
中航工业宇航救生装备有限公司 …… 421
老河口圣德汽车附件有限公司 ……… 421
湖北三环汽车电器有限公司 ………… 518
磐吉奥(湖南)铸造工业有限公司 …… 642
广州市永友机动车配件有限公司 …… 202
韶关市正星车轮有限公司 …………… 347
广州三兴精密模具塑料工程有限公司 … 423
百丰(中国)电子科技有限公司 ……… 423
阿尔发(广州)汽车配件有限公司 …… 424
欧姆龙(广州)汽车电子有限公司 …… 424
广东三井汽车配件有限公司 ………… 426
深圳市精臻达实业有限公司 ………… 426
深圳市著牌实业有限公司 …………… 426
佛山东海理化汽车部件有限公司 …… 428
有信制造(中山)有限公司 ………… 535
车展交通器材(台山)有限公司 ……… 535
中山市高得磁电有限公司 …………… 535
佛山市顺德区恒域电机实业有限公司 … 535
鹤山市信成配件有限公司 …………… 536
广州瑞成电子科技有限公司 ………… 671
广州铁老大防盗设备有限公司 ……… 672
广州市昊业电子科技有限公司 ……… 674
广州雄兵汽车电器有限公司 ………… 675
广东所罗门实业有限公司 …………… 678

佛山市天汇汽车电子有限公司 ……… 678
广东任我通汽车用品有限公司 ……… 679
中山雷震子安防科技有限公司 ……… 680
中山市贝奥斯金属制品有限公司 …… 680
重庆万力联兴实业(集团)有限公司 … 214
重庆博泽汽车部件有限公司 ………… 430
贵州华昌汽车电器有限公司 ………… 432
三井华阳汽车配件有限公司 ………… 432
贵州贵航汽车零部件股份有限公司 … 656
陕西德仕汽车部件(集团)有限公司 … 219

◉ 车铰链

沧州纳川机械配件有限公司 ………… 227
沧州华建工程机械有限公司 ………… 227
沧州鑫祺汽车配件制造有限公司 …… 368
涿州市盛弘机械有限责任公司 ……… 370
沧州市世久机械制造有限公司 ……… 554
公主岭安宝有限责任公司 …………… 241
长春挺宇汽车零部件有限公司 ……… 372
白城尼特固汽车部件有限公司 ……… 374
吉尧汽车零配件(上海)有限公司 …… 376
上海戈吕克机械制造有限公司 ……… 378
江苏苏美达德隆汽车部件有限公司 … 139
句容市东升汽车附件有限公司 ……… 387
无锡明芳汽车部件工业有限公司 …… 393
江苏旭顺东明汽配有限公司 ………… 394
浙江龙虎锻造有限公司 ……………… 153
温州万正汽车泵业有限公司 ………… 174
台州耐力特汽车传动轴有限公司 …… 279
浙江省银星汽车配件有限公司 ……… 295
浙江龙纪汽车零部件有限公司 ……… 297
瑞安市龙虎锻造有限公司 …………… 298
宁波市翔龙金属制品有限公司 ……… 400
宁波乾方汽车配件有限公司 ………… 401
温州兴瑞驾驶室部件有限公司 ……… 407
瑞安市风驰轿车配件有限公司 ……… 408
浙江创佳汽车部件有限公司 ………… 496
安徽宝能机械有限公司 ……………… 299
安徽江南机械有限责任公司 ………… 411
安徽爱德夏汽车零部件有限公司 …… 411
安徽文鼎机械有限公司 ……………… 413
芜湖常裕机电有限公司 ……………… 413
合肥创佳汽车电器有限公司 ………… 505
合肥大丰机械有限公司 ……………… 616
芜湖华翔汽配轴套有限公司 ………… 618
梁山赛强机械制造有限公司 ………… 418
老河口圣德汽车附件有限公司 ……… 421
柳州市中铨机械制造有限责任公司 … 429
柳州市腾龙汽车配件制造有限公司 … 429
海南瑞德夏工业有限公司 …………… 429
重庆长安福铃汽车铰链有限责任公司 … 429

◉ 玻璃升降器

北京顺恒达汽车零部件制造有限公司 … 435
北京龙苑伟业新材料有限公司 ……… 544
爱信(天津)车身零部件有限公司 …… 367
秦皇岛燕大汽车附件厂 ……………… 369
三叶电器(大连)有限公司 …………… 236
沈阳金杯广振汽车部件有限公司 …… 370
长春海德世汽车拉索有限公司 ……… 447
上海宏宝汽配有限公司 ……………… 378
上海中欧汽车零部件有限公司 ……… 380
上海博泽汽车部件有限公司 ………… 381
上海万江汽车零部件有限公司 ……… 382
上海实业交通电器有限公司 ………… 448
上海三车汽车零部件有限公司 ……… 450
上海赛露达汽车部件有限公司 ……… 452
浙江胜华波汽车电器上海分公司 …… 454
恩坦华汽车零部件(镇江)有限公司 … 383
江苏文光车辆附件有限公司 ………… 387
江苏南汽常随汽车零部件有限公司 … 388
常州海拓汽车部件有限公司 ………… 388
无锡明芳汽车部件工业有限公司 …… 393
张家港孚冈汽车部件有限公司 ……… 395
张家港合众汽车部件有限公司 ……… 396
江苏超力电器有限公司 ……………… 457
海安联科汽车零部件有限公司 ……… 474
浙江瑞峰汽车零部件有限公司 ……… 167
浙江肯特汽车零部件有限公司 ……… 293
浙江安固汽车配件有限公司 ………… 294
浙江省银星汽车配件有限公司 ……… 295
宁波恒特汽车零部件有限公司 ……… 400
宁波世通汽车零部件有限公司 ……… 400
温州市蓝天汽车零部件有限公司 …… 405
温州市东风通用机电厂 ……………… 406
中欧汽车电器有限公司 ……………… 406
浙江瑞安市通力汽车部件有限公司 … 406
瑞安市佳福汽车电机有限公司 ……… 407
浙江宇航汽车配件有限公司 ………… 408
瑞安市哲远汽车零部件有限公司 …… 408
瑞安市春天汽车配件厂 ……………… 409
瑞安市洛特斯汽配有限公司 ………… 409
瑞安市珍荣电机有限公司 …………… 409
瑞安市众品汽车配件制造有限公司 … 410
温州贝特机电实业有限公司 ………… 410
平阳龙德汽车配件有限公司 ………… 410
浙江雷力汽车零部件有限公司 ……… 410
慈溪市博宇电器有限公司 …………… 481
台州通达机电有限公司 ……………… 485
浙江万超电器有限公司 ……………… 490
浙江松田汽车电机系统有限公司 …… 493
瑞安市安庆机动车配件有限公司 …… 494
瑞安市戴立汽车电器有限公司 ……… 494
浙江创佳汽车部件有限公司 ………… 496
瑞安市佳宝汽车电器有限公司 ……… 498
瑞安市建利佳汽车部件有限公司 …… 498
浙江瑞鹏汽车电器有限公司 ………… 501
温州华友汽车部件有限公司 ………… 501
浙江远征汽摩附件有限公司 ………… 501
平阳纯德汽车配件有限公司 ………… 502
瑞安市华德汽车零部件有限公司 …… 613
莫森泰克汽车科技有限公司 ………… 412
合肥创佳汽车电器有限公司 ………… 505
宁国市中益车辆部件有限公司 ……… 619
福建省霞浦三沙华美实业华景分公司 … 414
福建省霞浦县景禾机电有限公司 …… 509
江西上饶市索密特实业有限公司 …… 416
江西浩风电器有限公司 ……………… 511
江西德尔盛汽车电机有限公司 ……… 511
龙口通力汽车配件有限公司 ………… 192
龙口市新利达机械制造有限公司 …… 323
泰安晟泰汽车零部件有限公司 ……… 418
龙口泰进机械有限公司 ……………… 418
山东省泰安泰龙软轴软管厂 ………… 515
山东聊城昌工机械配件有限公司 …… 626
水星汽车部件集团股份有限公司 …… 627
武汉东环车身系统有限公司 ………… 420
武汉博泽汽车部件有限公司 ………… 420
湖北三环车身系统有限公司 ………… 421
湖南长丰汽车沙发有限责任公司 …… 423
磐吉奥(湖南)铸造工业有限公司 …… 642
广州三兴精密模具塑料工程有限公司 … 423
广州市科立汽车电器有限公司 ……… 423
百丰(中国)电子科技有限公司 ……… 423
广州今仙电机工业有限公司 ………… 424
广东海德世拉索系统有限公司 ……… 425
深圳市精臻达实业有限公司 ………… 426
深圳市著牌实业有限公司 …………… 426
广东三井汽车配件有限公司 ………… 426
广州市雄峰汽车电子厂 ……………… 673
广州市昊业电子科技有限公司 ……… 674
广东所罗门实业有限公司 …………… 678
中山鑫洋物联网科技有限公司 ……… 680
重庆华达汽车配件制造有限公司 …… 213
重庆博泽汽车部件有限公司 ………… 430
重庆海德世拉索系统(集团)有限公司 … 538
四川富士电机有限公司 ……………… 431
四川凯达机电制造有限公司 ………… 540
贵阳万江航空机电有限公司 ………… 432

◉ 座椅及其配件

北京海纳川汽车部件股份有限公司 … 363
长春一汽富晟集团有限公司 ………… 238
延锋汽车饰件系统有限公司 ………… 375
浙江龙生汽车部件股份有限公司 …… 398
北京韩一汽车饰件有限公司 ………… 364
北京海纳川汽车部件公司北京分公司 … 364
北京北方旅居车辆有限公司 ………… 364
延锋海纳川(北京)汽车饰件系统公司 … 364
北京江森汽车部件有限公司 ………… 364
北京李尔岱摩斯汽车系统有限公司 … 365
北京光华荣昌汽车零部件(集团)公司 … 365
北京北汽李尔汽车系统有限公司 …… 435
天津华丰汽车装饰有限公司 ………… 366
格拉默车辆内饰(天津)有限公司 …… 367
天津丰爱汽车座椅部件有限公司 …… 367
天津英泰汽车饰件有限公司 ………… 367
黄骅市渤海汽车摩托车配件有限公司 … 368
廊坊全兴希尔思交通器材有限公司 … 369
廊坊华安汽车装备有限公司 ………… 369
廊坊中德汽车座椅制造有限公司 …… 369
威意特汽车系统(中国)有限公司 …… 369
保定延锋江森汽车座椅有限公司 …… 369
黄骅市长生汽车灯镜有限公司 ……… 441
沈阳李尔汽车座椅内饰系统有限公司 … 370
丹东黄海汽车配件制造有限责任公司 … 370
丹东市黄海汽车内饰件制造有限公司 … 371
东港市聚丰汽车缓冲器座椅有限公司 … 371
沈阳保丽洁美车有限公司 …………… 660

长春一汽富维汽车零部件股份公司 … 371
富维－江森自控汽车饰件系统公司 … 372
旭阳·富维－江森座椅骨架有限公司 … 372
李尔长春汽车内饰件系统有限公司 … 372
长春博泽汽车部件有限公司 ………… 372
长春旭阳工业(集团)股份有限公司 … 373
长春佛吉亚旭阳汽车座椅有限公司 … 373
长春市夸克普精汽车电子有限公司 … 447
哈尔滨松花江汽车内饰件有限公司 … 374
上海浦南消防器材有限公司 ………… 134
上海方科汽车部件有限公司 ………… 244
上海镁镁合金压铸有限公司 ………… 247
上海交运股份公司汽车零部件分公司 … 374
上海丰田纺汽车零部件有限公司 …… 375
上海胜僖汽车配件有限公司 ………… 376
西德科东昌汽车座椅技术有限公司 … 376
上海岱美汽车内饰件有限公司 ……… 377
延锋伟世通金桥汽车饰件系统公司 … 377
上海泰晔汽车座椅有限公司 ………… 377
上海李尔汽车内饰件有限公司 ……… 378
上海延锋江森座椅有限公司 ………… 378
上海申驰实业有限公司 …………… 378
上海耀华大中新材料有限公司 ……… 380
上海交运汽车精密冲压件有限公司 … 380
恺博(上海)车辆座椅技术有限公司 … 381
佛吉亚(上海)汽车部件系统有限公司 … 381
上海博泽汽车部件有限公司 ………… 381
延锋伟世通(上海)汽车系统有限公司 … 381
上海华特汽车配件有限公司 ………… 382
浙江胜华波汽车电器上海分公司 …… 454
上海共康冲压件有限公司 ………… 568
上海瀚氏模具成型有限公司 ………… 693
南京延锋江森座椅有限公司 ………… 383
江苏畅通车业集团有限公司 ………… 383
江苏秦龙车灯有限公司 …………… 384
江苏德翔聚氨酯塑胶有限公司 ……… 385
常州昊邦汽车零部件有限公司 ……… 387
常州市俊丰兰天车业有限公司 ……… 388
常州华阳汽车附件有限公司 ………… 388
江苏先昌电能部件有限公司 ………… 389
常州市鹏通车辆部件有限公司 ……… 390
江苏力乐汽车部件股份有限公司 …… 392
佛吉亚(无锡)座椅部件有限公司 …… 392
金坛市金鹏汽车座椅有限公司 ……… 392
无锡华光汽车部件集团有限公司 …… 393
无锡井上华光汽车部件有限公司 …… 393
江阴市华士汽车座椅有限公司 ……… 393
江苏裕华汽车零部件有限公司 ……… 393
无锡澄昌座椅有限公司 …………… 394
苏州红荔汽车零部件有限公司 ……… 394
张家港孚冈汽车部件有限公司 ……… 395
苏州工业园区雅式汽车零部件公司 … 395
扬州市欣辉汽车附件有限公司 ……… 396
扬州中基机电有限公司 …………… 396
扬州天元座椅有限公司 …………… 397
江苏奇一科技有限公司 …………… 574
无锡鹏德汽车配件有限公司 ………… 581
扬州奥凯汽车用品有限公司 ………… 663
浙江方向汽车零部件有限公司 ……… 279
湖州埭溪振华工贸有限公司 ………… 398
嘉兴大友汽车座椅有限公司 ………… 399
宁波新露聚氨酯实业有限公司 ……… 400
宁波市翔龙金属制品有限公司 ……… 400
宁波明望汽车饰件有限公司 ………… 400
浙江吉俱泰汽车内饰有限公司 ……… 400
宁波出口加工区提爱思泉盟内饰公司 … 402
宁波继峰汽车零部件有限公司 ……… 402
浙江天成自控股份有限公司 ………… 402
浙江俱进汽摩配件有限公司 ………… 403
温州宝尔特汽车部件有限公司 ……… 408
温州林泰汽车配件有限公司 ………… 410
平阳龙德汽车配件有限公司 ………… 410
浙江科锋汽车电器有限公司 ………… 411
宁波史丹利汽车部件有限公司 ……… 479
宁波凯尔汽车电器有限公司 ………… 482
胜华波集团有限公司 ……………… 500
浙江利丰汽车用品有限公司 ………… 667
浙江省三门县茂盛交通器材有限公司 … 667
合肥华瑞汽车零部件有限公司 ……… 411
合肥云鹤江森汽车座椅有限公司 …… 411
合肥客车附件有限公司 …………… 411
合肥凌江汽车座椅有限公司 ………… 411
镁联镁业科技(芜湖)有限公司 ……… 617
福安市德普电器有限公司 ………… 182
福州联泓交通器材有限公司 ………… 413
福州泰昌汽车座椅开发有限公司 …… 413
格拉默座椅(厦门)有限公司 ………… 414
厦门金龙汽车座椅有限公司 ………… 414
福建省晋江市恒利塑料有限公司 …… 415
江西协中车用材料制造有限公司 …… 415
江铃汽车集团公司车厢内饰件厂 …… 415
景德镇市通福实业有限公司 ………… 415
江西景航航空锻铸有限公司 ………… 625
青岛金泽嘉工贸有限公司 ………… 193
青岛金盛集团有限公司 …………… 325
山东三岭汽车内饰有限公司 ………… 416
烟台正海汽车内饰件有限公司 ……… 416
山东只楚民营科技园股份有限公司 … 417
山东康泰实业有限公司 …………… 417
佛吉亚(青岛)排气系统有限公司 …… 418
青岛吉尔希移动控制配件有限公司 … 418
郑州精益达汽车零部件有限公司 …… 328
郑州东风李尔泰新汽车座椅有限公司 … 418
郑州市金根汽车零部件有限公司 …… 418
郑州泰新汽车内饰件有限公司 ……… 418
洛阳雅程科贸有限公司 …………… 419
东风(十堰)车身部件有限责任公司 … 339
武汉李尔云鹤汽车内饰系统有限公司 … 419
佛吉亚全兴(武汉)汽车座椅有限公司 … 419
武汉総和汽车零部件有限公司 ……… 420
武汉泰极江森汽车座椅有限公司 …… 420
武汉东环车身系统有限公司 ………… 420
武汉万兴汽车零配件制造有限公司 … 420
武汉兴桥高分子材料有限公司 ……… 420
武汉提爱思全兴汽车零部件有限公司 … 420
佛吉亚(武汉)汽车座椅有限公司 …… 420
武汉博泽汽车部件有限公司 ………… 420
湖北中航精机科技股份有限公司 …… 421
中国人民解放军第3303工厂 ………… 421
湖北超洁汽车用品有限公司 ………… 671
湖南长丰汽车零部件有限责任公司 … 202
湖南长丰汽车沙发有限责任公司 …… 423
爱信精机(佛山)汽车零部件有限公司 … 208
佛吉亚(广州)汽车部件系统有限公司 … 424
广州富士机工汽车部件有限公司 …… 424
广州汽车集团零部件有限公司 ……… 424
广州今仙电机工业有限公司 ………… 424
广州泰李汽车座椅有限公司 ………… 425
广州提爱思汽车内饰系统有限公司 … 425
广州市吉中汽车装饰有限公司 ……… 426
广州樱泰汽车饰件有限公司 ………… 426
丰爱(广州)汽车座椅部件有限公司 … 426
广州市丽驰汽车座椅有限公司 ……… 427
爱信精机(佛山)车身零部件有限公司 … 427
东莞茂森金属冲压有限公司 ………… 427
开平春明汽车座椅有限公司 ………… 428
中山实化成塑料有限公司 ………… 428
广州卫亚汽车零部件有限公司 ……… 644
广州华德汽车弹簧有限公司 ………… 645
广州市奔创电子科技有限公司 ……… 675
中兴汽车用品有限公司 …………… 679
桂林纯正工业有限公司 …………… 428
柳州奥源汽车零部件有限公司 ……… 429
柳州市汽车座椅有限公司 ………… 429
重庆华达汽车配件制造有限公司 …… 213
重庆博奥铝镁金属制造有限公司 …… 353
佛吉亚(长春)汽车部件系统重庆公司 … 430
延锋伟世通(重庆)汽车饰件系统公司 … 430
重庆博泽汽车部件有限公司 ………… 430
重庆天人汽车车身制造有限公司 …… 430
重庆李尔长安汽车内饰件有限公司 … 431
重庆延锋江森汽车部件系统有限公司 … 431
重庆长安民生物流股份有限公司 …… 727
成都蓝天实业总公司 ……………… 431
成都丰田纺汽车部件有限公司 ……… 431
三井华阳汽车配件有限公司 ………… 432
西安伊思灵华泰汽车座椅有限公司 … 432

◉ 安全带、安全气囊

北京海纳川汽车部件股份有限公司 … 363
延锋汽车饰件系统有限公司 ………… 375
郎溪飞马工业织品有限公司 ………… 413
北京世进汽车部件有限公司 ………… 364
北京现代摩比斯汽车配件有限公司 … 365
天津市益中汽车安全带厂 ………… 365
高田(天津)汽配制造有限公司 ……… 367
现代高新电子(天津)有限公司 ……… 439
天津关电电子有限公司 …………… 439
清河县京津胶管有限公司 ………… 121
东方久乐汽车安全气囊有限公司 …… 367
泊头市华兴汽车部件有限责任公司 … 368
山西文正卓越汽车电喷装置有限公司 … 124
锦州锦恒汽车安全系统有限公司 …… 371
锦州市凌河缸垫有限公司 ………… 559
天合富奥汽车安全系统(长春)公司 … 238
长春奥托立夫汽车安全系统有限公司 … 372
延锋百利得(上海)汽车安全系统公司 … 244
上海申达股份有限公司 …………… 375
上海天合汽车安全系统有限公司 …… 375
上海东方久乐汽车安全气囊有限公司 … 377
上海申驰实业有限公司 …………… 378
上海现代摩比斯汽车零部件有限公司 … 380

高田(上海)汽配制造有限公司 ……… 380
上海奥托立夫汽车安全系统有限公司 … 382
丰田合成(张家港)科技有限公司 …… 256
中航工业宏光空降装备有限公司 …… 382
南京台兴汽车零部件制造有限公司 … 383
江苏新达能机械有限公司 …………… 383
常州市鹏通车辆部件有限公司 ……… 390
常州市东晨车辆部件有限公司 ……… 390
常州博万达汽车安全设备有限公司 … 392
无锡理昌科技有限公司 ……………… 392
江苏九久交通设施有限公司 ………… 392
无锡明芳汽车部件工业有限公司 …… 393
苏州红荔汽车零部件有限公司 ……… 394
江苏中翼汽车新材料科技有限公司 … 395
昆山佳利亚汽车零部件有限公司 …… 395
伟盈精密模具(无锡)有限公司 …… 700
高田(长兴)汽车安全装置有限公司 … 268
浙江万里安全器材有限公司 ………… 406
瑞安市华欧织带有限公司 …………… 407
瑞安市张氏机车部件有限公司 ……… 410
乐清市金星汽车安全带有限公司 …… 411
浙江奥派克汽车配件有限公司 ……… 494
宁波市鄞州融彩汽车用品有限公司 … 665
福建省霞浦华威机电有限公司 ……… 182
厦门万迪汽车配件有限公司 ………… 306
泉州国胜汽车部件实业有限公司 …… 415
中国直升机设计研究所汽车安全设备厂 … 415
武汉富拉司特汽车零部件有限公司 … 333
襄樊航天化学动力总公司 …………… 639
中山富拉司特工业有限公司 ………… 349
广州奥托立夫汽车安全系统有限公司 … 425
广州樱泰汽车饰件有限公司 ………… 426
广州市乐业永丰企业有限公司 ……… 671
重庆光大产业有限公司 ……………… 212
艾尔希庆华(西安)汽车有限公司 …… 432

◉ 汽车玻璃

福耀集团北京福通安全玻璃有限公司 … 364
天津日板安全玻璃有限公司 ………… 366
天津耀皮玻璃有限公司 ……………… 366
爱信(天津)车身零部件有限公司 …… 367
天津三联工业技术玻璃有限责任公司 … 367
信义玻璃(天津)有限公司 ………… 367
河北通用玻璃工业有限公司 ………… 367
北戴河渤海安全玻璃有限公司 ……… 369
河北万龙密封科技有限公司 ………… 552
旭硝子特种玻璃(大连)有限公司 …… 370
福耀集团长春有限公司 ……………… 372
福耀(长春)巴士玻璃有限公司 …… 373
圣戈班安全玻璃(上海)有限公司 …… 374
上海耀华皮尔金顿玻璃股份有限公司 … 375
圣戈班韩格拉斯世固锐特玻璃上海公司 … 375
上海耀皮康桥汽车玻璃有限公司 …… 378
福耀集团(上海)汽车玻璃有限公司 … 381
上海福耀客车玻璃有限公司 ………… 382
常州长江玻璃有限公司 ……………… 388
常州市鸿协安全玻璃有限公司 ……… 388
常州市爱尔法车业有限公司 ………… 390
江苏常州正力制镜有限公司 ………… 390
常州市东亚玻璃厂 …………………… 391
旭硝子特种玻璃(苏州)有限公司 …… 394
张家港市牡丹汽车附件有限公司 …… 396
江苏铁锚玻璃股份有限公司 ………… 397
信义汽车部件(芜湖)有限公司 …… 412
福耀玻璃工业集团股份有限公司 …… 414
福耀(福建)巴士玻璃有限公司 …… 414
福建省万达汽车玻璃工业有限公司 … 414
文登市明池安全玻璃有限公司 ……… 417
郑州精益达汽车零部件有限公司 …… 328
许昌环宇安全玻璃有限公司 ………… 419
武汉耀华安全玻璃有限公司 ………… 420
十堰冠达汽车零部件有限公司 ……… 421
湖北万众(集团)股份有限公司 …… 421
福耀玻璃(湖北)有限公司 ………… 422
广州福耀玻璃有限公司 ……………… 425
珠海华尚汽车玻璃工业有限公司 …… 426
信义玻璃控股有限公司 ……………… 427
旭硝子汽车玻璃(佛山)有限公司 …… 427
东莞景大汽车玻璃有限公司 ………… 427
佛山顺德伦教汽车安全玻璃有限公司 … 428
柳州艾特吉安全玻璃股份有限公司 … 429
福耀玻璃(重庆)有限公司 ………… 430

◉ 刮水器、洗涤器及其配件

山东美晨科技股份有限公司 ………… 629
北京奥特易电子科技有限责任公司 … 434
沧州三星微特电机有限责任公司 …… 368
公主岭中大股份有限公司 …………… 241
吉林省恒辉集团有限公司 …………… 373
长春一汽延锋伟世通电子有限公司 … 446
哈尔滨东安机电制造有限责任公司 … 448
上海合众工贸实业公司 ……………… 137
上海东兴旺汽车配件有限公司 ……… 138
上海法雷奥汽车电机雨刮系统公司 … 376
上海侨宝机械厂 ……………………… 376
上海雨宝实业有限公司 ……………… 378
上海中欧汽车零部件有限公司 ……… 380
上海万江汽车零部件有限公司 ……… 382
上海赛露达汽车部件有限公司 ……… 452
浙江胜华波汽车电器上海分公司 …… 454
丹阳吉盛汽车零部件有限公司 ……… 384
丹阳镇威汽配有限公司 ……………… 385
特瑞科汽车系统(苏州)有限公司 …… 395
江苏超力电器有限公司 ……………… 457
慈溪市华表机械有限公司 …………… 155
瑞安市新跃汽配有限公司 …………… 167
浙江瑞峰汽车零部件有限公司 ……… 167
瑞安市日正汽车部件有限公司 ……… 169
瑞安市丰华汽车电器有限公司 ……… 170
浙江鸿锐汽配股份有限公司 ………… 173
浙江省银星汽车配件有限公司 ……… 295
杭州钱江汽配电器有限公司 ………… 398
宁波江北德工汽车零部件有限公司 … 399
宁波市江北东保汽车电器有限公司 … 399
宁波市汉德汽车配件有限公司 ……… 399
宁波市阳光交通器材有限公司 ……… 400
宁波爱多汽车雨刷制造有限公司 …… 400
浙江图腾汽车用品制造有限公司 …… 402
温岭市寰宇汽车配件有限公司 ……… 402
温岭市永杭汽车配件有限公司 ……… 402
浙江真奇汽车零部件有限公司 ……… 403
台州法雷奥温岭汽车零部件有限公司 … 403
浙江国雨汽车零部件有限公司 ……… 403
中欧汽车电器有限公司 ……………… 406
瑞安市胜凯汽车配件厂 ……………… 407
南通超盾机电科技有限公司 ………… 407
温州安祥汽车零件有限公司 ………… 407
瑞安市佳福汽车电机有限公司 ……… 407
瑞安市友谊汽车雨刷有限公司 ……… 408
瑞安市明程机车部件有限公司 ……… 408
瑞安市中星机械有限公司 …………… 408
瑞安市风驰轿车配件有限公司 ……… 408
瑞安市雷迪森汽车部件有限公司 …… 408
瑞安市欧田汽车零部件有限公司 …… 409
温州明亮汽车零部件有限公司 ……… 409
浙江望德远机车部件有限公司 ……… 409
浙江开拓汽车电器有限公司 ………… 409
浙江瑞安市罗南车辆电器厂 ………… 409
瑞安市洛特斯汽配有限公司 ………… 409
浙江雷力汽车零部件有限公司 ……… 410
瑞安市众品汽车配件制造有限公司 … 410
温州贝特机电实业有限公司 ………… 410
平阳龙德汽车配件有限公司 ………… 410
浙江万德远机车部件有限公司 ……… 410
瑞安雨鑫汽车零部件有限公司 ……… 410
浙江白象汽车附件有限公司 ………… 411
浙江科锋汽车电器有限公司 ………… 411
杭州南华汽车配件有限公司 ………… 475
宁波永驰微型泵业有限公司 ………… 478
宁波市镇海正时汽车零部件有限公司 … 480
温岭大发微电机有限公司 …………… 485
台州通达机电有限公司 ……………… 485
温州强邦汽车配件有限公司 ………… 490
浙江高鹏汽车电器有限公司 ………… 490
瑞安市亚星汽车配件有限公司 ……… 491
瑞安市马丁西汽摩部件有限公司 …… 494
浙江晶钻电子科技有限公司 ………… 494
瑞安市塘下环球汽车配件厂 ………… 494
瑞安市戴立汽车电器有限公司 ……… 494
瑞安市瑞日汽车电器有限公司 ……… 495
瑞安市源圣汽车电器有限公司 ……… 496
浙江创佳汽车部件有限公司 ………… 496
瑞安市长征汽车电器厂 ……………… 497
浙江省瑞安市韩田汽车电器厂 ……… 497
瑞安市东瓯汽车电器有限公司 ……… 498
瑞安市建利佳汽车部件有限公司 …… 498
浙江亚伯兰电器有限公司 …………… 498
瑞安市豪王汽车零部件有限公司 …… 498
温州盛诺汽车电器有限公司 ………… 499
胜华波集团有限公司 ………………… 500
浙江台兴汽车部件有限公司 ………… 500
浙江瑞鹏汽车电器有限公司 ………… 501
平阳纯德汽车配件有限公司 ………… 502
温州沪宏汽车电器有限公司 ………… 502
温州市年格汽车配件有限公司 ……… 502
温州凯特汽车用品制造厂 …………… 669
瑞安市瑞博机械有限公司 …………… 711
合肥汇通汽车零部件有限公司 ……… 412
合肥创佳汽车电器有限公司 ………… 505
雄顺交通器材(厦门)有限公司 …… 414
美途汽配实业(厦门)有限公司 …… 414

厦门富可汽车配件有限公司 ………… 414
厦门福来德汽配有限公司 ………… 415
厦门市欧声电子科技有限公司 ……… 509
都昌县安达汽车零部件有限公司 …… 415
九江亚达实业有限公司 ………… 415
山东布瑞克斯汽车零部件有限公司 … 185
青岛国人机械有限公司 ………… 324
青岛统帅车辆配件(集装箱液袋)公司 … 418
东洋机电(中国)有限公司 ………… 514
武城县德兴橡塑制品有限公司 ……… 627
湖北万向汽车零部件有限公司 ……… 336
三叶士林电机(武汉)有限公司 ……… 517
武汉汉升汽车传感系统有限责任公司 … 519
襄樊仪元汽车电子有限公司 ………… 520
湖北天运汽车电器系统有限公司 …… 521
博世汽车部件(长沙)有限公司 ……… 521
东莞市斯创格滤清器有限公司 ……… 205
广州市科立汽车电器有限公司 ……… 423
广州三叶电机有限公司 ………… 424
惠州市开廓汽配有限公司 ………… 426
阿斯莫(广州)微电机有限公司 ……… 426
东莞山多力汽车配件有限公司 ……… 427
广州金科汽车用品制造有限公司 …… 672
广州开尔汽车用品有限公司 ………… 672
维克多精密工业(深圳)有限公司 …… 722
四川富士电机有限公司 ………… 431
成都华川电装有限责任公司 ………… 539
贵州华烽电器有限公司 ………… 432
贵阳万江航空机电有限公司 ………… 432
西安庆安电气控制有限责任公司 …… 432

◉ 汽车镜

北京多宾城建筑机械有限公司 ……… 365
北京光华荣昌汽车零部件(集团)公司 … 365
北京兴科迪科技有限公司 ………… 434
任丘市第一汽车灯镜厂 ………… 368
黄骅市长生汽车灯镜有限公司 ……… 441
吉林一汽实业东光汽车镜有限公司 … 371
长春市夸克普精汽车电子有限公司 … 447
上海胜僖汽车配件有限公司 ………… 376
麦格纳唐纳利(上海)汽车科技公司 … 377
上海辉碟车镜有限公司 ………… 379
上海吕巷汽车零部件有限公司 ……… 379
上海梅克朗汽车镜有限公司 ………… 379
上海霍费贝特汽车部件有限公司 …… 379
上海中鹏车视镜有限公司 ………… 379
麦格纳唐纳利(上海)汽车系统公司 … 379
上海博迩森汽车配件有限公司 ……… 379
上海盈田汽车零部件有限公司 ……… 379
上海畅力工贸有限公司 ………… 382
上海申视汽车新技术有限公司 ……… 382
上海协博精密模具有限公司 ………… 692
南京台兴汽车零部件制造有限公司 … 383
江苏秦龙车灯有限公司 ………… 384
镇江市宇鹏车业有限公司 ………… 384
江苏锐光车业有限公司 ………… 384
丹阳市云鹏车辆配件厂 ………… 385
丹阳市恒诺汽配有限公司 ………… 385
丹阳市北奔汽车附件厂 ………… 385
丹阳市鼎新塑件有限公司 ………… 385
丹阳市辉达塑件有限公司 ………… 385
丹阳宝意实业有限公司 ………… 385
丹阳市日昌汽配有限公司 ………… 386
丹阳胜洲汽车部件有限公司 ………… 386
江苏海狮汽车部件有限公司 ………… 386
丹阳市兴达镜业有限公司 ………… 386
丹阳市坤华汽配有限公司 ………… 386
江苏丹阳市东兴汽配有限公司 ……… 386
江苏天和汽配有限公司 ………… 386
丹阳市新华隆汽配有限公司 ………… 387
常州市小河特种镜杆厂 ………… 387
常州卡威特车辆部件厂 ………… 387
江苏省丹阳市东兴汽配有限公司 …… 387
常州海拓汽车部件有限公司 ………… 388
常州市希锐车辆部件厂 ………… 389
常州九鼎车业有限公司 ………… 389
常州市明宇交通器材有限公司 ……… 389
常州市鹏源塑业有限公司 ………… 389
常州市联顺车辆配件厂 ………… 389
常州汇凯汽车系统有限公司 ………… 389
常州市良宇车辆配件厂 ………… 389
常州市鹏通车辆部件有限公司 ……… 390
常州市瑞悦车业有限公司 ………… 390
常州永庆车辆配件有限公司 ………… 390
江苏常州正力制镜有限公司 ………… 390
常州市东晨车辆部件有限公司 ……… 390
常州美高塑件有限公司 ………… 390
常州市长明塑料配件有限公司 ……… 391
常州市郭氏车辆配件有限公司 ……… 391
常州市鑫跃灯业有限公司 ………… 391
常州市沿江车辆配件厂 ………… 391
常州市飞拓模塑有限公司 ………… 391
常州飞华车辆部件有限公司 ………… 391
常州市凯凌车配有限公司 ………… 391
无锡光生科技有限公司 ………… 392
荣理研(无锡)科技有限公司 ……… 392
无锡市锡春汽车部件有限公司 ……… 392
丹阳威菱汽车部件有限公司 ………… 458
丹阳市东港灯具有限公司 ………… 458
江苏天聚灯业有限公司 ………… 458
丹阳格铃汽配有限公司 ………… 459
丹阳市镇红汽车灯具有限公司 ……… 459
丹阳市通用车灯厂 ………… 459
常州佳得利车辆部件有限公司 ……… 462
常州永益车业有限公司 ………… 462
常州良盛车业有限公司 ………… 463
常州市五一灯具有限公司 ………… 463
常州市巨峰车灯厂 ………… 463
常州市乐业车灯厂 ………… 463
常州市黄河车灯有限公司 ………… 463
丹阳市富奥模塑有限公司 ………… 574
常州市鹏翔汽车装饰件厂 ………… 662
伟盈精密模具(无锡)有限公司 ……… 700
温州振瑞汽车配件有限公司 ………… 165
嘉兴村上石崎汽车配件有限公司 …… 399
宁波飞翔兴业汽配有限公司 ………… 399
慈溪市振惠转向器后视镜有限公司 … 401
宁波裕民机械工业有限公司 ………… 402
浙江亨达塑料模具有限公司 ………… 403
浙江俏宇机车部件有限公司 ………… 404
温州市汽车附件二厂 ………… 405
浙江银宏汽摩附件有限公司 ………… 406
瑞安市神博汽车电器有限公司 ……… 406
浙江兆翔车业股份有限公司 ………… 406
瑞安市光得明交通电器有限公司 …… 406
温州兴瑞驾驶室部件有限公司 ……… 407
瑞安市联众汽车零部件有限公司 …… 407
瑞安美力华车镜有限公司 ………… 408
宁波精成车业有限公司 ………… 479
浙江洪明汽车零部件有限公司 ……… 496
浙江省瑞安市韩田汽车电器厂 ……… 497
宁波舜威汽车用品有限公司 ………… 666
浙江睿泰汽车零部件有限公司 ……… 668
合肥华瑞汽车零部件有限公司 ……… 411
厦门健秀镜业有限公司 ………… 414
厦门金龙橡塑制品有限公司 ………… 414
同致电子科技(厦门)有限公司 ……… 670
江铃集团梅克朗汽车后视镜有限公司 … 415
山东银座海亚科技有限公司 ………… 416
济南润友模塑有限公司 ………… 416
山东黑山玻璃集团 ………… 416
山东鲁得贝车灯股份有限公司 ……… 512
焦作平光开元汽车部件有限公司 …… 419
河南平原光电有限公司 ………… 419
东风(十堰)林泓汽车配套件有限公司 … 421
十堰冠达汽车零部件有限公司 ……… 421
东风实业公司喷涂冲压件分公司 …… 640
株洲湘火炬汽车灯具有限责任公司 … 522
广州枝华后视镜制造有限公司 ……… 424
中山市耀华汽车部件实业有限公司 … 428
江门市宏力后视镜实业有限公司 …… 428
中山火炬开发区嘉映制镜厂 ………… 428
广东多纳勒振华汽车系统有限公司 … 428
广州维高集团有限公司 ………… 523
广州兴辉五金有限公司 ………… 524
佛山市顺德区恒域电机实业有限公司 … 535
千代达电子制造(中山)有限公司 …… 651
深圳市威特宝科技发展有限公司 …… 677
佛山市顺德区赛威实业有限公司 …… 679
重庆祥盛实业发展有限公司 ………… 536
成都嘉陵华西光学精密机械有限公司 … 216

◉ 其他车身附件(空气支撑、门泵等)

北京凡士通空气弹簧有限公司 ……… 363
北京市正和工贸有限公司 ………… 363
埃贝赫汽车技术(北京)有限公司 …… 363
北京吉信气弹簧制品有限公司 ……… 364
北京第三纺织机械有限公司 ………… 365
北京北方凌云悬置系统科技有限公司 … 365
高丘六和(天津)工业有限公司 ……… 118
天津市恒特气弹簧有限公司 ………… 366
河北拓达车门有限公司 ………… 367
新南风加热制冷(沧州)有限公司 …… 368
霸州市汇行塑胶制品有限公司 ……… 369
河北江津五金制品有限公司 ………… 441
黄骅市交通汽车配件有限公司 ……… 554
长春一汽四环集团有限公司 ………… 129
上海宏昌汽配有限公司 ………… 378
上海湘俊气弹簧有限公司 ………… 380

上海昭和汽车配件有限公司 ………… 380
上海曙新汽车配件有限公司 ………… 380
上海万江汽车零部件有限公司 ……… 382
上海震飞汽车零部件有限公司 ……… 382
韩华综化(上海)塑料有限公司 ……… 382
常州协力汽车零部件有限公司 ……… 250
东台市黄海汽车配件厂 ……………… 257
洪泽县汽车半轴制造有限公司 ……… 257
金湖县通达客车门业有限公司 ……… 383
常州气弹簧有限公司 ………………… 392
昆山金发液压机械有限公司 ………… 395
江苏精达车辆附件制造有限公司 …… 396
泰州市高港区鸿运汽车配件厂 ……… 397
泰州市飞达气动液压件厂 …………… 397
南京宏光汽车附件有限公司 ………… 572
瑞安市景鸿汽车部件有限公司 ……… 172
浙江路得坦摩悬架系统有限公司 …… 269
浙江建环机械有限公司 ……………… 284
浙江德明汽车部件有限公司 ………… 293
浙江欧力达液压机械有限公司 ……… 398
奉化市仁龙机械有限公司 …………… 401
宁波力品格工业机械有限公司 ……… 401
玉环县易利鸿机械厂 ………………… 403
瑞安市大林机车零部件有限公司 …… 408
温州宝尔特汽车部件有限公司 ……… 408
平阳龙德汽车配件有限公司 ………… 410
浙江雷力汽车零部件有限公司 ……… 410
宁波奥华汽车配件有限公司 ………… 479
瑞安市亚星汽车配件有限公司 ……… 491
平阳纯德汽车配件有限公司 ………… 502
宁波市美亚达汽车部件制造有限公司 … 604
芜湖市中兴机械技术开发有限公司 … 178
鸿通汽车零部件(芜湖)有限公司 …… 412
厦门开发减震器有限公司 …………… 306
瑞昌市人民冲压有限公司 …………… 625
青岛四方车辆研究所有限公司 ……… 324
十堰市定红工贸有限公司 …………… 340
郧西县神风实业有限公司 …………… 342
株洲时代新材料科技股份有限公司 … 423
邵阳通达汽车零部件制造有限公司 … 423
广州市番禺盈力气弹簧制造有限公司 … 426
珠海鸥顿气弹簧厂 …………………… 426
柳州市华力汽车零部件有限公司 …… 429
重庆驰骋轻型汽车部件股份有限公司 … 353
隆昌山川精密焊管有限责任公司 …… 360

◉ 车门内板、顶棚

延锋汽车饰件系统有限公司 ………… 375
北京韩一汽车饰件有限公司 ………… 364
北京市福斯特汽车装饰件厂 ………… 364
北京中材汽车复合材料有限公司 …… 365
北京海纳川长鹏汽车部件有限公司 … 365
天津华丰汽车装饰有限公司 ………… 366
天津井上擭翔汽拆零部件有限公司 … 366
天津津信汽车塑料制品有限公司 …… 366
天津英泰汽车饰件有限公司 ………… 367
冀州市北内实业集团有限公司 ……… 368
晋州市安达汽车配件有限公司 ……… 550
辽阳金兴汽车内饰件有限公司 ……… 370
盟和(大连)汽车配件有限公司 ……… 370
丹东市黄海汽车内饰件制造有限公司 … 371
铁岭华晨橡塑制品有限公司 ………… 557
佛吉亚(长春)汽车部件系统有限公司 … 371
长春佛吉亚旭阳汽车内饰系统公司 … 371
长春华翔佛吉亚汽车塑料件有限公司 … 372
长春西博汽车塑料技术有限公司 …… 372
盈佳科技(长春)有限公司 …………… 372
富维－江森自控汽车饰件系统公司 … 372
长春英利汽车部件有限公司 ………… 373
长春旭阳工业(集团)股份有限公司 … 373
吉林省港德汽车内饰件制造有限公司 … 373
公主岭市华翔汽车内饰件有限公司 … 374
上海申达股份有限公司 ……………… 375
上海恩坦华汽车门系统有限公司 …… 375
上海天原集团胜德塑料有限公司 …… 375
吉尧汽车零配件(上海)有限公司 …… 376
上海李尔汽车内饰件有限公司 ……… 378
上海三盾汽车饰件有限公司 ………… 380
延锋伟世通(上海)汽车系统有限公司 … 381
上海泖峰汽车塑料有限公司 ………… 381
南京际华三五二一特种装备有限公司 … 382
南京丽德塑料有限责任公司 ………… 383
丹阳市豪星饰件有限公司 …………… 383
金湖县通达客车门业有限公司 ……… 383
江苏新昌汽车部件有限公司 ………… 384
丹阳市永昌车辆部件有限公司 ……… 384
江苏江龙科技发展有限公司 ………… 385
江苏明兴汽车部件有限公司 ………… 386
丹阳市日昌汽配有限公司 …………… 386
常州市亚丰汽车配件制造有限公司 … 388
常州市瑞悦车业有限公司 …………… 390
江阴协统汽车附件有限公司 ………… 394
江阴奥派联盛汽车部件有限公司 …… 394
凯毅德汽车系统(常熟)有限公司 …… 395
常熟市汽车饰件有限公司 …………… 395
苏州市万达汽车内饰件厂 …………… 395
昆山丰田纺汽车部件有限公司 ……… 395
台新纤维制品(苏州)有限公司 ……… 395
泰州劲松股份有限公司 ……………… 396
丹阳市伯良灯具厂 …………………… 459
丹阳市振兴车灯有限公司 …………… 459
常州佳得利车辆部件有限公司 ……… 462
江苏江洲汽车部件有限公司 ………… 574
镇江立达纤维工业有限责任公司 …… 574
常州威士顿有限公司 ………………… 575
常州市武进润丰塑料制品有限公司 … 578
江阴延利汽车饰件股份有限公司 …… 582
宁波井上华翔汽车零部件有限公司 … 399
宁波纽特汽车配件有限公司 ………… 402
温州光大汽配制造有限公司 ………… 411
宁波胜利汽配有限公司 ……………… 604
浙江凯华模具有限公司 ……………… 709
安徽金诚汽车装饰设计开发有限公司 … 412
芜湖幼狮东阳汽车塑料零部件公司 … 412
芜湖恒信汽车内饰制造有限公司 …… 412
华信博伟(安徽)车辆部件有限公司 … 413
温州市环球汽车衬垫公司芜湖分公司 … 413
安徽江山机械有限公司 ……………… 413
福州联泓交通器材有限公司 ………… 413
福州和胜汽车配件有限公司 ………… 413
江西协中车用材料制造有限公司 …… 415
烟台正海汽车内饰件有限公司 ……… 416
山东只楚民营科技臣股份有限公司 … 417
佛吉亚(青岛)排气系统有限公司 …… 418
山东旭日汽车饰件集团 ……………… 418
东风伟世通汽车饰件系统有限公司 … 419
武汉提爱思全兴汽车零部件有限公司 … 420
十堰冠达汽车零部件有限公司 ……… 421
东风伟世通(十堰)汽车饰件系统公司 … 422
湖南长丰汽车内装饰有限公司 ……… 671
广州广爱兴汽车零部件有限公司 …… 424
广州河西汽车内饰件有限公司 ……… 424
广州艾司克汽车内饰有限公司 ……… 424
广州汽车集团零部件有限公司 ……… 424
广州樱泰汽车饰件有限公司 ………… 426
柳州市方鑫汽车装饰件有限公司 …… 428
柳州远翅塑料有限公司 ……………… 429
重庆光能汽车配件有限公司 ………… 430
重庆安通林拓普车顶系统有限公司 … 430
重庆李尔长安汽车内饰件有限公司 … 431
成都丰田纺汽车部件有限公司 ……… 431

◉ 仪表板、保险杠

北方凌云工业集团有限公司 ………… 370
长春一汽富晟集团有限公司 ………… 238
延锋汽车饰件系统有限公司 ………… 375
东风电子科技股份有限公司 ………… 449
延锋海纳川(北京)汽车饰件系统公司 … 364
北京韩一汽车饰件有限公司 ………… 364
北京青云航空仪表有限公司 ………… 364
北京现代摩比斯汽车配件有限公司 … 365
北京中材汽车复合材料有限公司 …… 365
天津国华塑胶有限公司 ……………… 366
天津井上擭翔汽拆零部件有限公司 … 366
天津津信汽车塑料制品有限公司 …… 366
天津模雅汽车配件有限公司 ………… 366
天津丰星电子有限公司 ……………… 367
沧州市鑫业汽车配件有限公司 ……… 227
香河港龙汽车配件制造有限公司 …… 230
冀州市北内实业集团有限公司 ……… 368
沈阳李尔汽车座椅内饰系统有限公司 … 370
沈阳福达汽车零部件有限公司 ……… 370
辽阳金兴汽车内饰件有限公司 ……… 370
丹东黄海汽车配件制造有限责任公司 … 370
丹东市黄海汽车内饰件制造有限公司 … 371
辽阳康达塑胶树脂有限公司 ………… 557
铁岭华晨橡塑制品有限公司 ………… 557
一汽富维东阳汽车塑料零部件公司 … 371
佛吉亚(长春)汽车部件系统有限公司 … 371
长春佛吉亚旭阳汽车内饰系统公司 … 371
长春力得汽车工程塑料制品有限公司 … 372
富维－江森自控汽车饰件系统公司 … 372
旭阳·富维－江森座椅骨架有限公司 … 372
长春华翔佛吉亚汽车塑料件有限公司 … 372
吉林新立德部件有限公司 …………… 373
长春英利汽车部件有限公司 ………… 373
吉林市易成汽车附件有限公司 ……… 373
吉林省东风化工有限责任公司 ……… 373
哈尔滨金溢科技有限公司 …………… 448
上海天原集团胜德塑料有限公司 …… 375
延锋伟世通金桥汽车饰件系统公司 … 377

上海戈吕克机械制造有限公司 ········ 378
上海东兴科技有限公司 ················ 379
上海霍费贝特汽车部件有限公司 ······ 379
上海依赛工业有限公司 ················ 379
上海和达汽车配件有限公司 ·········· 380
上海三盾汽车饰件有限公司 ·········· 380
上海鑫毅交通工业有限公司 ·········· 380
上海耀华大中新材料有限公司 ········ 380
上海泖峰汽车塑料有限公司 ·········· 381
延锋彼欧汽车外饰系统有限公司 ······ 381
延锋伟世通(上海)汽车系统有限公司 ··· 381
上海瀚氏模具成型有限公司 ·········· 693
南京际华三五二一特种装备有限公司 ··· 382
南京台兴汽车零部件制造有限公司 ··· 383
南京丽德塑料有限责任公司 ·········· 383
扬中市丰华塑电有限公司 ············ 383
丹阳市永昌车辆部件有限公司 ········ 384
江苏天洋集团有限公司 ················ 384
江苏秦龙车灯有限公司 ················ 384
江苏新昌汽车部件有限公司 ·········· 384
丹阳金城配件有限公司 ················ 384
丹阳市鼎新塑件有限公司 ············ 385
丹阳市北奔汽车附件厂 ·············· 385
丹阳市惠风车辆配件厂 ·············· 385
丹阳市云鹏车辆配件厂 ·············· 385
江苏江龙科技发展有限公司 ·········· 385
丹阳市辉达塑件有限公司 ············ 385
丹阳市恒诺汽配有限公司 ············ 385
丹阳市界牌镇浩鑫汽车塑件厂 ········ 386
丹阳市民康汽车内饰件有限公司 ······ 386
江苏明兴汽车部件有限公司 ·········· 386
江苏海狮汽车部件有限公司 ·········· 386
丹阳市坤华汽配有限公司 ············ 386
丹阳市汽车配件五厂 ················ 386
丹阳胜洲汽车部件有限公司 ·········· 386
丹阳市日昌汽配有限公司 ············ 386
江苏省丹阳市东兴汽配有限公司 ······ 387
常州市峰日车辆配件有限公司 ········ 387
丹阳市新华隆汽配有限公司 ·········· 387
常州市亚丰汽车配件制造有限公司 ··· 388
常州市华光中奇车辆部件有限公司 ··· 388
常州海拓汽车部件有限公司 ·········· 388
常州新泉汽车内饰件有限公司 ········ 388
常州市鹏源塑业有限公司 ············ 389
常州市银河明磊车辆配件厂 ·········· 389
常州市亚能车业有限公司 ············ 389
常州市希锐车辆部件厂 ·············· 389
常州九鼎车业有限公司 ·············· 389
常州东胜汽车饰件有限公司 ·········· 389
常州市联顺车辆配件厂 ·············· 389
常州市华龙灯具厂 ·················· 389
常州市瑞悦车业有限公司 ············ 390
常州市安江车辆部件厂 ·············· 390
常州美高塑件有限公司 ·············· 390
常州帝豪机车部件有限公司 ·········· 390
常州亨达车业部件有限公司 ·········· 390
常州市飞拓模塑有限公司 ············ 391
常州市长明塑料配件有限公司 ········ 391
常州市鑫跃灯业有限公司 ············ 391
常州市郭氏车辆配件有限公司 ········ 391
常州市发路利汽配有限公司 ·········· 391
常州特斯克精密注塑有限公司 ········ 392
江苏裕华汽车零部件有限公司 ········ 393
江南模塑科技股份有限公司 ·········· 394
江阴模塑集团有限公司 ·············· 394
江阴协统汽车附件有限公司 ·········· 394
江阴奥派联盛汽车部件有限公司 ······ 394
苏州市万达汽车内饰件厂 ············ 395
长亨汽配工业(昆山)有限公司 ········ 395
江苏摩比斯汽车零部件有限公司 ······ 396
泰州劲松股份有限公司 ·············· 396
江苏昌明车身制造有限公司 ·········· 397
江苏省宝应县润扬汽车配件厂 ········ 397
江苏上钺汽车部件有限公司 ·········· 457
江苏洪昌科技股份有限公司 ·········· 457
江苏申通汽车零部件有限公司 ········ 458
江苏天聚灯业有限公司 ·············· 458
江苏远洋车灯有限公司 ·············· 458
丹阳市东港灯具有限公司 ············ 458
丹阳威菱汽车部件有限公司 ·········· 458
江苏海德莱特汽车部件有限公司 ······ 459
丹阳格铃汽配有限公司 ·············· 459
丹阳市伯良灯具厂 ·················· 459
丹阳市振兴车灯有限公司 ············ 459
常州永益车业有限公司 ·············· 462
常州佳得利车辆部件有限公司 ········ 462
常州市太平洋电镀有限公司 ·········· 462
常州市黄河车灯有限公司 ············ 463
常州金亚灯具有限公司 ·············· 463
常州市五一灯具有限公司 ············ 463
常州市乐业车灯厂 ·················· 463
常州市巨峰车灯厂 ·················· 463
南京金三力橡塑有限公司 ············ 573
江苏江洲汽车部件有限公司 ·········· 574
常州市武进润丰塑料制品有限公司 ··· 578
无锡市巨龙塑化有限公司 ············ 580
常州市鹏翔汽车装饰件厂 ············ 662
伟盈精密模具(无锡)有限公司 ········ 700
万向集团公司 ······················ 261
杭州玛瑙机动车部件有限公司 ········ 262
浙江中宝实业控股股份有限公司 ······ 398
浙江远翅控股集团有限公司 ·········· 398
宁波纽特汽车配件有限公司 ·········· 402
浙江永峰塑业有限公司 ·············· 403
台州市黄岩济豪模具有限公司 ········ 403
台州市路桥区江南内燃机配件厂 ······ 404
温州光大汽配制造有限公司 ·········· 411
宁波德业科技集团有限公司 ·········· 708
宁波神通模塑有限公司 ·············· 708
浙江凯华模具有限公司 ·············· 709
浙江嘉仁模具有限公司 ·············· 711
芜湖市中兴机械技术开发有限公司 ··· 178
芜湖普威技研有限公司 ·············· 302
芜湖幼狮东阳汽车塑料零部件公司 ··· 412
合肥汇通汽车零部件有限公司 ········ 412
安徽金诚汽车装饰设计开发有限公司 ··· 412
合肥恒宇车辆部件有限公司 ·········· 412
芜湖恒信汽车内饰制造有限公司 ······ 412
安徽民生工贸集团有限公司 ·········· 413
泉州市双塔汽车零件有限公司 ········ 182
福州市华联汽车配件有限公司 ········ 413
江西行新汽车科技有限公司 ·········· 415
江西华昌科艺汽车零部件有限公司 ··· 415
江西景航航空锻铸有限公司 ·········· 625
德州赛特汽车配件有限责任公司 ······ 187
格瑞德集团 ························ 416
山东只楚民营科技园股份有限公司 ··· 417
烟台只楚名盛汽车饰件有限公司 ······ 417
山东旭日汽车饰件集团 ·············· 418
山东省博兴县开元车辆配件有限公司 ··· 513
郑州精益达汽车零部件有限公司 ······ 328
郑州市金根汽车零部件有限公司 ······ 418
东风(十堰)车身部件有限责任公司 ··· 339
东风伟世通汽车饰件系统有限公司 ··· 419
佛吉亚(武汉)汽车座椅有限公司 ······ 420
武汉汉联汽车配件有限公司 ·········· 420
武汉飞亚汽车工程塑料有限公司 ······ 420
十堰冠达汽车零部件有限公司 ········ 421
湖北双鸥汽车工程塑料(集团)公司 ··· 421
十堰祯兴汽车热交换器有限公司 ······ 422
东风伟世通(十堰)汽车饰件系统公司 ··· 422
长沙广汽东阳汽车零部件有限公司 ··· 422
东莞广泽汽车饰件有限公司 ·········· 427
丽声实业(东莞)有限公司 ············ 427
丰田合成(佛山)汽车部品有限公司 ··· 428
广东任我通汽车用品有限公司 ········ 679
维克多精密工业(深圳)有限公司 ······ 722
柳州市方鑫汽车装饰件有限公司 ······ 428
柳州远翅塑料有限公司 ·············· 429
重庆博奥铝镁金属制造有限公司 ······ 353
重庆市潼南大佛塑料厂 ·············· 431
重庆益鑫复合材料制品有限责任公司 ··· 431
成都国弘汽车内饰件有限责任公司 ··· 431
贵州华工工具注塑公司华昌分公司 ··· 432

◉ 其他车身装饰件

上海汽车地毯总厂有限公司 ·········· 379
建新赵氏集团有限公司 ·············· 603
北京利富高塑料制品有限公司 ········ 364
北京海纳川汽车部件公司北京分公司 ··· 364
北京中用汽车配件有限公司 ·········· 365
北京中材汽车复合材料有限公司 ······ 365
北京世东凌云汽车饰件有限公司 ······ 365
北京李尔岱摩斯汽车系统有限公司 ··· 365
北京北汽模塑科技有限公司 ·········· 365
韩华综化(北京)塑料有限公司 ········ 545
天津华丰汽车装饰有限公司 ·········· 366
天津国华塑胶有限公司 ·············· 366
东海化成(天津)汽车部品有限公司 ··· 366
天津井上攘翔汽拆零部件有限公司 ··· 366
久田(天津)汽车配件有限公司 ········ 367
格拉默车辆内饰(天津)有限公司 ······ 367
衡水神通汽车方向盘有限公司 ········ 225
邢台华威汽车内饰有限公司 ·········· 368
清河县星星汽配制造有限公司 ········ 368
河北省冀州市汽车装饰件厂 ·········· 368
遵化市金阳汽车部件有限公司 ········ 369
廊坊华安汽车装备有限公司 ·········· 369
廊坊市全振汽车配件有限公司 ········ 369
东风河西(大连)汽车饰件系统公司 ··· 370
沈阳李尔汽车座椅内饰系统有限公司 ··· 370
盟和(大连)汽车配件有限公司 ········ 370

长春骏捷龙汽车饰件制品有限公司 … 371
长春佳林实业集团股份有限公司 …… 371
长春高新汽车饰件有限公司 ………… 373
德尔福派克电气有限公司白城分公司 … 448
长春旷达汽车织物有限公司 ………… 562
哈尔滨齐塑汽车饰件有限公司 ……… 374
哈飞机电产品制造有限责任公司 …… 374
哈尔滨哈轻塑胶有限公司 …………… 374
上海众力汽车部件有限公司 ………… 132
上海贝尼汽车科技有限公司 ………… 134
上海瑞尔实业有限公司 ……………… 247
华域汽车系统股份有限公司 ………… 374
上海丰田纺汽车零部件有限公司 …… 375
上海陈立实业有限公司 ……………… 376
宁波华翔电子股份有限公司 ………… 377
上海吉翔汽车车顶饰件有限责任公司 … 378
上海三井复合塑料有限公司 ………… 379
上海大众联翔汽车零部件有限公司 … 380
上海新安汽车隔音毡总厂 …………… 381
上海敏锋汽车密封件有限公司 ……… 381
上海博泽汽车部件有限公司 ………… 381
延锋彼欧汽车外饰系统有限公司 …… 381
上海曹王塑料制品厂有限公司 ……… 381
上海洳峰汽车塑料有限公司 ………… 381
上海华特汽车配件有限公司 ………… 382
华域汽车电动系统有限公司 ………… 451
上海浦东车灯有限公司 ……………… 451
上海米开罗那机电技术有限公司 …… 694
江苏卡威汽车工业集团有限公司 ……… 37
南京世冀汽车实业有限公司 ………… 382
江苏飞越车辆部件有限公司 ………… 383
丹阳市宏达源汽车配件有限公司 …… 384
江苏锐光车业有限公司 ……………… 384
江苏丹阳佳通车辆配件有限公司 …… 384
丹阳市华升汽车部件有限公司 ……… 384
江苏吉祥车业有限公司 ……………… 384
丹阳市华舜汽摩配件有限公司 ……… 385
丹阳市恒诺汽配有限公司 …………… 385
苏州五洲塑件有限公司 ……………… 385
江苏德翔聚氨酯塑胶有限公司 ……… 385
丹阳市鹏凌塑业有限公司 …………… 386
丹阳市汽车配件五厂 ………………… 386
丹阳市光华汽车内饰件有限公司 …… 387
常州市桑迪汽车配件制造有限公司 … 388
常州市俊丰兰天车业有限公司 ……… 388
常州汇凯汽车系统有限公司 ………… 389
常州易达奇车辆部件有限公司 ……… 389
常州市希锐车辆部件厂 ……………… 389
常州市银华车饰件制造有限公司 …… 390
常州帝豪机车部件有限公司 ………… 390
常州市东晨车辆部件有限公司 ……… 390
常州市发路利汽配有限公司 ………… 391
常州市曙光车业有限公司 …………… 391
常州华鼎车辆配件厂 ………………… 391
江苏源力汽车内饰件有限公司 ……… 392
无锡井上华光汽车部件有限公司 …… 393
饰而杰汽车制品(苏州)有限公司 …… 395
扬州神舟汽车内饰件有限公司 ……… 396
扬州市邗江扬子汽车内饰件有限公司 … 396
英泰集团有限公司 …………………… 396
泰州市韩新汽车配件有限公司 ……… 396
江苏科达车业有限公司 ……………… 397
南通市冠东模塑科技有限公司 ……… 397
江苏佳诚汽车零部件有限公司 ……… 457
丹阳市君子兰塑件有限公司 ………… 458
江苏新凯鑫车业有限公司 …………… 459
江苏红光汽车配件有限公司 ………… 459
丹阳市镇红汽车灯具有限公司 ……… 459
常州市荣嘉车业配件有限公司 ……… 462
常州闻琪车辆部件厂 ………………… 463
常州市南挂车辆部件有限公司 ……… 463
丹阳市富奥模塑有限公司 …………… 574
苏州井上高分子新材料有限公司 …… 583
江苏恺之电子模塑有限公司 ………… 662
江苏旷达汽车座套有限公司 ………… 662
江苏中联地毯有限公司 ……………… 663
宁波明佳汽车内饰有限公司 ………… 272
宁波拓普集团股份有限公司 ………… 275
杭州梵隆方向盘有限公司 …………… 398
宁波双圆不锈钢制品有限公司 ……… 399
宁波飞翔兴业汽配有限公司 ………… 399
宁波井上华翔汽车零部件有限公司 … 399
宜兰汽车配件制造(平湖)有限公司 … 399
宁波帅特龙集团有限公司 …………… 400
慈溪市福尔达实业有限公司 ………… 401
宁波华德汽车零部件有限公司 ……… 401
宁海县金凌海裕汽车部件有限公司 … 401
宁海县金凌模塑有限公司 …………… 401
宁波鑫星汽车部件有限公司 ………… 401
宁波景文机械有限公司 ……………… 401
宁波华翔集团股份有限公司 ………… 402
宁波保税区提爱思泉盟内饰公司 …… 402
宁波玛克特汽车饰件有限公司 ……… 402
台州新立模塑科技股份有限公司 …… 403
温州市环球汽车衬垫有限公司 ……… 405
温州市丽豹汽车配件有限公司 ……… 406
温州兴瑞驾驶室部件有限公司 ……… 407
瑞安市联众汽车零部件有限公司 …… 407
象山华泰模塑电器有限公司 ………… 484
浙江天翀车灯集团有限公司 ………… 486
浙江泰康电子有限公司 ……………… 504
宁波诗兰姆汽车零部件有限公司 …… 604
温州市永昌汽车附件厂 ……………… 669
宁波宇润电器有限公司 ……………… 708
台州市黄岩茂荣塑模有限公司 ……… 710
合肥汇通汽车零部件有限公司 ……… 412
合肥恒宇车辆部件有限公司 ………… 412
安徽金诚复合材料有限公司 ………… 412
芜湖万迪孚汽车部件有限公司 ……… 412
安庆市盛泰汽配制造有限责任公司 … 413
铜陵华源汽车内饰材料有限公司 …… 413
福州福光橡塑有限公司 ……………… 413
厦门金龙橡塑制品有限公司 ………… 414
厦门百吉机电有限公司 ……………… 621
江西华昌科艺汽车零部件有限公司 … 415
济南鲁新金属制品有限公司 ………… 416
山东统亚模塑科技实业有限公司 …… 416
济南润友模塑有限公司 ……………… 416
山东三岭汽车内饰有限公司 ………… 416
烟台汽车内饰集团公司 ……………… 417
山东省强劲汽车零部件有限公司 …… 626
水星汽车部件集团股份有限公司 …… 627
郑州精益达汽车零部件有限公司 …… 328
郑州泰新汽车内饰件有限公司 ……… 418
郑州市金根汽车零部件有限公司 …… 418
固始华瑞汽车内饰件有限公司 ……… 419
开封河西汽车内饰件有限公司 ……… 419
郑州文光车辆附件有限公司 ………… 516
湖北省齐星汽车车身股份有限公司 …… 93
湖北三江航天江河橡塑有限公司 …… 421
长沙广汽东阳汽车零部件有限公司 … 422
湖南长丰汽车塑料制品有限公司 …… 423
四维尔丸井(广州)汽车零部件公司 … 423
广州艾司克汽车内饰有限公司 ……… 424
广州河西汽车内饰件有限公司 ……… 424
广州林骏汽车内饰件有限公司 ……… 425
盟和(佛山)汽车配件有限公司 ……… 427
广东发尔特克汽车用品有限公司 …… 427
广州市中新塑料有限公司 …………… 645
丰田合成(佛山)橡塑有限公司 ……… 651
深圳市伟联居实业有限公司 ………… 676
佛山市南海里程实业有限公司 ……… 678
车之福汽车用品有限公司 …………… 679
柳州奥源汽车零部件有限公司 ……… 429
柳州远翅塑料有限公司 ……………… 429
佛吉亚(长春)汽车部件系统重庆公司 … 430
延锋伟世通(重庆)汽车饰件系统公司 … 430
重庆精铁机械有限责任公司 ………… 431
成都国弘汽车内饰件有限责任公司 … 431
成都蓝天实业总公司 ………………… 431
成都航天模塑股份有限公司 ………… 727

◉ 空调

北京海纳川汽车部件股份有限公司 … 363
富奥汽车零部件股份有限公司 ……… 129
苏州新同创汽车空调有限公司 ……… 394
山东厚丰汽车散热器有限公司 ……… 194
山东同创汽车散热装置股份有限公司 … 194
重庆超力高科技有限责任公司 ……… 430
北京弘大汽车空调散热器有限公司 … 117
汉拿伟世通汽车空调(北京)有限公司 … 364
北京海纳川协众汽车空调有限公司 … 365
天津富奥电装空调有限公司 ………… 366
天津电装空调有限公司 ……………… 366
麦克斯(保定)汽车空调系统有限公司 … 369
保定长城博翔汽车零部件有限公司 … 369
太原太航汽车电子有限公司 ………… 443
沈阳汽车暖风机厂 …………………… 370
富士客车空调(大连)有限公司 ……… 370
一汽－法雷奥汽车空调有限公司 …… 371
和龙双昊高新技术有限公司 ………… 373
长春市热浪暖风机有限责任公司 …… 447
哈飞机电产品制造有限责任公司 …… 374
上海加冷松芝汽车空调股份有限公司 … 376
上海新力机器厂 ……………………… 376
上海浦东亚成汽车配件有限公司 …… 377
三菱重工汽车空调系统(上海)公司 … 377
上海晟铭汽车空调配件有限公司 …… 378
上海舒安汽车空调设备有限公司 …… 381
上海恒安空调设备有限公司 ………… 381
常州市万翔车辆部件有限公司 ……… 141
江苏科力普汽车部件有限公司 ……… 147

扬州杰信电装空调有限公司 …………396
有信制造(苏州)有限公司 …………469
浙江泰德汽车零部件有限公司 ………150
宁波泰瑞汽车部件有限公司 …………155
杭州祥和实业有限公司 ………………398
浙江天环机械有限公司 ………………403
鑫田集团有限公司 ……………………408
宁波耐特电器有限公司 ………………477
浙江耐斯特电机有限公司 ……………488
南洋汽摩集团有限公司 ………………500
宁波德业科技集团有限公司 …………708
博耐尔汽车电气系统有限公司 ………412
安徽天祥空调科技有限公司 …………412
厦门金龙汽车空调有限公司 …………414
福州泰全电机有限公司 ………………508
江西新电汽车空调系统有限公司 ……415
伟世通汽车空调(南昌)有限公司 ……415
茌平鲁环汽车散热器有限公司 ………186
潍坊恒安散热器集团有限公司 ………189
淄博广丰达实业有限公司 ……………416
烟台首钢电装有限公司 ………………417
郑州市金根汽车零部件有限公司 ……418
新乡市豫新商用车空调股份有限公司 …419
湖北美标汽车制冷系统有限公司 ……421
东风(十堰)汽车热交换器有限公司 …421
东风-派恩汽车铝热交换器有限公司 …422
东风(十堰)美瑞特汽车空调有限公司 …422
东风鸿泰武汉控股集团有限公司 ……637
岳阳恒立冷气设备股份有限公司 ……423
康奈可(广州)汽车电子有限公司 ……424
广州基业汽车空调制造有限公司 ……425
广州精益汽车空调有限公司 …………425
松下·万宝(广州)压缩机有限公司 …426
劲达(集团)有限公司 ………………426
佛山市南海元祥汽车空调配件公司 …427
广东顺德太昌客车空调有限公司 ……428
有信制造(中山)有限公司 …………535
柳州市龙杰汽车配件有限责任公司 …210
桂林纯正工业有限公司 ………………428
柳州易舟汽车空调有限公司 …………429
柳州五菱宝马利汽车空调有限公司 …429
重庆长江电工工业集团有限公司 ……430
成都高新区华汇实业有限公司 ………431

◉ 空调压缩机

华域三电汽车空调有限公司 …………375
重庆建设车用空调器有限责任公司 …430
亚新科铸造(北京)有限公司 …………115
比泽尔制冷技术(中国)有限公司 ……364
北京台裕汽车电机工业制造有限公司 …436
法雷奥压缩机(长春)有限公司 ………372
牡丹江富通汽车空调有限公司 ………374
贺尔碧格(上海)有限公司 …………375
三菱重工汽车空调系统(上海)公司 …377
上海三电汽车空调有限公司 …………377
上海吉士达汽车部件有限公司 ………378
上海威乐汽车空调器有限公司 ………380
上海易虹机械有限公司 ………………381
南京奥特佳新能源科技有限公司 ……382
无锡市双鸟动力机械有限公司 ………393
苏州中成汽车空调压缩机有限公司 …395
丰田工业电装空调压缩机(昆山)公司 …395
康奈可(海门)车用空调压缩机公司 …397
胜赛思-嵘泰(扬州)精密压铸公司 …587
浙江中宝实业控股股份有限公司 ……398
康脉精机科技(嘉兴)有限公司 ………399
宁波帕尔玛重工制冷有限公司 ………400
宁波欣晖制冷设备有限公司 …………401
浙江飞越机电有限公司 ………………402
温州中成化油器制造有限公司 ………408
乐清市长城制冷密封垫厂 ……………411
宁波市贤龙汽车配件有限公司 ………478
温州市天马电器有限公司 ……………490
合肥安信通用阀片制造有限公司 ……411
合肥达因汽车空调股份有限公司 ……411
晋江市华星电子器件有限公司 ………182
福州泰全电机有限公司 ………………508
江西景航航空锻铸有限公司 …………625
马勒贝洱热系统(济南)有限公司 ……184
烟台首钢东星集团有限公司 …………417
烟台首钢电装有限公司 ………………417
十堰市欧费尔汽车空调有限公司 ……422
华达汽车空调(湖南)有限公司 ………423
东莞京滨汽车电喷装置有限公司 ……205
广州市柏琳汽车零件制造有限公司 …423
广州精益汽车空调有限公司 …………425
广州龙冠汽车空调制造有限公司 ……425
广州市光裕汽车空调制造有限公司 …425
广州市联安汽车空调配件有限公司 …425
松下·万宝(广州)压缩机有限公司 …426
柳州易舟汽车空调有限公司 …………429
重庆江洲粉末冶金科技有限公司 ……654

◉ 蒸发器、冷凝器

富奥汽车零部件股份有限公司 ………129
空调国际(上海)有限公司 …………376
山东同创汽车散热装置股份有限公司 …194
山东厚丰汽车散热器有限公司 ……194
重庆超力高科技有限责任公司 ……430
南方英特空调有限公司 ……………430
天津市亚星散热器有限公司 …………118
天津三电汽车空调有限公司 …………366
电装(天津)空调部件有限公司 ………366
沧州津联汽车水箱厂 …………………122
河北航标汽车零部件有限公司 ………123
保定长城博翔汽车零部件有限公司 …369
京滨大洋冷暖科技(大连)有限公司 …370
一汽-法雷奥汽车空调有限公司 ……371
瑞与祺集团 ……………………………134
上海德朗汽车零部件制造有限公司 …135
上海合众工贸实业公司 ………………137
上海华森散热器有限公司 ……………137
双桦控股有限公司 ……………………375
上海浦东亚成汽车配件有限公司 ……377
上海德尔福汽车空调系统有限公司 …377
三菱重工汽车空调系统(上海)公司 …377
上海贝洱热系统有限公司 ……………377
上海晟铭汽车空调配件有限公司 ……378
上海威乐汽车空调器有限公司 ………380
上海邦德汽车零部件制造有限公司 …381
上海恒安空调设备有限公司 …………381
上海航天汽车机电股份舒航电器分公司 …449
康奈可汽车电子(无锡)有限公司 ……142
江阴市宏扬汽车制冷设备有限公司 …145
盐城博一散热器有限公司 ……………147
扬州英谛车材实业有限公司 …………148
扬州通洋机油冷却器有限公司 ………148
江苏扬工动力机械有限公司 …………149
南京百灵汽车电气机械有限公司 ……383
江苏晨宇车业有限公司 ………………384
丹阳市惠风车辆配件厂 ………………385
无锡市双鸟动力机械有限公司 ………393
扬州杰信电装空调有限公司 …………396
江苏炳凯富汽车零部件制造有限公司 …397
江苏超力电器有限公司 ………………457
浙江省诸暨市电器有限公司 …………152
浙江雷贝斯散热器有限公司 …………152
宁波泰瑞汽车部件有限公司 …………155
台州罗邦散热系统有限公司 …………162
温州华强汽配有限公司 ………………164
浙江昊洋机动车部件有限公司 ………164
浙江华森散热器制造有限公司 ………166
浙江一超散热器有限公司 ……………168
浙江金鼓散热器有限公司 ……………168
温州贵航散热器有限公司 ……………170
浙江奥泰散热器有限公司 ……………172
瑞安市邦众汽车部件有限公司 ………173
浙江金禾成汽车空调有限公司 ………398
浙江新劲空调设备有限公司 …………404
浙江东峰制冷配件有限公司 …………404
浙江兰通空调设备有限公司 …………404
浙江松信汽车空调有限公司 …………405
浙江爽凯汽车空调有限公司 …………405
浙江创新汽车空调有限公司 …………405
浙江华尔达汽车空调有限公司 ………406
瑞安市华宇汽车电器有限公司 ………406
鑫田集团有限公司 ……………………408
温州广盛汽车零部件有限公司 ………410
浙江诚义达汽车部件有限公司 ………410
浙江台兴汽车部件有限公司 …………500
平阳琳瑞汽车电器股份有限公司 ……502
浙江环宇轴承有限公司 ………………612
宁波德业科技集团有限公司 …………708
黄山科能汽车散热器有限公司 ………179
合肥汇通汽车零部件有限公司 ………412
福州泰全电机有限公司 ………………508
马勒贝洱热系统(济南)有限公司 ……184
山东嘉鑫换热器有限公司 ……………186
茌平鲁环汽车散热器有限公司 ………186
潍坊恒安散热器集团有限公司 ………189
烟台杰瑞富耐克换热设备有限公司 …190
烟台首钢东星集团有限公司 …………417
河南科隆汽车散热器有限公司 ………195
新乡市豫新商用车空调股份有限公司 …419
湖北迪峰换热器有限公司 ……………198
湖北万联达汽车零部件有限公司 ……341
东风贝洱热系统有限公司 ……………420
湖北美标汽车制冷系统有限公司 ……421
十堰市欧费尔汽车空调有限公司 ……422
东风-派恩汽车铝热交换器有限公司 …422
东风(十堰)美瑞特汽车空调有限公司 …422

佛冈鑫统仕汽车散热器有限公司 …… 204
佛山市南海蕾特汽车配件有限公司 … 208
广州汽车集团零部件有限公司 ……… 424
广州市花都必胜汽车空调器厂 ……… 424
广州基业汽车空调制造有限公司 …… 425
广州电装有限公司 …………………… 425
佛山市康迪盛汽车空调配件有限公司 … 427
柳州五菱宝马利汽车空调有限公司 … 429
重庆长江电工工业集团有限公司 …… 430
重庆宏美制冷设备有限公司 ………… 430
贵州贵航汽车零部件永红散热器公司 … 219
贵州贵航汽车零部件股份有限公司 … 656

◉ 暖风机、鼓风机

富奥汽车零部件股份有限公司 ……… 129
北京北汽摩公司散热器厂 …………… 117
北京弘大汽车空调散热器有限公司 … 117
北京京威汽车设备有限公司 ………… 363
北京青云航空仪表有限公司 ………… 364
北京鑫凯利汽车电机有限公司 ……… 435
沧州新旺汽车散热器制造有限公司 … 122
河北安吉宏业机械股份有限公司 …… 368
任丘飞翔汽车塑件有限公司 ………… 368
鑫悦塑料制品有限公司 ……………… 369
沈阳汽车暖风机厂 …………………… 370
富奥伟世通汽车热交换(长春)有限公司 … 129
一汽－法雷奥汽车空调有限公司 …… 371
伟巴斯特车顶系统(长春)有限公司 … 371
一汽四环化油器滤清器厂 …………… 446
长春市热浪暖风机有限责任公司 …… 447
哈尔滨深航汽车空调有限公司 ……… 374
上海德朗汽车零部件制造有限公司 … 135
上海华森散热器有限公司 …………… 137
双桦控股有限公司 …………………… 375
依必安派特(上海)有限公司 ……… 375
伟巴斯特车顶供暖系统(上海)公司 … 376
上海德尔福汽车空调系统有限公司 … 377
上海贝洱热系统有限公司 …………… 377
上海恒安空调设备有限公司 ………… 381
上海航天汽车机电股份舒航电器分公司 … 449
上海赛露达汽车部件有限公司 ……… 452
上海博泽电机有限公司 ……………… 454
上海新封高科贸有限公司 …………… 565
江阴市宏扬汽车制冷设备有限公司 … 145
江苏新昌汽车部件有限公司 ………… 384
江苏晨宇车业有限公司 ……………… 384
丹阳市惠风车辆配件厂 ……………… 385
丹阳市日昌汽配有限公司 …………… 386
江苏省丹阳市东兴汽配有限公司 …… 387
江苏昌明车身制造有限公司 ………… 397
南京胜捷电机制造有限公司 ………… 456
江苏超力电器有限公司 ……………… 457
日本电产凯宇汽车电器(江苏)公司 … 461
苏州市永固电子有限公司 …………… 468
江苏亚泰机电有限公司 ……………… 473
常州市鹏翔汽车装饰件厂 …………… 662
浙江泰德汽车零部件有限公司 ……… 150
浙江省诸暨市电器有限公司 ………… 152
慈溪市盛银汽配有限公司 …………… 154
宁波泰瑞汽车部件有限公司 ………… 155
台州罗邦散热系统有限公司 ………… 162
浙江昊洋机动车部件有限公司 ……… 164
浙江炬光汽车零部件有限公司 ……… 168
瑞安市日正汽车部件有限公司 ……… 169
温州贵航散热器有限公司 …………… 170
浙江驰田散热器制造有限公司 ……… 171
温州海纳机车部件有限公司 ………… 172
宁波沃特汽车部件有限公司 ………… 275
中欧汽车电器有限公司 ……………… 406
瑞安市华宇汽车电器有限公司 ……… 406
瑞安市名冠电气有限公司 …………… 408
浙江诚义达汽车部件有限公司 ……… 410
温州广盛汽车零部件有限公司 ……… 410
宁波耐特电器有限公司 ……………… 477
宁波东风暖风机厂 …………………… 479
温州一川电气有限公司 ……………… 491
浙江松田汽车电机系统有限公司 …… 493
瑞安市马丁西汽摩部件有限公司 …… 494
温州超航机电有限公司 ……………… 495
瑞安市长新汽车配件有限公司 ……… 497
瑞安市佳宝汽车电器有限公司 ……… 498
瑞安市晶佳车业有限公司 …………… 499
瑞安市泰安车辆配件有限公司 ……… 499
南洋汽摩集团有限公司 ……………… 500
浙江台兴汽车部件有限公司 ………… 500
浙江瑞鹏汽车电器有限公司 ………… 501
温州沪宏汽车电器有限公司 ………… 502
平阳琳瑞汽车电器股份有限公司 …… 502
科越集团 ……………………………… 177
福安市德普电器有限公司 …………… 182
福州泰全电机有限公司 ……………… 508
纵横汽车配件有限公司 ……………… 185
聊城市德通交通器材制造有限公司 … 186
烟台金双利散热器有限公司 ………… 191
青岛东洋汽车散热器有限公司 ……… 192
新乡市豫新商用车空调股份有限公司 … 419
东风(十堰)汽车热交换器有限公司 … 421
东风(十堰)美瑞特汽车空调有限公司 … 422
十堰祯兴汽车热交换器有限公司 …… 422
湖北亿州微特电机有限公司 ………… 520
长沙湘立机电制造有限公司 ………… 201
佛冈鑫统仕汽车散热器有限公司 …… 204
重庆上方汽车配件有限责任公司 …… 211
重庆华恩实业有限公司 ……………… 211
重庆长江电工工业集团有限公司 …… 430
重庆宏美制冷设备有限公司 ………… 430
重庆瑞阳科技股份有限公司 ………… 538
四川圣锦风机有限公司 ……………… 431
贵州贵航汽车零部件永红散热器公司 … 219
贵州贵航汽车零部件股份有限公司 … 656

◉ 其他空调配件

天津电装空调管路有限公司 ………… 365
天津鹏翎胶管股份有限公司 ………… 547
任丘飞翔汽车塑件有限公司 ………… 368
鑫悦塑料制品有限公司 ……………… 369
河北三众橡胶有限公司 ……………… 552
阔丹－凌云汽车胶管有限公司 ……… 555
和龙双昊高新技术有限公司 ………… 373
上海智源汽车部件有限公司 ………… 247
浙江金海环境技术股份有限公司 …… 374
伊顿－盛士达流体连接器(上海)公司 … 375
上海陈立实业有限公司 ……………… 376
上海汽车空调配件有限公司 ………… 377
上海威乐汽车空调器有限公司 ……… 380
上海福太隆汽车电子科技有限公司 … 455
上海立新气体有限公司 ……………… 565
上海华新汽车橡塑制品公司 ………… 567
广荣机电(南京)有限公司 ………… 383
常州市盛士达汽车空调有限公司 …… 388
无锡海特铝业有限公司 ……………… 393
苏州新智机电工业有限公司 ………… 394
常州腾龙汽车零部件股份有限公司 … 576
常州朗博汽车零部件有限公司 ……… 578
泰州长力树脂管有限公司 …………… 587
瑞安市大禾滤清器有限公司 ………… 167
浙江新龙实业有限公司 ……………… 398
宁波新露聚氨酯实业有限公司 ……… 400
宁波松鹰汽车空调配件有限公司 …… 401
宁波鸿通汽车零部件有限公司 ……… 401
宁波恒富汽车部件发展有限公司 …… 402
温岭市恒发空调部件有限公司 ……… 403
温岭市通驰汽车空调制造有限公司 … 403
浙江龙腾空调有限公司 ……………… 404
台州市黄岩科力塑料模具厂 ………… 404
浙江创立汽车空调有限公司 ………… 404
浙江兰通空调设备有限公司 ………… 404
浙江新劲空调设备有限公司 ………… 404
浙江博威汽车空调有限公司 ………… 404
浙江双荣汽车空调制造有限公司 …… 404
龙泉市恒丰汽车空调配件有限公司 … 405
浙江松信汽车空调有限公司 ………… 405
瑞安市华宇汽车电器有限公司 ……… 406
浙江瑞虹空调配件有限公司 ………… 476
台州通达机电有限公司 ……………… 485
浙江毅力汽车空调有限公司 ………… 488
温州长江汽车电子有限公司 ………… 490
浙江大明电子有限公司 ……………… 504
海盐猛凌汽车配件有限公司 ………… 598
宁波亚大汽车管件有限公司 ………… 599
温州超伟汽车部件有限公司 ………… 614
浙江鸿森机械有限公司 ……………… 707
镁联镁业科技(芜湖)有限公司 …… 617
芜湖通和汽车管路系统有限公司 …… 617
福州泰全电机有限公司 ……………… 508
南昌江铃华翔汽车零部件有限公司 … 183
伟世通汽车空调(南昌)有限公司 … 415
马勒贝洱热系统(济南)有限公司 … 184
泰安鼎鑫冷却器有限公司 …………… 193
山东聊城昌工机械配件有限公司 …… 626
固恩治(青岛)工程橡胶有限公司 … 632
青岛泰德汽车轴承股份有限公司 …… 632
青岛三祥科技有限公司 ……………… 633
湖北美标汽车制冷系统有限公司 …… 421
十堰市欧费尔汽车空调有限公司 …… 422
长沙市伟力汽车零部件有限公司 …… 422
惠州市华迪实业有限公司 …………… 204
深圳市稳胜过滤器有限公司 ………… 204
力野精密工业(深圳)有限公司 …… 347
广州市花都必胜汽车空调器厂 ……… 424
广州市联安汽车空调配件有限公司 … 425

东莞市海莎过滤器有限公司 ············ 426
小仓离合机(东莞)有限公司 ············ 427
中山实化成塑料有限公司 ················ 428
柳州五菱宝马利汽车空调有限公司 ··· 429
重庆益弘工程塑料制品有限公司 ······ 652
重庆恒伟林汽车零部件有限公司 ······ 653
四川川环科技股份有限公司 ············ 217
成都高新区华汇实业有限公司 ········· 431
中化近代环保化工(西安)有限公司 ··· 432

电子电器零部件

◉ 蓄电池

风帆股份有限公司 …… 443
天津杰士电池有限公司 …… 440
石家庄华北蓄电池有限公司 …… 440
保定中硕蓄电池有限公司 …… 443
沈阳东北蓄电池有限公司 …… 444
上海西恩迪蓄电池有限公司 …… 453
上海云峰小伙伴汽车服务有限公司 …… 661
镇江市天源蓄电池有限责任公司 …… 457
扬州阿波罗蓄电池有限公司 …… 473
浙江南都电源动力股份有限公司 …… 475
浙江海久电池股份有限公司 …… 475
浙江杰斯特电器有限公司 …… 475
中澳合资上虞奥龙电源有限公司 …… 476
宁波海湖蓄电池有限公司 …… 484
浙江巨江电源制造有限公司 …… 487
安徽迅启蓄电池有限公司 …… 507
晋江华威电源有限公司 …… 510
福建省晋江市万安蓄电池有限公司 …… 510
福建省闽华电源股份有限公司 …… 511
山东圣阳电源股份有限公司 …… 515
济宁远征电源有限责任公司 …… 515
新乡市亚洲电源股份有限公司 …… 516
河南环宇集团有限公司 …… 516
台前龙泉汽车电器有限公司 …… 516
武汉银泰科技电源股份有限公司 …… 518
武汉长光电源有限公司 …… 518
湖北骆驼海峡新型蓄电池有限公司 …… 520
骆驼集团股份有限公司 …… 520
广东则良蓄电池有限公司 …… 524
广东猛狮电源科技股份有限公司 …… 525
日立蓄电池(东莞)有限公司 …… 532
佛山市尤尼电池有限公司 …… 533
中山市宝力蓄电池有限公司 …… 535
重庆万里新能源股份有限公司 …… 539
重庆神驰电池有限责任公司 …… 539
四川崇州华蜀蓄电池工业有限公司 …… 540
四川力扬工业有限公司 …… 540
陕西凌云蓄电池有限公司 …… 542

◉ 电池附件及材料

东风汽车零部件(集团)有限公司 …… 338
远望创新科技(北京)有限公司 …… 434
北大先行科技产业有限公司 …… 436
天津斯特兰能源科技有限公司 …… 440
河北省沧县恒通汽车配件厂 …… 227
河间市京明汽车插接器厂 …… 442
河间市津华金属制品有限公司 …… 442
太原兴安昌迪汽车用品有限公司 …… 660
白山市浩阳汽车零部件有限公司 …… 447
上海三智汽配实业有限公司 …… 449
上海金亭汽车线束有限公司 …… 450
上海纽福克斯汽车配件有限公司 …… 454
上海杰事杰新材料(集团)股份公司 …… 566
上海南汇澧虹电器厂 …… 694
常州市鹏源塑业有限公司 …… 389
常州市振晖电子有限公司 …… 460
张家港国泰华荣化工新材料有限公司 …… 472
无锡华利达金属制品有限公司 …… 579
无锡科宝技术有限公司 …… 663
江苏天骄汽车配套有限公司 …… 702
温州乔邦汽车部件有限公司 …… 168
瑞安市佳宝汽车电器有限公司 …… 498
瑞安市三龙汽车配件有限公司 …… 501
黄河汽配集团有限公司 …… 503
岳西县永泰机械制造有限公司 …… 669
山东新焦点龙盛汽车配件有限公司 …… 515
谷城骆驼塑胶制品有限公司 …… 520
深圳贝特瑞新能源材料股份有限公司 …… 527
深圳市亚辉电子有限公司 …… 528
通用蓄电池有限公司 …… 532

◉ 发电机、起动机、微电机、磁电机

北京海纳川汽车部件股份有限公司 …… 363
长春一汽富晟集团有限公司 …… 238
瑞立集团有限公司 …… 295
上海日用－友捷汽车电气有限公司 …… 449
远望创新科技(北京)有限公司 …… 434
北京佩特来电器有限公司 …… 435
北京鑫凯利汽车电机有限公司 …… 435
中盛动力新能源投资有限公司 …… 435
北京久久顺电器有限公司 …… 435
北京台裕汽车电机工业制造有限公司 …… 436
程茂电子有限公司 …… 436
天津松正电动汽车技术股份有限公司 …… 438
天津市沃达汽车电子有限公司 …… 438
天津电装电机有限公司 …… 438
天津市斯巴克瑞电子技术有限公司 …… 439
天津市三星伟业汽车电器有限公司 …… 439
天津胜源汽车配件有限公司 …… 440
石家庄博亚汽车电器有限公司 …… 440
河间市德信汽车电器厂 …… 441
河北迎辉汽车电器有限公司 …… 441
河北江轮机电有限公司 …… 441
河北金利通汽车配件有限公司 …… 441
河北长立汽车配件有限公司 …… 442
河北骏达汽车电器有限公司 …… 442
廊坊华龙摩托车配件有限公司 …… 443
辽宁远朋汽车部件有限公司 …… 124
三叶电器(大连)有限公司 …… 236
辽宁金伟汽车电机电器有限公司 …… 445
锦州斯必德汽车电机有限公司 …… 445
辽宁承业汽车零部件制造有限公司 …… 445
凤城市富达汽车传感器有限公司 …… 445
辽宁启明汽车电器有限公司 …… 445
万得汽车技术股份有限公司 …… 446
锦州汉拿电机有限公司 …… 446
锦州华圣启明电机电器有限公司 …… 446
长春百思特汽车零部件有限公司 …… 446
长春市热浪暖风机有限责任公司 …… 447
辽源汇丰电机制造有限公司 …… 447
长春日用友捷汽车电气有限公司 …… 447
哈尔滨东安机电制造有限责任公司 …… 448
QAP 汽车工业(中国)有限公司 …… 134
意奔玛集团有限公司 …… 136
上海法雷奥汽车电机雨刮系统有限公司 …… 376
上海海立(集团)股份有限公司 …… 377
上海中欧汽车零部件有限公司 …… 380
上海航天汽车机电股份舒航电器分公司 …… 449
畅博电子(上海)有限公司 …… 449
上海三车汽车零部件有限公司 …… 450
迪克斯汽车电器(上海)有限公司 …… 451
上海法雷奥汽车电器系统有限公司 …… 451
依必安派特电机(上海)有限公司 …… 452
上海赛露达汽车部件有限公司 …… 452
上海新朋实业股份有限公司 …… 454
上海城邦汽车配件制造有限公司 …… 454
上海博泽电机有限公司 …… 454
日立海立汽车部件(上海)有限公司 …… 454
上海福太隆汽车电子科技有限公司 …… 455
无锡惠山泵业有限公司 …… 145
无锡锡通增压器制造有限公司 …… 145
江苏晨宇车业有限公司 …… 384
句容联泰机电有限公司 …… 387
常州亨达车业部件有限公司 …… 390
常州帝豪机车部件有限公司 …… 390
昆山金发液压机械有限公司 …… 395
张家港孚冈汽车部件有限公司 …… 395
南京胜捷电机制造有限公司 …… 456
江苏超力电器有限公司 …… 457
江苏超力集团 …… 457
常州市丰源微特电机有限公司 …… 460
常州亚美柯宝马电机有限公司 …… 460
江苏常牵电机有限公司 …… 460
常州市松泽电器有限公司 …… 461
常州常捷交通器材有限公司 …… 461
日本电产凯宇汽车电器(江苏)公司 …… 461
常州市申光电机有限公司 …… 461
常州市武进华光电机有限公司 …… 461
常州市遥光电机有限公司 …… 461
常州市金乐电机有限公司 …… 461
江苏江南电机有限公司 …… 462
常州斗源汽车电器制造有限公司 …… 462
常州市裕成富道电机有限公司 …… 462
常州市豪佳电器有限公司 …… 463
常州市辉鸿汽车电器有限公司 …… 464
江苏恒力电机集团股份有限公司 …… 464
常州市武进惠丰金属制品有限公司 …… 464
常州百信以拓汽车电器系统有限公司 …… 464
江苏常州宁洋电机有限公司 …… 464
常州市宝瑞电机厂 …… 464
常州市武进恒威汽车电器有限公司 …… 464
常州市荣茂汽车电器有限公司 …… 465
常州天发动力总成制造有限公司 …… 465

常州奔马电机有限公司 …………… 465
常州市武起汽车电机有限公司 ……… 465
康奈可科技(无锡)有限公司 ………… 465
无锡新云汽车电器有限公司 ………… 466
无锡市苏盛汽车部件有限公司 ……… 466
无锡市华星汽车电器有限公司 ……… 466
无锡金阳电机有限公司 …………… 466
无锡市闽仙汽车电器有限公司 ……… 466
无锡新中北汽车电机制造有限公司 … 466
无锡神速汽车电器有限公司 ………… 466
无锡市新高汽车电机厂 …………… 467
宜兴市恒宇汽车电机有限公司 ……… 467
江苏富天江电子电器有限公司 ……… 468
江阴昌达电机有限公司 …………… 468
苏州驰辰马电机有限公司 ………… 469
仁仁电机有限公司 ……………… 471
雷瑞卡(苏州)汽车电器有限公司 …… 471
柏科(常熟)电机有限公司 ………… 471
张家港孚冈合力电器有限公司 ……… 471
江苏金丰机电有限公司 …………… 473
江苏亚泰机电有限公司 …………… 473
海安联科汽车零部件有限公司 ……… 474
湖州德盛汽车部件有限公司 ………… 152
宁波泰瑞汽车部件有限公司 ………… 155
台州宝海机械有限公司 …………… 161
浙江鼎利控股集团有限公司 ………… 162
浙江省永康市鸿运实业有限公司 …… 163
星月集团股份有限公司 …………… 163
温州华强汽配有限公司 …………… 164
温州安佳汽车零部件有限公司 ……… 164
浙江瑞峰汽车零部件有限公司 ……… 167
瑞安市日正汽车部件有限公司 ……… 169
浙江美星热交换科技有限公司 ……… 172
双宇集团有限公司 ……………… 172
宁波普泽机电有限公司 …………… 272
宁波世通汽车零部件有限公司 ……… 400
宁波恒特汽车零部件有限公司 ……… 400
温岭市寰宇汽车配件有限公司 ……… 402
浙江真奇汽车零部件有限公司 ……… 403
中欧汽车电器有限公司 …………… 406
瑞安市华宇汽车电器有限公司 ……… 406
瑞安市佳福汽车电机有限公司 ……… 407
瑞安市胜凯汽车配件厂 …………… 407
瑞安市哲远汽车零部件有限公司 …… 408
浙江宇航汽车配件有限公司 ………… 408
浙江开拓汽车电器有限公司 ………… 409
瑞安市洛特斯汽配有限公司 ………… 409
瑞安市珍荣电机有限公司 ………… 409
浙江雷力汽车零部件有限公司 ……… 410
平阳龙德汽车配件有限公司 ………… 410
温州贝特机电实业有限公司 ………… 410
瑞安市众品汽车配件制造有限公司 … 410
浙江万德远机车部件有限公司 ……… 410
浙江白象汽车附件有限公司 ………… 411
浙江科锋汽车电器有限公司 ………… 411
杭州润峰汽车电器有限公司 ………… 475
浙江大东吴汽车电机有限公司 ……… 476
浙江德宏汽车电子电器股份有限公司 … 476
卧龙控股集团股份有限公司 ………… 476
浙江三荣电机有限公司 …………… 477
宁波耐特电器有限公司 …………… 477
宁波家琦电子有限公司 …………… 478
宁波市欣新电器科技有限公司 ……… 478
宁波永驰微型泵业有限公司 ………… 478
新希尔实业有限公司 ……………… 478
宁波精华电子科技有限公司 ………… 478
宁波立德电器有限公司 …………… 478
宁波今棱汽车零件有限公司 ………… 479
宁波精成车业有限公司 …………… 479
宁波东风暖风机厂 ……………… 479
宁波金腾摩多卡汽车电器有限公司 … 480
慈溪奥博汽车电器有限公司 ………… 481
宁波华泰汽车电器总厂 …………… 481
慈溪市大大汽车电器有限公司 ……… 481
慈溪市华兴汽车电器有限公司 ……… 481
慈溪市博宇电器有限公司 ………… 481
宁波凯尔汽车电器有限公司 ………… 482
宁波法雷奥汽车配件有限公司 ……… 482
宁波远州汽车电器有限公司 ………… 483
宁波舜兴汽车电器有限公司 ………… 483
宁波华腾电机有限公司 …………… 483
慈溪市博菱汽车电器有限公司 ……… 484
宁波韵升汽车电机系统有限公司 …… 485
宁波 Skyward 工业有限公司 ……… 485
台州通达机电有限公司 …………… 485
温岭大发微电机有限公司 ………… 485
温岭市永赢机械部件厂 …………… 485
浙江海威电器有限公司 …………… 486
玉环佰川机电有限公司 …………… 486
信质电机股份有限公司 …………… 486
台州新博得汽车电器有限公司 ……… 486
永康市东方起动电器厂 …………… 487
浙江钜翔电器有限公司 …………… 487
永康市伟龙电机有限公司 ………… 487
浙江正立电机有限公司 …………… 487
永康市永博汽车电器厂 …………… 487
浙江大超工贸有限公司 …………… 487
永康市捷虎汽车电器有限公司 ……… 487
永康市灵山电机有限公司 ………… 487
康灵集团有限公司 ……………… 487
浙江朕炜电器有限公司 …………… 488
浙江联宜电机股份有限公司 ………… 488
浙江力威机电设备制造有限公司 …… 488
浙江耐斯特电机有限公司 ………… 488
衢州宇杰机械有限公司 …………… 489
浙江高鹏汽车电器有限公司 ………… 490
温州欧博电气有限公司 …………… 490
温州润达汽车电器有限公司 ………… 490
温州泰尔汽车零件有限公司 ………… 490
瑞安市亚星汽车配件有限公司 ……… 491
温州欧菱汽车电机有限公司 ………… 491
浙江湖电汽车电器有限公司 ………… 491
温州雷曼汽车电器有限公司 ………… 491
浙江博德汽车电子股份有限公司 …… 492
浙江卓进电器有限公司 …………… 492
浙江瑞申汽配有限公司 …………… 493
浙江松田汽车电机系统有限公司 …… 493
瑞安市得业汽车部件有限公司 ……… 493
瑞安市佩特来汽车电器有限公司 …… 493
瑞安市正昊汽车部件有限公司 ……… 493
瑞安市天瑞换向器有限公司 ………… 493
瑞安市戴立汽车电器有限公司 ……… 494
浙江正田电机制造有限公司 ………… 494
瑞安市安庆机动车配件有限公司 …… 494
瑞安市马丁西汽摩部件有限公司 …… 494
浙江三宁电器有限公司 …………… 494
瑞安市奔尔汽车电机有限公司 ……… 494
温州超航机电有限公司 …………… 495
瑞安市圣雷汽车部件有限公司 ……… 496
浙江三华车业有限公司 …………… 496
瑞安市奥神汽车配件有限公司 ……… 497
瑞安市长新汽车配件有限公司 ……… 497
瑞安市佳宝汽车电器有限公司 ……… 498
瑞安市东瓯汽车电器有限公司 ……… 498
瑞安市建利佳汽车部件有限公司 …… 498
浙江赛杰电器有限公司 …………… 498
温州盛诺汽车电器有限公司 ………… 499
瑞安市泰安车辆配件有限公司 ……… 499
潜华汽车仪表有限公司 …………… 499
瑞安市阳宇机动车零部件有限公司 … 499
瑞安市耐特汽车电子有限公司 ……… 499
瑞安市豪博汽车零部件有限公司 …… 500
浙江台兴汽车部件有限公司 ………… 500
瑞安市纪龙汽车电器有限公司 ……… 500
温州宾阳汽车电器有限公司 ………… 500
胜华波集团有限公司 ……………… 500
浙江康翔汽车部件制造有限公司 …… 500
浙江远征汽摩附件有限公司 ………… 501
温州市奔翔汽配有限公司 ………… 501
瑞安市达丰汽车部件有限公司 ……… 501
浙江瑞鹏汽车电器有限公司 ………… 501
温州博诚汽车机电有限公司 ………… 501
温州沪宏汽车电器有限公司 ………… 502
平阳琳瑞汽车电器股份有限公司 …… 502
飞鹏车辆配件有限公司 …………… 502
温州市年格汽车配件有限公司 ……… 502
平阳纯德汽车配件有限公司 ………… 502
黄河汽配集团有限公司 …………… 503
温州科明汽车部件有限公司 ………… 505
慈溪市汇丽机电有限公司 ………… 601
浙江振宇实业有限公司 …………… 614
浙江承康机电制造有限公司 ………… 668
芜湖瑞科技术有限公司 …………… 506
芜湖德威汽车电机有限公司 ………… 506
芜湖杰诺瑞汽车电器系统有限公司 … 506
宁国金鑫电机有限公司 …………… 507
镁联镁业科技(芜湖)有限公司 ……… 617
福州万德电气有限公司 …………… 507
福建福安振中电器制造有限公司 …… 508
福州泰全电机有限公司 …………… 508
福建仙游闽仙汽车电器有限公司 …… 508
福安市鑫宇电机有限公司 ………… 508
福建一华电机有限公司 …………… 508
福建省仙游电机股份有限公司 ……… 508
三立(厦门)汽车配件有限公司 ……… 509
厦门市三利通用机电有限公司 ……… 509
厦门达真电机有限公司 …………… 510
福建艺达电驱动股份有限公司 ……… 510
泉州恒昌电器有限公司 …………… 510
诗来福汽车电机制造有限公司 ……… 510
龙岩市佳鑫机械有限公司 ………… 511
龙岩剑桥电器有限公司 …………… 511
江西特种电机股份有限公司 ………… 511
江西德尔盛汽车电机有限公司 ……… 511
南昌天元汽车配件有限公司 ………… 511
龙口中宇集团 …………………… 192
济南液压泵有限责任公司 ………… 312
山东聊城恒大电机有限公司 ………… 512
聊城汇创电机有限公司 …………… 512
山东聊城鲁豫汽车电气有限公司 …… 512
山东聊城东岳电机有限公司 ………… 512
聊城杰孚电机有限公司 …………… 512

山东宁津鑫源汽车电器有限公司 …… 513
淄博博山科圣电机有限公司 ………… 513
潍坊万隆电气股份有限公司 ………… 513
淄博博山弘立微电机有限公司 ……… 513
山东风帆电机有限公司 ……………… 513
淄博永泰电机有限公司 ……………… 513
山东山博电机集团有限公司 ………… 513
东洋机电(中国)有限公司 ………… 514
新乡辉簧弹簧有限公司 ……………… 516
濮阳市立圆汽车电器有限公司 ……… 516
湖北万向汽车零部件有限公司 ……… 336
湖北庆达科技有限责任公司 ………… 337
三叶士林电机(武汉)有限公司 …… 517
武汉瑞康鑫电气有限公司 …………… 518
荆州市神明汽配有限公司 …………… 519
雷米电机湖北有限公司 ……………… 519
荆州神电实业有限公司 ……………… 519
随州市盛星机械有限公司 …………… 520
东风汽车电气有限公司 ……………… 520
襄樊东风汽车电气有限责任公司 …… 520
湖北亿州微特电机有限公司 ………… 520
襄樊仪元汽车电子有限公司 ………… 520
随州市万瑞汽车配件有限公司 ……… 640
长沙宇名汽车电器有限责任公司 …… 521
长沙汽电汽车零部件有限公司 ……… 521
博世汽车部件(长沙)有限公司 …… 521
长沙日立汽车电器有限公司 ………… 521
长沙市纳川汽车电器有限公司 ……… 521
爱信精机(佛山)汽车零部件有限公司 … 208
广州市科立汽车电器有限公司 ……… 423
广州三叶电机有限公司 ……………… 424
爱信精机(佛山)车身零部件有限公司 … 427
广州梦阳汽车电机有限公司 ………… 522
广州耐路志电机有限公司 …………… 523
广汽强华(梅州)汽车零部件有限公司 … 524
广东井得电机有限公司 ……………… 524
汕头东京电子有限公司 ……………… 525
湖南科力尔电机有限公司 …………… 527
深圳市航天电机系统有限公司 ……… 528
深圳市美泰微科技发展有限公司 …… 528
深圳市力辉电机有限公司 …………… 528
深圳市兆威机电有限公司 …………… 529
伟力驱动技术(深圳)有限公司 …… 529
东昌电机(深圳)有限公司 ………… 530
佛山华永科技有限公司 ……………… 533
广东省佛山市千海机电有限公司 …… 534
佛山市顺德区恒域电机实业有限公司 … 535
广州市雄峰汽车电子厂 ……………… 673
柳州市龙杰汽车配件有限责任公司 … 210
广西玉柴博耐特电器有限公司 ……… 536
重庆富川机电有限公司 ……………… 352
重庆吉力芸峰实业(集团)有限公司 … 537
重庆国美汽车零部件制造有限公司 … 537
重庆远博机械有限公司 ……………… 537
重庆中冈电器有限公司 ……………… 538
重庆华宇实业有限责任公司 ………… 538
重庆博耐特实业(集团)有限公司 …… 538
重庆平江实业有限责任公司 ………… 538
重庆市爱华机电有限公司 …………… 539
成都华川电装有限责任公司 ………… 539
成都远旺汽车电器有限公司 ………… 539
四川极道电装实业有限公司 ………… 539
四川凯达机电制造有限公司 ………… 540
乐山东风汽车电器有限公司 ………… 540
东方电气集团东风电机有限公司 …… 540
贵阳航空电机有限公司 ……………… 541
陕西秦岭特种电机有限责任公司 …… 541

◉ 电机相关配件

自贡市江阳磁材有限责任公司 ……… 540
北京奥博华电子电器有限责任公司 … 434
天津新天耐力汽车配件有限公司 …… 438
天津市三星伟业汽车电器有限公司 … 439
任丘市朝辉汽配制造有限公司 ……… 442
河北成城汽车电机制造有限公司 …… 442
任丘盛润电碳制品有限公司 ………… 442
河北骏达汽车电器有限公司 ………… 442
任丘双楼电碳制品有限公司 ………… 442
任丘市冀中齿轮厂 …………………… 442
任丘市华润汽车电器厂 ……………… 443
秦皇岛金昌电子科技有限公司 ……… 443
锦州佳岚电装有限公司 ……………… 445
锦州东佑精工有限公司 ……………… 445
辽宁金伟汽车电机电器有限公司 …… 445
辽宁启明汽车电器有限公司 ………… 445
锦州华汇电子有限公司 ……………… 445
锦州华一旋压技术有限公司 ………… 445
锦州韩华电装有限公司 ……………… 445
万得汽车技术股份有限公司 ………… 446
锦州瑞龙实业集团有限公司 ………… 446
上海奥众汽车部件制造有限公司 …… 136
上海弗卡实业有限公司 ……………… 449
畅博电子(上海)有限公司 ………… 449
上海沃巴弗电子科技有限公司 ……… 450
迪克斯汽车电器(上海)有限公司 … 451
上海城邦汽车配件制造有限公司 …… 454
神奇电碳集团上海有限公司 ………… 455
特耐斯(镇江)电碳有限公司 ……… 457
江苏超力集团 ………………………… 457
常州市金乐电机有限公司 …………… 461
江苏江南电机有限公司 ……………… 462
常州市豪佳电器有限公司 …………… 463
常州市辉鸿汽车电器有限公司 ……… 464
常州恒达汽车零部件制造有限公司 … 464
常州百信以拓汽车电器系统有限公司 … 464
常州市永恒起动机开关厂 …………… 464
常州市得超汽车电机厂 ……………… 464
常州市宝瑞电机厂 …………………… 464
常州市科谷机械配件有限公司 ……… 464
常州市武进恒威汽车电器有限公司 … 464
康奈可科技(无锡)有限公司 ……… 465
常州市荣茂汽车电器有限公司 ……… 465
常州奔马电机有限公司 ……………… 465
无锡金阳电机有限公司 ……………… 466
无锡市立科汽车部件有限公司 ……… 466
无锡神速汽车电器有限公司 ………… 466
无锡市晟达汽车附件厂 ……………… 466
宜兴市明甫汽车配件有限公司 ……… 467
无锡市神力齿轮冷挤有限公司 ……… 467
苏州市汉达工业自动化有限公司 …… 469
苏州科固电器有限公司 ……………… 469
苏州安固电器有限公司 ……………… 469
苏州东南碳制品有限公司 …………… 471
柏科(常熟)电机有限公司 ………… 471
徐州整流汽车元件有限公司 ………… 472
江苏建威电子科技有限公司 ………… 472
江苏奥尼克电气有限公司 …………… 472
徐州徐整汽车电器有限公司 ………… 472
徐州翔跃电子有限公司 ……………… 472
徐州市嘉迪汽车电器有限公司 ……… 472
盐城市勇驰汽车电器有限公司 ……… 472
江苏华宇碳素有限公司 ……………… 474
海门市富康碳业有限公司 …………… 474
海门市康斯达碳业有限公司 ………… 474
海门市华联电碳有限公司 …………… 474
南通金菱电器有限公司 ……………… 474
海门市三友碳业有限公司 …………… 474
江苏龙城精锻有限公司 ……………… 577
苏州明志科技有限公司 ……………… 703
江苏荣腾模具部品制造有限公司 …… 703
浙江鼎利控股集团有限公司 ………… 162
瑞安市日正汽车部件有限公司 ……… 169
绍兴市盛隆汽车制动器厂 …………… 268
承田汽车配件工业(浙江)有限公司 … 269
余姚市天润机械有限公司 …………… 274
浙江省台州敬炜塑料齿轮有限公司 … 278
浙江省瑞安市长虹车辆配件有限公司 … 296
宁波恒富汽车部件发展有限公司 …… 402
浙江瑞虹空调配件有限公司 ………… 476
宁波市江北国茂电器厂 ……………… 478
新希尔实业有限公司 ………………… 478
宁波海通汽车配件有限公司 ………… 478
宁波诺士敦机电有限公司 …………… 480
宁波金腾摩多卡汽车电器有限公司 … 480
宁波广良电碳制品有限公司 ………… 480
华瑞电器股份有限公司 ……………… 480
宁波惠山汽配制造有限公司 ………… 480
宁波市鄞州天星汽车电器厂 ………… 480
慈溪奥博汽车电器有限公司 ………… 481
慈溪市勤盛五金电器厂 ……………… 482
车王电子(宁波)有限公司 ………… 483
宁波友信电器有限公司 ……………… 483
慈溪市博菱汽车电器有限公司 ……… 484
浙江省余姚市伯钿电器厂 …………… 484
浙江黄龙机电有限公司 ……………… 485
温岭市永赢机械部件厂 ……………… 485
玉环荣昌机械有限公司 ……………… 485
玉环鑫锦泓机械制造有限公司 ……… 485
温岭市达昌电器厂 …………………… 485
信质电机股份有限公司 ……………… 486
新大洋机电集团有限公司 …………… 486
台州伟博汽车零部件有限公司 ……… 486
玉环普天单向器有限公司 …………… 486
台州振鹏单向器有限公司 …………… 486
台州新起飞机械有限公司 …………… 486
永康市铁能工贸有限公司 …………… 487
浙江省永康市康福特实业有限公司 … 487
康灵集团有限公司 …………………… 487
永康市东方起动电器厂 ……………… 487
横店集团东磁股份有限公司 ………… 488
丽水市信毅单向器有限公司 ………… 488
丽水市昌盛单向器有限公司 ………… 488
温州润达汽车电器有限公司 ………… 490
温州市奥立运电器有限公司 ………… 491
瑞安市红旗换向器有限公司 ………… 492
浙江卓进电器有限公司 ……………… 492
利达机电有限公司 …………………… 492
浙江长城换向器有限公司 …………… 492
瑞安市宏发电器有限公司 …………… 492
浙江利丰电器股份有限公司 ………… 492
安固集团有限公司 …………………… 493

温州市佳固电器有限公司 …… 493
瑞安市天瑞换向器有限公司 …… 493
瑞安市安庆机动车配件有限公司 …… 494
瑞安市奔尔汽车电机有限公司 …… 494
瑞安市瑞日汽车电器有限公司 …… 495
瑞安市源圣汽车电器有限公司 …… 496
瑞安市固特威汽车配件有限公司 …… 497
瑞安市耐特汽车电子有限公司 …… 499
温州鸿腾汽车电器有限公司 …… 500
瑞安市瑞鑫电器有限公司 …… 502
瑞安市博宇电器有限公司 …… 502
浙江威想电器有限公司 …… 503
温州东南碳制品有限公司 …… 503
温州耶力汽车电机有限公司 …… 503
神奇电碳集团有限公司 …… 503
温州同力汽车电器有限公司 …… 503
海盐猛凌汽车配件有限公司 …… 598
瑞安市劲耐汽车装饰卡扣有限公司 … 613
合肥佳讯精密机械制造有限公司 …… 505
芜湖市博顿汽车零部件厂 …… 506
芜湖精诺汽车电器有限公司 …… 506
福州优利机械有限公司 …… 508
厦门市勤贤工贸发展有限公司 …… 510
厦门达真电机有限公司 …… 510
南昌天元汽车配件有限公司 …… 511
聊城杰孚电机有限公司 …… 512
聊城汇创电机有限公司 …… 512
潍坊万隆电气股份有限公司 …… 513
莱州市金声汽车电器有限公司 …… 513
威海新光电碳制品有限公司 …… 514
新乡市精铸实业有限公司 …… 516
濮阳市建永实业有限公司 …… 516
武汉汉升汽车传感系统有限责任公司 … 519
湖北烨和电子科技有限公司 …… 519
荆州市神明汽配有限公司 …… 519
襄樊仪元汽车电子有限公司 …… 520
襄樊东车电子有限公司 …… 520
随州市万瑞汽车配件有限公司 …… 640
株洲市微特电刷有限公司 …… 522
长沙博大机械零部件有限公司 …… 719
广州市永友机动车配件有限公司 …… 202
广州梦阳汽车电机有限公司 …… 522
崇德通用电碳(番禺)有限公司 …… 524
深圳市凯中精密技术股份有限公司 … 530
中山市锝元电器有限公司 …… 535
广东江粉磁材股份有限公司 …… 535
重庆渝江压铸有限公司 …… 353
重庆零一精密机械有限公司 …… 354
重庆远旭机械有限公司 …… 537
重庆远博机械有限公司 …… 537
重庆华洋单向器制造有限公司 …… 537
重庆鑫磁科技有限公司 …… 537
重庆中冈电器有限公司 …… 538
成都远旺汽车电器有限公司 …… 539
四川泛华航空仪表电器有限公司 …… 540
自贡市联合碳素制品有限公司 …… 541

◉ 分电器、点火线圈、点火器

北京慨尔康科技发展有限公司 …… 436
北京久久顺电器有限公司 …… 435
北京裕罗电器装配有限公司 …… 436
天津新天耐力汽车配件有限公司 …… 438
天津市新阳电子有限公司 …… 438
天津市斯巴克瑞电子技术有限公司 … 439
廊坊科森电器有限公司 …… 443
廊坊华龙摩托车配件有限公司 …… 443
辽宁远朋汽车部件有限公司 …… 124
长春富维伟世通汽车电子有限公司 … 129
哈尔滨东安志阳汽车电气有限公司 …… 448
哈尔滨东安机电制造有限责任公司 … 448
哈尔滨奥通汽车电器有限公司 …… 448
畅博电子(上海)有限公司 …… 449
上海三车汽车零部件有限公司 …… 450
上海嘉尔成汽车部件有限公司 …… 453
上海东洋电装有限公司 …… 453
上海鼎杰电子有限公司 …… 454
上海准时汽车配件有限公司 …… 454
上海硕大电子科技有限公司 …… 455
南京三维汽车电器有限公司 …… 456
常州必能信汽车电器有限公司 …… 460
常州市正宇汽车电器有限公司 …… 462
常州市宇征车辆电器有限公司 …… 464
无锡电装汽车部件有限公司 …… 465
无锡市华纳汽车电子电器有限公司 … 467
爱乐联接(苏州)有限公司 …… 469
昆山凯迪汽车电器有限公司 …… 470
常熟银羊电子有限公司 …… 471
日立汽车系统(常熟)有限公司 …… 471
玉环县交通汽车部件厂 …… 161
瑞安市宝捷汽车配件有限公司 …… 167
温州威特汽车配件有限公司 …… 173
瑞安博欧汽配有限公司 …… 296
嘉兴协丰汽车电器有限公司 …… 477
海盐县爱建汽车电器有限责任公司 … 477
宁波市贤龙汽车配件有限公司 …… 478
宁波家琦电子有限公司 …… 478
宁波奥华汽车配件有限公司 …… 479
宁波京都汽车部件有限公司 …… 479
宁波永诚汽车电器有限公司 …… 479
宁波捷达汽车零部件制造有限公司 … 479
宁波市镇海正时汽车零部件有限公司 … 480
宁波海高利汽车电器制造有限公司 … 480
宁波市鄞州天星汽车电器厂 …… 480
宁波爱姆奇汽车配件有限公司 …… 480
慈溪市耀发电器有限公司 …… 481
慈溪市中航汽车零部件有限公司 …… 481
宁波市柏诺斯电器有限公司 …… 482
车王电子(宁波)有限公司 …… 483
宁波舜兴汽车电器有限公司 …… 483
宁波大光汽车零部件有限公司 …… 484
宁波久灵汽车零部件有限公司 …… 484
余姚市准时电器有限公司 …… 484
台州艾纳特电子有限公司 …… 485
浙江联炜电器有限公司 …… 488
浙江奥冠电子科技有限公司 …… 489
温州瑞利嘉汽车电器有限公司 …… 489
温州欧博电气有限公司 …… 490
浙江湖电汽车电器有限公司 …… 491
浙江博德汽车电子股份有限公司 …… 492
温州市华隆汽车电子有限公司 …… 492
温州美亚特汽车部件有限公司 …… 494
瑞安市华电机车电器有限公司 …… 495
浙江三华车业有限公司 …… 496
瑞安市伟达汽车配件有限公司 …… 496
瑞安市敬立汽配有限公司 …… 496
温州汇众汽车电器有限公司 …… 497
瑞安市夸克汽车电子有限公司 …… 498
瑞安市耐特汽车电子有限公司 …… 499
瑞安市三星汽摩配件有限公司 …… 499
温州东捷汽配有限公司 …… 499
温州鸿腾汽车电器有限公司 …… 500
瑞安市特霸汽车零部件有限公司 …… 500
温州浩源汽车部件有限公司 …… 500
温州凯皓汽车零部件有限公司 …… 502
瑞安市华德汽车零部件有限公司 …… 613
安徽省天富电子(集团)有限公司 …… 506
安徽祈艾特电子科技有限公司 …… 506
福建省霞浦县景禾机电有限公司 …… 509
普力生(厦门)机电有限公司 …… 509
福建宁德大扬工业有限公司 …… 713
济南瑞云科信电器有限公司 …… 512
德州天宇汽车电子有限公司 …… 513
淄博新志电器有限公司 …… 513
南阳宝尔特电子科技有限公司 …… 517
天海雪城汽车电子(鹤壁)有限公司 … 517
襄樊仪元汽车电子有限公司 …… 520
湖北新飞祥电子科技有限公司 …… 521
株洲湘火炬火花塞有限责任公司 …… 522
长沙奥斯凯汽车零部件有限公司 …… 522
广州市永友机动车配件有限公司 …… 202
深圳市健科电子有限公司 …… 528
东莞威迅实业有限公司 …… 532
重庆长安志阳汽车电气有限责任公司 … 538
重庆中冈电器有限公司 …… 538
四川泛华航空仪表电器有限公司 …… 540
遵义长征汽车零部件有限公司 …… 541

◉ 火花塞

北京裕罗电器装配有限公司 …… 436
上海特殊陶业有限公司 …… 453
南京三维汽车电器有限公司 …… 456
南京紫燕科技有限公司 …… 456
常州市正宇汽车电器有限公司 …… 462
爱乐联接(苏州)有限公司 …… 469
苏州科赫节能火花塞有限公司 …… 470
张家港神光汽摩零配件制造有限公司 … 472
杭州半球汽车配件有限公司 …… 477
宁波市艾奇艾火花塞有限公司 …… 478
宁波钧乔行汽车配件有限公司 …… 481
慈溪市坎墩至超汽车配件厂 …… 481
宁波纽时达火花塞有限公司 …… 481
宁波贝尔达控制拉索有限公司 …… 482
宁波威猛汽车部件有限公司 …… 482
宁波市博德艾普电气有限公司 …… 482
余姚市准时电器有限公司 …… 484
宁波久灵汽车零部件有限公司 …… 484
济南盛丰创力汽车配件有限公司 …… 184
湖北庆达科技有限责任公司 …… 337
株洲湘火炬火花塞有限责任公司 …… 522
广州市永友机动车配件有限公司 …… 202
东莞市斯创格滤清器有限公司 …… 205
佛山市豹王滤芯制造有限公司 …… 207
江门长江活塞有限公司 …… 208
山本机车部件(广州)有限公司 …… 523
重庆长安宜而奇汽车零部件有限公司 … 536

◉ 高压点火线

北京慨尔康科技发展有限公司 …… 436

天津新天耐力汽车配件有限公司 …… 438
天津市斯巴克瑞电子技术有限公司 … 439
天津市一剑汽车电器厂 …… 440
天津市环宇橡塑股份有限公司 …… 548
天津新罗油封橡塑制品有限公司 …… 548
邢台市嘉正汽车配件有限公司 …… 440
河间市飞达汽配制造有限公司 …… 442
河间市华盛汽配有限公司 …… 442
沧州市鑫翔宇汽车点火线有限公司 … 442
沈阳航天新光集团有限公司 …… 125
德尔福派克电气系统有限公司 …… 455
南京三维汽车电器有限公司 …… 456
南京紫燕科技有限公司 …… 456
常州必能信汽车电器有限公司 …… 460
宜兴市宏宇汽车电器有限公司 …… 467
无锡市华纳汽车电子电器有限公司 … 467
宜兴市鑫达汽车电器有限公司 …… 467
江阴市朗驰汽车零部件有限公司 …… 467
宁波麦瑞汽车零部件有限公司 …… 273
宁波久灵汽车零部件有限公司 …… 484
余姚市韩泰汽车电器有限公司 …… 484
余姚市准时电器有限公司 …… 484
浙江奥冠电子科技有限公司 …… 489
温州市奥立达电器有限公司 …… 491
瑞安市敬立汽配有限公司 …… 496
瑞安市赛利汽车部件有限公司 …… 498
温州凯皓汽车零部件有限公司 …… 502
福建宁德大扬工业有限公司 …… 713
济南盛丰创力汽车配件有限公司 …… 184
济南瑞云科信电器有限公司 …… 512
艾菲发动机零件(武汉)有限公司 …… 518
株洲湘火炬火花塞有限责任公司 …… 522
深圳市茂邦实业有限公司 …… 529
遵义长征汽车零部件有限公司 …… 541

◉ 汽车灯具、灯泡

上海小糸车灯有限公司 …… 456
江苏晨阳电光源有限公司 …… 468
北京韩一汽车饰件有限公司 …… 364
北方海拉车灯有限公司 …… 435
北京三立车灯有限公司 …… 436
天津穗积电材有限公司 …… 438
天津市丰霸照明电器有限公司 …… 439
天津斯坦雷电气有限公司 …… 440
黄骅市故县汽车附件厂 …… 441
容城来福灯泡有限公司 …… 443
辽宁远朋汽车部件有限公司 …… 124
锦祥照明系统(大连)有限公司 …… 445
长春一汽四环 TYC 车灯有限公司 …… 446
一汽四环化油器滤清器厂 …… 446
长春一汽富维海拉车灯有限公司 …… 446
吉林小糸东光车灯有限责任公司 …… 447
长春市光明车灯制造有限责任公司 … 447
哈飞机电产品制造有限责任公司 …… 374
麦格纳唐纳利(上海)汽车科技公司 … 377
上海博迩森汽车配件有限公司 …… 379
上海南北机械电气工程有限公司 …… 449
上海浦东车灯有限公司 …… 451
上海闵原电器有限公司 …… 451
上海开腾信号设备有限公司 …… 452
上海鼎杰电子有限公司 …… 454
上海纽福克斯汽车配件有限公司 …… 454
上海新兴车灯厂 …… 567
上海康耐司信号设备有限公司 …… 661
上海米开罗那机电技术有限公司 …… 694
常州市万翔车辆部件有限公司 …… 141
苏州睿昕汽车配件有限公司 …… 146
江苏飞越车辆部件有限公司 …… 383
江苏畅通车业集团有限公司 …… 383
丹阳市华升汽车部件有限公司 …… 384
丹阳金城配件有限公司 …… 384
江苏锐光车业有限公司 …… 384
江苏秦龙车灯有限公司 …… 384
江苏吉祥车业有限公司 …… 384
镇江市宇鹏车业有限公司 …… 384
丹阳市鼎新塑件有限公司 …… 385
丹阳市华泰仪表台厂 …… 385
丹阳市云鹏车辆配件厂 …… 385
丹阳市北奔汽车附件厂 …… 385
江苏江龙科技发展有限公司 …… 385
丹阳市辉达塑件有限公司 …… 385
丹阳市华舜汽摩配件有限公司 …… 385
丹阳市恒诺汽配有限公司 …… 385
苏州五洲塑件有限公司 …… 385
江苏菱威汽车配件有限公司 …… 385
丹阳市惠风车辆配件厂 …… 385
丹阳市鹏凌塑业有限公司 …… 386
丹阳市日昌汽配有限公司 …… 386
江苏海狮汽车部件有限公司 …… 386
丹阳市汽车配件五厂 …… 386
丹阳市坤华汽配有限公司 …… 386
江苏卡威汽配有限公司 …… 386
丹阳胜洲汽车部件有限公司 …… 386
江苏明兴汽车部件有限公司 …… 386
丹阳市界牌镇浩鑫汽车塑件厂 …… 386
江苏丹阳市东兴汽配有限公司 …… 386
江苏天和汽配有限公司 …… 386
丹阳市新华隆汽配有限公司 …… 387
江苏文光集团有限公司 …… 387
常州市峰日车辆配件有限公司 …… 387
江苏省丹阳市东兴汽配有限公司 …… 387
常州市华光中奇车辆部件有限公司 … 388
常州市亚丰汽车配件制造有限公司 … 388
常州市宇达汽车配件有限公司 …… 388
常州海拓汽车部件有限公司 …… 388
常州东胜汽车饰件有限公司 …… 389
常州汇凯汽车系统有限公司 …… 389
常州市鹏源塑业有限公司 …… 389
常州市明宇交通器材有限公司 …… 389
江苏先昌电能部件有限公司 …… 389
常州市亚能车业有限公司 …… 389
常州九鼎车业有限公司 …… 389
常州市希锐车辆部件厂 …… 389
常州市良宇车辆配件厂 …… 389
常州市华龙灯具厂 …… 389
常州易达奇车辆部件有限公司 …… 389
常州市联顺车辆配件厂 …… 389
常州市银河明磊车辆配件厂 …… 389
常州帝豪机车部件有限公司 …… 390
常州市安江车辆部件厂 …… 390
常州市瑞悦车业有限公司 …… 390
常州市东晨车辆部件有限公司 …… 390
常州亨达车业部件有限公司 …… 390
常州市银华车饰件制造有限公司 …… 390
常州美高塑件有限公司 …… 390
常州市添翼汽车部件有限公司 …… 390
常州市郭氏车辆配件有限公司 …… 391
常州市沿江车辆配件厂 …… 391
常州市金迪车辆部件有限公司 …… 391
常州市长明塑料配件有限公司 …… 391
常州市鑫跃灯业有限公司 …… 391
常州市飞拓模塑有限公司 …… 391
常州市凯凌车配有限公司 …… 391
常州市斌峰塑件厂 …… 391
常州华鼎车辆配件厂 …… 391
饰而杰汽车制品(苏州)有限公司 …… 395
江苏摩比斯汽车零部件有限公司 …… 396
扬州神舟汽车内饰件有限公司 …… 396
江苏上钺汽车部件有限公司 …… 457
江苏洪昌科技股份有限公司 …… 457
江苏源冠汽车配件有限公司 …… 457
丹阳市擎天塑件有限公司 …… 457
江苏晨扬交通器材有限公司 …… 457
江苏佳诚汽车零部件有限公司 …… 457
镇江震东电光源有限公司 …… 457
镇江市厦泰照明电器有限公司 …… 457
镇江金象照明电器有限责任公司 …… 457
丹阳威菱汽车部件有限公司 …… 458
江苏星乐照明科技有限公司 …… 458
江苏远洋车灯有限公司 …… 458
丹阳市晶晶玻璃有限公司 …… 458
丹阳市东港灯具有限公司 …… 458
丹阳市君子兰塑件有限公司 …… 458
丹阳谊善车灯设备制造有限公司 …… 458
江苏申通汽车零部件有限公司 …… 458
江苏天聚灯业有限公司 …… 458
江苏德力嘉汽摩配件有限公司 …… 458
丹阳市鸿翔车灯有限公司 …… 458
丹阳市天龙车灯镀膜有限公司 …… 459
丹阳格铃汽配有限公司 …… 459
丹阳市帅达车业有限公司 …… 459
丹阳市通用车灯厂 …… 459
丹阳市翔宇车灯厂 …… 459
丹阳市华东消声器厂 …… 459
丹阳洲润汽车塑件厂 …… 459
丹阳市伯良灯具厂 …… 459
江苏红光汽车配件有限公司 …… 459
丹阳市镇红汽车灯具有限公司 …… 459
江苏海德莱特汽车部件有限公司 …… 459
江苏新凯鑫车业有限公司 …… 459
丹阳市振兴车灯有限公司 …… 459
丹阳顶发塑业有限公司 …… 459
江苏中科朗恩斯车辆科技有限公司 … 460
江苏常诚汽车部件有限公司 …… 460
常州久铁灯具有限公司 …… 461
大茂伟瑞柯车灯有限公司 …… 461
常州星宇车灯股份有限公司 …… 461
常州市王朝车业有限公司 …… 462
常州市太平洋电镀有限公司 …… 462
常州佳得利车辆部件有限公司 …… 462
常州永益车业有限公司 …… 462
常州市旭日车辆配件厂 …… 462
江苏永明汽车部件有限公司 …… 462
常州市荣嘉车业配件有限公司 …… 462
常州秀田车辆部件有限公司 …… 462
常州市五一灯具有限公司 …… 463
常州市黄河车灯有限公司 …… 463
常州市巨峰车灯厂 …… 463
常州鸿利来灯饰有限公司 …… 463
常州良盛车业有限公司 …… 463
常州市乐业车灯厂 …… 463

常州金亚灯具有限公司 …… 463
常州市南挂车辆部件有限公司 …… 463
常州市永拓车灯厂 …… 463
常州闻琪车辆部件厂 …… 463
常州市文涛汽车配件厂 …… 463
常州市华杰塑件厂 …… 463
常州市新光灯泡厂 …… 465
常州市永达光源有限公司 …… 465
常州光明灯泡有限公司 …… 465
常州市新宇天丽光源厂 …… 465
常州市亚达照明电器有限公司 …… 465
苏州凯迪尔照明科技有限公司 …… 470
帝宝交通器材(昆山)有限公司 …… 470
常熟林芝电子技术有限公司 …… 471
太仓百朗星灯具有限公司 …… 471
盐城杰明斯灯泡厂 …… 472
丹阳市富奥模塑有限公司 …… 574
无锡市巨龙塑化有限公司 …… 580
南通海林汽车橡塑制品有限公司 …… 588
常州市鹏翔汽车装饰件厂 …… 662
江苏高标科技发展有限公司 …… 662
无锡科宝技术有限公司 …… 663
辉创电子科技(苏州)有限公司 …… 663
浙江普礼汽配制造有限公司 …… 153
温州乔邦汽车部件有限公司 …… 168
浙江奥泰散热器有限公司 …… 172
宁波飞翔兴业汽配有限公司 …… 399
慈溪市福尔达实业有限公司 …… 401
台州市黄岩济豪模具有限公司 …… 403
浙江正东机车部件有限公司 …… 405
浙江银宏汽摩附件有限公司 …… 406
瑞安市胜凯汽车配件厂 …… 407
浙江利海机车部件有限公司 …… 407
瑞安美力华车镜有限公司 …… 408
浙江车灯有限公司 …… 476
上虞市群鑫电器有限公司 …… 476
绍兴伟光电子电器有限公司 …… 476
爱博特电子(宁波)有限公司 …… 477
海宁华宁灯泡有限责任公司 …… 477
浙江欧亚光电科技有限公司 …… 477
嘉兴市光泰照明有限公司 …… 477
浙江星宙电气有限公司 …… 477
海盐永伟电子器材有限公司 …… 477
宁波史丹利汽车部件有限公司 …… 479
宁波市鄞州天星汽车电器厂 …… 480
宁波纽时达火花塞有限公司 …… 481
宁波东隆光电科技有限公司 …… 482
宁波唯尔电器有限公司 …… 483
浙江天翀车灯集团有限公司 …… 486
浙江省金华市第一特种灯泡厂 …… 487
浙江嘉利(丽水)工业有限公司 …… 488
温州市宏正警安设备有限公司 …… 489
浙江利益安防有限公司 …… 489
温州一川电气有限公司 …… 491
浙江三华车业有限公司 …… 496
乐清市笛光汽车配件有限公司 …… 502
温州科明汽车部件有限公司 …… 505
宁波杰洲电器有限公司 …… 666
宁波骏达汽车配件制造有限公司 …… 666
余姚市裕瑞电器有限公司 …… 666
宁波华盛电器有限公司 …… 666
瑞安扬声电子器材有限公司 …… 669
浙江峰达防盗设备股份有限公司 …… 669
厦门金龙橡塑制品有限公司 …… 414
福州小糸大亿车灯有限公司 …… 508
竹森电子工业有限公司 …… 509
厦门市金汤橡塑有限公司 …… 621
山东遨游汽车制动系统股份有限公司 … 319
山东黑山玻璃集团 …… 416
山东只楚民营科技园股份有限公司 … 417
山东旭日汽车饰件集团 …… 418
山东鲁得贝车灯股份有限公司 …… 512
山东省博兴县开元车辆配件有限公司 … 513
山东泰瑞汽车机械电器有限公司 …… 513
三立(烟台)车灯有限公司 …… 514
威海世高光电子有限公司 …… 514
青岛利泰克照明有限公司 …… 515
青岛莱特电器有限公司 …… 515
郑州市金根汽车零部件有限公司 …… 418
郑州文光车辆附件有限公司 …… 516
湖北法雷奥车灯有限公司 …… 518
武汉诚盛电子有限公司 …… 518
孝感市瑞莱特汽车照明有限公司 …… 519
飞利浦汽车照明湖北有限公司 …… 519
湖北汉光照明股份有限公司 …… 519
湖北华中光电科技有限公司 …… 519
湖北孝感华中车灯有限公司 …… 519
湖北小糸车灯有限公司 …… 519
湖北环宇车灯有限公司 …… 520
湖北华龙车灯有限公司 …… 520
东风汽车有限公司刃量具厂 …… 718
株洲湘火炬汽车灯具有限责任公司 … 522
广州坤江汽车配件工业制造有限公司 … 203
广州三兴精密模具塑料工程有限公司 … 423
广州今仙电机工业有限公司 …… 424
广州汽车集团零部件有限公司 …… 424
广东多纳勒振华汽车系统有限公司 … 428
广州市睿星汽车配件有限公司 …… 522
广州索哥波灯具有限公司 …… 522
广州市白云区百新电器厂 …… 522
广州斯坦雷电气有限公司 …… 523
广州维高集团有限公司 …… 523
广东金华达电子有限公司 …… 523
广州市佛达信号设备有限公司 …… 523
广州金诺电子科技有限公司 …… 523
广州兴辉五金有限公司 …… 524
广州小糸车灯有限公司 …… 524
汕头市金茂电光源实业有限公司 …… 525
广东骑光车灯工业有限公司 …… 525
深圳市拓邦汽车电子技术有限公司 … 529
积架宝威汽车配件(深圳)有限公司 … 529
深圳市华田汽车电器有限公司 …… 530
湖北法雷奥车灯有限公司佛山分公司 … 533
市光法雷奥(佛山)汽车照明系统公司 … 533
欧司朗(中国)照明有限公司 …… 533
佛山电器照明股份有限公司 …… 533
佛山市高宝照明电器有限公司 …… 533
佛山市南海华星照明电器厂 …… 534
佛山克莱汽车照明股份有限公司 …… 534
善为汽车电器有限公司 …… 534
广东华日照明有限公司 …… 534
广东雪莱特光电科技股份有限公司 … 534
佛山市顺德区豪顺汽车装饰配件公司 … 535
威捷极光汽车灯具有限公司 …… 535
中山市锝元电器有限公司 …… 535
汕头市澄海区超米乔车辆配件厂 …… 671
广州市乐业永丰企业有限公司 …… 671
广州铁老大防盗设备有限公司 …… 672
广州市亿成隆汽车用品有限公司 …… 673
广州市唯能汽车用品有限公司 …… 673
广东任我通汽车用品有限公司 …… 679
车之福汽车用品有限公司 …… 679
佛山市顺德新邦汽车用品有限公司 … 679
广东小飞将科技有限公司 …… 680
中山鑫洋物联网科技有限公司 …… 680
重庆华渝斯坦雷灯具有限公司 …… 536
重庆祥盛实业发展有限公司 …… 536
重庆三本车灯有限公司 …… 537
上海小糸车灯重庆有限公司 …… 538
重庆秦川实业(集团)股份有限公司 … 538
华蓥市正大汽配有限公司 …… 540
陕西德仕汽车部件(集团)有限公司 … 219
陕西凌云电器集团有限公司 …… 541

◉ 汽车仪表

东风电子科技股份有限公司 …… 449
惠州市德赛西威汽车电子股份公司 …… 526
航天新长征电动汽车技术有限公司 …… 51
北京林河仪表有限公司 …… 434
航天科技控股集团股份有限公司 …… 434
槌屋(天津)汽车配件有限公司 …… 438
太原太航汽车电子有限公司 …… 443
内蒙古一机集团宏远电器有限公司 …… 444
四平市德嘉电子仪表有限公司 …… 447
哈尔滨晶石机械制造有限公司 …… 242
哈尔滨威帝汽车电子有限公司 …… 448
黑龙江天有为电子有限责任公司 …… 448
上海三车汽车零部件有限公司 …… 450
上海日精仪器有限公司 …… 451
欧科佳(上海)汽车电子设备有限公司 … 453
上海耀通电子仪表有限公司 …… 456
上海德科电子仪表有限公司 …… 456
上海长江仪表厂 …… 456
南京台兴汽车零部件制造有限公司 … 383
常州市长明塑料配件有限公司 …… 391
常州市鑫跃灯业有限公司 …… 391
江阴模塑集团有限公司 …… 394
南京双环电器制造有限公司 …… 456
南京华敏电子有限公司 …… 456
无锡市明怡电器仪表有限公司 …… 466
苏州波特尼电气系统有限公司 …… 470
南京金三力橡塑有限公司 …… 573
胜赛思－嵘泰(扬州)精密压铸公司 … 587
徐州市黄河仪器仪表厂 …… 705
万通智控科技股份有限公司 …… 260
鑫田集团有限公司 …… 408
温州林泰汽车配件有限公司 …… 410
杭州矢崎配件有限公司 …… 475
杭州永富电子仪表有限公司 …… 475
延锋伟世通怡东汽车仪表有限公司 … 476
浙江汽车仪表有限公司 …… 476
宁波市鄞州雪利曼电子仪表有限公司 … 480
慈溪市锦辉仪表指针厂 …… 481
宁波科达仪表有限公司 …… 483
奉化市汉特汽车仪表有限公司 …… 484
浙江中科正方电子技术有限公司 …… 486
瑞安市东南仪表元件厂 …… 489
温州雷曼汽车电器有限公司 …… 491
瑞安市安庆机动车配件有限公司 …… 494
瑞安市力天车业部件有限公司 …… 494
瑞安市长征汽车电器厂 …… 497

浙江瑞安市华联仪表有限公司 ········ 498
潜华汽车仪表有限公司 ················ 499
温州盛诺汽车电器有限公司 ············ 499
瑞安市东欧汽车仪表厂 ················ 501
杭州鼎盛科技仪器有限公司 ············ 707
宁波德业科技集团有限公司 ············ 708
宁波亚福仪表制造有限公司 ············ 709
安徽应流机电有限责任公司 ············ 175
合肥海泰克汽车电子有限公司 ·········· 505
大陆汽车电子(芜湖)有限公司 ········· 506
埃泰克汽车电子(芜湖)有限公司 ······· 506
安徽金海达汽车电子有限公司 ·········· 506
黄山金马股份有限公司 ················ 507
普力生(厦门)机电有限公司 ··········· 509
龙口通力汽车配件有限公司 ············ 192
山东泰瑞汽车机械电器有限公司 ········ 513
诸城市新东方汽车仪表有限责任公司 ··· 514
郑州市金根汽车零部件有限公司 ········ 418
郑州科利电子有限公司 ················ 516
湖北双鸥汽车工程塑料(集团)公司 ··· 421
东风汽车电子有限公司 ················ 520
广州三兴精密模具塑料工程有限公司 ··· 423
康奈可(广州)汽车电子有限公司 ····· 424
东莞广泽汽车饰件有限公司 ············ 427
马瑞利汽车电子(广州)有限公司 ····· 523
广州维高集团有限公司 ················ 523
广州从化科昂诗汽车配件有限公司 ····· 524
深圳市飞音科技有限公司 ·············· 528
深圳市东仪电子有限公司 ·············· 529
深圳市麦积电子科技有限公司 ·········· 530
东莞精刻电子有限公司 ················ 532
东莞正扬电子机械有限公司 ············ 533
珠海嵘泰有色金属铸造有限公司 ········ 647
东莞井上建上汽车部件有限公司 ········ 649
深圳市恒日通电子有限公司 ············ 677
广州艾帕克汽车配件有限公司 ·········· 720
维克多精密工业(深圳)有限公司 ······ 722
重庆矢崎仪表有限公司 ················ 538
成都中电锦江信息产业有限公司 ········ 539
成都成航车辆仪表有限责任公司 ········ 539
成都航凯天电子股份有限公司 ·········· 539
成都天兴仪表(集团)有限公司 ········ 540

◉ 传感器与警报系统

东风电子科技股份有限公司 ············ 449
博世汽车部件(苏州)有限公司 ········ 254
湖北开特汽车电子电器系统股份公司 ··· 518
北京慨尔康科技发展有限公司 ········ 436
广东奥迪威传感科技股份有限公司 ··· 524
北京新峰天霁科技有限公司 ············ 434
北京林河仪表有限公司 ················ 434
北京朗威汽车零部件有限公司 ·········· 435
天津认知汽车配件有限公司 ············ 119
天津丰星电子有限公司 ················ 367
天津电装电机有限公司 ················ 438
天津松下电子部品有限公司 ············ 439
天津市斯巴克瑞电子技术有限公司 ····· 439
图尔克(天津)传感器有限公司 ········ 439
大陆汽车系统(天津)有限公司 ········ 439
河北美泰电子科技有限公司 ············ 440
太原太航汽车电子有限公司 ············ 443
沈阳玄潭汽车部件有限公司 ············ 125
沈阳盛德汽车部件有限公司 ············ 444
丹东华颖电器有限责任公司 ············ 445
凤城市富达汽车传感器有限公司 ········ 445
大陆汽车电子(长春)有限公司 ········ 446
哈尔滨东安志阳汽车电气有限公司 ····· 448
哈尔滨威帝汽车电子有限公司 ·········· 448
哈尔滨金溢科技有限公司 ·············· 448
哈尔滨东安机电制造有限责任公司 ····· 448
上海保隆汽车科技股份有限公司 ········ 135
上海奥众汽车部件制造有限公司 ········ 136
上海合众工贸实业公司 ················ 137
畅博电子(上海)有限公司 ············ 449
高田汽车电子(上海)有限公司 ········ 449
美特斯工业系统(中国)有限公司 ······ 449
上海联宙汽车电器有限公司 ············ 450
上海新跃联汇电子科技有限公司 ········ 450
上海航天汽车机电股份有限公司 ········ 450
上海沃巴弗电子科技有限公司 ·········· 450
上海浦成传感器有限公司 ·············· 450
上海海拉电子有限公司 ················ 451
马夸特开关(上海)有限公司 ·········· 451
上海好光传感器有限公司 ·············· 451
上海南大集团德首实业有限公司 ········ 451
上海擘美电子科技发展有限公司 ········ 452
上海特殊陶业有限公司 ················ 453
上海海华传感器有限公司 ·············· 453
上海天义汽车电器有限公司 ············ 455
科世达(上海)管理有限公司 ·········· 455
上海耀通电子仪表有限公司 ············ 456
上海长江仪表厂 ······················ 456
江苏金榆科技集团有限公司 ············ 251
常州市盛士达汽车空调有限公司 ········ 388
南京华敏电子有限公司 ················ 456
南京双环电器制造有限公司 ············ 456
汉得利(常州)电子有限公司 ·········· 461
无锡晶晟汽车电子有限公司 ············ 466
苏州福特斯汽车电子有限公司 ·········· 468
升德升(连云港)电子有限公司 ········ 472
江苏埃尔贝勒汽车电子有限公司 ········ 473
扬州奥力威传感器有限公司 ············ 473
宁波方圆汽摩发展有限公司 ············ 155
宁波舜江汽车部件制造有限公司 ········ 155
台州锦地圆汽车配件有限公司 ·········· 157
玉环县联谊机械有限公司 ·············· 159
浙江双良汽车零部件有限公司 ·········· 163
温州华强汽配有限公司 ················ 164
温州市安能机械有限公司 ·············· 164
温州安佳汽车零部件有限公司 ·········· 164
温州精工滤清器有限公司 ·············· 165
浙江锦佳汽车零部件有限公司 ·········· 166
瑞安市新跃汽配有限公司 ·············· 167
瑞安市宝捷汽车配件有限公司 ·········· 167
瑞安市伟峰机车部件有限公司 ·········· 170
温州金瑞汽车部件有限公司 ············ 171
温州萨博汽车零部件有限公司 ·········· 174
鑫田集团有限公司 ···················· 408
平阳龙德汽车配件有限公司 ············ 410
杭州雄丰汽车配件有限公司 ············ 475
杭州永富电子仪表有限公司 ············ 475
浙江汽车仪表有限公司 ················ 476
嘉兴协丰汽车电器有限公司 ············ 477
浙江赛亿汽车部件制造有限公司 ········ 477
宁波新思创机电科技有限公司 ·········· 478
宁波家琦电子有限公司 ················ 478
宁波诺士敦机电有限公司 ·············· 480
宁波骆驼东港电热塞厂 ················ 480
宁波市鄞州雪利曼电子仪表有限公司 ··· 480
宁波爱姆奇汽车配件有限公司 ·········· 480
慈溪市耀发电器有限公司 ·············· 481
宁波兴慈热动电器有限公司 ············ 481
慈溪裕盛电子有限公司 ················ 481
慈溪冠宏电子有限公司 ················ 482
宁波市北仑机械电器有限公司 ·········· 485
浙江毅力汽车空调有限公司 ············ 488
温州市宏正警安设备有限公司 ·········· 489
浙江奥冠电子科技有限公司 ············ 489
利尔电气(浙江)有限公司 ············ 489
浙江利益安防有限公司 ················ 489
浙江正泰汽车零部件有限公司 ·········· 489
温州市豪晟汽配有限公司 ·············· 489
瑞安市东南仪表元件厂 ················ 489
浙江汇润电气有限公司 ················ 490
温州奥泰克汽车电器有限公司 ·········· 490
瑞安宏创汽车配件有限公司 ············ 491
浙江汉博汽配制造有限公司 ············ 491
温州雷曼汽车电器有限公司 ············ 491
浙江恒光汽车部件有限公司 ············ 492
浙江博德汽车电子股份有限公司 ········ 492
温州卓瑞汽车传感器有限公司 ·········· 492
浙江奥派克汽车配件有限公司 ·········· 494
瑞安市内利汽车电器厂 ················ 495
瑞安市满诚汽车配件厂 ················ 495
瑞安市金鹏电器厂 ···················· 495
瑞安市中申汽车配件有限公司 ·········· 495
瑞安市胜王汽车电器有限公司 ·········· 495
瑞安市炜炜车业部件有限公司 ·········· 496
瑞安市源圣汽车电器有限公司 ·········· 496
浙江三华车业有限公司 ················ 496
瑞安市科丰电子科技有限公司 ·········· 496
瑞安市奥神汽车配件有限公司 ·········· 497
瑞安市兆达机车部件有限公司 ·········· 497
瑞安市禾华汽车电子有限公司 ·········· 497
瑞安市夸克汽车电子有限公司 ·········· 498
温州市日益机车部件有限公司 ·········· 498
温州伟力汽车部件有限公司 ············ 498
瑞安市耐特汽车电子有限公司 ·········· 499
瑞安市永安汽车电器有限公司 ·········· 499
温州盛诺汽车电器有限公司 ············ 499
瑞安市金谷汽摩配有限公司 ············ 499
瑞安市中韩传感器有限公司 ············ 500
浙江松松汽车电器有限公司 ············ 500
温州鸿腾汽车电器有限公司 ············ 500
瑞安市达丰汽车部件有限公司 ·········· 501
瑞安市东欧汽车仪表厂 ················ 501
平阳纯德汽车配件有限公司 ············ 502
温州凯皓汽车零部件有限公司 ·········· 502
乐清市星火汽车电子有限公司 ·········· 504
浙江康信汽车电器有限公司 ············ 504
温州科明汽车部件有限公司 ············ 505
浙江亦佳汽车电子有限公司 ············ 505
瑞安扬声电子器材有限公司 ············ 669
宁波亚福仪表制造有限公司 ············ 709
蚌埠市康联汽车配件厂 ················ 176
合肥海泰克汽车电子有限公司 ·········· 505
合肥邦立电子股份有限公司 ············ 505
芜湖市博顿汽车零部件厂 ·············· 506
安徽金海达汽车电子有限公司 ·········· 506
马鞍山立信电气有限公司 ·············· 507
黄山市瑞兴汽车电子有限公司 ·········· 507

厦门宏发电声股份有限公司 ………… 509
竹森电子工业有限公司 ………… 509
普力生(厦门)机电有限公司 ………… 509
江西浩风电器有限公司 ………… 511
济南威成汽车零部件有限公司 ………… 313
济南中森机械制造有限公司 ………… 313
济南鑫极光汽车配件有限公司 ………… 512
济南鲁联汽车低温起动装置有限公司 … 512
济南瑞云科信电器有限公司 ………… 512
淄博新志电器有限公司 ………… 513
莱州市金声汽车电器有限公司 ………… 513
威海爱思特传感技术有限公司 ………… 514
曲阜天博集团 ………… 515
临沂市国连电子有限公司 ………… 515
临沂天一电子有限公司 ………… 515
青岛海泰自动化仪表有限公司 ………… 715
郑州科利电子有限公司 ………… 516
河南邦德电子电器有限公司 ………… 517
东风(十堰)车身部件有限责任公司 … 339
艾菲发动机零件(武汉)有限公司 …… 518
湖北泓盈传感技术有限公司 ………… 519
武汉汉升汽车传感系统有限责任公司 … 519
东风汽车电子有限公司 ………… 520
襄樊东车电子有限公司 ………… 520
湖北天运汽车电器系统有限公司 …… 521
湖北新飞祥电子科技有限公司 ………… 521
广州维高集团有限公司 ………… 523
惠州住润电子装备有限公司 ………… 526
深圳日立电线有限公司 ………… 528
深圳市健科电子有限公司 ………… 528
艾礼富电子(深圳)有限公司 ………… 531
宏宝科技企业有限公司 ………… 532
东莞市欧玛特电子科技有限公司 …… 532
东莞正扬电子机械有限公司 ………… 533
肇庆市声光(汽车)电子器材有限公司 … 533
佛山市顺德区豪顺汽车装饰配件公司 … 535
中山鑫洋物联网科技有限公司 ………… 680
重庆集诚汽车电子有限公司 ………… 537
重庆三信电子有限公司 ………… 537
重庆长安志阳汽车电气有限责任公司 … 538
成都明意科技发展有限公司 ………… 539
成都长迪传感技术有限公司 ………… 539
成都成航车辆仪表有限责任公司 …… 539
成都航凯天电子股份有限公司 ………… 539
成都天兴仪表(集团)有限公司 ………… 540

◉ 组合开关、点火开关等

上海逸航汽车零部件有限公司 ………… 452
上海沪工汽车电器有限公司 ………… 454
瑞立集团有限公司 ………… 295
北京兴科迪科技有限公司 ………… 434
北京顺恒达汽车零部件制造有限公司 … 435
北京久久顺电器有限公司 ………… 435
程茂电子有限公司 ………… 436
图尔克(天津)传感器有限公司 ………… 439
天津东海理化汽车部件有限公司 …… 440
任丘市朝辉汽配制造有限公司 ………… 442
河北骏达汽车电器有限公司 ………… 442
保定巨威电器有限公司 ………… 443
沈阳盛德汽车部件有限公司 ………… 444
北方重工集团汽车转向系统分公司 … 444
辽宁金伟汽车电机电器有限公司 …… 445
长春富维伟世通汽车电子有限公司 … 129
哈尔滨威帝汽车电子有限公司 ………… 448
畅博电子(上海)有限公司 ………… 449
上海航天汽车机电股份有限公司 …… 450
上海三车汽车零部件有限公司 ………… 450
马夸特开关(上海)有限公司 ………… 451
上海阳明汽车部件有限公司 ………… 453
上海东洋电装有限公司 ………… 453
上海鼎杰电子有限公司 ………… 454
上海鹰击汽车部件有限公司 ………… 454
上海天义汽车电器有限公司 ………… 455
科世达(上海)管理有限公司 ………… 455
句容联泰机电有限公司 ………… 387
饰而杰汽车制品(苏州)有限公司 …… 395
南京电气(集团)有限责任公司 ………… 456
南京双环电器制造有限公司 ………… 456
常州民迪汽车配件有限公司 ………… 460
常州铭瑞顺天电器有限公司 ………… 460
常州新华陵汽车电器有限公司 ………… 460
常州东洋建苍电机有限公司 ………… 461
常州市武进恒威汽车电器有限公司 … 464
常州市宇征车辆电器有限公司 ………… 464
常州市辉鸿汽车电器有限公司 ………… 464
常州市武进惠丰金属制品有限公司 … 464
常州百信以拓汽车电器系统有限公司 … 464
常州市永恒起动机开关厂 ………… 464
常州市得超汽车电机厂 ………… 464
常州奔马电机有限公司 ………… 465
江苏凯灵汽车电器有限公司 ………… 465
无锡市华星汽车电器有限公司 ………… 466
无锡金阳电机有限公司 ………… 466
无锡阿尔卑斯电子有限公司 ………… 466
无锡神速汽车电器有限公司 ………… 466
苏州汽车电器制造有限公司 ………… 468
苏州丰安机电有限公司 ………… 469
苏州华昌机电有限公司 ………… 469
天合汽车零部件(苏州)有限公司 …… 469
江苏正通电子有限公司 ………… 470
浙江双良汽车零部件有限公司 ………… 163
温州振瑞汽车配件有限公司 ………… 165
温州市国鹰汽车电喷系统有限公司 … 165
温州车舟汽车部件有限公司 ………… 166
浙江三工汽车零部件有限公司 ………… 169
温州贵航散热器有限公司 ………… 170
瑞安市丰华汽车电器有限公司 ………… 170
瑞安市富强汽车配件厂 ………… 172
浙江奥泰散热器有限公司 ………… 172
浙江鸿锐汽配股份有限公司 ………… 173
诸暨市伟林机械厂 ………… 265
宁波市镇海福华机械电器厂 ………… 272
玉环金宏汽车部件有限公司 ………… 286
浙江安固汽车配件有限公司 ………… 294
浙江恒力制动阀有限公司 ………… 296
温州鸿鹏汽配制造有限公司 ………… 299
宁波普瑞均胜汽车电子有限公司 …… 399
宁波华德汽车零部件有限公司 ………… 401
龙泉市杰科汽车零部件有限公司 …… 404
浙江超达汽车配件有限公司 ………… 405
龙泉市恒丰汽车空调配件有限公司 … 405
中欧汽车电器有限公司 ………… 406
温州市东风通用机电厂 ………… 406
浙江瑞安市通力汽车部件有限公司 … 406
瑞安市东兴汽车配件厂 ………… 407
浙江奥凯利汽配有限公司 ………… 407
温州市海鸥汽车锁系统有限公司 …… 407
浙江宇航汽车配件有限公司 ………… 408
浙江开拓汽车电器有限公司 ………… 409
瑞安市胜通汽车配件有限公司 ………… 409
浙江瑞安市罗南车辆电器厂 ………… 409
温州林泰汽车配件有限公司 ………… 410
平阳龙德汽车配件有限公司 ………… 410
杭州人人集团有限公司 ………… 474
杭州矢崎配件有限公司 ………… 475
杭州南华汽车配件有限公司 ………… 475
宁波市江北国茂电器厂 ………… 478
宁波市鄞州天星汽车电器厂 ………… 480
宁波阿尔卑斯电子有限公司 ………… 480
宁波兴慈热动电器有限公司 ………… 481
宁波友信电器有限公司 ………… 483
宁波华邦汽配有限公司 ………… 483
宁波久灵汽车零部件有限公司 ………… 484
象山华泰模塑电器有限公司 ………… 484
浙江阳明汽车部件有限公司 ………… 484
宁波华甬汽车零部件有限公司 ………… 485
宁波 Skyward 工业有限公司 ………… 485
浙江环方汽车电器有限公司 ………… 486
永康市东方起动电器厂 ………… 487
康灵集团有限公司 ………… 487
浙江毅力汽车空调有限公司 ………… 488
浙江正泰汽车零部件有限公司 ………… 489
温州奥泰克汽车电器有限公司 ………… 490
明冠实业有限公司 ………… 490
浙江万超电器有限公司 ………… 490
温州长江汽车电子有限公司 ………… 490
浙江高鹏汽车电器有限公司 ………… 490
瑞安市丰源机电有限公司 ………… 491
浙江湖电汽车电器有限公司 ………… 491
温州雷曼汽车电器有限公司 ………… 491
温州一川电气有限公司 ………… 491
瑞安市宏发电器有限公司 ………… 492
瑞安市胜亚车辆配件有限公司 ………… 493
温州市智通汽车配件有限公司 ………… 493
瑞安市力天车业部件有限公司 ………… 494
浙江奥派克汽车配件有限公司 ………… 494
瑞安市中胜汽车电器有限公司 ………… 494
温州美亚特汽车部件有限公司 ………… 494
瑞安市安庆机动车配件有限公司 …… 494
瑞安市中申汽车配件有限公司 ………… 495
瑞安市胜王汽车电器有限公司 ………… 495
浙江亿邦汽车电器有限公司 ………… 495
瑞安市满诚汽车配件厂 ………… 495
瑞安市新林汽车电器有限公司 ………… 495
瑞安市金鹏电器厂 ………… 495
瑞安市宇宙汽车部件有限公司 ………… 496
浙江宝通电器有限公司 ………… 496
瑞安市银通电器有限公司 ………… 496
瑞安市源圣汽车电器有限公司 ………… 496
浙江创佳汽车部件有限公司 ………… 496
浙江洪明汽车零部件有限公司 ………… 496
瑞安市炜炜车业部件有限公司 ………… 496
浙江杰程机车部件有限公司 ………… 497
温州汇众汽车电器有限公司 ………… 497
瑞安市长征汽车电器厂 ………… 497
瑞安市佳宇机车部件有限公司 ………… 497
浙江天岳汽车电器有限公司 ………… 498
浙江亚伯兰电器有限公司 ………… 498
瑞安市佳鸿伟业汽车电器有限公司 … 498
瑞安市豪王汽车零部件有限公司 …… 498
瑞安市金谷汽摩配有限公司 ………… 499

温州川龙汽车部件有限公司 …………… 499
温州集优电机制造有限公司 …………… 499
南洋汽摩集团有限公司 ………………… 500
浙江松松汽车电器有限公司 …………… 500
瑞安市亚瑞汽车电器有限公司 ………… 500
浙江省瑞安市速马汽车电器开关厂 … 501
银皓汽配有限公司 ……………………… 501
瑞安市达丰汽车部件有限公司 ………… 501
瑞安市三川汽车电器有限公司 ………… 501
瑞安市宏光电子电器有限公司 ………… 501
浙江远征汽摩附件有限公司 …………… 501
瑞安市博莱汽车部件有限公司 ………… 501
瑞安市追越汽车零部件有限公司 …… 502
瑞安市大众汽车组合开关厂 …………… 502
平阳纯德汽车配件有限公司 …………… 502
国威科技有限公司 ……………………… 503
乐清市锦豪汽车部件有限公司 ………… 503
浙江威想电器有限公司 ………………… 503
浙江星普汽车配件有限公司 …………… 503
温州耶力汽车电机有限公司 …………… 503
浙江程逸汽车电器有限公司 …………… 504
浙江安欣电业有限公司 ………………… 504
乐清市星火汽车电子有限公司 ………… 504
浙江泰康电子有限公司 ………………… 504
浙江康信汽车电器有限公司 …………… 504
浙江大明电子有限公司 ………………… 504
浙江亦佳汽车电子有限公司 …………… 505
温州科明汽车部件有限公司 …………… 505
慈溪市龙山汽配有限公司 ……………… 600
浙江朝泰机车部件有限公司 …………… 612
瑞安市华德汽车零部件有限公司 …… 613
浙江和佳油杯有限公司 ………………… 668
合肥晟泰克汽车电子有限公司 ………… 505
合肥创佳汽车电器有限公司 …………… 505
黄山顺昌汽车电器有限公司 …………… 507
黄山市瑞兴汽车电子有限公司 ………… 507
昌辉汽车电器(黄山)股份有限公司 … 507
福建省霞浦华威机电有限公司 ………… 182
晋江市华星电子器件有限公司 ………… 182
福州西诚电子有限公司 ………………… 507
福州祥泰电子有限公司 ………………… 507
福州耐力电机有限公司 ………………… 508
竹森电子工业有限公司 ………………… 509
厦门宏发电声股份有限公司 …………… 509
南昌天元汽车配件有限公司 …………… 511
江西浩风电器有限公司 ………………… 511
山东明水汽车配件厂 …………………… 313
济南瑞云科信电器有限公司 …………… 512
聊城杰孚电机有限公司 ………………… 512
济南鑫极光汽车配件有限公司 ………… 512
济南鲁联汽车低温起动装置有限公司 … 512
淄博新志电器有限公司 ………………… 513
青岛松下电子部品(保税区)有限公司 … 515
曲阜天博集团 …………………………… 515
济南舜天印务有限公司 ………………… 670
新乡市精铸实业有限公司 ……………… 516
濮阳市立圆汽车电器有限公司 ………… 516
郑州跃博汽车电器有限公司 …………… 516
台前龙泉汽车电器有限公司 …………… 516
河南邦德电子电器有限公司 …………… 517
随州市大成液压机械制造有限公司 … 337
东风(十堰)车身部件有限责任公司 … 339
东风富士汤姆森调温器有限公司 …… 518
湖北三环汽车电器有限公司 …………… 518
湖北孝感华中车灯有限公司 …………… 519
武汉汉升汽车传感系统有限责任公司 … 519
襄樊仪元汽车电子有限公司 …………… 520
十堰市中生电器有限公司 ……………… 521
广州市永友机动车配件有限公司 …… 202
广州市科立汽车电器有限公司 ………… 423
百丰(中国)电子科技有限公司 ………… 423
广州广爱兴汽车零部件有限公司 …… 424
欧姆龙(广州)汽车电子有限公司 …… 424
广州维高集团有限公司 ………………… 523
广州耐路志电机有限公司 ……………… 523
汕头东京电子有限公司 ………………… 525
惠州市正牌科电有限公司 ……………… 526
艾礼富电子(深圳)有限公司 ………… 531
广东咏华实业有限公司 ………………… 531
佛山华永科技有限公司 ………………… 533
中山市锝元电器有限公司 ……………… 535
有信制造(中山)有限公司 ……………… 535
中山市蓝宝电器有限公司 ……………… 535
车展交通器材(台山)有限公司 ……… 535
柯淇电器制造厂 ………………………… 680
维克多精密工业(深圳)有限公司 …… 722
柳州科尔数字化制造技术有限公司 … 536
重庆瑞阳科技股份有限公司 …………… 538
重庆秦川实业(集团)股份有限公司 … 538
成都航凯天电子股份有限公司 ………… 539
雅安小航电器有限责任公司 …………… 540
贵州贵航汽车零部件华阳电器公司 … 541
贵州贵航汽车零部件股份有限公司 … 656

◉ 中央配电盒、继电器、闪光器、电磁阀、电压调节器

上海沪工汽车电器有限公司 ………… 454
瑞立集团有限公司 …………………… 295
北京中纺恒远汽车电器有限公司 …… 433
北京久久顺电器有限公司 ……………… 435
北京朗威汽车零部件有限公司 ………… 435
天津新天耐力汽车配件有限公司 …… 438
天津松正电动汽车技术股份有限公司 … 438
天津津河电工有限公司 ………………… 439
天津市三星伟业汽车电器有限公司 … 439
河北星辰汽车电器有限公司 …………… 443
任丘市华润汽车电器厂 ………………… 443
廊坊科森电器有限公司 ………………… 443
廊坊华龙摩托车配件有限公司 ………… 443
秦皇岛金昌电子科技有限公司 ………… 443
保定巨威电器有限公司 ………………… 443
内蒙古一机集团宏远电器有限公司 … 444
沈阳玄潭汽车部件有限公司 …………… 125
锦州东佑精工有限公司 ………………… 445
丹东华颖电器有限责任公司 …………… 445
万得汽车技术股份有限公司 …………… 446
长春一汽延锋伟世通电子有限公司 … 446
辽源市宏鹰汽车零部件有限公司 …… 448
哈尔滨金溢科技有限公司 ……………… 448
哈尔滨威帝汽车电子有限公司 ………… 448
哈尔滨东安志阳汽车电气有限公司 … 448
上海珠铃汽车配件厂 …………………… 136
上海新光汽车电器有限公司 …………… 449
畅博电子(上海)有限公司 …………… 449
上海三车汽车零部件有限公司 ………… 450
上海赢双电机有限公司 ………………… 450
上海联宙汽车电器有限公司 …………… 450
上海航天汽车机电股份有限公司 …… 450
上海宇宙电器有限公司 ………………… 450
上海鼎杰电子有限公司 ………………… 454
上海新安电磁阀有限公司 ……………… 455
上海天义汽车电器有限公司 …………… 455
上海云峰小伙伴汽车服务有限公司 … 661
江苏金榆科技集团有限公司 …………… 251
张家港市牡丹汽车附件有限公司 …… 396
南京双环电器制造有限公司 …………… 456
江苏源冠汽车配件有限公司 …………… 457
江苏日盈电子股份有限公司 …………… 462
常州市永恒起动机开关厂 ……………… 464
无锡市华纳汽车电子电器有限公司 … 467
苏州奥佩克汽车部件有限公司 ………… 470
江苏云意电气股份有限公司 …………… 472
徐州翔跃电子有限公司 ………………… 472
徐州徐整汽车电器有限公司 …………… 472
浙江亿日气动科技有限公司 …………… 154
浙江瑞峰汽车零部件有限公司 ………… 167
瑞安市新跃汽配有限公司 ……………… 167
诸暨均泰汽车零部件有限公司 ………… 266
台州中圣汽车零部件有限公司 ………… 285
浙江中宝实业控股股份有限公司 …… 398
浙江龙腾空调有限公司 ………………… 404
浙江新劲空调设备有限公司 …………… 404
瑞安市雷迪森汽车部件有限公司 …… 408
瑞安市哲远汽车零部件有限公司 …… 408
杭州人人集团有限公司 ………………… 474
杭州广安汽车电器有限公司 …………… 475
浙江赛亿汽车部件制造有限公司 …… 477
宁波新思创机电科技有限公司 ………… 478
宁波家琦电子有限公司 ………………… 478
宁波奥华汽车配件有限公司 …………… 479
宁波市鄞州永林电子电器有限公司 … 479
宁波爱姆奇汽车配件有限公司 ………… 480
慈溪裕盛电子有限公司 ………………… 481
宁波华邦汽配有限公司 ………………… 483
宁波五马电器有限公司 ………………… 483
宁波松乐继电器有限公司 ……………… 483
浙江阳明汽车部件有限公司 …………… 484
浙江环方汽车电器有限公司 …………… 486
浙江奥冠电子科技有限公司 …………… 489
浙江正泰汽车零部件有限公司 ………… 489
温州市鹿东汽车配件厂 ………………… 489
温州欧博电气有限公司 ………………… 490
温州市明达电器有限公司 ……………… 490
温州奥泰克汽车电器有限公司 ………… 490
浙江湖电汽车电器有限公司 …………… 491
温州雷曼汽车电器有限公司 …………… 491
温州卓瑞汽车传感器有限公司 ………… 492
浙江博德汽车电子股份有限公司 …… 492
浙江瑞申汽配有限公司 ………………… 493
温州市智通汽车配件有限公司 ………… 493
瑞安市超声电器厂 ……………………… 493
瑞安市龙和汽车电器有限公司 ………… 493
瑞安市华东汽车继电器厂 ……………… 494
浙江奥派克汽车配件有限公司 ………… 494
瑞安市中胜汽车电器有限公司 ………… 494
瑞安市塘下环球汽车配件厂 …………… 494
瑞安市力天车业部件有限公司 ………… 494
瑞安市伟东汽车电器有限公司 ………… 495
瑞安市金鹏电器厂 ……………………… 495

瑞安市内利汽车电器厂 …… 495
瑞安市中申汽车配件有限公司 …… 495
瑞安市胜王汽车电器有限公司 …… 495
浙江亿邦汽车电器有限公司 …… 495
浙江捷加汽车零部件有限公司 …… 495
瑞安市华电机车电器有限公司 …… 495
瑞安市新林汽车电器有限公司 …… 495
瑞安市瑞日汽车电器有限公司 …… 495
浙江创佳汽车部件有限公司 …… 496
瑞安市源圣汽车电器有限公司 …… 496
浙江三华车业有限公司 …… 496
瑞安市银通电器有限公司 …… 496
瑞安市中洲电器厂 …… 497
浙江亚伯兰电器有限公司 …… 498
浙江赛杰电器有限公司 …… 498
温州盛诺汽车电器有限公司 …… 499
瑞安市耐特汽车电子有限公司 …… 499
瑞安市三星汽摩配件有限公司 …… 499
温州东捷汽配有限公司 …… 499
瑞安市永安汽车电器有限公司 …… 499
温州集优电机制造有限公司 …… 499
瑞安市辰泰汽车配件有限公司 …… 500
温州鸿腾汽车电器有限公司 …… 500
瑞安市亚瑞汽车电器有限公司 …… 500
瑞安市三川汽车电器有限公司 …… 501
瑞安市宏光电子电器有限公司 …… 501
温州华友汽车部件有限公司 …… 501
乐清市笛光汽车配件有限公司 …… 502
黄河汽配集团有限公司 …… 503
国威科技有限公司 …… 503
浙江星普汽车配件有限公司 …… 503
温州科明汽车部件有限公司 …… 505
瑞安市华德汽车零部件有限公司 …… 613
宁波雷顿科技有限公司 …… 666
浙江考格尔气动液压科技有限公司 …… 712
合肥创佳汽车电器有限公司 …… 505
厦门锐阳电子有限公司 …… 509
厦门宏发电声股份有限公司 …… 509
海拉(厦门)汽车电子有限公司 …… 509
厦门达真电机有限公司 …… 510
泉州恒昌电器有限公司 …… 510
海拉(厦门)电气有限公司 …… 510
济南瑞云科信电器有限公司 …… 512
济南鑫极光汽车配件有限公司 …… 512
淄博新志电器有限公司 …… 513
潍坊万隆电气股份有限公司 …… 513
莱州市金声汽车电器有限公司 …… 513
新乡市荣泰电器有限公司 …… 516
台前龙泉汽车电器有限公司 …… 516
天海汽车电子集团公司 …… 517
天海雪城汽车电子(鹤壁)有限公司 …… 517
鹤壁市恒泰电器有限公司 …… 517
公安县铜套有限公司 …… 198
东风(十堰)车身部件有限责任公司 …… 339
武汉东江阀业制造有限公司 …… 518
湖北三环汽车电器有限公司 …… 518
武汉汉升汽车传感系统有限责任公司 …… 519
襄樊仪元汽车电子有限公司 …… 520
襄樊东车电子有限公司 …… 520
湖北天运汽车电器系统有限公司 …… 521
十堰市中生电器有限公司 …… 521
湖北新飞祥电子科技有限公司 …… 521
广州市永友机动车配件有限公司 …… 202
广东省汕头市开达实业有限公司 …… 524
深圳市健科电子有限公司 …… 528
珠海共电有限公司 …… 531
珠海藤仓电装有限公司 …… 531
东莞创慈磁性元件有限公司 …… 532
东莞市三友联众电器有限公司 …… 533
佛山华永科技有限公司 …… 533
车展交通器材(台山)有限公司 …… 535
柳州天海盟立电器有限公司 …… 536
重庆中冈电器有限公司 …… 538
成都有为科技有限公司 …… 539
成都航凯天电子股份有限公司 …… 539
雅安小航电器有限责任公司 …… 540
四川泛华航空仪表电器有限公司 …… 540
贵州天义汽车电器有限公司 …… 541

◉ 点烟器、电阻器

上海逸航汽车零部件有限公司 …… 452
湖北开特汽车电子电器系统股份公司 …… 518
天津松下电子部品有限公司 …… 439
河北江津五金制品有限公司 …… 441
沈阳市开泰汽车点烟器厂 …… 444
上海克拉电子有限公司 …… 453
上海鹰峰电子科技有限公司 …… 453
苏州市光福电讯器材厂 …… 470
扬州奥力威传感器有限公司 …… 473
利富高(江苏)精密树脂制品公司 …… 586
杭州人人集团有限公司 …… 474
浙江毅力汽车空调有限公司 …… 488
温州科博达汽车部件有限公司 …… 490
瑞安市力天车业部件有限公司 …… 494
浙江奥派克汽车配件有限公司 …… 494
瑞安市源圣汽车电器有限公司 …… 496
温州市日益机车部件有限公司 …… 498
瑞安市追越汽车零部件有限公司 …… 502
慈溪市龙山汽配有限公司 …… 600
蚌埠市双环电子集团有限公司 …… 506
深圳市健科电子有限公司 …… 528

◉ 熔断器

河间市京明汽车插接器厂 …… 442
南京电气(集团)有限责任公司 …… 456
苏澳电子(南京)有限公司 …… 456
常州市振晖电子有限公司 …… 460
江苏日盈电子股份有限公司 …… 462
常州市豪佳电器有限公司 …… 463
常州常利来电子有限公司 …… 464
常州市沈雄电子有限公司 …… 464
杭州人人集团有限公司 …… 474
宁波华邦汽配有限公司 …… 483
温州强邦汽车配件有限公司 …… 490
瑞安市中申汽车配件有限公司 …… 495
瑞安市银通电器有限公司 …… 496
温州科明汽车部件有限公司 …… 505
吉门保险丝制造(厦门)有限公司 …… 510
河南邦德电子电器有限公司 …… 517
佛山克莱汽车照明股份有限公司 …… 534
车展交通器材(台山)有限公司 …… 535
中山市蓝宝电器有限公司 …… 535
广州金科汽车用品制造有限公司 …… 672
旭程电子(深圳)有限公司 …… 678

◉ 汽车线束、插接器

北京海纳川汽车部件股份有限公司 …… 363
长春一汽富晟集团有限公司 …… 238
上海逸航汽车零部件有限公司 …… 452
上海沪工汽车电器有限公司 …… 454
建新赵氏集团有限公司 …… 603
北京朗威汽车零部件有限公司 …… 435
北京福斯汽车电线有限公司 …… 436
北京斯普乐电线电缆有限公司 …… 436
北京裕罗电器装配有限公司 …… 436
北京帝格线束有限责任公司 …… 436
天津津住汽车线束有限公司 …… 436
程茂电子有限公司 …… 436
天津五洲元通实业有限公司 …… 438
天津津裕电业有限公司 …… 438
天津津河电工有限公司 …… 439
天津关电电子有限公司 …… 439
天津矢崎汽车配件有限公司 …… 439
天津滨海新区大港天力胶管有限公司 …… 547
威意特汽车系统(中国)有限公司 …… 369
河间市京明汽车插接器厂 …… 442
河北省河间市双强电线厂 …… 442
河间市津华金属制品有限公司 …… 442
河北骏达汽车电器有限公司 …… 442
莱尼线束系统(廊坊)有限公司 …… 443
沈阳长足电气系统有限公司 …… 444
莱尼线束系统(铁岭)有限公司 …… 444
大连原田工业有限公司 …… 444
营口阿部配线有限公司 …… 444
沈阳实发特种橡胶制品有限公司 …… 556
长春一汽四环集团有限公司 …… 129
长春市灯泡电线有限公司 …… 446
长春住电汽车线束有限公司 …… 446
长春春原汽车电线有限公司 …… 446
莱尼线束系统(长春)有限公司 …… 447
白城金事达电气有限公司 …… 448
上海世德子汽车零部件有限公司 …… 135
上海博迩森汽车配件有限公司 …… 379
上海三智汽配实业有限公司 …… 449
上海新光汽车电器有限公司 …… 449
上海金亭汽车线束有限公司 …… 450
上海熊猫线缆股份有限公司 …… 453
上海东洋电装有限公司 …… 453
上海纽福克斯汽车配件有限公司 …… 454
上海合壁电子电器有限公司 …… 455
莱尼电气系统(上海)有限公司 …… 455
德尔福派克电气系统有限公司 …… 455
上海众安电器塑料有限公司 …… 571
江苏金榆科技集团有限公司 …… 251
太航常青汽车安全设备(苏州)公司 …… 254
张家港市牡丹汽车附件有限公司 …… 396
莱尼金属导体(常州)有限公司 …… 460
莱尼电气线缆(常州)有限公司 …… 460
常州东洋建苍电机有限公司 …… 461
江苏日盈电子股份有限公司 …… 462
苏州丰安机电有限公司 …… 469
江苏正通电子有限公司 …… 470
苏州住电装有限公司 …… 470
苏州波特尼电气系统有限公司 …… 470
泰科电子(昆山)有限公司 …… 470
江苏火凤凰线缆系统技术股份公司 …… 470
常熟住电装汽车部品有限公司 …… 471
富士康科技集团(昆山)有限公司 …… 471

盐城市勇驰汽车电器有限公司 …… 472
徐州华夏电子有限公司 …… 472
南通友星机电工业有限公司 …… 473
南通友星线束有限公司 …… 473
南通大地电气有限公司 …… 473
艾伦(无锡)商用车部件有限公司 …… 579
苏州工业园区富事达塑业有限公司 …… 582
昆山东源明欣模具有限公司 …… 703
露笑集团有限公司 …… 152
温州乔邦汽车部件有限公司 …… 168
瑞安市伟峰机车部件有限公司 …… 170
宁波恒富汽车部件发展有限公司 …… 402
鑫田集团有限公司 …… 408
杭州矢崎配件有限公司 …… 475
杭州广安汽车电器有限公司 …… 475
杭州南华汽车配件有限公司 …… 475
杭州永富电子仪表有限公司 …… 475
宁波史丹利汽车部件有限公司 …… 479
慈溪市耀发电器有限公司 …… 481
宁波唯尔电器有限公司 …… 483
宁波正耀汽车电器有限公司 …… 484
象山华泰模塑电器有限公司 …… 484
浙江新亚电子科技有限公司 …… 489
温州市沪泰电子线缆有限公司 …… 491
华尔达集团有限公司 …… 492
浙江博德汽车电子股份有限公司 …… 492
瑞安市安庆机动车配件有限公司 …… 494
瑞安市达丰汽车部件有限公司 …… 501
瑞安市追越汽车零部件有限公司 …… 502
温州益能电器有限公司 …… 503
浙江威想电器有限公司 …… 503
黄河汽配集团有限公司 …… 503
浙江星普汽车配件有限公司 …… 503
浙江柏思德电气有限公司 …… 503
温州加特汽车电气有限公司 …… 504
浙江通升电子有限公司 …… 504
合兴集团有限公司 …… 504
浙江程逸汽车电器有限公司 …… 504
浙江安欣电业有限公司 …… 504
乐清市星火汽车电子有限公司 …… 504
合兴集团汽车电子有限公司 …… 504
万安汽车工程塑料有限公司 …… 594
安徽安凯金达汽车部件有限公司 …… 299
合肥邦立电子股份有限公司 …… 505
芜湖天海电装有限公司 …… 506
芜湖瑞昌电气系统有限公司 …… 506
安徽微威胶件集团有限公司 …… 616
华孚汽车配件有限公司 …… 307
福建源光电装有限公司 …… 507
福建源光线束电器有限公司 …… 507
福州住电装有限公司 …… 507
福建南平太阳电缆股份有限公司 …… 508
厦门金龙汽车电器有限公司 …… 509
漳州矢崎汽车配件有限公司 …… 511
龙岩市佳鑫机械有限公司 …… 511
江西江铃秦川电器有限公司 …… 511
江西大吉汽车天线有限公司 …… 511
江西住电电装有限公司 …… 512
德尔福派克电气有限公司烟台分公司 …… 514
莱尼电气系统(蓬莱)有限公司 …… 514
威海联创线束厂 …… 514
烟台矢崎汽车配件有限公司 …… 514
大韩电子(烟台)有限公司 …… 514
威海威嘉电气有限责任公司 …… 514
山东新焦点龙盛汽车配件有限公司 …… 515
青岛悠进电装有限公司 …… 515
莱尼电气系统(济宁)有限公司 …… 515
临沂天一电子有限公司 …… 515
郑州市金根汽车零部件有限公司 …… 418
郑州跃博汽车电器有限公司 …… 516
濮阳市建永实业有限公司 …… 516
天海雪城汽车电子(鹤壁)有限公司 …… 517
开封住成电装有限公司 …… 517
鹤壁君隆电气有限公司 …… 517
鹤壁欧派克电气有限公司 …… 517
河南邦德电子电器有限公司 …… 517
鹤壁市恒泰电器有限公司 …… 517
天海汽车电子集团公司 …… 517
鹤壁海昌专用设备有限公司 …… 716
武汉住电电装有限公司 …… 519
湖北正奥汽车附件集团有限公司 …… 521
长沙安瑞电子有限公司 …… 521
株洲湘火炬汽车灯具有限责任公司 …… 522
广州市永友机动车配件有限公司 …… 202
广州精益汽车空调有限公司 …… 425
德尔福派克电气系统公司广州分公司 …… 523
广州维高集团有限公司 …… 523
广州新晨汽车零部件有限公司 …… 524
汕头经济特区矢崎汽车部件有限公司 …… 525
华南矢崎(汕头)汽车配件有限公司 …… 525
惠州住润电装有限公司 …… 525
惠州住金锻造有限公司 …… 525
惠州市津惠汽车线束有限公司 …… 526
惠州住润电子装备有限公司 …… 526
惠州住成电装有限公司 …… 526
惠州市正牌科电有限公司 …… 526
惠州住润汽车线业有限公司 …… 526
惠州古河汽配有限公司 …… 526
深圳市晋阳电子科技有限公司 …… 528
深圳市亚辉电子有限公司 …… 528
古河电工(深圳)有限公司 …… 529
积架宝威汽车配件(深圳)有限公司 …… 529
深圳市麦积电子科技有限公司 …… 530
双亿新大电子(深圳)有限公司 …… 530
广东咏华实业有限公司 …… 531
珠海藤仓电装有限公司 …… 531
东莞神威创造电子有限公司 …… 532
矢崎(顺德)汽车配件有限公司 …… 535
车展交通器材(台山)有限公司 …… 535
佛山市南方橡塑有限公司 …… 649
柳州天海盟立电器有限公司 …… 536
柳州市双飞汽车电器配件有限公司 …… 536
柳州科尔数字化制造技术有限公司 …… 536
柳州安泰方盛电气系统有限公司 …… 536
重庆华渝斯坦雷灯具有限公司 …… 536
重庆津住汽车线束有限公司 …… 537
重庆世新电器有限责任公司 …… 537
重庆秦川实业(集团)股份有限公司 …… 538
四川华丰企业集团有限公司 …… 540
四川泛华航空仪表电器有限公司 …… 540
雅安小航电器有限责任公司 …… 540
云南东亿电气工业有限公司 …… 541
陕西万方汽车零部件有限公司 …… 657

◉ 汽车软轴、拉索

东风电子科技股份有限公司 …… 449
天津中发华冠机械有限公司 …… 438
河北博业橡胶制品科技有限公司 …… 121
清河县诚旭汽车零部件厂 …… 121
河北清河科超汽车配件有限公司 …… 226
清河县星星汽配制造有限公司 …… 368
清河县盛兴汽车软轴厂 …… 440
清河县万通拉索胶业有限公司 …… 441
清河景丰汽车配件有限公司 …… 441
清河县骏升汽摩配件有限公司 …… 441
河北亚华汽摩部件制造有限公司 …… 441
河北省清河县工程机械汽车配件厂 …… 441
清河杨军拉索胶业有限公司 …… 441
河间市丰源汽车配件有限公司 …… 442
三河因派克汽车部件有限公司 …… 443
永盛汽车配件制造有限公司 …… 551
河北永丰汽车零部件制造有限公司 …… 551
邢台威力汽车零部件有限公司 …… 551
河北省华意机械附件有限公司 …… 551
清河县三联橡塑制品有限公司 …… 551
沧州市世久机械制造有限公司 …… 554
沈阳市游龙汽车配件制造有限公司 …… 444
一汽四环化油器滤清器厂 …… 446
吉林市吉达软轴有限公司 …… 447
长春海德世汽车拉索有限公司 …… 447
上海汽车软轴厂 …… 449
上海东风泰利福莫尔斯控制系统公司 …… 452
南京金鼎汽车零部件有限公司 …… 138
无锡华锋车业部件有限公司 …… 467
江阴市长泾车船附件有限公司 …… 467
无锡共成控制线有限公司 …… 467
江苏省江阴市晓维车业有限公司 …… 467
江阴市富达车业有限公司 …… 467
江苏江阴市恒达车辆配件有限公司 …… 468
江阴市明珠车业有限公司 …… 468
江阴市新世纪汽摩配件有限公司 …… 468
张家港市九洲软轴软管有限公司 …… 471
泰乙机械(张家港)有限公司 …… 471
江苏兴龙金属制品股份有限公司 …… 473
南通通灵汽车软轴软管有限公司 …… 474
南京金三力橡塑有限公司 …… 573
昆山中和弹簧有限公司 …… 584
浙江钱杨软轴软管有限公司 …… 475
宁波鄞州高荣汽车软轴软管有限公司 …… 479
宁波高发汽车控制系统股份有限公司 …… 479
宁波汽车软轴软管有限公司 …… 479
宁波浩华车件有限公司 …… 482
宁波轻飞特汽车零部件有限公司 …… 482
宁波贝尔达控制拉索有限公司 …… 482
宁波庆昌镒万汽车配件有限公司 …… 484
永康市宏运控制索有限公司 …… 487
诸暨市亚力大机械有限公司 …… 595
许瑞兴(福州)交通器材有限公司 …… 508
晋江市安海豪发摩托车配件有限公司 …… 510
山东省泰安泰龙软轴软管厂 …… 515
洛阳市振盛强软轴软管有限公司 …… 517
洛阳推达软轴控制件有限公司 …… 517
洛阳黄河软轴控制器股份有限公司 …… 517
洛阳冠杰软轴控制器有限公司 …… 517
公安县铜套有限公司 …… 198
湖北正奥汽车附件集团有限公司 …… 521
十堰达峰软轴有限公司 …… 521
广东海德世拉索系统有限公司 …… 425
广州品力高控制索有限公司 …… 524
广州市宝骑机动车配件有限公司 …… 524
柳州市俊杰汽配制造有限公司 …… 652

海南台丰交通器材有限公司 …………536
重庆中奥离合器制造有限公司 ………354
重庆长安宜而奇汽车零部件有限公司 …536
重庆海德世拉索系统(集团)有限公司 …538
重庆恒伟林汽车零部件有限公司 ……653

◉ 汽车音响、多媒体

长春一汽富晟集团有限公司 …………238
延锋汽车饰件系统有限公司 …………375
惠州市德赛西威汽车电子股份公司 ……526
深圳市航盛电子股份有限公司 ………528
惠州华阳通用电子有限公司 …………526
广东好帮手电子科技股份有限公司 …534
北京兴科迪科技有限公司 ……………434
冲击波实业集团 ………………………434
天合导航通信技术有限公司 …………435
天津新韩精机有限公司 ………………438
现代高新电子(天津)有限公司 ………439
天津博顿电子有限公司 ………………440
大连松下汽车电子系统有限公司 ……444
丹东阿尔派电子有限公司 ……………445
大连阿尔派电子有限公司 ……………445
盈佳科技(长春)有限公司 ……………372
长春一汽延锋伟世通电子有限公司 …446
哈尔滨固泰电子有限责任公司 ………448
上海现代摩比斯汽车零部件有限公司 …380
安悦先锋汽车信息技术有限公司 ……449
上海南大集团德首实业有限公司 ……451
先锋高科技(上海)有限公司 …………452
先锋电子科技(上海)有限公司 ………452
欧科佳(上海)汽车电子设备有限公司 …453
上海航盛实业有限公司 ………………454
上海王力电子电器有限公司 …………455
无锡创维彩登科技有限公司 …………466
德尔福电子(苏州)有限公司 …………469
怡利电子科技(江苏)有限公司 ………470
太仓阿尔派电子有限公司 ……………471
江苏天宝汽车电子有限公司 …………472
新星光电有限公司 ……………………475
宁波科高电声有限公司 ………………479
宁波日兴电子有限公司 ………………479
宁波绅乐电子有限公司 ………………480
浙江中科正方电子技术有限公司 ……486
浙江大明电子有限公司 ………………504
安徽森力汽车电子有限公司 …………505
埃泰克汽车电子(芜湖)有限公司 ……506
厦门厦华新技术有限公司 ……………509
厦门歌乐电子企业有限公司 …………510
江西好帮手电子科技股份有限公司 …511
烟台正海汽车内饰件有限公司 ………416
诸城市新东方汽车仪表有限责任公司 …514
武汉高德红外股份有限公司 …………519
广州三兴精密模具塑料工程有限公司 …423
丰田合成(佛山)汽车部品有限公司 …428
广州市奥迪诗音响科技有限公司 ……523
广州恒利达电路有限公司 ……………523
马瑞利汽车电子(广州)有限公司 ……523
惠州市凯越电子有限公司 ……………525
惠州市华阳多媒体电子有限公司 ……525
惠州市华阳集团股份有限公司 ………526
信华精机有限公司 ……………………526
深圳市先一汽车电子有限公司 ………526
深圳市京华电子股份有限公司 ………527
谷林电器(深圳)有限公司 ……………527
深圳市秀波实业有限公司 ……………527
康佳集团股份有限公司 ………………527
深圳市飞音科技有限公司 ……………528
深圳市宝凌电子股份有限公司 ………528
深圳市车龙电子科技有限公司 ………528
深圳市同洲电子股份有限公司 ………528
深圳市正鼎科技有限公司 ……………529
天派电子(深圳)有限公司 ……………529
积架宝威汽车配件(深圳)有限公司 …529
深圳合衡电声有限公司 ………………530
深圳市凯振电子有限公司 ……………530
深圳市索菱实业股份有限公司 ………530
深圳市奥拓普科技有限公司 …………531
深圳市雅迪威电子有限公司 …………531
深圳杰成电子有限公司 ………………531
揭阳市天籁电声器材有限公司 ………531
深圳市艾科电子科技有限公司 ………531
深圳市顶晶影音科技有限公司 ………531
东莞市艺展电子有限公司 ……………532
东莞市科维电子科技有限公司 ………532
东莞歌乐东方电子有限公司 …………532
肇庆宏丰电子有限公司 ………………533
佛山市茂森电子有限公司 ……………534
佛山市南海雄奇音响器材有限公司 …534
南海乔国电子科技有限公司 …………534
中山市高得磁电有限公司 ……………535
江门佳宝利电子有限公司 ……………535
金宝龙电子器材厂 ……………………535
广州市乐业永丰企业有限公司 ………671
深圳市赛格导航科技股份有限公司 …676
深圳市名商实业有限公司 ……………676
深圳市东英电器有限公司 ……………676
深圳市路标汽车科技有限公司 ………677
深圳市恒日通电子有限公司 …………677
深圳市帝硕科技有限公司 ……………678
深圳市警豹电子科技有限公司 ………678
广东铁将军汽车电子有限公司 ………680
重庆徐港电子有限公司 ………………536
重庆深渝电子有限公司 ………………538
成都中电锦江信息产业有限公司 ……539
绵阳市博蓝科技有限责任公司 ………540
陕西凌云科技有限责任公司 …………541
陕西凌云电器集团有限公司 …………541

◉ 汽车喇叭、扬声器

天津博顿电子有限公司 ………………440
河北华威电子有限公司 ………………441
河北江津五金制品有限公司 …………441
哈尔滨金溢科技有限公司 ……………448
哈尔滨万宇科技股份有限公司 ………448
哈尔滨固泰电子有限责任公司 ………448
上海华森散热器有限公司 ……………137
上海实业交通电器有限公司 …………448
上海东风汽车电器厂 …………………449
上海三车汽车零部件有限公司 ………450
上海特鹰汽车电器有限公司 …………453
上海王力电子电器有限公司 …………455
呈顺电子(上海)有限公司 ……………662
常州市宇达汽车配件有限公司 ………388
常州新华陵汽车电器有限公司 ………460
常州常捷交通器材有限公司 …………461
江苏凯灵汽车电器有限公司 …………465
苏州上声电子有限公司 ………………470
温州精工滤清器有限公司 ……………165
瑞安市富强汽车配件厂 ………………172
浙江超达汽车配件有限公司 …………405
浙江瑞安市通力汽车部件有限公司 …406
瑞安市名冠电气有限公司 ……………408
瑞安市洛特斯汽配有限公司 …………409
杭州人人集团有限公司 ………………474
上虞华昌电子企业有限公司 …………476
嘉兴协丰汽车电器有限公司 …………477
嘉兴嘉顺电声音响有限公司 …………477
宁波日兴电子有限公司 ………………479
宁波科高电声有限公司 ………………479
宁波绅乐电子有限公司 ………………480
慈溪裕盛电子有限公司 ………………481
慈溪冠宏电子有限公司 ………………482
宁波久灵汽车零部件有限公司 ………484
余姚市韩泰汽车电器有限公司 ………484
余姚市准时电器有限公司 ……………484
横店集团东磁股份有限公司 …………488
温州市鹿东汽车配件厂 ………………489
浙江正泰汽车零部件有限公司 ………489
温州市宏正警安设备有限公司 ………489
浙江利益安防有限公司 ………………489
温州市中野交通电器有限公司 ………491
浙江湖电汽车电器有限公司 …………491
浙江天风汽车零部件有限公司 ………492
瑞安市贝路内燃机系统有限公司 ……493
瑞安市戴立汽车电器有限公司 ………494
瑞安市力天车业部件有限公司 ………494
浙江奥派克汽车配件有限公司 ………494
浙江晶钻电子科技有限公司 …………494
瑞安市华电机车电器有限公司 ………495
浙江亿邦汽车电器有限公司 …………495
浙江捷加汽车零部件有限公司 ………495
瑞安市中申汽车配件有限公司 ………495
瑞安市金鹏电器厂 ……………………495
瑞安市伟东汽车电器有限公司 ………495
瑞安市新林汽车電器有限公司 ………495
瑞安市源圣汽车电器有限公司 ………496
浙江三华车业有限公司 ………………496
浙江固久汽车电器有限公司 …………497
浙江声宝车业部件有限公司 …………497
瑞安市长征汽车电器厂 ………………497
浙江省瑞安市韩田汽车电器厂 ………497
瑞安市中洲电器厂 ……………………497
浙江赛杰电器有限公司 ………………498
瑞安市佳宝汽车电器有限公司 ………498
瑞安市建利佳汽车部件有限公司 ……498
瑞安市晶佳车业有限公司 ……………499
温州集优电机制造有限公司 …………499
瑞安市三星汽摩配件有限公司 ………499
乐清市笛光汽车配件有限公司 ………502
温州勇炜汽摩零部件有限公司 ………502
温州科明汽车部件有限公司 …………505
海宁市亮歌汽车部件有限公司 ………665
瑞安扬声电子器材有限公司 …………669
昌辉汽车电器(黄山)股份有限公司 …507
厦门富可汽车配件有限公司 …………414
厦门市欧声电子科技有限公司 ………509
竹森电子工业有限公司 ………………509
泉州恒昌电器有限公司 ………………510
莱州市金声汽车电器有限公司 ………513
曲阜天博集团 …………………………515

台前龙泉汽车电器有限公司 ………… 516
湖北三环汽车电器有限公司 ………… 518
湖北天运汽车电器系统有限公司 …… 521
十堰市中生电器有限公司 ………… 521
广州市永友机动车配件有限公司 …… 202
电装(广州南沙)有限公司 ………… 204
深圳市鑫得昌电子有限公司 ………… 205
百丰(中国)电子科技有限公司 ……… 423
广州市科立汽车电器有限公司 ……… 423
广东省汕头市开达实业有限公司 …… 524
深圳市圣斗士电子科技有限公司 …… 527
深圳伍歌电器有限公司 ………… 529
深圳市索菱实业股份有限公司 ……… 530
深圳市凯振电子有限公司 ………… 530
深圳合衡电声有限公司 ………… 530
深圳市雅迪威电子有限公司 ………… 531
揭阳市天籁电声器材有限公司 ……… 531
东莞歌乐东方电子有限公司 ………… 532
东莞市赛歌汽车零配件有限公司 …… 532
佛山市天响机车配件有限公司 ……… 534
佛山克莱汽车照明股份有限公司 …… 534
中山市高得磁电有限公司 ………… 535
金宝龙电子器材厂 ………… 535
鹤山市信成配件有限公司 ………… 536
广州开尔汽车用品有限公司 ………… 672
广州市雄峰汽车电子厂 ………… 673
深圳市豪恩电子科技股份有限公司 … 677
中山市贝奥斯金属制品有限公司 …… 680
重庆地质仪器厂 ………… 536

◉ 汽车天线

大连原田工业有限公司 ………… 444
铁岭陆原科技开发研究所 ………… 444
盈佳科技(长春)有限公司 ………… 372
上海航天汽车机电股份舒航电器分公司 … 449
徐州华夏电子有限公司 ………… 472
余姚高和电子有限公司 ………… 483
宁波市鄞州融彩汽车用品有限公司 … 665
合肥邦立电子股份有限公司 ………… 505
江西大吉汽车天线有限公司 ………… 511
百丰(中国)电子科技有限公司 ……… 423
天丽汽车用品有限公司 ………… 530
东莞友华通信配件有限公司 ………… 531
东莞友华电子有限公司 ………… 532
佛山市顺德新邦汽车用品有限公司 … 679
成都中电锦江信息产业有限公司 …… 539

◉ 汽车空调电器元件

空调国际(上海)有限公司 ………… 376
上海逸航汽车零部件有限公司 ……… 452
浙江三花汽车零部件股份有限公司 … 398
惠州市德赛西威汽车电子股份公司 …… 526
深圳市航盛电子股份有限公司 ……… 528
上海日用－友捷汽车电气有限公司 … 449
天津机床电器有限公司 ………… 438
天津松正电动汽车技术股份有限公司 … 438
哈尔滨固泰电子有限责任公司 ……… 448
宁波华翔电子股份有限公司 ………… 377
上海日精仪器有限公司 ………… 451
贝洱海拉温控系统(上海)有限公司 … 451
上海海拉电子有限公司 ………… 451
上海宇南汽车电器有限公司 ………… 452
上海德科电子仪表有限公司 ………… 456
江苏超力集团 ………… 457
常州民迪汽车配件有限公司 ………… 460
常州铭瑞顺天电器有限公司 ………… 460
宁波普瑞均胜汽车电子有限公司 …… 399
龙泉市杰科汽车零部件有限公司 …… 404
浙江九诺汽车空调有限公司 ………… 405
杭州广安汽车电器有限公司 ………… 475
浙江瑞虹空调配件有限公司 ………… 476
奉化市圆合汽车空调部件有限公司 … 484
浙江欧派电装有限公司 ………… 488
浙江毅力汽车空调有限公司 ………… 488
温州科博达汽车部件有限公司 ……… 490
瑞安宏创汽车配件有限公司 ………… 491
瑞安市泰安车辆配件有限公司 ……… 499
瑞安市追越汽车零部件有限公司 …… 502
浙江大明电子有限公司 ………… 504
杭州钱潮精密件有限公司 ………… 590
宁波德业科技集团有限公司 ………… 708
安徽昊方机电股份有限公司 ………… 505
蚌埠市双环电子集团有限公司 ……… 506
福州西诚电子有限公司 ………… 507
湖北美标汽车制冷系统有限公司 …… 421
湖北孝感华中车灯有限公司 ………… 519
广州基业汽车空调制造有限公司 …… 425
小仓离合机(东莞)有限公司 ………… 427
惠州市华阳多媒体电子有限公司 …… 525
深圳市健科电子有限公司 ………… 528
东莞长安日华电子厂 ………… 533
重庆三本车灯有限公司 ………… 537
重庆瑞阳科技股份有限公司 ………… 538

◉ 汽车电子控制系统与模块

北京海纳川汽车部件股份有限公司 … 363
东风电子科技股份有限公司 ………… 449
联合汽车电子有限公司 ………… 452
上海沪工汽车电器有限公司 ……… 454
博世汽车部件(苏州)有限公司 …… 254
武汉菱电汽车电控系统股份有限公司 … 518
湖北开特汽车电子电器系统股份公司 … 518
深圳市航盛电子股份有限公司 ……… 528
北京奥特易电子科技有限责任公司 … 434
北京北汽李尔汽车系统有限公司 …… 435
赛龙(北京)汽车部件有限公司 ……… 545
阿尔泰克斯(天津)汽车零件有限公司 … 119
天津关电电子有限公司 ………… 439
康明斯天远(河北)科技有限公司 …… 440
启明信息技术股份有限公司 ………… 447
德尔福派克电气有限公司白城分公司 … 448
哈尔滨威帝汽车电子有限公司 ……… 448
上海安吉星信息服务有限公司 ……… 450
京滨电子装置研究开发(上海)公司 … 450
联创汽车电子有限公司 ………… 452
上海捷能汽车技术有限公司 ………… 454
大陆泰密克汽车系统(上海)有限公司 … 455
科世达(上海)管理有限公司 ………… 455
江苏新通达电子科技股份有限公司 … 458
有信制造(苏州)有限公司 ………… 469
苏州丰安机电有限公司 ………… 469
苏州华昌机电有限公司 ………… 469
日立汽车系统(苏州)有限公司 ……… 469
苏州波特尼电气系统有限公司 ……… 470
雷瑞卡(苏州)汽车电器有限公司 …… 471
杭州恩斯克万达电动转向系统公司 … 263
浙江欧瑞泰汽配有限公司 ………… 297
杭州杰能动力有限公司 ………… 475
杭州矢崎配件有限公司 ………… 475
宁波均胜汽车电子股份有限公司 …… 478
宁波奥华汽车配件有限公司 ………… 479
浙江正泰汽车零部件有限公司 ……… 489
利尔电气(浙江)有限公司 ………… 489
浙江博德汽车电子股份有限公司 …… 492
瑞安市固特威汽车配件有限公司 …… 497
浙江致威电子科技有限公司 ………… 504
宁波德业科技集团有限公司 ………… 708
合肥邦立电子股份有限公司 ………… 505
昌辉汽车电气系统(安徽)有限公司 … 506
芜湖天海电装有限公司 ………… 506
埃泰克汽车电子(芜湖)有限公司 …… 506
福建源光电装有限公司 ………… 507
厦门汉纳森汽车电子有限公司 ……… 509
江西特种电机股份有限公司 ………… 511
诸城市新东方汽车仪表有限责任公司 … 514
贝洱电子热控(青岛)有限公司 ……… 515
天海雪城汽车电子(鹤壁)有限公司 … 517
三叶士林电机(武汉)有限公司 ……… 517
湖北三环汽车电器有限公司 ………… 518
电装(广州南沙)有限公司 ………… 204
东莞京滨汽车电喷装置有限公司 …… 205
马瑞利汽车电子(广州)有限公司 …… 523
惠州市华阳多媒体电子有限公司 …… 525
深圳市中聚泰光电科技有限公司 …… 527
东莞长安日华电子厂 ………… 533
重庆长安伟世通发动机控制系统公司 … 212
重庆电装有限公司 ………… 537

◉ GPS 导航、巡航系统

惠州市德赛西威汽车电子股份公司 …… 526
深圳市航盛电子股份有限公司 ……… 528
北京四维图新科技股份有限公司 …… 433
惠州华阳通用电子有限公司 ……… 526
广东好帮手电子科技股份有限公司 … 534
北京合众思壮科技股份有限公司 …… 433
神州畅游导航科技(北京)有限公司 … 434
北京北斗星通导航技术股份有限公司 … 434
北京城际高科信息技术有限公司 …… 434
北京图新经纬导航系统有限公司 …… 434
天合导航通信技术有限公司 ………… 435
高德软件有限公司 ………… 436
易图通科技(北京)有限公司 ………… 659
天津通信广播集团有限公司 ………… 438
电装(天津)汽车导航系统有限公司 … 439
现代高新电子(天津)有限公司 ……… 439
天津电装电子有限公司 ………… 440
邢台华威汽车内饰有限公司 ………… 368
大连阿尔派电子有限公司 ………… 445
安悦先锋汽车信息技术有限公司 …… 449
上海安吉星信息服务有限公司 ……… 450
上海畅星信息科技有限公司 ………… 451
先锋电子科技(上海)有限公司 ……… 452
上海航盛实业有限公司 ………… 454
呈顺电子(上海)有限公司 ………… 662
富士通天电子(无锡)有限公司 ……… 465
怡利电子科技(江苏)有限公司 ……… 470
太仓阿尔派电子有限公司 ………… 471

三浪集团股份有限公司 …… 275
新星光电有限公司 …… 475
浙江峰达防盗设备股份有限公司 …… 669
东太利(厦门)电子有限公司 …… 670
江西好帮手电子科技股份有限公司 …… 511
济南安必喜汽车智能技术有限公司 …… 512
广州杰赛科技股份有限公司 …… 522
马瑞利汽车电子(广州)有限公司 …… 523
惠州市华阳多媒体电子有限公司 …… 525
惠州市凯越电子有限公司 …… 525
惠州市华阳集团股份有限公司 …… 526
深圳市赛特光电开发有限公司 …… 526
广东欧华电子有限公司 …… 527
深圳市凯立德科技股份有限公司 …… 527
深圳市华宝电子科技有限公司 …… 527
深圳市宝凌电子股份有限公司 …… 528
深圳市同洲电子股份有限公司 …… 528
天派电子(深圳)有限公司 …… 529
深圳市索菱实业股份有限公司 …… 530
深圳杰成电子有限公司 …… 531
东莞歌乐东方电子有限公司 …… 532
东莞市科维电子科技有限公司 …… 532
广东瑞图万方科技股份有限公司 …… 535
广州瑞成电子科技有限公司 …… 671
深圳市赛格导航科技股份有限公司 …… 676
深圳市联和安业科技有限公司 …… 677
深圳市光展科技有限公司 …… 677
中山市佐敦防盗设备有限公司 …… 679
广东铁将军汽车电子有限公司 …… 680
陕西凌云科技有限责任公司 …… 541
陕西凌云电器集团有限公司 …… 541

◉ TPMS 胎压监测系统、汽车行驶记录仪

延锋汽车饰件系统有限公司 …… 375
北京四维图新科技股份有限公司 …… 433
神州畅游导航科技(北京)有限公司 …… 434
北京兴科迪科技有限公司 …… 434
航天科技控股集团股份有限公司 …… 434
北京伟航新技术开发有限公司 …… 435
天合导航通信技术有限公司 …… 435
启明信息技术股份有限公司 …… 447
哈尔滨威帝汽车电子有限公司 …… 448
上海保隆汽车科技股份有限公司 …… 135
安悦先锋汽车信息技术有限公司 …… 449
上海南大集团德首实业有限公司 …… 451
上海泰好电子科技有限公司 …… 451
上海本安仪表系统有限公司 …… 452
上海航盛实业有限公司 …… 454
江苏金榆科技集团有限公司 …… 251
南京华敏电子有限公司 …… 456
苏州驶安特汽车电子有限公司 …… 468
苏州市汉达工业自动化有限公司 …… 469
瑞泰动力集团有限公司 …… 170
杭州中导科技开发有限公司 …… 474
车王电子(宁波)有限公司 …… 483
浙江中科正方电子技术有限公司 …… 486
大陆汽车电子(芜湖)有限公司 …… 506
厦门富可汽车配件有限公司 …… 414
同致电子科技(厦门)有限公司 …… 670
江西凯源科技有限公司 …… 511
襄樊东风汽车电气有限责任公司 …… 520
东风汽车电子有限公司 …… 520
广州优创电子有限公司 …… 524
惠州市华阳多媒体电子有限公司 …… 525
汕头高新区东奇汽车科技有限公司 …… 525
惠州市华阳集团股份有限公司 …… 526
深圳市华宝电子科技有限公司 …… 527
深圳市速维科技有限公司 …… 529
深圳市麦积电子科技有限公司 …… 530
东莞市诺丽电子科技有限公司 …… 531
广州铁老大防盗设备有限公司 …… 672
深圳市赛格导航科技股份有限公司 …… 676
重庆三信电子有限公司 …… 537

◉ 其他汽车电子电器件

江苏江扬线缆有限公司 …… 473
江苏亨通电子线缆科技有限公司 …… 474
瑞立集团有限公司 …… 295
深圳市五株科技股份有限公司 …… 531
浙江铁流离合器股份有限公司 …… 260
伟巴斯特东熙汽车配件(北京)公司 …… 364
疆探(北京)科技有限公司 …… 433
北京汇众实业总公司 …… 434
北京锐意泰克汽车电子有限公司 …… 435
北京北汽李尔汽车系统有限公司 …… 435
北京八大处奥博科技发展有限公司 …… 436
天津耐迪实业有限公司 …… 438
天津松下电子部品有限公司 …… 439
力源活塞工业股份有限公司 …… 122
任丘市聚星科技电子有限公司 …… 442
山西文正卓越汽车电喷装置有限公司 …… 124
朝阳朗瑞发动机节能科技有限公司 …… 128
沈阳新阳光机电科技有限公司 …… 444
锦州信友瑞龙实业有限公司 …… 559
富奥汽车零部件公司电子电器分公司 …… 446
长春诗兰姆汽车零部件有限公司 …… 446
大陆汽车电子(长春)有限公司 …… 446
长春市夸克普精汽车电子有限公司 …… 447
吉林航盛电子有限公司 …… 447
华域汽车系统股份有限公司 …… 374
上海贝洱热系统有限公司 …… 377
宁波华翔电子股份有限公司 …… 377
德斯拜思机电控制技术(上海)公司 …… 448
高田汽车电子(上海)有限公司 …… 449
上海松下半导体有限公司 …… 450
贝洱海拉温控系统(上海)有限公司 …… 451
华域汽车电动系统有限公司 …… 451
上海闵原电器有限公司 …… 451
上海日立电线有限公司 …… 453
斯凯孚(上海)汽车技术有限公司 …… 571
江苏路通电器有限公司 …… 460
无锡市新新空气加热器厂 …… 465
宜兴市宏宇汽车电器有限公司 …… 467
苏州住力精工有限公司 …… 468
苏州市永固电子有限公司 …… 468
德尔福电子(苏州)有限公司 …… 469
苏州松下半导体有限公司 …… 469
苏州住电汽车电子线业有限公司 …… 470
崇德碳技术(苏州)有限公司 …… 470
昆山中发六和机械有限公司 …… 470
江苏瑞翔电器有限公司 …… 473
日立电线(苏州)有限公司 …… 584
江苏特牛电源有限公司 …… 706
杭州梵隆方向盘有限公司 …… 398
宁波华翔集团股份有限公司 …… 402
乐清市长城制冷密封垫厂 …… 411
杭州富阳恒泰汽车电器有限公司 …… 475
宁波宏辉电器有限公司 …… 482
浙江博星电子有限公司 …… 488
温州胜威汽车冷暖机设备有限公司 …… 489
温州市天马电器有限公司 …… 490
瑞安市高森机车部件有限公司 …… 493
乐清市笛光汽车配件有限公司 …… 502
乐清市琪昌电子电器有限公司 …… 505
慈溪市博恒汽车零部件有限公司 …… 600
合肥创佳汽车电器有限公司 …… 505
合肥通宇电子有限责任公司 …… 505
合肥诚辉电子有限公司 …… 505
安徽金海达汽车电子有限公司 …… 506
芜湖天海电装有限公司 …… 506
马鞍山立信电气有限公司 …… 507
福州祥泰电子有限公司 …… 507
厦门意行半导体科技有限公司 …… 509
铨柯(厦门)电子科技有限公司 …… 510
厦门捷欧汽车电子有限公司 …… 510
潍坊众谊汽车配件有限公司 …… 188
济南中森机械制造有限公司 …… 313
济南安必喜汽车智能技术有限公司 …… 512
烟台利时德拉索系统有限公司 …… 514
潍坊瑞驰汽车系统有限公司 …… 514
青岛松下电子部品(保税区)有限公司 …… 515
天海汽车电子集团公司 …… 517
湖南特种电机有限责任公司 …… 522
佛山市南海蕾特汽车配件有限公司 …… 208
MAXEEN 汽车零部件有限公司 …… 347
广东发尔特克汽车用品有限公司 …… 427
广州通达汽车电气股份有限公司 …… 522
广州市窗神电子科技有限公司 …… 523
惠州住润汽车部品有限公司 …… 525
惠州三华工业有限公司 …… 525
华南矢崎(汕头)汽车配件有限公司 …… 525
阿米斯科自动化元件(深圳)有限公司 …… 526
深圳市圣斗士电子科技有限公司 …… 527
深圳市中聚泰光电科技有限公司 …… 527
深圳斯坦雷电气有限公司 …… 529
古河电工(深圳)有限公司 …… 529
深圳艾丽声电子有限公司 …… 530
东莞亚生特电器有限公司 …… 533
欧司朗(中国)照明有限公司 …… 533
佛山三协电子有限公司 …… 534
深圳市威海达科技有限公司 …… 676
佛山市顺德区赛威实业有限公司 …… 679
柳州长虹机器制造公司 …… 351
柳州杭盛科技有限公司 …… 536
广西玉柴博耐特电器有限公司 …… 536
桂林迪吉特电子有限公司 …… 725
中国电子科技集团第二十四研究所 …… 537
成都蓝天实业总公司 …… 431
成都市伟杰塑胶有限责任公司 …… 539
宜宾金川电子有限责任公司 …… 656
贵州华烽电器有限公司 …… 432
贵州雅光电子科技股份有限公司 …… 541
陕西航空电气有限责任公司 …… 541

电动汽车零部件

◉ 动力总成系统

北京华盛源通科技有限公司 …… 434
上海极能客车动力系统有限公司 …… 451
上海捷能汽车技术有限公司 …… 454
上海燃料电池汽车动力系统有限公司 … 455
苏州绿控传动科技有限公司 …… 255
福建冠龙新能源汽车科技有限公司 … 511
河南通宇新源动力有限公司 …… 90
天海汽车电子集团公司 …… 517
武汉理工通宇新源动力有限公司 …… 334
湘电莱特电气有限公司 …… 522
深圳市民富沃能新能源汽车有限公司 … 530
广西三立科技发展有限公司 …… 536

◉ 电机及控制系统

联合汽车电子有限公司 …… 452
武汉菱电汽车电控系统股份有限公司 … 518
深圳市航盛电子股份有限公司 …… 528
北京华盛源通科技有限公司 …… 434
北京中瑞蓝科电动汽车技术有限公司 … 435
北京亿马先锋汽车科技有限公司 …… 435
天津松正电动汽车技术股份有限公司 … 438
大连恒田永磁电机有限公司 …… 445
黑龙江龙华汽车有限公司 …… 64
上海赢双电机有限公司 …… 450
上海大郡动力控制技术有限公司 …… 450
华域汽车电动系统有限公司 …… 451
联创汽车电子有限公司 …… 452
上海本菱涡旋压缩机有限公司 …… 453
上海电驱动股份有限公司 …… 455
江苏安多利新能源科技有限公司 …… 250
江苏宏微科技股份有限公司 …… 460
常州市裕成雅科电机有限公司 …… 462
中领航科(苏州)新能源汽车动力公司 … 469
常州洪都电动车有限公司 …… 734
杭州杰能动力有限公司 …… 475
玉环鑫锦泓机械制造有限公司 …… 485
新大洋机电集团有限公司 …… 486
浙江方正电机股份有限公司 …… 488
瑞安市亚星汽车配件有限公司 …… 491
温州市华隆汽车电子有限公司 …… 492
芜湖杰诺瑞汽车电器系统有限公司 … 506
芜湖精诺汽车电器有限公司 …… 506
福建亚南电机集团 …… 508
江西特种电机股份有限公司 …… 511
潍坊万隆电气股份有限公司 …… 513
淄博永泰电机有限公司 …… 513
山东风帆电机有限公司 …… 513
东风电动车辆股份有限公司 …… 43
湖北华声机电有限公司 …… 519
东风汽车电气有限公司 …… 520
南方航空工业(集团)有限公司 …… 522
湘电莱特电气有限公司 …… 522
深圳陆地方舟新能源电动车集团公司 …… 99
江苏吉泰科电气股份有限公司 …… 529
东明机电(深圳)有限公司 …… 529
深圳市依思普林科技有限公司 …… 531
深圳市久实电子实业有限公司 …… 676
广东高标电子科技有限公司 …… 678
柳州科尔数字化制造技术有限公司 … 536
重庆瑞阳科技股份有限公司 …… 538
东方电气集团东风电机有限公司 …… 540
贵州瑞科新能源动力技术有限公司 … 541

◉ 动力电池及管理系统

风帆股份有限公司 …… 443
宁德时代新能源科技有限公司 …… 508
环宇赛尔新能源科技有限公司 …… 433
远望创新科技(北京)有限公司 …… 434
北京华盛源通科技有限公司 …… 434
北京中瑞蓝科电动汽车技术有限公司 … 435
中盛动力新能源投资有限公司 …… 435
北京国能电池科技有限公司 …… 436
北大先行科技产业有限公司 …… 436
普天新能源有限责任公司 …… 684
天津力神电池股份有限公司 …… 439
天津蓝天电源有限公司 …… 439
天津市捷威动力工业有限公司 …… 439
天津中聚新能源科技有限公司 …… 440
天津斯特兰能源科技有限公司 …… 440
河北奥冠电源有限责任公司 …… 443
山西文正卓越汽车电喷装置有限公司 … 124
新源动力股份有限公司 …… 444
吉林中聚新能源科技有限公司 …… 447
上海加冷松芝汽车空调股份有限公司 … 376
上海神力科技有限公司 …… 452
上海捷新动力电池系统有限公司 …… 454
上海卡耐新能源有限公司 …… 455
英泰集团有限公司 …… 396
镇江市天源蓄电池有限责任公司 …… 457
常州高博能源材料有限公司 …… 461
苏州星恒电源有限公司 …… 468
张家港国泰华荣化工新材料有限公司 … 472
江苏华富储能新技术股份有限公司 … 473
江苏欧力特能源科技有限公司 …… 473
江苏海四达电源股份有限公司 …… 474
万向集团公司 …… 261
杭州杰能动力有限公司 …… 475
天能动力国际有限公司 …… 476
微宏动力系统(湖州)有限公司 …… 476
卧龙控股集团股份有限公司 …… 476
中澳合资上虞奥龙电源有限公司 …… 476
宁波均胜汽车电子股份有限公司 …… 478
浙江佳贝思绿色能源有限公司 …… 483
利尔电气(浙江)有限公司 …… 489
安徽天康特种车辆装备有限公司 …… 75
合肥国轩高科动力能源有限公司 …… 505
安徽亿诺新能源有限责任公司 …… 505
芜湖瑞科技术有限公司 …… 506
山东威能环保电源科技股份有限公司 … 514
山东圣阳电源股份有限公司 …… 515
海特电子集团有限责任公司 …… 516
山东润峰集团新能源科技有限公司 … 516
河南环宇集团有限公司 …… 516
新乡市亚洲电源股份有限公司 …… 516
中航锂电(洛阳)有限公司 …… 517
凯迈嘉华(洛阳)新能源有限公司 …… 517
武汉银泰科技电源股份有限公司 …… 518
湖北骆驼海峡新型蓄电池有限公司 … 520
骆驼集团股份有限公司 …… 520
谷城骆驼塑胶制品有限公司 …… 520
湖南科力远新能源股份有限公司 …… 521
湖南科霸汽车动力电池有限责任公司 … 521
广东猛狮电源科技股份有限公司 …… 525
惠州亿纬锂能股份有限公司 …… 526
深圳市科列技术股份有限公司 …… 527
深圳贝特瑞新能源材料股份有限公司 … 527
深圳市沃特玛电池有限公司 …… 527
深圳市德赛电池科技股份有限公司 … 528
雷天温斯顿电池有限公司 …… 529
深圳市比克电池有限公司 …… 530
东莞新能源科技有限公司 …… 533
中山市宝力蓄电池有限公司 …… 535
深圳市瑞能实业有限公司 …… 722
重庆万里新能源股份有限公司 …… 539
咸阳威力克能源有限公司 …… 541

◉ 充电系统及设备

江苏亨通电子线缆科技有限公司 …… 474
普天新能源有限责任公司 …… 684
国宏汽车有限公司 …… 53
上海循道新能源科技有限公司 …… 695
苏州工业园区多思达科技有限公司 … 468
苏州智绿环保科技有限公司 …… 469
苏州奥佩克汽车部件有限公司 …… 470
帝发技术(无锡)有限公司 …… 700
江苏特牛电源有限公司 …… 706
扬州格尔仕电源科技有限公司 …… 706
滁州市天达汽车部件有限公司 …… 75
株洲达能科技有限公司 …… 720
雷天温斯顿电池有限公司 …… 529
广东高标电子科技有限公司 …… 678
深圳市欣锐特科技有限公司 …… 723

◉ 其他电动汽车零部件

沈阳兴华航空科技有限公司 …… 444
空调国际(上海)有限公司 …… 376
苏州新同创汽车空调有限公司 …… 394
江苏亨通电子线缆科技有限公司 …… 474
北京环驰车桥厂 …… 221
北京停易制动器有限公司 …… 222
沧州新旺汽车散热器制造有限公司 … 122
廊坊市众柴车用空压机有限公司 …… 230

廊坊华龙摩托车配件有限公司 ········ 443
大连海纳汽车零部件有限公司 ········ 236
一汽解放汽车有限公司变速箱分公司 ··· 238
白城金事达电气有限公司 ·············· 448
上海王力电子电器有限公司 ············ 455
无锡晶华汽车制动器有限公司 ········ 252
江苏江龙科技发展有限公司 ············ 385
江苏路通电器有限公司 ················· 460
常州市豪佳电器有限公司 ·············· 463
江苏江阴市恒达车辆配件有限公司 ··· 468
无锡市巨龙塑化有限公司 ·············· 580
中策橡胶集团有限公司 ················· 259
浙江胜隆弹簧有限公司 ················· 276
台州华跃工贸有限公司 ················· 277
台州金纳车桥有限公司 ················· 290
今飞控股集团有限公司 ················· 292
浙江雷牌机件有限公司 ················· 407
杭州南华汽车配件有限公司 ············ 475
宁波立德电器有限公司 ················· 478
浙江奥冠电子科技有限公司 ············ 489
浙江嘉嘉巨能摩托车科技有限公司 ··· 736
六安江淮永达机械制造有限公司 ······ 301
安徽星瑞齿轮传动有限公司 ············ 301
埃泰克汽车电子(芜湖)有限公司 ····· 506
安徽巨一自动化装备有限公司 ········ 712
建新橡胶(福建)有限公司 ·············· 307
赣州五环机器有限责任公司 ············ 312
泸河集团有限公司 ······················ 319
山东三工橡胶有限公司 ················· 319
腾森橡胶轮胎(威海)有限公司 ········ 321
青岛金圣橡胶工业有限公司 ············ 325
山东宝雅新能源汽车股份有限公司 ··· 512
河南贝迪新能源制冷工业有限公司 ··· 419
河南贝迪新能源汽车空调有限公司 ··· 419
湖北恒隆汽车系统集团有限公司 ····· 335
湖北庆达科技有限责任公司 ············ 337
湖北亿州微特电机有限公司 ············ 520
湖南顶立科技有限公司 ················· 719
长沙捷翔科技发展有限公司 ············ 719
佛山电器照明股份有限公司 ············ 533
广西柳拖车辆有限公司 ················· 429
重庆川渝精工机械配件开发有限公司 ··· 352
重庆市星极齿轮有限责任公司 ········ 356
重庆江洲粉末冶金科技有限公司 ····· 654
成都威特电喷有限责任公司 ············ 216
四川川环科技股份有限公司 ············ 217
中车集团四川丹齿零部件有限公司 ··· 358
贵州航天红光机械制造有限公司 ····· 360
陕西东铭车辆系统股份有限公司 ····· 362

通用件和相关工业产品

◉ 摩擦材料

辽宁九通摩擦材料有限公司 ………… 560
隆基集团有限公司 …………………… 322
山东金麒麟股份有限公司 …………… 627
浙江铁流离合器股份有限公司 ……… 260
信义集团 ……………………………… 316
布雷博(中国)制动系统有限公司 …… 222
赛龙(北京)汽车部件有限公司 ……… 545
景县丰源制管有限公司 ……………… 225
河北星月制动元件有限公司 ………… 225
邢台市凯力德机械制造有限公司 …… 226
华存离合器有限公司 ………………… 228
南皮县伟达五金制造有限公司 ……… 228
河北兴浦汽车制动器有限公司 ……… 228
河北精轴传动轴厂 …………………… 229
石家庄泰明顿摩擦材料有限公司 …… 549
河北赛之顺制动元件有限公司 ……… 551
衡水北方刹车片有限公司 …………… 551
河北新世泰密封有限公司 …………… 553
沧州鑫利达五金制造有限责任公司 … 554
南皮县春生五金配件厂 ……………… 554
沧州三星汽车零部件有限公司 ……… 554
河北巨象汽车配件工业有限公司 …… 554
河北百吉汽车配件有限公司 ………… 555
唐山爱信化工有限公司 ……………… 555
华化摩擦材料有限公司 ……………… 556
衡水华达摩擦材料有限公司 ………… 556
衡水众成摩擦材料有限公司 ………… 556
山西通达汽车制动材料制造有限公司 … 556
山西金宇粉末冶金有限公司 ………… 556
沈阳中航飞汽车部件制造有限公司 … 234
沈阳远程摩擦密封材料有限公司 …… 556
辽宁众力汽配科技有限公司 ………… 558
锦州金石汽车制动配件制造有限公司 … 559
吉林省一东离合器制造有限公司 …… 241
长春光阳汽车零部件有限责任公司 … 560
长春特必克世立汽车零部件有限公司 … 561
吉林省柳河红石石棉制品有限公司 … 563
上海华森散热器有限公司 …………… 137
上海合众工贸实业公司 ……………… 137
爱思帝耐时(上海)驱动系统有限公司 … 244
上海久耐汽车离合器有限公司 ……… 246
上海达耐时汽车配件有限公司 ……… 246
上海胜僖汽车配件有限公司 ………… 376
上海航空电器有限公司 ……………… 451
上海乐嘉刹车系统有限公司 ………… 566
上海华信摩擦材料有限公司 ………… 566
上海瑞裕汽车配件有限公司 ………… 569
南京联动汽车零部件有限公司 ……… 248
南京丹纳赫汽车配件有限公司 ……… 249
南京法雷奥离合器有限公司 ………… 249
江阴市长江汽车离合器有限公司 …… 253
无锡市联信离合器有限公司 ………… 253
盐城市金鑫离合器厂 ………………… 257
江苏名豪汽车零部件有限公司 ……… 257
扬州汇众萨克斯车业制造有限公司 … 258
常州市桑迪汽车配件制造有限公司 … 388
常州海拓汽车部件有限公司 ………… 388
江苏华裕汽车工业有限公司 ………… 573
南京驰洲汽车配件厂 ………………… 573
常州市吉马摩擦材料有限公司 ……… 577
江阴市双佳汽车配件有限公司 ……… 581
江阴市希克林摩擦材料有限公司 …… 581
舍弗勒摩擦产品(苏州)有限公司 …… 584
江苏普华力拓摩擦材料有限公司 …… 584
捷通摩擦材料(昆山)有限公司 ……… 584
日清纺赛龙(常熟)汽车部件有限公司 … 585
盐城市方天汽车配件有限公司 ……… 586
江苏安捷汽车配件有限公司 ………… 586
盐城奥克浩瀚汽车配件有限公司 …… 586
盐城艾美科机动车部件有限公司 …… 587
盐城市壹鼎汽车配件有限公司 ……… 587
姜堰市苏泰摩擦材料厂 ……………… 587
南通万达摩擦材料有限公司 ………… 588
南通锦辰制动系统有限公司 ………… 588
慈溪市安卡汽车零部件有限公司 …… 155
杭州冠英汽车零部件有限公司 ……… 259
杭州金马离合器有限公司 …………… 259
杭州杭万制动器科技有限公司 ……… 260
杭州余杭正达机械有限公司 ………… 260
杭州前进齿轮箱集团股份有限公司 … 261
万向系统有限公司 …………………… 262
浙江前锦离合器有限公司 …………… 270
台州维多离合器有限公司 …………… 276
玉环全菱汽车离合器有限公司 ……… 280
台州华龙离合器有限公司 …………… 283
台州鑫鼎离合器有限公司 …………… 283
台州天玺离合器有限公司 …………… 284
玉环日意机械有限公司 ……………… 288
浙江玉环传尔力离合器制造有限公司 … 288
玉环县寿源机械有限公司 …………… 290
台州市百强机械有限公司 …………… 290
浙江金斗离合器制造有限公司 ……… 291
瑞安市万铭汽摩部件有限公司 ……… 296
浙江铃丰离合器有限公司 …………… 296
浙江远征汽摩附件有限公司 ………… 501
乐清市星火汽车电子有限公司 ……… 504
杭州西湖摩擦材料有限公司 ………… 589
杭州杭城摩擦材料有限公司 ………… 589
杭州安耐特实业有限公司 …………… 589
杭州钱江摩擦材料有限公司 ………… 589
浙江杭万汽车零部件实业有限公司 … 589
杭州泰明顿摩擦材料有限公司 ……… 589
浙江科特汽配股份有限公司 ………… 590
杭州萧山红旗摩擦材料有限公司 …… 590
杭州佳耐汽车零部件有限公司 ……… 591
杭州协盛摩擦材料有限公司 ………… 591
杭州优纳摩擦材料有限公司 ………… 592
浙江安泰汽车部件有限公司 ………… 592
临安华龙摩擦材料有限公司 ………… 592
杭州九鼎汽车部件有限公司 ………… 592
杭州冠雁汽车零部件实业有限公司 … 592
杭州桐庐宇鑫汽配有限公司 ………… 593
诸暨市金德利摩擦材料有限公司 …… 594
绍兴县安宙机械有限公司 …………… 595
杭州布瑞克汽配有限公司 …………… 596
浙江昌达汽车零部件制造有限公司 … 596
浙江德瑞摩擦材料有限公司 ………… 596
浙江容安机械有限公司 ……………… 597
海盐秦燕汽配有限公司 ……………… 597
福莱斯乐摩擦材料(平湖)有限公司 … 597
宁波市中威汽车部件有限公司 ……… 598
宁波天伟汽车部件有限公司 ………… 598
慈溪市鸣石汽车配件厂 ……………… 600
慈溪市特威汽车配件实业有限公司 … 600
奉化市东成摩擦材料有限公司 ……… 603
浙江立兴汽车零部件制造有限公司 … 607
玉环县三田汽车摩擦工业有限公司 … 608
浙江海特橡塑有限公司 ……………… 610
台州市金桥摩擦材料有限公司 ……… 611
浙江万赛汽车零部件有限公司 ……… 611
浙江科马摩擦材料股份有限公司 …… 612
瑞安市华德汽车零部件有限公司 …… 613
浙江力征汽摩部件有限公司 ………… 613
瑞安市铭泰汽车零部件有限公司 …… 613
浙江耐磨达刹车片有限公司 ………… 614
瑞安市明昊汽摩部件有限公司 ……… 614
瑞安市宏和汽车配件有限公司 ……… 614
温州三联锻造有限公司 ……………… 615
乐清市长虹摩擦材料有限公司 ……… 616
北泰汽车底盘系统(安徽)有限公司 … 300
芜湖大捷离合器有限公司 …………… 303
芜湖禾丰离合器有限公司 …………… 303
宁国市飞鹰汽车零部件股份有限公司 … 304
安徽省天富电子(集团)有限公司 …… 506
安徽省宏泰汽配实业有限公司 ……… 618
芜湖市中亚汽车制动元件有限公司 … 618
杭州菲英汽车零部件有限公司 ……… 619
黄山奔马集团有限公司 ……………… 619
安徽省中力汽车制动系统有限公司 … 619
福建华泰汽配工业股份有限公司 …… 181
福安市德普电器有限公司 …………… 182
泉州鲤城明侨机械配件有限公司 …… 182
福州瑞利车辆部件制造有限公司 …… 305
福建福通金属有限公司 ……………… 306
华孚汽车配件有限公司 ……………… 307
石狮万众离合器有限公司 …………… 309
福建霞浦宏泰制动工业有限公司 …… 620
福建华日汽车配件有限公司 ………… 620
福州新信制动系统有限公司 ………… 620

福建冠良汽车配件工业有限公司 …… 620
霞浦县制动材料总厂 …… 621
福建正阳汽车部件有限公司 …… 621
泉州双德盛交通器材有限公司 …… 622
泉州昌隆汽车配件工业有限公司 …… 622
晋江粉末治金制品有限公司 …… 623
江西元邦摩擦材料有限责任公司 …… 625
济南盛丰创力汽车配件有限公司 …… 184
山东新金发汽车零部件有限公司 …… 185
淄博嘉禾机械有限公司 …… 314
山东诺华东方汽车配件制造有限公司 … 314
东营信义汽车配件有限公司 …… 316
山东金山汽配有限公司 …… 316
东营博瑞制动系统有限公司 …… 317
莱州华汽机械有限公司 …… 318
山东高天金属制造有限公司 …… 318
山东鲁达轿车配件股份有限公司 …… 318
潍坊埃锐制动系统有限公司 …… 318
山东隆基机械股份有限公司 …… 322
蓬莱荣达机械配件有限公司 …… 322
龙口市裕东机械制造厂 …… 323
青岛国人机械有限公司 …… 324
青岛盛博机电有限公司 …… 326
曲阜天博集团 …… 515
济南金麒麟刹车系统有限公司 …… 626
金登制动器材厂 …… 627
信义载重汽车配件有限公司 …… 628
东营海翼汽车配件有限公司 …… 628
山东荣邦汽配有限公司 …… 628
东营科力汽配有限责任公司 …… 628
日照中伟汽车配件有限公司 …… 629
潍坊陆爱斯汽车零部件有限公司 …… 629
山东双连制动材料有限公司 …… 630
乳山韩京摩擦材料有限公司 …… 630
烟台海纳制动技术有限公司 …… 631
青岛信义汽车制动配件有限公司 …… 633
青岛方冠摩擦材料有限公司 …… 633
青岛基宏汽车部件有限公司 …… 633
梁山水浒摩擦材料有限公司 …… 634
山东省梁山神力汽车配件有限公司 … 634
海力集团华鸿汽车制动部件有限公司 … 634
梁山亨通实业公司摩擦密封材料总厂 … 634
临沂盖氏机械有限公司 …… 635
临沂金辰汽车配件有限公司 …… 635
河南省汤阴县汽车零部件有限公司 … 330
东风汽车股份有限公司铸造分公司 … 199
东风(十堰)发动机部件有限公司 …… 200
武汉达普科零部件有限公司 …… 333
东风捷祥汽车减振器有限公司 …… 334
十堰巨名好特汽车备件制造有限公司 … 340
湖北兴升科技发展有限公司 …… 342
辉门摩擦产品有限公司 …… 637
瑞阳汽车零部件(仙桃)有限公司 …… 638
黄石赛福摩擦材料有限公司 …… 639
枣阳兴亚摩擦材料有限公司 …… 640
湖北群益汽车配件有限公司 …… 640
湖北飞龙摩擦密封材料股份有限公司 … 640
枣阳华龙摩擦材料有限公司 …… 640
枣阳磐石摩擦片有限公司 …… 640
湖北省枣阳福星摩擦材料有限公司 … 640
枣阳中天摩擦片有限公司 …… 640
枣阳安泰摩擦材料有限公司 …… 640
十堰九鹏摩擦材料有限公司 …… 641
湖南常德嘉达摩擦材料有限公司 …… 642
湖南博云汽车制动材料有限公司 …… 642
长沙捷动汽车配件有限公司 …… 642
广州市永友机动车配件有限公司 …… 202
佛山市豹王滤芯制造有限公司 …… 207
广州实利汽车零部件制造有限公司 … 346
珠海华粤离合器有限公司 …… 347
力派尔(珠海)汽车配件有限公司 …… 347
东莞桥头特比克汽车零件有限公司 … 348
俊加华实业有限公司 …… 349
广东亚新汽车传动有限公司 …… 349
广东富华工程机械制造有限公司 …… 349
广东富华重工制造有限公司 …… 350
山本机车部件(广州)有限公司 …… 523
广州市广易实业有限公司 …… 642
广州立华制动器材有限公司 …… 643
广州市诺安制动配件有限公司 …… 644
广州市埃弗克汽车配件有限公司 …… 644
珠海天一机械设备有限公司 …… 647
格莱利集团 …… 647
深圳市众佳摩擦材料有限公司 …… 647
安驰车掣(深圳)有限公司 …… 647
东莞特必克汽车零件有限公司 …… 649
金的(中美合资)汽车零部件公司 …… 650
佛山市南海东兴汽车配件有限公司 … 650
中山赛福特汽车配件有限公司 …… 651
重庆齿轮箱有限责任公司 …… 355
重庆红宇精密工业有限责任公司 …… 355
重庆红宇摩擦制品有限公司 …… 654
重庆红宇汽车配件厂 …… 654
成都鑫飞跃达制动系统有限公司 …… 356
四川金雕离合器有限公司 …… 357
四川郫县离合器有限公司 …… 358
成都福昌汽车配件有限公司 …… 655
陕西力之泉工贸有限责任公司 …… 361
西安红旗制动厂 …… 657

◉ 密封件

建新赵氏集团有限公司 …… 603
万向钱潮股份有限公司 …… 262
重庆杜克高压密封件有限公司 …… 354
北京和承阿仁艾汽车配件有限公司 … 222
北京世东凌云汽车饰件有限公司 …… 365
北京中用汽车配件有限公司 …… 365
北京万源瀚德汽车密封系统有限公司 … 544
北京同创汽车部件有限公司 …… 545
北京嘉华汽车技术发展有限公司 …… 546
爱三(天津)汽车部件有限公司 …… 117
天津丰田合成有限公司 …… 547
天津新罗油封橡塑制品有限公司 …… 548
保光(天津)汽车零部件有限公司 …… 549
河北省清河县工程机械汽车配件厂 … 441
河北易德利橡胶制品有限责任公司 … 550
河北宏广橡塑金属制品有限公司 …… 550
河北省华意机械附件有限公司 …… 551
清河县长城密封件有限公司 …… 551
清河县三联橡塑制品有限公司 …… 551
河北永丰汽车零部件制造有限公司 … 551
永盛汽车配件制造有限公司 …… 551
河北威县盛达密封件有限公司 …… 551
邢台辉门密封件有限公司 …… 552
河北星源汽配集团有限公司 …… 552
清河远东橡塑制品有限公司 …… 552
河北永昌密封件有限公司 …… 552
清河县德正汽车配件有限公司 …… 552
河北三众橡胶有限公司 …… 552
清河县昌通机动车辆配件厂 …… 552
河北新华橡胶密封件有限公司 …… 552
清河县凯旋密封件有限公司 …… 552
邢台山峰特种橡胶制品厂 …… 553
邢台市龙滨橡塑制品有限公司 …… 553
欧海密封有限公司 …… 553
河北任县企大橡胶有限责任公司 …… 553
巨鹿县宏伟密封电器配件有限公司 … 553
新河县华兴机械制造有限公司 …… 553
邢台市宏友密封件有限公司 …… 553
河北华密橡胶有限公司 …… 553
河北新世泰密封有限公司 …… 553
南宫市星晨毡业有限公司 …… 553
邢台市青山密封有限公司 …… 553
保定市诺博橡胶制品有限公司 …… 555
锦州光和密封实业有限公司 …… 128
沈阳实发特种橡胶制品有限公司 …… 556
沈阳远程摩擦密封材料有限公司 …… 556
铁岭华晨橡塑制品有限公司 …… 557
铁岭市机械橡胶密封件厂 …… 557
铁岭助驰橡胶密封制品有限公司 …… 557
大连安达汽车零部件有限公司 …… 558
锦州市凌河缸垫有限公司 …… 559
福耀(长春)巴士玻璃有限公司 …… 373
长春旭阳工业(集团)股份有限公司 … 373
长春恩福油封有限公司 …… 561
长春蓝天密封技术开发有限公司 …… 561
长春爱尔铃克铃尔有限公司 …… 561
瀚德汽车密封系统公司长春分公司 … 561
长春成云橡塑制品有限公司 …… 561
吉林省柳河红石石棉制品有限公司 … 563
哈尔滨东安实业发展有限公司 …… 131
上海峰亚耐火保温材料有限公司 …… 133
上海三智汽配实业有限公司 …… 449
上海前卫软木制品厂 …… 564
上海天示机械零部件制造有限公司 … 564
上海荣南橡塑科技有限公司 …… 565
上海索拓密封材料有限公司 …… 565
上海新封高科贸有限公司 …… 565
圣戈班高功能塑料(上海)有限公司 … 565
上海大裕橡胶制品有限公司 …… 565
上海世达密封件有限公司 …… 565
上海珂基氟硅材料有限公司 …… 565
上海乐昌汽车配件有限公司 …… 566
上海惠达橡胶制品有限公司 …… 566
上海瑞博密封件有限公司 …… 567
上海西川密封件有限公司 …… 568
上海四明橡塑制品有限公司 …… 568
上海微华密封件有限公司 …… 568
上海麦之华密封件有限公司 …… 568
上海旺卓橡塑制品有限公司 …… 569
汉升密封科技(上海)有限公司 …… 569
上海麦华油封工业有限公司 …… 570

上海申雅密封件有限公司 …………… 570
上海红阳密封件有限公司 …………… 570
上海兴盛密封垫有限公司 …………… 571
上海三和汽车橡塑件有限公司 ……… 572
无锡安尔达机械有限公司 …………… 143
南京亨发达汽配制造有限公司 ……… 249
丹阳市鹏凌塑业有限公司 …………… 386
江苏南汽常随汽车零部件有限公司 … 388
无锡井上华光汽车部件有限公司 …… 393
海门市三友碳业有限公司 …………… 474
南京七四二五橡塑有限责任公司 …… 572
南京金三力橡塑有限公司 …………… 573
南京宏佳机械制造有限公司 ………… 573
江苏万奔汽车配件有限公司 ………… 574
扬中市华日密封件有限公司 ………… 574
常州海川卓越密封材料有限公司 …… 575
常州市武进鸿程汽车配件有限公司 … 577
金坛市波尔奇橡塑制品有限公司 …… 578
常州朗博汽车零部件有限公司 ……… 578
常州市利来密封件有限公司 ………… 578
无锡市日达密封垫厂 ………………… 578
无锡市麦克密封技术有限公司 ……… 579
无锡市美峰橡胶制品制造有限公司 … 579
无锡恩福油封有限公司 ……………… 579
无锡朴业橡塑有限公司 ……………… 580
无锡市奔达密封件有限公司 ………… 580
申桦密封件(江阴)有限公司 ………… 582
汤姆金斯艾迪尔夹具(苏州)有限公司 … 583
书元机械企业(昆山)有限公司 ……… 584
苏州温橡特种橡胶有限公司 ………… 585
昆山茂顺密封件工业有限公司 ……… 585
和承汽车配件(太仓)有限公司 ……… 585
淮安市劲风橡塑有限公司 …………… 586
江苏振华密封工业有限公司 ………… 587
泰兴市振兴密封材料有限公司 ……… 587
南通海林汽车橡塑制品有限公司 …… 588
江苏天骄汽车配套有限公司 ………… 702
杭州内燃机缸垫有限公司 …………… 150
杭州万里塑胶有限公司 ……………… 150
杭州萧象内燃机配件有限公司 ……… 151
临海市环流汽配制造有限公司 ……… 157
临海市伟达汽车部件有限公司 ……… 157
瑞安市宝捷汽车配件有限公司 ……… 167
温州市联君机车部件有限公司 ……… 170
温州大统活塞水泵有限公司 ………… 174
杭州双佳汽车部件制造有限公司 …… 262
浙江省世泰实业有限公司 …………… 276
浙江正裕工业股份有限公司 ………… 283
浙江红箭橡塑有限公司 ……………… 286
玉环博纳汽配有限公司 ……………… 287
宁波裕民机械工业有限公司 ………… 402
浙江利海机车部件有限公司 ………… 407
瑞安市风驰轿车配件有限公司 ……… 408
温州光大汽配制造有限公司 ………… 411
乐清市长城制冷密封垫厂 …………… 411
浙江力威机电设备制造有限公司 …… 488
浙江毅力汽车空调有限公司 ………… 488
瑞安市贝路内燃机系统有限公司 …… 493
浙江远征汽摩附件有限公司 ………… 501
杭州兴达集团有限公司 ……………… 588
杭州藤仓橡胶有限公司 ……………… 589
浙江科特汽配股份有限公司 ………… 590
浙江国泰密封材料股份有限公司 …… 591
浙江省上虞市油封制造有限公司 …… 595
海盐秦燕汽配有限公司 ……………… 597
海盐永隆汽配制造厂 ………………… 598
宁波海山克尔铃密封件有限公司 …… 599
慈溪市中德密封材料有限公司 ……… 600
慈溪博格曼密封材料有限公司 ……… 600
宁波大众橡胶有限公司 ……………… 602
宁波前进橡胶有限公司 ……………… 602
余姚市恒威卡箍有限公司 …………… 602
宁波捷豹集团有限公司 ……………… 603
宁波旭强汽车部件制造有限公司 …… 603
宁波无边橡塑有限公司 ……………… 604
浙江林氏汽车零部件有限公司 ……… 604
宁海强弘橡塑有限公司 ……………… 604
宁波景升国际贸易有限公司 ………… 604
宁波众力汽车部件有限公司 ………… 604
宁波市美亚达汽车部件制造有限公司 … 604
舟山市海山密封材料有限公司 ……… 605
舟山市东洲橡胶有限公司 …………… 605
岱山县威尔密封件有限公司 ………… 605
舟山市恒顺密封件有限公司 ………… 605
岱山县卡乐汽车配件制造有限公司 … 605
浙江奥斯特汽车配件有限公司 ……… 605
宁波福耀汽车零部件有限公司 ……… 605
临海市金鑫汽车配件有限公司 ……… 606
临海市振中汽车橡胶配件厂 ………… 606
浙江赛阳密封件有限公司 …………… 607
浙江兴宇汽车零部件有限公司 ……… 607
浙江大统密封件有限公司 …………… 607
浙江宏鑫减震系统有限公司 ………… 608
仙居县润丰汽车零部件制造有限公司 … 608
浙江发光橡胶密封件有限公司 ……… 608
浙江贝斯特减震系统有限公司 ……… 608
浙江海特橡塑有限公司 ……………… 610
浙江崇富橡塑有限公司 ……………… 610
台州艾特密封件制造有限公司 ……… 610
浙江荣康密封件有限公司 …………… 611
金华磐荣汽配制造有限公司 ………… 611
浙江欧福密封件有限公司 …………… 612
温州天成密封件制造有限公司 ……… 612
温州市华海密封件有限公司 ………… 612
温州日升密封件制造有限公司 ……… 613
浙江罗曼汽车部件有限公司 ………… 614
瑞安市双金机械附件厂 ……………… 614
万宏集团温州汽缸垫有限公司 ……… 615
温州恒阳科技有限公司 ……………… 616
安徽华祥实业有限公司 ……………… 176
芜湖聚达汽车零部件有限公司 ……… 301
芜湖市宏达汽配橡胶密封件厂 ……… 302
芜湖恒坤汽车部件有限公司 ………… 303
芜湖依格森汽车部件有限公司 ……… 303
信义汽车部件(芜湖)有限公司 ……… 412
安徽微威胶件集团有限公司 ………… 616
合肥晨阳橡塑有限公司 ……………… 616
芜湖中天密封件有限公司 …………… 617
安徽同丰橡塑工业有限公司 ………… 617
斯凯孚密封系统(芜湖)有限公司 …… 618
安徽中鼎控股(集团)股份有限公司 … 618
安徽中鼎密封件股份有限公司 ……… 619
安徽中鼎泰克汽车密封件有限公司 … 619
宁国天运橡塑制品有限公司 ………… 619
亚新科噪声与振动技术(安徽)有限公司 … 619
安徽义富汽车零部件有限公司 ……… 620
泉州鲤城明侨机械配件有限公司 …… 182
宝树机械制造有限公司 ……………… 307
福州福光橡塑有限公司 ……………… 413
爱沃特玛铪橡胶制品(福建)有限公司 … 620
厦门市金汤橡塑有限公司 …………… 621
厦门百吉机电有限公司 ……………… 621
福建省泉州市盈盛汽配有限公司 …… 622
泉州市福星机械制造有限公司 ……… 622
福建田中机械科技股份有限公司 …… 622
萍乡市德博科技发展有限公司 ……… 184
南昌汽缸垫厂 ………………………… 624
南昌辉门密封件系统有限公司 ……… 624
江西省萍乡市三善机电有限公司 …… 625
济南盛丰创力汽车配件有限公司 …… 184
潍坊裕隆机械有限公司 ……………… 188
淄博博岳变速箱有限公司 …………… 315
蓬莱天日聚氨酯有限公司 …………… 322
蓬莱宏升汽车配件有限公司 ………… 322
武城县德兴橡塑制品有限公司 ……… 627
水星汽车部件集团股份有限公司 …… 627
滨州双峰石墨密封材料有限公司 …… 627
东营信义集团公司橡塑厂 …………… 628
烟台石川密封垫板有限公司 ………… 630
烟台聚氨酯橡塑制品厂 ……………… 630
烟台冰轮集团有限公司 ……………… 630
烟台福尔福密封垫板有限公司 ……… 630
山东莱阳市昌誉密封产品有限公司 … 631
龙口市飞轮汽车配件有限责任公司 … 631
烟台成鑫密封垫板有限公司 ………… 631
烟台润蚨祥油封有限公司 …………… 631
烟台市福山气缸垫有限公司 ………… 631
青岛北海密封技术有限公司 ………… 632
青岛开世密封工业有限公司 ………… 632
青岛华磊密封制品有限公司 ………… 632
青岛茂林橡胶制品有限公司 ………… 633
青岛华冠密封工业有限公司 ………… 633
青岛凯通(赛澳)密封件有限公司 …… 633
青岛东磊密封件制造有限公司 ……… 633
青岛海力威新材料科技股份有限公司 … 633
梁山县车友汽车配件制造有限公司 … 634
梁山环宇密封垫片有限公司 ………… 634
梁山亨通实业公司摩擦密封材料总厂 … 634
山东驼风汽车配件有限公司 ………… 635
新乡市金兰橡塑有限公司 …………… 635
南阳天一密封股份有限公司 ………… 637
武汉荒井密封件制造有限公司 ……… 637
武汉华森塑胶有限公司 ……………… 637
武汉市龙深密封件制造有限公司 …… 637
湖北派克密封件有限公司 …………… 638
湖北天力奇新材料股份有限公司 …… 639
东风(十堰)气缸垫有限公司 ………… 640
东森汽车密封件有限公司 …………… 641
中南橡胶集团有限责任公司 ………… 642
株洲湘火炬火花塞有限责任公司 …… 522
湖南布林特橡塑有限公司 …………… 642
益阳西流气缸垫有限公司 …………… 642
广州市永友机动车配件有限公司 …… 202

佛山市豹王滤芯制造有限公司 ········ 207
广州市梯欧科小轿车传动轴有限公司 ··· 344
东洋橡塑(广州)有限公司 ················ 346
信义玻璃控股有限公司 ················ 427
珠海藤仓电装有限公司 ················ 531
广州市广易实业有限公司 ················ 642
广州市广红软木厂 ···················· 643
广州市世达密封实业有限公司 ········ 643
广州机械科学研究院密封研究所 ······ 643
广州西川密封件有限公司 ·············· 644
广州刚辉橡塑五金制品有限公司 ······ 644
广州内山工业有限公司 ················ 645
申雅密封件(广州)有限公司 ·········· 645
元茂工业股份有限公司 ················ 647
深圳安必成橡胶制品有限公司 ········ 647
迈高精细高新材料(深圳)有限公司 ··· 647
东莞市兴飞宇橡塑制品有限公司 ······ 648
佛山市南方橡塑有限公司 ·············· 649
广东亿达汽车密封件有限公司 ········ 650
饭田(佛山)橡塑有限公司 ············ 650
江门鑫辉密封科技有限公司 ············ 651
江门市本和机车配件实业有限公司 ··· 651
丰田合成(佛山)橡塑有限公司 ········ 651
佛山市顺德区德芙迪实业有限公司 ··· 651
粤华橡胶密封件有限公司 ·············· 651
江门联丰爱橡胶五金工业有限公司 ··· 651
开平市本铃机车密封垫有限公司 ······ 652
柳州市俊杰汽配制造有限公司 ········ 652
重庆永安橡塑密封件厂 ················ 652
重庆蒲氏密封制品有限公司 ·········· 653
成都华德密封工业有限公司 ·········· 654
成都盛帮密封件有限公司 ············ 654
成都双流德金汽车垫片厂 ············ 654
成都俊马密封制品有限公司 ·········· 655
成都双流少海垫片厂 ················ 655
成都托克密封件有限责任公司 ········ 655
双流华成垫片厂 ···················· 655
成都天府垫片科技有限公司 ·········· 655
成都市新津阳光橡塑密封件厂 ········ 655
四川航天烽火波纹软管工业公司 ······ 655
成都市潭源橡塑密封件厂 ············ 655
四川省南部县千禧密封件有限公司 ··· 656
贵州大众橡胶有限公司 ················ 656
贵州精忠橡塑实业有限公司 ·········· 656
贵阳精艺橡胶配件厂 ················ 656
贵州光华橡塑有限公司 ················ 656
贵州贵航汽车零部件股份有限公司 ··· 656
西安天盾汽缸床有限责任公司 ········ 657
陕西奉航橡胶密封件有限责任公司 ··· 657
汉中秦宇密封材料有限责任公司 ······ 658

◉ V 带、多楔带等橡胶传动带

罗曼胶带技术(天津)有限公司 ········ 548
河北宏广橡塑金属制品有限公司 ······ 550
辽阳凯利特橡胶有限公司 ·············· 557
意奔玛集团有限公司 ················ 136
上海劳伦茨橡胶制品有限公司 ········ 570
江苏澳芙特传动带有限公司 ·········· 574
无锡市贝尔特胶带有限公司 ·········· 580
江阴天祥塑化制带有限公司 ·········· 581
哈金森工业橡胶制品(苏州)有限公司 ··· 583
盖茨优霓塔传动系统(苏州)有限公司 ··· 583
苏州三之星机带科技有限公司 ········ 583
阿雷法(苏州)汽车部件有限公司 ······ 584
欧皮特传动系统(太仓)有限公司 ······ 585
浙江京信汽车配件有限公司 ·········· 174
万宏集团有限公司 ·················· 174
杭州金泰胶带有限公司 ·············· 592
浙江安格鲁传动系统有限公司 ········ 595
三力士股份有限公司 ················ 595
上虞市宝来同步带有限公司 ·········· 595
海盐秦燕汽配有限公司 ·············· 597
宁波嘉威带业有限公司 ·············· 598
宁波亿力斯特种胶带有限公司 ········ 599
宁波裕江特种胶带有限公司 ·········· 599
宁波伏龙同步带有限公司 ············ 600
宁波贝递同步带有限公司 ············ 600
宁波慈光同步带有限公司 ············ 600
慈溪汇鑫同步带有限公司 ············ 601
宁波万亚传动带有限公司 ············ 602
宁波大众橡胶有限公司 ·············· 602
宁波凯驰胶带有限公司 ·············· 603
宁波捷豹集团有限公司 ·············· 603
康迪泰克传动系统(宁海)有限公司 ··· 604
浙江省舟山大众胶带有限公司 ········ 605
舟山市奥盛汽车传动带制造有限公司 ··· 605
浙江奥斯特汽车配件有限公司 ········ 605
岱山县卡乐汽车配件制造有限公司 ··· 605
临海市索力达同步带有限公司 ········ 606
浙江省三星胶带有限公司 ············ 606
台州富聚胶带制造有限公司 ·········· 606
浙江三维橡胶制品股份有限公司 ······ 606
浙江省三门南方工业有限公司 ········ 607
浙江光正橡胶有限公司 ·············· 607
浙江凯欧传动带股份有限公司 ········ 607
浙江尊华橡塑工业有限公司 ·········· 607
三门县富威胶带制造有限公司 ········ 607
浙江三特科技有限公司 ·············· 607
浙江紫金港胶带有限公司 ············ 607
温州瑞工汽车配件有限公司 ·········· 615
济南盛丰创力汽车配件有限公司 ······ 184
山东横滨橡胶工业制品有限公司 ······ 629
山东荣成市荣威胶带有限公司 ········ 630
莱芜永驰橡塑有限责任公司 ·········· 634
开封铁塔橡胶(集团)有限公司 ········ 637
湖北茂鑫特种胶带有限公司 ·········· 638
广州市永友机动车配件有限公司 ······ 202
佛山市豹王滤芯制造有限公司 ········ 207
山本机车部件(广州)有限公司 ········ 523
华丰数码构件制造有限公司 ·········· 645
重庆开泰汽车零部件有限公司 ········ 653
贵阳精艺橡胶配件厂 ················ 656
贵州精忠橡塑实业有限公司 ·········· 656
贵州大众橡胶有限公司 ·············· 656
贵州贵航汽车零部件股份有限公司 ··· 656

◉ 其他橡胶、塑料制品

河北亚大汽车塑料制品有限公司 ······ 555
浙江创城汽车零部件有限公司 ········ 595
建新赵氏集团有限公司 ················ 603
山东美晨科技股份有限公司 ·········· 629
浙江骆氏减震件股份有限公司 ········ 247
北京迪普首泰高新技术开发有限公司 ··· 117
北京青云航空仪表有限公司 ·········· 364
北京白菊汽车部件有限公司 ·········· 543
北京瑞森正邦橡胶技术有限公司 ······ 544
北京华腾橡塑乳胶制品有限公司 ······ 544
北京聚菱燕塑料有限公司 ············ 545
北京天元奥特橡塑有限公司 ·········· 545
北京同创汽车部件有限公司 ·········· 545
韩华综化(北京)塑料有限公司 ········ 545
北京兴业橡胶制品有限公司 ·········· 546
天津市利顺达滤清器有限公司 ········ 119
天津平和汽车配件有限公司 ·········· 119
天津模雅汽车配件有限公司 ·········· 366
天津津信汽车塑料制品有限公司 ······ 366
天津新天耐力汽车配件有限公司 ······ 438
天津市润生塑胶制品有限公司 ········ 547
天津天和橡胶工业有限公司 ·········· 547
天津滨海新区大港天力胶管有限公司 ··· 547
东海橡塑(天津)有限公司 ············ 547
天津日进塑料有限公司 ·············· 548
天津新罗迪封橡塑制品有限公司 ······ 548
天津市环宇橡塑股份有限公司 ········ 548
天津市天宇胶管有限公司 ············ 548
天津提爱思塑料制品有限公司 ········ 549
河北亿利橡塑集团有限公司 ·········· 121
清河县诚旭汽车零部件厂 ············ 121
沧州宇通塑业有限公司 ·············· 122
廊坊远祥汽车配件有限公司 ·········· 123
石家庄佳信汽车制动系统有限公司 ··· 224
冀州市金星橡胶制品有限责任公司 ··· 224
衡水神通汽车方向盘有限公司 ········ 225
河北清河科超汽车配件有限公司 ······ 226
清河县中盛汽车零部件有限公司 ······ 226
任丘飞翔汽车塑件有限公司 ·········· 368
清河县星星汽配制造有限公司 ········ 368
鑫悦塑料制品有限公司 ·············· 369
霸州市汇行塑胶制品有限公司 ········ 369
清河县盛兴汽车软轴厂 ·············· 440
黄骅市长生汽车灯镜有限公司 ········ 441
河北省清河县工程机械汽车配件厂 ··· 441
清河县巨龙车辆配件有限公司 ········ 441
河间市京明汽车插接器厂 ············ 442
河间市华盛汽配有限公司 ············ 442
辛集市方大橡塑制品有限公司 ········ 550
河北易德利橡胶制品有限责任公司 ··· 550
河北华特汽车部件有限公司 ·········· 550
河北宏广橡塑金属制品有限公司 ······ 550
晋州市安达汽车配件有限公司 ········ 550
河北飞越汽车零部件有限公司 ········ 551
清河县三联橡塑制品有限公司 ········ 551
河北省华意机械附件有限公司 ········ 551
永盛汽车配件制造有限公司 ·········· 551
邢台威力汽车零部件有限公司 ········ 551
河北宏安汽摩配件有限公司 ·········· 552
河北省清河县永兴实业有限公司 ······ 552
清河远东橡塑制品有限公司 ·········· 552
清河县德正汽车配件有限公司 ········ 552
河北三众橡胶有限公司 ·············· 552
清河县昌通机动车辆配件厂 ·········· 552

河北星源汽配集团有限公司 ………… 552
河北万龙密封科技有限公司 ………… 552
河北任县企大橡胶有限责任公司 …… 553
河北华密橡胶有限公司 ……………… 553
邢台市龙滨橡塑制品有限公司 ……… 553
黄骅市津华制动部件有限公司 ……… 554
唐山兴宇橡塑工业有限公司 ………… 555
任丘市方圆塑料有限公司 …………… 555
保定市诺博橡胶制品有限公司 ……… 555
丹东市振华橡胶制品有限公司 ……… 236
丹东黄海汽车配件制造有限责任公司 … 370
沈阳三丰橡胶有限公司 ……………… 556
沈阳实发特种橡胶制品有限公司 …… 556
辽阳凯利特橡胶有限公司 …………… 557
铁岭华晨橡塑制品有限公司 ………… 557
铁岭市机械橡胶密封件厂 …………… 557
辽阳康达塑胶树脂有限公司 ………… 557
沈阳金杯永信橡塑有限公司 ………… 557
铁岭助驰橡胶密封制品有限公司 …… 557
大连渤海橡胶塑料有限公司 ………… 558
锦州信友瑞龙实业有限公司 ………… 559
长春市建邦汽车零部件有限公司 …… 240
长春佳林实业集团股份有限公司 …… 371
长春力得汽车工程塑料制品有限公司 … 372
长春英利汽车部件有限公司 ………… 373
长春旭阳工业(集团)股份有限公司 … 373
长春高新汽车饰件有限公司 ………… 373
长春成云橡塑制品有限公司 ………… 561
劳士领汽车配件(长春)有限公司 …… 561
长春爱尔铃克铃尔有限公司 ………… 561
吉林龙山有机硅集团有限公司 ……… 562
上海众力汽车部件有限公司 ………… 132
上海久田塑胶模具有限公司 ………… 134
上海世德子汽车零部件有限公司 …… 135
浙江金海环境技术股份有限公司 …… 374
上海天原集团胜德塑料有限公司 …… 375
上海贝洱热系统有限公司 …………… 377
上海晟铭汽车空调配件有限公司 …… 378
上海三井复合塑料有限公司 ………… 379
上海博迩森汽车配件有限公司 ……… 379
上海霍费贝特汽车部件有限公司 …… 379
上海和达汽车配件有限公司 ………… 380
上海曹王塑料制品厂有限公司 ……… 381
上海敏锋汽车密封件有限公司 ……… 381
韩华综化(上海)塑料有限公司 ……… 382
上海三智汽配实业有限公司 ………… 449
上海阳明汽车部件有限公司 ………… 453
上海徕木电子股份有限公司 ………… 453
上海新安电磁阀有限公司 …………… 455
上海大裕橡胶制品有限公司 ………… 565
华德塑料制品有限公司 ……………… 565
圣戈班高功能塑料(上海)有限公司 … 565
上海世达密封件有限公司 …………… 565
上海川航通用汽车零部件有限公司 … 566
上海惠达橡胶制品有限公司 ………… 566
上海杰事杰新材料(集团)股份公司 … 566
上海凯众材料科技股份有限公司 …… 566
上海科凌聚氨酯制品有限公司 ……… 567
上海富国橡塑工业有限公司 ………… 567
海泰(浦泰)集团 …………………… 567
上海微华密封件有限公司 …………… 568
上海四明橡塑制品有限公司 ………… 568
上海新上橡汽车胶管有限公司 ……… 568
上海麦华油封工业有限公司 ………… 570
采埃孚橡胶金属(上海)有限公司 …… 570
上海众安电器塑料有限公司 ………… 571
上海艺光特种橡胶制品有限公司 …… 571
上海利富高塑料制品有限公司 ……… 571
上海三和汽车橡塑件有限公司 ……… 572
亚罗弗橡塑科技(上海)有限公司 …… 662
上海协博精密模具有限公司 ………… 692
上海瀚氏模具成型有限公司 ………… 693
上海井上模塑开发有限公司 ………… 693
江苏鑫通汽车部件有限公司 ………… 140
无锡市铭鑫增压器制造有限公司 …… 144
无锡中策减震器有限公司 …………… 252
江苏天洋集团有限公司 ……………… 384
江苏秦龙车灯有限公司 ……………… 384
镇江市宇鹏车业有限公司 …………… 384
丹阳市华升汽车部件有限公司 ……… 384
江苏锐光车业有限公司 ……………… 384
丹阳市华舜汽摩配件有限公司 ……… 385
丹阳市惠风车辆配件厂 ……………… 385
苏州五洲塑件有限公司 ……………… 385
江苏德翔聚氨酯塑胶有限公司 ……… 385
丹阳市鼎新塑件有限公司 …………… 385
江苏菱威汽车配件有限公司 ………… 385
丹阳市民康汽车内饰件有限公司 …… 386
丹阳市界牌镇浩鑫汽车塑件厂 ……… 386
丹阳胜洲汽车部件有限公司 ………… 386
江苏卡威汽配有限公司 ……………… 386
江苏天和汽配有限公司 ……………… 386
丹阳市鹏凌塑业有限公司 …………… 386
丹阳市新华隆汽配有限公司 ………… 387
常州市峰日车辆配件有限公司 ……… 387
常州市俊丰兰天车业有限公司 ……… 388
常州市华光中奇车辆部件有限公司 … 388
常州市桑迪汽车配件制造有限公司 … 388
常州易达奇车辆部件有限公司 ……… 389
常州市华龙灯具厂 …………………… 389
常州市希锐车辆部件厂 ……………… 389
常州东胜汽车饰件有限公司 ………… 389
常州市联顺车辆配件厂 ……………… 389
常州市银河明磊车辆配件厂 ………… 389
常州市良宇车辆配件厂 ……………… 389
常州市瑞悦车业有限公司 …………… 390
常州市添翼汽车部件有限公司 ……… 390
常州市安江车辆部件厂 ……………… 390
常州市银华车饰件制造有限公司 …… 390
常州市金迪车辆部件有限公司 ……… 391
常州市斌峰塑件厂 …………………… 391
常州市曙光车业有限公司 …………… 391
常州市沿江车辆配件厂 ……………… 391
常州市凯凌车配有限公司 …………… 391
常州特斯克精密注塑有限公司 ……… 392
江阴模塑集团有限公司 ……………… 394
江阴协统汽车附件有限公司 ………… 394
扬州神舟汽车内饰件有限公司 ……… 396
江苏昌明车身制造有限公司 ………… 397
江苏上钺汽车部件有限公司 ………… 457
丹阳市东港灯具有限公司 …………… 458
江苏德力嘉汽摩配件有限公司 ……… 458
丹阳顶发塑业有限公司 ……………… 459
江苏海德莱特汽车部件有限公司 …… 459
丹阳市翔宇车灯厂 …………………… 459
丹阳格铃汽配有限公司 ……………… 459
丹阳市镇红汽车灯具有限公司 ……… 459
丹阳市伯良灯具厂 …………………… 459
丹阳洲润汽车塑件厂 ………………… 459
常州佳得利车辆部件有限公司 ……… 462
常州永益车业有限公司 ……………… 462
常州秀田车辆部件有限公司 ………… 462
常州市太平洋电镀有限公司 ………… 462
江苏永明汽车部件有限公司 ………… 462
常州市乐业车灯厂 …………………… 463
常州鸿利来灯饰有限公司 …………… 463
常州市永拓车灯厂 …………………… 463
常州良盛车业有限公司 ……………… 463
常州市黄河车灯有限公司 …………… 463
常州市华杰塑件厂 …………………… 463
江苏正通电子有限公司 ……………… 470
徐州华夏电子有限公司 ……………… 472
盐城市勇驰汽车电器有限公司 ……… 472
扬州奥力威传感器有限公司 ………… 473
南京金杉汽车工程塑料有限责任公司 … 573
南京金三力橡塑有限公司 …………… 573
江苏万奔汽车配件有限公司 ………… 574
丹阳市富奥模塑有限公司 …………… 574
江苏江洲汽车部件有限公司 ………… 574
扬中市华日密封件有限公司 ………… 574
江苏奇一科技有限公司 ……………… 574
丹阳市美利达塑业有限公司 ………… 574
常州海川卓越密封材料有限公司 …… 575
常州三和塑胶有限公司 ……………… 575
常州乐士雷利电机有限公司 ………… 575
常州市申银车业有限公司 …………… 576
普利司通(常州)汽车配件有限公司 … 576
森瑞(常州)橡塑制品有限公司 ……… 577
常州市武进润丰塑料制品有限公司 … 578
三樱(无锡)汽车部件有限公司 ……… 578
常州市利来密封件有限公司 ………… 578
金坛市波尔奇橡塑制品有限公司 …… 578
无锡市美峰橡胶制品制造有限公司 … 579
士溢(无锡)精密压铸有限公司 ……… 579
江苏中通汽车内饰材料有限公司 …… 579
无锡恩福油封有限公司 ……………… 579
无锡朴业橡塑有限公司 ……………… 580
申桦密封件(江阴)有限公司 ………… 582
苏州日进塑料有限公司 ……………… 583
苏州西诺泛斯橡胶制品有限公司 …… 583
华龙(苏州)橡胶产品有限公司 ……… 583
苏州井上橡塑有限公司 ……………… 583
天纳克(苏州)减震系统有限公司 …… 584
昆山茂顺密封件工业有限公司 ……… 585
日清纺赛龙(常熟)汽车部件有限公司 … 585
苏州温橡特种橡胶有限公司 ………… 585
江苏超越橡塑有限公司 ……………… 586
淮安市劲风橡塑有限公司 …………… 586
丰田合成(张家港)塑料制品有限公司 … 586
江苏振华密封工业有限公司 ………… 587
日精工程塑料(南通)有限公司 ……… 588
南通海林汽车橡塑制品有限公司 …… 588
江苏高标科技发展有限公司 ………… 662

常州市鹏翔汽车装饰件厂 …………… 662
杭州万里塑胶有限公司 …………… 150
上虞市振荣橡胶制品有限公司 ………… 152
玉环金正塑胶厂 …………………… 160
恒勃控股股份有限公司 …………… 162
温州安佳汽车零部件有限公司 ……… 164
温州市联君机车部件有限公司 ……… 170
浙江华夏汽车部件有限公司 ………… 172
杭州神风汽车配件有限公司 ………… 259
宁波市聚星橡塑有限公司 …………… 271
宁波麦瑞汽车零部件有限公司 ……… 273
宁波凯瑞汽车零部件有限公司 ……… 273
浙江省世泰实业有限公司 …………… 276
浙江省台州敬炜塑料齿轮有限公司 … 278
浙江建环机械有限公司 …………… 284
浙江红箭橡塑有限公司 …………… 286
浙江双辉剑机械有限公司 …………… 287
瑞安市洲联车业部件有限公司 ……… 295
浙江远翅控股集团有限公司 ………… 398
宁波市翔龙金属制品有限公司 ……… 400
宁波帅特龙集团有限公司 …………… 400
宁波景文机械有限公司 …………… 401
宁波鸿通汽车零部件有限公司 ……… 401
宁海县金凌模塑有限公司 …………… 401
宁波华翔集团股份有限公司 ………… 402
浙江永峰塑业有限公司 …………… 403
浙江俱进汽摩配件有限公司 ………… 403
浙江国雨汽车零部件有限公司 ……… 403
台州市黄岩科力塑料模具厂 ………… 404
瑞安市张氏机车部件有限公司 ……… 410
乐清市长城制冷密封垫厂 …………… 411
宁波耐特电器有限公司 …………… 477
宁波永驰微型泵业有限公司 ………… 478
宁波永诚汽车电器有限公司 ………… 479
慈溪市友利拉索线有限公司 ………… 482
浙江阳明汽车部件有限公司 ………… 484
宁波 Skyward 工业有限公司………… 485
新大洋机电集团有限公司 …………… 486
温州一川电气有限公司 …………… 491
浙江柏思德电气有限公司 …………… 503
浙江威想电器有限公司 …………… 503
浙江安欣电业有限公司 …………… 504
浙江程逸汽车电器有限公司 ………… 504
杭州兴达集团有限公司 …………… 588
杭州光华橡塑有限公司 …………… 589
杭州藤仓橡胶有限公司 …………… 589
杭州相良塑料有限公司 …………… 589
浙江久运车辆部件有限公司 ………… 590
杭州埃克汽车配件有限公司 ………… 590
浙江波士特机械有限公司 …………… 593
浙江玉环南方机械制造厂 …………… 594
诸暨市亚力大机械有限公司 ………… 595
浙江世纪华通集团股份有限公司 …… 595
浙江省上虞市油封制造有限公司 …… 595
海盐秦燕汽配有限公司 …………… 597
平湖市新庙橡塑有限公司 …………… 597
海盐永隆汽配制造厂 ……………… 598
宁波四维尔工业股份有限公司 ……… 601
宁波国通汽车零部件有限公司 ……… 602
宁波丰茂远东橡胶有限公司 ………… 602
宁波前进橡胶有限公司 …………… 602
宁波市天普橡胶科技有限公司 ……… 603
宁波永信汽车部件制造有限公司 …… 603
宁波旭强汽车部件制造有限公司 …… 603
宁波市捷特汽车部件有限公司 ……… 603
宁波乔士橡塑有限公司 …………… 603
宁波十韦尔汽车部件有限公司 ……… 603
宁波奥赛减震系统有限公司 ………… 603
宁波众力汽车部件有限公司 ………… 604
浙江林氏汽车零部件有限公司 ……… 604
宁波景升国际贸易有限公司 ………… 604
宁波东昊汽车部件有限公司 ………… 604
宁波市美亚达汽车部件制造有限公司 … 604
宁波无边橡塑有限公司 …………… 604
宁波兴亚橡塑有限公司 …………… 604
宁波索普橡塑有限公司 …………… 604
舟山市东洲橡胶有限公司 …………… 605
岱山县卡乐汽车配件制造有限公司 … 605
临海市奇升橡塑制品有限公司 ……… 606
临海市振中汽车橡胶配件厂 ………… 606
浙江尊华橡塑工业有限公司 ………… 607
浙江大统密封件有限公司 …………… 607
浙江百利斯实业有限公司 …………… 608
台州巨和兴汽车减震系统有限公司 … 608
浙江贝斯特减震系统有限公司 ……… 608
仙居通用橡塑有限公司 …………… 608
玉环县中德塑胶有限公司 …………… 609
浙江崇富橡塑有限公司 …………… 610
浙江海特橡塑有限公司 …………… 610
浙江荣康密封件有限公司 …………… 611
金华磐荣汽配制造有限公司 ………… 611
永康永强汽配有限公司 …………… 611
温州三环橡塑制品有限公司 ………… 612
温州日升密封件制造有限公司 ……… 613
瑞安市海川自动化系统有限公司 …… 615
泰顺县白云橡胶有限公司 …………… 616
明晟科技有限公司 ……………… 665
宁波舜威汽车用品有限公司 ………… 666
浙江骑士佳音汽车用品有限公司 …… 669
宁波德业科技集团有限公司 ………… 708
宁波宇润电器有限公司 …………… 708
黄岩星泰塑料模具有限公司 ………… 710
浙江嘉仁模具有限公司 …………… 711
合肥华集汽车部件有限公司 ………… 299
安徽万安汽车零部件有限公司 ……… 299
芜湖市宏达汽配橡胶密封件厂 ……… 302
安徽岳塑汽车工业有限公司 ………… 305
芜湖万迪孚汽车部件有限公司 ……… 412
安徽江山机械有限公司 …………… 413
安庆市盛泰汽配制造有限责任公司 … 413
桐城市超越橡塑有限公司 …………… 616
震宇(芜湖)实业有限公司 ………… 617
芜湖爱迪亚实业有限公司 …………… 617
安徽省宏瑞泰达机械科技有限公司 … 617
霍山县龙鑫金属制品有限公司 ……… 617
安徽中鼎橡塑制品有限公司 ………… 618
安徽中鼎减震橡胶技术有限公司 …… 618
安徽中鼎控股(集团)股份有限公司 … 618
亚新科噪声与振动技术(安徽)有限公司 … 619
宁国市正道橡塑零部件有限公司 …… 619
安徽中鼎密封件股份有限公司 ……… 619
安徽金诚天骏汽车零部件有限公司 … 669
中鼎模具制造有限公司 …………… 713
厦门永裕机械工业有限公司 ………… 306
福建明佳机械科技股份有限公司 …… 309
福州福光橡塑有限公司 …………… 413
福州市华联汽车配件有限公司 ……… 413
厦门金龙橡塑制品有限公司 ………… 414
爱沃特玛锆橡胶制品(福建)有限公司 … 620
福州富全橡胶有限公司 …………… 620
福州福裕橡塑工业有限公司 ………… 620
泉州市建盛机械配件厂 …………… 621
厦门金连兴橡胶有限公司 …………… 621
厦门百吉机电有限公司 …………… 621
厦门市金汤橡塑有限公司 …………… 621
泉州市现代汽车配件有限公司 ……… 622
泉州超亨汽车配件有限公司 ………… 622
泉州市福星机械制造有限公司 ……… 622
泉州鲤城新星汽配厂 ……………… 622
福建田中机械科技股份有限公司 …… 622
福建省泉州市盈盛汽配有限公司 …… 622
晋江市一指王汽车配件有限公司 …… 623
南昌江铃华翔汽车零部件有限公司 … 183
江西行新汽车科技有限公司 ………… 415
赣州禾盈通用零部件有限公司 ……… 625
宜春英龙橡胶有限公司 …………… 625
江西新余绿洲橡塑有限公司 ………… 625
潍坊裕隆机械有限公司 …………… 188
山东康达精密机械制造有限公司 …… 191
龙口通力汽车配件有限公司 ………… 192
蓬莱天日聚氨酯有限公司 …………… 322
青岛四方车辆研究所有限公司 ……… 324
青岛欧美亚橡胶工业有限公司 ……… 326
济南润友模塑有限公司 …………… 416
梁山赛强机械制造有限公司 ………… 418
山东省强劲汽车零部件有限公司 …… 626
武城县德兴橡塑制品有限公司 ……… 627
水星汽车部件集团股份有限公司 …… 627
东营信义集团公司橡塑厂 …………… 628
烟台聚氨酯橡塑制品厂 …………… 630
青岛北海密封技术有限公司 ………… 632
长岛高能聚氨酯有限公司 …………… 632
青岛华磊密封制品有限公司 ………… 632
青岛东方工业品(集团)有限公司 …… 633
青岛茂林橡胶制品有限公司 ………… 633
青岛东磊密封件制造有限公司 ……… 633
青岛盛威机械有限公司 …………… 633
莱芜永驰橡塑有限责任公司 ………… 634
山东尚舜化工有限公司 …………… 635
山东驼风汽车附件有限公司 ………… 635
河南星光机械有限公司 …………… 329
郑州市金根汽车零部件有限公司 …… 418
洛阳雅程科贸有限公司 …………… 419
新乡市金兰橡塑有限公司 …………… 635
开封铁塔橡胶(集团)有限公司 …… 637
湖北广奥减振器制造有限公司 ……… 200
铭祥汽车工业(武汉)有限公司 …… 334
十堰巨名好特汽车备件制造有限公司 … 340
十堰市德沃汽车零部件有限公司 …… 342
武汉汉联汽车配件有限公司 ………… 420
湖北双鸥汽车工程塑料(集团)公司 … 421
东风(十堰)汽车热交换器有限公司 … 421
湖北三江航天江河橡塑有限公司 …… 421

武汉诚盛电子有限公司 …… 518
湖北华龙车灯有限公司 …… 520
湖北正奥汽车附件集团有限公司 …… 521
武汉华森塑胶有限公司 …… 637
武汉中新塑料有限公司 …… 637
东风鸿泰武汉控股集团有限公司 …… 637
武汉市龙深密封件制造有限公司 …… 637
武汉荒井密封件制造有限公司 …… 637
金马汽车零部件制造有限公司 …… 638
武汉帕克橡塑制品有限公司 …… 638
襄樊航天化学动力总公司 …… 639
东森汽车密封件有限公司 …… 641
十堰风神汽车橡塑制品有限公司 …… 641
十堰市隆泰源工贸有限公司 …… 641
中南橡胶集团有限责任公司 …… 642
中航飞机起落架有限责任公司 …… 343
湖南长丰汽车塑料制品有限公司 …… 423
湖南布林特橡塑有限公司 …… 642
广州市永友机动车配件有限公司 …… 202
东海橡塑(广州)有限公司 …… 203
广州坤江汽车配件工业制造有限公司 …… 203
广州溢滔钱潮减震科技股份有限公司 …… 345
俊加华实业有限公司 …… 349
中山市飞博橡胶制品有限公司 …… 349
中山富拉司特工业有限公司 …… 349
广州樱泰汽车饰件有限公司 …… 426
中山实化成塑料有限公司 …… 428
丰田合成(佛山)汽车部品有限公司 …… 428
珠海藤仓电装有限公司 …… 531
珠海共电有限公司 …… 531
广州市世达密封实业有限公司 …… 643
广州刚辉橡塑五金制品有限公司 …… 644
广州金邦有色合金有限公司 …… 645
广州市中新塑料有限公司 …… 645
深圳安必成橡胶制品有限公司 …… 647
利宾来塑胶工业(深圳)有限公司 …… 647
东莞捷讯橡胶有限公司 …… 648
东莞利富高塑料制品有限公司 …… 648
东莞嘉骏橡塑制品有限公司 …… 648
东莞井上五金橡塑有限公司 …… 649
东莞井上福坤五金橡塑有限公司 …… 649
佛山市南方橡塑有限公司 …… 649
柳州日高滤清器有限责任公司 …… 210
柳州金鸿橡塑有限公司 …… 210
柳州市俊杰汽配制造有限公司 …… 652
重庆精铁机械有限责任公司 …… 431
重庆永安橡塑密封件厂 …… 652
重庆益弘工程塑料制品有限公司 …… 652
重庆庆铃塑料有限公司 …… 652
重庆恒伟林汽车零部件有限公司 …… 653
劳士领汽车配件(成都)有限公司 …… 214
四川川环科技股份有限公司 …… 217
成都市伟杰塑胶有限责任公司 …… 539
成都市潭源橡塑密封件厂 …… 655
成都市新津阳光橡塑密封件厂 …… 655
成都托克密封件有限责任公司 …… 655
四川航天烽火波纹软管工业公司 …… 655
贵州华工工具注塑公司华昌分公司 …… 432
贵州光华橡塑有限公司 …… 656
贵阳乌当高远橡胶配件厂 …… 656
贵州大众橡胶有限公司 …… 656
贵州精忠橡塑实业有限公司 …… 656
贵阳精艺橡胶配件厂 …… 656
陕西燎原液压股份有限公司 …… 362
陕西奉航橡胶密封件有限责任公司 …… 657
西安林产化学软木工厂 …… 657
新疆斯拓汽车零部件制造有限公司 …… 362

◉ 硬管、软管、波纹管

北方凌云工业集团有限公司 …… 370
河北亚大汽车塑料制品有限公司 …… 555
上海汽车制动系统有限公司 …… 248
山东美晨科技股份有限公司 …… 629
北京迪普首泰高新技术开发有限公司 …… 117
北京和承阿仁艾汽车配件有限公司 …… 222
北京中用汽车配件有限公司 …… 365
北京瑞森正邦橡胶技术有限公司 …… 544
北京天元奥特橡塑有限公司 …… 545
北京泰兴汽车配件制造有限公司 …… 545
爱三(天津)汽车部件有限公司 …… 117
天津贝鲁斯管业有限公司 …… 117
天津市骏盛汽车油箱有限公司 …… 118
天津骏腾汽车部件有限公司 …… 119
天津平和汽车配件有限公司 …… 119
天津市利顺达滤清器有限公司 …… 119
东海橡塑模具(天津)有限公司 …… 223
天津汇丰汽车部件有限公司 …… 224
天津电装空调管路有限公司 …… 365
天津市油管厂 …… 546
天津丰田合成有限公司 …… 547
东海橡塑(天津)有限公司 …… 547
天津滨海新区大港天力胶管有限公司 …… 547
天津鹏翎胶管股份有限公司 …… 547
天津井上高分子材料制品有限公司 …… 547
天津市天宇胶管有限公司 …… 548
欧梯克工业(天津)有限公司 …… 548
天津市凯诺实业有限公司 …… 549
河北博业橡胶制品科技有限公司 …… 121
清河县诚旭汽车零部件厂 …… 121
清河县京津胶管有限公司 …… 121
河北亿利橡塑集团有限公司 …… 121
冀州市金星橡胶制品有限责任公司 …… 224
保定建强制动软管有限公司 …… 231
任丘飞翔汽车塑件有限公司 …… 368
清河县巨龙车辆配件有限公司 …… 441
清河县万通拉索胶业有限公司 …… 441
清河杨军拉索胶业有限公司 …… 441
河北易德利橡胶制品有限责任公司 …… 550
景县昌隆铸造有限公司 …… 550
河北华特汽车部件有限公司 …… 550
河北亚太塑料制品有限公司 …… 550
晋州市安达汽车配件有限公司 …… 550
河北宏广橡塑金属制品有限公司 …… 550
河北省华意机械附件有限公司 …… 551
清河县华鹏汽车配件有限公司 …… 551
永盛汽车配件制造有限公司 …… 551
清河县三联橡塑制品有限公司 …… 551
邢台威力汽车零部件有限公司 …… 551
河北宏安汽摩配件有限公司 …… 552
河北三众橡胶有限公司 …… 552
河北省清河县九洲软轴胶管有限公司 …… 552
清河县德正汽车配件有限公司 …… 552
清河县凯旋密封件有限公司 …… 552
清河远东橡塑制品有限公司 …… 552
河北星源汽配集团有限公司 …… 552
沧县运通机动车管路制造厂 …… 554
河间市亚代尔汽车零部件有限公司 …… 554
秦皇岛菲凯特工业有限公司 …… 555
阔丹－凌云汽车胶管有限公司 …… 555
河北亚大集团 …… 555
沈阳华铁汽车散热器有限公司 …… 125
沈阳航天新光集团有限公司 …… 125
大连液压件有限公司 …… 235
丹东市振华橡胶制品有限公司 …… 236
沈阳汽车暖风机厂 …… 370
大连原田工业有限公司 …… 444
铁岭市机械橡胶密封件厂 …… 557
铁岭华晨橡塑制品有限公司 …… 557
东海软管(大连)有限公司 …… 558
锦州秀亭制管有限公司 …… 559
农安县兴达汽车制管厂 …… 130
吉林艾瑞环保技术有限公司 …… 130
吉林江北机械制造有限责任公司 …… 241
长春诗兰姆汽车零部件有限公司 …… 446
白山市浩阳汽车零部件有限公司 …… 447
长春亚大汽车零件制造有限公司 …… 560
长春成云橡塑制品有限公司 …… 561
吉林龙山有机硅集团有限公司 …… 562
哈尔滨艾瑞汽车排气系统有限公司 …… 131
哈尔滨东安实业发展有限公司 …… 131
上海威克迈龙川汽车发动机零件公司 …… 133
上海臼井发动机零部件有限公司 …… 133
上海浦南消防器材有限公司 …… 134
上海隆兆汽车零部件有限公司 …… 138
上海联谊汽车拖拉机工贸有限公司 …… 246
伊顿－盛士达汽车流体连接器上海公司 …… 375
上海天原集团胜德塑料有限公司 …… 375
上海陈立实业有限公司 …… 376
上海汽车空调配件有限公司 …… 377
上海汽车软轴厂 …… 449
上海东风泰利福莫尔斯控制系统公司 …… 452
胡默尔连接器系统(上海)有限公司 …… 564
上海斯蒂奥车辆配件有限公司 …… 564
上海前卫软木制品厂 …… 564
邦迪管路系统(上海)有限公司 …… 565
上海四花高压油管合作公司 …… 565
上海惠达橡胶制品有限公司 …… 566
上海日轮汽车配件有限公司 …… 566
日轮橡塑工业(上海)有限公司 …… 568
上海新上橡汽车胶管有限公司 …… 568
帝伯三徕拓橡塑(上海)有限公司 …… 569
上海亚大塑料制品有限公司 …… 570
丹阳启达金属有限公司 …… 140
无锡市扬名内燃机配件有限公司 …… 142
无锡环宇金属软管有限公司 …… 143
无锡威孚奥特凯姆精密机械有限公司 …… 143
江苏江旭铸造集团有限公司 …… 145
苏州申达汽车配件有限公司 …… 146
南通江华机械有限公司 …… 149
无锡鑫隆车辆配件厂 …… 252
广荣机电(南京)有限公司 …… 383
丹阳胜洲汽车部件有限公司 …… 386

常州市盛士达汽车空调有限公司 …… 388
无锡海特铝业有限公司 ………………… 393
江阴市长泾车船附件有限公司 ……… 467
南京七四二五橡塑有限责任公司 …… 572
南京晨光集团有限责任公司 ………… 572
南京优仁有色金属有限公司 ………… 573
常州欧朗汽车零部件有限公司 ……… 574
霓达摩尔科技(常州)有限公司 ……… 575
常州腾龙汽车零部件股份有限公司 … 576
常州市乐源金属软管有限公司 ……… 576
常州市常光波纹管业有限公司 ……… 576
常州凯瑞法力诺汽车零部件有限公司 … 576
森瑞(常州)橡塑制品有限公司 ……… 577
三樱(无锡)汽车部件有限公司 ……… 578
无锡新得宝金属软管有限公司 ……… 578
艾伦(无锡)商用车部件有限公司 …… 579
江苏亚太轻合金科技股份有限公司 … 579
无锡华利达金属制品有限公司 ……… 579
隆意汽车配件制造(无锡)有限公司 … 580
无锡市二橡胶股份有限公司 ………… 581
江苏千富之丰科技有限公司 ………… 581
苏州工业园区富事达塑业有限公司 … 582
威茨曼金属制品(江阴)有限公司 …… 582
日立电线(苏州)有限公司 …………… 584
和承汽车配件(太仓)有限公司 ……… 585
苏州温橡特种橡胶有限公司 ………… 585
康迪泰克(中国)橡塑技术有限公司 … 585
江苏瑞威沃管业有限公司 …………… 586
泰州长力树脂管有限公司 …………… 587
江苏万隆车业有限公司 ……………… 587
亚太轻合金(南通)科技有限公司 …… 588
徐州市黄河仪器仪表厂 ……………… 705
杭州萧山汽车滤清器有限公司 ……… 151
浙江摩多巴克斯科技股份有限公司 … 154
宁波方圆汽摩发展有限公司 ………… 155
临海市环流汽配制造有限公司 ……… 157
浙江乐鼎波纹管有限公司 …………… 174
诸暨市长荣机械有限公司 …………… 266
宁波市鄞州思可达传动件有限公司 … 271
宁波凯瑞汽车零部件有限公司 ……… 273
浙江远东汽车零部件制造有限公司 … 286
浙江新龙实业有限公司 ……………… 398
浙江创立汽车空调有限公司 ………… 404
浙江兰通空调设备有限公司 ………… 404
浙江龙腾空调有限公司 ……………… 404
浙江博威汽车空调有限公司 ………… 404
浙江东峰制冷配件有限公司 ………… 404
台州市路桥区江南内燃机配件厂 …… 404
鑫田集团有限公司 …………………… 408
瑞安市雷迪森汽车部件有限公司 …… 408
宁波鄞州高荣汽车软轴软管有限公司 … 479
慈溪市友利拉索线有限公司 ………… 482
杭州兴达集团有限公司 ……………… 588
杭州光华橡塑有限公司 ……………… 589
浙江萧山固陵汽配有限公司 ………… 590
浙江龙头机械有限公司 ……………… 591
杭州立久汽车零部件有限公司 ……… 593
浙江斯曼克管业有限公司 …………… 593
浙江波士特机械有限公司 …………… 593
浙江峰威机械有限公司 ……………… 594
诸暨市雄锟波纹管厂 ………………… 594
诸暨市五丰管业有限公司 …………… 594
浙江超安机械有限公司 ……………… 594
浙江三叶机械有限公司 ……………… 594
诸暨市良子机械管件厂 ……………… 594
浙江科达利实业有限公司 …………… 594
万安汽车工程塑料有限公司 ………… 594
诸暨市亚力大机械有限公司 ………… 595
海盐猛凌汽车配件有限公司 ………… 598
宁波亚大汽车管件有限公司 ………… 599
慈溪市一桥汽车零部件厂 …………… 600
宁波国通汽车零部件有限公司 ……… 602
慈溪市赛兰特橡塑科技有限公司 …… 602
宁波丰茂远东橡胶有限公司 ………… 602
余姚市兴发机械制造有限公司 ……… 602
余姚市恒威卡箍有限公司 …………… 602
宁波市天普橡胶科技有限公司 ……… 603
宁波市捷特汽车部件有限公司 ……… 603
宁波市美亚达汽车部件制造有限公司 … 604
宁波菲力克汽配有限公司 …………… 605
浙江铁马科技股份有限公司 ………… 606
临海市澳法管业有限公司 …………… 606
临海市四通制管有限公司 …………… 606
临海市奇升橡塑制品有限公司 ……… 606
浙江尊华橡塑工业有限公司 ………… 607
台州兴华机械有限公司 ……………… 608
浙江凯德科技股份有限公司 ………… 610
浙江海特橡塑有限公司 ……………… 610
金华磐荣汽配制造有限公司 ………… 611
温州超伟汽车部件有限公司 ………… 614
温州恒阳科技有限公司 ……………… 616
泰顺县白云橡胶有限公司 …………… 616
宁波市鄞州融彩汽车用品有限公司 … 665
浙江金宇机械电器有限公司 ………… 667
合肥凯创汽车零部件有限公司 ……… 175
安徽全柴动力股份有限公司 ………… 177
芜湖通和汽车管路系统有限公司 …… 617
安徽中鼎控股(集团)股份有限公司 … 618
中鼎金亚汽车管件制造有限公司 …… 618
安徽中鼎胶管制品有限公司 ………… 618
泉州市双塔汽车零件有限公司 ……… 182
福州市华联汽车配件有限公司 ……… 413
福州福光橡塑有限公司 ……………… 413
福州帝都橡胶有限公司 ……………… 620
福州富全橡胶有限公司 ……………… 620
厦门固特友橡胶股份有限公司 ……… 621
厦门市金汤橡塑有限公司 …………… 621
福建省鑫橡龙橡塑制品有限公司 …… 624
江西浩风电器有限公司 ……………… 511
南昌波纹金属软管实业有限责任公司 … 624
宜春英龙橡胶有限公司 ……………… 625
茌平鲁环汽车散热器有限公司 ……… 186
龙口市四通三泵有限公司 …………… 192
淄博亿伟汽车科技有限公司 ………… 314
山东宏盛橡胶集团有限公司 ………… 316
东营市华侨橡塑有限责任公司 ……… 317
莱州新安达汽车零部件有限公司 …… 318
龙口市新利达机械制造有限公司 …… 323
聊城万合工业制造有限公司 ………… 626
山东聊城昌工机械配件有限公司 …… 626
水星汽车部件集团股份有限公司 …… 627
东营信义集团公司橡塑厂 …………… 628
山东永和精密金属有限公司 ………… 629
烟台冰轮集团有限公司 ……………… 630
烟台乐星汽车部件有限公司 ………… 630
龙口市飞轮汽车配件有限责任公司 … 631
龙口车辆油管有限公司 ……………… 631
龙口市丛林液压管件厂 ……………… 631
龙口市通达油管有限公司 …………… 631
青岛北海密封技术有限公司 ………… 632
青岛凯志特工贸有限公司 …………… 632
固恩治(青岛)工程橡胶有限公司 …… 632
青岛国松机械配件有限公司 ………… 632
青岛三祥科技有限公司 ……………… 633
日照三宝汽车配件有限公司 ………… 635
山东驼风汽车附件有限公司 ………… 635
河南斯凯特汽车管路有限公司 ……… 636
夏邑县淮海铸造有限公司 …………… 637
开封铁塔橡胶(集团)有限公司 ……… 637
武汉亚普汽车部件有限公司 ………… 197
英瑞杰汽车系统(武汉)有限公司 …… 198
东风汽车集团股份公司动力设备厂 … 201
湖北恒隆汽车系统集团有限公司 …… 335
东风汽车泵业有限公司 ……………… 339
东风十堰汽车液压动力有限公司 …… 341
湖北十堰安凯汽车零部件有限公司 … 341
十堰市欧费尔汽车空调有限公司 …… 422
三樱(武汉)汽车部件有限公司 ……… 637
武汉邦迪管路系统有限公司 ………… 637
荆大(荆州)汽车配件有限公司 ……… 638
金马汽车零部件制造有限公司 ……… 638
湖北天力奇新材料股份有限公司 …… 639
十堰风神汽车橡塑制品有限公司 …… 641
十堰市神力汽车零部件有限公司 …… 641
湖北超洁汽车用品有限公司 ………… 671
广州大华仁盛铝合金管业有限公司 … 203
深圳益宝实业有限公司 ……………… 205
东莞京滨汽车电喷装置有限公司 …… 205
南海和信福莱克思金属制品有限公司 … 208
力派尔(珠海)汽车配件有限公司 …… 347
佛山市帝盟汽车零部件有限公司 …… 349
广州精益汽车空调有限公司 ………… 425
惠州古河汽配有限公司 ……………… 526
广州三樱制管有限公司 ……………… 643
广州卫亚汽车零部件有限公司 ……… 644
广州刚辉橡塑五金制品有限公司 …… 644
珠海天一机械设备有限公司 ………… 647
利宾来塑胶工业(深圳)有限公司 …… 647
东莞市兴飞宇橡塑制品有限公司 …… 648
广东骏驰科技股份有限公司 ………… 649
佛山市南方橡塑有限公司 …………… 649
臼井汽车零部件(佛山)有限公司 …… 649
佛山市志盟金属科技有限公司 ……… 650
广东志达精密管业制造有限公司 …… 650
江门鑫辉密封科技有限公司 ………… 651
广西金创汽车零部件制造有限公司 … 209
柳州正菱集团有限公司 ……………… 350
重庆飞龙江利汽车部件有限公司 …… 210
重庆刹车管厂 ………………………… 652
重庆开泰汽车零部件有限公司 ……… 653
四川川环科技股份有限公司 ………… 217
德阳川德交通机械有限公司 ………… 358
四川广汉万福橡塑制品厂 …………… 655

四川航天烽火波纹软管工业公司 …… 655
贵州贵航汽车零部件股份有限公司 … 656
贵州大众橡胶有限公司 …………… 656
贵州精忠橡塑实业有限公司 ………… 656
贵阳精艺橡胶配件厂 ………………… 656
西安北方华山机电有限公司 ………… 657
西安华山精密制管有限公司 ………… 657

◉ 粉末冶金件

东睦新材料集团股份有限公司 ……… 599
北京天桥粉末冶金有限责任公司 …… 116
天津信特恩粉末冶金有限公司 ……… 118
山西金宇粉末冶金有限公司 ………… 556
兴城市粉末冶金有限公司 …………… 560
长春富奥东睦粉末冶金有限公司 …… 560
上海新安电磁阀有限公司 …………… 455
上海汽车粉末冶金有限公司 ………… 564
上海一丰粉末冶金有限公司 ………… 572
上海家声粉末冶金有限公司 ………… 572
麦特达因(苏州)汽车部件有限公司 … 254
扬州立德粉末冶金股份有限公司 …… 257
常熟迅达粉末冶金有限公司 ………… 586
扬州保来得科技实业有限公司 ……… 587
浙江迅达汽车部件有限公司 ………… 295
杭州萧山金盾粉末冶金有限公司 …… 591
浙江中平粉末冶金有限公司 ………… 599
浙江永丰粉末冶金有限公司 ………… 615
安庆帝伯粉末冶金有限公司 ………… 180
安徽省宿州市蔡氏铸造有限责任公司 … 617
晋江粉末冶金制品有限公司 ………… 623
山东省临朐县精密粉末冶金厂 ……… 190
鲁银禹城粉末冶金制品有限公司 …… 313
莱州三王粉末冶金有限公司 ………… 628
莱州长和粉末冶金有限公司 ………… 629
诸城华日粉末冶金有限公司 ………… 629
青岛信莱粉末冶金有限公司 ………… 632
十堰同创传动技术有限公司 ………… 339
东风汽车零部件(集团)粉末冶金公司 … 642
日立粉末冶金(东莞)有限公司 ……… 648
佛山市南海凯洋粉末冶金有限公司 … 650
重庆沃特尔粉末冶金有限公司 ……… 214
重庆开泰汽车零部件有限公司 ……… 653
重庆有研重冶新材料有限公司 ……… 653
重庆市巨力冶金制品有限公司 ……… 653
重庆江洲粉末冶金科技有限公司 …… 654
绵阳市天旋气门组件有限公司 ……… 217
隆昌爱朋精密工业有限公司 ………… 360

◉ 铸锻件、冲压件

北方凌云工业集团有限公司 ……… 370
东风电子科技股份有限公司 ……… 449
东风汽车车轮有限公司 …………… 341
陕西北方动力有限责任公司 ……… 219
亚新科铸造(北京)有限公司 ……… 115
北京新光凯乐汽车冷成型件有限公司 … 544
北京星宇车科技有限公司 …………… 545
北京同创汽车部件有限公司 ………… 545
天津骏腾汽车部件有限公司 ………… 119
天津丰田汽车锻造部件有限公司 …… 223
天津丰爱汽车座椅部件有限公司 …… 367
天津太平洋汽车部件有限公司 ……… 546
天津新伟祥工业有限公司 …………… 547
天津市先达精密压铸有限公司 ……… 547
天津六合镁制品有限公司 …………… 548
天津山口金属制品有限公司 ………… 548
天津勤美达工业有限公司 …………… 548
天津三国有限公司 …………………… 548
天津丰田冲压部件有限公司 ………… 548
天津立洲五金弹簧有限公司 ………… 548
南宫市精强连杆有限公司 …………… 122
廊坊远祥汽车配件有限公司 ………… 123
河北三河市永兴福利汽车配件厂 …… 123
石家庄佳信汽车制动系统有限公司 … 224
河北普泰机械制造有限公司 ………… 224
石家庄市龙马铸造有限公司 ………… 224
河北春风铸造有限责任公司 ………… 225
河北鑫隆铸造有限公司 ……………… 226
邢台众力汽车配套有限公司 ………… 226
沧县胜利汽车配件厂 ………………… 227
沧州龙翔机械有限公司 ……………… 227
沧州富华铸业有限公司 ……………… 227
河北省沧县恒通汽车配件厂 ………… 227
沧州纳川机械配件有限公司 ………… 227
唐山丞起汽车零部件有限公司 ……… 229
保定维德汽车铸件有限公司 ………… 231
张家口市元强锻压有限公司 ………… 232
定州市孟生球铁有限公司 …………… 232
定州市四新工业有限公司 …………… 232
沧州鑫祺汽车配件制造有限公司 …… 368
黄骅市渤海汽车摩托车配件有限公司 … 368
涿州市盛弘机械有限责任公司 ……… 370
黄骅市长生汽车灯镜有限公司 ……… 441
河间市华盛汽配有限公司 …………… 442
河北东安精工股份有限公司 ………… 549
河北华特汽车部件有限公司 ………… 550
河北伟新锻造有限公司 ……………… 550
景县昌隆铸造有限公司 ……………… 550
河北沧县汽车配件厂 ………………… 553
南皮县春生五金配件厂 ……………… 554
河北沧州文达汽车配件有限公司 …… 554
黄骅市交通汽车配件有限公司 ……… 554
黄骅市津华制动部件有限公司 ……… 554
沧州市世久机械制造有限公司 ……… 554
沧州鑫利达五金制造有限责任公司 … 554
河北信久重型机械制造有限公司 …… 554
保定市长安晨光机械有限公司 ……… 688
亚新科国际铸造(山西)有限公司 …… 124
山西锻造厂 …………………………… 124
三联铸造有限公司 …………………… 124
山西模范机械铸造有限公司 ………… 124
山西阳煤千军汽车部件有限责任公司 … 124
山西华恩机械制造有限公司 ………… 232
内蒙古一机集团北方实业有限公司 … 233
内蒙古宏达压铸有限责任公司 ……… 233
大连同泰汽车零部件有限公司 ……… 127
大连泉峰铸件有限公司 ……………… 127
辽宁五一八内燃机配件有限公司 …… 127
鞍山太阳锻造实业有限公司 ………… 234
瓦房店万向锻造有限公司 …………… 235
朝阳飞马铸造有限责任公司 ………… 237
沈阳福达汽车零部件有限公司 ……… 370
沈阳汽车暖风机厂 …………………… 370
锦州瑞龙实业集团有限公司 ………… 446
沈阳汽车冲压件制造有限公司 ……… 556
沈阳市东陵汽车锁厂 ………………… 557
沈阳华晨金东实业发展有限公司 …… 557
沈阳东亿机械制造有限公司 ………… 557
百炼(大连)铸造有限公司 ………… 558
大连亚明汽车部件股份有限公司 …… 558
沈阳金杯汽车模具制造有限公司 …… 688
一汽巴勒特锻造(长春)有限公司 …… 128
第一汽车集团铸造有限公司铸造一厂 … 129
一汽铸造有限公司有色铸造分公司 … 129
一汽铸造有限公司铸造二厂 ………… 129
凯世曼东方铸造(长春)有限公司 …… 130
一汽铸造有限公司 …………………… 130
长春富奥汽车机电有限公司 ………… 130
白城中一精锻股份有限公司 ………… 131
长春市汽车冲压件有限公司 ………… 240
长春一汽富维汽车零部件股份公司 … 371
长春市繁荣冲压有限公司 …………… 372
旭阳·富维-江森座椅骨架有限公司 … 372
一汽实业递宏鑫汽车部件有限公司 … 560
长春一汽联合压铸有限公司 ………… 560
一汽铸造公司特种铸造厂 …………… 560
长春市富锋冲压件有限公司 ………… 562
公主岭市同心汽车部件厂 …………… 563
白城市汽车压铸件有限责任公司 …… 563
公主岭铸铭汽车零部件有限公司 …… 563
哈尔滨爱迪压铸有限公司 …………… 132
上海威克迈龙川汽车发动机零件公司 … 133
上海贤华内燃机配件厂 ……………… 134
上海世佳汽车零部件制造有限公司 … 135
上海乾通汽车附件有限公司 ………… 137
上海爱知锻造有限公司 ……………… 137
上海皮尔博格有色零部件有限公司 … 137
上海交运集团股份有限公司 ………… 243
上海海立铸造有限公司 ……………… 244
上海长特锻造有限公司 ……………… 244
上海镁镁合金压铸有限公司 ………… 247
上海瑞尔实业有限公司 ……………… 247
上海胜僖汽车配件有限公司 ………… 376
上海宏昌汽配有限公司 ……………… 378
上海晟铭汽车空调配件有限公司 …… 378
上海航空发动机制造股份有限公司 … 382
上海徕木电子股份有限公司 ………… 453
上海新朋实业股份有限公司 ………… 454
迈进精密部件(上海)有限公司 ……… 564
上海川航通用汽车零部件有限公司 … 566
上海微华密封件有限公司 …………… 568
上海共康冲压件有限公司 …………… 568
上海奈那卡斯汽车铸件有限公司 …… 569
上海洋杰汽车配件有限公司 ………… 571
上海众大汽车配件有限公司 ………… 571
上海球明标准件有限公司 …………… 571
上海圣德曼铸造有限公司 …………… 571
上海安吉铸造厂 ……………………… 571
上海运良锻造实业有限公司 ………… 572
上海宝陆汽配型钢厂 ………………… 572
上海中国弹簧制造有限公司 ………… 572

上海劲羽精密冲压有限公司 ………… 695
上海精丰模具压铸有限公司 ………… 696
南京泰宁铸铁有限公司 ………………… 138
南京南汽冲压件有限公司 …………… 138
江苏苏美达德隆汽车部件有限公司 … 139
常柴股份有限公司 ……………………… 140
无锡一汽铸造有限公司 ……………… 144
无锡三鑫压铸有限公司 ……………… 144
江苏江旭铸造集团有限公司 ………… 145
无锡市博诺机械有限公司 …………… 145
常州超宇机械制造有限公司 ………… 251
青志(无锡)粉末铸锻有限公司 ……… 252
江阴全华丰精锻有限公司 …………… 253
靖江市富奥重型万向节制造厂 ……… 253
昆山六丰机械工业有限公司 ………… 255
昆山正大新成精密锻造有限公司 …… 255
江苏太平洋精锻科技股份有限公司 … 258
必加利(丹阳)汽车装饰部件有限公司 … 383
丹阳市豪星饰件有限公司 …………… 383
江苏天洋集团有限公司 ……………… 384
无锡市振华轿车附件有限公司 ……… 393
苏州红荔汽车零部件有限公司 ……… 394
江苏洪昌科技股份有限公司 ………… 457
常州市华杰塑件厂 …………………… 463
宜兴市恒宇汽车电机有限公司 ……… 467
徐州华夏电子有限公司 ……………… 472
盐城市勇驰汽车电器有限公司 ……… 472
南京汽车锻造有限公司 ……………… 573
南京晨灿机械制造有限公司 ………… 573
小松常州铸造有限公司 ……………… 575
常州市武进润丰塑料制品有限公司 … 578
士溢(无锡)精密压铸有限公司 ……… 579
无锡市振益轿车附件有限公司 ……… 580
无锡市德昶精密铸造有限公司 ……… 580
无锡鹏德汽车配件有限公司 ………… 581
无锡富莱得机电制造有限公司 ……… 581
无锡共成金属有限公司 ……………… 581
江阴机械制造有限公司 ……………… 581
庆昌科技(江阴)有限公司 …………… 582
江苏法尔胜泓昇集团精密机械分公司 … 582
江苏恒明汽车配件制造有限公司 …… 582
苏州中央可锻有限公司 ……………… 583
苏州石川制铁有限公司 ……………… 583
创迈精密金属成型(苏州)有限公司 … 584
丰田工业(昆山)有限公司 …………… 584
苏州三电精密零件有限公司 ………… 584
太仓克恩－里伯斯纺织元件有限公司 … 585
苏州金鸿顺汽车部件股份有限公司 … 586
江苏森威精锻有限公司 ……………… 587
胜赛思－嵘泰(扬州)精密压铸公司 … 587
泰州鑫宇精密铸造有限公司 ………… 587
南通华东油压科技有限公司 ………… 588
江苏省宝应县燎原汽车配件厂 ……… 588
南通川林有色金属铸造有限公司 …… 588
苏州明志科技有限公司 ……………… 703
南通秦海机械有限公司 ……………… 706
杭州萧山汽车滤清器有限公司 ……… 151
浙江太阳股份有限公司 ……………… 152
浙江龙虎锻造有限公司 ……………… 153
慈溪市盛银汽配有限公司 …………… 154
浙江黎明发动机零部件有限公司 …… 156
玉环县万通泵业有限公司 …………… 158
台州市金三环机械铸造有限公司 …… 162
浙江爱信宏达汽车零部件有限公司 … 162
温州方圆锻造有限公司 ……………… 165
瑞安市华东锻造有限公司 …………… 172
浙江华夏汽车部件有限公司 ………… 172
浙江瑞朗锻造有限公司 ……………… 268
浙江恒正汽车部件有限公司 ………… 271
宁波通达精密铸造有限公司 ………… 271
宁波三钴工业有限公司 ……………… 273
余姚市飞翔汽车配件厂 ……………… 273
余姚市宏瑞汽车零部件有限公司 …… 274
宁波许宇机械制造有限公司 ………… 275
温岭市奥达机械有限公司 …………… 276
浙江万邦汽车动力系统有限公司 …… 282
台州永正汽车零部件有限公司 ……… 283
台州市百强机械有限公司 …………… 290
成源汽车部件制造有限公司 ………… 294
瑞安市中铃汽车配件厂 ……………… 296
浙江昌利锻造有限公司 ……………… 298
瑞安市龙虎锻造有限公司 …………… 298
宜兰汽车配件制造(平湖)有限公司 … 399
宁波伊斯特赛机械制造有限公司 …… 400
宁波市翔龙金属制品有限公司 ……… 400
宁波乾方汽车配件有限公司 ………… 401
宁波鸿通汽车零部件有限公司 ……… 401
浙江省永康市汽车配件厂 …………… 404
温州市蓝天汽车零部件有限公司 …… 405
瑞安市风驰轿车配件有限公司 ……… 408
瑞安市张氏机车部件有限公司 ……… 410
乐清市长城制冷密封垫厂 …………… 411
宁波科高电声有限公司 ……………… 479
慈溪市大大汽车电器有限公司 ……… 481
慈溪市中航汽车零部件有限公司 …… 481
浙江天风汽车零部件有限公司 ……… 492
瑞安市戴立汽车电器有限公司 ……… 494
浙江柏思德电气有限公司 …………… 503
浙江圣固铸造有限公司 ……………… 588
杭州安耐特实业有限公司 …………… 589
诸暨市五丰管业有限公司 …………… 594
浙江荣英汽车零部件有限公司 ……… 594
浙江世纪华通集团股份有限公司 …… 595
宁波爱柯迪汽车零部件有限公司 …… 598
宁波圣龙(集团)有限公司 …………… 598
宁波永灵机械配件有限公司 ………… 599
慈溪市龙山汽配有限公司 …………… 600
慈溪市汇丽机电有限公司 …………… 601
宁波捷奥汽车零部件有限公司 ……… 601
宁波东昊汽车部件有限公司 ………… 604
浙江洋平机械制造有限公司 ………… 606
浙江同兴金属锻件有限公司 ………… 606
玉环县中航机械有限公司 …………… 608
浙江汇丰汽配制造有限公司 ………… 609
台州嘉德锻造有限公司 ……………… 609
玉环县同心机械有限公司 …………… 609
玉环盛大汽摩部件工业有限公司 …… 610
台州三进压铸有限公司 ……………… 611
浙江宏鼎汽摩配件有限公司 ………… 611
温州昊驰汽车部件有限公司 ………… 612
浙江正昌锻造股份有限公司 ………… 613
浙江永华紧固件有限公司 …………… 613
中精集团有限公司 …………………… 614
昌利企业 ……………………………… 615
温州三联锻造有限公司 ……………… 615
云顶控股集团有限公司 ……………… 615
浙江跃进锻造有限公司 ……………… 615
安徽应流机电有限责任公司 ………… 175
安徽安凯华夏汽车配件制造有限公司 … 299
北泰汽车底盘系统(安徽)有限公司 … 300
芜湖新达汽车锻造有限公司 ………… 301
安徽省金阳铸造有限公司 …………… 301
芜湖万通汽车部件有限公司 ………… 302
安庆安簧汽车零部件有限公司 ……… 304
安徽安簧机械股份有限公司 ………… 304
安徽省小小科技股份有限公司 ……… 304
安徽东星汽车部件有限公司 ………… 305
鸿通汽车零部件(芜湖)有限公司 …… 412
合肥立洲五金弹簧有限公司 ………… 616
安庆市汇通汽车部件有限公司 ……… 616
合肥常青机械股份有限公司 ………… 616
合肥市远大轴承锻造有限公司 ……… 616
合肥晨阳橡塑有限公司 ……………… 616
霍山县龙鑫金属制品有限公司 ……… 617
安徽省怀远县华茂汽车附件有限公司 … 617
安徽丰华工贸集团有限公司 ………… 617
安徽省宏瑞泰达机械科技有限公司 … 617
安徽省宿州市蔡氏铸造有限责任公司 … 617
安徽中鼎精工技术有限公司 ………… 618
芜湖华翔汽配轴套有限公司 ………… 618
安徽春晟机械有限公司 ……………… 618
宁国市中益车辆部件有限公司 ……… 619
福州钜全汽车配件有限公司 ………… 180
泉州市双塔汽车零件有限公司 ……… 182
福建福通金属有限公司 ……………… 306
晋江市立新汽车配件有限公司 ……… 309
晋江科纳精锻有限公司 ……………… 309
漳州恒忆锻造工业有限公司 ………… 310
厦门金龙汽车车身有限公司 ………… 414
泉州鲤城新星汽配厂 ………………… 622
泉州市现代汽车配件有限公司 ……… 622
南昌江铃华翔汽车零部件有限公司 … 183
江西同欣机械制造有限公司 ………… 184
南昌齿轮有限责任公司 ……………… 311
江西省广蓝传动科技股份有限公司 … 312
江铃铸造厂 …………………………… 624
江西江铃有色金属压铸有限公司 …… 624
瑞昌市人民冲压有限公司 …………… 625
江西江锻重工有限公司 ……………… 625
江西景航航空锻铸有限公司 ………… 625
青岛海隆机械集团有限公司 ………… 81
山东新大地铝业有限公司 …………… 186
山东鲁联机械制造有限公司 ………… 186
滨州海得曲轴有限责任公司 ………… 187
烟台路通精密科技股份有限公司 …… 190
山东康达精密机械制造有限公司 …… 191
青岛海之冠汽车配件制造有限公司 … 193
青岛普天汽车配件有限公司 ………… 193
济宁远东良飞净化消声器有限公司 … 194
山东鲁龙集团有限公司 ……………… 194
临沂金立机械有限公司 ……………… 194
山东常林铸业有限公司 ……………… 195
聊城市东海铸锻有限公司 …………… 314

山东诺华东方汽车配件制造有限公司 …… 314
山东信义汽车零部件制造有限公司 …… 316
山东淄博鸿润汽车配件有限公司 …… 316
潍坊宏盛铸造机械有限公司 …… 318
莱州鸿源台钳制造有限公司 …… 318
莱州新安达汽车零部件有限公司 …… 318
烟台市清泉特钢锻造制品有限公司 …… 320
山东旭鑫机械股份有限公司 …… 323
青岛青特铸造有限公司 …… 324
青岛精益精锻齿轮有限公司 …… 325
青岛金盛集团有限公司 …… 325
青岛聚蚨源机电有限公司 …… 325
青岛三星精锻齿轮有限公司 …… 325
山东丰润机械制造有限公司 …… 326
济南润友模塑有限公司 …… 416
山东丰达汽车内饰有限公司 …… 416
山东高密高锻机械有限公司 …… 416
烟台三环锁业集团公司轿车锁公司 …… 417
山东野夼集团公司 …… 417
青岛统帅车辆配件(集装箱液袋)公司 …… 418
中国重汽集团济南铸锻中心 …… 626
济南慧成铸造有限公司 …… 626
东营嘉扬精密金属有限公司 …… 627
莱州亚通金属制品集团有限公司 …… 628
山东华瑞丰机械有限公司 …… 629
威海万丰镁业科技发展有限公司 …… 630
烟台冰轮集团有限公司 …… 630
烟台亚通汽车零部件有限公司 …… 631
烟台市福山气缸垫有限公司 …… 631
山东合太恒科技股份有限公司 …… 635
河南中轴控股集团股份有限公司 …… 196
河南天誉动力机械有限公司 …… 196
河南万向系统制动器有限公司 …… 329
河南广瑞汽车部件股份有限公司 …… 329
林州市合鑫铸业有限公司 …… 330
欧玛(中国)汽车部件有限公司 …… 330
安阳市天创汽车零部件有限公司 …… 331
河南龙鼎铸业股份有限公司 …… 331
安阳市豫安汽车配件铸造厂 …… 331
林州市富神汽车零部件有限公司 …… 331
许昌县鑫旭铸造机械有限责任公司 …… 332
禹州市天奇汽车配件有限公司 …… 332
西峡县西泵特种铸造有限公司 …… 333
唐河县东联汽车变速箱厂 …… 333
新乡市精铸实业有限公司 …… 516
郑州文光车辆附件有限公司 …… 516
河南欧迪艾铸造有限公司 …… 636
豫西工业集团有限公司 …… 636
夏邑县淮海铸造有限公司 …… 637
湖北新冶钢汽车零部件有限公司 …… 198
东风汽车股份有限公司铸造分公司 …… 199
东风锻造有限公司 …… 200
湖北丹江口志成铸造有限公司 …… 201
东风(十堰)通用铸造有限公司 …… 201
东风活塞轴瓦有限公司 …… 201
蒂森克虏伯金属成型(武汉)有限公司 …… 334
湖北全力机械集团股份有限公司 …… 337
湖北三环锻造有限公司 …… 338
老河口楚润科技(集团)有限公司 …… 338
东风(十堰)汽车锻钢件有限公司 …… 339
十堰市华迪汽车零部件有限公司 …… 339
东风汽车有限公司商用车铸造二厂 …… 340
十堰凯琦铸造有限公司 …… 342
丹江口丹传汽车传动轴有限公司 …… 342
湖北神力锻造有限责任公司 …… 342
湖北星源科技有限公司 …… 342
东风(十堰)有色铸件有限公司 …… 342
湖北航特装备制造股份有限公司 …… 343
湖北中航精机科技股份有限公司 …… 421
东风汽车部件厂 …… 422
东风鸿泰武汉控股集团有限公司 …… 637
京山精工铸造有限公司 …… 638
京山轻机铸造公司 …… 638
新兴重工湖北三六一一机械有限公司 …… 639
黄石哈特贝尔精密锻造有限公司 …… 639
老河口楚鑫铸业有限公司 …… 640
随州市万瑞汽车配件有限公司 …… 640
东风(十堰)汽车冲压件有限公司 …… 640
东风实业公司喷涂冲压件分公司 …… 640
湖北双虎机械有限公司 …… 640
襄阳精鑫电子设备制造有限公司 …… 640
十堰槐鹏工贸有限公司 …… 641
十堰先锋零部件有限公司 …… 641
十堰市龙岗铸造有限公司 …… 641
东风精密铸造有限公司 …… 642
东风模具冲压技术有限公司 …… 717
南岳电控(衡阳)工业技术有限公司 …… 202
湖南机油泵股份有限公司 …… 202
湖南长丰汽车零部件有限责任公司 …… 202
湖南长沙南方压铸厂 …… 343
长沙宝泰克传动技术有限公司 …… 343
长沙博大机械零部件有限公司 …… 719
广州日锻汽门有限公司 …… 203
深圳益宝实业有限公司 …… 205
广东鸿特精密技术股份有限公司 …… 207
广东四会实力连杆有限公司 …… 207
爱三(佛山)汽车部件有限公司 …… 208
广州优尼精密有限公司 …… 345
广州戴卡旭铝铸件有限公司 …… 345
广东省韶铸集团有限公司 …… 346
力野精密工业(深圳)有限公司 …… 347
广州庆成金属工业有限公司 …… 425
丰爱(广州)汽车座椅部件有限公司 …… 426
东莞茂森金属冲压有限公司 …… 427
广州市海缝机械零件制造有限公司 …… 642
广州彩虹五金弹簧有限公司 …… 643
广州三池汽车配件有限公司 …… 644
广州优尼冲压有限公司 …… 644
广州东升机械有限公司 …… 644
广州市德宝电器厂 …… 645
广州丸顺汽车配件有限公司 …… 645
广州自强弹簧五金制品有限公司 …… 645
华日轻金(深圳)有限公司 …… 646
深圳艺晶五金塑胶实业有限公司 …… 646
惠州东风汽车零部件有限公司 …… 646
珠海嵘泰有色金属铸造有限公司 …… 647
东莞奈那卡斯精密汽车配件有限公司 …… 648
东莞彩龙五金弹簧制造有限公司 …… 648
东京端一电子(东莞)有限公司 …… 648
肇庆高元电子有限公司 …… 649
广东鸿图科技股份有限公司 …… 649
佛山市顺德乐星金属制品有限公司 …… 650
东普雷(佛山)汽车部件有限公司 …… 650
佛山市金钜琪伟压铸有限公司 …… 651
广州麦迪水谷汽车模具有限公司 …… 721
东莞市中泰模具股份有限公司 …… 724
高森王金制品(东莞)有限公司 …… 724
柳州江南轴瓦厂 …… 209
柳州市精锻方盛工业有限公司 …… 351
柳州柳新汽车冲压件有限公司 …… 429
柳州六和方盛机械有限公司 …… 652
柳州市顺五科技开发有限公司 …… 652
柳州市俊杰汽配制造有限公司 …… 652
柳州市新菱汽车配件厂 …… 652
重庆隆鑫动力部件有限公司 …… 211
重庆吉尔法渝美压铸有限公司 …… 212
重庆市仁和压铸有限公司 …… 212
重庆华达汽车配件制造有限公司 …… 213
重庆大帝重工机械有限公司 …… 351
重庆聚兴交通工业(集团)有限公司 …… 352
重庆望江铸造有限公司 …… 352
重庆大江美利信压铸有限责任公司 …… 353
重庆渝江压铸有限公司 …… 353
重庆博奥铝镁金属制造有限公司 …… 353
綦江长风齿轮有限公司 …… 354
联伟汽车零部件(重庆)有限公司 …… 431
重庆长安凌云汽车零部件有限公司 …… 653
重庆庆铃铸铝有限公司 …… 653
重庆大江信达车辆股份公司铸锻公司 …… 653
重庆江东机械有限责任公司 …… 727
成都市泽仁实业有限责任公司 …… 215
成都宁良实业有限公司 …… 215
成都市三宇电子机械有限公司 …… 216
成都桐林铸造实业有限公司 …… 216
成都市金蓉齿轮有限责任公司 …… 356
成都兴光工业科技有限责任公司 …… 358
成都飞机工业(集团)有限责任公司 …… 727
贵州安吉有色铸造有限责任公司 …… 219
贵阳白云合金熔铸厂 …… 219
贵州红林通成机械有限公司 …… 656
宝鸡法士特齿轮有限责任公司 …… 362
陕西华兴汽车制动科技有限公司 …… 657
陕西万方汽车零部件有限公司 …… 657
陕西渭河工模具总厂 …… 729

◉ 标准件、紧固件

北京和承阿仁艾汽车配件有限公司 …… 222
雷迅汽车配件(北京)有限公司 …… 545
北京瑞汀斯达紧固系统有限公司 …… 545
天津山口金属制品有限公司 …… 548
欧梯克工业(天津)有限公司 …… 548
优涂扣紧固件(天津)有限公司 …… 548
天津市凯诺实业有限公司 …… 549
天津市隆特科技发展有限公司 …… 549
河北雅佳驰汽车零部件制造有限公司 …… 228
邢台曙光车料有限公司 …… 553
新河县华兴机械制造有限公司 …… 553
河北沧州文达汽车配件有限公司 …… 554
河北康奥电力汽配有限公司 …… 554
河北三路汽车附件厂 …… 554
河间市恒良弓卡子厂 …… 555
沈阳东亿机械制造有限公司 …… 557

阿诺德紧固件(沈阳)有限公司 ········ 557
凤城市双城德机械制造有限公司 ······ 559
富奥汽车零部件公司紧固件分公司 ··· 562
哈飞机电产品制造有限责任公司 ······ 374
上海保隆汽车科技股份有限公司 ······ 135
爱克赛路科技(上海)有限公司 ········ 243
上海奔达机电有限公司 ·················· 244
胡默尔连接器系统(上海)有限公司 ··· 564
上海新封高科贸有限公司 ·············· 565
上海飞可斯铆钉有限公司 ·············· 567
上海特强汽车紧固件有限公司 ········ 568
上海东风汽车专用件有限责任公司 ··· 568
上海福之来汽车标准件有限公司 ······ 569
上海底特精密紧固件有限公司 ········ 569
上海安字实业有限公司 ················ 570
上海誉高紧固系统有限公司 ··········· 570
超捷紧固系统(上海)股份有限公司 ··· 570
上海上标集团紧固件有限公司 ········ 570
上海球明标准件有限公司 ·············· 571
江苏苏美达德隆汽车部件有限公司 ··· 139
南京亨发达汽配制造有限公司 ········ 249
克恩－里伯斯(太仓)有限公司 ········ 255
中航工业宏光空降装备有限公司 ······ 382
南通通灵汽车软轴软管有限公司 ······ 474
托普拉精密紧固件(常州)有限公司 ··· 576
博尔豪夫(无锡)紧固件有限公司 ······ 578
精密烧结合金(无锡)有限公司 ········ 579
无锡市宇新机械有限公司 ·············· 579
无锡市海江汽车部件有限公司 ········ 580
隆意汽车配件制造(无锡)有限公司 ··· 580
江苏富仕隆紧固件有限公司 ··········· 582
汤姆金斯艾迪尔夹具(苏州)有限公司 ··· 583
库博标准汽车配件(昆山)有限公司 ··· 584
劲邦紧固件有限公司 ··················· 585
苏州百晟金属制品有限公司 ··········· 585
常熟市标准件厂 ························ 585
利富高(江苏)精密树脂制品公司 ······ 586
江苏弘鼎汽车零部件有限公司 ········ 588
临海市伟达汽车部件有限公司 ········ 157
浙江强能动力有限公司 ················ 158
玉环县强力件制造厂 ·················· 158
浙江省台州气门厂 ····················· 159
玉环县联谊机械有限公司 ·············· 159
玉环中本机械有限公司 ················ 160
浙江泽威摇臂制造有限公司 ··········· 161
玉环县交通汽车部件厂 ················ 161
杭州汽车部件有限公司 ················ 259
杭州建定方向机有限公司 ·············· 263
浙江三维大通冷挤压有限公司 ········ 270
宁波培源汽车配件制造有限公司 ······ 271
宁波奔野方向机有限公司 ·············· 272
宁波市镇海福华机械电器厂 ··········· 272
宁波正虹万向节有限公司 ·············· 273
奉化市祥和机械制造有限公司 ········ 274
宁波神丰汽车制动系统有限公司 ······ 274
宁波神丰汽车部件有限公司 ··········· 274
台州万洲机械有限公司 ················ 279
浙江玉发汽配有限公司 ················ 279
玉环博行机械有限公司 ················ 281
浙江鑫泽机械有限公司 ················ 282
玉环县金泰机械锻造有限公司 ········ 282
玉环戴安制动装置有限公司 ··········· 283
浙江路杰机械有限公司 ················ 283
玉环登福机械有限公司 ················ 283
台州盛鹏动力有限公司 ················ 283
浙江双辉剑机械有限公司 ·············· 287
玉环郑氏机械有限责任公司 ··········· 287
台州山源汽车零部件有限公司 ········ 289
玉环陆通机械有限公司 ················ 289
台州大川机电有限公司 ················ 289
台州市百强机械有限公司 ·············· 290
浙江天元机电有限公司 ················ 290
浙江国昌机械有限公司 ················ 290
浙江迅达汽车部件有限公司 ··········· 295
瑞安市快乐树汽车部件有限公司 ······ 298
宁波帅特龙集团有限公司 ·············· 400
宁波鑫星汽车部件有限公司 ··········· 401
温州兴瑞驾驶室部件有限公司 ········ 407
瑞安市张氏机车部件有限公司 ········ 410
慈溪市中航汽车零部件有限公司 ······ 481
象山华泰模塑电器有限公司 ··········· 484
瑞安市中镇汽车零部件制造有限公司 ··· 493
瑞安市胜亚车辆配件有限公司 ········ 493
瑞安市戴立汽车电器有限公司 ········ 494
温州集优电机制造有限公司 ··········· 499
浙江萧山固陵汽配有限公司 ··········· 590
浙江玉环南方机械制造厂 ·············· 594
合克萨斯精工(嘉兴)有限公司 ········ 596
海盐秦燕汽配有限公司 ················ 597
桑德兰紧固件(浙江)有限公司 ········ 597
嘉兴新悦标准件有限公司 ·············· 597
天合(宁波)紧固装置有限公司 ········ 598
宁波嘉威带业有限公司 ················ 598
宁波安拓实业有限公司 ················ 602
宁波六环汽配有限公司 ················ 602
奉化市通用标准件厂 ·················· 603
宁波胜利汽配有限公司 ················ 604
浙江舟山市正源标准件有限公司 ······ 605
舟山市 7412 工厂 ····················· 605
临海市金鑫汽车配件有限公司 ········ 606
三门通顺铆钉有限公司 ················ 607
台州兴华机械有限公司 ················ 608
玉环县中环机械厂 ····················· 608
浙江山宝汽车部件有限公司 ··········· 609
浙江汇丰汽配制造有限公司 ··········· 609
台州博昌机械有限公司 ················ 609
玉环县天心机械厂 ····················· 609
台州千钧阀门有限公司 ················ 609
浙江强力螺栓有限公司 ················ 609
浙江玉环三普机械有限公司 ··········· 609
台州创阳机械有限公司 ················ 609
浙江环荣汽车部件有限公司 ··········· 609
玉环精工机械制造有限公司 ··········· 610
浙江中通汽车零部件有限公司 ········ 610
玉环金诺机械有限公司 ················ 610
浙江南洋机械制造有限公司 ··········· 610
浙江赛特机械有限公司 ················ 610
玉环沈泰汽车机械有限公司 ··········· 610
浙江明泰标准件有限公司 ·············· 612
温州法兰特机械有限公司 ·············· 613
浙江双泰车辆配件有限公司 ··········· 613
浙江永华紧固件有限公司 ·············· 613
瑞标集团有限公司 ····················· 613
中精集团有限公司 ····················· 614
瑞安市东风汽车标准件有限公司 ······ 614
瑞安市海达标准件有限公司 ··········· 614
浙江振宇实业有限公司 ················ 614
温州双剑工业集团东方汽车配件厂 ··· 614
温州市煌钢五金有限公司 ·············· 614
瑞安市双金机械附件厂 ················ 614
浙江瑞帆汽车部件有限公司 ··········· 614
云顶控股集团有限公司 ················ 615
瑞安市新泰紧固件有限公司 ··········· 615
浙江丰华标准件制造有限公司 ········ 615
浙江振华精密紧固件有限公司 ········ 615
宁波德业科技集团有限公司 ··········· 708
芜湖玉泰汽车制动有限公司 ··········· 302
安徽海德机械制造有限公司 ··········· 617
芜湖强振汽车紧固件有限公司 ········ 618
宁国市中益车辆部件有限公司 ········ 619
安徽威德汽车零部件制造有限公司 ··· 619
威兰(泉州)汽车零部件有限公司 ······ 182
福建省泉州市万泰汽配公司 ··········· 306
泉州鲤城福辉汽车配件有限公司 ······ 306
泉州银泉汽车配件工业有限公司 ······ 306
晋江市明扬汽车配件制造有限公司 ··· 307
福建泉州汉德汽车配件有限公司 ······ 307
泉州长通汽车配件有限公司 ··········· 307
泉州市明达机械配件有限公司 ········ 307
泉州恒劲机械有限公司 ················ 307
晋江市泉盛汽车零部件有限公司 ······ 308
晋江市通兴汽车部件制造有限公司 ··· 308
晋江友诚齿轮箱制造有限公司 ········ 308
晋江市中亚南汽车配件有限公司 ······ 308
泉州凤顺汽车零部件有限公司 ········ 308
泉州市海祥神州机械配件有限公司 ··· 308
颖明(福州)标准件企业有限公司 ······ 620
厦门恒耀金属有限公司 ················ 621
泉州市通成机械发展有限公司 ········ 622
泉州超亨汽车配件有限公司 ··········· 622
泉州市闽辉机械工贸有限公司 ········ 622
泉州市现代汽车配件有限公司 ········ 622
泉州市奇盛汽车配件有限公司 ········ 622
泉州市鲤城联发机械配件有限公司 ··· 622
晋江市汉威紧固件制造有限公司 ······ 623
德信(福建)机械有限公司 ············· 623
福建励精汽配有限公司 ················ 623
泉州力泰汽车配件制造有限公司 ······ 623
晋江市益泰汽车配件厂 ················ 623
晋江市阳光汽车配件有限公司 ········ 623
福建省恒润机械配件有限公司 ········ 623
晋江市一指王汽车配件有限公司 ······ 623
福建省华盖机械制造有限公司 ········ 623
福建省通恒机械制造有限公司 ········ 624
泉州市锦汽机械配件有限公司 ········ 624
泉州建江汽车配件制造有限公司 ······ 670
江西远成汽车技术股份有限公司 ······ 624
江西久安铆钉有限公司 ················ 625
潍坊市瑞沃汽车部件有限公司 ········ 317
潍坊美制汽车配件制造有限公司 ······ 628
山东高强紧固件有限公司 ·············· 629
烟台安国特紧固件有限公司 ··········· 630
青岛盛威机械有限公司 ················ 633

郑州凯通汽车配件有限公司 ………… 328
郑州八钢板簧有限公司 ……………… 328
东风(十堰)汽车锻钢件有限公司 …… 339
武汉市必达机电实业有限公司 ……… 638
东风汽车紧固件有限公司 …………… 641
广州彩虹五金弹簧有限公司 ………… 643
深圳航空标准件有限公司 …………… 646
友荣精密五金(惠州)有限公司 ……… 646
岩田螺丝(深圳)有限公司 …………… 646
东莞大和化成汽车零配件有限公司 … 648
东莞百乐仕汽车精密配件有限公司 … 648
东莞市禾盈汽车配件有限公司 ……… 648
重庆辉达重型汽车配件制造有限公司 … 652
重庆标准件工业公司 ………………… 652
重庆开泰汽车零部件有限公司 ……… 653
重庆高强度紧固件厂 ………………… 654
重庆金海标准件有限公司 …………… 654
四川庆玲金甲兵汽车零部件有限公司 … 356
四川劲风汽车零部件有限公司 ……… 655
贵州高强度螺栓厂 …………………… 656
陕西方圆汽车标准件有限公司 ……… 657

◉ 轴承、轴套

大同精密金属(苏州)有限公司 ……… 583
万向钱潮股份有限公司 ………………… 262
北京梵驰汽车零部件有限公司 ……… 115
北京天桥粉末冶金有限责任公司 …… 116
北京第三纺织机械有限公司 ………… 365
天津日进汽车系统有限公司 ………… 549
石家庄市东方轴瓦有限公司 ………… 119
邢台市康辉汽车配件厂 ……………… 225
河北亿泰克轴承有限公司 …………… 226
石家庄艾斯姆轴承制造有限公司 …… 549
马勒发动机零部件(营口)有限公司 … 126
盖州市汽车轴瓦有限责任公司 ……… 126
中车集团沈阳汽车车桥制造有限公司 … 234
丰田工机(大连)有限公司 …………… 235
瓦房店万向锻造有限公司 …………… 235
沈阳恩斯克有限公司 ………………… 557
大连汇鑫塑料制品厂 ………………… 558
大连冶金轴承股份有限公司 ………… 558
丹东轴承有限责任公司 ……………… 559
斯凯孚(大连)轴承与精密技术产品公司 … 559
光洋轴承(大连)有限公司 …………… 559
大连光洋瓦轴汽车轴承有限公司 …… 559
瓦房店轴承集团有限责任公司 ……… 559
长春克瑞得轴承制造有限公司 ……… 560
长春吉利轴承集团有限公司 ………… 560
大安正太轴承有限公司 ……………… 562
吉林省白山市金铃轴承厂 …………… 562
吉林轴承集团白山有限公司 ………… 562
公主岭轴承厂 ………………………… 563
牡丹江伯瑞克金属制品有限公司 …… 242
哈尔滨轴承制造有限公司 …………… 563
哈尔滨市香华高密封轴承厂 ………… 563
哈尔滨新龙华轴承设备有限公司 …… 563
佳木斯润通轴承有限公司 …………… 563
上海百强汽车摩托车零配件有限公司 … 243
上海恩梯恩精密机电有限公司 ……… 246
上海温俊乐汽车轴承有限公司 ……… 247
畅博电子(上海)有限公司 …………… 449
斯凯孚(上海)轴承有限公司 ………… 567
上海东培企业有限公司 ……………… 568
上海微华密封件有限公司 …………… 568
上海自润轴承有限公司 ……………… 569
上海核威滑动轴承制造有限公司 …… 569
斯凯孚(上海)汽车技术有限公司 …… 571
上海家声粉末冶金有限公司 ………… 572
上海向明轴承有限公司 ……………… 572
常州市宏硕轴承制造有限公司 ……… 142
无锡国源机床有限公司 ……………… 143
江苏富通轴瓦股份有限公司 ………… 149
江苏飞月轴瓦有限公司 ……………… 149
南京轴承有限公司 …………………… 248
江苏名豪汽车零部件有限公司 ……… 257
江苏九久交通设施有限公司 ………… 392
镇江飞亚轴承有限责任公司 ………… 574
常州光洋轴承有限公司 ……………… 575
常州东风轴承有限公司 ……………… 575
恩梯恩阿爱必(常州)有限公司 ……… 575
常州市武滚轴承有限公司 …………… 576
常州市解放滚针轴承厂 ……………… 576
常州苏特轴承制造有限公司 ………… 576
常州市阳湖轴承有限公司 …………… 576
江苏南方轴承股份有限公司 ………… 576
常州市大洋轴承制造有限公司 ……… 577
常州金球轴承厂 ……………………… 577
常州市民力轴承有限公司 …………… 577
常州威嘉轴承制造有限公司 ………… 577
常州市宏成滚针轴承厂 ……………… 577
常州市武进江华滚针轴承厂 ………… 577
常州启民轴承有限公司 ……………… 577
江苏容天乐机械股份有限公司 ……… 577
光洋汽车配件(无锡)有限公司 ……… 578
铁姆肯(无锡)轴承有限公司 ………… 579
光洋滚针轴承(无锡)有限公司 ……… 579
无锡鼎泰汽配有限公司 ……………… 581
无锡沃尔德轴承有限公司 …………… 581
苏州新豪轴承有限公司 ……………… 582
苏州金诚轴承有限公司 ……………… 582
苏州轴承厂股份有限公司 …………… 583
自润轴承苏州有限公司 ……………… 584
苏州恩斯克轴承有限公司 …………… 584
昆山恩斯克有限公司 ………………… 584
舍弗勒(中国)有限公司一厂 ………… 585
常熟恩斯克轴承有限公司 …………… 585
张家港恩斯克精密机械有限公司 …… 586
扬州保来得科技实业有限公司 ……… 587
杭州轴瓦有限公司 …………………… 150
杭州大同大好轴瓦制造有限公司 …… 150
杭州钱王机械配件有限公司 ………… 151
浙江万鑫动力机械有限公司 ………… 152
宁波轴瓦厂 …………………………… 156
宁波索立得滑动轴承有限公司 ……… 156
浙江鼎利控股集团有限公司 ………… 162
温州华强汽配有限公司 ……………… 164
浙江衢州永丰金属制品有限公司 …… 164
浙江一铭机车部件有限公司 ………… 167
瑞安市庆源汽车部件有限公司 ……… 167
温州华康汽车配件有限公司 ………… 174
杭州杭万制动器科技有限公司 ……… 260
杭州永固汽车零部件有限公司 ……… 260
杭州德尔福汽车零部件有限公司 …… 260
杭州董氏汽车配件制造有限公司 …… 260
杭州康新轴承制造有限公司 ………… 261
万向集团公司 ………………………… 261
奥泰克汽车轴承有限公司 …………… 261
杭州科峰轴承有限公司 ……………… 261
浙江万传汽车零部件制造有限公司 … 262
杭州双佳汽车部件制造有限公司 …… 262
杭州新世纪万向节有限公司 ………… 263
杭州金赛轴承制造有限公司 ………… 263
杭州涵基汽车配件有限公司 ………… 263
杭州丰波机械有限公司 ……………… 263
杭州宝利嘉轴承有限公司 …………… 263
浙江优联汽车轴承有限公司 ………… 268
浙江五峰汽车轴承制造有限公司 …… 268
新昌县林泉轴承有限公司 …………… 268
浙江三维大通冷挤压有限公司 ……… 270
宁波优适捷传动件有限公司 ………… 271
宁波市鄞州思可达传动件有限公司 … 271
宁波正虹万向节有限公司 …………… 273
慈溪市凯歌汽车配件有限公司 ……… 273
浙江泰丰轴承有限公司 ……………… 278
台州嘉昌轴承有限公司 ……………… 278
台州吉优汽车部件有限公司 ………… 280
台州清文机械有限公司 ……………… 280
浙江恒鼎机械有限公司 ……………… 281
台州意豪转向机有限公司 …………… 286
玉环宇强汽车配件有限公司 ………… 289
台州特耐尔轮毂轴承有限公司 ……… 289
台州骏腾汽车零部件有限公司 ……… 291
浙江省瑞安市长虹车辆配件有限公司 … 296
宁波威猛汽车部件有限公司 ………… 482
宁波 Skyward 工业有限公司 ………… 485
浙江杭万汽车零部件实业有限公司 … 589
杭州竞舟轴承有限公司 ……………… 590
杭州埃克汽车配件有限公司 ………… 590
钱潮轴承有限公司 …………………… 590
杭州钱潮精密件有限公司 …………… 590
杭州佳庆轴承有限公司 ……………… 590
浙江大铭汽车零部件有限公司 ……… 591
杭州伏尔甘汽车轴承有限公司 ……… 591
浙江四和机械有限公司 ……………… 591
杭州恒大轴承有限公司 ……………… 591
杭州雷迪克节能科技股份有限公司 … 591
浙江兆丰机电股份有限公司 ………… 591
杭州星丰实业有限公司 ……………… 592
临安东方滑动轴承有限公司 ………… 592
浙江佳华机械实业有限公司 ………… 594
浙江新昌新轴实业有限公司 ………… 595
上虞市万里汽车轴承有限公司 ……… 595
绍兴县安宙机械有限公司 …………… 595
新昌县开源汽车轴承有限公司 ……… 595
容刚轴承有限公司 …………………… 595
浙江中达精密部件股份有限公司 …… 596
浙江新昌亚王汽车轴承有限公司 …… 596
嘉善禾田滑动轴承有限公司 ………… 597
嘉善华通复合轴承有限公司 ………… 597
嘉善星宇高仕轴承有限公司 ………… 597
浙江长盛轴承技术有限公司 ………… 597
嘉善飞宇滑动轴承有限公司 ………… 597

嘉善正通自润滑复合轴承厂 ………… 597
浙江双飞无油轴承股份有限公司 …… 597
海宁市正扬轴承有限公司 ………… 598
宁波午阳联合轴承有限公司 ………… 598
宁波依必艾轴承汽配实业有限公司 … 599
宁波日鑫轴承有限公司 ……………… 599
浙江五环轴承集团有限公司 ………… 599
浙江中平粉末冶金有限公司 ………… 599
宁波中宏轴承集团有限公司 ………… 600
慈溪市埃美克轴承有限公司 ………… 600
环驰轴承集团 ……………………… 601
宁波泰和轴承有限公司 ……………… 601
宁波通瑞汽车轴承制造有限公司 …… 601
慈溪市倍尔林实业有限公司 ………… 601
宁波华轮轴承有限公司 ……………… 601
宁波市金象轴承有限公司 …………… 601
浙江省慈溪市铜套厂 ……………… 601
余姚市天马轴承有限公司 …………… 602
宁波恒生轴承有限公司 ……………… 602
浙江宁帆轴承有限公司 ……………… 608
玉环正益粉末冶金有限公司 ………… 608
台州创阳机械有限公司 ……………… 609
玉环县同心机械有限公司 …………… 609
玉环天佳汽车轴承制造有限公司 …… 610
丽水市中兴轴承有限公司 …………… 611
浙江耐力轴承有限公司 ……………… 611
台州市东泰轴承有限公司 …………… 611
浙江八环轴承有限公司 ……………… 611
台州大源生机械有限公司 …………… 611
人本集团有限公司 ………………… 612
浙江环宇轴承有限公司 ……………… 612
瑞安市德顺士轴承有限公司 ………… 615
浙江永丰粉末冶金有限公司 ………… 615
安徽华祥实业有限公司 ……………… 176
芜湖美达机电实业有限公司 ………… 179
阜阳轴承有限公司 ………………… 617
芜湖华翔汽配轴套有限公司 ………… 618
安徽利达汽车轴承制造有限公司 …… 619
泛科轴承集团有限公司 ……………… 621
泉州市德源轴承实业有限公司 ……… 623
福建省永安轴承有限责任公司 ……… 624
福建龙溪轴承(集团)股份有限公司 … 624
萍乡市德博科技发展有限公司 ……… 184
江西万向昌河汽车底盘系统有限公司 … 311
江西新裕隆汽车零部件有限公司 …… 311
江西省萍乡市三善机电有限公司 …… 625
烟台亨圆隆汽车配件有限公司 ……… 189
青岛优盟机电有限公司 ……………… 324
济宁精益轴承有限公司 ……………… 327
山东哈临轴承实业有限公司 ………… 626
斯凯孚(济南)轴承与精密技术产品公司 … 626
山东汇新汽车轴承有限公司 ………… 627
聊城鲁寰轴承有限公司 ……………… 627
临清市发达滚针轴承厂 ……………… 627
莱州三王粉末冶金有限公司 ………… 628
烟台西蒙西轴承有限公司 …………… 630
烟台铁姆肯有限公司 ……………… 630
青岛泰德汽车轴承股份有限公司 …… 632
青岛锐驰轴承有限公司 ……………… 632
山东梁轴轴承有限公司 ……………… 634
龙口市昊天轴承有限公司 …………… 635
临沂开元轴承有限公司 ……………… 635
洛阳巨创轴承科技有限公司 ………… 636
恩梯恩 LYC(洛阳)精密轴承有限公司 … 636
洛阳 LYC 轴承有限公司 …………… 636
洛阳轴研科技股份有限公司 ………… 636
东风汽车股份有限公司铸造分公司 … 199
东风(十堰)发动机部件有限公司 …… 200
湖北新火炬科技股份有限公司 ……… 337
襄樊加泰尔汽车部件制造有限公司 … 337
老河口楚润科技(集团)有限公司 …… 338
金马汽车零部件制造有限公司 ……… 638
襄阳汽车轴承股份有限公司 ………… 639
襄樊胜嘉轴承有限公司 ……………… 639
襄樊金派汽车轴承有限公司 ………… 639
襄樊金阳轴承有限公司 ……………… 639
湖北沙市轴承总厂 ………………… 639
襄阳鹰牌荣华轴承有限公司 ………… 639
湖北亿德·赛襄轴承有限公司 ……… 641
东风汽车有限公司刃量具厂 ………… 718
广州市永友机动车配件有限公司 …… 202
广州市铄金机电有限公司 …………… 643
韶关东南轴承有限公司 ……………… 645
广东省汕头市第一轴承厂 …………… 646
汕头市正力轴承制造有限公司 ……… 646
光洋六和(佛山)汽车配件有限公司 … 650
万能达精密元件有限公司 …………… 650
广西桂林英柴公司 ………………… 350
广西轴承有限责任公司 ……………… 652
重庆创鸿机电(轴承)有限公司 ……… 352
重庆长江轴承股份有限公司 ………… 354
重庆长安宜而奇汽车零部件有限公司 … 536
重庆市巨力冶金制品有限公司 ……… 653
重庆圣道滑动轴承制造有限公司 …… 653
重庆华通机电技术有限公司 ………… 653
成都嘉陵华西光学精密机械有限公司 … 216
四川三鑫南蕾气门座制造有限公司 … 217
乐山大洋轴承有限公司 ……………… 655
西安海红轴承总厂 ………………… 360
西北轴承股份有限公司 ……………… 658
甘肃海林中科科技股份有限公司 …… 658

◉ 弹簧

钱江弹簧有限公司 ………………… 589
北京北汽兴华汽车弹簧有限公司 …… 222
北京昌平北方汽车弹簧厂 …………… 222
北京首钢红冶钢厂汽车板簧分厂 …… 222
北京吉信气弹簧制品有限公司 ……… 364
天津中发富奥弹簧有限公司 ………… 546
天津立洲五金弹簧有限公司 ………… 548
德曼(天津)精密零件有限公司 ……… 687
玉田县恒通弹簧减震器有限公司 …… 229
廊坊利达弹簧有限公司 ……………… 230
定州市天力钢板弹簧有限公司 ……… 231
新河县华兴机械制造有限公司 ……… 553
中信机电车桥有限责任公司 ………… 232
蒂森克虏伯富奥辽阳弹簧有限公司 … 234
富奥辽宁汽车弹簧有限公司 ………… 234
锦州立德减振器有限公司 …………… 237
一汽实业长春精密弹簧厂 …………… 561
哈尔滨市弹簧厂 …………………… 563
上海欧雷法弹簧有限公司 …………… 243
迈进精密部件(上海)有限公司 ……… 564
约翰威尔弹簧(上海)有限公司 ……… 566
上海三环弹簧有限公司 ……………… 566
上海中国弹簧制造有限公司 ………… 572
南京金鼎汽车零部件有限公司 ……… 138
江苏仪征金派内燃机配件有限公司 … 139
南京弹簧有限公司 ………………… 249
吉凯恩(丹阳)工业有限公司 ………… 250
苏州市润升金属氧化有限公司 ……… 253
慕贝尔汽车部件(太仓)有限公司 …… 255
江苏华彤减震器制造有限公司 ……… 258
江苏明瑞气弹簧科技有限公司 ……… 396
泰州市高港区鸿运汽车配件厂 ……… 397
无锡泽根弹簧有限公司 ……………… 579
无锡威孚精密机械有限公司弹簧厂 … 579
无锡市宇新机械有限公司 …………… 579
昆山中和弹簧有限公司 ……………… 584
康迪泰克(中国)橡塑技术有限公司 … 585
太仓克恩－里伯斯纺织元件有限公司 … 585
江苏通东弹簧有限公司 ……………… 588
奉化市江兴汽车部件厂 ……………… 156
杭州联合国际汽车部件有限公司 …… 259
杭州汽车部件有限公司 ……………… 259
杭州兴发弹簧有限公司 ……………… 264
诸暨金宝汽车弹簧制造有限公司 …… 264
浙江伏牛钢板弹簧有限公司 ………… 268
浙江龙华汽配制造有限公司 ………… 270
浙江胜隆弹簧有限公司 ……………… 276
台州市华隆弹簧制造有限公司 ……… 277
杭州弹簧有限公司 ………………… 589
杭州精达弹簧有限公司 ……………… 589
杭州通用弹簧有限公司 ……………… 592
杭州富春弹簧有限公司 ……………… 592
浙江金昌弹簧有限公司 ……………… 593
浙江英科弹簧有限公司 ……………… 593
浙江伊思灵双第弹簧有限公司 ……… 593
浙江三 A 弹簧有限公司 …………… 593
诸暨市贝特气动弹簧厂 ……………… 593
诸暨市康宇弹簧有限公司 …………… 593
浙江美力科技股份有限公司 ………… 596
浙江正大弹簧有限公司 ……………… 599
慈溪市龙山汽配有限公司 …………… 600
宁波市美亚达汽车部件制造有限公司 … 604
玉环县玉盛弹簧有限公司 …………… 610
温州振霸弹簧有限公司 ……………… 613
安庆安簧汽车零部件有限公司 ……… 304
安徽安簧机械股份有限公司 ………… 304
合肥立洲五金弹簧有限公司 ………… 616
安庆谢德尔汽车零部件有限公司 …… 619
安徽中意弹簧有限公司 ……………… 619
福安市德普电器有限公司 …………… 182
厦门万迪汽车配件有限公司 ………… 306
泉州银泉汽车配件工业有限公司 …… 306
福建省龙岩市中林工业有限公司 …… 310
福建洪流汽车悬架有限公司 ………… 310
立洲(福建)弹簧有限公司 …………… 620
厦门立洲五金弹簧有限公司 ………… 621
江西赣联汽车弹簧有限公司 ………… 310
江西汽车钢板弹簧有限公司 ………… 311
江西方大长力汽车零部件有限公司 … 311

江西徐力汽车板簧有限公司 …… 311
江西富明弹簧制造有限公司 …… 625
山东康达精密机械制造有限公司 …… 191
博山长征汽车板簧制造有限公司 …… 314
淄博市博山国家板簧厂 …… 314
淄博春秋汽车弹簧有限公司 …… 314
山东富利源汽车弹簧有限公司 …… 314
淄博博山国家汽车配件厂 …… 315
淄博鲁升汽车板簧厂 …… 315
淄博亚辰汽车板簧有限公司 …… 315
淄博市金龙弹簧制造有限公司 …… 315
淄博市博山三星汽车板簧厂 …… 315
淄博鲁桥板簧有限公司 …… 315
博山跃进汽车板簧厂 …… 315
山东博山颜龙汽车板簧厂 …… 315
淄博博山恒升达板簧有限公司 …… 315
淄博贝尼托金属制品有限公司 …… 315
山东省文登市双力板簧有限公司 …… 321
青岛帅潮实业有限公司 …… 324
山东汽车弹簧厂有限公司 …… 627
立洲(青岛)五金弹簧有限公司 …… 633
郑州新华重型机器有限公司 …… 328
郑州凯通汽车配件有限公司 …… 328
郑州八钢板簧有限公司 …… 328
昌通科技有限公司 …… 328
焦作市鑫华丰汽车弹簧有限公司 …… 330
安阳市东风钢板弹簧有限公司 …… 331
新乡辉簧弹簧有限公司 …… 516
洛阳推达软轴控制件有限公司 …… 517
辉县市建风弹簧厂 …… 636
湖北东风钢板弹簧有限公司 …… 334
东风钟祥汽车弹簧有限公司 …… 334
东风捷祥汽车减振器有限公司 …… 334
湖北神风汽车弹簧有限公司 …… 336
东风(十堰)汽车钢板弹簧有限公司 …… 341
湖北鑫宝马弹簧有限公司 …… 638
孝感中星汽车零部件有限公司 …… 638
湖北大帆汽车零部件有限公司 …… 639
东风汽车悬架弹簧有限公司 …… 641
东风汽车紧固件有限公司 …… 641
湖南易通汽车配件科技发展有限公司 …… 343
旭晶实业(广州)有限公司 …… 344
广州白云钢板弹簧厂有限公司 …… 345
广东富华工程机械制造有限公司 …… 349
珠海鸥顿气弹簧厂 …… 426
双亿新大电子(深圳)有限公司 …… 530
克恩-里伯斯(广州)精密金属零件公司 …… 643
广州彩虹五金弹簧有限公司 …… 643
广州奥图弹簧有限公司 …… 643
广州维金汽车零部件有限公司 …… 644
广州卫亚汽车零部件有限公司 …… 644
广州自强弹簧五金制品有限公司 …… 645
广州华德汽车弹簧有限公司 …… 645
惠州市精工弹簧有限公司 …… 646
东莞百乐仕汽车精密配件有限公司 …… 648
东莞彩龙五金弹簧制造有限公司 …… 648
精工五金弹簧制造有限公司 …… 648
佛山名奥弹簧开发有限公司 …… 649
重庆三四零三汽车零部件有限公司 …… 352
重庆红岩方大汽车悬架有限公司 …… 353
重庆红旗弹簧有限公司 …… 354
重庆市渝电汽车弹簧有限公司 …… 355
成都宁兴汽车弹簧有限公司 …… 356
成都市金蓉齿轮有限责任公司 …… 356
四川宁江精密工业有限责任公司 …… 357
四川宁江山川机械有限责任公司 …… 357
成都红岩长力汽车弹簧制造有限公司 …… 358
四川省岳池汽车弹簧有限责任公司 …… 359
成都蒂森克虏伯富奥弹簧有限公司 …… 654
昆明方大春鹰板簧有限公司 …… 360
云南云弹工贸有限公司 …… 656
新疆八钢板簧有限公司 …… 362

◉ 链条、链轮

东睦新材料集团股份有限公司 …… 599
天津信特恩粉末冶金有限公司 …… 118
南京金牛机械制造股份有限公司 …… 573
无锡华利达金属制品有限公司 …… 579
玉环县天发机械有限公司 …… 159
玉环中本机械有限公司 …… 160
杭州钱江链传动有限公司 …… 591
杭州星丰实业有限公司 …… 592
浙江省诸暨市中马链条厂 …… 593
湖州南浔通惠金洁链条制造有限公司 …… 596
湖州先登链传动制造有限公司 …… 596
湖州双狮汽车链传动有限公司 …… 596
台州千钧阀门有限公司 …… 609
青岛征和工业股份有限公司 …… 634
广州市永友机动车配件有限公司 …… 202
桂盟链条(深圳)有限公司 …… 647
重庆华孚工业股份有限公司 …… 210
重庆市巨力冶金制品有限公司 …… 653
重庆江洲粉末冶金科技有限公司 …… 654

◉ 汽车涂料(车漆)、黏合剂

北京天山新材料技术股份有限公司 …… 543
北京金汇利应用化工制品有限公司 …… 544
北京钰林化工有限公司 …… 546
三友(天津)高分子技术有限公司 …… 547
欧利生涂料(天津)有限公司 …… 549
安平县三联过滤器材有限公司 …… 550
河北宏广橡塑金属制品有限公司 …… 550
清河县华鹏汽车配件有限公司 …… 551
哥俩好新材料股份有限公司 …… 558
长春依多科化工有限公司 …… 560
长春市永畅石化有限责任公司 …… 561
长春汉高表面技术有限公司 …… 561
长春华日涂料有限公司 …… 562
长春一汽实业合成材料有限公司 …… 562
汉高股份有限公司 …… 564
上海涂料有限公司 …… 564
巴斯夫上海涂料有限公司 …… 566
上海汉高表面技术有限公司 …… 567
上海拜高化学科技有限公司 …… 568
上海金力泰化工股份有限公司 …… 568
上海昭和高分子有限公司 …… 569
道康宁上海有限公司松江工厂 …… 569
东来涂料技术(上海)有限公司 …… 571
上海新光化工有限公司 …… 571
江苏骏宇汽配有限公司 …… 251
饰而杰汽车制品(苏州)有限公司 …… 395
华狮化工(集团)有限公司 …… 575
中海油常州环保涂料有限公司 …… 575
无锡市梦立化工有限公司 …… 579
无锡市百合花胶粘剂厂有限公司 …… 580
无锡市奔达密封件有限公司 …… 580
杭州之江有机硅化工有限公司 …… 590
嘉兴市清河高力绝缘有限公司 …… 596
温州三环橡塑制品有限公司 …… 612
福州华宇密封材料有限公司 …… 620
厦门诺瑞特实业有限公司 …… 621
泉州金固胶业有限公司 …… 622
福建鑫展旺集团有限公司 …… 624
山东北方现代化学工业有限公司 …… 626
德邦科技有限公司 …… 630
山东省招远市永进自动补胎剂厂 …… 631
濮阳市万泉化工有限公司 …… 636
武汉华森塑胶有限公司 …… 637
湖北回天新材料股份有限公司 …… 639
湖北封神胶业有限公司 …… 639
襄樊航天化学动力总公司 …… 639
襄樊市乐太胶业有限公司 …… 640
十堰东风韩都油化有限公司 …… 641
十堰市隆泰源工贸有限公司 …… 641
湖南湘江关西涂料有限公司 …… 642
广州机械科学研究院胶业研究所 …… 643
广州市花都联合涂料有限公司 …… 644
广州市实创化工有限公司 …… 645
广东恒大新材料科技有限公司 …… 646
惠阳区施美克化工有限公司 …… 646
广东三和化工科技有限公司 …… 651
中山市田野汽车涂料有限公司 …… 651
广东银帆化学有限公司 …… 651
广州保赐利化工有限公司 …… 674
广州市漆彩虹化工有限公司 …… 675
铭裕嘉汽车用品厂 …… 676
重庆金固特化工新材料技术有限公司 …… 653
重庆三峡油漆股份有限公司 …… 654
中蓝晨光化工研究院有限公司 …… 654
贵阳联洪合成材料厂 …… 656

◉ 油品(油、脂、液)

中国石油润滑油公司 …… 543
全兴精工集团有限公司 …… 264
北京中润利尔石油化工科技有限公司 …… 543
中国石化润滑油有限公司 …… 544
北京中石统一润滑油有限公司 …… 544
北京华润捷润滑油脂有限公司 …… 544
北京时代石油制品有限公司 …… 544
北京市通州区运河化工厂 …… 544
北京市顶级特斯特石化有限公司 …… 545
北京利迪欣科技发展有限公司 …… 545
北京雅士科莱恩石油化工有限公司 …… 545
北京高科润滑润滑油有限公司 …… 546
北京鑫象宇润滑油有限公司 …… 546
北京北方创业润滑油有限公司 …… 546
北京嘉禾兴产润滑油有限公司 …… 546
北京现代润滑油制造有限公司 …… 546
北京嘉士威润滑油有限公司 …… 546

壳牌统一(北京)石油化工有限公司 …… 546
北京燕山大宝润滑油工贸有限公司 …… 546
天津市奥特利润滑油有限公司 …… 547
天津日石润滑油脂有限公司 …… 548
驰美润滑油(天津)有限公司 …… 548
天津市金海利油脂有限公司 …… 549
河北雅佳驰汽车零部件制造有限公司 …… 228
石家庄中石鑫达润滑油有限公司 …… 549
廊坊时讯润滑油脂有限公司 …… 555
保定富尧润滑油脂有限公司 …… 555
太原兴安昌迪汽车用品有限公司 …… 660
沈阳奥吉娜化工有限公司 …… 556
沈阳防锈包装材料有限责任公司 …… 556
沈阳帕卡濑精有限公司 …… 556
沈阳福特润滑油科技有限公司 …… 557
辽宁润迪汽车环保科技股份有限公司 …… 557
特浦朗克化工(营口)有限公司 …… 558
哥俩好新材料股份有限公司 …… 558
辽宁三特石油化工有限公司 …… 558
营口福斯油品有限公司 …… 558
锦州法特三星润滑油有限公司 …… 559
中法 A9 高级润滑油有限公司 …… 560
长春市永畅石化有限责任公司 …… 561
长春德联化工有限公司 …… 561
长春一汽四环本合石油化工有限公司 …… 561
长春一汽备品资源有限公司 …… 562
吉化集团吉林市星云化工有限公司 …… 562
长春一汽油品特种油有限公司 …… 562
福伦石化(长春)润滑科技有限公司 …… 562
哈尔滨百润油品集团有限公司 …… 563
黑龙江长海润滑油有限公司 …… 563
引航石油化工有限公司 …… 563
哈尔滨紫杉油脂有限公司 …… 563
上海德润宝特种润滑剂有限公司 …… 564
中国石化上海高桥分公司 …… 564
上海高桥加德士润滑油有限公司 …… 565
上海凯密特尔化学品有限公司 …… 567
上海华美助剂公司禾申精细化工分公司 …… 569
上海帕卡兴产化工有限公司 …… 570
东昊石油集团有限公司 …… 571
南京新海富实业有限公司 …… 572
江苏龙蟠科技股份有限公司 …… 573
南京摩尔精细化工厂 …… 573
立邦油业化工(常州)有限公司 …… 575
无锡英荷石化制品有限公司 …… 578
张家港迪克汽车化学品有限公司 …… 663
玉环沃顿汽车零部件有限公司 …… 281
浙江大学方圆化工有限公司 …… 590
杭州新亚石油化工有限公司 …… 592
福建福兴润滑油有限公司 …… 620
福建莱克石化有限公司 …… 623
泉州市欧美润滑油制品有限公司 …… 624
龙口市龙海实业有限公司 …… 323
济南量子动力石油化工有限公司 …… 625
济南车仆特种油品有限公司 …… 625
济南康特石化有限公司 …… 625
山东零公里石油化工有限公司 …… 625
济南瑞道尔润滑油有限公司 …… 626
济南赛邦石油化学有限公司 …… 626
施耐德·格斯特(济南)石油化工公司 …… 626
山东科发石化股份有限公司 …… 626
济南重卡至尊润滑油有限公司 …… 626
曼仙蒂润滑油有限公司 …… 626
东营市龙海石化有限公司 …… 628
东营金正石油化工有限公司 …… 628
山东祥源润滑脂有限公司 …… 628
东营市信义化工有限公司 …… 628
广饶县润得力化工厂 …… 628
山东万友工业油脂有限公司 …… 628
山东中坤石油化工有限公司 …… 629
德比化工产品(烟台)有限公司 …… 629
烟台德高石油有限公司 …… 630
烟台中鲁石化制品有限公司 …… 631
青岛益佰石油化学有限公司 …… 632
山东力牌石油化学有限公司 …… 632
青岛路邦石油化工有限公司 …… 632
青岛胜邦化工有限公司 …… 633
山东莫顿润滑油制造有限公司 …… 634
山东壳孚润滑油有限公司 …… 634
山东源根石油化工有限公司 …… 634
青岛康普顿科技股份有限公司 …… 670
河南长虹润滑脂有限公司 …… 636
河南倍佳润滑科技股份有限公司 …… 636
河南省长城特种润滑脂有限公司 …… 636
洛阳轻捷石油化工有限公司 …… 636
东风嘉实多油品有限公司 …… 637
湖北回天新材料股份有限公司 …… 639
襄樊金阳轴承有限公司 …… 639
东风汽车公司(十堰)润滑油有限公司 …… 641
东莞市斯创格滤清器有限公司 …… 205
广州逸尔孚润滑油有限公司 …… 643
广州甲壳虫润滑油有限公司 …… 644
广州市新星实业有限公司 …… 645
深圳市超美化工科技有限公司 …… 646
深圳市合诚润滑材料有限公司 …… 647
珠海盖达实业有限公司 …… 647
广东泰和油化(东莞)制造有限公司 …… 647
中国石化股份有限公司茂名分公司 …… 649
广东德联集团股份有限公司 …… 650
瑞威普润滑油有限公司 …… 651
广州市利迪汽车用品用限公司 …… 672
重庆现代石油(集团)有限公司 …… 653
榆林金帝润滑油有限公司 …… 657
新疆福克油品股份有限公司 …… 658

◉ 汽车金属材料

佛山市金润德贸易有限公司 649
西宁特殊钢股份有限公司 658
北京首钢红冶钢厂 …… 545
天津创真金属科技有限公司 …… 549
香河旭明源汽车配件有限公司 …… 230
山西建邦集团铸造有限公司 …… 232
山西太钢不锈钢股份有限公司 …… 556
营口银河镁铝合金有限公司 …… 558
东北特殊钢集团有限责任公司 …… 558
鞍钢蒂森克虏伯汽车钢有限公司 …… 559
本溪钢铁集团有限公司 …… 559
长春通利铝合金科技有限公司 …… 561
华域汽车系统股份有限公司 …… 374
华域汽车电动系统有限公司 …… 451
宝钢集团有限公司 …… 564
天懋集团 …… 564
奥鲁比斯金属制品(上海)有限公司 …… 565
上海宝钢分公司冷轧薄板厂 …… 565
上海安美特铝业有限公司 …… 565
上海宝钢特钢股份有限公司 …… 566
上海富国橡塑工业有限公司 …… 567
上海松发合金材料有限公司 …… 569
上海泰顺金属制品有限公司 …… 569
上海宝钢阿赛洛激光拼焊有限公司 …… 570
上海金妮金属配件有限公司 …… 696
无锡华光汽车部件集团有限公司 …… 393
南京大中电极实业有限公司 …… 456
常州常松金属复合材料有限公司 …… 574
无锡爱西匹钢芯有限公司 …… 580
无锡钱桥带钢有限公司 …… 580
江阴兴澄特种钢铁有限公司 …… 582
丰田合成(张家港)塑料制品有限公司 …… 586
亚太轻合金(南通)科技有限公司 …… 588
杭州内燃机缸垫有限公司 …… 150
浙江斯曼克管业有限公司 …… 593
浙江兴宇汽车零部件有限公司 …… 607
宁国市正道橡塑零部件有限公司 …… 619
山东省文登市双力板簧有限公司 …… 321
山东山狮钢球有限公司 …… 629
河南省宏源车轮有限公司 …… 330
湖北福星科技股份有限公司 …… 638
广州捷士多铝合金有限公司 …… 645
广州 JFE 钢板有限公司 …… 645
佛山顶锋日嘉模具有限公司 …… 725
鞍钢贝卡尔特轮胎帘线(重庆)公司 …… 352
云南模二机械有限责任公司 …… 360
贵州安大航空锻造有限责任公司 …… 657

◉ 纺织面料、皮革制品

天津旷达汽车织物有限公司 …… 547
共和兴塑胶(廊坊)有限公司 …… 369
长春旷达汽车织物有限公司 …… 562
上海申达股份有限公司 …… 375
上海火焰复合布有限公司 …… 564
上海申达无纺布制造有限公司 …… 564
上海旷达篷垫汽车内饰件有限公司 …… 567
世腾汽车皮件(上海)有限公司 …… 661
南京际华三五二一特种装备有限公司 …… 382
南京奥普织物有限公司 …… 573
江苏中通汽车内饰材料有限公司 …… 579
无锡双象超纤材料股份有限公司 …… 580
江阴延利汽车饰件股份有限公司 …… 582
常熟市飞龙无纺机械有限公司 …… 585
贝内克-长顺汽车内饰材料张家港公司 …… 586
江苏旷达汽车座套有限公司 …… 662
浙江禾欣实业集团股份有限公司 …… 596
浙江万方江森纺织科技有限公司 …… 598
宏达高科控股股份有限公司 …… 598
宁波华众塑料制品有限公司 …… 604
新潮集团股份有限公司 …… 613
浙江梅盛实业股份有限公司 …… 664
浙江明新旭腾皮业有限公司 …… 665
安徽新南港汽车内饰件有限公司 …… 617
华懋(厦门)新材料科技股份有限公司 …… 621
威海鸿祥汽车内饰件有限公司 …… 417

山东惠尔制革集团有限公司 ………… 634
青岛三洋皮革有限公司 ………………… 671
武汉旷达汽车织物有限公司 ………… 637
武汉博奇装饰布有限公司 …………… 638
广州樱泰汽车饰件有限公司 ………… 426
广州旷达汽车织物有限公司 ………… 643
博罗裕升染织有限公司 ……………… 646
广东赛特国际集团有限公司 ………… 650
成都新兴富皇塑胶制品有限公司 …… 655
陕西宝鸡嘉特滤材科技有限公司 …… 658

◉ 其他材料及加工件

杭州新华纸业有限公司 ……………… 592
温州联益线束胶粘带有限公司 ……… 616
北大先行科技产业有限公司 ………… 436
赛龙(北京)汽车部件有限公司 ……… 545
北京平静汽车隔音用品公司 ………… 684
天津斯特兰能源科技有限公司 ……… 440
天津井上高分子材料制品有限公司 … 547
天津市润生塑胶制品有限公司 ……… 547
辛集市华瑞滤纸有限公司 …………… 120
清河县星星汽配制造有限公司 ……… 368
廊坊市全振汽车配件有限公司 ……… 369
石家庄柯林滤纸有限公司 …………… 550
河北阿木森滤纸有限公司 …………… 550
安平县玖玖滤清器系材有限公司 …… 550
辛集市宏业滤纸有限公司 …………… 550
河北省安平县金城滤纸有限公司 …… 551
清河县长城密封件有限公司 ………… 551
河北安平长城滤纸有限公司 ………… 551
河北国威新材料科技有限公司 ……… 551
唐山兴宇橡塑工业有限公司 ………… 555
美特·捷成汽车系统(大连)有限公司 … 236
锦州万友机械部件有限公司 ………… 237
丹东市黄海汽车内饰件制造有限公司 … 371
沈阳防锈包装材料有限责任公司 …… 556
大千复合材料制造有限公司 ………… 557
长春骏捷龙汽车饰件制品有限公司 … 371
长春力登维科技产业有限公司 ……… 561
长春一汽实业合成材料有限公司 …… 562
上海双宇汽车部件制造有限公司 …… 135
天纳克汽车工业(上海)公司………… 242
华域汽车系统股份有限公司 ………… 374
上海吉翔汽车车顶饰件有限责任公司 … 378
上海飞利环球汽车零部件有限公司 … 378
上海赛露达汽车部件有限公司 ……… 452
上海立新气体有限公司 ……………… 565
上海锦湖日丽塑料有限公司 ………… 566
上海富国橡塑工业有限公司 ………… 567
上海井上新材料有限公司 …………… 568
上海井上维他高分子制品有限公司 … 568
上海普利特复合材料股份有限公司 … 570
上海钟华汽车阻尼材料有限公司 …… 572
上海井上模塑开发有限公司 ………… 693
NGK(苏州)环保陶瓷有限公司 ……… 146
希格玛精密机械(江苏)有限公司 …… 250
丹阳市汽车配件五厂 ………………… 386
常州市九龙汽车灯具厂 ……………… 389
江苏协诺汽车附件有限公司 ………… 393
泰州市韩新汽车配件有限公司 ……… 396
扬州神舟汽车内饰件有限公司 ……… 396
扬州天元座椅有限公司 ……………… 397
常州市黄河车灯有限公司 …………… 463
中材科技股份有限公司 ……………… 572
镇江立达纤维工业有限责任公司 …… 574
江苏奇一科技有限公司 ……………… 574
汉高(江苏)汽车零部件有限公司 …… 574
常州威士顿有限公司 ………………… 575
常州兰锦橡塑有限公司 ……………… 575
江苏旷达汽车织物集团股份有限公司 … 578
江苏旷达汽车饰件有限公司 ………… 578
江阴市三良工业汽车配件有限公司 … 581
苏州井上高分子新材料有限公司 …… 583
贝内克-长顺汽车内饰材料张家港公司 … 586
扬州麦斯通复合材料有限公司 ……… 587
江苏九鼎新材料股份有限公司 ……… 588
江苏卡威塑料制品有限公司 ………… 698
宁波金凌中德汽车部件有限公司 …… 275
玉环德贝特机械有限公司 …………… 281
浙江蓝特光学股份有限公司 ………… 399
温州市环球汽车衬垫有限公司 ……… 405
浙江望德远机车部件有限公司 ……… 409
浙江万德远机车部件有限公司 ……… 410
浙江华江科技发展有限公司 ………… 590
爱克斯精密钢球(杭州)有限公司 …… 591
杭州特种纸业有限公司 ……………… 592
浙江中达精密部件股份有限公司 …… 596
慈溪市中德密封材料有限公司 ……… 600
宁波长乐喉箍有限公司 ……………… 601
宁波磐吉奥机械工业有限公司 ……… 602
中广核俊尔新材料有限公司 ………… 612
温州泰立汽车内饰材料有限公司 …… 612
赛德克金属表面处理技术(杭州)公司 … 707
安徽民生工贸集团有限公司 ………… 413
铜陵华源汽车内饰材料有限公司 …… 413
安庆市汇通汽车部件有限公司 ……… 616
厦门金龙橡塑制品有限公司 ………… 414
烟台正海汽车内饰件有限公司 ……… 416
济南润友模塑有限公司 ……………… 416
烟台汽车内饰集团公司 ……………… 417
荣成市爱士玻璃钢有限责任公司 …… 417
山东省强劲汽车零部件有限公司 …… 626
山东北方现代化学工业有限公司 …… 626
山东聚力焊接材料有限公司 ………… 627
滨州双峰石墨密封材料有限公司 …… 627
山东道恩高分子材料股份有限公司 … 631
固始华瑞汽车内饰件有限公司 ……… 419
河南省浦光特种金属制品有限公司 … 635
湖北故联实业股份有限公司 ………… 336
湖北十堰洪运轴承材料有限公司 …… 641
湖南航天磁电有限责任公司 ………… 642
东莞快线汽车配件有限公司 ………… 348
中山市高得磁电有限公司 …………… 535
广州市阳铭科技新材料有限公司 …… 642
广州市泰力高复合材料有限公司 …… 643
金发科技股份有限公司 ……………… 643
广州帕卡汽车零部件有限公司 ……… 644
广州市三泰汽车内饰材料有限公司 … 644
广州普利司通化工制品有限公司 …… 645
巨福五金塑料(深圳)有限公司 ……… 646
东莞市黑马化工有限公司 …………… 647
东莞市路鑫五金制品有限公司 ……… 648
台扣利富高塑胶制品(东莞)有限公司 … 648
东莞井上高分子材料有限公司 ……… 648
东莞井上橡塑加工有限公司 ………… 648
东莞井上五金橡塑有限公司 ………… 649
佛山发尔特克汽车零部件有限公司 … 650
重庆利迈陶瓷技术有限公司 ………… 537
恩比贝克飞虹汽车零部件(四川)公司 … 217
内江恒博机械制造有限公司 ………… 218
成都井上高分子材料有限公司 ……… 654
成都新兴富皇塑胶制品有限公司 …… 655
成都图南电子有限公司 ……………… 655
宜宾金川电子有限责任公司 ………… 656
陕西同创华亨散热器装置有限公司 … 219
西安林产化学软木工厂 ……………… 657

◉ 其他汽车配件

北京凯迅惠商防伪技术有限责任公司 … 543
北京兰天达汽车清洁燃料技术公司 … 544
北京天海工业有限公司 ……………… 544
北京华德液压工业集团有限责任公司 … 544
北京韩太汽车部件有限公司 ………… 545
北京摩拓尼克汽车配件有限公司 …… 545
天津津晨汽车缸盖有限公司 ………… 118
天津奥尼斯特汽车零部件有限公司 … 119
利富高(天津)精密树脂制品有限公司 … 548
天津三国有限公司 …………………… 548
星宇中车科技有限公司 ……………… 549
JW 机电(天津)有限公司 …………… 549
沧州惠邦机电产品制造有限公司 …… 554
玉田县信旺机械厂 …………………… 555
大连渤海橡胶塑料有限公司 ………… 558
凤城市双城德机械制造有限公司 …… 559
长春大东集团有限公司 ……………… 560
德马格起重机械(上海)有限公司 …… 568
上海众浩汽车配件有限公司 ………… 571
无锡锡州机械有限公司 ……………… 581
中材科技(苏州)有限公司 …………… 582
扬州市新城通永专用车部件厂 ……… 587
镇江东联仓储设备有限公司 ………… 698
无锡雅久精工机械有限公司 ………… 700
宁波市镇海邵氏超越离合器有限公司 … 153
瑞安市新跃汽配有限公司 …………… 167
万通智控科技股份有限公司 ………… 260
宁波江东伟业汽车附件有限公司 …… 399
慈溪市博宇电器有限公司 …………… 481
宁波中和汽配有限公司 ……………… 599
宁波大洋实业发展有限公司 ………… 603
舟山市 7412 工厂 …………………… 605
玉环星光机械有限公司 ……………… 608
浙江朝泰机车部件有限公司 ………… 612
浙江永和制冷股份有限公司 ………… 612
海宁鼎力机械有限公司 ……………… 665
宁波亚乐克汽车部件有限公司 ……… 666
宁波永佳汽车零部件有限公司 ……… 666
合肥宽信机电有限公司 ……………… 300
芜湖依格森汽车部件有限公司 ……… 303
合肥星环科技开发有限公司 ………… 616
泉州双德盛交通器材有限公司 ……… 622
山东统亚模塑科技实业有限公司 …… 416

山东永和精密金属有限公司 ………… 629
郑州奥特科技有限公司 ………………… 635
新乡市美斯威精密机器有限公司 …… 636
河南英威东风机械制造有限公司 …… 636
武汉丸顺汽车配件有限公司 ………… 638
黄石市重型汽车配件制造厂 ………… 639
江南工业集团有限公司 ………………… 45
邵阳通达汽车零部件制造有限公司 … 423
佛山市同丰汽车配件有限公司 ……… 348
金宝龙电子器材厂 ……………………… 535
广州日立汽车配件有限公司 ………… 644
中山市三民金属处理有限公司 ……… 651
柳州市迅达汽车配件制造有限公司 … 351
重庆炬野科技发展有限公司 ………… 652
四川绵阳启林实业有限公司 ………… 728
西安合力汽车配件有限公司 ………… 361
西安航天远征流体控制股份有限公司 … 361
西安北方秦川集团有限公司 ………… 657

汽车用品及工具

◉ 防盗报警器、转向盘锁、排挡锁

深圳市航盛电子股份有限公司 ········ 528
北京顺恒达汽车零部件制造有限公司 ··· 435
北京加安电子科技有限公司 ············ 659
盈佳科技(长春)有限公司 ·············· 372
上海实业交通电器有限公司 ············ 448
呈顺电子(上海)有限公司 ·············· 662
上海摩拓泰汽车部件有限公司 ········· 662
法雷奥汽车安全系统(无锡)有限公司 ··· 393
怡利电子科技(江苏)有限公司 ········· 470
辉创电子科技(苏州)有限公司 ········· 663
浙江银宏汽摩附件有限公司 ············ 406
浙江奥凯利汽配有限公司 ··············· 407
温州林泰汽车配件有限公司 ············ 410
宁波志华电子有限公司 ················· 483
瑞安市华电机车电器有限公司 ········· 495
浙江三华车业有限公司 ················· 496
宁波雷顿科技有限公司 ················· 666
浙江峰达防盗设备股份有限公司 ······ 669
瑞安扬声电子器材有限公司 ············ 669
苍南县凯轮保安锁业有限公司 ········· 669
同致电子科技(厦门)有限公司 ········· 670
泉州市巨将防盗器设备有限公司 ······ 670
东太利(厦门)电子有限公司 ············ 670
深圳市精臻达实业有限公司 ············ 426
广州市窗神电子科技有限公司 ········· 523
东莞市诺丽电子科技有限公司 ········· 531
善为汽车电器有限公司 ················· 534
鹤山市信成配件有限公司 ··············· 536
广州市鹰威斯科技开发有限公司 ······ 671
广州铁老大防盗设备有限公司 ········· 672
广州安华电子有限责任公司 ············ 672
澳隆汽车用品有限公司 ················· 673
广州市昊业电子科技有限公司 ········· 674
车美士高精汽车用品制造有限公司 ··· 674
广州市浩普电子科技有限公司 ········· 674
广州市奔创电子科技有限公司 ········· 675
广州雄兵汽车电器有限公司 ············ 675
深圳市久实电子实业有限公司 ········· 676
深圳市赛格导航科技股份有限公司 ··· 676
深圳市联和安业科技有限公司 ········· 677
深圳市世博科技有限公司 ··············· 677
深圳市车之盾电子有限公司 ············ 677
深圳市路标汽车科技有限公司 ········· 677
佛山市天汇汽车电子有限公司 ········· 678
佛山市南海里程实业有限公司 ········· 678
广东所罗门实业有限公司 ··············· 678
深圳市警豹电子科技有限公司 ········· 678
中山市佐敦防盗设备有限公司 ········· 679
广东爱得乐集团有限公司 ··············· 679
中山鑫洋物联网科技有限公司 ········· 680
中山市贝奥斯金属制品有限公司 ······ 680
中山市宏茂电子有限公司 ··············· 680
柯淇电器制造厂 ·························· 680
广东小飞将科技有限公司 ··············· 680
中山雷震子安防科技有限公司 ········· 680
广东铁将军汽车电子有限公司 ········· 680
重庆三信电子有限公司 ················· 537

◉ 倒车雷达、影像监视系统

航天科技控股集团股份有限公司 ······ 434
上海航盛实业有限公司 ················· 454
呈顺电子(上海)有限公司 ·············· 662
上海摩拓泰汽车部件有限公司 ········· 662
张家港市牡丹汽车附件有限公司 ······ 396
富士康科技集团(昆山)有限公司 ······ 471
辉创电子科技(苏州)有限公司 ········· 663
鑫田集团有限公司 ······················· 408
浙江万超电器有限公司 ················· 490
浙江晶钻电子科技有限公司 ············ 494
瑞安市伟东汽车电器有限公司 ········· 495
瑞安市亚瑞汽车电器有限公司 ········· 500
海宁市亮歌汽车部件有限公司 ········· 665
宁波雷顿科技有限公司 ················· 666
浙江峰达防盗设备股份有限公司 ······ 669
合肥晟泰克汽车电子有限公司 ········· 505
厦门厦华新技术有限公司 ··············· 509
东太利(厦门)电子有限公司 ············ 670
同致电子科技(厦门)有限公司 ········· 670
莱州市金声汽车电器有限公司 ········· 513
武汉高德红外股份有限公司 ············ 519
深圳市精臻达实业有限公司 ············ 426
广州市凯捷电源实业有限公司 ········· 523
广州优创电子有限公司 ················· 524
深圳市赛特光电开发有限公司 ········· 526
东莞市诺丽电子科技有限公司 ········· 531
鹤山市信成配件有限公司 ··············· 536
广州瑞成电子科技有限公司 ············ 671
广州市一谷电子有限公司 ··············· 672
广州铁老大防盗设备有限公司 ········· 672
广州市雄峰汽车电子厂 ················· 673
广州市昊业电子科技有限公司 ········· 674
广州市番禺新美制品厂 ················· 675
广州市奇舰达电子有限公司 ············ 675
广州雄兵汽车电器有限公司 ············ 675
广州市奔创电子科技有限公司 ········· 675
深圳市久实电子实业有限公司 ········· 676
深圳市名商实业有限公司 ··············· 676
深圳车卫士电子有限公司 ··············· 676
深圳市世博科技有限公司 ··············· 677
深圳市路标汽车科技有限公司 ········· 677
深圳市广利佳电子有限公司 ············ 677
深圳市豪恩电子科技股份有限公司 ··· 677
深圳市联和安业科技有限公司 ········· 677
深圳市光展科技有限公司 ··············· 677
深圳市车之盾电子有限公司 ············ 677
广东高标电子科技有限公司 ············ 678
广东所罗门实业有限公司 ··············· 678
深圳市顺禾电器科技有限公司 ········· 678
佛山市天汇汽车电子有限公司 ········· 678
中山鑫洋物联网科技有限公司 ········· 680
广东铁将军汽车电子有限公司 ········· 680
中山雷震子安防科技有限公司 ········· 680
广东小飞将科技有限公司 ··············· 680
中山市贝奥斯金属制品有限公司 ······ 680
中山市宏茂电子有限公司 ··············· 680
重庆深渝电子有限公司 ················· 538
陕西凌云科技有限责任公司 ············ 541

◉ 车载电话、对讲机

东风电子科技股份有限公司 ··········· 449
北京平治东方科技股份有限公司 ······ 659
大陆汽车系统(天津)有限公司 ········· 439
大连阿尔派电子有限公司 ··············· 445
上海摩拓泰汽车部件有限公司 ········· 662
无锡创维彩登科技有限公司 ············ 466
怡利电子科技(江苏)有限公司 ········· 470
乐清市日升电子有限公司 ··············· 504
厦门厦华新技术有限公司 ··············· 509
深圳市精臻达实业有限公司 ············ 426
深圳市名商实业有限公司 ··············· 676
深圳市赛格导航科技股份有限公司 ··· 676
深圳市惠世友通讯电子有限公司 ······ 677
深圳市恒日通电子有限公司 ············ 677
深圳市威特宝科技发展有限公司 ······ 677
广东任我通汽车用品有限公司 ········· 679
重庆深渝电子有限公司 ················· 538

◉ 太阳膜、车身彩条、彩贴

吉林恒昌科技股份有限公司 ············ 660
南亚共和塑胶(南通)有限公司 ········· 588
常州山由帝杉防护材料制造有限公司 ··· 662
青岛新东洋车辆用品有限公司 ········· 671
资富汽车用品有限公司 ················· 673
佛山市南海日昭汽车用品有限公司 ··· 674
广州顶立新型塑料有限公司 ············ 675
初出日(香港)有限公司 ················· 675
楢屋(广州)汽车配件有限公司 ········· 675
运豪五金塑料有限公司 ················· 675
广州市蓝彩汽车用品有限公司 ········· 675

◉ 护杠、行李架、尾翼、轮眉、大包围、挡泥板等

天津佰安汽车用品有限公司 ············ 660
清河县诚旭汽车零部件厂 ··············· 121
沧州市鑫业汽车配件有限公司 ········· 227
沧县四通汽车配件有限公司 ············ 228
霸州市汇行塑胶制品有限公司 ········· 369
新河县华兴机械制造有限公司 ········· 553
河北信久重型机械制造有限公司 ······ 554

大连正荣汽车用品有限公司 ………… 660
上海耀华大中新材料有限公司 ……… 380
韩华综化(上海)塑料有限公司 ……… 382
拓乐(上海)汽车顶架系统有限公司 … 662
江苏畅通车业集团有限公司 ………… 383
丹阳金城配件有限公司 …………… 384
丹阳市汽车配件五厂 ……………… 386
丹阳市坤华汽配有限公司 ………… 386
江苏明兴汽车部件有限公司 ……… 386
常州市华嘉车业有限公司 ………… 387
常州市桑迪汽车配件制造有限公司 … 388
江苏先昌电能部件有限公司 ……… 389
常州市鹏源塑业有限公司 ………… 389
常州市鑫跃灯业有限公司 ………… 391
江阴奥派联盛汽车部件有限公司 …… 394
江阴协统汽车附件有限公司 ……… 394
江苏科达车业有限公司 …………… 397
江苏天聚灯业有限公司 …………… 458
常州佳得利车辆部件有限公司 ……… 462
江苏永明汽车部件有限公司 ……… 462
江苏江洲汽车部件有限公司 ……… 574
常州市众达车辆配件有限公司 ……… 662
江苏恺之电子模塑有限公司 ……… 662
常州市凯德汽车部件有限公司 ……… 662
江苏凌锐汽车用品制造有限公司 …… 662
苏州亚兴汽车用品有限公司 ……… 663
宁波舜江汽车部件制造有限公司 …… 155
宁波方圆汽摩发展有限公司 ……… 155
杭州玛瑙机动车部件有限公司 ……… 262
余姚市飞翔汽车配件厂 …………… 273
宜兰汽车配件制造(平湖)有限公司 … 399
宁波纽特汽车配件有限公司 ……… 402
浙江奔克汽车部件有限公司 ……… 405
温州市丽豹汽车配件有限公司 ……… 406
温州光大汽配制造有限公司 ……… 411
浙北宏宇汽车摩托车配件有限公司 … 664
宁波骏达汽车配件制造有限公司 …… 666
台州市黄岩震亚汽车用品有限公司 … 668
浙江睿泰汽车零部件有限公司 ……… 668
浙江骑士佳音汽车用品有限公司 …… 669
瑞安市路搏汽车配件有限公司 ……… 669
浙江黄岩大成模具有限公司 ……… 710
合肥宏圆机械有限公司 …………… 299
安徽江南机械有限责任公司 ……… 411
安徽金诚汽车装饰设计开发有限公司 … 412
安徽义富汽车零部件有限公司 ……… 620
福安市德普电器有限公司 ………… 182
厦门金龙橡塑制品有限公司 ……… 414
梁山赛强机械制造有限公司 ……… 418
郑州精益达汽车零部件有限公司 …… 328
郑州铁成汽车用品有限公司 ……… 671
十堰槐鹏工贸有限公司 …………… 641
广州领业汽车用品有限公司 ……… 672
广州华达汽车大包围用品有限公司 … 673
澳隆汽车用品有限公司 …………… 673
广州车之骄汽车用品有有限公司 …… 673
广州市车宝汽车用品有限公司 ……… 674
广州市番禺区杰隆斯汽车用品厂 …… 675
广东华钿勇士汽车用品有限公司 …… 678
佛山市顺德新邦汽车用品有限公司 … 679
广东东箭汽车用品制造有限公司 …… 679
车之福汽车用品有限公司 ………… 679
柳州市方鑫汽车装饰件有限公司 …… 428
成都银利汽车零部件有限公司 ……… 431

◉ 坐垫、腰靠、座套、窗帘、转向盘套等

天津生隆纤维制品有限公司 ………… 660
南宫市森圣裘革绒毛有限公司 ……… 660
沈阳保丽洁美车有限公司 ………… 660
锦州澳得利羊剪绒制品有限公司 …… 660
吉林省恒辉集团有限公司 ………… 373
长春旷达汽车织物有限公司 ……… 562
长春皮草工艺制品有限责任公司 …… 660
兰西县兰麻亚麻制品有限公司 ……… 661
舒爽亚麻汽车坐垫有限公司 ……… 661
兰西如意亚麻制品厂 ……………… 661
上海方科汽车部件有限公司 ……… 244
上海延锋江森座椅有限公司 ……… 378
上海俊达汽车装饰有限公司 ……… 661
世腾汽车皮件(上海)有限公司 ……… 661
上海云峰小伙伴汽车服务有限公司 … 661
上海大草原汽车真皮制造有限公司 … 661
亚罗弗橡塑科技(上海)有限公司 …… 662
南京世冀汽车实业有限公司 ……… 382
常州市俊丰兰天车业有限公司 ……… 388
昆山丰田纺汽车部件有限公司 ……… 395
江苏旷达汽车饰件有限公司 ……… 578
江苏艾文德悦达汽车内饰有限公司 … 663
昆山皇田汽车配件工业有限公司 …… 663
江苏新沣复合纤维制品有限公司 …… 663
浙江普礼汽配制造有限公司 ……… 153
宁波帅特龙集团有限公司 ………… 400
宁波出口加工区提爱思泉盟内饰公司 … 402
宁波继峰汽车零部件有限公司 ……… 402
浙江俱进汽摩配件有限公司 ……… 403
杭州博远实业有限公司 …………… 664
浙江梅盛实业股份有限公司 ……… 664
鸿源汽车真皮座套有限公司 ……… 664
浙江天美汽车座套有限公司 ……… 664
嘉兴市雅迪汽车真皮座套有限公司 … 664
宁波卡比特汽车用品有限公司 ……… 665
浙江明新旭腾皮业有限公司 ……… 665
宁波市鄞州融彩汽车用品有限公司 … 665
浙江天台安泰汽车用品有限公司 …… 667
浙江明丰汽车用品有限公司 ……… 667
浙江三门维艾尔工业有限公司 ……… 667
浙江省三门县茂盛交通器材有限公司 … 667
浙江宏丰工艺品有限公司 ………… 667
浙江利丰汽车用品有限公司 ……… 667
浙江天台天盛汽车用品有限公司 …… 667
台州市贝斯特汽车用品有限公司 …… 667
天台县飞达汽车用品有限公司 ……… 667
天台县曼曼装饰用品厂 …………… 667
浙江省天台茂源汽车用品有限公司 … 667
浙江远程车饰有限公司 …………… 667
浙江天鸿汽车用品有限公司 ……… 668
仙居县煜华工艺有限公司 ………… 668
义乌杰瑞地毯厂 ………………… 668
浙江省磐安县康利达实业有限公司 … 668
温州市永昌汽车附件厂 …………… 669
厦门蒙发利科技(集团)股份有限公司 … 670
江西行新汽车科技有限公司 ……… 415
青岛三洋皮革有限公司 …………… 671
青岛新东洋车辆用品有限公司 ……… 671
郑州铁成汽车用品有限公司 ……… 671
武汉万兴汽车零配件制造有限公司 … 420
武汉源兴汽车配件有限公司 ……… 420
武汉旷达汽车织物有限公司 ……… 637
广州汽车集团零部件有限公司 ……… 424
广州德爱康纺织内饰制品有限公司 … 425
广州市吉中汽车装饰有限公司 ……… 426
博罗裕升染织有限公司 …………… 646
广州市乐业永丰企业有限公司 ……… 671
午阳(广州)汽车用品有限公司 ……… 671
广州市宝惠汽车用品有限公司 ……… 672
广州市来兴汽车配件有限公司 ……… 672
广州威威汽车精品有限公司 ……… 672
广州市顺业汽车用品制造有限公司 … 672
广州市汇邦科技发展有限公司 ……… 672
资富汽车用品有限公司 …………… 673
广州泰威汽车用品厂 ……………… 673
车美士高精汽车用品制造有限公司 … 674
广州市多奇汽车饰品有限公司 ……… 674
广州美标汽车用品厂 ……………… 674
广州市顺泽美汽车用品有限公司 …… 674
广州永佳汽车用品有限公司 ……… 675
广州市永达汽车用品有限公司 ……… 675
深圳市爱车屋汽车用品股份有限公司 … 677
中山市港口日嘉汽车皮座厂 ……… 680
重庆提爱思塑料制品有限公司 ……… 429
成都丰田纺汽车部件有限公司 ……… 431

◉ 脚踏垫、地胶、地毯

长春一汽富晟集团有限公司 ………… 238
上海汽车地毯总厂有限公司 ………… 379
北京市福斯特汽车装饰件厂 ……… 364
北京韩一汽车饰件有限公司 ……… 364
北京中用汽车配件有限公司 ……… 365
北京海纳川长鹏汽车部件有限公司 … 365
天津英泰汽车饰件有限公司 ……… 367
天津市润生塑胶制品有限公司 ……… 547
天津佰安汽车用品有限公司 ……… 660
廊坊市全振汽车配件有限公司 ……… 369
盟和(大连)汽车配件有限公司 ……… 370
辽阳金兴汽车内饰件有限公司 ……… 370
辽阳艺蒙织毯有限公司 …………… 660
长春一汽四环集团有限公司 ……… 129
长春旭阳佛吉亚毯业有限公司 ……… 373
长春旭阳工业(集团)股份有限公司 … 373
长春皮草工艺制品有限责任公司 …… 660
哈尔滨市光明汽车零部件有限公司 … 661
上海申达股份有限公司 …………… 375
上海飞利环球汽车零部件有限公司 … 378
上海丰虎汽车地毯有限公司 ……… 661
上海俊达汽车装饰有限公司 ……… 661
亚罗弗橡塑科技(上海)有限公司 …… 662
江苏明兴汽车部件有限公司 ……… 386
江苏裕华汽车零部件有限公司 ……… 393
江阴协统汽车附件有限公司 ……… 394
台新纤维制品(苏州)有限公司 ……… 395
江苏江洲汽车部件有限公司 ……… 574
镇江立达纤维工业有限责任公司 …… 574
江阴延利汽车饰件股份有限公司 …… 582
江苏中联地毯有限公司 …………… 663
宁波纽特汽车配件有限公司 ……… 402
宁波卡比特汽车用品有限公司 ……… 665
浙江天台安泰汽车用品有限公司 …… 667
台州市贝斯特汽车用品有限公司 …… 667

浙江鸿盛原汽车用品有限公司 ……… 667
浙江省天台茂源汽车用品有限公司 … 667
台州市黄岩震亚汽车用品有限公司 … 668
义乌杰瑞地毯厂 ……………………… 668
温岭市嘉骐汽车用品有限公司 ……… 668
浙江承康机电制造有限公司 ………… 668
浙江温岭市天马汽车地毯厂 ………… 668
仙居县煜华工艺有限公司 …………… 668
浙江天鸿汽车用品有限公司 ………… 668
芜湖普威技研有限公司 ……………… 302
温州市环球汽车衬垫公司芜湖分公司 … 413
华信博伟(安徽)车辆部件有限公司 … 413
安徽南澳地毯有限公司 ……………… 669
福州和胜汽车配件有限公司 ………… 413
江西协中车用材料制造有限公司 …… 415
山东只楚民营科技园股份有限公司 … 417
山东旭日汽车饰件集团 ……………… 418
郑州铁成汽车用品有限公司 ………… 671
湖北超洁汽车用品有限公司 ………… 671
湖南长丰汽车内装饰有限公司 ……… 671
广州汽车集团零部件有限公司 ……… 424
广州林骏汽车内饰件有限公司 ……… 425
盟和(佛山)汽车配件有限公司 ……… 427
威捷极光汽车灯具有限公司 ………… 535
广州市顺业汽车用品制造有限公司 … 672
广州泰威汽车用品厂 ………………… 673
广州市顺泽美汽车用品有限公司 …… 674
广州美标汽车用品厂 ………………… 674
广州永佳汽车用品有限公司 ………… 675
深圳市爱车屋汽车用品股份有限公司 … 677
佛山市南海里程实业有限公司 ……… 678
重庆李尔长安汽车内饰件有限公司 … 431
成都丰田纺汽车部件有限公司 ……… 431

◉ 桃木内饰、储物箱

长春盖尔瑞孚艾斯曼汽车零部件公司 … 660
上海三盾汽车饰件有限公司 ………… 380
上海铭华汽车装饰用品有限公司 …… 661
上海瀚氏模具成型有限公司 ………… 693
江苏省丹阳市东兴汽配有限公司 …… 387
江苏奇一科技有限公司 ……………… 574
浙江中宝实业控股股份有限公司 …… 398
宁波帅特龙集团有限公司 …………… 400
浙江奔克汽车部件有限公司 ………… 405
温州市丽豹汽车配件有限公司 ……… 406
浙江睿泰汽车零部件有限公司 ……… 668
浙江吉老大汽车用品有限公司 ……… 669
浙江骑士佳音汽车用品有限公司 …… 669
宁波神通模塑有限公司 ……………… 708
顺达(芜湖)汽车饰件有限公司 ……… 303
湖北超洁汽车用品有限公司 ………… 671
广州朝晖汽车用品有限公司 ………… 672
澳隆汽车用品有限公司 ……………… 673
广州市多奇汽车饰品有限公司 ……… 674
广州市番禺区杰隆斯汽车用品厂 …… 675
中兴汽车用品有限公司 ……………… 679

◉ 儿童座椅

长春旭阳工业(集团)股份有限公司 … 373
无锡理昌科技有限公司 ……………… 392
常州博万达汽车安全设备有限公司 … 392
常州市童佳儿童座椅有限公司 ……… 662
宁波环球娃娃婴童用品有限公司 …… 399
麦克英孚(宁波)婴童用品有限公司 … 665
宁波中哲汽车安全系统有限公司 …… 665
宁波新宝工业有限公司 ……………… 666
浙江葆葆儿童用品有限公司 ………… 668
汕头市宏高汽车用品制造有限公司 … 676

◉ 车载冰箱

北京华夏通商科技发展有限公司 …… 659
北京福意联汽车配件有限公司 ……… 659
无锡科宝技术有限公司 ……………… 663
杭州通用弹簧有限公司 ……………… 592
浙江明泰标准件有限公司 …………… 612
上虞北方电子制造有限公司 ………… 664
余姚市恒洋电器有限公司 …………… 666
宁波佳源电子有限公司 ……………… 666
安徽金诚复合材料有限公司 ………… 412
安徽金诚天骏汽车零部件有限公司 … 669
广州市奔创电子科技有限公司 ……… 675
美固电子(深圳)有限公司 …………… 676
深圳市名商实业有限公司 …………… 676
广东爱得乐集团有限公司 …………… 679
中山环威实业发展有限公司 ………… 680

◉ 光触媒、消毒器、香座、氧吧

宁波市鄞州融彩汽车用品有限公司 … 665
安徽艾可蓝环保股份有限公司 ……… 180
厦门美时美克空气净化有限公司 …… 670
厦门华庆轻工制品有限公司 ………… 670
奥得奥科技(厦门)有限公司 ………… 670
广州丽涛精细化工有限公司 ………… 671
广州瑞成电子科技有限公司 ………… 671
广州金科汽车用品制造有限公司 …… 672
资富汽车用品有限公司 ……………… 673
幸运星汽车用品有限公司 …………… 673
广州爱特丽汽车用品有限公司 ……… 673
广州市亿成隆汽车用品有限公司 …… 673
广东坤煌实业有限公司 ……………… 674
深圳市爱车屋汽车用品股份有限公司 … 677
快美特汽车精品(深圳)有限公司 …… 677
珠海市金宜科环保材料有限公司 …… 678
肇庆欧迪斯实业有限公司 …………… 678
佛山市南海区巨人化学品有限公司 … 678
中山市富士化工有限公司 …………… 680

◉ 清洁、美容、护理用品、防冻液

北京中石统一润滑油有限公司 ……… 544
北京市通州区运河化工厂 …………… 544
北京市顶级特斯特石化有限公司 …… 545
北京北方创业润滑油有限公司 ……… 546
北京高科润海润滑油有限公司 ……… 546
壳牌统一(北京)石油化工有限公司 … 546
北京天宇汽车用品有限公司 ………… 659
驰美润滑油(天津)有限公司 ………… 548
太原兴安昌迪汽车用品有限公司 …… 660
沈阳防锈包装材料有限责任公司 …… 556
沈阳奥吉娜化工有限公司 …………… 556
沈阳福特润滑油科技有限公司 ……… 557
辽宁三特石油化工有限公司 ………… 558
哥俩好新材料股份有限公司 ………… 558
鞍山市博特精细化工有限公司 ……… 660
长春市永畅石化有限责任公司 ……… 561
长春汉高表面技术有限公司 ………… 561
长春德联化工有限公司 ……………… 561
长春一汽四环本合石油化工有限公司 … 561
吉化集团吉林市星云化工有限公司 … 562
福伦石化(长春)润滑科技有限公司 … 562
长春一汽备品资源有限公司 ………… 562
哈尔滨紫杉油脂有限公司 …………… 563
上海德润宝特种润滑剂有限公司 …… 564
上海帕卡兴产化工有限公司 ………… 570
东昊石油集团有限公司 ……………… 571
上海汇甸精细化工有限公司 ………… 662
南京新海富实业有限公司 …………… 572
江苏龙蟠科技股份有限公司 ………… 573
南京摩尔精细化工厂 ………………… 573
无锡英荷石化制品有限公司 ………… 578
昆山昆仑环保科技有限公司 ………… 663
张家港迪克汽车化学品有限公司 …… 663
光洋化学应用材料科技(昆山)公司 … 663
浙江嘉德士润滑油有限公司 ………… 668
义乌杰瑞地毯厂 ……………………… 668
厦门华庆轻工制品有限公司 ………… 670
龙口市龙海实业有限公司 …………… 323
济南重卡至尊润滑油有限公司 ……… 626
山东科发石化股份有限公司 ………… 626
山东北方现代化学工业有限公司 …… 626
曼仙蒂润滑油有限公司 ……………… 626
东营市信义化工有限公司 …………… 628
山东中坤石油化工有限公司 ………… 629
烟台中鲁石化制品有限公司 ………… 631
青岛路邦石油化工有限公司 ………… 632
山东源根石油化工有限公司 ………… 634
山东尚舜化工有限公司 ……………… 635
青岛新东洋车辆用品有限公司 ……… 671
青岛超亿油业有限公司 ……………… 671
湖北回天新材料股份有限公司 ……… 639
湖北封神胶业有限公司 ……………… 639
东风汽车公司(十堰)润滑油有限公司 … 641
襄樊金莱尔制冷化工有限公司 ……… 671
东莞市斯创格滤清器有限公司 ……… 205
广州龙冠汽车空调制造有限公司 …… 425
广州市新星实业有限公司 …………… 645
广东泰和油化(东莞)制造有限公司 … 647
珠海盖达实业有限公司 ……………… 647
中国石化股份有限公司茂名分公司 … 649
广东德联集团股份有限公司 ………… 650
广东三和化工科技有限公司 ………… 651
广州丽涛精细化工有限公司 ………… 671
广州市利迪汽车用品用限公司 ……… 672
广州梅氏汽车用品有限公司 ………… 673
广州战宝精细化工有限公司 ………… 673
广州保赐利化工有限公司 …………… 674
广东高奇环保科技有限公司 ………… 674
广东坤煌实业有限公司 ……………… 674
广州市白云区松洲金益隆汽车用品厂 … 674
广州市漆彩虹化工有限公司 ………… 675
广州市海飞汽车用品有限公司 ……… 675
广州市标榜汽车用品实业有限公司 … 675
广州市永达汽车用品有限公司 ……… 675
深圳市平驰实业有限公司 …………… 676
铭裕嘉汽车用品厂 …………………… 676

深圳市日日晖实业有限公司 ………… 676
深圳市彩虹精细化工股份有限公司 … 677
深圳市威尔菲汽车用品科技有限公司 … 677
佛山市南海里程实业有限公司 ……… 678
肇庆欧迪斯实业有限公司 …………… 678
珠海市金宜科环保材料有限公司 …… 678
深圳市元征科技股份有限公司 ……… 678
佛山市南海区巨人化学品有限公司 … 678
王田化工实业有限公司 ……………… 679
广东莱雅化工有限公司 ……………… 679
中山市大田汽车护理用品有限公司 … 680
重庆金固特化工新材料技术有限公司 … 653
新疆福克油品股份有限公司 ………… 658

◉ 其他汽车用品

北京安信防伪技术发展有限公司 …… 659
上海云峰小伙伴汽车服务有限公司 … 661
上海华汇机电有限公司 ……………… 661
上海康耐司信号设备有限公司 ……… 661
常州市鹏通车辆部件有限公司 ……… 390
张家港市华天电子科技有限公司 …… 471
扬州奥凯汽车用品有限公司 ………… 663
宁波飞翔兴业汽配有限公司 ………… 399
奉化市仁龙机械有限公司 …………… 401
瑞安市双金机械附件厂 ……………… 614
杭州洛基机械制造有限公司 ………… 664
嘉龙雕刻有限公司 …………………… 665
明晟科技有限公司 …………………… 665
宁波杰洲电器有限公司 ……………… 666
宁波舜威汽车用品有限公司 ………… 666
宁波永佳汽车零部件有限公司 ……… 666
余姚市裕瑞电器有限公司 …………… 666
金华市华南机械制造有限公司 ……… 668
温州凯特汽车用品制造厂 …………… 669
温州市香程汽车装饰用品有限公司 … 669
浙江吉老大汽车用品有限公司 ……… 669
福建省密斯盾轮胎安全装置科技公司 … 670
龙口市宏兴机械车辆配套有限公司 … 417
济南舜天印务有限公司 ……………… 670
凯迈(洛阳)测控有限公司 …………… 671
本田汽车用品(广东)有限公司 ……… 427
广东赛特国际集团有限公司 ………… 650
汕头市澄海区超米乔车辆配件厂 …… 671
广州开尔汽车用品有限公司 ………… 672
广州摩圣汽车用品厂 ………………… 673
广州市傲翔汽车用品有限公司 ……… 673
广州市唯能汽车用品有限公司 ……… 673
广州市竞雄汽车用品有限公司 ……… 673
广州市昊业电子科技有限公司 ……… 674
广州市晋辉塑料制品有限公司 ……… 674
深圳市伟联居实业有限公司 ………… 676
深圳市东英电器有限公司 …………… 676
深圳市威海达科技有限公司 ………… 676
惠州市正通科技有限公司 …………… 676
惠州大亚湾光弘科技电子有限公司 … 676
深圳市帝硕科技有限公司 …………… 678
旭程电子(深圳)有限公司 …………… 678

◉ 汽车工具

北京金奔腾汽车科技有限公司 ……… 659
沧州盛世伟业汽车附件有限公司 …… 228
河北之良汽车配件制造有限公司 …… 228
香河旭明源汽车配件有限公司 ……… 230
河北康奥电力汽配有限公司 ………… 554
河北三路汽车附件厂 ………………… 554
沧州市长城量具有限责任公司 ……… 660
承德润韩汽车零部件有限公司 ……… 660
长春一汽富维汽车零部件股份公司 … 371
哈尔滨天源石化工程有限责任公司 … 691
上海日都汽车配件有限公司 ………… 136
上海东风汽车电器厂 ………………… 449
上海飞可斯铆钉有限公司 …………… 567
上海底特精密紧固件有限公司 ……… 569
上海华丰车用工具厂 ………………… 661
上海宝山千斤顶总厂有限公司 ……… 661
上海奥力得汽车工具有限公司 ……… 661
合朝电器(上海)有限公司 …………… 661
富兰科华申汽车工具(上海)有限公司 … 662
青志(无锡)粉末铸锻有限公司 ……… 252
江苏黄海汽配股份有限公司 ………… 259
丹阳市坤华汽配有限公司 …………… 386
江苏亚泰机电有限公司 ……………… 473
常州市南夏墅工具有限公司 ………… 699
徐州市黄河仪器仪表厂 ……………… 705
宁波新之华汽车部件有限公司 ……… 154
杭州万兴汽车零部件公司 …………… 263
杭州琳达汽配有限公司 ……………… 263
宁波豪锋企业有限公司 ……………… 271
宁波思明汽车附件有限公司 ………… 272
台州新宏声机械有限公司 …………… 288
浙江金齿机械有限公司 ……………… 292
宁波东风暖风机厂 …………………… 479
玉环鑫锦泓机械制造有限公司 ……… 485
浙江毅力汽车空调有限公司 ………… 488
平湖市新庙橡塑有限公司 …………… 597
宁波圣龙(集团)有限公司 …………… 598
杭州华丰链业有限公司 ……………… 663
杭州利宝纺织机械有限公司 ………… 663
杭州恒宏机械有限公司 ……………… 663
上虞隆迪电器有限公司 ……………… 664
杭州阳光工具制造有限公司 ………… 664
杭州天铭机电工具有限公司 ………… 664
浙江何仕汽车工具有限公司 ………… 664
诸暨市东飞机械配件厂 ……………… 664
诸暨宏鑫富达工程机械配件有限公司 … 664
浙江中兴机械制造有限公司 ………… 664
慈溪市誉华工具有限公司 …………… 665
嘉兴市舜天机械有限公司 …………… 665
嘉兴金鹏工具有限公司 ……………… 665
海盐金力机械有限公司 ……………… 665
海宁鼎力机械有限公司 ……………… 665
桐乡金伟电子有限公司 ……………… 665
慈溪市海鸿实业有限公司 …………… 665
宁波华盛电器有限公司 ……………… 666
余姚海浪塑料电器有限公司 ………… 666
宁波骏达汽车配件制造有限公司 …… 666
宁波瑞华电子塑料有限公司 ………… 666
余姚市顺马汽车附件有限公司 ……… 666
宁波永佳汽车零部件有限公司 ……… 666
余姚市宁杰电器有限公司 …………… 666
浙江金字机械电器有限公司 ………… 667
浙江和佳油杯有限公司 ……………… 668
正茂动力工具有限公司 ……………… 668
台州市天狼液压机械有限公司 ……… 668
浙江承康机电制造有限公司 ………… 668
浙江省浦江伯虎链条有限公司 ……… 668
金华市成超电动工具有限公司 ……… 668
瑞安市正力工具有限公司 …………… 669
安徽江南机械有限责任公司 ………… 411
亚新科噪声与振动技术(安徽)有限公司 … 619
安徽青松工具有限公司 ……………… 669
泉州建江汽车配件制造有限公司 …… 670
梁山赛强机械制造有限公司 ………… 418
山东新焦点龙盛汽车配件有限公司 … 515
莱州长和粉末冶金有限公司 ………… 629
青岛信莱粉末冶金有限公司 ………… 632
潍坊万达汽车工具有限公司 ………… 670
青岛天铭工贸有限公司 ……………… 670
十堰市汽车附件厂 …………………… 671
广州瑞成电子科技有限公司 ………… 671
广州金科汽车用品制造有限公司 …… 672
广州市安途电器有限公司 …………… 674
广州艾比埃金属制品有限公司 ……… 674
广东所罗门实业有限公司 …………… 678
深圳市元征科技股份有限公司 ……… 678
佛山市顺德区实力汽车配件有限公司 … 679
顺德凌旗电器有限公司 ……………… 679
重庆千斤顶厂 ………………………… 680

制造设备、模具

◉ 涂装设备、生产线

大福(中国)有限公司天津分公司 …… 686
上海汽车地毯总厂有限公司 ………… 379
天永机械电子(上海)有限公司 ……… 692
北京兴信易成机电工程有限公司 …… 683
机科发展科技股份有限公司 ………… 684
北京机器人及薄钢技术研究中心 …… 684
北京瑞科恒业喷涂技术有限公司 …… 685
北京宝克测试系统有限公司 ………… 685
北京第一机床厂 ……………………… 685
北京北一法康生产线有限公司 ……… 685
北京东方昊为工业装备有限公司 …… 685
鸿天工业自动化(天津)有限公司 …… 687
衡水翔迩油漆有限公司 ……………… 687
唐山开元自动焊接系统有限公司 …… 687
保定市巨龙微波能设备有限公司 …… 688
承德华远自动化设备有限公司 ……… 688
亿达日平机床有限公司 ……………… 689
大连橡胶塑料机械股份有限公司 …… 689
锦州万得机械装备有限公司 ………… 690
吉林辉虎环保设备有限公司 ………… 130
长春超维集团零部件分公司 ………… 372
长春一汽蓝迪自动化工程有限公司 … 690
长春一汽宏鼎汽车股份有限公司 …… 690
长春市振华汽车涂装有限公司 ……… 690
哈尔滨海尔哈工大机器人技术公司 … 691
诺信(中国)有限公司 ……………… 566
安本工业涂装(上海)有限公司 …… 692
上海吉本涂装设备有限公司 ………… 692
杜尔涂装系统工程(上海)有限公司 … 692
上海冠恒工业设备有限公司 ………… 693
上海米开罗那机电技术有限公司 …… 694
上海 ABB 工程有限公司 …………… 694
苏州金鸿顺汽车部件股份有限公司 … 586
历升涂装设备(南京)有限公司 …… 697
江苏舜天新盈轻工业有限公司 ……… 698
南京华德仓储设备制造有限公司 …… 698
常州市宇鹏涂装设备有限公司 ……… 699
常州市武进涂装设备制造厂有限公司 … 699
江苏骠马智能装备股份有限公司 …… 699
常州市大众涂装设备有限公司 ……… 699
无锡出新兴达电镀涂装设备有限公司 … 701
无锡市阳通机械设备有限公司 ……… 701
无锡市明兴表面处理设备有限公司 … 701
无锡泰源机器制造有限公司 ………… 701
无锡福森机械制造有限公司 ………… 701
天奇自动化工程股份有限公司 ……… 702
张家港市科尔超声电子有限公司 …… 704
常熟明辉焊接器材有限公司 ………… 704
徐州永冠环保科技有限公司 ………… 705
江苏中大工业涂装环保有限公司 …… 705
江苏中宝机械科技有限公司 ………… 705
鑫之宇涂装工业有限公司 …………… 705
江苏长虹智能装备集团有限公司 …… 705
扬州琼花涂装工程技术有限公司 …… 705
扬州斯普莱机械制造有限公司 ……… 706
浙江荣发动力有限公司 ……………… 157
温岭市装配设备成套有限公司 ……… 709
蚌埠市银丰滤清器科技有限公司 …… 177
安徽瑞祥工业有限公司 ……………… 713
山东荣泰电炉制造有限公司 ………… 714
天海雪城汽车电子(鹤壁)有限公司 … 517
洛阳轴研科技股份有限公司 ………… 636
武汉汽车测试设备研究所有限公司 … 717
武汉市祥龙摩擦材料有限责任公司 … 717
武汉中轻机械有限责任公司 ………… 717
湖北三环锻压设备有限公司 ………… 718
襄阳金民晟机械制造有限公司 ……… 718
湖南精正设备制造有限公司 ………… 719
长沙捷翔科技发展有限公司 ………… 719
广州市云驰机械有限公司 …………… 720
广东景中景工业涂装设备有限公司 … 720
广州明珞汽车装备有限公司 ………… 720
广州线性电子技术有限公司 ………… 721
深圳市腾科系统技术有限公司 ……… 722
日东电子发展(深圳)有限公司 …… 723
深圳市和科达电镀设备有限公司 …… 723
深圳市科永达超声波设备有限公司 … 723
东莞市新力光表面处理科技有限公司 … 724
东莞丰裕电机有限公司 ……………… 724
重庆曙光涂装工业有限公司 ………… 726
重庆江东机械有限责任公司 ………… 727
四川宸宇涂装工程有限公司 ………… 727
成都焊研科技有限责任公司 ………… 727
广元欣源设备制造有限公司 ………… 728
宁夏中卫大河机床有限责任公司 …… 729

◉ 汽车专用设备

大福(中国)有限公司天津分公司 …… 686
天永机械电子(上海)有限公司 ……… 692
佛山市金润德贸易有限公司 ………… 649
深圳市和科达超声设备有限公司 …… 723
爱发科东方真空(成都)有限公司 … 728
北京金奔腾汽车科技有限公司 ……… 659
北京机电院机床有限公司 …………… 683
西门子工厂自动化工程有限公司 …… 683
北京中科泛华测控技术有限公司 …… 684
北京机器人及薄钢技术研究中心 …… 684
天实中美(北京)科技有限公司 …… 684
北京金铠星科技(集团)有限公司 …… 684
机科发展科技股份有限公司 ………… 684
北京宝克测试系统有限公司 ………… 685
北京北一法康生产线有限公司 ……… 685
北京敬业机械设备有限公司 ………… 685
天津鼎工机电设备制造有限公司 …… 686
天津赛象科技股份有限公司 ………… 686
津伦(天津)精密机械股份有限公司 … 686
唐山开元自动焊接系统有限公司 …… 687
承德市开发区德盛检测设备有限公司 … 688
秦皇岛方华埃西姆机械有限公司 …… 688
沈阳二四五厂 ………………………… 688
沈阳金科精密仪器设备有限公司 …… 688
沈阳新科精密仪器设备有限公司 …… 688
大连橡胶塑料机械股份有限公司 …… 689
锦州万得机械装备有限公司 ………… 690
长春超维集团零部件分公司 ………… 372
长春诗兰姆汽车零部件有限公司 …… 446
长春市智能仪器设备有限公司 ……… 690
长春中联汽车检测设备有限公司 …… 690
长春机械科学研究院有限公司 ……… 691
哈尔滨海尔哈工大机器人技术公司 … 691
哈尔滨众邦龙科技开发有限公司 …… 691
哈尔滨岛田大鹏工业有限公司 ……… 691
联创汽车电子有限公司 ……………… 452
上海共康冲压件有限公司 …………… 568
上海奥波电子有限公司 ……………… 691
上海申克机械有限公司 ……………… 693
福禄超高压水射流技术(上海)公司 … 693
上海杰恩普超声设备有限公司 ……… 693
上海科伟达超声波科技有限公司 …… 693
上海佐竹冷热控制技术有限公司 …… 694
上海通用电焊机股份有限公司 ……… 694
上海南汇澧虹电器厂 ………………… 694
上海 ABB 工程有限公司 …………… 694
上海钜达橡胶机械有限公司 ………… 695
上海明兴开城超音波科技有限公司 … 695
上海若宇精密机械(检具)有限公司 … 695
上海卡宝汽车设备有限公司 ………… 696
上海杜卡汽车设备有限公司 ………… 696
上海剑平动平衡机制造有限公司 …… 697
中大工业集团公司 …………………… 37
江苏多为泵业股份有限公司 ………… 147
苏州凯迪尔照明科技有限公司 ……… 470
徐州整流汽车元件有限公司 ………… 472
常州乐士雷利电机有限公司 ………… 575
无锡科宝技术有限公司 ……………… 663
小原(南京)机电有限公司 ………… 697
南京永生焊接装备制造有限公司 …… 698
丹阳市荣飞自动化设备有限公司 …… 698

瑞顾克斯(常州)机械制造有限公司 …… 699
常州爱派涂装设备制造有限公司 …… 699
常州市科沛达超声工程设备有限公司 …… 699
常州美翔超声波设备有限公司 …… 699
无锡富瑞德精密机械有限公司 …… 700
科威信(无锡)洗净科技有限公司 …… 700
无锡市明兴表面处理设备有限公司 …… 701
无锡翔辉机械制造有限公司 …… 701
无锡惠发特精密机械有限公司 …… 701
苏州苏净安发空调有限公司 …… 702
苏州工业园广福汽保机电设备公司 …… 702
无锡大力液压机械厂 …… 702
江阴市金桥机械设备有限公司 …… 702
苏州东菱振动试验仪器有限公司 …… 703
苏州市和科达超声设备有限公司 …… 703
张家港力勤机械有限公司 …… 704
和和机械(张家港)有限公司 …… 704
江苏合丰机械制造有限公司 …… 704
张家港市科尔超声电子有限公司 …… 704
江苏迎阳无纺机械有限公司 …… 704
张家港市港星超声有限公司 …… 704
张家港市百思特超声电气有限公司 …… 704
张家港市三友超音设备厂 …… 704
张家港市超声电气有限公司 …… 704
张家港市港威超声电子有限公司 …… 704
江苏坤泰机械有限公司 …… 705
中大工业集团公司 …… 705
徐州永冠环保科技有限公司 …… 705
南通常测机电设备有限公司 …… 706
南通德鑫数控机床有限公司 …… 706
扬州格尔仕电源科技有限公司 …… 706
扬州捷迈锻压机械有限公司 …… 706
瑞安市中星机械有限公司 …… 408
余姚海浪塑料电器有限公司 …… 666
浙江万丰科技开发有限公司 …… 707
浙江震寰汽保设备有限公司 …… 707
杭州先临三维科技股份有限公司 …… 707
杭州鼎盛科技仪器有限公司 …… 707
浙江恒立数控科技股份有限公司 …… 707
宁波永生塑料机械有限公司 …… 708
宁波石固机械管件有限公司 …… 708
浙江巨龙自动化设备有限公司 …… 709
浙江江兴汽车检测设备有限公司 …… 711
瑞安市瑞博机械有限公司 …… 711
瑞安市瑞华吸塑机械有限公司 …… 712
瑞安市双红自动化设备有限公司 …… 712
浙江考格尔气动液压科技有限公司 …… 712
瑞安市万兴机械有限公司 …… 712
合肥巨昆机电科技有限公司 …… 712
安徽鲲鹏装备模具制造有限公司 …… 712
合肥海德数控液压设备有限公司 …… 712
安徽中科智能高技术有限责任公司 …… 712
合肥压力机械有限责任公司 …… 712
安徽巨一自动化装备有限公司 …… 712
安徽瑞祥工业有限公司 …… 713
德翔(厦门)自动化设备有限公司 …… 713
江西同欣机械制造有限公司 …… 184
济南二机床集团有限公司 …… 713
济南时代试金仪器有限公司 …… 713
山东森德数控机械有限公司 …… 713
飞迈(烟台)机械有限公司 …… 714
奔腾汽车检测维修设备制造有限公司 …… 714
青岛海泰自动化仪表有限公司 …… 715
青岛双星橡塑机械有限公司 …… 715
泰安泰山金石机械有限责任公司 …… 715
滕州达因重工机床有限公司 …… 715
滕州达因重工机床公司(液压机分厂) …… 715
山东滕州建哈机械化工有限公司 …… 716
凯迈(洛阳)机电有限公司 …… 333
洛阳轴研科技股份有限公司 …… 636
安阳鑫盛机床股份有限公司 …… 716
安阳锻压机械工业有限公司 …… 716
新乡豫新精密装备有限公司 …… 716
郑州鑫和机器制造有限公司 …… 716
郑州国韵电子技术有限公司 …… 716
郑州军龙制动装备有限公司 …… 716
三门峡中原量仪股份有限公司 …… 717
武汉市祥龙摩擦材料有限责任公司 …… 717
老河口普正机械有限公司 …… 718
武汉法利莱切割系统工程有限公司 …… 718
长沙山河超声波技术有限公司 …… 719
湖南顶立科技有限公司 …… 719
长沙捷翔科技发展有限公司 …… 719
湖南海捷精密工业有限公司 …… 719
长沙华锐机电实业有限公司 …… 719
长沙一派数控机床有限公司 …… 719
益阳橡胶塑料机械集团有限公司 …… 720
清远爱机汽车配件有限公司 …… 426
深圳市东仪电子有限公司 …… 529
广州市奔创电子科技有限公司 …… 675
深圳市元征科技股份有限公司 …… 678
广州市云驰机械有限公司 …… 720
广东景中景工业涂装设备有限公司 …… 720
广州市华南超声设备有限公司 …… 720
广州市番禺科腾工业有限公司 …… 721
广州广汽荻原模具冲压有限公司 …… 721
广州新龙浩工业设备有限公司 …… 721
广州市力为技术有限公司 …… 721
广州天续机械设备有限公司 …… 721
汕头市富力机器制造有限公司 …… 722
深圳市科伟达超声波设备有限公司 …… 722
日东电子发展(深圳)有限公司 …… 723
东莞市众志检测仪器有限公司 …… 724
佛山市南华仪器股份有限公司 …… 725
震德塑料机械有限公司 …… 725
佛山市顺德区华顺电机实业有限公司 …… 725
桂林瑞特试验机有限公司 …… 725
重庆凯瑞汽车试验设备开发有限公司 …… 726
重庆曙光涂装工业有限公司 …… 726
重庆迪佳科技股份有限公司 …… 726
成都焊研科技有限责任公司 …… 727
爱佩仪中测(成都)精密仪器有限公司 …… 727
成都航天航西精密(机械)有限公司 …… 728
广元欣源设备制造有限公司 …… 728
成都成量工具集团有限公司 …… 728

◉ 机床等通用设备

徐州达一锻压设备有限公司 …… 705
西安瑞特快速制造工程研究有限公司 …… 729
北京机电院机床有限公司 …… 683
北京第二机床厂有限公司 …… 685
北一大隈(北京)机床有限公司 …… 685
北京第一机床厂 …… 685
MAG工业自动化系统(中国)有限公司 …… 685
天津精诚机床股份有限公司 …… 686
天津七所高科技有限公司 …… 686
天津第一机床总厂 …… 686
天津市天二锻压机床有限公司 …… 687
河北东风锻压机械有限公司 …… 687
沧州富盛精密机床附件制造有限公司 …… 687
本溪北方机械重汽有限责任公司 …… 62
沈阳新科精密仪器设备有限公司 …… 688
沈阳三丰电气有限公司 …… 688
沈阳金科精密仪器设备有限公司 …… 688
大连因代克斯机床有限公司 …… 689
亿达日平机床有限公司 …… 689
大连智云自动化装备股份有限公司 …… 689
沈阳机床股份有限公司 …… 689
营口锻压机床有限责任公司 …… 689
大连机床集团有限责任公司 …… 690
锦州市精一新技术开发有限公司 …… 690
一汽普雷特科技股份有限公司 …… 238
长春一汽嘉信热处理科技有限公司 …… 690
哈尔滨量具刃具集团有限责任公司 …… 691
齐齐哈尔二机床(集团)有限责任公司 …… 691
恒天凯马股份有限公司 …… 132
圣戈班磨料磨具(上海)有限公司 …… 692
哈斯自动数控机械(上海)有限公司 …… 692
上海大量电子设备有限公司 …… 693
上海梅达焊接设备有限公司 …… 693
上海善能机械有限公司 …… 694
哈挺机床(上海)有限公司 …… 694
上海西格玛机床有限公司 …… 695
上海第三机床厂 …… 695
上海沪工焊接集团股份有限公司 …… 695
上海远松机械有限公司 …… 696
柯尔柏斯来福临机械(上海)有限公司 …… 697
江苏多为泵业股份有限公司 …… 147
东华汽车实业有限公司 …… 697
扬州市海力精密机械制造有限公司 …… 698
沃得精机(中国)有限公司 …… 698
南京大地水刀股份有限公司 …… 698
南京埃斯顿自动化股份有限公司 …… 698
沛鑫史宾纳数控机床(南京)有限公司 …… 698
南京二机齿轮机床有限公司 …… 698
无锡威华电焊机制造有限公司 …… 700
无锡苏南试验设备有限公司 …… 700
江苏新瑞重工科技有限公司 …… 700
无锡东源机械制造有限公司 …… 701
无锡市威力液压机械厂 …… 701

无锡福森机械制造有限公司 ………… 701
无锡市科巨机械制造有限公司 ……… 701
无锡市阳通机械设备有限公司 ……… 701
无锡泰源机器制造有限公司 ………… 701
无锡伟光抛丸材料有限公司 ………… 701
白山机工(无锡)机械有限公司 ……… 701
无锡市蓝力机床有限公司 …………… 702
无锡市金菲尔机械有限公司 ………… 702
苏州信能精密机械有限公司 ………… 703
苏州纽康特液压升降机械有限公司 … 703
牧野机床(中国)有限公司 ………… 703
埃马克机床(太仓)有限公司 ……… 703
常熟明辉焊接器材有限公司 ………… 704
张家港鼎太精机制造有限公司 ……… 704
张家港华丰重型设备制造有限公司 … 704
江苏扬力集团有限公司 ……………… 706
扬州锻压机床股份有限公司 ………… 706
江苏南通电熔爆股份有限公司 ……… 706
长兴恒达炉业有限公司 ……………… 707
杭州友佳精密机械有限公司 ………… 707
浙江湖磨抛光磨具制造有限公司 …… 707
杭州杭机股份有限公司 ……………… 707
金丰(中国)机械工业有限公司 …… 708
嘉兴精勇精锻机械股份有限公司 …… 708
海天塑机集团有限公司 ……………… 709
宁波海工集团公司 …………………… 709
温岭市装配设备成套有限公司 ……… 709
浙江坤鸿机械设备有限公司 ………… 709
台州市新潮珩磨设备制造有限公司 … 711
芜湖鑫业汽车零部件有限公司 ……… 302
合肥合锻机床股份有限公司 ………… 712
福建成功机床有限公司 ……………… 713
福建省嘉泰数控机械有限公司 ……… 713
济南第一机床有限公司 ……………… 714
山东荣泰电炉制造有限公司 ………… 714
山东法因数控机械股份有限公司 …… 714
山东博特精工股份有限公司 ………… 715
滕州达因重工机床公司(液压机分厂) … 715
枣庄龙岳机床有限公司 ……………… 715
青岛永隆机床制造有限公司 ………… 715
山东华强精密机床股份有限公司 …… 715
新乡日升数控轴承装备股份有限公司 … 716
新乡特种机床制造有限责任公司 …… 716
安阳莱工科技有限公司 ……………… 716
安阳鑫盛机床股份有限公司 ………… 716
鹤壁海昌专用设备有限公司 ………… 716
三门峡豫西机床有限公司 …………… 717
三环集团 …………………………… 198
湖北江山重工有限责任公司 ………… 337
武汉瑞威特机械有限公司 …………… 717
武汉普瑞赛思精冲技术有限公司 …… 717
武汉楚天工业激光设备有限公司 …… 717
襄樊东捷精密机械有限公司 ………… 718
武汉华夏精冲技术有限公司 ………… 718
武汉华工激光工程有限责任公司 …… 718
武汉大华激光科技有限公司 ………… 718
湖北三环锻压设备有限公司 ………… 718
湖北海岚机床有限公司 ……………… 719
东风汽车有限公司设备制造厂 ……… 719
秩父精密产业(深圳)有限公司 …… 347
本田生产技术(中国)有限公司 …… 721
广州天续机械设备有限公司 ………… 721
广州亨龙机电股份有限公司 ………… 721
广州市番禺科腾工业有限公司 ……… 721
深圳市佳士科技股份有限公司 ……… 724
东莞市群辉机床防护技术有限公司 … 724
珠海瑞凌焊接自动化有限公司 ……… 724
震雄工业园(深圳)有限公司 ……… 724
东莞市众志检测仪器有限公司 ……… 724
佛山市南海新锐机电设备有限公司 … 725
桂林正菱第二机床有限责任公司 …… 725
重庆友石机电技术有限公司 ………… 726
四川广安光前集团有限公司 ………… 359
成都天府焊接设备有限公司 ………… 727
四川普什宁江机床有限公司 ………… 728
四川长征机床集团有限公司 ………… 728
云南 CY 集团有限公司 ……………… 728
沈机集团昆明机床股份有限公司 …… 728
西安奥杰电热设备工程有限责任公司 … 728
西安北村精密机械有限公司 ………… 729
秦川机床工具集团股份公司 ………… 729
宝鸡忠诚机床股份有限公司 ………… 729
陕西渭河工模具总厂 ………………… 729
陕西汉江机床有限公司 ……………… 729
汉川数控机床股份有限公司 ………… 729
宁夏小巨人机床有限公司 …………… 729
宁夏银川大河数控机床有限公司 …… 729
宁夏中卫大河机床有限责任公司 …… 729
天水锻压机床(集团)有限公司 …… 730

◉ 测量设备

北京平静汽车隔音用品公司 ………… 684
中航工业北京航空精密机械研究所 … 684
凯迈锡精密机械(北京)有限公司 …… 685
长野福田(天津)仪器仪表有限公司 … 687
威申精密仪器(上海)有限公司 …… 693
上海善能机械有限公司 ……………… 694
温泽测量仪器(上海)有限公司 …… 696
常州日精仪器有限公司 ……………… 699
无锡富瑞德精密机械有限公司 ……… 700
霍丁格·包尔文(苏州)电子测量公司 … 702
台州嘉昌轴承有限公司 ……………… 278
奔腾汽车检测维修设备制造有限公司 … 714
海克斯康测量技术(青岛)有限公司 … 715
广州市西克传感器有限公司 ………… 720
广州宁武汽车技术有限公司 ………… 721
爱佩仪中测(成都)精密仪器有限公司 … 727
陕西汉江机床有限公司 ……………… 729
西安爱德华测量设备股份有限公司 … 729

◉ 工业机器人

北京机器人及薄钢技术研究中心 …… 684
安川首钢机器人有限公司 …………… 685
北京艾捷默机器人系统有限公司 …… 685
天津七所高科技有限公司 …………… 686
川崎机器人(天津)有限公司 ……… 687
唐山松下产业机器有限公司 ………… 687
沈阳三丰电气有限公司 ……………… 688
沈阳新松机器人自动化股份有限公司 … 689
长春一汽蓝迪自动化工程有限公司 … 690
盘玫自动化系统工程(上海)有限公司 … 692
多伺电子机械技术(上海)有限公司 … 693
上海多司自动化设备有限公司 ……… 693
上海 ABB 工程有限公司 …………… 694
库卡机器人(上海)有限公司 ……… 695
库卡柔性系统制造(上海)有限公司 … 695
丰汉电子(上海)有限公司 ………… 695
上海发那科机器人有限公司 ………… 697
上海威客传动元件有限公司 ………… 697
苏州博实机器人技术有限公司 ……… 703
宁波均胜汽车电子股份有限公司 …… 478
史陶比尔(杭州)精密机械电子有限公司 … 706
杭州凯尔达机器人科技有限公司 …… 707
浙江恒立数控科技股份有限公司 …… 707
长沙长泰机器人有限公司 …………… 719
广州数控设备有限公司 ……………… 720
广州明珞汽车装备有限公司 ………… 720
广州松兴电器有限公司 ……………… 720
深圳众为兴技术股份有限公司 ……… 722
深圳市骏腾发机器人自动化有限公司 … 723
珠海瑞凌焊接自动化有限公司 ……… 724
成都焊研科技有限责任公司 ………… 727
四川普什宁江机床有限公司 ………… 728

◉ 模具

北京慨尔康科技发展有限公司 ……… 436
圣基尚源国际科技(北京)有限公司 … 684
北京比亚迪汽车模具有限公司 ……… 685
北京世茂机电科技有限公司 ………… 686
北京永茂机电科技有限公司 ………… 686
天津市先达精密压铸有限公司 ……… 547
利富高(天津)精密树脂制品有限公司 … 548
鲜一瑞科汽车配件(天津)有限公司 … 549
天津汽车模具股份有限公司 ………… 686
天津市神光新技术开发公司 ………… 686
丰田一汽(天津)模具有限公司 …… 687
德曼(天津)精密零件有限公司 …… 687
天津国丰模具有限公司 ……………… 687
河北东黄内燃机配件有限公司 ……… 121
河北盛世集团凌云铸造模具有限公司 … 687
中航保定向阳航空精密机械有限公司 … 688
保定市长安晨光机械有限公司 ……… 688
沈阳金杯汽车实业总公司 …………… 688
沈阳金杯汽车模具制造有限公司 …… 688
盘起工业(大连)有限公司 ………… 689
白城中一精锻股份有限公司 ………… 131
一汽实业递宏鑫汽车部件有限公司 … 560
长春市富锋冲压件有限公司 ………… 562

一汽模具制造有限公司 …… 690
海拉精密模具(长春)有限公司 …… 690
上海久田塑胶模具有限公司 …… 134
德嘉汽车配件(上海)有限公司 …… 136
上海皮尔博格有色零部件有限公司 … 137
浙江金海环境技术股份有限公司 …… 374
华域汽车系统股份有限公司 …… 374
上海赛科利汽车模具技术应用有限公司 … 377
上海李尔汽车内饰件有限公司 …… 378
上海三盾汽车饰件有限公司 …… 380
上海鑫毅交通工业有限公司 …… 380
上海新光汽车电器有限公司 …… 449
华域汽车电动系统有限公司 …… 451
上海新朋实业股份有限公司 …… 454
上海川航通用汽车零部件有限公司 … 566
上海元禾汽车零件有限公司 …… 567
上海共康冲压件有限公司 …… 568
哈斯自动数控机械(上海)有限公司 … 692
上海协博精密模具有限公司 …… 692
爱路华机电技术(上海)有限公司 …… 692
上海瀚氏模具成型有限公司 …… 693
上海井上模塑开发有限公司 …… 693
上海紫燕模具工业有限公司 …… 693
上海大量电子设备有限公司 …… 693
欣阳精密模具(上海)有限公司 …… 694
上海千缘汽车车身模具有限公司 …… 694
上海劲羽精密冲压有限公司 …… 695
上海黄燕模塑工程有限公司 …… 695
上海和光模具有限公司 …… 696
上海精丰模具压铸有限公司 …… 696
亿森(上海)模具有限公司 …… 696
上海岸本模具制造有限公司 …… 696
上海致财电子有限公司 …… 696
上海纳微涂层有限公司 …… 696
美诺精密压铸(上海)有限公司 …… 696
上海三道刃模具有限公司 …… 697
南京南汽冲压件有限公司 …… 138
无锡理昌科技有限公司 …… 392
江南模塑科技股份有限公司 …… 394
江阴模塑集团有限公司 …… 394
苏州市永固电子有限公司 …… 468
苏州丰安机电有限公司 …… 469
常熟住电装汽车部品有限公司 …… 471
常州乐士雷利电机有限公司 …… 575
精密烧结合金(无锡)有限公司 …… 579
旭日塑料制品(昆山)有限公司 …… 585
常州市华威亚克模具有限公司 …… 699
常州市南夏墅工具有限公司 …… 699
江苏文光模具技术有限公司 …… 699
无锡雅久精工机械有限公司 …… 700
伟盈精密模具(无锡)有限公司 …… 700
无锡曙光模具有限公司 …… 701
无锡诺飞高新技术有限公司 …… 701
靖江三鹏汽车模具制造有限公司 …… 702
昆山崇槃机械有限公司 …… 703
江苏荣腾模具部品制造有限公司 …… 703
苏州东风精冲工程有限公司 …… 703
昆山东源明欣模具有限公司 …… 703
昆山拿雅纳精密模具有限公司 …… 703
苏州益群模具有限公司 …… 703
江苏振世达汽车模具有限公司 …… 705
南通秦海机械有限公司 …… 706
宁波凯腾汽车风叶有限公司 …… 154
温州安佳汽车零部件有限公司 …… 164
台州市黄岩济豪模具有限公司 …… 403
浙江亨达塑料模具有限公司 …… 403
台州新立模塑科技股份有限公司 …… 403
台州市黄岩科力塑料模具厂 …… 404
慈溪市友利拉索线有限公司 …… 482
象山华泰模塑电器有限公司 …… 484
新大洋机电集团有限公司 …… 486
浙江天翀车灯集团有限公司 …… 486
杭州安耐特实业有限公司 …… 589
杭州埃克汽车配件有限公司 …… 590
宁波爱柯迪汽车零部件有限公司 …… 598
宁波海山克尔铃密封件有限公司 …… 599
宁波华众塑料制品有限公司 …… 604
宁波东昊汽车部件有限公司 …… 604
浙江振华精密紧固件有限公司 …… 615
宁波舜威汽车用品有限公司 …… 666
杭州先临三维科技股份有限公司 …… 707
宁波米勒模具制造有限公司 …… 708
宁波德业科技集团有限公司 …… 708
宁波方正汽车模具有限公司 …… 708
慈溪市观海卫镇龙海模具厂 …… 708
宁波宇润电器有限公司 …… 708
宁波跃飞模具有限公司 …… 708
宁波南方塑料模具有限公司 …… 708
浙江伟基模业有限公司 …… 709
浙江中亚实业有限公司 …… 709
海天塑机集团有限公司 …… 709
浙江黄岩冲模有限公司 …… 709
宁海县现代模具有限公司 …… 709
浙江凯华模具有限公司 …… 709
宁波合力模具科技股份有限公司 …… 709
台州市尊驰车灯模塑有限公司 …… 710
滨海模塑集团有限公司 …… 710
台州市黄岩艾博模业有限公司 …… 710
浙江黄岩大成模具有限公司 …… 710
浙江省台州市金典模具有限公司 …… 710
黄岩星泰塑料模具有限公司 …… 710
台州市黄岩茂荣塑模有限公司 …… 710
浙江省黄岩豪双塑料模具厂 …… 710
浙江模具厂有限公司 …… 710
陶氏模具集团 …… 710
浙江台州黄岩震雄模具有限公司 …… 710
华日集团模具城有限公司 …… 710
浙江赛豪实业有限公司 …… 711
浙江嘉仁模具有限公司 …… 711
浙江黄岩飞朋模具有限公司 …… 711
台州市黄岩天惠模具有限公司 …… 711
铁牛集团有限公司 …… 711
西诺汽车模具有限公司 …… 711
浙江万豪模塑有限公司 …… 711
芜湖市中兴机械技术开发有限公司 … 178
芜湖常裕机电有限公司 …… 413
昌辉汽车电器(黄山)股份有限公司 … 507
安徽省宏瑞泰达机械科技有限公司 … 617
岳西县永泰机械制造有限公司 …… 669
安徽省振华科技工业有限公司 …… 712
安徽鲲鹏装备模具制造有限公司 …… 712
中鼎模具制造有限公司 …… 713
瑞鹄汽车模具有限公司 …… 713
福州佳新创辉机电有限公司 …… 713
江西景航航空锻铸有限公司 …… 625
青岛海隆机械集团有限公司 …… 81
烟台路通精密科技股份有限公司 …… 190
山东旭日汽车饰件集团 …… 418
三立(烟台)车灯有限公司 …… 514
山东华瑞丰机械有限公司 …… 629
临沂盖氏机械有限公司 …… 635
山东万通模具有限公司 …… 714
福田模具技术(烟台)有限公司 …… 714
烟台泰利汽车模具股份有限公司 …… 714
梁山水泊模具制造有限公司 …… 715
青岛圣鑫模具有限公司 …… 715
山东寿光万龙实业有限公司 …… 739
郑州文光车辆附件有限公司 …… 516
鹤壁海昌专用设备有限公司 …… 716
新乡豫新精密装备有限公司 …… 716
郑州军龙制动装备有限公司 …… 716
一拖(洛阳)模具厂 …… 717
东风锻造有限公司 …… 200
武汉万宝井汽车部件有限公司 …… 334
武汉汉联汽车配件有限公司 …… 420
东风鸿泰武汉控股集团有限公司 …… 637
随州市万瑞汽车配件有限公司 …… 640
东风模具冲压技术有限公司 …… 717
武汉市祥龙摩擦材料有限责任公司 … 717
湖北鄂丰模具有限公司 …… 718
襄阳金民晟机械制造有限公司 …… 718
十堰先锋模具股份有限公司 …… 718
武汉华夏精冲技术有限公司 …… 718
东风汽车模具有限公司 …… 719
湖南同心实业有限责任公司 …… 96
南方航空工业(集团)有限公司 …… 522
磐吉奥(湖南)铸造工业有限公司 …… 642
长沙博大机械零部件有限公司 …… 719
电装(广州南沙)有限公司 …… 204
韶能集团韶关宏大齿轮有限公司 …… 346
广州双叶汽车部件有限公司 …… 346
广州三兴精密模具塑料工程有限公司 … 423
广州今仙电机工业有限公司 …… 424
广州庆成金属工业有限公司 …… 425
清远爱机汽车配件有限公司 …… 426
东莞神威创造电子有限公司 …… 532
车展交通器材(台山)有限公司 …… 535
广州丸顺汽车配件有限公司 …… 645
东莞市禾盈汽车配件有限公司 …… 648
东莞大和化成汽车零配件有限公司 … 648
广东骏驰科技股份有限公司 …… 649

东莞井上建上汽车部件有限公司 …… 649
东普雷(佛山)汽车部件有限公司 …… 650
佛山市顺德乐星金属制品有限公司 … 650
广州市乐业永丰企业有限公司 ……… 671
广州艾帕克汽车配件有限公司 ……… 720
广州市型腔模具制造有限公司 ……… 720
康奈可(广州)汽车模具制造有限公司 … 721
本田生产技术(中国)有限公司 ……… 721
广州宁武汽车技术有限公司 ………… 721
广州麦迪水谷汽车模具有限公司 …… 721
广州弘明汽车零部件有限公司 ……… 721
广州市富精模具有限公司 …………… 721
广东东阳立松模具制造有限公司 …… 721
广州广汽荻原模具冲压有限公司 …… 721
巨轮智能装备股份有限公司 ………… 722
惠州市美林模具有限公司 …………… 722
三多乐精密注塑(深圳)有限公司 …… 722
深圳市海益五金模具有限公司 ……… 723
深圳市皓星伟业科技有限公司 ……… 723
深圳荣讯制品厂 …………………… 723
肇庆市丰驰精密金属制品有限公司 … 724
高要市鸿泰模具制造有限公司 ……… 724
东莞市中泰模具股份有限公司 ……… 724
高森王金制品(东莞)有限公司 ……… 724
东莞市天倬模具有限公司 ………… 724
东莞富鼎模具有限公司 …………… 724
立坚精密模具制造有限公司 ……… 724
中山三诚精密有限公司 …………… 725
佛山诺迪精密模具有限公司 ……… 725
高木汽车部件(佛山)有限公司 …… 725
佛山日进塑料有限公司 …………… 725
广东科龙模具有限公司 …………… 725
佛山优达佳汽配有限公司 ………… 725
佛山顶锋日嘉模具有限公司 ……… 725
广西金创汽车零部件制造有限公司 … 209
柳州市顺五科技开发有限公司 …… 652
柳州广菱汽车技术有限公司 ……… 726
柳州福臻车体实业有限公司 ……… 726
重庆标准件工业公司 …………… 652
重庆数码模车身模具有限公司 …… 726
成都航天模塑股份有限公司 ……… 727
成都宏明双新科技股份有限公司 …… 727
成都飞机工业(集团)有限责任公司 … 727
四川成飞集成科技股份有限公司 …… 727
四川省宜宾普什模具有限公司 …… 728
四川绵阳启林实业有限公司 ……… 728
成都成量工具集团有限公司 ……… 728
陕西渭河工模具总厂 …………… 729

◉ 刀具、金属加工液

山高刀具(上海)有限公司 …………… 692
北京希蔚创投工贸有限公司 ……… 116
北京沃尔德超硬工具有限公司 …… 683
太原工具厂 ……………………… 688
沈阳福特润滑油科技有限公司 …… 557
大连智云自动化装备股份有限公司 … 689
大连格利特博尔科技有限公司 …… 689
中京金刚工具(大连)有限公司 …… 689
吉化集团吉林市星云化工有限公司 … 562
四平恒锐工具有限公司 ………… 691
哈尔滨工具厂 ………………… 691
哈尔滨量具刃具集团有限责任公司 … 691
汉高股份有限公司 …………… 564
上海德润宝特种润滑剂有限公司 …… 564
上海哈申工具有限公司 ………… 691
上海工具厂有限公司 ………… 692
泰珂洛超硬工具(上海)有限公司 …… 692
上海善能机械有限公司 ………… 694
肯纳金属(上海)有限公司 ……… 694
上海舒伯哈特工具有限公司 …… 695
好富顿(上海)高级工业介质有限公司 … 695
奎克(中国)化学有限公司 ……… 695
上海名古屋精密工具股份有限公司 … 696
上海纳微涂层有限公司 ………… 696
上海山田刀具有限公司 ………… 696
上海三道刃模具有限公司 ……… 697
南京科润工业介质股份有限公司 …… 697
江苏丹阳威龙工具有限公司 …… 698
钴领(常州)刀具有限公司 ……… 699
无锡雅久精工机械有限公司 …… 700
瓦尔特(无锡)有限公司 ………… 700
无锡伟光抛丸材料有限公司 …… 701
苏州阿诺精密切削技术股份有限公司 … 702
扬州市邮谊工具制造有限公司 …… 706
台州市新潮珩磨设备制造有限公司 … 711
厦门金鹭特种合金有限公司 …… 713
济南瑞道尔润滑油有限公司 …… 626
青岛胜邦化工有限公司 ………… 633
安丘市九星热处理材料有限公司 …… 714
东风(十堰)汽车灯具有限公司 …… 341
东风汽车有限公司刃量具厂 …… 718
株洲钻石切削刀具股份有限公司 …… 720
深圳市超美化工科技有限公司 …… 646
成都成量工具集团有限公司 …… 728
陕西渭河工模具总厂 …………… 729

◉ 打标机、印码设备

北京创科源光电技术有限公司 …… 684
大恒(集团)有限公司激光工程分公司 … 684
北京博奥嘉华激光科技有限公司 …… 684
北京珊达兴业科技发展有限责任公司 … 685
北京维深科技发展有限公司 …… 685
科诺华麦修斯电子技术(北京)有限公司 … 686
沈阳飞捷激光科技有限公司 …… 689
上海先达条码技术有限公司 …… 691
上海易可玛喷印技术有限公司 …… 692
多米诺标识科技有限公司 ……… 694
上海美创力罗特维尔电子机械科技公司 … 694
南京大恒光电技术有限公司 …… 697
无锡创科源激光装备股份有限公司 … 700
江苏新光数控技术有限公司 …… 700
无锡星维激光科技有限公司 …… 700
浙江嘉泰激光科技有限公司 ………… 711
济南中正金码科技有限公司 ………… 714
济南金易恒科技发展有限公司 ……… 714
武汉楚天工业激光设备有限公司 …… 717
武汉雷恩博激光科技有限公司 ……… 717
武汉大华激光科技有限公司 ………… 718
武汉华工激光工程有限责任公司 …… 718
武汉嘉铭激光有限公司 …………… 718
长沙威特科技开发有限公司 ……… 719
广州市西克传感器有限公司 ……… 720
广州海明珠五金机电有限公司 …… 720
深圳市大族激光科技股份有限公司 … 722
深圳市光大激光科技股份有限公司 … 723
重庆华普精密机械有限责任公司 …… 726
重庆市福特数控设备有限公司 …… 726
重庆科渝激光技术开发有限公司 …… 726
重庆威泰科技发展有限公司 …… 726
重庆迪佳科技股份有限公司 …… 726
伊斯沃(重庆)精密机械有限公司 …… 727
重庆海通机电一体化有限公司 …… 727
重庆恒伟精密机械有限公司 …… 727

◉ 其他设备及相关服务

北京泛川机电设备有限公司 ………… 683
北京长久物流股份有限公司 ………… 683
北京数码大方科技股份有限公司 …… 684
天津天一热处理有限公司 ………… 686
丰田工机(大连)有限公司 ………… 235
锦州信友瑞龙实业有限公司 ……… 559
大连华工创新科技有限公司 ……… 689
启明信息技术股份有限公司 ……… 447
一汽实业递宏鑫汽车部件有限公司 … 560
蒂森克虏伯鞍钢(长春)激光拼焊板公司 … 690
上海宝钢阿赛洛激光拼焊有限公司 … 570
欧麦特自动化输送系统(上海)公司 … 692
雅艺输送设备(上海)有限公司 …… 692
上海井上模塑开发有限公司 ……… 693
上海南汇澧虹电器厂 …………… 694
上海埃福梯自动化输送技术有限公司 … 696
宝密浸渗机械(上海)有限公司 …… 697
南京贝奇尔机械有限公司 ……… 697
南京爱维斯物流装备制造有限公司 … 697
镇江东联仓储设备有限公司 …… 698
常州远东塑料机械有限公司 …… 699
德派装配自动化技术(苏州)有限公司 … 702
苏州苏净安发空调有限公司 …… 702
江苏中大三协汽车装备有限公司 …… 705
浙江丰立机电有限公司 ………… 291
安徽万瑞汽车零部件有限公司 …… 180
芜湖凯德机械制造有限公司 …… 712
济南易恒技术有限公司 ………… 713
福田模具技术(烟台)有限公司 …… 714
山东春龙风动机械有限公司 …… 714
青岛冠宇工业设备有限公司 …… 715
武汉万宝井汽车部件有限公司 …… 334
武汉光庭信息技术有限公司 …… 717

襄阳金民晟机械制造有限公司 ········ 718
广州今仙电机工业有限公司 ············ 424
东普雷(佛山)汽车部件有限公司 ······ 650
广州今朝科技有限公司 ···················· 721
广州市加杰机械设备有限公司 ········ 721
惠州住润汽车回路技术有限公司 ······ 722
深圳市倍诺通讯技术有限公司 ········· 722
深圳市千旺达模型设计有限公司 ······ 723
双叶金属制品(深圳)有限公司 ········ 723
深圳市科永达超声波设备有限公司 ··· 723
佛山优达佳汽配有限公司 ················ 725
曲靖重型机械制造有限公司 ············ 728

索引三

零部件生产企业配套情况参考索引

- 一汽集团 …… 870
- 一汽轿车 …… 875
- 一汽－大众 …… 876
- 一汽海马 …… 879
- 天津一汽夏利 …… 880
- 天津一汽丰田 …… 881
- 东风汽车公司 …… 882
- 东风日产乘用车 …… 887
- 神龙汽车 …… 888
- 东风悦达起亚 …… 890
- 东风本田 …… 890
- 上汽集团 …… 891
- 上汽大众 …… 892
- 上汽通用 …… 894
- 上汽通用五菱 …… 897
- 上汽乘用车 …… 898
- 奇瑞汽车 …… 899
- 南京汽车集团 …… 902
- 南京依维柯 …… 903
- 北汽集团 …… 903
- 北汽福田 …… 904
- 北京奔驰 …… 908
- 北京现代 …… 908
- 长安汽车 …… 909
- 长安铃木 …… 911
- 长安福特、长安马自达 …… 912
- 昌河汽车、昌河铃木 …… 913
- 广汽集团 …… 914
- 广汽本田 …… 915
- 广汽丰田 …… 915
- 广汽三菱 …… 917
- 吉利汽车 …… 917
- 比亚迪汽车 …… 919
- 力帆汽车 …… 920
- 华晨金杯 …… 921
- 华晨宝马 …… 922
- 东南汽车 …… 923
- 江铃汽车 …… 923
- 庆铃汽车 …… 925
- 重汽集团 …… 925
- 上汽依维柯红岩 …… 928
- 陕汽集团 …… 928
- 北奔重汽 …… 929
- 江淮汽车 …… 931
- 郑州日产 …… 933
- 长城汽车 …… 933
- 河北中兴 …… 935
- 大中型客车配套企业 …… 936
- 其他汽车配套企业 …… 938
- 摩托车配套企业 …… 940
- 低速货车、三轮汽车配套企业 …… 941
- 发动机主机厂配套企业 …… 942

★ 一汽集团

中国石油润滑油公司 …… 543
中信戴卡股份有限公司 …… 230
北方凌云工业集团有限公司 …… 370
河北亚大汽车塑料制品有限公司 …… 555
富奥汽车零部件股份有限公司 …… 129
长春一汽富晟集团有限公司 …… 238
华域三电汽车空调有限公司 …… 375
联合汽车电子有限公司 …… 452
上海沪工汽车电器有限公司 …… 454
上海小糸车灯有限公司 …… 456
一汽解放汽车有限公司无锡柴油机厂 …… 142
江苏皓月汽车锁股份有限公司 …… 394
浙江万安科技股份有限公司 …… 267
瑞立集团有限公司 …… 295
山东厚丰汽车散热器有限公司 …… 194
山东同创汽车散热装置股份有限公司 …… 194
湖北三环离合器有限公司 …… 336
深圳市航盛电子股份有限公司 …… 528
北京四维图新科技股份有限公司 …… 433
浙江骆氏减震件股份有限公司 …… 247
浙江世宝控股集团有限公司 …… 259
浙江铁流离合器股份有限公司 …… 260
全兴精工集团有限公司 …… 264
正兴车轮集团有限公司 …… 309
山东滨州渤海活塞股份有限公司 …… 187
惠州华阳通用电子有限公司 …… 526
广东好帮手电子科技股份有限公司 …… 534
桂林福达集团有限公司 …… 209
重庆青山工业有限责任公司 …… 356

华北地区

北京亚新科天纬油泵油嘴股份公司 …… 116
北京市国兴汽车油泵制造有限公司 …… 117
北京首创轮胎有限责任公司 …… 222
北京市福斯特汽车装饰件厂 …… 364
北京海纳川汽车部件公司北京分公司 …… 364
北京第三纺织机械有限公司 …… 365
北京中材汽车复合材料有限公司 …… 365
北京朗威汽车零部件有限公司 …… 435
北方海拉车灯有限公司 …… 435
北京锐意泰克汽车电子有限公司 …… 435
北京八大处奥博科技发展有限公司 …… 436
北京福斯汽车电线有限公司 …… 436
北京斯普乐电线电缆有限公司 …… 436
北京凯迅惠商防伪技术有限责任公司 …… 543
北京天山新材料技术股份有限公司 …… 543
中国石化润滑油有限公司 …… 544
北京瑞森正邦橡胶技术有限公司 …… 544
北京金汇利应用化工制品有限公司 …… 544
北京天元奥特橡塑有限公司 …… 545
北京泰兴汽车配件制造有限公司 …… 545
北京利迪欣科技发展有限公司 …… 545
北京聚菱燕塑料有限公司 …… 545
壳牌统一(北京)石油化工有限公司 …… 546
北京泛川机电设备有限公司 …… 683
北京宝克测试系统有限公司 …… 685
北京瑞科恒业喷涂技术有限公司 …… 685
天津双叶协展机械有限公司 …… 118
天津客车桥有限公司 …… 223
天津艾达自动变速器有限公司 …… 223
天津市金稳通车轮有限公司 …… 224
天津市益中汽车安全带厂 …… 365
天津三电汽车空调有限公司 …… 366
天津富奥电装空调有限公司 …… 366
天津电装空调有限公司 …… 366
天津井上攘翔汽拆零部件有限公司 …… 366
天津盛洋汽车部件厂 …… 367
天津市新阳电子有限公司 …… 438
天津力神电池股份有限公司 …… 439
现代高新电子(天津)有限公司 …… 439
天津市先达精密压铸有限公司 …… 547
天津市环宇橡塑股份有限公司 …… 548
天津提爱思塑料制品有限公司 …… 549
天津市凯诺实业有限公司 …… 549
天津七所高科技有限公司 …… 686
石家庄金刚凯源动力科技有限公司 …… 120
石家庄北汽发动机备件有限公司 …… 120
河北瑞丰动力缸体有限公司 …… 120
利泽汽车配件厂 …… 120
清河县诚旭汽车零部件厂 …… 121
河北亿利橡塑集团有限公司 …… 121
河北亿利滤清器有限公司 …… 121
邢台翔通机械制造有限公司 …… 122
沧州新旺汽车散热器制造有限公司 …… 122
唐山隆玛驰车用附件有限公司 …… 123
衡水神通汽车方向盘有限公司 …… 225
深州市恒泰汽车配件有限公司 …… 225
河北星月制动元件有限公司 …… 225
河北程杰汽车转向机制造有限公司 …… 225
景县丰源制管有限公司 …… 225
河北春风铸造有限责任公司 …… 225
河北省隆尧县宝琛汽车配件厂 …… 226
邢台众力汽车配套有限公司 …… 226
沧州富华铸业有限公司 …… 227
河北天马交通机械制造有限公司 …… 227
沧州市鑫业汽车配件有限公司 …… 227
河北省沧县恒通汽车配件厂 …… 227
新河县龙驰汽车部件制造有限公司 …… 227
沧州盛世伟业汽车附件有限公司 …… 228
沧州德圣汽车配件有限公司 …… 228
河北士达齿轮有限责任公司 …… 228
河北雅佳驰汽车零部件制造有限公司 …… 228
河间市刘氏兄弟板簧附件有限公司 …… 228
河北前锋机器有限责任公司 …… 229
亚新科美联制动技术(廊坊)有限公司 …… 229
唐山爱信齿轮有限责任公司 …… 229
三河市精益机械制造有限公司 …… 230
保定维德汽车铸件有限公司 …… 231
定州市天力钢板弹簧有限公司 …… 231
张家口市元强锻压有限公司 …… 232
河北新朗玛汽车部件制造有限公司 …… 232
定州市四新工业有限公司 …… 232
石家庄市东华特种型材厂 …… 367
河北省冀州市汽车装饰件厂 …… 368
任丘飞翔汽车塑件有限公司 …… 368
任丘市第一汽车灯镜厂 …… 368
邢台华威汽车内饰有限公司 …… 368
沧州鑫祺汽车配件制造有限公司 …… 368
霸州市汇行塑胶制品有限公司 …… 369
廊坊市全振汽车配件有限公司 …… 369
秦皇岛燕大汽车附件厂 …… 369
清河县盛兴汽车软轴厂 …… 440
清河县万通拉索胶业有限公司 …… 441
石家庄艾斯姆轴承制造有限公司 …… 549
河北宏广橡塑金属制品有限公司 …… 550
河北亚太塑料制品有限公司 …… 550
永盛汽车配件制造有限公司 …… 551
衡水北方刹车片有限公司 …… 551
河北新华橡胶密封件有限公司 …… 552
河北三众橡胶有限公司 …… 552
清河县昌通机动车辆配件厂 …… 552
河北华密橡胶有限公司 …… 553
河北沧州文达汽车配件有限公司 …… 554
黄骅市交通汽车配件有限公司 …… 554
河间市恒良弓卡子厂 …… 555
河北亚大集团 …… 555
任丘市方圆塑料有限公司 …… 555
河北盛世集团凌云铸造模具有限公司 …… 687
榆次液压集团有限公司 …… 232
山西汤荣汽车配件制造集团有限公司 …… 232
双喜轮胎工业股份有限公司 …… 232
中信机电车桥有限责任公司 …… 232
长治液压有限公司 …… 233
内蒙古宏达压铸有限责任公司 …… 233

东北地区

沈阳华铁汽车散热器有限公司 …… 125
大连大机汽车发动机有限公司 …… 126
盖州市银环轴瓦有限责任公司 …… 126
鞍山千华轴瓦制造有限公司 …… 126
天纳克同泰(大连)排气系统有限公司 …… 127
大连泉峰铸件有限公司 …… 127
大连三丰换热器有限公司 …… 127
大连创新齿轮箱制造有限公司 …… 127
蒂森克虏伯发动机系统(大连)公司 …… 127
沈阳彤福汽车零部件有限公司 …… 233
沈阳市王玉汽车部件厂 …… 233
蒂森克虏伯富奥辽阳弹簧有限公司 …… 234
普利司通(沈阳)轮胎有限公司 …… 234
沈阳林凯汽车制动有限公司 …… 234
鞍山太阳锻造实业有限公司 …… 234
富奥辽宁汽车弹簧有限公司 …… 234
瓦房店宏达等速万向节制造有限公司 …… 235
大连液压件有限公司 …… 235
大连捷太格特创新汽车部件有限公司 …… 235
大连瑞谷科技有限公司 …… 235
辽宁衡业汽车新材股份有限公司 …… 235
辽宁省熊岳四通重型车部件厂 …… 235
凤城市曙光汽车半轴有限责任公司 …… 236
辽宁太克液压机械集团有限公司 …… 237
阜新北星液压有限公司 …… 237
锦州市日兴汽车泵业有限公司 …… 237
锦州立德减振器有限公司 …… 237
辽阳金兴汽车内饰件有限公司 …… 370
沈阳福达汽车零部件有限公司 …… 370
东港市聚丰汽车缓冲器座椅有限公司 …… 371
铁岭陆原科技开发研究所 …… 444
北方重工集团汽车转向系统分公司 …… 444
沈阳市游龙汽车配件制造有限公司 …… 444
沈阳东北蓄电池有限公司 …… 444

锦州汉拿电机有限公司 ………………… 446
锦州华圣启明电机电器有限公司 …… 446
沈阳防锈包装材料有限责任公司 …… 556
铁岭华晨橡塑制品有限公司 ………… 557
铁岭助驰橡胶密封制品有限公司 …… 557
辽阳康达塑胶树脂有限公司 ………… 557
辽宁润迪汽车环保科技股份有限公司 … 557
沈阳福特润滑油科技有限公司 ……… 557
沈阳市东陵汽车锁厂 ………………… 557
辽宁三特石油化工有限公司 ………… 558
大连汇鑫塑料制品厂 ………………… 558
大连亚明汽车部件股份有限公司 …… 558
大连安达汽车零部件有限公司 ……… 558
丹东轴承有限责任公司 ……………… 559
本溪钢铁集团有限公司 ……………… 559
沈阳三丰电气有限公司 ……………… 688
长春市九龙机械有限公司 …………… 128
一汽巴勒特锻造(长春)有限公司 …… 128
一汽铸造有限公司铸造二厂 ………… 129
长春富维伟世通汽车电子有限公司 … 129
长春曼胡默尔富维滤清器有限公司 … 129
长春一汽四环发动机制造有限公司 … 129
一汽解放汽车有限公司发动机分公司 … 129
富奥伟世通汽车热交换(长春)有限公司 … 129
第一汽车集团铸造有限公司铸造一厂 … 129
吉林大华机械制造有限公司 ………… 130
农安县兴达汽车制管厂 ……………… 130
长春富奥汽车机电有限公司 ………… 130
长春华翔轿车消声器有限责任公司 … 130
吉林辉虎环保设备有限公司 ………… 130
吉林艾瑞环保技术有限公司 ………… 130
长春科德宝·宝翎滤清器有限公司 … 130
白城中一精锻股份有限公司 ………… 131
公主岭市祥达汽车配件厂 …………… 131
富奥汽车零部件股份公司泵业分公司 … 131
一汽东机工减振器有限公司 ………… 237
吉林东光奥威汽车制动系统有限公司 … 238
长春市二发汽车备品有限公司 ……… 238
长春市国源实业有限责任公司 ……… 238
一汽解放汽车有限公司变速箱分公司 … 238
长春一汽四环特必克制动有限公司 … 239
采埃孚富奥底盘技术(长春)有限公司 … 239
长春市中德车桥有限公司 …………… 239
长春华众离合器有限公司 …………… 239
天合富奥商用车转向器(长春)公司 … 239
富奥股份公司传动轴分公司 ………… 239
长春永固汽车车桥有限公司 ………… 239
蒂森克虏伯富奥汽车转向柱(长春)公司 … 239
长春市汇锋汽车齿轮股份有限公司 … 240
东北工业集团有限公司 ……………… 240
长春市汽车冲压件有限公司 ………… 240
长春市天达汽车同步器齿轮有限公司 … 240
长春市建邦汽车零部件有限公司 …… 240
吉林省春城汽车零部件制造有限公司 … 240
长春解放汽车底盘有限公司 ………… 240
四平市方向机械有限公司 …………… 241
四平奇来亚汽车变速箱制造有限公司 … 241
一汽四环辽源汽车零部件有限公司 … 241
公主岭安宝有限责任公司 …………… 241
吉林市吉轻制动器制造有限责任公司 … 241
吉林圆方机械集团有限公司 ………… 241
吉林北方捷凯传动轴有限公司 ……… 241
吉林市长征汽车减振器有限责任公司 … 241
吉林市吉恒汽车部件有限公司 ……… 241
吉林省诚毅车桥悬挂制造集团公司 … 242
一汽-法雷奥汽车空调有限公司 …… 371
长春一汽富维汽车零部件股份公司 … 371
旭阳·富维-江森座椅骨架有限公司 … 372
富维-江森自控汽车饰件系统公司 … 372
福耀(长春)巴士玻璃有限公司 ……… 373
吉林新立德部件有限公司 …………… 373
长春旭阳工业(集团)股份有限公司 … 373
吉林省舒兰市通用机械有限责任公司 … 373
吉林省泰德汽车车身制造有限公司 … 373
公主岭市华翔汽车内饰件有限公司 … 374
公主岭市春林机械有限公司 ………… 374
大陆汽车电子(长春)有限公司 ……… 446
长春一汽富维海拉车灯有限公司 …… 446
一汽四环化油器滤清器厂 …………… 446
长春一汽四环 TYC 车灯有限公司 …… 446
长春百思特汽车零部件有限公司 …… 446
长春一汽延锋伟世通电子有限公司 … 446
吉林小糸东光车灯有限责任公司 …… 447
四平市德嘉电子仪表有限公司 ……… 447
吉林市吉达软轴有限公司 …………… 447
长春海德世汽车拉索有限公司 ……… 447
辽源市宏鹰汽车零部件有限公司 …… 448
长春富奥东睦粉末冶金有限公司 …… 560
一汽实业递宏鑫汽车部件有限公司 … 560
长春克瑞得轴承制造有限公司 ……… 560
长春吉利轴承集团有限公司 ………… 560
一汽铸造公司特种铸造厂 …………… 560
长春依多科化工有限公司 …………… 560
长春亚大汽车零件制造有限公司 …… 560
长春力登维科技产业有限公司 ……… 561
长春汉高表面技术有限公司 ………… 561
长春成云橡塑制品有限公司 ………… 561
长春市永畅石化有限责任公司 ……… 561
长春爱尔铃克铃尔有限公司 ………… 561
长春一汽四环本合石油化工有限公司 … 561
长春特必克世立汽车零部件有限公司 … 561
福伦石化(长春)润滑科技有限公司 … 562
吉林龙山有机硅集团有限公司 ……… 562
长春旷达汽车织物有限公司 ………… 562
长春一汽备品资源有限公司 ………… 562
大安正太轴承有限公司 ……………… 562
吉林省白山市金铃轴承厂 …………… 562
吉林轴承集团白山有限公司 ………… 562
富奥汽车零部件公司紧固件分公司 … 562
公主岭铸铭汽车零部件有限公司 …… 563
吉林省柳河红石石棉制品有限公司 … 563
白城市汽车压铸件有限责任公司 …… 563
公主岭轴承厂 ………………………… 563
吉林恒昌科技股份有限公司 ………… 660
长春皮草工艺制品有限责任公司 …… 660
长春市智能仪器设备有限公司 ……… 690
长春中联汽车检测设备有限公司 …… 690
长春市振华汽车涂装有限公司 ……… 690
长春一汽嘉信热处理科技有限公司 … 690
四平恒锐工具有限公司 ……………… 691
长春机械科学研究院有限公司 ……… 691
哈尔滨艾瑞汽车排气系统有限公司 … 131
哈尔滨东安汽车动力股份有限公司 … 131
哈尔滨东安发动机(集团)有限公司 … 131
佳木斯畅通汽车零部件有限公司 …… 132
哈尔滨晶石机械制造有限公司 ……… 242
哈尔滨众恒实业有限公司 …………… 242
黑龙江富锦凯马车轮制造有限公司 … 242
牡丹江富通汽车空调有限公司 ……… 374
哈尔滨东安机电制造有限责任公司 … 448
哈尔滨固泰电子有限责任公司 ……… 448
哈尔滨奥通汽车电器有限公司 ……… 448
哈尔滨金溢科技有限公司 …………… 448
佳木斯润通轴承有限公司 …………… 563
黑龙江长海润滑油有限公司 ………… 563
哈尔滨市弹簧厂 ……………………… 563
哈尔滨轴承制造有限公司 …………… 563
哈尔滨市香华高密封轴承厂 ………… 563
哈尔滨新龙华轴承设备有限公司 …… 563
哈尔滨市光明汽车零部件有限公司 … 661

华东地区

上海弗列加滤清器有限公司 ………… 133
上海华森散热器有限公司 …………… 137
上海米其林回力轮胎股份有限公司 … 242
萨克斯汽车零部件系统(上海)公司 … 243
延锋百利得(上海)汽车安全系统公司 … 244
上海萨克斯动力总成部件系统有限公司 … 246
上海镁镁合金压铸有限公司 ………… 247
上海嘉仕久企业发展有限公司 ……… 248
上海天原集团胜德塑料有限公司 …… 375
上海法雷奥汽车电机雨刮系统公司 … 376
上海岱美汽车内饰件有限公司 ……… 377
上海吉翔汽车车顶饰件有限责任公司 … 378
上海延锋江森座椅有限公司 ………… 378
上海辉碟车镜有限公司 ……………… 379
上海中欧汽车零部件有限公司 ……… 380
上海耀华大中新材料有限公司 ……… 380
上海浉峰汽车塑料有限公司 ………… 381
上海南北机械电气工程有限公司 …… 449
美特斯工业系统(中国)有限公司 …… 449
上海法雷奥汽车电器系统有限公司 … 451
上海准时汽车配件有限公司 ………… 454
浙江胜华波汽车电器上海分公司 …… 454
上海福太隆汽车电子科技有限公司 … 455
上海申达无纺布制造有限公司 ……… 564
上海新封高科贸有限公司 …………… 565
上海珂基氟硅材料有限公司 ………… 565
上海四明橡塑制品有限公司 ………… 568
上海底特精密紧固件有限公司 ……… 569
上海新光化工有限公司 ……………… 571
上海奥力得汽车工具有限公司 ……… 661
上海申克机械有限公司 ……………… 693
上海 ABB 工程有限公司 ……………… 694
上海远松机械有限公司 ……………… 696
南京金鼎汽车零部件有限公司 ……… 138
南京飞燕活塞环股份有限公司 ……… 139
无锡市扬名内燃机配件有限公司 …… 142
无锡市锡联柴油机制造有限公司 …… 144
无锡市霍尔斯特汽车部件有限公司 … 144
无锡市铭鑫增压器制造有限公司 …… 144
皆可博(苏州)车辆控制系统有限公司 … 145
江苏嘉和热系统股份有限公司 ……… 147

扬州群发换热器有限公司 …………… 148
潍柴动力扬州柴油机有限责任公司 … 148
扬州市长运汽车油箱制造有限公司 … 148
江苏万力机械股份有限公司 ………… 149
南通长江汽车配件制造有限公司 …… 149
南京轴承有限公司 ………………… 248
江苏联升汽车部件有限公司 ………… 249
南京东华汽车转向器有限公司 ……… 249
南京宏峰汽车配件厂 ……………… 249
常州市第二齿轮厂有限公司 ………… 250
江苏金榆科技集团有限公司 ………… 251
江苏骏宇汽配有限公司 …………… 251
无锡市宏达汽车减震器有限公司 …… 252
无锡格尔顿传动轴有限公司 ………… 252
无锡市双福液压活塞杆有限公司 …… 252
江苏恒义汽配制造有限公司 ………… 253
江苏恒力制动器制造有限公司 ……… 253
苏州虎丘汽车配件有限公司 ………… 253
苏州东风汽车离合器有限公司 ……… 254
丰田合成(张家港)科技有限公司 …… 256
盐城恒昌汽车配件有限公司 ………… 257
东台市黄海汽车配件厂 …………… 257
江苏追日汽车同步器有限公司 ……… 258
贺尔碧格东方齿轮(泰州)有限公司 … 258
江苏黄海汽配股份有限公司 ………… 259
南京世冀汽车实业有限公司 ………… 382
南京际华三五二一特种装备有限公司 … 382
南京丽德塑料有限责任公司 ………… 383
丹阳吉盛汽车零部件有限公司 ……… 384
江苏新昌汽车部件有限公司 ………… 384
丹阳市华升汽车部件有限公司 ……… 384
江苏丹阳市东兴汽配有限公司 ……… 386
丹阳胜洲汽车部件有限公司 ………… 386
丹阳市民康汽车内饰件有限公司 …… 386
句容市东升汽车附件有限公司 ……… 387
常州昊邦汽车零部件有限公司 ……… 387
常州市亚丰汽车配件制造有限公司 … 388
常州新泉汽车内饰件有限公司 ……… 388
常州市盛士达汽车空调有限公司 …… 388
常州市联顺车辆配件厂 …………… 389
常州市瑞悦车业有限公司 ………… 390
常州华鼎车辆配件厂 ……………… 391
常州飞华车辆部件有限公司 ………… 391
无锡市锡春汽车部件有限公司 ……… 392
常州博万达汽车安全设备有限公司 … 392
江苏裕华汽车零部件有限公司 ……… 393
江苏协诺汽车附件有限公司 ………… 393
江阴模塑集团有限公司 …………… 394
江阴协统汽车附件有限公司 ………… 394
苏州市万达汽车内饰件厂 ………… 395
江苏中翼汽车新材料科技有限公司 … 395
苏州中成汽车空调压缩机有限公司 … 395
昆山佳利亚汽车零部件有限公司 …… 395
张家港市牡丹汽车附件有限公司 …… 396
江苏科达车业有限公司 …………… 397
江苏铁锚玻璃股份有限公司 ………… 397
南京紫燕科技有限公司 …………… 456
南京华敏电子有限公司 …………… 456
江苏源冠汽车配件有限公司 ………… 457
江苏新通达电子科技股份有限公司 … 458
丹阳市东港灯具有限公司 ………… 458
丹阳顶发塑业有限公司 …………… 459
丹阳格铃汽配有限公司 …………… 459
丹阳市天龙车灯镀膜有限公司 ……… 459
丹阳市伯良灯具厂 ………………… 459
江苏海德莱特汽车部件有限公司 …… 459
江苏常诚汽车部件有限公司 ………… 460
常州民迪汽车配件有限公司 ………… 460
常州新华陵汽车电器有限公司 ……… 460
常州星宇车灯股份有限公司 ………… 461
常州市荣嘉车业配件有限公司 ……… 462
常州佳得利车辆部件有限公司 ……… 462
常州市王朝车业有限公司 ………… 462
无锡创维彩登科技有限公司 ………… 466
无锡神速汽车电器有限公司 ………… 466
宜兴市鑫达汽车电器有限公司 ……… 467
宜兴市宏宇汽车电器有限公司 ……… 467
苏州汽车电器制造有限公司 ………… 468
德尔福电子(苏州)有限公司 ……… 469
帝宝交通器材(昆山)有限公司 …… 470
江苏兴龙金属制品股份有限公司 …… 473
南京晨光集团有限责任公司 ………… 572
南京七四二五橡塑有限责任公司 …… 572
江苏万奔汽车配件有限公司 ………… 574
汉高(江苏)汽车零部件有限公司 …… 574
丹阳市美利达塑业有限公司 ………… 574
扬中市华日密封件有限公司 ………… 574
镇江飞亚轴承有限责任公司 ………… 574
常州光洋轴承有限公司 …………… 575
常州威士顿有限公司 ……………… 575
恩梯恩阿爱必(常州)有限公司 …… 575
常州市解放滚针轴承厂 …………… 576
江苏南方轴承股份有限公司 ………… 576
常州威嘉轴承制造有限公司 ………… 577
江苏容天乐机械股份有限公司 ……… 577
常州市武进鸿程汽车配件有限公司 … 577
无锡新得宝金属软管有限公司 ……… 578
无锡市美峰橡胶制品制造有限公司 … 579
江苏中通汽车内饰材料有限公司 …… 579
精密烧结合金(无锡)有限公司 …… 579
无锡威孚精密机械有限公司弹簧厂 … 579
无锡市百合花胶粘剂厂有限公司 …… 580
无锡市海江汽车部件有限公司 ……… 580
无锡市巨龙塑化有限公司 ………… 580
江阴天祥塑化制带有限公司 ………… 581
苏州轴承厂股份有限公司 ………… 583
淮安市劲风橡塑有限公司 ………… 586
江苏振华密封工业有限公司 ………… 587
泰州长力树脂管有限公司 ………… 587
昆山皇田汽车配件工业有限公司 …… 663
镇江东联仓储设备有限公司 ………… 698
沛鑫史宾纳数控机床(南京)有限公司 … 698
常州市宇鹏涂装设备有限公司 ……… 699
常州市大众涂装设备有限公司 ……… 699
苏州苏净安发空调有限公司 ………… 702
天奇自动化工程股份有限公司 ……… 702
无锡市蓝力机床有限公司 ………… 702
张家港市港威超声电子有限公司 …… 704
江苏中大工业涂装环保有限公司 …… 705
鑫之宇涂装工业有限公司 ………… 705
扬州琼花涂装工程技术有限公司 …… 705
扬州捷迈锻压机械有限公司 ………… 706
杭州萧象内燃机配件有限公司 ……… 151
浙江太阳股份有限公司 …………… 152
宁波方圆汽摩发展有限公司 ………… 155
慈溪市华侨汽车油泵厂 …………… 155
宁波舜江汽车部件制造有限公司 …… 155
宁波索立得滑动轴承有限公司 ……… 156
奉化市动力机械配件有限公司 ……… 156
浙江强能动力有限公司 …………… 158
玉环汽车零部件有限公司 ………… 160
玉环县源光机械制造厂 …………… 160
台州易宏实业有限公司 …………… 160
浙江九隆机械有限公司 …………… 161
浙江华森散热器制造有限公司 ……… 166
浙江一超散热器有限公司 ………… 168
浙江炬光汽车零部件有限公司 ……… 168
瑞安市奥凯嘉汽车科技有限公司 …… 168
浙江美星热交换科技有限公司 ……… 172
浙江华夏汽车部件有限公司 ………… 172
瑞安市邦众汽车部件有限公司 ……… 173
乐清市华东电子汽配厂 …………… 174
杭州神风汽车配件有限公司 ………… 259
杭州汇丰车桥有限公司 …………… 260
杭州前进齿轮箱集团股份有限公司 … 261
杭州正强万向节有限公司 ………… 261
万向集团公司 ……………………… 261
杭州天宝汽车零部件有限公司 ……… 262
杭州中亚万向节有限公司 ………… 262
杭州万兴汽车零部件公司 ………… 263
杭州琳达汽配有限公司 …………… 263
杭州胜华汽车配件有限公司 ………… 263
杭州创佳汽车零部件有限公司 ……… 264
浙江万达汽车方向机有限公司 ……… 264
浙江诸暨市三木汽车零部件厂 ……… 265
浙江华林机械有限公司 …………… 265
浙江诸暨市乐洋机械有限公司 ……… 266
浙江三中机械有限公司 …………… 266
怀创汽车零部件有限公司 ………… 266
诸暨市恒泰汽车部件有限公司 ……… 266
浙江中伟实业集团有限公司 ………… 266
索密克汽车配件有限公司 ………… 267
绍兴美特驰汽车配件有限公司 ……… 267
浙江长泰机械有限公司 …………… 267
绍兴天顺汽配有限公司 …………… 267
浙江瑞朗锻造有限公司 …………… 268
湖州亿兴汽车零部件有限公司 ……… 268
嘉兴新中南汽车零部件有限公司 …… 269
嘉兴四通车轮股份有限公司 ………… 269
宁波派斯马克汽车部件制造有限公司 … 270
浙江前锦离合器有限公司 ………… 270
浙江雄鹰机电有限公司 …………… 270
宁波市鄞州横溪福兴汽配厂 ………… 271
宁波优适捷传动件有限公司 ………… 271
宁波南方减震器制造有限公司 ……… 272
余姚市新兴制动元件有限公司 ……… 273
余姚市吉顺汽车零部件有限公司 …… 274
宁波沃特汽车部件有限公司 ………… 275
浙江申林汽车部件有限公司 ………… 277
隆中控股集团有限公司 …………… 279
玉环威宇汽车部件有限公司 ………… 279
台州威科特汽车零部件有限公司 …… 280
玉环金泰汽车部件有限公司 ………… 280

玉环县海通汽车部件有限公司 ……… 281
浙江鑫溢机械有限公司 ……… 281
玉环县中威机械实业有限公司 ……… 281
浙江正德制动器有限公司 ……… 282
浙江万邦汽车动力系统有限公司 ……… 282
玉环县东海汽车配件厂 ……… 282
浙江奥缔机械制造有限公司 ……… 282
玉环县金泰机械锻造有限公司 ……… 282
玉环恒力泵业有限公司 ……… 284
玉环县东部汽车配件厂 ……… 284
台州中圣汽车零部件有限公司 ……… 285
浙江远东汽车零部件制造有限公司 ……… 286
玉环金宏汽车部件有限公司 ……… 286
玉环县威龙汽车零部件制造有限公司 ……… 286
玉环郑氏机械有限责任公司 ……… 287
玉环博纳汽配有限公司 ……… 287
玉环日意机械有限公司 ……… 288
玉环烽火机械有限公司 ……… 288
台州宏发汽车零部件有限公司 ……… 288
浙江华邦机械有限公司 ……… 288
台州大川机电有限公司 ……… 289
浙江玉环伟盛机械有限公司 ……… 289
浙江天元机电有限公司 ……… 290
浙江利中实业有限公司 ……… 290
浙江国昌机械有限公司 ……… 290
玉环振奋汽车配件厂 ……… 290
浙江金齿机械有限公司 ……… 292
金华市詹士汽车配件有限公司 ……… 292
浙江东风齿轮有限公司 ……… 292
浙江安固汽车配件有限公司 ……… 294
瑞立汽车液压制动有限公司 ……… 294
浙江迅达汽车部件有限公司 ……… 295
浙江华明汽车制动器有限公司 ……… 295
浙江省银星汽车配件有限公司 ……… 295
瑞安博欧汽配有限公司 ……… 296
瑞安市中铃汽车配件厂 ……… 296
浙江龙纪汽车零部件有限公司 ……… 297
浙江中铁机车部件有限公司 ……… 297
浙江福尔德减振器有限公司 ……… 297
浙江森森汽车零部件有限公司 ……… 297
瑞安市超欧汽配有限公司 ……… 297
浙江中昌汽车零部件有限公司 ……… 298
宁波帅特龙集团有限公司 ……… 400
慈溪市福尔达实业有限公司 ……… 401
慈溪市振惠转向器后视镜有限公司 ……… 401
宁波华德汽车零部件有限公司 ……… 401
温岭市寰宇汽车配件有限公司 ……… 402
台州新立模塑科技股份有限公司 ……… 403
台州法雷奥温岭汽车零部件有限公司 ……… 403
浙江正东机车部件有限公司 ……… 405
温州市蓝天汽车零部件有限公司 ……… 405
浙江爽凯汽车空调有限公司 ……… 405
浙江万里安全器材有限公司 ……… 406
瑞安市华宇汽车电器有限公司 ……… 406
中欧汽车电器有限公司 ……… 406
温州市海鸥汽车锁系统有限公司 ……… 407
瑞安市名冠电气有限公司 ……… 408
鑫田集团有限公司 ……… 408
浙江瑞安市罗南车辆电器厂 ……… 409
浙江开拓汽车电器有限公司 ……… 409
瑞安市荣邦汽车部件有限公司 ……… 410
乐清市金星汽车安全带有限公司 ……… 411
杭州人人集团有限公司 ……… 474
杭州南华汽车配件有限公司 ……… 475
浙江钱杨软轴软管有限公司 ……… 475
浙江德宏汽车电子电器股份有限公司 ……… 476
延锋伟世通怡东汽车仪表有限公司 ……… 476
浙江汽车仪表有限公司 ……… 476
宁波汽车软轴软管有限公司 ……… 479
宁波高发汽车控制系统股份有限公司 ……… 479
宁波纽时达火花塞有限公司 ……… 481
慈溪市友利拉索线有限公司 ……… 482
象山华泰模塑电器有限公司 ……… 484
宁波正耀汽车电器有限公司 ……… 484
宁波市北仑明州机电制造有限公司 ……… 484
宁波华甬汽车零部件有限公司 ……… 485
台州通达机电有限公司 ……… 485
浙江天翀车灯集团有限公司 ……… 486
浙江环方汽车电器有限公司 ……… 486
浙江省永康市康福特实业有限公司 ……… 487
浙江嘉利（丽水）工业有限公司 ……… 488
浙江正泰汽车零部件有限公司 ……… 489
浙江万超电器有限公司 ……… 490
温州雷曼汽车电器有限公司 ……… 491
温州一川电气有限公司 ……… 491
温州市智通汽车配件有限公司 ……… 493
瑞安市胜亚车辆配件有限公司 ……… 493
瑞安市金鹏电器厂 ……… 495
瑞安市长新汽车配件有限公司 ……… 497
瑞安市豪王汽车零部件有限公司 ……… 498
瑞安市佳鸿伟业汽车电器有限公司 ……… 498
浙江亚伯兰电器有限公司 ……… 498
浙江天岳汽车电器有限公司 ……… 498
温州盛诺汽车电器有限公司 ……… 499
瑞安市耐特汽车电子有限公司 ……… 499
瑞安市亚瑞汽车电器有限公司 ……… 500
南洋汽摩集团有限公司 ……… 500
胜华波集团有限公司 ……… 500
浙江瑞鹏汽车电器有限公司 ……… 501
黄河汽配集团有限公司 ……… 503
国威科技有限公司 ……… 503
温州益能电器有限公司 ……… 503
乐清市琪昌电子电器有限公司 ……… 505
杭州钱江摩擦材料有限公司 ……… 589
杭州弹簧有限公司 ……… 589
浙江萧山固陵汽配有限公司 ……… 590
临安东方滑动轴承有限公司 ……… 592
杭州立久汽车零部件有限公司 ……… 593
万安汽车工程塑料有限公司 ……… 594
浙江峰威机械有限公司 ……… 594
浙江玉环南方机械制造厂 ……… 594
浙江企成机械集团有限公司 ……… 594
浙江佳华机械实业有限公司 ……… 594
浙江省上虞市油封制造有限公司 ……… 595
浙江中达精密部件股份有限公司 ……… 596
宁波圣龙（集团）有限公司 ……… 598
宁波亚大汽车管件有限公司 ……… 599
慈溪市鸣石汽车配件厂 ……… 600
宁波四维尔工业股份有限公司 ……… 601
余姚市恒威卡箍有限公司 ……… 602
宁波六环汽配有限公司 ……… 602
宁波市天普橡胶科技有限公司 ……… 603
舟山市海山密封材料有限公司 ……… 605
浙江铁马科技股份有限公司 ……… 606
浙江兴宇汽车零部件有限公司 ……… 607
浙江赛阳密封件有限公司 ……… 607
仙居通用橡塑有限公司 ……… 608
浙江玉环三普机械有限公司 ……… 609
浙江环荣汽车部件有限公司 ……… 609
浙江南洋机械制造有限公司 ……… 610
金华磐荣汽配制造有限公司 ……… 611
浙江明泰标准件有限公司 ……… 612
人本集团有限公司 ……… 612
浙江科马摩擦材料股份有限公司 ……… 612
浙江正昌锻造股份有限公司 ……… 613
新潮集团股份有限公司 ……… 613
温州双剑工业集团东方汽车配件厂 ……… 614
瑞安市东风汽车标准件有限公司 ……… 614
中精集团有限公司 ……… 614
云顶控股集团有限公司 ……… 615
温州市永昌汽车附件厂 ……… 669
杭州鼎盛科技仪器有限公司 ……… 707
宁波合力模具科技股份有限公司 ……… 709
温岭市装配设备成套有限公司 ……… 709
华日集团模具城有限公司 ……… 710
浙江黄岩大成模具有限公司 ……… 710
浙江台州黄岩震雄模具有限公司 ……… 710
陶氏模具集团 ……… 710
浙江嘉仁模具有限公司 ……… 711
安徽开乐专用车辆股份有限公司 ……… 74
安徽金庆龙机械制造有限公司 ……… 175
合肥恒信汽车发动机部件有限公司 ……… 175
安徽金光机械集团股份有限公司 ……… 176
蚌埠金威滤清器有限公司 ……… 176
蚌埠市瑞泰汽配制造有限公司 ……… 176
曼胡默尔昊业滤清器（蚌埠）有限公司 ……… 176
蚌埠市风驰滤清器有限公司 ……… 176
桐城市汽车部件有限公司 ……… 176
科越集团 ……… 177
安徽省恒泰动力科技有限公司 ……… 177
蚌埠市宏发滤清器有限公司 ……… 177
安徽全柴动力股份有限公司 ……… 177
安徽宝兰泵业有限公司 ……… 177
芜湖三联锻造有限公司 ……… 178
芜湖东大汽车工业有限公司 ……… 179
芜湖美达机电实业有限公司 ……… 179
安庆帝伯粉末冶金有限公司 ……… 180
合肥力威汽车油泵有限公司 ……… 299
六安江淮汽车齿轮制造有限公司 ……… 301
芜湖众发汽车制动泵有限公司 ……… 302
芜湖鑫业汽车零部件有限公司 ……… 302
芜湖华亨汽车部件有限公司 ……… 303
安徽省小小科技股份有限公司 ……… 304
安徽盛隆铸业有限公司 ……… 304
安徽精科机器有限公司 ……… 305
安徽岳塑汽车工业有限公司 ……… 305
安徽爱德夏汽车零部件有限公司 ……… 411
芜湖万迪孚汽车部件有限公司 ……… 412
安徽金诚汽车装饰设计开发有限公司 ……… 412
安徽天祥空调科技有限公司 ……… 412
合肥通宇电子有限责任公司 ……… 505
芜湖市博顿汽车零部件厂 ……… 506
埃泰克汽车电子（芜湖）有限公司 ……… 506

大陆汽车电子(芜湖)有限公司 ……… 506
昌辉汽车电器(黄山)股份有限公司 … 507
黄山顺昌汽车电器有限公司 ……… 507
安徽省宿州市蔡氏铸造有限责任公司 … 617
安徽中鼎控股(集团)股份有限公司 … 618
安徽威德汽车零部件制造有限公司 … 619
杭州菲英汽车零部件有限公司 ……… 619
合肥压力机械有限责任公司 ………… 712
合肥海德数控液压设备有限公司 …… 712
中鼎模具制造有限公司 …………… 713
泉州鲤城福辉汽车配件有限公司 …… 306
晋江市明扬汽车配件制造有限公司 … 307
泉州恒劲机械有限公司 …………… 307
晋江市通兴汽车部件制造有限公司 … 308
恒发(晋江)汽车零部件有限公司 …… 308
福建省石狮市同兴齿轮有限公司 …… 309
晋江连盛液压机械有限公司 ………… 309
中恒通(福建)机械制造有限公司 …… 310
福建畅丰车桥制造有限公司 ………… 310
福州市华联汽车配件有限公司 ……… 413
福耀玻璃工业集团股份有限公司 …… 414
厦门金龙汽车车身有限公司 ………… 414
泉州国胜汽车部件实业有限公司 …… 415
福建福安振中电器制造有限公司 …… 508
福建省仙游电机股份有限公司 ……… 508
福建艺达电驱动股份有限公司 ……… 510
福建冠良汽车配件工业有限公司 …… 620
泉州市鲤城联发机械配件有限公司 … 622
泉州市通成机械发展有限公司 ……… 622
福建省华盖机械制造有限公司 ……… 623
福建莱克石化有限公司 …………… 623
福建省通恒机械制造有限公司 ……… 624
厦门美时美克空气净化有限公司 …… 670
江西弘悦汽车减振器有限公司 ……… 311
江西省安源万向实业有限公司 ……… 311
江西江铃底盘股份有限公司 ………… 312
江西大吉汽车天线有限公司 ………… 511
江西好帮手电子科技股份有限公司 … 511
南昌汽缸垫厂 …………………… 624
南昌辉门密封件系统有限公司 ……… 624
宜春英龙橡胶有限公司 …………… 625
青岛海隆机械集团有限公司 ………… 81
山东东岳专用汽车制造有限公司 ……… 83
聊城奕车汽车机械设备有限公司 …… 185
济南沃德汽车零部件有限公司 ……… 185
山东嘉鑫换热器有限公司 ………… 186
聊城市德通交通器材制造有限公司 … 186
山东润源实业有限公司 …………… 186
山东鲁联机械制造有限公司 ………… 186
淄博永华滤清器制造有限公司 ……… 187
乐陵市海裕汽车零部件制造有限公司 … 187
克拉克过滤器(中国)有限公司 ……… 188
烟台亨圆隆汽车配件有限公司 ……… 189
康跃科技股份有限公司 …………… 190
龙口隆基三泵有限公司 …………… 191
烟台金双利散热器有限公司 ………… 191
山东天泽昌大缸盖有限公司 ………… 191
莱阳市永安散热器有限公司 ………… 191
栖霞市银云活塞液压件有限公司 …… 191
龙口中宇集团 …………………… 192
青岛东洋汽车散热器有限公司 ……… 192
青岛汽车散热器有限公司 ………… 192
龙口通力汽车配件有限公司 ………… 192
青岛东洋热交换器有限公司 ………… 193
青岛普天汽车配件有限公司 ………… 193
泰安鼎鑫冷却器有限公司 ………… 193
青岛双丰散热器有限公司 ………… 193
山东连杆总厂 …………………… 194
济宁泰山散热器有限公司 ………… 194
山东光岳转向节有限责任公司 ……… 313
山东明水汽车配件厂 ……………… 313
济南第二汽车配件有限公司 ………… 313
聊城市东海铸锻有限公司 ………… 314
德州齿轮有限公司 ……………… 314
山东德方液压机械股份有限公司 …… 314
淄博亿伟汽车科技有限公司 ………… 314
山东金宇轮胎有限公司 …………… 316
东营信义汽车配件有限公司 ………… 316
山东奥戈瑞集团有限公司 ………… 317
兴源集团 ……………………… 317
潍坊宏盛铸造机械有限公司 ………… 318
诸城市义和车桥有限公司 ………… 319
青州市建富齿轮有限公司 ………… 319
烟台鸿安实业有限公司 …………… 320
三角集团有限公司 ……………… 320
山东泰丰汽车底盘制造有限公司 …… 320
山东省威海市文峰集团有限公司 …… 321
龙口天兴工贸有限公司 …………… 322
蓬莱万寿机械有限公司 …………… 322
蓬莱天日聚氨酯有限公司 ………… 322
蓬莱宏升汽车配件有限公司 ………… 322
山东玲珑轮胎股份有限公司 ………… 322
山东旭鑫机械股份有限公司 ………… 323
青岛市城阳区元通汽车传动轴厂 …… 323
青岛方正机械集团有限公司 ………… 324
青岛青特众力车桥有限公司 ………… 324
青岛海通车桥有限公司 …………… 324
青岛金盛集团有限公司 …………… 325
青岛双星轮胎工业有限公司 ………… 325
青岛精益精锻齿轮有限公司 ………… 325
山东丰润机械制造有限公司 ………… 326
青岛华瑞汽车零部件股份有限公司 … 326
山东蒙沃变速器有限公司 ………… 327
济宁精益轴承有限公司 …………… 327
济宁骏达机械制造有限公司 ………… 327
山东众力液压技术有限公司 ………… 328
山东统亚模塑科技实业有限公司 …… 416
山东丰达汽车内饰有限公司 ………… 416
烟台三环锁业集团公司轿车锁公司 … 417
烟台首钢东星集团有限公司 ………… 417
龙口市宏兴机械车辆配套有限公司 … 417
烟台汽车内饰集团公司 …………… 417
山东只楚民营科技园股份有限公司 … 417
烟台霍富汽车锁有限公司 ………… 417
龙口泰进机械有限公司 …………… 418
泰安晟泰汽车零部件有限公司 ……… 418
山东鲁得贝车灯股份有限公司 ……… 512
济南安必喜汽车智能技术有限公司 … 512
济南鲁联汽车低温起动装置有限公司 … 512
莱州市金声汽车电器有限公司 ……… 513
德州天宇汽车电子有限公司 ………… 513
淄博新志电器有限公司 …………… 513
威海威嘉电气有限责任公司 ………… 514
山东威能环保电源科技股份有限公司 … 514
山东省泰安泰龙软轴软管厂 ………… 515
山东零公里石油化工有限公司 ……… 625
滨州双峰石墨密封材料有限公司 …… 627
山东汽车弹簧厂有限公司 ………… 627
水星汽车部件集团股份有限公司 …… 627
信义载重汽车配件有限公司 ………… 628
莱州三王粉末冶金有限公司 ………… 628
东营科力汽配有限责任公司 ………… 628
山东华瑞丰机械有限公司 ………… 629
莱州长和粉末冶金有限公司 ………… 629
山东高强紧固件有限公司 ………… 629
烟台聚氨酯橡塑制品厂 …………… 630
山东莱阳市昌誉密封产品有限公司 … 631
山东省招远市永进自动补胎剂厂 …… 631
山东道恩高分子材料股份有限公司 … 631
固恩治(青岛)工程橡胶有限公司 …… 632
长岛高能聚氨酯有限公司 ………… 632
青岛泰德汽车轴承股份有限公司 …… 632
青岛方冠摩擦材料有限公司 ………… 633
青岛盛威机械有限公司 …………… 633
青岛华冠密封工业有限公司 ………… 633
青岛信义汽车制动配件有限公司 …… 633
青岛海力威新材料科技股份有限公司 … 633
青岛凯通(赛澳)密封件有限公司 …… 633
梁山亨通实业公司摩擦密封材料总厂 … 634
莱芜永驰橡塑有限责任公司 ………… 634
临沂开元轴承有限公司 …………… 635
济南易恒技术有限公司 …………… 713
济南中正金码科技有限公司 ………… 714
烟台泰利汽车模具股份有限公司 …… 714
青岛冠宇工业设备有限公司 ………… 715

华中地区

荥阳市银顺德内燃机配件有限公司 … 195
河南省荥阳市动力机配件厂 ………… 195
洛阳古城机械有限公司 …………… 197
信阳贝恩银光活塞销有限公司 ……… 197
河南泰稳减振器有限公司 ………… 329
河南五一机械有限公司 …………… 329
河南万向系统制动器有限公司 ……… 329
河南广瑞汽车部件股份有限公司 …… 329
林州市银桥机械制造有限公司 ……… 330
林州市合圆汽车制动器厂 ………… 331
林州市富神汽车零部件有限公司 …… 331
驻马店中集华骏铸造有限公司 ……… 332
河南省长葛市劲翔汽车配件厂 ……… 332
长葛市长交机械制造有限公司 ……… 332
洛阳华冠齿轮股份有限公司 ………… 333
河南开开特星光锁系统有限公司 …… 418
新乡市豫新商用车空调股份有限公司 … 419
河南北方星光机电有限责任公司 …… 419
洛阳黄河软轴控制器股份有限公司 … 517
河南邦德电子电器有限公司 ………… 517
辉县市建风弹簧厂 ……………… 636
河南英威东风机械制造有限公司 …… 636
三门峡豫西机床有限公司 ………… 717
中航工业奥龙汽车有限公司 ………… 92
荆州环宇汽车零部件有限公司 ……… 198
马勒三环气门驱动(湖北)有限公司 … 199

襄阳新恒星活塞环有限公司 …… 199
湖北华联泵业有限公司 …… 199
湖北通达汽车零部件(集团)有限公司 … 200
十堰诺克里奇科技有限公司 …… 200
武汉协和齿环有限公司 …… 333
武汉元丰汽车零部件有限公司 …… 334
钟祥市金祥汽车半轴有限公司 …… 334
湖北佳旺汽车制动系统制造有限公司 … 334
湖北荆江源车桥有限责任公司 …… 335
荆州恒隆汽车零部件制造有限公司 … 335
沙市久隆汽车动力转向器有限公司 … 335
湖北亚川汽车齿轮集团有限公司 …… 335
湖北乘风汽车零部件有限公司 …… 336
湖北万向汽车零部件有限公司 …… 336
湖北力美制动元件有限公司 …… 337
湖北三环铸造股份有限公司 …… 337
湖北三环车桥有限公司 …… 338
十堰同创传动技术有限公司 …… 339
十堰市金轮子车桥有限公司 …… 339
十堰巨名好特汽车备件制造有限公司 … 340
双星东风轮胎有限公司 …… 342
湖北美标汽车制冷系统有限公司 …… 421
湖北中航精机科技股份有限公司 …… 421
十堰金泰丰汽车零部件有限公司 …… 422
十堰市聚朋车身厂 …… 422
湖北三环汽车电器有限公司 …… 518
湖北泓盈传感技术有限公司 …… 519
荆州神电实业有限公司 …… 519
湖北华龙车灯有限公司 …… 520
十堰达峰软轴有限公司 …… 521
十堰市中生电器有限公司 …… 521
辉门摩擦产品有限公司 …… 637
武汉市必达机电实业有限公司 …… 638
荆大(荆州)汽车配件有限公司 …… 638
湖北派克密封件有限公司 …… 638
湖北大帆汽车零部件有限公司 …… 639
襄阳汽车轴承股份有限公司 …… 639
襄樊航天化学动力总公司 …… 639
襄樊金派汽车轴承有限公司 …… 639
湖北回天新材料股份有限公司 …… 639
湖北飞龙摩擦密封材料股份有限公司 … 640
枣阳中天摩擦片有限公司 …… 640
湖北亿德·赛襄轴承有限公司 …… 641
十堰九鹏摩擦材料有限公司 …… 641
武汉华夏精冲技术有限公司 …… 718
东风汽车模具有限公司 …… 719
湖南正圆动力配件有限公司 …… 201
南岳电控(衡阳)工业技术有限公司 … 202
湖南易通汽车配件科技发展有限公司 … 343
株洲齿轮有限责任公司 …… 343
株洲易力达机电有限公司 …… 343
湖南奔陆车身制造有限公司 …… 423
华达汽车空调(湖南)有限公司 …… 423
博世汽车部件(长沙)有限公司 …… 521
湖南博云汽车制动材料有限公司 …… 642
湖南常德嘉达摩擦材料有限公司 …… 642
长沙山河超声波技术有限公司 …… 719
美力特发动机汽车配件有限公司 …… 202
广州安达精密工业股份有限公司 …… 203
东洋热交换器(中山)有限公司 …… 208
广州科密汽车制动技术开发有限公司 … 345
广州溢滔钱潮减震科技股份有限公司 … 345
广州市华南橡胶轮胎有限公司 …… 346
恒威汽车动力转向器有限公司 …… 349
广州市科立汽车电器有限公司 …… 423
东莞山多力汽车配件有限公司 …… 427
广东多纳勒振华汽车系统有限公司 … 428
惠州市凯越电子有限公司 …… 525
深圳市宝凌电子股份有限公司 …… 528
东莞市艺展电子有限公司 …… 532
肇庆宏丰电子有限公司 …… 533
有信制造(中山)有限公司 …… 535
广东省汕头市第一轴承厂 …… 646
深圳安必成橡胶制品有限公司 …… 647
中国石化股份有限公司茂名分公司 … 649
广州领业汽车用品有限公司 …… 672
柳州五菱柳机动力有限公司 …… 209
南宁八菱科技股份有限公司 …… 209
柳州日高滤清器有限责任公司 …… 210
广西方盛实业股份有限公司 …… 350
万向钱潮(桂林)汽车底盘部件公司 … 350
柳州克雷拉减振器有限公司 …… 351
柳州市迅达汽车配件制造有限公司 … 351
柳州市俊杰汽配制造有限公司 …… 652

西南、西北地区

重庆凯瑞特种车有限公司 …… 102
重庆上方汽车配件有限责任公司 …… 211
重庆海特汽车排气系统有限公司 …… 212
重庆光大产业有限公司 …… 212
重庆创鸿机电(轴承)有限公司 …… 352
重庆大江信达车辆公司汽车零部件公司 …… 353
綦江重配齿轮有限公司 …… 354
綦江长风齿轮有限公司 …… 354
重庆荆江汽车半轴有限公司 …… 354
重庆市渝电汽车弹簧有限公司 …… 355
南方天合底盘系统有限公司 …… 356
重庆龙润汽车转向器有限公司 …… 356
重庆海德世拉索系统(集团)有限公司 … 538
上海小糸车灯重庆有限公司 …… 538
重庆华宇实业有限责任公司 …… 538
重庆矢崎仪表有限公司 …… 538
重庆万里新能源股份有限公司 …… 539
重庆益弘工程塑料制品有限公司 …… 652
重庆红宇汽车配件厂 …… 654
重庆华普精密机械有限责任公司 …… 726
重庆恒伟精密机械有限公司 …… 727
成都西菱动力科技股份有限公司 …… 214
成都宁良实业有限公司 …… 215
成都飞亚曲轴有限公司 …… 215
四川巴斯迪科新技术发展有限公司 … 216
四川中自尾气净化有限公司 …… 216
绵阳华晨瑞安汽车零部件有限公司 … 217
成都市金蓉齿轮有限责任公司 …… 356
成都九鼎科技(集团)有限公司 …… 357
四川宁江山川机械有限责任公司 …… 357
四川都江机械有限责任公司 …… 358
德阳川德交通机械有限公司 …… 358
成都兴光工业科技有限责任公司 …… 358
四川绵阳华驰方向机有限公司 …… 358
四川绵阳德鑫机械有限公司 …… 359
四川建安工业有限责任公司 …… 359
四川省雅安市羌江机械有限责任公司 … 359
四川广安光前集团有限公司 …… 359
隆昌山川精密焊管有限责任公司 …… 360
泸州长江机械有限公司 …… 360
成都丰田纺汽车部件有限公司 …… 431
成都国弘汽车内饰件有限责任公司 … 431
成都长迪传感技术有限公司 …… 539
成都市伟杰塑胶有限责任公司 …… 539
四川崇州华蜀蓄电池工业有限公司 … 540
四川泛华航空仪表电器有限公司 …… 540
雅安小航电器有限责任公司 …… 540
绵阳市博蓝科技有限责任公司 …… 540
成都市新津阳光橡塑密封件厂 …… 655
四川省南部县千禧密封件有限公司 … 656
成都航天模塑股份有限公司 …… 727
成都天府焊接设备有限公司 …… 727
成都焊研科技有限责任公司 …… 727
成都成量工具集团有限公司 …… 728
云南西仪工业股份有限公司 …… 218
昆明云内动力股份有限公司 …… 219
楚雄活塞销有限公司 …… 219
云南省个旧市南天汽车半轴有限公司 … 360
昆明方大春鹰板簧有限公司 …… 360
云南大姚机械配件厂 …… 360
贵州航天南海科技有限责任公司 …… 219
贵州航天红光机械制造有限公司 …… 360
贵阳万江航空机电有限公司 …… 432
贵州华昌汽车电器有限公司 …… 432
贵州华烽电器有限公司 …… 432
贵州华工工具注塑公司华昌分公司 … 432
贵州贵航汽车零部件华阳电器公司 … 541
贵阳联洪合成材料厂 …… 656
贵州贵航汽车零部件股份有限公司 … 656
贵州精忠橡塑实业有限公司 …… 656
贵州大众橡胶有限公司 …… 656
西安正昌电子有限责任公司 …… 361
陕西法士特汽车传动集团有限公司 … 361
陕西奉航橡胶密封件有限责任公司 … 657
宁夏小巨人机床有限公司 …… 729
天水腾跃活塞汽修有限公司 …… 220

★ 一汽轿车

北方凌云工业集团有限公司 …… 370
富奥汽车零部件股份有限公司 …… 129
长春一汽富晟集团有限公司 …… 238
汇润机电有限公司 …… 165
浙江亚太机电股份有限公司 …… 261
惠州市德赛西威汽车电子股份公司 …… 526
上海日用-友捷汽车电气有限公司 … 449
浙江世宝控股集团有限公司 …… 259
北京绿创环保设备股份有限公司 …… 117
北京迪普首泰高新技术开发有限公司 … 117
伟巴斯特东熙汽车配件(北京)公司 … 364
北京第三纺织机械有限公司 …… 365
北京兴科迪科技有限公司 …… 434
北京万源瀚德汽车密封系统有限公司 … 544
北京利迪欣科技发展有限公司 …… 545
北京北一法康生产线有限公司 …… 685
天津市格林利福新技术有限公司 …… 118
爱德克斯(天津)汽车零部件有限公司 … 223

天津电装空调管路有限公司 …………… 365
天津富奥电装空调有限公司 …………… 366
天津市润生塑胶制品有限公司 ……… 547
河北德纳V型轮有限公司 ……………… 120
清河县中盛汽车零部件有限公司 …… 226
定州市四新工业有限公司 …………… 232
河北永丰汽车零部件制造有限公司 … 551
河北盛世集团凌云铸造模具有限公司 … 687
沈阳玄潭汽车部件有限公司 ………… 125
马勒发动机零部件(营口)有限公司 … 126
天纳克同泰(大连)排气系统有限公司 … 127
蒂森克虏伯发动机系统(大连)公司 … 127
蒂森克虏伯富奥辽阳弹簧有限公司 … 234
锦州锦恒汽车安全系统有限公司 …… 371
营口阿部配线有限公司 ……………… 444
锦州汉拿电机有限公司 ……………… 446
辽阳凯利特橡胶有限公司 …………… 557
辽阳艺蒙织毯有限公司 ……………… 660
沈阳三丰电气有限公司 ……………… 688
长春三友专用汽车制造有限公司 ……… 62
一汽铸造有限公司铸造二厂 ………… 129
长春曼胡默尔富维滤清器有限公司 … 129
第一汽车集团铸造有限公司铸造一厂 … 129
一汽铸造有限公司有色铸造分公司 … 129
富奥伟世通汽车热交换(长春)有限公司 … 129
长春佛吉亚排气系统有限公司 ……… 130
吉林艾瑞环保技术有限公司 ………… 130
富奥汽车零部件股份公司泵业分公司 … 131
一汽东机工减振器有限公司 ………… 237
天合富奥汽车安全系统(长春)公司 … 238
吉林汽车制动器厂 …………………… 238
一汽光洋转向装置有限公司 ………… 238
长春塔奥金环汽车制品有限公司 …… 238
蒂森克虏伯富奥汽车转向柱(长春)公司 … 239
四平市方向机械有限公司 …………… 241
长春骏捷龙汽车饰件制品有限公司 … 371
吉林一汽实业东光汽车镜有限公司 … 371
伟巴斯特车顶系统(长春)有限公司 … 371
长春佳林实业集团股份有限公司 …… 371
一汽富维东阳汽车塑料零部件公司 … 371
一汽-法雷奥汽车空调有限公司 …… 371
盈佳科技(长春)有限公司 ………… 372
长春力得汽车工程塑料制品有限公司 … 372
福耀集团长春有限公司 ……………… 372
法雷奥压缩机(长春)有限公司 ……… 372
旭阳·富维-江森座椅骨架有限公司 … 372
富维-江森自控汽车饰件系统公司 … 372
长春市繁荣冲压有限公司 …………… 372
长春旭阳佛吉亚毯业有限公司 ……… 373
长春英利汽车部件有限公司 ………… 373
吉林省舒兰市通用机械有限责任公司 … 373
吉林新立德部件有限公司 …………… 373
长春佛吉亚旭阳汽车座椅有限公司 … 373
公主岭市华翔汽车内饰件有限公司 … 374
公主岭市春林机械有限公司 ………… 374
一汽四环化油器滤清器厂 …………… 446
长春一汽延锋伟世通电子有限公司 … 446
长春市夸克普精汽车电子有限公司 … 447
长春海德世汽车拉索有限公司 ……… 447
吉林小糸东光车灯有限责任公司 …… 447
启明信息技术股份有限公司 ………… 447
长春一汽联合压铸有限公司 ………… 560
长春依多科化工有限公司 …………… 560
一汽实业递宏鑫汽车部件有限公司 … 560
长春大东集团有限公司 ……………… 560
长春亚大汽车零件制造有限公司 …… 560
长春克瑞得轴承制造有限公司 ……… 560
一汽铸造公司特种铸造厂 …………… 560
长春德联化工有限公司 ……………… 561
长春汉高表面技术有限公司 ………… 561
长春成云橡塑制品有限公司 ………… 561
富奥汽车零部件公司紧固件分公司 … 562
长春旷达汽车织物有限公司 ………… 562
长春一汽实业合成材料有限公司 …… 562
白城市汽车压铸件有限责任公司 …… 563
长春一汽嘉信热处理科技有限公司 … 690
一汽模具制造有限公司 ……………… 690
哈尔滨艾瑞汽车排气系统有限公司 … 131
哈尔滨东安实业发展有限公司 ……… 131
上海峰亚耐火保温材料有限公司 …… 133
上海纳铁福传动轴有限公司 ………… 244
上海北特科技股份有限公司 ………… 247
上海交运股份公司汽车零部件分公司 … 374
圣戈班韩格拉斯世固锐特玻璃上海公司 … 375
伟巴斯特车顶供暖系统(上海)公司 … 376
上海贝洱热系统有限公司 …………… 377
上海飞利环球汽车零部件有限公司 … 378
上海吕巷汽车零部件有限公司 ……… 379
上海恒安空调设备有限公司 ………… 381
高田汽车电子(上海)有限公司 ……… 449
上海航天汽车机电股份有限公司 …… 450
上海法雷奥汽车电器系统有限公司 … 451
上海新安电磁阀有限公司 …………… 455
科世达(上海)管理有限公司 ………… 455
上海ABB工程有限公司 …………… 694
常州远东连杆集团有限公司 ………… 141
亚普汽车部件股份有限公司 ………… 148
南京锦湖轮胎有限公司 ……………… 248
丹阳市可达汽车配件有限公司 ……… 250
无锡中策减震器有限公司 …………… 252
东机工汽车部件(苏州)有限公司 …… 254
常州市桑迪汽车配件制造有限公司 … 388
苏州新智机电工业有限公司 ………… 394
江苏奥顿车业有限公司 ……………… 397
南京紫燕科技有限公司 ……………… 456
张家港孚冈合力电器有限公司 ……… 471
天奇自动化工程股份有限公司 ……… 702
苏州工业园广福汽保机电设备公司 … 702
苏州明志科技有限公司 ……………… 703
浙江黎明发动机零部件有限公司 …… 156
临海市环流汽配制造有限公司 ……… 157
玉环县强力件制造厂 ………………… 158
浙江九隆机械有限公司 ……………… 161
浙江向隆机械有限公司 ……………… 273
浙江正奥汽配有限公司 ……………… 279
今飞控股集团有限公司 ……………… 292
金华浩翔汽配有限公司 ……………… 292
宁波帅特龙集团有限公司 …………… 400
宁波继峰汽车零部件有限公司 ……… 402
瑞安市众品汽车配件制造有限公司 … 410
慈溪奥博汽车电器有限公司 ………… 481
利尔电气(浙江)有限公司 ………… 489
温州科博达汽车部件有限公司 ……… 490
温州长江汽车电子有限公司 ………… 490
瑞安市马丁西汽摩部件有限公司 …… 494
宁波神通模塑有限公司 ……………… 708
黄岩星泰塑料模具有限公司 ………… 710
芜湖华亨汽车部件有限公司 ………… 303
芜湖万迪孚汽车部件有限公司 ……… 412
华闽南配集团股份有限公司 ………… 181
莆田市英龙活塞环厂 ………………… 181
南昌辉门密封件系统有限公司 ……… 624
烟台正海汽车内饰件有限公司 ……… 416
烟台三环锁业集团公司轿车锁公司 … 417
济南安必喜汽车智能技术有限公司 … 512
威海威嘉电气有限责任公司 ………… 514
烟台润蚨祥油封有限公司 …………… 631
奔腾汽车检测维修设备制造有限公司 … 714
南阳淅减汽车减振器有限公司 ……… 333
武汉协和齿环有限公司 ……………… 333
湖北中航精机科技股份有限公司 …… 421
飞利浦汽车照明湖北有限公司 ……… 519
武汉市必达机电实业有限公司 ……… 638
湖南机油泵股份有限公司 …………… 202
邵阳通达汽车零部件制造有限公司 … 423
岳阳恒立冷气设备股份有限公司 …… 423
博世汽车部件(长沙)有限公司 ……… 521
广州恩梯恩裕隆传动系统有限公司 … 344
广州市华南橡胶轮胎有限公司 ……… 346
广州市吉中汽车装饰有限公司 ……… 426
东莞山多力汽车配件有限公司 ……… 427
广州新晨汽车零部件有限公司 ……… 524
广东德联集团股份有限公司 ………… 650
广东景中景工业涂装设备有限公司 … 720
广州今朝科技有限公司 ……………… 721
重庆华孚工业股份有限公司 ………… 210
重庆沃特尔粉末冶金有限公司 ……… 214
爱思帝(重庆)驱动系统有限公司 …… 352
重庆集诚汽车电子有限公司 ………… 537
宜宾天工机械股份有限公司 ………… 218
四川华丰企业集团有限公司 ………… 540
贵阳万江航空机电有限公司 ………… 432
贵州天义汽车电器有限公司 ………… 541
贵州贵航汽车零部件股份有限公司 … 656
西安北方华山机电有限公司 ………… 657

★ 一汽-大众

北京海纳川汽车部件股份有限公司 … 363
北方凌云工业集团有限公司 ……… 370
风帆股份有限公司 ………………… 443
富奥汽车零部件股份有限公司 …… 129
长春一汽富晟集团有限公司 ……… 238
上海汇众萨克斯减振器有限公司 … 243
上海汽车制动系统有限公司 ……… 248
华域三电汽车空调有限公司 ……… 375
上海汽车地毯总厂有限公司 ……… 379
联合汽车电子有限公司 …………… 452
上海沪工汽车电器有限公司 ……… 454
上海小糸车灯有限公司 …………… 456
建新赵氏集团有限公司 …………… 603
山东金麒麟股份有限公司 ………… 627
湖北开特汽车电子电器系统股份公司 … 518

惠州市德赛西威汽车电子股份有限公司 …… 526
北京京西重工有限公司 ……………… 222
浙江骆氏减震件股份有限公司 ……… 247
上海日用－友捷汽车电气有限公司 … 449

华北地区

北京迪普首泰高新技术开发有限公司 … 117
伟巴斯特东熙汽车配件(北京)公司 … 364
北京多宾城建筑机械有限公司 ……… 365
北京兴科迪科技有限公司 …………… 434
北京福斯汽车电线有限公司 ………… 436
北京万源瀚德汽车密封系统有限公司 … 544
北京利迪欣科技发展有限公司 ……… 545
易图通科技(北京)有限公司 ………… 659
北京金奔腾汽车科技有限公司 ……… 659
西门子工厂自动化工程有限公司 …… 683
北京世茂机电科技有限公司 ………… 686
天津电装空调管路有限公司 ………… 365
电装(天津)空调部件有限公司 ……… 366
天津富奥电装空调有限公司 ………… 366
天津三电汽车空调有限公司 ………… 366
程茂电子有限公司 ………………… 436
天津鹏翎胶管股份有限公司 ………… 547
天津市润生塑胶制品有限公司 ……… 547
天津七所高科技有限公司 …………… 686
河北德纳 V 型轮有限公司 …………… 120
石家庄佳信汽车制动系统有限公司 … 224
亚新科美联制动技术(廊坊)有限公司 … 229
耐世特凌云驱动系统(涿州)有限公司 … 231
廊坊华安汽车装备有限公司 ………… 369
河北迎辉汽车电器有限公司 ………… 441
保定巨威电器有限公司 ……………… 443
石家庄泰明顿摩擦材料有限公司 …… 549
沧州惠邦机电产品制造有限公司 …… 554
河北亚大集团 ……………………… 555
承德润韩汽车零部件有限公司 ……… 660
内蒙古宏达压铸有限责任公司 ……… 233

东北地区

马勒发动机零部件(营口)有限公司 … 126
蒂森克虏伯发动机系统(大连)公司 … 127
大连同泰汽车零部件有限公司 ……… 127
天纳克－埃贝赫(大连)排气系统公司 … 127
天纳克同泰(大连)排气系统有限公司 … 127
蒂森克虏伯富奥辽阳弹簧有限公司 … 234
大连固特异轮胎有限公司 …………… 235
京滨大洋冷暖科技(大连)有限公司 … 370
营口阿部配线有限公司 ……………… 444
锦州汉拿电机有限公司 ……………… 446
沈阳实发特种橡胶制品有限公司 …… 556
辽阳康达塑胶树脂有限公司 ………… 557
大连亚明汽车部件股份有限公司 …… 558
营口福斯油品有限公司 ……………… 558
沈阳三丰电气有限公司 ……………… 688
长春三友专用汽车制造有限公司 ……… 62
一汽巴勒特锻造(长春)有限公司 …… 128
长春富维伟世通汽车电子有限公司 … 129
长春曼胡默尔富维滤清器有限公司 … 129
一汽铸造有限公司铸造二厂 ………… 129
富奥伟世通汽车热交换(长春)有限公司 … 129
一汽铸造有限公司有色铸造分公司 … 129
第一汽车集团铸造有限公司铸造一厂 … 129
长春华翔轿车消声器有限责任公司 … 130
长春考泰斯兰宝塑料制品有限公司 … 130
一汽铸造有限公司 ………………… 130
长春科德宝·宝翎滤清器有限公司 … 130
长春佛吉亚排气系统有限公司 ……… 130
凯世曼东方铸造(长春)有限公司 …… 130
白城中一精锻股份有限公司 ………… 131
富奥汽车零部件股份公司泵业分公司 … 131
一汽东机工减振器有限公司 ………… 237
长春塔奥金环汽车制品有限公司 …… 238
吉林汽车制动器厂 ………………… 238
一汽光洋转向装置有限公司 ………… 238
吉林东光奥威汽车制动系统有限公司 … 238
天合富奥汽车安全系统(长春)公司 … 238
一汽欣欣变速箱零部件有限公司 …… 238
采埃孚富奥底盘技术(长春)有限公司 … 239
一汽富维汽车零部件公司车轮分公司 … 239
蒂森克虏伯富奥汽车转向柱(长春)公司 … 239
长春市汽车冲压件有限公司 ………… 240
四平市方向机械有限公司 …………… 241
一汽四环辽源汽车零部件有限公司 … 241
吉林北方捷凯传动轴有限公司 ……… 241
伟巴斯特车顶系统(长春)有限公司 … 371
长春骏捷龙汽车饰件制品有限公司 … 371
佛吉亚(长春)汽车部件系统有限公司 … 371
长春一汽富维汽车零部件股份公司 … 371
长春佛吉亚旭阳汽车内饰系统公司 … 371
一汽富维东阳汽车塑料零部件公司 … 371
一汽－法雷奥汽车空调有限公司 …… 371
长春佳林实业集团股份有限公司 …… 371
长春博泽汽车部件有限公司 ………… 372
旭阳·富维－江森座椅骨架有限公司 … 372
法雷奥压缩机(长春)有限公司 ……… 372
长春奥托立夫汽车安全系统有限公司 … 372
福耀集团长春有限公司 ……………… 372
长春市繁荣冲压有限公司 …………… 372
长春超维集团零部件分公司 ………… 372
长春西博汽车塑料技术有限公司 …… 372
富维－江森自控汽车饰件系统公司 … 372
盈佳科技(长春)有限公司 …………… 372
长春力得汽车工程塑料制品有限公司 … 372
长春华翔佛吉亚汽车塑料件有限公司 … 372
长春旭阳佛吉亚毯业有限公司 ……… 373
长春英利汽车部件有限公司 ………… 373
吉林新立德部件有限公司 …………… 373
长春佛吉亚旭阳汽车座椅有限公司 … 373
长春旭阳工业(集团)股份有限公司 … 373
吉林省港德汽车内饰件制造有限公司 … 373
公主岭市华翔汽车内饰件有限公司 … 374
长春住电汽车线束有限公司 ………… 446
长春一汽四环 TYC 车灯有限公司 …… 446
大陆汽车电子(长春)有限公司 ……… 446
长春一汽延锋伟世通电子有限公司 … 446
吉林航盛电子有限公司 ……………… 447
长春海德世汽车拉索有限公司 ……… 447
莱尼线束系统(长春)有限公司 ……… 447
长春大东集团有限公司 ……………… 560
一汽实业递宏鑫汽车部件有限公司 … 560
长春克瑞得轴承制造有限公司 ……… 560
长春一汽联合压铸有限公司 ………… 560
一汽铸造公司特种铸造厂 …………… 560
长春亚大汽车零件制造有限公司 …… 560
长春依多科化工有限公司 …………… 560
长春恩福油封有限公司 ……………… 561
长春汉高表面技术有限公司 ………… 561
长春力登维科技产业有限公司 ……… 561
长春德联化工有限公司 ……………… 561
长春爱尔铃克铃尔有限公司 ………… 561
劳士领汽车配件(长春)有限公司 …… 561
长春一汽四环本合石油化工有限公司 … 561
长春旷达汽车织物有限公司 ………… 562
长春一汽实业合成材料有限公司 …… 562
富奥汽车零部件公司紧固件分公司 … 562
大安正太轴承有限公司 ……………… 562
长春盖尔瑞孚艾斯曼汽车零部件公司 … 660
一汽模具制造有限公司 ……………… 690
长春一汽蓝迪自动化工程有限公司 … 690
长春一汽嘉信热处理科技有限公司 … 690
蒂森克虏伯鞍钢(长春)激光拼焊板公司 … 690
哈尔滨齐塑汽车饰件有限公司 ……… 374
哈尔滨固泰电子有限责任公司 ……… 448

华东地区

上海博众汽油机有限公司 …………… 132
上海科尔本施密特活塞有限公司 …… 132
上海天坤汽车零部件有限公司 ……… 133
上海马勒滤清系统有限责任公司 …… 134
上海贤众汽车零部件有限公司 ……… 134
本特勒汽车系统(上海)有限公司 …… 136
上海永红汽车零部件有限公司 ……… 137
上海爱知锻造有限公司 ……………… 137
上海合众工贸实业公司 ……………… 137
上海乾通汽车附件有限公司 ………… 137
上海米其林回力轮胎股份有限公司 … 242
上海交运集团股份有限公司 ………… 243
萨克斯汽车零部件系统(上海)公司 … 243
延锋百利得(上海)汽车安全系统公司 … 244
上海纳铁福传动轴有限公司 ………… 244
上海萨克斯动力总成部件系统有限公司 … 246
上海怡飞柯精密机械有限公司 ……… 246
上海瑞尔实业有限公司 ……………… 247
上海镁镁合金压铸有限公司 ………… 247
上海北特科技股份有限公司 ………… 247
上海采埃孚转向系统有限公司 ……… 247
大众汽车变速器(上海)有限公司 …… 248
上海交运股份公司汽车零部件分公司 … 374
上海天合汽车安全系统有限公司 …… 375
上海申达股份有限公司 ……………… 375
伟巴斯特车顶供暖系统(上海)公司 … 376
上海法雷奥汽车电机雨刮系统公司 … 376
西德科东昌汽车座椅技术有限公司 … 376
上海华申汽配制造有限公司 ………… 376
上海汽车空调配件有限公司 ………… 377
上海贝洱热系统有限公司 …………… 377
上海三电汽车空调有限公司 ………… 377
宁波华翔电子股份有限公司 ………… 377
上海德尔福汽车空调系统有限公司 … 377
上海延锋江森座椅有限公司 ………… 378
上海戈吕克机械制造有限公司 ……… 378
上海飞利环球汽车零部件有限公司 … 378

上海耀皮康桥汽车玻璃有限公司 …… 378
上海依赛工业有限公司 ………………… 379
上海博迩森汽车配件有限公司 ……… 379
上海三盾汽车饰件有限公司 ………… 380
上海和达汽车配件有限公司 ………… 380
上海交运汽车精密冲压件有限公司 … 380
上海新安汽车隔音毡总厂 …………… 381
上海博泽汽车部件有限公司 ………… 381
上海泖峰汽车塑料有限公司 ………… 381
上海实业交通电器有限公司 ………… 448
上海三智汽配实业有限公司 ………… 449
上海新光汽车电器有限公司 ………… 449
上海航天汽车机电股份有限公司 …… 450
上海宇宙电器有限公司 ……………… 450
上海联宙汽车电器有限公司 ………… 450
上海法雷奥汽车电器系统有限公司 … 451
上海浦东车灯有限公司 ……………… 451
贝洱海拉温控系统(上海)有限公司 … 451
上海海华传感器有限公司 …………… 453
上海熊猫线缆股份有限公司 ………… 453
上海博泽电机有限公司 ……………… 454
德尔福派克电气系统有限公司 ……… 455
上海新安电磁阀有限公司 …………… 455
科世达(上海)管理有限公司 ………… 455
上海德科电子仪表有限公司 ………… 456
上海长江仪表厂 ……………………… 456
上海汽车粉末冶金有限公司 ………… 564
华德塑料制品有限公司 ……………… 565
上海立新气体有限公司 ……………… 565
上海日轮汽车配件有限公司 ………… 566
上海凯众材料科技股份有限公司 …… 566
巴斯夫上海涂料有限公司 …………… 566
上海宝钢特钢股份有限公司 ………… 566
上海三环弹簧有限公司 ……………… 566
上海汉高表面技术有限公司 ………… 567
上海凯密特尔化学品有限公司 ……… 567
海泰(浦泰)集团 …………………… 567
上海瑞博密封件有限公司 …………… 567
上海新上橡汽车胶管有限公司 ……… 568
上海福之来汽车标准件有限公司 …… 569
上海劳伦茨橡胶制品有限公司 ……… 570
上海红阳密封件有限公司 …………… 570
斯凯孚(上海)汽车技术有限公司 …… 571
上海安吉铸造厂 ……………………… 571
上海兴盛密封垫有限公司 …………… 571
东来涂料技术(上海)有限公司 ……… 571
上海运良锻造实业有限公司 ………… 572
上海华丰车用工具厂 ………………… 661
上海申克机械有限公司 ……………… 693
上海紫燕模具工业有限公司 ………… 693
上海 ABB 工程有限公司 …………… 694
上海明兴开城超音波科技有限公司 … 695
上海杜卡汽车设备有限公司 ………… 696
无锡永凯达齿轮有限公司 …………… 144
采埃孚转向泵金城(南京)有限公司 … 248
南京法雷奥离合器有限公司 ………… 249
丹阳市可达汽车配件有限公司 ……… 250
无锡中策减震器有限公司 …………… 252
慕贝尔汽车部件(太仓)有限公司 …… 255
江苏名豪汽车零部件有限公司 ……… 257
江苏太平洋精锻科技股份有限公司 … 258
江苏黄海汽配股份有限公司 ………… 259
南京台兴汽车零部件制造有限公司 … 383
江苏文光车辆附件有限公司 ………… 387
常州市盛士达汽车空调有限公司 …… 388
常州市桑迪汽车配件制造有限公司 … 388
常州九鼎车业有限公司 ……………… 389
江苏力乐汽车部件股份有限公司 …… 392
无锡井上华光汽车部件有限公司 …… 393
苏州新智机电工业有限公司 ………… 394
江南模塑科技股份有限公司 ………… 394
江苏中翼汽车新材料科技有限公司 … 395
常熟市汽车饰件有限公司 …………… 395
江苏奥顿车业有限公司 ……………… 397
丹阳市晶晶玻璃有限公司 …………… 458
常州民迪汽车配件有限公司 ………… 460
常州必能信汽车电器有限公司 ……… 460
江苏日盈电子股份有限公司 ………… 462
常州市巨峰车灯厂 …………………… 463
无锡共成控制线有限公司 …………… 467
德尔福电子(苏州)有限公司 ………… 469
爱乐联接(苏州)有限公司 …………… 469
张家港孚冈合力电器有限公司 ……… 471
江苏龙蟠科技股份有限公司 ………… 573
南京宏佳机械制造有限公司 ………… 573
常州欧朗汽车零部件有限公司 ……… 574
江苏江洲汽车部件有限公司 ………… 574
常州朗博汽车零部件有限公司 ……… 578
江苏旷达汽车织物集团股份有限公司 … 578
苏州金诚轴承有限公司 ……………… 582
苏州新豪轴承有限公司 ……………… 582
盖茨优霓塔传动系统(苏州)有限公司 … 583
舍弗勒(中国)有限公司一厂 ……… 585
江苏森威精锻有限公司 ……………… 587
扬州保来得科技实业有限公司 ……… 587
江苏旷达汽车座套有限公司 ………… 662
江苏中联地毯有限公司 ……………… 663
镇江东联仓储设备有限公司 ………… 698
南京永生焊接装备制造有限公司 …… 698
江苏骠马智能装备股份有限公司 …… 699
无锡富瑞德精密机械有限公司 ……… 700
天奇自动化工程股份有限公司 ……… 702
苏州阿诺精密切削技术股份有限公司 … 702
苏州工业园广福汽保机电设备公司 … 702
靖江三鹏汽车模具制造有限公司 …… 702
常熟明辉焊接器材有限公司 ………… 704
浙江雷贝斯散热器有限公司 ………… 152
宁波舜江汽车部件制造有限公司 …… 155
临海市伟达汽车部件有限公司 ……… 157
浙江东星汽车部件有限公司 ………… 157
大江(玉环)机械制造有限公司 ……… 159
浙江双环传动机械股份有限公司 …… 259
杭州德尔福汽车零部件有限公司 …… 260
杭州亚太埃伯恩汽车部件有限公司 … 261
杭州恩斯克万达电动转向系统公司 … 263
浙江万达汽车方向机有限公司 ……… 264
万丰奥特控股集团有限公司 ………… 268
宁波三钻工业有限公司 ……………… 273
余姚市宏瑞汽车零部件有限公司 …… 274
宁波拓普集团股份有限公司 ………… 275
浙江红箭橡塑有限公司 ……………… 286
今飞控股集团有限公司 ……………… 292
宁波普瑞均胜汽车电子有限公司 …… 399
宁波环球娃娃婴童用品有限公司 …… 399
宁波恒特汽车零部件有限公司 ……… 400
宁波帅特龙集团有限公司 …………… 400
宁波景文机械有限公司 ……………… 401
宁波华德汽车零部件有限公司 ……… 401
慈溪市福尔达实业有限公司 ………… 401
宁波恒富汽车部件发展有限公司 …… 402
宁波华翔集团股份有限公司 ………… 402
宁波继峰汽车零部件有限公司 ……… 402
台州法雷奥温岭汽车零部件有限公司 … 403
温州市环球汽车衬垫有限公司 ……… 405
温州市丽豹汽车配件有限公司 ……… 406
瑞安市胜凯汽车配件厂 ……………… 407
瑞安市众品汽车配件制造有限公司 … 410
新星光电有限公司 …………………… 475
宁波高发汽车控制系统股份有限公司 … 479
慈溪奥博汽车电器有限公司 ………… 481
浙江方正电机股份有限公司 ………… 488
利尔电气(浙江)有限公司 …………… 489
温州科博达汽车部件有限公司 ……… 490
浙江汇润电气有限公司 ……………… 490
温州长江汽车电子有限公司 ………… 490
瑞安市胜亚车辆配件有限公司 ……… 493
瑞安市超声电器厂 …………………… 493
瑞安市马丁西汽摩部件有限公司 …… 494
国威科技有限公司 …………………… 503
杭州杭城摩擦材料有限公司 ………… 589
浙江科达利实业有限公司 …………… 594
浙江世纪华通集团股份有限公司 …… 595
宏达高科控股股份有限公司 ………… 598
宁波圣龙(集团)有限公司 …………… 598
宁波四维尔工业股份有限公司 ……… 601
宁波六环汽配有限公司 ……………… 602
宁波华众塑料制品有限公司 ………… 604
宁波胜利汽配有限公司 ……………… 604
舟山市 7412 工厂 …………………… 605
中广核俊尔新材料有限公司 ………… 612
温州泰立汽车内饰材料有限公司 …… 612
温州三联锻造有限公司 ……………… 615
嘉龙雕刻有限公司 …………………… 665
宁波神通模塑有限公司 ……………… 708
宁波米勒模具制造有限公司 ………… 708
宁波方正汽车模具有限公司 ………… 708
浙江凯华模具有限公司 ……………… 709
陶氏模具集团 ………………………… 710
黄岩星泰塑料模具有限公司 ………… 710
安徽宝兰泵业有限公司 ……………… 177
芜湖三联锻造有限公司 ……………… 178
安庆帝伯格茨活塞环有限公司 ……… 180
安庆帝迈德活塞环制造有限公司 …… 180
芜湖华亨汽车部件有限公司 ………… 303
安徽江南机械有限责任公司 ………… 411
安徽爱德夏汽车零部件有限公司 …… 411
芜湖万迪孚汽车部件有限公司 ……… 412
温州市环球汽车衬垫公司芜湖分公司 … 413
大陆汽车电子(芜湖)有限公司 ……… 506
安庆谢德尔汽车零部件有限公司 …… 619
福耀玻璃工业集团股份有限公司 …… 414
福州西诚电子有限公司 ……………… 507
海拉(厦门)电气有限公司 …………… 510

吉门保险丝制造(厦门)有限公司 …… 510
厦门美时美克空气净化有限公司 …… 670
江西辉业曲轴连杆制造有限公司 …… 184
烟台正海汽车内饰件有限公司 …… 416
威海鸿祥汽车内饰件有限公司 …… 417
烟台霍富汽车锁有限公司 …… 417
山东只楚民营科技园股份有限公司 … 417
烟台三环锁业集团公司轿车锁公司 … 417
曲阜天博集团 …… 515
烟台聚氨酯橡塑制品厂 …… 630
济南中正金码科技有限公司 …… 714
奔腾汽车检测维修设备制造有限公司 … 714

华中地区

河南省西峡汽车水泵股份有限公司 … 197
信阳贝恩银光活塞销有限公司 …… 197
西峡县内燃机进排气管有限责任公司 … 197
西峡县西泵特种铸造有限公司 …… 333
南阳淅减汽车减振器有限公司 …… 333
三门峡戴卡轮毂制造有限公司 …… 333
河南开开特星光锁系统有限公司 …… 418
河南北方星光机电有限责任公司 …… 419
天海雪城汽车电子(鹤壁)有限公司 … 517
理研汽车配件(武汉)有限公司 …… 198
武汉协和齿环有限公司 …… 333
湖北恒隆汽车系统集团有限公司 …… 335
仙桃市天轮机械有限公司 …… 335
十堰巨名好特汽车备件制造有限公司 … 340
武汉中人瑞众汽车零部件有限公司 … 420
武汉汉联汽车配件有限公司 …… 420
湖北中航精机科技股份有限公司 …… 421
湖北法雷奥车灯有限公司 …… 518
辉门摩擦产品有限公司 …… 637
武汉市必达机电实业有限公司 …… 638
金马汽车零部件制造有限公司 …… 638
湖南机油泵股份有限公司 …… 202
湖南安福气门股份有限公司 …… 202
株洲湘火炬火花塞有限责任公司 …… 522
湖南精正设备制造有限公司 …… 719
广州市华南橡胶轮胎有限公司 …… 346
珠海华粤离合器有限公司 …… 347
佛山市南海中南铝车轮制造有限公司 … 348
广州市吉中汽车装饰有限公司 …… 426
广东多纳勒振华汽车系统有限公司 … 428
山本机车部件(广州)有限公司 …… 523
广州新晨汽车零部件有限公司 …… 524
深圳市飞音科技有限公司 …… 528
深圳安必成橡胶制品有限公司 …… 647
桂盟链条(深圳)有限公司 …… 647
广东德联集团股份有限公司 …… 650
广州市汇邦科技发展有限公司 …… 672
深圳车卫士电子有限公司 …… 676
佛山市天汇汽车电子有限公司 …… 678
中兴汽车用品有限公司 …… 679
广东景中景工业涂装设备有限公司 … 720
广州市云驰机械有限公司 …… 720

西南、西北地区

重庆隆鑫动力部件有限公司 …… 211
重庆吉尔法渝美压铸有限公司 …… 212
重庆恒伟林汽车零部件有限公司 …… 653
劳士领汽车配件(成都)有限公司 …… 214
四川川环科技股份有限公司 …… 217
泸州长江机械有限公司 …… 360
四川航天烽火波纹软管工业公司 …… 655
成都成量工具集团有限公司 …… 728
贵州贵航汽车零部件永红散热器公司 … 219
贵阳万江航空机电有限公司 …… 432
贵州华烽电器有限公司 …… 432
贵州天义汽车电器有限公司 …… 541
贵州贵航汽车零部件股份有限公司 … 656
西安航空制动科技有限公司 …… 362
陕西华兴汽车制动科技有限公司 …… 657

★ 一汽海马

富奥汽车零部件股份有限公司 …… 129
联合汽车电子有限公司 …… 452
上海沪工汽车电器有限公司 …… 454
怀集登云汽配股份有限公司 …… 207
惠州市德赛西威汽车电子股份公司 …… 526
重庆超力高科技有限责任公司 …… 430
北京慨尔康科技发展有限公司 …… 436
广东好帮手电子科技股份有限公司 … 534
重庆青山工业有限责任公司 …… 356
北京环驰车桥厂 …… 221
北京新峰天霁科技有限公司 …… 434
北京兴科迪科技有限公司 …… 434
北京锐意泰克汽车电子有限公司 …… 435
天津市神驰汽车零部件有限公司 …… 117
天津市格林利福新技术有限公司 …… 118
天津卡达克汽车高新技术公司 …… 118
天津津住汽车线束有限公司 …… 436
河北德纳V型轮有限公司 …… 120
河北踏岳车桥集团有限公司 …… 224
任丘飞翔汽车塑件有限公司 …… 368
廊坊华安汽车装备有限公司 …… 369
沈阳玄潭汽车部件有限公司 …… 125
阜新德尔汽车部件股份有限公司 …… 237
锦州锦恒汽车安全系统有限公司 …… 371
辽阳艺蒙织毯有限公司 …… 660
富奥伟世通汽车热交换(长春)有限公司 … 129
凯世曼东方铸造(长春)有限公司 …… 130
一汽东机工减振器有限公司 …… 237
东北工业集团有限公司 …… 240
长春力得汽车工程塑料制品有限公司 … 372
长春海德世汽车拉索有限公司 …… 447
哈尔滨东安实业发展有限公司 …… 131
牡丹江富通汽车空调有限公司 …… 374
上海众力汽车部件有限公司 …… 132
上海三国精密机械有限公司 …… 133
上海久田塑胶模具有限公司 …… 134
上海北特科技股份有限公司 …… 247
上海法雷奥汽车电机雨刮系统公司 … 376
上海陈立实业有限公司 …… 376
上海华申汽配制造有限公司 …… 376
上海吕巷汽车零部件有限公司 …… 379
上海盈田汽车零部件有限公司 …… 379
上海泖峰汽车塑料有限公司 …… 381
上海华特汽车配件有限公司 …… 382
上海航天汽车机电股份有限公司 …… 450
上海宇南汽车电器有限公司 …… 452
浙江胜华波汽车电器上海分公司 …… 454
上海申达无纺布制造有限公司 …… 564
上海核威滑动轴承制造有限公司 …… 569
上海劳伦茨橡胶制品有限公司 …… 570
富兰科华申汽车工具(上海)有限公司 … 662
上海申克机械有限公司 …… 693
上海通用电焊机股份有限公司 …… 694
上海ABB工程有限公司 …… 694
上海杜卡汽车设备有限公司 …… 696
江苏太平洋精锻科技股份有限公司 … 258
江苏畅通车业集团有限公司 …… 383
江苏文光集团有限公司 …… 387
常州昊邦汽车零部件有限公司 …… 387
常州华阳汽车附件有限公司 …… 388
常州市盛士达汽车空调有限公司 …… 388
江苏协诺汽车附件有限公司 …… 393
江阴协统汽车附件有限公司 …… 394
苏州新智机电工业有限公司 …… 394
苏州市万达汽车内饰件厂 …… 395
江苏奥顿车业有限公司 …… 397
江苏超力电器有限公司 …… 457
江苏超力集团 …… 457
常州民迪汽车配件有限公司 …… 460
大茂伟瑞柯车灯有限公司 …… 461
无锡共成控制线有限公司 …… 467
帝宝交通器材(昆山)有限公司 …… 470
常州腾龙汽车零部件股份有限公司 … 576
无锡新得宝金属软管有限公司 …… 578
辉创电子科技(苏州)有限公司 …… 663
无锡富瑞德精密机械有限公司 …… 700
浙江黎明发动机零部件有限公司 …… 156
恒勃控股股份有限公司 …… 162
万向集团公司 …… 261
万向系统有限公司 …… 262
万向钱潮等速驱动轴有限公司 …… 262
浙江向隆机械有限公司 …… 273
宁波三钻工业有限公司 …… 273
金华浩翔汽配有限公司 …… 292
宜兰汽车配件制造(平湖)有限公司 … 399
浙江天岳汽车电器有限公司 …… 498
国威科技有限公司 …… 503
宏达高科控股股份有限公司 …… 598
宁波胜利汽配有限公司 …… 604
浙江兴宇汽车零部件有限公司 …… 607
浙江万赛汽车零部件有限公司 …… 611
温州三联锻造有限公司 …… 615
芜湖三联锻造有限公司 …… 178
芜湖世特瑞转向系统有限公司 …… 302
安徽中鼎精工技术有限公司 …… 618
中鼎模具制造有限公司 …… 713
泉州国胜汽车部件实业有限公司 …… 415
福建省晋江市恒利塑料有限公司 …… 415
厦门歌乐电子企业有限公司 …… 510
福州富全橡胶有限公司 …… 620
厦门固特友橡胶股份有限公司 …… 621
江西方大长力汽车零部件有限公司 … 311
格特拉克(江西)传动系统有限公司 … 311
格特拉克(江西)传动系统南昌工厂 … 311
格特拉克(江西)传动系统于都工厂 … 312
格特拉克(江西)传动系统赣州工厂 … 312

江西新电汽车空调系统有限公司 …… 415
江西好帮手电子科技股份有限公司 … 511
山东只楚民营科技园股份有限公司 … 417
山东省泰安泰龙软轴软管厂 ………… 515
山东莱阳市昌誉密封产品有限公司 … 631
河南中轴中汇汽车零部件有限公司 … 196
河南省西峡汽车水泵股份有限公司 … 197
西峡县内燃机进排气管有限责任公司 … 197
河南省天阳铝合金车轮有限公司 …… 330
南阳淅减汽车减振器有限公司 ……… 333
郑州泰新汽车内饰件有限公司 ……… 418
理研汽车配件(武汉)有限公司 ……… 198
武汉万向汽车制动器有限公司 ……… 334
湖北恒隆汽车系统集团有限公司 …… 335
东风(十堰)汽车灯具有限公司 ……… 341
武汉源兴汽车配件有限公司 ………… 420
武汉万兴汽车零配件制造有限公司 … 420
金马汽车零部件制造有限公司 ……… 638
湖北茂鑫特种胶带有限公司 ………… 638
湖南江麓容大车辆传动有限责任公司 … 343
株洲齿轮有限责任公司 ……………… 343
美力特发动机汽车配件有限公司 …… 202
和瑞过滤器(深圳)有限公司 ………… 205
广东肇庆动力金属股份有限公司 …… 206
东莞明仕汽车零部件有限公司 ……… 206
湛江市华夏消声器有限公司 ………… 206
广东肇庆动力配件有限公司 ………… 207
广州六和桐生机械有限公司 ………… 345
广州市华南橡胶轮胎有限公司 ……… 346
珠海华粤离合器有限公司 …………… 347
四维尔丸井(广州)汽车零部件公司 … 423
广州汽车集团零部件有限公司 ……… 424
深圳市著牌实业有限公司 …………… 426
东莞广泽汽车饰件有限公司 ………… 427
广东多纳勒振华汽车系统有限公司 … 428
深圳市正鼎科技有限公司 …………… 529
深圳市索菱实业股份有限公司 ……… 530
东莞歌乐东方电子有限公司 ………… 532
广州旷达汽车织物有限公司 ………… 643
广州华德汽车弹簧有限公司 ………… 645
广州市中新塑料有限公司 …………… 645
申雅密封件(广州)有限公司 ………… 645
广州领业汽车用品有限公司 ………… 672
广州市来兴汽车配件有限公司 ……… 672
广东景中景工业涂装设备有限公司 … 720
柳州五菱柳机动力有限公司 ………… 209
柳州金鸿橡塑有限公司 ……………… 210
重庆万力联兴实业(集团)有限公司 … 214
重庆龙润汽车转向器有限公司 ……… 356
重庆集诚汽车电子有限公司 ………… 537
重庆益弘工程塑料制品有限公司 …… 652
中汽成都配件有限公司 ……………… 215
绵阳市万欣汽车配件有限公司 ……… 216
绵阳华晨瑞安汽车零部件有限公司 … 217
宜宾天工机械股份有限公司 ………… 218
四川建安工业有限责任公司 ………… 359
成都华川电装有限责任公司 ………… 539
成都有为科技有限公司 ……………… 539
贵阳万江航空机电有限公司 ………… 432
贵州华昌汽车电器有限公司 ………… 432
贵州华烽电器有限公司 ……………… 432
贵州贵航汽车零部件华阳电器公司 … 541
贵阳联洪合成材料厂 ………………… 656
陕西华兴汽车制动科技有限公司 …… 657

★ 天津一汽夏利

北方凌云工业集团有限公司 ………… 370
富奥汽车零部件股份有限公司 ……… 129
长春一汽富晟集团有限公司 ………… 238
联合汽车电子有限公司 ……………… 452
深圳市航盛电子股份有限公司 ……… 528
北京北内发动机零部件有限公司 …… 116
福耀集团北京福通安全玻璃有限公司 … 364
北京第三纺织机械有限公司 ………… 365
北京海纳川协众汽车空调有限公司 … 365
北京锐意泰克汽车电子有限公司 …… 435
北京八大处奥博科技发展有限公司 … 436
北京泰兴汽车配件制造有限公司 …… 545
爱三(天津)汽车部件有限公司 ……… 117
天津市神驰汽车零部件有限公司 …… 117
天津一汽夏利公司内燃机制造分公司 … 117
天津华瑞达汽车消声器有限公司 …… 118
天津市骏盛汽车油箱有限公司 ……… 118
天津市格林利福新技术有限公司 …… 118
天津中星汽车零部件有限公司 ……… 223
爱德克斯(天津)汽车零部件有限公司 … 223
普利司通(天津)轮胎有限公司 ……… 223
天津丰田汽车锻造部件有限公司 …… 223
天津丰津汽车传动部件有限公司 …… 223
天津天德减震器有限公司 …………… 224
天津天海同步科技股份有限公司 …… 224
天津市益中汽车安全带厂 …………… 365
天津三电汽车空调有限公司 ………… 366
天津华丰汽车装饰有限公司 ………… 366
天津津信汽车塑料制品有限公司 …… 366
天津国华塑胶有限公司 ……………… 366
天津盛洋汽车部件厂 ………………… 367
天津津住汽车线束有限公司 ………… 436
天津中发华冠机械有限公司 ………… 438
天津津河电工有限公司 ……………… 439
天津市斯巴克瑞电子技术有限公司 … 439
天津东海理化汽车部件有限公司 …… 440
天津杰士电池有限公司 ……………… 440
天津市油管厂 ………………………… 546
天津中发富奥弹簧有限公司 ………… 546
天津旷达汽车织物有限公司 ………… 547
三友(天津)高分子技术有限公司 …… 547
天津天和橡胶工业有限公司 ………… 547
天津滨海新区大港天力胶管有限公司 … 547
天津立洲五金弹簧有限公司 ………… 548
天津新罗油封橡塑制品有限公司 …… 548
天津市环宇橡塑股份有限公司 ……… 548
星宇中车科技有限公司 ……………… 549
天津七所高科技有限公司 …………… 686
津伦(天津)精密机械股份有限公司 … 686
天津鼎工机电设备制造有限公司 …… 686
邢台玉辉汽车缸盖制造有限公司 …… 121
力源活塞工业股份有限公司 ………… 122
河北宇龙传动轴有限公司 …………… 225
河北星月制动元件有限公司 ………… 225
唐山丞起汽车零部件有限公司 ……… 229
耐世特凌云驱动系统(涿州)有限公司 … 231
河北新朗玛汽车部件制造有限公司 … 232
石家庄市东华特种型材厂 …………… 367
东方久乐汽车安全气囊有限公司 …… 367
秦皇岛燕大汽车附件厂 ……………… 369
鑫悦塑料制品有限公司 ……………… 369
晋州市安达汽车配件有限公司 ……… 550
河北沧县汽车配件厂 ………………… 553
阜新德尔汽车部件股份有限公司 …… 237
辽阳金兴汽车内饰件有限公司 ……… 370
锦州锦恒汽车安全系统有限公司 …… 371
营口阿部配线有限公司 ……………… 444
锦州汉拿电机有限公司 ……………… 446
沈阳奥吉娜化工有限公司 …………… 556
辽阳康达塑胶树脂有限公司 ………… 557
一汽铸造有限公司铸造二厂 ………… 129
吉林汽车制动器厂 …………………… 238
长春塔奥金环汽车制品有限公司 …… 238
一汽光洋转向装置有限公司 ………… 238
蒂森克虏伯富奥汽车转向柱(长春)公司 … 239
长春一汽富维汽车零部件股份公司 … 371
一汽－法雷奥汽车空调有限公司 …… 371
吉林一汽实业东光汽车镜有限公司 … 371
盈佳科技(长春)有限公司 ………… 372
福耀集团长春有限公司 ……………… 372
长春旭阳工业(集团)股份有限公司 … 373
长春英利汽车部件有限公司 ………… 373
吉林省港德汽车内饰件制造有限公司 … 373
吉林小糸东光车灯有限责任公司 …… 447
吉林市吉达软轴有限公司 …………… 447
一汽铸造公司特种铸造厂 …………… 560
富奥汽车零部件公司紧固件分公司 … 562
长春盖尔瑞孚艾斯曼汽车零部件公司 … 660
黑龙江天有为电子有限责任公司 …… 448
上海万超汽车天窗有限公司 ………… 381
斯凯孚(上海)汽车技术有限公司 …… 571
无锡市月亮轴瓦有限公司 …………… 142
无锡威孚力达催化净化器有限公司 … 144
江苏太平洋精锻科技股份有限公司 … 258
南京奥特佳新能源科技有限公司 …… 382
苏州新智机电工业有限公司 ………… 394
丹阳市晶晶玻璃有限公司 …………… 458
常州民迪汽车配件有限公司 ………… 460
日本电产凯宇汽车电器(江苏)公司 … 461
常州市巨峰车灯厂 …………………… 463
苏州上声电子有限公司 ……………… 470
张家港孚冈合力电器有限公司 ……… 471
江苏天宝汽车电子有限公司 ………… 472
常州光洋轴承有限公司 ……………… 575
淮安市劲风橡塑有限公司 …………… 586
江苏卡威塑料制品有限公司 ………… 698
无锡富瑞德精密机械有限公司 ……… 700
浙江黎明发动机零部件有限公司 …… 156
浙江九隆机械有限公司 ……………… 161
温州瑞明工业股份有限公司 ………… 168
瑞安市华东锻造有限公司 …………… 172
万向系统有限公司 …………………… 262
宁波三钻工业有限公司 ……………… 273
浙江泰丰轴承有限公司 ……………… 278
浙江今飞凯达轮毂股份有限公司 …… 291
宁波惠山汽配制造有限公司 ………… 480

宁波兴慈热动电器有限公司 …… 481
浙江万超电器有限公司 …… 490
浙江天岳汽车电器有限公司 …… 498
宁波裕江特种胶带有限公司 …… 599
舟山市7412工厂 …… 605
浙江崇富橡塑有限公司 …… 610
温州市永昌汽车附件厂 …… 669
宁波合力模具科技股份有限公司 …… 709
芜湖航天汽车连杆有限公司 …… 178
芜湖东大汽车工业有限公司 …… 179
芜湖华翔汽配轴套有限公司 …… 618
福州南配活塞销有限公司 …… 180
莆田市英龙活塞环厂 …… 181
华闽南配集团股份有限公司 …… 181
厦门理研工业有限公司 …… 182
福州市华联汽车配件有限公司 …… 413
福建莱克石化有限公司 …… 623
山东鲁联机械制造有限公司 …… 186
滨州市鑫力活塞有限责任公司 …… 187
东营信义汽车配件有限公司 …… 316
山东玲珑轮胎股份有限公司 …… 322
青岛盛博机电有限公司 …… 326
烟台正海汽车内饰件有限公司 …… 416
烟台三环锁业集团公司轿车锁公司 …… 417
山东零公里石油化工有限公司 …… 625
水星汽车部件集团股份有限公司 …… 627
青岛信义汽车制动配件有限公司 …… 633
河南万向系统制动器有限公司 …… 329
三门峡戴卡轮毂制造有限公司 …… 333
西峡县西泵特种铸造有限公司 …… 333
襄樊航工制造有限公司 …… 199
湖北万向汽车零部件有限公司 …… 336
中航工业宇航救生装备有限公司 …… 421
湖北美标汽车制冷系统有限公司 …… 421
飞利浦汽车照明湖北有限公司 …… 519
湖北亿州微特电机有限公司 …… 520
辉门摩擦产品有限公司 …… 637
湖北派克密封件有限公司 …… 638
湖北回天新材料股份有限公司 …… 639
佛山市南海中南铝车轮制造有限公司 …… 348
佛山市帝盟汽车零部件有限公司 …… 349
恒威汽车动力转向器有限公司 …… 349
东莞山多力汽车配件有限公司 …… 427
广州维高集团有限公司 …… 523
重庆三爱海陵实业有限责任公司 …… 214
重庆长安离合器制造有限公司 …… 355
重庆博耐特实业(集团)有限公司 …… 538
重庆益弘工程塑料制品有限公司 …… 652
成都飞亚曲轴有限公司 …… 215
成都正恒动力配件有限公司 …… 215
四川红光汽车机电有限公司 …… 216
宜宾天工机械股份有限公司 …… 218
中车集团四川丹齿零部件有限公司 …… 358
成都华川电装有限责任公司 …… 539
四川航天烽火波纹软管工业公司 …… 655
贵州贵航汽车零部件股份有限公司 …… 656

★ 天津一汽丰田

北方凌云工业集团有限公司 …… 370
富奥汽车零部件股份有限公司 …… 129
上海小糸车灯有限公司 …… 456
大同精密金属(苏州)有限公司 …… 583
北京四维图新科技股份有限公司 …… 433
浙江骆氏减震件股份有限公司 …… 247
惠州华阳通用电子有限公司 …… 526
福耀集团北京福通安全玻璃有限公司 …… 364
北京福斯汽车电线有限公司 …… 436
北京聚菱燕塑料有限公司 …… 545
北京嘉禾兴产润滑油有限公司 …… 546
北京华夏通商科技发展有限公司 …… 659
易图通科技(北京)有限公司 …… 659
天津市神驰汽车零部件有限公司 …… 117
天津三五汽车部件有限公司 …… 117
爱三(天津)汽车部件有限公司 …… 117
天津丰田纺汽车部件有限公司 …… 118
马勒东炫滤清器(天津)有限公司 …… 119
爱德克斯(天津)汽车零部件有限公司 …… 223
天津中星汽车零部件有限公司 …… 223
普利司通(天津)轮胎有限公司 …… 223
捷太格特汽车部件(天津)有限公司 …… 223
天津艾达自动变速器有限公司 …… 223
天津客车桥有限公司 …… 223
天津丰津汽车传动部件有限公司 …… 223
天津电装空调管路有限公司 …… 365
电装(天津)空调部件有限公司 …… 366
天津井上擁翔汽坼零部件有限公司 …… 366
东海化成(天津)汽车部品有限公司 …… 366
天津华丰汽车装饰有限公司 …… 366
天津富奥电装空调有限公司 …… 366
天津丰爱汽车座椅部件有限公司 …… 367
天津英泰汽车饰件有限公司 …… 367
爱信(天津)车身零部件有限公司 …… 367
天津津住汽车线束有限公司 …… 436
天津中发华冠机械有限公司 …… 438
电装(天津)汽车导航系统有限公司 …… 439
天津斯坦雷电气有限公司 …… 440
天津东海理化汽车部件有限公司 …… 440
天津杰士电池有限公司 …… 440
天津电装电子有限公司 …… 440
天津中发富奥弹簧有限公司 …… 546
天津市油管厂 …… 546
天津太平洋汽车部件有限公司 …… 546
天津丰田合成有限公司 …… 547
利富高(天津)精密树脂制品有限公司 …… 548
天津日石润滑油脂有限公司 …… 548
天津立洲五金弹簧有限公司 …… 548
天津提爱思塑料制品有限公司 …… 549
唐山爱信齿轮有限责任公司 …… 229
唐山龙润机械有限公司 …… 229
共和兴塑胶(廊坊)有限公司 …… 369
河北迎辉汽车电器有限公司 …… 441
容城来福灯泡有限公司 …… 443
河北盛世集团凌云铸造模具有限公司 …… 687
沈阳中航飞汽车部件制造有限公司 …… 234
大连固特异轮胎有限公司 …… 235
大连原田工业有限公司 …… 444
营口阿部配线有限公司 …… 444
锦州汉拿电机有限公司 …… 446
大连光洋瓦轴汽车轴承有限公司 …… 559
沈阳三丰电气有限公司 …… 688
一汽丰田(长春)发动机有限公司 …… 130
一汽东机工减振器有限公司 …… 237
长春塔奥金环汽车制品有限公司 …… 238
长春一汽富维汽车零部件股份有限公司 …… 371
长春力得汽车工程塑料制品有限公司 …… 372
福耀集团长春有限公司 …… 372
长春英利汽车部件有限公司 …… 373
吉林新立德部件有限公司 …… 373
长春海德世汽车拉索有限公司 …… 447
白城金事达电气有限公司 …… 448
长春依多科化工有限公司 …… 560
长春一汽实业合成材料有限公司 …… 562
一汽模具制造有限公司 …… 690
长春一汽蓝迪自动化工程有限公司 …… 690
哈尔滨固泰电子有限责任公司 …… 448
上海众力汽车部件有限公司 …… 132
上海科尔本施密特活塞有限公司 …… 132
上海保隆汽车科技股份有限公司 …… 135
上海北特科技股份有限公司 …… 247
宁波华翔电子股份有限公司 …… 377
上海延锋江森座椅有限公司 …… 378
上海三井复合塑料有限公司 …… 379
上海辉碟车镜有限公司 …… 379
麦格纳唐纳利(上海)汽车系统公司 …… 379
上海盈田汽车零部件有限公司 …… 379
上海华特汽车配件有限公司 …… 382
美特斯工业系统(中国)有限公司 …… 449
上海金亭汽车线束有限公司 …… 450
东来涂料技术(上海)有限公司 …… 571
上海兴盛密封垫有限公司 …… 571
斯凯孚(上海)汽车技术有限公司 …… 571
上海和光模具有限公司 …… 696
宝密浸渗机械(上海)有限公司 …… 697
日环汽车零部件制造(仪征)公司 …… 139
凯迩必液压工业(镇江)有限公司 …… 140
凯迩必机械工业(镇江)有限公司 …… 249
富士和机械工业(昆山)有限公司 …… 255
欧德克斯机械工业(常熟)有限公司 …… 255
昆山六丰机械工业有限公司 …… 255
住友橡胶(常熟)有限公司 …… 256
江苏太平洋精锻科技股份有限公司 …… 258
苏州五洲塑件有限公司 …… 385
常州市盛士达汽车空调有限公司 …… 388
无锡井上华光汽车部件有限公司 …… 393
江苏红光汽车配件有限公司 …… 459
常州市巨峰车灯厂 …… 463
江苏江洲汽车部件有限公司 …… 574
常州威士顿有限公司 …… 575
普利司通(常州)汽车配件有限公司 …… 576
三樱(无锡)汽车部件有限公司 …… 578
精密烧结合金(无锡)有限公司 …… 579
苏州工业园区富事达塑业有限公司 …… 582
张家港迪克汽车化学品有限公司 …… 663
苏州亚兴汽车用品有限公司 …… 663
江苏新洋复合纤维制品有限公司 …… 663
辉创电子科技(苏州)有限公司 …… 663
常州市武进涂装设备制造厂有限公司 …… 699
无锡市蓝力机床有限公司 …… 702
浙江黎明发动机零部件有限公司 …… 156
大江(玉环)机械制造有限公司 …… 159
浙江万丰奥威汽轮股份有限公司 …… 268
万丰奥特控股集团有限公司 …… 268

宁波井上华翔汽车零部件有限公司 …… 399
宁波帅特龙集团有限公司 …… 400
慈溪市福尔达实业有限公司 …… 401
宁波华翔集团股份有限公司 …… 402
宁波继峰汽车零部件有限公司 …… 402
浙江环方汽车电器有限公司 …… 486
宁波亚大汽车管件有限公司 …… 599
永康永强汽配有限公司 …… 611
金丰(中国)机械工业有限公司 …… 708
安庆帝伯格茨缸套有限公司 …… 179
安庆帝伯格茨活塞环有限公司 …… 180
合肥立洲五金弹簧有限公司 …… 616
莆田市英龙活塞环厂 …… 181
厦门理研工业有限公司 …… 182
协富光洋(厦门)机械工业有限公司 …… 306
捷太格特转向系统(厦门)有限公司 …… 306
福建仙游闽仙汽车电器有限公司 …… 508
立洲(福建)弹簧有限公司 …… 620
福州福裕橡塑工业有限公司 …… 620
济南凯德汽车零部件有限公司 …… 184
济南沃德汽车零部件有限公司 …… 185
大丰工业(烟台)有限公司 …… 190
山东丰达汽车内饰有限公司 …… 416
烟台首钢东星集团有限公司 …… 417
烟台三环锁业集团公司轿车锁公司 …… 417
曲阜天博集团 …… 515
奔腾汽车检测维修设备制造有限公司 …… 714
济南中正金码科技有限公司 …… 714
信阳贝恩银光活塞销有限公司 …… 197
湖北中航精机科技股份有限公司 …… 421
湖北法雷奥车灯有限公司 …… 518
东风富士汤姆森调温器有限公司 …… 518
湖南机油泵股份有限公司 …… 202
广汽丰田发动机有限公司 …… 204
佛山丰田纺织汽车零部件有限公司 …… 207
广东肇庆动力配件有限公司 …… 207
四维尔丸井(广州)汽车零部件公司 …… 423
广州林骏汽车内饰件有限公司 …… 425
丰爱(广州)汽车座椅部件有限公司 …… 426
东莞山多力汽车配件有限公司 …… 427
东莞精刻电子有限公司 …… 532
湖北法雷奥车灯有限公司佛山分公司 …… 533
金发科技股份有限公司 …… 643
深圳安必成橡胶制品有限公司 …… 647
东莞井上建上汽车部件有限公司 …… 649
广州市汇邦科技发展有限公司 …… 672
广州市蓝彩汽车用品有限公司 …… 675
深圳车卫士电子有限公司 …… 676
中兴汽车用品有限公司 …… 679
广东东箭汽车用品制造有限公司 …… 679
广州市云驰机械有限公司 …… 720
惠州市美林模具有限公司 …… 722
深圳市腾科系统技术有限公司 …… 722
重庆华孚工业股份有限公司 …… 210
重庆光大产业有限公司 …… 212
重庆恒伟林汽车零部件有限公司 …… 653
宜宾天工机械股份有限公司 …… 218

★ 东风汽车公司

中国石油润滑油公司 …… 543
中信戴卡股份有限公司 …… 230
北方凌云工业集团有限公司 …… 370
河北亚大汽车塑料制品有限公司 …… 555
哈尔滨东安汽车发动机制造有限公司 …… 131
东风电子科技股份有限公司 …… 449
联合汽车电子有限公司 …… 452
上海小糸车灯有限公司 …… 456
博世汽车柴油系统股份有限公司 …… 143
江苏皓月汽车锁股份有限公司 …… 394
浙江亚太机电股份有限公司 …… 261
浙江万安科技股份有限公司 …… 267
瑞立集团有限公司 …… 295
浙江稳达减振器有限公司 …… 296
浙江三花汽车零部件股份有限公司 …… 398
山东同创汽车散热装置股份有限公司 …… 194
山东金麒麟股份有限公司 …… 627
许昌远东传动轴股份有限公司 …… 332
湖北三环离合器有限公司 …… 336
东风汽车车轮有限公司 …… 341
湖北开特汽车电子电器系统股份公司 …… 518
深圳市航盛电子股份有限公司 …… 528
内江金鸿曲轴有限公司 …… 218
浙江骆氏减震件股份有限公司 …… 247
浙江世宝控股集团有限公司 …… 259
东风汽车零部件(集团)有限公司 …… 338
桂林福达集团有限公司 …… 209
重庆青山工业有限责任公司 …… 356

华北地区

北京绿创环保设备股份有限公司 …… 117
北京光华荣昌汽车零部件(集团)公司 …… 365
北京中材汽车复合材料有限公司 …… 365
环宇赛尔新能源科技有限公司 …… 433
北京锐意泰克汽车电子有限公司 …… 435
北京天山新材料技术股份有限公司 …… 543
北京金汇利应用化工制品有限公司 …… 544
北京天元奥特橡塑有限公司 …… 545
壳牌统一(北京)石油化工有限公司 …… 546
北京机器人及薄钢技术研究中心 …… 684
北京数码大方科技股份有限公司 …… 684
北京瑞科恒业喷涂技术有限公司 …… 685
北京宝克测试系统有限公司 …… 685
北京世茂机电科技有限公司 …… 686
天津卡达克汽车高新技术公司 …… 118
爱德克斯(天津)汽车零部件有限公司 …… 223
天津市金稳通车轮有限公司 …… 224
天津天海同步科技股份有限公司 …… 224
高田(天津)汽配制造有限公司 …… 367
天津五洲元通实业有限公司 …… 438
天津市新阳电子有限公司 …… 438
天津市斯巴克瑞电子技术有限公司 …… 439
天津力神电池股份有限公司 …… 439
天津滨海新区大港天力胶管有限公司 …… 547
天津市润生塑胶制品有限公司 …… 547
天津七所高科技有限公司 …… 686
石家庄市东方轴瓦有限公司 …… 119
石家庄金刚凯源动力科技有限公司 …… 120
河北瑞丰动力缸体有限公司 …… 120
石家庄北汽发动机备件有限公司 …… 120
清河县诚旭汽车零部件厂 …… 121
河北亿利滤清器有限公司 …… 121
河北博业橡胶制品科技有限公司 …… 121
清河县京津胶管有限公司 …… 121
沧州新旺汽车散热器制造有限公司 …… 122
沧州宇通塑业有限公司 …… 122
河北博陵摩擦材料有限公司 …… 225
河北程杰汽车转向机制造有限公司 …… 225
邢台众力汽车配套有限公司 …… 226
河北省隆尧县宝琛汽车配件厂 …… 226
河北天马交通机械制造有限公司 …… 227
河北省沧县恒通汽车配件厂 …… 227
沧州纳川机械配件有限公司 …… 227
沧州市鑫业汽车配件有限公司 …… 227
新河县龙驰汽车部件制造有限公司 …… 227
河北雅佳驰汽车零部件制造有限公司 …… 228
河北前锋机器有限责任公司 …… 229
亚新科美联制动技术(廊坊)有限公司 …… 229
唐山爱信齿轮有限责任公司 …… 229
河北劲速车轮有限公司 …… 229
香河海潮制件有限公司 …… 230
秦皇岛兴龙轮毂有限公司 …… 230
定州市天力钢板弹簧有限公司 …… 231
保定市格瑞机械有限公司 …… 231
保定金龙汽车同步器齿环有限公司 …… 231
张家口市元强锻压有限公司 …… 232
河北新朗玛汽车部件制造有限公司 …… 232
定州市孟生球铁有限公司 …… 232
霸州市汇行塑胶制品有限公司 …… 369
涿州市盛弘机械有限责任公司 …… 370
石家庄华北蓄电池有限公司 …… 440
清河县万通拉索胶业有限公司 …… 441
保定巨威电器有限公司 …… 443
河北亚太塑料制品有限公司 …… 550
河北华特汽车部件有限公司 …… 550
河北威县盛达密封件有限公司 …… 551
黄骅市交通汽车配件有限公司 …… 554
沧县运通机动车管路制造厂 …… 554
河北亚大集团 …… 555
河间市恒良弓卡子厂 …… 555
重汽集团大同齿轮有限公司 …… 124
山西成功淮海发动机有限公司 …… 124
山西汤荣汽车配件制造集团有限公司 …… 232
榆次液压集团有限公司 …… 232
双喜轮胎工业股份有限公司 …… 232
中信机电车桥有限责任公司 …… 232
长治液压有限公司 …… 233

东北地区

沈阳航天三菱汽车发动机有限公司 …… 126
大连创新齿轮箱制造有限公司 …… 127
沈阳林凯汽车制动有限公司 …… 234
辽宁省熊岳四通重型车部件厂 …… 235
大连液压件有限公司 …… 235
丰田工机(大连)有限公司 …… 235
辽宁衡业汽车新材股份有限公司 …… 235
凤城市曙光汽车半轴有限责任公司 …… 236
朝阳浪马轮胎有限责任公司 …… 237
阜新德尔汽车部件股份有限公司 …… 237
辽阳金兴汽车内饰件有限公司 …… 370
沈阳市游龙汽车配件制造有限公司 …… 444
锦州华圣启明电机电器有限公司 …… 446
铁岭华晨橡塑制品有限公司 …… 557

大连汇鑫塑料制品厂 …… 558
锦州金石汽车制动配件制造有限公司 … 559
本溪钢铁集团有限公司 …… 559
长春一汽四环发动机制造有限公司 … 129
吉林大华机械制造有限公司 …… 130
长春市二发汽车备品有限公司 …… 238
天合富奥商用车转向器(长春)公司 … 239
东北工业集团有限公司 …… 240
长春市建邦汽车零部件有限公司 …… 240
长春市汇锋汽车齿轮股份有限公司 …… 240
吉林圆方机械集团有限公司 …… 241
公主岭安宝有限责任公司 …… 241
长春海德世汽车拉索有限公司 …… 447
吉林航盛电子有限公司 …… 447
长春吉利轴承集团有限公司 …… 560
吉林省白山市金铃轴承厂 …… 562
吉林龙山有机硅集团有限公司 …… 562
大安正太轴承有限公司 …… 562
公主岭轴承厂 …… 563
长春机械科学研究院有限公司 …… 691
牡丹江富通汽车空调有限公司 …… 374
佳木斯润通轴承有限公司 …… 563

华东地区

上海弗列加滤清器有限公司 …… 133
上海华森散热器有限公司 …… 137
上海科曼车辆部件系统股份有限公司 … 247
上海智源汽车部件有限公司 …… 247
上海镁镁合金压铸有限公司 …… 247
双桦控股有限公司 …… 375
上海申达股份有限公司 …… 375
上海霍富汽车锁具有限公司 …… 376
上海加冷松芝汽车空调股份有限公司 … 376
上海岱美汽车内饰件有限公司 …… 377
上海飞利环球汽车零部件有限公司 … 378
高田(上海)汽配制造有限公司 …… 380
上海中欧汽车零部件有限公司 …… 380
上海耀华大中新材料有限公司 …… 380
上海万超汽车天窗有限公司 …… 381
美特斯工业系统(中国)有限公司 …… 449
上海浦东车灯有限公司 …… 451
上海赛露达汽车部件有限公司 …… 452
浙江胜华波汽车电器上海分公司 …… 454
上海汽车粉末冶金有限公司 …… 564
上海大裕橡胶制品有限公司 …… 565
上海新封高科贸有限公司 …… 565
上海东风汽车专用件有限责任公司 … 568
上海特强汽车紧固件有限公司 …… 568
上海金力泰化工股份有限公司 …… 568
上海四明橡塑制品有限公司 …… 568
上海底特精密紧固件有限公司 …… 569
上海核威滑动轴承制造有限公司 …… 569
上海申克机械有限公司 …… 693
上海紫燕模具工业有限公司 …… 693
上海 ABB 工程有限公司 …… 694
上海明兴开城超音波科技有限公司 … 695
南京飞燕活塞环股份有限公司 …… 139
江苏鑫通汽车部件有限公司 …… 140
常柴股份有限公司 …… 140
无锡市霍尔斯特汽车部件有限公司 … 144
无锡市锡联柴油机制造有限公司 …… 144
飞得滤机(苏州)有限公司 …… 146
江苏科力普汽车部件有限公司 …… 147
扬州五亭桥缸套有限公司 …… 147
江苏春光汽车配件有限公司 …… 147
江苏嘉和热系统股份有限公司 …… 147
扬州群发换热器有限公司 …… 148
潍柴动力扬州柴油机有限责任公司 … 148
扬州金叶水箱有限公司 …… 148
扬州市长运汽车油箱制造有限公司 … 148
南通长江汽车配件制造有限公司 …… 149
南京轴承有限公司 …… 248
南京东华汽车转向器有限公司 …… 249
江苏联升汽车部件有限公司 …… 249
江苏上齿集团有限公司 …… 251
江苏骏宇汽配有限公司 …… 251
无锡格尔顿传动轴有限公司 …… 252
江苏恒力制动器制造有限公司 …… 253
苏州市润升金属氧化有限公司 …… 253
苏州虎丘汽车配件有限公司 …… 253
江阴全华丰精锻有限公司 …… 253
东风汽车传动轴有限公司苏州分公司 … 254
苏州东风汽车离合器有限公司 …… 254
富士和机械工业(昆山)有限公司 …… 255
江苏名豪汽车零部件有限公司 …… 257
盐城恒昌汽车配件有限公司 …… 257
江苏追日汽车同步器有限公司 …… 258
江苏罡阳股份有限公司 …… 258
江苏黄海汽配股份有限公司 …… 259
江苏汤臣汽车零部件有限公司 …… 259
南京际华三五二一特种装备有限公司 … 382
南京台兴汽车零部件制造有限公司 … 383
南京丽德塑料有限责任公司 …… 383
江苏锐光车业有限公司 …… 384
丹阳市华升汽车部件有限公司 …… 384
江苏天洋集团有限公司 …… 384
丹阳市惠风车辆配件厂 …… 385
江苏江龙科技发展有限公司 …… 385
江苏天和汽配有限公司 …… 386
江苏卡威汽配有限公司 …… 386
常州昊邦汽车零部件有限公司 …… 387
江苏省丹阳市东兴汽配有限公司 …… 387
常州市峰日车辆配件有限公司 …… 387
句容市东升汽车附件有限公司 …… 387
句容联泰机电有限公司 …… 387
江苏文光集团有限公司 …… 387
常州新泉汽车内饰件有限公司 …… 388
常州市盛士达汽车空调有限公司 …… 388
常州市宇达汽车配件有限公司 …… 388
常州市明宇交通器材有限公司 …… 389
常州市瑞悦车业有限公司 …… 390
常州市曙光车业有限公司 …… 391
江苏力乐汽车部件股份有限公司 …… 392
常州气弹簧有限公司 …… 392
江苏裕华汽车零部件有限公司 …… 393
江苏协诺汽车附件有限公司 …… 393
江阴模塑集团有限公司 …… 394
江阴协统汽车附件有限公司 …… 394
苏州中成汽车空调压缩机有限公司 … 395
苏州市万达汽车内饰件厂 …… 395
昆山佳利亚汽车零部件有限公司 …… 395
扬州市邗江扬子汽车内饰件有限公司 … 396
江苏精达车辆附件制造有限公司 …… 396
张家港市牡丹汽车附件有限公司 …… 396
江苏铁锚玻璃股份有限公司 …… 397
南京三维汽车电器有限公司 …… 456
丹阳市东港灯具有限公司 …… 458
丹阳市晶晶玻璃有限公司 …… 458
丹阳谊善车灯设备制造有限公司 …… 458
江苏新通达电子科技股份有限公司 … 458
丹阳格铃汽配有限公司 …… 459
丹阳市伯良灯具厂 …… 459
丹阳市天龙车灯镀膜有限公司 …… 459
江苏常诚汽车部件有限公司 …… 460
常州必能信汽车电器有限公司 …… 460
常州新华陵汽车电器有限公司 …… 460
常州星宇车灯股份有限公司 …… 461
常州市五一灯具有限公司 …… 463
常州市南挂车辆部件有限公司 …… 463
常州恒达汽车零部件制造有限公司 … 464
江苏凯灵汽车电器有限公司 …… 465
无锡神速汽车电器有限公司 …… 466
苏州汽车电器制造有限公司 …… 468
帝宝交通器材(昆山)有限公司 …… 470
江苏亚泰机电有限公司 …… 473
江苏兴龙金属制品股份有限公司 …… 473
南京七四二五橡塑有限责任公司 …… 572
南京晨光集团有限责任公司 …… 572
江苏龙蟠科技股份有限公司 …… 573
扬中市华日密封件有限公司 …… 574
镇江飞亚轴承有限责任公司 …… 574
常州威士顿有限公司 …… 575
常州光洋轴承有限公司 …… 575
常州市解放滚针轴承厂 …… 576
常州市武进鸿程汽车配件有限公司 … 577
江苏容天乐机械股份有限公司 …… 577
无锡新得宝金属软管有限公司 …… 578
无锡市梦立化工有限公司 …… 579
江苏中通汽车内饰材料有限公司 …… 579
无锡市百合花胶粘剂厂有限公司 …… 580
无锡市德昶精密铸造有限公司 …… 580
江阴天祥塑化制带有限公司 …… 581
江苏恒明汽车配件制造有限公司 …… 582
苏州金诚轴承有限公司 …… 582
苏州轴承厂股份有限公司 …… 583
苏州温橡特种橡胶有限公司 …… 585
淮安市劲风橡塑有限公司 …… 586
江苏振华密封工业有限公司 …… 587
泰州长力树脂管有限公司 …… 587
南京科润工业介质股份有限公司 …… 697
江苏卡威塑料制品有限公司 …… 698
沛鑫史宾纳数控机床(南京)有限公司 … 698
常州市大众涂装设备有限公司 …… 699
钴领(常州)工具有限公司 …… 699
无锡星维激光科技有限公司 …… 700
无锡富瑞德精密机械有限公司 …… 700
苏州苏净安发空调有限公司 …… 702
无锡市蓝力机床有限公司 …… 702
江苏中大工业涂装环保有限公司 …… 705
鑫之宇涂装工业有限公司 …… 705
扬州捷迈锻压机械有限公司 …… 706
杭州佳诺滤清器有限公司 …… 150
杭州萧闻曲轴有限公司 …… 151

杭州萧象内燃机配件有限公司 ……… 151
杭州萧山汽车滤清器有限公司 ……… 151
浙江精盾汽车零件制造有限公司 …… 152
浙江普礼汽配制造有限公司 ………… 153
湖州佳士汽车配件有限公司 ………… 153
慈溪市玉龙汽车风叶有限公司 ……… 155
宁波洛卡特汽车零部件有限公司 …… 155
浙江黎明发动机零部件有限公司 …… 156
浙江银轮机械股份有限公司 ………… 157
玉环县强力件制造厂 ……………… 158
玉环县现代汽车配件厂 …………… 158
玉环飞宇汽车配件制造有限公司 …… 160
浙江金华航宇汽配制造有限公司 …… 162
浙江昊洋机动车部件有限公司 ……… 164
温州车舟汽车部件有限公司 ………… 166
浙江华森散热器制造有限公司 ……… 166
浙江一超散热器有限公司 ………… 168
浙江东原机车部件有限公司 ………… 169
浙江美星热交换科技有限公司 ……… 172
温州风光机车部件有限公司 ………… 172
瑞安市邦众汽车部件有限公司 ……… 173
乐清市华东电子汽配厂 …………… 174
浙江双环传动机械股份有限公司 …… 259
杭州汽车部件有限公司 …………… 259
杭州神风汽车配件有限公司 ………… 259
杭州余杭正达机械有限公司 ………… 260
杭州汇丰车桥有限公司 …………… 260
万向集团公司 ………………………… 261
杭州前进齿轮箱集团股份有限公司 … 261
杭州亚太特必克汽车制动系统公司 … 261
杭州正强万向节有限公司 ………… 261
杭州中亚万向节有限公司 ………… 262
杭州琳达汽配有限公司 …………… 263
杭州胜华汽车配件有限公司 ………… 263
杭州万兴汽车零部件公司 ………… 263
浙江万达汽车方向机有限公司 ……… 264
杭州萧山万通汽配制造有限公司 …… 264
杭州华东转向节有限公司 ………… 264
杭州创佳汽车零部件有限公司 ……… 264
浙江金固股份有限公司 …………… 264
浙江工正汽车配件厂 ……………… 265
浙江诸暨市三木汽车零部件厂 ……… 265
浙江双祥汽配制造有限公司 ………… 265
中外合资浙江东港液压机械有限公司 … 265
诸暨市恒泰汽车部件有限公司 ……… 266
浙江三中机械有限公司 …………… 266
浙江诸暨万宝机械有限公司 ………… 266
浙江中伟实业集团有限公司 ………… 266
浙江诸暨市乐洋机械有限公司 ……… 266
怀创汽车零部件有限公司 ………… 266
诸暨市长荣机械有限公司 ………… 266
浙江长泰机械有限公司 …………… 267
绍兴金江机械有限公司 …………… 267
绍兴天顺汽配有限公司 …………… 267
索密克汽车配件有限公司 ………… 267
绍兴美特驰汽车配件有限公司 ……… 267
绍兴驰达汽车配件制造有限公司 …… 267
嘉兴四通车轮股份有限公司 ………… 269
嘉兴峰牌钢圈有限公司 …………… 269
嘉兴嘉嘉汽车零部件制造有限公司 … 269
嘉兴新中南汽车零部件有限公司 …… 269
浙江雄鹰机电有限公司 …………… 270
浙江前锦离合器有限公司 ………… 270
宁波优适捷传动件有限公司 ………… 271
宁波南方减震器制造有限公司 ……… 272
余姚市新兴制动元件有限公司 ……… 273
宁波神丰汽车部件有限公司 ………… 274
宁波神丰汽车制动系统有限公司 …… 274
余姚市吉顺汽车零部件有限公司 …… 274
宁波合力汽车零部件有限公司 ……… 275
宁波沃特汽车部件有限公司 ………… 275
浙江省世泰实业有限公司 ………… 276
玉环联合汽车部件有限公司 ………… 279
玉环威宇汽车部件有限公司 ………… 279
浙江玉发汽配有限公司 …………… 279
隆中控股集团有限公司 …………… 279
玉环金泰汽车部件有限公司 ………… 280
浙江耐士伦机械有限公司 ………… 280
浙江鑫溢机械有限公司 …………… 281
浙江万邦汽车动力系统有限公司 …… 282
浙江奥缔机械制造有限公司 ………… 282
玉环县东海汽车配件厂 …………… 282
玉环县东风汽车配件厂 …………… 283
玉环登福机械有限公司 …………… 283
玉环荣达机械有限公司 …………… 285
台州中圣汽车零部件有限公司 ……… 285
玉环县威龙汽车零部件制造有限公司 … 286
玉环郑氏机械有限责任公司 ………… 287
浙江华邦机械有限公司 …………… 288
浙江玉环伟盛机械有限公司 ………… 289
台州大川机电有限公司 …………… 289
玉环振奋汽车配件厂 ……………… 290
浙江东风齿轮有限公司 …………… 292
浙江吉峰齿轮有限公司 …………… 292
浙江万里扬变速器股份有限公司 …… 292
金华汤齿齿轮箱有限公司 ………… 292
金华市詹士汽车配件有限公司 ……… 292
浙江金齿机械有限公司 …………… 292
浙江永康市通用机电制造有限公司 … 293
瑞立汽车液压制动有限公司 ………… 294
浙江安固汽车配件有限公司 ………… 294
温州玛斯特汽车悬挂总成有限公司 … 295
浙江华明汽车制动器有限公司 ……… 295
浙江恒力制动阀有限公司 ………… 296
浙江龙纪汽车零部件有限公司 ……… 297
浙江森森汽车零部件有限公司 ……… 297
浙江中铁机车部件有限公司 ………… 297
瑞安市超欧汽配有限公司 ………… 297
浙江中昌汽车零部件有限公司 ……… 298
浙江中宝实业控股股份有限公司 …… 398
宁波飞翔兴业汽配有限公司 ………… 399
宁波明望汽车饰件有限公司 ………… 400
宁波华德汽车零部件有限公司 ……… 401
宁波乾方汽车配件有限公司 ………… 401
温岭市寰宇汽车配件有限公司 ……… 402
温州市蓝天汽车零部件有限公司 …… 405
浙江超达汽车配件有限公司 ………… 405
浙江正东机车部件有限公司 ………… 405
中欧汽车电器有限公司 …………… 406
浙江万里安全器材有限公司 ………… 406
瑞安市华宇汽车电器有限公司 ……… 406
瑞安市华欧织带有限公司 ………… 407
鑫田集团有限公司 ………………… 408
瑞安市名冠电气有限公司 ………… 408
浙江诚义达汽车部件有限公司 ……… 410
乐清市金星汽车安全带有限公司 …… 411
杭州人人集团有限公司 …………… 474
杭州富阳恒泰汽车电器有限公司 …… 475
杭州广安汽车电器有限公司 ………… 475
浙江钱杨软轴软管有限公司 ………… 475
杭州南华汽车配件有限公司 ………… 475
浙江汽车仪表有限公司 …………… 476
宁波东风暖风机厂 ………………… 479
宁波高发汽车控制系统股份有限公司 … 479
宁波汽车软轴软管有限公司 ………… 479
宁波海高利汽车电器制造有限公司 … 480
宁波市北仑明州机电制造有限公司 … 484
宁波正耀汽车电器有限公司 ………… 484
玉环鑫锦泓机械制造有限公司 ……… 485
台州通达机电有限公司 …………… 485
宁波华甬汽车零部件有限公司 ……… 485
浙江天翀车灯集团有限公司 ………… 486
浙江环方汽车电器有限公司 ………… 486
浙江嘉利(丽水)工业有限公司 ……… 488
浙江正泰汽车零部件有限公司 ……… 489
浙江万超电器有限公司 …………… 490
温州雷曼汽车电器有限公司 ………… 491
温州市智通汽车配件有限公司 ……… 493
瑞安市戴立汽车电器有限公司 ……… 494
瑞安市金鹏电器厂 ………………… 495
温州超航机电有限公司 …………… 495
浙江亚伯兰电器有限公司 ………… 498
瑞安市佳鸿伟业汽车电器有限公司 … 498
温州盛诺汽车电器有限公司 ………… 499
瑞安市亚瑞汽车电器有限公司 ……… 500
南洋汽摩集团有限公司 …………… 500
胜华波集团有限公司 ……………… 500
浙江瑞鹏汽车电器有限公司 ………… 501
温州沪宏汽车电器有限公司 ………… 502
浙江星普汽车配件有限公司 ………… 503
温州益能电器有限公司 …………… 503
黄河汽配集团有限公司 …………… 503
国威科技有限公司 ………………… 503
杭州钱江摩擦材料有限公司 ………… 589
杭州弹簧有限公司 ………………… 589
浙江萧山固陵汽配有限公司 ………… 590
浙江久运车辆部件有限公司 ………… 590
临安东方滑动轴承有限公司 ………… 592
杭州立久汽车零部件有限公司 ……… 593
万安汽车工程塑料有限公司 ………… 594
浙江科达利实业有限公司 ………… 594
浙江佳华机械实业有限公司 ………… 594
浙江峰威机械有限公司 …………… 594
浙江企成机械集团有限公司 ………… 594
浙江玉环南方机械制造厂 ………… 594
宁波亚大汽车管件有限公司 ………… 599
慈溪市鸣石汽车配件厂 …………… 600
宁波四维尔工业股份有限公司 ……… 601
余姚市恒威卡箍有限公司 ………… 602
岱山县威尔密封件有限公司 ………… 605
舟山市恒顺密封件有限公司 ………… 605
舟山市海山密封材料有限公司 ……… 605
浙江铁马科技股份有限公司 ………… 606

临海市奇升橡塑制品有限公司 ········ 606
浙江赛阳密封件有限公司 ··············· 607
浙江兴宇汽车零部件有限公司 ·········· 607
仙居县润丰汽车零部件制造有限公司 ··· 608
浙江环荣汽车部件有限公司 ············ 609
台州创阳机械有限公司 ················· 609
浙江玉环三普机械有限公司 ············ 609
人本集团有限公司 ······················ 612
浙江科马摩擦材料股份有限公司 ······ 612
温州法兰特机械有限公司 ·············· 613
新潮集团股份有限公司 ················· 613
瑞安市东风汽车标准件有限公司 ······ 614
泰顺县白云橡胶有限公司 ·············· 616
杭州鼎盛科技仪器有限公司 ············ 707
浙江恒立数控科技股份有限公司 ······ 707
宁波神通模塑有限公司 ················· 708
温岭市装配设备成套有限公司 ········· 709
宁波合力模具科技股份有限公司 ······ 709
浙江台州黄岩震雄模具有限公司 ······ 710
滨海模塑集团有限公司 ················· 710
浙江黄岩大成模具有限公司 ············ 710
陶氏模具集团 ··························· 710
安徽开乐专用车辆股份有限公司 ········ 74
合肥威尔燃油系统有限责任公司 ······ 175
合肥恒信汽车发动机部件有限公司 ··· 175
蚌埠金威滤清器有限公司 ·············· 176
曼胡默尔昊业滤清器(蚌埠)有限公司 ··· 176
蚌埠市瑞泰汽配制造有限公司 ········· 176
蚌埠市宏发滤清器有限公司 ············ 177
安徽全柴动力股份有限公司 ············ 177
芜湖美达机电实业有限公司 ············ 179
安徽艾可蓝环保股份有限公司 ········· 180
安徽安凯福田曙光车桥有限公司 ······ 299
合肥力威汽车油泵有限公司 ············ 299
合肥宽信机电有限公司 ················· 300
北泰汽车底盘系统(安徽)有限公司 ··· 300
六安江淮汽车齿轮制造有限公司 ······ 301
芜湖万通汽车部件有限公司 ············ 302
铜陵万象汽车零部件有限公司 ········· 304
安徽盛隆铸业有限公司 ················· 304
安徽省小小科技股份有限公司 ········· 304
安徽岳塑汽车工业有限公司 ············ 305
安徽天祥空调科技有限公司 ············ 412
芜湖万迪孚汽车部件有限公司 ········· 412
安徽文鼎机械有限公司 ················· 413
合肥邦立电子股份有限公司 ············ 505
合肥通宇电子有限责任公司 ············ 505
芜湖市博顿汽车零部件厂 ·············· 506
合肥常青机械股份有限公司 ············ 616
安庆市汇通汽车部件有限公司 ········· 616
安徽省宿州市蔡氏铸造有限责任公司 ··· 617
安徽威德汽车零部件制造有限公司 ··· 619
亚新科噪声与振动技术(安徽)有限公司 ··· 619
合肥压力机械有限责任公司 ············ 712
合肥海德数控液压设备有限公司 ······ 712
莆田市英龙活塞环厂 ··················· 181
福建东亚机械有限公司 ················· 181
威兰(泉州)汽车零部件有限公司 ······ 182
泉州市双塔汽车零件有限公司 ········· 182
福建台亚汽车工业有限公司 ············ 305
泉州鲤城福辉汽车配件有限公司 ······ 306
泉州恒劲机械有限公司 ················· 307
福建省石狮市同兴齿轮有限公司 ······ 309
福建明佳机械科技股份有限公司 ······ 309
中恒通(福建)机械制造有限公司 ······ 310
福建伍旗机械有限公司 ················· 310
福建畅丰车桥制造有限公司 ············ 310
福州和胜汽车配件有限公司 ············ 413
泉州国胜汽车部件实业有限公司 ······ 415
福建省仙游电机股份有限公司 ········· 508
福州小糸大亿车灯有限公司 ············ 508
福州富全橡胶有限公司 ················· 620
福建冠良汽车配件工业有限公司 ······ 620
厦门固特友橡胶股份有限公司 ········· 621
泉州市现代汽车配件有限公司 ········· 622
泉州市奇盛汽车配件有限公司 ········· 622
泉州市鲤城联发机械配件有限公司 ··· 622
福建田中机械科技股份有限公司 ······ 622
福建莱克石化有限公司 ················· 623
福建省通恒机械制造有限公司 ········· 624
格特拉克(江西)传动系统南昌工厂 ··· 311
江西省安源万向实业有限公司 ········· 311
江西方大长力汽车零部件有限公司 ··· 311
格特拉克(江西)传动系统有限公司 ··· 311
格特拉克(江西)传动系统赣州工厂 ··· 312
格特拉克(江西)传动系统于都工厂 ··· 312
江西吉安环中汽车零部件有限公司 ··· 312
江西江铃底盘股份有限公司 ············ 312
江西大吉汽车天线有限公司 ············ 511
宜春英龙橡胶有限公司 ················· 625
青岛海隆机械集团有限公司 ············· 81
山东东岳专用汽车制造有限公司 ········ 83
聊城奕车汽车机械设备有限公司 ······ 185
山东嘉鑫换热器有限公司 ·············· 186
山东润源实业有限公司 ················· 186
聊城市德通交通器材制造有限公司 ··· 186
龙口隆基三泵有限公司 ················· 191
莱阳市永安散热器有限公司 ············ 191
龙口中宇集团 ··························· 192
青岛东洋热交换器有限公司 ············ 193
泰安鼎鑫冷却器有限公司 ·············· 193
青岛双丰散热器有限公司 ·············· 193
山东光岳转向节有限责任公司 ········· 313
山东德方液压机械股份有限公司 ······ 314
兴源集团 ································ 317
山东奥戈瑞集团有限公司 ·············· 317
青州市建富齿轮有限公司 ·············· 319
三角集团有限公司 ······················ 320
山东泰丰汽车底盘制造有限公司 ······ 320
烟台鸿安实业有限公司 ················· 320
山东省威海市文峰集团有限公司 ······ 321
烟台美丰机械有限公司 ················· 321
荣成市黄海离合器有限公司 ············ 321
蓬莱宏升汽车配件有限公司 ············ 322
蓬莱天日聚氨酯有限公司 ·············· 322
龙口天兴工贸有限公司 ················· 322
青岛青特众力车桥有限公司 ············ 324
青岛方正机械集团有限公司 ············ 324
青岛金盛集团有限公司 ················· 325
青岛双星轮胎工业有限公司 ············ 325
青岛弘盛汽车配件有限公司 ············ 326
青岛华瑞汽车零部件股份有限公司 ··· 326
济宁精益轴承有限公司 ················· 327
山东蒙沃变速器有限公司 ·············· 327
山东省三利轮胎制造有限公司 ········· 327
济宁骏达机械制造有限公司 ············ 327
山东众力液压技术有限公司 ············ 328
山东丰达汽车内饰有限公司 ············ 416
荣成市爱士玻璃钢有限责任公司 ······ 417
山东旭日汽车饰件集团 ················· 418
济南鲁联汽车低温起动装置有限公司 ··· 512
山东鲁得贝车灯股份有限公司 ········· 512
山东聊城东岳电机有限公司 ············ 512
莱州市金声汽车电器有限公司 ········· 513
水星汽车部件集团股份有限公司 ······ 627
山东汽车弹簧厂有限公司 ·············· 627
滨州双峰石墨密封材料有限公司 ······ 627
莱州三王粉末冶金有限公司 ············ 628
山东华瑞丰机械有限公司 ·············· 629
莱州长和粉末冶金有限公司 ············ 629
山东荣成市荣威胶带有限公司 ········· 630
山东道恩高分子材料股份有限公司 ··· 631
青岛泰德汽车轴承股份有限公司 ······ 632
长岛高能聚氨酯有限公司 ·············· 632
青岛凯通(赛澳)密封件有限公司 ······ 633
青岛华冠密封工业有限公司 ············ 633
山东梁轴轴承有限公司 ················· 634
梁山亨通实业公司摩擦密封材料总厂 ··· 634
山东源根石油化工有限公司 ············ 634
莱芜永驰橡塑有限责任公司 ············ 634
临沂开元轴承有限公司 ················· 635
济南易恒技术有限公司 ················· 713
济南中正金码科技有限公司 ············ 714
烟台泰利汽车模具股份有限公司 ······ 714

华中地区

荥阳市银顺德内燃机配件有限公司 ··· 195
河南省荥阳市动力机配件厂 ············ 195
河南广瑞汽车部件股份有限公司 ······ 329
河南万向系统制动器有限公司 ········· 329
河南省宏源车轮有限公司 ·············· 330
林州市银桥机械制造有限公司 ········· 330
风神轮胎股份有限公司 ················· 330
安阳市东风钢板弹簧有限公司 ········· 331
安阳市天创汽车零部件有限公司 ······ 331
林州市合圆汽车制动器厂 ·············· 331
林州市富神汽车零部件有限公司 ······ 331
长葛市长交机械制造有限公司 ········· 332
驻马店中集华骏铸造有限公司 ········· 332
河南省长葛市劲翔汽车配件厂 ········· 332
许昌县鑫旭铸造机械有限责任公司 ··· 332
漯河世林鑫源汽配有限公司 ············ 332
洛阳华冠齿轮股份有限公司 ············ 333
郑州市金根汽车零部件有限公司 ······ 418
河南大井星光汽车零部件有限公司 ··· 418
河南开开特星光锁系统有限公司 ······ 418
新乡市豫新商用车空调股份有限公司 ··· 419
郑州跃博汽车电器有限公司 ············ 516
鹤壁欧派克电气有限公司 ·············· 517
河南邦德电子电器有限公司 ············ 517
鹤壁市恒泰电器有限公司 ·············· 517
洛阳黄河软轴控制器股份有限公司 ··· 517
天海雪城汽车电子(鹤壁)有限公司 ··· 517

河南斯凯特汽车管路有限公司 …… 636
辉县市建风弹簧厂 …… 636
河南英威东风机械制造有限公司 …… 636
南阳天一密封股份有限公司 …… 637
三门峡豫西机床有限公司 …… 717
襄阳新中昌专用汽车股份有限公司 …… 92
中航工业奥龙汽车有限公司 …… 92
东风神宇车辆有限公司 …… 110
荆州环宇汽车零部件有限公司 …… 198
英瑞杰汽车系统(武汉)有限公司 …… 198
理研汽车配件(武汉)有限公司 …… 198
襄樊市长源东谷实业有限公司 …… 199
马勒三环气门驱动(湖北)有限公司 …… 199
襄樊航工制造有限公司 …… 199
湖北华联泵业有限公司 …… 199
襄阳新恒星活塞环有限公司 …… 199
东风汽车股份有限公司铸造分公司 …… 199
襄阳京泰汽配有限责任公司 …… 199
湖北通达汽车零部件(集团)有限公司 …… 200
东风(十堰)发动机减震器有限公司 …… 200
东风锻造有限公司 …… 200
湖北富友热系统有限公司 …… 200
十堰新日汽车零部件有限公司 …… 200
十堰市车来车往汽车零部件有限公司 …… 200
东风汽车有限公司商用车发动机厂 …… 200
十堰诺克里奇科技有限公司 …… 200
十堰京凯达汽车零部件有限公司 …… 200
湖北福纳车业有限公司 …… 200
东风(十堰)发动机部件有限公司 …… 200
十堰楚欣达汽车部件制造有限公司 …… 201
东风汽车集团股份公司动力设备厂 …… 201
东风(十堰)通用铸造有限公司 …… 201
东风活塞轴瓦有限公司 …… 201
湖北丹江口志成铸造有限公司 …… 201
武汉富拉司特汽车零部件有限公司 …… 333
湖北东峻工贸有限公司 …… 334
钟祥市金祥汽车半轴有限公司 …… 334
东风钟祥汽车弹簧有限公司 …… 334
湖北东风钢板弹簧有限公司 …… 334
武汉市运发汽配制造有限公司 …… 334
湖北佳旺汽车制动系统制造有限公司 …… 334
仙桃市天轮机械有限公司 …… 335
湖北车桥有限公司 …… 335
湖北八宜汽车零部件有限公司 …… 335
湖北恒隆汽车系统集团有限公司 …… 335
沙市久隆汽车动力转向器有限公司 …… 335
荆州恒隆汽车零部件制造有限公司 …… 335
湖北亚川汽车齿轮集团有限公司 …… 335
湖北荆江源车桥有限责任公司 …… 335
湖北三众车桥有限责任公司 …… 335
湖北三环汽车方向机有限公司 …… 336
湖北金驰机器有限公司 …… 336
湖北万向汽车零部件有限公司 …… 336
湖北鄂钢驰久钢板弹簧有限公司 …… 336
湖北乘风汽车零部件有限公司 …… 336
湖北神风汽车弹簧有限公司 …… 336
湖北三环铸造股份有限公司 …… 337
北辰汽车转向系统有限公司 …… 337
湖北全力机械集团股份有限公司 …… 337
湖北力美制动元件有限公司 …… 337
湖北庆达科技有限责任公司 …… 337
东风德纳车桥有限公司 …… 337
南漳县鹏程汽车零部件有限公司 …… 338
东风专用汽车底盘(湖北)有限公司 …… 338
湖北三环车桥有限公司 …… 338
东风(十堰)汽车零部件有限公司 …… 338
湖北三环锻造有限公司 …… 338
十堰格润工贸有限公司 …… 338
美驰华阳汽车制动器有限公司 …… 338
老河口楚润科技(集团)有限公司 …… 338
十堰市金轮子车桥有限公司 …… 339
东风(十堰)汽车制动件有限公司 …… 339
东风汽车公司一中电气公司 …… 339
十堰市华迪汽车零部件有限公司 …… 339
十堰兆伟制动阀有限公司 …… 339
湖北大旗液压有限公司 …… 339
东风汽车变速箱有限公司 …… 339
十堰同创传动技术有限公司 …… 339
十堰市定红工贸有限公司 …… 340
十堰精制东风齿轮有限公司 …… 340
十堰东风汽车零部件制造有限公司 …… 340
十堰民生汽车零部件有限公司 …… 340
十堰巨名好特汽车备件制造有限公司 …… 340
东风(十堰)汽车灯具有限公司 …… 341
十堰市创时零部件有限公司 …… 341
十堰杰伦丰工贸有限公司 …… 341
十堰瑞程传动轴有限公司 …… 341
湖北万联达汽车零部件有限公司 …… 341
十堰湖桥实业有限公司 …… 341
东风车桥有限公司 …… 341
东风十堰汽车液压动力有限公司 …… 341
湖北十堰安凯汽车零部件有限公司 …… 341
十堰龙腾达工业有限公司 …… 341
十堰市郧齿汽车零部件有限公司 …… 342
东风(十堰)有色铸件有限公司 …… 342
十堰市德沃汽车零部件有限公司 …… 342
十堰凯琦铸造有限公司 …… 342
丹江口丹传汽车传动轴有限公司 …… 342
湖北星源科技有限公司 …… 342
湖北神力锻造有限责任公司 …… 342
湖北省华阳汽车拨叉股份有限公司 …… 342
双星东风轮胎有限公司 …… 342
东风电子科技公司汽车制动系统公司 …… 342
郧西县神风实业有限公司 …… 342
东风汽车精工齿轮厂 …… 343
东风贝洱热系统有限公司 …… 420
武汉东环车身系统有限公司 …… 420
十堰冠达汽车零部件有限公司 …… 421
东风(十堰)林泓汽车配套件有限公司 …… 421
湖北中航精机科技股份有限公司 …… 421
湖北美标汽车制冷系统有限公司 …… 421
老河口圣德汽车附件有限公司 …… 421
十堰正和车身有限公司 …… 421
湖北三环车身系统有限公司 …… 421
十堰市鑫亚车身部件有限公司 …… 421
湖北双鸥汽车工程塑料(集团)公司 …… 421
东风(十堰)汽车热交换器有限公司 …… 421
福耀玻璃(湖北)有限公司 …… 422
十堰市十金车箱有限责任公司 …… 422
东风伟世通(十堰)汽车饰件系统公司 …… 422
东风－派恩汽车铝热交换器有限公司 …… 422
十堰祯兴汽车热交换器有限公司 …… 422
十堰金泰丰汽车零部件有限公司 …… 422
三叶士林电机(武汉)有限公司 …… 517
武汉东江阀业制造有限公司 …… 518
湖北三环汽车电器有限公司 …… 518
飞利浦汽车照明湖北有限公司 …… 519
武汉汉升汽车传感系统有限责任公司 …… 519
湖北环宇车灯有限公司 …… 520
襄樊东风汽车电气有限责任公司 …… 520
湖北华龙车灯有限公司 …… 520
东风汽车电子有限公司 …… 520
十堰达峰软轴有限公司 …… 521
湖北新飞祥电子科技有限公司 …… 521
湖北天运汽车电器系统有限公司 …… 521
十堰市中生电器有限公司 …… 521
武汉旷达汽车织物有限公司 …… 637
东风嘉实多油品有限公司 …… 637
东风鸿泰武汉控股集团有限公司 …… 637
武汉市必达机电实业有限公司 …… 638
湖北派克密封件有限公司 …… 638
金马汽车零部件制造有限公司 …… 638
湖北鑫宝马弹簧有限公司 …… 638
湖北大帆汽车零部件有限公司 …… 639
湖北回天新材料股份有限公司 …… 639
襄樊金派汽车轴承有限公司 …… 639
襄樊胜嘉轴承有限公司 …… 639
新兴重工湖北三六一一机械有限公司 …… 639
襄樊航天化学动力总公司 …… 639
湖北天力奇新材料股份有限公司 …… 639
襄阳鹰牌荣华轴承有限公司 …… 639
襄阳汽车轴承股份有限公司 …… 639
襄阳精鑫电子设备制造有限公司 …… 640
枣阳中天摩擦片有限公司 …… 640
襄樊市乐太胶业有限公司 …… 640
枣阳华龙摩擦材料有限公司 …… 640
东风(十堰)气缸垫有限公司 …… 640
湖北飞龙摩擦密封材料股份有限公司 …… 640
东风实业公司喷涂冲压件分公司 …… 640
湖北省枣阳福星摩擦材料有限公司 …… 640
十堰风神汽车橡塑制品有限公司 …… 641
湖北亿德·赛襄轴承有限公司 …… 641
东森汽车密封件有限公司 …… 641
十堰九鹏摩擦材料有限公司 …… 641
十堰槐鹏工贸有限公司 …… 641
湖北十堰洪运轴承材料有限公司 …… 641
东风汽车悬架弹簧有限公司 …… 641
东风汽车公司(十堰)润滑油有限公司 …… 641
中南橡胶集团有限责任公司 …… 642
东风精密铸造有限公司 …… 642
十堰市汽车附件厂 …… 671
武汉汽车测试设备研究所有限公司 …… 717
东风汽车模具有限公司 …… 719
南岳电控(衡阳)工业技术有限公司 …… 202
湖南恒裕汽车零部件有限公司 …… 202
湖南安福气门股份有限公司 …… 202
株洲齿轮有限责任公司 …… 343
株洲易力达机电有限公司 …… 343
湖南易通汽车配件科技发展有限公司 …… 343
益阳康益机械发展有限公司 …… 344
湖南凌风车架有限责任公司 …… 344
湖南省重型离合器有限责任公司 …… 344
湖南长沙平头汽车车身制造厂 …… 422

湖南长沙榔黎汽车车身制造有限公司 …… 422
华达汽车空调(湖南)有限公司 …… 423
湖南奔陆车身制造有限公司 …… 423
邵阳通达汽车零部件制造有限公司 …… 423
长沙安瑞电子有限公司 …… 521
博世汽车部件(长沙)有限公司 …… 521
株洲湘火炬汽车灯具有限责任公司 …… 522
湖南博云汽车制动材料有限公司 …… 642
湖南长丰汽车内装饰有限公司 …… 671
长沙山河超声波技术有限公司 …… 719
长沙长泰机器人有限公司 …… 719
广州安达精密工业股份有限公司 …… 203
东莞市旗丰消声器有限公司 …… 205
广东四会实力连杆有限公司 …… 207
广州科密汽车制动技术开发有限公司 …… 345
广州溢滔钱潮减震科技股份有限公司 …… 345
广州市华南橡胶轮胎有限公司 …… 346
韶能集团韶关宏大齿轮有限公司 …… 346
江门市兴江转向器有限公司 …… 350
广州三兴精密模具塑料工程有限公司 …… 423
深圳市著牌实业有限公司 …… 426
珠海鸥顿气弹簧厂 …… 426
东莞山多力汽车配件有限公司 …… 427
东莞广泽汽车饰件有限公司 …… 427
东莞市艺展电子有限公司 …… 532
东莞歌乐东方电子有限公司 …… 532
佛山电器照明股份有限公司 …… 533
广州机械科学研究院胶业研究所 …… 643
惠州东风汽车零部件有限公司 …… 646
广东省汕头市第一轴承厂 …… 646
中国石化股份有限公司茂名分公司 …… 649
广州市力为技术有限公司 …… 721
广州今朝科技有限公司 …… 721
广州亨龙机电股份有限公司 …… 721
柳州江南轴瓦厂 …… 209
广西玉柴机器股份有限公司 …… 209
南宁八菱科技股份有限公司 …… 209
柳州金鸿橡塑有限公司 …… 210
广西方盛实业股份有限公司 …… 350
桂林星火机械制造有限公司 …… 350
万向钱潮(桂林)汽车底盘部件公司 …… 350
柳州市迅达汽车配件制造有限公司 …… 351
柳州市精锻方盛工业有限公司 …… 351
柳州克雷拉减振器有限公司 …… 351
柳州市方鑫汽车装饰件有限公司 …… 428
柳州远翅塑料有限公司 …… 429
柳州市汽车座椅有限公司 …… 429
柳州市中铨机械制造有限责任公司 …… 429
柳州柳新汽车冲压件有限公司 …… 429
柳州安泰方盛电气系统有限公司 …… 536
柳州市俊杰汽配制造有限公司 …… 652
柳州市顺五科技开发有限公司 …… 652
柳州福臻车体实业有限公司 …… 726

西南、西北地区

重庆凯瑞特种车有限公司 …… 102
四川银钢一通凸轮轴科技股份公司 …… 210
重庆华孚工业股份有限公司 …… 210
重庆汇浦液压动力制造有限公司 …… 210
重庆德格科技发展有限公司 …… 211
重庆华恩实业有限公司 …… 211
重庆海特汽车排气系统有限公司 …… 212
重庆东方滤清器有限公司 …… 212
重庆光大产业有限公司 …… 212
重庆文安机械有限公司 …… 213
重庆红旗缸盖制造有限公司 …… 214
重庆沃特尔粉末冶金有限公司 …… 214
重庆创鸿机电(轴承)有限公司 …… 352
重庆卡福汽车制动转向系统有限公司 …… 353
重庆大江美利信压铸有限责任公司 …… 353
綦江长风齿轮有限公司 …… 354
重庆红旗弹簧有限公司 …… 354
重庆传动轴股份有限公司 …… 354
重庆荆江汽车半轴有限公司 …… 354
重庆市渝电汽车弹簧有限公司 …… 355
南方天合底盘系统有限公司 …… 356
重庆精铁机械有限责任公司 …… 431
重庆瑞阳科技股份有限公司 …… 538
重庆海德世拉索系统(集团)有限公司 …… 538
重庆博耐特实业(集团)有限公司 …… 538
重庆万里新能源股份有限公司 …… 539
重庆开泰汽车零部件有限公司 …… 653
重庆华通机电技术有限公司 …… 653
重庆红宇摩擦制品有限公司 …… 654
重庆红宇汽车配件厂 …… 654
重庆高强度紧固件厂 …… 654
重庆千斤顶厂 …… 680
重庆数码模车身模具有限公司 …… 726
重庆华普精密机械有限责任公司 …… 726
重庆恒伟精密机械有限公司 …… 727
成都陵川车用油箱有限公司 …… 215
四川中自尾气净化有限公司 …… 216
成都嘉陵华西光学精密机械有限公司 …… 216
绵阳华晨瑞安汽车零部件有限公司 …… 217
四川川环科技股份有限公司 …… 217
四川宇良车辆配件有限公司 …… 218
四川宜宾普什汽车零部件有限公司 …… 218
成都市金蓉齿轮有限责任公司 …… 356
成都宁兴汽车弹簧有限公司 …… 356
四川宁江山川机械有限责任公司 …… 357
四川望锦机械有限公司 …… 357
成都川安机械有限公司 …… 357
成都九鼎科技(集团)有限公司 …… 357
成都兴光工业科技有限责任公司 …… 358
四川绵阳华驰方向机有限公司 …… 358
四川省雅安市羌江机械有限责任公司 …… 359
四川名齿齿轮制造有限公司 …… 359
四川绵阳德鑫机械有限公司 …… 359
四川建安工业有限责任公司 …… 359
泸州长江机械有限公司 …… 360
成都有为科技有限公司 …… 539
成都长迪传感技术有限公司 …… 539
绵阳市博蓝科技有限责任公司 …… 540
成都华德密封工业有限公司 …… 654
乐山大洋轴承有限公司 …… 655
成都焊研科技有限责任公司 …… 727
成都航天模塑股份有限公司 …… 727
成都成量工具集团有限公司 …… 728
昆明云内动力股份有限公司 …… 219
昆明方大春鹰板簧有限公司 …… 360
贵州航天红光机械制造有限公司 …… 360
贵州华昌汽车电器有限公司 …… 432
贵州天义汽车电器有限公司 …… 541
贵州贵航汽车零部件股份有限公司 …… 656
贵阳联洪合成材料厂 …… 656
贵州大众橡胶有限公司 …… 656
陕西法士特汽车传动集团有限公司 …… 361
陕西秦川汽车液压有限责任公司 …… 361
陕西汉德车桥有限公司 …… 361
陕西燎原液压股份有限公司 …… 362
秦川液压件厂 …… 362
西安航空制动科技有限公司 …… 362
陕西东铭车辆系统股份有限公司 …… 362
陕西奉航橡胶密封件有限责任公司 …… 657
秦川机床工具集团股份公司 …… 729
青海洁神曲轴有限责任公司 …… 220

★ 东风日产乘用车

延锋汽车饰件系统有限公司 …… 375
东风电子科技股份有限公司 …… 449
上海小糸车灯有限公司 …… 456
大同精密金属(苏州)有限公司 …… 583
山东厚丰汽车散热器有限公司 …… 194
许昌远东传动轴股份有限公司 …… 332
北京四维图新科技股份有限公司 …… 433
上海日用－友捷汽车电气有限公司 …… 449
北京福斯汽车电线有限公司 …… 436
北京聚菱燕塑料有限公司 …… 545
壳牌统一(北京)石油化工有限公司 …… 546
北京金奔腾汽车科技有限公司 …… 659
易图通科技(北京)有限公司 …… 659
天津井上擵翔汽车零部件有限公司 …… 366
现代高新电子(天津)有限公司 …… 439
天津斯坦雷电气有限公司 …… 440
天津杰士电池有限公司 …… 440
天津六合镁制品有限公司 …… 548
天津日石润滑油脂有限公司 …… 548
任丘飞翔汽车塑件有限公司 …… 368
共和兴塑胶(廊坊)有限公司 …… 369
容城来福灯泡有限公司 …… 443
丰田工机(大连)有限公司 …… 235
辽阳艺蒙织毯有限公司 …… 660
亿达日平机床有限公司 …… 689
法雷奥压缩机(长春)有限公司 …… 372
长春英利汽车部件有限公司 …… 373
吉林航盛电子有限公司 …… 447
哈尔滨岛田大鹏工业有限公司 …… 691
上海弗列加滤清器有限公司 …… 133
上海峰亚耐火保温材料有限公司 …… 133
上海贝尼汽车科技有限公司 …… 134
曼胡默尔滤清器(上海)有限公司 …… 137
萨克斯汽车零部件系统(上海)公司 …… 243
上海纳铁福传动轴有限公司 …… 244
上海怡飞柯精密机械有限公司 …… 246
上海北特科技股份有限公司 …… 247
上海延锋江森座椅有限公司 …… 378
麦格纳唐纳利(上海)汽车系统公司 …… 379
上海三盾汽车饰件有限公司 …… 380
上海昭和汽车配件有限公司 …… 380
上海日精仪器有限公司 …… 451
上海日轮汽车配件有限公司 …… 566
上海飞特亚空气过滤有限公司 …… 567

斯凯孚(上海)汽车技术有限公司 …… 571
富兰科华申汽车工具(上海)有限公司 … 662
上海和光模具有限公司 ………………… 696
上海杜卡汽车设备有限公司 ………… 696
上海卡宝汽车设备有限公司 ………… 696
宝密浸渗机械(上海)有限公司 ……… 697
仪征双环活塞环有限公司 …………… 139
日环汽车零部件制造(仪征)公司 …… 139
凯迩必液压工业(镇江)有限公司 …… 140
远轻铝业(中国)有限公司 …………… 146
采埃孚转向泵金城(南京)有限公司 … 248
凯迩必机械工业(镇江)有限公司 …… 249
丹阳市可达汽车配件有限公司 ……… 250
东机工汽车部件(苏州)有限公司 …… 254
富士和机械工业(昆山)有限公司 …… 255
正新橡胶(中国)有限公司 …………… 255
住友橡胶(常熟)有限公司 …………… 256
江苏黄海汽配股份有限公司 ………… 259
常州市盛士达汽车空调有限公司 …… 388
爱信(无锡)车身零部件有限公司 …… 392
法雷奥汽车安全系统(无锡)有限公司 … 393
无锡大昌机械工业有限公司 ………… 393
苏州新智机电工业有限公司 ………… 394
张家港合众汽车部件有限公司 ……… 396
康奈可(海门)车用空调压缩机公司 … 397
泰乙机械(张家港)有限公司 ………… 471
常州威士顿有限公司 ………………… 575
普利司通(常州)汽车配件有限公司 … 576
托普拉精密紧固件(常州)有限公司 … 576
三樱(无锡)汽车部件有限公司 ……… 578
隆意汽车配件制造(无锡)有限公司 … 580
江阴延利汽车饰件股份有限公司 …… 582
苏州金诚轴承有限公司 ……………… 582
张家港迪克汽车化学品有限公司 …… 663
江苏新沣复合纤维制品有限公司 …… 663
苏州亚兴汽车用品有限公司 ………… 663
南京爱维斯物流装备制造有限公司 … 697
南京永生焊接装备制造有限公司 …… 698
镇江东联仓储设备有限公司 ………… 698
常州市大众涂装设备有限公司 ……… 699
瑞顾克斯(常州)机械制造有限公司 … 699
无锡富瑞德精密机械有限公司 ……… 700
浙江雷贝斯散热器有限公司 ………… 152
临海市环流汽配制造有限公司 ……… 157
恒勃控股股份有限公司 ……………… 162
万丰奥特控股集团有限公司 ………… 268
宜兰汽车配件制造(平湖)有限公司 … 399
慈溪市振惠转向器后视镜有限公司 … 401
宁波继峰汽车零部件有限公司 ……… 402
台州法雷奥温岭汽车零部件有限公司 … 403
温州市丽豹汽车配件有限公司 ……… 406
宏达高科控股股份有限公司 ………… 598
宁波丰茂远东橡胶有限公司 ………… 602
宁波市天普橡胶科技有限公司 ……… 603
永康永强汽配有限公司 ……………… 611
亚新科噪声与振动技术(安徽)有限公司 … 619
中鼎模具制造有限公司 ……………… 713
协富光洋(厦门)机械工业有限公司 … 306
捷太格特转向系统(厦门)有限公司 … 306
福州和胜汽车配件有限公司 ………… 413
福州福光橡塑有限公司 ……………… 413
福建源光电装有限公司 ……………… 507
福州耐力电机有限公司 ……………… 508
福州帝都橡胶有限公司 ……………… 620
同致电子科技(厦门)有限公司 ……… 670
青岛富高科汽车配件有限公司 ……… 193
固恩治(青岛)工程橡胶有限公司 …… 632
奔腾汽车检测维修设备制造有限公司 … 714
豫北转向系统股份有限公司 ………… 329
郑州东风李尔泰新汽车座椅有限公司 … 418
郑州泰新汽车内饰件有限公司 ……… 418
新乡市豫新商用车空调股份有限公司 … 419
开封住成电装有限公司 ……………… 517
东风(十堰)发动机部件有限公司 …… 200
伟福科技工业(武汉)有限公司 ……… 333
武汉万宝井汽车部件有限公司 ……… 334
湖北八宜汽车零部件有限公司 ……… 335
东风伟世通汽车饰件系统有限公司 … 419
佛吉亚全兴(武汉)汽车座椅有限公司 … 419
武汉耀华安全玻璃有限公司 ………… 420
武汉中人瑞众汽车零部件有限公司 … 420
武汉源兴汽车配件有限公司 ………… 420
武汉万兴汽车零配件制造有限公司 … 420
佛吉亚(武汉)汽车座椅有限公司 …… 420
湖北中航精机科技股份有限公司 …… 421
东风伟世通(十堰)汽车饰件系统公司 … 422
武汉诚盛电子有限公司 ……………… 518
湖北法雷奥车灯有限公司 …………… 518
湖北三环汽车电器有限公司 ………… 518
武汉邦迪管路系统有限公司 ………… 637
十堰先锋零部件有限公司 …………… 641
广州马勒滤清系统有限公司 ………… 203
湛江德利车辆部件有限公司 ………… 206
加特可(广州)自动变速箱有限公司 … 344
广州恩梯恩裕隆传动系统有限公司 … 344
广州万宝井汽车部件有限公司 ……… 345
广州六和桐生机械有限公司 ………… 345
中博制动系统(广州)有限公司 ……… 345
广州日正弹簧有限公司 ……………… 345
东洋橡塑(广州)有限公司 …………… 346
中山富拉司特工业有限公司 ………… 349
四维尔丸井(广州)汽车零部件公司 … 423
广州富士机工汽车部件有限公司 …… 424
广州三叶电机有限公司 ……………… 424
广州汽车集团零部件有限公司 ……… 424
阿尔发(广州)汽车配件有限公司 …… 424
广州河西汽车内饰件有限公司 ……… 424
广州今仙电机工业有限公司 ………… 424
广州爱机汽车配件有限公司 ………… 424
广州林骏汽车内饰件有限公司 ……… 425
广州泰李汽车座椅有限公司 ………… 425
广州白木汽车零部件有限公司 ……… 425
东莞广泽汽车饰件有限公司 ………… 427
伟福科技工业(中山)有限公司 ……… 428
丰田合成(佛山)汽车部品有限公司 … 428
广州耐路志电机有限公司 …………… 523
广州小糸车灯有限公司 ……………… 524
惠州住成电装有限公司 ……………… 526
深圳市飞音科技有限公司 …………… 528
日立蓄电池(东莞)有限公司 ………… 532
湖北法雷奥车灯有限公司佛山分公司 … 533
广州三樱制管有限公司 ……………… 643
广州旷达汽车织物有限公司 ………… 643
广州卫亚汽车零部件有限公司 ……… 644
广州帕卡汽车零部件有限公司 ……… 644
广州优尼冲压有限公司 ……………… 644
广州三池汽车配件有限公司 ………… 644
广州东升机械有限公司 ……………… 644
广州丸顺汽车配件有限公司 ………… 645
广州市中新塑料有限公司 …………… 645
广州普利司通化工制品有限公司 …… 645
东莞井上建上汽车部件有限公司 …… 649
佛山名奥弹簧开发有限公司 ………… 649
广东鸿图科技股份有限公司 ………… 649
东莞井上福坤五金橡塑有限公司 …… 649
东普雷(佛山)汽车部件有限公司 …… 650
广州市来兴汽车配件有限公司 ……… 672
广州市汇邦科技发展有限公司 ……… 672
广州市蓝彩汽车用品有限公司 ……… 675
深圳车卫士电子有限公司 …………… 676
广东东箭汽车用品制造有限公司 …… 679
广州艾帕克汽车配件有限公司 ……… 720
广东景中景工业涂装设备有限公司 … 720
惠州市美林模具有限公司 …………… 722
肇庆市丰驰精密金属制品有限公司 … 724
爱思帝(重庆)驱动系统有限公司 …… 352
重庆恒伟林汽车零部件有限公司 …… 653
贵阳联洪合成材料厂 ………………… 656

★ 神龙汽车

北方凌云工业集团有限公司 ………… 370
河北亚大汽车塑料制品有限公司 …… 555
富奥汽车零部件股份有限公司 ……… 129
上海汇众萨克斯减振器有限公司 …… 243
华域三电汽车空调有限公司 ………… 375
延锋汽车饰件系统有限公司 ………… 375
东风电子科技股份有限公司 ………… 449
联合汽车电子有限公司 ……………… 452
江苏皓月汽车锁股份有限公司 ……… 394
浙江亚太机电股份有限公司 ………… 261
浙江三花汽车零部件股份有限公司 … 398
建新赵氏集团有限公司 ……………… 603
湖北三环离合器有限公司 …………… 336
湖北开特汽车电子电器系统股份公司 … 518
惠州市德赛西威汽车电子股份公司 … 526
深圳市航盛电子股份有限公司 ……… 528
四川川南减震器集团有限公司 ……… 358
北京市福斯特汽车装饰件厂 ………… 364
伟巴斯特东熙汽车配件(北京)公司 … 364
北京福斯汽车电线有限公司 ………… 436
北京万源瀚德汽车密封系统有限公司 … 544
易图通科技(北京)有限公司 ………… 659
北京北一法康生产线有限公司 ……… 685
北京瑞科恒业喷涂技术有限公司 …… 685
天津市益中汽车安全带厂 …………… 365
天津三电汽车空调有限公司 ………… 366
天津六合镁制品有限公司 …………… 548
河北德纳 V 型轮有限公司 …………… 120
石家庄北汽发动机备件有限公司 …… 120
承德苏垦银河连杆股份有限公司 …… 123
沙河市宏成汽车型材有限公司 ……… 368
廊坊华安汽车装备有限公司 ………… 369

河北迎辉汽车电器有限公司 …………… 441
石家庄泰明顿摩擦材料有限公司 …… 549
河北亚大集团 …………………………… 555
承德华远自动化设备有限公司 ……… 688
太原太航汽车电子有限公司 ………… 443
大连固特异轮胎有限公司 …………… 235
锦州锦恒汽车安全系统有限公司 …… 371
白城中一精锻股份有限公司 ………… 131
吉林汽车制动器厂 ……………………… 238
长春佛吉亚旭阳汽车内饰系统公司 … 371
长春博泽汽车部件有限公司 ………… 372
长春爱尔铃克铃尔有限公司 ………… 561
哈尔滨万宇科技股份有限公司 ……… 448
上海弗列加滤清器有限公司 ………… 133
上海贝尼汽车科技有限公司 ………… 134
上海保隆汽车科技股份有限公司 …… 135
曼胡默尔滤清器(上海)有限公司 …… 137
上海皮尔博格有色零部件有限公司 … 137
上海永红汽车零部件有限公司 ……… 137
上海欧雷法弹簧有限公司 …………… 243
延锋百利得(上海)汽车安全系统公司 … 244
上海神汇汽车转向器公司 …………… 244
上海纳铁福传动轴有限公司 ………… 244
上海萨克斯动力总成部件系统有限公司 … 246
上海北特科技股份有限公司 ………… 247
圣戈班安全玻璃(上海)有限公司 …… 374
圣戈班韩格拉斯世固锐特玻璃上海公司 … 375
上海霍富汽车锁具有限公司 ………… 376
上海三电汽车空调有限公司 ………… 377
上海德尔福汽车空调系统有限公司 … 377
上海汽车空调配件有限公司 ………… 377
上海延锋江森座椅有限公司 ………… 378
上海飞利环球汽车零部件有限公司 … 378
麦格纳唐纳利(上海)汽车系统公司 … 379
上海博迩森汽车配件有限公司 ……… 379
上海大众联翔汽车零部件有限公司 … 380
上海三盾汽车饰件有限公司 ………… 380
上海和达汽车配件有限公司 ………… 380
上海沏峰汽车塑料有限公司 ………… 381
佛吉亚(上海)汽车部件系统有限公司 … 381
上海法雷奥汽车电器系统有限公司 … 451
上海博泽电机有限公司 ……………… 454
上海新安电磁阀有限公司 …………… 455
上海天义汽车电器有限公司 ………… 455
科世达(上海)管理有限公司 ………… 455
上海申达无纺布制造有限公司 ……… 564
上海立新气体有限公司 ……………… 565
上海凯众材料科技股份有限公司 …… 566
上海杰事杰新材料(集团)股份公司 … 566
上海宝钢特钢股份有限公司 ………… 566
上海新上橡汽车胶管有限公司 ……… 568
上海特强汽车紧固件有限公司 ……… 568
上海东风汽车专用件有限责任公司 … 568
上海安吉铸造厂 ……………………… 571
上海华丰车用工具厂 ………………… 661
上海 ABB 工程有限公司 …………… 694
上海杜卡汽车设备有限公司 ………… 696
上海卡宝汽车设备有限公司 ………… 696
南京法雷奥离合器有限公司 ………… 249
无锡中策减震器有限公司 …………… 252
麦特达因(苏州)汽车部件有限公司 … 254
江苏黄海汽配股份有限公司 ………… 259
中航工业宏光空降装备有限公司 …… 382
南京台兴汽车零部件制造有限公司 … 383
句容联泰机电有限公司 ……………… 387
江苏文光车辆附件有限公司 ………… 387
常州市盛士达汽车空调有限公司 …… 388
常州市明宇交通器材有限公司 ……… 389
无锡市振华轿车附件有限公司 ……… 393
江苏协诺汽车附件有限公司 ………… 393
法雷奥汽车安全系统(无锡)有限公司 … 393
江南模塑科技股份有限公司 ………… 394
苏州新智机电工业有限公司 ………… 394
常熟市汽车饰件有限公司 …………… 395
江苏晨扬交通器材有限公司 ………… 457
常州民迪汽车配件有限公司 ………… 460
常州恒达汽车零部件制造有限公司 … 464
泰乙机械(张家港)有限公司 ………… 471
汉高(江苏)汽车零部件有限公司 …… 574
常州威士顿有限公司 ………………… 575
常州腾龙汽车零部件股份有限公司 … 576
常州朗博汽车零部件有限公司 ……… 578
无锡市振益轿车附件有限公司 ……… 580
无锡鹏德汽车配件有限公司 ………… 581
盖茨优霓塔传动系统(苏州)有限公司 … 583
捷通摩擦材料(昆山)有限公司 ……… 584
江苏森威精锻有限公司 ……………… 587
扬州保来得科技实业有限公司 ……… 587
江苏旷达汽车座套有限公司 ………… 662
江苏中联地毯有限公司 ……………… 663
无锡富瑞德精密机械有限公司 ……… 700
苏州工业园广福汽保机电设备公司 … 702
天奇自动化工程股份有限公司 ……… 702
苏州益群模具有限公司 ……………… 703
常熟明辉焊接器材有限公司 ………… 704
温州风光机车部件有限公司 ………… 172
万向集团公司 ………………………… 261
万向系统有限公司 …………………… 262
宁波拓普集团股份有限公司 ………… 275
今飞控股集团有限公司 ……………… 292
浙江中宝实业控股股份有限公司 …… 398
宜兰汽车配件制造(平湖)有限公司 … 399
宁波恒特汽车零部件有限公司 ……… 400
宁波鸿通汽车零部件有限公司 ……… 401
宁波华德汽车零部件有限公司 ……… 401
台州法雷奥温岭汽车零部件有限公司 … 403
温州市环球汽车衬垫有限公司 ……… 405
瑞安市胜凯汽车配件厂 ……………… 407
杭州人人集团有限公司 ……………… 474
杭州富阳恒泰汽车电器有限公司 …… 475
宁波精华电子科技有限公司 ………… 478
慈溪奥博汽车电器有限公司 ………… 481
浙江世纪华通集团股份有限公司 …… 595
宁波市天普橡胶科技有限公司 ……… 603
温州泰立汽车内饰材料有限公司 …… 612
嘉龙雕刻有限公司 …………………… 665
宁波神通模塑有限公司 ……………… 708
蚌埠金威滤清器有限公司 …………… 176
安庆帝伯格茨缸套有限公司 ………… 179
安庆帝伯格茨活塞环有限公司 ……… 180
安徽江南机械有限责任公司 ………… 411
安徽爱德夏汽车零部件有限公司 …… 411
鸿通汽车零部件(芜湖)有限公司 …… 412
温州市环球汽车衬垫公司芜湖分公司 … 413
安徽中鼎精工技术有限公司 ………… 618
安徽中鼎控股(集团)股份有限公司 … 618
安徽中鼎胶管制品有限公司 ………… 618
亚新科噪声与振动技术(安徽)有限公司 … 619
中鼎模具制造有限公司 ……………… 713
福州钜全汽车配件有限公司 ………… 180
福耀玻璃工业集团股份有限公司 …… 414
福州西诚电子有限公司 ……………… 507
江西同欣机械制造有限公司 ………… 184
南昌辉门密封件系统有限公司 ……… 624
济南凯德汽车零部件有限公司 ……… 184
济南沃德汽车零部件有限公司 ……… 185
山东常林铸业有限公司 ……………… 195
威海万丰奥威汽轮有限公司 ………… 320
烟台正海汽车内饰件有限公司 ……… 416
威海鸿祥汽车内饰件有限公司 ……… 417
佛吉亚(青岛)排气系统有限公司 …… 418
曲阜天博集团 ………………………… 515
固恩治(青岛)工程橡胶有限公司 …… 632
奔腾汽车检测维修设备制造有限公司 … 714
信阳贝恩银光活塞销有限公司 ……… 197
河南省西峡汽车水泵股份有限公司 … 197
西峡县内燃机进排气管有限责任公司 … 197
林州市银桥机械制造有限公司 ……… 330
南阳淅减汽车减振器有限公司 ……… 333
河南开开特星光锁系统有限公司 …… 418
新乡市豫新商用车空调股份有限公司 … 419
河南北方星光机电有限责任公司 …… 419
武汉亚普汽车部件有限公司 ………… 197
武汉佛吉亚通达排气系统有限公司 … 198
马勒三环气门驱动(湖北)有限公司 … 199
襄樊市长源东谷实业有限公司 ……… 199
东风(十堰)发动机部件有限公司 …… 200
湖北通达汽车零部件(集团)有限公司 … 200
东风汽车集团股份公司动力设备厂 … 201
东风活塞轴瓦有限公司 ……………… 201
武汉万向汽车制动器有限公司 ……… 334
蒂森克虏伯金属成型(武汉)有限公司 … 334
湖北东峻工贸有限公司 ……………… 334
仙桃市天轮机械有限公司 …………… 335
湖北恒隆汽车系统集团有限公司 …… 335
荆州恒隆汽车零部件制造有限公司 … 335
湖北车桥有限公司 …………………… 335
湖北万向汽车零部件有限公司 ……… 336
湖北庆达科技有限责任公司 ………… 337
东风汽车有限公司商用车铸造二厂 … 340
十堰巨名好特汽车备件制造有限公司 … 340
东风(十堰)有色铸件有限公司 ……… 342
东风伟世通汽车饰件系统有限公司 … 419
佛吉亚全兴(武汉)汽车座椅有限公司 … 419
武汉源兴汽车配件有限公司 ………… 420
武汉汉联汽车配件有限公司 ………… 420
东风贝洱热系统有限公司 …………… 420
武汉博泽汽车部件有限公司 ………… 420
武汉东环车身系统有限公司 ………… 420
武汉中人瑞众汽车零部件有限公司 … 420
武汉耀华安全玻璃有限公司 ………… 420
湖北三环车身系统有限公司 ………… 421
东风(十堰)汽车热交换器有限公司 … 421

湖北中航精机科技股份有限公司 …… 421
湖北双鸥汽车工程塑料(集团)公司 … 421
东风伟世通(十堰)汽车饰件系统公司 … 422
福耀玻璃(湖北)有限公司 …… 422
东风富士汤姆森调温器有限公司 …… 518
湖北三环汽车电器有限公司 …… 518
艾菲发动机零件(武汉)有限公司 …… 518
武汉诚盛电子有限公司 …… 518
湖北法雷奥车灯有限公司 …… 518
飞利浦汽车照明湖北有限公司 …… 519
湖北华龙车灯有限公司 …… 520
湖北环宇车灯有限公司 …… 520
襄樊东风汽车电气有限责任公司 …… 520
十堰市中生电器有限公司 …… 521
湖北新飞祥电子科技有限公司 …… 521
东风鸿泰武汉控股集团有限公司 …… 637
武汉邦迪管路系统有限公司 …… 637
东风嘉实多油品有限公司 …… 637
武汉旷达汽车织物有限公司 …… 637
辉门摩擦产品有限公司 …… 637
金马汽车零部件制造有限公司 …… 638
武汉市必达机电实业有限公司 …… 638
武汉博奇装饰布有限公司 …… 638
新兴重工湖北三六一机械有限公司 … 639
湖北天力奇新材料股份有限公司 …… 639
湖北回天新材料股份有限公司 …… 639
十堰先锋零部件有限公司 …… 641
东森汽车密封件有限公司 …… 641
中南橡胶集团有限责任公司 …… 642
武汉汽车测试设备研究所有限公司 … 717
武汉华夏精冲技术有限公司 …… 718
东风汽车模具有限公司 …… 719
湖南机油泵股份有限公司 …… 202
邵阳通达汽车零部件制造有限公司 … 423
博世汽车部件(长沙)有限公司 …… 521
中博制动系统(广州)有限公司 …… 345
佛山市南海中南铝车轮制造有限公司 … 348
广州三兴精密模具塑料工程有限公司 … 423
广东多纳勒振华汽车系统有限公司 … 428
广州索哥波灯具有限公司 …… 522
深圳市飞音科技有限公司 …… 528
东莞歌乐东方电子有限公司 …… 532
湖北法雷奥车灯有限公司佛山分公司 … 533
金发科技股份有限公司 …… 643
广州卫亚汽车零部件有限公司 …… 644
桂盟链条(深圳)有限公司 …… 647
中国石化股份有限公司茂名分公司 … 649
江门市本和机车配件实业有限公司 … 651
广州市来兴汽车配件有限公司 …… 672
广州市汇邦科技发展有限公司 …… 672
广州艾比埃金属制品有限公司 …… 674
深圳车卫士电子有限公司 …… 676
广东景中景工业涂装设备有限公司 … 720
重庆大江美利信压铸有限责任公司 … 353
重庆徐港电子有限公司 …… 536
重庆恒伟林汽车零部件有限公司 …… 653
伊斯沃(重庆)精密机械有限公司 …… 727
成都有为科技有限公司 …… 539
四川航天烽火波纹软管工业公司 …… 655
成都成量工具集团有限公司 …… 728
贵阳万江航空机电有限公司 …… 432
贵州华昌汽车电器有限公司 …… 432
贵州华烽电器有限公司 …… 432
贵州天义汽车电器有限公司 …… 541
贵州贵航汽车零部件华阳电器公司 … 541
贵州贵航汽车零部件股份有限公司 … 656

★ 东风悦达起亚

北方凌云工业集团有限公司 …… 370
北京北内发动机零部件有限公司 …… 116
北京大林万达汽车部件有限公司 …… 116
北京柳成新和汽车部件有限公司 …… 116
北京现代摩比斯变速器有限公司 …… 222
北京永信发谷汽车部件有限公司 …… 222
北京日进汽车系统有限公司 …… 222
汉拿伟世通汽车空调(北京)有限公司 … 364
北京白菊汽车部件有限公司 …… 543
马勒东炫滤清器(天津)有限公司 …… 119
万都(天津)汽车零部件有限公司 …… 224
天津丰星电子有限公司 …… 367
天津力神电池股份有限公司 …… 439
现代高新电子(天津)有限公司 …… 439
承德苏垦银河连杆股份有限公司 …… 123
三河因派克汽车部件有限公司 …… 443
承德润韩汽车零部件有限公司 …… 660
沈阳玄潭汽车部件有限公司 …… 125
沈阳新光华翔汽车发动机有限公司 … 125
锦州汉拿电机有限公司 …… 446
万都(哈尔滨)汽车底盘系统有限公司 … 242
上海弗列加滤清器有限公司 …… 133
上海三立汇众汽车零部件有限公司 … 247
圣戈班韩格拉斯世固锐特玻璃上海公司 … 375
上海华申汽配制造有限公司 …… 376
伟巴斯特车顶供暖系统(上海)公司 … 376
上海岱美汽车内饰件有限公司 …… 377
上海宏宝汽配有限公司 …… 378
福耀集团(上海)汽车玻璃有限公司 … 381
上海宇南汽车电器有限公司 …… 452
上海杰事杰新材料(集团)股份公司 … 566
上海福之来汽车标准件有限公司 …… 569
上海众安电器塑料有限公司 …… 571
上海宝山千斤顶总厂有限公司 …… 661
富兰科华申汽车工具(上海)有限公司 … 662
上海杜卡汽车设备有限公司 …… 696
南京南汽冲压件有限公司 …… 138
南京锦湖轮胎有限公司 …… 248
相信制动系统(无锡)有限公司 …… 251
万都(苏州)汽车底盘系统有限公司 … 254
句容联泰机电有限公司 …… 387
无锡明芳汽车部件工业有限公司 …… 393
苏州新智机电工业有限公司 …… 394
江苏摩比斯汽车零部件有限公司 …… 396
泰州市韩新汽车配件有限公司 …… 396
江苏超力集团 …… 457
江苏超力电器有限公司 …… 457
江苏新通达电子科技股份有限公司 … 458
苏州华昌机电有限公司 …… 469
常州威士顿有限公司 …… 575
和承汽车配件(太仓)有限公司 …… 585
江苏新洋复合纤维制品有限公司 …… 663
常州市武进涂装设备制造厂有限公司 … 699
靖江三鹏汽车模具制造有限公司 …… 702
江苏天骄汽车配套有限公司 …… 702
浙江雷贝斯散热器有限公司 …… 152
杭州德尔福汽车零部件有限公司 …… 260
宁波明望汽车饰件有限公司 …… 400
浙江环方汽车电器有限公司 …… 486
宁波圣龙(集团)有限公司 …… 598
浙江万豪模塑有限公司 …… 711
蚌埠市双环电子集团有限公司 …… 506
福州市华联汽车配件有限公司 …… 413
青岛富高科汽车配件有限公司 …… 193
荣成市黄海离合器有限公司 …… 321
佛吉亚(青岛)排气系统有限公司 …… 418
日照三宝汽车配件有限公司 …… 635
青岛三洋皮革有限公司 …… 671
广东瑞图万方科技股份有限公司 …… 535
成都飞亚曲轴有限公司 …… 215
中汽成都配件有限公司 …… 215

★ 东风本田

华域三电汽车空调有限公司 …… 375
东风电子科技股份有限公司 …… 449
大同精密金属(苏州)有限公司 …… 583
北京聚菱燕塑料有限公司 …… 545
天津鼎工机电设备制造有限公司 …… 686
丰田工机(大连)有限公司 …… 235
京滨大洋冷暖科技(大连)有限公司 … 370
大连原田工业有限公司 …… 444
亿达日平机床有限公司 …… 689
长春海德世汽车拉索有限公司 …… 447
上海延锋江森座椅有限公司 …… 378
上海特强汽车紧固件有限公司 …… 568
上海卡宝汽车设备有限公司 …… 696
飞得滤机(苏州)有限公司 …… 146
远轻铝业(中国)有限公司 …… 146
三樱(无锡)汽车部件有限公司 …… 578
苏州工业园区富事达塑业有限公司 … 582
江苏中联地毯有限公司 …… 663
无锡富瑞德精密机械有限公司 …… 700
宁波保税区提爱思泉盟内饰公司 …… 402
新星光电有限公司 …… 475
宁波市天普橡胶科技有限公司 …… 603
宁波合力模具科技股份有限公司 …… 709
安庆帝伯格茨活塞环有限公司 …… 180
福州耐力电机有限公司 …… 508
福州福裕橡塑工业有限公司 …… 620
江铃铸造厂 …… 624
奔腾汽车检测维修设备制造有限公司 … 714
信阳贝恩银光活塞销有限公司 …… 197
八千代工业(武汉)有限公司 …… 198
武汉金丰汽配有限公司 …… 198
理研汽车配件(武汉)有限公司 …… 198
武汉佛吉亚通达排气系统有限公司 … 198
江华机械有限公司 …… 199
伟福科技工业(武汉)有限公司 …… 333
东风汽车有限公司商用车铸造二厂 … 340
武汉艾帕克汽车配件有限公司 …… 419
东风伟世通汽车饰件系统有限公司 … 419
武汉源兴汽车配件有限公司 …… 420
武汉提爱思全兴汽车零部件有限公司 … 420

武汉泰极江森汽车座椅有限公司 …… 420
东风伟世通（十堰）汽车饰件系统公司 … 422
福耀玻璃（湖北）有限公司 …… 422
武汉住电电装有限公司 …… 519
武汉旷达汽车织物有限公司 …… 637
武汉丸顺汽车配件有限公司 …… 638
东风汽车模具有限公司 …… 719
长沙长泰机器人有限公司 …… 719
东风本田汽车零部件有限公司 …… 204
东莞京滨汽车电喷装置有限公司 …… 205
湛江德利车辆部件有限公司 …… 206
肇庆本田金属有限公司 …… 207
本田金属技术（佛山）有限公司 …… 208
八千代工业（中山）有限公司 …… 208
广州戴卡旭铝铸件有限公司 …… 345
广州昭和汽车零部件有限公司 …… 345
广州日正弹簧有限公司 …… 345
佛山富士离合器有限公司 …… 348
武藏精密汽车零部件（中山）有限公司 … 349
中山日信工业有限公司 …… 349
武藏汽车配件（中山）有限公司 …… 349
广州河西汽车内饰件有限公司 …… 424
广州今仙电机工业有限公司 …… 424
广州三叶电机有限公司 …… 424
广州汽车集团零部件有限公司 …… 424
爱信精机（佛山）车身零部件有限公司 … 427
广东多纳勒振华汽车系统有限公司 … 428
伟福科技工业（中山）有限公司 …… 428
广州耐路志电机有限公司 …… 523
深圳斯坦雷电气有限公司 …… 529
有信制造（中山）有限公司 …… 535
广州市海缝机械零件制造有限公司 … 642
广州市世达密封实业有限公司 …… 643
广州卫亚汽车零部件有限公司 …… 644
广州帕卡汽车零部件有限公司 …… 644
广州市中新塑料有限公司 …… 645
广东骏驰科技股份有限公司 …… 649
佛山市顺德乐星金属制品有限公司 … 650
丰田合成（佛山）橡塑有限公司 …… 651
广州市来兴汽车配件有限公司 …… 672
广州市汇邦科技发展有限公司 …… 672
广东景中景工业涂装设备有限公司 … 720
广州艾帕克汽车配件有限公司 …… 720
肇庆市丰驰精密金属制品有限公司 … 724
佛山优达佳汽配有限公司 …… 725
爱思帝（重庆）驱动系统有限公司 …… 352
成都天兴山田车用部品有限公司 …… 357
成都成量工具集团有限公司 …… 728

★ 上汽集团

中国石油润滑油公司 …… 543
中信戴卡股份有限公司 …… 230
上海汇众萨克斯减振器有限公司 …… 243
延锋汽车饰件系统有限公司 …… 375
华域三电汽车空调有限公司 …… 375
上海小糸车灯有限公司 …… 456
汇润机电有限公司 …… 165
瑞立集团有限公司 …… 295
山东同创汽车散热装置股份有限公司 … 194
北京四维图新科技股份有限公司 …… 433
浙江骆氏减震件股份有限公司 …… 247
山东滨州渤海活塞股份有限公司 …… 187
重庆青山工业有限责任公司 …… 356
北京弘大汽车空调散热器有限公司 …… 117
伟巴斯特东熙汽车配件（北京）公司 … 364
北京海纳川汽车部件公司北京分公司 … 364
北京兴科迪科技有限公司 …… 434
北京锐意泰克汽车电子有限公司 …… 435
北京金奔腾汽车科技有限公司 …… 659
西门子工厂自动化工程有限公司 …… 683
北京瑞科恒业喷涂技术有限公司 …… 685
北京宝克测试系统有限公司 …… 685
河北德纳V型轮有限公司 …… 120
河间市刘氏兄弟板簧附件有限公司 … 228
河北前锋机器有限责任公司 …… 229
廊坊华安汽车装备有限公司 …… 369
清河县万通拉索胶业有限公司 …… 441
晋州市安达汽车配件有限公司 …… 550
沈阳斯瓦特汽车零部件有限公司 …… 126
蒂森克虏伯发动机系统（大连）公司 … 127
大连捷太格特创新汽车部件有限公司 … 235
吉林大华机械制造有限公司 …… 130
天合富奥汽车安全系统（长春）公司 … 238
东北工业集团有限公司 …… 240
长春英利汽车部件有限公司 …… 373
长春盖尔瑞孚艾斯曼汽车零部件公司 … 660
哈尔滨万宇科技股份有限公司 …… 448
上海日野发动机有限公司 …… 134
上海幸福摩托车有限公司 …… 137
曼胡默尔滤清器（上海）有限公司 …… 137
延锋百利得（上海）汽车安全系统公司 … 244
双桦控股有限公司 …… 375
上海天合汽车安全系统有限公司 …… 375
上海法雷奥汽车电机雨刮系统公司 … 376
上海贝洱热系统有限公司 …… 377
宁波华翔电子股份有限公司 …… 377
上海赛科利汽车模具技术应用有限公司 … 377
上海博迩森汽车配件有限公司 …… 379
上海三井复合塑料有限公司 …… 379
上海大众联翔汽车零部件有限公司 … 380
上海耀华大中新材料有限公司 …… 380
延锋彼欧汽车外饰系统有限公司 …… 381
上海航空发动机制造股份有限公司 … 382
上海三智汽配实业有限公司 …… 449
上海新光汽车电器有限公司 …… 449
高田汽车电子（上海）有限公司 …… 449
上海安吉星信息服务有限公司 …… 450
上海宇南汽车电器有限公司 …… 452
上海海华传感器有限公司 …… 453
上海鹰击汽车部件有限公司 …… 454
浙江胜华波汽车电器上海分公司 …… 454
上海福太隆汽车电子科技有限公司 … 455
上海火焰复合布有限公司 …… 564
上海川航通用汽车零部件有限公司 … 566
海泰（浦泰）集团 …… 567
上海凯密特尔化学品有限公司 …… 567
上海旷达篷垫汽车内饰件有限公司 … 567
上海福之来汽车标准件有限公司 …… 569
上海底特精密紧固件有限公司 …… 569
上海众安电器塑料有限公司 …… 571
上海中国弹簧制造有限公司 …… 572
上海三和汽车橡塑件有限公司 …… 572
上海运良锻造实业有限公司 …… 572
上海多司自动化设备有限公司 …… 693
上海申克机械有限公司 …… 693
上海ABB工程有限公司 …… 694
扬州五亭桥缸套有限公司 …… 147
采埃孚转向泵金域（南京）有限公司 … 248
富士和机械工业（昆山）有限公司 …… 255
泰州市兴华齿轮制造有限公司 …… 258
高邮市新高明动力机械有限公司 …… 258
贺尔碧格东方齿轮（泰州）有限公司 … 258
江苏新昌汽车部件有限公司 …… 384
常州新泉汽车内饰件有限公司 …… 388
常州市盛士达汽车空调有限公司 …… 388
常州市明宇交通器材有限公司 …… 389
常州市瑞悦车业有限公司 …… 390
金坛市金鹏汽车座椅有限公司 …… 392
法雷奥汽车安全系统（无锡）有限公司 … 393
江苏旭顺东明汽配有限公司 …… 394
泰州劲松股份有限公司 …… 396
常州市五一灯具有限公司 …… 463
江苏凯灵汽车电器有限公司 …… 465
苏州汽车电器制造有限公司 …… 468
江苏旷达汽车织物集团股份有限公司 … 578
无锡新得宝金属软管有限公司 …… 578
和承汽车配件（太仓）有限公司 …… 585
泰州长力树脂管有限公司 …… 587
南京爱维斯物流装备制造有限公司 … 697
江苏舜天新盈轻工业有限公司 …… 698
江苏骠马智能装备股份有限公司 …… 699
无锡富瑞德精密机械有限公司 …… 700
天奇自动化工程股份有限公司 …… 702
苏州阿诺精密切削技术股份有限公司 … 702
苏州苏净安发空调有限公司 …… 702
昆山崇粲机械有限公司 …… 703
江苏振世达汽车模具有限公司 …… 705
南通常测机电设备有限公司 …… 706
嘉善嘉银汽车油箱厂 …… 153
浙江摩多巴克斯科技股份有限公司 … 154
恒勃控股股份有限公司 …… 162
万向集团公司 …… 261
索密克汽车配件有限公司 …… 267
嘉兴峰牌钢圈有限公司 …… 269
嘉兴嘉嘉汽车零部件制造有限公司 … 269
台州万洲机械有限公司 …… 279
瑞立汽车液压制动有限公司 …… 294
浙江迅达汽车部件有限公司 …… 295
温州天和汽车部件有限公司 …… 298
鑫田集团有限公司 …… 408
浙江汽车仪表有限公司 …… 476
宁波高发汽车控制系统股份有限公司 … 479
宁波汽车软轴软管有限公司 …… 479
宁波市鄞州雪利曼电子仪表有限公司 … 480
浙江天翀车灯集团有限公司 …… 486
国威科技有限公司 …… 503
浙江久运车辆部件有限公司 …… 590
浙江萧山固陵汽配有限公司 …… 590
浙江中达精密部件股份有限公司 …… 596
宁波永信汽车部件制造有限公司 …… 603
宁波东昊汽车部件有限公司 …… 604
宁波福耀汽车零部件有限公司 …… 605

浙江兴宇汽车零部件有限公司 ········ 607
仙居通用橡塑有限公司 ··················· 608
台州博昌机械有限公司 ··················· 609
浙江汇丰汽配制造有限公司 ············ 609
温岭市装配设备成套有限公司 ········ 709
蚌埠金威滤清器有限公司 ··············· 176
安庆帝伯格茨缸套有限公司 ··········· 179
安庆帝伯格茨活塞环有限公司 ········ 180
安徽省金阳铸造有限公司 ··············· 301
芜湖鑫业汽车零部件有限公司 ········ 302
安徽天祥空调科技有限公司 ··········· 412
大陆汽车电子(芜湖)有限公司 ········ 506
合肥压力机械有限责任公司 ··········· 712
福州西诚电子有限公司 ·················· 507
江西辉业曲轴连杆制造有限公司 ····· 184
江西方大长力汽车零部件有限公司 ··· 311
景德镇市通福实业有限公司 ··········· 415
潍坊众谊汽车配件有限公司 ··········· 188
天润曲轴股份有限公司 ·················· 190
烟台美丰机械有限公司 ·················· 321
烟台首钢东星集团有限公司 ··········· 417
莱州市金声汽车电器有限公司 ········ 513
威海万丰镁业科技发展有限公司 ····· 630
烟台亚通汽车零部件有限公司 ········ 631
青岛泰德汽车轴承股份有限公司 ····· 632
烟台泰利汽车模具股份有限公司 ····· 714
河南省西峡汽车水泵股份有限公司 ··· 197
南阳淅减汽车减振器有限公司 ········ 333
开封铁塔橡胶(集团)有限公司 ········ 637
荆州环宇汽车零部件有限公司 ········ 198
十堰达峰软轴有限公司 ·················· 521
湖南长沙平头汽车车身制造厂 ········ 422
深圳益宝实业有限公司 ·················· 205
广东德联集团股份有限公司 ··········· 650
广州市汇邦科技发展有限公司 ········ 672
深圳市豪恩电子科技股份有限公司 ··· 677
日东电子发展(深圳)有限公司 ········ 723
桂林瑞特试验机有限公司 ··············· 725
重庆华孚工业股份有限公司 ··········· 210
重庆海特汽车排气系统有限公司 ····· 212
重庆红旗缸盖制造有限公司 ··········· 214
重庆天谛倍进机电制造有限公司 ····· 352
重庆华普精密机械有限责任公司 ····· 726
绵阳华晨瑞安汽车零部件有限公司 ··· 217
四川宁江山川机械有限责任公司 ····· 357
成都兴光工业科技有限责任公司 ····· 358
四川广安光前集团有限公司 ··········· 359
成都华德密封工业有限公司 ··········· 654
成都成量工具集团有限公司 ··········· 728
云南西仪工业股份有限公司 ··········· 218
贵州贵航汽车零部件永红散热器公司 ··· 219
陕西汉德车桥有限公司 ·················· 361
西安航空制动科技有限公司 ··········· 362

★ 上汽大众

北方凌云工业集团有限公司 ··········· 370
风帆股份有限公司 ······················ 443
河北亚大汽车塑料制品有限公司 ······ 555
富奥汽车零部件股份有限公司 ········ 129
上海汇众萨克斯减振器有限公司 ····· 243
上海汽车制动系统有限公司 ·········· 248
延锋汽车饰件系统有限公司 ·········· 375
华域三电汽车空调有限公司 ·········· 375
上海汽车地毯总厂有限公司 ·········· 379
联合汽车电子有限公司 ················ 452
上海沪工汽车电器有限公司 ·········· 454
上海小糸车灯有限公司 ················ 456
江苏皓月汽车锁股份有限公司 ········ 394
浙江亚太机电股份有限公司 ·········· 261
建新赵氏集团有限公司 ················ 603
郎溪飞马工业织品有限公司 ·········· 413
惠州市德赛西威汽车电子股份公司 ··· 526
浙江骆氏减震件股份有限公司 ········ 247
上海日用－友捷汽车电气有限公司 ··· 449
信义集团 ································· 316

华北地区

伟巴斯特东熙汽车配件(北京)公司 ··· 364
北京兴科迪科技有限公司 ··············· 434
北京福斯汽车电线有限公司 ··········· 436
北京万源瀚德汽车密封系统有限公司 ··· 544
中国石化润滑油有限公司 ··············· 544
北京泰兴汽车配件制造有限公司 ····· 545
易图通科技(北京)有限公司 ··········· 659
西门子工厂自动化工程有限公司 ····· 683
北京泛川机电设备有限公司 ··········· 683
天津井上濮翔汽拆零部件有限公司 ··· 366
天津市油管厂 ····························· 546
天津鹏翎胶管股份有限公司 ··········· 547
天津七所高科技有限公司 ··············· 686
河北德纳 V 型轮有限公司 ·············· 120
石家庄北汽发动机备件有限公司 ····· 120
石家庄佳信汽车制动系统有限公司 ··· 224
石家庄市东华特种型材厂 ··············· 367
廊坊华安汽车装备有限公司 ··········· 369
河北迎辉汽车电器有限公司 ··········· 441
石家庄泰明顿摩擦材料有限公司 ····· 549
河北宏广橡塑金属制品有限公司 ····· 550
河北亚大集团 ····························· 555

东北地区

蒂森克虏伯发动机系统(大连)公司 ··· 127
天纳克－埃贝赫(大连)排气系统公司 ··· 127
京滨大洋冷暖科技(大连)有限公司 ··· 370
营口福斯油品有限公司 ·················· 558
大连光洋瓦轴汽车轴承有限公司 ····· 559
辽阳艺蒙织毯有限公司 ·················· 660
富奥汽车零部件股份公司泵业分公司 ··· 131
白城中一精锻股份有限公司 ··········· 131
天合富奥汽车安全系统(长春)公司 ··· 238
一汽富维汽车零部件公司车轮分公司 ··· 239
一汽－法雷奥汽车空调有限公司 ····· 371
盈佳科技(长春)有限公司 ············· 372
长春博泽汽车部件有限公司 ··········· 372
长春英利汽车部件有限公司 ··········· 373
大陆汽车电子(长春)有限公司 ······· 446
吉林航盛电子有限公司 ·················· 447
长春一汽联合压铸有限公司 ··········· 560
劳士领汽车配件(长春)有限公司 ····· 561
长春恩福油封有限公司 ·················· 561
长春爱尔铃克铃尔有限公司 ··········· 561
富奥汽车零部件公司紧固件分公司 ··· 562
长春盖尔瑞孚艾斯曼汽车零部件公司 ··· 660
蒂森克虏伯鞍钢(长春)激光拼焊板公司 ··· 690

华东地区

上海伊顿发动机零部件有限公司 ····· 132
上海科尔本施密特活塞有限公司 ····· 132
上海博众汽油机有限公司 ··············· 132
上海天坤汽车零部件有限公司 ········ 133
上海贤众汽车零部件有限公司 ········ 134
上海马勒滤清系统有限责任公司 ····· 134
上海祥生贝克轴瓦有限公司 ··········· 134
上海德朗汽车零部件制造有限公司 ··· 135
上海幸福瑞贝德动力总成有限公司 ··· 136
上海红湖排气系统有限公司 ··········· 136
本特勒汽车系统(上海)有限公司 ····· 136
上海爱知锻造有限公司 ·················· 137
上海永红汽车零部件有限公司 ········ 137
曼胡默尔滤清器(上海)有限公司 ····· 137
上海合众工贸实业公司 ·················· 137
上海天纳克排气系统有限公司 ········ 137
上海皮尔博格有色零部件有限公司 ··· 137
上海幸福摩托车有限公司 ··············· 137
上海拖拉机内燃机公司油嘴油泵厂 ··· 137
上海乾通汽车附件有限公司 ··········· 137
上海隆兆汽车零部件有限公司 ········ 138
上海米其林回力轮胎股份有限公司 ··· 242
上海交运集团股份有限公司 ··········· 243
上海汇众汽车制造有限公司 ··········· 243
上海蒂森克虏伯汇众汽车零部件公司 ··· 243
延锋百利得(上海)汽车安全系统公司 ··· 244
上海纳铁福传动轴有限公司 ··········· 244
上海长特锻造有限公司 ·················· 244
上海萨克斯动力总成部件系统有限公司 ··· 246
上海联谊汽车拖拉机工贸有限公司 ··· 246
上海采埃孚转向系统有限公司 ········ 247
上海北特科技股份有限公司 ··········· 247
上海泰密克电子有限公司 ··············· 247
上海三立汇众汽车零部件有限公司 ··· 247
上海镁镁合金压铸有限公司 ··········· 247
上海瑞尔实业有限公司 ·················· 247
上海汽车变速器有限公司 ··············· 248
大众汽车变速器(上海)有限公司 ····· 248
圣戈班安全玻璃(上海)有限公司 ····· 374
上海交运股份公司汽车零部件分公司 ··· 374
上海天原集团胜德塑料有限公司 ····· 375
上海恩坦华汽车门系统有限公司 ····· 375
上海申达股份有限公司 ·················· 375
上海天合汽车安全系统有限公司 ····· 375
西德科东昌汽车座椅技术有限公司 ··· 376
上海侨宝机械厂 ·························· 376
上海华申汽配制造有限公司 ··········· 376
上海法雷奥汽车电机雨刮系统公司 ··· 376
伟巴斯特车顶供暖系统(上海)公司 ··· 376
上海德尔福汽车空调系统有限公司 ··· 377
上海贝洱热系统有限公司 ··············· 377
麦格纳唐纳利(上海)汽车科技公司 ··· 377
宁波华翔电子股份有限公司 ··········· 377
上海汽车空调配件有限公司 ··········· 377
上海吉翔汽车车顶饰件有限责任公司 ··· 378

上海宏宝汽配有限公司 …… 378
上海宏昌汽配有限公司 …… 378
上海戈吕克机械制造有限公司 …… 378
上海延锋江森座椅有限公司 …… 378
上海飞利环球汽车零部件有限公司 … 378
上海耀皮康桥汽车玻璃有限公司 …… 378
上海三井复合塑料有限公司 …… 379
上海博迩森汽车配件有限公司 …… 379
上海依赛工业有限公司 …… 379
上海盈田汽车零部件有限公司 …… 379
麦格纳唐纳利(上海)汽车系统公司 … 379
上海大众联翔汽车零部件有限公司 … 380
上海交运汽车精密冲压件有限公司 … 380
上海三盾汽车饰件有限公司 …… 380
上海耀华大中新材料有限公司 …… 380
上海新安汽车隔音毡总厂 …… 381
恺博(上海)车辆座椅技术有限公司 … 381
上海泖峰汽车塑料有限公司 …… 381
上海恒安空调设备有限公司 …… 381
延锋彼欧汽车外饰系统有限公司 …… 381
福耀集团(上海)汽车玻璃有限公司 … 381
佛吉亚(上海)汽车部件系统有限公司 … 381
上海博泽汽车部件有限公司 …… 381
韩华综化(上海)塑料有限公司 …… 382
上海万江汽车零部件有限公司 …… 382
上海航空发动机制造股份有限公司 … 382
上海利用锁具有限公司 …… 382
上海华特汽车配件有限公司 …… 382
上海实业交通电器有限公司 …… 448
美特斯工业系统(中国)有限公司 …… 449
上海汽车软轴厂 …… 449
上海新光汽车电器有限公司 …… 449
上海航天汽车机电股份舒航电器分公司 … 449
上海三智汽配实业有限公司 …… 449
上海宇宙电器有限公司 …… 450
上海联宙汽车电器有限公司 …… 450
上海金亭汽车线束有限公司 …… 450
上海航天汽车机电股份有限公司 …… 450
上海泰好电子科技有限公司 …… 451
上海法雷奥汽车电器系统有限公司 … 451
上海浦东车灯有限公司 …… 451
贝洱海拉温控系统(上海)有限公司 … 451
上海海华传感器有限公司 …… 453
上海熊猫线缆股份有限公司 …… 453
上海博泽电机有限公司 …… 454
上海准时汽车配件有限公司 …… 454
德尔福派克电气系统有限公司 …… 455
上海天义汽车电器有限公司 …… 455
莱尼电气系统(上海)有限公司 …… 455
科世达(上海)管理有限公司 …… 455
上海新安电磁阀有限公司 …… 455
上海长江仪表厂 …… 456
上海德科电子仪表有限公司 …… 456
中国石化上海高桥分公司 …… 564
上海汽车粉末冶金有限公司 …… 564
上海申达无纺布制造有限公司 …… 564
上海火焰复合布有限公司 …… 564
上海立新气体有限公司 …… 565
邦迪管路系统(上海)有限公司 …… 565
上海大裕橡胶制品有限公司 …… 565
华德塑料制品有限公司 …… 565
上海凯众材料科技股份有限公司 …… 566
上海宝钢特钢股份有限公司 …… 566
上海三环弹簧有限公司 …… 566
上海川航通用汽车零部件有限公司 … 566
巴斯夫上海涂料有限公司 …… 566
上海日轮汽车配件有限公司 …… 566
上海汉高表面技术有限公司 …… 567
海泰(浦泰)集团 …… 567
上海瑞博密封件有限公司 …… 567
上海凯密特尔化学品有限公司 …… 567
上海飞特亚空气过滤有限公司 …… 567
上海新上橡汽车胶管有限公司 …… 568
上海四明橡塑制品有限公司 …… 568
上海福之来汽车标准件有限公司 …… 569
上海泰顺金属制品有限公司 …… 569
上海亚大塑料制品有限公司 …… 570
采埃孚橡胶金属(上海)有限公司 …… 570
上海申雅密封件有限公司 …… 570
上海宝钢阿赛洛激光拼焊有限公司 … 570
上海红阳密封件有限公司 …… 570
上海帕卡兴产化工有限公司 …… 570
上海上标集团紧固件有限公司 …… 570
上海劳伦茨橡胶制品有限公司 …… 570
上海安吉铸造厂 …… 571
上海艺光特种橡胶制品有限公司 …… 571
上海众浩汽车配件有限公司 …… 571
上海圣德曼铸造有限公司 …… 571
上海洋杰汽车配件有限公司 …… 571
上海众大汽车配件有限公司 …… 571
东来涂料技术(上海)有限公司 …… 571
上海众安电器塑料有限公司 …… 571
斯凯孚(上海)汽车技术有限公司 …… 571
上海运良锻造实业有限公司 …… 572
上海中国弹簧制造有限公司 …… 572
上海宝陆汽配型钢厂 …… 572
上海向明轴承有限公司 …… 572
上海钟华汽车阻尼材料有限公司 …… 572
上海三和汽车橡塑件有限公司 …… 572
上海宝山千斤顶总厂有限公司 …… 661
上海华丰车用工具厂 …… 661
富兰科华申汽车工具(上海)有限公司 … 662
上海紫燕模具工业有限公司 …… 693
上海瀚氏模具成型有限公司 …… 693
上海申克机械有限公司 …… 693
上海梅达焊接设备有限公司 …… 693
上海 ABB 工程有限公司 …… 694
上海明兴开城超音波科技有限公司 … 695
上海远松机械有限公司 …… 696
上海杜卡汽车设备有限公司 …… 696
南京金鼎汽车零部件有限公司 …… 138
江苏苏美达德隆汽车部件有限公司 … 139
华东泰克西汽车铸造有限公司 …… 140
无锡永凯达齿轮有限公司 …… 144
采埃孚转向泵金城(南京)有限公司 … 248
布雷博(南京)制动系统有限公司 …… 248
丹阳市可达汽车配件有限公司 …… 250
江苏金榆科技集团有限公司 …… 251
无锡中策减震器有限公司 …… 252
正新橡胶(中国)有限公司 …… 255
慕贝尔汽车部件(太仓)有限公司 …… 255
昆山六丰机械工业有限公司 …… 255
江苏太平洋精锻科技股份有限公司 … 258
中航工业宏光空降装备有限公司 …… 382
南京台兴汽车零部件制造有限公司 … 383
南京延锋江森座椅有限公司 …… 383
江苏文光车辆附件有限公司 …… 387
常州市盛士达汽车空调有限公司 …… 388
常州市桑迪汽车配件制造有限公司 … 388
无锡井上华光汽车部件有限公司 …… 393
无锡市振华轿车附件有限公司 …… 393
江阴模塑集团有限公司 …… 394
苏州新智机电工业有限公司 …… 394
常熟市汽车饰件有限公司 …… 395
张家港孚冈汽车部件有限公司 …… 395
江苏中翼汽车新材料科技有限公司 … 395
泰州劲松股份有限公司 …… 396
江苏晨扬交通器材有限公司 …… 457
常州民迪汽车配件有限公司 …… 460
江苏常诚汽车部件有限公司 …… 460
常州星宇车灯股份有限公司 …… 461
江苏日盈电子股份有限公司 …… 462
无锡共成控制线有限公司 …… 467
德尔福电子(苏州)有限公司 …… 469
苏州华昌机电有限公司 …… 469
苏州波特尼电气系统有限公司 …… 470
苏州上声电子有限公司 …… 470
张家港孚冈合大电器有限公司 …… 471
徐州华夏电子有限公司 …… 472
江苏天宝汽车电子有限公司 …… 472
江苏兴龙金属制品股份有限公司 …… 473
南京金三力橡塑有限公司 …… 573
南京宏佳机械制造有限公司 …… 573
常州欧朗汽车零部件有限公司 …… 574
汉高(江苏)汽车零部件有限公司 …… 574
江苏江洲汽车部件有限公司 …… 574
常州威士顿有限公司 …… 575
常州兰锦橡塑有限公司 …… 575
江苏南方轴承股份有限公司 …… 576
江苏旷达汽车织物集团股份有限公司 … 578
常州朗博汽车零部件有限公司 …… 578
三樱(无锡)汽车部件有限公司 …… 578
光洋滚针轴承(无锡)有限公司 …… 579
无锡市振益轿车附件有限公司 …… 580
无锡市巨龙塑化有限公司 …… 580
无锡市二橡胶股份有限公司 …… 581
无锡富莱得机电制造有限公司 …… 581
江阴延利汽车饰件股份有限公司 …… 582
舍弗勒(中国)有限公司一厂 …… 585
苏州金鸿顺汽车部件股份有限公司 … 586
江苏森威精锻有限公司 …… 587
扬州保来得科技实业有限公司 …… 587
南通海林汽车橡塑制品有限公司 …… 588
江苏恺之电子模塑有限公司 …… 662
江苏旷达汽车座套有限公司 …… 662
江苏中联地毯有限公司 …… 663
沛鑫史宾纳数控机床(南京)有限公司 … 698
南京永生焊接装备制造有限公司 …… 698
江苏骠马智能装备股份有限公司 …… 699
无锡富瑞德精密机械有限公司 …… 700
无锡曙光模具有限公司 …… 701
无锡市蓝力机床有限公司 …… 702
江苏天骄汽车配套有限公司 …… 702

靖江三鹏汽车模具制造有限公司 …… 702
苏州工业园广福汽保机电设备公司 … 702
苏州阿诺精密切削技术股份有限公司 … 702
苏州益群模具有限公司 …… 703
常熟明辉焊接器材有限公司 …… 704
江苏中大工业涂装环保有限公司 …… 705
杭州轴瓦有限公司 …… 150
杭州萧象内燃机配件有限公司 …… 151
浙江雷贝斯散热器有限公司 …… 152
临海市环流汽配制造有限公司 …… 157
温州方圆锻造有限公司 …… 165
万通智控科技股份有限公司 …… 260
杭州亚太埃伯恩汽车部件有限公司 … 261
杭州恩斯克万达电动转向系统公司 … 263
诸暨金宝汽车弹簧制造有限公司 …… 264
万丰奥特控股集团有限公司 …… 268
宁波三钴工业有限公司 …… 273
余姚市宏瑞汽车零部件有限公司 …… 274
宁波拓普集团股份有限公司 …… 275
浙江申林汽车部件有限公司 …… 277
浙江红箭橡塑有限公司 …… 286
宁波普瑞均胜汽车电子有限公司 …… 399
宁波环球娃娃婴童用品有限公司 …… 399
宁波井上华翔汽车零部件有限公司 … 399
宁波帅特龙集团有限公司 …… 400
宁波景文机械有限公司 …… 401
宁波华德汽车零部件有限公司 …… 401
慈溪市福尔达实业有限公司 …… 401
宁波恒富汽车部件发展有限公司 …… 402
宁波继峰汽车零部件有限公司 …… 402
宁波华翔集团股份有限公司 …… 402
浙江国雨汽车零部件有限公司 …… 403
温州市环球汽车衬垫有限公司 …… 405
温州市丽豹汽车配件有限公司 …… 406
瑞安市胜凯汽车配件厂 …… 407
温州安利车辆部件有限公司 …… 410
瑞安市众品汽车配件制造有限公司 … 410
浙江科锋汽车电器有限公司 …… 411
新星光电有限公司 …… 475
宁波精成车业有限公司 …… 479
宁波高发汽车控制系统股份有限公司 … 479
慈溪奥博汽车电器有限公司 …… 481
利尔电气（浙江）有限公司 …… 489
温州长江汽车电子有限公司 …… 490
温州奥泰克汽车电器有限公司 …… 490
温州科博达汽车部件有限公司 …… 490
瑞安市马丁西汽摩部件有限公司 …… 494
国威科技有限公司 …… 503
浙江泰康电子有限公司 …… 504
乐清市琪昌电子电器有限公司 …… 505
杭州杭城摩擦材料有限公司 …… 589
浙江省上虞市油封制造有限公司 …… 595
浙江世纪华通集团股份有限公司 …… 595
宏达高科控股股份有限公司 …… 598
宁波圣龙（集团）有限公司 …… 598
宁波四维尔工业股份有限公司 …… 601
宁波捷豹集团有限公司 …… 603
宁波市天普橡胶科技有限公司 …… 603
宁波华众塑料制品有限公司 …… 604
宁波东昊汽车部件有限公司 …… 604
宁波胜利汽配有限公司 …… 604
康迪泰克传动系统（宁海）有限公司 … 604
浙江省三门南方工业有限公司 …… 607
浙江汇丰汽配制造有限公司 …… 609
人本集团有限公司 …… 612
温州泰立汽车内饰材料有限公司 …… 612
中广核俊尔新材料有限公司 …… 612
浙江正昌锻造股份有限公司 …… 613
中精集团有限公司 …… 614
嘉龙雕刻有限公司 …… 665
温州市永昌汽车附件厂 …… 669
宁波方正汽车模具有限公司 …… 708
宁波米勒模具制造有限公司 …… 708
宁波神通模塑有限公司 …… 708
浙江凯华模具有限公司 …… 709
陶氏模具集团 …… 710
黄岩星泰塑料模具有限公司 …… 710
浙江台州黄岩震雄模具有限公司 …… 710
浙江黄岩飞朋模具有限公司 …… 711
浙江嘉仁模具有限公司 …… 711
浙江万豪模塑有限公司 …… 711
蚌埠金威滤清器有限公司 …… 176
安庆帝迈德活塞环制造有限公司 …… 180
安庆帝伯格茨活塞环有限公司 …… 180
安徽爱德夏汽车零部件有限公司 …… 411
安徽江南机械有限责任公司 …… 411
铜陵华源汽车内饰材料有限公司 …… 413
温州市环球汽车衬垫公司芜湖分公司 … 413
蚌埠市双环电子集团有限公司 …… 506
大陆汽车电子（芜湖）有限公司 …… 506
黄山市瑞兴汽车电子有限公司 …… 507
安徽新南港汽车内饰件有限公司 …… 617
安徽中鼎胶管制品有限公司 …… 618
中鼎金亚汽车管件制造有限公司 …… 618
安徽中鼎控股（集团）股份有限公司 … 618
安庆谢德尔汽车零部件有限公司 …… 619
中鼎模具制造有限公司 …… 713
莆田市英龙活塞环厂 …… 181
福耀玻璃工业集团股份有限公司 …… 414
福州西诚电子有限公司 …… 507
海拉（厦门）电气有限公司 …… 510
同致电子科技（厦门）有限公司 …… 670
济南凯德汽车零部件有限公司 …… 184
济南沃德汽车零部件有限公司 …… 185
滨州市鑫力活塞有限责任公司 …… 187
东营信拓汽车消声器有限公司 …… 188
东营信义汽车配件有限公司 …… 316
山东金山汽配有限公司 …… 316
烟台三环锁业集团公司轿车锁公司 … 417
烟台只楚名盛汽车饰件有限公司 …… 417
济南鲁联汽车低温起动装置有限公司 … 512
曲阜天博集团 …… 515
东营市信义化工有限公司 …… 628
青岛信义汽车制动配件有限公司 …… 633
奔腾汽车检测维修设备制造有限公司 … 714
海克斯康测量技术（青岛）有限公司 … 715

华中地区

河南省西峡汽车水泵股份有限公司 … 197
西峡县西泵特种铸造有限公司 …… 333
三门峡戴卡轮毂制造有限公司 …… 333
南阳淅减汽车减振器有限公司 …… 333
天海雪城汽车电子（鹤壁）有限公司 … 517
蒂森克虏伯金属成型（武汉）有限公司 … 334
十堰巨名好特汽车备件制造有限公司 … 340
武汉中人瑞众汽车零部件有限公司 … 420
武汉汉联汽车配件有限公司 …… 420
湖北中航精机科技股份有限公司 …… 421
湖北法雷奥车灯有限公司 …… 518
飞利浦汽车照明湖北有限公司 …… 519
襄樊仪元汽车电子有限公司 …… 520
辉门摩擦产品有限公司 …… 637
武汉市必达机电实业有限公司 …… 638
湖北派克密封件有限公司 …… 638
东风汽车模具有限公司 …… 719
湖南正圆动力配件有限公司 …… 201
湖南机油泵股份有限公司 …… 202
湖南安福气门股份有限公司 …… 202
岳阳恒立冷气设备股份有限公司 …… 423
博世汽车部件（长沙）有限公司 …… 521
广州市华南橡胶轮胎有限公司 …… 346
珠海华粤离合器有限公司 …… 347
广州市吉中汽车装饰有限公司 …… 426
深圳市飞音科技有限公司 …… 528
申雅密封件（广州）有限公司 …… 645
深圳安必成橡胶制品有限公司 …… 647
广东德联集团股份有限公司 …… 650
广州艾比埃金属制品有限公司 …… 674
中兴汽车用品有限公司 …… 679
广东景中景工业涂装设备有限公司 … 720
广州今朝科技有限公司 …… 721
柳州市龙杰汽车配件有限责任公司 … 210

西南、西北地区

重庆长安离合器制造有限公司 …… 355
重庆恒伟林汽车零部件有限公司 …… 653
伊斯沃（重庆）精密机械有限公司 …… 727
四川川环科技股份有限公司 …… 217
成都成量工具集团有限公司 …… 728
贵州贵航汽车零部件永红散热器公司 … 219
贵州安吉有色铸造有限责任公司 …… 219
三井华阳汽车配件有限公司 …… 432
贵州华昌汽车电器有限公司 …… 432
贵州华烽电器有限公司 …… 432
贵阳万江航空机电有限公司 …… 432
贵州天义汽车电器有限公司 …… 541
贵州贵航汽车零部件股份有限公司 … 656
西安航空制动科技有限公司 …… 362
陕西华兴汽车制动科技有限公司 …… 657

★ 上汽通用

北方凌云工业集团有限公司 …… 370
风帆股份有限公司 …… 443
富奥汽车零部件股份有限公司 …… 129
上海汇众萨克斯减振器有限公司 …… 243
华域三电汽车空调有限公司 …… 375
延锋汽车饰件系统有限公司 …… 375
上海汽车地毯总厂有限公司 …… 379
联合汽车电子有限公司 …… 452
上海沪工汽车电器有限公司 …… 454
上海小糸车灯有限公司 …… 456

浙江亚太机电股份有限公司 ………… 261
建新赵氏集团有限公司 ………………… 603
惠州市德赛西威汽车电子股份有限公司 …… 526
重庆超力高科技有限责任公司 ……… 430
北京四维图新科技股份有限公司 …… 433
浙江骆氏减震件股份有限公司 ……… 247
上海日用－友捷汽车电气有限公司 … 449
山东滨州渤海活塞股份有限公司 …… 187

华北地区

亚新科铸造（北京）有限公司 ………… 115
北京永信发谷汽车部件有限公司 …… 222
伟巴斯特东熙汽车配件（北京）公司 … 364
北京多宾城建筑机械有限公司 ……… 365
北京世东凌云汽车饰件有限公司 …… 365
北京福斯汽车电线有限公司 ………… 436
北京万源瀚德汽车密封系统有限公司 … 544
北京中石统一润滑油有限公司 ……… 544
中国石化润滑油有限公司 …………… 544
北京华夏通商科技发展有限公司 …… 659
西门子工厂自动化工程有限公司 …… 683
雅士佳（天津）汽车零件有限公司 …… 119
万都（天津）汽车零部件有限公司 …… 224
天津电装空调管路有限公司 ………… 365
电装（天津）空调部件有限公司 ……… 366
天津富奥电装空调有限公司 ………… 366
程茂电子有限公司 ………………… 436
电装（天津）汽车导航系统有限公司 … 439
天津杰士电池有限公司 …………… 440
天津电装电子有限公司 …………… 440
天津六合镁制品有限公司 ………… 548
天津鼎工机电设备制造有限公司 …… 686
河北德纳 V 型轮有限公司 ………… 120
承德苏垦银河连杆股份有限公司 …… 123
秦皇岛泰和精工有限公司 ………… 123
河北春风铸造有限责任公司 ……… 225
耐世特凌云驱动系统（涿州）有限公司 … 231
廊坊华安汽车装备有限公司 ……… 369
共和兴塑胶（廊坊）有限公司 ……… 369
河北迎辉汽车电器有限公司 ……… 441
河北亚大集团 …………………… 555

东北地区

天纳克同泰（大连）排气系统有限公司 … 127
蒂森克虏伯富奥辽阳弹簧有限公司 … 234
大连固特异轮胎有限公司 ………… 235
锦州汉拿电机有限公司 …………… 446
营口福斯油品有限公司 …………… 558
辽阳艺蒙织毯有限公司 …………… 660
沈阳三丰电气有限公司 …………… 688
长春考泰斯兰宝塑料制品有限公司 … 130
长春博泽汽车部件有限公司 ……… 372
长春英利汽车部件有限公司 ……… 373
大陆汽车电子（长春）有限公司 …… 446
长春依多科化工有限公司 ………… 560
长春爱尔铃克铃尔有限公司 ……… 561
万都（哈尔滨）汽车底盘系统有限公司 … 242
哈尔滨万宇科技股份有限公司 …… 448

华东地区

上海伊顿发动机零部件有限公司 …… 132
上海众力汽车部件有限公司 ………… 132
上海科尔本施密特活塞有限公司 …… 132
克康（上海）排气控制系统有限公司 … 132
上海弗列加滤清器有限公司 ……… 133
上海贤众汽车零部件有限公司 …… 134
上海浦南消防器材有限公司 ……… 134
上海保隆汽车科技股份有限公司 …… 135
本特勒汽车系统（上海）有限公司 …… 136
上海幸福瑞贝德动力总成有限公司 … 136
上海皮尔博格有色零部件有限公司 … 137
上海永红汽车零部件有限公司 …… 137
曼胡默尔滤清器（上海）有限公司 …… 137
上海合众工贸实业公司 …………… 137
上海乾通汽车附件有限公司 ……… 137
上海爱知锻造有限公司 …………… 137
上海隆兆汽车零部件有限公司 …… 138
上海米其林回力轮胎股份有限公司 … 242
萨克斯汽车零部件系统（上海）公司 … 243
上海交运集团股份有限公司 ……… 243
上海汇众汽车制造有限公司 ……… 243
延锋百利得（上海）汽车安全系统公司 … 244
上海长特锻造有限公司 …………… 244
上海萨克斯动力总成部件系统有限公司 … 246
上海达耐时汽车配件有限公司 …… 246
上海联谊汽车拖拉机工贸有限公司 … 246
上海瑞尔实业有限公司 …………… 247
上海三立汇众汽车零部件有限公司 … 247
上海北特科技股份有限公司 ……… 247
上海采埃孚转向系统有限公司 …… 247
上海镁镁合金压铸有限公司 ……… 247
上海汽车变速器有限公司 ………… 248
上海交运股份公司汽车零部件分公司 … 374
圣戈班安全玻璃（上海）有限公司 …… 374
上海恩坦华汽车门系统有限公司 …… 375
上海天原集团胜德塑料有限公司 …… 375
上海天合汽车安全系统有限公司 …… 375
上海申达股份有限公司 …………… 375
伟巴斯特车顶供暖系统（上海）公司 … 376
上海霍富汽车锁具有限公司 ……… 376
上海陈立实业有限公司 …………… 376
上海法雷奥汽车电机雨刮系统公司 … 376
上海贝洱热系统有限公司 ………… 377
延锋伟世通金桥汽车饰件系统公司 … 377
麦格纳唐纳利（上海）汽车科技公司 … 377
上海岱美汽车内饰件有限公司 …… 377
上海汽车空调配件有限公司 ……… 377
上海德尔福汽车空调系统有限公司 … 377
宁波华翔电子股份有限公司 ……… 377
上海赛科利汽车模具技术应用有限公司 … 377
上海李尔汽车内饰件有限公司 …… 378
上海宏昌汽配有限公司 …………… 378
上海飞利环球汽车零部件有限公司 … 378
上海延锋江森座椅有限公司 ……… 378
上海耀皮康桥汽车玻璃有限公司 …… 378
上海吉翔汽车车顶饰件有限责任公司 … 378
上海盈田汽车零部件有限公司 …… 379
上海三井复合塑料有限公司 ……… 379
上海博迩森汽车配件有限公司 …… 379
上海辉碟车镜有限公司 …………… 379
麦格纳唐纳利（上海）汽车系统公司 … 379
上海三盾汽车饰件有限公司 ……… 380
上海交运汽车精密冲压件有限公司 … 380
上海耀华大中新材料有限公司 …… 380
佛吉亚（上海）汽车部件系统有限公司 … 381
福耀集团（上海）汽车玻璃有限公司 … 381
延锋彼欧汽车外饰系统有限公司 …… 381
上海博泽汽车部件有限公司 ……… 381
上海泖峰汽车塑料有限公司 ……… 381
恺博（上海）车辆座椅技术有限公司 … 381
韩华综化（上海）塑料有限公司 …… 382
上海航空发动机制造股份有限公司 … 382
上海华特汽车配件有限公司 ……… 382
上海实业交通电器有限公司 ……… 448
上海三智汽配实业有限公司 ……… 449
上海新光汽车电器有限公司 ……… 449
美特斯工业系统（中国）有限公司 …… 449
上海金亭汽车线束有限公司 ……… 450
上海航天汽车机电股份有限公司 …… 450
上海安吉星信息服务有限公司 …… 450
上海法雷奥汽车电器系统有限公司 … 451
上海浦东车灯有限公司 …………… 451
上海海华传感器有限公司 ………… 453
上海博泽电机有限公司 …………… 454
莱尼电气系统（上海）有限公司 …… 455
科世达（上海）管理有限公司 ……… 455
德尔福派克电气系统有限公司 …… 455
上海德科电子仪表有限公司 ……… 456
上海长江仪表厂 ………………… 456
上海火焰复合布有限公司 ………… 564
上海汽车粉末冶金有限公司 ……… 564
上海高桥加德士润滑油有限公司 …… 565
邦迪管路系统（上海）有限公司 …… 565
华德塑料制品有限公司 …………… 565
上海大裕橡胶制品有限公司 ……… 565
上海日轮汽车配件有限公司 ……… 566
巴斯夫上海涂料有限公司 ………… 566
上海杰事杰新材料（集团）股份公司 … 566
上海凯众材料科技股份有限公司 …… 566
上海宝钢特钢股份有限公司 ……… 566
上海三环弹簧有限公司 …………… 566
上海川航通用汽车零部件有限公司 … 566
上海汉高表面技术有限公司 ……… 567
海泰（浦泰）集团 ………………… 567
上海新上橡汽车胶管有限公司 …… 568
上海四明橡塑制品有限公司 ……… 568
上海泰顺金属制品有限公司 ……… 569
上海上标集团紧固件有限公司 …… 570
上海劳伦茨橡胶制品有限公司 …… 570
上海宝钢阿赛洛激光拼焊有限公司 … 570
上海申雅密封件有限公司 ………… 570
采埃孚橡胶金属（上海）有限公司 …… 570
上海亚大塑料制品有限公司 ……… 570
东来涂料技术（上海）有限公司 …… 571
上海安吉铸造厂 ………………… 571
上海兴盛密封垫有限公司 ………… 571
斯凯孚（上海）汽车技术有限公司 …… 571
上海圣德曼铸造有限公司 ………… 571
上海三和汽车橡塑件有限公司 …… 572
上海运良锻造实业有限公司 ……… 572
上海中国弹簧制造有限公司 ……… 572
上海宝山千斤顶总厂有限公司 …… 661
上海华丰车用工具厂 ……………… 661

上海梅达焊接设备有限公司 ………… 693
上海瀚氏模具成型有限公司 ………… 693
上海紫燕模具工业有限公司 ………… 693
上海申克机械有限公司 ………………… 693
上海 ABB 工程有限公司 …………… 694
上海明兴开城超音波科技有限公司 … 695
上海杜卡汽车设备有限公司 ………… 696
宝密浸渗机械(上海)有限公司 ……… 697
江苏苏美达德隆汽车部件有限公司 … 139
无锡市博诺机械有限公司 …………… 145
采埃孚转向泵金城(南京)有限公司 … 248
布雷博(南京)制动系统有限公司 …… 248
南京法雷奥离合器有限公司 ………… 249
丹阳市可达汽车配件有限公司 ……… 250
大亚车轮制造有限公司 ……………… 250
无锡中策减震器有限公司 …………… 252
万都(苏州)汽车底盘系统有限公司 … 254
麦特达因(苏州)汽车部件有限公司 … 254
苏州源成铝制品制造有限公司 ……… 254
正新橡胶(中国)有限公司 …………… 255
慕贝尔汽车部件(太仓)有限公司 …… 255
昆山六丰机械工业有限公司 ………… 255
江苏名豪汽车零部件有限公司 ……… 257
江苏太平洋精锻科技股份有限公司 … 258
南京台兴汽车零部件制造有限公司 … 383
苏州五洲塑件有限公司 ……………… 385
常州市桑迪汽车配件制造有限公司 … 388
爱信(无锡)车身零部件有限公司 …… 392
法雷奥汽车安全系统(无锡)有限公司 … 393
江阴模塑集团有限公司 ……………… 394
苏州新智机电工业有限公司 ………… 394
特瑞科汽车系统(苏州)有限公司 …… 395
常熟市汽车饰件有限公司 …………… 395
张家港孚冈汽车部件有限公司 ……… 395
泰州劲松股份有限公司 ……………… 396
江苏新通达电子科技股份有限公司 … 458
江苏常诚汽车部件有限公司 ………… 460
莱尼电气线缆(常州)有限公司 ……… 460
常州星宇车灯股份有限公司 ………… 461
常州市太平洋电镀有限公司 ………… 462
德尔福电子(苏州)有限公司 ………… 469
苏州上声电子有限公司 ……………… 470
仁仁电机有限公司 …………………… 471
南京晨光集团有限责任公司 ………… 572
南京金三力橡塑有限公司 …………… 573
镇江立达纤维工业有限责任公司 …… 574
江苏江洲汽车部件有限公司 ………… 574
汉高(江苏)汽车零部件有限公司 …… 574
常州兰锦橡塑有限公司 ……………… 575
常州威士顿有限公司 ………………… 575
江苏南方轴承股份有限公司 ………… 576
常州朗博汽车零部件有限公司 ……… 578
江苏旷达汽车织物集团股份有限公司 … 578
无锡新得宝金属软管有限公司 ……… 578
光洋滚针轴承(无锡)有限公司 ……… 579
无锡市振益轿车附件有限公司 ……… 580
无锡鹏德汽车配件有限公司 ………… 581
江阴延利汽车饰件股份有限公司 …… 582
盖茨优霓塔传动系统(苏州)有限公司 … 583
丰田工业(昆山)有限公司 …………… 584
舍弗勒(中国)有限公司一厂 ………… 585
扬州保来得科技实业有限公司 ……… 587
江苏旷达汽车座套有限公司 ………… 662
张家港迪克汽车化学品有限公司 …… 663
江苏中联地毯有限公司 ……………… 663
昆山皇田汽车配件工业有限公司 …… 663
江苏卡威塑料制品有限公司 ………… 698
江苏骠马智能装备股份有限公司 …… 699
无锡富瑞德精密机械有限公司 ……… 700
无锡曙光模具有限公司 ……………… 701
靖江三鹏汽车模具制造有限公司 …… 702
苏州工业园广福汽保机电设备公司 … 702
苏州阿诺精密切削技术股份有限公司 … 702
苏州益群模具有限公司 ……………… 703
常熟明辉焊接器材有限公司 ………… 704
张家港市港星超声有限公司 ………… 704
浙江雷贝斯散热器有限公司 ………… 152
宁波凯达轴瓦有限公司 ……………… 156
万通智控科技股份有限公司 ………… 260
万向集团公司 ………………………… 261
浙江金固股份有限公司 ……………… 264
诸暨金宝汽车弹簧制造有限公司 …… 264
浙江万丰奥威汽轮股份有限公司 …… 268
万丰奥特控股集团有限公司 ………… 268
余姚市宏瑞汽车零部件有限公司 …… 274
宁波拓普集团股份有限公司 ………… 275
浙江申林汽车部件有限公司 ………… 277
浙江方向汽车零部件有限公司 ……… 279
浙江红箭橡塑有限公司 ……………… 286
浙江华明汽车制动器有限公司 ……… 295
宜兰汽车配件制造(平湖)有限公司 … 399
宁波恒特汽车零部件有限公司 ……… 400
宁波帅特龙集团有限公司 …………… 400
宁波市锦艺汽车零部件有限公司 …… 400
宁波景文机械有限公司 ……………… 401
慈溪市福尔达实业有限公司 ………… 401
宁波华德汽车零部件有限公司 ……… 401
宁波恒富汽车部件发展有限公司 …… 402
宁波继峰汽车零部件有限公司 ……… 402
宁波华翔集团股份有限公司 ………… 402
台州新立模塑科技股份有限公司 …… 403
台州法雷奥温岭汽车零部件有限公司 … 403
浙江新劲空调设备有限公司 ………… 404
温州市环球汽车衬垫有限公司 ……… 405
温州市丽豹汽车配件有限公司 ……… 406
浙江科锋汽车电器有限公司 ………… 411
宁波高发汽车控制系统股份有限公司 … 479
宁波精成车业有限公司 ……………… 479
宁波汽车软轴软管有限公司 ………… 479
宁波浩华车件有限公司 ……………… 482
利尔电气(浙江)有限公司 …………… 489
温州科博达汽车部件有限公司 ……… 490
温州长江汽车电子有限公司 ………… 490
瑞安市豪王汽车零部件有限公司 …… 498
浙江泰康电子有限公司 ……………… 504
浙江大明电子有限公司 ……………… 504
浙江致威电子科技有限公司 ………… 504
杭州富春弹簧有限公司 ……………… 592
万安汽车工程塑料有限公司 ………… 594
浙江世纪华通集团股份有限公司 …… 595
宁波圣龙(集团)有限公司 …………… 598
宏达高科控股股份有限公司 ………… 598
宁波亚大汽车管件有限公司 ………… 599
宁波永灵机械配件有限公司 ………… 599
宁波海山克尔铃密封件有限公司 …… 599
宁波四维尔工业股份有限公司 ……… 601
宁波丰茂远东橡胶有限公司 ………… 602
余姚市恒威卡箍有限公司 …………… 602
宁波华众塑料制品有限公司 ………… 604
宁波胜利汽配有限公司 ……………… 604
舟山市海山密封材料有限公司 ……… 605
舟山市 7412 工厂 …………………… 605
台州博昌机械有限公司 ……………… 609
浙江汇丰汽配制造有限公司 ………… 609
永康永强汽配有限公司 ……………… 611
温州泰立汽车内饰材料有限公司 …… 612
浙江明泰标准件有限公司 …………… 612
新潮集团股份有限公司 ……………… 613
温州市永昌汽车附件厂 ……………… 669
宁波米勒模具制造有限公司 ………… 708
宁波神通模塑有限公司 ……………… 708
宁波合力模具科技股份有限公司 …… 709
浙江台州黄岩震雄模具有限公司 …… 710
浙江黄岩大成模具有限公司 ………… 710
黄岩星泰塑料模具有限公司 ………… 710
浙江黄岩飞朋模具有限公司 ………… 711
蚌埠金威滤清器有限公司 …………… 176
安徽宝兰泵业有限公司 ……………… 177
芜湖伯特利汽车安全系统有限公司 … 302
安徽江南机械有限责任公司 ………… 411
安徽爱德夏汽车零部件有限公司 …… 411
温州市环球汽车衬垫公司芜湖分公司 … 413
铜陵华源汽车内饰材料有限公司 …… 413
蚌埠市双环电子集团有限公司 ……… 506
大陆汽车电子(芜湖)有限公司 ……… 506
中鼎金亚汽车管件制造有限公司 …… 618
安徽中鼎胶管制品有限公司 ………… 618
安徽中鼎控股(集团)股份有限公司 … 618
中鼎模具制造有限公司 ……………… 713
福州耐力电机有限公司 ……………… 508
海拉(厦门)汽车电子有限公司 ……… 509
厦门歌乐电子企业有限公司 ………… 510
海拉(厦门)电气有限公司 …………… 510
福建冠良汽车配件工业有限公司 …… 620
同致电子科技(厦门)有限公司 ……… 670
格特拉克(江西)传动系统南昌工厂 … 311
格特拉克(江西)传动系统有限公司 … 311
格特拉克(江西)传动系统赣州工厂 … 312
南昌辉门密封件系统有限公司 ……… 624
佛吉亚排气控制技术(烟台)有限公司 … 191
东营信义汽车配件有限公司 ………… 316
山东昊安汽车部件制造有限公司 …… 321
山东康泰汽车零部件有限公司 ……… 322
山东上汽汽车变速器有限公司 ……… 322
龙口金正机械有限公司 ……………… 323
青岛华瑞汽车零部件股份有限公司 … 326
烟台正海汽车内饰件有限公司 ……… 416
烟台只楚名盛汽车饰件有限公司 …… 417
烟台三环锁业集团公司轿车锁公司 … 417
山东只楚民营科技园股份有限公司 … 417
大韩电子(烟台)有限公司 …………… 514
青岛莱特电器有限公司 ……………… 515
曲阜天博集团 ………………………… 515

莱州亚通金属制品集团有限公司 …… 628
烟台亚通汽车零部件有限公司 ……… 631
青岛泰德汽车轴承股份有限公司 …… 632
青岛三祥科技有限公司 ……………… 633
奔腾汽车检测维修设备制造有限公司 … 714
济南中正金码科技有限公司 ………… 714

华中地区

河南省中原内配股份有限公司 ……… 196
河南省西峡汽车水泵股份有限公司 … 197
三门峡戴卡轮毂制造有限公司 ……… 333
荆州环宇汽车零部件有限公司 ……… 198
武汉博泽汽车部件有限公司 ………… 420
湖北中航精机科技股份有限公司 …… 421
艾菲发动机零件(武汉)有限公司 …… 518
东风富士汤姆森调温器有限公司 …… 518
辉门摩擦产品有限公司 ……………… 637
东风汽车模具有限公司 ……………… 719
株洲湘火炬火花塞有限责任公司 …… 522
长沙长泰机器人有限公司 …………… 719
深圳益宝实业有限公司 ……………… 205
广东肇庆动力配件有限公司 ………… 207
广州恩梯恩裕隆传动系统有限公司 … 344
珠海华粤离合器有限公司 …………… 347
山本机车部件(广州)有限公司 ……… 523
深圳市正鼎科技有限公司 …………… 529
深圳市索菱实业股份有限公司 ……… 530
东莞歌乐东方电子有限公司 ………… 532
金发科技股份有限公司 ……………… 643
广州卫亚汽车零部件有限公司 ……… 644
申雅密封件(广州)有限公司 ……… 645
广州华德汽车弹簧有限公司 ………… 645
深圳市超美化工科技有限公司 ……… 646
广东德联集团股份有限公司 ………… 650
中兴汽车用品有限公司 ……………… 679
佛山市顺德区实力汽车配件有限公司 … 679
日东电子发展(深圳)有限公司 ……… 723
柳州市双飞汽车电器配件有限公司 … 536

西南、西北地区

重庆隆鑫动力部件有限公司 ………… 211
重庆博奥铝镁金属制造有限公司 …… 353
重庆瑞阳科技股份有限公司 ………… 538
重庆恒伟林汽车零部件有限公司 …… 653
伊斯沃(重庆)精密机械有限公司 …… 727
中汽成都配件有限公司 ……………… 215
武胜琛兰机械制造有限公司 ………… 217
四川中胜实业集团有限公司 ………… 217
四川望锦机械有限公司 ……………… 357
贵州安吉有色铸造有限责任公司 …… 219
贵阳万江航空机电有限公司 ………… 432
贵州天义汽车电器有限公司 ………… 541
贵州贵航汽车零部件华阳电器公司 … 541

★ 上汽通用五菱

北方凌云工业集团有限公司 ………… 370
华域三电汽车空调有限公司 ………… 375
联合汽车电子有限公司 ……………… 452
江苏皓月汽车锁股份有限公司 ……… 394
浙江亚太机电股份有限公司 ………… 261
深圳市航盛电子股份有限公司 ……… 528
重庆超力高科技有限责任公司 ……… 430
桂林福达集团有限公司 ……………… 209

华北地区

北京航天兴达科技有限公司 ………… 116
北京首创轮胎有限责任公司 ………… 222
北京天山新材料技术股份有限公司 … 543
北京聚菱燕塑料有限公司 …………… 545
壳牌统一(北京)石油化工有限公司 … 546
天津市格林利福新技术有限公司 …… 118
天津客车桥有限公司 ………………… 223
电装(天津)汽车导航系统有限公司 … 439
天津博顿电子有限公司 ……………… 440
天津鹏翎胶管股份有限公司 ………… 547
三友(天津)高分子技术有限公司 …… 547
邢台玉辉汽车缸盖制造有限公司 …… 121
力源活塞工业股份有限公司 ………… 122
河北三河市永兴福利汽车配件厂 …… 123
晋州市安达汽车配件有限公司 ……… 550
衡水北方刹车片有限公司 …………… 551
河北威县盛达密封件有限公司 ……… 551
河北新华橡胶密封件有限公司 ……… 552
山西成功淮海发动机有限公司 ……… 124

东北地区

沈阳博龙汽车部件制造有限公司 …… 126
阜新德尔汽车部件股份有限公司 …… 237
锦州锦恒汽车安全系统有限公司 …… 371
沈阳盛德汽车部件有限公司 ………… 444
锦州汉拿电机有限公司 ……………… 446
大连智云自动化装备股份有限公司 … 689
吉林汽车制动器厂 …………………… 238
长春一东离合器股份有限公司 ……… 240
大陆汽车电子(长春)有限公司 ……… 446
长春恩福油封有限公司 ……………… 561
哈尔滨东安实业发展有限公司 ……… 131
佳木斯畅通汽车零部件有限公司 …… 132
牡丹江富通汽车空调有限公司 ……… 374
黑龙江天有为电子有限责任公司 …… 448

华东地区

上海峰亚耐火保温材料有限公司 …… 133
曼胡默尔滤清器(上海)有限公司 …… 137
上海乾通汽车附件有限公司 ………… 137
上海纳铁福传动轴有限公司 ………… 244
上海长特锻造有限公司 ……………… 244
延锋百利得(上海)汽车安全系统公司 … 244
上海汽车变速器有限公司 …………… 248
上海飞利环球汽车零部件有限公司 … 378
上海泖峰汽车塑料有限公司 ………… 381
浙江胜华波汽车电器上海分公司 …… 454
上海东风汽车专用件有限责任公司 … 568
上海金力泰化工股份有限公司 ……… 568
上海申克机械有限公司 ……………… 693
上海 ABB 工程有限公司 …………… 694
南京泰宁铸铁有限公司 ……………… 138
华东泰克西汽车铸造有限公司 ……… 140
无锡市月亮轴瓦有限公司 …………… 142
无锡三鑫压铸有限公司 ……………… 144
无锡市博诺机械有限公司 …………… 145
江苏嘉和热系统股份有限公司 ……… 147
昆山正大新成精密锻造有限公司 …… 255
富士和机械工业(昆山)有限公司 …… 255
江苏太平洋精锻科技股份有限公司 … 258
南京奥特佳新能源科技有限公司 …… 382
南京台兴汽车零部件制造有限公司 … 383
江苏秦龙车灯有限公司 ……………… 384
江苏文光集团有限公司 ……………… 387
句容联泰机电有限公司 ……………… 387
常州市希锐车辆部件厂 ……………… 389
江苏力乐汽车部件股份有限公司 …… 392
无锡明芳汽车部件工业有限公司 …… 393
江南模塑科技股份有限公司 ………… 394
江苏中翼汽车新材料科技有限公司 … 395
江苏铁锚玻璃股份有限公司 ………… 397
江苏奥顿车业有限公司 ……………… 397
江苏超力集团 ………………………… 457
江苏超力电器有限公司 ……………… 457
常州民迪汽车配件有限公司 ………… 460
江苏凯灵汽车电器有限公司 ………… 465
无锡新中北汽车电机制造有限公司 … 466
无锡金阳电机有限公司 ……………… 466
汉高(江苏)汽车零部件有限公司 …… 574
镇江飞亚轴承有限责任公司 ………… 574
常州市阳湖轴承有限公司 …………… 576
常州腾龙汽车零部件股份有限公司 … 576
常州市武进鸿程汽车配件有限公司 … 577
江苏容天乐机械股份有限公司 ……… 577
无锡新得宝金属软管有限公司 ……… 578
无锡富瑞德精密机械有限公司 ……… 700
杭州萧山汽车滤清器有限公司 ……… 151
宁波舜江汽车部件制造有限公司 …… 155
宁波洛卡特汽车零部件有限公司 …… 155
浙江黎明发动机零部件有限公司 …… 156
浙江东星汽车部件有限公司 ………… 157
临海市伟达汽车部件有限公司 ……… 157
浙江强能动力有限公司 ……………… 158
玉环县交通汽车部件厂 ……………… 161
温州市南亚汽车配件有限公司 ……… 165
温州瑞明工业股分有限公司 ………… 168
瑞安市华东锻造有限公司 …………… 172
万向系统有限公司 …………………… 262
诸暨金宝汽车弹簧制造有限公司 …… 264
浙江万达汽车方向机有限公司 ……… 264
浙江金固股份有限公司 ……………… 264
浙江诸暨万宝机械有限公司 ………… 266
宁波拓普集团股份有限公司 ………… 275
浙江省世泰实业有限公司 …………… 276
浙江方向汽车零部件有限公司 ……… 279
浙江迪尔制动器有限公司 …………… 282
浙江利中实业有限公司 ……………… 290
金华浩翔汽配有限公司 ……………… 292
浙江华明汽车制动器有限公司 ……… 295
浙江中铁机车部件有限公司 ………… 297
浙江中宝实业控股股份有限公司 …… 398
浙江远翅控股集团有限公司 ………… 398
宁波鑫星汽车部件有限公司 ………… 401
浙江爽凯汽车空调有限公司 ………… 405
浙江九诺汽车空调有限公司 ………… 405

浙江华尔达汽车空调有限公司 ········ 406
浙江宇航汽车配件有限公司 ··········· 408
瑞安市名冠电气有限公司 ············· 408
瑞安美力华车镜有限公司 ············· 408
浙江白象汽车附件有限公司 ··········· 411
浙江科锋汽车电器有限公司 ··········· 411
杭州人人集团有限公司 ··············· 474
宁波家琦电子有限公司 ··············· 478
宁波惠山汽配制造有限公司 ··········· 480
宁波海高利汽车电器制造有限公司 ··· 480
慈溪市耀发电器有限公司 ············· 481
宁波华甬汽车零部件有限公司 ········ 485
台州通达机电有限公司 ··············· 485
浙江万超电器有限公司 ··············· 490
温州一川电气有限公司 ··············· 491
瑞安市亚瑞汽车电器有限公司 ········ 500
黄河汽配集团有限公司 ··············· 503
国威科技有限公司 ···················· 503
浙江致威电子科技有限公司 ··········· 504
浙江大铭汽车零部件有限公司 ········ 591
宁波丰茂远东橡胶有限公司 ··········· 602
宁波永信汽车部件制造有限公司 ····· 603
浙江赛阳密封件有限公司 ············· 607
仙居通用橡塑有限公司 ··············· 608
玉环县中航机械有限公司 ············· 608
浙江汇丰汽配制造有限公司 ··········· 609
浙江崇富橡塑有限公司 ··············· 610
玉环精工机械制造有限公司 ··········· 610
中广核俊尔新材料有限公司 ··········· 612
浙江明泰标准件有限公司 ············· 612
新潮集团股份有限公司 ··············· 613
浙江嘉仁模具有限公司 ··············· 711
蚌埠金威滤清器有限公司 ············· 176
安庆帝伯粉末冶金有限公司 ··········· 180
安庆帝伯格茨活塞环有限公司 ········ 180
合肥美桥汽车传动及底盘系统公司 ··· 299
芜湖大捷离合器有限公司 ············· 303
安徽盛隆铸业有限公司 ··············· 304
大陆汽车电子(芜湖)有限公司 ········ 506
芜湖杰诺瑞汽车电器系统有限公司 ··· 506
亚新科噪声与振动技术(安徽)有限公司 ··· 619
福州钜全汽车配件有限公司 ··········· 180
福建东亚机械有限公司 ··············· 181
华闽南配集团股份有限公司 ··········· 181
泉州市双塔汽车零件有限公司 ········ 182
厦门理研工业有限公司 ··············· 182
福耀玻璃工业集团股份有限公司 ····· 414
厦门金龙橡塑制品有限公司 ··········· 414
泉州国胜汽车部件实业有限公司 ····· 415
福建冠良汽车配件工业有限公司 ····· 620
江西方大长力汽车零部件有限公司 ··· 311
江西行新汽车科技有限公司 ··········· 415
景德镇市通福实业有限公司 ··········· 415
江西新电汽车空调系统有限公司 ····· 415
宜春英龙橡胶有限公司 ··············· 625
滨州市鑫力活塞有限责任公司 ········ 187
山东银河动力股份有限公司 ··········· 190
东营信义汽车配件有限公司 ··········· 316
山东通力车轮有限公司 ··············· 319
三角集团有限公司 ···················· 320
山东康泰实业有限公司 ··············· 417
烟台三环锁业集团公司轿车锁公司 ··· 417
山东省泰安泰龙软轴软管厂 ··········· 515
青岛悠进电装有限公司 ··············· 515
曲阜天博集团 ························· 515
山东华瑞丰机械有限公司 ············· 629
固恩治(青岛)工程橡胶有限公司 ····· 632
青岛信义汽车制动配件有限公司 ····· 633

华中地区

河南平和滤清器有限公司 ············· 195
河南中轴中汇汽车零部件有限公司 ··· 196
洛阳古城机械有限公司 ··············· 197
河南省西峡汽车水泵股份有限公司 ··· 197
豫北转向系统股份有限公司 ··········· 329
三门峡戴卡轮毂制造有限公司 ········ 333
新乡市豫新商用车空调股份有限公司 ··· 419
鹤壁欧派克电气有限公司 ············· 517
天海雪城汽车电子(鹤壁)有限公司 ··· 517
理研汽车配件(武汉)有限公司 ········ 198
襄樊航工制造有限公司 ··············· 199
湖北东风钢板弹簧有限公司 ··········· 334
武汉元丰汽车零部件有限公司 ········ 334
湖北恒隆汽车系统集团有限公司 ····· 335
湖北亚川汽车齿轮集团有限公司 ····· 335
湖北神风汽车弹簧有限公司 ··········· 336
湖北中航精机科技股份有限公司 ····· 421
中航工业宇航救生装备有限公司 ····· 421
荆州神电实业有限公司 ··············· 519
飞利浦汽车照明湖北有限公司 ········ 519
东风鸿泰武汉控股集团有限公司 ····· 637
湖北派克密封件有限公司 ············· 638
东风(十堰)气缸垫有限公司 ········· 640
湖南安福气门股份有限公司 ··········· 202
邵阳通达汽车零部件制造有限公司 ··· 423
株洲湘火炬火花塞有限责任公司 ····· 522
湖南博云汽车制动材料有限公司 ····· 642
益阳西流气缸垫有限公司 ············· 642
湖南常德嘉达摩擦材料有限公司 ····· 642
广东肇庆动力配件有限公司 ··········· 207
珠海华粤离合器有限公司 ············· 347
广东柳菱宏通实业有限公司 ··········· 347
深圳市宝凌电子股份有限公司 ········ 528
佛山市天汇汽车电子有限公司 ········ 678
柳州江南轴瓦厂 ······················ 209
柳州五菱柳机动力有限公司 ··········· 209
南宁八菱科技股份有限公司 ··········· 209
柳州市龙杰汽车配件有限责任公司 ··· 210
柳州金鸿橡塑有限公司 ··············· 210
广西方盛实业股份有限公司 ··········· 350
万向钱潮(桂林)汽车底盘部件公司 ··· 350
广西桂林英柴公司 ···················· 350
柳州市恒力传动轴有限责任公司 ····· 350
柳州市迅达汽车配件制造有限公司 ··· 351
柳州市精锻方盛工业有限公司 ········ 351
浙江万向系统有限公司柳州工厂 ····· 351
柳州上汽汽车变速器有限公司 ········ 351
柳州克雷拉减振器有限公司 ··········· 351
柳州市方鑫汽车装饰件有限公司 ····· 428
柳州市中铨机械制造有限责任公司 ··· 429
柳州市华力汽车零部件有限公司 ····· 429
柳州五菱宝马利汽车空调有限公司 ··· 429
柳州远翅塑料有限公司 ··············· 429
柳州安泰方盛电气系统有限公司 ····· 536
柳州市顺五科技开发有限公司 ········ 652
柳州福臻车体实业有限公司 ··········· 726

西南、西北地区

重庆华孚工业股份有限公司 ··········· 210
重庆飞龙江利汽车部件有限公司 ····· 210
重庆华恩实业有限公司 ··············· 211
重庆海特汽车排气系统有限公司 ····· 212
重庆光大产业有限公司 ··············· 212
马勒发动机零部件(重庆)有限公司 ··· 212
重庆海通机械制造有限公司 ··········· 213
重庆都成荣锋机械制造有限公司 ····· 213
重庆沃特尔粉末冶金有限公司 ········ 214
重庆齐信汽车零部件有限公司 ········ 352
重庆卡福汽车制动转向系统有限公司 ··· 353
重庆耐德中意减振器有限责任公司 ··· 353
重庆零一精密机械有限公司 ··········· 354
重庆龙润汽车转向器有限公司 ········ 356
南方天合底盘系统有限公司 ··········· 356
福耀玻璃(重庆)有限公司 ··········· 430
重庆瑞阳科技股份有限公司 ··········· 538
重庆红宇摩擦制品有限公司 ··········· 654
成都陵川车用油箱有限公司 ··········· 215
成都正恒动力配件有限公司 ··········· 215
中汽成都配件有限公司 ··············· 215
四川红光汽车机电有限公司 ··········· 216
四川川环科技股份有限公司 ··········· 217
恩比贝克飞虹汽车零部件(四川)公司 ··· 217
宜宾天工机械股份有限公司 ··········· 218
成都九鼎科技(集团)有限公司 ········ 357
中车集团四川丹齿零部件有限公司 ··· 358
四川建安工业有限责任公司 ··········· 359
隆昌山川精密焊管有限责任公司 ····· 360
四川富士电机有限公司 ··············· 431
成都有为科技有限公司 ··············· 539
四川航天烽火波纹软管工业公司 ····· 655
云南西仪工业股份有限公司 ··········· 218
昆明方大春鹰板簧有限公司 ··········· 360
贵州贵航汽车零部件永红散热器公司 ··· 219
贵州华烽电器有限公司 ··············· 432
贵州华工工具注塑公司华昌分公司 ··· 432
遵义长征汽车零部件有限公司 ········ 541
贵州贵航汽车零部件股份有限公司 ··· 656
贵阳联洪合成材料厂 ················· 656

★ 上汽乘用车

北方凌云工业集团有限公司 ··········· 370
风帆股份有限公司 ······················ 443
富奥汽车零部件股份有限公司 ········ 129
上海汽车制动系统有限公司 ··········· 248
华域三电汽车空调有限公司 ··········· 375
延锋汽车饰件系统有限公司 ··········· 375
伟巴斯特东熙汽车配件(北京)公司 ··· 364
西门子工厂自动化工程有限公司 ····· 683
天津六合镁制品有限公司 ············· 548
大连固特异轮胎有限公司 ············· 235
锦州汉拿电机有限公司 ··············· 446

铁岭华晨橡塑制品有限公司 ………… 557
一汽铸造公司特种铸造厂 ……………… 560
长春盖尔瑞孚艾斯曼汽车零部件公司 … 660
哈尔滨万宇科技股份有限公司 ……… 448
上海永红汽车零部件有限公司 ……… 137
上海交运股份公司汽车零部件分公司 … 374
上海天合汽车安全系统有限公司 …… 375
双桦控股有限公司 …………………… 375
上海恩坦华汽车门系统有限公司 …… 375
上海法雷奥汽车电机雨刮系统公司 … 376
上海霍富汽车锁具有限公司 ………… 376
上海贝洱热系统有限公司 …………… 377
上海飞利环球汽车零部件有限公司 … 378
上海博泽汽车部件有限公司 ………… 381
福耀集团(上海)汽车玻璃有限公司 … 381
莱尼电气系统(上海)有限公司 …… 455
海泰(浦泰)集团 …………………… 567
上海福之来汽车标准件有限公司 …… 569
上海紫燕模具工业有限公司 ………… 693
上海杜卡汽车设备有限公司 ………… 696
上海卡宝汽车设备有限公司 ………… 696
仪征双环活塞环有限公司 …………… 139
亚普汽车部件股份有限公司 ………… 148
布雷博(南京)制动系统有限公司 …… 248
正新橡胶(中国)有限公司 ………… 255
南京延锋江森座椅有限公司 ………… 383
常熟市汽车饰件有限公司 …………… 395
南京三维汽车电器有限公司 ………… 456
江苏新通达电子科技股份有限公司 … 458
常州威士顿有限公司 ………………… 575
无锡富瑞德精密机械有限公司 ……… 700
苏州工业园广福汽保机电设备公司 … 702
浙江方向汽车零部件有限公司 ……… 279
温州长江汽车电子有限公司 ………… 490
国威科技有限公司 …………………… 503
浙江致威电子科技有限公司 ………… 504
浙江世纪华通集团股份有限公司 …… 595
宁波永信汽车部件制造有限公司 …… 603
浙江汇丰汽配制造有限公司 ………… 609
安庆帝伯格茨缸套有限公司 ………… 179
河南省西峡汽车水泵股份有限公司 … 197
新乡市豫新商用车空调股份有限公司 … 419
深圳市飞音科技有限公司 …………… 528
深圳市超美化工科技有限公司 ……… 646
深圳市豪恩电子科技股份有限公司 … 677
广东景中景工业涂装设备有限公司 … 720
日东电子发展(深圳)有限公司 ……… 723

★ 奇瑞汽车

北京海纳川汽车部件股份有限公司 … 363
北方凌云工业集团有限公司 ………… 370
富奥汽车零部件股份有限公司 ……… 129
上海汇众萨克斯减振器有限公司 …… 243
延锋汽车饰件系统有限公司 ………… 375
联合汽车电子有限公司 ……………… 452
上海沪工汽车电器有限公司 ………… 454
上海小糸车灯有限公司 ……………… 456
江苏江扬线缆有限公司 ……………… 473
浙江亚太机电股份有限公司 ………… 261
浙江万安科技股份有限公司 ………… 267
建新赵氏集团有限公司 ……………… 603
山东同创汽车散热装置股份有限公司 … 194
山东厚丰汽车散热器有限公司 ……… 194
东风汽车车轮有限公司 ……………… 341
湖北开特汽车电子电器系统股份公司 … 518
怀集登云汽配股份有限公司 ………… 207
惠州市德赛西威汽车电子股份公司 …… 526
重庆超力高科技有限责任公司 ……… 430
内江金鸿曲轴有限公司 ……………… 218
四川川南减震器集团有限公司 ……… 358
北京四维图新科技股份有限公司 …… 433
浙江骆氏减震件股份有限公司 ……… 247
上海日用－友捷汽车电气有限公司 … 449
浙江世宝控股集团有限公司 ………… 259
山东滨州渤海活塞股份有限公司 …… 187
广东好帮手电子科技股份有限公司 … 534

华北地区

北京航天兴达科技有限公司 ………… 116
北京绿创环保设备股份有限公司 …… 117
北京海纳川汽车部件公司北京分公司 … 364
伟巴斯特东熙汽车配件(北京)公司 … 364
北京第三纺织机械有限公司 ………… 365
北京兴科迪科技有限公司 …………… 434
北京锐意泰克汽车电子有限公司 …… 435
北京朗威汽车零部件有限公司 ……… 435
北京泰兴汽车配件制造有限公司 …… 545
北京加安电子科技有限公司 ………… 659
天津卡达克汽车高新技术公司 ……… 118
天津市亚星散热器有限公司 ………… 118
万都(天津)汽车零部件有限公司 …… 224
天津天海同步科技股份有限公司 …… 224
天津市益中汽车安全带厂 …………… 365
天津三电汽车空调有限公司 ………… 366
天津市油管厂 ……………………… 546
天津市先达精密压铸有限公司 ……… 547
天津滨海新区大港天力胶管有限公司 … 547
天津日进汽车系统有限公司 ………… 549
天津七所高科技有限公司 …………… 686
南宫市精强连杆有限公司 …………… 122
力源活塞工业股份有限公司 ………… 122
廊坊远祥汽车配件有限公司 ………… 123
石家庄佳信汽车制动系统有限公司 … 224
河北春风铸造有限责任公司 ………… 225
耐世特凌云驱动系统(涿州)有限公司 … 231
东方久乐汽车安全气囊有限公司 …… 367
河北省冀州市汽车装饰件厂 ………… 368
邢台华威汽车内饰有限公司 ………… 368
任丘飞翔汽车塑件有限公司 ………… 368
容城来福灯泡有限公司 ……………… 443
晋州市安达汽车配件有限公司 ……… 550
河北省清河县永兴实业有限公司 …… 552
承德润韩汽车零部件有限公司 ……… 660
山西利民机电有限责任公司 ………… 124
山西益新制动部件有限公司 ………… 233
太原太航汽车电子有限公司 ………… 443

东北地区

沈阳航天新光汽车零部件有限公司 … 125
沈阳东华汽车零部件有限公司 ……… 125
马勒发动机零部件(营口)有限公司 … 126
沈阳航天三菱汽车发动机有限公司 … 126
蒂森克虏伯发动机系统(大连)公司 … 127
锦州光和密封实业有限公司 ………… 128
营口阿部配线有限公司 ……………… 444
锦州汉拿电机有限公司 ……………… 446
沈阳奥吉娜化工有限公司 …………… 556
营口福斯油品有限公司 ……………… 558
第一汽车集团铸造有限公司铸造一厂 … 129
长春科德宝·宝翎滤清器有限公司 … 130
富奥汽车零部件股份公司泵业分公司 … 131
白城中一精锻股分有限公司 ………… 131
一汽东机工减振器有限公司 ………… 237
吉林汽车制动器厂 ………………… 238
天合富奥汽车安全系统(长春)公司 … 238
东北工业集团有限公司 ……………… 240
吉林一汽实业东光汽车镜有限公司 … 371
盈佳科技(长春)有限公司 ………… 372
长春旭阳工业(集团)股份有限公司 … 373
长春市夸克普精汽车电子有限公司 … 447
长春依多科化工有限公司 …………… 560
长春爱尔铃克铃尔有限公司 ………… 561
哈尔滨东安汽车动力股份有限公司 … 131
哈尔滨东安实业发展有限公司 ……… 131
万都(哈尔滨)汽车底盘系统有限公司 … 242
哈尔滨齐塑汽车饰件有限公司 ……… 374
牡丹江富通汽车空调有限公司 ……… 374
哈尔滨万宇科技股份有限公司 ……… 448
哈尔滨东安机电制造有限责任公司 … 448
哈尔滨固泰电子有限责任公司 ……… 448

华东地区

上海峰亚耐火保温材料有限公司 …… 133
上海世保车辆配件有限公司 ………… 134
上海久田塑胶模具有限公司 ………… 134
上海马勒滤清系统有限责任公司 …… 134
上海皮尔博格有色零部件有限公司 … 137
上海爱知锻造有限公司 ……………… 137
上海永红汽车零部件有限公司 ……… 137
上海隆兆汽车零部件有限公司 ……… 138
上海奥凯汽车零部件有限公司 ……… 244
上海纳铁福传动轴有限公司 ………… 244
延锋百利得(上海)汽车安全系统公司 … 244
上海萨克斯动力总成部件系统有限公司 … 246
上海北特科技股份有限公司 ………… 247
上海交运股份公司汽车零部件分公司 … 374
上海天原集团胜德塑料有限公司 …… 375
上海恩坦华汽车门系统有限公司 …… 375
双桦控股有限公司 …………………… 375
上海天合汽车安全系统有限公司 …… 375
伟巴斯特车顶供暖系统(上海)公司 … 376
上海法雷奥汽车电机雨刮系统公司 … 376
上海汽车空调配件有限公司 ………… 377
上海岱美汽车内饰件有限公司 ……… 377
上海东方久乐汽车安全气囊有限公司 … 377
上海延锋江森座椅有限公司 ………… 378
上海宏宝汽配有限公司 ……………… 378
上海飞利环球汽车零部件有限公司 … 378
上海交运汽车精密冲压件有限公司 … 380
上海三盾汽车饰件有限公司 ………… 380
上海万超汽车天窗有限公司 ………… 381

上海沪峰汽车塑料有限公司 ………… 381
上海航天汽车机电股份舒航电器分公司 … 449
上海新光汽车电器有限公司 ………… 449
上海三智汽配实业有限公司 ………… 449
上海航天汽车机电股份有限公司 …… 450
上海法雷奥汽车电器系统有限公司 … 451
上海海华传感器有限公司 …………… 453
浙江胜华波汽车电器上海分公司 …… 454
科世达(上海)管理有限公司 ………… 455
上海福太隆汽车电子科技有限公司 … 455
上海杰事杰新材料(集团)股份公司 … 566
上海三环弹簧有限公司 ……………… 566
上海凯众材料科技股份有限公司 …… 566
上海凯密特尔化学品有限公司 ……… 567
海泰(浦泰)集团 …………………… 567
上海核威滑动轴承制造有限公司 …… 569
上海福之来汽车标准件有限公司 …… 569
上海红阳密封件有限公司 …………… 570
上海劳伦茨橡胶制品有限公司 ……… 570
斯凯孚(上海)汽车技术有限公司 …… 571
上海宝陆汽配型钢厂 ……………… 572
上海向明轴承有限公司 ……………… 572
上海三和汽车橡塑件有限公司 ……… 572
上海运良锻造实业有限公司 ………… 572
上海宝山千斤顶总厂有限公司 ……… 661
上海多司自动化设备有限公司 ……… 693
上海瀚氏模具成型有限公司 ………… 693
上海申克机械有限公司 ……………… 693
上海杜卡汽车设备有限公司 ………… 696
南京泰宁铸铁有限公司 ……………… 138
亚新科凸轮轴(仪征)有限公司 ……… 139
仪征双环活塞环有限公司 …………… 139
无锡永凯达齿轮有限公司 …………… 144
江苏江旭铸造集团有限公司 ………… 145
采埃孚转向泵金城(南京)有限公司 … 248
南京锦湖轮胎有限公司 ……………… 248
丹阳市可达汽车配件有限公司 ……… 250
无锡仓佑汽车配件有限公司 ………… 251
无锡中策减震器有限公司 …………… 252
江苏格尔顿传动有限公司 …………… 253
乔治费歇尔汽车产品(苏州)有限公司 … 254
麦特达因(苏州)汽车部件有限公司 … 254
万都(苏州)汽车底盘系统有限公司 … 254
昆山正大新成精密锻造有限公司 …… 255
江苏名豪汽车零部件有限公司 ……… 257
江苏太平洋精锻科技股份有限公司 … 258
泰州市兴华齿轮制造有限公司 ……… 258
高邮市新高明动力机械有限公司 …… 258
中航工业宏光空降装备有限公司 …… 382
南京奥特佳新能源科技有限公司 …… 382
丹阳吉盛汽车零部件有限公司 ……… 384
常州昊邦汽车零部件有限公司 ……… 387
常州市盛士达汽车空调有限公司 …… 388
常州新泉汽车内饰件有限公司 ……… 388
常州市明宇交通器材有限公司 ……… 389
江苏力乐汽车部件股份有限公司 …… 392
佛吉亚(无锡)座椅部件有限公司 …… 392
无锡井上华光汽车部件有限公司 …… 393
无锡华光汽车部件集团有限公司 …… 393
法雷奥汽车安全系统(无锡)有限公司 … 393
苏州新智机电工业有限公司 ………… 394
张家港孚冈汽车部件有限公司 ……… 395
常熟市汽车饰件有限公司 …………… 395
苏州中成汽车空调压缩机有限公司 … 395
张家港合众汽车部件有限公司 ……… 396
泰州劲松股份有限公司 ……………… 396
江苏奥顿车业有限公司 ……………… 397
南京三维汽车电器有限公司 ………… 456
丹阳市晶晶玻璃有限公司 …………… 458
江苏新通达电子科技股份有限公司 … 458
丹阳市天龙车灯镀膜有限公司 ……… 459
常州必能信汽车电器有限公司 ……… 460
江苏常诚汽车部件有限公司 ………… 460
常州民迪汽车配件有限公司 ………… 460
常州星宇车灯股份有限公司 ………… 461
大茂伟瑞柯车灯有限公司 …………… 461
日本电产凯宇汽车电器(江苏)公司 … 461
常州市荣嘉车业配件有限公司 ……… 462
江苏凯灵汽车电器有限公司 ………… 465
无锡创维彩登科技有限公司 ………… 466
张家港孚冈合力电器有限公司 ……… 471
江苏天宝汽车电子有限公司 ………… 472
南京七四二五橡塑有限责任公司 …… 572
南京宏佳机械制造有限公司 ………… 573
镇江飞亚轴承有限责任公司 ………… 574
常州威士顿有限公司 ………………… 575
常州腾龙汽车零部件股份有限公司 … 576
江苏容天乐机械股份有限公司 ……… 577
无锡新得宝金属软管有限公司 ……… 578
江苏旷达汽车饰件有限公司 ………… 578
无锡威孚精密机械有限公司弹簧厂 … 579
江阴延利汽车饰件股份有限公司 …… 582
捷通摩擦材料(昆山)有限公司 ……… 584
和承汽车配件(太仓)有限公司 ……… 585
舍弗勒(中国)有限公司一厂 ……… 585
苏州金鸿顺汽车部件股份有限公司 … 586
江苏旷达汽车座套有限公司 ………… 662
江苏中联地毯有限公司 ……………… 663
钴领(常州)刀具有限公司 ………… 699
无锡富瑞德精密机械有限公司 ……… 700
苏州工业园广福汽保机电设备公司 … 702
江苏天骄汽车配套有限公司 ………… 702
天奇自动化工程股份有限公司 ……… 702
苏州苏净安发空调有限公司 ………… 702
江苏振世达汽车模具有限公司 ……… 705
南通常测机电设备有限公司 ………… 706
杭州轴瓦有限公司 …………………… 150
杭州钱王机械配件有限公司 ………… 151
宁波洛卡特汽车零部件有限公司 …… 155
宁波索立得滑动轴承有限公司 ……… 156
浙江黎明发动机零部件有限公司 …… 156
临海市环流汽配制造有限公司 ……… 157
浙江东星汽车部件有限公司 ………… 157
玉环汽车零部件有限公司 …………… 160
恒勃控股股份有限公司 ……………… 162
温州车舟汽车部件有限公司 ………… 166
温州瑞明工业股份有限公司 ………… 168
浙江双环传动机械股份有限公司 …… 259
万通智控科技股份有限公司 ………… 260
万向集团公司 ………………………… 261
万向钱潮等速驱动轴有限公司 ……… 262
杭州依维柯汽车传动技术有限公司 … 263
浙江万达汽车方向机有限公司 ……… 264
浙江诸暨万宝机械有限公司 ………… 266
索密克汽车配件有限公司 …………… 267
浙江欧迪恩传动科技股份有限公司 … 270
宁波明佳汽车内饰有限公司 ………… 272
宁波三钻工业有限公司 ……………… 273
浙江泰丰轴承有限公司 ……………… 278
浙江双辉剑机械有限公司 …………… 287
浙江今飞凯达轮毂股份有限公司 …… 291
金华浩翔汽配有限公司 ……………… 292
浙江华明汽车制动器有限公司 ……… 295
浙江龙纪汽车零部件有限公司 ……… 297
宜兰汽车配件制造(平湖)有限公司 … 399
宁波帅特龙集团有限公司 …………… 400
宁波恒特汽车零部件有限公司 ……… 400
宁波鸿通汽车零部件有限公司 ……… 401
慈溪市福尔达实业有限公司 ………… 401
台州法雷奥温岭汽车零部件有限公司 … 403
台州市黄岩科力塑料模具厂 ………… 404
温州市丽豹汽车配件有限公司 ……… 406
浙江华尔达汽车空调有限公司 ……… 406
浙江科锋汽车电器有限公司 ………… 411
杭州广安汽车电器有限公司 ………… 475
宁波家琦电子有限公司 ……………… 478
宁波精华电子科技有限公司 ………… 478
宁波汽车软轴软管有限公司 ………… 479
宁波正耀汽车电器有限公司 ………… 484
宁波华甬汽车零部件有限公司 ……… 485
浙江天翀车灯集团有限公司 ………… 486
浙江嘉利(丽水)工业有限公司 ……… 488
浙江正泰汽车零部件有限公司 ……… 489
温州科博达汽车部件有限公司 ……… 490
温州长江汽车电子有限公司 ………… 490
瑞安市马丁西汽摩部件有限公司 …… 494
温州超航机电有限公司 ……………… 495
南洋汽摩集团有限公司 ……………… 500
温州益能电器有限公司 ……………… 503
国威科技有限公司 …………………… 503
黄河汽配集团有限公司 ……………… 503
浙江三A弹簧有限公司 ……………… 593
浙江科达利实业有限公司 …………… 594
万安汽车工程塑料有限公司 ………… 594
浙江省上虞市油封制造有限公司 …… 595
宏达高科控股股份有限公司 ………… 598
宁波海山克尔铃密封件有限公司 …… 599
宁波裕江特种胶带有限公司 ………… 599
宁波丰茂远东橡胶有限公司 ………… 602
宁波胜利汽配有限公司 ……………… 604
宁波东昊汽车部件有限公司 ………… 604
舟山市海山密封材料有限公司 ……… 605
浙江兴宇汽车零部件有限公司 ……… 607
浙江强力螺栓有限公司 ……………… 609
浙江汇丰汽配制造有限公司 ………… 609
浙江崇富橡塑有限公司 ……………… 610
浙江万赛汽车零部件有限公司 ……… 611
中广核俊尔新材料有限公司 ………… 612
新潮集团股份有限公司 ……………… 613
宁波南方塑料模具有限公司 ………… 708
台州市黄岩艾博模业有限公司 ……… 710
滨海模塑集团有限公司 ……………… 710
浙江模具厂有限公司 ………………… 710

浙江台州黄岩震雄模具有限公司 …… 710
台州市黄岩茂荣塑模有限公司 ……… 710
浙江嘉仁模具有限公司 ………… 711
铁牛集团有限公司 ………… 711
浙江万豪模塑有限公司 ………… 711
安徽金庆龙机械制造有限公司 ……… 175
合肥恒信汽车发动机部件有限公司 … 175
合肥威尔燃油系统有限责任公司 …… 175
蚌埠市瑞泰汽配制造有限公司 ……… 176
安徽省恒泰动力科技有限公司 ……… 177
芜湖市中兴机械技术开发有限公司 … 178
芜湖永达科技有限公司 ………… 178
杰锋汽车动力系统股份有限公司 …… 178
芜湖三联锻造有限公司 ………… 178
安庆帝伯格茨缸套有限公司 ……… 179
芜湖东大汽车工业有限公司 ……… 179
安徽艾可蓝环保股份有限公司 ……… 180
安庆帝伯格茨活塞环有限公司 ……… 180
合肥美桥汽车传动及底盘系统公司 … 299
安徽万安汽车零部件有限公司 ……… 299
北泰汽车底盘系统(安徽)有限公司 … 300
芜湖恒隆汽车转向系统有限公司 …… 301
安徽星瑞齿轮传动有限公司 ……… 301
安徽省辉煌机械制造有限公司 ……… 301
芜湖天佑汽车技术有限公司 ……… 302
芜湖世特瑞转向系统有限公司 ……… 302
芜湖万通汽车部件有限公司 ……… 302
芜湖伯特利汽车安全系统有限公司 … 302
芜湖鑫业汽车零部件有限公司 ……… 302
芜湖普威技研有限公司 ………… 302
芜湖众发汽车制动泵有限公司 ……… 302
芜湖依格森汽车部件有限公司 ……… 303
芜湖恒坤汽车部件有限公司 ……… 303
芜湖华亨汽车部件有限公司 ……… 303
顺达(芜湖)汽车饰件有限公司 ……… 303
瑞慈(马鞍山)传动机械有限公司 …… 304
安徽盛隆铸业有限公司 ………… 304
安庆安簧汽车零部件有限公司 ……… 304
安徽省小小科技股份有限公司 ……… 304
安徽安簧机械股份有限公司 ……… 304
安徽岳塑汽车工业有限公司 ……… 305
安徽江南机械有限责任公司 ……… 411
安徽爱德夏汽车零部件有限公司 …… 411
芜湖万迪孚汽车部件有限公司 ……… 412
博耐尔汽车电气系统有限公司 ……… 412
鸿通汽车零部件(芜湖)有限公司 …… 412
莫森泰克汽车科技有限公司 ……… 412
芜湖幼狮东阳汽车塑料零部件公司 … 412
芜湖恒信汽车内饰制造有限公司 …… 412
合肥汇通汽车零部件有限公司 ……… 412
铜陵华源汽车内饰材料有限公司 …… 413
安徽文鼎机械有限公司 ………… 413
合肥晟泰克汽车电子有限公司 ……… 505
合肥邦立电子股份有限公司 ……… 505
安徽森力汽车电子有限公司 ……… 505
大陆汽车电子(芜湖)有限公司 ……… 506
埃泰克汽车电子(芜湖)有限公司 …… 506
芜湖精诺汽车电器有限公司 ……… 506
芜湖瑞昌电气系统有限公司 ……… 506
芜湖杰诺瑞汽车电器系统有限公司 … 506
芜湖市博顿汽车零部件厂 ……… 506
黄山顺昌汽车电器有限公司 ……… 507
宁国金鑫电机有限公司 ………… 507
昌辉汽车电器(黄山)股份有限公司 … 507
黄山市瑞兴汽车电子有限公司 ……… 507
安徽新南港汽车内饰件有限公司 …… 617
芜湖通和汽车管路系统有限公司 …… 617
芜湖强振汽车紧固件有限公司 ……… 618
芜湖华翔汽配轴套有限公司 ……… 618
中鼎金亚汽车管件制造有限公司 …… 618
亚新科噪声与振动技术(安徽)有限公司 … 619
安庆谢德尔汽车零部件有限公司 …… 619
安徽青松工具有限公司 ………… 669
中鼎模具制造有限公司 ………… 713
福州南配活塞销有限公司 ………… 180
福建东亚机械有限公司 ………… 181
华闽南配集团股份有限公司 ……… 181
泉州国胜汽车部件实业有限公司 …… 415
福建福安振中电器制造有限公司 …… 508
福建仙游闽仙汽车电器有限公司 …… 508
福建冠良汽车配件工业有限公司 …… 620
厦门美时美克空气净化有限公司 …… 670
同致电子科技(厦门)有限公司 ……… 670
江西沃尔福发动机有限公司 ……… 183
江西同欣机械制造有限公司 ……… 184
江西方大长力汽车零部件有限公司 … 311
格特拉克(江西)传动系统南昌工厂 … 311
格特拉克(江西)传动系统有限公司 … 311
江西省广蓝传动科技股份有限公司 … 312
格特拉克(江西)传动系统赣州工厂 … 312
格特拉克(江西)传动系统于都工厂 … 312
江西好帮手电子科技股份有限公司 … 511
济南沃德汽车零部件有限公司 ……… 185
莱阳市同辉散热器有限公司 ……… 190
山东常林铸业有限公司 ………… 195
东营信义汽车配件有限公司 ……… 316
山东鲁达轿车配件股份有限公司 …… 318
莱州鲁源汽车配件有限公司 ……… 318
山东泰丰汽车底盘制造有限公司 …… 320
三角集团有限公司 ………… 320
威海万丰奥威汽轮有限公司 ……… 320
青岛盛博机电有限公司 ………… 326
烟台正海汽车内饰件有限公司 ……… 416
烟台三环锁业集团公司轿车锁公司 … 417
威海鸿祥汽车内饰件有限公司 ……… 417
佛吉亚(青岛)排气系统有限公司 …… 418
龙口泰进机械有限公司 ………… 418
济南瑞云科信电器有限公司 ……… 512
济南鲁联汽车低温起动装置有限公司 … 512
山东鲁得贝车灯股份有限公司 ……… 512
淄博新志电器有限公司 ………… 513
山东汽车弹簧厂有限公司 ……… 627
山东荣邦汽配有限公司 ………… 628
烟台聚氨酯橡塑制品厂 ………… 630
山东莱阳市昌誉密封产品有限公司 … 631
青岛泰德汽车轴承股份有限公司 …… 632
青岛信义汽车制动配件有限公司 …… 633
济南易恒技术有限公司 ………… 713
奔腾汽车检测维修设备制造有限公司 … 714
山东寿光万龙实业有限公司 ……… 739

华中地区

河南中轴中汇汽车零部件有限公司 … 196
西峡县内燃机进排气管有限责任公司 … 197
信阳贝恩银光活塞销有限公司 ……… 197
河南省西峡汽车水泵股份有限公司 … 197
洛阳古城机械有限公司 ………… 197
南阳淅减汽车减振器有限公司 ……… 333
西峡县西泵特种铸造有限公司 ……… 333
河南开开特星光锁系统有限公司 …… 418
焦作平光开元汽车部件有限公司 …… 419
郑州跃博汽车电器有限公司 ……… 516
天海雪城汽车电子(鹤壁)有限公司 … 517
辉县市建风弹簧厂 ………… 636
南阳天一密封股份有限公司 ……… 637
武汉佛吉亚通达排气系统有限公司 … 198
东风(十堰)发动机减震器有限公司 … 200
湖北通达汽车零部件(集团)有限公司 … 200
东风活塞轴瓦有限公司 ………… 201
武汉协和齿环有限公司 ………… 333
湖北东峻工贸有限公司 ………… 334
荆州恒隆汽车零部件制造有限公司 … 335
武汉博泽汽车部件有限公司 ……… 420
武汉东环车身系统有限公司 ……… 420
湖北中航精机科技股份有限公司 …… 421
湖北美标汽车制冷系统有限公司 …… 421
湖北双鸥汽车工程塑料(集团)公司 … 421
福耀玻璃(湖北)有限公司 ………… 422
武汉诚盛电子有限公司 ………… 518
湖北三环汽车电器有限公司 ……… 518
湖北泓盈传感技术有限公司 ……… 519
荆州神电实业有限公司 ………… 519
十堰达峰软轴有限公司 ………… 521
东风鸿泰武汉控股集团有限公司 …… 637
金马汽车零部件制造有限公司 ……… 638
武汉博奇装饰布有限公司 ……… 638
东森汽车密封件有限公司 ……… 641
东风汽车模具有限公司 ………… 719
湖南机油泵股份有限公司 ……… 202
株洲齿轮有限责任公司 ………… 343
株洲湘火炬火花塞有限责任公司 …… 522
湖南常德嘉达摩擦材料有限公司 …… 642
湖南精正设备制造有限公司 ……… 719
珠海华粤离合器有限公司 ……… 347
广州市科立汽车电器有限公司 ……… 423
深圳市著牌实业有限公司 ……… 426
信义玻璃控股有限公司 ………… 427
广东多纳勒振华汽车系统有限公司 … 428
中山市耀华汽车部件实业有限公司 … 428
深圳市宝凌电子股份有限公司 ……… 528
东莞歌乐东方电子有限公司 ……… 532
佛山电器照明股份有限公司 ……… 533
金发科技股份有限公司 ………… 643
格莱利集团 ………… 647
东莞百乐仕汽车精密配件有限公司 … 648
广东德联集团股份有限公司 ……… 650
广州市来兴汽车配件有限公司 ……… 672
南宁八菱科技股份有限公司 ……… 209
柳州五菱宝马利汽车空调有限公司 … 429
柳州福臻车体实业有限公司 ……… 726

西南、西北地区

重庆华孚工业股份有限公司 ……… 210
重庆海特汽车排气系统有限公司 …… 212

重庆海通机械制造有限公司 ………… 213
重庆神箭汽车传动件有限责任公司 … 352
重庆望江铸造有限公司 ……………… 352
重庆齐信汽车零部件有限公司 ……… 352
重庆耐德中意减振器有限责任公司 … 353
重庆黎明汽车配件有限公司 ………… 355
重庆蓝黛动力传动机械股份有限公司 … 355
南方天合底盘系统有限公司 ………… 356
重庆龙润汽车转向器有限公司 ……… 356
重庆平江实业有限责任公司 ………… 538
重庆瑞阳科技股份有限公司 ………… 538
重庆博耐特实业(集团)有限公司 …… 538
重庆秦川实业(集团)股份有限公司 …… 538
重庆红宇摩擦制品有限公司 ………… 654
重庆数码模车身模具有限公司 ……… 726
重庆江东机械有限责任公司 ………… 727
成都飞亚曲轴有限公司 ……………… 215
成都桐林铸造实业有限公司 ………… 216
四川红光汽车机电有限公司 ………… 216
四川川环科技股份有限公司 ………… 217
恩比贝克飞虹汽车零部件(四川)公司 … 217
四川中胜实业集团有限公司 ………… 217
宜宾天工机械股份有限公司 ………… 218
成都宁兴汽车弹簧有限公司 ………… 356
四川望锦机械有限公司 ……………… 357
中车集团四川丹齿零部件有限公司 … 358
四川建安工业有限责任公司 ………… 359
成都高新区华汇实业有限公司 ……… 431
成都华川电装有限责任公司 ………… 539
成都成量工具集团有限公司 ………… 728
贵州贵航汽车零部件永红散热器公司 … 219
贵阳万江航空机电有限公司 ………… 432
贵州华烽电器有限公司 ……………… 432
贵州天义汽车电器有限公司 ………… 541
贵阳联洪合成材料厂 ………………… 656
陕西东铭车辆系统股份有限公司 …… 362
陕西华兴汽车制动科技有限公司 …… 657
西安林产化学软木工厂 ……………… 657
宁夏小巨人机床有限公司 …………… 729

★ 南京汽车集团

风帆股份有限公司 ………………… 443
江苏皓月汽车锁股份有限公司 ……… 394
山东滨州渤海活塞股份有限公司 …… 187
重庆杜克高压密封件有限公司 ……… 354
北京首创轮胎有限责任公司 ………… 222
北京泰兴汽车配件制造有限公司 …… 545
天津市益中汽车安全带厂 …………… 365
天津六合镁制品有限公司 …………… 548
石家庄市东方轴瓦有限公司 ………… 119
石家庄金刚凯源动力科技有限公司 … 120
河间市刘氏兄弟板簧附件有限公司 … 228
河北省冀州市汽车装饰件厂 ………… 368
河北威县盛达密封件有限公司 ……… 551
沈阳林凯汽车制动有限公司 ………… 234
大连固特异轮胎有限公司 …………… 235
瓦房店宏达等速万向节制造有限公司 … 235
凤城市曙光汽车半轴有限责任公司 … 236
锦州汉拿电机有限公司 ……………… 446
铁岭华晨橡塑制品有限公司 ………… 557
辽阳康达塑胶树脂有限公司 ………… 557
长春一汽四环发动机制造有限公司 … 129
长春科德宝·宝翎滤清器有限公司 … 130
吉林圆方机械集团有限公司 ………… 241
四平市方向机械有限公司 …………… 241
一汽铸造公司特种铸造厂 …………… 560
哈尔滨万宇科技股份有限公司 ……… 448
上海伊铭增压器制造有限公司 ……… 132
上海久田塑胶模具有限公司 ………… 134
上海永红汽车零部件有限公司 ……… 137
上海华特汽车配件有限公司 ………… 382
上海赛露达汽车部件有限公司 ……… 452
上海特强汽车紧固件有限公司 ……… 568
上海卡宝汽车设备有限公司 ………… 696
南京泰宁铸铁有限公司 ……………… 138
南京汽车零件有限公司 ……………… 138
南京南汽冲压件有限公司 …………… 138
南京发动机配件厂 …………………… 139
南京飞燕活塞环股份有限公司 ……… 139
江苏苏美达德隆汽车部件有限公司 … 139
江苏嘉和热系统股份有限公司 ……… 147
扬州市长运汽车油箱制造有限公司 … 148
潍柴动力扬州柴油机有限责任公司 … 148
扬州群发换热器有限公司 …………… 148
南通长江汽车配件制造有限公司 …… 149
江苏飞月轴瓦有限公司 ……………… 149
采埃孚转向泵金城(南京)有限公司 … 248
南京轴承有限公司 …………………… 248
镇江江大春光齿轮有限公司 ………… 249
南京法雷奥离合器有限公司 ………… 249
江苏上齿集团有限公司 ……………… 251
江苏骏宇汽配有限公司 ……………… 251
洪泽县汽车半轴制造有限公司 ……… 257
江苏名豪汽车零部件有限公司 ……… 257
南京际华三五二一特种装备有限公司 … 382
南京世冀汽车实业有限公司 ………… 382
南京台兴汽车零部件制造有限公司 … 383
南京延锋江森座椅有限公司 ………… 383
江苏天洋集团有限公司 ……………… 384
常州昊邦汽车零部件有限公司 ……… 387
常州市希锐车辆部件厂 ……………… 389
常州市瑞悦车业有限公司 …………… 390
常州市发路利汽配有限公司 ………… 391
常州气弹簧有限公司 ………………… 392
江苏裕华汽车零部件有限公司 ……… 393
无锡明芳汽车部件工业有限公司 …… 393
特瑞科汽车系统(苏州)有限公司 …… 395
张家港合众汽车部件有限公司 ……… 396
张家港市牡丹汽车附件有限公司 …… 396
江苏新通达电子科技股份有限公司 … 458
江苏常诚汽车部件有限公司 ………… 460
常州新华陵汽车电器有限公司 ……… 460
常州市荣嘉车业配件有限公司 ……… 462
常州市辉鸿汽车电器有限公司 ……… 464
苏州汽车电器制造有限公司 ………… 468
江苏亚泰机电有限公司 ……………… 473
南通通灵汽车软轴软管有限公司 …… 474
南京驰洲汽车配件厂 ………………… 573
南京汽车锻造有限公司 ……………… 573
南京金三力橡塑有限公司 …………… 573
镇江飞亚轴承有限责任公司 ………… 574
江苏中通汽车内饰材料有限公司 …… 579
无锡市梦立化工有限公司 …………… 579
无锡市百合花胶粘剂厂有限公司 …… 580
淮安市劲风橡塑有限公司 …………… 586
江苏卡威塑料制品有限公司 ………… 698
江苏骠马智能装备股份有限公司 …… 699
常州市宇鹏涂装设备有限公司 ……… 699
无锡富瑞德精密机械有限公司 ……… 700
苏州工业园广福汽保机电设备公司 … 702
杭州隆运汽车催化器排气系统制造厂 … 150
湖州佳士汽车配件有限公司 ………… 153
宁波方圆汽摩发展有限公司 ………… 155
宁波舜江汽车部件制造有限公司 …… 155
杭州汇丰车桥有限公司 ……………… 260
万向钱潮等速驱动轴有限公司 ……… 262
浙江双祥汽配制造有限公司 ………… 265
绍兴驰达汽车配件制造有限公司 …… 267
浙江方向汽车零部件有限公司 ……… 279
浙江万邦汽车动力系统有限公司 …… 282
玉环日意机械有限公司 ……………… 288
台州大川机电有限公司 ……………… 289
浙江万里扬变速器股份有限公司 …… 292
浙江华明汽车制动器有限公司 ……… 295
浙江中铁机车部件有限公司 ………… 297
温岭市寰宇汽车配件有限公司 ……… 402
瑞安市雷迪森汽车部件有限公司 …… 408
杭州人人集团有限公司 ……………… 474
宁波电热塞厂 ………………………… 478
宁波汽车软轴软管有限公司 ………… 479
浙江创佳汽车部件有限公司 ………… 496
黄河汽配集团有限公司 ……………… 503
万安汽车工程塑料有限公司 ………… 594
浙江省慈溪市铜套厂 ………………… 601
宁波六环汽配有限公司 ……………… 602
宁波东昊汽车部件有限公司 ………… 604
浙江赛阳密封件有限公司 …………… 607
仙居县润丰汽车零部件制造有限公司 … 608
浙江强力螺栓有限公司 ……………… 609
浙江南洋机械制造有限公司 ………… 610
杭州鼎盛科技仪器有限公司 ………… 707
蚌埠市同升滤清器有限公司 ………… 176
蚌埠金威滤清器有限公司 …………… 176
芜湖美达机电实业有限公司 ………… 179
安徽安凯福田曙光车桥有限公司 …… 299
芜湖新达汽车锻造有限公司 ………… 301
六安江淮汽车齿轮制造有限公司 …… 301
芜湖华亨汽车部件有限公司 ………… 303
铜陵万象汽车零部件有限公司 ……… 304
安徽安簧机械股份有限公司 ………… 304
安庆安簧汽车零部件有限公司 ……… 304
大陆汽车电子(芜湖)有限公司 ……… 506
芜湖强振汽车紧固件有限公司 ……… 618
安徽中鼎控股(集团)股份有限公司 … 618
中鼎模具制造有限公司 ……………… 713
福建省仙游电机股份有限公司 ……… 508
福建莱克石化有限公司 ……………… 623
南昌齿轮有限责任公司 ……………… 311
江西行新汽车科技有限公司 ………… 415
江西大吉汽车天线有限公司 ………… 511
山东嘉鑫换热器有限公司 …………… 186
宏昌汽配制造有限公司 ……………… 189

青岛东洋热交换器有限公司 ………… 193
山东光岳转向节有限责任公司 ……… 313
东营信义汽车配件有限公司 ………… 316
济宁骏达机械制造有限公司 ………… 327
山东鲁得贝车灯股份有限公司 ……… 512
莱州亚通金属制品集团有限公司 …… 628
青岛泰德汽车轴承股份有限公司 …… 632
青岛信义汽车制动配件有限公司 …… 633
烟台泰利汽车模具股份有限公司 …… 714
平原滤清器有限公司 ………………… 195
洛阳古城机械有限公司 ……………… 197
荆州环宇汽车零部件有限公司 ……… 198
东风钟祥汽车弹簧有限公司 ………… 334
荆州神电实业有限公司 ……………… 519
襄樊仪元汽车电子有限公司 ………… 520
博世汽车部件(长沙)有限公司 ……… 521
肇庆宏丰电子有限公司 ……………… 533
深圳市豪恩电子科技股份有限公司 … 677
广东景中景工业涂装设备有限公司 … 720
广州亨龙机电股份有限公司 ………… 721
桂林瑞特试验机有限公司 …………… 725
成都飞亚曲轴有限公司 ……………… 215
四川巴斯迪科新技术发展有限公司 … 216
成都成量工具集团有限公司 ………… 728
云南西仪工业股份有限公司 ………… 218
昆明云内动力股份有限公司 ………… 219
贵州贵航汽车零部件华阳电器公司 … 541

★ 南京依维柯

风帆股份有限公司 ………………… 443
华域三电汽车空调有限公司 ……… 375
博世汽车柴油系统股份有限公司 … 143
北京首创轮胎有限责任公司 ………… 222
北京吉信气弹簧制品有限公司 ……… 364
北京赛德车门制造有限公司 ………… 364
北京万源瀚德汽车密封系统有限公司 … 544
石家庄博亚汽车电器有限公司 ……… 440
石家庄泰明顿摩擦材料有限公司 …… 549
亚新科国际铸造(山西)有限公司 …… 124
阜新德尔汽车部件股份有限公司 …… 237
沈阳东北蓄电池有限公司 …………… 444
长春爱尔铃克铃尔有限公司 ………… 561
哈尔滨万宇科技股份有限公司 ……… 448
上海镁镁合金压铸有限公司 ………… 247
上海华申汽配制造有限公司 ………… 376
上海加冷松芝汽车空调股份有限公司 … 376
上海天义汽车电器有限公司 ………… 455
上海宝钢特钢股份有限公司 ………… 566
上海亚大塑料制品有限公司 ………… 570
上海安吉铸造厂 ……………………… 571
上海向明轴承有限公司 ……………… 572
上海华丰车用工具厂 ………………… 661
南京汽车零件有限公司 ……………… 138
南京泰宁铸铁有限公司 ……………… 138
南京南汽冲压件有限公司 …………… 138
亚新科凸轮轴(仪征)有限公司 ……… 139
仪征双环活塞环有限公司 …………… 139
华东泰克西汽车铸造有限公司 ……… 140
江苏省镇江市林森汽配有限公司 …… 140
常州市南国冷却器有限公司 ………… 141
盐城博一散热器有限公司 …………… 147
江苏科力普汽车部件有限公司 ……… 147
扬州五亭桥缸套有限公司 …………… 147
布雷博(南京)制动系统有限公司 …… 248
南京法雷奥离合器有限公司 ………… 249
南京东华汽车转向器有限公司 ……… 249
南京宏峰汽车配件厂 ………………… 249
江苏骏宇汽配有限公司 ……………… 251
无锡中策减震器有限公司 …………… 252
无锡市宏达汽车减震器有限公司 …… 252
江苏恒力制动器制造有限公司 ……… 253
江苏黄海汽配股份有限公司 ………… 259
南京奥特佳新能源科技有限公司 …… 382
中航工业宏光空降装备有限公司 …… 382
南京延锋江森座椅有限公司 ………… 383
丹阳市光华汽车内饰件有限公司 …… 387
江苏文光集团有限公司 ……………… 387
句容市东升汽车附件有限公司 ……… 387
常州市希锐车辆部件厂 ……………… 389
常州飞华车辆部件有限公司 ………… 391
常州气弹簧有限公司 ………………… 392
江苏协诺汽车附件有限公司 ………… 393
江阴协统汽车附件有限公司 ………… 394
江苏旭顺东明汽配有限公司 ………… 394
苏州市万达汽车内饰件厂 …………… 395
江苏精达车辆附件制造有限公司 …… 396
扬州市欣辉汽车附件有限公司 ……… 396
江苏铁锚玻璃股份有限公司 ………… 397
南京华敏电子有限公司 ……………… 456
江苏晨扬交通器材有限公司 ………… 457
江苏超力电器有限公司 ……………… 457
江苏超力集团 ………………………… 457
常州新华陵汽车电器有限公司 ……… 460
常州市荣嘉车业配件有限公司 ……… 462
江阴市长泾车船附件有限公司 ……… 467
苏州上声电子有限公司 ……………… 470
南京金三力橡塑有限公司 …………… 573
南京汽车锻造有限公司 ……………… 573
江苏万奔汽车配件有限公司 ………… 574
常州兰锦橡塑有限公司 ……………… 575
常州光洋轴承有限公司 ……………… 575
无锡市巨龙塑化有限公司 …………… 580
无锡市二橡胶股份有限公司 ………… 581
淮安市劲风橡塑有限公司 …………… 586
泰州长力树脂管有限公司 …………… 587
江苏振华密封工业有限公司 ………… 587
东华汽车实业有限公司 ……………… 697
沛鑫史宾纳数控机床(南京)有限公司 … 698
杭州轴瓦有限公司 …………………… 150
杭州万里塑胶有限公司 ……………… 150
湖州佳士汽车配件有限公司 ………… 153
余姚市舒春机械有限公司 …………… 155
临海市伟达汽车部件有限公司 ……… 157
杭州前进齿轮箱集团股份有限公司 … 261
杭州依维柯汽车传动技术有限公司 … 263
绍兴金江机械有限公司 ……………… 267
玉环金泰汽车部件有限公司 ………… 280
玉环中盛机械部件厂 ………………… 282
玉环振奋汽车配件厂 ………………… 290
浙江东风齿轮有限公司 ……………… 292
杭州梵隆方向盘有限公司 …………… 398
宁波乾方汽车配件有限公司 ………… 401
台州法雷奥温岭汽车零部件有限公司 … 403
浙江超达汽车配件有限公司 ………… 405
浙江雷力汽车零部件有限公司 ……… 410
杭州人人集团有限公司 ……………… 474
杭州南华汽车配件有限公司 ………… 475
浙江汇润电气有限公司 ……………… 490
瑞安市马丁西汽车零部件有限公司 … 494
杭州杭城摩擦材料有限公司 ………… 589
浙江久运车辆部件有限公司 ………… 590
浙江科达利实业有限公司 …………… 594
台州兴华机械有限公司 ……………… 608
温岭市装配设备成套有限公司 ……… 709
浙江模具厂有限公司 ………………… 710
合肥威尔燃油系统有限责任公司 …… 175
蚌埠市同升滤清器有限公司 ………… 176
安徽省凤阳散热器有限公司 ………… 177
安庆帝伯格茨活塞环有限公司 ……… 180
芜湖华亨汽车部件有限公司 ………… 303
蚌埠市双环电子集团有限公司 ……… 506
莆田市英龙活塞环厂 ………………… 181
泉州国胜汽车部件实业有限公司 …… 415
中国直升机设计研究所汽车安全设备厂 … 415
江西好帮手电子科技股份有限公司 … 511
江西新余绿洲橡塑有限公司 ………… 625
龙口中宇集团 ………………………… 192
青岛东洋汽车散热器有限公司 ……… 192
青岛市城阳区元通汽车传动轴厂 …… 323
山东春龙风动机械有限公司 ………… 714
平原滤清器有限公司 ………………… 195
新乡航空工业(集团)有限公司 ……… 195
河南省中原活塞股份有限公司 ……… 196
西峡县内燃机进排气管有限责任公司 … 197
天海雪城汽车电子(鹤壁)有限公司 … 517
襄樊市长源东谷实业有限公司 ……… 199
东风汽车有限公司商用车发动机厂 … 200
湖北佳旺汽车制动系统制造有限公司 … 334
荆州恒隆汽车零部件制造有限公司 … 335
湖北车桥有限公司 …………………… 335
飞利浦汽车照明湖北有限公司 ……… 519
湖北派克密封件有限公司 …………… 638
湖南江滨活塞公司 …………………… 201
博世汽车部件(长沙)有限公司 ……… 521
东莞金洲齿轮机械有限公司 ………… 348
深圳市宝凌电子股份有限公司 ……… 528
广州市世达密封实业有限公司 ……… 643
东莞市黑马化工有限公司 …………… 647
上汽菲亚特红岩动力总成有限公司 … 210
伊斯沃(重庆)精密机械有限公司 …… 727
成都银河动力股份有限公司 ………… 215
贵州贵航汽车零部件永红散热器公司 … 219
贵州安吉有色铸造有限责任公司 …… 219
贵州天义汽车电器有限公司 ………… 541
贵州贵航汽车零部件股份有限公司 … 656

★ 北汽集团

中信戴卡股份有限公司 …………… 230
长春一汽富晟集团有限公司 ……… 238
上海汇众萨克斯减振器有限公司 … 243
华域三电汽车空调有限公司 ……… 375

延锋汽车饰件系统有限公司 ………… 375
江苏江扬线缆有限公司 ……………… 473
浙江亚太机电股份有限公司 ………… 261
浙江骆氏减震件股份有限公司 ……… 247
桂林福达集团有限公司 ……………… 209
北京长胜汽车消声器有限公司 ……… 116
北京大林万达汽车部件有限公司 …… 116
北京市通州迪拉汽车附件有限公司 … 116
北京弘大汽车空调散热器有限公司 … 117
北京市双桥汽车齿轮厂 ……………… 221
北京北汽兴华汽车弹簧有限公司 …… 222
北京市进联汽车刹车泵有限责任公司 … 223
北京海纳川汽车部件公司北京分公司 … 364
北京海纳川协众汽车空调有限公司 … 365
北京光华荣昌汽车零部件(集团)公司 … 365
北京兴科迪科技有限公司 …………… 434
北京林河仪表有限公司 ……………… 434
北京新峰天霁科技有限公司 ………… 434
北方海拉车灯有限公司 ……………… 435
北京朗威汽车零部件有限公司 ……… 435
北京帝格线束有限责任公司 ………… 436
北京斯普乐电线电缆有限公司 ……… 436
北京泰兴汽车配件制造有限公司 …… 545
北京平静汽车隔音用品公司 ………… 684
天津奥尼斯特汽车零部件有限公司 … 119
三友(天津)高分子技术有限公司 …… 547
石家庄金刚凯源动力科技有限公司 … 120
沧州新旺汽车散热器制造有限公司 … 122
唐山隆玛驰车用附件有限公司 ……… 123
河北三河市永兴福利汽车配件厂 …… 123
保定长城内燃机制造有限公司 ……… 124
衡水神通汽车方向盘有限公司 ……… 225
沧州德圣汽车配件有限公司 ………… 228
唐山通力齿轮有限公司 ……………… 229
唐山爱信齿轮有限责任公司 ………… 229
河北前锋机器有限责任公司 ………… 229
香河海潮制件有限公司 ……………… 230
东方久乐汽车安全气囊有限公司 …… 367
邢台华威汽车内饰有限公司 ………… 368
廊坊中德汽车座椅制造有限公司 …… 369
霸州市汇行塑胶制品有限公司 ……… 369
鑫悦塑料制品有限公司 ……………… 369
黄骅市故县汽车附件厂 ……………… 441
河北沧县汽车配件厂 ………………… 553
阔丹-凌云汽车胶管有限公司 ……… 555
沈阳金通汽车零部件制造有限公司 … 234
中车集团沈阳汽车车桥制造有限公司 … 234
瓦房店宏达等速万向节制造有限公司 … 235
北方重工集团汽车转向系统分公司 … 444
蒂森克虏伯富奥汽车转向柱(长春)公司 … 239
东北工业集团有限公司 ……………… 240
吉林省诚毅车桥悬挂制造集团公司 … 242
长春英利汽车部件有限公司 ………… 373
吉林轴承集团白山有限公司 ………… 562
上海郎特汽车净化器有限公司 ……… 135
浙江胜华波汽车电器上海分公司 …… 454
上海鹰击汽车部件有限公司 ………… 454
江苏鑫通汽车部件有限公司 ………… 140
江苏嘉和热系统股份有限公司 ……… 147
无锡市万旋金属制品有限公司 ……… 252
江苏名豪汽车零部件有限公司 ……… 257
江苏吉祥车业有限公司 ……………… 384
江苏锐光车业有限公司 ……………… 384
丹阳市坤华汽配有限公司 …………… 386
常州昊邦汽车零部件有限公司 ……… 387
常州汇凯汽车系统有限公司 ………… 389
常州博万达汽车安全设备有限公司 … 392
江苏科达车业有限公司 ……………… 397
丹阳谊善车灯设备制造有限公司 …… 458
江苏凯灵汽车电器有限公司 ………… 465
苏州汽车电器制造有限公司 ………… 468
镇江飞亚轴承有限责任公司 ………… 574
无锡新得宝金属软管有限公司 ……… 578
江苏恺之电子模塑有限公司 ………… 662
苏州苏净安发空调有限公司 ………… 702
江苏中大工业涂装环保有限公司 …… 705
浙江太阳股份有限公司 ……………… 152
台州三元车辆净化器有限公司 ……… 162
万向集团公司 ………………………… 261
浙江万达汽车方向机有限公司 ……… 264
湖州亿兴汽车零部件有限公司 ……… 268
宁波万航实业有限公司 ……………… 275
浙江省世泰实业有限公司 …………… 276
浙江华邦机械有限公司 ……………… 288
浙江金齿机械有限公司 ……………… 292
瑞安市朝阳汽车钢圈有限公司 ……… 295
台州新立模塑科技股份有限公司 …… 403
浙江永峰塑业有限公司 ……………… 403
瑞安市华宇汽车电器有限公司 ……… 406
宁波汽车软轴软管有限公司 ………… 479
浙江天翀车灯集团有限公司 ………… 486
浙江天岳汽车电器有限公司 ………… 498
瑞安市中韩传感器有限公司 ………… 500
杭州杭城摩擦材料有限公司 ………… 589
浙江大铭汽车零部件有限公司 ……… 591
宁波东昊汽车部件有限公司 ………… 604
浙江兴宇汽车零部件有限公司 ……… 607
仙居通用橡塑有限公司 ……………… 608
浙江山宝汽车部件有限公司 ………… 609
浙江模具厂有限公司 ………………… 710
陶氏模具集团 ………………………… 710
铁牛集团有限公司 …………………… 711
合肥恒信汽车发动机部件有限公司 … 175
芜湖美达机电实业有限公司 ………… 179
安徽艾可蓝环保股份有限公司 ……… 180
北泰汽车底盘系统(安徽)有限公司 … 300
芜湖新达汽车锻造有限公司 ………… 301
芜湖伯特利汽车安全系统有限公司 … 302
安徽文鼎机械有限公司 ……………… 413
埃泰克汽车电子(芜湖)有限公司 …… 506
安庆谢德尔汽车零部件有限公司 …… 619
江西省广蓝传动科技股份有限公司 … 312
江西大吉汽车天线有限公司 ………… 511
江西浩风电器有限公司 ……………… 511
青岛海隆机械集团有限公司 ………… 81
山东嘉鑫换热器有限公司 …………… 186
青岛普天汽车配件有限公司 ………… 193
淄博春秋汽车弹簧有限公司 ………… 314
潍坊宏盛铸造机械有限公司 ………… 318
烟台鸿安实业有限公司 ……………… 320
山东省文登市双力板簧有限公司 …… 321
山东玲珑轮胎股份有限公司 ………… 322
蓬莱天日聚氨酯有限公司 …………… 322
烟台三环锁业集团公司轿车锁公司 … 417
山东旭日汽车饰件集团 ……………… 418
长岛高能聚氨酯有限公司 …………… 632
青岛信义汽车制动配件有限公司 …… 633
山东惠尔制革集团有限公司 ………… 634
郑州华威齿轮有限公司 ……………… 329
湖北恒隆汽车系统集团有限公司 …… 335
湖北乘风汽车零部件有限公司 ……… 336
福耀玻璃(湖北)有限公司 …………… 422
湖南易通汽车配件科技发展有限公司 … 343
珠海华粤离合器有限公司 …………… 347
恒威汽车动力转向器有限公司 ……… 349
佛山市帝盟汽车零部件有限公司 …… 349
广州艾比埃金属制品有限公司 ……… 674
广东东箭汽车用品制造有限公司 …… 679
重庆海特汽车排气系统有限公司 …… 212
重庆万力联兴实业(集团)有限公司 … 214
重庆龙润汽车转向器有限公司 ……… 356
四川川环科技股份有限公司 ………… 217
成都有为科技有限公司 ……………… 539
昆明云内动力股份有限公司 ………… 219
西安庆安电气控制有限责任公司 …… 432
陕西凌云蓄电池有限公司 …………… 542

★ 北汽福田

北京海纳川汽车部件股份有限公司 … 363
北方凌云工业集团有限公司 ………… 370
河北亚大汽车塑料制品有限公司 …… 555
富奥汽车零部件股份有限公司 ……… 129
哈尔滨东安汽车发动机制造有限公司 … 131
华域三电汽车空调有限公司 ………… 375
延锋汽车饰件系统有限公司 ………… 375
东风电子科技股份有限公司 ………… 449
联合汽车电子有限公司 ……………… 452
上海沪工汽车电器有限公司 ………… 454
江苏皓月汽车锁股份有限公司 ……… 394
江苏晨阳电光源有限公司 …………… 468
郎溪飞马工业织品有限公司 ………… 413
山东同创汽车散热装置股份有限公司 … 194
山东厚丰汽车散热器有限公司 ……… 194
许昌远东传动轴股份有限公司 ……… 332
惠州市德赛西威汽车电子股份公司 … 526
浙江世宝控股集团有限公司 ………… 259
浙江铁流离合器股份有限公司 ……… 260
全兴精工集团有限公司 ……………… 264
正兴车轮集团有限公司 ……………… 309
山东滨州渤海活塞股份有限公司 …… 187
桂林福达集团有限公司 ……………… 209
重庆杜克高压密封件有限公司 ……… 354

华北地区

北京希蔚创投工贸有限公司 ………… 116
北京弘大汽车空调散热器有限公司 … 117
北京北汽摩公司散热器厂 …………… 117
北京昌平北方汽车弹簧厂 …………… 222
北京亚太汽车底盘系统有限公司 …… 222
北京首创轮胎有限责任公司 ………… 222
北京北汽兴华汽车弹簧有限公司 …… 222

北京金利旺达汽车配件有限公司 …… 222
北京市进联汽车刹车泵有限责任公司 … 223
延锋海纳川(北京)汽车饰件系统公司 … 364
北京江森汽车部件有限公司 ………… 364
福耀集团北京福通安全玻璃有限公司 … 364
北京中材汽车复合材料有限公司 …… 365
北京海纳川协众汽车空调有限公司 … 365
北京第三纺织机械有限公司 ……… 365
北京光华荣昌汽车零部件(集团)公司 … 365
北京林河仪表有限公司 ……………… 434
北京新峰天霁科技有限公司 ………… 434
北方海拉车灯有限公司 ……………… 435
北京顺恒达汽车零部件制造有限公司 … 435
北京帝格线束有限责任公司 ………… 436
北京八大处奥博科技发展有限公司 … 436
北京白菊汽车部件有限公司 ………… 543
北京天山新材料技术股份有限公司 … 543
北京兰天达汽车清洁燃料技术公司 … 544
北京利迪欣科技发展有限公司 ……… 545
北京天元奥特橡塑有限公司 ………… 545
壳牌统一(北京)石油化工有限公司 … 546
北京福意联汽车配件有限公司 ……… 659
北京数码大方科技股份有限公司 …… 684
北京平静汽车隔音用品公司 ………… 684
天津雷沃动力有限公司 ……………… 118
天津市格林利福新技术有限公司 …… 118
天津市益中汽车安全带厂 …………… 365
天津津信汽车塑料制品有限公司 …… 366
天津市新阳电子有限公司 …………… 438
天津力神电池股份有限公司 ………… 439
天津滨海新区大港天力胶管有限公司 … 547
天津市润生塑胶制品有限公司 ……… 547
天津市凯诺实业有限公司 …………… 549
天津七所高科技有限公司 …………… 686
天津鼎工机电设备制造有限公司 …… 686
石家庄北汽发动机备件有限公司 …… 120
清河县诚旭汽车零部件厂 …………… 121
河北亿利滤清器有限公司 …………… 121
清河县京津胶管有限公司 …………… 121
河北博业橡胶制品科技有限公司 …… 121
沧州宇通塑业有限公司 ……………… 122
邢台翔通机械制造有限公司 ………… 122
南宫市精强连杆有限公司 …………… 122
河北三河市永兴福利汽车配件厂 …… 123
河北普泰机械制造有限公司 ………… 224
河北踏岳车桥集团有限公司 ………… 224
河北程杰汽车转向机制造有限公司 … 225
河北宇龙传动轴有限公司 …………… 225
河北博陵摩擦材料有限公司 ………… 225
河北安鼓机械制造(集团)有限公司 … 226
邢台众力汽车配套有限公司 ………… 226
新河县龙驰汽车部件制造有限公司 … 227
沧州飞驰汽车附件有限公司 ………… 227
沧州盛世伟业汽车附件有限公司 …… 228
沧州德圣汽车配件有限公司 ………… 228
河间市刘氏兄弟板簧附件有限公司 … 228
河间市德茂车辆离合器厂 …………… 229
唐山爱信齿轮有限责任公司 ………… 229
河北前锋机器有限责任公司 ………… 229
香河海潮制件有限公司 ……………… 230
香河港龙汽车配件制造有限公司 …… 230
秦皇岛兴龙轮毂有限公司 …………… 230
河北新朗玛汽车部件制造有限公司 … 232
邢台华威汽车内饰有限公司 ………… 368
沧州鑫祺汽车配件制造有限公司 …… 368
廊坊市全振汽车配件有限公司 ……… 369
黄骅市长生汽车灯镜有限公司 ……… 441
清河县万通拉索胶业有限公司 ……… 441
河北华特汽车部件有限公司 ………… 550
晋州市安达汽车配件有限公司 ……… 550
清河县长城密封件有限公司 ………… 551
河北新华橡胶密封件有限公司 ……… 552
河北三众橡胶有限公司 ……………… 552
清河县德正汽车配件有限公司 ……… 552
沧县运通机动车管路制造厂 ………… 554
河北亚大集团 ………………………… 555
任丘市方圆塑料有限公司 …………… 555
阔丹－凌云汽车胶管有限公司 ……… 555
承德润韩汽车零部件有限公司 ……… 660
山西利民机电有限责任公司 ………… 124
中信机电车桥有限责任公司 ………… 232
长治液压有限公司 …………………… 233
山西太钢不锈钢股份有限公司 ……… 556

东北地区

沈阳航天三菱汽车发动机有限公司 … 126
凤城太平洋神龙增压器有限公司 …… 127
沈阳市王玉汽车部件厂 ……………… 233
沈阳中航飞汽车部件制造有限公司 … 234
沈阳林凯汽车制动有限公司 ………… 234
辽宁曙光车桥有限责任公司 ………… 236
一汽凌源汽车车架制造有限公司 …… 237
阜新德尔汽车部件股份有限公司 …… 237
阜新北星液压有限公司 ……………… 237
辽阳金兴汽车内饰件有限公司 ……… 370
北方重工集团汽车转向系统分公司 … 444
沈阳奥吉娜化工有限公司 …………… 556
辽宁润迪汽车环保科技股份有限公司 … 557
辽宁三特石油化工有限公司 ………… 558
锦州市凌河缸垫有限公司 …………… 559
锦州金石汽车制动配件制造有限公司 … 559
长春科德宝·宝翎滤清器有限公司 … 130
富奥汽车零部件股份公司泵业分公司 … 131
一汽解放汽车有限公司变速箱分公司 … 238
长春市汇锋汽车齿轮股份有限公司 … 240
福耀集团长春有限公司 ……………… 372
长春旭阳工业(集团)股份有限公司 … 373
吉林省舒兰市通用机械有限责任公司 … 373
吉林航盛电子有限公司 ……………… 447
吉林轴承集团白山有限公司 ………… 562
吉林省白山市金铃轴承厂 …………… 562
长春一汽实业合成材料有限公司 …… 562
吉林恒昌科技股份有限公司 ………… 660
四平恒锐工具有限公司 ……………… 691
哈尔滨艾瑞汽车排气系统有限公司 … 131
佳木斯畅通汽车零部件有限公司 …… 132
哈尔滨顺源机械制造有限公司 ……… 242
黑龙江天有为电子有限责任公司 …… 448
哈尔滨金溢科技有限公司 …………… 448

华东地区

上海马勒滤清系统有限责任公司 …… 134
上海东兴旺汽车配件有限公司 ……… 138
上海奔达机电有限公司 ……………… 244
延锋百利得(上海)汽车安全系统公司 … 244
上海一阳五金制造有限公司 ………… 246
上海智源汽车部件有限公司 ………… 247
上海嘉仕久企业发展有限公司 ……… 248
上海天原集团胜德塑料有限公司 …… 375
上海华申汽配制造有限公司 ………… 376
上海加冷松芝汽车空调股份有限公司 … 376
上海浦东亚成汽车配件有限公司 …… 377
上海泖峰汽车塑料有限公司 ………… 381
上海恒安空调设备有限公司 ………… 381
上海本安仪表系统有限公司 ………… 452
欧科佳(上海)汽车电子设备有限公司 … 453
浙江胜华波汽车电器上海分公司 …… 454
上海金力泰化工股份有限公司 ……… 568
上海杜卡汽车设备有限公司 ………… 696
扬州三源机械有限公司 ……………… 70
南京南汽冲压件有限公司 …………… 138
南京金鼎汽车零部件有限公司 ……… 138
仪征双环活塞环有限公司 …………… 139
江苏梅花机械有限公司 ……………… 140
丹阳市常盛机械有限公司 …………… 140
常柴股份有限公司 …………………… 140
无锡市月亮轴瓦有限公司 …………… 142
无锡威孚力达催化净化器有限公司 … 144
江苏科力普汽车部件有限公司 ……… 147
江苏嘉和热系统股份有限公司 ……… 147
扬州五亭桥缸套有限公司 …………… 147
扬州群发换热器有限公司 …………… 148
潍柴动力扬州柴油机有限责任公司 … 148
江苏扬工动力机械有限公司 ………… 149
江苏新象股份有限公司 ……………… 149
江苏松林汽车零部件有限公司 ……… 149
泰兴市江虹汽车零部件有限公司 …… 149
南京轴承有限公司 …………………… 248
采埃孚转向泵金城(南京)有限公司 … 248
南京宏峰汽车配件厂 ………………… 249
镇江江大春光齿轮有限公司 ………… 249
南京东华汽车转向器有限公司 ……… 249
常州协力汽车零部件有限公司 ……… 250
无锡格尔顿传动轴有限公司 ………… 252
江苏格尔顿传动有限公司 …………… 253
无锡市联信离合器有限公司 ………… 253
江苏恒力制动器制造有限公司 ……… 253
苏州东风汽车离合器有限公司 ……… 254
江苏罡阳转向系统有限公司 ………… 257
江苏罡阳股份有限公司 ……………… 258
南京奥特佳新能源科技有限公司 …… 382
南京际华三五二一特种装备有限公司 … 382
江苏畅通车业集团有限公司 ………… 383
江苏新达能机械有限公司 …………… 383
扬中市丰华塑电有限公司 …………… 383
江苏秦龙车灯有限公司 ……………… 384
丹阳市华升汽车部件有限公司 ……… 384
丹阳市永昌车辆部件有限公司 ……… 384
江苏江龙科技发展有限公司 ………… 385
江苏丹阳市东兴汽配有限公司 ……… 386
江苏卡威汽配有限公司 ……………… 386
丹阳市民康汽车内饰件有限公司 …… 386
丹阳市光华汽车内饰件有限公司 …… 387

常州市峰日车辆配件有限公司 ……… 387
江苏文光集团有限公司 ……………… 387
常州昊邦汽车零部件有限公司 ……… 387
常州市亚丰汽车配件制造有限公司 … 388
常州新泉汽车内饰件有限公司 ……… 388
常州市瑞悦车业有限公司 …………… 390
常州华鼎车辆配件厂 ………………… 391
常州博万达汽车安全设备有限公司 … 392
江苏力乐汽车部件股份有限公司 …… 392
江苏裕华汽车零部件有限公司 ……… 393
江苏旭顺东明汽配有限公司 ………… 394
苏州中成汽车空调压缩机有限公司 … 395
苏州市万达汽车内饰件厂 …………… 395
泰州劲松股份有限公司 ……………… 396
扬州神舟汽车内饰件有限公司 ……… 396
扬州市邗江扬子汽车内饰件有限公司 … 396
扬州市欣辉汽车附件有限公司 ……… 396
江苏铁锚玻璃股份有限公司 ………… 397
南京双环电器制造有限公司 ………… 456
南京华敏电子有限公司 ……………… 456
江苏新通达电子科技股份有限公司 … 458
江苏星乐照明科技有限公司 ………… 458
丹阳市天龙车灯镀膜有限公司 ……… 459
丹阳市伯良灯具厂 …………………… 459
丹阳市振兴车灯有限公司 …………… 459
江苏常诚汽车部件有限公司 ………… 460
常州新华陵汽车电器有限公司 ……… 460
常州民迪汽车配件有限公司 ………… 460
日本电产凯宇汽车电器(江苏)公司 … 461
常州星宇车灯股份有限公司 ………… 461
常州永益车业有限公司 ……………… 462
常州市五一灯具有限公司 …………… 463
常州良盛车业有限公司 ……………… 463
常州市辉鸿汽车电器有限公司 ……… 464
无锡创维彩登科技有限公司 ………… 466
雷瑞卡(苏州)汽车电器有限公司 …… 471
南通大地电气有限公司 ……………… 473
江苏亚泰机电有限公司 ……………… 473
南京晨光集团有限责任公司 ………… 572
常州常松金属复合材料有限公司 …… 574
无锡市梦立化工有限公司 …………… 579
江苏振华密封工业有限公司 ………… 587
泰州长力树脂管有限公司 …………… 587
江苏长虹智能装备集团有限公司 …… 705
扬州琼花涂装工程技术有限公司 …… 705
扬州捷迈锻压机械有限公司 ………… 706
浙江新柴股份有限公司 ……………… 152
宁波泰瑞汽车部件有限公司 ………… 155
浙江黎明发动机零部件有限公司 …… 156
临海市伟达汽车部件有限公司 ……… 157
浙江银轮机械股份有限公司 ………… 157
浙江强能动力有限公司 ……………… 158
浙江永康精特缸套有限公司 ………… 163
永康市广园汽车配件有限公司 ……… 163
瑞安市日正汽车部件有限公司 ……… 169
杭州汇丰车桥有限公司 ……………… 260
杭州中亚万向节有限公司 …………… 262
万向系统有限公司 …………………… 262
浙江金固股份有限公司 ……………… 264
浙江工正汽车配件厂 ………………… 265
浙江诸暨万宝机械有限公司 ………… 266
诸暨市恒泰汽车部件有限公司 ……… 266
绍兴金江机械有限公司 ……………… 267
绍兴驰达汽车配件制造有限公司 …… 267
绍兴美特驰汽车配件有限公司 ……… 267
浙江路得坦摩悬架系统有限公司 …… 269
浙江前锦离合器有限公司 …………… 270
德西福格汽车配件(平湖)有限公司 … 270
宁波优适捷传动件有限公司 ………… 271
宁波卡西可减震器制造有限公司 …… 274
奉化市天风汽车空压机有限公司 …… 275
浙江罗保机械有限公司 ……………… 277
玉环联合汽车部件有限公司 ………… 279
浙江方向汽车零部件有限公司 ……… 279
台州万洲机械有限公司 ……………… 279
浙江耐士伦机械有限公司 …………… 280
浙江奥缔机械制造有限公司 ………… 282
台州中圣汽车零部件有限公司 ……… 285
浙江华邦机械有限公司 ……………… 288
浙江万里扬变速器股份有限公司 …… 292
金华浩翔汽配有限公司 ……………… 292
浙江东风齿轮有限公司 ……………… 292
浙江安固汽车配件有限公司 ………… 294
瑞立汽车液压制动有限公司 ………… 294
浙江华明汽车制动器有限公司 ……… 295
浙江恒力制动阀有限公司 …………… 296
浙江中铁机车部件有限公司 ………… 297
浙江中宝实业控股股份有限公司 …… 398
浙江金禾成汽车空调有限公司 ……… 398
慈溪市振惠转向器后视镜有限公司 … 401
宁海县金凌海裕汽车部件有限公司 … 401
浙江超达汽车配件有限公司 ………… 405
浙江中特力制锁有限公司 …………… 406
瑞安市雷迪森汽车部件有限公司 …… 408
浙江开拓汽车电器有限公司 ………… 409
浙江科锋汽车电器有限公司 ………… 411
温州光大汽配制造有限公司 ………… 411
杭州南华汽车配件有限公司 ………… 475
浙江汽车仪表有限公司 ……………… 476
浙江德宏汽车电子电器股份有限公司 … 476
宁波高发汽车控制系统股份有限公司 … 479
宁波市鄞州雪利曼电子仪表有限公司 … 480
宁波兴慈热动电器有限公司 ………… 481
宁波正耀汽车电器有限公司 ………… 484
宁波华甬汽车零部件有限公司 ……… 485
浙江中科正方电子技术有限公司 …… 486
浙江正泰汽车零部件有限公司 ……… 489
温州胜威汽车冷暖机设备有限公司 … 489
浙江高鹏汽车电器有限公司 ………… 490
浙江湖电汽车电器有限公司 ………… 491
浙江卓进电器有限公司 ……………… 492
温州市智通汽车配件有限公司 ……… 493
温州美亚特汽车部件有限公司 ……… 494
瑞安市佳鸿伟业汽车电器有限公司 … 498
瑞安市亚瑞汽车电器有限公司 ……… 500
南洋汽摩集团有限公司 ……………… 500
温州沪宏汽车电器有限公司 ………… 502
浙江科达利实业有限公司 …………… 594
浙江峰威机械有限公司 ……………… 594
海盐秦燕汽配有限公司 ……………… 597
宁波圣龙(集团)有限公司 …………… 598
宁波永信汽车部件制造有限公司 …… 603
浙江科马摩擦材料股份有限公司 …… 612
云顶控股集团有限公司 ……………… 615
宁波合力模具科技股份有限公司 …… 709
黄岩星泰塑料模具有限公司 ………… 710
浙江万豪模塑有限公司 ……………… 711
蚌埠金威滤清器有限公司 …………… 176
安徽全柴动力股份有限公司 ………… 177
安徽万瑞汽车零部件有限公司 ……… 180
安徽艾可蓝环保股份有限公司 ……… 180
安庆帝伯格茨活塞环有限公司 ……… 180
安徽安凯华夏汽车配件制造有限公司 … 299
合肥美桥汽车传动及底盘系统公司 … 299
安徽安凯福田曙光车桥有限公司 …… 299
合肥力威汽车油泵有限公司 ………… 299
合肥宽信机电有限公司 ……………… 300
安徽星瑞齿轮传动有限公司 ………… 301
六安江淮汽车齿轮制造有限公司 …… 301
芜湖稳乐制动系统有限公司 ………… 301
安徽省小小科技股份有限公司 ……… 304
安徽精科机器有限公司 ……………… 305
安徽金诚复合材料有限公司 ………… 412
安徽金诚汽车装饰设计开发有限公司 … 412
合肥邦立电子股份有限公司 ………… 505
大陆汽车电子(芜湖)有限公司 ……… 506
芜湖市博顿汽车零部件厂 …………… 506
黄山顺昌汽车电器有限公司 ………… 507
昌辉汽车电器(黄山)股份有限公司 … 507
安庆市汇通汽车部件有限公司 ……… 616
合肥常青机械股份有限公司 ………… 616
安徽青松工具有限公司 ……………… 669
泉州市双塔汽车零件有限公司 ……… 182
福建力佳股份有限公司 ……………… 183
泉州市明达机械配件有限公司 ……… 307
福建省晋江市梅岭新华汽车配件厂 … 307
福建征途汽车部件制造有限公司 …… 308
晋江连盛液压机械有限公司 ………… 309
福建畅丰车桥制造有限公司 ………… 310
厦门金龙汽车车身有限公司 ………… 414
泉州国胜汽车部件实业有限公司 …… 415
厦门夏华新技术有限公司 …………… 509
福建冠良汽车配件工业有限公司 …… 620
泉州市奇盛汽车配件有限公司 ……… 622
同致电子科技(厦门)有限公司 ……… 670
江西沃尔福发动机有限公司 ………… 183
樟树市福铃内燃机配件有限公司 …… 184
江西弘悦汽车减振器有限公司 ……… 311
江西省安源万向实业有限公司 ……… 311
江西方大长力汽车零部件有限公司 … 311
江铃集团深铃汽车零部件有限公司 … 311
江西江铃底盘股份有限公司 ………… 312
格特拉克(江西)传动系统于都工厂 … 312
江西新电汽车空调系统有限公司 …… 415
江西行新汽车科技有限公司 ………… 415
南昌汽缸垫厂 ………………………… 624
瑞昌市人民冲压有限公司 …………… 625
临清飞翔专用汽车制造有限公司 ……… 79
山东东岳专用汽车制造有限公司 ……… 83
淄博永华滤清器制造有限公司 ……… 187
克拉克过滤器(中国)有限公司 ……… 188
诸城市海得威机械有限公司 ………… 189
潍坊恒安散热器集团有限公司 ……… 189

宏昌汽配制造有限公司 …… 189
康跃科技股份有限公司 …… 190
栖霞市银云活塞液压件有限公司 …… 191
烟台富士特汽车配件有限公司 …… 191
山东华源莱动内燃机有限公司 …… 191
莱阳市永安散热器有限公司 …… 191
烟台金双利散热器有限公司 …… 191
龙口通力汽车配件有限公司 …… 192
龙口中宇集团 …… 192
龙口龙泵燃油喷射有限公司 …… 192
山东连杆总厂 …… 194
济南第二汽车配件有限公司 …… 313
山东明水汽车配件厂 …… 313
山东光岳转向节有限责任公司 …… 313
山东德方液压机械股份有限公司 …… 314
淄博市金龙弹簧制造有限公司 …… 315
东营信义汽车配件有限公司 …… 316
潍坊市瑞沃汽车部件有限公司 …… 317
山东奥戈瑞集团有限公司 …… 317
青州市建富齿轮有限公司 …… 319
泸河集团有限公司 …… 319
山东泰利汽车部件有限公司 …… 319
诸城市义和车桥有限公司 …… 319
山东通力车轮有限公司 …… 319
山东遨游汽车制动系统股份有限公司 … 319
山东银宝轮胎集团 …… 320
青州市亚昊车桥有限公司 …… 320
烟台鸿安实业有限公司 …… 320
山东泰丰汽车底盘制造有限公司 …… 320
山东跃龙橡胶集团有限公司 …… 320
荣成市黄海离合器有限公司 …… 321
威海市九跃车桥有限公司 …… 321
烟台美丰机械有限公司 …… 321
莱阳市永立精工汽车配件有限公司 … 322
山东旭鑫机械股份有限公司 …… 323
青岛方正机械集团有限公司 …… 324
青岛海通车桥有限公司 …… 324
青岛青特众力车桥有限公司 …… 324
青岛双星轮胎工业有限公司 …… 325
青岛精益精锻齿轮有限公司 …… 325
青岛丰宝汽车离合器有限公司 …… 325
山东泰山轮胎有限公司 …… 326
青岛华瑞汽车零部件股份有限公司 … 326
兖州市环宇车轮有限公司 …… 327
山东蒙沃变速器有限公司 …… 327
济宁骏达机械制造有限公司 …… 327
济宁精益轴承有限公司 …… 327
山东众力液压技术有限公司 …… 328
山东蒙凌工程机械股份有限公司 …… 328
山东统亚模塑科技实业有限公司 …… 416
烟台首钢东星集团有限公司 …… 417
烟台三环锁业集团公司轿车锁公司 … 417
荣成市爱士玻璃钢有限责任公司 …… 417
龙口泰进机械有限公司 …… 418
山东旭日汽车饰件集团 …… 418
山东鲁得贝车灯股份有限公司 …… 512
山东聊城东岳电机有限公司 …… 512
济南鲁联汽车低温起动装置有限公司 … 512
淄博永泰电机有限公司 …… 513
山东泰瑞汽车机械电器有限公司 …… 513
潍坊万隆电气股份有限公司 …… 513
济宁远征电源有限责任公司 …… 515
山东哈临轴承实业有限公司 …… 626
山东汽车弹簧厂有限公司 …… 627
水星汽车部件集团股份有限公司 …… 627
东营科力汽配有限责任公司 …… 628
信义载重汽车配件有限公司 …… 628
山东华瑞丰机械有限公司 …… 629
山东中坤石油化工有限公司 …… 629
乳山韩京摩擦材料有限公司 …… 630
龙口市丛林液压管件厂 …… 631
龙口车辆油管有限公司 …… 631
烟台润蚨祥油封有限公司 …… 631
青岛华冠密封工业有限公司 …… 633
青岛信义汽车制动配件有限公司 …… 633
青岛海力威新材料科技股份有限公司 … 633
青岛盛威机械有限公司 …… 633
青岛方冠摩擦材料有限公司 …… 633
山东梁轴轴承有限公司 …… 634
山东源根石油化工有限公司 …… 634
梁山亨通实业公司摩擦密封材料总厂 … 634
临沂开元轴承有限公司 …… 635
济南中正金码科技有限公司 …… 714
山东寿光万龙实业有限公司 …… 739

华中地区

安阳市文峰缸套有限责任公司 …… 196
信阳贝恩银光活塞销有限公司 …… 197
河南省西峡汽车水泵股份有限公司 … 197
豫北转向系统股份有限公司 …… 329
河南万向系统制动器有限公司 …… 329
河南省汤阴县汽车零部件有限公司 … 330
风神轮胎股份有限公司 …… 330
林州市洹河汽配有限公司 …… 331
洛阳华冠齿轮股份有限公司 …… 333
新乡市豫新商用车空调股份有限公司 … 419
郑州跃博汽车电器有限公司 …… 516
天海雪城汽车电子(鹤壁)有限公司 … 517
洛阳黄河软轴控制器股份有限公司 … 517
南阳天一密封股份有限公司 …… 637
中航工业奥龙汽车有限公司 …… 92
马勒三环气门驱动(湖北)有限公司 … 199
十堰新日汽车零部件有限公司 …… 200
十堰诺克里奇科技有限公司 …… 200
武汉元丰汽车零部件有限公司 …… 334
湖北东风钢板弹簧有限公司 …… 334
钟祥市金祥汽车半轴有限公司 …… 334
沙市久隆汽车动力转向器有限公司 … 335
湖北三众车桥有限责任公司 …… 335
湖北金驰机器有限公司 …… 336
湖北三环汽车方向机有限公司 …… 336
湖北万向汽车零部件有限公司 …… 336
湖北全力机械集团股份有限公司 …… 337
湖北三环车桥有限公司 …… 338
老河口楚润科技(集团)有限公司 …… 338
十堰市金轮子车桥有限公司 …… 339
十堰巨名好特汽车备件制造有限公司 … 340
十堰市郧齿汽车零部件有限公司 …… 342
十堰凯琦铸造有限公司 …… 342
东风电子科技公司汽车制动系统公司 … 342
双星东风轮胎有限公司 …… 342
丹江口丹传汽车传动轴有限公司 …… 342
远安永安车桥有限责任公司 …… 343
东风(十堰)汽车热交换器有限公司 … 421
武汉东江阀业制造有限公司 …… 518
武汉汉升汽车传感系统有限责任公司 … 519
东风汽车电子有限公司 …… 520
湖北飞龙摩擦密封材料股份有限公司 … 640
十堰九鹏摩擦材料有限公司 …… 641
湖南机油泵股份有限公司 …… 202
湖南长丰汽车零部件有限责任公司 … 202
湖南易通汽车配件科技发展有限公司 … 343
中航飞机起落架有限责任公司 …… 343
株洲齿轮有限责任公司 …… 343
株洲易力达机电有限公司 …… 343
湖南凌风车架有限责任公司 …… 344
衡阳风顺车桥有限公司 …… 344
岳阳恒立冷气设备股份有限公司 …… 423
株洲湘火炬汽车灯具有限责任公司 … 522
益阳西流气缸垫有限公司 …… 642
湛江德信消声器有限公司 …… 206
广东肇庆动力配件有限公司 …… 207
广州科密汽车制动技术开发有限公司 … 345
肇庆骏鸿实业有限公司 …… 348
恒威汽车动力转向器有限公司 …… 349
广州基业汽车空调制造有限公司 …… 425
深圳市著牌实业有限公司 …… 426
东莞山多力汽车配件有限公司 …… 427
信义玻璃控股有限公司 …… 427
广东多纳勒振华汽车系统有限公司 … 428
深圳市宝凌电子股份有限公司 …… 528
东莞正扬电子机械有限公司 …… 533
佛山电器照明股份有限公司 …… 533
广州机械科学研究院胶业研究所 …… 643
深圳市豪恩电子科技股份有限公司 … 677
广东东箭汽车用品制造有限公司 …… 679
柳州五菱柳机动力有限公司 …… 209
广西玉柴机器股份有限公司 …… 209
广西方盛实业股份有限公司 …… 350
柳州克雷拉减振器有限公司 …… 351
柳州五菱宝马利汽车空调有限公司 … 429

西南、西北地区

重庆海特汽车排气系统有限公司 …… 212
马勒发动机零部件(重庆)有限公司 … 212
重庆沃特尔粉末冶金有限公司 …… 214
重庆创鸿机电(轴承)有限公司 …… 352
重庆红岩方大汽车悬架有限公司 …… 353
重庆传动轴股份有限公司 …… 354
南方天合底盘系统有限公司 …… 356
重庆宏美制冷设备有限公司 …… 430
重庆大江杰信锻造有限公司 …… 431
重庆红宇摩擦制品有限公司 …… 654
中汽成都配件有限公司 …… 215
成都市泽仁实业有限责任公司 …… 215
成都飞亚曲轴有限公司 …… 215
四川巴斯迪科新技术发展有限公司 … 216
南充市攀峰滤清器有限公司 …… 217
四川三鑫南蕾气门座制造有限公司 … 217
绵阳市天旋气门组件有限公司 …… 217
四川宜宾普什汽车零部件有限公司 … 218
宜宾天工机械股份有限公司 …… 218
成都市金蓉齿轮有限责任公司 …… 356

四川绵阳华驰方向机有限公司 ········ 358
中车集团四川丹齿零部件有限公司 ··· 358
四川建安工业有限责任公司 ············ 359
隆昌山川精密焊管有限责任公司 ······ 360
成都盛帮密封件有限公司 ·············· 654
昆明云内动力股份有限公司 ············ 219
西安康明斯发动机有限公司 ············ 219
陕西秦川汽车液压有限责任公司 ······ 361
陕西法士特汽车传动集团有限公司 ··· 361
陕西东铭车辆系统股份有限公司 ······ 362

★ 北京奔驰

北京海纳川汽车部件股份有限公司 ··· 363
北方凌云工业集团有限公司 ············ 370
风帆股份有限公司 ························ 443
富奥汽车零部件股份有限公司 ········· 129
上海汇众萨克斯减振器有限公司 ······ 243
上海汽车制动系统有限公司 ············ 248
上海小糸车灯有限公司 ················· 456
建新赵氏集团有限公司 ················· 603
北京四维图新科技股份有限公司 ······ 433
山东滨州渤海活塞股份有限公司 ······ 187
北京弘大汽车空调散热器有限公司 ··· 117
北京北汽摩公司散热器厂 ··············· 117
北京亚太汽车底盘系统有限公司 ······ 222
北京江森汽车部件有限公司 ············ 364
延锋海纳川(北京)汽车饰件系统公司 ······ 364
伟巴斯特东熙汽车配件(北京)公司 ··· 364
北京市福斯特汽车装饰件厂 ············ 364
福耀集团北京福通安全玻璃有限公司 ··· 364
北京多宾城建筑机械有限公司 ········· 365
北方海拉车灯有限公司 ·················· 435
北京白菊汽车部件有限公司 ············ 543
北京聚菱燕塑料有限公司 ··············· 545
西门子工厂自动化工程有限公司 ······ 683
北京泛川机电设备有限公司 ············ 683
天津卡达克汽车高新技术公司 ········· 118
天津津住汽车线束有限公司 ············ 436
天津东海理化汽车部件有限公司 ······ 440
天津七所高科技有限公司 ··············· 686
河北三河市永兴福利汽车配件厂 ······ 123
河北春风铸造有限责任公司 ············ 225
亚新科美联制动技术(廊坊)有限公司 ··· 229
唐山爱信齿轮有限责任公司 ············ 229
河北劲速车轮有限公司 ·················· 229
遵化市金阳汽车部件有限公司 ········· 369
鑫悦塑料制品有限公司 ·················· 369
廊坊华安汽车装备有限公司 ············ 369
秦皇岛燕大汽车附件厂 ·················· 369
河北亚大集团 ······························· 555
阔丹-凌云汽车胶管有限公司 ·········· 555
沈阳航天三菱汽车发动机有限公司 ··· 126
凤城市曙光汽车半轴有限责任公司 ··· 236
锦州汉拿电机有限公司 ·················· 446
营口福斯油品有限公司 ·················· 558
沈阳三丰电气有限公司 ·················· 688
天合富奥汽车安全系统(长春)公司 ··· 238
蒂森克虏伯富奥汽车转向柱(长春)公司 ··· 239
福耀集团长春有限公司 ·················· 372
法雷奥压缩机(长春)有限公司 ········· 372
长春博泽汽车部件有限公司 ············ 372
长春英利汽车部件有限公司 ············ 373
长春爱尔铃克铃尔有限公司 ············ 561
劳士领汽车配件(长春)有限公司 ······ 561
长春德联化工有限公司 ·················· 561
蒂森克虏伯鞍钢(长春)激光拼焊板公司 ··· 690
哈尔滨万宇科技股份有限公司 ········· 448
意奔玛集团有限公司 ····················· 136
萨克斯汽车零部件系统(上海)公司 ··· 243
延锋百利得(上海)汽车安全系统公司 ··· 244
上海纳铁福传动轴有限公司 ············ 244
上海长特锻造有限公司 ·················· 244
上海达耐时汽车配件有限公司 ········· 246
上海怡飞柯精密机械有限公司 ········· 246
上海镁镁合金压铸有限公司 ············ 247
上海天合汽车安全系统有限公司 ······ 375
上海岱美汽车内饰件有限公司 ········· 377
麦格纳唐纳利(上海)汽车科技公司 ··· 377
上海贝洱热系统有限公司 ··············· 377
上海飞利环球汽车零部件有限公司 ··· 378
延锋彼欧汽车外饰系统有限公司 ······ 381
美特斯工业系统(中国)有限公司 ······ 449
莱尼电气系统(上海)有限公司 ········· 455
上海宝钢特钢股份有限公司 ············ 566
上海华丰车用工具厂 ····················· 661
上海 ABB 工程有限公司 ················· 694
上海卡宝汽车设备有限公司 ············ 696
江苏苏美达德隆汽车部件有限公司 ··· 139
布雷博(南京)制动系统有限公司 ······ 248
凯迩必机械工业(镇江)有限公司 ······ 249
麦特达因(苏州)汽车部件有限公司 ··· 254
富士和机械工业(昆山)有限公司 ······ 255
常州九鼎车业有限公司 ·················· 389
常熟市汽车饰件有限公司 ··············· 395
昆山金发液压机械有限公司 ············ 395
特瑞科汽车系统(苏州)有限公司 ······ 395
江苏晨扬交通器材有限公司 ············ 457
苏州上声电子有限公司 ·················· 470
泰乙机械(张家港)有限公司 ············ 471
太仓阿尔派电子有限公司 ··············· 471
苏州金诚轴承有限公司 ·················· 582
江苏中联地毯有限公司 ·················· 663
镇江东联仓储设备有限公司 ············ 698
浙江雷贝斯散热器有限公司 ············ 152
宁波舜江汽车部件制造有限公司 ······ 155
浙江强能动力有限公司 ·················· 158
浙江双环传动机械股份有限公司 ······ 259
浙江金固股份有限公司 ·················· 264
宁波拓普集团股份有限公司 ············ 275
浙江方向汽车零部件有限公司 ········· 279
浙江今飞凯达轮毂股份有限公司 ······ 291
今飞控股集团有限公司 ·················· 292
宁波帅特龙集团有限公司 ··············· 400
浙江环方汽车电器有限公司 ············ 486
利尔电气(浙江)有限公司 ··············· 489
温州科博达汽车部件有限公司 ········· 490
温州长江汽车电子有限公司 ············ 490
宁波华众塑料制品有限公司 ············ 604
宁波神通模塑有限公司 ·················· 708
黄岩星泰塑料模具有限公司 ············ 710
大陆汽车电子(芜湖)有限公司 ········· 506
福州南配活塞销有限公司 ··············· 180
福耀玻璃工业集团股份有限公司 ······ 414
泉州国胜汽车部件实业有限公司 ······ 415
伟世通汽车空调(南昌)有限公司 ······ 415
青岛海隆机械集团有限公司 ··············· 81
滨州海得曲轴有限责任公司 ············ 187
东营信义汽车配件有限公司 ············ 316
莱州三王粉末冶金有限公司 ············ 628
莱州长和粉末冶金有限公司 ············ 629
青岛三祥科技有限公司 ·················· 633
济南中正金码科技有限公司 ············ 714
河南省中原内配股份有限公司 ········· 196
湖北中航精机科技股份有限公司 ······ 421
飞利浦汽车照明湖北有限公司 ········· 519
湖北派克密封件有限公司 ··············· 638
博世汽车部件(长沙)有限公司 ········· 521
东莞广泽汽车饰件有限公司 ············ 427
广东多纳勒振华汽车系统有限公司 ··· 428
广州旷达汽车织物有限公司 ············ 643
深圳安必成橡胶制品有限公司 ········· 647
广东鸿图科技股份有限公司 ············ 649
广东德联集团股份有限公司 ············ 650
重庆恒伟林汽车零部件有限公司 ······ 653
成都飞亚曲轴有限公司 ·················· 215
成都九鼎科技(集团)有限公司 ········· 357
四川华丰企业集团有限公司 ············ 540
陕西秦川汽车液压有限责任公司 ······ 361

★ 北京现代

北京海纳川汽车部件股份有限公司 ··· 363
北方凌云工业集团有限公司 ············ 370
风帆股份有限公司 ························ 443
上海汇众萨克斯减振器有限公司 ······ 243
延锋汽车饰件系统有限公司 ············ 375
山东金麒麟股份有限公司 ·············· 627
惠州市德赛西威汽车电子股份公司 ··· 526
北京四维图新科技股份有限公司 ······ 433
惠州华阳通用电子有限公司 ············ 526
北京柳成新和汽车部件有限公司 ······ 116
北京大林万达汽车部件有限公司 ······ 116
北京希蔚创投工贸有限公司 ············ 116
北京北内发动机零部件有限公司 ······ 116
北京弘大汽车空调散热器有限公司 ··· 117
北京瑞韩恩梯恩汽车部件有限公司 ··· 222
北京永信发谷汽车部件有限公司 ······ 222
北京日进汽车系统有限公司 ············ 222
北京和承阿仁艾汽车配件有限公司 ··· 222
北京现代摩比斯变速器有限公司 ······ 222
汉拿伟世通汽车空调(北京)有限公司 ··· 364
延锋海纳川(北京)汽车饰件系统公司 ··· 364
福耀集团北京福通安全玻璃有限公司 ··· 364
北京江森汽车部件有限公司 ············ 364
北京利富高塑料制品有限公司 ········· 364
北京多宾城建筑机械有限公司 ········· 365
北京世东凌云汽车饰件有限公司 ······ 365
北京福斯汽车电线有限公司 ············ 436
北京三立车灯有限公司 ·················· 436
北京白菊汽车部件有限公司 ············ 543
北京天元奥特橡塑有限公司 ············ 545
北京同创汽车部件有限公司 ············ 545

北京星宇车科技有限公司 …… 545
北京瑞科恒业喷涂技术有限公司 …… 685
马勒东炫滤清器(天津)有限公司 …… 119
万都(天津)汽车零部件有限公司 …… 224
天津丰星电子有限公司 …… 367
天津电装电机有限公司 …… 438
现代高新电子(天津)有限公司 …… 439
天津六合镁制品有限公司 …… 548
柳伯安丽活塞环有限公司 …… 123
承德苏垦银河连杆股份有限公司 …… 123
沧州富华铸业有限公司 …… 227
沧州盛世伟业汽车附件有限公司 …… 228
共和兴塑胶(廊坊)有限公司 …… 369
石家庄博亚汽车电器有限公司 …… 440
河北迎辉汽车电器有限公司 …… 441
三河因派克汽车部件有限公司 …… 443
承德润韩汽车零部件有限公司 …… 660
沈阳玄潭汽车部件有限公司 …… 125
沈阳博龙汽车部件制造有限公司 …… 126
锦州汉拿电机有限公司 …… 446
福耀集团长春有限公司 …… 372
长春一汽实业合成材料有限公司 …… 562
万都(哈尔滨)汽车底盘系统有限公司 … 242
上海爱知锻造有限公司 …… 137
延锋百利得(上海)汽车安全系统公司 … 244
上海达耐时汽车配件有限公司 …… 246
上海三立汇众汽车零部件有限公司 … 247
上海北特科技股份有限公司 …… 247
上海辉碟车镜有限公司 …… 379
上海三盾汽车饰件有限公司 …… 380
上海杰事杰新材料(集团)股份公司 … 566
斯凯孚(上海)汽车技术有限公司 …… 571
上海瀚氏模具成型有限公司 …… 693
上海远松机械有限公司 …… 696
上海杜卡汽车设备有限公司 …… 696
宝密浸渗机械(上海)有限公司 …… 697
南京锦湖轮胎有限公司 …… 248
江苏赛格汽车部件有限公司 …… 250
相信制动系统(无锡)有限公司 …… 251
万都(苏州)汽车底盘系统有限公司 … 254
慕贝尔汽车部件(太仓)有限公司 …… 255
江苏新昌汽车部件有限公司 …… 384
常州昊邦汽车零部件有限公司 …… 387
苏州新智机电工业有限公司 …… 394
泰州市韩新汽车配件有限公司 …… 396
江苏新通达电子科技股份有限公司 … 458
常州新华陵汽车电器有限公司 …… 460
苏州华昌机电有限公司 …… 469
常州威士顿有限公司 …… 575
无锡鹏德汽车配件有限公司 …… 581
江阴市双佳汽车配件有限公司 …… 581
舍弗勒(中国)有限公司一厂 …… 585
和承汽车配件(太仓)有限公司 …… 585
利富高(江苏)精密树脂制品公司 …… 586
昆山皇田汽车配件工业有限公司 …… 663
镇江东联仓储设备有限公司 …… 698
常州市武进涂装设备制造厂有限公司 … 699
江苏骠马智能装备股份有限公司 …… 699
江苏中大工业涂装环保有限公司 …… 705
浙江雷贝斯散热器有限公司 …… 152
浙江新柴股份有限公司 …… 152
杭州德尔福汽车零部件有限公司 …… 260
浙江万丰奥威汽轮股份有限公司 …… 268
宁波三钴工业有限公司 …… 273
台州德力奥汽车部件制造有限公司 … 287
宁波帅特龙集团有限公司 …… 400
宁波景文机械有限公司 …… 401
宁海县金凌海裕汽车部件有限公司 … 401
浙江环方汽车电器有限公司 …… 486
利尔电气(浙江)有限公司 …… 489
温州长江汽车电子有限公司 …… 490
浙江湖电汽车电器有限公司 …… 491
浙江科达利实业有限公司 …… 594
宁波永信汽车部件制造有限公司 …… 603
中广核俊尔新材料有限公司 …… 612
温州三联锻造有限公司 …… 615
黄岩星泰塑料模具有限公司 …… 710
浙江黄岩大成模具有限公司 …… 710
芜湖三联锻造有限公司 …… 178
北泰汽车底盘系统(安徽)有限公司 … 300
大陆汽车电子(芜湖)有限公司 …… 506
黄山市瑞兴汽车电子有限公司 …… 507
福建仙游闽仙汽车电器有限公司 …… 508
海拉(厦门)电气有限公司 …… 510
赣州五环机器有限责任公司 …… 312
青岛富高科汽车配件有限公司 …… 193
烟台首钢东星集团有限公司 …… 417
威海鸿祥汽车内饰件有限公司 …… 417
大韩电子(烟台)有限公司 …… 514
三立(烟台)车灯有限公司 …… 514
青岛悠进电装有限公司 …… 515
水星汽车部件集团股份有限公司 …… 627
日照三宝汽车配件有限公司 …… 635
青岛三洋皮革有限公司 …… 671
济南中正金码科技有限公司 …… 714
奔腾汽车检测维修设备制造有限公司 … 714
河南省天阳铝合金车轮有限公司 …… 330
中航飞机起落架有限责任公司 …… 343
广州恩梯恩裕隆传动系统有限公司 … 344
深圳安必成橡胶制品有限公司 …… 647
深圳车卫士电子有限公司 …… 676
广东东箭汽车用品制造有限公司 …… 679
广东任我通汽车用品有限公司 …… 679

★ 长安汽车

中信戴卡股份有限公司 …… 230
北方凌云工业集团有限公司 …… 370
联合汽车电子有限公司 …… 452
上海小糸车灯有限公司 …… 456
江苏江扬线缆有限公司 …… 473
浙江亚太机电股份有限公司 …… 261
郎溪飞马工业织品有限公司 …… 413
山东金麒麟股份有限公司 …… 627
湖北三环离合器有限公司 …… 336
东风汽车车轮有限公司 …… 341
湖北开特汽车电子电器系统股份公司 … 518
怀集登云汽配股份有限公司 …… 207
南方英特空调有限公司 …… 430
重庆超力高科技有限责任公司 …… 430
内江金鸿曲轴有限公司 …… 218
四川川南减震器集团有限公司 …… 358
北京慨尔康科技发展有限公司 …… 436
上海日用－友捷汽车电气有限公司 … 449
浙江铁流离合器股份有限公司 …… 260
山东滨州渤海活塞股份有限公司 …… 187
广东好帮手电子科技股份有限公司 … 534
重庆青山工业有限责任公司 …… 356

华北地区

汉拿伟世通汽车空调(北京)有限公司 … 364
北京海纳川汽车部件公司北京分公司 … 364
北京青云航空仪表有限公司 …… 364
北京新峰天霁科技有限公司 …… 434
北京兴科迪科技有限公司 …… 434
北京朗威汽车零部件有限公司 …… 435
北京锐意泰克汽车电子有限公司 …… 435
北京天山新材料技术股份有限公司 … 543
北京聚菱燕塑料有限公司 …… 545
天津市格林利福新技术有限公司 …… 118
天津市亚星散热器有限公司 …… 118
万都(天津)汽车零部件有限公司 …… 224
天津市益中汽车安全带厂 …… 365
天津力神电池股份有限公司 …… 439
天津丰田合成有限公司 …… 547
三友(天津)高分子技术有限公司 …… 547
天津七所高科技有限公司 …… 686
石家庄北汽发动机备件有限公司 …… 120
邢台玉辉汽车缸盖制造有限公司 …… 121
力源活塞工业股份有限公司 …… 122
深州市恒泰汽车配件有限公司 …… 225
河北宇龙传动轴有限公司 …… 225
河北前锋机器有限责任公司 …… 229
耐世特凌云驱动系统(涿州)有限公司 … 231
任丘飞翔汽车塑件有限公司 …… 368
沙河市宏成汽车型材有限公司 …… 368
廊坊市全振汽车配件有限公司 …… 369
涿州市盛弘机械有限责任公司 …… 370
晋州市安达汽车配件有限公司 …… 550
衡水北方刹车片有限公司 …… 551
河北三众橡胶有限公司 …… 552
河北省清河县永兴实业有限公司 …… 552
河北亚大集团 …… 555
山西益新制动部件有限公司 …… 233

东北地区

锦州光和密封实业有限公司 …… 128
沈阳中航飞汽车部件制造有限公司 … 234
锦州锦恒汽车安全系统有限公司 …… 371
辽宁润迪汽车环保科技股份有限公司 … 557
辽阳康达塑胶树脂有限公司 …… 557
辽阳艺蒙织毯有限公司 …… 660
长春一汽四环发动机制造有限公司 … 129
白城中一精锻股份有限公司 …… 131
东北工业集团有限公司 …… 240
长春海德世汽车拉索有限公司 …… 447
长春爱尔铃克铃尔有限公司 …… 561
长春一汽嘉信热处理科技有限公司 … 690
万都(哈尔滨)汽车底盘系统有限公司 … 242
哈尔滨哈轻塑胶有限公司 …… 374

华东地区

克康(上海)排气控制系统有限公司 … 132

上海永红汽车零部件有限公司 ……… 137
双桦控股有限公司 ………………… 375
上海加冷松芝汽车空调股份有限公司 … 376
上海宇宙电器有限公司 …………… 450
上海法雷奥汽车电器系统有限公司 … 451
浙江胜华波汽车电器上海分公司 …… 454
上海金力泰化工股份有限公司 …… 568
上海众安电器塑料有限公司 ……… 571
无锡市月亮轴瓦有限公司 ………… 142
南京锦湖轮胎有限公司 …………… 248
南京东华汽车转向器有限公司 …… 249
无锡中策减震器有限公司 ………… 252
万都(苏州)汽车底盘系统有限公司 … 254
江苏名豪汽车零部件有限公司 …… 257
江苏太平洋精锻科技股份有限公司 … 258
江苏新达能机械有限公司 ………… 383
江苏秦龙车灯有限公司 …………… 384
丹阳胜洲汽车部件有限公司 ……… 386
丹阳市鹏凌塑业有限公司 ………… 386
句容联泰机电有限公司 …………… 387
常州市长明塑料配件有限公司 …… 391
江苏旭顺东明汽配有限公司 ……… 394
扬州中基机电有限公司 …………… 396
扬州天元座椅有限公司 …………… 397
江苏科达车业有限公司 …………… 397
南京华敏电子有限公司 …………… 456
江苏超力电器有限公司 …………… 457
江苏超力集团 ……………………… 457
江苏申通汽车零部件有限公司 …… 458
江苏新通达电子科技股份有限公司 … 458
丹阳市晶晶玻璃有限公司 ………… 458
丹阳市东港灯具有限公司 ………… 458
江苏凯灵汽车电器有限公司 ……… 465
无锡新中北汽车电机制造有限公司 … 466
有信制造(苏州)有限公司 ………… 469
苏州上声电子有限公司 …………… 470
南通友星机电工业有限公司 ……… 473
南京七四二五橡塑有限责任公司 …… 572
江苏龙蟠科技股份有限公司 ……… 573
常州常松金属复合材料有限公司 …… 574
镇江飞亚轴承有限责任公司 ……… 574
常州市阳湖轴承有限公司 ………… 576
江苏容天乐机械股份有限公司 …… 577
常州威嘉轴承制造有限公司 ……… 577
无锡市梦立化工有限公司 ………… 579
无锡市百合花胶粘剂厂有限公司 …… 580
无锡市二橡胶股份有限公司 ……… 581
江苏舜天新盈轻工业有限公司 …… 698
江苏骠马智能装备股份有限公司 …… 699
无锡富瑞德精密机械有限公司 …… 700
苏州苏净安发空调有限公司 ……… 702
苏州工业园广福汽保机电设备公司 … 702
宁波正利汽车部件有限公司 ……… 153
宁波索立得滑动轴承有限公司 …… 156
浙江黎明发动机零部件有限公司 …… 156
台州晨辉机械制造有限公司 ……… 159
玉环县交通汽车部件厂 …………… 161
浙江玉环县玉兴机械制造有限公司 … 161
浙江昊洋机动车部件有限公司 …… 164
瑞安市日正汽车部件有限公司 …… 169
瑞安市华东锻造有限公司 ………… 172
万向集团公司 ……………………… 261
万向钱潮等速驱动轴有限公司 …… 262
杭州中亚万向节有限公司 ………… 262
万向系统有限公司 ………………… 262
浙江金固股份有限公司 …………… 264
宁波合生制动科技有限公司 ……… 275
玉环县金峰实业有限公司 ………… 278
台州德力奥汽车部件制造有限公司 … 287
浙江双辉剑机械有限公司 ………… 287
浙江华邦机械有限公司 …………… 288
浙江利中实业有限公司 …………… 290
温州通顺机动车部件有限公司 …… 293
浙江精科汽车零部件有限公司 …… 293
成源汽车部件制造有限公司 ……… 294
浙江华明汽车制动器有限公司 …… 295
浙江迅达汽车部件有限公司 ……… 295
杭州钱江汽配电器有限公司 ……… 398
浙江远翅控股集团有限公司 ……… 398
浙江中宝实业控股股份有限公司 …… 398
宁波恒特汽车零部件有限公司 …… 400
宁波鑫星汽车部件有限公司 ……… 401
浙江省永康市汽车配件厂 ………… 404
浙江超达汽车配件有限公司 ……… 405
浙江爽凯汽车空调有限公司 ……… 405
浙江九诺汽车空调有限公司 ……… 405
浙江华尔达汽车空调有限公司 …… 406
温州市东风通用机电厂 …………… 406
浙江中特力制锁有限公司 ………… 406
瑞安市华宇汽车电器有限公司 …… 406
瑞安市荣邦汽车部件有限公司 …… 410
浙江白象汽车附件有限公司 ……… 411
浙江科锋汽车电器有限公司 ……… 411
宁波市贤龙汽车配件有限公司 …… 478
宁波惠山汽配制造有限公司 ……… 480
宁波海高利汽车电器制造有限公司 … 480
慈溪市耀发电器有限公司 ………… 481
宁波贝尔达控制拉索有限公司 …… 482
宁波正耀汽车电器有限公司 ……… 484
台州通达机电有限公司 …………… 485
浙江嘉利(丽水)工业有限公司 …… 488
浙江朕炜电器有限公司 …………… 488
瑞安市长新汽车配件有限公司 …… 497
瑞安市亚瑞汽车电器有限公司 …… 500
浙江瑞鹏汽车电器有限公司 ……… 501
黄河汽配集团有限公司 …………… 503
浙江程逸汽车电器有限公司 ……… 504
浙江大明电子有限公司 …………… 504
浙江大铭汽车零部件有限公司 …… 591
宁波裕江特种胶带有限公司 ……… 599
宁波海山克尔铃密封件有限公司 …… 599
宁波丰茂远东橡胶有限公司 ……… 602
宁波众力汽车部件有限公司 ……… 604
舟山市海山密封材料有限公司 …… 605
浙江兴宇汽车零部件有限公司 …… 607
浙江赛阳密封件有限公司 ………… 607
仙居通用橡塑有限公司 …………… 608
浙江崇富橡塑有限公司 …………… 610
浙江万赛汽车零部件有限公司 …… 611
瑞标集团有限公司 ………………… 613
温州法兰特机械有限公司 ………… 613
中精集团有限公司 ………………… 614
温州三联锻造有限公司 …………… 615
温岭市装配设备成套有限公司 …… 709
浙江嘉仁模具有限公司 …………… 711
铁牛集团有限公司 ………………… 711
合肥江河汽车零部件有限公司 …… 175
合肥威尔燃油系统有限责任公司 …… 175
蚌埠金威滤清器有限公司 ………… 176
安庆帝伯格茨缸套有限公司 ……… 179
安庆帝迈德活塞环制造有限公司 …… 180
安庆帝伯格茨活塞环有限公司 …… 180
芜湖众发汽车制动泵有限公司 …… 302
芜湖万通汽车部件有限公司 ……… 302
芜湖伯特利汽车安全系统有限公司 … 302
芜湖大捷离合器有限公司 ………… 303
埃泰克汽车电子(芜湖)有限公司 …… 506
安徽迅启蓄电池有限公司 ………… 507
中鼎金亚汽车管件制造有限公司 …… 618
中鼎模具制造有限公司 …………… 713
福建东亚机械有限公司 …………… 181
莆田市英龙活塞环厂 ……………… 181
福耀玻璃工业集团股份有限公司 …… 414
福建冠良汽车配件工业有限公司 …… 620
江西方大长力汽车零部件有限公司 … 311
格特拉克(江西)传动系统于都工厂 … 312
江西新电汽车空调系统有限公司 …… 415
江西行新汽车科技有限公司 ……… 415
江西好帮手电子科技股份有限公司 … 511
江西新余绿洲橡塑有限公司 ……… 625
青岛东洋热交换器有限公司 ……… 193
青岛鑫信齿圈厂 …………………… 193
莱州鲁源汽车配件有限公司 ……… 318
山东通力车轮有限公司 …………… 319
烟台鸿安实业有限公司 …………… 320
三角集团有限公司 ………………… 320
青岛双星轮胎工业有限公司 ……… 325
山东蒙沃变速器有限公司 ………… 327
泰安晟泰汽车零部件有限公司 …… 418
龙口泰进机械有限公司 …………… 418
山东汽车弹簧厂有限公司 ………… 627
东营科力汽配有限责任公司 ……… 628
山东荣邦汽配有限公司 …………… 628
青岛泰德汽车轴承股份有限公司 …… 632
烟台泰利汽车模具股份有限公司 …… 714
山东寿光万龙实业有限公司 ……… 739

华中地区

河南平和滤清器有限公司 ………… 195
洛阳古城机械有限公司 …………… 197
河南万向系统制动器有限公司 …… 329
河南开开特星光锁系统有限公司 …… 418
南阳天一密封股份有限公司 ……… 637
理研汽车配件(武汉)有限公司 …… 198
马勒三环气门驱动(湖北)有限公司 … 199
湖北三众车桥有限责任公司 ……… 335
湖北恒隆汽车系统集团有限公司 …… 335
湖北鄂钢驰久钢板弹簧有限公司 …… 336
湖北省华阳汽车拨叉股份有限公司 … 342
东风电子科技公司汽车制动系统公司 … 342
双星东风轮胎有限公司 …………… 342
武汉源兴汽车配件有限公司 ……… 420
湖北双鸥汽车工程塑料(集团)公司 … 421

东风(十堰)汽车热交换器有限公司 … 421
中航工业宇航救生装备有限公司 …… 421
湖北三环汽车电器有限公司 ………… 518
飞利浦汽车照明湖北有限公司 ……… 519
湖北泓盈传感技术有限公司 ………… 519
湖北孝感华中车灯有限公司 ………… 519
襄樊仪元汽车电子有限公司 ………… 520
湖北亿州微特电机有限公司 ………… 520
襄樊东风汽车电气有限责任公司 …… 520
十堰市中生电器有限公司 …………… 521
襄阳汽车轴承股份有限公司 ………… 639
湖南安福气门股份有限公司 ………… 202
株洲易力达机电有限公司 …………… 343
株洲湘火炬火花塞有限责任公司 …… 522
湖南博云汽车制动材料有限公司 …… 642
广东肇庆动力配件有限公司 ………… 207
东莞山多力汽车配件有限公司 ……… 427
东莞广泽汽车饰件有限公司 ………… 427
广州华德汽车弹簧有限公司 ………… 645
格莱利集团 ………………………… 647
中国石化股份有限公司茂名分公司 … 649
广东德联集团股份有限公司 ………… 650
双叶金属制品(深圳)有限公司 …… 723
南宁八菱科技股份有限公司 ………… 209
桂林瑞特试验机有限公司 …………… 725

西南、西北地区

重庆凯瑞特种车有限公司 …………… 102
重庆华孚工业股份有限公司 ………… 210
四川银钢一通凸轮轴科技股份公司 … 210
重庆飞龙江利汽车部件有限公司 …… 210
重庆上方汽车配件有限责任公司 …… 211
佛吉亚排气控制技术(重庆)有限公司 … 211
马勒发动机零部件(重庆)有限公司 … 212
重庆光大产业有限公司 ……………… 212
重庆东方滤清器有限公司 …………… 212
重庆长安伟世通发动机控制系统公司 … 212
重庆海特汽车排气系统有限公司 …… 212
重庆文安机械有限公司 ……………… 213
重庆西源凸轮轴有限公司 …………… 213
重庆海通机械制造有限公司 ………… 213
重庆都成荣锋机械制造有限公司 …… 213
四川江华泵业有限公司 ……………… 213
重庆红旗缸盖制造有限公司 ………… 214
重庆三爱海陵实业有限责任公司 …… 214
重庆万力联兴实业(集团)有限公司 … 214
爱思帝(重庆)驱动系统有限公司 …… 352
重庆新工汽车零部件有限公司 ……… 352
重庆齐信汽车零部件有限公司 ……… 352
重庆三四零三汽车零部件有限公司 … 352
重庆望江铸造有限公司 ……………… 352
重庆聚兴交通工业(集团)有限公司 … 352
重庆天谛倍进机电制造有限公司 …… 352
重庆耐德中意减振器有限责任公司 … 353
重庆博奥铝镁金属制造有限公司 …… 353
重庆大江美利信压铸有限责任公司 … 353
重庆驰骋轻型汽车部件股份有限公司 … 353
重庆红旗弹簧有限公司 ……………… 354
重庆零一精密机械有限公司 ………… 354
重庆传动轴股份有限公司 …………… 354
重庆长安离合器制造有限公司 ……… 355
重庆长风机器有限责任公司 ………… 355
重庆黎明汽车配件有限公司 ………… 355
重庆市星极齿轮有限责任公司 ……… 356
重庆市璧山顺山机械有限公司 ……… 356
重庆龙润汽车转向器有限公司 ……… 356
南方天合底盘系统有限公司 ………… 356
重庆长安福铃汽车铰链有限责任公司 … 429
重庆长江电工工业集团有限公司 …… 430
福耀玻璃(重庆)有限公司 ………… 430
重庆天人汽车车身制造有限公司 …… 430
重庆宏美制冷设备有限公司 ………… 430
重庆精铁机械有限责任公司 ………… 431
重庆李尔长安汽车内饰件有限公司 … 431
联伟汽车零部件(重庆)有限公司 …… 431
重庆大江杰信锻造有限公司 ………… 431
重庆祥盛实业发展有限公司 ………… 536
重庆徐港电子有限公司 ……………… 536
重庆集诚汽车电子有限公司 ………… 537
重庆博耐特实业(集团)有限公司 …… 538
重庆长安志阳汽车电气有限责任公司 … 538
重庆平江实业有限责任公司 ………… 538
重庆海德世拉索系统(集团)有限公司 … 538
重庆秦川实业(集团)股份有限公司 … 538
重庆华宇实业有限责任公司 ………… 538
重庆万里新能源股份有限公司 ……… 539
重庆炬野科技发展有限公司 ………… 652
重庆益弘工程塑料制品有限公司 …… 652
重庆金固特化工新材料技术有限公司 … 653
重庆大江信达车辆股份公司铸锻公司 … 653
重庆开泰汽车零部件有限公司 ……… 653
重庆长安凌云汽车零部件有限公司 … 653
重庆华通机电技术有限公司 ………… 653
重庆红宇汽车配件厂 ……………… 654
重庆金海标准件有限公司 ………… 654
重庆红宇摩擦制品有限公司 ………… 654
重庆华普精密机械有限责任公司 …… 726
重庆数码模车身模具有限公司 ……… 726
重庆长安民生物流股份有限公司 …… 727
重庆恒伟精密机械有限公司 ………… 727
重庆江东机械有限责任公司 ………… 727
成都正恒动力配件有限公司 ………… 215
成都宁良实业有限公司 …………… 215
成都飞亚曲轴有限公司 …………… 215
成都陵川车用油箱有限公司 ………… 215
成都陵川特种工业有限责任公司 …… 215
成都嘉陵华西光学精密机械有限公司 … 216
成都桐林铸造实业有限公司 ………… 216
四川红光汽车机电有限公司 ………… 216
四川川环科技股份有限公司 ………… 217
恩比贝克飞虹汽车零部件(四川)公司 … 217
四川中胜实业集团有限公司 ………… 217
泸州北方化学工业有限公司 ………… 218
宜宾天工机械股份有限公司 ………… 218
成都市金蓉齿轮有限责任公司 ……… 356
成都宁兴汽车弹簧有限公司 ………… 356
成都宁江昭和汽车零部件有限公司 … 357
成都川安机械有限公司 …………… 357
四川望锦机械有限公司 …………… 357
四川宁江山川机械有限责任公司 …… 357
成都兴光工业科技有限责任公司 …… 358
四川都江机械有限责任公司 ………… 358
中车集团四川丹齿零部件有限公司 … 358
四川绵阳华驰方向机有限公司 ……… 358
四川建安工业有限责任公司 ………… 359
隆昌山川精密焊管有限责任公司 …… 360
泸州长江机械有限公司 …………… 360
四川富士电机有限公司 …………… 431
成都有为科技有限公司 …………… 539
成都远旺汽车电器有限公司 ………… 539
成都华川电装有限责任公司 ………… 539
绵阳市博蓝科技有限责任公司 ……… 540
成都华德密封工业有限公司 ………… 654
中蓝晨光化工研究院有限公司 ……… 654
乐山大洋轴承有限公司 …………… 655
四川航天烽火波纹软管工业公司 …… 655
成都航天模塑股份有限公司 ………… 727
成都成量工具集团有限公司 ………… 728
云南西仪工业股份有限公司 ………… 218
贵州贵航汽车零部件永红散热器公司 … 219
贵州航天南海科技有限责任公司 …… 219
贵州华昌汽车电器有限公司 ………… 432
三井华阳汽车配件有限公司 ………… 432
遵义长征汽车零部件有限公司 ……… 541
贵州雅光电子科技股份有限公司 …… 541
贵阳联洪合成材料厂 ……………… 656
贵州贵航汽车零部件股份有限公司 … 656
陕西东铭车辆系统股份有限公司 …… 362
西安庆安电气控制有限责任公司 …… 432
西安林产化学软木工厂 …………… 657
陕西华兴汽车制动科技有限公司 …… 657
西安北方华山机电有限公司 ………… 657
青海洁神曲轴有限责任公司 ………… 220

★ 长安铃木

北方凌云工业集团有限公司 ………… 370
联合汽车电子有限公司 ……………… 452
大同精密金属(苏州)有限公司 ……… 583
上海日用-友捷汽车电气有限公司 … 449
北京顺恒达汽车零部件制造有限公司 … 435
北京天山新材料技术股份有限公司 … 543
北京聚菱燕塑料有限公司 ………… 545
天津市格林利福新技术有限公司 …… 118
天津市益中汽车安全带厂 ………… 365
天津电装空调管路有限公司 ………… 365
天津电装电机有限公司 …………… 438
天津电装电子有限公司 …………… 440
三友(天津)高分子技术有限公司 …… 547
河北德纳V型轮有限公司 ………… 120
山西利民机电有限责任公司 ………… 124
沈阳航天新光汽车零部件有限公司 … 125
阜新德尔汽车部件股份有限公司 …… 237
吉林东光奥威汽车制动系统有限公司 … 238
吉林汽车制动器厂 ………………… 238
大陆汽车电子(长春)有限公司 …… 446
哈尔滨岛田大鹏工业有限公司 ……… 691
上海三国精密机械有限公司 ………… 133
延锋百利得(上海)汽车安全系统公司 … 244
上海北特科技股份有限公司 ………… 247
上海德尔福汽车空调系统有限公司 … 377
上海延锋江森座椅有限公司 ………… 378
上海金亭汽车线束有限公司 ………… 450

上海新安电磁阀有限公司 …… 455
上海凯众材料科技股份有限公司 …… 566
上海兴盛密封垫有限公司 …… 571
上海安吉铸造厂 …… 571
斯凯孚(上海)汽车技术有限公司 …… 571
无锡惠山泵业有限公司 …… 145
远轻铝业(中国)有限公司 …… 146
飞得滤机(苏州)有限公司 …… 146
苏州源成铝制品制造有限公司 …… 254
苏州新智机电工业有限公司 …… 394
江苏德力嘉汽摩配件有限公司 …… 458
有信制造(苏州)有限公司 …… 469
南京宏佳机械制造有限公司 …… 573
江苏江洲汽车部件有限公司 …… 574
托普拉精密紧固件(常州)有限公司 … 576
常州市大众涂装设备有限公司 …… 699
无锡富瑞德精密机械有限公司 …… 700
天奇自动化工程股份有限公司 …… 702
南通常测机电设备有限公司 …… 706
温州瑞明工业股份有限公司 …… 168
杭州优科豪马轮胎有限公司 …… 259
万通智控科技股份有限公司 …… 260
浙江向隆机械有限公司 …… 273
玉环县金峰实业有限公司 …… 278
浙江迅达汽车部件有限公司 …… 295
杭州钱江汽配电器有限公司 …… 398
宁波鑫星汽车部件有限公司 …… 401
台州法雷奥温岭汽车零部件有限公司 … 403
国威科技有限公司 …… 503
浙江大明电子有限公司 …… 504
浙江海特橡塑有限公司 …… 610
台州市金桥摩擦材料有限公司 …… 611
新潮集团股份有限公司 …… 613
黄岩星泰塑料模具有限公司 …… 710
安庆帝伯格茨活塞环有限公司 …… 180
大陆汽车电子(芜湖)有限公司 …… 506
厦门理研工业有限公司 …… 182
恒发(晋江)汽车零部件有限公司 …… 308
福耀玻璃工业集团股份有限公司 …… 414
福州耐力电机有限公司 …… 508
河南开开特星光锁系统有限公司 …… 418
焦作平光开元汽车部件有限公司 …… 419
理研汽车配件(武汉)有限公司 …… 198
武汉协和齿环有限公司 …… 333
湖北法雷奥车灯有限公司 …… 518
东风富士汤姆森调温器有限公司 …… 518
湖北孝感华中车灯有限公司 …… 519
美力特发动机汽车配件有限公司 …… 202
广东肇庆动力配件有限公司 …… 207
广州万宝井汽车部件有限公司 …… 345
佛山市南海中南铝车轮制造有限公司 … 348
佛山金光汽车零部件有限公司 …… 348
广东多纳勒振华汽车系统有限公司 … 428
广州耐路志电机有限公司 …… 523
有信制造(中山)有限公司 …… 535
广州旷达汽车织物有限公司 …… 643
南宁八菱科技股份有限公司 …… 209
重庆飞龙江利汽车部件有限公司 …… 210
重庆上方汽车配件有限责任公司 …… 211
重庆华恩实业有限公司 …… 211
重庆东方滤清器有限公司 …… 212
重庆光大产业有限公司 …… 212
重庆海通机械制造有限公司 …… 213
重庆三爱海陵实业有限责任公司 …… 214
重庆大江美利信压铸有限责任公司 … 353
重庆长风基铨机械有限公司 …… 355
重庆长风机器有限责任公司 …… 355
南方天合底盘系统有限公司 …… 356
重庆提爱思塑料制品有限公司 …… 429
延锋伟世通(重庆)汽车饰件系统公司 … 430
重庆天人汽车车身制造有限公司 …… 430
重庆光能汽车配件有限公司 …… 430
重庆长江电工工业集团有限公司 …… 430
福耀玻璃(重庆)有限公司 …… 430
重庆李尔长安汽车内饰件有限公司 …… 431
联伟汽车零部件(重庆)有限公司 …… 431
重庆精铁机械有限责任公司 …… 431
重庆徐港电子有限公司 …… 536
重庆津住汽车线束有限公司 …… 537
重庆深渝电子有限公司 …… 538
上海小糸车灯重庆有限公司 …… 538
重庆海德世拉索系统(集团)有限公司 … 538
重庆博耐特实业(集团)有限公司 …… 538
重庆瑞阳科技股份有限公司 …… 538
重庆长安志阳汽车电气有限责任公司 … 538
重庆现代石油(集团)有限公司 …… 653
重庆长安凌云汽车零部件有限公司 … 653
重庆红宇摩擦制品有限公司 …… 654
重庆数码模车身模具有限公司 …… 726
重庆长安民生物流股份有限公司 …… 727
成都陵川特种工业有限责任公司 …… 215
成都陵川车用油箱有限公司 …… 215
成都万友滤机有限公司 …… 215
四川红光汽车机电有限公司 …… 216
成都宁兴汽车弹簧有限公司 …… 356
四川望锦机械有限公司 …… 357
成都宁江昭和汽车零部件有限公司 … 357
成都天兴山田车用部品有限公司 …… 357
四川建安工业有限责任公司 …… 359
隆昌山川精密焊管有限责任公司 …… 360
成都银利汽车零部件有限公司 …… 431
成都有为科技有限公司 …… 539
成都航凯天电子股份有限公司 …… 539
成都华川电装有限责任公司 …… 539
成都华德密封工业有限公司 …… 654
成都市新津阳光橡塑密封件厂 …… 655
三井华阳汽车配件有限公司 …… 432

★ 长安福特、长安马自达

富奥汽车零部件股份有限公司 …… 129
上海汇众萨克斯减振器有限公司 …… 243
上海汽车制动系统有限公司 …… 248
延锋汽车饰件系统有限公司 …… 375
联合汽车电子有限公司 …… 452
大同精密金属(苏州)有限公司 …… 583
南方英特空调有限公司 …… 430
浙江骆氏减震件股份有限公司 …… 247
上海日用-友捷汽车电气有限公司 … 449
惠州华阳通用电子有限公司 …… 526
亚新科铸造(北京)有限公司 …… 115
北京永信发谷汽车部件有限公司 …… 222
伟巴斯特东熙汽车配件(北京)公司 … 364
北京福斯汽车电线有限公司 …… 436
天津市格林利福新技术有限公司 …… 118
雅士佳(天津)汽车零件有限公司 …… 119
天津杰士电池有限公司 …… 440
天津斯坦雷电气有限公司 …… 440
天津六合镁制品有限公司 …… 548
廊坊华安汽车装备有限公司 …… 369
石家庄博亚汽车电器有限公司 …… 440
蒂森克虏伯发动机系统(大连)公司 … 127
大连固特异轮胎有限公司 …… 235
大连原田工业有限公司 …… 444
营口阿部配线有限公司 …… 444
大连亚明汽车部件股份有限公司 …… 558
沈阳三丰电气有限公司 …… 688
长春考泰斯兰宝塑料制品有限公司 … 130
天合富奥汽车安全系统(长春)公司 … 238
长春佛吉亚旭阳汽车内饰系统公司 … 371
长春博泽汽车部件有限公司 …… 372
白城尼特固汽车部件有限公司 …… 374
大陆汽车电子(长春)有限公司 …… 446
长春海德世汽车拉索有限公司 …… 447
长春市夸克普精汽车电子有限公司 … 447
长春爱尔铃克铃尔有限公司 …… 561
哈尔滨固泰电子有限责任公司 …… 448
哈尔滨万宇科技股份有限公司 …… 448
上海科尔本施密特活塞有限公司 …… 132
上海弗列加滤清器有限公司 …… 133
上海保隆汽车科技股份有限公司 …… 135
曼胡默尔滤清器(上海)有限公司 …… 137
上海皮尔博格有色零部件有限公司 … 137
上海乾通汽车附件有限公司 …… 137
延锋百利得(上海)汽车安全系统公司 … 244
上海纳铁福传动轴有限公司 …… 244
上海北特科技股份有限公司 …… 247
上海天合汽车安全系统有限公司 …… 375
上海天原集团胜德塑料有限公司 …… 375
上海法雷奥汽车电机雨刮系统公司 … 376
上海岱美汽车内饰件有限公司 …… 377
上海贝洱热系统有限公司 …… 377
上海耀皮康桥汽车玻璃有限公司 …… 378
麦格纳唐纳利(上海)汽车系统公司 … 379
上海辉碟车镜有限公司 …… 379
上海三井复合塑料有限公司 …… 379
上海博泽汽车部件有限公司 …… 381
延锋彼欧汽车外饰系统有限公司 …… 381
美特斯工业系统(中国)有限公司 …… 449
上海法雷奥汽车电器系统有限公司 … 451
上海宇南汽车电器有限公司 …… 452
科世达(上海)管理有限公司 …… 455
上海三环弹簧有限公司 …… 566
上海杰事杰新材料(集团)股份公司 … 566
上海凯众材料科技股份有限公司 …… 566
上海凯密特尔化学品有限公司 …… 567
上海核威滑动轴承制造有限公司 …… 569
上海宝钢阿赛洛激光拼焊有限公司 … 570
上海运良锻造实业有限公司 …… 572
上海三和汽车橡塑件有限公司 …… 572
上海宝山千斤顶总厂有限公司 …… 661
上海瀚氏模具成型有限公司 …… 693
上海卡宝汽车设备有限公司 …… 696

江苏苏美达德隆汽车部件有限公司 …… 139
无锡市博诺机械有限公司 …… 145
布雷博(南京)制动系统有限公司 …… 248
苏州源成铝制品制造有限公司 …… 254
昆山六丰机械工业有限公司 …… 255
富士和机械工业(昆山)有限公司 …… 255
正新橡胶(中国)有限公司 …… 255
常州九鼎车业有限公司 …… 389
爱信(无锡)车身零部件有限公司 …… 392
江苏协诺汽车附件有限公司 …… 393
无锡大昌机械工业有限公司 …… 393
法雷奥汽车安全系统(无锡)有限公司 …… 393
苏州新智机电工业有限公司 …… 394
常州民迪汽车配件有限公司 …… 460
大茂伟瑞柯车灯有限公司 …… 461
常州市巨峰车灯厂 …… 463
无锡共成控制线有限公司 …… 467
仁仁电机有限公司 …… 471
太仓阿尔派电子有限公司 …… 471
泰乙机械(张家港)有限公司 …… 471
汉高(江苏)汽车零部件有限公司 …… 574
常州威士顿有限公司 …… 575
无锡鹏德汽车配件有限公司 …… 581
江阴延利汽车饰件股份有限公司 …… 582
利富高(江苏)精密树脂制品公司 …… 586
扬州保来得科技实业有限公司 …… 587
昆山皇田汽车配件工业有限公司 …… 663
江苏新沣复合纤维制品有限公司 …… 663
江苏中联地毯有限公司 …… 663
江苏舜天新盈轻工业有限公司 …… 698
镇江东联仓储设备有限公司 …… 698
常州市武进涂装设备制造厂有限公司 …… 699
无锡富瑞德精密机械有限公司 …… 700
天奇自动化工程股份有限公司 …… 702
浙江强能动力有限公司 …… 158
大江(玉环)机械制造有限公司 …… 159
杭州德尔福汽车零部件有限公司 …… 260
万向集团公司 …… 261
浙江万丰奥威汽轮股份有限公司 …… 268
万丰奥特控股集团有限公司 …… 268
宁波拓普集团股份有限公司 …… 275
浙江今飞凯达轮毂股份有限公司 …… 291
嘉兴村上石崎汽车配件有限公司 …… 399
宜兰汽车配件制造(平湖)有限公司 …… 399
宁波市锦艺汽车零部件有限公司 …… 400
宁波鑫星汽车部件有限公司 …… 401
慈溪市福尔达实业有限公司 …… 401
宁波继峰汽车零部件有限公司 …… 402
延锋伟世通怡东汽车仪表有限公司 …… 476
宁波精华电子科技有限公司 …… 478
宁波精成车业有限公司 …… 479
浙江环方汽车电器有限公司 …… 486
温州长江汽车电子有限公司 …… 490
瑞安市超声电器厂 …… 493
杭州弹簧有限公司 …… 589
杭州富春弹簧有限公司 …… 592
宁波海山克尔铃密封件有限公司 …… 599
宁波市天普橡胶科技有限公司 …… 603
宁波永信汽车部件制造有限公司 …… 603
宁波胜利汽配有限公司 …… 604
宁波华众塑料制品有限公司 …… 604
舟山市海山密封材料有限公司 …… 605
浙江崇富橡塑有限公司 …… 610
永康永强汽配有限公司 …… 611
中广核俊尔新材料有限公司 …… 612
金丰(中国)机械工业有限公司 …… 708
黄岩星泰塑料模具有限公司 …… 710
浙江嘉仁模具有限公司 …… 711
安庆帝伯格茨缸套有限公司 …… 179
大陆汽车电子(芜湖)有限公司 …… 506
福州福光橡塑有限公司 …… 413
福耀玻璃工业集团股份有限公司 …… 414
海拉(厦门)汽车电子有限公司 …… 509
格特拉克(江西)传动系统南昌工厂 …… 311
格特拉克(江西)传动系统有限公司 …… 311
格特拉克(江西)传动系统赣州工厂 …… 312
格特拉克(江西)传动系统于都工厂 …… 312
伟世通汽车空调(南昌)有限公司 …… 415
济南沃德汽车零部件有限公司 …… 185
山东昊安汽车部件制造有限公司 …… 321
威海鸿祥汽车内饰件有限公司 …… 417
固恩治(青岛)工程橡胶有限公司 …… 632
奔腾汽车检测维修设备制造有限公司 …… 714
河南省中原内配股份有限公司 …… 196
豫北转向系统股份有限公司 …… 329
三门峡戴卡轮毂制造有限公司 …… 333
河南开开特星光锁系统有限公司 …… 418
武汉佛吉亚通达排气系统有限公司 …… 198
荆州环宇汽车零部件有限公司 …… 198
湖北通达汽车零部件(集团)有限公司 …… 200
蒂森克虏伯金属成型(武汉)有限公司 …… 334
武汉博泽汽车部件有限公司 …… 420
东风富士汤姆森调温器有限公司 …… 518
艾菲发动机零件(武汉)有限公司 …… 518
武汉邦迪管路系统有限公司 …… 637
武汉华夏精冲技术有限公司 …… 718
广东鸿特精密技术股份有限公司 …… 207
广东肇庆动力配件有限公司 …… 207
广州恩梯恩裕隆传动系统有限公司 …… 344
广州日正弹簧有限公司 …… 345
广州市吉中汽车装饰有限公司 …… 426
山本机车部件(广州)有限公司 …… 523
湖北法雷奥车灯有限公司佛山分公司 …… 533
广东瑞图万方科技股份有限公司 …… 535
有信制造(中山)有限公司 …… 535
金发科技股份有限公司 …… 643
广州市世达密封实业有限公司 …… 643
广州旷达汽车织物有限公司 …… 643
广州西川密封件有限公司 …… 644
深圳安必成橡胶制品有限公司 …… 647
广东德联集团股份有限公司 …… 650
广州市汇邦科技发展有限公司 …… 672
广州市来兴汽车配件有限公司 …… 672
深圳车卫士电子有限公司 …… 676
珠海市金宜科环保材料有限公司 …… 678
佛山市顺德区实力汽车配件有限公司 …… 679
广东景中景工业涂装设备有限公司 …… 720
重庆飞龙江利汽车部件有限公司 …… 210
重庆华孚工业股份有限公司 …… 210
佛吉亚排气控制技术(重庆)有限公司 …… 211
重庆长安伟世通发动机控制系统公司 …… 212
重庆文安机械有限公司 …… 213
重庆齐信汽车零部件有限公司 …… 352
重庆大江美利信压铸有限责任公司 …… 353
重庆博奥铝镁金属制造有限公司 …… 353
南方天合底盘系统有限公司 …… 356
重庆提爱思塑料制品有限公司 …… 429
延锋伟世通(重庆)汽车饰件系统公司 …… 430
佛吉亚(长春)汽车部件系统重庆公司 …… 430
重庆安通林拓普车顶系统有限公司 …… 430
福耀玻璃(重庆)有限公司 …… 430
重庆天人汽车车身制造有限公司 …… 430
重庆光能汽车配件有限公司 …… 430
重庆李尔长安汽车内饰件有限公司 …… 431
联伟汽车零部件(重庆)有限公司 …… 431
重庆祥盛实业发展有限公司 …… 536
重庆徐港电子有限公司 …… 536
重庆矢崎仪表有限公司 …… 538
重庆长安志阳汽车电气有限责任公司 …… 538
重庆秦川实业(集团)股份有限公司 …… 538
上海小糸车灯重庆有限公司 …… 538
重庆恒伟林汽车零部件有限公司 …… 653
重庆长安凌云汽车零部件有限公司 …… 653
重庆红宇摩擦制品有限公司 …… 654
重庆长安民生物流股份有限公司 …… 727
劳士领汽车配件(成都)有限公司 …… 214
成都飞亚曲轴有限公司 …… 215
成都万友滤机有限公司 …… 215
四川红光汽车机电有限公司 …… 216
四川川环科技股份有限公司 …… 217
武胜琛兰机械制造有限公司 …… 217
宜宾天工机械股份有限公司 …… 218
成都宁江昭和汽车零部件有限公司 …… 357
成都华川电装有限责任公司 …… 539
成都航天模塑股份有限公司 …… 727
贵州贵航汽车零部件永红散热器公司 …… 219

★ 昌河汽车、昌河铃木

北方凌云工业集团有限公司 …… 370
联合汽车电子有限公司 …… 452
上海沪工汽车电器有限公司 …… 454
深圳市航盛电子股份有限公司 …… 528
浙江世宝控股集团有限公司 …… 259
北京航天兴达科技有限公司 …… 116
北京弘大汽车空调散热器有限公司 …… 117
北京首创轮胎有限责任公司 …… 222
北京青云航空仪表有限公司 …… 364
北京顺恒达汽车零部件制造有限公司 …… 435
北京泰兴汽车配件制造有限公司 …… 545
北京聚菱燕塑料有限公司 …… 545
北京瑞科恒业喷涂技术有限公司 …… 685
天津市格林利福新技术有限公司 …… 118
天津卡达克汽车高新技术公司 …… 118
万都(天津)汽车零部件有限公司 …… 224
天津井上擴翔汽车零部件有限公司 …… 366
天津津住汽车线束有限公司 …… 436
天津鼎工机电设备制造有限公司 …… 686
河北德纳V型轮有限公司 …… 120
邢台玉辉汽车缸盖制造有限公司 …… 121
力源活塞工业股份有限公司 …… 122
耐世特凌云驱动系统(涿州)有限公司 …… 231
任丘飞翔汽车塑件有限公司 …… 368

廊坊市全振汽车配件有限公司 ········ 369
衡水北方刹车片有限公司 ················ 551
河北威县盛达密封件有限公司 ········ 551
清河县长城密封件有限公司 ············ 551
河北宏安汽摩配件有限公司 ············ 552
河北新华橡胶密封件有限公司 ········ 552
山西成功淮海发动机有限公司 ········ 124
锦州光和密封实业有限公司 ············ 128
富奥伟世通汽车热交换(长春)有限公司 ··· 129
吉林汽车制动器厂 ························ 238
哈尔滨东安发动机(集团)有限公司 ··· 131
哈尔滨东安汽车动力股份有限公司 ··· 131
万都(哈尔滨)汽车底盘系统有限公司 ··· 242
哈尔滨东安机电制造有限责任公司 ··· 448
上海三国精密机械有限公司 ············ 133
上海陈立实业有限公司 ················ 376
上海德尔福汽车空调系统有限公司 ··· 377
上海吕巷汽车零部件有限公司 ········ 379
上海昭和汽车配件有限公司 ············ 380
上海利用锁具有限公司 ················ 382
浙江胜华波汽车电器上海分公司 ······ 454
上海瑞裕汽车配件有限公司 ············ 569
上海红阳密封件有限公司 ················ 570
上海众安电器塑料有限公司 ············ 571
飞得滤机(苏州)有限公司 ················ 146
南京东华汽车转向器有限公司 ········ 249
江阴全华丰精锻有限公司 ················ 253
东机工汽车部件(苏州)有限公司 ······ 254
万都(苏州)汽车底盘系统有限公司 ··· 254
江苏太平洋精锻科技股份有限公司 ··· 258
丹阳胜洲汽车部件有限公司 ············ 386
常州新泉汽车内饰件有限公司 ········ 388
常州汇凯汽车系统有限公司 ············ 389
常州市安江车辆部件厂 ················ 390
常州市长明塑料配件有限公司 ········ 391
江苏力乐汽车部件股份有限公司 ······ 392
泰州劲松股份有限公司 ················ 396
江苏超力电器有限公司 ················ 457
江苏超力集团 ································ 457
江苏新通达电子科技股份有限公司 ··· 458
江苏德力嘉汽摩配件有限公司 ········ 458
丹阳市翔宇车灯厂 ························ 459
常州民迪汽车配件有限公司 ············ 460
有信制造(苏州)有限公司 ················ 469
南京宏佳机械制造有限公司 ············ 573
镇江飞亚轴承有限责任公司 ············ 574
常州市宇鹏涂装设备有限公司 ········ 699
宁波新之华汽车部件有限公司 ········ 154
宁波洛卡特汽车零部件有限公司 ······ 155
玉环县源光机械制造厂 ················ 160
温州瑞明工业股份有限公司 ············ 168
瑞安市华东锻造有限公司 ················ 172
万向集团公司 ································ 261
万向钱潮等速驱动轴有限公司 ········ 262
万向系统有限公司 ························ 262
诸暨金宝汽车弹簧制造有限公司 ······ 264
浙江欧迪恩传动科技股份有限公司 ··· 270
宁波合生制动科技有限公司 ············ 275
玉环县金峰实业有限公司 ················ 278
玉环威宇汽车部件有限公司 ············ 279
玉环联合汽车部件有限公司 ············ 279
台州耐力特汽车传动轴有限公司 ······ 279
浙江正德制动器有限公司 ················ 282
台州德力奥汽车部件制造有限公司 ··· 287
浙江双辉剑机械有限公司 ················ 287
浙江华邦机械有限公司 ················ 288
浙江利中实业有限公司 ················ 290
浙江华明汽车制动器有限公司 ········ 295
浙江中昌汽车零部件有限公司 ········ 298
浙江中宝实业控股股份有限公司 ······ 398
浙江远翅控股集团有限公司 ············ 398
浙江省永康市汽车配件厂 ················ 404
瑞安市华宇汽车电器有限公司 ········ 406
温州市东风通用机电厂 ················ 406
浙江白象汽车附件有限公司 ············ 411
宁波汽车软轴软管有限公司 ············ 479
台州通达机电有限公司 ················ 485
浙江嘉利(丽水)工业有限公司 ········ 488
浙江万超电器有限公司 ················ 490
黄河汽配集团有限公司 ················ 503
国威科技有限公司 ························ 503
宁波丰茂远东橡胶有限公司 ············ 602
宁波众力汽车部件有限公司 ············ 604
浙江赛阳密封件有限公司 ················ 607
浙江兴宇汽车零部件有限公司 ········ 607
仙居通用橡塑有限公司 ················ 608
浙江崇富橡塑有限公司 ················ 610
铁牛集团有限公司 ························ 711
合肥江河汽车零部件有限公司 ········ 175
蚌埠金威滤清器有限公司 ················ 176
安庆帝伯格茨缸套有限公司 ············ 179
安徽宝能机械有限公司 ················ 299
合肥力威汽车油泵有限公司 ············ 299
芜湖华亨汽车部件有限公司 ············ 303
安庆安簧汽车零部件有限公司 ········ 304
安徽安簧机械股份有限公司 ············ 304
合肥汇通汽车零部件有限公司 ········ 412
安徽森力汽车电子有限公司 ············ 505
芜湖精诺汽车电器有限公司 ············ 506
安徽青松工具有限公司 ················ 669
泉州国胜汽车部件实业有限公司 ······ 415
厦门百吉机电有限公司 ················ 621
江西万向昌河汽车底盘系统有限公司 ··· 311
江西弘悦汽车减振器有限公司 ········ 311
江西方大长力汽车零部件有限公司 ··· 311
格特拉克(江西)传动系统于都工厂 ··· 312
中国直升机设计研究所汽车安全设备厂 ··· 415
江西新电汽车空调系统有限公司 ······ 415
江西大吉汽车天线有限公司 ············ 511
江西景航航空锻铸有限公司 ············ 625
宜春英龙橡胶有限公司 ················ 625
潍坊恒安散热器集团有限公司 ········ 189
大丰工业(烟台)有限公司 ················ 190
青岛东洋汽车散热器有限公司 ········ 192
青岛鑫信齿圈厂 ························ 193
青岛东洋热交换器有限公司 ············ 193
山东金山汽配有限公司 ················ 316
泰安晟泰汽车零部件有限公司 ········ 418
山东省泰安泰龙软轴软管厂 ············ 515
烟台泰利汽车模具股份有限公司 ······ 714
河南平和滤清器有限公司 ················ 195
河南万向系统制动器有限公司 ········ 329
新乡市豫新商用车空调股份有限公司 ··· 419
天海雪城汽车电子(鹤壁)有限公司 ··· 517
武汉佛吉亚通达排气系统有限公司 ··· 198
理研汽车配件(武汉)有限公司 ········ 198
福耀玻璃(湖北)有限公司 ················ 422
飞利浦汽车照明湖北有限公司 ········ 519
武汉汽车测试设备研究所有限公司 ··· 717
株洲易力达机电有限公司 ················ 343
湖南博云汽车制动材料有限公司 ······ 642
广州今仙电机工业有限公司 ············ 424
广东多纳勒振华汽车系统有限公司 ··· 428
东莞歌乐东方电子有限公司 ············ 532
佛山电器照明股份有限公司 ············ 533
广州市广易实业有限公司 ················ 642
广州市来兴汽车配件有限公司 ········ 672
柳州福臻车体实业有限公司 ············ 726
重庆上方汽车配件有限责任公司 ······ 211
重庆华恩实业有限公司 ················ 211
重庆海特汽车排气系统有限公司 ······ 212
重庆都成荣锋机械制造有限公司 ······ 213
重庆万力联兴实业(集团)有限公司 ··· 214
重庆望江铸造有限公司 ················ 352
重庆驰骋轻型汽车部件股份有限公司 ··· 353
重庆黎明汽车配件有限公司 ············ 355
南方天合底盘系统有限公司 ············ 356
重庆龙润汽车转向器有限公司 ········ 356
重庆集诚汽车电子有限公司 ············ 537
重庆津住汽车线束有限公司 ············ 537
重庆红宇汽车配件厂 ···················· 654
重庆红宇摩擦制品有限公司 ············ 654
成都宁兴汽车弹簧有限公司 ············ 356
成都宁江昭和汽车零部件有限公司 ··· 357
成都天兴山田车用部品有限公司 ······ 357
四川望锦机械有限公司 ················ 357
四川建安工业有限责任公司 ············ 359
隆昌山川精密焊管有限责任公司 ······ 360
成都银利汽车零部件有限公司 ········ 431
成都华川电装有限责任公司 ············ 539
成都航凯天电子股份有限公司 ········ 539
成都远旺汽车电器有限公司 ············ 539
四川泛华航空仪表电器有限公司 ······ 540
四川航天烽火波纹软管工业公司 ······ 655
贵州贵航汽车零部件永红散热器公司 ··· 219
贵州贵航汽车零部件股份有限公司 ··· 656
陕西东铭车辆系统股份有限公司 ······ 362
陕西华兴汽车制动科技有限公司 ······ 657

★ 广汽集团

中信戴卡股份有限公司 ················ 230
上海小糸车灯有限公司 ················ 456
山东厚丰汽车散热器有限公司 ········ 194
惠州市德赛西威汽车电子股份公司 ··· 526
浙江骆氏减震件股份有限公司 ········ 247
天津力神电池股份有限公司 ············ 439
河北瑞丰动力缸体有限公司 ············ 120
沈阳斯瓦特汽车零部件有限公司 ······ 126
东北工业集团有限公司 ················ 240
长春英利汽车部件有限公司 ············ 373
上海奔达机电有限公司 ················ 244
上海飞利环球汽车零部件有限公司 ··· 378

延锋彼欧汽车外饰系统有限公司 …… 381
南京金鼎汽车零部件有限公司 ……… 138
江苏鑫通汽车部件有限公司 ………… 140
南京轴承有限公司 …………………… 248
南京宏峰汽车配件厂 ………………… 249
常州市银华车饰件制造有限公司 …… 390
江苏长虹智能装备集团有限公司 …… 705
恒勃控股股份有限公司 ……………… 162
万向集团公司 ………………………… 261
浙江诸暨万宝机械有限公司 ………… 266
索密克汽车配件有限公司 …………… 267
嘉兴四通车轮股份有限公司 ………… 269
宁波万航实业有限公司 ……………… 275
温州市海鸥汽车锁系统有限公司 …… 407
黄河汽配集团有限公司 ……………… 503
浙江大铭汽车零部件有限公司 ……… 591
浙江山宝汽车部件有限公司 ………… 609
浙江模具厂有限公司 ………………… 710
蚌埠金威滤清器有限公司 …………… 176
安徽艾可蓝环保股份有限公司 ……… 180
芜湖伯特利汽车安全系统有限公司 … 302
埃泰克汽车电子(芜湖)有限公司 …… 506
大陆汽车电子(芜湖)有限公司 ……… 506
江西凯富勤实业发展有限公司 ……… 183
江西江铃底盘股份有限公司 ………… 312
江西行新汽车科技有限公司 ………… 415
江西好帮手电子科技股份有限公司 … 511
山东华源莱动内燃机有限公司 ……… 191
山东常林铸业有限公司 ……………… 195
烟台首钢东星集团有限公司 ………… 417
武汉博泽汽车部件有限公司 ………… 420
东风嘉实多油品有限公司 …………… 637
长沙广汽东阳汽车零部件有限公司 … 422
广东肇庆动力金属股份有限公司 …… 206
江门市宏力后视镜实业有限公司 …… 428
广州机械科学研究院胶业研究所 …… 643
广州市中新塑料有限公司 …………… 645
广东骏驰科技股份有限公司 ………… 649
广东任我通汽车用品有限公司 ……… 679
广州广汽荻原模具冲压有限公司 …… 721
广州亨龙机电股份有限公司 ………… 721
重庆光大产业有限公司 ……………… 212
重庆海特汽车排气系统有限公司 …… 212
重庆东京散热器有限公司 …………… 213
重庆聚兴交通工业(集团)有限公司 … 352
重庆红岩方大汽车悬架有限公司 …… 353
四川中自尾气净化有限公司 ………… 216
四川中胜实业集团有限公司 ………… 217
绵阳华晨瑞安汽车零部件有限公司 … 217
四川宜宾普什汽车零部件有限公司 … 218
贵州华昌汽车电器有限公司 ………… 432

★ 广汽本田

东风电子科技股份有限公司 ………… 449
北京四维图新科技股份有限公司 …… 433
北京聚菱燕塑料有限公司 …………… 545
北京嘉禾兴产润滑油有限公司 ……… 546
北京泛川机电设备有限公司 ………… 683
北京瑞科恒业喷涂技术有限公司 …… 685
北京世茂机电科技有限公司 ………… 686
普利司通(天津)轮胎有限公司 ……… 223
天津电装电机有限公司 ……………… 438
天津杰士电池有限公司 ……………… 440
天津丰田合成有限公司 ……………… 547
天津日石润滑油脂有限公司 ………… 548
共和兴塑胶(廊坊)有限公司 ……… 369
大连固特异轮胎有限公司 …………… 235
营口阿部配线有限公司 ……………… 444
大连原田工业有限公司 ……………… 444
大连阿尔派电子有限公司 …………… 445
一汽东机工减振器有限公司 ………… 237
大陆汽车电子(长春)有限公司 ……… 446
长春海德世汽车拉索有限公司 ……… 447
哈尔滨万宇科技股份有限公司 ……… 448
哈尔滨岛田大鹏工业有限公司 ……… 691
上海峰亚耐火保温材料有限公司 …… 133
上海永红汽车零部件有限公司 ……… 137
上海纳铁福传动轴有限公司 ………… 244
上海恩梯恩精密机电有限公司 ……… 246
上海北特科技股份有限公司 ………… 247
上海申达股份有限公司 ……………… 375
上海三电汽车空调有限公司 ………… 377
上海汽车空调配件有限公司 ………… 377
上海飞利环球汽车零部件有限公司 … 378
上海延锋江森座椅有限公司 ………… 378
上海辉碟车镜有限公司 ……………… 379
上海三井复合塑料有限公司 ………… 379
高田(上海)汽配制造有限公司 ……… 380
上海昭和汽车配件有限公司 ………… 380
上海利用锁具有限公司 ……………… 382
上海日精仪器有限公司 ……………… 451
上海凯众材料科技股份有限公司 …… 566
上海日轮汽车配件有限公司 ………… 566
上海汉高表面技术有限公司 ………… 567
上海特强汽车紧固件有限公司 ……… 568
上海申雅密封件有限公司 …………… 570
上海帕卡兴产化工有限公司 ………… 570
斯凯孚(上海)汽车技术有限公司 …… 571
上海和光模具有限公司 ……………… 696
上海杜卡汽车设备有限公司 ………… 696
宝密浸渗机械(上海)有限公司 ……… 697
日环汽车零部件制造(仪征)公司…… 139
远轻铝业(中国)有限公司 ………… 146
飞得滤机(苏州)有限公司 ………… 146
江苏鑫悦汽车零部件有限公司 ……… 147
苏州源成铝制品制造有限公司 ……… 254
昆山六丰机械工业有限公司 ………… 255
苏州五洲塑件有限公司 ……………… 385
法雷奥汽车安全系统(无锡)有限公司 … 393
无锡明芳汽车部件工业有限公司 …… 393
太仓阿尔派电子有限公司 …………… 471
汉高(江苏)汽车零部件有限公司 …… 574
常州威士顿有限公司 ………………… 575
江苏南方轴承股份有限公司 ………… 576
托普拉精密紧固件(常州)有限公司 … 576
江苏旷达汽车织物集团股份有限公司 … 578
三樱(无锡)汽车部件有限公司 ……… 578
苏州工业园区富事达塑业有限公司 … 582
盖茨优霓塔传动系统(苏州)有限公司 … 583
苏州三之星机带科技有限公司 ……… 583
利富高(江苏)精密树脂制品公司 …… 586
张家港迪克汽车化学品有限公司 …… 663
江苏中联地毯有限公司 ……………… 663
昆山皇田汽车配件工业有限公司 …… 663
苏州亚兴汽车用品有限公司 ………… 663
南京爱维斯物流装备制造有限公司 … 697
镇江东联仓储设备有限公司 ………… 698
江苏骠马智能装备股份有限公司 …… 699
常州市武进涂装设备制造厂有限公司 … 699
靖江三鹏汽车模具制造有限公司 …… 702
天奇自动化工程股份有限公司 ……… 702
江苏中大工业涂装环保有限公司 …… 705
浙江雷贝斯散热器有限公司 ………… 152
玉环县强力件制造厂 ………………… 158
大江(玉环)机械制造有限公司 ……… 159
杭州优科豪马轮胎有限公司 ………… 259
杭州德尔福汽车零部件有限公司 …… 260
宁波三钻工业有限公司 ……………… 273
嘉兴村上石崎汽车配件有限公司 …… 399
宁波帅特龙集团有限公司 …………… 400
温州市环球汽车衬垫有限公司 ……… 405
温州市丽豹汽车配件有限公司 ……… 406
杭州人人集团有限公司 ……………… 474
宁波汽车软轴软管有限公司 ………… 479
浙江环方汽车电器有限公司 ………… 486
浙江嘉利(丽水)工业有限公司 ……… 488
宁波市天普橡胶科技有限公司 ……… 603
浙江海特橡塑有限公司 ……………… 610
永康永强汽配有限公司 ……………… 611
温州泰立汽车内饰材料有限公司 …… 612
温州法兰特机械有限公司 …………… 613
温岭市装配设备成套有限公司 ……… 709
芜湖美达机电实业有限公司 ………… 179
安庆帝伯格茨活塞环有限公司 ……… 180
温州市环球汽车衬垫公司芜湖分公司 … 413
厦门理研工业有限公司 ……………… 182
协富光洋(厦门)机械工业有限公司 … 306
福州福光橡塑有限公司 ……………… 413
福耀玻璃工业集团股份有限公司 …… 414
福州耐力电机有限公司 ……………… 508
厦门固特友橡胶股份有限公司 ……… 621
滨州市鑫力活塞有限责任公司 ……… 187
烟台首钢东星集团有限公司 ………… 417
曲阜天博集团 ………………………… 515
济南中正金码科技有限公司 ………… 714
奔腾汽车检测维修设备制造有限公司 … 714
理研汽车配件(武汉)有限公司 ……… 198
武汉金丰汽配有限公司 ……………… 198
东风活塞轴瓦有限公司 ……………… 201
武汉富拉司特汽车零部件有限公司 … 333
武汉万宝井汽车部件有限公司 ……… 334
武汉耀华安全玻璃有限公司 ………… 420
东风富士汤姆森调温器有限公司 …… 518
辉门摩擦产品有限公司 ……………… 637
东风本田发动机有限公司 …………… 203
东风本田汽车零部件有限公司 ……… 204
东莞京滨汽车电喷装置有限公司 …… 205
广东肇庆动力金属股份有限公司 …… 206
广东肇庆动力配件有限公司 ………… 207
肇庆本田金属有限公司 ……………… 207
佛山市丰富汽配有限公司 …………… 208
东洋热交换器(中山)有限公司 ……… 208

八千代工业(中山)有限公司 ………… 208
广州昭和汽车零部件有限公司 ……… 345
广州戴卡旭铝铸件有限公司 ………… 345
东洋橡塑(广州)有限公司 ………… 346
广州驭风旭铝铸件有限公司 ………… 346
秩父精密产业(深圳)有限公司 ……… 347
佛山富士离合器有限公司 …………… 348
武藏精密汽车零部件(中山)有限公司 … 349
中山富拉司特工业有限公司 ………… 349
武藏汽车配件(中山)有限公司 ……… 349
四维尔丸井(广州)汽车零部件公司 … 423
广州河西汽车内饰件有限公司 ……… 424
广州汽车集团零部件有限公司 ……… 424
广州爱机汽车配件有限公司 ………… 424
广州三叶电机有限公司 ……………… 424
广州艾司克汽车内饰有限公司 ……… 424
广州今仙电机工业有限公司 ………… 424
广州富士机工汽车部件有限公司 …… 424
广州德爱康纺织内饰制品有限公司 … 425
广州提爱思汽车内饰系统有限公司 … 425
广东海德世拉索系统有限公司 ……… 425
广州林骏汽车内饰件有限公司 ……… 425
清远爱机汽车配件有限公司 ………… 426
本田汽车用品(广东)有限公司 ……… 427
东莞广泽汽车饰件有限公司 ………… 427
盟和(佛山)汽车配件有限公司 ……… 427
广东多纳勒振华汽车系统有限公司 … 428
伟福科技工业(中山)有限公司 ……… 428
广州耐路志电机有限公司 …………… 523
广州斯坦雷电气有限公司 …………… 523
广州维高集团有限公司 ……………… 523
广州小糸车灯有限公司 ……………… 524
惠州住润电装有限公司 ……………… 525
汕头经济特区矢崎汽车部件有限公司 … 525
深圳斯坦雷电气有限公司 …………… 529
有信制造(中山)有限公司 …………… 535
矢崎(顺德)汽车配件有限公司 ……… 535
广州市海缝机械零件制造有限公司 … 642
广州旷达汽车织物有限公司 ………… 643
广州三樱制管有限公司 ……………… 643
广州市世达密封实业有限公司 ……… 643
广州西川密封件有限公司 …………… 644
广州帕卡汽车零部件有限公司 ……… 644
广州卫亚汽车零部件有限公司 ……… 644
广州丸顺汽车配件有限公司 ………… 645
广州华德汽车弹簧有限公司 ………… 645
广州普利司通化工制品有限公司 …… 645
广州市中新塑料有限公司 …………… 645
申雅密封件(广州)有限公司 ………… 645
深圳安必成橡胶制品有限公司 ……… 647
东莞利富高塑料制品有限公司 ……… 648
广东鸿图科技股份有限公司 ………… 649
佛山名奥弹簧开发有限公司 ………… 649
东莞井上福坤五金橡塑有限公司 …… 649
深圳车卫士电子有限公司 …………… 676
珠海市金宜科环保材料有限公司 …… 678
中兴汽车用品有限公司 ……………… 679
广东东箭汽车用品制造有限公司 …… 679
中山市贝奥斯金属制品有限公司 …… 680
广州艾帕克汽车配件有限公司 ……… 720
广州市云驰机械有限公司 …………… 720
广州市力为技术有限公司 …………… 721
广州亨龙机电股份有限公司 ………… 721
惠州市美林模具有限公司 …………… 722
深圳市腾科系统技术有限公司 ……… 722
肇庆市丰驰精密金属制品有限公司 … 724
广东科龙模具有限公司 ……………… 725
重庆金丰机械有限公司 ……………… 210
重庆提爱思塑料制品有限公司 ……… 429
重庆天人汽车车身制造有限公司 …… 430
重庆华渝斯坦雷灯具有限公司 ……… 536
重庆海德世拉索系统(集团)有限公司 … 538
重庆恒伟林汽车零部件有限公司 …… 653
成都飞亚曲轴有限公司 ……………… 215
成都万友滤机有限公司 ……………… 215
成都天兴山田车用部品有限公司 …… 357
三井华阳汽车配件有限公司 ………… 432
贵州贵航汽车零部件股份有限公司 … 656
贵阳联洪合成材料厂 ………………… 656
宁夏小巨人机床有限公司 …………… 729

★ 广汽丰田

北京四维图新科技股份有限公司 …… 433
浙江骆氏减震件股份有限公司 ……… 247
惠州华阳通用电子有限公司 ………… 526
北京多宾城建筑机械有限公司 ……… 365
北京福斯汽车电线有限公司 ………… 436
北京聚菱燕塑料有限公司 …………… 545
天津丰田纺汽车部件有限公司 ……… 118
捷太格特汽车部件(天津)有限公司 … 223
天津日板安全玻璃有限公司 ………… 366
高田(天津)汽配制造有限公司 ……… 367
爱信(天津)车身零部件有限公司 …… 367
天津电装电机有限公司 ……………… 438
天津矢崎汽车配件有限公司 ………… 439
天津杰士电池有限公司 ……………… 440
天津电装电子有限公司 ……………… 440
天津日石润滑油脂有限公司 ………… 548
天津立洲五金弹簧有限公司 ………… 548
共和兴塑胶(廊坊)有限公司 ………… 369
河北迎辉汽车电器有限公司 ………… 441
丰田工机(大连)有限公司 …………… 235
京滨大洋冷暖科技(大连)有限公司 … 370
一汽模具制造有限公司 ……………… 690
哈尔滨固泰电子有限责任公司 ……… 448
哈尔滨岛田大鹏工业有限公司 ……… 691
上海众力汽车部件有限公司 ………… 132
上海保隆汽车科技股份有限公司 …… 135
上海爱知锻造有限公司 ……………… 137
上海北特科技股份有限公司 ………… 247
上海飞利环球汽车零部件有限公司 … 378
上海三井复合塑料有限公司 ………… 379
上海辉碟车镜有限公司 ……………… 379
美特斯工业系统(中国)有限公司 …… 449
上海金亭汽车线束有限公司 ………… 450
上海兴盛密封垫有限公司 …………… 571
上海卡宝汽车设备有限公司 ………… 696
宝密浸渗机械(上海)有限公司 ……… 697
日环汽车零部件制造(仪征)公司…… 139
东机工汽车部件(苏州)有限公司 …… 254
欧德克斯机械工业(常熟)有限公司 … 255
丰田合成(张家港)科技有限公司 …… 256
苏州五洲塑件有限公司 ……………… 385
常州威士顿有限公司 ………………… 575
托普拉精密紧固件(常州)有限公司 … 576
精密烧结合金(无锡)有限公司 ……… 579
丰田工业(昆山)有限公司 …………… 584
利富高(江苏)精密树脂制品公司 …… 586
江苏新沣复合纤维制品有限公司 …… 663
张家港迪克汽车化学品有限公司 …… 663
苏州亚兴汽车用品有限公司 ………… 663
江苏骠马智能装备股份有限公司 …… 699
江苏天骄汽车配套有限公司 ………… 702
大江(玉环)机械制造有限公司 ……… 159
杭州优科豪马轮胎有限公司 ………… 259
万丰奥特控股集团有限公司 ………… 268
浙江万丰奥威汽轮股份有限公司 …… 268
嘉兴村上石崎汽车配件有限公司 …… 399
新星光电有限公司 …………………… 475
浙江环方汽车电器有限公司 ………… 486
浙江世纪华通集团股份有限公司 …… 595
宁波亚大汽车管件有限公司 ………… 599
永康永强汽配有限公司 ……………… 611
安庆帝伯格茨缸套有限公司 ………… 179
捷太格特转向系统(厦门)有限公司 … 306
协富光洋(厦门)机械工业有限公司 … 306
福州小糸大亿车灯有限公司 ………… 508
福建仙游闽仙汽车电器有限公司 …… 508
济南凯德汽车零部件有限公司 ……… 184
大丰工业(烟台)有限公司 …………… 190
烟台首钢东星集团有限公司 ………… 417
奔腾汽车检测维修设备制造有限公司 … 714
武汉富拉司特汽车零部件有限公司 … 333
东风富士汤姆森调温器有限公司 …… 518
广州马勒滤清系统有限公司 ………… 203
广东肇庆动力配件有限公司 ………… 207
佛山丰田纺织汽车零部件有限公司 … 207
爱三(佛山)汽车部件有限公司 ……… 208
爱信精机(佛山)汽车零部件有限公司 … 208
广州万宝井汽车部件有限公司 ……… 345
广州戴卡旭铝铸件有限公司 ………… 345
广州日正弹簧有限公司 ……………… 345
东洋橡塑(广州)有限公司 …………… 346
广州双叶汽车部件有限公司 ………… 346
广州中精汽车部件有限公司 ………… 346
广州驭风旭铝铸件有限公司 ………… 346
中山日信工业有限公司 ……………… 349
捷太格特(佛山)汽车部件有限公司 … 349
四维尔丸井(广州)汽车零部件公司 … 423
广州河西汽车内饰件有限公司 ……… 424
广州汽车集团零部件有限公司 ……… 424
广州白木汽车零部件有限公司 ……… 425
阿斯莫(广州)微电机有限公司 ……… 426
广州樱泰汽车饰件有限公司 ………… 426
爱信精机(佛山)车身零部件有限公司 … 427
盟和(佛山)汽车配件有限公司 ……… 427
广东多纳勒振华汽车系统有限公司 … 428
佛山东海理化汽车部件有限公司 …… 428
丰田合成(佛山)汽车部品有限公司 … 428
广州维高集团有限公司 ……………… 523
广州小糸车灯有限公司 ……………… 524
汕头经济特区矢崎汽车部件有限公司 … 525

惠州住金锻造有限公司 …… 525
惠州住润电装有限公司 …… 525
惠州住润电子装备有限公司 …… 526
东莞精刻电子有限公司 …… 532
日立蓄电池(东莞)有限公司 …… 532
湖北法雷奥车灯有限公司佛山分公司 … 533
矢崎(顺德)汽车配件有限公司 …… 535
广州市海缝机械零件制造有限公司 … 642
广州捷士多铝合金有限公司 …… 645
广州华德汽车弹簧有限公司 …… 645
广州市中新塑料有限公司 …… 645
广州普利司通化工制品有限公司 …… 645
深圳安必成橡胶制品有限公司 …… 647
东莞利富高塑料制品有限公司 …… 648
佛山名奥弹簧开发有限公司 …… 649
东莞井上福坤五金橡塑有限公司 …… 649
东莞井上建上汽车部件有限公司 …… 649
佛山市顺德乐星金属制品有限公司 … 650
广州市蓝彩汽车用品有限公司 …… 675
深圳车卫士电子有限公司 …… 676
珠海市金宜科环保材料有限公司 …… 678
广东东箭汽车用品制造有限公司 …… 679
广东景中景工业涂装设备有限公司 … 720
广州市云驰机械有限公司 …… 720
广州艾帕克汽车配件有限公司 …… 720
深圳市腾科系统技术有限公司 …… 722
肇庆市丰驰精密金属制品有限公司 … 724
重庆恒伟林汽车零部件有限公司 …… 653
贵阳联洪合成材料厂 …… 656

★ 广汽三菱

哈尔滨东安汽车发动机制造有限公司 … 131
浙江中马传动股份有限公司 …… 278
山东同创汽车散热装置股份有限公司 … 194
惠州华阳通用电子有限公司 …… 526
北京朗威汽车零部件有限公司 …… 435
北京聚菱燕塑料有限公司 …… 545
北京机器人及薄钢技术研究中心 …… 684
天津市益中汽车安全带厂 …… 365
天津津住汽车线束有限公司 …… 436
天津滨海新区大港天力胶管有限公司 … 547
唐山爱信齿轮有限责任公司 …… 229
保定华建机械有限公司 …… 231
廊坊华安汽车装备有限公司 …… 369
任丘市方圆塑料有限公司 …… 555
山西益新制动部件有限公司 …… 233
太原太航汽车电子有限公司 …… 443
沈阳玄潭汽车部件有限公司 …… 125
沈阳航天三菱汽车发动机有限公司 … 126
沈阳一东四环离合器有限责任公司 … 233
沈阳林凯汽车制动有限公司 …… 234
沈阳福达汽车零部件有限公司 …… 370
长春市夸克普精汽车电子有限公司 … 447
上海欧雷法弹簧有限公司 …… 243
上海汽车变速器有限公司 …… 248
上海恩坦华汽车门系统有限公司 …… 375
上海法雷奥汽车电机雨刮系统公司 … 376
上海宏宝汽配有限公司 …… 378
高田(上海)汽配制造有限公司 …… 380
上海恒安空调设备有限公司 …… 381
富士和机械工业(昆山)有限公司 …… 255
江苏太平洋精锻科技股份有限公司 … 258
句容联泰机电有限公司 …… 387
常州特斯克精密注塑有限公司 …… 392
张家港合众汽车部件有限公司 …… 396
南京三维汽车电器有限公司 …… 456
江苏超力电器有限公司 …… 457
江苏超力集团 …… 457
无锡创维彩登科技有限公司 …… 466
江阴市长泾车船附件有限公司 …… 467
常州威士顿有限公司 …… 575
常州市宇鹏涂装设备有限公司 …… 699
江苏骠马智能装备股份有限公司 …… 699
江苏中大工业涂装环保有限公司 …… 705
万向系统有限公司 …… 262
万向钱潮等速驱动轴有限公司 …… 262
绍兴美特驰汽车配件有限公司 …… 267
温州玛斯特汽车悬挂总成有限公司 … 295
宁波世通汽车零部件有限公司 …… 400
慈溪市振惠转向器后视镜有限公司 … 401
宁波鑫星汽车部件有限公司 …… 401
浙江车灯有限公司 …… 476
温州超航机电有限公司 …… 495
泉州国胜汽车部件实业有限公司 …… 415
厦门固特友橡胶股份有限公司 …… 621
江西沃尔福发动机有限公司 …… 183
格特拉克(江西)传动系统于都工厂 … 312
南昌辉门密封件系统有限公司 …… 624
东营信义汽车配件有限公司 …… 316
青岛信义汽车制动配件有限公司 …… 633
郑州华威齿轮有限公司 …… 329
东风(十堰)发动机减震器有限公司 … 200
伟福科技工业(武汉)有限公司 …… 333
武汉万向汽车制动器有限公司 …… 334
荆州恒隆汽车零部件制造有限公司 … 335
十堰达峰软轴有限公司 …… 521
湖南长丰汽车零部件有限责任公司 … 202
湖南长沙南方压铸厂 …… 343
湖南易通汽车配件科技发展有限公司 … 343
衡阳风顺车桥有限公司 …… 344
湖南凌风车架有限责任公司 …… 344
湖南长丰汽车沙发有限责任公司 …… 423
岳阳恒立冷气设备股份有限公司 …… 423
株洲湘火炬汽车灯具有限责任公司 … 522
湖南博云汽车制动材料有限公司 …… 642
湖南长丰汽车内装饰有限公司 …… 671
和瑞过滤器(深圳)有限公司 …… 205
中山市翔宇汽车零件制造有限公司 … 208
广州恩梯恩裕隆传动系统有限公司 … 344
广州市华南橡胶轮胎有限公司 …… 346
四维尔丸井(广州)汽车零部件公司 … 423
东莞山多力汽车配件有限公司 …… 427
广东多纳勒振华汽车系统有限公司 … 428
东莞神威创造电子有限公司 …… 532
有信制造(中山)有限公司 …… 535
广州三樱制管有限公司 …… 643
广州市来兴汽车配件有限公司 …… 672
广州市永达汽车用品有限公司 …… 675
广东东箭汽车用品制造有限公司 …… 679
柳州克雷拉减振器有限公司 …… 351
延锋伟世通(重庆)汽车饰件系统公司 … 430
重庆红宇摩擦制品有限公司 …… 654
成都九鼎科技(集团)有限公司 …… 357
贵州贵航汽车零部件永红散热器公司 … 219
贵州华烽电器有限公司 …… 432
贵州天义汽车电器有限公司 …… 541

★ 吉利汽车

中国石油润滑油公司 …… 543
立中车轮集团有限公司 …… 231
北方凌云工业集团有限公司 …… 370
富奥汽车零部件股份有限公司 …… 129
上海汽车地毯总厂有限公司 …… 379
联合汽车电子有限公司 …… 452
郎溪飞马工业织品有限公司 …… 413
山东同创汽车散热装置股份有限公司 … 194
山东厚丰汽车散热器有限公司 …… 194
山东金麒麟股份有限公司 …… 627
湖北开特汽车电子电器系统股份公司 … 518
惠州市德赛西威汽车电子股份公司 …… 526
重庆超力高科技有限责任公司 …… 430
内江金鸿曲轴有限公司 …… 218
北京慨尔康科技发展有限公司 …… 436
北京四维图新科技股份有限公司 …… 433
浙江骆氏减震件股份有限公司 …… 247
浙江世宝控股集团有限公司 …… 259
浙江铁流离合器股份有限公司 …… 260
全兴精工集团有限公司 …… 264
山东滨州渤海活塞股份有限公司 …… 187
广东好帮手电子科技股份有限公司 … 534
北京市国兴汽车油泵制造有限公司 … 117
北京弘大汽车空调散热器有限公司 … 117
北京兴科迪科技有限公司 …… 434
北京新峰天霁科技有限公司 …… 434
北京锐意泰克汽车电子有限公司 …… 435
北京天山新材料技术股份有限公司 … 543
易图通科技(北京)有限公司 …… 659
北京平静汽车隔音用品公司 …… 684
天津市亚星散热器有限公司 …… 118
天津盛洋汽车部件厂 …… 367
天津力神电池股份有限公司 …… 439
天津天和橡胶工业有限公司 …… 547
天津滨海新区大港天力胶管有限公司 … 547
天津六合镁制品有限公司 …… 548
天津鼎工机电设备制造有限公司 …… 686
津伦(天津)精密机械股份有限公司 … 686
天津七所高科技有限公司 …… 686
河北德纳V型轮有限公司 …… 120
邢台洁力滤清器厂 …… 121
力源活塞工业股份有限公司 …… 122
廊坊远祥汽车配件有限公司 …… 123
河北兴浦汽车制动器有限公司 …… 228
东方久乐汽车安全气囊有限公司 …… 367
河间市飞达汽配制造有限公司 …… 442
长治液压有限公司 …… 233
瓦房店宏达等速万向节制造有限公司 … 235
锦州立德减振器有限公司 …… 237
锦州锦恒汽车安全系统有限公司 …… 371
营口福斯油品有限公司 …… 558
第一汽车集团铸造有限公司铸造一厂 … 129
吉林汽车制动器厂 …… 238

东北工业集团有限公司 …………………… 240
长春英利汽车部件有限公司 ……………… 373
长春海德世汽车拉索有限公司 ………… 447
一汽铸造公司特种铸造厂 ………………… 560
牡丹江富通汽车空调有限公司 ………… 374
黑龙江天有为电子有限责任公司 …… 448
哈尔滨东安机电制造有限责任公司 … 448
意奔玛集团有限公司 …………………… 136
上海奥众汽车部件制造有限公司 …… 136
上海皮尔博格有色零部件有限公司 … 137
上海神汇汽车转向器公司 ……………… 244
上海长特锻造有限公司 ………………… 244
上海北特科技股份有限公司 ………… 247
伟巴斯特车顶供暖系统(上海)公司 … 376
上海岱美汽车内饰件有限公司 ……… 377
上海延锋江森座椅有限公司 ………… 378
上海飞利环球汽车零部件有限公司 … 378
上海宏宝汽配有限公司 ……………… 378
上海威乐汽车空调器有限公司 ……… 380
上海洳峰汽车塑料有限公司 ………… 381
上海恒安空调设备有限公司 ………… 381
高田汽车电子(上海)有限公司 ……… 449
上海海华传感器有限公司 …………… 453
浙江胜华波汽车电器上海分公司 …… 454
上海凯密特尔化学品有限公司 ……… 567
上海金力泰化工股份有限公司 ……… 568
上海运良锻造实业有限公司 ………… 572
上海宝山千斤顶总厂有限公司 ……… 661
富兰科华申汽车工具(上海)有限公司 … 662
上海 ABB 工程有限公司 ……………… 694
宝密浸渗机械(上海)有限公司 ……… 697
仪征双环活塞环有限公司 …………… 139
江苏鑫通汽车部件有限公司 ………… 140
华东泰克西汽车铸造有限公司 ……… 140
常州远东连杆集团有限公司 ………… 141
无锡威孚力达催化净化器有限公司 … 144
江苏鑫悦汽车零部件有限公司 ……… 147
南京锦湖轮胎有限公司 ……………… 248
南京法雷奥离合器有限公司 ………… 249
江苏赛格汽车部件有限公司 ………… 250
江苏黄海汽配股份有限公司 ………… 259
江苏天和汽配有限公司 ……………… 386
常州市盛士达汽车空调有限公司 …… 388
常州市亚丰汽车配件制造有限公司 … 388
常州汇凯汽车系统有限公司 ………… 389
常州市明宇交通器材有限公司 ……… 389
常州市金迪车辆部件有限公司 ……… 391
苏州新智机电工业有限公司 ………… 394
张家港孚冈汽车部件有限公司 ……… 395
江苏中翼汽车新材料科技有限公司 … 395
江苏晨扬交通器材有限公司 ………… 457
丹阳市晶晶玻璃有限公司 …………… 458
丹阳谊善车灯设备制造有限公司 …… 458
丹阳市翔宇车灯厂 …………………… 459
常州民迪汽车配件有限公司 ………… 460
日本电产凯宇汽车电器(江苏)公司 … 461
常州市巨峰车灯厂 …………………… 463
江阴市新世纪汽摩配件有限公司 …… 468
江苏天宝汽车电子有限公司 ………… 472
南通友星机电工业有限公司 ………… 473
南通大地电气有限公司 ……………… 473
镇江飞亚轴承有限责任公司 ………… 574
无锡新得宝金属软管有限公司 ……… 578
江苏省宝应县燎原汽车配件厂 ……… 588
常州市宇鹏涂装设备有限公司 ……… 699
苏州苏净安发空调有限公司 ………… 702
天奇自动化工程股份有限公司 ……… 702
江苏长虹智能装备集团有限公司 …… 705
江苏中大工业涂装环保有限公司 …… 705
杭州钱王机械配件有限公司 ………… 151
浙江太阳股份有限公司 ……………… 152
宁波正利汽车部件有限公司 ………… 153
宁波市镇海奇正发动机部件有限公司 … 154
浙江摩多巴克斯科技股份有限公司 … 154
宁波洛卡特汽车零部件有限公司 …… 155
浙江吉利动力总成有限公司 ………… 155
吉利国润汽车有限公司动力分公司 … 156
浙江黎明发动机零部件有限公司 …… 156
台州晨辉机械制造有限公司 ………… 159
台州易宏实业有限公司 ……………… 160
玉环县华意汽车部件有限公司 ……… 161
恒勃控股股份有限公司 ……………… 162
浙江省缙云动力气缸有限公司 ……… 163
浙江环球滤清器有限公司 …………… 167
温州瑞明工业股份有限公司 ………… 168
浙江东原机车部件有限公司 ………… 169
万向系统有限公司 …………………… 262
绍兴金江机械有限公司 ……………… 267
宁波纬尚汽车零部件有限公司 ……… 271
宁波明佳汽车内饰有限公司 ………… 272
宁波卡西可减震器制造有限公司 …… 274
浙江吉利变速器有限公司 …………… 275
宁波万航实业有限公司 ……………… 275
浙江泰丰轴承有限公司 ……………… 278
浙江正奥汽配有限公司 ……………… 279
温州通顺机动车部件有限公司 ……… 293
浙江精科汽车零部件有限公司 ……… 293
浙江华明汽车制动器有限公司 ……… 295
温州玛斯特汽车悬挂总成有限公司 … 295
温州市东启汽车零部件制造有限公司 … 298
宁波飞翔兴业汽配有限公司 ………… 399
浙江吉俱泰汽车内饰有限公司 ……… 400
宁波世通汽车零部件有限公司 ……… 400
宁波恒特汽车零部件有限公司 ……… 400
宁波乾方汽车配件有限公司 ………… 401
浙江俱进汽摩配件有限公司 ………… 403
台州新立模塑科技股份有限公司 …… 403
台州市路桥区江南内燃机配件厂 …… 404
浙江俏宇机车部件有限公司 ………… 404
温州市蓝天汽车零部件有限公司 …… 405
浙江正东机车部件有限公司 ………… 405
浙江华尔达汽车空调有限公司 ……… 406
浙江中特力制锁有限公司 …………… 406
温州市东风通用机电厂 ……………… 406
浙江雷牌机件有限公司 ……………… 407
浙江瑞安市罗南车辆电器厂 ………… 409
瑞安市荣邦汽车部件有限公司 ……… 410
杭州广安汽车电器有限公司 ………… 475
宁波家琦电子有限公司 ……………… 478
宁波新思创机电科技有限公司 ……… 478
宁波精成车业有限公司 ……………… 479
宁波高发汽车控制系统股份有限公司 … 479
宁波兴慈热动电器有限公司 ………… 481
宁波华甬汽车零部件有限公司 ……… 485
浙江正泰汽车零部件有限公司 ……… 489
浙江瑞鹏汽车电器有限公司 ………… 501
温州益能电器有限公司 ……………… 503
黄河汽配集团有限公司 ……………… 503
浙江星普汽车配件有限公司 ………… 503
浙江三 A 弹簧有限公司 ……………… 593
宁波永信汽车部件制造有限公司 …… 603
宁波福耀汽车零部件有限公司 ……… 605
临海市金鑫汽车配件有限公司 ……… 606
浙江兴宇汽车零部件有限公司 ……… 607
仙居县润丰汽车零部件制造有限公司 … 608
仙居通用橡塑有限公司 ……………… 608
浙江耐力轴承有限公司 ……………… 611
浙江宏鼎汽摩配件有限公司 ………… 611
中广核俊尔新材料有限公司 ………… 612
温州泰立汽车内饰材料有限公司 …… 612
云顶控股集团有限公司 ……………… 615
黄岩星泰塑料模具有限公司 ………… 710
浙江万豪模塑有限公司 ……………… 711
安徽金庆龙机械制造有限公司 ……… 175
曼胡默尔昊业滤清器(蚌埠)有限公司 … 176
蚌埠金威滤清器有限公司 …………… 176
蚌埠市瑞泰汽配制造有限公司 ……… 176
芜湖三联锻造有限公司 ……………… 178
芜湖市中兴机械技术开发有限公司 … 178
安庆帝伯格茨缸套有限公司 ………… 179
芜湖东大汽车工业有限公司 ………… 179
芜湖伯特利汽车安全系统有限公司 … 302
芜湖恒坤汽车部件有限公司 ………… 303
芜湖华亨汽车部件有限公司 ………… 303
安徽盛隆铸业有限公司 ……………… 304
安徽文鼎机械有限公司 ……………… 413
大陆汽车电子(芜湖)有限公司 ……… 506
亚新科噪声与振动技术(安徽)有限公司 … 619
中鼎模具制造有限公司 ……………… 713
福州南配活塞销有限公司 …………… 180
福建东亚机械有限公司 ……………… 181
华闽南配集团股份有限公司 ………… 181
恒发(晋江)汽车零部件有限公司 …… 308
福州市华联汽车配件有限公司 ……… 413
福建福安振中电器制造有限公司 …… 508
福州耐力电机有限公司 ……………… 508
福建冠良汽车配件工业有限公司 …… 620
厦门美时美克空气净化有限公司 …… 670
江西同欣机械制造有限公司 ………… 184
格特拉克(江西)传动系统于都工厂 … 312
江西好帮手电子科技股份有限公司 … 511
烟台亨圆隆汽车配件有限公司 ……… 189
山东连杆总厂 ………………………… 194
山东常林铸业有限公司 ……………… 195
东营信义汽车配件有限公司 ………… 316
莱州鲁源汽车配件有限公司 ………… 318
山东通力车轮有限公司 ……………… 319
烟台鸿安实业有限公司 ……………… 320
山东昊安汽车部件制造有限公司 …… 321
烟台正海汽车内饰件有限公司 ……… 416
龙口泰进机械有限公司 ……………… 418
山东莱阳市昌誉密封产品有限公司 … 631
青岛泰德汽车轴承股份有限公司 …… 632

青岛海力威新材料科技股份有限公司 … 633
青岛信义汽车制动配件有限公司 …… 633
青岛三洋皮革有限公司 ……………… 671
河南中轴中汇汽车零部件有限公司 … 196
河南省西峡汽车水泵股份有限公司 … 197
南阳市红阳车用配件有限公司 ……… 197
西峡县内燃机进排气管有限责任公司 … 197
河南省天阳铝合金车轮有限公司 …… 330
南阳淅减汽车减振器有限公司 ……… 333
河南斯凯特汽车管路有限公司 ……… 636
襄樊航工制造有限公司 …………… 199
湖北通达汽车零部件(集团)有限公司 … 200
武汉协和齿环有限公司 …………… 333
湖北恒隆汽车系统集团有限公司 …… 335
湖北神力锻造有限责任公司 ……… 342
武汉博泽汽车部件有限公司 ……… 420
中航工业宇航救生装备有限公司 …… 421
东风－派恩汽车铝热交换器有限公司 … 422
湖北三环汽车电器有限公司 ……… 518
湖北泓盈传感技术有限公司 ……… 519
金马汽车零部件制造有限公司 ……… 638
武汉汽车测试设备研究所有限公司 … 717
湖南机油泵股份有限公司 ………… 202
株洲齿轮有限责任公司 …………… 343
株洲湘火炬火花塞有限责任公司 …… 522
湖南常德嘉达摩擦材料有限公司 …… 642
长沙长泰机器人有限公司 ………… 719
深圳市著牌实业有限公司 ………… 426
东莞山多力汽车配件有限公司 ……… 427
广州耐路志电机有限公司 ………… 523
深圳市圣斗士电子科技有限公司 …… 527
深圳市宝凌电子股份有限公司 ……… 528
深圳市索菱实业股份有限公司 ……… 530
佛山电器照明股份有限公司 ……… 533
广州卫亚汽车零部件有限公司 ……… 644
深圳市超美化工科技有限公司 ……… 646
桂盟链条(深圳)有限公司 ……… 647
广东德联集团股份有限公司 ……… 650
广州市汇邦科技发展有限公司 ……… 672
广州领业汽车用品有限公司 ……… 672
深圳市豪恩电子科技股份有限公司 … 677
佛山市天汇汽车电子有限公司 ……… 678
广州亨龙机电股份有限公司 ……… 721
重庆海特汽车排气系统有限公司 …… 212
四川江华泵业有限公司 …………… 213
重庆海通机械制造有限公司 ……… 213
重庆沃特尔粉末冶金有限公司 ……… 214
重庆耐德中意减振器有限责任公司 … 353
重庆蓝黛动力传动机械股份有限公司 … 355
重庆集诚汽车电子有限公司 ……… 537
重庆世新电器有限责任公司 ……… 537
重庆秦川实业(集团)股份有限公司 … 538
重庆博耐特实业(集团)有限公司 …… 538
重庆开泰汽车零部件有限公司 ……… 653
重庆数码模车身模具有限公司 ……… 726
重庆华普精密机械有限责任公司 …… 726
重庆江东机械有限责任公司 ……… 727
成都飞亚曲轴有限公司 …………… 215
成都桐林铸造实业有限公司 ……… 216
四川巴斯迪科新技术发展有限公司 … 216
四川川环科技股份有限公司 ……… 217
宜宾天工机械股份有限公司 ……… 218
四川宜宾普什汽车零部件有限公司 … 218
成都宁兴汽车弹簧有限公司 ……… 356
中车集团四川丹齿零部件有限公司 … 358
隆昌山川精密焊管有限责任公司 …… 360
成都高新区华汇实业有限公司 ……… 431
成都长迪传感技术有限公司 ……… 539
成都航凯天电子股份有限公司 ……… 539
绵阳市博蓝科技有限责任公司 ……… 540
成都盛帮密封件有限公司 ………… 654
成都天府焊接设备有限公司 ……… 727
贵州华昌汽车电器有限公司 ……… 432
遵义长征汽车零部件有限公司 ……… 541

★ 比亚迪汽车

北方凌云工业集团有限公司 ……… 370
富奥汽车零部件股份有限公司 ……… 129
哈尔滨东安汽车发动机制造有限公司 … 131
联合汽车电子有限公司 ………… 452
江苏亨通电子线缆科技有限公司 …… 474
山东同创汽车散热装置股份有限公司 … 194
山东厚丰汽车散热器有限公司 ……… 194
山东金麒麟股份有限公司 ………… 627
怀集登云汽配股份有限公司 ……… 207
重庆超力高科技有限责任公司 ……… 430
内江金鸿曲轴有限公司 ………… 218
北京慨尔康科技发展有限公司 ……… 436
山东滨州渤海活塞股份有限公司 …… 187
北京航天兴达科技有限公司 ……… 116
北京第三纺织机械有限公司 ……… 365
北京新峰天霁科技有限公司 ……… 434
北京朗威汽车零部件有限公司 ……… 435
北京顺恒达汽车零部件制造有限公司 … 435
北京天山新材料技术股份有限公司 … 543
易图通科技(北京)有限公司 ……… 659
天津市亚星散热器有限公司 ……… 118
程茂电子有限公司 ……………… 436
天津市斯巴克瑞电子技术有限公司 … 439
天津滨海新区大港天力胶管有限公司 … 547
晋州市安达汽车配件有限公司 ……… 550
山西利民机电有限责任公司 ……… 124
山西成功淮海发动机有限公司 ……… 124
山西益新制动部件有限公司 ……… 233
沈阳航天三菱汽车发动机有限公司 … 126
锦州万友机械部件有限公司 ……… 237
锦州汉拿电机有限公司 …………… 446
沈阳三丰电气有限公司 …………… 688
吉林汽车制动器厂 ……………… 238
东北工业集团有限公司 …………… 240
吉林一汽实业东光汽车镜有限公司 … 371
长春市夸克普精汽车电子有限公司 … 447
长春海德世汽车拉索有限公司 ……… 447
吉林市吉达软轴有限公司 ………… 447
长春机械科学研究院有限公司 ……… 691
哈尔滨东安实业发展有限公司 ……… 131
哈尔滨东安发动机(集团)有限公司 … 131
哈尔滨东安机电制造有限责任公司 … 448
上海峰亚耐火保温材料有限公司 …… 133
上海长特锻造有限公司 …………… 244
上海耀源精机有限公司 …………… 246
上海北特科技股份有限公司 ……… 247
上海航天汽车机电股份有限公司 …… 450
上海赛露达汽车部件有限公司 ……… 452
浙江胜华波汽车电器上海分公司 …… 454
上海杰事杰新材料(集团)股份公司 … 566
上海飞特亚空气过滤有限公司 ……… 567
上海泰顺金属制品有限公司 ……… 569
上海安字实业有限公司 …………… 570
上海杜卡汽车设备有限公司 ……… 696
仪征双环活塞环有限公司 ………… 139
无锡威孚力达催化净化器有限公司 … 144
无锡惠山泵业有限公司 …………… 145
大亚车轮制造有限公司 …………… 250
南京奥特佳新能源科技有限公司 …… 382
南京丽德塑料有限责任公司 ……… 383
江苏新昌汽车部件有限公司 ……… 384
常州华阳汽车附件有限公司 ……… 388
常州气弹簧有限公司 …………… 392
江苏力乐汽车部件股份有限公司 …… 392
苏州新智机电工业有限公司 ……… 394
江苏旭顺东明汽配有限公司 ……… 394
丹阳市晶晶玻璃有限公司 ………… 458
日本电产凯宇汽车电器(江苏)公司 … 461
常州欧朗汽车零部件有限公司 ……… 574
江苏江洲汽车部件有限公司 ……… 574
常州兰锦橡塑有限公司 …………… 575
常州腾龙汽车零部件股份有限公司 … 576
江苏中联地毯有限公司 …………… 663
南京科润工业介质股份有限公司 …… 697
无锡富瑞德精密机械有限公司 ……… 700
苏州苏净安发空调有限公司 ……… 702
南通常测机电设备有限公司 ……… 706
浙江摩多巴克斯科技股份有限公司 … 154
宁波洛卡特汽车零部件有限公司 …… 155
浙江黎明发动机零部件有限公司 …… 156
临海市环流汽配制造有限公司 ……… 157
台州晨辉机械制造有限公司 ……… 159
玉环联合汽车部件有限公司 ……… 279
台州德力奥汽车部件制造有限公司 … 287
浙江迅达汽车部件有限公司 ……… 295
浙江龙纪汽车零部件有限公司 ……… 297
温州市东启汽车零部件制造有限公司 … 298
杭州钱江汽配电器有限公司 ……… 398
宁波世通汽车零部件有限公司 ……… 400
宁波恒富汽车部件发展有限公司 …… 402
浙江正东机车部件有限公司 ……… 405
浙江宇航汽车配件有限公司 ……… 408
宁波高发汽车控制系统股份有限公司 … 479
宁波兴慈热动电器有限公司 ……… 481
宁波正耀汽车电器有限公司 ……… 484
玉环鑫锦泓机械制造有限公司 ……… 485
温州一川电气有限公司 …………… 491
黄河汽配集团有限公司 …………… 503
浙江星普汽车配件有限公司 ……… 503
浙江三 A 弹簧有限公司 ………… 593
宁波永信汽车部件制造有限公司 …… 603
浙江兴宇汽车零部件有限公司 ……… 607
浙江山宝汽车部件有限公司 ……… 609
浙江耐力轴承有限公司 …………… 611
台州市黄岩茂荣塑模有限公司 ……… 710
芜湖三联锻造有限公司 …………… 178

安庆帝伯格茨缸套有限公司 ………… 179
安庆帝伯格茨活塞环有限公司 ……… 180
安徽宝能机械有限公司 ……………… 299
芜湖众发汽车制动泵有限公司 ……… 302
芜湖万通汽车部件有限公司 ………… 302
芜湖伯特利汽车安全系统有限公司 … 302
安徽盛隆铸业有限公司 ……………… 304
安徽省小小科技股份有限公司 ……… 304
安徽文鼎机械有限公司 ……………… 413
芜湖精诺汽车电器有限公司 ………… 506
合肥立洲五金弹簧有限公司 ………… 616
安庆市汇通汽车部件有限公司 ……… 616
安庆谢德尔汽车零部件有限公司 …… 619
亚新科噪声与振动技术(安徽)有限公司 … 619
中鼎模具制造有限公司 ……………… 713
福建东亚机械有限公司 ……………… 181
华闽南配集团股份有限公司 ………… 181
福州市华联汽车配件有限公司 ……… 413
立洲(福建)弹簧有限公司 ………… 620
福建冠良汽车配件工业有限公司 …… 620
江西同欣机械制造有限公司 ………… 184
江西省广蓝传动科技股份有限公司 … 312
山东通力车轮有限公司 ……………… 319
烟台鸿安实业有限公司 ……………… 320
威海鸿祥汽车内饰件有限公司 ……… 417
龙口泰进机械有限公司 ……………… 418
山东鲁得贝车灯股份有限公司 ……… 512
山东莱阳市昌誉密封产品有限公司 … 631
河南万向系统制动器有限公司 ……… 329
豫北转向系统股份有限公司 ………… 329
河南省天阳铝合金车轮有限公司 …… 330
河南开开特星光锁系统有限公司 …… 418
焦作平光开元汽车部件有限公司 …… 419
郑州跃博汽车电器有限公司 ………… 516
天海雪城汽车电子(鹤壁)有限公司 … 517
河南斯凯特汽车管路有限公司 ……… 636
武汉协和齿环有限公司 ……………… 333
湖北东峻工贸有限公司 ……………… 334
湖北恒隆汽车系统集团有限公司 …… 335
湖北中航精机科技股份有限公司 …… 421
湖北三环汽车电器有限公司 ………… 518
湖北孝感华中车灯有限公司 ………… 519
武汉博奇装饰布有限公司 …………… 638
十堰先锋零部件有限公司 …………… 641
武汉华夏精冲技术有限公司 ………… 718
湖南常德嘉达摩擦材料有限公司 …… 642
广东四会实力连杆有限公司 ………… 207
广州市华南橡胶轮胎有限公司 ……… 346
珠海华粤离合器有限公司 …………… 347
东莞山多力汽车配件有限公司 ……… 427
广东多纳勒振华汽车系统有限公司 … 428
广州市窗神电子科技有限公司 ……… 523
深圳市圣斗士电子科技有限公司 …… 527
深圳市宝凌电子股份有限公司 ……… 528
深圳市兆威机电有限公司 …………… 529
天丽汽车用品有限公司 ……………… 530
东莞神威创造电子有限公司 ………… 532
市光法雷奥(佛山)汽车照明系统公司 … 533
广州卫亚汽车零部件有限公司 ……… 644
佛山名奥弹簧开发有限公司 ………… 649
深圳市科永达超声波设备有限公司 … 723
柳州五菱柳机动力有限公司 ………… 209
重庆华孚工业股份有限公司 ………… 210
重庆飞龙江利汽车部件有限公司 …… 210
重庆华恩实业有限公司 ……………… 211
重庆德格科技发展有限公司 ………… 211
重庆上方汽车配件有限责任公司 …… 211
重庆海特汽车排气系统有限公司 …… 212
重庆东方滤清器有限公司 …………… 212
四川江华泵业有限公司 ……………… 213
爱思帝(重庆)驱动系统有限公司 …… 352
重庆长风机器有限责任公司 ………… 355
重庆长江电工工业集团有限公司 …… 430
重庆长安志阳汽车电气有限责任公司 … 538
重庆平江实业有限责任公司 ………… 538
重庆开泰汽车零部件有限公司 ……… 653
四川巴斯迪科新技术发展有限公司 … 216
四川中胜实业集团有限公司 ………… 217
四川宜宾普什汽车零部件有限公司 … 218
四川望锦机械有限公司 ……………… 357
成都川安机械有限公司 ……………… 357
中车集团四川丹齿零部件有限公司 … 358
四川建安工业有限责任公司 ………… 359
隆昌山川精密焊管有限责任公司 …… 360
成都长迪传感技术有限公司 ………… 539
成都成量工具集团有限公司 ………… 728
贵州华昌汽车电器有限公司 ………… 432
贵州雅光电子科技股份有限公司 …… 541
陕西东铭车辆系统股份有限公司 …… 362
西安庆安电气控制有限责任公司 …… 432

★ 力帆汽车

北京新峰天霁科技有限公司 ………… 434
北京锐意泰克汽车电子有限公司 …… 435
北京朗威汽车零部件有限公司 ……… 435
北京平静汽车隔音用品公司 ………… 684
廊坊远祥汽车配件有限公司 ………… 123
衡水神通汽车方向盘有限公司 ……… 225
任丘飞翔汽车塑件有限公司 ………… 368
清河县德正汽车配件有限公司 ……… 552
河北三众橡胶有限公司 ……………… 552
任丘市方圆塑料有限公司 …………… 555
锦州锦恒汽车安全系统有限公司 …… 371
锦州汉拿电机有限公司 ……………… 446
长春一汽四环发动机制造有限公司 … 129
吉林一汽实业东光汽车镜有限公司 … 371
上海嘉仕久企业发展有限公司 ……… 248
上海沕峰汽车塑料有限公司 ………… 381
上海海华传感器有限公司 …………… 453
仪征双环活塞环有限公司 …………… 139
江苏鑫通汽车部件有限公司 ………… 140
无锡惠山泵业有限公司 ……………… 145
南京奥特佳新能源科技有限公司 …… 382
江苏新昌汽车部件有限公司 ………… 384
常州昊邦汽车零部件有限公司 ……… 387
常州市安江车辆部件厂 ……………… 390
江苏新通达电子科技股份有限公司 … 458
常州良盛车业有限公司 ……………… 463
江苏亚泰机电有限公司 ……………… 473
江苏江洲汽车部件有限公司 ………… 574
宁波洛卡特汽车零部件有限公司 …… 155
宁波泰瑞汽车部件有限公司 ………… 155
浙江黎明发动机零部件有限公司 …… 156
玉环县华意汽车部件有限公司 ……… 161
温州市南亚汽车配件有限公司 ……… 165
杭州汇丰车桥有限公司 ……………… 260
杭州依维柯汽车传动技术有限公司 … 263
浙江诸暨万宝机械有限公司 ………… 266
宁波万航实业有限公司 ……………… 275
浙江泰丰轴承有限公司 ……………… 278
台州德力奥汽车部件制造有限公司 … 287
金华浩翔汽配有限公司 ……………… 292
温州科众汽车零部件有限公司 ……… 295
宁波世通汽车零部件有限公司 ……… 400
浙江正东机车部件有限公司 ………… 405
浙江超达汽车配件有限公司 ………… 405
温州市蓝天汽车零部件有限公司 …… 405
浙江华尔达汽车空调有限公司 ……… 406
杭州广安汽车电器有限公司 ………… 475
宁波新思创机电科技有限公司 ……… 478
浙江正泰汽车零部件有限公司 ……… 489
浙江湖电汽车电器有限公司 ………… 491
瑞安市耐特汽车电子有限公司 ……… 499
浙江大铭汽车零部件有限公司 ……… 591
宁波众力汽车部件有限公司 ………… 604
浙江宏鼎汽摩配件有限公司 ………… 611
浙江明泰标准件有限公司 …………… 612
芜湖伯特利汽车安全系统有限公司 … 302
安徽盛隆铸业有限公司 ……………… 304
安徽文鼎机械有限公司 ……………… 413
福建冠良汽车配件工业有限公司 …… 620
江西同欣机械制造有限公司 ………… 184
江西行新汽车科技有限公司 ………… 415
烟台鸿安实业有限公司 ……………… 320
湖北东峻工贸有限公司 ……………… 334
湖北荆江源车桥有限责任公司 ……… 335
湖北万联达汽车零部件有限公司 …… 341
武汉东环车身系统有限公司 ………… 420
东风鸿泰武汉控股集团有限公司 …… 637
湖南江麓容大车辆传动有限责任公司 … 343
株洲齿轮有限责任公司 ……………… 343
株洲易力达机电有限公司 …………… 343
广州领业汽车用品有限公司 ………… 672
柳州市中铨机械制造有限责任公司 … 429
重庆德格科技发展有限公司 ………… 211
重庆海特汽车排气系统有限公司 …… 212
重庆海通机械制造有限公司 ………… 213
重庆文安机械有限公司 ……………… 213
重庆天谛倍进机电制造有限公司 …… 352
重庆博奥铝镁金属制造有限公司 …… 353
重庆蓝黛动力传动机械股份有限公司 … 355
重庆龙润汽车转向器有限公司 ……… 356
福耀玻璃(重庆)有限公司 ………… 430
重庆集诚汽车电子有限公司 ………… 537
重庆三本车灯有限公司 ……………… 537
重庆长安志阳汽车电气有限责任公司 … 538
重庆深渝电子有限公司 ……………… 538
重庆华宇实业有限责任公司 ………… 538
重庆平江实业有限责任公司 ………… 538
重庆博耐特实业(集团)有限公司 …… 538
重庆瑞阳科技股份有限公司 ………… 538
重庆炬野科技发展有限公司 ………… 652

重庆开泰汽车零部件有限公司 ……… 653
重庆现代石油(集团)有限公司 ……… 653
重庆华普精密机械有限责任公司 …… 726
重庆江东机械有限责任公司 ………… 727
成都宁良实业有限公司 …………… 215
四川巴斯迪科新技术发展有限公司 … 216
武胜琛兰机械制造有限公司 ………… 217
成都市金蓉齿轮有限责任公司 ……… 356
成都高新区华汇实业有限公司 ……… 431
四川泛华航空仪表电器有限公司 …… 540
雅安小航电器有限责任公司 ………… 540
四川重汽王牌兴城液压件有限公司 … 655
贵州航天南海科技有限责任公司 …… 219
贵州华昌汽车电器有限公司 ………… 432
遵义长征汽车零部件有限公司 ……… 541

★ 华晨金杯

北方凌云工业集团有限公司 ………… 370
富奥汽车零部件股份有限公司 ……… 129
哈尔滨东安汽车发动机制造有限公司 … 131
延锋汽车饰件系统有限公司 ………… 375
联合汽车电子有限公司 …………… 452
上海沪工汽车电器有限公司 ………… 454
上海小糸车灯有限公司 …………… 456
江苏皓月汽车锁股份有限公司 ……… 394
浙江亚太机电股份有限公司 ………… 261
浙江中马传动股份有限公司 ………… 278
郎溪飞马工业织品有限公司 ………… 413
山东同创汽车散热装置股份有限公司 … 194
山东金麒麟股份有限公司 ………… 627
北京首创轮胎有限责任公司 ………… 222
北京市福斯特汽车装饰件厂 ………… 364
北京海纳川汽车部件公司北京分公司 … 364
北京吉信气弹簧制品有限公司 ……… 364
北京新峰天霁科技有限公司 ………… 434
北方海拉车灯有限公司 …………… 435
北京顺恒达汽车零部件制造有限公司 … 435
北京锐意泰克汽车电子有限公司 …… 435
北京聚菱燕塑料有限公司 ………… 545
北京利迪欣科技发展有限公司 ……… 545
北京泰兴汽车配件制造有限公司 …… 545
易图通科技(北京)有限公司 ……… 659
北京泛川机电设备有限公司 ……… 683
北京瑞科恒业喷涂技术有限公司 …… 685
北京世茂机电科技有限公司 ……… 686
天津市亚星散热器有限公司 ……… 118
天津卡达克汽车高新技术公司 ……… 118
天津津信汽车塑料制品有限公司 …… 366
天津津住汽车线束有限公司 ……… 436
天津杰士电池有限公司 …………… 440
天津鹏翎胶管股份有限公司 ……… 547
天津市环宇橡塑股份有限公司 ……… 548
河北踏岳车桥集团有限公司 ……… 224
河北程杰汽车转向机制造有限公司 … 225
河北宇龙传动轴有限公司 ………… 225
河北星月制动元件有限公司 ……… 225
衡水神通汽车方向盘有限公司 ……… 225
河间市刘氏兄弟板簧附件有限公司 … 228
唐山爱信齿轮有限责任公司 ……… 229
河北前锋机器有限责任公司 ……… 229
保定华建机械有限公司 …………… 231
任丘飞翔汽车塑件有限公司 ……… 368
沙河市宏成汽车型材有限公司 ……… 368
河北迎辉汽车电器有限公司 ……… 441
河北宏广橡塑金属制品有限公司 …… 550
衡水北方刹车片有限公司 ………… 551
承德润韩汽车零部件有限公司 ……… 660
承德华远自动化设备有限公司 ……… 688
长治液压有限公司 ……………… 233
山西益新制动部件有限公司 ……… 233
沈阳华铁汽车散热器有限公司 ……… 125
沈阳新光华晨汽车发动机有限公司 … 125
沈阳航天新光集团有限公司 ……… 125
沈阳航天三菱汽车发动机有限公司 … 126
沈阳华晨汽车有限公司发动机工厂 … 126
大连同泰汽车零部件有限公司 ……… 127
天纳克同泰(大连)排气系统有限公司 … 127
沈阳金杯华集汽车部件有限公司 …… 233
沈阳金通汽车零部件制造有限公司 … 234
沈阳金亚汽车传动轴有限公司 ……… 234
中车集团沈阳汽车车桥制造有限公司 … 234
沈阳金杯恒隆汽车转向系统有限公司 … 234
沈阳中航飞汽车部件制造有限公司 … 234
一汽凌源汽车车架制造有限公司 …… 237
锦州立德减振器有限公司 ………… 237
阜新德尔汽车部件股份有限公司 …… 237
辽阳金兴汽车内饰件有限公司 ……… 370
沈阳汽车暖风机厂 ……………… 370
锦州锦恒汽车安全系统有限公司 …… 371
沈阳市游龙汽车配件制造有限公司 … 444
北方重工集团汽车转向系统分公司 … 444
沈阳东北蓄电池有限公司 ………… 444
丹东华颖电器有限责任公司 ……… 445
锦州华汇电子有限公司 …………… 445
锦州汉拿电机有限公司 …………… 446
沈阳汽车冲压件制造有限公司 ……… 556
铁岭华晨橡塑制品有限公司 ……… 557
铁岭助驰橡胶密封制品有限公司 …… 557
辽阳康达塑胶树脂有限公司 ……… 557
辽宁润迪汽车环保科技股份有限公司 … 557
辽宁三特石油化工有限公司 ……… 558
辽阳艺蒙织毯有限公司 …………… 660
沈阳三丰电气有限公司 …………… 688
长春科德宝·宝翎滤清器有限公司 … 130
一汽东机工减振器有限公司 ……… 237
吉林汽车制动器厂 ……………… 238
天合富奥汽车安全系统(长春)公司 … 238
吉林东光奥威汽车制动系统有限公司 … 238
东北工业集团有限公司 …………… 240
福耀集团长春有限公司 …………… 372
吉林省舒兰市通用机械有限责任公司 … 373
长春旭阳工业(集团)股份有限公司 … 373
长春英利汽车部件有限公司 ……… 373
吉林省港德汽车内饰件制造有限公司 … 373
大陆汽车电子(长春)有限公司 …… 446
吉林航盛电子有限公司 …………… 447
长春海德世汽车拉索有限公司 ……… 447
长春一汽四环本合石油化工有限公司 … 561
长春汉高表面技术有限公司 ……… 561
富奥汽车零部件公司紧固件分公司 … 562
长春一汽实业合成材料有限公司 …… 562
佳木斯畅通汽车零部件有限公司 …… 132
牡丹江富通汽车空调有限公司 ……… 374
哈尔滨东安机电制造有限责任公司 … 448
哈尔滨固泰电子有限责任公司 ……… 448
哈尔滨万宇科技股份有限公司 ……… 448
哈尔滨金溢科技有限公司 ………… 448
黑龙江天有为电子有限责任公司 …… 448
哈尔滨新龙华轴承设备有限公司 …… 563
克康(上海)排气控制系统有限公司 … 132
意奔玛集团有限公司 …………… 136
上海纳铁福传动轴有限公司 ……… 244
上海北特科技股份有限公司 ……… 247
上海三立汇众汽车零部件有限公司 … 247
上海汽车变速器有限公司 ………… 248
上海交运股份公司汽车零部件分公司 … 374
上海恩坦华汽车门系统有限公司 …… 375
上海华申汽配制造有限公司 ……… 376
上海法雷奥汽车电机雨刮系统公司 … 376
上海加冷松芝汽车空调股份有限公司 … 376
上海浦东亚成汽车配件有限公司 …… 377
上海贝洱热系统有限公司 ………… 377
上海德尔福汽车空调系统有限公司 … 377
延锋伟世通金桥汽车饰件系统公司 … 377
上海飞利环球汽车零部件有限公司 … 378
上海延锋江森座椅有限公司 ……… 378
麦格纳唐纳利(上海)汽车系统公司 … 379
上海大众联翔汽车零部件有限公司 … 380
上海万超汽车天窗有限公司 ……… 381
上海迎峰汽车塑料有限公司 ……… 381
上海航天汽车机电股份舒航电器分公司 … 449
上海三智汽配实业有限公司 ……… 449
上海宇宙电器有限公司 …………… 450
上海航天汽车机电股份有限公司 …… 450
上海宇南汽车电器有限公司 ……… 452
上海赛露达汽车部件有限公司 ……… 452
欧科佳(上海)汽车电子设备有限公司 … 453
浙江胜华波汽车电器上海分公司 …… 454
上海福太隆汽车电子科技有限公司 … 455
上海众安电器塑料有限公司 ……… 571
富兰科华申汽车工具(上海)有限公司 … 662
上海紫燕模具工业有限公司 ……… 693
上海多司自动化设备有限公司 ……… 693
上海杜卡汽车设备有限公司 ……… 696
常柴股份有限公司 ……………… 140
江苏鑫通汽车部件有限公司 ……… 140
无锡威孚力达催化净化器有限公司 … 144
采埃孚转向泵金城(南京)有限公司 … 248
南京锦湖轮胎有限公司 …………… 248
江阴全华丰精锻有限公司 ………… 253
江苏太平洋精锻科技股份有限公司 … 258
江苏黄海汽配股份有限公司 ……… 259
南京奥特佳新能源科技有限公司 …… 382
江苏新达能机械有限公司 ………… 383
丹阳市永昌车辆部件有限公司 ……… 384
丹阳吉盛汽车零部件有限公司 ……… 384
丹阳市日昌汽配有限公司 ………… 386
江苏卡威汽配有限公司 …………… 386
常州市盛士达汽车空调有限公司 …… 388
常州市亚丰汽车配件制造有限公司 … 388
常州博万达汽车安全设备有限公司 … 392
常州气弹簧有限公司 …………… 392

江苏力乐汽车部件股份有限公司 …… 392
江南模塑科技股份有限公司 …… 394
江苏省宝应县曙光汽车配件厂 …… 397
江苏超力电器有限公司 …… 457
江苏超力集团 …… 457
江苏星乐照明科技有限公司 …… 458
江苏德力嘉汽摩配件有限公司 …… 458
丹阳市伯良灯具厂 …… 459
常州新华陵汽车电器有限公司 …… 460
日本电产凯宇汽车电器(江苏)公司 … 461
常州市太平洋电镀有限公司 …… 462
常州佳得利车辆部件有限公司 …… 462
常州市武起汽车电机有限公司 …… 465
江阴市长泾车船附件有限公司 …… 467
张家港孚冈合力电器有限公司 …… 471
江苏兴龙金属制品股份有限公司 …… 473
常州腾龙汽车零部件股份有限公司 … 576
无锡新得宝金属软管有限公司 …… 578
无锡市振益轿车附件有限公司 …… 580
舍弗勒(中国)有限公司一厂 …… 585
张家港迪克汽车化学品有限公司 …… 663
辉创电子科技(苏州)有限公司 …… 663
江苏天骄汽车配套有限公司 …… 702
浙江雷贝斯散热器有限公司 …… 152
宁波正利汽车部件有限公司 …… 153
宁波泰瑞汽车部件有限公司 …… 155
宁波方圆汽摩发展有限公司 …… 155
宁波舜江汽车部件制造有限公司 …… 155
浙江黎明发动机零部件有限公司 …… 156
浙江强能动力有限公司 …… 158
杭州汇丰车桥有限公司 …… 260
万向集团公司 …… 261
诸暨市恒泰汽车部件有限公司 …… 266
绍兴美特驰汽车配件有限公司 …… 267
绍兴金江机械有限公司 …… 267
宁波三钻工业有限公司 …… 273
宁波沃特汽车部件有限公司 …… 275
宁波拓普集团股份有限公司 …… 275
宁波合生制动科技有限公司 …… 275
浙江省世泰实业有限公司 …… 276
台州万洲机械有限公司 …… 279
浙江科力车辆控制系统有限公司 …… 294
温州玛斯特汽车悬挂总成有限公司 … 295
浙江中宝实业控股股份有限公司 …… 398
宁波帅特龙集团有限公司 …… 400
宁波明望汽车饰件有限公司 …… 400
宁波鸿通汽车零部件有限公司 …… 401
慈溪市福尔达实业有限公司 …… 401
宁海县金凌海裕汽车部件有限公司 … 401
台州法雷奥温岭汽车零部件有限公司 … 403
浙江开拓汽车电器有限公司 …… 409
浙江瑞安市罗南车辆电器厂 …… 409
杭州人人集团有限公司 …… 474
杭州广安汽车电器有限公司 …… 475
宁波汽车软轴软管有限公司 …… 479
宁波海高利汽车电器制造有限公司 … 480
宁波正耀汽车电器有限公司 …… 484
宁波华甬汽车零部件有限公司 …… 485
浙江天翀车灯集团有限公司 …… 486
瑞安市超声电器厂 …… 493
瑞安市豪王汽车零部件有限公司 …… 498
瑞安市东瓯汽车电器有限公司 …… 498
浙江瑞鹏汽车电器有限公司 …… 501
国威科技有限公司 …… 503
黄河汽配集团有限公司 …… 503
杭州弹簧有限公司 …… 589
浙江科达利实业有限公司 …… 594
宁波永信汽车部件制造有限公司 …… 603
仙居通用橡塑有限公司 …… 608
浙江正昌锻造股份有限公司 …… 613
新潮集团股份有限公司 …… 613
黄岩星泰塑料模具有限公司 …… 710
浙江模具厂有限公司 …… 710
合肥恒信汽车发动机部件有限公司 … 175
科越集团 …… 177
安徽安簧机械股份有限公司 …… 304
安庆安簧汽车零部件有限公司 …… 304
鸿通汽车零部件(芜湖)有限公司 …… 412
铜陵华源汽车内饰材料有限公司 …… 413
合肥通宇电子有限责任公司 …… 505
芜湖精诺汽车电器有限公司 …… 506
大陆汽车电子(芜湖)有限公司 …… 506
蚌埠市双环电子集团有限公司 …… 506
芜湖市博顿汽车零部件厂 …… 506
黄山顺昌汽车电器有限公司 …… 507
亚新科噪声与振动技术(安徽)有限公司 … 619
安徽威德汽车零部件制造有限公司 … 619
安徽青松工具有限公司 …… 669
福建台亚汽车工业有限公司 …… 305
恒发(晋江)汽车零部件有限公司 …… 308
福州和胜汽车配件有限公司 …… 413
福耀玻璃工业集团股份有限公司 …… 414
福州新信制动系统有限公司 …… 620
格特拉克(江西)传动系统有限公司 … 311
格特拉克(江西)传动系统南昌工厂 … 311
格特拉克(江西)传动系统赣州工厂 … 312
格特拉克(江西)传动系统于都工厂 … 312
江西大吉汽车天线有限公司 …… 511
青岛东洋汽车散热器有限公司 …… 192
龙口通力汽车配件有限公司 …… 192
山东通力车轮有限公司 …… 319
诸城市义和车桥有限公司 …… 319
烟台鸿安实业有限公司 …… 320
山东昊安汽车部件制造有限公司 …… 321
青岛森麒麟轮胎有限公司 …… 325
山东蒙沃变速器有限公司 …… 327
山东丰达汽车内饰有限公司 …… 416
烟台正海汽车内饰件有限公司 …… 416
龙口泰进机械有限公司 …… 418
山东省泰安泰龙软轴软管厂 …… 515
水星汽车部件集团股份有限公司 …… 627
济南易恒技术有限公司 …… 713
奔腾汽车检测维修设备制造有限公司 … 714
烟台泰利汽车模具股份有限公司 …… 714
河南中轴中汇汽车零部件有限公司 … 196
西峡县内燃机进排气管有限责任公司 … 197
河南五一机械有限公司 …… 329
河南泰稳减振器有限公司 …… 329
郑州华威齿轮有限公司 …… 329
天海雪城汽车电子(鹤壁)有限公司 … 517
荆州恒隆汽车零部件制造有限公司 … 335
湖北车桥有限公司 …… 335
湖北中航精机科技股份有限公司 …… 421
湖北法雷奥车灯有限公司 …… 518
湖北环宇车灯有限公司 …… 520
金马汽车零部件制造有限公司 …… 638
湖北派克密封件有限公司 …… 638
株洲齿轮有限责任公司 …… 343
岳阳恒立冷气设备股份有限公司 …… 423
广东柳菱宏通实业有限公司 …… 347
东莞山多力汽车配件有限公司 …… 427
东莞广泽汽车饰件有限公司 …… 427
广东多纳勒振华汽车系统有限公司 … 428
深圳市宝凌电子股份有限公司 …… 528
深圳市索菱实业股份有限公司 …… 530
东莞歌乐东方电子有限公司 …… 532
佛山电器照明股份有限公司 …… 533
肇庆宏丰电子有限公司 …… 533
金发科技股份有限公司 …… 643
格莱利集团 …… 647
桂盟链条(深圳)有限公司 …… 647
中兴汽车用品有限公司 …… 679
重庆华恩实业有限公司 …… 211
重庆德格科技发展有限公司 …… 211
重庆海特汽车排气系统有限公司 …… 212
重庆文安机械有限公司 …… 213
重庆耐德中意减振器有限责任公司 … 353
重庆宏美制冷设备有限公司 …… 430
重庆江洲粉末冶金科技有限公司 …… 654
成都飞亚曲轴有限公司 …… 215
四川红光汽车机电有限公司 …… 216
成都桐林铸造实业有限公司 …… 216
绵阳新晨动力机械有限公司 …… 217
绵阳华晨瑞安汽车零部件有限公司 … 217
成都九鼎科技(集团)有限公司 …… 357
成都华川电装有限责任公司 …… 539
贵州大众橡胶有限公司 …… 656

★ 华晨宝马

上海汇众萨克斯减振器有限公司 …… 243
上海汽车制动系统有限公司 …… 248
上海汽车地毯总厂有限公司 …… 379
北京京西重工有限公司 …… 222
浙江骆氏减震件股份有限公司 …… 247
上海日用－友捷汽车电气有限公司 … 449
伟巴斯特东熙汽车配件(北京)公司 … 364
西门子工厂自动化工程有限公司 …… 683
河北春风铸造有限责任公司 …… 225
石家庄博亚汽车电器有限公司 …… 440
天纳克－埃贝赫(大连)排气系统公司 … 127
采埃孚伦福德汽车系统(沈阳)公司 … 234
大连固特异轮胎有限公司 …… 235
阜新德尔汽车部件股份有限公司 …… 237
沈阳李尔汽车座椅内饰系统有限公司 … 370
丹东华颖电器有限责任公司 …… 445
沈阳奥吉娜化工有限公司 …… 556
大连光洋瓦轴汽车轴承有限公司 …… 559
沈阳三丰电气有限公司 …… 688
天合富奥汽车安全系统(长春)公司 … 238
长春博泽汽车部件有限公司 …… 372
长春英利汽车部件有限公司 …… 373
劳士领汽车配件(长春)有限公司 …… 561

长春汉高表面技术有限公司 …… 561
长春德联化工有限公司 …… 561
上海保隆汽车科技股份有限公司 …… 135
上海天合汽车安全系统有限公司 …… 375
上海法雷奥汽车电机雨刮系统公司 …… 376
上海贝洱热系统有限公司 …… 377
上海宏昌汽配有限公司 …… 378
上海飞利环球汽车零部件有限公司 …… 378
上海依赛工业有限公司 …… 379
上海三盾汽车饰件有限公司 …… 380
延锋彼欧汽车外饰系统有限公司 …… 381
宝密浸渗机械(上海)有限公司 …… 697
布雷博(南京)制动系统有限公司 …… 248
江苏名豪汽车零部件有限公司 …… 257
张家港孚冈汽车部件有限公司 …… 395
爱乐联接(苏州)有限公司 …… 469
泰乙机械(张家港)有限公司 …… 471
太仓阿尔派电子有限公司 …… 471
丹阳市美利达塑业有限公司 …… 574
常州威士顿有限公司 …… 575
江苏瑞威沃管业有限公司 …… 586
昆山皇田汽车配件工业有限公司 …… 663
镇江东联仓储设备有限公司 …… 698
浙江雷贝斯散热器有限公司 …… 152
万丰奥特控股集团有限公司 …… 268
宁波继峰汽车零部件有限公司 …… 402
浙江环方汽车电器有限公司 …… 486
温州泰立汽车内饰材料有限公司 …… 612
大陆汽车电子(芜湖)有限公司 …… 506
济南中正金码科技有限公司 …… 714
蒂森克虏伯金属成型(武汉)有限公司 … 334
仙桃市天轮机械有限公司 …… 335
湖北中航精机科技股份有限公司 …… 421
广州旷达汽车织物有限公司 …… 643
广东德联集团股份有限公司 …… 650
江门市本和机车配件实业有限公司 … 651
广州市云驰机械有限公司 …… 720
重庆博奥铝镁金属制造有限公司 …… 353
重庆恒伟林汽车零部件有限公司 …… 653

★ 东南汽车

哈尔滨东安汽车发动机制造有限公司 … 131
上海逸航汽车零部件有限公司 …… 452
联合汽车电子有限公司 …… 452
江苏江扬线缆有限公司 …… 473
惠州华阳通用电子有限公司 …… 526
北京金奔腾汽车科技有限公司 …… 659
天津卡达克汽车高新技术公司 …… 118
爱德克斯(天津)汽车零部件有限公司 … 223
天津杰士电池有限公司 …… 440
唐山爱信齿轮有限责任公司 …… 229
唐山龙润机械有限公司 …… 229
保定巨威电器有限公司 …… 443
沈阳航天三菱汽车发动机有限公司 …… 126
沈阳斯瓦特汽车零部件有限公司 …… 126
沈阳金亚汽车传动轴有限公司 …… 234
大连海纳汽车零部件有限公司 …… 236
锦州汉拿电机有限公司 …… 446
营口福斯油品有限公司 …… 558
大连光洋瓦轴汽车轴承有限公司 …… 559
哈尔滨东安发动机(集团)有限公司 … 131
哈尔滨东安机电制造有限责任公司 … 448
上海峰亚耐火保温材料有限公司 …… 133
上海欧雷法弹簧有限公司 …… 243
上海加冷松芝汽车空调股份有限公司 … 376
上海华申汽配制造有限公司 …… 376
上海贝洱热系统有限公司 …… 377
上海宇南汽车电器有限公司 …… 452
邦迪管路系统(上海)有限公司 …… 565
上海杰事杰新材料(集团)股份公司 … 566
上海杜卡汽车设备有限公司 …… 696
采埃孚转向泵金城(南京)有限公司 … 248
凯迩必机械工业(镇江)有限公司 …… 249
麦特达因(苏州)汽车部件有限公司 … 254
东机工汽车部件(苏州)有限公司 …… 254
正新橡胶(中国)有限公司 …… 255
江苏太平洋精锻科技股份有限公司 … 258
南京台兴汽车零部件制造有限公司 … 383
句容联泰机电有限公司 …… 387
江苏力乐汽车部件股份有限公司 …… 392
无锡明芳汽车部件工业有限公司 …… 393
丹阳市晶晶玻璃有限公司 …… 458
丹阳市镇红汽车灯具有限公司 …… 459
帝宝交通器材(昆山)有限公司 …… 470
苏州金诚轴承有限公司 …… 582
苏州金鸿顺汽车部件股份有限公司 … 586
辉创电子科技(苏州)有限公司 …… 663
恒勃控股股份有限公司 …… 162
浙江双辉剑机械有限公司 …… 287
宜兰汽车配件制造(平湖)有限公司 … 399
宁波正耀汽车电器有限公司 …… 484
温州科博达汽车部件有限公司 …… 490
瑞安市东瓯汽车电器有限公司 …… 498
国威科技有限公司 …… 503
宁波福耀汽车零部件有限公司 …… 605
浙江嘉仁模具有限公司 …… 711
安徽全柴动力股份有限公司 …… 177
合肥海德数控液压设备有限公司 …… 712
厦门理研工业有限公司 …… 182
福建源兴东碧汽车零件有限公司 …… 305
福建台亚汽车工业有限公司 …… 305
丰生(福州)制动器有限公司 …… 305
福州福享汽车工业有限公司 …… 305
协富光洋(厦门)机械工业有限公司 … 306
福州联泓交通器材有限公司 …… 413
福州和胜汽车配件有限公司 …… 413
福州福光橡塑有限公司 …… 413
福州西诚电子有限公司 …… 507
福州小糸大亿车灯有限公司 …… 508
福州耐力电机有限公司 …… 508
福州新信制动系统有限公司 …… 620
福州富全橡胶有限公司 …… 620
福州福裕橡塑工业有限公司 …… 620
江西方大长力汽车零部件有限公司 … 311
格特拉克(江西)传动系统南昌工厂 … 311
格特拉克(江西)传动系统有限公司 … 311
格特拉克(江西)传动系统赣州工厂 … 312
格特拉克(江西)传动系统于都工厂 … 312
江西大吉汽车天线有限公司 …… 511
南昌辉门密封件系统有限公司 …… 624
奔腾汽车检测维修设备制造有限公司 … 714
河南万向系统制动器有限公司 …… 329
东风汽车有限公司商用车发动机厂 … 200
荆州恒隆汽车零部件制造有限公司 … 335
武汉源兴汽车配件有限公司 …… 420
武汉诚盛电子有限公司 …… 518
东风鸿泰武汉控股集团有限公司 …… 637
金马汽车零部件制造有限公司 …… 638
湖南长丰汽车零部件有限责任公司 … 202
株洲易力达机电有限公司 …… 343
华达汽车空调(湖南)有限公司 …… 423
湖南长丰汽车内装饰有限公司 …… 671
广州恩梯恩裕隆传动系统有限公司 … 344
东莞广泽汽车饰件有限公司 …… 427
广州耐路志电讯有限公司 …… 523
深圳市圣斗士电子科技有限公司 …… 527
深圳市宝凌电子股份有限公司 …… 528
东莞歌乐东方电子有限公司 …… 532
东莞神威创造电子有限公司 …… 532
东莞井上建上汽车部件有限公司 …… 649
广州市来兴汽车配件有限公司 …… 672
广州市蓝彩汽车用品有限公司 …… 675
重庆华恩实业有限公司 …… 211
重庆万力联兴实业(集团)有限公司 … 214
绵阳华晨瑞安汽车零部件有限公司 … 217

★ 江铃汽车

北方凌云工业集团有限公司 …… 370
上海汇众萨克斯减振器有限公司 …… 243
江苏皓月汽车锁股份有限公司 …… 394
江苏江扬线缆有限公司 …… 473
浙江亚太机电股份有限公司 …… 261
许昌远东传动轴股份有限公司 …… 332
深圳市航盛电子股份有限公司 …… 528
内江金鸿曲轴有限公司 …… 218
上海日用-友捷汽车电气有限公司 … 449
山东滨州渤海活塞股份有限公司 …… 187
北京绿创环保设备股份有限公司 …… 117
北京环驰车桥厂 …… 221
北京第三纺织机械有限公司 …… 365
北京顺恒达汽车零部件制造有限公司 … 435
北京泰兴汽车配件制造有限公司 …… 545
西门子工厂自动化工程有限公司 …… 683
北京平静汽车隔音用品公司 …… 684
北京瑞科恒业喷涂技术有限公司 …… 685
天津市格林利福新技术有限公司 …… 118
天津天海同步科技股份有限公司 …… 224
天津市益中汽车安全带厂 …… 365
天津六合镁制品有限公司 …… 548
天津日石润滑油脂有限公司 …… 548
河北瑞丰动力缸体有限公司 …… 120
邢台洁力滤清器厂 …… 121
定州市天力钢板弹簧有限公司 …… 231
石家庄市东华特种型材厂 …… 367
河北省冀州市汽车装饰件厂 …… 368
河北宏安汽摩配件有限公司 …… 552
河北盛世集团凌云铸造模具有限公司 … 687
沈阳航天三菱汽车发动机有限公司 … 126
大连同泰汽车零部件有限公司 …… 127
天纳克同泰(大连)排气系统有限公司 … 127
凤城市曙光汽车半轴有限责任公司 … 236

阜新德尔汽车部件股份有限公司 …… 237
锦州市凌河缸垫有限公司 …… 559
辽阳艺蒙织毯有限公司 …… 660
大连智云自动化装备股份有限公司 … 689
长春爱尔铃克铃尔有限公司 …… 561
吉林恒昌科技股份有限公司 …… 660
牡丹江富通汽车空调有限公司 …… 374
哈尔滨岛田大鹏工业有限公司 …… 691
上海伊铭增压器制造有限公司 …… 132
上海弗列加滤清器有限公司 …… 133
上海马勒滤清系统有限责任公司 …… 134
上海珠铃汽车配件厂 …… 136
上海爱知锻造有限公司 …… 137
上海欧雷法弹簧有限公司 …… 243
上海奔达机电有限公司 …… 244
上海纳铁福传动轴有限公司 …… 244
上海一阳五金制造有限公司 …… 246
上海萨克斯动力总成部件系统有限公司 … 246
上海华申汽配制造有限公司 …… 376
伟巴斯特车顶供暖系统(上海)公司 … 376
上海岱美汽车内饰件有限公司 …… 377
上海吉翔汽车车顶饰件有限责任公司 … 378
上海飞利环球汽车零部件有限公司 … 378
上海航天汽车机电股份有限公司 …… 450
上海浦东车灯有限公司 …… 451
上海鹰击汽车部件有限公司 …… 454
浙江胜华波汽车电器上海分公司 …… 454
华德塑料制品有限公司 …… 565
上海宝钢特钢股份有限公司 …… 566
上海金力泰化工股份有限公司 …… 568
上海红阳密封件有限公司 …… 570
上海云峰小伙伴汽车服务有限公司 … 661
仪征双环活塞环有限公司 …… 139
江苏梅花机械有限公司 …… 140
常州市南国冷却器有限公司 …… 141
无锡三鑫压铸有限公司 …… 144
无锡惠山泵业有限公司 …… 145
江苏春光汽车配件有限公司 …… 147
扬州金叶水箱有限公司 …… 148
高邮市荣清机械电子有限公司 …… 149
泰兴市江虹汽车零部件有限公司 …… 149
镇江江大春光齿轮有限公司 …… 249
南京宏峰汽车配件厂 …… 249
江苏上齿集团有限公司 …… 251
江苏恒力制动器制造有限公司 …… 253
江苏名豪汽车零部件有限公司 …… 257
江苏黄海汽配股份有限公司 …… 259
常州市联顺车辆配件厂 …… 389
江苏常州正力制镜有限公司 …… 390
常州市瑞悦车业有限公司 …… 390
常州市发路利汽配有限公司 …… 391
江苏协诺汽车附件有限公司 …… 393
江苏旭顺东明汽配有限公司 …… 394
苏州新智机电工业有限公司 …… 394
苏州市万达汽车内饰件厂 …… 395
扬州神舟汽车内饰件有限公司 …… 396
江苏科达车业有限公司 …… 397
江苏新通达电子科技股份有限公司 … 458
丹阳格铃汽配有限公司 …… 459
江苏红光汽车配件有限公司 …… 459
丹阳市天龙车灯镀膜有限公司 …… 459
常州民迪汽车配件有限公司 …… 460
日本电产凯宇汽车电器(江苏)公司 … 461
大茂伟瑞柯车灯有限公司 …… 461
帝宝交通器材(昆山)有限公司 …… 470
苏州上声电子有限公司 …… 470
江苏天宝汽车电子有限公司 …… 472
盐城市勇驰汽车电器有限公司 …… 472
南通友星机电工业有限公司 …… 473
南京七四二五橡塑有限责任公司 …… 572
常州常松金属复合材料有限公司 …… 574
镇江飞亚轴承有限责任公司 …… 574
常州光洋轴承有限公司 …… 575
江苏容天乐机械股份有限公司 …… 577
无锡新得宝金属软管有限公司 …… 578
无锡威孚精密机械有限公司弹簧厂 … 579
无锡市百合花胶粘剂厂有限公司 …… 580
苏州金诚轴承有限公司 …… 582
盖茨优霓塔传动系统(苏州)有限公司 … 583
江苏省宝应县燎原汽车配件厂 …… 588
南京爱维斯物流装备制造有限公司 … 697
沛鑫史宾纳数控机床(南京)有限公司 … 698
江苏卡威塑料制品有限公司 …… 698
无锡富瑞德精密机械有限公司 …… 700
江苏中大工业涂装环保有限公司 …… 705
杭州轴瓦有限公司 …… 150
杭州钱王机械配件有限公司 …… 151
余姚市舒春机械有限公司 …… 155
浙江东星汽车部件有限公司 …… 157
临海市伟达汽车部件有限公司 …… 157
浙江强能动力有限公司 …… 158
大江(玉环)机械制造有限公司 …… 159
浙江爱信宏达汽车零部件有限公司 … 162
浙江永康精特缸套有限公司 …… 163
浙江双环传动机械股份有限公司 …… 259
万向集团公司 …… 261
杭州亚太特必克汽车制动系统公司 … 261
万向系统有限公司 …… 262
浙江万达汽车方向机有限公司 …… 264
杭州华东转向节有限公司 …… 264
绍兴美特驰汽车配件有限公司 …… 267
绍兴驰达汽车配件制造有限公司 …… 267
绍兴金江机械有限公司 …… 267
浙江欧迪恩传动科技股份有限公司 … 270
慈溪市晨凯制动器有限公司 …… 273
浙江向隆机械有限公司 …… 273
宁波安捷制动器有限公司 …… 274
宁波拓普集团股份有限公司 …… 275
台州万洲机械有限公司 …… 279
玉环金泰汽车部件有限公司 …… 280
台州德力奥汽车部件制造有限公司 … 287
浙江吉峰齿轮有限公司 …… 292
浙江华明汽车制动器有限公司 …… 295
浙江省银星汽车配件有限公司 …… 295
浙江中铁机车部件有限公司 …… 297
宜兰汽车配件制造(平湖)有限公司 … 399
宁波市翔龙金属制品有限公司 …… 400
宁波乾方汽车配件有限公司 …… 401
宁波恒富汽车部件发展有限公司 …… 402
台州法雷奥温岭汽车零部件有限公司 … 403
台州市黄岩科力塑料模具厂 …… 404
杭州人人集团有限公司 …… 474
杭州广安汽车电器有限公司 …… 475
延锋伟世通怡东汽车仪表有限公司 … 476
浙江德宏汽车电子电器股份有限公司 … 476
宁波汽车软轴软管有限公司 …… 479
瑞安市东瓯汽车电器有限公司 …… 498
国威科技有限公司 …… 503
浙江省上虞市油封制造有限公司 …… 595
宁波圣龙(集团)有限公司 …… 598
宁波海山克尔铃密封件有限公司 …… 599
宁波永信汽车部件制造有限公司 …… 603
宁波无边橡塑有限公司 …… 604
舟山市海山密封材料有限公司 …… 605
临海市金鑫汽车配件有限公司 …… 606
浙江山宝汽车部件有限公司 …… 609
玉环沈泰汽车机械有限公司 …… 610
浙江南洋机械制造有限公司 …… 610
浙江欧福密封件有限公司 …… 612
浙江嘉仁模具有限公司 …… 711
安徽开乐专用车辆股份有限公司 …… 74
蚌埠金威滤清器有限公司 …… 176
安庆帝伯格茨活塞环有限公司 …… 180
安徽省辉煌机械制造有限公司 …… 301
芜湖稳乐制动系统有限公司 …… 301
安徽星瑞齿轮传动有限公司 …… 301
安徽精科机器有限公司 …… 305
合肥通宇电子有限责任公司 …… 505
昌辉汽车电器(黄山)股份有限公司 … 507
马鞍山立信电气有限公司 …… 507
安徽中鼎控股(集团)股份有限公司 … 618
中鼎模具制造有限公司 …… 713
福建省建瓯巨力活塞有限公司 …… 181
泉州市双塔汽车零件有限公司 …… 182
威兰(泉州)汽车零部件有限公司 …… 182
泉州恒劲机械有限公司 …… 307
晋江科纳精锻有限公司 …… 309
泉州国胜汽车部件实业有限公司 …… 415
泉州恒昌电器有限公司 …… 510
同致电子科技(厦门)有限公司 …… 670
江西沃尔福发动机有限公司 …… 183
江西戈马实业有限公司 …… 183
江西凯富勤实业发展有限公司 …… 183
樟树市福铃内燃机配件有限公司 …… 184
南昌齿轮有限责任公司 …… 311
格特拉克(江西)传动系统有限公司 … 311
江铃集团深铃汽车零部件有限公司 … 311
江西方大长力汽车零部件有限公司 … 311
江西弘悦汽车减振器有限公司 …… 311
格特拉克(江西)传动系统南昌工厂 … 311
格特拉克(江西)传动系统赣州工厂 … 312
格特拉克(江西)传动系统于都工厂 … 312
江西江铃底盘股份有限公司 …… 312
江西行新汽车科技有限公司 …… 415
江西协中车用材料制造有限公司 …… 415
伟世通汽车空调(南昌)有限公司 …… 415
江西新电汽车空调系统有限公司 …… 415
中国直升机设计研究所汽车安全设备厂 … 415
江铃汽车集团公司车厢内饰件厂 …… 415
江西江铃秦川电器有限公司 …… 511
江西好帮手电子科技股份有限公司 … 511
南昌汽缸垫厂 …… 624
南昌辉门密封件系统有限公司 …… 624

江西景航航空锻铸有限公司 …………625
宜春英龙橡胶有限公司 …………625
江西江锻重工有限公司 …………625
江西新余绿洲橡塑有限公司 …………625
瑞昌市人民冲压有限公司 …………625
滨州市鑫力活塞有限责任公司 …………187
宏昌汽配制造有限公司 …………189
东营信义汽车配件有限公司 …………316
山东昊安汽车部件制造有限公司 …………321
泰安晟泰汽车零部件有限公司 …………418
山东省泰安泰龙软轴软管厂 …………515
山东道恩高分子材料股份有限公司 …631
青岛信义汽车制动配件有限公司 …………633
济南易恒技术有限公司 …………713
平原滤清器有限公司 …………195
河南省中原活塞股份有限公司 …………196
安阳市文峰缸套有限责任公司 …………196
河南省西峡汽车水泵股份有限公司 …197
信阳贝恩银光活塞销有限公司 …………197
豫北转向系统股份有限公司 …………329
河南开开特星光锁系统有限公司 …………418
郑州跃博汽车电器有限公司 …………516
马勒三环气门驱动(湖北)有限公司 …199
东风钟祥汽车弹簧有限公司 …………334
钟祥市金祥汽车半轴有限公司 …………334
湖北恒隆汽车系统集团有限公司 …………335
沙市久隆汽车动力转向器有限公司 …335
湖北全力机械集团股份有限公司 …………337
十堰瑞程传动轴有限公司 …………341
十堰市郧齿汽车零部件有限公司 …………342
十堰凯琦铸造有限公司 …………342
中航工业宇航救生装备有限公司 …………421
福耀玻璃(湖北)有限公司 …………422
武汉诚盛电子有限公司 …………518
东风富士汤姆森调温器有限公司 …………518
湖北三环汽车电器有限公司 …………518
十堰市中生电器有限公司 …………521
辉门摩擦产品有限公司 …………637
荆大(荆州)汽车配件有限公司 …………638
襄阳汽车轴承股份有限公司 …………639
东风汽车模具有限公司 …………719
湖南机油泵股份有限公司 …………202
湖南长丰汽车零部件有限责任公司 …202
华达汽车空调(湖南)有限公司 …………423
博世汽车部件(长沙)有限公司 …………521
长沙日立汽车电器有限公司 …………521
株洲湘火炬汽车灯具有限责任公司 …522
中山市翔宇汽车零件制造有限公司 …………208
中博制动系统(广州)有限公司 …………345
广州市华南橡胶轮胎有限公司 …………346
佛山市同丰汽车配件有限公司 …………348
东莞山多力汽车配件有限公司 …………427
广东多纳勒振华汽车系统有限公司 …………428
惠州市凯越电子有限公司 …………525
格莱利集团 …………647
东莞特必克汽车零件有限公司 …………649
佛山市南海东兴汽车配件有限公司 …………650
广州市来兴汽车配件有限公司 …………672
广东华钿勇士汽车用品有限公司 …………678
广东任我通汽车用品有限公司 …………679
广东东箭汽车用品制造有限公司 …………679
中山市贝奥斯金属制品有限公司 ……680
广州亨龙机电股份有限公司 …………721
重庆华孚工业股份有限公司 …………210
重庆东方滤清器有限公司 …………212
重庆光大产业有限公司 …………212
马勒发动机零部件(重庆)有限公司 …212
重庆齐信汽车零部件有限公司 …………352
重庆卡福汽车制动转向系统有限公司 …353
重庆长安离合器制造有限公司 …………355
重庆天人汽车车身制造有限公司 …………430
重庆大江杰信锻造有限公司 …………431
重庆精铁机械有限责任公司 …………431
重庆祥盛实业发展有限公司 …………536
重庆三本车灯有限公司 …………537
重庆瑞阳科技股份有限公司 …………538
重庆秦川实业(集团)股份有限公司 …………538
重庆华通机电技术有限公司 …………653
重庆开泰汽车零部件有限公司 …………653
重庆红宇摩擦制品有限公司 …………654
重庆红宇汽车配件厂 …………654
重庆千斤顶厂 …………680
成都飞亚曲轴有限公司 …………215
成都万友滤机有限公司 …………215
四川宜宾普什汽车零部件有限公司 …218
成都宁兴汽车弹簧有限公司 …………356
成都九鼎科技(集团)有限公司 …………357
成都有为科技有限公司 …………539
四川泛华航空仪表电器有限公司 …………540
成都盛帮密封件有限公司 …………654
成都华德密封工业有限公司 …………654
成都市新津阳光橡塑密封件厂 …………655
四川省南部县千禧密封件有限公司 …656
成都成量工具集团有限公司 …………728
贵州贵航汽车零部件永红散热器公司 …219
贵州华工工具注塑公司华昌分公司 …432
贵州天义汽车电器有限公司 …………541

★ 庆铃汽车

江苏皓月汽车锁股份有限公司 …………394
深圳市航盛电子股份有限公司 …………528
北京首创轮胎有限责任公司 …………222
万都(天津)汽车零部件有限公司 …………224
清河县中盛汽车零部件有限公司 …………226
石家庄市东华特种型材厂 …………367
长春海德世汽车拉索有限公司 …………447
万都(哈尔滨)汽车底盘系统有限公司 …242
上海米其林回力轮胎股份有限公司 …242
上海奔达机电有限公司 …………244
上海德尔福汽车空调系统有限公司 …377
上海吉翔汽车车顶饰件有限责任公司 …378
上海南北机械电气工程有限公司 …………449
上海浦东车灯有限公司 …………451
泰兴市江虹汽车零部件有限公司 …………149
江苏上齿集团有限公司 …………251
万都(苏州)汽车底盘系统有限公司 …254
江苏太平洋精锻科技股份有限公司 …258
常州市联顺车辆配件厂 …………389
常州市发路利汽配有限公司 …………391
常州民迪汽车配件有限公司 …………460
盐城市勇驰汽车电器有限公司 …………472
无锡市蓝力机床有限公司 …………702
杭州轴瓦有限公司 …………150
临海市伟达汽车部件有限公司 …………157
宁波鑫星汽车部件有限公司 …………401
浙江正泰汽车零部件有限公司 …………489
浙江山宝汽车部件有限公司 …………609
金丰(中国)机械工业有限公司 …………708
亚新科噪声与振动技术(安徽)有限公司 …619
泉州市双塔汽车零件有限公司 …………182
樟树市福铃内燃机配件有限公司 …………184
江铃集团深铃汽车零部件有限公司 …311
中国直升机设计研究所汽车安全设备厂 …415
瑞昌市人民冲压有限公司 …………625
宏昌汽配制造有限公司 …………189
烟台万斯特有限公司 …………191
新乡航空工业(集团)有限公司 …………195
平原滤清器有限公司 …………195
安阳市文峰缸套有限责任公司 …………196
豫北转向系统股份有限公司 …………329
东风汽车模具有限公司 …………719
华达汽车空调(湖南)有限公司 …………423
长沙日立汽车电器有限公司 …………521
广东多纳勒振华汽车系统有限公司 …428
重庆凯瑞特种车有限公司 …………102
马勒发动机零部件(重庆)有限公司 …212
重庆华达汽车配件制造有限公司 …………213
重庆东京散热器有限公司 …………213
爱思帝(重庆)驱动系统有限公司 …………352
重庆聚兴交通工业(集团)有限公司 …352
重庆红岩方大汽车悬架有限公司 …………353
重庆荆江汽车半轴有限公司 …………354
重庆传动轴股份有限公司 …………354
重庆红旗弹簧有限公司 …………354
南方天合底盘系统有限公司 …………356
重庆光能汽车配件有限公司 …………430
福耀玻璃(重庆)有限公司 …………430
重庆三本车灯有限公司 …………537
重庆矢崎仪表有限公司 …………538
重庆深渝电子有限公司 …………538
重庆万里新能源股份有限公司 …………539
重庆长安凌云汽车零部件有限公司 …653
重庆红宇汽车配件厂 …………654
重庆红宇摩擦制品有限公司 …………654
成都九鼎科技(集团)有限公司 …………357
成都银利汽车零部件有限公司 …………431
成都航凯天电子股份有限公司 …………539
成都成量工具集团有限公司 …………728

★ 重汽集团

北京海纳川汽车部件股份有限公司 …363
中国石油润滑油公司 …………543
北方凌云工业集团有限公司 …………370
河北亚大汽车塑料制品有限公司 …………555
富奥汽车零部件股份有限公司 …………129
江苏皓月汽车锁股份有限公司 …………394
山东同创汽车散热装置股份有限公司 …194
中国重汽重庆燃油喷射系统有限公司 …212
正兴车轮集团有限公司 …………309
山东滨州渤海活塞股份有限公司 …………187
信义集团 …………316

桂林福达集团有限公司 …… 209
重庆杜克高压密封件有限公司 …… 354
北京亚新科天纬油泵油嘴股份公司 … 116
北京首创轮胎有限责任公司 …… 222
北京海纳川汽车部件公司北京分公司 … 364
北京海纳川协众汽车空调有限公司 … 365
北京光华荣昌汽车零部件(集团)公司 … 365
北京中材汽车复合材料有限公司 …… 365
北京天元奥特橡塑有限公司 …… 545
北京瑞科恒业喷涂技术有限公司 …… 685
天津市益中汽车安全带厂 …… 365
天津市新阳电子有限公司 …… 438
天津市斯巴克瑞电子技术有限公司 … 439
天津日石润滑油脂有限公司 …… 548
天津市凯诺实业有限公司 …… 549
天津鼎工机电设备制造有限公司 …… 686
天津七所高科技有限公司 …… 686
石家庄金刚凯源动力科技有限公司 … 120
沧州宇通塑业有限公司 …… 122
沧州新旺汽车散热器制造有限公司 … 122
河北普泰机械制造有限公司 …… 224
邢台众力汽车配套有限公司 …… 226
新河县龙驰汽车部件制造有限公司 … 227
河北天马交通机械制造有限公司 …… 227
沧州市鑫业汽车配件有限公司 …… 227
河北雅佳驰汽车零部件制造有限公司 … 228
河间市刘氏兄弟板簧附件有限公司 … 228
河北劲速车轮有限公司 …… 229
亚新科美联制动技术(廊坊)有限公司 … 229
定州市天力钢板弹簧有限公司 …… 231
沧州鑫祺汽车配件制造有限公司 …… 368
石家庄泰明顿摩擦材料有限公司 …… 549
河北宏广橡塑金属制品有限公司 …… 550
河北华特汽车部件有限公司 …… 550
河北亚太塑料制品有限公司 …… 550
河北省清河县九洲软轴胶管有限公司 … 552
河北沧州文达汽车配件有限公司 …… 554
黄骅市交通汽车配件有限公司 …… 554
沧州惠邦机电产品制造有限公司 …… 554
河北亚大集团 …… 555
双喜轮胎工业股份有限公司 …… 232
山西汤荣汽车配件制造集团有限公司 … 232
山西太钢不锈钢股份有限公司 …… 556
辽宁顺兴重型内燃机曲轴有限公司 … 126
富奥辽宁汽车弹簧有限公司 …… 234
鞍山太阳锻造实业有限公司 …… 234
辽宁衡业汽车新材股份有限公司 …… 235
锦州市日兴汽车泵业有限公司 …… 237
东港市聚丰汽车缓冲器座椅有限公司 … 371
沈阳东北蓄电池有限公司 …… 444
北方重工集团汽车转向系统分公司 … 444
锦州华汇电子有限公司 …… 445
本溪钢铁集团有限公司 …… 559
富奥汽车零部件股份公司泵业分公司 … 131
长春市二发汽车备品有限公司 …… 238
富奥股份公司传动轴分公司 …… 239
长春博纳汽车零部件有限公司 …… 239
公主岭安宝有限责任公司 …… 241
吉林圆方机械集团有限公司 …… 241
富维－江森自控汽车饰件系统公司 … 372
富奥汽车零部件公司紧固件分公司 … 562
吉林省白山市金铃轴承厂 …… 562
上海伊铭增压器制造有限公司 …… 132
上海日野发动机有限公司 …… 134
萨克斯汽车零部件系统(上海)公司 … 243
上海奥凯汽车零部件有限公司 …… 244
上海科曼车辆部件系统股份有限公司 … 247
双桦控股有限公司 …… 375
上海中欧汽车零部件有限公司 …… 380
上海本安仪表系统有限公司 …… 452
浙江胜华波汽车电器上海分公司 …… 454
上海宝钢特钢股份有限公司 …… 566
上海麦之华密封件有限公司 …… 568
上海底特精密紧固件有限公司 …… 569
上海申克机械有限公司 …… 693
上海 ABB 工程有限公司 …… 694
仪征双环活塞环有限公司 …… 139
江苏鑫悦汽车零部件有限公司 …… 147
江苏嘉和热系统股份有限公司 …… 147
扬州群发换热器有限公司 …… 148
采埃孚转向泵金城(南京)有限公司 … 248
南京轴承有限公司 …… 248
江苏联升汽车部件有限公司 …… 249
南京法雷奥离合器有限公司 …… 249
常州协力汽车零部件有限公司 …… 250
江苏恒义汽配制造有限公司 …… 253
江苏罡阳股份有限公司 …… 258
泰州格里森齿轮制造有限公司 …… 258
南京世冀汽车实业有限公司 …… 382
江苏秦龙车灯有限公司 …… 384
丹阳胜洲汽车部件有限公司 …… 386
常州华阳汽车附件有限公司 …… 388
常州飞华车辆部件有限公司 …… 391
常州市曙光车业有限公司 …… 391
常州博万达汽车安全设备有限公司 … 392
江苏协诺汽车附件有限公司 …… 393
江阴协统汽车附件有限公司 …… 394
扬州市邗江扬子汽车内饰件有限公司 … 396
江苏铁锚玻璃股份有限公司 …… 397
江苏锋弛汽车车身制造有限公司 …… 397
南京双环电器制造有限公司 …… 456
江苏洪昌科技股份有限公司 …… 457
江苏新通达电子科技股份有限公司 …… 458
常州市黄河车灯有限公司 …… 463
常州良盛车业有限公司 …… 463
苏州汽车电器制造有限公司 …… 468
雷瑞卡(苏州)汽车电器有限公司 …… 471
江苏亚泰机电有限公司 …… 473
南京晨光集团有限责任公司 …… 572
江苏龙蟠科技股份有限公司 …… 573
镇江飞亚轴承有限责任公司 …… 574
常州光洋轴承有限公司 …… 575
江苏容天乐机械股份有限公司 …… 577
无锡市百合花胶粘剂厂有限公司 …… 580
江阴天祥塑化制带有限公司 …… 581
苏州温橡特种橡胶有限公司 …… 585
泰州长力树脂管有限公司 …… 587
南京科润工业介质股份有限公司 …… 697
钴领(常州)刀具有限公司 …… 699
常州市大众涂装设备有限公司 …… 699
无锡市科巨机械制造有限公司 …… 701
鑫之宇涂装工业有限公司 …… 705
扬州捷迈锻压机械有限公司 …… 706
杭州江南曲轴有限公司 …… 150
杭州万里塑胶有限公司 …… 150
杭州双象汽车零部件有限公司 …… 151
浙江时代汽车零部件有限公司 …… 153
宁波索立得滑动轴承有限公司 …… 156
浙江黎明发动机零部件有限公司 …… 156
浙江银轮机械股份有限公司 …… 157
玉环县强力件制造厂 …… 158
玉环飞宇汽车配件制造有限公司 …… 160
浙江环球滤清器有限公司 …… 167
五龙控股有限公司 …… 174
浙江双环传动机械股份有限公司 …… 259
杭州德意万向节有限公司 …… 260
万向集团公司 …… 261
杭州奇碟离合器有限公司 …… 264
浙江诸暨市车桥附件厂 …… 264
浙江工正汽车配件厂 …… 265
怀创汽车零部件有限公司 …… 266
嘉兴新中南汽车零部件有限公司 …… 269
宁波华盛汽车部件有限公司 …… 272
余姚市新兴制动元件有限公司 …… 273
余姚市吉顺汽车零部件有限公司 …… 274
隆中控股集团有限公司 …… 279
浙江鑫溢机械有限公司 …… 281
玉环县金泰机械锻造有限公司 …… 282
浙江嘉元机械制造有限公司 …… 286
浙江玉环伟盛机械有限公司 …… 289
台州山源汽车零部件有限公司 …… 289
浙江国昌机械有限公司 …… 290
玉环振奋汽车配件厂 …… 290
浙江天元机电有限公司 …… 290
浙江东风齿轮有限公司 …… 292
瑞立汽车液压制动有限公司 …… 294
浙江欧瑞泰汽配有限公司 …… 297
浙江龙纪汽车零部件有限公司 …… 297
宁波恒富汽车部件发展有限公司 …… 402
浙江万里安全器材有限公司 …… 406
瑞安市华宇汽车电器有限公司 …… 406
浙江宇航汽车配件有限公司 …… 408
浙江诚义达汽车部件有限公司 …… 410
浙江汽车仪表有限公司 …… 476
浙江嘉利(丽水)工业有限公司 …… 488
温州胜威汽车冷暖机设备有限公司 … 489
温州美亚特汽车部件有限公司 …… 494
浙江瑞鹏汽车电器有限公司 …… 501
浙江星普汽车配件有限公司 …… 503
黄河汽配集团有限公司 …… 503
杭州弹簧有限公司 …… 589
浙江久运车辆部件有限公司 …… 590
临安东方滑动轴承有限公司 …… 592
浙江企成机械集团有限公司 …… 594
海盐秦燕汽配有限公司 …… 597
浙江科马摩擦材料股份有限公司 …… 612
云顶控股集团有限公司 …… 615
滨海模塑集团有限公司 …… 710
安徽开乐专用车辆股份有限公司 …… 74
合肥力威汽车油泵有限公司 …… 299
盛力科技股份有限公司 …… 302
安徽天祥空调科技有限公司 …… 412
铜陵华源汽车内饰材料有限公司 …… 413

大陆汽车电子(芜湖)有限公司 ……… 506
黄山顺昌汽车电器有限公司 ………… 507
安徽省宿州市蔡氏铸造有限责任公司 … 617
合肥压力机械有限责任公司 ………… 712
华闽南配集团股份有限公司 ………… 181
莆田市英龙活塞环厂 ………………… 181
泉州恒劲机械有限公司 ……………… 307
晋江连盛液压机械有限公司 ………… 309
泉州国胜汽车部件实业有限公司 …… 415
泉州恒昌电器有限公司 ……………… 510
福建省泉州市盈盛汽配有限公司 …… 622
泉州双德盛交通器材有限公司 ……… 622
福建省恒润机械配件有限公司 ……… 623
福建莱克石化有限公司 ……………… 623
江西新余绿洲橡塑有限公司 ………… 625
临清飞翔专用汽车制造有限公司 ……… 79
山东东岳专用汽车制造有限公司 ……… 83
马勒贝洱热系统(济南)有限公司 …… 184
曼胡默尔滤清器(济南)有限公司 …… 184
山东新金发汽车零部件有限公司 …… 185
中国重汽集团济南复强动力有限公司 … 185
济南沃德汽车零部件有限公司 ……… 185
山东鲁联机械制造有限公司 ………… 186
克拉克过滤器(中国)有限公司 ……… 188
潍坊众谊汽车配件有限公司 ………… 188
烟台亨圆隆汽车配件有限公司 ……… 189
潍坊恒安散热器集团有限公司 ……… 189
诸城市海得威机械有限公司 ………… 189
莱阳市永安散热器有限公司 ………… 191
青岛汽车散热器有限公司 …………… 192
龙口通力汽车配件有限公司 ………… 192
泰安鼎鑫冷却器有限公司 …………… 193
济南第二汽车配件有限公司 ………… 313
山东光岳转向节有限责任公司 ……… 313
济南中森机械制造有限公司 ………… 313
章丘市林海汽车配件厂 ……………… 313
山东明水汽车配件厂 ………………… 313
山东修健重卡车桥制造有限公司 …… 313
济南鑫瑞熙汽车配件有限公司 ……… 313
济南信海工贸有限责任公司 ………… 313
聊城市东海铸锻有限公司 …………… 314
淄博亿伟汽车科技有限公司 ………… 314
淄博春秋汽车弹簧有限公司 ………… 314
山东德方液压机械股份有限公司 …… 314
德州齿轮有限公司 …………………… 314
德州智钢机械厂 ……………………… 314
淄博市金龙弹簧制造有限公司 ……… 315
淄博格尔齿轮有限公司 ……………… 315
淄博亚辰汽车板簧有限公司 ………… 315
淄博博山国家汽车配件厂 …………… 315
东营信义汽车配件有限公司 ………… 316
山东金山汽配有限公司 ……………… 316
山东通力车轮有限公司 ……………… 319
诸城市义和车桥有限公司 …………… 319
青州市建富齿轮有限公司 …………… 319
青州市亚昊车桥有限公司 …………… 320
三角集团有限公司 …………………… 320
山东银宝轮胎集团 …………………… 320
山东泰丰汽车底盘制造有限公司 …… 320
荣成市黄海离合器有限公司 ………… 321
山东玲珑轮胎股份有限公司 ………… 322
蓬莱天日聚氨酯有限公司 …………… 322
龙口天兴工贸有限公司 ……………… 322
青岛市城阳区元通汽车传动轴厂 …… 323
山东旭鑫机械股份有限公司 ………… 323
青岛海通车桥有限公司 ……………… 324
青岛青特众力车桥有限公司 ………… 324
青岛双星轮胎工业有限公司 ………… 325
青岛丰宝汽车离合器有限公司 ……… 325
山东丰润机械制造有限公司 ………… 326
兖州市环宇车轮有限公司 …………… 327
济宁骏达机械制造有限公司 ………… 327
济宁精益轴承有限公司 ……………… 327
山东众力液压技术有限公司 ………… 328
济南鲁新金属制品有限公司 ………… 416
淄博广丰达实业有限公司 …………… 416
山东统亚模塑科技实业有限公司 …… 416
山东三岭汽车内饰有限公司 ………… 416
龙口市宏兴机械车辆配套有限公司 … 417
荣成市爱士玻璃钢有限责任公司 …… 417
烟台三环锁业集团公司轿车锁公司 … 417
山东旭日汽车饰件集团 ……………… 418
山东鲁得贝车灯股份有限公司 ……… 512
济南鲁联汽车低温起动装置有限公司 … 512
莱州市金声汽车电器有限公司 ……… 513
山东泰瑞汽车机械电器有限公司 …… 513
山东零公里石油化工有限公司 ……… 625
山东哈临轴承实业有限公司 ………… 626
山东省强劲汽车零部件有限公司 …… 626
济南赛邦石油化学有限公司 ………… 626
中国重汽集团济南铸锻中心 ………… 626
水星汽车部件集团股份有限公司 …… 627
山东汽车弹簧厂有限公司 …………… 627
莱州亚通金属制品集团有限公司 …… 628
信义载重汽车配件有限公司 ………… 628
山东高强紧固件有限公司 …………… 629
乳山韩京摩擦材料有限公司 ………… 630
山东道恩高分子材料股份有限公司 … 631
龙口车辆油管有限公司 ……………… 631
长岛高能聚氨酯有限公司 …………… 632
青岛北海密封技术有限公司 ………… 632
青岛信义汽车制动配件有限公司 …… 633
青岛凯通(赛澳)密封件有限公司 …… 633
青岛华冠密封工业有限公司 ………… 633
山东惠尔制革集团有限公司 ………… 634
山东源根石油化工有限公司 ………… 634
梁山环宇密封垫片有限公司 ………… 634
梁山亨通实业公司摩擦密封材料总厂 … 634
山东湖西王集团铸业有限公司 ……… 635
潍坊万达汽车工具有限公司 ………… 670
山东春龙风动机械有限公司 ………… 714
青岛冠宇工业设备有限公司 ………… 715
山东寿光万龙实业有限公司 ………… 739
新乡航空工业(集团)有限公司 ……… 195
河南天誉动力机械有限公司 ………… 196
新乡市天风汽车空压机有限公司 …… 329
河南泰稳减振器有限公司 …………… 329
风神轮胎股份有限公司 ……………… 330
长葛市长交机械制造有限公司 ……… 332
河南省长葛市劲翔汽车配件厂 ……… 332
驻马店中集华骏铸造有限公司 ……… 332
洛阳华冠齿轮股份有限公司 ………… 333
天海雪城汽车电子(鹤壁)有限公司 … 517
鹤壁市恒泰电器有限公司 …………… 517
辉县市建风弹簧厂 …………………… 636
河南英威东风机械制造有限公司 …… 636
郑州军龙制动装备有限公司 ………… 716
三门峡豫西机床有限公司 …………… 717
中航工业奥龙汽车有限公司 …………… 92
十堰诺克里奇科技有限公司 ………… 200
湖北恒隆汽车系统集团有限公司 …… 335
沙市久隆汽车动力转向器有限公司 … 335
湖北三众车桥有限责任公司 ………… 335
湖北亚川汽车齿轮集团有限公司 …… 335
湖北万向汽车零部件有限公司 ……… 336
湖北全力机械集团股份有限公司 …… 337
湖北三环铸造股份有限公司 ………… 337
湖北三环车桥有限公司 ……………… 338
十堰巨名好特汽车备件制造有限公司 … 340
十堰市德沃汽车零部件有限公司 …… 342
湖北神力锻造有限责任公司 ………… 342
武汉辉弘汽车车身附件有限公司 …… 419
十堰正和车身有限公司 ……………… 421
湖北三环汽车电器有限公司 ………… 518
荆州神电实业有限公司 ……………… 519
湖北环宇车灯有限公司 ……………… 520
湖北华龙车灯有限公司 ……………… 520
湖北大帆汽车零部件有限公司 ……… 639
湖北飞龙摩擦密封材料股份有限公司 … 640
湖北亿德·赛襄轴承有限公司 ……… 641
南岳电控(衡阳)工业技术有限公司 … 202
湖南机油泵股份有限公司 …………… 202
中航飞机起落架有限责任公司 ……… 343
株洲齿轮有限责任公司 ……………… 343
湖南省重型离合器有限责任公司 …… 344
博世汽车部件(长沙)有限公司 ……… 521
株洲湘火炬汽车灯具有限责任公司 … 522
湖南博云汽车制动材料有限公司 …… 642
广州溢滔钱潮减震科技股份有限公司 … 345
江门市兴江转向器有限公司 ………… 350
深圳市宝凌电子股份有限公司 ……… 528
东莞正扬电子机械有限公司 ………… 533
重庆凯瑞特种车有限公司 …………… 102
重庆汇浦液压动力制造有限公司 …… 210
重庆聚能汽车技术有限责任公司 …… 353
重庆红岩方大汽车悬架有限公司 …… 353
重庆卡福汽车制动转向系统有限公司 … 353
綦江重配齿轮有限公司 ……………… 354
重庆荆江汽车半轴有限公司 ………… 354
綦江长风齿轮有限公司 ……………… 354
重庆市渝电汽车弹簧有限公司 ……… 355
重庆重型汽车集团传动轴有限公司 … 356
重庆海德世拉索系统(集团)有限公司 … 538
重庆华通机电技术有限公司 ………… 653
重庆恒伟精密机械有限公司 ………… 727
中汽成都配件有限公司 ……………… 215
四川南充康达汽车零部件集团公司 … 217
南充市攀峰滤清器有限公司 ………… 217
四川金雕离合器有限公司 …………… 357
四川名齿齿轮制造有限公司 ………… 359
四川联茂机械制造有限公司 ………… 359
四川省雅安市羌江机械有限责任公司 … 359
泸州长江机械有限公司 ……………… 360

隆昌山川精密焊管有限责任公司 …… 360
成都成航车辆仪表有限责任公司 …… 539
成都航凯天电子股份有限公司 ……… 539
四川泛华航空仪表电器有限公司 …… 540
雅安小航电器有限责任公司 ………… 540
乐山大洋轴承有限公司 ……………… 655
成都焊研科技有限责任公司 ………… 727
贵州贵航汽车零部件华阳电器公司 … 541
贵州贵航汽车零部件股份有限公司 … 656
陕西法士特汽车传动集团有限公司 … 361
陕西燎原液压股份有限公司 ………… 362
陕西凌云蓄电池有限公司 …………… 542
陕西奉航橡胶密封件有限责任公司 … 657

★ 上汽依维柯红岩

北方凌云工业集团有限公司 ………… 370
重庆超力高科技有限责任公司 ……… 430
正兴车轮集团有限公司 ……………… 309
重庆杜克高压密封件有限公司 ……… 354
北京中材汽车复合材料有限公司 …… 365
天津市凯诺实业有限公司 …………… 549
河北德纳 V 型轮有限公司 ………… 120
沧州宇通塑业有限公司 ……………… 122
河北劲速车轮有限公司 ……………… 229
定州市天力钢板弹簧有限公司 ……… 231
清河县星星汽配制造有限公司 ……… 368
石家庄博亚汽车电器有限公司 ……… 440
阜新德尔汽车部件股份有限公司 …… 237
长春市建邦汽车零部件有限公司 …… 240
上海丰瑞转向泵有限公司 …………… 246
上海嘉仕久企业发展有限公司 ……… 248
上海鼎杰电子有限公司 ……………… 454
上海远松机械有限公司 ……………… 696
亚新科凸轮轴(仪征)有限公司 ……… 139
南京法雷奥离合器有限公司 ………… 249
常州协力汽车零部件有限公司 ……… 250
苏州东风汽车离合器有限公司 ……… 254
徐州美驰车桥有限公司 ……………… 256
常州华鼎车辆配件厂 ………………… 391
常州市曙光车业有限公司 …………… 391
江苏旭顺东明汽配有限公司 ………… 394
扬州市邗江扬子汽车内饰件有限公司 … 396
丹阳谊善车灯设备制造有限公司 …… 458
泰州长力树脂管有限公司 …………… 587
嘉兴峰牌钢圈有限公司 ……………… 269
嘉兴新中南汽车零部件有限公司 …… 269
浙江滨海汽车零部件有限公司 ……… 281
玉环伟茂齿轮传动制造有限公司 …… 285
浙江国昌机械有限公司 ……………… 290
浙江科力车辆控制系统有限公司 …… 294
浙江安固汽车配件有限公司 ………… 294
浙江迅达汽车部件有限公司 ………… 295
杭州梵隆方向盘有限公司 …………… 398
宁波市鄞州雪利曼电子仪表有限公司 … 480
温州胜威汽车冷暖机设备有限公司 … 489
浙江天岳汽车电器有限公司 ………… 498
浙江瑞鹏汽车电器有限公司 ………… 501
福建明佳机械科技股份有限公司 …… 309
中恒通(福建)机械制造有限公司 …… 310
泉州恒昌电器有限公司 ……………… 510
潍坊众谊汽车配件有限公司 ………… 188
龙口通力汽车配件有限公司 ………… 192
青岛汽车散热器有限公司 …………… 192
章丘市林海汽车配件厂 ……………… 313
济南中森机械制造有限公司 ………… 313
荣成市黄海离合器有限公司 ………… 321
山东泰山轮胎有限公司 ……………… 326
济宁精益轴承有限公司 ……………… 327
兖州市环宇车轮有限公司 …………… 327
山东三岭汽车内饰有限公司 ………… 416
淄博广丰达实业有限公司 …………… 416
荣成市爱士玻璃钢有限责任公司 …… 417
山东鲁得贝车灯股份有限公司 ……… 512
梁山亨通实业公司摩擦密封材料总厂 … 634
山东梁轴轴承有限公司 ……………… 634
河南广瑞汽车部件股份有限公司 …… 329
洛阳华冠齿轮股份有限公司 ………… 333
三门峡豫西机床有限公司 …………… 717
中航工业奥龙汽车有限公司 ………… 92
湖北全力机械集团股份有限公司 …… 337
湖北三环锻造有限公司 ……………… 338
十堰巨名好特汽车备件制造有限公司 … 340
十堰瑞程传动轴有限公司 …………… 341
东风电子科技公司汽车制动系统公司 … 342
十堰市德沃汽车零部件有限公司 …… 342
东风贝洱热系统有限公司 …………… 420
湖北华龙车灯有限公司 ……………… 520
湖北环宇车灯有限公司 ……………… 520
襄樊金派汽车轴承有限公司 ………… 639
株洲齿轮有限责任公司 ……………… 343
湖南长沙平头汽车车身制造厂 ……… 422
邵阳通达汽车零部件制造有限公司 … 423
广州基业汽车空调制造有限公司 …… 425
东莞正扬电子机械有限公司 ………… 533
重庆凯瑞特种车有限公司 …………… 102
上汽菲亚特红岩动力总成有限公司 … 210
重庆上方汽车配件有限责任公司 …… 211
重庆创鸿机电(轴承)有限公司 ……… 352
重庆卡福汽车制动转向系统有限公司 … 353
重庆红岩方大汽车悬架有限公司 …… 353
綦江重配齿轮有限公司 ……………… 354
重庆红旗弹簧有限公司 ……………… 354
綦江长风齿轮有限公司 ……………… 354
重庆市渝电汽车弹簧有限公司 ……… 355
重庆重型汽车集团传动轴有限公司 … 356
重庆光能汽车配件有限公司 ………… 430
重庆深渝电子有限公司 ……………… 538
重庆秦川实业(集团)股份有限公司 … 538
重庆辉达重型汽车配件制造有限公司 … 652
重庆刹车管厂 ……………………… 652
重庆华通机电技术有限公司 ………… 653
重庆长安凌云汽车零部件有限公司 … 653
重庆高强度紧固件厂 ………………… 654
重庆千斤顶厂 ……………………… 680
四川名齿齿轮制造有限公司 ………… 359
四川联茂机械制造有限公司 ………… 359
四川绵阳德鑫机械有限公司 ………… 359
隆昌山川精密焊管有限责任公司 …… 360
成都航凯天电子股份有限公司 ……… 539
成都成航车辆仪表有限责任公司 …… 539
成都有为科技有限公司 ……………… 539
中蓝晨光化工研究院有限公司 ……… 654
贵州航天红光机械制造有限公司 …… 360
贵阳联洪合成材料厂 ………………… 656
西安康明斯发动机有限公司 ………… 219
秦川液压件厂 ……………………… 362
陕西燎原液压股份有限公司 ………… 362
陕西凌云蓄电池有限公司 …………… 542

★ 陕汽集团

富奥汽车零部件股份有限公司 ……… 129
东风电子科技股份有限公司 ………… 449
山东同创汽车散热装置股份有限公司 … 194
许昌远东传动轴股份有限公司 ……… 332
浙江世宝控股集团有限公司 ………… 259
全兴精工集团有限公司 ……………… 264
桂林福达集团有限公司 ……………… 209
陕西北方动力有限责任公司 ………… 219
北京柯布克科技开发有限公司 ……… 221
北京首创轮胎有限责任公司 ………… 222
北京海纳川汽车部件公司北京分公司 … 364
北京中材汽车复合材料有限公司 …… 365
北京光华荣昌汽车零部件(集团)公司 … 365
北京兰天达汽车清洁燃料技术公司 … 544
壳牌统一(北京)石油化工有限公司 … 546
北京泛川机电设备有限公司 ………… 683
河北华北柴油机有限责任公司 ……… 119
沧州宇通塑业有限公司 ……………… 122
沧州新旺汽车散热器制造有限公司 … 122
沧州龙翔机械有限公司 ……………… 227
沧州盛世伟业汽车附件有限公司 …… 228
河北劲速车轮有限公司 ……………… 229
清河县星星汽配制造有限公司 ……… 368
河北华特汽车部件有限公司 ………… 550
中信机电车桥有限责任公司 ………… 232
山西汤荣汽车配件制造集团有限公司 … 232
山西太钢不锈钢股份有限公司 ……… 556
内蒙古一机集团北方实业有限公司 … 233
辽宁五一八内燃机配件有限公司 …… 127
一汽凌源汽车车架制造有限公司 …… 237
北方重工集团汽车转向系统分公司 … 444
沈阳东北蓄电池有限公司 …………… 444
本溪钢铁集团有限公司 ……………… 559
哈尔滨东安发动机(集团)有限公司 … 131
上海丰瑞转向泵有限公司 …………… 246
上海本安仪表系统有限公司 ………… 452
上海金力泰化工股份有限公司 ……… 568
上海底特精密紧固件有限公司 ……… 569
上海 ABB 工程有限公司 …………… 694
江苏嘉和热系统股份有限公司 ……… 147
南京轴承有限公司 ………………… 248
常州协力汽车零部件有限公司 ……… 250
江苏恒力制动器制造有限公司 ……… 253
江苏恒义汽配制造有限公司 ………… 253
江苏格尔顿传动有限公司 …………… 253
江苏省东海县兰天汽车车轮厂 ……… 256
江苏罡阳转向系统有限公司 ………… 257
江苏罡阳股份有限公司 ……………… 258
丹阳市汽车配件五厂 ………………… 386
常州昊邦汽车零部件有限公司 ……… 387
常州市峰日车辆配件有限公司 ……… 387

常州市曙光车业有限公司 …………… 391
江苏裕华汽车零部件有限公司 ……… 393
江苏旭顺东明汽配有限公司 ………… 394
苏州中成汽车空调压缩机有限公司 … 395
扬州市邗江扬子汽车内饰件有限公司 … 396
常州市黄河车灯有限公司 …………… 463
江苏亚泰机电有限公司 ……………… 473
江阴天祥塑化制带有限公司 ………… 581
江苏恒明汽车配件制造有限公司 …… 582
泰州长力树脂管有限公司 …………… 587
江苏中大工业涂装环保有限公司 …… 705
杭州萧山汽车滤清器有限公司 ……… 151
玉环县强力件制造厂 ………………… 158
台州晨辉机械制造有限公司 ………… 159
永康市广园汽车配件有限公司 ……… 163
温州车舟汽车部件有限公司 ………… 166
浙江环球滤清器有限公司 …………… 167
五龙控股有限公司 …………………… 174
杭州金马离合器有限公司 …………… 259
杭州德意万向节有限公司 …………… 260
万向集团公司 ………………………… 261
浙江中伟实业集团有限公司 ………… 266
怀创汽车零部件有限公司 …………… 266
嘉兴新中南汽车零部件有限公司 …… 269
嘉兴嘉嘉汽车零部件制造有限公司 … 269
宁波华盛汽车部件有限公司 ………… 272
奉化市天风汽车空压机有限公司 …… 275
浙江奥缔机械制造有限公司 ………… 282
玉环登福机械有限公司 ……………… 283
台州山源汽车零部件有限公司 ……… 289
瑞立汽车液压制动有限公司 ………… 294
浙江科力车辆控制系统有限公司 …… 294
浙江欧瑞泰汽配有限公司 …………… 297
浙江中昌汽车零部件有限公司 ……… 298
浙江超达汽车配件有限公司 ………… 405
温州胜威汽车冷暖机设备有限公司 … 489
温州一川电气有限公司 ……………… 491
温州美亚特汽车部件有限公司 ……… 494
浙江瑞鹏汽车电器有限公司 ………… 501
浙江星普汽车配件有限公司 ………… 503
海盐秦燕汽配有限公司 ……………… 597
仙居县润丰汽车零部件制造有限公司 … 608
云顶控股集团有限公司 ……………… 615
安徽开乐专用车辆股份有限公司 ……… 74
合肥宽信机电有限公司 ……………… 300
宁国市飞鹰汽车零部件股份有限公司 … 304
芜湖万迪孚汽车部件有限公司 ……… 412
铜陵华源汽车内饰材料有限公司 …… 413
大陆汽车电子(芜湖)有限公司 ……… 506
合肥常青机械股份有限公司 ………… 616
莆田市英龙活塞环厂 ………………… 181
石狮万众离合器有限公司 …………… 309
福建畅丰车桥制造有限公司 ………… 310
泉州国胜汽车部件实业有限公司 …… 415
福建冠良汽车配件工业有限公司 …… 620
江西行新汽车科技有限公司 ………… 415
山东东岳专用汽车制造有限公司 ……… 83
山东新金发汽车零部件有限公司 …… 185
克拉克过滤器(中国)有限公司 ……… 188
潍坊众谊汽车配件有限公司 ………… 188
潍坊恒安散热器集团有限公司 ……… 189
龙口中宇集团 ………………………… 192
青岛普天汽车配件有限公司 ………… 193
泰安鼎鑫冷却器有限公司 …………… 193
济南中森机械制造有限公司 ………… 313
山东明水汽车配件厂 ………………… 313
济南第二汽车配件有限公司 ………… 313
聊城市东海铸锻有限公司 …………… 314
山东德方液压机械股份有限公司 …… 314
山东通力车轮有限公司 ……………… 319
青州市亚昊车桥有限公司 …………… 320
荣成市黄海离合器有限公司 ………… 321
山东玲珑轮胎股份有限公司 ………… 322
蓬莱天日聚氨酯有限公司 …………… 322
龙口天兴工贸有限公司 ……………… 322
青岛双星轮胎工业有限公司 ………… 325
青岛丰宝汽车离合器有限公司 ……… 325
山东丰润机械制造有限公司 ………… 326
兖州市环宇车轮有限公司 …………… 327
济宁精益轴承有限公司 ……………… 327
山东三岭汽车内饰有限公司 ………… 416
荣成市爱士玻璃钢有限责任公司 …… 417
山东鲁得贝车灯股份有限公司 ……… 512
莱州市金声汽车电器有限公司 ……… 513
山东省强劲汽车零部件有限公司 …… 626
山东汽车弹簧厂有限公司 …………… 627
梁山亨通实业公司摩擦密封材料总厂 … 634
临沂开元轴承有限公司 ……………… 635
山东法因数控机械股份有限公司 …… 714
平原滤清器有限公司 ………………… 195
河南省东山科技有限公司 …………… 196
河南省西峡汽车水泵股份有限公司 … 197
新乡市天风汽车空压机有限公司 …… 329
欧玛(中国)汽车部件有限公司 ……… 330
河南省汤阴县汽车零部件有限公司 … 330
河南省长葛市劲翔汽车配件厂 ……… 332
南阳淅减汽车减振器有限公司 ……… 333
洛阳华冠齿轮股份有限公司 ………… 333
鹤壁欧派克电气有限公司 …………… 517
鹤壁市恒泰电器有限公司 …………… 517
河南英威东风机械制造有限公司 …… 636
三门峡豫西机床有限公司 …………… 717
中航工业奥龙汽车有限公司 …………… 92
湖北福纳车业有限公司 ……………… 200
湖北通达汽车零部件(集团)有限公司 … 200
十堰楚欣达汽车部件制造有限公司 … 201
武汉元丰汽车零部件有限公司 ……… 334
沙市久隆汽车动力转向器有限公司 … 335
湖北荆江源车桥有限责任公司 ……… 335
湖北万向汽车零部件有限公司 ……… 336
湖北全力机械集团股份有限公司 …… 337
十堰格润工贸有限公司 ……………… 338
湖北三环车桥有限公司 ……………… 338
十堰东风汽车零部件制造有限公司 … 340
十堰市定红工贸有限公司 …………… 340
十堰巨名好特汽车备件制造有限公司 … 340
双星东风轮胎有限公司 ……………… 342
东风电子科技公司汽车制动系统公司 … 342
十堰市德沃汽车零部件有限公司 …… 342
武汉辉弘汽车车身附件有限公司 …… 419
十堰正和车身有限公司 ……………… 421
东风－派恩汽车铝热交换器有限公司 … 422
湖北三环汽车电器有限公司 ………… 518
湖北孝感华中车灯有限公司 ………… 519
湖北环宇车灯有限公司 ……………… 520
东风汽车电子有限公司 ……………… 520
湖北华龙车灯有限公司 ……………… 520
湖北飞龙摩擦密封材料股份有限公司 … 640
中航飞机起落架有限责任公司 ……… 343
株洲齿轮有限责任公司 ……………… 343
株洲汽车零部件实业有限公司 ……… 344
湖南长沙榔黎汽车车身制造有限公司 … 422
株洲湘火炬汽车灯具有限责任公司 … 522
广州科密汽车制动技术开发有限公司 … 345
江门市兴江转向器有限公司 ………… 350
深圳市著牌实业有限公司 …………… 426
重庆潍柴发动机厂 …………………… 213
重庆红岩方大汽车悬架有限公司 …… 353
重庆卡福汽车制动转向系统有限公司 … 353
重庆重型汽车集团传动轴有限公司 … 356
重庆祥盛实业发展有限公司 ………… 536
南充市攀峰滤清器有限公司 ………… 217
四川南充康达汽车零部件集团公司 … 217
成都宁兴汽车弹簧有限公司 ………… 356
成都成航车辆仪表有限责任公司 …… 539
成都航凯天电子股份有限公司 ……… 539
四川泛华航空仪表电器有限公司 …… 540
雅安小航电器有限责任公司 ………… 540
中蓝晨光化工研究院有限公司 ……… 654
成都成量工具集团有限公司 ………… 728
贵州航天红光机械制造有限公司 …… 360
贵州贵航汽车零部件华阳电器公司 … 541
西安康明斯发动机有限公司 ………… 219
陕西汉德车桥有限公司 ……………… 361
西安市蓝田汽车传动轴厂 …………… 361
西安正昌电子有限责任公司 ………… 361
陕西秦川汽车液压有限责任公司 …… 361
西安合力汽车配件有限公司 ………… 361
陕西法士特汽车传动集团有限公司 … 361
西安三鸣汽车零部件有限公司 ……… 361
陕西力之泉工贸有限责任公司 ……… 361
陕西东铭车辆系统股份有限公司 …… 362
陕西燎原液压股份有限公司 ………… 362
宝鸡瑞泰尔汽车零部件有限公司 …… 362
秦川液压件厂 ………………………… 362
陕西凌云蓄电池有限公司 …………… 542
西安林产化学软木工厂 ……………… 657
陕西万方汽车零部件有限公司 ……… 657
陕西方圆汽车标准件有限公司 ……… 657
陕西奉航橡胶密封件有限责任公司 … 657
西安天盾汽缸层有限责任公司 ……… 657
榆林金帝润滑油有限公司 …………… 657
新疆八钢板簧有限公司 ……………… 362

★ 北奔重汽

河北亚大汽车塑料制品有限公司 …… 555
山东厚丰汽车散热器有限公司 …… 194
许昌远东传动轴股份有限公司 …… 332
宜宾三江机械有限责任公司 …… 360
万向钱潮股份有限公司 …… 262
正兴车轮集团有限公司 …… 309
北京柯布克科技开发有限公司 …… 221

北京首创轮胎有限责任公司 ………… 222
北京赛德车门制造有限公司 ………… 364
北京光华荣昌汽车零部件(集团)公司 … 365
北京天元奥特橡塑有限公司 ………… 545
壳牌统一(北京)石油化工有限公司 … 546
天津市益中汽车安全带厂 …………… 365
河北华北柴油机有限责任公司 ……… 119
邢台翔通机械制造有限公司 ………… 122
沧州龙翔机械有限公司 ……………… 227
河北前锋机器有限责任公司 ………… 229
定州市天力钢板弹簧有限公司 ……… 231
张家口市元强锻压有限公司 ………… 232
清河县星星汽配制造有限公司 ……… 368
涿州市盛弘机械有限责任公司 ……… 370
石家庄博亚汽车电器有限公司 ……… 440
河北华密橡胶有限公司 ……………… 553
承德润韩汽车零部件有限公司 ……… 660
河北盛世集团凌云铸造模具有限公司 … 687
山西利民机电有限责任公司 ………… 124
中信机电车桥有限责任公司 ………… 232
山西太钢不锈钢股份有限公司 ……… 556
内蒙古一机集团六分公司 …………… 124
内蒙古一机集团北方实业有限公司 … 233
包头市久力机械制造有限公司 ……… 233
富奥辽宁汽车弹簧有限公司 ………… 234
辽宁曙光车桥有限责任公司 ………… 236
辽宁通达轴业有限公司 ……………… 236
朝阳浪马轮胎有限责任公司 ………… 237
一汽凌源汽车车架制造有限公司 …… 237
沈阳汽车暖风机厂 …………………… 370
沈阳三丰电气有限公司 ……………… 688
长春科德宝·宝翎滤清器有限公司 … 130
天合富奥商用车转向器(长春)公司 … 239
富奥股份公司传动轴分公司 ………… 239
长春市汇锋汽车齿轮股份有限公司 … 240
长春一东离合器股份有限公司 ……… 240
吉林市江机调整臂有限公司 ………… 241
吉林小糸东光车灯有限责任公司 …… 447
长春德联化工有限公司 ……………… 561
富奥汽车零部件公司紧固件分公司 … 562
公主岭轴承厂 ………………………… 563
白城市汽车压铸件有限责任公司 …… 563
上海弗列加滤清器有限公司 ………… 133
上海日野发动机有限公司 …………… 134
上海东兴旺汽车配件有限公司 ……… 138
上海舒安汽车空调设备有限公司 …… 381
上海鼎杰电子有限公司 ……………… 454
上海耀通电子仪表有限公司 ………… 456
上海麦之华密封件有限公司 ………… 568
扬州市长运汽车油箱制造有限公司 … 148
采埃孚转向泵金城(南京)有限公司 … 248
无锡格尔顿传动轴有限公司 ………… 252
江苏恒义汽配制造有限公司 ………… 253
江苏恒力制动器制造有限公司 ……… 253
江苏飞船股份有限公司 ……………… 258
江苏汤臣汽车零部件有限公司 ……… 259
江苏丹阳佳通车辆配件有限公司 …… 384
江苏秦龙车灯有限公司 ……………… 384
常州昊邦汽车零部件有限公司 ……… 387
常州市鑫跃灯业有限公司 …………… 391
常州博万达汽车安全设备有限公司 … 392
江阴协统汽车附件有限公司 ………… 394
江苏旭顺东明汽配有限公司 ………… 394
苏州中成汽车空调压缩机有限公司 … 395
扬州市邗江扬子汽车内饰件有限公司 … 396
江苏新通达电子科技股份有限公司 … 458
常州市黄河车灯有限公司 …………… 463
无锡创维彩登科技有限公司 ………… 466
江苏亚泰机电有限公司 ……………… 473
江苏龙蟠科技股份有限公司 ………… 573
泰州长力树脂管有限公司 …………… 587
宁波索立得滑动轴承有限公司 ……… 156
台州腾仕达机械有限公司 …………… 160
中策橡胶集团有限公司 ……………… 259
杭州亚太特必克汽车制动系统公司 … 261
怀创汽车零部件有限公司 …………… 266
绍兴金江机械有限公司 ……………… 267
嘉兴新中南汽车零部件有限公司 …… 269
宁波优适捷传动件有限公司 ………… 271
宁波合力汽车零部件有限公司 ……… 275
浙江滨海汽车零部件有限公司 ……… 281
浙江奥缔机械制造有限公司 ………… 282
台州盛鹏动力有限公司 ……………… 283
玉环伟茂齿轮传动制造有限公司 …… 285
浙江华邦机械有限公司 ……………… 288
浙江国昌机械有限公司 ……………… 290
浙江台州浙龙机械制造有限公司 …… 291
浙江恒友齿轮有限公司 ……………… 292
瑞立汽车液压制动有限公司 ………… 294
温州光大汽配制造有限公司 ………… 411
温州胜威汽车冷暖机设备有限公司 … 489
浙江星普汽车配件有限公司 ………… 503
钱潮轴承有限公司 …………………… 590
海盐秦燕汽配有限公司 ……………… 597
宁波六环汽配有限公司 ……………… 602
浙江汇丰汽配制造有限公司 ………… 609
浙江环荣汽车部件有限公司 ………… 609
台州创阳机械有限公司 ……………… 609
温州双剑工业集团东方汽车配件厂 … 614
温岭市装配设备成套有限公司 ……… 709
合肥力威汽车油泵有限公司 ………… 299
合肥宽信机电有限公司 ……………… 300
安徽省德鸿机件制造有限公司 ……… 301
大陆汽车电子(芜湖)有限公司 ……… 506
安徽威德汽车零部件制造有限公司 … 619
福建明佳机械科技股份有限公司 …… 309
厦门厦华新技术有限公司 …………… 509
福建艺达电驱动股份有限公司 ……… 510
诗来福汽车电机制造有限公司 ……… 510
福建冠良汽车配件工业有限公司 …… 620
福建田中机械科技股份有限公司 …… 622
泉州市现代汽车配件有限公司 ……… 622
江西省安源万向实业有限公司 ……… 311
江西行新汽车科技有限公司 ………… 415
临清飞翔专用汽车制造有限公司 …… 79
山东东岳专用汽车制造有限公司 …… 83
马勒贝洱热系统(济南)有限公司 …… 184
潍坊众谊汽车配件有限公司 ………… 188
潍柴动力股份有限公司 ……………… 188
龙口中宇集团 ………………………… 192
龙口通力汽车配件有限公司 ………… 192
泰安鼎鑫冷却器有限公司 …………… 193
山东光岳转向节有限责任公司 ……… 313
济南中森机械制造有限公司 ………… 313
山东明水汽车配件厂 ………………… 313
山东德方液压机械股份有限公司 …… 314
淄博亿伟汽车科技有限公司 ………… 314
青州市亚昊车桥有限公司 …………… 320
荣成市黄海离合器有限公司 ………… 321
浦林成山(山东)轮胎有限公司 ……… 321
蓬莱荣达机械配件有限公司 ………… 322
青岛市城阳区元通汽车传动轴厂 …… 323
青岛三星精锻齿轮有限公司 ………… 325
山东丰润机械制造有限公司 ………… 326
山东泰山轮胎有限公司 ……………… 326
淄博广丰达实业有限公司 …………… 416
荣成市爱士玻璃钢有限责任公司 …… 417
龙口市宏兴机械车辆配套有限公司 … 417
莱州市金声汽车电器有限公司 ……… 513
乳山韩京摩擦材料有限公司 ………… 630
梁山亨通实业公司摩擦密封材料总厂 … 634
潍坊万达汽车工具有限公司 ………… 670
山东寿光万龙实业有限公司 ………… 739
河南省华腾实业发展有限公司 ……… 329
林州市银桥机械制造有限公司 ……… 330
河南省汤阴县汽车零部件有限公司 … 330
欧玛(中国)汽车部件有限公司 ……… 330
河南省长葛市劲翔汽车配件厂 ……… 332
长葛市定达实业有限公司 …………… 332
洛阳华冠齿轮股份有限公司 ………… 333
河南欧迪艾铸造有限公司 …………… 636
郑州军龙制动装备有限公司 ………… 716
三门峡豫西机床有限公司 …………… 717
湖北三环锻造有限公司 ……………… 338
东风电子科技公司汽车制动系统公司 … 342
东风汽车电子有限公司 ……………… 520
湖北环宇车灯有限公司 ……………… 520
黄石市重型汽车配件制造厂 ………… 639
湖北飞龙摩擦密封材料股份有限公司 … 640
株洲齿轮有限责任公司 ……………… 343
揭西县卡东欧电子有限公司 ………… 204
东莞正扬电子机械有限公司 ………… 533
广东德联集团股份有限公司 ………… 650
日东电子发展(深圳)有限公司 ……… 723
重庆凯瑞特种车有限公司 …………… 102
重庆北方奔驰变速器有限责任公司 … 351
重庆创鸿机电(轴承)有限公司 ……… 352
重庆聚兴交通工业(集团)有限公司 … 352
重庆红岩方大汽车悬架有限公司 …… 353
重庆大江信达车辆公司汽车零部件公司 … 353
重庆红旗弹簧有限公司 ……………… 354
綦江重配齿轮有限公司 ……………… 354
重庆荆江汽车半轴有限公司 ………… 354
重庆市渝电汽车弹簧有限公司 ……… 355
重庆光能汽车配件有限公司 ………… 430
重庆辉达重型汽车配件制造有限公司 … 652
重庆长安民生物流股份有限公司 …… 727
四川郫县离合器有限公司 …………… 358
四川联茂机械制造有限公司 ………… 359
成都航凯天电子股份有限公司 ……… 539
成都成航车辆仪表有限责任公司 …… 539
成都有为科技有限公司 ……………… 539
成都华德密封工业有限公司 ………… 654

西安伊思灵华泰汽车座椅有限公司 …… 432
陕西凌云电器集团有限公司 …… 541
陕西凌云蓄电池有限公司 …… 542
榆林金帝润滑油有限公司 …… 657
西北轴承股份有限公司 …… 658

★ 江淮汽车

北京海纳川汽车部件股份有限公司 …… 363
中国石油润滑油公司 …… 543
北方凌云工业集团有限公司 …… 370
富奥汽车零部件股份有限公司 …… 129
哈尔滨东安汽车发动机制造有限公司 …… 131
延锋汽车饰件系统有限公司 …… 375
上海汽车地毯总厂有限公司 …… 379
上海沪工汽车电器有限公司 …… 454
上海小糸车灯有限公司 …… 456
江苏皓月汽车锁股份有限公司 …… 394
浙江亚太机电股份有限公司 …… 261
浙江万安科技股份有限公司 …… 267
山东同创汽车散热装置股份有限公司 …… 194
许昌远东传动轴股份有限公司 …… 332
湖北三环离合器有限公司 …… 336
湖北开特汽车电子电器系统股份公司 …… 518
怀集登云汽配股份有限公司 …… 207
内江金鸿曲轴有限公司 …… 218
浙江世宝控股集团有限公司 …… 259
浙江铁流离合器股份有限公司 …… 260
全兴精工集团有限公司 …… 264
正兴车轮集团有限公司 …… 309
广东好帮手电子科技股份有限公司 …… 534
重庆青山工业有限责任公司 …… 356
北京大林万达汽车部件有限公司 …… 116
北京航天兴达科技有限公司 …… 116
北京海纳川汽车部件公司北京分公司 …… 364
北京第三纺织机械有限公司 …… 365
北京新峰天霁科技有限公司 …… 434
北京泰兴汽车配件制造有限公司 …… 545
易图通科技(北京)有限公司 …… 659
天津市格林利福新技术有限公司 …… 118
天津天海同步科技股份有限公司 …… 224
天津力神电池股份有限公司 …… 439
天津市润生塑胶制品有限公司 …… 547
天津鹏翎胶管股份有限公司 …… 547
河北瑞丰动力缸体有限公司 …… 120
河北德纳V型轮有限公司 …… 120
南宫市精强连杆有限公司 …… 122
河北程杰汽车转向机制造有限公司 …… 225
河北雅佳驰汽车零部件制造有限公司 …… 228
河北前锋机器有限责任公司 …… 229
香河港龙汽车配件制造有限公司 …… 230
东方久乐汽车安全气囊有限公司 …… 367
邢台华威汽车内饰有限公司 …… 368
河北省冀州市汽车装饰件厂 …… 368
廊坊市全振汽车配件有限公司 …… 369
河北华密橡胶有限公司 …… 553
河北沧县汽车配件厂 …… 553
山西汤荣汽车配件制造集团有限公司 …… 232
中信机电车桥有限责任公司 …… 232
太原太航汽车电子有限公司 …… 443
沈阳东华汽车零部件有限公司 …… 125
锦州光和密封实业有限公司 …… 128
沈阳一东四环离合器有限责任公司 …… 233
阜新北星液压有限公司 …… 237
阜新德尔汽车部件股份有限公司 …… 237
长春一汽四环发动机制造有限公司 …… 129
一汽解放汽车有限公司变速箱分公司 …… 238
天合富奥汽车安全系统(长春)公司 …… 238
东北工业集团有限公司 …… 240
长春爱尔铃克铃尔有限公司 …… 561
哈尔滨艾瑞汽车排气系统有限公司 …… 131
克康(上海)排气控制系统有限公司 …… 132
上海弗列加滤清器有限公司 …… 133
上海峰亚耐火保温材料有限公司 …… 133
上海维纳特气门有限公司 …… 133
上海日野发动机有限公司 …… 134
上海皮尔博格有色零部件有限公司 …… 137
延锋百利得(上海)汽车安全系统公司 …… 244
上海纳铁福传动轴有限公司 …… 244
上海奔达机电有限公司 …… 244
上海北特科技股份有限公司 …… 247
上海嘉仕久企业发展有限公司 …… 248
上海霍富汽车锁具有限公司 …… 376
上海加冷松芝汽车空调股份有限公司 …… 376
上海飞利环球汽车零部件有限公司 …… 378
上海延锋江森座椅有限公司 …… 378
上海宏宝汽配有限公司 …… 378
上海吕巷汽车零部件有限公司 …… 379
上海中欧汽车零部件有限公司 …… 380
上海大众联翔汽车零部件有限公司 …… 380
上海宇南汽车电器有限公司 …… 452
浙江胜华波汽车电器上海分公司 …… 454
上海新封高科贸有限公司 …… 565
上海凯密特尔化学品有限公司 …… 567
上海金力泰化工股份有限公司 …… 568
上海劳伦茨橡胶制品有限公司 …… 570
仪征双环活塞环有限公司 …… 139
镇江维纳特气门有限公司 …… 140
无锡威孚力达催化净化器有限公司 …… 144
江苏嘉和热系统股份有限公司 …… 147
扬州金叶水箱有限公司 …… 148
潍柴动力扬州柴油机有限责任公司 …… 148
扬州市长运汽车油箱制造有限公司 …… 148
江苏富通轴瓦股份有限公司 …… 149
采埃孚转向泵金城(南京)有限公司 …… 248
南京宏峰汽车配件厂 …… 249
江苏金榆科技集团有限公司 …… 251
无锡市宏达汽车减震器有限公司 …… 252
无锡格尔顿传动轴有限公司 …… 252
江苏恒力制动器制造有限公司 …… 253
江阴全华丰精锻有限公司 …… 253
徐州美驰车桥有限公司 …… 256
江苏名豪汽车零部件有限公司 …… 257
江苏太平洋精锻科技股份有限公司 …… 258
贺尔碧格东方齿轮(泰州)有限公司 …… 258
江苏黄海汽配股份有限公司 …… 259
江苏新达能机械有限公司 …… 383
南京丽德塑料有限责任公司 …… 383
江苏畅通车业集团有限公司 …… 383
丹阳市华升汽车部件有限公司 …… 384
丹阳吉盛汽车零部件有限公司 …… 384
江苏新昌汽车部件有限公司 …… 384
江苏锐光车业有限公司 …… 384
丹阳金城配件有限公司 …… 384
句容联泰机电有限公司 …… 387
丹阳市光华汽车内饰件有限公司 …… 387
丹阳市新华隆汽配有限公司 …… 387
常州市银华车饰件制造有限公司 …… 390
江苏力乐汽车部件股份有限公司 …… 392
无锡华光汽车部件集团有限公司 …… 393
苏州市万达汽车内饰件厂 …… 395
昆山金发液压机械有限公司 …… 395
苏州中成汽车空调压缩机有限公司 …… 395
张家港合众汽车部件有限公司 …… 396
张家港市牡丹汽车附件有限公司 …… 396
南京三维汽车电器有限公司 …… 456
江苏申通汽车零部件有限公司 …… 458
江苏新通达电子科技股份有限公司 …… 458
丹阳市伯良灯具厂 …… 459
丹阳市天龙车灯镀膜有限公司 …… 459
江苏海德莱特汽车部件有限公司 …… 459
丹阳市镇红汽车灯具有限公司 …… 459
常州新华陵汽车电器有限公司 …… 460
江苏常诚汽车部件有限公司 …… 460
日本电产凯宇汽车电器(江苏)公司 …… 461
常州良盛车业有限公司 …… 463
江苏凯灵汽车电器有限公司 …… 465
江阴市长泾车船附件有限公司 …… 467
江苏天宝汽车电子有限公司 …… 472
江苏亚泰机电有限公司 …… 473
南通通灵汽车软轴软管有限公司 …… 474
南京七四二五橡塑有限责任公司 …… 572
南京晨光集团有限责任公司 …… 572
江苏龙蟠科技股分有限公司 …… 573
南京驰洲汽车配件厂 …… 573
汉高(江苏)汽车零部件有限公司 …… 574
江苏容天乐机械股份有限公司 …… 577
无锡新得宝金属软管有限公司 …… 578
无锡威孚精密机械有限公司弹簧厂 …… 579
江苏恒明汽车配件制造有限公司 …… 582
泰州长力树脂管有限公司 …… 587
江苏振华密封工业有限公司 …… 587
南京爱维斯物流装备制造有限公司 …… 697
无锡富瑞德精密机械有限公司 …… 700
江苏振世达汽车模具有限公司 …… 705
扬州捷迈锻压机械有限公司 …… 706
杭州轴瓦有限公司 …… 150
浙江广驰汽车零部件有限公司 …… 150
浙江黎明发动机零部件有限公司 …… 156
临海市伟达汽车部件有限公司 …… 157
恒勃控股股份有限公司 …… 162
温州安佳汽车零部件有限公司 …… 164
杭州汇丰车桥有限公司 …… 260
万向集团公司 …… 261
万向系统有限公司 …… 262
浙江诸暨市车桥附件厂 …… 264
浙江万达汽车方向机有限公司 …… 264
中外合资浙江东洼液压机械有限公司 …… 265
浙江双祥汽配制造有限公司 …… 265
浙江华林机械有限公司 …… 265
浙江工正汽车配件厂 …… 265
浙江诸暨万宝机械有限公司 …… 266
浙江诸暨市乐洋机械有限公司 …… 266

诸暨市恒泰汽车部件有限公司 ········ 266
绍兴天顺汽配有限公司 ················ 267
索密克汽车配件有限公司 ············· 267
绍兴金江机械有限公司 ················ 267
绍兴驰达汽车配件制造有限公司 ······ 267
绍兴市盛隆汽车制动器厂 ············· 268
嘉兴嘉嘉汽车零部件制造有限公司 ··· 269
宁波派斯马克汽车部件制造有限公司 ··· 270
宁波神丰汽车部件有限公司 ··········· 274
宁波神丰汽车制动系统有限公司 ······ 274
宁波安捷制动器有限公司 ············· 274
宁波合力汽车零部件有限公司 ········ 275
隆中控股集团有限公司 ················ 279
浙江耐士伦机械有限公司 ············· 280
玉环县威龙汽车零部件制造有限公司 ··· 286
浙江玉环长城交通机械有限公司 ······ 287
浙江华邦机械有限公司 ················ 288
浙江万里扬变速器股份有限公司 ······ 292
瑞立汽车液压制动有限公司 ··········· 294
温州玛斯特汽车悬挂总成有限公司 ··· 295
浙江华明汽车制动器有限公司 ········ 295
浙江省银星汽车配件有限公司 ········ 295
浙江中铁机车部件有限公司 ··········· 297
温州市东启汽车零部件制造有限公司 ··· 298
杭州梵隆方向盘有限公司 ············· 398
宁波明望汽车饰件有限公司 ··········· 400
宁波乾方汽车配件有限公司 ··········· 401
台州法雷奥温岭汽车零部件有限公司 ··· 403
浙江超达汽车配件有限公司 ··········· 405
瑞安市名冠电气有限公司 ············· 408
杭州人人集团有限公司 ················ 474
杭州广安汽车电器有限公司 ··········· 475
浙江大东吴汽车电机有限公司 ········ 476
宁波汽车软轴软管有限公司 ··········· 479
宁波正耀汽车电器有限公司 ··········· 484
宁波市北仑明州机电制造有限公司 ··· 484
浙江天翀车灯集团有限公司 ··········· 486
浙江创佳汽车部件有限公司 ··········· 496
温州集优电机制造有限公司 ··········· 499
瑞安市中韩传感器有限公司 ··········· 500
温州益能电器有限公司 ················ 503
浙江科达利实业有限公司 ············· 594
万安汽车工程塑料有限公司 ··········· 594
宁波永信汽车部件制造有限公司 ······ 603
仙居通用橡塑有限公司 ················ 608
浙江强力螺栓有限公司 ················ 609
浙江山宝汽车部件有限公司 ··········· 609
泰顺县白云橡胶有限公司 ············· 616
浙江天美汽车座套有限公司 ··········· 664
温岭市装配设备成套有限公司 ········ 709
宁波合力模具科技股份有限公司 ······ 709
铁牛集团有限公司 ····················· 711
安徽开乐专用车辆股份有限公司 ········ 74
合肥中科汽配制造有限公司 ··········· 175
合肥恒信汽车发动机部件有限公司 ··· 175
合肥威尔燃油系统有限责任公司 ······ 175
安徽金光机械集团股份有限公司 ······ 176
蚌埠金威滤清器有限公司 ············· 176
蚌埠市康联汽车配件厂 ················ 176
蚌埠通达汽车零部件有限公司 ········ 176
蚌埠市瑞泰汽配制造有限公司 ········ 176
安徽全柴动力股份有限公司 ··········· 177
安徽省凤阳散热器有限公司 ··········· 177
科越集团 ································ 177
芜湖市中兴机械技术开发有限公司 ··· 178
芜湖三联锻造有限公司 ················ 178
安庆帝伯格茨缸套有限公司 ··········· 179
安徽万瑞汽车零部件有限公司 ········ 180
安庆帝伯格茨活塞环有限公司 ········ 180
安徽艾可蓝环保股份有限公司 ········ 180
安徽安凯华夏汽车配件制造有限公司 ··· 299
安徽安凯福田曙光车桥有限公司 ······ 299
合肥力威汽车油泵有限公司 ··········· 299
安徽万安汽车零部件有限公司 ········ 299
合肥车桥有限责任公司 ················ 299
合肥美桥汽车传动及底盘系统公司 ··· 299
六安市振华汽车变速箱有限公司 ······ 300
安徽省阜阳市汽车配件厂 ············· 300
北泰汽车底盘系统(安徽)有限公司 ··· 300
安徽江淮车轮有限公司 ················ 300
合肥宽信机电有限公司 ················ 300
芜湖稳乐制动系统有限公司 ··········· 301
芜湖新达汽车锻造有限公司 ··········· 301
安徽省辉煌机械制造有限公司 ········ 301
安徽星瑞齿轮传动有限公司 ··········· 301
六安江淮汽车齿轮制造有限公司 ······ 301
芜湖伯特利汽车安全系统有限公司 ··· 302
盛力科技股份有限公司 ················ 302
芜湖依格森汽车部件有限公司 ········ 303
芜湖大捷离合器有限公司 ············· 303
瑞慈(马鞍山)传动机械有限公司 ····· 304
安徽安簧机械股份有限公司 ··········· 304
安庆安簧汽车零部件有限公司 ········ 304
安徽盛隆铸业有限公司 ················ 304
安徽精科机器有限公司 ················ 305
安徽岳塑汽车工业有限公司 ··········· 305
合肥兴旺汽车有限公司 ················ 411
合肥华瑞汽车零部件有限公司 ········ 411
合肥汇通汽车零部件有限公司 ········ 412
安徽金诚汽车装饰设计开发有限公司 ··· 412
芜湖恒信汽车内饰制造有限公司 ······ 412
安徽金诚复合材料有限公司 ··········· 412
铜陵华源汽车内饰材料有限公司 ······ 413
安徽江山机械有限公司 ················ 413
合肥晟泰克汽车电子有限公司 ········ 505
合肥邦立电子股份有限公司 ··········· 505
合肥通宇电子有限责任公司 ··········· 505
合肥创佳汽车电器有限公司 ··········· 505
安徽森力汽车电子有限公司 ··········· 505
埃泰克汽车电子(芜湖)有限公司 ······ 506
芜湖精诺汽车电器有限公司 ··········· 506
芜湖杰诺瑞汽车电器系统有限公司 ··· 506
大陆汽车电子(芜湖)有限公司 ········ 506
昌辉汽车电器(黄山)股份有限公司 ··· 507
安徽迅启蓄电池有限公司 ············· 507
黄山顺昌汽车电器有限公司 ··········· 507
合肥常青机械股份有限公司 ··········· 616
安庆市汇通汽车部件有限公司 ········ 616
安徽新南港汽车内饰件有限公司 ······ 617
安徽省怀远县华茂汽车附件有限公司 ··· 617
安徽中鼎控股(集团)股份有限公司 ··· 618
芜湖华翔汽配轴套有限公司 ··········· 618
宁国市中益车辆部件有限公司 ········ 619
安庆谢德尔汽车零部件有限公司 ······ 619
安徽义富汽车零部件有限公司 ········ 620
安徽金诚天骏汽车零部件有限公司 ··· 669
安徽青松工具有限公司 ················ 669
华闽南配集团股份有限公司 ··········· 181
泉州市双塔汽车零件有限公司 ········ 182
福建省晋江市梅岭新华汽车配件厂 ··· 307
泉州国胜汽车部件实业有限公司 ······ 415
泉州恒昌电器有限公司 ················ 510
诗来福汽车电机制造有限公司 ········ 510
福建莱克石化有限公司 ················ 623
江西方大长力汽车零部件有限公司 ··· 311
江西省安源万向实业有限公司 ········ 311
格特拉克(江西)传动系统于都工厂 ··· 312
江西省广蓝传动科技股份有限公司 ··· 312
江西好帮手电子科技股份有限公司 ··· 511
江西景航航空锻铸有限公司 ··········· 625
瑞昌市人民冲压有限公司 ············· 625
潍坊恒安散热器集团有限公司 ········ 189
莱阳市同辉散热器有限公司 ··········· 190
烟台万斯特有限公司 ·················· 191
山东光岳转向节有限责任公司 ········ 313
淄博格尔齿轮有限公司 ················ 315
东营信义汽车配件有限公司 ··········· 316
潍坊市瑞沃汽车部件有限公司 ········ 317
山东遨游汽车制动系统股份有限公司 ··· 319
山东通力车轮有限公司 ················ 319
山东泰丰汽车底盘制造有限公司 ······ 320
烟台鸿安实业有限公司 ················ 320
威海万丰奥威汽轮有限公司 ··········· 320
青岛双星轮胎工业有限公司 ··········· 325
青岛森麒麟轮胎有限公司 ············· 325
山东蒙沃变速器有限公司 ············· 327
济宁骏达机械制造有限公司 ··········· 327
山东汽车弹簧厂有限公司 ············· 627
山东华瑞丰机械有限公司 ············· 629
青岛信义汽车制动配件有限公司 ······ 633
平原滤清器有限公司 ·················· 195
河南省西峡汽车水泵股份有限公司 ··· 197
豫北转向系统股份有限公司 ··········· 329
焦作市鑫华丰汽车弹簧有限公司 ······ 330
焦作金箍制动器股份有限公司 ········ 330
河南省宏源车轮有限公司 ············· 330
南阳淅减汽车减振器有限公司 ········ 333
天海雪城汽车电子(鹤壁)有限公司 ··· 517
辉县市建风弹簧厂 ····················· 636
河南英威东风机械制造有限公司 ······ 636
武汉协和齿环有限公司 ················ 333
武汉元丰汽车零部件有限公司 ········ 334
东风钟祥汽车弹簧有限公司 ··········· 334
湖北恒隆汽车系统集团有限公司 ······ 335
湖北荆江源车桥有限责任公司 ········ 335
湖北神风汽车弹簧有限公司 ··········· 336
湖北三环铸造股份有限公司 ··········· 337
湖北全力机械集团股份有限公司 ······ 337
湖北三环车桥有限公司 ················ 338
湖北三环锻造有限公司 ················ 338
十堰同创传动技术有限公司 ··········· 339
湖北万联达汽车零部件有限公司 ······ 341
双星东风轮胎有限公司 ················ 342

十堰市郧齿汽车零部件有限公司 …… 342
十堰凯琦铸造有限公司 …… 342
湖北双鸥汽车工程塑料(集团)公司 … 421
福耀玻璃(湖北)有限公司 …… 422
湖北三环汽车电器有限公司 …… 518
武汉东江阀业制造有限公司 …… 518
东风嘉实多油品有限公司 …… 637
襄阳汽车轴承股份有限公司 …… 639
枣阳中天摩擦片有限公司 …… 640
湖北飞龙摩擦密封材料股份有限公司 … 640
十堰九鹏摩擦材料有限公司 …… 641
湖南机油泵股份有限公司 …… 202
株洲湘火炬火花塞有限责任公司 …… 522
美力特发动机汽车配件有限公司 …… 202
东莞山多力汽车配件有限公司 …… 427
广东多纳勒振华汽车系统有限公司 … 428
深圳市顺禾电器科技有限公司 …… 678
广西玉柴机器股份有限公司 …… 209
柳州福臻车体实业有限公司 …… 726
重庆光大产业有限公司 …… 212
重庆海通机械制造有限公司 …… 213
重庆东京散热器有限公司 …… 213
重庆齐信汽车零部件有限公司 …… 352
重庆市渝电汽车弹簧有限公司 …… 355
重庆数码模车身模具有限公司 …… 726
重庆江东机械有限责任公司 …… 727
成都飞亚曲轴有限公司 …… 215
四川川环科技股份有限公司 …… 217
宜宾天工机械股份有限公司 …… 218
成都市金蓉齿轮有限责任公司 …… 356
成都九鼎科技(集团)有限公司 …… 357
四川泛华航空仪表电器有限公司 …… 540
成都盛帮密封件有限公司 …… 654
成都市新津阳光橡塑密封件厂 …… 655
成都成量工具集团有限公司 …… 728
昆明云内动力股份有限公司 …… 219

★ 郑州日产

上海汇众萨克斯减振器有限公司 …… 243
东风电子科技股份有限公司 …… 449
江苏皓月汽车锁股份有限公司 …… 394
江苏江扬线缆有限公司 …… 473
汇润机电有限公司 …… 165
浙江亚太机电股份有限公司 …… 261
山东厚丰汽车散热器有限公司 …… 194
许昌远东传动轴股份有限公司 …… 332
北京四维图新科技股份有限公司 …… 433
桂林福达集团有限公司 …… 209
福耀集团北京福通安全玻璃有限公司 … 364
北京锐意泰克汽车电子有限公司 …… 435
北京福斯汽车电线有限公司 …… 436
北京聚菱燕塑料有限公司 …… 545
普利司通(天津)轮胎有限公司 …… 223
高田(天津)汽配制造有限公司 …… 367
天津矢崎汽车配件有限公司 …… 439
天津杰士电池有限公司 …… 440
天津六合镁制品有限公司 …… 548
唐山龙润机械有限公司 …… 229
唐山通力齿轮有限公司 …… 229
唐山爱信齿轮有限责任公司 …… 229
涿州市盛弘机械有限责任公司 …… 370
长治液压有限公司 …… 233
大连原田工业有限公司 …… 444
沈阳实发特种橡胶制品有限公司 …… 556
辽宁三特石油化工有限公司 …… 558
一汽－法雷奥汽车空调有限公司 …… 371
吉林恒昌科技股份有限公司 …… 660
上海欧雷法弹簧有限公司 …… 243
延锋百利得(上海)汽车安全系统公司 … 244
上海恰飞柯精密机械有限公司 …… 246
高田(上海)汽配制造有限公司 …… 380
上海昭和汽车配件有限公司 …… 380
上海卡宝汽车设备有限公司 …… 696
宝密浸渗机械(上海)有限公司 …… 697
日环汽车零部件制造（仪征）公司…… 139
丹阳市可达汽车配件有限公司 …… 250
富士和机械工业(昆山)有限公司 …… 255
江苏黄海汽配股份有限公司 …… 259
中航工业宏光空降装备有限公司 …… 382
常州新泉汽车内饰件有限公司 …… 388
常州市联顺车辆配件厂 …… 389
爱信(无锡)车身零部件有限公司 …… 392
法雷奥汽车安全系统(无锡)有限公司 … 393
苏州新智机电工业有限公司 …… 394
苏州市万达汽车内饰件厂 …… 395
江苏中翼汽车新材料科技有限公司 … 395
江苏红光汽车配件有限公司 …… 459
丹阳市伯良灯具厂 …… 459
大茂伟瑞柯车灯有限公司 …… 461
泰乙机械(张家港)有限公司 …… 471
张家港孚冈合力电器有限公司 …… 471
江苏亚泰机电有限公司 …… 473
南京宏佳机械制造有限公司 …… 573
常州威士顿有限公司 …… 575
隆意汽车配件制造(无锡)有限公司 … 580
利富高（江苏）精密树脂制品公司 …… 586
江苏新沣复合纤维制品有限公司 …… 663
张家港迪克汽车化学品有限公司 …… 663
苏州亚兴汽车用品有限公司 …… 663
镇江东联仓储设备有限公司 …… 698
常州市宇鹏涂装设备有限公司 …… 699
浙江雷贝斯散热器有限公司 …… 152
浙江摩多巴克斯科技股份有限公司 …… 154
万丰奥特控股集团有限公司 …… 268
嘉兴嘉嘉汽车零部件制造有限公司 … 269
金华汤齿齿轮箱有限公司 …… 292
嘉兴村上石崎汽车配件有限公司 …… 399
慈溪市振惠转向器后视镜有限公司 … 401
台州法雷奥温岭汽车零部件有限公司 … 403
浙江德宏汽车电子电器股份有限公司 … 476
宁波汽车软轴软管有限公司 …… 479
浙江汇润电气有限公司 …… 490
永康永强汽配有限公司 …… 611
浙江明新旭腾皮业有限公司 …… 665
浙江万豪模塑有限公司 …… 711
科越集团 …… 177
安徽中鼎控股(集团)股份有限公司 … 618
安徽中鼎胶管制品有限公司 …… 618
中鼎金亚汽车管件制造有限公司 …… 618
中鼎模具制造有限公司 …… 713
协富光洋(厦门)机械工业有限公司 … 306
福州和胜汽车配件有限公司 …… 413
福建源光电装有限公司 …… 507
福州耐力电机有限公司 …… 508
厦门厦华新技术有限公司 …… 509
福州新信制动系统有限公司 …… 620
同致电子科技(厦门)有限公司 …… 670
格特拉克(江西)传动系统南昌工厂 … 311
江西方大长力汽车零部件有限公司 … 311
格特拉克(江西)传动系统有限公司 … 311
江西江铃底盘股份有限公司 …… 312
格特拉克(江西)传动系统于都工厂 … 312
格特拉克(江西)传动系统赣州工厂 … 312
东营信义汽车配件有限公司 …… 316
威海万丰奥威汽轮有限公司 …… 320
威海鸿祥汽车内饰件有限公司 …… 417
龙口泰进机械有限公司 …… 418
青岛信义汽车制动配件有限公司 …… 633
奔腾汽车检测维修设备制造有限公司 … 714
平原滤清器有限公司 …… 195
豫北转向系统股份有限公司 …… 329
河南省天阳铝合金车轮有限公司 …… 330
漯河世林鑫源汽配有限公司 …… 332
河南大井星光汽车零部件有限公司 … 418
开封河西汽车内饰件有限公司 …… 419
河南环宇集团有限公司 …… 516
武汉亚普汽车部件有限公司 …… 197
东风(十堰)发动机部件有限公司 …… 200
湖北通达汽车零部件(集团)有限公司 … 200
武汉耀华安全玻璃有限公司 …… 420
东风嘉实多油品有限公司 …… 637
十堰先锋零部件有限公司 …… 641
武汉汽车测试设备研究所有限公司 … 717
华达汽车空调(湖南)有限公司 …… 423
湛江德利车辆部件有限公司 …… 206
广州市华南橡胶轮胎有限公司 …… 346
广州河西汽车内饰件有限公司 …… 424
盟和(佛山)汽车配件有限公司 …… 427
东莞广泽汽车饰件有限公司 …… 427
广州耐路志电机有限公司 …… 523
东莞歌乐东方电子有限公司 …… 532
广州卫亚汽车零部件有限公司 …… 644
广州丸顺汽车配件有限公司 …… 645
广州市蓝彩汽车用品有限公司 …… 675
广州雄兵汽车电器有限公司 …… 675
深圳车卫士电子有限公司 …… 676
广东东箭汽车用品制造有限公司 …… 679
广东景中景工业涂装设备有限公司 … 720
惠州市美林模具有限公司 …… 722
重庆华达汽车配件制造有限公司 …… 213
成都九鼎科技(集团)有限公司 …… 357
贵州天义汽车电器有限公司 …… 541

★ 长城汽车

北京海纳川汽车部件股份有限公司 … 363
立中车轮集团有限公司 …… 231
北方凌云工业集团有限公司 …… 370
富奥汽车零部件股份有限公司 …… 129
华域三电汽车空调有限公司 …… 375
联合汽车电子有限公司 …… 452
江苏皓月汽车锁股份有限公司 …… 394

江苏江扬线缆有限公司 …… 473
惠州市德赛西威汽车电子股份公司 …… 526
上海日用－友捷汽车电气有限公司 … 449
山东滨州渤海活塞股份有限公司 …… 187
惠州华阳通用电子有限公司 …… 526
广东好帮手电子科技股份有限公司 … 534
桂林福达集团有限公司 …… 209
北京弘大汽车空调散热器有限公司 … 117
北京市国兴汽车油泵制造有限公司 … 117
北京永信发谷汽车部件有限公司 …… 222
北京北汽兴华汽车弹簧有限公司 …… 222
伟巴斯特东熙汽车配件(北京)公司 … 364
北京海纳川汽车部件公司北京分公司 … 364
福耀集团北京福通安全玻璃有限公司 … 364
北京海纳川协众汽车空调有限公司 … 365
北京第三纺织机械有限公司 …… 365
北京兴科迪科技有限公司 …… 434
北京新峰天霁科技有限公司 …… 434
北京朗威汽车零部件有限公司 …… 435
北京锐意泰克汽车电子有限公司 …… 435
北京天山新材料技术股份有限公司 … 543
北京泰兴汽车配件制造有限公司 …… 545
北京利迪欣科技发展有限公司 …… 545
壳牌统一(北京)石油化工有限公司 … 546
易图通科技(北京)有限公司 …… 659
天津市格林利福新技术有限公司 …… 118
马勒东炫滤清器(天津)有限公司 …… 119
普利司通(天津)轮胎有限公司 …… 223
天津市益中汽车安全带厂 …… 365
天津鹏翎胶管股份有限公司 …… 547
天津市润生塑胶制品有限公司 …… 547
天津旷达汽车织物有限公司 …… 547
三友(天津)高分子技术有限公司 …… 547
天津六合镁制品有限公司 …… 548
鲜一瑞科汽车配件(天津)有限公司 … 549
河北德纳V型轮有限公司 …… 120
河北瑞丰动力缸体有限公司 …… 120
清河县诚旭汽车零部件厂 …… 121
沧州新旺汽车散热器制造有限公司 … 122
南宫市精强连杆有限公司 …… 122
廊坊远祥汽车配件有限公司 …… 123
保定华岳汽车零部件制造有限公司 … 123
承德苏垦银河连杆股份有限公司 …… 123
保定长城内燃机制造有限公司 …… 124
河北踏岳车桥集团有限公司 …… 224
深州市恒泰汽车配件有限公司 …… 225
河北春风铸造有限责任公司 …… 225
衡水神通汽车方向盘有限公司 …… 225
沧州飞驰汽车附件有限公司 …… 227
唐山爱信齿轮有限责任公司 …… 229
唐山丞起汽车零部件有限公司 …… 229
河北前锋机器有限责任公司 …… 229
保定市格瑞机械有限公司 …… 231
保定华建机械有限公司 …… 231
保定长城汽车桥业有限公司 …… 231
河北通用玻璃工业有限公司 …… 367
任丘飞翔汽车塑件有限公司 …… 368
清河县星星汽配制造有限公司 …… 368
保定延锋江森汽车座椅有限公司 …… 369
麦克斯(保定)汽车空调系统有限公司 … 369
廊坊华安汽车装备有限公司 …… 369
保定巨威电器有限公司 …… 443
容城来福灯泡有限公司 …… 443
河北威县盛达密封件有限公司 …… 551
清河县昌通机动车辆配件厂 …… 552
河北新华橡胶密封件有限公司 …… 552
河北华密橡胶有限公司 …… 553
任丘市方圆塑料有限公司 …… 555
承德润韩汽车零部件有限公司 …… 660
山西益新制动部件有限公司 …… 233
沈阳航天三菱汽车发动机有限公司 … 126
辽阳市富祥曲轴有限公司 …… 126
锦州光和密封实业有限公司 …… 128
沈阳彤福汽车零部件有限公司 …… 233
沈阳一东四环离合器有限责任公司 … 233
沈阳金通汽车零部件制造有限公司 … 234
沈阳中航飞汽车部件制造有限公司 … 234
大连固特异轮胎有限公司 …… 235
丹东市通泰汽车部件有限公司 …… 236
锦州立德减振器有限公司 …… 237
沈阳福达汽车零部件有限公司 …… 370
锦州锦恒汽车安全系统有限公司 …… 371
沈阳汽车冲压件制造有限公司 …… 556
沈阳奥吉娜化工有限公司 …… 556
辽宁润迪汽车环保科技股份有限公司 … 557
铁岭华晨橡塑制品有限公司 …… 557
吉林汽车制动器厂 …… 238
蒂森克虏伯富奥汽车转向柱(长春)公司 … 239
富奥股份公司传动轴分公司 …… 239
东北工业集团有限公司 …… 240
一汽－法雷奥汽车空调有限公司 …… 371
福耀集团长春有限公司 …… 372
长春英利汽车部件有限公司 …… 373
长春春原汽车电线有限公司 …… 446
长春市夸克普精汽车电子有限公司 … 447
长春海德世汽车拉索有限公司 …… 447
一汽铸造公司特种铸造厂 …… 560
长春爱尔铃克铃尔有限公司 …… 561
长春一汽实业合成材料有限公司 …… 562
富奥汽车零部件公司紧固件分公司 … 562
哈尔滨东安液压机械有限公司 …… 131
佳木斯畅通汽车零部件有限公司 …… 132
哈尔滨顺源机械制造有限公司 …… 242
哈尔滨万宇科技股份有限公司 …… 448
哈尔滨固泰电子有限责任公司 …… 448
哈尔滨新龙华轴承设备有限公司 …… 563
上海三国精密机械有限公司 …… 133
上海峰亚耐火保温材料有限公司 …… 133
上海浦南消防器材有限公司 …… 134
上海东兴旺汽车配件有限公司 …… 138
上海北特科技股份有限公司 …… 247
双桦控股有限公司 …… 375
上海飞利环球汽车零部件有限公司 … 378
上海延锋江森座椅有限公司 …… 378
上海吕巷汽车零部件有限公司 …… 379
上海中欧汽车零部件有限公司 …… 380
上海泖峰汽车塑料有限公司 …… 381
上海利用锁具有限公司 …… 382
上海航天汽车机电股份有限公司 …… 450
上海宇南汽车电器有限公司 …… 452
浙江胜华波汽车电器上海分公司 …… 454
上海福太隆汽车电子科技有限公司 … 455
上海金力泰化工股份有限公司 …… 568
上海杜卡汽车设备有限公司 …… 696
仪征双环活塞环有限公司 …… 139
江苏梅花机械有限公司 …… 140
无锡威孚力达催化净化器有限公司 … 144
无锡惠山泵业有限公司 …… 145
泰兴市江虹汽车零部件有限公司 …… 149
采埃孚转向泵金城(南京)有限公司 … 248
大亚车轮制造有限公司 …… 250
乔治费歇尔汽车产品(苏州)有限公司 … 254
江苏名豪汽车零部件有限公司 …… 257
江苏黄海汽配股份有限公司 …… 259
江苏吉祥车业有限公司 …… 384
常州昊邦汽车零部件有限公司 …… 387
丹阳市光华汽车内饰件有限公司 …… 387
常州新泉汽车内饰件有限公司 …… 388
常州市联顺车辆配件厂 …… 389
常州市添翼汽车部件有限公司 …… 390
常州市瑞悦车业有限公司 …… 390
常州市发路利汽配有限公司 …… 391
江苏力乐汽车部件股份有限公司 …… 392
常州特斯克精密注塑有限公司 …… 392
江苏裕华汽车零部件有限公司 …… 393
苏州新智机电工业有限公司 …… 394
江苏旭顺东明汽配有限公司 …… 394
张家港合众汽车部件有限公司 …… 396
江苏科达车业有限公司 …… 397
江苏晨扬交通器材有限公司 …… 457
江苏申通汽车零部件有限公司 …… 458
江苏红光汽车配件有限公司 …… 459
丹阳顶发塑业有限公司 …… 459
丹阳市伯良灯具厂 …… 459
日本电产凯宇汽车电器(江苏)公司 … 461
无锡创维彩登科技有限公司 …… 466
帝宝交通器材(昆山)有限公司 …… 470
雷瑞卡(苏州)汽车电器有限公司 …… 471
南通通灵汽车软轴软管有限公司 …… 474
南京宏佳机械制造有限公司 …… 573
常州腾龙汽车零部件股份有限公司 … 576
无锡新得宝金属软管有限公司 …… 578
江苏恺之电子模塑有限公司 …… 662
沛鑫史宾纳数控机床(南京)有限公司 … 698
江苏卡威塑料制品有限公司 …… 698
钻领(常州)刀具有限公司 …… 699
无锡富瑞德精密机械有限公司 …… 700
苏州苏净安发空调有限公司 …… 702
杭州轴瓦有限公司 …… 150
宁波威孚天力增压技术有限公司 …… 154
浙江黎明发动机零部件有限公司 …… 156
临海市环流汽配制造有限公司 …… 157
临海市伟达汽车部件有限公司 …… 157
浙江强能动力有限公司 …… 158
万向系统有限公司 …… 262
杭州依维柯汽车传动技术有限公司 … 263
浙江诸暨万宝机械有限公司 …… 266
德西福格汽车配件(平湖)有限公司 … 270
宁波明佳汽车内饰有限公司 …… 272
浙江向隆机械有限公司 …… 273
慈溪市晨凯制动器有限公司 …… 273
宁波万航实业有限公司 …… 275
宁波合生制动科技有限公司 …… 275

台州万洲机械有限公司 …………………… 279
宁波飞翔兴业汽配有限公司 ………… 399
宁海县金凌海裕汽车部件有限公司 … 401
宁波景文机械有限公司 ……………… 401
宁波鑫星汽车部件有限公司 ………… 401
温岭市寰宇汽车配件有限公司 ……… 402
台州法雷奥温岭汽车零部件有限公司 … 403
浙江永峰塑业有限公司 ……………… 403
台州新立模塑科技股份有限公司 …… 403
台州市黄岩科力塑料模具厂 ………… 404
浙江华尔达汽车空调有限公司 ……… 406
浙江大东吴汽车电机有限公司 ……… 476
浙江汽车仪表有限公司 ……………… 476
宁波市贤龙汽车配件有限公司 ……… 478
宁波精华电子科技有限公司 ………… 478
宁波市镇海正时汽车零部件有限公司 … 480
宁波海高利汽车电器制造有限公司 … 480
宁波兴慈热动电器有限公司 ………… 481
宁波正耀汽车电器有限公司 ………… 484
浙江天翀车灯集团有限公司 ………… 486
浙江正泰汽车零部件有限公司 ……… 489
温州超航机电有限公司 ……………… 495
浙江天岳汽车电器有限公司 ………… 498
国威科技有限公司 …………………… 503
浙江大明电子有限公司 ……………… 504
杭州弹簧有限公司 …………………… 589
浙江三A弹簧有限公司 ……………… 593
宁波福耀汽车零部件有限公司 ……… 605
中广核俊尔新材料有限公司 ………… 612
温州三联锻造有限公司 ……………… 615
浙江伟基模业有限公司 ……………… 709
台州市黄岩茂荣塑模有限公司 ……… 710
合肥威尔燃油系统有限责任公司 …… 175
科越集团 ……………………………… 177
安庆帝伯格茨缸套有限公司 ………… 179
安庆帝伯格茨活塞环有限公司 ……… 180
北泰汽车底盘系统(安徽)有限公司 … 300
芜湖伯特利汽车安全系统有限公司 … 302
芜湖恒坤汽车部件有限公司 ………… 303
安徽安簧机械股份有限公司 ………… 304
安庆安簧汽车零部件有限公司 ……… 304
合肥汇通汽车零部件有限公司 ……… 412
安徽文鼎机械有限公司 ……………… 413
埃泰克汽车电子(芜湖)有限公司 …… 506
大陆汽车电子(芜湖)有限公司 ……… 506
中鼎金亚汽车管件制造有限公司 …… 618
芜湖华翔汽配轴套有限公司 ………… 618
福耀玻璃工业集团股份有限公司 …… 414
厦门金龙汽车车身有限公司 ………… 414
厦门歌乐电子企业有限公司 ………… 510
福建冠良汽车配件工业有限公司 …… 620
樟树市福铃内燃机配件有限公司 …… 184
江西同欣机械制造有限公司 ………… 184
南昌齿轮有限责任公司 ……………… 311
江西方大长力汽车零部件有限公司 … 311
江铃集团深铃汽车零部件有限公司 … 311
格特拉克(江西)传动系统于都工厂 … 312
江西新电汽车空调系统有限公司 …… 415
江西好帮手电子科技股份有限公司 … 511
马勒贝洱热系统(济南)有限公司 …… 184
东营信义汽车配件有限公司 ………… 316
莱州鲁源汽车配件有限公司 ………… 318
山东鲁达轿车配件股份有限公司 …… 318
山东只楚民营科技园股份有限公司 … 417
威海鸿祥汽车内饰件有限公司 ……… 417
烟台三环锁业集团公司轿车锁公司 … 417
龙口泰进机械有限公司 ……………… 418
山东华瑞丰机械有限公司 …………… 629
青岛信义汽车制动配件有限公司 …… 633
平原滤清器有限公司 ………………… 195
河南中轴中汇汽车零部件有限公司 … 196
安阳市文峰缸套有限责任公司 ……… 196
河南省西峡汽车水泵股份有限公司 … 197
信阳贝恩银光活塞销有限公司 ……… 197
郑州华威齿轮有限公司 ……………… 329
豫北转向系统股份有限公司 ………… 329
南召县和平制动器有限公司 ………… 333
郑州跃博汽车电器有限公司 ………… 516
天海雪城汽车电子(鹤壁)有限公司 … 517
东风(十堰)发动机减震器有限公司 … 200
武汉元丰汽车零部件有限公司 ……… 334
湖北恒隆汽车系统集团有限公司 …… 335
湖北车桥有限公司 …………………… 335
十堰市郧齿汽车零部件有限公司 …… 342
武汉东环车身系统有限公司 ………… 420
湖北中航精机科技股份有限公司 …… 421
湖南机油泵股份有限公司 …………… 202
株洲易力达机电有限公司 …………… 343
华达汽车空调(湖南)有限公司 ……… 423
恒威汽车动力转向器有限公司 ……… 349
广州市科立汽车电器有限公司 ……… 423
深圳市著牌实业有限公司 …………… 426
中山市耀华汽车部件实业有限公司 … 428
广东多纳勒振华汽车系统有限公司 … 428
深圳市兆威机电有限公司 …………… 529
格莱利集团 …………………………… 647
桂盟链条(深圳)有限公司 …………… 647
东莞百乐仕汽车精密配件有限公司 … 648
广州雄兵汽车电器有限公司 ………… 675
佛山市天汇汽车电子有限公司 ……… 678
广东东箭汽车用品制造有限公司 …… 679
柳州福臻车体实业有限公司 ………… 726
重庆华孚工业股份有限公司 ………… 210
重庆光大产业有限公司 ……………… 212
重庆海特汽车排气系统有限公司 …… 212
重庆海通机械制造有限公司 ………… 213
重庆红旗缸盖制造有限公司 ………… 214
重庆沃特尔粉末冶金有限公司 ……… 214
重庆万力联兴实业(集团)有限公司 … 214
重庆长风基铨机械有限公司 ………… 355
重庆大江杰信锻造有限公司 ………… 431
重庆平江实业有限责任公司 ………… 538
重庆红宇摩擦制品有限公司 ………… 654
成都陵川车用油箱有限公司 ………… 215
绵阳市万欣汽车配件有限公司 ……… 216
成都桐林铸造实业有限公司 ………… 216
四川川环科技股份有限公司 ………… 217
绵阳市天旋气门组件有限公司 ……… 217
宜宾天工机械股份有限公司 ………… 218
成都九鼎科技(集团)有限公司 ……… 357
四川泛华航空仪表电器有限公司 …… 540
成都盛帮密封件有限公司 …………… 654
贵州贵航汽车零部件永红散热器公司 … 219
贵州华昌汽车电器有限公司 ………… 432
贵州天义汽车电器有限公司 ………… 541
遵义长征汽车零部件有限公司 ……… 541
贵州贵航汽车零部件华阳电器公司 … 541
贵州大众橡胶有限公司 ……………… 656
宁夏小巨人机床有限公司 …………… 729

★ 河北中兴

江苏皓月汽车锁股份有限公司 ……… 394
浙江中马传动股份有限公司 ………… 278
山东同创汽车散热装置股份有限公司 … 194
北京市通州迪拉汽车附件有限公司 … 116
北京北汽兴华汽车弹簧有限公司 …… 222
福耀集团北京福通安全玻璃有限公司 … 364
北京海纳川协众汽车空调有限公司 … 365
北京朗威汽车零部件有限公司 ……… 435
北京锐意泰克汽车电子有限公司 …… 435
北京帝格线束有限责任公司 ………… 436
壳牌统一(北京)石油化工有限公司 … 546
天津市格林利福新技术有限公司 …… 118
三友(天津)高分子技术有限公司 …… 547
沧州新旺汽车散热器制造有限公司 … 122
唐山通力齿轮有限公司 ……………… 229
香河海潮制件有限公司 ……………… 230
衡水北方刹车片有限公司 …………… 551
沈阳新光华晨汽车发动机有限公司 … 125
天纳克同泰(大连)排气系统有限公司 … 127
沈阳金亚汽车传动轴有限公司 ……… 234
沈阳林凯汽车制动有限公司 ………… 234
中车集团沈阳汽车车桥制造有限公司 … 234
沈阳中航飞汽车部件制造有限公司 … 234
锦州锦恒汽车安全系统有限公司 …… 371
北方重工集团汽车转向系统分公司 … 444
铁岭华晨橡塑制品有限公司 ………… 557
富奥股份公司传动轴分公司 ………… 239
旭阳·富维–江森座椅骨架有限公司 … 372
吉林小糸东光车灯有限责任公司 …… 447
长春德联化工有限公司 ……………… 561
长春一汽实业合成材料有限公司 …… 562
哈尔滨万宇科技股份有限公司 ……… 448
意奔玛集团有限公司 ………………… 136
上海大众联翔汽车零部件有限公司 … 380
采埃孚转向泵金城(南京)有限公司 … 248
南京丽德塑料有限责任公司 ………… 383
江苏吉祥车业有限公司 ……………… 384
丹阳市坤华汽配有限公司 …………… 386
常州市亚丰汽车配件制造有限公司 … 388
常州特斯克精密注塑有限公司 ……… 392
张家港合众汽车部件有限公司 ……… 396
泰州市飞达气动液压件厂 …………… 397
丹阳市东港灯具有限公司 …………… 458
丹阳市伯良灯具厂 …………………… 459
江苏红光汽车配件有限公司 ………… 459
江苏海德莱特汽车部件有限公司 …… 459
大茂伟瑞柯车灯有限公司 …………… 461
日本电产凯宇汽车电器(江苏)公司 … 461
江苏恺之电子模塑有限公司 ………… 662
玉环汽车零部件有限公司 …………… 160
浙江省世泰实业有限公司 …………… 276

台州法雷奥温岭汽车零部件有限公司 … 403
台州市黄岩科力塑料模具厂 ………… 404
浙江瑞鹏汽车电器有限公司 ………… 501
蚌埠金威滤清器有限公司 …………… 176
安徽文鼎机械有限公司 ……………… 413
江西沃尔福发动机有限公司 ………… 183
南昌齿轮有限责任公司 ……………… 311
江西方大长力汽车零部件有限公司 … 311
格特拉克(江西)传动系统于都工厂 … 312
青岛悠进电装有限公司 ……………… 515
天海雪城汽车电子(鹤壁)有限公司 … 517
荆州恒隆汽车零部件制造有限公司 … 335
衡阳风顺车桥有限公司 ……………… 344
深圳市著牌实业有限公司 …………… 426
东莞山多力汽车配件有限公司 ……… 427
广东多纳勒振华汽车系统有限公司 … 428
深圳市宝凌电子股份有限公司 ……… 528
广东德联集团股份有限公司 ………… 650
广东华钿勇士汽车用品有限公司 …… 678
柳州福臻车体实业有限公司 ………… 726
宜宾金川电子有限责任公司 ………… 656
陕西东铭车辆系统股份有限公司 …… 362

★ 大中型客车配套企业

富奥汽车零部件股份有限公司 ……… 129
泰乐玛汽车制动系统(上海)有限公司 … 244
东风电子科技股份有限公司 ………… 449
苏州新同创汽车空调有限公司 ……… 394
江苏江扬线缆有限公司 ……………… 473
浙江万安科技股份有限公司 ………… 267
江铃汽车股份有限公司 ……………… 40
山东厚丰汽车散热器有限公司 ……… 194
许昌远东传动轴股份有限公司 ……… 332
浙江铁流离合器股份有限公司 ……… 260
正兴车轮集团有限公司 ……………… 309

华北地区

北京柯布克科技开发有限公司 ……… 221
中国公路车辆机械有限公司 ………… 221
北京首创轮胎有限责任公司 ………… 222
北京市正和工贸有限公司 …………… 363
北京京威汽车设备有限公司 ………… 363
北京赛德车门制造有限公司 ………… 364
北京吉信气弹簧制品有限公司 ……… 364
北京光华荣昌汽车零部件(集团)公司 … 365
北京佩特来电器有限公司 …………… 435
北京伟航新技术开发有限公司 ……… 435
中盛动力新能源投资有限公司 ……… 435
北京八大处奥博科技发展有限公司 … 436
北京天山新材料技术股份有限公司 … 543
壳牌统一(北京)石油化工有限公司 … 546
北京泛川机电设备有限公司 ………… 683
天津市神驰汽车零部件有限公司 …… 117
天津市益中汽车安全带厂 …………… 365
天津市新阳电子有限公司 …………… 438
天津力神电池股份有限公司 ………… 439
天津市凯诺实业有限公司 …………… 549
天津鼎工机电设备制造有限公司 …… 686
沧州新旺汽车散热器制造有限公司 … 122
沧州津联汽车水箱厂 ………………… 122
廊坊远祥汽车配件有限公司 ………… 123
保定长城内燃机制造有限公司 ……… 124
河北普泰机械制造有限公司 ………… 224
衡水神通汽车方向盘有限公司 ……… 225
河北宇龙传动轴有限公司 …………… 225
邢台众力汽车配套有限公司 ………… 226
新河县龙驰汽车部件制造有限公司 … 227
沧州飞驰汽车附件有限公司 ………… 227
沧州盛世伟业汽车附件有限公司 …… 228
河北前锋机器有限责任公司 ………… 229
廊坊开发区康太斯空压机有限公司 … 230
河北拓达车门有限公司 ……………… 367
河北通用玻璃工业有限公司 ………… 367
沧州三星微特电机有限责任公司 …… 368
新南风加热制冷(沧州)有限公司 …… 368
霸州市汇行塑胶制品有限公司 ……… 369
石家庄博亚汽车电器有限公司 ……… 440
保定巨威电器有限公司 ……………… 443
河北威县盛达密封件有限公司 ……… 551
河北新华橡胶密封件有限公司 ……… 552
河北省清河县九洲软轴胶管有限公司 … 552
河北亚大集团 ………………………… 555
山西成功淮海发动机有限公司 ……… 124
山西汤荣汽车配件制造集团有限公司 … 232
中信机电车桥有限责任公司 ………… 232

东北地区

沈阳华铁汽车散热器有限公司 ……… 125
沈阳金杯华集汽车部件有限公司 …… 233
沈阳金杯恒隆汽车转向系统有限公司 … 234
中车集团沈阳汽车车桥制造有限公司 … 234
辽宁衡业汽车新材股份有限公司 …… 235
辽宁通达轴业有限公司 ……………… 236
辽宁曙光车桥有限责任公司 ………… 236
丹东市振华橡胶制品有限公司 ……… 236
大连海纳汽车零部件有限公司 ……… 236
阜新德尔汽车部件股份有限公司 …… 237
沈阳汽车暖风机厂 …………………… 370
辽阳金兴汽车内饰件有限公司 ……… 370
丹东市黄海汽车内饰件制造有限公司 … 371
东港市聚丰汽车缓冲器座椅有限公司 … 371
沈阳东北蓄电池有限公司 …………… 444
丹东华颖电器有限责任公司 ………… 445
大连汇鑫塑料制品厂 ………………… 558
辽宁三特石油化工有限公司 ………… 558
沈阳三丰电气有限公司 ……………… 688
长春市九龙机械有限公司 …………… 128
长春一汽四环发动机制造有限公司 … 129
一汽解放汽车有限公司变速箱分公司 … 238
富奥股份公司传动轴分公司 ………… 239
天合富奥商用车转向器(长春)公司 … 239
一汽富维汽车零部件公司车轮分公司 … 239
长春一东离合器股份有限公司 ……… 240
长春市汇锋汽车齿轮股份有限公司 … 240
公主岭安宝有限责任公司 …………… 241
福耀集团长春有限公司 ……………… 372
福耀(长春)巴士玻璃有限公司 …… 373
吉林航盛电子有限公司 ……………… 447
吉林市吉达软轴有限公司 …………… 447
长春亚大汽车零件制造有限公司 …… 560
富奥汽车零部件公司紧固件分公司 … 562
白城市汽车压铸件有限责任公司 …… 563
吉林恒昌科技股份有限公司 ………… 660
哈尔滨威帝汽车电子有限公司 ……… 448

华东地区

上海弗列加滤清器有限公司 ………… 133
上海日野发动机有限公司 …………… 134
意奔玛集团有限公司 ………………… 136
萨克斯汽车零部件系统(上海)公司 … 243
上海纳铁福传动轴有限公司 ………… 244
上海科曼车辆部件系统股份有限公司 … 247
上海智源汽车部件有限公司 ………… 247
上海加冷松芝汽车空调股份有限公司 … 376
上海华申汽配制造有限公司 ………… 376
上海浦东亚成汽车配件有限公司 …… 377
上海利用锁具有限公司 ……………… 382
上海福耀客车玻璃有限公司 ………… 382
上海东风汽车电器厂 ………………… 449
上海航天汽车机电股份有限公司 …… 450
迪克斯汽车电器(上海)有限公司 …… 451
上海本安仪表系统有限公司 ………… 452
欧科佳(上海)汽车电子设备有限公司 … 453
上海航盛实业有限公司 ……………… 454
上海新封高科贸有限公司 …………… 565
巴斯夫上海涂料有限公司 …………… 566
上海麦之华密封件有限公司 ………… 568
上海底特精密紧固件有限公司 ……… 569
上海上标集团紧固件有限公司 ……… 570
富兰科华申汽车工具(上海)有限公司 … 662
扬州三源机械有限公司 ……………… 70
常州常武动力机械有限公司 ………… 141
无锡威孚高科技集团股份有限公司 … 142
无锡市锡联柴油机制造有限公司 …… 144
扬州水箱有限公司 …………………… 147
江苏嘉和热系统股份有限公司 ……… 147
扬州市长运汽车油箱制造有限公司 … 148
扬州通洋机油冷却器有限公司 ……… 148
扬州群发换热器有限公司 …………… 148
南京轴承有限公司 …………………… 248
江苏安多利新能源科技有限公司 …… 250
江苏骏宇汽配有限公司 ……………… 251
江苏金榆科技集团有限公司 ………… 251
无锡市宏达汽车减震器有限公司 …… 252
无锡格尔顿传动轴有限公司 ………… 252
无锡市凯华减震器厂 ………………… 252
江苏格尔顿传动有限公司 …………… 253
江阴市长江汽车离合器有限公司 …… 253
江阴全华丰精锻有限公司 …………… 253
江苏恒力制动器制造有限公司 ……… 253
江苏恒义汽配制造有限公司 ………… 253
采埃孚传动技术(苏州)有限公司 …… 254
苏州绿控传动科技有限公司 ………… 255
徐州美驰车桥有限公司 ……………… 256
江苏罡阳转向系统有限公司 ………… 257
江苏罡阳股份有限公司 ……………… 258
南京际华三五二一特种装备有限公司 … 382
南京丽德塑料有限责任公司 ………… 383
南京台兴汽车零部件制造有限公司 … 383
江苏飞越车辆部件有限公司 ………… 383
江苏畅通车业集团有限公司 ………… 383

江苏新达能机械有限公司 …… 383
金湖县通达客车门业有限公司 …… 383
江苏秦龙车灯有限公司 …… 384
丹阳市永昌车辆部件有限公司 …… 384
江苏新昌汽车部件有限公司 …… 384
丹阳市鹏凌塑业有限公司 …… 386
句容市东升汽车附件有限公司 …… 387
江苏省丹阳市东兴汽配有限公司 …… 387
江苏文光集团有限公司 …… 387
丹阳市光华汽车内饰件有限公司 …… 387
常州华阳汽车附件有限公司 …… 388
常州长江玻璃有限公司 …… 388
常州市亚丰汽车配件制造有限公司 …… 388
常州新泉汽车内饰件有限公司 …… 388
常州市宇达汽车配件有限公司 …… 388
常州市爱尔法车业有限公司 …… 390
常州市凯凌车配有限公司 …… 391
金坛市金鹏汽车座椅有限公司 …… 392
常州博万达汽车安全设备有限公司 …… 392
常州气弹簧有限公司 …… 392
昆山金发液压机械有限公司 …… 395
扬州市邗江扬子汽车内饰件有限公司 …… 396
江苏精达车辆附件制造有限公司 …… 396
扬州市欣辉汽车附件有限公司 …… 396
扬州神舟汽车内饰件有限公司 …… 396
泰州市飞达气动液压件厂 …… 397
南京双环电器制造有限公司 …… 456
江苏超力电器有限公司 …… 457
江苏洪昌科技股份有限公司 …… 457
江苏源冠汽车配件有限公司 …… 457
江苏超力集团 …… 457
江苏星乐照明科技有限公司 …… 458
丹阳市东港灯具有限公司 …… 458
江苏远洋车灯有限公司 …… 458
丹阳市镇红汽车灯具有限公司 …… 459
常州市王朝车业有限公司 …… 462
常州市太平洋电镀有限公司 …… 462
江苏日盈电子股份有限公司 …… 462
常州市五一灯具有限公司 …… 463
无锡市新新空气加热器厂 …… 465
无锡神速汽车电器有限公司 …… 466
无锡创维彩登科技有限公司 …… 466
无锡市新高汽车电机厂 …… 467
苏州汽车电器制造有限公司 …… 468
苏州驶安特汽车电子有限公司 …… 468
帝宝交通器材(昆山)有限公司 …… 470
扬州阿波罗蓄电池有限公司 …… 473
江苏龙蟠科技股份有限公司 …… 573
镇江立达纤维工业有限责任公司 …… 574
汉高(江苏)汽车零部件有限公司 …… 574
江苏万奔汽车配件有限公司 …… 574
江苏旷达汽车饰件有限公司 …… 578
常州市武进润丰塑料制品有限公司 …… 578
江苏中通汽车内饰材料有限公司 …… 579
无锡市海江汽车部件有限公司 …… 580
江阴市双佳汽车配件有限公司 …… 581
江苏恒明汽车配件制造有限公司 …… 582
江阴延利汽车饰件股份有限公司 …… 582
淮安市劲风橡塑有限公司 …… 586
泰州长力树脂管有限公司 …… 587
南通万达摩擦材料有限公司 …… 588
南京爱维斯物流装备制造有限公司 …… 697
苏州苏净安发空调有限公司 …… 702
江苏振世达汽车模具有限公司 …… 705
江苏中大工业涂装环保有限公司 …… 705
江苏中宝机械科技有限公司 …… 705
鑫之宇涂装工业有限公司 …… 705
扬州捷迈锻压机械有限公司 …… 706
湖州佳士汽车配件有限公司 …… 153
玉环县现代汽车配件厂 …… 158
台州三元车辆净化器有限公司 …… 162
浙江金华航宇汽配制造有限公司 …… 162
永康市广园汽车配件有限公司 …… 163
五龙控股有限公司 …… 174
杭州神风汽车配件有限公司 …… 259
浙江金固股份有限公司 …… 264
浙江双祥汽配制造有限公司 …… 265
怀创汽车零部件有限公司 …… 266
绍兴金江机械有限公司 …… 267
嘉兴嘉嘉汽车零部件制造有限公司 …… 269
嘉兴新中南汽车零部件有限公司 …… 269
宁波优适捷传动件有限公司 …… 271
宁波华盛汽车部件有限公司 …… 272
宁波明佳汽车内饰有限公司 …… 272
宁波神丰汽车部件有限公司 …… 274
宁波合力汽车零部件有限公司 …… 275
宁波合生制动科技有限公司 …… 275
浙江方向汽车零部件有限公司 …… 279
隆中控股集团有限公司 …… 279
浙江耐士伦机械有限公司 …… 280
浙江奥缔机械制造有限公司 …… 282
玉环县东海汽车配件厂 …… 282
台州中圣汽车零部件有限公司 …… 285
玉环县威龙汽车零部件制造有限公司 …… 286
浙江国昌机械有限公司 …… 290
浙江台州浙龙机械制造有限公司 …… 291
金华汤齿齿轮箱有限公司 …… 292
瑞立汽车液压制动有限公司 …… 294
浙江科力车辆控制系统有限公司 …… 294
浙江华明汽车制动器有限公司 …… 295
浙江恒力制动阀有限公司 …… 296
杭州梵隆方向盘有限公司 …… 398
宁波明望汽车饰件有限公司 …… 400
宁波帕尔玛重工制冷有限公司 …… 400
宁波鸿通汽车零部件有限公司 …… 401
宁波乾方汽车配件有限公司 …… 401
浙江天成自控股份有限公司 …… 402
台州市黄岩科力塑料模具厂 …… 404
温州市汽车附件二厂 …… 405
浙江中特力制锁有限公司 …… 406
瑞安市名冠电气有限公司 …… 408
浙江万德远机车部件有限公司 …… 410
浙江雷力汽车零部件有限公司 …… 410
杭州南华汽车配件有限公司 …… 475
杭州广安汽车电器有限公司 …… 475
浙江德宏汽车电子电器股份有限公司 …… 476
浙江汽车仪表有限公司 …… 476
浙江车灯有限公司 …… 476
宁波高发汽车控制系统股份有限公司 …… 479
宁波市鄞州雪利曼电子仪表有限公司 …… 480
宁波华甬汽车零部件有限公司 …… 485
浙江天翀车灯集团有限公司 …… 486
浙江正泰汽车零部件有限公司 …… 489
瑞安市亚星汽车配件有限公司 …… 491
瑞安市胜亚车辆配件有限公司 …… 493
温州美亚特汽车部件有限公司 …… 494
瑞安市豪王汽车零部件有限公司 …… 498
温州市年格汽车配件有限公司 …… 502
飞鹏车辆配件有限公司 …… 502
平阳琳瑞汽车电器股份有限公司 …… 502
浙江星普汽车配件有限公司 …… 503
黄河汽配集团有限公司 …… 503
国威科技有限公司 …… 503
浙江久运车辆部件有限公司 …… 590
浙江萧山固陵汽配有限公司 …… 590
杭州协盛摩擦材料有限公司 …… 591
浙江科达利实业有限公司 …… 594
海盐秦燕汽配有限公司 …… 597
宁波永信汽车部件制造有限公司 …… 603
宁波福耀汽车零部件有限公司 …… 605
浙江铁马科技股份有限公司 …… 606
玉环沈泰汽车机械有限公司 …… 610
温州双剑工业集团东方汽车配件厂 …… 614
泰顺县白云橡胶有限公司 …… 616
温州市永昌汽车附件厂 …… 669
合肥威尔燃油系统有限责任公司 …… 175
蚌埠市康联汽车配件厂 …… 176
蚌埠金威滤清器有限公司 …… 176
蚌埠通达汽车零部件有限公司 …… 176
蚌埠市同升滤清器有限公司 …… 176
安徽省凤阳散热器有限公司 …… 177
合肥力威汽车油泵有限公司 …… 299
安徽安凯福田曙光车桥有限公司 …… 299
安徽万安汽车零部件有限公司 …… 299
合肥宽信机电有限公司 …… 300
北泰汽车底盘系统(安徽)有限公司 …… 300
芜湖伯特利汽车安全系统有限公司 …… 302
安徽盛隆铸业有限公司 …… 304
安庆安簧汽车零部件有限公司 …… 304
安徽安簧机械股份有限公司 …… 304
宁国市飞鹰汽车零部件股份有限公司 …… 304
安徽岳塑汽车工业有限公司 …… 305
安徽精科机器有限公司 …… 305
合肥华瑞汽车零部件有限公司 …… 411
合肥汇通汽车零部件有限公司 …… 412
安徽金诚汽车装饰设计开发有限公司 …… 412
安徽金诚复合材料有限公司 …… 412
鸿通汽车零部件(芜湖)有限公司 …… 412
铜陵华源汽车内饰材料有限公司 …… 413
合肥海泰克汽车电子有限公司 …… 505
安庆市汇通汽车部件有限公司 …… 616
安徽青松工具有限公司 …… 669
福安市德普电器有限公司 …… 182
泉州鲤城福辉汽车配件有限公司 …… 306
石狮万众离合器有限公司 …… 309
龙岩市万腾车桥制造有限公司 …… 310
福建畅丰车桥制造有限公司 …… 310
厦门金龙橡塑制品有限公司 …… 414
福耀(福建)巴士玻璃有限公司 …… 414
厦门金龙汽车座椅有限公司 …… 414
厦门金龙汽车车身有限公司 …… 414
福耀玻璃工业集团股份有限公司 …… 414
福建省晋江市恒利塑料有限公司 …… 415

泉州国胜汽车部件实业有限公司 …… 415
福建仙游闽仙汽车电器有限公司 …… 508
厦门金龙汽车电器有限公司 ………… 509
厦门厦华新技术有限公司 ………… 509
泉州恒昌电器有限公司 ……………… 510
诗来福汽车电机制造有限公司 …… 510
福建艺达电驱动股份有限公司 …… 510
福建冠良汽车配件工业有限公司 …… 620
厦门诺瑞特实业有限公司 ………… 621
厦门百吉机电有限公司 ……………… 621
泉州昌隆汽车配件工业有限公司 …… 622
福建莱克石化有限公司 ……………… 623
厦门美时美克空气净化有限公司 …… 670
江西沃尔福发动机有限公司 ………… 183
江西方大长力汽车零部件有限公司 … 311
江西江铃底盘股份有限公司 ………… 312
江西行新汽车科技有限公司 ………… 415
中国直升机设计研究所汽车安全设备厂 … 415
江西好帮手电子科技股份有限公司 … 511
宜春英龙橡胶有限公司 ……………… 625
潍坊众谊汽车配件有限公司 ………… 188
青岛汽车散热器有限公司 …………… 192
龙口中宇集团 ………………………… 192
泰安鼎鑫冷却器有限公司 …………… 193
山东明水汽车配件厂 ………………… 313
济南第二汽车配件有限公司 ………… 313
山东德方液压机械股份有限公司 …… 314
山东盛泰车轮有限公司 ……………… 316
东营信义汽车配件有限公司 ………… 316
山东泰丰汽车底盘制造有限公司 …… 320
烟台鲁阳车轮有限责任公司 ………… 322
青岛海通车桥有限公司 ……………… 324
济宁骏达机械制造有限公司 ………… 327
山东丰达汽车内饰有限公司 ………… 416
龙口市宏兴机械车辆配套有限公司 … 417
济南安必喜汽车智能技术有限公司 … 512
山东鲁得贝车灯股份有限公司 ……… 512
德州天宇汽车电子有限公司 ………… 513
中国重汽集团济南铸锻中心 ………… 626
水星汽车部件集团股份有限公司 …… 627
山东高强紧固件有限公司 …………… 629
山东荣成市荣威胶带有限公司 ……… 630
龙口市丛林液压管件厂 ……………… 631
青岛信义汽车制动配件有限公司 …… 633
青岛方冠摩擦材料有限公司 ………… 633
山东惠尔制革集团有限公司 ………… 634
临沂开元轴承有限公司 ……………… 635

华中地区

平原滤清器有限公司 ………………… 195
新乡航空工业(集团)有限公司 …… 195
郑州精益达汽车零部件有限公司 …… 328
河南泰稳减振器有限公司 …………… 329
焦作金箍制动器股份有限公司 ……… 330
风神轮胎股份有限公司 ……………… 330
焦作市鑫华丰汽车弹簧有限公司 …… 330
长葛市定达实业有限公司 …………… 332
南阳淅减汽车减振器有限公司 ……… 333
郑州泰新汽车内饰件有限公司 ……… 418
郑州市金根汽车零部件有限公司 …… 418
新乡市豫新商用车空调股份有限公司 … 419
郑州文光车辆附件有限公司 ………… 516
郑州跃博汽车电器有限公司 ………… 516
鹤壁市恒泰电器有限公司 …………… 517
天海雪城汽车电子(鹤壁)有限公司 … 517
东风康明斯发动机有限公司 ………… 199
东风汽车有限公司商用车发动机厂 … 200
十堰诺克里奇科技有限公司 ………… 200
东风钟祥汽车弹簧有限公司 ………… 334
武汉万向汽车制动器有限公司 ……… 334
武汉市运发汽配制造有限公司 ……… 334
武汉元丰汽车零部件有限公司 ……… 334
湖北佳旺汽车制动系统制造有限公司 … 334
湖北荆江源车桥有限责任公司 ……… 335
沙市久隆汽车动力转向器有限公司 … 335
湖北恒隆汽车系统集团有限公司 …… 335
湖北三环汽车方向机有限公司 ……… 336
湖北鄂钢驰久钢板弹簧有限公司 …… 336
湖北神风汽车弹簧有限公司 ………… 336
东风德纳车桥有限公司 ……………… 337
湖北三环铸造股份有限公司 ………… 337
老河口楚润科技(集团)有限公司 …… 338
湖北三环车桥有限公司 ……………… 338
湖北三环锻造有限公司 ……………… 338
东风汽车变速箱有限公司 …………… 339
十堰市创时零部件有限公司 ………… 341
十堰大华康桥工贸有限公司 ………… 341
东风电子科技公司汽车制动系统公司 … 342
丹江口丹传汽车传动轴有限公司 …… 342
湖北美标汽车制冷系统有限公司 …… 421
中航工业宇航救生装备有限公司 …… 421
湖北双鸥汽车工程塑料(集团)公司 … 421
东风(十堰)汽车热交换器有限公司 … 421
东风－派恩汽车铝热交换器有限公司 … 422
湖北泓盈传感技术有限公司 ………… 519
湖南长丰汽车零部件有限责任公司 … 202
株洲齿轮有限责任公司 ……………… 343
湖南省重型离合器有限责任公司 …… 344
株洲汽车零部件实业有限公司 ……… 344
岳阳恒立冷气设备股份有限公司 …… 423
邵阳通达汽车零部件制造有限公司 … 423
美力特发动机汽车配件有限公司 …… 202
广州科密汽车制动技术开发有限公司 … 345
广州溢滔钱潮减震科技股份有限公司 … 345
河谷(佛山)汽车润滑系统有限公司 … 348
江门市兴江转向器有限公司 ………… 350
珠海鸥顿气弹簧厂 …………………… 426
信义玻璃控股有限公司 ……………… 427
广州通达汽车电气股份有限公司 …… 522
深圳市沃特玛电池有限公司 ………… 527
深圳市华宝电子科技有限公司 ……… 527
深圳市宝凌电子股份有限公司 ……… 528
深圳市正鼎科技有限公司 …………… 529
广州机械科学研究院胶业研究所 …… 643
东莞市黑马化工有限公司 …………… 647
格莱利集团 …………………………… 647
广东银帆化学有限公司 ……………… 651
广州市一谷电子有限公司 …………… 672
广州艾比埃金属制品有限公司 ……… 674
广西玉柴机器股份有限公司 ………… 209
广西方盛实业股份有限公司 ………… 350
桂林纯正工业有限公司 ……………… 428
广西三立科技发展有限公司 ………… 536
柳州市俊杰汽配制造有限公司 ……… 652

西南、西北地区

上汽菲亚特红岩动力总成有限公司 … 210
重庆北方奔驰变速器有限责任公司 … 351
重庆红岩方大汽车悬架有限公司 …… 353
重庆聚能汽车技术有限责任公司 …… 353
重庆耐德中意减振器有限责任公司 … 353
綦江长风齿轮有限公司 ……………… 354
重庆市渝电汽车弹簧有限公司 ……… 355
綦江齿轮传动有限公司 ……………… 355
重庆深渝电子有限公司 ……………… 538
重庆辉达重型汽车配件制造有限公司 … 652
重庆益弘工程塑料制品有限公司 …… 652
成都宁良实业有限公司 ……………… 215
四川中自尾气净化有限公司 ………… 216
南充市攀峰滤清器有限公司 ………… 217
成都九鼎科技(集团)有限公司 …… 357
四川郫县离合器有限公司 …………… 358
四川联茂机械制造有限公司 ………… 359
成都国弘汽车内饰件有限责任公司 … 431
成都有为科技有限公司 ……………… 539
成都成航车辆仪表有限责任公司 …… 539
成都航凯天电子股份有限公司 ……… 539
四川崇州华蜀蓄电池工业有限公司 … 540
成都天府焊接设备有限公司 ………… 727
昆明方大春鹰板簧有限公司 ………… 360
贵州华烽电器有限公司 ……………… 432
贵州天义汽车电器有限公司 ………… 541
贵阳航空电机有限公司 ……………… 541
贵州雅光电子科技股份有限公司 …… 541
西安康明斯发动机有限公司 ………… 219
陕西汉德车桥有限公司 ……………… 361
西安三鸣汽车零部件有限公司 ……… 361
西安杰出实业有限公司 ……………… 432
陕西凌云蓄电池有限公司 …………… 542
陕西华兴汽车制动科技有限公司 …… 657

★ 其他汽车配套企业

中国石油润滑油公司 ………………… 543
北方凌云工业集团有限公司 ………… 370
博世汽车部件(苏州)有限公司 ……… 254
江铃汽车股份有限公司 ………………… 40
四川川南减震器集团有限公司 ……… 358
浙江宇太汽车零部件制造有限公司 … 161

华北地区

北京大林万达汽车部件有限公司 …… 116
北京柳成新和汽车部件有限公司 …… 116
北京艾思吉汽车制动泵有限责任公司 … 221
北京星火环宇汽车制动泵有限公司 … 222
北京鑫凯利汽车电机有限公司 ……… 435
北京帝格线束有限责任公司 ………… 436
易图通科技(北京)有限公司 ……… 659
天津丰田纺汽车部件有限公司 ……… 118
天津电装空调有限公司 ……………… 366
天津电装电机有限公司 ……………… 438
天津斯坦雷电气有限公司 …………… 440

天津电装电子有限公司 …… 440
天津市天宇胶管有限公司 …… 548
天津日进汽车系统有限公司 …… 549
邢台洁力滤清器厂 …… 121
沧县胜利汽车配件厂 …… 227
沧州龙翔机械有限公司 …… 227
沧州华建工程机械有限公司 …… 227
沧州海润机械制造有限公司 …… 227
河北泛亚平衡块有限公司 …… 228
沧州盛世伟业汽车附件有限公司 …… 228
香河海潮制件有限公司 …… 230
香河港龙汽车配件制造有限公司 …… 230
定兴县盛德机械部件有限公司 …… 231
沧州三星微特电机有限责任公司 …… 368
河间市京明汽车插接器厂 …… 442
河北永昌密封件有限公司 …… 552
河北三路汽车附件厂 …… 554
包头市久力机械制造有限公司 …… 233

东北地区

辽宁顺兴重型内燃机曲轴有限公司 …… 126
中车集团沈阳汽车车桥制造有限公司 …… 234
沈阳丰运汽车零部件厂 …… 234
大连瑞谷科技有限公司 …… 235
大连捷太格特创新汽车部件有限公司 …… 235
朝阳汽车转向器有限公司 …… 237
京滨大洋冷暖科技(大连)有限公司 …… 370
蒂森克虏伯富奥汽车转向柱(长春)公司 …… 239
伊通车身部件制造有限公司 …… 240
吉林北方捷凯传动轴有限公司 …… 241
长春市灯泡电线有限公司 …… 446
大陆汽车电子(长春)有限公司 …… 446
长春汉高表面技术有限公司 …… 561
哈耐力汽车减震器制造有限公司 …… 242
哈尔滨岛田大鹏工业有限公司 …… 691

华东地区

上海日野发动机有限公司 …… 134
上海世佳汽车零部件制造有限公司 …… 135
上海奥众汽车部件制造有限公司 …… 136
上海戈吕克机械制造有限公司 …… 378
上海昭和汽车配件有限公司 …… 380
恺博(上海)车辆座椅技术有限公司 …… 381
上海安吉星信息服务有限公司 …… 450
汉高股份有限公司 …… 564
上海安字实业有限公司 …… 570
仪征威业油泵油嘴有限公司 …… 139
仪征双环活塞环有限公司 …… 139
无锡威孚高科技集团股份有限公司 …… 142
江苏四达动力机械集团有限公司 …… 145
苏州申达汽车配件有限公司 …… 146
江苏江淮动力股份有限公司 …… 147
盐城博一散热器有限公司 …… 147
扬州水箱有限公司 …… 147
亚普汽车部件股份有限公司 …… 148
布雷博(南京)制动系统有限公司 …… 248
无锡市万旋金属制品有限公司 …… 252
欧德克斯机械工业(常熟)有限公司 …… 255
徐州徐工轮胎有限公司 …… 256
江苏飞船股份有限公司 …… 258
丹阳市豪星饰件有限公司 …… 383
江苏明兴汽车部件有限公司 …… 386
常州市小河特种镜杆厂 …… 387
常州市安江车辆部件厂 …… 390
常州市添翼汽车部件有限公司 …… 390
常州市发路利汽配有限公司 …… 391
无锡华光汽车部件集团有限公司 …… 393
扬州市欣辉汽车附件有限公司 …… 396
莱尼电气线缆(常州)有限公司 …… 460
江苏永明汽车部件有限公司 …… 462
常州光明灯泡有限公司 …… 465
苏州福特斯汽车电子有限公司 …… 468
苏州华昌机电有限公司 …… 469
苏州波特尼电气系统有限公司 …… 470
汉高(江苏)汽车零部件有限公司 …… 574
恩梯恩阿爱必(常州)有限公司 …… 575
无锡市宇新机械有限公司 …… 579
苏州三之星机带科技有限公司 …… 583
苏州石川制铁有限公司 …… 583
丰田工业(昆山)有限公司 …… 584
书元机械企业(昆山)有限公司 …… 584
苏州金鸿顺汽车部件股份有限公司 …… 586
利富高(江苏)精密树脂制品公司 …… 586
江苏超越橡塑有限公司 …… 586
扬州市新城通永专用车部件厂 …… 587
常州市宇鹏涂装设备有限公司 …… 699
苏州苏净安发空调有限公司 …… 702
徐州市黄河仪器仪表厂 …… 705
台州帕特汽车配件有限公司 …… 158
台州市华创汽车零部件有限公司 …… 162
温州安佳汽车零部件有限公司 …… 164
瑞安市三凌滤清器有限公司 …… 166
浙江瑞峰汽车零部件有限公司 …… 167
瑞安市超骏汽配有限公司 …… 169
浙江鸿科电气有限公司 …… 170
浙江天马活塞工业有限公司 …… 175
浙江宏亮汽车零部件有限公司 …… 264
浙江枫叶机械有限公司 …… 265
浙江东星科技有限公司 …… 265
浙江伏牛钢板弹簧有限公司 …… 268
嘉善峰立汽车零部件制造有限公司 …… 270
宁波豪锋企业有限公司 …… 271
宁波纬尚汽车零部件有限公司 …… 271
宁波奔野方向机有限公司 …… 272
宁波英达皇汽车轮毂有限公司 …… 272
正田汽车制动器制造有限公司 …… 277
台州威科特汽车零部件有限公司 …… 280
玉环博宇机械有限公司 …… 284
玉环一飞机械工业有限公司 …… 284
玉环德孚转向泵有限公司 …… 288
今飞控股集团有限公司 …… 292
浙江昌利锻造有限公司 …… 298
温州天和汽车部件有限公司 …… 298
宁波景文机械有限公司 …… 401
温岭市通驰汽车空调制造有限公司 …… 403
浙江万德远机车部件有限公司 …… 410
宁波新思创机电科技有限公司 …… 478
浙江阳明汽车部件有限公司 …… 484
浙江奥派克汽车配件有限公司 …… 494
瑞安市内利汽车电器厂 …… 495
瑞安市建利佳汽车部件有限公司 …… 498
瑞安市阳宇机动车零部件有限公司 …… 499
瑞安市大众汽车组合开关厂 …… 502
浙江柏思德电气有限公司 …… 503
诸暨市雄锟波纹管厂 …… 594
宁波四维尔工业股份有限公司 …… 601
浙江紫金港胶带有限公司 …… 607
浙江兴宇汽车零部件有限公司 …… 607
玉环县天心机械厂 …… 609
浙江海特橡塑有限公司 …… 610
瑞安市华德汽车零部件有限公司 …… 613
铁牛集团有限公司 …… 711
合肥江河汽车零部件有限公司 …… 175
芜湖中宇散热器有限公司 …… 178
芜湖三联锻造有限公司 …… 178
芜湖东大汽车工业有限公司 …… 179
合肥宽信机电有限公司 …… 300
芜湖鑫业汽车零部件有限公司 …… 302
芜湖世特瑞转向系统有限公司 …… 302
芜湖市宏达汽配橡胶密封件厂 …… 302
信义汽车部件(芜湖)有限公司 …… 412
安徽民生工贸集团有限公司 …… 413
合肥创佳汽车电器有限公司 …… 505
安徽森力汽车电子有限公司 …… 505
芜湖精诺汽车电器有限公司 …… 506
马鞍山立信电气有限公司 …… 507
霍山县龙鑫金属制品有限公司 …… 617
福安市德普电器有限公司 …… 182
本特勒汽车系统(福州)有限公司 …… 305
泉州市明达机械配件有限公司 …… 307
泉州市海祥神州机械配件有限公司 …… 308
福建龙岩成龙机械有限公司 …… 310
福州联泓交通器材有限公司 …… 413
厦门歌乐电子企业有限公司 …… 510
泉州市建盛机械配件厂 …… 621
泉州市通成机械发展有限公司 …… 622
泉州万潮汽配有限公司 …… 623
福建鑫展旺集团有限公司 …… 624
江西江锻重工有限公司 …… 625
烟台杰瑞富耐克换热设备有限公司 …… 190
青岛德盛机械制造有限公司 …… 193
济南汇九齿轮有限公司 …… 312
淄博博山国家汽车配件厂 …… 315
山东盛泰车轮有限公司 …… 316
山东奥戈瑞集团有限公司 …… 317
成山集团有限公司 …… 321
烟台鲁阳车轮有限责任公司 …… 322
龙口市龙海实业有限公司 …… 323
青岛约克运输设备有限公司 …… 324
青岛创兴齿轮有限公司 …… 326
梁山四平亿利德专用汽车配件公司 …… 327
梁山县金盛车桥有限公司 …… 327
山东统亚模塑科技实业有限公司 …… 416
烟台首钢电装有限公司 …… 417
佛吉亚(青岛)排气系统有限公司 …… 418
山东泰瑞汽车机械电器有限公司 …… 513
山东湖西王集团铸业有限公司 …… 635

华中地区

南阳二机石油装备(集团)有限公司 …… 89
河南省东山科技有限公司 …… 196
郑州凯通汽车配件有限公司 …… 328

郑州新华重型机器有限公司 ………… 328
林州市洹河汽配有限公司 ………… 331
许昌通达汽车车轮有限公司 ………… 331
漯河世林鑫源汽配有限公司 ………… 332
郑州科利电子有限公司 ………… 516
鹤壁君隆电气有限公司 ………… 517
约斯特(中国)汽车部件有限公司 …… 334
湖北荆江源车桥有限责任公司 ……… 335
湖北金驰机器有限公司 ………… 336
十堰超群汽车制动阀有限公司 ……… 340
十堰超力达工贸有限公司 ………… 340
武汉博泽汽车部件有限公司 ………… 420
黄石市重型汽车配件制造厂 ………… 639
十堰市神力汽车零部件有限公司 …… 641
东风汽车悬架弹簧有限公司 ………… 641
武汉雷恩博激光科技有限公司 ……… 717
长沙湘立机电制造有限公司 ………… 201
中航飞机起落架有限责任公司 ……… 343
长沙广汽东阳汽车零部件有限公司 … 422
三井金属(珠海)环境技术有限公司 … 205
八千代工业(中山)有限公司 ………… 208
广州恩梯恩裕隆传动系统有限公司 … 344
加特可(广州)自动变速箱有限公司 … 344
广州科密汽车制动技术开发有限公司 … 345
广州驭风旭铝铸件有限公司 ………… 346
韶关市正星车轮有限公司 ………… 347
佛山金光汽车零部件有限公司 ……… 348
佛山富士离合器有限公司 ………… 348
广州爱机汽车配件有限公司 ………… 424
广东海德世拉索系统有限公司 ……… 425
广东顺德太昌客车空调有限公司 …… 428
江门市宏力后视镜实业有限公司 …… 428
惠州住润电装有限公司 ………… 525
汕头经济特区矢崎汽车部件有限公司 … 525
东莞歌乐东方电子有限公司 ………… 532
东莞市赛歌汽车零配件有限公司 …… 532
市光法雷奥(佛山)汽车照明系统公司 533
广州三樱制管有限公司 ………… 643
广州西川密封件有限公司 ………… 644
东莞市黑马化工有限公司 ………… 647
东莞利富高塑料制品有限公司 ……… 648
东莞百乐仕汽车精密配件有限公司 … 648
东普雷(佛山)汽车部件有限公司 …… 650
丰田合成(佛山)橡塑有限公司 ……… 651
广州市车宝汽车用品有限公司 ……… 674
广州艾帕克汽车配件有限公司 ……… 720
柳州市迅达汽车配件制造有限公司 … 351
柳州远翅塑料有限公司 ………… 429
柳州市汽车座椅有限公司 ………… 429
广西玉柴博耐特电器有限公司 ……… 536

西南、西北地区

重庆文安机械有限公司 ………… 213
重庆东京散热器有限公司 ………… 213
重庆川渝精工机械配件开发有限公司 … 352
重庆博耐特实业(集团)有限公司 …… 538
上海小糸车灯重庆有限公司 ………… 538
重庆炬野科技发展有限公司 ………… 652
重庆恒伟精密机械有限公司 ………… 727
伊斯沃(重庆)精密机械有限公司 …… 727
成都天兴山田车用部品有限公司 …… 357
德阳川德交通机械有限公司 ………… 358
四川崇州华蜀蓄电池工业有限公司 … 540
雅安小航电器有限责任公司 ………… 540
成都双流少海垫片厂 ………… 655
四川重汽王牌兴城液压件有限公司 … 655
贵州雅光电子科技股份有限公司 …… 541
贵州光华橡塑有限公司 ………… 656
陕西德仕汽车部件(集团)有限公司 … 219

★ 摩托车配套企业

江苏晨阳电光源有限公司 ………… 468
浙江中马传动股份有限公司 ………… 278
四川川南减震器集团有限公司 ……… 358
北京聚菱燕塑料有限公司 ………… 545
天津市斯巴克瑞电子技术有限公司 … 439
天津杰士电池有限公司 ………… 440
天津市天宇胶管有限公司 ………… 548
天津日石润滑油脂有限公司 ………… 548
天津提爱思塑料制品有限公司 ……… 549
河北东黄内燃机配件有限公司 ……… 121
唐山隆玛驰车用附件有限公司 ……… 123
河北星月制动元件有限公司 ………… 225
衡水神通汽车方向盘有限公司 ……… 225
河北程杰汽车转向机制造有限公司 … 225
保定建强制动软管有限公司 ………… 231
黄骅市渤海汽车摩托车配件有限公司 … 368
廊坊科森电器有限公司 ………… 443
石家庄艾斯姆轴承制造有限公司 …… 549
河北任县企大橡胶有限责任公司 …… 553
兴城市粉末冶金有限公司 ………… 560
上海峰亚耐火保温材料有限公司 …… 133
上海三国精密机械有限公司 ………… 133
上海维纳特气门有限公司 ………… 133
上海拖拉机内燃机公司油嘴油泵厂 … 137
上海中瑞富士离合器有限公司 ……… 246
上海镁镁合金压铸有限公司 ………… 247
上海日精仪器有限公司 ………… 451
上海海华传感器有限公司 ………… 453
上海嘉尔成汽车部件有限公司 ……… 453
上海前卫软木制品厂 ………… 564
上海特强汽车紧固件有限公司 ……… 568
上海核威滑动轴承制造有限公司 …… 569
上海运良锻造实业有限公司 ………… 572
上海瀚氏模具成型有限公司 ………… 693
上海远松机械有限公司 ………… 696
南京金城三国机械电子有限公司 …… 138
江苏仪征金派内燃机配件有限公司 … 139
江苏苏美达德隆汽车部件有限公司 … 139
仪征双环活塞环有限公司 ………… 139
南京发动机配件厂 ………… 139
南京京滨化油器有限公司 ………… 139
镇江维纳特气门有限公司 ………… 140
无锡冠越精工动力机械有限公司 …… 142
无锡威孚力达催化净化器有限公司 … 144
无锡奥尔驰动力设备有限公司 ……… 144
苏州益方动力机械有限公司 ………… 146
远轻铝业(中国)有限公司 ………… 146
飞得滤机(苏州)有限公司 ………… 146
盐城博一散热器有限公司 ………… 147
扬州光辉内燃机配件有限公司 ……… 148
常州太湖齿轮厂 ………… 251
无锡凯迩必拓普减震器有限公司 …… 251
无锡市万旋金属制品有限公司 ……… 252
江阴全华丰精锻有限公司 ………… 253
扬州立德粉末冶金股份有限公司 …… 257
江苏飞驰股份有限公司 ………… 257
江苏明星减震器有限公司 ………… 257
南京台兴汽车零部件制造有限公司 … 383
丹阳金城配件有限公司 ………… 384
常州市海霞车辆配件厂 ………… 390
常州飞华车辆部件有限公司 ………… 391
镇江金象照明电器有限责任公司 …… 457
江苏新通达电子科技股份有限公司 … 458
丹阳市华东消声器厂 ………… 459
大茂伟瑞柯车灯有限公司 ………… 461
常州久铁灯具有限公司 ………… 461
江苏日盈电子股份有限公司 ………… 462
常州市太平洋电镀有限公司 ………… 462
常州闻琪车辆部件厂 ………… 463
常州常利来电子有限公司 ………… 464
无锡市明怡电器仪表有限公司 ……… 466
江阴市富达车业有限公司 ………… 467
江苏省江阴市晓维车业有限公司 …… 467
苏州福特斯汽车电子有限公司 ……… 468
江阴市新世纪汽摩配件有限公司 …… 468
苏州驶安特汽车电子有限公司 ……… 468
江阴市明珠车业有限公司 ………… 468
常州东风轴承有限公司 ………… 575
常州苏特轴承制造有限公司 ………… 576
常州市申银车业有限公司 ………… 576
常州市阳湖轴承有限公司 ………… 576
江苏南方轴承股份有限公司 ………… 576
江苏容天乐机械股份有限公司 ……… 577
常州市武进江华滚针轴承厂 ………… 577
常州市利来密封件有限公司 ………… 578
无锡市宇新机械有限公司 ………… 579
江苏法尔胜泓昇集团精密机械分公司 … 582
书元机械企业(昆山)有限公司 ……… 584
南京爱维斯物流装备制造有限公司 … 697
常州市大众涂装设备有限公司 ……… 699
无锡市蓝力机床有限公司 ………… 702
无锡大力液压机械厂 ………… 702
扬州琼花涂装工程技术有限公司 …… 705
浙江省诸暨市电器有限公司 ………… 152
宁波市镇海邵氏超越离合器有限公司 … 153
宁波仁永汽车零部件有限公司 ……… 156
宁波缸套厂有限公司 ………… 156
玉环县联谊机械有限公司 ………… 159
玉环中本机械有限公司 ………… 160
恒勃控股股份有限公司 ………… 162
台州宏鑫曲轴有限公司 ………… 162
浙江省缙云动力气缸有限公司 ……… 163
浙江强广剑精密铸造股份有限公司 … 163
温州方圆锻造有限公司 ………… 165
浙江力宝机车部件有限公司 ………… 168
瑞泰动力集团有限公司 ………… 170
浙江三和销轴有限公司 ………… 171
浙江精湛化油器有限公司 ………… 171
瑞安市华东锻造有限公司 ………… 172
浙江华林机械有限公司 ………… 265
宁波沃特汽车部件有限公司 ………… 275

温岭市耀鼎机械有限公司 …… 277
浙江大发齿轮有限公司 …… 278
温岭市振华车辆配件有限公司 …… 278
台州耐力特汽车传动轴有限公司 …… 279
玉环凯凌集团有限公司 …… 280
今飞控股集团有限公司 …… 292
温州力邦企业有限公司 …… 296
温州市宋达减震器有限公司 …… 298
浙江昌利锻造有限公司 …… 298
浙江亨达塑料模具有限公司 …… 403
浙江俏宇机车部件有限公司 …… 404
浙江雷牌机件有限公司 …… 407
温州中成化油器制造有限公司 …… 408
浙江海久电池股份有限公司 …… 475
中澳合资上虞奥龙电源有限公司 …… 476
浙江车灯有限公司 …… 476
宁波兴慈热动电器有限公司 …… 481
宁波市博德艾普电气有限公司 …… 482
宁波科达仪表有限公司 …… 483
浙江嘉利(丽水)工业有限公司 …… 488
温州市中野交通电器有限公司 …… 491
浙江杰程机车部件有限公司 …… 497
南洋汽摩集团有限公司 …… 500
杭州弹簧有限公司 …… 589
杭州星丰实业有限公司 …… 592
杭州桐庐宇鑫汽配有限公司 …… 593
湖州南浔通惠金洁链条制造有限公司 … 596
湖州双狮汽车链传动有限公司 …… 596
浙江容安机械有限公司 …… 597
宁波海山克尔铃密封件有限公司 …… 599
浙江紫金港胶带有限公司 …… 607
浙江宏鑫减震系统有限公司 …… 608
浙江汇丰汽配制造有限公司 …… 609
浙江崇富橡塑有限公司 …… 610
浙江耐力轴承有限公司 …… 611
人本集团有限公司 …… 612
浙江朝泰机车部件有限公司 …… 612
浙江明泰标准件有限公司 …… 612
温州三环橡塑制品有限公司 …… 612
浙江正昌锻造股份有限公司 …… 613
温州法兰特机械有限公司 …… 613
瑞标集团有限公司 …… 613
浙江跃进锻造有限公司 …… 615
杭州鼎盛科技仪器有限公司 …… 707
华日集团模具城有限公司 …… 710
浙江黄岩飞朋模具有限公司 …… 711
芜湖中宇散热器有限公司 …… 178
安徽沃德气门制造有限公司 …… 178
安庆帝伯格茨活塞环有限公司 …… 180
安庆帝伯粉末冶金有限公司 …… 180
安徽精科机器有限公司 …… 305
蚌埠市双环电子集团有限公司 …… 506
黄山奔马集团有限公司 …… 619
福州泰维克汽车配件有限公司 …… 180
福州钜全汽车配件有限公司 …… 180
福州明扬交通器材有限公司 …… 181
华闽南配集团股份有限公司 …… 181
福建东亚机械有限公司 …… 181
泉州市双塔汽车零件有限公司 …… 182
厦门理研工业有限公司 …… 182
福州小糸大亿车灯有限公司 …… 508
福州富全橡胶有限公司 …… 620
厦门金连兴橡胶有限公司 …… 621
厦门固特友橡胶股份有限公司 …… 621
福州佳新创辉机电有限公司 …… 713
江西同欣机械制造有限公司 …… 184
山东聊城德润机电科技发展有限公司 … 185
龙口市大川活塞有限公司 …… 192
青岛德盛机械制造有限公司 …… 193
曲阜金皇活塞股份有限公司 …… 194
德州齿轮有限公司 …… 314
莱州三王粉末冶金有限公司 …… 628
莱州长和粉末冶金有限公司 …… 629
烟台润蚨祥油封有限公司 …… 631
青岛茂林橡胶制品有限公司 …… 633
青岛征和工业股份有限公司 …… 634
河南平和滤清器有限公司 …… 195
河南省天阳铝合金车轮有限公司 …… 330
襄阳新恒星活塞环有限公司 …… 199
湖北航特装备制造股份有限公司 …… 343
湖北回天新材料股份有限公司 …… 639
湖南长沙南方压铸厂 …… 343
株洲湘火炬火花塞有限责任公司 …… 522
广州市永友机动车配件有限公司 …… 202
广州一通活塞环有限公司 …… 203
东莞市旗丰消声器有限公司 …… 205
三井金属(珠海)环境技术有限公司 … 205
肇庆本田金属有限公司 …… 207
中山市正洲汽门有限公司 …… 208
广州昭和汽车零部件有限公司 …… 345
佛山市南海中南铝车轮制造有限公司 … 348
佛山市南海安驰铝合金车轮有限公司 … 348
广州枝华后视镜制造有限公司 …… 424
广州三叶电机有限公司 …… 424
中山市耀华汽车部件实业有限公司 … 428
广州维高集团有限公司 …… 523
广东省汕头市开达实业有限公司 …… 524
广州品力高控制索有限公司 …… 524
广州市宝骑机动车配件有限公司 …… 524
广东骑光车灯工业有限公司 …… 525
鹤山市信成配件有限公司 …… 536
广州市海缝机械零件制造有限公司 … 642
广州市广红软木厂 …… 643
广州市中新塑料有限公司 …… 645
佛山名奥弹簧开发有限公司 …… 649
江门市本和机车配件实业有限公司 … 651
广东科龙模具有限公司 …… 725
广东富兴摩托车实业有限公司 …… 743
桂林瑞特试验机有限公司 …… 725
重庆金丰机械有限公司 …… 210
重庆汇浦液压动力制造有限公司 …… 210
重庆华恩实业有限公司 …… 211
重庆市仁和压铸有限公司 …… 212
重庆长安伟世通发动机控制系统公司 … 212
马勒发动机零部件(重庆)有限公司 … 212
重庆市渝北区内燃机配件有限公司 … 212
重庆永丰精锐气门有限公司 …… 212
重庆西源凸轮轴有限公司 …… 213
重庆青辰电器仪表有限公司 …… 213
重庆三爱海陵实业有限责任公司 …… 214
重庆大东隆腾汽车摩托车气门公司 … 214
重庆聚兴交通工业(集团)有限公司 … 352
重庆川渝精工机械配件开发有限公司 … 352
重庆富川机电有限公司 …… 352
重庆华义摩托车配件制造有限公司 … 354
重庆提爱思塑料制品有限公司 …… 429
重庆华渝斯坦雷灯具有限公司 …… 536
重庆地质仪器厂 …… 536
重庆三信电子有限公司 …… 537
重庆远博机械有限公司 …… 537
重庆世新电器有限责任公司 …… 537
重庆吉力芸峰实业(集团)有限公司 … 537
重庆华宇实业有限责任公司 …… 538
重庆中冈电器有限公司 …… 538
重庆市爱华机电有限公司 …… 539
重庆神驰电池有限责任公司 …… 539
重庆益弘工程塑料制品有限公司 …… 652
重庆蒲氏密封制品有限公司 …… 653
重庆华通机电技术有限公司 …… 653
重庆现代石油(集团)有限公司 …… 653
重庆市巨力冶金制品有限公司 …… 653
重庆恒伟林汽车零部件有限公司 …… 653
重庆江洲粉末冶金科技有限公司 …… 654
重庆友石机电技术有限公司 …… 726
重庆华普精密机械有限责任公司 …… 726
成都万友滤机有限公司 …… 215
成都银河动力股份有限公司 …… 215
四川川环科技股份有限公司 …… 217
武胜琛兰机械制造有限公司 …… 217
四川宁江精密工业有限责任公司 …… 357
成都宁江昭和汽车零部件有限公司 … 357
亚新科双泰(四川)零部件有限公司 … 359
成都华德密封工业有限公司 …… 654
成都天府垫片科技有限公司 …… 655
成都俊马密封制品有限公司 …… 655
成都双流少海垫片厂 …… 655
四川宸宇涂装工程有限公司 …… 727
贵州贵航汽车零部件永红散热器公司 … 219
贵州贵航汽车零部件股份有限公司 … 656
秦川机床工具集团股份公司 …… 729

★ 低速货车、三轮汽车配套企业

山东同创汽车散热装置股份有限公司 … 194
北京北内柴油泵有限责任公司 …… 116
天津日石润滑油脂有限公司 …… 548
清河县京津胶管有限公司 …… 121
河北博业橡胶制品科技有限公司 …… 121
河北程杰汽车转向机制造有限公司 …… 225
河北鲸龙汽配有限公司 …… 225
衡水神通汽车方向盘有限公司 …… 225
沧县胜利汽车配件厂 …… 227
河北兴浦汽车制动器有限公司 …… 228
涿州市盛弘机械有限责任公司 …… 370
清河县长城密封件有限公司 …… 551
河北永丰汽车零部件制造有限公司 … 551
清河县德正汽车配件有限公司 …… 552
沧县运通机动车管路制造厂 …… 554
任丘市方圆塑料有限公司 …… 555
承德润韩汽车零部件有限公司 …… 660
沈阳林凯汽车制动有限公司 …… 234

辽宁三特石油化工有限公司 …… 558
长春市天达汽车同步器齿轮有限公司 … 240
白城市汽车压铸件有限责任公司 …… 563
上海马勒滤清系统有限责任公司 …… 134
丹阳市常盛机械有限公司 …… 140
无锡威孚力达催化净化器有限公司 … 144
江苏四达动力机械集团有限公司 …… 145
江苏江淮动力股份有限公司 …… 147
江苏万力机械股份有限公司 …… 149
南京亨发达汽配制造有限公司 …… 249
无锡市联信离合器有限公司 …… 253
徐州徐工轮胎有限公司 …… 256
江苏新达能机械有限公司 …… 383
丹阳吉盛汽车零部件有限公司 …… 384
江苏吉祥车业有限公司 …… 384
江苏明兴汽车部件有限公司 …… 386
丹阳市鹏凌塑业有限公司 …… 386
丹阳市新华隆汽配有限公司 …… 387
常州市希锐车辆部件厂 …… 389
江苏旭顺东明汽配有限公司 …… 394
扬州市欣辉汽车附件有限公司 …… 396
丹阳市振兴车灯有限公司 …… 459
常州市武起汽车电机有限公司 …… 465
苏州驶安特汽车电子有限公司 …… 468
丰田工业(昆山)有限公司 …… 584
江苏振世达汽车模具有限公司 …… 705
浙江新柴股份有限公司 …… 152
嘉善嘉银汽车油箱厂 …… 153
浙江泽威摇臂制造有限公司 …… 161
杭州金马离合器有限公司 …… 259
浙江长泰机械有限公司 …… 267
宁波奔野方向机有限公司 …… 272
余姚市吉顺汽车零部件有限公司 …… 274
玉环荣达机械有限公司 …… 285
浙江远东汽车零部件制造有限公司 … 286
浙江玉环伟盛机械有限公司 …… 289
玉环振华精锻齿轮有限公司 …… 291
浙江东风齿轮有限公司 …… 292
浙江森森汽车零部件有限公司 …… 297
浙江超达汽车配件有限公司 …… 405
浙江瑞安市通力汽车部件有限公司 … 406
温州市海鸥汽车锁系统有限公司 …… 407
浙江万德远机车部件有限公司 …… 410
浙江高鹏汽车电器有限公司 …… 490
浙江湖电汽车电器有限公司 …… 491
温州集优电机制造有限公司 …… 499
浙江松松汽车电器有限公司 …… 500
温州沪宏汽车电器有限公司 …… 502
安徽华祥实业有限公司 …… 176
安徽全柴动力股份有限公司 …… 177
安徽舒城汇同实业有限责任公司 …… 300
安徽星瑞齿轮传动有限公司 …… 301
合肥创佳汽车电器有限公司 …… 505
黄山顺昌汽车电器有限公司 …… 507
福建省建瓯巨力活塞有限公司 …… 181
福安市德普电器有限公司 …… 182
龙岩市万腾车桥制造有限公司 …… 310
泉州恒昌电器有限公司 …… 510
潍坊恒安散热器集团有限公司 …… 189
烟台杰瑞富耐克换热设备有限公司 … 190
莱阳市永安散热器有限公司 …… 191
青岛双丰散热器有限公司 …… 193
山东光岳转向节有限责任公司 …… 313
德州齿轮有限公司 …… 314
淄博市金龙弹簧制造有限公司 …… 315
淄博博山国家汽车配件厂 …… 315
山东盛泰车轮有限公司 …… 316
潍坊市瑞沃汽车部件有限公司 …… 317
潍坊宏盛铸造机械有限公司 …… 318
山东通力车轮有限公司 …… 319
山东遨游汽车制动系统股份有限公司 … 319
山东跃龙橡胶集团有限公司 …… 320
莱阳市永立精工汽车配件有限公司 … 322
青岛海通车桥有限公司 …… 324
青岛精益精锻齿轮有限公司 …… 325
山东泰山轮胎有限公司 …… 326
青岛创兴齿轮有限公司 …… 326
山东蒙沃变速器有限公司 …… 327
沂水永达液压机械有限公司 …… 328
山东旭日汽车饰件集团 …… 418
山东聊城东岳电机有限公司 …… 512
潍坊万隆电气股份有限公司 …… 513
淄博永泰电机有限公司 …… 513
淄博新志电器有限公司 …… 513
山东荣成市荣威胶带有限公司 …… 630
龙口市丛林液压管件厂 …… 631
长岛高能聚氨酯有限公司 …… 632
青岛华冠密封工业有限公司 …… 633
青岛茂林橡胶制品有限公司 …… 633
烟台泰利汽车模具股份有限公司 …… 714
河南省东山科技有限公司 …… 196
昌通科技有限公司 …… 328
河南汤阴县华兴机械制造有限公司 … 330
禹州市天奇汽车配件有限公司 …… 332
洛阳华冠齿轮股份有限公司 …… 333
郑州科利电子有限公司 …… 516
鹤壁君隆电气有限公司 …… 517
十堰新日汽车零部件有限公司 …… 200
湖北佳旺汽车制动系统制造有限公司 … 334
湖北荆江源车桥有限责任公司 …… 335
湖北三众车桥有限责任公司 …… 335
湖北鄂钢驰久钢板弹簧有限公司 …… 336
东风德纳车桥有限公司 …… 337
湖北十堰安凯汽车零部件有限公司 … 341
东风(十堰)汽车灯具有限公司 …… 341
湖北双鸥汽车工程塑料(集团)公司 … 421
十堰市神力汽车零部件有限公司 …… 641
广州白云钢板弹簧厂有限公司 …… 345
佛山电器照明股份有限公司 …… 533
广西玉柴机器股份有限公司 …… 209
重庆上方汽车配件有限责任公司 …… 211
重庆天谛倍进机电制造有限公司 …… 352
重庆红旗弹簧有限公司 …… 354
重庆瑞阳科技股份有限公司 …… 538
重庆千斤顶厂 …… 680
成都市泽仁实业有限责任公司 …… 215
四川都江机械有限责任公司 …… 358
四川建安工业有限责任公司 …… 359
四川崇州华蜀蓄电池工业有限公司 … 540
成都天府焊接设备有限公司 …… 727
昆明云内动力股份有限公司 …… 219
楚雄活塞销有限公司 …… 219
昆明方大春鹰板簧有限公司 …… 360
贵州航天南海科技有限责任公司 …… 219
西安庆安电气控制有限责任公司 …… 432

★ 发动机主机厂配套企业

北方凌云工业集团有限公司 …… 370
东风电子科技股份有限公司 …… 449
博世汽车柴油系统股份有限公司 …… 143
山东大柴缸体缸盖股份有限公司 …… 190
隆基集团有限公司 …… 322
湖北三环离合器有限公司 …… 336
怀集登云汽配股份有限公司 …… 207
中国重汽重庆燃油喷射系统有限公司 … 212
内江金鸿曲轴有限公司 …… 218
江苏金湖输油泵有限公司 …… 140
浙江宇太汽车零部件制造有限公司 … 161
浙江铁流离合器股份有限公司 …… 260
全兴精工集团有限公司 …… 264
东睦新材料集团股份有限公司 …… 599
山东滨州渤海活塞股份有限公司 …… 187
桂林福达集团有限公司 …… 209
陕西北方动力有限责任公司 …… 219

华北地区

北京航天兴达科技有限公司 …… 116
北京希蔚创投工贸有限公司 …… 116
北京亚新科天纬油泵油嘴股份公司 … 116
北京北内发动机零部件有限公司 …… 116
北京市国兴汽车油泵制造有限公司 … 117
北京第三纺织机械有限公司 …… 365
北京中材汽车复合材料有限公司 …… 365
北京新峰天霁科技有限公司 …… 434
北京佩特来电器有限公司 …… 435
北京朗威汽车零部件有限公司 …… 435
北京久久顺电器有限公司 …… 435
北京锐意泰克汽车电子有限公司 …… 435
北京八大处奥博科技发展有限公司 … 436
北京天山新材料技术股份有限公司 … 543
北京新光凯乐汽车冷成型件有限公司 … 544
壳牌统一(北京)石油化工有限公司 … 546
北京平静汽车隔音用品公司 …… 684
北京北一法康生产线有限公司 …… 685
爱三(天津)汽车部件有限公司 …… 117
天津骏腾汽车部件有限公司 …… 119
天津天海同步科技股份有限公司 …… 224
天津津住汽车线束有限公司 …… 436
天津五洲元通实业有限公司 …… 438
天津市斯巴克瑞电子技术有限公司 … 439
天津滨海新区大港天力胶管有限公司 … 547
天津鹏翎胶管股份有限公司 …… 547
天津市天宇胶管有限公司 …… 548
天津新罗油封橡塑制品有限公司 …… 548
天津市凯诺实业有限公司 …… 549
津伦(天津)精密机械股份有限公司 … 686
石家庄市华腾动力机械有限公司 …… 119
石家庄市东方轴瓦有限公司 …… 119
石家庄北汽发动机备件有限公司 …… 120
河北瑞丰动力缸体有限公司 …… 120
利泽汽车配件厂 …… 120

石家庄金刚凯源动力科技有限公司 …… 120
邢台玉辉汽车缸盖制造有限公司 …… 121
南宫市精强连杆有限公司 …… 122
唐山爱信汽车零部件有限公司 …… 123
保定华岳汽车零部件制造有限公司 …… 123
沧州纳川机械配件有限公司 …… 227
河北士达齿轮有限责任公司 …… 228
亚新科美联制动技术(廊坊)有限公司 …… 229
廊坊市恒鑫泵业有限公司 …… 230
河北廊坊兰海特种气泵厂 …… 230
廊坊开发区康太斯空压机有限公司 …… 230
保定维德汽车铸件有限公司 …… 231
石家庄博亚汽车电器有限公司 …… 440
河北江轮机电有限公司 …… 441
河间市飞达汽配制造有限公司 …… 442
廊坊科森电器有限公司 …… 443
河北亚太塑料制品有限公司 …… 550
河北任县企大橡胶有限责任公司 …… 553
山西阳煤千军汽车部件有限责任公司 …… 124
重汽集团大同齿轮有限公司 …… 124
亚新科国际铸造(山西)有限公司 …… 124
中信机电车桥有限责任公司 …… 232
山西华恩机械制造有限公司 …… 232
长治液压有限公司 …… 233
太原大航汽车电子有限公司 …… 443
内蒙古宏达压铸有限责任公司 …… 233

东北地区

沈阳东华汽车零部件有限公司 …… 125
沈阳市黎明增压器制造有限公司 …… 125
沈阳航天新光汽车零部件有限公司 …… 125
沈阳博龙汽车部件制造有限公司 …… 126
辽阳市富祥曲轴有限公司 …… 126
辽宁顺兴重型内燃机曲轴有限公司 …… 126
马勒发动机零部件(营口)有限公司 …… 126
盖州市银环轴瓦有限责任公司 …… 126
凤城太平洋神龙增压器有限公司 …… 127
凤城市凤凰增压器制造有限公司 …… 127
辽宁五一八内燃机配件有限公司 …… 127
辽宁北方曲轴有限公司 …… 127
大连泉峰铸件有限公司 …… 127
凤城市东方增压器有限责任公司 …… 127
大连三丰换热器有限公司 …… 127
大连创新齿轮箱制造有限公司 …… 127
凤城市华增增压器有限公司 …… 128
朝阳东风柴油机配件有限责任公司 …… 128
东风朝阳朝柴动力有限公司 …… 128
辽宁戈梅达曲轴有限公司 …… 128
锦州光和密封实业有限公司 …… 128
沈阳一东四环离合器有限责任公司 …… 233
丰田工机(大连)有限公司 …… 235
大连创新零部件制造公司 …… 236
阜新德尔汽车部件股份有限公司 …… 237
锦州市日兴汽车泵业有限公司 …… 237
沈阳汽车暖风机厂 …… 370
沈阳盛德汽车部件有限公司 …… 444
辽宁启明汽车电器有限公司 …… 445
辽宁承业汽车零部件制造有限公司 …… 445
锦州汉拿电机有限公司 …… 446
锦州华圣启明电机电器有限公司 …… 446
沈阳奥吉娜化工有限公司 …… 556
沈阳防锈包装材料有限责任公司 …… 556
辽阳凯利特橡胶有限公司 …… 557
大连亚明汽车部件股份有限公司 …… 558
大连安达汽车零部件有限公司 …… 558
丹东轴承有限责任公司 …… 559
锦州市凌河缸垫有限公司 …… 559
亿达日平机床有限公司 …… 689
大连智云自动化装备股份有限公司 …… 689
一汽巴勒特锻造(长春)有限公司 …… 128
长春曼胡默尔富维滤清器有限公司 …… 129
第一汽车集团铸造有限公司铸造一厂 …… 129
长春富奥汽车机电有限公司 …… 130
凯世曼东方铸造(长春)有限公司 …… 130
白城中一精锻股份有限公司 …… 131
长春塔奥金环汽车制品有限公司 …… 238
长春一东离合器股份有限公司 …… 240
白城金事达电气有限公司 …… 448
长春一汽四环本合石油化工有限公司 …… 561
长春爱尔铃克铃尔有限公司 …… 561
长春恩福油封有限公司 …… 561
富奥汽车零部件公司紧固件分公司 …… 562
四平恒锐工具有限公司 …… 691
哈尔滨艾瑞汽车排气系统有限公司 …… 131
哈尔滨东安实业发展有限公司 …… 131
哈尔滨东安液压机械有限公司 …… 131
哈尔滨东安力源活塞有限公司 …… 132
佳木斯畅通汽车零部件有限公司 …… 132
哈尔滨爱迪压铸有限公司 …… 132
哈尔滨众恒实业有限公司 …… 242
哈尔滨哈轻塑胶有限公司 …… 374
哈尔滨东安机电制造有限责任公司 …… 448
黑龙江长海润滑油有限公司 …… 563
哈尔滨百润油品集团有限公司 …… 563

华东地区

上海科尔本施密特活塞有限公司 …… 132
上海伊铭增压器制造有限公司 …… 132
上海维纳特气门有限公司 …… 133
上海三国精密机械有限公司 …… 133
上海臼井发动机零部件有限公司 …… 133
上海弗列加滤清器有限公司 …… 133
上海祥生贝克轴瓦有限公司 …… 134
上海马勒滤清系统有限责任公司 …… 134
上海贤华内燃机配件厂 …… 134
上海贝尼汽车科技有限公司 …… 134
上海郎特汽车净化器有限公司 …… 135
上海博龙汽车配件有限公司 …… 135
上海广凌气门座有限公司 …… 135
意奔玛集团有限公司 …… 136
上海日欣汽车滤清器有限公司 …… 136
上海乾通汽车附件有限公司 …… 137
上海前进轴瓦有限公司 …… 138
上海萨克斯动力总成部件系统有限公司 …… 246
上海隆润动力机械有限公司 …… 247
上海镁镁合金压铸有限公司 …… 247
上海法雷奥汽车电器系统有限公司 …… 451
上海嘉尔成汽车部件有限公司 …… 453
上海海华传感器有限公司 …… 453
上海准时汽车配件有限公司 …… 454
上海前卫软木制品厂 …… 564
上海四花高压油管合作公司 …… 565
上海科凌聚氨酯制品有限公司 …… 567
上海特强汽车紧固件有限公司 …… 568
上海底特精密紧固件有限公司 …… 569
上海安吉铸造厂 …… 571
上海向明轴承有限公司 …… 572
上海奥力得汽车工具有限公司 …… 661
上海申克机械有限公司 …… 693
上海佐竹冷热控制技术有限公司 …… 694
上海 ABB 工程有限公司 …… 694
南京发动机配件厂 …… 139
仪征双环活塞环有限公司 …… 139
仪征威业油泵油嘴有限公司 …… 139
日环汽车零部件制造（仪征）公司 …… 139
亚新科凸轮轴(仪征)有限公司 …… 139
江苏仪征金派内燃机配件有限公司 …… 139
南京飞燕活塞环股份有限公司 …… 139
江苏沃得机电有限公司 …… 140
镇江维纳特气门有限公司 …… 140
丹阳市常盛机械有限公司 …… 140
江苏金湖县仕林油泵厂 …… 140
常州远东连杆集团有限公司 …… 141
常州市莱普拉机械制造有限公司 …… 141
常州市南国冷却器有限公司 …… 141
无锡市月亮轴瓦有限公司 …… 142
无锡市扬名内燃机配件有限公司 …… 142
无锡市迈特动力机械有限公司 …… 142
无锡福斯特汽车工程有限公司 …… 143
无锡市机油泵厂 …… 143
无锡康明斯涡轮增压技术有限公司 …… 143
无锡三鑫压铸有限公司 …… 144
无锡科杰动力机械制造有限公司 …… 144
无锡奥尔驰动力设备有限公司 …… 144
无锡惠山泵业有限公司 …… 145
江苏江旭铸造集团有限公司 …… 145
皆可博(苏州)车辆控制系统有限公司 …… 145
远轻铝业(中国)有限公司 …… 146
飞得滤机(苏州)有限公司 …… 146
吴月齿轮制造有限公司 …… 146
江苏爱吉斯海珠机械有限公司 …… 146
苏州益方动力机械有限公司 …… 146
扬州五亭桥缸套有限公司 …… 147
江苏鑫悦汽车零部件有限公司 …… 147
扬州通洋机油冷却器有限公司 …… 148
扬州市亚王曲轴厂 …… 148
扬州光辉内燃机配件有限公司 …… 148
扬州市邗江开元滤清器厂 …… 148
泰兴市江虹汽车零部件有限公司 …… 149
江苏万力机械股份有限公司 …… 149
江苏松林汽车零部件有限公司 …… 149
江苏飞月轴瓦有限公司 …… 149
江苏省兴化市飞亚轴瓦有限公司 …… 149
江苏扬工动力机械有限公司 …… 149
江苏富通轴瓦股份有限公司 …… 149
南通长江汽车配件制造有限公司 …… 149
镇江江大春光齿轮有限公司 …… 249
常州市第二齿轮厂有限公司 …… 250
无锡市凯华减震器厂 …… 252
无锡市联信离合器有限公司 …… 253
苏州东风汽车离合器有限公司 …… 254
连云港北方变速器有限责任公司 …… 256
扬州神舟汽车内饰件有限公司 …… 396

南京双环电器制造有限公司 ………… 456
南京华敏电子有限公司 ………………… 456
常州市松泽电器有限公司 …………… 461
常州市申光电机有限公司 …………… 461
常州市武进华光电机有限公司 ……… 461
常州市遥光电机有限公司 …………… 461
江苏江南电机有限公司 ……………… 462
常州市宇征车辆电器有限公司 ……… 464
常州市辉鸿汽车电器有限公司 ……… 464
江苏恒力电机集团股份有限公司 …… 464
常州恒达汽车零部件制造有限公司 … 464
江苏常州宁洋电机有限公司 ………… 464
常州天发动力总成制造有限公司 …… 465
常州市武起汽车电机有限公司 ……… 465
无锡市新新空气加热器厂 …………… 465
无锡神速汽车电器有限公司 ………… 466
无锡新中北汽车电机制造有限公司 … 466
无锡市闽仙汽车电器有限公司 ……… 466
无锡金阳电机有限公司 ……………… 466
无锡市华星汽车电器有限公司 ……… 466
宜兴市恒宇汽车电机有限公司 ……… 467
江苏龙蟠科技股份有限公司 ………… 573
南京金三力橡塑有限公司 …………… 573
常州常松金属复合材料有限公司 …… 574
常州东风轴承有限公司 ……………… 575
常州光洋轴承有限公司 ……………… 575
无锡市日达密封垫厂 ………………… 578
常州市利来密封件有限公司 ………… 578
无锡威孚精密机械有限公司弹簧厂 … 579
无锡市美峰橡胶制品制造有限公司 … 579
无锡市百合花胶粘剂厂有限公司 …… 580
无锡市奔达密封件有限公司 ………… 580
无锡富莱得机电制造有限公司 ……… 581
苏州石川制铁有限公司 ……………… 583
苏州温橡特种橡胶有限公司 ………… 585
江苏振华密封工业有限公司 ………… 587
常州市宇鹏涂装设备有限公司 ……… 699
无锡富瑞德精密机械有限公司 ……… 700
无锡星维激光科技有限公司 ………… 700
无锡出新兴达电镀涂装设备有限公司 … 701
无锡市蓝力机床有限公司 …………… 702
无锡大力液压机械厂 ………………… 702
苏州明志科技有限公司 ……………… 703
江苏中大工业涂装环保有限公司 …… 705
扬州琼花涂装工程技术有限公司 …… 705
鑫之宇涂装工业有限公司 …………… 705
南通常测机电设备有限公司 ………… 706
浙江广驰汽车零部件有限公司 ……… 150
杭州江南曲轴有限公司 ……………… 150
杭州万里塑胶有限公司 ……………… 150
杭州雨鑫增压器有限公司 …………… 150
杭州轴瓦有限公司 …………………… 150
杭州内燃机缸垫有限公司 …………… 150
杭州九龙机械制造有限公司 ………… 150
杭州萧象内燃机配件有限公司 ……… 151
杭州华春汽车活塞有限公司 ………… 151
杭州双象汽车零部件有限公司 ……… 151
杭州萧山汽车滤清器有限公司 ……… 151
杭州万达曲轴有限公司 ……………… 151
杭州钱王机械配件有限公司 ………… 151
浙江太阳股份有限公司 ……………… 152
浙江新柴股份有限公司 ……………… 152
杭州新安江内燃机配件有限公司 …… 152
宁波正利汽车部件有限公司 ………… 153
宁波威孚天力增压技术有限公司 …… 154
慈溪市玉龙汽车风叶有限公司 ……… 155
宁波舜田油嘴油泵有限公司 ………… 155
慈溪市华侨汽车油泵厂 ……………… 155
奉化市动力机械配件有限公司 ……… 156
宁波索立得滑动轴承有限公司 ……… 156
宁波凯达轴瓦有限公司 ……………… 156
浙江黎明发动机零部件有限公司 …… 156
浙江银轮机械股份有限公司 ………… 157
浙江东星汽车部件有限公司 ………… 157
临海市伟达汽车部件有限公司 ……… 157
浙江荣发动力有限公司 ……………… 157
临海市江南内燃机附件厂 …………… 157
台州京宝汽车零部件有限公司 ……… 157
玉环县强力件制造厂 ………………… 158
浙江和日摇臂有限公司 ……………… 158
浙江强能动力有限公司 ……………… 158
玉环富奥动力机械有限公司 ………… 159
浙江省台州气门厂 …………………… 159
玉环县新新机械有限公司 …………… 159
台州晨辉机械制造有限公司 ………… 159
浙江全威机油泵有限公司 …………… 160
玉环汽车零部件有限公司 …………… 160
台州亚格机械有限公司 ……………… 160
浙江九隆机械有限公司 ……………… 161
浙江泽威摇臂制造有限公司 ………… 161
玉环县交通汽车部件厂 ……………… 161
台州奔迪气门有限公司 ……………… 161
浙江玉环县玉兴机械制造有限公司 … 161
台州市华创汽车零部件有限公司 …… 162
浙江爱信宏达汽车零部件有限公司 … 162
浙江永康精特缸套有限公司 ………… 163
浙江开山缸套有限公司 ……………… 164
温州市南亚汽车配件有限公司 ……… 165
温州瑞明工业股份有限公司 ………… 168
瑞安市奥凯嘉汽车科技有限公司 …… 168
浙江东原机车部件有限公司 ………… 169
浙江三和销轴有限公司 ……………… 171
浙江科劲涡轮增压器有限公司 ……… 171
瑞安市万路达汽车部件有限公司 …… 171
温州风光机车部件有限公司 ………… 172
瑞安市富强汽车配件厂 ……………… 172
浙江平柴泵业有限公司 ……………… 174
五龙控股有限公司 …………………… 174
杭州天宝汽车零部件有限公司 ……… 262
杭州奇碟离合器有限公司 …………… 264
浙江枫叶机械有限公司 ……………… 265
奉化市开林汽车空压机有限公司 …… 274
奉化市鼎立汽车空压机厂 …………… 274
奉化市天风汽车空压机有限公司 …… 275
浙江联合齿轮有限公司 ……………… 277
温岭市东风汽车配件厂 ……………… 278
台州吉克汽车零部件有限公司 ……… 278
台州万洲机械有限公司 ……………… 279
浙江鑫泽机械有限公司 ……………… 282
台州中元动力机械有限公司 ………… 285
玉环伟茂齿轮传动制造有限公司 …… 285
玉环烽火机械有限公司 ……………… 288
台州市东协汽车配件有限公司 ……… 291
浙江永康市通用机电制造有限公司 … 293
浙江中特力制锁有限公司 …………… 406
瑞安市名冠电气有限公司 …………… 408
浙江瑞安市罗南车辆电器厂 ………… 409
浙江大东吴汽车电机有限公司 ……… 476
浙江德宏汽车电子电器股份有限公司 … 476
浙江赛亿汽车部件制造有限公司 …… 477
宁波家琦电子有限公司 ……………… 478
宁波电热塞厂 ………………………… 478
宁波高发汽车控制系统股份有限公司 … 479
宁波市镇海正时汽车零部件有限公司 … 480
宁波海高利汽车电器制造有限公司 … 480
宁波纽时达火花塞有限公司 ………… 481
宁波华泰汽车电器总厂 ……………… 481
宁波兴慈热动电器有限公司 ………… 481
宁波久灵汽车零部件有限公司 ……… 484
浙江省永康市康福特实业有限公司 … 487
浙江朕炜电器有限公司 ……………… 488
浙江汇润电气有限公司 ……………… 490
浙江卓进电器有限公司 ……………… 492
瑞安市超声电器厂 …………………… 493
浙江波士特机械有限公司 …………… 593
浙江佳华机械实业有限公司 ………… 594
浙江超安机械有限公司 ……………… 594
浙江安格鲁传动系统有限公司 ……… 595
湖州双狮汽车链传动有限公司 ……… 596
浙江中达精密部件股份有限公司 …… 596
湖州先登链传动制造有限公司 ……… 596
海盐秦燕汽配有限公司 ……………… 597
宁波圣龙(集团)有限公司 …………… 598
宁波海山克尔铃密封件有限公司 …… 599
宁波裕江特种胶带有限公司 ………… 599
浙江省慈溪市铜套厂 ………………… 601
宁波丰茂远东橡胶有限公司 ………… 602
舟山市海山密封材料有限公司 ……… 605
舟山市 7412 工厂 …………………… 605
岱山县威尔密封件有限公司 ………… 605
舟山市恒顺密封件有限公司 ………… 605
临海市澳法管业有限公司 …………… 606
临海市四通制管有限公司 …………… 606
玉环县中航机械有限公司 …………… 608
玉环县中环机械厂 …………………… 608
浙江发光橡胶密封件有限公司 ……… 608
浙江强力螺栓有限公司 ……………… 609
台州千钧阀门有限公司 ……………… 609
玉环沈泰汽车机械有限公司 ………… 610
玉环精工机械制造有限公司 ………… 610
浙江宏鼎汽摩配件有限公司 ………… 611
浙江欧福密封件有限公司 …………… 612
瑞标集团有限公司 …………………… 613
瑞安市东风汽车标准件有限公司 …… 614
浙江跃进锻造有限公司 ……………… 615
云顶控股集团有限公司 ……………… 615
温州三联锻造有限公司 ……………… 615
泰顺县白云橡胶有限公司 …………… 616
宁波合力模具科技股份有限公司 …… 709
安徽金庆龙机械制造有限公司 ……… 175
合肥威尔燃油系统有限责任公司 …… 175
合肥恒信汽车发动机部件有限公司 … 175
合肥柴油机制造有限责任公司 ……… 175

安徽同祥机械有限公司 …… 175
安徽华祥实业有限公司 …… 176
安徽金光机械集团股份有限公司 …… 176
蚌埠市瑞泰汽配制造有限公司 …… 176
蚌埠金威滤清器有限公司 …… 176
安徽省恒泰动力科技有限公司 …… 177
安徽宝兰泵业有限公司 …… 177
安徽金佩集团天长缸盖有限公司 …… 177
芜湖三联锻造有限公司 …… 178
安庆帝伯格茨缸套有限公司 …… 179
芜湖美达机电实业有限公司 …… 179
安庆帝伯格茨活塞环有限公司 …… 180
安庆帝伯粉末冶金有限公司 …… 180
安庆雅德帝伯活塞有限公司 …… 180
安庆帝迈德活塞环制造有限公司 …… 180
安徽艾可蓝环保股份有限公司 …… 180
合肥力威汽车油泵有限公司 …… 299
芜湖杰诺瑞汽车电器系统有限公司 …… 506
芜湖市博顿汽车零部件厂 …… 506
芜湖强振汽车紧固件有限公司 …… 618
福州钜全汽车配件有限公司 …… 180
福州南配活塞销有限公司 …… 180
福建东亚机械有限公司 …… 181
莆田市英龙活塞环厂 …… 181
福建省将乐三华轴瓦股份有限公司 …… 181
福建省建瓯巨力活塞有限公司 …… 181
华闽南配集团股份有限公司 …… 181
威兰(泉州)汽车零部件有限公司 …… 182
泉州市双塔汽车零件有限公司 …… 182
福建省南安市丰州水泵制造厂 …… 183
福建仙游闽仙汽车电器有限公司 …… 508
福建福安振中电器制造有限公司 …… 508
福建省仙游电机股份有限公司 …… 508
福建艺达电驱动股份有限公司 …… 510
福州富全橡胶有限公司 …… 620
福州佳新创辉机电有限公司 …… 713
江西凯富勤实业发展有限公司 …… 183
江西戈马实业有限公司 …… 183
江西辉业曲轴连杆制造有限公司 …… 184
格特拉克(江西)传动系统于都工厂 …… 312
赣州五环机器有限责任公司 …… 312
南昌辉门密封件系统有限公司 …… 624
南昌汽缸垫厂 …… 624
济南沃德汽车零部件有限公司 …… 185
山东鑫亚工业股份有限公司 …… 185
山东熙德机械制造有限公司 …… 185
山东鲁联机械制造有限公司 …… 186
山东省临清市盛旺曲轴厂 …… 186
山东润源实业有限公司 …… 186
山东省临清市腾飞动力机械厂 …… 186
滨州海得曲轴有限责任公司 …… 187
淄博永华滤清器制造有限公司 …… 187
盛瑞传动股份有限公司 …… 188
潍坊富源增压器有限公司 …… 188
克拉克过滤器(中国)有限公司 …… 188
烟台亨圆隆汽车配件有限公司 …… 189
宏昌汽配制造有限公司 …… 189
潍坊宏达机械制造有限公司 …… 189
烟台大丰轴瓦有限责任公司 …… 189
山东莱州金泉摇臂有限公司 …… 189
天润曲轴股份有限公司 …… 190
山东省临朐县精密粉末冶金厂 …… 190
山东银河动力股份有限公司 …… 190
康跃科技股份有限公司 …… 190
烟台路通精密科技股份有限公司 …… 190
大丰工业(烟台)有限公司 …… 190
莱阳市宝山缸体缸盖有限责任公司 …… 191
龙口隆基三泵有限公司 …… 191
山东天泽昌大缸盖有限公司 …… 191
栖霞市银云活塞液压件有限公司 …… 191
烟台万斯特有限公司 …… 191
龙口龙泵燃油喷射有限公司 …… 192
龙口中宇集团 …… 192
龙口市四通三泵有限公司 …… 192
青岛建新齿圈有限公司 …… 192
山东龙泵企业集团有限公司 …… 192
青岛汽车散热器有限公司 …… 192
龙口通力汽车配件有限公司 …… 192
青岛鑫信齿圈厂 …… 193
青岛青山机械有限公司 …… 193
青岛双丰散热器有限公司 …… 193
青岛富高科汽车配件有限公司 …… 193
山东连杆总厂 …… 194
山东麟城齿轮有限公司 …… 194
山东荷泽华星油泵油嘴有限公司 …… 194
日照双港机械电子有限公司 …… 195
济南汇九齿轮有限公司 …… 312
济南中森机械制造有限公司 …… 313
淄博格尔齿轮有限公司 …… 315
荣成市黄海离合器有限公司 …… 321
山东隆基机械股份有限公司 …… 322
莱阳市永立精工汽车配件有限公司 …… 322
聊城杰孚电机有限公司 …… 512
济南鲁联汽车低温起动装置有限公司 …… 512
山东聊城东岳电机有限公司 …… 512
聊城汇创电机有限公司 …… 512
德州天宇汽车电子有限公司 …… 513
山东宁津鑫源汽车电器有限公司 …… 513
淄博新志电器有限公司 …… 513
潍坊万隆电气股份有限公司 …… 513
淄博永泰电机有限公司 …… 513
威海威嘉电气有限责任公司 …… 514
曲阜天博集团 …… 515
山东哈临轴承实业有限公司 …… 626
莱州三王粉末冶金有限公司 …… 628
山东高强紧固件有限公司 …… 629
莱州长和粉末冶金有限公司 …… 629
烟台石川密封垫板有限公司 …… 630
山东荣成市荣威胶带有限公司 …… 630
龙口市丛林液压管件厂 …… 631
龙口车辆油管有限公司 …… 631
烟台润蚨祥油封有限公司 …… 631
龙口市飞轮汽车配件有限责任公司 …… 631
烟台市福山气缸垫有限公司 …… 631
山东莱阳市昌誉密封产品有限公司 …… 631
青岛北海密封技术有限公司 …… 632
青岛华冠密封工业有限公司 …… 633
青岛东磊密封件制造有限公司 …… 633
青岛海力威新材料科技股份有限公司 …… 633
青岛茂林橡胶制品有限公司 …… 633
梁山环宇密封垫片有限公司 …… 634
梁山县车友汽车配件制造有限公司 …… 634
潍坊万达汽车工具有限公司 …… 670

华中地区

荥阳市银顺德内燃机配件有限公司 …… 195
河南省荥阳市动力机配件厂 …… 195
河南平和滤清器有限公司 …… 195
平原滤清器有限公司 …… 195
新乡航空工业(集团)有限公司 …… 195
安阳市文峰缸套有限责任公司 …… 196
河南天誉动力机械有限公司 …… 196
河南省中原内配股份有限公司 …… 196
河南省中原活塞股份有限公司 …… 196
河南中原吉凯恩气缸套有限公司 …… 196
南阳市红阳车用配件有限公司 …… 197
西峡县内燃机进排气管有限责任公司 …… 197
河南省西峡汽车水泵股份有限公司 …… 197
信阳贝恩银光活塞销有限公司 …… 197
新乡市天风汽车空压机有限公司 …… 329
安阳市汽车配件厂有限公司 …… 331
长葛市定达实业有限公司 …… 332
河南昊天精锻齿轮有限公司 …… 332
西峡县西泵特种铸造有限公司 …… 333
开封铁塔橡胶(集团)有限公司 …… 637
南阳天一密封股份有限公司 …… 637
公安县铜套有限公司 …… 198
荆州环宇汽车零部件有限公司 …… 198
康明斯燃油系统(武汉)有限公司 …… 198
理研汽车配件(武汉)有限公司 …… 198
湖北新冶钢汽车零部件有限公司 …… 198
江华机械有限公司 …… 199
襄樊市长源东谷实业有限公司 …… 199
东风汽车股份有限公司铸造分公司 …… 199
马勒三环气门驱动(湖北)有限公司 …… 199
湖北威风汽车配件股份有限公司 …… 199
湖北华联泵业有限公司 …… 199
东风(十堰)发动机部件有限公司 …… 200
东风(十堰)发动机减震器有限公司 …… 200
东风汽车集团股份公司动力设备厂 …… 201
东风活塞轴瓦有限公司 …… 201
东风佳华汽车部件有限公司 …… 201
武汉协和齿环有限公司 …… 333
仙桃市天轮机械有限公司 …… 335
湖北亚川汽车齿轮集团有限公司 …… 335
湖北亨达汽车零部件有限公司 …… 338
东风(十堰)汽车制动件有限公司 …… 339
东风汽车有限公司商用车铸造二厂 …… 340
十堰嘉凯工贸有限公司 …… 340
十堰市郧齿汽车零部件有限公司 …… 342
湖北省华阳汽车拨叉股份有限公司 …… 342
东风(十堰)有色铸件有限公司 …… 342
东风电子科技公司汽车制动系统公司 …… 342
东风–派恩汽车铝热交换器有限公司 …… 422
东风富士汤姆森调温器有限公司 …… 518
武汉瑞康鑫电气有限公司 …… 518
艾菲发动机零件(武汉)有限公司 …… 518
荆州神电实业有限公司 …… 519
武汉汉升汽车传感系统有限责任公司 …… 519
东风汽车电子有限公司 …… 520
襄樊仪元汽车电子有限公司 …… 520
襄樊东风汽车电气有限责任公司 …… 520
东风汽车电气有限公司 …… 520

东风嘉实多油品有限公司 …………… 637
湖北茂鑫特种胶带有限公司 ………… 638
湖北回天新材料股份有限公司 ……… 639
襄樊航天化学动力总公司 …………… 639
新兴重工湖北三六一一机械有限公司 … 639
东风(十堰)气缸垫有限公司 ………… 640
湖北十堰洪运轴承材料有限公司 …… 641
武汉雷恩博激光科技有限公司 ……… 717
武汉华夏精冲技术有限公司 ………… 718
长沙湘立机电制造有限公司 ………… 201
湘潭市东风曲轴制造有限公司 ……… 201
湖南正圆动力配件有限公司 ………… 201
湖南江滨活塞公司 …………………… 201
湖南安福气门股份有限公司 ………… 202
湖南恒裕汽车零部件有限公司 ……… 202
湖南天雁机械有限责任公司 ………… 202
南岳电控(衡阳)工业技术有限公司 … 202
湖南机油泵股份有限公司 …………… 202
株洲齿轮有限责任公司 ……………… 343
株洲湘火炬机械制造有限责任公司 … 343
博世汽车部件(长沙)有限公司 ……… 521
益阳西流气缸垫有限公司 …………… 642
长沙长泰机器人有限公司 …………… 719
美力特发动机汽车配件有限公司 …… 202
广州安达精密工业股份有限公司 …… 203
广州旗峰气门厂 ……………………… 203
深圳益宝实业有限公司 ……………… 205
东莞京滨汽车电喷装置有限公司 …… 205
三井金属(珠海)环境技术有限公司 … 205
东莞市斯创格滤清器有限公司 ……… 205
广东肇庆动力金属股份有限公司 …… 206
广东四会实力连杆有限公司 ………… 207
广东肇庆动力配件有限公司 ………… 207
爱三(佛山)汽车部件有限公司 ……… 208
本田金属技术(佛山)有限公司 ……… 208
佛山市顺德区顺发活塞厂 …………… 208
广州六和桐生机械有限公司 ………… 345
武藏精密汽车零部件(中山)有限公司 … 349
武藏汽车配件(中山)有限公司 ……… 349
丰田合成(佛山)汽车部品有限公司 … 428
广汽强华(梅州)汽车零部件有限公司 … 524
广东井得电机有限公司 ……………… 524
惠州住润电装有限公司 ……………… 525
广州市广红软木厂 …………………… 643
广州市中新塑料有限公司 …………… 645
桂盟链条(深圳)有限公司 …………… 647
广东骏驰科技股份有限公司 ………… 649
广东鸿图科技股份有限公司 ………… 649
广州今朝科技有限公司 ……………… 721
日东电子发展(深圳)有限公司 ……… 723
肇庆市丰驰精密金属制品有限公司 … 724
广西金创汽车零部件制造有限公司 … 209
广西奥特帕斯机械有限公司 ………… 209
玉林市振来铸造有限公司 …………… 209
南宁八菱科技股份有限公司 ………… 209
广西玉林玉柴机器配件制造有限公司 … 209
柳州日高滤清器有限责任公司 ……… 210
柳州正菱集团有限公司 ……………… 350
柳州市迅达汽车配件制造有限公司 … 351
广西玉柴博耐特电器有限公司 ……… 536
柳州市俊杰汽配制造有限公司 ……… 652

西南、西北地区

重庆汇浦液压动力制造有限公司 …… 210
重庆佳利德汽车部件有限公司 ……… 211
马勒发动机零部件(重庆)有限公司 … 212
重庆东方滤清器有限公司 …………… 212
重庆市渝北区内燃机配件有限公司 … 212
重庆吉尔法渝美压铸有限公司 ……… 212
重庆金桥机器制造有限责任公司 …… 213
重庆海通机械制造有限公司 ………… 213
重庆潍柴发动机厂 …………………… 213
重庆红旗缸盖制造有限公司 ………… 214
重庆沃特尔粉末冶金有限公司 ……… 214
重庆三爱海陵实业有限责任公司 …… 214
重庆海陵活塞环有限公司 …………… 214
重庆天谛倍进机电制造有限公司 …… 352
爱思帝(重庆)驱动系统有限公司 …… 352
重庆市璧山顺山机械有限公司 ……… 356
重庆大江杰信锻造有限公司 ………… 431
重庆博耐特实业(集团)有限公司 …… 538
重庆市爱华机电有限公司 …………… 539
重庆炬野科技发展有限公司 ………… 652
重庆金固特化工新材料技术有限公司 … 653
重庆高强度紧固件厂 ………………… 654
重庆华普精密机械有限责任公司 …… 726
重庆友石机电技术有限公司 ………… 726
成都成内柴油机公司 ………………… 214
成都市西岭汽车配件有限责任公司 … 214
成都市泽仁实业有限责任公司 ……… 215
成都正恒动力配件有限公司 ………… 215
中汽成都配件有限公司 ……………… 215
成都银河动力股份有限公司 ………… 215
成都宁良实业有限公司 ……………… 215
成都飞亚曲轴有限公司 ……………… 215
绵阳市万欣汽车配件有限公司 ……… 216
四川巴斯迪科新技术发展有限公司 … 216
成都嘉陵华西光学精密机械有限公司 … 216
四川中自尾气净化有限公司 ………… 216
南充市攀峰滤清器有限公司 ………… 217
四川三鑫南蕾气门座制造有限公司 … 217
恩比贝克飞虹汽车零部件(四川)公司 … 217
四川中胜实业集团有限公司 ………… 217
绵阳市天旋气门组件有限公司 ……… 217
四川宜宾普什汽车零部件有限公司 … 218
四川宇良车辆配件有限公司 ………… 218
宜宾天工机械股份有限公司 ………… 218
四川恒威活塞环有限公司 …………… 218
成都天兴山田车用部品有限公司 …… 357
四川联茂机械制造有限公司 ………… 359
泸州长江机械有限公司 ……………… 360
成都成航车辆仪表有限责任公司 …… 539
成都航凯天电子股份有限公司 ……… 539
成都市伟杰塑胶有限责任公司 ……… 539
成都盛帮密封件有限公司 …………… 654
四川航天烽火波纹软管工业公司 …… 655
乐山大洋轴承有限公司 ……………… 655
成都天府垫片科技有限公司 ………… 655
四川省南部县千禧密封件有限公司 … 656
成都成量工具集团有限公司 ………… 728
云南西仪工业股份有限公司 ………… 218
楚雄活塞销有限公司 ………………… 219
云南师宗云师轴瓦有限责任公司 …… 656
贵州大众橡胶有限公司 ……………… 656
陕西秦川汽车液压有限责任公司 …… 361
秦川液压件厂 ………………………… 362
西安林产化学软木工厂 ……………… 657
西安华山精密制管有限公司 ………… 657
西安天盾汽缸床有限责任公司 ……… 657
秦川机床工具集团股份公司 ………… 729
宁夏小巨人机床有限公司 …………… 729
青海洁神曲轴有限责任公司 ………… 220

版权声明

《中国汽车工业企事业单位信息大全》是中国汽车行业连续性出版的权威工具书，为全国汽车行业通信联络、产品采购与供货、寻求合资合作等的主要依据。

近期发现一些正规或非正规出版物，部分或大部分抄袭《大全》的内容，以各种名义出版。这种行为不仅侵犯了编辑、出版单位的版权，而且混淆了读者的视听，给行业工作和汽车工业企事业单位造成了很大的不便。

在《中国汽车工业企事业单位信息大全（2016 版）》出版之际，《中国汽车工业企事业单位信息大全》编辑部和人民交通出版社股份有限公司联合发布版权保护声明：

对侵犯《中国汽车工业企事业单位信息大全（2016 版）》版权的单位、个人，我们将严肃追究其法律责任。

《中国汽车工业企事业单位信息大全》编辑部

人民交通出版社股份有限公司

2016 年 3 月

为避免给您的单位通讯联络造成不便，书中登录内容如有变化或尚未收录，请准确填写下表

《中国汽车工业企事业单位信息大全》（2017 版）

登　录　表

单位名称	中　文： 英　文：（盖公章处）						
地　址						邮　编	
电　话		传　真		网址和 E－mail			
法人代表		总经理（厂长）		单位人数		质量体系	
产品或职能情况	主要产品或职能情况：						

说明：填报时请随寄单位介绍一份，以作备案　　　　填表联系人：________

☆ 填表时有问题，请拨打咨询电话：010－68426043　68420981

☆ 表格填好后，请选择以下方式返回编辑部

○ 自动传真：010－88561149

○ E－mail：wheelon@ vip. sina. com

○ 编辑部回函地址：北京市海淀区增光路 45 号中国劳动关系学院综合楼 720 室　100048
中汽华轮公司《大全》编辑部

请及时预订——

《中国汽车工业企事业单位信息大全》2017 版宣传版面

《大全》2017 版宣传版面设置

□汽车专版　□摩托车专版　□三轮汽车和低速货车专版

□汽车发动机零部件　□汽车底盘零部件　□汽车车身零部件

□汽车电子电器零部件　□通用件与相关工业产品　□汽车用品及工具

□汽车制造设备及模具

★ 选择《大全》宣传版面的重要理由

（1）为汽车行业权威出版物，是汽车行业各单位采购订货、通信联络的主要依据

（2）高频率的使用率，总使用率达到 500 万人次以上，为使用面最广的行业工具书

（3）国内外汽车相关的专业读者集中，使产品推广和企业形象宣传价值倍增

（4）多重检索方式使得入编宣传版面的单位迅速成为行业内外各界关注的焦点

（5）与其他媒体相比，具有显著的广告投入产出价值

☞ 预订宣传版面，请拨打电话：010－68426043　68420981

NAVECO
南京依维柯
跃进
跃品质·悦天下
2016
年度轻卡
南京依维柯汽车有限公司
超越荣获2016
中国卡车
年度车型评选
年度中型车
南京依维柯汽车有限公司
超越荣获2016
中国卡车
年度车型评选
年度中型车
南京依维柯汽车
有限公司超越荣获2016
中国卡车年度车型评选年度中型车
世界500强股东 中国第一轻卡品牌 依维柯动力链
安全可靠驾乘舒适 节油冠军 360温馨服务
CERTIFICATE
上汽集团
SAIC MOTOR
世界500强股东
中国第一轻卡品牌
依维柯动力链
安全可靠驾乘舒适
节油冠军
360温馨服务
客服热线：400-828-1893
网址：www.naveco.com.cn
微博网址：http:/e.weibo.com/yiweike
IVECO

NTCAC 新同创

苏州新同创汽车空调有限公司

SUZHOU NEW TONGCHUANG AUTO AIR-CONDITIONER CO.,LTD.

苏州新同创汽车空调有限公司创始于2002年，公司坐落于苏州新加坡工业园区，企业投资方为香港新中南国际有限公司和苏州创元投资发展（集团）有限公司，注册资金1666.7万美元。公司年产能3万台套，年产值超4亿元。

新同创现有公交、客运旅游、纯电动车、轻客等系列空调产品，拥有两条具有国内先进水平的大巴空调生产线、两条轻客空调生产线和两条检测线，以及换热器芯体生产车间。公司先后通过ISO/TS 16949：2002质量体系认证和《全国工业产品生产许可证》，在国内汽车空调行业位居前列。公司注册商标“NTCAC”荣获“江苏省著名商标”，被评定为“江苏省名牌产品”及“苏州市名牌产品”，是中国汽车空调行业领军品牌。

科技创新是新同创发展的灵魂。公司是“国家高新技术企业”，是通过欧盟认证的客车空调制造企业。设有客车空调性能实验室，参与国家与行业标准制定，国家专利授权位居国内同行前列。

公司是苏州金龙、桂林大宇、萍乡安源客车的标准配套商，并与郑州宇通、厦门金龙、聊城中通等多家知名汽车企业保持良好的合作关系。拥有海内外420多家特约维修机构，业务拓展至全球60多个国家和地区，出口量位居国内客车空调前列。

作为中国客车生产企业的优秀合作伙伴，苏州新同创必将一如既往地朝着更专业、更国际化，实现创建一流品牌企业、跻身世界汽车空调行业前列的企业目标迈进。

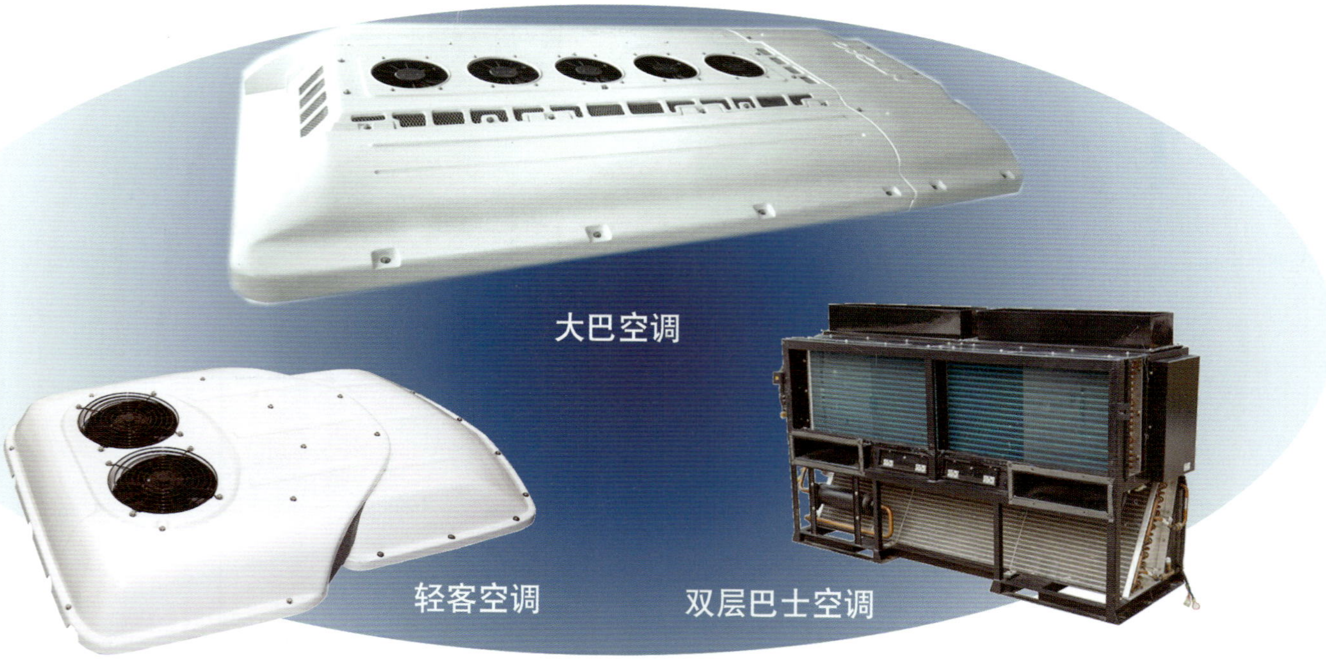

苏州新同创汽车空调有限公司　联系方式：苏州市工业园区唯亭镇亭融街15号

电话：0512-65357818　传真：0512-65354030　网址：www.ntcac.com　邮箱：shijm6688@163.com